ПРОГРАММА «СЛОВАРИ XXI ВЕКА»

В. С. Елистратов

ТОЛКОВЫЙ СЛОВАРЬ РУССКОГО СЛЕНГА

свыше 12 000 слов и выражений

арго · кинемалогос

жаргоны

Москва · АСТ-ПРЕСС

УДК 80
ББК 81.2.Рус-4
Е51

Научный редактор-лексикограф Н. Б. ТРОЕПОЛЬСКАЯ

Елистратов В. С.
Е51 Толковый словарь русского сленга. — М.: АСТ-ПРЕСС КНИГА. — 672 с. — (Словари русского языка).
ISBN 978-5-462-00714-9

Словарь включает свыше 12 000 слов и выражений современного русского сленга. Даются варианты произношения, грамматические и стилистические пометы, толкования, которые показывают специфику этих слов. Приводятся примеры употребления в речи, а также этимология — из какого диалекта, иностранного языка и т. д. слово или выражение пришло в сленг. Впервые в словарь в качестве приложения включен русский кинемалогос — крылатые слова и выражения, вошедшие в нашу речь из популярных кинофильмов.

Словарь рассчитан на филологов, культурологов, социологов, этнографов, психологов, на всех, кто изучает русский язык как профессионал.

УДК 80
ББК 81.2.Рус-4

ISBN 978-5-462-00714-9

СОДЕРЖАНИЕ

ПРЕДИСЛОВИЕ

Предлагаемый вашему вниманию словарь задуман как попытка решить задачу академической словарной систематизации сленга (главным образом арготического, жаргонного лексического материала). Выполнение этой задачи оказалось делом невероятно трудным. Проблема в том, что практически не существует никакого опыта строго лексикографического, словарного осмысления ненормативной речи. Арготический (как, впрочем, и разговорно-просторечный) материал имеет свою специфику, свои законы. В практике же составления словарей учитываются прежде всего особенности литературного языка, всему остальному отводится лишь ряд довольно абстрактных помет типа *прост.*, *разг.*, *груб.* и т. п. Когда же мы сталкиваемся с тем, что все лексемы в словаре должны быть снабжены этими пометами, начинаются серьезные проблемы.

В середине 80-х — начале 90-х годов появилось довольно много словарей и словариков арготической лексики. В них, как правило, составители шли по пути наименьшего сопротивления: описание лексики строилось по принципу «слово — значение». В последние годы появились серьезные словарные исследования, которые значительно улучшили положение в этой сфере. Эти словари дают исчерпывающую информацию об арготизмах, но авторами подчас «забывается» специфика самого материала, текучего, зыбкого, неуловимого.

В нашем словаре мы старались избежать всех этих недостатков.

Исходя из принятой в отечественной книговедческой науке практики типологического деления изданий на виды, данный словарь можно отнести к пункту 71 «Толковый словарь» (раздел «Виды непериодических изданий по характеру информации», см.: Издания. Основные виды. Термины и определения. ГОСТ 7.60–90. Издание официальное. — М., 1990. — С. 29.).

Для отнесения к тому или иному виду издания наиболее существенными критериями являются целевое и читательское назначение книги. В данном случае целевое назначение — зафиксировать целый пласт современной речевой лексики русского языка, не зарегистрированной нормативными словарями, т. е. цель работы — чисто научная. Словарь ни в коем случае не ставит своей задачей введение арго в речевую норму. Отсюда — читательское назначение издания: оно рассчитано прежде всего на профессионально подготовленную аудиторию.

Известно, что целевое и читательское назначение определяют всю структуру издания, в частности — соотношение основного текста словаря и справочно-вспомогательных элементов. Учитывая цель издания, полагаем правомерным большой объем научного послесловия автора. Для читателя, видимо, будет небезынтересен не только эмпирический материал, но и его теоретическое обобщение. Это обобщение выполнено в общекультурологическом ключе (см. приложение «Арго и культура», с. — 614, а также раздел «Сленг (арго): миф и реальность», с. — 8). Теоретическое осмысление арго, как правило, носит чисто языковедческий характер, тогда как без постановки арго в контекст культурологии многое в нем может остаться неясным.

Словарь, таким образом, рассчитан не только на филологов, но и на культурологов, социологов, этнографов, политологов, психологов.

В словарь в качестве приложения включен «Русский кинемалогос», который был издан в 1999 году отдельной книгой под названием «Словарь крылатых слов (русский кинематограф)». Книга эта, имевшая тираж 2000 экземпляров, была практически мгновенно раскуплена. От читателей неоднократно поступали просьбы о ее переиздании. Автором было решено объединить тексты «Толкового словаря русского сленга» и «Словаря крылатых слов (русский кинематограф)», поскольку корпусы эти неразрывно, органично связаны друг с другом.

Структура словаря такова, что она позволяет пользоваться им не только отечественному, но и иностранному читателю, изучающему русский язык, даже если он находится на среднем этапе обучения. Здесь автору помог восьмилетний опыт преподавания русского языка иностранцам в МГУ.

Автор постарался сделать так, чтобы академизм не стал препятствием для широкого круга читателей, серьезно интересующихся проблемами развития русского языка.

Словарь включает не только материалы, собранные автором в 2000–2004 годах, но и дополненные и исправленные материалы двух предыдущих словарей: «Словаря московского арго» (вышел в 1994 г.; материалы 1980–1993 гг.) и «Словаря русского арго» (вышел в 2000 г.; материалы 1994–1999 гг.). При работе над этими словарями и над предлагаемым читателям «Толковым словарем русского сленга» постепенно совершенствовались лексикографический подход к материалу, структура словарных статей, а также углублялось осмысление природы сленга, арго.

В настоящем словаре значительно облегчена система поиска словарной единицы. Читатель теперь может «войти» в словарь на любом слове, являющемся самостоятельной частью речи и входящем в словарь в качестве одного из компонентов фразеологизма или варианта заголовочного слова. Соответственно упорядочена система подачи фразеологизмов. Читатель имеет возможность найти интересующие его фразеологизмы по их опорно-смысловым компонентам.

Внесены существенные поправки в лингвокультурологические, этимологические комментарии. Уточнены многие толкования.

В словаре читатель встретит множество историзмов, например деталей ушедшего (безвозвратно ли?) быта. «Герои» иллюстраций в словарной статье настойчиво просят друг у друга ностальгическую похмельную трешку, томятся в очереди за портвейном и т. д. и т. п. И здесь же: обсуждают новейшую модификацию сотового телефона, входят в Интернет. Но это — те же самые люди.

После выхода в свет двух первых словарей автор получил от этих людей множество писем с замечаниями, уточнениями, дополнениями, развернутыми комментариями по поводу тех или иных слов, выражений. Люди звонили (даже ночью, иногда под утро), назначали встречи, передавали таинственные пакеты с записями.

Автор был искренне поражен любовью людей к своему языку, любовью абсолютно бескорыстной, чистой, трогательной. Здесь даже не было какого-то высоконадрывного рыцарского служения, здесь была естественная потребность делать хорошо. Вернее — делать дело. И все это — «во дни сомнений, во дни тягостных раздумий», когда трудно было «не впасть в отчаяние при виде всего, что совершается дома».

Автор искренне и горячо благодарит всех, кто откликнулся на словарь, и надеется, что данное словарное исследование будет интересно и полезно всем, кто любит родной язык.

Я горячо благодарю моих друзей и всех, кто помогал мне в работе: дополнял материал, делился ценными замечаниями по структуре словаря, уточнял толкования. Это Ю. и Н. Григорян, Т. Евтихидис, В. Олюнин, П. Бастраков, С. Восков, Ю. Суходольский, А. Забровский, Н. Меньшикова, Е. Агапова, А. и Е. Прохоровы, И. Палагина, И. Ковалева, И. Семенов, В. Юлюнов. Особенно благодарю И. Именитова, с которым мы начинали собирать материал на заре туманной юности. Я очень признателен добрым и чутким людям Е. Гвоздевой, докт. филол. наук В. П. Белянину, докт. филол. наук проф. Ю. Н. Марчуку за их участие в судьбе книги.

Словарь не состоялся бы без моего университетского Учителя, канд. филол. наук Е. А. Брызгуновой, под чьим руководством долгие годы формировалось мое филологическое мировоззрение.

Словарь не был бы даже задуман без глубочайшего влияния на меня моего отца, Станислава Владимировича Елистратова, блестящего знатока французского разговорного языка и французских арго, чей жадный интерес к живому языку во всех его многообразных проявлениях я впитал генетически и через его воспитание и чью эстафету по сбору разговорно-арготического материала я принял чуть ли не в детстве.

Я хочу выразить огромную благодарность прекрасному книговеду, канд. ист. наук З. А. Покровской, оказавшей мне неоценимую помощь в поиске, сборе и осмыслении литературы по аргологии.

Огромный редакторский труд вложила в словарь его научный редактор-лексикограф Н. Б. Троепольская. Я благодарен главному редактору издательства «АСТ-ПРЕСС КНИГА» Т. М. Деревянко, поддержавшую идею издания книги и сделавшую целый ряд ценных предложений, которые были претворены в жизнь.

И еще: все словарные материалы до сих пор, наверное, так и остались бы десятками тысяч сваленных в ящик облезлых бумажек, которые я самонадеянно называл карточками, если бы не адски рабский труд моей любимой жены Лолы, постепенно превращавшей свалку в картотеку. Я благодарен не только моей героической жене, но и еще более героической теще, Татьяне Ивановне Кондаковой, оказавшей мне сотни самых разных услуг в процессе работы. Я обращаюсь ко всем мужчинам-словарникам: дорогие коллеги, берегите жен и тещ — без них лексикография зачахнет на корню.

Спасибо тысячам невольных информантов, коварно подслушанных на улицах, в пивных, на вокзалах, в автобусах!

Своим мистическим соавтором я считаю филфак МГУ, вечным школяром которого я останусь до смерти.

В. Елистратов

СЛЕНГ (АРГО): МИФ И РЕАЛЬНОСТЬ

В конце прошлого тысячелетия и в начале тысячелетия нового в жизни той сферы языка, которую я (условно) именую сленг (арго), произошли существенные изменения. Изменились и научные подходы к проблеме. Вернее, не изменились, а выкристаллизовались[1].

Как мне кажется, можно выделить три основных подхода к арго, которые глубинно доминировали и доминируют в науке.

Если изложить эти подходы максимально просто, то они таковы: 1) арго в конечном счете есть зло, о нем вообще лучше меньше разговаривать; 2) арго все-таки надо изучать, хотя оно и «плохое»; 3) арго — неотъемлемая часть жизни общества, оно ведь всегда было, есть и будет. Все эти подходы, как это ни парадоксально, абсолютно справедливы.

80–90-е годы во многих странах прошли под знаменем «апологии арго». В России, например, наблюдается бум интереса к арго. «Защита» арго в целом проходила так же неупорядоченно, спонтанно, как и «борьба» с ним. В принципе российское «арговедение» последних полутора десятилетий напоминает громкий судебный процесс: pro et contra. За и против. Подавляющее большинство работ (как правило, полупублицистического характера) развивали спор о том, «хорошее» оно или «плохое». Вместе с тем нельзя не отметить и появление ряда фундаментальных исследований[2], в которых оценка отходит на второй план и приводится исчерпывающий анализ материала.

Очевидно, что назрела необходимость осмысления арго с точки зрения, я бы сказал, философской. Причем не только философии языка или общества, но и с точки зрения, так сказать, «планетарной».

Попробуем посмотреть с другой стороны. Когда речь идет об арго, чуткий исследователь сразу ощущает, что, несмотря на подчас «грубую» фактуру, он имеет дело с тонкой, деликатной материей. Разговор об арго всегда представляет интерес, если он идет «на полутонах». Здесь всегда интересна нетрадиционная терминология, оригинальные повороты проблем. Не случайно одна, как нам кажется, из лучших книг последних лет о языке и, в частности, об арго называется «Языковой вкус эпохи»[3]. Введение вроде бы не самого распространенного, периферийного понятия «вкус эпохи» как центрального сразу дает новое ви́дение целого. Вкус — это не только «чувство понимания изящного, красивого, склонность, пристрастие к чему-либо, стиль, манера»[4]. Вкус — это ракурс взгляда человека (людей данного времени) на жизнь, «бытие» в целом. Арго может включаться во «вкус» или не включаться, т. е. быть способом ви́дения бытия или не быть таковым.

---

[1] Здесь я излагаю основные положения статьи «Сленг как пассиолалия» (Вестн. МГУ. Сер. 19. Лингвистика и межкультурная коммуникация. 2000. № 4. С. 43–48). Продолжая употреблять здесь термин «арго», я, соответственно, продолжаю не настаивать на том, что он (термин) верный. Читатель может заменить его словами «жаргон» или «сленг». От этого ровным счетом ничего не изменится.

[2] Прежде всего следует назвать коллективную монографию: Русский язык конца XX столетия (1985–1995). Институт русского языка Российской академии наук. М., 1996. Очень отрадно появление высококачественных словарей с академически отточенным аппаратом, например: Ермакова О. Е., Земская Е. А., Розина Р. И. Слова, с которыми мы встречаемся: Толковый словарь русского общего жаргона. М., 1999.

[3] Костомаров В. Г. Языковой вкус эпохи: 3-е изд. СПб., 1999.

[4] Толкование взято из словаря С. И. Ожегова.

Значит, арго в определенные эпохи особенно необходимо людям как звено в их связи с бытием (повседневной жизнью, словесностью, общественными институтами и т. д.), оно превращается в форму, способ и даже, если угодно, смысл жизни.

Почему это происходит? Даже самые поверхностные наблюдения показывают, что активизация арго как-то подозрительно совпадает с нестабильностью в обществе, с «брожением умов» и проч., т. е. она имеет место в те периоды, когда наблюдается то, что можно назвать неупорядоченностью и избытком энергии антропосферы (в той или иной ее части). Образно говоря, этнос (или группа этносов) «бесится» в биосфере. Когда общество (этнос) «перебесилось», арго не исчезает, оно просто перестает это общество волновать.

Таким образом, мы будем понимать арго прежде всего как своего рода выброс избыточной энергии биосферы в речь[5]. Действительно, арго в общем-то не нужно с практической точки зрения. Миф о мощной функциональности тайноречия был разоблачен уже давно. Например, Д. С. Лихачев в своей известной работе «Черты первобытного примитивизма воровской речи»[6] совершенно резонно замечает, что ворам воровское арго, по большому счету, не нужно, оно их только выдает, воровской язык — это шик, излишество, игра, кураж, т. е. следствие избытка энергии.

Арго обычно связывают с молодежью. И это тоже закономерно. Избыток энергии наблюдается именно у молодой «популяции». Самые активные, неутомимые носители арго — дети. Школьное арго значительно интенсивнее, например, студенческого — на это редко обращают внимание.

Еще один важный момент. Когда мы говорим о некой активизации арго, то имеем в виду не только (да и не столько) увеличение интенсивности — количества и частотности — употребления арготизмов в обиходно-бытовом общении, сколько увеличение интереса общества к арго как таковому. Общество как бы начинает энергично рефлексировать через арго и об арго. По сути дела, можно говорить, что общество начинает «раскручивать» миф об арго. На деле реального арго в обществе не так много. Но «образ арго» буквально захлестывает средства массовой информации. Обсуждение «проблемы арго» — это тоже следствие избытка энергии, эффект, сопутствующий выбросу избытка энергии. Еще в 60-х гг., когда проблемы сниженного языка начали активно обсуждаться в России, В. Шукшин, отвечая на вопрос о его отношении к использованию жаргона в литературных текстах, очень точно сказал: «Тут — странное дело: в литературе стало модой, в жизни — все не так. <...> Крупный вор никогда не станет «по фене ботать» — говорить языком воров, за редким исключением. «Ботают» — хулиганы, мелкие воришки, «щипачи», студенчество. Семь лет назад я сам был студентом — никакого такого особого жаргона у нас не было: отдельные специфические слова, более или менее остроумные, несколько облегчающие постоянный серьезный страх перед экзаменом, и еще — что касается «стипухи», ее чрезмерной «скромности». И опять же: щеголяют этими словечками первокурсники. Студент-дипломник говорит «нормально». В актерской среде больше всего говорят о «ракурсах», «мизансцене», «фотогеничности», «публичном одиночестве»

[5] Здесь, безусловно, мы можем сослаться на теорию так называемой пассионарности Л. Н. Гумилева (см.: Гумилев Л. Н. Этногенез и биосфера земли. Л., 1990).

[6] См.: Лихачев Д. С. Черты первобытного примитивизма воровской речи // Язык и мышление: Сб. ст. М.; Л., 1935. Т. 3–4. С. 47–100.

профессиональные участники массовых сцен. И в матросах я был, и там все нормально с языком. «Салага» еще нет-нет выщелкнется со словцом, но его тут же осадит тот, кто служит по последнему году. Да он и промолчит в среде старших, это он с девушкой позволит себе «полундру» или «сачка». Но вот в литературе запестрели «предки», «чуваки», «чувихи», «хаты», «лабухи» — и пошла писать губерния: критики и пенсионеры ополчились на это, модные писатели упорствуют: целое дело! А «дела» нет «за отсутствием состава преступления». Поумериться бы с этим. Правда, «из мухи слона раздули»[7].

Действительно, большинство словарей арго составляется именно на материале художественных текстов и прессы. Писатели и журналисты, говоря по-шукшински, «раздувают из мухи слона», а муха думает, что она — слон, т. е. общество верит, что богатейшее, пышное арго действительно существует. Арго — это в значительной степени миф.

Если арго — одна из форм выброса избытка энергии «в устной форме», то мифотворчество вокруг арго в художественных текстах и в прессе можно считать «письменной формой» того же выброса. Эти два феномена взаимно подпитывают друг друга. Но в какой-то момент интерес к арго все-таки падает, и наступает некое «энергетическое затишье».

Арго есть лишь одна из форм выброса[8]. Другие его формы, впрочем, тесно с ним связаны. Например, активная цитация крылатых выражений из кинематографа[9], из рок-текстов, различные формы языковой игры, травестирование устойчивых выражений, самые различные формы городского фольклора и т. д., т. е. то, что так или иначе связано со стихиями игры и смеха.

Это явление — массовое, даже стадное. Но среди употребляющих арго отчетливо выделяются те творческие особи, как бы «лингвистические пассионарии», которые, собственно, и творят арго. Некоторые из них известны. Среди людей, оставивших (даже помимо их воли) свой след в современном русском арго, можно назвать Ф. Раневскую, А. Градского, так называемых «митьков», В. Черномырдина, В. Жириновского и др. Многие из «риториков» (или «антириториков») остались и останутся навсегда неизвестными. Роль «лингвопассионария», «автора фольклора» стала очень популярной на телевидении и радио. Появилось множество ведущих, актеров, журналистов и т. д., которые берут на себя роль «заводил арго», но, как правило, из этой затеи ничего не выходит: языковые личности этих людей недостаточно яркие[10]. Подобная полная легализация, регламентация и массовость данного явления говорит лишь о том, что энергия арго явно идет на спад. Мы имеем дело уже не с энергией, а с имитацией ее. Но дело даже не в слабости языковых личностей — «творцов» арго, а именно в ослаблении тех энергетических колебаний в биосфере, которые вызывают явление. Арго становится

[7] Шукшин В. М. Собр. соч.: В 5 т. М., 1996. Т. 5. — С. 71.

[8] Например, поэтическое творчество иногда приобретает характер массовой эпидемии. Все начинают писать стихи. Иногда — прозу. Как сейчас.

[9] См. Приложение к данному словарю «Русский кинемалогос».

[10] То же можно сказать и о рекламе. В середине 90-х гг. рекламные слоганы были постоянным источником сленготворчества («Блендамед укрепляет зубы и яйца» и т. п.). Сейчас процесс явно пошел на спад. Аналогично — в политике. Августовский кризис при «киндер-сюрпризе» (С. Кириенко) был последним мощным всплеском реакции сленга на политику. Ныне процесс носит латентный, вялотекущий характер, хотя СМИ упорно навязывают продолжение «игры».

всего лишь товаром, но его цена постепенно падает (так, например, в России явно резко спал интерес к литературе андеграунда, изобилующей арготизмами).

С арго произошло примерно то же самое, что с революционной риторикой советской эпохи (которая переживала настоящий бум еще полвека назад). Арго всячески навязывается, поэтому надоедает, теряет свой «энергетический заряд» и переходит в реликтовое состояние, в вялотекущий процесс.

Энергетические колебания биосферы, периодически вызывающие активизацию арго, — явление еще практически не изученное. Вероятно, можно связать данный процесс с общей картиной этногенеза. «Молодой» этнос явно больше «склонен» к употреблению арго, чем «старый». К примеру, европейское Средневековье вызвало к жизни множество видов арго, обобщенных, в частности, французским классиком Ф. Рабле в его известном «карнавальном» романе. Российский этнос, который, согласно теории этногенеза, «моложе» западноевропейских примерно на пятьсот лет, в XX в., помимо всего прочего, пережил аналогичный бум арготизации (криминальной, диссидентской, «андеграундной» и т. п.), по интенсивности аналогичный средневековоевропейскому[11]. Сосредоточенность некоторых современных русских писателей (кстати, наиболее популярных на Западе) на языке, их склонность к «корежению» языка, игра с ним и т. п. — все это было у тех же французов пятьсот лет назад.

[11] Об этом см.: Елистратов В. С. «Сниженный» язык и «национальный характер» // Вопросы философии. 1998. № 10.

О СЛОВАРЕ И ЕГО СТРУКТУРЕ

В словаре представлен сплав многочисленных городских арго (жаргонов, сленгов): шоферов, бизнесменов, проституток, грузчиков, художников, рабочих, воров и т. п. Любой арготизм в речи стилистически окрашен. Эта окраска отличает арготизм от разговорно-просторечного неарготизма. Она безошибочно распознается носителями языка. В словарь, таким образом, не входит слово *неотложка* как «чисто» разговорное, но входит арготизм **ОХЛАЖДЁНКА** как стилистически маркированное слово, хотя оба слова построены по одной словообразовательной модели. Конечно, часто грань между арготизмом и неарготизмом размыта и нечетка. Многие вчерашние арготизмы уже претендуют на «чистую» разговорность, настолько они стали распространенными (напр., **ТУСОВКА**). Возможно, внимательный читатель сможет найти в словаре ряд временны́х несоответствий, что вполне закономерно: все-таки прошедшие десятилетия для такого динамического явления, как сленг, — это много. При возможных последующих переизданиях словаря мы надеемся найти способы словарного описания моментов динамики развития сленга.

СЛУХОВОЙ ПРИНЦИП ФИКСАЦИИ МАТЕРИАЛА

Словарь фиксирует исключительно звучащую фактуру, т. е. живую городскую речь. Мы не пользовались никакими дополнительными способами сбора материала, кроме так называемого непосредственного или прямого включения. Весь словарь просто «подслушан» в общественных местах: в транспорте и на рынках, в столовых и пивных, в очередях и спортзалах и т. д. Единственным «оружием» составителя была память и записная книжка. Никакого массового анкетирования или опасного для жизни проникания в злачные места нам не потребовалось. Материал буквально захлестывает вас, стоит вам присесть на лавочку, например на одном из московских бульваров, или поторговаться на вещевом рынке.

Слуховой принцип фиксации дает массу преимуществ: прежде всего, он позволяет запечатлеть образцы непосредственной, никем не препарированной, не искаженной, не интерпретированной речи. Это не литература и не журналистика, а действительно живой народный язык. Но, с другой стороны, возникает целый ряд трудностей. Самое главное — как записать слово или выражение. Идеальной записью была бы фонетическая и интонационная транскрипция. Но для этого нужен иной способ фиксации — на пленку. Компромисс между транскрипцией и правописанием найти нелегко, тем более что многие арготизмы вообще никогда не фиксировались. Ударением правописание не проверишь, поскольку трудно установить однокоренные слова (этимология сомнительна). Во многих арготизмах большинство звуков представляют собой гиперфонемы. Поэтому в словаре мы вынуждены давать целый ряд фонетических вариантов, а в этимологической справке буквально «нащупывать» этимологию, т. е. то, как должно, хотя бы приблизительно, записываться слово или предложение.

Фиксируя звучащий арготизм, мы старались давать его в максимально широком речевом контексте. Отсюда обилие иллюстраций в словаре. Иногда удавалось зафиксировать целую фразу, иногда — ее фрагмент, словосочетание. Так или иначе, иллюстративный материал в арготическом словаре крайне необходим.

УЗУАЛЬНОЕ И ОККАЗИОНАЛЬНОЕ

Грань между узусом (т. е. установившимся в употреблении) и случайным, индивидуальным в арго установить трудно. Существуют, конечно, случаи очевидные. Например, **НОЧНАЯ БАБОЧКА** в значении *проститутка* — это явно узуальное словосочетание, вошедшее даже в текст некогда популярной песни. Слово же **АРКТИКА** в значении *лысина* вряд ли у всех на слуху. Чисто формально мы следовали такому принципу: зафиксированное один раз может быть использовано в качестве иллюстрации; зафиксированное дважды заносится в словарь или как заглавное слово, или - как иллюстрация; зафиксированное трижды заносится либо как заглавное слово, либо как заглавное выражение, либо как фразеологизм.

Разумеется, не следует отождествлять окказиональное/узуальное в нормативной речи и в арго. Это разные измерения. Например, нормативный фразеологизм может жить столетие, арготический — три-четыре года.

СТРУКТУРА СЛОВАРНОЙ СТАТЬИ

Словарная статья включает в себя:

1. Заглавное слово-арготизм или заглавное арготическое словосочетание:

ДРОВОСЕ́К, -а, *м.* (или **ЖЕЛЕ́ЗНЫЙ** ~)...

Статья может включать несколько произносительных вариантов одного арготизма (в т. ч. варианты ударения) или ряд синонимов, близких в словообразовательном отношении, которые обычно даются в алфавитном порядке (возможны лишь небольшие перестановки внутри словарных статей, где существительные группируются по родовой принадлежности):

ЛЕПИЗДРИ́ЧЕСТВО, -а, **ЛЕПИСТРИ́ЧЕСТВО**, -а, *ср.* ...

ДРУГА́Н, -а́, **ДРУЖБА́Н**, -а́, **ДРУЖБА́НДЕЛЬ**, -я, *м.* ...;

2. грамматические пометы, поданные в традиционном лексикографическом ключе, но с необходимыми уточнениями, иллюстрирующими специфику арготической грамматики, типа *обычно употр. в 3 л.* или *2 л. ед. обычно не употр.*

В глаголе дается видовая пара (за опорный принят несовершенный вид) и структура управления:

ДРЫ́ЗГАТЬ, -аю, -аешь; *несов.* (*сов.* **ДРЫ́ЗНУТЬ**, -ну, -нешь), *чего, что* и *без доп.* ...;

3. стилистические пометы типа *шутл.*, *ирон.*, *пренебр.*;

4. толкование: либо под цифрами, если арготизм имеет несколько достаточно самостоятельных значений (*см.* **ГЛАЗ**), либо через точку с запятой, если эти значения имеют сильную ассоциативно-метафорическую связь между собой (*см.* **ДРЕЙФЛО**), либо — через запятую, если речь

идет фактически об оттенках одного значения, а не о разных значениях (*см.* **ВОДИЛА**);

5. иллюстрации, которые могут представлять собой как словосочетания, так и речения, развернутые предложения и мини-диалоги;

6. фразеологизмы и паремии с опорным словом, являющимся заглавным в данной статье (*см.* **ЖОПА**);

7. объяснительно-этимологическую часть статьи, включающую в себя следующие моменты:

а) ближайшую этимологию, а именно из какого диалекта, жаргона или иностранного языка данное слово (выражение) пришло в арго (сленг) или какое общеупотребительное слово (или выражение) стало базой арготической метафоры:

ДА́УН[1] ...

От *англ.* down — вниз, внизу...

ВАЩЕ́ ...

Сокращ. от общеупотр. «вообще».

ВЕРТУХА́Й ...

От *уг.* «вертухай» — милиционер, надсмотрщик, тюремный надзиратель.

Возможна также информация о древней этимологии, например о древнееврейском, цыганском, тюркском и т. д. происхождении слова;

б) информацию о том, под влиянием какого литературного текста, какой песни или какого художественного фильма мог распространиться данный арготизм;

в) информацию, разъясняющую внутреннюю форму арготизма, указание на какую-либо контаминацию, комическую ассоциацию, смеховую аббревиацию, переосмысление общеупотребительного слова, указание на направленность арготической метафоризации;

г) дополнительные сведения, помогающие читателю глубже осмыслить арготизм, например, у какого автора можно его встретить, к какому времени можно предположительно отнести возникновение арготизма и т. п.

Данная информация берется из литературы, приведенной в приложении (см. список использованной литературы в конце книги).

Фразеологизмы, содержащие в себе заголовочное слово в его основных значениях, зафиксированных в словарной статье, включаются внутрь словарной статьи за ромбом (♦):

АВТОПИЛО́Т, -а, *м.* **1.** Способность управлять собой, своими поступками в невменяемом состоянии (обычно алкогольного опьянения). *Я пью-пью, посуду бью, а как домой — так ~, а то жена побьёт. ...* ♦ **На ~е** — автоматически, машинально. **Включить ~** — притвориться трезвым; двигаться автоматически, стараясь придерживаться нужного направления.

Фразеологизмы, включенные внутрь словарной статьи, помещаются также на своем алфавитном месте в качестве ссылочных статей:

ВКЛЮЧИТЬ АВТОПИЛОТ *см.* **АВТОПИЛОТ**

НА АВТОПИЛОТЕ *см.* **АВТОПИЛОТ**

Отдельно за ромбом помещаются фразеологизмы, для которых в словаре нет соответствующих основных словарных статей и которые входят в словарь как самостоятельные единицы:

♦ **АЖ ПОДМЁТКИ ЗАДЫМИ́ЛИСЬ** — о каком-л. интенсивном действии, напр. быстрой ходьбе.

Единицы, входящие в состав фразеологизмов и являющиеся самостоятельной частью речи, даются на своих алфавитных местах в качестве ссылочных статей:

ЗАДЫМИТЬСЯ *см.* **АЖ ПОДМЁТКИ ЗАДЫМИЛИСЬ**

ПОДМЁТКА* *см.* **АЖ ПОДМЁТКИ ЗАДЫМИЛИСЬ**

Отдельно в качестве ссылочных статей в словарь включены фразеологические составляющие, являющиеся самостоятельными частями речи, которые входят во фразеологизмы в общеязыковых значениях, не совпадающих со значениями того же слова, данными в словаре; такие ссылочные статьи отмечены астериском (*):

АВО́СЬКА, -и, *ж.* **1.** Жена, подруга; спутница, приятельница. *Вон ~ моя шкандыбает* (идёт). **2.** Ирон. обращение.

АВОСЬКА* *см.* **ЗАШИБЛЕННЫЙ; НАХРЕНАСЬКА; НУЖЕН КАК КЕНГУРУ АВОСЬКА; УБЕЙСЯ ТРЯПКОЙ (АВОСЬКОЙ)**

ПРОБЛЕМЫ ТОЛКОВАНИЯ

Одной из самых сложных проблем при составлении словаря была проблема толкования. Дело в том, что структура арготического значения отличается от структуры значения нормативного слова. Арготическое значение более текуче, расплывчато. Многие арготизмы можно было бы просто охарактеризовать как интенсификаторы или экспрессивы. Однако мы пошли по иному пути. Мы постарались максимально подробно (где было возможно) зафиксировать оттенки арготических значений, которые встречались нам в речи реальных носителей. Это, безусловно, «утяжеляет» толкование, но, с другой стороны, подробно передает эпоху, менталитет людей, их речевые наклонности. Для этого мы использовали специальный вид опроса информантов: мы просили их давать толкования арготизмов доступным им языком, т. е. так, как они их понимают, и на основе этого опроса строили свое толкование. Таким образом, мы предпочли проиграть в «стройности» толкования, но выиграть в достоверности, фактографичности.

О «БЕСПАРТИЙНОСТИ» СЛОВАРЯ

Арго является достаточно «опасной» материей. Оно травестирует, пародирует и снижает не только «нейтральные» вещи (типа названий вин, наименований частей человеческого тела и т. д.), но и реалии политики, всю сферу так называемых межнациональных отношений, имена известных людей и т. п. И при этом, как показывают наши наблюдения, арго остается одинаково «насмешливым» по отношению к любой политической, национальной или культурной ангажированности. Арго осмеивает и левых и правых, и демократов и коммунистов, и русских и евреев, и азербайджанцев и армян, и французов и американцев. Объектом арготического травестирования может стать имя любого человека — от Пушкина и Папы Римского до Горбачева и Ельцина. Арготический смех всех варит в одном котле и не делает исключений ни для кого. Поэтому для арготического словаря принципиально не может быть никакой идеологической или культурно-охранительной цензуры, в противном случае фиксация арго теряет всякий культурологический смысл. Необходимо осознать, что арготический смех не оскорбителен, потому что он чист от всякого пристрастия, от всякой «партийности».

УСЛОВНЫЕ СОКРАЩЕНИЯ И УСЛОВНЫЕ ЗНАЧКИ

аббрев. — аббревиатура
амер. — американское, американский арготизм
англ. — английский язык
арм. — армейское, армейское арго
бран. — бранное
безл. — безличная форма
буд. — будущее время
вводн. сл. — вводное слово
в зн. сказ. — в значении сказуемого
вин. — винительный падеж
воен. — военное
возм. — возможно
восклиц. — восклицание
гл. — глагольный, глагол
греч. — греческий язык
груз. — грузинский язык
дат. — дательный падеж
детск. — детское, детская речь
диал. — диалектное
доп. — дополнение
древнегреч. — древнегреческий язык
древнеевр. — древнееврейский язык
ед. — единственное число
ж. — женский род
жарг. — жаргон, жаргонизм
звукоподр. — звукоподражательный, звукоподражание
зн. — значение
им. — именительный падеж
иносказ. — иносказательно
ирон. — ироническое
искаж. — искаженное
исп. — испанский язык
итал. — итальянский язык
карт. — арго картежников
косв. — косвенный падеж
крат. ф. — краткая форма
л. — лицо
-л. — -либо
ласк. — ласкательное
лат. — латинский язык
м. — мужской род
мед. — медицинское арго, медицинский термин
межд. — междометие
мест. — местоимение
мн. — множественное число
муз. — арго музыкантов
назв. — название
напр. — например
нареч. — наречие
нарк. — арго наркоманов
наст. — настоящее время
неизм. — неизменяемое
нем. — немецкий язык
нескл. — несклоняемое
несов. — несовершенный вид
новогреч. — новогреческий язык
обл. — областное
общеупотр. — общеупотребительное
отриц. — отрицательный, отрицательная форма
офен. — офенское арго
п. — падеж
передел. — переделанное
перен. — переносное
переосмысл. — переосмысленный, переосмысление
перс. — персидский язык
предл. — предложный падеж
преим. — преимущественно
пренебр. — пренебрежительно
прил. — имя прилагательное
прост. — просторечное, просторечие
проф. — профессиональное
прош. — прошедшее время
р. — род

разг. — разговорное
род. — родительный падеж
руг. — ругательное, ругательство
рус. — русское, русский язык
сказ. — сказуемое
сл. — слово
см. — смотри
собир. — собирательное
собств. — имя собственное
сов. — совершенный вид
совр. — современный
сокращ. — сокращенное, сокращение
спец. — специальное
спорт. — арго спортсменов
ср. — средний род
ср. — сравни
студ. — арго студентов
субстантив. — субстантивированное
сущ. — имя существительное
твор. — творительный падеж
т. н. — так называемый
тюрк. — тюркское
уг. — уголовное арго
укр. — украинский язык
уменьшит. — уменьшительное
употр. — употребляется
устар. — устарелое
утвердит. — утвердительное, утвердительная форма
фр. — французский язык
хип. — арго хиппи
цыг. — цыганский язык
ч. — число
част. — частица
числ. — числительное
шк. — арго школьников
шутл. — шутливое
экспресс. — экспрессивное
эвфем. — эвфемизм

♦ — фразеологический оборот
* — ссылочная статья, омонимичная основной словарной статье
~ — знак для обозначения слова или его части при их повторении.
(1) — любая цифра в скобках (в статье Арго и культура) — знак центра интонационной конструкции (по системе *Е. А. Брызгуновой*)

АЛФАВИТ

А а		И и	Р р	Ш ш
Б б		Й й	С с	Щ щ
В в		К к	Т т	Ъ ъ
Г г		Л л	У у	Ы ы
Д д		М м	Ф ф	Ь ь
Е е	Ё ё	Н н	Х х	Э э
Ж ж		О о	Ц ц	Ю ю
З з		П п	Ч ч	Я я

А

АБАЖУ́Р, -а, *м.* Голова.

АБЗА́Ц, -а, *м.* **1.** Нечто странное, особенное, необычное, выдающееся. *Я такого ~а ещё не видел.* **2.** Конец, окончание чего-л. *Под самый ~ работы явился, козёл, а деньги просит.* **3.** в зн. *межд.* Выражает любую эмоцию. *~, сколько народу!*

Общеупотр. «абзац» — отступ в начале строки, текст между такими отступами; возм. *эвфем.* от нецензурного

АБИТА́, -ы́, **АБИТЕ́НЬ,** -и, **АБИ́ТКА,** -и, **АБИТУ́РА,** -ы, **АБИТУ́РЬ,** -и, *ж.* **1.** Абитуриент, абитуриентка. **2.** *собир.* Абитуриенты. *Смотри, студент, какая абитурь! Где мысль и честь? Одна щенячья дурь!* (студент об абитуриентах).

АБОРДА́Ж, -а, **АБОРТА́Ж,** -а, *м.* Аборт. ♦ **Пойти на ~** — сделать аборт.

АБОРТ *см.* **ЖЕРТВА (АБОРТА)**

АБОРТАЖ *см.* **АБОРДАЖ**

АБОРТАНЬЯН *см.* **ОТСОС, ПОДСОС, АНАНИС И АБОРТАНЬЯН**

АБОРТА́РИЙ, -я, *м.* **1.** Аборт. **2.** *собств.* Родильный дом им. Грауэрмана в Москве.

АБРА́М, -а, *м.* Еврей. *У каждого Абрама своя программа* — *ирон.* о предприимчивости евреев.

АБРАМГУТА́Н(Г), -а, *м.* **1.** Еврей. **2.** Ирон.-бран. высказывание в адрес любого человека.

Контаминация *собств.* «Абрам» и «орангутан(г)» — человекообразная обезьяна.

АБРЕ́К, -а, *м.* Лицо южной национальности (обычно житель Кавказа). ♦ **~и и кунаки** — южане, кавказцы.

От осетинского «абрег» или черкесского «абрек» — молодец, удалец.

АБРИКО́СЫ, -ов, *мн.* Мошонка.

АБСТРАГИ́РОВАТЬСЯ, -руюсь, -руешься; *несов.* (*сов.* **АБСТРАГНУ́ТЬСЯ,** -ну́сь, -нёшься); *от чего* и *без доп.* Забывать про что-л.; переставать думать о ком-чём-л.; прекращать переживать по какому-л. поводу. *Съезжу в поход, хоть на недельку от этого бедлама абстрагнусь.*

АБСТРА́КТНЫЙ, -ая, -ое. **1.** Неинтересный, непривлекательный, ничем не выдающийся. *Как он, парень-то ничего? — Так себе, ~ Вася.* **2.** Неизвестный, незнакомый. *Там тебя какой-то ~ чувак спрашивает* (неизвестный человек).

АБСТУЛЗАДОМБЕ́Й, -я, *м.* Турок.

От «об стул задом бей», имитируется турецкая фамилия.

АБСТЯ́К, -а́, *м.* Абстиненция, абстинентный синдром.

Возм. из *нарк.*

АБХАЗИЯ *см.* **БУКЕТ (АБХАЗИИ)**

АБЫВЫ́ГОДА, -ы, *ж.* или *неизм.* Шутл. осмысление первых букв русского алфавита (а, б, в, г, д) как аббрев. выражения «абы (лишь бы) выгода».

АВА́НЕЦ, -нца, *м.* Аванс, задаток.

АВА́НСЫ, -ов, **АВА́НЦЫ,** -нцев, *мн.* Обещания (обычно необоснованные, лживые). *Навешал авансов* (или *аванцев*) *и умотал* — дал обещания и скрылся.

А В ЖОПУ НЕ ЗАДУЕТ? *см.* **ЖОПА**

АВО́СЬКА, -и, *ж.* **1.** Жена, подруга; спутница, приятельница. *Вон ~ моя шкандыбает* (идёт). **2.** Ирон. обращение.

АВОСЬКА* *см.* **ЗАШИБЛЕННЫЙ; НАХРЕНАСЬКА; НУЖЕН КАК КЕНГУРУ АВОСЬКА; УБЕЙСЯ ТРЯПКОЙ (АВОСЬКОЙ)**

АВО́СЬНИК, -а, *м.*, **АВО́СЬНИЦА,** -ы, *ж.* Человек, делающий всё «на авось», халтурщик; ненадёжный человек.

Диал. «авоська» в том же зн. (у В. Даля и др.).

АВРО́РА, -ы, *ж., собств.* Название пивной около станции метро «Каховская» в Москве.

По трём трубам над зданием пивной; комическая ассоциация с крейсером «Аврора».

♦ **А В РОТ ТЕБЕ́ НЕ ПЛЮ́НУТЬ ЖЁВАНОЙ МОРКО́ВКОЙ?** — а не слишком ли многого ты хочешь?

АВТОБА́ЗА, -ы, *ж.* Ирон. обращение. *Эй, ~, у тебя штаны разъехались!*

АВТОБО́Т, -а, *м.* Солдат срочной службы, служащий водителем в автобатальоне.

Из *арм.*

АВТОГЕ́НОМ, *нареч. Ирон.* Решительно, кардинально. *Как же мне решить это дело? — ~.* ♦ **Через задницу** (или **жопу**) *~ что делать* — нерационально решать вопрос, делать всё наоборот.

АВТО́ГРАФ, -а, *м.* Синяк, ушиб, шишка, ссадина; след от поцелуя. ♦ **Поставить** (или **дать**) *~ кому* — ударить кого-л.; оставить след от поцелуя.

АВТОЗА́К, -а, *м.* Машина для транспортировки задержанных преступников.

Сокращ. от «автомобиль для заключённых».

АВТОМА́Т, -а, *м.* Зачёт, поставленный преподавателем за регулярное посещение студентом занятий и примерную работу на семинарах без итоговой проверки в конце семестра (т. н. автоматический зачёт). *Получить ~. Вся группа на ~ах вылезла.*

АВТОМАТ* *см.* **ПЕСКОСТРУЙНЫЙ АВТОМАТ; СБОРКА**

АВТОМА́ТОМ, *нареч.* Автоматически, без сдачи зачёта или экзамена. *Я с фонетикой ~ отстрелялся* (получил автоматический зачёт по фонетике).

От **АВТОМАТ.**

АВТОМА́ТЧИК, -а, *м.* **1.** Тот, кто всё делает быстро. *Обед за минуту подметает* (съедает), *~.* **2.** Тот, кто получает **АВТОМАТ.** *Не группа, а рота ~ов* (все отличники).

2. — от **АВТОМАТ.**

А́ВТО-МО́ТО-ВЕ́ЛО-ФО́ТО-ТЕ́ЛЕ (или **БА́БА**)**-РА́ДИО-ЛЮБИ́ТЕЛЬ,** -я, *м.* Человек, имеющий слишком много разных увлечений, занимающийся всем сразу.

АВТОПИЛО́Т, -а, *м.* **1.** Способность управлять собой, своими поступками в невменяемом состоянии (обычно алкогольного опьянения). *Я пью-пью, посуду бью, а как домой — так ~, а то жена побьёт.* **2.** Режим работы компьютера, программы без присмотра человека, время такой работы. ♦ **На ~е** —автоматически, машинально. **Включить ~** — притвориться трезвым; двигаться автоматически, стараясь придерживаться нужного направления.

2. — из речи программистов, специалистов по компьютерам.

АВТОПИЛО́ТОМ, *нареч.* Автоматически, машинально (обычно в состоянии алкогольного опьянения).

АВТОПОИ́ЛКА, -и, *ж.* **1.** Автозаправочная станция. **2.** Пивная с автоматическим разливом пива.

А́ВТОР, -а, *м.* Человек, пользующийся авторитетом.

♦ **А́ВТОР, ЗА ПРОИЗВЕДЕ́НИЕМ! А́ВТОР, НА СЦЕ́НУ!** — шутл. фразы, адресованные провинившемуся в чём-л. человеку.

АВТОРЬЁ, -я́, *ср., собир.* Авторы.

Из жаргона редакторов, издателей.

АВТОСТО́П, -а, *м.* Способ путешествия с помощью попутных машин. *Мы на ~е все юга обшакалили* — мы изъездили на попутных машинах всё южное побережье.

АВТОСТО́ПОМ, *нареч.* На попутных машинах.

От **АВТОСТОП.**

АГАПИ́Т, -а, *м.* Лысый человек.

От *собств.*; персонаж фантастического фильма «Отроки во вселенной».

♦ **АГА́** (или **УГУ́, СЕЙЧА́С, КА́К ЖЕ** и т. п.), **СПЕШУ́ И ПА́ДАЮ** — реплика, выражающая несогласие с чем-л., отказ что-л. делать.

«АГДАМ» *см.* **Я СЕГОДНЯ ТАМ, ГДЕ ДАЮТ «АГДАМ»**

АГИТА́ТОР, -а, *м.* Язык. *Спрячь ~а* — замолчи.

АГИ́ТКА, -и, *ж.* Реклама. *По телику* (телевизору) *теперь одни ~и масонские, я прямо по хору Пятницкого тоскую.*

♦ **А ГЛАЗА́ ТАКИ́Е ДО́БРЫЕ-ДО́БРЫЕ** — *ирон.* о ком-л., кто сделал что-л. крайне неприличное, некультурное.

Из анекдота о В. И. Ленине.

АГРЕГА́Т, -а, *м.* Сильный, тренированный человек.

Возм. распространилось под влиянием песни группы «Любэ».

АГРЕГАТ* *см.* **ЖОПОЧЛЕННЫЙ АГРЕГАТ**

АГРЕ́ССОР, -а, *м.* Бабник, ловелас.

АГРОНО́М, -а, *м.* (или **СЕ́ЛЬСКИЙ ~**). *Шутл.* О человеке, который старается показать, какой он умный.

АГУ́-АГУ́, *нескл.*, обычно *ж.* **1.** Любовь, роман. *У них зародилась большая и чистая ~* — *ирон.* у них роман. **2.** Парочка влюблённых. *От этих ~ ни одной лавки свободной.*

От общеупотр. *детск.*, звукоподр. «агу».

АДИЁТ, -а, *м.* Идиот, дурак.

Подражание *прост.*

А́ДИК, -а, *м.* **1.** *собств.* Фирма «Адидас». **2.** Продукция фирмы «Адидас».

♦ **А́ДСКАЯ МАШИ́НА** — компьютер.

♦ **АЖ** (или **А́ЖНИК**) **ЗУ́БЫ ВСПОТЕ́ЛИ** *у кого* — о каком-л. сильном впечатлении, стрессе.

А ЖОПА НЕ ТРЕСНЕТ (или **НЕ СЛИПНЕТСЯ**)? *см.* **ЖОПА**

♦ **АЖ ПОДМЁТКИ ЗАДЫМИ́ЛИСЬ** — о каком-л. интенсивном действии, напр. быстрой ходьбе.

АЖ ФУФАЙКА ЗАВОРАЧИВАЕТСЯ *см.* **ФУФАЙКА**

АЗАРТНЫЙ *см.* **Я С ГОСУДАРСТВОМ ДЕЛ НЕ ИМЕЮ...**

АЗЕРБАЙДЖАНЕЦ *см.* **ОТСОСАТЬ У ДОХЛОГО МУСТАНГА**

А́ЗИК, -а, *м.* Азербайджанец.

АЗЛК, *аббрев.* Автомобиль, Заранее Лишённый Качества.

Шутл. переосмысление общераспростр. аббрев. — назв. завода, производящего популярную модель автомобилей.

АЙ-АЙ-АЙ *см.* **НАРЕЗАТЬСЯ (ДО АЙ-АЙ-АЙ); ПОЛНЫЙ**

АЙБОЛИ́Т, -а, *м.* **1.** Садист, жестокий человек. **2.** Военный доктор.

Положительный персонаж популярной сказки К. Чуковского. **2.** — из *арм.*

АЙВАЗО́ВИЧ, -а, *м.* **1.** Ирон.-одобрительное обращение. **2.** Пародирование фамилии художника И. К. Айвазовского. ♦ **Достойно кисти ~а** *что* — выражение высшей степени одобрения, восхищения.

Передел. из фамилии художника И. К. Айвазовского.

АЙК, -а, *м.* Икона.

От англ. icon в том же зн.; обычно употребляется в среде спекулянтов, перекупщиков.

АЙО́ВЩИНА, -ы, *ж.* *Шутл.* Об Америке, американцах.

От назв. штата Айова. По модели **ЭГЕЙЩИНА** и т. п.

А́ЙСБЕРГ[1], -а, *м.* Еврей. *~и, Вайсберги и всякие (там) Рабиновичи* — *ирон.* о евреях. *Без окон, без дверей плывет по́ морю еврей* (загадка; отгадка — ~).

«Айсберг» + распростр. еврейская фамилия «Вайсберг».

А́ЙСБЕРГ[2], -а, *м.* **1.** Спокойный, бесстрастный, сдержанный человек. *Все в соплях утонули, а этот ~ спокоен* — все плачут, а ему хоть бы что. **2.** Грузовик, фургон с прицепом, идущий на большой скорости и обгоняющий легковые машины.

АКА́, -и́, *ж.* Автомат Калашникова.

От официальной нескл. аббрев. «АК».

АКАДЕ́М, -а, *м.*, **АКАДЕ́МКА,** -и, *ж.* Перерыв в обучении в вузе (обычно на один год) по состоянию здоровья или другим уважительным причинам; академический отпуск. *Взять академ. Уйти в академку.*

АКАДЕМИ́ЧНО, *нареч.* **1.** *ирон.* Здо́рово, смачно. *~ брешет!* — здорово врёт!, вот так болтун! **2.** в зн. *межд.* Выражает любую положительную эмоцию.

Часто употр. с твёрдым [д].

АКАДЕМИ́ЧНЫЙ, -ая, -ое. *Ирон.* Хороший, прекрасный. *~ая тефтелина* — хорошая вещь.

♦ **АКАДЕ́МИЯ ФСБ** — Академия Физкультуры, Спорта и Бизнеса.

Шутл. переосмысление аббрев. ФСБ — Служба федеральной безопасности.

АКАДЕМКА *см.* **АКАДЕМ**

АКВАЛАНГИ́СТ, -а, *м.* Запойный пьяница, алкоголик.

АКВА́РИУМ, -а, *м.* **1.** Стакан или любая другая ёмкость, из которой пьют спиртное. **2.** Современное типовое стеклянное здание, офис. **3.** *собств.* Кремлёвский Дворец съездов. *Дитер Болен в ~е петь будет, он бы ещё в Мавзолее спел!* (речь идёт о популярном певце).

АКВАРИУМ* *см.* **В АКВАРИУМ НЫРНУТЬ** (или **ПОПАСТЬ**)

АКВАРИУМИ́СТ, -а, *м.* Поклонник рок-группы «Аквариум».

АКВЕДУ́К, -а, *м.* Мужской половой орган (обычно большого размера). *Давай быстрей, ~ что ли засорился!* (в туалете).

АККО́РД, -а, *м.* Аврал, спешная работа. ♦ **Быть на ~е** — выполнять последнее задание перед увольнением из армии. **Посадить на ~** *кого* — дать последнее задание перед увольнением из армии.

См. также **ДЕМБЕЛЬСКИЙ**

АККОРДЕОНИ́СТ, -а, *м.* Лжец, обманщик, фантазёр.

♦ **А КОМУ́ СЕЙЧА́С ЛЕГКО́?** — *ирон.* в ответ на чьи-л. жалобы, сетования.

АКРОБАТ *см.* **ДВА БРАТА АКРОБАТА**

АКТИ́В, -а, **АКТИ́ВНЫЙ,** -ого (в зн. *сущ.*), *м.* Активный гомосексуалист.

АКТУА́ЛЬНЫЙ, -ая, -ое. Хороший, замечательный, тот, который соответствует современным представлениям о чём-л. положительном (положительный эпитет с максимально широкой сочетаемостью). *~ клубешник* (клуб). *~ая музыка. ~ костюмчик.*

Ср. **ПРОДВИНУТЫЙ, РЕАЛЬНЫЙ** и под.

АКУ́ЛА, -ы, *ж.* **1.** Злая, агрессивная, сварливая женщина. **2.** Второй подбородок.

АКУЛИ́НА, -ы, **АКУ́ЛЬКА,** -и, *ж.* **1.** То же, что **АКА. 2.** Карточная игра, в которой проигрывает тот, у кого остаётся на руках дама пик.

АКУШЕР *см.* **ЖЕРТВА (ОШИБКИ АКУШЕРА)**

АКУШЕРКА *см.* **ЖЕРТВА (ПЬЯНОЙ АКУШЕРКИ)**

АКЫ́Н, -а, *м.* Болтун, пустомеля, трепло. *~ы кремлёвские.*

Общеупотр. «акын» — народный поэт и певец в Средней Азии.

АКЫ́НСТВОВАТЬ, -твую, -твуешь; *несов., без доп.* Болтать попусту, нести чушь.

От **АКЫН.**

АЛЁ (или ~, **ГАРА́Ж**; ~, **ДРОВА́**), *межд.* Ирон. обращение, оклик.

АЛЕ́Н ДЕЛО́Н, Але́н Дело́на (реже Але́на Дело́на), *м. Ирон.* Красивый, видный мужчина. ♦ **~ не пьёт одеколон** — о заносчивом, самонадеянном человеке.

От имени франц. актёра Алена Делона (Allein Dellon). ♦ — строчка из популярного шлягера группы «Наутилус Помпилиус».

АЛЕНДЕЛО́НИСТЫЙ, -ая, -ое. *Шутл.* Модный, броский, симпатичный (о мужчине). *~ мужчинка.*

См. **АЛЕН ДЕЛОН.**

АЛЁША, -и, *м.* Очень глупый, тупой человек.

От *собств.* Алексей, Алёша.

АЛИА́С, -а, *м.* **1.** Условное название чего-л. (напр. одной компьютерной команды вместо другой). **2.** Прозвище (для подписи в электронной почте). **3.** *Шутл.* Имя, фамилия.

От англ. alias; из речи программистов, специалистов по компьютеру.

АЛК, -а, **А́ЛИК,** -а, **АЛКА́Ш,** -а́, **АЛКМЭ́Н,** -а, **АЛКОНА́ВТ,** -а, **АЛКОНО́ИД,** -а, **АЛКОФА́Н,** -а, *м.*, **АЛКА́ШКА,** -и, *м.* и *ж.* Алкоголик, пьяница.

♦ **Алики и хроники** — *пренебр.* об опустившихся, спившихся людях.

АЛКОГОЛИК *см.* **ЗАГАР АЛКОГОЛИКА**

АЛКОГОЛИ́ЧКА, -и, *ж.* Машина спецмедслужбы, забирающая пьяных в вытрезвитель.

АЛКОНАВТ, АЛКОНОИД *см.* **АЛК**

АЛКО́ТА, -ы и **АЛКОТА́,** -ы́. **1.** *м.* и *ж.* То же, что **АЛК. 2.** *собир., ж.* Алкоголики, пьяницы.

АЛКОФАН *см.* **АЛК**

АЛЛЕЯ *см.* **БАНАНОВАЯ АЛЛЕЯ**

АЛЛО́РЕЦ, -рца, **АЛЛО́РНИК,** -а, *м.*, **АЛЛО́РКА,** -и, **АЛЛО́РНИЦА,** -ы, *ж.* Итальянец, итальянка.

От итал. вводн. сл. allora — да, ну, итак, в общем, словом.

♦ **АЛЛО́, Э́ТО ПРА́ЧЕЧНАЯ?** — ирон. приветствие по телефону.

Из анекдота.

АЛЛЮ́Р, -а, *м.* Походка, манера держаться при ходьбе. *Чего это у тебя ~ как у беременного суслика?* (странная походка).

От общеупотр. «аллюр» — способ хода, бега лошади.

АЛЛЮ́РОМ, *нареч.* Быстро, тотчас, немедленно. *Ну-ка ~ отсюда!* — ну-ка быстро уходи отсюда!

От **АЛЛЮР.**

♦ **АЛЛЮ́Р ТРИ КРЕСТА́!** — бежим отсюда!, уходим!

Возм. из *уг.*

АЛМАЗ *см.* **ГЛАЗ-АЛМАЗ; ОТКУДА В ЖОПЕ АЛМАЗЫ?**

АЛТУ́ШКИ, -шек, *мн.* **1.** Мелкие деньги. **2.** Ерунда, безделица, недостойные внимания факты.

Возм. от *устар.* «алтын» — старинная монета в три копейки; или от *устар. уг.* «алтушка» — копейка и «алтыш» — шесть рублей; первоначально из тюрк. языков.

АЛЬФОНСИ́РОВАТЬ, -рую, -руешь; *несов., с кем* и *без доп.* **1.** Ухаживать за женщинами, волочиться; быть ловеласом, бабником. **2.** Быть на содержании у женщины.

От общеупотр. «альфонс» — мужчина, находящийся на содержании у любовницы (по имени героя комедии А. Дюма-сына «Мосье Альфонс»); *ср. уг.* «альфонс» — защитник проститутки, живущий на её содержании; из фр. арго, возм. через польск. или нем.

АЛЮМИ́НИЕВЫЙ, -ая, -ое. Общая характеристика для новой джинсовой одежды. *~ые клеша́* (брюки клёш).

АЛЯ́МС, *межд.* Привет, здоро́во.

Передел. из перс. «салям алейкум».

АЛЯ́СКА, -и, *ж.* **1.** Разновидность зимней куртки с капюшоном. **2.** Какое-л. далёкое, глухое место. *Поедешь со мной в Архангельск? — Ну да, нужна мне очень твоя Аляска!..* **3.** *только мн.*, -сок. Разновидность женских зимних сапожек из замши с молнией спереди.

От назв. полуострова в Северной Америке.

АМБА́Л, -а, *м.* Большой, сильный, толстый человек.

Возм. от *устар. диал.* «амбальный» — судовой грузчик.

АМБА́ЛИСТЫЙ, -ая, -ое, **АМБА́ЛЬНЫЙ,** -ая, -ое. Крупный, толстый, сильный, мощный, внушительный. *Вон какая ряха амбальная* (толстое лицо).

См. **АМБАЛ**.

АМБА́Р, -а, *м.* Класс, аудитория.

Из *шк.* или *студ.*

АМБАР* *см.* **ДАРОМ — ЗА АМБАРОМ**

АМБА́РНАЯ, -ой, *ж.* Имбирная водка.

Шутл. передел.

АМБАРНЫЙ *см.* **ТОПТАТЬСЯ, КАК МЫШЬ АМБАРНАЯ**

АМБРАЗУ́РА, -ы, *ж.* Задница. *Отстрелялся из ~ы? — Нет, патроны кончились.*

АМБРЕ́, *нескл., ср.* Дурной запах, вонь.

Фр. ambrer — надушить.

АМЕРИКА́Н, -а, *м.* Житель США.

От «американец» или непосредственно от англ. american — американский.

Ср. **АМЕРИКОЗ**.

АМЕРИКА́НКА, -и, *ж.* **1.** Разновидность детской игры, напоминающая мини-футбол. **2.** Один из способов однотонной окраски стен с предварительной специфической грунтовкой. **3.** Разновидность игры на бильярде. **4.** Модель автомобиля, собранного в США.

АМЕРИКАНКА* *см.* **НА АМЕРИКАНКУ (СПОРИТЬ)**

АМЕРИКАНСКИЙ *см.* **УДАРИМ РУССКИМ МЕНТАЛИТЕТОМ ПО АМЕРИКАНСКИМ МОЗГАМ!**

АМЕРИКО́З, -а, *м.* Американец, гражданин США. *К ~ам работать устроился.*

По модели «наркоз», «психоз» и т. п.

Ср. **АМЕРИКАН**.

АМЕ́РИСА, -ы, *ж.* Америка, США.

Прочтение на русский лад англ. сл. America.

АМОРА́Л, -а, *м. Шутл.* Аморальная личность. *Что же ты, ~ нехороший, чай мой выдул* (выпил)?

♦ **А МО́РДА НЕ ТРЕ́СНЕТ** *у кого*? — а не слишком ли много кто-л. хочет?

АМОРТИЗА́ТОР, -а, *м.* Презерватив.

АМОРТИЗА́ЦИЯ, -и, *ж. Ирон.* Заработная плата или любые др. деньги, полученные за что-л. (обычно небольшая сумма). ♦ **Плати ~ю** — ирон. реплика, адресуемая кому-л. по любому поводу, напр.: *Посмотрел на мою жену — плати ~ю. Посидел на моем стуле — плати ~ю.*

АМПИ́Р, -а, *м.* Что-л. помпезное, вычурное, напыщенное, претенциозное. *Не баба — ~.* ♦ **Сталинский ~** — архитектура времён И. В. Сталина. **Советский ~** — типичная советская архитектура.

АМФИБИЯ *см.* **ЧЕЛОВЕК-АМФИБИЯ**

♦ **А МЫ УЙДЁМ НА СЕ́ВЕР!** — а нам нет до этого дела.

Реплика из «Маугли» Р. Киплинга.

АНАКО́НДА, -ы, *ж.* Жена. *Днём я работаю, а ночью меня моя ~ душит.*

АНАЛИЗ *см.* **КАЛ; ЧТО** *с кого* **ВЗЯТЬ, КРОМЕ АНАЛИЗА...**

♦ **АНАЛОГИ́ЧНЫЙ СЛУ́ЧАЙ БЫЛ В ТАМБО́ВЕ** (или **В САРА́ТОВЕ, В УРЮ́ПИНСКЕ** и т. п.) — не лги, не обманывай.

АНАЛЬГИ́Н, -а, *м.* (или **ЖИ́ДКИЙ ~**). Алкогольный напиток, употребляемый утром для снятия похмельного состояния.

АНАНА́С[1], -а, *м.* Женская грудь.

АНАНА́С[2], -а, *м.* Онанист.

Фонетическая контаминация.

АНАНИС *см.* **ОТСОС, ПОДСОС, АНАНИС И АБОРТАНЬЯН**

♦ **АНАТОМИ́ЧЕСКАЯ БЛИ́ЗОСТЬ** — *ирон.* о половых отношениях.

♦ **АНАТОМИ́ЧЕСКИЙ ТЕА́ТР** — *ирон.* стриптиз, эротический театр, эротическое шоу, порнография и т. п.

АНГА́Р, -а, *м.* **1.** Зад. **2.** Живот. **3.** Рот. **4.** *собств.* Новое здание Третьяковской галереи на Крымском Валу.

♦ **А́НГЕЛЬСКАЯ ПЫЛЬ** — разновидность синтетического наркотика.

Из *нарк.*

♦ **АНГИДРИ́Т ТВОЮ́ МАТЬ** (или **АНГИДРИ́Т ТВОЮ́ ПЕ́РЕКИСЬ МА́РГАНЦА**) — шутл. ругательство.

Эвфем. от *прост.* «едрить твою мать» или нецензурного; шутл. травестирование химической терминологии.

АНДЕ́ДОВКА, -и, *ж.* Безалкогольный напиток.

От англ. undead.

АНДРО́ПОВКА, -и, *ж.* Сорт советской дешёвой водки (4 р. 70 коп.), появившийся в продаже в 1982–1984 гг. при Ю. В. Андропове.

АНДРО́ПОЛЬ, -я, *м. собств.* Кремль.

По имени Ю. В. Андропова.

АНДРОПО́ИДЫ, -ов, *мн.* Кремлёвские руководители.

По имени Ю. В. Андропова.

АНИ́СИМ, -а, **АНИ́СКИН**[1], -а, *м.* Анисовая водка, настойка. *Стакан анисима. Под анискина хорошо идёт сом в томате.*

Контаминация *собств.* «Анисим», фамилии «Анискин» (персонаж популярного телесериала) и общеупотр. «анис», «анисовый».

АНИ́СКИН[2], -а, *м.* Милиционер, участковый.

См. комментарий к **АНИСКИН**[1].

АННА́ЛЫ, -ов, *мн.* Задница (обычно толстая). *Серьёзный человек, по ~ ам видно.*

Возм. аллюзии на общеупотр. *мед.* «анус» — анальное отверстие.

АНО́НС, -а, *м.* Онанист.

Фонетическая контаминация.

АНТА́БУС, -а, *м.* Любое лекарство, средство, препарат от алкоголизма.

Метонимия; «антабус» (или «тетурам») — один из медицинских препаратов против алкоголизма.

АНТЕ́НЩИК, -а, *м.* Онанист.

АНТИКВА́Р, -а, *м.* **1.** Муж, у которого жена намного старше его. **2.** Молодой человек, который ухаживает за пожилыми состоятельными женщинами.

Общеупотр. «антиквар» — любитель или продавец старинных и ценных вещей.

АНТИКВАРИА́Т, -а, *м.* Родители.

♦ **АНТИКВА́РНЫЙ БАЯ́Н** — полная бессмыслица, чушь, ахинея, абсурд.

АНТИЛО́ПА, -ы, *ж.* Женщина, девушка.

АНТИПА́ПИК, -а, **АНТИПА́ПНИК**, -а, *м.* Презерватив.

От «анти» + «папа».

АНТИПОЛИЦА́Й, -я, *м.*, **АНТИПОЛИЦА́ЙКА**, -и, *ж.* Средство, употребляемое для того, чтобы скрыть запах алкоголя. *Полное грызло* (рот) *антиполицая.*

АНТИСЕМИ́Т, -а, *м.* Презерватив.

Шутл. передел. «анти» + «семя».

АНТИСЕМИТСКОЕ *см.* **ЧЕСТНОЕ ОКТЯБРЯТСКОЕ...**

АНТИСОВЕ́ТСКИЙ, -ая, -ое. *Ирон.* Импортный, иностранного производства. *А фирма́-то у тебя ~ая!* — ты носишь вещи производства иностранной фирмы.

АНТИСТОИ́Н, -а, *м.* Специальный экстракт, любое средство, понижающее половую потенцию и употребляемое, в частности, в армии. *Бром — классический ~.*

Возм. из *арм.*; «анти» + «стоять» (имеется в виду эрекция); по модели «анальгин», «кофеин» и т. п.

АНТРЕКО́Т, -а, **АНТРЕКО́ТИК**, -а, *м. Шутл.* Толстяк. *Коллекция ~ ов* — о сборной по тяжёлой атлетике.

АНЧО́УС, -а, *м.* Шутл. обращение.

АНЧУ́ТКА, -и, **АНЧУ́ШКА**, -и, *м.* и *ж.* Ирон. обращение к любому лицу.

Ср. *устар. диал.* «анчутки» — чертенята, бесенята.

♦ **А ОЧКИ́ НЕ ЗАПОТЕ́ЮТ?** — а не слишком ли много ты хочешь?

АПЕЛЬСИНОВЫЙ *см.* **ЧТО ТЫ ПОНИМАЕШЬ В АПЕЛЬСИНОВЫХ КОРКАХ?**

АПОЛЛО́Н, -а, *м.* Человек, считающий себя очень привлекательным.

От имени древнегреч. бога Аполлона.

АПО́СТОЛ, -а, *м.* **1.** Милиционер. **2.** Начальник, директор, председатель чего-л.

Возм. через *уг. Ср.* **АРХАНГЕЛ**.

АПОФИГЕ́Й, -я, *м.* Состояние равнодушия к окружающему; высокомерное отношение к бытовым и социальным проблемам. *Ты ему рассказал о наших делах? — Рассказал, никакой реакции, полный ~.*

Возм. передел. от «апогей» + «апофеоз» + «фиг», **ПО ФИГУ**.

АППАРА́Т, -а, *м.* **1.** Автомобиль, такси. *Лови ~ !* **2.** Аудиоаппаратура.

2. — из *муз.*

АПРОПИ́НДОС, -а, **АПРОПИНДО́С**, -а, *м.* Позор, провал, неудача, разгром, крах.

Возм. ономатопоэтическое; *ср.* **ЗАПИНДЮРИТЬ**.

АПРОПИНДО́СИТЬСЯ, -шусь, -сишься; *сов.*, *с чем, на чём и без доп.* Опозориться, провалиться, потерпеть фиаско в каком-л. деле. *Здо́рово я со своим дипломом ~сился.*

См. **АПРОПИНДОС**. *Ср.* **ОПРОПИНДОСИТЬСЯ**.

АПТЕ́КА[1], -и, *ж.* **1.** Медицинские препараты, употребляемые как наркотики. *Тащи ~у. Где у него ~?* ♦$_1$ **Дружить с ~ой** — использовать медицинские препараты как наркотики; иметь доступ к таким препаратам. **2.** Что-л. точное, точно рассчитанное. *У меня, брат, с документацией ~* (все документы в полном порядке). ♦$_2$. **Как в ~е** — точно, чётко, тютелька в тютельку.

1. — из *нарк.* 2., ♦$_2$ — встречается у В. Шукшина и др.

АПТЕ́КА[2], *межд.* Употребляется как сопровождающее икоту, отрыжку.

Первый слог (ап-) имитирует непроизвольное звукоиспускание.

♦ **А ПУРКУА́ БЫ И НЕ ПА́?** — а почему бы и нет?

От фр. pourquoi pas?

А́РА, -ы, *м.* и *ж.* **1.** Лицо южной (преим. кавказской) национальности. **2.** Ирон. обращение к любому лицу.

От груз. «а́ра» — послушай.

АРА́ЗМЕНТ, -а, *м.* «Служебный роман», когда начальник вступает в любовную связь с подчинённой (секретаршей и т. п.), вынуждая её на это шантажом и т. п.; вообще сексуальное преследование, домогательства.

Из англ. harassment. *Ср.* **ХЕРАЗМЕНТ**.

АРАКЧЕ́ЕВ, -а, *м.* **1.** Классный руководитель. **2.** Директор школы. **3.** Следователь. **4.** Прокурор.

1., 2. — из *шк.*; 3., 4. — из *уг.*; по имени известного государственного деятеля А. А. Аракчеева (1769–1834).

АРАМИС *см.* **ОТСОС**

АРА́П, -а, *м.* **1.** (или ~ **ПЕТРА́ ВЕЛИ́КОГО**). Негр. **2.** Мужской половой орган. ♦ **Загнать ~а** *кому* — **1.** вступить в половую связь (о мужчине); **2.** обмануть, налгать.

См. также **ЗАПРАВЛЯТЬ (АРАПА)**

Возм. через *уг.* «арап» — аферист, «арапа заправлять» — лгать. *ср.* назв. романа А. С. Пушкина «Арап Петра Великого».

АРА́ХИСЫ, -ов, *мн.* Мошонка.

АРБА́ЙТ, -а, **АРБА́Т**, -а, *м.* Работа.

От нем. Arbeit в том же зн.

АРБА́ЙТАТЬ, -аю, -аешь; *несов.*, обычно *без доп.* Работать.

От **АРБАЙТ**.

♦ **АРБА́ЙТЕН УНД КОПА́ЙТЕН** — много работать.

Макароническая имитация нем.

АРБАТ *см.* **АРБАЙТ**

АРБУ́З, -а, *м.* Миллиард рублей. *Сошлись на ~е.*

АРБУЗ* *см.* **СЕМЕЧКИ В АРБУЗЕ**

♦ **АРБУ́ЗНАЯ БОЛЕ́ЗНЬ** *у кого* — рост живота, ожирение.

♦ **АРБУ́З** (или **СЛОНА́**) **ПРОГЛОТИ́ТЬ** — **1.** Стать толстым, располнеть. **2.** Забеременеть.

АРГУМЕНТ *см.* **ПОСЛЕДНИЙ АРГУМЕНТ**

АРЕНА *см.* **ВПЕРВЫЕ НА АРЕНЕ БЕЗ НАМОРДНИКА**

АРЕНДОВА́ТЬ, -ду́ю, -ду́ешь, *несов.*, *кого*. Вступать в половую связь с кем-л.

АРЕСТАНТ *см.* **ОБЕЩАТЬ СОРОК БОЧЕК АРЕСТАНТОВ**

♦ **АРИ́НА РОДИО́НОВНА** — охранник, личный телохранитель. *А вот и Арина Родионовна с нунчаками!*

По имени няни А. С. Пушкина.

А́РИЯ, -и, *ж.* Эхоконференция, почтовая дискуссионная группа. *Подписался на новую ~ю.*

От англ. area, возм. первоначально из *жарг.* игроков в MUD; из языка программистов, пользователей компьютеров.

АРКАНЗА́СЧИНА, -ы, *ж.* *Шутл.* Об Америке, американцах.

От назв. штата Арканзас. По модели **ЭГЕЙЩИНА** и т. д.

АРКА́НИТЬ, -ню, -нишь; *несов.*, *кого*. Подлавливать, соблазнять; заставлять, вынуждать кого-л. что-л. делать.

АРКАШКА *см.* **ТЫ ПРАВ, АРКАШКА...**

А́РКТИКА, -и, *ж.* Лысина.

АРМА́ДА, -ы, *ж.* Армия. *Быть в ~е* — служить в армии.

АРМАТУ́РА, -ы, *ж.* Худой высокий человек (чаще женщина). *Вот ~ с говном!* (о злой худощавой женщине).

АРМЕ́ЙКА, -и, *ж.* Армия.

АРМЕ́Н, -а, **АРМЭ́Н,** -а, **АРМЯ́Ш,** -а (или -а́), *м.*, **АРМЯ́ШКА,** -и, *м.* и *ж.* Армянин, армянка. *Армяшка — в попе деревяшка* — о лице армянской национальности (детск. дразнилка).

АРМЕНИЯ *см.* **РАХИТ**

АРМИЯ *см.* **ЦЕНТРАЛЬНЫЙ САРАЙ КОННОЙ АРМИИ**

АРМЭН *см.* **АРМЕН**

♦ **АРМЯ́НСКИЙ ПИРОЖО́К** — одна из разновидностей наркотика: на хлеб намазывают гуталин, а затем счищают, хлеб служит избирательным сорбентом наркотических компонентов.

АРМЯШ, АРМЯШКА *см.* **АРМЕН**

АРНО́ЛЬД, -а, *м.* Культурист; сильный, мускулистый человек (чаще с ирон. оттенком).

От имени известного американского киноактёра Арнольда Шварценеггера.

♦ **А РО́ЖА НЕ ТРЕ́СНЕТ?** — а не слишком ли многого ты хочешь?

АРТИ́КЛЬ, -я, *м.* Мужской половой орган. *Я без ~я не употребляюсь* — меня волнует всё, что касается секса.

АРТИЛЛЕРИ́СТ, -а, *м.* Тот, кто страдает расстройством желудка.

АРТИЛЛЕ́РИЯ, -и, *ж.* (или **ТЯЖЁЛАЯ ~**). *Шутл.* Влиятельное лицо (напр. в семье). *Вступает тяжёлая ~* (говорит жена, слово жене).

АРТИШОК *см.* **ПОЕХАТЬ НА АРТИШОКИ**

АРХА́НГЕЛ, -а, *м.* Милиционер.

Возм. из *уг. Ср.* **АПОСТОЛ.**

АРХА́РОВЕЦ, -вца, *м.* Трудный подросток.

Ср. общеупотр. *прост.* «архаровец» — буян, головорез.

♦ **АРХИТЕКТУ́РНЫЕ ИЗЛИ́ШЕСТВА** — любые излишества, украшения, что-л., бросающееся в глаза, напр., пышные формы и т. п.

АРШИ́Н, -а, *м.* **1.** Высокий человек. **2.** Стакан или любая другая посуда, из которой можно пить спиртное.

Возм. первоначально из *офен.* или *уг.*

♦ **А РЫ́БКИ КРА́СНОЙ НЕ ХО́ЧЕШЬ?** — а не слишком ли многого ты хочешь?

АСК, *утвердит. част.* Конечно, да, безусловно, разумеется. *Деньжат-то наскребёшь? — ~!* — Денег-то у тебя хватит? — Конечно.

Англ. ask — спрашивать + рус. форма «спрашиваешь» — выражение уверенного утверждения в зн. да, конечно.

А́СКАТЕЛЬ, -я, *м.* Попрошайка.

От **АСКАТЬ.**

А́СКАТЬ, -аю, -аешь; *несов.* (*сов.* **А́СКНУТЬ,** -ну, -нешь, **АСКНУ́ТЬ,** -ну́, -нёшь). **1.** *кого.* Спрашивать, задавать вопрос. *Пойди, аскни его, сколько натикало* — спроси у него, который час. **2.** *у кого что.* Попросить, взять взаймы, выпросить. *Пойду у дяди аскну двушку* — пойду попрошу у этого человека две копейки.

От **АСК.**

АСКОРБИ́НКА, -и, *ж.* Оскорбление. ♦ **Съесть** (или **проглотить, заглотить** и т. п.) **~у** — снести обиду, оскорбление.

АССЕНИЗА́ТОР, -а, *м.* Правительственная машина. *Думцам* (членам Государственной Думы) *~ы выдают.*

АСТИФИГЕ́ННЫЙ, -ая, -ое. **1.** Хороший, прекрасный. **2.** Большой.

Ср. **ОФИГЕННЫЙ.**

АСТРА́Л, -а, *м.* Странное, необычное (чаще приятное) состояние, когда человек полностью отвлекается от окружающего; состояние опьянения. *От пивка в ~е завис. Выйди из ~а и скажи...*

От теософско-эзотерического «астральный» («астрал», «астральное тело» и т. п.) — космический, относящийся к высшей, нематериальной субстанции.

АСТРОЛЯ́БИЯ, -и, *ж.* Жена, любовница; любая женщина.

Арготическая шутл. эстетизация экзотического слова.

АСФАЛЬТ *см.* **ПАХАТЬ НОСОМ АСФАЛЬТ...; У НАС КАК В ПАРИЖЕ...; ЦВЕТОК АСФАЛЬТА; Я СТОЮ НА АСФАЛЬТЕ В НОВЫХ ЛЫЖАХ ОБУТЫЙ...**

♦ **АСФА́ЛЬТОВАЯ БОЛЕ́ЗНЬ** *у кого* — *шутл.* о человеке, который всё время падает; о синяке, ссадине и т. п., оставшихся после падения в нетрезвом состоянии.

♦ **А́СЯ С БА́СЕЙ** — *собств.* популярная в середине 90-х гг. шведская группа «Айс оф Бэйс».

♦ **А ТАЙГУ́ ТЕБЕ́ НЕ ПРОПЫЛЕСО́СИТЬ?** — а не слишком ли много ты хочешь?; ты не знаешь меры, требуешь невозможного.

АТАКА *см.* **ШТЫКОВАЯ АТАКА**

АТАРА́КСИЯ, -и, *ж.* **1.** Любое приятное состояние. *Чайку похлебал — пришёл в ~ю!* **2.** в зн. *межд.* Выражает любую положительную эмоцию.

Общеупотр. «атара́кси́я» — в древнегреч. философии — невозмутимость, состояние душевного покоя, к которому должен стремиться мудрец.

АТА́С, *межд.* **1.** Осторожно!, Внимание!, Бежим! *~, менты!* — осторожно, милиция! ~, *сюда бежит матрас* — шутл. предостережение об опасности (*из детск*). **2.** Выражает любую эмоцию.

Возм. из *уг. Ср.* комментарии к **АТАТУЙ.**

См. также **ПОЛНЫЙ.**

АТА́СНИК, -а, *м.* Наблюдатель; тот, кто следит за ситуацией (обычно во время воровского налёта или др. противоправной акции).

Ср. **АТАС.**

АТАТУ́Й, -я, *м.* Ситуация, характеризующаяся какими-л. крайностями; крайне необычное положение. *В магазине полный ~: одна продавщица* (ничего нет). *В универсаме ~: и мясо, и колбаса, и водки леса́* (всё есть).

Возм. от *устар. диал. межд.* «ату», «атата», «ататя», «атати», выражающих досаду.

♦ **А ТЕБЕ́ ПО ГУБЕ́ И ПО ЖО́ПЕ ПА́ЛКОЙ** — шутл. реплика в ответ на вопрос собеседника «а мне?»

Из *детск.*

АТИПИ́ЧКА, -и, *ж.* Т. н. атипичная пневмония. *В Китае все в намордниках: ~и боятся.*

А́ТОМНЫЙ, -ая, -ое. Ярко выраженный, бросающийся в глаза, броский, выдающийся. *~ая жопа! ~ые бабки!* (деньги).

АТОМУ́ЛИЯ-ДАЛА́ТО, *нескл., м.* и *ж.* Грузин, грузинка.

Шутл. контаминация типичных огласовок груз. собств. имен и рус. фразы «а тому ли я дала-то?».

А ТО ПАЦАНИКИ НА РОЗОВЫХ «ТАВРИЯХ» ПРИЕДУТ *см.* **ПАЦАНИК**

АТТАШЕ *см.* **С МИЛЫМ РАЙ И В ШАЛАШЕ...**

♦ **А ТЫ, ДУ́РОЧКА, БОЯ́ЛАСЬ, ДА́ЖЕ Ю́БКА НЕ ПОМЯ́ЛАСЬ** — *шутл.* о каком-л. легко проделанном действии, которое сначала казалось опасным и трудным (реплика может быть адресована и мужчине, и женщине).

♦ **А ТЫ ЗУ́БЫ СЕГО́ДНЯ ЧИ́СТИЛ?** — ирон. ответ на чью-л. просьбу что-л. сделать, помочь и т. п.

А ТЫ КАЛ НА АНАЛИЗ СДАВАЛ? *см.* **КАЛ**

♦ **А ТЫ ТРУСЫ́** (или **У́ШИ, ШНУРКИ́, ЧЁЛКУ** и т. п.) **НАКРАХМА́ЛИЛ?** — *ирон.* отказ выполнить просьбу, напр.: *Дай сотню до завтра. — А ты пейсы накрахмалил?*

♦ **А ТЫ ЧЕ́РЕЗ НЕ ХОЧУ́** — ирон. ответ на нежелание собеседника что-л. делать.

♦ **А У ТЕБЯ́ НО́ГИ С УТРА́ НЕ БУ́ДУТ МЁРЗНУТЬ?** — ирон. вопрос, адресуемый тому, кто вечером смотрит эротические фильмы.

АФГА́Н, -а, *м.* **1.** в зн. *собств.* Афганистан. **2.** Афганская война (1979–1989). **3.** Житель Афганистана. **4.** Участник афганской войны. **5.** То же, что **АФГАНЕЦ 2.**

АФГА́НЕЦ, -нца, *м.* **1.** То же, что **АФГАН 4. 2.** Собака породы «афганская борзая».

АФГА́НКА, -и, *ж.* **1.** То же, что **АФГАНЕЦ 2. 2.** Военная форма нового образца (примерно с середины 90-х гг.)

Из *арм.*, от *собств.* «Афганистан».

А́ФРИКА, -и, *ж.* Жаркое место, жара, зной, духота. *Сними пиджак, здесь и так ~.*

АФРИКА* *см.* **И В АФРИКЕ...; И В АФРИКЕ (ТОЖЕ); ПОДАРОК ИЗ АФРИКИ; СВОБОДЕН, КАК НЕГР В АФРИКЕ; ТУЗ, ОН И В АФРИКЕ ТУЗ; ЧТО НОВОГО В АФРИКЕ?**

АФРИКАНСКОЕ ДЕРЕВО *см.* **ДЕРЕВО**

АФРИНЯ́НЬКА, -и, *ж.* Переводчица, переводящая у африканцев, африканских негров.

Шутл. контаминация «африканский» и «нянька».

♦ **АХ, ПАРИ́Ж, ПАРИ́Ж, ПАРИ́Ж, КАК ПРИЕ́ДЕШЬ — УГОРИ́ШЬ!** — *шутл.* о Париже, о его роскоши, достопримечательностях и т. п.

АФРОДИ́ТА, -ы, *ж. Шутл.* Молодая девушка.

По имени древнегреч. богини.

А ХЭСЭБЭ НЕ ХОЧЕШЬ? *см.* **ХЭСЭБЭ**

♦ **А ЧЕ́РЕЗ ПЛЕЧО́ (НЕ ГОРЯЧО́)?** — шутл. реплика на переспрос собеседника «чо?» (что?)

АШО́ТИК, -а, *м.* Ирон. обращение; произносится преимущественно с т. н. кавказским аканьем (растяжение гласного в первом слоге).

От *собств.* Ашот.

АЩЕ́, *межд.* Выражает любую эмоцию.

Передел. из общеупотр. «вообще».

АЭРОВА́ФЛЯ, -и, *ж.* То же, что **ВАФЛЯ 1.**

АЭРОВРО́Т, -а, *м., собств.* Станция метро «Аэропорт».

«Аэро» + «в рот».

АЭРОДРО́М, -а, *м.* **1.** Большая кепка с длинным козырьком, которую обычно носят грузины. **2.** Грузин в большой кепке с длинным козырьком. **3.** Большая широкая кровать.

АЭРОДРОМ* *см.* **ЗАПАСНОЙ АЭРОДРОМ; КАК МУХА В ТУАЛЕТЕ**

♦ **АЭРОДРО́М В ЛЕСУ́** — лысина.

♦ **А Я И НА МОТОЦИ́КЛЕ ПО СТЕНЕ́** — *шутл.* в ответ на чьи-л. комплименты, похвалы, напр.: — *Вы прекрасно готовите! — А я и на мотоцикле по стене...*

Б

БАБ, -а, *м.* Ирон. аббрев.: Б. А. Березовский.

БАБА *см.* **В СОРОК ПЯТЬ БАБА ЯГОДКА ОПЯТЬ**

БАБА́Й, -я, *м.* Житель среднеазиатских республик (бывшего СССР).

Ср. «ёханый бабай» (см. **ЁХАНЫЙ**) и т. п. и «бай» — крупный землевладелец, скотовод (от тюрк. baj — богач); *ср.* также *устар.* «бабай» — старый татарин. Возм. изначально восходит к арго маклаков или офеней, заимствовавших многие тюрк. слова: напр., в башкирском «бабай» — старик, дед, *ср.* в *офен.* «к бабаю на блины» — к дяде на поруки. Самый вероятный источник общетюрк. baba — отец.

БАБАЙ* *см.* **ЁХАНЫЙ**

БАБА́ХНУТЫЙ, -ая, -ое. Сумасшедший, странный, ненормальный.

См. **БАБАХНУТЬСЯ.**

БАБА́ХНУТЬСЯ, -нусь, -нешься; *сов., на ком-чём* и *без доп.* Сойти с ума, стать странным, приобрести нездоровую страсть к кому-чему-л. *Совсем парень на своей машине ~нулся.*

От звукоподр. *межд.* «бабах».

БАБА-ЯГА *см.* **ЗАДАНИЕ БАБЫ-ЯГИ; ЯГА**

♦ **БА́БА-ЯГА́ В ТЫЛУ́ ВРАГА́** — *ирон.* о странном, шумном, взбалмошном человеке.

БАБЕ́НЦИЯ, -и, **БАБЕ́ШНИЦА,** -ы, **БАБИ́НА,** -ы, **БАБЦА́,** -ы́, *ж.*, **БАБЕ́Ц,** бабца́, **БАБЕ́ШНИК,** -а, **БАБЕ́ЛЬ,** -я, *м.* Девушка, женщина. *Клёвая бабца* — красивая девушка.

БАБКА *см.* **НЕ ХОДИ К ГАДАЛКЕ**

БА́БКИ, -бок, *мн.*, **БАБЛО́,** -а́, *ср.*, **БА́БОЧКИ,** -чек, только *мн.*, **БАБУЛЕ́НЦИИ,** -ий, **БАБУ́ЛЬКИ,** -лек, **БАБУ́РИКИ,** -ов, *мн.* Деньги. ♦ **Космогонические ~** — огромные деньги. **Сшибать ~** — зарабатывать деньги (обычно большие суммы).

Из *уг.*

См. также **НАМЫВАТЬ (БАБОК); РАЗМНОЖАТЬСЯ БАБКАМИ**

♦ **БА́БКИ ПОДБИВА́ТЬ** *к кому* и *без доп.* — ухаживать за кем-л., обхаживать кого-л.

Возм. разг.-прост. наложение двух *уг.* выражений «бабки подбивать» — подводить итоги (где «бабки» — изначально: деньги; то же зн. широко распространено в современном языке) и «клинья подбивать» — ухаживать за женщиной.

БАБЛГА́М, -а, *м.* Жевательная резинка, жвачка.

От англ. bubble-gum в том же зн.

БАБЛГА́МЩИК, -а, *м.* Продавец жевательной резинки.

От **БАБЛГАМ.**

БАБЛО *см.* **БАБКИ**

БА́БНИК, -а, *м. Ирон.* Сторонник Б. А. Березовского.

От **БАБ**

БАБОВЩИ́НА, -ы, *ж. Ирон.* О ситуации, когда условия диктует женщина.

БА́БОЧКА, -и, *ж.* Майка-безрукавка.

БАБОЧКА* *см.* **НА ХУТОР БАБОЧЕК ЛОВИТЬ; НОЧНАЯ БАБОЧКА**

БАБОЧКИ *см.* **БАБКИ**

БАБУИ́Н, -а, *м.* Женщина (чаще о крупной, мужеподобной).

Шутл. контаминация назв. обезьяны и общеупотр. «баба».

БАБУЛЕНЦИИ, БАБУЛЬКИ *см.* **БАБКИ**

БАБУЛЯ *см.* **ЕДРЁНЫЙ**

БАБУРИКИ *см.* **БАБКИ**

БА́БУШКА, -и, *ж.* Туалет. ♦ **Сходить к ~е** (или **позвонить ~е**) — сходить в туалет.

♦ **БА́БУШКА, СТА́РЫЙ КОММУНИ́СТ** — *шутл.* о слишком «правильном», положительном, дисциплинированном молодом человеке.

♦ **БА́БУШКИ, КРОМСА́ЙТЕ СЫР!** — шутл. призыв приступать к чему-л., начинать что-л. делать.

БА́БУШКИН, -а, -о. Лёгкий в употреблении, простой (об устройствах, аппаратах). *~ фотик* (фотоаппарат).

♦ **БА́БУШКУ ЛОХМА́ТИТЬ** *кому* и *без доп.* — обманывать, зубы заговаривать, напр.: *Ты мне бабушку-то не лохмать!*

БАБЦА *см.* **БАБЕНЦИЯ**

БАБЫ СЛАБЫ НА ПЕРЕДОК *см.* **ПЕРЕДОК**

БАГ, -а, *м.* **1.** Ошибка, неточность в компьютерной программе (обычно в неправильно работающей, но не препятствующей компиляции), а также любая ошибка, неточность. *Выловить (обнаружить, устранить) ~ в программе.* **2.** Клоп, таракан.

От англ. bug — таракан, а также в языке англоязычных программистов — в зн. неточность, ошибка; из жарг. программистов, пользователей компьютеров.

БАГА́Ж, -а́, *м.* Тот, кто портит компанию, кого вынуждены терпеть вопреки желанию; человек, выбивающийся из данного коллектива; лишний, ненужный человек.

БАГА́ЖНИК, -а, *м.* **1.** Почтово-багажный вагон в поезде. **2.** Зад, ягодицы. **3.** Живот, желудок. **4.** Рот.

БАГОР *см.* **БУГОР**

БАГРО́ВЫЙ, -ого, *м.* Младенец, новорождённый. ♦ **Зарядить ~ого** — зачать ребёнка (обычно о мужчине), напр.: *Он зарядил ей третьего ~ого* (о третьем ребёнке в семье).

БА́ЗА, -ы, *ж.* **1.** Задница. **2.** Жена. **3.** Спиртное. **4.** Наркотики.

БАЗА́Р, -а, *м.* **1.** Разговор, спор, беседа, обсуждение. *Иди сюда, ~ есть* — у меня к тебе есть разговор. **2.** Беспорядок, неразбериха, сумятица. **3.** Манера говорить, произношение, акцент, характерный выговор. *Я хохлов* (украинцев) *по ~у на раз* (сразу) *вычисляю* (определяю). ♦ **Кончай ~** — хватит разговаривать, замолчи. **Кончай ~, давай рынок** — о политико-экономической ситуации в СССР в конце 80-х гг. **~ вперёд видеть** — предвидеть, о чём дальше пойдёт речь, знать наперёд ход развития беседы, диалога, обсуждения. *Я твой гнилой ~ на сто шагов вперёд вижу.*

См. также **ГНИЛОЙ БАЗАР; ЗАМЯТЬ БАЗАР; КЛЕИТЬ БАЗАР; ЛЕВЫЙ БАЗАР; СВЕРНУТЬ БАЗАР; ФИЛЬТРОВАТЬ БАЗАР**

От *уг.* «базар» — разговор, обсуждение.

БАЗА́Р-ВОКЗА́Л, обычно только в *им.* и *вин. п.*, *м.* **1.** То же, что **БАЗАР 2**. **2.** в зн. *вводн. сл.* То да сё, так мол и так. *Что он тебе сказал? — Ну там, ~, в общем всё нормально!*

Ср. **БАЗАР**.

БАЗА́РИТЬ, -рю, -ришь; *несов.* **1.** *что, о чём, кому, с кем.* Говорить, беседовать, обсуждать. *Мы вчера с Михалычем о тебе ~рили. Он тебе дело ~рил или нет?* **2.** обычно *без доп.* Ссориться, поднимать шум, громко кричать (в споре).

См. **БАЗАР**.

БАЗЛ, -а (или -а́), *м.* Разговор, беседа, спор, обсуждение. *Что за ~, а драки нету?*

От **БАЗЛАНИТЬ, БАЗЛАТЬ**; возм. сокращ. с имитацией англ.

БАЗЛА́НИТЬ, -ню, -нишь, **БАЗЛА́ТЬ,** -а́ю, -а́ешь; *несов., о чём с кем* и *без доп.* Говорить, болтать, нести чепуху.

От *диал.* «базанить», «базланить», «базлать» — шумно кричать, орать.

БА́ЙДА, -ы, **БАЙДА́РА,** -ы, *ж.* Байдарка.

Сокращ.; *см.* также **БАЙДА́**.

БАЙДА́, -ы́, *ж.* Ерунда, чушь. *Хорош ~у́ разводить. Это всё ~!*

Возм. связано с «байда», «байдара», «байдак» — разновидность речных судов; возм. также сближение с *устар. диал.* «байдуга» — беззаботный человек, «байдуже» — безразлично, невнимательно, ненужно (из укр.).

См. также **ТРАВИТЬ БАЙДУ**

БАЙДАРА *см.* **БАЙДА**

БАЙК, -а, *м.* Мотоцикл. *~ не тачка* (машина)!

От англ. bike в том же зн., сокращ. от bicycle, в рус. арго, вероятно, первоначально из речи рокеров.

БА́ЙКЕР, -а, *м.* Мотоциклист; тот, кто любит кататься на мотоцикле.

От **БАЙК**.

БАЙКОНУ́Р, -а, *м.*, *собств.* Название нескольких пивных в Москве (напр. у станции метро «Смоленская»).

От названия космодрома; возм. связано с тем, что над кнопкой разлива пива была надпись «пуск», метафорически ассоциируемая со стартовым устройством.

БА́Й-ШАКА́Л, обычно *нескл.*, *м.* Ирон. руг.

БА́КЕНЫ, -ов, *мн.* Бакенбарды.

БА́КИ[1], -ов, *мн.* Неправда, ложь, выдумки; нечто, отвлекающее внимание. ♦ **Забивать** (или **заливать, вкручивать**) **~** — лгать, отвлекать собеседника посторонними разговорами.

Возм. через *уг.* в том же зн.; возм. сближение с *диал.* «бакулить», «бакать» — говорить, разговаривать, беседовать; *ср.* «бакульщик» — говорун, краснобай, «бакулы» —

пустые слова, слухи, «бакулина» — шутка, анекдот, «бакуня» — ловкий, увёртливый на словах; возм. производное от *диал.* «баять», «баить» — говорить.

БА́КИ[2], -ов, *мн.* Часы.

Возм. по аналогии форм бака и часов (цилиндрическая форма).

БА́КИ[3], -ов, **БА́КСЫ**, -ов, *мн.* **1.** Доллары, валюта. **2.** Любые деньги.

От амер. *разг.* buck — доллар (мн. bucks).

БАКЛАЖА́Н, -а, *м.* Мужской половой орган.

БАКЛА́Н, -а, *м.* **1.** *Ирон.-пренебр.* О ком-л. неопытном, «шумном, но нестрашном». **2.** Солдат осеннего призыва.

Первоначально из *уг.*, 2. — из *арм.*

БАКСИ́ТЬ, 1 л. ед. ч. не употр., -и́шь; *несов., кого чем, сколько* и *без доп.* Платить валюту, валютой, расплачиваться долларами.

От **БАКСЫ**.

БАКСЫ *см.* **БАКИ**[3]

БАКТЕ́РИЯ, -и, *ж.* Противный, вредный человек.

БАЛАБО́ЛИТЬ, -лю, -лишь; *несов., с кем о чём, что.* Много говорить, болтать; тараторить.

Ср. общеупотр. *разг.* «балаболка» — болтун.

БАЛАЛА́ЕЧНИК, -а, *м.* То же, что **БАЛАЛАЙКА**.

БАЛАЛА́ЙКА, -и, *ж.* **1.** Девушка, подруга, приятельница. **2.** Болтун, пустомеля. **3.** Переносной магнитофон, магнитола и т. п. *Пидорас провинциальный с ~ой.* **4.** Дешёвая, плохая гитара. ♦ **Ты мне друг или ~?** — ты мне друг или нет? (обычно реплика сопровождает какую-л. просьбу).

4. — из *муз.*

БАЛАЛАЙКА* *см.* **ОТМЕЧАТЬ СТОЛЕТИЕ РУССКОЙ БАЛАЛАЙКИ**

♦ **БАЛАЛА́ЙКУ ТЕБЕ́!** — как бы не так, ишь чего захотел!; отказ от чего-л., протест против чего-л. и т. п. (часто сопровождается жестом, имитирующим аккорд).

БАЛА́НА, -ы, **БАЛАНА́**, -ы́, *ж.* Короткая палка, маленький лом.

Уг. «балана» — ломик для взлома.

БАЛА́НДА, -ы, *ж.* **1.** Любая пища невысокого качества (обычно о еде в предприятиях общепита). **2.** Бестолковый текст; неясная, нечёткая речь. ♦ **Нести ~у** — говорить ерунду, нести чепуху.

См. также **ТРАВИТЬ ЛЯ-ЛЯ...**

Прост., уг. и *арм.* «баланда» — похлёбка.

БАЛАХО́Н, -а, *м.* Любая верхняя одежда (куртка, пальто, плащ и т. п.).

БАЛДА́, -ы́, *м.* и *ж.*, **БАЛДА́ХИН**, -а, **БАЛДА́ШКИН**, -а, *м.* **1.** Голова. **2.** Мужской половой орган. **3.** Что-л. значительное, увесистое, внушительных размеров. **4.** Наркотик (обычно анаша). ♦ **Без балды** — точно, без обмана, наверняка, во что бы то ни стало, напр.: *Ты без ~ы приедешь?* **Балду гонять** (или **пинать**) — бездельничать, заниматься ерундой. **Бить по балде** — о силе, крепости алкогольного напитка. *Сегодня жарко, пиво по ~е бьёт.* **Взять от балды** *что* — сделать что-л. произвольно, необоснованно, взять с потолка. **Дать по балде** — ударить по голове.

Формы «балдахин», «балдашкин» — возм. имитация фамилии.

БАЛДЁЖ, -дежа́, *м.* **1.** Приятное состояние; удовольствие. *У меня от этого фильма каждый раз такой ~!* **2.** Безделье. **3.** в зн. *межд.* Ну и ну!, вот это да!, здо́рово!; прекрасно!

От **БАЛДЕТЬ**.

БАЛДЁЖНИК, -а, *м.* Бездельник, лентяй.

От **БАЛДЁЖ**.

БАЛДЁЖНИЧАТЬ, -аю, -аешь; *несов., без доп.* То же, что **БАЛДЕТЬ 1**.

БАЛДЁЖНЫЙ, -ая, -ое. **1.** Не требующий большого напряжения, труда; лёгкий (о работе). **2.** Общеположительный эпитет (хороший, интересный, вкусный и т. п.).

От **БАЛДЁЖ**.

БАЛДЕ́ТЬ, -е́ю, -е́ешь (или -дю́, -ди́шь); *несов.* **1.** *без доп.* Находиться в приятном состоянии, отдыхать, расслабляться, бездельничать. *~еешь, клюшка?* — ну что, всё хорошо? **2.** *с кого-чего, на кого-что, от кого-чего, над кем-чем.* Получать удовольствие от кого-чего-л., эмоционально реагировать на кого-что-л. *Я ~ею с твоей простоты* — я удивляюсь, насколько же ты простой, доверчивый.

БАЛДУ ГОНЯТЬ (или **ПИНАТЬ**) *см.* **БАЛДА**

БАЛЕРИ́НА, -ы, *ж. Ирон.* Молодая, красивая женщина или девушка.

БАЛЕРИ́НКА, -и, *ж.* **1.** *Ирон.* Замороженная курица отечественного производства. **2.** Вид циркуля.

2. — из *спец.*

БАЛЕТНЫЙ *см.* **МЕЖДУ НАМИ ЧЕМОДАН И БАЛЕТНЫЕ ТАПОЧКИ**

БА́ЛКА, -и, *м.* Мелкий вор, вор-карманник.
Ср. *устар. уг.* «балка» — хлеб.

БАЛКО́НСКИЙ, -ого, *м.* Балкон. *Пойдём на ~ого покурим.*
Аллюзия к известному персонажу романа Л. Толстого «Война и мир».

БАЛЛО́Н, -а, *м.* Милиционер.
Возм. из *уг.*

БАЛЛОН* *см.* **БРОСИТЬСЯ С БАЛЛОНА; КАТИТЬ БАЛЛОНЫ**

БАЛЛО́НЫ, -ов, *мн.* Деньги.

БАЛО́ВАННЫЙ, -ая, -ое. Изготовленный нелегальным образом (о любом спиртном напитке: водке, коньяке, пиве и др.).

БАЛОВАТЬСЯ *см.* **ПО САМЫЕ НЕ БАЛУЙСЯ**

БАЛЬЗАМИ́РОВАТЬСЯ, -руюсь, -руешься; *несов., без доп.* Пить бальзам (алкогольный напиток). *Как будем ~роваться — по-рижски или по-вьетнамски?* — что будем пить — рижский или вьетнамский бальзам?
Контаминация с общеупотр. «бальзамировать» — пропитывать тело умершего особыми веществами для предохранения от гниения.

БАМА́ЖКА, -и, *ж. Ирон.* Любой документ: удостоверение, квитанция, пропуск и т. п.

БАМБИ́НО, *нескл., ср., м.* и *ж.* Ребёнок.
Итал. bambino — ребёнок.

БАМБУ́К, -а, *м.* **1.** Лицо южной национальности. **2.** Глупый человек, тупица. **3.** Сигарета, папироса (часто о наркотике). *~ забить* — выкурить сигарету. **4.** Бездельник, шалопай.

БАМБУ́КОВЫЙ, -ая, -ое. Глупый, тупой, недогадливый. *Ты сам ~ или у тебя папа деревянный?* — что же ты такой глупый-то!
От **БАМБУК 2.**

БАМБУ́ЛА, -ы, *м.* Большой, сильный, здоровый человек. *Силач-~ поднял четыре стула (выжал мокрое полотенце) и сделал прыжок с кровати на горшок* (детск. шутл. четверостишие).

БА́МПЕР, -а, *м.* **1.** Зад, ягодицы. *Прописать пинка по ~у кому* — ударить кого-л. по заду. **2.** Лоб, лицо. *Дай ему в ~!*

БАН, -а (или -а́), *м.* Вокзал. *На трех ~а́х тусуются крестьяне* — на площади трёх вокзалов (Комсомольская площадь в Москве) ожидают поездов иногородние жители.
Уг. «бан» — вокзал, пристань и др. место, где много людей с вещами. Вероятно, из нем. (по Б. Ларину).

БАНА́Н, -а, *м.* **1.** Низший балл (единица или двойка). *Получить* (или *схлопотать, нарваться на, огрести* и т. п.) *~ по чему* — получить плохую оценку по какому-л. предмету. **2.** Мужской половой орган. **3.** Длинная вместительная сумка, обычно в форме цилиндра. *Полный ~ книжек.* ♦ **Банан** *кому* — при отказе что-л. дать, сделать и т. п.: фигушки, не дам, ишь чего захотел!
♦ — *эвфем.*

БАНА́С, -а, *м. Ирон.* Любой экзотический фрукт. *Сука богатая, ~ами питается. Отожраться на ~ах.*
От «банан» + «ананас».

БАНАНИ́ЗМ, -а, *м.* Онанизм, а также пустое никчёмное дело, «переливание из пустого в порожнее». *Не работа, а ~.*
Контаминация «онанизм» и «банан».

♦ **БАНА́НОВАЯ АЛЛЕ́Я** — шутл. назв. аллеи около Университета дружбы народов в Москве.

♦ **БАНА́НОВАЯ РЕСПУ́БЛИКА** — *ирон.* о России, попавшей в экономическую и политическую зависимость от Запада.
Первоначальное нарицательное зн. выражения — маленькая азиатская, африканская или латиноамериканская страна, полностью зависящая от Запада, с марионеточным правительством и т. п.

БАНА́НОВО-КОКО́СОВО, Бана́нова-Коко́сова, *ср.* **1.** *собств.* Район Орехово-Борисово в Москве. **2.** в зн. *нариц.* Любой отдалённый от центра район. *Пока до моего Бананова-Кокосова доберёшься — внуки подрастут.*

БАНА́НЫ, -ов, *мн.* Фасон брюк, широких и суженных книзу.

♦ **БАНА́НЫ В УША́Х** *у кого* — *ирон.* о человеке, который не расслышал что-л. или вообще плохо слышит.
Из популярного в 80-х гг. анекдота.

БА́НДА, -ы, *ж.* Вокально-инструментальный ансамбль, рок-группа.
От англ. band — оркестр, группа, банда.

БАНДА́Ж, -а́ (или -а), **БАНДА́Н,** -а́ (или -а), *м.*, **БАНДА́МА,** -ы, *ж.* Повязка, косынка, шнурок и т. п. на голове.

Из арго современных молодёжных социумов; атрибут рок-культуры. Этимология варваризма неясна; наиболее вероятно сближение с польским bandaż или фр. bandeau в том же зн.; *ср.* также индийское «бандхну» — платок красного или синего цвета в белый горох (надевается на голову или обёртывается вокруг шеи).

БАНДЕРЛО́Г, -а, *м. Ирон.-шутл.* **1.** Дружеское обращение. **2.** обычно *мн.* Шумная, бестолковая компания, крикливая толпа. **3.** Любой человек. **4.** обычно *мн.* Взвод.

Обезьяны-бандерлоги — персонажи повести Р. Киплинга «Маугли»; **4.** — из *арм.*

БАНДУЛА́, -ы́, *ж.* Музыкальный инструмент больших размеров, чаще струнный, типа виолончели.

Из *муз.*; *ср.* «бандура», а также **МАНДУЛА.**

БАНДУ́РА, -ы, *ж.* **1.** Любой музыкальный инструмент (обычно струнный). **2.** Большой громоздкий автомобиль (самолёт и т. п.).

БАНДЮ́К, -а́, *м.* Преступник, хулиган, рэкетир, налётчик.

От общеупотр. «бандит». По модели **СЪЕЗДЮК** и т. п.

БАНЗА́Й, -я, *м.* и в зн. *межд.* **1.** Ура, вперёд! *А ну, ~, орлы!* (выкрик пассажира, старающегося влезть в переполненный автобус и подталкивающий впереди стоящих в спины). **2.** Всё, конец, всё кончено. *Деньги кончились, ~ пришёл.* **3.** Мужской половой орган.

Выкрик японских самураев.

БАНК, -а, *м.* Обман, надувательство. ♦ **Сыграть в ~** *с кем* — обмануть кого-л., обвести вокруг пальца, надуть.

БА́НКА, -и, *ж.* **1.** Стакан или любая другая посуда, ёмкость для выпивки. **2.** Бутылка спиртного. **3.** Гол (в игре). **4.** *собств.* Зал в комплексе «Олимпийский». **5.** Стул, табуретка или тумбочка. ♦ **Раздавить ~у** — выпить стакан спиртного. **Быть под ~ой** — быть пьяным. **Закатить ~у** *кому* — забить гол.

БАНКА* *см.* **КАК СЕЛЁДКИ В БАНКЕ; ЧТО** *с кого* **ВЗЯТЬ, КРОМЕ АНАЛИЗА...**

БА́НКИ, -нок, *мн.* **1.** Очки. **2.** Глаза. *Протри ~!*

БАНКИ́Р, -а, *м.* Тот, кто часто обманывает; хитрец, пройдоха.

От **БАНК.**

БАНКОВА́ТЬ[1], -ку́ю, -ку́ешь; *несов., кого* и *без доп.* Угощать спиртным кого-л.; покупать спиртное на всю компанию.

От **БАНКА 1, 2.**

БАНКОВА́ТЬ[2], -ку́ю, -ку́ешь; *несов., кого* и *без доп.* **1.** Метать, держать банк (в картах). **2.** Хитрить, лукавить, изворачиваться; делать глупости, ошибаться, запутывать самого себя. *Вот ~ует, аж уши в трубочку завёртываются* (об отчаянном лгуне).

2 — от **БАНК.**

БАНКУ́ЮЩИЙ[1], -его, *м.* Тот, кто даёт деньги на выпивку.

От **БАНКОВАТЬ**[1].

БАНКУ́ЮЩИЙ[2], -его, *м.* Тот, кто мечет банк (в картах).

От **БАНКОВАТЬ**[2] **1.**

БАННЫЙ *см.* **ЖОПА**

♦ **БА́ННЫЙ ДЕНЬ** — *собств.* Большой театр. По изображению обнажённого Аполлона на фронтоне.

БАНОЧКА *см.* **БАНКА**

БАНТ *см.* **ЖОПА; СОРОК**

БАНТИК *см.* **ФИК-ФОК И СБОКУ БАНТИК**

БАНЬКА *см.* **ТЫ МОЯ БАНЬКА, Я ТВОЙ ТАЗИК**

БА́НЯ, -и, *ж.* **1.** Жара, зной, духота, душное место. **2.** (или **ГОРБАЧЁВСКАЯ ~**). Винный магазин с большой очередью.

БАНЯ* *см.* **ИДИ ТЫ В БАНЮ; СВОБОДЕН, КАК ШАЙКА В БАНЕ; ЧТО ТЫ РВЁШЬСЯ, КАК ГОЛЫЙ В БАНЮ...**

♦ **БА́НЯ, ЧЕ́РЕЗ ДОРО́ГУ — РАЗДЕВА́ЛКА** — о чём-л. неудобном, непродуманном, абсурдном.

БАОБА́Б, -а, *м.* Глупый человек, тупица.

♦ **БАОБА́Б ТВОЮ МАТЬ!** — *межд.*, выражающее любую эмоцию.

Эвфем. от нецензурного.

БАПТИ́СТ, -а, *м.* Бабник, ловелас.

Контаминация с общеупотр. «баптист» — последователь одной из разновидностей протестантизма.

БАРАБА́Н, -а, *м.* Живот, желудок. ♦ **Набить ~** — наесться досыта.

БАРАБАН* *см.* **ДО БАРАБАНА; ОТ БАРАБАНА; ПО-БАРАБАНУ; ФЛАГ В РУКИ, БАРАБАН В ЖОПУ...**

БАРАБА́НЩИК, -а, *м.* Доносчик, ябеда; клеветник; кляузник.

БАРА́Н[1], -а, *м.* Недалёкий, тупой человек.

БАРА́Н[2], -а, *м.*, *собств.* Бар Академии наук (ранее АН, ныне РАН). *Кого только в ~е не встретишь!*

Шутл. аббрев.

БАРАН* *см.* **КРЕПЧЕ ЗА ШОФЁРКУ ДЕРЖИСЬ, БАРАН; НЕ БАРАН НАЧХАЛ**

БАРАНИЙ *см.* **ТО ДА СЁ, БАРАНЬИ ЯЙЦА**

БАРА́НКА, -и, *ж.* **1.** Нулевой балл (преим. в спорте). **2.** Минимальная оценка (двойка или единица).

♦ **БАРА́НКИ ГНУ** — ирон. реплика в ответ на вопрос «ну?»

БАРА́ТЬ, -а́ю, -а́ешь; *несов.*, *кого*. **1.** Вступать в половую связь с кем-л. (о мужчине). **2.** (или ~ **МОЗГИ́**, ~ **МО́ЗГИ** *кому*). Путать, обманывать, сбивать с толку кого-л. **3.** Надоедать кому-л.

Возм. от *устар. жарг.* торговцев «барать» — менять товар на товар или из *уг.*; возм. связано с цыг. baró — большой.

БАРА́ТЬСЯ, -а́юсь, -а́ешься; *несов.*, *с кем.* Вступать в половую связь.

См. **БАРАТЬ**.

БАРАХЛО́, -а́, *ср.* Муж (обычно говорится женой). *Это моего ~а пиджачишко* — это пиджак моего мужа.

БАРБАРИ́С, -а, *м. собств. Шутл.* Борис. ~ *~ыч* Борис Борисович.

БАРБИТУ́РА, -ы, *ж.* Успокоительные, снотворные средства, употребляемые в качестве наркотического средства. *Наглотался ~ы.*

Из *нарк.*

БАРБО́С, -а, *м.* **1.** Любой человек. **2.** Ирон.-шутл. обращение. **3.** Большой жёлтый огурец или другой овощ слишком крупных размеров. *У нас в овощном одни ~ы да продавщицы.*

БАРБУ́ДО, *неизм.*, **БАРБУ́ДОС**, -а, *м. Шутл.* Бородатый человек.

Исп. barbudo (*мн.* barbudos) — человек с бородой; партийная кличка Ф. Кастро.

БАРДА́К, -а́, *м.* **1.** Вечеринка, попойка, гулянка. **2.** Беспорядок, неразбериха.

См. также **ПОЖАР В БАРДАКЕ ВО ВРЕМЯ НАВОДНЕНИЯ.**

Возм. из *уг.* «бардак» — публичный дом; первоначально из тюрк. в зн. горшок, бокал, стакан.

БАРДА́ЧНЫЙ, -ая, -ое. Плохо организованный, сумбурный. *Сессия в этом году какая-то ~ая вышла.* ♦ **~ая система** — о плохой системе обслуживания, работе транспорта и т. п.

БАРДАЧО́К, -чка́, *м.* **1.** В автомобиле: место перед правым передним сидением, где хранятся мелкие вещи. **2.** То же, что **БАРДАК** во всех зн.

См. также **ПРОДАДИМ БРОНЕВИЧОК...**

БА́РДИ, обычно *нескл.*, *мн.* Деньги.

Возм. связано с *устар.* «барда» — остатки чего-л., бурда.

БАРЕ́ТКИ, -ток, *мн.* Туфли, тапочки; любая обувь.

От *устар. прост.* «баретки» — женские туфли.

БАРЁХА, -и, **БАРЁШКА**, -и, **БАРЁШНИЦА**, -ы, **БАРУ́ХА**, -и, **БАРУ́ШКА**, -и, **БАРУ́ШНИЦА**, -ы, *ж.* **1.** Любовница, сожительница. **2.** Любая женщина.

От **БАРАТЬ 1.**

БА́РЖА, -и, *ж.* Автомобиль «Волга».

БА́РМА, БАРМА́ *см.* **БОРМА**

БАРМАЛЕ́Й, -я, *м.* **1.** Неприятный человек. **2.** Мужской половой орган.

Имя персонажа популярной сказки К. Чуковского «Доктор Айболит».

БАРМАЛЕ́ЙКА, -и, *ж.* Некрасивая девушка, дурнушка.

См. **БАРМАЛЕ́Й**.

БАРОКА́МЕРА, -ы, *ж.* Вытрезвитель.

♦ **БАРО́Н ФОН ТРИППЕРБА́Х** — триппер, гонорея, а также человек, неоднократно болевший этой болезнью.

От нем. Tripper (триппер), с имитацией нем. дворянской фамилии, типа фон Тузенбах и т. п.

БАРСЕ́ТКА, -и, *ж.* Маленькая сумка, кошелёк.

БА́РСИК, -а, *м.* **1.** Кот, кошка. **2.** Мужской половой орган. **3.** Шутл.-ласк. обращение.

БАРУХА, БАРУШКА, БАРУШНИЦА *см.* **БАРЁХА**

БАРЫ́ГА, -и, *м.* и *ж.* **1.** Зажиточный, богатый человек (обычно жадный). **2.** Любой человек. *Там тебя какой-то ~ зовёт.* **3.** Уличный торговец наркотиками. **4.** «Челнок», оптовик. **5.** Уличный торговец. *~ у обочины картошкой торгует.*

От *уг.* «барыга» — перекупщик, спекулянт.

БАРЫ́ЖИТЬСЯ, -жусь, -жишься; *несов.*, *без доп.* Жадничать. *Да не ~жься ты, дай трёшник до завтра.*

См. **БАРЫГА**.

БАРЫ́ЖНИЧАТЬ, -аю, -аешь; *несов., без доп.* Заниматься перекупкой, скупкой краденого, спекулировать.

См. **БАРЫГА.**

БА́РЫШНЯ, -и, *ж.* **1.** Любая девушка. **2.** Подруга, сожительница, любовница. ♦ **~, что ли?** — ирон. реплика в ответ на чьё-л. капризное поведение.

БАС[1], -а (или -а́), *м.* **1.** Бас-гитара в музыкальной группе. **2.** Бас-гитарист.

Из *муз.*

БАС[2], -а, *м.* Автобус.

От англ. bus в том же зн.

БАС* *см.* **БРАТЬ НА БАС**

БА́СИК, -а, *м. собств.* Бассейн «Москва» (ныне не существующий).

Шутл. аббрев. с суффиксацией.

БАСИ́СТ, -а, *м.* То же, что **БАС**[1] 2.

БА́СКЕ́Т, -а, *м.* **1.** Баскетбол. **2.** Человек высокого роста.

Сокращ.; возм. влияние англ.

БА́СКЕ́ТЫ, -ов, *мн.* Разновидность кроссовок с длинным язычком и высоким голенищем.

От «баскет», сокращ. от «баскетбол».

БАСМА́Ч, -а́, *м.* Житель среднеазиатских республик (бывшего СССР).

От общеупотр. «басмач» — участник контрреволюционных банд в Средней Азии.

БАСТА *см.* **НЕ УЧИ ОТЦА — И БАСТА**

БАСТИ́ЛИЯ, -и, *ж.* Главное (высотное) здание МГУ в Москве.

От фр. Bastille — крепость, позднее тюрьма в Париже.

БАСУ́ХА, -и, **БАСУ́ШКА,** -и, *ж.* То же, что **БАС**[1]**1.**

Из *муз.*

БАСЫ́, -о́в, *мн.* Женские груди.

Возм. из *уг.*

♦ **БАТА́ЙСКИЙ СЕМАФО́Р** — далёкое, труднодоступное место.

БАТАРЕЙКА *см.* **МЯГКОЙ ПОСАДКИ ВАШИМ БАТАРЕЙКАМ!**

♦ **БАТАРЕ́ЙКИ СЕ́ЛИ** *у кого* — о человеке, ведущем себя глупо, несуразно: «с ума сошёл», «чокнулся».

БАТАРЕ́Я, -и, *ж.* Большое количество бутылок со спиртным. ♦ **~, к бою!** — говорится перед выпивкой.

БАТЕНЬКА *см.* **ЗРЯ, БАТЕНЬКА, ЗРЯ...**

БАТИСКА́Ф, -а, *м.* Унитаз.

БАТЛ, БАТЛА *см.* **БОТЛ**

БАТО́Н[1], -а, *м.* Отец; старший по званию, начальник, уважаемый человек, предводитель.

Возм. от грузинского «батоно» — отец.

БАТО́Н[2], -а, *м.* **1.** Девушка. *Свежий ~* — симпатичная девушка. **2.** Странный, нелюдимый, не имеющий друзей человек (чаще о подростке). **3.** Большая сумка. *Возьми ~.* **4.** Палец. *~ы растопырил.*

См. также **КЛАЦАТЬ**

БАТОН[3] *см.* **ЖАТЬ БАТОНЫ**

БАТОН* *см.* **ГРЕБАН; ЕДРЁНЫЙ; ТЫ НА КОГО БАТОН КРОШИШЬ!**

БА́ТЬКА, -и, **БАТЬКО́,** -а́, **БА́ТЯ,** -и, **БАТЯ́НЬКА,** -и, **БАТЯ́НЯ,** -и, *м.* **1.** Ирон. обращение к любому лицу мужского пола. **2.** Любой человек. **3.** Уважаемый командир в армии, на флоте.

3. — из *арм.*

♦ **БА́УНТИ — РА́ЙСКОЕ НАСЛАЖДЕ́НИЕ!** — ирон. реплика, следующая за каким-л. агрессивным действием по отношению к собеседнику (ударом, пинком, щипком, какой-л. злой шуткой и т. п.).

Из *шк.*; пародирование навязчивой рекламы батончика «Баунти».

БА́ХНУТЬ, -ну, -нешь; *сов., кого.* Убить соперника в компьютерной игре.

Возм. связано с англ. *прост.* bush — пихаться, толкаться.

БАХРОМА *см.* **НАВЕШИВАТЬ (БАХРОМЫ)**

БАЦИ́ЛЛА, -ы, *ж.* Папироса, сигарета. ♦ **~ с ниппелем** — сигарета с фильтром.

БАЦИ́ЛЛИТЬ, -лю, -лишь, **БАЦИЛЛЯ́ТЬ,** -я́ю, -я́ешь; *несов., что.* Курить.

От **БАЦИЛЛА.**

БАЦИЛЛЯ́РИЙ, -я, *м.* Курительная комната.

От **БАЦИЛЛА, БАЦИЛЛИТЬ.**

БАЦИЛЛЯТЬ *см.* **БАЦИЛЛИТЬ**

БАШ, -а (или -а́), *м.* Порция наркотика (чаще о папиросе, сигарете с наркотиком).

Из *нарк.*; наиболее вероятно тюрк. происхождение.

БАШАТУМНА́Й, -я, *м.* Марихуана (реже другие виды наркотиков); всё, что связано с наркотиками (наркоман, стиль жизни наркоманов, компания наркоманов и т. п.).

Возм. сближение с **БАШ.**

БАШКА *см.* **ЛЫСАЯ БАШКА, ДАЙ ПИРОЖКА; ОТВАЛ БАШКИ; ПОЛОСКАТЬ БАШКУ; ПЫЛЕСОСИТЬ БАШКУ**

БАШКА́Н, -а (или -а́), *м.* **1.** Человек с большой головой. **2.** Умный, сообразительный человек.

От общеупотр. *прост.* «башка» — голова.

БАШКАТЕ́НЬ, -и, **БАШКАТУ́РА,** -ы, *ж.* Голова, башка.

БАШЛЁВЫЙ, -ая, -ое, **БАШЛИВИ́ТЫЙ,** -ая, -ое. Денежный; имеющий много денег или дающий возможность заработать. *~ чувак* — человек, у которого много денег. *~ое дело* — выгодное дело.

См. **БАШЛИ.**

БА́ШЛИ, -ей (или -е́й), *мн.* Деньги.

Ср. казацкое *диал.* «башловка» — часть добычи, отдаваемая начальнику; возм. через *уг.*

БАШЛИВИТЫЙ *см.* **БАШЛЁВЫЙ**

БАШЛЯ́ТЬ, -я́ю, -я́ешь, *несов.* **1.** *без доп.* Зарабатывать деньги. **2.** *кого.* Финансировать кого-л.; ссужать кому-л. деньги. *Меня жена ~яет, а мне и не стыдно: равноправие так равноправие.*

См. **БАШЛИ.**

БАШМА́К, -а́, *м.* **1.** *собств.* Один из залов в комплексе «Олимпийский». **2.** Противоугонное средство. *Поставь ~.*

♦ **БА́ШНЮ СОРВА́ЛО** *у кого* — с ума сошёл, «спятил», «чокнулся».

БА́ШНЯ, -и, *ж.* **1.** Высокий (обычно одноподъездный) дом. **2.** Высокий человек. **3.** Голова.

См. также **БЕЗ БАШНИ; СТАВИТЬ БАШНЮ НА МЕСТО**

БАЯ́Н, -а, *м.* **1.** Положение фишек в домино «шесть к шести». **2.** Шприц. **3.** Ерунда, безделица, глупость. **4.** Разговорчивый человек, болтун, пустобрёх, трепло. *Думские ~ы.*

2 — из *нарк.*

См. также **ВЗЯТЬ В РУКИ БАЯН**

БАЯН* *см.* **АНТИКВАРНЫЙ БАЯН; НА БАЯНЕ МЫЧАТЬ; НА ФИГ**

БАЯ́НДЕЛЬ, -я, *м.* *Пренебр.* Баян.

Из *муз.*; по модели **ХРЮНДЕЛЬ, ЖБАНДЕЛЬ** и т. п.

БАЯ́НИТЬ, -ню, -нишь; *несов.*, *чем* и *без доп.* Принимать наркотик (чаще о вводимом с помощью шприца).

От «баян» — шприц; из *нарк.* и *уг.*

БДЕЦ, -а́, **БДЮ́ШНИК,** -а, **БДЮ́ХА,** -и, **БДЮ́ШКА,** -и, *м.* Милиционер, постовой.

От общеупотр. «бдеть».

БЕБЕСА́, -о́в, *мн.*, **БЕБЕ́СКА,** -и, **БИБИЭ́СИНА,** -ы, **БИБИЭ́СКА,** -и, *ж.* BBS (Электронная доска объявлений — Bulletin Board System). *Позвонить на бибиэску.*

Из жарг. программистов, пользователей компьютеров.

БЕ́БЕХИ, -ов, **БЕ́БИХИ,** -ов, *мн.* Вещи, пожитки, «шмотки», «манатки».

Неясно. *Ср.*: у В. Даля зафиксировано «бебехи» как *диал.* (южнорус.) — кишки, живот, «бебень» — мешок, кузов; у работников кино, телевидения «бебеки, бебики» — осветительные приборы.

БЕБИК *см.* **ШАРИКИ ЗА БЕБИКИ (ЗАШЛИ, ЗАЕХАЛИ, ЗАПРЫГНУЛИ)**

БЕБИХИ *см.* **БЕБЕХИ**

БЕГА́, -о́в, *мн.* Учебный марш-бросок в армии.

БЕГАТЬ *см.* **ПОГРАНИЧНИК ДОЛЖЕН СТРЕЛЯТЬ, КАК КОВБОЙ...**

♦ **БЕ́ГАТЬ ПО ПОТОЛКУ́** — бурно проявлять какие-л. эмоции, чаще — о радости, восторге.

БЕГЕ *см.* **БЭГЭ**

БЕГЕМОТ *см.* **ОТРЫЖКА БЕГЕМОТА**

БЕГЕМОТ (или **СЛОН**) **ТРАХНУЛ** *см.* **ТРАХНУТЬ**

БЕГУ́Н, -а́, *м.* Эмигрант.

БЕД *см.* **БЭД**

БЕДА́, -ы́, *ж.* **1.** *собир.* Наркотики. **2.** в зн. *межд.* Выражает ирон.-насмешливое отношение к незначительному факту, который расценивается собеседником как важный, серьёзный. *Ой, у меня шнурок лопнул! — ~!*

1. — возм. из *уг.* через *хип.*

БЕДЕ *см.* **БИДЕ**

♦ **БЕ́ДНАЯ Я, БЕ́ДНАЯ, СПИРОХЕ́ТА БЛЕ́ДНАЯ** — шутл. жалоба.

От «бледная спирохета (трепонема)» — микроорганизм, возбудитель сифилиса.

БЕДРО *см.* **БРОСАТЬ (ЧЕРЕЗ БЕДРО); КИДАТЬ (ЧЕРЕЗ БЕДРО); ПРОКИДЫВАТЬ ЧЕРЕЗ БЕДРО**

БЕДЫ *см.* **БЭДЫ**

БЕЖАТЬ *см.* **СУНУТЬ**

БЕЗАНДЕСТЕ́НД, -а, *м.* (или **ПО́ЛНЫЙ ~**). *Ирон.* **1.** О тупом, недогадливом человеке, который не понимает чего-л. *Мне с этим ~ом не по пути.* **2.** О ситуации непонимания кем-л. чего-л. *Я ему говорю, а в ответ полный ~.*

От русской приставки «без» + англ. to understand — понимать.

БЕЗАРА́БИЯ, -и, *ж., собств.* Израиль. ♦ **Евреи шумною толпой по ~ии кочуют** — *шутл.* о евреях и Израиле.

Ирон. контаминация с «Бессарабия» (местность между Днестром и Прутом); ♦ — травестирование текста А. С. Пушкина из поэмы «Цыганы»: «Цыганы шумною толпой//По Бессарабии кочуют».

БЕЗАРБУ́ЗИЕ, -я, *ср. Ирон.* Безобразие.

Шутл. контаминация общеупотр. «арбуз» и «безобразие».

БЕЗ БАЛДЫ *см.* **БАЛДА**

БЕЗБА́ШЕННЫЙ, -ая. Глупый, неразумный, «безмозглый».

От **БАШНЯ 3.**

♦ **БЕЗ БА́ШНИ** *кто* — о глупом, полоумном, непредсказуемом человеке.

♦ **БЕЗ БУЛДЫ́?** — точно?, правда?, не врёшь?

Ср. «балда», «без балды» в том же зн.

Ср. также **БАЛДА.**

♦ **БЕЗ БУМА́ЖКИ ТЫ БУКА́ШКА, А С БУМА́ЖКОЙ — ЧЕЛОВЕ́К** — *шутл.* о важности справок, документов и т. п.; вообще о бюрократии.

♦ **БЕЗ ВАРИА́НТОВ** — точно, наверняка.

♦ **БЕЗ ВЕН** *кто* — о законченном, погибающем наркомане с испорченными, «сгоревшими» венами, напр.: *Наркоту* (наркоманов) *без вен не лечат.*

Из *нарк.*

БЕЗВОРКО́ВЫЙ, -ого, *м.* Безработный.

От **ВОРК.**

БЕЗВУ́МЕН, -а, *м.* Холостяк.

От «без» + англ. women — женщина.

БЕЗВЫХОДНЯ́К, -а́, *м.* Безвыходное положение, тупиковая ситуация.

БЁЗДНИК, -а, **БЁЗДНИЧЕК,** -чка, *м.* День рождения.

От англ. birthday в том же зн.

БЕЗ КАЙФА НЕТ ЛАЙФА *см.* **КАЙФ**

БЕЗ КВИТКА НЕ ДОСТАТЬ И КИПЯТКА *см.* **КВИТОК**

БЕЗЛОША́ДНИК, -а, **БЕЗЛОША́ДНЫЙ**[1], -ого, *м.* Пешеход, человек, у которого нет автомобиля. *Грохнул тачку* (разбил машину), *теперь безлошадником живу.*

БЕЗЛОША́ДНЫЙ[2], -ая, -ое. Плохой, глупый, убогий; обделённый чем-л. (о человеке). *Фигня ты ~ая, а не муж.*

От *устар.* «безлошадный крестьянин».

БЕЗМА́ЗНЫЙ, -ая, -ое, **БЕЗМА́ЗОВЫЙ,** -ая, -ое. Бесперспективный; не сулящий выгоды; пустой, ненужный.

От **БЕЗ МАЗЫ.**

БЕЗ МАЗЫ *см.* **МАЗ**

БЕЗМЕ́Н, -а, *м.* Деловой человек, бизнесмен.

Ирон. игра слов: общеупотр. «безмен» — ручные весы.

БЕЗ МЫЛА В ЖОПУ ВЛЕЗТЬ *см.* **ЖОПА**

БЕЗНАДЁГА, -и, *ж.* Отсутствие перспектив, безнадёжность; безнадёжное дело. *Твоя затея — ~.*

БЕЗНА́Л, -а, **БЕЗНА́ЛИК,** -а, *м.* Безналичный расчёт; деньги, даваемые или получаемые при таком расчёте.

Ср. **НАЛ, НАЛИК.**

♦ **БЕЗ НИКАКИ́Х** — во что бы то ни стало, обязательно, без оговорок.

БЕЗОБРА́ЗИЕ, -я, *ср.* Употребляется в зн. ирон.-шутл. неодобрения. *Красив* (или *умён, вежлив* и т. п.) *до ~я* — ирон. подчёркивание обратного качества.

БЕЗОБРАЗНЫЙ *см.* **ЧМО БЕЗОБРАЗНОЕ**

БЕЗОТКА́ЗКА, -и, *ж.* Проститутка.

БЕЗОТРА́ДНОЕ, -ого, *ср., собств.* Район Отрадное в Москве.

БЕЗ ПОНТА *см.* **ПОНТ**

БЕЗ ПОЧЕМУ́, в зн. *сказ.* Точно, наверняка. *Он мне не даст визы, это ~.*

БЕЗРОГИЙ *см.* **КОЗЁЛ (БЕЗРОГИЙ)**

♦ **БЕЗ РУБА́ШКИ БЛИ́ЖЕ К МА́ШКЕ** — *шутл.* Передел. поговорка «своя рубашка ближе к телу».

БЕЗУМЕ́ТЬ, -е́ю, -е́ешь; *несов., от кого-чего, с кого-чего.* Сходить с ума по кому-чему-л., обожать кого-что-л.; быть болельщиком, почитателем кого-чего-л., глубоко ценить кого-что-л.; влюбиться в кого-л.; сильно удивляться чему-л. *Я с неё ~ею. ~ от импрессионистов.*

♦ **БЕЗ ЧЕРДАКА́** — дурак, тупица, сумасшедший.

Ср. **БЕЗ БАШНИ.**

♦ **БЕЗ ШТАНО́В, А В ШЛЯ́ПЕ** — *шутл.* о странном (чаще странно, несуразно одетом) человеке.

БЕ́ЙБА, -ы, **БЕ́ЙБОЧКА,** -и, **БЕ́ЙБИ,** *нескл., м.* и *ж.,* **БЕЙБЁНОК,** -нка, **БЕЙБЁНОЧЕК,** -чка, *м.,* **БЭ́БИК,** -а, **БЭ́БИС,** -а, *м.,* **БЭ́ЙБА,** -ы, *ж.,* **БЭ́ЙБИ,** *нескл., м.* и *ж.* **1.** Ребёнок, младенец. **2.** Ласк.-шутл. обращение.

От англ. baby — дитя, ребёнок.

♦ **БЕЙ В ГЛАЗ, ДЕ́ЛАЙ КЛО́УНА** *кому — шутл.* призыв ударить, наказать кого-л., разделаться с кем-л.

БЕЙСБО́Л, -а, *м.* Драка, избиение.

Переосмысл. название игры baseball (англ.); контаминация звукового комплекса «бей» с императивом русского гл. «бить».

БЕЙЦА́ЛЫ, -ов (или бейца́л, -а, *м.*), **БЕЙЦЫ́,** -о́в, **БЕЙЦА́ЛКИ,** -лок, *мн.* Мошонка. ♦ **~ закручивать** (или **крутить, выкручивать** и т. п.) *кому* — лгать, обманывать; надоедать, приставать.

Возм. через *уг.* из идиша; сближение с общеупотр. «бить».

БЕКА́С, -а, *м.* Окурок. ♦ **Охотиться на ~ов** — собирать или выпрашивать окурки, «бычки», вообще — побираться, ходить по помойкам и т. п.

Из *уг.*

БЕКИ-МЕКИ *см.* **БЭКИ-МЭКИ**

БЕ́ЛАЯ, -ой, *ж.* Водка. *Хоть она и ~, а что-то прибалдела я — шутл.* хоть водка и бесцветная, а крепкая.

♦ **БЕ́ЛАЯ СБО́РКА** — вычислительная техника, изготовленная в промышленно развитых странах.

БЕЛЕ́ТЬ, -е́ю, -е́ешь, **БЕЛЕ́ТЬСЯ,** -е́юсь, -е́ешься; *несов., без доп.* Появляться, виднеться; приходить, объявляться (о человеке). *Вон Семёныч на фоне жены белеет.* ♦ **Вон что-то чёрненькое ~еется** — вон что-то виднеется (комический оксюморон).

Возм. распространилось под влиянием повести А. Н. Толстого «Золотой ключик, или Приключения Буратино».

БЕ́ЛКА, -и, *ж., собств.* Белорусский вокзал, станция метро «Белорусская». *Пересадка на ~е.*

БЕ́ЛОЕ, -ого, *ср.* **1.** Водка. **2.** Белое вино (чаще о крепком). *Белое — несмелое, красное — напрасное, водка — в сердце прямая наводка* (*шутл.* о преимуществе водки над винами).

♦ **БЕ́ЛОЕ МОЛОКО́ С КОНЦА́ КА́ПАЕТ** *у кого* — о венерической болезни.

БЕЛОСНЕ́ЖКА, -и, *ж.* **1.** Проститутка. **2.** Работница прачечной.

БЕ́ЛОЧКА, -и, *ж.* (или **~ БОЛЬНА́Я, ~ ЛЕСНА́Я, ~ ДУРНА́Я**). Суетливый бестолковый человек (чаще о женщине). ♦ **Как ~ больная** *делать что* — суетливо, нервно, бестолково, безуспешно.

БЕЛУ́ГА, -и, *ж.*, **БЕЛУ́ГИ,** белу́г, *мн.* Серебро, вещи из серебра.

От *уг.* «белуга» — портсигар, серебряная сумка.

БЕ́ЛЫЙ, -ого, *м.* Один рубль.

БЕЛЫЙ* *см.* **БЕЛАЯ СБОРКА; БЕЛОЕ МОЛОКО С КОНЦА КАПАЕТ; БРАТЬ (ВЗЯТЬ, СХВАТИТЬ) ЗА ЖАБРЫ...; ВИДЕТЬ (ВИДАТЬ) В ГРОБУ В БЕЛЫХ ТАПОЧКАХ; ЖАЛОВАТЬСЯ БЕЛОМУ ТЕЛЕФОНУ; КАК БЕЛЫЙ ЧЕЛОВЕК; КОРМИТЬ БЕЛОГО ДРУГА; МЫШЬ (БЕЛАЯ); У НАС ДЕМОКРАТИЯ...**

БЕЛЫЙ ДРУГ *см.* **ДРУГ**

БЕЛЫЙ МЕДВЕДЬ *см.* **МЕДВЕДЬ**

♦ **БЕ́ЛЫЙ НАЛ** — унитаз.

♦ **БЕ́ЛЫЙ ТЕЛЕФО́Н** — унитаз.

БЕЛЬВЕДЕ́РКА, -и, *ж.* Стройная, красивая девушка.

От общеупотр. «бельведер» — башенка на здании как архитектурное украшение; павильон, беседка на возвышенном месте; из итал.

БЕЛЬГИЙСКИЙ *см.* **КОНЬ БЕЛЬГИЙСКИЙ**

БЕЛЬЁ *см.* **ПОЛУЧИТЬ БЕЛЬЁ ИЗ КИТАЙСКОЙ ПРАЧЕЧНОЙ**

БЕ́ЛЬМА, бельм, *мн.* Глаза. ♦ **Выкатить** (или **выпучить, выставить**) **~** *на кого-что* — внимательно, удивлённо смотреть на кого- что-л.

БЕЛЬМОНДА́, -ы́, *ж.*, **БЕЛЬМОНДО́,** *нескл.* (в *косв. п.* также часто употр. формы от варианта **БЕЛЬМОНДА́**), *м. Ирон.* Человек с претензией на особую красоту, силу и т. п. *Ты на себя в зеркало глянь, бельмондо нечёсаный.*

От фамилии известного французского актёра Бельмондо (Belmondo); возм. с бран. аллюзиями.

БЕЛЯ́ШКА, -и, *ж.* **1.** Монета достоинством 10, 15 или 20 копеек. **2.** Порошок морфия, используемый в качестве наркотического средства.

БЕМЦ, -а, **БЕНЦ,** -а, **БЭМЦ,** -а, **БЭНЦ,** -а, *м.* **1.** Скандал, конфликт. *Устроить ~. Хороший ~ вышел!* **2.** в зн. *межд.* Выражает любую эмоцию, чаще в ситуации неожиданного разочарования. *Всё было нормально, и вдруг — ~! — 17 августа* (кризис).

Передел. звукоподр. «бам».

БЕН *см.* **БЭН**

БЕ́Н-ЗИ́Н, бе́н-зи́на, *м.* (или **ДО́БРЫЙ ДУХ БЕ́Н-ЗИ́Н**). Бензин. *Я поехал на поиски доброго духа Бен-зина.*

Контаминация с «Бен» — первой частью восточных имён, напр. Бен-Хасан и т. п.

БЕНЗОВО́З, -а, *м.* **1.** Любая машина, автомобиль. **2.** Энергичный, напористый, смелый человек. **3.** Зад, ягодицы.

БЕНЗОПИЛА́, -ы́, *ж.* **1.** Сварливая, ворчливая жена (и шире — о занудном, приставучем человеке). **2.** Спортивный мотоцикл.

БЕНИЛЮ́КС, -а, *м.* Что-л. высокого качества.

«Бенилюкс» — экономический союз Бельгии, Нидерландов и Люксембурга.

БЕНЦ *см.* **БЕМЦ**

БЕПЕ́К, -а, *м.* Нехороший человек; преимущественно употребляется как руг.

Неясно; возм. из *уг.*

БЕРДА́Н, -а, *м.*, **БЕРДА́НКА,** -и, *ж.* Жёсткий диск, «винчестер». *Записать на бердан.*

Из жарг. программистов, пользователей компьютеров; *ирон.* семантическое сближение «винчестер» и «берданка»; *ср.* **ВИНТ.**

♦ **БЕРЕГИ́ ЧЕСТ СМО́ЛОДУ** — *шутл.* передел. поговорка «береги платье снову, а честь смолоду».

Контаминация рус. «честь» и англ. chest — грудь; *ср.*, напр., **БЭД.**

♦ **«БЕРЕЖЁНОГО БОГ БЕРЕЖЁТ», — СКАЗА́ЛА МОНА́ШКА, НАДЕВА́Я ПРЕЗЕРВАТИ́В НА СВЕ́ЧКУ** — *шутл.* «бережёного Бог бережёт».

БЕРЁЗА[1], -ы, *ж.*, *собств.* Валютный магазин «Берёзка».

БЕРЁЗА, -ы, *ж.*, *собир.* Милиция; дружинники. *Сел под ~у* — задержала милиция. *~ наехала, всех повязала.*

Возм. из *хип.*

БЕРЁЗА* *см.* **УПАСТЬ С БЕРЁЗЫ**

БЕРЁЗОВЕЦ, -вца, *м.* Милиционер; дружинник.

От **БЕРЁЗА**[2].

БЕРЁЗОВЫЙ, -ая, -ое. Купленный в валютном магазине «Берёзка». *Духи ~ые. Штаны ~ые.*

От **БЕРЁЗА**[1].

БЕРЕ́МЕННЫЙ, -ая, -ое. Толстый, с большим животом (о лице мужского пола).

БЕРЕМЕННЫЙ* *см.* **БРЕД; ГВОЗДЬ БЕРЕМЕННЫЙ; ИШАК (или ОСЁЛ, ГВОЗДЬ) БЕРЕМЕННЫЙ; МУЖЧИНА ДОЛЖЕН БЫТЬ ЗОЛ...**

БЕРЕЧЬ *см.* **БЕРЕГИ ЧЕСТ СМОЛОДУ; «БЕРЕЖЁНОГО БОГ БЕРЕЖЁТ»...; ШТУКА**

♦ **БЕРЁШЬ ЧУЖИ́Е — ОТДАЁШЬ СВОИ́** — *шутл.* о том, что не хочется, трудно отдавать деньги, взятые взаймы.

♦ **БЕРИ́ ВЕСЛО́, КАНА́Й В ПОМО́И** — иди отсюда, пошёл вон.

БЕРМУ́ДНО, *нареч.* и *в зн. сказ.* Плохо, тоскливо, муторно (преим. о душевном состоянии). *Что-то мне сегодня жить ~.*

См. **БЕРМУДНЫЙ** + возм. заимствование у В. Высоцкого: «И вермуторно на сердце и бермудно на душе».

БЕРМУ́ДНЫЙ, -ая, -ое. Плохой, тоскливый, скучный; вызывающий апатию, скуку. *~ое это дело — работа!*

От названия «Бермудский треугольник» + *бран.*

БЕРМУ́ДЫ, берму́д (или -ов), *мн.* **1.** Мошонка. **2.** Шорты или трусы (обычно длинные, до колен). *Заблудился* (или *заплутался*) *как в ~ах* — о слишком большом размере трусов, шорт или брюк.

См. **БЕРМУДНЫЙ.**

БЕРМУ́ДЬ, -и, *ж.* **1.** «Муть», что-л. нудное, скучное. *Охота тебе эту ~ слушать!* **2.** Вермут.

От «Бермуды» («Бермудский треугольник») с контаминацией с «муть», «вермут» и т. п.

БЕС *см.* **СТЕЛИТЬСЯ МЕЛКИМ БЕСОМ**

БЕ́СКА, -и, *ж.* Бескозырка (в некоторых родах войск).

Из *арм.*

БЕСКОНВО́ЙНЫЙ, -ая, -ое. Неуправляемый, неспособный себя контролировать, с непредсказуемым поведением.

Ср. название рассказа В. Шукшина «Алёша Бесконвойный».

БЕСКО́РМИЦА, -ы, *ж.* Отсутствие продуктов; плохое снабжение продуктами. *В Москве ~, скоро падёж безрогого скота* (людей) *начнётся.*

БЕСПЕРСПЕКТИВНЯ́К, -а́, *м.* Что-л. лишённое перспектив; безнадёжное дело.

БЕСПЛА́ТНИК, -а, *м.* Человек, получающий что-л. бесплатно, по льготам (о ветеранах, инвалидах, многодетных и т. п.).

БЕСПОЗВОНО́ЧНЫЙ, -ого, *м.* Абитуриент, не имеющий связей, протекции, блата.

От общеупотр. «звонок», «по звонку», «позвонить» (звонок по телефону с просьбой посодействовать при поступлении в вуз).

БЕСПОКО́Й, -я, *м.* Нервное состояние, беспокойство, неразбериха. *От него сплошной ~ —* он всё время вносит сумятицу.

БЕСПОНТО́ВЫЙ, -ая, -ое. Безнадёжный, невыгодный, бесперспективный, невезучий. *~ое дело. ~ ты мужик!*

От **ПОНТ**.

БЕСПРА́ЙСОВЫЙ, -ая, -ое. Не имеющий денег, бедный, безденежный, нуждающийся. *~ая клиентура.*

От англ. price — цена.

БЕСПРЕДЕ́Л, -а, **БЕСПРЕДЕ́ЛЬНИК,** -а, *м.*, **БЕСПРЕДЕ́ЛКА,** -и, **БЕСПРЕДЕ́ЛЬЩИНА,** -ы, *ж.*, **БЕСПРЕДЕ́ЛОВО,** -а, *ср.* Анархия, безначалие, вседозволенность, крушение существующих норм поведения.

Возм. влияние *уг.* «беспредел» — бунт на зоне.

БЕСПРЕДЕ́ЛЬЩИК, -а, *м.* Тот, кто делает что-л. не по правилам, не уважает нормы, выбивается из общего фона. *Он совсем ~: красная цена этой куртке — два куска* (две тысячи рублей), *а он пять просит.*

От **БЕСПРЕДЕЛ.**

БЕСПРЕДЕЛЬЩИНА *см.* **БЕСПРЕДЕЛ**

БЕСПУ́ТНИКОВО, -а, *ср.*, *собств.* Район Бескудниково в Москве.

Шутл. контаминация с «беспутный».

БЕССМЕ́РТНИК, -а, *м.* **1.** Очень старый человек; долгожитель. **2.** Человек, который никогда не пьянеет.

От назв. растения.

БЕССРО́ЧКА, -и, *ж.* Детская воспитательная колония.

Из *уг.*

♦ **БЕСТАБА́ЧНАЯ ПЯ́ТКА** — закрученный конец папиросы, сигареты (как правило, о папиросе, сигарете с анашой).

БЕСТОЛКО́ВКА, -и, *ж.* Голова. *~ ушастая. Чего там у президента в его пьяной ~е?!*

Возм. из *уг.*

БЕСХРЕБЕ́ТНИК, -а, *м.* Тот, над кем можно безнаказанно издеваться; робкий, забитый человек.

От общеупотр. «бесхребетный».

БЕСШАНСО́ВЫЙ, -ая, -ое. Не имеющий шансов на успех; безнадёжный, обречённый на неудачу.

БЕТО́Н, -а, *м.* Дурак, тупица. *Полный ~!*

Часто сопровождается специфическим произношением: конечное «он» произносится в нос, на фр. манер.

БЕТО́ННО, *нареч.* Точно, обязательно.

БЕТОННЫЙ *см.* **ГОЛОВА БЕТОННАЯ**

БЕШЕНЫЙ *см.* **КАК БЕШЕНЫЙ СЛОН**

БЗДЕЛОВО *см.* **БЗДО**

БЗДЕТЬ, *1 л. ед. ч. не употр.*, бздишь; *несов.* (*сов.* **БЗДНУТЬ**, -ну, -нёшь). **1.** *Кого-чего* или *без доп.* Бояться, пугаться. *Бздите, мистер?* — ну что, боишься? *Не бзди, я с тобой; не бзди, прорвёмся* — не бойся, всё будет хорошо. *Не бзди меня, я не лишайный* — не бойся меня. *Монументально же ты бзднул, старина* — сильно же ты испугался. **2.** *без доп.* Лгать. **3.** *на кого* и *без доп.* Говорить грубости, вести себя агрессивно. **4.** *на кого.* Доносить, кляузничать, наговаривать. *Не бзди на ближнего, Павлик Морозов.*

См. также **НЕ БЗДИ, ПОГРУЗИМСЯ; ПЕРДЕТЬ; ПАГОЛЁНОК**

Возм. из *диал.*; *ср.*, напр., *устар. диал.* «бздюх» — хорёк, вонючий зверёк.

БЗДЁХ, -а, *м.* Испуг. *Тут меня такой ~ посетил, просто кошмарики* — тут я очень сильно испугался.

См. **БЗДЕТЬ.**

БЗДЁШНИК, -а, **БЗДУН**, -а́, **БЗДУ́ШНИК**, -а, *м.*, **БЗДУНИ́ШКА**, -и, **БЗДЁХА**, -и, *м.* и *ж.* **1.** Трус, малодушный человек; тот, на кого нельзя положиться. *Эх вы, бздунишки — мокрые штанишки!* **2.** Лгун, обманщик. **3.** Агрессивный человек. **4.** Доносчик, кляузник.

От **БЗДЕТЬ.**

БЗДНУТЬ *см.* **БЗДЕТЬ**

БЗДО, бзда, **БЗДЕ́ЛОВО**, -а, *ср.* **1.** Трусость, малодушие. *Бздо нашло.* **2.** Ложь, дезинформация. *Бзделово цэрэушное* — ложные слухи, распространяемые ЦРУ. **3.** Агрессивные действия или высказывания. *Что ты на меня бздо напускаешь!* **4.** Донос, кляуза. *Бзделово подпустить.* **5.** Неприятный спёртый воздух в закрытом помещении с большим скоплением людей. *Такое бздо, хоть бы окно открыли.*

От **БЗДЕТЬ.**

БЗДО́ШНЫЙ, -ая, -ое. **1.** Трусливый, малодушный. **2.** Лживый, не соответствующий действительности. *~ая демократская статейка.* **3.** Агрессивный, наглый. *~ тип.* **4.** Склонный к ябедничеству, кляузам. *Среди нас ~ых нет, говори всё.*

От **БЗДЕТЬ**.

БЗДУН, БЗДУНИШКА, БЗДУШНИК *см.* **БЗДЁХА**

БЗДЮ́ХА, -и, **БЗДЮ́ШКА**, -и, *ж.* Несовершеннолетняя девочка. *Всякая бздюха меня ещё учить будет!*

От *прост.* «бздеть», *ср.* **БЗДЕТЬ**.

БЗИК, -а, *м.* Странность, причуда, слишком сильное увлечение.

Возм. от *уг.* «бзик» — цель; возм. через польск. mieć bzika — иметь пунктик на чём-л.

БЗИ́КНУТЬСЯ, -нусь, -нешься; *сов., на чём.* Пристраститься к чему-л.; посвятить себя чему-л.

От **БЗИК**.

БИБИ́, *нескл., ж.* и *ср.*, **БИБИ́КА**, -и, *ж. Шутл.* Машина, автомобиль.

Имитация *детск.*

БИБИЭСИНА, БИБИЭСКА *см.* **БЕБЕСА**

БИ́БЛИЯ, -и, *ж.* Библиотека.

Из *шк., студ.*

БИ́ВЕНЬ, -вня, *м.* Драчун, забияка.

От общеупотр. «бить», «биться»; контаминация с общеупотр. «бивень».

БИВЕНЬ* *см.* **УПИРАТЬСЯ БИВНЕМ**

БИДЕ́, БЕДЕ́, *м., ср.* или *ж., нескл., собств.* Белый Дом.

Шутл. переосмысление слова «биде» — раковина для подмывания (от фр. bidet) как аббрев.

БИ́ЗНЕС, -а, *м.* Сомнительное дело, махинация. ♦ **~ по-русски** (или **~ по-нашему**) — заведомо убыточное, невыгодное дело.

См. также **ШАРАШКИНА КОНТОРА...**

Англ. business — дело.

БИЗНЕСМЕН *см.* **ЛАВРОВЫЙ (БИЗНЕСМЕН)**

БИЗНЕСМЕ́НИТЬ, -ню, -нишь; *несов., без доп. Ирон.* Заниматься каким-л. ничтожным делом, суетиться из-за маленькой прибыли.

От «бизнесмен».

БИЗО́Н, -а, *м.* Большой, сильный человек.

БИ́КСА, -ы, **БЫ́КСА**, -ы, *ж.* Девушка (обычно молодая, симпатичная).

Возм. от *уг.* «бика», «бике», «бикса» — проститутка, женщина, собака; первоначально из тюрк. яз. в зн. дама, госпожа.

♦ **БИ́ЛИ ПО ЛИЦУ́ ЧА́ЙНИКОМ** *кого* — о чьём-л. плоском лице, часто о неграх.

БИ́ЛКА, -и, **БИ́ЛЛИ**, *нескл., м., собств. Ирон.-пренебр.* Билл Гейтс, президент корпорации Microsoft.

БИ́ЛО, -а, *ср.* **1.** Лицо. **2.** Кулак.

От общеупотр. «бить»; *ср.* «било» — металлическая доска для подачи сигналов; ударная часть какого-л. приспособления, машины.

БИЛЬЯРД *см.* **ИГРАТЬ В КАРМАННЫЙ БИЛЬЯРД**

БИНО́М, -а, *м.* (или **~ НЬЮТО́НА**). *Ирон.* О чём-л. кажущемся сложным, запутанным.

Возм. распространилось под влиянием романа М. Булгакова «Мастер и Маргарита».

БИОМИЦИ́Н, -а, *м.* Белое крепкое вино.

Возм. из языка химиков; «биомицин хлористоводородный» — разновидность антибиотика.

БИ́РЖА, -и, *ж.* Задница (обычно о толстой).

БИРКО́, -а́, *ср.* Пиво. *От ~а растут бока. Засосать ~а* — выпить пива.

От англ. beer — пиво.

БИРЛЯ́ТЬ, -я́ю, -я́ешь; *несов., что* и *без доп.* Есть, перекусывать.

Возм. из *уг.*

БИССЕКТРИ́СА, -ы, *ж.* Учительница математики в школе.

Из *шк.*

БИ́ТА, -ы, **БИ́ТКА**, -и, **БИЦА́**, -ы́, **БИЦУ́ХА**, -и, **БИЦЕПСУ́ХА**, -и, *ж.* Бицепс. ♦ **Принять на бицу́** — сделать упражнение, развивающее бицепсы.

БИТВА *см.* **ГЕРОЙ КУЛИКОВСКОЙ БИТВЫ**

БИТКА *см.* **БИТА**

♦ **БИТЛОТЕ́КА И́МЕНИ ЛЕННО́НА** — библиотека им. Ленина.

БИТЛЫ́, -о́в, *мн.* Группа «Битлз».

♦ **БИТО́ЧКИ В ДВЕРЬ, ГУЛЯ́Ш ПО ЗА́ЛУ** — ирон. ответ на вопрос о еде.

БИТЬ *см.* **БЕЙ В ГЛАЗ, ДЕЛАЙ КЛОУНА; БИЛИ ПО ЛИЦУ ЧАЙНИКОМ; ЖИЗНЬ БЬЁТ КЛЮЧОМ...; НЕ БЕЙ ЛЕЖАЧЕГО...; ХВОСТОМ БИТЬ (ВИЛЯТЬ, МАХАТЬ)**

БИТЬ ДУРКУ *см.* **ДУРКА**

БИТЬ ПО БАЛДЕ *см.* **БАЛДА**

БИТЬ СЕБЯ ПЯТКОЙ В ГРУДЬ *см.* **СТУЧАТЬ (БИТЬ) СЕБЯ ПЯТКОЙ В ГРУДЬ.**

БИ́ТЬСЯ, бьюсь, бьёшься; *несов., с чем, к чему.* Гармонировать, соответствовать, подходить. *Что-то у тебя штаны со свитером не бьются. Карие глаза к белым волосам классно бьются.*

БИТЬСЯ* *см.* **СЕРДЦЕ В ШТАНАХ СТУЧИТ (БЬЁТСЯ)**

♦ **БИ́ТЬСЯ В СОДО́МИИ** — *ирон.* волноваться, сильно переживать, метаться, «рвать волосы на голове» и т. п.

БИЦА, БИЦЕПСУХА, БИЦУХА *см.* **БИТА**

БИЧ, -а́, **БИЧА́РА**, -ы, *м.* **1.** Бродяга, опустившийся человек. **2.** Большой, сильный человек. **3.** *ирон.* Бывший Интеллигентный Человек.

1, 2. — из *уг.*; 3. — пародийное переосмысление слова как аббрев. Возм. от *устар. диал.* «бичера» — голыш, голь, нищий, нищая братия, бедняк; возм. также из арго моряков: «бич» — моряк, списанный на берег; в дальнейшем возможно ассоциативное соотнесение с общеупотр. «бич» — плеть, кнут.

БИЧЕВА́ТЬ, -чу́ю, -чу́ешь; *несов., без доп.* Вести образ жизни бича, опустившегося человека; странствовать, не иметь постоянного места проживания.

От **БИЧ 1**.

♦ **БИШКЕ́КСКАЯ ЛОХИ́НЯ** — глупая, наивная женщина, провинциалка.

От *собств.* Бишкек (назв. города), осмысленного как нарицательное назв. провинции, захолустья и т. п.

♦ **БЛАГОДА́РНОСТЬ В ПРИКА́ЗЕ** — *ирон.* спасибо, благодарю.

♦ **БЛА́ГО ПА́РТИИ — ДЕ́ЛО НАРО́ДА** — *ирон.* передел. лозунг «Дело партии — благо народа».

БЛАГОПРЕПЯ́ТСТВОВАТЬ, -вую, -вуешь; *несов., кому в чём. Ирон.* Мешать, препятствовать.

Передел. из «благоприятствовать» + «препятствовать».

БЛАГОРО́ДНЫЙ, -ого, *м.* (или ~ **ВОР**). Любой человек, занимающий независимую позицию по отношению к окружающим.

От *уг.* «благородный (вор)» — противопоставивший себя воровскому миру, отошедший от воровских традиций и законов человек.

БЛАТА́К, -а́, **БЛАТА́РЬ**, -я́, **БЛАТНИ́К**, -а́, *м.*, **БЛАТЯ́ГА**, -и, **БЛАТНЯ́ГА**, -и, *м.* и *ж.* **1.** Человек, имеющий отношение к блатному миру, вор, рецидивист и т. п. **2.** Человек, имеющий где-л. большие связи, знакомства; блатной.

Уг. «блат» — преступный, преступник; возм. от нем. арготического platt — свой, заслуживающий доверия, platten — говорить, Blatte — воровской жарг.

БЛАТА́РКА, -и, *ж.* Женщина, имеющая отношение к преступному миру, воровка.

См. **БЛАТАК**.

БЛАТА́РСКИЙ, -ая, -ое. Воровской, преступный, имеющий отношение к блатному миру.

См. **БЛАТАК**.

БЛАТАРЬ *см.* **БЛАТАК**

БЛАТАТА́, -ы́, **БЛАТАТЕ́НЬ**, -и. **1.** *м.* То же, что **БЛАТАК 1**. **2.** *собир., ж.* Люди, имеющие отношение к блатному миру; воры, рецидивисты. **3.** *м.* То же, что **БЛАТАК 2**. **4.** *собир., ж.* Люди, имеющие где-л. большие связи, знакомства.

♦ **БЛАТНА́Я СЫРО́ЕЖКА** — грубая, вульгарная женщина.

БЛАТНИК, БЛАТНЯГА *см.* **БЛАТАК**

♦ **БЛАТ ОТ НЕУПОТРЕБЛЕ́НИЯ** (или **ЗАСТО́Я** *и т. п.*) **ПО́РТИТСЯ** — надо чаще пользоваться связями, протекцией.

БЛАТХА́ТА, -ы, *ж.* Пустая квартира; притон, используемый как публичный дом, место сбора преступников и т. п.

См. **БЛАТАК**; «блат» + «хата».

БЛАТЯГА *см.* **БЛАТАК**

БЛЁВ, -а, **БЛЕВОНТИ́Н**, -а, *м.*, **БЛЁВКИ**, -вок, *мн.* **1.** Рвота, тошнота. **2.** Блевотина. *Изойти блевонтином* — испытывать сильную рвоту.

♦ **БЛЕВА́ТЬ ТОШНИ́Т** *кого на что, что делать* — надоело, приелось, не хочется, напр.: *Меня с тебя блевать тошнит.*

БЛЁВКИ, БЛЕВОНТИН *см.* **БЛЁВ**

♦ **БЛЕ́ДНАЯ ПОГА́НКА** (или **БЛЕ́ДНАЯ СПИРОХЕ́ТА**) — тощий, бледный, немощный человек.

БЛЕ́ДНЫЙ, -ая, -ое. Пьяный.

БЛЕДНЫЙ* *см.* **БЕДНАЯ Я, БЕДНАЯ, СПИРОХЕТА БЛЕДНАЯ; СДЕЛАТЬ БЛЕДНЫЙ ВИД И ФОРМУ ЧЕМОДАНА**

♦ **«БЛЕНДАМЕ́Д» УКРЕПЛЯ́ЕТ ЗУ́БЫ И Я́ЙЦА** — пародирование навязчивой телевизионной рекламы зубной пасты.

БЛЕСК, -а, *м.* **1.** Что-л. высокого качества, хорошее, блестящее. *У Ленки Полина Осиповна — блеск, а не маман* (мама). **2.** в зн. *межд.* (или **ШИК-~-КРАСОТА́**). Прекрасно!, ну и ну!, ай да вещь! ♦ **С нечеловеческим** (или **со страшным, с нестерпимым, с диким** и т. п.) **~ом** *что делать* и *без доп.* — очень хорошо, отлично.

2. — возм. распространилось под влиянием кинофильма «Цирк».

БЛЁСТКИ, -ток, *мн.* Наручные часы или часы на цепочке.

Возм. из *уг.*

БЛИ́БЕР, -а, *м.* Карманные часы.

Возм. из *уг.*

БЛИЖЕ *см.* **БЕЗ РУБАШКИ БЛИЖЕ К МАШКЕ**

♦ **БЛИ́ЖЕ К ТЕ́ЛУ** — *шутл.* передел. выражение «ближе к делу».

БЛИЖНИЙ *см.* **ЗАКОН КУРЯТНИКА: КЛЮЙ БЛИЖНЕГО...; СРАТЬ**

БЛИЗИТЬСЯ *см.* **УЖ ГЕРМАН БЛИЗИТСЯ...**

БЛИЗКО *см.* **ПИПИСКА; ЧЕМ ДАЛЬШЕ ВЛЕЗ, ТЕМ БЛИЖЕ ВЫЛЕЗ; ША, КРЕВЕТКА, МОРЕ БЛИЗКО!**

БЛИЗОСТЬ *см.* **АНАТОМИЧЕСКАЯ БЛИЗОСТЬ**

БЛИН[1], *межд.* Выражает любую эмоцию.

Эвфем. от *бран.*

БЛИН[2], -а́, *м.* **1.** Виниловая пластинка. **2.** Компакт-диск. **3.** Одна дискета из пакета дискет.

3. — на языке программистов, пользователей компьютеров.

БЛИНДАМЕ́Д, -а, *м.* **1.** Дурак, идиот, тупица. *Полный ~!* **2.** в зн. *межд.* Выражает любую эмоцию, чаще отрицательную. *Вот ~, опять зажигание барахлит!*

Шутл. контаминация навязчиво рекламируемой зубной пасты и *межд.* «блин» (*см.* **БЛИН**[1]); *см.* также **БЛЕНДАМЕД**.

БЛИНКИ́, -о́в, *мн.* Часы (обычно серебряные).

Возм. из *уг.*

БЛИ́Н КЛИ́НТОН, Бли́на Кли́нтона, *м., собств.* Билл Клинтон, президент США.

Возм. аллюзии на **БЛИН**[1]; *ср.* **КЛИН БЛИНТОН.**

БЛИ́НЧИКИ, -ов, *мн.* Боксёрские накладки (лёгкие тренировочные перчатки).

Из *спорт.*

БЛОКА́ДНИК, -а, *м.* Любой житель Санкт-Петербурга (ранее Ленинграда).

Перенос по метонимическому принципу; от общеупотр. «блокадник» — ленинградец, живший в этом городе во время блокады (1941–1944).

БЛОНД, -а, *м.* Блондин.

БЛО́НДА, -ы, *ж.* Блондинка.

БЛОНДИ́НКА, -и, *ж.* Водка. *Мне к ~е б да сардинки б* — хорошо бы закусить водку чем-нибудь.

БЛОШИНАЯ ЧЕСАЛКА *см.* **ЧЕСАЛКА**

БЛУКА́ТЬ, -а́ю, -а́ешь; *несов., без доп.* Блуждать, гулять без цели.

От *диал.* и *уг.* «блукать» — шататься, плутать.

БЛЫНДАТЬ, -аю, -аешь; *несов., без доп.* Шляться, слоняться, гулять.

Вероятно, ономатопоэтическое.

БЛЭЙК, -а, **БЛЭК**, -а, *м.* Негр.

От англ. black — чёрный, негр.

♦ **БЛЭК СА́ББАТ** — «чёрная суббота» (о субботнике), а также об официально объявленных рабочих субботах после введения пятидневной рабочей недели.

От англ. black — чёрный + назв. популярной рок-группы «Блэк саббат»; англ. sabbat — шабаш; игра слов: «суббота» и «саббат»; исконно из древнеевр.

БЛЮДО *см.* **ГРУДИ НА БЛЮДЕ**

БЛЮ́ДЦЕ, *межд.* Ах ты!, чёрт возьми!, ой!, ай!

Эвфем. от *бран., ср.* **БЛИН.**

БЛЮЗ, -а, **БЛЮЗНЯ́К**, -а́, *м.*, **БЛЮЗА́**, -ы́, **БЛЮЗНЯ́**, -и́, *ж.* Что-л. надоевшее, набившее оскомину, нудное, скучное. *Опять ты со своим коронным блюзом!*

От назв. стиля в музыке; вероятно, первоначально из *муз.*

БЛЮЗИ́ТЬ, -южу́ (или -юзю́), -юзи́шь, *несов., без доп.* Делать (или говорить) что-л. банальное, надоевшее всем, скучное. *Кончай ~!*

От **БЛЮЗ.**

БЛЮЗНЯ, БЛЮЗНЯК *см.* **БЛЮЗ**

БЛЮСТИ РЕГЛАМЕНТ *см.* **РЕГЛАМЕНТ**

БЛЯБЛИНО́, -а́, *ср., собств.* Район Люблино в Москве.

Аллюзия к *бран.*

♦ **БЛЯ́ДИ С КРЫ́ЛЫШКАМИ** — *ирон.* обобщённо о женщинах, снимающихся в рекламных роликах, а также вообще о «современных» женщинах (следящих за модой, активно покупающих рекламируемые товары и т. п.).

По навязчиво рекламируемым женским гигиеническим прокладкам («крылышкам»).

БЛЯДОРУ́ССКАЯ, -ой, *ж., собств.* Станция метро «Белорусская».

БЛЯДУВА́Р, -а, *м.* Бульвар, улица или др. место массовых гуляний.

Игра слов: «бульвар» + *бран.*

БЛЯДЬ *см.* **ГОЛОВА ПОЛНА ИДЕЙ...; ЭЙ — ЗОВУТ ЛОШАДЕЙ (БЛЯДЕЙ)!**

БЛЯ́ЕВО, -а, *ср., собств.* Беляево.

Передел. назв. района г. Москвы; намёк на *бран.*

БЛЯЖ, -а (или -а́), *м.* Пляж.

Передел. с намёком на *бран.*

БЛЯ́КАТЬ, -аю, -аешь; *несов.*; (*сов.* **БЛЯ́КНУТЬ**, -ну, -нешь), *что* и *без доп.* Говорить, вставлять свою реплику (обычно невпопад, глупо). *Всё так клёво ехало, и вдруг нате — блякнул!* — всё так хорошо шло, и вдруг он сказал такую глупость.

Звукоподр.; возм. с бран. аллюзиями.

БЛЯ́МБА, -ы, *ж.* Печать. *Поставить ~у.*

БЛЯ́ХА, *межд.* (или ~ **МУ́ХА, МУ́ХА** ~). Выражает любую эмоцию.

Эвфем. от *бран.*

БМВ, *аббрев.* Боевая Машина Вымогателей.

Шутл. осмысление назв. автомобиля BMW как русской аббрев.

БО *см.* **МАСТЕР БО.**

БОБ[1], -а́, *м.* Щелчок (обычно по лбу). ♦ **Нашелушить ~ов** (или **дать ~а**) *кому* — надавать щелчков (или дать щелчок) по лбу кому-л; избить кого-л. **Нарва́ться на ~а́** — получить щелчок по лбу; быть избитым.

БОБ[2], -а, *м., собств.* Борис.

Англ. *собств.* Bob, от Robert.

БОБЁР *см.* **БОБР**

БО́БИК, -а, *м.* **1.** Человек на побегушках; всеми презираемый, понукаемый человек. **2.** Любая собака. ♦ ~ **сдох** — всё кончено. **Между нами дохлый** ~ — отношения между нами разорваны навсегда.

См. также **ПОМЕСЬ БОБИКА И ХРЮШКИ; ШАРИК (БОБИК, МУРЗИК) СДОХ**

БО́БМЕР, -а, *м.* Доза наркотика, заворачиваемая в тонкую бумагу и употребляемая внутрь (проглатываемая).

Из *нарк.*, возм. связано с «бомба».

БОБО́, *межд.* и в зн. *сказ.* Больно, болит. ♦ **Головка ~, в ротике ка́ка́, денежки тютю́** — о состоянии на следующий день после пьянки.

Из *детск.*; ♦ — пародирование детской речи.

БОБР, -а́, **БОБЁР**, -бра́, *м.* Модно одетый мужчина, щёголь, пижон.

БО́БРИК, -а, *м.* (или **ЛЫСЫЙ** ~). Человек с короткой стрижкой.

БОБЫ́, -о́в, *мн.* Деньги.

Возм. из *уг.*

БОГ *см.* **«БЕРЕЖЁНОГО БОГ БЕРЕЖЁТ»...; ГДЕ КТО БЫЛ, КОГДА БОГ НОГИ РАЗДАВАЛ; ДАЙ ТЕБЕ БОГ ЖЕНУ С ТРЕМЯ ГРУДЯМИ; ЯЙКИ; ЯПОНСКИЙ БОГ!**

БОГАДЕ́ЛЬНЯ, -и, *ж. Ирон.* Любое заведение (напр. кинотеатр, ресторан и т. п.), преимущественно невысокого разряда.

БОГАТЫЙ *см.* **НО ЖИЗНЬ ОКАЗАЛАСЬ БОГАЧЕ**

БОГДА́НКА, -и, *ж.* Косынка, которую повязывают на голову поклонники рок-певца Богдана Титомира. *Дегенерат в ~е.*

БОГ НЕ ДУРАК, ЛЮБИТ ПЯТАК *см.* **ПЯТАК**

♦ **БОГ НЕ НИ́ЩИЙ, ЛЮ́БИТ ТЫ́ЩУ** — шутл. требование не скупиться, не жадничать.

Ирон. травестирование общеупотр. поговорки «Бог троицу любит».

БОГОНЕ́ЛЬКА, -и, *ж.* Часть руки от предплечья до локтя.

Возм. связано с *устар. диал.* «баган» — жердь, шест для установки чего-л., «багана» — палка, кол, жердь, шест, дреколье (возм. из тюрк. языков); скорее всего через *уг.*

БОДА́ТЬСЯ, -а́юсь, -а́ешься; *несов., с кем-чем* и *без доп.* **1.** Сопротивляться кому-л., противиться чему-л. *Я уже неделю с дирекцией ~аюсь.* **2.** Вступать в половую связь с кем-л.

БОДУ́Н, -а́, **БУДУ́Н**, -а́, *м.* Состояние на следующий день после алкогольного опьянения, похмелье. *~ посетил* — пришло похмелье. *С ~ом борись вином* — *шутл.* о необходимости опохмеляться. ♦ **С ~а** — утром после попойки. *С ~а думка одна* — с похмелья хочется только одного.

Возм. от общеупотр. «бодать».

БОДЯ́ГА, -и, *ж.* **1.** Пистолет. **2.** Чушь, ерунда, пустые разговоры.

1. — из *уг.*; 2. — возм. от *устар.* «бадяга» — вещь для забавы, «бадяжничать» — дурачиться.

БОДЯ́ЖИТЬ, -жу, -жишь; *несов.* **1.** *что, с кем* и *без доп.* Тянуть время, не принимать решения, мяться. **2.** *что* и *без доп.* Готовить наркотик к употреблению.

См. **БОДЯГА**; 2. — из *нарк.*

♦ **БОЕВА́Я КИ́СА-МЯ́У** — решительная, разбитная девушка.

БОЕВАЯ МОЗОЛЬ *см.* **МОЗОЛЬ**

БОЕВОЙ *см.* **СТАРАЯ БОЕВАЯ ЛОШАДЬ**

БОЕГОЛО́ВКА, -и, *ж.* Мужской половой орган. ♦ **Самонаводящаяся ~** — бабник, ловелас.

БОЕКОМПЛЕ́КТ, -а, *м.* Спиртное, выпивка.

БОЕ́Ц, бойца́, *м.* **1.** Человек, который способен на что-л. выдающееся. *Ну ты боец: три кило мяса слопал.* **2.** Девушка, с которой можно иметь дело. **3.** Ирон. обращение (преим. к лицу мужского пола).

БО́ЖИЙ, -жья. Об абитуриенте: «неблатной», поступающий без протекции, без знакомства, без поддержки. *У нас десять процентов ~жьих, остальные позвоночные* (поступающие «по звонку», «блатные»).

Из языка преподавателей высших учебных заведений.

БОЖИЙ* *см.* **КОРОВКА (БОЖЬЯ)**

БОЖИЙ ЛЕДЕНЕЦ *см.* **ЛЕДЕНЕЦ**

БОЙ[1], бо́я, *м.* Мальчик, парень, молодой человек.

Англ. boy — мальчик.

См. также **ЭТО ЕСТЬ НАШ ПОСЛЕДНИЙ И РЕШИТЕЛЬНЫЙ БОЙ**

БОЙ[2], бо́я, *м.* **1.** Какое-л. бурное событие, конфликтная ситуация. **2.** Половой акт. ♦ **~ кудрявых самцов** — выяснение отношений между мужчинами из-за женщины.

БОЙ* *см.* **БАТАРЕЯ; ПОЛОЖИТЬ К БОЮ; УПАСТЬ К БОЮ**

БО́ЙЗЫ, -ов, *мн.* Молодые люди в майках с надписью «Boys».

БОЙНИ́ЦА, -ы, *ж.* Задница.

БОЙЦА́, -ы́, *ж.* То же, что **БОЕЦ 2**.

БОК *см.* **ФИК-ФОК И СБОКУ БАНТИК**

БОКА́, -о́в, **БОЧА́ТА**[1], боча́т, *мн.* Часы. ♦ **~ рыжие** — золотые часы.

От *уг.* «бока», «бочата» — часы.

БОКА́ЖИТЬСЯ, -жусь, -жишься; *несов., без доп.* Использовать крем для выведения волос. *Что ж ты, обезьяна, не ~жишься?* (муж жене).

От назв. фр. крема-депилятора «Bocage».

БОКОВОЙ *см.* **НУЖНО КАК СОБАКЕ БОКОВОЙ КАРМАН**

БОКОМ *см.* **ПРЫГАЙ БОКОМ**

БОЛДУИ́Н, -а, *м.* Балда, дурак.

БОЛЕЗНЬ *см.* **АРБУЗНАЯ БОЛЕЗНЬ; АСФАЛЬТОВАЯ БОЛЕЗНЬ; ЗЕРКАЛЬНАЯ БОЛЕЗНЬ; ПЕРЕПЕЛ; ПТИЧИЙ; ПТИЧЬЯ БОЛЕЗНЬ; ШАТРОВАЯ БОЛЕЗНЬ**

БОЛЕ́ТЬ, -е́ю, -е́ешь; *несов., без доп.* Страдать от похмелья.

БОЛЕТЬ* *см.* **НЕ БОЛИТ, А КРАСНОЕ; НЕ БОЛИТ ГОЛОВА У ДЯТЛА; ТРИСТА ДВАДЦАТЬ ЗУБОВ, ВСЕ В ЖОПЕ...; ХОРОШАЯ ШТУЧКА, КОГДА БОЛИТ РУЧКА...**

БОЛОТНАЯ КОЧКА *см.* **КОЧКА**

БОЛО́ТНИК, -а, *м.* Вор-карманник.

Возм. из *уг.*, возм. связано с «Болото» — один из районов старой Москвы, известный высокой преступностью.

БОЛОТНЫЙ *см.* **ПУГАЛО БОЛОТНОЕ; СРАНЬ; ХМЫРЬ БОЛОТНЫЙ; ЧМО БОЛОТНОЕ**

БОЛОТО *см.* **ПОСЫЛАТЬ В БОЛОТО**

БОЛТ, -а́, *м.* Мужской половой орган.

Возм. из *уг.*

БОЛТ* *см.* **ЗАВИНЧИВАТЬ ГАЙКИ (ШУРУПЫ, БОЛТЫ); ЗАКРУЧИВАТЬ (ЗАКРУТИТЬ) ГАЙКИ (БОЛТЫ, ШУРУПЫ, ЯЙЦА)**

БОЛТА́НКА, -и, *ж.* **1.** Качка, тряска в общественном транспорте. **2.** Перипетии в жизни, повороты судьбы. **3.** Разновидность самодельного наркотика на основе эфедрина.

3. — из *нарк.*

БОЛТАТЬСЯ *см.* **ТОРЧАТЬ (БОЛТАТЬСЯ, ВИСЕТЬ), КАК СЛИВА В ЗАДНЕМ ПРОХОДЕ (В КОМПОТЕ)**

БОЛТУ́Н[1], -а́, **БОЛТУ́НЧИК**[1], -а, *м.* **1.** Язык. **2.** Радио, радиоприёмник. *Слыхал феньку по болтуну?* (новость по радио). ♦ **Придержи болтунчика** — следи за тем, что говоришь, не болтай лишнего.

БОЛТУ́Н[2], -а́, **БОЛТУ́НЧИК**[2], -а, *м.* Мошонка.

БОЛТУНЕ́Ц, -нца́, *м.* Импотент.

♦ **БОЛТУ́Н У ТЕЛЕФО́НА — НАХО́ДКА ДЛЯ ШПИО́НА** — о болтливых людях.

Употр. с 30-х гг. XX в. в варианте «болтун — находка для шпиона».

БОЛТУНЧИК[1–2] *см.* **БОЛТУН**[1–2]

БОЛТУ́ШКА[1], -и, *ж.* Разновидность наркотика.

Возм. то же, что **БОЛТАНКА 3**.

БОЛТУ́ШКА[2], -и, *ж.* Газета (часто о «Комсомольской правде»).

БОЛТЫ́, -о́в, **1.** *мн.* Каша (обычно перловая). **2.** Глаза. *Чего ~ вывинтил?* (уставился).

1. — из *арм.*

БОЛЬ *см.* **ГОЛОВНАЯ БОЛЬ**

БОЛЬНО *см.* **УБЬЮ — СТАНЕТ БОЛЬНО**

БОЛЬНОЙ *см.* **БЕЛОЧКА (БОЛЬНАЯ); КАК БЕЛОЧКА БОЛЬНАЯ**

♦ **БОЛЬША́Я СТИ́РКА** — какое-л. важное, большое мероприятие.

БОЛЬШЕ *см.* **ДО ФИГА (И БОЛЬШЕ); ДО ХРЕНА (И БОЛЬШЕ); ЕЗДЕЦ; НАРОДУ БОЛЬШЕ, ЧЕМ ЛЮДЕЙ; ПИСАТЬ**

♦ **БО́ЛЬШЕ СКО́РОСТЬ — МЕ́НЬШЕ ЯМ** — *шутл.* оправдание высокой скорости; передел. общеупотр. поговорка «тише едешь — дальше будешь».

♦ **БОЛЬШИ́Е ШКАФЫ́ ГРО́МКО ПА́ДАЮТ** — *ирон.* высокая должность более опасна; чем выше человек на «общественной лестнице», тем заметней, больней может быть его крах, падение.

БОЛЬШО́Й, -о́го, *м.* **1.** *собств.* Большой театр в Москве. **2.** *собств.* Сквер перед Большим театром, место встреч различных неформальных объединений. **3.** Мужской половой орган.

БОЛЬШОЙ* *см.* **ЖИРАФ БОЛЬШОЙ, ЕМУ ВИДНЕЙ; ЛАПА; РУКИ СЛОВНО ДВЕ БОЛЬШИЕ ПТИЦЫ; ЛУЧШЕ МАЛЕНЬКИЙ ТАШКЕНТ, ЧЕМ БОЛЬШОЙ СИБИРЬ; УСТРОИТЬ БОЛЬШОЙ ПИОНЕРСКИЙ КОСТЁР**

БОЛЬШОЙ (ГЛАВНЫЙ, КОЗЫРНОЙ) ШТУЦЕР *см.* **ШТУЦЕР**

♦ **БОЛЬШО́МУ КОРАБЛЮ́ — БОЛЬШУ́Ю ТОРПЕ́ДУ** — *шутл.* передел. пословица «большому кораблю — большое плавание».

БОЛЯ́ЧКА, -и, *ж.* **1.** Тёща. **2.** Свекровь. **3.** Жена.

БО́МБА, -ы, *ж.* **1.** Бутылка спиртного (0,75 или 0,8 л). **2.** Шпаргалка или другой заранее заготовленный для каких-л. целей текст. **3.** «Секс-бомба», сексуальная женщина. **4.** Толстая женщина.

БОМБАНУ́ТЬ, -ну́, -нёшь; *сов., что, кого, на сколько.* Ограбить, разграбить, отобрать, обобрать, выманить (чаще о деньгах). *~ника его на сотню* — возьми у него сто рублей.

Ср. «бомбить» в различных близких зн.

БОМБЁЖКА *см.* **ПО ФИГУ БОМБЁЖКА**

БО́МБЕР, -а, *м.* Род военной куртки.

БОМБИ́ТЬ, -блю́, -би́шь, *несов.* **1.** *без доп.* Зарабатывать на жизнь «частным извозом». **2.** *что.* Делать что-л. интенсивно. *Я сейчас диплом ~блю.* **3.** *кого-что.* Критиковать, изобличать; разрушать, сводить на нет. *Правые ~ят левых, левые ~ят правых, а мяса всё равно нет.* **4.** *кого-что.* Зарабатывать на ком-л. или на какой-л. организации; иметь хороший источник дохода. **5.** *кого.* Приставать, надоедать, домогаться; добиваться чего-л. от кого-л. **6.** *кого-что.* Заниматься рэкетом.**7.** *кого.* Заниматься спекуляцией, перекупать вещи у иностранцев.

Возм. из *уг.* или из *арго* спекулянтов.

БОМБИТЬ (УТЮЖИТЬ, ЧЕСАТЬ, СОСАТЬ, ДОИТЬ) ФИРМУ *см.* **ФИРМА**

БОМБОВО́З, -а, *м.*, **БОМБОВО́ЗКА**[1], -и, *ж.* Толстый человек.

БОМБОВО́ЗКА[2], -и, *ж.* Крупная муха.

БОМЖ, -а́, *м.* **1.** Бродяга, человек без работы и без жилья; опустившийся, плохо одетый и т. п. человек. *Профессор, а бомжом ходит.* **2.** *шутл. аббрев.*: Богато Обеспеченный Московский Житель.

Аббрев. «Без Определённого Места Жительства» (сначала употр. альтернативная аббрев. БОРЗ «Без Определённого Рода Занятий»).

БОМЖА́ТНИК, -а, *м.* Место, где живут бездомные, бродяги; притон, ночлежка.

От **БОМЖ**.

БОМЖЕВА́ТЬ, -жу́ю, -жу́ешь, **БОМЖИ́ТЬ**, -жу́, -жи́шь, *несов., без доп.* Не иметь дома, бродяжничать.

От **БОМЖ**.

БО́НЗА, -ы, *м.* и *ж.* *Ирон.* Шеф, руководитель, лидер. *Партийные ~ы. Демократические ~ы.*

Ср. общеупотр. «бонза» — европейское назв. служителя буддийского культа в Японии.

БОРДА́, -ы́, *ж.* **1.** Электронная доска объявлений (BBS — Bulletin Board System). **2.** Клавиатура на компьютере (keyboard).

Ср. **БЕБЕСА, КИБОРДА**.

БОРДЕЛИ́НО, **БУРДАЛЬЕ́РО**, **БУРДЕЛИ́НО**, *м.* или *ср., нескл.*, **БОРДЕ́ЛЬ**, -я, **БОРДЕ́ЛЬЧИК**, -а, *м.*, **БОРДЕЛИРЬЕ́РО**, *нескл.*, **БОРДЕЛЬЕ́РО**, *нескл.*, *ср.* **1.** Любое сомнительное заведение. **2.** Вечеринка, попойка. **3.** Неразбериха, путаница, суматоха.

БОРДЮ́Р, -а, *м.* Задница; бедро. *Двинь ~ом* — подвинься. *Божественный ~* — о пышных бёдрах.

БОРЕ́Ц, -рца́, *м.*, **БОРЦА́**, -ы́, *ж.* Боевая, свойская девушка.

БОРЗЕ́ТЬ, -е́ю, -е́ешь; *несов., на кого-что* и *без доп.* Вести себя вызывающе, нагло; искать повода к ссоре.

БО́РЗО, *нареч.* **1.** Нагло, вызывающе, агрессивно. **2.** Быстро, мигом, сейчас же, немедленно. *Ну-ка ~ в магаз!* (быстро беги в магазин).

БОРЗО́Й, -а́я, -о́е, **БО́РЗЫЙ**, -ая, -ое. **1.** Наглый, нахальный, агрессивный. **2.** в зн. *сущ.*, **БО́РЗЫЙ**, -ого, *м.* (или ~ **КОНЬ**). Нахал, наглец; человек, ведущий себя неуважительно по отношению к другим.

БОРЗОТА́, -ы, **БОРЗОТЕ́НЬ**, -и, **БОРЗОТУ́РА**, -ы, *м.* и *ж.* Наглый, агрессивный человек.

БОРЗУ́ХА, -и, *ж.* **1.** То же, что **БОРЗЯНКА**. **2.** Складка на спине гимнастёрки, которая делается солдатом в нарушение воинского устава. **3.** Перловая каша.

2., возм. 3. — из *арм.*

БОРЗЫЙ *см.* **БОРЗОЙ**

БОРЗЯ́НКА, -и, **БОРЗЯ́ТИНА**, -ы, *ж.* **1.** Наглое, вызывающее, провоцирующее на конфликт поведение. **2.** То же, что **БОРЗУХА 3.** ♦ **Борзянки нажраться** (или **наесться, накушаться, наглотаться**) — стать наглым, агрессивным.

♦ **БОРИ́С — ПРЕДСЕДА́ТЕЛЬ ДО́ХЛЫХ КРЫС** — шутл. обращение к человеку по имени Борис.

♦ **БОРИ́С, ТЫ НЕ ПРАВ! —** ты не прав.

Слова, публично сказанные Е. К. Лигачёвым Б. Н. Ельцину и ставшие крылатыми.

♦ **БОРИ́С ФЁДОРОВИЧ** — *шутл.* клей БФ, используемый как наркотическое средство.

БОРМА́, -ы́, **БОРМОТА́**, -ы́, **БОРМОТЕ́НЬ**, -и, **БОРМОТУ́ХА**, -и, **БОРМОТУ́ШКА**, -и, *ж.*, **БОРМОТУ́Н**, -а́, **БОРМОТУ́НЧИК**, -а, *м.*, **БА́РМА**, -ы, **БАРМА́**, -ы́, *ж.* Дешёвое красное вино. *Мои брательник и сеструха — портвейн «Агдам» и бормотуха.*

От общеупотр. «бормотать»; *ср.* также *уг.* «бармить» — говорить; сближение с нем. арготическим barlen и фр. общеупотр. parler в том же зн. сомнительно.

БО́РМАН, -а, *м.* Хитрый, изворотливый человек.

Мартин Борман — председатель партийной канцелярии Гитлера и один из персонажей популярного телесериала «Семнадцать мгновений весны».

БОРМОГЛО́Т, -а, **БОРМОГЛО́ТИК**, -а, *м.*, **БОРМОГЛО́ТИНА**, -ы, **БОРМОГЛО́ТКА**, -и, *м.* и *ж.* Алкоголик; тот, кто пьёт бормотуху, дешёвое вино.

От **БОРМА** + общеупотр. «глотать». Возм. получило особое распространение под влиянием перевода Н. Демуровой «Алисы в стране чудес» Л. Кэрролла (в тексте — Бармаглот).

БОРМОТА, БОРМОТЕНЬ *см.* **БОРМА**

БОРМОТО́ЛОГ, -а, *м.* **1.** То же, что **БОРМОГЛОТ**. **2.** Бормотуха, дешёвое вино. **3.** Похмелье.

От **БОРМОТА**; по модели общеупотр. «филолог», «орнитолог» и т. п.

БОРМОТУН, БОРМОТУНЧИК, БОРМОТУХА, БОРМОТУШКА *см.* **БОРМА**

БОРОДА́, -ы́, *ж.* **1.** Обращение к человеку с бородой. **2.** Подбородок. **3.** Всеми уважаемый, опытный человек, авторитет, лидер.

БОРОДА́ВКА, -и, *ж.*, *собств.* Г. Зюганов, лидер российских коммунистов. *В Думе — доклад ~и.*

БОРОДА́Н, -а, **БОРОДА́НЧИК**, -а, **БОРОДА́ШКА**, -и, *м.* Человек с бородой.

БОРО́ТЬСЯ, борю́сь, бо́решься; *несов.*, **1.** *с кем.* Вступать в половую связь с кем-л. **2.** *с чем* и *без доп.* Страдать рвотой. *~ с унитазом* (или *с урной, с газоном, с пропастью* и т. п.).

1. — аллюзия к **БАРАТЬСЯ**.

БОРОТЬСЯ* *см.* **ЗА ЧТО БОРОЛИСЬ, НА ТО И НАПОРОЛИСЬ**

♦ **БОРО́ТЬСЯ И ИСКА́ТЬ, НАЙТИ́ И ПЕРЕПРЯ́ТАТЬ!** — *шутл.* пародирование лозунга «Бороться и искать, найти и не сдаваться!»

БОРТОВА́ТЬ, -ту́ю, -ту́ешь; *несов.* (*сов.* **БОРТАНУ́ТЬ**, -ну́, -нёшь), *кого с чем.* Отказывать кому-л. в чём-л.; не выполнять данное обещание, обманывать. *Я его с деньгами бортанул* — я ему не дал денег.

От общеупотр. «борт». Возм. первоначально из *спорт.*

БОРЦА *см.* **БОРЕЦ**

БОРЩЕ́ВСКИЙ, -ого, *м.* Борщ. *Навернуть ~ого.*

Ср. «чайковский» в зн. чай и т. п.

БОРЩЕХЛЁБ, -а, *м.* Рот. ♦ **Закрой свой ~ и не греми крышкой** — замолчи.

Общеупотр. «борщ» + «хлебать».

БОРЬБА *см.* **ВСЯ ЖИЗНЬ — БОРЬБА...; ЖЕРТВА (КЛАССОВОЙ БОРЬБЫ)**

♦ **БОРЬБА́ НАНА́ЙСКИХ МА́ЛЬЧИКОВ** — суета, беготня, неразбериха.

БОСОЙ *см.* **МУЖЧИНА ДОЛЖЕН БЫТЬ ЗОЛ...**

БОСОТА́, -ы́, **БОСО́ТА**, -ы, *ж.* Ирон.-пренебр. обращение.

Из *уг.* Возм. приобрело популярность под влиянием фильма «Место встречи изменить нельзя».

БОСС, -а, *м. Ирон.* Начальник, руководитель, ответственное лицо.

Англ. boss — хозяин.

♦ **БО́СЫЙ ЧЛЕН** *где* и *без доп.* — ничего, полное отсутствие чего-л., напр.: *жрать нечего, босый член в холодильнике; босый член ты получишь после такой работы.*

Эвфем. от нецензурного.

БОСЯ́К, -а́, *м.* Хулиган, вор, преступник; бран. обращение.

Возм. из *уг.*

БОТАН *см.* **БОТАНИК**

БОТАНЕ́ТЬ, -е́ю, -е́ешь, *несов., без доп.* Активно учиться; заучивать, зубрить. *Вот мужик ~еет: всего Пушкина прочитал.*

Из *шк.*; от **БОТАН, БОТАНИК.**

БОТА́НИК, -а, **БОТА́НЧИК**, -а, **БОТА́Н**, -а (или -а́), *м. Ирон.* **1.** Прилежный ученик, всезнайка, зубрила, отличник. *В каком году была Куликовская битва? — В 1380-м. — Ну ты ~!* **2.** Пожилой мужчина, ухаживающий за молодой женщиной.

1. — возм. из *шк.*

БОТАНИ́ЧЕСКИЙ, -ая, -ое (или **~ОГО ТИ́ПА**). Примитивный, неразвитый, глупый. *Что ты с ней разговариваешь, это же совсем ~ая особь!*

БОТАНИЧЕСКОГО ТИПА *см.* **БОТАНИЧЕСКИЙ**

БОТАНЧИК *см.* **БОТАНИК**

БО́ТАС, -а, *м.*, **БО́ТАСЫ**, -ов, *мн.* **1.** Чешские кроссовки фирмы «Ботас». **2.** Любая обувь.

БО́ТАТЬ, -аю, -аешь; *несов., о чём с кем.* Говорить, разговаривать, беседовать. ♦ **Хватит ~, пойдём работать** — хватит болтать. **По фене ~** — говорить на воровском жарг.

Уг. «ботать» — говорить, рассказывать, знать воровской жаргон, «ботало» — язык; возм. от нем. арготического botten — есть (с XVI в.).

БОТВА́, -ы́, *ж.* **1.** Кооперативный ларёк, в котором продаются бижутерия и другие мелкие товары; товар, продаваемый в таком ларьке. *Купил в ~е. Торговать ~ой.* **2.** Ерунда, чушь. **3.** Волосы, причёска. *Нулевая ~* (о лысом человеке). *Обхайрай* (обстриги) *~у-то, пудель!*

БОТВИ́ННИК[1], -а, *м.* Тот, кто торгует в кооперативных ларьках мелкими товарами; тот, кто ворует из таких ларьков.

От **БОТВА** 1.

БОТВИ́ННИК[2], -а, *м.* Отличник, зубрила.

По имени известного шахматиста. Из *студ.*

БО́ТИК, -а, *м., собств.* Большой театр. *Встречаемся у ~а.*

Шутл. переосмысление слова как аббрев.

БОТЛ, -а́ (или -а), *м.*, **БОТЛА́**, -ы́, *ж.*, **БАТЛ**, -а (или -а́), *м.*, **БАТЛА́**, -ы́, *ж.* Бутылка спиртного.

Англ. bottle — бутылка

БОТЛЕГА *см.* **БУТЛЕГА**

БОТЛЕ́ГЕР, -а, **БОТЛЫ́ЖНИК**, -а, *м.*, **БОТЛЫ́ГА**, -и, *м.* и *ж.* Тот, кто занимается бизнесом на купле и продаже пустых бутылок.

Возм. от общеупотр. «бутлегер» (англ. bootlegger) — лицо, занимающееся запрещённым ввозом, продажей и транспортировкой спиртных напитков; *ср.* также **БОТЛ, БУТЛЕГА.**

БОТЛЕЖКА *см.* **БУТЛЕГА**

БОТЛЫГА, БОТЛЫЖНИК *см.***БОТЛЕГЕР**

БОТФОРТ* *см.* **НЕ ССЫ В БОТФОРТ...**

БОТФО́РТЫ, -ов, *мн.* Женские сапоги выше колена.

БОТЫ *см.* **СУКА**

БОЧА́РА, -ы, **БОЧИ́НА**, -ы, *ж.* Бок. *Дать в ~у* (или *по ~е*) — ударить в бок.

БОЧА́ТА[1] *см.* **БОКА**

БОЧА́ТА[2], **БОЧА́Т**, *мн.* Деревянные фишки для игры в лото.

БОЧИНА *см.* **БОЧАРА**

БО́ЧКА, -и, *ж.* **1.** Толстый человек. **2.** Барабан, ударная установка. **3.** Чёткий ритм ударных инструментов (чаще о танцевальной музыке). *Вот хреновый диджей, всего-то и сделал, что под песенку ~у подвёл!*

2., 3. — из *муз.*

БОЧКА* *см.* **КАТИТЬ БОЧКУ; ОБЕЩАТЬ СОРОК БОЧЕК АРЕСТАНТОВ**

БО́ШКА, -и, *ж.* **1.** Башка, голова. **2.** Обычно во *мн.* Женские цветки конопли (у *нарк.*).

БОЯТЬСЯ *см.* **А ТЫ, ДУРОЧКА, БОЯЛАСЬ...; ДЕТЕЙ БОЯТЬСЯ — В ЛЕС НЕ ХОДИТЬ; КООПЕРАТИВ «ЗАХОДИ — НЕ БОЙСЯ...»; МУХИ БОЯТСЯ САДИТЬСЯ; МЫ, ГРУЗИНЫ, НАРОД ГОРЯЧИЙ, СЕМЕРО ОДНОГО НЕ БОИМСЯ; ПОТЕРЯЛ СПИСОК, КОГО БОЯТЬСЯ; ШОФЁРЫ, БОЙТЕСЬ ТЕХ МЕСТ, ОТКУДА ПОЯВЛЯЮТСЯ ДЕТИ**

БРА́ЗЕР, -а, *м.* Брат.

Англ. brother в том же зн.

БРАЗИЛЬСКИЙ ТУШКАН *см.* **МЕКСИКАНСКИЙ (БРАЗИЛЬСКИЙ) ТУШКАН**

БРАКОДЕ́Л, -а, *м.* Тот, у кого родилась дочь, а не сын (*шутл.* между мужчинами).

БРАКОНЬЕ́Р, -а, *м.* Конкурент; тот, кто отбивает чужих клиентов.

БРАНДСПО́ЙТ, -а, *м.* Мужской половой орган.

БРАНЖА́, -и́, *ж.* Дело, мероприятие, предприятие. ♦ **~ покатила** — дело сдвинулось с места.

Возм. из *уг.*

БРАСЛЕ́ТКИ, -ток, *мн.* **1.** Наручники. **2.** Наручные часы.

БРАТ *см.* **ДВА БРАТА АКРОБАТА; НАСРАТЬ; У БРАТА**

БРАТА́Н, -а́ (или -а), **БРАТЕ́ЛЬНИК**, -а, **БРАТЕ́ЛЬНИЧЕК**, -чка, **БРАТУ́ШНИК**, -а, **БРАТУ́ХА**, -и, *м.* **1.** Брат. **2.** Обращение к любому лицу мужского пола.

Возм. от *устар. диал.* «братан» — двоюродный брат.

БРАТЕ́ЛЛА, -ы, **БРАТЕ́ЛЛО**, -ы, *м.* **1.** Брат. *Двоюродный ~.* **2.** *шутл.* О друге, приятеле, любом человеке или в зн. обращения. *Так, ~, дело не пойдёт.*

Передел. на итал. манер, *ср.* **СЕСРУЧЧО**.

БРАТЕЛЬНИК, БРАТЕЛЬНИЧЕК *см.* **БРАТАН**

БРА́ТЕЦ, -тца, *м.* (или **~-КРО́ЛИК, ~ТЦЫ-НАНА́ЙЦЫ**). Ирон. обращение. *Надо, ~тцы, нам нажраться* — пора нам выпить.

БРАТО́К, -тка́, *м.* Сослуживец.

Из *арм.*

♦ **БРА́ТСКАЯ МОГИ́ЛА: УПА́СТЬ, ОБНЯ́ТЬ И ЗАПЛА́КАТЬ** — толстая женщина.

БРА́ТСКИЙ, -ая, -ое. *Ирон.* Сделанный в бывших социалистических странах. *~ сахар. ~ие помидорчики. ~ое винище.*

БРАТУХА, БРАТУШНИК *см.* **БРАТАН**

БРАТЦЫ-НАНАЙЦЫ *см.* **БРАТЕЦ**

БРАТЬ, беру́, берёшь; *несов., кого.* **1.** Приставать к кому-л., надоедать, досаждать. *Ну что ты меня всё время берёшь, как вошь солдата!* **2.** Знакомиться с девушкой; совращать; заниматься любовью. *Строем в армии ходить — это тебе не баб на гражданке ~.*

БРАТЬ* *см.* **БЕРЁШЬ ЧУЖИЕ — ОТДАЁШЬ СВОИ; САМ-БЕРИ; БЕРИ ВЕСЛО, КАНАЙ В ПОМОИ; ТАКИХ НЕ БЕРУТ В КОСМОНАВТЫ; ТЫ МЕНЯ НА «СЛЫШЬ» НЕ БЕРИ**

♦ **БРАТЬ (ВЗЯТЬ, СХВАТИ́ТЬ) ЗА ЖА́БРЫ (ПОД ЖА́БРЫ, ЗА ГЛО́ТКУ, ЗА БЕ́ЛОЕ МЯ́СО, ЗА ЗА́ДНИЦУ)** *кого с чем* — **1.** Поймать, застать на месте преступления. **2.** «Насесть» на кого-л., поставить кому-л. ультиматум, вынудить кого-л. что-л. сделать; шантажировать; применять власть.

♦ **БРАТЬ НА БАС** *кого* — говорить с кем-л. на повышенных тонах, грубить, кричать.

БРАТЬ (ВЗЯТЬ) НА ПОНТ *см.* **ПОНТ**

БРАТЬ (ВЗЯТЬ) НА ЧАСТНЫЙ ИЗВОЗ *см.* **ИЗВОЗ**

БРАТЬ (ВЗЯТЬ, ЦЕПЛЯТЬ, ТЯНУТЬ) НА ПУШКУ *см.* **ПУШКА**

БРАТЬ ОТ ФОНАРЯ *см.* **ВЗЯТЬ (БРАТЬ) ОТ ФОНАРЯ**

БРАТЬ ПАРОВОЗОМ *см.* **КАНАТЬ (ИДТИ, БЫТЬ, ТАЩИТЬ, БРАТЬ) ПАРОВОЗОМ...**

БРАТЬ ПРОПИСЬЮ *см.* **ПРОПИСЬ**

БРА́ТЬЯ, -тьев, *мн.* Голоса, вклинивающиеся в телефонный разговор; неожиданные помехи в телефонной сети.

♦ **БРА́ТЬЯ ПО РА́ЗУМУ** — **1.** То же, что **БРАТЬЯ**. **2.** *Пренебр.* О какой-л. группе людей, напр.: *Ну, веди сюда своих братьев по разуму.*

БРАХМА́Н, -а, *м.* (или **ЗАДУ́МЧИВЫЙ ~**). То же, что **БРАХМАПУТРА 1., 2.**

От общеупотр. «брахман» — жрец в индуизме.

♦ **БРАХМАПУ́ДРИТЬ МОЗГИ́** *кому* — задуривать голову, запутывать, лгать.

Шутл. контаминация «Брахмапутра» — назв. реки и «пудрить мозги» в зн. обманывать, заговаривать зубы. *ср.* также **ПУДРИТЬ МОЗГИ**.

БРАХМАПУ́ТРА, -ы, *м.* и *ж.* **1.** Странный, погруженный в свои мысли человек. **2.** Ирон. обращение к задумавшемуся, отвлёкшемуся человеку. *Ну ты, ~, хватит о вечном, наливай!* **3.** Нечто сложное, запутанное, трудноразрешимое. *Он там такую ~у нагородил, что теперь без пива не обойтись* — он всё так напутал, что теперь очень трудно разобраться.

От «Брахма» — высшее божество индуизма; контаминация с назв. реки Брахмапутра. *ср.* **БРАХМАН, БРАХМАПУДРИТЬ МОЗГИ.**

♦ **БРА́ЧНЫЙ КРИК МАРА́ЛА** — *ирон.* громкий крик, возглас, вопль, напр.: *Это ещё что за брачный крик марала? — Это у соседей жена суп пересолила* (о криках мужа).

Возм. распространилось под влиянием фильма Н. Михалкова «Неоконченная пьеса для механического пианино» (по А. П. Чехову).

БРЕВНО́, -а́, *ср.* **1.** Глупый человек. *Не будь ~ом затонувшим, соглашайся. — От ~а слышу.* **2.** Двухкассетный магнитофон. **3.** Фригидная женщина.

БРЕВНОМ ПРИДАВЛЕННЫЙ *см.* **ПРИДАВЛЕННЫЙ**

БРЕД, -а, *м.*, **БРЕДЯ́ТИНА**, -ы, *ж.* **1.** (или **БРЕД СИ́ВОЙ КОБЫ́ЛЫ В ЛУ́ННУЮ НОЧЬ, ~ ПЬЯ́НОГО НАНА́ЙЦА, ~ УСНУ́ВШЕГО ГЕНСЕ́КА, ~ СОВЕ́ТСКИХ ГЕНЕ́ТИКОВ, ~ БЕРЕ́МЕННОЙ МЕДУ́ЗЫ** и т. п.). Нечто странное, несуразное, вычурное. **2.** в зн. *межд.* Выражает неодобрение, недовольство, досаду. *У тебя штаны лопнули. — ~!*

БРЕД ПЬЯНОГО НАНАЙЦА, БРЕД СИВОЙ КОБЫЛЫ В ЛУННУЮ НОЧЬ, БРЕД СОВЕТСКИХ ГЕНЕТИКОВ, БРЕД УСНУВШЕГО ГЕНСЕКА *см.* **БРЕД**

БРЕДЯТИНА *см.* **БРЕД**

БРЕЗЕНТУ́ХА, -и, *ж.* Брезент.

БРЕЗЕ́Ц, -еца́, *м.* Адрес.

От *уг.* «близец» — наводка на преступление, «брезет снять» — наметить объект кражи, «бриза» — адрес намечаемой кражи.

БРЕЙКДАНСИ́СТ, -а, **БРЕЙКДЕНСИ́СТ**, -а, **БРЕ́ЙКЕР**, -а, *м.* Танцор в стиле «брейк», любитель «брейка».

От англ. break — ломать; break dance — разновидность современного танца.

БРЕНДЕДЕ́ЛИСТЫЙ, -ая, -ое. Тонко сделанный, фигурный, резной; броский на вид, эффектный. *Ишь, какие у тебя штаны-то ~ые, хоть прямо на ночь не снимай.*

См. **БРЕНДЕДЕЛЬКА.**

БРЕНДЕДЕ́ЛЬКА, -и, *ж.* Любая вещь (обычно маленькая, тонко сделанная, болтающаяся на чём-л., напр., брелок, серьга и т. п.).

Звукоподр.

БРЕНЧА́ЛКА, -и, *ж.* **1.** Гитара, а также любой струнный музыкальный инструмент. **2.** Болтун, трепло, человек, распространяющий слухи. **3.** *мн.* Струны.

1,3 — из *муз.*

БРЕХА́ЛКА, -и, *ж.* Обсуждение чего-л., дискуссия, спор.

От *прост.* «брехать».

БРЕХА́ЛО, -а, *ср.* **1.** Рот. *Закрой ~, вчерашний обед остынет* — замолчи. **2.** Лицо.

От общеупотр. «брехать».

БРЕХА́ЛОВКА, -и, *ж.* **1.** То же, что **БРЕХАЛО** во всех зн. **2.** Базар, рынок или др. шумное место. **3.** Обсуждение чего-л., дискуссия, спор; место, где что-л. шумно обсуждается. *В Думе весь день ~ о льготах каких-то.*

БРИГАДИ́Р, -а, *м.* Ирон. обращение (чаще к шофёру, грузчику и т. п.).

БРИДЖ, -а, *м.* Отступление от основной мелодии (обычно перед последним припевом).

Из *муз.*; от назв. карт. игры (англ. bridge).

БРИ́ТИШ[1], -а, (или-а́), *м.* (мн. -а́, -о́в). Англичанин, британец.

БРИ́ТИШ[2], *неизм. прил.*, **БРИТИШО́ВСКИЙ**, -ая, -ое, **БРИТИШО́ВЫЙ**, -ая, -ое. Английский, британский. *Британские деньги — хорошие деньги.*

От англ. British — британский.

БРИТЬ, бре́ю, бре́ешь; *несов.*, *кого.* Обирать, обворовывать; брать с кого-л. деньги; использовать бесплатно чей-л. труд. ♦ **Слона ~** — заниматься долгим, нудным делом.

БРИТЬСЯ *см.* **МЫЛИТЬСЯ; Я В ЗОНЕ МИСКОЙ БРИЛСЯ!**

БРОВА́СТЫЙ, -ого, **БРОВЕНО́СЕЦ**, -сца, **БРОВЯ́СТЫЙ**, -ого, *м.*, *собств.* Л. И. Брежнев (Генеральный Секретарь ЦК КПСС с 1966 по 1982 г.). *Бровеносец в потёмках* (передел. «Броненосец «Потёмкин»», назв. фильма С. Эйзенштейна).

БРОВИ *см.* **СТОЯТЬ НА УШАХ (НА БРОВЯХ, НА РОГАХ); ХОДИТЬ НА БРОВЯХ**

БРОВЯСТЫЙ *см.* **БРОВАСТЫЙ**

БРОД, -а, *м.* **1.** Прогулка. **2.** *собств.* Улица Тверская в Москве. **3.** Любая достаточно широкая улица. *Это наш районный ~.* ♦ **Делать ~** — прогуливаться.

Возм. от англ. broad — широкий, просторный + общеупотр. «бродить»; *ср.* **БРОДВЕЙ**

БРОДВЕ́Й, -я, *м.* Любая улица, на которой вечерами собирается публика.

Англ. Broadway — улица в Нью-Йорке.

БРОДИЛА *см.* **ЗАКВАСИТЬ (БРОДИЛУ)**

БРОДИ́ЛКА, -и, *ж.* Разновидность компьютерной игры.

БРО́ЙЛЕР, -а, *м.* **1.** Толстяк, обжора. **2.** Подросток-акселерат.

БРОЙЛЕР* *см.* **ЧЕРНОБЫЛЬСКИЙ БРОЙЛЕР**

БРОМ, -у (или -а), *м. Ирон.* Любое успокаивающее средство. *Выпей ~у!* — успокойся (шутл. совет человеку, который потерпел неудачу в любовных делах).

Изначально — разг. вариант от *спец.* «раствор бромистого калия».

БРОНЕВИ́К, -а́, *м.* **1.** Настойчивый, упорный, сильный человек. *Не баба, а ~.* **2.** Автомобиль старого образца (напр. «Победа»). **3.** Жена.

♦ **Еврейский ~** — *собств.* старая модель «Запорожца».

БРОНЕВИК* *см.* **ХОРОШО ГОВОРИШЬ, БРОНЕВИКА ТЕБЕ (ТОЛЬКО) НЕ ХВАТАЕТ**

БРОНЕВИЧОК *см.* **ПРОДАДИМ БРОНЕВИЧОК...**

БРОНЕЖИЛЕ́Т, -а, *м.* Большой, старомодный бюстгальтер.

БРОСА́ТЬ, -а́ю, -а́ешь; *несов.* (*сов.* **БРО́СИТЬ**, бро́шу, бро́сишь. **1.** *кого на что, на сколько* и *без доп.* (или ~ **ЧЕРЕЗ БЕДРО́**, ~ **ЧЕРЕЗ КОЛЕ́НО**). Обманывать кого-л. в чём-л. или на какую-л. сумму денег; не выполнять обещанного; отказывать в просьбе. *В профкоме меня элементарно бросили. Его уже третий раз с загранкомандировкой бросают. Ты меня вчера на десятку через колено бросил.* **2.** *что куда.* Посылать почту или программы по модему.

2. — из языка программистов, пользователей компьютеров; *ср.* **ЗАКАЧИВАТЬ**.

♦ **БРОСА́ТЬ КО́СТИ** (или **КО́ГТИ**) **1.** *у кого.* Заходить в гости; оставаться жить на некоторое время; ночевать. **2.** *по чему* и *без доп.* Пройтись, прогуляться. *Бросим кости по Арбату.*

♦ **БРОСА́ТЬ НА КИШКУ́** *что* — употребить (проглотить) что-л. (чаще о наркотике).

♦ **БРОСА́ТЬ ТЕ́ЛО В ТА́НЕЦ** — *шутл.* о полном, толстом человеке, который начинает танцевать.

БРОСИТЬ *см.* **БРОСАТЬ; КОНЬКИ; ОТОРВАТЬ И БРОСИТЬ; ПАЛКА**

♦ **БРО́СИТЬ ПОДПИ́СКУ** *за кого* — дать ручательство, поручиться.

Возм. из *уг.*

♦ **БРО́СИТЬСЯ С БАЛЛО́НА** — умереть.

♦ **БРОСО́К ЧЕРЕЗ ПУПО́К С ЗАХВА́ТОМ ЛЕ́ВОГО ЯЙЦА́** — *шутл.* о любом действии, поступке.

Из *детск.*

БРЫ́ЗГАТЬ, -аю, -аешь; *несов.* (*сов.* **БРЫ́ЗНУТЬ**, -ну, -нешь). **1.** *без доп.* Мочиться. *Брызнул у забора — полсотни штрафа.* **2.** *на кого.* Доносить на кого-л.

2. — возм. семантическое влияние **КАПАТЬ, КАПНУТЬ**.

БРЫКА́ТЬСЯ, -а́юсь, -а́ешься; *несов., от кого-чего* и *без доп.* Отказываться, сопротивляться; избегать кого-чего-л.

БРЫНЦА́ЛОВКА, -и, *ж.* Водка, названная по имени В. Брынцалова (одного из политических деятелей 90-х гг.), а также обобщённо — о какой-л. плохой, дешёвой водке.

БРЮ́ЛИК, -а, *м.* Бриллиант. *Весь веер (рука, пальцы) в ~ах. Ты еще на залупу ~ нацепи!* (*ирон.* в адрес т. н. «нового русского»).

БРЮХО *см.* **ЧЕШИ БРЮХО (ГРУДЬ)**

♦ **БРЮ́ХО РАСПУСТИ́ТЬ** *кому* — наказать, избить, изругать.

БРЯКНУТЬСЯ *см.* **УПАСТЬ (РУХНУТЬ, СВАЛИТЬСЯ, БРЯКНУТЬСЯ) С ДЕРЕВА**

БРЯКПО́ЙНТ, -а, *м.* Точка остановки при отладке компьютерной программы. *Вставить ~.*

От англ. *спец.* breakpoint с наложением рус. звукоподр. «бряк».

БУ́БЕН, -бна, *м.* **1.** Лицо. *Похмельный ~.* **2.** Зад, задница. *Подвинь свой грязный ~.*

♦ **Дать в ~** *кому* — избить, наказать, расправиться.

БУБЕНЦЫ́, -о́в, **БУБЕ́НЧИКИ**, -ов, *мн.* Мошонка.

БУБЛЬ, -я, *м.* Девушка, потерявшая невинность в раннем возрасте; любая девушка.

Возм. сокращ. от «бублик» или от англ. bubble-gum — жвачка.

БУБНИ́ЛКА, -и, *ж.* Певец (чаще о стиле «рэп»).

Из *муз.*

БУГО́Р, -гра́, **БАГО́Р**, -гра́, *м.* **1.** Большой, сильный человек. **2.** Бригадир, начальник. **3.** Сержант.

2. — возм. из *уг.* 3. — из *арм.*

БУГОР* *см.* **ГОЛОС (ИЗ-ЗА БУГРА); ЗА БУГРОМ; ЗАБЕЖАТЬ (ЗА БУГОР); ХРЕН С ГОРЫ (С БУГРА)**

БУГРОВО́З, -а, *м.* Машина для начальников.
От **БУГОР** 2.
БУГРО́М, *нареч.* Доверху, до краёв (чаще об алкогольном напитке, налитом в стакан). *~-то не наливай, пролью! Штрафнику — ~!* (опоздавшему — полный стакан).
БУДЁННЫЙ *см.* **ЗДРАВСТВУЙ, ЛОШАДЬ, Я БУДЁННЫЙ; ОТМЕЧАТЬ СТОЛЕТИЕ ЛОШАДИ БУДЁННОГО**
БУДЕТ И НА НАШЕМ СТРИТУ СЕЛЕБРЕЙШЕН (или **ХОЛИДЕЙ**) *см.* **СТРИТ**
БУДИ́ЛЬНИК, -а, *м.* Нехороший человек; дурак, негодяй.
Эвфем. от руг.
БУДИЛЬНИК* *см.* **ЗАВЕСТИ ГИДРАВЛИЧЕСКИЙ БУДИЛЬНИК**
БУ́ДКА, -и. **1.** *ж.* Лицо (обычно толстое, круглое). *~у нажрать* — поправиться, растолстеть. **2.** *ж.* Голова. **3.** *м.* и *ж.* Глупый человек.
БУДУН *см.* **БОДУН**
БУДУЩЕЕ *см.* **ВОДКА — ПЕРЕЖИТОК ПРОШЛОГО, НАСТОЯЩЕГО И БУДУЩЕГО**
♦ **БУДЬ ЗДОРО́ВА, МАТЬ-КОРО́ВА** (или **КАК КОРО́ВА**) — *шутл.* будь здоров, привет.
БУДЬ ЗДОРОВ, ИВАН ПЕТРОВ *см.* **ЗДОРОВ**
БУДЬ ЗДОРОВ, НЕ КАШЛЯЙ *см.* **ЗДОРОВ**
♦ **БУДЬ ЗДОРО́ВЧИК, ПЕЙ КЕФИ́РЧИК** — пока, прощай, будь здоров.
♦ **БУДЬ ПРО́ЩЕ, И К ТЕБЕ́ ПОТЯ́НУТСЯ ЛЮ́ДИ** (или **И ЛЮ́ДИ СА́МИ К ТЕБЕ́ ПОТЯ́НУТСЯ**) — *ирон.* знай своё место, не выступай.
♦ **БУДЬ СПОК** — успокойся, всё будет в порядке.
♦ **БУ́ДЬТЕ КАК ДО́МА, НО НЕ ЗАБЫВА́ЙТЕ, ЧТО ВЫ В ГОСТЯ́Х** — *шутл.* будьте как дома.
БУ́ДЬТЕ-НА́ТЕ, *межд.* Ну и ну!, вот тебе на!, кто бы мог подумать! *~: водка подорожала!*
БУЗА́, -ы́, *ж.* **1.** Ерунда, безделица. **2.** Шум, скандал. ♦ **Навести ~у** — поднять шум.
Уг. «буза» — враньё, драка, *устар.* «буза» — сусло, брага, «бузать», «бусать» — много пить; *ср.* тюрк. buza — небогатый, бедность.
БУЗИ́ТЬ, *1 л. не употр.*, -зи́шь, *несов.* Скандалить, безобразничать, шуметь, драться.
См. **БУЗА**.
БУЗО́ВЫЙ, -ая, -ое. **1.** Неважный, незначительный, плохой. **2.** Шумный, непоседливый, непутёвый.
См. **БУЗА**.
БУЗОТЁР, -а, *м.* Шумный, крикливый человек.
Ср. *уг.* «бузотёр» — крестьянин; см. также **БУЗА, БУЗУ ТЕРЕТЬ**.
БУЗУ ТЕРЕТЬ *см.* **ТЕРЕТЬ**
БУК, -а, *м.* Букинистический или любой другой книжный магазин. *Пройтись по ~ам* — зайти в книжные магазины.
От англ. book — книга или сокращ. от общеупотр. «букинист», «букинистический».
БУ́КА, -и, *ж.* Переносной компьютер.
От англ. notebook.
БУКА́ШКА, -и, *ж.* Троллейбус. *Туда три ~и ходят.*
Возм. первоначально от маршрута троллейбуса «Б» на Садовом кольце в Москве.
БУКАШКА* *см.* **БЕЗ БУМАЖКИ ТЫ БУКАШКА, А С БУМАЖКОЙ — ЧЕЛОВЕК**
БУКВА *см.* **ПОСЫЛАТЬ НА ТРИ ВЕСЁЛЫХ БУКВЫ**
БУКВА «М» *см.* **ЧУДАК НА БУКВУ «М»**
БУКВА́РЬ, -я́, *м.* **1.** Зубрила, старательный ученик, отличник. **2.** Двоечник, второгодник.
Преим. *шк.*
БУКЕ́Т, -а, *м.* **1.** Большое количество чего-л. *На этом собрании — ну просто ~ идиотов. Передай ему ~ приветов.* **2.** (или **~ АБХА́ЗИИ**). Сразу несколько венерических болезней у одного человека.
«Букет Абхазии» — назв. марочного вина (а также сорт марочного чая).
БУЛА́Т, -а, *м.* Нож, лезвие.
Возм. из *уг.*
БУЛДА *см.* **БЕЗ БУЛДЫ?**
БУЛЕЧКА *см.* **БУЛЬКА**
БУ́ЛКА, -и, **БУ́ЛОЧКА**, -и, *ж.* Сексуальная, соблазнительная девушка, женщина.
БУЛОЧКА* *см.* **ДА Я НА ТЕБЯ БУЛОЧКУ КРОШИЛ!**
БУ́ЛОЧНИК, -а, *м.* (или **СЫН ~А**). Толстый человек.
БУЛЬ-БУ́ЛЬ-КАРА́СИК, в зн. *межд.* и *в зн. сказ.* О чём-л. утонувшем, пускающем пузыри; о чём-л. неудавшемся, сорвавшемся. *Ну что твой диплом? — ~!*
БУЛЬДОГ *см.* **СМЕСЬ БУЛЬДОГА С НОСОРОГОМ**
БУЛЬДО́ГА, -и, **БУЛЬДО́ЖКА**, -и, *ж.* **1.** Любая собака. **2.** Злая женщина.
БУ́ЛЬКА, -и, **БУ́ЛЕЧКА**, -и, *ж.*, **БУ́ЛЬКИ, БУ́ЛЕК**, *мн.* Спиртное; доза спиртного, измеряемая при разливании количеством «бульканий». *Ну-ка, брат, наполни нам тару по шесть булек.* ♦ **Разливать по булькам** *что* — разливать спиртное по стаканам равными порциями с закрытыми глазами, на слух, по количеству «бульканий».
См. также **ПЯТЬДЕСЯТ БУЛЕК**

БУ́ЛЬКАТЬ, -аю, -аешь; *несов.* (*сов.* **БУ́ЛЬКНУТЬ**, -ну, -нешь). **1.** *кому что.* Говорить. **2.** *что* и *без доп.* Пить, выпивать.

БУЛЬКАТЬ* *см.* **НЕ БУЛЬКАЙ, ПОВИДЛО...**

БУЛЬКИ *см.* **БУЛЬКА**

БУЛЬКНУТЬ *см.* **БУЛЬКАТЬ**

БУ́ЛЬНИК, -а, *м.* Камень, булыжник.

БУЛЬО́НКИ, -нок, *мн.* **1.** Руки. *Не тяни свои ~, и без них в жизни мало красоты.* **2.** Останки умерших. *Бомжовые ~.*

1. — от общеупотр. «бульон»; *ср.* также *прост.* «бульонки» — кости для бульона, холодца и *уг.* «бульон» — объедки. 2. — Из речи кладбищенских рабочих.

БУ́ЛЬТИК, -а, *м.* Бутылка спиртного. *По ~у на хайло* («на рыло», на человека).

Возм. наложение «бутылка» и «буль» («булькать»).

БУМА́ГА, -и, *ж.* Десять рублей (купюра или сумма).

Из 80-х гг.

БУМАЖКА *см.* **БЕЗ БУМАЖКИ ТЫ БУКАШКА, А С БУМАЖКОЙ — ЧЕЛОВЕК**

БУМ-БУ́М, *неизм., в зн. сказ., в чём.* Понимать, разбираться в чём-л. *Ты в математике ~? Я в этом деле ни ~.*

Звукоподр.

БУ́НДЕС, -а (или -а́), *м.* (мн. -а́, -о́в). Немец из Западной Германии.

Нем. Bundes — федеративный, из названия Bundesrepublik Deutschland (ФРГ).

БУНДЕСО́ВЫЙ, -ая, -ое. Западногерманский.

См. **БУНДЕС**.

БУНДЕСРА́НЕЦ, -нца, *м.*, **БУНДЕСРА́НКА**, -и, *ж.* Немец, немка. *Ты что, ошизела за бундесранца идти, ты ж там в пиве от тоски утопишься!*

См. **БУНДЕСРАНЬ**

БУНДЕСРА́НСКИЙ, -ая, -ое. *Ирон.* Немецкий. *Лучше у нас бомжем сдохну, чем жить в этой тоске ~ой. Мне милей навоз саранский, чем порядок ~ .*

См. **БУНДЕСРАНЬ**.

БУНДЕСРА́НЬ, -и, *ж. Пренебр.* О немцах, о чём-л. немецком. *Опять ~ про свою реституцию бубнит.*

От нем. Bundes — федеративный (от Bundesrepublik Deutschland). *см.* также **БУНДЕС** и рус. *прост.* «срань» (что-л. неприятное, некачественное и т. п., от «срать»); *ср.* также нем. Bundesrat, «бундесрат» — орган представительства земель в ФРГ.

БУ́НКЕР, -а, *м.* **1.** Рот. *Закрой ~, сыростью пахнет* — замолчи. **2.** Живот. ♦ **~ засы́пать** — поесть.

БУР, -а, *м.* Мужской половой орган.

БУРА́, -ы́, *ж.* Разновидность карточной игры.

БУРАТИ́НА, -ы, **БУРАТИ́НО**, *нескл., м.* (*в косв. п.* также часто употр. формы от варианта **БУРАТИ́НА**), **БУРАТИ́НКА**, -и, *м.* и *ж.* Полный дурак, идиот, тупица. *Богатенький Буратино* (богатый, но глупый человек).

От имени главного героя повести А. Н. Толстого «Золотой ключик, или Приключения Буратино».

БУРАТИНО НЕДОСТРУГАННЫЙ *см.* **НЕДОСТРУГАННЫЙ**

БУРБУЛЁЗНЫЕ, -ых, *мн. Шутл.* О сторонниках демократии.

От имени Г. Бурбулиса; из речи начала 90-х гг.

БУРБУЛИЗА́ЦИЯ, -и, *ж.* **1.** Спиртное, выпивка. **2.** Кипячение воды с помощью какого-л. электрического прибора.

Звукоподр., *ср.* общеупотр. «буль-буль»; *см.* также **БУРБУЛЯТОР**; возм. аллюзии к фамилии политического деятеля времён перестройки Г. Бурбулиса.

БУРБУЛЯ́ТОР, -а, *м.* Любой электрический прибор для кипячения воды (титан, чайник, кипятильник и т. п.). *Никитос, врубай ~, сейчас Гриня с дубака ввалится!* — Никита, включи титан, сейчас Гриша придёт с мороза.

См. **БУРБУЛИЗАЦИЯ**.

БУРДАЛЬЕРО, БУРДЕЛИНО *см.* **БОРДЕЛИНО**

БУРДЮ́К, -а́, *м.* **1.** Толстый человек. **2.** Живот (обычно большой). *Ну что, ~-то напхал?* — ну что, поел?

БУРЕНИЕ *см.* **КОМИТЕТ (ГЛУБОКОГО БУРЕНИЯ)**

БУРЕ́ТЬ, -е́ю, -е́ешь; *несов., на кого* и *без доп.* Наглеть, вести себя вызывающе. *Не ~ей на старших, сынок.*

БУРЖУИ́Н, -а, *м. Шутл.* О богатом человеке, нуворише.

Возм. распространилось под влиянием произведения А. Гайдара «Сказка о военной тайне, о Мальчише-Кибальчише и его твёрдом слове».

БУРИ́ТЬ, -рю́, -ри́шь, *несов., кого-что* и *без доп.* Делать что-л., добиваться чего-л. настойчиво, целеустремленно. *Что ты меня ~ришь! Иди ~ри директора, а не меня.* ♦ **~ мозги** *кому* — стараться воздействовать на кого-л., внушать кому-л. что-л.

От общеупотр. «бур», «бурить» или под влиянием тюрк. bur-mak — врать, вертеть, крутить (откуда перешло в *уг.* и др. *жарг.*).

БУ́РКАЛЫ, **БУ́РКАЛ**, **БУРКА́ЛЫ**, **БУРКА́Л**, *мн.* Глаза. *Что ~ выкатил?* — что смотришь?

БУРКОЗЁЛ, -зла́, *м.* Разновидность карточной игры.

БУРО́ВИТЬ, -влю, -вишь, *несов., кого* и *без доп.* **1.** То же, что **БУРИТЬ**. **2.** *что, о чём* и *без доп.* Говорить, болтать. *Что ты мне ~вишь о своих делах, знать я их не хочу.*

БУРОМ ПЕРЕТЬ *см.* **ПЕРЕТЬ**

БУ́РОСТЬ, -и, *ж.* Наглость, нахальство, вызывающее поведение. ♦ **~и набраться** — стать наглым, нахальным.

От **БУРЕТЬ**.

БУ́РСА, -ы, *ж.* Любое учебное заведение (школа, ПТУ, техникум, институт, университет и т. д.).

Из *шк., студ.*

БУРСА́К, -а́, *м.* Студент, учащийся (чаще об учащемся ПТУ).

Из *шк., студ.*

БУРУНДУ́К, -а́, *м.* Жадный человек; скопидом, всё несущий в дом.

БУРУНДЯ́ТНИК, -а, *м.* Дом, жилище, квартира.

БУРЧАТЬ ВРАЗБИВКУ *см.* **ГОВОРИТЬ (ПУЗЫРИ ПУСКАТЬ, ЖЕВАТЬ, БУРЧАТЬ, ГНАТЬ) ВРАЗБИВКУ**

БУ́РЫЙ, -ая, -ое. Слишком смелый, наглый. *Слишком ты что-то сегодня ~, мальчик.*

От **БУРЕТЬ**.

♦ **БУ́РЫЙ МЕДВЕ́ДЬ** — коктейль из коньяка с шампанским.

БУТЕНСБРО́Д, -а, *м.* Бутерброд.

Имитация просторечия.

БУ́ТИТЬ, бу́чу, бу́тишь; *несов., что.* Производить начальную загрузку компьютера. *~ комп* (компьютер).

От англ. *спец.* to boot.

БУ́ТИТЬСЯ, *только в 3 л.*, -ится, *несов., без доп.* Загружаться (о компьютере). *Долго ~ится, железка чёртова.*

От **БУТИТЬ**.

БУТЛЕ́ГА, -и, **БУТЛЕ́ЖКА**, -и, **БОТЛЕ́ГА**, -и, **БОТЛЕ́ЖКА**, -и, *ж.* Пиратская копия видеофильма, фонограммы, вообще что-л., нелегально сделанное.

Возм. от англ. bootlegger — тот, кто занимается нелегальным ввозом, продажей и транспортировкой спиртных напитков. *ср.* **БОТЛЕГЕР**.

БУТЫЛЕ́Ц, -льца́, **БУТЫЛЁК**, -лька́, **БУТЫЛО́Н**, -а, **БУТЫЛЬО́Н**, -а, *м.* Бутылка спиртного.

БУТЫ́ЛОЧКА, -и, *ж.* Детская эротическая игра.

БУТЫЛЬОН *см.* **БУТЫЛЕЦ**

БУФ, -а, *м.* Буфет, столовая.

Сокращ.; из *шк.*

БУ́ФЕР, -а, *м.* Зад, ягодицы.

БУФЕРА́, -ов, *мн.* Женские груди.

БУХА́ЛО, -а, **БУХЛО́**, -а́, *ср.*, **БУХА́ЛОВКА**, -и, **БУХЛЯ́НКА**, -и, *ж.*, **БУХЛЯ́К**, -а́, *м.* Спиртное.

От **БУХАТЬ**.

БУХА́НКА[1], -и, *ж.* Алкоголичка.

Контаминация общеупотр. «буханка» и **БУХАТЬ**.

БУХАНКА[2], -и, *ж.* Фургон «УАЗ».

БУХА́РИК, -а, **БУХА́РИН**, -а, **БУ́ХАРЬ**, -я, **БУХА́РЬ**, -я́, *м.* Пьяница, выпивоха.

От **БУХАТЬ**.

БУХА́ТЬ, -а́ю, -а́ешь; *несов.* (*сов.* **БУХНУ́ТЬ**, -ну́, -нёшь), *чего и без доп.* Пить спиртное.

Ср. *уг.* «бухарики» — выпивка, пьяницы; «бухарь» — пьяный; «бухлянка» — бутылка; возм. связано с **БУЦАТЬ**.

БУХЕНВА́ЛЬД, -а, *м., собств.* Бассейн «Москва» (ныне не существующий).

По назв. известного фашистского концентрационного лагеря.

БУХЕНВАЛЬДСКИЙ КРЕПЫШ *см.* **КРЕПЫШ**

БУХЛО, БУХЛЯК, БУХЛЯНКА *см.* **БУХАЛО**

♦ **БУХНИ́, ЛЫ́СЫЙ!** — пей, выпей.

БУХНУТЬ *см.* **БУХАТЬ**

БУХО́Й, -а́я, -о́е. Пьяный; связанный с выпивкой. *По ~ому делу в милицию попал.*

См. **БУХАТЬ**.

БУХТЕ́ТЬ, -хчу́, -хти́шь; *несов., что* и *без доп.* Ворчать, бормотать, говорить. *Что ты там ~хтишь себе под нос?*

Ср. *диал.* «бухтерь», «бухтеря» — тяжёлый, неповоротливый толстяк.

БУХТИ́ЛО, -а, *ср.*, **БУХТИ́ЛА**, -ы, *м.* и *ж.* Ворчун, зануда.

От **БУХТЕТЬ**.

БУ́ЦАТЬ, -аю, -аешь, *несов.* **1.** *что.* Делать что-л. интенсивно. **2.** *кого.* Бить, избивать. **3.** Пить, выпивать.

Ср. *офен.* и *уг.* «бусать», «буснуть» — пить вино, водку. Возм. из тюрк. bus — объедаться, обжираться.

БУЦЕФА́ЛЫ, -ов, **БУЦЕФА́ЛКИ**, -лок, *мн.* Ботинки, любая обувь. *Буцефалки износил по конторам бегать.*

Ср. назв. дикого коня (греч. Bukephalos), по легенде, усмирённого Александром Македонским; возм. семантически связано с «кони» — сапоги, ботинки (из *уг.*), а также общеупотр. «бутсы».

БУ́ЦКАТЬ, -аю, -аешь, *несов.* То же, что **БУЦАТЬ**.

♦ **БУ́ШЕВСКИЕ** (или **БУШИ́НЫЕ**) **ЛА́ПКИ** — партия куриных ножек, присланная из США в СССР осенью 1990 г. в качестве гуманитарной помощи.

От имени амер. президента Дж. Буша.

БЫВАТЬ *см.* **ВДРУГ БЫВАЕТ ТОЛЬКО ПУК; ЭТО БЫВАЕТ ПЕРЕД СМЕРТЬЮ**

♦ **«БЫВА́ЮТ В ЖИ́ЗНИ ЗЛЫ́Е ШУ́ТКИ», — СКАЗАЛ ПЕТУ́Х, СЛЕЗА́Я С У́ТКИ** — *ирон.* о неудаче, о совершённом кем-л. промахе.

♦ **БЫВА́ЮТ В ЖИ́ЗНИ ОГОРЧЕ́НЬЯ: ВМЕ́СТО ХЛЕ́БА ЕШЬ ПЕЧЕ́НЬЕ** — *ирон.* об удаче, везении; реакция на чьи-л. неоправданные жалобы, попытки прибедняться.

БЫ́ДЛО-ПА́ТИ, *нескл., ср.* Вечеринка, на которой все ведут себя некультурно, напиваются и т. п.

«Быдло» + англ. party

БЫК, -а́, *м.* **1.** Большой, сильный человек. **2.** Рэкетир, налётчик. **3.** Т. н. «новый русский».

2. — возм. из *уг.*

БЫК* *см.* **НАССАТЬ; Я БЫК, А ТЫ КОРОВА**

БЫКОВА́ТЬ, -ку́ю, -ку́ешь; *несов., на кого* и *без доп.* Нападать; быть агрессивным по отношению к кому-л.

От общеупотр. «бык»; *ср.* также **БЫК**.

БЫКСА *см.* **БИКСА**

♦ **БЫ́ЛО БЫ ЗДОРО́ВЬЕ, А ОСТАЛЬНО́Е КУ́ПИМ** (или **ДОСТА́НЕМ**) — шутл. сентенция о жизни вообще или о какой-л. неудаче, пропаже.

БЫ́РО, *нареч.* Быстро, сразу, одним махом, тотчас же. *Ну-ка ~ иди сюда.*

Преим. *детск.*; от общеупотр. «быстро».

БЫ́РЫЙ, -ая, -ое. Быстрый, энергичный.

См. **БЫРО**.

БЫСТРО *см.* **ЛЫСИНУ БЫСТРО ПРИЧЁСЫВАТЬ...**

БЫСТРО ПОДНЯТАЯ СИГАРЕТА НЕ СЧИТАЕТСЯ УПАВШЕЙ *см.* **ВОВРЕМЯ (БЫСТРО) ПОДНЯТАЯ СИГАРЕТА НЕ СЧИТАЕТСЯ УПАВШЕЙ**

БЫСТРОУ́Х, -а, *м.* Эхопроцессор «Fastecho».

Шутл. калька-каламбур; из языка программистов, пользователей компьютеров.

БЫСТРЫЙ *см.* **КАКОЙ РУССКИЙ НЕ ЛЮБИТ БЫСТРОЙ ЕЗДЫ?**

БЫТОВУ́ХА, -и, **БЫТОВУ́ШКА**, -и, *ж.* **1.** Бытовой сифилис. **2.** Правонарушение на бытовой почве. **3.** Быт, каждодневные заботы, проблемы. *Бытовуха заела.* ♦ **Подхватить ~у** — заразиться сифилисом.

БЫТОВУ́ШНИК, -а, *м.* Мелкий преступник, человек, совершивший правонарушение на бытовой почве.

От **БЫТОВУХА 1**.

БЫТЬ *см.* **БУДЬ ЗДОРОВА, МАТЬ-КОРОВА; БУДЬ ЗДОРОВЧИК, ПЕЙ КЕФИРЧИК; БУДЬ ПРОЩЕ, И К ТЕБЕ ПОТЯНУТСЯ ЛЮДИ...; БУДЬ СПОК; БУДЬТЕ КАК ДОМА...; БУДЬТЕ-НАТЕ; БЫЛО БЫ ЗДОРОВЬЕ...; В ПОПОЛАМЕ (БЫТЬ); В ШОКОЛАДЕ (БЫТЬ, КАТАТЬСЯ, КУПАТЬСЯ); ЕСТЬ ЕЩЁ ПОРОХ В ПОРОХОВНИЦАХ...; ЖОПА; НЕ БУДЬ ЧЕМ ВОРОТА ПОДПИРАЮТ; ХРЯК**

БЫТЬ В ЗАВЯЗКЕ *см.* **ЗАВЯЗКА**

♦ **БЫТЬ В КА́ДРЕ** — участвовать в чём-л., быть учтённым в каком-л. деле.

♦ **БЫТЬ В КУСКА́Х** — нервничать, не находить себе места.

БЫТЬ В МИНУСЕ *см.* **МИНУС**

БЫТЬ В НАПРЯГЕ *см.* **НАПРЯГ**

♦ **БЫТЬ В НУЛЯ́Х** (или **ПО НУЛЯ́М**) *с чем, в чём* — ничего не знать, не разбираться, быть полностью некомпетентным в чём-л.; не иметь денег.

БЫТЬ В ОДНОЙ КРУЖКЕ *см.* **КРУЖКА**

♦ **БЫТЬ В ОТКА́ЗЕ, ОТКА́ЗКЕ** — о нежелании, несогласии с чем-л.; об объективной невозможности, чьём-л. отказе, напр.: *Я в отказке* — я отказываюсь или мне отказали. *Он* (или *ирон. его*) *в отказе* — он не хочет или ему отказали (напр., в выезде из страны).

БЫТЬ В ПОДАЧЕ *см.* **ПОДАЧА**

♦ **БЫТЬ В ПРОТИВОФА́ЗЕ** *с кем* — не встречаться, не пересекаться, напр.: *Мы с ним на работе в противофазе бываем: он в ночь, я в день.*

♦ **БЫТЬ ЗА КА́ДРОМ** — быть обойдённым (обычно несправедливо).

БЫТЬ НА АККОРДЕ *см.* **АККОРД**
БЫТЬ НА ВЗВОДЕ *см.* **ВЗВОД**
БЫТЬ НА ПОДСОСЕ *см.* **ПОДСОС**
♦ **БЫТЬ НА ПРИКО́ЛЕ** — **1.** Быть не на ходу (о машине). **2.** *у кого.* Быть под наблюдением, «на крючке» у кого-л.
♦ **БЫТЬ НА РОГА́Х** — быть пьяным.
БЫТЬ НА РУЧНИКЕ *см.* **РУЧНИК**
БЫТЬ ПАРОВОЗОМ *см.* **КАНАТЬ (ИДТИ, БЫТЬ, ТАЩИТЬ, БРАТЬ) ПАРОВОЗОМ...**
БЫТЬ ПОД БАНКОЙ *см.* **БАНКА**
БЫТЬ ПОД ГАЗОМ *см.* **ГАЗ**
БЫТЬ ПО ЛАПЕ *см.* **ЛАПА**
♦ **БЫТЬ** (или **СИДЕ́ТЬ**) **КАК КА́МЕНЬ В ПО́ЧКАХ** *у кого* — надоедать, гнести, висеть над душой, отравлять жизнь.
БЫТЬ (или **СИДЕТЬ**) **НА ИГЛЕ** *см.* **ИГЛА**
♦ **БЫТЬ СТО ЛЕТ НЕ НУ́ЖНЫМ** — быть совсем не нужным, напр.: *Сто лет мне твои деньги не нужны.*
БЫТЬ (или **СТОЯТЬ**) **НА СТРЁМЕ** *см.* **СТРЁМ**
БЫЧАРИК *см.* **БЫЧОК**
БЫЧА́ТЬ, -а́ю, -а́ешь, **БЫ́ЧИТЬ**, -чу, -чишь, *несов.* **1.** *о чём* и *без доп.* Размышлять, думать, соображать. *Ну, быча́й, только не долго.* **2.** *в чём* и *без доп.* Разбираться в чём-л. *В этом деле я не бычу.*
Возм. через *уг.*; вероятно, фонетический вариант укр. «бачить» в том же зн.
БЫЧИ́НА, -ы, *м.* и *ж.* То же, что **БЫК** 1.
БЫЧИТЬ *см.* **БЫЧАТЬ**
БЫ́ЧКА, -и, *ж.* Водка. *Где ~, там и стычка.*
БЫЧКОВА́ТЬ, -ку́ю, -ку́ешь; *несов.* **1.** *без доп.* Курить окурки. **2.** Гасить недокуренную сигарету из экономии. *Вот времена пошли, знай ~куй да помойничай* (трудные времена).
От **БЫЧОК**.
БЫЧО́К, -чка́, **БЫЧА́РИК**, -а, *м.* Окурок. *Всё ~чки удишь* (собираешь)*?*
БЫЧОК* *см.* **ЗАБЫЛ, КАК В ГЛАЗАХ...**
БЭ[1], *неизм., в зн. сказ.* Бояться. *Не ~, я с тобой.*
От «бояться».
БЭ[2], *нескл., ж.* Женщина лёгкого поведения. *Она такая ~, просто ужас.*
Сокращ.; *эвфем.* от *бран.*
БЭБИК, БЭБИС *см.* **БЕЙБА**
БЭГ, -а, *м.* Сумка.
Англ. bag в том же зн.
БЭГЭ́, **БЕГЕ́**, *нескл., м., собств.* Популярный рок-певец Борис Гребенщиков.
Аббрев.
БЭД, -а, **БЕД**, -а, *м.* Кровать, постель. *Пора в ~. Гостиница с ~ом и обедом.* ♦ **Семь ~ — один ответ** — *ирон.* о половых связях, сексе.
Англ. bed в том же зн.; ♦ — *шутл.* передел. рус. пословица «Семь бед — один ответ», с контаминацией англ. bed и рус. «беда» в форме *мн. ч. род. п. Ср.* напр. **КАМ-ИН**.
БЭ́ДЫ, -ов, **БЕ́ДЫ**, -ов, *мн.* **1.** Неисправные блоки в диске. **2.** Ошибочные письма в электронной почте (с неправильной информацией об адресате и т. п.).
От англ. Bad Blocks, Bads; из языка программистов, пользователей компьютеров.
БЭЙБА, БЭЙБИ *см.* **БЕЙБА**
БЭК[1], -а, **БЭКСА́ЙД**[1], -а, *м.* Задняя сторона чего-л.; задница. *Прямо бэксайдом мне на руку сел.*
От англ. back — назад, backside — задняя, обратная сторона; задница.
БЭК[2], **БЭКСА́ЙД**[2], *нареч.* Назад, обратно. *Двинули (пошли) ~.*
См. **БЭК**[1].
БЭ́КИ-МЭ́КИ, бэ́ков-мэ́ков, *мн.* Недостатки речи, «слова-паразиты» и т. п., речевые помехи, оговорки, которые допускаются говорящим во время записи программы на радио и телевидении и затем вырезаются редактором. *Всего тридцать минут, ~ вырежем — будет двадцать пять.*
Из речи работников радио, телевидения.
БЭКСАЙД *см.* **БЭК**
БЭМЦ *см.* **БЕМЦ**
БЭН, -а, **БЕН**, -а, *м.* Мужской половой орган.
Из *шк.*; возм. от «Биг-Бен» — название знаменитой башни с часами в Лондоне.
БЭНЦ *см.* **БЕМЦ**
♦ **БЭ — ТО́ЖЕ ВИТАМИ́Н (И ЦЭ НЕ ОТРА́ВА)** — шутливая реплика на переспрос собеседника «а?».
Из *детск.* или *шк.*
БЭ́ХА, -и, *ж.* Автомобиль марки BMW.
БЭЭ́Ф, -а, *м.* Наркотическое средство, получаемое из клея марки «БФ».
БЭЭ́ФНИК, -а, *м.* Человек, употребляющий клей марки «БФ» в качестве наркотического средства.
БЮСТГА́ЛТЕР, -а, *м. Шутл.* Бухгалтер.
Наложение с «бюстгалтер».
БЮСТГАЛТЕ́РИЯ, -и, *ж. Шутл.* Бухгалтерия.
См. **БЮСТГА́ЛТЕР**
БЯ́КА, -и, *ж. Ирон.* Спиртное.
Имитация *детск.*

В

ВА, *межд.* Выражает любую эмоцию. *~! Зачем меня обижаешь!*

Возм. сокращ. от **ВАЙ**.

ВАГО́Н, -а, *м.* **1.** (или ~ **И МА́ЛЕНЬКАЯ ТЕЛЕ́ЖКА**). Большое количество чего-л. *У него ~ денег. Передай ему ~ поцелуев в плечико. У неё мужей три ~а и четвёртый с детьми.* **2.** *ирон.* Серия в телесериале (о многосерийных «мыльных операх»). *Он эту блядь мексиканскую в шестом ~е трахнул, а в десятом у нее уже блядёнок родился.*

2. — *ср.* **ТОВАРНЯК**.

ВАГОН* *см.* **У НАШИХ ВОРОТ...**

ВА́ЖНО. **1.** *нареч.* Хорошо, качественно, прекрасно, отменно. *~ свистишь* — здорово врёшь. **2.** *межд.* Выражает преимущественно положительные эмоции: вот здорово!, ну и ну!, ай да ...!

ВА́ЖНЫЙ, -ая, -ое. **1.** Хороший, отличный. *~ые сегодня погоды! ~ая баба!* **2.** Фирменный, высокого качества. *~ые на тебе трусы!*

2. — возм. первоначально из языка фарцовщиков 60–80-х гг.

ВАЖНЯ́К[1], *нареч.* и *в зн. сказ.* Важно, необходимо, обязательно нужно. *Нам сейчас машина самый ~: мы дачу купили.*

ВАЖНЯ́К[2], -а́, *м.* **1.** Следователь по особо важным делам. **2.** Важная персона, начальник, ответственное лицо. *Туда нельзя, там ~и мудруют.*

1. — из *уг.*

ВАЙ, ВА́ЙМЕ, *межд.* Обычно выражает неодобрение, несогласие, горечь и т. п. *Вай, какую девушку упустил! Вайме, зачем правду мне не говоришь!*

От распространённого экспресс. восклиц. у народов Кавказа, Закавказья и Средней Азии.

ВАЙН, -а (или -а́), *м.* Вино.

Англ. wine в том же зн.

ВАЙТ, *неизм. прил.*, **ВАЙТО́ВЫЙ**, -ая, -ое. Белый, белого цвета. *Как вайтовый человек.*

От англ. white в том же зн.

ВАЙФ, -а, *м.*, **ВАЙФА́**, -ы́, **ВАЙФИ́ЦА**, -ы, *ж.* Жена, супруга.

От англ. wife в том же зн.

♦ **В АКВА́РИУМ НЫРНУ́ТЬ** (или **ПОПА́СТЬ**) — уйти в запой.

ВА́КСА, -ы, *ж.* Компьютер марки VAX.

Из языка программистов, пользователей компьютеров.

ВАКЦИНА́ЦИЯ, -и, *ж.* Нагоняй, наказание; испытание, проверка на надёжность. ♦ **~ю провести** *кому* — наказать, обругать; проверить на надёжность.

ВАЛА́НДАТЬСЯ, -аюсь, -аешься; *несов.*, *с чем* и *без доп.* Делать что-л. медленно, тянуть время. *Ты со своей статьей уже месяц ~аешься.*

От *диал.* «валандать», «валандаться» — тянуть время, небрежно работать, возиться.

ВАЛДАЙСКИЙ *см.* **НЕ БУДЬ КОЗОЙ ВАЛДАЙСКОЙ**

ВА́ЛЕНОК, -нка, *м.* (или **ТУПО́Й ~**, **СИБИ́РСКИЙ ~**, **ТАМБО́ВСКИЙ ~**). Грубый, простой, провинциального вида, некультурный человек. *~нком прикидываться.*

См. также **ТУЛЬСКИЙ**

ВАЛЕНОК* *см.* **ОБУВАТЬ В ВАЛЕНКИ; СЕЙЧАС ТОЛЬКО ВАЛЕНКИ ЗАШНУРУЮ**

ВАЛЕ́Т, вальта́ (или -а), *м.* Ирон. обращение. ♦ **Спать вальтом (валетом)** — спать вдвоем, когда ноги одного лежат рядом с головой другого.

См. также **ВАЛЬТЫ В РАЗЛЁТЕ**

♦ **ВАЛИ́, ПОКА́ ТЁПЛАЯ** — *ирон.* об отношении к женщинам, напр.: *Да чего с бабами разговаривать-то... вали, пока тёплая!*

♦ **ВАЛИ́, ТО́ЛЬКО НЕ В ШТАНЫ́** — *шутл.* давай, вперёд, ну же.

ВАЛИ́ТЬ, ВАЛЮ́, ВА́ЛИШЬ, *несов.* **1.** *откуда.* Уходить. *Вали отсюда!* **2.** *куда* и *без доп.* Идти, проходить мимо. *Смотри, вон Петька валит.* ♦ **Вали, но только не в штаны** — уходи, проваливай. **Вали, парень** (или **пацан, шкет**), **твои штаны мне по колено** — пошёл вон.

ВАЛИТЬ* *см.* **ВАЛИ, ПОКА ТЁПЛАЯ; МУЖИКИ ЛОБЗИКАМИ ЛЕС ВАЛЯТ; НАМ, ТАТАРАМ, ВСЁ РАВНО...**

ВАЛИТЬ КОСЯКОМ *см.* **КОСЯКОМ**

ВА́ЛОВКА, -и, *ж.* Валовой национальный продукт, валовой объём производства; общая сумма, количество, объём чего-л. *~ идиотов в нашем заведении ужасающая!* (об институте, его выпускниках).

ВАЛТУ́ЗИТЬ, -у́жу, -у́зишь; *несов.*, *кого.* Бить, избивать; тискать.

♦ **ВАЛЬТЫ́** (реже **ВАЛЕ́ТЫ**) **В РАЗЛЁТЕ** *у кого* — о ненормальном, странном или глупом, тупом человеке.

Из *карт.*

ВАЛЮ́ТА, -ы, *ж.* Водка.

ВАЛЯ́ТЬСЯ, *только в 3 л.*, -я́ется, *несов.*, *без доп.* Не работать, «простаивать» (о компьютере или программе, предназначенных для круглосуточного или продолжительного функционирования).

Из языка программистов, пользователей компьютеров; возм. влияние англ. to be down в том же зн.

ВАЛЯТЬСЯ* *см.* **КОНЬ НЕ ВАЛЯЛСЯ**

♦ **ВАМ НЕ ПОНЯ́ТЬ, ВЫ НЕ ЛЮБИ́ЛИ** — *ирон.* вы в этом не разбираетесь.

ВА́МП-ПА́ТИ, *нескл. ср.*, *м.* или *ж.* Вечеринка, проходящая в т. н. готическом стиле, когда воспроизводится атмосфера замков из готических романов, звучит готическая музыка, все одеваются «под вампиров» и т. п. (мода конца XX – начала XXI вв.)

ВАМПУ́КА, -и, *ж.* **1.** Половой акт. **2.** Что-л. страшное, неприятное, дурное. **3.** Халтура, что-л. недобросовестно сделанное. **4.** Плохой спектакль.

4. — из языка театралов.

ВАН, -а́ (или -а), *м.* Один рубль. *Десять ванов* (десять рублей).

От англ. one — один.

ВАНЁК, ванька́, **ВАНО́К,** ванка́, **ВА́НЬКА**, -и, **ВА́НЯ**, -и, *м.* **1.** (или **ВА́НЬКА С ПРЕ́СНИ**). Простой, недалёкий человек. **2.** То же, что **ВАН**.

2. — наложение рус. *собств.* «Иван» и англ. one — один.

ВАНИ́СЧА, -и, *ж.* Вонь, вонища.

Имитация *прост.*

ВАНОК *см.* **ВАНЁК**

ВА́НХА-КА́КА, ва́нха-ка́ки, *ж.* Некрасивая женщина.

Возм. стилизация под хинди.

ВАНЬКА *см.* **ВАНЁК; ЁЛКИ (-ПАЛКИ ЛЕС ГУСТОЙ...)**

ВАНЬКА С ПРЕСНИ, ВАНЯ *см.* **ВАНЁК**

ВАР,-а, *м.*, **ВА́РКА**, -и, **ВАРЁНКА**, -и, *ж.* Одежда, изготовленная из ткани, подвергнутой специфической обработке. *Носить вар. Светлый вар. Хорошая варка.*

См. также **ЭКСПАНСИВНЫЙ ВАР**

ВА́РЕЖКА, -и, *ж.* Рот. ♦ **Разинуть** (или **распахнуть**) **~у** *на что* — наивно понадеяться на что-л.

ВА́РЕЗ, -а, *м.* Нелегально копируемый коммерческий программный продукт.

От англ. сленгового warez; из языка программистов, пользователей компьютеров.

ВАРЕ́НИК, -а, *м.* **1.** Большой, толстый, краснощёкий человек. **2.** Дружеское ирон. обращение.

ВАРЁНКА *см.* **ВАР**

ВАРЁНЫЙ, -ая, -ое. **1.** Изготовленный из ткани, подвергнутой специфической обработке. *~ые джины.* **2.** Уставший, расслабленный. *Что-то ты сегодня ~.*

1. — *см.* **ВАР.**

ВАРЕНЬЕ *см.* **ХЛЕБАЛКА**

ВАРИА́НТ, -а, *м.* **1.** Определённая ситуация; непривычное, странное положение. *Смотри, вон Макс с Ленкой танцуют, ничего себе ~!* **2.** Шанс, благоприятное стечение обстоятельств. *Говоришь, в Париж поедешь, ну что ж, это ~. Нет, жениться — это не ~.*

ВАРИАНТ* *см.* **БЕЗ ВАРИАНТОВ**

ВАРИ́ТЬ, варю́, ва́ришь; *несов.* **1.** *без доп.* Думать. *Сижу весь день, варю себе потихонечку.* **2.** *в чём.* Понимать, разбираться в чём-л. *Он в математике не варит.* **3.** *без доп.* Заниматься бизнесом, торговлей. **4.** *без доп.* Делать ставку в карточной игре при заново розданных картах и при равных очках.

См. также **ГОРШОК; КОТЁЛ ВАРИТ; ЧАН**

ВАРИ́ТЬСЯ, варю́сь, ва́ришься; *несов.*, *где, в чём.* Проводить много времени в каком-л. месте, в определённой среде. *Я сейчас в университете варюсь. У нас под окном каждый день какая-то компания варится.*

ВАРКА *см.* **ВАР**

ВАРФОЛОЁБОВКА, -и, *ж.*, *собств. Шутл.* Глухой провинциальный город, глушь, провинция.

Контаминация с нецензурным *бран.*

ВАРША́ВКА, -и, *ж.* Специальная, модернизированная униформа в армии.

Из *арм.*

ВАРШАВКА* *см.* **КОНЧИТЬСЯ**

ВАСЁК, -ська́, **ВА́СИК**[1], -а, **ВА́СЬКА**, -и, **ВА́СЯ**, -и, *м.*, *собств.* Храм Василия Блаженного.

ВА́СИК[2], -а, *м.* Язык программирования Basic (Бейсик). *На ~е-то любой сможет.*

Из *жарг.* программистов, пользователей компьютеров.

ВАСИ́ЛИЙ, -я, *м.* **1.** То же, что **ВАСЯ** 1., **2. 2.** (или **~ АЛИБАБА́ЕВИЧ**). Мужской половой орган.

Василий Алибабаевич — имя одного из героев популярного фильма «Джентльмены удачи».

ВАСИЛИЙ ГОРДЕИЧ *см.* **ГОРДЕИЧ**

ВАССЕР *см.* **ГОЛЫЙ ВАССЕР**

ВАСЬ-ВА́СЬ, *нескл., м.* и *в зн. сказ.* Близкие отношения, «шуры-муры». *У них там тёплый ~* (нашли общий язык, «спелись»). *Они с ним давно ~.*

ВА́СЬКА, -и, *м.* Гомосексуалист.

См. также **ВАСЁК; ДАВИТЬ ВАСЬКУ**

ВА́СЯ, -и, *м.* **1.** Любой человек. *Тут какой-то ~ топчется, тебя ищет.* **2.** Обычно *пренебр.* Обращение. *Эй ты, ~, приблизься* — эй ты, пойди сюда. ♦ **Гуляй, ~ , жуй опилки** — иди отсюда. **Голый ~ ночевал** *где* — там ничего нет. **~ с Кубани** (или **~ с зубами**) — сухое белое вино «Вазисубани».

См. также **ВАСЁК; ГОЛЫЙ ВАСЯ; ЕДРЁНЫЙ; ПОЛНЫЙ; ХИТРЕЦ (ХИТРЫЙ ВАСЯ); ЯСНЫЙ ПАВЛИК...**

ВАТЕРПАС *см.* **ГЛАЗ-ВАТЕРПАС**

ВАТРУ́ШКА, -и, *ж.* **1.** Женские половые органы. **2.** Девушка, женщина. *Эй, ~и, налетайте!*

ВАУ *см.* **УАУ**

ВА́УЧЕР, -а, *м.* **1.** Мужской половой орган. **2.** Партнёр (чаще о плохом, ненадёжном).

2. — возм. из арго бизнесменов.

ВАУЧЕРВО́НЕЦ, -нца, *м. Шутл.* Ваучер.

Намёк на малую стоимость.

ВА́ФЕЛ, вафла́ (или -а), *м.* Дурак, идиот, простофиля; шалопай.

Передел. общеупотр. «вафля»; *ср.* **ВАФЛЯ.**

ВА́ФЕЛЬНИК, -а, *м.*, **ВА́ФЕЛЬНИЦА**, -ы, *ж.* Рот.

От **ВАФЛЯ**.

ВАФЛЕГЛО́Т, -а, **ВАФЛЁР**, -а, **ВАФЛИ́СТ**, -а, *м.* Тот, кто всё время попадает впросак; разиня.

От **ВАФЛЯ** (♦).

ВАФЛИ ГЛОТАТЬ *см.* **ГЛОТАТЬ**

♦ **ВАФЛИ́НАЯ ДОЛИ́НА, ИЛИ ЧЛЕН В ГОРЛИ́НУ** — *ирон.* о т. н. «мыльных операх», мелодраматических фильмах, женских любовных романах.

ВАФЛИСТ *см.* **ВАФЛЕГЛОТ**

♦ **ВА́ФЛИ СУШИ́ТЬ** — бездельничать, дурака валять; скучать от безделья.

ВА́ФЛИТЬ, -лю, -лишь, **ВАФЛИ́ТЬ**, -лю́, -ли́шь; *несов., что.* Пачкать, марать, портить.

Ср. **ВАФЛЯ**.

ВАФЛЮ́КТЕР, -а, *м.* Любитель орогенитального секса.

От **ВАФЛЯ**.

ВА́ФЛЯ, -и, *ж.* **1.** Мужской половой орган; руг. **2.** Общая метафора орогенитального секса. ♦ **Словить** (или **поймать, ловить) ~ю** — попасть впросак, упустить хороший шанс, оказаться в глупом положении.

ВАХ, *межд.* Выражает любую эмоцию.

От распространённого экспресс. восклиц. у народов Закавказья; *ср.* **ВА.**

ВАХТА *см.* **ГУБИТЕЛЬСКАЯ ВАХТА**

ВАХТА́НГ, *межд.* То же, что **ВАХ**.

Контаминация **ВАХ** и *собств.* груз. «Вахтанг».

♦ **ВА́ШЕЙ МА́МЕ ЗЯТЬ НЕ НУ́ЖЕН?** — *шутл.* «приставание» к незнакомой девушке.

♦ **ВАШ ПУ́ДЕЛЬ ЛА́ЕТ?** [у́аш пудл ла́jт] (**ОН ЗОЛ И ДИК**) — *шутл.* макароническое подражание англ. речи.

ВАЩЕ́, *межд.* Выражает любую эмоцию.

Сокращ. от общеупотр. «вообще».

ВБИТЬ *см.* **ПАЛКА**

♦ **ВВО́ДНЫЙ ЗАДИО́Н** — *собств.* Водный стадион.

♦ **В ВО́ДУ УПА́Л** *кто* — *ирон.* о странном человеке, о чьём-л. «неадекватном», неестественном, глупом поведении.

♦ **В ВО́ЛЬНУЮ** *что делать* — без подготовки, «на авось», в надежде на случай, удачу, «от балды», «с потолка» и т. п.

В ГЛУБОКОМ ИМПОРТЕ *см.* **ИМПОРТ**

В ГОВНО *см.* **ГОВНО**

♦ **В ГОЛОВЕ́ ВЕ́ТЕР, В ЖО́ПЕ ДЫМ** *у кого* — о чьём-л. легкомыслии.

♦ **В ГО́РУ (ВЗЯТЬ, ПРИПИСА́ТЬ** и т. п.**)** — о деньгах, взятых (приписываемых и т. п.) сверх положенной суммы.

♦ **В ГРЕ́ЦИИ ВСЁ ЕСТЬ** — шутл. ответ на вопрос собеседника о том, есть ли что-л. у кого-л.

Распространилось под влиянием популярного в прошлом кинофильма «Свадьба» по мотивам произведений А. П. Чехова.

ВДАРЯ́ТЬ, -я́ю, -я́ешь; *несов.* (*сов.* **ВДА́РИТЬ**, -рю, -ришь). **1.** *чего, по чему.* Выпивать спиртного. *~ водки. ~ по пивку. ~ по красному.* **2.** *за кем.* Ухаживать за кем-л.

В ДВА (ТРИ, ЧЕТЫРЕ) СМЫЧКА СДЕЛАТЬ (или **ТРАХНУТЬ)** *см.* **СМЫЧОК**

ВДОВЬИ СЛЁЗЫ *см.* **СЛЁЗЫ**

ВДОЛБИ́ТЬ, -блю́, -би́шь; *сов.* **1.** *что, чего, по чему* и *без доп.* Выпить спиртного. *Давай коньяку ~бим. Вчера так ~били по самогону, что небо алмазами покрылось.* **2.** *кому, с кем.* Вступить в половую связь с кем-л.

В 1 зн. встречается, напр., у А. Аверченко и др.

ВДОЛДО́НИВАТЬ, -аю, -аешь; *несов.* (*сов.* **ВДОЛДО́НИТЬ**, -ню, -нишь), *кому что.* Объяснять, убеждать кого-л. в чём-л. *Я этому идиоту уже три часа вдолдониваю, сколько будет семью семь, и никак вдолдонить не могу, вот дети пошли!*

От *диал.* «долдонить» — пустословить, говорить лишнее.

♦ **ВДРУГ БЫВА́ЕТ ТО́ЛЬКО ПУК** — шутл. ответ на вопрос собеседника «а вдруг?»

От **ПУКАТЬ.**

ВДУВА́НИЕ, -я, *ср.* Нагоняй, наказание. ♦ **Сделать ~** *кому* — наказать, отчитать кого-л.

От **ВДУВАТЬ** 2., *ср.* **ВЛИВАНИЕ** 2.

ВДУВА́ТЬ, -а́ю, -а́ешь; *несов.* (*сов.* **ВДУ́НУТЬ**. -ну, -нешь и **ВДУТЬ**, вду́ю, вду́ешь); *кому.* **1.** Вступать с кем-л. в половую связь, совершать половой акт (о мужчине). *Он ей вдул по самые ай-ай-ай* (о бурном половом акте). **2.** Давать нагоняй, ругать, наказывать кого-л. *Вдунь-ка ему, чтоб пальцы ног растопырились* — накажи его как следует. **3.** Давать закурить.

3. — возм. от *нарк.* «вдуть» — взять папиросу с наркотиком горящим концом в рот и дать затянуться другому, пустив дым.

♦ **В ДУПЕЛИ́НУ** — очень сильно. *В дупелину пьян.*

Ср. польское dupa — жопа.

ВДУТЬ *см.* **ВДУВАТЬ.**

♦ **ВДУТЬ ПО СА́МОЕ ПЕНСНЕ́** *кому и без доп.* — совершить половой акт, а также в обобщённом зн. «сделать что-л. интенсивно, в полную силу».

ВЕДРО́, -а́, *ср.* Голова (обычно о пустом, глупом человеке). *Не звени ~ом* — не говори глупостей. ♦ **~ со свистом пролетает** — о больших размерах чего-л., напр., рта, ушей и т. п.

ВЕДРО* *см.* **ТЫ ЧТО, УПАЛ?**

ВЕЕРОМ *см.* **ПАЛЬЦЫ ВЕЕРОМ — СОПЛИ ПУЗЫРЁМ...**

ВЕЗДЕХО́Д, -а, *м.* Документ, по которому можно везде проходить. *Комитетчик* (сотрудник КГБ, ФСБ) *с ~ом.*

♦ **ВЕЗЁТ КАК УТО́ПЛЕННИКУ** *кому — шутл.* о невезении.

ВЕЗУНО́К, -нка́, *м.* «Везунчик», везучий человек. *~ с двумя макушками.*

ВЕЗУ́ХА, -и, *ж.* Везение, удача. *~ тебе!*

♦ **ВЕК ЖИВИ́, ВЕК УЧИ́СЬ, А ДУРАКО́М ПОМРЁШЬ** — *шутл.* передел. пословица «Век живи, век учись».

ВЕКИ *см.* **ЗАКРОЙТЕ МНЕ ВЕКИ**

ВЕ́ЛИК, -а, **ВЕЛОДРЫ́Н**, -а, *м.* Велосипед.

Из *детск.*

ВЕЛЬВЕТОВЫЙ *см.* **ПРИКИДЫВАТЬСЯ (ПИДЖАКОМ ВЕЛЬВЕТОВЫМ)**

ВЕНА *см.* **БЕЗ ВЕН**

ВЕНЕ́РКА, -и, *ж.* Венерическая болезнь. *Подхватить ~у. Наградить (заразить) ~ой.*

ВЕ́НИК, -а, *м.* **1.** Простой, примитивный человек. **2.** Язык. **3.** *только мн.* Ерунда, безделица, чушь. ♦ **Прикинуться** (или **заделаться**) **~ом** — играть в простачка. **Придержи ~** — думай, что говоришь, не ври.

ВЕНИК* *см.* **УБЕЙСЯ ВЕНИКОМ; ФИРМА ВЕНИКОВ НЕ ВЯЖЕТ...**

ВЕНО́ЗНЫЙ, -ая, -ое. Заражённый венерической болезнью.

ВЕНСКИЙ *см.* **СКАЗКА**

ВЕНТАТЬ *см.* **ВЭНТАТЬ**

ВЕНТИЛИ́РОВАТЬ, -рую, -руешь; *несов., что о чём* и *без доп.* Разузнавать, наводить справки о чём-л. *Ты о распределении уже ситуацию ~ровал?*

ВЕ́НТИЛЬ, -я, *м.* Рот ♦ **Закрой** (или **заверни**) **~** — замолчи.

См. также **ЗАТКНИ ФОНТАН (СВОЙ РЖАВЫЙ ВЕНТИЛЬ...)**

ВЕНЯ́К, -а́, *м.* Вена. *~и́ попилить* — порезать вены.

ВЕРБЛЮ́Д, -а, *м.* **1.** Дурак, идиот. **2.** Ирон. обращение. **3.** *только мн.* Пустые, скучные тексты, доклады.

ВЕРБЛЮД* *см.* **ИЗ-ПОД ВЕРБЛЮДА НЕФТЬ ЗАБИЛА; ОТ ВЕРБЛЮДА**

ВЕРЁВКА, -и, *ж.* **1.** Затруднительная, сложная, безвыходная ситуация. *Вот такая ~ вышла. Ну я и попал: полная ~!* **2.** Телефонный провод; сетевой кабель локальной компьютерной сети, а также любой электропровод. *Весной ~и намокают, качество связи падает.*

ВЕРМУТИ́ДЗЕ, *нескл.*, **ВЕРМУТО́ВИЧ**, -а, *м.*, **ВЕРМУ́ТЬ**, -и, *ж.* Вермут.

ВЕРМУ́ТОРНО, *нареч.* и *в зн. сказ.* Муторно, плохо, мутит, тошно. *Что-то мне ~ от твоего вида.*

См. **БЕРМУДНО.**

ВЕРМУТЬ *см.* **ВЕРМУТИДЗЕ**

ВЕРНУТЬСЯ *см.* **УШЁЛ В СЕБЯ, ВЕРНУСЬ НЕСКОРО**

ВЕРНЯ́К, -а́, *м.* и в зн. *сказ.* Верное, надёжное дело; нечто обеспечивающее лёгкую победу, успех. *Ты ей розу купи и в ручку чмокни — это ~.*

ВЕРСИЯ *см.* **КАВЕР-ВЕРСИЯ**

ВЕРТА́К, -а́, *м.* Проигрыватель.

ВЕРТАНУ́ТЬ, -ну́, -нёшь; *сов., кого на сколько, с чем.* Обмануть, обвести вокруг пальца. *Он меня с джинсами на триста рублей ~нул.*

ВЕРТЕТЬ *см.* **ЖОПА**

ВЕРТЕТЬСЯ КАК ВОШЬ НА ГРЕБЕШКЕ *см.* **СКАКАТЬ (ПОЛЗАТЬ, ВЕРТЕТЬСЯ) КАК ВОШЬ НА ГРЕБЕШКЕ**

ВЕРТИКА́ЛЬ, -и, *ж.* Мужской половой орган.

ВЕРТОЛЁТ, -а, *м.* Состояние головокружения (обычно при алкогольном опьянении). *Всё, ~. За мной чёртики прилетели* — всё, я уже пьян.

Ср. **САМОЛЁТ**

ВЕРТУХА́Й, -я, *м.* Милиционер; работник ГАИ.

От *уг.* «вертухай» — милиционер, надсмотрщик, тюремный надзиратель.

ВЕРТУ́ШКА, -и, *ж.* **1.** То же, что **ВЕРТАК. 2.** Вертолёт. **3.** Правительственная спецсвязь.

ВЕРХ, -а, *м.* Прибыль; деньги, полученные в результате какой-л. финансовой операции (напр. перепродажи чего-л.).

ВЕРХА́, -о́в, *мн.* Верхний внутренний карман в пиджаке, пальто.

Ср. *уг.* «верх», «верхушка», «верхи», «верхотура», «верхуша», «верхушка», «верхушники» и др. — разные виды карманов и соответствующие виды краж из этих карманов, а также наименования воров, специализирующихся на кражах.

ВЕРХНЕЖО́ПИНСК, -а, *м.* Обобщённо-нарицательно о маленьком, захолустном городке, глуши, провинции.

От «верх» + «жопа».

♦ **ВЕ́РХНИЙ ЭТА́Ж** — лицо, голова.

ВЕРХОТУ́РА, -ы, *ж.* Верхняя одежда.

Ср. **ВЕРХА.**

ВЕРШОК *см.* **ОТ ГОРШКА ДВА ВЕРШКА**

ВЕС, -а, *м. Ирон.* Значимость, достоинства кого-чего-л. *Ты теперь начальник, у тебя теперь ~, как у беременной слонихи. Ты меня своим ~ом-то не души.* ♦ **Держать ~** — вести себя напыщенно, с излишней важностью, с подчёркнутым достоинством. *С высоты собственного ~а — ирон.* с высоты своего положения.

ВЕСЕЛО *см.* **НА ФИГ**

ВЕСЁЛЫЙ, -ая, -ое. Пьяный

ВЕСЁЛЫЙ* *см.* **ПОСЫЛАТЬ НА ТРИ ВЕСЁЛЫХ БУКВЫ**

ВЕСЛАТЬСЯ *см.* **ВЕСЛОВАТЬ**

ВЕСЛО́, -а́, *ср., мн.* вёсла, вёсел. **1.** Рука, ладонь. *Чего вёсла-то развесил, иди работай.* **2.** Автомат Калашникова (74).

2. — из *арм.*

ВЕСЛО* *см.* **БЕРИ ВЕСЛО, КАНАЙ В ПОМОИ; ДЕРЖИСЬ ЗА ВЕСЛО; ЁК; КАК ВЕСЛОМ ПО ЗАДНИЦЕ (ПО ЖОПЕ); СУШИ ВЁСЛА**

ВЕСЛОВА́ТЬ, -лу́ю, -лу́ешь, **ВЕСЛОВА́ТЬСЯ**, -лу́юсь, -лу́ешься; **ВЕСЛА́ТЬСЯ**, -а́юсь, -а́ешься; *несов., куда, откуда* и *без доп.* **1.** Грести вёслами. **2.** Идти, передвигаться. *~луй сюда. Куда ~луем?*

Возм. из *жарг.* рыбаков, туристов.

ВЕСТИ *см.* **ЗА НОЗДРЮ (ВЕСТИ, УВОЗИТЬ)**

♦ **ВЕСТИ́ КОША́ЧЬЮ ЖИЗНЬ** — ждать, пребывать в ожидании чего-л.

ВЕСТИ́СЬ, веду́сь, ведёшься; *несов.* **1.** *без доп.* Вести активный образ жизни, откликаться на выгодные предложения, иметь богатые связи, воспринимать новое, проявлять инициативу. *Раньше пил, теперь ведётся.* **2.** *в 3 л.* ведётся, *у кого что.* Быть, иметься (чаще о деньгах), напр.: *У него зелёные* (доллары) *ведутся.*

ВЕСЬ *см.* **ВСЁ; ВСЕ В САД; ВСЕ ЗА МНОЙ; ВСЕМИ ЖАБРАМИ ДУШИ...; ВСЕМ РОСТОМ; ВСЕ МЫ В МОСКВЕ КАВКАЗСКИЕ ПЛЕННИКИ; ВСЕ НАШИ ЛЮДИ, КРОМЕ ТОВАРИЩА НЕГРА; ВСЁ ПОНИЖЕ (ДО ПОНИЖЕ) ПОЯСА; ВСЕ СТЕНКИ СОБРАТЬ; ВСЕ ТАТАРИН, КРОМЕ Я; ВСЕ В ЩЕБЕТЕ; ВСЯ ЖИЗНЬ — БОРЬБА...; СХВАЧЕНО; ХИМИЯ, ХИМИЯ, ВСЯ ЗАЛУПА СИНЯЯ; ХРЯК**

ВЕСЬМА *см.* **КАПИТАЛИЗМ ЗАГНИВАЕТ...**

ВЕТЕР *см.* **В ГОЛОВЕ ВЕТЕР, В ЖОПЕ ДЫМ; КАК ГОВНО НА ВЕТРУ; ССАТЬ ПРОТИВ ВЕТРА; ФЛАГ В РУКИ, БАРАБАН В ЖОПУ...**

ВЕТЕРОК *см.* **МАТЕРКИ**

♦ **ВЕ́ТЕР ТЕБЕ́ В ПА́РУС ТВО́ИХ ФАНТА́ЗИЙ** — у тебя ничего не выйдет, ты напрасно надеешься, это пустые мечты.

ВЕ́ТОЧКА, -и, *ж.* **1.** Рука. *Что ты ко мне свои корявые ~и-то тянешь, обрублю ведь.* **2.** Нога.

ВЕ́ТОШЬ, -ши, *ж.* Простачок, шалопай. ♦ **~шью прикинуться** — разыгрывать из себя простачка; притаиться где-л., стать незаметным.

См. также **ПРИКИДЫВАТЬСЯ ВЕТОШЬЮ**

Ср. *уг.* «ветошный» — доверчивый, наивный, «ветошный кураж» — имитация честного поведения; возм. связано с польским арго: wituszny — сторонний, не из уголовников.

ВЕТРОВИЧО́К, -чка́, *м.* Ветровое стекло в автомобиле.

ВЕТРО́ВКА, -и, *ж.* Ку́ртка из тонкой (обычно непромокаемой) ткани.

ВЕТРОДУ́ЙСК, -а, *м.* Обобщённо-нарицательно о далёком провинциальном городе, глуши.

От «ветер» + «дуть».

ВЕЧЕР *см.* **МЫ ПЬЁМ ИЛИ ВЕЧЕР ПОТЕРЯН?**

ВЕЧЕРОМ *см.* **ДНЁМ С ОГНЁМ — ВЕЧЕРОМ РАЗОГНЁМ**

♦ **ВЕ́ЧНЫЙ ОГО́НЬ** — **1.** Зажигалка. **2.** Конфорка, которую не выключают, когда в доме отсутствуют спички; зажигалка.

ВЕ́ШАЛКА, -и, *ж.* **1.** Трудная ситуация; что-л. плохое, нежелательное; то, что может привести к отрицательному результату. *Нет, ребята, пиво на вино — это ~.* **2.** Ирон. обращение. **3.** Девушка; топ-, фотомодель (высокого роста, худая).

См. также **СТАРАЯ ВЕШАЛКА**

ВЕ́ШАТЬ, -аю, -аешь; *несов., что* и *без доп.* (или **~ ЛАПШУ́ НА́ УШИ**). Лгать. *Кончай ~. Слыхал, Горбачёвы на семейный подряд перешли: Райка лапшу варит, а Мишка её всем на уши ~ает* (из анекдота).

ВЕШАТЬ* *см.* **ГОВНО НА УШИ ВЕШАТЬ; ПОЛКИ ВЕШАТЬ**

ВЕ́ШАТЬСЯ, -аюсь, -аешься, *несов., от кого, от чего* и *без доп.* Страдать от кого-чего-л.; изнемогать, иметь много хлопот. *Менты от люберов ~аются* — у милиции много хлопот с молодёжью из подмосковного города Люберцы.

ВЕЩДО́К, -а, *м.* Вещественное доказательство.

Из речи работников правоохранительных органов.

ВЕЩУ́Н, -а́, *м.* Докладчик. *Сегодня в повестке три ~а.*

От общеупотр. книжного «вещать».

ВЕЩЬ, -и, *ж.* **1.** Нечто хорошее. *Покушать жареной курочки после армии — это ~.* **2.** в зн. *межд.* Выражает одобрение, восхищение, восторг. *Ты что, машину купил?! ~!*

В ЖИВУЮ *см.* **ЖИВЬЁМ**

ВЖИ́КА, -и, *ж.* **1.** Что-л. колющее, режущее (чаще нож или шприц); удар ножом или укол шприцем. **2.** Наказание. ♦ **~ в попку** — укол; наказание, расправа.

От общеупотр. звукоподр. «вжик», «вжикать».

В ЖИЛУ *см.* **ЖИЛА**

♦ **В ЖОПЕЛИ́НУ** — сильно, очень, весьма.

От **ЖОПА**.

В ЖОПЕ (СИДЕТЬ, БЫТЬ, ТОРЧАТЬ); В ЖОПУ; В ЖОПУ НЕ ДУТЬ; В ЖОПУ РАНЕННЫЙ *см.* **ЖОПА**

ВЗАДСТАМЕ́СКУ, *нескл., м.* и *ж.* (или **~ ЧТО́БЫ НЕ́ БЫЛО ТРЕ́СКУ**). Румын, румынка.

По модели типичной румынской фамилии (Чаушеску, Илиеску и т. п.) от рус. «в зад стамеску».

ВЗАЙМЫ́КАТЬ, -аю, -аешь, **ВЗАЙМЫ́ЧИТЬ**, -чу, -чишь; *несов., у кого что* и *без доп.* Брать взаймы.

♦ **В ЗАКО́НЕ** *что, что делать* и *без доп.* Нормально, обычно, напр.: *Как дела? — В законе. Живём тихо, в законе.*

Возм. из *уг.*

ВЗАШЕЙ *см.* **ТЫ НАСОС, И Я НАСОС...**

ВЗБЗДНУ́ТЬ, -ну́, -нёшь; *сов., что* и *без доп.* Сказать глупость, высказаться не по делу.

ВЗБРАЧНУ́ТЬСЯ, -ну́сь, -нёшься; *сов., без доп.* Жениться или выйти замуж, вступить в брак. *Ну что, ~нулись? Пора разводиться, хорошего понемножку.*

ВЗБРЫ́ЗНУТЬ, -ну, -нешь; *сов., кого-что* и *без доп.* Выпить за что-л. или за кого-л.; отпраздновать что-л. *~ квартиру. ~ новобрачных. Ну что, друзья, ~нем, пока живы!* (тост).

ВЗВЕСТИСЬ *см.* **ВЗВОДИТЬСЯ**

ВЗВОД, -а, *м.* Состояние волнения, неуравновешенности, постоянной готовности к эмоциональному срыву. *Ты ~-то свой поубавь* (успокойся). ♦ **Быть на ~е** — находиться в неуравновешенном состоянии; быть готовым к чему-л.

ВЗВОДИ́ТЬСЯ, взвожу́сь, взво́дишься; *несов.* (*сов.* **ВЗВЕСТИ́СЬ**, взведу́сь, взведёшься), *на что, отчего* и *без доп.* Входить в какое-л. крайнее эмоциональное состояние; сердиться, нервничать. *Я как эту харю увижу, сразу взвожусь. Не взводись на ближнего, не будь грузином.*

ВЗГЛЯД *см.* **ЧЕРВИВЫЙ**

ВЗДОХНУТЬ *см.* **ПЕРДЕТЬ**

ВЗДРЕБЕЗНУ́ТЬСЯ, -ну́сь, -нёшься; *сов., без доп.* Встрепенуться, прийти в себя, встряхнуться; «тряхнуть стариной». *~нись, не кисни!*

Шутл. контаминация «встрепенуться» и «дребезжать» в гипотетической форме *сов.*

ВЗДРО́ГНУТЬ, -ну, -нешь; *сов., без доп.* или *за что.* Выпить спиртного. *Давайте ~нем, а то продрогнем. ~нем?* — ну что, выпьем? *Ну, ~нули за нас, хороших* — давайте выпьем за нас.

ВЗДРОГНУТЬ* *см.* **ВСПОМНИШЬ — ВЗДРОГНЕШЬ (ВЗДРОГНЕШЬ — СДОХНЕШЬ)**

ВЗДРОЧИ́ТЬ, -очу́, -о́чишь (реже -очи́шь), *сов.*; *кого, чем.* Разозлить, раззадорить. *~очи́л ты меня своим нейтралитетом!*

От **ДРОЧИТЬ**.

ВЗДРОЧИ́ТЬСЯ, -очу́сь, -о́чишься (реже -очи́шься), **ВЗДРОЧНУ́ТЬСЯ**, -ну́сь, -нёшься; *сов.* **1.** *без доп.* Вскочить по тревоге в армии. **2.** *на кого* и *без доп.* Разозлиться, «осерчать». *На кого ~очился, плесень!* (как ты посмел на меня рассердиться!).

От **ДРОЧИТЬ 1.** — из *арм.*

ВЗДРО́ЧКА, -и, *ж.* **1.** Выговор, нагоняй. *Я тебе устрою ~у, будешь чесаться.* **2.** Подъём по тревоге в армии. *Учебная ~.*

От **ВЗДРОЧИТЬСЯ 2.** — из *арм.*

ВЗДРОЧНУТЬСЯ *см.* **ВЗДРОЧИТЬСЯ**

ВЗДРЮ́ЧЕННЫЙ, -ая, -ое. Уставший, утомлённый, нервный.

От **ВЗДРЮЧИТЬ**.

ВЗДРЮ́ЧИВАТЬ, -аю, -аешь; *несов.* (*сов.* **ВЗДРЮ́ЧИТЬ**, -чу, -чишь), *кого.* Устраивать трёпку, наказывать.

От **ДРЮЧИТЬ**.

ВЗДУВА́ТЬСЯ, -а́юсь, -а́ешься; *несов.* (*сов.* **ВЗДУ́ТЬСЯ**, -ду́юсь, -ду́ешься), *от кого* и *без доп.* Беременеть.

ВЗЛЁТКА, -и, *ж.* Свободное место для построений посреди казармы.

Из *арм.*

ВЗМОЧКА *см.* **ОГРЕБАТЬ ВЗМОЧКУ**

ВЗРЫВА́ТЬ, -а́ю, -а́ешь; *несов.* (*сов.* **ВЗОРВА́ТЬ**, -ву́, -вёшь), *что* и *без доп.* Зажигать сигарету, давать закурить (чаще о сигарете с наркотиком); первым закурить пускаемую по кругу сигарету с наркотиком. *Нет спичек штакетину* (сигарету) *взорвать? Сегодня ты взрываешь.*

Возм. из *нарк.*

♦ **ВЗРЫВ НА МАКАРО́ННОЙ ФА́БРИКЕ** — о растрёпанных волосах, взлохмаченной причёске.

ВЗРЫВНАЯ СМЕСЬ *см.* **СМЕСЬ**

♦ **ВЗЯ́ЛСЯ ЗА ГРУДЬ — ГОВОРИ́** (или **ДЕ́ЛАЙ**) **ЧТО-НИБУ́ДЬ** — *шутл.* травестирование общеупотр. пословицы «Взялся за гуж — не говори, что не дюж».

ВЗЯТЬ *см.* **БРАТЬ; ЖОПА; КТО ВЗЯЛ ИЗМАИЛ, ПОЛОЖИТЕ ЕГО НА МЕСТО; ПОНТ; ПУШКА; ЧТО** *с кого* **ВЗЯТЬ, КРОМЕ АНАЛИЗА...**

♦ **ВЗЯТЬ (БРАТЬ) ОТ ФОНАРЯ́** *что, сколько* — взять на глазок, наугад, грубо прикинуть.

ВЗЯТЬ В ЛАПУ *см.* **ЛАПА**

♦ **ВЗЯТЬ В РУ́КИ БАЯ́Н** — стать наркоманом.

Из *нарк. см.* **БАЯН** 2.

ВЗЯТЬ ЗА ЖАБРЫ (ПОД ЖАБРЫ, ЗА ГЛОТКУ, ЗА БЕЛОЕ МЯСО, ЗА ЗАДНИЦУ) *см.* **БРАТЬ (ВЗЯТЬ, СХВАТИТЬ) ЗА ЖАБРЫ...**

ВЗЯТЬ ЗА МОШНУ *см.* **МОШНА**

ВЗЯТЬ ЗА МУДИ *см.* **МУДА**

ВЗЯТЬ ЗА СИСЬКУ *см.* **СИСЬКА**

ВЗЯТЬ НА ГОП-СТОП *см.* **ГОП-СТОП**

♦ **ВЗЯТЬ НА ДО́КТОРА** *кого-что и без доп.* — провернуть аферу, обмануть кого-л., схитрить, совершить махинацию.

Возм. связано с *уг.* «доктор» — защитник, адвокат.

♦ **ВЗЯТЬ НА КАРАНДА́Ш** *кого-что* — взять на заметку кого-л., запомнить, установить наблюдение; затаить злобу, обиду на кого-л.

ВЗЯТЬ НА ЛАПУ *см.* **ЛАПА**

ВЗЯТЬ НА ПИДОРА *см.* **ПИДОР**

ВЗЯТЬ НА ЦУГУНДЕР *см.* **ЦУГУНДЕР**

♦ **ВЗЯТЬ НО́ГИ В РУ́КИ** — собраться, побежать, устремиться куда-л.

ВЗЯТЬ ОТ БАЛДЫ *см.* **БАЛДА**
ВЗЯТЬ (ПОЙМАТЬ) БОГА ЗА ЯЙЦА *см.* **ЯЙКИ**
ВЗЯТЬ (ПОЙМАТЬ, СХВАТИТЬ) ЗА ШКИРМАН *см.* **ШКИРМАН**
ВИБРИ́РОВАТЬ, - рую, -руешь; *несов., без доп.* Бояться, волноваться.
ВИГВА́М, -а, *м.* Дом, квартира, жилище.
ВИД *см.* **СДЕЛАТЬ БЛЕДНЫЙ ВИД И ФОРМУ ЧЕМОДАНА**
ВИДА́К, -а́, **ВИДАЧО́К**, -чка́, **ВИ́ДИК**, -а, **ВИДЕ́ШНИК**, -а, **ВИДЮ́ШНИК**, -а, **ВИДЯ́ШНИК**, -а, *м.* Видеомагнитофон. *Купить видак. Смотреть по видюшнику.*
ВИДАТЬ *см.* **ВЫЙДЕШЬ В ПОЛЕ, СЯДЕШЬ СРАТЬ...; ГОВНО; ЩЁКИ ИЗ-ЗА СПИНЫ ВИДАТЬ**
ВИДАТЬ В ГРОБУ В БЕЛЫХ ТАПОЧКАХ *см.* **ВИДЕТЬ (ВИДАТЬ) В ГРОБУ В БЕЛЫХ ТАПОЧКАХ**
ВИДАЧОК *см.* **ВИДАК**
ВИДЕТЬ *см.* **БАЗАР; ВИДИТ ОКО, ДА ЧЛЕН НЕЙМЁТ; ЕСЛИ В СТЕНЕ ВИДИШЬ ЛЮК, НЕ ВОЛНУЙСЯ: ЭТО ГЛЮК; И ДОЛГО Я БУДУ ВИДЕТЬ ВО СНЕ...**
♦ **ВИ́ДЕТЬ** (или **ВИДА́ТЬ**) **В ГРОБУ́ В БЕ́ЛЫХ ТА́ПОЧКАХ** *кого-что* — не иметь дела до кого-чего-л., быть равнодушным к кому-чему-л.
ВИДЁШНИК *см.* **ВИДАК**
ВИДИК *см.* **ВИДАК**
♦ **ВИ́ДИТ О́КО, ДА ЧЛЕН НЕЙМЁТ** — *ирон.* передел. поговорка «видит око, да зуб неймёт».
ВИДНЕЙ *см.* **ЖИРАФ БОЛЬШОЙ, ЕМУ ВИДНЕЙ**
ВИДНО *см.* **ВКЛЮЧИТЕ СВЕТ**
ВИДЮШНИК, ВИДЯШНИК *см.* **ВИДАК**
ВИЗГ *см.* **НАПИТЬСЯ ДО ПОРОСЯЧЬЕГО ВИЗГА...; НАРЕЗАТЬСЯ (ДО ПОРОСЯЧЬЕГО ВИЗГУ)**
ВИЗГОВА́ТЬ, -гу́ю, -гу́ешь; *несов., без доп.* Кричать, звать на помощь, выражать какую-л. эмоцию отчаянным криком. *Во баба ~гует, аж завидно!*
ВИЗГУ́Н, -а́, *м.*, **ВИЗГУ́НКА**, -и, *ж.* Машина с сиреной.

От общеупотр. «визжать».

ВИ́ЛКА[1], -и, **ВИ́ЛОЧКА**, -и, *ж.* **1.** Отмычка. **2.** Максимальный диапазон чего-л. *У нас штатная вилка от десяти до ста тысяч* (минимальный и максимальный размер окладов). *Моя вилка — от двадцати до двадцати пяти* (в рамках одной должности). **3.** Ситуация, при которой выбирающий теряет больше или меньше в любом случае. *Вот мне жена вилочку предложила — или, говорит, стерва, не пей, или не закусывай.*

1. — возм. из *уг.*; 2. — возм. от военного *спец.* «вилка» — недолёт или перелёт снарядов при стрельбе, пристрелка; 3. — возм. из шахматного «вилка» — такое положение фигур, при котором одна из них угрожает одновременно двум или нескольким фигурам.

ВИ́ЛКА[2], -и, *ж.*, **ВИ́ЛЫ**[1], **ВИЛ**, *мн.* Два или три «онера», следующие один за другим.

Из *карт.*

ВИЛОЧКА *см.* **ВИЛКА**[1]
ВИЛЫ[1] *см.* **ВИЛКА**[2]
ВИ́ЛЫ[2], **ВИЛ**, *мн.* **1.** Высшая мера наказания (смертная казнь). *Ему дали ~.* **2.** в зн. *межд.* Выражает тревогу, опасность, страх и т. п. *~, милиция!*

Возм. от *уг.* «вилы» — арест, угроза ареста.

ВИЛЯТЬ *см.* **ХВОСТОМ БИТЬ (ВИЛЯТЬ, МАХАТЬ)**
ВИНДА́, -ы́, **ВИНДО(У)ЗА́**, -ы́, **ВИНДО́ЗА**, -ы, **ВИНДУСЯ́ТИНА**, -ы, **ВЫНЬ**, -и, *ж.*, **ВИНДЫ́**, -о́в, *мн.* Компьютерная программа Microsoft Windows.
ВИНДУСЯ́ТНИК, -а, **ВИНДУЗЯ́ТНИК**, -а, *м.* Тот, кто работает на компьютере в режиме Windows.
ВИНДЫ *см.* **ВИНДА**
ВИ́ННИ, *нескл.*, *м.* То же, что **ВИННИК**. *Пойдём-ка, Пятачок, сходим к Винни* (пойдём выпьем).

Винни Пух — персонаж популярной сказки А. Милна; контаминация с общеупотр. «вино», «винный».

ВИ́ННИК, -а, *м.* Винный магазин. *В ~е давка.*
ВИ́ННИ-ПУ́Х, -а, *м.* Толстяк (как правило, в снисходительно-шутл. зн.).

По имени популярного персонажа сказки А. Милна.

ВИНО *см.* **ЛУЧШЕЕ КИНО — ЭТО ВИНО; ПЯТАЧОК**
ВИНТ, -а́, *м.* **1.** Бутылка водки с завинчивающейся пробкой. **2.** Винтовка или другое огнестрельное оружие. **3.** Арест, задержание. **4.** Наркотик, изготавливаемый на основе первитина; разновидность синтетического наркотика, изготовляемого по упрощённой технологии на основе эфедрина.

2. — из *арм.*; 3. — из *уг.*; 4. — из *нарк.*

ВИНТ* *см.* **ДАТЬ ВИНТА; НА ВСЯКУЮ ЗАДНИЦУ ЕСТЬ ХИТРЫЙ ВИНТ; НАМОТАТЬ НА ВИНТ; НА ХРЕН С ВИНТОМ НАЙДЁТСЯ ГАЙКА СО ШПЛИНТОМ; ОТ ВИНТА; ШАРОВОЙ ВИНТ**
ВИНТАНУТЬ *см.* **ВИНТИТЬ**
ВИНТА́РЬ, -я́, *м.* То же, что **ВИНТ 1., 2.**

ВИНТИ́ЛОВО, -а, *ср.* Арест, задержание.

От **винтить** 2; это отглагольное сущ. по модели, взятой из хип.; по этой модели может быть образовано любое отглагольное сущ., напр., «кидать» — «кидалово», «понимать» — «понималово» и т. п.

ВИНТИ́ТЬ, -нчу́, -нти́шь (или ви́нтишь); *несов.* (*сов.* **ВИНТАНУ́ТЬ**, -ну́, -нёшь). **1.** *куда, откуда.* Двигаться в каком-л. направлении, уходить, убегать. *Винтим отсюда!* — уходим отсюда! *Давай, винти к своей мамочке! Давай винтанём на юга́* (поедем на юг). **2.** *кого.* Арестовать, задерживать. **3.** *в чём.* Понимать, соображать, разбираться.

ВИНТ НАРЕЗАТЬ *см.* **НАРЕЗАТЬ**

ВИНТОВО́Й, -а́я, -о́е. **1.** Активный, эмоциональный, деятельный. ~ *мужик.* ~*ая компания.* **2.** *в зн. сущ.*, -о́го, *м.* Человек, употребляющий одну из разновидностей наркотика.

2. — от **винт** 4.

ВИНЧ, -а, *м.* Накопитель в жёстком диске.

От *спец.* «винчестер»; из речи пользователей компьютеров.

ВИРЗУ́ХА, -и, *ж.* Анальное отверстие.

Возм. от *уг.* «варзуха» — зад.

ВИРТУАЛЬНЫЙ *см.* **ЗАКИДАТЬ ВИРТУАЛЬНЫМИ ПОМИДОРАМИ**

ВИСЕ́ТЬ[1], *только в 3 л.*, -си́т, *несов., без доп.* О компьютерной программе: прекратив работать, сделать компьютер нечувствительным, не реагирующим на команды, поданные с клавиатуры.

Из языка пользователей компьютеров; *см.* также **ЗАВИС**.

ВИСЕ́ТЬ[2], вишу́, виси́шь; *несов., без доп.* Работать в программе Volkov Commander (VC).

См. также **ВИСИ**.

ВИСЕТЬ* *см.* **ТОРЧАТЬ (БОЛТАТЬСЯ, ВИСЕТЬ), КАК СЛИВА В ЗАДНЕМ ПРОХОДЕ (В КОМПОТЕ)**

ВИСИ́, *нескл.* Программа Volkov Commander (VC).

Из языка пользователей компьютеров.

♦ **ВИСИ́Т ГРУ́ША, НЕЛЬЗЯ́ СКУ́ШАТЬ** — о мужском половом органе.

Травестирование общеупотр. поговорки в зн. «что-л. видимое, ощутимое, но недоступное».

ВИСКА́РИК, -а, **ВИСКА́РЬ**[1], -я́, *м.* Ви́ски. *От вискаря утром головка не болит. По сто пятьдесят вискарика — и в койку* (спать).

ВИСКА́РЬ[2], -я́, *м.* Висок.

♦ **ВИ́СКИ ИЗ ПИПИ́СКИ** — *ирон.* виски, а также *пренебр.* о любом алкогольном напитке (как правило, о дорогом, престижном).

ВИСЯ́К, -а́, *м.* **1.** Состояние неясности, двусмысленности, трудное положение. *У меня полный ~ с работой.* **2.** Уголовное расследование, не доведённое до суда, «зависшее». *Дело — ~.*

ВИСЯ́ЧИЙ, -его, *м.*, **ВИСЯ́ЧКА**, -и, *ж.* Мужской половой орган. ♦ **Нюхнуть висячего** (или **хрумать висячку**) — быть наказанным, избитым, обруганным и т. п.

ВИТА́ЛИК, -а, *м.*, *собств.* Туалет. ♦ **Сходить к ~у** (или **позвонить ~у**) — сходить в туалет.

Собств. Виталий; возм. ассоциативное соотнесение начального рус. «В» и лат. «W» (ср. англ. water closet, рус. ватер-клозет).

ВИТАМИН *см.* **БЭ — ТОЖЕ ВИТАМИН (И ЦЭ НЕ ОТРАВА); ТЯЖЁЛОЕ ДЕТСТВО, НЕДОСТАТОК ВИТАМИНОВ**

ВИТРИ́НА, -ы, *ж.* Лицо, внешний вид (обычно о девушке). *У неё хоть ~-то ничего, или одна душа красивая, как у Ахматовой?*

ВИХРИ́ТЬ, -ю, -и́шь; *несов., откуда.* Бежать, убегать.

♦ **В КА́ЖДОЙ (К КА́ЖДОЙ) ПРО́БКЕ ЗАТЫ́ЧКА** — вездесущий, суетливый человек, которому до всего есть дело.

Ср. общеупотр. *прост.* «в каждой (к каждой) бочке затычка».

♦ **В КА́ЖДОМ ГЛАЗУ́ ПО ЧЛЕ́НУ** *у кого — ирон.* о женщине, девушке, собирающейся на любовное свидание.

В КАЙФ *см.* **КАЙФ**

♦ **В КАКО́Й СТЕПИ́?** — где?, напр.: *В какой степи эту особь искать?* — В каком ведомстве искать этого чиновника?

♦ **В КА́ССУ** *что, что делать* — с пользой, в дело, для будущего, с дальним прицелом.

♦ **В КВАДРА́ТЕ** *кто* — о человеке, у которого совпадают имя и отчество, напр.: *Где наш Витя в квадрате?* (о человеке по имени Виктор Викторович).

ВКЛЕ́ИВАТЬ, -аю, -аешь; *несов.* (*сов.* **ВКЛЕ́ИТЬ**, -е́ю, -е́ишь). **1.** *кому.* Ругать, наказывать. **2.** *кого с чем, на чём.* Обманывать. *Классно ты его вклеил!*

ВКЛЕИТЬ ВЫГОВОРЕШНИК *см.* **ВЫГОВОРЕШНИК**

ВКЛЕ́ЙКА, -и, *ж.* **1.** Избиение. **2.** Наказание, нагоняй.

От **ВКЛЕИВАТЬ**.

ВКЛЕПА́ТЬ, -а́ю, -а́ешь; *сов., кому что* и *без доп.* Сделать что-л. интенсивно (ударить, выпить и т. п.). *~ по морде. ~ выговор. ~ по сто тридцать грамм.*

♦ **В КЛЕ́ТОЧКЕ** *кто* — о состоянии лёгкого, приятного опьянения.

ВКЛЮЧА́ТЬ, -а́ю, -а́ешь; *несов.* (*сов.* **ВКЛЮЧИ́ТЬ**, -чу́, -чи́шь или -ю́чишь), *кого.* Прийти в какое-л. состояние или притвориться каким-л. *Включить обиженного* — обидеться. *Включать ботаника* — делать серьёзный вид.

♦ **«ВКЛЮЧИ́ТЕ СВЕТ», — СКАЗА́Л МОНТЁР И НА ПОЛУ́ РАЗЖЁГ КОСТЁР** (или **И СДЕ́ЛАЛ ЗАМЫКА́НИЕ, И ПЕРЕРЕ́ЗАЛ ПРОВОДА́**); **ВКЛЮЧИ́ТЕ СВЕТ: ДЫША́ТЬ ТЕМНО́ И ВО́ЗДУХУ НЕ ВИ́ДНО** — шутл. реплики, сопровождающие включение света.

Из *детск.*

ВКЛЮЧИТЬ *см.* **ВКЛЮЧАТЬ; ГОЛОВУ ВКЛЮЧИТЬ; ЗАДНЕГО ВКЛЮЧИТЬ (ВРУБИТЬ, ДАТЬ); ЧАЙКОВСКИЙ**

ВКЛЮЧИТЬ АВТОПИЛОТ *см.* **АВТОПИЛОТ**

♦ **ВКЛЮЧИ́ТЬ СЧЁТЧИК** *кому, на кого* — начать отсчёт времени с момента дачи денег в долг.

Возм. из *уг. Ср.* **ПОСТАВИТЬ НА СЧЁТЧИК.**

♦ **В КОНЦЕ́ КОНЦО́В КОНЦЫ́ КОНЦА́М БУ́ДУТ?** — *шутл.* будет ли этому конец?

ВКОПА́ТЬ, -а́ю, -а́ешь; *сов., по чему* и *без доп.* Сделать что-л. интенсивно. *~ по пиву* (выпить много). *~ по тормозам* (резко нажать).

♦ **В КОСЯ́К** *что, что сделать* и *без доп.* — плохо, неудачно, напр.: *В кося́к пожрал: желудок заболел.*

ВКРУ́ЧИВАТЬ, -аю, -аешь; *несов.* (*сов.* **ВКРУТИ́ТЬ**, -учу́, -у́тишь), *кому что, с чем, чем* и *без доп.* (или *~* **МОЗГИ́**, *~* **Я́ЙЦА**). Лгать, стараться воздействовать на кого-л., запутывать, обманывать. *Кончай ты мне вкручивать свою теорию. Он мне все мозги со своим дурацким делом вкрутил. Ты мне мораль-то не вкручивай, а плати.*

ВКРУЧИВАТЬ БАКИ *см.* **БАКИ**

♦ **В КУРСА́Х БЫТЬ** — быть «в курсе», знать обстановку, разбираться в какой-л. проблеме.

ВКУ́СНЫЙ, -ая, -ое. Эпитет, относящийся к какому-л. специфическому, запоминающемуся ритму, ритмическому ходу, который производит особое впечатление на слушателя.

Из *муз. Ср.* «вкусный» в общеположительном зн. в *разг.* речи (напр., у М. Горького, В. Шукшина).

ВКУСНЯ́ЧКА, -и, *ж.* **1.** Нечто вкусное. **2.** Нечто хорошее, качественное. *Девочка — ~.*

Возм. из *детск.*

ВЛА́ГА, -и, *ж.* Спиртное.

ВЛА́ДИК, -а, *м., собств.* Город Владивосток.

ВЛА́ЖНЫЙ, -ая, -ое. Пьяный. *По влажному делу.*

От **ВЛАГА**; *ср.* также **МОКРЫЙ, МОЧЁНЫЙ**.

ВЛА́МЫВАТЬ, -аю, -аешь, **ВЛА́МЫВАТЬСЯ**, -аюсь, -аешься; *несов., без доп.* Интенсивно работать, трудиться. *Сейчас только ишаки вламываются, а умные люди мозгами шевелят.*

♦ **В ЛАПШУ́** — очень, напр.: *Пьян в лапшу.*

ВЛАСТЬ, -и, *ж.* Милиционер; милиция.

Возм. из *уг.*

♦ **В ЛЁГКОЙ МАНЕ́РЕ** — *шутл.* о таком стиле работы, когда люди не конфликтуют, не жалуются друг другу, не акцентируют внимание на трудностях, стараются создать весёлый, непринуждённый климат.

В ЛЁГКУЮ, *нареч.* Чуть-чуть, едва-едва, еле-еле, немного. *Поцапаться ~* — немного повздорить. *Закусывать ~. Ты ему двинь в рыло, только ~, а то сядешь* (ты его ударь, только не сильно).

ВЛЕЗАТЬ *см.* **МОРДА (ХАРЯ, ЗАД) В ТЕЛЕВИЗОР НЕ ВЛЕЗЕТ (НЕ ВЛЕЗАЕТ, НЕ ВМЕСТИТСЯ)**

ВЛЕЗТЬ *см.* **ДУРАК; ЖОПА; МОРДА (ХАРЯ, ЗАД) В ТЕЛЕВИЗОР НЕ ВЛЕЗЕТ (НЕ ВЛЕЗАЕТ, НЕ ВМЕСТИТСЯ); ЧЕМ ДАЛЬШЕ ВЛЕЗ, ТЕМ БЛИЖЕ ВЫЛЕЗ**

♦ **В ЛЕСУ́ РАЗДАВА́ЛСЯ КЛАРНЕ́Т ТРАКТОРИ́СТА** — *ирон.* о любой несуразной, абсурдной ситуации, о какой-л. неожиданности и т. п.

Травестированная строчка из популярного стихотворения Н. А. Некрасова: «В лесу раздавался топор дровосека».

ВЛЕТЕТЬ *см.* **РАЗДАЛСЯ ГОЛОС ИЗ ПОМОЙКИ...**

ВЛИВА́НИЕ, -я, *ср.* **1.** Выпивка. *Русское ~ не терпит отставания.* **2.** Нагоняй, наказание, нотация. ♦ **Совершить ~** — выпить. **Сделать ~** *кому* — наказать, отругать, отчитать кого-л.

ВЛИВА́ТЬ, -а́ю, -а́ешь; *несов.* (*сов.* **ВЛИТЬ**, волью́, вольёшь). **1.** *кому за что* и *без доп.* Ругать, наказывать. *Мне так за вчерашнее* *влили, что до сих пор никак штаны не отстираю.* **2.** *что куда.* Посылать почту или программы по модему.

2. — из речи пользователей компьютеров.

ВЛИ́ПА, -ы, *ж.*, **ВЛИПА́ЛОВО**, -а, *ср.* Трудная, неприятная ситуация.

От *прост.* «влипать» — попадать в неприятную ситуацию.

ВЛИТЬ *см.* **ВЛИВАТЬ**

ВЛИЯТЬ *см.* **ЭТО НА СКОРОСТЬ НЕ ВЛИЯЕТ**

ВЛОЖИ́ТЬ, вложу́, вло́жишь; *сов., кого.* Предать кого-л., донести на кого-л.

В ЛОМ *см.* **ЛОМ**

ВЛОМИ́ТЬ, вломлю, вло́мишь; *сов.* **1.** *кому.* Ударить, избить кого-л. **2.** *кому сколько.* Дать срок заключения. *Мужику по полной три пятилетки вломили.* **3.** *что, сколько, по чему* и *без доп.* Сделать что-л. резко, быстро, с силой. ~ *по бутылке* (выпить). ~ *десять километров* (пробежать). *Ну мы с тобой и вломили!* — ну мы и молодцы!

ВЛО́МНО, *нареч.* Неприятно, без желания, скучно.

От **В ЛОМ**.

ВЛО́ПАТЬСЯ, -аюсь, -аешься; *сов., в кого.* Влюбиться. *Это ничего, что ты жирный, вот ~аешься в какую-нибудь тётю Мотю — быстро похудеешь.*

ВЛЫ́НДИТЬ, ВЛЫ́НДАТЬ, *1 л. ед. не употр.*, -ишь; *сов., во что и без доп.* Понять, догадаться.

Возм. ономатопоэтическое.

ВЛЫНДЫ́РИТЬ, -рю, -ришь; *сов., что* и *без доп.* Сделать что-л. изо всех сил.

Ср. **ВЛЫНДИТЬ, ВЛЫНДАТЬ.**

ВМА́ЗАТЬ, вма́жу, вма́жешь; *сов.* **1.** *чего, сколько, по чему* и *без доп.* Взяться за что-л., сконцентрировав силу, внимание; приналечь на что-л.; ударить. *Вмажь-ка, брат, по селёдочке* (съешь селёдки). **2.** *что кому* и *без доп.* Дать (обычно в зн. вколоть) кому-л. наркотик.

2. — из *нарк.*

ВМА́ЗАТЬСЯ, вма́жусь, вма́жешься; *сов., без доп.* Принять (обычно вколоть себе) наркотик.

От **ВМАЗАТЬ** 2.

ВМА́ЗКА, -и, *ж.* Доза наркотика.

От **ВМАЗАТЬ** 2.

В МАНДУ *см.* **МАНДА**

ВМАСТИ́ТЬ, вмащу́, вмасти́шь; *сов., без доп.* Удачно сделать что-л., попасть в цель.

От *карт.* «попасть в масть» — сделать удачный ход.

В МАСТЬ *см.* **МАСТЬ**

ВМЕСТИТЬСЯ *см.* **МОРДА (ХАРЯ, ЗАД) В ТЕЛЕВИЗОР НЕ ВЛЕЗЕТ (НЕ ВЛЕЗАЕТ, НЕ ВМЕСТИТСЯ)**

♦ **В МИ́РЕ ЖИВО́ТНЫХ** — пивной зал.

♦ **В МОСКВУ́ РАЗГОНЯ́ТЬ ТОСКУ́** — *шутл.* о поездке в Москву.

ВМОЧИ́ТЬ, вмочу́, вмо́чишь; *сов., во что, по чему, что, чего* и *без доп.* Сделать что-л. энергично. ~ *в ухо* (ударить). ~ *диплом* (написать, защитить). ~ *пива* (выпить).

ВМОЧИ́ТЬСЯ, вмочу́сь, вмо́чишься; *сов., во что чем* и *без доп.* Удариться, вре́заться во что-л. ~ *в столб бампером.*

В НА́ГЛУЮ, ВНАГЛЯ́К, *нареч.* Нагло, напролом, без колебаний. *При в наглую — и говно расступится! Без всякого пропуска, внагляк вошли.*

♦ **В НАРО́Д ХОДИ́ТЬ** — гулять, прогуливаться.

Пародируется выражение «в народ ходить», распространённое у народников XIX в.

♦ **В НАТУ́РЕ** — **1.** *в зн. вводн сл.* или *част.* Конечно, обязательно, а как же, безусловно. **2.** *в зн. част.* или *межд.* Ну, эй, эка, фи и т. п.

В НАТУРЕ ПОПИШУ *см.* **ПОПИСАТЬ**

♦ **В (НА) УБО́Й** *кто, кого* — об очень толстом человеке.

В НАХА́ЛКУ, *нареч.* Нахально, смело; надеясь только на судьбу, на авось; не обращая внимания на окружающее. *Сдавать ~ экзамены.*

Ср. **В НАГЛУЮ**.

ВНЕЗАПА́ДНО, *нареч.* Внезапно, неожиданно.

Шутл. контаминация с «западать».

ВНЕМА́ТОЧНО, *нареч.* Внимательно. *Я тебя, дружара* (друг), ~ *слухаю. Слухай меня ~!*

Шутл. контаминация с *мед.* «внематочный», «внематочная беременность».

ВНЕПА́ПОЧНЫЙ, -ая, -ое (обычно ~ **РЕБЁНОК**). Ребёнок от неизвестного отца или отца, с которым мать не состоит в браке.

Ср. **ВНЕМАТОЧНО**.

ВНИЗ *см.* **НЕ ПЬЁТ ТОЛЬКО ТЕЛЕГРАФНЫЙ СТОЛБ...**

♦ **В НИКА́КЕ БЫТЬ** — *ирон.* о сильно пьяном человеке.

ВНИМАНИЕ *см.* **НОЛЬ ВНИМАНИЯ, ФУНТ ПРЕЗРЕНИЯ**

ВНИМАТЕЛЬНО *см.* **СЛУШАЮ ВНИМАТЕЛЬНО И ЧУТКО, КАК ЧЕКИСТ ПО ТЕЛЕФОНУ**

♦ **ВНУ́КИ — НА́ШИ МСТИ́ТЕЛИ** — шутл. афоризм: наши дети будут так же мучиться со своими детьми, как мы мучились с ними.

♦ **ВНУ́ТРЕННИЙ ЗАЁМ** — причёска у лысеющего мужчины: прядь волос зачёсывается с одного бока головы на другой, как бы закрывая, «замаскировывая» лысину. *Пердун с внутренним заёмом.*

От финансового термина: подразумевается, что субъект сам выискивает «внутренние средства», «изыскивает внутренние резервы» и т. п.

ВНУ́ТРИЯ, -и, *ж.* Нутрия. *Шуба из ~и.*

Контаминация «нутрия» и «внутрь».

ВНУТРЯ́К, -а́, *м.*, **ВНУТРЯ́НКА**, -и, *ж.* **1.** Психика, душевная организация. *С такой внутрянкой надо белые столбы пересчитывать* (ложиться в психиатрическую больницу; Белые Столбы — назв. места под Москвой, где находится такая больница). **2.** *собир.* Внутривенные препараты. **3.** Спиртное.

ВНУ́ЧЕК, -чка, **ВНУЧО́К**, -чка́, *м.*, **ВНУ́ЧКА**, -и, *ж.*, *собств.* Аэропорт Внуково.

В ОБРАТКУ *см.* **ОБРАТКА**

ВОВА *см.* **ДОХЛЫЙ ВОВА**

♦ **ВО ВЕСЬ РОСТ** *что сделать, кто, какой* — очень, сильно, ярко выраженный.

Ср. **В ПОЛНЫЙ РОСТ**.

ВО́ВИК, -а, *м.* Советский металлический рубль.

По изображению В. И. Ленина.

ВО ВРЕМЯ *см.* **ПОЖАР В БАРДАКЕ ВО ВРЕМЯ НАВОДНЕНИЯ**

♦ **ВО́ВРЕМЯ** (или **БЫ́СТРО**) **ПО́ДНЯТАЯ СИГАРЕ́ТА НЕ СЧИТА́ЕТСЯ УПА́ВШЕЙ** — реплика человека, поднявшего упавшую сигарету или подбирающего окурки.

♦ **ВО ВСЕ ДЫХА́ТЕЛЬНЫЕ И ПИХА́ТЕЛЬНЫЕ (ИМЕТЬ)** *кого* — расправляться, разделываться, наказывать.

♦ **В ОГОРО́ДЕ ПУ́СТО, ВЫ́РОСЛА КАПУ́СТА** — *шутл.* ничего нет, пусто.

ВОДА́, -ы́, *ж.* Пустые слова, ненужные рассуждения. ♦ **Лить ~у** — говорить чепуху, пустословить.

ВОДА* *см.* **В ВОДУ УПАЛ; ДРУЗЬЯ — НЕ РАЗЛЕЙ ВОДА; НАПИТЬСЯ ГОЛУБОЙ ВОДЫ; ПУГАНАЯ ВОРОНА НА ВОДУ ДУЕТ; СЛИВАЙ ВОДУ — ЧЕШИ ГРУДЬ; УМНЫЙ (ШУСТРЫЙ), КАК ВОДА В УНИТАЗЕ**

♦ **ВОДА́ В ЖО́ПЕ НЕ УДЕ́РЖИТСЯ** *у кого* — о ком-л., кто не умеет хранить секреты, о болтуне, трепаче.

ВОДИ́ЛА, -ы, *м.* Шофёр, хозяин машины, водитель, таксист.

ВОДИТЬ ЖАЛОМ *см.* **ЖАЛО**

ВОДИЦА *см.* **ВОТ И ВЧЕРА ТОЖЕ ЗАХОДИЛА СТАРУШКА...**

ВО́ДКА, -и, *ж.* Всесоюзное Одобрение Деятельности Коммуниста Андропова (или Вот Он Добрый Какой Андропов).

Шутл. переосмысление слова как аббрев.

ВОДКА* *см.* **НАМ, ТАТАРАМ, ВСЁ РАВНО...**

♦ **ВО́ДКА — ПЕРЕЖИ́ТОК ПРО́ШЛОГО, НАСТОЯ́ЩЕГО И БУ́ДУЩЕГО** — *шутл.* о водке.

♦ **ВО́ДКУ ПЬЯ́НСТВОВАТЬ** — пить водку, пьянствовать.

Пародируется прост. избыточность речи.

♦ **В ОДНО́ КАСА́НИЕ РАБО́ТАТЬ** — хорошо сработаться.

Возм. из *спорт.*

♦ **В ОДНО́М ФЛАКО́НЕ ДНОМ** — вместе, заодно.

Из рекламного ролика.

ВОДОЛА́З, -а, *м.* Человек в очках. ♦ **У кого четыре глаза, тот похож на ~а** — *шутл.* о человеке в очках.

ВОДЧО́НКА, -и, **ВОДЯ́РА**, -ы, *ж.* Водка.

ВОЕВАТЬ *см.* **МОЛЧИ, Я ВОЕВАЛ, Я ТРИЖДЫ ГЕРОЙ МИРА**

ВОЕ́НКА, -и, *ж.* Занятия на военной кафедре в вузе. *Ходить на ~у. Зачёт по ~е. Закосить от ~и* — получить медицинскую справку, освобождающую от занятий на военной кафедре.

ВОЕННЫЙ *см.* **ПЕТЬ**

ВОЖДЬ *см.* **ПРОБЛЕМЫ ИНДЕЙЦЕВ ВОЖДЯ НЕ ВОЛНУЮТ; ПРОСТО, ПО-ЧЕЛОВЕЧЕСКИ...**

ВОЗБУХА́ТЬ, -а́ю, -а́ешь; *несов.* (*сов.* **ВОЗБУ́ХНУТЬ**, -ну, -нешь). **1.** *на кого, на что* и *без доп.* Нападать на кого-л., вести себя агрессивно по отношению к кому-л. *Что ты на меня возбухаешь! Не возбухай! Ты возбухнул, вот я тебя и бухнул.* **2.** *без доп.* Волноваться, переживать.

ВО́ЗДУХ, -а, *м.*, **ВО́ЗДУХИ**, -ов, *мн.* Деньги.

Уг. «воздух» в том же зн.

ВОЗДУХ* *см.* **ВКЛЮЧИТЕ СВЕТ; ЖОПА**

ВОЗДУХИ *см.* **ВОЗДУХ**

ВОЗДУ́ШКА, -и, *ж.* Деньги, заработанные не в реальном секторе экономики, а в результате левых финансовых операций; финансовый бизнес. *Гэкаошная ~.*

Ср. **ВОЗДУШНИК**.

ВОЗДУ́ШНИК, -а, *м.* **1.** Вор, жулик. **2.** Тот, кто занимается финансовыми махинациями.

1. — *ср., устар. уг.* «воздушник» — вор с возов, телег и т. п. 2. — *ср.* **ВОЗДУШКА**.

♦ **ВОЗИ́ ЗУБА́МИ** — белое сухое вино «Васизубани».

ВОЗНИКА́ТЬ, -а́ю, -а́ешь; *несов.* (*сов.* **ВОЗНИ́КНУТЬ,** -ну, -нешь); *на кого* и *без доп.* Вести себя нагло, развязно, агрессивно; приставать к кому-л. *Возникнешь — получишь.*

♦ **ВО ИЗБЕЖА́НИЕ!** — **1.** Шутл. тост. **2.** Замолчи, перестань говорить об этом.

2. — произносится с подчёркнутой тревогой.

ВО́ИН, -а, *м.* Ирон. обращение солдата к солдату, а также любого человека к другому (как правило, более высокого по положению к более низкому).

Из *арм.*: ирон. снижение слова высокого стиля.

ВОИН* *см.* **ОПУХШИЙ ВОИН**

ВОЙНА *см.* **ПИПИСКА; ПРИДЁТ ВОЙНА, НАСТУПИТ ЗАСУХА...**

ВОЙС *см.* **ЗВОНИТЬ ГОЛОСОМ (ВОЙСОМ)**

ВОЙСКО *см.* **ПОМИДОРНЫЙ**

ВОК, *неизм.* в зн. *сказ.* Ходить, идти. *~ сюда, мудило! Куда ~ держишь?* (путь). *Не могу я ~ по такому холоду.* ♦ **~ в овечьей шкуре** — *шутл.* передел. рус. фразеологизм «волк в овечьей шкуре».

Англ. walk в том же зн.; ♦ — контаминация англ. walk и рус. «волк». *ср.* напр. **БОЙ**.

ВОКА́Л, -а, *м.* Голос, качество голоса. *Что-то у тебя, брат, ~ сегодня скрипучий. Ты ~-то на меня не поднимай.*

ВОКАЛЮ́ГА, -и, *м.* и *ж.* **1.** Учащийся консерватории по классу вокала. **2.** Певец, солист.

Из *муз.*

ВОКЗАЛ *см.* **БАЗАР-ВОКЗАЛ**

ВОКРУГ *см.* **ЖОПА**

ВОЛГА́РЬ, -я́, **ВОЛГА́Ш,** -а́, *м.* Водитель или владелец автомобиля «Волга».

ВО́ЛЕНС-НЕВО́ЛЕНС, *нареч.* Волей-неволей. *Раз уж ты пришёл, то давай, ~, пей.*

Пародирование лат. volens nolens в том же зн.; контаминация с общеупотр. «волей-неволей».

ВОЛЖА́НКА, -и, *ж.* Автомобиль «Волга».

ВОЛК, -а (или -а́), *м.* Привлекательный самоуверенный мужчина.

ВОЛК* *см.* **ТАМБОВСКИЙ ВОЛК ТЕБЕ ТОВАРИЩ; ЧАС ВОЛКА**

♦ **ВОЛКИ́ ПОЗО́РНЫЕ** — *ирон.* руг.

Возм. распространилось в 80-е гг. под влиянием популярного телефильма «Место встречи изменить нельзя».

ВОЛНА́, -ы́, *ж.* Стечение обстоятельств, когда на дороге попадается один и тот же свет светофора. *Зелёная ~. Красная ~.*

ВОЛНА* *см.* **ГНАТЬ**

ВОЛНИ́СТЫЙ, -ая, -ое. **1.** Относящийся к стилю «новая волна». **2.** Взволнованный, нервный.

1. — из *муз.*

ВОЛНОВАТЬ *см.* **ПРОБЛЕМЫ ИНДЕЙЦЕВ ВОЖДЯ НЕ ВОЛНУЮТ**

ВОЛНОВАТЬСЯ *см.* **ЕСЛИ В СТЕНКЕ ВИДИШЬ ЛЮК, НЕ ВОЛНУЙСЯ: ЭТО ГЛЮК; ФАН; ХОДИ, ВОЛНУЙСЯ**

ВОЛНУ́ШКА, -и, *ж.* Микроволновая печь. *Корейская ~.*

ВОЛОБУ́Й, -я, *м.* Бездельник.

См. **ВОЛОБУЙСТВОВАТЬ**.

ВОЛОБУ́ЙСТВОВАТЬ, -твую, -твуешь, **ВОЛОБУ́ЙНИЧАТЬ,** -аю, -аешь; *несов., без доп.* Бездельничать, валять дурака.

Возм. из *нарк.*

ВОЛОС *см.* **ЖОПА; ОСА, ОСА, ХВАТЬ ТЕБЯ ЗА ВОЛОСА**

ВОЛОСАТАЯ ЛАПА *см.* **ЛАПА**

ВОЛОСА́ТИК, -а, *м.* То же, что **ВОЛОСАТЫЙ 3.**

ВОЛОСА́ТЫЙ, -ая, -ое. **1.** Относящийся к хиппи. *~ые тусовки.* **2.** Сильный, мощный (о связях, протекции). *~ блат. ~ая лапа.* **3.** *в зн. сущ.*, -ого, *м.* Хиппи.

См. также **МУЖЧИНА ДОЛЖЕН БЫТЬ ЗОЛ...**

♦ **ВОЛО́СИКИ НА ПО́ПКЕ РВАТЬ** — сокрушаться, сожалеть о чём-л.

Пародирование общеязыкового «рвать волосы на голове».

♦ **ВОЛО́СИКИ ПОВЫ́ДЕРГАЮ** — ирон. угроза.

♦ **ВОЛО́С ОСТА́ЛОСЬ НА ОДНУ́ ДРА́КУ** *у кого* — о лысом человеке.

ВОЛОСЫ *см.* **ПАЛЬЦЫ ВЕЕРОМ — СОПЛИ ПУЗЫРЁМ...**

ВОЛОСЮК *см.* **МАЙОР ВОЛОСЮК**

ВОЛОЧИ́ТЬ, -очу́, -о́чишь, **ВОЛО́ЧЬ,** -оку́, -очёшь (или -окёшь); *несов., в чём.* Понимать разбираться. *Волочить в музыке. Ты чего-нибудь в этой абракадабре волокёшь?*

ВОЛЧА́РА, -ы, *м.* и *ж.* **1.** То же, что **ВОЛК. 2.** Нахал, рвач, человек с хищническим, потребительским характером, эгоист.

См. также **ЗЛОЙ**

ВОЛЧИ́ЦА, -ы, *ж.* Привлекательная, независимая, вызывающе ведущая себя женщина.

ВОЛЧО́К, -чка́, *м.* Отверстие в двери, глазок.

Возм. от *уг.* «волчок» — окошко в двери камеры.

♦ **ВО́ЛЧЬИ И́ГРЫ** — о карточных играх (очко, бура и др.), в которых интеллектуальный компонент минимален, а главное — удача, ловкость рук и азарт.

Из *карт.*

ВОЛЫ́НА, -ы, **ВОЛЫ́НКА,** -и, *ж.* **1.** Пистолет или другое огнестрельное оружие. **2.** Нечто длинное, нудное, пустое, однообразное.

См. также **ПОД ВОЛЫНЫ ПОСТАВИТЬ**

1. — *ср. уг.* «волынка» — лом, револьвер; 2. — *ср. уг.* «волынка» — свободное время, безделье.

ВОЛЫ́НИТЬ, -ню, -нишь; *несов.* **1.** *от чего.* Избегать чего-л., оттягивать что-л. *От армии ~.* **2.** *без доп.* Бездельничать, валять дурака.

Ср. *уг.* «волынить» — долго не давать показания, морочить голову следователю.

ВОЛЫНКА *см.* **ВОЛЫНА**

ВОЛЫ́НЩИК, -а, *м.* Тот, кто тянет время, отлынивает от чего-л.

См. **ВОЛЫНИТЬ.**

ВОЛЬВЕ́ШНИК, -а, *м.* Автомобиль марки «Вольво».

ВОЛЬНЫЙ *см.* **В ВОЛЬНУЮ**

ВОЛЬТАНУ́ТЫЙ, -ая, -ое. Странный, ненормальный, сумасшедший.

От **ВОЛЬТАНУТЬСЯ.**

ВОЛЬТАНУ́ТЬСЯ, -нусь, -нёшься, *сов.* **1.** *без доп.* Странно себя повести, совершить странный поступок. **2.** *на чём, с чем* и *без доп.* Сойти с ума, свихнуться, приобрести болезненное пристрастие к чему-л. *На бабах ~улся.*

Возм. из *карт.* и *уг.*; *ср. уг.* «вольт» — валет, подтасовка карт, «вольтануться» — сойти с ума.

ВОНЗИТЬ *см.* **ПОМИДОР**

ВОНИ́ЗМ, -а, *м.*, **ВОНИ́ЗМИЯ,** -и, *ж.* **1.** Дурной запах, вонь. **2.** Нечто плохое, нежелательное. ♦ **Распускать вонизм** — портить всем настроение.

ВОНИТА́З, -а, *м.* Унитаз.

Контаминация «унитаз» и «вонять».

ВОН ЧТО-ТО ЧЁРНЕНЬКОЕ БЕЛЕЕТСЯ *см.* **БЕЛЕТЬ**

ВОНЬ, -и, *ж.* (или ~ **ПОДРЕ(Й)ТУ́ЗНАЯ**). Руг.

ВОНЮ́ХЛЯ, -и, *м.* и *ж.* Человек, от которого дурно пахнет.

Возм. из «Денискиных рассказов» В. Драгунского.

ВОНЮ́ЧИЙ, -ая, -ее. Плохой, дурной; такой, который ниже достоинства говорящего. *Нужна очень мне твоя ~ая зарплата, себе её забери!*

ВОНЮЧИЙ* *см.* **КОЗЁЛ (ВОНЮЧИЙ); МУЖЧИНА ДОЛЖЕН БЫТЬ ЗОЛ...; НА ТЕБЕ, КОЗЁЛ ВОНЮЧИЙ...**

ВОНЮ́ЧКИ, -чек, *мн.* Духи. *~ -то дорогие?*

От общеупотр. «вонять».

ВОНЯ́ЛЬНЫЙ, -ая, -ое. Вонючий, дурно пахнущий. ♦ **~ое отверстие** — анальное отверстие.

ВОНЯ́ТЬ, -я́ю, -я́ешь; *несов., на кого* и *без доп.* Кричать, шуметь, выражать обиду, недовольство, нарушать покой.

Ср. **ЗАТЫКАТЬ.**

ВОНЯТЬ* *см.* **ГОВНО**

♦ **ВООБРАЖА́ЛА ХВОСТ ПОДЖА́ЛА (И В УБО́РНУЮ СБЕЖА́ЛА, КАК РАКЕ́ТА, ПОЛЕТЕ́ЛА И УЖА́СНО НАПЕРДЕ́ЛА)** — детск. дразнилка.

ВООБЩЕ *см.* **Я ВООБЩЕ ЧЕЛОВЕК ОБЪЁМНЫЙ...**

ВОПРОС *см.* **НА ВОПРОС; У МАТРОСОВ НЕТ ВОПРОСОВ**

ВОРВА́ТЬ, -ву́, -вёшь; *сов., без доп.* Сделать что-л. быстро, стремительно. *Ну-ка бери ложку и ~ви́* (поешь) *как следует.*

ВОРК, -а, *м.* Работа. *Ходить на ~.*

От англ. work в том же зн.

ВО́РКАТЬ, -аю, -аешь, **ВОРКА́ТЬ,** -а́ю, -а́ешь; *несов., где* и *без доп.* Работать.

От **ВОРК.**

ВО́РКЕР, -а, *м.* (мн. -а́, -о́в). Рабочий.

От англ. worker в том же зн.; *ср.* **ВОРК.**

ВОРО́БУШКИ, -шков, **ВОРО́БЫШКИ,** -шков, *мн.* Деньги ♦ **Наловить** (или **настрелять**) **~шков** — добыть много денег.

ВО́РОН, -а, **ВОРОНО́К,** -нка́, *м.* **1.** Машина для перевозки заключённых. **2.** Правительственная машина или машина высокопоставленного государственного служащего.

См. также **ЧЁРНЫЙ ВОРОН**

ВОРО́НА, -ы, *ж.* **1.** Солдат первой половины второго года службы во внутренних войсках. **2.** Шумная, горластая женщина.

1. — из *арм.*

ВОРОНА* *см.* **ПУГАНАЯ ВОРОНА НА ВОДУ ДУЕТ**

ВОРОНОК *см.* **ВОРОН**

ВОРО́ТА, воро́т, *мн.* **1.** Рот. **2.** Ширинка, гульфик.

ВОРОТА* *см.* **ЗЕЛЁНЫЕ ВОРОТА; НЕ БУДЬ, ЧЕМ ВОРОТА ПОДПИРАЮТ; У НАШИХ ВОРОТ...**

ВОРОТИТЬ *см.* **ХАРИУС**

ВОРОТНИ́К, -а́, **ВОРОТНИЧО́К**, -чка́, *м.* Шея (обычно толстая). *Чего, нажрал ~-то, Жаботинский?* ♦ **Начистить** ~ *кому* — избить кого-л.

ВОРОТНИК* *см.* **ЗАКЛАДЫВАТЬ (ЗА ВОРОТНИК); ЗАЛИВАТЬ (ЗА ВОРОТНИК); ПОПРАВЬ ВОРОТНИК, СВИСТЕТЬ МЕШАЕТ**

ВОРОТНИЧОК *см.* **ВОРОТНИК; СЕЙЧАС, ТОЛЬКО УШИ (ЖОПУ, ВОРОТНИЧОК, МАНЖЕТЫ) НАКРАХМАЛЮ**

ВОРО́ЧАТЬ, -аю, -аешь; *несов., в чём.* Разбираться в чём-л., знать, понимать. ~ *в физике.*

ВОРОШНО́Й, -о́го, *м.* Отбывающий наказание в местах заключения.

Из *уг.*

ВОРУ́Й-НОГА́, -и, *м.* и *ж.* Одноногий человек.

Ср. **ГУЛЯЙ-НОГА.**

ВОСЕМЬ *см.* **СЕМЬ-НА-ВОСЕМЬ; ТВОЙ НОМЕР ВОСЕМЬ...**

ВОСПАЛЕНИЕ ЛЕВОЙ ХИТРОСТИ *см.* **ЛЕВЫЙ**

ВОСПИ́Т, -а, *м.* Классный руководитель.

Из *шк.* Сокращ. от «воспитатель».

ВОССТАНОВЛЕНИЕ ЧЕРТ ЛИЦА ПО ЧЕРЕПУ *см.* **ЧЕРЕП**

ВОСТО́РГ, -а, *м.* **1.** Нечто отличное, замечательное. *Это ~, а не мужчинка.* **2.** в зн. *межд.* Выражает положительную эмоцию.

ВОСТОРГ* *см.* **ПИСЮЧИЙ ВОСТОРГ; ПРИЙТИ В СВИНЯЧИЙ (ПОРОСЯЧИЙ) ВОСТОРГ**

ВОСТРОКОПЫТНАЯ *см.* **ГРЫЗЬ ВОСТРОКОПЫТНАЯ**

♦ **ВОСЬМА́Я РО́ТА** — алкоголики, пьяницы.

ВОСЬМЁРКА, -и, *ж.* Искривление колеса велосипеда.

ВОСЬМИДЕРА́СТ, -а, *м.*, **ВОСЬМИДЕРА́СТКА**, -и, *ж.* Представитель поколения 80-х гг.

Ирон. контаминация сл. «педераст» + «восьмидесятые» (годы).

ВОСЬМОЕ МАРТА БЛИЗКО-БЛИЗКО, РАСТИ-РАСТИ, МОЯ ПИПИСКА *см.* **ПИПИСКА**

♦ **ВОТ ГДЕ СОБА́КА ПОРЫ́ЛАСЬ** — *ирон.* передел. общеупотр. фразеологизм «вот где собака зарыта» в том же зн.

♦ **ВОТ И ВЧЕРА́ ТО́ЖЕ ЗАХОДИ́ЛА СТАРУ́ШКА, ПРОСИ́ЛА ВОДИ́ЦЫ ПОПИ́ТЬ, КИ́НУЛИСЬ — А РОЯ́ЛЯ НЕТ** — шутл. реплика на какую-л. просьбу собеседника.

В ОТКАТЕ (БЫТЬ) *см.* **ОТКАТ**

ВОТКНУ́ТЬ, -ну́, -нёшь; *сов., без доп.* Умереть, скончаться. *В сорок лет ~нул.*

ВОТКНУТЬ* *см.* **ВТЫКАТЬ**

ВОТКНУТЬСЯ *см.* **ША, КРЕВЕТКА, МОРЕ БЛИЗКО!**

В ОТРУБЕ (БЫТЬ) *см.* **ОТРУБ**

♦ **ВОТ ТАКИ́Е (ВОТ) ПИРОЖКИ́ С КОТЯ́ТАМИ** — вот таки́е дела́, вот тако́е положе́ние, вот так и живём.

♦ **ВОТ ЧТО ЖИДЫ́ С РУ́ССКИМ ЧЕЛОВЕ́КОМ ДЕ́ЛАЮТ** — *шутл.* о какой-л. бытовой неурядице, неудаче, любом неприятном происшествии и т. п. (напр. о ситуации, когда что-л. упало, разбилось, говорящий не успел на автобус и т. д. и т. п.).

♦ **ВОТ Э́ТО НО́МЕР, ЧТОБ Я (ТЫ) ПО́МЕР!** — ну и ну!

ВОХ, -а, *м.* Спичечный коробок с анашой.

♦ **В ОЧКО́** — сильно, чрезмерно, напр.: *В очко нажрался.*

ВО́ШКАТЬСЯ, -аюсь, -аешься; *несов., с чем* и *без доп.* Долго возиться с чем-л., медлить; мешаться под ногами, мельтешиться. *Весь день с машиной ~ался.*

От общеупотр. «вошь».

ВОШЬ, вши (или во́ши), **ВША**, вши, *ж.* **1.** Нечто маленькое, незначительное; ничем не примечательный человек. *Что это там за ~ ползает, натюрморт портит?* — это кто такой? **2.** Десять рублей.

ВОШЬ* *см.* **ЕДРЁНЫЙ; СКАКАТЬ (ПОЛЗАТЬ, ВЕРТЕТЬСЯ) КАК ВОШЬ НА ГРЕБЕШКЕ; СМОТРЕТЬ, КАК СОЛДАТ НА ВОШЬ**

♦ **ВОШЬ, ГО́У ХО́УМ!** — *ирон.* пародирование назв. навязчиво рекламируемого шампуня «Wash and go».

♦ **ВОШЬ ЭНД ГО́У В ГО́ЛОВУ** *кому* — *шутл.-бран.* чёрт возьми (*кого*)!, чтоб его!. и т. п.

См. **ВОШЬ, ГОУ ХОУМ!**

В ПАДЛУ *см.* **ПАДЕЛ**

ВПА́РИВАТЬ, -аю, аешь; *несов.* (*сов.* **ВПА́РИТЬ**, -рю, -ришь). **1.** *без доп.* Интенсивно делать что-л. **2.** *кому.* Вступать с кем-л. в половую связь (о мужчине). **3.** *кому что.* Хорошо, выгодно продать. *Матрёшку этим гамбургерам* (иностранцам) *впарил, теперь можно месяц коньяк посасывать.*

ВПАХАТЬСЯ *см.* **ВПАХИВАТЬСЯ**

ВПА́ХИВАТЬ, -аю, -аешь; *несов., без доп.* Много работать, интенсивно заниматься чем-л. *Я бы в универ* (университет) *поступил, да там ~ надо.*

ВПА́ХИВАТЬСЯ, -аюсь, -аешься; *несов.* (*сов.* **ВПАХА́ТЬСЯ,** впашу́сь, впа́шешься). **1.** *во что чем* и *без доп.* Ударяться, вреза́ться, вонзаться. **2.** *во что* и *без доп.* Активно включаться в работу.

От **ПАХАТЬ.**

ВПАЯ́ТЬ, -я́ю, -я́ешь; *сов.; кому что, во что, по чему.* Совершить какое-л. интенсивное действие по отношению к другому лицу. *~ по чайнику кому* — ударить кого-л. по голове. *~ строгача кому* — объявить кому-л. строгий выговор.

ВПАЯ́ТЬСЯ, -я́юсь, -я́ешься; *сов., во что чем* и *без доп.* Удариться, столкнуться. *~ носом в дверь. Что ты так гонишь, давно в аварии не попадал? — Ну как же, как же, вчера изволил ~.*

♦ **ВПЕРВЫ́Е НА АРЕ́НЕ БЕЗ НАМО́РДНИКА** — *шутл.* о человеке, бурно проявляющем эмоции; о человеке, попавшем в непривычную ситуацию.

ВПЕРДО́ЛИТЬ, -лю, -лишь, **ВПЕРДО́НИТЬ,** -ню, -нишь; *сов.* **1.** *что кому.* Вступить в половую связь (о мужчине). **2.** *во что, по чему* и *без доп.* Совершить по отношению к кому-л. какое-л. интенсивное действие. *Ему судья пятилетку впердолил* — суд приговорил его к пяти годам заключения.

Ср. польское pierdolić, zapierdolić — совершить половой акт.

ВПЕРДО́ЛИТЬСЯ, -люсь, -лишься, **ВПЕРДО́НИТЬСЯ,** -нюсь, -нишься; *сов., во что чем* и *без доп.* Удариться, столкнуться.

См. **ВПЕРДОЛИТЬ, ВПЕРДОНИТЬ.**

ВПЕРДОНИТЬ *см.* **ВПЕРДОЛИТЬ**

ВПЕРДОНИТЬСЯ *см.* **ВПЕРДОЛИТЬСЯ**

ВПЕРЁД, *межд.* (или **~ НА МИ́НЫ, ~ ПОД ТА́НКИ, ~ И С ПЕ́СНЕЙ**). Давай, ну же, пошли, айда!
♦ **Полный ~** — **1.** *межд.* Ну и ну, вот это да, ну надо же! **2.** *в зн. сказ.* О странном поведении, ненормальности, сумасшествии и т. п., напр.: *Что-то ты, брат, совсем полный ~, в психушку тебе надо.*

См. также **БАЗАР**

ВПЕРЕСЫ́ПОЧКУ, *нареч.* Так себе, когда как; то хорошо, то плохо. *Как дела? — ~.*

Встречается ещё у Л. Н. Толстого в «Анне Карениной».

ВПЕРЕ́ТЬ, вопру́, вопрёшь; *сов.* **1.** *куда.* Войти. *Раз уж впёр — садись.* **2.** *кому.* Совершить какое-л. активное действие по отношению к кому-л. **3.** *кому.* Вступить в половую связь; совершить половой акт (о мужчине). **4.** *во что.* Понять, разобраться, ухватить суть дела. *Никак не вопру, чего ты хочешь-то?*

ВПЕРЕ́ТЬСЯ, вопру́сь, вопрёшься; *сов.* **1.** *куда.* То же, что **ВПЕРЕТЬ 1. 2.** *во что чем.* Удариться, вре́заться.

ВПЕЧАТАТЬ *см.* **В СТЕНКУ ВПЕЧАТАТЬ(СЯ)**

ВПИЛИ́КАТЬ, -аю, -аешь, **ВПИЛИ́ТЬ,** впилю́, впи́лишь; *сов., кого, кому по чему, во что.* Совершить какое-л. интенсивное действие по отношению к чему-л. или кому-л. *Он мне так в ухо впилил* (ударил), *что у меня зубы вспотели.*

ВПИЛИ́КАТЬСЯ, -аюсь, -аешься, **ВПИЛИ́ТЬСЯ,** впилю́сь, впи́лишься; *сов., во что чем* и *без доп.* Удариться, столкнуться, вре́заться (обычно на машине). *Ты осторожнее с джигитовкой-то, асфальт скользкий, впиликаемся.*

ВПИЛИТЬ *см.* **ВПИЛИКАТЬ**

ВПИЛИТЬСЯ *см.* **ВПИЛИКАТЬСЯ**

ВПИНДЮ́РИТЬ, -рю, -ришь; *сов., кому что, по чему, во что* и *без доп.* Совершить интенсивное действие по отношению к кому-чему-л. (ударить, вступить в половую связь — о мужчине) и т. п.). *Ну-ка, ~рь ему слева, чтобы дым из задницы пошёл.*

См. также **ПОМИДОР**

См. **ЗАПИНДЮРИТЬ.**

ВПИНДЮ́РИТЬСЯ, -рюсь, -ришься; *сов., во что чем* и *без доп.* Удариться, ушибиться, вре́заться.

См. **ЗАПИНДЮРИТЬ.**

ВПИСАТЬ *см.* **ВПИСЫВАТЬ**

ВПИСАТЬСЯ *см.* **ВПИСЫВАТЬСЯ**

ВПИ́СКА, -и, *ж.* Временное жильё; место ночлега.

От **ВПИСЫВАТЬ, ВПИСЫВАТЬСЯ 2.**

ВПИ́СЫВАТЬ, -аю, -аешь; *несов.* (*сов.* **ВПИСА́ТЬ,** впишу́, впи́шешь). **1.** *кого куда.* Пускать переночевать; предоставлять ночлег. **2.** *кому, куда.* Бить, ударять. *Хука ему в грызло* (в лицо) *впиши.*

ВПИ́СЫВАТЬСЯ, -аюсь, -аешься; *несов.* (*сов.* **ВПИСА́ТЬСЯ,** впишу́сь, впи́шешься). **1.** *куда с чем.* Удачно что-л. делать. *Что-то ты со своим дебильным анекдотом не вписался* (неудачно сострил). *Хорошо ты со своим чириком* (10 рублей) *вписываешься, как раз не хватало* (вовремя дал деньги). *В горах, главное, в поворот вписаться* (хорошо управлять машиной на поворотах). **2.** *куда, где, к кому* и *без доп.* Находить ночлег; ночевать.

2. — возм. из *хип.*

ВПИЯ́ВЛИВАТЬСЯ, -аюсь, -аешься; *несов.* (*сов.* **ВПИЯ́ВИТЬСЯ,** -влюсь, -вишься) *в кого* и *без доп.* Вцепляться, приставать, настаивать, не давать покоя.

От общеупотр. «пиявка».

В ПОЛНУЮ МАСТЬ *см.* **НА (В) ПОЛНУЮ МАСТЬ**

♦ **В ПО́ЛНЫЙ РОСТ. 1.** *что сделать.* Сделать полностью, окончательно. **2.** *что сделать; кто, какой.* Очень, сильно, ярко выраженный. *Нажраться в полный рост* — сильно напиться. *Дурак в полный рост* — полный дурак.

Ср. **ВО ВЕСЬ РОСТ**

♦ **В ПОЛО́СКУ** — нормально, так себе (ответ на вопрос «как жизнь?», «как дела?»).

♦ **В ПОМО́ЙКЕ (НА ПОМО́ЙКЕ) НАШЛИ́** *кого* — об убогом, сером, «богом обиженном» человеке.

♦ **В ПОПОЛА́МЕ (БЫТЬ)** — **1.** Находиться в каком-л. крайнем эмоциональном состоянии, а также быть уставшим, измотанным. **2.** *с кем.* Работать вместе, деля деньги пополам.

В ПОСТОРОНКУ *см.* **ПОСТОРОНКА**

В ПОСТОЯНКУ *см.* **ПОСТОЯНКА**

ВПРАВИТЬ *см.* **ПАЛКА**

♦ **В ПУПО́К ДЫША́ТЬ** *кому* — быть маленького роста по сравнению с кем-л.; быть неопытным в сравнении с кем-л.

ВПУСКАТЬ *см.* **НЕ ВПУСКАТЬ ГОСУДАРСТВО В СВОИ ЛИЧНЫЕ ДЕЛА**

♦ **В ПЫЛЬ** — очень, весьма, значительно, слишком, напр.: *Изметелил* (избил) *мужика в пыль.; пьяный в пыль за рулём.*

ВРАГ, -а́, *м.* (или ~ **НАРО́ДА**), **ВРАЖИ́НА,** -ы, *м.* и *ж.* **1.** Ирон.-шутл. обращение. *Ну ты, враг народа, иди щи лопать.* **2.** *только мн., ирон.* Западные радиостанции.

ВРАГ* *см.* **БАБА-ЯГА В ТЫЛУ ВРАГА; СМЕРТЬ ВРАГАМ**

ВРА́ЖИЙ, -ья, -ье. Плохой, непривычный, плохо работающий, неудобный. *Вот ~ лифт, взял и застрял!*

♦ **ВРА́ЖИЙ ГО́ЛОС** — западная радиостанция.

ВРАЖИНА *см.* **ВРАГ**

ВРАЗБИВКУ *см.* **ГОВОРИТЬ (ПУЗЫРИ ПУСКАТЬ, ЖЕВАТЬ, БУРЧАТЬ, ГНАТЬ) ВРАЗБИВКУ.**

В РАЗГОН ПУСТИТЬ *см.* **РАЗГОН**

ВРАТА́РЬ, -я́, *м.* **1.** Солдат, стоящий на командно-пропускном пункте. **2.** Швейцар.

1. — из *арм.*

ВРАТЬ *см.* **ВРЁШЬ ТЫ ВСЁ И СПИШЬ ТЫ В ТУМБОЧКЕ; НЕ ВРИ (НЕ СВИСТИ), ЗОЛОТАЯ РЫБКА**

ВРАЧ *см.* **ПАСТЬ**

ВРЕ́ДИНА, -ы, *ж.* Сигарета, папироса.

ВРЕДНО *см.* **ХОТЕТЬ НЕ ВРЕДНО.**

ВРЕЗА́ТЬ, -а́ю, -а́ешь; *несов.* (*сов.* **ВРЕ́ЗАТЬ,** вре́жу, вре́жешь), *по чему, по сколько, чего, во что.* Делать что-л. интенсивно, быстро, разом (напр. ударить, выпить и т. п.). *Врежемка по двести и заснём на месте.*

См. также **ПИВКА ДЛЯ РЫВКА (ДАТЬ, ВРЕЗАТЬ, ВЫПИТЬ); ПО МАССЕ УДАРИТЬ (ВРЕЗАТЬ)**

ВРЕМЯ *см.* **ЗАСЕКАТЬ (ВРЕМЯ); ЗА ЭТО ВРЕМЯ И ПРОСМОРКАТЬСЯ НЕ УСПЕЕТ; НАШЕ ВРЕМЯ — ВАШИ ДЕНЬГИ**

♦ **ВРЕ́МЯ, КОТО́РОЕ У НАС ЕСТЬ, — Э́ТО ДЕ́НЬГИ, КОТО́РЫХ У НАС НЕТ** — *шутл.* передел. пословица «Время — деньги».

♦ **ВРЁШЬ ТЫ ВСЁ И СПИШЬ ТЫ В ТУ́МБОЧКЕ** — ты лгун, обманщик.

Из *детск.*

♦ **В РОТ ВАМ ВСЕМ ПО́ТНЫЕ НО́ГИ** — ну вас всех к чёрту.

ВРУБА́НТ, -а, *м.*, **ВРУБА́НТКА,** -и, *ж.* Человек, который быстро входит в курс дела; сообразительный, догадливый человек.

От **ВРУБАТЬСЯ** + форманта «-а́нт», *ср.* **УПИРАНТ** и др. по типу «мутант», «аспирант», «адъютант» и т. п.

ВРУБА́ТЬ, -а́ю, -а́ешь; *несов.* (*сов.* **ВРУБИ́ТЬ, ВРУБЛЮ́, ВРУ́БИШЬ**), *что* или *без доп.* Включать, заставлять работать какой-л. механизм. *~ свет. ~ мотор.*

ВРУБА́ТЬСЯ, -а́юсь, -а́ешься; *несов.* (*сов.* **ВРУБИ́ТЬСЯ,** врублю́сь, вру́бишься), *во что* и *без доп.* Понимать, догадываться, вникать. *~ в задачу. Врубился — чеши* (понял — делай).

От **ВРУБИТЬ 1.**

ВРУБИТЬ *см.* **ВРУБАТЬ; ЗАДНЕГО ВКЛЮЧИТЬ (ВРУБИТЬ, ДАТЬ)**

ВРУБИТЬСЯ *см.* **ВРУБАТЬСЯ**

ВРУН, -а́, *м.* Радио, телевидение; радиоприёмник, телевизор. *Слыхал по ~у́?*

♦ **ВРУН, ПЕРДУ́Н И ПРОВОКА́ТОР** — *шутл.* о лгуне.

ВРУЧИТЬ *см.* **ОРДЕН ГОРБАТОГО С ЗАКРУТКОЙ НА СПИНЕ**

♦ **В РУ́ЧКИ НАСРА́ТЬ** *кому* — *ирон.* в адрес человека, плохо, недобросовестно, халтурно выполнившего работу, напр.: *Ты как гайку, ублюдок, завинтил, в ~и тебе насрать!*

ВСАДИТЬ *см.* **ВСАЖИВАТЬ; ПОМИДОР**

ВСАДИТЬ В МОРДУ *см.* **ДАТЬ (ВЪЕХАТЬ, ЗАЕХАТЬ, ВСАДИТЬ) В МОРДУ**

ВСАДИТЬ ЛЕЩА *см.* **ЛЕЩ**

ВСАДИТЬ (ПРОПИСАТЬ, ВЫДАТЬ) ПАЁК (или **ПАЙКУ**) *см.* **ПАЁК**

ВСА́ЖИВАТЬ, -аю, -аешь; *несов.* (*сов.* **ВСАДИ́ТЬ,** -ажу́, -а́дишь), *чего, по сколько, что, по чему* и *без доп.* Делать что-л. интенсивно, быстро, одним махом. *Он по стольнику в день всаживает* (зарабатывает по сто рублей). *Вчера всадили по триста* (выпили по триста грамм). *Машину в бордюр всадил* (ударил).

ВСА́СЫВАТЬ, -аю, -аешь; *несов.* (*сов.* **ВСОСА́ТЬ,** -у́, -ёшь). **1.** *что* и *без доп.* Понимать, догадываться, вникать в суть дела. *Всасываешь ситуацию?* **2.** *сколько, что* и *без доп.* Принимать карты (напр., при игре в подкидного дурака).

2. — из *карт.*

В СВЕТЛУЮ *см.* **ИГРАТЬ В СВЕТЛУЮ**

ВСЁ, *межд.* (или **Э́ТО ~**). Выражает любую эмоцию (обычно положительную). *Ленка замуж вышла, это ~!*

ВСЁ* *см.* **В ГРЕЦИИ ВСЁ ЕСТЬ; ГОРИ ОНО ВСЁ ЯСНЫМ ПЛАМЕНЕМ; ЖИЗНЬ БЬЁТ КЛЮЧОМ...; МЕТАТЬ ВСЁ НА СТОЛ; НА ВСЁ ПРО ВСЁ; ТРАХАЕМ ВСЁ, ЧТО ДВИЖЕТСЯ...; ХОТЬ ЗАЛЕЙСЯ ВСЁ КЕФИРОМ**

♦ **ВСЕ В САД** — уходите отсюда все, вы мне надоели.

ВСЕГДА *см.* **НОРМАЛЬНЫЕ ГЕРОИ ВСЕГДА ИДУТ В ОБХОД; ЧЛЕН**

♦ **ВСЕ ДЕЛА́** — всё, что надо, что положено, полный набор чего-л., чаще о предметах роскоши, вещах, подчёркивающих престижность, высокий социальный статус их владельца, напр.: *Купил мерс* (мерседес), *сотку* (сотовый телефон), *все дела.*

♦ **ВСЕ ЗА МНОЙ** — мини-юбка с разрезом сзади.

ВСЕМИ ЖАБРАМИ ДУШИ (ЛЮБИТЬ, ЧУВСТВОВАТЬ и т. п.) *см.* **ЖАБРЫ**

♦ **ВСЕМ РО́СТОМ** *что сделать, кто, какой* — очень, сильно; ярко выраженный. *Глупый всем ростом* — очень глупый.

♦ **ВСЕ МЫ В МОСКВЕ́ КАВКА́ЗСКИЕ ПЛЕ́ННИКИ** — *ирон.* о засилии кавказцев на рынках и т. п.

Травестирование названий «Кавказский пленник» (произведения А. С. Пушкина, Л. Н. Толстого) и «Кавказская пленница» (популярный кинофильм Л. Гайдая).

♦ **ВСЕ НА́ШИ ЛЮ́ДИ, КРО́МЕ ТОВА́РИЩА НЕ́ГРА** — *ирон.* о ком-л., чьё присутствие, участие в каком-л. деле нежелательно.

♦ **ВСЁ ПОНИ́ЖЕ** (*или* **ДО ПОНИ́ЖЕ) ПО́ЯСА** *кому* — всё равно, наплевать, безразлично.

ВСЁ РАВНО *см.* **КУШАЙТЕ, ГОСТИ ДОРОГИЕ...; НАМ, ТАТАРАМ, ВСЁ РАВНО...**

ВСЁ РАВНО ЧТО В ЛУЖУ ПЕРДЕТЬ *см.* **ЧТО (КАК, ВСЁ РАВНО ЧТО) В ЛУЖУ ПЕРДЕТЬ**

ВСЁ РАВНО ЧТО ГОВНА В КАРМАН НАКЛАСТЬ (или **НАЛОЖИТЬ)** *см.* **ГОВНО**

♦ **ВСЕ СТЕ́НКИ СОБРА́ТЬ** — о сильно избитом человеке, напр.: *Я ему дал, а он все стенки собрал.*

♦ **ВСЕ ТАТА́РИН, КРО́МЕ Я** — *ирон.* пародирование чьей-л. малограмотной речи.

В СИЛЬНУЮ *см.* **СИЛЬНЫЙ**

♦ **В СИСТЕ́МЕ** *кто* — о человеке, регулярно чем-л. занимающемся, напр.: *Наркота в системе* — заядлый наркоман.

ВСКИПА́ТЬ, -а́ю, -а́ешь; *несов.* (*сов.* **ВСКИПЕ́ТЬ,** -плю́, -пи́шь), *откуда* и *без доп.* Убегать, «сматываться». *Вскипаем отсюда. Вскипел — и нет меня!*

ВСКОЗЛИ́ТЬ, -лю́, -ли́шь, **ВСКОЗЛИ́ТЬСЯ,** -лю́сь, -ли́шься; *сов., на чём, с чем* и *без доп.* Неуместно заупрямиться, вспылить, проявить несдержанность, нетерпимость, испортить дело. *Уж всё вроде решили, а он возьми и вскозли!*

От «козёл».

ВСКРЫТИЕ *см.* **КАК ПОКАЗАЛО ВСКРЫТИЕ**

ВСКРЫТЬ, -ро́ю, -ро́ешь; *сов., что кому.* Ударить по чему-л.; удариться. ♦ **~ репу** *кому* — ударить по лицу, избить. **~ череп** — удариться головой.

♦ **В СО́РОК ПЯТЬ БА́БА Я́ГОДКА ОПЯ́ТЬ** — о «второй молодости» женщин.

ВСОС, в зн. *сказ.* Понимать. ~ — *теперь отсос* — понял, теперь иди отсюда.

От **ВСОСАТЬ, ВСАСЫВАТЬ.**

ВСОСАТЬ *см.* **ВСАСЫВАТЬ**

♦ **В СОСИ́СКУ** — очень, сильно; часто о пьяном состоянии, напр.: *пьян в сосиску.*

ВСПА́ХИВАТЬ, -аю, -аешь; *несов.* (*сов.* **ВСПАХА́ТЬ,** вспашу́, вспа́шешь), *что чем* и *без доп.* Падать, ударяться, ушибаться. *~ асфальт носом. ~ пузом лестницу. ~ задницей осеннюю тропинку.*

ВСПЛЫТЬ *см.* **ГОВНО**

ВСПОМНИТЬ *см.* **НЕ РЕЖЬТЕ МНЕ НОГУ, Я ВСПОМНИЛ ДОРОГУ**

♦ **ВСПО́МНИШЬ — ВЗДРО́ГНЕШЬ (ВЗДРО́ГНЕШЬ — СДО́ХНЕШЬ)** — *ирон.* о каком-л. неприятном воспоминании.

♦ **ВСПО́МНИШЬ ДУРАКА́ — ОН И ПОЯ́ВИТСЯ** — *шутл.* передел. поговорка «лёгок на помине» (чаще о неприятном человеке).

ВСПОТЕТЬ *см.* **АЖ (АЖНИК) ЗУБЫ ВСПОТЕЛИ**

ВСПЫ́ХНУТЬ, -ну, -нешь; *сов., без доп.* Упасть ничком на землю.

Арм. жарг. «вспыхнуть» — упасть на землю при команде «вспышка» на учениях по противоядерной и противохимической обороне.

ВСТАВИТЬ *см.* **ВСТАВЛЯТЬ; ПИПА; ПИСТОН**

♦ **ВСТА́ВИТЬ (В ЖО́ПУ) ФИТИ́ЛЬ** *кому* — обругать, наказать.

♦ **ВСТА́ВИТЬ КЛИ́ЗМУ** *кому* — отругать, наказать кого-л.

♦ **ВСТА́ВИТЬ НО́ГИ** *откуда* — убежать.

ВСТАВИТЬ СВЕЧКУ *см.* **ПОСТАВИТЬ (ВСТАВИТЬ) СВЕЧКУ**

ВСТАВЛЯ́ТЬ, -ля́ю, -ля́ешь; *несов.* (*сов.* **ВСТА́ВИТЬ,** -влю, -вишь), *кому* (или **~ ФИТИ́ЛЬ**). **1.** Побеждать кого-л. на соревнованиях, в соперничестве. *ЦСКА «Спартаку» вчера неслабо вставил. А он тебе вставил — девку-то отбил.* **2.** Вступать в половую связь с кем-л. (о мужчине). **3.** Избивать кого-л. **4.** Ругать, наказывать.

♦ **ВСТАВНА́Я ЧЕ́ЛЮСТЬ** — *собств.* улица Новый Арбат в Москве.

ВСТАЛ В ПОЗУ — ПОЛУЧИЛ ДОЗУ *см.* **ДОЗА**

ВСТАТЬ *см.* **КТО ПЕРВЫЙ ВСТАЛ, ТОМУ И ТАПКИ; ПАНК НА ГОЛОВЕ ВСТАЛ**

♦ **ВСТАТЬ НА ЛЫ́ЖИ** — заняться проституцией.

♦ **ВСТАТЬ НА́ УШИ** — разволноваться, развернуть бурную деятельность, мобилизовать все силы.

В СТЕЛЬКУ (ПЬЯН) *см.* **СТЕЛЬКА**

♦ **В СТЕ́НКУ ВПЕЧА́ТАТЬ(СЯ)** — ударить(ся).

♦ **В СТО́РОНУ** *кого* — в чью-л. пользу, по чьему-л. поводу, вопросу, напр.: *Как там дела в мою сторону?* — как продвигается моё дело?

ВСТРЕ́НУТЬСЯ, -нусь, -нешься; **ВСТРЕНУ́ТЬСЯ,** -ну́сь, -нёшься; *сов., с кем.* Встретиться.

Возм. влияние *диал.*

ВСТРЕТИТЬСЯ *см.* **ЗЕМЛЯ КВАДРАТНАЯ — ВСТРЕТИМСЯ ЗА УГЛОМ; К ЁЖИКУ СХОДИТЬ...**

ВСТРЯСКУ *см.* **ОГРЕБАТЬ ВСТРЯСКУ**

♦ **ВСЯ В ЩЕ́БЕТЕ.** — *ирон.* о ком-л. (чаще о женщине), благодушно расположенном, добродушно, легкомысленно болтающем и т. п.

♦ **ВСЯ ЖИЗНЬ — БОРЬБА́: ДО ОБЕ́ДА С ГО́ЛОДОМ, ПО́СЛЕ ОБЕ́ДА — СО СНОМ** — *шутл.* о какой-л. надуманной проблеме.

ВСЯКИЙ *см.* **ГВОЗДЬ; НА ВСЯКУЮ ЗАДНИЦУ ЕСТЬ ХИТРЫЙ ВИНТ; НА ТЕБЕ, КОЗЁЛ ВОНЮЧИЙ...**

♦ **ВСЯ́КОМУ О́ВОЩУ СВОЙ ФРУКТ** — *шутл.* передел. поговорка «всякому овощу своё время».

ВТА́ПЛИВАТЬ, -аю, -аешь; *несов.* (*сов.* **ВТОПИ́ТЬ,** втоплю́, вто́пишь), *сколько, что, куда* и *без доп.* Делать что-л. интенсивно, быстро, одним махом. *Втопил двести* — увеличил скорость до двухсот километров в час, выпил двести граммов водки и т. п., в зависимости от ситуации.

Ср. *спец.* (техническое) «втопить кнопку», «втопить рычаг».

♦ **В ТА́ЧКУ** — разновидность мягкого переплёта книг.

Из арго издателей, полиграфистов.

ВТЁМНУЮ, *нареч.* О продаже нелегального товара (чаще об автомобилях), на который не оформлены документы об уплате пошлин и т. п. *~ товар в два раза дешевле.*

См. также **ИГРАТЬ ВТЁМНУЮ**

Ср. **В СВЕТЛУЮ, В ЧИСТУЮ.**

ВТЕРЕ́ТЬСЯ, вотру́сь, вотрёшься; *сов., без доп.* Напиться пьяным. *Что-то я вчера так втёрся, что до сих пор не вспомню, кто у нас президент.*

ВТЁРТЫЙ, -ого, *м.* Пьяный.

От **ВТЕРЕТЬСЯ.**

ВТИРА́ТЬ, -а́ю, -а́ешь; *несов., кому что с чем* и *без доп.* (или ~ **ОЧКИ́**). Лгать, обманывать, рассказывать заведомо нелепые вещи. *Хорош ~, всё равно я тебе не помогу. Что ты мне со своей машиной-то ~аешь, нет у меня покрышек.*

ВТИ́РКА, -и, *ж.* Обман; ложный повод, ложное оправдание.

От **ВТИРАТЬ.**

ВТОПИТЬ *см.* **ВТАПЛИВАТЬ**

♦ **ВТОРА́Я МА́МА** — водка.

От назв. мексиканского сериала «Моя вторая мама».

ВТОРОЙ *см.* **ТВОЯ ВТОРАЯ ПАПА; ЭТО ЖЕ ПЕРВЫЙ КЛАСС...**

ВТОРЦЕВА́ТЬ, -цу́ю, -цу́ешь; *сов., кому по чему* и *без доп.* Ударить кого-л. (обычно по лицу).

См. **ТОРЕЦ.**

ВТОРЯ́К, -а́, *м.* Карман (обычно внутренний или в костюме под пальто или плащом).

Уг. «вторяк», «вторячок» — карман, обычно в брюках; карманная кража.

ВТРА́ВЛИВАТЬ, -аю, -аешь; *несов., кому, что* и *без доп.* Лгать, обманывать, убеждая кого-л. в чём-л., внушая кому-л. что-л. *Ты кому своё фуфло* (ложь, обман) *~аешь, салага!*

ВТРЕ́СКИВАТЬСЯ, -аюсь, -аешься; *несов.* (*сов.* **ВСТРЕ́СКАТЬСЯ,** -аюсь, -аешься), *в кого* и *без доп.* Влюбляться.

♦ **В ТУЮ** — точно, верно.

Возм. исковерканное «тот», «та», «та самая». *ср.* **НЕ В ТУЮ.**

ВТЫКА́ТЬ, -а́ю, -а́ешь, *несов.*; (*сов.* **ВОТКНУ́ТЬ,** -ну́, -нёшь). **1.** *кого-что.* Совершать кражу, ограбление. ~ *магазин.* ~ *иностранца.* **2.** *кому.* Избивать, наказывать кого-л.

Возм. от *уг.* «воткнуть» — совершить карманную кражу; вынести обвинение.

ВТЫКНУ́ТЬ, -ну́, -нёшь; *сов., кому.* То же, что **ВОТКНУТЬ 2.**

ВТЫ́РИВАТЬ, -аю, -аешь; *несов.* (*сов.* **ВТЫ́РИТЬ,** -рю, -ришь), *что* и *без доп.* Делать что-л. интенсивно, быстро, одним махом. *Халтуру за три дня втырил* (сделал). *Аппаратуру по пять тысяч втыривает* (продает).

От **ТЫРИТЬ.**

ВТЮ́КАТЬСЯ, -аюсь, -аешься; *несов.* (*сов.* **ВТЮ́КНУТЬСЯ,** -нусь, -нешься); **ВТЮ́ХАТЬСЯ,** -аюсь, -аешься; *несов.* (*сов.* **ВТЮ́ХНУТЬСЯ,** -нусь, -нешься). **1.** *во что, куда.* Ударяться, ушибаться; попадать впросак, терпеть неудачу. **2.** *в кого.* Влюбляться.

Ср. *разг.* звукоподр. «тюк», «тюкать», «тюкнуть».

ВТЮ́РКНУТЬСЯ, -нусь, -нешься; *сов.* **1.** *во что* и *без доп.* Удариться, вре́заться, столкнуться с чем-л. **2.** *в кого* и *без доп.* Влюбиться, втюриться. *~нулся и палец сосет, идиот, а действовать надо.*

ВТЮХАТЬ *см.* **ВТЮХИВАТЬ; ПОМИДОР**

ВТЮХАТЬСЯ *см.* **ВТЮКАТЬСЯ**

ВТЮ́ХИВАТЬ, -аю, -аешь, *несов.* (*сов.* **ВТЮ́ХАТЬ,** -аю, -аешь), *что кому за сколько.* Выгодно, доходно продавать что-л. *Я тут одну вещь хорошо втюхал, теперь на юга́ поеду на лето.*

ВТЮХНУТЬСЯ *см.* **ВТЮКАТЬСЯ**

В ТЯГУ *см.* **ТЯГА**

♦ **ВУЛКАНИЗИ́РОВАННЫЙ ГОНДО́Н** — дурак, идиот, придурок (чаще употр. в зн. инвективы).

♦ **ВУ́МНЫЙ КАК ВУ́ТКА (И ЕЩЁ ВУМНЕ́Е)** — *ирон.* о ком-л., считающем себя умным.

Шутл. прост. протеза; из *детск.*

ВУ́СМЕРТЬ, *нареч.* Очень, чрезвычайно, сильно. ~ *накупаться.* ~ *нажраться* (напиться). *Ты ~-то не работай, пускай железный трактор работает.*

См. также **ЗАКОЛЕБАТЬ**

ВУТКА *см.* **ВУМНЫЙ КАК ВУТКА...**

В ХЕР НЕ ДУТЬ *см.* **ХЕР**

♦ **В ХИМЧИ́СТКУ** *кого-что* — о негодности, ненужности кого-л., чего-л., напр.: *Ну что, Ваську-то приводить? — В химчистку твоего Ваську.*

♦ **В ХЛАМ (ПЬЯН, НАПИ́ТЬСЯ** *и т. п.*) — об очень сильном опьянении.

ВХРЕНА́КИВАТЬ, -аю, -аешь; *несов.* (*сов.* **ВХРЕНА́КНУТЬ,** -ну, -нешь); **ВХРЕНА́ЧИВАТЬ,** -аю, -аешь; *несов.* (*сов.* **ВХРЕНА́ЧИТЬ,** -чу, -чишь), *что, кому, по чему, во что* и *без доп.*

Делать что-л. быстро, интенсивно, сильно, одним махом. *Вхреначить гвоздь в стену* (вбить).

От **ХРЕН**.

ВХРЕНА́КИВАТЬСЯ, -аюсь, -аешься; *несов.* (*сов.* **ВХРЕНА́КНУТЬСЯ,** -нусь, -нешься), **ВХРЕНА́ЧИВАТЬСЯ,** -аюсь, -аешься; *несов.* (*сов.* **ВХРЕНА́ЧИТЬСЯ**, -чусь, -чишься), *во что* и *без доп.* Вреза́ться, ударяться. *~ на машине в столб.*

От **ВХРЕНАКИВАТЬ**.

♦ **В ХРЕН (НЕ) СВИСТЕ́ТЬ** — бездельничать, не иметь забот.

ВЧЕРА *см.* **ВОТ И ВЧЕРА ТОЖЕ ЗАХОДИЛА СТАРУШКА...**

В ЧИ́СТУЮ, *нареч.* О продаже легального товара (напр., машины, на которую оформлены все документы об уплате пошлин и т. п.). *Серьёзный клиент берёт (покупает) только ~.*

В ЧУЖИХ РУКАХ ЧЛЕН ВСЕГДА ТОЛЩЕ *см.* **ЧЛЕН**

ВША *см.* **ВОШЬ**

ВШЕГОНЯ́ЛКА, -и, *ж.* Расчёска, щётка, гребешок. ♦ **Как лысому ~** *что* — о чём-л. неуместном, ненужном.

От «вшей гонять».

ВШЕКОНВЕ́ЙЕР, -а, *м.* Расчёска.

♦ **ВШИ́ВАЯ ДОРО́ЖКА** — пробо́р в причёске.

ВШИВАЯ ПОЛЯНА *см.* **ПОЛЯНА**

ВШИ́ВИК, -а, *м.* **1.** Грязный, запущенный человек. **2.** Один рубль.

ВШИ́ВОСТЬ, -и, *ж.* **1.** Грязь, неопрятность, нечистота. *Что ты здесь ~ развёл!* **2.** То же, что **ВШИВОТА**. ♦ **Прове́рка на ~** *кого* — проверка человека на порядочность, надёжность, верность.

ВШИВОТА́, -ы́, *ж., собир.* Незначительные, не заслуживающие внимания люди. *Думал, солидные люди приедут, а тут всякая ~ понаналезла.*

ВШИ́ВЫЙ[1], -ая, -ое. Плохой, неинтересный, ненужный и т. п. *~ая книжка. ~ая зарплата.*

ВШИ́ВЫЙ[2], -ого, *м.* Один рубль. *Два ~ых сдачи.*

ВШИВЫЙ ДОМИК *см.* **ДОМИК**

♦ **В ШОКОЛА́ДЕ (БЫТЬ, КАТА́ТЬСЯ, КУПА́ТЬСЯ** и т. п.**)** — о приятной ситуации, везении, благополучном стечении обстоятельств, напр.: *Чувак магазин открыл — третий год в шоколаде купается* (о хорошо идущих финансовых делах).

♦ **В ШТАНА́Х ПОИЩИ́** — ирон. реплика в адрес человека, который не может что-л. найти, напр.: *Не помню, где здесь выезд был на кольцевую? — В штанах поищи.*

♦ **В ШУ́МНУЮ** — шумно, громко, со скандалом.

♦ **В ЩЕПУ́ ПЬЯН** *кто* — очень пьян.

ВЪЕЗДНЯ́К, -а́, *м.* Вступление, предварительное замечание, преамбула, а также начало, первые слова разговора, рассказа, просьбы и т. п. *Начал базар* (разговор) *с обычного ~а. ~ на полчаса.*

ВЪЕЗЖА́ТЬ, -а́ю, -а́ешь; *несов.* (*сов.* **ВЪЕ́ХАТЬ**, въе́ду, въе́дешь). **1.** *во что* и *без доп.* Понимать, разбираться, входить в суть дела. *~ в формулу.* **2.** *кому чем во что, по чему.* Ударять, ударяться. *~ по́ уху.*

ВЪЕХАТЬ В МОРДУ *см.* **ДАТЬ (ВЪЕХАТЬ, ЗАЕХАТЬ, ВСАДИТЬ) В МОРДУ**

ВЫ *см.* **НА «ВЫ» И ШЁПОТОМ**

ВЫБРАСЫВАТЬ *см.* **КУШАЙТЕ, ГОСТИ ДОРОГИЕ...**

ВЫБРОСИТЬ *см.* **ВЫКРАСИТЬ И ВЫБРОСИТЬ**

ВЫ́ВЕСКА, -и, *ж.* Лицо. ♦ **Почистить (помыть) ~у** — умыться. **Начистить ~у** *кому* — избить. **Накрасить ~у** — сделать макияж.

В основном зн. встречается, напр., у И. Бабеля и др.

ВЫ́ВИХ, -а, *м.* Странное поведение, причуда, странность. *С такими ~ами тебя не то что в разведку — туалетным кассиром не возьмут! ~ у мужика на своей персоне. ~ на ~е, комплекс на комплексе!*

ВЫГИБА́ТЬСЯ, -а́юсь, -а́ешься; *несов.* (*сов.* **ВЫ́ГНУТЬСЯ,** -нусь, -нешься) *перед кем* и *без доп.* Подобострастничать, льстить, выслуживаться. *Смотри, наш Сенька-то перед директором выгнулся — задница выше головы.*

От **ГНУТЬСЯ**.

ВЫГИБО́Н, -а, *м.* Наглое, вызывающее поведение.

От **ВЫГИБАТЬСЯ** + форманта «-он», *ср.* **ВЫПИВОН, ВЫШИБОН**; *эвфем.* от нецензурного.

ВЫГИБО́НИСТЫЙ, -ая, -ое. Наглый, много о себе думающий, нахальный; высокомерный, сноб.

От **ВЫГИБОН**.

ВЫГЛЯДЕТЬ *см.* **НЕТ, ПРОСТО ПЛОХО ВЫГЛЯДИТ**

ВЫГНУТЬСЯ *см.* **ВЫГИБАТЬСЯ**

ВЫГОВНЯ́ТЬСЯ, -я́юсь, -я́ешься, *несов.* (*сов.* **ВЫ́ГОВНИТЬСЯ,** -нюсь, -нишься), *без доп.* Вести себя плохо, недостойно, вызывающе; быть о себе высокого мнения (обычно необоснованно), воображать о себе. *Хватит выговняться. Достаточно уже выговнился.*

От **ГОВНО**.

ВЫГОВОРЕ́ШНИК, -а, *м.* Выговор. ♦ **Вклеить** *~ кому* — объявить выговор.

ВЫГУ́ЛИВАТЬ, -аю, -аешь; *несов., кого.* Ухаживать за кем-л. *Ты меня не ~ай, я за тебя всё равно замуж не пойду.*

ВЫДАВИТЬСЯ *см.* **ЧЕГО (ЧТО) ТЫ ВЫДАВИЛСЯ, ТЮБИК?**

ВЫДАТЬ *см.* **ПАЁК**

ВЫДВИГА́ТЬСЯ, -а́юсь, -а́ешься; *несов., куда* и *без доп.* Идти, гулять, двигаться в каком-л. направлении. *Куда ~аешься? Вон Федька ~ается, пойду у него покурить стрельну.*

ВЫДЕ́ЛЫВАТЬСЯ, -аюсь, -аешься; *несов., без доп.* Ломаться, жеманничать, воображать, строить из себя кого-что-л., набивать себе цену. *Ты особо не ~айся, а пей, пока дают.*

ВЫ́ДЕРГА, -и, *ж.* Билет (обычно на поезд).

Возм. из *уг.*

ВЫ́ДРА[1]**,** -ы, *ж.* Некрасивая, неприятная женщина. *Не кассирша, а ~ болотная. Что ж ты себе в жёны ~у-то выбрал?*

ВЫ́ДРА[2]**,** -ы, *ж,* **ВЫ́ДРЫ,** выдр, *мн.* Ключи.

Ср. *уг.* «выдра», «выдры» — верёвка, отмычки, ключи, карты.

ВЫ́ЕБИНА, -ы, *ж.* Выбоина, неровность на дороге.

Аллюзия к нецензурному. *Ср.* **КОЛДОЁБИНА.**

ВЫЁЖИВАТЬСЯ, -аюсь, -аешься; *несов., перед кем* и *без доп.* Вести себя вызывающе, неуважительно по отношению к окружающим.

Эвфем. от нецензурного.

ВЫЕЗД *см.* **ДУРДОМ**

ВЫЕЗДНО́Й, -о́го, *м.* Человек, которому власти разрешают выезжать за границу; тот, кто имеет финансовую возможность путешествовать.

ВЫЖИРА́ТЬ, -а́ю, -а́ешь; *несов.* (*сов.* **ВЫ́ЖРАТЬ,** -ру, -решь), *сколько, по сколько чего, что* и *без доп.* Пить спиртное. *Вот мужик дал: по бутылке в день выжирал, а до ста лет дожил, вот тебе и наркология-болтология.*

От **ЖРАТЬ**.

ВЫЗВАТЬ *см.* **УСТРОИТЬ (СДЕЛАТЬ, ВЫЗВАТЬ, ПРОБИТЬ) КРОВАВЫЙ ПОНОС**

ВЫ́ЗВЕРИТЬСЯ, -рюсь, -ришься, *сов., на кого-что* и *без доп.* Рассердиться, разозлиться, накричать на кого-л.; стать раздражительным. *Что ты на меня ~рился, я-то тут при чём?*

От общеупотр. «зверь».

ВЫЗРЕВА́ТЬ, -а́ю, -а́ешь; *несов.* (*сов.* **ВЫ́ЗРЕТЬ,** -ею, -еешь), *до чего* и *без доп.* Подготавливаться к чему-л., быть внутренне готовым сделать что-л. *Чего не пьёшь? — Вызреваю, как финик. У меня вызрел тост: за наших прекрасных марусек* (женщин).

ВЫЗЫВАЕТ ТАЙМЫР *см.* **ТАЙМЫР**

♦ **ВЫ́ЙДЕШЬ В ПО́ЛЕ, СЯ́ДЕШЬ СРАТЬ, ДАЛЕКО́ ТЕБЯ́ ВИДА́ТЬ** — *ирон.* о просторах страны.

ВЫЙТИ *см.* **ВЫЙДЕШЬ В ПОЛЕ, СЯДЕШЬ СРАТЬ...; КАК В САМОЛЁТЕ, ВСЕХ МУТИТ (РВЁТ, ТОШНИТ), А НЕ ВЫЙДЕШЬ; КАК В ТРОЛЛЕЙБУСЕ, ВСЕХ МУТИТ, А НЕ ВЫЙДЕШЬ**

♦ **ВЫ́ЙТИ В ЭФИ́Р** — позвонить.

ВЫЙТИ ИЗ ШТОПОРА *см.* **ШТОПОР**

ВЫЙТИ НА ПАЛКИН ШТРАССЕ *см.* **ПАЛКИН**

ВЫКАБЛУ́ЧИВАТЬ, -аю, -аешь; *несов., что* и *без доп.* **1.** Вытанцовывать, танцевать. *Надоело мне в Рязани выкаблучивать кадриль! Милый, сделай обрезанье и уедем в Израиль!* (частушка). **2.** Выделывать, вытворять, устраивать что-л. странное, неожиданное; удивлять всех чем-л. *Как напьюсь, такое ~аю.*

От общеупотр. «каблук».

ВЫКАТИТЬ *см.* **БЕЛЬМА**

ВЫКИДУ́ХА, -и, **ВЫКИДУ́ШНИЦА,** -ы, *ж.,* **ВЫКИДУ́ШНИК,** -а, *м.* Выкидной нож.

ВЫКИДЫВАТЬ *см.* **ТРЮФЕЛЯ ВЫКИДЫВАТЬ**

ВЫ́КИДЫШ, -а, *м.* Остановка (на транспорте). *Тебе четвёртый ~.*

ВЫКИНШТЕ́ЙН, -а, *м.* **1.** Выкидыш. *Ты у меня до ~а доорёшься!* **2.** *нескл.,* в зн. *сказ.* Выкинуть. *Нет, твою драную майку давно пора ~.*

«Выкинуть» + нем. «штейн» — камень и вторая часть распространённых фамилий.

ВЫКЛЮЧА́ТЬ, -а́ю, -а́ешь; *несов.* (*сов.* **ВЫ́КЛЮЧИТЬ,** -чу, -чишь), *кого.* Избивать, сильно ударять.

ВЫКЛЮЧИ СВОЙ РЖАВЫЙ ГРАММОФОН *см.* **ГРАММОФОН**

ВЫКЛЮЧИТЬ *см.* **ВЫКЛЮЧАТЬ**

ВЫКОЛОТЬ *см.* **МОРГАЛИЩА; МОРГАЛЫ ВЫКОЛЮ, РОГА ПООТШИБАЮ**

ВЫКОПАТЬ *см.* **ИЗ КАКОГО НАФТАЛИНА ВЫКОПАЛИ (ВЫНУЛИ)?**

♦ **ВЫ́КРАСИТЬ И** (или **ДА**) **ВЫ́БРОСИТЬ** *что — ирон.* о каком-л. ненужном, бесполезном предмете.

ВЫКРУЧИВАТЬ *см.* **БЕЙЦАЛЫ**

ВЫ́ЛАКАТЬ, -аю, -аешь; *сов., чего, что.* Выпить спиртного. *Чтоб во всём дойти до точки, надо ~ по бочке.*

ВЫЛЕЗТЬ *см.* **ЧЕМ ДАЛЬШЕ ВЛЕЗ, ТЕМ БЛИЖЕ ВЫЛЕЗ**

ВЫ́ЛЕТЕТЬ, -лечу, -летишь; *сов., откуда* и *без доп.* (или ~ **СО СВИ́СТОМ**). Проиграть, выйти из игры, быть отстранённым от дел. ♦ **~ в трубу** — разориться.

ВЫЛЕТЕТЬ *см.* **НЕ ПЛЮЙ В КОЛОДЕЦ: ВЫЛЕТИТ — НЕ ПОЙМАЕШЬ**

♦ **ВЫ́МЕРЕТЬ КАК МА́МОНТЫ** — пропасть.

ВЫ́МЯ, вы́мени, *ср.* Женская или мужская грудь больших размеров.

См. также **ГРУДЬ — ЭТО ТО, ЧТО ПОМЕЩАЕТСЯ В ЛАДОНЬ...**

ВЫМЯ* *см.* **ПОТРОГАТЬ ЗА ВЫМЯ**

ВЫНУТЬ *см.* **ЗЕНКИ; ЗУБЫ ВЫНУ; СУНУТЬ; ИЗ КАКОГО НАФТАЛИНА ВЫКОПАЛИ (ВЫНУЛИ)?**

ВЫНЬ *см.* **ВИНДА**

ВЫПАДА́ТЬ, -а́ю, -а́ешь; *несов.* (*сов.* **ВЫ́ПАСТЬ,** -аду, -адешь), *от чего* и *без доп.* (или ~ **В ОСА́ДОК,** ~ **НА ДНО**). Приходить в какое-л. крайнее эмоциональное состояние. *Когда я увидел его наглую рожу, я просто выпал. Когда я слышу итальянский язык, я каждый раз выпадаю в осадок.*

ВЫПАСТЬ *см.* **ВЫПАДАТЬ; ГЛАЗ ВЫПАЛ**

ВЫПЕНДРЁЖ, -а, *м.* Броское, наглое, нахальное поведение; снобизм, пижонство, пускание пыли в глаза. *Не работа, а сплошной ~.*

Ср. *устар. диал.* «пендёра», «пендеря», «пендюра», «пендерь» — лентяй, «пендюрить» — много есть, «пентерить» — вталкивать, впихивать, «пентеря» — тот, кто лезет не в своё дело, «пентюшиться» — ломаться, кобениться, зазнаваться. *ср.* также **ВПИНДЮРИТЬ**.

ВЫПЕНДРЁЖНИК, -а, *м.*, **ВЫПЕНДРЁЖНИЦА,** -ы, *ж.* Нахал (нахалка), наглец; франт (франтиха), пижон (пижонка), щёголь (щеголиха); человек с излишним самомнением.

От **ВЫПЕНДРЁЖ.**

ВЫПЕНДРЁЖНИЧАТЬ, -аю, -аешь; **ВЫПЕ́НДРИВАТЬСЯ**, -аюсь, -аешься; *несов.* (*сов.* **ВЫ́ПЕНДРИТЬСЯ**, -рюсь, -ришься), *перед кем* и *без доп.* Вести себя нагло, вызывающе, высокомерно; пускать пыль в глаза; франтить. *Смотри: Петька брюки надел, выпендриться хочет перед Светкой.*

См. **ВЫПЕНДРЁЖ.**

ВЫПИВА́НТО, *нескл., ср.* То же, что **ВЫПИВОН**. *Давай, друже, сделаем с тобой лёгкое и непринуждённое ~* — давай выпьем.

Шутл. имитация итал.

ВЫПИВО́Н, -а, *м.* Выпивка, спиртное; выпивка как процесс.

От общеупотр. «выпивать» + форманта «-он», *ср.* **ВЫГИБОН, ВЫШИБОН** и т. п.

ВЫПИСАТЬ *см.* **ВЫПИСЫВАТЬ**

ВЫПИСАТЬСЯ *см.* **ВЫПИСЫВАТЬСЯ**

ВЫПИ́СЫВАТЬ, -аю, -аешь; *несов.* (*сов.* **ВЫ́ПИСАТЬ**, -ишу, -ишешь). **1.** *кого.* Находить, разыскивать, звать кого-л. *Ленка приедет, брата Вову ~ишем* (позовём). **2.** *кого.* Избивать, наказывать кого-л. **3.** *кого на что.* Заставлять кого-л. что-л. сделать. *Привет, я тебя сегодня выписываю на помочь мне переезжать* — я прошу тебя помочь мне сегодня с переездом.

ВЫПИ́СЫВАТЬСЯ, -аюсь, -аешься; *несов.* (*сов.* **ВЫ́ПИСАТЬСЯ**, -ишусь, -ишешься), *откуда* и *без доп.* **1.** Отказываться что-л. делать, отстраняться от дел, умывать руки. **2.** Уезжать. *Нет, я выписываюсь, сами здесь кувыркайтесь в своём совке* — я уезжаю из СССР, а вы — как хотите.

ВЫПИТЬ *см.* **ПИВКА ДЛЯ РЫВКА (ДАТЬ, ВРЕЗАТЬ, ВЫПИТЬ); ЧАЙКОВСКИЙ**

ВЫПОЛНИТЬ *см.* **НАШ КОЛХОЗ, НАШ КОЛХОЗ ВЫПОЛНИЛ ПЛАН ПО УДОЮ КОЗ**

ВЫПУ́ЛИВАТЬСЯ, -аюсь, -аешься; *несов.* (*сов.* **ВЫ́ПУЛИТЬСЯ**, -люсь, -лишься), *откуда* и *без доп.* Выходить, выбегать. *Выпуливайся отсюда!*

От общеупотр. «пуля».

ВЫПУСТИТЬ *см.* **ШЛАНГИ**

ВЫПУЧИТЬ *см.* **БЕЛЬМА; ДЛЯ НАЧАЛА ВЫПУЧИТЬ ГЛАЗА И ОБОСРАТЬСЯ**

ВЫРАЖЁВЫВАТЬСЯ, -аюсь, -аешься; *несов., без доп. Ирон.* Выражаться, ругаться, говорить неприличные слова. *Не ~айтесь, сэр!*

ВЫРАЖЕНИЕ *см.* **ДЕКОРАТИВНОЕ ВЫРАЖЕНИЕ; ПОГОВОРИТЬ С ВЫРАЖЕНИЕМ**

ВЫРА́ЖИВАТЬ, -аю, -аешь, *кого* и *без доп.*; *несов.*; **ВЫРА́ЖИВАТЬСЯ**, -аюсь, -аешься, *кем* и *без доп.*; *несов.* Рожать (обычно о долгих, мучительных родах); *иносказ.*: делать, доделывать. *Когда выраживалась первым, думала помру с тоски. Хватит спиногрызов выраживать* (детей рожать), *пора и за ум браться. Десятый год диссертацию выраживает.*

ВЫРАЖО́ПЫВАТЬСЯ, -аюсь, -аешься; *несов*; *без доп.* Ругаться, нецензурно выражаться.

Контаминация общеупотр. «выражаться» + **ЖОПА**, *ср.* **ВЫРАЖЁВЫВАТЬСЯ**.

ВЫРАСТИ *см.* **В ОГОРОДЕ ПУСТО, ВЫРОСЛА КАПУСТА; У ТЕБЯ ЧТО, ЗУБЫ ЛИШНИЕ ВЫРОСЛИ?**

ВЫРВАТЬ *см.* **ЖАЛО ВЫРВАТЬ; МАТКУ ВЫРЕЗАТЬ...**

ВЫРВИГЛА́З, вырвигла́за, *м.* и *ср.*, *мн.* вырвигла́зы, вырвигла́з. **1.** Вино низкого качества (обычно красное). **2.** Что-л. кислое. *Хочешь ещё яблочка? — Нет, твоими вырвигла́зами только царскую водку* (смесь соляной и азотной кислот) *закусывать.*

ВЫРЕЗАТЬ *см.* **МАТКУ ВЫРЕЗАТЬ...**

ВЫРУБА́ТЬ, -а́ю, -а́ешь; *несов.* (*сов.* **ВЫ́РУБИТЬ**, -блю, -бишь). **1.** *кого.* Избивать, бить; сильно ударить кого-л., так что тот теряет сознание. **2.** *что.* Выключить. *~ мотор. ~ свет.* ♦ **Вырублю как мамонта** — шутл.-ирон. угроза.

ВЫРУБА́ТЬСЯ, -а́юсь, -а́ешься; *несов.* (*сов.* **ВЫ́РУБИТЬСЯ**, -блюсь, -бишься). **1.** *на кого* и *без доп.* Нагло себя вести, идти на конфликт с кем-л. *Ты на меня не вырубайся, а то я тебе пятки к ушам приклею.* **2.** *без доп.* Засыпа́ть, задрёмывать; терять сознание; становиться рассеянным, отвлекаться от чего-л., глубоко задумываться. *Так устал, что сразу вырубился.*

ВЫРУБИТЬ *см.* **ВЫРУБАТЬ**

ВЫРУБИТЬСЯ *см.* **ВЫРУБАТЬСЯ**

ВЫСЕЛКИ *см.* **ГНИЛОЙ; ЗАЖОПИНСКИЙ**

ВЫСИДЕТЬ *см.* **САЗОНЕЦ**

ВЫСКАЗЫВАТЬСЯ *см.* **СИДИ В ОКОПЕ И НЕ ВЯКАЙ...**

ВЫСКРЕБА́ТЬ, -а́ю, -а́ешь; *несов.* (*сов.* **ВЫ́СКРЕСТИ**, -ребу, -ребешь), *откуда* и *без доп.* Выходить откуда-л. *Только мы из метро выскребли, и дождь, собака, пошёл.*

ВЫСОВЫВАТЬСЯ *см.* **НЕУДОБНО В ПОЧТОВОМ ЯЩИКЕ СПАТЬ...; СИДИ В ОКОПЕ И НЕ ВЯКАЙ...**

ВЫСО́КИЙ, -ая, -ое. Хороший, отличный. *Самые ~ие тачки* (машины) — *японские.*

ВЫСОКИЙ* *см.* **ЧЕМ ВЫШЕ ДОМ, ТЕМ ЗАПУЩЕННЕЙ ЧЕРДАК**

ВЫСОКО́, *нареч.* **1.** Отлично, замечательно. *Получать тысячу в месяц — это ~.* **2.** в зн. *межд.* Выражает положительную эмоцию. *А я пятёрку получил! — ~!* (ну и ну!, ну ты даёшь!)

От **ВЫСОКИЙ**.

ВЫСОКО* *см.* **НЕГР; НО НЕТ ЕЁ И ВЫШЕ...**

ВЫСОСАТЬ *см.* **ГЛАЗ ВЫСОСУ!; ЗЕНКИ**

ВЫСОТА *см.* **ВЕС; ЛУЧШЕ НЕТ КРАСОТЫ...**

ВЫ́СРАТЬ, -ру, -решь; *сов.*, *что* и *без доп.* Сказать что-л. не к месту, не по делу, ляпнуть, сказануть; сделать что-л. нелепое, несуразное.

От **СРАТЬ**.

ВЫ́ССАТЬ, -су, -сышь; *сов.*, *что* и *без доп.* То же, что **ВЫСРАТЬ**.

От **ССАТЬ**.

ВЫСТАВИТЬ *см.* **БЕЛЬМА; ВЫСТАВЛЯТЬ; ГЛАЗЕНАП; МУДА**

ВЫСТАВЛЯ́ТЬ, -я́ю, -я́ешь; *несов.* (*сов.* **ВЫ́СТАВИТЬ**, -влю, -вишь), *кого на сколько, на что.* Заставлять кого-л. что-л. заплатить, вернуть, отдать что-л. *Я своего мужика каждый месяц на полную зарплату выставляю.*

ВЫСТАВЛЯТЬ* *см.* **РОГА ВЫСТАВЛЯТЬ**

ВЫСТЁГИВАТЬ, -аю, -аешь; *несов.* (*сов.* **ВЫ́СТЕГНУТЬ**, -ну, -нешь), *кого.* Избивать, сваливать с ног, отправлять в нокаут. *Он попытался своей тухлой ручкой дёрнуть, но я его сразу выстегнул* — он попытался сопротивляться, но я его сразу сбил с ног.

ВЫСТЁГИВАТЬСЯ, -аюсь, -аешься; *несов.* (*сов.* **ВЫ́СТЕГНУТЬСЯ**, -нусь, -нешься), *без доп.* Приходить в бессознательное состояние; засыпа́ть, задрёмывать; глубоко задумываться; быть сбитым ударом. В *трамвае выстегнулся* (заснул), *очнулся на конечной.*

ВЫСТЕГНУТЬ *см.* **ВЫСТЁГИВАТЬ**

ВЫСТЕГНУТЬСЯ *см.* **ВЫСТЁГИВАТЬСЯ**

ВЫСТРЕЛ *см.* **КОНТРОЛЬНЫЙ ВЫСТРЕЛ В ГОЛОВУ**

ВЫТЕРЕТЬ *см.* **ГОВОРЛИВЫЙ, ВЫТРИ НОС СОПЛИВЫЙ**

ВЫ́ТИРКА, -и, *ж.* Билет (обычно на поезд).

Ср. *уг.* «вытирка» — проездной документ, письмо, билет.

ВЫФА́КИВАТЬСЯ, -аюсь, -аешься; *несов.*, *перед кем.*, *на кого* и *без доп.* Вести себя агрессивно по отношению к кому-л., идти на конфликт.

От **ФАК**[2].

ВЫФЕЛЬТИКУЛЬТИПНУ́ТЬСЯ, -ну́сь, -нёшься; *сов., без доп.* Сделать что-л. необычное, яркое; показать себя с неожиданной стороны.

От **ФЕЛЬТИКУЛЬТИПНУТЬСЯ**.

ВЫ́ХАРИТЬ, -рю, -ришь; *несов., кого.* Вступать с кем-л. в половую связь (о мужчине).

Возм. из *уг.*

ВЫХОДИТЬ *см.* **КООПЕРАТИВ «ЗАХОДИ — НЕ БОЙСЯ...»**

ВЫХОДНЫ́Е-ПРОХОДНЫ́Е, выходны́х-проходны́х, *мн.* Выходные дни.

♦ **ВЫ́ХОД ТРЕМЯ́ КНО́ПКАМИ** (или **ПА́ЛЬЦАМИ**) — перезагрузка компьютера, когда он не отвечает, не реагирует на команды клавиатуры и мыши, с помощью одновременного нажатия клавиш Ctrl — Alt — Del.

ВЫ́ХУХОЛЬ, -я, *м.* и -и, *ж.* (или ~ **И ПО́ХУХОЛЬ**). Ирон. обращение.

См. также **НАЕСТЬСЯ (НАЖРАТЬСЯ, НАГУЗДАТЬСЯ) КАК ВЫХУХОЛЬ**

ВЫЧЁРКИВАТЬ, -аю, -аешь; *несов.* (*сов.* **ВЫ́ЧЕРКНУТЬ**, -ну, -нешь), *кого* (или ~ **ИЗ СПИ́СКА**). Избивать кого-л.; лишать доверия, переставать верить кому-л.

ВЫ́ЧИСЛИТЬ, -лю, -лишь; *сов., кого.* Встретить, найти кого-л. *Вовремя я тебя ~лил.*

ВЫШАК *см.* **ВЫШКА**

ВЫШЕ *см.* **ДЕРЖАТЬ ХВОСТ ТРУБОЙ...; КРУЧЕ ТЕБЯ ТОЛЬКО ЯЙЦА...**

♦ **ВЫ́ШЕ ПО́ЯСА — В МИ́РЕ ЖИВО́ТНЫХ, НИ́ЖЕ ПО́ЯСА — ОЧЕВИ́ДНОЕ — НЕВЕРОЯ́ТНОЕ** — о южанах, кавказцах, чаще грузинах.

Пародийное переосмысление назв. телепередач «В мире животных» и «Очевидное — невероятное».

ВЫШИБА́ЛА, -ы, *м.* Швейцар; охранник.

От общеупотр. «вышибать».

ВЫШИБО́Н, -а, *м.* Последний танец перед закрытием ресторана.

От общеупотр. «вышибать» + форманта «-он», *ср.* **ВЫГИБОН, ВЫПИВОН** и т. п.

ВЫ́ШКА, -и, *ж.*, **ВЫША́К**, -а́, *м.* **1.** Высшая мера наказания (смертная казнь). **2.** Высшая математика. *Получишь тройку по ~е.* ♦ **Дать ~у** *кому* — осудить на высшую меру наказания. *Пойти по ~е* — быть осуждённым на высшую меру наказания.

1., ♦ — из *уг.*; **2.** — из *студ.*

ВЫЯСНЯ́ЛОВКА, -и, *ж.* Конфликт, выяснение отношений, спор. *У наших верхних соседей каждый день ~ — даже люстра дрожит.*

От общеупотр. «выяснять», «выяснять отношения».

ВЬЕТ, -а, **ВЬЕТНАМО́Н**, -а, *м.*, **ВЬЕТНАМО́НКА**, -и, *ж.* Вьетнамец, вьетнамка.

ВЭ́БОВКА, -и, *ж.* Облигация Внутреннего государственного валютного займа, введённая в оборот Внешэкономбанком (ВЭБ) в 1993 г.

Из языка предпринимателей, администраторов, финансистов.

♦ **В ЭЛЕМЕ́НТЕ** — просто, элементарно, легко.

ВЭ́НТАТЬ, -аю, -аешь, **ВЕНТА́ТЬ**, -а́ю, -а́ешь, *несов.; куда, откуда.* Идти, ходить, уходить.

От англ. went — прош. от to go.

ВЯЗА́ТЬ, вяжу́, вя́жешь; *несов.* **1.** *с чем.* Прекращать, бросать что-л. делать. *Всё, вяжу с куревом* — бросаю курить. **2.** *в чём.* Понимать, разбираться. *Я в этом деле вяжу, как свинья в кибернетике* — я в этом ничего не понимаю. **3.** *кого с чем.* Ловить, заставать врасплох, уличать в чём-л.

3. — от *уг.* «вязать» — арестовывать.

ВЯЗАТЬ* *см.* **НЕ ВЯЗАТЬ; ФИРМА ВЕНИКОВ НЕ ВЯЖЕТ...**

ВЯ́КАЛКА, -и, *ж.*, **ВЯ́КАЛЬНИК**, -а, **ВЯ́КАЛЬНИЧЕК**, -чка, *м.* Рот. ♦ **Закрой ~у** — замолчи.

От **ВЯКАТЬ**.

ВЯ́КАТЬ, -аю, -аешь; *несов.* (*сов.* **ВЯ́КНУТЬ**, -ну, -нешь), *что* и *без доп.* Говорить, произносить. *Не вякай! Я не понял, что ты там вякнул.*

См. также **СИДИ В ОКОПЕ И НЕ ВЯКАЙ...; СИДИ И НЕ ДЁРГАЙСЯ (НЕ РЫПАЙСЯ, НЕ КВАКАЙ, НЕ ВЯКАЙ)**

Ср. *устар.* «вякать» — мямлить, заикаться, распространять слухи, болтать пустое, клянчить, лаять (о собаке), визжать и т. д.

ВЯ́ЛИТЬСЯ, -люсь, -лишься; *несов., где* и *без доп.* **1.** Загорать. *Я в Пицунде каждый год ~люсь.* **2.** Проводить где-л. время (чаще скучно, неинтересно). *Где ты ходишь, я уже здесь два часа ~люсь!*

В ЯЩИК ГЛЯДЕТЬ *см.* **ЯЩИК**

Г

ГАВА́НА, -ы, *ж.* Совмещённый санузел.

Шутл. аббрев. **ГОВНО 1** + «ванна»; контаминация с *собств.* Гавана — столица Кубы.

ГА́ВКА, -и, **ГА́ВКАЛКА**, -и, *м.* и *ж.* **1.** Рот. **2.** Собака. **3.** Мегафон, громкоговоритель. **4.** Человек, работающий зазывалой, массовиком и т. п. *Он у трёх вокзалов гавкой работает, колхозников в автобусы затаскивает.*

ГА́ВКАТЬ, -аю, -аешь; *несов., на кого* и *без доп.* Говорить (обычно громко), кричать, повышать голос на кого-л. *Ты на меня не ~ай, от тебя и так псиной пахнет* — не кричи на меня.

ГА́ВКАТЬСЯ, -аюсь, -аешься; *несов.* **1.** *с кем* и *без доп.* Ругаться, ссориться с кем-л., кричать друг на друга. *Кончайте вы ~, у вас уже скоро хвосты вырастут* — хватит ругаться. **2.** *на что, с чем* и *без доп.* Испытывать приступ рвоты. *Я вчера с портвейна час с раковиной ~ался.*

ГАВРИ́ЛА, -ы, *м.* **1.** Грубый, неумный, нетактичный человек; любой человек. **2.** Ирон. обращение. *~, не порть натюрморт* — отойди отсюда, не мешай.

ГАВРИ́ЛКА, -и, *м.* и *ж.* Галстук.

ГАД, -а, *м.* **1.** (или ~ **ПОЛЗУ́ЧИЙ**). Ирон. руг. **2.** *только мн.*, -ов. Дешёвая советская обувь. ♦ **~ом буду** — клянусь, даю слово, напр.: *~ом буду, он придёт* — он точно придёт.

ГАДА́ЛКА, -и, *ж.* Неясная, неопределённая, двойственная ситуация. *Сижу в ~е, не знаю, чего делать.*

ГАДАЛКА* *см.* **НЕ ХОДИ К ГАДАЛКЕ**

ГАДЁНЫШ, -а, *м.* **1.** То же, что **ГАД 1**. **2.** Второй подбородок. *Э, мужик, тебе надо бегать, ~а сгонять* (худеть, ликвидировать второй подбородок). **3.** *только мн.*, -ей. *Солдатские ботинки.*

3. — из *арм.*

ГА́ДКИЙ, -ая, -ое. Ирон.-дружеское определение. *Ах ты, ~ мальчишка, опять ко мне пристаёшь!*

ГА́ДСКИЙ, -ая, -ое. Плохой, противный. *~ начальник отпуска не дал. Опять эта ~ая машина встала.* ♦ **Гамлет, принц ~** — Ирон.-шутл. обращение.

♦ — *шутл.* передел. «датский».

♦ **ГА́ДСКИЙ (МЕ́РЗКИЙ, ПО́ДЛЫЙ, ГНУ́СНЫЙ** и т. п.) **ПА́ПА** — *ирон.* дружеское обращение.

Из фильма «Свадьба в Малиновке».

ГА́ДСКОЕ, -ого, *ср.* Вино или другой спиртной напиток. *У нас к праздникам ~ого нету.*

ГА́ДСОН, -а, *м.* Формат почтовой базы Hudson (отличающейся ненадёжностью). *Не держи почту в ~е — взорвётся.*

Из языка пользователей компьютеров.

ГА́ДСТВОВАТЬ, -твую, -твуешь; *несов., без доп.* Делать гадости, жадничать, подличать.

ГАДЮ́ШНИК, -а, *м.* Какое-л. низкопробное, сомнительное заведение; любое грязное, запущенное место; *шутл.* любое заведение, место. *В моём ~е всё без изменений* (у меня на работе).

ГАЗ, -а, *м., мн.* га́зы, -ов (или газы́, -о́в). Спиртное. ♦ **Быть под ~ом** — быть пьяным; находиться под действием наркотиков.

ГАЗ* *см.* **ГАЗЫ**

ГАЗЕТА *см.* **ЛИТРОНАТУРНАЯ ГАЗЕТА**

ГАЗИРО́ВКА, -и, *ж.* Шампанское.

ГАЗОВА́ТЬ, газу́ю, газу́ешь; *несов.* (*сов.* **ГАЗНУ́ТЬ**, -ну́, -нёшь). **1.** *с чем* и *без доп.* Ускорять дело, спешить с чем-л. *Ты там с дипломом-то газуй, а то месяц осталось.* **2.** *чего, что* и *без доп.* Пить спиртное. *Давай газнём!* **3.** *откуда* и *без доп.* Уходить откуда-л. *Газуй отсюда, а то шины проколю* — уходи отсюда, а то побью. **4.** *без доп.* Портить воздух, издавать дурной запах.

ГАЗОВЩИ́К, -а́, *м.* Алкоголик, пьяница.

См. **ГАЗ**.

ГАЗО́Н, -а, *м.* Автомашина модели «ГАЗ».

ГАЗЫ *см.* **ДАТЬ ПО ГАЗАМ; НАЖАТЬ НА ГАЗ**

ГАЙДА́РИК, -а, **ГАЙДА́РЧИК**, -а, *м.* **1.** Ваучер. **2.** Торговый ларёк (реже: продавец торгового ларька).

От имени Е. Гайдара, бывшего премьер-министра.

ГАЙКА *см.* **ЗАВИНЧИВАТЬ ГАЙКИ (ШУРУПЫ, БОЛТЫ); ЗАКРУЧИВАТЬ (ЗАКРУТИТЬ) ГАЙКИ (БОЛТЫ, ШУРУПЫ, ЯЙЦА); НА ХРЕН С ВИНТОМ НАЙДЁТСЯ ГАЙКА СО ШПЛИНТОМ**

ГАЛЁРКА, -и, *ж.* Задница. *~ой вертеть. Пчёлка в ~у тяпнула.*

ГАЛИ́МА, -ы, *ж.* Чушь, ерунда. *~у нести.*

Ср. общеупотр. «галиматья» (из фр. *студ.* жарг.); возм. влияние *уг.* (напр., «галий» — глупый, умственно отсталый).

ГАЛИ́МЫЙ, -ая, -ое, **ГОЛИ́МЫЙ**, -ая, -ое. Плохой, омерзительный. *Ну, ты, дура ~ая!* ♦ **Галимое палево** — что-л. низкопробное, плохое, всеми презираемое.

Неясно. *Ср.* **ГАЛИМА**, возм. также связано с «голый».

ГАЛИФИ́ЗМ, -а, *м. Шутл.* Об особенностях такой женской фигуры, когда ляжки шире бёдер.

От общеупотр. «галифе» — брюки особого покроя, расширенные от бёдер до колен.

ГАЛЛЮЦИНОГЕ́ННЫЙ, -ая, -ое. Положительный эпитет. *~ костюмчик! ~ые феньки* (истории, анекдоты, случаи).

От «галлюциноген» — психодислептические вещества.

ГАЛО́ША, -и, *ж.*, **ГАЛО́ШИ**, гало́ш, *мн.*, *собств.* Улица Новый Арбат в Москве.

ГАЛОШИ* *см.* **ЗАЛИВАТЬ (ЗАЛИТЬ) ГАЛОШИ**

ГАЛСТУК *см.* **ЗАКЛАДЫВАТЬ (ЗА ГАЛСТУК); ЗАЛИВАТЬ (ЗА ГА́ЛСТУК); КОЛУМБИЙСКИЙ ГАЛСТУК**

ГАЛЮ́НЧИКИ, -ов, *мн.* Галлюцинации.

ГА́МА, -ы, *ж.* Компьютерная игра.

От англ. game.

ГАМАДРИЛ, ГАМАЗ, ГАМАЗЕЙ *см.* **ГАМАК**[1]

ГАМА́К[1], -а́, **ГАМАДРИ́Л**, -а, **ГАМА́З**, -а, **ГАМАЗЕ́Й**, -я, *м.* Гомосексуалист.

Возм. сокращ. от «гомосексуалист» с различными финалами.

ГАМА́К[2], -а́, *м.* и в зн. *сказ.* Большое количество кого-чего-л.; много, полно́. *В магазине ~ приезжих, сыр дают. У тебя деньги есть? — ~.*

ГАМА́ТЬСЯ, -а́юсь, -а́ешься; *несов., во что* и *без доп.* Играть в компьютерные игры.

См. **ГАМА.**

ГА́МБУРГЕР, -а, *м.* Иностранец (обычно о западноевропейцах).

«Гамбургер» — назв. фирменного бутерброда.

ГАМБУРГСКИЙ *см.* **ПЕТУХ ГАМБУРГСКИЙ**

ГА́МЕР, -а, *м.* Человек, увлекающийся компьютерными играми, хорошо умеющий играть.

От англ. gamer, *см.* **ГАМА.**

ГА́МКА, -и, *ж.* **1.** Жевательная резинка. **2.** Пища, еда, провиант. *Закупиться ~кой.*

ГАМЛЕТ *см.* **ТЕНЬ ОТЦА ГАМЛЕТА**

ГАМЛЕТ, ПРИНЦ ГАДСКИЙ *см.* **ГАДСКИЙ**

ГА́ММА[1], -ы, *ж.* Жевательная резинка.

От англ. gum — резина, *разг.* — жевательная резинка.

ГАММА[2] *см.* **ГНАТЬ**

ГАМСАХУ́РДИЯ, -и, *м.* и *ж.* Мужской половой орган (обычно больших размеров).

Фамилия бывшего президента Республики Грузия З. Гамсахурдиа; возм. нецензурные ассоциации.

ГАПЛЫ́К, -а́, *м.* и в зн. *межд.* Конец, провал, «хана», «кончено» и т. п. *~ дядьке! Всё, ~, стоп машина!*

Неясно. Возм. связано с «га́плик», «га́плюк», «га́пелька» (южнорус. и укр. «гапли́к») — крючок (на удочке), застёжка (на платье, сумке), которые имеют либо польско-нем. происхождение (по М. Фасмеру), либо фр.

ГАРАЖ *см.* **АЛЕ; СПАС НА ГАРАЖАХ**

ГАРА́НТ, -а, *м. Ирон.* **1.** Гарантия, обещание. *Ты мне дай ~, что завтра деньги отдашь* (обещай). **2.** в зн. *нареч.* Точно, наверняка, ей-ей. *Ты ~ пить не будешь?* — ты точно пить не будешь? **3.** *собств., ирон.* Президент Б. Н. Ельцин.

Пародирование газетного штампа.

ГА́РЛЕМ, -а, *м.*, *собств.* Название ряда районов в Москве и Подмосковье, известных своей криминальностью (напр., один из районов г. Химки и др.).

ГАРМОШКА *см.* **НА ХРЕН**

ГАРНО *см.* **ОТ ЦЕ ГАРНО!**

ГАРСО́Н, -а, *м.* Кок, матрос, обслуживающий офицеров (на флоте).

Из *арм.*; от фр. garçon — мальчик, официант.

ГАС, -а, *м.* Сильный удар.

Спорт. «гас» — резкий удар (напр. в теннисе, волейболе и т. д., от «гасить мяч», см. также **ГАСИТЬ**).

ГАСИ́ЛКА, -и, *ж.*, **ГАСИ́ЛОВО**, -а, *ср.* Драка.

От **ГАСИТЬ.**

♦ **ГАСИ́ СВЕТ** — ну и ну!, вот тебе на!

ГАСИ́ТЬ, гашу́, га́сишь, *несов., кого* и *без доп.* Бить. ♦ **~ шнифты** *кому* — избивать кого-л.

♦ **ГАСИ́ТЬ ДОЛГ** — отдавать долг.

ГАСИ́ТЬСЯ, гашу́сь, га́сишься; *несов., без доп.* Приходить в бессознательное состояние, терять сознание; засыпа́ть и т. п. *Я обычно в два гашусь* (засыпаю).

ГАСТРИ́Т, -а, *м.* О пирожках, продаваемых на улицах, в буфетах и т. п. *Вчера ~а с крысятинкой поха́вал, сегодня ещё штанов не надевал* — вчера съел в буфете пирожок с мясом, сегодня страдаю расстройством желудка.

ГАСТРОЛЁР, -а, *м.* Приезжий (обычно перекупщик, спекулянт, человек сомнительных занятий).

Ср. *уг.* «гастроль» — выезд в другой город для кражи, «гастролёр» — вор, разъезжающий по стране и ворующий на транспорте и в разных местах.

ГАСТРОНОМ *см.* **ПЯТАЧОК**

ГА́УБИЦА, -ы, *ж.* Зад, ягодицы. *Что ты ко мне своей ~ей-то повернулся, ты ведь со мной разговариваешь, а не с унитазом.*

ГА́ХАТЬ, -аю, -аешь; *несов.* (*сов.* **ГА́ХНУТЬ**, -ну, -нешь); *что, сколько.* Есть, кушать, съедать, «уплетать», а также реже в зн. пить, выпивать. *Три тарелки мяса гахнул.*

Ср. «ахать», «ахнуть»; вероятнее всего, звукоподр.

ГАШЁНЫЙ, -ая, -ое. **1.** Находящийся в бессознательном состоянии (чаще о состоянии алкогольного или наркотического опьянения). **2.** Тупой, недогадливый, туго соображающий.

1. — *ср.* **ГАСИТЬСЯ**

ГАШЕТКА *см.* **НА ГАШЕТКУ НАЖАТЬ**

ГВА́ЗДА, -ы, *м.* и *ж.* Грязнуля.

От **ГВАЗДАТЬ 3.**

ГВА́ЗДАТЬ, -аю, -аешь; *несов.* **1.** *кого.* Бить. **2.** *что* и *без доп.* Пить спиртное. **3.** *что.* Пачкать.

От *диал.* «гваздать» — грязнить, гадить.

ГВАНДЕЛО́МА, -ы, *ж. Шутл.* О любой венерической болезни.

ГВОЗДЕ́Ц, -ца́, *м.* и в зн. *межд.* Конец, всё, кончено.

Эвфем.; наложение «гвоздь» и нецензурного *бран.*

ГВО́ЗДИК, -а, *м.* Мужской половой орган маленького размера.

ГВОЗДОДЁР, -а, *м.* **1.** Некачественный, но крепкий спиртной напиток. **2.** Крепкий табак.

Шутл. контаминация с общеупотр. «гвоздодёр» — инструмент для выдёргивания гвоздей; ассоциативная метафора на основе периферийных сем.

ГВОЗДОДЁРНЫЙ, -ая, -ое. Крепкий (об алкогольном напитке или табаке).

От **ГВОЗДОДЁР.**

ГВОЗДЬ, -я́, *м.* (*мн.* -и, е́й). **1.** Человек маленького роста, коротышка. **2.** только *мн.* Ерунда, безделица, пустяки. **3.** Молодец, молодчина. *Ну ты ~, хвалю!* ♦ **Ну и ~и там всякие** — и так далее, и тому подобное. **Это тебе не мешок ~ей** — это важно, это тебе не ерунда какая-нибудь.

ГВОЗДЬ* *см.* **ИШАК** (или **ОСЁЛ, ГВОЗДЬ**) **БЕРЕМЕННЫЙ; НЕУДОБНО НА ПОТОЛКЕ СПАТЬ...; ФУНТ**

♦ **ГВОЗДЬ БЕЗ ШЛЯ́ПКИ, ГВОЗДЬ БЕРЕ́МЕННЫЙ** — *ирон.* руг.

ГВОЗДЯ́ЧИТЬ, -чу, -чишь; *несов., кого-что* и *без доп.* То же, что **ГВАЗДАТЬ 1, 2.**

♦ **ГДЕ** *кто* **БЫЛ, КОГДА́ БОГ НО́ГИ РАЗДАВА́Л?** — о некрасивых ногах.

ГДЕ МОЙ ДЕЖУРНЫЙ КИРПИЧ? *см.* **ДЕЖУРНЫЙ**

ГДЕ СРАТЬ, ТАМ И МЕСТО ИСКАТЬ *см.* **СРАТЬ**

♦ **ГДЕ СЯ́ДЕШЬ** (*на кого*)**, ТАМ И СЛЕ́ЗЕШЬ** (*с кого*) — о человеке, которого бесполезно просить о чём-л., которого невозможно заставить что-л. сделать.

ГЕ́ББЕЛЬС, -а, *м.* Ирон.-дружеское обращение.

От *собств.* Геббельс — имя одного из лидеров фашистской Германии.

ГЕББЕЛЬС* *см.* **ДОБРЫЙ ДОКТОР ГЕББЕЛЬС**

ГЕБИ́СТ, -а, *м.* Сотрудник Комитета государственной безопасности.

ГЕБУ́ХА, -и, **ГЕБУ́ШКА**, -и, *ж.* КГБ, а также обобщённо — разведка, разведывательные органы (ФСБ и др.). *Боевик про американскую гебуху, Шварценеггер — главный гебист. Еврейская гебушка шмаляет палестинцев.*

ГЕГЕМО́Н, -а, *м. Ирон.* Пролетариат, рабочий класс; пролетарий, рабочий. *У нас в доме сплошняком ~ живёт — все лампочки повывинтили.*

ГЕГЕМО́НИТЬ, -ню, -нишь; *несов., без доп.* Работать простым рабочим на заводе, фабрике и т. п. *Надоело на заводе ~, пойду в киоск лифчики продавать.*

От **ГЕГЕМОН.**

ГЕЙЗЕР *см.* **ЗАТКНИ ФОНТАН (СВОЙ РЖАВЫЙ ВЕНТИЛЬ...)**

ГЕМОРРОИДА́ЛЬНЫЙ, -ая, -ое, **ГЕМОРРО́ЙНЫЙ**, -ая, -ое. **1.** Трудный, тяжёлый, томительный. **2.** Плохой, некачественный; неестественный, вымученный. *Тоже мне, поэт, стишки геморройные пишет!*

От **ГЕМОРРОЙ.**

ГЕМОРРО́Й, -я, *м.* Что-л. тяжёлое, нудное, скучное, неприятное. *~, а не лекция. Что* *ты мне всё какой-то ~ рассказываешь, говори по делу.* ♦ **Группа ~** — самодеятельная группа музыкантов, играющая в метро, на улице и т. п. и собирающая за это деньги.

ГЕМОРРОЙ* *см.* **СРАТЬ; СТРАДАТЬ ГЕМОРРОЕМ**

ГЕМОРРОЙНЫЙ *см.* **ГЕМОРРОИДАЛЬНЫЙ**

ГЕНЕРА́Л -а, *м.* **1.** Ночной горшок; унитаз. **2.** Венерическое заболевание (чаще о сифилисе). **3.** Генеральный директор.

1. — сл. в данном зн. зафиксировано еще в XIX в.

ГЕНЕТИК *см.* **БРЕД (СОВЕТСКИХ ГЕНЕТИКОВ)**

ГЕ́НИЙ, -я, *м.* **1.** (или **~ В ТРУ́СИКАХ**, **~ СРЕДИ́ УДОБРЕ́НИЙ**). Человек, слишком много о себе воображающий, зазнайка. **2.** Ирон. обращение. **3.** *Шутл.* Молодец, умница.

ГЕНСЕК *см.* **БРЕД (УСНУВШЕГО ГЕНСЕКА); НА ФИГА**

ГЕОГРАФИЯ *см.* **КОНЕЦ ГЕОГРАФИИ**

ГЕОГРАФО́ЗИНА, -ы, *ж.* Учительница географии.

Из *шк.*

ГЕРА́КЛ, -а, *м.* (или **~ ЗАСУ́ШЕННЫЙ**, **~ СУШЁНЫЙ**). Ирон. обращение к человеку, который необоснованно считает себя физически сильным. *Положи гирю, ~ сушёный, а то сейчас сопли ушами пойдут* (а то надорвёшься).

От *собств.* «Геракл» — герой древнегреческой мифологии.

ГЕРА́СИМ, -а, **ГЕ́РЫЧ**, -а, *м.* Героин.

Из *нарк. См.* также **ПРИТОПИТЬ**.

ГЕРАСТРА́ТЧИК, -а, *м. Ирон.* Растратчик, транжир.

Аллюзия к имени Герострата, сжёгшего храм Артемиды в Эфесе.

ГЕРМАН *см.* **УЖ ГЕРМАН БЛИЗИТСЯ...**

ГЕРОИН *см.* **ОТЕЦ-ГЕРОИН**

ГЕРОИНЯ *см.* **МАТЬ-ГЕРОИНЯ**

ГЕРО́Й[1], -я, *м.* (или **~ — ШТАНЫ́ С ДЫРО́Й**). *Ирон.* О человеке, который совершает какие-л. смешные поступки.

ГЕРО́Й[2], -я, *м.* Героин.

Из *нарк.*

ГЕРОЙ* *см.* **КОСТЮМНЫЙ; МОЛЧИ, Я ВОЕВАЛ, Я ТРИЖДЫ ГЕРОЙ МИРА; НОРМАЛЬНЫЕ ГЕРОИ ВСЕГДА ИДУТ В ОБХОД; СРАТЬ**

♦ **ГЕРО́Й ДВЕНА́ДЦАТОГО ГО́ДА, ГЕРО́Й КУЛИКО́ВСКОЙ БИ́ТВЫ** — очень старый человек.

ГЕ́РФА, -ы, **ГЕРФА́**, -ы́, *ж.* Герфонал — лекарство, используемое в качестве наркотического средства.

ГЕРЫЧ *см.* **ГЕРАСИМ**

ГИББО́Н, -а, *м.* **1.** О большом, сильном человеке (обычно с негативной оценкой). **2.** Ирон. обращение. **2.** Милиционер.

От общеупотр. «гиббон» — порода обезьян, возм. ассоциации с нецензурным.

ГИББО́НИСТЫЙ, -ая, -ое. Некрасивый, нескладный.

От **ГИББОН**.

ГИББО́НИХА, -и, *ж.* Некрасивая, крупная, непропорционально сложенная женщина.

От **ГИББОН**.

ГИБО́Н, -а, *м.* Работник ГИБДД (обыч. *пренебр.*).

ГИБРИ́Д, -а, *м. Ирон.-бран. Ну ты, ~!* ♦ **~ твою мать!** — чёрт возьми!, ёлки-палки!

Возм. из *шк.*, *детск.*; ♦ — *эвфем.* от нецензурного.

ГИБУ́ЧЕСТЬ, -и, *ж.* **1.** *Ирон.* Гибкость; *перен.* пронырливость, умение лавировать, втираться в доверие и т. п. **2.** Сексуальная потенция.

От общеупотр. «гибкость» + нецензурное.

ГИБУ́ЧИЙ, -ая, -ее. **1.** Гибкий; *перен.* ловкий, пронырливый, умеющий втираться в доверие и т. п. **2.** Сексуально активный.

См. **ГИБУЧЕСТЬ**.

ГИ́ВАТЬ, -аю, -аешь; *несов.* (*сов.* **ГИ́ВНУТЬ**, -ну, -нешь); *кому, что.* Давать. *Гивай ми ё хэнд* — давай мне свою руку.

От англ. to give — в том же зн.

ГИДРАВЛИЧЕСКИЙ *см.* **ЗАВЕСТИ ГИДРАВЛИЧЕСКИЙ БУДИЛЬНИК**

ГИ́ДРИК, -а, *м.* Работник гидрометцентра. *~и холод накаркали.*

Сокращ., аллюзия к «гидра» — мифический многоголовый змей.

ГИДРОСОЛДА́Т, -а, *м.* Матрос, флотский.

ГИЛЬЁ, -я́, *ср.* То же, что **ГОЛЬЁ**.

Ср. *устар. диал.* «гилем» — толпой, «гиль» — смута, мятеж, вздор.

ГИМНЮ́К, -а́, *м. Ирон.* Автор какого-л. гимна, торжественной песни. *Наш ~ Серёжка Михалков.*

По модели **СЪЕЗДЮК** и т. п. + аллюзия к **ГОВНО**.

ГИ́МОР, -а, *м.* Что-л. трудное, нудное, бесцельное, бесполезное.

Передел. **ГЕМОРРОЙ**.

♦ **ГИПНО́З, ГИПНО́З, ХВА́ТЬ ТЕБЯ́ ЗА НОС** — реплика, сопровождающая хватание собеседника за нос (сначала говорящий водит руками перед лицом собеседника, подражая гипнотизёру).

Из *детск.*

ГИТА́РА, -ы, *ж.* Бомба или какое-л. другое взрывное устройство. ♦ **Сыграть на ~е** — взорвать что-л.

Возм. из *уг.*

♦ **ГИТА́РУ ТЕБЕ́** — ишь чего захотел, «фиг тебе», ничего не получишь.

ГКЧП, *аббрев.* Гена Крокодил Чуток Перехватил.

Шутл. переосмысление аббрев. ГКЧП — Государственный комитет по чрезвычайному положению, созданный в августе 1991 г. и возглавлявшийся Геннадием Янаевым; Крокодил Гена — герой популярного мультфильма.

ГЛАВНЫЙ *см.* **НАШ ГЛАВНЫЙ ПРИКОЛ; ШТУЦЕР**

ГЛАВШПА́Н, -а, *м.* Заводила среди хулиганов, шпаны; лидер любой компании, коллектива. *У них там во дворе Федька ~. Кто там у вас ~ в деканате?*

От общеупотр. «главный» + «шпана»; возм. из *уг.*

ГЛА́ДКИЙ[1], -ого, *м.* Подлиза.

ГЛА́ДКИЙ[2], -ая, -ое. Эпитет, относящийся к какому-л. особенно запоминающемуся слушателю ритмическому ходу, специфической аранжировке, производящей сильное впечатление.

Из *муз.*

ГЛАЗ, -а, *м.* **1.** Милиционер, постовой, вахтёр, сторож или другой человек, следящий за чем-л. **2.** Человек с одним глазом.

ГЛАЗ* *см.* **А ГЛАЗА ТАКИЕ ДОБРЫЕ-ДОБРЫЕ; БЕЙ В ГЛАЗ, ДЕЛАЙ КЛОУНА; В КАЖДОМ ГЛАЗУ ПО ЧЛЕНУ; ВОДОЛАЗ; ВЫРВИГЛАЗ; ГОЛУБЫМ ГЛАЗОМ (СМОТРЕТЬ); ДЛЯ НАЧАЛА ВЫПУЧИТЬ ГЛАЗА И ОБОСРАТЬСЯ; ЖОПА; ЗАЛИВАТЬ (ГЛАЗА); ЗАБЫЛ, КАК В ГЛАЗАХ...; ЗАЛУПА (С ГЛАЗАМИ); И ДОЛГО Я БУДУ ВИДЕТЬ ВО СНЕ...; МУТНЫЙ ГЛАЗ; ПЕНЁК С ГЛАЗАМИ; ПРОМОЙ ГЛАЗА; РЫБИЙ ГЛАЗ; ТЁМНЫЙ ГЛАЗ; ТРОЙЧАТКА В ГЛАЗАХ; ТУХЛЫМ ГЛАЗОМ (СМОТРЕТЬ); ЧЕРВИВЫЙ; ЧУРКА С ГЛАЗАМИ**

♦ **ГЛАЗА́ В КЕФИ́РЕ** — *шутл.* голоса в эфире.

Из речи работников радио, телевидения.

ГЛАЗА ГОЛУБЫЕ-ГОЛУБЫЕ, А ОСТАЛЬНОЕ — ЖОПА *см.* **ЖОПА**

♦ **ГЛАЗА́ ЗАВИДУ́ЩИЕ, РУ́КИ ЗАГРЕБУ́ЩИЕ** *у кого* — о жадном человеке.

♦ **ГЛАЗА́ КАК ДВЕ ПЕЛЬМЕ́НИ** (или **ДВА ПЕЛЬМЕ́НЯ**) — о некрасивом, невыразительном лице.

♦ **ГЛАЗА́ КВАДРА́ТНЫЕ, ГЛАЗА́ К НО́СУ** — о сильном удивлении, изумлении.

♦ **ГЛАЗ-АЛМА́З** — о метком, точном, чётком исполнении чего-л.

♦ **ГЛАЗА́МИ ЕСТЬ** (или **ЖРАТЬ**) *кого* — смотреть на кого-л. во все глаза.

ГЛАЗА́Н, -а (или -а́), *м.*, **ГЛАЗА́НКА**, -и, *ж.* Еврей, еврейка.

♦ **ГЛАЗА́ НА ЖО́ПУ НАТЯНУ́ТЬ** *кому* — наказать, расправиться, избить.

♦ **ГЛАЗА́ НА НИ́ТОЧКАХ, ГЛАЗА́ НА ПОЛВОСЬМО́ГО** (или **НА ПОЛШЕСТО́ГО, ПОЛ-ОДИ́ННАДЦАТОГО**) *у кого* — о сильном удивлении, недоумении, растерянности.

ГЛАЗАНКА *см.* **ГЛАЗАН**

ГЛАЗА́СТЫЙ, -ого, *м.* Автомобиль «600 Мерседес».

♦ **ГЛАЗ-ВАТЕРПА́С** — о метком, точном, чётком исполнении чего-л.

♦ **ГЛАЗ ВЫ́ПАЛ** — о сильном удивлении, изумлении.

♦ **ГЛАЗ ВЫ́СОСУ!** — ирон.-шутл. угроза.

ГЛАЗЕНА́П, -а, **ГЛАЗЕ́Т**, -а, *м.* Глаз. ♦ **Глазенапа давить** *на кого-что* — внимательно смотреть на кого-что-л. (обычно искоса, тайком); подглядывать. **Глазенапы выставить** *на кого-что* — во все глаза смотреть на кого-что-л.

Встречается у А. П. Чехова и др.; от общеупотр. «глаз» + экзотическая суффиксация.

ГЛАЗКИ *см.* **ТОЛЬКО ГЛАЗКАМИ**

ГЛАЗКИ-САЛАЗКИ *см.* **САЛАЗКИ**

♦ **ГЛАЗ НЕ ЖО́ПА, ПРОМОРГА́ЕТСЯ** — *ирон.* о ситуации, когда кому-л. что-л. попало в глаз, а также *перен.* о том, что какая-л. трудная ситуация будет преодолена.

ГЛАЗОЛУ́ПЫЙ, -ая, -ое. **1.** Лупоглазый. **2.** *в зн. сущ.*, -ого, *м.* Человек в очках.

От общеупотр. «глаза» + **ЗАЛУПА**.

ГЛАМУ́Р, -а, *м.*, **ГЛАМУ́РА**, -ы, **ГЛАМУРА́**, -ы́, *ж.* Обобщённо (часто *пренебр.*) обо всём, что связано с т. н. светской жизнью т. н. высшего общества (звезд эстрады, банкиров и т. п.).

Тошнит уже про эту гламуру́ читать. А ты, я смотрю, в гламур хочешь затесаться...

Англ., glamour; **ГЛАМУРА́** — контаминация с «мура».

ГЛАМУ́РНЫЙ, -ая, -ое, **ГЛАМУРНО́Й**, -а́я, -о́е. Относящийся ко всему «шикарному», «светскому», «богатому» и т. п. *Гламу́рный глянец* (глянцевый журнал). *Гламурные сплетни.*

От **ГЛАМУР**.

♦ **ГЛА́НДЫ ЧЕРЕЗ ЖО́ПУ РВАТЬ** — делать что-л. нелепым образом, нерационально, глупо.

ГЛИНА *см.* **ЗАЛИВАТЬ В УШИ ГЛИНУ; МЕСИТЬ ГЛИНУ (ГОВНО)**

ГЛИНОМЕ́С, -а, *м.* Гомосексуалист.

От **МЕСИТЬ ГЛИНУ**.

ГЛИССАНУ́ТЬ, -ну́, -нёшь; *сов., что у кого.* Украсть, взять тайком.

Ср. фр. арготическое glisser — украсть, стащить.

ГЛИСТ, -а́, *м.* Худой человек.

ГЛИСТ* *см.* **ЧТО** *с кого* **ВЗЯТЬ, КРОМЕ АНАЛИЗА...**

ГЛОДАТЬ *см.* **ПРИШЛИ ГОСТИ ПОЕДАТЬ КОСТИ**

ГЛОТА́ТЬ, -а́ю, -а́ешь, **ГЛО́ТАТЬ**, -аю, -аешь; *несов.; что* и *без доп.* **1.** Есть. **2.** Пить спиртное. ♦ **~ колёса** — пить таблетки, обладающие наркотическим действием. **Вафли ~** — быть рассеянным, непредприимчивым, не уметь пользоваться моментом.

ГЛОТКА *см.* **БРАТЬ (ВЗЯТЬ, СХВАТИТЬ) ЗА ЖАБРЫ...**

ГЛО́ТНИК, -а, *м.* **1.** Провинциал, приехавший в Москву за покупками. **2.** Крикливый, шумный человек.

От общеупотр. «глотка».

ГЛУБЖЕ *см.* **ДЫШИТЕ ГЛУБЖЕ, ПРОЛЕТАЕМ СОЧИ**

ГЛУБОКИЙ *см.* **ИМПОРТ; КОМИТЕТ (ГЛУБОКОГО БУРЕНИЯ)**

ГЛУБОКО ДЫШАТЬ *см.* **ДЫШАТЬ**

ГЛУМА́РЬ, -я́, *м.* Глумливый, ехидный, вредный, любящий издеваться над другими человек.

От общеупотр. «глумиться».

ГЛУМЁЖ, -ежа́, *м.* Глумление, издевательство, насмешка. *Пять рублей в час — это же ~.*

См. **ГЛУМАРЬ**.

ГЛУМЁЖНЫЙ, -ая, -ое. Ехидный, глумливый, наглый. *Бери деньги, пока дают, и не делай мне тут ~ых физиономий.*

От **ГЛУМЁЖ**.

ГЛУПА́Н, -а́, **ГЛУПАНА́Т**, -а, **ГЛУПА́НТ**, -а, **ГЛУПА́РЬ**, -я́, **ГЛУПИ́СТ**, -а, **ГЛУПО́Н**, -а, *м.*, **ГЛУПЁХА**, -и, *м.* и *ж.* Глупый человек.

♦ **ГЛУПЕ́Е** (или **ДУРНЕ́Е**) **ПЫЛЕСО́СА** *кто* — о глупом человеке.

ГЛУПЁХА *см.* **ГЛУПАН**

ГЛУ́ПИЗДИ, -ей, *мн.* Глупости.

Аллюзии к нецензурному руг.

ГЛУПИСТ *см.* **ГЛУПАН**

ГЛУПИ́СТИКА, -и, *ж.* Нечто длинное, глупое, пустое (обычно о скучной науке). *Опять эту ~у диалектическую сдавать!* (о диалектическом материализме).

ГЛУПОН *см.* **ГЛУПАН**

ГЛУПЫЙ ПИНГВИН *см.* **ПИНГВИН**

ГЛУХА́РЬ, -я́, *м.* **1.** в зн. *сказ.* Что-л. безнадёжное, бесперспективное. *У нас всех с распределением — полный ~* — нас никуда не распределили. **2.** Преступление, которое нельзя раскрыть за отсутствием улик. *Шесть процентов ~ей.*

2. — из *уг.*

ГЛУ́ХО, *нареч.* и в зн. *сказ.* (или **~ КАК В ТА́НКЕ**). Плохо, безнадёжно, безрезультатно; смутно, неясно, зыбко; плохо, неизвестно (обычно о неясности, неопределённости, отсутствии информации). *Ну что, узнал чего-нибудь? — ~. Я звонил ему, но там ~.*

ГЛУХОВО́Й, -а́я. Тупой, непонятливый, недалёкий. *Совершенно ~а́я баба, глухо не врубается* (совсем ничего не понимает).

ГЛУХО́Й, -а́я, -о́е. Неясный, неизвестный; безнадёжный, безрезультатный. *~ое дело. ~ случай.* ♦ **~ номер** — что-л. бесперспективное, заведомо обречённое на неудачу.

ГЛУША́К, -а́, *м.* Глушитель (автомобильный; оружейный). *~ барахлит. Пистолет с ~ом.*

ГЛУШИ́ТЬ, -ушу́, -у́шишь; *несов., что* и *без доп.* Пить спиртное (обычно много, запойно).

ГЛУШНЯ́К, -а́, *м.* **1.** То же, что **ГЛУХАРЬ 1**. **2.** То же, что **ГЛУШАК**.

ГЛЫ́ЧЕК, -а, *м.* Бутылка спиртного. *А ~ -то уже скушанный* (выпили бутылку)!

Произносится с фрикативным [г], на укр. манер; вероятно от укр. (и южнорус.) «глек, глечик, глечек, глычек» — кринка для воды или молока.

ГЛЮК[1], -а, *м.* Что-л. кажущееся, галлюцинация, мираж (обычно в состоянии алкогольного или наркотического опьянения). ♦ **Ловить ~и** — галлюцинировать, иметь видения, находиться в сомнамбулическом состоянии.

См. также **ЕСЛИ В СТЕНКЕ ВИДИШЬ ЛЮК, НЕ ВОЛНУЙСЯ: ЭТО ГЛЮК**

ГЛЮК[2] -а, *м.* (или **КОМПОЗИ́ТОР ~**). **1.** Спиртное. **2.** Наркотик.

От имени нем. композитора Х. В. Глюка + аллюзия к **ГЛЮК**[1].

ГЛЮКА́ЛО, -а, *ср.*, **ГЛЮКО́ВИНА**, -ы, *ж.* Предмет неясного, неизвестного назначения. *Это еще что за глюковина?!.*

От **ГЛЮК**[1].

ГЛЮКА́ТЬ, -а́ю, -а́ешь; **ГЛЮКОВА́ТЬ**, -ку́ю, -ку́ешь, **ГЛЮ́ЧИТЬ**, -чу, -чишь, *несов.*; *без доп.* **1.** Вести себя странно, необычно, неадекватно ситуации. **2.** О каком-л. механизме, устройстве (часто о компьютере): давать сбои, не реагировать на команды, оказывать неожиданные побочные эффекты. *Комп* (компьютер) *глючит.*

От **ГЛЮК**[1].

ГЛЮКОВАТЬ *см.* **ГЛЮКАТЬ**

ГЛЮКОВИНА *см.* **ГЛЮКАЛО**

ГЛЮКОГЕНЕРА́ТОР, -а, *м.* О чём-л. странном, необычном, причудливом, несуразном.

От **ГЛЮК**[1] + «генератор».

ГЛЮКОЛО́В, -а, *м.* **1.** Человек, склонный к мистике, галлюцинированию и т. п. **2.** Алкоголик, наркоман.

От **ГЛЮК**[1,2] + общеупотр. «ловить», по продуктивной модели типа «птицелов», «рыболов» и т. п.

ГЛЮКОНА́Т, -а, *м.* **1.** Спиртное. **2.** Пьяница, наркоман.

От **ГЛЮК**[2]; *шутл.* наложение с *мед.* «глюконат».

ГЛЮКОТРО́Н, -а, *м.* О чём-л. странном, необычном, причудливом, несуразном.

От **ГЛЮК**[1] + форманта «-трон» из «синхрофазотрон».

ГЛЮЧИТЬ *см.* **ГЛЮКАТЬ**

ГЛЮ́ЧНЫЙ, -ая, -ое. Странный, необычный (о человеке, поведении), неисправный (о компьютере, программе и т. п.).

От **ГЛЮК**.

ГЛЯ, *межд.* Смотри, ну и ну, вот это да!

Сокращ. от «гляди»; возм. ассоциации с нецензурным руг.

ГЛЯДЕ́ЛКИ, -лок, *мн.* **1.** Глаза. **2.** Очки. ♦ **Протри ~** — смотри внимательней.

См. также **ПУЧИТЬ ГЛЯДЕЛКИ**

От общеупотр. «глядеть».

ГЛЯДЕТЬ *см.* **ЖОПА; ЯЩИК**

♦ **ГЛЯ́ДЯ НА Э́ТИ НО́ГИ, ЧЕЛОВЕ́К ИЗОБРЁЛ КОЛЕСО́** — о кривых ногах.

ГЛЯ́КОСТЬ, *межд.* То же, что **ГЛЯ**.

Сокращ. от *прост.* «гляди-кась».

ГЛЯ́НЕЦ, -нца, *м.* Лысина; лысый человек.

ГНАТЬ, гоню́, го́нишь; *несов.* **1.** *что кому* и *без доп.* Говорить, рассказывать (обычно привирая, фантазируя, придумывая, сочиняя). *Сам-то подумай, что ты гонишь. Он там мне гонит текст типа «я тебя люблю»* — он мне признаётся в любви. **2.** *что.* Делать, производить что-л. *~ брак* — делать бракованную продукцию. *~ бабки* — делать большие деньги. **3.** *что кому.* Давать, отдавать. *Гони долю* — отдавай положенную мне часть дохода. **4.** *из чего* и *без доп.* Заниматься самогоноварением. *Из чего гонишь? — Из томатной пасты.* **5.** *куда.* Идти. *Куда гонишь?* ♦ **~ тюльку** (или **гамму, пургу, порнуху, голландию, туфту, стружку** и т. п.) — лгать, пустословить, завираться. **~ волну** — нагнетать напряжённость, накалять обстановку, взвинчивать, разжигать страсти, обострять конфликт.

См. также **ПОРОЖНЯК; ПУСТЫШКА; ФУФЛО; ХАРЧ; ЧЕРНУХА; ЧЕШУЯ**

ГНАТЬ ВРАЗБИВКУ *см.* **ГОВОРИТЬ (ПУЗЫРИ ПУСКАТЬ, ЖЕВАТЬ, БУРЧАТЬ, ГНАТЬ) ВРАЗБИВКУ**

ГНАТЬ ДУРУ *см.* **ДУРА**

ГНАТЬ ТЕКСТУ *см.* **ТЕКСТА**

ГНИ́ДА, -ы, *ж.* Руг.

От назв. личинок вши.

ГНИ́ДНИК, -а, **ГНИДНЯ́К**, -а́, *м.* Кто-л. грязный, неопрятный, дурно пахнущий; грязная вещь; какое-л. заведение с дурной репутацией.

От **ГНИДА**.

ГНИЛО́Й, -а́я, -о́е. Ненадёжный, нечестный, сомнительный, способный на подлость (о человеке). *~ мужик, по морде видно.* ♦ **~ые выселки** — удалённое, заброшенное место; глушь.

♦ **ГНИЛО́Й БАЗА́Р** — бессмысленный или неприятный разговор.

ГНИЛУ́ХА, -и, **ГНИЛУ́ШКА**, -и, *ж.* **1.** Государственное предприятие общественного питания.

2. Дешёвое вино (обычно красное). **3.** Старое, заброшенное, полуразрушенное здание, ветхий дом. *~у под Вологдой купил.*

ГНИЛЬ, -и, *ж.* **1.** Ненадёжный, подлый человек. **2.** Человек, давно живущий где-л., хорошо знающий местные порядки, старожил; завсегдатай какого-л. заведения; профессионал, давно занимающийся чем-л. *Петрович, он, брат, местная ~, он всё знает.*

2. — *ср. уг.* «гниль» — лицо, хорошо знающее режим в исправительной колонии.

ГНИЛЬЦА́, -ы́, *ж.* Дурная черта характера, какой-л. порок. *Ты с ним поосторожнее, он кент с ~ой, может с дерьмом сожрать и не подавится* (он опасный человек).

Ср. общеупотр. *разг.* «гнильца» — признак слабого загнивания.

ГНИТЬ, гнию́, гниёшь; *несов.* **1.** *где.* Бездарно проводить время где-л. *Два часа на лекции гнил, теперь пойду на семинар догнивать.* **2.** *кого.* Клеветать на кого-л., возводить напраслину; строить козни. *Меня в этом вонючем коллективе все как один гниют* (ненавидят, стараются выжить).

ГНИТЬ* *см.* **РЫБА ГНИЁТ С ГОЛОВЫ, А ЧИСТЯТ ЕЁ С ХВОСТА**

ГНОБИ́ТЬ, -блю́, -би́шь, **ГНО́БИТЬ**, -блю, -бишь; *несов.*; *кого* и *без доп.* Докучать, надоедать, приставать, изводить, раздражать; ныть, плакаться. *Ты меня уже час со своей кошачьей жизнью ~бишь* (жалуешься на жизнь).

ГНУС, -а, *м.* (или ~ **ПАРШИ́ВЫЙ**). Надоедливый, противный человек; обычно употребляется как руг.

Контаминация «гнусный» + «гнус» (надоедливая мошкара).

ГНУСА́ВИТЬ, -влю, -вишь; *несов.* **1.** *что* и *без доп.* Говорить, произносить что-л. (обычно неинтересное, скучное, нудное). *Что по телевизору? — Да всё депутаты про демократические горизонты ~вят.* **2.** Страдать насморком, быть простуженным. *Как здоровье? — ~влю помаленьку* (болею).

ГНУСНЫЙ ПАПА *см.* **ГАДСКИЙ (МЕРЗКИЙ, ПОДЛЫЙ, ГНУСНЫЙ) ПАПА**

ГНУТ, -а (или -а́), *м.*, **ГНУТЯ́РА**, -ы, *м.* и *ж.* Подлиза, подхалим; хитрец, прощелыга.

От **ГНУТЬСЯ**.

ГНУТЫЙ *см.* **ФУ-ТЫ НУ-ТЫ, НОГИ ГНУТЫ**

ГНУТЬ, гну, гнёшь; *несов.* **1.** *что* и *без доп.* Рассказывать, говорить (обычно придумывая, сочиняя от себя). **2.** *что, на чём, на что* и *без доп.* Настаивать, упорствовать. ♦ **~ свою линию** — отстаивать свою позицию, точку зрения. **~ дугу** (или **околицу, околесицу, объездом**) — с помощью многословия обходить главное, лгать через умолчание.

ГНУТЬ* *см.* **БАРАНКИ ГНУ; ПАЛЬЦЫ ГНУТЬ**

♦ **ГНУТЬ ПО́ЯС** — подобострастничать, унижаться.

ГНУ́ТЬСЯ, гнусь, гнёшься; *несов., перед кем* и *без доп.* Подобострастничать, пресмыкаться, раболепствовать.

ГНУТЯРА *см.* **ГНУТ**

ГОВЁННЫЙ, -ая, -ое, **ГОВЁННЕНЬКИЙ**, -ая, -ое. Плохой, негодный. *~ фильм. ~ советский инженер. Говённые наши дела — пора вешаться —* *ирон.* всё плохо.

От **ГОВНО**.

ГОВЁХА, -и, **ГОВЁШКА**, -и, **ГОВНЯ́ШКА**, -и, **ГОВЯ́ШКА**, -и. **1.** *ж.* Кал. **2.** *м.* и *ж.* Негр. **3.** *ж.* Нечто плохое, низкопробное. *Ты мне какую-то говёху вместо машины подсунул* (продал плохую машину).

От **ГОВНО**.

ГОВНЕМЁТ, -а, **ГОВНОМЁТ**, -а, *м.* **1.** Любое устройство, из которого что-л. льётся, сыплется и т. п. **2.** Сквернослов. *Выставка ~ов* (о съезде народных депутатов).

От **ГОВНО** + общеупотр. «метать».

ГОВНЕМЁТЧИК, -а, **ГОВНОМЁТЧИК**, -а, *м.* То же, что **ГОВНЕМЁТ 2.**

ГОВНИ́ЛЫЧ, -а, *м.* *Ирон.* Негодяй, сволочь. *~ ты после этого!*

От **ГОВНО** с имитацией отчества; *ср.* **КАЛЫЧ**.

ГОВНИ́СТЫЙ, -ая, -ое. С дурным характером, вредный (о человеке).

От **ГОВНО**.

ГОВНИ́ТЬСЯ, -ню́сь, -ни́шься; *несов.*; *без доп.* **1.** Вредничать, делать что-л. назло. **2.** Жадничать. *Не ~нись, дай трёшник.*

От **ГОВНО**.

ГОВНО́, -а́, **ГОВНИ́ЩЕ**, -а, *ср.* **1.** Кал. **2.** Нечто дурное, неинтересное, некачественное. **3.** Плохой человек. ♦ **~ зелёное** (или **собачье, несвежее** и т. п.) — руг., напр.: *Плыви, плыви, ~ зелёное* — уходи отсюда (из анекдота). **Делать из ~а́ конфетку** (или **на ~е́ сметану**) —

стараться получить выгоду из всего; пытаться представить плохое как хорошее; хитрить, блефовать. **Своё ~ не пахнет** — свои дурные черты не отталкивают; пусть плохое, да своё. **~а́ не держим** — ирон. реплика на какую-л. похвалу, комплимент. **Мешок** (или **куль**) **с ~о́м** — большой, толстый, грузный, неловкий человек. **Съесть** (или **сожрать**) **с ~о́м** (или **вместе с ~о́м**) *кого* — уничтожить человека, победить с помощью интриг; предать, поступить с кем-л. подло, жестоко. **~ хлебать** — заниматься неинтересным, унизительным делом; иметь неприятности. **~а́ нахлебаться** (или **наесться**) — пережить много трудностей, унижений, оскорблений; набраться горького опыта. **~о́м изойти** — сделать много плохого окружающим; наговорить неприятностей, нанести оскорбления и т. п. **~ не тонет** — ирон. о плохом, но преуспевающем человеке; об умении держаться на плаву, выходить из затруднительных ситуаций. **Закрой рот, ~ видать** — замолчи. **~ на палочке** — нечто незначительное, невзрачное, несерьёзное. **Послать на ~** *кого* — заставить мыть туалет (в армии). **Как из ~а пуля** *из кого-чего* — о некомпетентности, несоответствии кого-л. какой-л. профессии, должности, деятельности, напр.: *Из него президент как из ~а пуля.* **Не трожь ~, оно и не пахнет** (или **не воняет**) — о плохом человеке, с которым лучше не иметь дела; о каком-л. деле, которым лучше и не начинать заниматься, учитывая негативные последствия. **Как ~ в проруби** *кто, что* — о праздношатающемся, о ком-л., мешающем всем, о человеке «не у дел»; о чём-л. неуместном, выбивающемся из общей картины, напр.: *Второй год болтается без работы как ~ в проруби.* **~ было давно, а теперь удобрение, ~ было давно, а теперь повидло** — ирон. реплика в ответ на оскорбление собеседником «ты говно». **В ~** *какой, что сделать* — очень, весьма, напр.: *в ~ пьяный* — очень пьяный; *в ~ обругать* — сильно обругать; *в ~ проиграться* — проиграть всё. **Слететься, как мухи на ~** — собраться, сбежаться в большом количестве на что-л. лакомое, желанное. **~ всплывёт** — всё плохое станет известным, тайное станет явным. **Всё равно, что ~а́ в карман накласть** (или **наложить**) *что сделать* — сделать что-л. невпопад.

См. также **КАК ГОВНО НА ВЕТРУ; МЕСИТЬ ГЛИНУ (ГОВНО); НАМ, ТАТАРАМ, ВСЁ РАВНО...; ПЬЯНОЕ ГОВНО; С ГОВНА СЛИВКИ (ПЕНКИ) СНИМАТЬ; ТУША В СОБСТВЕННОМ ГОВНЕ.**

ГОВНОВО́З, -а, *м.*, **ГОВНОВО́ЗКА**, -и, *ж.* **1.** Мусорная машина. **2.** Милицейская машина. **3.** Правительственная машина.

От **говно** + общеупотр. «возить».

ГОВНОДА́В, -а, *м.* **1.** То же, что **говно 3. 2.** *мн.*, -ов. Дешёвые тяжёлые ботинки советского производства. **3.** *мн.*, -ов. Сапоги из непромокаемой ткани с тёплой подкладкой или вкладышем.

От **говно** + общеупотр. «давить».

ГОВНОДА́ВИНО, -а, **ГОВНОДА́ВКИНО**, -а, *ср.* **1.** Обобщённо о каком-л. провинциальном, далёком, захолустном городе, населённом пункте. **2.** Вещевой рынок. *~ в Луже* (Лужниках).

От **говно** + общеупотр. «давить».

ГОВНОДЕРЖА́ТЕЛЬ, -я, *м.* Канализационный бачок, унитаз, а также специальное устройство в нём, регулирующее сброс воды. ♦ **~ сломался** *у кого* — о поносе, расстройстве желудка.

От **говно** + общеупотр. «держать».

ГОВНОЕ́Д, -а, *м.* То же, что **говно 3.**

От **говно** + общеупотр. «есть».

ГОВНОЖУ́Й, -я, *м.* То же, что **говно 3.**

От **говно** + общеупотр. «жевать».

ГОВНОЗАБО́ЙЩИК, -а, *м.* Игрок в домино, сделавший т. н. «рыбу» в пользу противников, а также обобщённо о любом человеке, сделавшем что-л. неудачно, не к месту.

Из речи игроков в домино; *ср.* также **ЗАБОЙЩИК.**

ГОВНОКО́П, -а, *м.* Врач или медсестра, принимающие кал на анализ. *Когда ~ принимает?*

См. **ГОВНОКОПАЛКА 1.**

ГОВНОКОПА́ЛКА, -и, *ж.* **1.** Трубка для взятия анализа кала. **2.** Всё, чем или с помощью чего можно копать (лопата, экскаватор и т. п.).

От **говно** + общеупотр. «копать».

ГОВНОМЕ́С, -а, *м.* Гомосексуалист.

От **говно** + общеупотр. «месить».

ГОВНОМЁТ *см.* **ГОВНЕМЁТ**

ГОВНОМЁТЧИК *см.* **ГОВНЕМЁТЧИК**

ГОВНОМЕША́ЛКА, -и, *ж.* Любое устройство или предмет для перемешивания чего-л. (бетономешалка, миксер, половник и т. п.).

От **говно** + общеупотр. «мешать».

♦ **ГОВНО́ НА ЛЯ́ЖКЕ** — *бран.*

♦ **ГОВНО́ НА́ УШИ ВЕ́ШАТЬ** *кому* — врать, зубы заговаривать.

ГОВНОСЕ́К, -а, *м.* Гомосексуалист.

Ирон. контаминация с «генсек».

ГОВНОСТО́ПЫ, -ов, *мн.* То же, что **ГОВНОДАВ 2., 3.**

От **говно** + общеупотр. «стопа».

ГОВНОСТУ́ПЫ, -ов, *мн.* То же, что **ГОВНОДАВ 2., 3.**

От **говно** + общеупотр. «ступать», «ступить».

ГОВНЮ́К, -а́, **ГОВНЮ́ШНИК**, -а, *м.*, **ГОВНЮ́ХА**, -и, **ГОВНЮ́ШКА**, -и, *м.* и *ж.* То же, что **ГОВНО 3.**

ГОВНЯ́НЫЙ, -ая, -ое. То же, что **ГОВЁННЫЙ**. ♦ **~ домик** — туалет.

ГОВНЯШКА, ГОВЯШКА *см.* **ГОВЁХА**

ГОВОРИЛКА *см.* **ФИЛЬТРОВАТЬ ГОВОРИЛКУ**

ГОВОРИТЬ *см.* **ВЗЯЛСЯ ЗА ГРУДЬ — ГОВОРИ** (или **ДЕЛАЙ**) **ЧТО-НИБУДЬ; КАК ГОВОРЯТ ФРАНЦУЗЫ; ХОРОШО ГОВОРИШЬ, БРОНЕВИКА ТЕБЕ (ТОЛЬКО) НЕ ХВАТАЕТ**

♦ **ГОВОРИ́ТЬ (ПУЗЫРИ́ ПУСКА́ТЬ, ЖЕВА́ТЬ, БУРЧА́ТЬ, ГНАТЬ** и т. п.) **ВРАЗБИ́ВКУ** — говорить чётче, не торопясь, делать паузы.

♦ **ГОВОРЛИ́ВЫЙ, ВЫ́ТРИ НОС СОПЛИ́ВЫЙ** — замолчи.

Из *детск.*

ГОВОРЯЩИЙ *см.* **ЖОПА**

ГО́ГИ, *нескл.*, **ГО́ГИЙ**, -я, **ГО́ГИЯ**, -и, *м.* Грузин.

От *собств.* груз. имени «Гоги».

ГО́ГОЛЬ-МО́ГОЛЬ, го́голь-мо́голя (реже го́голя-мо́голя), *м.* Чёрт знает что, несуразица, ерунда.

От общеупотр. назв. кушанья.

ГО́ГОЛЯ, *нескл.*, *ср.* и *м.*, *собств.* Площадка вокруг памятника Н. В. Гоголю в Москве (на Гоголевском бульваре), место сбора ряда молодёжных и др. объединений. *Встречаемся на ~. Подходи к ~.*

ГО́ГОЧКА, -и, *м.* Маменькин сынок.

Зафиксировано еще в 20-х гг. в речи беспризорников.

ГОД *см.* **БЫТЬ СТО ЛЕТ НЕ НУЖНЫМ; ГЕРОЙ ДВЕНАДЦАТОГО ГОДА; ЖОПА; РАССТРЕЛ; СТО ЛЕТ В ОБЕД**

ГО́ДНО, *част.* Ладно, да, так и быть, согласен, сойдёт. *Приходи в шесть. — ~.*

ГОДО́К, -дка́, *м.* Старослужащий, прослуживший один год.

Из арм.; *ср. прост.-диал.* в зн. «ровесник, одногодок».

ГОЛДА́, -ы́, *ж.* Изделие из золота (чаще о массивной нагрудной цепочке). *Будешь в Ебипте* (Египте) — *купи ~у.*

См. **ГОЛДОВЫЙ**.

ГОЛДО́ВЫЙ, -ая, -ое. Золотой, сделанный из золота.

От англ. gold — золото. *ср.* **ГОЛДА**.

ГОЛИМЫЙ *см.* **ГАЛИМЫЙ**

ГОЛЛАНДИЯ *см.* **ГНАТЬ**

ГОЛЛИВУД *см.* **НАШИ ЛЮДИ В ГОЛЛИВУДЕ**

ГОЛОВА́, -ы́, *ж.* Шапка. ♦ **Без ~ы** — с непокрытой головой.

ГОЛОВА* *см.* **В ГОЛОВЕ ВЕТЕР, В ЖОПЕ ДЫМ; ВОШЬ ЭНД ГОУ В ГОЛОВУ; ДУМАЙ, ДУМАЙ, ГОЛОВА...; ЖИЗНЬ БЬЁТ КЛЮЧОМ...; ЖОПА; КОНТРОЛЬНЫЙ ВЫСТРЕЛ В ГОЛОВУ; МОЙКА; НЕ БОЛИТ ГОЛОВА У ДЯТЛА; НЕУДОБНО ШТАНЫ ЧЕРЕЗ ГОЛОВУ НАДЕВАТЬ; ОСТОРОЖНО, НЕ ЗАДЕНЬ МНЕ ГОЛОВУ...; ПАНК НА ГОЛОВЕ ВСТАЛ; РАК ГОЛОВЫ; РЫБА ГНИЁТ С ГОЛОВЫ, А ЧИСТЯТ ЕЁ С ХВОСТА; СОЛНЦА НЕТ, А ГОЛОВА ПОТЕЕТ; СРАТЬ; ТАРАКАН В ГОЛОВЕ; У МЕНЯ СВОЯ ГОЛОВА ЗА ПЛЕЧАМИ; УШИ НА ГОЛОВУ НАТЯНУТЬ; ХОД; Я УПАЛА С САМОСВАЛА, ТОРМОЗИЛА ГОЛОВОЙ.**

♦ **ГОЛОВА́ БЕТО́ННАЯ** — *ирон.* неодобрение какого-л. действия, поступка или свойства характера собеседника.

♦ **ГОЛОВА́-ГОЛО́ВУШКА, ГОЛОВА́ ДВА У́ХА, ГОЛОВА́ ДУБО́ВАЯ, ГОЛОВА́ ДЫРЯ́ВАЯ** — *ирон.* неодобрение какого-л. действия, поступка или свойства характера собеседника.

♦ **ГОЛОВА́ КАК ДОМ СОВЕ́ТОВ** — **1.** Об озабоченности, усталости или головной боли. **2.** Об умном человеке.

♦ **ГОЛОВА́ КАРТО́ННАЯ** — *ирон.* неодобрение какого-л. действия, поступка или свойства характера собеседника.

♦ **ГОЛОВА́ КВАДРА́ТНАЯ** *у кого* — голова болит, голова устала от размышлений, плохо думается.

♦ **ГОЛОВА́ НЕСЧА́СТНАЯ, ГОЛОВА́ ПЛАСТИЛИ́НОВАЯ** — *ирон.* неодобрение какого-л. действия, поступка или свойства характера собеседника.

♦ **ГОЛОВА́ ПОЛНА́ ИДЕ́Й, И ВСЕ МЫ́СЛИ ПРО БЛЯДЕ́Й** — *ирон.* о бабнике.

♦ **ГОЛОВА́ ПУСТА́Я, ГОЛОВА́ РЖА́ВАЯ, ГОЛОВА́ САДО́ВАЯ** — *ирон.* неодобрение какого-л. действия, поступка или свойства характера собеседника.

♦ **ГОЛОВА́ С КУЛАЧО́К** *у кого* — о глупом человеке.

♦ **ГОЛОВА́ ПУ́ХНЕТ** *от чего* — об озабоченности, усталости или головной боли.

♦ **ГОЛОВА́ ТРУХЛЯ́ВАЯ** — *ирон.* неодобрение какого-л. действия, поступка или свойства характера собеседника.

ГОЛОВА́СТИК, -а, *м.* **1.** Человек с большой головой. **2.** Маленький, невзрачный человек. **3.** Ирон. обращение.

ГОЛОВЕ́ШКА, -и, *м.* и *ж.* Негр.

ГОЛО́ВКА, -и, *ж.* Мужской половой орган. ♦ **Самонаводящаяся ~** — ловелас, бабник.

ГОЛОВКА* *см.* **БОБО**

♦ **ГОЛОВНА́Я БОЛЬ** — трудная проблема, тяжёлая забота.

ГОЛОВНО́Й, -а́я, -о́е. *Ирон.* **1.** Считающийся главным, ведущим. *~ая сила — это тёща.* **2.** *в зн. сущ.*, -о́го, *м.* Главный, основной член какого-л. социума или человек, считающий себя таковым. *У меня в семье жена за ~ого. Ты что, ~ что ли, рот закрой* — не ставь себя слишком высоко, будь скромнее.

♦ **ГОЛОВО́Й НА́ДО ДУ́МАТЬ, А НЕ ЖО́ПОЙ** — упрёк в чьём-л. недальновидном, легкомысленном поведении.

♦ **ГО́ЛОВУ ВКЛЮЧИ́ТЬ** — задуматься, начать размышлять над чем-л., озаботиться чем-л., напр.: *Включи голову-то, питекантроп!*

ГОЛОВУШКА *см.* **ГОЛОВА-ГОЛОВУШКА**

ГОЛОД *см.* **ВСЯ ЖИЗНЬ — БОРЬБА...**

ГОЛОДНЫЙ *см.* **ХОЛОДНЫЙ, КАК КРОКОДИЛ ГОЛОДНЫЙ**

ГО́ЛОС, -а, *м.* (или ~ **ИЗ-ЗА БУГРА́**), **ГОЛОСА́**, -о́в, *мн.* Западная радиостанция.

См. также **ВРАЖИЙ ГОЛОС**

ГОЛОС* *см.* **ЗВОНИТЬ ГОЛОСОМ (ВОЙСОМ); РАЗДАЛСЯ ГОЛОС ИЗ ПОМОЙКИ...**

ГОЛОСА *см.* **ГОЛОС**

ГОЛОС КАК В ЖОПЕ ВОЛОС: ТОНОК, ДА НЕЧИСТ *см.* **ЖОПА**

ГОЛУБА́РЬ, -я́, *м.* То же, что **ГОЛУБОЙ 2.**

ГОЛУБЕ́Ц, -бца́, **ГОЛУБО́К**, -бка́, *м.* Гомосексуалист, «голубой». *Слетелись голубки на гомодром* (о сборище гомосексуалистов).

ГО́ЛУБИ, -е́й, *мн.* **1.** Вещи, бельё, одежда. **2.** Деньги.

Возм. от *уг.* «голуби» — бельё, которое воруют с чердаков.

ГОЛУБИЗНА́, -ы́, *ж.* Гомосексуализм.

ГОЛУБО́Й, -а́я, -о́е. **1.** Относящийся к гомосексуализму. *~ фильм. ~ые проблемы.* **2.** в зн. *сущ.*, -о́го, *м.* Гомосексуалист. **3.** в зн. *сущ.*, -о́го, *м.* Милиционер.

ГОЛУБОЙ *см.* **ЖДАТЬ ПРИНЦА С ХРУСТАЛЬНЫМИ (ГОЛУБЫМИ) ЯЙЦАМИ; ЖОПА; И ДОЛГО Я БУДУ ВИДЕТЬ ВО СНЕ...; КОНЬ С ГОЛУБЫМИ ЯЙЦАМИ; НАПИТЬСЯ ГОЛУБОЙ ВОДЫ**

ГОЛУБОЙ ПЕСЕЦ *см.* **ПЕСЕЦ**

ГОЛУБОЙ ПИСЕЦ *см.* **ПИСЕЦ**

ГОЛУБОК *см.* **ГОЛУБЕЦ**

♦ **ГОЛУБЫ́М ГЛА́ЗОМ (СМОТРЕ́ТЬ)** — безразлично, холодно, равнодушно.

ГО́ЛУБЬ, -я, *м.* (или ~ **СИ́ЗЫЙ**, ~ **СИЗОКРЫ́ЛЫЙ**). Ирон.-шутл. обращение.

ГОЛУБЬ* *см.* **ПРИХЛОПНУТЫЙ**

ГОЛУБЯ́ТНЯ, -и, *ж.* **1.** Верхний этаж. **2.** Голова. *Что-то у меня сегодня ~ едет* (болит, кружится голова; плохое самочувствие).

ГО́ЛЫЙ, -ая, -ое. **1.** Безденежный (о человеке). **2.** в зн. *сущ.*, -ого, *м.* Пляж нудистов. *Был в Прибалтике, сходил на ~ого, теперь мясо есть не могу.*

ГОЛЫЙ* *см.* **ЖОПА; СПУТАТЬ ЕЖА С ГОЛОЙ ЖОПОЙ; ЧТО ТЫ РВЁШЬСЯ, КАК ГОЛЫЙ В БАНЮ...**

♦ **ГО́ЛЫЙ ВА́ССЕР, ГО́ЛЫЙ ВА́СЯ** — что-л. безрезультатное, безнадёжное.

ГОЛЫЙ ВАСЯ НОЧЕВАЛ *см.* **ВАСЯ**

♦ **ГО́ЛЫЙ ДЕД** (или **ДЕ́ДУШКА, ДЕДУ́ЛЯ**) — почтовый редактор Gold Editor (Gold Ed, Gol Ded), напр.: *Ну, голый дедушка, сколько у нас сегодня писем?*

Из языка пользователей компьютеров.

♦ **ГО́ЛЫЙ НО́МЕР** — что-л. безрезультатное, безнадёжное, напр.: *Дозвониться в Шереметьево — голый номер, ехать надо.*

ГОЛЫ́Ш, -а́, *м.* Бриллиант или другой драгоценный камень.

Возм. из *уг.*

ГОЛЬ, -и, *ж.* (или ~ **ПЕРЕКА́ТНАЯ**). Ирон. обращение.

От общеупотр. «голь перекатная» — оборванцы, нищие, беднота.

ГОЛЬЁ, -я́, *ср.* Деньги.

Из *уг.*

ГОЛЯ́К, -а́, *м.* и в зн. *сказ.* Полное отсутствие чего-л. *На базе полный ~.*

ГО́МА, -ы, **ГО́МИК**, -а, **ГОМОСЕ́К**, -а, **ГОМУ́СИК**, -а, *м.* Гомосексуалист.

ГОМОДРО́М, -а, *м.* Место, где много гомосексуалистов, место встречи гомосексуалистов (часто о площади перед Большим театром).

По модели «аэродром» и т. п.

ГОМОСЕК *см.* **ГОМА**

ГОМОСЕ́ЧКА, -и, *ж.* Сумка, которую носят на поясе.

От **ГОМОСЕК**.

ГОМУСИК *см.* **ГОМА**

ГОН, -а, *м.* Ложь, выдумки.

От **ГНАТЬ 1**.

ГОНДО́Н, -а, *м.* **1.** Презерватив. *По деревне — благодать! Шуточки солёные: девки стали разгружать ящики с ~ами* (частушка). **2.** Руг. *Не будь ~ом штопаным.*

См. также **ВУЛКАНИЗИРОВАННЫЙ, ШТОПАНЫЙ**

От общеупотр. *устар.* «кондом» — мужской презерватив; по фамилии изобретателя, англ. врача XVIII в. Кондома (Condom).

ГОНДУРА́С, -а, *м.* Мужской половой орган.

Из анекдота; назв. небольшого государства в Латинской Америке.

ГОНЕ́Ц, гонца́, *м.* Тот, кто покупает спиртное. *Не послать ли нам гонца за бутылочкой винца.*

ГО́НКИ, го́нок, *мн.* (или ~ **С ПРЕПЯ́ТСТВИЯМИ**). Бурные, стремительно развивающиеся события. *Как ты приходишь, сразу начинаются ~.*

ГОНО́РА, -ы, *ж.* Гонорея.

ГОНОРА́Р, -а, *м.* Деньги (в максимально широком зн.). *У тебя ~ есть? Я сегодня без ~а.*

ГО́НЩИК, -а, *м.* **1.** Лгун, выдумщик. **2.**Самогонщик.

От **ГНАТЬ1, 4.**

ГОНЯТЬ *см.* **БАЛДА; ЛЫСЫЙ; ПО ЗОНЕ МАЙКОЙ ГОНЯТЬ; СОПЛИ ГОНЯТЬ; ЧЕРТЕЙ ГОНЯТЬ; ШАРЫ; ЭТО ТЕБЕ (ВАМ) НЕ МЫЛО В ТАЗИКЕ...**

ГО́ПНИК, -а, *м.* Мошенник, налётчик; погромщик, хулиган.

Ср. *уг.* «гоп» — ночлежка, «гопать» — жить бездомным, ночевать на улице, бродяжничать; *ср.* также **ГОПОТА, ГОП-СТОП.**

ГОПОТА́, -ы́, *ж. Пренебр.-бран.* О ком-л., чаще о группе лиц. *~ всякая собралась.*

См. **ГОПНИК.**

ГОП-СТОП, гоп-сто́па, *м.* Ограбление, кража. ♦ **Взять на ~** *кого-что* — ограбить, обворовать.

Из *уг.* в том же зн.; *ср.* **ГОПОТА, ГОПНИК.**

ГОРА *см.* **В ГОРУ; КАК ТЫ МОГ В ТАКУЮ ПОРУ НАВАЛЯТЬ ТАКУЮ ГОРУ?; КОГДА ДЕРЕВЯННЫЙ КОНЬ НА ГОРЕ ПЁРДНЕТ; НИЩИЙ (В ГОРАХ); ХРЕН С ГОРЫ (С БУГРА)**

ГОРБ, -а́, *м.*, **ГОРБУ́ХА**[1], -и, **ГОРБУ́ШКА**, -и, *ж.*, *собств.* Дом культуры им. Горбунова в Москве и расположенный рядом с ним рынок аудио-, видеокассет и компакт-дисков.

ГОРБА́ТИТЬ, -а́чу, -а́тишь, **ГОРБА́ТИТЬСЯ**, -а́чусь, -а́тишься; *несов., на кого-что* и *без доп.* Работать, вкалывать (обычно за небольшие деньги). *Я на Советскую власть сорок лет ~атился, пускай теперь без меня целину ковыряют.*

ГОРБА́ТЫЙ[1], -ого, **ГОРБА́Ч**, -а́, **ГО́РБИ**, *нескл., м., собств.* М. С. Горбачёв.

ГОРБА́ТЫЙ[2], -ого, *м.* **1.** Обманщик; фантазёр. **2.** Ирон. обращение.

См. также **ЛЕПИТЬ**

1. — возм. связано с **ГОРБИТЬ**.

ГОРБАТЫЙ* *см.* **ЛУЧШЕ БЫТЬ ГОРБАТЫМ РАЗДОЛБАЕМ...; ОРДЕН ГОРБАТОГО С ЗАКРУТКОЙ НА СПИНЕ; ФЛАГ В РУКИ, БАРАБАН В ЖОПУ...**

ГОРБАТЫЙ СТАХАНОВ (СТАХАНОВЕЦ) *см.* **СТАХАНОВ**

ГОРБАЧ *см.* **ГОРБАТЫЙ**[1]

ГОРБАЧЁВ *см.* **КУЙ ЖЕЛЕЗО, ПОКА ГОРБАЧЁВ**

ГОРБАЧЁВСКАЯ БАНЯ *см.* **БАНЯ**

ГОРБАЧИ́ХА, -и, *ж., собств.* Р. М. Горбачёва, жена М. С. Горбачёва.

От **ГОРБАЧ**.

ГОРБИ *см.* **ГОРБАТЫЙ**[1]

ГО́РБИТЬ, -блю, -бишь; *несов., что* и *без доп.* Весело и занимательно рассказывать что-л.; обманывать, врать.

ГОРБУХА[1] *см.* **ГОРБ**

ГОРБУ́ХА[2], -и, *ж.* Смешная история, шутка, анекдот. ♦ **~у залепить** (или **замочить, отмочить**) — сделать что-л. смешное, занятное.

См. также **ЛЕПИТЬ**

1. — возм. связано с **ГОРБИТЬ**; наложение с общеупотр. «горбушка».

ГОРБУ́ША, -и, *ж.* Куриная ножка из партии продовольствия, присланного из США в качестве гуманитарной помощи в 1990 г.

Ирон. сокращ. «Горбачёву от Буша».

ГОРБУШКА[1] *см.* **ГОРБ**
ГОРБУШКА[2] *см.* **ЛЕПИТЬ**
ГОРБЫ́ЛЬ, -я́, *м.* Острота, шутка (чаще о неудачной).
ГОРДЕ́ИЧ, -а, *м.* (или **СТАРИ́К ~**, **ВАСИ́ЛИЙ ~**). Мужской половой орган.
ГОРДИТЬСЯ *см.* **НУ И ГОРДИСЬ ДО ПЕНСИИ!**
ГОРДЫЙ *см.* **МЕСТО, ГДЕ НОГИ ТЕРЯЮТ СВОЕ ГОРДОЕ ИМЯ**
ГОРЕ́ЛЫЙ, -ого, *м.* Негр.
ГОРЕМ ПРИДАВЛЕННЫЙ *см.* **ПРИДАВЛЕННЫЙ**
ГОРЕ́ТЬ, -рю́, -ри́шь; *несов., с чем* и *без доп.* Не успевать, проваливаться, терпеть фиаско. *~ с заказами. Слушай, ~рю, дай червонец.*
ГОРЕТЬ* *см.* **ГОРИ ОНО ВСЁ ЯСНЫМ ПЛАМЕНЕМ; СУХИЕ ДРОВА ЖАРКО ГОРЯТ; ТРАХАЕМ ВСЁ, ЧТО ДВИЖЕТСЯ...; ТРУБА ЗОВЁТ...; ТЫ СО МНОЙ В ТАНКЕ ГОРЕЛ?; ШЛАНГ**
ГОРИЗОНТАЛЬ *см.* **ОТБИВАТЬСЯ В ГОРИЗОНТАЛЬ**
♦ **ГОРИЗОНТА́ЛЬНАЯ ПРОФЕ́ССИЯ** — проституция.
ГОРИЗОНТА́ЛЬНЫЙ, -ая, -ое. Очень пьяный.
♦ **ГОРИ́ ОНО́ ВСЁ Я́СНЫМ** (или **Я́РКИМ, СИ́НИМ**) **ПЛА́МЕНЕМ** — пропади оно всё пропадом, не надо мне ничего.
ГОРЛИ́НА, -ы, *ж.* Горло. *Ну и ~ !* (о сильном голосе).

См. также **ВАФЛИНАЯ ДОЛИНА, ИЛИ ЧЛЕН В ГОРЛИНУ**

ГОРЛО *см.* **СИСЬКА**
ГОРНЫЙ *см.* **УНИТАЗ НА ГОРНЫХ ЛЫЖАХ**
ГОРОДИТЬ *см.* **ЧАСТОКОЛ**
ГОРОДОВО́Й, -о́го, *м.* Милиционер.
ГОРОДОВОЙ* *см.* **ЯПОНСКИЙ БОГ!**
ГОРОДУ́ШНИК, -а, *м.* Вор, крадущий с прилавков магазинов.

От *уг.* «городуха» — кража под видом покупки, «городушник» — магазинный вор.

ГОРОХОВЫЙ *см.* **МУДИЛА ГОРОХОВЫЙ**
ГОРОШИНА *см.* **ХРЕН**
ГОРЧИ́ЧНИК, -а, *м.* Купюра достоинством в сто рублей (о советских деньгах).
ГОРШО́К, -шка́, *м.* Голова. ♦ **~ варит** — голова думает (об умном, сообразительном человеке).
ГОРШОК* *см.* **ОТ ГОРШКА ДВА ВЕРШКА; ПИ́САТЬ; ТЫ ЧТО, УПАЛ?**
ГОРЮ́ЧЕЕ, -его, *ср.* Спиртное. *~его полный бак* — спиртного много.
ГОРЯ́ЧИЙ, -его, *м.* Сильный удар, вызывающий жгучую боль.

См. также **ПРИНИМАТЬ ГОРЯЧЕГО**

ГОРЯЧИЙ* *см.* **МЫ, ГРУЗИНЫ, НАРОД ГОРЯЧИЙ, СЕМЕРО ОДНОГО НЕ БОИМСЯ**
ГОРЯЧО *см.* **А ЧЕРЕЗ ПЛЕЧО (НЕ ГОРЯЧО)?**
ГОСПОДИН *см.* **ЗДРАВСТВУЙТЕ, ГОСПОДА УДАВЫ!**
ГОСТ *см.* **ПО ГОСТУ**
ГОСТА́К, -а́, *м.* Государственная цена. *По ~ у. За ~.*

От общеупотр. аббрев. ГОСТ — государственный стандарт.

ГО́СТИ, -е́й, *мн. Ирон.* Приезжие, гости Москвы. *От ~ей в метро такое амбре, что ноздри заворачиваются* (плохо пахнет).
ГОСТИ* *см.* **БУДЬТЕ КАК ДОМА...; КУШАЙТЕ, ГОСТИ ДОРОГИЕ...; ПРИШЛИ ГОСТИ ПОЕДАТЬ КОСТИ**
ГОСТИ́НИЦА, -ы, *ж.* **1.** Тюрьма. **2.** Зал ожидания на вокзале.

1 — из *уг.*

♦ **ГО́СТИ ПРИШЛИ́** *к кому* — началась менструация.
ГОСТЬ *см.* **КАМЕННЫЙ ГОСТЬ**
♦ **ГОСТЬ С ФАЛЬСТА́РТОМ** — гость, который всё время говорит, что собирается уходить, но опять садится и остаётся.
ГОСУДАРСТВО *см.* **НЕ ВПУСКАТЬ ГОСУДАРСТВО В СВОИ ЛИЧНЫЕ ДЕЛА; Я С ГОСУДАРСТВОМ ДЕЛ НЕ ИМЕЮ...**
ГО́ТИКА, -и, *ж.* (или **СТА́ЛИНСКАЯ ~**, **СОВЕ́ТСКАЯ ~**). Высотные здания сталинского времени в Москве.
ГОТИ́ЧНО, *нареч.* или в зн. *межд.* Хорошо, отлично (часто с ирон. оттенком).

Ирон. Травестируется современная мода на «готику» (ср. **ВАМП-ПАТИ** и под.); для комического эффекта [г] произносится как фрикативное [γ], а [ч] как [ш].

♦ **ГОТО́ВА, ДОЧЬ ПОПО́ВА** — всё, закончили (реплика при завершении чего-л.).
♦ **ГОТО́В КОНДИ́ТЕР** — всё, дело кончено; противник побеждён.
ГОТОВЧЕ́НКО, *неизм.* (или **~-ГОТОВЧУ́К**). **1.** О чём-л. завершённом, пришедшем к концу, сломавшемся и т. п. *Бутылка ~-готовчук* (допита). *Экзамен ~* (сдан). **2.** Об умершем, опьяневшем или крайне удивлённом человеке.

Имитируются укр. фамилии.

ГОТО́ВЫЙ, -ая, -ое. Пьяный.
ГОФРИРОВАННЫЙ *см.* **ШЛАНГ**
ГПУ *см.* **ЗА ЖЭПЭУ И В ГПУ**
ГРАБАНУ́ТЬ, -ну́, -нёшь; *сов., кого на что, на сколько* и *без доп.* Ограбить, обворовать или взять много чего-л. у кого-л. *Вчера у нас сберкассу ~нули. Слушай, дай я тебя на сотню ~ну* — дай сто рублей.
ГРА́БКИ, -бок, *мн.* Руки, пальцы.
То же *уг.*
ГРА́БЛИ, -ей (или -е́й), *мн.* **1.** Руки. **2.** Перчатки.
ГРА́ДУС, -а, *м.*, **ГРА́ДУСЫ**, -ов, *мн.* Спиртное. ♦ **Под градусом** — пьяный.
ГРАЖДАНИ́Н, -а, *м.* **1.** Ирон.-дружеское обращение. *«~» говорят тогда, когда собираются играть в петушка на тюремной параше* — ирон. ответ на официальное обращение «гражданин». **2.** Солдат накануне демобилизации.
2. — из *арм.*
ГРАЖДА́НКА, -и, *ж.* **1.** Неформенная, гражданская одежда. **2.** Невоенная, гражданская жизнь в отличие от службы в армии.
Из *арм.*
ГРАММОФО́Н, -а, *м.* Рот. ♦ **Заткни** (или **выключи, закрой, сломай** и т. п.) **свой ржавый ~** — замолчи.
ГРАММУЛЬКА *см.* **ЗДЕСЬ БЕЗ ПИВА (БЕЗ ПОЛЛИТРА, БЕЗ ГРАММУЛЬКИ, БЕЗ СТОПАРЯ) НЕ РАЗОБРАТЬСЯ**
ГРАМОТА́Й, -я, *м.*, **ГРАМОТА́ЙКА**, -и, *ж. Ирон.* Неграмотный, некомпетентный человек (женщина).
Из *диал.*
ГРА́МОТНЫЙ, -ая, -ое. Хороший, отличный, высокого качества. *~ая девочка* (красивая). *~ые часики* (дорогие, точные).
ГРАНАТА *см.* **ПОЛУЧИ, ФАШИСТ, ГРАНАТУ!**
ГРАНД *см.* **МОКРЫЙ**
ГРАНЁНЫЙ, -ого, *м.* Стакан. ♦ **Отмечать столетие ~ого** — пить без повода.
ГРАНИЦА *см.* **ПОЛКАН**
ГРАФИК НА ФИГ *см.* **НА ФИГ**
ГРЁБАН, -а, -о, **ГРЕБЁН**, -а, -о, **ГРЁБАНЫЙ**[1], -ая, -ое, **ГРЕБЁНЫЙ**, -ая, -ое. Экспресс. эпитет. *Вот гребёные мастера!* ♦ **Гребён батон** (или **гребёны макароны, гребёна плать** и т. п.) — чёрт возьми!, ёлки-палки! и т. п.
Эвфем. от нецензурного руг.

ГРЕБАНУ́ТЬСЯ, -ну́сь, -нёшься, **ГРЁБНУТЬСЯ**, -нусь, -нешься; *сов., на чём, с чего* и *без доп.* Сойти с ума; стать странным; болезненно сосредоточиться на чём-л. *Ты грёбнулся совсем на своей физике.*
См. **ГРЁБАНЫЙ**[2].
ГРЁБАНЫЙ[2], -ая, -ое, **ГРЁБНУТЫЙ**, -ая, -ое. Ненормальный, с психическими отклонениями (о человеке).
См. также **ГРЁБАН**
ГРЕБЁН, ГРЕБЁНЫЙ *см.* **ГРЁБАН**
ГРЕБЕШОК *см.* **СКАКАТЬ (или ПОЛЗАТЬ, ВЕРТЕТЬСЯ) КАК ВОШЬ НА ГРЕБЕШКЕ**
♦ **ГРЕБИ́ УША́МИ КАМЫШИ́** — убирайся отсюда.
ГРЕБЛЯ *см.* **ЗАНИМАТЬСЯ КОННОЙ ГРЕБЛЕЙ НА КОНЬКАХ**
ГРЁБНУТЫЙ *см.* **ГРЁБАНЫЙ**[2]
ГРЁБНУТЬСЯ *см.* **ГРЕБАНУТЬСЯ**
ГРЕК *см.* **ИЗ ЧЕЧНИ В ГРЕКИ**
ГРЕ́ЛКА, -и, *ж.* Девушка, женщина.
ГРЕ́ЛЬЩИК, -а, *м.* О человеке, который прижимается к женщинам в толпе и получает от этого половое удовлетворение.
От общеупотр. «греться».
ГРЕМЕ́ТЬ, -млю́, -ми́шь; *несов.* **1.** *с чем* и *без доп.* Терпеть неудачу, проваливаться. **2.** *что* и *без доп.* Говорить (обычно громко).
ГРЕМЕТЬ* *см.* **БОРЩЕХЛЁБ; ГРОБ; ГРОМ ГРЕМИТ, ЗЕМЛЯ ТРЯСЁТСЯ...; НЕ ГРЕМИ КОСТЯМИ**
♦ **ГРЕМЕ́ТЬ КОСТЯ́МИ** — шуметь, греметь чем-л.
ГРЕМУ́ХИ, грему́х, *мн.* Деньги.
От общеупотр. «греметь».
♦ **ГРЕМУ́ЧАЯ СМЕСЬ** — о человеке смешанных кровей, чаще о некоем «экзотическом» сочетании национальностей, напр.: *Гремучая смесь японца с еврейкой.*
ГРЕМУ́ЧИЙ, -ая, -ее. **1.** Плохо пахнущий, вонючий. *Вонючка ~ая! Бомжи ~ие.* **2.** О человеке с дурным характером: подлый, сволочной. *Сам со своими бабами ~ими разбирайся.*
ГРЕСТИ́, гребу́, гребёшь; *несов., куда* и *без доп.* Идти, двигаться. *Греби сюда. Греби отсюда. А куда это мы гребём-то?*
ГРЕСТИ* *см.* **ГРЕБИ УШАМИ КАМЫШИ**
ГРЕТЬ *см.* **ТРУБЫ ГРЕТЬ (СУШИТЬ, ЗАЛИВАТЬ)**
ГРЕЦИЯ *см.* **В ГРЕЦИИ ВСЁ ЕСТЬ; КАК В ГРЕЦИИ**
ГРЕШНЫЙ *см.* **МУДИЛА (ГРЕШНАЯ)**
ГРИБ, -а́, ГРИБО́К, -бка́, *м.* Крепкий, сильный, энергичный человек.

ГРИБ* *см.* **ДЕШЕВЛЕ ГРИБОВ; ЕСТЬ ГРИБЫ**

ГРИБОК *см.* **ГРИБ**

ГРИН, -а́ (*часто со специфической формой во мн. ч. род. п.* -а́), *м.* Доллар; тысяча долларов. *Шесть ~а́* (шесть тысяч долларов).

От англ. green — зелёный (цвет купюр).

ГРИ́НДЕРСЫ, -ов, *мн.* Особый фасон ботинок.

ГРИНДЫ́, -о́в, *мн.* Участники движения «Гринпис», «гринписовцы».

ГРИНЫ *см.* **ПОЙТИ ПО ГРИНЫ**

ГРИ́ППЕЛИС, -а, **ГРИ́ППИЛИС**, -а, *м. Ирон.* Венерическая болезнь.

Наложение «грипп» и «сифилис».

ГРИ́ППЕР, -а, *м.* (или ~ **И ПРОСТУДИ́ФИЛИС**). *Ирон.* Сомнительная, надуманная болезнь.

Передел. общеупотр. «грипп» + «триппер», «простуда» + «сифилис».

ГРИППИЛИС *см.* **ГРИППЕЛИС**

ГРИ́ША, -и, **ГРИ́ШКА**, -и, *м.* **1.** Условный сигнал об опасности. **2.** Гривенник. **3.** Ирон. обращение.

В тех же зн. *уг.*

ГРОБ[1], -а, *м.* **1.** Дисциплина «Гражданская оборона» в вузах. **2.** Рок-группа «Гражданская оборона».

Аббрев.

ГРОБ[2], -а, *м.* **1.** Большая старая машина; любой громоздкий, нескладный предмет. **2.** и в зн. *сказ.* Что-л. заведомо безнадёжное. *Всё, с поступлением в институт ~.* ♦ **Закрой свой ~ и не греми костями** — замолчи, не шуми.

ГРОБ* *см.* **ВИДЕТЬ (ВИДАТЬ) В ГРОБУ В БЕЛЫХ ТАПОЧКАХ; ДОРОГОЙ И ДОРОГАЯ, ДОРОГИЕ ОБА...; ФИРМА ВЕНИКОВ НЕ ВЯЖЕТ...; ЧУТЬ ЧТО, В ГРОБ ЛОЖИТСЯ**

ГРОБОВО́Й, -а́я, -о́е. Безнадёжный, беспросветный. *~ое дело. ~ая работа.*

ГРОБОВЫ́Е, -ы́х, *мн.* Деньги, выплачиваемые за участие в ликвидации последствий аварии на Чернобыльской АЭС.

♦ **ГРОМ ГРЕМИ́Т, ЗЕМЛЯ́ ТРЯСЁТСЯ, ПОП НА КУ́РИЦЕ НЕСЁТСЯ, ПОПАДЬЯ́ ИДЁТ ПЕШКО́М, ЧЕ́ШЕТ ЖО́ПУ ГРЕБЕШКО́М** — о каком-л. шумном событии.

ГРОМКО *см.* **БОЛЬШИЕ ШКАФЫ ГРОМКО ПАДАЮТ**

ГРОМООТВО́Д, -а, *м.* Тот, кто берёт всю вину за какой-л. проступок или преступление на себя.

ГРО́ХНУТЬ, -ну, -нешь; *сов.* **1.** *кого-что на что, на сколько.* Ограбить, обворовать. *У моего приятеля хату на сорок кусков ~нули* (украли из квартиры на сорок тысяч рублей). **2.** *сколько.* Потратить большое количество денег. *Я вчера тысячу в ресторане ~нул, теперь по родичам побираться пойду.* **3.** *что.* Стереть с диска (обычно — случайно, непреднамеренно). *Всю базу ~нул.*

3. — из языка пользователей компьютеров.

ГРО́ХНУТЬСЯ, -нусь, -нешься; *сов.* **1.** *с чего, от чего* и *без доп.* Удивиться, изумиться чему-л. *Я как его увидел — просто ~нулся: он лет на десять постарел.* **2.** *на чём* и *без доп.* Сильно увлечься чем-л., стать одержимым, сойти с ума. *Он прямо ~нулся на своей тачке: каждый день её по три раза моет* (о машине). **3.** Выйти из строя. *Комп* (компьютер) *~нулся.*

ГРУДА́К, -а́, *м.*, **ГРУДЯ́НКА**, -и, *ж.* Грудь.

♦ **ГРУ́ДИ — КАК У́ШИ СПАНИЭ́ЛЯ** *у кого — ирон.* о больших обвисших грудях.

♦ **ГРУ́ДИ НА БЛЮ́ДЕ** *у кого* — **1.** О наглой, напористой женщине, идущей напролом. **2.** О сексуальной женщине.

ГРУДЬ *см.* **ВЗЯЛСЯ ЗА ГРУДЬ — ГОВОРИ** (или **ДЕЛАЙ) ЧТО-НИБУДЬ; ДАЙ ТЕБЕ БОГ ЖЕНУ С ТРЕМЯ ГРУДЯМИ; ЁК; ПРИНИМАТЬ НА ГРУДЬ; СЛИВАЙ ВОДУ — ЧЕШИ ГРУДЬ; СТУЧАТЬ (БИТЬ) СЕБЯ ПЯТКОЙ В ГРУДЬ; ЧЕШИ БРЮХО (ГРУДЬ)**

♦ **ГРУДЬ — Э́ТО ТО, ЧТО ПОМЕЩА́ЕТСЯ В ЛАДО́НЬ, ОСТАЛЬНО́Е — ВЫ́МЯ** — *ирон.* об «оптимальных» размерах женской груди.

ГРУДЯНКА *см.* **ГРУДАК**

ГРУЗИН *см.* **МЫ, ГРУЗИНЫ, НАРОД ГОРЯЧИЙ, СЕМЕРО ОДНОГО НЕ БОИМСЯ**

ГРУЗИ́НКА, -и, *ж.* Грузинский чай.

ГРУЗИ́ТЬ, -ужу́, -у́зишь; *несов., кого, что, чем* и *без доп.* Обманывать, лгать, фантазировать, пытаться запутать кого-л.; быть тяжёлым для восприятия, понимания, производить тяжёлое впечатление; сложно выражать мысль, мудрить. *Ты хоть меня-то, может, своей чушью не ~узи, сказочник! И вот ~узит ему свою туфту! Чаадаев меня ~узит.*

ГРУЗИ́ТЬСЯ, *только в 3 л.*: гру́зится; *несов., без доп.* Проходить процесс начальной загрузки (о компьютере).

ГРУ́ЗЧИК, -а, *м.* **1.** Тот, кто берёт на себя всю тяжесть преступления, отдувается за всех;

козёл отпущения. **2.** Обманщик, лгун, болтун; тот, кто пытается «заговорить зубы» кому-л.

1. — возм. из *уг.* **2.** — от **ГРУЗИТЬ**.

ГРУППА ГЕМОРРОЙ *см.* **ГЕМОРРОЙ**

ГРУППЁХА, -и, *ж.*, **ГРУППЕ́ШНИК**, -а, *м.* Музыкальная группа, ансамбль.

ГРУППОВОЕ *см.* **ЗАИГРАЛО РЕТИВОЕ, НАЧАЛОСЬ И ГРУППОВОЕ**

ГРУППОВУ́ХА, -и, *ж.* Групповое изнасилование; групповой секс.

ГРУСТНО *см.* **ТЯЖКО (ТРУДНО, ГРУСТНО, ПЛОХО) ЖИТЬ БЕЗ ПИСТОЛЕТА**

ГРУ́ША[1], -и, *ж.* Женщина, девушка.

Возм. от *собств.* Аграфена, Груня, Груша.

ГРУ́ША[2], -и, *ж.* Что-л. большое, увесистое. *Повесь ~у* (амбарный замок), *чтоб не ограбили. Экой ты, брат, ~ей стал* (располнел).

ГРУША* *см.* **ВИСИТ ГРУША, НЕЛЬЗЯ СКУШАТЬ; МУЖ ОБЪЕЛСЯ ГРУШ; ХЕРОМ (ХРЕНОМ, ЧЛЕНОМ) ГРУШИ ОКОЛАЧИВАТЬ**

ГРЫ́ЗЛО, -а, *ср.*, **ГРЫ́ЗОЛЬНИК**, -а, *м.* **1.** Лицо. **2.** Рот, челюсти. **3.** Анаша.

От общеупотр. «грызть»; **3.** — из *нарк.*

ГРЫЗТЬ *см.* **ЩЁЛКАТЬ (ЛУЗГАТЬ, ГРЫЗТЬ) КАК СЕМЕЧКИ**

ГРЫЗУ́Н, -а́, *м.* Ребёнок, дитя.

ГРЫЗУН* *см.* **СНОШАТЬСЯ, КАК ПОТНЫЕ ГРЫЗУНЫ**

♦ **ГРЫЗЬ ВОСТРОКОПЫ́ТНАЯ** — ирон.-бран. обращение к женщине, девушке: мымра, мегера и т. п.

ГРЫ́МЗА, -ы. **1.** *м.* и *ж.* Человек с плохим характером, склочник. **2.** *ж.* Сварливая женщина. **3.** *собств.* Дом культуры имени Русакова.

1., 2. — из *прост.* (встречается у А. Блока и др.).

ГРЯ́ЗНЫЕ, -ых, *мн.* Деньги, зарплата, включая отчисления и доходы. *Получаю два лимона* (миллиона) *~ыми. Маразм: на руки выдают ~ые, а потом тащись и отстёгивай налог в бюстгалтерию* (бухгалтерию).

ГРЯ́ЗНЫЙ, -ого, *м.*, *собств.* М. С. Горбачёв.

По родимому пятну на лбу.

ГРЯЗНЫЙ* *см.* **МАЛЬЧИШКА С ГРЯЗНОЙ ПОПКОЙ**

ГРЯЗНЫЙ ПЕНИС *см.* **ПЕНИС**

ГРЯЗЬ, -и, *ж.* Ирон. обращение. ♦ **Раздайся** (или **разойдись**), **~, дерьмо плывёт** — *ирон.* разойдись, подвинься, дай пройти.

ГРЯЗЬ* *см.* **НЕ НАДО ГРЯЗИ**

ГТО *см.* **НУЖНО КАК ПАПЕ РИМСКОМУ ЗНАЧОК ГТО**

ГУБА́[1], -ы́, *ж.* Гауптвахта. *Сослать на ~у. Сидеть на ~е. Нарваться на ~у. Отвертеться от ~ы.*

Из *арм.*

ГУБА́[2] *см.* **А ТЕБЕ ПО ГУБЕ...; НЕ ПЕРЕПЛЮЙ-ГУБА; РАСКАТЫВАТЬ ГУБУ (ГУБЫ)**

ГУБА́СТЫЙ, -ого, *м.* Стакан или другая тара для распития спиртных напитков.

Ассоциативная метафора на основе периферийных сем.

♦ **ГУБИ́ТЕЛЬСКАЯ ВА́ХТА** — гауптвахта.

Из *арм.*

ГУБИ́ТЕЛЬСКИЙ, -ая, -ое. *Ирон.* Плохой, с дурным характером (о человеке). *~ая у тебя сестрица.*

ГУБКА *см.* **ЗАКАТАТЬ ГУБКИ**

ГУДЁЖ, -ежа́, *м.* Загул, запой, гулянка, вечеринка. *У нас третий день такой ~ стоит, что мухи дохнут и соседи вешаются.*

От **ГУДЕТЬ 1.**

ГУДЁЖНЫЙ, -ая, -ое. Запойный, загульный, праздный. *Прошлая неделя была вся насквозь ~ая* — всю прошлую неделю я был в загуле.

От **ГУДЁЖ**.

ГУДЕ́ТЬ, гужу́, гуди́шь; *несов.* (*сов.* **ГУДНУ́ТЬ**, -ну́, -нёшь), *без доп.* **1.** Быть в загуле, в запое, шумно праздновать что-л. *Хорошо вчера гуднули.* **2.** Отбывать срок в тюрьме. *По полной четыре года гудел.*

2. — из *уг.*

ГУДЕТЬ* *см.* **ТРУБА ЗОВЁТ...**

ГУДНУТЬ *см.* **ГУДЕТЬ**

ГУДО́К, -дка́, *м.* **1.** Милиционер. *Сбавь скорость, а то вон ~ стоит.* **2.** Сигнализация. *Квартира на ~дке* (или *с ~дком*). **3.** Зад, ягодицы. *Замолчи, ~ гороховый* (не порть воздух). **4.** Недалёкий человек, простофиля, недотёпа. *~дком прикинуться.*

ГУЖЕВА́ТЬСЯ, -жу́юсь, -жу́ешься, *где.* **1.** Находиться где-л., слоняться где-л. без дела. **2.** *с кем.* Водиться, дружить, быть знакомым с кем-л.

Из *диал.*

ГУЖО́Н, -жна́ (или ~а), *м.* **1.** Еда, закуска. **2.** Выпивка, спиртное.

ГУЙ, -я (или -я́), *м. Шутл.* Графический интерфейс пользователя.

От англ. GUI (Graphical user Interface); из *жарг.* пользователей компьютеров.

ГУЛЬБА́РИЙ, -я, *м.* Гульбище, гуляние, вечеринка, попойка.

От общеупотр. «гулять»; по модели **ЛУМУМБАРИЙ** и др.

ГУ́ЛЬБИНГ, -а, *м.* То же, что **ГУЛЬБАРИЙ**.

От общеупотр. «гулять»; по модели т. н. ing-овых форм в англ.

ГУ́ЛЬКИ-НАМАКУ́ЛЬКИ, гу́лек-намаку́лек, *мн.* Прогулка, гулянье.

Ср. «ушки на макушке» и т. п.

ГУЛЯЙ, ВАСЯ, ЖУЙ ОПИЛКИ *см.* **ВАСЯ**

ГУЛЯ́Й-НОГА́, гуля́й-ноги́, *м.* и *ж.* Пьяный, пьяница, пропойца; рубаха-парень, гуляка.

Ср. **ВОРУЙ-НОГА**.

ГУЛЯ́Ш, -а́, *м.* Толстый, тучный человек; тучность, толщина, лишний вес, телеса. *Гляди, какой ~ идёт.*

ГУЛЯШ* *см.* **БИТОЧКИ В ДВЕРЬ...**

ГУМО́З, -а, **ГУМОЗЕ́Й**, -я, *м.* Противный человек.

Ср. спец. «гуммоз», «гоммоз» — разновидность болезни растений.

ГУМО́ЗНЫЙ, -ая, -ое. Противный, неприятный, отталкивающий, нудный. *~ тип. ~ая книжка.*

От **ГУМОЗ**.

ГУНДЕ́ТЬ, гунжу́, гунди́шь, **ГУНДО́СИТЬ**, -о́шу, -о́сишь; *несов., что, о чём* и *без доп.* Говорить, рассказывать что-л. (обычно долго, нудно, неинтересно). *Не гунди.*

Ср. диал. «гунить», «гунуть», «гундерить», «гундорить», «гундосить» —говорить, выспрашивать, рассказывать, общеупотр. «гундосить» — говорить в нос, гнусавить.

ГУНДО́С, -а, *м.* Человек с неприятным голосом; любой человек, который что-л. говорит, рассказывает.

См. **ГУНДЕТЬ**.

ГУНДОСИТЬ *см.* **ГУНДЕТЬ**

ГУНЯ́ВЫЙ, -ая, -ое. Плохой, некачественный; мелкий, некрасивый, непривлекательный. *~ые деньги. ~ая машина. ~ая морда.*

Ср. диал. «гуня» — ветошь, обноски, «гунавый», «гунявый» — стёртый, ветхий, облезлый и т. п.

ГУСА́Р, -а, *м.* **1.** Гуляка, пропойца, кутила; человек, сорящий деньгами; бабник, ловелас. **2.** (или **ГУСА́РИК**, -а). Вариант игры в преферанс для двух человек.

2. — из *карт.*

♦ **ГУСА́РСКАЯ РУЛЕ́ТКА** — **1.** Сексуальная игра. **2.** Любое рискованное, опасное для жизни мероприятие.

ГУСА́РСКИЙ, -ая, -ое. Щедрый, обильный; шикарный, размашистый, щегольской. *~ обед* (обильный).

ГУСАРСКИЙ НАСМОРК *см.* **НАСМОРК**

ГУСЁК, -ська́, *м.* Дурак, идиот, придурок. *Ты что мне за ~ська в замы дал?!*

ГУСТОЙ *см.* **ЁЛКИ (-ПАЛКИ ЛЕС ГУСТОЙ...)**

ГУСЬ[1], -я (или -я́), *м.* (или ~ **РЕ́ПЧАТЫЙ**, ~ **ЛА́ПЧАТЫЙ**), *Ирон.* **1.** О незнакомце. **2.** О заносчивом человеке.

ГУСЬ[2], -я́, *м.* Звуковая карта Gravis Ultrasound (GUS). *С ~ём гаматься* (играть в компьютерные игры) *веселей.*

Из *жарг.* пользователей компьютеров.

ГУСЬ* *см.* **КУРЫ-ГУСИ**

ГУСЬ-ХРУСТАЛЬНЫЙ *см.* **ЭТО ТЕБЕ НЕ ГУСЬ-ХРУСТАЛЬНЫЙ**

ГУТАЛИ́Н, -а, *м.* Замполит.

Из *арм.*

ГЫ, ГЫЧ, *межд.* Выражает любую эмоцию.

ГЫГЫША́РЫ, -ов, *мн.* Мошонка. ♦ **По самые ~** — очень сильно, интенсивно.

Звукоподр. + **ШАРЫ**; возм. также связано с «гогошары» — разновидность перца.

ГЫЧ *см.* **ГЫ**

ГЭ, *нескл., ср.* Нечто плохое, гадость, дрянь.

Эвфем. от первой буквы слова **ГОВНО**.

ГЭГЭ́[1], *нескл., м.* То же, что **ГОВНОЗАБОЙЩИК**.

Аббрев.

ГЭЗЭ́[2], *нескл., ср.* Главное здание МГУ в Москве.

Аббрев.

ГЭЦЭ́К, -а, *м.* Солдат, служащий в гарнизонной центральной котельной.

Аббрев.; из *арм.*

Д

ДА, *част.* Ирон. ответ еврея на вопрос о национальной принадлежности. *Ваша национальность? — Таки ~?*

ДАВАЙ(ТЕ) ДРОГНЕМ, А ТО ПРОДРОГНЕМ *см.* **ДРОГНУТЬ**

ДАВА́ЛА, -ы, *м.* и *ж.* Тот, кто даёт что-л. (обычно финансирует, платит деньги); главный вкладчик, спонсор.

ДАВА́ЛКА, -и, *ж.* **1.** Проститутка, женщина с сомнительной репутацией. **2.** Рука, ладонь. *Чего не платишь, ~и что ли отсохли?*

См. также **ЧЕСТНАЯ ДАВАЛКА**

1. — от **ДАВАТЬ** 2.

ДАВА́ТЬ, даю, даёшь; *несов.* (*сов.* **ДАТЬ**, дам, дашь). **1.** *чего* и *без доп.* Пить спиртное. **2.** *кому.* Уступать мужчине, соглашаться на сексуальную связь (о женщине). *Если каждому давать, то сломается кровать* (или *не успеешь и вставать*) — отказ на просьбу дать что-л. **3.** Делать что-л. необычное, выдающееся. *Ну ты дал!* **4.** *какого.* Притворяться каким-л. человеком. *~ доброго* — притворяться добрым. *~ сердитого* — притворяться, что рассердился.

ДАВАТЬ* *см.* **БАЗАР; ЖОПА; ЗУБ ДАЮ; Я СЕГОДНЯ ТАМ, ГДЕ ДАЮТ «АГДАМ»**

ДАВИ́ТЬ, давлю́, да́вишь; *несов.* **1.** *с чем, на что* и *без доп.* Делать что-л. интенсивно; настаивать на чём-л., форсировать что-л. *Дави с билетами, а то опоздаем* (доставай). **2.** *на кого.* Оказывать давление на кого-л.

ДАВИТЬ* *см.* **ГЛАЗЕНАП; ЖАБА; МАССУ (НА МАССУ) ДАВИТЬ; САЧОК**

♦ **ДАВИ́ТЬ ВА́СЬКУ** — быть глупым, работать даром, напр.: *На заводе Ваську давил.*

ДАВИТЬ КОСОГО *см.* **КОСОЙ**

ДАВИТЬ КОСЯКА *см.* **КОСЯК**

♦ **ДАВИ́ТЬ ЛЕЩА́** — идти на уступки.

Возм. из *уг.*

♦ **ДАВИ́ТЬ У́ХО** — спать.

ДАВНО *см.* **ГОВНО**

♦ **ДАДУ́Т, ДАДУ́Т, ДОГО́НЯТ И ЕЩЁ ДАДУ́Т** — *шутл.* отрицательный ответ на вопрос собеседника о том, дадут ли ему что-л.

♦ **ДА́ЖЕ В ЗА́ДНИЦЕ ЗУ́БЫ** *у кого* — о злом, агрессивном человеке.

♦ **ДА́ЖЕ КЛЁВЫЙ ШТА́ТСКИЙ ЗИ́ППЕР ПРОПУСКА́ЕТ РУ́ССКИЙ ТРИ́ППЕР** — *шутл.* о чём-л. заведомо ненадёжном, некачественном, не соответствующем необходимым требованиям.

«Зиппер», возм., от англ. zipper — застёжка «молния», одежда с такой застёжкой.

♦ **«ДАЙ» БУ́ДЕТ ПРИ КОММУНИ́ЗМЕ, А СЕЙЧА́С «ПРОДА́Й»** — ирон. ответ на реплику со словом «дай».

♦ **ДАЙ В ЗУ́БЫ, ЧТОБ ДЫМ ПОШЁЛ** — дай закурить.

♦ **ДАЙ ТЕБЕ́ БОГ ЖЕНУ́ С ТРЕМЯ́ ГРУДЯ́МИ** — ирон. пожелание счастья.

ДАЙ ЮАНЬ НА ХАНЬ *см.* **ХАНЬ**

ДАЛЕКО *см.* **ВЫЙДЕШЬ В ПОЛЕ, СЯДЕШЬ СРАТЬ...; НЕГР; ПОСЫЛАТЬ ДАЛЕКО И НАДОЛГО; ЧЕМ ДАЛЬШЕ В ЛЕС, ТЕМ ТОЛЩЕ ПАРТИЗАНЫ; ЧЕМ ДАЛЬШЕ ВЛЕЗ, ТЕМ БЛИЖЕ ВЫЛЕЗ**

ДА́ЛЬНИК, -а, *м.* Отдалённая колония, тюрьма.

Из *уг.*

ДАЛЬНОБО́ЙЩИК, -а, *м.* **1.** Шофёр, работающий на дальних рейсах. **2.** Человек, уезжающий на заработки на долгое время. **3.** Тот, кто делает что-л. с дальним прицелом, расчётом. *А ты, я смотрю, хитрый ~!*

ДАЛЬШЕ *см.* **КАК В СКАЗКЕ, ЧЕМ ДАЛЬШЕ, ТЕМ СТРАШНЕЕ**

ДА́МА, -ы, *ж. Ирон.* Женщина (обычно серьёзная, чопорная; хорошо, дорого одетая); клиентка (в парикмахерской и т. п.) ♦ **Не ~** — *ирон.* о необходимости быть проще, непритязательней (реплика адресуется в том числе и мужчине), напр.: *Ничего, Михрюта (Миша), и картошки полопаешь, не ~.*

ДА́МКА, -и, *ж.* и *м.* Карьерист.

От «пройти в дамки» (в шашках).

ДАНИ́ЛКА, -и, *м.* или *ж.*, *собств.* Даниловский рынок в Москве.

♦ **ДА́РОМ — ЗА АМБА́РОМ** — ирон. ответ на чью-л. просьбу дать что-л. даром, бесплатно.

ДА́СТЕР, -а, *м. Пренебр.* О человеке, который не умеет пользоваться компьютером, но имеет его как предмет интерьера.

От англ. dust — пыль; имеется в виду, что человек только стирает с компьютера пыль, как с мебели; по аналогии с официальным термином «юзер» (user) — пользователь.

ДА́ТИК, -а, *м.* Пьяный; пьяница, алкоголик.

От **ДАВАТЬ** 1.

ДА́ТЫЙ, -ая, -ое. Пьяный.

От **ДАВАТЬ** 1.

ДАТЬ *см.* **ДАВАТЬ; ДАДУТ, ДАДУТ, ДОГОНЯТ...; ДАЙ БУДЕТ ПРИ КОММУНИЗМЕ...; ДУМАЙ, ДУМАЙ, ГОЛОВА...; ЖИЗНЬ ДАЛА ТРЕЩИНУ; ЗАДНЕГО ВКЛЮЧИТЬ (ВРУБИТЬ, ДАТЬ); КРУТИТЬ; ЛЕЩ; ЛЫСАЯ БАШКА, ДАЙ ПИРОЖКА; ОРДЕН ГОРБАТОГО С ЗАКРУТКОЙ**

НА СПИНЕ; ПИВКА ДЛЯ РЫВКА (ДАТЬ, ВРЕЗАТЬ, ВЫПИТЬ); ПОДРАСТЁШЬ — ПОБОЛЬШЕ ДАМ; СКАЖИ, ДА ПОКАЖИ, ДА ДАЙ ПОТРОГАТЬ; СРАТЬ

ДАТЬ АВТОГРАФ *см.* **АВТОГРАФ**

ДАТЬ БОБА *см.* **БОБ**

ДАТЬ В БУБЕН *см.* **БУБЕН**

♦ **ДАТЬ В ЗУ́БЫ** *кому что, сколько* — дать кому-л. что-л. (чаще чтобы отделаться), напр.: *Дай ему в зубы тысячу — и пусть катится.*

♦ **ДАТЬ ВИНТА́** — убежать, улизнуть.

ДАТЬ В ЛОБЕШНИК *см.* **ЛОБЕШНИК**

ДАТЬ В МОСЬКУ *см.* **МОСЬКА**

♦ **ДАТЬ В РОГ** *кому* — избить, наказать кого-л.

♦ **ДАТЬ (ВЪЕ́ХАТЬ, ЗАЕ́ХАТЬ, ВСАДИ́ТЬ** и т. п.) **В МО́РДУ** *кому* — ударить по лицу.

ДАТЬ ВЫШКУ *см.* **ВЫШКА**

ДАТЬ (ДАВИТЬ) КОСОГО *см.* **КОСОЙ**

♦ **ДАТЬ ДРОЗДА́** — убегать, ускользать.

ДАТЬ ДУБАКА *см.* **ДУБАК**

ДАТЬ ЗАЙЦА *см.* **ЗАЯЦ**

ДАТЬ МАЛЬМСТИНА *см.* **МАЛЬМСТИН**

ДАТЬ ПО БАЛДЕ *см.* **БАЛДА**

♦ **ДАТЬ ПО ГАЗА́М** (или **НАЖА́ТЬ НА ГАЗ**) — ускорить какое-л. дело.

ДАТЬ ПОД ЖОПУ *см.* **ЖОПА**

ДАТЬ ПОД СРАЧНИЦУ *см.* **СРАЧНИЦА**

ДАТЬ ПО КУМПОЛУ *см.* **КУМПОЛ**

ДАТЬ ПО ЛОБЕШНИКУ *см.* **ЛОБЕШНИК**

ДАТЬ (ПОЛОЖИТЬ) В ЛАПУ *см.* **ЛАПА**

ДАТЬ ПО ПОЧКАМ *см.* **ПОЧКИ**

♦ **ДАТЬ ПО ТОРМОЗА́М** — остановиться, прекратить делать что-л.

ДАТЬ (СДЕЛАТЬ) ДРАПАКА *см.* **ДРАПАК**

ДАТЬ (СДЕЛАТЬ, СЫГРАТЬ В) УПАКОВКУ *см.* **УПАКОВКА**

ДАТЬ ТАЗА *см.* **ТАЗ**

ДА́УН[1], -а, *м.* **1.** Какое-л. крайнее эмоциональное состояние (обычно подавленности, отчаяния или изумления). *Быть в ~е* — быть в таком состоянии. *Уйти в ~* — войти в такое состояние. **2.** Период времени, в течение которого компьютер не работает из-за неисправности. *Ушёл в ~.*

От англ. down — вниз, внизу; 2. — из языка пользователей компьютеров; от англ. to be down.

ДА́УН[2], -а, *м.* Неинтересный, неоригинальный человек; тупица, дурак, посредственность, зануда.

Возм. от назв. «болезнь Дауна».

ДАУНКЛУ́Б, -а, *м.* Скучное сборище, собрание, неинтересное мероприятие.

От **ДАУН**[2] + общеупотр. «клуб».

ДАХАУ *см.* **СВОБОДЕН, КАК ЖИД В ДАХАУ**

ДАЧА *см.* **КАНАТЬ; ПРОНЬКИН**

♦ **ДА Я НА ТЕБЯ́ БУ́ЛОЧКУ КРОШИ́Л!** — *шутл.* мне нет до тебя дела, пошёл ты к чёрту, я тебя не уважаю, презираю.

ДВА *см.* **ГЛАЗА КАК ДВЕ ПЕЛЬМЕНИ...; ДОСКА (ДВА СОСКА); НА ПУК...; ОБОССАТЬ; ОТ ГОРШКА ДВА ВЕРШКА; РАЗОШЛИСЬ КАК В ЛУЖЕ ДВА ОКУРКА; РАЗОШЛИСЬ КАК В МОРЕ ДВЕ СЕЛЁДКИ; РАЗОШЛИСЬ КАК В ПОЛЕ ДВА ТРАКТОРА; РУКИ СЛОВНО ДВЕ БОЛЬШИЕ ПТИЦЫ; СЕЛИ ДВА ЖИДА В ТРИ РЯДА; СМЫЧОК; ФИГ**

♦ **ДВА БРА́ТА АКРОБА́ТА** — *шутл.* о любых двух людях; о гомосексуалистах.

ДВАДЦА́ТКА, -и, *ж.*, **ДВАДЦА́ТНИК**, -а, *м.* Всё, что имеет отношение к числу двадцать (напр., дистанция двадцать километров; двадцать рублей или двадцать тысяч рублей, в зависимости от ситуации; бутыль ёмкостью двадцать литров; двадцатилетие и т. п.).

ДВАДЦАТЬ *см.* **ЁЖ (ТВОЮ ДВАДЦАТЬ)**

♦ **ДВА́ДЦАТЬ КОПЕ́ЕК** — реплика, которая следует после чьей-л. остроумной шутки.

ДВАДЦАТЬ ПЕРВЫЙ ПАЛЕЦ *см.* **ПАЛЕЦ**

ДВАДЦАТЬ СЕМЬ, ДВАДЦАТЬ ЧЕТЫРЕ *см.* **РАЗДЕЛИ НА ДВАДЦАТЬ СЕМЬ...**

♦ **ДВА́ЖДЫ ДЯ́ТЕЛ СОВЕ́ТСКОГО СОЮ́ЗА** — глупый человек, дурак, идиот.

Ирон. передел. «дважды Герой Советского Союза».

♦ **ДВА ПА́ЛЬЦА В ЖО́ПУ, ОДИ́Н В РОТ** — ирон. реакция на слово «наоборот».

♦ **ДВА ПА́ЛЬЦА ЛО́БИК, ДВА ПА́ЛЬЦА ЧЁЛКА** *у кого* — *ирон.* о глупом, недоразвитом человеке (чаще о большом, сильном, выполняющем грубую работу, напр., об охраннике, «громиле» и т. п.).

ДВЕНАДЦАТЫЙ *см.* **ГЕРОЙ ДВЕНАДЦАТОГО ГОДА**

ДВЕРЬ *см.* **БИТОЧКИ В ДВЕРЬ...; ЗАКРОЙ ДВЕРЬ С УЛИЦЫ (С ОБРАТНОЙ, С ТОЙ СТОРОНЫ); ПАЛЬЦЫ В ДВЕРЬ (В КОСЯКИ) НЕ ПРОЛЕЗАЮТ; ЦЕЛОВАТЬСЯ С ДВЕРЬЮ**

♦ **ДВЕ́РЬЮ ПРИХЛО́ПНУТЫЙ** *кто* — странный, сумасшедший.

ДВЕСТИ *см.* **КИТАЕЦ**

♦ **ДВИ́ГАЙ ПОРШНЯ́МИ** — иди быстрей, торопись, поспеши.

ДВИГАНУТЫЙ *см.* **ДВИНУТЫЙ**

ДВИ́ГАТЬ, -аю, -аешь; *несов.* (*сов.* **ДВИ́НУТЬ**, -ну, -нешь., **ДВИГАНУ́ТЬ**, -ну́, -нёшь). **1.** *куда, откуда, по чему* и *без доп.* Убегать, идти, уходить. **2.** *кому во что.* Бить, ударять.

ДВИГАТЬ* *см.* **КОЖУ ДВИГАТЬ; ЩУПАЛЬЦАМИ ДВИГАТЬ**

ДВИГАТЬ КОНЦЕПТУАЛ *см.* **КОНЦЕПТУАЛ**

♦ **ДВИ́ГАТЬ МЕ́БЕЛЬ** *с кем, кому* — заниматься любовью.

ДВИ́ГАТЬСЯ, -аюсь, -аешься; *несов.* (*сов.* **ДВИ́НУТЬСЯ**, -нусь, -нешься). **1.** *без доп.* Вводить наркотик в вену. **2.** *на чём* и *без доп.* Сходить с ума; становиться странным; приобретать нездоровую страсть к чему-л. *Совсем мужик двинулся на науке, даже пиво не пьёт.*

1. — из *нарк.*

ДВИГАТЬСЯ* *см.* **ТРАХАЕМ ВСЁ, ЧТО ДВИЖЕТСЯ...**

ДВИГА́Ч, -а́, *м.* Двигатель, мотор.

♦ **ДВИЖЕ́НИЕ, ОМОЛОЖЕ́НИЕ!** — *ирон.* о чьих-л. действиях, в которых слишком много энтузиазма, оптимизма, «здоровья», пафоса, патетики и т. п.

Обычно произносится с мягкими [ж'].

ДВИЖО́К, -жка́, *м.* **1.** Любой двигатель, мотор. *~ сел* (сломался). *Родной ~* (от марки данной машины). **2.** Движущаяся мишень. **3.** Сердце. *~ барахлит.*

2. — возм. из *арм.*

ДВИ́НУТЫЙ, -ая, -ое, **ДВИГАНУ́ТЫЙ**, -ая, -ое. Сумасшедший, ненормальный, помешанный. *~ на бабах.*

См. **ДВИГАТЬСЯ** 2.

ДВИНУТЬ *см.* **ДВИГАТЬ; КОНЬКИ**

♦ **ДВИ́НУТЬ КОПЫ́ТА** (или **КОНЕ́Й, САНДА́ЛИИ** и т. п.) — умереть.

ДВИНУТЬСЯ *см.* **ДВИГАТЬСЯ**

ДВИНЬ ТАЗОМ *см.* **ТАЗ**

ДВОЕ В ДРАКЕ, ТРЕТИЙ В СРАКЕ *см.* **СРАКА**

♦ **ДВОЙНА́Я ТЯ́ГА** — половой акт с участием двух мужчин и одной женщины.

Ср. в *уг.* «тягать» — совершать половой акт.

ДВОЙНОЙ *см.* **ДЕЛАТЬ ДВОЙНОЕ ДНО И ФОРМУ ЧЕМОДАНА**

♦ **ДВОРЕ́Ц РАКОСОЧЕТА́НИЙ** — *ирон.* Дворец бракосочетания.

ДВО́РНИК, -а, *м.* **1.** Недотёпа, растяпа. **2.** Ирон. обращение. **3.** *собств.* Шутл. назв. нескольких памятников в Москве (напр., памятник Ф. Энгельсу около станции метро «Кропоткинская»).

ДВОРНИК* *см.* **МЛАДШИЙ ДВОРНИК; ПОКОЛЕНИЕ ДВОРНИКОВ И СТОРОЖЕЙ; РАБОТАТЬ ДВОРНИКОМ; СТАРШИЙ ДВОРНИК; СТАРШИЙ ПОМОЩНИК МЛАДШЕГО ДВОРНИКА**

ДВОРТЕРЬЕ́Р, -а, *м.* То же, что **ДВОРЯНКА.**

Общеупотр. «дворняжка» + травестирование названий породы терьеров (фокстерьер, бультерьер и т. п.).

ДВОРЯ́НКА, -и, *ж.* Дворняжка, беспородная собака.

Контаминация общеупотр. «дворняжка» и «дворянка». *Ср.* **ДВОРТЕРЬЕР.**

ДВУЕЖО́ПЫЙ, -ая. Хитрый, изворотливый, пройдоха. *~ая публика!* ♦ **Пиздрюк ~** — *ирон.-бран.*

От «два» и «жопа».

ДВУСТВО́ЛКА, -и, *ж.* **1.** Лицо женского пола. **2.** Гомосексуалист. **3.** Бисексуал.

ДВУ́ХА, -и, **ДВУ́ШКА**, -и, *ж.*, **ДВУ́ХАРЬ**, -я, **ДВУХА́РЬ**, -я́, **ДВУ́ШНИК**, -а, **ДВУ́ШНИЧЕК**, -чка, *м.* **1.** Оценка два балла. **2.** Две копейки, два рубля, двадцать рублей и т. д. (в зависимости от ситуации).

ДЕБИЛОРУ́ССКАЯ, -ой, *ж.*, *собств.* Станция метро «Белорусская».

ДЕБИ́ЛЬНИК, -а, *м.* **1.** Дискотека. *Молодёжный ~.* **2.** Плеер с наушниками.

От «дебил», «дебильный».

ДЕВА́ЙС, -а, *м.* **1.** Любая часть, деталь компьютера. *Какой-то ~ полетел* (испортился). **2.** Любая вещь, предмет. *Завтра улетаю, надо ещё успеть все ~ы собрать.*

От англ. device; возм. первоначально из жарг. пользователей компьютеров.

ДЕВИ́ЦА, -ы, *ж.* Обычно ирон.-негативно. Девушка. ♦ **Не ~** — то же, что **НЕ ДАМА**, *см.* **ДАМА.**

ДЕВИЧИЙ *см.* **ПРО СВОЁ ПРО ДЕВИЧЬЕ...**

ДЕВИ́ЧКА, -и, *ж.* **1.** То же, что **ДЕВИЦА. 2.** *собств.* Новодевичий монастырь в Москве. **3.** *собств.* Девичье поле в Москве.

ДЕ́ВОЧКА, -и, *ж.*, *шутл.* **1.** Любое лицо женского пола. **2.** Юноша, не потерявший невинность. *Он уже не ~. Хватит в ~ах ходить, мужские штаны позорить.* ♦ **Между нами, ~ами** — откровенно говоря, по правде сказать, между нами, если честно признаться.

ДЕВОЧКА* *см.* **КАК ЧЕСТНАЯ ДЕВОЧКА**

♦ **ДЕ́ВОЧКА-ПРИПЕ́ВОЧКА-ХНЫ́КАЛКА-СОПЕ́ЛОЧКА** — *шутл.* о девочке, девушке.

♦ **ДЕ́ВОЧКА-РОМА́ШКА** — наивная, невинная девушка.

ДЕВСТВЕННИК *см.* **ДЕРЗКИЙ ДЕВСТВЕННИК**

ДЕВУ́ЛЯ, -и, *ж. Шутл.-ласк.* Девушка, девочка, женщина.

ДЕВУШКА *см.* **КТО ДЕВУШКУ УЖИНАЕТ, ТОТ ЕЁ И ТАНЦУЕТ**

ДЕВЯТИ́НА, -ы, *ж.* Верхний угол футбольных ворот.

Из *спорт.*; от общеупотр. «девятка» в том же зн.

ДЕД, -а, *м.* (*мн.* -ы́, -о́в). **1.** Солдат со второй половины второго года службы, старослужащий. *Ходить в ~а́х.* **2.** Механик (на флоте). *Корабельный ~.*

Из *арм.*

ДЕД* *см.* **ГОЛЫЙ ДЕД; «О'КЕЙ», — СКАЗАЛ ДЕД МОКЕЙ**

ДЕДА́Н, -а́, **ДЕДУ́Н**, -а́, *м.* Дедушка, дед, старик.

ДЕДОВА́ТЬ, дедую́, дедуе́шь; *несов., без доп.* **1.** Быть старослужащим, заканчивать службу в армии. **2.** Быть жестоким по отношению к молодым солдатам, эксплуатировать их, избивать и т. п.

От **ДЕД 1**.

ДЕДОВСКО́Й, -а́я, -о́е. Относящийся к старослужащим. *~и́е законы. ~а́я гимнастёрка.*

От **ДЕД 1**.

ДЕДУЛЯ *см.* **ГОЛЫЙ ДЕД**

ДЕДУН *см.* **ДЕДАН**

ДЕДУШКА *см.* **ГОЛЫЙ ДЕД**

ДЕ́ДУШКИНСКАЯ, -ой, *ж., собств. Шутл.* Станция метро «Бабушкинская».

ДЕЖУ́РКА, -и, *ж.* **1.** Дежурная комната, сторожевая будка. **2.** Проститутка. *У «Космоса» ~и топчутся.*

ДЕЖУ́РНЫЙ, -ая, -ое. Очередной, обычный, привычный. *~ стопарик* — обычная доза спиртного. *Кто приходил-то? — Да так, один ~ идиот* (обычный посетитель, гость). ♦ **Где мой ~ кирпич?** — ирон. угроза.

ДЕЗА́, -ы́, *ж.*, **ДЕЗУ́ХА**[1], -и, *ж.* Дезинформация, ложные сведения; сплетни. *Что ты мне дезуху гонишь!* — зачем ты врёшь! ♦ **Пустить дезуху** — распустить слухи. **Подложить** (или **подкинуть**) **дезуху** *кому* — дать кому-л. заведомо ложную информацию.

ДЕ́ЗИК, -а, *м.* Дезертир.

Возм. из *арм.*

ДЕ́ЗИТЬСЯ, де́жусь (или де́зусь), де́зишься; *несов., чем* и *без доп.* Пользоваться дезодорантом.

ДЕЗНУ́ТЬ, -ну́, -нёшь; *сов., кого с чем, на чём* и *без доп.* Дезинформировать, дать ложные сведения; обмануть кого-л.

От **ДЕЗА**.

ДЕЗУХА[1] *см.* **ДЕЗА**

ДЕЗУ́ХА[2], -и, *ж.* Дезинфекция, обеззараживание.

ДЕЗУ́ШНИК, -а, *м.* Обманщик.

От **ДЕЗУХА**[1].

ДЕКАБРИ́СТ, -а, *м.*, **ДЕКАБРИ́СТКА**, -и, *ж.* Человек, который всё время лезет не в свое дело, неугомонный, «надоедала». *Декабрист-общественник. Бабки-декабристки. Чего я, декабрист, что ли!*

♦ **ДЕКОРАТИ́ВНОЕ ВЫРАЖЕ́НИЕ** — искусственное, деланное выражение лица.

ДЕКОРАЦИЯ *см.* **ПРИКИДЫВАТЬСЯ ДЕКОРАЦИЕЙ**

ДЕКРЕТА́РША, -и, *ж.* Женщина, находящаяся в декретном отпуске по беременности. *Кем у тебя жена работает? — ~ей, декреты пишет.*

ДЕКРЕТИ́РОВАТЬ, -рую, -руешь; **ДЕКРЕТОВА́ТЬ**, -ту́ю, -ту́ешь; **ДЕКРЕ́ТСТВОВАТЬ**, -твую, -твуешь; *несов., без доп.* Находиться в декретном отпуске, быть беременной.

♦ **ДЕКРЕ́ТЫ ПИСА́ТЬ** — находиться в декретном отпуске.

ДЕЛА́, дел, *мн.* **1.** Менструация. **2.** в зн. *межд., ирон.* Ну и ну!, Ай да вещь!

♦ **ДЕЛА́ В КРЕМЛЕ́** (или **В ПРОКУРАТУ́РЕ**), **А У НАС ДЕЛИ́ШКИ** — ирон. ответ на вопрос «Как дела?»

ДЕЛА ИДУТ, КОНТОРА ПИШЕТ *см.* **КОНТОРА**

ДЕ́ЛАТЬ, -аю, -аешь; *несов.* **1.** *кого.* Одерживать верх над кем-л.: избивать, обгонять, побеждать в единоборстве и т. п. *Три минуты — и я тебя ~аю* — через три минуты я одержу над тобой победу. **2.** *куда, откуда.* Эмигрировать. *Куда он из Союза ~ает? — В Штаты.*

ДЕЛАТЬ* *см.* **БЕЙ В ГЛАЗ, ДЕЛАЙ КЛОУНА; ВЗЯЛСЯ ЗА ГРУДЬ — ГОВОРИ** (или **ДЕЛАЙ**) **ЧТО-НИБУДЬ; ВОТ ЧТО ЖИДЫ С РУССКИМ ЧЕЛОВЕКОМ ДЕЛАЮТ; ЖОПОЙ ЧИСТИТЬ ПРОВОДА...; МОЗГИ ДЕЛАТЬ; ПРИМОЧКА; ФИРМА ВЕНИКОВ НЕ ВЯЖЕТ...**

ДЕЛАТЬ БРОД *см.* **БРОД**

♦ **ДЕЛА́ТЬ ДВОЙНО́Е ДНО И ФО́РМУ ЧЕМОДА́НА** *кому* — избивать кого-л.

ДЕЛАТЬ ДУМ-ДУМ *см.* **ДУМ-ДУМ**

ДЕЛАТЬ ДУРУ *см.* **ДУРА**

ДЕЛАТЬ ИЗ ГОВНА КОНФЕТКУ *см.* **ГОВНО**

♦ **ДЕ́ЛАТЬ КРА́БА** — бояться прыгать с парашютом (у десантников)

ДЕЛАТЬ НА ГОВНЕ СМЕТАНУ *см.* **ГОВНО**

♦ **ДЕ́ЛАТЬ НО́ГИ** *откуда* — убегать, уходить.

♦ **ДЕ́ЛАТЬ РУ́ЧКОЙ** *кому* — прощаться с кем-л.; ускользать от кого-л.; обманывать.

♦ **ДЕ́ЛАТЬ СЕКИ́Р-БАШКА́** *кому* — наказывать кого-л., обругивать, делать нагоняй.

ДЕ́ЛАТЬСЯ, -аюсь, -аешься; *несов., перед кем* и *без доп.* Много о себе воображать; пытаться казаться лучше, чем есть на самом деле; быть позёром, ломаться, «выпендриваться». *Да что ты тут передо мной ~аешься, что я тебя — не знаю что ли, мы ведь с тобой с одного горшка сошли* (я знаю тебя с детства).

ДЕЛАТЬ ЧЕРЕЗ ЖОПУ *см.* **ЖОПА**

ДЕЛИШКИ *см.* **ДЕЛА В КРЕМЛЕ...**

ДЕ́ЛО, -а, *ср.* **1.** То же, что **ДЕЛА 1**. **2.** *част.* Выражает одобрение, согласие: да, пойдёт, договорились. *Придёшь? — ~!* **3.** Выпивка, распитие спиртного. *Пойти на ~. Сделать ~ на троих. У него каждый вечер ~а́.* **4.** Территория, контролируемая какой-л. преступной группировкой, «авторитетом».

4. — из *уг.*

ДЕЛО* *см.* **БЛАГО ПАРТИИ — ДЕЛО НАРОДА; ВСЕ ДЕЛА; ДЕЛО ЯСНОЕ, ЧТО ДЕЛО ТЁМНОЕ; К ДЕЛУ НЕ ПРИШЬЁШЬ; КЛЕИТЬ ДЕЛО; КОРОЧЕ, ДЕЛО К НОЧИ; МОКРЫЙ; НА СЛОВАХ ТЫ ЛЕВ ТОЛСТОЙ, А НА ДЕЛЕ ХРЕН ПУСТОЙ; НЕ ВПУСКАТЬ ГОСУДАРСТВО В СВОИ ЛИЧНЫЕ ДЕЛА; НЕ ЦАРСКОЕ ЭТО ДЕЛО; НИ ХРЕНА; РОГАТЫЕ ДЕЛА; СЛОВО НЕ ДОКУМЕНТ, К ДЕЛУ НЕ ПОДОШЬЁШЬ; ТЕЛО В ДЕЛО; ШИТЬ ДЕЛО; Я НЕ ПО ЭТОМУ ДЕЛУ; Я С ГОСУДАРСТВОМ ДЕЛ НЕ ИМЕЮ...**

ДЕЛОВА́Р, -а, *м. Ирон.* Деловой, энергичный человек; пройдоха, плут, проныра. *Вот ~ы! На гнилых помидорах машины себе делают* (о спекулянтах).

Общеупотр. «дело» + **ВАРИТЬ 3**.

ДЕЛОВО́Й, -о́го, *м.* (или **~А́Я МАША, ~А́Я КОЛБАСА́**). Слишком активный, предприимчивый, хитрый; о пройдохе, авантюристе, нахале.

♦ **ДЕ́ЛО ПА́ХНЕТ КЕРОСИ́НОМ** — дело плохо.

ДЕЛОПУ́Т, -а, *м. Ирон.* Деловой человек; делец; пройдоха, махинатор.

От общеупотр. «дело» + «путать».

♦ **ДЕ́ЛО Я́СНОЕ, ЧТО ДЕ́ЛО ТЁМНОЕ** — ничего нельзя понять.

ДЕМБЕЛЕВА́ТЬ, -лю́ю, -лю́ешь, **ДЕМБИЛЕВА́ТЬ**, -лю́ю, -лю́ешь; *несов., без доп.* **1.** Ждать демобилизации из армии, заканчивать армейскую службу. **2.** Жить на широкую ногу, шиковать, сорить деньгами, делать широкие жесты.

Из *арм.*

ДЕМБЕЛЕВА́ТЬСЯ, -лю́юсь, -лю́ешься, *несов.* (*сов.* **ДЕМБЕЛЬНУ́ТЬСЯ**, -ну́сь, -нёшься), **ДЕМБИЛЕВА́ТЬСЯ**, -лю́юсь, -лю́ешься, *несов.* (*сов.* **ДЕМБИЛЬНУ́ТЬСЯ**, -ну́сь, -нёшься), *откуда* и *без доп.* Демобилизоваться из армии, уходить в запас.

Из *арм.*

ДЕ́МБЕЛЬ, -я, **ДЕ́МБИЛЬ**, -я, *м.* **1.** Демобилизация, увольнение из армии. *Ждать ~я. Готовиться к ~ю. Уходить на ~.* **2.** Солдат, которому осталось недолго до демобилизации. **3.** Человек, живущий на широкую ногу; транжира, мот, гуляка. ♦ **Точить** (или **ковать**) **~** — готовить парадную форму к увольнению из армии; вообще — готовиться к демобилизации.

Из *арм.*; от общеупотр. «демобилизация»; возм. форманта в **ДЕМБЕЛЬ** возникла по аналогии со сл. типа **ШНОБЕЛЬ, ФУФЕЛЬ**, *ср.* общеупотр. «табель» и т. п.

ДЕМБЕЛЬНУТЬСЯ *см.* **ДЕМБЕЛЕВАТЬСЯ**

ДЕ́МБЕЛЬСКИЙ, -ая, -ое, **ДЕ́МБИЛЬСКИЙ**, -ая, -ое. Относящийся к демобилизации, ко времени, непосредственно предшествующему ей, или к солдату, готовящемуся к увольнению из армии. *~ая жизнь. ~ая вольница. ~ срок. ~ие традиции. ~ альбом* — альбом, который делает солдат перед увольнением. ♦ **~ аккорд** — последнее крупное поручение, работа, которую солдат выполняет перед демобилизацией.

ДЕМБИЛЕВАТЬ *см.* **ДЕМБЕЛЕВАТЬ**

ДЕМБИЛЕВАТЬСЯ *см.* **ДЕМБЕЛЕВАТЬСЯ**

ДЕМБИЛЬ *см.* **ДЕМБЕЛЬ**

ДЕМБИЛЬНУТЬСЯ *см.* **ДЕМБЕЛЕВАТЬСЯ**

ДЕМБИЛЬСКИЙ *см.* **ДЕМБЕЛЬСКИЙ**

ДЕ́МИС РУ́СОС, Де́миса Ру́соса, *м.* Мужской половой орган (обычно больших размеров).

Имя популярного греческого певца.

ДЕМО́К, -мка́, *м.* Демократ, приверженец демократических взглядов, убеждений. *~мки́ у власти. Какой-то ~ трёхцветный* (имеется в виду трёхцветный флаг).

ДЕМОКРА́Т, -а, *м. Ирон.* Излишне мягкий, уступчивый, тактичный человек. *Ты что, в очереди что ли стоишь, ну ты ~!*

ДЕМОКРАТИЗА́ТОР, -а, **ДЕМОКРА́ТОР**, -а, *м.* Милицейская дубинка.

ДЕМОКРАТИЯ *см.* **У НАС ДЕМОКРАТИЯ…**

ДЕМОКРАТОР *см.* **ДЕМОКРАТИЗАТОР**

ДЕ́МОН, -а, *м.* **1.** Хитрый, деловой, сильный, энергичный человек. **2.** Любой человек. *К тебе тут два ~а приходили, я сказал, что ты умер до завтра* (что тебя не будет до завтра).

ДЕНАТУ́Р, -а, *м.*, **ДЕНАТУ́РА**, -ы, **ДЕНАТУ́РКА**, -и, *ж.* **1.** Технический спирт, денатурат. **2.** Любое некачественное спиртное.

ДЕ́НЕЖКА, -и, **ДЕНЬГА́**, -и́, *ж.* Деньги. ♦ **Заколачивать деньгу** — зарабатывать деньги.

ДЕНЕЖКИ *см.* **БОБО; СПАСИБО — НЕ КРАСИВО, НАДО ДЕНЕЖКИ ПЛАТИТЬ**

ДЕНЬ *см.* **БАННЫЙ ДЕНЬ; ИУДИН; ЧЕРЕЗ ДЕНЬ НА РЕМЕНЬ; СЕМЬ ДНЕЙ НА СОБАКАХ**

ДЕНЬГА *см.* **ДЕНЕЖКА**

ДЕНЬГИ *см.* **ВРЕМЯ, КОТОРОЕ У НАС ЕСТЬ…; ЗЕЛЁНЫЙ; МАСТЬ; НАШЕ ВРЕМЯ — ВАШИ ДЕНЬГИ; ПЁСЬИ ДЕНЬГИ; РАЗМНОЖАТЬСЯ ДЕНЬГАМИ; ЧТОБ ХРЕН СТОЯЛ И ДЕНЬГИ БЫЛИ**

ДЕНЬРОЖДЕ́НЕЦ, -нца, *м.* Тот, у кого день рождения.

ДЕПУТА́НТ, -а, *м.*, **ДЕПУТА́НТКА**, -и, *ж.* Депутат, депутатка.

Возм. влияние **ПУТАНА**.

ДЕРГАЖ *см.* **ДЕРГАЧ**

ДЁРГАТЬ, -аю, -аешь; *несов.* (*сов.* **ДЁРНУТЬ**, -ну, -нешь). **1.** *откуда, куда* и *без доп.* Уходить, убегать, уезжать. *~ в Сочи. Дёрнули отсюда* (уходим, пойдём). **2.** *чего* и *без доп.* Пить спиртное. **3.** *кого.* Вступать в половую связь с кем-л. (о мужчине).

ДЁРГАТЬСЯ *см.* **СИДИ И НЕ ДЁРГАЙСЯ (НЕ РЫПАЙСЯ, НЕ КВАКАЙ, НЕ ВЯКАЙ)**

ДЕРГА́Ч, -а́, **ДЕРГА́Ш**, -а́, **ДЕРГА́Ж**, -а́, *м.* Ломик, гвоздодёр, отмычка или другое приспособление для открытия, вскрытия чего-л.

Возм. из *уг.*

ДЕРЕ́ВНЯ, -и, **ДЕРЁВНЯ**, -и, *ж.* Неотёсанный, грубый, некультурный человек. *Деревня ты, а не доцент. Что ж ты, деревня, в носу ковыряешься, иди лучше у коровы под хвостом поковыряйся.*

ДЕ́РЕВО, -а, *ср.* и в зн. сказ. (или **ЗДРА́ВСТВУЙ**, ~, **ПО́ЛНОЕ ~**, **АФРИКА́НСКОЕ ~**). Глупый человек, тупица, бездарь. *Он полное ~, он таблицу умножения с законами октябрят путает.*

См. также **ПРОБКОВОЕ ДЕРЕВО**

ДЕРЕВО* *см.* **ТОЛЬКО ЧТО С ДЕРЕВА СЛЕЗ; УПАСТЬ (РУХНУТЬ, СВАЛИТЬСЯ, БРЯКНУТЬСЯ) С ДЕРЕВА; ЧЁРНОЕ ДЕРЕВО**

ДЕРЕВЯ́ННЫЙ, -ая, -ое. **1.** Глупый, недалёкий, тупой (о человеке). **2.** в зн. *сущ.*, -ого, *м.* Ирон. обращение. *Ну ты, ~, рот закрой* (замолчи). **3.** в зн. *сущ.*, только *мн.*, -ые, -ых. Советские, российские деньги, рубли. *Заработать немного ~ых. Платить ~ыми. В ~ых* — в рублях.

ДЕРЕВЯННЫЙ* *см.* **ДУРИЛКА (ДЕРЕВЯННЫЙ); КОГДА ДЕРЕВЯННЫЙ КОНЬ НА ГОРЕ ПЁРДНЕТ; НАДЕТЬ ДЕРЕВЯННЫЙ МАКИНТОШ; НАДЕТЬ ТУЛУП СОСНОВЫЙ (ДЕРЕВЯННЫЙ, ДУБОВЫЙ); ШУБА ДЕРЕВЯННАЯ…**

♦ **ДЕРЕВЯ́ННЫЙ МАКИНТО́Ш** — гроб.

Выражение зафиксировано ещё в источниках начала XX в.; *ср.* в *уг.* в том же зн. «(надеть) деревянный бушлат (тулуп, костюм и т. п.)».

ДЕРЕВЯ́ШКИ, -шек, *мн.* Шахматные фигуры, шахматы. *Подвигать ~шками* (сыграть). *Расставляй ~! Я тебя по ~шкам сделаю!* (обыграю).

ДЕРЖА́ТЬ, держу́, де́ржишь; *несов.*, *кого за кого-что.* Считать кого-л. каким-л., приписывать кому-л. какие-л. свойства (обычно отрицательные). *За кого ты меня держишь!* — зря ты думаешь обо мне плохо; что я, дурак, что ли?

ДЕРЖАТЬ* *см.* **ГОВНО; ДЕРЖИТЕ МЕНЯ СЕМЕРО!**

ДЕРЖАТЬ ВЕС *см.* **ВЕС**

ДЕРЖАТЬ РЕГЛАМЕНТ *см.* **РЕГЛАМЕНТ**

ДЕРЖАТЬСЯ *см.* **КРЕПЧЕ ЗА ШОФЁРКУ ДЕРЖИСЬ, БАРАН; ЖИСТЬ**

♦ **ДЕРЖА́ТЬ ФИ́ГУ В КАРМА́НЕ** — быть несогласным с чем-л., но никак не проявлять публично своего несогласия; быть в пассивной оппозиции.

♦ **ДЕРЖА́ТЬ ХВОСТ (ЧЛЕН, НОС) ПИСТОЛЕ́ТОМ (МИНОМЁТОМ, ТРУБО́Й, РУЛЁМ, ВЫ́ШЕ ЖО́ПЫ)** — быть бодрым, ничего не бояться, сохранять оптимизм; сохранять присутствие духа.

ДЕРЖИ МЕТЛУ *см.* **МЕТЛА**

♦ **ДЕРЖИ́СЬ ЗА ВЕСЛО́** — выпутывайся сам, не буду тебе помогать, всё зависит теперь от тебя.

♦ **ДЕРЖИ́СЬ ЗА Я́КОРЬ** — воздерживайся от употребления спиртного.

♦ **ДЕРЖИ́ТЕ МЕНЯ́ СЕ́МЕРО!** — Ну и ну, вот это да! мне смешно; не смешите меня.

ДЕ́РЗКИЙ, -ого, *м.* (или ~ **ДЕ́ВСТВЕННИК**). *Ирон.* О девственнике, которому уже давно пора было «потерять невинность», человек с психическими отклонениями на этой почве.

ДЕРИЖБО́МБЕЛЬ, -я, *м. Ирон.-бран.*, чаще в зн. обращения.

ДЕРИФЛЮ́ТИК, -а, **ДИРИФЛЮ́ТИК**, -а, *м.* Человек, вышедший из тюрьмы.

Неясно. Возм., из *уг.*

ДЁРНУТЬ *см.* **ДЁРГАТЬ; ХВОСТОМ ДРЫГНУТЬ (ДЁРНУТЬ, ШАРКНУТЬ, ШЛЁПНУТЬ)**

ДЕРЬМО *см.* **ГРЯЗЬ; ИСХОДИТЬ (ДЕРЬМОМ); КАК ДЕРЬМО В ПРОРУБИ; КУЛЬ (С ДЕРЬМОМ); МЕСИТЬ ДЕРЬМО; МЕШОК С ДЕРЬМОМ; ПОНЕСЛОСЬ ДЕРЬМО ПО ТРУБАМ; С ДЕРЬМОМ СЪЕСТЬ**

ДЕРЬМОКРА́Т, -а, *м. Ирон.* Демократ. *Что ты смотришь на меня, как Невзоров на ~а, я ж нечаянно твою чашку разбила.*

Контаминация «демократ» и «дерьмо».

ДЕРЮГА *см.* **ДРАП-ДЕРЮГА, ТРИ КОПЕЙКИ КИЛОМЕТР**

ДЕРЯ́БНУТЬ, -ну, -нешь; *сов., чего, что* и *без доп.* Выпить спиртного.

Ср. диал. «дерябнуть» — ударить, огреть, «дерибать» — сильно царапать, драть, чесать, «дерябиться» — чесаться.

ДЕСА́НТ, -а, *м., собир.* (или **ПЛЮШЕВЫЙ, КОЛБА́СНЫЙ** ~). Приезжие (обычно о жителях российской провинции); те, кто приезжают в Москву за продуктами или другими покупками.

Компонент **ПЛЮШЕВЫЙ** возм. связан с метонимическим переносом по признаку одежды (плюшевые полушубки).

ДЕСА́НТНИК, -а, *м.* Приезжий, «мешочник», иногородний, прибывший в Москву за продуктами или другими покупками.

См. также **ДЕСАНТ**.

ДЕСАНТУ́РА, -ы, *ж.* **1.** Десантные войска. *Служить в ~е. Пройти ~у.* **2.** То же, что **ДЕСАНТ**.

1. — из *арм.*

ДЁСНЫ *см.* **ПАЛЬЦЫ ВЕЕРОМ — СОПЛИ ПУЗЫРЁМ...; ЦЕЛОВАТЬСЯ В ДЁСНЫ**

ДЕСЯ́ТКА, -и, *ж.*, **ДЕСЯ́ТНИК**, -а, *м.* Всё, что имеет отношение к числу десять (напр., дистанция десять километров; десять рублей или десять тысяч рублей, в зависимости от ситуации; что-л. объёмом или весом в десять единиц и т. п.). *Получить десятку* или *пойти по десятнику* — о сроке заключения.

ДЕСЯТЬ ЛЕТ РАССТРЕЛА *см.* **РАССТРЕЛ**

ДЕСЯТЬ РАЗ ВОКРУГ НОГИ, ЧЕРЕЗ ЖОПУ В САПОГИ И НА ШЕЕ БАНТОМ *см.* **ЖОПА**

♦ **ДЕТЕ́Й БОЯ́ТЬСЯ — В ЛЕС НЕ ХОДИ́ТЬ** — *шутл.* о необходимости решительности в сфере половых отношений.

Передел. общеупотр. пословица «Волков бояться — в лес не ходить».

ДЕТЕКТИ́ВА, -ы, *ж. Шутл.* О чём-л. запутанном и бессмысленном, о неразберихе, ерунде.

ДЕТИ *см.* **НЕУДОБНО С ЖЕНОЙ СПАТЬ...; ШОФЁРЫ, БОЙТЕСЬ ТЕХ МЕСТ, ОТКУДА ПОЯВЛЯЮТСЯ ДЕТИ**

♦ **ДЕ́ТИ СО́ЛНЦА** — игроки в домино.

Травестированное назв. пьесы А. М. Горького.

♦ **ДЕ́ТИ — ЦВЕТЫ́ ЖИ́ЗНИ НА МОГИ́ЛЕ СВОИ́Х РОДИ́ТЕЛЕЙ** — *ирон.* передел. известное речение «дети — цветы жизни».

ДЕТСКИЙ *см.* **ЦВЕТА ДЕТСКОГО ПОНОСА (ДЕТСКОЙ НЕОЖИДАННОСТИ)**

♦ **ДЕ́ТСКИЙ ЛЕ́ПЕТ НА ЗЕЛЁНОЙ ЛУЖА́ЙКЕ** — *шутл.* о чьих-л. наивных, крайне легкомысленных, свидетельствующих о неопытности говорящего словах.

ДЕТСТВО *см.* **ТЫ ЧТО, УПАЛ?..; ТЯЖЁЛОЕ ДЕТСТВО, НЕДОСТАТОК ВИТАМИНОВ; У ТЕБЯ НЕ БЫЛО ДЕТСТВА**

♦ **ДЕ́ТСТВО В ЖО́ПЕ ИГРА́ЕТ** *у кого* — об инфантильном, легкомысленном человеке.

♦ **ДЕ́ТСТВО ИЛЬИЧА́** — ирон. оценка чьего-л. глупого, несуразного поступка.

ДЕТЬСЯ *см.* **КУДА ТЫ ДЕНЕШЬСЯ, КОГДА РАЗДЕНЕШЬСЯ**

ДЕФЕКА́ТОР, -а, *м.* Зад, ягодицы. *Засор в ~е* — запор.

От общеупотр. *спец.* «дефекация» — испражнение; пародирование научного стиля речи; *ирон. эвфем.*

ДЕФЕКТИ́В, -а, *м. Ирон.* Детектив.

Намёк на общеупотр. «дефект», «дефективный». *Ср.* **ДЕФЕКТИВНЫЙ РОМАН**.

ДЕФЕКТИ́ВНЫЙ, -ая, -ое. **1.** Ненормальный, сумасшедший, психически неуравновешенный. **2.** в зн. *сущ*., -ого, *м*. Странный человек. *Тебе звонил какой-то ~, даже не поздоровался.*

ДЕФЕКТИВНЫЙ ПЕРЕРОСТОК *см*. **ПЕРЕРОСТОК**

♦ **ДЕФЕКТИ́ВНЫЙ РОМА́Н** — *ирон.-пренебр*. детективный роман.

Ср. **ДЕФЕКТИВ**.

ДЕФО́ЛТ, -а, *м*. или в зн. *межд*. Всё, конец, провал. *Полный ~: двойка! У меня в семье ~: разводимся. Вот ~, твою мать!*

От спец. «дефолт» (англ. defolt), ставшего одним из расхожих слов в прессе конца 90-х гг.

ДЕ́ЦЕЛ, -а, *м*. **1.** Что-л. маленькое, незначительное; малорослый, невзрачный человек. **2.** Малое количество чего-л., «капелька», «чуточка». *~ водочки.*

Вероятно, от «деци-» — первой части наименований единиц физической величины (1/10 доля исходных величин): «дециметр» и т. п.; *ср*. **ДЕЦИСТРЁМНО**.

ДЕЦИСТРЁМНО, *нареч*. и в зн. *сказ*. Немного страшно, страшновато.

От «деци-» (*ср*. **ДЕЦЕЛ**) + **СТРЁМНО**.

♦ **ДЕШЕ́ВЛЕ ГРИБО́В** *что* — что-л. очень дёшево.

ДЕ́ЯТЕЛЬ, -я, *м*. **1.** обычно *неодобр*. Излишне активный, общительный, деятельный, предприимчивый человек. **2.** Ирон. обращение. *Ну ты, ~, иди кашу есть* (к ребёнку).

ДЖАЗ, -а, *м*. Безделица, пустяк, ерунда.

Возм. из речи поклонников тяжёлого рока.

ДЖАНК, -а, *м*. Героин.

Из *нарк*.

ДЖАПА́Н, -а (или -а́), *м*. Японец.

От англ. Japan — Япония.

ДЖАПА́НСКИЙ, -ая, -ое. Японский (обычно о вещи японского производства). *~ие тачки* (машины).

См. **ДЖАПАН**.

ДЖЕ́К-ПОТРОШИ́ТЕЛЬ, дже́ка-потроши́теля, *м*. Ирон.-дружеское обращение (обычно к человеку, чем-л. активно занимающемуся, находящемуся в пылу работы). *Ну ты, ~, кончай есть, а то ещё умрёшь молодым.*

По прозвищу легендарного англ. преступника, поразившего современников своей жестокостью.

♦ **ДЖЕНТЛЬМЕ́НСКИЙ НАБО́Р** — всё необходимое.

ДЖИГИ́Т, -а, *м*. **1.** Лицо южной национальности. *~ы арбузы продают. Я у ~ов ничего не покупаю, боюсь, вши заведутся.* **2.** Ирон. обращение к любому человеку (обычно что-л. делающему активно). *Ну ты, ~, сбавь скорость, тут тебе не хайвей, а Бибирево.*

ДЖИ́НГЛ, -а, *м*., **ДЖИНГЛА́**, -ы́, *ж*. Музыкальная заставка (т. н. «лейбл») радиостанции, проигрываемая между композициями, передачами и т. п.

Из англ., *муз*.

ДЖИНСА́, -ы́, *ж*. **1.** То же, что **ДЖИНЫ**. **2.** Джинсовая ткань. *Юбка из ~ы. ~ по сотне метр.*

ДЖИНЫ́, -о́в, *мн*. Джинсы.

ДЖИПЯ́РА, -ы, *ж*. Джип (тип автомобиля).

ДЖИРГА́, -и́, *ж*. *Ирон*. Собрание, конференция, совещание. *Производственная ~. ~ у шефа.*

Из языка пушту. Назв. органов государственной власти в Афганистане.

ДЖОРДЖ, -а, *м*. Грузин.

От англ. Georgia — Грузия + контаминация с англ. *собств*.

ДЖО́РДЖИЯ-БЕ́НЦ, джо́рджии-бе́нц, *ж*. *Ирон*. Какая-л. кавказская (чаще грузинская) фирма в Москве.

От англ. Georgia — Грузия + вторая часть назв. фирмы «Мерседес-Бенц».

ДЖУ́ЙКА, -и, *ж*. Любая еврейская благотворительная организация.

От англ. Jewish Family Service — назв. американской еврейской организации.

ДЖУНГЛИ *см*. **САНИТАРЫ ДЖУНГЛЕЙ**

ДЖЭФ, -а, *м*. Эфедрин, употребляемый в качестве наркотического средства.

Англ. огласовка.

ДЗЕРЖИ́НСКИЙ, -ого, *м*. Ирон. обращение.

ДЗЕРЖИНСКИЙ* *см*. **ЖОПА**

ДИВА́Н, -а, *м*. Восьмая модель мотоцикла «Ява».

♦ **ДИВА́Н-СОБА́КА** (или **СОБА́КА-ДИВА́Н**) — большая лохматая собака (обычно сенбернар или ньюфаундленд).

Комическая ассоциация с общеупотр. «диван-кровать».

ДИВЧИНА *см*. **ЛЮБОВЬ БЕЗ ДИВЧИНЫ — ПРИЗНАК ДУРАЧИНЫ**

ДИЗА́ЙНЕР, -а, *м*. Еврей.

Из анекдота.

ДИ́ЗЕЛЬ, -я, *м.* **1.** Дурак, придурок. *Полный ~! Одни ~я́ собрались!* **2.** Дисциплинарный батальон, дисбат, а также солдат, находящийся в дисбате.

2. — из *арм.*

ДИЗЕЛЬ* *см.* **ЁЖИК (ТАРАКАН, ШИЛО, РАКУШКИ, ДИЗЕЛЬ) В ЖОПЕ**

ДИ́КИЙ, -ая, -ое. **1.** Чрезмерный. *~ие цены.* **2.** Положительный эпитет. *Вещицу я купил ~ой нечеловеческой красоты.* **3.** Незамужний, холостой. *Ой, сколько ~их мужчинок* (реплика женщины на пляже).

ДИКИЙ* *см.* **БЛЕСК; ВАШ ПУДЕЛЬ ЛАЕТ?**

ДИ́КО, *нареч.* Очень, весьма. *Я ~ извиняюсь. Мы ~ рады. ~ клёво* (хорошо).

♦ **ДИКТА́НТ «СМЕРТЬ КОЛЫ́ШНИКА»** — *шутл.* о чём-л. очень трудном, о тяжёлом задании, испытании.

Из *шк.*

ДИКТА́ТОР, -а, *м.* Директор школы.

Из *шк.*

ДИНАМА *см.* **ДИНАМО; ЗАРЯЖАТЬ (ДИНАМУ)**

ДИНАМИ́СТ, -а, **ДИНА́МЩИК**, -а, *м.* Обманщик; человек, дающий обещания и не выполняющий их. *Ты ему денег не давай, он ~.*

Ср. уг. «динамо крутить» — не уплатить проигранную сумму денег или убеждать в чём-л. ложном; обмануть кого-л.

ДИНАМИ́СТКА, -и, **ДИНА́МЩИЦА**, -ы, *ж.* Обманщица; женщина, дающая обещания и не выполняющая их.

См. **ДИНАМИСТ.**

ДИНА́МИТЬ, -млю, -мишь, *несов.*, *кого с чем* и *без доп.* Обманывать, не выполнять обещанного; подводить кого-л. *Ты меня с этим делом третий раз ~ишь.*

См. **ДИНАМИСТ.**

ДИНА́МО, *нескл.*, *ср.* (или **~-МАШИ́НА**), **ДИНА́МА**, -ы, *ж.* **1.** То же, что **ДИНАМИСТ**. **2.** Действие по зн. *гл.* **ДИНАМИТЬ**. ♦ **Крутить динаму** *кому* и *без доп.* — обманывать кого-л.

См. **ДИНАМИСТ.**

ДИНАМЩИК *см.* **ДИНАМИСТ**

ДИНАМЩИЦА *см.* **ДИНАМИСТКА**

ДИНОЗА́ВР, -а, *м.* **1.** Ретроград, крайне консервативный человек. **2.** Любой человек. *Сидим тут уже три часа, как ~ы.*

ДИП, -а, **ДИ́ПНИК**, -а, **ДИПО́К**, -пка́, *м.* Дипломат, дипломатический работник.

ДИПЛОМ *см.* **ЛУЧШЕ ИМЕТЬ КРАСНУЮ РОЖУ...**

ДИПНИК, ДИПОК *см.* **ДИП**

ДИРИЖИ́РОВАТЬ, -рую, -руешь; *несов.*, *чем*, *кем* и *без доп. Шутл.* Руководить, главенствовать, распоряжаться.

ДИРИФЛЮТИК *см.* **ДЕРИФЛЮТИК**

♦ **ДИРО́Л С КСИЛИ́ТОМ** — о двух неразлучных друзьях, приятелях, братьях (близнецах) и т. п.

От назв. навязчиво рекламируемой жевательной резинки.

ДИРЮ́ГА, -и, *м.* и *ж.*, **ДИРЮ́ЖНИК**, -а, *м.*, **ДИРЮ́ЖНИЦА**, -ы, *ж.* Директор (о мужчине и женщине соответственно).

ДИСКА́РЬ, -я́, **ДИСКА́РИК**, -а, **ДИСКА́Ч**, -а́, *м.* **1.** Диск-жокей, ведущий дискотеку. **2.** То же, что **ДИСКОТНЯ.**

ДИСКОТЕКА *см.* **ПОСЛАТЬ НА ДИСКОТЕКУ**

ДИСКОТНЯ́, -и́, **ДИСКОТУ́ХА**, -и, *ж.* **1.** Дискотека. Пойти на дискотню. **2.** Музыка в стиле «диско».

ДИСПЛЮ́Й, -я, *м. Ирон.* Дисплей.

Контаминация с «плевать»; из *жарг.* пользователей компьютеров.

ДИ́ССЕР, -а, *м.*, **ДИССЕРТУ́ХА**, -и, *ж.* Диссертация (обычно кандидатская). *Настрочить диссер* — написать диссертацию. *Защитить диссертуху.*

ДИССИДА́, -ы́, *м.*, *ж.*, *пренебр.* Диссидент; диссиденты (*собир.*).

ДИСТО́К, дистка́, *м.* Десятикопеечная монета.

Начальный звук слова «десять» + искусственный суффикс по модели «свисток», «листок» и т. п.

ДИ́СТРОФ, -а, **ДИСТРО́Ф**, -а, **ДИСТРОФА́Н**, -а, *м.* Хилый, слабый, болезненный человек.

От общеупотр. «дистрофик».

ДИТЁ, -я́, **ДИТЯ́**, дитя́ти, *ср.* (или **~ МОЁ**). Ирон. обращение. *Послушай, ~ моё, а не съесть ли нам* (выпить) *бутылочку пивка.* ♦ **Дитя засухи** — худой, тощий человек.

ДИХЛОФО́С, -а, *м.* Некачественный алкогольный напиток. *Сам цеди свой ~, а у меня душа нежная.*

ДИХЛОФО́СНИК, -а, *м.* **1.** Тот, кто пьёт плохие, дешёвые алкогольные напитки. **2.** Токсикоман. **3.** Окончательно опустившаяся личность.

♦ **ДЛИ́ННАЯ КИШКА́** *чего* — о большом количестве чего-л., а также в зн. шутл.-этикетной формулы, напр.: *Передай ему длинную кишку приветов.*

♦ **ДЛЯ НАЧА́ЛА ВЫ́ПУЧИТЬ ГЛАЗА́ И ОБОСРА́ТЬСЯ** — *ирон.* о таком стиле работы, когда выполняющий ее сразу начинает волноваться, тратит много психологической энергии попусту, суетится и т. п.

♦ **ДЛЯ ПОДНЯ́ТИЯ КО́НУСА** — *шутл.* для поднятия тонуса, напр.: *По стакану — для поднятия конуса!*

ДЛЯ РЫВКА *см.* **РЫВОК**

ДНЁМ *см.* **НЕ ПЬЁТ ТОЛЬКО СОВА, ПОТОМУ ЧТО ДНЁМ ОНА СПИТ...**

♦ **ДНЁМ С ОГНЁМ — ВЕ́ЧЕРОМ РАЗОГНЁМ** — *шутл.* передел. пословица «днём с огнём не сыщешь» (чего-л.).

ДНО *см.* **ВЫПАДАТЬ (НА ДНО); ДЕЛАТЬ ДВОЙНОЕ ДНО И ФОРМУ ЧЕМОДАНА**

ДОБАЗА́РИВАТЬСЯ, -аюсь, -аешься; *несов.* (*сов.* **ДОБАЗА́РИТЬСЯ**, -рюсь, -ришься). **1.** *на чём, на что, до чего* и *без доп.* Договариваться до чего-л., приходить к соглашению. *Добазариваемся на ста рублях. Никак добазариться не можем.* **2.** *до чего* и *без доп.* Споря и конфликтуя, доводить дело до нежелательного результата; навлекать неприятности излишними разговорами. *Ну вот, добазарились, теперь весь город знает.*

От **БАЗАРИТЬ.**

♦ **ДО БАРАБА́НА** *кому что* — всё равно, наплевать, без разницы, напр.: *Ты его так просто не напугаешь, ему эти штучки до барабана.*

Ср. **ПО БАРАБАНУ.**

ДОБЛЯ́КАТЬСЯ, -аюсь, -аешься; *сов., до чего* и *без доп.* То же, что **ДОБАЗАРИТЬСЯ 2.** *Он ~ается, его с работы выгонят.*

От **БЛЯКАТЬ.**

ДОБОРЗЕ́ТЬСЯ, -е́юсь, -е́ешься; *сов., до чего* и *без доп.* Быть побитым, наказанным за излишне агрессивное поведение. *~еешься, в лоб получишь* — не веди себя нагло, накажу, изобью.

От **БОРЗЕТЬ.**

♦ **ДОБРО́, КАБА́Н!** — согласен, договорились, «по рукам», «о'кей».

ДОБРЫЙ *см.* **А ГЛАЗА ТАКИЕ ДОБРЫЕ-ДОБРЫЕ**

♦ **ДО́БРЫЙ ДО́КТОР ГЕ́ББЕЛЬС** — жестокий человек.

ДОБРЫЙ ДУХ БЕН-ЗИН *см.* **БЕН-ЗИН**

ДОБЫВА́ТЬ, -а́ю, -а́ешь; *несов.* (*сов.* **ДОБЫ́ТЬ**, -бу́ду, -бу́дешь), *кого с чем.* Надоесть, утомить.

ДОВЕСТИ *см.* **ДОРОГОЙ И ДОРОГАЯ, ДОРОГИЕ ОБА...**

ДОГА́ВКАТЬСЯ, -аюсь, -аешься; *сов., до чего* и *без доп.* Договориться до отрицательных последствий.

От **ГАВКАТЬ.**

♦ **ДОГАДА́ЙСЯ С ТРЁХ РАЗ** — догадайся (о чём-л. очевидном, нетрудном).

ДОГНАТЬ *см.* **ДОГОНЯТЬ; ДАДУТ, ДАДУТ, ДОГОНЯТ...**

ДОГНАТЬСЯ *см.* **ДОГОНЯТЬСЯ**

ДОГО́Н, -а, *м.*, **ДОГОНЯ́ЙЛА**, -ы, **ДОГОНЯ́ЛА**, -ы, *м.* и *ж.*, **ДОГОНЯ́ЙЛО**, -а, **ДОГОНЯ́ЛО**, -а, *ср.* Глупый, тупой, несообразительный человек.

Ср. **ДОГОНЯТЬ.**

ДОГОНЯ́ТЬ, -я́ю, -я́ешь; *несов.* (*сов.* **ДОГНА́ТЬ**, догоню́, дого́нишь), *что, до чего* и *без доп.* Понимать, схватывать мысль, догадываться. *Догнал идею* (понял)? *Что-то я никак не догоню, чего тебе нужно. Он вообще дурак, совсем не догоняет.*

ДОГОНЯ́ТЬСЯ, -я́юсь, -я́ешься, *несов.* (*сов.* **ДОГНА́ТЬСЯ**, догоню́сь, дого́нишься), *до чего, чем, от чего* и *без доп.* Получать удовольствие от чего-л., испытывать наслаждение; доходить до крайней точки удовлетворения. *Пойдём кофейком догонимся. Не мешай, я догоняюсь.*

ДО́ДИК, -а, *м.* Маленький, тщедушный, хилый, глупый человек; любой человек, о котором говорится с пренебрежением.

ДОДО́, *нескл., м., ж.,* и *ср.*, **ДОДО́ХА**, -и, **ДОДО́ШКА**, -и, *м.* и *ж.*, **ДОДО́ШНИК**, -а, *м.* Простак; недалёкий, примитивный человек; дурак.

От фр. dada — деревянный конёк; возм. под влиянием производного от него «дадаизм» — одна из разновидностей примитивизма в искусстве.

ДОЕДАТЬ *см.* **ТВОИ ТОВАРИЩИ В ОВРАГЕ ЛОШАДЬ ДОЕДАЮТ; ХРЕН**

ДОЕЗЖА́ТЬ, -а́ю, -а́ешь; *несов.* (*сов.* **ДОЕ́ХАТЬ**, дое́ду, дое́дешь), *до чего* и *без доп.* Понимать, догадываться, додумываться. *Ну что, доехал* (понял)?

ДОЖДЕВИ́К, -а́, **ДОЖДЕВИЧО́К**, -чка́, *м.* Презерватив.

ДО ЖОПЫ *см.* **ЖОПА**

ДОЖО́Р, -а, *м.* Доедание пищи гостями перед уходом вечером или на следующее утро. *Остаться на ~. Чего на ~ осталось?*

ДО́ЗА, -ы, *ж.* **1.** Обычное количество спиртного, выпиваемое кем-л. *Это моя ~. Больше ~ы на грудь не беру* (не пью). *Принять ~у* (выпить). **2.** Стакан. **3.** Пинок, удар (обычно ногой по заду нагнувшемуся человеку). *Влепить ~у* — ударить. *Получить ~у.* ♦ **Встал в позу — получил ~у** — реплика, сопровождающая удар.

ДОЗИРО́ВКА, -и, *ж.* То же, что **ДОЗА 1**.

ДОЗРЕВА́ТЬ, -а́ю, -а́ешь; *несов.* (*сов.* **ДОЗРЕ́ТЬ**, -е́ю, -е́ешь). **1.** *до чего* и *без доп.* Приходить в состояние готовности, подготавливаться к чему-л. **2.** *без доп.* Приходить в состояние алкогольного опьянения; уставать, выматываться и т. п.

♦ **ДО ИСТОРИ́ЧЕСКОГО МАТЕРИАЛИ́ЗМА** — давно, в незапамятные времена.

Восходит к роману И. Ильфа и Е. Петрова «Золотой телёнок».

ДОИТЬ *см.* **ФИРМА**

ДОЙТИ *см.* **ДОХОДИТЬ; НИ РУКИ, НИ НОГИ НЕ ДОШЛИ**

ДОКА́ПЫВАТЬСЯ, -аюсь, -аешься; *несов.* (*сов.* **ДОКОПА́ТЬСЯ**, -а́юсь, -а́ешься), *до кого с чем* и *без доп.* Надоедать кому-л.; приставать, привязываться к кому-л.; доводить кого-л. *Что ты до меня докапываешься, что я тебе, сбербанк, что ли?* (реплика в ответ на просьбу одолжить денег).

ДОКВА́КАТЬСЯ, -аюсь, -аешься; *сов., до чего с чем* и *без доп.* Навлечь на себя беду; доболтаться; довести какое-л. дело до отрицательного результата.

От **КВАКАТЬ**.

ДОКОПАТЬСЯ *см.* **ДОКАПЫВАТЬСЯ**

♦ **ДО КОРЯ́ГИ** *кому, что* — всё равно, наплевать.

ДОКРЫ́СИТЬ, -ы́шу, -ы́сишь; *сов., за сколько, докуда, куда* и *без доп.* Дойти, доехать, добраться. *До конца за десять минут ~ысим.*

От **КРЫСИТЬ**.

ДО́КТОР, -а, *м.* **1.** Недалёкий, глупый, несообразительный человек. **2.** Тот, кто пристаёт, надоедает, зудит над ухом, даёт ненужные советы. *Замучил ты меня, ~, иди, других лечи* (отстань, отойди, не приставай).

ДОКТОР* *см.* **ВЗЯТЬ НА ДОКТОРА; ДОБРЫЙ ДОКТОР ГЕББЕЛЬС; ЧТО ДОКТОР (УЧАСТКОВЫЙ, ТЕРАПЕВТ) ПРОПИСАЛ; ЭТО ВАМ, ДОКТОР!**

ДОКУМЕНТ *см.* **СЛОВО НЕ ДОКУМЕНТ, К ДЕЛУ НЕ ПОДОШЬЁШЬ**

♦ **ДОКУМЕ́НТ НА РУКА́Х НОСИ́ТЬ** — самому носить документ по инстанциям, собирая важные подписи, не пуская бумагу официальными каналами в делопроизводство.

Ср. «носить на руках кого-л.» в зн. быть заботливым, превозносить кого-л.

♦ **ДО ЛАМПА́ДЫ** *что кому,* **ДО ЛА́МПОЧКИ** *что кому* — всё равно, наплевать.

ДОЛБА́К, -а́, *м.* Дурак, идиот, тупица. *С этим ~ом не то что работать, в прятки-то играть страшно, того и гляди потеряется.*

ДОЛБА́ЛОВО, -а, *ср.* Драка, потасовка, инцидент.

От **ДОЛБАТЬ, ДОЛБАТЬСЯ**.

ДОЛБА́Н, -а (или -а́), *м.* Окурок.

ДОЛБАНУТЫЙ *см.* **ДОЛБАНЫЙ**

ДОЛБАНУТЬ *см.* **ДОЛБАТЬ; КОТЁЛ**

ДОЛБАНУ́ТЬСЯ, -ну́сь, -нёшься, *сов.* **1.** *чем обо что* и *без доп.* Удариться, упасть, ушибиться. **2.** *на чём* и *без доп.* Сойти с ума, помешаться, свихнуться.

От **ДОЛБАНУТЬ**.

ДО́ЛБАНЫЙ, -ая, -ое, **ДОЛБАНУ́ТЫЙ**, -ая, -ое. Ненормальный, глупый, со странностями, неуравновешенный (о человеке).

ДОЛБА́ТЬ, -а́ю, -а́ешь; *несов.* (*сов.* **ДОЛБАНУ́ТЬ**, -ну́, -нёшь). **1.** *кого-что.* Бить; производить какое-л. интенсивное действие. *Долбать посуду* (разбивать). *Долбануть заказ* (выполнить или провалить, в зависимости от ситуации). **2.** *кого.* Вступать в половую связь с кем-л. (о мужчине). **3.** *чего* и *без доп.* Пить спиртное.

ДОЛБА́ТЬСЯ, -а́юсь, -а́ешься; *несов., с кем* и *без доп.* Драться.

От **ДОЛБАТЬ**.

ДОЛБЁЖКА, -и, *ж.* Драка.

ДОЛБИ́ТЬ, -блю́, -би́шь (или до́лбишь); *несов., под кого.* Притворяться кем-л., подражать кому-л. *~ под дуру* — притворяться ничего не понимающим. *Все под крутых* (преуспевающих, богатых) *~я́т.*

ДОЛБИТЬ* *см.* **СУШНЯК**

ДОЛБИ́ТЬСЯ, -блю́сь, -би́шься, *несов., куда* и *без доп.* Упорно пытаться дозвониться по телефону, получая сигнал «занято».

ДОЛБОКЛЮ́В, -а, *м.* Дурак, тупица.

От общеупотр. «долбить» и «клюв»; *эвфем.* от нецензурного.

ДОЛБОКЛЮ́ВСТВО, -а, *ср.* Глупость, тупость.

От **ДОЛБОКЛЮВ**.

ДОЛБОКРУ́Т, -а, **ДОЛБОНА́ВТ**, -а, **ДОЛБОНО́С**, -а, *м.* Дурак, тупица, простофиля.

От общеупотр. «долбить».

ДОЛГ *см.* **ГАСИТЬ ДОЛГ**

ДОЛГО *см.* **ЖИ́ЛА ДОЛГО НЕ ЖИВЁТ...; ЖУХЛО; И ДОЛГО Я БУДУ ВИДЕТЬ ВО СНЕ...**

ДОЛГОГРУ́ДНАЯ, -ой, *ж., собств.* Станция Долгопрудная под Москвой.

Наложение с «грудь».

ДОЛГОИГРА́ЮЩИЙ, -ая, -ее. Длящийся продолжительное время, долго не кончающийся, с длительным сроком хранения. *~ разговор. ~ая конфета* (обычно карамель или леденец). *~ая «Ява»* (сигареты «Ява-100»). *~ее молоко.* ♦ **ДО́ЛГО ЛИ УМЕ́ЮЧИ** — *ирон.* в ответ на чей-л. вопрос «как тебе это удалось?», «как тебя угораздило?», чаще об оплошности, неудаче, напр.: — *Да как же тебя угораздило машину кокнуть? — Долго ли умеючи...*

ДОЛГОНО́С, -а, **ДОЛГОНО́СИК**, -а, *м.* Прожорливый человек, обжора, чревоугодник; гурман. *Опять в холодильнике ветер свищет, всё проклятый ~ пожрал.*

От назв. жука-вредителя; из анекдота.

ДОЛГО́ПА, -ы, *ж., собств.* То же, что **ДОЛГОГРУДНАЯ**.

Сокращ.

ДОЛЖЕН *см.* **ПОГРАНИЧНИК ДОЛЖЕН СТРЕЛЯТЬ, КАК КОВБОЙ...**

ДОЛИНА *см.* **ВАФЛИНАЯ ДОЛИНА, ИЛИ ЧЛЕН В ГОРЛИНУ**

ДО́ЛЛАР, -а, *м.* Металлический крючок для подвешивания хозяйственных сумок в транспорте, котелков и вёдер над костром и т. п.

По схожести со знаком доллара.

ДОЛЛА́РЬ, -я́, *м.* Доллар. *Трудно жить без ~е́й.*

ДОЛОТО́, -а́, *ср.* Глупый человек, недотёпа, бездарь, простофиля.

Ср. уг. «долото» — мальчик, неопытный.

ДОЛОТО* *см.* **ПО ЖОПЕ ДОЛОТОМ**

ДО́ЛЬЧИКИ, -ов, *мн.* Доллары.

Возм. смеховая контаминация с «дольчики» — разновидность колготок; распространилось под влиянием телерекламы.

ДОЛЬШЕ *см.* **ЛЫСИНУ БЫСТРО ПРИЧЁСЫВАТЬ...**

ДОМ, -а, *м.* **1.** Вокзал. **2.** Голова. *~ едет у кого* — о чьём-л. странном поведении. **3.** Место расположения военной части.

3. — из *арм.*

ДОМ* *см.* **ГОЛОВА КАК ДОМ СОВЕТОВ; КАК В ЛУЧШИХ ДОМАХ...; НА ТРЁХ ДОМАХ; ТВОЙ ДОМ — ТЮРЬМА; У НАС КАК В ПАРИЖЕ...; ХИТРЫЙ ДОМ; ЧЕМ ВЫШЕ ДОМ, ТЕМ ЗАПУЩЕННЕЙ ЧЕРДАК; ЧЕРЕП**

ДОМА *см.* **БУДЬТЕ КАК ДОМА...; МОЖЕТ, ТЕБЕ И ПОЛЫ ДОМА ПОМЫТЬ?**

ДОМА́ТЫВАТЬСЯ, -аюсь, -аешься; *несов.* (*сов.* **ДОМОТА́ТЬСЯ**, -а́юсь, -а́ешься), *до кого с чем* и *без доп.* Приставать, надоедать, домогаться. *У винника пьяно́ты до меня вчера домотались: дай четвертной да дай четвертной* — вчера у винного магазина ко мне пристали пьяницы с просьбой дать им двадцать пять рублей.

ДОМА́ШКА, -и, *ж.* **1.** Домашняя работа; нечто, сделанное дома. **2.** Домашняя одежда.

1. и возм. 2. — из *шк.*

ДОМАШНИК *см.* **ДОМУШНИК**

♦ **ДОМ БЕЗ УГЛО́В** — сумасшедший дом.

ДО́МИК, -а, *м.* **1.** Голова. *~ поехал у кого* — о чьём-то странном, глупом поведении. **2.** Шапка. ♦ **Вшивый ~** — любая причёска (обычно растрёпанная); причёска с пучком, заколотым шпильками, заколками и т. п.

ДОМИК* *см.* **ГОВНЯНЫЙ**

ДОМОЙ *см.* **КТО НЕ РИСКУЕТ, ТОТ НЕ ПЬЁТ ШАМПАНСКОЕ...**

ДОМОТАТЬСЯ *см.* **ДОМАТЫВАТЬСЯ**

ДОМУ́ШНИК, -а, **ДОМА́ШНИК**, -а, *м.* Вор, специализирующийся на квартирных кражах.

Из *уг.*

ДОМУ́ШНИКИ, -ов, *мн.* Партия «Наш дом — Россия». *Съезд ~ов. Черномыр* (Черномырдин) — *пахан* (лидер, «крёстный отец») *~ов.*

Ирон. контаминация с **ДОМУШНИК**.

ДОМ ХИ-ХИ *см.* **ХИ-ХИ**

ДОНАШИВАТЬ *см.* **САМИ ПОСЛЕДНИЙ НОСОК ДОНАШИВАЕМ**

ДО́Н-ДРОЧИ́ЛА, до́н-дрочи́лы (или до́на-дрочи́лы), *м. Бран.*

От «дон» — господин (в испаноязычных странах) и **ДРОЧИТЬ**

ДОПА́ИВАТЬСЯ, -аюсь, -аешься; *несов.* (*сов.* **ДОПАЯ́ТЬСЯ**, -я́юсь, -я́ешься), *к кому с чем.* Приставать, домогаться.

ДОПАНТА́НУС, -а, *м.* Недоразвитый, глупый, тупой, необразованный человек.

Из *спец.*

ДОПАЯТЬСЯ *см.* **ДОПАИВАТЬСЯ**

ДОПЕРДЕ́ТЬСЯ, -ржу́сь, -рди́шься; *сов., с чем* и *без доп.* Довести дело до отрицательного результата. *~рдишься ты со своими прогулами.*

От **ПЕРДЕТЬ**.

ДОПЕРЕ́ТЬ, допру́, допрёшь; *сов.* **1.** *до чего* и *без доп.* Догадаться, додуматься до чего-л. *Ты допёр? Никак не допру до этого. Пёр-пёр и наконец допёр* — думал-думал и наконец додумался. **2.** *безл., до кого* и *без доп.* Дойти до чьего-л. сознания, проникнуть в чьё-л. соображение. *До меня допёрло.*

От общеупотр. *прост.* «переть» — идти, тащить, «переться» — идти, тащиться.

ДОПЕ́ТРИТЬ, -рю, ришь; *сов., до чего, что* и *без доп.* Понять, догадаться, войти в суть дела.

От **ПЕТРИТЬ**.

♦ **ДОПИ́ТЬСЯ** (или **НАПИ́ТЬСЯ, НАЖРА́ТЬСЯ** и т. п.) **ДО НЕ Я** — о сильном опьянении, напр.: *Вот смешал водку с коньяком — и нажрался до не я.*

ДОПЛИНТОВА́ТЬ, -ту́ю, -ту́ешь, **ДОПЛИНТУХА́ТЬ**, -а́ю, -а́ешь; *сов., докуда* и *без доп.* Дойти, добраться, дотащиться. *Вот сейчас доплинтухаю до дому — и в койку* (лягу спать).

См. **ПЛИНТОВАТЬ, ПЛИНТУХАТЬ**.

♦ **ДО ПОСИНЕ́НИЯ** *что делать* — до полного изнеможения, до потери сил.

♦ **ДО ПОСЛЕ́ДНЕЙ КА́ПЛИ СПЕ́РМЫ** *что делать* — до полного завершения, до конца.

Шутл. передел. общеупотр. «до последней капли крови».

♦ **ДО ПОТОЛКА́** *что* — наплевать, всё равно, нет дела.

♦ **ДО́ПУСК К ТЕ́ЛУ** — *ирон.* о приёме у важного лица, ответственного работника.

ДОРО́ГА, -и, *ж.* Оборот капитала, вложение денег в какое-л. дело с целью получения дохода. *Запустить бабки* (деньги) *в дорогу.*

ДОРОГА* *см.* **БАНЯ, ЧЕРЕЗ ДОРОГУ — РАЗДЕВАЛКА; КОРОЛЕВА ДОРОГ; НЕ РЕЖЬТЕ МНЕ НОГУ, Я ВСПОМНИЛ ДОРОГУ; СЕМЬ ДОРОГ**

ДОРОГОЙ *см.* **КУШАЙТЕ, ГОСТИ ДОРОГИЕ...; МАМА ДОРОГАЯ...**

♦ **ДОРОГО́Й И ДОРОГА́Я, ДОРОГИ́Е О́БА: ДОРОГО́ГО ДОРОГА́Я ДОВЕЛА́ ДО ГРО́БА** — *шутл.* о сложных взаимоотношениях в семье.

ДОРО́ЖКА, -и, *ж.* Доза наркотика.

Из *нарк.*

ДОРОЖКА* *см.* **ВШИВАЯ ДОРОЖКА**

ДОРЫВА́ТЬСЯ, -а́юсь, -а́ешься; *несов.* (*сов.* **ДОРЫ́ТЬСЯ**, -ро́юсь, -ро́ешься), *до кого с чем* и *без доп.* Приставать, надоедать, домогаться.

От общеупотр. «рыть».

ДОРЫДА́ТЬ, -а́ю, -а́ешь; *сов., докуда* и *без доп.* Доехать, добраться (обычно с большими трудностями). *Через двое суток наконец-то ~али до Москвы!*

От общеупотр. «рыдать».

ДОРЫТЬСЯ *см.* **ДОРЫВАТЬСЯ**

♦ **ДО СБЛЁВУ** *чего, что делать* (чаще с возвратным гл. сов. в.) — много, навалом, куры не клюют, очень сильно, напр.: *Наработался до сблёву; денег у него до сблёву.*

ДОСВИДА́НЬКАТЬСЯ, -аюсь, -аешься; *несов., с кем* и *без доп.* Прощаться, говорить друг другу «до свидания». *~ не будем, времени нет.*

ДОСИДЕ́НТ, -а, *м. Ирон.* Диссидент. *Все люди делятся на досидентов, сидентов и отсидентов.*

ДОСКА́, -и́, *ж.* **1.** (или ~ **ДВА СОСКА́**). Женщина, обладающая плоской, мужеподобной фигурой. **2.** Икона. *~ с сусалкой* — икона, покрытая сусальным золотом. **3.** Сухой, резкий гитарный звук, а также *пренебр.* о дешёвой гитаре. **4.** Клавиатура. **5.** Электронная доска объявлений. **6.** Клавиша «пробел».

3. — возм. из *муз.*; 5., 6. — из речи пользователей компьютеров.

ДОСКА* *см.* **ЗАКОЛЕБАТЬ; ПЬЯНЫЙ В ДОСКУ; СТИРАЛЬНАЯ ДОСКА**

♦ **ДОСКА́ ПОЧЁТА** — лицо с синяками, шишками, ссадинами и т. п.

ДОСТАВА́ЛОВО, -а, *ср.* Что-л. надоедливое, долго тянущееся, нудное, скучное.

От **ДОСТАВАТЬ**.

ДОСТАВА́ТЬ, -таю, -таёшь; *несов.* (*сов.* **ДОСТА́ТЬ**, -а́ну, -а́нешь), *кого с чем* и *без доп.* Надоедать, изводить кого-л. *Ты меня неделю доставал и достал-таки.*

ДОСТАВУ́ЧИЙ, -ая, -ее. Надоедливый, нудный.

От **ДОСТАВАТЬ**.

ДОСТАТЬ *см.* **ДОСТАВАТЬ; БЫЛО БЫ ЗДОРОВЬЕ...; КВИТОК**

♦ **ДОСТА́ТЬ НА МА́ССУ** *кого* — очень надоесть кому-л.

ДОСТАТЬСЯ *см.* **НОС НА СЕМЕРЫХ РОС, ОДНОМУ ДОСТАЛСЯ**

ДОСТА́ЧА, -и, *ж.* **1.** Что-л. трудное, тяжёлое, нудное, надоедливое, изнуряющее. *Вот ~-то, опять учиться!* **2.** Карта, которой можно выбить козыря у противника.

1. — от **ДОСТАТЬ**; **2.** — из *карт.*

ДОСТОЕ́ВЩИНКА, -и, **ДОСТОЁВЩИНКА**, -и, *ж.* Откровенничанье, посвящение каждого встречного в свои душевные дела; болезненный самоанализ. *Не люблю я мужиков с ~ой.*

Наложение имени Ф. М. Достоевского и **ДОСТАВАТЬ**.

ДОСТОЙНО КИСТИ АЙВАЗОВИЧА *см.* **АЙВАЗОВИЧ**

ДОТЕЛИ́ТЬСЯ, -телю́сь, -те́лишься (или -тели́шься); *сов., с чем до чего* и *без доп.* Довести дело до неудачи из-за медлительности, нерасторопности.

От **ТЕЛИТЬСЯ**.

ДОТОРБА́НИТЬ, -ню, -нишь; *сов., что, куда.* Донести, дотащить.

От **ТОРБАНИТЬ**.

ДОТУ́МКАТЬ, -аю, -аешь; *сов., до чего* и *без доп.* Додуматься, догадаться. *До чего ~ал, Гегель хренов? Наконец-то ~ал, тормоз* (дурак)*!*

Ср. уг. «тумак» — тупица, «тумакать» — размышлять, думать, решать.

♦ **ДО УСРА́ЧКИ** *чего* — много, полно.

ДО́ ФИГА, ДО ФИГА́, ДО ФИГИ́ЩА, *нареч.* (или **ДО ФИГА́ И БО́ЛЬШЕ**). **1.** Очень много, полно́. *До фига денег.* **2.** обычно *ирон.* Очень, весьма. *Ты, я смотрю, до фигища умный мужик* (хитрый, проныра).

♦ **ДО́ХЛОГО ЗАКОЛЕБА́ТЬ (ЗАТРА́ХАТЬ, ЗАМУ́ЧИТЬ)** — очень надоесть кому-л., напр.: *Ну ты силён, дохлого затрахаешь — очень уж ты надоедлив.*

♦ **ДО́ХЛОЙ РЫ́БКОЙ ПРИКИ́НУТЬСЯ** — прикинуться дурачком; сделать вид, что тебе нет дела до происходящего.

ДО́ХЛЫЙ, -ая, -ое. **1.** Физически слабый, болезненный; пассивный. **2.** Больной, заболевший. *Я сегодня ~.*

ДОХЛЫЙ* *см.* **БОБИК; БОРИС — ПРЕДСЕДАТЕЛЬ ДОХЛЫХ КРЫС; ОТСОСАТЬ У ДОХЛОГО МУСТАНГА; ШКУРА ДОХЛОЙ ОБЕЗЬЯНЫ**

♦ **ДО́ХЛЫЙ ВО́ВА** — мумия В. И. Ленина в Мавзолее.

♦ **ДО́ХЛЫЙ НО́МЕР** — безнадёжное, заведомо бесперспективное дело, мероприятие.

ДОХЛЫМ ГОЛУБЕМ ПРИХЛОПНУТЫЙ *см.* **ПРИХЛОПНУТЫЙ**

ДО́ХНУТЬ, -ну, -нешь; *несов., без доп.* Болеть чем-л., недомогать, плохо себя чувствовать. *Погода меняется, весь день ~ну.*

ДОХНУТЬ* *см.* **МУХИ ДОХНУТ; СОБАКИ ПРИХОДЯТ ДОХНУТЬ**

ДОХО́Д, -а, **ДОХОДНЯ́К**, -а́, **ДОХОДО́Н**, -а, *м.*, **ДОХОДЯ́ГА**, -и, *м.* и *ж.* Слабый, болезненный человек; слабак, дохляк.

Из *уг.*

ДОХОДИТ КАК ДО ЖИРАФА *см.* **ЖИРАФ**

♦ **ДОХО́ДИТ КАК ДО ТЕЛЕГРА́ФНОГО СТОЛБА́** *что* — долго доходит что-л. до кого-л. (о недогадливости, плохом понимании).

ДОХОДИ́ТЬ, -ожу́, -о́дишь; *несов.* (*сов.* **ДОЙТИ́**, дойду́, дойдёшь (или ~ **ДО РУ́ЧКИ**)), *до чего* и *без доп.* Приходить в какое-л. крайнее состояние (обычно усталости, отупения, недоумения и т. п.); вести себя странно, терять чувство меры. *Ну ты уже дошёл, буржуй, в булочную на машине ездит!* (избаловался).

ДОХОДНЯК, ДОХОДОН, ДОХОДЯГА *см.* **ДОХОД**

ДО ХРЕНА́, ДО ХРЕНИ́ЩА (или **ДО ХРЕНА́ И БО́ЛЬШЕ**), *нареч.* **1.** Очень много, полно́. *До хрена народу.* **2.** обычно *ирон.* Очень, весьма. *До хрена хорошо!* (плохо).

ДОЦЕ́НТ, -а, **ДО́ЦЕНТ**, -а, *м.* Ирон. обращение (обычно к человеку, который зазнаётся, считает себя слишком умным). ♦ **Тупой ~** — глупый, тупой человек.

♦ — из миниатюры М. Жванецкого; возм. также влияние популярного фильма «Джентльмены удачи».

ДО́ЧКА, -и, *ж.* Четвертинка водки.

Ср. **МАМА**.

ДОЧЬ *см.* **ГОТОВА, ДОЧЬ ПОПОВА...**

ДР, ДЭРЭ́, *нескл., м.,* и *ср., аббрев.* День рождения.

ДРАБАДАН, ДРАБОДАН *см.* **ДРЕБАДАН**

ДРАГДИ́ЛЕР, -а, *м.* Торговец, распространитель наркотиков.

Из англ.

ДРАЗНИ́ТЬСЯ, обычно употр. *в 3 л.*, дра́знится, *чем, как.* Называться, именоваться. *Как, говоришь, эта фирма дразнится? Рядом со мной кинотеатр находится, «Родиной» дразнится.*

ДРАИТЬ *см.* **ОЧКО**

ДРАЙВ, -а, *м.* Определённое приподнятое, специфическое психологическое состояние, удовольствие, удовлетворение от чего-л., сильная эмоция, а также то, что создаёт это состояние, даёт это удовлетворение, эмоцию и т. п. *Получить ~. Сесть на ~.*

ДРАЙВЕР, -а, *м.* Водитель, шофер.

От англ. driver в том же зн.

ДРА́ЙКА, -и, *ж.* Три рубля.

От нем. drei — три.

ДРА́КА, -и, **ДРА́ЧКА**, -и, *ж.* Половой акт. *Ввязаться в ~у. Уйти от ~и.*

ДРАКА* *см.* **ВОЛОС ОСТАЛОСЬ НА ОДНУ ДРАКУ; СРАКА**

♦ **ДРА́КА С УНИТА́ЗОМ** — рвота, тошнота.

Ср. **ДРАТЬСЯ С УНИТАЗОМ.**

ДРАКОНА́Т, -а, *м.* Деканат.

Наложение с «дракон»; из *студ.*

ДРАЛОСКО́П, -а, *м.* Примитивное устройство для копирования чертежей.

От «драть», «сдирать» в зн. списывать, копировать (ср. **ДРАТЬ** 2), по модели «кинескоп», «микроскоп» и т. п., из языка инженеров, чертёжников.

ДРАНЫЙ *см.* **СЫНОК ДРАНЫЙ**

ДРАНЬ, -и, *ж.* **1.** Рваньё, лохмотья; неопрятная, старая, немодная одежда; человек, носящий такую одежду. *Носить ~. Эта бесстыжая ~ даже штаны при дамах не запирает* (не застёгивает). **2.** Что-л. некачественное, старое. *В доме одна ~ по углам* (старая мебель).

Ср. общеупотр. *прост.* «драньё».

ДРАПА́К, -а́, *м.* и в зн. *сказ.* Побег, бегство. *Он в ~е́* (в побеге). *А теперь ~ отсюда!* (бежим).

♦ **Дать** (или **сделать**) **~а́** *откуда* и *без доп.* — убежать.

От общеупотр. *прост.* «драпать» — бежать, убегать.

ДРАПАКО́М, *нареч.* Бегом, быстро, что есть силы, со всей скоростью. *Давай ~ за водкой.*

См. **ДРАПАК.**

♦ **ДРАП-ДЕРЮ́ГА, ТРИ КОПЕ́ЙКИ КИЛОМЕ́ТР** — дешёвая ткань.

ДРАТЬ, деру́, дерёшь; *несов.* **1.** *кого.* Вступать с кем-л. в половую связь (обычно о мужчине). **2.** *у кого, с кого что.* Незаконно заимствовать, красть (идею, решение и т. п.), копировать, подражать.

ДРАТЬ* *см.* **ЛЁГКИЕ ДРАТЬ (НАСИЛОВАТЬ)**

♦ **ДРАТЬ КАК СИ́ДОРОВУ КО́ЗУ** *кого* — наказывать, делать нагоняй, распекать.

ДРА́ТЬСЯ, деру́сь, дерёшься; *несов., с кем* и *без доп.* Вступать в половую связь с кем-л.

ДРАТЬСЯ* *см.* **ПАХАНЫ ДЕРУТСЯ — У ХОЛОПОВ ЧУБАЙСЫ ТРЕЩАТ**

♦ **ДРА́ТЬСЯ С УНИТА́ЗОМ** — страдать рвотой.

ДРАЧ, -а́, *м.* Наркотик (обычно анаша); любое другое наркотическое средство. *Достать ~а. Быть под ~ом* — находиться под воздействием наркотика.

Из *нарк.*

ДРАЧКА *см.* **ДРАКА**

ДРЕБАДА́Н, -а, **ДРЕБОДА́Н**, -а, **ДРОБОДА́Н**, -а, **ДРАБАДА́Н**, -а, **ДРАБОДА́Н**, -а, **ДРОБАДА́Н**, -а, *м.* Состояние сильного алкогольного опьянения. *Быть в полном ~е. Пьяный в ~. Из ~а не выходит.*

ДРЕБЕДЕ́НЩИК, -а, *м.* Тот, кто занимается дребеденью, чепухой, бессмыслицей; бездельник.

ДРЕБОДАН *см.* **ДРЕБАДАН**

ДРЕДЛО́КСЫ, -ов, *мн.* Толстые косички, как у негров, негритянок.

Англ. dread locks.

ДРЕЙФЛО́, -а́, **ДРЕФЛО́**, -а́, *м.* Тот, кто трусит, боится, пасует перед трудностями; трус, малодушный человек. *Ну что, не поедешь со мной? ~ ты после этого, а не Кибальчиш.*

От общеупотр. *прост.* «дрейфить».

ДРЕЙФОВА́ТЬ, -фу́ю, -фу́ешь; **ДРЕФОВА́ТЬ**, -фу́ю, -фу́ешь; *несов., куда, откуда, что, по чему* и *без доп.* Идти, двигаться, шагать. *Уже час, как «Седов», по Горького ~фуем, а толку нету. Чего улицу ~фуешь, выпить, что ли, негде?*

ДРЕССИРО́ВАННЫЙ, -ая, -ое. Культурный, умеющий себя вести, вежливый, обходительный. *~, как Штирлиц.*

ДРЕССИРО́ВКА, -и, *ж.* Культура поведения; умение себя вести. *Сразу видно, нет у тебя ~и, вилку держишь, как весло.* ♦ **Не поддаваться никакой ~е** — быть очень сильно пьяным.

ДРЕСТОРА́Н, -а, **ДРИСТОРА́Н**, -а, *м.* Ресторан (обычно с плохой кухней).

См. также **ДРИСКОВАННО ДРИНКАТЬ ДРИСЛИНГ В ДРИСТОРАНЕ**

ДРИСТАТЬ + общеупотр. «ресторан».

ДРЕФЛО *см.* **ДРЕЙФЛО**

ДРЕФОВАТЬ *см.* **ДРЕЙФОВАТЬ**

ДРИНК, -а, *м.* **1.** Выпивка, спиртное. *~ есть? Закупиться ~ом.* **2.** Пьянка, попойка, вечеринка. *Сегодня вечером состоится грандиозный ~.* **3.** в зн. *сказ.* Пить спиртное. *Будешь ~?*

Англ. to drink — пить.

ДРИ́НКАТЬ, -аю, -аешь; **ДРИНКОВА́ТЬ**, -ку́ю, -ку́ешь; **ДРИ́НЧИТЬ**, -чу, -чишь; *несов.* (*сов.* **ДРИНКАНУ́ТЬ**, -ну́, -нёшь), *чего, что* и *без доп.* Пить спиртное; напиваться пьяным. См. также **ДРИСКОВАННО ДРИНКАТЬ ДРИСЛИНГ В ДРИСТОРАНЕ**

От **ДРИНК**.

ДРИНКАЧ, ДРИНКЕР *см.* **ДРИНЧУГА**

ДРИ́НКИНГ, -а, *м.* То же, что **ДРИНК** во всех зн.

Англ. drinking — форма герундия от гл. to drink — пить.

ДРИ́НК-КОМА́НДА, дри́нк-кома́нды, *ж.* Компания собутыльников. *Мы уже отработанная ~!*

ДРИНК + «команда».

ДРИНКОВАТЬ, ДРИНЧИТЬ *см.* **ДРИНКАТЬ**

ДРИНЧУ́ГА, -и, *м.* и *ж.*, **ДРИНЧУГА́Н**, -а, **ДРИНЧУ́ЖНИК**, -а, **ДРИНКА́Ч**, -а́, **ДРИ́НКЕР**, -а, *м.* Пьяница, алкоголик.

От **ДРИНК**.

ДРИ́НЬКАЛО, -а, **ДРИНЬКА́ЛО**, -а, *ср.* То же, что **ДРИНК 1**.

♦ **ДРИСКО́ВАННО ДРИ́НКАТЬ ДРИ́СЛИНГ В ДРИСТОРА́НЕ** — шутл. фраза, выражающая общую идею предупреждения от необдуманных поступков, действий (буквально: «рискованно пить рислинг в ресторане»).

Каламбур, основанный на аллюзии к **ДРИСТАТЬ** 1; *см.* также **ДРИНК** и его производные.

ДРИ́СЛИНГ, -а, *м.* Рислинг.

См. также **ДРИСКОВАННО ДРИНКАТЬ ДРИСЛИНГ В ДРИСТОРАНЕ**

ДРИ́ССЕР, -а, *м.* Диссертация.

Ср. **ДИССЕР**; намёк на **ДРИСТАТЬ**.

ДРИСТ, -а (или -а́), *м.* **1.** Понос. *Его ~ пробрал* — у него понос. **2.** Кал, нечистоты. *Весь лифт в ~е.* **3.** Страх, ужас. *Вчера фильм смотрел в полном ~е* (было страшно). **4.** Пустая, многословная речь, болтовня. *Ну что, ~ съездовский слушаешь?* (пустые выступления на съезде).

От **ДРИСТАТЬ**.

ДРИСТА́ЛИЩЕ, -а, *ср.* **1.** Туалет, отхожее место. *Эх, выложу свое ~ белым кафелем, буду там поэмы сочинять!* **2.** Зад, ягодицы. *Наесть ~* — потолстеть.

1. — возм. игра слов **ДРИСТАТЬ** + общеупотр. «ристалище».

ДРИСТА́ТЬ, дрищу́, дри́щешь; *несов.* (*сов.* **ДРИСТАНУ́ТЬ**, -ну́, -нёшь). **1.** *чем* и *без доп.* Страдать поносом. *Чего в магазине ищешь — тем потом и дрищешь.* **2.** *чего* и *без доп.* Бояться чего-л. *Дристанул путча?* (о событиях в августе 1991 г.). **3.** Говорить что-л. невпопад, не по делу. *Ты, брат, как дристанёшь, так прямо как конец мира* — ты всегда говоришь не то. **4.** Делать что-л. нехорошее, подлое и т. п. *Не дрищи мне в душу* — не делай мне плохо, не говори мне плохого, не оскорбляй меня.

От **ДРИСТ**.

ДРИСТОГО́ННОЕ, -ого, *ср.* Слабительное. *Прими ~ого — и ты увидишь небо в алмазах* (тебе будет хорошо).

ДРИСТ + общеупотр. «гнать»; *ср.* общеупотр. «потогонное», «глистогонное» и т. п.

ДРИСТОРАН *см.* **ДРЕСТОРАН**

ДРИ́СТ-ПИГА́ЛЬ, *нескл.*, *м.* или *ж. Ирон.* Место (подворотня, закоулок, стройка и т. п.), где из-за отсутствия туалетов прохожие справляют естественную нужду.

ДРИСТ + назв. площади в Париже place Pigalle.

ДРИСТУ́Н, -а́, *м.* **1.** То же, что **ДРИСТ 1**. **2.** Тот, кто часто ходит в туалет; человек со слабым кишечником. **3.** Трус. **4.** Пустомеля, балабол, трепач. ♦ **~ напал** *на кого* — о поносе; об испуге (обычно внезапном).

От **ДРИСТАТЬ**.

ДРИСТУС *см.* **ПАН ДРИСТУС**

ДРИСТУ́ЧИЙ, -ая, -ее. **1.** Страдающий поносом. **2.** Трусливый, малодушный. **3.** Болтливый. **4.** Надоедливый, нудный. *~ фильм. ~ая книга.*

От **ДРИСТАТЬ**.

ДРОБАДАН, ДРОБОДАН *см.* **ДРЕБАДАН**

ДРОБЫЗНУ́ТЬ, -ну́, -нёшь; *сов., чего* и *без доп.* Выпить спиртного.

ДРОВА́, дров, *мн.* **1.** Ерунда, безделица, чушь. *Это не проблемы, а ~.* **2.** Конечности (обычно ноги). *Ну-ка, двинься, чего ~ разложил!*

3. Сигареты, «курево». *~ есть, топливо* (выпивка) *тоже — можно начинать. ~-то американские?*

ДРОВА* *см.* **АЛЁ; СУХИЕ ДРОВА ЖАРКО ГОРЯТ**

ДРОВОСЕ́К, -а, *м.* (или **ЖЕЛЕ́ЗНЫЙ ~**). Выносливый, физически сильный человек.

Железный Дровосек — один из персонажей популярной сказки В. Волкова «Волшебник изумрудного города».

ДРО́ГНУТЬ, -ну, -нешь; *сов., без доп.* Выпить спиртного. ♦ **Давай(те) ~нем, а то продрогнем** — давайте выпьем.

ДРОЖЕМЕ́НТ, -а, *м.* Дрожь; страх. *~ в ногах. Я в ~е.*

ДРО́ЖЖИ, -е́й, *мн.* Деньги. *Я без ~ей. Ставь ~!* — давай деньги.

ДРОЗД *см.* **ДАТЬ ДРОЗДА**

ДРОЧЕЛЁТ, -а, *м. Ирон.* Любой летательный аппарат (чаще о некомфортабельном самолёте). *На таком ~е шестнадцать часов лететь?*

ДРОЧИТЬ и «летать»; по модели «самолёт», «вертолёт» и т. п.

ДРОЧИ́ТЬ, -чу́, -чи́шь (или дро́чишь); *несов., что* и *без доп.* **1.** Заниматься онанизмом. **2.** Заниматься пустым, никчёмным делом; тратить силы попусту. *Мы в отделе один проект уже год ~чи́м* (или *~чим*), *а деньги всё те же. Он ~и́т вопрос, а вопрос стоит.*

См. также **МЕЖДУ ПРОЧИМ, ВСЕ МЫ ДРОЧИМ**

ДРО́ЧКА, -и, *ж.* **1.** Онанизм. *Заниматься ~ой.* **2.** Трудное, но пустое, ненужное дело. *Не покупай «Запорожец», с ним одна ~* (много забот, ремонта и т. п.).

От **ДРОЧИТЬ**.

ДРУГ, -а, *м.* Любой человек; обращение к любому человеку. *Тебя какой-то ~ на «Волге» обставил* (обогнал). ♦ **Белый ~** — унитаз. **Пугать белого ~а, целоваться** (или **обниматься, дружиться**) **с белым ~ом, кричать на белого ~а** — страдать рвотой.

ДРУГ* *см.* **КОРМИТЬ БЕЛОГО ДРУГА; НАКОЛКА (— ДРУГ ЧЕКИСТА); НАСРАТЬ; СХОДИТЬ В РЕСТОРАН «ЗЕЛЁНЫЙ ДРУГ»; ТЫ МНЕ ДРУГ ИЛИ КАРТОШКА?; ТЫ МНЕ ДРУГ ИЛИ ПОДМЁТКА?; ТЫ МНЕ ДРУГ ИЛИ ПОРТЯНКА?**

ДРУГА́Н, -а́, **ДРУЖБА́Н**, -а́, **ДРУЖБА́НДЕЛЬ**, -я, *м.* Друг, товарищ, приятель, знакомый.

♦ **ДРУГ ЖИВО́ТНЫХ** — *ирон.* человек, любящий мучить животных.

ДРУГОЙ *см.* **ПИ́САТЬ; ПРОТИВ ЛОМА НЕТ ПРИЁМА...**

ДРУГ СЕРДЕЧНЫЙ, ТАРАКАН ЗАПЕЧНЫЙ *см.* **ТАРАКАН**

ДРУЖА́РА, -ы, *м.* и *ж.*, **ДРУЖА́РКА**, -и, *ж.* Друг, подруга.

По модели «водяра» (водка), «котяра» (кот) и т. п.

ДРУЖБА *см.* **ЗАНИМАТЬСЯ ДРУЖБОЙ**

ДРУЖБАН, ДРУЖБАНДЕЛЬ *см.* **ДРУГАН**

ДРУЖИТЬ С АПТЕКОЙ *см.* **АПТЕКА**

ДРУЖИ́ТЬСЯ, дружу́сь, дру́жишься; *несов., с кем. Ирон.* Поддерживать отношения, иметь дело с кем-л. *Я с тобой не дружусь, спать с тобой не ложусь* — *ирон.* отойди, отстань, не приставай, не хочу с тобой разговаривать.

Из *детск.*

ДРУЖИТЬСЯ С БЕЛЫМ ДРУГОМ *см.* **ДРУГ**

ДРУЖО́К, -жка́, *м.* Мужской половой орган.

ДРУЖОК* *см.* **ПИСАТЬ**

ДРУЗЬЯ́К, -а́, *м.* Друг, приятель.

Ср. модель **ДОЛБАК, ВЕРНЯК** и т. п.

♦ **ДРУЗЬЯ́ — НЕ РАЗЛЕ́Й ВОДА́** — верные друзья.

ДРЫГНУТЬ *см.* **ХВОСТОМ ДРЫГНУТЬ (ДЁРНУТЬ, ШАРКНУТЬ, ШЛЁПНУТЬ)**

ДРЫ́ЗГАТЬ, -аю, -аешь; *несов.* (*сов.* **ДРЫ́ЗГНУТЬ**, -ну, -нешь), *чего, что* и *без доп.* Пить спиртное (обычно в большом количестве).

Из *диал.*; *ср. прост.* «вдрызг» (пьяный, напиться и др.); встречается, напр., у А. Аверченко и др.

ДРЫ́ЗКА, -и, *ж.* Специальная одежда для натаскивания собак.

Возм. первоначально из *арм.*, из арго пограничников.

ДРЫЗНУТЬ *см.* **ДРЫЗГАТЬ**

ДРЫН, -а (или -а́), *м.* **1.** Длинная палка, дубинка или что-л. другое, обычно предназначаемое для удара. *Сейчас как темно, надо с ~ом ходить.* **2.** Мужской половой орган больших размеров. **3.** Человек высокого роста. *Вон какой ~ вымахал.*

Из *диал.*; *ср. уг.* «дрын» — палка, ломик, металлический прут.

ДРЫСНУ́ТЬ, -ну́, -нёшь, **ДРЫ́СНУТЬ**, -ну, -нешь; *сов.* **1.** *без доп.* Испражниться (чаще о поносе). *Как ~нёшь, так и заснёшь.* **2.** *куда* и *без доп.* Убежать, «смотаться».

ДРЫХАЛО *см.* **ДРЫХАЧ**

ДРЫ́ХАТЬ, -аю, -аешь; *несов.*, *без доп.* Спать (обычно много и крепко).

Ср. общеупотр. *прост.* «дрыхнуть».

ДРЫХА́Ч, -а́, *м.*, **ДРЫХЛО́**, -а́, **ДРЫ́ХАЛО**, -а, *ср.* Тот, кто любит спать, дрыхнуть; соня, лежебока.

От **ДРЫХАТЬ**, общеупотр. *прост.* «дрыхнуть».

ДРЮК, -а (или -а́), *м.* Пьяный, пьяница.

Ср. **ДРЮКАТЬ**.

ДРЮ́КАТЬ, -аю, -аешь, **ДРЮКА́ТЬ**, -а́ю, -а́ешь, **ДРЮ́ЧИТЬ**, -чу, -чишь; *несов.* (*сов.* **ДРЮ́КНУТЬ**, -ну, -нешь, **ДРЮКНУ́ТЬ**, -ну́, -нёшь). **1.** *кого.* Вступать с кем-л. в половую связь (о мужчине). **2.** *кого с чем.* Приставать к кому-л., надоедать; активно воздействовать на кого-л. *Что ты меня дрючишь со своей работой, плевал я на неё.* **3.** *что*, только *несов.* Долго, с трудом, но безуспешно делать что-л. *Дрючить чертежи.* **4.** *что*, только *сов.* Домучить, довести нудную работу до конца. *Слава Богу, дрюкнул-таки экзамены!*

Ср. диал. «дрючить» — спать, дрыхнуть, реветь, выть, бить дубиной, «дрючок» — слега, кол, шест; или от *уг.* «дрюкать» — бросать, передавать, «дрюкнуть» — дать взятку, «дрючить» — говорить.

ДРЮ́КЕР, -а, *м.* Принтер.

От нем. drucker.

ДРЮКНУТЬ *см.* **ДРЮКАТЬ**

ДРЮ́ЧБА, -ы, *ж. Ирон.* Дружба.

Игра слов: «дружба» + **ДРЮЧИТЬ**.

ДРЮЧИТЬ *см.* **ДРЮКАТЬ**

ДРЯНЦО́, -а́, *ср. Ирон.-пренебр.* Муж, любовник (обычно в разговоре женщин); непослушный ребёнок, озорник. *Ну пока, а то сейчас моё ~ придёт, надо ужин готовить* (разговор по телефону).

ДРЯНЬ, -и, *ж.* Наркотик (обычно гашиш).

ДУБ, -а, *м.* **1.** Глупый человек, тупица. **2.** Рубль.

ДУБ* *см.* **ЗЛАТАЯ ЦЕПЬ НА ДУБЕ ТОМ; ОТ МЕНЯ ДО СЛЕДУЮЩЕГО ДУБА...; РУХНУТЬ С ДУБА; ТЫ ЧТО, УПАЛ?**

ДУБА́К, -а́, **ДУБА́РЬ**, -я́, *м.* **1.** То же, что **ДУБ 1**. **2.** Сильный холод, мороз. ♦ **Дать дубака** — замёрзнуть.

ДУБЕЛ *см.* **ДУБЛА**

ДУБЕ́ТЬ, -е́ю, -е́ешь; *несов.*, *отчего* и *без доп.* **1.** Глупеть, тупеть. *В армии ~еешь.* **2.** Замерзать.

ДУБИ́НА, -ы, *м.* и *ж.*, **ДУБИ́НКА**, -и, *ж.* Милиционер, постовой.

ДУБЛА́, -ы́, *ж.*, **ДУБЛО́Н**, -а, **ДУ́БЕЛ**, -бла́, *м.*, **ДУБЛО́**, -а́, *ср.* Дублёнка. ♦ **Мокрая** (или **мочёная**) **дубла** — дублёнка с водонепроницаемой пропиткой.

♦ **ДУБ МОРЁНЫЙ** — сухой, жилистый, загорелый человек; атлет.

ДУБНЯ́К, -а́, *м.* **1.** То же, что **ДУБАК 2**. **2.** Физическое недомогание, лихорадка, грипп и т. п. *Меня ~ пробрал* — я заболел.

ДУБО́ВЫЙ, -ая, -ое. Некультурный, глупый, грубый (о человеке). ♦ **~ая роща** — место, где много тупых, недалёких людей (обычно о военных).

ДУБОВЫЙ* *см.* **ГОЛОВА ДУБОВАЯ; ЛЕЧЬ (ПРИЛЕЧЬ) В СОСНОВЫЙ (ДУБОВЫЙ) ЧЕМОДАН; НАДЕТЬ ТУЛУП СОСНОВЫЙ (ДЕРЕВЯННЫЙ, ДУБОВЫЙ); ШУБА ДЕРЕВЯННАЯ...**

ДУБОЛО́М, -а, **ДУ́БЧИК**, -а, *м.* То же, что **ДУБ 1**.

ДУГА́, -и́, *ж.* и в зн. *сказ.* Конец, провал, крах, фиаско, неудача. *Всё, мне ~! ~ нашему мероприятию.*

См. также **ПЬЯНЫЙ В ДУГУ**.

ДУГА* *см.* **ГНУТЬ; НЕ В ДУГУ**

ДУЛО *см.* **ЗАТКНИ ФОНТАН (СВОЙ РЖАВЫЙ ВЕНТИЛЬ...)**

ДУЛЯ *см.* **ТОРЧАТЬ КАК ДУЛЯ В КОМПОТЕ**

ДУ́МА, -ы, *ж.* Сортир. *Пойду-ка я в ~у схожу.* От **ДУМАТЬ**.

♦ **ДУ́МАЙ, ДУ́МАЙ, ГОЛОВА́, ЖОПА́** (или **ПО́ПА**) **ТРЕ́ЩИНУ ДАЛА́** — *шутл.* думай, думай.

ДУМА́К, -а́, *м.* Депутат Государственной думы России.

ДУ́МАТЬ[1], -аю, -аешь; *несов.*, *без доп.* **1.** Испражняться. *Время ~! Чур, я ~аю первым!* **2.** Медленно работать (о компьютере). *О, сволочь, ~ает, циклоп проклятый!*

ДУ́МАТЬ[2], -аю, -аешь, *несов.*; *без доп.* Играть в компьютерную игру DOOM.

Ср. **ЗАДУМЫВАТЬСЯ**

ДУМАТЬ* *см.* **ГОЛОВОЙ НАДО ДУМАТЬ, А НЕ ЖОПОЙ**

ДУМ-ДУ́М, дум-ду́ма, *м.* Дума, мысль, идея. ♦ **Делать ~** — думать, размышлять; не совершать неосмотрительных поступков; напр.: *Прежде чем кому-то морду чистить, всегда делай ~* — думай, прежде чем лезть в драку.

Игра слов: корень «дум» + назв. разрывной пули «дум-дум».

ДУ́МЕР, -а, *м.* Игрок в компьютерную игру DOOM.

От **ДУМАТЬ**[2]

ДУМКА *см.* **ПРОБИВАЕТ НА ДУМКУ**

ДУ́МСТВОВАТЬ, -вую, -вуешь; *несов., о чём* и *без доп.* Размышлять о чём-л., планировать, сомневаться и т. п. *Ну ты, Ильич, хорош ~, пойдём водку пить.*

ДУНДУ́К, -а́, *м.* Дурак, тупица, бездарь, профан.

Диал. «дундук» — бестолковый человек.

ДУНУТЬ *см.* **ДУТЬ**

ДУ́НЬКА, -и, *ж.* (или ~ **С МЫ́ЛЬНОГО ЗАВО́ДА**). Неотёсанная, необразованная, обычно провинциальная женщина. ♦ **~ в Европе** — *ирон.* о поведении советской (российской) женщины, впервые попавшей за границу.

♦ **ДУ́НЬКА КУЛАКО́ВА** — онанизм.

ДУПЕЛ *см.* **ДУПЛО**

ДУПЕЛИНА *см.* **В ДУПЕЛИНУ**

ДУ́ПЛИ, -ей, *мн.* Кости с равным числом очков с каждой стороны.

Из языка игроков в домино. От «дубль», «дублет».

ДУПЛИ́ТЬ, -лю́, -ли́шь; *несов., кого-что* и *без доп.* Бить, стучать, ударять; делать что-л. интенсивно. *Он жену каждый день ~лит. ~ли по воротам* — бей (в футболе).

Ср. «дуплет» — разновидность удара в бильярде.

ДУПЛИ́ТЬСЯ, -лю́сь, -ли́шься; *несов., без доп.* Ходить с «дуплей».

См. **ДУПЛИ**.

ДУПЛО́, -а́, *ср.* **1.** (или **ДУ́ПЕЛ**, -а, *м.*) Пустой, никчёмный человек; дурак, тупица. **2.** Женские половые органы. **3.** Дом, квартира. *Засесть в ~ле́. Не вылезать из ~а́.* **4.** Рот. **5.** Зад, задница, анальное отверстие. **6.** Телевизор. *Глядеть в ~о́.* **7.** Компьютер.

ДУПЛО* *см.* **ЗАТКНИ ФОНТАН (СВОЙ РЖАВЫЙ ВЕНТИЛЬ...)**

ДУ́РА, -ы, *ж.* **1.** Дурак, тупой (о мужчине). **2.** Что-л. большое, увесистое, несуразное, неудобное. *Не знаю, как такую ~у на седьмой этаж без лифта?* (о пианино). **3.** Оружие, пистолет; лом, дубинка. ♦ **~ лошадь** — большой, но глупый человек. **Делать ~у** *из кого* (обычно из себя) — прикидываться глупым. **Гнать ~у** — говорить глупости, лгать.

См. также **ЗАРУБИТЬ**

3. — из *уг.*

ДУРА́К, -а́, *м.* Мужской половой орган. ♦ **Мой ~ тебе в рот не влезет** — пренебр. ответ на оскорбление со словом «дурак».

См. **также ЗАГОНЯТЬ (ДУРАКА ПОД КОЖУ)**

ДУРАК* *см.* **ВЕК ЖИВИ, ВЕК УЧИСЬ...; ВСПОМНИШЬ ДУРАКА — ОН И ПОЯВИТСЯ; КУСОК ДУРАКА; ПОЛЕ ЧУДЕС В СТРАНЕ ДУРАКОВ; ПЯТАК; СТРАНА ДУРАКОВ; Я НАЧАЛЬНИК — ТЫ ДУРАК...**

ДУРАЧИНА *см.* **ЛЮБОВЬ БЕЗ ДИВЧИНЫ — ПРИЗНАК ДУРАЧИНЫ**

ДУРДИЦЕ́ЛЛА, -ы, *ж.* Анаша.

ДУРДО́М, -а, *м.* **1.** Сумасшедший дом. **2.** Глупость, неразбериха, неорганизованность, путаница, бардак. *~ какой-то, а не магазин!* ♦ **~ на прогулке, на выезде** — чёрт знает что, ерунда какая-то, абсурдная ситуация, неразбериха, путаница.

См. также **ЗАГАСИТЬСЯ**

ДУРДО́С, -а, *м.* Операционная система DR-DOS.

Из жарг. пользователей компьютеров.

ДУРЁЗА, -ы, **ДУРЁЗИНА**, -ы, **ДУРЁЗИНКА**, -и, *ж.* Дура, дурочка (часто с ирон.-ласк., дружеским оттенком).

ДУРЕ́ТЬ, -е́ю, -е́ешь; *несов., от кого-чего, с кого-чего* и *без доп.* Восхищаться кем-чем-л., быть высокого мнения о ком-чём-л. *Я ~ею от Филонова. Я с тебя ~ею, какой ты клёвый* (хороший).

ДУ́РИК, -а, *м.* Дурак, бездарь. ♦ **На ~а** *сделать что* — задаром; хитро, обманом; напролом, нагло, понадеявшись на удачу. *На ~а экзамен сдать.*

ДУ́РИКОМ, *нареч.* Без затраты усилий, случайно, удачно, «на дурака». *~ без проездного в метро ходить.*

От **ДУРИК**.

ДУРИ́ЛКА, -и, *м.* (или ~ **ПЛЮШЕВАЯ**, ~ **ДЕРЕВЯ́ННАЯ, КАРТО́ННАЯ(-ЫЙ)** и т. п.). Дурак, глупый, тупица, а также в зн. ирон.-дружеского обращения.

«Дурилка картонная» — из популярного кинофильма «Место встречи изменить нельзя».

ДУ́РКА, -и, *ж.* **1.** Сумасшедший дом. *Упрятать в ~у. От армии в ~е отсидеться.* **2.** Сумасшедший, ненормальный, больной психически человек. **3.** Запутанная ситуация, абсурдное положение. *Вот в ~у-то угодил!* **4.** Дамская сумочка. ♦ **Бить ~у** — воровать из сумочки.

См. также **ТВОИ ТОВАРИЩИ В ДУРКЕ КОРОБКИ КЛЕЯТ**

4. и ♦ — из *уг.*

♦ **ДУРНА́Я СЫРОЕ́ЖКА** — *шутл.-бран.:* дурак, дурачок, придурок и т. п.
♦ **ДУРНЕ́Е ПАРОВО́ЗА** *кто* — очень глупый человек.
ДУРНЕЕ ПЫЛЕСОСА *см.* **ГЛУПЕЕ (ДУРНЕЕ) ПЫЛЕСОСА**
ДУ́РНИК, -а, *м.* Состояние дискомфорта; головная боль, тошнота, похмелье, депрессия и т. п. *Я в ~е. На меня ~ наехал.*
ДУРНИ́НА, -ы, *ж.* **1.** Что-л. плохое, некачественное, низкопробное; глупость, невежество. *Не гони ~у!* **2.** Алкогольное или наркотическое средство (как правило, дешёвое, невысокого качества). *Наглотался ~ы-то и буянит.*
ДУРНИ́ТЬ, 1 и 2 л. не употр., -ни́т; *несов., без доп.* Давать тяжёлое похмелье (об алкогольных напитках). *Пиво ~нит.*
ДУРНОЙ *см.* **БЕЛОЧКА (ДУРНАЯ)**
♦ **ДУРНЭ́ ПОЕ́ХАЛО В ТУРНЕ́** — *ирон.* о жёнах т. н. «новых русских», отправляющихся в туристические поездки.
ДУРНЯ́К, -а́, *м.* **1.** То же, что **ДУРНИК**. **2.** Глупость, несуразность. **3.** в зн. *межд. Чёрт возьми!, вот ведь как плохо!, ну и пакость!*
См. также **НА ДУРНЯКА**
ДУРНЯ́ТИНА, -ы, *ж.* То же, что **ДУРНИНА** во всех зн. *Посмотреть ~у* (о фильме). *Попил какой-то ~ы и скис.*
ДУРНЯ́ЦКИЙ, -ая, -ое. Плохой, дурацкий, глупый.
ДУРОГО́Н, -а, *м.* Дурак, пустомеля.
От **ГНАТЬ ДУРУ**, *см.* **ДУРА**.
ДУРОЧКА *см.* **А ТЫ, ДУРОЧКА, БОЯЛАСЬ...**
ДУРЦА́, -ы́, *ж.* Странность характера, причуда, придурь. *Чувак с ~ой* — человек со странностями.
ДУ́РЧИК, -а, *м.* Дурачок, придурок.
ДУРШЛА́Г, -а, *м.* Желудок, кишечник, пищеварительная система. *~ не в порядке. Набить ~* — наесться. ♦ **Откинуть на ~** — опорожнить кишечник.
ДУРШЛЯ́ТЬ, -я́ю, -я́ешь; *несов., без доп.* Спать, дремать.
Неясно; возм. ассоциативно связано с общеупотр. «дурак» или «дуршлаг».
ДУРЫ́НДА, -ы, *м.* и *ж.*, **ДУРЫ́НДАС**, -а, **ДУРЫНДА́С**, -а, *м.* **1.** Дурак (дура), тупица. **2.** *ирон.-ласк.* Дурачок (дурочка).
ДУРЫ́НДИТЬ, обычно *в 1 л.* не употр., -ишь; *несов., без доп.* Глупо себя вести.
ДУРЬ, -и, *ж.* Анаша. ♦ **~ женатая** — анаша с табаком.
Из *нарк.*
♦ **ДУРЬ ПИХА́ТЬ** — продавать наркотики, быть продавцом наркотиков.
Из *нарк.*; от **ДУРЬ** и **ПИХАТЬ** 3.
ДУРЯ́ТНИК, -а, *м.* **1.** Дурак. **2.** Сумасшедший дом. **3.** Пистолет.
2. — возм. связано с «дурак», по аналогии с общеупотр. «курятник»; 3. — из *уг.*, *ср.* **ДУРА 3.**
«ДУСТ» *см.* **ТАЩИТЬСЯ, КАК УДАВ ПО ПАЧКЕ «ДУСТА»**
ДУ́ТИКИ, -ов, *мн.* Дутые водонепроницаемые сапоги.
ДУ́ТЫЙ, -ая, -ое. **1.** *пренебр.* Мускулистый, но не очень сильный (о человеке). **2.** Взвешенный на электронных весах нечестным способом (о товаре; если определённым образом дунуть на весы, то они дают искажённые показания).
2. — из речи торговцев, продавцов.
ДУТЬ, ду́ю, ду́ешь; *несов.* (*сов.* **ДУ́НУТЬ**, ду́ну, ду́нешь). **1.** *на кого.* Писать донос, доносить на кого-л.; предавать, выдавать кого-л. **2.** только *несов., куда* и *без доп.* Мочиться. *Ему уже шесть лет, а он всё в штаны дует.* **3.** Пить спиртное. *Ай дую пиво эври дей* — я пью пиво каждый день (шутл.-макароническое, из англ.).
1. — из *уг.*
ДУТЬ* *см.* **ЖОПА; НЕУДОБНО В ПОЧТОВОМ ЯЩИКЕ СПАТЬ...; ПУГАНАЯ ВОРОНА НА ВОДУ ДУЕТ; ХЕР**
ДУ́ТЬСЯ, ду́юсь, ду́ешься; *несов.* То же, что **ДУТЬ 2.**
ДУХ, -а, *м.* **1.** Молодой, начинающий службу солдат, давший присягу (*ср.* **ЗАПАХ**). **2.** Милиционер. **3.** обычно *пренебр.* Неопытный, слабый человек. **4.** Душман, афганский повстанец.
2. — возм. из *уг.*; 1., 4. — из *арм.* (4. — со времен войны в Афганистане).
ДУХ* *см.* **БЕН-ЗИН; ЕТИТСКИЙ**
ДУХА́РИК, -а, *м.* То же, что **ДУХ 1.**
ДУХАРИ́ТЬ, -рю́, -ри́шь; *несов., без доп.* Проказничать, шутить, острословить, веселиться.
ДУХАРНО́Й, -а́я, -о́е. Весёлый, остроумный, заводной (о человеке).
От **ДУХАРИТЬ**.

ДУХОВЕ́НСТВО, -а, *ср.* Музыканты, играющие на духовых инструментах; духовой оркестр.

Из *муз.*

ДУХО́ВКА, -и, *ж.* **1.** Анальное отверстие. **2.** Женские половые органы. **3.** *Ирон.* «духовное», «высокое» искусство.

3. — *ср.* **НЕТЛЕНКА.**

ДУХО́Й, -а́я, -о́е. Пьяный.

Ср. **БУХОЙ.**

ДУ́ЧКА, -и, *ж.* Санузел, сортир. *~у драить.*

Из *арм.*

ДУША *см.* **ВСЕМИ ЖАБРАМИ ДУШИ...; ЕТИ (ТЕБЯ В ДУШУ); КАНИФОЛИТЬ МОЗГИ; ПОЛОСКАТЬ ДУШУ; ПРОБУРИТЬ ДУШУ**

ДУШАНБЕ́. **1.** *нескл., ср.* Жара, зной, духота. *В такое ~ надо лежать головой в холодильнике, а не на работе сидеть.* **2.** в зн. *сказ.* Жарко, душно. *По улице ходить ~. Тебе не ~?*

Назв. столицы республики Таджикистан; контаминация с «душно», «душный».

ДУША́РА, -ы, **ДУША́РИК**, -а, **ДУ́ШКА**, -и, *м.* То же, что **ДУХ 1.**

ДУШЕ́ВНЫЙ, -ая, -ое. Хороший, качественный, отменный, превосходный. *~ суп. ~ая погода.*

ДУШКА *см.* **ДУШАРА**

ДУШМА́Н, -а, *м.* Человек, покупающий что-л. (обычно спиртное) без очереди, пробивающийся к прилавку сквозь толпу. *Эй, держи ~а!*

От назв. афганских повстанцев; из языка времён антиалкогольной компании.

ДУШО́К, -шка́, *м.* **1.** То же, что **ДУХ 1. 2.** Дурная черта характера. ♦ **С ~шком** *кто, что* — ненадёжный, опасный, плохой, напр.: *А парнишка-то с ~шком оказался. Дело с ~шком* (опасное).

ДЫБАТЬ *см.* **ДЫБИТЬ**

ДЫ́БЕРЦ, -а, *м.* Разновидность карточной игры.

Из *уг.* или *карт.*

ДЫ́БИТЬ, -блю, -бишь; **ДЫ́БАТЬ**, -аю, -аешь; *несов., что* и *без доп.* Красть, воровать.

Возм. влияние *устар. диал.* «ды́бать», «дыба́ть« — идти, шататься без дела, вставать на цыпочки, «дыбить» — поднимать, ставить; *уг.* «дыбать» — идти, смотреть, следить.

ДЫК, *межд.* (или ~**-ЁЛЫ-ПАЛЫ**). Эх как, ну и ну, вот тебе на, ну так, ещё бы.

Возм. первоначально из языка митьков (см. **МИТЁК** и производные). *Ср.* **ЁЛКИ.**

ДЫМ, -а, *м.*, **ДЫМИ́НА**, -ы, *м.* и *ж.* Курево, сигареты. *У тебя дымина есть?*

ДЫМ* *см.* **В ГОЛОВЕ ВЕТЕР, В ЖОПЕ ДЫМ; ДАЙ В ЗУБЫ, ЧТОБ ДЫМ ПОШЁЛ; НОЧЬ В КРЫМУ, ВСЁ В ДЫМУ; ФУНТ**

ДЫМИНА *см.* **ДЫМ; ПЬЯНЫЙ В ДЫМИНУ**

ДЫМИ́ТЬ, -млю́, -ми́шь; *несов., что* и *без доп.* Курить. ♦ **~ как паровоз** — много курить.

ДЫМИТЬ* *см.* **КРЫША ДЫМИТ...**

ДЫ́НЯ, -и, *ж.* Лицо, голова. *Ты не думай так много, а то ~ треснет. Нажрать ~ю* — потолстеть.

ДЫРА́, -ы́, *ж.* Название целого ряда мест встречи различных объединений (напр. хиппи и т. п.) в Москве; место для курения в вузе и др. заведениях. *Наши чуваки* (ребята) *из ~ы. Приходи в ~у. Встречаемся все в ~е в шесть.*

ДЫРА* *см.* **ГЕРОЙ (— ШТАНЫ С ДЫРОЙ)**

ДЫ́РКА, и, *ж.* **1.** Женские половые органы. **2.** Девушка, потерявшая невинность. **3.** Пустой, никчёмный человек. **4.** Прокол на водительских правах. *Нарваться на ~у.* **5.** обычно *мн.* Глаза. *~и-то протри* — проспись, смотри внимательнее. **6.** Плохой вратарь.

6. — из *спорт.*

ДЫРОКО́Л, -а, *м.* **1.** Мужской половой орган. **2.** Дурак, тупица. *Фильм для ~ов. Надо быть полным ~ом, чтоб такое бзднуть* (сказать).

ДЫРЯ́ВАЯ, -ой, *ж.* То же, что **ДЫРКА 2.**

ДЫРЯ́ВЫЙ, -ая, -ое. Плохой, никчёмный. *~ая башка* — плохая память. *~ вратарь* — вратарь, пропускающий много мячей.

Ср. **ДЫРКА** 3., 6.

ДЫРЯВЫЙ* *см.* **ГОЛОВА ДЫРЯВАЯ; СТУЛ ДЫРЯВЫЙ**

ДЫХА́ЛКА, -и, *ж.* Дыхательные пути, лёгкие; выносливость, способность преодолевать длинные дистанции и т. п. *~ ни к чёрту* (слабые лёгкие). *Не кури, ~у посадишь* (испортишь).

ДЫХАТЕЛЬНЫЙ *см.* **ВО ВСЕ ДЫХАТЕЛЬНЫЕ И ПИХАТЕЛЬНЫЕ (ИМЕТЬ)**

ДЫША́ТЬ, дышу́, ды́шишь; *несов., по кому, о ком* (или **ГЛУБОКО́, НЕРО́ВНО** ~). Быть влюблённым в кого-л.

ДЫШАТЬ* *см.* **В ПУПОК ДЫШАТЬ; ВКЛЮЧИТЕ СВЕТ: ДЫШАТЬ...; ТРАХАЕМ ВСЁ, ЧТО ДВИЖЕТСЯ...**

♦ **ДЫШИ́ТЕ ГЛУ́БЖЕ, ПРОЛЕТА́ЕМ СО́ЧИ** — ирон. реплика, сопровождающая появление дурного запаха.

ДЫШЛО *см.* **ЁЖ (ТВОЮ В ДЫШЛО)**

ДЭ, *нескл.*, *мн.* Деньги.

Сокращ.

ДЭРЭ *см.* **ДР**

ДЭЭ́РОВЕЦ, -вца, *м.* Сторонник блока «Демократическая Россия» (обычно с ирон.-негативным подтекстом).

Сокращ. + суффиксация.

ДЮ́БЕЛЬ, -я, *м.* Мужской половой орган.

ДЮ́ДИК, -а, **ДЮДЮКТИ́В**, -а, *м.* Детектив. *Читатель ~ов. Ударять по ~ам.*

Ср. **ДЕФЕКТИВ.**

ДЮЛИ *см.* **НАВЕШИВАТЬ (ДЮЛЕЙ); ОГРЕБАТЬ ДЮЛЕЙ**

ДЯДЬКА-ЧЕРНОМОР *см.* **ЧЕРНОМОР**

♦ **ДЯ́ДЮШКА ЗЮ** — *собств.* Г. Зюганов, лидер компартии России.

ДЯ́ДЯ, -и, *м.* Любой человек; ирон. обращение.

♦ **~ Федя съел медведя** — *шутл.* о любом человеке или о человеке по имени Федя, Фёдор.

См. также **СДЕЛАТЬ РУЧКОЙ...**

Вероятно, арготическая метонимия, носящая интернациональный характер; *ср.*, напр., исп. арготическое tio в том же зн.

ДЯ́ТЕЛ, -тла, *м.* **1.** Доносчик, стукач, ябеда. **2.** Молодой солдат, обучающийся профессии связиста; связист. *Служить ~тлом.* **3.** Дурак, тупица. *Полный ~.* **4.** Тот, кто печатает на машинке, компьютере. **5.** Ирон. обращение к любому человеку.

2. — из *арм.*

ДЯТЕЛ* *см.* **ДВАЖДЫ ДЯТЕЛ СОВЕТСКОГО СОЮЗА; НЕ БОЛИТ ГОЛОВА У ДЯТЛА**

Е

Е, в зн. *сказ.* Есть (*наст. от гл.* «быть»). *У тебя деньги ~? Мозги-то у него ~ или в уши вытекли?*

Сокращ., подражание укр.

Ё, *межд.* (или **~-МОЁ, ~-ТВОЁ, ~-КЭ-ЛЭ-МЭ-НЭ, ~-КЭ-ЛЭ-МЭ-НЭЙКА**).

Выражает любую эмоцию.

Сокращ., *эвфем.* от нецензурного руг.; ср. **ЁЖ**[2], **ЁПРСТ** и т. п.

ЕБЕЛДО́С, -а, *м. Ирон.* Сторонник Б. Н. Ельцина в августе 1991 г.

Аббрев.: Ельцин, Белый дом, Свобода, с нецензурными аллюзиями; из арго политической оппозиции.

ЕБИЛЕ́Й, -я, *м. Ирон.* Юбилей.

Передел., намёк на нецензурное руг.

ЕБО́Н, -а, *м.*, *собств.* Ельцин Борис Николаевич.

Шутл. аббрев. с нецензурными аллюзиями; из арго политической оппозиции.

Е́БЩЕСТВО, -а, **Ё́БЩЕСТВО**, -а, *ср. Ирон.* Общество, компания, сборище.

Передел., намёк на нецензурное руг.

ЕВРЕ́ЕЦ, -ре́йца, *м.* Еврей.

По аналогии с общеупотр. «индеец» и т. п.

ЕВРЕИ ШУМНОЮ ТОЛПОЙ ПО БЕЗАРАБИИ КОЧУЮТ *см.* **БЕЗАРАБИЯ**

ЕВРЕЙ *см.* **НА ФИГА; ЧТО ТЫ РВЁШЬСЯ, КАК ГОЛЫЙ В БАНЮ...**

♦ **ЕВРЕ́ЙСКАЯ ЖЕНА́ — ЭТО НЕ РО́СКОШЬ, А СРЕДСТВО ПЕРЕДВИЖЕ́НИЯ** — о женитьбе на еврейках с целью последующей эмиграции.

Перефразированная цитата из романа И. Ильфа и Е. Петрова «Золотой телёнок»: «Автомобиль — это не роскошь...»

♦ **ЕВРЕ́ЙСКАЯ ПОДТИ́РКА** — заведомо нелепая вещь, надуманная проблема.

ЕВРЕЙСКИЕ ЗАМУТЫ *см.* **ЗАМУТЫ**

ЕВРЕ́ЙСКИЙ, -ая, -ое. Непонятный, непривычный, неудобный, несуразный; запутанный, странный; чуждый. *~ие какие-то кругом фильмы идут, хоть бы раз комедию крутанули* (показали).

См. также **ПЕТЬ**

ЕВРЕЙСКИЙ БРОНЕВИК *см.* **БРОНЕВИК**

♦ **ЕВРЕ́Й СО ЗНА́КОМ КА́ЧЕСТВА** — *шутл.* о еврее по матери и отцу, который записан в паспорте как русский.

ЕВРЕ́НДИЯ, -и, *ж.* Израиль.

Ср. **ХОХЛЯНДИЯ, ПОЛЯНДИЯ.**

ЕВРОПА *см.* **ДУНЬКА**

ЕВРОПОНТЫ́, -о́в, *мн.* Атрибуты т. н. евроремонта, стандартный набор предметов богатого интерьера. *Мозгов на одни ~ хватает.*

Ср. **ПОНТЫ.**

ЕВРЮ́ГА, -и, *м.* и *ж.*, **ЕВРЮ́ЖНИК**, -а, *м.* Еврей.

ЕВРЯ́ТНИК, -а, *м.* Место, где много евреев.

По аналогии с общеупотр. «курятник»; *ср.* **БУРУНДЯТНИК** и под.

ЕГО́Р, -а, *м.* **1.** Любой человек (обычно простоватый, туповатый). *Ты чего мне за ~а привёл?* **2.** *собств.* (или **ЕГО́РКА**). Е. К. Лигачёв. ♦ **~, ты не прав** — ты не прав.

♦ — пародирование слов Е. К. Лигачёва, сказавшего Б. Н. Ельцину на партийном пленуме: «Борис, ты не прав».

ЕДИ́НКА, -и, *ж.* Единый (на все виды транспорта) проездной билет.

ЕДРЁНЫЙ, -ая, -ое, *кратк. ф.* **ЕДРЁН**, -а, -о, **ЕДРЕ́НЬ**, -я, -е. **1.** Общий эпитет, обозначающий эмоциональное отношение говорящего к объекту (обычно отрицательное). *Едрёный автобус!* (не идёт). *Едрёна коллективизация: ничего в магазинах нет!* **2.** Ядерный. *Едрёное оружие.* ♦ **Едрёна вошь** (или **едрёна твою вошь, едрёный корень, едрёна копалка, едрёна бабуля, едрёна кавалерия, едрёны пассатижи, едрень пельмень, едреня феня, едрёный перец, едрёный Вася, едрён батон** и т. п.) — *межд.*, выражающие любую эмоцию, в зависимости от ситуации, напр.: *Рыбка плавает в томате, ей в томате хорошо; только я, едрёна матерь, места в жизни не нашёл* (частушка).

От общеупотр. «ядрёный» и *устар.* «едрёный» — спелый, крепкий, здоровый; аллюзии к нецензурной брани.

ЕДРЁНЫТЬ, *межд.* (или **~ КО́РЕНЬ** и т. п.). Выражает любую эмоцию.

См. **ЕДРЁНЫЙ**.

ЕДРЕНЬ *см.* **ЕДРЁНЫЙ**

ЕДРИ́ТЬ, *межд.* (или **~ ТЕБЯ́ НЕ́КОМУ, ~ ТВОЮ МАТЬ** и др.). Выражает любую эмоцию.

Возм. от *устар. диал.* «ядреть» — зреть, наливаться соками, полнеть, набухать; *см.* также **ЕДРЁНЫЙ**.

ЁЖ[1], ежа́, *м.* **1.** (и **ЁЖИК**, -а). Несговорчивый человек, бука. **2.** Короткая мужская причёска, «ёжик». *Ежа набрить* — подстричься ёжиком.

ЁЖ[2], *межд.* (или **~ ТВОЮ́ ДВА́ДЦАТЬ, ~ ТВОЮ́ ЗА́ НОГУ, ~ ТВОЮ́ В ДЫ́ШЛО, ~ ТВОЮ́ МА́МУ** и т. п.). Выражает любую эмоцию.

Ср. **Ё**.

ЁЖ* *см.* **ЕЖЕЙ ПАСТИ; ЕЖУ ЯСНО; ЗА РУПЬ ЕЖОМ; ЗАВЕДИ МОРСКУЮ СВИНКУ (ЕЖА, ПОПУГАЯ, РУЧНОГО ТАРАКАНА); СПУТАТЬ ЕЖА С ГОЛОЙ ЖОПОЙ**

♦ **ЕЖА́ РОДИ́ТЬ** — очень удивиться.

♦ **ЕЖЕ́Й ПАСТИ́** — заниматься ерундой, бездельничать, «валять дурака».

ЁЖИК *см.* **ЁЖ**[1]; **ИДИ ЛАМПОЧКИ (ЁЖИКОВ) СТРИЧЬ; К ЁЖИКУ СХОДИТЬ...**

ЁЖИКА НАВЕСТИТЬ *см.* **К ЁЖИКУ СХОДИТЬ...**

♦ **ЁЖИК В ТУМА́НЕ** — несчастный, запутавшийся, жалкий человек.

Назв. известного мультфильма Ю. Норштейна.

ЁЖИКИ-ПЫ́ЖИКИ, в зн. *вводн. сл.* То да сё, так да сяк, «слово за слово». *Ну, там, говорит, ~, дело, мол, есть.*

♦ **ЁЖИК** (или **ТАРАКА́Н, ШИ́ЛО, РАКУ́ШКИ, ДИ́ЗЕЛЬ** и т. п.) **в ЖО́ПЕ** *у кого* — *шутл.* о непоседе, неугомонном, шумном, суетливом человеке.

ЁЖИТЬСЯ[1], ёжусь, ёжишься; *несов., без доп., шутл.* Заниматься йогой.

ЁЖИТЬСЯ[2], ёжусь, ёжишься; *несов., на кого-что, с кем* и *без доп.* Вызывающе себя вести, сердиться, наскакивать на кого-л.; нервничать, суетиться; набивать себе цену. *Чего ты ёжишься-то, тебе цена копейка.*

Ср. **ЁЖ**[1,2], *см.* также **ВЫЁЖИВАТЬСЯ**.

ЁЖКИ-МО́ШКИ, *межд.* Выражает любую эмоцию.

Ср. **ЁЖ**[2]

♦ **ЕЖУ́ Я́СНО** (или **ПОНЯ́ТНО**) *что* — это понятно, ясно, напр.: *Ежу ясно, где бело, где красно* (о винах).

ЕЗДА *см.* **КАКОЙ РУССКИЙ НЕ ЛЮБИТ БЫСТРОЙ ЕЗДЫ?**

ЕЗДЕ́Ц, -а́, *м.* **1.** *Ирон.* Ездок; водитель, шофёр. **2.** Дорожно-транспортное происшествие, авария. *После ~а́ больше ста не катаюсь. Попал в ~.* ♦ **Сюда я больше не ~** — сюда я больше не ездок.

См. также **ЕЗДЮК**

Намёк на нецензурное; ♦ — передел. крылатое выражение из комедии А. С. Грибоедова «Горе от ума».

ЕЗДИТЬ *см.* **КАКОЙ РУССКИЙ НЕ ЛЮБИТ БЫСТРОЙ ЕЗДЫ?**

ЕЗДУ́Н, -а́, *м.* То же, что **ЕЗДЕЦ 1**.

ЕЗДЫ́НКА, -и, *ж.* Проездной билет; проездной талон.

От общеупотр. «ездить».

ЕЗДЮ́К, -а́, *м.* Плохой шофёр. ♦ **На ~а́ сядешь — к ездецу приедешь** — поедешь с плохим шофёром — попадешь в аварию. (См. **ЕЗДЕЦ 2**).

Намёк на нецензурное руг.

ЁК, ЙОК, *отриц. част.* **1.** Нет, нету. *Деньги есть? — ~.* **2.** в зн. *сказ. Мозгов ~. ~ закурить.* ♦ **Раствор ~, суши вёсла** (или **чеши грудь**) — работа остановилась, можно отдыхать.

Татарское (а также общетюрк.) «ёк» — нет.

ЁК-МАКАРЁК, *межд.* Выражает любую эмоцию.

Ср. **Ё**, **ЁЖ**[2] и др.

ЁКСЕЛЬ, *межд.* (или **~-МО́КСЕЛЬ**). Выражает любую эмоцию.

Ср. **Ё**, **ЁЖ**[2] и др.

ЕЛДА́, -ы́, **ЕЛДА́НКА**, -и, **ЕЛДОМО́ТИНА**, -ы, *ж.*, **ЕЛДА́К**, -а́, **ЕЛДА́Н**, -а (или -а́), **ЕЛДА́Ч**, -а́, **ЕЛДО́МЕТР**, -а, **ЕЛДОМЕ́ТР**, -а, *м.* **1.** Нечто большое, длинное, громоздкое, высокое, торчащее на виду. *Елда останкинская* (башня). **2.** Мужской половой орган.

Ср. уг. «ёлд», «елда» — посторонний для воровского мира, употр. как руг. Неясно. *Ср. офен.* «елтон» — аршин, которое, скорее всего, из тюрк. Есть версия о древнееврейском происхождении (*уг.* «ёлд» от еврейского jeled — ребёнок, мальчик). Тот же корень встречается в польских и др. арго.

ЕЛИСЕ́Й, -я, *м.*, **ЕЛИСЕ́ЙКА**, -и, *ж. собств.* Елисеевский гастроном на улице Тверская.

ЁЛКИ, *межд.* (или **~-ПА́ЛКИ; ~-ПА́ЛКИ ЛЕС ГУСТО́Й, ХО́ДИТ ВА́НЬКА ХОЛОСТО́Й; ~-МОТА́ЛКИ; ~ ЗЕЛЁНЫЕ** и т. п.). Выражает любую эмоцию.

Ср. **Ё**, **ЁЖ**[2] и т. п. Встречается у М. Кольцова, В. Шукшина, В. Чивилихина и др.

ЁЛКИН, -а, *м. собств.* (или **~-ПА́ЛКИН**). Б. Ельцин, президент РФ.

Ср. **ЁЛКИ**.

ЕЛО́ВЫЕ, -ых, *мн.* Рубли, советские деньги.

Возм. переосмысл. **ДЕРЕВЯННЫЕ**.

ЕЛО́ВЫЙ, -ая, -ое. Жёлтый.

От англ. yellow — жёлтый.

ЁЛОЧНЫЙ *см.* **НАВЕШИВАТЬ (ЁЛОЧНЫХ ИГРУШЕК)**

ЁЛЫ-ПАЛЫ *см.* **ДЫК-ЁЛЫ-ПАЛЫ**

ЕЛЬЦИНО́ИД, -а, *м.* Приверженец Б. Н. Ельцина, демократ. *~ы, вон из России!* (надпись на заборе).

Из арго политической оппозиции; по модели типа **ШИЗОИД**, *ср.* общеупотр. «гуманоид» и т. п.

ЕМЕ́ЛЯ, -и, *м.* или *ж.* Электронная почта, письмо, посланное по электронной почте.

Шутл. контаминация E-mail и *собств.* рус. «Емеля» («Емельян»).

ЕНО́Т, -а, *м.* Японец.

От «иена» — японская денежная единица; контаминация с назв. животного «енот».

ЕНОТ-ПОЛОСКУН *см.* **ПОЛОСКУН**

ЁПРСТ, *межд.* Выражает любую эмоцию. *Я ему, ~, говорю. Вот, блин, ~!*

Эвфем., ранее более «традиционный» вариант «ё-пэ-рэ-сэ-тэ» или «ё-кэ-лэ-мэ-нэ» (см. также Ё); возм. распространилось под влиянием популярной в середине и конце 90-х гг. телепередачи «Городок».

ЁРИКИ-МАМО́РИКИ, *межд.* Выражает любую эмоцию.

Возм. первоначально из сказки В. Волкова «Волшебник изумрудного города», *ср.* **Ё**, **ЁЖ**, **ЁКСЕЛЬ** и т. д.

ЕРУНДА́, -ы́, *ж.* Половые органы. *Девки бегали по льду, простудили ~у, а без этой ~ы ни туды и ни сюды* (частушка).

ЕРУНДИ́РОВАННЫЙ, -ая. Эрудированный.

Контаминация с «ерунда».

ЕРУНДИ́СТ, -а, *м.* Человек, занимающийся ерундой, бездельник.

Ср. **ЕРУНДИРОВАННЫЙ**.

ЕРУНДИ́СТИКА, -и, *ж.* Ерунда; ненужная дисциплина, предмет (в учёбе). *Гнать ~у* (говорить). *Заниматься ~ой.*

ЕРУНДИ́Т, -а, *м. Ирон.* Эрудит.

Передел. общеупотр. «эрудит» + «ерунда».

ЕРУНДИ́ТЬ, *1 л.* обычно *не употр.*, -и́шь; *несов., без доп.* Заниматься ерундой, бездельничать, бить баклуши.

ЁРШ, ерша́, **ЕРША́Ч**, -а́, **ЁРШИК**, -а, *м.* **1.** Смесь водки с пивом. *Накатить ершача* (выпить). *От вина и от ерша просветляется душа.* **2.** Посторонний человек, чужак.

2. — возм. влияние *уг.* «ёрш» — изгнанный из воровского мира, но продолжающий выдавать себя за блатного.

ЕС *см.* **ЙЕС**

♦ **Е́СЛИ В СТЕ́НКЕ ВИ́ДИШЬ ЛЮК, НЕ ВОЛНУ́ЙСЯ: ЭТО ГЛЮК** — *ирон.* поговорка (часто в неожиданной, нестандартной ситуации).

♦ **Е́СЛИ О́ЧЕНЬ ЗАХОТЕ́ТЬ, МО́ЖНО В КО́СМОС ПОЛЕТЕ́ТЬ** — *ирон.* о чьём-л. сильном желании, сокровенной мечте и т. п., напр.: *—Эх, водочки хочется! — Если очень захотеть, можно в космос полететь.*

ЕСЛИ ХОЧЕШЬ ЕСТЬ ВАРЕНЬЕ, НЕ ЛОВИ ХЛЕБАЛОМ МУХ *см.* **ХЛЕБАЛКА**

ЕСТЬ, ем, ешь; *несов., кого-что.* Надоедать, зудить над ухом, приставать. *Что ты мои нервные клетки ешь, упырюга. Он меня вчера целый день ел.*

ЕСТЬ* *см.* **БЫВАЮТ В ЖИЗНИ ОГОРЧЕНЬЯ...; ГЛАЗАМИ ЕСТЬ; ЖОПА; НЕ НРАВИТСЯ, НЕ ЕШЬ; ОСТОРОЖНО, НЕ ЗАДЕНЬ МНЕ ГОЛОВУ...; СЧАСТЬЕ — ЕСТЬ, ОНО НЕ МОЖЕТ НЕ ЕСТЬ; ТЁЩА ЕСТ МОРОЖЕНОЕ; ХЛЕБАЛКА; ХОРОШАЯ ШТУЧКА, КОГДА БОЛИТ РУЧКА...**

♦ **ЕСТЬ ГРИБЫ́** — употреблять наркотики, изготовленные из грибов-поганок.

Из *нарк.*

♦ **ЕСТЬ ЕЩЁ ПО́РОХ В ПОРОХОВНИ́ЦАХ И Я́ГОДЫ В ЯГОДИ́ЦАХ** — *ирон.* есть ещё силы, желание что-л. делать и т. п.

♦ **ЕСТЬ, НА ЖО́ПЕ ШЕРСТЬ** — ирон. ответ на чей-л. вопрос «есть?», напр.: *Есть в магазине мясо? — Есть, на жопе шерсть* (нет).

ЁСЬКА *см.* **ЁШКА**

ЕТИ́, ЕТИ́ТЬ, *межд.* (или **ЕТИ́ ТЕБЯ́ В ДУ́ШУ, ЕТИ́ ЕГО́ МАТЬ, ЕТИ́ТЬ ТЕБЯ́ НЕ́КОМУ** и т. п.). Употребляется как ругательство.

Ср. устар. бран. «ети», которое в современном языке воспринимается как *эвфем.* от нецензурного.

ЕТИ́ТСКИЙ, -ая, -ое. Общий эпитет, выражающий эмоциональное (обычно отрицательное) отношение говорящего к объекту. *Вот ~ое правительство! ~ие демократы.* ♦ **~ дух** (или **~ая сила**) — *межд.*, выражающее любую эмоцию; обычно употребляется как руг.

См. также **ЕТИ**.

ЕТИТЬ *см.* **ЕТИ**

♦ **Е́ХАЛИ КИТА́ЙЦЫ, ПОТЕРЯ́ЛИ Я́ЙЦА** — *шутл.* о китайцах.

ЁХАНЫЙ, -ая, -ое, **ЁХАРНЫЙ**, -ая, -ое. Общий эпитет, выражающий эмоциональное (обычно отрицательное) отношение говорящего к объекту. *Ёханая перестройка.* ♦ **Ёханый баба́й** — междометие, выражающее любую эмоцию.

Ср. **Ё, ЁЖ** и т. п.; *ср.* также *устар. диал.* «ёхнуть» — двинуть, дёрнуть, подать; ♦ — возм. отрицательный персонаж рус. фольклора (*ср.* из колыбельной: ...Баю-бай, Под окном стоит Бабай, Просит: «Ванечку отдай». Мы его не отдадим — У нас Ванечка один...). *См.* также комментарии к **БАБАЙ**.

ЕХАТЬ *см.* **КРЫША ДЫМИТ...; Я СТОЮ НА АСФАЛЬТЕ, В НОВЫХ ЛЫЖАХ ОБУТЫЙ...**

ЁХ-МАНА́(К), *межд.* Выражает любую эмоцию. *~! Опять права забыл!*

См. **Ё, ЁЖ** и под.

ЁШКА, -и, **ЁСЬКА**, -и, **ЖО́ЗЕФ**, -а, *м. Шутл.* И. В. Сталин.

♦ **ЁШ ТВОЮ́ МЫШЬ** — *бран.* чёрт возьми!

См. **Ё, ЁЖ** и под.

Ж

ЖА́БА, -ы, *ж.* **1.** Некрасивая женщина. **2.** Тоска, грусть. **3.** Жадность. **4.** Милиционер. ♦ **~ давит** *кого* — грустно, тоскливо, томительно; жалко, не хочется отдавать что-л.

4. — возм. из *уг.*

ЖАБЁНЫШ, -а, *м. Шутл.-бран.* Гадёныш, мерзавец. *Вот ~ малорослый!*

От общеупотр. «жаба».

ЖА́БИК, -а, *м.* **1.** То же, что **ЖАБА 2, 3. 2.** Ирон.-дружеское обращение. *Ах ты мой ~ болотный, ну поквакай, поквакай ещё* (говори же).

ЖАБОТИ́НСКИЙ, -ого, *м.* Большой, сильный человек.

По фамилии известного советского тяжелоатлета Л. И. Жаботинского.

ЖА́БРЫ, жабр (или -ов), *мн.* Лёгкие, грудь, грудки. *Дать по ~ам* — ударить в грудь или вообще ударить. *~ свистят. От курева колтун в ~ах. Посадить ~* — испортить лёгкие. ♦ **Всеми ~ами своей души (любить, чувствовать** и т. п.) — *шутл.* передел. общеупотр. «всеми фибрами своей души».

ЖАБРЫ* *см.* **ВЗЯТЬ (СХВАТИТЬ) ЗА ЖАБРЫ...; БРАТЬ ЗА ЖАБРЫ; РАЗДУВАТЬ ЖАБРЫ; УДАРЯТЬ ПО ЛЁГКИМ (ПО ЖАБРАМ)**

ЖАБРЫ ТРАВИТЬ* *см.* **ЛЁГКИЕ (ЖАБРЫ) ТРАВИТЬ**

ЖА́ВЧИК, -а, *м.* Еда, «провиант», продукты, какое-л. блюдо. *~ метать* (есть).

От общеупотр. «жевать»; *ср.* **ХАВЧИК** и т. п.

ЖА́ЛКО, -а, *ср. Ласк.* То же, что **ЖАЛО**.

♦ **ЖА́ЛКО У ПЧЁЛКИ В ПО́ПКЕ** (или **В ЖО́ПКЕ**) — ирон. ответ на реплику, содержащую слово «жалко» в зн. жаль.

Встречается в текстах В. Шукшина и др.

ЖА́ЛО, -а, *ср.* Лицо; рот, щёки. ♦ **~ набить** — наесться. **Водить ~ом** — вертеть головой, смотреть по сторонам; выражать недовольство, капризничать, брезговать чем-л.

♦ **ЖА́ЛОВАТЬСЯ БЕ́ЛОМУ ТЕЛЕФО́НУ** — опорожнять содержимое желудка, страдать рвотой.

♦ **ЖА́ЛО ВЫ́РВАТЬ** *кому* — наказать, побить.

ЖА́ЛЬНИЧЕК, -чка, *м.* **1.** То же, что **ЖАЛО**. **2.** Любитель поесть, гурман, обжора.

ЖАНДА́РМ, -а, *м.* Учитель; классный руководитель.

Из *шк.*

♦ **ЖА́НКА-ЛЕЖА́НКА** — *шутл.* о девушке, женщине по имени Жанна.

ЖАР *см.* **СБАВЬ ОБОРОТЫ (ЖАР, ПЫЛ, ТЕМП)**

ЖАРЕНЫЙ *см.* **НЕ ПАХНИ РЫБОЙ**

ЖА́РИТЬ, -рю, -ришь; *несов., куда* и *без доп.* Идти, ехать, передвигаться. *Куда ~ришь? Солнце яркое палит — ~рит в отпуск замполит, а январь, февраль холодный — едет в отпуск Ванька-взводный* (из арм. фольклора).

Ср. *прост.* «жарить» в зн. делать что-л. интенсивно (бить, играть в какую-л. азартную игру, пить спиртное и т. п.), встречается в этих зн. у С. Есенина и др.

ЖАРКО *см.* **СУХИЕ ДРОВА ЖАРКО ГОРЯТ**

♦ **ЖАТЬ БАТО́НЫ** — работать на компьютере с «мышью».

От англ press buttons; из жарг. пользователей компьютеров.

ЖАТЬ НА ПЕДАЛИ *см.* **ПЕДАЛЬ**

♦ **ЖАТЬ НА ТО́РМОЗ** — остановиться, прекратить делать что-л.

ЖА́ХАТЬ, -аю, -аешь, *несов., что, чем, кому, по чему* и *без доп.* Делать что-л. интенсивно, много, сильно (напр. бить, пить спиртное и т. п.).

От общеупотр. *прост.* «жахнуть» — сильно ударить.

ЖБАН, -а (или -а́), **ЖБА́НДЕЛЬ**, -я, *м.* **1.** Бутылка, обычно спиртного. **2.** Голова. *Дать по жбану* (ударить). *Жбандель не варит* (плохо работает голова).

ЖВА́ХАТЬ, -аю, -аешь; *несов.* (*сов.* **ЖВА́ХНУТЬ**, -ну, -нешь), *что, чего* и *без доп.* Пить спиртное.

Ср. **ЖАХАТЬ**.

ЖВА́ЧКА, -и, *ж.* Девушка, потерявшая невинность в раннем возрасте и ведущая легкомысленный образ жизни; любая молодая девушка. *Я прихожу за документами, а там какая-то ~ сидит, её мама меня моложе* (совсем молодая, малолетняя).

♦ **ЖДАТЬ ПРИ́НЦА С ХРУСТА́ЛЬНЫМИ** (или **ГОЛУБЫ́МИ**) **Я́ЙЦАМИ** — ждать идеального жениха, а также обобщённо — ждать чего-л. невыполнимого, нереального.

ЖЕ *см.* **ЖЭ; ЭТО ЖЕ...**

ЖЕВА́БЕЛЬНЫЙ, -ая, -ое. Съедобный, вкусный, свежий. *Чего-то сыр совсем не ~, довоенный что ли?* (старый).

От общеупотр. «жевать».

ЖЕВА́ЛО, -а, *ср.* Рот. *Не части́ ~ом* — тщательно пережёвывай пищу.

От общеупотр. «жевать».

ЖЁВАНЫЙ *см.* **А В РОТ ТЕБЕ НЕ ПЛЮНУТЬ ЖЁВАНОЙ МОРКОВКОЙ?**

ЖЕВА́ТЬ, жую́, жуёшь; *несов., что о чём с кем* и *без доп.* Говорить (обычно невнятно, плохо, нудно). *Чего-то он мне жевал вчера, а чего, не помню, фигню какую-то* (ерунду). ♦ **Языки ~** — мямлить, быть в растерянности, нерешительности, напр.: *Нечего языки ~, говорите, да или нет.*

ЖЕВАТЬ* *см.* **ВАСЯ; ЖИВЁМ, ХЛЕБ ЖУЁМ; ЖОПА; ТРУСЫ ЖЕВАТЬ**

ЖЕВАТЬ ВРАЗБИВКУ *см.* **ГОВОРИТЬ (ПУЗЫРИ ПУСКАТЬ, ЖЕВАТЬ, БУРЧАТЬ, ГНАТЬ) ВРАЗБИВКУ**

ЖЕ́ЙПЕРД, -а, *м.* *Шутл.* Пейджер. Т*ы мне это дело сплюнь* (отправь, пошли) *на ~* (оставь информацию).

Возм. аллюзии к *бран.* **ЖОПА, ПЕРДЕТЬ**.

ЖЕЛЕЗА *см.* **ПРЕДСЕДАТЕЛЬНАЯ ЖЕЛЕЗА**

ЖЕЛЕ́ЗКА, -и, *ж.* **1.** Железная дорога. *Работать на ~е. Жить недалеко от ~и. ~ встала* (поезда не ходят). **2.** Железнодорожные войска. *Служить на ~е.* **3.** Мужской половой орган.

2. — из *арм.*

ЖЕЛЕ́ЗНО, *нареч.* Точно, наверняка. *Я ~ буду.*

ЖЕЛЕЗНЫЙ *см.* **ОЧКО-ТО НЕ ЖЕЛЕЗНОЕ; ПУСКАЙ РАБОТАЕТ ЖЕЛЕЗНАЯ ПИЛА...; ПУСТЬ РАБОТАЕТ ЖЕЛЕЗНЫЙ ТРАКТОР; ФЕЛИКС**

ЖЕЛЕЗНЫЙ ДРОВОСЕК *см.* **ДРОВОСЕК**

ЖЕЛЕЗНЯ́К, -а́, *м.* (или **МАТРО́С ~**). **1.** Решительный, надёжный человек. **2.** в зн. *нареч.* Точно, наверняка, во что бы то ни стало. *Ты точно придёшь? — ~.*

Ср. фамилию известного революционера А. Г. Железнякова.

ЖЕЛЕ́ЗО, -а. *ср.* **1.** Надёжный человек. *Серёга — он ~, после трёх бутылок приползёт.*

2. Металлический рок. **3.** Мелочь, металлические деньги. **4.** Приспособления для занятий атлетизмом (гири, гантели и т. п.). *Заниматься ~ом. Я бросил ~, только бегаю.* **5.** Машина, обычно плохая. *На советском ~е катаюсь.* **6.** в зн. *нареч.* То же, что **ЖЕЛЕЗНО**. *Никому не проболтаешься? — ~!* **7.** Аппаратное обеспечение компьютера (процессор, память, диски и т. п.). **8.** Мужской половой орган. **9.** Тарелки (муз. инструмент).

См. также **ЖЕЛЕЗКА**

2. и 3. — *ср.* **МЕТАЛЛ**; **7.** — из жаргона пользователей компьютеров.

ЖЕЛЕЗО* *см.* **КУЙ ЖЕЛЕЗО, НЕ ОТХОДЯ ОТ КАССЫ; КУЙ ЖЕЛЕЗО, ПОКА ГОРБАЧЁВ; МОРЕ МЯСА И ЖЕЛЕЗА**

ЖЕЛЕЗОБАТО́Н, -а, *м.* Чёрствый батон.

Шутл. контаминация с «железобетон».

ЖЕЛОБО́К, -бка́, *м. Ирон.* Подрастающий, малолетний жлоб.

См. **ЖЛОБ** во всех зн.

♦ **ЖЁЛТАЯ** (или **РЫ́ЖАЯ**) **ФИРМА́** — товары производства азиатских стран.

ЖЁЛТАЯ СБОРКА *см.* **ЖЁЛТЫЙ**

ЖЁЛТОЕ, -ого, *ср.*, **ЖЕЛТУ́ХА**, -и, *ж.* Золото.

Возм. из *уг.*

ЖЕЛТО́К, -тка́, *м.* Азиат.

ЖЕЛТУХА *см.* **ЖЁЛТОЕ**.

ЖЁЛТЫЙ, -ая, -ое. **1.** Золотой, сделанный из золота или содержащий золото. *~ое кольцо. ~ зуб. ~ые микросхемы.* **2.** Азиатский, относящийся к Японии, Южной Корее, Тайваню и др. странам; произведённый в этих странах. **3.** в зн. *сущ.*, -ого, *м.* Рубль (в советское время). *Дай ~ого. Вчера дали зарплату ~ыми, карманов не хватило.* ♦ **~ая сборка** — о технике, собранной в азиатских странах (чаще о странах Индокитая).

1. — возм. из *уг.*; 3. — от цвета купюры.

ЖЁЛТЫЙ* *см.* **УКРАСТЬ ЖЁЛТЫЙ ШУЗ**

ЖЕЛУДОК *см.* **ЖЕЛУДОЧНЫЙ СОК ПРОГРЫЗАЕТ СТЕНКИ ЖЕЛУДКА; КАКИЕ ТУТ ШУТКИ, КОГДА ПОЛЧЛЕНА В ЖЕЛУДКЕ; ПРОМЫВАТЬ ЖЕЛУДОК; ТЕМНО, КАК У НЕГРА В ЖЕЛУДКЕ...**

♦ **ЖЕЛУ́ДОЧНЫЙ СОК ПРОГРЫЗА́ЕТ СТЕ́НКИ ЖЕЛУ́ДКА** — о сильном, нестерпимом голоде.

ЖЕНА́, -ы́, *ж.* Ирон.-дружеское. О школьных и институтских подругах (в речи юношей). *Чего-то моя ~ в школу сегодня не пришла, наверное изменяет* (из разговора семиклассников).

ЖЕНА* *см.* **ДАЙ ТЕБЕ БОГ ЖЕНУ С ТРЕМЯ ГРУДЯМИ; ЕВРЕЙСКАЯ ЖЕНА ЭТО — НЕ РОСКОШЬ...; НЕУДОБНО С ЖЕНОЙ СПАТЬ; У ПОПА ЖЕНА ПОСЛЕДНЯЯ**

ЖЕНА́ТИК, -а, *м.* Женатый мужчина. *Всё, теперь я ~, у меня отбой в девять, как в пионерском лагере.*

ЖЕНАТЫЙ *см.* **ДУРЬ ЖЕНАТАЯ**

ЖЕНИ́ЛКА, -и, *ж.* Мужской половой орган. *~ выросла, а ума, как у Луначарского* (мало).

ЖЕ́НЩИНА, -ы, *ж. Ирон.* Юноша, потерявший невинность. *Ты, Вася, после вчерашнего приключения стал настоящей женщиной с волосьями на грудях и с богатым опытом, поздравляю.*

ЖЕНЩИНА* *см.* **МАМА ДОРОГАЯ...; МУЖЧИНА ДОЛЖЕН БЫТЬ ЗОЛ...**

ЖЕНЬШЕ́НЬ[1], -я, *м.* Женщина. *Это мой знакомый ~ Лена.*

Контаминация с назв. растения.

ЖЕНЬШЕ́НЬ[2], -я, *м.* Дорогая парикмахерская, фирменный салон.

Возм. из-за высокой цены корня женьшеня и парфюмерии, изготовленной на его основе.

ЖЕ́РТВА, -ы, *ж.* (или **~ АБО́РТА, ~ КЛА́ССОВОЙ БОРЬБЫ́, ~ ПЬЯ́НОЙ АКУШЕ́РКИ, ~ ЧАХО́ТКИ, ~ КРА́СНОГО ТЕРРО́РА, ~ ОШИ́БКИ АКУШЕ́РА** и т. п.). Ирон. обращение (руг. или ласк.-дружеское, в зависимости от ситуации).

Ср. «Жертва аборта» из «Двенадцати стульев» И. Ильфа и Е. Петрова.

♦ **ЖЁСТКОЕ ПО́РНО** — порнография с участием детей и животных.

ЖЕСТЯ́НКА, -и, *ж.* Работы по ремонту кузова автомобиля.

ЖЕ́ЧЬСЯ, жгусь, жжёшься; *несов., на ком-чём* и *без доп.* Совершать ошибку в чём-л., терпеть провал с чем-л.; обманываться в ожиданиях относительно чего-л. или кого-л. *Всё время жгусь на этом человеке.*

ЖИБУ́ЛЬ, -я́, *м.* Пиво (чаще о «Жигулёвском»). *Баночный ~.*

♦ **ЖИВЁМ, ХЛЕБ ЖУЁМ** — ответ на вопрос «как живём?», «как жизнь?».

ЖИВОГЛО́Т, -а, *м.* Ребёнок. *Два ~а на шее сидят и третий вырисовывается.*

ЖИВО́ТНОЕ, -ого, *ср.* Ирон. обращение (дружеское или пренебрежительное, в зависимости от ситуации). *Люблю я тебя, ~! Эй, ~, шагай сюда.* ♦ **Какие новости в мире ~ых?** — как дела?, что слышно?

См. также **В МИРЕ ЖИВОТНЫХ; ВЫШЕ ПОЯСА — В МИРЕ ЖИВОТНЫХ...; ДРУГ ЖИВОТНЫХ**

♦ — пародийное переосмысление названия телепередачи «В мире животных».

ЖИ́ВЧИК, -а, *м.* Мужской половой орган.

Возм. контаминация двух зн. «живчик»: *разг.* живой, подвижный человек и мужская половая клетка, сперматозоид.

ЖИВЬЁМ, **ВЖИВУ́Ю**, *нареч.* В музыкальной записи непосредственно из зала, с концерта.

Из *муз.*

ЖИГАНУ́ТЬ, -ну́, -нёшь; *сов., без доп.* Сделать что-л. энергично.

Ср. *уг.* «жиган» — опытный вор и *прост.-диал.* «жогнуть» — ударить; встречается в «Денискиных рассказах» В. Драгунского как детск. слово.

ЖИГУЛЁНОК *см.* **ЖИГУЛЬ**[2]

ЖИГУ́ЛЬ[1], -я́, *м.* Жигулёвское пиво. *Дать по ~ю* (выпить).

ЖИГУЛЬ[2], -я́, **ЖИГУЛЁНОК**, -нка, *м.* Автомобиль «Жигули».

ЖИД, -а́, **ЖИДЁНОК**, -нка, **ЖИ́ДИК**, -а, **ЖИДО́К**, -дка́, **ЖИДОМО́Р**, -а, **ЖИДЮ́К**, -а́, **ЖИДО́ВИЧ**, -а, *м.*, **ЖИДИ́НА**, -ы, **ЖИДОМО́РДИЯ**, -и, **ЖИДЮ́ГА**, -и, **ЖИДЮ́КА**, -и, **ЖИДЯ́КА**, -и, **ЖИДЯ́РА**, -ы, *м.* и *ж.*, **ЖИДИ́ЛО**, -а, **ЖИДРИ́ЛО**, -а, *ср.* Жадина, жмот. *Жид, жид, кровожид, по верёвочке бежит, а верёвка лопнула и жида прихлопнула* (дразнилка). *Жид Жидович Жидоков жопой жрёт живых жуков* (дразнилка). *Если в кране нет воды, значит, выпили жиды, если в кране есть вода, значит, жид нассал туда* (шутл. передел. известные строки из песни В. Высоцкого).

См. также **ВОТ ЧТО ЖИДЫ С РУССКИМ ЧЕЛОВЕКОМ ДЕЛАЮТ; ЗА КОМПАНИЮ И ЖИД ПОВЕСИЛСЯ; НА ХРЕН; НЕ РЯДЫ ЖИДЕЮТ, А ЖИДЫ РЕДЕЮТ; СВОБОДЕН, КАК ЖИД В ДАХАУ; СЕЛИ ДВА ЖИДА В ТРИ РЯДА.**

От общеупотр. современного оскорбительного «жид» — еврей; *см.* тексты А. С. Пушкина, Н. В. Гоголя, Ф. *м.* Достоевского и др., где данная лексема чаще не имеет отрицательно-оценочных коннотаций; современная семантическая маркированность, возможно, связана с традициями диссидентской литературы, рассматривающей слово исключительно как инвективу.

ЖИДЕТЬ *см.* **НЕ РЯДЫ ЖИДЕЮТ, А ЖИДЫ РЕДЕЮТ**

ЖИДИК, ЖИДИЛО *см.* **ЖИД**

ЖИДИ́ТЬСЯ, -дю́сь, -ди́шься, **ЖИДОМО́РНИЧАТЬ**, -аю, -аешь, *несов., без доп.* Жадничать.

От **ЖИД**.

ЖИДКИЙ АНАЛЬГИН *см.* **АНАЛЬГИН**

ЖИДОВИЧ *см.* **ЖИД; ШПРЕХЕН ЖИДОВИЧ?**

ЖИДО́ВИЯ, -и, *ж., собств.* Израиль. *Хороша страна ~, а Россия лучше всех.*

От **ЖИД**.

ЖИДОВСКИЕ ЗАМУТЫ *см.* **ЗАМУТЫ**

ЖИДО́ВСКИЙ, -ая, -ое. То же, что **ЕВРЕЙСКИЙ**.

См. **ЖИД**.

ЖИДОЕ́Д, -а, *м.* Антисемит.

От **ЖИД** + общеупотр. «есть», возм. контаминация с общеупотр. «людоед».

ЖИДОК *см.* **ЖИД**

ЖИДОМАСО́Н, -а, *м. Шутл.* О любом человеке. *Что же ты, ~, посуду не помыл?*

ЖИДОМАСОНСКИЕ ПРОИСКИ *см.* **ПРОИСКИ**

ЖИДО́МИР, -а, *м.* Место, где много евреев.

Шутл. контаминация **ЖИД** и *собств.* Житомир.

ЖИДОМОЛЕЦ *см.* **МАСОНСКИЙ ЖИДОМОЛЕЦ**

ЖИДОМОНГО́ЛЬСКИЙ, -ая, -ое. Непонятно какой, неясный, странный, запутанный.

От **ЖИД** + «монгольский»

ЖИДОМОР, ЖИДОМОРДИЯ *см.* **ЖИД**

ЖИДОМОРНИЧАТЬ *см.* **ЖИДИТЬСЯ**

ЖИДОФИ́Л, -а, *м. Шутл.* Любитель, ценитель еврейской культуры, традиций, образа жизни и т. п.

От **ЖИДОФИЛИЯ**.

ЖИДОФИЛИ́Я, -и, *ж.*, **ЖИДОФИ́ЛЬСТВО**, -а, *ср. Шутл.* Любовь к евреям, еврейской культуре.

По модели общеупотр. «англофилия», «англофильство» и т. п.

ЖИДОФО́Б, -а, *м.* Антисемит.

От **ЖИДОФОБИЯ**.

ЖИДОФО́БИЯ, -и, *ж.* Антисемитизм.

От **ЖИД** + «фобия», *ср.* общеупотр. «ксенофобия», «русофобия» и т. п.

ЖИДРИЛО *см.* **ЖИД**

ЖИДУ́ЛИ, -ей, **ЖИДУЛИ́**, -е́й, *мн.* «Жигули», марка автомобиля.

Аллюзия к **ЖИД**.

♦ **ЖИДУ́ ПЕ́ЙСЫ ЧЕСА́ТЬ** — пытаться давать советы и без того компетентному человеку.

ЖИДЮГА, ЖИДЮК, ЖИДЮКА, ЖИДЯКА, ЖИДЯРА *см.* **ЖИД**

ЖИДЯ́РСКИЙ, -ая, -ое. То же, что **ЕВРЕЙСКИЙ**

См. **ЖИД**.

ЖИДЯ́ТНИК, -а, *мн. Шутл.* То же, что **ЕВРЯТНИК**.

См. **ЖИД**.

ЖИЖА *см.* **НЕ БУЛЬКАЙ, ПОВИДЛО...**

♦ **ЖИЗНЕРА́ДОСТНЫЙ КРЕТИ́Н** — *бран.* дурак, идиот, тупица.

ЖИЗНЕРАДОСТНЫЙ РАХИТ СОЛНЕЧНОЙ АРМЕНИИ *см.* **РАХИТ**

ЖИЗНЬ, -и, *ж.*, в зн. *межд.* Выражает любую эмоцию, в зависимости от ситуации. *Теперь буду деньги лопатой грести, ~!* (вот как хорошо). *Вот времена пошли, спишь, жрёшь и номерки на руке пишешь* (об очереди), *вот ~!* (вот как плохо).

ЖИЗНЬ* *см.* **БЫВАЮТ В ЖИЗНИ ЗЛЫЕ ШУТКИ...; БЫВАЮТ В ЖИЗНИ ОГОРЧЕНЬЯ...; ВЕСТИ КОШАЧЬЮ ЖИЗНЬ; ВСЯ ЖИЗНЬ — БОРЬБА...; ДЕТИ — ЦВЕТЫ ЖИЗНИ НА МОГИЛЕ...; КОРЕНЬ ЖИЗНИ; КОШАЧЬЯ** (или **СОБАЧЬЯ, ТАРАКАНЬЯ** и т. п.) **ЖИЗНЬ; НЕСКОЛЬКО ФРАГМЕНТОВ ИЗ ЖИЗНИ МАРШАЛА РОКОССОВСКОГО; НО ЖИЗНЬ ОКАЗАЛАСЬ БОГАЧЕ; ОБРАЗ ЖИЗНИ; ПО ЖИЗНИ; СЛУЧАЙ; СТРАШНЫЙ; ЧЕГО-ТО Я В ЭТОЙ ЖИЗНИ НЕ ПОНИМАЮ; ЧТО НОВОГО В ЖИЗНИ ЗООПАРКА?; ЧТОБ ЖИЗНЬ МАЛИНОЙ НЕ КАЗАЛАСЬ; ЧТОБЫ СЛУЖБА (РАБОТА, ЖИЗНЬ) МЁДОМ НЕ КАЗАЛАСЬ**

♦ **ЖИЗНЬ БЬЁТ КЛЮЧО́М, И ВСЁ ПО ГОЛОВЕ́** — о трудностях, проблемах, невезении и т. п.

♦ **ЖИЗНЬ ДАЛА́ ТРЕ́ЩИНУ** — *ирон.* о неприятном, но не очень тяжёлом событии, напр.: *Ну вот, десять копеек потерял! — Да, жизнь дала трещину.*

♦ **ЖИЗНЬ ПОЛОСА́ТАЯ** — жизнь, в которой чередуются взлёты и падения, удачи и неудачи.

ЖИ́ЛА, -ы, *ж.* и в зн. *сказ.* Нечто хорошее, удачное, в точности соответствующее моменту. *Сейчас пива хлопнуть* (выпить) — *это самая ~!* ♦ **В ~у** *что сделать, что* — удачно, хорошо, с удовольствием. **Не в ~у** *что сделать, что* — неудачно, невпопад, без удовольствия, напр.: *Не в ~у сказанул. Сон не в ~у* (плохой сон или сон, который не сбывается, не согласуется с приметами).

♦ **ЖИ́ЛА ДО́ЛГО НЕ ЖИВЁТ, ЗАБОЛЕ́ЕТ И УМРЁТ** — детск. дразнилка, обращённая в адрес жадного человека.

ЖИ́ЛИТЬ, -лю, -лишь; *несов.* **1.** *с чем* и *без доп.* Обманывать, хитрить (обычно в игре). **2.** *что* и *без доп.* Жадничать, утаивать что-л. от остальных. *Не жиль свою сотню, тащи её сюда.*

В данных зн. употр. еще в XIX в. (у А. Писемского и др.).

ЖИ́ЛИТЬСЯ, -люсь, -лишься; *несов., с чем* и *без доп.* То же, что **ЖИЛИТЬ 2.**

ЖИНШИ́Н, -а, *м.* или *ж. Шутл.* Женщина. *~ употребляется так же, как мушин, только с другой стороны.*

Имитируется кавказский или среднеазиатский акцент.

ЖИРА́Н, -а, **ЖИРА́НЧИК**, -а, **ЖИРДЯ́Й**, -я, *м.* Толстый, жирный человек.

ЖИРА́Ф, -а, *м.* **1.** Высокий, длинный человек. **2.** Человек, который медленно соображает, до которого всё доходит медленно; тугодум. ♦ **Доходит как до ~а** *до кого* — о недогадливом, медленно соображающем человеке.

♦ **ЖИРА́Ф БОЛЬШО́Й, ЕМУ́ ВИДНЕ́Й** — *ирон.* о человеке, более других компетентном в чём-л.

Распространилось под влиянием известной песни В. Высоцкого.

ЖИРДЯЙ *см.* **ЖИРАН**

ЖИ́РИК, -а, *м. собств.* В. Жириновский.

ЖИРНЫЙ ПИНГВИН *см.* **ПИНГВИН**

ЖИРОВА́ТЬ, -ру́ю, -ру́ешь; *несов., без доп.* Вольготно жить, бездельничать, пользоваться всеми благами жизни.

От *спец.* «жировать» — насыщать жировыми веществами, нагуливать жир (о диких животных), разрастаться (о растениях).

ЖИРОПО́ПИК, -а, *м.*, **ЖИРОПО́ПИЦА**, -ы, *ж.* Толстый человек, толстая женщина.

См. **ЖИРОПОПЫЙ**.

ЖИРОПО́ПЫЙ, -ая, -ое. Толстый, жирный.

От общеупотр. «жир», «жирный» + **ПОПА**.

ЖИРТРЕ́СТ, -а, *м.* (или **~-КОМБИНА́Т-ПРОМСОСИ́СКА-ЛИМОНА́Д**). Толстый, жирный человек.

Из *детск.*, *шк.*

ЖИСТЬ, -и, **ЖИСЬ**, употр. только в *им. п.*, *ж. Ирон.* Жизнь. *Ни в жисть!* (ни за что!) *Эх, жись моя поломатая!* (о неудавшейся жизни). ♦ **Жись — только держись** — о трудностях, неудачах и т. п.

ЖИТЬ *см.* **ВЕК ЖИВИ, ВЕК УЧИСЬ...; ЖИВЁМ, ХЛЕБ ЖУЁМ; ЖИЛА ДОЛГО НЕ ЖИВЁТ...; ЖУХЛО; ЗНАЛ БЫ ПРИКУП, ЖИЛ БЫ В СОЧИ; ТЯЖКО (ТРУДНО, ГРУСТНО, ПЛОХО) ЖИТЬ БЕЗ ПИСТОЛЕТА; ЦВЕТКОМ ЖИТЬ; ЧТОБ Я ТАК ЖИЛ**

♦ **ЖИТЬ У ХОЗЯ́ИНА** — отбывать срок.

Из *уг.*

ЖИХ-ЖИ́Х-ЧУХ-ЧУ́Х, *межд.* Имитирует или сопровождает какое-л. действие (чаще ходьбу, бег, езду).

Звукоподр.; возм. сначала имитировало только движение поезда.

ЖЛОБ, -а́, *м.*, **ЖЛОБИ́НА**, -ы, *м.*, и *ж.* **1.** Большой, сильный, толстый, здоровый, туповатый человек. *Вон какой ~ вымахал* (вырос). *Где только таких жлобов накопали, у всех кулаки, как моя голова!* **2.** Жадина, скряга.

Ср. *уг.* «жлоб» — чужой среди воров; жадный; мужик, неопытный, неблатной.

ЖЛО́БА, -ы, **ЖЛОБА́**, -ы́. **1.** *м.* и *ж.* То же, что **ЖЛОБ**. **2.** *ж.* Жадность, скупость. *Надо же до такой ~ы́ дойти!*

ЖЛОБИНА *см.* **ЖЛОБ**

ЖЛОБИ́ТЬСЯ, -блю́сь, -би́шься, **ЖЛО́БИТЬСЯ**, -блюсь, -бишься, **ЖЛО́БСТВОВАТЬ**, -твую, -твуешь; *несов., без доп.* Жадничать, не делиться с другими, быть скупым.

ЖМУ́РИК, -а, *м.* Труп, покойник.

См. **ЖМУРИТЬСЯ**.

ЖМУ́РИТЬСЯ, -рюсь, -ришься; *несов., без доп.* Умирать. *У нас на работе пенсионеры один за другим ~рятся.*

ЖМУ́РКИ, -рок, *мн.* Смерть. ♦ **Сыграть в ~** — умереть. **Помочь сыграть в ~** *кому* — довести до смерти, убить.

ЖМУРКИ* *см.* **ИГРАТЬ В ЖМУРКИ**

ЖМУ́РОВКА, -и, **ЖМУРО́ВКА**, -и, *ж.* Морг.

См. **ЖМУРИТЬСЯ**.

ЖО, *нескл.*, обычно *ср.* Женский туалет. *Где тут ~? — Там же, где и Мэ* (мужской).

Возм. распространилось под влиянием популярного кинофильма «Бриллиантовая рука».

ЖО́ВА, -ы, **ЖО́ВКА**, -и, **ЖУ́ВА**, -ы, *ж.* Жвачка. *Дай-ка жовки кариес попугать.*

ЖОЗЕФ *см.* **ЁШКА**

ЖО́ПА, -ы, *ж.* **1.** Зад, ягодицы. *Дать по ~е* (ударить). *Почему туалетной бумаги не хватает? Рассчитывали на душу населения, а жоп оказалось больше. Один американец засунул в жопу палец* (и *вынул из неё кусочек мумиё*, или *и вывалил в трусы кусочек колбасы*, или *и думает, что он заводит граммофон*) — детские стишки об американцах. **2.** Нечто плохое. *Вот какая ~ вышла* (неудача). **3.** *Ирон.* Желаю Обществу Приятного Аппетита. **4.** Ирон.-дружеское обращение. **5.** Нехороший человек. *~ ты, а не товарищ.* ♦ **~ Дзержинского** — нечто плохое, некачественное. **В ~е (сидеть, быть, торчать** и т. п.) — **1.** (быть, находиться) в плохом, заброшенном, неудачном, далёком и т. п. месте; в плохой ситуации (о проигрыше, обмане и т. п.). **2.** Ирон. ответ на вопрос «где?». **В ~у** *кого что* — реплика, обозначающая отказ, нежелание что-л. делать. **~ой чувствовать** *что* — предчувствовать, остро чувствовать что-л. **~ с ручкой** (или **~ Новый год, ~ говорящая, ~ с глазами**) — ирон. руг., обычно в зн. растяпа, дурак, тупица и т. п. **Хоть ~ой ешь** (или **жуй**) *что, чего* — много, в избытке чего-л. **Лизать ~у** *кому* — подлизываться, подобострастничать, выслуживаться перед кем-л., напр.: **Позор, позор на всю Европу, проявили простоту: десять лет лизали ~у, оказалось, что не ту; но мы верим и мы знаем, нас ведь партия ведёт, наша партия родная ~у новую найдёт!** (после смерти очередного генерального секретаря КПСС). **Прилипнуть** (или **пристать**) **как банный лист к ~е** *к кому* — привязаться, навязаться, досадить, надоесть кому-л. **На ~е шерсть** — ирон. ответ на вопрос «есть?» **Делать через ~у** *что* — делать что-л. плохо, спустя рукава. **Глаза голубые-голубые, а остальное — ~** — о толстой женщине. **Без мыла в ~у влезть** *кому* (или *к кому*) — быть пронырой, пройдохой, проходимцем, пробивным человеком. **Сравнить ~у с пальцем** — сравнить какие-л. несравнимые вещи. **Дать под ~у** *кому* — выгнать кого-л. (с работы, из дома и т. п.). **Сесть ~ой** *на что* — забрать под себя какое-л. дело, прибрать что-л. к рукам, стать монополистом дела, идеи и т. п. **~ой вертеть** (или **трясти**) — капризничать, набивать себе цену; *перед кем* — стараться понравиться кому-л., показать себя с лучшей стороны; завлекать, соблазнять (о женщине). **~у подставлять** *кому* — **1.** Отказываться говорить, грубо не замечать кого-л., отворачиваться, брезговать кем-л. **2.** Подлизываться, втираться в доверие. **Повернуться ~ой** *к кому* — отвернуться от человека, не оказать помощи в трудный момент, предать. **До ~ы** *чего.* **1.** Очень много, вдоволь. **2.** Всё равно, наплевать. **~е сло́ва не давали** — реплика в ответ на какие-л. глупые, неуместные слова. **Пьян в ~у** — очень сильно пьян. **Как в ~у глядеть** — *шутл.* передел. общеупотр. «как в воду глядеть». **Как голая ~ при луне (светиться), как муха на ~е** — о чём-л., бросающемся в глаза. **~ паутиной заросла** *у кого* — о долгом воздержании от пищи или о длительном запоре. **С ~ы пыль сдувать** *кому, у кого* — заботиться о ком-л. **~ в скипидаре** (или **~у наскипидарить, ~у скипидаром намазать, ~ скипидарная** и т. п.) — о спешке, беготне; о человеке, который опаздывает, мчится сломя голову. **В ~у не дуть** — бездельничать, быть легкомысленным (*эвфем.*). **А в ~у не задует** *кому?* — говорится о человеке, который хочет слишком многого. **~ой воздух хватать** — задыхаться; *иносказ.* возмущаться, недоумевать и т. п. **~ой нюхаешь цветы** — шутл. присказка к слову «ты». **Хватать и ртом и ~ой** *что* — жадничать. **Как из ~ы тащёный** — **1.** Грязный. **2.** Уставший. **Не хочешь срать, не мучай ~у** — всё надо делать в охотку. **Ни уму** (или **ни голове**) **ни ~е** — ни туда ни - сюда, ни уму ни сердцу, ни рыба ни мясо. **За ~у взять** (или **поймать, схватить** и т. п.) — поймать, настигнуть, задержать, арестовать. **Десять раз вокруг ноги, через ~у в сапоги и на шее бантом** — о мужском половом органе больших размеров; о чём-л. длинном, долгом (напр., о речи, верёвке и т. п.). **В ~у раненный** *кто* — странный, ненормальный. **А ~ не треснет** (или **не слипнется**) *у кого?* — шутл. вопрос, адресованный человеку, который хочет слишком многого. **Остаться с голой ~ой** — остаться ни с чем. **Приставать с ножом к ~е** — *шутл.* передел. общеупотр. «приставать с ножом к горлу». **Голос как в ~е волос: тонок, да нечист** — о неприятном, резком, высоком голосе. **Садиться ~ой на хворост** — напрашиваться на неприятности.

См. также **АВТОГЕНОМ; А ТЕБЕ ПО ГУБЕ...; В ГОЛОВЕ ВЕТЕР, В ЖОПЕ ДЫМ; ВОДА В ЖОПЕ НЕ УДЕРЖИТСЯ; ВСТАВИТЬ (В ЖОПУ) ФИТИЛЬ; ГЛАЗА НА ЖОПУ НАТЯНУТЬ; ГЛАЗ НЕ ЖОПА, ПРОМОРГАЕТСЯ; ГЛАНДЫ ЧЕРЕЗ ЖОПУ РВАТЬ; ГОЛОВОЙ НАДО ДУМАТЬ, А НЕ ЖОПОЙ; ДВА ПАЛЬЦА В ЖОПУ...; ДЕРЖАТЬ ХВОСТ ТРУБОЙ...; ДЕТСТВО В ЖОПЕ ИГРАЕТ; ДО ЖОПЫ; ДУМАЙ, ДУМАЙ, ГОЛОВА...; ЁЖИК (ТАРАКАН, ШИЛО, РАКУШКИ, ДИЗЕЛЬ) В ЖОПЕ; ЕСТЬ, НА ЖОПЕ ШЕРСТЬ; ЖОПОЙ ЧИСТИТЬ ПРОВОДА...; ЗА ЖОПУ И В КОНВЕРТ; ЗДРАВСТВУЙ, ЖОПА, НОВЫЙ ГОД; КАК ВЕСЛОМ ПО ЗАДНИЦЕ** (или **ПО ЖОПЕ**); **КЛИЗМА В ЖОПЕ РАЗОРВАЛАСЬ; МИШКА — В ЖОПЕ ШИШКА; НЕУДОБНО ЖОПОЙ ОГУРЦЫ СОБИРАТЬ; НИ В ЗУБ НОГОЙ, НИ В ЖОПУ ПАЛЬЦЕМ; НИ В РОТ, НИ В ЖОПУ; ОДНОЙ ЖОПОЙ НА ТРЁХ МЕСТАХ СИДЕТЬ...; ОТКУДА В ЖОПЕ АЛМАЗЫ; ПО ЖОПЕ ДОЛОТОМ; ПОЛНЫЙ; ПОРОХНЯ; ПОСЫЛАТЬ В ЖОПУ; ПРОМЫВАТЬ ЖОПУ; ПРЯМОЙ НАВОДКОЙ ПО ЖОПЕ СКОВОРОДКОЙ; РВАТЬ ЖОПУ; РУКИ ИЗ ЗАДНИЦЫ...; СЕЙЧАС, ТОЛЬКО УШИ (ЖОПУ, ВОРОТНИЧОК, МАНЖЕТЫ) НАКРАХМАЛЮ; СИДЕТЬ ЖОПОЙ; СОРОК; СПУТАТЬ ЕЖА С ГОЛОЙ ЖОПОЙ; ТЕЛЕВИЗОР В ЖОПЕ; ТЕМНО, КАК У НЕГРА В ЖЕЛУДКЕ...; ТРИСТА ДВАДЦАТЬ ЗУБОВ, ВСЕ В ЖОПЕ...; ТЫ ПРАВ, АРКАШКА...; У КОШКИ В ЖОПЕ; ФЛАГ В РУКИ, БАРАБАН В ЖОПУ...**

3. — ирон. осмысление слова как аббрев.

ЖОПА́РЬ, -я́, **ЖОПЕ́НЬ**, -я, *м.* То же, что **ЖОПА 1.**

ЖОПЕЛИНА *см.* **В ЖОПЕЛИНУ**

ЖО́ПЕЛЬ, -я, *м.* Автомобиль марки «Opel». *Синий ~ с кандишном* (с кондиционером).

Шутл. контаминация с **ЖОПА.**

ЖОПЕНЬ *см.* **ЖОПАРЬ**

ЖОПЕ СЛОВА НЕ ДАВАЛИ *см.* **ЖОПА**

ЖО́ПИТЬСЯ, -плюсь, -пишься; *несов., без доп.* Жадничать, проявлять несговорчивость.

От **ЖОПА.**

ЖО́ПКИ, -пок, *мн.* Разновидность детской игры в мяч.

От **ЖОПА.**

♦ **ЖО́ПКИНЫ У́ШКИ** — жировые отложения на боках, напр.: *Как за руль сел — сразу жопкины ушки отросли.*

ЖО́ПНИК, -а, *м.* Задний карман брюк.

Возм. из *уг.*; от **ЖОПА.**

ЖО́ПОВО-УСРА́ТОВО, Жо́пова-Усра́това, *ср. Ирон.* О каком-л. далёком, заброшенном месте, о глухой провинции.

ЖОПОЙ ВЕРТЕТЬ; ЖОПОЙ ВОЗДУХ ХВАТАТЬ; ЖОПОЙ НЮХАЕШЬ ЦВЕТЫ *см.* **ЖОПА**

♦ **ЖО́ПОЙ ЧИ́СТИТЬ ПРОВОДА́** (и **ДЕ́ЛАТЬ ЗАМЫКА́НИЕ**) — ирон. ответ на вопрос собеседника «куда?», напр.: — *Пойдём со мной. — Куда? — Жопой чистить провода.*

ЖОПОЙ ЧУВСТВОВАТЬ *см.* **ЖОПА**

ЖОПОЛИ́З, -а, *м.* Подхалим, льстец, подлиза.

От **ЛИЗАТЬ ЖОПУ**, *см.* **ЖОПА.**

ЖОПОРО́ЖЕЦ, -жца, *м. Ирон.* Автомобиль «Запорожец».

Игра слов **ЖОПА** + общеупотр. «рожа».

ЖОПОТРЯ́С, -а, *м.* Франт, модник, воображала.

От **ЖОПОЙ ТРЯСТИ**, *см.* **ЖОПА.**

♦ **ЖОПОЧЛЕ́ННЫЙ АГРЕГА́Т** — сексуально озабоченный человек.

ЖО́ПОЧНИК, -а, *м.* Гомосексуалист.

От **ЖОПА.**

ЖОПУ́А, *нескл., м., ж.* или *ср.* То же, что **ЖОПА 1, 2.** ♦ **Пьян в ~** — очень сильно пьян.

От **ЖОПА**; экзотическая форманта; *ср.* напр. Папуа (Новая Гвинея) и т. п.

ЖОПУ НАСКИПИДАРИТЬ; ЖОПУ ПОДСТАВЛЯТЬ; ЖОПУ СКИПИДАРОМ НАМАЗАТЬ *см.* **ЖОПА**

ЖОР, -а, *м.* **1.** Аппетит. **2.** Хороший клёв (на рыбалке). ♦ **~ напал** *на кого* — о сильном аппетите, голоде.

От общеупотр. «жрать»; 2. — из арго рыбаков.

ЖО́РА, -ы, *ж.* Еда, закуска.

От общеупотр. «жрать», *ср.* **ЖОР.**

ЖОРЖ, -а, **ЖО́РЖИК**, -а, *м.* Пижон, франт, модник; сын богатых родителей, неженка, капризный человек.

Фр. *собств.* Georges; *ср. уг.* «жорж» — мошенник, «жоржик» — швейцар.

ЖО́ХОМ, *нареч.* Без денег, хитростью. *На кинофестиваль ~ проходил, подлый Мюллер.*

Из *диал.* через *уг.*; *см.* также **ЖУХАЛО.**

ЖРАТЬ, жру, жрёшь; *несов., что* и *без доп.* Пить спиртное.

ЖРАТЬ* *см.* **ГЛАЗАМИ ЕСТЬ** (или **ЖРАТЬ**)

ЖРАЧ, -а́ (или -а), *м.* То же, что **ЖОР 1.**

ЖУВА *см.* **ЖОВА**

Из *детск.*

ЖУЖЖА́ЛО, -а, *ср.*, **ЖУЖЖА́ЛА**, -ы, *м.* Суетливый человек, от которого много шума, но мало толку.

От **ЖУЖЖАТЬ 2.**

ЖУЖЖА́ТЬ, -жу́, -жи́шь; *несов., без доп.* **1.** Выделяться чем-л. на общем сером фоне, пользоваться успехом, быть известным, модным; процветать, преуспевать. *Я слышала, ты, Димуля, ~жишь, тебя и по телевизору показывают, как Пугачёву!* **2.** Бестолково суетиться, бегать, теребить всех, мешать окружающим, создавать видимость деятельности. *Начальство ~жит, а толку — мушиная кака* (никакого).

ЖУК, -а́, *м.*, **ЖУЧА́РА**, -ы, *м.* и *ж.* Жадный, скупой, прижимистый человек.

Ср. *уг.* «жук» — вор.

См. также **НАВОЗНИК**

ЖУК* *см.* **НАГАДИТЬ**

ЖУКОВО́Й, -а́я, -о́е. **1.** Страшный, зловещий. **2.** Чёрный.

От общеупотр. «жук».

ЖУ́РИК, -а, *м.* Студент факультета журналистики.

Из *студ.*

ЖУРЧА́ТЬ, -чу́, -чи́шь; *несов.* **1.** *что* и *без доп.* Говорить, произносить. *Что ты там ~чишь-то?* **2.** *без доп.* Мочиться.

♦ **ЖУТЬ ВО МРА́КЕ** — кошмар, ужас, чёрт знает что (часто употр. как экспресс. межд.).

ЖУ́ХАЛО, -а, *ср.* Обманщик, хитрец, шулер, пройдоха.

От **ЖУХАТЬ.**

ЖУ́ХАТЬ, -аю, -аешь; *несов., без доп.* Обманывать, мухлевать (напр. в картах), жульничать.

Ср. *диал.* и *уг.* «жох» — вахлак, плут, карманник.

ЖУХЛО́, -а́, *ср.* То же, что **ЖУХАЛО.** ♦ **~ долго не живёт** — жульничество всегда наказывается.

ЖУЧАРА *см.* **ЖУК.**

ЖУ́ЧКА, -и, *ж.* **1.** Девушка. **2.** Женские половые органы.

ЖУЧО́К, -чка́, *м.* **1.** То же, что **ЖУК. 2.** Спекулянт, перекупщик. **3.** Автомашина марки «Фольксваген».

ЖЭ, *нескл., ж.* То же, что **ЖОПА 1, 2.**

Эвфем., сокращ.

З

ЗААРКА́НИТЬ, -ню, -нишь; *сов., кого.* Подловить, соблазнить, вынудить кого-л. что-л. делать.

ЗАБАБА́Х, -а, *м.*, **ЗАБАБА́ХА**, -и, *ж.* Мужской половой орган. *Баба смотрит не на* (или *под*) *рубаху, а на забабаху — шутл.* о достоинствах мужчины в глазах женщины.

Ср. *разг.* звукоподр. «бах», «бабах».

ЗАБАЛАБО́ЛИТЬ, -лю, -лишь; *сов., кому, кого* и *без доп.* Совершить половой акт.

Ср. *разг.* «балабол», «балаболка» — болтун, пустомеля, «балаболить» — заниматься болтовнёй, болтать пустое.

ЗАБАЛДЕ́ТЬ, -е́ю, -е́ешь; *сов., с чего, от чего* и *без доп.* Получить удовольствие, насладиться чем-л., впасть в приятное состояние; испытать сильную эмоцию, оказаться под впечатлением чего-л. *Я как это услышал, просто ~ел.*

От **БАЛДЕТЬ**.

ЗАБА́ЛТЫВАТЬ, -аю, -аешь; *несов.* (*сов.* **ЗАБОЛТА́ТЬ**, -а́ю, -а́ешь), *что* (или ~ **ТЕКСТ**). **1.** Повторять одно и то же, обесценивать слова. **2.** Не проникать в глубину авторского текста; неверно интерпретировать оригинал. *Молодые Чехова заболтали, теперь уж не Чехов, а Расул Гамзатов какой-то получается* (из разговора актёров).

2. — возм. из театрального жарг.

ЗАБА́ХАТЬ, -аю, -аешь, **ЗАБА́ЦАТЬ**, -аю, -аешь; *сов., что* и *без доп.* Сделать что-л. быстро, одним махом. *Забахал тысячу за неделю* (заработал). *Забахать пацана* (родить). *Ну-ка забацай Высоцкого* (сыграй).

От звукоподр. «бах», «бац».

ЗАБАШЛЕВА́ТЬ, -лю́ю, -лю́ешь, **ЗАБАШЛЯ́ТЬ**, -я́ю, -я́ешь; *сов., сколько* и *без доп.* Заработать, добыть денег (обычно много). *У станка-то особо не забашляешь.*

От **БАШЛИ**.

ЗАБДИ́ТЬ, *1 л. ед. ч.* обычно не употр., -и́шь; *сов., кого на чём, с чем* и *без доп.* Застать на месте преступления, подстеречь; вывести на чистую воду, поймать за руку.

От общеупотр. «бдеть», «бдить», «бдительный» и т. п.; *ср. арм.* «забдить» — поймать за неуставным занятием.

ЗАБЕГА́ТЬ, -а́ю, -а́ешь; *несов.* (*сов.* **ЗАБЕЖА́ТЬ**, -бегу́, -бежи́шь), *без доп.* (или ~ **ЗА БУГО́Р**). Уезжать за рубеж, бежать за границу, эмигрировать.

ЗАБЕЛДО́М, -а, *м. Ирон.* Защитник Белого дома (в августе 1991 г.). ~ *Моисеич.*

Шутл. аббрев.; из арго политической оппозиции.

ЗАБИВА́ТЬ, -а́ю, -а́ешь; *несов.* (*сов.* **ЗАБИ́ТЬ**, забью́, забьёшь).1. *на что, на чём* и *без доп.* Договариваться, уславливаться о чём-л. *Забили на семь* (часов). *Всё, забито!* (договорились). **2.** *на чём, на что* (или ~ **КОЛ**, ~ **ЧЛЕН**, ~ **ХРЕН**). Бросать что-л. делать. *Забей ты на эту работу* (брось).

См. также **КОСИТЬ И ЗАБИВАТЬ**

ЗАБИВАТЬ (ЗАЛИВАТЬ, ВКРУЧИВАТЬ) БАКИ *см.* **БАКИ**

ЗАБИВА́ТЬСЯ, -а́юсь, -а́ешься; *несов.* (*сов.* **ЗАБИ́ТЬСЯ**, забью́сь, забьёшься). **1.** *с кем, на сколько.* Договариваться о встрече, назначать свидание. **2.** *с кем, на что* и *без доп.* Спорить, заключать пари.

От **ЗАБИВАТЬ 1**.

♦ **ЗАБИЖА́ЮТ МАЛЬЧО́НКУ** (или **МАЛЬЦА́**)! — *ирон.* о какой-л. несправедливости, неудаче, невезении, чаще по отношению к самому говорящему.

Реплика часто сопровождается всхлипываниями, утиранием воображаемых слёз и под.

ЗАБИТЬ *см.* **ЗАБИВАТЬ; ИЗ-ПОД ВЕРБЛЮДА НЕФТЬ ЗАБИЛА; ПАЛКА; ПАСТЬ; САМИ ПОСЛЕДНЕГО ХРЯКА ЗАБИЛИ; ЧЕРВЯК**

♦ **ЗАБИ́ТЬ (ЗАГНА́ТЬ) ША́ЙБУ** *кому* — вступить в половую связь с кем-л.

ЗАБИТЬ(ПОЛОЖИТЬ) ХЕР *см.* **ХЕР**

ЗАБИТЬ СВАЮ *см.* **СВАЯ**

ЗАБИТЬ СТРЕЛКУ *см.* **СТРЕЛКА**

ЗАБИТЬСЯ *см.* **ЗАБИВАТЬСЯ**

ЗАБЛУКА́ТЬ, -а́ю, -а́ешь; *сов., без доп.* Заблудиться, проплутать долгое время где-л., загуляться.

Из *диал.* «заблукаться» — заблудиться.

♦ **ЗАБОДА́Й МЕНЯ́ КОМА́Р, УКУСИ́ КОРО́ВА** — употр. как межд., выражающее любую эмоцию.

Возм. первая часть данного выражения («забодай меня (или тебя и т. п.) комар») стала особенно популярной благодаря фильму «Трактористы».

ЗАБОДА́ТЬ, -а́ю, -а́ешь; *сов.* **1.** *кого чем, с чем* и *без доп.* Надоесть, утомить; заговорить; вывести из себя. *Ты меня совсем ~ал сегодня.*

2. *что.* Свести на нет, уничтожить, запретить. *~али передачу* — о телепередаче, не вышедшей в эфир.

ЗАБОДЯ́ЖИВАТЬ, -аю, -аешь, *несов.* (*сов.* **ЗАБОДЯ́ЖИТЬ**, -жу, -жишь). То же, что **БОДЯЖИТЬ 2.**

ЗАБО́Й, -я, *м.* **1.** и в зн. *прил.* Что-л. особенное, выдающееся, из ряда вон выходящее. *~ денёк* — хороший день, хорошая погода. **2.** Тяжёлый рок. **3.** в зн. *межд.* Выражает высокую степень любой эмоции. **4.** Трудная работа. *Не коси на ~* — не притворяйся, что устал, у тебя работа не тяжёлая. **5.** *собств.* Популярный пивной бар в Столешниковом переулке.

Ср. горняцкое «забой».

ЗАБО́ЙНЫЙ, -ая, -ое. Хороший, отличный, выдающийся.

От **ЗАБОЙ**.

ЗАБО́ЙЩИК, -а, *м.* Тот, кто делает т. н. «рыбу» в домино.

Ср. **ГОВНО-ЗАБОЙЩИК**

ЗАБОЛЕВАНИЕ *см.* **РЕГИСТРАТУРНЫЙ**

ЗАБОЛЕ́ТЬ, -е́ю, -е́ешь; *сов., без доп.* Уйти в запой. *У меня в цеху сразу все токари после получки ~ели. Свинка, небось.*

ЗАБОЛЕТЬ* *см.* **ЖИЛА ДОЛГО НЕ ЖИВЁТ...**

ЗАБОЛТАТЬ *см.* **ЗАБАЛТЫВАТЬ**

ЗАБОР *см.* **МОРДОЙ ОБ ЗАБОР (ОБ СТОЛ, ОБ ТЭЙБЛ); ОТ ЗАБОРА ДО ОБЕДА; СОПЛИ ПУСКАТЬ...**

ЗАБОРЗЕ́ТЬ, -е́ю, -е́ешь, **ЗАБОРЗЕ́ТЬСЯ**, -е́юсь, -е́ешься; *сов., на кого* и *без доп.* Стать наглым, агрессивным.

От **БОРЗЕТЬ**.

ЗАБОТАНЕ́ТЬ, -е́ю, -е́ешь, **ЗАБОТАНИ́РОВАТЬ**, -рую, -руешь, **ЗАБОТАНИ́РОВАТЬСЯ**, -руюсь, -руешься; *сов., на чём, с чем* и *без доп.* Стать излишне прилежным учеником, зубрилой.

От **БОТАНИК 1.**

ЗАБРА́ЛО, -а, *ср.* **1.** Лицо. *Захлопни ~* — отвернись. *Во ~-то начистил* — вымыл, привёл себя в порядок. **2.** Головной убор (чаще фуражка или шлем для езды на мотоцикле и т. п.). **3.** Милиционер. *Работать ~ом.*

3. — возм. контаминация общеупотр. «забрало» — часть шлема, опускаемая на лицо, и «забрать» — задержать правонарушителя.

ЗАБРАТЬСЯ ЗА ЛИНЕЙКУ *см.* **ЛИНЕЙКА**

ЗАБУБЕ́НИВАТЬ, -аю, -аешь; *несов.* (*сов.* **ЗАБУБЕ́НИТЬ**, -ню, нишь), **ЗАБУБУ́ХИВАТЬ**, -аю, -аешь; *несов.* (*сов.* **ЗАБУБУ́ХАТЬ**, -аю, -аешь), *что* и *без доп.* Делать что-л. интенсивно, активно, ярко, с размахом и т. п.

ЗАБУГО́РНЫЙ, -ая,-ое. Заграничный, иностранного производства, импортный. *Шмотки ~ые. Чувак ~* — иностранец. *~ые мультики* (мультфильмы).

От «за бугор», возм. влияние *уг.* «за буграми» — в ссылке, где «бугры», возм., — Уральские горы.

♦ **ЗА БУГРО́М** — за границей.

ЗАБУЗИ́ТЬ, *1 л. ед.* обычно не употр., -и́шь; *сов., без доп.* Зашуметь; поднять скандал, крик, шум; устроить беспорядок.

От **БУЗИТЬ**.

ЗАБУЛДЫ́ЖНИК, -а, *м.* Пьяница, пропойца, забулдыга.

От *диал.* «булдыга», «булдыжник» в том же зн.

ЗАБУЛДЫ́ЖНИЧАТЬ, -аю, -аешь; *несов., без доп.* Пьянствовать, гулять, развратничать.

Ср. *диал.* «забулдыжничать», «забулдыжить» в том же зн.

ЗАБУЛЬБЕ́НИВАТЬ, -аю, -аешь; *несов.* (*сов.* **ЗАБУЛЬБЕ́НИТЬ**, -ню, -нишь), *что, чего* и *без доп.* Пить спиртное.

Ср. звукоподр. «буль», «булькать» и т. п. *Ср.* также **БУРБУЛЯТОР** и под.

ЗАБУРЕВА́ТЬ, -а́ю, -а́ешь; *несов.* (*сов.* **ЗАБУРЕ́ТЬ**, -е́ю, -е́ешь), *на кого* и *без доп.* **1.** Становиться агрессивным, наглым; приставать, угрожать кому-л.; переоценивать свои силы. *Совсем мужик спятил, на начальство забурел.* **2.** Занимать высокое положение, становиться большим человеком, быстро продвигаться по службе. *Я смотрю, ты забуреваешь.*

От **БУРЕТЬ**. *Ср. уг.* «забуреть» — возгордиться, обнаглеть.

ЗАБУРЛИ́ТЬСЯ, -лю́сь, -ли́шься; *сов., куда, к кому.* Отправиться, пойти в гости (чаще с оттенком зн. «напроситься», «навязаться»). *Эти халявщики всё норовят ко мне ~.*

От общеупотр. «бурлить».

ЗАБУ́ХАТЬ, -аю, -аешь; *сов., что* и *без доп.* Сделать что-л. быстро, интенсивно, одним махом. *Сейчас дом в деревне ~аю* (построю) *и уеду из города.*

От звукоподр. «бух», «бухать».

ЗАБУХА́ТЬ, -а́ю, -а́ешь; *несов., без доп.* Запивать, уходить в запой, в загул; становиться пьяницей. *~ с горя. Тут в этой дыре* (глухом месте) *и обезьяна со скуки ~ает* (о провинциальном городке).

От **БУХАТЬ**.

ЗАБУХТЕ́ТЬ, -хчу́, -хти́шь; *сов., что* и *без доп.* Начать говорить, ворчать. *Ну, опять лидер наш ~хтел* (о речи президента).

От **БУХТЕТЬ**.

ЗАБЫВАТЬ *см.* **БУДЬТЕ КАК ДОМА...**

♦ **ЗАБЫ́Л, КАК В ГЛАЗА́Х БЫЧКИ́ ШИПЯ́Т?** — ирон. угроза

ЗАБЫЧКО́ВЫВАТЬ, -аю, -аешь; *несов.* (*сов.* **ЗАБЫЧКОВА́ТЬ**, -ку́ю, -ку́ешь), *что* и *без доп.* Оставить окурок, затушить недокуренную сигарету.

От **БЫЧКОВАТЬ 2**.

ЗАВА́Л, -а, *м.* **1.** и в зн. *сказ.* Нечто особенное, характерное, выдающееся. *Книжечка — ~* (интересная, хорошая, необычная). **2.** и в зн. *сказ.* Провал, фиаско, неудача, кризис. *Полный ~ с деньгами* — нет денег. **3.** в зн. *межд.* Выражает высокую степень любой эмоции.

ЗАВАЛИ́ТЬ, -валю́, -ва́лишь; *сов., кого-что.* **1.** Победить, одержать верх, побороть. *Конкурентов ~.* **2.** Склонить к половой связи. *Ты её розами заваливай.* **3.** Убить.

3. — из *уг.*

ЗАВА́ЛЬНЫЙ, -ая, -ое. Особенный, неподражаемый, яркий (как хороший, так и плохой, в зависимости от ситуации).

От **ЗАВАЛ**.

ЗАВА́ФЛИВАТЬ, -аю, -аешь; *несов.* (*сов.* **ЗАВА́ФЛИТЬ**, -лю, -лишь, **ЗАВАФЛИ́ТЬ**, -лю́, -ли́шь) *что.* Испортить, испачкать, «извозюкать».

♦ **ЗАВЕДИ́ МОРСКУ́Ю СВИ́НКУ** (или **ЕЖА́**, **ПОПУГА́Я**, **РУЧНО́ГО ТАРАКА́НА** и т. д.) — успокойся.

ЗАВЕРБОВА́ТЬ, -бу́ю, -бу́ешь; *сов., кого. Ирон.* Познакомиться с девушкой, склонить её к взаимности.

ЗАВЕРНИ ВЕНТИЛЬ *см.* **ВЕНТИЛЬ**

ЗАВЁРНУТЫЙ, -ая, -ое. Слишком сложный, трудный, заумный (о чём-л.); странный, ненормальный, психически нездоровый (о ком-л); помешанный, свихнувшийся на чём-л.

ЗАВЕРНУТЬСЯ *см.* **ЗАВОРАЧИВАТЬСЯ**

ЗАВЕСИТЬ *см.* **ЗАВЕШИВАТЬ**

ЗАВЕСТИ *см.* **ЗАВЕДИ МОРСКУЮ СВИНКУ (ЕЖА, ПОПУГАЯ, РУЧНОГО ТАРАКАНА); ЗАВОДИТЬ**

♦ **ЗАВЕСТИ́ (ЗАВОДИ́ТЬ) ГИДРАВЛИ́ЧЕСКИЙ БУДИ́ЛЬНИК** — выпить на ночь много воды.

♦ **ЗАВЕСТИ́ (ЗАВОДИ́ТЬ) КУ́ХОННЫЙ КОМБА́ЙН** — жениться.

ЗАВЕСТИСЬ *см.* **ЗАВОДИТЬСЯ**

ЗАВЕ́ШИВАТЬ, -аю, -аешь; *несов.* (*сов.* **ЗАВЕ́СИТЬ**, -е́шу, -е́сишь), *что.* Намеренно привести программу в такое состояние, когда она не реагирует на команды пользователя. *Говоришь, надёжная у тебя программа, а вот я её сейчас тебе завешу.*

Из *жарг.* пользователей компьютеров; *ср.* **ВИСЕТЬ; ЗАВИСАТЬ, ЗАВИС.**

ЗАВЗА́ВЫЧ, -а, **ЗА́ВЫЧ**, -а, *м.* Заведующий чем-л.

Шутл. травестирование имени и отчества.

ЗАВИДОВАТЬ *см.* **ЛУЧШЕ ВСЕХ (ТОЛЬКО НИКТО НЕ ЗАВИДУЕТ)**

ЗАВИДУЩИЙ *см.* **ГЛАЗА ЗАВИДУЩИЕ, РУКИ ЗАГРЕБУЩИЕ**

ЗАВИЗИРОВАТЬ *см.* **СНАЧАЛА ЗАВИЗИРУЙ, ПОТОМ ИМПРОВИЗИРУЙ**

ЗАВИ́НЧИВАТЬ, -аю, -аешь; *несов.* (*сов.* **ЗАВИНТИ́ТЬ**, -нчу́, -нти́шь), *что, чего* и *без доп.* **1.** Рассказывать что-л. *Ну, давай, Шехерезада, завинчивай* — говори, рассказывай. **2.** Есть, жевать. *Три миски завинтил, проглот. Тщательней завинчивай* (пережёвывай).

То же в *уг.*

♦ **ЗАВИ́НЧИВАТЬ ГА́ЙКИ** (или **ШУРУ́ПЫ, БОЛТЫ́**) — ужесточать режим, вводить строгую дисциплину.

ЗАВИ́С, -а, *м.* **1.** Запой, загул. **2.** Положение, когда удаётся увильнуть от работы; безделье, праздность. **3.** Постоянное нахождение в одном месте. **4.** Состояние компьютера или программы, при котором они не отвечают на команды пользователя (обычно в ситуации, когда явная ошибка не допущена).

4. — из языка пользователей компьютеров, возм. от англ. hung; *см.* **ЗАВИСАТЬ, ВИСЕТЬ**[1].

ЗАВИСАНИЕ *см.* **ЗАВИСОН**

ЗАВИСА́ТЬ, -а́ю, -а́ешь; *несов.* (*сов.* **ЗАВИ́СНУТЬ**, -ну, -нешь); *без доп.* **1.** Находиться в загуле, в запое. **2.** Не работать, бездельничать, бить баклуши. **3.** Увиливать от службы; находиться далеко от начальства. **4.** О компьютерной программе: прекратив работать, сделать компьютер нечувствительным,не реагирующим на команды, поданные с клавиатуры.

3. — из *арм.*; 4. — из языка программистов, пользователей компьютеров.

ЗАВИСО́Н, -а, *м.*, **ЗАВИСА́НИЕ**, -я, *ср.* То же, что **ЗАВИС 4.**

ЗА́ВКА, -и, **ЗАВЧИ́ХА**, -и, *ж.* Женщина, заведующая чем-л.

ЗАВКАФЕДРИ́ЦА, -ы, *ж.* Заведующая кафедрой.

ЗАВЛЕКА́ЛКИ, -лок, *мн.* Кудри, локоны.

От общеупотр. «завлекать».

ЗАВОД *см.* **ДУНЬКА (С МЫЛЬНОГО ЗАВОДА)**

ЗАВОДИ́ТЬ, -ожу́, -о́дишь; *несов.* (*сов.* **ЗАВЕСТИ́**, -еду́, -едёшь), *кого.* Заставлять кого-л. нервничать, переживать; будоражить, раздражать кого-л.; подговаривать кого-л. сделать что-л. *Ты меня не заводи, я и так уже дымлюсь* (нервничаю).

ЗАВОДИ́ТЬСЯ, -ожу́сь, -о́дишься; *несов.* (*сов.* **ЗАВЕСТИ́СЬ**, -еду́сь, -едёшься), *на кого-что* и *без доп.* (или **~ С ПОЛ-ОБОРО́ТА, С ЧЕ́ТВЕРТЬ ОБОРО́ТА**). Быстро терять самообладание, контроль над собой; быть вспыльчивым.

От **ЗАВОДИТЬ**.

ЗАВОРА́ЧИВАТЬСЯ, -аюсь, -аешься; *несов.* (*сов.* **ЗАВЕРНУ́ТЬСЯ**, -ну́сь, -нёшься, **ЗАВОРОТИ́ТЬСЯ**, -чу́сь, -ро́тишься); *на чём, с чем, от чего* и *без доп.* Вести себя странно; излишне сосредоточиваться на чём-л., проявлять нездоровый интерес к чему-л.; сходить с ума. *~ на тряпках. Что-то заворачивается парнишка, надо к психу* (психиатру) *обратиться.*

ЗАВОРАЧИВАТЬСЯ* *см.* **ФУФАЙКА**

ЗАВОРО́Т, -а, *м.* Странность характера, причуда. *С такими ~ами место за воротами* — о человеке с тяжёлым характером, с которым невозможно иметь дело.

От **ЗАВОРОТИТЬСЯ**.

ЗАВОРО́ЧЕННЫЙ, -ая, -ое. Странный, ненормальный (о ком-л.); сложный, запутанный (о чём-л.).

От **ЗАВОРОТИТЬСЯ**.

ЗАВСЕГДА́, *част.* Конечно, разумеется, несомненно. *Пить будешь? — ~.*

См. также **КАК ОНО ЗАВСЕГДА?**

Возм. имитация *прост.*

ЗАВЧИХА *см.* **ЗАВКА**

ЗАВШИ́ВЕТЬ, -вею, -веешь; **ЗАВШИ́ВИТЬСЯ**, -влюсь, -вишься; *сов., без доп.* **1.** Стать грязным, перестать следить за собой. **2.** Никуда не выходить, засидеться дома; бездействовать, сидеть сиднем.

ЗАВШИ́ВИТЬ, -влю, -вишь; *сов., что.* Испачкать, испортить, привести в негодность.

ЗАВШИВИТЬСЯ *см.* **ЗАВШИВЕТЬ**

ЗАВЫЧ *см.* **ЗАВЗАВЫЧ**

ЗАВЯЗАТЬ *см.* **ЗАВЯЗЫВАТЬ**

ЗАВЯ́ЗКА, -и, *ж.* **1.** и в зн. *сказ.* Конец чего-л.; состояние, когда с чем-л. навсегда покончено. *Всё, ~, больше ни грамма* (не пью). **2.** Знакомство, блат. ♦ **Быть в ~е** *с чем и без доп.* — бросить что-л. делать, навсегда отказаться от чего-л., покончить с чем-л.

От **ЗАВЯЗАТЬ**.

ЗАВЯ́ЗЫВАТЬ, -аю, -аешь; *несов.* (*сов.* **ЗАВЯЗА́ТЬ**, -яжу́, -я́жешь), *что, что делать, с чем* и *без доп.* (или **~ УЗЕЛО́К, ~ УЗЛО́М**). Бросать что-л. делать, кончать с чем-л. раз и навсегда. *Всё, завязываю курить.*

Возм. из *уг.*

ЗАВЯ́КАТЬ, -аю, -аешь; *сов., что, о чём* и *без доп.* Заговорить (о человеке); включиться (о радиоприёмнике, телевизоре и т. п.).

От **ВЯКАТЬ**.

ЗАГА́ВКАТЬ, -аю, -аешь; *сов., что, о чём* и *без доп.* Заговорить (о человеке); включиться (о радиоприёмнике, телевизоре и т. п.).

От **ГАВКАТЬ**.

ЗАГАЗО́ВАННЫЙ, -ая, -ое. Находящийся в крайней стадии алкогольного опьянения.

От **ЗАГАЗОВАТЬ 1.**

ЗАГАЗОВА́ТЬ, -зу́ю, -зу́ешь; *сов.* **1.** *без доп.* Запить, уйти в запой. **2.** *на чём, с чем* и *без доп.* Задержаться на чём-л.; встретить серьёзное препятствие. *Скучная книга, на третьей странице ~зовал.*

1. — от **ГАЗОВАТЬ 2.**

ЗАГАЗОВА́ТЬСЯ, -зу́юсь, -зу́ешься; *сов., без доп.* Напиться пьяным.

От **ГАЗОВАТЬ 2.**

♦ **ЗАГА́Р АЛКОГО́ЛИКА** — загар у мужчины, при котором остаются следы от майки (под бретельками), при этом загорают только руки, плечи, шея и верхняя часть груди.

ЗАГАРМОНИ́ЧНЫЙ, -ая, -ое. *Ирон.* Заграничный, иностранный. *Какая ты вся ~ая, прямо шанель со сникерсом.*

Контаминация общеупотр. «заграничный» и «гармоничный».

ЗАГАСИ́ТЬ, загашу́, зага́сишь; *сов.* **1.** *кого.* Избить кого-л. **2.** *кому что, по чему* и *без доп.* Сделать что-л. быстро, энергично. **3.** *что куда.* Спрятать.

1. — от **ГАСИТЬ**.

ЗАГАСИТЬ ОБОРОТЫ *см.* **ОБОРОТ**

ЗАГАСИ́ТЬСЯ, загашу́сь, зага́сишься; *сов.* **1.** *без доп.* Прийти в бессознательное состояние, потерять сознание; заснуть. **2.** *на что, подо что, под кого* и *без доп.* Притвориться, прикинуться. *Ну чего загасился под бедного-то? Вон тысяча из кармана торчит.* ♦ ~ **на дурдом** — притвориться умалишённым, симулировать психическое заболевание.

1., ♦ — от **ГАСИТЬСЯ**.

ЗАГАСИТЬ ШНИФТЫ *см.* **ШНИФТЫ**

ЗАГА́ШЕННЫЙ, -ая. Находящийся под воздействием алкоголя или наркотиков. *~ на занятия пришёл.*

Ср. **ЗАГАСИТЬСЯ 1.**

ЗАГИ́Б, -а, **ЗАГИБО́Н**, -а, *м.* Ложь, выдумка, фантазия, измышление.

От общеупотр. *прост.* «загнуть» — солгать, преувеличить.

ЗАГЛОТИТЬ АСКОРБИНКУ *см.* **АСКОРБИНКА**

ЗАГЛОТИТЬ (ЗАХАВАТЬ) ЯДА *см.* **ЯД**

ЗАГЛО́ХНУТЬ, -ну, -нешь; *сов., без доп.* Замолчать. *~ни, уши режет* — замолчи, тебя слушать неприятно.

♦ **ЗАГЛУШИ́ МОТО́Р** (или **ПРОПЕ́ЛЛЕР**) — замолчи, не шуми.

ЗАГЛУШИ́ТЬ, -ушу́, -у́шишь; *сов., что, чего, по чему* и *без доп.* Выпить спиртного. *~ по пиву* — выпить пива.

От **ГЛУШИТЬ**.

ЗАГЛУ́ШКИ, -шек, *мн.* Памятные значки, медали не за боевые заслуги, а посвящённые определённым датам, напр., «20 лет Рабоче-Крестьянской Красной Армии» и т. п.

ЗАГНАТЬ *см.* **ЗАГОНЯТЬ; КИТАЙКА; ШАР ЗАГНАТЬ (В ЛУЗУ)**

ЗАГНАТЬ АРАПА *см.* **АРАП**

ЗАГНАТЬ В СТОЙЛО *см.* **СТОЙЛО**

ЗАГНАТЬ ШАЙБУ *см.* **ЗАБИТЬ (ЗАГНАТЬ)ШАЙБУ**

ЗАГНАТЬ ШЕРШАВОГО ПОД КОЖУ *см.* **ШЕРШАВЫЙ**

ЗАГНИВА́ТЬ, -а́ю, -а́ешь; *несов., без доп. Ирон.-шутл.* Процветать, преуспевать, богатеть; быть известным, делать успехи. *А ты, я вижу, совсем ~аешь, уже рожа в телевизор не влезает* (пополнел, преуспел).

См. также **КАПИТАЛИЗМ ЗАГНИВАЕТ...**

ЗАГНОБИ́ТЬ, -блю́, -би́шь, **ЗАГНО́БИТЬ**, -блю, -бишь; *сов., кого чем.* Довести до крайности, извести; надоесть, измучить приставаниями, разговорами.

Ср. *диал.* «загнобить» в том же зн.; от **ГНОБИТЬ**.

ЗАГОЛУБЕ́ТЬ, -е́ю, -е́ешь; *сов., без доп.* Стать гомосексуалистом.

От **ГОЛУБОЙ**.

ЗАГО́Н, -а, *м.* Класс, аудитория; физкультурная раздевалка.

Из *студ.* или *шк.*

ЗАГОНЯ́ТЬ, -я́ю, -я́ешь; *несов.* (*сов.* **ЗАГНА́ТЬ**, загоню́, заго́нишь). **1.** *что кому* и *без доп.* Выгодно продавать. **2.** *кому* (или **~ ШЕРША́ВОГО**, **~ ДУРАКА́ ПОД КО́ЖУ**). Вступать с кем-л. в половую связь (о мужчине). **3.** *что кому.* Рассказывать что-л. необычное, интересное. *Слышал, Серый* (Сергей) *вчера байку загнал!*

ЗАГОРА́ТЬ, -а́ю, -а́ешь; *несов., под чем* и *без доп.* Лежать под автомобилем, производя его ремонт. *На хрен мне эта тачка* (машина), *только ~ под ней!*

ЗАГО́РСКИЙ, -ого, *м.* (или **~ ПОПРОША́ЙКА**). Человек, который всё время клянчит, выпрашивает.

ЗАГОТО́ВКА, -и, *ж.* Конечность; рука или нога. *~и* (руки) *вымой, а то есть не дам. Не тяни ~и-то!*

ЗАГРА́НКА, -и, **ЗАГРА́НЬ**, -и, *ж.* Заграница. *Поехать в загрань. Не вылезать из загранки* — часто бывать за границей.

ЗАГРЕБА́ТЬ, -а́ю, -а́ешь; *несов.* (*сов.* **ЗАГРЕСТИ́**, -ребу́, -ребёшь). **1.** *куда, к кому-чему* и *без доп.* Подъезжать, подходить; заходить, заезжать. *Загребай к нам. Куда это мы с тобой загребли?* **2.** *чего, сколько* (или **~ ЛОПА́ТОЙ**, **~ ТО́ННАМИ** и т. п.). Брать, приобретать, присваивать, зарабатывать (о деньгах), обычно много, жадно.

1. — от **ГРЕСТИ**.

ЗАГРЕБУЩИЙ *см.* **ГЛАЗА ЗАВИДУЩИЕ, РУКИ ЗАГРЕБУЩИЕ**

ЗАГРЕМЕТЬ, -млю́, -ми́шь; *сов.* **1.** *на чём, с чем* и *без доп.* Провалиться, потерпеть неудачу. *~ на экзамене.* **2.** *откуда.* Быть изгнанным, уволенным откуда-л. *~ с работы.* **3.** обычно *без доп.* Быть пойманным, задержанным, арестованным, застигнутым на месте преступления. **4.** *куда* и *без доп.* Угодить, попасть куда-л.; очутиться где-л. (обычно о какой-л. неприятной ситуации). *~ в КПЗ.*

3. и 4. — возм. из *уг.*

ЗАГРЕСТИ *см.* **ЗАГРЕБАТЬ**

ЗАГРИВОК *см.* **МЫЛИТЬ (ЗАГРИВОК)**

ЗАГРУЖА́ТЬ, -а́ю, -а́ешь; *несов.* (*сов.* **ЗАГРУЗИ́ТЬ**, -ужу́, -у́зишь), *кого что, кому, чем* и *без доп.* Обманывать, лгать, фантазировать, пытаться запутать кого-л.; быть тяжёлым для восприятия, понимания, производить тяжёлое впечатление; сложно выражать мысль, мудрить.

ЗАГРУ́ЗКА, -и, *ж.* Ложь, обман, дезинформация.

От **ГРУЗИТЬ**, **ЗАГРУЖАТЬ**.

ЗАГРЫ́МЗИТЬ, *1 л. ед. ч.* обычно не употр., -зишь; *сов., кого.* Затравить, извести, довести до ручки.

От **ГРЫМЗА**.

ЗАГУДЕ́ТЬ, *1л. ед.* обычно не употр. или -гужу́, -гуди́шь; *сов., без доп.* Уйти в запой, загул.

От **ГУДЕТЬ 1**.

ЗАД *см.* **ПЛАТОНИЧЕСКИЙ ЗАД; СЕСТЬ ЗАДОМ (ЗАДНИЦЕЙ) В ЛУЖУ**

♦ **ЗАДА́НИЕ БА́БЫ-ЯГИ́** — неприятное, хлопотное поручение начальства (нежелательная командировка и т. п.).

Баба-яга — персонаж русских народных сказок.

ЗАДВИ́Г, -а, *м.* Странность характера, причуда. *Оставь свои ~и* — перестань чудить.

От **ЗАДВИГАТЬСЯ**.

ЗАДВИГА́ТЬ, -а́ю, -а́ешь; *несов.* (*сов.* **ЗАДВИНУТЬ**, -ну, -нешь). **1.** *что, о чём кому* и *без доп.* Рассказывать, повествовать (обычно фантазируя, привирая); лгать, измышлять. *Хорош задвигать-то* — хватит лгать. **2.** *что, с чем, что делать* и *без доп.* Прекращать, заканчивать, бросать что-л. *Задвинуть с куревом. Задвигаем работать.*

См. также **КИТАЙКА**, **ФУФЛО**

ЗАДВИГА́ТЬСЯ, -а́юсь, -а́ешься; *несов.* (*сов.* **ЗАДВИ́НУТЬСЯ**, -нусь, -нешься). *на чём* и *без доп.* Сходить с ума.

ЗАДВИНУТЬ *см.* **ЗАДВИГАТЬ**

ЗАДВИНУТЬСЯ *см.* **ЗАДВИГАТЬСЯ**

ЗАД В ТЕЛЕВИЗОР НЕ ВЛЕЗЕТ (НЕ ВЛЕЗАЕТ, НЕ ВМЕСТИТСЯ) *см.* **МОРДА (ХАРЯ, ЗАД) В ТЕЛЕВИЗОР НЕ ВЛЕЗЕТ (НЕ ВЛЕЗАЕТ, НЕ ВМЕСТИТСЯ)**

ЗАДЕЛАТЬ *см.* **ПОМИДОР**

ЗАДЕЛАТЬ ОБСТРУГОН *см.* **ОБСТРУГАН**

ЗАДЕ́ЛЫВАТЬСЯ, -ваюсь, -ваешься; *несов.* (*сов.* **ЗАДЕ́ЛАТЬСЯ**, -лаюсь, -лаешься), *без доп.* Слишком много о себе думать, выставлять себя напоказ, проявлять гонор, выпендриваться. *Ты особо-то не заделывайся, не Собчак.*

ЗАДЕТЬ *см.* **ОСТОРОЖНО, НЕ ЗАДЕНЬ МНЕ ГОЛОВУ...**

ЗАДИНА́МИТЬ, -млю, -мишь; *сов., кого с чем.* Сильно подвести кого-л., не выполнить обещанного, обмануть.

От **ДИНАМИТЬ**.

ЗАДИОН *см.* **ВВОДНЫЙ ЗАДИОН**

♦ **ЗА́ДНЕГО ВКЛЮЧИ́ТЬ** (или **ВРУБИ́ТЬ**, **ДАТЬ**) — убежать, «смыться», «смотаться».

От «задний ход».

ЗАДНИЙ *см.* **ТОРЧАТЬ (БОЛТАТЬСЯ, ВИСЕТЬ), КАК СЛИВА В ЗАДНЕМ ПРОХОДЕ (В КОМПОТЕ)**

ЗА́ДНИК, -а, *м.* **1.** Зад, ягодицы. **2.** Задний карман на брюках.

ЗА́ДНИЦА, -ы, *ж.* **1.** Ирон. обращение. **2.** Любой человек (обычно растяпа, тупица). *Приходит ко мне вчера какая-то ~ говорящая, начинает права качать* (добиваться чего-л.).

См. также **ЖОПА**

ЗАДНИЦА* *см.* **АВТОГЕНОМ; БРАТЬ (ВЗЯТЬ, СХВАТИТЬ) ЗА ЖАБРЫ...; ДАЖЕ В ЗАДНИЦЕ ЗУБЫ; КАК ВЕСЛОМ ПО ЗАДНИЦЕ (или ПО ЖОПЕ); МОРЯК, НА ЗАДНИЦЕ РАКУШКА; МЫЛИТЬ (ЗАДНИЦУ); НА ВСЯКУЮ ЗАДНИЦУ ЕСТЬ ХИТРЫЙ ВИНТ; НАЛЕПИТЬ (НАРИСОВАТЬ, ПОСТАВИТЬ) ЗВЁЗДОЧКУ НА ЗАДНИЦЕ; ОДНА ИЗВИЛИНА, (ДА) И ТА — СЛЕД ОТ ФУРАЖКИ...; ПОСЫЛАТЬ В ЗАДНИЦУ; ПРЯМ, КАК РАЗРЕЗ НА ЗАДНИЦЕ; ПУСТИТЬ КРОВЬ ИЗ УШЕЙ...; РУКИ ИЗ ЗАДНИЦЫ...; РУКИ ПОД КАРАНДАШ (ПОД ХРЕН, ПОД ОНАНИЗМ, ПОД ЗАДНИЦУ) ЗАТОЧЕНЫ; У ТЕБЯ В ЗАДНИЦЕ РЕЗЬБА ЕСТЬ?..; ЧЕРЕЗ ЗАДНИЦУ; ЯЙЦА ЗАДНИЦУ НЕ УЧАТ**

ЗАДО́К, -дка́, *м.* **1.** То же, что **ЗАДНИК 1**. **2.** Багажник, пикап.

ЗАДО́ЛБИК, -а, *м.* Забитый, слабый человек, «замухрышка», «мелюзга» и т. п.

От общеупотр. «долбить»; *ср.* **ДОЛБАНЫЙ**, **ДОЛБАНУТЫЙ**; *ср.* также с моделью **ЗАДОХЛИК** и под.

ЗАДО́ХЛИК, -а, *м.* Слабый, хилый, тщедушный человек.

См. **ДОХЛЫЙ 1**.

ЗАДРАИВАТЬ *см.* **ОЧКО**

ЗАДРА́ТЬ, -деру́, -дерёшь; *сов., кого, кому с чем, что делать* и *без доп.* **1.** Сильно надоесть кому-л.; довести, измучить кого-л. **2.** *кого что делать*; обычно употр. *в прош.* Надоесть, утомить. *~драл разговаривать* — хватит, надоел с разговорами. *~драли меня эти демократы мой любимый рублик гнобить* — мне надоела инфляция рубля, вызванная политикой демократического правительства.

ЗАДРИ́НКАТЬ, -аю, -аешь, **ЗАДРИ́НЧИТЬ**, -чу, -чишь; *сов., чего, что* и *без доп.* Выпить спиртного (обычно много).

От **ДРИНК**.

ЗАДРО́ТЫШ, -а, **ЗА́ДРОЧ**, -а, *м.* Маленький, хилый, плохой, ничтожный, жалкий человек.

От **ДРОЧИТЬ**.

ЗАДРЫ́ГА, -и, *м.* и *ж.* **1.** Слабый, больной, хилый человек; всеми презираемый человек. **2.** Привередливый, капризный человек; модник, франт.

От общеупотр. *разг.* «дрыгать», «дрыгаться».

ЗАДРЮ́КАТЬ, -аю, -аешь, **ЗАДРЮ́ЧИТЬ**, -чу, -чишь, *сов., кого чем, с чем.* Надоесть кому-л.; довести, измучить кого-л. *Да он мёртвого задрючит* — он кого хочешь доведёт до крайности.

См. **ДРЮЧИТЬ**.

ЗАДУБЕ́ТЬ, -е́ю, -е́ешь; *сов., без доп.* Замёрзнуть; впасть в оцепенение, остолбенеть.

От **ДУБЕТЬ 2**.

ЗАДУВА́ТЬ, -а́ю, -а́ешь; *несов.* (*сов.* **ЗАДУ́ТЬ**, -ду́ю, -ду́ешь). **1.** *что, что делать.* Закончить, бросить, прекратить. *Задувай врать.* **2.** *кому что.* Сделать излишним; превысить норму. *А тебе не задует такая куча денег?* — а не слишком ли тебе много денег?

ЗАДУДО́НИВАТЬ, -аю, -аешь; *несов.* (*сов.* **ЗАДУДО́НИТЬ**, -ню, -нишь), *что* и *без доп.* Делать что-л. быстро, стремительно, активно, интенсивно.

ЗАДУМАТЬСЯ[1–2] *см.* **ЗАДУМЫВАТЬСЯ**[1–2]

ЗАДУМЧИВОСТЬ *см.* **КАБИНЕТ (ЗАДУМЧИВОСТИ)**

ЗАДУ́МЧИВЫЙ, -ая, -ое. Дорогой, дорогостоящий. *~ костюмчик.*

ЗАДУМЧИВЫЙ БРАХМАН *см.* **БРАХМАН**

ЗАДУ́МЫВАТЬСЯ[1], -ваюсь, -ваешься, *несов.* (*сов.* **ЗАДУ́МАТЬСЯ**[1], -аюсь, -аешься), *без доп.* **1.** Прокисать, бродить (о продуктах, напитках и т. п.); портиться, барахлить (о механизмах и т. п.); подниматься (о ценах). **2.** Медленно работать (о компьютере).

ЗАДУ́МЫВАТЬСЯ[2], -аюсь, -аешься; *несов.* (*сов.* **ЗАДУ́МАТЬСЯ**[2], -аюсь, -аешься), *без доп.* Увлекаться компьютерной игрой «DOOM».

Ср. **ДУМАТЬ**[2].

ЗАДУТЬ *см.* **ЖОПА; ЗАДУВАТЬ**

ЗАДУШЕ́ВНИК, -а, **ЗАДУШЕ́ВНИЧЕК**, -чка, *м.*, **ЗАДУШЕ́ВНИЦА**, -ы, *ж.* Друг (подруга), приятель (-ница), товарищ.

От общеупотр. «задушевный».

ЗАДУШИ́ТЬ, -ушу́, -у́шишь; *сов., кого.* Наказать, унизить кого-л.

ЗАДУШИТЬ* *см.* **НОГАМИ ЗАДУШУ**

ЗАДЫМИ́ТЬ, -млю́, -ми́шь; *сов.* **1.** *что.* Запутать, напустить туману, сделать что-л. неясным. *Все дело ~мил.* **2.** *кому, кого чем, с чем, что делать* и *без доп.* Надоесть, извести приставаниями. *~мил ты мне своими предложениями.*

ЗАДЫМИТЬСЯ *см.* **АЖ ПОДМЁТКИ ЗАДЫМИЛИСЬ**

ЗАЕЗД *см.* **ПАРНЫЙ ЗАЕЗД**

ЗАЁМ *см.* **ВНУТРЕННИЙ ЗАЁМ**

ЗАЕМУ́ЧИВАТЬ, -аю, -аешь; *несов.* (*сов.* **ЗАЕМУ́ЧИТЬ**, -чу, -чишь), *кого, чем, с чем.* «Замучивать», надоедать, приставать, допекать. *Заемучил ты меня своими обещаниями.*

Шутл. контаминация «замучивать, замучить» и нецензурного; *ср.* **ПЕРЕКОСОМУЧИТЬ**

ЗАЕ́ХАТЬ, -е́ду, -е́дешь; *сов., кому по чему, во что.* Ударить. *~ в зубы. ~ по́ уху.*

ЗАЕХАТЬ* *см.* **ШАРИКИ ЗА БЕБИКИ (ЗАШЛИ, ЗАЕХАЛИ, ЗАПРЫГНУЛИ)**

ЗАЕХАТЬ В МОРДУ *см.* **ДАТЬ (ВЪЕХАТЬ, ЗАЕХАТЬ, ВСАДИТЬ) В МОРДУ**

ЗАЖАТЬ *см.* **ЗАЖИМАТЬ**

♦ **ЗАЖА́ТЬ В ПО́ТНОМ КУЛАЧКЕ́** *что* — спрятать, утаить от друзей, пожадничать, не поделиться.

ЗАЖБА́НИТЬ, -ню, -нишь; *сов., кого, кому.* Ударить кого-л. по голове; вообще ударить.

От **ЖБАН 2**.

ЗАЖЁВЫВАТЬ, -аю, -аешь; *несов., что* и *без доп.* Есть с аппетитом. *Художественно икричку* (икру) *~аешь, гад.*

ЗАЖИГА́ЛОВО, -а, *ср.* Безудержное веселье, раздолье, разгул, зажигательные танцы под музыку.

ЗАЖИМА́ТЬ, -а́ю, -а́ешь; *несов.* (*сов.* **ЗАЖА́ТЬ**, -жму́, -жмёшь), *что.* Удерживать у себя что-л. чужое, данное на время. *~ библиотечную книгу.*

ЗАЖМУ́РИТЬСЯ, -рюсь, -ришься; *сов., без доп.* Умереть.

От **ЖМУРИТЬСЯ**.

ЗАЖО́ПИНСК, -а, *м., собств.* Обобщённо: любой далёкий провинциальный город, глушь, провинция. ♦ **Чмо из ~а** — простофиля-провинциал.

От **ЖОПА**.

ЗАЖО́ПИНСКИЙ, -ая, -ое. Далёкий, «глухой» (о месте, городе, селе и т. п.). ♦ **~ие выселки** — далёкая провинция, глухое, заброшенное место, окраина, глушь.

От **ЗАЖОПИНСК**, **ЖОПА**.

ЗАЖО́ПИТЬ, -плю, -пишь; *сов.* **1.** *кого с чем.* Поймать, застать на месте преступления. **2.** *что.* Не отдать, зажилить, зажать.

1. — от **ЗА ЖОПУ ПОЙМАТЬ**, *см.* **ЖОПА**; 2. — от **ЖОПИТЬ**.

ЗА ЖОПУ ВЗЯТЬ (ПОЙМАТЬ, СХВАТИТЬ) *см.* **ЖОПА**

♦ **ЗА ЖО́ПУ И В КОНВЕ́РТ** *кого* — поймать, схватить, настичь.

ЗАЖУ́ХАТЬ, -аю, -аешь; *сов., что у кого, от кого.* Спрятать, притаить, взять и не вернуть что-л.; обмануть.

От **ЖУХАТЬ**.

♦ **ЗА ЖЭПЭУ́ И В ГПУ** [гэпэу́] *кого* — схватить, поймать.

Шутл. переосмысление **ЖОПА** как аббрев.

♦ **ЗАИГРА́ЛО РЕТИВО́Е, НАЧАЛО́СЬ И ГРУППОВО́Е** — *шутл.* о каком-л. действии, событии и т. п., принявшем большой размах, о ком-л., пошедшем «вразнос».

Передел. текст А. С. Пушкина.

ЗАИГРА́ТЬ, -а́ю, -а́ешь; *сов., что у кого.* Не возвратить что-л., оставить у себя чужую вещь. *Ты у меня уже третью книжку ~ал.*

ЗАИГРАТЬ* *см.* **ОЧКО ИГРАЕТ...**

ЗАИНТЕРЕСО́ВАННЫЙ, -ая, -ое. *Ирон.* Пьяный.

От **ЗАИНТЕРЕСОВАТЬСЯ**.

ЗАИНТЕРЕСОВА́ТЬСЯ, -су́юсь, -су́ешься; *сов., чем* и *без доп. Ирон.* Выпить спиртного; напиться пьяным. *Пойдем ~суемся. Вчера я сначала ~совался пивом, а потом — портвейном, и получилось скверно.*

ЗАЙТИ *см.* **ЗАХОДИТЬ; ШАРИКИ ЗА БЕБИКИ (ЗАШЛИ, ЗАЕХАЛИ, ЗАПРЫГНУЛИ)**

ЗАКАДРИ́ТЬ, -рю́, -ри́шь; *сов., кого.* Познакомиться с девушкой.

От **КАДРИТЬ**.

ЗАКАДЫ́КА, -и, **ЗАКАДЫ́ЧКА**, -и, *м.* и *ж.*, **ЗАКАДЫ́ЧНИК**, -а, *м.*, **ЗАКАДЫ́ЧНИЦА**, -ы, *ж.* Закадычный друг, закадычная подруга.

ЗАКАЗЫВАТЬ *см.* **СПАСИБО, НЕ ЗАКАЗЫВАЛ**

ЗАКАЙФЕ́ТЬ, -е́ю, -е́ешь; **ЗАКАЙФОВА́ТЬ**, -фу́ю, -фу́ешь; *сов., с чего, от чего* и *без доп.* Получить удовольствие, испытать приятные ощущения.

От **КАЙФ**, **КАЙФОВАТЬ**.

ЗАКАНТОВА́ТЬСЯ, -ту́юсь, -ту́ешься; *сов., куда.* Укрыться, спрятаться, найти убежище.

От **КАНТОВАТЬСЯ**.

ЗАКА́ПАТЬ, -аю, -аешь; *сов., кого чем.* Надоесть, извести приставаниями.

От **КАПАТЬ 1**.

♦ **ЗАКА́ПАТЬ МОЗГИ́** *кому чем* — дать слишком много информации о чём-л.; создать определённое мнение; навязать свой взгляд, нудно, долго внушая что-л.

ЗАКАТАТЬ *см.* **ЗАКАТЫВАТЬ**

♦ **ЗАКАТА́ТЬ ГУ́БКИ** — умерить свои желания, запросы.

ЗАКАТИТЬ БАНКУ *см.* **БАНКА**

ЗАКАТИТЬСЯ *см.* **САДОВОЕ КОЛЬЦО ЗАКАТИЛОСЬ...**

ЗАКА́ТЫВАТЬ, -аю, -аешь; *несов.* (*сов.* **ЗАКАТА́ТЬ**, -а́ю, -а́ешь), *что.* **1.** Делать что-л. необычное. *Ну ты и закатал дельце, теперь год не развяжемся.* **2.** Записывать (на кассету).

ЗАКАЧА́ТЕЛЬНЫЙ, -ая, -ое. Очень хороший, удивительный, прекрасный. *~ые раньше были времена.*

От общеупотр. *прост. межд.* «закачаешься!»

ЗАКА́ЧИВАТЬ, -аю, -аешь; *несов.* (*сов.* **ЗАКАЧА́ТЬ**, -а́ю, -а́ешь), *что.* Посылать почту или программы по модему.

Ср. **ЗАЛИВАТЬ**.

ЗАКВА́СИТЬ, -а́шу, -а́сишь; *сов.* **1.** *чего* и *без доп.* Выпить спиртного. **2.** *что.* Начать какое-л. дело, проявить инициативу в чём-л. *Это он нашу фирму ~асил.* **3.** *что* и *без доп.* (или ~ **БРОДИ́ЛУ**). Поставить брагу для дальнейшей перегонки в спирт.

1. — от **КВАСИТЬ 1**.

ЗАКВА́СИТЬСЯ, -а́шусь, -а́сишься; *сов., без доп.* **1.** Стать готовым к чему-л., созреть. *Ну что,*

~асился? Тогда пошли. **2.** Стать скучным, печальным, опуститься (о человеке). *Совсем ты ~асился, пошёл бы погулял.* **3.** Опьянеть, захмелеть.

З. — от **КВАСИТЬ 1.**

♦ **ЗАКИДА́ТЬ ВИРТУА́ЛЬНЫМИ ПОМИДО́РАМИ** *кого* — опозорить, публично унизить, освистать.

Возм. из *жарг.* пользователей компьютеров.

ЗАКИДО́Н, -а, *м.* Странность, причуда; дурная черта характера, поведения; претенциозность, высокое самомнение. *Парень с ~ами. Оставь свои ~ы* — веди себя обыкновенно, как все.

ЗАКИДО́НИСТЫЙ, -ая, -ое. **1.** Необычный, странный, чудной. *Платье ~ое.* **2.** Наглый, нахальный, с высоким самомнением, гонором (о человеке). *Образования-то три дня на свалке, а ~, как Ленин.*

От **ЗАКИДОН.**

ЗАКИПЕТЬ *см.* **КОТЁЛ ЗАКИПЕЛ**

ЗАКИЧЕМАРИТЬ *см.* **ЗАКОЧЕМАРИТЬ**

ЗАКИЧЕМАРИТЬСЯ *см.* **ЗАКОЧЕМАРИТЬСЯ**

ЗАКИЧЕМАТЬ *см.* **ЗАКОЧЕМАРИТЬ**

ЗАКИЧЕМАТЬСЯ *см.* **ЗАКОЧЕМАРИТЬСЯ**

ЗАКИЧУМАРИТЬ *см.* **ЗАКОЧЕМАРИТЬ**

ЗАКИЧУМАРИТЬСЯ *см.* **ЗАКОЧЕМАРИТЬСЯ**

ЗАКИЧУМАТЬ *см.* **ЗАКОЧЕМАРИТЬ**

ЗАКИЧУМАТЬСЯ *см.* **ЗАКОЧЕМАРИТЬСЯ**

ЗАКЛА́ДЫВАТЬ, -аю, -аешь; *несов.* (*сов.* **ЗАЛОЖИ́ТЬ**, -ожу́, -о́жишь). **1.** *кого-что, кому.* Выдать кого-л., выдать тайну, подставить кого-л. под удар, предать. **2.** *чего, что* и *без доп.* (или **~ ЗА ВОРОТНИ́К**, **~ ЗА ГА́ЛСТУК**, **~ ЗА ХО́БОТ**). Пить спиртное, напиваться пьяным. *Закладывать потихоньку* — тайком выпивать.

ЗАКЛА́ДЫВАТЬСЯ, -аюсь, -аешься; *несов.* (*сов.* **ЗАЛОЖИ́ТЬСЯ**, -ожу́сь, -о́жишься), *кому с чем* и *без доп.* Приходить с повинной, отдаваться властям; раскрывать свои тайны кому-л. *Ну давай, закладывайся, где был.*

Возм. из *уг.*; от **ЗАКЛАДЫВАТЬ 1.**

ЗАКОЛАЧИВАТЬ ДЕНЬГУ *см.* **ДЕНЕЖКА**

ЗАКОЛЕБА́ТЬ, -а́ю, -а́ешь или -бу́, -бёшь, *сов., кого чем, с чем* и *без доп.* Надоесть, замучить, извести кого-л. ♦ **~в доску** (или **ву́смерть, в хлам, в сиську** и т. п.) — очень надоесть. См. также **ДОХЛОГО ЗАКОЛЕБАТЬ (ЗАТРАХАТЬ, ЗАМУЧИТЬ)**

Возм. аллюзия к нецензурному.

ЗАКОЛЕБА́ТЬСЯ, -а́юсь, -а́ешься или -бу́сь, -бёшься, *сов., что делать, с чем, от чего.* Утомляться, уставать от чего-л.

От **ЗАКОЛЕБАТЬ.**

ЗАКО́ЛОТО, в зн. *сказ.* Хорошо, договорились, по рукам.

ЗАКО́ЛОТЫЙ, -ая, -ое. Окончательно опустившийся (о наркомане); залеченный, проводящий всё время в больницах, держащийся только на уколах (о хроническом больном).

От **ЗАКОЛОТЬ(СЯ).**

ЗАКОЛО́ТЬ, -колю́, -ко́лешь; *сов., кого чем.* **1.** Залечить, сделать слишком много уколов (больному). *Здоровый ведь был мужик, врачи-вредители закололи.* **2.** *что.* Прогулять, пропустить работу, учёбу. *~ пару* (прогулять лекцию).

ЗАКОЛО́ТЬСЯ, -колю́сь, -ко́лешься; *сов., чем* и *без доп.* Злоупотреблять наркотиками или лекарствами; умереть от этого.

От **КОЛОТЬСЯ 1.**

ЗАКОЛЫХА́ТЬСЯ, -а́юсь, -а́ешься; *сов., без доп.* Заволноваться, занервничать, засуетиться, начать «судорожно» что-л. делать, предпринимать.

От **КОЛЫХАТЬСЯ.**

ЗАКОММУНИЦИ́РОВАТЬ, -рую, -руешь; *сов., без доп.* Заговорить (преим. после долгого молчания); дать знать о себе, проявить признаки жизни.

От научно-книжного «коммуникация» — сообщение, передача информации.

♦ **ЗА КОМПА́НИЮ И ЖИД ПОВЕ́СИЛСЯ** — за компанию можно сделать всё.

ЗАКОМПЛЕКСО́ВАННЫЙ, -ая, -ое. Стеснительный, переживающий по поводу оказываемого на других впечатления.

От **КОМПЛЕКС**, **ЗАКОМПЛЕКСОВАТЬ.**

ЗАКОМПЛЕКСОВА́ТЬ, -су́ю, -су́ешь, **ЗАКОМПЛЕКСОВА́ТЬСЯ**, -су́юсь, -су́ешься; *сов., без доп.* Повести себя странно; смутиться, разнервничаться.

От **КОМПЛЕКС.**

ЗАКОН *см.* **В ЗАКОНЕ**

♦ **ЗАКО́Н КУРЯ́ТНИКА: КЛЮЙ БЛИ́ЖНЕГО, СРИ НА НИ́ЖНЕГО** — *ирон.* о полном отсутствии благородства, такта, взаимопонимания в отношениях между людьми.

Ср. вариант: «Сри на нижнего, плюй на ближнего».

ЗАКО́ННЫЙ, -ая, -ое. Хороший, отличный, настоящий, неподдельный, качественный.

ЗАКОРЕШИ́ТЬСЯ, -шу́сь, -ши́шься; *сов., с кем.* Подружиться, сблизиться с кем-л.

От **КОРЕШ**.

ЗАКОРЖА́ВЕТЬ, -влю, -вишь; *сов., без доп.* Изгрязниться, засалиться, запылиться и т. п.

Ср. *диал.* «закоржаветь», «закуржавить», «закуржеветь», «куржевить» и т. п. — индеветь, покрываться каким-л. налётом, ржавчиной, окисляться.

ЗАКОРЮКА *см.* **РУКИ-ЗАКОРЮКИ**

ЗАКО́С, -а, *м.* Увиливание от работы, службы; симуляция; ложная справка, ложный повод не пойти на работу.

От **ЗАКОСИТЬ**

ЗАКОСИ́ТЬ, -кошу́, -ко́сишь; *сов.* **1.** *на что от чего.* Увильнуть от чего-л., сославшись на какой-л. ложный повод. *~ на грипп. ~ от армии.* **2.** *под кого.* Притвориться кем-л. *~ под дурака.*

От **КОСИТЬ 1.**, **2.**

ЗАКО́ЦАТЬ, -аю, -аешь; *сов., что* и *без доп.* Сделать что-л. быстро, энергично.

От **КОЦАТЬ 3.**

ЗАКОЧЕМА́РИТЬ, -рю, -ришь, **ЗАКОЧЕМА́ТЬ**, -а́ю, -а́ешь, **ЗАКОЧУМА́РИТЬ**, -рю, -ришь, **ЗАКОЧУМА́ТЬ**, -а́ю, -а́ешь, **ЗАКИЧЕМА́РИТЬ**, -рю, -ришь, **ЗАКИЧЕМА́ТЬ**, -а́ю, -а́ешь, **ЗАКИЧУМА́РИТЬ**, -рю, -ришь, **ЗАКИЧУМА́ТЬ**, -а́ю, -а́ешь, **ЗАКУЧУМА́РИТЬ**, -рю, -ришь, **ЗАКУЧУМА́ТЬ**, -а́ю, -а́ешь; *сов., без доп.* **1.** Заснуть. **2.** Замёрзнуть. **3.** Замолчать, заткнуться.

От **КОЧЕМАРИТЬ**. *Ср. уг.* «кича» — тюрьма; «кимарить», «кучумать» — находиться в состоянии апатии после окончания действия наркотиков, «закумарить» — употребить наркотик; возм. контаминация значений спать, мёрзнуть, употреблять наркотики и страдать от их отсутствия. *Ср.* также *уг.* «кочумай» — «не говори лишнего, не болтай, замолчи» (в ситуации, когда при разговоре присутствует чужой или ненадёжный человек; первоначально произносилась фраза «Кочум, братцы, был хороший человек»). Вероятно, постепенно сл. «кимарить» и «кочумать» контаминировались по близости зн. (спать, молчать и т. п.).

ЗАКОЧЕМА́РИТЬСЯ, -рюсь, -ришься, **ЗАКОЧЕМА́ТЬСЯ**, -а́юсь, -а́ешься, **ЗАКОЧУМА́РИТЬСЯ**, -рюсь, -ришься, **ЗАКОЧУМА́ТЬСЯ**, -а́юсь, -а́ешься, **ЗАКИЧЕМА́РИТЬСЯ**, -рюсь, -ришься, **ЗАКИЧЕМА́ТЬСЯ**, -а́юсь, -а́ешься, **ЗАКИЧУМА́РИТЬСЯ**, -рюсь, -ришься, **ЗАКИЧУМА́ТЬСЯ**, -а́юсь, -а́ешься, **ЗАКУЧУМА́ТЬСЯ**, -а́юсь, -а́ешься, **ЗАКУЧУМА́РИТЬСЯ**, -рюсь, -ришься, **ЗАКУЧУМА́ТЬСЯ**, -а́юсь, -а́ешься; *сов.* **1.** *где, куда.* Забраться в укромное место, спрятаться, укрыться. **2.** *без доп.* Замёрзнуть, продрогнуть.

См. **ЗАКОЧЕМАРИТЬ**

ЗАКРОЙ ВЯКАЛКУ *см.* **ВЯКАЛКА**

♦ **ЗАКРО́Й ДВЕРЬ С У́ЛИЦЫ** (или **С ОБРА́ТНОЙ, С ТОЙ СТОРОНЫ́**) — уйди отсюда, проваливай.

ЗАКРОЙ (ЗАВЕРНИ) ВЕНТИЛЬ *см.* **ВЕНТИЛЬ**

ЗАКРОЙ ПАСТЬ, НЕ У ВРАЧА *см.* **ПАСТЬ**

ЗАКРОЙ РОТ, ГОВНО ВИДАТЬ *см.* **ГОВНО**

ЗАКРОЙ СВОЙ БОРЩЕХЛЁБ И НЕ ГРЕМИ КРЫШКОЙ *см.* **БОРЩЕХЛЁБ**

ЗАКРОЙ СВОЙ ГРОБ И НЕ ГРЕМИ КОСТЯМИ *см.* **ГРОБ**

ЗАКРОЙ СВОЙ РЖАВЫЙ ГРАММОФОН *см.* **ГРАММОФОН**

♦ **ЗАКРО́ЙТЕ МНЕ ВЕ́КИ** — о ужас, я не могу этого видеть.

Перефразированное выражение из повести Н. В. Гоголя «Вий»: «Поднимите мне веки».

ЗАКРУТИТЬ *см.* **ЗАКРУЧИВАТЬ**

ЗАКРУ́ТКА, -и, *ж.* **1.** Заботы, житейские невзгоды; сложная, запутанная ситуация. *Квартирная ~. Попал в ~у.* **2.** Бутылка водки с завинчивающейся пробкой.

ЗАКРУТКА* *см.* **ОРДЕН ГОРБАТОГО С ЗАКРУТКОЙ НА СПИНЕ**

ЗАКРУ́ЧЕННЫЙ, -ая, -ое. **1.** Сложный, вычурный, заумный. *~ мужик. ~ая книжка.* **2.** Одержимый чем-л., помешанный на чём-л. *На демократии ~, Сахаревичем* (А. Д. Сахаровым) *обученный* — о рьяном демократе.

ЗАКРУ́ЧИВАТЬ, -аю, -аешь; *несов.* (*сов.* **ЗАКРУТИ́ТЬ**, -учу́, -у́тишь). **1.** *кому, кого* (или **~ МОЗГИ́** *кому*). Запутывать, сбивать с толку. **2.** *что кому.* Рассказывать что-л. необычное; привирать, придумывать. *Хорош закручивать, Фурманов* — не лги.

ЗАКРУЧИВАТЬ* *см.* **БЕЙЦАЛЫ**

♦ **ЗАКРУ́ЧИВАТЬ (ЗАКРУТИ́ТЬ) ГА́ЙКИ** (или **БОЛТЫ́, ШУРУ́ПЫ, Я́ЙЦА** и т. п.) *кому* — ужесточать режим, вводить строгую дисциплину.

ЗАКРЫВА́ТЬ, -а́ю, -а́ешь; *несов.* (*сов.* **ЗАКРЫ́ТЬ**, -ро́ю, -ро́ешь), *что, что делать* и *без доп.* Заканчивать что-л. *Ну-ка, закрыл вякать* — кончай разговаривать.

ЗАКРЫТЬ *см.* **ГРОБ; ЗАКРОЙ ДВЕРЬ С УЛИЦЫ (С ОБРАТНОЙ, С ТОЙ СТОРОНЫ); ЗАКРОЙТЕ МНЕ ВЕКИ; ЗАКРЫВАТЬ; ПАСТЬ; РОТ ЗАКРОЙ, КИШКИ ПРОСТУДИШЬ**

ЗАКСЕ́РИТЬ, - рю, -ришь; *сов.* Снять ксерокопию, отксерокопировать.

От **КСЕРИТЬ**.

ЗАКУПОРИТЬСЯ *см.* **СООБРАЖАЛКА**

ЗАКУСНЯ́К, -а́, **ЗАКУСО́Н**, -а, *м.*, **ЗА́КУСЬ**, -и, *ж.* Закуска, обычно к спиртному. *Мировая закусь* — хорошая закуска.

ЗАКУСЫВАТЬ *см.* **РОМАШКАМИ ЗАКУСЫВАТЬ**

ЗАКУСЬ *см.* **ЗАКУСНЯК**

ЗАКУЧУМАРИТЬ *см.* **ЗАКОЧЕМАРИТЬ**

ЗАКУЧУМАРИТЬСЯ *см.* **ЗАКОЧЕМАРИТЬСЯ**

ЗАКУЧУМАТЬ *см.* **ЗАКОЧЕМАРИТЬ**

ЗАКУЧУМАТЬСЯ *см.* **ЗАКОЧЕМАРИТЬСЯ**

ЗАЛ *см.* **БИТОЧКИ В ДВЕРЬ...**

ЗАЛА́БАТЬ, -аю, -аешь, **ЗАЛАБА́ТЬ**, -а́ю, -а́ешь; *сов., что* и *без доп.* Включить музыку или сыграть какое-л. музыкальное произведение.

От **ЛАБАТЬ**.

ЗАЛА́ПАТЬ, -аю, -аешь, **ЗАЛА́ПИТЬ**, -плю, -пишь; *сов.* **1.** *кого-что.* Схватить, поймать, забрать, взять, арестовать, задержать. **2.** *что.* Испачкать, замарать.

От общеупотр. «лапа», «лапать»; 1. — возм. из *уг.*

ЗАЛЕПИТЬ *см.* **ГОРБУХА**

ЗАЛЕПО́Н, -а, *м.*, **ЗАЛЕПУ́ХА**, -и, *ж.* **1.** Нечто необычное, выдающееся, яркое, запоминающееся. *Мочить залепухи* — делать необычные вещи; совершать оригинальные поступки. **2.** Промах, глупость, неудачный поступок.

От общеупотр. «лепить», «залепить».

ЗАЛЕПУ́ШНИК, -а, *м.* **1.** Тот, кто делает яркие, интересные вещи, совершает оригинальные поступки; оригинал. **2.** Неудачник; тот, кто всегда попадает впросак.

См. **ЗАЛЕПОН**.

ЗАЛЁТ, -а, *м.* Неожиданное, нежелательное событие (часто о беременности). *Быть в ~е. Жениться от ~а.*

От **ЗАЛЕТАТЬ**.

ЗАЛЕТА́ТЬ, -а́ю, -а́ешь; *несов.* (*сов.* **ЗАЛЕТЕ́ТЬ**, -лечу́, -лети́шь), *от кого на чём* и *без доп.* Попадать в неприятную ситуацию (обычно о нежелательной беременности).

ЗАЛЕТЕТЬ ПОД ШАРЫ *см.* **ПОПАСТЬ (ЗАЛЕТЕТЬ) ПОД ШАРЫ**

ЗАЛЁТЧИК, -а, *м.* **1.** Неудачник, невезучий человек. **2.** Тот, от кого часто беременеют женщины.

От **ЗАЛЕТАТЬ**.

ЗАЛИВА́ЛО, -а, *м.* и *ср.* Лгун, обманщик, фантазёр, болтун.

От **ЗАЛИВАТЬ 1**.

ЗАЛИВА́ТЬ, -а́ю, -а́ешь; *несов.* (*сов.* **ЗАЛИ́ТЬ**, -лью́, -льёшь). **1.** *что кому* и *без доп.* Лгать, рассказывать ерунду, фантазировать, привирать. **2.** *чего* (или **~ ЗА ГА́ЛСТУК**, **~ ЗА ВОРОТНИ́К**, **~ ЗА ХО́БОТ; ~ ШАРЫ́**, **~ ГЛАЗА́**). Пить спиртное; напиваться пьяным. **3.** *куда что.* Посылать почту или программы по модему.

3. — из языка пользователей компьютеров; *ср.* **ЗАКАЧИВАТЬ**.

ЗАЛИВАТЬ* *см.* **ТРУБЫ ГРЕТЬ (СУШИТЬ, ЗАЛИВАТЬ)**

ЗАЛИВАТЬ БАКИ *см.* **БАКИ**

♦ **ЗАЛИВА́ТЬ В У́ШИ ГЛИ́НУ** *кому* — обманывать, «облапошивать», «вешать лапшу на уши».

♦ **ЗАЛИВА́ТЬ (ЗАЛИ́ТЬ) ГАЛО́ШИ** (или **В ГАЛО́ШИ**) — пугаться, испугаться.

ЗАЛИВА́ТЬСЯ, -а́юсь, -а́ешься; *несов.* (*сов.* **ЗАЛИ́ТЬСЯ**, -лью́сь, -льёшься). **1.** *куда.* Уезжать, уходить куда-л. (обычно на отдых, на курорт, в ресторан, на дачу и т. п.). *Эх, залиться бы сейчас в Гагру!* **2.** *чего* и *без доп.* Напиваться пьяным. *Залился так, что спички дыханьем зажигает, вот дракон какой.*

ЗАЛИТО́Й, -а́я, -о́е, **ЗАЛИ́ТЫЙ**, -ая, -ое. Пьяный (преим. сильно, до крайности).

От **ЗАЛИТЬ**.

ЗАЛИТЬ *см.* **ЗАЛИВАТЬ; ЗЕНКИ; ШАРЫ**

ЗАЛИТЬ ЗА ШКИРМАН *см.* **ШКИРМАН**

ЗАЛИТЬСЯ *см.* **ЗАЛИВАТЬСЯ; ХОТЬ ЗАЛЕЙСЯ ВСЁ КЕФИРОМ**

♦ **ЗАЛИ́ТЬСЯ ДО ЗАТЫ́ЛКА** — напиться пьяным.

ЗАЛОЖИТЬ *см.* **ЗАКЛАДЫВАТЬ**

ЗАЛОЖИТЬСЯ *см.* **ЗАКЛАДЫВАТЬСЯ**

ЗАЛО́М, -а, *м.* Слишком высокая цена; слишком большие претензии; что-л. чрезмерное, необычное, претендующее на большее, чем оно собой представляет. *Кило колбасы за сотню — это уже ~.*

От общеупотр. *разг.* «заломить» — запросить слишком высокую цену (у Н. В. Гоголя, Н. А. Некрасова и др.).

ЗАЛОМА́ТЬ, -а́ю, -а́ешь; *сов.* **1.** *кого на чём.* Поймать кого-л. **2.** *кого на что, что сделать.* Вынудить кого-л. что-л. сделать; поставить кого-л. в безвыходное положение.

ЗАЛОМАТЬ МЕДВЕДЯ *см.* **МЕДВЕДЬ**

ЗАЛУДИ́ТЬ, -ужу́, -уди́шь; *сов., что* и *без доп.* Сделать что-л. быстро, энергично, одним махом.

Ср. общеупотр. «лудить», «покрывать лудой» (правильнее «полудой»), т. е. блестящим тонким слоем чего-л.

ЗАЛУ́П, -а, *м.* **1.** Резкий проигрыш на гитаре; любой резкий, неожиданный звук. **2.** Наглая выходка. *Брось свои ~ы.*

1. — из *муз.*; 2. — от **ЗАЛУПАТЬСЯ.**

ЗАЛУ́ПА, -ы, **ЗАЛУПЕ́НЬ**, -и или -пни́, *ж.* **1.** Мужской половой орган. **2.** (или **ЗАЛУ́ПА КО́НСКАЯ, ЗАЛУ́ПА С ГЛАЗА́МИ** и т. п.). *Ирон.-бран.* ♦ **Суп из конских залуп** — *ирон.* о чём-л. несуразном, глупом, абсурдном.

См. также **КАК СТЕКЛОРЕЗОМ ПО ЗАЛУПЕ; ХИМИЯ, ХИМИЯ, ВСЯ ЗАЛУПА СИНЯЯ; ЯСНО, ОТЧЕГО ЗАЛУПА КРАСНА...**

См. **ЗАЛУПАТЬСЯ;** ♦ — из *детск.*

ЗАЛУПАЙ *см.* **КОНСКИЙ ЗАЛУПАЙ**

ЗАЛУПА́ТЬСЯ, -а́юсь, -а́ешься, *несов.* (*сов.* **ЗАЛУПИ́ТЬСЯ**, -уплю́сь, -у́пишься). **1.** *на кого* и *без доп.* Нагло себя вести, проявлять гонор; выставлять себя напоказ. *Залупился и висит? — Жёлудь. Залупились и висят? — Декабристы* (загадка). **2.** *без доп.* Делать трудную работу.

От общеупотр. «залупать», «залупить» — задирать кожу, заворачивать, напр. «залупить бересту», а также *диал.* «залуп», «залупа», «залупка» — соответствующий процесс или порча, задранное место на каком-л. материале, возм. также влияние *диал.* «залупить» — быстро побежать, припуститься.

ЗАЛУПЕНЬ *см.* **ЗАЛУПА**

ЗАЛУПИТЬСЯ *см.* **ЗАЛУПАТЬСЯ**

ЗАЛУПОГЛА́ЗЫЙ, - ая, -ое. Лупоглазый, пучеглазый; глазастый.

От **ЗАЛУПА, ЗАЛУПАТЬСЯ** + общеупотр. «глаз».

ЗАЛУПЫ́ШКА, -и, *ж.* То же, что **ЗАЛУПА** во всех зн. ♦ **Мишка-~** — ирон. обращение к человеку по имени Михаил; *собств.* М. С. Горбачёв. См. **ЗАЛУПАТЬСЯ**, *ср.* также *диал.* «залупыш» — залупившийся, напр. «орех-залупыш».

♦ **ЗАМА́ЖЕМ** — посмотрим, будет видно.

ЗАМА́ЗАТЬСЯ, -ма́жусь, -ма́жешься; *сов., с чем, на сколько* и *без доп.* Сильно проиграться (обычно в карты); потерпеть неудачу, крах.

Возм. из *уг.*

ЗАМА́ЗКА, -и, *ж.* **1.** Тяжёлый проигрыш; крах, неудача, невезение. *Быть в ~е. Выйти из ~и.* **2.** Блат, знакомство, связь, лазейка, возможность чего-л. *У тебя в университете ~и есть?*

1. — возм. от **ЗАМАЗАТЬСЯ;** 2. — возм. из *уг.*

ЗАМАНА́ТЬ, -а́ю, -а́ешь; *сов., кого, кому с чем* и *без доп.* Надоесть, утомить, извести; стать в тягость. *Ты меня уже ~ал, как партия* (очень надоел).

ЗАМАНДАСРА́ЧИВАТЬ, -аю, -аешь; *несов.* (*сов.* **ЗАМАНДАСРА́ЧИТЬ**, -чу, -чишь), *что* и *без доп.* Сделать что-л. Необычное, грандиозное. *Во домище замандасрачил!* (построил).

От **МАНДАСРАЧИТЬ.**

ЗАМАРЬЯ́ЖИТЬ, -жу, -жишь, **ЗАМАРЬЯ́НИТЬ**, -ню, -нишь; *кого.* Познакомиться с кем-л.; склонить к браку (обычно о женщинах по отношению к мужчинам).

Возм. от *собств.* «Марья», «Марьяна» + фр. mariage — брак, женитьба; возм. влияние карт. термина.

ЗАМАСТИ́ТЬ, -ащу́, -асти́шь; *сов., что* и *без доп.* Пойти в масть (в картах); сделать удачный ход в какой-л. игре; удачно сделать что-л., точно рассчитать.

От общеупотр. *карт.* «масть», «попасть в масть».

ЗАМАСТЫ́РИВАТЬ, -аю, -аешь; *несов.* (*сов.* **ЗАМАСТЫ́РИТЬ**, -рю, -ришь), *что* и *без доп.* Делать что-л. хорошо, качественно. *~ ребёнка* (родить, стать отцом).

От **МАСТЫРИТЬ.** *Ср. уг.* «замастырить» — сыграть в карты (от общеупотр. «масть»), «мастырка» — увечье с целью уклонения от работы.

ЗАМАТЕРЕ́ТЬ, -ре́ю, -ре́ешь; *сов., без доп.* Растолстеть, огрубеть, повзрослеть.

От общеупотр. «матёрый».

ЗАМЕНЖЕВА́ТЬСЯ, -жу́юсь, -жу́ешься; *сов., чего* и *без доп.* Испугаться; засуетиться, потерять самообладание.

Ср. *уг.* «менжа», «минжа» — задний ход; женские половые органы. Возм. из цыг. manja — лат. «vulva».

ЗАМЕНСТРУЯ́ЧИТЬ, -чу, -чишь; *сов., что чем.* Испачкать, извозить что-л.

Контаминация «менструация» + «струя».

ЗАМЕНЯТЬ *см.* **ПОЧКИ**

ЗАМЁРЗНУТЬ *см.* **НЕ СПИ, ЗАМЁРЗНЕШЬ**

ЗАМЕ́С, -а, *м.* **1.** Избиение, драка, стычка. **2.** Сложная, необычная ситуация; яркий, запоминающийся случай. *Крутой ~* (очень интересный).

См. также **КРУТОЙ**

От **ЗАМЕСИТЬ**.

ЗАМЕСИ́ТЬ, -ешу́, -е́сишь; *сов.* **1.** *кого.* Избить, наказать. **2.** *что* и *без доп.* Сделать что-л. быстро и хорошо. **3.** *что* и *без доп.* Начать какое-л. дело, заварить кашу. **4.** *чего, сколько, что.* Съесть (обычно много). *Сковородку мяса ~есил, теперь сижу потею.*

ЗАМЕСТИ *см.* **ЗАМЕТАТЬ**[1]

ЗАМЁТАНО, в зн. *сказ.* Договорились, по рукам, хорошо. *На завтра ~.*

От **ЗАМЕТАТЬ**[2].

ЗАМЕТА́ТЬ[1], -а́ю, -а́ешь; *несов.* (*сов.* **ЗАМЕСТИ́**, -ету́, -етёшь). **1.** *кого.* Ловить, заставать на месте преступления; заставать врасплох. **2.** *что, чего* и *без доп.* Есть (обычно много). *Два завтрака замёл* (съел).

ЗАМЕТАТЬ[2] *см.* **ЗАМЁТЫВАТЬ**[2]

ЗАМЁТЫВАТЬ[1], -аю, -аешь; *несов.* То же, что **ЗАМЕТАТЬ**[1] **2.** *Во мужик ~ает!*

ЗАМЁТЫВАТЬ[2], -аю, -аешь; *несов.* (*сов.* **ЗАМЕТА́ТЬ**[2], -а́ю, -а́ешь), *что, о чём, на чём* и *без доп.* Договариваться, приходить к соглашению. *Контракт заметали* (заключили).

ЗАМЕЧА́ТОЧНЫЙ, -ая, -ое. *Ирон.* Замечательный, отличный.

ЗАМИНИ́РОВАТЬ, -рую, -руешь; *сов., что.* Испачкать, извозить; испражняться в каком-л. месте. *Коровы поле ~ровали.*

ЗАМИНИ́РОВАТЬСЯ, -руюсь, -руешься; *сов.* **1.** *на чём* и *без доп.* Испортить себе репутацию. **2.** *без доп.* Противопоставить себя окружающим; стать неуважаемым, презираемым в коллективе, изгоем.

Ср. *уг.* «мина» — всеми презираемый заключённый.

ЗАМКНУ́ТЬ, обычно *безл.*, -нёт, *сов., у кого на чём.* Стать странным в чём-л., проявлять нездоровый интерес к чему-л. *У неё на деньгах совсем ~нуло* — она думает только о деньгах.

♦ **ЗА МНОЙ НЕ ЗАРЖАВЕ́ЕТ** — я не забуду своего обещания; за мной не станет, я хорошо отблагодарю.

ЗАМО́К, -мка́, *м.* Заместитель кого-л.

Ср. *арм.* «замок» — заместитель командира (обычно взвода); контаминация с общеупотр. «замо́к».

ЗАМОРО́ЧКА, -и, *ж.* **1.** Навязчивая идея, идея фикс. **2.** Нечто долго, нудно тянущееся. *Без ~и у нас ничего не обходится.* **3.** Дела, проблемы. *У них свои ~и.*

От общеупотр. «морочить».

ЗАМОРО́ЧНЫЙ, -ая, -ое. Странный, необычный, неразрешимый; навязчивый, нездоровый (об идеях).

См. **ЗАМОРОЧКА 1.**

ЗАМОЧИ́ТЬ, -очу́, -о́чишь; *сов., что, по чему, кого* и *без доп.* **1.** Ударить, избить; победить. *Французы итальянцев ~очили* (победили: о футболе). **2.** Закончить какое-л. дело, сделать что-л. *~ диплом* (написать). *~ по мороженому* (съесть). *~ штаны по тысяче* (продать). **3.** Сделать что-л. необычное, особенное; выделиться чем-л. **4.** Убить.

От **МОЧИТЬ**.

ЗАМОЧИТЬ* *см.* **ГОРБУХА**

ЗАМУЖЕМ *см.* **ЧАЙ, НЕ ПЕРВЫЙ РАЗ ЗАМУЖЕМ**

ЗАМУРАМОЛИТЬ *см.* **МУРАМОЛИТЬ**

ЗАМУТИ́ТЬ, -учу́, -у́тишь; *сов., что.* **1.** Приготовить, развести, заварить (чаще о каком-л. наркотике, чифире). *~ти-ка нам по чашечке.* **2.** Предпринять что-л. интересное, весёлое, неординарное. *Давайте ~утим* — давайте устроим вечеринку (с водкой, наркотиками и т. п.). **3.** *с кем.* Начать ухаживать, встречаться, гулять, вступить в интимные отношения.

ЗАМУ́ТЫ (или **ЕВРЕ́ЙСКИЕ ~**, **ЖИДО́ВСКИЕ ~**, **МАСО́НСКИЕ ~** и т. п.). Путаница, сложная, безвыходная ситуация, нарочито запутанное положение, заговоры, интриги и т. п.

От общеупотр. «замутить».

ЗАМУЧАТЬ *см.* **ИЗВЕДУ, ЗАМУЧАЮ, КАК ПОЛПОТ КАМПУЧИЮ**

ЗАМУ́ЧИТЬ, -чу, -чишь (или -чаю, -чаешь); *сов., кого чем.* Надоесть.

ЗАМУЧИТЬ* *см.* **ДОХЛОГО ЗАКОЛЕБАТЬ (ЗАТРАХАТЬ, ЗАМУЧИТЬ); МЁРТВОГО ЗАМУЧИТЬ; СУИЦИД ЗАМУЧИЛ**

ЗА́МША, -и, *ж.* Женщина-заместитель.

По модели «генеральша» и т. п.; шутл. контаминация с «замша» — выделанная мягкая кожа.

ЗАМШЕЛЫЙ *см.* **ПЕНЁК ЗАМШЕЛЫЙ**

ЗАМЫВА́ТЬ, -а́ю, -а́ешь; *несов.* (*сов.* **ЗАМЫ́ТЬ**, -мо́ю, -мо́ешь), *что. Ирон.* Мыть что-л. (обычно по принуждению). *Сейчас ты у меня очко* (туалет) *с мыльцем замоешь, салага!*

Возм. из *арм.* или *уг.*

ЗАМЫКАНИЕ *см.* **ВКЛЮЧИТЕ СВЕТ — СКАЗАЛ...; ЖОПОЙ ЧИСТИТЬ ПРОВОДА...**

ЗАМЫ́КИВАТЬСЯ, -аюсь, -аешься; *несов.* (*сов.* **ЗАМЫ́КАТЬСЯ**, -аюсь, -аешься), *куда*. Прятаться; уходить от мира. *Замы́каться бы в Монте-Карло!* ♦ **~ в койку** (или **в раскладушку, в кроватку** и т. п.) — ложиться спать.

ЗАМЫТЬ *см.* **ЗАМЫВАТЬ**

ЗАМЯТЬ *см.* **ЗАМНЁМ ДЛЯ ЯСНОСТИ**

♦ **ЗАМЯ́ТЬ БАЗА́Р** — закончить разговор.

♦ **ЗАМНЁМ ДЛЯ Я́СНОСТИ** — прекратим обсуждать данную проблему, чтобы не возникло дополнительных (неприятных для нас) вопросов.

ЗАНАЙТА́ТЬ, -а́ю, -а́ешь; *сов., где*. Заночевать, найти временный ночлег; переночевать, провести ночь.

От **НАЙТАТЬ**.

♦ **ЗА НАС С ВА́МИ, ЗА ХРЕН С НИ́МИ** — шутл. тост.

♦ **ЗАНИМА́ТЬСЯ ДРУ́ЖБОЙ** — *ирон.* дружить, напр.: *Давай заниматься ~ой!*

Пародирование калькированного выражения «заниматься любовью».

♦ **ЗАНИМА́ТЬСЯ КО́ННОЙ ГРЕ́БЛЕЙ НА КОНЬКА́Х** — не заниматься серьёзно ни одним видом спорта.

ЗАНИМАТЬСЯ МОЗГОКЛЮЙСТВОМ *см.* **МОЗГОКЛЮЙСТВО**

ЗАНИМАТЬСЯ (УВЛЕКАТЬСЯ) ЛИТЕРБОЛОМ *см.* **ЛИТЕРБОЛ**

♦ **ЗАНИМА́ТЬСЯ ФИ́НСКИМ** — «заниматься любовью».

ЗАНИШТЯ́К, -а́, *м.* **1.** и в зн. *прил.* или *сказ.* Нечто хорошее, отличное. *Девочка — ~. Жить в ~е́* (богато, хорошо). **2.** в зн. *межд.* Выражает любую положительную эмоцию. *Эх, ~!* **3.** в зн. *нареч.* Хорошо, отлично. *~ поработалось.*

От **НИШТЯК**.

♦ **ЗА НОЗДРЮ́ (ВЕСТИ́, УВОЗИ́ТЬ** и т. п.) *кого-что* — на буксире.

Возм. первоначально из речи моряков.

ЗАНУ́ДИНЫ, зану́дин; *мн.* Грубые, тяжёлые ботинки (обычно советского производства).

Возм. от общеупотр. «зануда».

ЗАНЫ́КИВАТЬ, -аю, -аешь; *несов.* (*сов.* **ЗАНЫ́КАТЬ**, -аю, -аешь), *что*. Спрятать, утаить.

От **НЫКАТЬ**.

ЗАНЮ́ХАННЫЙ, -ая, -ое. **1.** Ничтожный, мелкий, не достойный внимания; малокультурный, провинциальный. *Убери ты свой трёшник ~! Да кто туда придёт: три ~ых чухонца и всё* (о концерте). **2.** Окончательно опустившийся (о наркоманах); погибший от наркотиков (преим. о токсикоманах).

2. — возм. из *уг.* и *нарк.*

♦ **ЗА О́БЕ ЩЁКИ** — ярко, характерно, напр.: — *Ну, он себя здесь за обе щёки показал!*

ЗАОЧКОВА́ТЬ, -ку́ю, -ку́ешь; *сов., кого-чего, что делать* и *без доп.* Испугаться, струсить.

От **ОЧКОВАТЬ**.

ЗАПАДА́ТЬ, -да́ю, -да́ешь; *несов.* (*сов.* **ЗАПА́СТЬ**, -аду́, -адёшь). **1.** *на кого-что, на ком-чём* и *без доп.* Влюбляться по уши в кого-л. *Он меня как увидел, сразу запал.* **2.** *на кого-что, на ком-чём* и *без доп.* Сильно увлекаться чем-л., быть одержимым чем-л. *~ на мотоцикле.* **3.** *куда* и *без доп.* Приходить, попадать куда-л., обычно неожиданно, не по своей воле, заблудившись, заплутав. *Чего это мы всё время не на ту улицу западаем. Во запали, сусанины хреновы.*

ЗАПАДЛО́, -а́, *ср.*, **ЗАПАДЛЯ́К**, -а́, *м.*, **ЗАПАДЛЯ́НКА**, -и, *ж.* **1.** Невезение, неудача. *Попасть в западляк.* **2.** Подлость, дурной поступок. **3.** в зн. *сказ., кому что делать*. Лень, не хочется; неэтично, совестно. *В воскресенье западло работать* (лень). *Тебе не западло такую дрянь делать* (не совестно)? ♦ **Подкинуть** (или **подбросить, сделать**) **западло** *кому* — устроить жестокий розыгрыш, злую шутку.

См. также **НЕ ЗАПАДЛО**

От **ПАДЛА**.

ЗА́ПАДНИК, -а, **ЗАПАДНО́Й**, -о́го, *м.* Человек с Запада, западноевропеец или американец.

ЗАПАДНЯ́[1], -и́, *ж.* Туалет.

ЗАПАДНЯ́[2], -и́, **ЗАПАДЫ́НЯ**, -и, *ж.* Запад, западный мир. *Неплохо бы в западню-то сейчас.*

ЗАПА́ДШИЙ, -ая, -ее. Влюблённый; увлечённый, одержимый чем-л.

От **ЗАПАСТЬ**.

ЗАПАДЫНЯ *см.* **ЗАПАДНЯ**

ЗАПАЛЬНИ́ЧКА, -и, *ж.* Зажигалка.

От общеупотр. «запалить».

ЗАПАРАЗИ́ТЬ, -ажу́, -ази́шь, **ЗАПОРАЗИ́ТЬ**, -ажу́, -ази́шь; *сов., что куда.* Закинуть, забросить, потерять. *Куда это я ксиву* (документ) *~азил?*

Неясно; возм. сближение с общеупотр. «паразит».

ЗАПАРАЗИ́ТЬСЯ, -ажу́сь, -ази́шься, **ЗАПОРАЗИ́ТЬСЯ**, -ажу́сь, -ази́шься, *сов., куда.* Уехать; отправиться на отдых; скрыться от мира. *Давай куда-нибудь в глушь ~азимся!*

От **ЗАПАРАЗИТЬ**.

ЗАПА́РИВАТЬ, -аю, -аешь; *несов.* (*сов.* **ЗАПА́РИТЬ**, -рю, -ришь). **1.** *кого, кому* и *без доп.* Надоедать, утомлять, наскучивать, опостылевать. *Он меня до зубной боли уже запарил.* **2.** *кому.* Вступать в половой контакт с кем-л. (о мужчине); совершать по отношению к кому-л. какое-л. интенсивное действие.

♦ **ЗАПА́РИТЬ КОЧЕРЫ́ЖКУ** — закурить, прикурить.

ЗАПА́РЫВАТЬСЯ, -аюсь, -аешься; *несов.* (*сов.* **ЗАПОРО́ТЬСЯ**, -порю́сь, -по́решься). **1.** *куда.* Уезжать, выбираться куда-л; скрываться где-л. *Давай этим летом в Коктебель запоремся.* **2.** *на чём* и *без доп.* Проваливаться, терпеть неудачу. *На сочинении запоролся, «Ионыча» Иванычем назвал.*

ЗАПАС *см.* **КОМАНДИРСКИЙ ЗАПАС**

♦ **ЗАПАСНО́Й АЭРОДРО́М** — квартира любовницы.

ЗАПАСТЬ *см.* **ЗАПАДАТЬ**

ЗА́ПАХ, -а, *м.* Призывник до присяги.

Из *арм.*; *ср.* **ДУХ**.

ЗАПА́ХИВАТЬСЯ, -аюсь, -аешься; *несов.* (*сов.* **ЗАПАХА́ТЬСЯ**, -пашу́сь, -па́шешься), *с чем* и *без доп.* Слишком много работать; уставать от работы.

От **ПАХАТЬ**.

ЗАПАЯ́ТЬ, -я́ю, -я́ешь; *сов., кому по чему, во что.* Ударить, стукнуть, избить.

От общеупотр. «паять», «запаять». *ср.* **ВПАЯТЬ**.

ЗАПЕЖО́ПИТЬ, -плю, -пишь; *сов., что.* Подчеркнуть текст в рукописи одной чертой, соответствующей полужирному шрифту; выделить полужирным шрифтом.

От **ПЕЖОПИТЬ**.

ЗАПЕРДО́ЛИТЬ, -лю, -лишь, **ЗАПЕРДО́НИТЬ**, -ню, -нишь; *сов.* **1.** *кому во что.* Вступить в половую связь (о мужчине). **2.** *что кому.* Совершить по отношению к кому-л. какое-л. интенсивное действие. *Ему судья пятилетку ~олил* — суд приговорил его к пяти годам заключения.

Ср. **ВПЕРДОЛИТЬ**.

ЗАПЕЧНЫЙ *см.* **ТАРАКАН**

ЗАПИЗДОФАСО́ЛИВАТЬ, -аю, -аешь; *несов.* (*сов.* **ЗАПИЗДОФАСО́ЛИТЬ**, -лю, -лишь), *что* и *без доп.* Делать что-л. быстро, стремительно, энергично. *По полтора литра запиздофасолили* (выпили).

От **ПИЗДОФАСОЛИТЬ**.

ЗАПИКАПИТЬ *см.* **ПИКАПАТЬ**

ЗАПИ́Л, -а, *м.* Выразительный, сильный музыкальный проигрыш (преим. на гитаре).

Ср. **ЗАПИЛИВАТЬ 1**.

ЗАПИ́ЛЕННЫЙ, -ая, -ое. Испорченный, заезженный, ветхий (о вещи); сломленный, угнетённый, притеснённый, бессловесный (о человеке). *~ая пластинка. Совсем мужик ~* (женой).

От **ЗАПИЛИТЬ 2**.

ЗАПИ́ЛИВАТЬ, -аю, -аешь; *несов.* (*сов.* **ЗАПИЛИ́ТЬ**, -пилю́, -пи́лишь). **1.** *что* и *без доп.* Начинать играть (о музыке); начинать говорить или что-л. делать. **2.** *кого-что.* Портить, повреждать что-л.; мучить, тиранить, загонять, «замордовывать» кого-л.

ЗАПИНДЮ́РИВАТЬ, -аю, -аешь; *несов.* (*сов.* **ЗАПИНДЮ́РИТЬ**, -рю, -ришь); *кому, что.* Делать что-л. интенсивно, быстро, сильно. *Запиндюрить в нос* (ударить). *Запиндюривать гвоздь* (забивать).

Ср. *устар. диал.* «пендюх» — желудок, пузо, «пендюра», «пендеря» — лентяй, дармоед, «пендюрить» — много есть, «пентерить» — впихивать, засовывать, «пентериться» — тесниться, лезть.

ЗАПИСА́ТЬ, -ишу́, -и́шешь; *сов., кого.* Побить, наказать; убить, зарезать.

Ср. *уг.* «записать» в том же зн.

♦ **ЗАПИСА́ТЬ В КНИ́ЖЕЧКУ** *кого* — приготовиться к мщению, затаить зло на кого-л.

ЗАПИСАТЬ НА КОРОЧКУ *см.* **КОРОЧКА**

ЗАПИСНУ́ХА, -и, **ЗАПИСНУ́ШКА**, -и, *ж.*, **ЗАПИСНЯ́К**, -а́, *м.* Записная книжка.

ЗАПЛАКАТЬ *см.* **БРАТСКАЯ МОГИЛА: УПАСТЬ, ОБНЯТЬ И ЗАПЛАКАТЬ**

ЗАПЛАТИТЬ *см.* **ЗАХВАЧЕНО**

ЗАПЛА́ТКА, -и, *ж.* Способ исправления ошибки в программе «на скорую руку», без тщательной правки. *Поставить ~у.*

Из жарг. программистов, пользователей компьютеров; *ср.* англ. *жарг.* patch в том же зн.

ЗАПЛЫ́В, -а, *м.* Мытьё полов, влажная уборка казармы. *Уйти в ~.*

От **ЗАПЛЫВАТЬ**.

ЗАПЛЫВА́ТЬ, -а́ю, -а́ешь; *несов.* (*сов.* **ЗАПЛЫТЬ**, -ыву́, -ывёшь), *без доп.* Мыть полы, делать влажную уборку.

Из *арм.*

ЗАПОВЕ́ДНИК, -а, *м. Шутл.* О каком-л. месте (заведении), где много консервативно настроенных людей (обычно старых большевиков, коммунистов), напр., о санаториях.

ЗАПО́Й, -я, *м. Шутл.* О распитии спиртного, посвящённом началу какого-л. дела.

Ср. общеупотр. «запой» — периодическое длительное пьянство; *см.* также **ПРОПОЙ**.

ЗАПОЛЗА́ТЬ, -а́ю, -а́ешь; *несов.* (*сов.* **ЗАПОЛЗТИ́**, -лзу́, -зёшь), *куда* и *без доп.* Начинать работу в компьютерной сети.

Чаще в речи игроков в MUD.

ЗАПОЛЛИ́ТРИВАТЬ, -аю, -аешь; *несов.* (*сов.* **ЗАПОЛЛИ́ТРИТЬ**, -рю, -ришь), *что с кем* и *без доп.* Договариваться, «бить по рукам», приходить к согласию, соглашению, совместно планировать что-л.

От «пол-литра».

ЗАПОЛОСКА́ТЬ, -а́ю, -а́ешь; *сов., кого* (или **~ МОЗГИ́** *кому*). Измучить, вытянуть все жилы; замучить разговорами, заговорить зубы; запутать, обмануть, сбить с толку.

ЗАПО́Р[1], -а, **ЗА́ПОР**, -а, *м.* Автомобиль марки «Запорожец».

Сокращ.

ЗАПО́Р[2], -а, *м.* **1.** Тупость, внезапное помутнение разума, умственная усталость. **2.** Блокирующее открытие в бридже. ♦ **Творческий ~** — отсутствие вдохновения, желания работать. **~ мыслей, поток слов** — пустая болтовня, многословие.

От общеупотр. «запор» — затруднённая работа кишечника; 2. — из *карт.*

ЗАПОРАЗИТЬ *см.* **ЗАПАРАЗИТЬ**

ЗАПОРАЗИТЬСЯ *см.* **ЗАПАРАЗИТЬСЯ**

ЗАПОРОТЬСЯ *см.* **ЗАПАРЫВАТЬСЯ**

ЗАПОТЕТЬ *см.* **А ОЧКИ НЕ ЗАПОТЕЮТ?**

ЗАПРАВИТЬ *см.* **ЗАПРАВЛЯТЬ**

ЗАПРА́ВКА, -и, *ж.* Еда, завтрак, обед, ужин; столовая; то, что и где едят. *Очередь у ~и.*

ЗАПРАВЛЯ́ТЬ, -я́ю, -я́ешь; *несов.* (*сов.* **ЗАПРА́ВИТЬ**, -влю, -вишь). **1.** *кому.* Ругать, наказывать, мстить. *Вот придёт мой придурок благоверный, я уж ему заправлю!* (жена о муже). **2.** *кому.* Вступать в половую связь с кем-л. (о мужчине) **3.** *что кому* (или **~ АРА́ПА** *кому*). Лгать, врать, придумывать, обманывать.

3. — возм. первоначально из *уг.*; во второй половине XX в. выражение «арапа заправлять» стало общеразговорным (встречается во многих литературных источниках, напр., у В. Шефнера, В. Шукшина и др.).

ЗАПРИ́НТИТЬ, -нчу, -нтишь; *сов.* Напечатать; сделать распечатку на принтере.

От **ПРИНТИТЬ**.

ЗАПРОТОКОЛИ́РОВАТЬ, -рую, -руешь; *сов., кого.* Избить. *Один троих ~ровал.*

ЗАПРЫГНУТЬ *см.* **ШАРИКИ ЗА БЕБИКИ (ЗАШЛИ, ЗАЕХАЛИ, ЗАПРЫГНУЛИ)**

ЗАПСИ́ТЬ, *1 л. ед.* обычно не употр., -и́шь, *сов.* Пачкать, марать; приводить в негодность, в антисанитарное состояние. *Надо же так все кастрюли ~, ты что там — негров, что ли, варила?*

От общеупотр. «пёс», «псина».

ЗАПУЗЫ́РИВАТЬ, -аю, -аешь; *несов.* (*сов.* **ЗАПУЗЫ́РИТЬ**, -рю, -ришь). **1.** *что куда.* Делать что-л.; делать что-л. интенсивно, быстро. **2.** *кого.* Делать беременной. *Он её запузырил.*

ЗАПУЗЫ́РИВАТЬСЯ, -аюсь, -аешься; *несов.* (*сов.* **ЗАПУЗЫ́РИТЬСЯ**, -рюсь, -ришься), *куда.* Уезжать или уходить куда-л. (преим. надолго, на отдых). *Пойдём на пляж запузыримся.*

ЗАПУЗЫРИТЬ *см.* **ЗАПУЗЫРИВАТЬ**

ЗАПУЗЫРИТЬСЯ *см.* **ЗАПУЗЫРИВАТЬСЯ**

ЗАПУПЫ́РИВАТЬ, -аю, -аешь; *несов.* (*сов.* **ЗАПУПЫ́РИТЬ**, -рю, -ришь), *что* и *без доп.* Делать что-л. активно, ярко, мощно и т. п.

ЗАПУПЫ́РЬ, -я́, *м.* Бутылка спиртного.

Передел. от **ПУЗЫРЬ 1**; *ср.* **ЗАПУПЫРИВАТЬ**; *ср.* также **ЗУПЫРЬ**.

ЗАПУСТИТЬ *см.* **КАК ВСЁ ЗАПУЩЕНО!**

ЗАПУЩЕННЫЙ *см.* **ЧЕМ ВЫШЕ ДОМ, ТЕМ ЗАПУЩЕННЕЙ ЧЕРДАК**

ЗАРАСТИ *см.* **ЖОПА**

ЗАРЖАВЕ́ЛИ, *нескл., м.* Грузин. *Это ещё что за ~?*

Обыгрывается созвучие окончания типичных груз. собств. имен (типа «Церетели» и т. п.) и рус. гл. формы; часто употр. в контексте загадки: «какая получится грузинская фамилия, если гвозди положить в воду?».

ЗАРЖАВЕТЬ *см.* **ЗА МНОЙ НЕ ЗАРЖАВЕЕТ; СООБРАЖАЛКА**

ЗАРПЛАТА *см.* **НЕГР**

ЗАРУБЕ́ЖКА, -и, *ж.* **1.** Учебная дисциплина «Зарубежная литература» в вузе. **2.** Заграница. *Он в ~е.*

1. — из *студ.*

ЗАРУБИ́ТЬ, -ублю́, -у́бишь; *сов.* **1.** *кого-что, на чём.* Провалить кого-л., не разрешить кому-л. что-л.; поставить двойку (на экзамене). **2.** *под кого-что.* Притвориться кем-л. ♦ **~ под дуру** — сыграть под простачка.

ЗАРУ́ЛИВАТЬ, -аю, -аешь; *несов.* (*сов.* **ЗАРУЛИ́ТЬ**, -лю́, -ли́шь), *куда* и *без доп.* Заходить, подходить к кому-л.; приходить в гости. *Давай, заруливай к нам к вечеру.*

♦ **ЗА РУПЬ ЕЖО́М** — газета «За рубежом».

ЗАРЫВА́ТЬСЯ, -а́юсь, -а́ешься; *несов.* (*сов.* **ЗАРЫ́ТЬСЯ**, -ро́юсь, -ро́ешься). **1.** *куда.* Уходить куда-л., уединяться. *~ в ресторан.* **2.** *с чем, на чём.* Провалиться, терпеть крах; долго, но обычно безуспешно заниматься чем-л.; быть в запарке. *~ на математике* (об экзамене). *~ с проектом.*

ЗАРЯДИТЬ *см.* **ЗАРЯЖАТЬ**

ЗАРЯДИТЬ БАГРОВОГО *см.* **БАГРОВЫЙ**

ЗАРЯДИТЬ (ПОСЛУШАТЬ, ВКЛЮЧИТЬ, ВЫПИТЬ) ЧАЙКОВСКОГО *см.* **ЧАЙКОВСКИЙ**

ЗАРЯДИТЬСЯ *см.* **ЗАРЯЖАТЬСЯ**

♦ **ЗАРЯ́ДКА КОЛО́ДЫ** — один из шулерских приёмов.

Из *карт.*

ЗАРЯ́ДНОЕ, -ого, *ср.* (или **ЗАРЯ́ДНОЕ УСТРО́ЙСТВО**). Спиртное, выпивка.

ЗАРЯ́ДЫ, -ов, *мн.* Спиртное. *~ есть? ~ кончились.*

ЗАРЯЖА́ТЬ, -а́ю, -а́ешь; *несов.* (*сов.* **ЗАРЯДИ́ТЬ**, -яжу́, -я́дишь), *кого на сколько* (или **ДИНА́МУ** *~ кому*). Обманывать; брать деньги, но не выполнять обещанного. *Вчера клиента на кусок* (тысячу рублей) *зарядил* (из разговора спекулянтов).

Возм. из *уг.*

ЗАРЯЖА́ТЬСЯ, -а́юсь, -а́ешься; *несов.* (*сов.* **ЗАРЯДИ́ТЬСЯ**, -яжу́сь, -я́дишься), *чем* и *без доп.* Пить спиртное.

ЗАСА́ДА, -ы, *ж.* Туалет.

ЗАСАДИТЬ *см.* **ЗАСАЖИВАТЬ; ПОМИДОР**

ЗАСАДИТЬ КОСЯКА *см.* **КОСЯК**

ЗАСАДИТЬ ЛЕДЕНЦА ЗА ЩЕКУ *см.* **ЛЕДЕНЕЦ**

ЗАСА́ДНЫЙ, -ая, -ое. Выдающийся, интересный, характерный, замечательный. *~ая музыка.*

ЗАСА́ЖИВАТЬ, -аю, -аешь; *несов.* (*сов.* **ЗАСАДИ́ТЬ**, -ажу́, -а́дишь). **1.** *кому во что, по чему, что* и *без доп.* Делать что-л. интенсивно, мощно. *Засаживать мяч* — забивать гол. *Засадить по морде* — ударить по лицу. **2.** *сколько.* Проигрывать (обычно большую сумму). **3.** *кому.* Вступать в половой акт (о мужчине).

ЗАСАНДА́ЛИВАТЬ, -аю, -аешь; *несов.* (*сов.* **ЗАСАНДА́ЛИТЬ**, -лю, -лишь), *что кому куда* и *без доп.* Делать что-л. быстро, стремительно, сильно.

ЗАСВЕ́ЧИВАТЬ, -аю, -аешь; *несов.* (*сов.* **ЗАСВЕТИ́ТЬ**, -ечу́, -е́тишь), *кому по чему, во что, куда.* Ударять, бить. *~ между глаз.*

ЗАСВЕ́ЧИВАТЬСЯ, -аюсь, -аешься; *несов.* (*сов.* **ЗАСВЕТИ́ТЬСЯ**, -ечу́сь, -е́тишься), *где на чём.* Быть замеченным, уличённым в чём-л. неблаговидном. *Я туда больше не пойду, я там засветился.*

Ср. общеупотр. «засветить плёнку».

ЗАСЕДА́ТЬ, -а́ю, -а́ешь; *сов., без доп. Ирон.* Быть в туалете. *А куда это Ванька делся? ~ают-с.*

ЗАСЕКА́ТЬ, -а́ю, -а́ешь; *несов.* (*сов.* **ЗАСЕ́ЧЬ**, -еку́, -ечёшь). **1.** *кого-что, за чем, с чем.* **1.** Ловить, искать; находить, обнаруживать. *Нас засекли, уходим.* **2.** *без доп.* (или ~ **ВРЕ́МЯ**). Начать отсчёт времени. **3.** *что* и *без доп.* Понимать, догадываться, вникать в суть дела. *Засекаешь, чем пахнет?* ♦ **Засекай!** — смотри, как интересно.

ЗАСЕРАТЬСЯ *см.* **СРАТЬ**

ЗАСЕ́РИВАТЬ, -аю, -аешь; *несов.* (*сов.* **ЗАСЕ́РИТЬ**, -рю, -ришь), *что чем.* Пачкать, портить, измазывать. *Ну вот, весь день засерил!*

От **СЕРИТЬ**.

♦ **ЗАСЕ́РИВАТЬ МОЗГИ́** *кому* — заговаривать кого-л., запутывать, наводить тень на плетень; утомлять.

ЗАСЕРИТЬ *см.* **ЗАСЕРИВАТЬ**

ЗАСЕ́РЯ, -и, *м.* и *ж.* **1.** Тот, кто часто ходит в туалет; неряха, неопрятный человек. **2.** Руг.

От **СЕРИТЬ**.

ЗАСЕЧЬ *см.* **ЗАСЕКАТЬ**

ЗАСИ́КАТЬ, -аю, -аешь; *сов., чего, что делать* и *без доп.* Испугаться.

От **СИКАТЬ 2**.

ЗАСИ́ЛИВАТЬ, -аю, -аешь; *несов.* (*сов.* **ЗАСИ́ЛИТЬ**, -лю, -лишь) *что* и *без доп.* Делать так, чтобы постановление, решение, закон и т. п. вступили в силу.

Из языка юристов.

ЗАСКО́БАРИТЬ, -рю, -ришь, **ЗАСКОБАРИ́ТЬ**, -рю́, -ри́шь; *сов., что.* Спрятать, утаить что-л.

См. **СКОБАРИТЬ**.

ЗАСКРЁБЫШ, -а, *м.* Последний, младший ребёнок.

От общеупотр. «скрести», «заскребать»; *ср.* **ПОСКРЁБЫШ**.

ЗАСМА́РКАННЫЙ, -ая, -ое. Плохой, дурного качества, ничтожный.

От **ЗАСМОРКАТЬ**.

ЗАСМОЛИ́ТЬ, -олю́, -оли́шь (или -о́лишь); *сов., что* и *без доп.* Закурить, прикурить.

От **СМОЛИТЬ**.

ЗАСМОРКА́ТЬ, -а́ю, -а́ешь; *сов., что чем.* Испортить дело, свести на нет все усилия.

От общеупотр. «сморкаться».

ЗАСНОША́ТЬ, -а́ю, -а́ешь; *сов., кого чем* и *без доп.* Надоесть, набить оскомину, извести.

От **СНОШАТЬ**; *эвфем.* от бранного.

ЗАСОБА́ЧИВАТЬ, -аю, -аешь; *несов.* (*сов.* **ЗАСОБА́ЧИТЬ**, -чу, -чишь). **1.** *что куда.* Забрасывать, закидывать, забивать; совершать любое интенсивное действие. **2.** *кого.* Ругать, бранить кого-л.; принижать, унижать кого-л. *Засобачила меня моя баба* (о жене).

От общеупотр. «собака»; *ср.* **СОБАЧИТЬ**.

ЗАСОПЛИ́ВЕТЬ, -влю, -вишь, **ЗАСОПЛИ́ВЕТЬСЯ**, -влюсь, -вишься, *сов. без доп.* Почувствовать себя плохо; заболеть, занемочь, простудиться.

ЗАСО́Р, -а, *м.*, **ЗАСОРЕ́НИЕ**, -я, *ср.* (или ~ **МОЗГО́В**). Притупление памяти, ухудшение работы мозга, снижение работоспособности, отупение. *Я вижу, у тебя засорение мозгов, прочистить надо.*

От **ЗАСОРИТЬ**.

ЗАСОРИ́ТЬ, -орю́, -ори́шь (или -о́ришь); *сов., кому, кого чем* (или ~ **МОЗГИ́** *кому чем*). Надоесть, заболтать, запутать; наговорить много лишнего, ненужного.

ЗАСО́С, -а, *м.* Сильный поцелуй; след от него. *Оставить ~. Чур, без ~ов! Ну ты, Ромео с ~ом, шагай сюда.*

От **ЗАСОСАТЬ 1**.

ЗАСОСА́ТЬ, -су́, -сёшь; *сов.* **1.** *кого.* Поцеловать кого-л. **2.** *чего, что.* Выпить спиртного. *~ стакан.*

♦ **ЗАСО́ХНИ, ПЛЕ́СЕНЬ!** — замолчи, заткнись, убирайся вон.

ЗАСО́ХНУТЬ, -ну, -нешь; *сов., без доп.* Замолчать. *Ну-ка, ~ни минуток на сто двадцать.*

ЗАСРА́НЕЦ, -нца, *м.* **1.** Тот, кто страдает расстройством кишечника; грязнуля, неряха. **2.** Руг.

От **СРАТЬ**.

ЗА́СРАННЫЙ, -ая, -ое. Грязный, замызганный; плохой, негодный.

От **ЗАСРАТЬ**.

ЗАСРА́НСК, -а, *м., собств.* Город Саранск, столица Мордовии, также обобщённо-нарицательно о любом провинциальном городе.

Шутл. контаминация с «срать», «засрать» и под. *Ср.* **МУХОСРАНСК**.

ЗАСРА́ТЬ, -ру́, -рёшь; *сов., что.* Испачкать, испортить.

От **СРАТЬ**.

♦ **ЗАСРА́ТЬ МОЗГИ́** *кому* — заговорить кого-л., запутать, навести тень на плетень; утомить.

ЗАССЫ́ХА, -и, *ж.* Малявка, мелюзга, нахалка; обычно употребляется как руг.

От **ССАТЬ**.

ЗАСТАКА́НИВАТЬ, -аю, -аешь; *несов.* (*сов.* **ЗАСТАКА́НИТЬ**, -ню, -нишь), *что, с кем* и *без доп.* Договариваться, «бить по рукам», приходить к согласию, соглашению, совместно планировать что-л.

От общеупотр. «стакан».

ЗАСТЁБЫВАТЬ, -ваю, -ваешь; *несов.* (*сов.* **ЗАСТЕБА́ТЬ**, -а́ю, -а́ешь), *кого чем, с чем* и *без доп.* Надоедать, наскучивать, утомлять чем-л.

От **СТЕБАТЬ**; *эвфем.* от руг.

♦ **ЗАСТЕГНИ́ ЗУ́БЫ** — замолчи, заткнись, помалкивай.

ЗАСТЕГНУ́ТЬСЯ, -ну́сь, -нёшься; *сов.* Подвергаться операции по вшиванию антиалкогольной ампулы.

ЗАСТИ́РАННЫЙ, -ая, -ое. Унылый, вялый, чахлый (о человеке); плохой, ветхий, поношенный (о вещи). *Чего это ты такой ~* (скучный, вялый), *женился что ли?*

От общеупотр. «стирать», «застирать».

ЗАСТОЙ *см.* **БЛАТ ОТ НЕУПОТРЕБЛЕНИЯ (ЗАСТОЯ) ПОРТИТСЯ**

ЗАСТОЛЬЕ *см.* **ЭПОХА ЗАСТОЛЬЯ**

ЗАСТО́ПИТЬ, -плю, -пишь; *сов., кого-что.* Остановить, поймать (о машине).

От общеупотр. «стоп»; *ср.* **СТОПИТЬ**.

ЗАСТОПОРИТЬСЯ *см.* **СООБРАЖАЛКА**

ЗАСТРЕ́ЛИВАТЬ, -аю, -аешь; *несов.* (*сов.* **ЗАСТРЕЛИ́ТЬ**, -лю́, -ли́шь), *где* и *без доп.* Назначать место встречи. *Застреливаем в шесть на Пушке.*

От **СТРЕЛКА**.

♦ **ЗАСТРЕЛИ́СЬ СОЛЁНЫМ ОГУРЦО́М** — реплика, выражающая любой оттенок ирон. отношения к собеседнику, напр. при несогласии с ним, пародировании сочувственного отношения и т. п.

ЗАСТРЕЛИТЬ *см.* **ЗАСТРЕЛИВАТЬ**

ЗАСТРЕМА́ТЬ, -а́ю, -а́ешь; **ЗАСТРЁМИТЬ**, -млю, -мишь; *сов.* **1.** *кого с чем, на чём.* Поймать, застичь, подкараулить, подловить кого-л. на чём-л. *~ со шпаргалками* (на экзамене). **2.** *кого чем.* Испугать, запугать, разволновать кого-л. чем-л. *Телевизор уже всех застремал своим карканьем* (тревожными известиями).

От **СТРЁМ**, **СТРЕМАТЬ**.

ЗАСТРЕМА́ТЬСЯ, -а́юсь, -а́ешься; **ЗАСТРЁМИТЬСЯ**, -млюсь, -мишься; *сов., чего* и *без доп.* Испугаться чего-л.

От **ЗАСТРЕМАТЬ**.

ЗАСТРЁМИТЬ *см.* **ЗАСТРЕМАТЬ**

ЗАСТРЁМИТЬСЯ *см.* **ЗАСТРЕМАТЬСЯ**

ЗАСТРИГАТЬ *см.* **СТРИЧЬ (ЗАСТРИГАТЬ, ПОДСТРИГАТЬ, КРОМСАТЬ) ПОЛЯНУ**

ЗАСТУ́КАТЬ, -аю, -аешь, **ЗАСТУЧА́ТЬ**, -чу́, -чи́шь; *сов.* **1.** *кого на чём, с чем.* Застать врасплох, подловить, поймать. **2.** *на кого, кого, кому* и *без доп.* Донести, предать, выдать кому-л. чью-л. тайну.

ЗАСУХА *см.* **ПРИДЁТ ВОЙНА, НАСТУПИТ ЗАСУХА...**

ЗАСУШЕННЫЙ *см.* **ГЕРАКЛ (ЗАСУШЕННЫЙ)**

ЗАСУШКА ТЕЛЕВИДКИ *см.* **ТЕЛЕВИДКА**

ЗАСЫПАТЬ *см.* **БУНКЕР**

ЗАСЫХА́ТЬ, -а́ю, -а́ешь; *несов.* **1.** *отчего, с чего* и *без доп.* Испытывать какую-л. сильную эмоцию. *Я от тебя просто ~аю* — ну ты даёшь! **2.** *по кому, за кем.* Быть влюбленным в кого-л., страдать, переживать. *Шурочка, я за тобой ~аю, как голодный эфиоп.*

ЗАТАМА́ЖИВАТЬ, -аю, -аешь, **ЗАТАМО́ЖИВАТЬ**, -аю, -аешь; *несов.* (*сов.* **ЗАТАМО́ЖИТЬ**, -о́жу, -о́жишь), *что* и *без доп.* Оформлять таможенные документы на экспортный товар.

Ср. **РАСТАМАЖИВАТЬ**.

ЗАТАРА́НИТЬ, -ню, -нишь; *сов., что, куда.* Занести, затащить (обычно с трудностями).

От общеупотр. «таран», «таранить»; *ср.* **ТАРАНИТЬ** 2.

ЗАТА́РИВАТЬ, -аю, -аешь; *несов.* (*сов.* **ЗАТА́РИТЬ**, -рю, -ришь), *сколько, что*, **ЗАТА́РИВАТЬСЯ**, -аюсь, -аешься; *несов.* (*сов.* **ЗАТА́РИТЬСЯ**, -рюсь, -ришься), *чем.* Покупать спиртное, запасаться спиртным. *Три сумки затарили. Чем затариваться будем?*

От общеупотр. «тара» — посуда.

ЗАТА́ЧИВАТЬСЯ, -аюсь, -аешься; *несов.* (*сов.* **ЗАТОЧИ́ТЬСЯ**, -очу́сь, -о́чишься), *подо что.* Привыкать, приспосабливаться, приноравливаться.

ЗАТАЩИ́ТЬСЯ, -ащу́сь, -а́щишься; *сов., от чего, с чего* и *без доп.* Испытать какую-л. сильную эмоцию (чаще удовлетворение). *От селёдки ~ащился больше, чем от водки.*

От **ТАЩИТЬСЯ**.

ЗАТВОР *см.* **ПЕРЕДЁРНУТЬ ЗАТВОР**

ЗАТЕЛИ́ТЬ, -елю́, -е́лишь (или -ели́шь); *сов., что* и *без доп.* Провалить дело своей медлительностью, нерасторопностью.

От **ТЕЛИТЬ**.

ЗАТЕЛИ́ТЬСЯ, -елю́сь, -е́лишься (или -ели́шься); *сов., с чем* и *без доп.* Замешкаться, промедлить; вовремя не принять решения. *В метро ~елишься, собьют как кеглю.*

От **ТЕЛИТЬСЯ**.

ЗАТЁРТЫЙ, -ая, -ое. Далёкий (во времени), незапамятных времен. *В каком-то ~ом году.*

ЗАТИХА́РИТЬ, -рю, -ришь; *сов., что от кого.* Потихоньку отменить какое-л. ранее обещанное мероприятие или провести его тихо, сепаратно, в узком кругу. *Свадьбу ~рил, змеёныш!*

ЗАТКНИ (ВЫКЛЮЧИ, ЗАКРОЙ, СЛОМАЙ) СВОЙ РЖАВЫЙ ГРАММОФОН *см.* **ГРАММОФОН**

♦ **ЗАТКНИ́СЬ ОРА́ТЬ!** — замолчи, перестань кричать.

Пародируется прост. избыточность речи, типа «водку пьянствовать» и т. п.

♦ **ЗАТКНИ́ ФОНТА́Н** (или **СВОЙ РЖА́ВЫЙ ВЕ́НТИЛЬ, ДУПЛО́, СВОЙ ТРЕСКУ́ЧИЙ ГРАММОФО́Н, ГЕ́ЙЗЕР, ТРУБУ́, СВОЁ ДУ́ЛО НАРЕЗНО́Е** и т. п.) — замолчи.

ЗАТКНУТЬ *см.* **ЗАТКНИ ФОНТАН (СВОЙ РЖАВЫЙ ВЕНТИЛЬ...); ЗАТЫКАТЬ; ПАСТЬ**

ЗАТКНУТЬСЯ *см.* **ЗАТКНИСЬ ОРАТЬ!**

ЗАТМЕ́НИЕ, -я, *ср.* (или **СО́ЛНЕЧНОЕ ~**). Убийство. ♦ **Сделать ~** *кому* — сделать нагоняй, изругать, наказать и т. п.; убить кого-л.

Из *уг.*

ЗАТОРМОЗИ́ТЬ, -ожу́, -ози́шь; *сов.* **1.** *кого-что.* Остановить. ~ *такси.* **2.** *без доп.* То же, что **ЗАТОРМОЗИТЬСЯ**.

ЗАТОРМОЗИ́ТЬСЯ, -ожу́сь, -ози́шься; *сов., без доп.* Плохо соображать, утомиться; потерять мысль.

Ср. **ТОРМОЗ, ТОРМОЗИТЬСЯ**.

См. также **СООБРАЖАЛКА**

ЗАТОРЦЕВА́ТЬ, -цу́ю, -цу́ешь; *сов., кого по чему, во что.* Ударить кого-л. (обычно по лицу).

От **ТОРЦЕВАТЬ**.

ЗАТОРЧА́ТЬ, -чу́, -чи́шь; *сов.* **1.** *от кого-чего, с кого-чего* и *без доп.* Испытать какую-л. сильную эмоцию. **2.** *без доп.* Оказаться в крайне тяжёлой ситуации.

От **ТОРЧАТЬ**.

♦ **ЗАТОРЧА́ТЬ** (или **ПРИТОРЧА́ТЬ**) **НА УМЕ́** — быть слишком серьёзным, не понимать юмора, вносить психологическую тяжесть, дискомфорт в общение, работу.

ЗАТОЧЕННЫЙ *см.* **РУКИ ПОД КАРАНДАШ (ПОД ХРЕН, ПОД ОНАНИЗМ, ПОД ЗАДНИЦУ) ЗАТОЧЕНЫ**

ЗАТОЧИТЬСЯ *см.* **ЗАТАЧИВАТЬСЯ**

ЗАТРА́ХАТЬ, -аю, -аешь; *сов., кого чем.* Надоесть, утомить кого-л.

См. также **ДОХЛОГО ЗАКОЛЕБАТЬ (ЗАТРАХАТЬ, ЗАМУЧИТЬ)**

От **ТРАХАТЬ**.

ЗАТРА́ХАТЬСЯ, -аюсь, -аешься; *сов., с чем* и *без доп.* Устать от чего-л.; слишком долго и обычно безрезультатно заниматься чем-л.

От **ТРАХАТЬ**.

ЗАТРОИ́ТЬ, -ою́, -ои́шь; *сов., что* и *без доп.* Выпить «на троих» бутылку (или более) спиртного (чаще водки).

От **ТРОИТЬ**.

ЗАТРУ́ХАННЫЙ, -ая, -ое. Грязный, испачканный, неряшливый.

От **ЗАТРУХИВАТЬ, ЗАТРУХАТЬ**.

ЗАТРУ́ХИВАТЬ, -аю, -аешь; *несов.* (*сов.* **ЗАТРУ́ХАТЬ**, -аю, -аешь, **ЗАТРУХА́ТЬ**, -а́ю, -а́ешь), *что.* Пачкать, мазать, портить. *Весь костюм затруха́л.*

Вероятно, от общеупотр. «труха».

ЗАТУШИТЬ ОБОРОТЫ *см.* **ОБОРОТ**.

ЗАТЫКА́ТЬ, -а́ю, -а́ешь; *несов.* (*сов.* **ЗАТКНУ́ТЬ**, -ну́, -нёшь. **1.** *что, с чем, что делать* и *без доп.* Прекращать кричать, шуметь, портить всем настроение и т. п. *Ну, затыкай вонять-то. Заткни с пропагандой. Затыкай речугу* (речь). *Нанюхались, затыкай.* **2.** *кого.* Заставить кого-л. замолчать; наказать, избить.

Ср. **ВОНЯТЬ**; *ср. разг.* «заткнись» — замолчи и т. п.

ЗАТЫЛОК *см.* **ЗАЛИТЬСЯ ДО ЗАТЫЛКА; НАМЫВАТЬ (ЗАТЫЛОК)**

ЗАТЫ́РИТЬ, -рю, -ришь; *сов.* **1.** *что где.* Украсть. **2.** *что.* Спрятать, утаить от других.

От **ТЫРИТЬ**.

ЗАТЫ́РЩИК, -а, *м.* **1.** Вор (обычно помощник главного вора). **2.** Тот, кто прячет, утаивает что-л. от других; жадина, индивидуалист.

От **ЗАТЫРИТЬ**; **1.** — из *уг.*

ЗАТЫЧКА *см.* **В КАЖДОЙ (К КАЖДОЙ) ПРОБКЕ ЗАТЫЧКА**

ЗАТЯЖБИ́ТЬ, обычно *безл.*, -и́т, *сов., кого, кому.* Задуматься, озаботиться, затосковать. *Что-то меня ~ило.*

От общеупотр. «тяжба».

ЗАУСЕ́НЕЦ, -нца, *м.* Ирон. обращение (обычно к человеку маленького роста или мальчику).

См. также **ША, НА НАРЫ, ЗАУСЕНЕЦ!**

ЗАУ́ШНЫЙ, -ая, -ое. *Шутл.* Заочный. ~ *факультет. ~ое образование.*

Возм. аллюзия к общеупотр. «тянуть за уши» — заставлять что-л. делать (здесь — учиться).

ЗАФАКА́ТЬ, -а́ю, -а́ешь, **ЗАФА́КАТЬ**, -аю, -аешь; *сов., кого, чем.* Надоесть, утомить, вывести из себя кого-л.

От **ФАКАТЬ**.

ЗАФИГА *см.* **ЗАФИГОМ**

ЗАФИГАРИВАТЬ *см.* **ЗАФИГАЧИВАТЬ**

ЗАФИГАРИВАТЬСЯ см. **ЗАФИГАЧИВАТЬСЯ**

ЗАФИГАРИТЬ *см.* **ЗАФИГАЧИВАТЬ**

ЗАФИГАРИТЬСЯ *см.* **ЗАФИГАЧИВАТЬСЯ**

ЗАФИГА́ЧИВАТЬ, -аю, -аешь; *несов.* (*сов.* **ЗАФИГА́ЧИТЬ**, -чу, -чишь), **ЗАФИГА́РИВАТЬ**, -аю, -аешь; *несов.* (*сов.* **ЗАФИГА́РИТЬ**, -рю, -ришь), *что куда.* Делать что-л. интенсивно, быстро. *А сейчас артист Вуячич вам чечётку зафигачит — ирон.* о ком-л., собирающемся что-л. сделать (имеется в виду популярный танцор Л. Вуячич).

От **ФИГАРИТЬ**, **ФИГАЧИТЬ**.

ЗАФИГА́ЧИВАТЬСЯ, -аюсь, -аешься; *несов.* (*сов.* **ЗАФИГА́ЧИТЬСЯ**, -чусь, -чишься), **ЗАФИГА́РИВАТЬСЯ**, -аюсь, -аешься; *несов.* (*сов.* **ЗАФИГА́РИТЬСЯ**, -рюсь, -ришься), *куда.* Деваться, теряться куда-л., пропадать. *Куда это мой зонтик зафигачился? ~ В кино.*

От **ФИГАРИТЬСЯ**, **ФИГАЧИТЬСЯ**.

ЗАФИГЕ́ТЬ, -е́ю, -е́ешь; *сов., с кого-чего, от кого-чего* и *без доп.* Испытать сильную эмоцию.

От **ФИГЕТЬ**.

ЗА́ФИГОМ, **ЗАФИГА́**, *нареч.* Зачем, для чего (обычно употребляется в риторических вопросах). *~ мне тёща, и так жить тошно!*

От **ФИГ**.

ЗАФОНАРЕ́ТЬ, -е́ю, -е́ешь; *сов., с чего, от чего, на что* и *без доп.* Испытать какую-л. сильную эмоцию; получить сильное впечатление от чего-л.

От **ФОНАРЕТЬ**.

ЗАФОНАРИ́ТЬ, -рю́, -ри́шь, **ЗАФОНА́РИТЬ**, -рю, -ришь; *сов., кому по чему, во что.* Ударить кого-л. (обычно в глаз); сделать что-л. изо всех сил.

Возм. от **ФОНАРЬ**.

ЗАХАВАТЬ *см.* **ЯД**

ЗАХАНЯ́ЧИВАТЬ, -аю, -аешь; *несов.* (*сов.* **ЗАХАНЯ́ЧИТЬ**, -чу, -чишь), **ЗАХОНЯ́ЧИВАТЬ**, -аю, -аешь; *несов.* (*сов.* **ЗАХОНЯ́ЧИТЬ**, -чу, -чишь), *что, сколько* и *без доп.* Пить спиртное, выпивать.

От **ХАНЯЧИТЬ**.

ЗАХАРЧЕВА́ТЬ, -чу́ю, -чу́ешь; *сов.* **1.** *что чем.* Испачкать, измарать; заблевать. **2.** *без доп.* Начать страдать рвотой.

От **ХАРЧЕВАТЬ**.

ЗАХА́ЧИВАТЬ, -аю, -аешь; *несов., чего, что делать. Шутл.* Начинать хотеть что-л. *А ты, роднуля, ещё водочки не ~аешь ли?*

Ср. общеупотр. «хотеть».

ЗАХВАТ *см.* **БРОСОК ЧЕРЕЗ ПУПОК С ЗАХВАТОМ ЛЕВОГО ЯЙЦА**

ЗАХОБА́ЧИТЬ, -чу, -чишь, **ЗАХОБОТА́ТЬ**, -а́ю, -а́ешь; *сов., что, чего.* Взять, схватить, цапнуть (обычно не своё, без спросу); съесть, выпить. *Ну-ка, дай-ка я эклерчик захобачу.*

Ср. **ХОБОТАТЬ**.

ЗАХОВА́ТЬ, -а́ю, -а́ешь; *сов., что куда.* Спрятать, притаить, запасти.

От *диал.* «ховать» — прятать.

ЗАХО́Д, -а, *м.* Долгое вступление к разговору; прощупывание почвы; околичности, недомолвки. *Ты сразу-то не руби, начни с ~ов, ну, типа, цены растут, водка плохая...*

ЗАХОДИ́ТЬ, -ожу́, -о́дишь; *несов.* (*сов.* **ЗАЙТИ́**, -йду́, -йдёшь) **1.** *под кем.* Работать в сети, используя определённое регистрационное имя. *Зашёл под собой.* **2.** обычно *в 3 л.* Восприниматься, получаться, ощущаться. *Водочка хорошо заходит. При коммунизме политбайки* (политические анекдоты) *лучше заходили.*

1. — из жарг. пользователей компьютеров.

ЗАХОДИТЬ *см.* **ВОТ И ВЧЕРА ТОЖЕ ЗАХОДИЛА СТАРУШКА...; КООПЕРАТИВ «ЗАХОДИ — НЕ БОЙСЯ...»**

ЗАХОДНА́Я, -о́й, *ж.* Первая поставленная фишка или карта в какой-л. азартной игре.

Из *карт.*

ЗАХОДНО́Й, -а́я, -о́е. Первый, начальный. *~ая сумма.*

ЗАХО́ДЧИК, -а, *м.* Тот, кто начинает, открывает что-л. (преим. в картах — игру или кон).

Ср. **ЗАХОДНАЯ**.

ЗАХОМУТА́ТЬ, -а́ю, -а́ешь; *сов., кого с чем, на что.* Поймать, схватить; вынудить, заставить делать что-л.; сесть на шею.

Устар. «хомут», «хомутать» (лошадь); *ср.* с *уг.* «захомутать» — взять за горло с целью грабежа.

ЗАХОНЯЧИВАТЬ, **ЗАХОНЯЧИТЬ** *см.* **ЗАХАНЯЧИВАТЬ**

ЗАХОТЕТЬ *см.* **ЕСЛИ ОЧЕНЬ ЗАХОТЕТЬ, МОЖНО В КОСМОС ПОЛЕТЕТЬ**

ЗАХРЕНА́ЧИВАТЬ, -аю, -аешь; *несов.* (*сов.* **ЗАХРЕНА́ЧИТЬ**, -чу, -чишь), *что, куда.* Делать что-л. интенсивно. *Захреначивать гвоздь в стену* (забивать). *Захреначить всю бутылку* (выпить).

От **ХРЕНАЧИТЬ**.

ЗАХРЕНА́ЧИВАТЬСЯ, -аюсь, -аешься; *несов.* (*сов.* **ЗАХРЕНА́ЧИТЬСЯ**, -чусь, -чишься); *куда.* Теряться, пропадать, деваться; закатываться, заваливаться.

♦ **ЗАЦЕНИ́!** — слушай, послушай, посмотри (слово, которым говорящий привлекает внимание собеседника).

Ср. напр.: **ПРИКОЛОТЬСЯ**, **ЗАШИБИТЬСЯ**.

ЗАЦЕ́ПИСТЫЙ, -ая, -ое. Сильный, сильнодействующий, крепкий (об алкогольном напитке; реже — о наркотике и сигаретах).

От **ЗАЦЕПЛЯТЬ**.

ЗАЦЕПЛЯ́ТЬ, -я́ю, -я́ешь; *несов.* (*сов.* **ЗАЦЕПИ́ТЬ**, -еплю́, -е́пишь). **1.** *кого.* Знакомиться (с девушкой); пойти с кем-л. куда-л. вместе. *Пойдёшь в кабак, меня зацепи.* **2.** *что.* Заразиться венерической болезнью. **3.** употр. *в 3 л. ед.* О действии чего-л. на состояние человека. *Меня его поведение зацепляет* (раздражает, трогает за живое). **4.** *кого* и *без доп.* Опьянять. *Ну что, пиво не зацепило?*

ЗАЦИ́КЛИВАТЬСЯ, -аюсь, -аешься; *несов.* (*сов.* **ЗАЦИ́КЛИТЬСЯ**, -люсь, -лишься), *на ком-чём* и *без доп.* Излишне сосредотачивать внимание на чём-л., быть одержимым чем-л.

ЗАЧА́ВКАТЬ, -аю, -аешь; *сов., что* и *без доп.* Съесть, поесть.

От **ЧАВКАТЬ 2., 4.**

ЗАЧИ́ТЫВАТЬ, -аю, -аешь; *несов.* (*сов.* **ЗАЧИТА́ТЬ**, -а́ю, -а́ешь), *что у кого.* Брать что-л. у кого-л. на время и не возвращать (обычно о книге, но возм. и о других вещах). *~ тысячу* (рублей). *~ кассету.*

ЗАЧИ́ЧЕРЕВЕТЬ, -ею, -еешь; *сов., без доп.* **1.** Стать грязным, перестать мыться; заболеть, захворать. **2.** Прийти в состояние скуки, апатии.

От *диал.* «чичереветь» — хворать, хиреть, чахнуть, не расти (о скоте, растениях).

ЗАЧМАРИ́ТЬ, -рю́, -ри́шь, **ЗАЧМУ́КАТЬ**, -аю, -аешь, **ЗАЧМУРИ́ТЬ**, -рю́, -ри́шь, **ЗАЧМЫ́КАТЬ**, -аю, -аешь. **ЗАЧМЫРИ́ТЬ**, -рю́, -ри́шь, *сов.* **1.** *что, чего.* Съесть что-л. **2.** *кого.* Забить, замучить, затерроризировать, затиранить кого-л.

Ср. *диал.* «чмарить» — чахнуть, прозябать, «чмара» — нужда, нищета, «чмур» — хмель, одурение, «чмурить» — дурачиться, чудить, «чмыркнуть» — выпить водки, «чмыкать», «чмякать» — чмокать, жевать.

♦ **ЗА ЧТО БОРО́ЛИСЬ, НА ТО И НАПОРО́ЛИСЬ** — о каком-л. действии, вызвавшем эффект, обратный ожидаемому.

ЗАЧУЛКОВА́ТЬСЯ, -ку́юсь, -ку́ешься; *сов., куда.* Спрятаться, затаиться где-л.

Возм. от обещупотр. «чулок»; возм. из *арм.*

ЗАША́РИВАТЬ, -аю, -аешь; *несов.* (*сов.* **ЗАША́РИТЬ**, -рю, -ришь). **1.** *по чему, где, куда.* Идти, проходить. *~ по Тверской.* **2.** *на кого* и *без доп.* Нагло, вызывающе себя вести.

♦ **ЗА ШВА́БРОЙ МО́ЖЕТ СПРЯ́ТАТЬСЯ** *кто* — об очень худом человеке.

ЗАШЕРШАВИТЬ ЛЯФАМЧИКА *см.* **ЛЯФАМЧИК**

ЗАШИБА́ТЕЛЬСКИЙ, -ая, ое. Отличный, великолепный (эпитет с максимально широкой сочетаемостью).

ЗАШИБА́ТЬ, -а́ю, -а́ешь; *несов.* (*сов.* **ЗАШИБИ́ТЬ**, -блю́ или -бу́, -бёшь). **1.** *сколько.* Зарабатывать деньги (обычно много). **2.** *чего, что* и *без доп.* Пить спиртное (обычно много).

♦ **ЗАШИБИ́СЬ!** — послушай, что я тебе скажу, посмотри (привлечение внимания собеседника).

Ср. напр. **ПРИКОЛИ́СЬ!**; **ЗАЦЕНИ!**

ЗАШИБИ́ТЕЛЬСКИЙ, -ая, -ое. То же, что **ЗАШИБАТЕЛЬСКИЙ**.

ЗАШИБИТЬ *см.* **ЗАШИБАТЬ**

ЗАШИБИ́ЧЕСКИЙ, -ая, -ое. То же, что **ЗАШИБАТЕЛЬСКИЙ**

ЗАШИ́БЛЕННЫЙ, -ая, -ое (или **ПЫ́ЛЬНЫМ МЕШКО́М ~**, **ТРАНСПАРА́НТОМ ПРА́ЗДНИЧНЫМ ~**, **КЛЮ́ШКОЙ ~**, **АВО́СЬКОЙ ~** и т. п.). **1.** Странный, ненормальный, сумасшедший (обычно о человеке). **2.** в зн. *сущ.*, -ого, *м.* Придурок, сумасшедший, дурак.

ЗАШИВА́ТЬСЯ, -а́юсь, -а́ешься; *несов.* (*сов.* **ЗАШИ́ТЬСЯ**, -шью́сь, -шьёшься). **1.** *с чем* и *без доп.* Не успевать, уставать, утомляться; проваливаться, терпеть крах. **2.** *без доп.* Подвергаться операции по вшиванию антиалкогольной ампулы.

ЗАШИЗЕ́ТЬ, -е́ю, -е́ешь; *сов., с чего, от чего* и *без доп.* Стать странным, ненормальным, одержимым чем-л.

От **ШИЗ**.

ЗАШИТЬСЯ *см.* **ЗАШИВАТЬСЯ**

ЗАШИФРОВАТЬ *см.* **ЗАШИФРОВЫВАТЬ**

ЗАШИФРОВАТЬСЯ *см.* **ЗАШИФРОВЫВАТЬСЯ**

ЗАШИФРО́ВЫВАТЬ, -аю, -аешь; *несов.* (*сов.* **ЗАШИФРОВА́ТЬ**, -ру́ю, -ру́ешь), *кого-что.* Запомнить, запечатлеть в памяти.

От общеупотр. «шифр», «шифровать».

ЗАШИФРО́ВЫВАТЬСЯ, -аюсь, -аешься; *несов.* (*сов.* **ЗАШИФРОВА́ТЬСЯ**, -ру́юсь, -ру́ешься); *от кого, где* и *без доп.* Скрыться, спрятаться, оторваться от преследователей (напр., на машине). *Дворами зашифровался. Ты пока зашифруйся недельки на две-три.*

От общеупотр. «шифр», «шифровать».

ЗАШКА́ЛИВАТЬ, -аю, -аешь; *несов.* (*сов.* **ЗАШКА́ЛИТЬ**, -лю, -лишь), *без доп.* Приобретать слишком высокую степень чего-л., переходить опасные границы; становиться слишком эмоциональным (о человеке). *Погодка зашкаливает, минус сорок. Мужик, не зашкаливай, зубы-то не казённые.*

От общеупотр. «шкала»; возм. из какого-л. профессионального арго.

ЗАШКЕРИТЬСЯ *см.* **ШКЕРИТЬСЯ**.

ЗАШМАЛЯ́ТЬ, -я́ю, -я́ешь; *сов., что, чего* и *без доп. Закурить. ~ есть? Пойдём ~яем.*

От **ШМАЛЯТЬ 1**.

ЗАШМОНА́ТЬ, -а́ю, -а́ешь; *сов., кого-что* и *без доп.* Сделать обыск, перевернуть всё вверх дном в поисках чего-л.; найти что-л., поймать врасплох кого-л.

От **ШМОНАТЬ**.

ЗАШНУРОВАТЬ *см.* **СЕЙЧАС, ТОЛЬКО ВАЛЕНКИ ЗАШНУРУЮ**

ЗАШПО́РИВАТЬ, -аю, -аешь; *несов.* (*сов.* **ЗАШПО́РИТЬ**, -рю, -ришь), *кого.* Заставать, настигать со шпаргалкой (студента или школьника).

От **ШПОРА**; контаминация с общеупотр. «зашпорить» — ударить шпорами коня.

ЗАШУРША́ТЬ, -шу́, -ши́шь; *сов.* **1.** *что, о чём* и *без доп.* Заговорить, начать говорить. **2.** *что.* Вымыть, вычистить что-л. *~ши-ка, салага, очко* (туалет) *с мылом.*

1. — от **ШУРШАТЬ 1**.

ЗАШУСТРИ́ТЬ, -рю́, -ри́шь; *сов., без доп.* Стать слишком активным; засуетиться, предпринять что-л. (чаще нечестное).

От **ШУСТРИТЬ**.

ЗАШУХЕРИ́ТЬ, -рю́, -ри́шь, **ЗАШУХЕРОВА́ТЬ**, -ру́ю, -ру́ешь; *сов., кого-что.* Застать на месте преступления, схватить за руку, спугнуть; испугать, нагнать страху на кого-л.

От **ШУХЕРИТЬ**.

ЗАШУХЕРИ́ТЬСЯ, -рю́сь, -ри́шься; **ЗАШУХЕРОВА́ТЬСЯ**, -ру́юсь, -ру́ешься; *сов., без доп.* Испугаться, растеряться, засуетиться; быть застигнутым врасплох.

От **ШУХЕРИТЬ**.

ЗАШУХЕРО́ВАННЫЙ, -ая, -ое. **1.** Испуганный, растерянный, затравленный (о человеке). **2.** Раскрытый, провалившийся (о деле, притоне и т. п.). *~ая малина* — раскрытый воровской притон.

От **ЗАШУХЕРОВАТЬ**.

ЗАШУХЕРОВАТЬ *см.* **ЗАШУХЕРИТЬ**

ЗАШУХЕРОВАТЬСЯ *см.* **ЗАШУХЕРИТЬСЯ**

ЗАЩЕМИ́ТЬ, -млю́, -ми́шь; *сов., без доп.* Задремать, недолго поспать.

От **ЩЕМИТЬ 2**

ЗАЩЕМИ́ТЬСЯ, -млю́сь, -ми́шься; *сов., кого, чего, что делать* и *без доп.* Испугаться, проявить нерешительность, заколебаться. *~мился я чего-то эту дрянь пить.*

От **ЩЕМИТЬСЯ**.

♦ **ЗА ЭТО ВРЕ́МЯ И ПРОСМОРКА́ТЬСЯ НЕ УСПЕ́ЕТ** *кто* — о недостатке времени (часто в ситуации, когда кто-л. предлагает явно нереальные временные рамки для какого-л. дела, унижая тем самым собеседника); напр.: — *У меня есть пять минут: давай, излагай своё дело. — Да я и просморкаться не успею.*

ЗА́ЯЦ, за́йца, *м.* **1.** Шутл.-ласк. обращение. **2.** Ударник (обычно о плохом) в музыкальном ансамбле. ♦ **Ну, ~, погоди!** — ирон.-шутл. угроза. **Дать зайца** — сделать ошибку при игре на ударном инструменте.

♦ — из популярного мультсериала «Ну, погоди!»

ЗАЯЦ* *см.* **НУЖНО КАК ЗАЙЦУ (ОСЛИКУ, ПИОНЕРКЕ, ПАРТИЗАНУ) ТРИПЕР**

ЗВАТЬ *см.* **ЗОВИ МЕНЯ ПРОСТО «ХОЗЯИН»; ТРУБА ЗОВЁТ...; ЭЙ — ЗОВУТ ЛОШАДЕЙ (БЛЯДЕЙ)!**

ЗВАТЬ ИХТИАНДРА *см.* **ИХТИАНДР**

ЗВАТЬСЯ *см.* **ЭТОТ СТОН У НАС ПЕСНЕЙ ЗОВЁТСЯ**

ЗВЕЗДАНУТЬ *см.* **ЗВЕЗДЯЧИТЬ**

ЗВЕЗДИ́ТЬ, -дю́ (*1 л. затруднено*), -ди́шь; *несов., без доп.* Врать, фантазировать, обманывать. *Не ~и́!*

Шутл. аллюзия к *бран.*

ЗВЁЗДОЧКА, -и, *ж.* **1.** (или **ОКТЯБРЯ́ТСКАЯ ~**). *Ирон.* Сомнительная компания (обычно хулиганов, алкоголиков и т. п.). **2.** Вьетнамская лечебная мазь в специальной упаковке с изображением звезды.

ЗВЁЗДОЧКА* *см.* **НАЛЕПИТЬ (НАРИСОВАТЬ, ПОСТАВИТЬ) ЗВЁЗДОЧКУ НА ЗАДНИЦЕ**

ЗВЕЗДУ́ХА, -и, **ЗВЕДУ́ШКА**, -и, *ж.* Т. н. «звёздная болезнь», мания величия. *К нему не подойдёшь, он в полной звездухе.*

ЗВЁЗДЫ *см.* **КРУЧЕ ТЕБЯ ТОЛЬКО ЯЙЦА...**

ЗВЕЗДЯ́ЧИТЬ, -чу, -чишь; *несов.* (*сов.* **ЗВЕЗДАНУ́ТЬ**, -ну́, -нёшь), *что, по чему* и *без доп.* Делать что-л. интенсивно (обычно бить или пить спиртное).

ЗВЕНЕТЬ *см.* **ОРЕХИ**

ЗВЕРЁК, -рька́, *м.* **1.** То же, что **ЗВЕРЬ**. **2.** Мужской половой орган.

ЗВЕРИ́НЕЦ, -нца, *м.* **1.** Ограниченное решёткой помещение в отделении милиции, где находятся задержанные. **2.** Южные республики (бывшего СССР), Кавказ, Закавказье и Средняя Азия.

1. — *ср.* **ОБЕЗЬЯННИК**; 2. — от **ЗВЕРЬ**.

ЗВЕРОБО́Й, -я, *м.* Тот, кто часто дерётся с т. н. «лицами южной национальности».

От **ЗВЕРЬ**; шутл. контаминация с общеупотр. «зверобой» (возм. влияние назв. романа Ф. Купера).

ЗВЕРЬ, -я, *м.* Т. н. «лицо южной национальности» (обычно приезжий с Кавказа, из Закавказья и Средней Азии).

Ср. *уг.* «зверь» — жертва (или на зоне — заключённый) нерусской национальности.

ЗВОН, -а, *м.* **1.** Речь, звук голоса; пустозвонство, болтовня, ложь. **2.** Пустые бутылки. **3.** Мелочь (о деньгах). ♦ **Меньше ~а** — помолчи, не болтай лишнего.

1. — от **ЗВОНИТЬ**.

ЗВОНА́РЬ, -я́, *м.* Болтун, пустомеля, трепло.

От **ЗВОНИТЬ**.

ЗВОНИ́ТЬ, -оню́, -они́шь (или -о́нишь); *несов.*; *что, о чём* и *без доп.* Говорить, болтать; лгать, разносить сплетни.

♦ **ЗВОНИ́ТЬ ГО́ЛОСОМ** (или **ВО́ЙСОМ**) — звонить по телефону, не используя модем.

Из речи пользователей компьютеров; от англ. to call by voice.

ЗВОНО́К[1], -нка́, *м.* **1.** Пустой человек, пустозвон; трепач, лгун. **2.** Собака, домашняя или цепная. **3.** Язык. *Уйми ~* — помолчи.

1., 3. — от **ЗВОНИТЬ**.

ЗВОНО́К[2], -нка́, *м.* Начальник звена, звеньевой.

Возм. из *арм.*; фонетическая контаминация с общеупотр. «звонок», «звонить».

♦ **ЗВОНО́К ОТТУ́ДА** — приступ какой-л. опасной болезни, сильное недомогание.

ЗВУКУ́ХА, -и, **ЗВУКУ́ШКА**, -и, *ж.* Студия звукозаписи.

Из *муз.*

ЗВЯ́КАЛО, -а, *ср.* Язык; слишком разговорчивый человек, болтун, пустомеля.

От **ЗВЯКАТЬ**.

ЗВЯ́КАТЬ, -аю, -аешь; *несов.* (*сов.* **ЗВЯ́КНУТЬ**, -ну, -нешь). **1.** *что* и *без доп.* Говорить (обычно чушь, ерунду). **2.** *кому* и *без доп.* Звонить по телефону.

♦ **ЗДЕСЬ БЕЗ ПИ́ВА** (или **БЕЗ ПОЛ-ЛИ́ТРА**, **БЕЗ ГРАММУ́ЛЬКИ**, **БЕЗ СТОПАРЯ́** и т. п.) не разобраться — *ирон.* это очень трудно сделать, понять.

♦ **ЗДЕСЬ ВАМ НЕ ТУТ!** — не забывайте, где находитесь; ведите себя пристойно!

Пародирование речи военных.

ЗДЕСЬ ПАХНЕТ МОКРЫМ *см.* **МОКРЫЙ**

ЗДЕЦ, -а или *нескл.*, *м.* или в зн. *межд.* Всё, конец, провал, баста. *~ пришёл!*

Эвфем. от нецензурного; *ср.* **ЕЗДЕЦ**, **КИЗДЕЦ** и т. п.

ЗДОРО́В, *част.* Здравствуй, привет. ♦ **Будь ~, не кашляй** (или **будь ~, Иван Петров**) — пока, прощай; пожелание здравствовать после того, как собеседник чихнул.

См. также **БУДЬ ЗДОРОВА, МАТЬ-КОРОВА**

ЗДОРОВО *см.* **СНОВА ЗДОРОВО!**

ЗДОРОВЧИК *см.* **БУДЬ ЗДОРОВЧИК, БЕЙ КЕФИРЧИК**

ЗДОРОВЫЙ *см.* **ЛУЧШЕ БЫТЬ ГОРБАТЫМ РАЗДОЛБАЕМ...**

ЗДОРОВЬЕ *см.* **БЫЛО БЫ ЗДОРОВЬЕ...**; **ПАЛОЧКА ЗДОРОВЬЯ**

ЗДРАВСТВУЙ, ДЕРЕВО *см.* **ДЕРЕВО**

♦ **ЗДРА́ВСТВУЙ, ЖО́ПА, НО́ВЫЙ ГОД!** — ирон. приветствие, а также как выражение несогласия, протеста.

♦ **ЗДРА́ВСТВУЙ, ЛО́ШАДЬ, Я БУДЁННЫЙ** — привет, здоро́во (обычно при неожиданной встрече).

ЗДРАВСТВУЙТЕ *см.* **КАК ЗДРАВСТВУЙТЕ**

♦ **ЗДРА́ВСТВУЙТЕ, ГОСПОДА́ УДА́ВЫ!** — ирон. приветствие, адресованное группе лиц (обычно произносится с подчёркнуто оптимистической улыбкой, звонким «пионерским» голосом).

ЗДРА́СТИ-МОРДА́СТИ, *част.* **1.** Здравствуй, привет. **2.** в зн. *межд.* Ну и ну!, вот те на!

ЗЕВАТЬ *см.* **СОЛНЦЕ ЗЕВАЕТ**

ЗЕКТОРИТЬ *см.* **ЗЕТИТЬ**

ЗЕЛЁНАЯ, -ой, **ЗЕЛЁНЕНЬКАЯ**, -ой, *ж.* Пятьдесят рублей (советские).

По зелёному цвету купюры.

♦ **ЗЕЛЁНАЯ СЕЛЁДКА С ТОПЛЁНЫМ МОЛОКО́М** — чёрт знает что, мешанина, путаница.

Из *детск.*

ЗЕЛЁНЕНЬКАЯ *см.* **ЗЕЛЁНАЯ**

ЗЕЛЁНКА, -и. **1.** *м.* и *ж.* Молодой, неопытный человек. **2.** *собир.*, *ж.* Валюта, доллары. **3.** Лесной массив, зелёные насаждения, парк. *Вокруг — пять километров ~и.*

1, 2. — от **ЗЕЛЁНЫЙ**.

♦ **ЗЕЛЁНЫЕ ВОРО́ТА** — *собств.* назв. пивной на ул. Чернышевского (Покровке) в Москве.

ЗЕЛЁНЫЙ, -ая, -ое. **1.** Неопытный, несведущий, начинающий. **2.** в зн. *сущ.*, -ого, *м.* Ирон. обращение. **3.** в зн. *сущ.*, -ые, -ых, *мн.* Доллары, валюта. *Плати ~ыми. ~ые на дерево не меняю* (валюту на рубли). ♦ **Капуста ~ая** — валюта, доллары. *~, хрустит, а не деньги — три рубля* (загадка).

ЗЕЛЁНЫЙ* *см.* **ГОВНО; ДЕТСКИЙ ЛЕПЕТ НА ЗЕЛЁНОЙ ЛУЖАЙКЕ; ЁЛКИ (ЗЕЛЁНЫЕ); НАРКОТА (ЗЕЛЁНАЯ); СОПЛЯ ЗЕЛЁНАЯ; СХОДИТЬ В РЕСТОРАН «ЗЕЛЁНЫЙ КУСТИК»; ТОСКА (СМУРЬ, СКУКА) ЗЕЛЁНАЯ; ФИГНЯ ЗЕЛЁНАЯ; СХОДИТЬ В РЕСТОРАН «ЗЕЛЁНЫЙ ДРУГ»; ХМЫРЬ ЗЕЛЁНЫЙ; ЧМО ЗЕЛЁНЫЙ**

♦ **ЗЕЛЁНЫЙ ПРОКУРО́Р** — побег из мест заключения в летнее время.

Из *уг.*

ЗЕ́ЛЕНЬ, -и. **1.** *м.* и *ж.* Молодой, неопытный человек. **2.** *собир.*, *ж.* Валюта, доллары.

От **ЗЕЛЁНЫЙ**.

ЗЕЛЕНЬ ПОГРАНЦОВАЯ *см.* **ПОГРАНЦОВЫЙ**

ЗЁМА, -ы, *м.* и *ж.* Земляк.

Сокращ.; возм. из *уг.* или *арм.*

ЗЕМЕ́ЛЯ, -и, *м.* и *ж.* Земляк. *Встретил ~ю.*

Из *диал.* То же у В. Шукшина и др.

ЗЕМЛЯ *см.* **ГРОМ ГРЕМИТ, ЗЕМЛЯ ТРЯСЁТСЯ...; КОПЫТОМ ЗЕМЛЮ РЫТЬ; МАЛАЯ ЗЕМЛЯ; ОСТАНОВИТЕ ЗЕМЛЮ, Я СОЙДУ; ПАХАТЬ НОСОМ АСФАЛЬТ...**

ЗЕМЛЯ В ИЛЛЮМИНАТОРАХ *см.* **ИЛЛЮМИНАТОРЫ**

♦ **ЗЕМЛЯ́ КВАДРА́ТНАЯ — ВСТРЕ́ТИМСЯ ЗА УГЛО́М** — ирон. выражение угрозы (часто в адрес человека, чем-л. обидевшего говорящего).

ЗЕ́НКАЛКИ, -лок, *мн.* То же, что **ЗЕНКИ 1.**

ЗЕ́НКАТЬ, -аю, -аешь; *несов.*, *куда* и *без доп.* Смотреть, глядеть.

От **ЗЕНКИ**.

ЗЕ́НКИ, -нок, *мн.* **1.** Глаза. **2.** Телепередача «Взгляд». ♦ **~ залить** — напиться пьяным. **~ высосу** (или **выну** и т. п.) — шутл. угроза.

От *устар.* «зенко» — зрачок, зеркальце, стекло, «зенки» — очи; скорее через *уг*; *ср.* также **ЗЕТИТЬ**.

ЗЕ́РБА, -ы, **ЗЕ́РБОД**, -а, **ЗЕ́РБОТ**, -а, **ЗЕ́РБУД**, -а, **ЗЕ́РБУТ**, -а, *м.* Азербайджанец.

Сокращ., *см.* также **АЗЕР**.

♦ **ЗЕРКА́ЛЬНАЯ БОЛЕ́ЗНЬ** *у кого* — о толстом животе у мужчины, когда он из-за него якобы не может увидеть своего полового органа и для этого вынужден прибегать к помощи зеркала.

ЗЕРНОХРАНИ́ЛИЩЕ, -а, *ср.*, *собств.* Новое здание Третьяковской галереи на Крымском Валу.

ЗЕ́ТИТЬ, зе́чу, зе́тишь, **ЗЕКТО́РИТЬ**, -рю, -ришь, **ЗИКТО́РИТЬ**, -рю, -ришь; *несов.*, *что, на что, за кем* и *без доп.* Смотреть, глядеть; следить, высматривать.

Неясно; возм. через *уг.* от цыг. dzet — масло или греческого zeto — прошу, ищу, спрашиваю; также возм. наложение с **ЗЕНКИ** и производными.

ЗИГТЁР, -а, **ЗИКТЁР**, -а, **ЗИХТЁР**, -а, *м.* Сутенёр.

Возм. из *уг.*; возм. из идиша.

ЗИЗО́П, -а, **КУЛЬЗИЗО́П**, -а, *м.* *Ирон.* Начинающий участник компьютерной сети, считающий себя профессионалом, гордый своими навыками. *Стройные ряды розовощёких кульзизопов вливаются в ФИДО.*

От *спец.* «sisop», «Zy Zop, cOoL ZyzOp».

ЗИК, -а, *м.* Часы.

Возм. из *уг.*

ЗИКТЁР *см.* **ЗИГТЁР**

ЗИКТОРИТЬ *см.* **ЗЕТИТЬ**

ЗИМА́, -ы́, *ж.* Нож.

Возм. из *уг.*

♦ **ЗИМО́Й И ЛЕ́ТОМ ОДНИ́М ЦВЕ́ТОМ** — *шутл.* нос у алкоголика.

Переосмысление загадки о ёлке.

ЗИППЕР *см.* **ДАЖЕ КЛЁВЫЙ ШТАТСКИЙ ЗИППЕР ПРОПУСКАЕТ РУССКИЙ ТРИППЕР**

ЗИХТЁР *см.* **ЗИГТЁР**

♦ **ЗЛАТА́Я ЦЕПЬ НА ДУ́БЕ ТОМ** — *ирон.* о т. н. «новом русском», нуворише с толстой золотой цепью на шее.

Ирон. переосмысление знаменитой строки из вступления к поэме «Руслан и Людмила» А. С. Пушкина.

ЗЛО, зла, *ср., Ирон.* **1.** «Заветы Любимого Отца». **2.** «За всё Легавым Отомщу».

Переомысление слова как аббрев.; из *уг.* (используется как татуировка).

ЗЛОЙ, зла́я, зло́е. Настоящий, ярко выраженный, характерный. ♦ **~ волчара** — очень богатый, модный, преуспевающий человек.

ЗЛОЙ* *см.* **БЫВАЮТ В ЖИЗНИ ЗЛЫЕ ШУТКИ...; ВАШ ПУДЕЛЬ ЛАЕТ?..; МУЖЧИНА ДОЛЖЕН БЫТЬ ЗОЛ...; СДЕЛАТЬ ЗЛУЮ ШУТКУ**

ЗМЕЁНЫШ, -а, *м.* **1.** Ирон. обращение. **2.** *шутл.* Ребёнок, сын.

ЗМЕ́ЙКА, -и, *ж.* **1.** Цепь, цепочка. **2.** Пила. **3.** Браслет.

Возм. из *уг.*

ЗМЕЯ́, -и́, *ж.* **1.** Верёвка, канат. **2.** *ирон.* О жене или тёще.

См. также **ОЧКОВЫЙ**.

1. — возм. из *уг.*

ЗМЭ́РЗНУТЬ, -ну, -нешь; *сов., без доп. Ирон.* Замёрзнуть. ♦ **Змэрз, Маугли?** — *ирон.* ну что, замёрз?

Подражание укр.

ЗНАК *см.* **ЕВРЕЙ СО ЗНАКОМ КАЧЕСТВА**

ЗНАКО́МЕЦ, -мца, *м.*, **ЗНАКО́МКА**, -и, *ж.* Знакомый, знакомая.

♦ **ЗНАЛ БЫ ПРИ́КУП, ЖИЛ БЫ В СО́ЧИ** — знал бы как разбогатеть, разбогател бы; также о невозможности предвидеть будущее.

Из арго преферансистов.

ЗНАМЕНА́ТЕЛЬНЫЙ, -ая, -ое. Прекрасный, замечательный. *~ кофеёк. ~ая погодка сегодня!*

ЗНА́ТНЫЙ, -ая, -ое. Хороший, чудесный. *~ую ты тачку* (машину) *отхватил.*

ЗНАТНЫЙ ШАШЛЫЧНИК *см.* **ШАШЛЫЧНИК**

ЗНАТЬ *см.* **МЕСТА НАДО ЗНАТЬ; НЕ ЗНАТЬ, НА КАКОЙ КОЗЕ...; ТЕБЕ СКАЖИ, ТЫ И ЗНАТЬ БУДЕШЬ**

♦ **ЗНАТЬ, ОТКУ́ДА НО́ГИ РАСТУ́Т** — знать причину, источник чего-л., знать, «откуда ветер дует», идёт слух.

ЗНАЧЕНИЕ *см.* **НЕ ИМЕЕТ НИКАКОГО ПОЛОВОГО ЗНАЧЕНИЯ**

ЗНА́ЧИЦА, в зн. *част.* или *вводн. сл.* Выражает иронию. *~ так, денег у тебя нету* (не верю).

Возм. получило распространение под влиянием популярного фильма «Место встречи изменить нельзя».

ЗНАЧОК *см.* **НУЖНО КАК ПАПЕ РИМСКОМУ ЗНАЧОК ГТО**

♦ **ЗОВИ́ МЕНЯ́ ПРО́СТО «ХОЗЯ́ИН»** — шутл. ответ на вопрос «как тебя звать?»

ЗОЛА́, -ы́, **ЗОЛЬ**, -и, *ж.* Ерунда, безделица, чушь.

Ср. *уг.* «зола» — неудача, безрезультатность, «золь» — пустой карман.

ЗОЛОТОЙ *см.* **НЕ ВРИ (НЕ СВИСТИ), ЗОЛОТАЯ РЫБКА; РЫБКА ЗОЛОТАЯ**

♦ **ЗОЛОТО́Й КЛЮ́ЧИК** — молодой человек, увлекающийся т. н. «металлом», «металлическим роком».

По назв. популярной сказки А. Н. Толстого.

ЗОЛЬ *см.* **ЗОЛА**

ЗОМБИ *см.* **КАК ОФИГЕВШИЙ ЗОМБИ**

ЗОНА *см.* **ПО ЗОНЕ МАЙКОЙ ГОНЯТЬ; РАЗВЕДЧИК ЭРОГЕННЫХ ЗОН; Я В ЗОНЕ МИСКОЙ БРИЛСЯ!**

ЗОНТИК *см.* **НЕУДОБНО В КАРМАНЕ ЗОНТИК РАСКРЫВАТЬ**

ЗООЛОГИ́ЧЕСКИЙ, -ая, -ое. Грубый, неотёсанный, необразованный (о человеке). *Мужик ~ого типа.*

ЗООПА́РК, -а, *м.* Шум, неразбериха, беспорядок, бардак.

ЗООПАРК* *см.* **КАКИЕ НОВОСТИ ИЗ ЗООПАРКА?; ПИТОМЕЦ ЗООПАРКА; ЧТО НОВОГО В ЖИЗНИ ЗООПАРКА?**

ЗОРЬКА *см.* **ПИОНЕРСКАЯ ЗОРЬКА**

ЗО́СЕНЬКА, -и, **ЗО́СЯ**, -и, *ж.* (или **ТЁТЯ ЗО́СЯ**). Низкокачественное вино «золотая осень».

Сокращ.; контаминация с *собств.* Зося (Зоя, Софья).

ЗО́Я, -и, *ж.* Змея Особо Ядовитая.

Шутл. переосмысл. *собств.* «Зоя» как аббрев.

♦ **ЗРЯ, БА́ТЕНЬКА, ЗРЯ: ПРЕИНТЕРЕ́СНЕЙШАЯ ШТУ́ЧКА, КРА́СНАЯ, ПРОЛЕТА́РСКАЯ** — *шутл.* в ответ на чей-л. отказ посмотреть на что-л., купить, потрогать что-л.

Имитирует «ленинскую картавость»: з[г]я, п[г]еинте[г]еснейшая и т. д.

ЗРЯПЛА́ТА, -ы, *ж. Ирон.* Зарплата.

Шутл. контаминация с общеупотр. «зря платить».

ЗУБ, -а, *м.* **1.** Один рубль. **2.** Мужской половой орган. **3.** обычно *на кого.* Обида, затаённая злоба на кого-л. **4.** Только *мн.*, -ы, -о́в.

Пила. ♦ **Иметь (нарисовать)** ~ *на кого* — быть обиженным на кого-л., жаждать мщения.

4. — возм. из *уг.*

ЗУБ* *см.* **А ТЫ ЗУБЫ СЕГОДНЯ ЧИСТИЛ?; АЖ (АЖНИК) ЗУБЫ ВСПОТЕЛИ; «БЛЕНДАМЕД» УКРЕПЛЯЕТ ЗУБЫ И ЯЙЦА; ВАСЯ; ВОЗИ ЗУБАМИ; ДАЖЕ В ЗАДНИЦЕ ЗУБЫ; ДАЙ В ЗУБЫ, ЧТОБ ДЫМ ПОШЁЛ; ДАТЬ В ЗУБЫ; ЗАСТЕГНИ ЗУБЫ; ЗУБЫ ВЫНУ; ЗУБЫ ТОЧИТЬ; КОНФЕТЫ (ПРЯНИКИ, ПЕЧЕНЬЕ) «СМЕРТЬ ЗУБАМ»; МОЛЧАТЬ, ПОКА ЗУБЫ ТОРЧАТ; НИ В ЗУБ НОГОЙ, НИ В ЖОПУ ПАЛЬЦЕМ; НУЖНО КАК ЗУБЫ В НОСУ; ПАЛЬЦЫ ВЕЕРОМ — СОПЛИ ПУЗЫРЁМ...; ПОСТАВИТЬ (ПОЛОЖИТЬ, КЛАСТЬ) ЗУБЫ НА ПОЛКУ; СЕЙЧАС, ТОЛЬКО ЗУБЫ НАКРАШУ; СКВОЗЬ ЗУБЫ СЛУШАТЬ; ТОЧИТЬ ЗУБ; ТРИСТА ДВАДЦАТЬ ЗУБОВ, ВСЕ В ЖОПЕ...; У ТЕБЯ ЧТО, ЗУБЫ ЛИШНИЕ ВЫРОСЛИ?; УБЕРИ ЗУБЫ; ХОРОШ, КОГДА СПИТ ЗУБАМИ К СТЕНКЕ; ХОТЕТЬ ПРИЖАТЬСЯ ЗУБАМИ К ТЁПЛОЙ СТЕНКЕ**

♦ **ЗУБ ДАЮ́** — клянусь, обещаю, уверен в чём-л.

ЗУБИ́ЛО, -а, *ср.* **1.** Дурак, идиот, тупица. **2.** Восьмая или девятая модель автомашины «Жигули». *Яшка на зубиле собаку съел* (всё знает об этой модели).

2. — по клиновидной форме передней части кузова.

ЗУБОТО́ЧКА, -и, *ж.* Еда, пища. *Национальная китайская ~.*

От **ЗУБЫ ТОЧИТЬ**.

ЗУБОЧИ́СТКА, -и, *ж.* Тонкая сигарета. *Дамские ~и.*

ЗУБР, -а, *м.* **1.** Зубрила, примерный ученик, отличник. **2.** Знающий специалист, отличный профессионал.

Сокращ.

♦ **ЗУ́БЫ ВЫ́НУ** — ирон. угроза.

♦ **ЗУ́БЫ ТОЧИ́ТЬ** — есть, жевать.

ЗУ́ММЕР, -а, *м.* Телефон.

От нем. Summen — жужжать; об общеупотр. назв. электромагнитного прерывателя тока.

ЗУПЫ́РЬ, -я́, *м.* Бутылка спиртного.

Передел. **ПУЗЫРЬ**; *ср.* **ЗАПУПЫРЬ**.

ЗУ́ХЕЛЬ, -я, *м.* Модем марки ZyXEL. *Шлите мыло ~ем!*

Из жарг. пользователей компьютеров, прочтение букв по-русски.

ЗЫКИНСКИЙ *см.* **ЗЭКАНСКИЙ**

ЗЫКО *см.* **ЗЭКО**

ЗЫ́РИТЬ, -рю, -ришь, **ЗЫ́РКАТЬ**, -аю, -аешь, **ЗЫ́РИТЬСЯ**, -рюсь, -ришься; *несов., на кого-что* и *без доп.* Смотреть, видеть; наблюдать, подсматривать, следить. *Зырь, вещь!* — смотри, как здо́рово.

Диал., затем *шк.*, *уг.* «зырить», «зыркать» в том же зн.

ЗЫ́РКАЛКИ, -лок, **ЗЫ́РКАЛЫ**, зы́ркал, **ЗЫ́РКИ**, -рок, *мн.* Глаза.

См. **ЗЫРИТЬ**.

ЗЫРКАТЬ *см.* **ЗЫРИТЬ**

ЗЫРКИ *см.* **ЗЫРКАЛКИ**

ЗЭ́КАНСКИЙ, -ая, -ое, **ЗЭ́КИНСКИЙ**, -ая, -ое, **ЗЫ́КИНСКИЙ**, -ая, -ое. Хороший, отличный, превосходный.

Возм. связано с обещупотр. сокращ. «зека» — заключённый; или возм. *шк.* передел. от **ЗАКОННЫЙ**.

ЗЭКА́-САНАТО́РИЙ, -я, *м. Ирон.* Зона, тюрьма, лагерь.

ЗЭКИНСКИЙ *см.* **ЗЭКАНСКИЙ**

ЗЭ́КО, ЗЫ́КО, *нареч.* **1.** Хорошо, отлично. **2.** в зн. *межд.* Вот это да!, ну и ну!

См. **ЗЭКАНСКИЙ**.

ЗЮ *см.* **ДЯДЮШКА ЗЮ**

ЗЮ́ЗЬКИН, -а, *м. Шутл.* О любом человеке.

Возм. от фамилии.

ЗЯ́ВИТЬСЯ, -влюсь, -вишься; *несов., на что, куда* и *без доп.* Смотреть, глядеть. *Весь день в телик* (телевизор) *~вится.*

Возм. усечённая форма от общеупотр. *разг.* «раззявиться», «раззява».

ЗЯ́ВКИ, -вок, *мн.* Глаза.

От **ЗЯВИТЬСЯ**.

ЗЯТЬ *см.* **ВАШЕЙ МАМЕ ЗЯТЬ НЕ НУЖЕН?**

И

ИВА́Н, -а, *м.* Обычный человек (чаще глуповатый, наивный); дурак, тупица.

Ср. *уг.* «Иван» — бродяга; *устар.* «Иван» («Ваня», «Ванька») — извозчик; *ср.* также имя популярного персонажа рус. народных сказок.

ИВАН ПЕТРОВ *см.* **ЗДОРОВ**

ИВАННА *см.* **МАРИЯ ИВАННА**

ИВАНЫЧ *см.* **ПРОХИНДЕЙ ИВАНЫЧ**

♦ **И ВАС (ТЕБЯ́) ТЕМ ЖЕ КОНЦО́М ПО ТОМУ́ ЖЕ МЕ́СТУ** — ответ на дружеское приветствие и пожелание чего-л.

♦ **И В А́ФРИКЕ (ТО́ЖЕ)** *что* или *что делают* — ирон. ответ на какое-л. утверждение, напр.: *У меня жена беременная. — И в Африке жёны беременные.*

♦ **...И В А́ФРИКЕ...** — *шутл.* об устойчивых, неизменных качествах, свойствах, достоинствах кого-чего-л., напр.: *Еврей он и в Африке еврей. Доллары и в Африке доллары.*

ИГЛА́, -ы, *ж.* Общая метафора наркомании. *У него игры с ~ой* — он наркоман. *Мне до ~ы уже полметра осталось* — я почти стал наркоманом. ♦ **Быть** (или **сидеть**) **на ~е** — быть наркоманом. **Сесть** (или **прыгнуть, упасть**) **на ~у** — стать наркоманом. **Слезть** (или **спрыгнуть, сойти**) **с ~ы** — освободиться от наркотической зависимости.

ИГОЛКА *см.* **НИТКИ-ИГОЛКИ**

ИГРА *см.* **ВОЛЧЬИ ИГРЫ; ИГРАТЬ (В ТАКИЕ ИГРЫ); Я С ГОСУДАРСТВОМ ДЕЛ НЕ ИМЕЮ...**

ИГРА́ТЬ, -а́ю, -а́ешь; *несов., с кем* (или ~ **В ТАКИ́Е И́ГРЫ**). *Ирон.* Иметь с кем-л. дело, связываться с кем-л. *Нет, я с начальством не ~аю.*

ИГРАТЬ* *см.* **ДЕТСТВО В ЖОПЕ ИГРАЕТ; ОЧКО ИГРАЕТ...; ПИСАТЬ; СЕРДЦЕ ПОЁТ, ОЧКО ИГРАЕТ; ФРАЕР; ЭТО ТЕБЕ НЕ В ТРЯПОЧНЫЕ КЕГЛИ ИГРАТЬ; Я С ГОСУДАРСТВОМ ДЕЛ НЕ ИМЕЮ...**

♦ **ИГРА́ТЬ В ЖМУ́РКИ** — воровать (чаще о карманном воровстве).

Из *уг.*

♦ **ИГРА́ТЬ В КАРМА́ННЫЙ БИЛЬЯ́РД** — бездельничать, заниматься бесполезным, пустым делом; заниматься онанизмом.

♦ **ИГРА́ТЬ В КВАДРА́Т** — разновидность футбольного тренировочного упражнения.

Из *спорт.*

♦ **ИГРА́ТЬ В ПРЯ́ТКИ С ПОЛИ́СОМ** — скрываться от милиции.

♦ **ИГРА́ТЬ В СВЕ́ТЛУЮ** — в преферансе: играть, открыв карты.

Из *карт.*

♦ **ИГРА́ТЬ ВТЁМНУЮ** — в преферансе: играть, не открывая карт; манипулировать в игре, мухлевать.

Из *карт.*

♦ **ИГРА́ТЬ В ТИ́ГРА (В ИХТИА́НДРА, В КИНГ-КО́НГА, В ЦУНА́МИ)** — страдать рвотой.

ИГРАТЬ НА ПИАНИНО (НА МИЛИЦЕЙСКОМ, МЕНТОВСКОМ, МУСОРСКОМ ПИАНИНО) *см.* **ПИАНИНО**

♦ **ИГРА́ТЬ НА** *чьей* **ПОЛОВИ́НЕ ПО́ЛЯ** — доминировать, подавлять, делать кого-л. бессильным перед своим влиянием.

♦ **ИГРА́ТЬ НАЧИСТУ́Ю** — играть до конца (обычно о картах).

♦ **ИГРА́ТЬ С КУ́ХНЕЙ** — заниматься махинациями в ресторане для обмана клиентов.

Из жарг. официантов, метрдотелей.

ИГРУ́ШКА, -и, *ж.* Компьютерная игра.

ИГРУШКА* *см.* **НАВЕШИВАТЬ (ЁЛОЧНЫХ ИГРУШЕК); НАДУВНОЙ; ПИ́САТЬ**

ИГРУ́ШКИ, -шек, *мн.* **1.** Ерунда, безделица. **2.** Проказы, проделки, чьи-л. хитрости. *Партийные ~.* **3.** Деньги, доход.

3. — из *уг.*

ИДЕЯ *см.* **ГОЛОВА ПОЛНА ИДЕЙ...**

♦ **ИДИ́, ДВО́ЙКИ ИСПРАВЛЯ́Й** — не спорь со мной, молод ещё спорить.

ИДИ́КАТЬ, -аю, -аешь; *несов., кому* и *без доп.* Говорить кому-л. «иди, иди отсюда». *А ты мне не ~ай!*

Ср. **МОЛЧИКАТЬ.**

♦ **ИДИ́ ЛА́МПОЧКИ** (или **ЁЖИКОВ**) **СТРИЧЬ** — отстань от меня, не приставай ко мне.

♦ **ИДИ́, ОКУ́ЧИВАЙ ПЕЛЬМЕ́НИ** — уходи, ты мне надоел, пошёл вон.

ИДИО́Т, -а, *м.* Идеальный Друг и Отличный Товарищ.

Шутл. переосмысл. сл. как аббрев.

ИДИОТ* *см.* **МЕЧТА (ИДИОТА); ЯЩИК ДЛЯ ИДИОТОВ**

♦ **ИДИ́ ТЫ В БА́НЮ** — иди отсюда, отстань.

ИДИ ТЫ В КАЛ *см.* **КАЛ**

ИДИ ТЫ (ПОШЁЛ ТЫ) В ПАРАШУ *см.* **ПАРАША**

♦ **И ДО́ЛГО Я БУ́ДУ ВИ́ДЕТЬ ВО СНЕ ЕЁ ГОЛУБЫ́Е ГЛАЗА́ НА СОСНЕ́** — шутл. пародирование лирической поэзии, выражения интимных чувств и т. п.

Из *шк., студ.*

ИДТИ *см.* **ГРОМ ГРЕМИТ, ЗЕМЛЯ ТРЯСЁТСЯ...; ИДИ, ДВОЙКИ ИСПРАВЛЯЙ; ИДИ ЛАМПОЧКИ (ЁЖИКОВ) СТРИЧЬ; ИДИ, ОКУЧИВАЙ ПЕЛЬМЕНИ; КОНТОРА; НОРМАЛЬНЫЕ ГЕРОИ ВСЕГДА ИДУТ В ОБХОД; ПАРАША; ПЕТЯ ИДЁТ НА МИТИНГ...; ПУСТЬ ИДЁТ КРОВЬ ИЗ НОСУ...; ПЯТАЧОК; ХОДКА**

ИДТИ НА КОДУ *см.* **ХИЛЯТЬ (ИДТИ) НА КОДУ**

ИДТИ ПАРОВОЗОМ *см.* **КАНАТЬ (ИДТИ, БЫТЬ, ТАЩИТЬ, БРАТЬ) ПАРОВОЗОМ...**

ИДТИ ПО КРАСНЕНЬКОЙ *см.* **КРАСНАЯ**

ИЖА́К, -а́, *м.* Мотоцикл, автомобиль марки «Иж».

ИЗА́УРА, -ы, *ж.* «Зубровка», разновидность водки.

См. также **РАБЫНЯ ИЗАУРА**

По имени главной героини бразильского сериала «Рабыня Изаура».

ИЗБА *см.* **ФИГВАМ — ИНДЕЙСКАЯ ИЗБА**

ИЗБЕЖАНИЕ *см.* **ВО ИЗБЕЖАНИЕ!**

♦ **ИЗВЕДУ́, ЗАМУ́ЧАЮ, КАК ПОЛПО́Т КАМПУ́ЧИЮ** — шутл. угроза.

ИЗВЕНТИЛЯ́ТЬСЯ, -я́юсь, -я́ешься; *несов.* (*сов.* **ИЗВЕНТИЛИ́ТЬСЯ**, -лю́сь, -ли́шься), *перед кем* и *без доп.* Извиняться, просить прощения. *Извентиляюсь, жопу отодвинь* (подвинься).

Шутл. контаминация «извиняться» и «вентиль».

ИЗВИ́ЛИНА, -ы, *ж.* Ум, разум, мозги. *~ы задымились* (устал). *~ бантиком завязалась* (о сложной проблеме).

См. также **НАПРЯГАТЬ ЧЕРЕП (ИЗВИЛИНУ, СЕРУЮ МАССУ, МОЗЖЕЧОК); ОДНА ИЗВИЛИНА, (ДА) И ТА — СЛЕД ОТ ФУРАЖКИ...; ШЕВЕЛИТЬ**

ИЗВЛЕКА́ТЬ, -а́ю, -а́ешь; *несов.* (*сов.* **ИЗВЛЕ́ЧЬ**, -еку́, -ечёшь), *кого с чем.* Надоедать, утомлять.

ИЗВО́З, -а, *м.* Зарабатывание денег с использованием личной машины как такси. *Заниматься ~ом. Жить на ~е* (зарабатывать).

♦ **Брать на частный ~** *кого-что* — заниматься чем-л. частным образом, напр.: *Брать на частный ~ абитуру* — заниматься репетиторством с абитуриентами.

От *устар.* «изво́зить» — промышлять перевозкой, доставкой товаров на лошадях.

ИЗВО́ЗНИК, -а, **ИЗВО́ЗЧИК**, -а, *м.* Водитель, зарабатывающий перевозкой пассажиров на личном транспорте.

См. **ИЗВОЗ**.

ИЗГВА́ЗДАТЬСЯ, -аюсь, -аешься; *сов., в чём, где.* Испачкаться, истрепаться; стать грязным, оборванным.

От **ГВАЗДАТЬ**.

ИЗГОВНИ́ТЬ, -ню́, -ни́шь, **ИЗГОВНЯ́ТЬ**, -я́ю, -я́ешь; *сов., что.* Испачкать; испортить, свести на нет. *Куртку в мазуте изговнял. Всё дело нам изговнил.*

От **ГОВНО**.

ИЗГОВНИ́ТЬСЯ, -ню́сь, -ни́шься; *сов.* **1.** *в чём* и *без доп.* Испачкаться, измараться. **2.** *без доп.* Испортиться (о характере); стать жадным, злым.

От **ГОВНО**, *см.* **ГОВНИТЬСЯ**.

ИЗГОВНЯТЬ *см.* **ИЗГОВНИТЬ**

ИЗГОВНЯ́ТЬСЯ, -я́юсь, -я́ешься; *несов., перед кем* и *без доп.* Вести себя высокомерно, надменно, вызывающе; строить из себя кого-что-л.; капризничать, выпендриваться. *Сидит ~яется, тоже мне, цветок в проруби.*

От **ГОВНО**.

ИЗДУПЛИ́ТЬ, -лю́, -ли́шь; *сов., кого.* Избить.

От **ДУПЛИТЬ**.

ИЗЖО́ГА, -и, *ж.* Что-л. нудное, неприятное, неинтересное. *~ мексиканская* (о телесериале). *~ страниц на пятьсот* (о скучном учебнике).

См. также **НАВЕСТИ ИЗЖОГУ**

♦ **ИЗ КАКО́ГО НАФТАЛИ́НА ВЫ́КОПАЛИ** (или **ВЫ́НУЛИ**) *кого-что?* — о ком-л. (или чём-л.) устаревшем, надоевшем, кондовом, официозном и т. п. *Гляди, опять Кобзон завывает, из какого его нафталина вынули-то?*

ИЗЛИШЕСТВО *см.* **АРХИТЕКТУРНЫЕ ИЗЛИШЕСТВА**

ИЗМАИЛ *см.* **КТО ВЗЯЛ ИЗМАИЛ, ПОЛОЖИТЕ ЕГО НА МЕСТО!**

ИЗМАНТУ́ЛИТЬ, -лю, -лишь; *сов., кого.* Избить, изругать, наказать.

От **МАНТУЛИТЬ**.

ИЗМЫВА́ЙЛОВО, -а, *ср., собств.* Район (а также парк, станция метро) Измайлово в Москве.

Контаминация с «измываться».

ИЗНАСИ́ЛОВАТЬ, -лую, -луешь, **ИЗНАСИ́ЛЬНИЧАТЬ**, -аю, -аешь; *сов., кого.* Надоесть кому-л., измучить кого-л., довести до ручки, привести в транс.

ИЗОБРАЖА́ТЬ, -а́ю, -а́ешь; *несов.* (*сов.* **ИЗОБРАЗИ́ТЬ**, -ажу́, -ази́шь), *что.* Делать что-л. *Изобрази-ка, брат, бутылочку* (*принеси* или *купи*).

♦ **ИЗОБРАЖА́ТЬ ШУМ МОРСКО́ГО ПРИБО́Я** — **1.** Не вмешиваться, притворяться посторонним. **2.** Страдать рвотой.

ИЗОБРАЗИТЬ *см.* **ИЗОБРАЖАТЬ**

ИЗОБРЕСТИ *см.* **ГЛЯДЯ НА ЭТИ НОГИ, ЧЕЛОВЕК ИЗОБРЁЛ КОЛЕСО**

ИЗОЙТИ *см.* **ГОВНО; ИСХОДИТЬ; КРОВЬ**

♦ **ИЗ-ПОД ВЕРБЛЮ́ДА НЕФТЬ ЗАБИ́ЛА** *у кого* — о внезапно разбогатевшем человеке, «нуворише»-самодуре, т. н. «новом русском». *У чувака из-под верблюда нефть забила, а из-под шеи в голову — моча.*

Имеется в виду аллюзия к богатству нефтяных магнатов из арабского мира.

♦ **ИЗ-ПОД ОБЛО́МКОВ** — армяне.

Намёк на сильное землетрясение в Армении в нач. 90-х гг.

♦ **ИЗ-ПОД ЧА́ЙНИКА** *кто* — о человеке, только что попившем чаю.

ИЗРАИЛЬ *см.* **ЧТО ТЫ РВЁШЬСЯ, КАК ГОЛЫЙ В БАНЮ...**

♦ **ИЗРУБЛЮ́ В КАПУ́СТУ** — ирон.-шутл. угроза.

ИЗУМЛЕ́НИЕ, -я, *ср.* Состояние сильного алкогольного опьянения. *Прийти в ~е. До полного ~я допились. В ~и за руль сел. Товарищ третий день из ~я не выходит.*

ИЗУ́ХА, -и, **ИЗУ́ШКА**, -и, *ж.* Изобразительное искусство, рисование (учебный предмет в школе или в вузе), а также учитель, преподаватель этого предмета.

Из *шк.* или *студ.*

♦ **ИЗ ЧЕЧНИ́ В ГРЕ́КИ** — *ирон.* о правительстве начала 90-х гг., намёк на Р. Хасбулатова и Г. Попова.

ИЗЪЯЗВИТЬ *см.* **ОБМИШУРИВАТЬ**

ИЗЮМ *см.* **ФУНТ**

ИКА́РУШКА, -и, *м.* Автобус производства венгерской фирмы «Икарус».

ИКЕБА́НА, -ы, *ж.* Порядок, чистота; хорошая обстановка в квартире, красивый интерьер. *Навести ~у в доме.*

См. также **НАВОДИТЬ**

Японск. «икебана» — искусство составления букетов, а также сам букет.

♦ **ИКЕБА́НУ МА́ТЕРИ** — *бран.*, напр.: *Хоть японец ростом мал, но к родне внимателен: в день рождения послал икебану матери.*

Намёк на нецензурн.

...И, КИСА, Я ВАША *см.* **КИСА**

ИКО́ННИК, -а, *м.* Вор, специализирующийся на воровстве икон; спекулянт, перепродающий иконы.

Возм. из *уг.*

ИКОНОСТА́С, -а, *м.* Много орденов, медалей на груди у кого-л. *Гляди, какой у деда ~!* (о ветеране).

ИКРА *см.* **МЕТАТЬ ИКРУ; С ИКРОЙ**

И́КСОМ, *нареч.* Криво, неровно (обычно о ногах). *Ноги ~ и рожа как у Розы Люксембург.*

ИЛЛЮМИНА́ТОРЫ, -ров, *мн.* **1.** (или **ЗЕМЛЯ́ В ~АХ**). Очки; человек в очках. **2.** Глаза. *Задрай ~* — не смотри на меня.

«Земля в иллюминаторах» — из популярной песни.

ИЛЬИ́Ч, -а́, *м.*, *собств.* **1.** В. И. Ленин. **2.** Л. И. Брежнев. *От ~а до ~а без инфаркта и паралича* (об А. И. Микояне).

См. также **ДЕТСТВО ИЛЬИЧА; ЛОШАДЬ ИЛЬИЧА**

ИМА́ТЬСЯ, -а́юсь, -а́ешься; *несов.*, *с кем.* Вступать с кем-л. в половую связь; мучиться, биться с кем-чем-л.

Передел. общеупотр. «иметь»; *см.* **ИМЕТЬ.**

ИМЕ́ЛКА, -и, *ж.* Мужской половой орган.

От **ИМЕТЬ.**

ИМЕНИ *см.* **БИТЛОТЕКА ИМЕНИ ЛЕННОНА; ПАРК КУЛЬТУРЫ ИМЕНИ ОТДЫХА**

ИМЕ́ТЬ, -е́ю, -е́ешь; *несов.* **1.** *кого-что.* Вступать с кем-л. в половую связь; мучить, изводить кого-л., надоедать кому-л. *Нас начальство каждый вторник собирает и ~еет.* **2.** *что*, обычно в *прош.* Употребляется при выражении пренебрежения к кому-чему-л. *~ел я твою зарплату!*

См. также **ВО ВСЕ ДЫХАТЕЛЬНЫЕ И ПИХАТЕЛЬНЫЕ (ИМЕТЬ)**

ИМЕТЬ* *см.* **ЛУЧШЕ ИМЕТЬ КРАСНУЮ РОЖУ...; НЕ ИМЕЕТ НИКАКОГО ПОЛОВОГО ЗНАЧЕНИЯ; Я С ГОСУДАРСТВОМ ДЕЛ НЕ ИМЕЮ...**

♦ **ИМЕ́ТЬ В ВИДУ́** *кого* — вступать в половую связь с кем-л.; презирать, пренебрежительно относиться к кому-л.

ИМЕТЬ ЗУБ *см.* **ЗУБ**

ИМЕТЬ МАСТЬ *см.* **МАСТЬ**

♦ **ИМЕ́ТЬ НА СКАЗ** *что кому* — иметь что-л. для сообщения кому-л., напр.: *Ну вот и всё, что мы имеем вам на сказ.*

ИМПЕРИАЛИЗМ *см.* **ПРОИСКИ ИМПЕРИАЛИЗМА**

ИМПО́, *нескл.*, *ср.*, **ИМПО́Т**, -а, **ИМПО́ТИК**, -а, *м.* **1.** Импотент. **2.** *собств.* Большой трамплин на Воробьёвых горах.

И́МПОРТ, -а *м.* Что-л. дефицитное. ♦ **В глубоком ~е** *что* — очень трудно достать что-л.

И́МПОРТНЫЙ, -ая, -ое. Приехавший из-за границы, иностранный (о человеке). *Муж у неё ~.*

ИМПОТ *см.* **ИМПО**

ИМПОТЕНТ *см.* **МЕЧТА ИМПОТЕНТА; ПОЦЕЛУЙ ИМПОТЕНТА**

ИМПОТИК *см.* **ИМПО**

ИМПРОВИЗА́ЦИЯ, -и, *ж.* Какое-л. дело (преим. неудачное, сорвавшееся).

ИМПРОВИЗИ́РОВАТЬ, -рую, -руешь; *несов.*, *что, с чем, на тему чего* и *без доп.* Делать что-л.

творчески, но нетщательно, наугад; делать что-л. плохо, кое-как; вообще делать что-л. *Пора обед ~* (готовить).

ИМПРОВИЗИРОВАТЬ* *см.* **СНАЧАЛА ЗАВИЗИРУЙ, ПОТОМ ИМПРОВИЗИРУЙ**

ИМЯ *см.* **МЕСТО, ГДЕ НОГИ ТЕРЯЮТ СВОЁ ГОРДОЕ ИМЯ**

ИНА́СТРИК, -а, *м.* Иностранец. *Понаехали ~и.*

Сокращ. + суффиксация.

ИНГАЛЯ́ЦИЯ, -и, *ж.* **1.** Курево, сигареты, папиросы. **2.** Нагоняй, наказание. ♦ **Принять ~ю** — покурить. **Сделать ~ю** *кому* — наказать кого-л.

ИНГИБИ́ТОР, -а, *м.* Тупой, медленно соображающий человек.

ИНДЕ́ЕЦ, -де́йца, *м.* Т. н. «лицо южной национальности» (обычно о кавказцах).

ИНДЕЕЦ* *см.* **ПРОБЛЕМЫ ИНДЕЙЦЕВ ВОЖДЯ НЕ ВОЛНУЮТ**

ИНДЕЙСКИЙ *см.* **ФИГВАМ — ИНДЕЙСКАЯ ИЗБА**

ИНДИВИДУ́АЛ, -а, *м.* Человек, занимающийся индивидуальной трудовой деятельностью.

ИНДИФФЕРЕ́НТНЫЙ, -ая, -ое. **1.** Незнакомый. **2.** Ничем не примечательный (чаще о человеке).

ИНДУ́С, -а, *м. Ирон.* «Философ»; погружённый в созерцание, в глубокие размышления человек.

ИНДУС* *см.* **ОТРЫЖКА (ПЬЯНОГО ИНДУСА)**

ИНДЮКА́ТОР, -а, *м.* Индикатор.

Из *спец.*; шутл. контаминация с «индюк».

ИНДЮ́ШКА, -и, *ж.* Индийский чай.

ИНЖЕНЕ́ГР, -а, *м. Ирон.* Инженер.

«Инженер» + «негр»; встречается в дневниках Ю. Визбора.

♦ **И НИ В ЧЁМ СЕБЕ́ НЕ ОТКА́ЗЫВАЙ** — ирон. реплика, которая произносится тем, кто даёт собеседнику что-л. незначительное, дешёвое и т. п., напр.: *На тебе десять копеек и ни в чём себе не отказывай!*

ИНОМА́РКА, -и, *ж.* Автомобиль иностранной марки.

ИНОСТРА́НКА, -и, *ж.*, *собств.* Библиотека иностранной литературы в Москве.

ИНОСТРА́НЬ, -и, *ж.* **1.** *собств.* То же, что **ИНОСТРАНКА**. **2.** Заграница (преим. западный мир). **3.** в зн. *собир.* Иностранцы, приезжие, туристы. *Море срани из ближней ~* (о приехавших из бывших республик СССР).

ИНСУ́ЛЬТ-ПРИВЕ́Т, обычно *нескл. Ирон.* Привет, как дела?

Передел. «физкульт-привет».

ИНТЕРВЬЮ *см.* **ПОЙТИ НА ИНТЕРВЬЮ**

ИНТЕРДЕ́ВОЧКА, -и, **ИНТЕ́РША**, -и, *ж.* Проститутка, обслуживающая иностранцев.

Сокращ. от «интернациональная девочка»; возм. распространилось под влиянием повести В. Кунина «Интердевочка» и одноимённой экранизации.

ИНТЕРЕС *см.* **СПОРТИВНЫЙ**

ИНТЕРЕСА́НТ, -а, *м.* Человек, интересующийся чем-л., заинтересованный в чём-л. *~ насчёт выпить. Тут ~ов нет, пойдём в другое место торговать.*

Ср. **ГЛУПАНТ**, **НЕВРУБАНТ** и т. п.

ИНТЕРЕСНЫЕ КНИГИ ЧИТАТЬ *см.* **ЧИТАТЬ**

ИНТЕРША *см.* **ИНТЕРДЕВОЧКА**

ИНТУРА́, -ы́, *ж.* и в зн. *собир.* Иностранец, иностранцы; интурист, интуристы. *Этот ресторанчик для валютной ~ы, а не для нас, рублёвой детворы.*

ИНТУРО́ВСКИЙ, -ая, -ое, **ИНТУРО́ВЫЙ**, -ая, -ое. Иностранный; интуристовский.

От **ИНТУРА**.

ИНТЯ́, -и́, *ж.* Операционная система NT.

Из жаргона пользователей компьютеров.

ИНЪЯ́ЗОВЕЦ, -вца, *м.*, **ИНЪЯ́ЗОВКА**, -и, *ж.* Выпускник (выпускница) или учащийся (учащаяся) бывшего Института иностранных языков им. М. Тореза (ныне МГЛУ — Московский государственный лингвистический университет) или факультета иностранных языков какого-л. университета.

♦ **И, ПОЖА́ЛУЙСТА, БЕЗ МУХ** — ирон. просьба сделать что-л. чисто, качественно.

ИРОКЕ́З, -а, *м.* **1.** Высокая причёска. *Поставить ~. Ходить с мыльным* (сделанным с помощью мыла) *~ом.* **2.** Хохолок у панков.

От назв. группы индейских племён, по форме их причёски.

ИСКА́ЛКА, -и, *ж.* Т. н. поисковик, поисковая система, инструмент для поиска информации в Интернете.

Из языка пользователей компьютеров.

ИСКАТЬ *см.* **БОРОТЬСЯ И ИСКАТЬ, НАЙТИ И ПЕРЕПРЯТАТЬ!; СДЕЛАЙ ТАК, ЧТОБ Я ТЕБЯ ИСКАЛ; СРАТЬ**

ИСПАНСКИЙ *см.* **ХЕР ИСПАНСКИЙ**

ИСПАРИ́ТЬСЯ, -рю́сь, -ри́шься; *сов.* Уйти, исчезнуть. *Сделай фокус, ~рись!* — уйди отсюда, видеть тебя не могу.

См. также **СДЕЛАЙ ФОКУС, ИСПАРИСЬ...**

ИСПАСКУ́ДИТЬ, -у́жу, -у́дишь; *сов., что чем.* Испачкать, испортить.

От **ПАСКУДИТЬ 1.**

ИСПО́РТИТЬ, -рчу, -ртишь; *сов., кого. Ирон.* Вступить в половую связь с кем-л. (обычно о мужчине). *Первым делом мы ~ртим самолёты, ну а девушек ~ртим мы потом — ирон.* о лётчиках (передел. текст известной песни «Первым делом, первым делом — самолёты...»)

ИСПРАВЛЯТЬ *см.* **ИДИ, ДВОЙКИ ИСПРАВЛЯЙ**

ИСПУСТИТЬ *см.* **ОТЛОЖИТЬ И ИСПУСТИТЬ**

ИСТЕРИ́ЧКА, -и, *ж.* **1.** Учительница истории. **2.** Электричка. *Три часа на ~е.*

1. — из *шк.*

ИСХОДИ́ТЬ, -ожу́, -о́дишь; *несов.* (*сов.* **ИЗОЙТИ́**, -йду́, -йдёшь), *без доп.* (или ~ **ДЕРЬМО́М**, ~ **ПОНО́СОМ** и т. п.). Сильно сердиться, нервничать, метать громы и молнии (обычно ирон. о ком-л.).

♦ **ИСХОДИ́ТЬ СЛЮНЯ́МИ** *на что, по чему* и *без доп.* — сильно завидовать.

ИСХРЕНА́ЧИВАТЬ, -аю, -аешь; *несов.* (*сов.* **ИСХРЕНА́ЧИТЬ**, -чу, -чишь), *кого-что.* Делать что-л. интенсивно.

От **ХРЕНАЧИТЬ.**

ИТАЛИЙЙКА, -и, *ж., собств. Шутл.* Италия. *В ~у некисло* (хорошо бы) *съездить.*

ИТАЛЬЯ́ХА, -и, *м.* и *ж.* Итальянец или итальянка.

♦ **И ТРА́ХНЕТ И НАКО́РМИТ** — *ирон.* суровый, но справедливый командир, начальник.

Из *арм.; эвфем.* от нецензурного.

ИУ́ДИН, -а, -о. Еврейский. *~а организация. ~ праздник.* ♦ **~ день** — первый день открытия сезона в театре после летних каникул, когда вся труппа встречается, все целуются и делают вид, что очень любят друг друга.

♦ — из арго актёров.

ИХТИА́НДР, -а, *м.* Ирон. обращение (обычно в ситуации, связанной с водой). ♦ **звать ~а** — страдать рвотой над унитазом.

См. также **ИГРАТЬ В ТИГРА (В ИХТИАНДРА, В КИНГ-КОНГА, В ЦУНАМИ)**

Имя героя популярного романа А. Беляева «Человек-амфибия» и одноимённого кинофильма.

ИША́К, -а́, *м.* **1.** Глупый, упрямый человек. **2.** То же, что **ИЖАК.**

1. — от общеупотр. «ишак».

ИШАК* *см.* **НЕ ЗНАТЬ, НА КАКОЙ КОЗЕ...**

♦ **ИША́К (ОСЁЛ, ГВОЗДЬ) БЕРЕ́МЕННЫЙ** — руг.

ИША́ЧИТЬ, -чу, -чишь; *несов., на кого* и *без доп.* Много, тяжело работать (обычно без пользы или выгоды для себя).

От общеупотр. «ишак».

Й

ЙЕС, ЕС, *межд.* Выражает какую-л. положительную эмоцию, употр. как эмоциональная реакция, чаще как выражение радости по поводу какой-л. удачи, успеха говорящего; может сопровождаться характерным жестом: рука согнута в локте, кисть собрана в кулак тыльной стороной ладони вниз, делается резкий удар локтем назад.

Англ. yes — да (а также употр. в зн. *межд.*); из *шк., студ.*

ЙОГ, -а, *м. Ирон.* Человек с неординарными способностями. *Что я, ~ что ли?* — мне это не под силу.

От «йога» — одна из разновидностей религиозно-философских учений средневековой Индии.

ЙОК *см.* **ЁК**

ЙОКШИ́, в зн. *сказ.* Понимать. *~?* — Понял? *Я не ~* (не понял). *Он в этих делах ни фига не ~* (не разбирается).

Из татарск. или др. тюрк. языков.

К

КАБАКТЕ́РИЙ, -я, **КАБАКТО́РИЙ**, -я, *м.* Кабак, ресторан.

Ср. **КРЕЗАТОРИЙ, ЛУМУМБАРИЙ** и т. п.

КАБА́Н, -а́, *м.*, **КАБАНЯТИНА**, -ы, *м.*, и *ж.* **1.** Большой, полный, сильный человек. **2.** Молодец, молодчина. *Ну ты кабан!*

КАБАН* *см.* **ДОБРО, КАБАН!; КАК ХУДОЙ КАБАН**

КАБАНЕ́ТЬ, -е́ю, -е́ешь; *сов., на кого* и *без доп.* Наглеть, быть нахалом, вести себя вызывающе.

От общеупотр. «кабан».

КАБА́Н-КЛЫКА́Н, кабана́-клыкана́ (или каба́на-клыка́на), *м. Ирон.* О злом, недоброжелательном человеке.

КАБАНЬЕ́РО, -ы, *м.* или *нескл.* Ирон. обращение.

Шутл. контаминация «кабан» и исп. companiero — товарищ, приятель, друг, *ср.* **КОБЕЛЬЕРО** и т. п.

КАБАНЯТИНА *см.* **КАБАН**

КАБЗДЕ́Ц, -а́, *м.* **1.** Конец, крах, провал. **2.** в зн. *межд.* Выражает любую эмоцию.

Возм. от **КАПЕЦ**, **БЗДЕЦ** + нецензурное руг.; *ср.* **АБЗАЦ**, **КИЗДЕЦ** и т. п.

КАБЗДУ́Н, -а, **КОБЗДУ́Н**, -а, *м.*, *собств.* Популярный певец И. Д. Кобзон. *Это ~ пусть про Родину поёт, а ты базарь* (говори) *про бабки* (деньги).

Ирон. аллюзия к **БЗДЕТЬ**.

КАБИНЕ́Т, -а, *м.* (или ~ **ЗАДУ́МЧИВОСТИ**). Туалет, сортир.

КАБЛИТЬСЯ *см.* **КОБЛИТЬСЯ**

КАБЛУ́К, -а́, *м.* Машина с высоким кузовом, прицепом, пикап.

КАБУ́РЩИК, -а, *м.* Землекоп; тот, кто роет что-л.

Ср. *уг.* «кабур» — кража путём подкопа, «кабе нижний» — взлом через пол, «кабурщик» — вор, работающий путём подкопа, взломщик.

КАВАЛЕРИЯ *см.* **ЕДРЁНЫЙ**

КА́ВЕР-ВЕ́РСИЯ, ка́вер-ве́рсии, *ж.* Популярный шлягер в версии другого исполнителя.

Из *муз.*

КАВКАЗСКИЙ *см.* **ВСЕ МЫ В МОСКВЕ КАВКАЗСКИЕ ПЛЕННИКИ**

КАГЕБЕ́ШНИК, -а, *м.*, **КАГЕБЕ́ШНИЦА**, -ы, *ж.* Работник КГБ (ФСБ); любой человек, который что-л. выведывает, высматривает. *Опять у подъезда бабки-кагебешницы сидят.*

КАДР[1], -а, *м.* **1.** Ухажёр, любовник. *Приходи и ~а своего тащи — оценим.* **2.** Любой человек (обычно незнакомый). *Ну ты и ~!*

От общеупотр. «кадры» — состав работников; *ср.* **КАДРИТЬ**.

КАДР[2], -а, *м.* Интересное положение, необычная ситуация. *Секи, ~* — смотри, как интересно.

См. также **БЫТЬ В КАДРЕ**; **БЫТЬ ЗА КАДРОМ**; **ПОПАСТЬ В КАДР**

КА́ДРА, -ы, **КАДРА́**, -ы́, **КАДРИ́ЦА**, -ы, **КАДРИ́ШКА**, -и, *ж.* Симпатичная девушка; подруга, любовница.

См. **КАДР**[1], **КАДРИТЬ**.

КАДРЕ́ВИЧ, -а, *м.* **1.** То же, что **КАДР**[1]. **2.** То же, что **КАДР**[2]. **3.** То же, что **КАДРА**.

КАДРИ́ЛКИ, -лок, *мн.* Глаза. *~лками шуровать* (смотреть во все стороны). *Намалевать* (накрасить) ~.

От **КАДРИТЬ**.

КАДРИ́ТЬ, -рю, -ри́шь; *несов., кого*, **КАДРИ́ТЬСЯ**, -рюсь, -ри́шься; *несов., с кем, к кому.* Ухаживать за женщиной, склонять к взаимности; флиртовать, кокетничать с мужчиной. *Он с ней уже год кадрится, а всё ещё дальше подъезда не ходил.*

КАДРИЦА, **КАДРИШКА** *см.* **КАДРА**

КАДЫК *см.* **ПОСТАВИТЬ НА КАДЫК**

♦ **КА́ЖДАЯ СИГАРЕ́ТА УБИВА́ЕТ ЛО́ШАДЬ** — *ирон.* о сигаретах низкого качества.

КАЗАРМА *см.* **ОТМАТЫВАТЬСЯ**

КАЗАТЬ *см.* **КИШКА КИШКЕ КУКИШ КАЖЕТ**

КАЗА́ТЬСЯ, кажу́сь, ка́жешься; *несов., куда, к кому. Ирон.* Приходить; навещать кого-л. *Что-то ты на работу и не кажешься.*

Имитируется *прост.*

КАЗАТЬСЯ* *см.* **ЧТОБ ЖИЗНЬ МАЛИНОЙ НЕ КАЗАЛАСЬ**; **ЧТОБЫ СЛУЖБА (РАБОТА, ЖИЗНЬ) МЁДОМ НЕ КАЗАЛАСЬ**

КАЗАЧО́К, -чка́, *м.* **1.** *собств.* Казанский вокзал. **2.** «Кубанская» водка.

КАЗАЧЬЯ РУБКА *см.* **РУБКА**

КАЙФ, -а, **КЕЙФ**, -а, *м.*, **КАЙФА́**, -ы́, *ж.*, **КАЙФЕ́ШНИК**, -а, *м.*, **КАЙФЕ́ШНИКИ**, -ков, *мн.*, **КАЙФУ́ЛЬКА**, -и, *ж.*, **КАЙФУ́ЛЬКИ**, -лек, *мн.* **1.** Удовольствие, удовлетворение, радость, наслаждение. **2.** в зн. *межд.* Выражает любую положительную эмоцию. ♦ **По кайфу** (или **в кайф**) *что, что делать* — хорошо, с удовольствием, напр.: *По ~у грибочки пошли.* **Ловить (поймать) кайф** *от чего* — получать (получить) удовольствие от чего-л. **Ломать** (или **обломать, обрубить, сломать**) **кайф** *кому* — портить кому-л. удовольствие. **Без кайфа нет лайфа** — без удовольствия нет настоящей жизни.

См. также **ОБЛАМЫВАТЬ**; **СИНТЕТИЧЕСКИЙ КАЙФ**

От арабского или турецкого «кейф» — праздность, отдых с курением; *ср. устар.* рус. городское «кейфствовать» — курить сигару после обеда, отдыхать (встречается у А. П. Чехова, В. Гиляровского, И. Кокорева и др.).

КАЙФАНУ́ТЬ, -ну́, -нёшь; **КАЙФАНУ́ТЬСЯ**, -ну́сь, -нёшься; *сов.*, обычно *без доп.* Получить удовольствие, насладиться чем-л.

См. **КАЙФ.**

КАЙФЕШНИК, КАЙФЕШНИКИ *см.* **КАЙФ**

КА́ЙФНЫЙ, -ая, -ое, **КАЙФЕ́ШНЫЙ**, -ая, -ое, **КАЙФО́ВЫЙ**, -ая, -ое. Приносящий удовольствие, удовлетворение; хороший, отличный.

См. **КАЙФ.**

КАЙФОВА́ТЬ, -фу́ю, -фу́ешь; *несов., от кого-чего, с кого-чего* и *без доп.* Получать удовольствие, отдыхать, расслабляться; восхищаться, удивляться. *Я с тебя ~фую!* — ну ты даёшь!

См. **КАЙФ.**

КАЙФОВЫЙ *см.* **КАЙФНЫЙ**

КАЙФОЛО́М, -а, **КАЙФОЛО́МЩИК**, -а, *м.* Тот, кто портит всё дело.

От **ЛОМАТЬ КАЙФ**, *см.* **КАЙФ.**

КАЙФУЛЬКА, КАЙФУЛЬКИ *см.* **КАЙФ**

КАК, -а, *м.* Зад, ягодицы. ♦ **Кверху ~ом** — ничком; обычно ирон. ответ на вопрос «как?»

См. **КАКА.**

КА́КА, -и, *ж.*, **КАКА́**, *нескл.*, *ж.* и *ср.* **1.** Кал, нечистоты. **2.** Зад, ягодицы. *Дать пинка по кака́. Пошёл ты в каку.* **3.** Что-л. плохое, некачественное, отрицательно оцениваемое. ♦ **Хотеть и ~у и маку** — хотеть всё сразу, слишком много.

См. также **БОБО; ПАХАТЬ**

От *детск.* «какать» — испражняться, «кака» — фи, гадость, грязь.

КАКАДУ́, *нескл.*, *м.* и *ср.* (или **ПРОКЛЯ́ТЫЙ ~**). Ирон.-шутл. или дружеское обращение.

Общеупотр. «какаду» — разновидность попугая.

КАКАО *см.* **ЧАО**

КАКАТЬ *см.* **ПУКАТЬ**

КАКА́ШКА, -и, *ж.*, **КАКИШО́Н**, -а, *м.* **1.** То же, что **КАКА** во всех зн. **2.** Ирон.-дружеское обращение.

См. **КАКА.**

КАК БЕЛОЧКА БОЛЬНАЯ *см.* **БЕЛОЧКА**

♦ **КАК БЕ́ЛЫЙ ЧЕЛОВЕ́К** — по-человечески, нормально, напр.: *Еду в Америку, хоть месяц поживу как белый человек.*

♦ **КАК БЕ́ШЕНЫЙ СЛОН** *что делать* — делать что-л. интенсивно, быстро.

КАК БЫК НАССАЛ *см.* **НАССАТЬ**

КАК В АПТЕКЕ *см.* **АПТЕКА**

♦ **КАК В ГРЕ́ЦИИ** — шутл. ответ на вопрос собеседника о том, есть ли что-л. у кого-л.

См. **В ГРЕЦИИ ВСЁ ЕСТЬ.**

♦ **КАК ВЕСЛО́М ПО ЗА́ДНИЦЕ** (или **ПО ЖО́ПЕ**) *что, что сделать* — о чём-л. неуместном, несуразном; грубом, неприличном; неожиданном, внезапном; о странной выходке.

КАК В ЖОПУ ГЛЯДЕТЬ *см.* **ЖОПА**

КАК В ЛУЖУ ПЕРДЕТЬ *см.* **ЧТО (КАК, ВСЁ РАВНО ЧТО) В ЛУЖУ ПЕРДЕТЬ**

♦ **КАК В ЛУ́ЧШИХ ДОМА́Х ФИЛАДЕ́ЛЬФИИ (ЛОНДО́НА, КОНОТО́ПА)** — *ирон.* о сервисе, хорошем (или наоборот — плохом, в зависимости от ситуации) обслуживании, шикарной (или убогой) обстановке и т. п.

♦ **КАК В САМОЛЁТЕ, ВСЕХ МУТИ́Т** (или **РВЁТ, ТОШНИ́Т**), **А НЕ ВЫ́ЙДЕШЬ** — ирон. ответ на вопрос «как дела?», «как жизнь?»

♦ **КАК ВСЁ ЗАПУ́ЩЕНО!** — *ирон.* по любому поводу, напр., в адрес красивой девушки, о чьём-л. странном поведении и т. п.

♦ **КАК В СКА́ЗКЕ, ЧЕМ ДА́ЛЬШЕ, ТЕМ СТРАШНЕ́Е** — ирон. ответ на вопрос «как жизнь?»

♦ **КАК В ТРОЛЛЕ́ЙБУСЕ, ВСЕХ МУТИ́Т, А НЕ ВЫ́ЙДЕШЬ** — плохо, неприятно; часто употребляется как ответ на вопрос «как жизнь?», «как дела?».

КАК ГОВНО В ПРОРУБИ *см.* **ГОВНО**

♦ **КАК ГОВНО́ НА ВЕТРУ́** — в глупом, неудобном положении; о человеке, попавшем в такое положение.

♦ **КАК ГОВОРЯ́Т ФРАНЦУ́ЗЫ** — приговорка к любым сказанным словам.

КАК ДВА ПАЛЬЦА ОБОССАТЬ *см.* **ОБОССАТЬ**

♦ **КАК ДЕРЬМО́ В ПРО́РУБИ** *кто* — о том, кто мешается под ногами, болтается без дела.

КАКИШОН *см.* **КАКАШКА**

КАК ЖЕ *см.* **АГА, СПЕШУ И ПАДАЮ**

♦ **КАК ЗДРА́ВСТВУЙТЕ** *что сделать* — быстро, незаметно, стремительно, легко, напр.: *Выжрали литруху* (литр водки) *как здравствуйте!*

КАКИЕ НОВОСТИ В МИРЕ ЖИВОТНЫХ? *см.* **ЖИВОТНОЕ**

♦ **КАКИ́Е НО́ВОСТИ ИЗ ЗООПА́РКА?** — как дела?

♦ **КАКИ́Е ТУТ ШУ́ТКИ, КОГДА́ ПОЛЧЛЕ́НА В ЖЕЛУ́ДКЕ** — ирон. реплика в ответ на вопрос собеседника, является ли сказанное ранее шуткой.

Из анекдота о шофёре, который попал в аварию во время орогенитального акта.

КАК ИЗ ГОВНА ПУЛЯ *см.* **ГОВНО**

КАК ИЗ ЖОПЫ ТАЩЁНЫЙ *см.* **ЖОПА**

♦ **КАК ИЗ ПИСТОЛЕ́ТА** *что делать* — быстро, одним махом.

КАК ИЗ ПУЛЕМЁТА *см.* **ПУЛЕМЁТ**

КАК КАРТЫ ЛЯГУТ *см.* **ЛЕЧЬ**

КАК ЛЫСОМУ ВШЕГОНЯЛКА *см.* **ВШЕГОНЯЛКА**

♦ **КАК МЁРТВОМУ УЖА́СНИК** *что кому* — ни к чему, ни к селу ни к городу.

♦ **КАК МУ́ХА В ТУАЛЕ́ТЕ** (или **НА АЭРОДРО́МЕ**) *кто* — о человеке, который ведёт себя слишком шумно, вызывающе без видимого повода.

♦ **КАК МУХ НА ПОТОЛКЕ́** *чего* — много, полно́, девать некуда.

♦ **КАК НАДЕ́НУ ПОРТУПЕ́Ю, ТАК ТУПЕ́Ю И ТУПЕ́Ю** — *ирон.* о военных.

♦ **КАКО́В СТОЛ, ТАКО́В И СТУЛ** — *шутл.* хорошая работа кишечника зависит от правильного питания, а также в обобщённом зн. «что посеешь, то и пожнёшь».

♦ **КАКО́Й РУ́ССКИЙ НЕ ЛЮ́БИТ БЫ́СТРОЙ ЕЗДЫ́? ТОТ, НА КОТО́РОМ Е́ЗДЯТ** — *шутл.* о ситуации, когда допущена какая-л. несправедливость, когда кого-л. беззастенчиво использовали в своих целях, обидели и т. п.

Травестирование крылатого риторического вопроса из поэмы Н. В. Гоголя «Мёртвые души».

♦ **КАК ОНО́ ЗАВСЕГДА́?** — как дела?

♦ **КАК ОФИГЕ́ВШИЙ ЗО́МБИ** *кто* — о ком-л., находящемся в полувменяемом или невменяемом состоянии.

♦ **КАК ПЕ́РЕД ВСЕЙ (ПИОНЕ́РСКОЙ) ЛИНЕ́ЙКОЙ** — *ирон.* честно, искренне, ничего не утаивая.

♦ **КАК ПОКАЗА́ЛО ВСКРЫ́ТИЕ** — *ирон.* как выяснилось, как оказалось, напр.: *Мне-то говорили, что он дурак, а как показало вскрытие, вполне головастый мужик.*

♦ **КАК САМА́? КАК САМЁНОК? КАК САМЕ́Ц?** — шутл.-этикетные вопросы, адресованные женщине: Как живёшь? Как сын? Как муж?

♦ **КАК СЕЛЁДКИ В БА́НКЕ** *кто* — о тесноте, давке.

♦ **КАК СЕМЬ ТРАКТОРО́В ПЕРЕЕ́ХАЛИ** *кого* — о плохом самочувствии, недомогании, болезни.

♦ **КАК СЕРПО́М ПО Я́ЙЦАМ** *что* — неприятно, больно задело, напр.: *Мне твои слова как серпо́м по яйцам.*

КАК СИКА *см.* **СИКА**

♦ **КАК СОРО́КА НА КОЛУ́** *кто где* — *шутл.* о неудобном, дискомфортном положении, затруднительной ситуации.

Встречается у В. Шукшина и др.

♦ **КАК СТЕКЛОРЕ́ЗОМ ПО ЗАЛУ́ПЕ** — о чём-л. неожиданном и неприятном (напр., о трагическом известии, чьих-л. оскорбительных словах и т. п.).

♦ **КАК ТАНК ПЕРЕЕ́ХАЛ** *кого* — о плохом самочувствии, недомогании.

♦ **КАК ТУ́ЗИК ТРЯ́ПОЧКУ** *кого* — «одной левой», легко, без сопротивления со стороны явно более слабого противника: о расправе над кем-л.

КА́КТУС, -а, *м.* (или **ЛЫСЫЙ ~**). Ирон. руг. (обычно по отношению к лысому или коротко постриженному человеку).

КА́КТУСОВКА, -и, *ж.* Текила, мексиканская водка, изготовляемая из кактусов.

♦ **КАК ТЫ МОГ В ТАКУ́Ю ПО́РУ НАВАЛЯ́ТЬ ТАКУ́Ю ГО́РУ?** — как это тебе удалось (чаще о крупной оплошности, ошибках).

♦ **КАК ФИ́ШКА ЛЯ́ЖЕТ** (или **ФИ́ШКИ ЛЯ́ГУТ**) — в зависимости от обстоятельств.

♦ **КАК ХУДО́Й КАБА́Н** *что де́лать* — бестолково, суетясь, неловко, неумело, не соответствуя заявленному статусу, непрофессионально, напр.: *Ну что ты водку разливаешь, как худой кабан.*

КА́КЧЕСТВО, -а, *ср. Ирон.* Качество (обычно низкое). *Тут, брат, такое ~, что японцы косеют* (о низком качестве советской радиоаппаратуры).

Аллюзии к **КАК, КАКА.** Из миниатюры в исполнении А. Райкина.

♦ **КАК ЧЕ́СТНАЯ ДЕ́ВОЧКА** — как дурак (поверил, доверился и т. п.).

КАЛ, -а, *м.* Что-л. плохое, дурное. ♦ **Метнуть ~** — испражниться; надорваться; умереть, напр.: *Я от такой работы сейчас ~ метну.* **Иди ты в ~** — иди отсюда, уходи, убирайся. **А ты ~ на анализ сдавал?** — ирон. ответ на какую-л. просьбу, пожелание собеседника, напр.: *Дай пятёрку. — А ты ~ на анализ сдавал?*

КАЛА́Ч[1], -а́, *м.* Замо́к.

Возм. из *уг.*

КАЛА́Ч[2], -а́, **КАЛА́Ш**, -а́, *м.* Автомат Калашникова.

КАЛАЧ* *см.* **ТЁРТЫЙ**
КАЛАШ *см.* **КАЛАЧ**[2]
КАЛАШНИКОВ *см.* **СБОРКА**
КАЛДЫРИТЬ *см.* **КОЛДЫРИТЬ**
КАЛДЫРКА *см.* **КОЛДЫРКА**
КА́ЛДЫРЬ *см.* **КОЛДЫРЬ**

КА́ЛИКИ, -ков, *мн.* Таблетки (обычно наркотического действия).

Возм. из *уг.*, *нарк.*

КАЛИ́НА, -ы, **КАЛИ́НКА**, -и, *ж.*, *собств.* Новый Арбат, бывший проспект Калинина в Москве. *Бродить по ~е.*

КАЛИ́ТКА, -и, *ж.* **1.** Штаны, гульфик. *Захлопни ~у* — застегни брюки. **2.** Рот. *Закрой ~у* — замолчи.

КАЛИТКА* *см.* **НА ПОЛНУЮ КАЛИТКУ**
КАЛ КАЛЫЧ *см.* **КАЛЫЧ**

♦ **КАЛОССА́ЛЬНАЯ КО́МНАТА** — туалет.

От «кал» + **ССАТЬ**; шутл. контаминация с «колоссальный».

КАЛО́ША, -и, *ж.* **1.** Растяпа, дурак. **2.** Друг, приятель. *Это вот моя старая ~* (старый приятель). **3.** Шутл.-дружеское обращение. **4.** Старая машина.

КАЛОШИ *см.* **ХОДЯТ ЗДЕСЬ РАЗНЫЕ...**

КАЛО́ШНИЦА, -ы, *ж.* Обувной магазин.

КАЛЫ́М, -а, *м.* Зарплата, заработок; доход, прибыль.

Ср. *уг.* «калым» — заработок; первоначально от общетюрк. qalim — выкуп за невесту.

КАЛЫ́МИТЬ, -млю, -мишь; *несов.*, *где, на кого* и *без доп.* Работать, вкалывать, подрабатывать. *Где ~мишь? — Извозом* (на машине).

От **КАЛЫМ**.

КАЛЫ́МЩИК, -а, *м.* Тот, кто подрабатывает где-л. *Днём я инженер, а вечером ~* (владелец автомобиля, зарабатывающий — в отличие от таксиста — на своей машине).

От **КАЛЫМ**.

КАЛЬКУЛЯ́ТОР, -а, *м.* Голова, мозг. *~ простудил, шапки нету.*

КАЛЬМА́Р, -а, *м.*, **КАЛЬМА́РОМ**, в зн. *нареч.* О разновидности модной в начале — середине 90-х гг. молодёжной причёски, когда часть волос стрижётся коротко, а часть остается длинной.

КА́ЛЫЧ, -а (или **КАЛ КА́ЛЫЧ**, -а), *м. Бран.* Негодяй, гад, сволочь.

От «кал» с имитацией отчества, *Ср.* «Палыч» («Пал Палыч») и т. п.; *ср.* **ГОВНИЛЫЧ**.

КАЛЯ́-МАЛЯ́, обычно *нескл.*, *ж.* и *ср.* Мазня, пачкотня; неразборчивый, небрежный рисунок, почерк; что-л. сделанное из рук вон плохо.

Возм. из *детск.*

«КАМАЗ» *см.* **У НАШИХ ВОРОТ...**

♦ **КА́МЕННОЕ ЛИЦО́** — разновидность сексуальной игры.

КА́МЕННЫЙ, -ая, -ое. **1.** Глупый, тупой. **2.** в зн. *сущ.*, -ого, *м.* Памятник. *Давай в три на Маркса у ~ого* (на площади К. Маркса, около памятника К. Марксу).

♦ **КА́МЕННЫЙ ГОСТЬ** — мужской половой орган.

Травестирование названия произведения А. С. Пушкина.

КА́МЕНЬ, -мня, *м.* Центральный процессор, а также любая микросхема. *Заменить ~. Чего это палёным пахнет, какой-то ~ сгорел, что ли?*

Из жаргона пользователей компьютеров.

КАМЕНЬ *см.* **БЫТЬ (СИДЕТЬ) КАК КАМЕНЬ В ПОЧКАХ; ФЛАГ В РУКИ, БАРАБАН В ЖОПУ...**

КА́МЕРА, -ы, *ж.* (или **~ ХРАНЕ́НИЯ**). Тюрьма. *Сдать в ~у хранения* — посадить в тюрьму.

♦ **КА́МЕРА ПЫ́ТОК** — медпункт.

Возм. из *шк.*

КАМ-И́Н, *неизм.* в зн. гл. в форме повелительного наклонения. Заходи(те), проходи(те). *~ в нашу хату.* ♦ **~ в чужой огород** — *шутл.* передел. рус. идиоматическое выражение «камень в чужой огород» (шутл. контаминация англ. come in и рус. «камень»).

Англ. come in в том же зн. *Ср.*, напр.: **ВОК**.

КАМО́К, -мка́, *м.* Камуфляжная форма.

Из *арм.*

КАМПУЧИЯ *см.* **ИЗВЕДУ, ЗАМУЧАЮ, КАК ПОЛПОТ КАМПУЧИЮ**

КАМУФЛЯ́Ж, -а, *м.* Косметика.

КАМЫШ *см.* **ГРЕБИ УШАМИ КАМЫШИ**
КАНАВА *см.* **ТО-ЯМА-ТО-КАНАВА**

КАНАРЕ́ЙКА, -и, *ж.* Машина ГАИ; работник ГАИ.

Возм. по аналогии жёлтого цвета оперенья птицы канарейки и машины ГАИ.

КАНАРЕЙКА* *см.* **ОТМЕЧАТЬ СТОЛЕТИЕ КАНАРЕЙКИ**

КАНА́ТЫ, -тов, *мн.* Вены. ♦ **~ попилить себе** (или *кому*) — вскрыть вены.

КАНА́ТЬ, -а́ю, -а́ешь; *несов.* **1.** *куда, откуда.* Идти, уходить. **2.** *под кого.* Подделываться под кого-л., подражать кому-л. *Под больного ~. Под умного ~.* ♦ **~ай на дачу** — уходи, проваливай.

Возм. от *устар.* «конать» (ср. совр. *разг.* «доконать») — кончать, порешить, уничтожать, душить, сживать со свету, доводить до конца, умирать, кончаться; *ср.* также *уг.* «канай!» — крик об опасности.

См. также **БЕРИ ВЕСЛО, КАНАЙ В ПОМОИ**

♦ **КАНА́ТЬ (ИДТИ́, БЫТЬ, ТАЩИ́ТЬ, БРАТЬ) ПАРОВО́ЗОМ** (или **ЗА ПАРОВО́ЗА**) *в чём* — брать на себя всю ответственность, отдуваться за всех.

Возм. из *уг.*

КАНА́ШКА, -и, **КАНА́ШЕЧКА**, -и, *ж.* **1.** Забавная вещица, сувенир, причудливый предмет. **2.** Симпатичная девушка.

КАНДИБО́БЕР, -а, *м.* Чёрт знает что, ерунда какая-то (часто о каком-л. замысловатом механизме, устройстве).

Ср., напр., с моделью **ТЕЛЕБОБЕР**.

КАНДИДА́Т, -а, *м.* Солдат третьего полугодия службы.

Из *арм.*

♦ **КАНДИДА́Т НА ТОТ СВЕТ** (или **В СОСНО́ВЫЙ Я́ЩИК** и т. п.) — старый, больной человек.

КАНДЫ́БА, -ы, *м.* и *ж.* Хромой.

Возм. из укр. *Ср.* **ШКАНДЫБАТЬ**.

КАНИ́ТЬ, -ню́, -ни́шь; *сов.* **1.** *кого* и *без доп.* Надоедать, приставать, ныть; домогаться. **2.** *чего* и *без доп.* Бояться, малодушничать.

Ср. общеупотр. *разг.* «канючить» (первоначально: издавать неприятные звуки как «канюк», «каня» — коршун с пронзительным криком) — клянчить, домогаться просьбами, *устар. диал.* «конить» — болеть, ныть, мозжить, томить, «коновиться», «кониться» — считаться конами в игре в бабки, кидать жребий, тягаться, меряться силой, решать очередь по жребию. *Ср.* также **КАНАТЬ**.

КАНИФО́ЛИТЬ, -лю, -лишь; *несов.; кого* (или **~ МОЗГИ́**, **~ ДУ́ШУ** *кому*). Надоедать, изводить, пытаться воздействовать на кого-л.; лгать, обманывать; стараться запутать, сбить с толку.

От общеупотр. «канифоль» — вещество для натирания смычков и других целей.

КАНТ, -а, *м.* Временный отдых, передышка, перекур; временная лёгкая работа.

Ср. «кантовать», «кантюжить», «кантюжничать» — нищенствовать, таскаться, бродяжничать или пировать, гулять, «кант» — копейка; *ср.* также **КАНТОВАТЬ**; возм. наложение с «кань» — кабак (из *офен.*).

КАНТОВА́ТЬ, -ту́ю, -ту́ешь; *несов.* **1.** *что.* Грузить, кидать, перетаскивать. **2.** *кого.* Перевозить. *Вовика* (Володю) *не ждите, ~тует семью в Чертаново.* ♦ **~туй помалу** — давай, начинай.

От общеупотр. *спец.* «кантовать» — переворачивать груз при переноске, погрузке; ♦ — из речи грузчиков.

КАНТОВА́ТЬСЯ, -ту́юсь, -ту́ешься; *несов., где* и *без доп.* Проводить время; жить, работать. *~ на вокзале. ~ в университете* (учиться или работать). *Весь день дома ~тую́сь.*

От **КАНТОВАТЬ**; *см.* также **КАНТ**.

КАНЬЁВЫЙ *см.* **НАКРЫТЬСЯ (КАНЬЁВЫМ ОДЕЯЛЬЦЕМ)**

КА́ПАТЬ, -аю, -аешь; *несов.* **1.** *кому* (или **~ НА МОЗГИ́** *кому*). Постоянно, методично напоминать кому-л. о чём-л.; пытаться воздействовать на кого-л. **2.** *на кого кому, куда.* Доносить на кого-л. **3.** *без доп.* О деньгах: постепенно прибывать, начисляться. *Уже три месяца не работаю, а зарплата-то ~ает.*

2. — из *уг.*

КАПАТЬ* *см.* **БЕЛОЕ МОЛОКО С КОНЦА КАПАЕТ**

КА́ПЕЛЬКА, -и, *м.* и *ж.* *Шутл.* Толстяк (толстуха), пузан(ка).

КАПЕЛЬКИ *см.* **КАПЛИ**

КАПЕЛЮ́ХА, -и, **КАПЕЛЮ́ШКА**, -и, **КАПЕЛЮ́ШЕЧКА**, -и, **КАПУ́СЕЧКА**, -и, **КАПУ́СЬКА**, -и, **КАПУ́СЯ**, -и, *ж.* и в зн. *сказ.* Немного, чуть-чуть. ♦ **Ни на одну капелюху** — совсем, ни капли.

От общеупотр. «капля».

КАПЕ́Ц, обычно *нескл., м.* и в зн. *сказ.* **1.** Конец, провал. *~ тебе настал* — ты пропал. **2.** и в зн. *межд.* Всё, баста, пропали. *Всё, ~, денег осталось на одну зубочистку* (мало).

Возм. от общеупотр. «конец» и как *эвфем.* от нецензурного; *ср.* также латышское Kāpēc? — почему? Можно предположить, что данное слово могло войти в речь заключённых после революции из-за частотности его употребления латышами, многие из которых работали в ВЧК, а затем в НКВД.

♦ **КАПИТАЛИ́ЗМ ЗАГНИВА́ЕТ И ПРИ Э́ТОМ ВЕСЬМА́ НЕДУ́РНО ПА́ХНЕТ** — об успехах западного мира.

«КАПИТАЛОМ» ПРИХЛОПНУТЫЙ *см.* **ПРИХЛОПНУТЫЙ**

КАПИТА́ЛЬНЫЙ, -ая, -ое. Хороший, отличный; настоящий, достойный; обстоятельный. *~ мужик. ~ая фигура* (о стройной женской фигуре).

КАПИТАЛЮ́ГА, -и *м.* и *ж.*, **КАПИТАЛЮ́ЖНИК**, -а, *м.* Представитель западной фирмы; любой иностранец из Западной Европы, США.

КАПИТА́НИТЬ, -ню, -нишь, **КАПИТА́НСТВОВАТЬ**, -вую, -вуешь; *несов., без доп.* **1.** Играть капитаном какой-л. спортивной команды. **2.** Быть лидером, верховодить, главенствовать.

2. — из *спорт.*

КАПИТО́ШКА, -и, *м.* или *ж.* Презерватив, который наполняется водой и сбрасывается с высоты.

Из мультфильма, где таково было прозвище капельки.

КА́ПЛИ, -пель, **КА́ПЕЛЬКИ**, -лек, *мн.* Очки со стёклами каплевидной формы.

КАПЛЯ *см.* **ДО ПОСЛЕДНЕЙ КАПЛИ СПЕРМЫ**

КА́ПНУТЬ, -ну, -нешь; *сов.* **1.** *кому* (или ~ **НА МОЗГИ́** *кому*). Намекнуть; бегло переговорить; подготовить почву для последующего обстоятельного разговора. **2.** *на кого кому, куда.* Донести на кого-л.

Ср. **КАПАТЬ**.

КАПРА́Л, -а, *м.* Младший сержант.

Ср. общеупотр. «капрал» — в рус. армии до начала XIX в. и в армиях некоторых других стран, младшее командирское звание; лицо, имеющее это звание.

КАПУСЕЧКА *см.* **КАПЕЛЮХА**

КАПУ́СТА, -ы, *ж.* **1.** Деньги (рубли или доллары). *~у строгать* — собирать, зарабатывать деньги. *Я сегодня при ~е*— у меня есть деньги. **2.** Одежда. *Нарядился в импортную ~у.* **3.** Эмблема погранвойск. ♦ **~у рубить** (или **косить, копать** и т. п.) — зарабатывать валюту.

3. — из *арм.*

КАПУСТА* *см.* **В ОГОРОДЕ ПУСТО, ВЫРОСЛА КАПУСТА; ИЗРУБЛЮ В КАПУСТУ; НАМЫВАТЬ (КАПУСТУ); ПОРУБАЮ (ПОРУБЛЮ) КАК КАПУСТУ (В ХЛАМ)**

КАПУСТА ЗЕЛЁНАЯ *см.* **ЗЕЛЁНЫЙ**

КАПУСЬКА, КАПУСЯ *см.* **КАПЕЛЮХА**

КАПЭЭСНЯ́, -и́, *ж.* Учебная дисциплина «История КПСС».

Из *студ.*

КАР, -а, *м.* Машина автомобиль. *По хайвэю ~ы лётают* — по улице ездят машины.

Англ. car — машина.

КАРАВА́Н-САРА́Й, -я, *м.* Пикап; машина с прицепом.

От «караван-сарай» — постоялый двор для караванов (из персидского, через тюрк.).

КАРАВЕ́ЛЛА, -ы, *ж.* Крупная, полная женщина. *~ с двумя килями.*

КАРАГАНДА́, в зн. *межд.* Шутл. ответ на употреблённую собеседником *част.* или *межд.* «да» (чаще в форме переспроса). — *Слушай, иди отсюда! — Да?! — ~!*

КАРАКА́ДЛА, -ы, *ж.* и *м.* Бранное. *~ ты, а не друг.*

Контаминация «каракатица» и **ПАДЛА**.

КАРАНДА́Ш, -а́, *м.* **1.** Лом, кайло, металлический стержень. **2.** Мужской половой орган (обычно маленького размера). **3.** Маленькая щука, щурёнок.

См. также **РУКИ ПОД КАРАНДАШ (ПОД ХРЕН, ПОД ОНАНИЗМ, ПОД ЗАДНИЦУ) ЗАТОЧЕНЫ**

1. — возм. из *уг.*; 3. — из речи рыбаков.

КАРАНДАШ* *см.* **ВЗЯТЬ НА КАРАНДАШ; ПОКАТАТЬ НА КАРАНДАШЕ**

КАРАПЕ́Т, -а, *м.*, **КАРАПЕ́ТИНА**, -ы, *ж.* **1.** Армянин. **2.** Человек маленького роста. **3.** Ребёнок, сын.

Армянское *собств.*

КАРАСИК *см.* **БУЛЬ-БУЛЬ-КАРАСИК**

КАРА́СЬ, -я́, *м.* **1.** Ирон.-дружеское обращение. **2.** Молодой начинающий солдат. **3.** Десять рублей (в советское время). **4.** Молодой, неопытный человек, «молокосос», «салага».

3. — из *уг.*, возм. по аналогии красного цвета плавников у рыбы и красноватого цвета купюры достоинством в десять рублей; 4. — *ср. уг.* «карась» в зн. потенциальная жертва ограбления.

КАРАТИ́СТ, -а, *м. Ирон.* О человеке (обычно слабом, невзрачном), который лезет в драку; забияка, задира. *Секи — сейчас вон тот ~ будет на тата́ми* — смотри, сейчас этого задиру собьют с ног («тата́ми» — мат для занятий различными видами борьбы).

От «каратист», «каратэист» — человек, занимающийся каратэ, разновидностью японской борьбы.

КАРА́УЛ, -а, *м.* **1.** и в зн. *сказ.* Нечто прекрасное, замечательное. *Причесон* (причёска) — *просто ~!* **2.** в зн. *межд.* Выражает любую эмоцию.

КАРАУЛ* *см.* **ПОЧЁТНЫЙ КАРАУЛ**

КАРАУ́ЛКА, -и, *ж.* **1.** Караульная служба в армии; караульная будка. *Я сегодня в ~е* (стою на карауле). **2.** только *мн.* Глаза. *Чего ~и-то прищурил?*

1. — из *арм.*; 2. — возм. из *уг.*

КАРАУ́ЛЬНЫЙ, -ая, -ое. Очень хороший, прекрасный. *~ая квартирка. ~ ресторан.*

КАРА́ХТЕР, -а, *м. Ирон.* Характер.

Подражание прост.-диал. огласовке сл. (метатеза).

КАРБЮ́Р, -а (или -а́), *м.* Карбюратор.

Из жарг. шофёров.

КАРГА́, -и́, *ж.* Старуха, женщина, девушка (преим. с дурным характером, сварливая); жена. *Всё, я со своей ~ой развёлся, теперь свободен, как муха в туалете.*

Устар. «карга» — ворона, старуха, коряга, кривое дерево.

КАРДА́Н, -а, *м.* **1.** Шофёр (обычно в армии). **2.** Мужской половой орган. **3.** обычно *мн.* Ноги или руки.

От общеупотр. «кардан» — то же, что «карданный вал», «карданный механизм»; 1. — из *арм.*

КА́РИЕС, -а, *м.* и в зн. *межд. Ирон.* Что-л. зловещее, ужасное, крайне неприятное. — *Сейчас шеф придёт! — Полный ~ ! Деньги кончились, всё, ~! У меня с бодуна* (с похмелья) *такой ~* (головная боль, тошнота) — *мозги в горле! Движок полетел — пиши ~* (пиши пропало). *Зубная паста предохраняет вас с утра до вечера, а ночью приходит он, страшный ~ !* (шутл. пародирование рекламы).

От навязчивых реклам различных зубных паст и жевательных резинок, якобы предохраняющих от кариеса.

КАРКА́С, -а, *м.* **1.** Бюстгальтер. **2.** Презерватив.

КА́РКАТЬ, -аю, -аешь; *несов.* (*сов.* **КА́РКНУТЬ**, -ну, -нешь). **1.** *что* и *без доп.* Говорить глупости, не по делу, невпопад; говорить гадости, наговаривать на кого-л.; наговаривать беду. **2.** *чего.* Пить спиртное.

КАРКУ́ЧИЙ, -ая, -ее. Разговорчивый, болтливый, многословный; наговаривающий беду; обладающий способностью сглазить, навлечь опасность.

От **КАРКАТЬ 1.**

КА́РЛА, -ы, **КА́РЛА-МА́РЛА**, Ка́рлы-Ма́рлы, **КЫ́РЛА-МЫ́РЛА**, Кы́рлы-Мы́рлы *м.*, *собств.* Карл Маркс. *Зарос как великий Карла-Марла.*

КА́РЛИК, -а, *м.* Одежда маленького размера. *Тебе нужен ~, а здесь меньше чем на Мордюкову нету* (разговор в магазине; Н. Мордюкова — популярная актриса, исполняющая роли крупных, сильных женщин).

КАРЛО *см.* **ПАПА КАРЛО; РАБОТАТЬ, КАК ПАПА КАРЛО**

КА́РЛСОН, -а, *м.* **1.** Несчастный, забитый, невзрачный человек. **2.** Мужской половой орган.

Карлсон — персонаж популярной книги Астрид Линдгрен «Малыш и Карлсон».

КАРЛСО́НЧИК, -а, *м.* Шутл.-дружеское обращение. *~, дорогой, иди пиво пить.*

См. **КАРЛСОН.**

КА́РМА, -ы, *ж. Ирон.* Судьба, планида; неудачное стечение обстоятельств. *Как дома? — Паршиво. — Ну это, братан, ~.*

Ср. общеупотр. *спец.* «карма» — одно из основных понятий индийской философии, в переводе с санскрита — действие, дело, жребий.

КАРМА́Н, -а (или -а́), *м.* **1.** Щека. *~ы набить* — наесться. **2.** Карманный вор. **3.** Разворот, объезд, «петля» на дороге; дополнительная дорога, идущая параллельно основной. **4.** Место в магнитофоне, куда вставляется кассета. **5.** Богач, «нувориш», т. н. «новый русский».

2. — из *уг.*; 3. — из арго шофёров.

КАРМАН* *см.* **ГОВНО; ДЕРЖАТЬ ФИГУ В КАРМАНЕ; МЕЛОЧЬ В КАРМАНАХ ПЛАВИТСЯ; НЕУДОБНО В КАРМАНЕ ЗОНТИК РАСКРЫВАТЬ; НУЖНО КАК СОБАКЕ БОКОВОЙ КАРМАН**

КАРМАННЫЙ *см.* **ИГРАТЬ В КАРМАННЫЙ БИЛЬЯРД**

КАРМЕ́Н, -а, **КАРМЭ́Н**, -а, *м.* Шофёр (чаще о т. н. шофёре-дальнобойщике, *см.* **ДАЛЬНОБОЙЩИК 1**). *Забастовка ~ов. ~ы — ребята серьёзные!*

Англ. car-man в том же зн.

КА́РТА, -ы, *ж.* Монтажная плата с разъёмом, предназначенная для вставления в компьютер, часть схемы компьютера, смонтированная на отдельной вынимающейся плате.

Из жарг. пользователей компьютеров.

КАРТА* *см.* **ЛЕЧЬ**

КАРТА́ВЫЙ, -ого, **КАРТА́ВЕНЬКИЙ**, -ого, *м., собств.* В. И. Ленин. *Тебе чего Картавый сказал? Учись три раза! А ты задницей подъезды метёшь.*

КАРТИ́НА, -ы, *ж.* Лицо. *Дай ему в ~у. ~ой в лужу.*

Возм. арготизм XIX в.; встречается, напр., у А. П. Чехова.

КАРТИНА* *см.* **ТЫ КАРТИНА, Я ПОРТРЕТ...**

КАРТИНКА *см.* **ПЕРЕВОДНАЯ КАРТИНКА**

КАРТОННЫЙ *см.* **ГОЛОВА КАРТОННАЯ; ДУРИЛКА**

КАРТОФА́Н, -а, *м.* Картошка. *Картофана пометать* (поесть).

Ср. с моделью **КОРЕФАН** и т. п.

КАРТО́ХИН, -а, *м.* То же, что **КАРТОФАН**.

Возм. имитация фамилии.

КАРТО́ШКА, -и, *ж.* Ерунда, пустяки.

КАРТОШКА* *см.* **НЕ МЕШОК КАРТОШКИ; ТЫ МНЕ ДРУГ ИЛИ КАРТОШКА?; ЭТО ТЕБЕ НЕ МЕШОК КАРТОШКИ**

КАРТО́ШКИ, -шек, *мн.* Взятые в квинту две ноты.

Из *муз. Ср.* **КИРПИЧИ**.

КА́РТЫ, *карт., мн.* Фишки домино.

КА́РЦЕР, -а, *м.* Кабинет начальника, руководителя, директора. *Тебя в ~ вызывают!*

КАРЬЕ́Р, -а, *м.* Сигнал несущей. *Модем не ловит ~.*

Из жарг. пользователей компьютеров; от англ. Carier.

КАСАНИЕ *см.* **В ОДНО КАСАНИЕ РАБОТАТЬ**

КАСА́ТКА, -и, *ж.* Кассационная жалоба. *Запустить ~у. ~ пришла.*

Из языка юристов.

КА́ССА, -ы, *ж.* Богатый человек; тот, у кого есть деньги, кто платит.

КАССА* *см.* **В КАССУ; КУЙ ЖЕЛЕЗО, НЕ ОТХОДЯ ОТ КАССЫ; МИМО КАССЫ (ПРОЛЕТЕТЬ); ПРОЛЕТАТЬ МИМО КАССЫ**

КАССИ́СТ, -а, **КАССИ́Р**, -а, *м.* **1.** То же, что **КАССА**. **2.** Вор, взламывающий кассы.

2. — из *уг.*

КАСТО́РКИН, -а, **КА́СТРИК**, -а, *м., собств. Ирон.* Лидер Кубы Фидель Кастро.

♦ **КАСТРЮ́ЛЬНАЯ СТАРУ́ШКА** — активная, энергичная, любящая покричать, поскандалить пожилая женщина.

КАСТРЮ́ЛЯ, -и, *ж.* **1.** Голова. *~ не варит* — голова плохо работает. *Пустая ~* — дурак, пустой человек. **2.** Жена, подруга, любовница. *Чего этот чайник со своей ~ей припёрся?* **3.** *собств.* Бассейн «Москва» (ныне не существующий).

КАТАКЛИ́З(Ь)М, -а, *м.*, **КАТАКЛИ́З(Ь)МА**, -ы, *ж.* Клизма. *Катаклизму поставить.*

Ср. общеупотр. *книжн.* «катаклизм» — резкий перелом (в природе, обществе), разрушительный переворот, катастрофа.

КАТАКЛИЗМ* *см.* **НЕОБЪЯСНИМЫЙ КАТАКЛИЗМ**

КАТА́ЛА, -ы, *м.* и *ж.* Карточный шулер; обманщик, проходимец, прохиндей.

Возм. из *уг.* или *карт.*

КА́ТА́РСИС, -а, *м.* **1.** Что-л. приятное, отличное. **2.** в зн. *межд.* Выражает положительную эмоцию. *Чайку похлебал — ~!*

От общеупотр. *спец.* «катарсис» (древнегреч. katharsis — очищение) — термин древнегреческой философии, обозначающий эстетическое переживание.

♦ **КАТА́ТЬ КОЛЁСА** — принимать таблетки (обычно о наркотиках).

Из *нарк.*

КАТАТЬСЯ *см.* **В ШОКОЛАДЕ (БЫТЬ, КАТАТЬСЯ, КУПАТЬСЯ); НА ЛОШАДКАХ КАТАТЬСЯ**

КАТАФА́ЛК, -а, *м.* Автомобиль (обычно старый, плохой).

КАТЕНЬКА *см.* **КАТЮША**

КАТЕ́ТЕР, -а, *м.* *Шутл.-бран.* О любом человеке. *Ну ты, ~, рот закрой. Три ~а на «Мерсах»* (мерседесах).

От «катетер» — трубка, вводимая с целью опорожнения, промывания организма (напр., мочевого пузыря).

КАТЕТЕР *см.* **ОККУЛЬТНЫЙ, КАК КАТЕТЕР**

КАТИ́ТЬ, качу́, ка́тишь; *несов.* **1.** *безл., кому с чем* и *без доп.* Получаться, хорошо идти, продвигаться (о деле); везти. *Работа катит. Что-то мне не катит с финансами.* **2.** *На кого* (или ~ **ШАРЫ́** *на кого*) — нападать, приставать, агрессивно себя вести по отношению к кому-л. **3.** *в 3 л.* Об удостоверении, проездном билете и т. п. *Чего вы мне показываете, это не катит! Здесь студенческий не катит.*

2. — возм. из *уг.* «катить шары» — выдавать кого-л.

♦ **КАТИ́ТЬ БАЛЛО́НЫ** *на кого* — приставать, придираться к кому-л.

Возм., аллюзия к **КАТИТЬ БОЧКУ** на кого-л.

♦ **КАТИ́ТЬ БО́ЧКУ** *на кого* — вести себя плохо по отношению к кому-л. (доносить, жаловаться на кого-л., приставать к кому-л., угрожать кому-л. и т. п.).

Возм. из *уг.*

КАТИТЬ (НАКАТАТЬ) ТЕЛЕГУ *см.* **ТЕЛЕГА**

КАТМАНДУ́, *нескл., м., ж.* или *ср. Ирон.-бран. Полное ~! Иди ты в ~! Отстань, а то ~ сделаю.*

От назв. города в Непале; аллюзия к **МАНДА**.

КАТО́К, -тка́, *м.* Лысина.

КА́ТОРЖНЫЕ, -ых, *мн.* Дешёвые ботинки советского производства.

КАТУШКА *см.* **ОТМАТЫВАТЬ; СИДЕТЬ ПО ПОЛНОЙ (НА ПОЛНУЮ КАТУШКУ, В ПОЛНЫЙ РОСТ); СЪЕЗЖАТЬ**

КАТУ́ШКИ, -шек, *мн.* Ноги. *Я на своих собственных ~шках до тебя два часа пиликал* (шёл).

КАТУШКИ* *см.* **СЪЕХАТЬ С КАТУШЕК**

КАТЮ́ША, -и, **КА́ТЯ**, -и, **КА́ТЕНЬКА**, -и, *ж.* Сто рублей.

Возм. через *уг.* или непосредственно от *устар.* «екатеринка», «катеринка» — сторублёвка, первоначально с изображением Екатерины II.

КАЦА́П, -а, *м.* Русский, москвич (обычно говорится украинцами). *Кацап за яйца цап* — *ирон.* о русских.

Устар. назв. на Украине русских солдат, военных; затем инвектива в адрес русскоязычного населения в устах украинцев-националистов. Встречается, напр., у Н. В. Гоголя. *Ср.* также арабское kassab — мясник.

КАЧ, -а, *м.* **1.** Занятие атлетизмом, культуризмом, тренировка по атлетизму; наименование этого вида спорта. *Заниматься ~ем. У меня сегодня ~. ~ с анаболиками* (с применением анаболических, стимулирующих препаратов). **2.** Особая ритмическая сыгранность, лёгкость ритм-секции.

1. — от **КАЧАТЬ 1**; 2. — из *муз.*

КАЧА́ЛКА, -и, *ж.* Зал для занятий атлетизмом, культуризмом.

От **КАЧАТЬ 1.**

КАЧА́ТЬ, -а́ю, -а́ешь; *несов.* **1.** *что.* Тренировать какую-л. мышцу. *~ трицепс. ~ ноги.* **2.** *на кого.* Приставить к кому-л., вести себя агрессивно по отношению к кому-л. **3.** *что.* Копировать (обычно — нелегально) коммерческий программный продукт.

3. — из языка пользователей компьютеров.

КАЧАТЬ (РАБОТАТЬ НА) РЕЛЬЕФ *см.* **РЕЛЬЕФ**

КАЧА́ТЬСЯ, -а́юсь, -а́ешься; *несов., чем, на чём* и *без доп.* Заниматься атлетизмом, культуризмом. *~ гирей. ~ на турнике.*

От **КАЧАТЬ 1.**

КАЧЕМАРИТЬ, КАЧЕМАТЬ *см.* **КОЧЕМАРИТЬ**

КАЧЕСТВО *см.* **ЕВРЕЙ СО ЗНАКОМ КАЧЕСТВА**

КАЧМА́Н, -а (или -а́), **КАЧО́К**, -чка́, *м.* Культурист, атлет; человек с развитой мускулатурой; сильный, мощный человек; также пренебр. о неповоротливом, с раздутыми мышцами человеке.

От **КАЧАТЬ 1.**

КАШЕМИ́Р, -а, *м.* Что-л. хорошее, отличное, высочайшего качества. *Баба моя — ~: из кухни не вылазит.*

Ср. общеупотр. «кашемир» — тонкая шерстяная или полушерстяная ткань.

КАШЕМИ́РОВЫЙ, -ая, -ое. Прекрасный, высококачественный.

От **КАШЕМИР**.

♦ **КА́ШКУ СДЕ́ЛАТЬ** — сварить т. н. «кашу», сделать навар из конопли.

Из *нарк.*

КАШЛЯТЬ *см.* **ЗДОРОВ**

КВАДРА́Т, -а, *м.* Тюрьма; камера. ♦ **~ топтать** — находиться в тюрьме, камере.

Из *уг.*

КВАДРАТ* *см.* **В КВАДРАТЕ; ИГРАТЬ В КВАДРАТ; НАСРАТЬ**

КВАДРА́ТИС, -а, **КВАДРА́ТУС**, -а, *м.* Большой, сильный человек.

Намёк на форму квадрата.

КВАДРАТНЫЙ *см.* **ГЛАЗА КВАДРАТНЫЕ; ШУБА ДЕРЕВЯННАЯ...; ГОЛОВА КВАДРАТНАЯ; ЗЕМЛЯ КВАДРАТНАЯ — ВСТРЕТИМСЯ ЗА УГЛОМ**

КВАДРАТУС *см.* **КВАДРАТИС**

КВАЗИМО́РДА, -ы, *м.* и *ж.* Некрасивый человек.

Передел. Квазимодо — персонаж романа В. Гюго «Собор Парижской Богоматери»; контаминация с общеупотр. *прост.* «морда».

КВАК *см.* **ПОСТЫЛЫЙ КВАК**

КВА́КАЛО, -а, *ср.*, **КВАКУ́ША**, -и, *м.* и *ж.* **1.** Болтун, лгун. **2.** Рот, язык.

От **КВАКАТЬ**.

КВА́КАТЬ, -аю, -аешь; *несов.* (*сов.* **КВА́КНУТЬ**, -ну, -нешь), *что кому* и *без доп.* Говорить, произносить, болтать.

См. также **СИДИ И НЕ ДЁРГАЙСЯ (НЕ РЫПАЙСЯ, НЕ КВАКАЙ, НЕ ВЯКАЙ)**

КВАКУША *см.* **КВАКАЛО**

КВАРТ, -а, **КВАРТО́ВИЧ**, -а, *м.*, **КВА́РТА**, -ы, *ж.* Двадцать пять рублей.

От общероманского quartus — четвёртый, т. е. четвёртая часть (от ста).

КВАРТИ́РА, -ы, *ж.* Солдат после получения приказа об увольнении в запас.

Из *арм.*

КВАРТИРА́НТ, -а, *м.* **1.** *Ирон.* Муж. *Мой-то ~ жрёт и жрёт, скоро в холодильник переселится* (жена о муже). **2.** Осуждённый на короткий срок тюремного заключения (обычно до двух лет).

2. — возм. из *уг.*

КВАРТИРЁХА, -и, *ж.* **1.** Квартира. *В ~е две дурёхи, заходи кому не лень.* **2.** То же, что **КВАРТИРА**.

КВАРТОВИЧ *см.* **КВАРТ**

КВАС, -а, *м.* **1.** Некачественный некрепкий алкогольный напиток; несвежее пиво. **2.** (или ~ **КЛЮ́КВЕННЫЙ**). Кровь.

2. — из *уг.*

КВАС* *см.* **РАЗ — И КВАС**

КВА́СИТЬ, -а́шу, -а́сишь; *несов.* (*сов.* **КВАСНУ́ТЬ**, -ну́, -нёшь). **1.** *что* и *без доп.* Пить спиртное. **2.** *кого где.* Заставлять долго ждать; держать где-л. *Меня шеф, сволочь, два часа в приёмной квасил.* **3.** *кого по чему, во что.* Бить, ударять, одерживать верх над кем-л. *Как вчера канадцы наших квасили!* (о хоккее).

КВЕРХУ КАКОМ *см.* **КАК**

КВИТО́К, -тка́, *м.* Квитанция, чек; любой документ. ♦ **Без ~тка не достать и кипятка** — на всё нужна бумага, документ.

КВО́ТИТЬ, -очу́, -о́тишь; *несов.*, *кому что.* Цитировать часть письма при ответе на него.

Из языка пользователей компьютеров.

♦ **К ДЕ́ЛУ НЕ ПРИШЬЁШЬ** *что* — о чём-л. бесполезном, не дающем результата, не относящемся к делу.

КЕГЛИ *см.* **ЭТО ТЕБЕ НЕ В ТРЯПОЧНЫЕ КЕГЛИ ИГРАТЬ**

КЕ́ГЛЯ, -и, *ж.* **1.** Рука, кулак (обычно большой). **2.** Нога, ботинок. *Чего ~и-то расставил, не в кегельбане!* **3.** Голова. *Шевели ~ей* — думай. **4.** Глупый человек, тупица. *Ну ты и ~, прям как хлопкороб!*

КЕДЫ *см.* **МУХА В КЕДАХ**

♦ **КЕ́ДЫ НАДУ́ТЬ** — умереть, скончаться.

♦ **К ЁЖИКУ СХОДИ́ТЬ** (или **С ЁЖИКОМ ВСТРЕ́ТИТЬСЯ**, **ЁЖИКА НАВЕСТИ́ТЬ**) — сходить в туалет (чаще о женском).

КЕЙС, -а, *м.* Портфель-дипломат, портфель, сумка.

Англ. case — сумка.

КЕЙФ *см.* **КАЙФ**

КЕКС, -а, *м.* **1.** Привлекательный, интересный молодой человек, юноша, а также о любом молодом человеке, парне. *У нас в группе ни одного ~а, одни гуманоиды с угрями* (из речи студентки). **2.** Надутый, важный человек, «зазнайка».

Из *шк.*, *студ.*

КЕ́ЛДЫШ, -а, *м.* Мужской половой орган.

По фамилии известного учёного академика М. Келдыша; возм. из анекдота.

КЕ́МАР, -а, **КЕ́МОР**, -а, *м.* Сон, сонливость. *На меня ~ напал. Он с ~а* (спросонья), *не понимает ни лешего.*

От **КЕМАРИТЬ**.

КЕМАРИТЬ, КЕМАРНУТЬ, КЕМАТЬ *см.* **КИМАРИТЬ**

КЕМОР *см.* **КЕМАР**

КЕНГУРУ́, *нескл.*, *ж.* и *ср.* Сумка для ношения младенцев.

КЕНГУРУ* *см.* **НУЖЕН КАК КЕНГУРУ АВОСЬКА**

КЕНТ, -а́, *м.* Друг, приятель; любой человек. *Чего это там за три ~а? Приходи со своими ~ами.* ♦ **Нам менты не ~ы** — нам милиционеры не товарищи.

Из *уг.*

КЕНТА́ВР, -а, *м.* **1.** Большой, сильный человек. **2.** Охранник, милиционер.

Ср. общеупотр. «кентавр» — персонаж древнегреческой мифологии, получеловек-полуконь; 2. — возм. из *уг.*; возм. сначала так именовался только конный милиционер.

КЕНТОВА́ТЬ, -ту́ю, -ту́ешь, **КЕНТОВА́ТЬСЯ**, -ту́юсь, -ту́ешься; *несов.*, *с кем.* Дружить, быть в приятельских отношениях, поддерживать друг друга.

От **КЕНТ**.

КЕНТО́ВКА, -и, *ж.* Дружба, а также дружеский коллектив, группа людей, связанных общими интересами.

От **КЕНТОВАТЬСЯ**.

КЕПА́РИК, -а, **КЕПА́РЬ**, -я́, **КЕПО́Н**, -а, *м.* Кепка; любой головной убор.

КЕ́ПКА, -и *ж.* и *м.* **1.** *собств.* В. И. Ленин. *Как сказала ~...* — по словам Ленина. **2.** Провинциал. **3.** *Собств.* Мэр Москвы Ю. М. Лужков.

См. также **КЛАССИК В КЕПКЕ**

КЕПКА* *см.* **МЕТР (БЕЗ КЕПКИ); МЕТР (С КЕПКОЙ)**
КЕПОН *см.* **КЕПАРИК**
КЕРНО́Й, -а́я, -о́е, **КИРНО́Й**, -а́я, -о́е. Пьяный.
От **КЕРЯТЬ**, **КИРЯТЬ**.
КЕРОГА́З, -а, *м.* Пистолет, револьвер.
Возм. из *уг.*
КЕРОСИ́Н, -а, *м.* Спиртное. *Третий день на ~е работаю* (пью).
КЕРОСИН* *см.* **ДЕЛО ПАХНЕТ КЕРОСИНОМ**
КЕРОСИ́НИТЬ, -ню, -нишь, *несов.*, *что* и *без доп.* Пить спиртное.
От **КЕРОСИН**.
КЕРОСИ́НКА, -и, *ж.* **1.** *собств.* Московский институт нефтехимической и газовой промышленности им. академика И. М. Губкина. **2.** Любое устройство, механизм; автомобиль, машина. *Твоя ~ ходит?* **3.** Бутылка спиртного.
3. — от **КЕРОСИН**.
КЕРЯТЬ *см.* **КИРЯТЬ**
КЕСАРЁНОК, -нка (*мн.* кесаря́та, кесаря́т), **КЕСА́РИК**, -а, *м.* Ребёнок, новорождённый, для рождения которого матери была сделана операция кесарева сечения. *Говорят, кесарята сейчас бывают здоровее рождённых старым казацким способом* (т. е. в результате естественных родов).
Из арго медиков.
КЕСАРЕЦ *см.* **КЕСАРЬ**
КЕСАРИК *см.* **КЕСАРЁНОК**
КЕСАРИ́ЦА, -ы, **КЕСА́РКА**, -и, *ж.* Роженица, которой сделали операцию кесарева сечения.
См. **КЕСАРЁНОК**.
КЕ́САРЬ, -я, **КЕСАРЕ́Ц**, -рца́, *м.* Муж роженицы, которой сделали операцию кесарева сечения.
См. **КЕСАРЁНОК**.
КЕФИР *см.* **ГЛАЗА В КЕФИРЕ; ХОТЬ ЗАЛЕЙСЯ ВСЁ КЕФИРОМ**
КЕФИРНЫЙ *см.* **ОТРЫЖКА**
КЕФИРЧИК *см.* **БУДЬ ЗДОРОВЧИК, БЕЙ КЕФИРЧИК**
КИ́БЕР, -а, *м.* ЭВМ, кибернетическая машина, компьютер; факультет кибернетики в вузе; всё, что относится к кибернетике (наука кибернетика, кибернетик и т. п.). *Работать на ~е. Выучиться на ~а. Разбираться в ~е.*
Начиная с середины 90-х гг. воспринимается как архаизм.
КИБОРДА́, -ы́, *ж.* Клавиатура на компьютере.
От англ. keyboard.

КИДА́ЛА, -ы, *м.* и *ж.* Мошенник, вымогающий деньги под разными предлогами и не выполняющий обязательств; тот, кто не возвращает долг, обманщик, ненадёжный человек.
От **КИДАТЬ**.
КИДА́ТЬ, -а́ю, -а́ешь; *несов.* (*сов.* **КИ́НУТЬ**, -ну, -нешь), *кого на сколько, с чем* (или ~ **ЧЕРЕЗ КОЛЕ́НО**, ~ **ЧЕРЕЗ БЕДРО́** *кого*). Обманывать кого-л., не возвращать обещанного, выманивать что-л. или какую-л. сумму денег.
♦ **КИДА́ТЬ ПА́ЛЬЦЫ** — быть заносчивым, много о себе думать.
КИДАТЬ ПОНТЫ *см.* **ПОНТ**
КИДА́ТЬСЯ, -а́юсь, -а́ешься; *несов.*, *куда* и *без доп.* Уходить, убираться. *Иди, ~айся* — уходи.
КИДНЯ́К, -а́, **КИДНЯЧО́К**, -чка́, *м.* Обман, хитрость.
От **КИНУТЬ**, **КИДАТЬ**.
КИ́ЕБСКАЯ, -ой, **КИЁБСКАЯ**, -ой, *ж.*, *собств.* Станция метро «Киевская».
Ирон. аллюзия к *бран.*
КИЗДЕ́Ц, -а́, *м.* **1.** Конец, провал. **2.** в зн. *межд.* Выражает любую эмоцию.
От общеупотр. «конец» + нецензурное руг., *ср.* **АБЗАЦ**, **КАБЗДЕЦ**, **КАПЕЦ** и т. п.
КИК, -а, **КИКС**[1], -а, *м.* Кик-боксинг, разновидность единоборства. *Мастер по кику. Первенство по киксу.*
КИ́КЕР, -а, *м.* Кокаин; любой наркотик.
Из *нарк.*, *уг.*
КИКИ́МОРА, -ы, *ж.* Злая некрасивая женщина. *Классная ~* — классная руководительница (в школе). *Моя ~ уже забыла, где кухня находится* (о жене).
Ср. общеупотр. «кикимора» — персонаж славянской мифологии.
КИКС[1] *см.* **КИК**
КИКС[2], -а (или -а́), *м.* Неудачный удар или промах в бильярде. *Поставить ~. Нарваться на ~а́.*
Возм. связано с англ. to kick — лягнуть, толкнуть, kick-up — шум, скандал.
КИКСА́, -ы́, *ж.* Фальшь, халтура; что-л. неподходящее, нарочитое, плохое.
См. **КИКС**[2].
КИКСАНУ́ТЬ[1], -ну́, -нёшь; *сов.*, *с чем* и *без доп.* Сделать что-л. плохо; сфальшивить (у музыкантов); обмануть ожидания.
См. **КИКС**[2]; возм. из *муз.*

КИКСАНУТЬ[2] *см.* **КИКСОВАТЬ**

КИКСИ́СТ, -а, *м.* Человек, занимающийся кикбоксингом.

От **КИК, КИКС**[1].

КИКСОВА́ТЬ, -су́ю, -су́ешь; *несов.* (*сов.* **КИКСАНУ́ТЬ**ˆ, -ну́, -нёшь); *без доп.* Смазать удар, промахнуться (в бильярде).

От **КИКС**[1].

КИ́ЛЛЕР, -а, *м.* Наёмный убийца.

От англ. killer — убийца.

КИЛОМЕТР *см.* **ДРАП-ДЕРЮГА, ТРИ КОПЕЙКИ КИЛОМЕТР**

КИЛЬ, -я, *м.* Грудь. *Бей под ~* (в живот). *~ пробить* — сильно избить.

КИМА́РИТЬ, -рю, -ришь; **КИМА́ТЬ**, -а́ю, -а́ешь; *несов.* (*сов.* **КИМАРНУ́ТЬ**, -ну́, -нёшь), *без доп.* Спать, дремать; долго дожидаться чего-л. *Кимарнём минуток сто восемьдесят* — поспим часа три. *Поезд опаздывает, будем кимать.*

Из *уг.*; первоначально возм. из новогреческого. *См.* также комментарии к **ЗАКОЧЕМАРИТЬ**.

КИМИРСЕ́Н, -а, *м.*, обычно *мн.*, -ов. Северный кореец. *К нам двух ~ов заселили* (в общежитии).

От имени бывшего лидера КНДР Ким Ир Сена.

КИНГ-КОНГ *см.* **ИГРАТЬ В ТИГРА (В ИХТИАНДРА, В КИНГ-КОНГА, В ЦУНАМИ)**

КИНДАРЁНОК, -нка, **КИ́НДЕР**, -а, *м.* Ребёнок.

Нем. Kinder — дети.

КИ́НДЕР-СЮРПРИ́З, Ки́ндер-сюрпри́за, *м.*, *собств.* Бывший премьер-министр РФ С. В. Кириенко.

Имеется в виду его молодость и неожиданность назначения.

КИНЕ́Ц, -нца́, *м.* Кинофильм; кинотеатр. *Сходить в ~. Посмотреть ~.*

КИНО *см.* **ЛУЧШЕЕ КИНО — ЭТО ВИНО**

КИНОКРУ́Т, -а, *м.* Киномеханик.

КИНУТЬ *см.* **КИДАТЬ; ХВОСТА КИНУТЬ**

КИНУТЬ (БРОСИТЬ, ПОСТАВИТЬ, ВБИТЬ, ЗАБИТЬ, ВПРАВИТЬ) ПАЛКУ *см.* **ПАЛКА**

КИНУТЬ МЛАДШЕГО *см.* **МЛАДШИЙ**

КИНУТЬСЯ *см.* **ВОТ И ВЧЕРА ТОЖЕ ЗАХОДИЛА СТАРУШКА...**

КИПЕЖ *см.* **ХИПЕЖ**

КИПЯТИ́ЛЬНИК, -а, *м.* **1.** Факс. *Во, ~ заработал!* **2.** *собств.* Бассейн «Москва» (ныне не существующий).

1. — звуковая метафора.

КИПЯТО́К[1], -тка́, *м.* Контрольно-технический пункт; контрольно-пропускной пункт.

Из *арм.*; переосмысление аббрев. КТП, КПП.

КИПЯТО́К[2], -тка́, *м.* Страстный, взрывной характер; человек с большой жизненной энергией, с темпераментом. *С таким ~тком не посидишь рядком. Не баба, а ~.*

КИПЯТОК* *см.* **КВИТОК; ПИСАТЬ**

КИПЯЧЁНЫЙ, -ая, -ое. Нервный, рассерженный, возмущённый.

От *прост.* «кипятиться» — нервничать, переживать.

КИР, -а, *м.* Выпивка, спиртное. *Приходи с ~ом, посидим с миром. Никак от ~а не отойду.*

Возм. сближение с *офен.* «керо», «кьяро» — пиво; возм. первоначально восходит к греческому kyrios — господин; в совр. речь могло попасть через *уг.*

КИРДЫ́К, -а, *м.* (или ~ **ПЕТРО́ВИЧ**) Конец, провал, швах. *~ пришёл. ~ щеночку!*

Возм. из тюрк. или звукоподр.

КИРДЫ́КНУТЬСЯ, -нусь, -нешься; *сов., без доп.* Закончиться, провалиться, потерпеть неудачу, умереть.

От **КИРДЫК**

КИРЗА́, -ы́, **КИРЗУ́ХА**, -и, *ж.* **1.** Кирзовые сапоги. **2.** в зн. *собир.* Солдаты, военные. *Вон кирза идёт.* **3.** Армейская или тюремная каша; вообще невкусная, некачественная еда. **4.** Сумасшедший дом. **5.** Странная, ненормальная ситуация, что-л. нелепое. *Жизнь пошла — полная кирзуха!* ♦ **Не будь чем кирзу раздают** — веди себя нормально, не дури.

См. также **ОТМАТЫВАТЬСЯ**

4., 5 — контаминация с **КРЕЗА**.

КИРНОЙ *см.* **КЕРНОЙ**

КИРНУТЬ *см.* **КИРЯТЬ**

КИРПИ́Ч, -а́, *м.* Большая, скучная книга. *Лучше убейте меня этим ~ом, чем я его прочитаю* (об учебнике по истории КПСС).

КИРПИЧ* *см.* **ДЕЖУРНЫЙ; МОРДА КИРПИЧА ПРОСИТ; РАЗДАЛСЯ ГОЛОС ИЗ ПОМОЙКИ...; РОЖА КИРПИЧА ПРОСИТ; СДЕЛАТЬ МОРДУ КИРПИЧОМ (ЧЕМОДАНОМ)**

КИРПИЧИ́, -че́й. Взятые в квинту две ноты.

Из *муз.* *Ср.* **КАРТОШКИ**.

КИРЮ́ХА, -и, **КИРЮ́ШКА**, -и, *м.* и *ж.*, **КИРЮ́ХИН**, -а, *м.* Пьяница, алкоголик.

От **КИР**.

КИРЯ́ТЬ, -я́ю, -я́ешь, **КЕРЯ́ТЬ**, -я́ю, -я́ешь; *несов.* (*сов.***КИРНУ́ТЬ**, -ну́, -нёшь), *чего, что*. Пить спиртное.

От **КИР**.

КИ́СА, -ы, *м.* и *ж.* Ласк.-шутл. обращение. ♦ **...и, ~, я ваша** — реплика, завершающая какой-л. рассказ.

Возм. влияние имени одного из героев романа И. Ильфа и Е. Петрова «Двенадцать стульев».

КИСА-МЯУ *см.* **БОЕВАЯ КИСА-МЯУ**

КИСЕ́ЛЬ, -я́, *м.* **1.** Аморфный, апатичный, неэнергичный человек, растяпа. **2.** Дождливая погода, слякоть, распутица. *Что я, цапля, что ли, по такому ~ю вышагивать!*

КИСЕЛЬ* *см.* **НЕ БУДЬ ЧЕМ КИСЕЛЬ РАЗЛИВАЮТ**

КИ́СКА, -и, *ж.* Устройство (чаще о сетевом маршрутизаторе), выпущенное фирмой «Cisco».

Из жарг. пользователей компьютеров; рус. прочтение лат. букв.

КИС-КИС-МЯУ *см.* **КИС-МЯУ**

КИСЛАЯ *см.* **КИСЛОТА**

КИ́СЛОЕ, -ого, *ср.* Сухое вино. *Если ~ого, то по литру, а то организм обидится.*

КИСЛОТА́, -ы́, *ж.* **1.** (или **КИ́СЛАЯ**, -ой). Наркотик LSD. **2.** Спиртное. *Перейти на ~у* — употреблять алкоголь (обычно в пренебр. зн. из уст наркоманов).

Из *нарк.*

КИСЛО́ТКА, -и, *ж.* Определённый способ обработки ткани (обычно джинсовой), в результате которой появляются белые крапинки.

Ср. **ВАРЁНКА**.

КИСЛО́ТНИК, -а, *м.*, **КИСЛО́ТНИЦА**, -ы, *ж.* Наркоман(ка), употребляющий(ая) т. н. «кислоту», LSD.

См. **КИСЛОТА**.

КИСЛОТНЫЙ *см.* **СВОЛОЧЬ КИСЛОТНАЯ**

КИСЛЫЙ *см.* **ПРОФЕССОР КИСЛЫХ ЩЕЙ**

КИСЛЯ́К, -а́, *м.* **1.** То же, что **КИСЛОЕ**. **2.** Нечто плохое, дурное, нудное. *~, а не комедия.*

КИС-МЯ́У, **КИС-КИС-МЯ́У**, *нескл.*, *ж.* или *ср.* Детская эротическая игра.

КИ́СС-ПИ́СС, -а (или ки́сса-пи́сса), *м.*, *собств.*, *ирон.* Агентство ТАСС (ИТАР ТАСС).

КИССЫ́, -о́в, *мн.*, *собств.* Популярная группа «Кисс».

КИСТЬ *см.* **АЙВАЗОВИЧ**

КИТАЁЗ, -а, *м.*, **КИТАЁЗА**, -ы, *м.* и *ж.* Китаец.

КИТАЁЗНЫЙ, -ая, -ое, **КИТАЁЗОВЫЙ**, -ая, -ое. Китайский, китайского производства. *~ое полотенце. ~ термос.*

КИТА́ЕЦ, -а́йца, *м.* Хитрый человек. ♦ **Хитёр как сто** (или **двести**) **~а́йцев** *кто* — о хитром человеке.

КИТАЕЦ* *см.* **ЕХАЛИ КИТАЙЦЫ, ПОТЕРЯЛИ ЯЙЦА**

КИТА́ЙКА, -и, *ж.* Постельное бельё, которое, будучи уже использовано одним пассажиром, выдается проводником поезда другим пассажирам без стирки. ♦ **Скинуть** (или **задвинуть, загнать** и т. п.) **~у** *кому* — выдать пассажиру поезда нестираное бельё.

Возм. по сходству цвета кожи китайцев и нестираного белья (жёлтого); из речи проводников.

КИТА́ЙСКИЙ, -ая, -ое. Странный, непривычный; сложный, запутанный, мудрёный. *Карта какая-то ~ая.*

КИТАЙСКИЙ* *см.* **ПОЛУЧИТЬ БЕЛЬЁ ИЗ КИТАЙСКОЙ ПРАЧЕЧНОЙ**

♦ **КИТА́ЙСКИЙ (ЯПО́НСКИЙ) РАЗВЕ́ДЧИК (ШПИО́Н)** — хитрый, загадочный человек; излишне бдительные отец или мать (в речи подростков).

КИ́ЧА, -и, **КИ́ЧКА**, -и, *ж.*, **КИЧЕВА́Н**, -а, **КИЧМА́Н**, -а, *м.* **1.** Место заключения, исправительно-трудовая колония, лагерь, зона. **2.** Гауптвахта.

От *уг.* «кича» в том же зн.; 2. — из *арм.*

КИЧЕМАТЬ *см.* **КОЧЕМАРИТЬ**

КИЧКА, КИЧМАН *см.* **КИЧА**

КИЧУМАТЬ *см.* **КОЧЕМАРИТЬ**

КИШЕЧНИК *см.* **МОЙКА; ПРОМЫВКА КИШЕЧНИКА; ПРОЧИЩАТЬ КИШЕЧНИК**

КИШКА́, -и́, *ж.* **1.** Длинный, узкий коридор, туннель. **2.** Шланг (обычно для бензина). **3.** Высокий, худой человек. **4.** Обжора. **5.** только *мн.*, -шо́к. Вещи, одежда, поклажа.

5. — возм. из *уг.*

КИШКА* *см.* **БРОСАТЬ НА КИШКУ; ДЛИННАЯ КИШКА; ПОЛЗУН-КИШКА**

♦ **КИШКА́ КИШКЕ́ КУ́КИШ КА́ЖЕТ** *у кого* — о голоде, пустом желудке.

КИ́ШКИ, -шек, *мн.* Одежда, вещи, «шмотки». *Французские ~.*

Возм. связано с *уг.* «кишики» — бельё, ноcильные вещи.

КИШКИ* *см.* **РОТ ЗАКРОЙ, КИШКИ ПРОСТУДИШЬ**

КИШКОДА́В, -а, *м.* Ремень.

От общеупотр. «кишки» + «давить».

КИШКОПЛУ́Т, -а, *м.* **1.** Обжора, чревоугодник. **2.** Хитрец, обманщик, пройдоха.

От общеупотр. «кишки» + «плутать», «плут».

КИШКОПРА́В, -а, *м.* **1.** Нож. **2.** Убийца; жестокий человек.

1. — возм. из *уг.*; от общеупотр. «кишки» + «править».

КИШЛА́К, -а́, *м.* **1.** Место, где человек живёт, его район, квартал. *В моём родном ~е все магазины позакрывали.* **2.** Пивная, пивной зал.

Ср. общеупотр. «кишлак» — поселение, деревня в Ср. Азии, Афганистане, Иране.

КИШМА́РИТЬ, -рю, -ришь; *несов., что* и *без доп.* Курить.

Возм. влияние **КИМАРИТЬ** и **ШМАЛИТЬ**.

К КАЖДОЙ ПРОБКЕ ЗАТЫЧКА *см.* **В КАЖДОЙ (К КАЖДОЙ) ПРОБКЕ ЗАТЫЧКА**

ККД, *аббрев.* Кто Какую Даст (*ирон.* о ситуации, когда кто-л. просит у окружающих закурить).

Вероятно, употр. уже несколько десятилетий.

КЛА́ВА[1], -ы, *ж.* Женщина, девушка (обычно глупая, простоватая). *Ну ты и ~!*

От *собств.* «Клава», «Клавдия».

КЛА́ВА[2], -ы, *ж.* **1.** Клавиша. *Бить по ~ам.* **2.** Клавиатура.

См. также **КЛАЦАТЬ**

Из *муз.*; контаминация с собств. «Клава», «Клавдия»; *ср.* **КЛАВА**[1].

КЛА́ВИШНИК, -а, *м.* **1.** Музыкант, играющий на клавишных инструментах. **2.** Тот, кто берёт отпечатки пальцев.

2. — возм. из *уг.*

КЛА́ПАН, -а, *м.* (*мн.* -а́, -о́в). **1.** Рот. *Чего ~а́-то пооткрывали?* **2.** Дурак, недоумок.

♦ **КЛАПАНА́ ПРОТЕКА́ЮТ** *у кого* — о человеке (чаще о женщине), который всегда готов заплакать, у которого «глаза на мокром месте».

КЛАРА ЦЕЛКИН *см.* **ЦЕЛКИН**

КЛАРНЕТ *см.* **В ЛЕСУ РАЗДАВАЛСЯ КЛАРНЕТ ТРАКТОРИСТА**

КЛАСС, -а, *м.* **1.** Что-л. отличное, высококачественное. **2.** в зн. *межд.* Выражает положительную эмоцию.

См. также **ПЕРШИНГ КЛАСС...**

КЛАСС* *см.* **ЭТО ЖЕ ПЕРВЫЙ КЛАСС...**

КЛА́ССИК, -а, *м.* Тот, кто занимается орогенитальным сексом.

Ср. **КЛАССИЦИЗМ**.

КЛА́ССИКА, -и, *ж.* **1.** (или **~ РО́КА**). Что-л. отличное, замечательное; что-л. общепризнанное, неоспоримое. *Грибочки под водочку — это ~.* **2.** Автомобиль «Жигули» 1–7 моделей. **3.** Вариант игры в преферанс.

3. — из *карт.*

♦ **КЛА́ССИК В КЕ́ПКЕ** — В. И. Ленин.

Ср. **КЕПКА 1**.

КЛАССИКОВ ЧИТАТЬ *см.* **ЧИТАТЬ**

КЛАССИЦИ́ЗМ, -а, *м.* Орогенитальный секс.

Ср. **КЛАССИК**.

КЛА́ССНЫЙ, -ая, -ое. Отличный, прекрасный. *~ая погода. ~ые ноги — из подмышек растут* (о длинных, красивых ногах).

КЛАССОВЫЙ *см.* **ЖЕРТВА (КЛАССОВОЙ БОРЬБЫ)**

КЛАСТЬ *см.* **ПОСТАВИТЬ (ПОЛОЖИТЬ, КЛАСТЬ) ЗУБЫ НА ПОЛКУ**

КЛА́ЦАТЬ, -аю, -аешь; *несов., на чём.* Играть на клавишном музыкальном инструменте, а также работать на какой-л. клавиатуре (напр., на компьютере). ♦ **~ батонами на клаве** — работать на клавиатуре (чаще в пренебр. зн.).

КЛЕВА́ТЬ, клюю́, клюёшь; *несов., кого* (или **~ МОЗГИ́**, **~ ЧЕРЕПУ́ШКУ**, **~ МАКУ́ШКУ** и т. п. *кому*). Приставать, бранить, набрасываться на кого-л.; стараться внушить кому-л. что-л.

КЛЕВАТЬ* *см.* **ЗАКОН КУРЯТНИКА: КЛЮЙ БЛИЖНЕГО...; НА ТВОИХ ТОВАРИЩЕЙ ХОРОШО РЫБА КЛЮЁТ**

КЛЕВАТЬ МОЗГИ *см.* **ПУДРИТЬ (КЛЕВАТЬ, САХАРИТЬ) МОЗГИ**

КЛЁВО, *нареч.* и в зн. *межд.* Отлично, замечательно.

См. **КЛЁВЫЙ**.

КЛЁВОСТЬ, -и, *ж.*, **КЛЕВЯ́К**, -а́, *м.* Что-л. отличное, замечательное.

См. **КЛЁВЫЙ**.

♦ **КЛЁВЫЕ МАТРЁШКИ** — хорошие ребята, «свои», приятели, друзья, подруги.

КЛЁВЫЙ, -ая, -ое, **КЛЕВЯ́ЦКИЙ**, -ая, -ое. Отличный, замечательный, прекрасный. *Клёвый чувак* — хороший человек.

См. также **ДАЖЕ КЛЁВЫЙ ШТАТСКИЙ ЗИППЕР ПРОПУСКАЕТ РУССКИЙ ТРИППЕР**

От *устар. диал.* «клёвый», «клюжий», «колюжий», «клевашный» — хороший, красивый, пригодный, добротный, выгодный, полезный.

КЛЕВЯК *см.* **КЛЁВОСТЬ**
КЛЕВЯЦКИЙ *см.* **КЛЁВЫЙ**
КЛЕ́ИТЬ, -е́ю, -е́ишь; *несов., кого;* **КЛЕ́ИТЬСЯ**, -е́юсь, -е́ишься; *несов., к кому.* Знакомиться с кем-л., ухаживать за кем-л.
КЛЕИТЬ* *см.* **ЛЫЧКА; ТВОИ ТОВАРИЩИ В ДУРКЕ КОРОБКИ КЛЕЯТ**
♦ **КЛЕ́ИТЬ БАЗА́Р** *кому* и *без доп.* Навязывать разговор, стараться выяснить отношения с кем-л., приставать к кому-л. с чем-л.
♦ **КЛЕ́ИТЬ ДЕ́ЛО** *кому* — наговаривать на кого-л., обвинять кого-л. в чём-л.
КЛЕИТЬСЯ *см.* **КЛЕИТЬ**
КЛЕ́ММА,-ы, *ж.* Женщина, девушка.
КЛЕТКА *см.* **СМИРНЫЙ, КАК СТО ОБЕЗЬЯН В КЛЕТКЕ**
КЛЕТОЧКА *см.* **В КЛЕТОЧКЕ; МИР В КЛЕТОЧКУ**
КЛЁПКА, -и, *ж.* Отпечатки пальцев.
Из *уг.*
КЛЕ́ТКА, -и, **КЛЕ́ТОЧКА**, -и, *ж.* Камера предварительного заключения или тюрьма.
КЛЕШНЯ́, -и́, *ж.* Рука, кисть руки.
См. также **ОБЛАМЫВАТЬ РОГА (УШИ, КЛЕШНИ)**
КЛИЕ́НТ, -а, *м., ирон.* **1.** Любой человек. **2.** Обращение. ♦$_1$ *Не суетись под ~ом* — не беспокойся, не нервничай. ♦$_2$ **~ созрел** — о человеке, пришедшем в какое-л. крайнее состояние или сделавшем что-л. ожидаемое.
Возм. влияние «клиент» — сообщник в преступлении, судящийся по тому же делу; ♦$_2$ — возм. распространилось под влиянием популярного кинофильма «Бриллиантовая рука».
КЛИЕНТА́ЦИЯ, -и, *ж.* Крупный карточный проигрыш.
Из *карт.*
КЛИЕНТУ́РА, -ы, *ж., собир.* Люди, толпа. *Чего это за ~ топчется? — Мяса хочут* (об очереди в мясной отдел).
КЛИ́З(Ь)МА[1], -ы, *ж.* **1.** Вредный, нехороший человек (чаще о женщине). **2.** Жена. *Моя-то ~ мне голодовку объявила: жрать не даёт.*
КЛИ́З(Ь)МА[2], -ы, *ж., собств.* Река Клязьма под Москвой.
Контаминация с общеупотр. «клизма».
КЛИЗМА* *см.* **ВСТАВИТЬ КЛИЗМУ**
♦ **КЛИ́ЗМА В ЖО́ПЕ РАЗОРВА́ЛАСЬ** *у кого* — о ком-л. нервничающем, встревоженном; о неуравновешенном, психически ненормальном.
Ср. популярную частушку: «Как у милке в жопе разорвалась клизма. Призрак ходит по Европе, призрак коммунизма».
КЛИЗМУ́ХА, -и, *ж.*, **КЛИЗМО́ИД**, -а, *м.* То же, что **КЛИЗ(Ь)МА**[1] **1**.
КЛИЗЬМА *см.* **КЛИЗ(Ь)МА**[1, 2]
КЛИКУ́ХА, -и, *ж.*, Кличка, имя, фамилия.
КЛИ́МАКС, -а, *м.* (или **ТВО́РЧЕСКИЙ ~**). Неспособность что-л. делать, отсутствие вдохновения, хандра.
КЛИМАКСОВА́ТЬ, -су́ю, -су́ешь; *несов., с чем* и *без доп.* Ворчать, бурчать, ныть, придираться к кому-л., занудствовать.
От **«КЛИМАКС»**.
КЛИМАТИ́ТЬ, только в *3 л. ед. ч., безл.*, -и́т; *несов., кому что, что делать, где.* Нравиться, устраивать, подходить. *Меня здесь не ~ит. Сегодня работать не ~ит.*
От общеупотр. «климат».
КЛИМ САДИ́ЛЫЧ, Кли́ма Сади́лыча, *м.* Мужской половой орган.
КЛИН, -а (или -а́), *м., мн.* -нья, -ньев (или -ы́, -о́в). Мужской половой орган.
КЛИН* *см.* **ПОДБИВАТЬ КЛИНЬЯ; СХВАТИТЬ КЛИНА**
КЛИН БЛИ́НТОН, Кли́на Бли́нтона, *м., собств.* Билл Клинтон, президент США.
Возм. аллюзии на **КЛИН, БЛИН**[1]; *ср.* **БЛИН КЛИНТОН.**
КЛИ́НИК, -а, *м.* Хронический алкоголик.
От **КЛИНИКА**[2].
КЛИ́НИКА, -и, *ж.* **1.** Что-л. ненормальное, из ряда вон выходящее; крайняя степень чего-л. *Ну уж в полночь в холодильник лезть — это ~.* **2.** Алкоголизм.
2. — встречается у А. Мариенгофа и др.
КЛИНИ́ЧЕСКИЙ, -ая, -ое. Излишний, чрезмерный, ненормальный. ♦ **~ случай** — **1.** Трудноразрешимая, тупиковая ситуация. **2.** То же, что **КЛИНИКА**, напр.: *Он идиот? — Не то слово, ~ случай.*
КЛИПС, -а, *м.* Клипсол, обезболивающее средство, употребляющееся в качестве наркотического.
Из *нарк.*
КЛИФТ, -а (или -а́), *м.* Одежда (чаще о пиджаке). *Кашемировый ~.*
Из *уг.* «клифт» — пиджак, пальто, полупальто. Зафиксировано еще в арго босяков в начале XX в. Сближение с нем. kliff — крутой, прибрежный, скала, — приводимое в ряде источников, сомнительно.

КЛОП *см.* **СУНДУК С КЛОПАМИ**

КЛОПЕ́ШНИК, -а, *м.* То же, что **КЛОПОВНИК 1.**

КЛОПО́ВНИК, -а, *м.* **1.** Грязное, запущенное место, заведение (общежитие, столовая, баня и т. п.). **2.** *собств.* Высотный дом на Котельнической набережной. *Большевистский пердун из ~а.*

КЛОУН *см.* **БЕЙ В ГЛАЗ, ДЕЛАЙ КЛОУНА**

КЛУ́БЕНЬ, -бня, **КЛУБО́К**, -бка́, *м.* Любитель, завсегдатай клуба, клубов. *Знатный клубень. Ну чо, прикатились, клубки?*

КЛУБИ́ТЬСЯ, -блю́сь, -би́шься; *несов., где* и *без доп.* Ходить по клубам, быть завсегдатаем клубов.

Контаминация с общеупотр. «клубиться» — подниматься, располагаться клубами.

КЛУБОК *см.* **КЛУБЕНЬ**

КЛЫК *см.* **ТОЧИТЬ КЛЫК**

КЛЫКА́СТЫЙ, -ая, -ое. С большими, крупными зубами; в перен. зн. язвительный, дерзкий, нахальный; не дающий себя в обиду. *А вы, дама, я гляжу, ~ая!*

КЛЫ́КНУТЬ, -ну, -нёшь; *сов., чего* и *без доп.* Выпить спиртного.

КЛЮВ, -а, *м.* Рот. *Не щёлкай ~ом* — не теряй время, будь находчивей, ближе к жизни.

См. также **ПРОЧИЩАТЬ КЛЮВ**

КЛЮ́КАТЬ, -аю, -аешь; *несов.* (*сов.* **КЛЮ́КНУТЬ**, -ну, -нешь). Пить спиртное.

КЛЮ́КВА, -ы, *ж.* **1.** Халтура, ерунда, что-л. некачественное; ложь, подделка; то, чему не верят. *Такую ~у на кинофестиваль выставляют!* (о наскоро сделанном коммерческом фильме). *По телевизору одна ~ — что скоро жить будем лучше.* **2.** *собств.* Гостиница «Молодёжная» в Москве. **3.** Бабка, старуха, просящая милостыню в переходе или торгующая чем-л. мелким.

См. также **РАШН-КЛЮКВА**

КЛЮ́КВЕННИК, -а, *м.* **1.** Церковный вор. **2.** Халтурщик

1. — из *уг.*; 2. — от **КЛЮКВА 1**

КЛЮКВЕННЫЙ *см.* **КВАС (КЛЮКВЕННЫЙ)**

КЛЮКНУТЬ *см.* **КЛЮКАТЬ**

КЛЮ́КОВКА, -и, *ж.* **1.** То же, что **КЛЮКВА** во всех зн. **2.** Спирт, разведённый клюквенным соком с сахаром.

КЛЮ́ХА, -и, *ж.* Друг (подруга), приятель(ница).

Ср. **КЛЮШКА.**

КЛЮЧ *см.* **ЖИЗНЬ БЬЁТ КЛЮЧОМ...; МЕЖДУ НАМИ КЛЮЧИ И ЧЕМОДАН**

КЛЮЧИК *см.* **ЗОЛОТОЙ КЛЮЧИК**

КЛЮ́ШКА, -и, *ж.* **1.** Подруга, друг, приятель. *Старая ~.* **2.** Шутл. обращение. *Кайфуешь, ~?* — ну как, всё нормально?

КЛЮШКА* *см.* **ЗАШИБЛЕННЫЙ; ПОХОЖИ КАК ШАЙБА С КЛЮШКОЙ**

КЛЯ́КСА, -ы, *м., собств.* М. С. Горбачёв. ♦ **~, плакса и косой** — Горбачёв, Рыжков и Лукьянов, лидеры СССР конца 80-х гг.

♦ **КЛЯНУ́СЬ СВО́ЕЙ ТРЕУГО́ЛКОЙ** — шутл. клятва, обещание что-л. сделать и т. п.

КЛЯ́ЧА, -и *ж.* Женщина, девушка (обычно крупная, неловкая). *Старая ~, а туда же — одни мужики в голове.*

КНЕХТ, -а, *м.* Глуповатый, недалёкий человек.

Из *арм.* (возможно, первоначально из флотского языка); от нем. Knecht — батрак, наёмный рабочий или knecht — тумба для закрепления канатов.

КНИ́ГА, -и, **КНИ́ЖКА**, -и, *ж.* **1.** Тысяча рублей (о взятке). *~ в хорошем переплёте* — взятка с приглашением в ресторан. **2.** Бутылка самогона.

См. также **ЧИТАТЬ**

КНИЖЕЧКА *см.* **ЗАПИСАТЬ В КНИЖЕЧКУ**

КНИЖКА *см.* **КНИГА**

КНО́КАТЬ, -аю, -аешь; *несов., что* и *без доп.* Понимать, знать, соображать, догадываться.

Возм. передел. англ. to know — знать.

Ср. также *уг.* «кнокать» — смотреть, уважать, разбираться, идти.

КНОПКА *см.* **ВЫХОД ТРЕМЯ КНОПКАМИ; ТРЕМЯ ПАЛЬЦАМИ (КНОПКАМИ) НЕ ПОДНЯТЬ**

КНЫШ, -а (или -а́), *м.* Ребёнок, малолеток, неопытный человек.

Из *уг.*

КОАКСИА́Л, -а, *м.* Коаксиальный кабель. *Протянули десять метров ~а.*

Из языка пользователей компьютеров.

КО́БЕЛ, -а, **КОБЁЛ**, -бла́, *м.* **1.** *собир.* Множество людей, толпа, орава. **2.** То же, что **КОБЕЛЬ**. **3.** Лесбиянка, исполняющая функции мужчины, а также в перен. зн. активная, настырная и т. п. женщина. **4.** Любой человек. **5.** Ирон. обращение.

Ср. *устар. диал.* «кобел», «коба», «каба» — пень, кол, коряга, кочка; «кобёл» — высохшее дерево на берегу; «кобел», «кобл» — мера сыпучих тел; «кобень» — твердолобый, своенравный, жеманный человек, кривляка; *ср.* также *уг.* «кобёл» — крестьянин, мужик и общеупотр. «кобель» — собака-самец. 1. — *ср.* **ШОБАЛА, КОДЛА.**

КОБЕЛИНО *см.* **КОБЕЛЬ**

КОБЁЛОЧНЫЙ, -ая, -ое. Имеющий отношение к активной лесбиянке (или вообще к лесбийской любви).

От **КОБЁЛ.**

КОБЕ́ЛЬ, -я́, **КОБЕЛИ́НО**, *нескл.*, **КОБЕЛЬЕ́РО**, *нескл.*, *м.* Бабник, ловелас.

КОБЕЛЯ́Ж, -а, *м.* **1.** Ухаживание (мужчины за женщиной). **2.** Заносчивость, вызывающее поведение.

КОБЗДУН *см.* **КАБЗДУН**

КОБЗОН *см.* **ХИТ СЕЗОНА, РЕМИКС КОБЗОНА**

КОБЛА́, -ы́, *ж.* То же что **КОБЕЛ 1, 3.**

КОБЛИ́ТЬСЯ, -лю́сь, -ли́шься; **КАБЛИ́ТЬСЯ**, -лю́сь, -ли́шься; **КУБЛИ́ТЬСЯ**, -лю́сь, -ли́шься; *несов., где* и *без доп.* Толпиться, тесниться, собираться большой группой.

От **КОБЕЛ 1, КОБЛА.**

КОБЛИ́ХА, -и, **КОБЛУ́ХА**, -и, *ж.* **1.** Женщина, девушка; подруга, приятельница. **2.** То же, что **КОБЕЛ 3.**

КО́БРА, -ы, *ж.* Злая женщина; жена. *~ дома* — жена дома. ♦ **Очковая ~** — злая женщина в очках, напр.: *А ~ наша очковая шпоры так и зыркает, так и зыркает...* (об экзамене в школе: классная руководительница следит за тем, чтобы ученики не пользовались шпаргалками).

КОБУРА́, -ы́, *ж.* Милиционер.

Возм. из *уг.*

КОБЫЛА *см.* **БРЕД (СИВОЙ КОБЫЛЫ В ЛУННУЮ НОЧЬ); СМЕСЬ ТАТАРИНА С КОБЫЛОЙ**

КОВА́ТЬ, кую́, куёшь; *несов. Ирон.* Делать что-л. (обычно с неохотой, не придавая своей работе большого значения). *~ диплом. ~ статью.*

КОВАТЬ* *см.* **КУЙ ЖЕЛЕЗО, НЕ ОТХОДЯ ОТ КАССЫ; КУЙ ЖЕЛЕЗО, ПОКА ГОРБАЧЁВ**

КОВАТЬ ДЕМБЕЛЬ *см.* **ДЕМБЕЛЬ**

КОВБОЙ *см.* **ПОГРАНИЧНИК ДОЛЖЕН СТРЕЛЯТЬ, КАК КОВБОЙ...**

КОВЁР *см.* **СТЕЛИТЬСЯ КОВРОМ ПЕРСИДСКИМ**

КОВЫРЯ́ЛКА, -и, *ж.* **1.** Активная лесбиянка. **2.** Женщина, занимающаяся мастурбацией.

Из *уг.*

КОВЫРЯТЬСЯ *см.* **ПЯТКОЙ В НОСУ КОВЫРЯТЬСЯ**

♦ **КОГДА́ ДЕРЕВЯ́ННЫЙ КОНЬ НА ГОРЕ́ ПЁРДНЕТ** — ирон. ответ на вопрос «когда?».

КОГДА У ТЕБЯ БЫЛ ХРЕН С ГОРОШИНУ, Я УЖЕ СНОШАЛСЯ ПО-ХОРОШЕМУ *см.* **ХРЕН**

♦ **КОГО́ ПОСЛА́ТЬ?** — ирон. ответ на вопрос собеседника, содержащий какие-л. сложные, «умные», псевдонаучные и т. п. слова.

КОГОТКИ́, -ко́в, *мн.* Руки, ладони.

КО́ГОТЬ, -гтя, *м.* **1.** Рука, палец. **2.** Твёрдый, решительный человек.

КОГОТЬ* *см.* **БРОСАТЬ КОСТИ (КОГТИ) ;РВАТЬ КОГТИ**

КОДА *см.* **ХИЛЯТЬ (ИДТИ) НА КОДУ**

КО́ДЕР, -а, *м.* Программист, занимающийся написанием программного кода, а также пренебр. о посредственном, бездарном программисте. *Типичный совковый ~.*

Из речи программистов.

КО́Е-КА́КЕР, ко́е-ка́кера, *м.* Человек, делающий (сделавший) что-л. «кое-как», «через пень-колоду», а также о результате такой нетщательной, безответственной, халтурной работы. *Не работа, а ~!*

КО́ДЛА, -ы, *ж.* Группа лиц, толпа, компания. *Пришли целой кодлой.*

КО́ЖА, -и, *м.* Мужской половой орган. ♦ **~у двигать** — заниматься онанизмом.

См. также **ЗАГОНЯТЬ (ДУРАКА ПОД КОЖУ); ШЕРШАВЫЙ**

КОЖА́К, -а́, *м.* Кожаная куртка или пальто, кожан.

КО́ЖАНЫЙ, -ого, *м.* (или **НОЖ ~**). Мужской половой орган.

Из *уг.*

КОЖАНЫЙ* *см.* **КОНЬ В КОЖАНОМ ПАЛЬТО**

КО́ЗА, -ы, *ж.* Любая вещь (преим. интересная, занятная).

Из итал. cosa — вещь.

КОЗА́, -ы́, *ж.* Девушка, женщина; обычно употр. как руг. ♦ **~ мочёная** — пьяная женщина.

КОЗА* *см.* **ДРАТЬ КАК СИДОРОВУ КОЗУ; НА ФИГ; НАШ КОЛХОЗ, НАШ КОЛХОЗ ВЫПОЛНИЛ ПЛАН ПО УДОЮ КОЗ; НЕ БУДЬ КОЗОЙ ВАЛДАЙСКОЙ; НЕ ЗНАТЬ, НА КАКОЙ КОЗЕ...; НОЖКИ — КАК У КОЗЫ РОЖКИ; СДЕЛАТЬ КОЗУ**

КОЗЁЛ, -зла́, *м.* **1.** (или **~ ВОНЮ́ЧИЙ, ~ БЕЗРО́ГИЙ** и т. п.). Руг. **2.** Мотоцикл (обычно с высоким рулём). **3.** Армейский джип.

КОЗЁЛ* *см.* **НА ТЕБЕ, КОЗЁЛ ВОНЮЧИЙ...**

♦ **КОЗЕ́ ПОНЯ́ТНО** *что* — о чём-л. простом, ясном.

КОЗЕРО́Г, -а, *м.* **1.** Обманутый, «рогатый» муж. **2.** Любой человек (в зн. шутл. руг.). **3.** Первокурсник МАИ. *~ и обер-~* (второкурсник).

З. — из *студ.*

КОЗИЙ *см.* **СДЕЛАТЬ КОЗЬЮ МОРДУ**

КО́ЗИ-КО́ЗИ, *неизм.* Шутл. обращение к кому-л., типа «ути-ути» к ребёнку.

КОЗЛЕТО́Н, -а, *м.* Противный, высокий, дребезжащий, похожий на козлиный голос.

КОЗЛИ́ЗМ, -а, *м.* Глупость, глупое поведение.

КОЗЛИ́ТЬ, -лю́, -ли́шь; *сов.* **1.** *кого.* Обзывать кого-л. козлом, ругать. **2.** *без доп.* Делать глупости. **3.** Ездить на заднем колесе (у мотоциклистов).

КОЗЛОДО́Й, -я, **КОЗЛОТУ́Р**, -а, *м.* Ирон.-шутл. руг.

КОЗЫРНО́Й, -а́я, -о́е. Хороший, отличный. *~ые пельмешки получились.*

См. также **ШТУЦЕР**

КО́ЗЫРЬ, -я, *м.* **1.** Главный в компании, группе людей. **2.** Ирон. обращение.

♦ **КО́ЗЫРЬ, НАШ МАНДА́Т** — ну-ка, ударь его.

КО́ЗЯ-БО́ДЯ, *неизм.*, в зн. *вводн. сл.* или *межд.* То да сё, и так далее.

Возм. из *детск.*

КО́ЙКА, -и, *ж.* Всё, что относится к сексу. *Смотри, чтоб без ~и! Никакой ~и, одни взгляды, только глазками.* ♦ **Пойти в ~у** *с кем* — вступить в половую связь с кем-л.

См. также **ЗАМЫКИВАТЬСЯ; ОТБИВАТЬ КОЙКУ; ОТБИВАТЬСЯ В КОЙКУ; ЧТО ТЫ РВЁШЬСЯ, КАК ГОЛЫЙ В БАНЮ...**

КОК *см.* **КОКС**

КОКА́РДА, -ы, *ж.* Милиционер.

Возм. из *уг.*

КО́КИ, -ов, **КОКО́СЫ**, -ов, *мн.* Мошонка.

Возм. из *шк.*, травестирование *детск.*

♦ **КО́КИ ПОЧИ́КАТЬ** *кому* — наказать, поставить на место кого-л., расправиться с кем-л.

КОКНА́Р, -а, *м.* Наркотик (обычно опиум).

Из *нарк.*

КОКОС *см.* **КОКС**

КОКОСЫ *см.* **КОКИ**

КОКС, -а, **КОКСА́Ч**, -а́, **КО́КСИК**, -а, **КОКСЯ́К**, -а́, **КОКО́С**, -а, **КОК**, -а, *м.* Кокаин.

Из нарк.; зафиксировано ещё в источниках первой четверти XX в.

КОКТЕ́ЙЛЬ, -я, *м.* Странное (чаще неприятное) сочетание чего-л. с чем-л., непривычное соединение; трудное положение, запутанная ситуация. *Сегодня приду домой, а там ~ из жены с тёщей. ~ из негра с чукчей.*

КОКТЕЙЛЬ* *см.* **МОСКВИЧ**

КОЛ, -а́, *м.* Рубль.

КОЛ* *см.* **ЗАБИВАТЬ (КОЛ); КАК СОРОКА НА КОЛУ**

КО́ЛБАН, -а, **КОЛБА́Н**, -а, *м.* Голова, башка.

Ср. *диал.* и *прост.* «колган» в том же зн.

КОЛБАСА́, -ы́, *ж.* **1.** Нечто большое, громоздкое. **2.** Мужской половой орган большого размера. **3.** Любые продукты, пища. *Разговоры о ~е.*

КОЛБАСА* *см.* **ДЕЛОВАЯ (КОЛБАСА); НАСРАТЬ; ЧТО ТЫ РВЁШЬСЯ, КАК ГОЛЫЙ В БАНЮ...**

♦ **КОЛБАСА́-МОЛБАСА́** — то да сё.

КОЛБА́СИТЬ, только в *3 л. ед. ч.*, -ит (реже **КОЛБАСИ́ТЬ**, -и́т); *несов., кого, с чего, от чего.* Об удовольствии, наслаждении, полученном от чего-л. *Меня с тебя прям ~ит!* — ты мне очень нравишься.

Ср. **КОЛБАСИТЬСЯ 4.**

КОЛБАСИ́ТЬСЯ, -ашу́сь, -аси́шься; *несов., где* и *без доп.* **1.** *где* и *без доп.* Проводить много времени в суете, заботах, носиться «как белка в колесе». **2.** *без доп.* Валяться, валять дурака, бездельничать, лениться. **3.** *без доп.* Вальяжничать, манерничать, ломаться. **4.** *без доп.* Получать удовольствие, наслаждаться.

КОЛБАСНУ́ТЬСЯ, -ну́сь, -нёшься; *сов., где* и *без доп.* Провести время где-л., «выйти в люди», поучаствовать в каком-л. мероприятии. *Пойдём в дискотне́* (на дискотеке) *~нёмся!*

От **КОЛБАСИТЬСЯ.**

КОЛБА́СНЫЙ, -ая, -ое. Сильный, большой, мощный (о человеке). *~ мужик. ~ая дама.*

КОЛБАСНЫЙ* *см.* **ДЕСАНТ; ЧТО ТЫ ПОНИМАЕШЬ В КОЛБАСНЫХ ОБРЕЗКАХ**

КОЛБАСНЯ́, -и́, *ж.* Суета, бессмысленные действия, беготня, сутолока. *Очумела от ~и по магазинам. Как дела на работе? — Да всё то же: ~ у кормушки* (борьба за власть, за деньги).

От **КОЛБАСИТЬСЯ 1.**

КОЛГОТКИ *см.* **Я МИЛОГО УЗНАЮ ПО КОЛГОТКАМ**

КОЛДО́БИНА, -ы, *ж.* Женщина, девушка, жена, подруга (обычно с негативным оттенком).

КОЛДОЁБИНА, -ы, *ж.* Колдобина, неровность дороги.

Аллюзии к нецензурному. *Ср.* **ВЫЁБИНА**.

КОЛДУБА́СИТЬСЯ, -а́шусь, -аси́шься; *несов.*, *с чем, с кем, где* и *без доп.* Мучиться, долго возиться с чем-л.; пробыть где-л. долгое время, пытаясь решить какую-л. сложную проблему.

КОЛДУ́Н, -а, **КОЛДУНО́К**, -нка́, **КОЛДУ́НЧИК**, -а, *м.* Доза наркотика LSD в виде листочка (напоминающего марку) с различными изображениями, который кладут под язык.

КОЛДЫ́РИТЬ, -рю, -ришь, **КАЛДЫ́РИТЬ**, -рю, -ришь; *несов.*, *что* и *без доп.* Пить спиртное. *Три дня ~рили.*

Неясно. *Ср.*, напр., *диал.* «колдыкать», «колдыбать» — ковылять, хромать. Очевидна ономатопоэтическая тенденция. *Ср.* **КЛЫКНУТЬ** и т. п.

КОЛДЫ́РКА, -и, **КАЛДЫ́РКА**, -и, *ж.* Спиртное. *Тошно без ~и.*

От **КОЛДЫРИТЬ**.

КОЛДЫ́РЬ, -я́, **КАЛДЫ́РЬ**, -я́, *м.* Пьяница.

От **КОЛДЫРИТЬ**.

КОЛЕНВА́Л, -а, *м.* Некачественная водка.

От общеупотр. *спец.* «коленчатый вал» — вращающееся звено кривошипного механизма. Возм. происхождение данного зн. связано с тем, что на этикетке одного из дешёвых сортов водки сл. «водка» было написано следующим образом: в$_{\text{о}}$д$_{\text{к}}$а, что ассоциировалось со смещением мотылей коленчатого вала относительно оси рамовых шеек.

КОЛЕ́НКА, -и, *ж.*, **КОЛЕ́НО**, -а, *ср.* **1.** Дурак, идиот, придурок. **2.** Лысый человек.

КОЛЕНО* *см.* **БРОСАТЬ (ЧЕРЕЗ КОЛЕНО); ВАЛИТЬ; КОЛЕНКА; КИДАТЬ (ЧЕРЕЗ КОЛЕНО); ЛЫСОЕ КОЛЕНО; НАМОТАТЬ (ВОКРУГ КОЛЕНА); ПОВЫШЕ КОЛЕНА, ПОНИЖЕ ПУПКА; ПРЕКЛОНЯТЬ КОЛЕНА; ПРОВЕРНУТЬ ЧЕРЕЗ КОЛЕНО; ПРОКИДЫВАТЬ (ЧЕРЕЗ КОЛЕНО); ШЕВЕЛИТЬ**

КОЛЁСА, колёс, *мн.* **1.** Глаза. **2.** Ботинки, туфли; ноги. **3.** Таблетки наркотического или анаболического действия; любые таблетки. **4.** Безделица, ерунда, чушь, заведомая ложь. *Это всё ~.* **5.** Машина, автомобиль. *Пойдём ~ поймаем.* ♦ **На колёсах** *кто* — **1.** О пьяном или находящемся под действием наркотиков. **2.** На машине.

См. также **ГЛОТАТЬ; КАТАТЬ КОЛЁСА; МЕДЛЕННЫЕ КОЛЁСА**

4. — *ср. устар.* «турусы на колёсах» или «турусы и колёса» в том же зн. (встречается, напр., у Б. Пастернака), *ср.* также *уг.* «колесо вертеть» — лгать с целью выманить подаяние.

КОЛЕСМА́НИТЬ, -ню, -нишь; *несов.*, *без доп.* Употреблять таблетки наркотического действия.

От **КОЛЁСА 3.** + форманта «-ман» (ср. общеупотр. «наркоман», **ШКИРМАН** и т. п.).

КОЛЁС НАГЛОТАТЬСЯ *см.* **НАГЛОТАТЬСЯ**

КОЛЁСНИК, -а, *м.* Наркоман, употребляющий таблетки наркотического действия.

От **КОЛЁСА 3.**

КОЛЕСО́, -а́, *ср.* Хорошее мясо; лакомый кусок, вырезка.

Из арго мясников.

КОЛЕСО* *см.* **ГЛЯДЯ НА ЭТИ НОГИ, ЧЕЛОВЕК ИЗОБРЁЛ КОЛЕСО**

КОЛЕСОВА́ТЬ, -су́ю, -су́ешь; *несов.* **1.** *куда, откуда.* Идти, двигаться. *~суй отсюда!* **2.** *без доп.* Употреблять таблетки наркотического действия.

1. — *ср.* **КОЛЁСА 2**, 2. — от **КОЛЁСА 3.**

КО́ЛЛЕДЖ, -а, *м. Ирон.* Институт, вуз. *Мы в ~ах не учились, всё больше по пивку* — мы люди простые.

КОЛОВОРО́Т, -а, *м.* Мужской половой орган.

КОЛО́ДА, -ы, *ж.* **1.** Некрасивая, нескладная женщина. **2.** Компания людей. *Они с ним из одной ~ы* — это одна компания. **3.** Лицо. *Дать в ~у.*

КОЛОДА* *см.* **ЗАРЯДКА КОЛОДЫ; МЕСИТЬ; ЧЕСАТЬ КОЛОДУ**

КОЛОДЕЦ *см.* **НЕ ПЛЮЙ В КОЛОДЕЦ — ПРИГОДИТСЯ НА ПИЦЦА; НЕ ПЛЮЙ В КОЛОДЕЦ: ВЫЛЕТИТ — НЕ ПОЙМАЕШЬ; ТЫ ЧТО, УПАЛ?**

КОЛОДКА* *см.* **ПРОТЯГИВАТЬ КОЛОДКИ; ТОРМОЗНОЙ**

КОЛО́ДКИ, -док, *мн.* Дешёвые ботинки советского производства.

КОЛОКОЛА́, -о́в, *мн.* Мошонка. *~ заморозил.* ♦ **~ отколоколили** *у кого* — о старом мужчине или импотенте.

КОЛОКО́ЛЬЧИКИ, -ов, *мн.* **1.** То же, что **КОЛОКОЛА**. **2.** Лобковые вши.

КОЛОССА́ЛЬ, **КОЛОССА́ЛЬНО**, *нареч.* и в зн. *межд.* Прекрасно, отлично.

От **КОЛОССАЛЬНЫЙ**.

КОЛОССА́ЛЬНЫЙ, -ая, -ое. Отличный, замечательный, выдающийся. *~ая закуска.*

КОЛОТИ́ТЬСЯ, -очу́сь, -о́тишься; *несов., над чем, с чем* и *без доп.* Мучиться, «биться» над чем-л., над достижением какой-л. цели. *Над дипломом колочусь.*

КОЛО́ТЬ, колю́, ко́лешь; *несов., кого с чем, на что, на сколько.* Заставлять кого-л. что-л. сделать. *Коли его, пусть говорит.*

КОЛО́ТЬСЯ[1], колю́сь, ко́лешься; *несов., чем* и *без доп.* Быть наркоманом. *У них вся компания колется. Он уже сто лет колется разной дрянью.*

КОЛО́ТЬСЯ[2], колю́сь, ко́лешься; *несов., на что, на сколько* и *без доп.* Неохотно соглашаться на что-л., выдавать секрет, отдавать деньги и т. п. *Ну-ка, колись на десятку* — давай десять рублей. *Колитесь, где были* (рассказывайте).

От **КОЛОТЬ**.

КОЛПАКИ́, -о́в, **КОЛПАЧКИ́**, -о́в, *мн.* Мальчики, юноши. *Приводите все своих, а то нам колпачков не хватает* (из речи школьницы). *Каждой мочалке* (девушке) — *по колпаку.*

♦ **КОЛУМБИ́ЙСКИЙ ГА́ЛСТУК** — способ садистского убийства, при котором через перерезанное горло у трупа вытягивается язык; *перен.*: что-л. очень жестокое.

КОЛУ́Н, -а́, **КОЛУНО́К**, -нка́, *м.* Часовой.

Из *арм.*, чаще в речи пограничников.

КОЛУПНУ́ТЬ, -ну́, -нёшь; *сов., на чём сколько.* Заработать, добыть много денег. *Парень на порнухе* (на продаже порнографии) *состояние ~нул.*

КОЛХО́З, -а, *м.* О невысоком уровне образования; о глупости, некультурности кого-л.

КОЛХОЗ* *см.* **НАШ КОЛХОЗ, НАШ КОЛХОЗ ВЫПОЛНИЛ ПЛАН ПО УДОЮ КОЗ**

КОЛХОЗА́Н, -а, *м.* Колхозник.

КОЛХО́ЗОМ, *нареч.* Все вместе, дружно, одним махом. *Завтра ~ пойдём к директору* (о группе работников НИИ).

Ср. *уг.* «колхозом» — о групповом изнасиловании.

КОЛЫ́МКА, -и, *ж.* Маленькая, тусклая лампочка.

Возм. из *уг.*: напр., у В. Шаламова «колымка» — самодельная лампочка на бензиновом паре; от *собств.* Колыма.

КОЛЫХА́ТЬСЯ, -а́юсь, -а́ешься; *несов., где* и *без доп.* Стараться предпринять что-л. (как правило, неудачно), делать усилия для достижения чего-л., суетиться, переживать. *Так, ~аюсь помаленьку.*

КОЛЫШНИК *см.* **ДИКТАНТ «СМЕРТЬ КОЛЫШНИКА»**

КОЛЬЦО́, -а́, *ср.* Водка или пиво «Золотое кольцо».

КОЛЬЦО* *см.* **САДОВОЕ КОЛЬЦО ЗАКАТИЛОСЬ...**

КО́ЛЬЩИК, -а, *м.* **1.** Тот, кто заставляет кого-л. что-л. сделать. **2.** Специалист по татуировкам, наколкам.

1. — от **КОЛОТЬ**.

КОЛЮЧКА *см.* **ПАЛЬЦЫ ВЕЕРОМ — СОПЛИ ПУЗЫРЁМ...**

КО́ЛЯ[1], -и, **КОЛЯ́Н**, -а, *м.* **1.** Нехороший человек. **2.** Ирон. обращение. **3.** *собств.* Коля, Николай.

От *собств.* Николай, Коля.

КО́ЛЯ[2], -и, *м., собств.* Бывший канцлер ФРГ Г. Коль. *Во чего ~ с Митей* (Ф. Миттераном — бывшим президентом Франции) *учудили!*

КОМА́НДА, -ы, *ж.* **1.** Музыкальная группа, ансамбль. **2.** *ирон.* Группа людей (обычно с сомнительной репутацией).

КОМАНДИ́Р, -а, *м.* Обращение (обычно к таксисту, грузчику и т. п.).

КОМАНДИРО́ВКА, -и, *ж.* Тюрьма, заключение, срок заключения.

Возм. из *уг.*

♦ **КОМАНДИ́РСКИЙ ЗАПА́С** — время, остающееся до назначенного свидания, деловой встречи и т. п., напр.: *Пришёл к начальству с командирским запасом в десять минут.*

Из *арм.*

КОМА́НЧИ, -ей, *мн.* Лица южной национальности (обычно кавказцы).

Ср. общеупотр. «команчи» — назв. племени индейцев Сев. Америки.

КОМА́Р, -а́, *м.* Начальник, шеф (надоедающий, пристающий к подчинённым). *~ пролетел, доставай карты.*

КОМАР* *см.* **ЗАБОДАЙ МЕНЯ КОМАР, УКУСИ КОРОВА; СМЕРТЬ КОМАРАМ И МУХАМ**

КОМБАЙН *см.* **ЗАВЕСТИ (ЗАВОДИТЬ) КУХОННЫЙ КОМБАЙН; ХМЕЛЕУБОРОЧНЫЙ КОМБАЙН...**

КОМБЕ́З, -а, *м.* Комбинезон; любая другая одежда.

Возм. из *арм.*

КОМБИНАТ *см.* **ЖИРТРЕСТ-(КОМБИНАТ-ПРОМСОСИСКА-ЛИМОНАД)**

КОМБИНА́ЦИЯ, -и, *ж.* (или **~ ИЗ ТРЁХ ПА́ЛЬЦЕВ**). Фига, кукиш. *Показать ~ю из трёх пальцев кому* — отказать, обмануть.

КОМБИНА́ШКИ, -шек, *мн. собств.* Музыкальная поп-группа «Комбинация».

КОМБИНДРО́Н, -а, *м.* Красивое, модное нижнее женское бельё.

КОМБИНЕЗО́Н, -а, *м., собств.* Певец И. Кобзон.

Ср. **КАБЗДУН**.

КО́МИК, -а, *м.* Житель республики Коми. *Слыхал, ~и-то тоже себе президента выбрали!*

КО́МИКС, -а, *м.* Остряк, «комик», остроумный человек.

КОМИССА́Р, -а, *м.* **1.** Ирон. обращение. **2.** Вор, действующий под видом милиционера.

2. — из *уг.*

КОМИССУ́ХА, -и, *ж.* **1.** Комиссионный магазин. **2.** Комиссование по состоянию здоровья.

2. — из *арм.*

КОМИТЕ́Т, -а, *м.* (или **~ ГЛУБО́КОГО БУРЕ́НИЯ**). КГБ (ФСБ).

Шутл. переосмысл. аббрев.

КОМИТЕ́ТЧИК, -а, *м.* Сотрудник КГБ (ФСБ).

КОММУ́НА, -ы, *ж.* Коммунальная квартира. *~ во весь горизонт* (большая).

КОММУНИЗМ *см.* **ДАЙ БУДЕТ ПРИ КОММУНИЗМЕ...**

КОММУНИ́СТ, -а, *м.* Зубрила.

Из *шк.*

КОММУНИСТ* *см.* **БАБУШКА, СТАРЫЙ КОММУНИСТ**

КОММУНИСТИЧЕСКОЕ *см.* **ЧЕСТНОЕ ОКТЯБРЯТСКОЕ...**

КОМНАТА *см.* **КАЛОССАЛЬНАЯ КОМНАТА**

КОМНАТНЫЙ *см.* **ОРЁЛИК КОМНАТНЫЙ**

КОМО́Д, -а, *м.* Командир отделения.

Из *арм.*; переосмысл. общеупотр. сл. как сложносокращ.

КОМО́К, -мка́, *м.* Комиссионный магазин; коммерческий магазин.

Сокращ. + суффиксация.

КОМП, -а, **КОМПО́СТЕР**, -а, **КОМПУ́СТЕР**, -а, **КОМПУ́ТЕР**, -а, *м.* Компьютер.

КОМПА́НИЯ, -и, *ж.* Икона с житием какого-л. святого в клеймах или с изображением нескольких святых.

Из языка спекулянтов.

КОМПАНИЯ* *см.* **ЗА КОМПАНИЮ И ЖИД ПОВЕСИЛСЯ; ШАРАШКИНА КОНТОРА...**

КО́МПЛЕКС, -а, *м.* Странность характера, причуда; страсть к чему-л.; слабое место, ахиллесова пята. *~ на бабах. Ты оставь-ка свои ~ы, иди дело делай. Он с ~ами.*

Из терминологии З. Фрейда.

КОМПЛЕКСОВА́ТЬ, -су́ю, -су́ешь; **КОМПЛЕКСОВА́ТЬСЯ**, -су́юсь, су́ешься; *несов., на чём, с чем* и *без доп.* Нервничать, переживать, волноваться, считать себя неполноценным.

От **КОМПЛЕКС**.

КОМПОЗИ́ТКА, -и, *ж.* Плотный лист бумаги небольшого формата с набранными на нём основными данными фотомодели (в модельном бизнесе).

КОМПОСТЕР *см.* **КОМП**

КОМПОСТИ́РОВАТЬ, -рую, -руешь; *несов., кого* (или **~ МОЗГИ́** *кому*). Внушать что-л. кому-л.; надоедать, приставать, домогаться; лгать.

КОМПО́Т, -а, *м.* **1.** Некачественный, некрепкий алкогольный напиток. **2.** Что-л. сомнительное, неясное, неприличное, двусмысленное. *Это отдаёт ~ом* — это неприлично, нехорошо. **3.** Разновидность наркотика, изготовляющегося из маковой соломки.

3. — из *нарк.*

КОМПОТ* *см.* **ССАТЬ; ТОРЧАТЬ (БОЛТАТЬСЯ, ВИСЕТЬ), КАК СЛИВА В ЗАДНЕМ ПРОХОДЕ (В КОМПОТЕ); ТОРЧАТЬ, КАК ДУЛЯ В КОМПОТЕ**

КОМПРОМА́Т, -а, **КОМПРОМЕ́Т**, -а, *м.* Компрометирующие материалы, сведения о ком-л. *Ну что, на всех ~-то собрал, Павлик Морозов?*

КОМПРОМА́ТЧИК, -а, *м.* Тот, кто собирает компрометирующий материал на кого-л.

От **КОМПРОМАТ**.

КОМПРОМЕТ *см.* **КОМПРОМАТ**

КОМПУСТЕР, КОМПУТЕР *см.* **КОМП**

КОМПЬЮ́ТЕР, -а, *м.* Голова. *~ болит. Включи ~* — подумай, задумайся, пошевели мозгами.

КОМСА́, -ы́, *м.* и *ж.* **1.** Комсомолец или комсомолка. **2.** *ж., собир.* Комсомол, комсомольцы. **3.** и в зн. *собир.* Незначительное лицо (или лица); сброд; те, кто на побегушках.

1., 2. — из лексикона 20-х гг. XX в.; 3. — возм. оттуда же, *ср. уг.* «комса» — малолетний вор.

КОМСОМОЛЬСКОЕ *см.* **ЧЕСТНОЕ ОКТЯБРЯТСКОЕ...**

КОНВЕ́РТ, -а, *м.* Один из видов пытки, применяемый в некоторых отделениях милиции: допрашиваемого сажают «по-турецки», сильно наклоняют вперёд и связывают в согнутом состоянии.

Из арго милиционеров.

КОНВЕРТ* *см.* **ЗА ЖОПУ И В КОНВЕРТ**

КОНДЕ́Й, -я, *м.* Кондиционер.

КОНДЁР[1], -а, *м.* Конденсатор.

Сокращ.

КОНДЁР[2], -а, *м.* Кондиционер. *В трёх звёздах* (в трёхзвёздочном отеле) *~а нет.*

Сокращ.

КОНДЁР[3], -а, *м.* Грубая пища.

Ср. *уг.* и *арм.* «кондёр» — баланда.

КОНДИ́ТЕР, -а, *м.* Толстый человек. *Бей ~ов* (тяжеловесов в боксе)

КОНДИТЕР* *см.* **ГОТОВ КОНДИТЕР**

КОНДРА́ТИЙ, -я, *м.* Болезнь, недомогание; похмелье; грусть, тоска. ♦ **~ приобнял** (или **посетил**) *кого* — о плохом физическом или моральном состоянии кого-л.

Ср. *прост.* «кондрашка» — апоплексический удар.

♦ **КОНЕ́Й ДВИНУТЬ** — умереть.

КОНЕ́Ц, -нца́, *м.* **1.** Мужской половой орган. **2.** Раз. *Обсчитал клиента в два ~нца.* **3.** в зн. *межд.* (или **~ СВЕ́ТА**). Выражает любую эмоцию. ♦ **Концы сушить** — отдыхать после любовных похождений.

См. также **БЕЛОЕ МОЛОКО С КОНЦА КАПАЕТ**

КОНЕЦ* *см.* **В КОНЦЕ КОНЦОВ КОНЦЫ КОНЦАМ БУДУТ?; И ВАС (ТЕБЯ) ТЕМ ЖЕ КОНЦОМ ПО ТОМУ ЖЕ МЕСТУ; С КОНЦАМИ**

♦ **КОНЕ́Ц ГЕОГРА́ФИИ** — что-л. далёкое, напр.: *Как распределился? — Экскурсоводом, в Великий Устюг. — У-у, конец географии!* (о распределении после окончания института).

КО́НИК, -а, *м.*, **КОНИ́НА**, -ы, *ж.* Коньяк. *Конины покушать.*

Контаминация с «конь».

КОНКРЕ́ТНО, *нареч.* **1.** и в зн. *межд.* Хорошо, правильно, как надо, как полагается. *Смотри, мужик ~ работает* (о спортсмене). *Ух ты, ~!* **2.** Точно, во что бы то ни стало. *Ты ~ придёшь?*

От **КОНКРЕТНЫЙ**

КОНКРЕ́ТНЫЙ, -ая, -ое. Хороший, отличный, такой, какой надо (положительный эпитет с самой широкой сочетаемостью). *~ая тачка!*

Ср. **РЕАЛЬНЫЙ**, **ПРОДВИНУТЫЙ**, **РАДИКАЛЬНЫЙ** и т. п.

КОННЫЙ *см.* **ЗАНИМАТЬСЯ КОННОЙ ГРЕБЛЕЙ НА КОНЬКАХ; ЦЕНТРАЛЬНЫЙ САРАЙ КОННОЙ АРМИИ**

КОНОТО́П, -а, *м.* Общее наименование далёкого, глухого места, провинции, глуши.

См. также **КАК В ЛУЧШИХ ДОМАХ...**

Назв. города.

КОНС, -а, *м.* Консерватория.

КОНСЕ́НСУС, -а, *м. Ирон.* Мужской половой орган.

КОНСКИЙ *см.* **ЗАЛУПА**

♦ **КО́НСКИЙ ЗАЛУПА́Й** — бран.

КОНСОМЕ́, *нескл.*, *м.* и *ср.* Бульон в предприятиях общепита. *Вова, возьми мне ~ с яйцом и курицу, а я место покараулю.*

Ср. общеупотр. *устар.* «консоме» — крепкий бульон из мяса или дичи (от фр. consommé в том же зн.).

КОНТА́КТ, -а, *м.* Употребляется перед распитием спиртного. *~? — Есть ~.*

КО́НТИК, -а, **КО́НТРИК**[1], -а, *м.*, *собств.* Ресторан «Континенталь» в Центре международной торговли.

КОНТО́РА, -ы, *ж.* **1.** Милиция. **2.** КГБ (ФСБ). **3.** Любое сомнительное заведение. ♦ **Дела идут, ~ пишет** — всё нормально, всё в порядке.

См. также **ШАРАШКИНА КОНТОРА...**

КОНТО́РСКИЙ, -ая, -ое. Имеющий отношение к КГБ (ФСБ). *~ие люди. ~ закон. ~ая машина.*

КО́НТРА, -ы, *м.* и *ж.*, **КО́НТРИК**[2], -а, *м.* Ирон.-дружеское обращение. *Иди, ~, щи хлебать.*

КОНТРАБА́НДА, -ы, *ж.* Контрольная работа. *Двойка по ~е.*

Из *шк.*

КОНТРИК[1] *см.* **КОНТИК**

КОНТРИК[2] *см.* **КОНТРА**

КО́НТРИК[3], -а, *м.* Контролёр общественного транспорта.

КОНТРО́ЛЬКА, -и, *ж.* **1.** Второй контрольный ключ, который находится только у дежурного в каком-л. заведении (напр., в отделении милиции, больнице и т. п.). **2.** Полоска бумаги, наклеиваемая на дверь около замка (и обычно подписываемая тем, кто закрывал помещение); небольшой навесной замок, у которого откидывается передняя крышка — под неё вставляется листок бумаги с печатью или/и надписью, закрывающий отверстие для ключа (замок невозможно открыть, не нарушив целостность листка с печатью).

3. В модельном бизнесе «контрольная фотография» — пробная фотография модели уменьшенного формата, из общего числа которых набираются наиболее приемлемые.

♦ **КОНРО́ЛЬНЫЙ ВЫ́СТРЕЛ В ГО́ЛОВУ** — *ирон.* окончательное согласование чего-л., напр. последний, «контрольный» звонок по телефону перед каким-л. делом.

КОНТРО́ША, -и, *ж.* Контрольная работа.

Из *шк.*, *студ.*

КОНУС *см.* **ДЛЯ ПОДНЯТИЯ КОНУСА**

КОНФЕТКА *см.* **ГОВНО**

♦ **КОНФЕ́ТЫ (ПРЯ́НИКИ, ПЕЧЕ́НЬЕ) «СМЕРТЬ ЗУБА́М»** — о сладостях, которые долго лежали, высохли, стали твёрдыми.

КОНФИ́ГИ, -ов, *мн.* Информация о настройке программы, системы.

Из языка пользователей компьютеров; от англ. configs.

КОНЦЕПТУ́АЛ, -а, *м. Ирон.* То, что считают важным, значительным. *Парень, не мельчи, давай ~!* — говори главное. ♦ **Двигать ~** *кому* и *без доп.* — упорно убеждать кого-л. в чём-л. (обычно приводя много примеров из личного опыта, делясь сокровенным).

От общеупотр. «концепция», «концептуальный».

КОНЧАЙ БАЗАР; КОНЧАЙ БАЗАР, ДАВАЙ РЫНОК *см.* **БАЗАР**

КОНЧА́ТЬ, -а́ю, -а́ешь; *несов.* (*сов.* **КО́НЧИТЬ**, -чу, -чишь), *куда* и *без доп.* Довести половой акт до оргазма. *Кончил в тело — гуляй смело* — *ирон.* о половом акте (передел. общеупотр. пословица «Кончил дело — гуляй смело»).

♦ **КО́НЧИЛАСЬ ВАРША́ВКА, НАЧАЛА́СЬ ШЕРША́ВКА** — *ирон.* о закончившейся хорошей дороге и начавшемся бездорожье, а также в обобщённом смысле: о начале чего-л. плохого, невезении, полосе неудач и т. п.

♦ **КО́НЧИЛ, НЕ КО́НЧИЛ — У ВАС ТРИ МИНУ́ТЫ** — *шутл.* об ограниченности времени, о необходимости скорее закончить делать что-л.

КОНЧИТЬ *см.* **КОНЧАТЬ**

КО́НЧИТЬСЯ, -чусь, -чишься; *сов.*, *без доп.* Устать, утомиться. *Всё, я ~чился.*

КОНЧИТЬСЯ* *см.* **МАСТЬ**

КОНЬ, -я́, *м.* **1.** Стройная высокая девушка. *Зайцевские ~и* (о манекенщицах В. Зайцева). **2.** Один из методов связи между камерами в тюрьме. **3.** только *мн.* Родители. *Мои ~и сегодня ускакали* (родители уехали). **4.** только *мн.*, *собств.* Команда ЦСКА. **5.** только *мн.* Ботинки, сапоги; любая обувь. **6.** Автомобиль, мотоцикл. **7.** Лошадиная сила.

2. и 5. — из *уг.*

КОНЬ* *см.* **БОРЗЫЙ (КОНЬ); ДВИНУТЬ КОПЫТА (КОНЕЙ, САНДАЛИИ); КОГДА ДЕРЕВЯННЫЙ КОНЬ НА ГОРЕ ПЁРДНЕТ; КОНЕЙ ДВИНУТЬ; ХОД; ЦИРК С КОНЯМИ**

♦ **КОНЬ БЕЛЬГИ́ЙСКИЙ** — руг.

♦ **КОНЬ В КО́ЖАНОМ ПАЛЬТО́** — ирон. ответ на вопрос «кто?».

КОНЬКИ́, -о́в, *мн.* Ноги. *Шевели ~ами* — иди быстрей. ♦ **~ двинуть** (или **отбросить**) — умереть.

КОНЬКИ* *см.* **ЗАНИМАТЬСЯ КОННОЙ ГРЕБЛЕЙ НА КОНЬКАХ**

♦ **КОНЬ НЕ ВАЛЯ́ЛСЯ** — **1.** *рядом с чем.* О чём-л., ни с чем не сопоставимом, не подлежащем сравнению. **2.** *где.* О чём-л. незавершённом, далёком от завершения.

♦ **КОНЬ С ГОЛУБЫ́МИ Я́ЙЦАМИ** — *бран.*, обычно в адрес франта, зазнайки.

♦ **КОНЬ ФАНЕ́РНЫЙ** — *бран.* дурак, разиня, тупица.

КОНЬЯКО́ВО, -а, *ср.*, *собств.* Район Коньково в Москве. *Ярмарка в ~.*

♦ **КОНЮ́ ПОНЯ́ТНО** *что* — о чём-л. ясном, очевидном.

КОНЮ́ШНЯ, -и, *ж.*, *собств.* Клуб ЦСКА.

Ср. **КОНЬ 4.**

КОНЮШНЯ* *см.* **ЦАРСКАЯ КОНЮШНЯ**

♦ **КООПЕРАТИ́В «ЗАХОДИ́ — НЕ БО́ЙСЯ, ВЫХОДИ́ — НЕ ПЛАЧЬ»** — *ирон.* о сомнительном, не заслуживающем доверия заведении, где клиента заведомо обманут, «обдерут» и т. п.

КООПИРА́Т, -а, *м. Ирон.* Кооператор.

Контаминация с «пират».

КООРДИНА́ТЫ, -нат, *мн.* Адрес, телефон. *Он женился, ~ поменял.*

КОПАЛКА *см.* **ЕДРЁНЫЙ**

КОПА́ЛО, -а, *ср.*, **КОПА́ЛЬЩИК**, -а, *м.* Доносчик, ябеда, фискал.

Ср. *уг.* «копальщик» — человек, работающий на уголовный розыск, от общеупотр. «копать».

КОПАТЬ *см.* **КАПУСТА; СЕЙЧАС БУДЕШЬ СЕБЕ МОГИЛУ ЛОЖКОЙ КОПАТЬ; СРАТЬ, КОПАТЬ И ПЫЛЕСОСИТЬ**

КОПЕ́ЙКА, -и, *ж.* **1.** Десять, сто, тысяча и т. д. рублей (в зависимости от ситуации). **2.** Процент при какой-л. сделке. **3.** Первая модель автомобиля «Жигули».

КОПЕЙКА* *см.* **ДВАДЦАТЬ КОПЕЕК; ДРАП-ДЕРЮГА, ТРИ КОПЕЙКИ КИЛОМЕТР; ПРОСТ КАК ТРИ КОПЕЙКИ; РАЗМАХ НА РУБЛЬ — УДАР НА КОПЕЙКУ**

КОПЕНГА́ГЕН, -а, *м.* и в зн. *сказ.* Компетентный человек. *Собрались три ~а. Я в этом не ~. Ты пойди у Шуры спроси, он ~.*

Ирон. игра слов «компетентный» и «Копенгаген», столица Дании.

КОПИ́ЛКА, -и, *ж.* **1.** Сберегательная касса, банк. **2.** Голова. **3.** Живот. **4.** Женские половые органы.

КОПИЯ *см.* **ТРЯПИЧНАЯ КОПИЯ**

КОПФ, -а, *м.* Голова.

Нем. Kopf в том же зн.

КОПФА́СТЫЙ, -ая, -ое. Головастый, умный.

От **КОПФ**.

КОПЧЁНЫЙ[1], -ого, *м.* Негр.

КОПЧЁНЫЙ[2], -ая, -ое. Свой, знакомый, проверенный, не вызывающий никаких подозрений. *Свой мужик, ~. ~ые ребята собрались.*

КОПЫ́ТА, копы́т, *мн.* Обувь на платформе или на широком, толстом каблуке. *Опять ~ в моде, как в 70-х.*

КОПЫТО *см.* **ДВИНУТЬ КОПЫТА (КОНЕЙ, САНДАЛИИ); ПРОТЯГИВАТЬ КОПЫТА**

♦ **КОПЫ́ТОМ ЗЕ́МЛЮ РЫТЬ** — очень стараться, проявлять активность.

КОРА *см.* **КОРКА**

КОРА́БЛИК, -а, **КОРА́БЛЬ**, -я́, *м.* **1.** Папироса, сигарета (чаще о папиросе с анашой). **2.** Спичечный коробок с анашой.

КОРАБЛЬ* *см.* **БОЛЬШОМУ КОРАБЛЮ — БОЛЬШУЮ ТОРПЕДУ**

♦ **КОРЕ́ЕЦ-КРАСНОАРМЕ́ЕЦ** — *шутл.* о любом человеке (чаще азиате).

КО́РЕНЬ, -рня, *м.* **1.** Друг, приятель. **2.** Мужской половой орган. *Маленький мужчина растёт в ~.* ♦ **Крепкий ~** — старый, верный друг.

1. и ♦ — возм. контаминация с **КОРЕШ**.

КОРЕНЬ* *см.* **ЕДРЁНЫЙ; ЕДРЁНЫТЬ (КОРЕНЬ); ПОШЁЛ В КОРЕНЬ (В СУЧОК)**

♦ **КО́РЕНЬ ЖИ́ЗНИ** — то же, что **КОРЕНЬ**[2].

КОРЕФАН *см.* **КОРЕШ**

КОРЕФА́НИТЬ, -ню, -нишь; **КОРЕФА́НИТЬСЯ**, -нюсь, -нишься; *несов., с кем и без доп.* То же, что **КОРЕШИТЬ**.

От **КОРЕФАН**.

КОРЕ́Ц, -рца́, **КО́РЧИК**, -а, *м.* **1.** То же, что **КОРЕШ**. **2.** Ребёнок.

См. **КОРЕШ**; возм. связано с *устар.* «корец», «корчик» — ковш, деталь сохи, хлебная мера.

КО́РЕШ, -а, **КОРЕШО́К**, -шка́, **КОРЕФА́Н**, -а, *м.* Друг, приятель, собутыльник.

Ср. *уг.* «кореш» — старый друг, компаньон, соучастник в преступлении, «корешок» — главарь шайки; вероятно, связано с «корень».

КОРЕШИ́ТЬ, -шу́, -ши́шь, **КОРЕШИ́ТЬСЯ**, -шу́сь, -ши́шься; *несов., с кем.* Быть друзьями; знаться, иметь общие дела с кем-л.

От **КОРЕШ**.

КОРЕШОК *см.* **КОРЕШ**

КО́РЗАТЬ, -аю, -аешь; **КОРЗА́ТЬ**, -а́ю, -а́ешь; *несов., что.* **1.** Резать, кромсать что-л. **2.** Есть, кушать.

Ср. *устар. диал.* «ко́рзать» — рубить сучья, снимать кору.

КО́РКА, -и, **КО́РА**, -ы, *ж.* **1.** Документ, удостоверение, пропуск. *Университетская ~* (диплом). **2.** только *мн.* Ботинки, туфли, обувь. **3.** Какая-л. смешная, интересная вещь, выходка, событие. **4.** Прозрачная папка для хранения бумаг.

См. также **ОТКАЛЫВАТЬ КОРКУ; ОТМАЧИВАТЬ КОРКУ**

КОРКА* *см.* **ЧТО ТЫ ПОНИМАЕШЬ В АПЕЛЬСИНОВЫХ КОРКАХ?**

♦ **КО́РКИ В ТЕ́СТЕ** — шутки, забавные вещи, причуды, странности.

КОРКИ (ФЕНЬКИ, ПЕНКИ, НОМЕРА) МОЧИТЬ *см.* **МОЧИТЬ**

КОРМ, -а, *м. Ирон.* Продукты, пища. *Пойду ~ искать* (в магазин).

КОРМА́, -ы́, *ж.* Грудь, живот, зад. *~у наесть. ~ в костюм не влазит* (о толстяке).

КОРМИ́ЛЬЦЫ, -ев, *мн.* Представители иностранной фирмы, которые нанимают кого-л. на работу и хорошо платят.

КОРМИ́ТЬ, кормлю́, ко́рмишь; *несов., кого.* Бить, избивать.

♦ **КОРМИ́ТЬ БЕ́ЛОГО ДРУ́ГА** — страдать рвотой.

КОРМОВЫ́Е, -ы́х, *мн.* Деньги, предназначенные для покупки самого необходимого (преим. еды).

КОРМУ́ШКА, -и, *ж.* Мужской половой орган. *Сейчас припадёшь к ~е* — ирон.-шутл. угроза.

КОРО́БКА, -и, *ж.* **1.** Дом из железобетонных блоков. **2.** Спортивная площадка с деревянным ограждением. **3.** Общее определение для какого-л. стандартного хода в музыкальном исполнении, заученной несложной музыкальной фразы, гаммы и т. п. **4.** Корабль, судно.

3. — из *муз.*; **4.** — из *арм.* (из языка флота).

КОРОБКА* *см.* **ТВОИ ТОВАРИЩИ В ДУРКЕ КОРОБКИ КЛЕЯТ**

КОРОБО́К, -бка́, *м.* **1.** Голова. *Есть кое-чего в ~бке-то!* — не так уж и глуп! **2.** Разновидность причёски. *Здравствуй, ~ несчастный* (из разговора двух девушек).

КОРОБОЧКА *см.* **ШАЙТАН-КОРОБОЧКА**

КОРО́ВА, -ы, *ж.* **1.** Крупная, неловкая, глупая женщина. **2.** Лишний, не вписывающийся в коллектив человек; обуза. **3.** Вертолёт (чаще — о МИ-26); отсек в вертолёте, предназначенный для груза.

2. — *ср.* уг. «корова» — заключённый, которого берут с собой при побеге из лагеря, чтобы потом съесть.

КОРОВА* *см.* **БУДЬ ЗДОРОВА, МАТЬ-КОРОВА; ЗАБОДАЙ МЕНЯ КОМАР, УКУСИ КОРОВА; СВЯЩЕННАЯ КОРОВА; Я БЫК, А ТЫ КОРОВА**

КОРО́ВКА, -и, *ж.* (или **БО́ЖЬЯ ~**). **1.** Автомобиль марки «Фольксваген». **2.** Безобидный, безвредный человек.

КОРОЕ́Д, -а, *м.* Ребёнок.

От назв. жука.

♦ **КОРОЛЕ́ВА ДОРО́Г** — *шутл.* автомобиль «Волга».

КОРО́НКА, -и, *ж.* и в зн. *сказ.* То, что кто-л. мастерски делает; что-л. прекрасное, замечательное. *Французский — это его ~. Пиво — ~!*

От **КОРОННЫЙ**.

КОРО́ННЫЙ, -ая, -ое. Хороший, отличный. *~ые брючата* (брюки).

КОРОТНУ́ТЬСЯ, -ну́сь, -нёшься; *сов.*, *с кем.* Вступить в конфликт с кем-л., повздорить, поссориться, выяснить отношения.

От общеупотр. «короткое замыкание».

КОРО́ЧЕ, *вводн. сл.* Ну, в общем, итак (обычно употр. в начале фразы). *~, иду я вчера...*

♦ **КОРО́ЧЕ, ДЕ́ЛО К НО́ЧИ** — короче всё, достаточно, хватит об этом (при выражении желания закончить затянувшуюся беседу) или в зн. шутл. реакции на употреблённое (или часто употребляемое в речи) слово «короче».

КОРОЧЕ, СКЛИФОСОФСКИЙ! *см.* **СКЛИФОСОФСКИЙ**

КО́РОЧКА, -и, *ж.* **1.** То же, что **КОРКА** во всех зн. **2.** Мозги, память, ум. ♦ **~ усохла** *у кого* — плохо думается. **Записать на ~у** *что* — запомнить что-л.

КО́РОЧНИК, -а, *м.* **1.** Растяпа, дурак, тот, над кем все издеваются, насмехаются. **2.** Остроумный, весёлый человек, шутник.

От **КОРКА 3.**

КОРРИ́ДА, *межд.* Выражает крайнюю степень удивления. *В магазе* (магазине) *водку дают! — ~! Где талоны?*

КОРЧИК *см.* **КОРЕЦ**

КОРЧИТЬ *см.* **ТУЗ**

КОРЫ́ТО, -а, *ср.* **1.** Машина, автомобиль (обычно старый, разбитый). **2.** Рот (обычно большой). *Захлопни ~.*

КОРЯ́ГА, -и, *ж.* **1.** Некрасивая, неизящная девушка, женщина. *Эй, красавица!.. Да не ты, ~.* **2.** Рука, ладонь. *Держи ~у* — здравствуй.

КОРЯГА* *см.* **ДО КОРЯГИ; СИДЕТЬ ПОД КОРЯГОЙ**

КОРЯ́ЧИТЬСЯ, -чусь, -чишься; *несов.* **1.** *с чем, где* и *без доп.* Мучиться, страдать, «биться» над чем-л., с большим трудом преодолевать трудности. *Вчера нажрался до не я* (сильно напился), *сегодня полдня ~ился.* **2.** *где* и *без доп.* Работать, трудиться. *Раньше преподавал, теперь в банке ~чусь.*

КОСА́, -ы́, *ж.* Длинные волосы (обычно у хиппи).

КО́САРЬ, -я, *м.* Человек, увиливающий от службы, работы, обязанностей; бездельник, халтурщик.

От **КОСИТЬ 1.**

КОСА́РЬ *см.* **КОСАЯ**

КОСА́Ч, -а́, *м.* **1.** То же, что **КОСАЯ**. **2.** Кожаная куртка с косой молнией.

КОСА́Я, -о́й, *ж.*, **КОСА́РЬ**, -я́, *м.*, **КОСУ́ЛЯ**, -и, **КОСУХА**[1], -и, *ж.* Тысяча рублей.

Из *уг.*

КОСИ́ТЬ, кошу́, ко́сишь (или реже коси́шь); *несов.* **1.** *на что* и *без доп.* Отлынивать от работы и т. п., ссылаясь на что-л. ~ *на ноги* — притворяться, что болят ноги. ~ *на дурдом* — притворяться сумасшедшим. *Его забрали в армию? — Нет, он косит* (скрывается, увиливает; ссылается на плохое здоровье). **2.** *на кого, под кого.* Играть в кого-л., подделываться под кого-л. ~ *под бедного.* ~ *под дуру* — притворяться дураком. **3.** *что* и *без доп.* Делать какую-л. работу наспех, халтурить, а также делать что-л. в авральном порядке. ~ *заказ.* ~ *диплом.*

КОСИТЬ* *см.* **КАПУСТА**

♦ **КОСИ́ТЬ И ЗАБИВА́ТЬ** — *шутл.* главный лозунг, принцип студентов.

От «косить» — отвиливать от чего-л., притворяться, прикидываться кем-л. и «забивать» — бездельничать, игнорировать (учёбу). *См.* также **СЕРП И МОЛОТ.**

КОСМОГОНИЧЕСКИЕ БАБКИ *см.* **БАБКИ**

КОСМОГОНИ́ЧЕСКИЙ, -ая, -ое. Большой, огромный (обычно о сумме денег). *~ие бабки* — огромные деньги.

От «космогония» — наука о происхождении Вселенной.

КОСМОНА́ВТ, -а, *м.* Тот, кого посылают на очень трудное дело, кем заведомо жертвуют, а также тот, кто берёт на себя ответственность за всё, «козёл отпущения». *Наловили подростков-~ов, а паханы* (главные преступники) *чистенькие. Держать наркоту* (наркоманов) *за ~ов.*

КОСМОНАВТ* *см.* **ТАКИХ НЕ БЕРУТ В КОСМОНАВТЫ**

КОСМОС *см.* **ЕСЛИ ОЧЕНЬ ЗАХОТЕТЬ, МОЖНО В КОСМОС ПОЛЕТЕТЬ**

КОСОГЛА́ЗИЯ, -и, *ж., собств.* Азия.

От **КОСОГЛАЗЫЙ.**

КОСОГЛА́ЗЫЙ, -ого, *м.* Азиат.

От общеупотр. «косой» + «глаз», *ср.* общеупотр. «косоглазый» — страдающий косоглазием.

КОСО́Й, -о́го, *м.* **1.** Пьяный. **2.** То же, что **КОСОГЛАЗЫЙ.** ♦$_1$ **Дать** (или **давить**) **~ого** — смотреть искоса, недоброжелательно. ♦$_2$ **Чуть что, так Косой** — реплика человека, которому поручают то, что он не хочет делать.

См. также **КЛЯКСА**

♦$_2$ — распространилось под влиянием популярного кинофильма «Джентльмены удачи».

КОСОРЕ́ЗИТЬ, -е́жу, -е́зишь; *несов., с чем* и *без доп.* Промазывать, промахиваться; делать глупость.

КОСОРЫ́ЛОВКА, -и, *ж.* Некачественный алкогольный напиток.

От общеупотр. «косой» + «рыло».

КОСТЁР, -тра́, *м., собств.* Вечный огонь у Могилы Неизвестного солдата.

КОСТЁР* *см.* **ВКЛЮЧИТЕ СВЕТ — СКАЗАЛ...; УСТРОИТЬ БОЛЬШОЙ ПИОНЕРСКИЙ КОСТЁР**

КО́СТИК, -а, *м., собств.* К. У. Черненко.

КОСТРО́В, -а, *м.* (или **ФЕ́ДЬКА ~**), *собств.* Фидель Кастро, лидер Республики Куба.

Возм. из анекдота. *Ср.* **КАСТОРКИН.**

КОСТЫ́ЛЬ, -я́, *м.* Нога. *Двигай ~ями* — иди быстрей.

См. также **ПРОТЯГИВАТЬ КОСТЫЛИ**

КОСТЫЛЯ́ТЬ, -я́ю, -я́ешь; *несов.* **1.** *куда* и *без доп.* Идти, шагать, двигаться. **2.** *кого, кому.* Бить, избивать.

От общеупотр. «костыль», *см.* также **КОСТЫЛЬ.**

КОСТЬ, -и, *ж.* Голова, череп, мозги (обычно с негативным оттенком).

КОСТЬ* *см.* **БРОСАТЬ КОСТИ; ГРЕМЕТЬ КОСТЯМИ; ГРОБ; НА ЧЕТЫРЁХ КОСТЯХ; НЕ ГРЕМИ КОСТЯМИ; ПРИШЛИ ГОСТИ ПОЕДАТЬ КОСТИ**

КОСТЮ́МНЫЙ, -ая, -ое. Видный, модный, элегантный (о человеке). ~ *чувак* (парень). ♦ **~ герой** — актёр с хорошими внешними данными.

♦ — возм. из языка актёров.

КОСТЯ́Н, -а, *м.* **1.** Худой, костлявый человек. **2.** *собств.* То же, что **КОСТИК.**

Вероятно, контаминация «кость» и *собств.* «Костя» («Константин»).

КОСУЛЯ, КОСУХА[1] *см.* **КОСАЯ**

КОСУ́ХА, -и, *ж.* То же, что **КОСАЧ**[2].

КОСЬБА́, -ы́, *ж.* **1.** Увиливание, отлынивание от работы и т. п. **2.** Быстрая, халтурная работа.

1. — от **КОСИТЬ 1**; 2. — от **КОСИТЬ 3.**

КОСЯ́К, -а́, *м.* **1.** Сигарета с наркотиками; любая сигарета. **2.** Взгляд искоса, украдкой. **3.** Множество чего-л., изобилие, куча. **4.** Прорезной косой карман. **5.** То же, что **КОСАЯ.** **6.** Лицо. *Чего ~ом ворочаешь? ~ нажрал на народном горе.* **7.** Глупость, нелепость. ♦ **Засадить ~а** — покурить. **Давить ~а** *на кого-что* — смотреть искоса, недружелюбно поглядывать. **~и пороть** (или **сажать, отламывать** и т. п.) — делать глупости, несуразно вести себя.

См. также **В КОСЯК**

КОСЯК* *см.* **ПАЛЬЦЫ В ДВЕРЬ (В КОСЯКИ) НЕ ПРОЛЕЗАЮТ**

КОСЯКО́М, *нареч.* Много. ♦ **Валить ~** — поступать, появляться в большом количестве, напр.: *У него бабки* (деньги) *~ валят.*

КОСЯ́ЧНЫЙ, -ая, -ое. Отрицательный эпитет: плохой, тупой, глупый и т. п. *Морда ~ая. ~ая публика.*

От **КОСЯК**.

КОТ, -а́, *м.* (или **МА́РТОВСКИЙ ~**). Мужчина, живущий за счёт женщины; развратник, бабник.

Ср. *уг.* «кот» — арестант, живущий на средства любовницы-проститутки.

КОТ* *см.* **ПОРНОГРАФИЧЕСКИЙ; ПОТОМ — СУП С КОТОМ; ТЯНУТЬ КОТА ЗА ЯЙЦА**

♦ **КОТА́ НАЗА́Д ПРОГУ́ЛИВАТЬ** — вспоминать прошлое, восстанавливать события прошлого с целью адекватной оценки настоящего.

Из арго разведчиков; из англ.

КОТЁЛ, -тла́, *м.* **1.** Голова, мозги. **2.** только *мн.* Электродинамики. **3.** только *мн.* Часы. **4.** Банк, оставленный до следующей сдачи карт. **5.** Цилиндр двигателя. ♦ **~ варит** *у кого* — об умном, хорошо соображающем человеке. **~ закипел** *у кого* — кто-л. помешался, сошёл с ума. **Долбануть на ~тлы** — посмотреть на часы.

3. — из *уг.*; 4. — из *карт.* 5. — из *спец.*

КОТЕЛО́К, -лка́, **КОТЕЛО́ЧЕК**, -чка, *м.* То же, что **КОТЁЛ 1.**

КОТЕЛЬНАЯ *см.* **ЦЕНТРАЛЬНАЯ КОТЕЛЬНАЯ**

КОТЁНОК *см.* **ВОТ ТАКИЕ (ВОТ) ПИРОЖКИ С КОТЯТАМИ; ПЕСЕЦ КОТЁНКУ; ПИРОГ С КОТЯТАМИ...**

КОТЛЕ́ТА, -ы, *ж.* **1.** Лицо. *Дать в ~у* — ударить по лицу. **2.** Женщина, девушка, жена (обычно о толстой, некрасивой). *Моя ~ спит целый день* (о жене). **3.** *пренебр.* Любая вещь. **4.** Пачка денег.

КОТЛЕТА* *см.* **МУХИ ОТДЕЛЬНО, КОТЛЕТЫ ОТДЕЛЬНО**

КОТЛЕТОМЁТ, -а, *м.* **1.** Обжора, гурман. **2.** Рот.

От общеупотр. «котлета» + **МЕТАТЬ**[2].

КОТЛЕТОМЕТА́НИЕ, -я, *м.* Еда, приём пищи, трапеза (обычно обильная). *Надо нам устроить ~, стели газетку. Чемпион по ~ю* — обжора.

От **КОТЛЕТОМЁТ 1.**

КОТЯ́РА, -ы, *м.* и *ж.* **1.** То же, что **КОТ**. **2.** Неработающий, но хорошо живущий человек; человек, хорошо устроившийся в жизни.

КОФЕИ́ТЬСЯ, -и́тся, *безл.*, обычно с *отриц.*, *кому.* О нежелании пить кофе; о плохом настроении, упадке сил и т. п. *Что-то мне, братишка, не ~ится, выпить, что ли?*

КОФЕ́ЙНИК, -а, **КОФЕ́ЙНИЧЕК**, -чка, *м.* Человек, пьющий много кофе.

КОФЕМО́ЛИТЬ, -лю, -лишь; *несов.*, *что* и *без доп.* Говорить, болтать; лгать.

От общеупотр. «кофе» + «молоть».

КОФЕМО́ЛКА, -и, *ж.* Рот.

От **КОФЕМОЛИТЬ**.

КОЦАКИ, КОЦАНКИ, КОЦАПЫ *см.* **КОЦЫ**

КО́ЦАТЬ, -аю, -аешь; *несов.* **1.** *кого.* Бить, избивать. **2.** *кого.* Заниматься любовью. **3.** *что* и *без доп.* Делать что-л. интенсивно, быстро. **4.** *что.* Портить, ломать, пробивать.

Ср. *уг.* «кацать», «косать», «коцать» — бить; возм. перешло из польского арго (kopsal, kobsal в том же зн.) или из нем. арго (напр. kobsten — разбить голову).

КО́ЦЫ, -ев, **КОЦА́КИ**, -ов, **КОЦА́ПЫ**, -ов, **КО́ЦАНКИ**, -ов (или -нок), *мн.* Ботинки, обувь.

Возм. от **КОЦАТЬ**; *ср. устар.* «коты́» — женские полусапожки, *устар. диал.* «коц», «коца́» — покрывало от дождя, ковёр.

КОЧА́Н, -а́ (или -чна́), *м.* Голова.

КОЧЕВАТЬ *см.* **БЕЗАРАБИЯ**

КОЧЕ́ВНИК, -а, *м.* Южанин, т. н. «лицо южной национальности».

КОЧЕГА́РИТЬ, -рю, -ришь; *несов.*, *без доп.* **1.** Курить (обычно много). **2.** Делать что-л. интенсивно, быстро. *~арь ракетой* — быстро приезжай ко мне. **3.** Проводить время в разгуле, пьянстве, широко отмечать что-л., праздновать. *Три дня ~рили.*

КОЧЕМА́РИТЬ, -рю, -ришь, **КОЧУМА́РИТЬ**, -рю, -ришь, **КОЧЕМА́ТЬ**, -а́ю, -а́ешь, **КОЧУМА́ТЬ**, -а́ю, -а́ешь; **КАЧЕМА́РИТЬ**, -рю, -ришь, **КАЧЕМА́ТЬ**, -а́ю, -а́ешь, **КИЧЕМА́ТЬ**, -а́ю, -а́ешь, **КИЧУМА́ТЬ**, -а́ю, -а́ешь, **КУЧЕМА́ТЬ**, -а́ю, -а́ешь, **КУЧУМА́ТЬ**, -а́ю, -а́ешь; *несов.*, *без доп.* **1.** Спать, дремать. **2.** Отдыхать, бездельничать. **3.** Молчать. ♦ **Кочумай!** — молчи, заткнись, а также в зн. *межд.*: ну и ну!

См. комментарий к **ЗАКОЧЕМАРИТЬ**.

КОЧЕРГА́, -и́, *ж.* Разновидность противоугонного средства.

КОЧЕРЫ́ЖКА, -и, *ж.* **1.** Мужской половой орган. **2.** Сигарета, папироса. **3.** *собств.* Памятник российско-грузинской дружбы на Тишинской площади.

См. также **ЗАПАРИТЬ КОЧЕРЫЖКУ**

КО́ЧКА, -и, *ж.* (или **БОЛО́ТНАЯ ~**). Дочернее предприятие, создаваемое фирмой с целью перевода своих средств на его счёт в случае финансового краха, налоговой проверки и т. п.

Из языка финансистов, предпринимателей.

КОЧУМАРИТЬ, **КОЧУМАТЬ** *см.* **КОЧЕМАРИТЬ**

КОША́РА, -ы, *ж.* **1.** Кошка (обычно большая). **2.** Женщина, девушка (обычно лёгкого поведения). **3.** Что-л. плохое, нежелательное.

КОША́РИТЬ, -рю, -ришь; *несов.*, *без доп.* Интересоваться женщинами; развратничать; жить за счет любовниц.

От **КОТ**, *ср.* **КОШАРА** 2., **КОШКА**.

КОШАЧИЙ *см.* **ВЕСТИ КОШАЧЬЮ ЖИЗНЬ**

♦ **КОША́ЧЬЯ** (или **СОБА́ЧЬЯ**, **ТАРАКА́НЬЯ** и т. п.) **ЖИЗНЬ** — плохая жизнь.

КОШЁЛКА, -и, *ж.* **1.** Женские половые органы. **2.** Женщина, подруга, приятельница. *Приходи со своей ~ой.*

Возм. из *уг.*

КО́ШКА, -и, *ж.* То же, что **КОШАРА** 2.

КОШКА* *см.* **У КОШКИ В ЖОПЕ**

♦ **КО́ШКА ОБЛЕ́ЗЛАЯ** — ругательство.

КОШКЕ ПОД МУДЯ *см.* **МУДА**

КОШКОГЛО́Т, -а, *м.*, **КОШКОГЛО́ТКА**, -и, **КОШКОГЛО́ТИНА**, -ы, *ж.* **1.** Обжора, «проглот», человек, который ест всё подряд, неразборчивый в пище. **2.** Наглец, нахал. **3.** Жадина.

От «кошка» + «глотать».

КОШКОДА́В, -а, *м.* Жестокий, сильный, тупой человек.

От «давить кошек».

КОШМА́ТЕРНЫЙ, -ая, -ое. Ужасный, невероятный.

Ирон. передел. «кошмарный» + «матерный».

КОЩЕ́ЕВНА, -ы, *ж.* Некрасивая, злая женщина.

От имени рус. фольклорного персонажа Кощея Бессмертного.

КПЗ, *нескл.*, *м.* **1.** *собств.* Киевский Пивной Зал (пивная около Киевского вокзала в Москве). **2.** Туалет (Комната Приятных Запахов).

Ирон. переосмысление аббрев. «КПЗ» — камера предварительного заключения.

КРАБ, -а, *м.* **1.** Один из способов шутл.-ритуального рукопожатия с растопыренными пальцами. *Дай ~а!* **2.** Разветвитель телевизионного сигнала. **3.** Устройство для закрепления чего-л. в виде растяжек с крюками. **4.** Кокарда.

2. — из *спец.* 4. — из *арм.*

См. также **ДЕЛАТЬ КРАБА; ЛОВИ КРАБА**

КРА́ГИ, краг, *мн.* **1.** Сапоги, обувь. **2.** Перчатки, варежки.

Ср. общеупотр. «краги» — кожаные накладки на ноги или раструбы для перчаток.

♦ **КРА́ЕШКОМ У́ХА** *что делать* и *без доп.* — едва, иногда, чуть-чуть и т. п. *Ты на работе-то хоть краешком уха бывай — а то уволят. Затронь эту тему — но краешком уха.*

Шутл. абсурдизация общеупотр. устойчивого выражения.

КРАЙКО́М, в зн. *нареч.* В крайнем случае.

КРАК, -а, *м.* Информация о том, как вскрыть защиту программы, системы, сети; программа, выполняющая данную операцию; процесс вскрытия защиты.

Из языка программистов, пользователей компьютеров; от англ. crak.

КРА́КАТЬ, -аю, -аешь; *несов.* (*сов.* **КРА́КНУТЬ**, -ну, -нешь); *что.* Взламывать защиту программы, системы, сети, получать доступ к секретной информации. *Наши кракнули какую-то буржуйскую сеть.*

От **КРАК**.

КРА́ЛЯ, -и, *ж.* **1.** *пренебр.-ирон.* Девушка. **2.** Ирон. обращение. *Эй, ~, спрячь зубы* (замолчи, не ругайся).

Ср. *устар.* «краля» — богатая, видная дама или дама в картах.

КРАН, -а, **КРА́НТИК**, -а, *м.* **1.** Мужской половой орган. **2.** Рот. *Заверни крантик, не в парламенте* — замолчи.

КРА́НИК, -а, *м.* Молодой человек (в речи девушек). *Ух ты, смотри какие ~и упакованные* (модно одетые)!

КРАНТИК *см.* **КРАН**

♦ **КРА́НТИК ПЕРЕКРЫ́ТЬ** *кому* — заставить, вынудить кого-л. перестать что-л. делать.

КРАНТЫ́, -о́в, *мн.* **1.** и в зн. *сказ.* Конец, завершение чего-л.; провал, неудача. *Всё, мне ~ — я пропал.* **2.** в зн. *межд.* Выражает любую эмоцию (чаще отрицательную).

Возм. из *уг.*

КРАПИ́ВКА, -и, *ж.* Ощущение жжения, жгучей боли. ♦ **Сделать ~у** *кому* — перекрутить кожу (обычно на руке) до возникновения ощущения жжения.

♦ — из *детск.*

КРАСИВО *см.* **СПАСИБО — НЕ КРАСИВО, НАДО ДЕНЕЖКИ ПЛАТИТЬ**

КРАСИ́ТЕЛЬ, -я, *м.*, **КРА́СКА**[1], -и, *ж.* Некачественное красное вино, дешёвый портвейн.

КРА́СИТЬ, -а́шу, -а́сишь; *несов.*, *что* и *без доп.* Писать красками, заниматься станковой живописью. *Давно ~ишь? ~ нетленку* (некоммерческие картины).

Из речи художников.

КРАСКА[1] *см.* **КРАСИТЕЛЬ**

КРА́СКА[2], -и, *ж.*, *собств.* Красная площадь.

♦ **КРА́СКИ РАЗДВИГА́ТЬ** — заниматься живописью, быть «вольным художником».

Из арго художников.

КРАСКУ́ШНИК, -а, *м.* **1.** Тот, кто пьёт дешёвое красное вино. **2.** Железнодорожный вор.

1. — от **КРАСИТЕЛЬ, КРАСКА**[1]; 2. — возм. от **КРАСНУХА 3.**

КРА́СНАЯ, -ой, **КРА́СНЕНЬКАЯ**, -ой, *ж.* **1.** Десять рублей (советских). **2.** Десять лет тюремного заключения. ♦ **Идти по красненькой** — быть осуждённым на десять лет тюремного заключения.

2. — из *уг.*

♦ **КРА́СНАЯ СБО́РКА** — вычислительная техника, собранная в бывшем СССР, в России и странах СНГ.

КРАСНЕНЬКАЯ *см.* **КРАСНАЯ**

КРА́СНЕНЬКОЕ, -ого, **КРА́СНОЕ**, -ого, *ср.* Красное вино, дешёвый портвейн. *К коммунизму мы идём, наше дело ясное: всю неделю водку пьём, а в воскресенье — красное* (частушка).

КРАСНОАРМЕЕЦ *см.* **КОРЕЕЦ-КРАСНОАРМЕЕЦ**

КРАСНОЕ *см.* **КРАСНЕНЬКОЕ**

КРАСНОЗНАМЁННЫЙ, -ая, -ое; **КРА́СНЫЙ**[1], -ая, -ое. Официальный; косный, кондовый; плохой, глупый (о человеке). *Да, краснознамённая статейка! У нас в администрации такие пердуны красные собрались, прямо хоть шашки выдавай.*

КРАСНОПЁРЫЙ, -ого, **КРАСНОПОГО́ННИК**, -а, **КРАСНОЩЁКИЙ**, -ого, **КРА́СНЫЙ**[2], -ого, *м.* Военнослужащий МВД или милиционер.

Возм. из *уг.* или *арм.*, по красному цвету погон МВД.

КРАСНОПЛЕ́СНЕНСКАЯ, -ой, *ж.*, *собств.* Станция метро «Краснопресненская» в Москве.

Шутл. «красный» + «плесень».

КРАСНОПОГОННИК, КРАСНОЩЁКИЙ *см.* **КРАСНОПЁРЫЙ**

КРАСНУ́ХА, -и, **КРАСНУ́ШКА**, -и, *ж.* **1.** То же, что **КРАСИТЕЛЬ. 2.** То же, что **КРАСНОПЁРЫЙ. 3.** Товарный вагон.

3. — возм. из *уг.*, по красному цвету вагонов.

КРАСНУ́ШНИК, -а, *м.* **1.** То же, что **КРАСНОПЁРЫЙ. 2.** То же, что **КРАСКУШНИК 1., 2.**

КРАСНЫЙ[1] *см.* **КРАСНОЗНАМЁННЫЙ**

КРАСНЫЙ[2] *см.* **КРАСНОПЁРЫЙ**

КРАСНЫЙ* *см.* **А РЫБКИ КРАСНОЙ НЕ ХОЧЕШЬ?; ЖЕРТВА (КРАСНОГО ТЕРРОРА); ЗРЯ, БАТЕНЬКА, ЗРЯ...; ЛУЧШЕ ИМЕТЬ КРАСНУЮ РОЖУ...; НЕ БОЛИТ, А КРАСНОЕ; ПАХАТЬ; ПУСТИТЬ КРАСНЫЕ СОПЛИ; ЯСНО, ОТЧЕГО ЗАЛУПА КРАСНА...**

КРАСНЫЙ СОВОК *см.* **СОВОК**

КРАСОВИТЫЙ *см.* **НОСОВИТЫЙ**

КРАСОВОРО́ТКА, -и, *ж.* Некрасивая девушка.

Возм. игра слов: общеупотр. «краса», «красивая» + «косоворотка» — мужская рубашка с косым воротом, «косая» + общеупотр. *прост.* «воротить нос (или морду, рыло) от кого-чего-л.» — относиться к кому-чему-л. пренебрежительно.

КРАСОТА *см.* **ЛУЧШЕ НЕТ КРАСОТЫ...**

КРАССЫ́, -о́в, *мн.* Кроссовки, кеды.

♦ **КРАХ КУЛЬТУ́РЫ** — *собств.* Парк культуры и отдыха им. Горького в Москве; станция метро «Парк культуры».

Ирон. передел.

КРЕВЕ́ТКА, -и, *ж.* Ирон. обращение, чаще с оттенком пренебр.

КРЕВЕТКА* *см.* **ША, КРЕВЕТКА, МОРЕ БЛИЗКО!**

КРЕЗА́, -ы́, **КРЕЗУ́ХА**, -и, **КРЫЗА́**, -ы́, **КРЫЗО́ВКА**, -и, *ж.* **1.** Человек, одержимый какой-л. идеей; энтузиаст; фанатик, сумасшедший. **2.** Навязчивая мысль, идея фикс. **3.** Психиатрическая лечебница. **4.** Что-л. странное, абсурдное, ненормальное.

Передел. **КРЕЙЗИ.**

КРЕЗАТО́РИЙ, -я, *м.* То же, что **КРЕЗА 3, 4.**

КРЕЗОВО́З, -а, *м.* Психиатрическая «скорая помощь».

От **КРЕЗА 1.** + общеупотр. «возить».

КРЕЗО́ВЫЙ, -ая, -ое, **КРЫЗО́ВЫЙ**, -ая, -ое. **1.** Ненормальный, абсурдный; странный;

вычурный, заумный. ~ *фильм*. **2.** Одержимый, фанатично преданный кому-чему-л.; сумасшедший. *~ые ребята: по двадцать часов пашут* (работают).

От **КРЕЗА, КРЫЗА.**

КРЕЗОГО́Н, -а, *м.* Сумасшедший; странный человек.

От **КРЕЗА 2., 4. + ГНАТЬ 1.**

КРЕЗУХА *см.* **КРЕЗА**

КРЕ́ЙЗИ 1. *нескл., м.* и *ж.* То же, что **КРЕЗА 1., 2., 4. 2.** *неизм. прил.* То же, что **КРЕЗОВЫЙ.**

Англ. crazy — сумасшедший, помешанный, сильно увлечённый.

КРЕМ, -а, *м., собств.* Кремль.

КРЕМЛЁВСКИЙ *см.* **САДОВОЕ КОЛЬЦО ЗАКАТИЛОСЬ...**

КРЕМЛЬ *см.* **ДЕЛА В КРЕМЛЕ...**

КРЕНДЕЛЁК *см.* **КРЕНДЕЛЬ; СВЕРНИ-КА УШКО КРЕНДЕЛЬКОМ**

КРЕ́НДЕЛЬ, -я, **КРЕНДЕЛЁК**, -лька́, *м.* **1.** Смешная, забавная вещь, ситуация или личность. *Ну и кренделёк твой братик! Вчера вышел такой крендель — укакаешься!* (смешное событие). **2.** Симпатичный, хорошо одетый, видный молодой человек (в речи девушек). **3.** Любой человек (чаще неодобрительно).

КРЕПКИЙ КОРЕНЬ *см.* **КОРЕНЬ**

КРЕПКО *см.* **КРЕПЧЕ ЗА ШОФЁРКУ ДЕРЖИСЬ, БАРАН; ЦЕЛУЮ КРЕПКО, ТВОЯ РЕПКА**

КРЕПОСТНО́Й, -о́го, *м.* Заключённый, отбывающий наказание.

Из *уг.*

КРЕПЧАТЬ *см.* **МАРАЗМ**

♦ **КРЕ́ПЧЕ ЗА ШОФЁРКУ ДЕРЖИ́СЬ, БАРА́Н** — *шутл.* передел. слова популярной песни: «Крепче за баранку держись, шофер».

КРЕПЫ́Ш, -а́, *м.* (или **БУХЕНВА́ЛЬДСКИЙ ~**). Слабый, хилый человек.

КРЕСТ, -а́, *м.* (*мн.* -ы́, -о́в). **1.** Разновидность игры в домино. *Играть в ~а.* **2.** только *мн.* Неофициальное наименование ряда пивных, баров и ресторанов в Москве. **3.** только *мн.* Тюрьма. *Попасть в ~ы.* **4.** только *мн.*, в зн. *межд.* Конец, всё, достаточно, хорош, довольно; пропали, провал.

1. — возм. из *уг.*; 3. — возм. от назв. тюрьмы в Петербурге; 4. — от общеупотр. выражения «поставить крест на чём-л.» — разувериться, закончить, разочароваться и т. п. или от *уг.* «крест», «кресты» — конец, смерть.

КРЕСТ* *см.* **АЛЛЮР ТРИ КРЕСТА!**

КРЕСТЬЯ́НИН, -а, *м.* (*мн.* -я́не, -я́н). **1.** Простоватый, необразованный (но обычно с хитрецой, жадноватый) человек. **2.** только *мн.* Вши.

2. — из *уг.*

КРЕТИН *см.* **ЖИЗНЕРАДОСТНЫЙ КРЕТИН**

КРЕТИ́НУС, -а, *м.* Кретин, дурак.

Подражание лат. огласовке.

КРИВО *см.* **С ПИВА БУДЕШЬ ССАТЬ КРИВО**

КРИВО́Й, -а́я, -о́е. Неправильный, странный, неверный (чаще о работе компьютера, программы). *~ая программа.*

КРИВОРО́ЖЬЕ, -я, *ср.* Глухая провинция, захолустье. *Ванька из ~я* — провинциал.

Игра слов: Кривой Рог (город) + «кривая рожа».

КРИК *см.* **БРАЧНЫЙ КРИК МАРАЛА**

КРИСТА́ЛЬНЫЙ, -ая, -ое. Прекрасный, замечательный. *~ая водяра* (водка).

КРИЧА́ТЬ, -чу́, -чи́шь; *несов., на кого-что* и *без доп.* Страдать рвотой. *Не ~чи на газон, ты, Штоколов, лютики погубишь.*

КРИЧАТЬ* *см.* **Я КРИЧУ**

КРИЧАТЬ НА БЕЛОГО ДРУГА *см.* **ДРУГ**

КРОВАВЫЙ *см.* **ПАХАТЬ; УСТРОИТЬ (СДЕЛАТЬ, ВЫЗВАТЬ, ПРОБИТЬ) КРОВАВЫЙ ПОНОС**

КРОВАТКА *см.* **ЗАМЫКИВАТЬСЯ**

КРОВАТЬ *см.* **ЛУЧШЕ СИНИЦА В РУКЕ, ЧЕМ УТКА ПОД КРОВАТЬЮ; ОТБИВАТЬ КРОВАТЬ**

КРО́ВНИК, -а, *м.* **1.** Кровный брат. **2.** Кровный, заклятый враг. *Дай тыщу, а то мы — ~и!*

КРО́ВНЫЙ, -ая, -ое. Свой, личный, частный. *Ты на такси* (едешь)? — *Зачем, я на ~ой* (на своей машине).

КРОВЬ, -и, *ж.* Деньги. ♦ **Кровью изойти** — сильно потратиться.

Возм. от *уг.* «кровь» — деньги, которые необходимо украсть у жертвы, «кровь пустить» — обыграть (напр. в карты), «кровь носом пошла» — обыгранная жертва расплачивается.

КРОВЬ* *см.* **ПИ́САТЬ; ПУСТИТЬ КРОВЬ ИЗ УШЕЙ...; ПУСТИТЬ КРОВЬ НОСОМ; ПУСТЬ ИДЁТ КРОВЬ ИЗ НОСУ...**

♦ **КРОВЬ И́З НОСУ** — обязательно, во что бы то ни стало, напр.: *Кровь и́з носу приеду.*

КРОКОДИ́Л, -а, *м.* **1.** Некрасивый, безобразный человек (в том числе и о женщине). **2.** Поезд, состав. **3.** Вертолет «МИ-24».

2. — из *уг.*; 3. — из *арм.*

КРОКОДИЛ* *см.* **ХОЛОДНЫЙ, КАК КРОКОДИЛ ГОЛОДНЫЙ**

КРОЛИК *см.* **БРАТЕЦ(-КРОЛИК)**

КРОМСАТЬ *см.* **БАБУШКИ, КРОМСАЙТЕ СЫР!; СТРИЧЬ (ЗАСТРИГАТЬ, ПОДСТРИГАТЬ, КРОМСАТЬ) ПОЛЯНУ**

КРОТ, -а́, *м.* **1.** Тот, кто усиленно готовится к чему-л., подкапывается под кого-что-л. **2.** Человек, занимающийся чем-л. секретным, тайным, преследующий интересы, чуждые той или иной среде, выведывающий, «вынюхивающий» информацию, тот, кому нельзя верить.

1. — *ср. уг.* «крот» — заключённый, готовящийся к побегу; 2. — возм. первоначально из языка профессиональных разведчиков: тайный агент враждебной разведки, резидент.

КРОШИТЬ *см.* **ДА Я НА ТЕБЯ БУЛОЧКУ КРОШИЛ!; ТЫ НА КОГО БАТОН КРОШИШЬ!**

КРО́ШКА, -и, *ж.* Ирон. обращение.

КРУГ, -а, *м.* Конечная остановка автобуса, троллейбуса или трамвая.

КРУГ* *см.* **НАСРАТЬ; ПУСТИТЬ НА КРУГ; СОЛНЕЧНЫЙ КРУГ**

КРУ́ГЛЫЕ, -ых, *мн.* Деньги (обычно о мелочи, монетах).

Ср. *уг.* «круглое» — деньги.

КРУГЛЯ́К, -а́, *м.* **1.** Что-л. завершённое, законченное (напр., круглая сумма денег, окончательно опустившийся человек, законченная работа и т. п.). **2.** Один из видов шулерских приёмов в картах.

КРУГЛЯКО́М, *нареч.* Полностью, от начала и до конца. *Отработал ~, иду на пенсию. Зарплату без вычетов, ~ дали.*

КРУЖЕВА́, кру́жев, *мн.* Ложь, вранье, болтовня. ♦ **~ плести** — лгать, болтать ерунду, сплетничать, точить лясы.

КРУЖЕВНИ́ЦА, -ы, *ж.* Болтунья, сплетница, лгунья.

Ср. **КРУЖЕВА.**

КРУ́ЖКА, -и, *ж.* Касса, деньги; место, где хранятся деньги. ♦ **Быть в одной ~е** *с кем* — быть в доле, компаньонами.

КРУЖКА* *см.* **ПОЧКИ**

КРУПНЯ́К, -а́, *м.*, **КРУПНЯ́ЧКА**, -и, *ж.* **1.** Что-л. крупное, значительное, важное. *Деньги брать крупняком* (большие суммы или в крупных купюрах). **2.** Крупный план. *Снимаем крупняк. Звезды — только крупняком! Шакурова — крупняком, остальные — ладушки* (аплодисменты).

1. — *ср.* в старой Москве «крупняк» — мастер, шьющий крупные вещи; **2.** — из речи работников телевидения.

КРУТАНУ́ТЬ, -ну́, -нёшь; *сов., кого на сколько с чем.* Обмануть, обхитрить; выманить что-л. у кого-л.; не выполнить обещанного. *~ на сотню. Приятель меня ~нул, не пришёл.*

КРУТАЯ СЫРОЕЖКА *см.* **КРУТОЙ**

КРУТЁЖНЫЙ, -ая, -ое. Активный, предприимчивый, с большими связями, пронырливый; суетливый, неугомонный; утомляющий окружающих (о человеке). *Сейчас ~ым надо быть, а то вымрешь, как гурон.*

От **КРУТИТЬСЯ 1.**

КРУТИЗНА́, -ы́, *ж. Пренебр.-ирон.* О публичной демонстрации кем-л. своей силы, богатства, связей, о бахвальстве, хвастовстве и т. п. *~у разводить. Удариться в ~у. Очень много ~ы — это признак глупизны.*

От **КРУТОЙ 3.**

КРУТИ́ТЬ, -учу́, -у́тишь; *несов., что* и *без доп.* Делать что-л. активно, быстро. *Ну, инструкцию получил — ~ти.* ♦ **~ яйца** (или **мозги, уши** и т. п.) *кому* — обманывать, запутывать кого-л. **Крути педали, пока не дали** — спасайся, убегай, пока есть возможность.

См. также **БЕЙЦАЛЫ; ЛЯМУР**

КРУТИТЬ ДИНАМУ *см.* **ДИНАМО**

КРУТИ́ТЬСЯ, -учу́сь, -у́тишься; *несов.* **1.** *без доп.* Вести активный, суматошный образ жизни; предпринимать что-л. **2.** *на что, на сколько* и *без доп.* Неохотно отдавать что-л. *Ну, крутись на сигарету! Ты ему дай по голове, а то он добровольно не ~утится* (не отдаёт деньги).

КРУТИТЬ УВЕРТЮРУ *см.* **УВЕРТЮРА**

КРУТНЯК *см.* **КРУТЯК**

КРУТО́Й, -а́я, -о́е. **1.** Особенный, выдающийся, неординарный, обладающий какими-л. специфическими качествами; сильный, нестерпимый. **2.** в зн. *сущ.*, -о́го, *м.* Серьёзный человек, занимающийся важными делами; деловой. **3.** *ирон.* Т. н. новый русский, человек, выставляющий напоказ свое богатство. *~ хряк!* ♦ **~ чувак** — решительный, сильный духом, деловой и т. п. человек. **~ замес** —

сложная, необычная ситуация. **~ прикид** — дорогая, модная, яркая одежда. **Крутой, как яйцо** (или **крутая сыроежка**) — *шутл.* о человеке, который ведёт себя с апломбом, много о себе мнит, но в действительности ничтожен.

См. также **КРУЧЕ ТЕБЯ ТОЛЬКО ЯЙЦА...**

КРУТОЙ СОВОК *см.* **СОВОК**

КРУТОЛО́М, -а, *м.* **1.** Трудное, безвыходное положение. **2.** Сильное нежелание что-л. делать, апатия, лень.

От **КРУТОЙ 1** + **ЛОМ 3.**

КРУТОЛО́МНЫЙ, -ая, -ое. Трудный, тяжёлый, болезненный (о ситуации, самочувствии и т. п.).

От **КРУТОЛОМ.**

КРУТЯ́К,-а́, **КРУТНЯ́К**, -а́, *м.*, **КРУТУ́ХА**, -и, *ж.* Что-л. яркое, специфическое, особенное, отличное, выдающееся.

От **КРУТОЙ 1.**

♦ **КРУ́ЧЕ ТЕБЯ́ ТО́ЛЬКО Я́ЙЦА, ВЫ́ШЕ ТЕБЯ́ ТО́ЛЬКО ЗВЁЗДЫ** — шутл. восхваление собеседника.

КРЫЗА, КРЫЗОВКА *см.* **КРЕЗА**

КРЫЗОВЫЙ *см.* **КРЕЗОВЫЙ**

КРЫЛА́ТЫЙ, -ая, -ое. Выдающийся, преуспевающий (о человеке, часто с ирон. оттенком).

Ср. *уг.* «крылатый» — крупный вор.

КРЫЛО *см.* **КРЫЛЬЯ НИКАК СЛОЖИТЬ НЕ МОЖЕТ**

КРЫ́ЛЫШКИ, -шек, **КРЫ́ЛЬЯ**, -льев, *мн.* **1.** Мышцы спины, т. н. широчайшие. **2.** *собств.* Спортивная команда «Крылья Советов».

КРЫЛЫШКИ* *см.* **БЛЯДИ С КРЫЛЫШКАМИ**

КРЫЛЬЦО *см.* **САДОВОЕ КОЛЬЦО ЗАКАТИЛОСЬ...**

КРЫЛЬЯ *см.* **КРЫЛЫШКИ**

♦ **КРЫ́ЛЬЯ НИКА́К СЛОЖИ́ТЬ НЕ МО́ЖЕТ** *кто* — воображала, зазнайка.

КРЫМ *см.* **НОЧЬ В КРЫМУ, ВСЁ В ДЫМУ**

КРЫ́СА, -ы, *ж.* **1.** Нехороший, неприятный человек (часто о злой женщине). **2.** То же, что **КРЫСЯТНИК. 3.** (или **КРЫСИ́ЩА**, -и, ж). Манипулятор «мышь». *Это что ещё за крысища зелёная?* **4.** Электроудлинитель. **5.** *ирон.* Красивая девушка.

3. — из жаргона пользователей компьютеров; 5. — контаминация с «краса».

КРЫСА* *см.* **БОРИС — ПРЕДСЕДАТЕЛЬ ДОХЛЫХ КРЫС**

КРЫСАНУ́ТЫЙ, -ая, -ое. Ненормальный, сумасшедший; абсурдный, заумный.

Возм. наложение **КРЕЗА** и «крыса».

КРЫ́СИТЬ, -ы́шу, -ы́сишь; *несов., куда, откуда* и *без доп.* Идти, бежать, двигаться, направляться. *Куда ~ысишь? Гляжу: други́ны́* (друзья) *мои в пивняк ~ысят.*

От общеупотр. «крыса».

КРЫСИЩА *см.* **КРЫСА**

КРЫСОМО́Р, -а, *м.*, **КРЫСЯ́ТИНА**, -ы, **КРЫСЯ́ТИНКА**, -и, *ж.* Плохая пища (обычно о мясе). *Пирожков с крысятинкой не хочешь?* (о пирожках, продаваемых на улице).

КРЫСЯТИНКА *см.* **КРЫСОМОР; ПИРОГ С КОТЯТАМИ...**

КРЫСЯ́ТКИ, -ток, *мн.* Подростки. *~ подъездные.*

КРЫСЯ́ТНИК, -а, *м.* Мелкий вор; вор, ворующий у своих.

Из *уг.*

КРЫ́ТАЯ, -ой, *ж.* Тюрьма. *Три года в ~ой прогудел* (отбыл срок).

Из *уг.*

КРЫ́ТНИК, -а, *м.* Особо опасный рецидивист.

Из *уг.*

КРЫТЬ *см.* **МАТЮК**

КРЫ́ША[1], -и, *ж.* Голова, мозги, ум. *Надень шапку, ~у напечёт. У тебя с ~ей всё в порядке?* ♦ **~ поехала** *у кого* — о ненормальности, сумасшествии, странностях характера или поведения, усталости, плохой памяти и т. п. *Громко шифером звеня, едет ~ у меня* (присловье). **Поставить ~у** *кому* — привести кого-л. в нормальное состояние.

См. также **ТЕЧЬ**[2]

КРЫ́ША[2], -и, *ж.*, **КРЫША́К**, -а́, *м.* **1.** Сильные связи, покровительство. *Навести крышу. Сесть под крышака. Комитетская крыша. Искать крышу.* **2.** Охрана. *Нанять крышу.* **3.** Преступная организация, осуществляющая контроль за фирмой, предприятием. **4.** Игровое положение в домино, когда никто больше не может сделать ход.

КРЫША* *см.* **НО НЕТ ЕЁ И ВЫШЕ...**

♦ **КРЫ́ША ДЫМИ́Т (Е́ДЕТ, ТЕЧЁТ** или **КРЫ́ША УЖЕ́ В ПУТИ́)** *у кого* — о человеке, потерявшем рассудок, ведущем себя легкомысленно, неразумно.

КРЫШАК *см.* **КРЫША**[2]

КРЫШКА *см.* **БОРЩЕХЛЁБ; ШУБА ДЕРЕВЯННАЯ...**

КРЮК, -а́, *м.* **1.** Удар сбоку. *Дать ~а в челюсть.* **2.** обычно *мн.* Руки. *Ну-ка не хватай меня своими ~ами.*

См. также **РУКИ-КРЮКИ**

КРЮ́ЧИТЬ, -чу, -чишь; *несов.* **1.** *кого-что* и *без доп.* Долго, настойчиво, упорно что-л. делать; донимать кого-л., изводить приставаниями. *~ диссертацию. Меня жена целый день ~чит.* **2.** в зн. *безл., кого.* О нежелании что-л. делать. *Меня работать ~чит.*

КРЮЧО́К, -чка́, *м.* **1.** Слабый, тщедушный человек. **2.** Постовой милиционер. **3.** обычно *мн.* Руки. *Чего это ты там своими ржавыми ~чками зацапал* (взял) *— положи обратно.*

КРЯ́КАТЬ, -аю, -аешь; *несов.* (*сов.* **КРЯ́КНУТЬ**[1], -ну, -нешь), *что* и *без доп.* Говорить, произносить. *Ну-ка, тамада, крякни чего-нибудь судьбоносное* (значительное).

КРЯ́КНУТЬ[2], -ну, -нешь, **КРЯ́КНУТЬСЯ**, -нусь, -нешься; *сов., без доп.* Умереть, скончаться. *Спился — в сорок лет крякнул.*

КСЕ́РЕВО, -а, *ср.* То, что отксерокопировано; ксерокопия.

От **КСЕРИТЬ**.

КСЕ́РИТЬ, -рю, -ришь; *несов.* (*сов.* **КСЕРНУ́ТЬ**, -ну́, -нёшь), *что.* Снимать ксерокопию.

Возм. аллюзии к **СЕРИТЬ**.

КСИ́ВА, -ы, *ж.* Любой документ, удостоверение, пропуск, свидетельство и т. п.

Уг. «ксива» — поддельный документ; возм. из древнееврейск. ksiwes, от kosav — писать документ.

КСИ́ВНИК, -а, *м.* **1.** То же, что **КСИВА**. **2.** Портмоне, бумажник, специальный небольшой кармашек на веревочке, висящий на шее; место, где хранятся документы.

От **КСИВА**.

КСИЛИТ *см.* **ДИРОЛ С КСИЛИТОМ**

♦ **КСТА́ТИ О МУ́ЗЫКЕ** — *ирон.* кстати, кстати сказать (чаще в ситуации, когда говорящий готовится сказать грубость, пошлость).

Вероятно, из анекдота: «Кстати, о музыке: имел вчера на рояле одну певичку. Ужасно скользкий инструмент».

♦ **КСТА́ТИ О ПТИ́ЧКАХ** — кстати, кстати сказать.

КСЮ́ША, -и, *ж.* Почтовая программа Xenia Mailer. *Имел секс с ~ей.*

Из жаргона пользователей компьютеров.

♦ **КТО ВЗЯЛ ИЗМАИ́Л, ПОЛОЖИ́ТЕ ЕГО́ НА МЕ́СТО!** — ирон. требование вернуть, отдать что-л. взятое кем-л. незаконно, тайно.

От назв. турецкой крепости Измаил, взятой А. Суворовым.

♦ **КТО ДЕ́ВУШКУ У́ЖИНАЕТ, ТОТ ЕЁ И ТАНЦУ́ЕТ** — *ирон.* о преимуществах на что-л. того, кто платит, у кого есть деньги, кто обеспечивает какое-л. дело в финансовом плане.

♦ **КТО НАХА́Л** (или **НАГЛЕ́Й**), **ТОМУ́ И МЯ́СО** — *ирон.* о том, что в современной жизни всё решает сила, нахальство.

♦ **КТО НЕ РИСКУ́ЕТ, ТОТ НЕ ПЬЁТ ШАМПА́НСКОЕ, А КТО РИСКУ́ЕТ, ТОТ БЕЗ ШТАНО́В ДОМО́Й УХО́ДИТ** — кто не способен рисковать, тот ничего не добьётся; рискуя, можно потерять всё.

♦ **КТО ПЕ́РВЫЙ ВСТАЛ, ТОМУ́ И ТА́ПКИ** — *шутл.* «кто смел, тот и съел», всегда успевает более проворный, ловкий.

КУ, *межд.* Выражает любую эмоцию.

Возм. распространилось под влиянием популярного кинофильма «Кин-дза-дза!».

КУБАНЕЦ *см.* **КУБАШ**

КУБА́НКА, -и, **КУБА́НЬ**, -и, **КУБЫ́ШКА**, -и, *ж.* Кубанская водка.

КУБАНЬ *см.* **ВАСЯ; КУБАНКА**

КУБА́Ш, -а́, **КУ́БИК**[1], -а, **КУБА́НЕЦ**, -нца, *м.* Кубинец.

КУ́БИК[2], -а, *м.* Кубический сантиметр. *Мотор в триста ~ов.*

Из *спец.*

КУБЛИТЬСЯ *см.* **КОБЛИТЬСЯ**

КУБЫШКА *см.* **КУБАНКА**

КУВА́ЛДА, -ы, *ж.* **1.** Женщина, девушка, жена, подруга. **2.** Дурак, идиот, неуч, тупица.

КУВАЛДОМЕ́ТР, -а, *м.* Что-л. большое, громоздкое, тяжёлое (чаще о каком-л. инструменте, приспособлении, напр., для забивания, отбивки и т. п.). *Работа без мозгов* (не требующая интеллекта): *маши себе ~ом.*

От «кувалда» + «метр», по модели «динамометр» и т. п.

КУДА ИДЁМ МЫ С ПЯТАЧКОМ? КОНЕЧНО, В ГАСТРОНОМ. ЗАЧЕМ ИДЁМ МЫ С ПЯТАЧКОМ? КОНЕЧНО, ЗА ВИНОМ *см.* **ПЯТАЧОК**

♦ **КУДА́ ПОСЛА́ТЬ?** То же, что **КОГО ПОСЛАТЬ?**

♦ **КУДА́ ТЫ ДЕ́НЕШЬСЯ, КОГДА́ РАЗДЕ́НЕШЬСЯ** — а что тебе остаётся, у тебя нет другого выхода.

КУДРЯ́ВЫЙ, -ого, *м.* **1.** *собств., ирон.* М. С. Горбачёв. **2.** Любой лысый или лысеющий мужчина.

КУДРЯВЫЙ* *см.* **БОЙ**

КУЗИ́НА, -ы, *ж.* Любовница, подруга, сожительница, выдаваемая за родственницу. *Явился Петрович с кузинами.*

КУЗНЕ́ЧИК, -а, **КУ́ЗЯ**, -и, *м., собств.* Улица Кузнецкий мост. *Пройдёмся по Кузе.*

КУ́ЗОВ, -а, **КУЗОВО́К**, -вка́, *м.* Живот, желудок. *Набить кузовок* — наесться.

КУЗЯ *см.* **КУЗНЕЧИК**

КУЗЯ́ВЫЙ, -ая, -ое. Хороший, отличный, подходящий.

♦ **КУЙ ЖЕЛЕ́ЗО, НЕ ОТХОДЯ́ ОТ КА́ССЫ** — передел. общеупотр. пословица «Куй железо, пока горячо».

Возм. распространилось под влиянием популярного кинофильма «Бриллиантовая рука».

♦ **КУЙ ЖЕЛЕ́ЗО, ПОКА́ ГОРБАЧЁВ** — пользуйся, пока Горбачёв у власти, делай деньги.

Перефразированная общеупотр. пословица «Куй железо, пока горячо».

КУКИШ *см.* **КИШКА КИШКЕ КУКИШ КАЖЕТ**

КУ́КЛА, -ы, *ж.* **1.** Девушка, женщина. *~ размалёванная* (сильно накрашенная). **2.** Свёрток, пачка, упаковка с нарезанной бумагой или другим хламом, даваемая вместо денег, вещей (один из видов мошенничества).

2. — из *уг.*

КУКЛЁНОЧЕК, -чка, *м.* **1.** Симпатичная девушка. **2.** Ласк. обращение.

КУ́КОЛЬНИК, -а, *м.* Мошенник, подменяющий деньги на сверток с нарезанной бумагой; тот, кто обманывает путём подлога.

От **КУКЛА 2.**

КУКУ́НДЕР, -а, *м.* Голова, мозги; способность думать, соображать. *Совсем ~ом поехал* (человек утратил способность трезво мыслить).

Возм. от звукоподр. «ку-ку» с экзотической суффиксацией (по модели ЦУГУНДЕР и т. п.).

КУКУРУ́ЗА, -ы, **КУКУРУ́ЗИНА**, -ы, *ж.* **1.** Пистолет, револьвер. **2.** Мужской половой орган (обычно больших размеров). *А у Ивана Кузина большая кукурузина* (из частушки).

1. — возм. из *уг.*

КУКУРУЗА* *см.* **ПУСТЬ ПОСЛУЖИТ КУКУРУЗА ДЛЯ СОВЕТСКОГО СОЮЗА**

КУКУРУЗИНА *см.* **КУКУРУЗА**

КУКУРУ́ЗНИК, -а, *м.* **1.** Торговец кукурузными хлопьями. **2.** *собств.* Н. С. Хрущёв.

2. — намёк на кукурузную кампанию.

КУКУХ *см.* **ПЕТУШКА ХВАЛИТ КУКУХА**

КУКУ́ШКА, -и, *ж.* **1.** Мать, бросившая или подбросившая кому-л. ребёнка. **2.** Человек, подсаженный в какую-л. компанию для сбора информации; доносчик.

2. — *ср. уг.* «кукушка» — агент милиции, подсаживаемый в камеру к преступникам под видом преступника, заключённого.

КУКУ́ШКИН, -а, *м., собств.* А. С. Пушкин. *С юбилеем ~а все с ума посходили.*

♦ **КУКУ́ШКУ СЛУ́ШАТЬ** — совершать побег из места заключения.

Из *уг.*

КУЛ, *нескл.*, в зн. *межд.* Хорошо, отлично, здо́рово.

От англ. cool в том же зн.

КУЛАЦКИЙ ПОДПЁРДЫШ *см.* **ПОДПЁРДЫШ**

КУЛАЧО́К, -чка́, *м.* Прижимистый, скрытный человек.

КУЛАЧОК* *см.* **ГОЛОВА С КУЛАЧОК; ЗАЖАТЬ В ПОТНОМ КУЛАЧКЕ; ЛЮБИТЬ СВОЙ КУЛАЧОК**

КУЛЁК[1], -лька́, *м.* **1.** Студент кулинарного училища, а также кулинар, повар. **2.** Ирон. обращение.

Сокращ. с суффиксацией, *ср.*, напр., **КОМОК**. *См.* также **КУЛЁК**[2].

КУЛЁК[2], -лька́, *м. Ирон.* О любом культурно-просветительском заведении, учреждении (в том числе об институте культуры, училище и т. п.), а также о выпускнике подобного заведения.

Ср. **КУЛЁК**[1].

КУЛЁК[3], -лька́, *м.* **1.** *Шутл.* Молодец, молодчина. *Ну ты ~!* **2.** Простофиля, простак, растяпа. *Такого ~лька сделать* (обмануть) — *одно удовольствие.* **3.** Жадина, «жмот», скопидом.

КУ́ЛЕР, -а, *м.* Вентилятор для охлаждения центрального процессора.

Из жарг. пользователей компьютеров, от англ. cooler.

КУЛИ́БИН, -а, *м. Ирон.* Человек, который всё время пытается что-л. делать, изобретать, конструировать; хитрец, махинатор.

И. П. Кулибин — рус. механик-самоучка, известный изобретатель.

КУЛИКОВСКИЙ *см.* **ГЕРОЙ КУЛИКОВСКОЙ БИТВЫ**

КУЛТЫ́ШКА, -и, **КУЛЬТЯ́**, -и́, **КУЛЬТЯ́ПКА**, -и, **КУЛЬТЯ́ШКА**, -и, *ж.* Конечность, обычно рука.

КУЛЬ, -я́, *м.* (или **~ С ДЕРЬМО́М**). Толстый, неловкий человек.

КУЛЬЗИЗОП *см.* **ЗИЗОП**

КУ́ЛЬНО, *нареч.* или в зн. *межд.* Отлично, замечательно.

От **КУЛЬНЫЙ**.

КУ́ЛЬНЫЙ, -ая, -ое. Очень хороший, отличный, высокого качества.

От **КУЛ**.

КУЛЬ С ГОВНОМ *см.* **ГОВНО**

КУЛЬТУРА *см.* **КРАХ КУЛЬТУРЫ; КУСОК КУЛЬТУРЫ; ПАРК КУЛЬТУРЫ ИМЕНИ ОТДЫХА; ПРАХ КУЛЬТУРЫ**

КУЛЬТЯ, КУЛЬТЯПКА, КУЛЬТЯШКА *см.* **КУЛТЫШКА**

КУЛЮ́ТОРНЫЙ, -ая, -ое. Обычно *ирон.* Культурный.

Шутл. передел.

КУМА́, -ы́, *ж.* «Подсадная утка», доносчик; тот, кто работает на милицию.

Возм. влияние *уг.* «кума» — сотрудник администрации в местах заключения.

КУМА́РИТЬ, -рю, -ришь; *несов., что* и *без доп.* **1.** Быть токсикоманом (обычно — нюхать пары бензина для достижения наркотического эффекта). **2.** Курить.

Возм. связано с **КИМАРИТЬ**; *ср. уг.* и *нарк.* «кумар», «хумар» — похмелье (обычно наркотическое); возм. связано с «гомура» — спиртное (из древнееврейского).

КУМЕ́КАЛКА, -и, *ж.* Голова, ум, мозг.

От общеупотр. *прост.* «кумекать» — понимать, соображать.

КУ́МПОЛ, -а, *м.* Голова. ♦ **Дать по ~у** *кому* — ударить или наказать, обругать.

Ср. *уг.* «кумпол», «компол» в том же зн.; возм. первоначально из бурсацкого языка; встречается у Н. Помяловского, В. Шукшина и др.

КУНАК *см.* **АБРЕК**

КУНСТКАМЕРА *см.* **ЧУДО ИЗ КУНСТКАМЕРЫ**

КУПАТЬСЯ *см.* **В ШОКОЛАДЕ (БЫТЬ, КАТАТЬСЯ, КУПАТЬСЯ)**

♦ **КУПА́ТЬСЯ В ПА́ФОСЕ** — *ирон.* пользоваться успехом, почивать на лаврах, наслаждаться жизнью.

КУПЕ́Ц, -пца́, *м.* **1.** Торгаш, фарцовщик, спекулянт. **2.** Карманный вор.

2. — возм. из *уг.*

КУПЕ́ЧЕСКИЙ, -ая, -ое. О чае, недостаточно крепком для того, чтобы употребляться как наркотик (чифирь); вообще о слабо заваренном чае.

Возм. из *нарк.* или *уг.*

КУПИДО́ША, -и, *м.* и *ж.* Младенец (обычно о симпатичном, розовощёком).

От «Купидон» — мифологическое божество любви; по распространённой модели «Антоша», «Тотоша» и т. п.

КУПИ́ЛКИ, -лок, *мн.* Деньги. *Купил бы, да ~ тютю* (кончились).

От общеупотр. «купить».

КУПИТЬ *см.* **БЫЛО БЫ ЗДОРОВЬЕ...**

КУРАПА́ТКИНСКАЯ, -ой, *ж., собств.* Станция метро «Кропоткинская». *В шесть в центре ~ой.*

Контаминация с «куропатка».

КУ́РВА, -ы, *ж. Ирон.-ласк.* или *бран.* Руг.

Связано с *устар.* «курва» — курица, потаскуха; возм. из польского (ср. в *уг.* — любовница, проститутка). Встречается у В. Распутина и др.

КУРВОПА́ДЛА, -ы, **КУРОПА́ДЛА**, -ы, *м.* и *ж. Бран.*

От **КУРВА** + «падла».

КУРЁНОК, -нка, *м., собств.* То же, что **КУРОК**[1].

КУРИ́ЛЫ, кури́л, *мн.* Место для курения, «курилка».

Шутл. контаминация с *собств.* Курилы — назв. гряды островов.

КУРИ́ТЬ, курю́, ку́ришь; *несов., с кем.* Быть в хороших, близких отношениях с кем-л., иметь общие дела, хорошо знать друг друга.

Ср. **СКУРИТЬСЯ**.

КУРИТЬ* *см.* **ОН НЕ КУРИТ И НЕ ПЬЁТ, МАТОМ НЕ РУГАЕТСЯ...**

КУРИЦА *см.* **ГРОМ ГРЕМИТ, ЗЕМЛЯ ТРЯСЁТСЯ...; НА РАЗ И КУРИЦА ПЁРДНЕТ**

КУРКУ́ЛЬ, -я́, *м.* Богатый, жадный человек; скопидом.

От *устар.* «куркуль» — зажиточный крестьянин, кулак; наиболее вероятно укр. происхождения.

КУРКУЛЯ́ТОР, -а, *м.* Калькулятор.

Шутл. контаминация с **КУРКУЛЬ**.

КУРНО́САЯ, -ой, *ж.* Смерть, кончина.

Возм. из *уг.* Та же метафора во многих языках (напр., фр. la camuse). *Ср. устар.* выражение «курносая турнула со двора» — смерть пришла (у М. Михельсона и др.).

КУРНУ́ТЬ, -ну́, -нёшь; *сов., что, чего* и *без доп.* Покурить, перекурить. *Пойдём, ~нём.*

КУРО́К[1], -рка́, *м., собств.* Курский вокзал в Москве. *Отчаливаем* (уезжаем) *с ~рка.*

КУРО́К[2], -рка́, *м.* Перекур или затяжка сигаретой. *У него через каждые пятнадцать минут ~. Одного ~рка не сделал — опять работай.*

От общеупотр. «курить».

КУРО́К[3], -рка́, *м.* **1.** Мужской половой орган. **2.** Клитор.

Возм. от *спец.* «курок» — часть ударного механизма в огнестрельном оружии.

КУРОПАДЛА *см.* **КУРВОПАДЛА**

КУРС *см.* **В КУРСАХ БЫТЬ**

КУРСОВУ́ХА, -и, *ж.* Курсовая студенческая работа.

Из *студ.*

КУРТЕ́ЛЬ, -и, **КУРТЁХА**, -и, **КУРТЯ́ГА**, -и, **КУРТЯ́ХА**, -и, *ж.*, **КУРТО́Н**, -а, **КУРТО́НЧИК**, -а, *м.* Куртка.

КУ́РЫ-ГУ́СИ, в зн. *вводн. сл.* То да сё, слово за слово. *Ну встретились, поговорили, ~, разошлись.*

КУРЯ́ГА, -и, *м.* и *ж.* Заядлый курильщик.

КУРЯ́ТНИК, -а, *м.* **1.** Голова. *Эй, в ~е!* — слушай, эй, ты, обрати внимание. **2.** Женский коллектив. *В нашем ~е один петух, да и у того от простоя хрен протух.*

КУРЯТНИК* *см.* **ЗАКОН КУРЯТНИКА: КЛЮЙ БЛИЖНЕГО...**

КУСА́ТЬ, -а́ю, -а́ешь; *несов., что* и *без доп.* Есть.

КУСМА́Н, -а (или -а́), **КУСМА́НДЕЛЬ**, -я, *м.* **1.** То же, что **КУСОК** во всех зн. **2.** Бо́льшая часть чего-л. ♦ **Оттяпать кусман** — взять львиную долю чего-л.

КУСО́К, -ска́, *м.* **1.** Тысяча рублей. **2.** Прапорщик. **3.** (или ~ **ПРИКО́ЛА**). Смешной случай, анекдот, что-л. забавное. **4.** (или ~ **КУЛЬТУ́РЫ**, ~ **ПИДОРА́СА**, ~ **ДУРАКА́**). Галстук. ♦ **Отколоть ~** — сделать что-л. смешное.

2. — из *арм.*

КУСОК* *см.* **БЫТЬ В КУСКАХ**

КУ́СТИК, -а, *м.* Туалет. *Где здесь ~* (или *~и*)? ♦ **Сходить в ~и** — сходить в туалет.

КУТУ́ЗКОВСКАЯ, -ой, *ж., собств.* Станция метро «Кутузовская».

Шутл. контаминация с «кутузка».

КУТУ́ЗОВ, -а, *м. Ирон.* Человек, который всех обхитрил, проделав казавшийся ранее невыгодным, но принесший успех маневр. *Ну ты ~!*

Фамилия великого русского полководца М. И. Кутузова.

КУХНЯ *см.* **ИГРАТЬ С КУХНЕЙ; МУЖЧИНА ДОЛЖЕН БЫТЬ ЗОЛ...**

КУХОННЫЙ *см.* **ЗАВЕСТИ (ЗАВОДИТЬ) КУХОННЫЙ КОМБАЙН**

КУЧА *см.* **НАКЛАДЫВАТЬ (КУЧУ); ШАРЫ; НАСРАТЬ ТРИ КУЧИ**

КУЧЕМАТЬ *см.* **КОЧЕМАРИТЬ**

КУ́ЧЕР[1], -а, *м.* Шофёр, таксист. *Чего это тачка-то* (машина) *без ~а?*

КУ́ЧЕР[2], -а, *м., собств.* К. У. Черненко.

Сокращ.

КУЧЕРЯ́ВЫЙ, -ая, ое. **1.** Странный, запутанный; многословный. **2.** Живущий на широкую ногу (о человеке); богатый, весёлый, привольный (об образе жизни).

КУЧУМАТЬ *см.* **КОЧЕМАРИТЬ**

КУЧУ́МБА, -ы, *ж.* **1.** Половой акт; всё, что относится к сексу. **2.** Наказание, расплата, нагоняй.

Из анекдота.

♦ **КУ́ШАЙТЕ, ГО́СТИ ДОРОГИ́Е, ВСЁ РАВНО́ ВЫБРА́СЫВАТЬ** (или **ЧТО В ВАС, ЧТО В ТАЗ**) — *ирон.* кушайте, угощайтесь.

КУ́ШАТЬ, -аю, -аешь; *несов., что* и *без доп.* Пить спиртное.

КУШАТЬ* *см.* **ОСТОРОЖНО, НЕ ЗАДЕНЬ МНЕ ГОЛОВУ...; САЛАТИКИ КУШАТЬ**

КУШИ́РОВАТЬ, -рую, -руешь; *сов., с кем* и *без доп.* Заниматься любовью с кем-л., спать с кем-л.

От фр. se coucher — ложиться, лечь, coucher — переспать, переночевать.

КЫ́ЗЕЛ, -а, *м.* То же, что **КОЗЁЛ 1.**

КЫРДЫ́М-БЫРДЫ́М, -а (или кырды́ма-бырды́ма), *м. Ирон.* О представителе одной из тюрк. народностей, а также обобщённо о т. н. «лицах южной национальности». *Иди у кырдым-бырдыма дыню купи.*

Звукоподр.; в данном случае передаётся одна из особенностей тюрк. языков — сингармонизм гласных.

КЫРДЫ́МБЫРДЫ́МЩИНА, -ы, *м. Ирон.* О каком-л. языке тюрк. семьи, а также обобщённо о любом восточном языке.

От **КЫРДЫМ-БЫРДЫМ.**

КЫРЛА-МЫРЛА *см.* **КАРЛА.**

КЭП[1], -а, *м.* Кепка, любой головной убор.

КЭП[2], -а, *м.* Капитан (воинское звание).

Из *арм.*; англ. огласовка.

Л

ЛАБ, -а, *м.*, **ЛА́БА**, -ы, *ж.* Лаборатория; лабораторная работа (в вузе). *Работать в лабе. Сдать лаб. Получить пятёрку по лабе. За лабу четвёрку получил.*

Из *студ.*

ЛАБА́ТЬ, -а́ю, -а́ешь; **ЛА́БАТЬ**, -аю, -аешь, **ЛАБУХА́ТЬ**, -а́ю, -а́ешь, **ЛАБУШИ́ТЬ**, -шу́, -ши́шь; *несов., что* и *без доп.* **1.** Делать что-л., связанное с музыкой. *~ музон* — играть или сочинять музыку. **2.** Делать что-л. плохо, некачественно.

Из *муз.* (зафиксировано еще в начале XX в.).

ЛАБУДА́, -ы́, **ЛАБУСНЯ́**, -и́, *ж.* Ерунда, чушь, чепуха; что-л. плохое, негодное. *На лабуде бабки наваривает* — зарабатывает деньги на ерунде, мелком бизнесе.

Ср. *устар. диал.* «лабаки», «лабуты», «лабута» — грубая обувь, лапти, подшитые шкуркой, «лабута», «лабунина», «лабунятина» — бестолковый человек, ротозей, рохля.

ЛА́БУХ, -а, *м.* **1.** Музыкант. **2.** *пренебр.* О любом человеке.

От **ЛАБАТЬ**; 2. — возм. ассоциативное наложение с **ЛОПУХ**.

ЛАБУХАТЬ, ЛАБУШИТЬ *см.* **ЛАБАТЬ**

ЛАВАШИ, ЛАВАШКИ, ЛАВАШЕЧКИ, ЛАВЕ *см.* **ЛАВЭ**

ЛАВИНА *см.* **СОШЛА ЛАВИНА**

ЛА́ВКА, -и, **ЛА́ВОЧКА**, -и, *ж.* **1.** *пренебр.* Любое заведение, организация. **2.** Рот.

1. — *ср. уг.* «лавка» — тёмное, незаконное дело.

ЛАВРО́ВЫЙ, -ого, *м.* (или **~ ЛИСТ**, **~ БИЗНЕСМЕ́Н** и т. п.). Грузин, кавказец.

ЛАВРУ́ШКА, -и, *ж.*, *собств.* Лаврушенский переулок.

ЛАВЭ́, **ЛАВЕ́**, *нескл.*, **ЛАВАШИ́**, -е́й, **ЛАВА́ШКИ**, -шек, **ЛАВА́ШЕЧКИ**, -чек, *мн.* Деньги. *Я не при лаве. Лаваши стричь* (зарабатывать, доставать и т. п.) ♦ **Лавашей на один хруст** — мало денег.

Возм. из цыг. łovė в том же зн. Отсюда *уг.* «лава», «лавак», «лавьё», «лав», «лаве», «лавешки» и т. п. в том же зн., зафиксированные ещё в 20–30-е гг. XX в. В речь явно попало из *уг.*

ЛАДОНЬ *см.* **ГРУДЬ — ЭТО ТО, ЧТО ПОМЕЩАЕТСЯ В ЛАДОНЬ...**

ЛА́ДУШКИ[1], -шек, *мн.* Аплодисменты. *Снимаем громкие, продолжительные ~!*

Из речи работников телевидения.

ЛАДЫ́, **ЛА́ДУШКИ**[2], **ЛА́ДЫШКИ**, *межд., част.* и в зн. *сказ.* Всё в порядке, о'кей, ладно, договорились, прекрасно.

Ср. *уг.* «лады» в том же зн.

ЛАДЬЯ́, -и́, *ж.*, *собств.* Назв. нескольких пивных залов, баров в Москве (обычно о тех, которые находятся в полуподвалах).

ЛА́ЖА, -и, *ж.* Ерунда, чушь, безделица; ложь, подделка; что-л. нежелательное; блеф.

Возм. через *уг.* от *устар.* «лаж» — обмен, приплата к одной разновидности монеты при обмене её на другую, напр. бумажных денег на серебро, серебра на золото и т. п., прибавочная стоимость монеты при уплате ею за товар (встречается у П. Боборыкина и др.); возм. новое зн. связано с невыгодностью такой операции, махинациями и т. п.; изначально от итал. l'aggio.

ЛАЖАНУ́ТЬСЯ,-ну́сь, -нёшься; *сов.*, *на чём, с чем* и *без доп.* Совершить ошибку, глупость, промах.

От **ЛАЖА**.

ЛАЖО́ВЩИК, -а, *м.* Халтурщик, обманщик.

От **ЛАЖА**.

ЛАЖО́ВЫЙ, -ая, -ое. Ненужный; плохой, негодный; поддельный, ненатуральный. *~ая работа.*

От **ЛАЖА**.

ЛА́ЗИТЬ, ла́жу, ла́зишь; *несов., без доп.* Заниматься воровством (преим. карманным).

Из *уг.*

ЛАЙ, ла́я, *м.* Крик, гам, ругань; разговоры, болтовня, трёп.

ЛА́ЙБА, -ы, *ж.* **1.** Шприц. **2.** Легковой автомобиль (обычно небольшой). **3.** Велосипед.

Возм. от англ. label — ярлык, этикетка; 1. — из *нарк.*

ЛАЙФ *см.* **КАЙФ**

ЛАКА́ТЬ, -а́ю, -а́ешь; *несов., что* и *без доп.* Пить спиртное.

ЛАКИРОВА́ТЬ, -ру́ю, -ру́ешь; *несов.* (*сов.* **ЛАКИРНУ́ТЬ**, -ну́, -нёшь); *что, чем*; **ЛАКИРОВА́ТЬСЯ**, -ру́юсь, -ру́ешься; *несов.* (*сов.* **ЛАКИРНУ́ТЬСЯ**, -ну́сь, -нёшься); *чем.* Пить один спиртной напиток после другого (чаще о менее крепком после более крепкого). *Пиво вином не лакируй, умрёшь завтра! Ну что, водочкой лакирнёмся?*

Ср. **ПОЛИРОВАТЬСЯ**.

ЛА́КОМКА, -и, *ж. Шутл.* Нищий, собирающий милостыню около продовольственных магазинов, супермаркетов.

ЛАКО́СТА, -ы, *ж.* Фирменная импортная модная одежда.

От назв. фирмы «Lacoste».

ЛАЛА́РА, -ы, *ж.* **1.** Симпатичная девушка. **2.** Любая интересная, занятная вещь.

Ср. *устар.* «лал» — рубин или «ла́ла» — болтун, а также хорошее житьё, «лала́» — счастливая женщина, «алала́» — болтовня, вздор.

ЛАМБА́ДА, -ы, *ж.* Чушь, вздор; дешёвая вещь, халтура.

Назв. популярного бразильского танца.

ЛАМПА *см.* **РАБ ЛАМПЫ**

ЛАМПА́ДА, -ы, **ЛАМПА́ДОЧКА**, -и, *ж.* Рюмка, стопка, стакан. *А не шарахнуть ли нам по лампадочке?* (выпить).

Сл. в данном зн. фиксировалось ещё в XIX в.; возм. возникло как семинаристский жаргонизм; встречается у А. Аверченко и др.

ЛАМПАДА* *см.* **ДО ЛАМПАДЫ**

ЛАМПАДОЧКА *см.* **ЛАМПАДА**

ЛА́МПОЧКА, -и, *ж.* **1.** Стекло в очках; глаз. *Я ему ~и-то разобью!* **2.** Лохматый, взъерошенный или кудрявый человек.

ЛАМПОЧКА* *см.* **ДО ЛАМПОЧКИ; ИДИ ЛАМПОЧКИ (ЁЖИКОВ) СТРИЧЬ**

ЛАНДШАФТ *см.* **НИ ФИГА**

ЛА́НЦЫ, -ев, *мн.* Цепочки, браслеты, металлические ювелирные изделия. *~ами приторговывать.* ♦ **~ подкручивать** (или **подматывать, мотать**) — убегать, сматывать удочки.

Ср. *уг.* «ланцух» — цепь, «подкручивать ланцы» — совершать побег из места заключения, *диал.* «ланцуг» — цепь, цепочка.

ЛА́ПА, -ы, *ж.* **1.** Рука. *Держи ~у.* **2.** Связи, знакомства, блат. ♦ **Волосатая** (или **мохнатая, большая, могучая** и т. п.) **~** — влиятельные связи. **Взять в ~у** (или **на ~у**) *сколько* — взять взятку; получить большое количество денег (обычно в результате перепродажи, махинации и т. п.). **Быть по ~е** *с кем* — быть в дружеских, приятельских отношениях. **Дать** (или **положить**) **в ~у** *кому сколько* — дать взятку.

Ср. *уг.* «лапа», «лапик» — взятка, «лапошник» — взяточник.

ЛА́ПКА, -и, *ж.* То же, что **ЛАПА 1.**

ЛАПКА* *см.* **БУШЕВСКИЕ ЛАПКИ**

ЛА́ПОТЬ, -птя, *м.* **1.** Ирон.-дружеское обращение. **2.** Плитка, пачка чая. **3.** обычно *мн.*, -пти, -пте́й. Ноги; обувь (преим. некрасивая, немодная). **4.** Большой, плоский кусок чего-л., любой предмет плоской формы. *На завтрак — ~ мяса, на обед — ~ мяса, на ужин — ~ мяса, а потом ещё спрашивает, почему жопа не работает.*

См. также **НА ФИГА; ОБУВАТЬ В ЛАПТИ; ПРОТЯГИВАТЬ ЛАПТИ**

2. — из *уг.*

♦ **ЛА́ПТИ СКЛЕ́ИТЬ (СЛОЖИ́ТЬ, СПЛЕСТИ́)** — умереть.

ЛАПЧАТЫЙ *см.* **ГУСЬ (ЛАПЧАТЫЙ)**

ЛАПША́, -и, *ж.* **1.** Трикотажный джемпер, связанный в «резинку» (мода 70-х гг.). **2.** Бахрома на замшевых и кожаных изделиях. **3.** Нечто незначительное, неважное; ложь, сплетни, выдумки. *~ газетная. Чего ты меня ~ой-то кормишь?* **4.** Ремень для часов (обычно женский).

См. также **ВЕШАТЬ (ЛАПШУ НА УШИ)**

4. — из *уг.*

ЛАПША* *см.* **В ЛАПШУ**

ЛА́СТИК, -а, *м.* **1.** Жених, молодожён. **2.** Лысый человек.

ЛА́СТОЧКА, -и, *ж.* **1.** Особый способ привязывания пьяных к кроватям в вытрезвителях: лицом вниз, локти в стороны. **2.** Один из видов пытки: допрашиваемого растягивают за руки и за ноги и избивают.

Комическая ассоциация с положением крыльев ласточки во время полёта и с гимнастической фигурой «ласточка»; из речи милиционеров.

ЛА́СТЫ, ласт, *мн.* Ноги, ботинки (обычно большого размера). ♦ **~ склеить** — умереть.

ЛАТАТА́, -ы́, *ж.* Побег.

Из *уг.* или из босяцкого арго; первоначально звукоподр. «лататах» — бабах.

ЛАФА́, -ы́, *ж.* и в зн. *сказ.* Что-л. удачное, хорошее; беззаботная жизнь, отдых, удовольствие. *~, а не жизнь. Всё дёшево — ~. От такой ~ы и лысина зарастёт.*

Ср. *устар.* «лахва», «лафа» — удача, счастье, «лафить *кому*» — везти; от тюрк. «алафа» — жалование, паёк, фураж, выгода (арабско-турецкое); возм. через *уг.* «лафа» — «хорошо заработал», везение.

ЛАФО́ВЫЙ, -ая, -ое. Прекрасный, удобный, беззаботный. *~ая жизнь.*

От **ЛАФА**.

ЛАХУ́ДРА, -ы, *ж.* Злая, грубая женщина; неаккуратная, растрёпанная женщина.

От *диал.* «лакудра», «лахудра» — растрёпа, неряха, «лахудрый» — оборванный, худой, грязный.

ЛА́ЯЛКА, -и, *ж.* Рот. *~у закрой.*

От **ЛАЯТЬ**.

ЛА́ЯТЬ, ла́ю, ла́ешь; *несов., что, о чём* и *без доп.* Говорить, произносить.

ЛАЯТЬ* *см.* **ВАШ ПУДЕЛЬ ЛАЕТ?**

ЛА́ЯТЬСЯ, ла́юсь, ла́ешься; *несов., с кем* и *без доп.* Ссориться, браниться, пререкаться; спорить.

ЛЕ́БЕДЬ, -я, *м.* Двойка (оценка). *~я схлопотать.*

Из *шк., студ.*

ЛЕ́БЛЕДЬ, -и, **ЛЕ́БЛЯДЬ**, -и, *ж.* Проститутка; любая женщина с сомнительной репутацией. *Белая ~ с чёрным клиентом* — о валютной проститутке, обслуживающей негра.

Намёк на нецензурное руг.

ЛЕБЛЯДЮ́ЖНИК, -а, *м.* **1.** Женское общежитие, а также район, где много таких общежитий. **2.** *собств.* Район Новодевичьего монастыря (в частности, из-за пруда с лебедями у его стен).

Наложение «лебедь» и нецензурного.

ЛЕВА́К, -а́, *м.* **1.** Левый карман. **2.** Удар левой рукой, слева. *Навесь ему ~а* (ударь). **3.** Тот, кто покупает или продаёт что-л. «налево», с чёрного хода. **4.** Нелегальный товар, предназначенный для незаконной перепродажи. *Тонна — на прилавок, семь — ~а.*

3, 4. — от **ЛЕВЫЙ 1**.

ЛЕ́ВИС, -а, *м.*, *мн.* левиса́, -о́в. Любые джинсовые вещи (обычно брюки, джинсы). *Один — в трусах, другой — в левисах.*

От назв. фирмы Lewi's.

ЛЕВО *см.* **ПРАВО НАЛЕВО**

ЛЕВОДРОЧКИ́СТ, -а, *м.* *Шутл.* Политический деятель «левого» толка, человек с «левыми» политическими убеждениями.

От назв. фирмы Lewi's.

ЛЕВО *см.* **ПРАВО НАЛЕВО**

ЛЕВОДРОЧКИ́СТ, -а, *м.* *Шутл.* Политический деятель «левого» толка, человек с «левыми» политическими убеждениями.

Шутл. контаминация «левый троцкист» и **ДРОЧИТЬ**.

ЛЕВ ТОЛСТОЙ *см.* **НА СЛОВАХ ТЫ ЛЕВ ТОЛСТОЙ, А НА ДЕЛЕ ХРЕН ПУСТОЙ**

ЛЕ́ВЫЙ, -ая, -ое. **1.** Незаконный, неофициальный, незарегистрированный; приобретённый нечестным путем; тот, который идёт помимо плана. *~ товар. ~ые покупатели. ~ых детей — пол-Союза.* **2.** Нездешний, чужой, непривычный, незнакомый. *Там какой-то ~ чувак* (человек) *стоит, тебя спрашивает.* ♦ **Воспаление ~ой хитрости** *у кого* — симуляция заболевания, ложный предлог.

1. — *ср. уг.* «левый» — краденый.

ЛЕВЫЙ* *см.* **БРОСОК ЧЕРЕЗ ПУПОК С ЗАХВАТОМ ЛЕВОГО ЯЙЦА**

♦ **ЛЕ́ВЫЙ БАЗА́Р** — оговорки, оправдания, попытки отвлечь внимание от сути дела, оттянуть время.

Из *уг.*

ЛЕГАВКА *см.* **ЛЯГАВКА**

ЛЕГАВЫЙ, ЛЕГАШ *см.* **ЛЯГАВЫЙ**

ЛЁГКИЕ, -их, *мн.* Грудь. *Вова, пробей ему ~* (ударь).

См. также **ПОСТУЧАТЬ ПО ЛЁГКИМ; УДАРЯТЬ ПО ЛЁГКИМ (ПО ЖАБРАМ)**

♦ **ЛЁГКИЕ ДРАТЬ (НАСИ́ЛОВАТЬ)** — сильно кричать.

♦ **ЛЁГКИЕ (ЖА́БРЫ) ТРАВИ́ТЬ** — курить.

ЛЁГКИЙ *см.* **В ЛЁГКОЙ МАНЕРЕ; СИЛЬНЫЙ, НО ОЧЕНЬ ЛЁГКИЙ**

ЛЕГКО́, *част.* Да, конечно, ещё бы, запросто, нет проблем. *Ты это сможешь сделать? — ~! А у тебя это выйдет? — ~! Ты думаешь, он нас найдёт? — ~!*

ЛЕГКО* *см.* **А КОМУ СЕЙЧАС ЛЕГКО?**

ЛЁД *см.* **МОЛЧАТЬ КАК РЫБА ОБ ЛЁД**

ЛЕДЕНЕ́Ц, -нца́, *м.* (или **БО́ЖИЙ ~**). Мужской половой орган. ♦ **Засадить ~нца за́ щеку** *кому* — наказать, отомстить, изругать.

ЛЕЖА́НКА, -и, *ж.* Могила, место захоронения. *~у в Митино купил.*

ЛЕЖАНКА* *см.* **ЖАНКА-ЛЕЖАНКА**

ЛЕЖА́ЧИЙ, -ая, -ее. Сильно пьяный.

ЛЕЖАЧИЙ* *см.* **НЕ БЕЙ ЛЕЖАЧЕГО...**

♦ **ЛЕЗТЬ В ПУЗЫ́РЬ** — лезть на рожон, вести себя агрессивно.

Возм. от общеупотр. *разг.* «лезть в бутылку» в том же зн.; *ср. уг.* «пузырёк» — гнев без особой причины, раздражение.

ЛЕЙБЛ, -а, **ЛЭЙБЛ**, -а, *м.* Фирменная наклейка, заставка, бирка и т. п.; качественная, фирменная вещь.

Англ. label — ярлык, наклейка, этикетка.

ЛЕКА́РА, -ы, *ж.* Всё, что относится к орогенитальному сексу. *Делать ~у.*

Возм. от общеупотр. *устар.* «лекарь» — врач.

ЛЕКА́РИТЬ, -рю, -ришь; *несов., без доп.* Заниматься орогенитальным сексом.

От **ЛЕКАРА**.

ЛЕКА́РСТВО, -а, *ср.* Выпивка, спиртное. *Пора принять ~.*

См. также **ПРИНИМАТЬ (ЛЕКАРСТВО)**

ЛЁЛИК, -а, и лёлька́, **ЛЮЛЁК**, -лька́, *м.* **1.** *собств.* Л. И. Брежнев. *Жалко ~а, душевно язык жевал* (говорил, выступал). **2.** *собств.* Шутл. производное от имен Лёня, Лёша, Лена, Лола и т. п. **3.** Ирон. обращение к любому человеку (обычно забитому, невзрачному).

Ср. *устар.* «лёля» — крёстная мать, детская игрушка, рубашечка; возм. распространилось под влиянием интермедий в исполнении З. Высоковского.

ЛЕНИ́ВО, в зн. *сказ., безл., кому что делать.* О нежелании что-л. делать; лень, не хочется. *Что-то мне ~ на улицу выходить.*

ЛЕ́НИН, -а, *м.* Ирон. обращение; в зн. *сказ.* — об умном поступке, умных словах. *Сколько будет трижды три? — Девять. — Ну ты ~!* (разговор гостя с ребёнком).

См. также **ОТСОСАТЬ У ДОХЛОГО МУСТАНГА**

От В. И. Ленин.

♦ **ЛЕ́НИН В РАЗЛИ́ВЕ (В ШАЛАШЕ́)** — полная чушь, напр.: *Билеты опять кончились. — Блин, просто Ленин в шалаше.*

ЛЕНИНСКИЕ МЕСТА *см.* **МЕСТО**

ЛЕ́НИН-ХИ́ЛЛЗ, *нескл.* в зн. *мн., собств.* Ленинские (Воробьёвы) горы.

От англ. hill — холм.

ЛЕННОН *см.* **БИТЛОТЕКА ИМЕНИ ЛЕННОНА**

ЛЕНТЯ́ЙКА, -и, *ж., собств.* Улица Ленивка.

ЛЁНЬКА, -и, *м., собств.* Л. И. Брежнев.

ЛЁНЬКА-ЁНЬКА, лёньки-е́ньки, *ж.* Авария, дорожно-транспортное происшествие. ♦ **Станцевать леньку-еньку** — попасть в аварию, разбить машину.

Искаж. назв. танца.

ЛЕОПЁРД, а, *м.* Старый, но всячески старающийся молодиться мужчина.

Шутл. контаминация «леопард» и **ПЕРДЕТЬ**.

ЛЁП, -а, *м.* Конец, провал, фиаско. *Полный ~!*

Возм. от «лепить» или «ляпать», *ср. прост.* «ляп» в зн. промах, неумелый, глупый поступок.

ЛЕПЕ́НЬ, -пня́, *м.* **1.** Пиджак. **2.** Носовой платок.

1, 2. — из *уг.* или от *устар. диал.* «лепень» — кусочек, обрезок, лоскуток.

ЛЕПЕТ *см.* **ДЕТСКИЙ ЛЕПЕТ НА ЗЕЛЁНОЙ ЛУЖАЙКЕ**

ЛЕПИЗДРИ́ЧЕСКИЙ, -ая, -ое, **ЛЕПИСТРИ́ЧЕСКИЙ**, -ая, -ое. Электрический.

См. **ЛЕПИЗДРИЧЕСТВО**.

ЛЕПИЗДРИ́ЧЕСТВО, -а, **ЛЕПИСТРИ́ЧЕСТВО**, -а, *ср.* Электричество.

Ирон. передел.; намёк на нецензурное.

ЛЕПИСТРИЧЕСКИЙ *см.* **ЛЕПИЗДРИЧЕСКИЙ**

ЛЕПИСТРИЧЕСТВО *см.* **ЛЕПИЗДРИЧЕСТВО**

ЛЕПИ́ТЬ, леплю́, ле́пишь; *несов.* **1.** *что* и *без доп.* Делать что-л. плохо; делать что-л. сильно, интенсивно. *~ по мячу* (бить). **2.** *что, о чём* и *без доп.* Говорить, рассказывать (обычно ерунду, чушь); болтать, трепаться. *Ерунду ле́пишь.* ♦ **~ горбатого** (или **горбуху, горбухи, горбушку, горбушки**) — лгать, дезинформировать, притворяться (часто в корыстных целях); придуряться, веселиться, шутить.

♦ — возм. из *уг.*

ЛЕПИТЬ (ГНАТЬ, САДИТЬ) ЧЕРНУХУ *см.* **ЧЕРНУХА**

♦ **ЛЕПИ́ТЬ СТОЛБЕ́Ц** — решать математическую задачу.

Из *шк.*

ЛЕПРОЗО́РИЙ, -я, *м.* **1.** Международная гостиница. **2.** Злачное место, притон, заведение сомнительного свойства.

ЛЕС* *см.* **АЭРОДРОМ В ЛЕСУ; В ЛЕСУ РАЗДАВАЛСЯ КЛАРНЕТ ТРАКТОРИСТА; ДЕТЕЙ БОЯТЬСЯ — В ЛЕС НЕ ХОДИТЬ; ЁЛКИ (-ПАЛКИ ЛЕС ГУСТОЙ...); МУЖИКИ ЛОБЗИКАМИ ЛЕС ВАЛЯТ; ОНДАТРОВЫЙ ЛЕС; РУБКА ЛЕСА; СКАЗКА; ТЁМНЫЙ ЛЕС; ЧЕМ ДАЛЬШЕ В ЛЕС, ТЕМ ТОЛЩЕ ПАРТИЗАНЫ**

ЛЕ́СБА, -ы, **ЛЕ́СБИЯ**, -и, *ж.* Лесбиянка.

ЛЕ́СБИЩЕ, -а, *ср.* Место, где много лесбиянок.

Передел. **ЛЕСБА** + «лежбище».

ЛЕСБИЯ *см.* **ЛЕСБА**

♦ **ЛЕСБИЯ́НСТВО ХУ́ЖЕ ПЬЯ́НСТВА** — *ирон.-пренебр.* о лесбиянстве.

ЛЕ́СБОС, -а, *м.* **1.** То же, что **ЛЕСБА**. **2.** *собир.* Лесбиянки.

ЛЕСНОЙ *см.* **БЕЛОЧКА (ЛЕСНАЯ)**

ЛЕСОПОСА́ДКИ, -док, *мн.* Всё, что относится к сексу; половые связи; разврат. *Слушай, я сегодня на семинар не пойду, а то я с ночных ~док.*

♦ **ЛЕ́СТНИЧНОЕ ОСТРОУ́МИЕ** — запоздалая попытка быть остроумным.

ЛЕ́СТНИЧНЫЙ, -ая, -ое. Грубый, некультурный; скандальный; низкий, плебейский. *Что это за ~ые дела!*

ЛЕТА́ТЬ, -а́ю, -а́ешь, **ЛЁТАТЬ**, -аю, -аешь; *несов., куда.* Делать что-л. интенсивно, быстро; идти, бежать; часто попадать куда-л. (обычно не по своей воле). *Ну-ка мухой лётай в магаз!* (быстро беги в магазин).

♦ **ЛЕТА́ТЬ В НАРЯ́ДЫ** — часто бывать в нарядах в армии.

Из *арм.*

♦ **ЛЕТА́ТЬ НА ПА́ЛЬЦАХ** — иметь очень высокое самомнение, смотреть на всё свысока.

ЛЕТЕ́ХА, -и, **ЛЕТЁШНИК**, -а, *м.* Лейтенант.

Из *арм.*

ЛЕТОМ *см.* **ЗИМОЙ И ЛЕТОМ ОДНИМ ЦВЕТОМ**

ЛЕТУЧИЙ СПОТЫКАЧ *см.* **СПОТЫКАЧ**

ЛЕЧИ́ТЬ, лечу́, ле́чишь; *несов.* **1.** *кого.* Уговаривать кого-л. что-л. сделать; пытаться убедить кого-л. в чём-л.; обманывать, хитрить. *Хорош меня ~-то!* **2.** *без доп.* Облизывать, слюнявить сигарету с наркотиком, чтобы она дольше горела.

2. — из *нарк.*

ЛЕЧИ́ТЬСЯ, лечу́сь, ле́чишься; *несов., без доп.* Пить спиртное (обычно опохмеляясь).

ЛЕЧЬ, ля́гу, ля́жешь; *сов., куда* и *без доп.* (или **~ В МАСТЬ**). Удаться; удачно сложиться (об обстоятельствах); попасть в точку. *Хорошо водочка под селёдочку легла. На повороте в масть легли* — хорошо вписались в поворот (на машине). ♦ **Как карты лягут** — по обстоятельствам, как получится, посмотрим, утро вечера мудренее.

См. также **КАК ФИШКА ЛЯЖЕТ**

Возм. из *карт.*

♦ **ЛЕЧЬ (ПРИЛЕ́ЧЬ) В СОСНО́ВЫЙ (ДУБО́ВЫЙ) ЧЕМОДА́Н** — умереть.

♦ **ЛЕЧЬ ТРУ́ПОМ** *за что* и *без доп.* — во что бы то ни стало добиться чего-л.

ЛЕЩ, -а́, *м.* Удар, тычок, пинок. ♦ **Навесить** (или **всадить, дать, отвесить**) **~а́** *кому по чему, во что* — ударить, шлёпнуть.

См. также **ДАВИТЬ ЛЕЩА; ПУСКАТЬ ЛЕЩА**

Возм. от назв. рыбы; *ср. диал.* «лёскать», «люскнуть», «лещать», «лещить» — хлопать крыльями, щёлкать, раскалывать, бить, плескаться, болтать.

ЛИБЕРПУ́ЛЬ, -я, *м., собств.* Город Люберцы под Москвой.

Шутл. наложение с назв. англ. города Ливерпуль.

ЛИ́ВЕР, -а, *м.* **1.** Толстяк. **2.** Растяпа, глупец. **3.** Внутренности, кишки; живот, брюхо. *Распустить ~* — стать толстым, сильно пополнеть. *Сейчас ~ выпущу* — ирон. угроза. *На, промой ~* — *выпей пива. Убери свой тухлый ~* — отойди, подвинься. *Думать ~ом* — думать «животом», быть неисправимым материалистом, крайне приземлённым человеком.

ЛИГА́Ч, -а́, *м., собств.* Е. К. Лигачёв.

Ср. **ГОРБАЧ**.

ЛИЗА́ТЬ, лижу́, ли́жешь; *несов., кому.* Подлизываться, пресмыкаться.

ЛИЗАТЬ ЖОПУ *см.* **ЖОПА**

ЛИЗА́ТЬСЯ, лижу́сь, ли́жешься; *несов., с кем* и *без доп.* Целоваться. *Наш-то мухомор опять с братом-демократом лижется* (о Л. И. Брежневе и Т. Живкове, лидерах СССР и Болгарии).

ЛИКУ́ЮЩИЙ, -ая, -ее. Обладающий каким-л. ярко выраженным качеством: эпитет с общим зн. «очень». *~ее пузо* (толстое). *~ придурок* (очень глупый). *Это просто что-то ~ее!* — Ну и ну!

ЛИ́МА, -ы, **ЛИМИТА́**, -ы́, **ЛИМИТЕ́НЬ**, -и, **ЛИМИТУ́РА**, -ы, *ж.*, **ЛИМИ́Т**, -а, *м.* **1.** Человек, приехавший работать по лимиту, т. н. лимитчик; *собир.* лимитчики. **2.** Иногородний, приезжий, не москвич. **3.** *собир.* Иногородние, приезжие, гости столицы.

От общеупотр. «работать по лимиту».

ЛИМО́Н[1], -а, *м.* Солдат первого полугодия первого года службы. ♦ **Старший ~** — солдат второго полугодия первого года службы.

Из *арм.*; возм. цветовая метафора (перенос по общности жёлтого цвета, по аналогии с «желторотый птенец».

ЛИМО́Н[2], -а, *м.*, **ЛИМО́НКА**, -и, **ЛИМО́НОВКА**, -и, *ж.* Лимонная водка.

ЛИМО́Н[3], -а, *м.* Миллион (рублей и т. п.); много, куча. *~ народу. Наварил ~* — заработал миллион (или вообще много денег). *~ налево, ~ направо* — о транжирах, мотах, кутилах; о богатых или щедрых людях.

Передел. от «миллион», *прост.* «мильон»; впервые зафиксировано в 20-х гг.

ЛИМОНАД *см.* **ЖИРТРЕСТ-(КОМБИНАТ-ПРОМСОСИСКА-ЛИМОНАД)**

ЛИМО́НИТЬ, -ню, -нишь; *несов.* **1.** *что* и *без доп.* Пить спиртное. **2.** *что у кого.* Воровать, красть. **3.** *без доп.* Зарабатывать много денег, богато жить.

2. — возм. из *уг.*; 3. — от **ЛИМОН**[3].

ЛИМО́НИЯ, -и, *ж.* **1.** То же, что **ЛИМОН**[2]. **2.** То же, что **ЛИМОН**[3].

Встречается у В. Высоцкого и др.

ЛИМОНКА, ЛИМОНОВКА *см.* **ЛИМОН**[2]

ЛИ́НДА, -ы, *ж.* Девушка, красавица.

От исп. linda (красивая) или от имени собств. Линда.

ЛИНЕ́ЙКА, -и, *ж.* Граница, линия границы. ♦ **Служить на ~е** — служить в пограничных войсках. **Забраться за ~у** (или **перемахнуть, сигануть, перелететь** и т. п. **через ~у**) — уехать за границу.

ЛИНЕЙКА* *см.* **КАК ПЕРЕД ВСЕЙ (ПИОНЕРСКОЙ) ЛИНЕЙКОЙ**

ЛИНИЯ *см.* **ГНУТЬ**

ЛИНЯ́ТЬ, -я́ю, -я́ешь; *несов., откуда, куда* и *без доп.* Незаметно уходить, убегать, сматывать удочки; прогуливать (уроки, занятия).

Скорее первоначально связано с *устар.* «лыняние» (совр. общеупотр. «отлынивание»), чем с общеупотр. «линять» — терять окраску.

ЛИ́ПА[1], -ы, *ж.* **1.** Ерунда, дрянь; подделка, обман. *В столовке хлебнул ~ы* (о слабом чае, в который добавляется сода для придания ему цвета крепкого, хорошо заваренного напитка). **2.** Что-л. вторично использованное, несвежее. *Завшивел после поездки, видать на ~е поспал* (о постельном белье, идущем на вторичное использование в поезде без стирки).

Возм. влияние *уг.* «липа» — поддельный документ.

ЛИ́ПА[2], -ы, *ж.* Обувь или одежда на так называемых «липучках» (в отличие от пуговиц или молнии).

От общеупотр. «липнуть».

ЛИПОВА́ТЬ, -пу́ю, -пу́ешь; *несов., без доп.* Обманывать, хитрить; блефовать.

От **ЛИПА**[1] 1.

ЛИСАПЕ́Д, -а, *м.* Велосипед.

Из *детск.*

ЛИСИЧКА *см.* **ПОЛЯРНАЯ ЛИСИЧКА**

ЛИСТ, -а́, *м.* Упаковка таблеток. *Башка трещит, уже ~ анальгина сожрал.*

ЛИСТ* *см.* **ЖОПА; ЛАВРОВЫЙ (ЛИСТ)**

ЛИ́ТЕР, -а, *м.* Лейтенант.

Из *арм.*

ЛИТЕРАТУРА *см.* **ЧИТАТЬ**

ЛИТЕРА́ЧА, -и, *ж.* Учительница литературы.

Из *шк.*

ЛИТЕРБО́Л, -а, **ЛИТРБО́Л**, -а, *м.* Выпивка, спиртное; процесс выпивки; пьянство, алкоголизм. ♦ **Заниматься** (или **увлекаться**) **~ом** — часто пить спиртное. **Мастер спирта по ~у** — алкоголик.

Передел.; *ср.* общеупотр. «литр» + «футбол», «гандбол» и т. п.

ЛИ́ТРА, -ы, **ЛИТРА́**, -ы́, **ЛИТРУ́ХА**, -и, *ж.* Литровая бутылка спиртного.

ЛИТРБОЛ *см.* **ЛИТЕРБОЛ**

♦ **ЛИТРОНАТУ́РНАЯ ГАЗЕ́ТА** — *собств.* «Литературная газета».

Шутл. контаминация с «литр» + «натура».

ЛИТРУХА *см.* **ЛИТРА**

ЛИТЬ *см.* **НЕ ЛЕЙ МНЕ ЧАЙ НА СПИНУ**

ЛИТЬ ВОДУ *см.* **ВОДА**

ЛИФО́Н, -а, **ЛИФТЁР**, -а, *м.* Большой, старомодный лифчик, бюстгальтер.

Фонетическая контаминация с общеупотр. «лифтёр».

ЛИЦО *см.* **БИЛИ ПО ЛИЦУ ЧАЙНИКОМ; КАМЕННОЕ ЛИЦО; МОЛЧА (С УЛЫБКОЙ НА ЛИЦЕ); МОРДА ЛИЦА ПРОСИТ; МОРДА ЛИЦА; ПОРТРЕТ ЛИЦА; СБЛЕДНУТЬ С ЛИЦА И ПОКРЫТЬСЯ МАТОМ; СПОКУХА; ЧЕРЕП**

ЛИЧИКО ПОПРОЩЕ (ПРОЩЕ) *см.* **ПОПРОЩЕ**

ЛИ́ЧКА, -и, *ж.* Личная охрана. *~ из трёх мордоворотов. Какое-то чмо с ~ой. Работать в ~е.*

ЛИ́ЧНОСТЬ, -и, *ж.* Лицо. *~ опухла.* ♦ **Перейти на ~и** — от криков перейти к драке.

ЛИЧНЫЙ *см.* **НЕ ВПУСКАТЬ ГОСУДАРСТВО В СВОИ ЛИЧНЫЕ ДЕЛА**

ЛИША́К, -а́, *м.* Человек, лишённый чего-л., обделённый чем-л.; лишенец.

Возм. *уг.* «лишак» — лицо, лишённое всех прав и сосланное на каторгу.

ЛИШНИЙ *см.* **У ТЕБЯ ЧТО, ЗУБЫ ЛИШНИЕ ВЫРОСЛИ?**

ЛОБ *см.* **ПОШАРИТЬ ВО ЛБУ**

ЛОБЕ́ШНИК, -а, *м.* Лоб. ♦ **Дать в ~** (или **по ~у**) *кому* — ударить, избить кого-л.

ЛОБЗИК *см.* **МУЖИКИ ЛОБЗИКАМИ ЛЕС ВАЛЯТ**

ЛОБИК *см.* **ДВА ПАЛЬЦА ЛОБИК...**

♦ **ЛОВИ́ КРА́БА** — на́ руку (при приветствии).

ЛОВИ́ТЬ, ловлю́, ло́вишь; *несов., что, где, у кого.* Пользоваться ситуацией, использовать момент; находить выгоду в чём-л. *Нам тут нечего ~.*

См. также **ВАФЛЯ**

ЛОВИТЬ* *см.* **ЛОВИ КРАБА; МЫШЕЙ (МУХ) НЕ ЛОВИТЬ; НА ХУТОР БАБОЧЕК ЛОВИТЬ; ХЛЕБАЛКА**

ЛОВИТЬ ГЛЮКИ *см.* **ГЛЮК**[1]

ЛОВИТЬ МИКРОН *см.* **МИКРОН**

ЛОВИТЬ (ПОЙМАТЬ) КАЙФ *см.* **КАЙФ**

♦ **ЛОВИ́ТЬ ХАЛЯ́ВУ** — пытаться получить что-л. даром, легко отделаться (напр., легко сдать экзамен).

ЛОВЧИ́ЛА, -ы, *м.* и *ж.* **1.** Ловкий, хитрый человек; обманщик. **2.** Перекупщик, посредник. *~ы рижские* (с Рижского рынка).

ЛО́ГОВО, -а, *ср.* Кабинет начальника, управляющего, директора.

ЛОГЫ́ЧНО, *част.* Выражается ирон. одобрение.

Подражание укр.

ЛО́ДОЧКА, -и, *ж.* Платье, блузка и т. п. с длинным узким вырезом на шее вдоль плеч.

ЛОДОЧКА* *см.* **ПОХОДОЧКА КАК В МОРЕ ЛОДОЧКА**

ЛОДОЧНИК *см.* **Я УБЬЮ ТЕБЯ, ЛОДОЧНИК**

ЛОЖИТЬСЯ *см.* **ЧУТЬ ЧТО, В ГРОБ ЛОЖИТСЯ**

ЛОЖКА *см.* **СЕЙЧАС БУДЕШЬ СЕБЕ МОГИЛУ ЛОЖКОЙ КОПАТЬ**

ЛОКА́ТОР, -а, *м.* Ухо. *Иди ~ы вымой.*

ЛОКОТЬ *см.* **НАМОТАТЬ (НА ЛОКОТЬ)**

ЛОМ[1], -а, *м.*, мн. -ы́, -о́в; **ЛОМИ́НА**, -ы, *м.* и *ж.*, **ЛОМОВУ́ХА**, -и, *ж.* **1.** Большое количество кого-чего-л. *Лом народу. Лом бабок* (денег). **2.** Большой, сильный человек. *Как туда пройдёшь: там такие ломины в дверях стоят, поперёк себя шире* (о входе в винный магазин). **3.** и в зн. *сказ.* Апатия, отсутствие желания что-л. делать. *Такой лом работать, хоть топись!* **4.** Везение, удача, счастливое стечение обстоятельств. *Лом пошёл. Ломовуха с бабками* (много денег). **5.** То же, что **ЛОМКА**. ♦ **В лом** *что, что делать, кому* — не хочется, лень, тяжело. **Напиться** (или **надраться, накушаться** и т. п.) **в лом** — напиться пьяным.

1. — *ср.* общеупотр. «лом» — ломаные или годные только для переработки предметы; «ломиться» — прогибаться, ломаться под тяжестью, под напором чего-л.; 2. — *ср.* «лом» — металлический стержень, которым ломают что-л., «ломать»; 3. — возм. от **ЛОМАТЬ 1.**

ЛОМ[2], -а, *м., собств.* Ломоносовский проспект (в Москве). *На ~у́.*

ЛОМ* *см.* **ЛОМОМ ОПОЯСАННЫЙ (ПОДПОЯСАННЫЙ, ПОДВЯЗАННЫЙ); ПРОТИВ ЛОМА НЕТ ПРИЁМА...**

ЛОМА́ТЬ, -а́ю, -а́ешь; *несов.* **1.** *безл., кого что делать.* Не хочется, лень. *Чего-то меня ~ает с ним общаться.* **2.** *кого с чем.* Обманывать кого-л. (обычно при подсчёте денег, напр. в картах). **3.** *что кому.* Портить, мешать.

ЛОМАТЬ (ОБЛОМАТЬ, ОБРУБИТЬ, СЛОМАТЬ) КАЙФ *см.* **КАЙФ**

♦ **ЛОМА́ТЬ СТЕНДЫ́** — нарушать привычный ход вещей; прерывать что-л. на самом интересном месте.

ЛОМА́ТЬСЯ, -а́юсь, -а́ешься; *несов., куда.* Бежать, спешить.

ЛОМБА́РД,-а, *м.* Тюрьма. ♦ **Сдать в ~** *кого* — посадить в тюрьму. **Сдаться в ~** — сесть в тюрьму.

Возм. из *уг.*

ЛОМИНА *см.* **ЛОМ**

ЛОМИ́ТЬСЯ, ломлю́сь, ло́мишься; *несов.* **1.** То же, что **ЛОМАТЬСЯ**. **2.** *без доп.* Идти на вахту.

2. — из *арм.*

ЛО́МКА, -и, *ж.*, **ЛО́МКИ**, -мок, *мн.* Абстинентный синдром, похмелье, болезненное состояние после приёма наркотиков; любое неприятное состояние, недомогание; лень, хандра.

ЛОМОВО́Й, -а́я, -о́е. Хороший, отличный. *~ая колбаса. ~ фильм. ~ ая девка.*

Возм. от **ЛОМ**[1] **2.**

ЛОМОВУХА *см.* **ЛОМ**[1]

♦ **ЛО́МОМ ОПОЯ́САННЫЙ** (или **ПОДПОЯ́САННЫЙ, ПОДВЯ́ЗАННЫЙ**) — много работающий.

Из *уг.*

ЛОНДОН *см.* **КАК В ЛУЧШИХ ДОМАХ...**

ЛОПАРЯ́, -е́й, *мн.* Ботинки, обувь.

Возм. от *устар. диал.* «ло́поть», «лопо́шки» — одежда, ветошь; *ср.* «ло́парь» — конец верёвочной снасти, «лопарь» — саам; неверующий, еретик.

ЛОПА́ТА, *межд.* Выражение неодобрения.

ЛОПАТА* *см.* **ЗАГРЕБАТЬ (ЛОПАТОЙ)**

ЛОПНУТЬ *см.* **ПУСТЬ ЛУЧШЕ ЛОПНЕТ МОЯ СОВЕСТЬ, ЧЕМ МОЧЕВОЙ ПУЗЫРЬ**

ЛОПУ́Х, -а́, *м.* **1.** Неуклюжий, нерасторопный человек; раззява, растяпа. **2.** обычно *мн.*, -и́, -о́в. Уши. *Чего ~и-то развесил?*

1. — *ср. уг.* «лапух», «лопух» — неопытный вор.

ЛОПУХНУ́ТЬСЯ, -ну́сь, -нёшься; *сов., с чем, на чём* и *без доп.* Упустить шанс; сделать глупость; провалиться, потерпеть неудачу.

От **ЛОПУХ 1**.

ЛО́РИК, -а, *м.* Оториноларинголог.

ЛОСКУ́Т, -а́, *м.* **1.** Ирон. обращение. **2.** обычно *мн.*, -ы́, -о́в. Одежда (обычно старая, изношенная). *Сними ~ы, дура, в загс идёшь!*

ЛОСКУТ* *см.* **ПЬЯН В ЛОСКУТ**

ЛОХ, -а, *м.*, **ЛОХНЯ́**, -и́, *ж.* Неотёсанный, неуклюжий человек, увалень, простак; провинциал; неопытный молокосос, непрофессионал. *Лохня, а не водитель. Чего ты мне за лохов привел?* (тренер о новых подопечных).

Ср. *уг.* «лох» — тот, кого можно обмануть; *диал.* «лох» — отощавший лосось после нереста; *устар. диал.* «лоха» — дура, «лохма», «лохман», «лох» — лохмотья, «лохмай» — оборванец; возм. восходит к польскому арготическому łoch, włoch — лицо; возм. также связано с укр. «волох» — румын, молдаванин, «галах» — оборванец, бродяга. В рус. могло попасть первоначально через *офен.*

ЛОХА́НКА, -и, *ж.* **1.** Женщина, девушка. **2.** Жена, супруга. **3.** Проститутка. **4.** Рот. *Закрой ~у, помои кончились* — замолчи.

ЛОХАНУ́ТЬСЯ, -ну́сь, -нёшься; *сов., с чем, на чём* и *без доп.* Повести себя глупо, неправильно, упустить шанс.

От **ЛОХ**.

ЛОХИ́НЯ, -и, *ж.* Дура, растяпа, недотёпа (о женщине).

От **ЛОХ**.

См. также **БИШКЕКСКАЯ ЛОХИНЯ**

ЛОХМАТИТЬ *см.* **БАБУШКУ ЛОХМАТИТЬ**

ЛОХМА́ТЫЙ, -ая, -ое. **1.** Тот, который был очень давно; давний, полузабытый. *В каком-то ~ом году* — давно. **2.** Ирон. обращение (часто к лысому или лысеющему человеку). *Ну ты, ~, расчёску подарить?*

ЛОХМАТЫЙ* *см.* **ЧЕСАТЬ ЛОХМАТОГО (ЛЫСОГО)**

ЛОХНЯ *см.* **ЛОХ**

ЛОХОДРО́М, -а, *м.* **1.** Место, где много дураков, сборище примитивных, неумных людей. *Не тусовка, а обезьяний ~ !* **2.** Дурак, тупица, придурок. *Что за фирма: ~ на ~е!*

От **ЛОХ** + «дром» (ср. «космодром» и т. п.).

ЛОХОПЕ́НДРИК, -а, *м. Шутл.* О любом маленьком, невзрачном, тщедушном и т. п. человеке. *Это что за ~? Эй, ~и, бегом сюда!*

От **ЛОХ**; *ср.* также напр. *устар.* «фендрик» — франт.

♦ **ЛОХ ПЕТРО́ВИЧ** — глупый, неумелый, наивный человек.

От **ЛОХ**.

♦ **ЛОШАДИ́НАЯ МО́РДА** — последняя рюмка перед прощанием, уходом.

Арготизм встречался еще в XIX в.

ЛОШАДИ́НЫЙ, -ая, -ое. Трудный, тяжёлый, изнурительный. *~ спорт* (о лыжах). *~ая работа.*

ЛОШАДКА *см.* **НА ЛОШАДКАХ КАТАТЬСЯ; ХОТЕТЬ И РЫБКУ СЪЕСТЬ...**

ЛОША́ДКИ, -док, *мн.* Крупные жёлтые огурцы.

ЛО́ШАДЬ, -и, *ж.* **1.** Большая некрасивая женщина. **2.** только *мн.*, -и, -е́й. Лошадиные силы. *У тебя сколько ~ей?* (о мощности мотора).

ЛОШАДЬ* *см.* **ДУРА; ЗДРАВСТВУЙ, ЛОШАДЬ, Я БУДЁННЫЙ; КАЖДАЯ СИГАРЕТА УБИВАЕТ ЛОШАДЬ; ОТМЕЧАТЬ СТОЛЕТИЕ ЛОШАДИ БУДЁННОГО; ПОГРАНИЧНИК ДОЛЖЕН СТРЕЛЯТЬ, КАК КОВБОЙ...; СДЕЛАТЬ ЛОШАДЬ ПРЖЕВАЛЬСКОГО; СТАРАЯ БОЕВАЯ ЛОШАДЬ; ТВОИ ТОВАРИЩИ В ОВРАГЕ ЛОШАДЬ ДОЕДАЮТ; ЭЙ — ЗОВУТ ЛОШАДЕЙ (БЛЯДЕЙ)!**

♦ **ЛО́ШАДЬ ИЛЬИЧА́** — *собств.* станция метро «Площадь Ильича».

ЛОША́РА, -ы, *м.* и *ж.* Никчёмный, невезучий, неинтересный человек.

ЛУ́ЖА, -и, *ж., собств.* **1.** Стадион «Лужники» в Москве. *Барахолка в ~е.* **2.** Бассейн «Москва» (ныне не существующий).

ЛУЖА* *см.* **НЕ БУЛЬКАЙ, ПОВИДЛО...; НЕОТРАЗИМ НИ В ОДНОЙ ЛУЖЕ; РАЗОШЛИСЬ КАК В ЛУЖЕ ДВА ОКУРКА; СЕСТЬ ЗАДОМ (ЗАДНИЦЕЙ) В ЛУЖУ; ЧТО (КАК, ВСЁ РАВНО ЧТО) В ЛУЖУ ПЕРДЕТЬ**

ЛУЖА́ЙКА, -и, *ж., собств.* Станция метро «Полянка» в Москве.

ЛУЖАЙКА* *см.* **ДЕТСКИЙ ЛЕПЕТ НА ЗЕЛЁНОЙ ЛУЖАЙКЕ**

ЛУЖКО́В-МО́СТ, Лужко́ва-моста́, **ЛУЖКО́В-БРИ́ДЖ**, Лужко́ва-бри́джа, *м., собств.* Мост через Обводной канал у площади Репина, построенный по указанию мэра Москвы Ю. М. Лужкова.

ЛУЖО́К, -жка́, *м., собств.* Ю. М. Лужков, мэр Москвы. *Во, ~ в кепарике* (кепке)! *Как у милого дружка кепка точно у ~жка!*

См. также **ХРАМ ЛУЖКА-СПАСИТЕЛЯ**

ЛУЗА *см.* **ШАР ЗАГНАТЬ (В ЛУЗУ)**

ЛУЗГАТЬ *см.* **ЩЁЛКАТЬ (ЛУЗГАТЬ, ГРЫЗТЬ) КАК СЕМЕЧКИ**

ЛУ́ИС АЛЬБЕ́РТО, *неизм.*, **ЛУ́ИС АЛЬБЕ́РТОВИЧ**, Лу́иса Альбе́ртовича, *м.* **1.** Мужской половой орган. **2.** Бригадир женской бригады; начальник в женском коллективе.

Луис Альберто — персонаж мексиканского телесериала «Богатые тоже плачут».

ЛУКИ́Ч, -а́, *м., собств. Ирон.* В. И. Ленин (реже — Л. И. Брежнев). *Наш кровный ~. ~ на Октябрьской* (о памятнике В. И. Ленину на Октябрьской (теперь — Калужской) площади в Москве). *Хочу кепку, как у нашего любимого ~а.*

Ирон. передел. «Ильич»; возм. из анекдота.

ЛУ́КОВИЦА, -ы, *ж.* **1.** Ирон. обращение (часто к лысому человеку). **2.** Часы.

2. — из уг.; возм. из польского арго.

ЛУМУМБА́РИЙ, -я, *м., собств.* Университет Дружбы народов им. Патриса Лумумбы.

По модели **ГУЛЬБАРИЙ** и т. п.

ЛУНА *см.* **ЖОПА**

ЛУНА́ТИТЬ, -а́чу, -а́тишь; *несов., без доп.* Ходить ночью в туалет. *Не пей вечером — ~ не будешь.*

Из *детск.*

ЛУННЫЙ *см.* **БРЕД (СИВОЙ КОБЫЛЫ В ЛУННУЮ НОЧЬ)**

ЛУНОХО́ДЫ, -ов, *мн.* Дутые водонепроницаемые сапоги.

ЛУПЕТКИ *см.* **ПУЧИТЬ ЛУПЕТКИ**

ЛУПИ́ЛКИ, -лок, *мн.* Глаза. *Смой ~, Джоконда* (сними косметику с глаз).

От **ЛУПИТЬСЯ 1.**

ЛУПИ́ТЬ, луплю́, лу́пишь; *несов.* **1.** *что* и *без доп.* Есть, кушать (обычно энергично, много). *Лупи, лупи, пока демократы всех курей не передушили.* **2.** *сколько, по сколько* и *без доп.* Зарабатывать много денег. *По десять кусков* (тысяч) *в неделю лупит.*

ЛУПИ́ТЬСЯ, луплю́сь, лу́пишься, *несов.* **1.** *на кого-что, куда* и *без доп.* Смотреть, разглядывать. *Чего он на мою жену лу́пится, не казённая.* **2.** *на что, на сколько* и *без доп.* Раскрывать секрет; отдавать требуемую сумму денег. *Ну, лупи́сь,, сколько денег получил?*

2. — возм. по аналогии с **КОЛОТЬСЯ**[2].

ЛУПОГЛА́ЗЕНЬКИЙ, -ого. Шутл. обращение к любому человеку. *Привет, ~! Что ж ты врёшь-то, ~!*

ЛУЧИСТЫЙ *см.* **ЧЕРНОБЫЛЬСКОЕ ЛУЧИСТОЕ**

ЛУЧШЕ *см.* **ПУСТЬ ЛУЧШЕ ЛОПНЕТ МОЯ СОВЕСТЬ, ЧЕМ МОЧЕВОЙ ПУЗЫРЬ**

♦ **ЛУ́ЧШЕ БЫТЬ ЗДОРО́ВЫМ РАЗДОЛБА́ЕМ, ЧЕМ ГОРБА́ТЫМ СТАХА́НОВЫМ** — лучше жить просто и спокойно, чем лезть вперёд, делать карьеру и в результате иметь неприятности.

♦ **ЛУ́ЧШЕ ВСЕХ (ТО́ЛЬКО НИКТО́ НЕ ЗАВИ́ДУЕТ)** — ирон. ответ на вопрос собеседника «как дела?».

♦ **ЛУ́ЧШЕЕ КИНО́ — ЭТО ВИНО́** — *шутл.* о предпочтении чего-л. чему-л.; о чьём-л. пристрастии к вину, выпивке.

♦ **ЛУ́ЧШЕ ИМЕ́ТЬ КРА́СНУЮ РО́ЖУ И СИ́НИЙ ДИПЛО́М, ЧЕМ СИ́НЮЮ РО́ЖУ И КРА́СНЫЙ ДИПЛО́М** — *ирон.* об учёбе в вузе.

♦ **ЛУ́ЧШЕ МА́ЛЕНЬКИЙ ТАШКЕ́НТ, ЧЕМ БОЛЬШО́Й СИБИ́РЬ** — *шутл.* о предпочтении чего-л. чему-л.; лучше меньше, да лучше.

♦ **ЛУ́ЧШЕ НЕТ КРАСОТЫ́, ЧЕМ ПОССА́ТЬ С ВЫСОТЫ́** — ирон. приговорка.

♦ **ЛУ́ЧШЕ ПО́ЗДНО, ЧЕМ НИКОМУ́** — шутл. травестирование общеупотр. поговорки «лучше поздно, чем никогда».

♦ **ЛУ́ЧШЕ СИНИ́ЦА В РУКЕ́, ЧЕМ У́ТКА ПОД КРОВА́ТЬЮ** — *шутл.* травестирование известной пословицы «лучше синица в руке, чем журавль в небе».

♦ **ЛУ́ЧШЕ СТУЧА́ТЬ, ЧЕМ ПЕРЕСТУ́КИВАТЬСЯ** — *шутл.* лучше доносить на кого-л., чем сидеть в тюрьме.

ЛУЧШЕ ЧЛЕН В РУКЕ, ЧЕМ СИНИЦА В НЕБЕ *см.* **ЧЛЕН**

ЛУЧШИЙ *см.* **КАК В ЛУЧШИХ ДОМАХ...**

ЛЫ́БА, -и, *ж.* Улыбка. ♦ **Сделать ~у** — улыбнуться.

ЛЫ́ЖА, -и, *ж.* **1.** Длинный, высокий, худой человек. **2.** Нога или ботинок (преим. большого размера).

ЛЫЖИ* *см.* **ВСТАТЬ НА ЛЫЖИ; УНИТАЗ НА ГОРНЫХ ЛЫЖАХ; ЧУМА НА ЛЫЖАХ; Я СТОЮ НА АСФАЛЬТЕ, В НОВЫХ ЛЫЖАХ ОБУТЫЙ...**

ЛЫ́НДИТЬ, 1 л. ед. не употр., -дишь; *несов.* **1.** *без доп.* Бездельничать, валять дурака. **2.** *что* и *без доп.* Есть, кушать. **3.** *что у кого.* Воровать.

1., 3. — *ср. устар. диал.* «лынь», «лында» — тунеядец, бродяга, праздношатающийся, «лынгуз», «ленгуз» — лентяй, «лынды» — безделъничанье, «лындать» — увиливать от работы.

ЛЫСА́К, -а́, **ЛЫСЯ́Й**, -я, *м.* Лысый человек. *Были рысаками, стали лысаками.*

♦ **ЛЫ́САЯ БАШКА́, ДАЙ ПИРОЖКА́** — ирон. приговорка при виде (встрече) лысого человека.

ЛЫСИНА *см.* **НАМОЧАЛИТЬ (ЛЫСИНУ)**

♦ **ЛЫ́СИНУ БЫ́СТРО ПРИЧЁСЫВАТЬ, ЗАТО́ ДО́ЛЬШЕ МЫТЬ** — *шутл.* о «достоинствах» и «недостатках» лысины, лысого человека.

♦ **ЛЫ́СОЕ КОЛЕ́НО** — голова, обычно лысая, напр.: *Шевели своим лысым коленом — думай.*

ЛЫ́СЫЙ, -ого, *м.* **1.** Ирон. обращение (часто к коротко постриженному человеку). **2.** *собств.* В. И. Ленин. *Тебе чего ~ велел? — Учись.* **3.** Мужской половой орган. ♦ **~ого гонять** — заниматься онанизмом; бездельничать, заниматься пустым делом.

См. также **ПОСАДИТЬ НА ЛЫСОГО**

ЛЫСЫЙ* *см.* **БУХНИ, ЛЫСЫЙ!; ВШЕГОНЯЛКА; ЧЕГО Я, ЛЫСЫЙ, ЧТО ЛИ? ЧЕСАТЬ ЛОХМАТОГО (ЛЫСОГО); ЧТО Я, ЛЫСЫЙ, ЧТО ЛИ?**

ЛЫСЫЙ БОБРИК *см.* **БОБРИК**

ЛЫСЫЙ КАКТУС *см.* **КАКТУС**

♦ **ЛЫ́СЫЙ, ПОЙДИ́ ПОПИ́САЙ** — шутл. приговорка со словом «лысый».

ЛЫСЫЙ ПРЯНИК *см.* **ПРЯНИК**

ЛЫСЫЙ ЧЕРДАК *см.* **ЧЕРДАК**

ЛЫСЯЙ *см.* **ЛЫСАК**

ЛЫ́ЧКА, -и, *ж.* Военнослужащий сержантского состава. ♦ **~и клеить** *кому* — присваивать сержантское (старшинское) звание. **~и сре́зать** *кому* — разжаловать.

Из *арм.*

См. также **ХОХОЛ БЕЗ ЛЫЧКИ — ВСЁ РАВНО ЧТО СПРАВКА БЕЗ ПЕЧАТИ**

ЛЭЙБЛ *см.* **ЛЕЙБЛ**

ЛЮ́БЕР, -а, *м.* Молодой человек из подмосковного г. Люберцы, входивший в люберецкую группировку, делавшую наезды на Москву и др. города с целью физической расправы над лицами южной национальности, излишне богатыми, с их точки зрения, москвичами и др. неугодными слоями населения.

ЛЮБИ́ТЬ, люблю́, лю́бишь; *несов., кого. Ирон.* Вступать в половую связь с кем-л. *Нинку я люблю по вторникам, а Светку по субботам.*

ЛЮБИТЬ* *см.* **БОГ НЕ НИЩИЙ, ЛЮБИТ ТЫЩУ; ВАМ НЕ ПОНЯТЬ, ВЫ НЕ ЛЮБИЛИ; КАКОЙ РУССКИЙ НЕ ЛЮБИТ БЫСТРОЙ ЕЗДЫ?..; ПЯТАК; ТО, ЧТО ЛЮБИШЬ; ЭТО СЕБЯ НЕ ЛЮБИТЬ**

♦ **ЛЮБИ́ТЬ СВОЙ КУЛАЧО́К (В СВОЙ КУЛАЧО́К)** — заниматься онанизмом.

ЛЮБОВЬ *см.* **ЭТО КАК ЛЮБОВЬ**

♦ **ЛЮБО́ВЬ БЕЗ ДИВЧИ́НЫ — ПРИ́ЗНАК ДУРАЧИ́НЫ** — *шутл.* передел. пословица «смех без причины — признак дурачины».

ЛЮДИ *см.* **БУДЬ ПРОЩЕ, И К ТЕБЕ ПОТЯНУТСЯ ЛЮДИ...; НАРОДУ БОЛЬШЕ, ЧЕМ ЛЮДЕЙ**

ЛЮК *см.* **ЕСЛИ В СТЕНКЕ ВИДИШЬ ЛЮК, НЕ ВОЛНУЙСЯ: ЭТО ГЛЮК**

ЛЮЛЁК *см.* **ЛЁЛИК**

ЛЮ́СТРА, -ы, *ж.* В театре: балкон, бельэтаж, галёрка. *Сидеть на ~е. Купить места на ~у.*

Из арго театралов.

ЛЮСЬЕ́Н, -а, *м.*, **ЛЮ́СЯ**[1], -и, *ж.* Туалет. *Айда к Люсе. А Люсьен-то платный!*

См. также **ПОЗВОНИТЬ**

ЛЮ́СЯ[2], -и, *ж.* **1.** Ирон. обращение. *Ой, ~, ~, я боюся, что тобою увлекуся — шутл.* ты мне нравишься. **2.** Хитрец, обманщик.

2. — возм. контаминация *собств.* «Людмила», «Люся» и *устар. диал.* «люса», «люсма», «люсьма» — плут, обманщик, изменник.

ЛЮ́ТЫЙ, -ая, -ое. *Шутл.* Слово-интенсификатор: ярко выраженный, проявленный, вопиющий. *~ая красотка!* ♦ **~ рогалик** — сильно преуспевающий человек.

ЛЯГА́ВКА, -и, **ЛЕГА́ВКА**, -и, *ж.* Милиция, отделение милиции; милицейская машина. *Заночевать в ~е.* ♦ **Упасть в ~у** — попасть в милицию.

От **ЛЯГАВЫЙ**.

ЛЯГА́ВЫЙ, -ого, **ЛЯГА́Ш**, -а́, **ЛЕГА́ВЫЙ**, -ого, **ЛЕГА́Ш**, -а́, *м.* Милиционер.

Возм. от «легавая собака» через *уг.*; фиксировалось еще в начале XX века (у В. Гиляровского и др.).

ЛЯЖКА *см.* **ГОВНО НА ЛЯЖКЕ**

ЛЯ́ЛЕЧКА, -и, **ЛЯ́ЛЬКА**[1], -и, **ЛЯ́ЛЯ**, -и, *ж.* Маленькая упаковка, порция чего-л. *Лялька йогурта.*

От «ляля» — ребёнок, дитя, а также игрушка (см., напр., у В. Даля).

ЛЯ́ЛЬКА[2], -и, *ж.* Девушка.

Возм. подражание *детск.*

ЛЯЛЯ *см.* **ЛЯЛЕЧКА**

ЛЯЛЯ́[1], в зн. *сказ.* Говорить, болтать, лгать. ♦ **Не надо ~** — не лги. **~-три рубля** (или **~-тополя**) — то да сё.

Звукоподр., имитирующее человеческую речь.

См. также **ТРАВИТЬ ЛЯ-ЛЯ**

ЛЯЛЯ́[2], *нескл.* в зн. *числ.-сущ.* Слово употр. как шутл. синоним слова «нуль, ноль» в ряде косвенных падежей. *Единичка — и шесть ~* (миллион рублей). *Сто двадцать семь — три ~* — ирон. индекс телерадиокомпании «Останкино».

ЛЯЛЯ́КАТЬ, -аю, -аешь; *несов., с кем о чём, что* и *без доп.* Говорить, болтать.

От **ЛЯЛЯ**.

ЛЯ-ЛЯ-ФА-ФА *см.* **ФА-ФА**

ЛЯ́МЗИТЬ, -зю, -зишь; *несов.* **1.** *что у кого.* Воровать, красть. **2.** *что* и *без доп.* Есть.

Ср. *уг.* и *диал.* «лямза» — вор, воришка, «лямзить» — воровать.

ЛЯМУ́Р, -а, *м.* Обычно *ирон.* Любовь. *Крутой ~* — сильная любовь. ♦ **~ы крутить** (или **разводить**) *с кем* — ухаживать за кем-л.

От фр. l'amour в том же зн.

ЛЯ́РВА, -ы, *ж.* Нехорошая женщина.

Возм. от *уг.* «лярва» — проститутка, восходящее к цыг. larva в том же зн.

ЛЯФА́МЧИК, -а, *м.* (или *ж.*) Женщина. *Ой, какие ~и классные!* ♦ **Зашершавить ~а** — совершить половой акт.

От фр. la femme — женщина. ♦ — контаминация фр. chercher la femme и рус. «шершавый» (*см.* **ШЕРШАВЫЙ**).

М

МАВЗОЛЕ́Й, -я, *м.* Винный магазин.

МАВЗОЛЕЙНЫЙ *см.* **ЧУДО МАВЗОЛЕЙНОЕ**

МАВР, -а, *м.* **1.** *Шутл.* Негр, чернокожий. **2.** *Ирон.* О служащем на флоте.

2. — из *арм.*

МАВРО́ДИКИ, -ов, **МАВРУ́ДИКИ**, -ов, *мн.* Акции АО МММ, а также *пренебр.* о любых ненадёжных документах и т. п.

По имени руководителя данной т. н. «финансовой пирамиды», деятельность которого привела к разорению многих вкладчиков.

МАГ[1], -а, *м.* Магнитофон.

МАГ[2], -а, **МАГА́З**, -а, *м.*, **МАГАЗУ́ХА**, -и, *ж.* Магазин, универмаг, универсам.

МАГАЗИН *см.* **НЕ ПЬЁТ ТОЛЬКО СОВА, ПОТОМУ ЧТО ДНЁМ ОНА СПИТ...**

МАГАЗУХА *см.* **МАГ**[2]

МА́ДЕ ИН, *неизм.*, в зн. *сказ.* Употребляется для обозначения места производства вещи, товара. *~ не наш* (импортный). *~ совок* (советский). *~ Урюпинск* (отечественный, плохого качества).

Искаж. англ. made in — сделано в...

МАЁВЕЦ, -вца, *м.* Студент, аспирант или преподаватель МАИ (Московского авиационного института).

Возм. шутл. контаминация с общеупотр. «маёвка» — в дореволюционной России: нелегальное собрание революционно настроенных рабочих в день 1 Мая.

МАЖО́Р, -а, *м.* **1.** Обыватель, мещанин, филистер; человек, любящий комфорт и благополучие. **2.** Сын состоятельных родителей, баловень, маменькин сынок.

Возм. из *уг.*

МАЖО́РНЫЙ, -ая, -ое. Богатый, но безвкусный. *~ клуб.*

От **МАЖОР**.

МАЖОРНЫЙ ПРИКИД *см.* **ПРИКИД**

МАЗ, -а, *м.*, **МА́ЗА**, -ы, **МАЗЮ́ЛЬКА**, -и, *ж.* **1.** Спор, пари. *Есть маза, он не придёт* (спорим). **2.** Возможность, вероятность чего-л. *Может быть такая маза, что мы пролетим* (нам не удастся что-л. сделать). **3.** Заступничество, связи, блат, знакомство. *У меня там есть свой маз.* **4.** Ставка в игре. *Маза — пол-*

сотни. **5.** Идея, мысль. *Есть маза!* ♦ **Без мазы** *что, что делать* — безнадёжно, бесперспективно. **Держать мазу** — быть главным, руководить; спорить, держать пари.

См. также **ПОТЯНУТЬ МАЗУ**

Ср. *устар.* «маз» — толстый конец бильярдного кия, женский кий, ставка, кон; или от *уг.* «маза» — заступничество; возм. также влияние *устар. диал.* «маз» — любовник, *уг.* «маз» — перекупщик, свой человек, знающий, «мазиха» — карта-дама, женщина, относящаяся к блатному миру, «мазь» — уважаемый вор, ловкий мошенник, «натянуть мазу» — обмануть; возм. из *офен.* «маз», «мас» — я, наш, свой.

МА́ЗАТЬ, ма́жу, ма́жешь; *несов.* (*сов.* **МАЗНУ́ТЬ**, -ну́, -нёшь), *на что с кем.* Спорить, держать пари.

От **МАЗ 1.**

МАЗАТЬ* *см.* **НЕ ПИТЬ, ТОЛЬКО НА ХЛЕБ МАЗАТЬ**

МАЗЁВЫЙ, -ая, -ое. **1.** Хороший, отличный. **2.** Свой, знакомый, блатной. *У меня там ~ мужик.* **3.** Спорный, проблематичный.

От **МАЗ.**

МАЗНУТЬ *см.* **МАЗАТЬ**

МАЗО́ВО, *нареч.* Хорошо, отлично.

От **МАЗ.**

МАЗУ́РИК, -а, *м.* **1.** чаще *мн.*, -ов. Ирон. обращение. *Ну что, ~и, как жизнь?* **2.** Мелкий жулик; неуважаемый человек.

Уг. «мазурик» — карманный вор; возм. связано с МАЗ. Неясно. По одной из версий, из нем. Mauser в зн. «вор», «воришка» (от Maus — «мышь»), по другой — из польского «мазур» — житель мазурских болот. Усматривается также связь с «мазура» — порода голубя.

МАЗУ́Т, -а, **МАЗУ́ТЧИК**, -а, *м.* Тот, кто служит в войсковых подразделениях, имеющих чёрные погоны. *Вон мазуты шлёпают* (идут).

Возм. из *арм.*

МАЗУ́ТА, -ы, *ж.* Ерунда, чушь, глупость. *Нести* (говорить) *~у.*

Ср. *уг.* «мазута» в зн. чай, жир, повидло, тушь для татуировки.

МАЗУТЧИК *см.* **МАЗУТ**

МАЗЮЛЬКА *см.* **МАЗ**

МАЗЮ́ЧКИ, -чек, *мн.* Приключения, похождения, интересные, необычные события. *Ночные ~.*

От «мазать», *Ср.* **МАЗ.**

МАЙ *см.* **НЕ МАЙ МЕСЯЦ**

МАЙДА́Н, -а, *м.* **1.** Дом, жилище, место проживания. *В следующий раз в моём ~е собираемся.* **2.** Тюрьма, зона, ссылка, место заключения.

Ср. *устар. диал.* «майда» — большая прорубь, «майдан» — смолокурня, просека, площадь, место сходок, охотничий домик, базар, место сбора игроков в кости или карты, курган; *ср. уг.* «майдан» — кусок ткани, расстилаемый на нарах для игры в карты, вагон, чемодан, поезд, вокзал; возм. восходит к турецко-персидскому meidan — площадь, поле, арена, ристалище.

МАЙДА́НЩИК, -а, *м.* Вор, жулик, спекулянт (обычно мелкий).

См. **МАЙДАН**; *ср. уг.* «майданник», «майданщик» — базарный или вокзальный вор, тюремный ростовщик, торговец водкой; возм. первоначально рус.-азербайджанский жарг.

МАЙКА *см.* **ПО ЗОНЕ МАЙКОЙ ГОНЯТЬ**

МА́Й-КЛЮ́ХА, Ма́й-Клю́хи, *м., собств.* Популярный певец Майкл Джексон.

«Майкл» + суффикс «ух», переосмысленное как англ. my — мой и **КЛЮХА, КЛЮШКА** — друг, приятель.

МАЙОНЕЗНЫЙ *см.* **ШЛЕПОК МАЙОНЕЗНЫЙ**

МАЙОР *см.* **СЛУЧАЙ**

♦ **МАЙО́Р ВОЛОСЮ́К** — *шутл.* о любом человеке, а также в функции ирон. представления кого-л., часто себя, напр.: *— Алло? Я слушаю. Это кто? — Майор Волосюк* (диалог по телефону).

МАЙОР ПРОНИН *см.* **ПРОНИН**

МАКА *см.* **КАКА**

МАКА́Р, -а, *м.* Пистолет Макарова. *Жлоб с ~ом.*

МАКАРО́НА, -ы, **МАКАРО́НИНА**, -ы, *ж.* **1.** Какая-л. длинная вещь, довесок, обрывок; худая нога, рука; тощий, высокий человек. **2.** Итальянец, итальянка. *Макароны хорошо матрёшек раскупают.* **3.** только *мн.* Бахрома. **4.** То же, что **МАКАР.**

МАКАРО́НИСТЫЙ -ая, -ое, **МАКАРО́ННЫЙ**, -ая, -ое, **МАКАРО́НОВЫЙ**, -ая, -ое. **1.** Длинный, тощий, неловкий (о человеке). **2.** Итальянский.

1. — от **МАКАРОНА.**

МАКАРОННЫЙ *см.* **ВЗРЫВ НА МАКАРОННОЙ ФАБРИКЕ; МАКАРОНИСТЫЙ**

МАКАРОНОВЫЙ *см.* **МАКАРОНИСТЫЙ**

МАКАРОНЫ *см.* **ГРЕБАН**

МАКА́ЧИ, -ей, *мн. Шутл.* Негры, африканцы. *Гвинейские ~.*

Контаминация назв. североамер. индейского племени «апачи» и «макаки» (порода обезьян).

МАКЕ́ТКА, -и, *ж.* Собрание, совещание и т. п. специалистов по компьютерам, программистов; место, где много «компьютерщиков».

МА́КИ, -ов, *мн.* Деньги.

Возм. из *уг.*

МАКИ́Л, -а, **МАХИ́Л**, -а, *м.* Торговец наркотиками; человек, меняющий вещи на наркотики.

Возм. из *уг.*; возм. связано с **МАКЛАК.**

МАКИНТОШ *см.* **ДЕРЕВЯННЫЙ МАКИНТОШ; НАДЕТЬ ДЕРЕВЯННЫЙ МАКИНТОШ**

МАКЛА́К, -а (или -а́), *м.* Мелкий перекупщик, спекулянт, жулик; неуважаемый человек.

Устар. диал. «маклак», «маклачина» — сводник, посредник, базарный плут, маклер, прасол. Из нем. или голландского.

МАКЛА́ЧИТЬ, -чу, -чишь; *несов., чем и без доп.* Заниматься перепродажей чего-л. (обычно по мелочи), быть мелким перекупщиком.

См. **МАКЛАК**; *ср. устар. диал.* «маклевать», «маклыжить», «маклачиться», «маклыжничать» в том же зн., а также в зн. выпрашивать, клянчить, вымогать.

МА́КЛЕР, -а, *м.* Аферист, ловкий жулик, пройдоха.

От общеупотр. «маклер» — посредник в сделке, *ср. уг.* «маклер» — человек в зоне, хранящий деньги и документы.

МАКС, -а, *м., собств.* Премьер-министр РФ Е. М. Примаков.

Ср. **ПРИМУС.**

МАКСА́ТЬ, -а́ю, -а́ешь; *несов.* (*сов.* **МАКСАНУ́ТЬ**, -ну́, -нёшь); *кому, кого-что, чем, сколько и без доп.* Платить, финансировать, расплачиваться. *Кто проект максает? Максану ему зелёными* (долларами). *Максай штуку* (тысячу).

Из *уг. Ср.* **МАКИ.**

МАКСИ́МКА, -и, *м.* **1.** Негр, негритёнок. **2.** *собств.* Памятник М. Горькому (в московском метрополитене, в переходе со станции «Чеховская» на станцию «Тверская»). *Забил стрелку* (назначил встречу) *под ~ой, который за яйца держится.*

1. — имя героя популярного художественного фильма по повести К. Станюковича.

МАКУШКА *см.* **КЛЕВАТЬ (МАКУШКУ)**

МАЛАХОЛЬНЫЙ *см.* **МАЛОХОЛЬНЫЙ**

МАЛАЯ *см.* **МАЛЕНЬКАЯ**

♦ **МА́ЛАЯ ЗЕМЛЯ́** — разновидность водки с маленькой напайкой на пробке, появившаяся при Л. И. Брежневе. *Брежнева надо на целине похоронить, малой землёй присыпать и чтоб не возрождался — ирон.* о Брежневе и его книгах «Малая земля», «Возрождение», «Целина».

МА́ЛЕНЬКАЯ, -ой, **МА́ЛАЯ**, -ой, *ж.* **1.** Рюмка, стопка. *Выпить по ~ой. У меня железная норма — три ~их.* **2.** Бутылка водки ёмкостью 0,5 л, четвертинка. *Раздавим* (выпьем) *по ~ой?*

МАЛЕНЬКИЙ *см.* **ВАГОН (И МАЛЕНЬКАЯ ТЕЛЕЖКА); ЛУЧШЕ МАЛЕНЬКИЙ ТАШКЕНТ, ЧЕМ БОЛЬШОЙ СИБИРЬ**

МАЛЕЦ *см.* **ЗАБИЖАЮТ МАЛЬЧОНКУ (МАЛЬЦА)**

МАЛЕ́ША, **МАЛЕ́ШКА**, *нареч.* Маленько, немного, чуть-чуть. *Чего-то ты малеша не в себе.*

Подражание *прост.*

МАЛИ́НА, -ы, *ж.* **1.** Дом, квартира, жилище. **2.** Притон, место сбора какой-л. компании. *Пойти на ~у. Накрыть ~у* — раскрыть притон. *~а сгорела* (раскрыта милицией). **3.** Что-л. хорошее, вольготное, удобное. *На работе ~, начальник уехал.* **4.** Место, где много женщин.

От *уг.* «малина» — место, где «обрабатывается», обкрадывается жертва; место, где находятся лошади, предназначенные для кражи; соучастница воровства (обычно старуха-сводня); место, где можно спрятаться; воровской притон.

МАЛИНА* *см.* **ЧТОБ ЖИЗНЬ МАЛИНОЙ НЕ КАЗАЛАСЬ**

МАЛИ́ННИК, -а, *м.* То же, что **МАЛИНА 4.**

МА́ЛКА, -и, **МА́ЛОЧКА**, -и, *ж.* Мелкая карта или мелкие деньги.

Возм. из *уг.* или *карт.*

МАЛО *см.* **ПУКАТЬ**

♦ **МА́ЛО НЕ ПОКА́ЖЕТСЯ** — сильно, очень, напр.: *По заду так наварил* (ударил), *что мало не показалось.*

МАЛОХО́ЛЬНЫЙ, -ая, -ое, **МАЛАХО́ЛЬНЫЙ**, -ая, -ое. Странный, чудной; убогий, слабый, беззащитный; робкий, забитый, немужественный; суетливый, бестолковый.

Уг. «малохольный» — глупый, убогий, то же — *обл.* южное; возм. восходит к древнееврейскому maloch — ангел (в иврите — «добряк»).

МАЛОЧКА *см.* **МАЛКА**

МА́ЛЫЙ, -ого, *м.* **1.** Ирон. обращение. *А ты, ~, не дурак и дурак не ~* — ты глуп (обыгрывание двух зн. слова «малый» — «парень» и «маленький»; выражение, в частности, звучит в популярном фильме «Максим Перепелица»). **2.** Ребёнок, сын. **3.** Мужской половой орган. *С таким ~ым и в Париж поехать не стыдно.*

См. также **ТРАВИТЬ МАЛОГО**

МАЛЫ́Ш, -а́, *м.* Бутылка водки ёмкостью 0,25 л, четвертинка.

МА́ЛЬМСТИН, -а, *м.* *Шутл.* О гитаристе-виртуозе или *пренебр.* о гитаристе, обладающем высокой техникой, но играющем «без души». ♦ **Дать ~а** — сыграть технически сложное соло.

Из *муз.* От *собств.*

МА́ЛЬЧИК, -а, **МАЛЬЧИ́ШКА**, -и, *м.* **1.** обычно *мн.* Обращение женщины к мужчинам. *Идите, мальчики, к нам чай пить.* **2.** Пассивный гомосексуалист. **3.** Любовник, друг. **4.** Кобель. **5.** Мужской половой орган. **6.** Отмычка.

6. — из *уг.*

МАЛЬЧИК* *см.* **БОРЬБА НАНАЙСКИХ МАЛЬЧИКОВ**

МАЛЬЧИШКА *см.* **МАЛЬЧИК**

♦ **МАЛЬЧИ́ШКА В РО́ЗОВЫХ ШТАНИ́ШКАХ (С ГРЯ́ЗНОЙ ПО́ПКОЙ)** — молокосос, неопытный юнец.

МАЛЬЧОНКА *см.* **ЗАБИЖАЮТ МАЛЬЧОНКУ (МАЛЬЦА)**

МАЛЯ́ВА, -ы, *ж.* Записка, письмо; свидетельство, документ, удостоверение.

Возм. от «малевать» в зн. изображать что-л., в том числе и писать; по модели **ХАЛЯВА** и т. п.

МАЛЯР *см.* **НО НЕТ ЕЁ И ВЫШЕ...**

МА́МА, -ы, **МА́МКА**, -и, *ж.* **1.** Подруга, девушка (обычно при обращении сверстников). **2.** Пассивный педераст. **3.** Пол-литра водки, поллитровая бутылка. *Мама с дочкой* — поллитровка и четвертинка (водки).

МАМА* *см.* **ВАШЕЙ МАМЕ ЗЯТЬ НЕ НУЖЕН?; ВТОРАЯ МАМА; ЁЖ (ТВОЮ МАМУ); ПАПА РИМСКИЙ (И МАМА РИМСКАЯ); Я ТВОЮ МАМУ ТРОГАЛ; Я У МАМЫ ВМЕСТО ШВАБРЫ**

♦ **МА́МА ДОРОГА́Я!** (или **МА́МА МОЯ́ ЖЕ́НЩИНА!; МА́МА, ТЫ ТУ́ТА, А Я ТА́МА!; МА́МА, РОДИ́ МЕНЯ́ ОБРА́ТНО!** и т. п.) — выражает любую эмоцию (чаще отрицательную).

Выражение «Мама, роди меня обратно!» встречается, напр., у В. Шукшина («Энергичные люди»).

♦ **МА́МА МЫЛА «МЕРС»** — *шутл.* передел. фраза из азбуки «мама мыла раму».

Аллюзия к т. н. «новым русским».

МАМАНЯ *см.* **ПУСКАЙ РАБОТАЕТ ЖЕЛЕЗНАЯ ПИЛА...**

МАМЕ́Д[1], -а, **МАМЕДУ́Н**, -а, *м.* Т. н. «лицо южной национальности».

От распростр. имени собств. «Мамед», «Мухамед».

МАМЕ́Д[2],-а, *м.* Компьютерная система «Модем».

Шутл. контаминация с *собств.* «Мамед», «Мухамед».

МАМЕ́ДИЯ, -и, *ж.*, *собств.* Южные республики (обычно Закавказья и Средней Азии).

См. **МАМЕД**[1].

МАМЕДУН *см.* **МАМЕД**

МАМЕЛЮК *см.* **МАМЛЮК**

МАМКА *см.* **МАМА**

МАМЛЮ́К, -а́, **МАМЕЛЮ́К**, -а́, *м.* Т. н. «лицо южной национальности».

Устар. «мамлюк», «мамелюк» — наёмник в гвардии египетских султанов.

МАМО́Н, -а, *м.* Живот, желудок. *Солидный у тебя ~.*

От *устар. прост.* «мамон» в том же зн.

Ср. **МАМОНА**.

МАМО́НА, -ы, *ж.* Деньги, капитал. *Он мужик с ~ой* (богатый). ♦ **Продаться ~е** — заняться частным предпринимательством.

Устар. «мам(м)она» — богатство, земные блага, сокровища.

МА́МОНТ, -а, *м.*, **МАМОНТЯ́РА**, -ы, *м.* и *ж.* Большой, сильный человек.

МАМОНТ* *см.* **ВЫМЕРЕТЬ КАК МАМОНТЫ; ВЫРУБАТЬ**

МАМОНТЯРА *см.* **МАМОНТ**

МАНА́ТЬ, -а́ю, -а́ешь; *несов., кого чем, с чем.* Надоедать, приставать, изводить, мучить.

См. также **ЗАМАНАТЬ**.

МАНДА́, -ы́, *ж.* **1.** Мошонка. **2.** Женские груди (реже) или лобок. **3.** Руг. *~ ты после этого.* ♦ **В ~у́** *что* — к чёрту, да ну его! **~о́й трясти** *перед кем* — выпендриваться, кокетничать, петушиться.

Устар. «манда» — зад; потаскуха, возм. через *уг.*; возм. из чешского pani manda — задница.

МАНДАВО́ШКА, -и, *ж.* **1.** Лобковая вошь. **2.** *ирон.* Девушка, девчонка.

МАНДА 2 + «вошь, вошка»; возм. из *устар.* или *уг.*; возм. первоначально из чешского, *см.* **МАНДА.**

МАНДАЛА́Й, -я, *м. Ирон.-бран.*, часто в зн. инвективы или *межд.*, выражающего любую эмоцию. *~ ты после этого, а не товарищ. Полный ~ : горячую воду выключили!*

Возм. распространилось после выступлений М. Задорнова. Изначально — назв. крупного города в Мьянме (Бирме); возм. аллюзии к **МАНДА.**

МАНДАСРА́ЧИТЬ, -чу, -чишь; *несов., что* и *без доп.* Делать что-л., обычно активно, быстро и т. п. *~чит на сто восемьдесят* (на скорости).

От **МАНДА** и **СРАТЬ.**

МАНДАТ *см.* **КОЗЫРЬ, НАШ МАНДАТ**

МАНДА́ТРА, -ы, *ж.* Ондатра, мех, изделие из меха ондатры.

Шутл. контаминация с **МАНДА.**

МАНДЕ́ЛЬ, -и, *ж.* **1.** То же, что **МАНДА** во всех зн. **2.** Обычно *пренебр.* Девушка, женщина (о жеманящейся, чопорной, привередливой). *Ах ты, ~ какая!*

2. — возм. от **МАНДА** + «мадемуазель», *прост.* «мамзель».

МАНДИ́ТЬ, *1 л. ед.* обычно не употр., -и́шь,; *несов., без доп.* Лгать, болтать; делать глупости, заниматься ерундой. *Хорош ~, не в цирке.*

Возм. от **МАНДА.**

МАНДОЙ ТРЯСТИ *см.* **МАНДА**

МАНДРА́Ж, -а́, *м.* Испуг, ужас; волнение, озабоченность. *У меня ~. Меня ~ пробрал. Я в ~е.*

Ср. *устар. диал.* «мандара», «мандера», «мандра» — выделанная шкура, земля, материк,берег, «мандровать» — путешествовать, странничать, «мандрыка» — подорожник, лепёшка, ватрушка, «мандра» — человек с тяжёлым характером; *уг.* «мандрыка» — докучливый, надоедливый человек; «мандра» — хлеб, обычно чёрный, «мандер» — участник игры в карты; *ср.* цыг. mandró — хлеб; можно предположить также наложение **МАНДА** и «дрожать».

МАНДРАЖИ́РОВАТЬ, -рую, -руешь; *несов., о чём* и *без доп.* Бояться, переживать, нервничать.

От **МАНДРАЖ.**

МАНДРАЖИ́СТ, -а, **МАНДРАЖО́Р**, -а, *м.* Тот, кто боится, нервничает; трус, малодушный.

От **МАНДРАЖ.**

МАНДУЛА́, -ы́, *ж.* Что-л. большое, объёмное (обычно сложное, затейливое, непростое).

Возм. от **МАНДА.**

МАНЕРА *см.* **В ЛЁГКОЙ МАНЕРЕ**

МА́НЕЧКИ, -чек, **МА́НЬКИ**, -нек, *мн.* Деньги.

Шутл. контаминация *собств.* «Маня», «Манька» («Мария») и англ. money — деньги.

МАНЖЕТЫ *см.* **СЕЙЧАС, ТОЛЬКО УШИ (ЖОПУ, ВОРОТНИЧОК, МАНЖЕТЫ) НАКРАХМАЛЮ**

МАНИКЮ́РИТЬСЯ, -рюсь, -ришься; *несов., с кем* и *без доп.* Прихорашиваться, наряжаться, вертеться перед зеркалом; кокетничать, строить глазки. *Хватит ~, и так опоздали* (в гости). *Ты не ~рься, а дело говори.*

МАНТУ́ЛИТЬ, -лю, -лишь; *несов.* **1.** *без доп.* Работать, вкалывать. *На заводе ~. Пусть за меня трактор ~лит.* **2.** *без доп.* Фиктивно числиться на работе; бездельничать. **3.** *кого.* Бить, избивать.

Ср. *устар.* «ментула», «мантула», «мантулик» — чёрный хлеб; возм. из классических языков через язык киевских бурсаков.

МА́НЬКА, -и, *м.* и *ж.* Гомосексуалист.

Возм. из *уг.*

МАНЬКИ *см.* **МАНЕЧКИ**

МАНЬЯКО́ВСКАЯ, -ой, *ж., собств.* Станция метро «Маяковская».

Наложение с «маньяк».

МАРАБУ́, *нескл., м.* (или **ПЛОСКОСТО́ПЫЙ ~**). Ирон.-дружеское обращение.

«Марабу» — назв. птицы.

МАРАВИ́ХЕР, -а, **МАРОВИ́ХЕР**, -а, *м.* Вор, прощелыга, мошенник.

От *уг.* «маравихер», «маровихер» — мелкий вор, карманник; *ср.* в польск. арго mawicher, нем. арго marchitzer в том же зн.

МАРА́ЗМ, -а, *м.* Что-л. плохое, нелепое, ненужное, безрассудное. ♦ **~ крепчал** — реплика, выражающая негативное отношение к чему-л.

♦ — травестированное «мороз крепчал».

МАРАЗМА́ТИК, -а, *м.* **1.** Глупый человек. **2.** Руг. *Ах ты старый ~!*

От **МАРАЗМ**.

МАРАЗМАТИ́ЧЕСКИЙ, -ая, -ое. Глупый, непродуманный; нелепый, странный, ненормальный.

От **МАРАЗМ**.

МАРАЗМИ́РОВАТЬ, -рую, -руешь; *несов., с чем, на чём* и *без доп.* Делать глупости, совершать нелепые поступки; нервничать, волноваться (обычно по пустякам); неадекватно реагировать на что-л.

От **МАРАЗМ**.

МАРАЗМО́МЕТР, -а, *м.* Контрольный тест в вузе, составленный по образцу американских. *Видел ~: когда Пушкин родился? И три варианта: XVIII век, XIX век, XX век.*

От **МАРАЗМ**.

МАРАКЕ́Ш, -а, **МАРАКЕ́ШНИК**, -а, *м.* **1.** Нелепая ситуация, непредвиденная случайность. **2.** в зн. *межд.* Выражает отрицательную эмоцию: вот тебе на!, ну и ну!

Возм. от **МРАК**.

МАРА́Л, -а, *м.* Ирон. обращение.

МАРАЛ* *см.* **БРАЧНЫЙ КРИК МАРАЛА**

МАРАФЕ́Т, -а, *м.* **1.** Чистота, порядок. *У меня дома полный ~ — тараканы с голодухи дохнут.* **2.** Косметика; хороший внешний вид женщины. *Французского ~а накупила. Она при полном ~е.* **3.** Наркотики. ♦ **Навести ~** — навести порядок, убраться; наложить косметику (о женщине).

Ср. *уг.* «марафет» — кокаин, «навести марафет» — обмануть, заболтать человека, а затем обворовать и скрыться; *диал.* «марафеты подпускать» — одурачивать; возм. из турецко-арабского marifet — знание, ловкость, сноровка.

МАРАФЕ́ТИТЬСЯ, -е́чусь, -е́тишься; *несов., без доп.* Приводить себя в порядок, наряжаться, душиться, накладывать косметику (о женщине).

От **МАРАФЕТ 2**.

МАРГАНЕЦ *см.* **АНГИДРИТ ТВОЮ МАТЬ** (или **АНГИДРИТ ТВОЮ ПЕРЕКИСЬ МАРГАНЦА**)

МАРГО́, *нескл., ж.* Медсестра.

От *собств.* Маргарита.

МАРЁХА, -и, **МАРЁШКА**, -и, *м.* и *ж.* Презираемый всеми человек, изгой.

Возм. от общеупотр. «марать» через *уг.*

МАРИНО́ВАННЫЙ, -ая, -ое. Усталый, вялый, утомлённый, больной, измученный; неприятный, отталкивающий (о внешности человека). *Уберите от меня это рыло ~ое.*

МАРИХУАНА *см.* **ТЕКИЛА, СЕКС, МАРИХУАНА.**

МАРИЯ *см.* **ПРОСТО МАРИЯ**

МАРИ́Я ИВА́ННА — марихуана.

МА́РКА, -и, *ж.* **1.** Что-л. отличное, высококачественное. **2.** Марочное вино. **3.** Автобус. **4.** Доза наркотика LSD в виде листочка (напоминающего марку) с различными изображениями, который кладут под язык.

3. — возм. из *уг.*; 4. — из *нарк.*; др. назв. **КОЛДУН.**

МАРКЛЕ́Н, -а, *м.* Учебная дисциплина «Марксизм-ленинизм». *Я по марклену точно залечу* (провалю экзамен), *отродясь этих трёх бородатых* (Маркса, Энгельса, Ленина) *не читал.*

Сокращ.

МАРМЕЛА́ДЗЕ, *нескл., собств.* Популярный эстрадный певец Меладзе.

МАРОВИХЕР *см.* **МАРАВИХЕР**

МА́РОЧНЫЙ, -ая, -ое. Великолепный, высокого качества. *~ая девочка. ~ гол* (о футболе).

МАРТ *см.* **ОДИННАДЦАТОЕ МАРТА; ПИПИСКА**

МАРТЕ́Н, -а, *м.* Кухня, плита, готовка. ♦ **Стоять у ~а** — готовить еду, проводить время на кухне.

От назв. металлургической печи — «мартеновской», по имени ее изобретателя П. Мартена.

МАРТОВСКИЙ КОТ *см.* **КОТ**

МАРТЫ́ШКА, -и, *ж.* Девушка. *Бери свою ~у и ко мне.*

МАРТЫШКА * *см.* **СИДИТ МАРТЫШКА У ПРУДА...**

МАРУ́СЯ, -и, *ж.* Девушка, женщина (преим. простоватая, наивная).

Уменьшительно-ласк. от *собств.* Мария.

МАРУ́ХА, -и, **МАРУ́ШКА**, -и, *ж.* Женщина, девушка, подруга, любовница.

Ср. *уг.* «Маруха» — любовница вора; *устар.* «мара» — ведьма, кикимора; *офен.* «марха», «маруха» — десять копеек; возм. передел. *собств.* Мария.

МА́РФА, -ы, **МАРФУ́ША**, -и, **МАРФУ́ШКА**, -и, *ж.* Морфий.

Из *нарк.*

МАРЦА́, -ы́, **МАРЦЕФА́ЛЬ**, -и, **МАРЦО́ВКА**, -и, *ж.* Наркотическое средство, изготовленное из какой-л. смеси (напр. марганцовокислого калия и эфедрина).

Возм. влияние *уг.* «марцовка» — тюря из воды и хлеба; *см.* также **МУРЦА**.

МАРШ *см.* **ОТ МЕНЯ ДО СЛЕДУЮЩЕГО ДУБА...**

МАРШАЛ *см.* **НЕСКОЛЬКО ФРАГМЕНТОВ ИЗ ЖИЗНИ МАРШАЛА РОКОССОВСКОГО**

МАРЬЯ́Ж, -а (или -а́), *м.* **1.** Разновидность карточной игры; одна из карточных комбинаций (король и дама одной масти). **2.** Замужество, женитьба, свадьба. **3.** Совпадение чего-л., удачное сочетание, стечение обстоятельств. *Чудный ~ вышел: и деньги есть, и жена уехала.*

2. — фр. mariage

МАРЬЯ́ЖИТЬ, -жу, -жишь; *кого*, **МАРЬЯ́ЖИТЬСЯ**, -жусь, -жишься; *с кем; несов.* Ухаживать, приударять за кем-л.; жениться, выходить замуж.

От **МАРЬЯЖ**.

МАРЬЯ́ЖНИК, -а, *м.* Любовник, сожитель, жених, ухажёр.

От **МАРЬЯЖ**.

МАРЬЯ́ЖНИЦА, -ы, *ж.* Любовница, подружка, невеста, пассия.

От **МАРЬЯЖ**.

МАРЬЯ́НА, -ы, *ж.* Любовница, подруга; любая женщина.

Возм. от *собств.* Марья или Марианна; возм. также влияние **МАРЬЯЖ**.

МАСЁЛ, -сла́ (или -сёла), **МОСЁЛ**, -сла́ (или -сёла), *м.* **1.** Большой, сильный человек. **2.** Молодец, молодчина. **3.** Рука, нога, конечность.

Возм. от «мослак», «мосла́», «мосол» — большая, выступающая кость; или от *уг.* «масёл» — военный, милиционер.

МА́СКИ-ШО́У, ма́сок-шо́у, *мн.* Обыск, захват и т. п. с участием спецназа и применением физической силы.

По назв. популярной передачи.

МА́СЛО, -а, *ср.* Гладкость игры, сыгранность музыкантов; наслаждение, удовольствие при сыгранном исполнении.

Из *муз.*

МАСЛО* *см.* **ФИГ; ФИГНЯ НА ПОСТНОМ МАСЛЕ**

МАСОНСКИЕ ЗАМУТЫ *см.* **ЗАМУТЫ**

♦ **МАСО́НСКИЙ ЖИДОМО́ЛЕЦ** — *собств.* газета «Московский комсомолец».

От «масон(ский)» + **ЖИД** + «богомолец».

МА́ССА, -ы, *ж.* Большой, лишний вес; человек с большим весом. *Мужик в ~е* — толстый. *~ шепчет* — надо худеть. *Ты, ~, булку хочешь?*

См. также **ДОСТАТЬ НА МАССУ; НА МАССУ НАЖАТЬ; ПО МАССЕ УДАРИТЬ (ВРЕЗАТЬ)**

МАССА* *см.* **НАПРЯГАТЬ ЧЕРЕП (ИЗВИЛИНУ, СЕРУЮ МАССУ, МОЗЖЕЧОК)**

♦ **МА́ССУ (НА МА́ССУ) ДАВИ́ТЬ** — спать.

МАСТЁВЫЙ, -ая, -ое. **1.** Прекрасный, замечательный; необходимый, нужный. **2.** в зн. *сущ.*, -ого, *м.* Презираемый всеми человек.

От **МАСТЬ**.

♦ **МА́СТЕР БО** — *ирон.* авторитетный человек, к которому можно всегда обратиться за советом.

МАСТЕР СПИРТА ПО ЛИТЕРБОЛУ *см.* **ЛИТЕРБОЛ**

♦ **МАСТЕРСТВО́ НЕ ПРОПЬЁШЬ** — ирон. реплика, сопровождающая какое-л. удачное действие говорящего (напр., при удачном попадании окурком в урну).

МАСТЕР-ФЛОМАСТЕР *см.* **ФЛОМАСТЕР**

МАСТИ́ТЬ, мащу́, масти́шь; *несов., без доп.* **1.** Попадать, ходить в масть (в картах). **2.** Удачно попадать, вписываться куда-л., быть везучим.

От **МАСТЬ**.

МАСТУРБА́, -ы́, *ж. Шутл.* Бастурма (кушанье из вяленых кусков мяса).

Контаминация с «мастурбировать».

МАСТЫ́РИТЬ, -рю, -ришь; *несов., что.* Хорошо, качественно делать что-л., мастерить.

Ср. *уг.* «мастырить» — уговаривать, делать; *см.* также **ЗАМАСТЫРИВАТЬ**.

МАСТЫ́РКА, -и, *ж.* Уловка, хитрость, ложный предлог. *Ну ты нашёл ~у!*

Ср. *уг.* «мастырка» — намеренное увечье.

МАСТЬ, -и, *ж.* **1.** Что-л. хорошее, желаемое, удачное. **2.** Отметина, клеймо; плохое качество. ♦ **Иметь ~** — выделяться на общем фоне; быть презираемым всеми человеком. **В ~** *что* — удачно, вовремя, точно. **Не в ~** *что* — неудачно, ошибочно, ни к селу ни к городу. **~ пошла, а деньги кончились** — какая неудача, досада!

См. также **ЛЕЧЬ (В МАСТЬ); НА (В) ПОЛНУЮ МАСТЬ**

Возм. из *уг.* или *карт.*

МАТ *см.* **ОН НЕ КУРИТ И НЕ ПЬЁТ, МАТОМ НЕ РУГАЕТСЯ...; СБЛЕДНУТЬ С ЛИЦА И ПОКРЫТЬСЯ МАТОМ**

МАТА́Н, -а, *м.* Научная дисциплина «Математический анализ».

Сокращ.; из *студ.*

МАТЕРКИ́, -ко́в, *мн.*, **МАТЕРО́К**, -рка́, *м.* Мат, ругань, нецензурная брань. ♦ **Потянуло матерком, словно свежим ветерком** — *шутл.* о матерной брани.

МАТЕРНЫЙ *см.* **ПЕРЕВОД С МАТЕРНОГО НА РУССКИЙ**

МАТЕ́ША -и, **МАТЕ́ШКА**, -и, **МА́ТИКА**, -и, **МА́ТКА**, -и, *ж.* **1.** Математика (предмет). **2.** Преподавательница, учительница по математике. *Контроша* (контрольная работа) *по матке. Чего матеша задала?* (на дом).

Из *шк.*, *студ.*

♦ **МА́ТКУ ВЫ́РЕЗАТЬ** (или **ВЫ́РВАТЬ**, **ОТРЕ́ЗАТЬ**, **ОТКУСИ́ТЬ** и т. п.) *кому* — наказать, избить, поставить на место.

МАТОВЕ́Д, -а, *м.* Человек, умеющий виртуозно ругаться матом.

По модели «литературовед» и т. п.

МАТРАС *см.* **НАДУВНОЙ**

МАТРА́СНИК, -а, *м.* Тот, кто на туристических, горнолыжных и пр. базах вместо активного отдыха (походов, катания на лыжах и т. п.) проводит время в помещении, «на матрасе».

МАТРЁНА, -ы, **МАТРЁША**, -и, **МАТРЁШКА**, -и, *ж.* Девушка, женщина.

От *собств.* Матрёна; контаминация с общеупотр. «матрёшка» — деревянная расписная кукла.

МАТРЁШЕЧНИК, -а, *м.* Продавец матрёшек и др. сувениров, старающийся продать товар иностранцам за валюту.

МАТРЁШКА *см.* **КЛЁВЫЕ МАТРЁШКИ; МАТРЁНА; НУ, МАТРЁШКА, ТЫ — ХАЛВА!**

МАТРО́С, -а, *м.* Ирон. обращение.

МАТРОС* *см.* **НА ФИГ; СУКА; У МАТРОСОВ НЕТ ВОПРОСОВ**

МАТРОС ЖЕЛЕЗНЯК *см.* **ЖЕЛЕЗНЯК**

МАТРО́СИТЬ, -о́шу, -о́сишь; *несов., с кем* и *без доп.* Распутничать, развратничать, вести разгульный образ жизни.

МАТЬ, ма́тери, *ж.* Ирон.-дружеское обращение юноши к сверстнице.

Возм. ирон. имитация общеупотр. обращения мужа к жене (если у супругов есть дети).

МАТЬ* *см.* **АНГИДРИТ ТВОЮ МАТЬ; БАОБАБ ТВОЮ МАТЬ!; БУДЬ ЗДОРОВА, МАТЬ-КОРОВА; ГИБРИД; ЕДРИТЬ (ТВОЮ МАТЬ); ЕТИ (ЕГО МАТЬ); ИКЕБАНУ МАТЕРИ; ЯПОНА МАТЬ**

МА́ТЬ-ГЕРО́ИНЯ, ма́тери-геро́ини, *ж.* **1.** Девушка, женщина, принимающая героин. **2.** Распространительница наркотиков.

Из *нарк.*; *ср.* **ОТЕЦ-ГЕРОИН**.

МАТЮГА́ЛЬНИК, -а, **МАТЮКА́ЛЬНИК**, -а, *м.* **1.** Рупор, громкоговоритель. **2.** Рот. **3.** То же, что **МАТЮК** во всех зн.

МАТЮ́К, -а́, *м.* **1.** Тот, кто ругается матом; сквернослов. **2.** Мат, матерная брань. *Послать ~ом.* ♦ **~ами крыть** *кого* — матерно ругаться на кого-л.

МАТЮКАЛЬНИК *см.* **МАТЮГАЛЬНИК**

МАТЮКАМИ КРЫТЬ *см.* **МАТЮК**

МАУГЛИ *см.* **ЗМЭРЗНУТЬ**

МАФИО́ЗНИК, -а, *м.* **1.** Член мафии. **2.** *ирон.* Незадачливый предприниматель.

От общеупотр. «мафия», «мафиози» (от ит. mafioso, *мн.* mafiosi — участник, член мафии); *ср.* **МАФИЯ**.

МАФИО́ЗНИЧАТЬ, -аю, -аешь; *несов., без доп. Ирон.* Заниматься предпринимательской деятельностью, совершать какие-л. махинации (обычно безрезультатно). *Васька всё ~ает, блох на вшей меняет.*

См. **МАФИОЗНИК**.

МА́ФИЯ, -и, *ж. Ирон.* Компания, сборище. *Вся ~ в сборе, наливай.*

Ср. общеупотр. «мафия».

МАФО́Н, -а, *м.* Магнитофон.

Сокращ.

МАХА́ЛОВКА, -и, *ж.* Драка, потасовка.

От **МАХАТЬСЯ 1**.

МАХАТЬ *см.* **ХВОСТОМ БИТЬ (ВИЛЯТЬ, МАХАТЬ)**

МАХА́ТЬСЯ, -а́юсь, -а́ешься; *несов., с кем.* **1.** Драться. *Вчера после салюта ~ались.* **2.** Заниматься любовью.

МАХАЯ́НА, -ы, *ж.* То же, что **МАХАЛОВКА**.

Контаминация **МАХАТЬСЯ** с «махаяна» — назв. одного из направлений в буддизме.

МАХИЛ *см.* **МАКИЛ**

МАХНО́, *нескл., м.* Человек, ранее сотрудничавший с милицией.

От имени анархиста и контрреволюционера батьки Махно; из *уг.*

МАХНУ́ТЬ, -ну́, -нёшь; *сов., чего, что* и *без доп.* Выпить спиртного. *~нём-ка за нас с вами и за пёс с ними* — ирон. тост.

МАХОВИ́К, -а́, *м.* **1.** Сильный человек. **2.** Рука, кулак (обычно большой). *~ с три головы.*

МАХРА́[1], -ы́, *ж.* Курево, табак, сигареты. *Эх ты, ~-то у тебя заграничная.*

От общеупотр. «махорка», «махра».

МАХРА́[2], -ы́, *ж.* **1.** Махровая ткань. **2.** Что-л. ярко выраженное, характерное. *~ еврейская. ~ коммунистическая.*

2. — от общеупотр. «махровый» — ярко выраженный со стороны какого-л. отрицательного качества.

МАХРЯ́К, -а́, *м.* То же, что **МАХРА́ 2**.

МА́ЦАТЬ, -аю, -аешь; *несов., кого-что.* Хватать, щупать, мусолить; приставать, надоедать, доводить.

Уг. и *диал.* «мацать» — щупать.

МА́ША[1], -и, *ж.* (или ~ **С УРАЛМА́ША**). *Ирон.* Женщина, девушка (обычно недалёкая, простоватая).

Производное от *собств.* Мария.

См. также **ДЕЛОВАЯ (МАША); ПРИКУМАРЕННЫЙ**

МА́ША[2], -и, *м.* Матрос, моряк.

МАШИ́НА, -ы, *ж.* **1.** Большой, мощный человек; спортсмен, силач. **2.** Вышибала. **3.** Шприц (обычно для наркотиков). **4.** Сердце. **5.** Револьвер.

3. — из *нарк.*, 5. — из *уг.*

МАШИНА* *см.* **АДСКАЯ МАШИНА; ДИНАМО-МАШИНА; ХМЕЛЕУБОРОЧНЫЙ КОМБАЙН...**

МАШИНИ́СТ, -а, *м.* Вдохновитель, «мозговой центр», «душа», инициатор какого-л. дела, мероприятия.

МАШИНИ́СТЫ, -ов, *мн.* Члены популярной рок-группы «Машина времени».

МАШКА *см.* **БЕЗ РУБАШКИ БЛИЖЕ К МАШКЕ**

МАЭ́СТРО, *нескл., м.* Ирон.-дружеское обращение.

МАЯ́К[1], -а́, *м., собств.* Площадь Маяковского в Москве.

МА́ЯК[2], -а́, *м., собств.* Название нескольких пивных в Москве.

МАЯЧО́К, -чка́, *м.* Специальный сигнал, размещённый на крыше машины и дающий право проезда на запрещающий сигнал светофора и по встречной полосе, «мигалка».

МГПИИЯ [эмгэпиия́], *нескл., ср.* или *м., аббрев.* Место, Где Проститутки Изучают Иностранные Языки.

МГПИИЯ — Московский государственный педагогический институт иностранных языков им. М. Тореза (ныне МГЛУ); ирон. расшифровка аббревиатуры.

МЕ́БЕЛЬ, -и, *ж.* Что-л. факультативное, второстепенное; чужие, остальные (о людях). *Ну, вчера пришли Петька, Ленка, ну и там ~ всякая.*

См. также **ПРИСУТСТВУЕТ ДЛЯ МЕБЕЛИ**

Возм. от общеупотр. выражения «для мебели» — о ком-л., чьё присутствие совершенно бесполезно, не нужно; *ср. уг.* «мебель» — те, кто играет вместе с шулером для увеличения числа партнёров.

МЕБЕЛЬ* *см.* **ДВИГАТЬ МЕБЕЛЬ**

МЕД, -а, *м.* **1.** Медицинский институт (один из трех московских). *Первый ~.* **2.** Медик, врач. *Крутой ~: зуб выдрал как редиску* (хороший врач).

МЁД, -а, *м.* **1.** Хороший, приятный человек. *~-мужик.* **2.** Лесть, лицемерие. *Ты ему с ~ом там наговори чего-нибудь.*

МЁД* *см.* **ЧТОБЫ СЛУЖБА (РАБОТА, ЖИЗНЬ) МЁДОМ НЕ КАЗАЛАСЬ**

МЕДВЕ́ДЬ, -я, *м.* **1.** Назв. ряда коктейлей. **2.** Несгораемый шкаф, сейф; громоздкий шкаф. ♦$_1$ **Белый ~** — смесь пива, водки и шампанского. ♦$_2$ **Заломать ~я** — вскрыть сейф.

См. также **БУРЫЙ МЕДВЕДЬ**

2. и ♦$_2$— от *уг.* «медведь» — сейф (возм. восходит к польскому арго), *ср.* «медведя взять на аркан» — вывезти несгораемый шкаф, «медведя взять за лапу» — взломать сейф и т. п.

МЕДВЕДЬ* *см.* **ДЯДЯ; СОВА**

МЕДВЕЖА́ТНИК, -а, *м.* Вор, специализирующийся на взламывании сейфов.

От *уг.* в том же зн.; *см.* также **МЕДВЕДЬ**.

♦ **МЕ́ДЛЕННЫЕ КОЛЁСА** — т. н. «транквилизаторы», успокоительные средства, употребляемые в качестве наркотиков.

Из *нарк.*

МЕДЛЯ́К, -а́, *м.* **1.** Спокойная, тихая музыка, медленный танец. *Пригласить на ~. Познакомились на ~е.* **2.** Что-л. медленное, затянувшееся. *~ом сыт по́ уши* — недоволен, что дело затягивается.

МЕДНЫЙ *см.* **НАКРЫТЬСЯ (МЕДНЫМ ТАЗОМ)**

МЕДОВА́ТЬ, -ду́ю, -ду́ешь; *несов., без доп.* **1.** Быть молодожёном, проводить медовый месяц. **2.** Хорошо, шикарно жить, преуспевать.

МЕДСЕСТРА́, -ы́, *ж.* Менструация. *Пришла ~.*

МЕДУЗА *см.* **БРЕД; ПОЛЗИ, МЕДУЗА, МОРЕ РЯДОМ**

МЕЖДОМЕ́ТИЕ, -я, *ср.* **1.** Безвременье, затишье; промежуток между какими-л. событиями. **2.** Руг., матерная брань. *Больно уж обидчивый, русского ~я ему не скажи. Ну, сказал я ему там три ~я, зачем же ногами драться.*

1. — возм. из языка строителей: о периоде между концом строительства одного объекта и началом строительства другого.

МЕЖДУГОРОДНИЙ *см.* **ПОЗВОНИТЬ**

МЕЖДУ НАМИ, ДЕВОЧКАМИ *см.* **ДЕВОЧКА**

♦ **МЕ́ЖДУ НА́МИ КЛЮЧИ́ И ЧЕМОДА́Н, МЕ́ЖДУ НА́МИ ЧЕМОДА́Н И БАЛЕ́ТНЫЕ ТА́ПОЧКИ, МЕ́ЖДУ НА́МИ ШИФОНЬЕ́Р** — между нами всё кончено.

МЕЖДУНАРО́ДНАЯ, -ой, *ж.* Три рубля (советских).

Возм. по зелёному (как у долларов) цвету купюры.

♦ **МЕ́ЖДУ ПРО́ЧИМ, ВСЕ МЫ ДРО́ЧИМ** — *ирон.* в ответ на чью-л. реплику со словами «между прочим».

МЕЗОЗО́Й, -я, *м.* Что-л. старое, отсталое; отсталый, тупой человек. *Полный ~, хвост в трусах прячет* (о дураке).

От «мезозой», «мезозойская эра» — геологическая эра в истории Земли.

МЕЗОЗО́ЙСКИЙ, -ая, -ое. Отсталый, устаревший (о взгляде, мировоззрении); старый, вышедший из моды. *~ая идеология. ~ пиджачок.*

От **МЕЗОЗОЙ**.

♦ **МЕКСИКА́НСКАЯ ШЛЮ́ХА** — *ирон.* главная героиня мексиканских телесериалов, т. н. «мыльных опер».

♦ **МЕКСИКА́НСКИЙ (БРАЗИ́ЛЬСКИЙ) ТУШКА́Н** — собака неизвестно какой (или редкой) породы; беспородная собака, дворняжка, напр.: *Это что за мексиканский тушкан? — Это бультерьер. Ваш Боцман какой породы? — Бразильский тушкан* (дворняжка).

Возм. распространилось под влиянием текста романа И. Ильфа и Е. Петрова «Двенадцать стульев».

МЕ́ЛКИЙ, -ого, *м.* **1.** Младший брат. *Нас в семье трое: я и двое ~их.* **2.** Ребёнок, сын.

МЕЛКИЙ* *см.* **ОБАЛДЕМОН И МЕЛКИЙ ПОТРЯС; СТЕЛИТЬСЯ МЕЛКИМ БЕСОМ.**

МЕЛО́ДИЯ, -и, *ж.* Милицейская машина; милиция. *Уехал на ~и.*

Возм. из *уг.*

♦ **МЕ́ЛОЧЬ В КАРМА́НАХ ПЛА́ВИТСЯ** *у кого* — о чьей-л. сильной эмоции, употр. также как элемент угрозы, напр.: *Так злится, что мелочь в карманах плавится; Сейчас я тебе такое устрою, что будет мелочь в карманах плавиться.*

МЕЛОЧЬ ПУЗАТАЯ *см.* **ПУЗАТЫЙ**

МЕ́ЛЬНИЦА, -ы, *ж.* Притон.

Из *уг.*

МЕМУАРА́ЗМЫ, -ов, *мн. Ирон.* Воспоминания, мемуары (чаще о книгах, написанных бывшими партийными лидерами).

Контаминация «мемуары» и «маразм».

МЕНДЕЛЕ́ЕВЕЦ, -вца, **МЕ́НДЕЛЬ**, -я, *м.* Студент МХТИ им. Менделеева.

МЕНЖА́, -и́, *ж.* **1.** Страх, ужас, волнение. *На меня ~ напала* — я испугался. **2.** Трус.

Возм. от *уг.* «менжа» — задний проход, «минжа» — женские половые органы; от цыг. manja — лат. vulva.

МЕНЖЕВА́ТЬСЯ, -жу́юсь, -жу́ешься; *несов., чего* и *без доп.* Бояться, страшиться; переживать, нервничать.

От **МЕНЖА**.

МЕНЗУ́РИТЬ, -рю, -ришь; *несов., без доп.* Пить понемногу, маленькими стопками; делать что-л. маленькими порциями.

От **МЕНЗУРКА**.

МЕНЗУ́РКА, -и, *ж.* То, из чего пьют спиртное: стопка, рюмка и т. п. (чаще о сосудах маленького объёма).

Переосмысление общеупотр. «мензурка» — лабораторный сосуд с делениями.

МЕНС, -а, *м.*, **МЕНСТРУ́ХА**, -и, *ж.*, **МЕНСТРЭ́**, *нескл., ср.* Менструация.

МЕНСТРУЯ́ЧИТЬ, -чу, -чишь; *несов., что* и *без доп.* Проливать что-л.; пачкать, грязнить; делать что-л. интенсивно, мощно, быстро.

Возм. от «менструация» + «струя», **СТРУЯЧИТЬ**.

МЕНСТРЭ *см.* **МЕНС**

МЕНТ, -а́, **МЕ́НТИК**, -а, **МЕНТОЗА́ВР**, -а, *м.*, **МЕНТЯ́РА**, -ы, *м.* и *ж.* Милиционер. *Мент позорный* (или *поганый*) — руг.

См. также **КЕНТ**

Уг. «мент» — милиционер, тюремный надзиратель, из польского.

МЕНТ* *см.* **СПИНКА МЕНТА**

МЕНТАЛИТЕТ *см.* **УДАРИМ РУССКИМ МЕНТАЛИТЕТОМ ПО АМЕРИКАНСКИМ МОЗГАМ!**

МЕНТИК *см.* **МЕНТ**

МЕНТОВА́ТЬ, -ту́ю, -ту́ешь; *несов.* **1.** *без доп.* Работать милиционером; быть постовым. **2.** *кого* и *без доп.* Наводить порядок, осуществлять контроль; ругать. *Начальство ~тует.*

От **МЕНТ**.

МЕНТО́ВКА, -и, **МЕНТОВСКА́Я**, -о́й, **МЕНТУ́РА**, -ы, *ж.* Милицейская машина или отделение милиции.

От **МЕНТ**.

МЕНТОВО́З, -а, *м.* Милицейская машина.

От **МЕНТ** + «возить».

МЕНТОВСКАЯ *см.* **МЕНТОВКА**

МЕНТОВСКО́Й, -а́я, -о́е. Относящийся к милиции, милицейский. *~ая форма. ~ие дела.*

См. также **ПИАНИНО**

От **МЕНТ**.

МЕНТОЗАВР *см.* **МЕНТ**

МЕНТУРА *см.* **МЕНТОВКА**

МЕНТХА́УЗ, -а, *м.* Отделение милиции.

От **МЕНТ** + англ. house — дом.

МЕНТЯРА *см.* **МЕНТ**

МЕНЬШЕ *см.* **БОЛЬШЕ СКОРОСТЬ — МЕНЬШЕ ЯМ**

МЕНЬШЕВИКИ́, -о́в, *мн.* Т. н. сексуальные меньшинства — гомосексуалисты, лесбиянки.

МЕНЬШЕ ЗВОНА *см.* **ЗВОН**

МЕРЗА́ВЕЦ, -вца, *м.*, *собств.* Автомобиль марки «Мерседес».

Ср. **МЕРИН, МЕРС.**

МЕРЗА́ВКА, -и, **МЕРЗА́ВОЧКА**, -и, *ж.*, **МЕРЗА́ВЧИК**, -а, *м.* Маленькая бутылочка спиртного (чаще коньяка).

МЕ́РЗКИЙ, -ая, -ое. Ирон.-шутл., часто ласк. эпитет при обращении. *~ мальчишка.*

МЕРЗКИЙ ПАПА *см.* **ГАДСКИЙ (МЕРЗКИЙ, ПОДЛЫЙ, ГНУСНЫЙ) ПАПА**

МЁРЗНУТЬ, -ну, -нешь; *несов.*, *без доп.* Сидеть без спиртного; хотеть выпить, но не иметь такой возможности.

МЁРЗНУТЬ* *см.* **А У ТЕБЯ НОГИ С УТРА НЕ БУДУТ МЁРЗНУТЬ?**

МЕ́РИН, -а, *м.* *Шутл.* Автомобиль марки «Мерседес». *Сел на своего мерина.*

Ср. **МЕРЗАВЕЦ, МЕРС.**

МЕ́РКА, -и, *ж.* Посуда, из которой пьют спиртное; стакан или рюмка, которыми отмеряют равные порции.

МЕРС, -а, *м.* Автомобиль марки «Мерседес».

См. также **МАМА МЫЛА «МЕРС»**

Ср. **МЕРЗАВЕЦ, МЕРИН.**

МЕ́РСИТЬ, *1 л.* не употр., -ишь; *несов.* Ездить на автомобиле марки «Мерседес». *~ с кондёром* (кондиционером).

Ср **МЕРС.**

♦ **МЁРТВОГО ЗАМУ́ЧИТЬ** — быть надоедливым, нудным, настойчивым.

♦ **МЁРТВЫЕ НЕ ПОТЕ́ЮТ** — ирон. имитация названия низкопробного детектива.

МЁРТВЫЙ, -ая, -ое. **1.** Сильно пьяный. **2.** Плохой, некачественный; такой, который трудно продать (о товаре).

МЁРТВЫЙ* *см.* **КАК МЁРТВОМУ УЖАСНИК**

МЕРТВЯ́К, -а́, *м.* **1.** То же, что **МЁРТВЫЙ. 2.** Нудный, сонный, апатичный, неэнергичный человек. **3.** в зн. *нареч.* Точно, наверняка, во что бы то ни стало.

МЕСИ́ЛОВКА, -и, *ж.* Драка, потасовка.

От **МЕСИТЬ 2 ; МЕСИТЬСЯ.**

МЕСИ́ТЬ, мешу́, ме́сишь; *несов.* **1.** *что* и *без доп.* Перемешивать карты, фишки. **2.** *кого чем.* Бить, избивать кого-л. **3.** *На чём что* и *без доп.* Играть на каком-л. муз. инструменте. **4.** *что* и *без доп.* Делать что-л. быстро, одним махом.

♦ **~ колоду** *кому* и *без доп.* — путать, вносить сумбур.

♦ **МЕСИ́ТЬ ГЛИ́НУ (ГОВНО́)** *кому* — заниматься гомосексуализмом.

Ср. **ГЛИНОМЕС.**

♦ **МЕСИ́ТЬ ДЕРЬМО́** — **1.** Заниматься тяжёлой, неинтересной работой или чепухой. **2.** То же, что **МЕСИТЬ ГЛИНУ.**

МЕСИ́ТЬСЯ, мешу́сь, ме́сишься; *несов.*, *с кем.* Драться.

♦ **МЕСТА́ НА́ДО ЗНАТЬ** — шутл. ответ на вопрос о месте приобретения чего-л.

МЕСТИ́, мету́, метёшь; *несов.* **1.** *что* и *без доп.* Есть, кушать. *Всё подряд метёт.* **2.** *кого.* Забирать в милицию, задерживать; заставать на месте преступления. *Наших метут.* **3.** Болтать вздор, много говорить. *Пургу* (ерунду) *метёт.*

МЕСТИ* *см.* **ШТАНАМИ УЛИЦЫ МЕСТИ**

МЕСТНЫЙ *см.* **ПОЗВОНИТЬ**

МЕ́СТО, -а, *ср.* (или **ЛЕ́НИНСКИЕ ~А́, СА́МОЕ ИНТЕРЕ́СНОЕ ~**). Зад, ягодицы или половые органы.

«Ленинские места» — возм. от популярного в прошлом назв. «По ленинским местам».

МЕСТО* *см.* **И ВАС (ТЕБЯ) ТЕМ ЖЕ КОНЦОМ ПО ТОМУ ЖЕ МЕСТУ; КТО ВЗЯЛ ИЗМАИЛ, ПОЛОЖИТЕ ЕГО НА-МЕСТО!; НИЧЕГО — ПУСТОЕ МЕСТО; ОДНОЙ ЖОПОЙ НА ТРЁХ МЕСТАХ СИДЕТЬ...; ПАРАША; ПО МЕСТУ; ПРИЖАТЬ (ПРИСЛОНИТЬ) К ТЁПЛОЙ СТЕНКЕ (В ТЁМНОМ МЕСТЕ); ПРЫЩ НА РОВНОМ МЕСТЕ; СРАТЬ; СТАВИТЬ БАШНЮ НА МЕСТО; ШОФЁРЫ, БОЙТЕСЬ ТЕХ МЕСТ, ОТКУДА ПОЯВЛЯЮТСЯ ДЕТИ**

♦ **МЕ́СТО, ГДЕ НО́ГИ ТЕРЯ́ЮТ СВОЁ ГО́РДОЕ И́МЯ** — *ирон.* зад, задница.

МЕСЯЦ *см.* **НЕ МАЙ МЕСЯЦ; ЧЁРНЫЙ МЕСЯЦ; ЯСНЫЙ МЕСЯЦ**

МЕТА́ЛЛ, -а, *м.* **1.** Металлический рок. **2.** Деньги. *Я не при металле.*

1. — из *муз.*

МЕТАЛЛИ́СТ, -а, *м.* Поклонник или исполнитель металлического рока.

От **МЕТАЛЛ**.

МЕТА́ТЬ, мечу́, ме́чешь; *несов.* **1.** *что* и *без доп.* Метать банк, раздавать карты. **2.** *что* и *без доп.* Есть (обычно много и быстро). *Во мечет, ложка раскалилась.*

См. также **ХАРЧ**

♦ **МЕТА́ТЬ ВСЁ НА СТОЛ** — радушно, хлебосольно принимать гостей.

♦ **МЕТА́ТЬ ИКРУ́** — волноваться, нервничать.

МЕТАТЬ ПАРЧУГУ *см.* **ПАРЧУГА**

♦ **МЕТА́ТЬ ПЁСТРУЮ ЛЕ́НТУ** — испытывать рвоту, тошноту.

Аллюзия к названию одного из рассказов А. Конан-Дойля о приключениях Ш. Холмса.

МЕТЕ́ЛИТЬ, -лю, -лишь; *несов., кого.* Бить, избивать.

Возм. из *уг.*

МЕТЕ́ЛИТЬСЯ, -люсь, -лишься; *несов., с кем.* Драться.

От **МЕТЕЛИТЬ**.

МЕТЕ́ЛЬ, -и, *ж.* Драка, потасовка.

От **МЕТЕЛИТЬ, МЕТЕЛИТЬСЯ**,

МЕТЛА́[1], -ы́, *ж.* **1.** Язык. **2.** Милиционер. **3.** Девушка, женщина. ♦ **Держи ~у** (или **следи за ~ой**) — думай, что говоришь.

2. — возм. от *уг.* «метёлка» в том же зн.; или от **МЕСТИ 2.**

МЕТЛА́[2], -ы́, *ж., собств.* Кафе (сейчас ночной клуб) «Метелица» на Калининском проспекте (теперь — Новый Арбат) в Москве.

МЕТЛА* *см.* **НЕДЕРЖАНИЕ (МЕТЛЫ)**

МЕТНУТЬ КАЛ *см.* **КАЛ**

♦ **МЕ́ТОД ФИХТЕНГО́ЛЬЦА** — способ открывать бутылку вина, закрытую корковой пробкой: бутылка ударяется дном по приложенной к стене толстой книге.

МЕТР, -а, *м.* (или **~ С КЕ́ПКОЙ, ~ С ШИ́ШКОЙ, ~ БЕЗ КЕ́ПКИ** и т. п.). Человек маленького роста.

МЕТР* *см.* **ТРИ МЕТРА НИЖЕ ПЛАЦА**

МЕ́ЧЕНЫЙ, -ого (или **МИ́ШКА ~**), *м., собств.* М. С. Горбачёв.

МЕЧТА́, -ы, *ж.* (или **~ ИДИО́ТА**). Что-л. желанное, то, чем говорящий восхищается.

Выражение из романа И. Ильфа и Е. Петрова «Золотой телёнок».

♦ **МЕЧТА́ ИМПОТЕ́НТА**, *собств.* — **1.** Мемориал К. Э. Циолковского около метро «ВДНХ» в Москве. **2.** Памятник Ю. Гагарину на пл. Гагарина в Москве. **3.** Памятник русско-грузинской дружбы на Тишинской площади.

МЕЧТА́ТЕЛЬНЫЙ, -ая, -ое, **МЕЧТА́ТЕЛЬСКИЙ**, -ая, -ое. Хороший, прекрасный, высококачественный; вкусный.

МЕШАТЬ *см.* **ПОПРАВЬ ВОРОТНИК, СВИСТЕТЬ МЕШАЕТ**

МЕШО́К, -шка́, *м.* **1.** Одиночная камера или тюрьма. **2.** Замкнутый двор (обычно без зелени). **3.** Скупщик, перекупщик, спекулянт; иногородний, приехавший в Москву за покупками.

1. и 3. — из *уг.*

МЕШОК* *см.* **ГВОЗДЬ; ЗАШИБЛЕННЫЙ; НЕ МЕШОК КАРТОШКИ; ПРИХЛОПНУТЫЙ; ЭТО ТЕБЕ НЕ МЕШОК КАРТОШКИ**

МЕШОК (КУЛЬ) С ГОВНОМ *см.* **ГОВНО**

♦ **МЕШО́К С ДЕРЬМО́М** — тяжёлый, неуклюжий человек.

МИИ́Т, -а, *м.* **1.** Мы Интенсивно Ищем Третьего. **2.** Московский Институт Или Техникум.

МИИТ — Московский институт инженеров транспорта; шутл. переосмысл. аббрев.

МИКРО́Н, -а, *м.* Что-л. точное, сделанное тютелька в тютельку. ♦ **Поймать** (или **словить,**

ловить) ~ (или **~ы)** — сделать что-л. точно, тщательно, скрупулёзно; случайно попасть в цель.

Ср. общеупотр. «микрон» — одна миллионная часть метра.

МИКРО́НИТЬ, -ню, -нишь; *с чем, чем, на чём* и *без доп.* Делать что-л. точно, метко, безукоризненно, виртуозно, избегая опасности. *Между столбами ~* (ехать на машине).

От **МИКРОН**.

МИКРО́НЩИК, -а, *м.* Человек, делающий что-л. точно, ловко, попадающий в цель, чудом избегающий опасности.

От **МИКРОН**.

МИКРОФО́Н, -а, *м.* Стакан, рюмка, стопка, любая ёмкость для распития спиртного (как правило, в ситуации, когда все по очереди пьют из одной ёмкости). *Отдай ~ ! Ну-ка дай ~, я речь скажу* (произнесу тост).

МИКСТУ́РА, -ы, *ж.* Спиртное.

МИЛА́Н, -а, **МИЛА́НЕЦ**, -нца, *м.* Милый, симпатичный человек.

От общеупотр. «милый»; контаминация с назв. итал. города Милан.

МИЛИЦЕЙСКИЙ *см.* **ПИАНИНО**

♦ **МИЛИЦИОНЕ́Р РОДИ́ЛСЯ** — шутл. реплика, сопровождающая неловкую паузу во время беседы.

Ср. *разг.* «ангел пролетел» в том же зн.

МИЛЫЙ *см.* **С МИЛЫМ РАЙ И В ШАЛАШЕ...; Я МИЛОГО УЗНАЮ ПО КОЛГОТКАМ**

МИЛЬТО́Н, -а, *м.* Милиционер.

От *уг.* «мильтон» в том же зн.

МИЛЯ́ГА, -и, *м.* и *ж.* Милый, симпатичный человек.

МИ́МО, *нескл., ср.* МГИМО (Московский государственный институт международных отношений), *разг.* МИМО́.

Ирон. переосмысл. аббрев.; намёк на трудность поступления.

♦ **МИ́МО КА́ССЫ (ПРОЛЕТЕ́ТЬ)** — о неудаче, провале, невезении.

♦ **МИ́МО ТА́ЗИКА** *что, что делать* — о чём-л. сделанном (обычно сказанном) невпопад, глупо, напр.: *Ты, парниша, явно мимо тазика выступил!*

МИМО́ШНИК, -а, *м.* Студент, аспирант или преподаватель, сотрудник МГИМО.

МИ́НА, -ы, *ж.* **1.** Что-л. опасное, непредсказуемое (в том числе и о человеке). **2.** Презираемый всеми человек. **3.** Коровий помёт. **4.** Шпаргалка.

2. — возм. от *уг.* «мина» — презираемый заключённый; 4. — из *шк., студ.*

Ср. **БОМБА 2**.

МИНА* *см.* **ВПЕРЁД; ЯСНО, ОТЧЕГО ЗАЛУПА КРАСНА...**

МИНИМА́ЛКА, -и, *ж.* Минимальная заработная плата. *Премия — три ~и. Теперь всё на ~и меряют.*

МИНИСТР ФИНАНСОВ *см.* **ФИНАНСЫ**

МИНОМЁТ *см.* **ДЕРЖАТЬ ХВОСТ ТРУБОЙ...**

МИ́НУС, -а, *м.* Неприятная ситуация; дурное расположение духа, апатия; финансовые затруднения, кризис. ♦ **Быть в ~е** — быть в тяжёлом (обычно в финансовом отношении) положении, в проигрыше.

МИНУСОВА́ТЬ, -су́ю, -су́ешь; *несов., с чем* и *без доп.* Быть в тяжёлом положении, в дурном настроении; испытывать какие-л. затруднения; проигрывать, быть банкротом.

От **МИНУС**.

МИНУСО́ВКА, -и, *ж.* Фонограмма без основного вокала.

Из *муз.*

МИНУТА *см.* **КОНЧИЛ, НЕ КОНЧИЛ — У ВАС ТРИ МИНУТЫ**

МИНУТОЧКА *см.* **НА МИНУТОЧКУ**

МИНФИ́НОВКА, -и, *ж.* Ценная бумага министерства финансов.

Из языка финансистов, экономистов.

МИР *см.* **В МИРЕ ЖИВОТНЫХ; ВЫШЕ ПОЯСА — В МИРЕ ЖИВОТНЫХ...; ЖИВОТНОЕ; МОЛЧИ, Я ВОЕВАЛ, Я ТРИЖДЫ ГЕРОЙ МИРА; ПУСТЬ ИДЁТ КРОВЬ ИЗ НОСУ...**

♦ **МИР В КЛЕ́ТОЧКУ** *у кого* — **1.** О состоянии лёгкого, приятного опьянения. **2.** О человеке, сидящем в тюрьме.

МИРУ — МИР, ВОЙНЕ — ПИПИСКА *см.* **ПИПИСКА**

МИСИ́, *нескл., ср.* (или *м.*). Московский Институт Сексуальных Извращений.

МИСИ — Московский инженерно-строительный институт, ирон. переосмысл. аббрев.

МИ́СКА, -и (или **МИ́СКА-ПИПИ́СКА**), *ж. Ирон.* «Мисс», победительница какого-л. конкурса красоты.

МИСКА* *см.* **Я В ЗОНЕ МИСКОЙ БРИЛСЯ!**

МИТЁК, -тька́, *м.* Член группы петербургских художников, работающих в псевдорусском лубочном стиле и ведущих своеобразный стилизованно-богемный образ жизни; тот, кто подражает такому стилю.

От имени руководителя группы Мити (Дмитрия) Шагина.

МИТИНГ *см.* **ПЕТЯ ИДЁТ НА МИТИНГ...**

МИ́ТЬКА, -и, *м.* Постовой милиционер.

Из *уг.*

МИТЬКО́ВСКИЙ, -ая, -ое, **МИТЬКО́ВЫЙ**, -ая, -ое. Относящийся к т. н. митькáм или подражающий им.

См. **МИТЁК**.

МИТЬКО́ВСТВОВАТЬ, -твую, -твуешь; *несов., без доп.* Быть т. н. митькóм или подражать митькáм.

См. **МИТЁК**.

МИТЬКОВЫЙ *см.* **МИТЬКОВСКИЙ**

МИ́ТЯ[1], -и, *м., собств.* Бывший президент Франции Ф. Миттеран.

МИТЯ[2] *см.* **ПЕТЯ ИДЁТ НА МИТИНГ...**

МИХЛЮ́ТКА, -и, **МИХРЮ́ТКА**, -и, *м.* или *ж.* **1.** Милиционер. **2.** Смешной, бестолковый, глуповатый человек; часто употребляется как ирон. обращение.

1. — *ср. уг.* «михлютка» — жандарм; 1. и 2. — *ср. устар. диал.* «михлюй», «михрюта», «михрюк» — домосед, нелюдим, увалень, остолоп, бирюк, разиня, рохля.

МИЧИГА́НЩИНА, -ы, *ж.*; *шутл.* Об Америке, американцах.

От назв. штата Мичиган. *См.* **ЭГЕЙЩИНА**.

МИ́ШКА, -и, *м., собств.* М. С. Горбачёв.

♦ **МИ́ШКА — в ЖО́ПЕ ШИ́ШКА** (дразнилка).

МИШКА-ЗАЛУПЫШКА *см.* **ЗАЛУПЫШКА**

МИШКА МЕЧЕНЫЙ *см.* **МЕЧЕНЫЙ**

МЛА́ДШИЙ, -его, **МЛАДШО́Й**, -óго, *м.* Младший офицер (сержант, лейтенант). ♦ **Ки́нуть млáдшего** *кому* — присвоить звание младшего офицера.

Из *арм.*

МЛАДШИЙ* *см.* **СТАРШИЙ ПОМОЩНИК МЛАДШЕГО ДВОРНИКА**

♦ **МЛА́ДШИЙ ДВО́РНИК** — помощник прокурора.

Из *уг.*

МЛАДШОЙ *см.* **МЛАДШИЙ**

МНА́КА, -и, **МНЯ́КА**, -и, **НА́КА**, -и, *ж.* Что-л. вкусное, лакомство, деликатес.

Из *детск.*

МНОГОПАРТИ́ЙНЫЙ, -ого, *м.* Ругань, сквернословие. *Обложить ~ым.*

Шутл. травестирование общеупотр. *прост.* «многоэтажный» в том же зн.

МНОГО ПУКАЛА, МАЛО КАКАЛА *см.* **ПУКАТЬ**

МНЯКА *см.* **МНАКА**

МОБИ́ЛА, -ы, *ж.*, **МОБИ́ЛЬНИК**, -а, *м.* Мобильный телефон. *Мудильник* (дурак) *с мобильником. Пробей на мобилу* (позвони).

МОГИЛА *см.* **БРАТСКАЯ МОГИЛА: УПАСТЬ, ОБНЯТЬ И ЗАПЛАКАТЬ; ДЕТИ — ЦВЕТЫ ЖИЗНИ НА МОГИЛЕ...; РОЙ МОГИЛУ; СЕЙЧАС БУДЕШЬ СЕБЕ МОГИЛУ ЛОЖКОЙ КОПАТЬ**

♦ **МОГУ́ И СНИ́КЕРС ПОСОЛИ́ТЬ** — ирон. ответ на вопрос собеседника, начинающийся со слов «а ты можешь...?»

МОГУЧАЯ *см.* **ЛАПА**

МОДА *см.* **ПОСЛЕДНИЙ ПИСК (МОДЫ)**

♦ **МО́ДНАЯ ЧЕШУ́Я** — чушь, глупость, ерунда, чёрт знает что.

МОДНЕ́ЦКИЙ, -ая, -ое, **МОДНЮ́ЧИЙ**, -ая, -ое, **МОДНЯ́ВЫЙ**, -ая, -ое, **МОДНЯ́ЦКИЙ**, -ая, -ое. Модный, новый; отличный. *Нам там моднявый приём устроили.*

МО́ДНИК, -а, *м.* Капризный человек; тот, кого приходится уговаривать, уламывать. *Таксист таким ~ом оказался: не поеду и всё.*

МО́ДНИЧАТЬ, -аю, -аешь; *несов., без доп.* Капризничать, ломаться, дурить, блажить; иметь свои прихоти, причуды. *Смотри-ка ты — ~ает, сто рублей ему мало.*

От **МОДНИК**.

МОДНЮЧИЙ, МОДНЯВЫЙ, МОДНЯЦКИЙ *см.* **МОДНЕЦКИЙ**

МО́ДУЛЬ, -я, *м. Ирон.-пренебр.* О любом человеке, чаще незнакомом, чей приход явно неуместен и т. п. *А что за ~?*

Из *спец.*

♦ **МО́ЖЕТ, (ЕЩЁ) ШНУРКИ́ ПОГЛА́ДИТЬ?** *кому*; **МО́ЖЕТ, ТЕБЕ́ И ПОЛЫ́ ДО́МА ПОМЫ́ТЬ?** — ирон. ответ на чьё-л. слишком дерзкое требование, явно невыполнимую просьбу.

МОЖНО *см.* **НЕУДОБНО НА ПОТОЛКЕ СПАТЬ...; СДУРУ МОЖНО...; СРАТЬ; ХОРОШАЯ ШТУЧКА, КОГДА БОЛИТ РУЧКА...**

♦ **МО́ЖНО, ТО́ЛЬКО ОСТОРО́ЖНО** — ирон. ответ на вопрос «можно?»

МОЗГА *см.* **МОЗГИ; ПРОМЫВАТЬ МОЗГИ**

МОЗГА́Н, -а (или -а́), *м.* Умный человек.

От общеупотр. «мозги»; *ср.* с моделями **ГЛАЗАН**, **НОСАН** и т. п.

МОЗГИ́, -о́в, мн., **МОЗГА́**, -и́, *ж.* **1.** Голова. *Мозги застудить. Дать по мозгам* — ударить по голове; дать нагоняй. **2.** Умный человек.

См. также **БАРАТЬ (МОЗГИ); БРАХМАПУДРИТЬ МОЗГИ; БУРИТЬ; ВКРУЧИВАТЬ (МОЗГИ); ЗАКАПАТЬ МОЗГИ; ЗАКРУЧИВАТЬ (МОЗГИ); ЗАПОЛОСКАТЬ (МОЗГИ); ЗАСЕРИВАТЬ МОЗГИ; ЗАСОР (МОЗГОВ); ЗАСОРИТЬ (МОЗГИ); ЗАСРАТЬ МОЗГИ; КАНИФОЛИТЬ МОЗГИ; КАПАТЬ НА МОЗГИ; КАПНУТЬ (НА МОЗГИ); КЛЕВАТЬ (МОЗГИ); КОМПОСТИРОВАТЬ (МОЗГИ); КРУТИТЬ; ПОЛОСКАТЬ МОЗГИ; ПРОБУРИТЬ; ПРОМЫВКА МОЗГОВ; ПРОЧИСТЬ МОЗГИ; ПРОЧИЩАТЬ МОЗГИ; ПУДРИТЬ (КЛЕВАТЬ, САХАРИТЬ) МОЗГИ; ПЫЛЕСОСИТЬ МОЗГИ; УДАРИМ РУССКИМ МЕНТАЛИТЕТОМ ПО АМЕРИКАНСКИМ МОЗГАМ!; ШЛИФОВАТЬ МОЗГИ**

♦ **МОЗГИ́ В ТУАЛЕ́ТЕ ОСТА́ВИЛ** *кто* — дурак, недотёпа, чаще в выражении: *Ты что, мозги в туалете оставил?*

♦ **МОЗГИ́ ДЕ́ЛАТЬ** *кому* — дурить кого-л., обманывать.

♦ **МОЗГИ́ ПО́ЕХАЛИ** *у кого* — о странностях поведения.

МОЗГИ ТРАХАТЬ *см.* **ТРАХАТЬ**

МОЗГОВИ́ТЫЙ, -ая, -ое. Умный, талантливый, сообразительный.

От **МОЗГИ**.

МОЗГОКЛЮ́Й, -я, *м.* Надоедливый человек, зануда; тот, кто старается как-л. воздействовать на собеседника.

От **КЛЕВАТЬ МОЗГИ**.

МОЗГОКЛЮ́ЙСТВО, -а, *ср.* Надоедливость, приставание кого-л. к кому-л.; что-л. скучное, нудное. *У меня от твоего ~а уже жопа вспотела* — ты мне надоел. ♦ **Заниматься ~ом** (или **развести ~**) — приставать, докучать.

От **КЛЕВАТЬ МОЗГИ**.

МОЗГОКЛЮ́ЙСТВОВАТЬ, -твую, -твуешь; *несов., кого, кому* и *без доп.* Приставать, докучать, донимать; внушать; лгать.

От **КЛЕВАТЬ МОЗГИ**.

МОЗГОМОЛЕЦ *см.* **МОСКОВСКИЙ МОЗГОМОЛЕЙ**

МОЗЖЕЧО́К[1], -чка́, *м.* **1.** Голова, мозги. *Ты ~-то прикрой, не май месяц* — надень шапку, холодно. **2.** *собств.* Мавзолей В. И. Ленина на Красной площади.

См. также **НАПРЯГАТЬ ЧЕРЕП (ИЗВИЛИНУ, СЕРУЮ МАССУ, МОЗЖЕЧОК)**

МОЗЖЕЧО́К[2], -чка́, *м.* Ирон. обращение.

Передел. «мужичок».

МОЗЖЕЧО́КНУТЬСЯ, -нусь, -нешься; *сов. с чем, на чём* и *без доп.* Сойти с ума, «помешаться», «свихнуться», «сбрендить». *От нашей жизни ~ можно!*

Контаминация общеупотр. «мозжечок» и **ЧОКНУТЬСЯ**.

МОЗЖИ́ТЬ, -жу́, -жи́шь; *несов.; над чем, о чём* и *без доп.* Думать, размышлять, обдумывать. *~жи, не отвлекайся!*

Контаминация «мозжить» — о неотвязно ноющей, тупой боли и «мозговать», «обмозговывать» и т. п. — обдумывать.

МОЗО́ЛЬ, -и, *ж.* (или **ТРУДОВА́Я ~**, **БОЕВА́Я ~**). Большой живот, брюхо.

МОЙ ДУРАК ТЕБЕ В РОТ НЕ ВЛЕЗЕТ *см.* **ДУРАК**

МО́ЙКА, -и, *ж.* **1.** Моечный цех (в армии, на заводе и т. п.). **2.** Баня. **3.** Нагоняй, наказание. ♦ **Устроить ~у (головы́, кишечника** и т. п.) *кому* — дать нагоняй, распечь, изругать.

МО́ЙЩИК, -а, *м.* Мелкий вор, карманник.

Ср. *уг.* «мойщик» — обкрадывающий спящих в поездах или на вокзале.

МОКАСИ́НЫ, мокаси́н, *мн.* Любая обувь.

По назв. мягкой кожаной обуви североамериканских индейцев.

МОКЕЙ *см.* **«О'КЕЙ», — СКАЗАЛ ДЕД МОКЕЙ**

МОКРАЯ (МОЧЁНАЯ) ДУБЛА *см.* **ДУБЛА**

МОКРОТА́, -ы́, *ж.* **1.** Нехорошее, тёмное дело; убийство. *С ~ой связаться. Сесть* (в тюрьму) *за ~у.* **2.** Слёзы, истерика (преим. женские). *Моя дура вчера такую ~у развела, наверно, нижних* (соседей) *затопили. От баб одна ~ да импотенция* (резюме холостяка).

1. — от *уг.* «мокрота» — убийство с пролитием крови.

МОКРОХВО́СТКА, -и, **МОКРОЩЕ́ЛКА**, -и, **МОКРОЩЁЛКА**, -и, *ж.* *Ирон.* Молодая, неопытная, но гордая девушка. *Ах ты, мокрохвостка, ты что, дядю жизни учить будешь?*

См. также **РЫБКА-МОКРОХВОСТКА**

МОКРУ́ХА, -и, **МОКРУ́ШКА**, -и, *ж.* **1.** То же, что **МОКРОТА 1. 2.** То же, что **МОКРОХВОСТКА**.

МОКРУ́ШНИК, -а, *м.* Вор-рецидивист, опасный преступник; убийца.

От *уг.* «мокрушник», «мокрятник» — убийца, совершивший убийство с пролитием крови, *см.* **МОКРУХА.**

МО́КРЫЙ, -ая, -ое. **1.** Связанный с убийством. **2.** Пьяный. *Как обед, так все ~ые.* ♦$_1$ **~ое дело** (или **~ гранд**) — убийство. ♦$_2$ **Здесь пахнет ~ым** — это похоже на убийство.

2., ♦$_1$, ♦$_2$ — из *уг.*; возм. также первоначально от *уг.* «мокро» — опасность.

МО́КУШКА, -и, *ж.* Шутл. обращение. *Кушай, ~, к весне зарежу — ирон.* кушай на здоровье, угощайся.

Возм. от распространённой клички домашних животных, часто — свиней.

МОЛЕ́КУЛА, -ы, *ж.* Маленький ребёнок.

МОЛЛЮ́СК, -а, *м.* Ирон.-шутл. обращение. *Эй, ~и, ползите сюда, дело есть на сто зелёных* (долларов) — идите сюда, есть важное дело.

МОЛНИЯ *см.* **ШАРОВИДНЫЙ**

МОЛОДА́Я, -о́й, *ж., собств.* Гостиница «Молодёжная» в Москве.

МО́ЛОДЕЖЬ, -и, *ж.* (или **~ И ПОДРО́СТКИ**). *Ирон.* О молодёжи.

Перенос ударения, имитирующий прост. огласовку слов.

МОЛОДЕЦ-ОГУРЕЦ *см.* **ОГУРЕЦ**

МОЛО́ДКА, -и, *ж.* **1.** *ирон.* Женщина (часто о пожилой). **2.** Мелкая карта. **3.** То же, что **МОЛОДАЯ.**

2. — из *карт.*

МОЛОДО́Й, -о́го, *м.* Обычно *пренебр.* Обращение к начинающему, неопытному в каком-л. роде деятельности (напр., к солдату первого года службы).

МОЛОДОЙ* *см.* **У ТЕБЯ В ЗАДНИЦЕ РЕЗЬБА ЕСТЬ?**

МОЛОДОСТЬ *см.* **ПРОЩАЙ-МОЛОДОСТЬ**

МОЛОДЦА́, -ы́, *ж.* **1.** Девушка, подруга (обычно одобрительно). **2.** Выражение похвалы (мужчине или женщине). **3.** в зн. *нареч.* Хорошо, отлично, здо́рово, молодцом. *~ ты ему в зубы дал* (ловко).

МОЛОКО́, -а́, *ср.* **1.** (или **ПТИ́ЧЬЕ ~**). Сперма. **2.** Что-л. неточное, неудачное. ♦ **Попасть в ~** — неудачно сделать что-л., не попасть в цель.

2. и ♦ — возм. из языка спортсменов-стрелков или из *арм.* «попасть в молоко» (или «послать пулю за молоком») — не попасть в мишень.

МОЛОКО* *см.* **БЕЛОЕ МОЛОКО С КОНЦА КАПАЕТ; ЗЕЛЁНАЯ СЕЛЁДКА С ТОПЛЁНЫМ МОЛОКОМ**

МОЛОТ *см.* **СЕРП И МОЛОТ**

МОЛОТИ́ЛКА, -и, *ж.* **1.** Человек, который много, быстро ест. **2.** Болтун, трепло.

От **МОЛОТИТЬ.**

МОЛОТИ́ТЬ, -очу́, -о́тишь; *несов., что* и *без доп.* Быстро, интенсивно делать что-л.

МО́ЛЧА, *нареч.* (или ~, **С УЛЫБКОЙ НА ЛИЦЕ́**). Ирон.-шутл. ответ на вопрос собеседника «как?»

♦ **МОЛЧА́ТЬ КАК РЫ́БА ОБ ЛЁД** — молчать, ни в чём не признаваться, ничего не говорить.

Выражение, по всей видимости, распространилось под влиянием фильма «Свадьба в Малиновке».

♦ **МОЛЧА́ТЬ, ПОКА́ ЗУ́БЫ ТОРЧА́Т** ([т’]) — шутл. угроза.

♦ **МОЛЧА́ТЬ, Я ВАС СПРА́ШИВАЮ!** — молчать, молчите.

Пародирование речи военных.

МОЛЧЕ́Л, -а, *м. Ирон.* Молодой человек.

Сокращ.

♦ **МОЛЧИ́, ЗА У́МНОГО СОЙДЁШЬ** — *ирон.* о болтливом, неумном человеке.

МОЛЧИ́КАТЬ, -аю, -аешь; *несов., кому* и *без доп.* Говорить кому-л. «молчи». *А ты мне не ~ай, не прокурор.*

Ср. **ИДИКАТЬ.**

♦ **МОЛЧИ́, Я ВОЕВА́Л, Я ТРИ́ЖДЫ ГЕРО́Й МИ́РА** — ирон. самовосхваление.

МОЛЬ *см.* **ТАЩИТЬСЯ, КАК МОЛЬ ПО НАФТАЛИНУ**

МОМЕНТ *см.* **УСЕКАТЬ МОМЕНТ**

МОНАШКА *см.* **«БЕРЕЖЁНОГО БОГ БЕРЕЖЁТ»...**

МОНГОЛО́ИД, -а, *м.* Недоразвитый, тупой человек; употр. как ирон. обращение.

МОНДИАЛИ́ЗМ, -а, *м. Ирон.* О чём-л. вопиющем, странном, непонятном, абсурдном. *Горячей воды уже месяц нету — полный ~.*

Популярный в середине — конце 90-х гг. термин одного из теоретиков русского национального движения А. Г. Дугина.

МОНОПЕ́НИСНО, МОНОПЕНИСУА́ЛЬНО, *нареч.* Всё равно, безразлично, однозначно.

От «моно-» — одно- и penis; травестирование научного стиля речи; аллюзия к нецензурному руг.

МОНСТР, -а, *м.* **1.** Физически сильный человек. **2.** Толстяк. **3.** «Половой гигант», человек с большой половой потенцией.

МОНТА́НА, -ы, *ж.* **1.** Что-л. отличное, замечательное. **2.** в зн. *межд.* Выражает любую, чаще положительную эмоцию.

Возм. название фирмы.

МОНТЁР *см.* **ВКЛЮЧИТЕ СВЕТ...**

МОНТИРО́ВКА, -и, *ж.* Что-л. тяжёлое, грубое; то, чем можно сильно ударить. *Чуть что — ~ой! Против русской ~и не помогут тренировки.*

МОРГ, -а, *м.* Короткий промежуток времени, мгновение. ~ *— и дома* (быстро). ♦ **~, ~ — и в морг** — о кратковременности жизни.

От общеупотр. «моргать», «моргание».

МОРГА́ЛИЩА,морга́лищ, **МОРГА́ЛКИ**, -лок, **МОРГА́ЛЫ**, морга́л, *мн.* Глаза. ♦ **Моргалы выколю, рога поотшибаю** (или **посшибаю**) — ирон.-шутл. угроза.

От общеупотр. «моргать», ♦ — возм. распространилось под влиянием популярного фильма «Джентльмены удачи».

МОРГУ́ШКА, -и, *ж.* Удар (обычно по лицу пальцами), не оставляющий синяка. *Влепить (дать, получить) ~у.*

Возм. от общеупотр. «моргать»; *ср. устар.* «моргота» — туман, духота, «морготный» — неприятный, отвратительный; возм. через *уг.*

МО́РДА, -ы, *ж.* **1.** Ирон. обращение. **2.** Этикетка на бутылке. *~ без числа. Гляди-ка, ~ самодельная.*

МОРДА* *см.* **А МОРДА НЕ ТРЕСНЕТ?; ДАТЬ (ВЪЕХАТЬ, ЗАЕХАТЬ, ВСАДИТЬ) В МОРДУ; ЛОШАДИНАЯ МОРДА; МОРДОЙ ОБ ЗАБОР (ОБ СТОЛ, ОБ ТЭЙБЛ); ПО МОРДАМ; СДЕЛАТЬ КОЗЬЮ МОРДУ; СДЕЛАТЬ МОРДУ КИРПИЧОМ (ЧЕМОДАНОМ); СДЕЛАТЬ МОРДУ ТОПОРИКОМ; СДЕЛАТЬ МОРДУ ТЯПКОЙ; СДЕЛАТЬ МОРДУ ЧЕМОДАНОМ; ТОРГОВАТЬ МОРДОЙ (ХАРЕЙ); ХАРЮ (РОЖУ, МОРДУ) МЯТЬ**

♦ **МО́РДА КИРПИЧА́ ПРО́СИТ** *у кого* — о наглом человеке.

♦ **МО́РДА ЛИЦА́** — *ирон.* лицо.

♦ **МО́РДА ЛИЦА́ ПРО́СИТ** — о некрасивом, неприятном лице.

МОРДА́НТ, -а, **МОРДА́РИЙ**, -я, **МОРДЕХА́Й**, -я, *м.*, **МОРДЕ́НЬ**, -и, *ж.* Толстое лицо или толстый человек (обычно неприятный, отталкивающий).

МОРДА́ХА, -и, **МОРДА́ШКА**, -и, *ж.* Симпатичное лицо или симпатичный человек (как о женщине, так и о мужчине).

♦ **МО́РДА** (или **ХА́РЯ**, **ЗАД** и т. п.) **В ТЕЛЕВИ́ЗОР НЕ ВЛЕ́ЗЕТ** (или **НЕ ВЛЕЗА́ЕТ**, **НЕ ВМЕ́СТИТСЯ** и т. п.) — о чьих-л. больших размерах.

МОРДАШКА *см.* **МОРДАХА**

МОРДЕНЬ *см.* **МОРДАНТ**

МОРДЕ́ТЬ, -е́ю, -е́ешь; *несов., на ком-чём, с чего, от чего* и *без доп.* Толстеть, полнеть; наживаться, обогащаться. *Начальство на нас ~еет.*

МОРДЕХАЙ *см.* **МОРДАНТ**

МОРДОГЛЯ́Д, -а, *м.* Зеркало. *Всё ~ами завешали, буржуи.*

От общеупотр. «морда» + «глядеть».

♦ **МО́РДОЙ ОБ ЗАБО́Р** (или **ОБ СТОЛ**, **ОБ ТЭЙБЛ**) *кого* — о резком, непредвиденном действии по отношению к кому-л. (обычно обидном, унизительном).

♦ **МО́РДОЙ (ХА́РЕЙ, РО́ЖЕЙ) В САЛА́Т (УПА́СТЬ)** — о сильном опьянении.

МОРДОПЛЮ́Й, -я, *м.* Нахал, хам; задира, агрессивный человек.

От общеупотр. «морда» + «плевать».

МОРДОПЛЮ́ЙСТВО, -а, *ср.* Хамство, оскорбления; беспорядки, драка. *У нас любой раут ~ом кончится.*

См. **МОРДОПЛЮЙ**.

♦ **МО́РДУ НАЖРА́ТЬ** (или **НАЕ́СТЬ**) — растолстеть, поправиться.

♦ **МО́РДУ (ФИ́ЗИЮ, ТАБЛО́) РАСКВА́ШИВАТЬ** — накладывать косметику.

МОРЕ *см.* **ПОЛЗИ, МЕДУЗА, МОРЕ РЯДОМ; ПОХОДОЧКА КАК В МОРЕ ЛОДОЧКА; РАЗОШЛИСЬ КАК В МОРЕ ДВЕ СЕЛЁДКИ; ША, КРЕВЕТКА, МОРЕ БЛИЗКО!.**

МОРЕМА́Н, -а, *м.* Моряк.

Из *арм.*

♦ **МО́РЕ МЯ́СА И ЖЕЛЕ́ЗА** — автокатастрофа, авария.

МОРЁНЫЙ *см.* **ДУБ МОРЁНЫЙ**

МОРЖ, -а́, *м. Ирон.* Морда Жидовская; шутл. руг.

Переосмысление слова как аббрев.; *см.* также **ЖИД**.

МОРЖОВЫЙ *см.* **ХЕР МОРЖОВЫЙ**

МОРИ́ЛКА, -и, *ж.* **1.** Плохое вино. **2.** Жидкий грим.

2. — из арго актёров.

МОРКО́ВКА, -и, *ж.* **1.** Мужской половой орган. **2.** *собств.* Главное здание МГУ им. М. В. Ломоносова. **3.** Мокрое полотенце, связанное в узел (удар таким полотенцем причиняет особо острую боль). **4.** Джинсы, брюки, сужающиеся книзу. **5.** Хороший, добрый человек.

5. — возм. распространилось под влиянием популярного фильма «Джентльмены удачи».

МОРКОВКА* *см.* **А В РОТ ТЕБЕ НЕ ПЛЮНУТЬ ЖЁВАНОЙ МОРКОВКОЙ?**

МОРКО́ВКИ, -вок, *мн.* **МОРКО́ВЬ**, -и, *ж.* Немецкие марки. *Меняю морковь на капусту* (доллары).

МОРОЖЕНОЕ *см.* **ТЁЩА ЕСТ МОРОЖЕНОЕ**

МОРОЗ *см.* **ПО ФИГУ МОРОЗ**

МОРО́ЗОВА, -ой, *ж.* Ирон. обращение к женщине. ♦ **Эх, ~!** — экспрессивное *межд.*

Возм. распространилось под влиянием популярного телесериала «Вызываем огонь на себя», где фамилия главной героини — Морозова.

МОРО́ЧИТЬСЯ, -о́чусь, -о́чишься; *несов., без доп.* Принимать что-л. близко к сердцу, сильно переживать по какому-л. поводу. *Да не ~очься ты, всё наладится.*

МОРСКАЯ СВИНКА *см.* **СВИНКА**

МОРСКОЙ *см.* **ЗАВЕДИ МОРСКУЮ СВИНУ (ЕЖА, ПОПУГАЯ, РУЧНОГО ТАРАКАНА); ИЗОБРАЖАТЬ ШУМ МОРСКОГО ПРИБОЯ**

МОРЯ́К, -а́, **МОРЯЧО́К**, -чка́, *м.* Ирон. обращение. *Ну что, ~, штормит?* (обращ. к пьяному).

МОРЯК* *см.* **СУКА**

♦ **МОРЯ́К, НА ЗА́ДНИЦЕ РАКУ́ШКА** — ирон.-шутл. о моряках.

МОРЯЧОК *см.* **МОРЯК**

МОСАСЫ́КЛ, -ая, *м.* *Шутл.* Мотоцикл.

Возм. имитация *детск.*

МОСЁЛ *см.* **МАСЁЛ**

МОСКВА *см.* **В МОСКВУ РАЗГОНЯТЬ ТОСКУ; ВСЕ МЫ В МОСКВЕ КАВКАЗСКИЕ ПЛЕННИКИ; ФИЛЕЙНАЯ ЧАСТЬ МОСКВЫ**

♦ **МОСКВА́ — ПАРИ́Ж** — ирон. назв. ряда маршрутов поездов под Москвой.

МОСКВИ́Ч, -а́, *м.* (или **КОКТЕ́ЙЛЬ ~**). Смесь из пива и водки. *~а залудить* (выпить).

♦ **МОСКО́ВСКИЙ МОЗГОМО́ЛЕЦ** — *собств.* газета «Московский комсомолец».

МОСО́Л, -сла́, *м.* То же, что **МАСЁЛ 2**.

МОСТ *см.* **НА МОСТУ СТОЯЛИ ТРОЕ...**

МО́СЬКА, -и, *ж.* Лицо. *Чего ~у-то воротишь?* ♦ **Дать в ~у** *кому* — ударить, избить.

МОТАЛКИ *см.* **ЁЛКИ(-МОТАЛКИ)**

МОТА́ТЬ, -а́ю, -а́ешь; *несов., что, сколько, где.* Проводить долгое время где-л. ♦ **~ срок** — отбывать срок наказания.

Из *уг.*

МОТАТЬ* *см.* **ЛАНЦЫ**

МО́ТИК, -а, *м.* Мотоцикл.

Сокращ. + суффиксация. *ср.* **ПЕДИК** и т. п.

МОТНЯ́, -и́, *ж.* **1.** Ерунда, довесок; что-л. дополнительное (обычно мешающее). *Всякой ~и набрал. Это чего у тебя за ~ на куртке?* **2.** Мужской половой орган. *Смотри ~ю не простуди, генерал Карбышев* (совет «моржу», купающемуся в проруби). **3.** В брюках: место, где соединяются штанины.

От общеупотр. *разг.* «мотаться» — качаться, болтаться, свисать.

МОТОВИ́ЛА, -ы, *ж.*, **МОТОВИ́ЛО**, -а, *ср.* **1.** Что-л. большое, крупное, увесистое, мощное. **2.** Силач.

МОТО́Р, -а, *м.* **1.** Машина, автомобиль. *Поймать ~. Купить ~.* **2.** Сердце. *~ шалит. ~ сдаёт.*

МОТОР* *см.* **ЗАГЛУШИ МОТОР (ПРОПЕЛЛЕР)**

МОТОЦИКЛ *см.* **А Я НА МОТОЦИКЛЕ ПО СТЕНЕ; ПОМЕСЬ НЕГРА С МОТОЦИКЛОМ; СМЕСЬ ТАКСЫ С МОТОЦИКЛОМ**

МОТЫ́ГА, -и, *ж.* Высокая, долговязая, неловкая девушка; любая девушка, подруга, знакомая.

МОТЫЛЯ́ТЬСЯ, -я́юсь, -я́ешься; *несов., где* и без *доп.* Возиться, суетиться, мельтешить. *Весь день ~ялся, а толку — на кружку пива* (мало толку). *Там никто на стульях не сидит, все как придурки на полу ~яются* (из рассказа советского туриста об Индии).

Возм. метафоризация на основе сравнения какого-л. действия с тем, как мотылёк бьёт крыльями.

МОХНАТАЯ ЛАПА *см.* **ЛАПА**

МОХНА́ТКИ, -ток, *мн.* Локоны. *Тебе ~ идут.*

МОХНА́ТЫЙ, -ая, -ое. Давний, давнишний, древний. *В ~ом году. ~ые воспоминания.*

МОЧА́ЛИТЬ, -лю, -лишь; *несов.* **1.** *кого-что, кому.* Наказывать, делать нагоняй, ругать; приставать. *Вчера тёща весь вечер шею ~ила, не пей да не пей.* **2.** *что чем.* Изнашивать неосторожно обращаться с чем-л. *Жестянку свою* (машину) *~лит и в хвост и гриву.* **3.** *куда* и *без доп.* Мчаться, бежать, быстро ехать, нестись.

МОЧА́ЛИТЬСЯ, -люсь, -лишься; *несов.* **1.** *куда.* Собираться куда-л., готовиться к чему-л. **2.** *без доп.* Изнашиваться, ветшать. **3.** *с кем* и *без доп.* Драться, ссориться.

МОЧА́ЛКА, -и, *ж.* **1.** Девушка, подруга, приятельница. **2.** Уставший, измотанный, перенервничавший человек.

МОЧЕВОЙ *см.* **ПУСТЬ ЛУЧШЕ ЛОПНЕТ МОЯ СОВЕСТЬ, ЧЕМ МОЧЕВОЙ ПУЗЫРЬ**

МОЧЁНАЯ ДУБЛА *см.* **ДУБЛА**

МОЧЁНЫЙ, -ая, -ое. **1.** С подмоченной репутацией, скомпрометировавший себя (о человеке). **2.** Пьяный. *Коза ~ая* — пьяная женщина.

См. также **КОЗА**

МОЧИ́ЛКА, -и, **МОЧИ́ЛОВКА**, -и, **МО́ЧКА**, -и, *ж.* Драка, потасовка.

От **МОЧИТЬ 1.**, **МОЧИТЬСЯ**.

МОЧИ́ТЬ, мочу́, мо́чишь; *несов.* **1.** *кого куда чем* и *без доп.* Бить, избивать. **2.** *что* и *без доп.* Делать что-л. быстро, активно; делать что-л. особенное. ♦ **Корки** (или **феньки, пенки, номера** и т. п.) ~ — устраивать что-л. необычное, смешное, запоминающееся, яркое, сочное, остроумное, неподражаемое.

МОЧИ́ТЬСЯ, мочу́сь, мо́чишься; *несов., с кем.* Драться.

МОЧКА *см.* **МОЧИЛКА**

МОЧЬ *см.* **КАК ТЫ МОГЛА В ТАКУЮ ПОРУ НАВАЛЯТЬ ТАКУЮ ГОРУ?; КРЫЛЬЯ НИКАК СЛОЖИТЬ НЕ МОЖЕТ; МОГУ И СНИКЕРС ПОСОЛИТЬ**

МОШКА *см.* **ЁЖКИ-МОШКИ**

МОШНА́, -ы́, **МОШНЯ́**, -и́, *ж.* Мошонка, мужской половой орган. ♦ **~ой трясти** *перед кем* — хвалиться, бравировать. **Взять за ~у** *кого* — подчинить кого-л. себе, сделать кого-л. от себя зависимым; вынудить кого-л. что-л. сделать.

От *устар.* «мошна» — сумка, торба, наложение с «мошонка».

МОШНОЙ ТРЯСТИ *см.* **МОШНА**

МОШНЯ *см.* **МОШНА**

МОЩА́ГА, -и, *м.* и *ж.* **1.** Мощный, сильный человек. **2.** в зн. *сказ.* Молодец, молодчина.

♦ **МО́ЩНОЙ СТРУЁЙ** — сильно, вовсю, напр.: *Работаем мощной струёй.*

МО́ЩНЫЙ, -ая, -ое. Отличный, замечательный. ~ *мужик* — молодец. ~ *мультик* — хороший мультфильм.

МПС, *аббрев.* Мой Правый Сосед (аббревиатура употребляется, когда надо, чтобы присутствующий не понял, что речь идёт о нём).

Ср. общеупотр. *аббрев.* «МПС» — Министерство путей сообщения.

МРАК, *межд.* Выражает отрицательное отношение к чему-л. *Ну, ~, час автобуса нету* (на остановке).

МРАК* *см.* **ЖУТЬ ВО МРАКЕ**

МРАКСИ́СТСКАЯ, -ой, *ж., собств.* Станция метро «Марксисткая».

Шутл. контаминация «Маркс» и «мрак».

МРА́ЧНО, в зн. *нареч.* или *межд.* Выражает эмоциональное отношение говорящего к чему-л., в том числе и положительное. *Пятьсот баксов* (долларов) *за день — это ~!*

МСТИТЕЛЬ *см.* **ВНУКИ — НАШИ МСТИТЕЛИ; НЕУЛОВИМЫЕ МСТИТЕЛИ**

МСЯ́О, *нескл., ср.* Мясо.

Из мультфильма.

МТС, *аббрев.* **1.** *собств.* «Между Тиром и Сортиром» (назв. пивной около кинотеатра «Комсомолец» в Москве). **2.** Импотент («Может только сикать»).

Шутл. переосмысление общеупотр. *аббрев.* МТС — международная телефонная станция.

МУ́ДА, -ы, *м.* и *ж., мн.* -и, -е́й (или -ы, муд; -я́, -е́й). **1.** (или ~ **С ПРУ́ДА**). Дурак, идиот, болван. **2.** только *мн.* Мужской половой орган. *Солнце, воздух, онанизм укрепляют организм, уменьшают вес ~е́й и расходы на блядей* — *шутл.* передел. популярный советский лозунг физкультурников «Солнце, воздух и вода — наши лучшие друзья». *Баба должна быть с хорошими грудями, а мужик — с хорошими ~я́ми* — *шутл.* о достоинствах полов. ♦ **~я́ми трясти** *перед кем* — выпендриваться, красоваться, важничать. **Взять за ~и** (или **за -я́**) *кого* — поймать, застать врасплох, подчинить себе, шантажировать, вынуждать что-л. сделать. **~и́ выставить** — быть бесстыжим. **Кошке под ~а́** — шутл. ответ на вопрос собеседника «куда?».

«Мудо», «муде», «муди» (у В. И. Даля и др.) — мошонка; *ср. уг.* «му́да», «мудак» — человек, не бывавший в тюрьме, растяпа, потенциальная жертва (в *уг.*); «мудило» — ненужный, бесполезный человек (и др. производные).

МУДА́К, -а́, *м.* То же, что **МУДА 1.**

МУДАКОВА́ТЫЙ, -ая, -ое, **МУДА́ЧИЙ**, -чья, -чье. Глупый, бестолковый, плохой.

От **МУДА.**

МУДАЧИ́НА, -ы, *м.* и *ж.* То же, что **МУДА 1.**

МУДА́ЧИТЬ, -чу, -чишь, **МУДИ́ТЬ**, *1 л. ед.* не употр., -ди́шь; *несов., без доп.* Делать глупости.

От **МУДА.**

МУДАЧЬЁ, -чья́, *ср.*, в зн. *собир.* Дураки, придурки.

МУДВЕ́ДКОВО, -а, *ср.*; *собств.* Район Медведково в Москве.

Шутл. контаминация *бран.* **МУДАК** и «Медведково».

МУДИ ВЫСТАВИТЬ *см.* **МУДА**

МУДИ́ЛА, -ы, *м.* и *ж.* (или ~ **ГРЕ́ШНАЯ**, ~ **ИЗ НИ́ЖНЕГО ТАГИ́ЛА**). То же, что **МУДА 1.**

♦ **МУДИ́ЛА ГОРО́ХОВЫЙ** — *бран.*

МУДИ́ЛО, -а, *ср.* То же, что **МУДА 1.**

МУДИ́СТИКА, -и, *ж.* Ерунда, глупость, чушь, ахинея.

От **МУДА**; *ср.* с моделью **ГЛУПИСТИКА, ТАЛМУДИСТИКА** и т. п.

МУДИТЬ *см.* **МУДАЧИТЬ**

МУДИ́ФЕЛ, -а, **МУДО́ФЕЛ**, -а, *м.* То же, что **МУДА 1.**

МУДОЗВО́Н, -а, *м.* Болтун, трепач; *бран.*

От **МУДА** + «звонить»; возм. из анекдота: — *Доктор, у меня яйца звонят. Я феномен. — Нет, вы ~.*

МУДО́ХАТЬСЯ, -аюсь, -аешься; *несов., с чем.* Мучиться с чем-л., затрачивать много усилий для выполнения какого-л. действия, часто безрезультатно. *Мудохался-мудохался с этим словарём, а он возьми и не выйди.*

МУДЫ́РЬ, -я́, *м. Бран.*

От **МУДА.**

МУДЯ́НКА, -и, *ж.* Занудство, чепуха.

От **МУДА.**

МУЖИ́К, -а́, *м.* Распространённое обращение (обычно с оттенком панибратства или иронии).

От *устар.* «мужик» — мужчина-простолюдин, человек низшего сословия, крестьянин; возм. влияние *уг.* «мужик» — заключённый, не принадлежащий к воровской среде; тот, кого не надо уважать; растяпа, раззява.

МУЖИК* *см.* **ФАЛЛИЧЕСКИЙ**

♦ **МУЖИКИ́ ЛО́БЗИКАМИ ЛЕС ВА́ЛЯТ** — *шутл.* о людях, делающих что-л. абсурдное, несуразное.

МУЖИКОВЕ́Д, -а, *м. Ирон.* Гомосексуалист.

Ирон. аллюзия к «музыковед».

♦ **МУЖ ОБЪЕ́ЛСЯ ГРУШ** — шутл. присловие со словом «муж», обычно ответ на вопрос «а где муж?» (чаще речь идёт о брошенной мужем женщине).

МУЖЧИ́НА, -ы, *ж.* **1.** Ирон. обращение среди юношей. **2.** *ирон.* О ребёнке-мальчике. *~, встаньте с горшка!* **3.** *шутл.* О любой вещи; о животном, растении. *Ой, какой тяжёлый ~ (о чемодане). У нас на даче облепихин ~ зачах.*

МУЖЧИНА* *см.* **ФАЛЛИЧЕСКИЙ**

♦ **МУЖЧИ́НА ДО́ЛЖЕН БЫТЬ ЗОЛ, ВОНЮ́Ч И ВОЛОСА́Т, А ЖЕ́НЩИНА БОСА́Я, БЕРЕ́МЕННАЯ И НА КУ́ХНЕ** — *ирон.* о «настоящих» качествах, достоинствах полов.

МУЖЧИ́НКА, -и, *м. Ирон.* О мужчине (среди девушек, женщин).

МУЗИ-ЗЮЗИ *см.* **МУСИ-ПУСИ**

МУЗО́Н, -а, *м.* Музыка. *Врубить ~* (включить). *Вырубить ~* (выключить).

МУ́ЗЫКА, -и, **МУЗЫ́КА**, -и, *ж.* **1.** Наркотик, таблетки наркотического действия; крепкий чай, чифирь. **2.** Милицейская машина с сиреной. **3.** (чаще **МУЗЫ́КА**). Язык уголовников, блатной жарг., воровское арго. *Знать ~у. Ходить по ~е* (то же, что знать музыку).

Из *уг.*

МУЗЫКА* *см.* **КСТАТИ, О МУЗЫКЕ; ФРАЕР**

МУЗЫКА́ЛКА, -и, *ж.* **1.** Музыкальное училище, школа. **2.** Преподавательница (учительница) музыки.

♦ **МУЗЫКА́ЛЬНАЯ ШКАТУ́ЛКА** — женщина, работа которой заключается в громком рекламировании чего-л., обычно косметики, бижутерии (в больших магазинах за отдельным столом).

МУКА́, -и́, *ж.* Кокаин, морфий.

Из *нарк.*

МУКА* *см.* **ПЬЯН В МУКУ**

МУ́ЛЬКА, -и, **МУ́ЛЯ**, -и, *ж.* **1.** Шутл.-ласк. обращение. **2.** Фирменный ярлычок, красивая этикетка, наклейка; любая хорошая вещь. **3.** Наркотик. **4.** Какое-л. неординарное действие, яркий (часто озорной) поступок, смешная выходка. ♦ **Сделать мулю** — сделать что-л. неожиданное, запоминающееся, странное, напр.: *Видал вчера — Витька мулю сделал: в институт босиком пришёл?*

Ср. *устар. диал.* «мулить» — тереть, мямлить, надоедать, «мулька» — мозоль, малёк, малявка; 1. — возм. укрепилось под влиянием популярного фильма «Подкидыш»; 3. — из *уг.* или *нарк.*

См. также **ОТКАЛЫВАТЬ (МУЛЮ); ПАРАША**

МУЛЬТЕ́ШНИК, -а, **МУ́ЛЬТИК**, -а, **МУЛЬТЯ́ШНИК**, -а, *м.*, **МУЛЬТЯ́ГА**, -и, **МУЛЬТЯ́ЖКА**, -и, **МУЛЬТЯ́ШКА**, -и, *м.* и *ж.*, **МУ́ЛЬТИ-ПУ́ЛЬТИ**, *нескл.*, обычно *ср.* Мультипликационный фильм.

Из *детск.*

МУЛЬТИФА́КС, -а, *м.* Групповой секс.

«Мульти-» + **ФАК**[2].

МУЛЬТЯГА, МУЛЬТЯЖКА, МУЛЬТЯШКА, МУЛЬТЯШНИК *см.* **МУЛЬТЕШНИК**

МУЛЯ *см.* **МУЛЬКА**

МУ́МБА-Ю́МБА, му́мбы-ю́мбы, *м.* и *ж.* Негр, африканец.

МУ́МИЯ, -и, *ж.* Муниципальная милиция.

Шутл. переосмысление слова как аббрев.

МУМУ *см.* **ПРИТОПИТЬ МУМУ**

♦ **МУМУ́ ПАСТИ́** — бездельничать, бездействовать, тянуть время.

От назв. рассказа И. Тургенева «Муму»; *ср.* **МУМУКАТЬ**.

МУМУ́КАТЬ, -аю, -аешь; *несов.* **1.** *кого, кому* и *без доп.* Надоедать, досаждать, изводить. *Три дня уже меня ~аешь!* **2.** *что, кого.* Топить.

2. — от «Муму» — назв. популярного рассказа И. Тургенева; *ср.* **ПРИТОПИТЬ МУМУ, МУМУ ПАСТИ**.

МУР *см.* **ЮРА — ТОЛСТАЯ ФИГУРА**

МУРАВЕ́Й, -вья́, *м.* **1.** Солдат осеннего призыва. **2.** Мелкий вор, карманник. **3.** То же, что **МУРАШ**.

1. — из *арм.*, 2. — из *уг.*

МУРАВЕЙ* *см.* **НАГАДИТЬ**

МУРАВЬИ́ХА, -и, *ж.* Воровка (преим. карманная).

Из *уг.*

МУРАМО́ЛИТЬ, -лю, -лишь; *несов.* (*сов.* **ЗАМУРАМО́ЛИТЬ**, -лю, -лишь), *что* и *без доп.* Делать что-л. интенсивно, стараться, делать что-л., необычное, выдающееся, странное. *Ну и замурамолил ты домик!* (из речи архитекторов).

МУРА́Ш, -а́, **МУРА́ШЕК**, -шка, **МУРАШО́К**, -шка́, *м.* Муравьиный спирт, обычно употребляемый лётчиками.

Возм. из языка лётчиков.

МУРЗИК *см.* **ШАРИК (БОБИК, МУРЗИК) СДОХ**

МУРИ́ТЬ, -рю́, -ри́шь; *несов., без доп.* Заниматься ерундой, делать глупости.

См. **МУРОВЫЙ**.

МУРЛЕ́ТКА, -и, *ж.* **1.** Кошка, кошечка, киса. **2.** Симпатичное женское лицо; девушка. *Наканифоль-ка ~у* (накрась). *Хорошая ~.*

Возм. контаминация звукоподр. «мур» и общеупотр. *прост.* «мурло» — рожа, харя.

МУРО́ВИНА, -ы, *ж.* Мура́, чепуха.

См. **МУРОВЫЙ**.

МУРО́ВЫЙ, -ая, -ое. Неинтересный, ненужный, ничтожный, плохой.

От общеупотр. *прост.* «мура» — чепуха, ерунда; *ср. диал.* «мур» — плесень, сажа, копоть, мох, грязь, тина; «мура» — тюря, крошеный хлеб в квасе; *ср.* также *уг.* «мура» — всё, что выиграно в игре, кроме денег; вещи, одежда и т. п.: табак, наркотик (обычно кокаин).

МУРОПРИЯ́ТИЕ, -я, *ср. Ирон.* Мероприятие.

Намёк на общеупотр. *прост.* «мура» — чушь, ерунда.

МУРЦА́, -ы́, **МУРЦО́ВКА**, -и, *ж.* Некачественный напиток, пойло; что-л. нежелательное, гадкое. ♦ **Хватить** (или **хлебнуть) мурцовки** — пережить трудности, хлебнуть горя.

Ср. **МАРЦА**.

МУ́СИК, -а, *м.*, **МУ́СЯ**, -и, *м.* и *ж.* Шутл.-ирон. обращение.

МУ́СИ-ПУ́СИ, *нескл.*, *м.* или *ж.* (или **МУ́СИ-МУ́СИ, МУ́СИ-ЛЯМПАМПУ́СИ, МУ́СИ-ЛЮСИ, МУ́ЗИ-ЗЮЗИ**, и т. п.). **1.** То же, что **МУСИК**. **2.** в зн. *межд.* Выражает ирон. отношение к собеседнику.

Возм. из *детск.*; *ср. устар. диал.* «музюкать» — сосать, «музюк» — соска, «музюка» — сосун, а также тот, кто картавит, «музя», «муся» — рот, губы, поцелуй.

МУСКУЛА́Н, -а, *м.* Сильный, мускулистый человек.

Ср. **НОСАН, ЖИРАН** и т. п.

МУСО́ЛИТЬ, -лю, -лишь; *несов., что* и *без доп.* Говорить, болтать (обычно неразборчиво, невнятно; болтать чушь, ерунду.

См. также **ОГУРЕЦ** (или **ОГУРЦЫ**) **ВО РТУ МУСОЛИТЬ**

МУ́СОР, -а, *м.*; *мн.* -а́, -о́в. Милиционер.

От *уг.* «мусер», «мусор» в том же зн.; возм. восходит к древнееврейскому musor — наставление, указание, отсюда еврейск. «мусер» — доносчик; в дальнейшем контаминация с общеупотр. «мусор» — грязь, отбросы.

МУСОРОВО́З, -а, *м.* Милицейская машина.

От **МУСОР** + «возить».

МУСОРОПРОВО́Д, -а, *м.* Рот.

МУСОРСКОЙ *см.* **ПИАНИНО**

МУСТА́НГ, -а, *м.* **1.** Дурак, придурок. **2.** Гражданин США.

МУСТАНГ* *см.* **ОТСОСАТЬ У ДОХЛОГО МУСТАНГА**

МУСЯ *см.* **МУСИК**

МУТА́НТ, -а, *м.* Дурак, идиот, тупица, недоразвитый человек.

МУТАНТ* *см.* **ЧЕРЕПАШКИ-МУТАНТЫ**

МУ́ТЕР, -а, *ж.* (или *м.*). Мать.

Нем. Mutter в том же зн.

МУТИ́ТЬ, -учу́, -у́тишь; *несов., что* и *без доп.* **1.** Затевать, предпринимать что-л. интересное, необычное, заниматься творчеством, делать что-л. нестандартное, выдающееся. **2.** Говорить, болтать лишнее, вести себя глупо, некорректно. ♦ **Пипл, не ~и́те!** — *шутл.* не будьте так многословны, не говорите лишнего, не мешайте делу.

МУТИТЬ* *см.* **КАК В САМОЛЁТЕ, ВСЕХ МУТИТ (РВЁТ, ТОШНИТ), А НЕ ВЫЙДЕШЬ; КАК В ТРОЛЛЕЙБУСЕ, ВСЕХ МУТИТ, А НЕ ВЫЙДЕШЬ**

МУ́ТНЫЙ, -ая, -ое. Скрытный, непредсказуемый; плохой (о человеке). ~ *чувак* (человек).

♦ **МУ́ТНЫЙ ГЛАЗ** — пивная.

МУТНЫЙ ПРОДУКТ *см.* **ПРОДУКТ**

МУТОТА́, -ы́, **МУТОТЕ́НЬ**, -и, *ж.* Чушь, ерунда, дрянь.

Возм. от общеупотр. «мутить», «муть», «мутный»; *ср. устар.* «муташиться» — сбиваться с толку, «мутовка» — что-л. взбаламученное; механизм для взбалтывания чего-л.; сплетница. *Ср.* также **МУДА** и производные.

МУТОТНО́Й, -а́я, -о́е, **МУТО́ТНЫЙ**, -ая, -ое. Нудный, скучный; глупый, неинтересный.

От **МУТОТА**.

МУТУ́ЗИТЬ, -у́жу, -у́зишь; *несов., кого.* Бить, тискать.

Ср. *диал.* «мутусить» — спешить, суетиться, «митусить» — щуриться, болтаться, рябить в глазах, «митушать» — топать; возм. связано с *прост.* «тузить» — бить.

МУТУ́ЗИТЬСЯ, -у́жусь, -у́зишься; *несов., с кем.* Биться, драться.

От **МУТУЗИТЬ**.

МУТЬ, -и, *ж.* Чушь, гадость, пакость. ~ *болотная, а не фильм.*

МУ́ФЕЛ, -фла, **МУФЛО́Н**, -а, *м.*, **МУФЛО́**, -а́, *ср.* Ирон. обращение; часто употр. как руг.

Ср. «муфлон» — разновидность архара (род баранов); возм. также влияние **МУДА**, общеупотр. *прост.* «мурло» — морда, лицо, **ФУФЛО**, **ФУФЕЛ**.

МУ́ХА, —и, *ж.* **1.** Незначительный, мелкий человек. **2.** Ирон. обращение. **3.** (также **МУХА́Ч**, -а́, **МУХАЧО́К**, -чка́, *м.*) Спортсмен наилегчайшей весовой категории. **4.** Гранатомёт.

3. — из *спорт.*; 4. — из *арм.*

МУХА* *см.* **БЛЯХА (-МУХА); ГОВНО; ЖОПА; И, ПОЖАЛУЙСТА, БЕЗ МУХ; КАК МУХ НА ПОТОЛКЕ; КАК МУХА В ТУАЛЕТЕ; МУХИ ДОХНУТ; МУХИ ОТДЕЛЬНО, КОТЛЕТЫ ОТДЕЛЬНО; НАГАДИТЬ; НОВОЕ, МУХИ НЕ ТРАХАЛИСЬ; СВОБОДЕН КАК МУХА В СОРТИРЕ; СМЕРТЬ КОМАРАМ И МУХАМ; ТЫ ЧТО, МУХУ СЪЕЛ?; УСАТЫЙ МУХ; ХЛЕБАЛКА**

♦ **МУ́ХА В КЕ́ДАХ** — *шутл.-бран.*, чаще о человеке, ведущем себя нескромно, вызывающе, много о себе мнящем.

♦ **МУ́ХА, МУ́ХА, ХВАТЬ ТЕБЯ́ ЗА У́ХО** — реплика, с которой говорящий (чаще ребёнок) хватает собеседника за ухо.

♦ **МУ́ХИ, БОЯ́ТСЯ САДИ́ТЬСЯ** *на кого — ирон.* о крайне положительном, приличном, «идеальном» человеке.

МУХАНИЗМ, -а, *м. Ирон.* Механизм, устройство.

Намёк на общеупотр. «муха».

МУХАЧ, МУХАЧОК *см.* **МУХА**

МУХЕ́Т, -а, *м. Ирон.* Муха. *~ы налетели. Три ~а убил.*

Ср. **УТЮГЕТ** и т. п.

♦ **МУ́ХИ ДО́ХНУТ** *от чего, с чего* и *без доп.* — о чём-л. скучном (напр., о речи, фильме, лекции и т. п.).

♦ **МУ́ХИ ОТДЕ́ЛЬНО, КОТЛЕ́ТЫ ОТДЕ́ЛЬНО** — не надо смешивать разные вещи.

МУХ НЕ ЛОВИТЬ *см.* **МЫШЕЙ (МУХ) НЕ ЛОВИТЬ**

МУХОБО́ЙНЫЙ, -ая, -ое. Большой, тяжёлый, увесистый (обычно о толстой, скучной книге). *Да, брат, ~ую ты книжку сварганил* (написал).

От общеупотр. «муха» + «бить».

МУ́ХОЙ, *нареч.* Быстро, мигом, сразу, тотчас. *Ну-ка ~ за водкой! Я ~.*

От общеупотр. «муха».

МУХОМО́Р, -а, *м.* **1.** Старик; зануда, скучный, неприятный человек. **2.** Ирон. обращение.

МУХОСРА́НСК, -а, *м.* Провинциальный город, глушь, глухомань, провинция. *Сам живи в своем ~е!*

От «муха» и **СРАТЬ**; *ср.* **ЗАСРАНСК.**

МУХОСРА́НСКИЙ, -ая, -ое. Провинциальный, убогий, неразвитый, мелкий (о человеке, его интересах, проблемах и т. п.). *Что страсти ~ие!* (о бытовых конфликтах, рутине).

МУХУ́Й, -я, *м. Бран.*, буквально «самец мухи».

Шутл. контаминация с нецензурным руг.

МУЧАТЬ *см.* **ЖОПА**

МУЧА́ЧА, -и, *ж.* Девушка.

От исп. muchacha в том же зн.

МУЧЕНИК *см.* **ПЕДРИЛА**

МУЧИ́ЛИЩЕ, -а, *ср.* Училище.

Шутл. контаминация с «мучить».

МУШЕСО́НЬЕ, -я, *ср.* Скука, тоска; что-л. долгое, неинтересное.

От общеупотр. «муха» + «сон», *ср.* общеупотр. «сонная муха». *Ср.* также **СОННОМУШЬЕ.**

МУШКЕТЁР, -а, *м.* **1.** *Ирон.* Бравый, храбрый человек; пижон, франт. **2.** Милиционер.

2. — возм. влияние *устар. уг.* «мушкетёр», «мушкатёр» — служитель в полицейском участке.

♦ **МЫ, ГРУЗИ́НЫ, НАРО́Д ГОРЯ́ЧИЙ, СЕ́МЕРО ОДНОГО́ НЕ БО́ИМСЯ** — *ирон.* о грузинах.

МЫ́ЛИТЬ, -лю, -лишь; *несов., кого* (или **~ ШЕ́Ю, ~ ЗАГРИ́ВОК, ~ ЗА́ДНИЦУ** и т. п. *кому*). Наказывать, ругать, распекать кого-л. ♦ **~ верёвку** — готовиться к худшему.

МЫ́ЛИТЬСЯ, -люсь, -лишься; *несов., куда.* Готовиться, собираться куда-л. ♦ **Не ~лься, бриться не будешь** — ты напрасно готовишься к чему-л., чаще с элементом угрозы.

МЫ́ЛО[1], -а, *ср.* Что-л. безвкусное, пресное (о пище).

МЫ́ЛО[2], -а, *ср.* Электронная почта, e-mail. *Скинуть на ~* (послать). *Послать по ~у.*

МЫЛО* *см.* **ЖОПА; ПРИТУХНИ, МЫЛО!; ЭТО ТЕБЕ (ВАМ) НЕ МЫЛО В ТАЗИКЕ...**

МЫ́ЛЬНИЦА, -ы, *ж.* **1.** Старая, изношенная машина. **2.** Плохой магнитофон. **3.** только *мн.* Летние босоножки из резины или пластмассы. **4.** Небольшое пластмассовое судно. **5.** Фотоаппарат с автонаводкой.

4. — из жарг. моряков.

МЫЛЬНОРЫ́ЛЬНЫЕ, -ых. То же, что **РЫЛЬНОМЫЛЬНЫЕ**

♦ **МЫ́ЛЬНУЮ О́ПЕРУ УСТРО́ИТЬ** — начать выяснять отношения, ссориться, плести интриги.

МЫЛЬНЫЙ *см.* **ДУНЬКА (С МЫЛЬНОГО ЗАВОДА)**

МЫ́МРА, -ы, *ж.* Злая, некрасивая женщина.

Ср. *устар. диал.* «мумра», «мымра», «мумря», «мымря» — домосед, зевала, ротозей, «мумлить», «мумрить», «мулындить» — чавкать, жевать, шамкать, бубнить, кутаться.

♦ **МЫ́МРА ПОЛОРО́ТАЯ** — *бран.* дурак, дура.

♦ **МЫ ПЬЁМ ИЛИ ВЕ́ЧЕР ПОТЕ́РЯН?** — *шутл.* мы делаем (что-л.) или не делаем?; мы наконец приступим (к чему-л.)?

МЫСЛЬ *см.* **ГОЛОВА ПОЛНА ИДЕЙ...; ЗАПОР**

МЫСЛЯ́, -и́, *ж.* Мысль. ♦ **Хорошая ~ приходит опосля** — хорошая мысль всегда приходит с запозданием.

Имитация *прост.*

МЫ С ПОЛКАНОМ НА ГРАНИЦЕ *см.* **ПОЛКАН**

МЫТЬ *см.* **ЛЫСИНУ БЫСТРО ПРИЧЁСЫВАТЬ...; МАМА МЫЛА «МЕРС»; ССАТЬ**

МЫЧА́ТЬ, -чу́, -чи́шь; *несов., кому что, о чём* и *без доп.* Говорить, произносить.

МЫЧАТЬ* *см.* **НА БАЯНЕ МЫЧАТЬ**

♦ **МЫШЕ́Й** (или **МУХ**) **НЕ ЛОВИ́ТЬ** — не справляться со своими прямыми обязанностями; бездельничать.

МЫШКА *см.* **САМИ ПОСЛЕДНЮЮ МЫШКУ СЪЕЛИ**

♦ **МЫ́ШКА В ХОЛОДИ́ЛЬНИКЕ УДАВИ́ЛАСЬ** — *ирон.* об отсутствии съестных припасов, продуктов, о вопиющей бедности.

МЫШЦА́, -ы́, *ж.* **1.** Мышца, мускул. *Чувак с ~о́й* — сильный, мускулистый человек. **2.** Мужской половой орган.

МЫШЦА́СТЫЙ, -ая, -ое. Сильный, с большими мышцами, мускулистый.

МЫШЬ, -и, *ж.* **1.** (или **~ БЕ́ЛАЯ**). *Ирон. руг.* **2.** Мелкий вор; карманник, ворующий в метро, на транспорте и т. п.

1. — возм. распространилось под влиянием интермедии в исполнении А. Райкина.
2. — из *уг.*

МЫШЬ* *см.* **ЁШ ТВОЮ МЫШЬ; ТОПТАТЬСЯ, КАК МЫШЬ АМБАРНАЯ**

МЭЙКА́ПИТЬСЯ, -плюсь, -пишься; *несов., без доп.* Делать макияж.

От англ. make up.

МЭН, -а, *м.* Человек, мужчина. *Крутой ~* — чем-л. выдающийся человек (богатый, преуспевающий, жестокий и т. п.), а также в ирон. зн.

Англ. man — мужчина.

МЭ́НША, -и, *ж.* Девушка, женщина.

От **МЭН** + суффикс «-ша» по аналогии с общеупотр. «секретарша», «генеральша», *ср.* **ПРОСТИТАРША**.

МЭ́РСКИЙ, -ая, -ое. *Шутл.* Относящийся к мэру, исходящий от мэра. *~ указ. ~ая машина.*

Шутл. контаминация с общеупотр. «мерзкий»; возм. распространилось под влиянием популярной телепередачи «600 секунд».

♦ **МЯ́ГКОЙ ПОСА́ДКИ ВА́ШИМ БАТАРЕ́ЙКАМ!** — шутл. пожелание, напутствие.

МЯ́ЛКА, -и, *ж.* **1.** Рот. **2.** Человек, который много и быстро ест.

От **МЯТЬ**.

МЯСНА́Я, -о́й, *ж.* Уголовный розыск.

Из *уг. Ср.* **МЯСНИК 2**.

МЯСНИ́К, -а́, *м.* **1.** Большой, мощный человек. **2.** Агент уголовного розыска, сыщик, милиционер.

2. — из *уг. Ср.* **МЯСНАЯ**.

♦ **МЯСНЫ́Е ПИРОЖКИ́ С Я́БЛОКАМИ** — чёрт знает что, ерунда какая-то; шутл. комментарий по поводу любой абсурдной ситуации.

МЯ́СО, -а, *ср.* **1.** *собств.* Спортивный клуб «Спартак». **2.** Сочный, густой гитарный звук. **3.** Девушка, которая сидит за водителем (обычно рокером) на мотоцикле. **4.** Толстый, грузный человек.

2. —из *муз.*

МЯСО* *см.* **БРАТЬ (ВЗЯТЬ, СХВАТИТЬ) ЗА ЖАБРЫ...; КТО НАХАЛ (НАГЛЕЙ), ТОМУ И МЯСО; МОРЕ МЯСА И ЖЕЛЕЗА**

МЯСОРУ́БКА, -и, *ж.* Рот, челюсти.

МЯСОРУБКА* *см.* **ПРОВЕРНУТЬ ЧЕРЕЗ МЯСОРУБКУ**

МЯТЬ, мну, мнёшь; *несов., что* и *без доп.* Есть, жевать.

МЯТЬ* *см.* **ОТБИВАТЬСЯ ХАРЮ МЯТЬ; ХАРИТОН; ХАРЮ (РОЖУ, МОРДУ) МЯТЬ**

Н

НА АВТОПИЛОТЕ *см.* **АВТОПИЛОТ**

♦ **НА АМЕРИКА́НКУ (СПО́РИТЬ)** — разновидность шутл. пари.

НАБАЛДА́ШНИК, -а, *м.* Мужской половой орган.

НАБАНКОВА́ТЬ, -ку́ю, -ку́ешь; *сов., с чем* и *без доп.* Наделать много глупостей, запутать дело. *Ну ты ~ковал, теперь без пива не разобраться!*

От **БАНКОВАТЬ**[2] **2**.

НАБАЦИ́ЛЛИТЬСЯ, -люсь, -лишься; *сов., чем* и *без доп.* Накуриться.

От **БАЦИЛЛА, БАЦИЛЛИТЬ**.

♦ **НА БАЯ́НЕ МЫЧА́ТЬ** — говорить что-л. несуразное, невнятное, бормотать, лепетать, пытаться что-л. доказать, но делать это неудачно, необдуманно, а также пытаться произнести что-л., будучи в нетрезвом состоянии или под воздействием наркотиков.

НАБИЗНЕСМЕ́НИТЬ, -ню, -нишь; *сов., что, сколько.* Получить прибыль, заработать деньги (обычно о небольшой, ничтожной сумме). *Ну что, много ~нил, Ротшильд в трусиках?*

От **БИЗНЕСМЕНИТЬ**.

НАБИРА́ТЬСЯ, -ра́юсь, -ра́ешься; *несов.* (*сов.* **НАБРА́ТЬСЯ**, -беру́сь, -берёшься), *чего* и *без доп.* Напиваться пьяным, перепивать.

НАБИТЬ *см.* **ЖАЛО**

НАБИТЬ БАРАБАН *см.* **БАРАБАН**

НАБЛАТОВА́ТЬСЯ, -ту́юсь, -ту́ешься; *сов.* **1.** *без доп.* Научиться говорить на блатном жарг. **2.** *с чем, на чём, в чём.* Хорошо научиться что-л. делать, стать мастером, «докой». *~ в переводе.*

От *уг.*

НАБЛАТЫКА́ТЬСЯ, -а́юсь, -а́ешься; **НАБЛАТЫ́КАТЬСЯ**, -аюсь, -аешься; *сов., на чём, с чем, в чём.* То же, что **НАБЛАТОВАТЬСЯ 2**.

От *уг.* «блатыкаться» — изучать воровской жаргон, воровской закон, перенимать блатной опыт.

НАБЛЮДАТЬ *см.* **СЧАСТЛИВЫЕ ТРУСОВ НЕ НАБЛЮДАЮТ...**

НАБОДА́ТЬСЯ, -а́юсь, -а́ешься; *сов., чего* и *без доп.* Напиться пьяным. *~ался и храпит.*

Встречается, напр., у Н. Тэффи.

НАБО́Р, -а, *м.* **1.** Компания, общество, коллектив. **2.** Стечение обстоятельств, странная ситуация. ♦ **Праздничный ~** — совокупность предметов или людей, один из которых явно не нужен, лишний (о вещи); не вписывается в компанию, неприятен окружающим (о человеке).

НАБОР* *см.* **ДЖЕНТЛЬМЕНСКИЙ НАБОР; СУПОВОЙ НАБОР**

НАБОР ДЛЯ ЮНЫХ ТЕХНИКОВ *см.* **ТЕХНИК**

НАБРАТЬ ОБОРОТЫ *см.* **ОБОРОТ**

НАБРАТЬСЯ СНЕГУ *см.* **СНЕГ**

НАБРАТЬСЯ *см.* **БУРОСТЬ; НАБИРАТЬСЯ; С КЕМ ПОВЕДЁШЬСЯ — ТАК ТЕБЕ И НАДО...**

НАБУРО́ВИТЬ, -влю, -вишь; *сов.* Налить.

НАБУХА́ТЬСЯ, -а́юсь, -а́ешься; *несов., чем, чего* и *без доп.* Напиваться, пьянеть, перепивать.

От **БУХАТЬ**.

НАВА́Л, -а, *м.* Множество, большое количество чего-л. *~ денег, кошельки трещат. В ~ чего — много, полно́.*

НАВАЛЯТЬ *см.* **КАК ТЫ МОГ В ТАКУЮ ПОРУ НАВАЛЯТЬ ТАКУЮ ГОРУ?**

НАВА́Р, -а, *м.* **1.** Сильный удар. *~ по шея́м* (по шее). **2.** Прибыль, выигрыш. *Быть в ~е. Туда — с товаром, назад — с ~ом* (о торговле, коммерческих поездках). *Крутой ~* — большая прибыль. **3.** То же, что **НАВОРОТ 1.**

1. — от **НАВАРИВАТЬ 1**; 2. — от **НАВАРИВАТЬ 2.**

НАВА́РИВАТЬ, -аю, -аешь; *несов.* (*сов.* **НАВАРИ́ТЬ**, -варю́, -ва́ришь). **1.** *Кому по чему, куда, во что.* Ударять, вреза́ть. **2.** *сколько на чём.* Зарабатывать, добывать деньги, получать прибыль. *На матрёшках ~.* **3.** *по чему* и *без доп.* Делать что-л. интенсивно. *~ по тормозам* — тормозить (резко, внезапно).

НАВАРЫ *см.* **ШАРАШКИНА КОНТОРА...**

НАВЕРНУТЬ *см.* **НАВОРАЧИВАТЬ; У ТЕБЯ В ЗАДНИЦЕ РЕЗЬБА ЕСТЬ?.**

НАВЕРНУТЬСЯ *см.* **НАВОРАЧИВАТЬСЯ**

НАВЕРНЯ́К, -а́, *м.* **1.** обычно в зн. *сказ.* Что-л. надёжное, проверенное. *Тачка — ~* (о машине). *~ мужик.* **2.** в зн. *нареч.* или *вводн. сл.* Наверняка. *~ у него что-нибудь стряслось.*

НАВЕРНЯКО́М, *нареч.* То же, что **НАВЕРНЯК 2.**

НАВЕСИТЬ *см.* **НАВЕШИВАТЬ**[1]

НАВЕСИТЬ (ВСАДИТЬ, ДАТЬ, ОТВЕСИТЬ) ЛЕЩА *см.* **ЛЕЩ**

НАВЕСТИ *см.* **НАВОДИТЬ; РАМСЫ; ХРУСТАЛИКИ НАВЕСТИ; ШУХЕР**

НАВЕСТИ БУЗУ *см.* **БУЗА**

♦ **НАВЕСТИ́ ИЗЖО́ГУ** *кому* — **1.** Наказать кого-л., сделать нагоняй кому-л. **2.** Надоесть, утомить.

НАВЕСТИ МАРАФЕТ *см.* **МАРАФЕТ**

НАВЕСТИ ОБСТРУГОН *см.* **ОБСТРУГАН**

НАВЕСТИ ПОДГРЁБ *см.* **ПОДГРЁБ**

НАВЕСТИ ТЕЛЕСКОПЫ *см.* **ТЕЛЕСКОПЫ**

НАВЕСТИТЬ *см.* **К ЁЖИКУ СХОДИТЬ...**

НАВЕСТИ ШМОН *см.* **ШМОН**

НАВЕСТИ ШОРОХУ *см.* **ШОРОХ**

НАВЕТЕРА́НИТЬ, -ню, -нишь; *сов., чего, что.* Купить, накупить, пользуясь льготами для ветеранов войны; вообще купить, достать, раздобыть (обычно с трудностями). *Вчера мяса ~ил, весь в лоскутьях пришёл* (устал).

НАВЕШАТЬ *см.* **НАВЕШИВАТЬ**[2]

НАВЕ́ШИВАТЬ[1], -аю, -аешь; *несов.* (*сов.* **НАВЕ́СИТЬ**, -е́шу, -е́сишь); *кому.* Обманывать, «обводить вокруг пальца».

НАВЕ́ШИВАТЬ[2], -аю, -аешь; *несов.* (*сов.* **НАВЕ́ШАТЬ**, -аю, -аешь), *кому по чему* (или **~ ДЮ́ЛЕЙ**, **~ БАХРОМЫ́**, **~ ЁЛОЧНЫХ ИГРУ́ШЕК**, **~ ФИ́НИКОВ** и т. п.). Избивать, наказывать, ругать, распекать.

НАВОДИ́ТЬ, -ожу́, -о́дишь; *несов.* (*сов.* **НАВЕСТИ́**, -еду́, -едёшь), *на кого-что* (или **~ ОКУЛЯ́РЫ**, **~ ФИ́ШКИ**, **~ ШАРЫ́** и т. п.). Смотреть, вглядываться, обращать внимание. ♦ **~ прицел. 1.** *На кого-что.* Намечать, выбирать, нацеливаться. **2.** *без доп.* Сосредоточиваться, концентрировать внимание. **~ тип-топ (~ икебану, ~ чистяк** и т. п.) — наводить порядок, убираться; наносить косметику.

НАВО́ДКА, -и, *ж.* Какое-л. меткое, удачное действие.

НАВОДКА* *см.* **ПРЯМОЙ НАВОДКОЙ ПО ЖОПЕ СКОВОРОДКОЙ**

НАВОДНЕНИЕ *см.* **ПОЖАР В БАРДАКЕ ВО ВРЕМЯ НАВОДНЕНИЯ**

НАВО́ЗНИК, -а, *м.* (или **ЖУК-~**). Плохой человек; скопидом, жадина.

НАВОРА́ЧИВАТЬ, -аю, -аешь; *несов.* (*сов.* **НАВЕРНУ́ТЬ**, -ну́, -нёшь). **1.** *кому по чему, во что, чем.* Ударять, избивать. **2.** *что* и *без доп.* Много, жадно есть. **3.** *что* и *без доп.* Делать что-л. активно, стремительно.

Возм. влияние *уг.* «навернуть» — украсть, сломать, взломать, вскрыть.

НАВОРА́ЧИВАТЬСЯ, -аюсь, -аешься; *несов.* (*сов.* **НАВЕРНУ́ТЬСЯ**, -ну́сь, -нёшься, **НАВОРОТИТЬ-**

СЯ, -очу́сь; -о́тишься). **1.** *на что, на ком-чём* и *без доп.* Ошибаться в ком-чём-л.; спотыкаться, падать, натыкаться на неожиданное препятствие (в прямом и перен. смысле); проваливаться из-за кого-чего-л., попадаться. *На бабе навернулся* — потерпел неудачу из-за женщины. **2.** Красиво, модно одеваться, наряжаться, расфуфыриваться. *У Зайцева ~.*

НАВОРО́Т, -а, *м.* **1.** Сложное положение, необычная ситуация; яркий эпизод; запутанная интрига, перипетия. **2.** Модная, экстравагантная, красивая вещь, деталь одежды и т. п. (часто бесполезная, чисто декоративная).

1. — от **НАВОРАЧИВАТЬСЯ 1**; 2. — от **НАВОРАЧИВАТЬСЯ 2**.

НАВОРОТИ́ТЬ, -очу́, -о́тишь; *сов.* **1.** *чего* и *без доп.* Наделать глупостей, усложнить ситуацию, запутать дело. *Ну ты и ~отил, как три партии.* **2.** То же, что **НАВЕРНУТЬ** во всех зн.

НАВОРОТИТЬСЯ *см.* **НАВОРАЧИВАТЬСЯ**

НАВОРО́ТНЫЙ, -ая, -ое, **НАВОРО́ЧЕННЫЙ**, -ая, -ое. **1.** Сложный, запутанный, тёмный, неясный. *Наворотные дела.* **2.** Яркий, сочный, запоминающийся, интересный. *Навороченный фильм.* **3.** Модный (об одежде). **4.** Богатый, со связями (о человеке).

НАВОРО́ТЫ, -ов, *мн.* Дополнительные технические возможности, приспособления, часто излишние с точки зрения пользователя электробытовой и электронной техникой.

НАВОРОЧЕННЫЙ *см.* **НАВОРОТНЫЙ**

♦ **НА** (или **В**) **ПО́ЛНУЮ МАСТЬ** *что делать* и *без доп.* — вовсю, изо всех сил, с максимальной интенсивностью, напр.: *На полную масть по тормозам втопил* (нажал).

Возм. из *карт.* и *уг.*

♦ **НА ВСЁ ПРО ВСЁ** — всего лишь, только, напр.: *У меня на всё про всё рубль тридцать.*

НАВСТРЕЧУ *см.* **СЧАСТЛИВОГО ПУТИ И ЭЛЕКТРИЧКУ НАВСТРЕЧУ**

♦ **НА ВСЯ́КУЮ ЗА́ДНИЦУ ЕСТЬ ХИ́ТРЫЙ ВИНТ** — всякую проблему можно решить; из всякого затруднения можно найти выход.

♦ **НА «ВЫ» И ШЁПОТОМ!** — ирон. требование уважения, почтительного обращения, часто как обращение к человеку, который ведёт себя вызывающе, дерзит и т. п.

НАВЯ́ЛИВАТЬСЯ, -аюсь, -аешься; *несов.* (*сов.* **НАВЯ́ЛИТЬСЯ**, -люсь, -лишься), *куда, к кому.* Собираться куда-л., готовиться к чему-л.; напрашиваться, навязываться. *Да не навяливайся ты ко мне, у меня в холодильнике ветры дуют* — не просись в гости, у меня есть нечего.

Возм. контаминация общеупотр. «навязываться» и «вялить, вялиться».

НАГА́ВКАТЬ, -аю, -аешь; *сов., на кого.* Изругать, накричать. *Вот ~ал вчера на свою* (жену), *а теперь пальцы по очереди сосу* (есть не даёт).

От **ГАВКАТЬ**.

НАГА́ВКАТЬСЯ, -аюсь, -аешься; *сов., без доп.* **1.** Наговориться, устать от разговоров, споров. *~ на собрании.* **2.** Испытать сильную рвоту.

От **ГАВКАТЬСЯ**.

НАГА́ДИНСКАЯ, -ой, *ж., собств. Ирон.* Станция метро «Нагатинская».

Наложение с **НАГАДИТЬ**.

НАГА́ДИТЬ, -а́жу, -а́дишь; *сов.* **1.** *без доп. Шутл.* Сходить по большой нужде. **2.** *где.* Испачкать, испортить что-л. **3.** *кому.* Сделать подлость кому-л.; испортить дело. *Нам конкуренты ~адили.* ♦ **Не жук** (или **не муравей**) **гадил, не муха гадила** и т. п. — о чём-л. серьёзном, достойном уважения.

См. также **ЖУК**

НАГАЗОВА́ТЬСЯ, -зу́юсь, -зу́ешься; *сов., чего, чем* и *без доп.* Напиться пьяным. *Ой, ~зовался, вместо газовой плиты могу сутки работать.*

НАГАЙДА́РИТЬ, -рю, -ришь; *сов., чего, сколько.* Наворовать, «хапнуть». *~рил — и в кусты!*

От имени бывшего премьер-министра Е. Гайдара.

НАГА́Р, -а, *м.* Доход, куш, прибыль; взятка. *Сколько стоит? — Триста с ~ом. У него на этом свой ~.*

Ср. **НАВАР 2**.

♦ **НА ГАШЕ́ТКУ НАЖА́ТЬ** — нажать на газ, резко прибавить скорость автомобиля.

Из языка автолюбителей, шофёров.

НАГВА́ЗДЫВАТЬСЯ, -ваюсь, -ваешься; *несов.* (сов. **НАГВА́ЗДАТЬСЯ**, -даюсь, -даешься), *чего, чем* и *без доп.* Напиваться пьяным.

От **ГВАЗДАТЬ 2**.

НАГВОЗДЯ́ЧИВАТЬСЯ, -ваюсь, -ваешься; *несов.* (*сов.* **НАГВОЗДЯ́ЧИТЬСЯ**, -чусь, -чишься), *чего, чем* и *без доп.* Напиваться, перепивать, становиться пьяным.

От **ГВОЗДЯЧИТЬ**.

НАГЕГЕМО́НИТЬСЯ, -нюсь, -нишься; *сов., без доп.* Наработаться, устать; уйти с завода, перестать быть рабочим. *Всё, ~ился, дураков нет.*

От **ГЕГЕМОН, ГЕГЕМОНИТЬ.**

НАГЛЁЖ, НАГЛЁЖКА *см.* **НАГЛЯК**

НАГЛОТА́ТЬСЯ, -а́юсь, -а́ешься; *сов., чего* и *без доп.* Наесться, напиться, насытиться. *~ался, бегемотик?* ♦ **Колёс ~** — напиться таблеток наркотического действия.

См. также **БОРЗЯНКА**

НАГЛЫЙ *см.* **КТО НАХАЛ (НАГЛЕЙ), ТОМУ И МЯСО**

НАГЛЮ́КИВАТЬСЯ, -аюсь, -аешься; *несов.* (*сов.* **НАГЛЮ́КАТЬСЯ**, -аюсь, -аешься), **НАГЛЮКА́РИВАТЬСЯ**, -аюсь, -аешься, *несов.* (*сов.* **НАГЛЮКА́РИТЬСЯ**, -рюсь, -ришься), *чего, чем* и *без доп.* Напиваться пьяным.

От **ГЛЮК.**

НАГЛЯ́К, -а́, **НАГЛЁЖ**, -лежа́, *м.*, **НАГЛЯ́НКА**, -и, **НАГЛЯ́ЧКА**, -и, **НАГЛЁЖКА**, -и, *ж.* Наглость, нахальство. *Я прямо опух от такой наглянки* — меня крайне удивила такая наглость.

НАГО́Н, -а, *м.* Ложь, враньё, сплетни; ерунда.

От **ГНАТЬ.**

НАГОТОВЕ́, *нареч.* и в зн. *сказ.* В состоянии опьянения.

НАГРАДИ́ТЬ, -ажу́, -ади́шь; *сов., чем.* Заразить (обычно венерической болоезнью).

НАГРЕВА́ТЬ, -а́ю, -а́ешь; *несов.* (*сов.* **НАГРЕ́ТЬ**, -е́ю, -е́ешь), *кого на что, на сколько, с чем.* Обманывать. *Меня в магазе* (магазине) *со сдачей на рубль нагрели, змеи.*

НАГРУДНЫЙ ПЛЮШ *см.* **ПЛЮШ**

НАГРУЗДАТЬСЯ КАК ВЫХУХОЛЬ *см.* **НАЕСТЬСЯ (НАЖРАТЬСЯ, НАГУЗДАТЬСЯ) КАК ВЫХУХОЛЬ**

НАДАВАТЬ *см.* **ПО МОРДАМ**

НА ДВА ПУКА *см.* **НА ПУК...**

НАДЕВАТЬ *см.* **«БЕРЕЖЁНОГО БОГ БЕРЕЖЁТ»...; НЕУДОБНО ШТАНЫ ЧЕРЕЗ ГОЛОВУ НАДЕВАТЬ; СЧАСТЛИВЫЕ ТРУСОВ НЕ НАБЛЮДАЮТ...**

НАДЕ́ЛАТЬ, -аю, -аешь; *сов., от чего, с чего* и *без доп.* (или **~ В ТРУ́СИКИ, ~ В ПОЛЗУНКИ́, ~ В ШТАНЫ́** и т. п.). Испугаться.

♦ **НАДЕ́НЬ ОЧКИ́, А ТО ПРОСТУ́ДИШЬСЯ** — *ирон.* надень очки.

НАДЕТЬ *см.* **КАК НАДЕНУ ПОРТУПЕЮ, ТАК ТУПЕЮ И ТУПЕЮ**

♦ **НАДЕ́ТЬ ДЕРЕВЯ́ННЫЙ МАКИНТО́Ш** — умереть.

Выражение зафиксировано ещё в источниках начала XX в.; *ср.* в *уг.* в том же зн. «(надеть) деревянный бушлат (тулуп, костюм и т. п.)».

♦ **НАДЕ́ТЬ НАМО́РДНИК** *кому* — заставить подчиниться, психологически сломить.

♦ **НАДЕ́ТЬ ПО́ЯС НЕВИ́ННОСТИ** — вести аскетический, целомудренный образ жизни.

♦ **НАДЕ́ТЬ ТУЛУ́П СОСНО́ВЫЙ** (или **ДЕРЕВЯ́ННЫЙ, ДУБО́ВЫЙ**) — умереть, лечь в гроб.

НАДИРА́ТЬ, -а́ю, -а́ешь; *несов.* (*сов.* **НАДРА́ТЬ**, -деру́, -дерёшь), *кого, на что, на сколько, на чём, с чем.* Обманывать, обхитрять, облапошивать.

НАДИРА́ТЬСЯ, -а́юсь, -а́ешься; *несов.* (*сов.* **НАДРА́ТЬСЯ**, -деру́сь, -дерёшься), *чего, чем* и *без доп.* Напиваться пьяным, пьянеть. *~ в хлам* (сильно). *Нет в Москве такого парадника* (подъезда), *где бы я не надрался.*

НАДО *см.* **ЛЯЛЯ; НЕ НАДО ГРЯЗИ; СРАТЬ; С КЕМ ПОВЕДЁШЬСЯ — ТАК ТЕБЕ И НАДО...; СПАСИБО — НЕ КРАСИВО, НАДО ДЕНЕЖКИ ПЛАТИТЬ**

♦ **НА́ДО ЕСТЬ ЧА́СТО, НО ПОМНО́ГУ** — *ирон.* передел. выражение «надо есть часто, но понемногу».

НАДОЛГО *см.* **ПОСЫЛАТЬ ДАЛЕКО И НАДОЛГО**

НАДРАТЬ *см.* **НАДИРАТЬ**

НАДРАТЬСЯ *см.* **ЛОМ; НАДИРАТЬСЯ**

НАДРЕБАДА́НИВАТЬСЯ, -аюсь, -аешься; *несов.* (*сов.* **НАДРЕБАДА́НИТЬСЯ**, -нюсь, -нишься), *чего, чем* и *без доп.* Напиваться пьяным.

От **ДРЕБАДАН.**

НАДРИ́НКИВАТЬСЯ, -аюсь, -аешься; *несов.* (*сов.* **НАДРИ́НКАТЬСЯ**, -аюсь, -аешься), *чем, чего* и *без доп.* Напиваться пьяным.

От **ДРИНК, ДРИНКАТЬ.**

НАДРОЧИ́ТЬСЯ, -чу́сь, -чи́шься (или -о́чишься); *сов., в чём, на чём, что делать.* Хорошо научиться что-л. делать, набить руку в чём-л. *~ свистеть* — научиться врать.

От **ДРОЧИТЬ.**

НАДРО́ЧКА, -и, *ж.* Учёба, натаскивание, подготовка, зубрёжка, тренировка.

От **НАДРОЧИТЬСЯ.**

НАДРЫ́ЗГИВАТЬСЯ, -аюсь, -аешься; *несов.* (*сов.* **НАДРЫ́ЗГАТЬСЯ**, -аюсь, -аешься), *чем, чего* и *без доп.* Напиваться пьяным, перепивать, пьянеть.

От **ДРЫЗГАТЬ.**

НАДУВНО́Й, -а́я, -о́е. **1.** Поддельный, ненастоящий; подставной, липовый, дутый. **2.** в зн. *сущ.*, -о́го, *м.* (или **~А́Я ИГРУ́ШКА, ~ МАТРА́С**). Атлет, человек с большими мышцами, культурист. *Зал для ~ых. ~ые железки таскают* (тренируются).

НА ДУРИКА *см.* **ДУРИК**

♦ **НА ДУРНЯКА́** *что сделать* — даром, «на халяву», без применения усилий.

НАДУТЬ *см.* **КЕДЫ НАДУТЬ**

НАДУ́ТЬСЯ, -у́юсь, -у́ешься; *сов.* **1.** *без доп.* Накачать мышцы, стать мускулистым. *Ну ты ~улся, смотри не пукни!* **2.** Забеременеть. *Он с ней пошутил, а она и ~улась.*

НАДЫ́БАТЬ, -аю, -аешь; **НАДЫ́БИТЬ**, -блю, -лишь; *сов., чего, что, где.* **1.** Наворовать, украсть; взять, набрать, натаскать (обычно подпольно, тайно, незаконно). **2.** Найти, обнаружить что-л. (обычно — случайно).

Ср. *диал.* «надыбать» — отыскать, поймать, нагнать, найти или «надыбеть» — скопиться; *уг.* «надыбать» — нащупать.

НАДЮДЮ́НЬКИВАТЬСЯ, -аюсь, -аешься; *несов.* (*сов.* **НАДЮДЮ́НЬКАТЬСЯ**, -аюсь, -аешься), **НАДЮ́НЬКИВАТЬСЯ**, -аюсь, -аешься; *несов.* (*сов.* **НАДЮ́НЬКАТЬСЯ**, -аюсь, -аешься), *чего, чем* и *без доп.* Напиваться спиртным; становиться пьяным.

Звукоподр.

НАЕ́ЗДНИК, -а, *м.* Сожитель, любовник; реже муж.

Ср. *уг.* в том же зн.

НА ЕЗДЮКА СЯДЕШЬ — К ЕЗДЕЦУ ПРИЕДЕШЬ *см.* **ЕЗДЮК**

НАЕЗЖА́ТЬ, -а́ю, -а́ешь; *несов.* (*сов.* **НАЕ́ХАТЬ**, -е́ду, -е́дешь), *на кого* и *без доп.* Идти с кем-л. на конфликт, искать ссоры. *Слушай, ты на меня не наезжай, я тебе не мёртвый пёсик.*

НАЕСТЬ *см.* **МОРДУ НАЖРАТЬ (НАЕСТЬ); РОЖУ НАЖРАТЬ (НАЕСТЬ)**

НАЕСТЬСЯ *см.* **БОРЗЯНКА; ГОВНО**

♦ **НАЕ́СТЬСЯ (НАЖРА́ТЬСЯ, НАГУ́ЗДАТЬСЯ) КАК ВЫ́ХУХОЛЬ** — объесться, переесть.

НАЕХАТЬ *см.* **НАЕЗЖАТЬ**

НАЖАТЬ *см.* **НА ГАШЕТКУ НАЖАТЬ; НА МАССУ НАЖАТЬ**

НАЖАТЬ НА ГАЗ *см.* **ДАТЬ ПО ГАЗАМ**

НАЖЕ́ЧЬ, -жгу́, -жжёшь; *сов., кого с чем на сколько.* Обмануть, обвести, обхитрить.

НАЖИВА *см.* **ПРИШЛА НАЖИВА**

НА ЖОПЕ ШЕРСТЬ *см.* **ЖОПА**

НАЖО́ПНИЦА, -ы, *ж.* **1.** Этикетка, «лейбл» фирмы на заднем кармане брюк. **2.** *Ирон.* Неумелая мотоциклистка или девушка, сидящая сзади мотоциклиста.

НАЖО́РИСТЫЙ, -ая, -ое. Хороший, качественный вкусный (о еде); сочный, яркий, необычный, колоритный (о ком-чём-л.). *~ типчик. ~ые деньки* (о хорошей погоде). *~ая попа.*

НАЖРАТЬ *см.* **МОРДУ НАЖРАТЬ (НАЕСТЬ); РОЖУ НАЖРАТЬ (НАЕСТЬ)**

НАЖРАТЬСЯ *см.* **БОРЗЯНКА**

НАЖРАТЬСЯ ДО НЕ Я *см.* **ДОПИТЬСЯ (НАПИТЬСЯ, НАЖРАТЬСЯ) ДО НЕ Я**

НАЖРАТЬСЯ КАК ВЫХУХОЛЬ *см.* **НАЕСТЬСЯ (НАЖРАТЬСЯ, НАГУЗДАТЬСЯ) КАК ВЫХУХОЛЬ**

НАЗАД *см.* **КОТА НАЗАД ПРОГУЛИВАТЬ**

НАЗЮЗЮ́КИВАТЬСЯ, -аюсь, -аешься; *несов.* (*сов.* **НАЗЮЗЮ́КАТЬСЯ**, -аюсь, -аешься), **НАУЗЮЗЮ́КИВАТЬСЯ**, -аюсь, -аешься; *несов.* (*сов.* **НАУЗЮЗЮ́КАТЬСЯ**, -аюсь, -аешься), *без доп.* Напиваться пьяным.

Ср. *устар. диал.* «зюзи», «зюзька» — промокший от дождя человек, пьяница; сл. употр. еще в XIX в., «назюзюкаться» — опьянеть, выпить спиртного (встречается у А. П. Чехова и др.).

НАИВНЯ́К, -а́, *м.* Что-л. наивное; наивный, глупый человек.

НАИВНЯ́ЦКИЙ, -ая, -ое. Наивный, глупый.

НАИША́ЧИТЬСЯ, -чусь, -чишься; *сов., на кого, где* и *без доп.* Наработаться, перетрудиться.

От общеупотр. «ишак», *см.* **ИШАЧИТЬ**.

НАЙТ, -а, *м.* Ночь; ночлег; место для ночлега.

Англ. night — ночь; возм. из *хип.*

НАЙТА́ТЬ, -а́ю, -а́ешь; *сов., где* и *без доп.* Ночевать, проводить ночь.

От **НАЙТ**.

НАЙТИ *см.* **БОРОТЬСЯ И ИСКАТЬ, НАЙТИ И ПЕРЕПРЯТАТЬ!; В ПОМОЙКЕ (НА ПОМОЙКЕ) НАШЛИ; НА СВАЛКЕ НАШЛИ**

НАЙТИСЬ *см.* **НА ХРЕН С ВИНТОМ НАЙДЁТСЯ ГАЙКА СО ШПЛИНТОМ**

НАКА *см.* **МНАКА**

НАКАЗАТЬ *см.* **ОТМЕНИТЬ И НАКАЗАТЬ**

НАКАКАТЬ *см.* **ЖУК**

НАКАЛДЫРИВАТЬСЯ, НАКАЛДЫРИТЬСЯ *см.* **НАКОЛДЫРИВАТЬСЯ**

НАКА́ЛЫВАТЬ, -аю, -аешь; *несов.* (*сов.* **НАКОЛО́ТЬ**, -олю́, -о́лешь). **1.** *кого на чём, с чем.* Разыгрывать, подшучивать над кем-л.; обманывать кого-л. **2.** *кого.* Убивать ножом.

Возм. из *уг.*; 1. — возм. от *уг.* «наколоть» — нащупать, занять, высмотреть (напр., квартиру), украсть, пометить игральные карты; *см.* также **НАКОЛКА**.

НАКА́ЛЫВАТЬСЯ, -аюсь, -аешься; *несов.* (*сов.* **НАКОЛО́ТЬСЯ**, -колю́сь, -ко́лешься), *на ком-чём, на сколько* и *без доп.* Обманываться, ошибаться в ком-чём-л.; наталкиваться на непредвиденное препятствие; просчитываться, проигрывать в финансовом отношении.

Возм. из *уг.*, *см.* также **НАКОЛКА, НАКОЛОТЬ**.

НАКАНИФО́ЛИВАТЬСЯ, -аюсь, -аешься; *несов.* (*сов.* **НАКАНИФО́ЛИТЬСЯ**, -люсь, -лишься). **1.** *чего, чем* и *без доп.* Напиваться пьяным. **2.** без *доп.* Одеваться с иголочки, расфуфыриваться, накладывать косметику, приводить себя в порядок.

От общеупотр. «канифоль».

НАКА́ПАТЬ, -аю, -аешь; *сов.*, *кому на кого-что.* Наябедничать, донести.

От **КАПАТЬ 2**.

НАКАТАТЬ *см.* **ТЕЛЕГА**

НАКАТИТЬ *см.* **НАКАТЫВАТЬ**

НАКАТИТЬ В РЕПУ (НАЧИСТИТЬ РЕПУ) *см.* **РЕПА**

НАКА́ТЧИК, -а, *м.* **1.** Тот, кто нападает; налётчик. **2.** Доносчик, ябеда.

1. — от **НАКАТИТЬ 3.**; 2. — от *уг.* «накатчик» — член преступного мира, предупреждающий власти о готовящемся преступлении.

НАКА́ТЫВАТЬ, -аю, -аешь; *несов.* (*сов.* **НАКАТИ́ТЬ**, -ачу́, -а́тишь). **1.** *кого по чему, во что.* Ударять, бить. **2.** *чего* и *без доп.* (или ~ **ПОД ШТА́НГУ**) Пить спиртное. **3.** *на кого.* Доносить. **4.** *на кого.* Приставать, нападать.

3. — из *уг.*

НАКАЧАТЬ *см.* **НАКАЧИВАТЬ**

НАКАЧАТЬСЯ *см.* **НАКАЧИВАТЬСЯ**

НАКА́ЧИВАТЬ, -аю, -аешь; *несов.* (*сов.* **НАКАЧА́ТЬ**, -а́ю, -а́ешь), *что.* Тренировать, делать большими мышцы. *Ноги ~.*

От **КАЧАТЬ**.

НАКА́ЧИВАТЬСЯ, -аюсь, -аешься; *несов.* (*сов.* **НАКАЧА́ТЬСЯ**, -а́юсь, -а́ешься). **1.** *без доп.* Становиться сильным, тренировать мышцы. **2.** *чем, чего* и *без доп.* Напиваться пьяным.

1. — от **КАЧАТЬСЯ**; 2. — встречается, напр., у Н. Тэффи.

НАКА́ЧКА, -и, *ж.* **1.** Спортивная, физическая форма (обычно об атлетизме); тренировка, процесс тренировки. **2.** Психологическая подготовка; пропаганда чего-л.

1. — от **НАКАЧАТЬ(СЯ)**; 2. — общеупотр. *прост.* «накачать» — внушая, убеждая, научить.

НАКВА́СИТЬСЯ, -а́шусь, -а́сишься; *сов.*, *чем, чего* и *без доп.* Напиться допьяна.

От **КВАСИТЬ 1**.

НАКЕ́РДЫШ, -а, **НАКЕРДЫ́Ш**, -а, *м.* **1.** Мужской половой член. **2.** Удар, пинок.

НАКЕРНИ́ТЬ, -ню́, -ни́шь; *сов.*, *кого, куда, во что, почему* и *без доп.* Ударить, врезать (чаще об ударе по голове, по лицу).

Возм. *эвфем. Ср.* **НАКИРНУТЬ**.

НАКЕРНУТЬ *см.* **НАКИРНУТЬ**

НАКЕРНУТЬСЯ *см.* **НАХЕРНУТЬСЯ**

НАКЕРОСИ́НИТЬСЯ, -нюсь, -нишься; *сов.*, *чем, чего* и *без доп.* Напиться, опьянеть.

От **КЕРОСИНИТЬ**.

НАКИНУТЬ ОБОРОТЫ *см.* **ОБОРОТ**

НА́КИПЬ, -и, *ж.* **1.** Ерунда, дрянь, отбросы. **2.** Остальные, прочие. **3.** *ирон.* Сливки общества, лучшие люди, элита.

3. — возм. влияние *уг.* «накипь» — старожилы тюрем, опытные воры, тюремная аристократия.

НАКИРНУ́ТЬ, -ну́, -нёшь; **НАКЕРНУ́ТЬ**, -ну́, -нёшь; *сов.* **1.** *кому во что, по чему.* Ударить. **2.** *чего* и *без доп.* Выпить спиртного.

1. — возм. связано с **НАХЕРНУТЬ**; 2. — от **КИРНУТЬ**.

НАКИРНУТЬСЯ *см.* **НАХЕРНУТЬСЯ**

НАКИРЯ́ТЬСЯ, -я́юсь, -я́ешься; *сов.*, *чего, чем* и *без доп.* Напиться пьяным.

От **КИРЯТЬ**.

НАКЛА́ДЫВАТЬ, -аю, -аешь; *несов.* (*сов.* **НАКЛА́СТЬ**, -аду́, -адёшь, **НАЛОЖИ́ТЬ**, -ожу́, -о́жишь), *без доп.* (или ~ **В ШТАНИ́ШКИ**, ~ **В ШО́РТИКИ**, ~ **КУ́ЧУ** и т. п.). Пугаться.

НАКЛАСТЬ *см.* **ГОВНО; НАКЛАДЫВАТЬ**

НАКЛЮ́КИВАТЬСЯ, -аюсь, -аешься; *несов.* (*сов.* **НАКЛЮ́КАТЬСЯ**, -аюсь, -аешься), **НАКЛЮКА́РИВАТЬСЯ**, -аюсь, -аешься; *несов.* (*сов.* **НАКЛЮКА́РИТЬСЯ**, -рюсь, -ришься), *чего, чем* и *без доп.* Напиваться пьяным.

От **КЛЮКАТЬ**.

НАКОЛДЫ́РИВАТЬСЯ, -аюсь, -аешься; *несов.* (*сов.* **НАКОЛДЫ́РИТЬСЯ**, -рюсь, -ришься), **НАКАЛДЫ́РИВАТЬСЯ**, -аюсь, -аешься; *несов.* (*сов.* **НАКАЛДЫ́РИТЬСЯ**, -рюсь, -ришься), *чего, от чего, чем* и *без доп.* Напиваться пьяным. *Тёплым пивом быстрее наколдыришься.*

От **КОЛДЫРИТЬ**.

НА КОЛЁСАХ *см.* **КОЛЁСА**

НАКО́ЛКА, -и, *ж.* (или ~ — **ДРУГ ЧЕКИ́СТА**). Шутка, розыгрыш, обман ожидания.

Ср. *карт.* и *уг.* «накол» — незаметная пометка на карте (ногтем, булавкой и т. п.); *уг.* «наколка» — наводка на преступление.

НАКОЛОТЬ *см.* **НАКАЛЫВАТЬ**

НАКОЛОТЬСЯ *см.* **НАКАЛЫВАТЬСЯ**

НАКОНЕ́ЧНИК, -а, *м.* **1.** Перчатка. **2.** Презерватив.

1. — возм. из *уг.*

НАКОРМИТЬ *см.* **И ТРАХНЕТ И НАКОРМИТ**

НАКОСИ́ТЬ, -ошу́, -о́сишь; *сов., чего* и *без доп.* Наделать глупостей; совершить какой-л. безрассудный поступок. *Ну ты и ~осил делов, у тебя чего, зад по параше тоскует?* (намёк на тюрьму).

НАКОСТЫЛЯ́ТЬ, -я́ю, -я́ешь; *сов., кому.* Побить, изругать, наказать.

От **КОСТЫЛЯТЬ 2**.

НАКОФЕМО́ЛИТЬ, -лю, -лишь; *сов., чего* и *без доп.* Наговорить, наболтать глупостей, чепухи.

От **КОФЕМОЛИТЬ**.

НАКРАСИТЬ *см.* **СЕЙЧАС, ТОЛЬКО ЗУБЫ НАКРАШУ**

НАКРАСИТЬ ВЫВЕСКУ *см.* **ВЫВЕСКА**

НАКРАХМА́ЛИТЬ, -лю, -лишь; *сов., что.* Украсить, вычистить что-л., приготовить что-л. к чему-л. *Чего репейник-то* (лицо) *~лил* (вымыл), *жениться что ли собрался?*

НАКРАХМАЛИТЬ* *см.* **А ТЫ ТРУСЫ (УШИ, ШНУРКИ, ЧЁЛКУ) НАКРАХМАЛИЛ?; СЕЙЧАС, ТОЛЬКО УШИ (ЖОПУ, ВОРОТНИЧОК, МАНЖЕТЫ) НАКРАХМАЛЮ**

НАКРАХМА́ЛИТЬСЯ, -люсь, -лишься; *сов., к чему* и *без доп.* Подготовиться к чему-л., настроиться; привести себя в порядок, одеться с иголочки.

НАКРЫ́ТЬСЯ, -ро́юсь, -ро́ешься; *сов., без доп.* (или ~ **МЕ́ДНЫМ ТА́ЗОМ**, ~ **СОСНО́ВОЙ КРЫ́ШКОЙ**, ~ **ПЫ́ЛЬНЫМ ПЛЕ́ДОМ**, ~ **КАНЬЁВЫМ ОДЕЯ́ЛЬЦЕМ** и т. п.). Закончиться, провалиться, расстроиться (о деле); потерпеть неудачу, разориться (о человеке). *~рылась наша поездочка на Кавказ, там теперь война горных козлов и низинных баранов* (о напряжённом положении в регионах Кавказа).

НАКСЕ́РИТЬ, -рю, -ришь; *сов.* Снять ксерокопию, откcерокопировать.

НАКУ́РНИК, -а, *м.*, **НАКУ́РНИЦА**, -ы, *ж.* Напарник, напарница, коллега.

От **КУРИТЬ**.

НАКУ́ШАТЬСЯ, -аюсь, -аешься; *сов., чего, чем* и *без доп.* Напиться пьяным.

НАКУШАТЬСЯ* *см.* **БОРЗЯНКА; ЛОМ**

НАЛ, -а, **НА́ЛИК**, -а, *м.* Наличные деньги. *Дать ~ом. Выложить ~. Оплата только в ~е.*

См. также **БЕЛЫЙ НАЛ, ЧЁРНЫЙ НАЛ.**

Сокращ. (с суффиксацией). *Ср.* **НАЛИЧМАН.**

НАЛАЖА́ТЬ, -а́ю, -а́ешь; *сов., с чем* и *без доп.* Халтурно выполнить работу; наделать глупостей, ошибок.

От **ЛАЖА.**

НАЛАКА́ТЬСЯ, -а́юсь, -а́ешься; *сов., чего, чем* и *без доп.* Напиться допьяна.

От **ЛАКАТЬ.**

НАЛАМПОПА́М, *нареч.* Напополам, поровну. *Навар* (доход, прибыль) — *~ !*

Шутл. метатеза, *ср.* **НАПОЛОПАМ.**

♦ **НАЛЕПИ́ТЬ** (или **НАРИСОВА́ТЬ, ПОСТА́ВИТЬ** и т. п.) **ЗВЁЗДОЧКУ НА ЗА́ДНИЦЕ** — одержать очередную победу в любовных делах.

НАЛЕТЕТЬ *см.* **ПИКА**

♦ **НАЛИВА́Й ДА ПЕЙ** — не беспокойся, не суетись, сохраняй самообладание.

НАЛИВАТЬ *см.* **НЕ БУДЬ ЧЕМ ЩИ НАЛИВАЮТ**

НАЛИЗА́ТЬСЯ, -ижу́сь, -и́жешься; *сов., чего, чем* и *без доп.* Стать пьяным, напиться.

НАЛИК *см.* **НАЛ**

НАЛИМО́НИВАТЬСЯ, -аюсь, -аешься; *несов.* (*сов.* **НАЛИМО́НИТЬСЯ**, -нюсь, -нишься), *чего, чем* и *без доп.* Напиваться пьяным.

Из *диал.*; возм. от общеупотр. «лимон», т. к. в пунш добавлялся лимон (по объяснению В. И. Даля).

НАЛИТЬ *см.* **ШАРЫ**

НАЛИЧМА́Н, -а, *м.* Наличные деньги.

Ср. **НАЛ, НАЛИК.**

НАЛОВИТЬ (НАСТРЕЛЯТЬ) ВОРОБУШКОВ *см.* **ВОРОБУШКИ**

НАЛОЖИТЬ *см.* **ГОВНО; НАКЛАДЫВАТЬ**

♦ **НАЛОЖИ́ТЬ ПО́ЛНЫЕ ШТАНЫ́** — испугаться.

НАЛОПОПАМ *см.* **НАПОЛОПАМ**

♦ **НА ЛОШÁДКАХ КАТÁТЬСЯ** *с кем* — заниматься любовью.

НАМАЗАТЬ *см.* **ЖОПА**

НАМАНИКЮ́РИВАТЬСЯ, -аюсь, -аешься, *несов.* (*сов.* **НАМАНИКЮ́РИТЬСЯ**, -рюсь, -ришься), *без доп.* **1.** Делать маникюр. **2.** Наводить лоск, разодеваться, расфуфыриваться.

НА МАССУ ДАВИТЬ *см.* **МАССУ (НА МАССУ) ДАВИТЬ**

♦ **НА МÁССУ НАЖÁТЬ** — спать, заснуть.

♦ **НА МИНУ́ТОЧКУ** — выражение-«паразит», употр. в речи по любому поводу (типа «так сказать» и т. п.), часто для подчёркивания несоответствия чего-л. чему-л., ирон. выделения каких-л. свойств и т. п., близко по зн. к *разг.* «между прочим», напр.: *Он ему так на минуточку сто тысяч баксов одолжил* (вот как много!). *У неё на минуточку ребёнок новорождённый, а она пьёт как лошадь* (вот какая нехорошая!).

НАМ МЕНТЫ НЕ КЕНТЫ *см.* **КЕНТ**

НАМОКÁТЬ, -áю, -áешь; *несов.* (*сов.* **НАМÓКНУТЬ**, -ну, -нешь), *без доп.* Становиться пьяным, хмелеть.

НАМÓРДНИК, -а, *м.* **1.** Противогаз, марлевая повязка на лицо. **2.** Т. н. «лепесток Истрякова», специальная прокладка, предохраняющая от радиоактивного заражения.

2. — из речи т. н. «ликвидаторов» последствий аварии на Чернобыльской АЭС.

НАМОРДНИК *см.* **ВПЕРВЫЕ НА АРЕНЕ БЕЗ НАМОРДНИКА; НАДЕТЬ НАМОРДНИК**

♦ **НА МОСТУ́ СТОЯ́ЛИ ТРÓЕ: ОН, ОНÁ И У НЕГÓ** — ирон. имитация, пародирование лирической поэзии.

НАМОТÁТЬ, -áю, -áешь; *сов., кого с чем, на чём, на сколько* (или ~ **ВОКРУ́Г КОЛÉНА**, ~ **НА ЛÓКОТЬ** и т. п.). Обмануть, обхитрить, облапошить.

♦ **НАМОТÁТЬ НА ВИНТ** — заразиться венерической болезнью.

НАМОЧÁЛИТЬ, -лю, -лишь, *сов., кого* (или ~ **ШÉЮ**, ~ **ПÓПУ**, ~ **ЛЫ́СИНУ** и т. п. *кому*). Изругать, наказать, расправиться, побить, поставить на место. *Смотри, в следующий раз поймаю, загривок-то ~лю.*

НАМОЧÁЛИТЬСЯ, -люсь, -лишься, *сов.* **1.** *с чем* и *без доп.* Устать, намучиться с чем-л. **2.** *к чему, что делать.* Приготовиться к чему-л.

НАМÓЧЕННЫЙ, -ая, -ое. Пьяный. ♦ **Упал ~** — разделение слова «уполномоченный» (обычно *ирон.* о каком-л. официальном лице).

От **НАМОКАТЬ**.

♦ **НАМ, ТАТÁРАМ, ВСЁ РАВНÓ, ЧТО ВÓДКА, ЧТО ГОВНÓ** (или **ЧТО ВÓДКА, ЧТО ПУЛЕМЁТ, ЛИШЬ БЫ С НОГ ВАЛИ́ЛО**) — *ирон.* всё равно (чаще о том, что пить: при выборе спиртного).

НАМЫВÁТЬ, -áю, -áешь; *несов.* (*сов.* **НАМЫ́ТЬ**, -мóю, -мóешь). **1.** *сколько* (или ~ **БÁБОК**, ~ **КАПУ́СТЫ** и т. п.). Зарабатывать, получать, красть, выменивать и т. п. много денег. **2.** *кому* (или ~ **ЗАТЫ́ЛОК**, ~ **ХВОСТ** и т. п.). Распекать, ругать, наказывать, делать нагоняй.

1. — возм. изначально из языка старателей: «намывать (намыть) золота, золотого песку».

НАМЫ́ЛИВАТЬСЯ, -аюсь, -аешься; *несов.* (*сов.* **НАМЫ́ЛИТЬСЯ**, -люсь, -лишься), *куда, что делать.* Собираться куда-л. *Только в загранку* (за границу) *намылился — билеты подскочили* (подорожали).

НАМЫТЬ *см.* **НАМЫВАТЬ**

НАНÁ[1], *межд.* и в зн. *сказ.* Обычно сопровождает или иллюстрирует какое-л. интенсивное, резкое действие. *Я ему ~ в сопатку* (в нос, лицо; имитация удара).

Ср. «на», «на-ко», «накось» и т. п. в близких зн.

НАНÁ[2], -ы, *ж.* Девушка; любовница. *В ожидании ~ы дядя Федя снял штаны.*

От фр. Nana в том же зн.; вероятно во фр. распространилось под влиянием романа Э. Золя «Нана».

НАНАЕЦ *см.* **БРАТЕЦ; БРЕД (ПЬЯНОГО НАНАЙЦА)**

НАНÁЙСКИЙ, -ая, -ое. Странный, несуразный, абсурдный.

От назв. народа.

См. также **БОРЬБА НАНАЙСКИХ МАЛЬЧИКОВ**

НАНÁЙЦЫ, -цев, **НАНИ́СТЫ**, -ов, *мн., собств.* Исполнители из поп-группы «На-на».

НАНИМÁТЬ, -áю, -áешь; *несов.* (*сов.* **НАНЯ́ТЬ**, найму́, наймёшь), *кого. Ирон.* Познакомиться с девушкой.

НАНИСТЫ *см.* **НАНАЙЦЫ**

НАНЮХАТЬСЯ *см.* **НЮХНУТЬ (ПОНЮХАТЬ, НЮХАТЬ) ПОРТЯНКУ, НАНЮХАТЬСЯ ПОРТЯНКИ...**

НАНЯТЬ *см.* **НАНИМАТЬ**

НАОБОРОТ *см.* **ОН НЕ КУРИТ И НЕ ПЬЁТ, МАТОМ НЕ РУГАЕТСЯ...**

♦ **НА ПАРА́Х** — в пьяном состоянии

НАПА́РЫВАТЬСЯ, -аюсь, -аешься; *несов.* (*сов.* **НАПОРО́ТЬСЯ**, -рю́сь, -о́решься), *чего* и *без доп.* Наесться, стать сытым. *Весь день ничего не ем, а вечером напарываюсь, как хухрик* (много ем).

От **ПОРОТЬ**.

НАПАСТИ́СЬ, -ащу́сь, -асти́шься; *сов., без доп.* Затянуться, сделать одну затяжку сигареты с наркотиком (анашой).

Из *нарк.*

НАПАСТЬ *см.* **ДРИСТУН; ЖОР**

НАПЕРДЕТЬ *см.* **ВООБРАЖАЛА ХВОСТ ПОДЖАЛА...**

НАПЕРЕВЕС *см.* **С ХРЕНОМ НАПЕРЕВЕС**

НА ПИДОРА? *см.* **ПИДОР**

НАПИТЬСЯ *см.* **В ХЛАМ (ПЬЯН, НАПИТЬСЯ)**

♦ **НАПИ́ТЬСЯ ГОЛУБО́Й ВОДЫ́** — напиться пьяным.

НАПИТЬСЯ ДО НЕ Я *см.* **ДОПИТЬСЯ (НАПИТЬСЯ, НАЖРАТЬСЯ) ДО НЕ Я**

♦ **НАПИ́ТЬСЯ ДО ПОРОСЯ́ЧЬЕГО ВИ́ЗГА (ВИ́ЗГУ)** — сильно напиться, опьянеть, упиться.

НАПИТЬСЯ (НАДРАТЬСЯ, НАКУШАТЬСЯ) В ЛОМ *см.* **ЛОМ**

НАПОДДАВА́ТЬСЯ, -даюсь, -даёшься; *сов., чем, чего* и *без доп.* Напиться допьяна.

От **ПОДДАВАТЬ**.

НАПОЛИТУ́РИТЬСЯ, -рюсь, -ришься; *сов., чем* и *без доп.* Напиться пьяным.

От **ПОЛИТУРИТЬ**.

♦ **НА ПО́ЛНУЮ КАЛИ́ТКУ** — в полную мощь, изо всех сил, очень быстро, интенсивно, напр.: *Въехал в челюсть на полную калитку.*

НАПОЛОПА́М, НАЛОПОПА́М, *нареч.* Напополам. *Давай так: машинку продадим, а денежки ~.*

Ср. **НАЛАМПОПАМ**.

♦ **НА ПОЛУСО́ГНУТЫХ** *быть, что делать* — с готовностью, подобострастно, с раболепием, напр.: *Ты свистни, он на полусогнутых прибежит.*

НАПОРОТЬСЯ *см.* **ЗА ЧТО БОРОЛИСЬ, НА ТО И НАПОРОЛИСЬ; НАПАРЫВАТЬСЯ**

НА ПОСТОРОНКУ *см.* **ПОСТОРОНКА**

НА ПОСТОЯНКУ *см.* **ПОСТОЯНКА**

НАПРИНИМА́ТЬСЯ, -а́юсь, -а́ешься; *сов., чем, чего* и *без доп.* Напиться пьяным.

От **ПРИНИМАТЬ**.

НАПРИ́НТИТЬ, -нчу, -нтишь; *сов.* Напечатать; сделать распечатку на принтере.

НАПРУДО́НИТЬ, -ню, -нишь; *сов., без доп.* Обмочиться; пролить воды, промочить что-л.

Возм. из *детск.*; *ср.* общеупотр. «пруд», «напружать», «запрудить», «напрудить», «запруда» и т. п.

НАПРЯ́Г, -а, *м.* и в зн. *сказ.* Трудное положение, напряжённая ситуация, неблагоприятная обстановка; хроническая нехватка чего-л., дефицит. *С мясом ~* — нет мяса. *С мозгами ~* — о чьей-л. глупости, недальновидности и т. п. ♦ **Быть в ~е** *с чем и без доп.* — ощущать нехватку чего-л., напр. времени, денег и т. п.

НАПРЯГА́ТЬ, -а́ю, -а́ешь; *несов.* (*сов.* **НАПРЯ́ЧЬ**, -ягу́, -яжёшь), *кого чем, с чем.* **1.** Приставать к кому-л., надоедать, донимать. *Димон, не напрягай пипл* — Дима, не приставай к людям. **2.** Давать кому-л. какое-л. поручение, озадачивать кого-л. чем-л.; заставлять, вынуждать кого-л. что-л. делать. *Надо жену напрячь насчёт ботинок* (чтобы она купила ботинки).

НАПРЯГАТЬ ПИПЛ *см.* **ПИПЛ**

НАПРЯГА́ТЬСЯ, -а́юсь, -а́ешься; *несов.* (*сов.* **НАПРЯ́ЧЬСЯ**, -ягу́сь, -яжёшься), *с чем, чем, на что* и *без доп.* **1.** Брать на себя ответственность, решение какой-л. проблемы. *Напрягись-ка порученьицем. Кто много напрягается, тот при́ смерти лягается.* **2.** Уставать, перетруждаться. ♦ **Не напрягаться** — жить легко, беззаботно, не перерабатывать.

♦ **НАПРЯГА́ТЬ ЧЕ́РЕП (ИЗВИ́ЛИНУ, СЕ́РУЮ МА́ССУ, МОЗЖЕЧО́К)** — делать мыслительное усилие, вспоминать, думать и т. п.

НАПРЯЖО́МЕТР, -а, *м.* **1.** *Ирон.* Прибор для измерения напряжения в электроцепи, вольтметр. **2.** То же, что **НАПРЯГ**.

Из анекдота.

НАПРЯЧЬ *см.* **НАПРЯГАТЬ**

НАПРЯЧЬСЯ *см.* **НАПРЯГАТЬСЯ**

♦ **НА ПУК (НА ДВА ПУ́КА, НА ТРИ ПУ́КА)** *что сделать* — быстро, легко, без труда.

От **ПУКАТЬ**.

НАРАДЁХИВАТЬСЯ, -аюсь, -аешься; *несов.* (*сов.* **НАРАДЁХАТЬСЯ**, -аюсь, -аешься), *без доп.* Напиваться пьяным.

Шутл. контаминация с «нарадоваться».

♦ **НА РАЗ** *что сделать* — сделать что-л. быстро, легко.

♦ **НА РАЗ И КУ́РИЦА ПЁРДНЕТ** — один раз сделать что-л. нетрудно (трудно повторение).

НАРВА́ТЬСЯ, -ву́сь, -вёшься; *сов., на что.* Принять наркотическое средство (добровольно или принудительно). *~ на сульфу. ~ на машину* (шприц). *В психушке ~вался на какую-то дрянь.*

НАРВАТЬСЯ НА БОБА *см.* **БОБ**

НАРВАТЬСЯ (СЕСТЬ, НАЛЕТЕТЬ) НА ПИКАЛО (или **НА ПИКУ, НА ПИКАЛКУ**) *см.* **ПИКА**

НАРЕЗАТЬ *см.* **НАРЕЗЫВАТЬ**

НАРЕЗАТЬСЯ *см.* **НАРЕЗЫВАТЬСЯ**

НАРЕ́ЗКА, -и, *ж.* Предварительная подготовка, «обработка» с определёнными целями. *~ избирателей* — избирательная компания.

НАРЕЗКА* *см.* **СЛЕТЕТЬ С НАРЕЗКИ**

НАРЕЗНО́Й, -о́го, *м.* Человек, который умеет понравиться начальству, работает на начальство; подхалим.

От **НАРЕ́ЗАТЬСЯ 2.**

НАРЕЗНОЙ *см.* **ЗАТКНИ ФОНТАН (СВОЙ РЖАВЫЙ ВЕНТИЛЬ...)**

НАРЕ́ЗЫВАТЬ, -аю, -аешь; *несов.* (*сов.* **НАРЕ́ЗАТЬ**, -е́жу, -е́жешь), *откуда* и *без доп.* Уходить, убегать, сматывать удочки. ♦ **Винт наре́зать** — **1.** *кому.* Вступить в половой контакт (о мужчине; обычно о лишении женщины девственности). **2.** *без доп.* Бежать, скрываться.

Ср. *уг.* «наре́зать винт, плеть» — убежать.

НАРЕ́ЗЫВАТЬСЯ, -аюсь, -аешься; *несов.* (*сов.* **НАРЕ́ЗАТЬСЯ**, -е́жусь, -е́жешься). **1.** (или **~ ДО ПОРОСЯ́ЧЬЕГО ВИ́ЗГУ, ДО АЙ-АЙ-АЙ, ДО ПРИШЕ́ЛЬЦЕВ** и т. п.) *чем, чего* и *без доп.* Напиваться пьяным. **2.** *кому, к кому, до чего, на что.* Льстить начальству, выслуживаться, добиваться привилегий, быть любимчиком. *На старшего* (офицера) *наре́заться.* **3.** *на что.* Нарваться на неприятность. **4.** *откуда.* То же, что **НАРЕЗЫВАТЬ.**

НАРИСОВА́ТЬ, -су́ю, -су́ешь; *сов., что кому.* Сделать что-л. *~суй-ка мне трёшник* — дай три рубля. *Пойду бутылку ~сую* (куплю, достану, раздобуду). *Я уже трёх детей ~совал* (родил, воспитал).

НАРИСОВАТЬ* *см.* **ЗУБ; НАЛЕПИТЬ (НАРИСОВАТЬ, ПОСТАВИТЬ) ЗВЁЗДОЧКУ НА ЗАДНИЦЕ; ПРИДЕЛАТЬ (ПОДРИСОВАТЬ, НАРИСОВАТЬ, ПОДВЕСИТЬ) НОГИ**

НАРИСОВАТЬ (ПОКАЗАТЬ, ПРИШИТЬ) ФАЛЛИЧЕСКИЙ ПРЕДМЕТ *см.* **ФАЛЛИЧЕСКИЙ**

НАРИСОВАТЬ РОГА *см.* **НАСТАВИТЬ (НАСАДИТЬ, НАСТРОИТЬ, НАРИСОВАТЬ) РОГА**

НАРИСОВА́ТЬСЯ, -су́юсь, -су́ешься; *сов., где* и *без доп.* Появиться, прийти, явиться, проявиться. *Откуда это ты ~совался? Три года не были и вдруг ~совались. Пойду на работе ~суюсь, а то уволят.*

НАРК, -а, **НАРКО́М**, -а, **НАРКО́Т**, -а, *м.*, **НАРКО́ША**, -и, *м.* и *ж.* Наркоман; опустившаяся личность, доходяга, алкоголик.

НАРКО́ТА, -ы, **НАРКОТА́**, -ы́, *м.* и *ж.* **1.** То же, что **НАРК. 2.** *собир.* Наркоманы; алкоголики. **3.** Торговля наркотиками, наркобизнес. **4.** (или **~ ЗЕЛЁНАЯ**). Конченый, обречённый на гибель наркоман.

НАРКОША *см.* **НАРК**

НАРО́Д, -а, *м.* Обращение к окружающим, к группе знакомых. *~, никто мою сумку не видел?*

НАРОД* *см.* **БЛАГО ПАРТИИ — ДЕЛО НАРОДА; В НАРОД ХОДИТЬ; ВРАГ (НАРОДА); МЫ, ГРУЗИНЫ, НАРОД ГОРЯЧИЙ, СЕМЕРО ОДНОГО НЕ БОИМСЯ; ТРУБА**

НАРОДНЫЙ *см.* **ЧАСТУШКИ**

♦ **НАРО́ДУ БО́ЛЬШЕ, ЧЕМ ЛЮДЕ́Й** — много народу, с оттенком неодобрения.

НАРУ́ЖКА, -и, *ж.* Наружное наблюдение (в сыске).

Возм. через *уг.*

НАРУЖНОСТЬ *см.* **ПРИЯТНОЙ НАРУЖНОСТИ, УМЕРЕН В ОКРУЖНОСТИ**

НАРЦИ́СС, -а, *м., собств.* Гостиница «Националь» в Москве.

Шутл. контаминация с именем мифического персонажа Нарцисса.

НАРЫ *см.* **ШЛИФОВАТЬ; ША, НА НАРЫ, ЗАУСЕНЕЦ!**

НАРЫВА́ТЬ, -а́ю, -а́ешь; *несов.* (*сов.* **НАРЫ́ТЬ**, -ро́ю, -ро́ешь), *чего.* Находить, доставать, раздобывать; покупать (обычно с трудностями). *Где ты молоко нарываешь? Клёвые* (хорошие) *сапожки ты нарыла!*

НАРЯ́Д, -а, *м. Шутл.* Очередь, черёд. *Сегодня твой ~.*

Из *арм.*

НАРЯД* *см.* **ЛЕТАТЬ В НАРЯДЫ**

НАРЯ́ДНЫЙ, -ая, -ое. *Ирон.* О чьём-л. неопрятном «затрапезном» виде, плохой, неряшливой одежде. *Вон они бомжики ~ые разлеглись.*

НАСАДИТЬ РОГА *см.* **НАСТАВИТЬ (НАСАДИТЬ, НАСТРОИТЬ, НАРИСОВАТЬ) РОГА**

♦ **НА СА́МЫЙ ПОЖА́РНЫЙ СЛУ́ЧАЙ** — на случай какой-л. экстремальной ситуации.

Возм. распространилось под влиянием популярного фильма «Бриллиантовая рука».

НАСА́ПЫВАТЬ, -аю, -аешь; *несов., без доп.* Спать (обычно сладко).

От общеупотр. «сопеть».

♦ **НА СВА́ЛКЕ НАШЛИ́** *кого* — о ком-л. жалком, глупом.

♦ **НА СВЕЖАКА́ (СВЕЖАЧКА́)** *что делать* — на свежий взгляд, на свежую голову, по первому разу, непредвзято.

НАСЕ́ДКА, -и, *ж.* Доносчик, осведомитель, ябеда; ненадёжный человек, способный предать.

Ср. *уг.* «наседка» — подозрительный человек; тот, кто подсажен в камеру для получения сведений об арестованных.

НАСЕ́РИТЬ, -рю, -ришь; *сов., на что* и *без доп.* **1.** Сходить по большой нужде. **2.** Сделать глупость. **3.** Испачкать, измарать что-л. **4.** Наплевать на что-л., не обращать внимания. *~рь ты на этот экзамен.*

От **СЕРИТЬ**, **СРАТЬ**.

НАСЕСТЬ *см.* **ХВОСТ**

НАСИ́ЛОВАТЬ, -лую, -луешь; *несов., кого чем, с чем.* Приставать, донимать, изводить, надоедать. *Радио целый день своей рекламой ~лует.*

НАСИЛОВАТЬ* *см.* **ЛЁГКИЕ ДРАТЬ (НАСИЛОВАТЬ)**

НАСИРИ́КАТЬ, -аю, -аешь; *сов., без доп.* Испражниться (а также во всех перен. зн.). *Ну ты, брат, ~ал — три «Белаза» не увезут* («наделал дел»).

От **СИРИКАТЬ**.

НАСКИПИДАРИТЬ *см.* **ЖОПА**

НАСЛАЖДЕНИЕ *см.* **БАУНТИ — РАЙСКОЕ НАСЛАЖДЕНИЕ**

НАСЛЕСА́РИТЬ, -рю, -ришь; *сов., без доп.* Наделать глупостей; всё запутать, испортить.

От общеупотр. «слесарь», «слесарить».

♦ **НА СЛОВА́Х ТЫ ЛЕВ ТОЛСТО́Й, А НА ДЕ́ЛЕ ХРЕН ПУСТО́Й** — *ирон.* о пустослове, много обещающем, но ничего не делающем человеке.

♦ **«НА СМЕРТЬ МОЕГО́ ЧЛЕ́НА»** — ирон. выражение, употребляемое по поводу какого-л. казуса, глупого поступка, недоразумения и т. п.

По назв. популярного стихотворения Джима Дугласа Мориса.

НА́СМОРК, -а, *м.* (или **ПАРИ́ЖСКИЙ ~**, **ГУСА́РСКИЙ ~**, **ФРАНЦУ́ЗСКИЙ ~**). Триппер. *Схватить* (или *подхватить*) *~* (заразиться).

НАС НЕ ОБЪЕГОРИШЬ, НАС НЕ ОБКУЗЬМИШЬ... *см.* **ОБМИШУРИВАТЬ**

НАСОБА́ЧИТЬСЯ, -чусь, -чишься; *сов.* **1.** *с кем* и *без доп.* Поругаться, поссориться с кем-л. **2.** *На чём, в чём, с чем.* Научиться, наловчиться что-л. делать. *~ в реферировании. ~ на преподавании.*

От общеупотр. «собака», «собачиться».

НАСОС *см.* **ТЫ НАСОС, И Я НАСОС...**

НАСОСА́ТЬСЯ, -су́сь, -сёшься; *сов., чего, чем* и *без доп.* Напиться пьяным. *Во ~сался, дикция, как у Брежнева.*

НАСРА́ТЬ, -ру́, -рёшь; *сов.* То же, что **НАСЕРИТЬ**. ♦ **Будь братом, ~ри квадратом** (или **будь другом, ~ри кругом; будь сестрой, ~ри колбасой**) — *шутл.* передел. «будь другом (братом, сестрой)».

См. также **В РУЧКИ НАСРАТЬ**; **ЧТО** *с кого* **ВЗЯТЬ, КРОМЕ АНАЛИЗА...**

♦ — из *детск.*

♦ **НАСРА́ТЬ ТРИ КУ́ЧИ** *на кого-что* — наплевать, не обращать внимания.

НАССА́ТЬ, -су́, -сы́шь; *сов., на что* и *без доп.* **1.** Помочиться. **2.** Наплевать на что-л.; не придать чему-л. значения. ♦ **Как бык ~сал** *сделать что* — криво, косо, наперекосяк сделать что-л.

От **ССАТЬ**.

♦ **НАСТА́ВИТЬ (НАСАДИ́ТЬ, НАСТРО́ИТЬ, НАРИСОВА́ТЬ) РОГА́** *кому* — изменить мужу (жене) или совратить чужого мужа (жену).

НАСТЕБУНЯ́ТЬ, -я́ю, -я́ешь; *сов., что, с чем* и *без доп.* Сделать что-л. плохо, наспех; напортить, повредить. *Как возьмётся шить, то так ~яет* (сошьёт что-л. крупными, неровными стежками), *что Зингер в гробу перевернётся. Закрывай окно, опять ТЭЦ ~яла* (произошёл выброс веществ, загрязняющих воздух).

Возм. от **СТЕБАТЬ**, *ср. устар.* «стёбывать» — стегать, шить, хлестать; «стебунять», «стебунякать» — плохо работать иглой, «стебунина» — плохое шитьё.

НАСТОЯЩЕЕ *см.* **ВОДКА — ПЕРЕЖИТОК ПРОШЛОГО, НАСТОЯЩЕГО И БУДУЩЕГО**

НАСТРЕЛЯТЬ ВОРОБУШКОВ *см.* **ВОРОБУШКИ**

НАСТРИ́ЧЬ, -игу́, -ижёшь; *сов., сколько где.* Получить, добыть много денег.

Ср. **СОСТРИГАТЬ 2**.

НАСТРОГА́ТЬ, -а́ю, -а́ешь; *сов., кого, сколько.* Нарожать много детей.

От **СТРОГАТЬ**.

НАСТРОИТЬ РОГА *см.* **НАСТАВИТЬ (НАСАДИТЬ, НАСТРОИТЬ, НАРИСОВАТЬ) РОГА**

НАСТУПИТЬ *см.* **ПРИДЁТ ВОЙНА, НАСТУПИТ ЗАСУХА...**

НА́СТЯ, -и, *ж., собств.* НАТО. *Расширение ~и на восток.*

Шутл. контаминация с *собств.* «Настя».

НА́СУХО, *нареч.* Без закуски. *~ пить. ~ не могу, вырвет.*

НАСЫПА́ТЬСЯ, -а́юсь, -а́ешься; *несов.* (*сов.* **НАСЫ́ПАТЬСЯ**, -плюсь, -пешься), *на кого с чем.* Набрасываться на кого-л. с разговорами, расспросами; приставать, донимать. *Ну чего ты на меня насыпался, свали* (отойди).

НАСЫПУ́ХА, -и, **НАСЫПУ́ШКА**, -и, *ж.* **1.** Какое-л. небогатое, временное строение (дачный домик, сарай, строительный вагончик, времянка и т. п.). *Всё лето в насыпухе прожили.* **2.** Мелкие деньги. *Дай-ка насыпушки газировочки засосать* (выпить).

2. — возм. из *уг.*

НАСЯ́ВИТЬ, -влю, -вишь; *сов., на кого* и *без доп.* Донести, наябедничать.

От **СЯВИТЬ**.

НАТАРАКА́НИТЬ, -ню, -нишь; *сов. чего.* Набрать, наворовать, натащить.

От общеупотр. «таракан».

НАТА́ЧИВАТЬСЯ, -аюсь, -аешься; *несов.* (*сов.* **НАТОЧИ́ТЬСЯ**, -чу́сь, -о́чишься), *чем* и *без доп.* Наесться.

От **ТОЧИТЬ**.

♦ **НА ТВО́ИХ ТОВА́РИЩЕЙ ХОРОШО́ РЫ́БА КЛЮЁТ** — ирон. ответ на обращение «товарищ».

НАТЕ *см.* **БУДЬТЕ-НАТЕ**

♦ **НА ТЕБЕ́, КОЗЁЛ ВОНЮ́ЧИЙ, СТО РУБЛЕ́Й НА ВСЯ́КИЙ СЛУ́ЧАЙ** — ирон. реплика, сопровождающая отдачу чего-л. кому-л.

НАТОЧИТЬСЯ *см.* **НАТАЧИВАТЬСЯ**

НАТРАВИ́ТЬ, -влю́, -а́вишь; *сов., без доп.* Испытать рвоту, наблевать. *Кто ~вил?*

♦ **НА ТРЁХ ДОМА́Х** — на площади трёх вокзалов (на Комсомольской площади в Москве).

НА ТРИ ПУКА *см.* **ПУК...**

НАТРЯСТИ́, -су́, -сёшь; *сов., чего, сколько.* Выиграть деньги в азартной игре; раздобыть, достать; накупить, выменять, выпросить.

См. также **ТРЯСУЧКА 1.**

НАТУ́РА, -ы, *ж.* Натуральный товар, вещи (в отличие от денег, документов и т. п.). *Мне ~ нужна, а не подтирки твои* (деньги).

См. также **В НАТУРЕ; ПЛАТИТЬ НАТУРОЙ**

Ср. *уг.* «натур» — настоящий, истинный; «натура» — правда, «в натуре» — правильно.

НАТУРА́Л, -а, *м.* Гетеросексуал.

НАТЫ́РИТЬ, -рю, -ришь; *сов., чего у кого.* Украсть, наворовать.

От **ТЫРИТЬ**; *ср. уг.* «натырить» — научить украсть, подготовить кражу; выдать.

НАТЮРМО́РТ, -а, *м.* Старая женщина на пляже. *Выставка ~ов.*

НАТЯ́Г, -а, *м.* и в зн. *нареч.* или *сказ.* Напряжённая ситуация, трудность, неудобство; несовпадение, несоответствие. *Я в ~е. С ним ~ разговаривать* (трудно). *Денег в ~* (едва хватает).

Возм. сокращ. от общеупотр. «натяжка»; *ср.* **НАПРЯГ**.

НАТЯ́ГИВАТЬ, -аю, -аешь; *несов.* (*сов.* **НАТЯНУ́ТЬ**, -яну́, -я́нешь); *кого* (или **~ НА СЕБЯ́** *кого*). **1.** Вступать в половую связь (о мужчине). **2.** Заставлять жениться на себе (о женщине); заводить роман; подчинять. *Она его на себя так натянула, хрюкнуть не успел* (быстро). **3.** Наказать, расправиться, обругать. *Шеф нас всех по полной ~янул.*

НАТЯНУТЬ* *см.* **ГЛАЗА НА ЖОПУ НАТЯНУТЬ; УШИ НА ГОЛОВУ НАТЯНУТЬ; ПЕРЕЦ**

НАУ, *нескл., м., собств.* Популярная рок-группа «Наутилус Помпилиус».

НА УБОЙ *см.* **В (НА) УБОЙ**

НАУЗЮЗЮКИВАТЬСЯ, НАУЗЮЗЮКАТЬСЯ *см.* **НАЗЮЗЮКИВАТЬСЯ**

НАУЧКО́М, -а, *м.* Ныне упразднённая общевузовская дисциплина «Научный коммунизм»; преподаватель этой дисциплины.

♦ **НА УША́Х (СИДЕ́ТЬ, РАБО́ТАТЬ** и т. п.) — на радиоперехвате, на подслушивании.

Возм. из арго разведчиков.

НА́ ФИГ, НА ФИГА́, НА ФИГИ́ЩА, *местоим. нареч.* или *союзн. сл.* Зачем, незачем, для чего. *На фига нам это надо? Чёрт его знает, на фигища ему две любовницы! На фиг ты мне не нужен.* ♦ **На фига козе баян (когда и так весело)** (или **на фига матросу фантик, на фига генсеку чирик, на фига еврею**

лапти и т. п.)? — о каком-л. явном несоответствии, абсурде; о ненужности чего-л. **График на фиг** — призыв к отказу от режима, расписания.

См. также **ПОСЫЛАТЬ НА ФИГ**

От **ФИГ**.

НАФИГА́ЛЬНИК, -а, *м.*, *собств.* Кремлёвский Дворец съездов.

От **НА ФИГ**.

НАФИГА́ЧИВАТЬ, -аю, -аешь; *несов.* (*сов.* **НАФИГА́ЧИТЬ**, -чу, -чишь), *что* и *без доп.* Делать что-л. быстро, активно. *Нафигачил тазик пельменей и не поморщился. За день две нормы нафигачивают* (отрабатывают), *стахановцы.*

От **ФИГ**, **ФИГАЧИТЬ**.

НАФИГА́ЧИВАТЬСЯ, -аюсь, -аешься; *несов.* (*сов.* **НАФИГА́ЧИТЬСЯ**, -чусь, -чишься). **1.** *чего, чем* и *без доп.* Напиваться пьяным. **2.** *в чём, на чём.* Хорошо научиться делать что-л. *В компустере нафигачилась* — научилась хорошо работать на компьютере.

От **ФИГ**, **ФИГАЧИТЬ**.

НАФИГАЧИТЬ *см.* **НАФИГАЧИВАТЬ**

НАФИГАЧИТЬСЯ *см.* **НАФИГАЧИВАТЬСЯ**

НА ФИГИЩА *см.* **НА ФИГ**

♦ **НА ФИГ (НА ХРЕН, К ЧЁРТУ, ЗАЧЕ́М) МНЕ ТАКА́Я РА́ДОСТЬ?** — зачем мне это нужно?; мне это не нужно.

НАФЛАКО́НИТЬСЯ, -нюсь, -нишься; *сов.*, *чем, чего* и *без доп.* Напиться пьяным.

От **ФЛАКОНИТЬ**.

НАФЛЯКАТЬ *см.* **НАФЛЯКИВАТЬ**

НАФЛЯКАТЬСЯ *см.* **НАФЛЯКИВАТЬСЯ**

НАФЛЯ́КИВАТЬ, -аю, -аешь; *несов.* (*сов.* **НАФЛЯ́КАТЬ**, -аю, -аешь), *что*; **НАФЛЯ́КИВАТЬСЯ**, -аюсь, -аешься; *несов.* (*сов.* **НАФЛЯКАТЬСЯ**, -аюсь, -аешься), *чем* и *без доп.* Наносить косметику. *Нафлякала губы. Зенки нафлякала. Как проститутка нафлякалась.*

От **ФЛЯКАТЬ(СЯ)**.

НАФТАЛИН *см.* **ИЗ КАКОГО НАФТАЛИНА ВЫКОПАЛИ (ВЫНУЛИ)?**; **ТАЩИТЬСЯ**, **КАК МОЛЬ ПО НАФТАЛИНУ**

НАФУГА́СИТЬСЯ, -а́шусь, -а́сишься; *сов.; чем, чего* и *без доп.* Напиться пьяным.

От **ФУГАС**, **ФУГАСИТЬ**.

НАФУНЯ́ТЬ, -я́ю, -я́ешь, **НАФУНЯ́ЧИТЬ**, -чу, -чишь; *сов.*, *без доп.* Испортить воздух.

От **ФУНЯТЬ**.

НАХАЛ *см.* **КТО НАХАЛ (НАГЛЕЙ), ТОМУ И МЯСО**

НАХА́ЛОВКА, -и, *ж.*, **НАХАЛСТРО́Й**, -я, *м.* Строение, дом, сарай, времянка и т. п., возведённые без разрешения властей; возделываемый без разрешения участок земли. *Вдоль железнодорожного полотна нахаловок напахали.*

НАХАЛЬНЫЙ *см.* **ШЛЯПА**

НА ХАЛЯВУ *см.* **ХАЛЯВА**

НА ХАЛЯВУ И УКСУС СЛАДКИЙ *см.* **ХАЛЯВА**

НАХАНЯ́ЧИВАТЬСЯ, -аюсь, -аешься; *несов.* (*сов.* **НАХАНЯ́ЧИТЬСЯ**, -чусь, -чишься), **НАХОНЯ́ЧИВАТЬСЯ**, -аюсь, -аешься; *несов.* (*сов.* **НАХОНЯ́ЧИТЬСЯ**, -чусь, -чишься), *чем* и *без доп.* Напиваться пьяным.

От **ХАНЯЧИТЬ**.

НАХЕРНУ́ТЬ, -ну́, -нёшь; *сов.*, *кому, по чему* и *без доп.* Ударить, вре́зать.

От **ХЕР**.

НАХЕРНУ́ТЬСЯ, -ну́сь, -нёшься; **НАКИРНУ́ТЬСЯ**, -ну́сь, -нёшься; **НАКЕРНУ́ТЬСЯ**, -ну́сь, -нёшься; *сов.* **1.** *на чём, обо что* и *без доп.* Удариться, упасть; споткнуться. **2.** *без доп.* Провалиться, потерпеть неудачу.

От **ХЕР**.

НАХЕС *см.* **ТУХАС**

НАХЛЕБАТЬСЯ *см.* **ГОВНО**

НАХОДКА *см.* **БОЛТУН У ТЕЛЕФОНА — НАХОДКА ДЛЯ ШПИОНА**

НАХОНЯЧИВАТЬСЯ, **НАХОНЯЧИТЬСЯ** *см.* **НАХАНЯЧИВАТЬСЯ**, **НАХАНЯЧИТЬСЯ**

НА́ ХРЕН, **НА ХРЕНА́**, **НА ХРЕНИ́ЩА**, в зн. *местоим. нареч.* или *союзн. сл.* Зачем, незачем, для чего, почему. *На хрена они припёрлись* (пришли)? ♦ **На хрена жиду гармошка** (или **на хрена французу чум** и т. п.)? — о каком-л. явном несоответствии, абсурде; о ненужности чего-л.

См. также **ПОСЫЛАТЬ НА ХРЕН**

От **ХРЕН**.

НАХРЕНА́СЬКА, -и, *ж. Шутл.* О любом человеке или предмете. *Это что за ~ ?* ♦ **Авоська и ~** (или **с ~ой**) — о двух неразлучных людях, друзьях, братьях.

От **НА ХРЕНА**.

НАХРЕНА́ЧИВАТЬ, -аю, -аешь; *несов.* (*сов.* **НАХРЕНА́ЧИТЬ**, -чу, -чишь). Делать что-л. быстро, активно.

От **ХРЕН**.

НАХРЕНА́ЧИВАТЬСЯ, -аюсь, -аешься; *несов.* (*сов.* **НАХРЕНА́ЧИТЬСЯ**, -чусь, -чишься).

1. *чего, чем* и *без доп.* Напиваться пьяным. **2.** *в чём, на чём.* Хорошо научиться делать что-л.

От **ХРЕН.**

НАХРЕНАЧИТЬ *см.* **НАХРЕНАЧИВАТЬ**

НАХРЕНАЧИТЬСЯ *см.* **НАХРЕНАЧИВАТЬСЯ**

НА ХРЕНИЩА *см.* **НА ХРЕН**

♦ **НА ХРЕН С ВИНТО́М НАЙДЁТСЯ ГА́ЙКА СО ШПЛИНТО́М** — *шутл.* всегда есть выход, не существует безвыходных положений, непреодолимых препятствий.

НАХРЯ́ЧИТЬСЯ, -чусь, чишься; *сов., без доп.* Наработаться, устать, работая.

От **ХРЯЧИТЬСЯ.**

♦ **НА ХУ́ТОР БА́БОЧЕК ЛО́ВИТЬ** — шутл. ответ на вопрос «куда?».

Возм. из *детск.* Аллюзия к нецензурному руг.

НА́ЦИ, *нескл., м., ж.* или *ср., собств.* Гостиница «Националь» в Москве.

Сокращ., аллюзия к «наци» — фашисты.

НА ЦИРЛАХ СТОЯТЬ (или **ХОДИТЬ, ПОЛЗАТЬ**) *см.* **ЦИРЛЫ**

НАЦЫГА́НИВАТЬ, -аю, -аешь, *несов.* (*сов.* **НАЦЫГА́НИТЬ**, -ню, -нишь), *чего, что, сколько.* Собирать, выклянчивать, выпрашивать, выманивать. *Походил по родичам — тыщонку* (тысячу) *нацыганил.*

От общеупотр. «цыган».

НАЧАЛО *см.* **ДЛЯ НАЧАЛА ВЫПУЧИТЬ ГЛАЗА И ОБОСРАТЬСЯ**

НАЧА́ЛЬНИК, -а, *м.* Ирон. обращение.

НАЧАЛЬНИК* *см.* **Я НАЧАЛЬНИК — ТЫ ДУРАК...**

НАЧАТЬСЯ *см.* **ЗАИГРАЛО РЕТИВОЕ, НАЧАЛОСЬ И ГРУППОВОЕ; КОНЧИТЬСЯ**

Из *карт.*

НАЧЕРТИ́ТЬСЯ[1], -чертю́сь (или -черчу́сь), -че́ртишься; *сов., чего, чем* и *без доп.* Напиться пьяным.

Возм. контаминация общеупотр. «чертить» — делать чертёж и «чёрт», «напиться до чёртиков».

НАЧЕ́РЧИВАТЬСЯ, -аюсь, -аешься; *несов.* (*сов.* **НАЧЕРТИ́ТЬСЯ**[2], -черчу́сь, -че́ртишься), *где* и *без доп.* Появляться, возникать, приходить (обычно неожиданно, после долгого перерыва). *На сессию в институте начертился — и опять пропал.*

От общеупотр. «чертить», «начертить».

НАЧЁС, -а, *м.* Шулерская тасовка карт.

♦ **НА ЧЕТЫРЁХ КОСТЯ́Х** — на карачках, ползком.

♦ **НА ЧЕТЫРЁХ ТО́ЧКАХ** — на четвереньках; часто о пьяном.

НАЧИ́СТИТЬ, -чи́щу, -чи́стишь; *сов., что кому.* Ударить кого-л. по чему-л. *Морду ~. Шею ~.*

См. также **РЕПА**

НАЧИСТИТЬ ВОРОТНИК *см.* **ВОРОТНИК**

НАЧИСТИТЬ ВЫВЕСКУ *см.* **ВЫВЕСКА**

НАЧИСТУЮ *см.* **ИГРАТЬ НАЧИСТУЮ**

НАЧИ́ТЫВАТЬСЯ, -аюсь, -аешься; *несов.* (*сов.* **НАЧИТА́ТЬСЯ**, -а́юсь, -а́ешься), *чего, чем* и *без доп.* Напиваться спиртного.

Возм. из *студ.*

НА́ЧИТЬ, -чу, -чишь; *несов.* Начать что-л., открыть. *Не хочу пачку* (сигарет) *~.*

Ср. *уг.* «начить» — прятать, «заначивать» — спрятать что-л. на самом себе, «заначиться» — проникнуть в помещение, в котором планируется преступление.

НА́ЧКА, -и, *ж.* Заначка, запас; то, что спрятано «на чёрный день».

См. **НАЧИТЬ.**

НАЧХАТЬ *см.* **НЕ БАРАН НАЧХАЛ**

НА ШАРАХ *см.* **ШАРЫ**

НАША́РИТЬ, -рю, -ришь; *сов., чего, что, сколько.* Найти, раздобыть.

От общеупотр. *прост.* «шарить» — искать.

НАША́РНИК, -а, *м.* Тот, кто пытается делать что-л. за чужой счёт.

НА ШАРУ *см.* **ШАРА**

♦ **НАШ ГЛА́ВНЫЙ ПРИКО́Л** — *шутл., собств.* легендарный крейсер «Аврора».

Шутл., контаминация «прикол» — шутка, розыгрыш и *спец.* морское «поставить корабль на прикол», «стоять на приколе» и т. п.

♦ **НА́ШЕ ВРЕ́МЯ — ВА́ШИ ДЕ́НЬГИ —** мы работаем — вы платите (приговорка мастеров при договоре с хозяином о работе).

НАШЕЛУШИТЬ БОБОВ *см.* **БОБ**

НАШЁПТЫВАТЬ, -аю, -аешь; *несов.* (*сов.* **НАШЕПТА́ТЬ**, -епчу́, -е́пчешь), *без доп.* Портить воздух.

♦ **НА́ШИ ЛЮ́ДИ В ГОЛЛИВУ́ДЕ** — «наши люди», знакомые (часто произносится при неожиданной встрече и т. п.).

♦ **НА ШИША́Х БЫТЬ** — быть без денег.

Общеупотр. «шиш» — кукиш.

♦ **НАШ КОЛХО́З, НАШ КОЛХО́З ВЫ́ПОЛНИЛ ПЛАН ПО УДО́Ю КОЗ** — *шутл.* всё сдано, работа завершена.

Напевается на популярный мотив из рок-оперы «Jesus Christ — Superstar».

НАШПАКЛЁВЫВАТЬ, -аю, -аешь; *несов.* (*сов.* **НАШПАКЛЕВА́ТЬ**, -лю́ю, -лю́ешь), **НАШПАТЛЁВЫВАТЬ**, -аю, -аешь; *несов.* (*сов.* **НАШПАТЛЕВА́ТЬ**, -лю́ю, -лю́ешь), **НАШПАКЛЁВЫВАТЬСЯ**, -аюсь, -аешься; *несов.* (*сов.* **НАШПАКЛЕВА́ТЬСЯ**, -лю́юсь, -лю́ешься), **НАШПАТЛЁВЫВАТЬСЯ**, -аюсь, -аешься; *несов.* (*сов.* **НАШПАТЛЕВА́ТЬСЯ**, -лю́юсь, -лю́ешься), *без доп.* Краситься, наносить косметику, делать макияж; приводить себя в порядок; хорошо выглядеть.

От **ШПАКЛЕВАТЬ, ШПАТЛЕВАТЬ, ШПАКЛЕВАТЬСЯ, ШПАТЛЕВАТЬСЯ.**

НАШРА́ЙБИТЬ, -блю, -бишь; *сов., что* и *без доп.* Написать. *Диплом ~бил.*

От **ШРАЙБИТЬ.**

НАШТУКАТУ́РИВАТЬ, -аю, -аешь; *несов.* (*сов.* **НАШТУКАТУ́РИТЬ**, -рю, -ришь), *что*, **НАШТУКАТУ́РИВАТЬСЯ**, -аюсь, -аешься; *несов.* (*сов.* **НАШТУКАТУ́РИТЬСЯ**, -рюсь, -ришься), *без доп.* Сильно краситься, наносить много косметики. *Фейс* (лицо) *наштукатурить.*

От **ШТУКАТУРИТЬ, ШТУКАТУРИТЬСЯ.**

♦ **НЕ БАРА́Н НАЧХА́Л** — о чём-л. важном, серьёзном, напр.: *Это тебе не баран начхал, а сто рублей.*

♦ **НЕ БЕЙ ЛЕЖА́ЧЕГО** (работа) — о лёгкой работе, не требующей усилий.

НЕ БЗДИ ПАГОЛЁНКОМ *см.* **ПАГОЛЁНОК**

♦ **НЕ БЗДИ, ПОГРУ́ЗИМСЯ** — всё будет хорошо, не волнуйся.

НЕБО *см.* **ПОКАЗАТЬ НЕБО В АЛМАЗАХ; ЧЛЕН**

♦ **НЕ БОЛИ́Т, А КРА́СНОЕ** — *шутл.* о чём-л. неожиданном, произошедшем внезапно, напр.: *Во, смотри-ка — Васька пришёл, не болит, а красное!*

♦ **НЕ БОЛИ́Т ГОЛОВА́ У ДЯ́ТЛА** — *ирон.* о чьих-л. упорных, целенаправленных действиях, не приводящих к положительному результату.

♦ **НЕ БУДЬ КОЗО́Й ВАЛДА́ЙСКОЙ, НЕ БУДЬ ЧЕМ ВОРО́ТА ПОДПИРА́ЮТ** — веди себя хорошо, не делай глупостей, не будь дураком.

НЕ БУДЬ ЧЕМ КИРЗУ РАЗДАЮТ *см.* **КИРЗА**

♦ **НЕ БУДЬ ЧЕМ КИСЕ́ЛЬ РАЗЛИВА́ЮТ** — не дури, не капризничай, веди себя нормально.

♦ **НЕ БУДЬ ЧЕМ ЩИ НАЛИВА́ЮТ** (или **РАЗЛИВА́ЮТ**) — веди себя хорошо, не дури (не жадничай, не трусь и т. п., в зависимости от ситуации).

♦ **НЕ БУ́ЛЬКАЙ, ПОВИ́ДЛО** (или **ПИ́ВО, ЛУ́ЖА, ЖИ́ЖА**) — молчи, перестань болтать, заткнись.

НЕВАЖНЕ́Ц, -а́, *м.* и в зн. *сказ.* Что-л. плохое, низкого качества.

Сокращ, от общеупотр. *прост.* «неважнецкий».

НЕВАЛЯ́ШКА, -и, *ж.* Невинная девушка.

♦ **НЕ В ДУГУ́** *кому, что сделать, что* и *без доп.* — плохо, с неохотой; неточно, нечётко, неудачно, напр.: *Что-то мне не в дугу работать* (не хочется). *Какую-то ты дрянь не в дугу ляпнул* (сказал лишнее).

НЕВЕРОЯТНОЕ *см.* **ВЫШЕ ПОЯСА — В МИРЕ ЖИВОТНЫХ...**

НЕ В ЖИЛУ *см.* **ЖИЛА**

НЕВЗНАЧА́ЙКА, -и, *ж.* Случайность, неожиданность, какое-л. непредвиденное событие, обстоятельство. *Прихожу с бабой, а тут ~: жена дома.*

От общеупотр. «невзначай».

НЕВИННОСТЬ *см.* **НАДЕТЬ ПОЯС НЕВИННОСТИ**

НЕ В МАСТЬ *см.* **МАСТЬ**

НЕВОЗВРАЩЕ́НЕЦ, -нца, *м.* Гражданин бывшего СССР, уехавший за границу и не вернувшийся обратно; *ирон.* любой не вернувшийся откуда-л. человек. *Сидит на даче, глаз на работу не кажет, ~ космополитический* (о человеке в отпуске).

НЕВОЗМОЖНО *см.* **ХОРОШАЯ ШТУЧКА, КОГДА БОЛИТ РУЧКА...**

♦ **НЕ ВОПРО́С** — конечно, ещё бы, нет проблем, нет вопросов, согласен, разумеется, напр.: *На Канары поедем? — Не вопрос!*

НЕВПРОТЫ́К, *нареч.* Невпроворот, больше некуда. *Народу — ~ . Наелся ~ .*

♦ **НЕ ВПУСКА́ТЬ ГОСУДА́РСТВО В СВОИ ЛИ́ЧНЫЕ ДЕЛА́** — *ирон.* не вступать в официальный брак.

НЕ́ВРИК, -а, *м.* Врач-невропатолог.

♦ **НЕ ВРИ** (или **НЕ СВИСТИ́** и т. п.), **ЗОЛОТА́Я РЫ́БКА** — не лги, не обманывай.

НЕВРО́ЗОВ, -а, *м.* Журналист А. Невзоров.

Шутл. контаминация с «невроз».

НЕВРУБА́НТ, -а, *м.* Тот, кто не понимает чего-л., не может вникнуть в суть дела; тупой, недогадливый человек. *С ним беседовать обкакаешься — полный ~* (трудно говорить, т. к. он плохо соображает). *Родители обычно ~ы, откуда у них внуки берутся.*

От **ВРУБАТЬСЯ**, по модели **ГЛУПАНТ** и т. п.

♦ **НЕ В ТУЮ́** — невпопад, неудачно.

Возм. исковерканное «тот», «та», «та самая».

Ср. **В ТУЮ**.

НЕВЫЕЗДНО́Й, -óго, *м.* Человек, которому власти не разрешают выезжать за границу.

♦ **НЕ ВЯЗА́ТЬ** — быть пьяным, напр.: *А для тех, кто не вяжет, в магазине за углом имеется рассол* (из анекдота).

Ср. «лыка не вязать» в том же зн.

НЕГАТИ́В, -а, **НЕГАТИ́ВЧИК**, -а, *м.* Негр, темнокожий; смуглый, загорелый человек.

НЕГОВОРЯЩИЙ *см.* **ЧУРКА НЕГОВОРЯЩАЯ**

НЕ ГОНИ ПОРОЖНЯК *см.* **ПОРОЖНЯК**

НЕГР, -а, *м.* **1.** Человек, который очень много работает на других. *Сам ~ов ищи. Я тебе не ~. Что я, ~, что ли?* **2.** Солдат или инженер сапёрной роты. ♦ **Работай, ~, солнце ещё высоко, а зарплата далеко** — *ирон.-шутл.* работай.

2. — из *арм.*

НЕГР* *см.* **ВСЕ НАШИ ЛЮДИ, КРОМЕ ТОВАРИЩА НЕГРА; ПОМЕСЬ НЕГРА С МОТОЦИКЛОМ; ПОТНЫЙ НЕГР ТВОЙ ТОВАРИЩ; СВОБОДЕН, КАК НЕГР В АФРИКЕ; ТЕМНО, КАК У НЕГРА В ЖЕЛУДКЕ...**

♦ **НЕ ГРЕМИ́ КОСТЯ́МИ** — не шуми, тихо.

НЕГРИ́ЛА, -ы, *м.* и *ж.* Негр, негритянка. *~ с наганом* (о телохранителе американского президента).

НЕГРИТО́СИЯ, -и, *ж.* Африка.

От общеупотр. «негр», *прост.* «негритос».

НЕ ДАМА *см.* **ДАМА**

НЕДВИ́ЖИМОСТЬ, -и, *ж.* Толстая жена.

НЕ ДЕВИЦА *см.* **ДЕВИЦА**

НЕДЕРЖА́НИЕ, -я, *ср.* (или **~ РЕ́ЧИ**, **~ МЕТЛЫ́**). Болтливость, многословие.

НЕДЕ́ТСКИЙ, -ая, -ое. *Ирон.* Мощный, ошеломляющий, сильный. *У нас состоялся ~ диалог* — мы сильно повздорили. *Да, цена ~ая* (высокая). ♦ **С ~ой силой** — *шутл.* сильно, много, напр.: *Что-то мы пообедали с ~ой силой, аж сердце подпёрло.*

НЕДОДЕ́ЛАННЫЙ, -ая, -ое. Глупый, тупой, необразованный.

НЕДОДЕ́ЛЫШ, -а, *м.* Тупица, идиот, растяпа.

От **НЕДОДЕЛАННЫЙ**.

НЕДОЛГО МУЗЫКА ИГРАЛА, НЕДОЛГО ФРАЕР ТАНЦЕВАЛ *см.* **ФРАЕР**

НЕДОПЕ́РЕПЕЛ, -а, *м.* *Ирон.* О недостаточном количестве выпитого спиртного.

От **ПЕРЕПЕЛ**.

НЕДОРЕЗАННЫЙ *см.* **ТУРОК НЕДОРЕЗАННЫЙ**

НЕДОРЕ́ЗУС, -а, *м.* Человек с отрицательным резус-фактором.

Возм. из речи врачей; контаминация общеупотр. «резус» и «недорезанный», пародирование лат.

НЕДОРО́ЖКА, -и, *ж.*, **НЕДОРО́ЖНИК**, -а, *м.* Автомобиль, который может ездить по бездорожью. *BMW — классная недорожка!*

НЕДОСРАТЬ *см.* **СРАТЬ — НЕДОСРАТЬ**

НЕДОСТАТОК *см.* **ТЯЖЁЛОЕ ДЕТСТВО, НЕДОСТАТОК ВИТАМИНОВ**

НЕДОСТРУ́ГАННЫЙ, -ая, -ое (или **БУРАТИ́НО ~**, **ПОЛЕ́НО ~ОЕ**). Глупый, неразвитый.

НЕДОУМЁНКА, -и, *ж.* Недоумение. *В ~е* — в недоумении.

НЕДОУЧКА *см.* **ОСТРЯК-НЕДОУЧКА**

НЕДУРНО *см.* **КАПИТАЛИЗМ ЗАГНИВАЕТ...**

НЕЖДА́НЧИК, -а, *м.* Незапланированный ребёнок. *Не прошло и года, как второй ~ вылупился* (родился).

НЕЖЕ́НСТВЕННЫЙ, -ая, -ое. *Ирон.* Грубый, нечуткий; часто в ситуации, когда говорящий делает кому-л. заведомую подлость (делает больно и т. п.), в ответ на бурную реакцию обиженного.

НЕЖОЛИ́, *нареч.* *Ирон.* Плохо, неприлично. *Застегни ширинку-то, ~.*

От фр. joli(e).

НЕ ЖУК (НЕ МУРАВЕЙ) НАГАДИЛ *см.* **НАГАДИТЬ**

НЕЗАВИ́СЬКА, -и, *ж.*, *собств.* «Независимая газета».

♦ **НЕ ЗАПАДЛО́ (И)** *что сделать* — не плохо бы, стоило бы, надо, напр.: *Не западло «спасибо» сказать!*

♦ **НЕ ЗНАТЬ НА КАКО́Й КОЗЕ́** (или **НА КАКО́М ТА́НКЕ, НА КАКО́Й ТАЧА́НКЕ, НА КАКО́М ИШАКЕ́** и т. п.) **ПОДЪЕ́ХАТЬ** *к кому* — не знать, как добиться чьего-л. внимания, снисхождения, выполнения просьбы.

НЕ ИГРАЙ В МОИ ИГРУШКИ И НЕ ПИСАЙ В МОЙ ГОРШОК, ТЫ УШЁЛ К ДРУГОЙ ПОДРУЖКЕ, ТЫ МНЕ БОЛЬШЕ НЕ ДРУЖОК *см.* **ПИ́САТЬ**

♦ **НЕ ИМЕ́ЕТ НИКАКО́ГО ПОЛОВО́ГО ЗНАЧЕ́НИЯ** *что* — не имеет значения, не важно, не существенно.

НЕЙМЁТ *см.* **ВИДИТ ОКО, ДА ЧЛЕН НЕЙМЁТ**

НЕКИ́СЛЫЙ, -ая, -ое. Отличный прекрасный, качественный. *~ая зарплатка* (высокая).

НЕКОМУ *см.* **ЕДРИТЬ (ТЕБЯ НЕКОМУ); ЕТИ (ТЕБЯ НЕКОМУ)**

НЕКУЛЬТЯ́ПИСТЫЙ, -ая, -ое. Неловкий, неуклюжий.

От **КУЛЬТЯ, КУЛЬТЯПКА.**

♦ **НЕ ЛЕЙ МНЕ ЧАЙ НА СПИ́НУ** — *шутл.* «не сыпь мне соль на рану» (не наступай мне на больную мозоль, не растравливай мои сокровенные чувства).

Ср. **НЕ СЫПЬ МНЕ СОЛЬ НА САХАР.**

НЕЛО́М, -а, *м.* Невезение, неудача. *Крутой ~ с бабами.*

От **ЛОМ.**

НЕЛЬЗЯ *см.* **ВИСИТ ГРУША, НЕЛЬЗЯ СКУШАТЬ; СЛОНАМ НЕЛЬЗЯ**

♦ **НЕ МАЙ МЕ́СЯЦ** — холодно, свежо, студёно, прохладно, напр.: *Чего это на тебе трое штанов? — Так ведь не май месяц.*

НЕМЕ́РЕНО, *нареч.* Много, полно, вдоволь, достаточно. *У мужика мозгов ~* (очень умный).

От общеупотр. «мерить».

♦ **НЕМЕ́ЦКИЙ СЧЁТ** — система, при которой каждый из приходящих на вечеринку, попойку и т. п. приносит с собой выпивку и закуску.

♦ **НЕ МЕШО́К КАРТО́ШКИ** *что* — о чём-л. важном, значительном.

НЕМО́Й, -óго, *м.* Уличный торговец наркотиками, «барыга». *~ых найми.*

Многие торговцы наркотиками немые; из *нарк.*

НЕ МУРАВЕЙ НАГАДИЛ *см.* **НАГАДИТЬ**

НЕ МУХА НАГАДИЛА *см.* **НАГАДИТЬ**

НЕ МЫЛЬСЯ, БРИТЬСЯ НЕ БУДЕШЬ *см.* **МЫЛИТЬСЯ**

НЕНАВЯ́ЗЧИВЫЙ, -ая, -ое. Ирон. метафора к любому явлению; плохой. *Да, ~ая женщина* (нахалка). ♦ **~ советский сервис** — о плохом сервисе; реплика часто употр. как реакция на какое-л. неудобство, отсутствие нормальных условий, напр.: *Сортир во дворе? ~ советский сервис. Что, жены ещё дома нет? Вот тебе ~ советский сервис.*

♦ **НЕ НА́ДО ГРЯ́ЗИ** — не лги, говори правду.

НЕ НАДО ЛЯЛЯ *см.* **ЛЯЛЯ**

НЕ НАПРЯГАТЬСЯ *см.* **НАПРЯГАТЬСЯ**

♦ **НЕ НРА́ВИТСЯ, НЕ ЕШЬ** — реплика, следующая за отказом собеседника на какое-л. предложение.

♦ **НЕОБЪЯСНИ́МЫЙ КАТАКЛИ́ЗМ** — *ирон.* о чём-л. странном, напр.: *Куда это мои тапки делись? Просто необъяснимый катаклизм.*

Возм. распространилось под влиянием известного текста В. Высоцкого.

НЕОЖИ́ДАННОСТЬ, -и, *ж. Ирон.* Понос, расстройство желудка.

См. также **ЦВЕТА ДЕТСКОГО ПОНОСА (ДЕТСКОЙ НЕОЖИДАННОСТИ)**

НЕОПИСУ́ХА, -и, **НЕОПИСУ́ШКА**, -и, *ж.* Что-л. необычное, сверхъестественное, что с трудом поддается описанию. *Вот нажрались — и началась неописуха.*

♦ **НЕ ОПЯ́ТЬ, А СНО́ВА** — *шутл.* в ответ на чью-л. реплику со словом «опять», напр.: — *Ты опять за своё?! — Не опять, а снова.*

♦ **НЕОТРАЗИ́М НИ В ОДНО́Й ЛУ́ЖЕ** *кто* — *шутл.* переосмысленное «неотразим» (в зн. очень красив, прекрасен и т. п.).

♦ **НЕ ПАХНИ́ РЫ́БОЙ** (или **ЖА́РЕНОЙ РЫ́БОЙ**), **НЕ ПА́ХНИ САЛА́ТОМ, НЕ ПА́ХНИ СЕЛЁДКОЙ, НЕ ПА́ХНИ ЩА́МИ** — замолчи; уйди, уходи.

НЕ́ПЕР, -а, **НЕПЁР**, -а, *м.* Невезение, неудачное стечение обстоятельств. *Пошёл непёр.*

От **ПЁР** — везение, удача.

НЕПЕРЕВОДИМЫЙ ФОЛЬКЛОР *см.* **ФОЛЬКЛОР**

♦ **НЕ ПЕРЕПЛЮ́Й-ГУБА́** — о невнятно говорящем, косноязычном человеке, напр.: *Не лектор, а не переплюй-губа.*

Ср. с моделью **ВОРУЙ-НОГА** и т. п.

♦ **НЕ ПИТЬ, ТО́ЛЬКО НА ХЛЕБ МА́ЗАТЬ** — *ирон.* о питье спиртных напитков, напр.: *Ты пьёшь? — Нет, только на хлеб мажу.*

♦ **НЕ ПЛЮЙ В КОЛО́ДЕЦ: ВЫ́ЛЕТИТ — НЕ ПОЙМА́ЕШЬ** — шутл.-абсурдистское наложение двух пословиц: «не плюй в колодец — пригодится воды напиться» и «слово не воробей: вылетит — не поймаешь».

Ср. напр. **ЧЕСТ** и т. п.

♦ **НЕ ПЛЮЙ В КОЛО́ДЕЦ — ПРИГОДИ́ТСЯ НА ПИ́ЦЦА** — шутл. переосмысление известной поговорки (с игрой слов «пицца» и «напиться».

НЕ ПОДДАВАТЬСЯ НИКАКОЙ ДРЕССИРОВКЕ *см.* **ДРЕССИРОВКА**

♦ **НЕ ПО-ДЕ́ТСКИ** — о чём-л. серьёзном, сильном, мощном, выдающемся и т. п., напр.: *Так всё не по-детски сложилось! Не по-детски нажрались. Не по-детски богат.*

НЕ ПОДМАЖЕШЬ — НЕ ПОЕДЕШЬ *см.* **ПОДМАЗЫВАТЬ**

НЕПОКОБЕЛИ́МЫЙ, -ая, -ое. *Ирон.* Непоколебимый.

Контаминация общеупотр. «непоколебимый» и «кобель».

НЕПОНИМАЮЩИЙ *см.* **ТУРКА НЕПОНИМАЮЩАЯ**

♦ **НЕ ПРОТЯ́ГИВАЙ РУ́КИ, А ТО** (или **А НЕ ТО**) **ПРОТЯ́НЕШЬ НО́ГИ** — шутл. угроза: не приставай, не трогай что-л., а то будешь наказан.

НЕПРОХОДНО́Й, -а́я, -о́е. Безнадёжный, заведомо обречённый; тот, который явно не будет разрешён цензурой (о фильме, спектакле, книге и т. п.). *~ое дело. ~ сценарий.*

НЕПРОХОДНЯ́К, -а́, *м.* и в зн. *сказ.* Безнадёжное мероприятие, обречённое на провал дело.

От **НЕПРОХОДНОЙ**.

♦ **НЕ ПЬЁТ ТО́ЛЬКО СОВА́, ПОТОМУ́ ЧТО ДНЁМ ОНА́ СПИТ, А НО́ЧЬЮ МАГАЗИ́НЫ НЕ РАБО́ТАЮТ** — ирон. реплика в ответ на утверждение собеседника о том, что он не пьёт.

♦ **НЕ ПЬЁТ ТО́ЛЬКО ТЕЛЕГРА́ФНЫЙ СТОЛБ, И ТО ПОТОМУ́, ЧТО У НЕГО́ ЧА́ШЕЧКИ ВНИЗ** — ирон. ответ тому, кто утверждает, что он не пьёт.

НЕ́РАБОТЬ, -и, *м.* и *ж.* Тот, кто не любит и не умеет работать, бездельник, лодырь, неумеха.

♦ **НЕ РЕ́ЖЬТЕ МНЕ НО́ГУ, Я ВСПО́МНИЛ ДОРО́ГУ** — *шутл.* не надо, не делайте этого, не наказывайте меня (слова, произносимые якобы от имени И. Сусанина).

НЕРОВНО ДЫШАТЬ *см.* **ДЫШАТЬ**

♦ **НЕ РУБИ́ СУК, НА КОТО́РЫХ СИДИ́ШЬ** — *шутл.* передел. поговорка «не руби сук, на котором сидишь».

Контаминация «сук» и «сука».

НЕРУ́ССКИЙ, -ая, -ое. *Ирон.* Неправильный, непривычный, плохой, непонятный. *Чего-то ты сегодня ~ какой-то, жена, что ли, с грузином ушла?*

♦ **НЕ РЯДЫ́ ЖИДЕ́ЮТ, А ЖИДЫ́ РЕДЕ́ЮТ** — шутл. реплика в ответ на высказывание «наши ряды жидеют» (т. е. становятся «жидкими», малочисленными).

НЕСВЕЖИЙ *см.* **ГОВНО**

♦ **НЕ́СКОЛЬКО ФРАГМЕ́НТОВ ИЗ ЖИ́ЗНИ МА́РШАЛА РОКОССО́ВСКОГО** — полная ерунда.

НЕСКОРО *см.* **УШЁЛ В СЕБЯ, ВЕРНУСЬ НЕСКОРО**

НЕСЛАБОЁБСКАЯ, -ой, *ж.*, *собств.* Станция метро «Новослободская».

Ср. **НОВОСЛОБЛЯДСКАЯ**.

НЕСЛА́БЫЙ, -ая, -ое. Отличный, яркий, запоминающийся, впечатляющий. *~ стол* (много еды).

♦ **НЕ СЛИ́ПНЕТСЯ?** *у кого от чего, с чего* — ирон. вопрос, адресованный человеку, который пожадничал (отказался дать что-л., взял слишком много, переел и т. д.), напр.: *А у тебя не слипнется от такой суммы?*

♦ **НЕ СМЕШИ́ МОИ ПОДМЁТКИ** — не смеши меня, ты говоришь ерунду.

♦ **НЕ СПИ, ЗАМЁРЗНЕШЬ** — шутл. реплика, адресуемая человеку, который задремал или отвлёкся, ушёл в свои мысли т. п.

♦ **НЕ СПОСО́БСТВУЕТ** — замолчи, не говори на эту тему, перестань об этом говорить.

♦ **НЕ ССЫ В БОТФО́РТ: РЕВМАТИ́ЗМ СХВА́ТИШЬ** — шутл. предупреждение.

Иногда добавляют, что это было последнее напутствие Д'Артаньяна-отца сыну перед отъездом последнего в Париж.

НЕ ССЫ В КОМПОТ, ТАМ ПОВАР НОГИ МОЕТ; НЕ ССЫ, ПРОРВЁМСЯ *см.* **ССАТЬ**

НЕСТЕРПИМЫЙ *см.* **БЛЕСК**

НЕСТИ *см.* **ПУРГА; ЧЕШУЯ**

НЕСТИ БАЛАНДУ *см.* **БАЛАНДА**

НЕСТИСЬ *см.* **ГРОМ ГРЕМИТ, ЗЕМЛЯ ТРЯСЁТСЯ...**

НЕСТОЯ́НИЕ, -я, *ср.* (или **СОСТОЯНИЕ ~Я**). Импотенция; апатия, хандра, сплин, скука.

НЕ СУЕТИСЬ ПОД КЛИЕНТОМ *см.* **КЛИЕНТ**

НЕСУ́Н, -а́, **НЕСУ́НЧИК**, -а, *м.*, **НЕСУНИ́ШКА**, -и, *м.* и *ж.* Человек, ворующий что-л. на работе, проносящий что-л. незаметно через проходную.

От общеупотр. «нести».

НЕСЧАСТНЫЙ *см.* **ГОЛОВА НЕСЧАСТНАЯ**

♦ **НЕ СЫПЬ МНЕ СОЛЬ НА СА́ХАР** — *ирон.* «не сыпь мне соль на рану», не наступай на больную мозоль.

Ср. **НЕ ЛЕЙ МНЕ ЧАЙ НА СПИНУ**.

НЕТ *см.* **СОЛНЦА НЕТ, А ГОЛОВА ПОТЕЕТ; ЧЕТЫРЕ СБОКУ — ВАШИХ НЕТ**

НЕТЛЕ́НКА, -и, *ж. Ирон.* Художественное произведение некоммерческого, неконъюнктурного плана, делаемое для себя, для души. *~у ваяет.*

От общеупотр. «нетленный», «нетленные ценности»; из арго художников.

♦ **НЕТ, ПРО́СТО ПЛО́ХО ВЫ́ГЛЯДИТ** *кто* — ирон. ответ на вопрос о том, не еврей ли кто-л., напр.: — *Слушай, а Васька случаем не еврей? — Нет, он просто плохо выглядит.*

НЕ ТРОЖЬ ГОВНО, ОНО И НЕ ПАХНЕТ(или **НЕ ВОНЯЕТ**) *см.* **ГОВНО**

НЕ́УД, -а, *м.* Что-л. плохое, дурное.

Из *шк.*, сокращ. «неудовлетворительно» (оценка).

♦ **НЕУДО́БНО В КАРМА́НЕ ЗО́НТИК РАСКРЫВА́ТЬ; НЕУДО́БНО В ПОЧТО́ВОМ Я́ЩИКЕ СПАТЬ: НО́ГИ ВЫСО́ВЫВАЮТСЯ И ДУ́ЕТ; НЕУДО́БНО ЖО́ПОЙ ОГУРЦЫ́ СОБИРА́ТЬ; НЕУДО́БНО НА ПОТОЛКЕ́ СПАТЬ, ОДЕЯ́ЛО СПОЛЗА́ЕТ, ДА И ТО ГВОЗДЯ́МИ ПРИБИ́ТЬ МО́ЖНО; НЕУДО́БНО С ЖЕНО́Й СПАТЬ; НЕУДО́БНО С ЖЕНО́Й СПАТЬ, КОГДА́ ДЕ́ТИ НА СОСЕ́ДА ПОХО́ЖИ; НЕУДО́БНО ШТАНЫ́ ЧЕ́РЕЗ ГО́ЛОВУ НАДЕВА́ТЬ** — ирон. ответ на реплику со словом «неудобно» (в зн. нетактично, невежливо, стыдно).

НЕУДОБНЯ́К, -а́, *м.* **1.** Что-л. неудобное, неприличное, затруднительное. **2.** в зн. *нареч.* и в зн. *сказ.* Неудобно, плохо.

♦ **НЕУЛОВИ́МЫЕ МСТИ́ТЕЛИ** — *шутл.* баловники, проказники.

Назв. популярного фильма.

НЕУПОТРЕБЛЕНИЕ *см.* **БЛАТ ОТ НЕУПОТРЕБЛЕНИЯ (ЗАСТОЯ) ПОРТИТСЯ**

НЕ У ПРОНЬКИНЫХ *см.* **ПРОНЬКИН**

♦ **НЕ УЧИ ОТЦА́ — И БА́СТА** — всё, хватит, разговор окончен, не хочу с тобой больше говорить.

НЕ́ФИГА. **1.** *неизм.*, в зн. *сказ.* Не надо, не сто́ит, хватит, ни к чему, нечего. *~ болтать.* **2.** *част.* Нет. *Дай пятёрку. — ~, трёх хватит.*

От **ФИГ**.

НЕФИЛЯ *см.* **НИФИЛЯ**

♦ **НЕ ФОНТА́Н** — о чём-л. плохом или о нежелании что-л. делать, напр.: *Говорить мне с ним не фонтан.*

НЕФТЬ *см.* **ИЗ-ПОД ВЕРБЛЮДА НЕФТЬ ЗАБИЛА**

НЕХИ́ЛЫЙ, -ая, -ое. Хороший, замечательный, модный, грандиозный и т. п. *~ая тачка* (машина).

♦ **НЕ ХОДИ́ К ГАДА́ЛКЕ (К БА́БКЕ)** — я тебя уверяю, это точно, напр.: *Вот увидишь, через год водка опять подорожает, это уж не ходи к гадалке.*

НЕХОРОШО́, *нескл.*, *ср.* Мужской половой орган. *Убери своё ~.*

Эвфем.

НЕ ХОЧЕШЬ СПАТЬ, НЕ МУЧАЙ ЖОПУ *см.* **ЖОПА**

НЕ́ХРЕНА. **1.** в зн. *сказ.* Не сто́ит, хватит, довольно. *~ воду лить* (пустословить). **2.** в зн. *част.* Нет.

От **ХРЕН**.

♦ **НЕ ЦА́РСКОЕ Э́ТО ДЕ́ЛО** — шутл. отказ на просьбу что-л. сделать, напр.: *Помой посуду. — Не царское это дело.*

Из анекдота.

НЕЦЕЛО́ВАННЫЙ, -ая, -ое. Новый, нетронутый. *Мерс-то* (Мерседес) *~! ~ая курточка. Народ всё новый, ~* (о новых сотрудниках, не знающих специфики данной работы).

НЕЧЕЛОВЕЧЕСКИЕ ЦЕЛОВКИ, ПЕРЕХОДЯЩИЕ В ПОТРАШКИ *см.* **ЦЕЛОВКИ**

НЕЧЕЛОВЕ́ЧЕСКИЙ, -ая, -ое. Положительный эпитет, часто в сочетании с **ДИКИЙ 2.** *Я испытал дикий ~ восторг.*

См. также **БЛЕСК**

НЕЧИСТЫЙ *см.* **ЖОПА**

НЕ́ЧТО, *межд.* и в зн. *межд.* или *сказ.* Что-л. особенное, выдающееся, бросающееся в глаза. *Девочка — просто ~! Столько спит — ~!*

НИ ВЗДОХНУТЬ (БЗДНУТЬ), НИ ПЁРДНУТЬ *см.* **ПЕРДЕТЬ**

♦ **НИ В ЗУБ НОГО́Й, НИ В ЖО́ПУ ПА́ЛЬЦЕМ** — *ирон.* о чьей-л. некомпетентности, отсутствии профессионализма, опыта.

♦ **НИ В РОТ, НИ В ЖО́ПУ** — *ирон.* о чём-л. бесполезном, пустом, никчёмном.

НИЖЕ *см.* **ВЫШЕ ПОЯСА — В МИРЕ ЖИВОТНЫХ...; ОДНА ИЗВИЛИНА, (ДА) И ТА — СЛЕД ОТ ФУРАЖКИ...; ТРИ МЕТРА НИЖЕ ПЛАЦА**

НИЖНИЙ *см.* **ЗАКОН КУРЯТНИКА: КЛЮЙ БЛИЖНЕГО...; СРАТЬ**

НИЖНИЙ ТАГИЛ *см.* **МУДИЛА (ИЗ НИЖНЕГО ТАГИЛА)**

НИЗКИЙ *см.* **УДАР НИЖЕ ПЕЙДЖЕРА**

НИКАК *см.* **В НИКАКЕ; КРЫЛЬЯ НИКАК СЛОЖИТЬ НЕ МОЖЕТ**

НИКАКО́Й, -а́я. **1.** Сильно пьяный. *Он даже ~ работает. Гляжу: ребята просто ~ие.* **2.** Больной, плохо себя чувствующий, несчастный.

НИКАКОЙ *см.* **БЕЗ НИКАКИХ; ДРЕССИРОВКА; НЕ ИМЕЕТ НИКАКОГО ПОЛОВОГО ЗНАЧЕНИЯ**

НИКИ́ТА, -ы, *м., собств.* Н. С. Хрущёв. *Жили-были три бандита: Гитлер, Сталин и ~. Гитлер вешал, Сталин бил, ~ голодом морил* (шутл. стихи).

НИКИТО́Н, -а, **НИКИТО́С**, -а, *м., собств.* Никита. *У Никиты-Никитоса темперамент негритоса. Наш Никита-Никитон за секунду съест батон.*

НИКОЛА́ЕВКА, -и, *ж., собств.* Отстойник вагонов у Рижского вокзала в Москве.

НИКТО *см.* **ЛУЧШЕ ВСЕХ (ТОЛЬКО НИКТО НЕ ЗАВИДУЕТ); ЛУЧШЕ ПОЗДНО, ЧЕМ НИКОМУ; УВОЛАКИВАТЬ**

НИ НА ОДНУ КАПЕЛЮХУ *см.* **КАПЕЛЮХА**

НИППЕЛЬ *см.* **БАЦИЛЛА**

НИРВАНУ́ТЬСЯ, -ну́сь, -нёшься; *сов., от чего, на чём* и *без доп.* Получить удовольствие.

От «нирвана» — в буддизме: состояние высшего блаженства, отрешённости от забот и стремлений.

НИ РЕХА *см.* **РЕХ**

♦ **НИ РУ́КИ, НИ НО́ГИ НЕ ДОШЛИ́** *у кого до чего* — «руки не дошли», нет времени, некогда.

♦ **НИ С ЧЕМ ПИРО́Г** — пустой, неинтересный человек; безделушка, никчёмная вещь.

НИ́ТКА, -и, *ж.* **1.** Линия государственной границы. *Резать ~у* — переходить через границу. **2.** только *мн.* Вены. *~и порезать* — вскрыть вены.

См. также **РВАТЬ НИТКУ**

♦ **НИ́ТКИ-ИГО́ЛКИ** — то да сё.

НИТОЧКА *см.* **ГЛАЗА НА НИТОЧКАХ**

НИТРА́ТНЫЙ, -ая, -ое. **1.** Вредный, противный, наглый, подлый (о человеке). *~ая баба у меня, всю зарплату слизывает* (отбирает). **2.** Крупный, большого размера. *Жена сома приволокла ~ого — у него голова больше, чем у Ленина.*

От общеупотр. *разг.* «нитратные фрукты, овощи» и т. п. — содержащие высокую концентрацию нитратов и потому вредные для здоровья.

НИ УМУ (или **НИ ГОЛОВЕ**) **НИ ЖОПЕ** *см.* **ЖОПА**

НИ ФИГА́, *мест.* **1.** Ничего. *На прилавке ~, но отчизна дорога́.* **2.** в зн. *част.* Нет. *Иди сюда! — Вот уж ~, сам иди, запасной подмётки нету.* ♦ **~ себе** (или **~ себе пельмень; ~ себе, сказал я себе; ~ себе скульптура, ~ себе ландшафт** и т. п.) — ну и ну, вот это да, ай да..., обычно с отрицательным оттенком.

От **ФИГ**.

НИФИЛЯ́, -е́й, **НЕФИЛЯ́**, -е́й, *мн.* **1.** Чай, остающийся после заварки чифиря и используемый для вторичной заварки; вообще слабо заваренный чай. *~ столовые.* **2.** Чаинки, плавающие в чае. *Сними-ка ~.*

НИ ХРЕНА́, *мест.* **1.** Ничего. *В голове ~, одна жвачка* (отец о сыне). **2.** в зн. *част.* Нет. ♦ **~ себе** (или **~ себе дела, ~ себе расклады** и т. п.). Ничего себе, ну и ну, вот тебе на.

От **ХРЕН**.

♦ **НИЧЕГО́ — ПУСТО́Е МЕ́СТО** — шутл. реплика в ответ на слово собеседника «ничего» в зн. так себе, нормально, как обычно, напр.: — *Как дела? — Ничего. — Ничего — пустое место!*

НИ ШИША́, *мест.* **1.** Ничего. **2.** в зн. *част.* Нет. ♦ **~ себе** — ну и ну, эка штука.

От **ШИШ**.

НИШТЯ́, -и́, *ж.*, **НИШТЯ́К**, -а́, *м.* **1.** Что-л. хорошее, качественное. **2.** *Межд.* Выражает любую экспрессию. — *Женился? — Ништяк!* (ну и ну!, вот это да!) **3.** *нареч.* и в зн. *сказ.* Хорошо, отлично, качественно.

См. также **ПОРУШИТЬ НИШТЯК**

Ср. *уг.* «ништо» — хорошо, отлично, «ништенко» — не бойся, всё нормально, это свой.

НИШТЯКИ́, -о́в, *мн.* Объедки в предприятии общественного питания. *Питаться ~ами.*

Ср. **НИШТЯК**.

НИШТЯКО́ВЫЙ, -ая, -ое, **НИШТЯ́ЧНЫЙ**, -ая, -ое. Отличный, чудесный.

От **НИШТЯК**.

НИ́ЩИЙ, -его, *м.* (или **~ В ГОРА́Х**). *Собств.* Сигареты «Памир».

Возм. от рисунка на пачке и низкой цены.

НИЩИЙ* *см.* **БОГ НЕ НИЩИЙ, ЛЮБИТ ТЫЩУ**

НОВОЕ *см.* **ЧТО НОВОГО В ЖИЗНИ ЗООПАРКА?**

НОВОЕВРЕ́ЕВО, **-а**, **НОВОХИРЕ́ЕВО**, -а, *ср., собств.* Новогиреево.

♦ **НО́ВОЕ, МУ́ХИ НЕ ТРА́ХАЛИСЬ** — о чём-л. новом, нетронутом, неношенном, напр.: *Пиджачишко новый, мухи не трахались.*

НОВОСЛОБЛЯ́ДСКАЯ, -ой, **НОВОСЛОЁБСКАЯ**, -ой, *ж., собств.* Станция метро «Новослободская».

Ср. **НЕСЛАБОЁБСКАЯ**; аллюзии к нецензурному руг.

НОВОСТЬ *см.* **ЖИВОТНОЕ; КАКИЕ НОВОСТИ ИЗ ЗООПАРКА?**

НОВОХИРЕЕВО *см.* **НОВОЕВРЕЕВО**

НОВЫЙ *см.* **ЖОПА; НОВОЕ, МУХИ НЕ ТРАХАЛИСЬ; ЧТО НОВОГО В АФРИКЕ?; Я СТОЮ НА АСФАЛЬТЕ, В НОВЫХ ЛЫЖАХ ОБУТЫЙ...**

НОВЫЙ ГОД *см.* **ЗДРАВСТВУЙ, ЖОПА, НОВЫЙ ГОД!**

НОВЬЁ, -я́, *ср.* и в зн. *сказ.* Новая, современная, модная вещь; впервые употребляемая вещь. ~ *маечка, муха не какала* (совсем новая).

НОВЯ́К, -а́, **НОВЯЧО́К**, -чка́, *м.* Что-л. новое, нетронутое, «с иголочки», а также новый человек, новость и т. п.

НОГА *см.* **А У ТЕБЯ НОГИ С УТРА НЕ БУДУТ МЁРЗНУТЬ?; В РОТ ВАМ ВСЕМ ПОТНЫЕ НОГИ; ВЗЯТЬ НОГИ В РУКИ; ВОРУЙ-НОГА; ВСТАВИТЬ НОГИ; ГДЕ КТО БЫЛ, КОГДА БОГ НОГИ РАЗДАВАЛ?; ГЛЯДЯ НА ЭТИ НОГИ, ЧЕЛОВЕК ИЗОБРЁЛ КОЛЕСО; ГУЛЯЙ-НОГА; ДЕЛАТЬ НОГИ; ЁЖ (ТВОЮ ЗА НОГУ); ЖОПА; ЗНАТЬ, ОТКУДА НОГИ РАСТУТ; МЕСТО, ГДЕ НОГИ ТЕРЯЮТ СВОЁ ГОРДОЕ ИМЯ; НАМ, ТАТАРАМ, ВСЁ РАВНО...; НЕ ПРОТЯГИВАЙ РУКИ, А ТО (А НЕ ТО) ПРОТЯНЕШЬ НОГИ; НЕ РЕЖЬТЕ МНЕ НОГУ, Я ВСПОМНИЛ ДОРОГУ; НЕУДОБНО В ПОЧТОВОМ ЯЩИКЕ СПАТЬ...; НИ В ЗУБ НОГОЙ, НИ В ЖОПУ ПАЛЬЦЕМ; НИ РУКИ, НИ НОГИ НЕ ДОШЛИ; НОГИ; НОГИ ИЗ ПОДМЫШЕК РАСТУТ; ОТОРВУ ЯЙЦА (УШИ, ХВОСТ, НОГИ); ПАЛЬЦЫ ВЕЕРОМ — СОПЛИ ПУЗЫРЁМ...; ПРИДЕЛАТЬ (ПОДРИСОВАТЬ, НАРИСОВАТЬ, ПОДВЕСИТЬ) НОГИ; ПРОТЯГИВАТЬ НОГИ; СОРОК; ССАТЬ; УШИ (РУКИ, НОС, НОГИ) ОТВИНЧУ, СВИНЧУ; ФУ-ТЫ НУ-ТЫ, НОГИ ГНУТЫ; ЧТОБ ПАЛЬЦЫ НА НОГАХ БЫЛИ ВОТ ТАК; ЯЩИК**

♦ **НОГА́МИ ЗАДУШУ́** — шутл.-ирон. угроза.

НО́ГИ, *межд.* Бежим, уходим, айда, сматываем удочки.

Возм. из *уг.*

♦ **НО́ГИ ИЗ ПОДМЫ́ШЕК РАСТУ́Т** *у кого* — о длинных женских ногах.

♦ **НО́ГИ ПОТЕРЯ́ТЬ** — прийти в состояние сильного алкогольного опьянения.

НО́ГОТЬ, -гтя, *м.* (или ~ **ОБЛО́МАННЫЙ**). Ирон. обращение.

НОЖ *см.* **ЖОПА; КОЖАНЫЙ (НОЖ)**

♦ **НО ЖИЗНЬ ОКАЗА́ЛАСЬ БОГА́ЧЕ** — *ирон.* о чём-л. сорвавшемся, не удавшемся, напр.: *Думал без очереди пройти, но жизнь оказалась богаче* (т. е. избили, не пустили).

НОЖКА *см.* **НОЖКИ ОТРОСЛИ**

♦ **НО́ЖКИ — КАК У КОЗЫ́ РО́ЖКИ** — *ирон.* о некрасивых ногах.

♦ **НО́ЖКИ ОТРОСЛИ́** *у чего* — *шутл.* об украденной вещи.

♦ **НО́ЗДРИ ВЫ́КИНУТЬ** — выйти на свежий воздух, выбраться на природу, на пикник.

НОЗДРЯ *см.* **ЗА НОЗДРЮ (ВЕСТИ, УВОЗИТЬ)**

НОЛЬ *см.* **НУЛЬ**

♦ **НОЛЬ ВНИМА́НИЯ, ФУНТ ПРЕЗРЕ́НИЯ** — о равнодушии, высокомерии.

НОМЕР *см.* **ВОТ ЭТО НОМЕР...; ГЛУХОЙ; ГОЛЫЙ НОМЕР; ДОХЛЫЙ НОМЕР; ОТКАЛЫВАТЬ НОМЕР; ТВОЙ НОМЕР ВОСЕМЬ...; ФЕНЬКИН НОМЕР; ШТАБНОЙ НОМЕР**

♦ **«НО НЕТ ЕЁ И ВЫ́ШЕ», — СКАЗА́Л МАЛЯ́Р НА КРЫ́ШЕ** — ирон. продолжение выражения «Нет правды на земле, но нет её и выше».

НОМЕРА МОЧИТЬ *см.* **МОЧИТЬ**

НОРА́, -ы́, **НО́РКА** -и, *ж.* **1.** Дом, квартира, жилище. *Все по норам позала́зили.* **2.** Сомнительное заведение. **3.** Женские половые органы.

НОРКА *см.* **НОРА; ХОМЯЧОК**

НОРМАЛЁК, **НО́РМУЛЬ**, *нареч.* и в зн. *межд.* или *сказ.* Нормально, хорошо, как следует. *Как оно ничего (как дела)? — ~.*

НОРМА́ЛЬНО, *межд.* Отлично, прекрасно; ну и ну, вот это да, ничего себе.

♦ **НОРМА́ЛЬНЫЕ ГЕРО́И ВСЕГДА́ ИДУ́Т В ОБХО́Д** — о чьём-л. трусливом поступке. Распространилось под влиянием песни из популярного художественного фильма «Айболит-66».

НОРМАЛЬНЫЙ *см.* **ОТКАТ; СТУЛ НОРМАЛЬНЫЙ**

♦ **НОРМА́ЛЬНЫЙ ХОД ПОРШНЯ́ (ПОРШНЕ́Й)** — всё нормально, всё идет по плану, всё так и должно быть.

НОРМУЛЬ *см.* **НОРМАЛЁК**

НОРОВИТЬ *см.* **ОДНОЙ ЖОПОЙ НА ТРЁХ МЕСТАХ СИДЕТЬ...**

НОС, -а, **НОСОРО́Г**, -а, *м.* Ирон. обращение к человеку с большим носом; *ирон.* о грузинах, армянах, евреях и др. Н*а базар носы понаехали* (торговцы с Кавказа).

НОС* *см.* **ГИПНОЗ, ГИПНОЗ, ХВАТЬ ТЕБЯ ЗА НОС; ГЛАЗА К НОСУ; ГОВОРЛИВЫЙ, ВЫТРИ НОС СОПЛИВЫЙ; ДЕРЖАТЬ ХВОСТ (ЧЛЕН, НОС) ПИСТОЛЕТОМ; КРОВЬ ИЗ НОСУ; НУЖНО КАК ЗУБЫ В НОСУ; ПАХАТЬ НОСОМ АСФАЛЬТ...; ПРИКИДЫВАТЬ ХРЕН К НОСУ; ПРОПАХАТЬ НОСОМ; ПУСТИТЬ КРОВЬ ИЗ УШЕЙ...; ПУСТИТЬ КРОВЬ НОСОМ; ПУСТЬ ИДЁТ КРОВЬ ИЗ НОСУ...; ПЯТКОЙ В НОСУ КОВЫРЯТЬСЯ; СИСЬКА; УХО (НОС, ЯЙЦА) ОТКУШУ; УШИ (РУКИ, НОС, НОГИ) ОТВИНЧУ, СВИНЧУ; ШАРЫ**

НОСА́Н, -а (или -а́), *м.* Еврей. *~ы и глаза́ны* — евреи.

НОСЕ́Т, -а, *м.* Нос.
Ср. **УТЮГЕТ** и т. п.
НОСИТЬ *см.* **ДОКУМЕНТ НА РУКАХ НОСИТЬ**
НОСКИ *см.* **СТИРАТЬ НОСКИ**
♦ **НОС НА СЕМЕРЫ́Х РОС, ОДНОМУ́ ДОСТА́Л-СЯ** — о большом носе.
НОСОВИ́ТЫЙ, -ая, -ое. О человеке с большим носом. ♦ **Чем ~ей, тем красовитей** — ирон. реплика, которая произносится в утешение человеку с большим носом.
НОСОГЛО́Т, -а, *м.*, **НОСОГЛО́ТКА**, -и, *ж.* Врач-оториноларинголог, т. н. «ухо-горло-нос». *Сходи к носоглоту. Наша районная носоглотка.*
НОСОК *см.* **САМИ ПОСЛЕДНИЙ НОСОК ДОНАШИВАЕМ**
НОСОПЫ́РКА, -и, *ж.* Нос или лицо.
Возм. из *уг.*
НОСОРОГ *см.* **НОС; СМЕСЬ БУЛЬДОГА С НОСОРОГОМ**
♦ **НОС ПУ́ДРИТЬ** — нюхать кокаин.
Из *нарк.*
НОСЯ́РА, -ы, *м.* или *ж.* Нос (обычно о большом).
НОТАРИ́АЛКА, -и, *ж.* Нотариальная контора; какой-л. документ, выдаваемый в нотариальной конторе.
НОЧЕВАТЬ *см.* **ВАСЯ**
♦ **НОЧНА́Я БА́БОЧКА, НОЧНА́Я ФЕ́Я** — проститутка.
НОЧНУ́ХА, -и, **НОЧНУ́ШКА**, -и, *ж.* Ночная рубашка.
НОЧЬ, -и, *ж.* Нокаут. *Дал слева — и ~.*
Из *спорт.*
НОЧЬ* *см.* **БРЕД (СИВОЙ КОБЫЛЫ В ЛУННУЮ НОЧЬ); КОРОЧЕ, ДЕЛО К НОЧИ**
♦ **НОЧЬ В КРЫМУ́, ВСЁ В ДЫМУ́** — о неразберихе, неясной, неопределённой ситуации.
НОЧЬЮ *см.* **НЕ ПЬЁТ ТОЛЬКО СОВА, ПОТОМУ ЧТО ДНЁМ ОНА СПИТ...**
НРАВИТЬСЯ *см.* **НЕ НРАВИТСЯ, НЕ ЕШЬ**
НУЖЕН *см.* **ВАШЕЙ МАМЕ ЗЯТЬ НЕ НУЖЕН?; НУЖНО КАК ЗАЙЦУ (ОСЛИКУ, ПИОНЕРКЕ, ПАРТИЗАНУ) ТРИППЕР**
♦ **НУ́ЖЕН КАК КЕНГУРУ́ АВО́СЬКА** *что, кому* — о чём-л. ненужном, неуместном.
НУ́ЖНИК, -а, *м. Ирон.* Нужный, полезный человек.
Шутл. травестирование общеупотр. *разг.* «нужни́к» — туалет.
♦ **НУ́ЖНО КАК ЗА́ЙЦУ (О́СЛИКУ, ПИОНЕ́РКЕ, ПАРТИЗА́НУ) ТРИ́ППЕР** *что*; **НУ́ЖНО КАК ЗУ́БЫ В НОСУ́** *что*; **НУ́ЖНО КАК ОБЕЗЬЯ́НЕ ПА́РТИЯ** *что*; **НУ́ЖНО КАК ПА́ПЕ РИ́МСКОМУ ЗНАЧО́К ГТО** *что*; **НУ́ЖНО КАК СОБА́КЕ БОКОВО́Й КАРМА́Н** *что* — о чём-л. ненужном, неуместном.
НУЖНЫЙ *см.* **БЫТЬ СТО ЛЕТ НЕ НУЖНЫМ**
НУ, ЗАЯЦ, ПОГОДИ! *см.* **ЗАЯЦ**
НУ И ГВОЗДИ ТАМ ВСЯКИЕ *см.* **ГВОЗДЬ**
♦ **НУ И ГОРДИ́СЬ ДО ПЕ́НСИИ!** — ирон. реплика в ответ на чьё-л. хвастливое заявление, чей-л. отказ что-л. делать из соображений гордости, достоинства, напр.: *Купи себе медаль и гордись до пенсии — квадратную, чтоб не укатили, и шерстяную, чтоб уши не мёрзли!*
НУ, КАК ТЕБЕ СКАЗАТЬ, ПЯТАЧОК... *см.* **ПЯТАЧОК**
НУЛЕВО́Й, -а́я, -о́е, **НУЛЁВЫЙ**, -ая, -ое. Новый, свежий; неопытный, глупый (о человеке).
См. **НУЛЬ**
НУЛЬ, -я́, **НОЛЬ**, -я́ *м.* (или **~ БЕЗ ПА́ЛОЧКИ**). Некомпетентный глупый человек.
НУЛЬ* *см.* **БЫТЬ В НУЛЯХ (ПО НУЛЯМ); ОЧКО ИГРАЕТ...**
НУ́ЛЬСОН, -а, *м.* и в зн. *сказ.* Полное отсутствие чего-л.
От **НУЛЬ**.
♦ **НУ́ЛЬСОН В СМА́ЗКЕ** — неопытный, «зелёный» человек, новичок.
Возм. из *арм.*
♦ **НУ, МАТРЁШКА, ТЫ — ХАЛВА́!** — эй, девушка, а ты красивая (ирон. приветствие, «заигрывание», ухаживание).
НУТРО *см.* **ПРИНИМАТЬ В НУТРО**
НУТРЯ́К, -а, *м.* **1.** Внутренности, нутро. *Врачи весь ~ изрезали* (о хирургической операции). **2.** Внутренний мир, душа, сердце. *~ом чую — ничего не выйдет.*
НУТРЯ́НКА, -и, *ж.* То же, что **НУТРЯК 1.** *Всю ~у застудил.*
НУ ЧТО, ПО РЮМАШКЕ? *см.* **РЮМАШКА**
НЫ́КАТЬ, -аю, -аешь; *несов.*, *что.* Прятать, утаивать.
Возм. из *уг.*
НЫРНУТЬ *см.* **В АКВАРИУМ НЫРНУТЬ** (или **ПОПАСТЬ**); **ЯЩИК**
♦ **НЫРНУ́ТЬ В СТАКА́Н** — уйти в запой.
НЫРНУТЬ В ШИРМУ *см.* **ШИРМА**
НЫ́ЧКА, -и, *ж.* Что-л. спрятанное, утаённое; заначка, что-л. припрятанное «на чёрный день».
От **НЫКАТЬ**.

НЬЮТОН *см.* **БИНОМ (НЬЮТОНА)**

НЮДИА́ЛЬНО, *нареч. Шутл.* В голом виде, голышом. *Не ходи ~ по квартире, аппетит портишь.*

От фр. nu — голый.

НЮ́ХАЛКА, -и, *ж.*, **НЮ́ХАЛО**, -а, *ср.*, **НЮ́ХАЛЬНИК**, -а, **НЮ́ХАЛЬНИЧЕК**, -чка, *м.* Нос, лицо. *Чего нюхалом-то водишь!* — зачем отворачиваешься?, чего вертишь головой?

НЮ́ХАТЬ, -аю, -аешь; *несов., где, у кого.* Смотреть, высматривать, интересоваться, наводить справки. *А ты у Феди ~ал* (узнавал)?

От общеупотр. «вынюхивать» в том же зн.

НЮХАТЬ* *см.* **ЖОПА; НЮХНУТЬ (ПОНЮХАТЬ, НЮХАТЬ) ПОРТЯНКУ, НАНЮХАТЬСЯ ПОРТЯНКИ...**

НЮХА́Ч, -а, *м.* **1.** Специалист по ароматам в парфюмерной промышленности. **2.** Токсикоман.

НЮХНУТЬ ВИСЯЧЕГО *см.* **ВИСЯЧИЙ**

♦ **НЮХНУ́ТЬ (ПОНЮ́ХАТЬ, НЮ́ХАТЬ) ПОРТЯ́НКУ** (или **ПОРТЯ́НКИ**); **НАНЮ́ХАТЬСЯ ПОРТЯНКИ** (или **ПОРТЯ́НОК**) — отслужить в армии; быть опытным, бывалым; побывать в опасных переделках, знать жизнь.

Из *арм.*

НЮ́ШКА, -и, *ж.* Любое изображение обнажённой женщины (напр., в журнале и т. п.).

От фр. nue — голая; возм. также влияние термина nu — обнажённая натура как жанр искусства — и гипокористического образования от имени «Анна».

НЯ́НЬКА, -и, **НЯ́НЯ**, -и, *ж.* Телохранитель, охранник.

О

О́БА[1], **О́БАНА**, **О́БА-НА́**, **О́БАНЫ**, *межд.* Оп, оппа, гоп, прыг, плюх и т. п. (обычно сопровождает какое-л. действие).

Возм. от «гоп» [hоп] с утратой начального [h].

О́БА[2], *числ.* (или **~ ТРО́Е**, **~ ДВА**, **~ СЕ́МЕРО** и т. п.). Ирон. обращение к группе лиц, независимо от их числа. *Эй вы, ~ четверо, ко мне!*

Возм. пародирование языка военных.

См. также **ДОРОГОЙ И ДОРОГАЯ, ДОРОГИЕ ОБА...; ЗА ОБЕ ЩЁКИ**

ОБАЛДА́ЙС, -а, **ОБАЛДА́ХИН**, -а, *м.* **1.** Обалдение, удивление, любая сильная эмоция. *Я в полном обалдайсе.* **2.** в зн. *межд.* Ну и ну!, вот это да!, эх ты, ух ты! *Обалдахин, какая девочка.*

От **ОБАЛДЕТЬ** с экзотическими формантами.

ОБАЛДЕВА́ТЬ, -а́ю, -а́ешь; *несов.* (*сов.* **ОБАЛДЕ́ТЬ**, -е́ю, -е́ешь), *с чего, от чего, на чём* и *без доп.* Приходить в какое-л. крайнее эмоциональное состояние (как положительное, так и отрицательное). *Я с тебя обалдеваю* — ты меня удивляешь.

От **БАЛДЕТЬ**.

ОБАЛДЕМО́Н, -а, *м.* (или **~ И МЕ́ЛКИЙ ПОТРЯ́С**). То же, что **ОБАЛДАЙС** во всех зн.

ОБАЛДЕ́ННЫЙ, -ая, -ое. Очень хороший, замечательный.

От **ОБАЛДЕТЬ**.

ОБАЛДЕТЬ *см.* **ОБАЛДЕВАТЬ**

ОБАЛДУ́Й, в зн. *межд.* То же, что **ОБАЛДАЙС 2**.

ОБАЛДУ́ЙСТВЕННЫЙ, -ая, -ое. То же, что **ОБАЛДЕННЫЙ**.

От **ОБАЛДУЙ**.

ОБАНА, ОБА-НА, ОБАНЫ *см.* **ОБА**[1]

ОБАРАХЛИ́ТЬСЯ, -лю́сь, -ли́шься; *сов., чем.* Купить, приобрести что-л.

♦ **О́БА, Я ТОРЧУ́!** — выражает любую эмоцию (чаще как реакция на какое-л. неожиданное событие).

ОБВА́ФЛИВАТЬ, -аю, -аешь; *несов.* (*сов.* **ОБВА́ФЛИТЬ**, -лю, -лишь, **ОБВАФЛИ́ТЬ**, -лю́, -ли́шь), *что чем.* Испачкать, замарать; испортить. *Пришёл и всё дело своей рожей обвафлил.*

От **ВАФЛИТЬ**.

ОБДА́ЛБЫВАТЬСЯ, -аюсь, -аешься, *несов.* (*сов.* **ОБДОЛБА́ТЬСЯ**, -а́юсь, -а́ешься), *чем* и *без доп.* Обкуриваться, слишком много курить (чаще о наркотиках). *Дурью* (анашой) *обдолбался — и спит.*

Возм. из *уг.* или *нарк.*

ОБДИ́РА, -ы, *м.* и *ж.* **1.** Тот, кто обдирает, обирает; вор, хапуга, обдирала. **2.** Ободранный, неопрятный человек. **3.** Старые вещи, лохмотья, обноски. *Ещё один небожитель в ~е* (о бедном учёном).

ОБДИРА́ЛКА, -и, **ОБДИРА́ЛОВКА**, -и, *ж.*, **ОБДИРО́Н**, -а, *м.* Что-л. дорогое; высокая цена, система высоких цен, налогов; дорогой магазин.

От общеупотр. *прост.* «обдирать» — обирать, выманивать деньги, продавать за слишком высокую цену,

ОБДОЛБАТЬСЯ *см.* **ОБДАЛБЫВАТЬСЯ**

ОБДРИСТАТЬ *см.* **ОБДРИЩИВАТЬ**

ОБДРИСТАТЬСЯ *см.* **ОБДРИЩИВАТЬСЯ**

ОБДРИ́ЩИВАТЬ, -аю, -аешь; *несов.* (*сов.* **ОБДРИСТА́ТЬ**, -ищу́, -и́щешь), *кого-что.* Портить, пачкать; уничижать, унижать, оскорблять; сводить на нет (о деле). *Дерьмократы* (демократы) *всю историю обдристали, из России себе личное очко* (туалет) *сделали.*

От **ДРИСТАТЬ 1.**

ОБДРИ́ЩИВАТЬСЯ, -аюсь, -аешься; *несов.* (*сов.* **ОБДРИСТА́ТЬСЯ**, -ищу́сь, -и́щешься). **1.** *без доп.* Ходить по большой нужде, испражняться. **2.** *чего, что делать* и *без доп.* Бояться **3.** *с чем, на чём* и *без доп.* Терпеть поражение, проваливаться, проигрывать, позориться. *~ с экзаменом.*

От **ДРИСТАТЬ 1.**

ОБЕД *см.* **ВСЯ ЖИЗНЬ — БОРЬБА...; ОТ ЗАБОРА ДО ОБЕДА; СТО ЛЕТ В ОБЕД**

ОБЕЗЬЯ́НА, -ы, *ж.* **1.** *ирон.* Жена, подруга. *Без ~ы не приду, не пустят.* **2.** Т. н. «лицо южной национальности». **3.** Поезд, состав.

3. — *ср. уг.* «обезьяна» — паровоз.

ОБЕЗЬЯНА* *см.* **НУЖНО КАК ОБЕЗЬЯНЕ ПАРТИЯ; СМИРНЫЙ КАК СТО ОБЕЗЬЯН В КЛЕТКЕ; ШКУРА ДОХЛОЙ ОБЕЗЬЯНЫ**

ОБЕЗЬЯ́ННИК, -а, *м.* Камера предварительного заключения; специальное помещение для задержанных в отделении милиции.

Возм. из *уг. Ср.* **ЗВЕРИНЕЦ.**

ОБЕРНУ́ТЬСЯ, -ну́сь, -нёшься; *сов., с чем* и *без доп.* Достать деньги для возвращения долга, вернуть долг.

♦ **ОБЕЩА́ТЬ СО́РОК БО́ЧЕК АРЕСТА́НТОВ** *кому* — много обещать.

Из *уг.* Встречается у В. Шукшина и др.

ОБЖО́ПИТЬ, -плю, -пишь; *сов., кого на сколько в чём, на чём, с чем, во что.* Обыграть, обхитрить, обмануть; превзойти в чём-л., обойти, обогнать. *Меня теперь ни на чём не ~пишь!*

От **ЖОПА, ЖОПИТЬ.**

ОБЖО́ПИТЬСЯ, -плюсь, -пишься; *сов., на чём, с чем, на сколько* и *без доп.* Обмануться, ошибиться, потерпеть неудачу; быть обойдённым, обманутым. *Да, с тачкой* (машиной) *я круто ~пился, хлам взял* (купил плохую).

От **ОБЖОПИТЬ.**

ОБЖУХИВАТЬ, -аю, -аешь; *несов.* (*сов.* **ОБЖУ́ХАТЬ**, -аю, -аешь), *кого, на сколько на чём, в чём, во что.* Обманывать, хитрить, обыгрывать.

От **ЖУХАТЬ.**

ОБЗВОНИ́ТЬ, -ню́, -ни́шь (или -о́нишь); *сов., что.* Распространить слух, всем рассказать, разболтать что-л.; испортить дело лишними разговорами; сглазить.

ОБЗВОНИ́ТЬСЯ, -ню́сь, -ни́шься (или -о́нишься); *сов., без доп.* Долго кричать, говорить, болтать. *Ну просто ~нился весь, трепло.*

ОБЗЫ́РКИВАТЬ, -аю, -аешь; *несов.* (*сов.* **ОБЗЫ́РКАТЬ**, -аю, -аешь), *кого-что.* Осматривать, внимательно смотреть, обыскивать.

От **ЗЫРКАТЬ.**

ОБИ́ДКИ, -док, *мн.* Обиды (обычно необоснованные); капризы.

ОБКА́ТКИ, -ток, *мн.* Светская жизнь, общение, то же, что **ТУСОВКА, ТЁРКИ.**

ОБКА́ШЛЯТЬ, -яю, -яешь; *сов., что с кем* и *без доп.* Обсудить. *Дельце ~.*

От общеупотр. «кашлять».

ОБКЛА́ДЫВАТЬСЯ, -аюсь, -аешься; *несов.* (*сов.* **ОБЛОЖИ́ТЬСЯ**, -ожу́сь, -о́жишься), *без доп.* **1.** Испражняться в штаны. **2.** Позориться. **3.** Пугаться.

ОБКУЗЬМИТЬ *см.* **НАС НЕ ОБЪЕГОРИШЬ, НАС НЕ ОБКУЗЬМИШЬ...**

ОБЛАЖА́ТЬ, -а́ю, -а́ешь; *сов., кого с чем.* Обмануть, подвести; опозорить.

От **ЛАЖА.**

ОБЛАЖА́ТЬСЯ, -а́юсь, -а́ешься; *сов., с чем, на чём* и *без доп.* Ошибиться, просчитаться, проиграть, потерпеть крах; опозориться. *С женитьбой я, брат, облажался, хорька вместо бабы подсунули.*

От **ЛАЖА.**

ОБЛА́МЫВАТЬ, -аю, -аешь; *несов.* (*сов.* **ОБЛОМА́ТЬ**, -а́ю, -а́ешь и **ОБЛОМИ́ТЬ**, -омлю́, -о́мишь). **1.** *кого на что.* Уговаривать кого-л. на какое-л. дело. *Обломить на покупочку.* **2.** *кому что.* Портить, срывать, расстраивать кому-л. что-л. *Припёрся, обломал весь интим.*

♦ **Кайф ~** — **1.** *кому.* Портить удовольствие. **2.** *кого что делать, с чем.* Разубеждать, расстраивать, портить настроение, рассеивать энтузиазм, напр.: *Ты меня работать не обламывай, и так охотки на две затяжки* (желания мало).

Возм. влияние *уг.* «обломить» — осудить.

♦ **ОБЛА́МЫВАТЬ РОГА́** (или **У́ШИ, КЛЕШНИ́** и т. п.) *кому* — наказывать, ругать, мстить.

ОБЛА́МЫВАТЬСЯ, -аюсь, -аешься; *несов.* (*сов.* **ОБЛОМА́ТЬСЯ**, -а́юсь, -а́ешься и **ОБЛОМИ́ТЬСЯ**, -омлю́сь, -о́мишься). **1.** *без доп.* Не удаваться, проваливаться. *Кажется, дело обламывается. Стипуха* (стипендия) *обломалась* (не будут платить). *Обломайся!* — говорят тому, у кого что-л. не вышло, не получилось. **2.** *с чем, что делать, на что* и *без доп.* Расстраиваться, огорчаться, разочаровываться, бросать что-л. делать. *Всё, я обломался, пусть железный трактор пашет* (пусть другие за меня работают). **3.** только в *3 л. ед., что.* Об удачном приобретении чего-л. *Пойду в комок* (комиссионный магазин), *может, чего обломится. Играю-играю, а ничего не обламывается* (о неудаче в лотерее).

♦ **ОБЛЕ́ЗЕШЬ!** — перебьёшься, не дам, не скажу (при выражении отказа), напр.: — *Дай десять тысяч. — Облезешь!*

ОБЛЕЗЛЫЙ *см.* **КОШКА ОБЛЕЗЛАЯ**

ОБЛОЖИТЬСЯ *см.* **ОБКЛАДЫВАТЬСЯ**

ОБЛОМ, -а, *м.* Неудача, невезение. *Крутой ~ — сильное невезение. ~ за ~ом. Я в ~е. Сплошные ~ы покатились* (начались).

От **ОБЛАМЫВАТЬСЯ 1., 2.**

ОБЛОМАННЫЙ *см.* **НОГОТЬ ОБЛОМАННЫЙ**

ОБЛОМАТЬ *см.* **ОБЛАМЫВАТЬ; РОГА ОБЛОМАТЬ**

ОБЛОМАТЬ КАЙФ *см.* **КАЙФ**

ОБЛОМАТЬСЯ *см.* **ОБЛАМЫВАТЬСЯ**

ОБЛОМИНГО *см.* **ПТИЧКА ОБЛОМИНГО ПРОЛЕТЕЛА**

ОБЛОМИТЬ *см.* **ОБЛАМЫВАТЬ**

ОБЛОМИТЬСЯ *см.* **ОБЛАМЫВАТЬСЯ**

ОБЛО́МОК, -мка, *м.* (или **~ СЧА́СТЬЯ, ~ УДА́ЧИ, ~ СУДЬБЫ́** и т. п.). Не заслуживающий внимания человек, неудачник, серая личность; *ирон.* о любом человеке.

ОБЛОМОК* *см.* **ИЗ-ПОД ОБЛОМКОВ**

ОБЛО́ПАТЬСЯ, -аюсь, -аешься; *сов., с чем, на чём* и *без доп.* Попасться на чём-л., потерпеть фиаско.

Ср. *уг.* «облопаться» — попасться в руки правоохранительных органов, однако с надеждой на скорое освобождение.

ОБЛУЧЁННЫЙ, -ая, -ое. *Ирон.* Пахнущий луком; приправленный луком.

ОБМЕНСТРУЯ́ЧИТЬ, -чу, -чишь; *сов., что.* Испачкать, загрязнить, испортить.

От **МЕНСТРУЯЧИТЬ**.

ОБМИШУ́РИВАТЬ, -аю, -аешь; *несов.* (*сов.* **ОБМИШУ́РИТЬ**, -рю, -ришь), *кого на чём, в чём.* Обманывать, хитрить, облапошивать. ♦ **Нас не объегоришь, нас не обкузьмишь, нас не обмишуришь, нас не изъязвишь** — нас не обманешь.

Ср. *диал.* «обмихнуться» или от «обмишениться» — не попасть в цель, «михлюй», «михлютка», «мишуля» — дурак, раззява, растяпа.

♦ — намёк на Е. К. Лигачева, И. К. Полозкова, М. С. Горбачёва и маршала Язова, крупных партийных деятелей периода перестройки.

ОБМОЗЖИ́ТЬ, -жу́, -жи́шь; *сов., что* и *без доп.* Обдумать, взвесить все «за» и «против», «обмозговать». *~жим дельце?*

От **МОЗЖИТЬ**.

ОБМЫВА́ТЬ, -а́ю, -а́ешь; *несов.* (*сов.* **ОБМЫ́ТЬ**, -мо́ю, -мо́ешь), *что.* Обкрадывать, обворовывать. *Магазин обмыть.*

Из *уг.*

ОБМЫ́ЛОК, -лка, *м.* **1.** Рука, нога. *Чего ~лки растопырил?* **2.** Ирон. обращение.

ОБМЫТЬ *см.* **ОБМЫВАТЬ**

ОБНАЖЁНКА, -и, *ж.* Обнажённая натура (как жанр искусства), т. н. «ню». *Меня от ~ки уже воротит.*

Из речи художников.

ОБНА́ЧИВАТЬ, -аю, -аешь; *несов.* (*сов.* **ОБНА́ЧИТЬ**, -чу, -чишь), *что.* Начинать, открывать (напр. банку, бутылку, пачку сигарет и т. п.); пробовать.

Возм. влияние *уг.* «обначивать» — обыскивать, обманывать; *см.* также **НАЧИТЬ, НАЧКА**.

ОБНА́ЧКА, -и, *ж.* Запас, заначка.

См. **НАЧИТЬ, НАЧКА**; возм. также влияние *уг.* «обначка» — обыск.

ОБНИМАТЬСЯ С БЕЛЫМ ДРУГОМ *см.* **ДРУГ**

ОБНЯТЬ *см.* **БРАТСКАЯ МОГИЛА; УПАСТЬ, ОБНЯТЬ И ЗАПЛАКАТЬ**

ОБО́ЖРА, -ы, *м.* и *ж.* Обжора; тот, кто ест за чужой счёт.

ОБОЖРА́ТУШКИ, -шек, *мн.* Обжорство, чревоугодие, обильное застолье, объедение.

Ср. с моделью **ОБОЗНАТУШКИ**.

ОБОЗНА́ТУШКИ, -шек, *мн.* (или **~-ПЕРЕПРЯ́ТУШКИ**). Говорится человеку, который ошибся, обознался, напутал что-л.

Из *детск.*

ОБО́ЙМА, -ы, *ж.* Полный набор, комплект чего-л.; разностороннее проявление, полная гамма качеств, свойств; множество кого-чего-л. *Такой ~ы хамов я ещё никогда не видел.* ♦ **По полной ~е** — хорошо, активно, по́лно, напр.: *Отдохнём по полной ~е.*

См. также **ПОПАСТЬ В ОБОЙМУ**

ОБОРЗЕ́ТЬ, -е́ю, -е́ешь; *сов., без доп.* Стать наглым, агрессивным; зарваться; вести себя подобно сумасшедшему.

От **ОБОРЗЕТЬ**.

ОБОРО́Т, -а, *м.* **1.** Какое-л. событие, факт (обычно странный, необычный). *Вчера со мной один ~ был.* **2.** только *мн.* Скорость. *Приличные ~ы взял* — взял высокую скорость. ♦ **Сбавить** (или **загасить, затушить, придержать** и т. п.) **~ы** — сбавить скорость; успокоиться, охладить пыл. **Прибавить** (или **набрать, накинуть** и т. п.) **~ы** (или **~ов**) — прибавить скорость; разгорячиться, распалиться, разнервничаться.

См. также **ЗАВОДИТЬСЯ (С ЧЕТВЕРТЬ ОБОРОТА); СБАВЬ ОБОРОТЫ (ЖАР, ПЫЛ, ТЕМП)**

ОБОРО́ТКА, -и, *ж.* **1.** Оборотная сторона листа бумаги; лист бумаги, уже использованный с одной стороны и используемый вторично. *Писать на ~ах.* **2.** Изнанка, обратная сторона медали (дела, события и т. п.). *С ~и* (если повнимательней приглядеться) *он не такой уж и идиот.* **3.** Один из приёмов при торговле в бридже.

З. — из *карт.*

ОБОСРАТЬ *см.* **ОБСЕРИВАТЬ**

ОБОСРАТЬСЯ *см.* **ДЛЯ НАЧАЛА ВЫПУЧИТЬ ГЛАЗА И ОБОСРАТЬСЯ; ОБСЕРИВАТЬСЯ**

ОБОССАННЫЙ *см.* **ПЕНЬ ОБОССАННЫЙ**

ОБОССАТЬ *см.* **ОБОССЫВАТЬ**

ОБОССАТЬСЯ *см.* **ОБОССЫВАТЬСЯ**

ОБОССЫВА́ТЬ, -а́ю, -а́ешь; *несов.* (*сов.* **ОБОССА́ТЬ**, -су́, -сы́шь), *что.* **1.** Поливать мочой. **2.** Портить, нарушать что-л.; расстраивать дело. ♦ **Как два пальца обоссать** — легко, просто.

От **ССАТЬ**.

ОБОССЫВА́ТЬСЯ, -а́юсь, -а́ешься; *несов.* (*сов.* **ОБОССА́ТЬСЯ**, -су́сь, -сы́шься). **1.** *без доп.* Мочиться в штаны. **2.** *над чем, с чего, от чего* и *без доп.* Изумляться, поражаться; приходить в какое-л. крайне сильное эмоциональное состояние. *Фильм — обоссышься. Я просто обоссываюсь с такой наглости.*

От **ССАТЬ**.

ОБПЛЕВА́ТЬСЯ, -плю́юсь, -плюёшься; *сов., на что* и *без доп.* Быть чем-л. крайне недовольным, разочарованным.

ОБПРУДО́НИВАТЬ, -аю, -аешь; *несов.* (*сов.* **ОБПРУДО́НИТЬ**, -ню, -нишь), *что.* Обливать мочой; замачивать, вымачивать, заливать.

От **ПРУДОНИТЬ**; *см.* также **НАПРУДОНИТЬ**.

ОБПРУДО́НИВАТЬСЯ, -аюсь, -аешься; *несов.* (*сов.* **ОБПРУДО́НИТЬСЯ**, -нюсь, -нишься), *без доп.* **1.** Мочиться в штаны. **2.** Приходить в какое-л. крайне сильное эмоциональное состояние.

От **ПРУДОНИТЬ**; *см.* также **НАПРУДОНИТЬ**.

ОБПРУДОНИТЬ *см.* **ОБПРУДОНИВАТЬ**

ОБПРУДОНИТЬСЯ *см.* **ОБПРУДОНИВАТЬСЯ**

О́БРАЗ, -а, *м. Ирон.* О человеке, ненадолго появившемся и снова пропавшем. *Вчера пашкин образ в Измайлово маячил* (ненадолго появлялся Паша). ♦ **Создать ~** — уйти, убежать, скрыться.

♦ — возм. травестирование литературоведческой терминологии.

ОБРАЗА́, -о́в, *мн.* Медали, ордена. *Полна грудь ~о́в.* ♦ **ОБРА́З ЖИ́ЗНИ** — *ирон.* о чём-л. дорогостоящем, престижном, напр.: — *Хорошая у тебя тачка* (машина). — *Не тачка, а образ жизни.*

ОБРА́ТКА, -и, *м.* **1.** Обратный билет. **2.** Обратное действие, противодействие. *Как сделаешь, такая и ~ будет.* **3.** Труба, по которой возвращается теплоноситель (напр., в отопительных системах). ♦ **В ~у** *что, что делать* — в ответ, напр.: *Он мне в хрюсло* (в лицо), *а я ему в ~у* (о драке).

З. — из *спец.*

ОБРА́ТНИК, -а, *м.* Тот, кто вернулся обратно откуда-л. (напр., из-за рубежа). *Туда-то едут, а ~ов не видать.*

Ср. *уг.* «обратник» — преступник, вернувшийся на место преступления.

ОБРАТНО *см.* **МАМА ДОРОГАЯ...**

ОБРАТНЫЙ *см.* **ЗАКРОЙ ДВЕРЬ С УЛИЦЫ (С ОБРАТНОЙ, С ТОЙ СТОРОНЫ)**

ОБРЕ́ЗКИ, -ов, *мн.* Руки, ноги, конечности. *Шевели ~ами* — поторопись.

ОБРЕЗКИ* *см.* **С ОБРЕЗКАМИ; ЧТО ТЫ ПОНИМАЕШЬ В КОЛБАСНЫХ ОБРЕЗКАХ!**

ОБРО́К, -а, *м.* Налоги, квартирная плата, плата за свет, газ и т. п. *Сколько получаешь? — Кусок, минус сто ~а* (тысячу, минус сто рублей налога).

ОБРО́ТНИК, -а, *м.* Вор, крадущий автомобили.

От *уг.* «обротник» — конокрад; *устар.* «оброть», «обротка» — недоуздок, «обротать, обротить лошадь» — накинуть на неё недоуздок, узду.

ОБРО́ХЛИВАТЬСЯ, -аюсь, -аешься; *несов.* (*сов.* **ОБРО́ХЛИТЬСЯ**, -хлюсь, -лишься). **1.** *с чем, на чём* и *без доп.* Делать что-л. неловко, плохо; проваливать дело. **2.** *без доп.* Становиться слабым, терять форму, превращаться во флегматика, рохлю.

От общеупотр. *прост.* «рохля» — неповоротливый, ротозей, неряха, рыхлый человек.

ОБРУБИТЬ КАЙФ *см.* **КАЙФ**

ОБРУБИТЬ ХВОСТА *см.* **ХВОСТ**

ОБРЫ́ГА, -и, *м.* и *ж.* Пьяница, алкоголик, опустившийся человек.

От общеупотр. *разг.* «рыгать».

♦ **«ОБРЫГА́Й УГЛЫ́»** — ирон. назв. какого-л. низкопробного заведения (пивного зала, бара и т. п.).

ОБРЫ́ГИВАТЬСЯ, -аюсь, -аешься; *несов.* (*сов.* **ОБРЫГА́ТЬСЯ**, -а́юсь, -а́ешься), *на что* и *без доп.* Быть недовольным чем-л., презирать что-л. *~ на спектакль.*

От общеупотр. *разг.* «рыгать».

ОБРЫ́ДЛЫЙ, -ая, -ое. Нудный, скучный; надоевший.

ОБРЫ́ДНУТЬ, -ну, нешь (*прош.* обры́дл, -о, -а, -и), *сов.* Надоесть, наскучить. *Обрыдла мне вся эта демократия в магазинах, хочется в застой сходить пообедать* (о тяжёлом экономическом положении).

ОБСА́Д, -а, *м.* Тяжёлое положение, затруднительная ситуация. *Я на службе в полном ~е.*

Возм. от общеупотр. «обсадить», «осадить», «осада».

ОБСЕ́РИВАНИЕ, -я, *ср.* Осернение, процесс активизации некоторых катализаторов в органическом синтезе.

Из языка химиков.

ОБСЕ́РИВАТЬ, -аю, -аешь, **ОБСИРА́ТЬ**, -а́ю, -а́ешь; *несов.* (*сов.* **ОБОСРА́ТЬ**, -ру́, -рёшь; **ОБСЕ́РИТЬ**, -рю, -ришь), *что.* **1.** Пачкать, грязнить что-л. **2.** Губить, проваливать (о деле).

От **СЕРИТЬ**, **СРАТЬ**.

ОБСЕ́РИВАТЬСЯ, -аюсь, -аешься, **ОБСИРА́ТЬСЯ**, -а́юсь, -а́ешься; *несов.* (*сов.* **ОБОСРА́ТЬСЯ**, -ру́сь, -рёшься; **ОБСЕ́РИТЬСЯ**, -рюсь, -ришься). **1.** *без доп.* Испражняться. **2.** *над чем, с чего, от чего* и *без доп.* Приходить в какое-л. крайнее эмоциональное состояние; перенапрягаться, перетруждаться, надрываться. *Не обосрёшься такие сумки до дома тащить?*

От **СЕРИТЬ**, **СРАТЬ**.

ОБСЕРИТЬ *см.* **ОБСЕРИВАТЬ**

ОБСЕРИТЬСЯ *см.* **ОБСЕРИВАТЬСЯ**

ОБСИ́КИВАТЬСЯ, -аюсь, -аешься; *несов.* (*сов.* **ОБСИ́КАТЬСЯ**, -аюсь, -аешься). **1.** *чего* и *без доп.* Бояться. **2.** *на что* и *без доп.* Эмоционально реагировать на что-л. (чаще смеяться, потешаться).

От **СИКАТЬ**.

ОБСИРАТЬ *см.* **ОБСЕРИВАТЬ**

ОБСИРАТЬСЯ *см.* **ОБСЕРИВАТЬСЯ**

ОБСИФА́ЧИВАТЬ, -аю, -аешь; *несов.* (*сов.* **ОБСИФА́ЧИТЬ**, -чу, -чишь), **ОБСИФЛЯ́ЧИВАТЬ**, -аю, -аешь; *несов.* (*сов.* **ОБСИФЛЯ́ЧИТЬ**, -чу, -чишь), *что чем.* **1.** Портить, грязнить, марать. **2.** Губить, проваливать (о деле).

Возм. от общеупотр. «сифилис», **СИФАК** в том же зн.

ОБСЛЮНЯ́ВИТЬ, -влю, -вишь; *сов., что.* **1.** Зацеловать, замучить нежностями. **2.** Затаскать, заболтать, свести на нет (о деле). **3.** Загрязнить что-л.

От общеупотр. «слюна», «слюнявить».

ОБСМА́ЛИВАТЬ, -аю, -аешь; *несов.* (*сов.* **ОБСМОЛИ́ТЬ**, -лю́, -ли́шь). **1.** *кого.* Обкуривать кого-л. (обычно некурящего); запутывать. **2.** *что.* Докуривать сигарету или папиросу до конца; оставлять окурок. *Такое время пошло — любой дохлый бычок обсмолишь* (о дороговизне сигарет, табака).

От **СМОЛИТЬ**.

ОБСМА́ЛИВАТЬСЯ, -аюсь, -аешься; *несов.* (*сов.* **ОБСМОЛИ́ТЬСЯ**, -лю́сь, -ли́шься), *чем* и *без доп.* Обкуриваться, докуриваться до одури; дышать дымом, гарью, пропахивать ими; коптиться.

От **СМОЛИТЬ**.

ОБСМА́РКИВАТЬ, -аю, -аешь; *несов.* (*сов.* **ОБСМОРКА́ТЬ**, -а́ю, -а́ешь), *что.* Портить, губить, проваливать; очернять, позорить. *Царя обсморкали, теперь комуняков* (коммунистов) *обсмаркиваем, пора на дерьмократов сопли копить.*

ОБСМА́РКИВАТЬСЯ, -аюсь, -аешься; *несов.* (*сов.* **ОБСМОРКА́ТЬСЯ**, -а́юсь, -а́ешься), *на что* и *без доп.* Быть недовольным чем-л.; болезненно реагировать на что-л. *Я ему как рассказал, он прямо весь обсморкался, болезный.*

ОБСМОЛИТЬ *см.* **ОБСМАЛИВАТЬ**

ОБСМОЛИТЬСЯ *см.* **ОБСМАЛИВАТЬСЯ**

ОБСМОРКАТЬ *см.* **ОБСМАРКИВАТЬ**

ОБСМОРКАТЬСЯ *см.* **ОБСМАРКИВАТЬСЯ**

ОБСО́С, -а, **ОБСО́СНИК**, -а, *м.*, **ОБСО́СИНА**, -ы, *ж.* Невзрачный, тщедушный, обтрёпанный, плохо одетый человек.

От общеупотр. «обсосать».

ОБСО́САННЫЙ, -ая, -ое. Плохой, низкокачественный, подержанный, ветхий.

От общеупотр. «обсосать».

ОБСОСИНА *см.* **ОБСОС**

ОБСО́СКА, -и, *ж.* **1.** Женщина, девушка, любовница, подруга. **2.** Невзрачный тщедушный, обтрёпанный, плохо одетый человек.

От общеупотр. «обсосать».

ОБСОСНИК *см.* **ОБСОС**

ОБСО́СОК, -ска, *м.* **1.** Остаток, объедок; гадость, пакость, дрянь. **2.** *Ирон.* обращение. **3.** Невзрачный, тщедушный, обтрёпанный, плохо одетый человек.

От общеупотр. «обсосать».

ОБСПУСКАТЬ *см.* **ОБСПУСКИВАТЬ**

ОБСПУСКАТЬСЯ *см.* **ОБСПУСКИВАТЬСЯ**

ОБСПУ́СКИВАТЬ, -аю, -аешь; *несов.* (*сов.* **ОБСПУСКА́ТЬ**, -а́ю, -а́ешь), *что.* **1.** Пачкать, марать, портить (о вещи). **2.** Губить, проваливать (о деле).

От **СПУСКАТЬ 1.**

ОБСПУ́СКИВАТЬСЯ, -аюсь, -аешься; *несов.* (*сов.* **ОБСПУСКА́ТЬСЯ**, -а́юсь, -а́ешься). **1.** *на кого-что* и *без доп.* Испытывать сильную эмоцию (обычно сексуальную). **2.** *чем, в чём* и *без доп.* Пачкаться, грязниться.

От **СПУСКАТЬ 1.**

ОБСТРЕМАТЬ *см.* **ОБСТРЁМЫВАТЬ**

ОБСТРЕМАТЬСЯ *см.* **ОБСТРЁМЫВАТЬСЯ.**

ОБСТРЁМЫВАТЬ, -аю, -аешь; *несов.* (*сов.* **ОБСТРЕМА́ТЬ**, -а́ю, -а́ешь), *кого с чем.* Пугать; ловить, хватать, заставать на месте преступления.

От **СТРЁМ**, **СТРЕМАТЬСЯ.**

ОБСТРЁМЫВАТЬСЯ, -аюсь, -аешься; *несов.* (*сов.* **ОБСТРЕМА́ТЬСЯ**, -а́юсь, -а́ешься), *на что, чего* и *без доп.* Пугаться.

От **СТРЁМ**, **СТРЕМАТЬСЯ.**

ОБСТРИГО́Н, -а, *м.* Причёска (обычно о короткой стрижке).

От общеупотр. «обстричь», *ср.* форманты в **ОБАЛДЕМОН**, **ЗАКУСОН** и т. п.

ОБСТРИ́ЧЬ, -игу́, -ижёшь; *сов., кого на сколько.* Получить от кого-л. много денег, обобрать, обхитрить.

От **СТРИЧЬ 2.**

ОБСТРУГА́Н, -а, **ОБСТРУГО́Н**, -а, *м.* Наказание, нагоняй, взбучка; мщение. ♦ **Устроить** (или **навести, сделать, заделать** и т. п.) ~ *кому* — наказать, обругать, поставить на место.

От **ОБСТРУГАТЬ 2**; ассоциативная связь с общеупотр. «обструкция» — действия, демонстративно направленные на борьбу с чем-л., срыв чего-л.

ОБСТРУГАТЬ *см.* **ОБСТРУГИВАТЬ**

ОБСТРУГАТЬСЯ *см.* **ОБСТРУГИВАТЬСЯ**

ОБСТРУ́ГИВАТЬ, -аю, -аешь; *несов.* (*сов.* **ОБСТРУГА́ТЬ**, -а́ю, -а́ешь), *кого.* **1.** Обстригать (обычно коротко), «обкарнывать». **2.** Наказывать, расправляться.

ОБСТРУ́ГИВАТЬСЯ, -аюсь, -аешься; *несов.* (*сов.* **ОБСТРУГА́ТЬСЯ**, -а́юсь, -а́ешься), *без доп.* Коротко стричься, «обкарнываться».

ОБСТРУЯ́ЧИВАТЬ, -аю, -аешь; *несов.* (*сов.* **ОБСТРУЯ́ЧИТЬ**, -чу, -чишь). **1.** Обливать, обрызгивать чем-л. **2.** Обижать; обругивать, наказывать.

От общеупотр. «струя».

ОБТЕРЕ́ТЬ, оботру́, оботрёшь; *сов., кого, что.* Обсудить, «перемыть косточки».

От **ТЕРЕТЬ.**

ОБТЁРХАТЬ *см.* **ОБТЁРХИВАТЬ**

ОБТЁРХАТЬСЯ *см.* **ОБТЁРХИВАТЬСЯ**

ОБТЁРХИВАТЬ, -аю, -аешь; *несов.* (*сов.* **ОБТЁРХАТЬ**, -аю, -аешь), **ОБТРУ́ХИВАТЬ**, -аю, -аешь; *несов.* (*сов.* **ОБТРУХА́ТЬ**, -а́ю, -а́ешь), *что чем.* Пачкать, портить, изнашивать, засаливать, превращать в лохмотья.

От общеупотр. «тереть», «труха», «труси́ть», «обтрусить», «обтрушивать».

ОБТЁРХИВАТЬСЯ, -аюсь, -аешься; *несов.* (*сов.* **ОБТЁРХАТЬСЯ**, -аюсь, -аешься), **ОБТРУ́ХИВАТЬСЯ**, -аюсь, -аешься; *несов.* (*сов.* **ОБТРУХА́ТЬСЯ**, -а́юсь, -а́ешься). **1.** *чем, в чём* и *без доп.* Пачкаться, мазаться. **2.** *чего* и *без доп.* Пугаться.

См. **ОБТЁРХИВАТЬ**; возм. также влияние общеупотр. *разг.* и *прост.* «тру́сить», «трухнуть», «трухать», «струхнуть» — бояться, испугаться.

ОБТОРЧА́ТЬСЯ, -чу́сь, -чи́шься; *сов., чем, чего.* Принять слишком большую дозу чего-л. (чаще о наркотике). *~чался анашой. ~чались курева.*

От **ТОРЧАТЬ**.

ОБТРУХАТЬ *см.* **ОБТЁРХИВАТЬ**

ОБТРУХАТЬСЯ *см.* **ОБТЁРХИВАТЬСЯ**

ОБТРУХИВАТЬ *см.* **ОБТЁРХИВАТЬ**

ОБТРУХИВАТЬСЯ *см.* **ОБТЁРХИВАТЬСЯ**

ОБТЯ́Г, -а, **ОБТЯГО́Н**, -а, *м.* Облегающий костюм, облегающая одежда.

От общеупотр. «обтянуть», «обтягивать».

ОБУБЕ́ННЫЙ, -ая, -ое. **ОБУБЕ́НИСТЫЙ**, -ая, -ое, **ОБУБИ́ТЕЛЬНЫЙ**, -ая, -ое. Очень хороший, замечательный.

Ср. общеупотр. «бубен», «бубна», «бубны» — карточный термин; *разг.* или *устар.* «забубенить» — трезвонить, разглашать, «забубенистый», «забубенный» — разгульный, шумный, буйный, беззаботный (о человеке), крепкий (о вине или табаке), «забубенщина» — разгул, пир, застолье, празднество.

ОБУВА́ТЬ, -а́ю, -а́ешь; *несов.* (*сов.* **ОБУ́ТЬ**, -у́ю, -у́ешь), *кого* (или **~ В ЛА́ПТИ**, **~ В ВАЛЕ́НКИ**, **~ В ЧУ́НИ** и т. п.). **1.** Обманывать, надувать, облапошивать; продавать по завышенной цене; хитрить. **2.** Обыгрывать, выигрывать. *Мы Америку в хоккей обуем.*

ОБУРЕВА́ТЬ, -а́ю, -а́ешь; *несов.* (*сов.* **ОБУРЕ́ТЬ**, -е́ю, -е́ешь), *на кого* и *без доп.* Смелеть, наглеть; набрасываться, наскакивать.

От **БУРЕТЬ**, **БУРЫЙ**.

О́БУРЬ, -и, *ж.* Наглость, бешенство, агрессивность. *~ нашла — в глазах потемнело.*

От **БУРЕТЬ**, **БУРЫЙ**.

ОБУТЫЙ *см.* **Я СТОЮ НА АСФАЛЬТЕ, В НОВЫХ ЛЫЖАХ ОБУТЫЙ...**

ОБУТЬ *см.* **ОБУВАТЬ**

ОБХАЙРА́ТЬ, -а́ю, -а́ешь, *сов., кого.* Остричь, подстричь.

От англ. hair — волосы.

ОБХАЙРА́ТЬСЯ, -а́юсь, -а́ешься; *сов., без доп.* Подстричься.

См. **ОБХАЙРАТЬ**.

ОБХОД *см.* **НОРМАЛЬНЫЕ ГЕРОИ ВСЕГДА ИДУТ В ОБХОД**

ОБЧЕКРЫ́ЖИВАТЬ, -аю, -аешь; *несов.* (*сов.* **ОБЧЕКРЫ́ЖИТЬ**, -жу, -жишь), *кого.* **1.** Обстригать (обычно коротко или наголо), «обкарнывать». **2.** Обирать, обворовывать, обманывать.

Ср. *устар.* «чакрыжить», «чекрыжить» — резать, «отчакрыжить» — изрезать в лоскутья, «чакрыжик» — мелкий лес с кустарником.

ОБЧЕКРЫ́ЖИВАТЬСЯ, -аюсь, -аешься; *несов.* (*сов.* **ОБЧЕКРЫ́ЖИТЬСЯ**, -жусь, -жишься). **1.** Обстригаться, «обкарнываться». **2.** Ошибаться, попадать впросак, позориться.

См. **ОБЧЕКРЫЖИВАТЬ**.

ОБЧЕКРЫЖИТЬ *см.* **ОБЧЕКРЫЖИВАТЬ**

ОБЧЕКРЫЖИТЬСЯ *см.* **ОБЧЕКРЫЖИВАТЬСЯ**

ОБШМАЛЯ́ТЬ, -я́ю, -я́ешь, **ОШМАЛЯ́ТЬ**, -я́ю, -я́ешь; *сов., кого.* **1.** Обыскать. **2.** Попросить, одолжить.

От **ШМАЛЯТЬ**.

ОБШМОНА́ТЬ, -а́ю, -а́ешь, **ОШМОНА́ТЬ**, -а́ю, -а́ешь; *сов., кого-что.* Обыскать, общупать, осмотреть.

От **ШМОН**, **ШМОНАТЬ**.

ОБШТО́ПЫВАТЬ, -аю, -аешь; *несов.* (*сов.* **ОБШТО́ПАТЬ**, -аю, -аешь). **1.** *что.* Обделывать, варганить, совершать (дело), приходить к соглашению с кем-л. по поводу чего-л. **2.** *кого на чём, на что, на сколько.* Обманывать, надувать. *Клиента ~. Меня не обштопаешь.*

ОБШУСТРИ́ТЬ, -рю́, -ри́шь; *сов., кого в чём.* Обыграть, обхитрить, обвести вокруг пальца.

От **ШУСТРИТЬ**.

♦ **ОБЩА́ТЬСЯ С СО́БСТВЕННЫМ ПУПКО́М** — быть сосредоточенным только на себе, на своих проблемах.

ОБЩАТЬСЯ С ЭДИКОМ *см.* **ЭДИК**

ОБЩЕСТВО *см.* **ОТРЫЖКА ОБЩЕСТВА; СЛИВКИ ОБЩЕСТВА**

ОБЪЕГОРИТЬ *см.* **ОБМИШУРИВАТЬ**

ОБЪЕКТ *см.* **РАЗРУБАТЬ ОБЪЕКТ**

ОБЪЕСТЬСЯ *см.* **МУЖ ОБЪЕЛСЯ ГРУШ**

ОБЪЁМНЫЙ *см.* **Я ВООБЩЕ ЧЕЛОВЕК ОБЪЁМНЫЙ...**

ОБЪЯ́ВА, -ы, *ж.* **1.** Объявление, сообщение. *Видел, ~ висит?* **2.** Ультиматум, ультимативное требование чего-л.

Сокращ. от «объявление» или из укр.

ОБЪЯВЛЯ́ТЬСЯ, -я́юсь, -я́ешься; *несов.* (*сов.* **ОБЪЯВИ́ТЬСЯ**, -влю́сь, -я́вишься), *кому* и *без доп.* Называть своё имя, представляться. *Пришёл, не объявился, сразу в ругань.*

ОБЯЗАТЕЛЬНУЮ ЛИТЕРАТУРУ ЧИТАТЬ *см.* ЧИТАТЬ

ОВЁС, овса́, *м.* **1.** Еда, пища. **2.** Деньги. *Я теперь и без овса и без стойла* — у меня нет ни денег, ни личного кабинета. **3.** Бензин. *Кучера за овсом стоят* (об очереди машин у бензозаправки). *~ нынче до́рог* (шутл. о бензине).

1. — возм. из *уг.*

ОВЕЧИЙ *см.* ВОК

О́ВОЩ, -а, *м.* **1.** обычно *ирон.* Любой человек. **2.** Беспомощный больной, подключённый к какому-л. аппарату, от которого зависит его жизнь.

2. — из *мед.*

ОВОЩ* *см.* ВСЯКОМУ ОВОЩУ СВОЙ ФРУКТ

ОВОЩЕГНО́ИЛИЩЕ, -а, *ср. Ирон.* Овощехранилище.

От «овощи гноить».

ОВРАГ *см.* ТВОИ ТОВАРИЩИ В ОВРАГЕ ЛОШАДЬ ДОЕДАЮТ

ОВЦА́, -ы́, *ж.* **1.** Девушка, женщина (обычно глупая); подруга. **2.** Молодой человек, у которого девушка берёт деньги, подарки и т. п., но не отвечает ему взаимностью.

ОВЦЕБЫ́К, -а́, *м.* Ирон. обращение.

ОВЦУ́, *неизм.* Особо Важные Ценные Указания. *Дай ~.*

Ирон. переосмысл. аббрев. как общеупотр. сущ. «овца» в вин. п.

ОГИНСКИЙ *см.* ПОЛОНЕЗ ОГИНСКОГО

ОГЛО́БЛЯ, -и, *ж.* Троллейбус; штанга троллейбуса. *Мой Михрютка на семьдесят восьмой ~е работает* — мой муж Миша работает водителем троллейбуса семьдесят восьмого маршрута. *Слетела ~, одному чайнику чуть по кумполу не заехала* — сошла штанга троллейбуса, чуть не попала какому-то человеку по голове.

Из языка водителей троллейбуса.

ОГНЕТУШИ́ТЕЛЬ, -я, *м.* Бутылка (0,75 или 0,8 л) дешёвого красного вина.

ОГОНЬ *см.* ВЕЧНЫЙ ОГОНЬ; ЦИРК С ОГНЯМИ; ДНЁМ С ОГНЁМ — ВЕЧЕРОМ РАЗОГНЁМ

ОГОРОД *см.* В ОГОРОДЕ ПУСТО, ВЫРОСЛА КАПУСТА; КАМ-ИН

ОГОРОДНЫЙ *см.* ПУГАЛО ОГОРОДНОЕ

ОГОРЧЕНИЯ *см.* БЫВАЮТ В ЖИЗНИ ОГОРЧЕНЬЯ...

ОГОРЧИ́ТЬСЯ, -чу́сь, -чи́шься; *сов., чем* и *без доп.* Выпить горькой настойки.

ОГРЁБ, -а, *м.*, **ОГРЕБУ́ХА**, -и, *ж.* Наказание, нагоняй, избиение; неудача.

От ОГРЕБАТЬ.

ОГРЕБА́ТЬ, -а́ю, -а́ешь; *несов.* (*сов.* **ОГРЕСТИ́**, **ОГРЕБСТИ́**, -ребу́, -ребёшь), *что, чего от кого* и *без доп.* (или **~ ДЮЛЕ́Й**, **~ ВЗМО́ЧКУ**, **~ ВСТРЯ́СКУ** и т. п.). Быть наказанным, избитым.

ОГРЕБУХА *см.* ОГРЁБ

ОГРЕСТИ *см.* ОГРЕБАТЬ

ОГРЕ́ТЬ, -е́ю, -е́ешь; *сов., сколько, чего.* **1.** Выпить спиртного. *~ самогонии* (самогону). **2.** Получить, взять, присвоить что-л. (обычно большую сумму денег).

ОГРЫ́ЗОК, -зка, *м.* **1.** (или **~ СЧА́СТЬЯ**, **~ УДА́ЧИ** и т. п.). Ирон. обращение. **2.** Рука, нога, конечность. *Спрячь ~зки* — убери руки.

ОГУРЕ́Ц, -рца́, *м.* **1.** Здоровый, свежий человек; молодец, молодчина. *А ты ~рцом!* — молодец, одобряю. **2.** Мужской половой орган. **3.** Солдат, прослуживший полгода. **4.** Молодой офицер. ♦ **Молодец-~** — ирон.-одобрительно о какой-л. выходке.

1. — от общеупотр. «огурчик», «как огурчик»; 3., 4. — из *арм.*

ОГУРЕЦ* *см.* ЗАСТРЕЛИСЬ СОЛЁНЫМ ОГУРЦОМ; НЕУДОБНО ЖОПОЙ ОГУРЦЫ СОБИРАТЬ

♦ **ОГУРЕ́Ц** (или **ОГУРЦЫ́**) **ВО РТУ МУСО́ЛИТЬ** — мямлить, говорить неразборчиво, мяться, не говорить по сути, прямо не отвечать на вопрос.

ОДЕКОЛОН *см.* АЛЕН ДЕЛОН

ОДЕ́ЯЛО, -а, **ОДЕ́ЯЛЬЦЕ**, -а, *ср.* Документ, справка (обычно поддельные, фиктивные).

ОДЕЯЛО* *см.* НЕУДОБНО НА ПОТОЛКЕ СПАТЬ...; ТЯНУТЬ ОДЕЯЛО НА СЕБЯ

ОДЕЯЛЬЦЕ *см.* НАКРЫТЬСЯ КАНЬЁВЫМ ОДЕЯЛЬЦЕМ; ОДЕЯЛО

ОДИН *см.* БЭД; В ОДНОМ ФЛАКОНЕ; ВОЛОС ОСТАЛОСЬ НА ОДНУ ДРАКУ; ДВА ПАЛЬЦА В ЖОПУ...; ЗИМОЙ И ЛЕТОМ ОДНИМ ЦВЕТОМ; КАПЕЛЮХА; КРУЖКА; ЛАВЭ; МЫ, ГРУЗИНЫ, НАРОД ГОРЯЧИЙ, СЕМЕРО ОДНОГО НЕ БОИМСЯ; НЕОТРАЗИМ НИ В ОДНОЙ ЛУЖЕ; НОС НА СЕМЕРЫХ РОС, ОДНОМУ ДОСТАЛСЯ; ОДНОЙ ЖОПОЙ НА ТРЁХ МЕСТАХ СИДЕТЬ...; СНИМИ (УБЕРИ) ПОНТЫ — ОДНИ ШНУРКИ ОСТАНУТСЯ

♦ **ОДИ́ННАДЦАТОЕ МА́РТА** — *шутл.* международный мужской день.

«8» — это «две дырки», а «11» — «две палки».

♦ **ОДИ́Н РАЗ — НЕ ПИДОРА́С** — поступок, совершённый один раз, ничего особенного не значит.

ОДИН СЛУЧАЙ ИЗ ЖИЗНИ МАЙОРА ПРОНИНА *см.* **СЛУЧАЙ**

♦ **ОДНА́ ИЗВИ́ЛИНА, (ДА) И ТА — СЛЕД ОТ ФУРА́ЖКИ** (или **И ТА НИ́ЖЕ СПИНЫ́, И ТА В ЗА́ДНИЦЕ**) *у кого* — о глупом человеке (обычно о военном).

ОДНОГЛА́ЗЫЙ, -ого, *м.* (или **~ ФЛИНТ**). **1.** *собств.* Прозвище бывшего Председателя Верховного Совета СССР А. И. Лукьянова. **2.** Ирон. обращение к любому человеку.

Возм. от имени одного из персонажей Стивенсона.

♦ **ОДНО́Й ЖО́ПОЙ НА ТРЁХ МЕСТА́Х СИДЕ́ТЬ (НОРОВИ́ТЬ)** — хотеть всего сразу, быть жадным.

ОДНОЙ НОГОЙ В ЯЩИКЕ СТОЯТЬ *см.* **ЯЩИК**

ОДНОПОЛЧА́НИН, -а, *м.* Мужчина, способный только на один половой акт.

См. **ПАЛКА, КИНУТЬ ПАЛКУ.**

ОДНОХЕ́РСТВЕННО, ОДНОХРЕ́НСТВЕННО, *нареч.* Одинаково, безразлично, всё равно.

Эвфем.

ОЖИВЛЯ́Ж, -а, *м. Ирон.* Ложно-психологическая сцена; стилистический приём, «оживляющий» монотонность текста пьесы и т. п.

Вероятно, один из арготизмов литераторов, вошедший в употребление в 70-х гг.

ОЖИДА́ЛКА, -и, **ОЖИДА́ЛОВКА**, -и, *ж.* Остановка трамвая, троллейбуса, автобуса.

ОЗАБО́ЧЕННЫЙ, -ого, *м.* Сексуально озабоченный человек. *Я сегодня очень-очень сексуально озабочен — ирон.* о таком человеке.

О́ЗОРЬ, -и, *ж.* Озорница, хулиганка, разбитная девушка.

От *устар.* «озо́рить», «озо́ривать» — озорничать, буйствовать, самоуправствовать.

ОКАБАНЕ́ТЬ, -е́ю, -е́ешь; *сов., без доп.* **1.** Поправиться, стать сильным, здоровым. **2.** Обнаглеть, начать вести себя нахально, развязно, агрессивно.

От **КАБАН, КАБАНЕТЬ.**

ОКАЗАТЬСЯ *см.* **НО ЖИЗНЬ ОКАЗАЛАСЬ БОГАЧЕ**

♦ **О'КЕЙ, — СКАЗА́Л ДЕД МОКЕ́Й** — хорошо, «о'кей», согласен (при выражении согласия с чем-л, одобрения чего-л., часто с ирон. оттенком).

♦ **ОККУ́ЛЬТНЫЙ, КАК КАТЕ́ТЕР** — *ирон.* в адрес человека, который ведёт себя с апломбом, страдающего повышенным самомнением.

См. также **КАТЕТЕР.**

ОКЛЕМА́ТЬСЯ, -а́юсь, -а́ешься; *сов., без доп.* Вступить в половую связь с женщиной.

Ср. со зн. «прийти в себя, выздороветь».

ОКНО́, -а́, *ср.* Свободное время между учебными часами, уроками. *Встретимся в ~е.*

Из *студ.*

ОКО *см.* **ВИДИТ ОКО, ДА ЧЛЕН НЕЙМЁТ**

ОКОВА́ЛИСТЫЙ, -ая, -ое. Сильный, крупный, мощный (о человеке).

От **ОКОВАЛОК.**

ОКОВА́ЛОК, -лка, *м.* Сильный, плотный, мускулистый человек. *Президентские ~лки* (телохранители).

Общеупотр. «оковалок» — ломоть, кусок говядины (околотазовая часть); возм. также семантическая контаминация с общеупотр. «ковать».

ОКОЗЛЕ́ТЬ, -е́ю, -е́ешь; *сов., без доп.* Поглупеть; сделать глупость. *Ты чего, ~ел, что ли?*

От **КОЗЁЛ.**

ОКОЗЛИ́ТЬ, -лю́, -ли́шь; *сов., кого.* Обозвать козлом; оскорбить каким-л. иным способом.

ОКОЛАЧИВАТЬ *см.* **ХЕРОМ (ХРЕНОМ, ЧЛЕНОМ) ГРУШИ ОКОЛАЧИВАТЬ**

ОКОЛЕСИЦА *см.* **ГНУТЬ**

ОКОЛИЦА *см.* **ГНУТЬ**

ОКОЛЬЦЕВА́ТЬ, -цу́ю, -цу́ешь; *сов., кого.* Вынудить вступить с собой в брак. *~цевали тебя, птичка перелётная.*

От общеупотр. «кольцо» (обручальное); намёк на «окольцевать птицу».

ОКОЛЬЦЕВА́ТЬСЯ, -цу́юсь, -цу́ешься, *сов., с кем* и *без доп.* Вступить в брак, жениться, выйти замуж.

См. **ОКОЛЬЦЕВАТЬ.**

ОКОЛЬЦО́ВКА, -и, *ж.* Свадьба, женитьба. *~ — свободе оконцовка.*

См. **ОКОЛЬЦЕВАТЬ, ОКОЛЬЦЕВАТЬСЯ**

ОКО́П, -а, *м.* Дом, квартира, жилище; место работы.

ОКОП* *см.* **СИДИ В ОКОПЕ И НЕ ВЯКАЙ...**

ОКО́ПНИК, -а, *м.* Тот, кто отсиживается где-л.; домосед; скрытный человек и т. п.

ОКРУЖНОСТЬ *см.* **ПРИЯТНОЙ НАРУЖНОСТИ, УМЕРЕН В ОКРУЖНОСТИ**

ОКТЯБРЯТСКИЙ *см.* **ЗВЁЗДОЧКА**

ОКТЯБРЯТСКОЕ *см.* **ЧЕСТНОЕ ОКТЯБРЯТСКОЕ...**

ОКУЛЯ́РЫ, -ов, *мн.* Очки; глаза. *Наведи ~ — смотри внимательно. Протри ~ — ты что, не видишь, что ли?*

См. также **НАВОДИТЬ (ОКУЛЯРЫ)**

ОКУ́РНИЧАТЬ, -аю, -аешь; *несов., без доп.* Собирать окурки; заниматься мелочной, унизительной работой; крохоборствовать, побираться.

ОКУ́РОК, -рка, *м.* (или **~ СЧА́СТЬЯ**, **~ УДА́ЧИ**, **~ СУДЬБЫ́**, **~ ФОРТУ́НЫ** и т. п.). **1.** Мужской половой орган. **2.** Ирон. обращение.

ОКУРОК* *см.* **РАЗОШЛИСЬ КАК В ЛУЖЕ ДВА ОКУРКА**

ОКУ́ЧИВАТЬ, -аю, -аешь; *несов.* (*сов.* **ОКУ́ЧИТЬ**, -чу, чишь). **1.** *кого.* Ухаживать, обхаживать, заботиться (обычно с дальним прицелом, небескорыстно). **2.** *что.* Есть много, с аппетитом. *Мяско окучиваешь?* **3.** *кого-что, по чему* и *без доп.* Сильно бить, ударять (напр., по мячу в футболе); делать что-л. одним махом, быстро. **4.** *кого.* Вступать в половую связь.

ОКУЧИВАТЬ* *см.* **ИДИ, ОКУЧИВАЙ ПЕЛЬМЕНИ**

ОКУЧИТЬ *см.* **ОКУЧИВАТЬ**

ОЛДА, ОЛДИЦА *см.* **ОЛДУХА**

ОЛДО́ВЫЙ, -ая, -ое. **1.** Старый, пожилой. **2.** Бывалый, опытный (о хиппи).

От англ. old — старый, возм. через *хип.*

ОЛДУ́ХА, -и, **ОЛДУ́ШКА**, -и, **ОЛДА́**, -ы́, **ОЛДИ́ЦА**, -ы, *ж.* **1.** Старуха. **2.** Давнишняя приятельница; бывалая, опытная хиппи.

См. **ОЛДОВЫЙ**.

ОЛДЫ́, -о́в, *мн.* Родители.

См. **ОЛДОВЫЙ**.

ОЛЕ́НЬ, -я, *м.* **1.** Шутка, заключающаяся в том, что человек проходит с наглым видом мимо не пропускающего его швейцара (обычно в гостиницу или ресторан) с жестом, имитирующим рога, сопровождая это словами «осторожно, олень!» **2.** Девушка. *Я сегодня стрелку с ~ем забил* (назначил свидание).

2. — возм. попало в Москву из северных городов (напр., зафиксировано в молодёжной речи г. Мурманска).

ОЛИГОФРЕ́Н, -а, *м.* Руг.

ОМОЛОЖЕНИЕ *см.* **ДВИЖЕНИЕ, ОМОЛОЖЕНИЕ!**

ОНА́Н, -а, **ОНО́Н**, -а, **ОНО́НС**, -а, *м.* Онанист. *Пойду в Сокольники онанов гонять.*

ОНАНИЗМ *см.* **РУКИ ПОД КАРАНДАШ (ПОД ХРЕН, ПОД ОНАНИЗМ, ПОД ЗАДНИЦУ) ЗАТОЧЕНЫ**

ОНДА́ТРОВЫЙ, -ая, -ое. Относящийся к номенклатуре, к привилегиям правительства, министерств и т. п. ♦ **~ лес** — квартал домов номенклатурных работников.

Возм. от ондатровых мехов, шапок, шуб и т. п., имеющих высокую цену.

ОНДА́ТРЫ, -ов (или онда́тр), *мн.* Номенклатурные работники.

См. **ОНДАТРОВЫЙ**.

♦ **ОН НЕ КУ́РИТ И НЕ ПЬЁТ, МА́ТОМ НЕ РУГА́ЕТСЯ, Е́СЛИ ВСЁ НАОБОРО́Т — ВА́ДИК** (или **ЖЕ́НЯ, МИ́ТЯ** и т. п.) **ПОЛУЧА́ЕТСЯ** — *шутл.* о человеке, ведущем разбитной, неупорядоченный образ жизни, о пьянице, курильщике, сквернослове.

ОНО́, в зн. *сущ. Ирон.* Женоподобный мужчина или мужеподобная женщина.

ОНОН, ОНОНС *см.* **ОНАН**

ОПАСНО *см.* **ЯСНО, ОТЧЕГО ЗАЛУПА КРАСНА...**

О́ПЕРА, -ы, *ж.* **1.** Какое-л. ложное действо, подстроенная сцена. **2.** Скандал. *Я ему устрою вечером такую ~у, мало не покажется* (закачу скандал).

ОПЕРА* *см.* **МЫЛЬНУЮ ОПЕРУ УСТРОИТЬ**

ОПЕРАЦИЯ «ХРУСТАЛЬ» *см.* **ХРУСТАЛЬ**

ОПЕРСО́С, -а, *м.* Оперативный работник, уполномоченный, следователь.

Из *уг.*

♦ **О́ПЕРУ ПИСА́ТЬ** — ирон. ответ на вопрос «что будем делать?»

Осложняется игрой слов: опера — опер (оперуполномоченный).

ОПЕТИТЬ, ОПЕТУХАТЬ, ОПЕТУШИТЬ *см.* **ОТПЕТИТЬ**

ОПЕ́ТИТЬСЯ, -е́чусь, -е́тишься, **ОПЕТУХА́ТЬСЯ**, -а́юсь, -а́ешься, **ОПЕТУШИ́ТЬСЯ**, -шу́сь, -ши́шься; *сов., без доп.* Стать гомосексуалистом.

От **ПЕТЯ, ПЕТУХ** в зн. «гомосексуалист».

ОПИДОРА́СИТЬ, *1 л. ед. ч.* обычно не употр. или -а́шу, -а́сишь; *сов., кого.* **1.** Вступить в половой контакт (о мужчинах); сделать гомосексуалистом. **2.** Опозорить, унизить, оскорбить.

От **ПИДОРАС**.

ОПИДОРА́СИТЬСЯ, *1 л. ед. ч.* обычно не употр. или -а́шусь, -а́сишься; *сов., без доп.* **1.** Стать гомосексуалистом. **2.** Стать человеком с плохим характером; стать злым, несговорчивым, жадным. **3.** Опозориться, попасть впросак, допустить ошибку, промах.

От **ПИДОРАС**.

ОПИЛКИ *см.* **ВАСЯ**

ОПО́ЙКА, -и, **1.** *ж.* Попойка, пьянка. **2.** *ж.* и *м.* Пьяница.

ОПОЛЛИ́ТРИВАТЬСЯ, -аюсь, -аешься; *несов.* (*сов.* **ОПОЛЛИ́ТРИТЬСЯ**, -рюсь, -ришься), *без доп.* Выпивать пол-литра спиртного; напиваться, выпивать.

ОПОЛОВИ́НИВАТЬСЯ, -аюсь, -аешься; *несов.* (*сов.* **ОПОЛОВИ́НИТЬСЯ**, -нюсь, -нишься), *без доп.* Сильно худеть. *Полгода прослужил* (в армии) *— прямо ополовинился.*

От общеупотр. «половина».

ОПОРОСИ́ТЬСЯ, *1 л. ед.* обычно не употр., -си́шься; *сов., кем* и *без доп.* Родить, разродиться (и в перен. зн.). *Моя-то парнем ~силась. Десять лет диссер крючил* (писал диссертацию), *и наконец-таки ~сился перед пенсией.*

ОПОСЛЯ *см.* **МЫСЛЯ**

ОПОХМЕ́ЛЫЧ, -а (или **СТАРИ́К ~**), **ОПОХМЕТО́ЛОГ**, -а, *м.*, **ОПОХМЕЛЮ́ГА**, -и, **ОПОХМЕЛЮ́ЖКА**, -и, *м.* и *ж.* Похмелье; любой спиртной напиток, употребляемый для снятия синдрома похмелья. *Ох, не дружу я со стариком Опохмелычем! Опохметолога-то не осталось? Такая опохмелюга — глаза из ушей смотрят* (сильное похмелье).

ОПОХРАБРИ́ТЬСЯ, -рю́сь, -ри́шься; *сов., чем* и *без доп.* Опохмелиться.

Контаминация общеупотр. «опохмелиться» и «храбрость», «храбриться» (ср. общеупотр. «выпить для храбрости», «сто грамм для храбрости» и т. п.).

ОПОЯСАННЫЙ *см.* **ЛОМОМ ОПОЯСАННЫЙ (ПОДПОЯСАНЫЙ, ПОДВЯЗАННЫЙ)**

О́ППАНЬКИ, *межд.* Выражает любую эмоцию, чаще восхищение чем-л. *А картина-то, а?.. ~, да и только!*

От *межд.* «оп», «оппа» и т. п., обычно сопровождающих какое-л. интенсивное действие; возм. распространилось под влиянием т. н. митьков (см. **МИТЁК**).

ОПРЕДЕЛЕНИЕ *см.* **ПО ОПРЕДЕЛЕНИЮ**

ОПРИКЕВА́ТЬ, -а́ю, -а́ешь, *несов.* (*сов.* **ОПРИКЕ́ТЬ**, -е́ю, -е́ешь). **1.** *от чего, с чего* и *без доп.* Быть под сильным впечатлением от чего-л., эмоционально реагировать на что-л. **2.** *на чём* и *без доп.* Сходить с ума, быть помешанным на чём-л. *Ты что, оприкел?*

От англ. *бран.*

ОПРИХО́ДОВАТЬ, -дую, -дуешь; *сов.* и *несов.*, *кого-что.* **1.** Взять, приобщить, использовать; съесть, выпить; заставить кого-л. участвовать в чём-л. *~ водочку. Рыбку ~. ~ рабсилу.* **2.** *кого.* Вступить в половую связь.

От общеупотр. *спец.* «приходовать» — записывать в графу прихода.

ОПРОПИНДО́СИТЬСЯ, -о́шусь, -о́сишься; *сов.*, *с чем, на чём* и *без доп.* Потерпеть провал, опозориться.

Возм. ирон.-шутл. звукоподр.; *ср.* **АПРОПИНДОС**, **АПРОПИНДОСИТЬСЯ**.

ОПСИХЕВА́ТЬ, -а́ю, -а́ешь; *несов.* (*сов.* **ОПСИХЕ́ТЬ**, -е́ю, -е́ешь), *без доп.* Сходить с ума, дуреть; волноваться, переживать.

От общеупотр. «псих».

ОПУЗЫ́РИВАТЬСЯ, -аюсь, -аешься; *несов.* (*сов.* **ОПУЗЫ́РИТЬСЯ**, -рюсь, -ришься), *без доп.* **1.** Приобретать бутылку спиртного. **2.** Становиться толстым; беременеть.

1. — от **ПУЗЫРЬ**; 2. — от общеупотр. *разг. шутл.* «пузырь» — толстый, толстяк.

ОПУПЕВА́ТЬ, -а́ю, -а́ешь; *несов.* (*сов.* **ОПУПЕ́ТЬ**, -е́ю, -е́ешь). **1.** *от чего, с чего* и *без доп.* Одуревать, сходить с ума. **2.** *на что, чему.* Удивляться, поражаться; испытывать какие-л. сильные эмоции. **3.** *от чего.* Уставать.

Возм. от общеупотр. «пуп», «пупок», *устар.* «пупить землю» — пучить; *ср.* «опупок», «опупье», «опупь» — округлое, выдающееся место, напр., холм, «опупить» — закруглить, округлить; «пупел» — малорослый (гриб или человек), «пупырь» — мошонка, «пупырыш» — ребёнок, «пупень» — затычка и т. п.

ОПУПЕ́Й, -я, **ОПУПЕО́З**, -а, *м.* **1.** *ирон.* Высшая степень чего-л., апогей. **2.** Состояние тупости, усталости, апатии. ♦ **Опупей попогелия** — *ирон.* апогей, вершина чего-л., а также в зн. экспрессивного *межд.*

Ирон.-шутл. игра слов **ОПУПЕТЬ** + общеупотр. «апогей», «апофеоз»; ♦ — контаминация **ОПУПЕТЬ**, **ПОПА** и *спец.* «апогей», «перигелий».

ОПУПЕТЬ *см.* **ОПУПЕВАТЬ**

ОПУПЕ́Я, -и, *ж. Ирон.* Эпопея; объёмное и скучное художественное произведение. *Роман-~.*

Ирон.-шутл. игра слов «эпопея» + **ОПУПЕТЬ, ОПУПЕЙ.**

ОПУСКА́ТЬ, -а́ю, -а́ешь; *несов.* (*сов.* **ОПУСТИ́ТЬ**, -ущу́, -у́стишь), *кого.* **1.** Склонить к мужеложеству. **2.** Оскорбить, унизить (чаще о публичном оскорблении). *Пугачёва Моисеева опустила: главным педрилой страны назвала.*

♦ **ОПУСТИ́ТЬ ПЕ́ЧЕНЬ** *кому* — избить, наказать.

ОПУХА́ТЬ, -а́ю, -а́ешь; *несов.* (*сов.* **ОПУ́ХНУТЬ**, -ну, -нешь), *от чего, с чего* и *без доп.* **1.** Приходить в какое-л. крайнее эмоциональное состояние; становиться наглым, агрессивным. *Ты что, опух, что ли? Я уже опух от него. Уже две недели в Соча́х* (Сочи) — *опухаю помаленьку* (становится скучно). *Два месяца каратэ позанимался и опух* (стал агрессивным). **2.** Отслужить очередные полгода и получить новые права по негласному кодексу (в армии).

2. — из *арм.*

ОПУ́ХШИЙ, -его, *м.* (или **~ ВО́ИН**). Солдат, отслуживший очередные полгода.

От **ОПУХАТЬ 2.**

ОПУ́ШКА, -и, *ж.* Лысина. *Ушки на ~е* (*шутл.* передел. «ушки на макушке»).

ОПЯТЬ *см.* **В СОРОК ПЯТЬ БАБА ЯГОДКА ОПЯТЬ; НЕ ОПЯТЬ, А СНОВА; СЕЛИ, ПОЕЛИ, ОПЯТЬ ПОШЛИ**

ОРАТЬ *см.* **ЗАТКНИСЬ ОРАТЬ!**

ОРГАНО́Н, -а, *м. Ирон.* Организм, тело.

Возм. полное воспроизведение греческого сл;. возм. изначально является семинаризмом XIX в. (встречается, напр., у А. П. Чехова, М. Горького и др.).

♦ **О́РДЕН ГОРБА́ТОГО С ЗАКРУ́ТКОЙ НА СПИНЕ́ (ВРУЧИ́ТЬ, ДАТЬ, ПРИСУДИ́ТЬ)** *кому — ирон.* о человеке, старающемся всячески понравиться начальству, выслуживающемся перед ним, подхалиме, «подпевале»; о ветеране, проработавшем в одной области всю жизнь.

ОРДЕНОНО́СНЫЙ, -ая, -ое. *Шутл.* Отличный, великолепный. *~ая девочка. ~ые штанцы* (штаны).

ОРЁЛ, орла́, **ОРЁЛИК**, -а, *м.* **1.** Ирон. обращение. **2.** Амер. водка «White eagle».

♦ **ОРЁЛИК КО́МНАТНЫЙ** — *ирон.* о человеке, ведущем себя вызывающе, но не имеющем влияния.

ОРЕ́ХИ, -ов, *мн.* Мошонка. *Спрячь ~, не в Майами.* ♦ **~ звенят** *у кого* — о сильном сексуальном возбуждении.

ОРЕ́ХОВО-ДОЛБА́ЛОВО, Оре́хова-Долба́лова, **ОРЕ́ХОВО-ДОСТАВА́ЛОВО**, Оре́хова-Достава́лова, **ОРЕ́ХОВО-КОКО́СОВО**, Оре́хова-Коко́сова, *ср.* **1.** *собств.* Район Орехово-Борисово в Москве. **2.** в зн. *нариц.* Любой отдалённый от центра район.

ОРЗ, *аббрев.* Очень Резко Завязал.

Шутл. переосмысл. аббрев. «ОРЗ» — острое респираторное заболевание.

ОРЛЁНОК, -нка, *м.* 0,25 литра американской водки «White eagle».

См. также **ОРЁЛ.**

ОРУЖЕ́ЙКА, -и, *ж.* **1.** Место, где хранится оружие. **2.** *собств.* Оружейная палата Московского Кремля.

1. — из *арм.*

ОСАДОК *см.* **ВЫПАДАТЬ (В ОСАДОК)**

♦ **ОСА́, ОСА́, ХВАТЬ ТЕБЯ́ ЗА ВОЛОСА́** — реплика, с которой говорящий хватает собеседника за волосы.

Из *детск.*

ОСВОБОЖДА́ТЬ, -а́ю, -а́ешь; *несов.* (*сов.* **ОСВОБОДИ́ТЬ**, -ожу́, -оди́шь), *кого.* Обыграть при игре на деньги.

Из *карт.*

ОСЁЛ *см.* **ИШАК** (или **ОСЁЛ, ГВОЗДЬ**) **БЕРЕМЕННЫЙ**

♦ **ОСЕ́ННИЙ РУБЛЕПА́Д** — девальвация рубля осенью 1998 г.

ОСКОТИ́НИВАТЬСЯ, -аюсь, -аешься; *несов.* (*сов.* **ОСКОТИ́НИТЬСЯ**, -нюсь, -нишься), *без доп.* Наглеть; вести дурной образ жизни, опускаться.

От общеупотр. «скотина» в зн. руг.

ОСЛА́Н, -а, *м.* Глупый, тупой человек.

От общеупотр. «осёл» в том же зн.

ОСЛИК *см.* **НУЖНО КАК ЗАЙЦУ (ОСЛИКУ, ПИОНЕРКЕ, ПАРТИЗАНУ) ТРИППЕР**

ОСЛИ́ТЬ, -лю́, -ли́шь; *несов., без доп.* Делать глупости; глупо шутить, острить; недостойно себя вести.

См. **ОСЛАН.**

ОСЛОЖНЁНКА, -и, *ж.* Осложнение, затруднение, препятствие.

♦ **ОСНОВНА́Я РАБО́ТА** — жена.

Ср. **ХАЛТУРА 2.**

ОСНОВНО́Й, -óго, *м. Ирон.* Начальник, руководитель; человек с высоким самомнением. *Ты чего, ~ что ли? Кто тут у вас за ~ого? Дай-ка ~ого* (в телефонном разговоре: позови мужа).

ОСОБИ́СТ, -а, *м.* Сотрудник Особого отдела (напр., в армии, в органах безопасности); о любом человеке, ведущем себя по-особому. *Ты чего не пьёшь, ~ что ли? Налей-ка ему штрафную как ~у.*

ОСОБНЯ́К, -á, *м.* Особо опасный рецидивист в колонии строгого режима.

Из *уг.*

ОСТАВИТЬ *см.* **МОЗГИ В ТУАЛЕТЕ ОСТАВИЛ**

ОСТАКА́НИВАТЬСЯ, -аюсь, -аешься; *несов.* (*сов.* **ОСТАКА́НИТЬСЯ**, -нюсь, -нишься), *без доп.* Выпивать стакан спиртного; выпивать, напиваться пьяным.

ОСТАЛЬНОЕ *см.* **БЫЛО БЫ ЗДОРОВЬЕ...**; **ГРУДЬ — ЭТО ТО, ЧТО ПОМЕЩАЕТСЯ В ЛАДОНЬ...**; **ЖОПА**

♦ **ОСТАНОВИ́ТЕ ЗЕ́МЛЮ, Я СОЙДУ́** — всё надоело, опостылело, я в депрессии.

ОСТАТОК *см.* **СНИМАТЬ С ОСТАТКОВ**

ОСТАТЬСЯ *см.* **ВОЛОС ОСТАЛОСЬ НА ОДНУ ДРАКУ**; **СНИМИ (УБЕРИ) ПОНТЫ — ОДНИ ШНУРКИ ОСТАНУТСЯ**

ОСТАТЬСЯ С ГОЛОЙ ЖОПОЙ *см.* **ЖОПА**

ОСТЕПЕНИ́ТЬСЯ, -ню́сь, -ни́шься; *сов., без доп.* Защитить кандидатскую диссертацию, получить степень кандидата наук.

ОСТОГРА́ММЛИВАТЬСЯ, -аюсь, -аешься; *несов.* (*сов.* **ОСТОГРА́ММИТЬСЯ**, -млюсь, -мишься), *без доп.* Выпивать сто грамм спиртного; выпивать немного, чуть-чуть, рюмочку.

От общеупотр. «сто грамм».

ОСТОЛЕ́ТИТЬ, -е́чу, -е́тишь; *сов.* (чаще в зн. *безл.*), *что, что делать кому.* Надоесть, опротиветь. *~етило мне дома сидеть.*

От «столетие»; возм. появилось в 70-х гг. после празднования 100-летия со дня рождения В. И. Ленина. *Ср.* **ОСТОЮБИЛЕИТЬ.**

ОСТОПА́РИВАТЬСЯ, -аюсь, -аешься; *несов.* (*сов.* **ОСТОПА́РИТЬСЯ**, -рюсь, -ришься и **ОСТОПАРИ́ТЬСЯ**, -рю́сь, -ри́шься), *без доп.* Выпивать немного, чуть-чуть, рюмочку спиртного.

От **СТОПАРЬ.**

ОСТОПЫ́РИВАТЬСЯ, -аюсь, -аешься; *несов.* (*сов.* остопы́риться, -рюсь, -ришься), *без доп.* **1.** Умирать, прекращать своё существование. *Такая духотища, я чуть не остопырился. Наша контора потихоньку остопыривается.* **2.** Приходить в какое-л. крайнее эмоциональное состояние.

Ср. *устар. диал.* «остопыниться», «остофыниться», «остофыриться» — остолбенеть, испугаться, ужаснуться; возм. также контаминация с общеупотр. «растопыриться».

ОСТОРОЖНО *см.* **МОЖНО, ТОЛЬКО ОСТОРОЖНО**

♦ **ОСТОРО́ЖНО, НЕ ЗАДЕ́НЬ МНЕ ГО́ЛОВУ, Я Е́Ю КУ́ШАЮ** (или **ЕМ**) — шутл. предупреждение, просьба быть осторожнее, не размахивать руками, не рукоприкладствовать и т. п.

ОСТОФА́ЧИТЬ, -чу, -чишь; *сов.*; *кого* или в зн. *безл., кому.* Надоесть.

От **ФАК, ФАЧИТЬ.**

ОСТОЮБИЛЕ́ИТЬ, -е́ю, -е́ишь; *сов.* (чаше в зн. *безл.*), *что, что делать кому.* Надоесть, опротиветь.

Ср. **ОСТОЛЕТИТЬ.**

ОСТРЕМА́ТЬСЯ, -а́юсь, -а́ешься; **ОСТРЁМИТЬСЯ**, -млюсь, -мишься; *сов.* **1.** *чего* и *без доп.* Испугаться, смалодушничать. **2.** *на чём, с чем* и *без доп.* Провалиться, опозориться.

От **СТРЁМ, СТРЕМАТЬСЯ**; *ср. уг.* «острёмиться» — неудачно попытаться украсть что-л., оглянуться.

ОСТРОЕ РЕГИСТРАТУРНОЕ ЗАБОЛЕВАНИЕ *см.* **РЕГИСТРАТУРНЫЙ**

ОСТРОУМИЕ *см.* **ЛЕСТНИЧНОЕ ОСТРОУМИЕ**

ОСТРЯ́К, -á, *м.* (или **~-САМОУ́ЧКА, ~-НЕДОУ́ЧКА, ~-ПЕРЕРО́СТОК** и т. п.). *Ирон.* Человек, лишённый чувства юмора, но считающий себя остроумным; глупец, фанфарон.

ОСЬ *см.* **ПРОВЕРНУТЬ ВОКРУГ ОСИ**

♦ **ОТ БАРАБА́НА** — приблизительно, наугад, на авось.

ОТБИВА́ЛКА, -и, *ж.* Плоская палка для выравнивания краёв одеяла на кровати.

Из *арм.*, от **ОТБИВАТЬ.**

ОТБИВА́ТЬ, -а́ю, -а́ешь; *несов.* (*сов.* **ОТБИ́ТЬ**, отобью́, отобьёшь), *без доп.* (или **~ КРОВА́ТЬ, ~ КО́ЙКУ**). Ровнять края одеяла у кровати.

Из *арм.*

ОТБИВА́ТЬСЯ, -а́юсь, -а́ешься; *несов.* (*сов.* **ОТБИ́ТЬСЯ**, отобью́сь, отобьёшься) (или **~ В КО́ЙКУ**, **~ В ГОРИЗОНТА́ЛЬ**, **~ ХА́РЮ МЯТЬ** и т. п.). Ложиться спать.

Возм. от общеупотр. *разг.* «отбой» — отход ко сну.

ОТБИТЬ *см.* **ОТБИВАТЬ**

ОТБИТЬСЯ *см.* **ОТБИВАТЬСЯ**

ОТБОМБИ́ТЬ, -блю́, -би́шь; *сов., что у кого.* Отбить, защитить, отстоять; добиться возвращения, разрешения чего-л. *~ у начальства отпуск.*

От общеупотр. «бомба», «бомбить»; *см.* также **БОМБИТЬ** во всех зн.

ОТБОМБИ́ТЬСЯ, -блю́сь, -би́шься; *сов., с чем, от чего* и *без доп.* Закончить, отделаться от чего-л. *~ с экзаменами. ~ от армии.*

См. **ОТБОМБИТЬ**.

ОТВА́Л, -а, *м.* **1.** Уход, отход; нахождение вне какого-л. места, о котором идёт речь. *Не, в шесть мы уже были в ~е* (уже ушли, нас уже не было). **2.** Состояние сытости, довольства; любое приятное состояние. *Поужинали с ~ом.* **3.** *межд.* Уходим, айда, сматываем удочки. *Эй, ребятки, ~!*

1. и 3. — от **ОТВАЛИВАТЬ**; 2. — от общеупотр. «до отвала» (наесться).

♦ **ОТВА́Л БАШКИ́!** — сумасшествие, неадекватное восприятие действительности, странное поведение, а также в зн. *межд.*, выражающего любую эмоцию, напр.: *Нажрались* (напились) — *отвал башки!; Отвал башки, а не баба* (разбитная, шальная).

ОТВА́ЛИВАТЬ, -аю, -аешь; *несов.* (*сов.* **ОТВАЛИ́ТЬ**, -алю́, -а́лишь), *откуда, от кого* и *без доп.* Уходить, отходить, отставать, убираться. ♦ **Отвали, моя черешня** — уйди, отстань, не мешай.

Ср. *уг.* «отвалить» — уйти после окончания кражи.

ОТВАЛИТЬ *см.* **ОТВАЛИВАТЬ**

♦ **ОТ ВЕРБЛЮ́ДА** — ирон. ответ на вопрос «откуда?».

Из известного стихотворения К. Чуковского «Телефон».

ОТВЕРСТИЕ *см.* **ВОНЯЛЬНЫЙ**

ОТВЁРТОЧНИК, -а, *м.* Взломщик, мелкий вор, железнодорожный вор.

От общеупотр. «отвёртка», из *уг.*

ОТВЕСИТЬ *см.* **ЛЕЩ**

ОТВЕСИТЬ ПЕНДОЛЯ (ПЕНДАЛЯ) *см.* **ПЕНДАЛЬ**

ОТВЕТ *см.* **БЭД**

♦ **ОТ ВИНТА́** — реплика, выражающая начало какого-л. действия.

ОТВИНТИТЬ *см.* **ОТВИНЧИВАТЬ**; **УШИ (РУКИ, НОС, НОГИ) ОТВИНЧУ, СВИНЧУ**

ОТВИ́НЧИВАТЬ, -аю, -аешь; *несов.* (*сов.* **ОТВИНТИ́ТЬ**, -инчу́, -и́нтишь), *откуда* и *без доп.* Уходить. *Отвинти отсюда.*

ОТВИСНУТЬ *см.* **ЧАВКА**

ОТВОРО́ТТИ-ПОВОРО́ТТИ, в зн. *нареч.* Назад, прочь, «от ворот поворот».

Шутл. контаминация с именем известного итал. тенора Л. Паваротти.

ОТВЯ́З, -а, *м.*, **ОТВЯ́ЗКА**, -и, *ж.* Отдых, развлечение, расслабление, празднество, отпуск.

От **ОТВЯЗЫВАТЬСЯ**.

ОТВЯЗАТЬСЯ *см.* **ОТВЯЗЫВАТЬСЯ**

ОТВЯЗКА *см.* **ОТВЯЗ**

ОТВЯ́ЗНЫЙ, -ая, -ое. **1.** Интересный, живой, непосредственный человек. **2.** Излишне разболтанный, неумеющий себя вести, нахал.

От **ОТВЯЗЫВАТЬСЯ**.

ОТВЯ́ЗЫВАТЬСЯ, -аюсь, -аешься; *несов.* (*сов.* **ОТВЯЗА́ТЬСЯ**, -яжу́сь, -я́жешься), *на чём* и *без доп.* Отдыхать, расслабляться, развлекаться; уезжать на отдых, в отпуск.

ОТВЯ́НУТЬ, -ну, -нешь; *сов., откуда* и *без доп.* Отойти, отвязаться, отстать. *Отвянь, дерево* — отойди, дурак.

♦ **ОТ ГОРШКА́ ДВА ВЕРШКА́** — о человеке маленького роста или о молодом, неопытном человеке.

ОТДАВАТЬ *см.* **БЕРЁШЬ ЧУЖИЕ — ОТДАЁШЬ СВОИ**; **ЭТО ОТДАЙ**

ОТДЕЛЬНО *см.* **МУХИ ОТДЕЛЬНО, КОТЛЕТЫ ОТДЕЛЬНО**

ОТДЕ́ЛЬНЫЙ, -ая, -ое. Особенный, необычный, выдающийся, запоминающийся; яркий, сочный, колоритный; смешной, забавный. *Это просто что-то ~ое! Машка — это ~ая особь* (особенный человек).

ОТДЕРБА́НИВАТЬ, -аю, -аешь; *несов.* (*сов.* **ОТДЕРБА́НИТЬ**, -ню, -нишь), *что* и *без доп.* Делать что-л. особенное, необычное (быстро, интенсивно). *~ песенку* (играть, петь).

Ср. *устар. диал.* «деребить» — дёргать, царапать, драть, «дербить» — чесать, скрести (*ср.* «теребить»), «дерба», «дербина» — залежь, целина, «дербовать» — снимать мох, дёрн.

ОТДЗЫНУТЬ *см.* **ОТЗЫНУТЬ**

ОТДОЛБИ́ТЬ, -блю́, -би́шь (или -до́лбишь), **ОТДО́ЛБИТЬ**, -блю, -бишь; *сов., кого.* Избить, победить.

От общеупотр. «долбить».

♦ **ОТДОХНИ́, РОДИ́МЫЙ** — отстань, уйди отсюда, надоел ты мне, пошёл вон.

Ирон. эвфем.

ОТДУПЛИ́ТЬ, -лю́, -ли́шь; *сов., кого.* Избить, измордовать; отделаться, отстранить.

От **ДУПЛИТЬ**.

ОТДУПЛИ́ТЬСЯ, -лю́сь, -ли́шься; *сов.* **1.** *с чем, от чего.* Отделаться, скинуть с плеч какое-л. дело. **2.** *без доп.* В домино: поставить фишки дублетом.

От **ДУПЛИТЬ**.

ОТДЫХ *см.* **ПАРК КУЛЬТУРЫ ИМЕНИ ОТДЫХА**

ОТДЫХА́ТЬ, -а́ю, -а́ешь; *несов., без доп.* **1.** Быть не у дел, быть отстранённым от чего-л., не участвовать в чём-л.; быть в проигрыше, быть поверженным, униженным и т. п. *ЦСКА отдыхает* (проиграл). *Мне десять штук* (тысяч), *а ты отдыхаешь.* ♦ **~ай!** — уходи, будь свободен, пошёл вон, ты меня не интересуешь, мне до тебя нет дела. **2.** Кто-л. не может состязаться в чём-л. с кем-л. *Немцы сняли «Достучаться до небес»* (фильм) — *Тарантино отдыхает!*

ОТЕ́Ц, отца́, *м.* **1.** Шутл. обращение сверстников друг к другу. **2.** Опытный вор; любой уважаемый человек.

2. — возм. из *уг.*

ОТЕЦ* *см.* **НЕ УЧИ ОТЦА — И БАСТА; ТЕНЬ ОТЦА ГАМЛЕТА**

ОТЕ́Ц-ГЕРОИ́Н, отца́-герои́на, *м.* **1.** Наркоман, употребляющий героин. **2.** Распространитель наркотиков.

Из *нарк.*; *ср.* **МАТЬ-ГЕРОИНЯ**.

ОТЖАТЬСЯ *см.* **УПАЛ — ОТЖАЛСЯ!**

♦ **ОТ ЗАБО́РА ДО ОБЕ́ДА** *что делать* — шутл. пародирование речи военных; о каком-л. бессмысленном, но трудоёмком деле.

ОТЗЫ́НУТЬ, -ну, -нешь, **ОТДЗЫ́НУТЬ**, -ну, -нёшь; *сов., откуда* и *без доп.* Отойти, убраться, отстать. *Отзынь, зелёный* — уйди отсюда.

Возм. звукоподр., *ср. устар. диал.* «отзинуть» — отстать, растопыриться, распахнуть, отворить настежь; «отзыпь», «отзопь», »отзынь» — отстань, отойди.

ОТКАЗ *см.* **БЫТЬ В ОТКАЗЕ, ОТКАЗКЕ**

ОТКАЗКА *см.* **БЫТЬ В ОТКАЗЕ, ОТКАЗКЕ**

ОТКА́ЗНИК, -а, *м.* **1.** Человек, подавший документы на выезд за рубеж и получивший отказ; эмигрант, которому отказали в статусе беженца; *ирон.* любой человек, получивший какой-л. отказ. *Получил везде фейсом об тэйбл* (оскорбительный отказ), *сижу теперь в отказниках, горе мыкаю.* **2.** Человек, который отказался что-л. делать (обычно по принципиальным, идейным соображениям). *Да он баптист, они же все отказники* (о юноше, отказывающемся идти в армию по религиозным соображениям).

ОТКАЗЫВАТЬ *см.* **И НИ В ЧЁМ СЕБЕ НЕ ОТКАЗЫВАЙ**

ОТКА́ЛЫВАТЬ, -аю, -аешь; *несов.* (*сов.* **ОТКОЛО́ТЬ**, -олю́, -о́лешь). **1.** *без доп.* (или **~ ФЕ́НЮ**, **~ МУ́ЛЮ**, **~ КО́РКУ**, **~ НО́МЕР** и т. п.). Делать или говорить что-л. необычное, удивительное. **2.** *что у кого.* Утаивать, не делиться.

2. — *ср. уг.* «отколоть» — укрыть часть похищенного от сообщников; «отколи» — дай, поделись.

ОТКА́ЛЫВАТЬСЯ, -аюсь, -аешься; *несов.* (*сов.* **ОТКОЛО́ТЬСЯ**, -олю́сь, -о́лешься), *откуда* и *без доп.* Уходить, покидать, отделяться, расставаться. *Из гостей ~. Отколись!* — отстань, не приставай.

Ср. *уг.* «отколоться» — отойти.

ОТКА́Т, -а, *м.* **1.** и в зн. *межд.* Уход; призыв уходить. *~, мужики, их больше!* (в драке). **2.** и в зн. *неизм. прил.* Что-л. необычное, смешное, выдающееся. *~ вещица!* — хорошая вещь. **3.** в зн. *межд.* Выражает любую эмоцию. **4.** (или **ЧЁРНЫЙ ~**). Возврат продавцом покупателю части прибыли или комиссионных с целью личной наживы или ухода от уплаты налогов. ♦$_1$ **В ~е (быть)** — находиться в каком-л. крайне эмоциональном состоянии (удивления, усталости, веселья и т. п.). ♦$_2$ **~ нормальный** — всё хорошо, всё нормально, идёт по плану.

От **ОТКАТИТЬСЯ 1**; ♦$_2$ — возм. из жарг. артиллеристов.

ОТКАТИТЬСЯ *см.* **ОТКАТЫВАТЬСЯ**

ОТКА́ТНЫЙ, -ая, -ое. Хороший, отличный. *Результат ~!*

От **ОТКАТ 2**.

ОТКА́ТЫВАТЬСЯ, -аюсь, -аешься, *несов.* (*сов.* **ОТКАТИ́ТЬСЯ**, -ачу́сь, -а́тишься). **1.** *откуда.* Уходить, уносить ноги. *Еле откатились. Откатываемся отсюда!* **2.** *от чего, с чего* и *без доп.* Испытывать какое-л. сильное чувство. *Откатиться можно, какой идиот.* **3.** *без доп.* Умереть.

ОТКА́ЧКА, -и, *ж.* В модельном бизнесе: совокупность поворотов различного типа, производимых моделью во время остановки на подиуме.

ОТКИ́Д, -а, **ОТКИДО́Н**, -а, *м.*, **ОТКИ́ДКА**, -и, *ж.* **1.** Какое-л. крайнее эмоциональное состояние. *Я в откиде!* **2.** Невнимательность, усталость, сонливость, любое бессознательное состояние. *Мужик в откидке* (спит).

От **ОТКИДЫВАТЬСЯ**.

ОТКИДУ́ШКА, -и, *ж.* Дешёвое место в партере. *Одни ~и остались.*

Из арго театралов.

ОТКИ́ДЫВАТЬСЯ, -аюсь, -аешься; *несов.* (*сов.* **ОТКИ́НУТЬСЯ**, -нусь, -нешься), *без доп.* Уставать, засыпа́ть; терять сознание, умирать; приходить в какое-л. крайнее эмоциональное состояние; удивляться, изумляться.

Ср. *уг.* «откидываться» — выходить на свободу после тюремного заключения.

ОТКИНУТЬ НА ДУРШЛАГ *см.* **ДУРШЛАГ**

ОТКИНУТЬ САНДАЛИИ *см.* **САНДАЛЕТКИ**

ОТКИНУТЬСЯ *см.* **ОТКИДЫВАТЬСЯ**

ОТКЛЮ́Ч, -а, *м.*, **ОТКЛЮ́ЧКА**, -и, *ж.* Бессознательное состояние (напр., опьянение, сон и т. п.); крайнее эмоциональное состояние (напр., удивление и т. п.). *Я в отключке. Вышел из отключа* — пришёл в себя.

От **ОТКЛЮЧАТЬСЯ**.

ОТКЛЮЧА́ТЬСЯ, -а́юсь, -а́ешься; *несов.* (*сов.* **ОТКЛЮЧИ́ТЬСЯ**, -чу́сь, -чи́шься или -ю́чишься), *от чего* и *без доп.* Приходить в бессознательное состояние (напр., хмелеть, засыпа́ть, терять сознание и т. п.); не слушать того, что говорят, думать о своём.

ОТКЛЮЧКА *см.* **ОТКЛЮЧ**

ОТКОЛОКОЛИТЬ *см.* **КОЛОКОЛА**

ОТКОЛОТЬ *см.* **ОТКАЛЫВАТЬ**

ОТКОЛОТЬ КУСОК *см.* **КУСОК**

ОТКОЛОТЬСЯ *см.* **ОТКАЛЫВАТЬСЯ**

ОТКОРЯ́ЧИТЬСЯ, -чусь, -чишься, *сов.* **1.** *с чем, от чего* и *без доп.* Отделаться, отработать, закончить какое-л. трудное дело. **2.** *без доп.* Умереть, скончаться, «отмучиться». *Квартиру я на тебя запишу, вот ~чусь — тебе, суке, достанется.*

От **КОРЯЧИТЬСЯ**.

ОТКО́С, -а, *м.* Прогул, увольнение, какая-л. ситуация, в которой кому-л. удалось избежать неприятностей, нежелательных действий и т. п.; хитрость, позволившая избежать неприятностей. *~ от армады* (армии).

От **КОСИТЬ**.

ОТКОСИ́ТЬ, -ошу́, -о́сишь; *сов., от чего* и *без доп.* Уклониться от какой-л. работы, избежать чего-л. неприятного, прогулять, убежать. *~ от кухни.*

От **КОСИТЬ 1**.

ОТКРЫВАТЬ *см.* **СОВА**

ОТКРЫВА́ТЬСЯ, -а́юсь, -а́ешься; *несов.* (*сов.* **ОТКРЫ́ТЬСЯ**, -ро́юсь, -ро́ешься), *без доп.* Давать большой план, показывать кого-л. крупным планом (при съёмках). *Открываемся, открываемся, чтоб зубки по-крупному* (крупным планом)! *Открывайся, Олег, открывайся, нам не нужны твои яйца, нам нужны твои глаза!* (из выкриков оператора во время съёмок телепрограммы).

Из речи работников телевидения.

ОТКРЫ́СИТЬ, -ы́шу, -ы́сишь; *сов., откуда, куда* и *без доп.* Отбежать, отойти.

От **КРЫСИТЬ**.

ОТКРЫТЬСЯ *см.* **ОТКРЫВАТЬСЯ**

ОТКРЫТЬ ШЛЮЗЫ *см.* **ШЛЮЗ**

ОТКРЯ́КАТЬСЯ, -аюсь, -аешься; *сов.; без доп.* Умереть, скончаться. *~ался, родимый!*

Ср. **КРЯКНУТЬ**.

ОТКСЕ́РИТЬ, -рю, -ришь; *сов., что.* Снять ксерокопию, отксерокопировать.

От **КСЕРИТЬ**.

♦ **ОТКУ́ДА В ЖО́ПЕ АЛМА́ЗЫ?** — *ирон.* о чём-л. неожиданном (с оттенком пренебрежения, недовольства), напр.: — *Слыхал, Васька сотник* (сотовый телефон) купил! — *Откуда в жопе алмазы?!*

ОТКУПИ́ТЬСЯ,-уплю́сь, -у́пишься; *сов., от кого* и *без доп.* Украсть, стащить, присвоить.

Ср. *уг.* «откупиться» — вытащить деньги из кармана.

ОТКУСИТЬ *см.* **МАТКУ ВЫРЕЗАТЬ...**; **ОТКУСЫВАТЬ**; **УХО (НОС, ЯЙЦА) ОТКУШУ**

ОТКУ́СЫВАТЬ, -аю, -аешь; *несов.* (*сов.* **ОТКУСИ́ТЬ**, -ушу́, -у́сишь), *что от кого, у кого.* Брать, присваивать, выуживать. *Откусил-таки я премию от нашего главного* (начальника).

ОТЛ, -а, *м.* **1.** Отлично, хорошо, прекрасно. **2.** Обманул Товарища Лектора.

1. — из *шк.* и *студ.*, сокращ. от оценки «отлично»; **2.** — *шутл.* переосмысление сокращ. (ОТЛ 1) как аббрев., *ср.* **ХОР 2**, **УД 2**.

ОТЛАКИРОВА́ТЬ, -ру́ю, -ру́ешь; *несов.* (*сов.* **ОТЛАКИРНУ́ТЬ**, -ну́, -нёшь); *что, чем* **ОТЛАКИРОВА́ТЬСЯ**, -ру́юсь, -ру́ешься; *несов.* (*сов.* **ОТЛАКИРНУТЬСЯ**, -ну́сь, -нёшься); *чем.* Выпить один спиртной напиток после другого (чаще менее крепкий после более крепкого).

От **ЛАКИРОВАТЬ**, **ЛАКИРОВАТЬСЯ**.

ОТЛА́МЫВАТЬ, -аю, -аешь; *несов.* (*сов.* **ОТЛОМА́ТЬ**, -а́ю, -а́ешь), *что где, у кого.* Покупать, доставать (обычно с большими трудностями); заполучать, выуживать.

ОТЛА́МЫВАТЬСЯ, -ается; *несов.* (*сов.* **ОТЛОМА́ТЬСЯ**, -а́ется и **ОТЛОМИ́ТЬСЯ**, -о́мится), употр. только в *3 л.*; *что кому.* Доставаться (напр., о товаре), выпадать (о чём-л. удачном). *Мне сапоги отломились.*

♦ **ОТЛОЖИ́ТЬ И ИСПУСТИ́ТЬ** — сходить в туалет.

ОТЛОМАТЬ *см.* **ОТЛАМЫВАТЬ**

ОТЛОМАТЬСЯ *см.* **ОТЛАМЫВАТЬСЯ**

ОТЛУ́П, -а, *м.*, **ОТЛУ́ПКА**, -и, *ж.* Отказ, неудача, невезение, несогласие. *Получить отлуп с работы.*

Возм. от **ОТЛУПИТЬСЯ**.

ОТЛУПИТЬСЯ *см.* **ОТЛУПЛИВАТЬСЯ**

ОТЛУПКА *см.* **ОТЛУП**

ОТЛУ́ПЛИВАТЬСЯ, -аюсь, -аешься; *несов.* (*сов.* **ОТЛУПИ́ТЬСЯ**, -уплю́сь, -у́пишься), *откуда, от кого* и *без доп.* Уходить, убираться, отставать. *Отлупись к ляху* — уйди, отстань, сгинь, отвяжись.

ОТЛЭ́, *нескл.*, *ср.* То же, что **ОТЛ 1**.

Из *детск.*

ОТМА́З, -а, *м.*, **ОТМА́ЗКА**, -и, *ж.* Предлог, отговорка, повод к чему-л., оправдание, алиби, возможность увильнуть, отделаться от чего-л.

Ср. *уг.* и *карт.* «отмазаться» — отыграть в карты ранее проигранное, «отмазывать» — выгораживать соучастника; *см.* также **МАЗ**.

ОТМАЗАТЬ *см.* **ОТМАЗЫВАТЬ**

ОТМАЗАТЬСЯ *см.* **ОТМАЗЫВАТЬСЯ**

ОТМАЗКА *см.* **ОТМАЗ**

ОТМА́ЗЫВАТЬ, -аю, -аешь; *несов.* (*сов.* **ОТМА́ЗАТЬ**, -а́жу, -а́жешь), *кого-что.* Оправдывать, доказывать законность чего-л., защищать, выгораживать. *~ деньги. Своих* (друзей) *~.*

См. **ОТМАЗ**.

ОТМА́ЗЫВАТЬСЯ, -аюсь, -аешься; *несов.* (*сов.* **ОТМА́ЗАТЬСЯ**, -а́жусь, -а́жешься), *от чего, с чем* и *без доп.* Находить оправдание, повод, предлог; отделываться, оправдываться, отклонять обвинения в чём-л. *Деньгами ~. ~ от ментуры* (от милиции).

См. **ОТМАЗ**.

ОТМАНТУ́ЛИВАТЬ, -аю, -аешь; *несов.* (*сов.* **ОТМАНТУ́ЛИТЬ**, -лю, -лишь). **1.** *где сколько.* Отрабатывать. *У станка полвека отмантулил.* **2.** *кого-что.* Избивать, уродовать. *Шурина отмантулил. Рожу отмантуливать.*

От **МАНТУЛИТЬ**.

ОТМА́ТЫВАТЬ, -аю, -аешь; *несов.* (*сов.* **ОТМОТА́ТЬ**, -а́ю, -а́ешь), *что, сколько.* Проводить долгое время где-л. *В школе десять лет отмотал, теперь в институте третий год отматываю. Армию ~.* ♦ **~ на полную катушку** (или **по полной катушке**) — отбыть полный срок чего-л.

От *уг.* «отмотать (срок)» — отбыть срок заключения.

ОТМА́ТЫВАТЬСЯ, -аюсь, -аешься; *несов.* (*сов.* **ОТМОТА́ТЬСЯ**, -а́юсь, -а́ешься), *от чего, с чем.* Отделываться от чего-л., избегать чего-л. ♦ **~ от ружья** (или **от кирзы, от казармы** и т. п.) — освободиться от службы в армии.

ОТМА́ЧИВАТЬ, -аю, -аешь; *несов.* (*сов.* **ОТМОЧИ́ТЬ**, -очу́, -о́чишь). **1.** *что* (или **~ КО́РКУ**, **~ ПЕ́НКУ**, **~ ШТУ́ЧКУ** и т. п.). Делать или говорить что-л. весёлое, интересное, непривычное. **2.** *кого.* Избивать.

От **МОЧИТЬ**.

ОТМЕНИ́ТЬ, -еню́, -е́нишь; *сов.*, *кого* (или **~ И НАКАЗА́ТЬ** *кого*). Избить, прогнать, обругать. *~ени́-ка мужика, а то он что-то опух* (обнаглел).

♦ **ОТ МЕНЯ́ ДО СЛЕ́ДУЮЩЕГО ДУ́БА ША́ГОМ МАРШ** — ирон. подражание речи военных.

ОТМЕТИТЬСЯ *см.* **ОТМЕЧАТЬСЯ**

ОТМЕЧАТЬ СТОЛЕТИЕ ГРАНЁНОГО *см.* **ГРАНЁНЫЙ**

♦ **ОТМЕЧА́ТЬ СТОЛЕ́ТИЕ КАНАРЕ́ЙКИ** — пить, выпивать без повода.

♦ **ОТМЕЧА́ТЬ СТОЛЕ́ТИЕ ЛО́ШАДИ БУДЁННОГО** — пить, выпивать без повода.

♦ **ОТМЕЧА́ТЬ СТОЛЕ́ТИЕ (ТРЁХСОТЛЕТИЕ** и т. п.) **РУ́ССКОЙ БАЛАЛА́ЙКИ** — пить, выпивать без повода.

ОТМЕЧА́ТЬСЯ, -а́юсь, -а́ешься; *несов.* (*сов.* **ОТМЕ́ТИТЬСЯ**, -е́чусь, -е́тишься), *где, у кого с чем.* Ненадолго заходить куда-л.; делать что-л. для галочки, формально.

От общеупотр. «отметиться» — отметить свое имя в списке.

ОТМОРО́ЖЕННЫЙ, -ая, -ое. **1.** Глупый, недалёкий; странный, сумасшедший (о человеке). **2.** в зн. *сущ.*, -ого, *м.* Человек, который берёт большой аванс, кредит с обязательством сделать что-л., но не выполняет своих обязательств и обречён на расправу (часто физическую) со стороны заказчика. **3.** в зн. *сущ.*, -ого, *м.* Уголовник, не имеющий никаких принципов, не придерживающийся никаких норм поведения, даже принятых в уголовной среде. **4.** в зн. *сущ.*, -ого, *м.* Тот, кто не задумываясь тратит большие деньги. *Наглухо ~! Магазин для ~ых.*

2. — из жарг. предпринимателей.

ОТМОТАТЬ *см.* **ОТМАТЫВАТЬ**

ОТМОТАТЬСЯ *см.* **ОТМАТЫВАТЬСЯ**

ОТМОЧИТЬ *см.* **ГОРБУХА; ОТМАЧИВАТЬ**

ОТМО́ЧКА, -и, *ж.* **1.** Что-л. странное, необычное. **2.** Драка, избиение.

От **ОТМАЧИВАТЬ**.

ОТНИМАТЬ *см.* **ПОЛЖИЗНИ ОТНИМУ**

ОТОВА́РИВАТЬ, -аю, -аешь; *несов.* (*сов.* **ОТОВА́РИТЬ**, -рю, -ришь), *кого.* Избивать, наказывать, расправляться с кем-л.; ударять, вреза́ть, вмазывать.

ОТОВА́РИВАТЬСЯ, -аюсь, -аешься; *несов.* (*сов.* **ОТОВА́РИТЬСЯ**, -рюсь, -ришься), *чем, обо что.* Ударяться, ушибаться; быть побитым. *Носом в стену отовариться.*

От **ОТОВАРИВАТЬ**.

ОТОВАРИТЬ *см.* **ОТОВАРИВАТЬ**

ОТОВАРИТЬСЯ *см.* **ОТОВАРИВАТЬСЯ**

ОТОВА́РКА, -и, *ж.* Драка, избиение, выяснение отношений на кулаках. *Ну я тебе устрою ~у.*

От **ОТОВАРИВАТЬ, ОТОВАРИВАТЬСЯ**.

ОТОЙТИ *см.* **ОТХОДИТЬ**

ОТО́РВА, -ы, *ж.* Разбитная, бесшабашная, решительная женщина; озорница, хулиганка, «шалава».

От общеупотр. «оторвать», *см.* также **ОТОРВАТЬ И БРОСИТЬ**.

ОТОРВА́НОВКА, -и, *ж.* Район города, как правило, отдалённый от центра, в котором криминогенная обстановка, где совершается много преступлений. *Долгопрудная — московская ~. Быки* (налётчики) *из оторвановки.*

От общеупотр. «оторвать», *ср.* **ОТОРВА**.

ОТОРВАТЬ *см.* **ОТОРВУ ЯЙЦА (УШИ, ХВОСТ, НОГИ); ОТРЫВАТЬ; С РУКАМИ ОТОРВАТЬ**

♦ **ОТОРВА́ТЬ И БРО́СИТЬ** (или **ОТОРВИ́ И БРОСЬ**) — о непутёвой, легкомысленной женщине или о женщине лёгкого поведения.

Ср. **ОТОРВА**.

ОТОРВАТЬСЯ *см.* **ОТРЫВАТЬСЯ**

♦ **ОТОРВУ́ ЯЙЦА** (или **У́ШИ, ХВОСТ, НО́ГИ** и т. п.) *кому* — шутл. угроза.

ОТПА́Д, -а, *м.* **1.** Крайнее эмоциональное состояние. *Я в ~е. Я пришёл в ~ от этого типа.* **2.** в зн. *межд.* Выражает любую экспрессию. *~, какие кроссовочки!*

От **ОТПАДАТЬ**.

ОТПАДА́ТЬ, -а́ю, -а́ешь; *несов.* (*сов.* **ОТПА́СТЬ**, -аду́, -адёшь), *от чего, с чего* и *без доп.* Приходить в какое-л. сильное эмоциональное состояние. *Он отпал от этой реплики* (она его сильно поразила).

ОТПА́ДНЫЙ, -ая, -ое. Отличный, яркий.

От **ОТПАД**.

ОТПАРАФИ́НИТЬ, -ню, -нишь; *сов., что.* При подписании договора, протокола и т. п. подписать каждую страницу.

От **ПАРАФИНИТЬ**.

ОТПАСКУ́ДИТЬ, -у́жу, -у́дишь; *сов., что чем.* Испачкать, испортить.

От **ПАСКУДИТЬ**.

ОТПАСТЬ *см.* **ОТПАДАТЬ**

ОТПЕРДЕ́ТЬ, -ржу́, -рди́шь, **ОТПЕРДЕ́ТЬСЯ**, -ржу́сь, -рди́шься; *сов., без доп.* **1.** Закончить что-л., доделать что-л. **2.** Отойти от активной деятельности; оказаться отстранённым; уйти на пенсию; умереть.

От **ПЕРДЕТЬ**.

ОТПЕ́ТИТЬ, -е́чу, -е́тишь, **ОТПЕТУХА́ТЬ**, -а́ю, -а́ешь, **ОТПЕТУШИ́ТЬ**, -шу́, -ши́шь, **ОПЕ́ТИТЬ**,

-е́чу, -е́тишь, **ОПЕТУХА́ТЬ**, -а́ю, -а́ешь, **ОПЕТУШИ́ТЬ**, -шу́, -ши́шь; *сов., кого*. Вступить в половую связь (о гомосексуалистах).

От **ПЕТЯ**, **ПЕТУХ** в зн. «гомосексуалист».

ОТПИДОРА́СИТЬ, *1 л. ед. ч.* обычно не употр. или -а́шу, -а́сишь; *сов.* **1.** *кого*. То же, что **ОПИДОРАСИТЬ 1.**, **2.** **2.** *кого*. Избить, излупить. **3.** *что*. Вымыть, вычистить, надраить.

От **ПИДОРАСИТЬ**.

ОТПИЛИ́ТЬ, -илю́, -и́лишь; *сов., кого*. Вступить в половую связь; совершить половой акт (о мужчине). *~илил и отвалил.*

От **ПИЛИТЬ 1.**

ОТПИ́РКА, -и, **ОТПЫ́РКА**, -и, *ж.* Ключ, отмычка, замок.

От общеупотр. «отпирать».

♦ **ОТ ПО́ЛА ДО ПЕ́ЙДЖЕРА** — обобщённо о сексе, обо всём, что относится к сексу. *Это уже не духовная жизнь, братан, это — от пола до пейджера.*

ОТПРЕ́НИВАТЬСЯ, -аюсь, -аешься; *несов.* (*сов.* **ОТПРЕ́НИТЬСЯ**, -нюсь, -нишься), *без доп.* Заканчивать выступление в прениях, заканчивать прения.

От **ПРЕНИТЬСЯ**.

ОТПРИ́НТИТЬ, -нчу, -нтишь; *сов.* Напечатать; сделать распечатку на принтере.

От **ПРИНТИТЬ**.

ОТПЫРКА *см.* **ОТПИРКА**

ОТРАБА́ТЫВАТЬ, -аю, -аешь; *несов.* (*сов.* **ОТРАБО́ТАТЬ**, -аю, -аешь), *кого*. Выводить из игры, устранять, избивать, убивать. *Бандиты лишних отрабатывают. Много будешь знать — отработают.*

Возм. из *уг.*

ОТРА́ВА, -ы, *ж.* **1.** Некачественная пища; дешёвое вино. **2.** Наркотик (чаще анаша).

ОТРАВА* *см.* **БЭ — ТОЖЕ ВИТАМИН (И ЦЭ НЕ ОТРАВА)**

ОТРАСТИ *см.* **НОЖКИ ОТРОСЛИ**

ОТРЕЗАТЬ *см.* **МАТКУ ВЫРЕЗАТЬ...**

ОТРИХТОВА́ТЬ, -ту́ю, -ту́ешь; *сов., кого*. Избить.

От **РИХТОВАТЬ**.

ОТРИЦА́ЛОВКА, -и, *ж.* Отречение от чего-л. заведомо неприглядного, порочного, а также о человеке, который отрёкся от своего дурного прошлого (напр. о бывшем уголовнике). *~е люди сочувствуют.*

Возм. первоначально из *уг.*

ОТРУ́Б, -а, *м.*, **ОТРУ́БКА**, -и, *ж.*, **ОТРУБО́Н**, -а, *м.* Бессознательное состояние. *Прийти в отруб* — опьянеть, потерять сознание, заснуть. ♦ **В отрубе (быть)** — находиться в каком-л. крайнем эмоциональном состоянии.

От **ОТРУБАТЬ**, **ОТРУБАТЬСЯ**.

ОТРУБА́ТЬ, -а́ю, -а́ешь; *несов.* (*сов.* **ОТРУБИ́ТЬ**, -ублю́, -у́бишь), *кого*. Избивать, приводить в бессознательное состояние; выключать из деятельности.

ОТРУБА́ТЬСЯ, -а́юсь, -а́ешься; *несов.* (*сов.* **ОТРУБИ́ТЬСЯ**, -ублю́сь, -у́бишься), *без доп.* Приходить в бессознательное состояние (напр., засыпа́ть, падать в обморок, напиваться пьяным и т. п.). *Эх, алкаш ты, алкаш, на третьей капле отрубаешься!*

ОТРУБИ́Н, -а, *м.* Какое-л. сильное снотворное или успокаивающее средство. *Дай-ка таблетку ~а.*

От **ОТРУБАТЬСЯ**

ОТРУБИТЬ *см.* **ОТРУБАТЬ**

ОТРУБИТЬСЯ *см.* **ОТРУБАТЬСЯ**

ОТРУБКА, **ОТРУБОН** *см.* **ОТРУБ**

ОТРЫВА́ТЬ, -а́ю, -а́ешь; *несов.* (*сов.* **ОТОРВА́ТЬ**, -ву́, -вёшь), *что, чего*. С трудом приобретать что-л.

Возм. влияние *уг.* «оторвать» — украсть.

ОТРЫВА́ТЬСЯ, -а́юсь, -а́ешься; *несов.* (*сов.* **ОТОРВА́ТЬСЯ**, -ву́сь, -вёшься). **1.** *на чём* и *без доп.* Отдыхать, расслабляться, отвлекаться, отходить от дел, получать удовольствие, испытывать блаженство. **2.** *откуда* и *без доп.* Уходить, исчезать, «сматываться».

Возм. влияние *уг.* «оторваться» — уйти от ареста, задержания; оправдаться; выйти из тюрьмы, из заключения; также *уг.* или *нарк.* «оторваться» — нанюхаться наркотиков (чаще кокаина).

ОТРЫГО́Н, -а, *м.* Отрыжка; что-л. дурное, плохого качества.

ОТРЫ́ЖКА, -и, *ж.* (или **~ БЕГЕМО́ТА**, **~ КЕФИ́РНАЯ**, **~ О́БЩЕСТВА**, **~ ПЬЯ́НОГО ИНДУ́СА**). Что-л. плохое, неприятное, отталкивающее; дурной человек.

ОТСА́СЫВАТЬ, -аю, -аешь; *несов.* (*сов.* **ОТСОСА́ТЬ**, -су́, -сёшь). **1.** *у кого*. Получать отказ у кого-л.; проигрывать; быть побеждённым, униженным, обманутым. **2.** *у кого* и *без доп.*, обычно употр. в императиве (или **ОТСОСИ У ДО́ХЛОГО МУСТА́НГА**, **У ПЕТРА́ ПЕ́РВОГО**, **У ЛЕ́НИНА**, **У АЗЕРБАЙДЖА́НЦА** и т. п.). Выражает отказ, несогласие, нежелание что-л. делать, давать. *Дай десятку до завтра. — Отсоси* (не дам). **3.** *откуда* и *без доп.* Уходить, убираться, отставать, сматываться. *Отсасываем отсюда. Отсоси куда-нибудь.* **4.** *у кого что, чего, сколько.* Брать, заполучать, раздобывать, выпрашивать. *Я у своих пять сотен отсосал, теперь живём. Отсосал бензину.* **5.** *что.* Покупать, доставать что-л. ценное, полезное, качественное с большими трудностями.

ОТСА́СЫВАТЬСЯ, -аюсь, -аешься; *несов.* (*сов.* **ОТСОСА́ТЬСЯ**, -су́сь, -сёшься). То же, что **ОТСАСЫВАТЬ 3.**

ОТСВЕ́ЧИВАТЬ, -аю, -аешь; *несов., чем* и *без доп.* Привлекать к себе внимание, быть на виду (когда явно это не надо). *Уйди, не ~ай.*

Ср. с общеупотр. *разг.* «светиться» в том же зн.

♦ **ОТ СВЕ́ЧКИ ДО ПЕ́ЧКИ** — всё, от начала до конца (о наличии всего необходимого, положенного), напр.: *Отделал квартиру: пол с обогревом, стиральная машина, мебель — всё, от свечки до печки.*

ОТСЕ́РИТЬ, -рю, -ришь; *сов., что.* То же, что **ОТКСЕРИТЬ**.

Аллюзии к **СЕРИТЬ**.

ОТСО́С, -а (или **~ ПЕТРО́ВИЧ**; **~ ПОДСО́С И АРАМИ́С**). Неудача, провал, отказ, фиаско, невезение. *~, не прошёл* — не поступил в вуз. *~ показали* — отказали.

Ирон. передел. имена героев ряда романов А. Дюма (см. также **ОТСОС, ПОДСОС, АНАНИС И АБОРТАНЬЯН**).

ОТСОСАТЬ *см.* **ОТСАСЫВАТЬ**

ОТСОСАТЬСЯ *см.* **ОТСАСЫВАТЬСЯ**

ОТСОСИ́НОВИК, -а, *м. Шутл.* О любом человеке.

От общеупотр. «отсосать» + «подосиновик».

♦ **ОТСО́С, ПОДСО́С, АНАНИ́С И АБОРТАНЬЯ́Н** — *ирон.* о сексе.

Передел. имена героев серии романов А. Дюма Атос, Портос, Арамис и Д'Артаньян.

ОТСТА́ВИТЬ, *неизм.* Восклиц., выражающее отказ от чего-л. ранее сказанного.

Из *арм.*

ОТСТЁБЫВАТЬ, -аю, -аешь; *несов.* (*сов.* **ОТСТЕБА́ТЬ**, -бу́, -бёшь), *кого.* **1.** Вступать в половую связь с кем-л. (о мужчине). **2.** Избивать, наказывать кого-л.

От **СТЕБАТЬ**.

ОТСТЁГИВАТЬСЯ, -аюсь, -аешься; *несов.* (*сов.* **ОТСТЕГНУ́ТЬСЯ**, -ну́сь, -нёшься); *без доп.* Падать в обморок, терять сознание, засыпать; приходить в какое-л. крайнее эмоциональное состояние.

ОТСТЕГНУТЬ *см.* **ПОДОШВЫ ОТСТЕГНУТЬ**

ОТСТЁЖКА, -и, *ж.* Гонорар, оплата.

От *прост.* «отстегнуть (денег)».

ОТСТЁЖНИК, -а, *м.* Тот, кто платит за что-л., финансирует что-л.

От *прост.* «отстегнуть (денег)».

ОТСУСО́ЛИВАТЬ, -аю, -аешь; *несов.* (*сов.* **ОТСУСО́ЛИТЬ**, -лю, -лишь). **1.** *кому что.* Выдавать, перечислять, передавать, давать (о деньгах). **2.** *что.* Тратить, растрачивать, транжирить. *Ты не разговаривай, а бабло* (деньги) *отсусоливай!*

♦ **ОТ СЫ́РОСТИ** *что получилось* (или *что взялось*) — *ирон.* о происхождении чего-л., напр.: *Откуда деньги-то у нас заведутся, от сырости, что ли?*

♦ **ОТСЮ́ДА ПОПОДРО́БНЕЙ, ПОЖА́ЛУЙСТА** — шутл. реплика, выражающая заинтересованность в словах собеседника, напр.: *— Если поможешь, денег дам! — А вот отсюда поподробней.*

ОТТОРЦЕВА́ТЬ, -цу́ю, -цу́ешь; *сов., кого по чему, во что.* Ударить, избить кого-л.

От **ТОРЦЕВАТЬ, ТОРЕЦ**.

ОТТУДА *см.* **ЗВОНОК ОТТУДА**

ОТТЫ́РИВАТЬ, -аю, -аешь; *несов.* (*сов.* **ОТТЫ́РИТЬ**, -рю, ришь), *что у кого.* Красть, утаивать, не делиться с кем-л.

От **ТЫРИТЬ**, *ср.* также *уг.* «оттырить» — оттолкнуть, обмануть при дележе, «оттырка» — утайка чего-л. при дележе с сообщниками, «оттырщик» — помощник карманного вора.

ОТТЯГ *см.* **ОТТЯЖКА**

ОТТЯ́ГИВАТЬ, -аю, -аешь; *несов.* (*сов.* **ОТТЯНУ́ТЬ**, -яну́, -я́нешь). **1.** *без доп.* Благоприятно действовать против похмелья или др. недуга (о чае, свежем воздухе и т. п.). *Попей чайку, оттянет. Ой, монументально* (хорошо) *цитрамончик оттягивает* (проходит головная боль). **2.** *кого чем.* Давать деньги на выпивку; веселить, развеивать дурные мысли. *Оттяни, братан, четвертным* (двадцатью пятью рублями).

ОТТЯ́ГИВАТЬСЯ, -аюсь, -аешься; *несов.* (*сов.* **ОТТЯНУ́ТЬСЯ**, -яну́сь, -я́нешься), *на чём, чем, с чего, от чего* и *без доп.* Отдыхать, расслабляться, уезжать на отдых, отходить от забот; напиваться. *~ пивком. Оттягиваться в полный рост* — очень хорошо отдыхать.

ОТТЯ́ЖКА, -и, *ж.*, **ОТТЯ́Г**, -а, *м.* Отдых, отход от забот, приятное времяпрепровождение, расслабление, отпуск. *Два месяца оттяжки. Деньги на оттяжку коплю. Он в ~е.*

От **ОТТЯГИВАТЬ, ОТТЯГИВАТЬСЯ**.

ОТТЯ́ЖНИК, -а, *м.* Тот, кто даёт деньги на выпивку, отдых и т. п.

От **ОТТЯЖКА**.

ОТТЯНУТЬ *см.* **ОТТЯГИВАТЬ**

ОТТЯНУТЬСЯ *см.* **ОТТЯГИВАТЬСЯ**

ОТТЯПАТЬ КУСМАН *см.* **КУСМАН**

ОТФАРФО́РИВАТЬ, -аю, -аешь; *несов.* (*сов.* **ОТФАРФО́РИТЬ**, -рю, -ришь), *что.* Отделывать, заканчивать «косметическую» отделку, наводить лоск.

От общеупотр. «фарфор».

ОТФЕ́ЙСИТЬ, *1 л. ед. ч.* обычно не употр., -сишь; **ОТФЕЙСОВА́ТЬ**, -су́ю, -су́ешь; *сов., кого.* Избить, обычно по лицу.

От **ФЕЙС**.

ОТФИГА́ЧИВАТЬ, -аю, -аешь; *несов.* (*сов.* **ОТФИГА́ЧИТЬ**, -чу, -чишь). **1.** *что от чего.* Отбивать, откалывать. *Отфигачил носик у чайника.* **2.** *что* и *без доп.* Делать что-л. необычное, выдающееся. *Ну ты и отфигачил штучку!* — ну ты даёшь! **3.** *кого.* Избивать. **4.** *кого.* Вступать с кем-л. в половую связь (о мужчине).

От **ФИГ, ФИГАЧИТЬ**.

ОТФИГА́ЧИВАТЬСЯ, -аюсь, -аешься; *несов.* (*сов.* **ОТФИГА́ЧИТЬСЯ**, -чусь, -чишься), *от чего* и *без доп.* Отрываться, отклеиваться, отходить, отставать, отбиваться.

От **ФИГ, ФИГАЧИТЬ**.

ОТФИГАЧИТЬ *см.* **ОТФИГАЧИВАТЬ**

ОТФИГАЧИТЬСЯ *см.* **ОТФИГАЧИВАТЬСЯ**

ОТХЛЫ́НУТЬ, -ну, -нешь; *сов., от кого* и *без доп.* Отойти, «отстать», перестать домогаться. *~ынь, повидло* — отстань, отойди, пошёл вон, надоел ты мне.

ОТХОДИ́ТЬ, -ожу́, -о́дишь; *несов.* (*сов.* **ОТОЙТИ́**, -йду́, -йдёшь), *без доп.* В домино: делать ход, ставя кость поперёк.

ОТХОДИТЬ* *см.* **КУЙ ЖЕЛЕЗО, НЕ ОТХОДЯ ОТ КАССЫ**

ОТХОДНЯ́К, -а́, *м.* **1.** Похмелье, утро после попойки. *С ~а не соображать.* **2.** Состояние перед концом чего-л. (напр., предсмертное состояние); процедура, посвящённая концу чего-л. (напр., поминки, соборование, проводы и т. п.); празднование, застолье по поводу окончания чего-л. *Сначала на кладбище, потом — ~. Завтра ~ — Юрка в армию уходит. Вот работу закончим — и ~ закатим.*

ОТХРЕНА́ЧИВАТЬ, -аю, -аешь; *несов.* (*сов.* **ОТХРЕНА́ЧИТЬ**,-чу,-чишь). **1.** *что от чего.* Откалывать, отклеивать, отсоединять. **2.** *что* и *без доп.* Производить какое-л. необычное действие. **3.** *кого.* Бить. **4.** *кого.* Вступать с кем-л. в половую связь (о мужчине).

От **ХРЕН, ХРЕНАЧИТЬ**.

ОТХРЕНА́ЧИВАТЬСЯ, -аюсь, -аешься; *несов.* (*сов.* **ОТХРЕНА́ЧИТЬСЯ**, -чусь, -чишься). Отставать, отклеиваться, обрываться, отсоединяться.

От **ХРЕН, ХРЕНАЧИТЬ**.

ОТХРЕНАЧИТЬ *см.* **ОТХРЕНАЧИВАТЬ**

ОТХРЕНАЧИТЬСЯ *см.* **ОТХРЕНАЧИВАТЬСЯ**

ОТХРЯ́ЧИТЬСЯ, -чусь, -чишься; *сов., с чем* и *без доп.* Отработать, закончить работу.

От **ХРЯЧИТЬСЯ**.

♦ **ОТ ЦЕ ГА́РНО!** — вот это да!, ну и ну! (чаще с элементом ирон. неодобрения).

Укр. «вот это хорошо!»

ОТЧА́ВКАТЬ, -аю, -аешь, **ОТЧА́ВКАТЬСЯ**, -аюсь, -аешься; *сов., с чем* и *без доп.* Отделаться, отговориться, покончить с чем-л. *С докладом отчавкался.*

Возм. от **ЧАВКАТЬ 1**.

ОТЧЕПИ́ТЬСЯ, -еплю́сь, -е́пишься; *сов., от кого с чем* и *без доп.* Отстать, отойти, отвязаться; прекратить приставать. *Да отчепись ты со своими заворотами* (странностями).

От *диал.* «отчепиться» в том же зн.; *ср. прост.* «отцепиться».

ОТШЕЛУШИ́ТЬ, -шу́, -ши́шь; *сов., кого.* **1.** Вступить в половую связь с кем-л. **2.** Отобрать деньги у кого-л., заставить отдать определённую сумму. **3.** Избить.

От **ШЕЛУШИТЬ**.

ОТШИВА́ТЬСЯ, -а́юсь, -а́ешься; *несов.* (*сов.* **ОТШИ́ТЬСЯ**, отошью́сь, отошьёшься), *от кого* и *без доп.* Отставать, уходить.

От общеупотр. *разг.* «отшить кого-л.» — заставить отстраниться, отстать; *ср.* также *уг.* «отшить» — оправдаться, «отшитый» — попавшийся за кражу.

ОТШКВОРЧА́ТЬ, -чу́, -чи́шь; *сов.* **1.** *без доп.* Отговорить, закончить разговаривать; закончить работать, делать что-л. **2.** употр. только в *3 л., без доп.* Потухнуть, кончиться, погаснуть (о папиросе, сигарете). *У меня ~чала.*

От общеупотр. «шкворчать» — шипеть, потрескивать на огне.

ОТЪЕЗЖА́ТЬ, -а́ю, -а́ешь; *несов.* (*сов.* **ОТЪЕ́ХАТЬ**, -е́ду, -е́дешь), *без доп.* **1.** Умирать. **2.** *без доп.* Сходить с ума, становиться странным. *Ты что, совсем отъехал?* **3.** Уезжать навсегда за границу.

ОТЫМЕ́ТЬ, -е́ю, -е́ешь; *сов., кого.* **1.** Отругать, сделать выговор, отчитать. **2.** Войти с кем-л. в половой контакт.

От **ИМЕТЬ**.

ОФИГЕВА́ТЬ, -а́ю, -а́ешь; *несов.* (*сов.* **ОФИГЕ́ТЬ**, -е́ю, -е́ешь), *с кого-чего, на кого-что* и *без доп.* Удивляться, поражаться; приходить в какое-л. крайнее эмоциональное или физическое состояние. *Я не устаю на совок* (Советский Союз) *офигевать — цирк с огнями, а не страна.*

ОФИГЕВШИЙ *см.* **КАК ОФИГЕВШИЙ ЗОМБИ**

ОФИГЕННЫЙ *см.* **ОФИГИТЕЛЬНЫЙ; ПЕЙТЕ ПИВО ПЕННОЕ, БУДЕТ РОЖА ОФИГЕННАЯ**

ОФИГЕТЬ *см.* **ОФИГЕВАТЬ**

ОФИГИ́ТЕЛЬНЫЙ, -ая, -ое, **ОФИГИТИ́ТЕЛЬНЫЙ**, -ая, -ое, **ОФИГЕ́ННЫЙ**, -ая, -ое. **1.** Хороший, прекрасный, чудесный. **2.** Огромный, высокий. *~ дом. ~ые цены.*

ОФИЗДИПЕ́ТЬ, -е́ю, -е́ешь, **ОФИЗДИПЕ́НИТЬ**, -ню, -нишь; *сов., от чего, с чего* и *без доп.* Получить какое-л. сильное впечатление; прийти в какое-л. крайнее эмоциональное состояние; устать; возбудиться.

Возм. намёк на нецензурное.

ОФИЦЕ́РКА, -и, *ж.* Офицерская столовая; офицерская комната.

Из *арм.*

ОФЛАКО́НИВАТЬСЯ, -аюсь, -аешься; *несов.* (*сов.* **ОФЛАКО́НИТЬСЯ**, -нюсь, -нишься), *без доп.* Приобретать или выпивать бутылку спиртного.

От **ФЛАКОН**.

ОФОНАРЕ́ТЬ, -ре́ю, -ре́ешь; *сов.* **1.** *с чего, от чего* и *без доп.* Прийти в какое-л. крайнее эмоциональное состояние (напр., отупеть, устать, возмутиться, удивиться). **2.** *кому что, что делать.* Надоесть. *Мне уже это дело до поноса* (сильно) *~рело.*

ОФОРМЛЯ́ТЬ, -я́ю, -я́ешь; *несов.* (*сов.* **ОФО́РМИТЬ**, -млю, -мишь), *кого.* **1.** Избивать кого-л. **2.** Вступать в половую связь с кем-л.

ОХЛАЖДЁНКА, -и, *ж.* Не замороженное, а охлаждённое мясо; замороженное мясо, которое специально поливают из шланга горячей водой для увеличения веса.

Из жарг. мясников.

ОХМУРЁЖ, -режа́ (или -а), **ОХМУРЯ́Ж**, -ряжа́ (или -а), *м.* Кокетство (чаще женское); уловки, действия с целью понравиться.

От общеупотр. *прост.* «охмурять»; *ср.* **ОХМУРЯЖИВАТЬ**. Вероятно, сл. распространилось под влиянием романа И. Ильфа и Е. Петрова «Золотой телёнок».

ОХМУРЁЖНИК, -а, *м.*, **ОХМУРЁЖНИЦА**, -ы, *ж.* Тот (та), кто стремится понравиться, кокетничает, строит глазки и т. п.

От **ОХМУРЁЖ**.

ОХМУРЯЖ *см.* **ОХМУРЁЖ**

ОХМУРЯ́ЖИВАТЬ, -аю, -аешь; *несов.* (*сов.* **ОХМУРЯ́ЖИТЬ**, -жу, -жишь), *кого.* Охмурять; заставлять влюбиться в себя.

ОХОТИТЬСЯ НА БЕКАСОВ *см.* **БЕКАС**

ОХОТНИКИ ЗА СКАЛЬПАМИ *см.* **СКАЛЬП**

ОЦЕ́НИВАТЬ, -аю, -аешь; *несов.* (*сов.* **ОЦЕНИ́ТЬ**, -еню́, -е́нишь), *что, кого, во сколько, на сколько. Шутл.* Осудить, дать срок за какое-л. преступление. *Совращение малолетних сейчас во сколько оценивают? За это дело тебя на пятёрку* (пять лет) *оценят.*

ОЧЕВИДНОЕ *см.* **ВЫШЕ ПОЯСА — В МИРЕ ЖИВОТНЫХ...**

О ЧЁМ ПАРЛЕ! *см.* **ПАРЛЕ**

ОЧЕПЯ́ТКА, -и, *ж.* Опечатка

Шутл. метатеза

ОЧЕ́ШНИК, -а, *м.*, **ОЧЕ́ШНИКИ**, -ов, *мн.* **1.** Очки. **2.** То же, что **ОЧКО** во всех зн.

ОЧИЩА́ТЬ, -а́ю, -а́ешь; *несов.* (*сов.* **ОЧИ́СТИТЬ**, -и́щу, -и́стишь), *что, от чего* и *без доп.* Заплатить пошлины и налоги за вещь, товар (или нелегально оформить документы, что они заплачены). *Тачку* (машину) *очистить.*

См. также **ОЧИЩЕННЫЙ**.

ОЧИ́ЩЕННАЯ, -ой, *ж.* Водка. *Пузырь ~ой.*

ОЧИ́ЩЕННЫЙ, -ая, -ое. О вещи, товаре (машине и т. п.), на которые у владельца есть документы о том, что за неё уплачены налоги, пошлины. ~ *мерс* (мерседес).

От **ОЧИЩАТЬ**, *ср.* **ЧИСТЫЙ**, **ВЧИСТУЮ**.

ОЧКА́РИК, -а, *м. Ирон.* Человек, который считается умным, образованным, интеллигентным.

♦ **ОЧКА́РИК, В ПО́ПЕ ША́РИК** — *ирон.* о человеке в очках.

Из *шк.* или *детск.*

ОЧКИ́, -о́в, *мн.* **1.** Глаза. ~ *закрой. Протри* ~ — смотри внимательно. **2.** Человек в очках. **3.** Документы, удостоверение и т. п. (обычно поддельные).

3. — из *уг.*, *ср.* также «очки липовые» (или «линковые») — фальшивые документы.

ОЧКИ* *см.* **А ОЧКИ НЕ ЗАПОТЕЮТ?**; **ВТИРАТЬ (ОЧКИ)**; **НАДЕНЬ ОЧКИ, А ТО ПРОСТУДИШЬСЯ**; **ПОЛУЧИТЬ ПО ОЧКАМ**

ОЧКО́, -а́, *ср.* **1.** Пах, половые органы, пространство между ногами. *Дать коленом по ~у. Держи* ~ (защищай от удара). *Забить гол в* ~ (когда мяч или шайба пролетают в ворота между ногами вратаря). **2.** Разновидность карточной игры. **3.** Окно, щель. *Из ~а дует.* **4.** Туалет, унитаз, отверстие в туалете. ♦ **~ драить** (или **задраивать**) — мыть туалет.

Все зн. возм. из *уг.* или из *карт.*; *ср. уг.* «очко» — окно, смотровая щель, задний проход, форточка, задний карман брюк, карта. См. также **В ОЧКО**; **ПОПАСТЬ В ОЧКО**; **СЕРДЦЕ ПОЁТ, ОЧКО ИГРАЕТ**; **СИДИТ МАРТЫШКА У ПРУДА...**; **СТО ОЧКОВ**

ОЧКОВА́ТЬ, -ку́ю, -ку́ешь; *несов.*, *кого-чего, что делать* и *без доп.* Трусить, бояться, малодушничать.

От «очко».

ОЧКОВАЯ КОБРА *см.* **КОБРА**

ОЧКОВИ́ТЫЙ, -ая. Боязливый, трусливый.

От **ОЧКОВАТЬ**.

♦ **ОЧКО́ ИГРА́ЕТ** (или **ЗАИГРА́ЛО, НА НУЛЕ́**) *у кого* — кто-л. испугался, боится.

♦ **ОЧКО́-ТО НЕ ЖЕЛЕ́ЗНОЕ** *у кого* — о человеке, который боится.

ОЧКОДРА́Л, -а, *м.* Тот, кто убирает, чистит туалет.

От **ОЧКО 4**; из *уг.* или *арм.*

ОШИБКА *см.* **ЖЕРТВА (ОШИБКИ АКУШЕРА)**

ОШИЗЕ́ТЬ, -е́ю, -е́ешь; *сов.*, *с чего, от чего* и *без доп.* Стать странным; сойти с ума; прийти в какое-л. эмоциональное состояние.

От **ШИЗ**, **ШИЗЕТЬ**.

ОШМАЛЯТЬ *см.* **ОБШМАЛЯТЬ**

ОШМОНАТЬ *см.* **ОБШМОНАТЬ**

ОШУ́РКИ, -рок, **ОШУ́ШКИ**, -шек, *мн.* **1.** Остатки, объедки, очистки. **2.** Ерунда, чушь, безделица. **3.** Пища, порция, не тронутая клиентом (в ресторане и т. п.).

3. — возм. из языка официантов и др. работников ресторанов, баров и т. п.; возм. от *устар. диал.* «ошурки» — вытопки сала, выварки, подонки, поскрёбыши, крохи; *ср.* «ошурковый обед» — обед из остатков на другой день после пира.

П

ПА́ВЕЛ, -вла, **ПАВЕЛЮ́ЖНИК**, -а, **ПАВЛЮ́ГИН**, -а, *м.*, **ПАВЛЮ́ГА**, -и, **ПАВЛЮ́ЖКА**, -и, *ж.*, **ПАВЕЛЮ́ГА**, -и, *м.* и *ж.*, *собств.* Павелецкий вокзал в Москве, а также Павелецкая железная дорога, «павелецкое направление». *По Павлюге сорок вёрст.*

ПАВЛИК *см.* **ЯСНЫЙ ПАВЛИК...**

ПАВЛЮГА, **ПАВЛЮГИН**, **ПАВЛЮЖКА**, **ПАВЛЮЖНИК** *см.* **ПАВЕЛ**

ПАГОЛЁНОК, -нка, *м.* Парнишка, мальчишка, малец. ♦ **Не бзди ~нком** — не лги.

От *устар.* «паголенок» — голенище чулка, чулки с отрезанными носками, штанина, калоша; от общеупотр. «голень»; раньше в Москве «паголенками» называли официантов, половых.

ПА́ДАЛЬ, -и, *ж.*, **ПАДЛЮ́ЖНИК**, -а, *м.*, **ПАДЛЮ́КА**, -и, **ПАДЛЮ́ЧКА**, -и, *ж.* **1.** Руг. *Ну ты и ~!* **2.** Ирон.-дружеское обращение. *Ползи* (иди) *сюда, падлюжник.* **3.** (обычно только **ПА́ДАЛЬ**). Уставший, измотанный (о себе). *Два часа в конторе посижу, и я ~.*

ПА́ДАТЬ, -аю, -аешь; *несов.* **1.** *от чего, с чего* и *без доп.* Приходить в какое-л. сильное эмоциональное состояние. *Не пойму, чего ты ~аешь с этих митингов* (почему ты в таком восторге от этих митингов). *Падай!* — сейчас ты удивишься, сейчас я расскажу тебе нечто необычное. **2.** *куда* и *без доп.* Общее наименование какого-л. интенсивного, быстрого, стремительного действия. *~ай ко мне* — иди сюда. *~ на что* — быстро приступать к какой-л. работе, заданию, напр.: *~ на плац* — приступать к уборке плаца (в армии).

Возм. изначально из *арм.*

ПАДАТЬ* *см.* **АГА, СПЕШУ И ПАДАЮ; БОЛЬШИЕ ШКАФЫ ГРОМКО ПАДАЮТ**

ПА́ДЕЛ, -а, *м.*, **ПА́ДЛА**, -ы, *ж.* То же, что **ПАДАЛЬ 1., 2.** ♦ **В падлу** *что, что делать* — плохо, нечестно; не хочется, не годится, напр.: *Мне в падлу на дядю пахать* (работать не для себя).

Возм. от общеупотр. «падаль» через *уг.* «падла» — негодный, ненужный, последний, неуважаемый человек; *ср.* также **ЗАПАДЛО**.

ПАДЛЮЖНИК, ПАДЛЮКА, ПАДЛЮЧКА *см.* **ПАДАЛЬ**

ПАДЛЯ́ЧИТЬ, -чу, -чишь; *несов., кому* и *без доп.*, **ПАДЛЯ́ЧИТЬСЯ**, -чусь, -чишься, *несов., без доп.* Делать гадости, совершать подлости, доносить, жадничать и т. п.

Возм. от **ПАДАЛЬ, ПАДЕЛ, ПАДЛА**; возм. также передел. общеупотр. «подлость, подличать».

ПАЁК, пайка́, *м.*, **ПА́ЙКА**, -и, *ж.* **1.** Порция еды, напр. в столовой. **2.** Удар, пинок, тычок. ♦ **Всадить** (или **прописать, выдать** и т. п.) **паёк** (или **пайку**) *кому* — ударить, пнуть, толкнуть кого-л.

ПАЙКО́ВЫЙ, -ая, -ое. Относящийся к номенклатуре, элите, правительству. *Дома́ ~ые. Сволочь ~ая. Членовоз (автомобиль) ~.*

От «паёк», *разг.* «правительственный паёк».

ПАКЕ́Т, -а, *м.* Ирон. обращение (обычно к говорящему что-л.). *~, ты что-то прошуршал и выдавил?* — ты, кажется, что-то сказал? (с оттенком недовольства, угрозы).

ПАКЛА́ТЫЙ, -ая, -ое. Волосатый, с длинными, спутанными волосами. *Хипень ~ая* (о хиппи).

От **ПАКЛИ**.

ПА́КЛИ, -ей, *мн.* Волосы (обычно длинные, неаккуратные). *~ до задницы.*

От общеупотр. «пакля»; возм. также влияние **ПАТЛЫ**.

ПА́КШИ, -ей, *мн.* Руки. *Не тяни ~. Спрячь ~.*

Возм. через *уг.* от *диал. устар.* «паки́ла», «пакша́», «паку́ша», «паку́ла», «пакля́», «пальча́» — левша, левая рука, «пакля́» — костлявая, неуклюжая или сухая рука, «пакля́стый» — сухорукий, «пакши́ща» — лапища, ручища.

ПАЛЕВО *см.* **ГАЛИМЫЙ**

ПАЛЁНЫЙ, -ая, -ое. Ненадёжный, сомнительный, опасный (обычно о деле, мероприятии). *~ое дело. За ~ую работу платить надо, а не спасибничать* (спасибо говорить).

Возм. от общеупотр. *разг.* «палёный», «палёное дело», «это пахнет палёным» и т. п. — о чём-л. опасном.

ПАЛЕСТИ́НОВКА, -и, *ж., собств.* Станция Валентиновка под Москвой, известное дачное место.

Намёк на большое число евреев, хозяев местных дач.

ПА́ЛЕЦ, -льца, *м.* **1.** (или **ДВА́ДЦАТЬ ПЕ́РВЫЙ ~**). Мужской половой орган. **2.** Худой, тощий человек. **3.** Рубль. **4.** Шутл. обращение.

ПАЛЕЦ* *см.* **ВЫХОД ТРЕМЯ КНОПКАМИ; ДВА ПАЛЬЦА В ЖОПУ...; ДВА ПАЛЬЦА ЛОБИК...; ЖОПА; КИДАТЬ ПАЛЬЦЫ; КОМБИНАЦИЯ (ИЗ ТРЁХ ПАЛЬЦЕВ); ЛЕТАТЬ НА ПАЛЬЦАХ; НИ В ЗУБ НОГОЙ, НИ В ЖОПУ ПАЛЬЦЕМ; ОБОССАТЬ; ПАЛЬЦЫ В ДВЕРЬ (В КОСЯКИ) НЕ ПРОЛЕЗАЮТ; ПАЛЬЦЫ ВЕЕРОМ — СОПЛИ ПУЗЫРЁМ...; ПАЛЬЦЫ ГНУТЬ; СДЕЛАТЬ (ПОКАЗАТЬ) ФИГУРУ ИЗ ПЯТИ ПАЛЬЦЕВ; С ПАЛЕЦ; ТРЕМЯ ПАЛЬЦАМИ (КНОПКАМИ) НЕ ПОДНЯТЬ; ТЫКАТЬ ПАЛЬЦЕМ; ЧТОБ ПАЛЬЦЫ НА НОГАХ БЫЛИ ВОТ ТАК; ЯСНО, ПАЛЕЦ**

ПА́ЛКА, -и, *ж.* **1.** Мужской половой орган. **2.** Электрогитара или *пренебр.* о дешёвой гитаре. ♦ **Кинуть** (или **бросить, поставить, вбить, забить, вправить** и т. п.) **~у** *кому* — вступить с кем-л. в половую связь (о мужчине).

2. — из *муз.*

ПАЛКА* *см.* **А ТЕБЕ ПО ГУБЕ...; ЁЛКИ(-ПАЛКИ ЛЕС ГУСТОЙ...); ЁЛКИ(-ПАЛКИ)**

ПА́ЛКИН, -а, *м.* (или **~ ШТРА́ССЕ**). Любовное свидание; половой акт. ♦ **Выйти на ~ штрассе** — заняться любовью.

От **ПАЛКА** + нем. Strasse — улица.

ПАЛКОСТОЯ́НИЕ, -я, *ср.* *Шутл.* Эрекция.

От **ПАЛКА** + «стоять».

ПАЛОЧКА *см.* **ГОВНО; НОЛЬ (БЕЗ ПАЛОЧКИ); РАКОВАЯ ПАЛОЧКА**

♦ **ПА́ЛОЧКА ЗДОРО́ВЬЯ** — сигарета, напр.: *Ну, покушали — теперь по палочке здоровья на балкончике.*

ПА́ЛУБА, -ы, *ж.* Женская фигура. *Не знаю, как трюм, а ~ хорошая!*

ПАЛЬ, -и, *ж.* Наиболее дешёвый наркотик (часто анаша).

Из *нарк.* или *уг.* возм. от общеупотр. «палить», «палёный» и т. д.

ПАЛЬТО *см.* **КОНЬ В КОЖАНОМ ПАЛЬТО**

ПАЛЬЦЕВА́ТЬ, -цу́ю, -цу́ешь; *несов., без доп.* Нарочито демонстрировать своё богатство, силу, связи, хвалиться своими успехами; вести себя вызывающе, угрожать, намекая на личные связи. *Вон, сотник* (сотовый телефон) *вытащил, ~цует, придурок.*

От «палец», первоначально связано с характерным уголовным жестом — выставлением указательного пальца и мизинца — как знаком приобщённости к блатному, воровскому миру.

ПАЛЬЦО́ВКА, -и, *ж.* Демонстрация богатства, преуспевания, успехов, связей и т. п. *Смотри, котлету* (пачку) *баксов* (долларов) *вынимает, сейчас ~ начнётся.*

От **ПАЛЬЦЕВАТЬ**.

♦ **ПА́ЛЬЦЫ В ДВЕРЬ** (или **В КОСЯКИ́**) **НЕ ПРОЛЕЗА́ЮТ** *у кого* — о человеке, постоянно демонстрирующем свое богатство, мощь, связи и т. п.

См. **ПАЛЬЦЕВАТЬ**.

♦ **ПА́ЛЬЦЫ ВЕ́ЕРОМ — СО́ПЛИ ПУЗЫРЁМ, ДЁСНЫ В ВОЛОСА́Х, НА ЗУБА́Х КОЛЮ́ЧКИ, НА НОГА́Х ФИ́ГИ** — *ирон.* о т. н. «новом русском», его заносчивости, самоуверенности, наглости, а также о любом излишне самоуверенном, нахальном человеке.

См. **ПАЛЬЦЕВАТЬ**.

♦ **ПА́ЛЬЦЫ ГНУТЬ** — делать специфические жесты, подражая уголовникам (обычно выставляя указательный палец и мизинец).

ПАМПАСЫ *см.* **УЙТИ В ПАМПАСЫ**

ПАМПЕРС *см.* **СНИКЕРСЫ-ПАМПЕРСЫ**

ПАМПУ́ХА, -и, **ПАМПУ́ША**[1], -и, **ПАМПУ́ШЕЧКА**, -и, **ПАМПУ́ШКА**[1], -и, *ж.* Симпатичная девушка, женщина (обычно полненькая, румяная).

От *диал.* «пампуха», «пампушка», «пампух» — род пышки, оладьи, лепёшки.

ПАМПУ́Ш, -а, *м.*, **ПАМПУ́ША**[2], -и, **ПАМПУ́ШКА**[2], -и, *ж.* Памятник А. Пушкину на Пушкинской площади в Москве.

Сл. зафиксированы в 20–30-х гг.

ПАМПУША[1] *см.* **ПАМПУХА**

ПАМПУША[2] *см.* **ПАМПУШ**

ПАМПУШЕЧКА *см.* **ПАМПУХА**

ПАМПУШКА[1] *см.* **ПАМПУХА**

ПАМПУШКА[2] *см.* **ПАМПУШ**

ПА́МЯТНИК, -а, **ПА́МЯТНИЧЕК**, -чка, *м. Ирон.* Член общества «Память»; любой политически консервативный человек.

Из арго демократически настроенной интеллигенции.

ПАМЯТНИК* *см.* **ПРИКИДЫВАТЬСЯ ПАМЯТНИКОМ**

ПАМЯТНИЧЕК *см.* **ПАМЯТНИК**

ПАНА́МА, -ы, **ПАНА́МКА**, -и, *ж.* **1.** Милиционер. *Давай у панамки спросим. Эй, панама, папа из Вьетнама* (намёк на малорослость). **2.** Хитрость, уловка, обман. *Панаму подложить. Устроим дяде панамку?*

2. — по назв. крупного скандала 1889 г., вызванного финансовыми злоупотреблениями при строительстве Панамского канала.

ПАНАСО́НИК, -а, *м.* Японец, а также обобщённо о японцах, корейцах, китайцах и жителях Юго-Восточной Азии. *Все отели в ~ах.*

От назв. популярной фирмы.

♦ **ПАН ДРИ́СТУС** — понос, расстройство желудка.

От **ДРИСТАТЬ**. Шутл. имитация *собств.*

ПАНКАТУ́РА, -ы, *ж.* **1.** Панк. **2.** *собир.* Панки. **3.** Специфическая панковская причёска. *~у на черепе забрить* — сделать панковскую стрижку.

♦ **ПАНК НА ГОЛОВЕ́ ВСТАЛ** *у кого* — о крайнем удивлении, изумлении.

ПАНКОВА́ТЬ, -ку́ю, -ку́ешь; *несов., без доп.* **1.** Быть панком. **2.** Вести себя каким-л. особым образом; стараться выделиться из общей массы яркой одеждой, непривычным поведением и т. п. *Ну что, ~куем?*

♦ **ПАНКУ́ЮЩАЯ РЕДИ́СКА** — *ирон.* о ком-л. ничтожном, старающемся пустить пыль в глаза, набивающем себе цену и т. п.

ПАНО́ПТИКУМ, -а, *м., собств.* МГУ им. М. В. Ломоносова (реже — о др. высших учебных заведениях г. Москвы).

ПАНФУ́РИК, -а, *м.* Бутылка спиртного.

Возм. связано с *устар. диал.* «пафурка» — что-л. (напр. веник), поставленное на шест в качестве знака, маяка, «пафура» — тот, кто нюхает табак; *см.* также **ПАФНУРИК**.

ПА́НЯ, -и, *м.* **1.** То же, что **ПАПА** во всех зн. **2.** Отец.

2. — возм. сокращ. от общеупотр. «папаня».

ПА́ПА, -ы, *м.* **1.** Большой, толстый человек. **2.** Глава компании, предводитель; всеми уважаемый человек. **3.** Активный гомосексуалист. **4.** Шутл. обращение к любому лицу. *~, дай закурить.*

ПАПА* *см.* **ГАДСКИЙ... ПАПА; НУЖНО КАК ПАПЕ РИМСКОМУ ЗНАЧОК ГТО; РАБОТАТЬ, КАК ПАПА КАРЛО; ТВОЙ ПАПА; ТВОЯ ВТОРАЯ ПАПА**

♦ **ПА́ПА КА́РЛО** — **1.** *собств.* Карл Маркс. **2.** Человек, который много работает, вкалывает, трудяга; альтруист; козёл отпущения.

От имени персонажа сказки А. Толстого «Золотой ключик, или Приключения Буратино».

ПАПА́Н, -а, **ПАПА́ХЕН**, -а, *м.* **1.** Отец, папа. **2.** То же, что **ПАПА** во всех зн.

Возм. макаронизация на фр. и нем. манер.

♦ **ПА́ПА РИ́МСКИЙ** (и **МА́МА РИ́МСКАЯ**) — неизвестно кто, бог знает кто, напр.: *А кто работать будет, папа римский с мамой римской, что ли?*

ПАПАХЕН *см.* **ПАПАН**

ПА́ПИК, -а, *м.* **1.** То же, что **ПАПА** во всех зн. **2.** Отец, папа. **3.** Мужчина преклонного возраста (по отношению к молодым людям, девушкам). *На меня один лысый ~ запал, цветы дарит* — в меня влюбился пожилой мужчина (из разговора девушек).

ПАПИ́РУС, -а, *м.* Папиросы, сигареты, «курево». *~ кончился. Подпали ~* — дай прикурить.

ПА́ПОРОТНИК, -а, *м. Ирон.* Отец, папа. *Твой ~ дома?*

Ирон. переосмысл. назв. растения.

ПАР, -а (или -у), *м.* Силы, способность что-л. сделать. *~у нету с тобой разговаривать. Что-то у меня в последнее время ~ кончается* (устал, нет сил).

Возм. первоначально из арго машинистов паровозов или пароходов, *ср.* общеупотр. выражение «на всех парах», *ср.* **ПАРЁНКА**.

См. также **НА ПАРАХ**

ПАРА́ДКА, -и, *ж.* **1.** (или **ПАРА́ДНИК**, -а, **ПАРАДНЯ́К**, -а́, *м.* Парадный подъезд; любой подъезд. *Распивать по парадникам. Заночевать в параднике.* **2.** Парадная форма. *Мудак в ~е.*

1. — сокращ. от «парадный» (подъезд), *устар.* субстантив. «парадное»; *ср. уг.* «парадка», «парадуха», «парадняк» — парадная дверь, просто дверь, «парадник» — вор, крадущий одежду из парадных ходов; 2. — из *арм.*

ПАРА́КЛИЯ, -и, *ж.* Грязь, дрянь, что-л. плохое, низкопробное.

Ср. **ПАРАША**[1] **2.**

ПАРАЛЛЕ́ЛЬНО, *нареч.* Наплевать, всё равно, безразлично. *Мне ~, что он там сопит* (говорит). *Он нас пугает, а нам ~.*

ПАРАНДЖА́, -и́, *ж.* Жена. *Сейчас моя ~ уйдёт — выпьем.*

ПАРАФИ́Н, -а, *м.* Гомосексуалист.

ПАРАФИ́НИТЬ, -ню, -нишь; *несов., что.* При подписании протокола, договора и т. п. ставить подпись на каждой странице во избежание замены, подлога.

Из арго дипломатов, бизнесменов, администраторов.

ПАРА́ША[1], -и, *ж.* **1.** Ночной горшок, нужник, туалет, отхожее место. *Сесть на ~у. Пойти в ~у. Драить* (или *пидорасить*) *~у* (чистить, мыть). **2.** Что-л. плохое, некачественное, грязное, неприятное; невкусное, плохо приготовленное; неинтересное и т. п. *~, а не книга. ~ей кормить.* **3.** Сплетня, слух (обычно дурные, клеветнические, ложные). *Пустить ~у. Слыхал ~у, Горбачёв на Тетчерихе женится* (на Маргарет Тэтчер). ♦ **Иди ты** (или **пошёл ты**) **в ~у** — иди отсюда, отстань. **Твоё место** (или **Муля, ваше место**) **у ~и** — знай свое место, не выступай.

Ср. *уг.* «параша» — ведро с крышкой для испражнений, обычно в одиночной камере, а также милиция; *ср. устар. диал.* «парашник» — золотарь, тот, кто занимается очисткой нужников, «парашничать» — заниматься этим делом, «парашничанье», «парашничество» — соответствующий промысел.

ПАРА́ША[2], -и, *ж.* Двойка, пара (балл, отметка). *Схлопотать* (или *огрести, нарваться на,* *отхватить* и т. п.) ~*у* — получить двойку. *Навесить* (или *влепить, засадить* и т. п.) ~*у* — поставить двойку.

Возм. из *шк.*

ПАРА́ШЛИВЫЙ, -ая, -ое, **ПАРА́ШНЫЙ**, -ая, -ое. Плохой, грязный, безобразный, отвратительный.

От **ПАРАША**[1].

ПАРАШЮТИ́СТ, -а, *м.* **1.** Налётчик. **2.** Тот, кто работает на кухне, выгребает из тарелок в бачок остатки пищи.

1. — возм. из *уг.*; 2. — из *арм.*, возм. аллюзия к **ПАРАША**[1].

ПАРДОН *см.* **ПРОСТИТЕ РАДИ ПАРДОНА**

ПАРЁНКА, -и, *ж.* Сила, способность что-л. сделать. *Нет ~и работать.*

От общеупотр. «пар»; возм. первоначально из арго машинистов паровозов, пароходов; *ср.* общеупотр. выражение «на всех парах».

ПАРЕНЬ *см.* **ВАЛИТЬ**

ПАРИ́Ж, -а, *м.* и в зн. *сказ.* Что-л. хорошее, высококачественное.

ПАРИЖ* *см.* **АХ, ПАРИЖ, ПАРИЖ, ПАРИЖ...; МОСКВА — ПАРИЖ; ПРОЛЕТАТЬ КАК ФАНЕРА НАД ПАРИЖЕМ; У НАС КАК В ПАРИЖЕ...**

ПАРИ́ЖСКИЙ, -ая, -ое. Хороший, замечательный.

ПАРИЖСКИЙ НАСМОРК *см.* **НАСМОРК**

ПАРИ́ЛКА, -и, *ж.* **1.** Жаркое место. *А в Африке сейчас ~!* (в сравнении с московской зимой). **2.** Приёмная; место, где ждут кого-чего-л.

2. — от **ПАРИТЬСЯ**.

ПА́РИТЬ, -рю, -ришь; *несов.* **1.** *кого где чем, с чем.* Заставлять кого-л. ждать; каким-л. образом воздействовать на кого-л. *Да хватит меня ~!* — отстань. *Ты мне уже час душу ~ришь* (мучаешь, доводишь меня). **2.** *кого чем* и *без доп.* Обманывать, стараться обхитрить.

ПАРИТЬ РЕПУ *см.* **РЕПА**

ПА́РИТЬСЯ, -рюсь, -ришься; *несов., где, с чем,* и *без доп.* Ждать, ожидать, быть в неопределённом состоянии, томительно проводить время; беспокоиться, переживать. *У меня на работе реорганизация, все ~рятся.*

Возм. влияние *уг.* «париться» — быть задержанным, находиться под предварительным следствием.

ПАРКЕТ *см.* **ПАХАТЬ НОСОМ АСФАЛЬТ...**

ПАРКЕТНЫЙ *см.* **ШАРКУН**

♦ **ПАРК КУЛЬТУ́РЫ И́МЕНИ О́ТДЫХА** — *собств.* Парк культуры и отдыха им. Горького в Москве; станция метро «Парк Культуры».

Ирон. передел.

ПАРЛЕ́, *неизм.* в зн. *сказ.* Говорить, болтать, вести речь. *Не надо так много ~.* ♦ **О чём ~!** — конечно, а как же, о чём разговор, напр.: *Поможешь? — О чём ~!*

Фр. parler — говорить.

ПАРЛЕ́КАТЬ, -аю, -аешь; *несов., о чём с кем как* и *без доп.* Говорить, уметь говорить на каком-л. языке. *Ты по-каковски ~аешь?* (на каком языке).

См. **ПАРЛЕ**.

♦ **ПА́РНЫЙ ЗАЕ́ЗД** — половой акт.

ПАРОВО́З, -а, *м.* Какой-л. старый, громоздкий механизм (напр. машина, магнитофон и т. п.).

ПАРОВОЗ* *см.* **ДУРНЕЕ ПАРОВОЗА; ДЫМИТЬ; КАНАТЬ (ИДТИ, БЫТЬ, ТАЩИТЬ, БРАТЬ) ПАРОВОЗОМ...**

ПАРОВО́ЗНИК, -а, *м.* Тот, кто берёт на себя весь груз ответственности; козёл отпущения.

От **КАНАТЬ ПАРОВОЗОМ**.

♦ **ПАРОХО́Д ЕМУ В РОТ** — чёрт его возьми, чтоб его чёрт побрал.

ПАРТЕ́ЕЦ, -е́йца, *м. Ирон.* Член коммунистической партии, убеждённый коммунист.

Подражание прост. огласовке общеупотр. «партиец». *ср.* **ПАРТЕЙНЫЙ**.

ПАРТЕ́ЙНЫЙ, -ая, -ое. *Ирон.* Коммунистический; убеждённый в верности коммунистических идеалов. *Ты не гляди, что я в джинсах и с серьгой в носу — душа-то у меня всё равно наша, ~ая* (из речи студента).

Подражание просторечной огласовке общеупотр. слова «партийный». *ср.* **ПАРТЕЕЦ**.

ПАРТИЗАН *см.* **НУЖНО КАК ЗАЙЦУ (ОСЛИКУ, ПИОНЕРКЕ, ПАРТИЗАНУ) ТРИППЕР; ЧЕМ ДАЛЬШЕ В ЛЕС, ТЕМ ТОЛЩЕ ПАРТИЗАНЫ**

ПАРТИЙНОЕ *см.* **ЧЕСТНОЕ ОКТЯБРЯТСКОЕ...**

ПА́РТИК, -а, *м.* Трус.

ПА́РТИЯ, -и, *ж.* Вечеринка, гулянка. *Вечером я на ~и.*

От англ. party в том же зн. с контаминацией с рус. «партия»; *ср.* **ПАТИ**.

ПАРТИЯ* *см.* **БЛАГО ПАРТИИ — ДЕЛО НАРОДА; НУЖНО КАК ОБЕЗЬЯНЕ ПАРТИЯ**

ПАРУС *см.* **ВЕТЕР ТЕБЕ В ПАРУС ТВОИХ ФАНТАЗИЙ**

ПАРФА́, -ы́, *ж.* **1.** Парфюмерия. *Чего это от тебя ~ой заграничной разит?* **2.** То же, что **ПАРФЮМЕРИЯ**.

Сокращ.

ПАРФЮ́М, -а, *м.*, **ПАРФЮМЕ́РИЯ**, -и, *ж.* **1.** Цветущие деревья, цветы, запах от цветения растений весной. *Пошла майская парфюмерия! Аллергия на весенний парфюм.* **2.** Наркотическое средство, изготовляемое из продуктов парфюмерии.

2. — из *нарк.*

ПАРЧА́, -и́, **ПАРЧУ́ГА**, -и, *ж.* Хорошая, вкусная пища. ♦ **Метать парчугу** — вкусно, сытно есть.

Возм. от общеупотр. «парча» — разновидность дорогой ткани; возм. наложение с общеупотр. «порция» — определённое количество какой-л. еды.

ПАРШИВЫЙ *см.* **ГНУС (ПАРШИВЫЙ)** ; **ПЁС ПАРШИВЫЙ**

ПАСКУАЛИ́НИ, *нескл., м.* и *ж.* Паскуда, мерзавец (мерзавка). *С этим ~ никаких дел!*

Шутл. имитация итал. фамилии.

ПАСКУ́ДА, -ы, *м.* и *ж.*, **ПАСКУ́ДНИК**[1], -а, *м.* Нехороший человек; пакостник.

От *диал.* «паскуда», «паскудник» в том же зн., «паскудничать», «паскудить» — поступать нехорошо, «паскудня» — пакость, сплетня; *ср.* также *уг.* «паскудить» — хвастаться.

ПАСКУ́ДИТЬ[1], -у́жу, -у́дишь; *несов.* **1.** *что* и *без доп.* Портить, пачкать. **2.** *во что* и *без доп.* Испражняться. *Тебе уже шестой год, а ты всё в штаны ~удишь* (мать ребёнку).

От **ПАСКУДА**.

ПАСКУ́ДИТЬ[2], -у́жу, -у́дишь; *несов., без доп.* Работать на компьютере в системе «Паскаль».

Из языка пользователей компьютеров.

ПАСКУДНИК[1] *см.* **ПАСКУДА**

ПАСКУ́ДНИК[2], -а, *м.* Тот, кто работает на компьютере в системе «Паскаль».

От **ПАСКУДИТЬ**[2].

ПАСКУ́ДНИКОВО, -а, *ср., собств.* Район Бескудниково в Москве.

Шутл. контаминация с общеупотр. *прост.* «паскудный».

ПАССАЖИ́Р, -а, *м.* Любой человек; предполагаемая жертва, объект какого-л. жульничества; клиент, которого обвешивают, обманывают и т. п.

Ср. *уг.* «пассажир» — лицо, не принадлежащее к преступному миру, намечаемая жертва преступления или шулерства в картах.

ПАССАТИЖИ *см.* **ЕДРЁНЫЙ**

ПАССИ́В, -а, **ПАССИ́ВНЫЙ**, -ого, *м.* Пассивный гомосексуалист.

ПАСТИ́, -су́, -сёшь; *несов., кого-что.* Вести наблюдение за кем-л., искать что-л., изучать чьё-л. поведение; подкарауливать, обхаживать, искать подступы к кому-чему-л.; ухаживать, приударять. *Уже полгода книжку ~су* (хочу купить, но не могу). *Матрёшку за матрёшкой ~сёт* (ухаживает за девушками), *а никак не женится.*

Возм. влияние *уг.*

ПАСТИ* *см.* **ЕЖЕЙ ПАСТИ**; **МУМУ ПАСТИ**

♦ **ПАСТИ́ СИСТЕ́МУ** — следить за исправностью компьютерной системы.

Из языка программистов.

ПАСТИ́СЬ, -су́сь, -сёшься; *несов., где, около чего, вокруг чего.* Проводить много времени где-л. (часто с какими-л. планами, намерениями). *Все вокруг кассы норовят ~. В кафе ~.*

ПАСТУ́Х, -а́, *м.* **1.** Ухажёр, кавалер. **2.** Вымогатель, участник преступной группировки. **3.** Представитель профессии, задача которого, главным образом, состоит в контроле за оборудованием, показаниями приборов и т. п.; бездельник, лентяй, лодырь.

Ср. **ПАСТИ**.

ПАСТУХ* *см.* **СВИНАРКА И ПАСТУХ**

ПАСТЬ, -и, *ж.* Рот, губы; лицо. ♦ **~ разинуть** *на что* — захотеть, позариться. **Закрой ~, не у врача** — закрой рот. **~ заткнуть** (или **забить, закрыть**) *кому* — заставить замолчать кого-л., расправиться с кем-л.

ПАСХА *см.* **ПОСЛЕДНИЙ РАЗ — И ДО ПАСХИ**

ПА́ТЕЛ, -а (или патла́), *м.* **1.** Лохматый человек. **2.** Длинные неопрятные волосы.

От **ПАТЛА, ПАТЛЫ**.

ПА́ТЕР, -а, *м.* Отец, папа.

Возм. влияние лат. pater.

ПАТЕРИ́К, -а́, *м.* То же, что **ПАТЕР**.

Ср. модель с **ПЯТЕРИК**.

ПА́ТИ, *ж.* или *ср., нескл.* Вечеринка, попойка.

Англ. party — приём гостей, званый вечер, компания; *ср.* **ПАРТИЯ**.

ПАТЛА́, -ы́, *ж.* и *м.* **1.** То же, что **ПАТЛЫ**. **2.** в зн. *прил.* То же, что **ПАТЛАТЫЙ**. **3.** в зн. *собир.* Длинноволосые, волосатики (часто о хиппи). *Вот ~ вьётся* (сидят, собираются хиппи).

ПАТЛА́ТЫЙ, -ая, -ое. Лохматый, с длинными, спутанными волосами.

См. **ПАТЛЫ**.

ПАТЛО́ВЫЙ, -ая, -ое. Длинноволосый или относящийся к тем, кто носит длинные волосы. *~ые тусовки* — собрания длинноволосых.

От **ПАТЛЫ**.

ПА́ТЛЫ, -о́в (или реже па́тел), *мн.* Длинные, часто спутанные, неопрятные волосы.

От *диал.* «па́тла» — прядь, кудер, «патлатый», «патластый» — косматый, всклокоченный, «патлать» — трепать, косматить, теребить волосы; *ср.* **ПАКЛИ**.

ПАТРИО́Т, -а, *м.* Зубрила.

Из *шк.*

ПА́ТЫ, -ов (реже пат), *мн.* Сильно расклёшенные брюки, бывшие в моде в 70-х гг. и вновь вошедшие в моду в 90-х гг.

Возм. от фр. patte d'eléphant в том же зн. (буквально: нога слона).

ПА́ТЬКА, -и, **ПА́ТЯ**, -и, *ж.* Вечеринка, попойка.

От англ. party в том же зн., *ср.* **ПАТИ**.

ПАУЗА *см.* **РЕКЛАМНАЯ ПАУЗА**

ПАУТИ́НА, -ы, **ПАУТИ́НКА**, -и, *ж.* **1.** Короткая цепочка для часов; любая короткая, тонкая цепочка. **2.** Приспособление для игры детей во дворах в форме сферической металлической паутинообразной арматуры, на которой можно лазить, висеть и т. п.

1. — возм. из *уг.*

ПАУТИНА* *см.* **ЖОПА**

ПАУТИНКА *см.* **ПАУТИНА**

ПАФНИ́ТЬ, -ню́, -ни́шь; *несов., с чем* и *без доп.* Делать что-л. плохо, недобросовестно; халтурить.

От **ПАФНЯ**.

ПАФНУ́РИК, -а, *м.* То же, что **ПАНФУРИК**.

Возм. наложение с **ПАФНИТЬ**, **ПАФНЯ**.

ПАФНЯ́, -и́, *ж.* Ерунда, гадость.

Возм. сокращ. от общеупотр. «порнография».

ПА́ФОС, -а, *м.* Право выступать в конце (или в др. наиболее выгодное время) концерта, когда зрители уже полностью подготовлены к восприятию исполнения. *Кого ставим в ~? Звёзд на ~ ставь. Пошёл в начало, ~ом пожертвовал.*

Возм. из *муз.*

ПАФОС* *см.* **КУПАТЬСЯ В ПАФОСЕ**

ПАХА́Н, -а́, *м.* **1.** Отец, папа. **2.** Опытный преступник, глава шайки. **3.** Руководитель, директор какого-л. предприятия, фирмы, заведения и т. п. *Совет ~ов* — совет директоров.

От *уг.* «пахан» — хозяин, отец, муж, содержатель притона; начальник милиции, угрозыска.

ПАХА́НКА, -и, *ж.* **1.** Мать. **2.** Воровка, сообщница крупного вора.

От *уг.* «паханка» — мать, жена, хозяйка, воровка; *см.* также **ПАХАН**.

♦ **ПАХАНЫ́ ДЕРУ́ТСЯ — У ХОЛО́ПОВ ЧУБА́ЙСЫ ТРЕЩА́Т** — *шутл.* передел. старая пословица «паны дерутся — у холопов чубы трещат».

Шутл. наложение «пан» и **ПАХАН** (глава группировки, «вор в законе», «крёстный отец мафии» и т. п.), «чуб» и «Чубайс» (фамилия бывшего вице-премьера).

ПА́ХАРЬ, -я, *м.* Трудолюбивый, много работающий человек; старательный студент, зубрила.

От **ПАХАТЬ**.

ПАХА́ТЬ, пашу́, па́шешь; *несов., без доп.* Работать, трудиться, вкалывать. *Кто пашет, а кто с Мавзолея ручкой машет.* ♦ **~ до красной** (или **кровавой**) **каки** — много, тяжело трудиться.

ПАХАТЬ* *см.* **РОГОМ ПАХАТЬ**

♦ **ПАХА́ТЬ НО́СОМ АСФА́ЛЬТ** (или **ЗЕ́МЛЮ**, **ПАРКЕ́Т**) — падать, ушибаться.

ПАХНУТЬ *см.* **ГОВНО**; **ДЕЛО ПАХНЕТ КЕРОСИНОМ**; **КАПИТАЛИЗМ ЗАГНИВАЕТ...**; **МОКРЫЙ**; **НЕ ПАХНИ РЫБОЙ**; **НЕ ПАХНИ САЛАТОМ**; **НЕ ПАХНИ СЕЛЁДКОЙ**; **НЕ ПАХНИ ЩАМИ**

ПА́ХОТА, -ы, *ж.* Тяжёлая работа.

От **ПАХАТЬ**.

ПАХУ́ЧКИ, -чек, *мн.* Духи. *Французские ~.*

От общеупотр. «пахнуть».

ПАЦАН *см.* **ВАЛИТЬ**

ПАЦА́НИК, -а, *м. Шутл.* (чаще *пренебр.*) О любом человеке. *Не тряси конечностями, ~!* ♦ **А то ~и на розовых «тавриях» приедут** — фраза, употребляемая в качестве шутл. аргумента-«устрашения» против каких-л.

действий собеседника, напр.: *Ты, брат, этого лучше не делай, а то ~и на розовых «тавриях» приедут.*

ПАЦИЕ́НТ, -а, *м.* Тот, кто намечен жертвой какого-л. обмана; неуважительно о любом человеке.

Возм. от *уг.* «пациент» — жертва карманника.

ПАЦИ́ФИК, -а, *м.* Пацифист; всё, что относится к движению пацифистов, напр. значок, само движение и т. п.

От интернационального; скорее всего через англ. pacific в том же зн.

ПА́ЧКА, -и, *ж.* **1.** Большое количество кого-чего-л. *~ народу.* ♦ **Пачками** — помногу, в большом количестве; часто, напр.: *Народ ~ами прёт. У него бабы ~ами. Детей ~ами рожают.* **2.** Лицо. *Дать в ~у. Чего ~у воротишь?*

ПАЧКА* *см.* **ТАЩИТЬСЯ, КАК УДАВ ПО ПАЧКЕ «ДУСТА»**

ПАЯ́ЛЬНИК, -а, *м.* Нос, лицо.

ПАЯ́ТЬСЯ, -я́юсь, -я́ешься; *несов.* **1.** *с кем.* Вступать в половую связь. **2.** *к кому с чем.* Приставать, надоедать, домогаться, навязываться. *Хорош к моей жене ~! Чего ты ~яешься со своими бабками?* (деньгами).

ПВО, *аббрев.* Подожди Выполнять — Отменят.

Шутл. переосмысл. аббрев. ПВО — противовоздушная оборона.

ПЕД[1], -а, *м.* **ПЕДЕРА́ГА**, -и, *м.* и *ж.*, **ПЕДЕРА́ГО**, *нескл., ср.*, **ПЕ́ДИК**[1], -а, *м.* Педераст, гомосексуалист.

ПЕД[2], -а, **ПЕ́ДИК**[2], -а, *м.* Один из московских педагогических вузов; студент, аспирант или преподаватель педагогического вуза. *Общага ~а. Учиться в ~е.*

ПЕД[3], -а, **ПЕ́ДИК**[3], -а, *м.* Велосипед или мопед. *Ездить на ~е.*

Сокращ. + суффиксация.

ПЕДА́ЛЬ, -и, *ж.* Нога, ступня. *Все ~и отдавили.* ♦ **Шевелить ~ями** (или **жать на ~и**) — спешить, торопиться.

ПЕДАЛЬ* *см.* **КРУТИТЬ**

ПЕДЕРАГА, ПЕДЕРАГО *см.* **ПЕД**[1]

ПЕДЕРАСТИ́, -у́, -ёшь; *сов., без доп. Ирон.* Подрасти. *~ёшь — узнаешь.*

Контаминация общеупотр. «подрасти» + «педераст».

ПЕДЕРА́СТКА, -и, **ПЕДЕРА́СТОЧКА**, -и, *ж.* Мужская сумочка с короткой ручкой-петлей для ношения на кисти руки, предназначенная для денег, документов.

От общеупотр. «педераст».

ПЕДЕРАЦИЯ *см.* **СУБЪЕКТ ПЕДЕРАЦИИ**

ПЕДИК[1, 2, 3] *см.* **ПЕД**[1, 2, 3]

ПЕДРИ́ЛА, -ы, *м.*, **ПЕДРИ́ЛО**, -а, *ср*, **ПЕДРУ́ЧЧО**, *нескл., ср.* и *м.*, **ПЕДРИЛЬНИК**, -а, *м.* Активный гомосексуалист (чаще о заносчивом, агрессивном; употр. в среде самих гомосексуалистов). ♦ **Педрила-мученик** — *бран.* **1.** Негодяй, сволочь. **2.** Несчастный человек.

Ср. «Педрило» — прозвище одного из шутов у императрицы Анны Иоанновны (у М. Осоргина); от *собств.* Педро (исп.), Пьетро (итал.).

ПЕДУ́ЛИЩЕ, -а, *ср. Ирон.* Педагогическое училище.

Сокращ.

ПЕЖ, -а́, *м.* Карман (обычно внутренний).

Возм. связано с *уг.* «пенжа» — пиджак, «пенязы» (pieniądze) — деньги (из польского).

ПЕЖО́ПИТЬ, -плю, -пишь; *несов., что.* Подчёркивать текст в рукописи одной чертой, соответствующей полужирному шрифту; выделять полужирным шрифтом.

Из арго редакторов, издателей; *аббрев.* (п/ж) + гл. форма; комическая аллюзия к **ЖОПА**.

ПЕЙДЖЕР *см.* **ОТ ПОЛА ДО ПЕЙДЖЕРА; УДАР НИЖЕ ПЕЙДЖЕРА; ЧЁРТ-ТЕ ЧТО И СБОКУ ПЕЙДЖЕР**

ПЕЙС, -а, **ПЕ́ЙСИК**, -а, *м.* Еврей.

Метонимия; от общеупотр. «пейсы», «пейсики» — длинные пряди волос у висков, оставленные неподстриженными (у евреев, придерживающихся патриархальных обычаев); из древнееврейского. Встречается у Гоголя и др.

ПЕЙСА́ТЫЙ, -ого, *м.* Еврей.

От **ПЕЙС**.

ПЕЙСИК *см.* **ПЕЙС**

ПЕЙСЫ *см.* **ЖИДУ ПЕЙСЫ ЧЕСАТЬ**

♦ **ПЕ́ЙТЕ ПИ́ВО ПЕ́ННОЕ, БУ́ДЕТ РО́ЖА ОФИГЕ́ННАЯ** (или нецензурные аналоги) — шутл. пародирование рекламных призывов пить пиво.

Возм. со времен нэпа.

ПЕКАРЬ *см.* **ТОКАРЬ-ПЕКАРЬ**

ПЕЛЬМЕНОМЁТ, -а, *м.* **1.** Тот, кто много ест; обжора. **2.** Пельменная.

Общеупотр. «пельмени» + **МЕТАТЬ 2.**

ПЕЛЬМЕ́НЬ, -и, *ж.* (или -я, *м.*), **ПЕЛЬМЕ́Ш**, -а (или -а́), *м.*, **ПЕЛЬМЕ́ШКА**, -и, *ж.* **1.** Толстый, неуклюжий человек; большая, громоздкая вещь. **2.** Несимпатичный, неприятный, противный человек. **3.** Ирон. обращение. **4.** Что-л. странного, необычного вида.

ПЕЛЬМЕНЬ* *см.* **ГЛАЗА КАК ДВЕ ПЕЛЬМЕНИ...; ЕДРЁНЫЙ; ИДИ, ОКУЧИВАЙ ПЕЛЬМЕНИ; НИ ФИГА**

ПЕЛЬМЕШ, ПЕЛЬМЕШКА *см.* **ПЕЛЬМЕНЬ**

ПЕНДА́ЛЬ, -я́, **ПЕ́НДОЛЬ**, -я, *м.* Удар, пинок, толчок (обычно ногой по заду). ♦ **Отвесить пендоля** (или **пендаля**) *кому* — ударить кого-л.

Возм. передел. общеупотр. «пинок»; *ср. устар.* «пендюх» — лентяй, болван, старикашка; «пендеря», «пендёра», «пендюха», «пендерь» — дармоед, «пендюрить» — много есть, «пентерить» — впихивать, вталкивать; возм. ассоциативное сближение с общеупотр. «педаль».

ПЕНЁК, -нька́, **ПЕНЬ**, пня, *м.* (или **~ ЗАМШЕ́ЛЫЙ**, **~ С УША́МИ**, **~ С ГЛАЗА́МИ** и т. п.). Глупый человек. *Там одни пеньки сидят. Шеф — пень. Пенёк-пенько́м.*

ПЕ́НИС, -а, *м.* (или **ГРЯ́ЗНЫЙ ~**, **ПО́ДЛЫЙ ~** и т. п.). *Ирон.* или *шутл.-дружеское.* О любом человеке.

От общеупотр. лат. термина penis — мужской половой орган.

♦ **ПЕ́НИС БРЕ́ВИС — ВИ́ТА ЛО́НГА** — *ирон.* у кого короткий пенис, у того долгая жизнь.

Передел. лат. пословица Panis brevis — ars longa — Жизнь (буквально: хлеб) коротка — искусство вечно (буквально: долго, длинно).

ПЕНИСО́ВИНА, -ы, *ж.* **1.** Мужской половой орган. **2.** *Пренебр.* Гадость, дрянь, ерунда. **3.** Что-л. длинное, долгое, объёмное, массивное и т. п. *~ семисерийная* (о длинном скучном фильме).

От **ПЕНИС.**

ПЕ́НКА, -и, **ПЕ́НОЧКА**, -и, *ж.* **1.** Что-л. хорошее, интересное, оригинальное, своеобразное. **2.** Пропущенный вратарём лёгкий мяч, шайба.

См. также **ОТМАЧИВАТЬ ПЕНКУ**

2. — из *спорт.*; фиксировалось еще с 40-х гг. XX в.

ПЕНКИ *см.* **С ГОВНА СЛИВКИ (ПЕНКИ) СНИМАТЬ**

ПЕНКИ МОЧИТЬ *см.* **МОЧИТЬ**

ПЕННЫЙ *см.* **ПЕЙТЕ ПИВО ПЕННОЕ, БУДЕТ РОЖА ОФИГЕННАЯ**

ПЕНОЧКА *см.* **ПЕНКА**

ПЕ́НОЧНИК, -а, *м.* Вратарь, пропускающий лёгкие голы.

Из *спорт.*; от **ПЕНКА 2.**

ПЕНС, -а, *м.* Пенсионер.

Шутл. контаминация с «пенс» — мелкая денежная единица в Великобритании.

ПЕНСИОНЕРКА *см.* **СЗАДИ ПИОНЕРКА, СПЕРЕДИ ПЕНСИОНЕРКА**

ПЕНСИО́ННЫЙ, -ая, -ое. Старый, древний, изношенный. *~ая тачка* (машина).

ПЕНСИОХЕ́Р, -а, *м. Ирон.* Пенсионер.

Аллюзии к **ХЕР.**

ПЕ́НСИЯ, -и, *ж.* Стипендия.

Из *студ.*

ПЕНСИЯ* *см.* **НУ И ГОРДИСЬ ДО ПЕНСИИ!**

ПЕНСНЕ *см.* **ВДУТЬ ПО САМОЕ ПЕНСНЕ**

ПЕНТАГО́Н, -а, *м.* **1.** *собств.* Министерство обороны. **2.** *собств.* Новое здание Генерального штаба на Арбатской площади. **3.** Любой большой дом, преимущественно сталинских времен. **4.** *собств.* Пивная около Киевского вокзала в Москве.

По назв. главного здания военно-промышленного комплекса США.

ПЕ́НЧИК, -а, *м.* Копейка, мелкая монета.

Ср. *диал.* «пенькать» — просить, клянчить; или «пеншить», «пенчить» — с трудом жить, сводить концы с концами, едва делать что-л.

ПЕНЬ *см.* **ПЕНЁК; ТЁРТЫЙ; У НИХ ПНОМПЕНЬ, А У НАС ПЕНЬ ПНЁМ**

♦ **ПЕНЬ ОБОССА́ННЫЙ** — *бран.* ничтожный человек.

♦ **ПЕНЬ ТРУХЛЯ́ВЫЙ** — старый человек; *шутл.* о любом человеке.

ПЁР, -а, *м.* Удача, везение. *Мне ~ в картах. ~ пошёл. Такой ~, что дух спёр. Кто спёр* (украл), *тому и ~.*

От **ПЕРЕТЬ 1.**

ПЕРВА́Ч, -а́, **ПЕРВАЧО́К**, -чка́, **ПЕРВЯ́К**, -а́, *м.* **1.** Самогон, преимущественно полученный в результате первой перегонки. *Первача за Ильича* (выпьем). **2.** Кто-л. первый (напр. в очереди и т. п.).

ПЕРВАЧО́М, ПЕРВЯКО́М, *нареч.* Сначала, прежде всего, во-первых. *Ты ~ лети в магазин, а потом уже язык будешь жевать* (разговаривать).

От **ПЕРВАЧ, ПЕРВЯК.**

ПЕРВОКЛА́ССНИЦА, -ы, *ж.* Водка по более низкой цене, появившаяся в магазинах при Ю. В. Андропове.

Поступила в продажу 1 сентября.

ПЕ́РВОЧКА, -и, *ж.* Невинная девушка, девочка.

ПЕ́РВЫЕ, -ых, *мн.* Доллары, валюта.

Ср. **ПРИМА.**

ПЕРВЫЙ *см.* **КТО ПЕРВЫЙ ВСТАЛ, ТОМУ И ТАПКИ; ПЁРДНУТЬ; ЧТО (КАК, ВСЁ РАВНО ЧТО) В ЛУЖУ ПЕРДЕТЬ; ЧАЙ, НЕ ПЕРВЫЙ РАЗ ЗАМУЖЕМ; ЭТО ЖЕ ПЕРВЫЙ КЛАСС...**

ПЕРВЯК *см.* **ПЕРВАЧ**

ПЕРВЯКОМ *см.* **ПЕРВАЧОМ**

ПЕРДА́К, -а́, **ПЕРДА́Ч,** -а, **ПЕРДАЧО́К,** -чка́, *м.*, **ПЕРДА́НКА,** -и, **ПЕРДА́ЧКА,** -и, *ж.*, **ПЕРДА́ЛИЩЕ,** -а, *ср.* Зад, ягодицы. *Отвесить по пердаку* — ударить по заду. *Иди ты в перданку* — да ну тебя, иди отсюда, отвяжись. *Пердачок-то играет?* — страшно?

От **ПЕРДЕТЬ.**

ПЕРДАЛИЩЕ, ПЕРДАНКА *см.* **ПЕРДАК**

ПЕРДАНУТЬ *см.* **ПЕРДЕТЬ**

ПЕРДАЧ, ПЕРДАЧКА, ПЕРДАЧОК *см.* **ПЕРДАК**

ПЕРДЁЖ, -дежа́, *м.* **1.** Дурной запах, вонь. *Говорят, за рубежом пахнет нашим ~дежом.* **2.** Страх, испуг. **3.** Глупость, глупые слова, дурацкая выходка; ложь, обман, болтовня. *Это всё ~.*

От **ПЕРДЕТЬ.**

ПЕРДЕ́ТЬ, -ржу́, -рди́шь; **ПЕРДО́НИТЬ,** -ню, -нишь, **ПЕРДУНЯ́ЧИТЬ,** -чу, -чишь; *несов.* (*сов.* **ПЕРДАНУ́ТЬ,** -ну́, -нёшь, **ПЁРДНУТЬ,** -ну, -нешь). **1.** *без доп.* Портить воздух, вонять. *Так пёрднул, что окна запотели. Коровка пёрднула слегка, завидев чёрного бычка, не поднимая хвостика.* **2.** *что* и *без доп.* Говорить (обычно глупость, чушь), болтать, мямлить. *Ну ты и перданул, прямо вся Европа покраснела.* **3.** *кого-чего* и *без доп.* Пугаться, бояться. *Пердишь меня?* **4.** *с чем* и *без доп.* Делать что-л. глупое, несуразное; совершать промах. ♦ **Пётр Первый пёрднул первый** — *ирон.* о Петре I. **Ни вздохнуть, ни пёрднуть; ни бзднуть, ни пёрднуть** — о трудном положении (переделанное общеупотр. «ни вздохнуть, ни охнуть»).

От *диал.* «пердеть» в зн. 1.; *ср.* укр. «пердіти», болг. «пердзець» в том же зн. и др.

ПЕРДИ́ЛЬНИК, -а, *м.*, **ПЕРДИ́ЛО,** -а, *ср.* **1.** То же, что **ПЕРДАК. 2.** Лгун, болтун; трус, малодушный.

От **ПЕРДЕТЬ.**

ПЁРДНУТЬ *см.* **КОГДА ДЕРЕВЯННЫЙ КОНЬ НА ГОРЕ ПЁРДНЕТ; НА РАЗ И КУРИЦА ПЁРДНЕТ; ПЕРДЕТЬ; ПОССАТЬ И НЕ ПЁРДНУТЬ — ВСЁ РАВНО ЧТО СВАДЬБА БЕЗ ПЕСНИ**

ПЕРДОНИТЬ *см.* **ПЕРДЕТЬ**

ПЕРДУИ́ЛА, -ы, *м.* и *ж.* **1.** «Вонючка», дурно пахнущий человек. **2.** Лжец, обманщик.

От **ПЕРДЕТЬ.**

ПЕРДУ́Н, -а́, *м.*, **ПЕРДУНИ́ШКА,** -и, *м.* и *ж.* **1.** Тот, кто портит воздух, смердит. **2.** Трус, малодушный.

См. также **ВРУН, ПЕРДУН И ПРОВОКАТОР**

От **ПЕРДЕТЬ.**

ПЕРДУНЯЧИТЬ *см.* **ПЕРДЕТЬ**

ПЕРДУПЕРДИ́ТЬ, -ржу́, -рди́шь; *сов., кого о чём. Ирон.* Предупредить.

Аллюзии к **ПЕРДЕТЬ.** Шутл. метатеза.

ПЕРЕБДЕ́ТЬ, -е́ю, -е́ешь или -бдю́, -бди́шь; *сов., с чем, на чём* и *без доп.* Перестараться, сделать что-л. лишнее; перепить спиртного.

От общеупотр. «бдеть» — бодрствовать, быть начеку.

ПЕРЕБЗДЕ́ЛКИНО, -а, *ср., собств.* Переделкино.

Контаминация с **БЗДЕТЬ.**

ПЕРЕБЗДЕ́ТЬ, *1 л. ед.* обычно не употр. или -дю́, -ди́шь; *сов., чего, что делать* и *без доп.* Испугаться. *~ увольнения. Чего, ~дел со мной пойти?*

От **БЗДЕТЬ.**

ПЕРЕБО́Р, -а, *м.*, **ПЕРЕБО́РКА,** -и, *ж.* Состояние сильного алкогольного опьянения. *Быть в переборе. Переборка вышла. Если выйдет перебор, опирайся на забор.*

От общеупотр. «перебрать» — выпить лишнего.

ПЕРЕВЕДЁННЫЙ, -ого, *м.* Солдат срочной службы, прослуживший полгода и назначенный старшим среди солдат своего призыва.

Из *арм.*

ПЕРЕВЕРНУТЬСЯ *см.* **У НАШИХ ВОРОТ...**

♦ **ПЕРЕВЕСТИ́ СТРЕ́ЛКУ** *на кого* — подставить кого-л. под удар, подвести.

ПЕРЕВОДИТЬ *см.* **ПРОДУКТ**

ПЕРЕВО́ДИНА, -ы, *ж.* Плохая (непрофессиональная и несимпатичная) переводчица.

Ср. «уродина» и т. п.

♦ **ПЕРЕВОДНА́Я КАРТИ́НКА** — красивая переводчица.

♦ **ПЕРЕВО́Д С МА́ТЕРНОГО НА РУ́ССКИЙ** — *ирон.* грубая, некультурная, невыразительная речь.

ПЕРЕГОРЕТЬ *см.* **ПРЕДОХРАНИТЕЛИ ПЕРЕГОРЕЛИ**

ПЕРЕДВИЖЕНИЕ *см.* **ЕВРЕЙСКАЯ ЖЕНА — ЭТО НЕ РОСКОШЬ...**

ПЕРЕДЁРНУТЬ, -ну, -нешь; *сов., кого* (или **~ ЗАТВО́Р** *кому, с кем*). Вступить с кем-л. в половую связь (о мужчине).

ПЕРЕДИРА́ТЬ, -а́ю, -а́ешь; *несов.* (*сов.* **ПЕРЕДРА́ТЬ**, -деру́, -дерёшь), *что у кого, с кого.* Незаконно заимствовать, красть (идею, решение и т. п.), копировать, подражать.

ПЕРЕДКОМ РАБОТАТЬ (ШУРОВАТЬ, ШЕВЕЛИТЬ) *см.* **ПЕРЕДОК**

ПЕРЕ́ДНИЦА, -ы, *ж.* Половые органы.

См. также **ПОСЫЛАТЬ В ПЕРЕДНИЦУ**

Ирон. антоним к общеупотр. *прост.* «задница».

ПЕРЕДО́К, -дка́, *м.* Женские половые органы. ♦ **Бабы слабы на ~** — женщины легко вступают в половую связь. **~дком работать** (или **шуровать, шевелить** и т. п.) — добиваться чего-л. путём сожительства с кем-л. (о женщинах).

ПЕРЕДРАТЬ *см.* **ПЕРЕДИРАТЬ**

ПЕРЕЕХАТЬ *см.* **КАК СЕМЬ ТРАКТОРОВ ПЕРЕЕХАЛИ; КАК ТАНК ПЕРЕЕХАЛ**

ПЕРЕЖИТОК *см.* **ВОДКА — ПЕРЕЖИТОК ПРОШЛОГО, НАСТОЯЩЕГО И БУДУЩЕГО**

ПЕРЕЙТИ НА ЛИЧНОСТИ *см.* **ЛИЧНОСТЬ**

ПЕРЕКАНТОВА́ТЬ, -ту́ю, -ту́ешь; *сов.* Пронести, принести, протащить, переставить.

ПЕРЕКАНТОВА́ТЬСЯ, -ту́юсь, -ту́ешься; *сов.* Провести время, переждать что-л., перебиться без чего-л.

ПЕРЕКАТАТЬ *см.* **ПЕРЕКАТЫВАТЬ**

ПЕРЕКАТНЫЙ *см.* **ГОЛЬ (ПЕРЕКАТНАЯ)**

ПЕРЕКА́ТЧИК, -а, *м.* Тот, кто списывает (напр. контрольную работу в школе); человек, склонный к плагиату (напр. в науке).

От **ПЕРЕКАТЫВАТЬ**.

ПЕРЕКА́ТЫВАТЬ, -ваю, -ваешь; *несов.* (*сов.* **ПЕРЕКАТА́ТЬ**, -та́ю, -та́ешь), *что у кого.* Переписывать, списывать (напр. сочинение, контрольную работу и т. п.); переписывать музыку на кассету, пленку.

ПЕРЕКА́ТЫВАТЬСЯ, -аюсь, -аешься; *несов., куда* и *без доп.* Идти, шагать, двигаться (чаще о полных людях). *Куда ~аешься? ~айся к нам.*

ПЕРЕКИСЬ *см.* **АНГИДРИТ ТВОЮ МАТЬ (или АНГИДРИТ ТВОЮ ПЕРЕКИСЬ МАРГАНЦА)**

ПЕРЕКЛАДЫВАТЬ *см.* **ЭТО ВАМ НЕ ПЕЧЕНЬЕ ПЕРЕКЛАДЫВАТЬ**

ПЕРЕКО́ВЫВАТЬСЯ, -ваюсь, -ваешься; *несов.* (*сов.* **ПЕРЕКОВА́ТЬСЯ**, -кую́сь, -куёшься), *во что* и *без доп.* Переобуться.

Возм. влияние *уг.* «перековаться» — переодеться.

ПЕРЕКОСОМУ́ЧИТЬ, только в *3 л. ед. ч., безл.* -ит; *сов., кого.* Перекосить, передёрнуть. *Меня всего прямо ~ило.*

Наложение «перекосить» и «мучить»; *ср.* **ЗАЕМУЧИТЬ**.

ПЕРЕКОЦАТЬ *см.* **ПЕРЕКОЦЫВАТЬ**

ПЕРЕКОЦАТЬСЯ *см.* **ПЕРЕКОЦЫВАТЬСЯ**

ПЕРЕКО́ЦЫВАТЬ, -аю, -аешь; *несов.* (*сов.* **ПЕРЕКО́ЦАТЬ**, -аю, -аешь), *что.* **1.** Переодевать, переобувать. **2.** Переделывать, переиначивать, переворачивать, перевёртывать. *Приеду, всё у вас кверху попой перекоцаю.*

От **КОЦАТЬ, КОЦЫ**.

ПЕРЕКО́ЦЫВАТЬСЯ, -аюсь, -аешься; *несов.* (*сов.* **ПЕРЕКО́ЦАТЬСЯ**, -аюсь, -аешься), *во что* и *без доп.* Переодеваться, переобуваться.

От **КОЦАТЬ, КОЦЫ**.

ПЕРЕКОЧУМА́РИТЬ, -рю, -ришь, **ПЕРЕКОЧУМА́ТЬ**, -а́ю, -а́ешь; *сов., где.* Переночевать, переждать, отсидеться.

От **КОЧУМАРИТЬ, КОЧУМАТЬ**.

ПЕРЕКРЫТЬ *см.* **КРАНТИК ПЕРЕКРЫТЬ**

ПЕРЕЛЕТЕТЬ ЧЕРЕЗ ЛИНЕЙКУ *см.* **ЛИНЕЙКА**

ПЕРЕЛЁТНЫЙ *см.* **СРАНЬ**

ПЕРЕМАХНУТЬ ЧЕРЕЗ ЛИНЕЙКУ *см.* **ЛИНЕЙКА**

ПЕРЕМЕ́НКА, -и, *ж.* Переменный ток.

Из *спец.*

ПЕРЕМИ́РИЕ, -я, *ср.* Перекур, перерыв на перекур.

ПЕРЕМЫВА́ТЬ, -а́ю, -а́ешь; *несов.* (*сов.* **ПЕРЕМЫ́ТЬ**, -мо́ю, -мо́ешь), *что кому* и *без доп.*

Перепродавать, переправлять, выгодно обменивать какую-л. вещь; получать доход с чего-л. *Какую-то дрянь продает и только денежки перемывает. У тебя некому валюту перемыть* (перепродать)?

Возм. из *уг.*

ПЕРЕНАЙТА́ТЬ, -а́ю, -а́ешь, **ПЕРЕНАЙТОВА́ТЬ**, -ту́ю, -ту́ешь; *сов., где, у кого.* Провести ночь, остаться на ночлег, переночевать.

От **НАЙТ**, *см.* также **ЗАНАЙТАТЬ**.

ПЕРЕНА́ЧИВАТЬ, -аю, -аешь; *несов.* (*сов.* **ПЕРЕНА́ЧИТЬ**, -чу, -чишь). **1.** *что.* Переделывать, делать заново. **2.** *куда.* Перепрятывать.

Ср. *уг.* «переначить» — передать, перепрятать в карманной краже; *см.* также **НАЧКА**, **НАЧИТЬ**.

ПЕРЕНО́СКА, -и, *ж.* **1.** Любая переносная электросистема (чаще об аудиотехнике). **2.** Светильник на длинном гибком (в резиновой оболочке) электрическом кабеле для проведения осмотра чего-л. в труднодоступных или удалённых от стационарных источников света местах; любой электроудлинитель.

ПЕРЕПА́ХИВАТЬ, -аю, -аешь; *несов.* (*сов.* **ПЕРЕПАХА́ТЬ**, -пашу́, -па́шешь), *что* и *без доп.* Делать большой объём работ, вкалывать; переделывать всё (обычно за других, даром).

От **ПАХАТЬ**.

ПЕ́РЕПЕЛ, -а, *м.*, **ПЕРЕПЕЛИ́НАЯ**, -ой, *ж.* (или **ПЕРЕПЕЛИ́НАЯ БОЛЕ́ЗНЬ**). Болезненное состояние похмелья.

Игра слов «перепел» (птица) — «пе́репил» («перепи́л» с переносом ударения).

ПЕРЕПЕРДЕ́ТЬ, -ржу́, -рди́шь; *сов.* **1.** *кого-чего* и *без доп.* Испугаться. **2.** *кого в чём, на чём.* Обыграть, опередить, обойти. *Ельцин Горбачёва ~рдел.*

От **ПЕРДЕТЬ**.

ПЕ́РЕПИЗДЬ, -и, **ПЕРЕПИ́ЗДЬ**, -и, *ж.* Школа-интернат.

Ирон. контаминация с нецензурным бран.

ПЕРЕПИ́ЛИВАТЬ, -аю, -аешь; *несов.* (*сов.* **ПЕРЕПИЛИ́ТЬ**, -илю́, -и́лишь). **1.** *что.* Портить. *Любимую пластинку перепилил, гад* (испортил, заездил). **2.** *кому что.* Перепродавать, выгодно обменивать. **3.** *кого.* Изводить разговорами, мучить кого-л.

2. — возм. из *уг.*

ПЕРЕПИХНУ́ТЬСЯ, -ну́сь, -нёшься; *сов., с кем* и *без доп.* **1.** Вступить в половую связь. **2.** Побраниться, поругаться.

ПЕРЕПЛЕВАТЬ *см.* **НЕ ПЕРЕПЛЮЙ-ГУБА**

ПЕРЕПЛЁВЫВАТЬ, -аю, -аешь; *несов.* (*сов.* **ПЕРЕПЛЮ́НУТЬ**, -ну, -нешь); *с чего на что.* Сделать пересадку, пересаживаться с одной станции метро на другую, с одного вида транспорта на другой (с трамвая на троллейбус и т. п.).

ПЕРЕПРЯТАТЬ *см.* **БОРОТЬСЯ И ИСКАТЬ, НАЙТИ И ПЕРЕПРЯТАТЬ!**

ПЕРЕПРЯТУШКИ *см.* **ОБОЗНАТУШКИ-ПЕРЕПРЯТУШКИ**

ПЕРЕПУЛИ́ТЬ, -лю́, -ли́шь, **ПЕРЕПУЛЬНУ́ТЬ**, -ну́, -нёшь; *сов., кому что.* Передать, перепродать. *Я тебе эту штуку дам, а ты её с верхом перепули* (перепродай с выгодой).

Возм. от *уг.* «перепулить» — перепрятать; возм. также от общеупотр. «пульнуть», «пулять» — бросить, забросить; *см.* также **ПУЛЯТЬ 2.**

ПЕРЕРЕЗАТЬ *см.* **ВКЛЮЧИТЕ СВЕТ — СКАЗАЛ...**

ПЕРЕРО́СТОК, -тка, *м.* (или **ДЕФЕКТИ́ВНЫЙ ~**). Дурак, великовозрастный бездельник; инфантильный, наивный, простоватый человек. *Поколение дефективных ~тков.*

См. также **ОСТРЯК-ПЕРЕРОСТОК**

ПЕРЕСА́ДКА, -и, *ж.* Тошнота, рвота, недомогание (обычно на почве спиртного). ♦ **Сколько ~док?** — сколько раз тошнило?

От общеупотр. «пересадка» (в транспорте).

ПЕРЕСТРЕМАТЬ, -а́ю, -а́ешь, *сов., кого.* Сильно испугать напугать кого-л.

От **СТРЁМ**, **СТРЕМАТЬ**.

ПЕРЕСТРЕМА́ТЬСЯ, -а́юсь, -а́ешься, *сов., кого, чего* и *без доп.* Сильно испугаться.

От **СТРЁМ**, **СТРЕМАТЬСЯ**.

ПЕРЕСТУ́КИВАТЬСЯ, -аюсь, -аешься; *несов., где* и *без доп.* Сидеть в тюрьме, быть лишённым свободы.

См. также **ЛУЧШЕ СТУЧАТЬ, ЧЕМ ПЕРЕСТУКИВАТЬСЯ**

ПЕРЕТА́ЛКИВАТЬСЯ, -аюсь, -аешься; *несов.* (*сов.* **ПЕРЕТОЛКНУ́ТЬСЯ**, -ну́сь, -нёшься); *с кем.* Вступать в половую связь.

ПЕРЕТАРА́НИВАТЬ, -аю, -аешь; *несов.* (*сов.* **ПЕРЕТАРА́НИТЬ**, -ню, -нишь), *что куда.* Переносить, перетаскивать, перевозить (обычно что-л. тяжёлое, громоздкое). *В день по двадцать тонн перетаранивaю* (из разговора грузчиков).

От **ТАРАНИТЬ 2.**

ПЕРЕТАРА́НИВАТЬСЯ, -аюсь, -аешься; *несов.* (*сов.* **ПЕРЕТАРА́НИТЬСЯ**, -нюсь, -нишься), *куда* и *без доп.* Переезжать, передислоцироваться; менять место обитания, нахождения.

От **ТАРАНИТЬСЯ 1.**

ПЕРЕТИРА́ТЬ, -а́ю, -а́ешь; *несов.* (*сов.* **ПЕРЕТЕРЕ́ТЬ**, -тру́, -трёшь), *сов.; кому, что* и *без доп.* Обсуждать, договариваться о чём-л., приходить с кем-л. к какому-л. соглашению. *Перетёрли дельце, можно и обмыть.*

Ср. **РАСТИРАТЬ.**

ПЕРЕТОЛКНУТЬСЯ *см.* **ПЕРЕТАЛКИВАТЬСЯ**

ПЕРЕТОЛМА́ЧИВАТЬ, -аю, -аешь; *несов.* (*сов.* **ПЕРЕТОЛМА́ЧИТЬ**, -чу, -чишь), *что кому* и *без доп.* Переводить (с одного языка на другой).

От **ТОЛМАЧИТЬ.**

ПЕРЕТОПТА́ТЬСЯ, -опчу́сь, -о́пчешься; *сов.*, *без чего* и *без доп.* Обойтись, перебиться. *Без машины ~опчешься. Дай сотню? — ~опчешься.*

ПЕРЕТЫ́РИВАТЬ, -аю, -аешь; *несов.* (*сов.* **ПЕРЕТЫ́РИТЬ**, -рю, -ришь), *что кому, куда.* Передавать, перепродавать.

От **ТЫРИТЬ**; *ср.* также *уг.* «перетырить» — передать, «перетыриться» — изменить наружность.

ПЕРЕ́ТЬ, пру, прёшь; *несов.* **1.** только *безл.*, *кому, в чём* (или **БУ́РОМ ~**). Везти, нести удачу, получаться. *Мне прёт* — мне везёт. *Вчера целый день пёрло, а сегодня полный мрак* — вчера везло, а сегодня нет. **2.** *кого.* Вступать в половую связь с кем-л. **3.** *кого откуда.* Выгонять, прогонять. **4.** *безл.*; *кого от чего, с чего* и *без доп.* Оказывать действие (о наркотиках, алкоголе). *Вот прёт мужика! С грибов* (наркотиков, изготовленных из грибного экстракта) *круто прёт!* **5.** *кого на что.* О сильном приливе желания что-л. сделать, о тяге к чему-л. *Чего-то меня на детективы прёт.* ♦ **ПЕРЕ́ТЬ КАК ТРА́КТОР** — идти напролом, напропалую, делать карьеру.

ПЕРЕ́ТЬСЯ, прусь, прёшься; *несов.* **1.** *с кем* и *без доп.* Заниматься любовью с кем-л. **2.** *чем, с чего, от чего* и *без доп.* Получать сильное удовольствие; употреблять наркотики. *Я с тебя прусь, Манька. Чурки анашой прутся. Переться чем попало с шестнадцати лет.*

Ср. **ПЕРЕТЬ.**

ПЕРЕХВА́ТЧИК, -а, *м.* Бабник, ловелас, донжуан.

ПЕРЕХМУ́Р, -а, *м.* Перепой, состояние похмелья. *Встал с перехмура.*

Шутл. наложение «перепой» и «хмуриться», «хмурый».

ПЕРЕХОДИТЬ *см.* **ЦЕЛОВКИ**

ПЕ́РЕЦ, -рца, *м.* **1.** Друг, приятель. **2.** Шутл. обращение. **3.** Мужской половой орган. **4.** Симпатичный, модно одетый молодой человек (в речи девушек). **5.** То же, что **ПРОФСОЮЗ.** ♦ **Натянуть на ~** *кого* — наказать, расправиться, разделаться. ♦ **Старый ~** — старый, закадычный друг.

См. также **ТЁРТЫЙ**

ПЕРЕЦ* *см.* **ЕДРЁНЫЙ; ЯСНЫЙ ПАВЛИК...; ЯСНО, ПЕРЕЦ (ЯСНЫЙ ПЕРЕЦ); ЯСНЫЙ ПЕРЕЦ**

ПЕРИ́НА, -ы, *ж.* Девушка, женщина с «пышными формами», полненькая, «пышка». *Мужики ~ы любят.*

ПЕРЛО́ВКА, -и, *ж.* и *м.* Турист.

Возм. от больших запасов крупы у туристов.

ПЕРНА́ТЫЙ, -ого, *м.* Ирон. обращение. *Ну что, ~, нахохлился? Эй, ~, лети сюда.*

ПЕРО́, -а́, *ср.* Нож.

Уг. «перо» — кинжал, бритва, нож; *ср.* также «пержик» — нож, «перофиняк» — финский нож и т. п.

ПЕРО* *см.* **ТРИ ПЕРА; ЧУДО В ПЕРЬЯХ**

ПЕРПЕНДИКУЛЯ́Р, -а, *м.* Что-л. непонятное, смутное, сложное.

ПЕРПЕНДИКУЛЯ́РНО, *нареч.* **1.** Всё равно, нет дела, наплевать. **2.** Сложно, хлопотно.

ПЕРПЕ́ТУУМ-КО́БЕ(И)ЛЕ, перпетуум-кобе(и)ля или *нескл.* Бабник, «неутомимый» ловелас.

Возм. первоначально каламбур принадлежит Ф. Раневской; от лат. perpetuum mobile — вечно движущийся, «вечный двигатель» с контаминацией с рус. «кобель» — самец собаки.

ПЕРСИДСКИЙ *см.* **СТЕЛИТЬСЯ КОВРОМ ПЕРСИДСКИМ**

ПЕ́РСИК[1], -а, *м.* **1.** (или **СПЕ́ЛЫЙ ~**). Красивая, соблазнительная девушка. **2.** Зад, задница. *Вклеить* (ударить) *по ~у. ~ вытереть нечем.*

Иногда произносится с кавказским акцентом, в частности, без смягчения [п].

ПЕ́РСИК[2], -а, *м.* Перс, иранец; любой азиат (чаще не тюркского происхождения и не монголоид, напр. афганец, араб и т. п.).

Иногда произносится с кавказским акцентом, в частности, без смягчения [п].

ПЕРФЕКТУ́ХА, -и, **ПЕРФЕКТУ́ШКА**, -и, *ж.* Симпатичная девушка, женщина.

От «перфект», англ. perfekt — отличный, прекрасный.

ПЕРХА́ТЬ, -а́ю, -а́ешь; *несов., что* и *без доп.* Курить.

От общеупотр. *прост.* «перхать» — кашлять от перхоты, «першить»; *ср. уг.* «перхалки», «перхоньки» — папиросы.

ПЕ́РХОТЬ, -и, *ж.* **1.** Что-л. ненужное, бросовое; пыль, грязь, мусор. *Вымети всю эту ~.* **2.** Руг. *Ах ты ~ подзалупная!*

ПЕРХОТЬ* *см.* **У ТЕБЯ ПЕРХОТЬ ПОД МЫШКОЙ**

ПЕ́РЧИК, -а, *м.* То же, что **ПЕРЕЦ**.

ПЕРЧИК* *см.* **ЯСНЫЙ ПАВЛИК...**; **ЯСНЫЙ ПЕРЧИК**

ПЕ́РЧИКИ, -ов, *мн.* Перчатки. *Замшевые ~.*

Контаминация с «перчик» — уменьшит. от общеупотр. «перец».

♦ **ПЕ́РШИНГ КЛАСС** — что-л. отличное, качественное.

Контаминация «первый класс» и названия американских ракет «першинг».

ПЁРЩИК, -а, *м.*, **ПЁРЩИЦА**, -ы, *ж.* Везучий, удачливый человек (часто о карточном игроке).

От **ПЕРЕТЬ 1.**

ПЁРЫШКО, -а, *ср.* **1.** То же, что **ПЕРО**. **2.** Боксёр наилегчайшего веса; любой маленький, худой человек.

2. — из арго спортсменов.

ПЁС[1], пса, *м.* (или **~ ПАРШИ́ВЫЙ**).

Шутл. руг.

См. также **ПОСЫЛАТЬ К ПСАМ СОБАЧЬИМ**

ПЁС[2], пса, *м.* Денежная единица «песо» (чаще о кубинской). *На Кубе псами платят. Кубинские псы.*

Ср. **ПЁСЬИ ДЕНЬГИ.**

ПЕСЕ́Ц, -сца́, *м.* и в зн. *сказ.* (или **~ КОТЁНКУ**, **ГОЛУБО́Й ~**, **ПО́ЛНЫЙ ~**). Конец; всё.

Аллюзия к нецензурному руг.; *см.* также **ПИСЕЦ**.

ПЁСИЙ, -сья, -сье. Общее определение, придающее объекту ирон. оттенок. *Опять свою ~сью бабу приволок. Да провались ты со своими ~сьими делами.*

См. также **ПЁСЬИ ДЕНЬГИ**

ПЁСИК *см.* **ХАНА ПЁСИКУ**

ПЕСКА́РЬ, -я́, *м.* Пять рублей, пятёрка. *Купил на ~я́. Дай ~я́. За мной ~* (я должен).

Фонетическое сближение общеупотр. «пять» и «пескарь».

ПЕСКОСТРУ́ЙНЫЙ, -ого (или **~ АВТОМА́Т**), **ПЕСКОСТРУ́ЙЩИК**, -а, *м.* Старый человек, старикашка, старуха; шутл. руг.

От *спец.* «пескоструйный аппарат» — устройство, в котором используется песок под сильным напором воздуха для обработки, очистки чего-л.; *ср.* **ПЕСОК СЫПЕТСЯ**.

ПЕСНЯ *см.* **ПЕТЬ; ЭТОТ СТОН У НАС ПЕСНЕЙ ЗОВЕТСЯ**

ПЕСО́К, -ска́, *м.* **1.** Чушь, ерунда, мелочь. *Ладно, это всё ~, давай по делу* (говори). **2.** (или **ПЕСО́ЧЕК**, -чка, *м.*). Помехи в звуке, записи и т. п. *Кассета-то с песочком.*

Из *муз.*

♦ **ПЕСО́К СЫ́ПЕТСЯ** *из кого* — о старом, стареющем человеке.

ПЕСОЧЕК *см.* **ПЕСОК**

ПЕСТРУНЕ́Ц, -нца́, **ПЕСТРУ́НЧИК**, -а, *м.* Мальчишка, малолетний, «пацан», «зелёный».

ПЁСТРЫЙ *см.* **МЕТАТЬ ПЁСТРУЮ ЛЕНТУ**

♦ **ПЁСЬИ ДЕНЬГИ** — песо.

См. **ПЁС**[2].

ПЕ́ТИ-МЕ́ТИ, пе́тей-ме́тей или *нескл.* Деньги. *Если нету ~, проклинаю всё на свете.*

Ср. **ТИТИ-МИТИ**.

ПЕТИНГ *см.* **ПЕТЯ ИДЁТ НА МИТИНГ...**

ПЕТЛЮ́РОВЕЦ, -вца, *м.* Азиат, чаще о корейцах, японцах, вьетнамцах. *На тебя ~вцы телегу написали.*

Из речи преподавателей МГУ.

ПЁТР ВЕЛИКИЙ *см.* **АРАП.**

ПЕ́ТРИТЬ, -рю, -ришь; *несов., в чём, по чему* и *без доп.* Понимать, разбираться, быть докой в чём-л.; владеть каким-л. иностранным языком. *В математике ~. По-английски ~.*

Ср. *уг.* «петриться» — догадываться, знать, понимать, «петрять по-свойски» — говорить на воровском жарг., «петрить» — соображать, тревожиться, догадываться, знать, понимать. Возм. восходит к *устар. диал.* «петать» — бить, «петовать» — мучить, тиранить, «петаться» — силиться; менее вероятно к «пятрить» — сохнуть, изнемогать или к «петух», «петя»; или к *собств.* «Пётр», «петруша», «петрушка».

ПЕТРО́ВИЧ[1], -а, **ПЕТРО́ВСКИЙ**, -ого, *м.* Пять рублей.

Возм. через *уг.*

ПЕТРО́ВИЧ[2], -а, *м. Шутл.* Любое средство от запоя, алкоголизма. *Пора тебе к ~у. Это уже хронь* (хронический алкоголизм), *здесь никакой ~ не поможет.*

ПЕТРОВИЧ* *см.* **КИРДЫК; ЛОХ ПЕТРОВИЧ; ОТСОС ПЕТРОВИЧ**

ПЕТРОВСКИЙ *см.* **ПЕТРОВИЧ**[1]

ПЁТР ПЕРВЫЙ *см.* **ОТСОСАТЬ У ДОХЛОГО МУСТАНГА**

ПЁТР ПЕРВЫЙ ПЁРДНУЛ ПЕРВЫЙ *см.* **ПЁРДНУТЬ**

♦ **ПЁТР ЦЕРЕТЕ́ЛЕВИЧ** — *собств., ирон.* памятник Петру Первому в Москве, автором которого является З. Церетели.

ПЕТУ́Х, -а́, *м.* **1.** Милиционер. **2.** Гомосексуалист. **3.** Пять рублей.

Возм. все зн. из *уг.*

ПЕТУХ* *см.* **БЫВАЮТ В ЖИЗНИ ЗЛЫЕ ШУТКИ...**

♦ **ПЕТУ́Х ГА́МБУРГСКИЙ** — модно одетый человек, пижон; зазнайка.

♦ **ПЕТУ́ШКА ХВА́ЛИТ КУКУХА́** — *шутл.* травестирование известного крылатого выражения «кукушка хвалит петуха (за то, что хвалит он кукушку)».

Из басни И. Крылова «Кукушка и петух».

ПЕТУШО́К, -шка́, *м.* **1.** То же, что **ПЕТУХ 2. 2.** Боксёр полутяжёлого веса.

2. — из арго спортсменов.

ПЕТЬ, пою́, поёшь; *несов., что кому* и *без доп.* Лгать, фантазировать, привирать, болтать пустое. *Хватит ~. Красиво поёшь, Зыкина —* ну и болтун же ты. ♦ **~ военные** (или **еврейские, пионерские, эстрадные** и т. п.) **песни** — лгать.

ПЕТЬ* *см.* **НАЛИВАЙ ДА ПЕЙ; СЕРДЦЕ ПОЁТ, ОЧКО ИГРАЕТ; ФИНАНСЫ**

ПЕТЬ НАРОДНЫЕ ЧАСТУШКИ *см.* **ЧАСТУШКИ**

ПЕТЮ́НЧИК, -а, **ПЕ́ТЯ**, -и, *м.* То же, что **ПЕТУХ 2.**

♦ **ПЕ́ТЯ ИДЁТ НА МИ́ТИНГ, А МИ́ТЯ ИДЁТ НА ПЕ́ТИНГ** — ирон. приговорка.

ПЕ́ХА, -и, *ж.* Карман. *~ есть?*

Возм. от *уг.* «пеха» — боковой, внутренний карман в пиджаке, обычно для часов.

ПЁХОМ, *нареч.* Пешком.

ПЕХО́ТА, -ы, *ж.* **1.** Ирон. обращение (обычно к группе лиц). *Ну что, ~, водку будем пить или ерундой заниматься?* **2.** Наёмный преступник. **3.** Рядовые исполнители в каком-л. деле, «пешки», а также те, кто в конечном счете за всё отвечают, «отдуваются», «стрелочники». *Паханы* (начальники) *со своей пехотой приехали.*

2. — возм. из *уг.*

ПЕХОТИ́НЕЦ, -нца, *м.* Пешеход.

Из арго водителей.

ПЕХОТУ́РА, -ы, **ПЕХТУ́РА**,-ы, *ж.* Пехота. *Служить в ~е.*

Из *арм.*

ПЕХОТУ́РОЙ, ПЕХТУ́РОЙ, ПЕШКАТУ́РОЙ, ПЕШКОДРА́ЛОМ, *нареч.* Пешком. *Не Рая Горбачёва, пехотурой дойдёшь. Дотуда пешкодралом полчаса.*

ПЕХТУРА *см.* **ПЕХОТУРА**

ПЕХТУРОЙ *см.* **ПЕХОТУРОЙ**

ПЕЧАЛЬЮ ПРИХЛОПНУТЫЙ *см.* **ПРИХЛОПНУТЫЙ**

ПЕЧАТЬ *см.* **ХОХОЛ БЕЗ ЛЫЧКИ — ВСЁ РАВНО ЧТО СПРАВКА БЕЗ ПЕЧАТИ**

ПЕЧЕНЬ *см.* **ОПУСТИТЬ ПЕЧЕНЬ; УДАР ПО ПЕЧЕНИ**

ПЕЧЕНЬЕ *см.* **БЫВАЮТ В ЖИЗНИ ОГОРЧЕНЬЯ...; КОНФЕТЫ (ПРЯНИКИ, ПЕЧЕНЬЕ) «СМЕРТЬ ЗУБАМ»; ЭТО ВАМ НЕ ПЕЧЕНЬЕ ПЕРЕКЛАДЫВАТЬ**

ПЕЧКА *см.* **ОТ СВЕЧКИ ДО ПЕЧКИ**

ПЕ́ЧКИН, -а, *м.* (или **ПОЧТАЛЬО́Н ~**). **1.** Почтальон. **2.** Ирон. обращение. **3.** Активный гомосексуалист.

Герой популярного мультипликационного сериала («Трое из Простоквашино», «Зима в Простоквашино» и др.).

ПЕ́ША, -и, **ПЕ́ШКА**, -и, *ж.* Учительница пения; предмет «Музыка» (*разг.* «пение») в школе. *Денисюк-то наш* (Денис) *на свою пешу в седьмом классе запал* (влюбился), *и как усы прорезались — женился, во какой Есенин с Дунканихой.*

Из *шк.*

ПЕШКАТУРОЙ, ПЕШКОДРАЛОМ *см.* **ПЕХОТУРОЙ**

ПЕ́ШКОВ-СТРИ́Т, обычно *нескл., м., собств.* Ул. Тверская в Москве (бывшая ул. Горького).

«Пешков» (настоящая фамилия М. Горького) + англ. street — улица.

ПЕШКОДРАЛОМ *см.* **ПЕХОТУРОЙ**

ПЕШКО́М, *нареч. Ирон.* **1.** Стоя, на ногах. *~ стоять* (напр. в транспорте). **2.** Нормально, неплохо (обычно в ответ на вопрос «как жизнь?»).

1. — распространилось в основном под влиянием фильма «Мимино».

ПИАНИ́НО, -а, *ср.* Дактилоскопия, дактилоскопический анализ. ♦ **Играть на ~** (или **на милицейском, ментовском, мусорском ~**) — давать или снимать (в зависимости от ситуации) отпечатки пальцев.

Из *уг.*

ПИАНИ́НОВКА, -и, *ж.* Некачественная водка или самогон.

От общеупотр. «пианино»; *ср.* **ТАБУРЕТОВКА**.

ПИАНИ́НЩИК, -а, *м.* Тот, кто даёт или снимает (в зависимости от ситуации) отпечатки пальцев.

От **ПИАНИНО**.

ПИВЕ́Ц, -вца́, *м.*, **ПИВИ́ЦА**, -ы, *ж.* Алкоголик, алкоголичка, пьяница.

От «пить» по модели «певец».

♦ **ПИВКА́ ДЛЯ РЫВКА́ (ДАТЬ, ВРЕЗАТЬ, ВЫПИТЬ** и т. д.) — *шутл.* выпить пива, обычно для начала, чтобы потом пить более крепкие напитки.

ПИВНУ́ЛЯ, -и, **ПИВНУ́ХА**, -и, **ПИВНУ́ШКА**, -и, **ПИВНЯ́**, -и́, **ПИВНЯ́ХА**, -и, **ПИВНЯ́ЧКА**, -и, **ПИВНЯ́ШКА**, -и, *ж.*, **ПИВНЯ́К**, -а́, **ПИВНЯЧО́К**, -чка́, **ПИВНЯ́Ш**, -а́, *м.* Пивной зал, бар; пивная.

ПИВО *см.* **ЗДЕСЬ БЕЗ ПИВА (БЕЗ ПОЛ-ЛИТРА, БЕЗ ГРАММУЛЬКИ, БЕЗ СТОПАРЯ) НЕ РАЗОБРАТЬСЯ**; **НЕ БУЛЬКАЙ, ПОВИДЛО...**; **ПЕЙТЕ ПИВО ПЕННОЕ, БУДЕТ РОЖА ОФИГЕННАЯ**; **ПОЧКИ**; **С ПИВА БУДЕШЬ ССАТЬ КРИВО**

ПИВЧА́РА, -ы, *ж.*, **ПИВЧЕ́ЛЛО**, *ср.* или *нескл.*, **ПИ́ВЫЧ**, -а, *м.* Пиво. *Ну, что по пивчеллу? Пивыча засосать, да все брюки обоссать* — выпить пива и намочить штаны.

ПИДЕР *см.* **ПИДОР**

ПИДЕРШТЕ́ЙН, -а, *м.* *Шутл.-бран.*

От **ПИДЕР** + «штейн» — вторая часть распространённых фамилий.

ПИДЖА́К, -а́, *м.* **1.** Кавалер, ухажёр. *Все девки при ~ах. За своего старого ~а замуж вышла.* **2.** Маленький дешёвый автомобиль.

2. — вероятно, из арго мотоциклистов.

ПИДЖАК* *см.* **ПРИКИДЫВАТЬСЯ (ПИДЖАКОМ ВЕЛЬВЕТОВЫМ)**; **ЭЙ, В ПИДЖАКЕ!**

ПИ́ДОВКА, -и, *ж.* Заносчивый, агрессивный гомосексуалист (пассивный), а также вообще *бран.*

В данном зн. сл. преимущественно употр. в среде самих гомосексуалистов (в *ж.*).

ПИ́ДОР, -а, **ПИДОРА́С**, -а, **ПИДОРА́СКИН**, -а, *м.*, **ПИДОРА́СИНА**, -ы, *м.* и *ж.*, **ПИДОРЮ́ГА**, -и, *м.* и *ж.*, **ПИДОРЮ́ЖНИК**, -а, **ПИДОРЮ́К**, -а́, **ПИ́ДЕР**, -а, *м.* **1.** Педераст, гомосексуалист. **2.** Ирон. руг. *Пидор гнойный. Пидорас африканский. Пидораскин с ушами. Пидорасина музейная.* ♦ **Взять на пидора** *кого* — обмануть. **На пидора?** — точно?, ты уверен?, клянёшься?, ручаешься?

ПИДОРАС *см.* **КУСОК ПИДОРАСА**; **ОДИН РАЗ — НЕ ПИДОРАС**; **ПИДОР**

ПИДОРАСИНА *см.* **ПИДОР**

ПИДОРА́СИТЬ, *1 л. ед. ч.* обычно не употр. или -а́шу, -сишь; *несов.* **1.** *кого.* Вступать в половую связь с кем-л. (о гомосексуалистах). **2.** *кого чем за что.* Наказывать, бить, ругать, отчитывать, попрекать чем-л. **3.** *что.* Мыть, чистить, драить. *Очко ~* — мыть туалет.

Передел. от общеупотр. «педераст»; возм. через *уг.*; *см.* также **ПЕД**[1], **ПИДОР** и производные от них; 3. — из *уг.* или *арм.*

ПИДОРАСКИН *см.* **ПИДОР**

ПИДОРА́СНИЧАТЬ, -аю, -аешь; *несов.*, *без доп.* Делать глупости, придуряться, заниматься ерундой.

См. **ПИДОРАСИТЬ**.

ПИ́ДОРКА, -и. **1.** *ж.* или *м.* То же, что **ПИДОР** во всех зн. **2.** *ж.* Кепка, пилотка, любой головной убор, преим. смешного вида. *~у нацепить. Эй, под ~ой, слушай сюда.*

ПИДОРЮГА, **ПИДОРЮЖНИК**, **ПИДОРЮК** *см.* **ПИДОР**

ПИДРО́СТОК, -тка, *м.* *Ирон.-пренебр.* О подростке. *~тки сопливые!*

Возм. аллюзии к укр., а также к инвективе **ПИДОР**.

ПИЖА́МА, -ы, *ж.* **1.** Костюм, преимущественно полосатый, цветастый, необычный. **2.** Милиционер.

2. — возм. из *уг.*

ПИЖО́Н, -а, *м.* Неопытный юнец, молокосос; тот, кто пытается вмешиваться в серьёзное дело, не зная в нём толку. *Дешёвый ~.*

Ср. общеупотр. «пижон» — пустой франтоватый молодой человек; скорее всего от *карт.* или *уг.* «пижон», «пижан» — жертва шулера, *ср.* «пижона готовить» — искать жертву, «крепкий» или «целый пижон» — жертва, не знакомая с шулерскими приёмами, новичок, «порченый» или «рваный пижон» — тот, кто уже побывал жертвой шулера; восходит к фр. pigeon — голубь.

ПИЖО́НИТЬ, -ню, -нишь; *несов., чем перед кем* и *без доп.* Хвалиться, наряжаться, фанфаронить, куражиться.

От **пижон**.

ПИЗДА́УСКАС, -а, *м.* **1.** *Шутл.* О литовце. *Со мной в армии один ~ служил.* **2.** Всё, конец, провал, фиаско. *Всё, деньги кончились, ~ на дворе! Как говорят у нас в Литве, ~!* — всё!, всё кончено!, плохо дело!

Шутл. контаминация нецензурного *бран.* и типичной огласовки литовской фамилии.

ПИЗДИХАХАНЬКИ *см.* **СМЕХУЁЧКИ**

ПИЗДОФАСО́ЛИТЬ, -лю, -лишь; *несов., что* и *без доп.* Делать что-л. быстро, интенсивно. *Ребята по двадцать часов в сутки ~лят* (работают).

От нецензурного *бран.* + «фасоль».

ПИЗДРЫГА́ЙЛОВКА, -и, *ж.*, **ПИЗДРЫГА́ЙЛОВО**, -а, *ср.* Глухая провинция, маленький провинциальный город, деревня. *Какой-то Вася из Пиздрыгайловки.*

От нецензурного *бран.* + «рыгать».

ПИЗДРЮК ДВУЕЖОПЫЙ *см.* **ДВУЕЖОПЫЙ**

ПИК, -а, *м.* и в зн. *прил.* Что-л. превосходное, достойное высших похвал. *Девочка — просто ~. ~ техника* (о хорошем магнитофоне и т. п.). *Такого ~а ты ещё не видел.*

ПИ́КА[1], -и, **ПИ́КАЛКА**, -и, *ж.*, **ПИ́КАЛО**, -а, *ср.* Нож. *Ходить с пикалкой.* ♦ **Нарваться** (или **сесть, налететь) на пикало** (или **на пику, на пикалку**) — быть зарезанным, раненным ножом, напр.: *Смотри, на пику сядешь.*

Из *уг.*

ПИ́КА[2] -и, **ПИ́ЧКА**, -и, *ж.* Фишка минимального достоинства в покере.

Из *карт.*

ПИКАЛКА, ПИКАЛО *см.* **ПИКА**[1]

ПИКА́ПАТЬ, -аю, -аешь; **ПИКА́ПИТЬ**, -плю, -пишь; *несов.* (*сов.* **ПИКА́ПНУТЬ**, -ну, -нешь, **ЗАПИКА́ПИТЬ**, -плю, -пишь), *что в чём* и *без доп.* **1.** Быстро понимать, хватать на лету, быть очень сообразительным, умным. **2.** *кого, с кем.* Знакомиться.

От англ. pick up — ловить, схватывать; знакомиться.

ПИКЕ́, *нескл., ср.* Трудная ситуация, безвыходное положение, кризис. *Я в ~. Войти в ~. Выйти из ~.*

От общеупотр. «пике», «пикировка», «пикировать» (о фигуре высшего пилотажа).

ПИ́КЧЕР, -а, *м.* Художник.

От англ. picture.

ПИЛА́, -ы, *ж.* **1.** Половой акт; всё, что относится к сексу. **2.** Зануда; тот, кто всё время бранится, ворчит, пристаёт к кому-л.

1. — от **пилить 1**, **пилиться 1**.; 2. — от общеупотр. «пилить кого-л.» — беспрерывно упрекать, попрекать.

ПИЛА* *см.* **ПУСКАЙ РАБОТАЕТ ЖЕЛЕЗНАЯ ПИЛА...**

ПИЛЁЖКА, -и, *ж.* Что-л. долгое, нудное, чаще о ходьбе.

От **пилить 2**.

ПИЛЁЖНЫЙ, -ая, -ое. Трудный, нудный. *~ участок.*

ПИЛЁНЫЙ, -ая, -ое. Заезженный, испорченный, изношенный, поношенный. *~ая пластинка.*

От **пилить 3**.

ПИЛИ́КАТЬ, -аю, -аешь; *несов., куда.* Идти, шагать, двигаться. *~аем отсюда. Куда ~аешь?*

Возм. от **пилить 2** + общеупотр. «пиликать» — издавать тонкие, писклявые звуки; плохо, неумело играть на муз. инструментах.

ПИЛИ́ТЬ, пилю́, пи́лишь; *несов.* (*сов.* **ПИЛЬНУ́ТЬ**, -ну́, -нёшь). **1.** *кого.* Вступать с кем-л. в половую связь (о мужчине). *Пильнул и увильнул.* **2.** *куда* и *без доп.* Идти, шагать, двигаться, направляться куда-л. *Вон Дрюня* (Андрей) *пилит. Пили сюда.* **3.** *что.* Портить, изнашивать, неаккуратно обращаться. *Не пили пластинку.* **4.** Перепродавать. *Надо одну вещь пильнуть куда-нибудь. Пильну недорого.*

4. — *ср. уг.* «пильнуть» — сбыть.

ПИЛИ́ТЬСЯ, пилю́сь, пи́лишься; *несов.* (*сов.* **ПИЛЬНУ́ТЬСЯ**, -ну́сь, -нёшься), *с кем.* **1.** Заниматься любовью. **2.** Ссориться, браниться. *Крепко мы с ним вчера пильнулись.*

От общеупотр. *разг.* «пилить кого-л.» — беспрерывно упрекать, попрекать.

ПИЛОПЕРДОНЧИК *см.* **ПОЛУПЕРДЕНЧИК**

ПИЛО́Т, -а, *м.* Реклама, рекламный ролик. *~а запустить.*

ПИЛЬНУТЬ *см.* **ПИЛИТЬ**

ПИЛЬНУТЬСЯ *см.* **ПИЛИТЬСЯ**

ПИ́ЛЬЩИК, -а, *м.* Гитарист.

Из *муз.*

ПИ́МПА, -ы, **ПИ́МПОЧКА**, -и, *ж.* Какая-л. маленькая, миниатюрная вещица. *Взять за пимпочку.*

Возм. передел. от **ПИПА, ПИПОЧКА**.

ПИНАТЬ *см.* **БАЛДА**

ПИ́НГВИ́Н, -а, *м.* **1.** (или **ГЛУ́ПЫЙ ~**, **ЖИ́РНЫЙ ~**) *ирон.* О любом человеке. **2.** Большой, массивный комбинезон. **3.** Солдат основного призыва.

1. — возм. из «Буревестника» М. Горького: «Глупый пи́нгвин робко прячет тело жирное в утёсах», *ср.* также ирон. продолжение: «Он смеётся и хохочет, тело вытащить не хочет»; 2. — из *спец.*; 3. — из *арм.*

ПИНГВИН* *см.* **СДЕЛАТЬ ПИНГВИНА**

ПИНЕ́ТКИ, -ток, **ПИНЕ́ТОЧКИ**, -чек, *мн.* Ноги (чаще о длинных).

От «пинетки» — мягкая обувь для маленьких детей.

ПИНОЧЕ́Т, -а, *м.*, *собств.* Название пивной на Волоколамском шоссе.

Шутл. сокращ. «пивная напротив «Чайки»» (ныне не существующий кинотеатр) или «пивная напротив через дорогу», контаминация с именем чилийского диктатора А. Пиночета.

ПИНЧ, -а, *м.* Человек, живущий на деньги родителей.

Из *шк.*; *ср.* в *уг.* употр. в зн. «пассивный гомосексуалист».

ПИНЧА́ГА, -и, *ж.*, **ПИНЧИ́ЩЕ**, -а, *ср.* Пинок, тычок, удар (обычно ногой под зад). ♦ **Пинчище прописать** *кому* — дать пинка.

ПИНЧЕВА́ТЬ, -чу́ю, -чу́ешь; *несов.*, *без доп.* Подсоединять кабель между вагонами, а также присоединять, соединять любые вещи.

Из *спец.*

ПИНЧИЩЕ *см.* **ПИНЧАГА**

ПИОНЕ́Р, -а, *м.* *Ирон.* Начинающий, неопытный, малолетний (напр. начинающий хиппи, музыкант, подмастерье и т. п.); дурак, недотёпа, растяпа.

ПИОНЕ́РИТЬ, -рю, -ришь; *несов.*, *что где* и *без доп.* Воровать, красть по мелочам.

ПИОНЕ́РКА, -и, *ж.* Анаша, забитая в сигарету.

ПИОНЕРКА* *см.* **НУЖНО КАК ЗАЙЦУ (ОСЛИКУ, ПИОНЕРКЕ, ПАРТИЗАНУ) ТРИППЕР**; **СЗАДИ ПИОНЕРКА, СПЕРЕДИ ПЕНСИОНЕРКА**

♦ **ПИОНЕ́РСКАЯ ЗО́РЬКА** — утренний половой акт.

От назв. радиопередачи советского периода.

ПИОНЕ́РСКИЙ, -ая, -ое. Наивный, глупый, несерьёзный. *Что это ещё за ~ие дела! ~ая организация, а не кафедра.*

ПИОНЕРСКИЙ* *см.* **КАК ПЕРЕД ВСЕЙ (ПИОНЕРСКОЙ) ЛИНЕЙКОЙ**; **ПЕТЬ**; **УСТРОИТЬ БОЛЬШОЙ ПИОНЕРСКИЙ КОСТЁР**

ПИОНЕРСКОЕ *см.* **ЧЕСТНОЕ ОКТЯБРЯТСКОЕ...**

ПИ́ПА, -ы, **ПИ́ПКА**, -и, **ПИ́ПОЧКА**, -и, *ж.* **1.** То же, что **ПИПИ́СКА**. **2.** Какая-л. маленькая вещь, штучка, безделушка. ♦ **Пипу вставить** *кому* — изругать, наказать, побить кого-л.

♦ **ПИ́ПА СУРИНА́МСКАЯ** — шутл. руг.

Возм. распространилось под влиянием повести М. Булгакова «Роковые яйца» (назв. породы лягушек).

ПИПИ́, **ПИС**, **ПИС-ПИ́С**. **1.** в зн. *сущ.*, *нескл.*, *ср.* Мочеиспускание. *~ не получается. Надо сделать ~. Ой, какое грандиозное ~ получилось, прямо Днепрогэс.* **2.** в зн. *межд.* Употребляется как призыв, стимулирующий мочеиспускание у детей (и *ирон.* у взрослых).

Возм. ономатопоэтическое образование; *см.* также **ПИ́САТЬ** через *детск.*

ПИПИ́ЛЬКА, -и, *ж.* Девочка, молоденькая девушка. *Набор ~лек-сосунков* (о группе молодых девушек). *Это что за соска-~!*

Ономатопоэтическое; *ср.* «пипи», «шпилька» и др. модели, могущие ассоциироваться с данным словом.

ПИПИ́Н, -а, *м.* Человек маленького роста.

Ср. имя средневекового короля Пипин Короткий.

ПИПИ́СКА, -и, **ПИПИ́СЬКА**, -и, *ж.* **1.** То же, что **ПИСКА**. **2.** Устройство для обрызгивания стекла в автомобиле. ♦ **Восьмое марта близко-близко, расти-расти, моя ~** — *ирон.* о женском празднике. **Миру — мир, войне — пиписка** — шутл. травестирование советских лозунгов борьбы за мир.

См. также **ВИСКИ ИЗ ПИПИСКИ**; **МИСКА-(ПИПИСКА)**

ПИПКА *см.* **ПИПА**

ПИПЛ, -а, *м.*, **ПИПЛА́**, -ы́, *ж.*, **ПИПЛЫ́**, -о́в, *мн.* Люди, толпа, публика, компания. ♦ **Напрягать пипл** — приставать к людям.

От англ. people в том же зн.

ПИПЛ, НЕ МУТИТЕ! *см.* **МУТИТЬ**

ПИПЛЫ *см.* **ПИПЛ**

ПИПЛЯ́К, -а, *м.* Толпа, люди. *~ вьётся.*

От англ. people.

ПИПО́, *нескл.*, *ср.* Пинг-понг.

Сокращ.

ПИПОЧКА *см.* **ПИПА**

ПИПУ ВСТАВИТЬ *см.* **ПИПА**

ПИРА́Т, -а, *м.* Владелец частной автомашины, отбивающий клиентов у таксистов.

Возм. из арго таксистов.

ПИРО́Г, -а́, **ПИРОЖО́К**, -жка́, *м.* Легковая машина, переоборудованная под фургон.

ПИРОГ* *см.* **НИ С ЧЕМ ПИРОГ**

♦ **ПИРО́Г С КОТЯ́ТАМИ** (или **ПИ́РОГ С КРЫСЯ́ТИНКОЙ**, **ПИРО́Г С СОБАЧА́ТИНКОЙ** и т. п.) — пирожки с мясом, продаваемые в буфетах, на улице.

ПИРОЖОК *см.* **АРМЯНСКИЙ ПИРОЖОК**; **ВОТ ТАКИЕ (ВОТ) ПИРОЖКИ С КОТЯТАМИ**; **ЛЫСАЯ БАШКА, ДАЙ ПИРОЖКА**; **МЯСНЫЕ ПИРОЖКИ С ЯБЛОКАМИ**; **ПИРОГ**

ПИС *см.* **ПИПИ**

ПИСА, ПИСАЛКА *см.* **ПИСКА**[1]

ПИСА́ЛКА,-и, *ж.* **1.** Нож, бритва; любой режущий инструмент. **2.** Вор-карманник, «работающий»бритвой.

От **ПИСА́ТЬ**.

ПИСА́ТЕЛЬ, -я, *м.* Убийца, орудующий ножом, бритвой, шилом и т. п. *Я ~ не местный, попишу, попишу и уеду.*

От **ПИСА́ТЬ**.

ПИСАТЕЛЬ* *см.* **СОЮЗ ПИСАТЕЛЕЙ**; **ЧУКЧА НЕ ЧИТАТЕЛЬ, ЧУКЧА — ПИСАТЕЛЬ**

ПИ́САТЬ, -аю, -аешь, **ПЫ́САТЬ**, -аю, -аешь; *несов., без доп., ирон.* **1.** Мочиться. **2.** Бояться. ♦ **~ кипятком** (или **кровью, плазмой, скипидаром** и т. п.) — находиться в каком-л. крайнем эмоциональном состоянии (чаще о смехе, восторге). *~ на что* — плевать на что-л., быть незаинтересованным в чём-л. **Не играй в мои игрушки и не писай в мой горшок, ты ушёл к другой подружке, ты мне больше не дружок** — *ирон.-друж.* отстань, не хочу иметь с тобой дела.

Возм. от *диал.* «пысать» в том же зн.; *ср.* фр. pisser (итал. pisciare и т. п.) в том же зн.; скорее всего ономатопоэтическое происхождение, через *детск.*

ПИСА́ТЬ, пишу́, пи́шешь; *несов., кого чем.* Резать, кромсать, ранить или убивать ножом, кинжалом и т. п.

Возм. от *уг.* «писа́ть» в том же зн.

ПИСА́ТЬ* *см.* **ДЕКРЕТЫ ПИСА́ТЬ**; **КОНТОРА**; **ОПЕРУ ПИСА́ТЬ**

ПИ́САТЬСЯ, -аюсь, -аешься; *несов.* **1.** *без доп.* Непроизвольно мочиться (обычно о детях). **2.** *с чего, от чего.* Испытывать сильные эмоции от чего-л. *Я с тебя ~аюсь.*

От **ПИ́САТЬ**.

ПИСА́ТЬСЯ, пишу́сь, пи́шешься; *несов.* Кончать жизнь самоубийством, вскрывая вены и т. п.

От **ПИСА́ТЬ**.

ПИСЕ́Ц, -сца́, *м.* (или **ГОЛУБО́Й ~**, **ПО́ЛНЫЙ ~** и т. п.). **1.** Конец, провал, фиаско. **2.** в зн. *межд.* Ну и ну, вот это да.

Ср. также **ПЕСЕЦ**. Возм. *эвфем.* от нецензурного бран.

ПИСИХОЛОГИ́ЗМ, -а, *м. Ирон.* Какая-л. напряжённая, запутанная житейская ситуация. *Экий у вас тут ~, ни одной целой тарелки не осталось* (всё перебили во время скандалов).

Шутл. контаминация **ПИ́САТЬ** + общеупотр. «психологизм».

ПИСК *см.* **ПОСЛЕДНИЙ ПИСК (МОДЫ)**

ПИ́СКА[1], -и, **ПИ́СЬКА**, -и, **ПИ́СА**, -ы, **ПИ́САЛКА**, -и, **ПИСЮ́КА**, -и, **ПИ́СЯ**, -и, **ПИСЯ́КА**, -и, *ж.*, **ПИСЮЛЁК**, -лька́, *м.*, **ПЫ́ПА**, -ы, **ПЫ́ПКА**, -и, **ПЫПЫ́СА**, -ы, **ПЫПЫ́СКА**, -и, **ПЫ́СА**, -ы, **ПЫ́СКА**, -и, **ПЫ́СЯ**, -и, *ж.* Половой орган.

См. **ПИПА**, **ПИПИ**, **ПИ́САТЬ**.

ПИ́СКА[2], -и, *ж.* Монета, заточенная с одной стороны, как бритва.

Возм. из *уг.*; *ср.* **ПИСА́ТЬ**.

ПИС-ПИС *см.* **ПИПИ**

ПИСТОЛЕ́Т, -а, *м.* Мужской половой орган.

ПИСТОЛЕТ* *см.* **ДЕРЖАТЬ ХВОСТ (ЧЛЕН, НОС) ПИСТОЛЕТОМ**; **ДЕРЖАТЬ ХВОСТ ТРУБОЙ...**; **КАК ИЗ ПИСТОЛЕТА**; **ТЯЖКО (ТРУДНО, ГРУСТНО, ПЛОХО) ЖИТЬ БЕЗ ПИСТОЛЕТА**

ПИСТО́Н, -а, **ПРОПИСТО́Н**, -а, *м.* **1.** Наказание, нагоняй. **2.** Половой акт. **3.** в зн. *межд.* Ну и ну, вот тебе на. ♦ **Поставить** (или **вставить**) *~ кому* — вступить в половую связь с кем-л.; изругать, наказать, избить.

См. также **ПОЛУЧИТЬ ПИСТОН**; **СТАВИТЬ ПИСТОН**

ПИСЬКА *см.* **ПИСКА**; **СИСЬКА**

ПИСЮ́К, -а, **ПИСЮ́ШНИК**, -а, *м.* Персональный компьютер.

От англ. PC — personal computer.

ПИСЮКА, ПИСЮЛЁК, ПИСЯ, ПИСЯКА *см.* **ПИСКА**[1]

♦ **ПИСЮ́ЧИЙ ВОСТО́РГ** — *ирон.* о радости, восторге.

ПИСЮШНИК *см.* **ПИСЮК**

♦ **ПИТО́МЕЦ ЗООПА́РКА** — глупый, тупой человек.

ПИТУ́Х, -а́, *м.* Пьяный, пьяница.

Возм. от общеупотр. «пить» по аналогии с «петух».

ПИТЬ *см.* **АЛЕН ДЕЛОН; БУДЬ ЗДОРОВЧИК, БЕЙ КЕФИРЧИК; КТО НЕ РИСКУЕТ, ТОТ НЕ ПЬЁТ ШАМПАНСКОЕ...; МЫ ПЬЁМ ИЛИ ВЕЧЕР ПОТЕРЯН?; НЕ ПИТЬ, ТОЛЬКО НА ХЛЕБ МАЗАТЬ; НЕ ПЬЁТ ТОЛЬКО СОВА, ПОТОМУ ЧТО ДНЁМ ОНА СПИТ...; НЕ ПЬЁТ ТОЛЬКО ТЕЛЕГРАФНЫЙ СТОЛБ...; ОН НЕ КУРИТ И НЕ ПЬЁТ, МАТОМ НЕ РУГАЕТСЯ...; ПЕЙТЕ ПИВО ПЕННОЕ, БУДЕТ РОЖА ОФИГЕННАЯ; ТРАХАЕМ ВСЁ, ЧТО ДВИЖЕТСЯ...; ХОРОШАЯ ШТУЧКА, КОГДА БОЛИТ РУЧКА...**

ПИХА́ЛО, -а, *ср.*, **ПИХА́ЛЬНИК**, -а, *м.* **1.** То же, что **ПИХАРЬ**. **2.** Мужской половой орган.

От **ПИХАТЬСЯ, ПИХАТЬ 2.**

ПИ́ХАРЬ, -я, *м.* (или **~-НАДО́МНИК**). Бабник, любитель женского пола, волокита, сладострастник.

От **ПИХАТЬСЯ, ПИХАТЬ 2.**

ПИХАТЕЛЬНЫЙ *см.* **ВО ВСЕ ДЫХАТЕЛЬНЫЕ И ПИХАТЕЛЬНЫЕ (ИМЕТЬ)**

ПИХА́ТЬ, -а́ю, -а́ешь; *несов.* (*сов.* **ПИХНУ́ТЬ**, -ну́, -нёшь). **1.** *кого.* Обманывать (обычно в картах, азартной игре). **2.** *кого.* Вступать с кем-л. в половую связь (о мужчине). **3.** *кому, что.* Выгодно продавать кому-л. что-л. **4.** *кого, куда.* Помогать, содействовать. *~ спиногрыза* (сына) *в мед* — содействовать поступлению в медицинский институт.

См. также **ДУРЬ ПИХАТЬ**

ПИХА́ТЬСЯ, -а́юсь, -а́ешься; *несов.* (*сов.* **ПИХНУ́ТЬСЯ**, -ну́сь, -нёшься), *с кем.* Вступать в половую связь с кем-л.

ПИХНУТЬ *см.* **ПИХАТЬ**

ПИХНУТЬСЯ *см.* **ПИХАТЬ**

ПИЦЦА *см.* **НЕ ПЛЮЙ В КОЛОДЕЦ — ПРИГОДИТСЯ НА ПИЦЦА**

ПИЧКА *см.* **ПИКА́**

ПИЧЧИКА́ТО, *нареч. Шутл.* Что-л. чрезмерное, излишне усложненное, граничащее с дурным вкусом. *Ну, секс втроём — это уж ~!*

От *муз.* «пиччикато» («пиццикато») — особый приём исполнения на струнном муз. инструменте.

ПИЩА́ЛКИ, -лок, *мн.* Высокочастотные динамики, высокое звучание динамиков. *Заглуши ~* (выключи, сбавь звук).

От общеупотр. «пищать».

ПИЩА́ТЬ, обычно *безл.*, -щи́т; *несов.*, *у кого, что сделать* и *без доп.* О каком-л. желании, зуде. *Ну я понимаю, весна, у всех пищит, но на занятия всё равно ходить надо* (преподаватель студентам).

ПЛА́ВАНИЕ, -я, *ср.* Запой. *Мужчина в ~и. Ухожу в ~.*

♦ **ПЛА́ВАТЬ КАК УТЮ́Г** — не уметь плавать.

ПЛА́ВИТЬСЯ, -влюсь, -вишься; *несов.*, *без доп.* Сердиться, злиться, нервничать, переживать.

ПЛАВИТЬСЯ* *см.* **МЕЛОЧЬ В КАРМАНАХ ПЛАВИТСЯ**

ПЛАВНИ́К, -а́, *м.* Рука, ладонь. *Давай ~* (или *держи ~*) — привет, здравствуй.

ПЛА́ЗА, -ы, *ж.* Открытое заасфальтированное пространство, где можно кататься на роликовых коньках.

ПЛАЗМА *см.* **ПИСАТЬ**

ПЛАКАТЬ *см.* **КООПЕРАТИВ «ЗАХОДИ — НЕ БОЙСЯ...»; ЦУГУНДЕР ПЛАЧЕТ**

ПЛАКСА *см.* **КЛЯКСА**

ПЛАМЯ *см.* **ГОРИ ОНО ВСЁ ЯСНЫМ ПЛАМЕНЕМ**

ПЛАН, -а, *м.* Наркотик (чаще анаша).

Возм. из *нарк.* или *уг.*, *ср. уг.* «планокиша» — наркоман-курильщик; возм. от общеупотр. «план».

ПЛАН* *см.* **НАШ КОЛХОЗ, НАШ КОЛХОЗ ВЫПОЛНИЛ ПЛАН ПО УДОЮ КОЗ**

ПЛАНИ́РОВАТЬ, -рую, -руешь; **ПЛАНОВА́ТЬ**, -ну́ю, -ну́ешь; *несов.*, *куда, откуда.* Уходить, убегать, избегать чего-л. *~ с занятий. Плануй отсюда.*

От общеупотр. «планировать» — постепенно, плавно снижаться при полёте; возм. также ассоциативное влияние общеупотр. «пленэр» (фр. plein air — буквально: вольный воздух).

♦ **ПЛА́НКА УПА́ЛА** *у кого* — о ненормальности, каком-л. крайнем эмоциональном состоянии, напр.: *Он как это сказал, у меня сразу планка упала.*

ПЛАНОВАТЬ *см.* **ПЛАНИРОВАТЬ**

ПЛА́НОВЫЙ, -ого, **ПЛАНОВИ́К**, -а́, *м.* Тот, кто курит наркотик (чаще анашу).

От **ПЛАН.**

ПЛАСТИЛИНОВЫЙ *см.* **ГОЛОВА ПЛАСТИЛИНОВАЯ**

ПЛАТЁЖКА, -и, *ж.* Платёжная ведомость.

ПЛАТИТЬ *см.* **СПАСИБО — НЕ КРАСИВО, НАДО ДЕНЕЖКИ ПЛАТИТЬ**

ПЛАТИТЬ АМОРТИЗАЦИЮ *см.* **АМОРТИЗАЦИЯ**

♦ **ПЛАТИ́ТЬ НАТУ́РОЙ** *кому* — отдаваться (о женщине).

♦ **ПЛАТОНИ́ЧЕСКИЙ ЗАД** — *собств.* станция метро «Ботанический сад».

ПЛАТФО́РМА, -ы, *ж.* **1.** Зад, задница. **2.** Челюсть, зубы.

ПЛАТЬ *см.* **ГРЁБАН**

ПЛАЦ, -а, *м. Ирон.* Улица (обычно большая, центральная). *Пойдём по ~у прошвырнёмся.*

ПЛАЦ* *см.* **ТРИ МЕТРА НИЖЕ ПЛАЦА**

ПЛАЧ *см.* **СТЕНА ПЛАЧА**

ПЛЕВА́ЛКА, -и, *ж. Ирон.* Автомат АКС(У)74

Из *арм.*

ПЛЕВА́ЛО, -а, *ср.*, **ПЛЕВА́ЛЬНИК**, -а, *м.* Рот. *Сотри тоску с плевала* — будь веселей.

От общеупотр. «плевать».

ПЛЕВА́ТЕЛЬНИЦА, -ы, *ж.* **1.** Газовый баллончик. **2.** Рот.

ПЛЕВА́ТЬ, плюю́, плюёшь; *несов.* (*сов.* **ПЛЮНУТЬ**, -ну, -нешь). **1.** *без доп.* Делать что-л. несуразное, грубое, опрометчивое. *Ну ты и плюнул!* **2.** *в кого-что* и *без доп.* Стрелять.

2. (а также возм. и 1.) — возм. из *уг.*; *ср. уг.* «плевать» — сознаваться, выдавать кого-л., совершать побег; «плюнуть» — застрелить; «плевательница» — наган, огнестрельное оружие; «плевать картошки» — бросать бомбы.

ПЛЕВАТЬ* *см.* **А В РОТ ТЕБЕ НЕ ПЛЮНУТЬ ЖЁВАНОЙ МОРКОВКОЙ?; НЕ ПЛЮЙ В КОЛОДЕЦ — ПРИГОДИТСЯ НА ПИЦЦА; НЕ ПЛЮЙ В КОЛОДЕЦ: ВЫЛЕТИТ — НЕ ПОЙМАЕШЬ; ПЛЮНЬ И РАЗОТРИ; СРАТЬ**

♦ **ПЛЕВА́ТЬ (ПОПЛЁВЫВАТЬ) В ПОТОЛО́К** — бездельничать, валяться без дела; хорошо, беззаботно жить.

ПЛЕВА́ТЬСЯ, плюю́сь, плюёшься; *несов., на что, от чего, с чего* и *без доп.* Быть недовольным чем-л. *Я как с ним поговорю, три дня плююсь.*

ПЛЕ́ВЕР, -а, *м.* Плеер.

ПЛЕВКО́ВЫЙ, -ая, -ое и в зн. *сущ.*, *ср.*, -ого. Огнестрельный (об оружии). *~ое купить.*

См. **ПЛЕВАТЬ 2.**

ПЛЕВО́К, -вка́, *м.* Кепка.

♦ **ПЛЕВО́К ПРИРО́ДЫ** (или **СУДЬБЫ́**, **ФОРТУ́НЫ** и т. п.) — неказистый человек; что-л. невзрачное, убогое; ругательство.

ПЛЕМЕННО́Й, -а́я, -о́е. Хороший, отличный. *~ая погода. ~ коктейль.*

От общеупотр. «племенной» — относящийся к чистокровной породе.

ПЛЕМЯ *см.* **ФАРАОНОВ**

ПЛЕ́ННИК, -а, **ПЛЕ́ННЫЙ**, -ого, *м.* Тот, кто плохо работает, халтурит. *Пленные, а не грузчики.*

ПЛЕННИК* *см.* **ВСЕ МЫ В МОСКВЕ КАВКАЗСКИЕ ПЛЕННИКИ**

ПЛЕННЫЙ *см.* **ПЛЕННИК**

ПЛЕПО́РЦИЯ, -и, *ж.* Порция, норма (чаще о выпивке). *Я свою ~ю знаю.*

Искаж. «пропорция».

ПЛЕ́СЕНЬ, -и, *ж.* **1.** Что-л. дурное, ненужное. **2.** Пожилая женщина (часто о классной даме, воспитательнице, старой деве). **3.** Ирон.-дружеское обращение. *Балдеешь, ~?* — ну, как дела? *Ползи сюда, ~* — иди сюда. *Ах ты, ~ ты моя зелёная* — ах ты, мой хороший.

См. также **ЗАСОХНИ, ПЛЕСЕНЬ!**

ПЛЕСКА́ТЬСЯ, употр. только в *3 л.*, пле́щется (или ~а́ется), *где* и *без доп.* Находиться в желудке (обычно о напитках, пиве и т. п.). *Во мне три литра плещется.*

ПЛЕСТИ́, -ету́, -етёшь; *несов.* Лгать, обманывать. *Хорошо ~етёшь, броневика не хватает.*

См. также **КРУЖЕВА**

ПЛЕТОВАТЬ *см.* **ПЛИНТОВАТЬ**

ПЛЕЧЕВА́Я, -о́й, *ж.* Проститутка, «обслуживающая» на дорогах преимущественно шофёров-«дальнобойщиков».

Возм. потому что спальное место находится за плечами у водителя.

ПЛЕЧО *см.* **А ЧЕРЕЗ ПЛЕЧО (НЕ ГОРЯЧО)?; У МЕНЯ СВОЯ ГОЛОВА ЗА ПЛЕЧАМИ**

ПЛЕША́РА, -ы, *ж.* **1.** Плешь, лысина. **2.** То же, что **ПЛЕШЬ 1.** **3.** То же, что **ПЛЕШКА 1.** **4.** Профессиональная проститутка с площади трёх вокзалов (Комсомольской пл.).

ПЛЕ́ШКА, -и, *ж.* **1.** Место встречи какой-л. группы; место для курения, где обычно происходят разговоры, знакомства, общение и т. п. *Встретиться на ~е.* **2.** То же, что **ПЛЕШЬ 1.** **3.** *собств.* Плехановский институт. *Закончить ~у.*

ПЛЕШЬ, -и, *ж.* **1.** Голова. *Дать по ~и кому* — наказать кого-л. *~ью шевелить* — думать. *Грандиозная ~* — умница, талант. **2.** Чушь, безделица. *Всё это ~.* ♦ **~ проесть** *кому чем* — надоесть, замучить; долго, упорно убеждать кого-л. в чём-л. **~ с проседью** — старый, лысый человек.

ПЛИНТОВА́ТЬ, -ту́ю, -ту́ешь, **ПЛИНТУХА́ТЬ**, -а́ю, -а́ешь, **ПЛЕТОВА́ТЬ**, -ту́ю, -ту́ешь; *несов., куда.* Идти, шагать, двигаться, направляться. *Плинтуй ко мне.*

Ср. *диал.* «плетюхать» — пустословить, лгать; «плетюхан» — лапотник, тот, кто плетёт лапти (от общеупотр. «плести»); «плинтовать» — готовить землю под пашню, под сенокос; «плинт», «плинф», «плинфа» — кирпич («плинтовать», «плинфовать» — предположительно: класть кирпич); *ср.* также *уг.* «плейтовать», «плетовать» — бежать из мест заключения, бить кого-л.; «плинта» — тюрьма, «плинтовать» — отбывать срок заключения. Возм. сближение с древнееврейским plejto, pleto — удирать, спасение; возм. через польское арго.

ПЛИ́НТУС, -а, *м.* Пьяный, валяющийся на улице. *Развалились, ~á!*

ПЛИНТУХАТЬ *см.* **ПЛИНТОВАТЬ**

ПЛИТОЙ НА СТРОЙКЕ ПРИДАВЛЕННЫЙ *см.* **ПРИДАВЛЕННЫЙ**

ПЛОДО́ВО-ВЫ́ГОДНОЕ, плодо́во-вы́годного, *ср. Ирон.* Плодово-ягодное вино.

«Выгодное» — от дешевизны; *ср.* **ПЛОТОЯДНОЕ** и др.

ПЛОСКОДО́НКА, -и, *ж.* Женщина с плоской грудью, худая, некрасивая.

От назв. лодки с плоским дном.

ПЛОСКОЛО́БЫЙ, -ая, -ое. Глупый, тупой.

От «плоский лоб».

ПЛОСКОСТО́ПЫЙ, -ого, *м.* Ирон. обращение.

От «плоскостопие».

ПЛОСКОСТОПЫЙ МАРАБУ *см.* **МАРАБУ**

ПЛОСКОСТРУ́Й, -я, *м.* Старый человек, старикашка, старуха; шутл. ругательство.

Ср. **ПЕСКОСТРУЙНЫЙ**.

♦ **ПЛО́СКОСТЬЮ УМА́ ПОДО́БЕН ТАРАКА́НУ** *кто* — *ирон.* о тупом, глупом человеке.

ПЛОТОЯ́ДНОЕ, -ого, *ср.* Плодово-ягодное вино, а также о любом плохом вине, портвейне и т. п.

Ср. **ПОДЛОЯГОДНОЕ**, **ПЛОДОВО-ВЫГОДНОЕ**.

ПЛОХЕ́ТЬ, -е́ю, -е́ешь; *несов.* **1.** *без доп.* Становиться хуже, портиться характером (о человеке). *Как стал деньги грести — на глазах ~еет.* **2.** только *безл.*, -е́ет, *кому.* О плохом самочувствии. *Что-то мне ~еет, наверно, давление.*

От общеупотр. «плохой», «плохо».

ПЛОХО *см.* **НЕТ**, **ПРОСТО ПЛОХО ВЫГЛЯДИТ**; **ТЯЖКО (ТРУДНО, ГРУСТНО, ПЛОХО) ЖИТЬ БЕЗ ПИСТОЛЕТА**

ПЛОХО́Й, -а́я, -о́е. Ведущий себя странно, ненормально, непривычно. *Ты что, совсем ~, что ли?* — ну ты даёшь, ты не прав.

ПЛОЩА́ДКА, -и, *ж.* **1.** Площадь. **2.** *собств.* Станция метро, в назв. которой входит слово «площадь» (напр., «Площадь революции»). **3.** Лысина. **4.** Перерыв между запоями (у алкоголиков).

ПЛУТО́ВКА, -и, *ж.* Воровка.

Возм. из *уг.*

ПЛЫТЬ, плыву́, плывёшь; *несов.* **1.** *от чего* и *без доп.* Потерять сознание, быть в невменяемом состоянии (обычно от удара). *Я ему дал, смотрю, кент* (он) *плывёт.* **2.** *без доп.* Приходить в состояние полового возбуждения (чаще о женщине).

ПЛЫТЬ* *см.* **ГРЯЗЬ**

ПЛЮНУТЬ *см.* **ПЛЕВАТЬ**; **ПРИДЁТ ВОЙНА**, **НАСТУПИТ ЗАСУХА...**

♦ **ПЛЮ́НУТЬ НА ФА́ЗУ** — выключить свет.

Возм. от общеупотр. *спец.* «фаза» — отдельная группа обмоток генератора.

♦ **ПЛЮНЬ И РАЗОТРИ́** — не обращай внимания, забудь, не волнуйся.

ПЛЮС, -а, *м.* Доход, выигрыш. ♦ **Быть в ~е** — выигрывать; получать доход, барыши.

ПЛЮСКВАМПЕРФЕ́КТ, -а, *м.* То, что было очень давно. *Ну, знаешь, мой первый муж — это такой пыльный ~, что я уже его забыла.*

От назв. грамматической формы гл. в некоторых языках, обозначающей действие, предшествующее другому действию в прошлом.

ПЛЮСОВА́ТЬ, -су́ю, -су́ешь; *несов., без доп.* Преуспевать, богатеть, получать хорошие доходы, быть в хорошем расположении духа от этого.

От **ПЛЮС**.

ПЛЮ́ХА, -и, **ПЛЮ́ШКА**[1], -и, *ж.* **1.** Грубый, несуразный поступок, оплошность, бестактность; ошибка. *Сделать ~у.* **2.** Удар, пощёчина; а также в иносказ. зн.: наказание, расправа и т. п.

От **ПЛЮХАТЬ**.

ПЛЮ́ХАТЬ, -аю, -аешь; *несов.* (*сов.* **ПЛЮ́ХНУТЬ**, -ну, -нешь); *что кому* и *без доп.* Говорить или делать что-л. глупое, нетактичное, грубое.

ПЛЮШ, -а, *м.* (или **НАГРУ́ДНЫЙ ~**). Волосы на груди. *Что делаешь? — Сижу, чешу ~* (бездельничаю).

ПЛЮ́ШЕВЫЙ, -ая, -ое. Глупый, примитивный, недалёкий. *Совсем ты ~. Мозги ~ые.*

См. также **ДУРИЛКА (ПЛЮШЕВЫЙ)**

ПЛЮШЕВЫЙ ДЕСАНТ *см.* **ДЕСАНТ**

ПЛЮШКА[1] *см.* **ПЛЮХА**

ПЛЮ́ШКА[2], -и, *ж.* Толстая девушка, женщина.

От общеупотр. «плюшка» — сдобная булочка.

ПЛЮ́ЩИТЬ, только в *3 л. ед. ч.*, -ит; *несов.* **1.** *кого, что делать.* О сильном нежелании что-л. делать, лени, апатии. *~ит меня уроки учить. Как магнитная буря — так меня и ~ит.* **2.** *кого.* О сильном наркотическом опьянении.

ПНОМПЕНЬ *см.* **У НИХ ПНОМПЕНЬ, А У НАС ПЕНЬ ПНЁМ**

ПНХ *см.* **ПЭЭНХА**

♦ **ПО БАРАБА́НУ** *кому что* — всё равно, наплевать, без разницы

Ср. **ДО БАРАБАНА.**

ПОБАЯ́НИТЬ, -ню, -нишь; *сов., чем* и *без доп.* Ввести наркотик шприцем.

От **БАЯНИТЬ.**

ПОБИРЛЯ́ТЬ, -я́ю, -я́ешь; *сов., чего* и *без доп.* Поесть.

От **БИРЛЯТЬ.**

ПОБОЛЬШЕ *см.* **ПОДРАСТЁШЬ — ПОБОЛЬШЕ ДАМ**

ПОВАР *см.* **ССАТЬ**

ПОВЕРНУТЬСЯ ЖОПОЙ *см.* **ЖОПА**

ПОВЕСИТЬСЯ *см.* **ЗА КОМПАНИЮ И ЖИД ПОВЕСИЛСЯ**

ПОВЕСТИ́СЬ, -еду́сь, -едёшься; *сов., без доп.* **1.** Стать странным, начать вести себя необычно. **2.** Разбогатеть. **3.** Стать высокомерным «зазнайкой».

ПОВЕСТИ́СЬ* *см.* **С КЕМ ПОВЕДЁШЬСЯ — ТАК ТЕБЕ И НАДО...**

ПОВИ́ДЛО, -а, *ср.* **1.** Толстый человек. **2.** Мягкотелый, слабохарактерный человек. **3.** Ирон. обращение.

ПОВИДЛО* *см.* **ГОВНО**; **НЕ БУЛЬКАЙ, ПОВИДЛО...**; **У НАШИХ ВОРОТ...**

ПОВИНТИ́ТЬ, -нчу́, -нти́шь (или -и́нтишь); *сов.* **1.** *куда, откуда.* Уйти, пойти. **2.** *кого.* Арестовать.

От **ВИНТИТЬ.**

ПОВОДО́К, -дка́, *м.* Пейджер, которым пользуется сотрудник какой-л. организации и за который платит «хозяин», руководитель. *Фирма солидная, все шестёрки* (даже мелкие сотрудники) *с ~дками.*

ПОВОРОТ *см.* **ПОЛЕГЧЕ НА ПОВОРОТАХ**

ПОВЫДЕРГАТЬ *см.* **ВОЛОСИКИ ПОВЫДЕРГАЮ**

♦ **ПОВЫ́ШЕ КОЛЕ́НА, ПОНИ́ЖЕ ПУПКА́** — о половых органах.

ПОВЯЗА́ТЬ, -яжу́, -я́жешь; *сов., кого с чем, на чём.* Задержать, поймать, застать врасплох кого-л.

От **ВЯЗАТЬ 3.**

ПОВЯ́ЗКА, -и, *ж.* **1.** Арест, задержание. **2.** То же, что **ЗАВЯЗКА** во всех зн.

ПОГАНКА *см.* **БЛЕДНАЯ ПОГАНКА**

ПОГАНЫЙ *см.* **ПРИКЛАДЫВАТЬСЯ СВОЕЙ ПОГАНОЙ РУЧКОЙ**

ПОГЛАДИТЬ *см.* **МОЖЕТ, (ЕЩЁ) ШНУРКИ ПОГЛАДИТЬ?..**; **СЕЙЧАС, ТОЛЬКО ШНУРКИ ПОГЛАЖУ**

ПОГНА́ТЬ, -гоню́, -го́нишь; *сов., что кому, по кому-чему* и *без доп.* Заговорить, начать говорить. *Я по себе ~гонюсь* (скажу о себе).

От **ГНАТЬ 1.**

ПОГОВОРИ́ТЬ, -рю́, -ри́шь, *сов., без доп.* (или **~ С ВЫРАЖЕ́НИЕМ**). Рассказать что-л. *Ну-ка, Колян* (Коля), *~ри с выражением.*

ПОГОДИТЬ *см.* **ЗАЯЦ**

ПОГОНЯ́ЙЛА, -ы, **ПОГОНЯ́ЛА**, -ы, *ж.*, **ПОГОНЯ́ЙЛО**, -а, **ПОГОНЯ́ЛО**, -а, *ср.* Прозвище, кличка. *Мы ему погоняло дали.*

Из *уг.*

ПО ГО́СТУ, *нареч.* Хорошо, отлично. *Как жизнь? — ~.*

От аббрев. «ГОСТ» — государственный общесоюзный стандарт.

ПОГРА́НЕЦ, -нца, **ПОГРАНЕ́Ц**, -нца́, *м.* Пограничник.

Из *арм.*

♦ **ПОГРАНИ́ЧНИК ДО́ЛЖЕН СТРЕЛЯ́ТЬ, КАК КОВБО́Й, И БЕ́ГАТЬ, КАК ЕГО́ ЛО́ШАДЬ** — *шутл.* о требованиях, предъявляемых к пограничнику.

Из *арм.*

ПОГРАНЦО́ВЫЙ, -ая, -ое. Относящийся к пограничным войскам. ♦ **Зелень ~ая** — пограничные войска.

От **ПОГРАНЕЦ**; ♦ — от зелёного цвета погон.

ПОГРЕМУ́ШКА, -и, *ж.* Женщина, девушка.

♦ **ПОГРО́М ЕСТЬ ПОГРО́М** — *ирон.* о любом неприятном событии, странном стечении обстоятельств и т. п. — *Ой, я в чай соли насыпала! — Ну что же, Раечка, погром есть погром.*

Произносится с еврейским акцентом; сопровождается обречённым выражением лица.

ПОГРУЗИТЬСЯ *см.* **НЕ БЗДИ, ПОГРУЗИМСЯ**

ПОГУЛЯТЬ *см.* **ПО САДУ ПОГУЛЯТЬ**

♦ **ПОДА́РОК ИЗ А́ФРИКИ** — какая-л. странная, необычная вещь; может употребляться как ирон. обращение.

Распространилось под влиянием фильма «Операция «Ы» и другие приключения Шурика».

ПОДА́ЧА, -и, **ПОДА́ЧКА**, -и, *ж.* **1.** Подача документов на выезд из страны. **2.** Рекомендация, «замолвленное словечко». *С чьей ~и его взяли? Ректорская ~ -то!* ♦ **Быть в ~е** — подать документы на выезд из страны и находиться в ожидании официального разрешения.

ПОДБЕРЁЗОВИК[1], -а, *м.* Спекулянт у валютного магазина «Берёзка».

ПОДБЕРЁЗОВИК[2], -а, *м. Ирон.* Сторонник, приверженец Б. А. Березовского.

Контаминация с назв. гриба.

ПОДБИВАТЬ *см.* **БАБКИ ПОДБИВАТЬ**

♦ **ПОДБИВА́ТЬ КЛИ́НЬЯ** *под кого* — ухаживать за кем-л., обхаживать кого-л.

ПОДБРОСИТЬ ЗАПАДЛО *см.* **ЗАПАДЛО**

ПОДВА́Л[1], в зн. *сказ.* Приходить, заходить. *Давай сегодня ко мне ~.*

От **ПОДВАЛИВАТЬ, ПОДВАЛИТЬ.**

ПОДВА́Л[2], -а, *м., собств.* Пивной бар в Столешниковом переулке.

ПОДВА́ЛИВАТЬ, -аю, -аешь; *несов.* (*сов.* **ПОДВАЛИ́ТЬ**, -алю́, -а́лишь), *куда, к кому.* Приходить, заходить, подходить. *Подваливай к нам, мыслитель.*

От **ВАЛИТЬ 2**; возм. также от общеупотр. «подваливать», «подвалить» — подплыть, пристать (о судах).

ПОДВЕСИТЬ *см.* **ПРИДЕЛАТЬ (ПОДРИСОВАТЬ, НАРИСОВАТЬ, ПОДВЕСИТЬ) НОГИ**

ПОДВЕ́ШЕННЫЙ, -ая, -ое. Неопределённый, неясный, двусмысленный (о ситуации). *Жизнь пошла ~ая, то ли рынок, то ли пёс его знает.*

ПОДВИ́НУТЬСЯ, -нусь, -нешься; *сов., на чём* и *без доп.* Сойти с ума; стать странным; приобрести нездоровую страсть к чему-л.

♦ **ПОД ВОЛЫ́НЫ ПОСТА́ВИТЬ** *кого* — наметить жертву для расправы.

Из *уг.*, от **ВОЛЫНА 1.**

ПОДВЯЗАННЫЙ *см.* **ЛОМОМ ОПОЯСАННЫЙ (ПОДПОЯСАННЫЙ, ПОДВЯЗАННЫЙ)**

ПОДВЯ́ЗЫВАТЬ, -аю, -аешь; *несов.* (*сов.* **ПОДВЯЗА́ТЬ**, -яжу́, -я́жешь), *с чем, что делать* и *без доп.* Прекращать, заканчивать, бросать что-л. делать. *Подвязывай трепаться! Ты с этим делом подвяжи. Подвязывай, морячок!* — хватит, довольно, не надо так делать.

Ср. *прост.* «завязывать, завязать» в том же зн. (напр., «завязал курить» и т. п.).

ПОДГА́ДИТЬ, -а́жу, -а́дишь; *сов., кому в чём, с чем.* Испортить дело; сделать подлость.

ПОД ГРАДУСОМ *см.* **ГРАДУС**

ПОДГРЁБ, -а, *м.*, **ПОДГРЁБКИ**, -бок, **ПОДГРЁБЫ**, -ов, *мн.* Шутка, издевательство; хитрость, уловка; приставания, нападки, провокации. *Подгрёб-то с выдумкой!* ♦ **Навести подгрёб** — выполнить минимум от требуемого, избежать необходимости применять лишние усилия, формально выполнить свои обязанности.

Эвфем. от нецензурного. ♦ — из *арм.*

ПОДГРЕБА́ТЬ, -а́ю, -а́ешь; *несов.* (*сов.* **ПОДГРЕСТИ́**, -ребу́, -ребёшь), *куда.* Идти куда-л.

ПОДГРЁБКИ, ПОДГРЁБЫ *см.* **ПОДГРЁБ**

ПОДГРЕСТИ *см.* **ПОДГРЕБАТЬ**

ПОДДАВА́ТЬ, -даю́, -даёшь; *несов.* (*сов.* **ПОДДА́ТЬ**, -да́м, -да́шь), *без доп.* Выпивать, пить спиртное. ♦ **Что-то стало холодать, не пора ли нам поддать?** — призыв к выпивке.

ПОДДАВАТЬСЯ *см.* **ДРЕССИРОВКА**

ПОДДА́ТИК, -а, *м.* Алкоголик, выпивоха.

От **ПОДДАВАТЬ, ПОДДАТЬ.**

ПОДДА́ТЫЙ, -ая, -ое. Пьяный.

От **ПОДДАВАТЬ, ПОДДАТЬ.**

ПОДДАТЬ *см.* **ПОДДАВАТЬ**

ПОДДА́ЧА, -и, *ж.* Вечеринка, попойка. *Собрались на ~у.*

От **ПОДДАТЬ.**

ПОДДУВА́ЛО, -а, *ср.*, **ПОДДУВА́ЛЬНИК**, -а, **ПОДДУВА́ЛЬНИЧЕК**, -чка, **ПОДДУВА́ЛЬНИК**, -а, *м.* **1.** Зад, ягодицы, анальное отверстие. **2.** Рот. *Чего поддувало разул?* (разинул, открыл).

От общеупотр. «поддувать», «поддувало» — отверстие для усиления тяги, напр. в печи, самоваре и т. п.

ПОДДУВКИ́, -о́в, *мн.* Азартная игра, заключающаяся в том, что играющие дуют на деньги.

Возм. по аналогии с общеупотр. *разг.* «поддавки».

ПОДДЫ́Х, -а, **ПОДДЫХА́ЛЬНИК**, -а, **ПОДДЫХА́ЛЬНИЧЕК**, -чка, *м.*, **ПОДДЫХА́ЛКА**, -и, *ж.*, **ПОДДЫХА́ЛО**, -а, *ср.* Живот, солнечное сплетение. *Дать в поддых* (ударить).

ПОДЕ́ЛЬНИК, -а, *м.* Человек, судимый по тому же делу, по той же статье; занимающийся тем же делом, работающий вместе; коллега, соратник, компаньон.

Возм. из *уг.*

ПОДЕРЖАТЬСЯ ЗА ШТУЧКУ *см.* **ШТУЧКА**

ПО-ДЕТСКИ *см.* **НЕ ПО-ДЕТСКИ**

ПОДЖАТЬ *см.* **ВООБРАЖАЛА ХВОСТ ПОДЖАЛА...**

ПОДЖИГА́ТЬ, -а́ю, -а́ешь; *несов., без доп.* Гулять, веселиться в ночное время суток.

ПОДЖИ́ДОК, -дка, *м.* Русский мужчина, женатый на еврейке; любой человек, имеющий дело с евреями, зависящий от них и т. п.

От **ЖИД**.

ПОДЖИ́РОК, -рка, *м.* Нажитый капиталец, запасы на чёрный день, накопления.

ПОДЖОПЕ́ТНИК, -а, **ПОДЖО́ПНИК**, -а, *м.* **1.** Удар, тычок, пинок ногой под зад. *Отвесить ~* (ударить). **2.** Повод, толчок. *Для такого дела нужен хороший поджопетник из дирекции.*

От **ЖОПА**.

ПОДЖО́ПИТЬ, -плю, -пишь; *сов.* **1.** *кого, кому с чем.* Сделать подлость, гадость; обхитрить кого-л.; подшутить над кем-л. **2.** *кому, кого.* Выгнать. *~ с работы.*

От **ЖОПА**.

ПОДЖОПНИК *см.* **ПОДЖОПЕТНИК**

ПОДЗАКОЛЕБА́ТЬ, -бу́, -бёшь (или -а́ю, -а́ешь); *сов.* Надоесть кому-л., измучить, извести кого-л.

ПОДЗАЛЁТ, -а, *м.* Неожиданное, нежелательное событие (часто о беременности).

От **ПОДЗАЛЕТЕТЬ**.

ПОДЗАЛЕТА́ТЬ, -а́ю, -а́ешь; *несов.* (*сов.* **ПОДЗАЛЕТЕ́ТЬ**, -ечу́, -ети́шь). Попадать в неприятную ситуацию (обычно о нежелательной беременности).

ПОДЗАРЯДИТЬСЯ *см.* **ПОДЗАРЯЖАТЬСЯ**

ПОДЗАРЯ́ДКА, -и, *ж.* Спиртное, выпивка.

От **ПОДЗАРЯДИТЬСЯ**.

ПОДЗАРЯЖА́ТЬСЯ, -а́юсь, -а́ешься; *несов.* (*сов.* **ПОДЗАРЯДИ́ТЬСЯ**, -яжу́сь, -я́дишься). Пить спиртное.

ПОДЗУБА́ЛО, -а, *ср.*, **ПОДЗУБА́ЛЬНИК**, -а, **ПОДЗУБА́ЛЬНИЧЕК**, -чка, *м.* Челюсть. *Аж подзубало отвисло* (от удивления). *Дать в подзубальник* (ударить). *Так дал, что подзубало отстегнулось* (разбилась челюсть). ♦ **Подзубальником щёлкать** — упускать шанс, «ворон считать», быть растяпой.

ПОДКАБЛУ́ЧНЫЙ, -ая, -ое. Находящийся «под каблуком» у женщины; слабый, робкий (о мужчине, характере, поведении). *~ая душа. Эх ты, суслик ~.*

От *разг.* «подкаблучник».

ПОДКАДРИ́ТЬ, -рю́, -ри́шь; *сов., кого.* Познакомиться с девушкой, стать ухажёром.

От **КАДРИТЬ**.

ПОДКА́ЛЫВАТЬ, -аю, -аешь; *несов.* (*сов.* **ПОДКОЛО́ТЬ**, -олю́, -о́лешь), *кого с чем, на чём*, **ПОДКА́ЛЫВАТЬСЯ**, -аюсь, -аешься; *несов.* (*сов.* **ПОДКОЛО́ТЬСЯ**, -олю́сь, -о́лешься), *над кем* и *без доп.* Подшучивать над кем-л., поддевать кого-л., острить.

См. **НАКАЛЫВАТЬ 1.**

ПОДКИНУТЬ ДЕЗУ (ДЕЗУХУ) *см.* **ДЕЗА**

ПОДКИНУТЬ (ПОДБРОСИТЬ, СДЕЛАТЬ) ЗАПАДЛО *см.* **ЗАПАДЛО**

ПОДКЛЕ́ИВАТЬ, -аю, -аешь; *несов.* (*сов.* **ПОДКЛЕ́ИТЬ**, -е́ю, -е́ишь), *кого.* Знакомиться с кем-л. (обычно с девушкой).

От **КЛЕИТЬ**.

ПОДКО́ВА, -ы, *ж.* **1.** (или **ПОДКО́ВКА**, -и, *ж.*) Нога, ступня; ботинок, туфля. *Не стучи ~ами.* **2.** *собств.* Гостиница «Космос» в Москве.

1. — *ср. уг.* «подковки» — галоши; **2.** — *ср.* **ПОЛСТАКАНА**.

ПОДКО́ВАННЫЙ, -ая, -ое. Обутый.

От **ПОДКОВАТЬСЯ**, **ПОДКОВА**.

ПОДКОВАТЬ *см.* **ПОДКОВЫВАТЬ**

ПОДКОВАТЬСЯ *см.* **ПОДКОВЫВАТЬСЯ**

ПОДКОВКА *см.* **ПОДКОВА**

ПОДКО́ВЫВАТЬ, -аю, -аешь; *несов.* (*сов.* **ПОДКОВА́ТЬ**, -кую́, -куёшь), *кого.* Бить в определённое место ноги, чтобы травмировать, вывести из строя кого-л. (у спортсменов, в частности, футболистов).

ПОДКО́ВЫВАТЬСЯ, -аюсь, -аешься; *несов.* (*сов.* **ПОДКОВА́ТЬСЯ**, -кую́сь, -куёшься), *во что, чем* и *без доп.* Обуваться; надевать или покупать обувь. *Где это ты так подковался? Адидасами подковался. Каждый день в новьё* (новую обувь) *подковывается.*

ПОДКО́ЖНЫЕ, -ых, *мн.* Деньги, спрятанные от кого-л. на чёрный день, «заначка».

ПОДКО́ЖНЫЙ, -ая, -ое. Любимый, сокровенный, интимный, известный только говорящему. *Это ~ое дело* (о любви). *У меня есть одно ~ое кафе на Таганке. ~ые беседы. Друг ты мой ~!*

ПОДКО́Л, -а, *м.*, **ПОДКО́ЛКА**, -и, *ж.* Шутка, озорная выходка, шутл. обман, ирон. издевательство над кем-л. *Такие подколки садит!* (делает).

От **ПОДКОЛОТЬ**, *см.* также **НАКОЛКА**.

ПОДКОЛОТЬ, ПОДКОЛОТЬСЯ *см.* **ПОДКАЛЫВАТЬ**

ПОДКО́ЛЬЩИК, -а, *м.* Остряк, шутник.

От **ПОДКАЛЫВАТЬ, ПОДКОЛОТЬ**.

ПОДКРАМЗА́ТЬ, -а́ю, -а́ешь, **ПОДКРАМЗИ́ТЬ**, *1 л. ед.* не употр., -зи́шь; *сов., кого.* Схватить, застать на месте преступления, подловить, застать врасплох.

Возм. от *уг.* «подкрамзать» в том же зн.; *ср.* общеупотр. «кромсать», «подкромсать» — резать, подрезать.

ПОДКРУ́ЧЕННЫЙ, -ая, -ое. Делающий вид, строящий из себя «крутого», решительного, сильного, преуспевающего и т. п., но не являющийся таковым в действительности.

См. **КРУТОЙ**.

ПОДКРУЧИВАТЬ *см.* **ЛАНЦЫ**

ПОДКУ́РКА, -и, *ж.* Наркотики, дым от курения наркотиков.

Из *нарк.*

ПОДЛЕЧИ́ТЬСЯ, -ечу́сь, -е́чишься; *сов., чем* и *без доп.* Выпить спиртного, преим. с похмелья.

От **ЛЕЧИТЬСЯ**.

ПОДЛИ́П, -а, **ПОДЛИПА́ЛЬНИК**, -а, **ПОДЛИ́ПОК**, -пка, *м.*, **ПОДЛИПА́ЛО**, -а, *ср.* Тот, кто пристаёт к кому-л., донимает кого-л. чем-л; надоедливый, нудный человек; льстец, подхалим.

От общеупотр. *разг.* «липнуть» — приставать; возм. также влияние *уг.* «подлипало» — сыщик, доносчик, оперработник, милиционер.

ПОДЛОЖИТЬ (ПОДКИНУТЬ) ДЕЗУ (ДЕЗУХУ) *см.* **ДЕЗА**

ПОДЛОЯ́ГОДНОЕ, -ого, *ср.* Плодовоягодное вино; любое вино низкого качества.

Контаминация «плодово-« и «подло-»; *ср.*, напр., **ПЛОТОЯДНОЕ** и др.

♦ **ПО́ДЛЫЕ ЛИ́ПКИ** — *собств.* район и железнодорожная станция Подлипки под Москвой.

ПО́ДЛЫЙ, -ая, -ое. Общеотрицательный эпитет, часто с шутл.-дружеским оттенком.

ПОДЛЫЙ ПАПА *см.* **ГАДСКИЙ (МЕРЗКИЙ, ПОДЛЫЙ, ГНУСНЫЙ) ПАПА**

ПОДЛЫЙ ПЕНИС *см.* **ПЕНИС**

ПОДЛЮ́ЖНИК, -а, *м.*, **ПОДЛЮ́КА**, -и, **ПОДЛЮ́ЧКА**, -и, *ж.* Руг.

От общеупотр. «подлый»; *ср.* также **ПАДЛА, ПАДЛЮЖНИК**.

ПОДЛЯ́К, -а́, *м.*, **ПОДЛЯ́ЧЕСТВО**, -а, *ср.*, **ПОДЛЯ́ЧКА**, -и, *ж.* Подлость, несправедливость, неудача, невезение.

От **ПОДЛЫЙ**; *ср.* **ПАДЛА**.

ПОДЛЯ́НА, -ы, **ПОДЛЯ́НКА**, -и, *ж.* **1.** То же, что **ПОДЛЯК**. **2.** *собств.* Станция метро и улица Полянка (Большая и Малая). ♦ **Сыграть подлянку** *с кем* — обмануть кого-л., предать.

2. — шутл. контаминация «Полянка» и «подлый».

ПОДЛЯЧЕСТВО *см.* **ПОДЛЯК**

ПОДЛЯ́ЧИТЬ, -чу, чишь, **ПОДЛЯ́ЧИТЬСЯ**, -чусь, -чишься; *сов.* То же, что **ПАДЛЯЧИТЬ, ПАДЛЯЧИТЬСЯ**.

ПОДЛЯЧКА *см.* **ПОДЛЯК**

ПОДМА́З, -а, *м.* **1.** Лесть, подхалимаж, заискивание; льстец, подхалим. **2.** То же, что **ПОДМАЗКА** во всех зн.

ПОДМАЗАТЬ *см.* **ПОДМАЗЫВАТЬ**

ПОДМА́ЗКА, -и, *ж.* **1.** Взятка, доплата, чаевые. **2.** Предлог к чему-л., повод.

Ср. *уг.* или *карт.* «подмазка» — азарт проигрывающей жертвы; *см.* также **МАЗ, ЗАМАЗАТЬСЯ, ЗАМАЗКА**; *ср.* также общеупотр. *разг.* «подмазаться» — лестью и подхалимажем снискать чьё-л. расположение.

ПОДМА́ЗЫВАТЬ, -аю, -аешь; *несов.* (*сов.* **ПОДМА́ЗАТЬ**, -ма́жу, -ма́жешь), *кого, кому чем.* Давать взятку, подкупать, давать чаевые, переплачивать. ♦ **Не подмажешь — не поедешь** — *ирон.* о необходимости дачи взятки.

См. **ПОДМАЗКА**.

ПОДМАТЫВАТЬ *см.* **ЛАНЦЫ**

ПОДМЕТА́ТЬ, -а́ю, -а́ешь; *несов.* (*сов.* **ПОДМЕСТИ́**, -ету́, -етёшь), *что.* Добирать что-л. до конца, опустошать, выгребать, выскребать; скупать всё; доедать что-л. до конца. *Народ магазины подмёл. Последние консервы подметаем.*

ПОДМЕТАТЬ* *см.* **УЛИЦЫ ШТАНАМИ ПОДМЕТАТЬ; ШТАНАМИ УЛИЦЫ МЕСТИ**

♦ **ПОДМЕТА́ТЬ ТРОТУА́РЫ** — ездить только в пределах города, не заезжая на вокзалы и аэропорты (о таксистах).

Из языка шофёров, таксистов.

ПОДМЁТКА, -и, *ж.* **1.** Нога, ступня. *Шевели ~ами* — торопись. *На ночь мой ~и* (мой ноги). *~ чешется.* **2.** Ирон. обращение.

ПОДМЁТКА* *см.* **АЖ ПОДМЁТКИ ЗАДЫМИЛИСЬ; НЕ СМЕШИ МОИ ПОДМЁТКИ; ТЫ МНЕ ДРУГ ИЛИ ПОДМЁТКА?**

ПОДМЫШКИ *см.* **НОГИ ИЗ ПОДМЫШЕК РАСТУТ**

ПОД МЫШКОЙ *см.* **ТЕМНО, КАК У НЕГРА В ЖЕЛУДКЕ...; У ТЕБЯ ПЕРХОТЬ ПОД МЫШКОЙ**

ПОДНИМА́ТЬСЯ, -а́юсь, -а́ешься; *несов.* (*сов.* **ПОДНЯ́ТЬСЯ**, -нимýсь, -ни́мешься), *на чём.* Разбогатеть на каком-л. виде деятельности, товаре и т. п. *Мужик на пиве поднялся.*

Из арго предпринимателей.

ПОДНО́ЖНЫЕ, -ых, *мн.* Деньги от подработок, дополнительных приработков.

Ср. общеупотр. «подножный корм».

ПОДНЯТИЕ *см.* **ДЛЯ ПОДНЯТИЯ КОНУСА**

ПОДНЯТЫЙ *см.* **ВОВРЕМЯ (БЫСТРО) ПОДНЯТАЯ СИГАРЕТА НЕ СЧИТАЕТСЯ УПАВШЕЙ**

ПОДНЯТЬ *см.* **ТРЕМЯ ПАЛЬЦАМИ (КНОПКАМИ) НЕ ПОДНЯТЬ**

ПОДНЯТЬСЯ *см.* **ПОДНИМАТЬСЯ**

ПОДОБНЫЙ *см.* **ПЛОСКОСТЬЮ УМА ПОДОБЕН ТАРАКАНУ**

ПОДОГРЕВА́ТЬ, -а́ю, -а́ешь; *несов.* (*сов.* **ПОДОГРЕ́ТЬ**, -ре́ю, -ре́ешь), *кого.* Давать средства, наделять первоначальным капиталом, позволять начать какое-л. предприятие.

ПОДОРО́ЖНИК, -а, *м.* Нищий, собирающий милостыню на дорогах, шоссе, автотрассах, перекрёстках и т. п.

ПОДОСВИДА́НЬКАТЬСЯ, -аюсь, -аешься; *сов., с кем* и *без доп.* Попрощаться, сказать «до свидания».

ПОДО́ШВА, -ы, *ж.* (или **СТА́РАЯ ~**). Вредный, занудный, неприятный человек.

♦ **ПОДО́ШВЫ ОТСТЕГНУ́ТЬ** — **1.** Умереть, скончаться. **2.** Прийти в какое-л. крайнее эмоциональное состояние.

ПОДПЁРДЫШ, -а, *м.* (или **КУЛА́ЦКИЙ ~**). Приспешник, подхалим, подпевала; *ирон.* помощник, помощничек. *Президент со своими ~ами.*

От **ПЕРДЕТЬ**.

ПОДПИРАТЬ *см.* **НЕ БУДЬ ЧЕМ ВОРОТА ПОДПИРАЮТ**

ПОДПИСАТЬ *см.* **ПОДПИСЫВАТЬ**

ПОДПИСАТЬСЯ *см.* **ПОДПИСЫВАТЬСЯ**

ПОДПИ́СКА, -и, *ж.* **1.** Уговаривание, уламывание; чьё-л. обещание что-л. сделать. *Дал ~у жене посуду мыть.* **2.** Наличие у кого-л. связей, знакомств с криминальным миром, а также определённых обязанностей по отношению к этому миру. *Ты его не трогай, он с ~ой. Ищи ~у.*

См. также **БРОСИТЬ ПОДПИСКУ**

От **ПОДПИСАТЬ, ПОДПИСАТЬСЯ**.

ПОДПИ́СЫВАТЬ, -аю, -аешь; *несов.* (*сов.* **ПОДПИСА́ТЬ**, -ишý, -и́шешь), *кого на что, что делать.* Заставлять или уговаривать кого-л. что-л. делать. *Пойду мужика своего* (мужа) *подпишу картошку чистить.*

ПОДПИ́СЫВАТЬСЯ, -аюсь, аешься; *несов.* (*сов.* **ПОДПИСА́ТЬСЯ**, -ишýсь, -и́шешься), *на что, что делать.* Соглашаться на что-л., поддаваться уговорам. *Подписался на сверхурочные.*

Ср. **ПОДПИСЫВАТЬ**.

ПОДПОЯСАННЫЙ *см.* **ЛОМОМ ОПОЯСАННЫЙ (ПОДПОЯСАННЫЙ, ПОДВЯЗАННЫЙ)**

♦ **ПОДРАСТЁШЬ — ПОБО́ЛЬШЕ ДАМ** — шутл. реплика, сопровождающая рукопожатие, когда говорящий в шутку вместо целой ладони подает один или два пальца.

ПОДРАТЬСЯ С ТОЛЧКОМ *см.* **ТОЛЧОК**

ПОДРЕ(Й)ТУЗНАЯ *см.* **ВОНЬ (ПОДРЕ(Й)ТУЗНАЯ)**

ПОДРИСОВАТЬ *см.* **ПРИДЕЛАТЬ (ПОДРИСОВАТЬ, НАРИСОВАТЬ, ПОДВЕСИТЬ) НОГИ**

ПОДРОСТОК *см.* **МОЛОДЕЖЬ (И ПОДРОСТКИ)**

ПОДРУЖКА *см.* **ПИ́САТЬ**

ПОДРУ́ЛИВАТЬ, -аю, -аешь; *несов.* (*сов.* **ПОДРУЛИ́ТЬ**, -лю́, -ли́шь), *куда, к кому* и *без доп.* Подходить, заходить, приближаться, подъезжать. *Подруливайте к нам на дачу.*

От **РУЛИТЬ**.

ПОДРЫВА́ТЬ, -а́ю, -а́ешь; *несов., откуда* и *без доп.* Уходить, убегать, сматываться.

Возм. от *уг.* «подрывать» — сбега́ть с зоны, из тюрьмы.

ПОДСА́ДИСТЫЙ, -ая. Легко поддающийся влиянию, внушаемый, быстро привыкающий к чему-л., азартный, падкий на что-л. *Он на это дело* (на выпивку) *~.*

От **ПОДСАЖИВАТЬСЯ, ПОДСЕСТЬ**.

ПОДСА́ЖИВАТЬСЯ, -аюсь, -аешься; *несов.* (*сов.* **ПОДСЕ́СТЬ**, -ся́ду, -ся́дешь), *на что.* Привыкать к чему-л., приобретать зависимость от чего-л. *На кокс* (кокаин) *подсел. Потихонечку подсаживается на сериалы-то, интеллектуал хренов.*

ПОДСА́СЫВАТЬ, -аю, -аешь; *несов., в чём* и *без доп.* Понимать, соображать, разбираться в чём-л.; быть знатоком, докой; быть сообразительным.

ПОДСЕВА́ЙЛО, -а, *ср.* Подсудимый.

Возм. из *уг.*

ПОДСЕСТЬ *см.* **ПОДСАЖИВАТЬСЯ**

ПОДСКРЁБЫШ *см.* **ПОСКРЁБЫШ**

ПОДСНЕ́ЖНИК, -а, *м.* **1.** Человек, числящийся на работе, но не работающий. **2.** Автолюбитель, не ездящий на своем автомобиле зимой. **3.** Онанист, занимающийся онанизмом в лесу, в парке. **4.** Труп, обнаруженный после таяния сугробов.

4. — из арго следователей.

ПОДСО́ЛНУХ, -а, *м., собств. Шутл.* А. Чубайс, бывший первый вице-премьер правительства. *А ~-то у президентской дочки в пиджаках* (любовник)!

Ср. в *уг.* «подсолнух» — рыжий человек.

ПОДСО́С, -а, *м.* **1.** Устройство для дополнительной подачи бензина в двигатель автомобиля во время его разогревания. **2.** Сильный поцелуй; след от него. **3.** в зн. *сказ.* То же, что **ПОДСАСЫВАТЬ**. *Ты ~?* **4.** Дополнительный, неофициальный (часто — незаконный) доход, деньги с подработки. ♦ **Быть на ~е** — играть второстепенную роль, быть на побегушках.

См. также **ОТСОС**; **ОТСОС, ПОДСОС, АНАНИС И АБОРТАНЬЯН**

ПОДСРА́ЧНИК, -а, *м.* **1.** Зад, ягодицы. **2.** Табуретка, стул, сидение.

От **СРАТЬ**.

ПОДСТАВЛЯТЬ *см.* **ЖОПА**

ПОДСТИ́ЛКА, -и, *ж.* Женщина лёгкого поведения, проститутка; тот, кто является чьим-л. подпевалой, продается кому-л.

ПОДСТРИГАТЬ *см.* **СТРИЧЬ (ЗАСТРИГАТЬ, ПОДСТРИГАТЬ, КРОМСАТЬ) ПОЛЯНУ**

ПОДСУЕТИ́ТЬСЯ, -ечу́сь, -ети́шься; *сов., с чем* и *без доп.* Вовремя предпринять необходимые действия для достижения успеха. *Главное — вовремя ~.*

От общеупотр. «суетиться».

ПОДТА́СКИВАТЬСЯ, -аюсь, -аешься; *несов., от чего, с чего* и *без доп.* **1.** Получать удовольствие от чего-л. **2.** Удивляться чему-л.

Ср. **ТАЩИТЬСЯ**.

ПОДТЫ́РИВАТЬ, -аю, -аешь; *несов.* (*сов.* **ПОДТЫ́РИТЬ**, -рю, -ришь и **ПОДТЫРНУ́ТЬ**, -ну́, -нёшь), *что, чего.* Приворовывать, воровать, красть.

От **ТЫРИТЬ, ТЫРНУТЬ**.

ПОДУМА́КИВАТЬ, -аю, -аешь; *несов., что делать* и *без доп.* Раздумывать, обдумывать что-л.; склоняться к чему-л.

От общеупотр. «думать».

ПОДУ́МАТЬ, -аю, -аешь; *сов., без доп.* Испражниться, сходить по большой нужде. *Вот ~ал и полегчало!*

От **ДУМАТЬ**.

ПОДТИРКА *см.* **ЕВРЕЙСКАЯ ПОДТИРКА**

ПОДХАЛИМА́ЖИТЬ, -жу, -жишь, **ПОДХАЛИМА́ЖИТЬСЯ**, -жусь, -жишься, **ПОДХАЛИМА́ЖНИЧАТЬ**, -аю, -аешь; *несов., без доп.* Подхалимничать, угодничать.

От общеупотр. «подхалимаж» — лесть, угодничество.

ПОДХВАТИТЬ БЫТОВУХУ *см.* **БЫТОВУХА**

ПОДХРЕНА́ЧИВАТЬ, -аю, -аешь; *несов.* (*сов.* **ПОДХРЕНА́ЧИТЬ**, -чу, -чишь). **1.** *что.* Подделывать, подстраивать. **2.** *куда, к чему* и *без доп.* Подходить.

От **ХРЕН, ХРЕНАЧИТЬ**.

ПОДЧИ́СТКА, -и, *ж.* Конечная аранжировка музыкальной композиции с исключением лишних звуков, помех и т. п.

Из *муз.*

ПОДШАКА́ЛИВАТЬ, -аю, -аешь; *несов.* (*сов.* **ПОДШАКА́ЛИТЬ**, -лю, -лишь), *что, сколько* и *без доп.* Подрабатывать, зарабатывать дополнительные деньги, «урывать кусочек», как правило, неофициально, нелегально.

Ср. **ШАКАЛИТЬ**.

ПОДШЕРСТИТЬ *см.* **ПОШЕРСТИТЬ**

ПОДШИВА́ТЬ, -а́ю, -а́ешь; *несов.* (*сов.* **ПОДШИ́ТЬ**, -дошью́, -дошьёшь), *кого чем, на чём.* Подшучивать над кем-л., поддевать кого-л. *Здорово ты его подшил.*

ПОДШИВА́ТЬСЯ, -а́юсь, -а́ешься; *несов.* (*сов.* **ПОДШИ́ТЬСЯ**, -дошью́сь, -дошьёшься), *без доп.* **1.** Подшивать воротничок к форменной одежде. **2.** Подвергнуться операции по вшиванию под кожу антиалкогольной ампулы.

1. — из *арм.*

ПОДШИТЬ *см.* **ПОДШИВАТЬ**; **СЛОВО НЕ ДОКУМЕНТ, К ДЕЛУ НЕ ПОДОШЬЁШЬ**

ПОДШИТЬСЯ *см.* **ПОДШИВАТЬСЯ**

ПОДШТА́ННИКИ, -ов, *мн.* (или **МОИ́ ~**). *Ирон.* Моё почтение, приветствую вас.

Возм. из арго семинаристов или дореволюционных студентов.

ПОДШУРСТИТЬ *см.* **ПОШЕРСТИТЬ**

ПОДШУСТРИ́ТЬ, -рю́, -ри́шь; **ПОДШУСТРЯ́ЧИТЬ**, -чу, -чишь, **ПОШУСТРИ́ТЬ**, -рю́, -ри́шь; *сов., с чем* и *без доп.* Вовремя сделать всё необходимое, проявить инициативу.

От **ШУСТРИТЬ**.

ПОДЪЕБЛЕЦКАЯ *см.* **ПОЕБЛЕЦКАЯ**

ПОДЪЕЗЖА́ТЬ, -а́ю, -а́ешь; *несов.* (*сов.* **ПОДЪЕ́ХАТЬ**, -еду, -е́дешь), *к кому с чем.* Приставать к кому-л. с чем-л., льстить, домогаться, заискивать.

ПОДЪЁМ, -а, *м.* Прибыль, доход.

ПОДЪЕХАТЬ *см.* **НЕ ЗНАТЬ, НА КАКОЙ КОЗЕ...**; **ПОДЪЕЗЖАТЬ**

ПОДЫША́ЧИВАТЬ, -аю, -аешь; *несов.* (*сов.* **ПОДЫША́ЧИТЬ**, -чу, -чишь), *на чём* и *без доп.* Подрабатывать.

От **ИШАЧИТЬ**.

ПОЕБЛЕ́ЦКАЯ, -ой, **ПОДЪЕБЛЕ́ЦКАЯ**, -ой, *ж., собств.* Станция метро «Павелецкая».

Контаминация с нецензурным *бран.*

ПОЕДАТЬ *см.* **ПРИШЛИ ГОСТИ ПОЕДАТЬ КОСТИ.**

ПОЕЗД *см.* **ПО ХОДУ ПОЕЗДА (ПОСМОТРЕТЬ, РЕШИТЬ).**

ПОЕСТЬ *см.* **СЕЛИ, ПОЕЛИ, ОПЯТЬ ПОШЛИ**

ПОЕХАТЬ *см.* **ДУРНЭ ПОЕХАЛО В ТУРНЕ**; **КРЫША**; **МОЗГИ ПОЕХАЛИ**; **ПОДМАЗЫВАТЬ**; **ЧЕРДАК**

♦ **ПО́ЕХАТЬ НА АРТИШО́КИ** (или **СОБИРА́ТЬ АРТИШО́КИ**) — *шутл.* поехать на картошку (о студентах). *Опустела вся Сорбонна и студентов не видать: их послали под Парижем артишоки собирать* (частушка).

Из *студ.*

ПОЖА́ЛИТЬСЯ, -люсь, -лишься; *сов., кому на что. Ирон.* Пожаловаться, поплакаться.

От *устар.* «жалить» — жалеть, болеть сердцем, скорбеть.

ПОЖАЛУЙСТА *см.* **ОТСЮДА ПОПОДРОБНЕЙ, ПОЖАЛУЙСТА**

ПОЖАР *см.* **СРАТЬ**

♦ **ПОЖА́Р В БАРДАКЕ́ ВО ВРЕ́МЯ НАВОДНЕ́НИЯ** — ерунда, чёрт знает что, несуразица, абсурдная ситуация.

ПОЖА́РИТЬ, -рю, -ришь; *сов., куда* и *без доп.* Поехать, пойти, устремиться, начать движение в каком-л. направлении. *Ну что, ~рили?*

От **ЖАРИТЬ**.

ПОЖАРНЫЙ *см.* **НА САМЫЙ ПОЖАРНЫЙ СЛУЧАЙ**

ПОЖАТЬ *см.* **ЧТО ПОСМЕЕШЬ, ТО И ПОЖНЁШЬ**

ПОЖИЖЕ *см.* **У НАС КАК В ПАРИЖЕ...**

♦ **ПО ЖИ́ЗНИ** — по правде, искренне, положа руку на сердце, напр.: *По жизни, он полный идиот.*

♦ **ПО ЖО́ПЕ ДОЛОТО́М** — ирон. ответ на вопрос «а потом?»

ПОЗА *см.* **ДОЗА**

ПОЗВОНИ́ТЬ, -ню́, -ни́шь; *сов., без доп.* Сходить в туалет. *А не пора ли нам ~ ? В подворотне ~нили.* ♦ **~ по местному** (или **Люсе**) — сходить по малой нужде. **~ по междугороднему** (или **Люсьену**) — сходить по большой нужде.

См. также **СТАС**

ПОЗВОНИТЬ БАБУШКЕ *см.* **БАБУШКА**

ПОЗВОНИТЬ ВИТАЛИКУ *см.* **ВИТАЛИК**

ПОЗВОНО́К, -нка́, *м.* Позвоночник, спина. *Продуло ~. Гнуть ~* — работать. *Смотри, чтоб ~ не треснул* — не перетруждайся.

ПОЗВОНО́ЧНЫЙ, -ого, *м.* Абитуриент, имеющий связи, знакомства, поддерживаемый кем-л. при поступлении в вуз.

Ирон. игра слов: «позвоночник» и «по звонку», т. е. по протекции, по блату; антоним — **БЕСПОЗВОНОЧНЫЙ.**

ПОЗДНО *см.* **ЛУЧШЕ ПОЗДНО, ЧЕМ НИКОМУ**

♦ **ПО ЗО́НЕ МА́ЙКОЙ ГОНЯ́ТЬ** *кого* — наказывать, устраивать нагоняй, выволочку, расправляться, разделываться.

ПОЗО́РНЫЙ, -ая, -ое. Общеотрицательный эпитет. *Ах ты, мент ~* (милиционер). *Жид ~* (жадина). *Фарца ~ая* (спекулянт).

См. также **ВОЛКИ ПОЗОРНЫЕ**

ПОИМЕ́ТЬ, -е́ю, -е́ешь; *сов., кого.* **1.** Вступить с кем-л. в половую связь. **2.** Наказать, избить, обругать, измучить кого-л.

ПОИСКАТЬ *см.* **В ШТАНАХ ПОИЩИ**

ПОЙМА́ТЬ, -а́ю, -а́ешь; *сов., что.* Испытать какое-л. чувство, эмоцию.

ПОЙМАТЬ* *см.* **ЖОПА**; **НЕ ПЛЮЙ В КОЛОДЕЦ: ВЫЛЕТИТ — НЕ ПОЙМАЕШЬ**; **ШКИРМАН**; **ЯЙКИ**

ПОЙМАТЬ ВАФЛЮ *см.* **ВАФЛЯ**

ПОЙМАТЬ КАЙФ *см.* **КАЙФ**

ПОЙМАТЬ (СЛОВИТЬ, ЛОВИТЬ) МИКРОН *см.* **МИКРОН**

ПОЙТИ *см.* **БОТАТЬ**; **ДАЙ В ЗУБЫ, ЧТОБ ДЫМ ПОШЁЛ**; **ЛЫСЫЙ, ПОЙДИ ПОПИСАЙ**; **МАСТЬ**; **ПАРАША**; **ПОШЁЛ В КОРЕНЬ (В СУЧОК)**; **ПРЫЩОМ ПОЙТИ**; **СЕЛИ, ПОЕЛИ, ОПЯТЬ ПОШЛИ**; **СУНУТЬ**; **ША, КРЕВЕТКА, МОРЕ БЛИЗКО!**

ПОЙТИ В КОЙКУ *см.* **КОЙКА**

ПОЙТИ В ЧИТАЛКУ *см.* **ЧИТАЛКА**

♦ **ПОЙТИ́ ЗА Я́ГОДОЙ-СИНИ́КОЙ** (или **ПО Я́ГОДУ-СИНИ́КУ**) — пойти за бутылкой спиртного.

Ср. **СИНИЙ 1., 2., СИНЮХА** и др.; «синика» — по модели «черника», «голубика» и т. п.

ПОЙТИ (ИДТИ) ПО *какой-л. по счёту* **ХОДКЕ** *см.* **ХОДКА**

ПОЙТИ НА АБОРДАЖ *см.* **АБОРДАЖ**

♦ **ПОЙТИ́ НА ИНТЕРВЬЮ́** — отправиться на допрос.

♦ **ПОЙТИ́ ПО ГРИНЫ́** — *шутл.* пойти на заработки валюты.

Ср. *разг.* «пойти по грибы»; *см.* **ГРИН**.

♦ **ПОЙТИ́ ПО РУКА́М** — опуститься (о женщине), стать проституткой.

ПОКАЗАТЬ *см.* **КАК ПОКАЗАЛО ВСКРЫТИЕ; СКАЖИ, ДА ПОКАЖИ, ДА ДАЙ ПОТРОГАТЬ; СКАЗАТЬ, КАК ЧЛЕН ПОКАЗАТЬ; ФАЛЛИЧЕСКИЙ**

♦ **ПОКАЗА́ТЬ НЕ́БО В АЛМА́ЗАХ** *кому* — обругать, сделать выговор.

Травестирование цитаты из А. П. Чехова.

ПОКАЗА́ТЬСЯ, -ажу́сь, -а́жется и *безл.*; *сов., что кому где. Ирон.* Понравиться. *Мне здесь ~азалось. А мне твоя идейка ~азалась.*

Возм. чисто стилистическое употр. *устар.* «показаться» в том же зн.; *ср.* **КЛИМАТИТЬ** и т. п.

ПОКАЗАТЬСЯ* *см.* **МАЛО НЕ ПОКАЖЕТСЯ**

ПОКАЗАТЬ ФИГУРУ ИЗ ПЯТИ ПАЛЬЦЕВ *см.* **СДЕЛАТЬ (ПОКАЗАТЬ) ФИГУРУ ИЗ ПЯТИ ПАЛЬЦЕВ**

ПОКА́ЙФНЫЙ, -ая, -ое. Хороший, прекрасный, доставляющий удовольствие. *~ мужик.*

От **ПО КАЙФУ**, *см.* **КАЙФ**.

ПО КАЙФУ *см.* **КАЙФ**

ПОКАНДЁХАТЬ, -аю, -аешь; *сов., куда, откуда.* Пойти, пуститься в путь. *~али отсюда.*

Ср. *офен.* «канде», «канди» — где?, куда? (из тюрк. языков); *ср.* **КАНДЫБАТЬ. ШКАНДЫБАТЬ**.

♦ **ПОКА́ НЕ РОДИЛА́** — шутл. ответ на вопрос «как дела?»

ПОКА́Т, -а, *м.* **1.** Что-л. отличное, выдающееся, смешное. *В ~ потрепались* (хорошо поговорили). *Я в ~е.* **2.** в зн. *межд.* Выражает любую экспрессию. *И ты ушёл?! ~!*

♦ **ПОКАТА́ТЬ НА КАРАНДАШЕ́** *кого* — взять интервью.

Возм. из жарг. журналистов.

ПОКАТАТЬСЯ *см.* **ХОТЕТЬ И РЫБКУ СЪЕСТЬ...**

ПОКАТИСТЫЙ *см.* **ПОКАТНЫЙ**

ПОКАТИ́ТЬ, обычно употр. в *3 л.*, -а́тит, **ПОКАТИ́ТЬСЯ**, употр. только *в 3 л.*, -а́тится; *сов.* **1.** *что у кого с чем.* Пойти (о работе), иметь успех, дать результаты, успешно идти своим чередом. *У меня диплом покатил. С нашим делом покатилось. Сейчас плохо — потом покатит.* **2.** *что, что делать* и *без доп.* Понравиться. *Морские гребешки не ~атили.*

ПОКАТИТЬ* *см.* **БРАНЖА**

ПОКАТИТЬСЯ *см.* **ПОКАТИТЬ**

ПОКА́ТНЫЙ, -ая, -ое, **ПОКА́ТИСТЫЙ**, -ая, -ое. Отличный; весёлый, смешной. *~ анекдотик. Рожа ~ая.*

♦ **ПОКВА́КАЛ — И В ТИ́НУ** — поговорил и хватит; выступил, сделал что-л. и уходи.

ПОКЕ́Ж, ПОКЕ́ЖА, ПОКЕ́ЖНИК, в зн. императива; *что кому.* Покажи, дай посмотреть.

Возм. из *детск.* или *шк.*

ПОКЕМА́РИТЬ, -рю, -ришь, **ПОКЕМА́ТЬ**, -а́ю, -а́ешь; **ПОКИМА́РИТЬ**, -рю, -ришь, **ПОКИМА́ТЬ**, -а́ю, -а́ешь; *сов., без доп.* Поспать, подремать.

От **КИМАРИТЬ, КИМАТЬ**.

ПО-КИТА́ЙСКИ, *нареч.* Странно, вычурно, заумно, непонятно, ненормально, сложно. *Как-то ты ~ живёшь, масон ты, что ли, или ленинец?* — (*ирон.* о непьющем человеке).

ПОКЛО́НКА, -и, ж, *собств.* Поклонная гора в Москве.

ПОКОЛБА́СИТЬСЯ, -а́шусь, -а́сишься; *сов., где* и *без доп.* Провести время где-л., «выйти в люди», поучаствовать в каком-л. мероприятии.

♦ **ПОКОЛЕ́НИЕ ДВО́РНИКОВ И СТОРОЖЕ́Й** — поколение 70-х — начала 80-х годов.

Из песни Б. Гребенщикова

ПОКОЛЕ́НЬЕ, -я, *ср.* Мужской половой орган большой длины.

От общеупотр. «по колено».

ПОКОРЯ́ЧИТЬСЯ, -чусь, -чишься; *сов.* **1.** *с чем, где* и *без доп.* Помучиться, «побиться» над чем-л., затратить много усилий на что-л. *Ну и ~чился я с этой железякой!* (о старой машине). **2.** *без доп.* Поработать. *Отдохнули — пойдём ~чимся.*

От **КОРЯЧИТЬСЯ**.

ПОКОСТЫЛЯ́ТЬ, -я́ю, -я́ешь; *сов., куда* и *без доп.* Пойти.

От **КОСТЫЛЯТЬ 1.**

ПОКО́ЦАННЫЙ, -ая, -ое. Испорченный, обрезанный, обгрызанный, несвежий, бывший в употреблении. *Яблочко-то ~ое. Машинка ~ая. Девочки-то ~ые, пробу негде ставить.*

От **КОЦАТЬ, ПОКОЦАТЬ.**

ПОКО́ЦАТЬ, -аю, -аешь; *сов.* **1.** *кого.* Избить кого-л. **2.** *кого за чем.* Застать кого-л. за чем-л., поймать, разоблачить. **3.** *что.* Испортить, разбить, пробить.

От **КОЦАТЬ**; возм. через *арм.*; *ср. уг.* «покосать» — избить.

ПОКО́ЦАТЬСЯ, -аюсь, -аешься; *сов., с кем* и *без доп.* Поссориться, повздорить, подраться. *Вчера с женой ~ались, сегодня не разговариваем.*

От **КОЦАТЬ.**

ПОКРОВСКИЙ *см.* **РАЗДОЛБАЙ ПОКРОВСКИЙ**

ПОКРЫТЬСЯ *см.* **СБЛЕДНУТЬ С ЛИЦА И ПОКРЫТЬСЯ МАТОМ**

ПОКРЫ́ШКА, -и, *ж.* Презерватив.

ПОКУПА́ЛКИ, -лок, *мн.* Деньги.

От общеупотр. «покупать».

ПОКУПА́ТЕЛЬ, -я, *м.* Командированный от армейской части за новобранцами.

Из *арм.*

ПОЛ *см.* **ОТ ПОЛА ДО ПЕЙДЖЕРА; ВКЛЮЧИТЕ СВЕТ — СКАЗАЛ...**

ПОЛ..., ПОЛ-..., ПОЛУ... Первая часть сложных
слов .),
упот а,
усил му
ирон —
идио е,
прек *ра*
помо о-
ва пе
ПОЛВ
ПО́ЛЕ н-
ция, о-
лей (м
студе
ПОЛЕ .;
ИГРАТ ,
КАК В
ПОЛЕ́ [-
ражае [-
ями с
ПОЛЕ *о*
и *без* о

прослушанной и прочувствованной музыке. *У меня этот шлягер в ушах ~жал, ничего, слушать можно, записывай.*

Возм. из *муз.*

ПОЛЕЗТЬ *см.* **ШНИФТЫ**

ПОЛЕ́НО, -а, *ср.* **1.** Дурак, идиот, глупец. **2.** Фригидная женщина. *Сам спи с этим ~ом.* **3.** Батон колбасы, сыра. *По ~у на́ нос дают* (на одного человека). **4.** Магнитофон-двухкассетник. *~ корейское.*

ПОЛЕНО НЕДОСТРУГАННОЕ *см.* **НЕДОСТРУГАННЫЙ**

ПОЛЁТ *см.* **СВОБОДЕН, КАК СОПЛЯ В ПОЛЁТЕ**

ПОЛЕТЕТЬ *см.* **ВООБРАЖАЛА ХВОСТ ПОДЖАЛА...; ЕСЛИ ОЧЕНЬ ЗАХОТЕТЬ, МОЖНО В КОСМОС ПОЛЕТЕТЬ**

♦ **ПО́ЛЕ ЧУДЕ́С В СТРАНЕ́ ДУРАКО́В** — бывший СССР; Россия.

Из сказки А. Н. Толстого «Золотой ключик, или Приключения Буратино», распространилось также под влиянием популярной в 90-е гг. телеигры «Поле чудес».

♦ **ПОЛЖИ́ЗНИ ОТНИМУ́** — ирон. угроза.

ПОЛЗАТЬ *см.* **ЦИРЛЫ**

ПОЛЗАТЬ КАК ВОШЬ НА ГРЕБЕШКЕ *см.* **СКАКАТЬ** (или **ПОЛЗАТЬ, ВЕРТЕТЬСЯ**) **КАК ВОШЬ НА ГРЕБЕШКЕ**

♦ **ПОЛЗИ́, МЕДУ́ЗА, МО́РЕ РЯ́ДОМ** — уходи, пошёл вон.

ПОЛЗУНКИ *см.* **НАДЕЛАТЬ (В ПОЛЗУНКИ)**

ПОЛЗУ́Н-КИШКА́, ползуна́-кишки́, ползу́н-кишки́ или *нескл.* Змея, а также любая длинная вещь (шланг, провод и т. п.) или что-л., нудно длящееся, скучное, затянувшееся. *Ну, пошёл свою ползун-кишку мотать!* (начал длинную, скучную речь).

ПОЛЗУ́ЧИЙ, -ая, -ее. **1.** Сильно пьяный. *Вчера был ~, сегодня лежачий.* **2.** Отрицательный эпитет. *Гад ~. Змеюка ~ая. Бюрократы ~ие. Жид ~.* **3.** в зн. *сущ.*, -его, *м.* Руг. или ирон.-дружеское обращение. *Ну что, ~ие, приуныли, запор на душе?* **4.** в зн. *сущ.*, -его, *м.* Пешеход.

См. также **ГАД (ПОЛЗУЧИЙ)**

4. — возм. из арго водителей.

ПОЛИ́НА, -ы, *ж.* (или **~ ИВА́НОВНА, ~ ФЁДОРОВНА**), **ПО́ЛЯ**, -и, *ж.* Политура, спиртовой лак с добавлением смолистых веществ, используемый токсикоманами в качестве наркотического средства.

Ирон. передел. женское имя.

ПОЛИРОВА́ТЬСЯ, -ру́юсь, -ру́ешься, *несов.* (*сов.* **ПОЛИРНУ́ТЬСЯ**, -ну́сь, -нёшься), *чем* и *без доп.* Пить пиво или вино после более крепких напитков. *Жигулями* (жигулёвским пивом) *полирнулся.*

Ср. **ЛАКИРОВАТЬ.**

ПОЛИРО́ВКА, -и, *ж.* **1.** Скоростная игра на гитаре. **2.** Конечная аранжировка музыкальной композиции с исключением лишних звуков, помех и т. п.

Из *муз.*

ПОЛИ́С, -а, *м.* Милиция, отделение милиции; ГАИ, пост ГАИ. ~ *повязал* — поймала милиция. *Сделал ноги* (убежал) *от ~а. В ~е парится* (сидит).

См. также **ИГРАТЬ В ПРЯТКИ С ПОЛИСОМ**

От англ. police — полиция; менее вероятно фр. влияние.

ПОЛИТУ́РА, -ы, *ж.* Некачественный, низкопробный алкогольный напиток. *Не пей ты эту ~, ей цивилизованный мир заборы красит.*

От общеупотр. «политура» — спиртовой лак со смолистыми добавками.

ПОЛИТУ́РИТЬ, -рю, -ришь; *несов., без доп.* Использовать политуру (спиртовой лак) в качестве наркотического средства; пить спиртное (обычно самое дешёвое, низкопробное).

См. также **ПОЛИТУРА, ПОЛИНА.**

ПОЛИТЭ́К, -а, *м.* Учебная дисциплина «Политическая экономия».

Сокращ.

ПОЛИЦА́Й, -я, *м. Ирон.* Милиционер.

Возм. пародирование нем.

ПОЛКА *см.* **ПОСТАВИТЬ (ПОЛОЖИТЬ, КЛАСТЬ) ЗУБЫ НА ПОЛКУ**

ПОЛКА́Н[1], -а (или -а́), *м.* **1.** Любая собака. **2.** Ирон. обращение (обычно к сварливому, недоброму человеку); злой, сварливый, недобрый человек. ♦ **~а́ спустить** *на кого* — обругать кого-л. **Мы с ~ом на границе** — *ирон.* о ком-л., кто присел, нагнулся и т. п., часто сопровождается жестом: говорящим кладётся рука на голову или спину того, о ком идёт речь; о друге, приятеле, постоянном спутнике кого-л.

От распространённой собачьей клички.

ПОЛКА́Н[2], -а (или -а́), *м.* Полковник. *Ему ~а́ навесили* (дали звание). *До ~а́ домаршировался* (дослужился).

Возм. из *арм.*

♦ **ПО́ЛКИ ВЕ́ШАТЬ** *кому, с кем* — заниматься любовью с кем-л.

ПОЛКО́ВНИК, -а, *м.* Коньяк с тремя звездочками.

По количеству звёздочек на погонах.

ПОЛ-ЛИТРА *см.* **ЗДЕСЬ БЕЗ ПИВА (БЕЗ ПОЛ-ЛИТРА, БЕЗ ГРАММУЛЬКИ, БЕЗ СТОПАРЯ) НЕ РАЗОБРАТЬСЯ**

ПОЛЛЮ́ЦИЯ, -и, *ж., собств.* Станция метро «Площадь Революции» в Москве.

Шутл. контаминация со *спец.* «поллюция».

ПОЛНОЕ ДЕРЕВО *см.* **ДЕРЕВО**

ПОЛНОЧЬ *см.* **УЖ ГЕРМАН БЛИЗИТСЯ...**

ПО́ЛНЫЙ, -ая, -ое. Эпитет, употр. перед словами, выражающими какие-л. эмоции, и усиливающий их. ♦ **~ привет** (или **~ атас, ~ая жопа, ~ое ай-ай-ай, ~ Вася** и т. п.) — ну и ну, ай да, вот тебе на и т. п. (как в отрицательном, так и в положительном зн., в зависимости от ситуации).

ПОЛНЫЙ* *см.* **В ПОЛНЫЙ РОСТ; ГОЛОВА ПОЛНА ИДЕЙ...; НАЛОЖИТЬ ПОЛНЫЕ ШТАНЫ; НА (В) ПОЛНУЮ МАСТЬ; НА ПОЛНУЮ КАЛИТУ; ОБОЙМА; ОТМАТЫВАТЬ; ПО ПОЛНОМУ РОСТУ; РАДОСТИ ПОЛНЫЕ ШТАНЫ; СИДЕТЬ ПО ПОЛНОЙ (НА ПОЛНУЮ КАТУШКУ, В ПОЛНЫЙ РОСТ); ШИРИНКА ПОЛНА ШЕРСТИ**

ПОЛНЫЙ БЕЗАНДЕСТЕНД *см.* **БЕЗАНДЕСТЕНД**

ПОЛНЫЙ ВПЕРЁД *см.* **ВПЕРЁД**

ПОЛНЫЙ ПЕСЕЦ *см.* **ПЕСЕЦ**

ПОЛНЫЙ ПИСЕЦ *см.* **ПИСЕЦ**

♦ **ПО́ЛНЫМ РО́СТОМ** *что сделать, кто, какой* — о ком-чём-л., ярко выраженном, сочном, запоминающемся.

ПОЛНЯ́К, -а́, *м.* **1.** Что-л. полное, наполненное, целое, набитое. *На таком ~е не доедем* (о перегруженной машине). *Ну ты стал ~, даже уши толстые* (о располневшем человеке). **2.** *нареч.* и в зн. *сказ.* Много, полно, битком. *~ народу.*

От общеупотр. «полный», «полно».

ПОЛНЯКО́М, *нареч.* То же, что **ПОЛНЯК 2.**

ПОЛНЯ́ТКА, -и, **ПОЛНЯ́ШКА**, -и, *м.* и *ж.* Упитанный, толстый человек.

От общеупотр. «полный» в том же зн.

ПОЛ-ОБОРОТА *см.* **ЗАВОДИТЬСЯ (С ПОЛ-ОБОРОТА)**

ПОЛОВИНА *см.* **ИГРАТЬ НА** *чьей* **ПОЛОВИНЕ ПОЛЯ**

ПОЛО́ВНИК, -а, *м. Ирон.* Полковник.

Возм. из *арм.*

ПОЛОВОЗРЕ́ЛЫЙ, -ая. *Ирон.* Взрослый (но глупый), вечный недоросль. *Вон какой жеребец ~, а всё козявки из носу выкапывает.*

От *спец.* «половозрелый» — достигший половой зрелости (термин биологов).

ПОЛОВОЙ *см.* **НЕ ИМЕЕТ НИКАКОГО ПОЛОВОГО ЗНАЧЕНИЯ**

ПОЛО́ГИЙ, -ая, -ое. Неудачный (о деле, предприятии); невезучий, не способный добиться успеха, никчёмный (о человеке). *~ие ребята.*

Шутл. антоним к распространённому эпитету **КРУТОЙ**.

ПОЛ-ОДИННАДЦАТОГО *см.* **ГЛАЗА НА ПОЛВОСЬМОГО...**

ПОЛОЖЕ́НЕЦ, -нца, *м. Ирон.* О человеке, заведующем хозяйственной частью какого-л. предприятия, о бухгалтере, кассире, лице, ведующем финансами и т. п.

Возм. первоначально из *уг.*

ПОЛОЖИТЬ *см.* **КТО ВЗЯЛ ИЗМАИЛ, ПОЛОЖИТЕ ЕГО НА МЕСТО!**; **ПОСТАВИТЬ (ПОЛОЖИТЬ, КЛАСТЬ) ЗУБЫ НА ПОЛКУ**; **ХЕР**

ПОЛОЖИТЬ В ЛАПУ *см.* **ЛАПА**

ПОЛОЖИТЬ В УГОЛОК, ЧТОБ НИКТО НЕ УВОЛОК *см.* **УВОЛАКИВАТЬ**

♦ **ПОЛОЖИ́ТЬ К БО́Ю** *кого* — отругать, отчитать, наказать, поставить на место.

ПОЛОЖИТЬ ПРИБОР (С ПРИБОРОМ) *см.* **ПРИБОР**

ПОЛОМАТЬ (ПОРВАТЬ) ЦЕЛКУ *см.* **ЦЕЛКА**

ПОЛОМАТЬ *см.* **СДУРУ МОЖНО...**

♦ **ПОЛОНЕ́З ОГИ́НСКОГО** — *шутл.* половина одиннадцатого.

От имени известного композитора М. Огинского (Огиньского).

ПОЛОРОТЫЙ *см.* **МЫМРА ПОЛОРОТАЯ**

ПОЛОСА́ТИК, -а, *м.*, **ПОЛОСА́ТКА**, -и, *ж.* (или *м.*). Особо опасный рецидивист в колонии строгого режима.

Из *уг.*, возм. по цвету спецодежды.

ПОЛОСА́ТЫЙ, -ого, *м.* Ирон. обращение.

ПОЛОСАТЫЙ* *см.* **ЖИЗНЬ ПОЛОСАТАЯ**; **УСАТЫЙ (УССАТЫЙ) ПОЛОСАТЫЙ**

ПОЛОСКА *см.* **В ПОЛОСКУ**

ПОЛОСКА́ТЬ, -а́ю, -а́ешь (реже -лощу́, -ло́щешь); *несов., кого.* **1.** (или **~ МОЗГИ́**, **~ БАШКУ́**, **~ ДУ́ШУ** *кому чем*). Надоедать, назойливо внушать что-л. кому-л., приставать, нудить. **2.** Обманывать.

ПОЛОСКУ́Н, -а́, *м.* (или **ЕНО́Т-~**). Человек, сосредоточенный на чём-л., занятый каким-л. делом, связанным с водой (стирка, чистка зубов и т. п.).

ПОЛПОТ *см.* **ИЗВЕДУ, ЗАМУЧАЮ, КАК ПОЛПОТ КАМПУЧИЮ**

ПОЛСТАКА́НА, *нескл., собств.* Гостиница «Космос» в Москве.

По специфической архитектурной форме, *ср.* **ПОДКОВА**.

ПОЛТИ́ННИК, -а, *м.* **1.** Что-л. числом пятьдесят. *Вчера у дядьки на ~е напились* (на юбилее, на пятидесятилетии). *На ~ нагрели* (обманули на пятьдесят или пятьдесят тысяч рублей, в зависимости от ситуации). *~ проехали — мотор сдох* (через пятьдесят километров отказал мотор). **2.** Полукровка, человек смешанных кровей.

ПОЛТОРА́ШКА, -и, *ж.*, **ПОЛТОРУ́ШНИК**, -а, *м.* Полтора, чаще о какой-л. денежной сумме, напр.: полтора миллиона рублей, полторы тысячи долларов и т. п. *Поставил хозблок за полторушку. Водяра по полторушнику* — водка сто́ит полторы тысячи рублей.

ПОЛТЯ́Ш, -а, **ПОЛТЯШО́К**, -шка́, *м.*, **ПОЛТЯ́ШКА**, -и, *ж.* Половина, полтинник (о деньгах: полтысячи, полмиллиона и т. п.).

ПОЛУ- *см.* **ПОЛ-**

ПОЛУ́НДРА, -ы, *ж.* Женщина, девушка (чаще о бойкой, озорной).

ПОЛУПЕРДЕ́НЧИК, -а, **ПОЛУПЕРДИ́НЧИК**, -а, **ПИЛОПЕРДО́НЧИК**, -а, *м.* Пиджак; любая одежда (пальто, куртка и т. п.).

Возм. от **ПЕРДЕТЬ** и общеупотр. «полу...»; *ср.* также **ПИЛОПЕРДОНЧИК**.

ПОЛУПЕРДО́Н, -а, *м.* Бушлат (на флоте).

Из *арм.*; *ср.* **ПОЛУПЕРДЕНЧИК**.

ПОЛУСАПЕ́ЖКИ, -жек, *мн.* Полусапожки; любая обувь.

Шутл. контаминация с «сопеть».

ПОЛУСОГНУТЫЙ *см.* **НА ПОЛУСОГНУТЫХ**

ПОЛУТРЮ́ФЕЛЬ, -я, *м.* Мулат, «полунегр».

От **ТРЮФЕЛЬ**.

ПОЛУТУ́РОК, -рка, *м. Ирон.* Политрук.

Фонетическая контаминация с общеупотр. «турок», *прост.* «полудурок»; из *арм.*

ПОЛУФАБРИКА́Т, -а, *м.* **1.** Ирон. обращение. **2.** Мотоциклист. **3.** Человек смешанных кровей, т. н. полукровка.

ПОЛУЧАТЬСЯ *см.* **ОН НЕ КУРИТ И НЕ ПЬЁТ, МАТОМ НЕ РУГАЕТСЯ...**

ПОЛУЧИ́ТЬ, -учу́, -у́чишь; *сов., от кого* и *без доп.* (или **~ ПО ОЧКА́М**, **~ ПО РОГА́М**, **~ ПО ЧА́ЙНИКУ**,

~ СВЕ́ЧКУ В ПО́ПУ, ~ ПИСТО́Н, ~ ПО ШИ́ШКЕ и т. п.). Быть побитым, изруганным, опозоренным, наказанным.

ПОЛУЧИТЬ* *см.* **ДОЗА**

♦ **ПОЛУЧИ́ТЬ БЕЛЬЁ ИЗ КИТА́ЙСКОЙ ПРА́ЧЕЧНОЙ** — получать нестираное бельё (обычно в поезде).

См. также **КИТАЙКА**.

♦ **ПОЛУЧИ́, ФАШИ́СТ, ГРАНА́ТУ!** — на́ тебе, вот тебе (обычно реплика сопровождает какое-л. действие).

ПОЛУШАРИЯ *см.* **ШЕВЕЛИТЬ**

ПОЛЧЛЕНА *см.* **КАКИЕ ТУТ ШУТКИ, КОГДА ПОЛЧЛЕНА В ЖЕЛУДКЕ**

ПОЛШЕСТО́ГО (или **ХРЕН НА ~**) *у кого*. Об импотенции.

См. также **ГЛАЗА НА ПОЛШЕСТОГО; ГЛАЗА НА ПОЛВОСЬМОГО...**

ПОЛЫ *см.* **МОЖЕТ, ТЕБЕ И ПОЛЫ ДОМА ПОМЫТЬ?**

ПО́ЛЯ *см.* **ПОЛИНА**

ПОЛЯ́ *см.* **ПОЛЕ**

ПОЛЯ́НА, -ы, *ж.* **1.** *собств.* Улица Большая Полянка в Москве. **2.** (или **ВШИ́ВАЯ ~**). Лысина.

См. также **СТРИЧЬ (ЗАСТРИГАТЬ, ПОДСТРИГАТЬ, КРОМСАТЬ) ПОЛЯНУ**

ПОЛЯ́НДИЯ, -и, *ж., собств.* Польша.

По аналогии с общеупотр. «Финляндия» и т. п., *ср.* **ХОХЛЯНДИЯ**.

ПОЛЯ́НДСКИЙ, -ая, -ое, **ПОЛЯ́НСКИЙ**, -ая, -ое. Польский; польского производства.

От **ПОЛЯНДИЯ**.

♦ **ПОЛЯ́РНАЯ ЛИСИ́ЧКА** — конец, провал, полное фиаско, напр.: *Ну, всё, пришла к тебе полярная лисичка.*

Эвфем.; от **ПИСЕЦ**, которое, в свою очередь, является контаминацией нецензурного и «песец» («голубой песец») — хищное млекопитающее с ценным мехом, обитающее в северных районах.

ПОМА́ЗАТЬ, -ма́жу, -ма́жешь; *сов.* **1.** *на что с кем.* Поспорить на что-л. **2.** *кому, кого.* То же, что **ПОДМАЗАТЬ**.

1. — от **МАЗАТЬ, МАЗ**.

ПОМАЛУ *см.* **КАНТОВАТЬ**

♦ **ПО МА́ССЕ УДА́РИТЬ (ВРЕ́ЗАТЬ)** — спать, заснуть.

ПОМАТРО́СИТЬ, -о́шу, -о́сишь; *сов., кого, с кем.* Поухаживать, приударить за кем-л.; совратить кого-л. ♦ **~ и бросить** — вести себя неблагородно по отношению к женщине, совратить и бросить.

ПОМЕРЕТЬ *см.* **ВЕК ЖИВИ, ВЕК УЧИСЬ...; ВОТ ЭТО НОМЕР...**

♦ **ПО МЕ́СТУ** *что, что делать* — к месту, удачно, правильно, напр.: *Мужик всё по месту говорит.*

♦ **ПО́МЕСЬ БО́БИКА И ХРЮ́ШКИ; ПО́МЕСЬ НЕ́ГРА С МОТОЦИ́КЛОМ** — *шутл.* что-л. абсурдное, несуразное.

ПОМЕЩАТЬСЯ *см.* **ГРУДЬ — ЭТО ТО, ЧТО ПОМЕЩАЕТСЯ В ЛАДОНЬ...**

ПОМИДО́Р, -а, *м.* **1.** (или **СИНЬО́Р-~**). *Ирон.* обращение. **2.** обычно *мн.* Зад, ягодицы. **3.** только *мн.* Внутренние войска. ♦ **По самые ~ы** *что, что делать* (обычно **всадить, засадить, впиндюрить, втюхать, вонзить, заделать** и т. п.) — сделать что-л. интенсивно, мощно, одним махом.

См. также **ШЕВЕЛИТЬ**

1. — из популярной сказки Дж. Родари «Приключения Чиполлино»; 3. — от красного цвета погон; возм. из *арм.*; *ср.* **ПОМИДОРНЫЕ ВОЙСКА** (см. **ПОМИДОРНЫЙ**).

ПОМИДОР* *см.* **ЗАКИДАТЬ ВИРТУАЛЬНЫМИ ПОМИДОРАМИ**

ПОМИДО́РНЫЙ, -ая, -ое. Относящийся к внутренним войскам. ♦ **~ые войска** — войска МВД.

См. **ПОМИДОР 3.**

ПОМИНА́ЛЬНИК, -а, **ПОМИНА́ЛЬНИЧЕК**, -чка, *м. Шутл.* Информация о тех, кто работал над передачей, выпуском, программой (на радио и телевидении), которая обычно даётся в конце передачи (выпуска и т. п.).

Ср. общеупотр. «поминки», «поминать» и т. п.

ПОМНОГУ *см.* **НАДО ЕСТЬ ЧАСТО, НО ПОМНОГУ**

ПОМО́И, -ев, *мн.* Коктейль. *~ев клубничных не желаете?*

ПОМОИ* *см.* **БЕРИ ВЕСЛО, КАНАЙ В ПОМОИ**

ПОМО́ЙКА, -и, *ж.* **1.** Рот. **2.** Мытьё; место для мытья. *Тащи посуду на ~у.*

2. — из арго туристов.

ПОМОЙКА* *см.* **В ПОМОЙКЕ (НА ПОМОЙКЕ) НАШЛИ; РАЗДАЛСЯ ГОЛОС ИЗ ПОМОЙКИ...**

ПОМО́ЙНИЧАТЬ, -аю, -аешь; *несов., без доп.* Лазить по помойкам, нищенствовать; вести себя недостойно, клянчить, побираться, унижаться.

От общеупотр. «помойка» — место для выбрасывания мусора.

♦ **ПО МОРДА́М** *кого* (**НАДАВА́ТЬ** *кому*) — распечь, изругать, унизить; отомстить.

ПО-МОРСКОМУ *см.* **ЯИЧНИЦА ПО-МОРСКОМУ (ПО-ФЛОТСКИ)**

ПОМОЧЬ СЫГРАТЬ В ЖМУРКИ *см.* **ЖМУРКИ**

ПОМОЩНИК *см.* **СТАРШИЙ ПОМОЩНИК МЛАДШЕГО ДВОРНИКА**

ПОМЫТЬ *см.* **МОЖЕТ, ТЕБЕ И ПОЛЫ ДОМА ПОМЫТЬ?**

ПОМЫТЬ ВЫВЕСКУ *см.* **ВЫВЕСКА**

ПОМЫТЬСЯ *см.* **СВИНКА ПОМЫЛАСЬ И СЕЛА В ТАЧКУ**

ПОМЯТЬСЯ *см.* **А ТЫ, ДУРОЧКА, БОЯЛАСЬ...**

ПО-НАШЕМУ *см.* **БИЗНЕС**

♦ **ПОНЕСЛО́СЬ ДЕРЬМО́ ПО ТРУ́БАМ** — ну вот, опять началось; опять то же самое.

ПОНИЖЕ *см.* **ВСЕ ПОНИЖЕ (ДО ПОНИЖЕ) ПОЯСА; ПОВЫШЕ КОЛЕНА, ПОНИЖЕ ПУПКА; У НАС КАК В ПАРИЖЕ...**

ПОНИМА́ЛКА, -и, *ж.* Голова, мозги, разум. *Пошевели своей лысой ~ой* — подумай хорошенько.

От общеупотр. «понимать».

ПОНИМА́НТ, -а, *м.* Тот, кто понимает; сообразительный, умный человек.

От общеупотр. «понимать», «понимающий»; *ср.* с моделью **НЕВРУБАНТ, ГЛУПАНТ** и т. п.

ПОНИМАТЬ *см.* **ЧЕГО-ТО Я В ЭТОЙ ЖИЗНИ НЕ ПОНИМАЮ; ЧТО ТЫ ПОНИМАЕШЬ В АПЕЛЬСИНОВЫХ КОРКАХ; ЧТО ТЫ ПОНИМАЕШЬ В КОЛБАСНЫХ ОБРЕЗКАХ?**

ПОНИМЭ́, в зн. *сказ.* Понимать. *Моя твою не ~ — шутл.* я тебя не понимаю.

Шутл. коверканье; *ср.* **ПОЧИМЭ** и т. п.

ПОНО́С, -а, *м.* (или **СЛОВЕ́СНЫЙ ~**). Длинный, глупый разговор, трёп, трескотня.

ПОНОС* *см.* **ИСХОДИТЬ (ПОНОСОМ); СУДОРОГИ, ПОНОС, СМЕРТЬ; УСТРОИТЬ (СДЕЛАТЬ, ВЫЗВАТЬ, ПРОБИТЬ) КРОВАВЫЙ ПОНОС; ЦВЕТА ДЕТСКОГО ПОНОСА (ДЕТСКОЙ НЕОЖИДАННОСТИ)**

ПОНО́СИТЬ, -о́шу, -о́сишь; *несов., кого.* Ругать, злословить в чей-л. адрес, клеветать на кого-л.

От **ПОНОС**; наложение с общеупотр. «поноси́ть» в том же зн.

ПОНО́СНЫЙ, -ая, -ое. **1.** Плохой, отвратительный. **2.** Пустой, бессмысленный, неумный (о речи, разговоре). **3.** Жёлтый, коричневый. *~ые сапожки.*

От общеупотр. «понос», *см.* также **ПОНОС**.

♦ **ПОНО́СОМ ИЗОЙТИ́** — разозлиться, метать громы и молнии.

ПОНТ, -а (или -а́), *м.*, **ПОНТЯ́РА**, -ы, *м.* и *ж.* Польза, выгода, прибыль; хитрость, обман, маневр. *А какой мне в этом понт?* ♦ **Брать (взять) на понт** *кого* — обманывать, дурачить, обхитрить кого-л. **Кидать понты́** — обманывать, хитрить, блефовать. **С по́нтом** (или **с по́нтом под зо́нтом**). **1.** Как же, так я тебе и поверил (обычно выражает недоверие к сказанному собеседником). **2.** *нареч.* Вызывающе, самоуверенно, нагло и независимо. **Без понта** *что, что делать* **1.** О чём-л. безнадёжном, обречённом заранее на неудачу. **2.** Без трепотни, без обмана, действительно, по-настоящему.

Ср. общеупотр. «понтёр» — человек, играющий против банка (в азартных играх), «понтировать» — играть как понтёр; возм. через *уг.* или *карт.* «понт» — жертва шулера, уловка, хитрость, воровской приём, отвлечение внимания жертвы во время воровства, *ср.* «готовить понта» — искать жертву, «бить понт» или «понта» — притворяться невиновным, возмущаться, кричать, отвлекая внимание, «крепкий понт» — неопытная жертва, тот, кто ещё не был обманут, «рваный понт» — уже бывшая в переделке жертва, «понтировать», «понтануть» — бить, толкать, создавать давку, «понтер», «понтщик» — вор, создающий искусственно скандал, драку, а затем крадущий у любопытных; возм. грецизм.

ПОНТАНУТЬ *см.* **ПОНТИРОВАТЬ**

ПОНТАНУ́ТЬСЯ, -ну́сь, -нёшься; *сов.* **1.** *без доп.* Поважничать, постараться набить себе цену, показать себя с лучшей, неожиданной стороны. **2.** *с чем* и *без доп.* Ошибиться, потерпеть неудачу.

От **ПОНТ**.

ПОНТИ́РОВАТЬ, -рую, -руешь, **ПОНТОВА́ТЬ**, -ту́ю, -ту́ешь; *несов.* (*сов.* **ПОНТАНУ́ТЬ**, -ну́, -нёшь), *кого когда с чем, с кем* и *без доп.* Хитрить; облапошивать, обманывать кого-л.

От **ПОНТ**.

ПОНТИ́ТЬ, -нчу́, -нти́шь; *несов.* **1.** *кого.* То же, что **ПОНТИРОВАТЬ**. **2.** употр. только в *3 л.*, -нти́т, *кому с чем.* Везти, быть удачным (о деле). *Мне ~ит* (везёт). **3.** (или **ПОНТИ́ТЬСЯ**, -нчу́сь, -нти́шься; *несов.*, *чего* и *без доп.*) Бояться, трусить.

От **ПОНТ**.

ПОНТОВАТЬ *см.* **ПОНТИРОВАТЬ**

ПОНТОВИ́ТЫЙ, -ая. Тот, кто любит производить дешёвый эффект, устраивать показуху, публично и безвкусно демонстрирует богатство.

От **ПОНТЫ**.

ПОНТО́ВЫЙ, -ая, -ое. Хороший, благоприятный, сулящий прибыль, успех. *~ое дело.*

От **ПОНТ**.

ПОНТЫ́, -о́в, *мн.* Украшения, дорогие безделушки, предметы, как правило, безвкусные, которые должны подчеркнуть богатство их владельца. *Весь в ~а́х.* ♦ **Хилые ~** — неудачные действия, попытки выйти из затруднительной ситуации; неудачные попытки произвести впечатление.

См. также **СНИМИ (УБЕРИ) ПОНТЫ — ОДНИ ШНУРКИ ОСТАНУТСЯ**

От **ПОНТ**. *См.* также **ЕВРОПОНТЫ**.

ПОНТЯРА *см.* **ПОНТ**

ПОНЮ́ХАТЬ, -аю, -аешь; *сов., что где.* Разведать, навести справки, разузнать что-л.

От **НЮХАТЬ**, *ср.* также общеупотр. *разг.* «пронюхать», «разнюхать» в том же зн.

ПОНЮХАТЬ* *см.* **НЮХНУТЬ (ПОНЮХАТЬ, НЮХАТЬ) ПОРТЯНКУ, НАНЮХАТЬСЯ ПОРТЯНКИ...**

ПОНЯ́ТИЯ, -ий, **ПОНЯ́ТКИ**, -ток, *мн.* Представления о чём-л., устойчивые убеждения, принципы, законы, правила. *У них свои понятки. По понятками, ничего не выйдет. Мужик вообще без понятий. Жить по понятиям.*

Из *уг.*

ПОНЯТНО *см.* **ЕЖУ ЯСНО; КОЗЕ ПОНЯТНО; КОНЮ ПОНЯТНО**

ПОНЯТЬ *см.* **ВАМ НЕ ПОНЯТЬ, ВЫ НЕ ЛЮБИЛИ; САМ-ТО ПОНЯЛ, ЧТО СКАЗАЛ?**

♦ **ПО ОПРЕДЕЛЕ́НИЮ** — *шутл.* о каком-л. исконном качестве кого-л. или чего-л.; о полной невозможности что-л. сделать, напр.: *Он по определению придурок. Я по определению завтракать не могу.*

ПООТШИБАТЬ *см.* **МОРГАЛИЩА; МОРГАЛЫ ВЫКОЛЮ, РОГА ПООТШИБАЮ**

ПОП[1], -а́, *м.* Политработник, профессиональный коммунист.

ПОП[2] *см.* **ПОПА**

ПОП[3] *см.* **ПОПСНЯ**

ПОП* *см.* **ГРОМ ГРЕМИТ, ЗЕМЛЯ ТРЯСЁТСЯ...; У ПОПА ЖЕНА ПОСЛЕДНЯЯ**

ПО́ПА, -ы, **ПОПЕ́НЬ**, -и, **ПОПЕ́НЦИЯ**, -и, **ПО́ПКА**, -и, **ПО́ПОЧКА**, -и, **ПОПУЛЮ́ЛЯ**, -и, **ПОПУ́ЛЯ**, -и, *ж.*, **ПОП**, -а, **ПОПА́РЬ**, -я́, **ПОПЕНГА́ГЕН**, -а, **ПОПЕ́Ц**, -пца́, **ПОПЕ́ШНИК**, -а, **ПО́ПИК**, -а, *м.* **1.** Зад, ягодицы. **2.** Ирон. обращение. ♦ **Мальчишка с грязной попкой** — молокосос.

См. также **ДУМАЙ, ДУМАЙ, ГОЛОВА...; НАМОЧАЛИТЬ (ПОПУ); ОЧКАРИК, В ПОПЕ ШАРИК; ПОЛУЧИТЬ СВЕЧКУ В ПОПУ; РУКИ ИЗ ЗАДНИЦЫ...; ЧУЧА**

Возм. из *детск.* В целом дублирует фразеологизмы со сл. **ЖОПА**.

ПОПАДА́ТЬ, -а́ю, -а́ешь; *несов.* (*сов.* **ПОПА́СТЬ**, -аду́, -адёшь), *с чем на сколько.* Сильно потратиться; быть обманутым, обобранным. *В ресторане попал на сотню.*

ПОПАДЬЯ *см.* **ГРОМ ГРЕМИТ, ЗЕМЛЯ ТРЯСЁТСЯ...**

ПОПАРЬ, ПОПЕНГАГЕН *см.* **ПОПА**

ПОПАСТЬ *см.* **В АКВАРИУМ НЫРНУТЬ** (или **ПОПАСТЬ**); **ПОПАДАТЬ**

♦ **ПОПА́СТЬ В КАДР** — быть замеченным; быть оцененным по достоинству.

От общеупотр. «кадр» — отдельный снимок.

ПОПАСТЬ В МОЛОКО *см.* **МОЛОКО**

♦ **ПОПА́СТЬ В ОБО́ЙМУ** — об удачно сложившейся ситуации, судьбе, о везении, счастье.

♦ **ПОПА́СТЬ В ОЧКО́** — точно попасть в какую-л. цель.

ПОПАСТЬ В ЧЕКУШКУ *см.* **ЧЕКУШКА**

♦ **ПОПА́СТЬ (ЗАЛЕТЕ́ТЬ** и т. п.) **ПОД ШАРЫ́** — попасть в милицию.

Фразеологизм возм. чисто московского происхождения: раньше на пожарной каланче вывешивались шары, количество и цвет которых информировали о месте и интенсивности пожаров; рядом с центральной каланчой находился полицейский участок. Попасть в полицию называлось «закатиться, попасть и т. п. под шары».

ПОПЕЛИ́ЩЕ, -а, *ср.* Зад, задница. *Садись на ~.*

От **ПОПА**; *ср.* **ПЕПЕЛИЩЕ**.

ПОПЕНГАГЕН, ПОПЕНЦИЯ, ПО *см.* **ПОПА**

ПОПЕРЁК, *нареч.* Не так, наоборот, по-другому. *Нет, всё как раз ~* — ты не прав, всё наоборот.

♦ **ПОПЕРЁК СЕБЯ́ ШИ́РЕ** — о толстом человеке.

ПОПЕРЁК СЕРЁДЫША *см.* **СЕРЁДЫШ**

ПОПЕЦ, ПОПЕШНИК, ПОПИК *см.* **ПОПА**

ПОПИ́ЛЕННЫЙ, -ая, -ое. Старый, поношенный, испорченный, ветхий, стёртый.

От **ПОПИЛИТЬ 2**.

ПОПИЛИ́КАТЬ, -аю, -аешь; *сов., куда.* Пойти.
От **пиликать**.

ПОПИЛИ́ТЬ, -илю́, -и́лишь; *сов.* **1.** *откуда, куда.* Пойти. **2.** *что.* Испортить.
1. — от **пилить 1.**; 2. — от **пилить 3.**

ПОПИЛИТЬ* *см.* **КАНАТЫ**

ПОПИЛИ́ТЬСЯ, -илю́сь, -и́лишься; *сов.* **1.** *без доп.* Износиться, вытереться. **2.** *с кем.* Вступить в половую связь с кем-л.
1. — от **пилить 3.**; 2. — от **пилиться 1.**

ПОПИ́САТЬ, -аю, -аешь, **ПОПЫ́САТЬ**, -аю, -аешь; *сов., без доп.* Помочиться.
См. также **лысый, пойди пописай**
От **пи́сать**.

ПОПИСА́ТЬ, -ишу́, -и́шешь; *сов., кого чем.* Убить или порезать ножом. ♦ **В натуре ~ишу́** — ирон. угроза.
От **писа́ть**.

ПОПИСА́ТЬСЯ, -ишу́сь, -и́шешься; *сов., чем* и *без доп.* Порезаться, зарезаться (случайно или намеренно, в зависимости от ситуации).
От **писа́ться**.

ПО́ПИТЬ, -плю, -пишь; *несов., что.* Делать что-л. интенсивно. *В день по пять бутылок ~пим* (выпиваем).
Возм. от **попа**.

ПОПИТЬ *см.* **ВОТ И ВЧЕРА ТОЖЕ ЗАХОДИЛА СТАРУШКА...**

ПО́ПКА[1], -и, *м.* и *ж.* **1.** Незначительный, невзрачный, серый человек. **2.** Охранник, милиционер. *Вон ~у подставили. ~ на перекрёстке.*
2. — возм. из *уг.*

ПОПКА[2] *см.* **ВЖИКА; ВОЛОСИКИ НА ПОПКЕ РВАТЬ; ЖАЛКО У ПЧЁЛКИ В ПОПКЕ; МАЛЬЧИШКА С ГРЯЗНОЙ ПОПКОЙ; ПОПА**

ПОПКА́РЬ, -я́, *м.* То же, что **попка**[1] **2.**

ПОПЛАВО́К, -вка́, *м.* **1.** Пристань, причал, порт, парапет; любое место, находящееся около воды (в зависимости от ситуации). *Встречаемся на ~вке.* **2.** Документы, пропуск, удостоверение и т. п., дающие какие-л. дополнительные льготы, права и т. п. *В эту фирму без ~вка* (без диплома) *не берут.* **3.** Нагрудный знак в виде ромба, вручаемый вместе с дипломом выпускникам некоторых высших учебных заведений.
1. — *ср.* общеупотр. *разг.* «поплавок» — ресторан на барже или у берега на сваях.

ПОПЛЁВЫВАТЬ В ПОТОЛОК *см.* **ПЛЕВАТЬ (ПОПЛЁВЫВАТЬ) В ПОТОЛОК**

ПОПЛИНТОВА́ТЬ, -ту́ю, -ту́ешь, **ПОПЛИНТУХА́ТЬ**, -а́ю, -а́ешь; *сов., куда.* Пойти, отправиться.
От **плинтовать, плинтухать**.

ПОПЛОХЕ́МШИ, *нареч.* или в зн. *сказ., кому* и *без доп.* О плохом самочувствии, ухудшившемся внешнем виде. *Что-то ты ~, бледненький весь, как поганочка. Мне вчера так ~, чуть скорую не вызвал.*
От **поплохеть**; возм. имитация прост. огласовки действительного причастия прош. времени («поплохевший»), где [в] переходит в [м].

ПОПЛОХЕ́ТЬ, -е́ю, -е́ешь; *сов.* **1.** *без доп.* Стать хуже, испортиться. **2.** употр. только в 3 *л.*, -е́ет, *кому.* Об ухудшении самочувствия. *Тебе от курева не ~е́ет?*
От **плохеть**.

ПОПЛЫ́ТЬ, -ыву́, -ывёшь; *сов.* **1.** *от чего* и *без доп.* Потерять сознание, прийти в бессознательное состояние. **2.** *без доп.* Прийти в состояние полового возбуждения (чаще о женщине).
От **плыть**.

ПОПОВ *см.* **ГОТОВА, ДОЧЬ ПОПОВА...**

ПОПО́ВА, -ой, *ж., собств.* Шутл. обращение к девушке, женщине.
См. также **готова, дочь попова...**
Распространённая фамилия.

ПОПОГЕЛИЙ *см.* **ОПУПЕЙ**

ПОПОДРОБНЕЙ *см.* **ОТСЮДА ПОПОДРОБНЕЙ, ПОЖАЛУЙСТА**

ПОПОЛА́М, *нареч.* Всё равно, наплевать. *Мне ~. Им всем до нас полный ~.*

ПОПОЛАМ* *см.* **В ПОПОЛАМЕ (БЫТЬ)**

ПО ПОЛНОЙ ОБОЙМЕ *см.* **ОБОЙМА**

♦ **ПО ПО́ЛНОМУ РО́СТУ** *что сделать, кто, какой* — о ком-чём-л., ярко выраженном. *Оттянуться по полному росту* — хорошо отдохнуть. *Проходимец по полному росту* — отпетый проходимец.

♦ **ПО ПОНЯ́ТИЯМ** — **1.** По сути, в сущности, на самом деле. **2.** «По-хорошему», «по-настоящему», как это обычно делается, как полагается, по негласному закону, правилам, напр.: *По понятиям так и должно быть. Нет, это так не по понятиям. По понятиям он вроде бы обмануть не должен.*
От **понятия**.

ПОПО́ПИТЬ, -плю, -пишь; *сов., что, чего.* Выпить спиртного. *~пили бутылочку.*

От **ПОПИТЬ**.

ПОПОЧКА *см.* **ПОПА**

♦ **ПО ПО́ЯС** *какой, кто* — очень, сильно, с подчёркиванием отрицательного признака, напр.: *Дурак по пояс.*

ПОПРАВИТЬ *см.* **ПОПРАВЛЯТЬ**

ПОПРАВИТЬСЯ *см.* **ПОПРАВЛЯТЬСЯ**

ПОПРАВЛЯ́ТЬ, только в *3 л.*, -я́ет; *несов.* (*сов.* **ПОПРА́ВИТЬ**, только в *3 л.*, -ит), *кого* и *без доп.* Улучшать самочувствие, снимать похмелье (о напитке, обычно спиртном). *Кофеёк-то утречком не поправляет? Ой, меня пивко поправило, прямо душенька птичкой зацокала.*

ПОПРАВЛЯ́ТЬСЯ, -я́юсь, -я́ешься; *несов.* (*сов.* **ПОПРА́ВИТЬСЯ**, -влюсь, -вишься), *чем* и *без доп.* Выпивать спиртное (обычно утром с похмелья). *Хватит прикладываться* (пить), *чем завтра поправляться будешь, водой из крана?*

♦ **ПОПРА́ВЬ ВОРОТНИ́К, СВИСТЕ́ТЬ МЕША́ЕТ** — не лги.

ПОПРОШАЙКА *см.* **ЗАГОРСКИЙ (ПОПРОШАЙКА)**

ПОПРО́ЩЕ, **ПРО́ЩЕ**, в зн. *межд.* (или **ЛИ́ЧИКО ~**). Уймись, не задавайся (обычно выражает недовольство поведением собеседника, угрозу). *Ты дурак, что ли? — Ну-ка, личико ~.*

Возм. из *арм.*

ПОПСА *см.* **ПОПСНЯ**

ПОПСА́ЦИЯ, -и, *ж.* и в зн. *межд.* Шутл. о чём-л. необычном, странном, выдающемся или наоборот — о примитивном, низкопробном. *Ну, ~! Полная ~!*

От **ПОПСА**.

ПОПСЕНЬ *см.* **ПОПСНЯ**

ПОПСИ́ТЬ, *1 л. ед.* не употр., -и́шь, **ПОПСОВА́ТЬ**, -су́ю, -су́ешь, *несов., без доп.* Заниматься недостойным, неуважительным делом.

Возм. наложение двух источников: англ. pop, pops (рус. «поп», «попс») — о поп-музыке, поп-культуре и т. п., а также рус. *устар.* «попсуй» — плохой мастер, портной, сапожник, «попсовать» — портить что-л., искажать, восходящее, возм., к польскому popsuć — испортить (от pies — собака).

ПОПСНЯ́, -и́, **ПОПСА́**, -ы́, **ПОПСЕ́НЬ**, -и, **ПОПСУ́ХА**, -и, **ПОПСУ́ШКА**, -и, *ж.*, **ПОП**[3], *м.* **1.** То, что относится к развлекательной культуре, мещанству и т. п. **2.** Ерунда, дрянь, ахинея, халтура. *Гнать ~у́.*

От общеупотр. «поп-музыка». *См.* **ПОПСИТЬ**.

ПОПСОВАТЬ *см.* **ПОПСИТЬ**

ПОПСО́ВЫЙ, -ая, -ое. Дурной, низкий; относящийся к индустрии развлечений, мещанскому вкусу.

См. **ПОПСИТЬ**.

ПОПСУХА, ПОПСУШКА *см.* **ПОПСА**

ПОПУГА́Й, -я, **ПОПУГА́ЙЧИК**, -а, *м.* То же, что **ПОПА**.

Шутл. ложное этимологизирование общеупотр. «попугай» от **ПОПА**.

ПОПУГАЙ* *см.* **ЗАВЕДИ МОРСКУЮ СВИНКУ (ЕЖА, ПОПУГАЯ, РУЧНОГО ТАРАКАНА)**

ПОПУГАЙЧИК *см.* **ПОПУГАЙ**

ПОПУЛЮЛЯ, ПОПУЛЯ *см.* **ПОПА**

ПОПУЛЯ́РНО, *нареч. Ирон.* С применением физической силы. ♦ **Разъяснить** (или **объяснить, показать, растолковать** и т. п.) *~ кому что* — побить кого-л., объяснить на кулаках.

ПОПУТНЫЙ *см.* **ФЛАГ В РУКИ, БАРАБАН В ЖОПУ...**

ПОПЫСАТЬ *см.* **ПОПИСАТЬ**

ПОПЯ́ЛИТЬ, -лю, -лишь; *сов.* **1.** *что у кого.* Стащить, украсть. **2.** употр. только в *3 л.*, *кого откуда.* Выгнать, прогнать, уволить. *Его с работы ~лили за пьянку.*

От **ПЯЛИТЬ 1., 3.**

ПОПЯ́ЛИТЬСЯ, -люсь, -лишься; *сов., с кем.* Вступить в половую связь с кем-л.

От **ПЯЛИТЬ 2., ПЯЛИТЬСЯ**.

ПОПЯ́ТИТЬ, -я́чу, -я́тишь; *сов.* **1.** *кого откуда.* Прогнать, выгнать, уволить. **2.** *что.* Украсть.

От **ПЯТИТЬ 1, 2.**

ПОРА (*сущ.*) *см.* **КАК ТЫ МОГ В ТАКУЮ ПОРУ НАВАЛЯТЬ ТАКУЮ ГОРУ?**

ПОРА (*нареч.*) *см.* **ПОДДАВАТЬ**

ПОРВАТЬ *см.* **ЦЕЛКА**

ПО́РЕВО, -а, *ср.* Все, что относится к сексу (чаще о порнографии). *Видюшное ~* (по видеомагнитофону).

От **ПОРОТЬ, ПОРОТЬСЯ**.

ПОРЕ́ПАТЬ, -аю, -аешь; *сов.* **1.** *кого за чем.* Застать врасплох, настигнуть, разоблачить. **2.** *что, чего* и *без доп.* Поесть, пожевать.

От **РЕПАТЬ 1., 2.**

ПОРЕША́ЛКА, -и, **ПОРЕШИ́ЛКА**, -и, *ж.* Нож, финка, шило, бритва.

От **ПОРЕШИТЬ**.

ПОРЕШИ́ТЬ, -шу́, -ши́шь; *сов., кого.* Убить, зарезать.

Из *уг.*

ПО́РИЖ, -а, *м., собств.* Париж. *Милый кореш едет в ~.*

ПО́РНО, *нескл., ср.*, **ПО́РНИК**, -а, *м.*, **ПОРНУ́ХА**, -и, **ПОРНУ́ШКА**, -и, **ПОРНЬ**, -и, *ж.* **1.** Порнография и всё, что к ней относится. **2.** То же, что **ПОРНОГРАФИЯ**.

См. также **ЖЕСТОКОЕ ПОРНО**

ПОРНОГРАФИ́ЧЕСКИЙ, -ая, -ое, **ПОРНУ́ШЕЧНЫЙ**, -ая, -ое, **ПОРНУ́ШНЫЙ**, -ая, -ое. Плохой, некрасивый, дурной, некачественный, несвежий, неудачный. *~ая погода. ~ая морда. ~ое правительство. Быт ~.* ♦ **Порнографический кот** — чёрный кот, перебегающий дорогу.

ПОРНОГРА́ФИЯ, -и, *ж.* Что-л. дурное, низкое, мелкое, не вызывающее уважения; чушь, безделица; о чём-л. страшном, ужасном, а также неудавшемся, несуразном. *Не обои, а ~! Какая ~ эта ваша заливная рыба!* (шутл. передел. популярная фраза из фильма «Ирония судьбы, или С лёгким паром»). *Занимается какой-то ~ей. Главное — здоровье, остальное всё — ~.*

ПОРНУХА *см.* **ГНАТЬ**; **ПОРНО**

ПОРНУШЕЧНЫЙ *см.* **ПОРНОГРАФИЧЕСКИЙ**

ПОРНУШКА *см.* **ПОРНО**

ПОРНУ́ШНИК, -а, *м.* Халтурщик, бездельник; обманщик, подлец.

От **ПОРНО**, **ПОРНУШНИЧАТЬ**.

ПОРНУ́ШНИЧАТЬ, -аю, -аешь; *несов., без доп.* Делать что-л. некачественно, халтурить; поступать нехорошо, нечестно, подло.

От **ПОРНО**, **ПОРНОГРАФИЯ**.

ПОРНУШНЫЙ *см.* **ПОРНОГРАФИЧЕСКИЙ**

ПОРНЬ *см.* **ПОРНО**

ПОРОЖНЯ́К, -а́, *м.* Пустые разговоры, болтовня. ♦ **Не гони ~** — не болтай попусту, цени слово.

ПОРОСЁНОК, -нка, *м.*, **ПОРОСЯ́ТКА**, -и, **ПОРОСЯ́ТИНА**, -ы, *ж.* Ирон. обращение (обычно к толстому человеку).

ПОРОСЁНОК* *см.* **ТРИ ПОРОСЁНКА**

ПОРОСЯТКА, ПОРОСЯТИНА *см.* **ПОРОСЁНОК**

ПОРОСЯ́ЧИЙ, -чья, -чье. **1.** Грязный, плохой, низкий, презренный. **2.** Маленький (о глазах).

ПОРОСЯЧИЙ* *см.* **НАПИТЬСЯ ДО ПОРОСЯЧЬЕГО ВИЗГА...**; **НАРЕ́ЗАТЬСЯ (ДО ПОРОСЯЧЬЕГО ВИЗГУ)**; **ПРИЙТИ В СВИНЯЧИЙ (ПОРОСЯЧИЙ) ВОСТОРГ**

ПОРО́ТЬ, порю́, по́решь; *несов.* **1.** *кого* (или **ПОРО́ТЬСЯ**, порю́сь, по́решься; *несов., с кем* и *без доп.*). Вступать в половую связь с кем-л. **2.** *что* и *без доп.* Есть, «жрать». *Пори́, проглот!*

В зн. 2. слово зафиксировано еще в XIX в.

ПОРОТЬ* *см.* **КОСЯК**; **ЧЕШУЯ**

ПОРОТЬСЯ *см.* **ПОРОТЬ**

ПОРОХ *см.* **ЕСТЬ ЕЩЁ ПОРОХ В ПОРОХОВНИЦАХ...**

ПОРОХНЯ́, -и, *ж.* Пыль, труха; ерунда, чушь. ♦ **~ из жопы сыпется** *у кого — ирон.* о старом, немощном человеке.

ПОРОХОВНИЦЫ *см.* **ЕСТЬ ЕЩЁ ПОРОХ В ПОРОХОВНИЦАХ...**

ПОРТ, -а, **ПОРТВА́ГИН**, -а, **ПОРТВЕШО́К**, -шка́, **ПО́РТВИК**, -а, **ПОРТВЯ́Ш**, -а́, **ПОРТВЯШО́К**, -шка́, **ПО́РТИК**, -а, **ПОРТОГА́З**, -а, *м.*, **ПОРТВА́ГО**, *нескл., ср.*, **ПОРТВЯ́ГА**, -и, **ПОРТЯ́ГА**, -и, *ж.* Портвейн.

ПОРТИТЬСЯ *см.* **БЛАТ ОТ НЕУПОТРЕБЛЕНИЯ (ЗАСТОЯ) ПОРТИТСЯ**

ПОРТРЕ́Т, -а, *м.* **1.** (или **~ ЛИЦА́**) Лицо, физиономия. *Умой ~. Въехал ~ом в забор* (ударился). *Да плюнь ты ему в ~* — ты должен его презирать; скажи ему всё, что ты о нём думаешь. **2.** Икона с изображением одного святого.

См. также **ТЫ КАРТИНА, Я ПОРТРЕТ...**

1. — возм. из старого городского языка; встречается, напр., у А. П. Чехова; 2. — из арго спекулянтов.

ПОРТУПЕ́Я, -и, *ж.* **1.** Милиционер или военный (чаще офицер). **2.** Подтяжки.

ПОРТУПЕЯ* *см.* **КАК НАДЕНУ ПОРТУПЕЮ, ТАК ТУПЕЮ И ТУПЕЮ**

ПО́РТФИК, -а, *м.* Портфель.

Из *шк.* Сокращ. с суффиксацией.

ПОРТЯГА *см.* **ПОРТ**

ПОРТЯ́НКА, -и, *ж.* **1.** Ирон.-дружеское обращение. **2.** Чистый лист бумаги для написания письма домой (в армии).

2. из *арм.*

ПОРТЯНКА* *см.* **НЮХНУТЬ (ПОНЮХАТЬ, НЮХАТЬ) ПОРТЯНКУ, НАНЮХАТЬСЯ ПОРТЯНКИ...**; **СУШИ ПОРТЯНКИ**; **ТЫ МНЕ ДРУГ ИЛИ ПОРТЯНКА?**

ПОРУБА́ТЬ, -а́ю, -а́ешь, **ПОРУБИ́ТЬ**, -ублю́, -у́бишь; *сов.* **1.** *что, чего.* Поесть. **2.** *куда.* Пойти, уйти. *Порубим отсюда.*

От **РУБАТЬ**, **РУБИТЬ 2., 4.**

♦ **ПОРУБА́Ю** (или **ПОРУБЛЮ́**) **КАК КАПУ́СТУ** (или **В ХЛАМ** и т. п.) — ирон. угроза.

ПОРУБИТЬ *см.* **ПОРУБАТЬ; ПОРУБАЮ (ПОРУБЛЮ) КАК КАПУСТУ (В ХЛАМ)**

ПО-РУССКИ *см.* **БИЗНЕС**

♦ **ПОРУ́ШИТЬ НИШТЯ́К** *кому* — помешать кому-л. в чём-л., оторвать кого-л. от приятного занятия, лишить удовольствия.

♦ **ПОРТВЕ́ЙН САДДА́М ХУСЕ́ЙН** — сухое вино.

Шутл. передел. имени лидера Ирака Саддама Хусейна.

ПОРЦА́, -ы́, **ПОРЦА́ЙКА**, -и, **ПОРЦОВЕ́ЙКА**, -и, **ПОРЦУ́ХА**, -и, **ПОРЦУ́ШКА**, -и, *ж.* Порция. *На третьей порце вспотел. Насекомая порцайка-то!* (маленькая). *Кому порцушку сверху?* (дополнительную).

Возм. из *арм.* или *уг.*

ПОРЦИО́НКА, -и, *ж.* Незаметное для клиента уменьшение порции (в ресторане, кафе и т. п.) за счёт особой сервировки, оформления гарнира и т. д., зарабатывание денег на подобных махинациях.

Из речи официантов, поваров.

ПОРЦОВЕЙКА, ПОРЦУХА, ПОРЦУШКА *см.* **ПОРЦА**

ПОРШАК *см.* **ПОРШИВЕЦ**

ПО́РШЕНЬ, -шня́, *м.* (*мн.* -шни, -шне́й). Мышца, мускул (часто о руках или о половом члене). *С такими-то ~шня́ми и ночью по улице ходить не страшно* (о сильных руках).

ПОРШЕНЬ* *см.* **ДВИГАЙ ПОРШНЯМИ; НОРМАЛЬНЫЙ ХОД ПОРШНЯ...**

ПОРШИ́ВЕЦ, -вца, **ПОРША́К**, -а́, **ПОРШЕ́Ц**, -а́, *м.* Автомобиль марки «Порше».

ПО-РЫБЬИ (или **НА РЫБЬЕМ ЯЗЫКЕ**) **ЧИРИКАТЬ** *см.* **ЧИРИКАТЬ**

ПОРЫДА́ТЬ, -а́ю, -а́ешь; *сов., куда* и *без доп.* Поехать (обычно на плохом транспорте, по плохой дороге).

От **РЫДАТЬ**.

ПОРЫ́НДАТЬ, -аю, -аешь; *сов., куда, откуда.* Пойти, отправиться в путь.

От **РЫНДАТЬ**.

ПОРЫ́ТЬ, -ро́ю, -ро́ешь; *сов., куда, откуда.* Уйти, идти. *~рыли отсюда. Куда это ты ~рыл-то без меня?*

От **РЫТЬ**.

ПОРЫТЬСЯ *см.* **ВОТ ГДЕ СОБАКА ПОРЫЛАСЬ**

ПОСАДИТЬ НА АККОРД *см.* **АККОРД**

♦ **ПОСАДИ́ТЬ НА ЛЫ́СОГО** *кого* — вступить в половую связь; *иносказ.*: расправиться, разделаться с кем-л., наказать кого-л.

ПОСАДКА *см.* **МЯГКОЙ ПОСАДКИ ВАШИМ БАТАРЕЙКАМ!**

♦ **ПО СА́ДУ ПОГУЛЯ́ТЬ** — сходить в туалет. *Эвфем.*

♦ **ПО СА́МЫЕ НЕ БАЛУ́ЙСЯ, ПО СА́МЫЕ НЕ ХОЧУ́** — до предела, изо всех сил, очень, напр.: *Дал газа по самые не балуйся; Врезать по самые не хочу* (ударить изо всех сил).

ПО САМЫЕ ПОМИДОРЫ *см.* **ПОМИДОР**

♦ **ПО СА́МЫЕ У́ШИ** — очень, сильно, вовсю.

♦ **ПО СА́МЫЙ СНИ́КЕРС** — мощно, интенсивно, энергично, напр.: *Вдуй ему по самый сникерс* — сильно накажи его.

ПОСЕТИТЬ *см.* **КОНДРАТИЙ**

ПОСИ́КАТЬ, -аю, -аешь; *сов., без доп.* Помочиться. *Пойди ~ай.*

От **СИКАТЬ**.

♦ **ПО СИМПА́ТИИ** *сделать что* — по знакомству, по дружбе, напр.: *Ладно уж, по симпатии уступлю за сотню* (о товаре).

ПОСИНЕНИЕ *см.* **ДО ПОСИНЕНИЯ**

ПОСИРИ́КАТЬ, -аю, -аешь; *сов., без доп.* Испражниться (а также во всех перен. зн.). *~али — и в путь!*

От **СИРИКАТЬ**.

ПОСКРЁБЫШ, -а, **ПОДСКРЁБЫШ**, -а, *м.* Последний или поздний ребёнок.

Ср. общеупотр. *разг.* «поскрёбки», «поскрёбыши» — выскобленные остатки пищи; зн. «последнее дитя» у сл. «поскребок», «поскребыш», «поскребышек» зафиксировано у В. Даля.

ПОСКРЕСТИ ЧЕРЕП *см.* **ЧЕРЕП**

ПО́СЛАН (или **ТЫ ~**). Говорится тому, с кем не хотят разговаривать, но кто ещё пытается что-л. сказать. *Слушай, давай... — ~.*

ПОСЛАТЬ *см.* **ПОСЫЛАТЬ; КОГО ПОСЛАТЬ?**

ПОСЛАТЬ НА ГОВНО *см.* **ГОВНО**

♦ **ПОСЛА́ТЬ НА ДИСКОТЕ́КУ** *кого* — послать в наряд на кухню (на мытьё посуды).

Из *арм.*

ПОСЛЕДНИЙ *см.* **ДО ПОСЛЕДНЕЙ КАПЛИ СПЕРМЫ; САМИ ПОСЛЕДНЕГО ХРЯКА ЗАБИЛИ; САМИ ПОСЛЕДНИЙ НОСОК ДОНАШИВАЕМ; САМИ ПОСЛЕДНЮЮ МЫШКУ СЪЕЛИ; У ПОПА ЖЕНА ПОСЛЕДНЯЯ; ХРЕН; ЭТО ЕСТЬ НАШ ПОСЛЕДНИЙ И РЕШИТЕЛЬНЫЙ БОЙ**

♦ **ПОСЛЕ́ДНИЙ АРГУМЕ́НТ** — мужской половой орган.

Встречается у Ю. Кима и др.

♦ **ПОСЛЕ́ДНИЙ ПИСК (МОДЫ)** — что-л. новое, современное, модное; последняя мода, последнее слово в моде, напр.: *Оделась по последнему писку.*

♦ **ПОСЛЕ́ДНИЙ РАЗ — И ДО ПА́СХИ** — шутл. присловие при выпивке.

ПОСЛЕ́ДУ́ШКИ, -шек, *мн.* Статьи в газетах, которые печатаются «по следам» «горячих» событий, а также статьи, обобщающие какую-л. тему, направление и т. п.

Из языка журналистов, «газетчиков».

ПОСЛИ́ЦА, -ы, *ж.* Жена посла.

Шутл. контаминация с «ослица».

ПОСЛУЖИТЬ *см.* **ПУСТЬ ПОСЛУЖИТ КУКУРУЗА ДЛЯ СОВЕТСКОГО СОЮЗА**

ПОСЛУШАТЬ *см.* **ЧАЙКОВСКИЙ**

ПОСМЕТЬ *см.* **ЧТО ПОСМЕЕШЬ, ТО И ПОЖНЁШЬ**

ПОСМОТРЕТЬ *см.* **ПО ХОДУ ПОЕЗДА (ПОСМОТРЕТЬ, РЕШИТЬ)**

ПОСНИМУ́ШЕЧКИ, -чек, **ПОСНИМУ́ШКИ**, -шек, *мн.* Съёмки. *В час тракт* (репетиция), *в четыре ~.*

Из речи работников кино, телевидения.

ПОСОЛИТЬ *см.* **МОГУ И СНИКЕРС ПОСОЛИТЬ**

ПОСОСА́ТЬ, -су́, -сёшь; *сов., у кого.* Проиграть кому-л.; зависеть от кого-л., быть в униженном, подчинённом положении. ♦ **Пососи!** — выражает отказ от чего-л.; часто сопровождается неприличным жестом.

ПОСОСА́ТЬСЯ, -су́сь, -сёшься; *сов., с кем.* Поцеловаться.

ПОСОШКО́ВЫЙ, -ая, -ое. Последний, прощальный (обычно о рюмке, стопке спиртного).

От общеупотр. *разг.* «выпить на посошок» — выпить последнюю рюмку перед уходом, прощанием.

ПОССАТЬ *см.* **ЛУЧШЕ НЕТ КРАСОТЫ...**

♦ **ПОССА́ТЬ И НЕ ПЁРДНУТЬ — ВСЁ РАВНО ЧТО СВАДЬБА БЕЗ ПЕСНИ** — ирон. приговорка, сопровождающая справление естественных надобностей.

ПОСТАВИТЬ *см.* **НАЛЕПИТЬ (НАРИСОВАТЬ, ПОСТАВИТЬ) ЗВЕЗДОЧКУ НА ЗАДНИЦЕ; ПАЛКА; ПОД ВОЛЫНЫ ПОСТАВИТЬ**

ПОСТАВИТЬ (ВСТАВИТЬ) ПИСТОН *см.* **ПИСТОН**

♦ **ПОСТА́ВИТЬ (ВСТА́ВИТЬ) СВЕ́ЧКУ** *кому* — наказать, избить кого-л.

♦ **ПОСТА́ВИТЬ В ЦЕНТР** *кого* — поставить в кухонный наряд на работу в кусочный цех.

Из *арм.*

ПОСТАВИТЬ (ДАТЬ) АВТОГРАФ *см.* **АВТОГРАФ**

ПОСТАВИТЬ КРЫШУ *см.* **КРЫША**

♦ **ПОСТА́ВИТЬ НА КАДЫ́К** *что* — выпить спиртного, напр.: *Поставили вчера на кадык по «Смирнову».*

♦ **ПОСТА́ВИТЬ НА СЧЁТЧИК** *кого* — дать в долг на определённое время с условием сурового наказания в случае его невозвращения; взять на заметку, «на карандаш», задумать отомстить, расправиться.

♦ **ПОСТА́ВИТЬ НА ХОР** *кого* — **1.** Совершить групповое изнасилование; **2.** *Иносказ.* Коллективно, совместно разделаться с кем-л., наказать кого-л.

Из *уг.*

♦ **ПОСТА́ВИТЬ (ПОЛОЖИ́ТЬ, КЛАСТЬ) ЗУ́БЫ НА ПО́ЛКУ** — **1.** Отойти от какой-л. деятельности, перестать быть активным, уйти в тень. **2.** О крайней нужде, напр.: *Всё, деньги кончились, клади зубы на полку.*

ПОСТАВИТЬ ФИНГАЛ *см.* **ФИНГАЛ**

♦ **ПО СТЕ́НКЕ РАЗМА́ЗАТЬ** *кого* — сильно избить, наказать.

ПОСТКОИТА́ЛЬНЫЙ, -ая, -ое. Уставший, утомлённый.

От «пост-» — после + *спец.* «коитус» — половой акт; шутл. пародирование сексологической терминологии.

ПОСТНЫЙ *см.* **ФИГ; ФИГНЯ НА ПОСТНОМ МАСЛЕ**

ПОСТОРО́НКА, -и, *ж.* **1.** Что-л. постороннее, со стороны, не имеющее отношения к делу. *Ты ~у-то не мусоль* — говори по делу. **2.** Посторонний, неизвестный человек. **3.** Некозырная масть в картах, карта данной масти. ♦ **В ~у** (или **на ~у**) *что делать* — делать что-л. запретное, тайное, неразрешённое, напр.: *Гулять на ~у* — иметь любовниц или любовников; *Гнать товар в ~у* — перепродавать «на сторону».

3. — из *карт.*

ПОСТОЯ́НКА, -и, *ж.* Что-л. устойчивое, постоянное, непрерывное. *Это у него уже ~* (обычай, традиция). ♦ *В ~у* (или *на ~у*) — постоянно, непрерывно.

♦ **ПОСТОЯ́НСТВО ХОРОШО́ ТО́ЛЬКО В У́ТРЕННЕМ СТУ́ЛЕ** — *ирон.* о постоянстве в чём-л.

ПОСТРО́ИТЬ, -о́ю, -о́ишь; *сов., кого* (или **~ ПО РО́СТУ** *кого*). Навести порядок, изругать, поставить на место, побить, навести ужас на кого-л., устроить всеобщий нагоняй, ужесточить дисциплину. *Ничего, вот начальник придёт из отпуска, он вас всех, шалопаев, по росту ~оит.*

♦ **ПОСТУЧА́ТЬ ПО ЛЁГКИМ** — покурить.

♦ **ПОСТЫ́ЛЫЙ КВАК** — надоевшее окружение, рутинные отношения; скучные разговоры, опротивевший быт.

ПОСУРЛЯ́ТЬ, -я́ю, -я́ешь; *сов., без доп.* Помочиться.

От **СУРЛЯТЬ**.

ПОСШИБАТЬ *см.* **МОРГАЛИЩА**

ПОСЫЛА́ТЬ, -а́ю, -а́ешь; *несов.* (*сов.* **ПОСЛА́ТЬ**, пошлю́, пошлёшь), *кого куда* и *без доп.* (или **~ НА ТРИ ВЕСЁЛЫХ БУ́КВЫ**, **~ НА́ ФИГ**, **~ ДАЛЕКО́ И НАДО́ЛГО**, **~ НА ТУР**, **~ В БОЛО́ТО**, **~ НА́ ХРЕН**, **~ ЗА СПИ́ЧКАМИ**, **~ ЗА СО́ЛЬЮ**, **~ К ПСАМ СОБА́ЧЬИМ**, **~ В ЖО́ПУ**, **~ В ЗА́ДНИЦУ**, **~В ПЕРЕ́ДНИЦУ** и т. п. *кого*). Обругать, выгнать кого-л.; отделаться от кого-л.

ПОТАСНЯ́К, -а́, *м.* Потасовка, драка, конфликт. *В ~ угодил, половину волосьев ободрали.*

ПОТЕРЕ́ТЬ, -тру́, -трёшь; *сов., куда* и *без доп.* Пойти, поехать, направиться куда-л. *В гости ~тёрли?*

От **ТЕРЕТЬ**.

♦ **ПОТЕРЯ́Л СПИ́СОК, КОГО́ БОЯ́ТЬСЯ** — шутл. ответ на чьи-л. предостережения о том, что надо чего-л. бояться, опасаться, а также в адрес человека, который угрожает чем-л. говорящему, пытается его устрашить.

ПОТЕРЯТЬ *см.* **ЕХАЛИ КИТАЙЦЫ, ПОТЕРЯЛИ ЯЙЦА**; **МЫ ПЬЁМ ИЛИ ВЕЧЕР ПОТЕРЯН?**; **НОГИ ПОТЕРЯТЬ**

ПОТЕТЬ *см.* **МЁРТВЫЕ НЕ ПОТЕЮТ**; **СОЛНЦА НЕТ, А ГОЛОВА ПОТЕЕТ**

ПОТЕЧЬ *см.* **ЧЕРДАК**

ПО́ТНЫЙ, -ая, -ое. **1.** Мокрый, влажный. *~ая погода* (дождливая). **2.** Плохой, дурной; употр. как эпитет к отрицательному объекту. *Подходит какой-то ~ армяшка и начинает приставать. Что за ~ бизнес!* (мелкий, ничтожный). *Не надо мне ваших ~ых бумажек* (денег).

ПОТНЫЙ* *см.* **В РОТ ВАМ ВСЕМ ПОТНЫЕ НОГИ**; **ЗАЖАТЬ В ПОТНОМ КУЛАЧКЕ**; **СНОШАТЬСЯ КАК ПОТНЫЕ ГРЫЗУНЫ**

♦ **ПО́ТНЫЙ НЕГР ТВОЙ ТОВА́РИЩ** — ирон. ответ на обращение «товарищ».

ПОТОК *см.* **ЗАПОР**

ПОТО́КАТЬ, -аю, -аешь; *сов., с кем о чём* и *без доп.* Поговорить, побеседовать.

От **ТОКАТЬ**.

ПОТОКОВА́ТЬ, -ку́ю, -ку́ешь; *сов., с кем о чём* и *без доп.* Поговорить, побеседовать.

От **ТОКОВАТЬ**.

ПОТОЛО́К, -лка́, *м.* Что-л. хорошее, отличное, самое высокое. *~ машина!*

ПОТОЛОК* *см.* **БЕГАТЬ ПО ПОТОЛКУ**; **ДО ПОТОЛКА**; **КАК МУХ НА ПОТОЛКЕ**; **НЕУДОБНО НА ПОТОЛКЕ СПАТЬ...**; **ПЛЕВАТЬ (ПОПЛЁВЫВАТЬ) В ПОТОЛОК**; **С ПОТОЛКОМ**

ПОТОЛО́ЧНЫЙ, -ая, -ое. Предельный, крайний; замечательный, прекрасный, красивый. *~ая зарплата. ~ые туфельки! ~ая мечта.*

ПОТО́МОК, -мка, *м.* **1.** Ребёнок, сын. *У ~мка зубы режутся.* **2.** Наружный карман.

2. — возм. из *уг.*

♦ **ПОТО́М — СУП С КОТО́М** — ирон. ответ на вопрос «а потом?»

ПОТОЧИ́ТЬ, -очу́, -о́чишь; *сов., чего* и *без доп.* Поесть.

От **ТОЧИТЬ**.

ПОТРАВИ́ТЬСЯ, -авлю́сь, -а́вишься; *сов., чем* и *без доп.* Выпить спиртного.

От **ТРАВИТЬСЯ**.

ПОТРА́ХАТЬСЯ, -аюсь, -аешься; *сов., с кем* и *без доп.* **1.** Вступить с кем-л. в половую связь; совершить половой акт. **2.** Долго биться с кем-л. или чем-л.; трудиться, работать, вкалывать; уговаривать и т. п. *Ну и ~ался же я со своей машиной!* (часто, много чинил).

От **ТРАХАТЬСЯ**.

ПОТРА́ШКИ, -шек, *мн.* Половой акт. *Ты чего такой бледный? — С ~шек.*

См. также **ЦЕЛОВКИ**

От **ПОТРАХАТЬСЯ**.

ПОТРОГАТЬ *см.* **СКАЖИ, ДА ПОКАЖИ, ДА ДАЙ ПОТРОГАТЬ**

♦ **ПОТРО́ГАТЬ ЗА ВЫ́МЯ** *кого* — обобрать, разорить, лишить материальных ценностей.

Восходит к общеязыковому «доить» в зн. «тем или иным способом выманивать, отбирать деньги»; впервые употреблено в «Золотом телёнке» Е. Петрова и И. Ильфа.

ПО́ТРОХ, -а, *м.* **1.** (или **СУ́ЧИЙ ~**, **РВА́НЫЙ ~** и т. п.). Руг. **2.** (или **ПОТРОШО́К**, -шка́, *м.*). Сын, ребёнок. *Вон мой потрошок из сада шлёпает.*

От общеупотр. «потрох», «потроха» — внутренности животного, идущие в пищу.

ПОТРОШИТЕЛЬ *см.* **ДЖЕК-ПОТРОШИТЕЛЬ**

ПОТРОШОК *см.* **ПОТРОХ**

ПО́ТРЯ́С, -а, *м.* **1.** Что-л. замечательное, яркое, впечатляющее. *Я в ~е.* **2.** в зн. *межд.* Выражает любую эмоцию. *Это просто ~!*

См. также **ОБАЛДЕМОН И МЕЛКИЙ ПОТРЯС**

От **ПОТРЯСНЫЙ**.

ПОТРЯ́СНЫЙ, -ая, -ое. Великолепный, производящий неизгладимое впечатление, ошеломительный. *~ая девка.*

От общеупотр. «потрясти», «потрясение» — о сильном впечатлении от чего-л.

ПОТС *см.* **ПОЦ**

ПОТУЛИ́ТЬ, -лю́, -ли́шь; *сов., кого*, **ПОТУЛИ́ТЬСЯ**, -лю́сь, -ли́шься; *сов., с кем.* Вступить с кем-л. в половую связь; совершить половой акт.

От **ТУЛИТЬСЯ 3.**

ПОТУХА́ТЬ, -а́ю, -а́ешь; *несов., над кем-чем* и *без доп.* Сильно смеяться, потешаться.

ПОТУХА́Ч, -а́, *м.*, **ПОТУХА́ЧКА**, -и, *ж.* Смех, хохот; что-л. смешное.

От **ПОТУХАТЬ**.

ПОТУ́ХНУТЬ, -ну, -нешь; *сов., без доп.* Упасть, потерять сознание (напр., после сильного удара).

ПОТЫ́РИТЬ, -рю, -ришь; *сов., что у кого.* Украсть.

От **ТЫРИТЬ**.

ПО ТЯГЕ *см.* **ТЯГА**

ПОТЯНУЛО МАТЕРКОМ, СЛОВНО СВЕЖИМ ВЕТЕРКОМ *см.* **МАТЕРКИ**

♦ **ПОТЯНУ́ТЬ МА́ЗУ** *за кого* — поручиться.

Из *уг.*

ПОТЯНУТЬСЯ *см.* **БУДЬ ПРОЩЕ, И К ТЕБЕ ПОТЯНУТСЯ ЛЮДИ...**

♦ **ПО УМУ́** *что, что делать* и *без доп.* — как надо, как полагается, «как у людей», пристойно, разумно, дальновидно, прилично, «солидно», без глупостей, без подвоха, напр.: *Всё по уму ребята делают. По уму полагается бабу перед койкой в ресторан сводить.*

♦ **ПО́ УХУ** *кому что* и *без доп.* — всё равно, наплевать, напр.: *Ты мне с твоими жалобами по уху.*

Возм. аллюзии к нецензурному *бран.*

ПО ФЕНЕ БОТАТЬ *см.* **БОТАТЬ**

ПОФИГА́РИТЬ, -рю, -ришь, **ПОФИГА́ЧИТЬ**, -чу, -чишь; *сов.* **1.** *куда* и *без доп.* Начать что-л. делать, отправиться куда-л. *Посидим на дорожку — и пофигарили* (отправимся в путь). **2.** *что.* Сделать, завершить что-л. *Посуду ~* (перебить). *Работу ~* (закончить).

От **ФИГАРИТЬ, ФИГАЧИТЬ**.

ПОФИГИ́ЗМ, -а, *м.* Состояние безразличия, апатии; отсутствие интереса к окружающему миру, равнодушие; презрение к внешним условностям. *Впасть в ~. Полный ~. Как с таким ~ом жить?*

От **ПО ФИГУ**.

ПОФИГИ́СТ, -а, *м.* Человек, которому всё равно; равнодушный, безразличный; тот, кто презирает внешние условности. *Поколение ~ов.*

От **ПО ФИГУ**, *см.* также **ПОФИГИЗМ**.

ПОФИГИСТИ́ЧЕСКИЙ, -ая, -ое, **ПОФИГИ́ЧЕСКИЙ**, -ая, -ое, **ПОФИГИ́СТСКИЙ**, -ая, -ое. Равнодушный, безразличный, никогда не волнующийся, холодный, спокойный; презрительный.

От **ПОФИГИЗМ, ПОФИГИСТ**.

ПО́ ФИГУ, **ПО ФИГИ́ЩУ**, в зн. *сказ., что кому* (или **~ МОРО́З**, **~ ЦУНА́МИ**, **~ БОМБЁЖКА** *кому* и т. п.). Всё равно, наплевать, нет дела.

ПО-ФЛОТСКИ *см.* **ЯИЧНИЦА ПО-МОРСКОМУ (ПО-ФЛОТСКИ)**

ПОХАБЕЛЬ *см.* **ПОХАБЕНЬ**

ПОХАБЕ́НИСТЫЙ, -ая, -ое, **ПОХАБЕ́НЧАТЫЙ**, -ая, -ое. Похабный, скабрёзный, пошлый; дурной, низкого качества.

От **ПОХАБЕНЬ**.

ПОХАБЕ́ЛЬ, -и, **ПОХАБЕ́НЬ**, -и, *ж.* Похабщина, пошлость; что-л. плохое, грязное, невкусное и т. п. *Американская ~* (о фильмах).

От общеупотр. *прост.* «похабный».

ПОХА́БЫЧ, -а, *м.* (или **СТАРИК ~**). *Ирон.* О любом человеке.

Шутл. передел. имя популярного персонажа повести Л. Лагина «Старик Хоттабыч».

ПОХА́ЦАТЬ, -аю, -аешь; *сов., чего, что* и *без доп.* Поесть.

От **ХАЦАТЬ**.

ПОХЕРА́ЧИТЬ, -чу, -чишь, *сов.* **1.** *куда, откуда.* Пойти, уйти. **2.** *что, что делать* и *без доп.* Начать что-л. делать.

От **ХЕРАЧИТЬ**.

ПО́ ХЕРУ, *нареч.* Всё равно, наплевать.

От **ХЕР**, *ср.* **ПО ФИГУ** и др.

ПОХИЛЯ́ТЬ, -я́ю, -я́ешь; *сов., куда, откуда* и *без доп.* Пойти, двинуться.

От **ХИЛЯТЬ**; *ср. уг.* «похлить» — пойти, «похли на рым» — пошли домой; *ср.* также *диал.* «похлять», «похрять» — пойти; *ср.* **ХРЯТЬ**.

ПОХОДНЯ́К, -а́, **ПОХОДО́Н**, -а, *м.*, **ПО́ХОДЬ**, -и, *ж. Ирон.* Походка. *Важным походняком чешет* (идёт). *Походон как у каракатицы. Походью берёт — ирон.* о вертлявой женской походке. ♦ **ПОХО́ДОЧКА КАК В МО́РЕ ЛО́ДОЧКА** *у кого* — неровная походка; походка пьяного человека. ♦ **ПО ХО́ДУ ПО́ЕЗДА (ПОСМОТРЕТЬ, РЕШИ́ТЬ** и т. п.) — по ходу дела, в процессе.

ПОХОДЬ *см.* **ПОХОДНЯК**

ПОХОЖ *см.* **ВОДОЛАЗ**; **НЕУДОБНО С ЖЕНОЙ СПАТЬ**...; **РОЖА КОЙ НА ЧТО ПОХОЖА**

♦ **ПОХО́ЖИ КАК ШАЙБА С КЛЮШКОЙ** — *ирон.* о непохожих людях или вещах.

ПОХОЙТИ́, -йду́, -йдёшь; *сов., куда* и *без доп.* Пойти.

Ирон. передел. общеупотр. «ходить» + «пойти».

ПОХОРО́НОЧКА, -и, *ж. Ирон.* Место, где хранятся, прячутся мелкие памятные вещи (полка, шкатулка, бумажник, какой-л. ящичек для старых писем и т. п.). *Вот она, моя заветная ~.*

Ср. «похоронка» — извещение о смерти; контаминация с *прост.* «хоронить» — прятать.

ПО-ХОРОШЕМУ *см.* **ХРЕН**

ПОХРЕНА́ЧИТЬ, -чу, -чишь; *сов.* **1.** *куда, откуда.* Пойти, уйти. **2.** *что, что делать* и *без доп.* Начать что-л. делать.

От **ХРЕНАЧИТЬ**.

ПО́ ХРЕНУ, в зн. *сказ.* Всё равно, наплевать, нет дела.

От **ХРЕН**, *ср.* **ПО ХЕРУ**, **ПО ФИГУ** и др.

ПОХРУ́МАТЬ, -аю, -аешь; *сов., что* и *без доп.* Поесть.

От **ХРУМАТЬ**.

ПОХРЯ́ТЬ, -я́ю, -я́ешь; *сов., куда, откуда* и *без доп.* Пойти.

От **ХРЯТЬ**.

ПОХУХОЛЬ *см.* **ВЫХУХОЛЬ (И ПОХУХОЛЬ)**

ПОЦ, -а, **ПОТС**, -а, *м.* Мужской половой орган; руг.; шутл. обращение. *Ах ты, грязный ~!*

Возм. гебраизм.

ПОЦЕЛОВА́ТЬ, -лу́ю, -лу́ешь; *сов., кого-что.* **1.** Едва коснуться, случайно задеть. *Я его бить не стал, так только, плечом ~ловал. Бампером ~ловал.* **2.** Побить, ударить.

ПОЦЕЛОВА́ТЬСЯ, -лу́юсь, -лу́ешься; *сов., с кем.* То же, что **ПОЦЕЛОВАТЬ 1.**

ПОЦЕЛОВАТЬСЯ* *см.* **ТЫ НАСОС, И Я НАСОС**...

ПОЦЕЛУ́Й, -я, *м.* Смесь красного вина с водкой, а также любая смесь алкогольных напитков.

Возм. возникло под влиянием поэмы В. Ерофеева «Москва — Петушки».

♦ **ПОЦЕЛУ́Й ИМПОТЕ́НТА** — *ирон.* смесь какого-л. алкогольного напитка с водой (а также с соком, «Фантой» и т. п.).

ПОЧА́ВКАТЬ, -аю, -аешь; *сов.* **1.** *куда* и *без доп.* Пойти. **2.** *что, чего* и *без доп.* Поесть. *~ал — и в койку* (спать).

От **ЧАВКАТЬ**.

ПО ЧАЙНИКУ ЗАЕХАТЬ *см.* **ЧАЙНИК**

ПО-ЧЕЛОВЕЧЕСКИ *см.* **ПРОСТО, ПО-ЧЕЛОВЕЧЕСКИ**...

ПО-ЧЁРНОМУ, *нареч.* Сильно, активно, интенсивно, мощно (часто с негативным оттенком). *Пить ~* (запойно). *Работать ~.*

ПОЧЕСА́ТЬ, -ешу́, -е́шешь; *сов.* **1.** *куда* и *без доп.* Пойти, двинуться. **2.** *без доп.* Начать что-л. делать.

От **ЧЕСАТЬ 1.**

ПОЧЁТ *см.* **ДОСКА ПОЧЁТА**

ПОЧЁТКА, -и, *ж.* Что-л., в своем официальном назв. имеющее эпитет «почётный» (орден, грамота, льгота и т. п.). *Для чернобыльцев на кладбище ~и дали* (бесплатное место для захоронения). *~ -грамотайка* (почётная грамота).

ПОЧЁТНАЯ СВИНАРКА *см.* **СВИНАРКА**

♦ **ПОЧЁТНЫЙ КАРАУ́Л** — ухажёр; тот, кто неотступно сопровождает женщину.

ПОЧИ́КАТЬ, -аю, -аешь; *сов., кого.* **1.** Заре́зать, убить. **2.** Застать кого-л. врасплох, разоблачить. *~али голубчика, теперь посадят.*

От **ЧИКАТЬ 2.**

ПОЧИКАТЬ* *см.* **КОКИ ПОЧИКАТЬ**

ПОЧИ́МЭ, **ПОЧИМЭ́**, *мест., союзн. сл.* Почему.

Шутл.-экзотическая огласовка.

ПОЧИНИТЬ ХЛЕБОРЕЗКУ *см.* **ХЛЕБОРЕЗКА**

ПОЧИСТИТЬ (ПОМЫТЬ) ВЫВЕСКУ *см.* **ВЫВЕСКА**

ПОЧИФА́НИТЬ, -ню, -нишь; *сов.* **1.** *без доп.* То же, что **ПОЧИФИРИТЬ**. **2.** *что* и *без доп.* Поесть.

От **ЧИФАНИТЬ**.

ПОЧИФИ́РИ́ТЬ, -рю́, -ри́шь; *сов., без доп.*, **ПОЧИФИРИ́ТЬСЯ**, -рю́сь, -ри́шься; *сов., чем* и *без доп.* Попить чаю или чифирю.

От **ЧИФИРИТЬ, ЧИФИРИТЬСЯ**.

ПО́ЧКИ, -чек, *мн.* Общее пространственное обозначение нижней части спины. *В ~ надуло. Рубашка коротка, ~ видно.* ♦ **Дать по ~чкам** *кому* — ударить, избить; произвести сильное действие на организм (о напитках и т. п.). **Удар по ~чкам** — сильное моральное, психологическое потрясение. *Удар по ~чкам заменяет кружку пива* — **1.** Реплика, часто сопровождающая удар, тычок, пинок и т. п. по нижней части спины. **2.** *Ирон.* О вреде пива.

ПОЧКИ* *см.* **БЫТЬ (СИДЕТЬ) КАК КАМЕНЬ В ПОЧКАХ**

ПОЧТАЛЬОН ПЕЧКИН *см.* **ПЕЧКИН**

ПОЧТОВЫЙ *см.* **НЕУДОБНО В ПОЧТОВОМ ЯЩИКЕ СПАТЬ...**

ПОШАКА́ЛИТЬ, -лю, -лишь; *сов.* **1.** *что, чего, где.* Поискать. **2.** *с кем* и *без доп.* Пораспутничать, поразвратничать.

От **ШАКАЛИТЬ 1., 2.**

ПОША́МАТЬ, -аю, -аешь; *сов., что, чего* и *без доп.* Поесть.

От **ШАМАТЬ**.

♦ **ПОША́РИТЬ ВО ЛБУ́** — подумать поразмышлять, попытаться вспомнить, осознать что-л.

♦ **ПОШЁЛ В КО́РЕНЬ** (или **В СУЧО́К**) *кто* — *шутл.* о мужчине с большим половым органом.

См. также **КОРЕНЬ 2.**

ПОШЕРСТИ́ТЬ, *1 л. ед.* не употр., -сти́шь, **ПОШУРСТИ́ТЬ**, *1 л. ед.* не употр., -сти́шь, **ПОДШЕРСТИ́ТЬ**, *1 л. ед.* не употр., -сти́шь, **ПОДШУРСТИ́ТЬ**, *1 л. ед.* не употр., -сти́шь; *сов., кого-что.* Вывести на чистую воду, навести справки (чаще компрометирующие) о ком-л.; раскритиковать, обругать, пожурить.

От **ШЕРСТИТЬ**.

ПОШИ́РКАТЬСЯ, -аюсь, -аешься; *сов., где* и *без доп.* Погулять, побродить.

От **ШИРКАТЬСЯ**.

ПОШКЕ́РИТЬ, -рю, -ришь; *сов., кого-что.* Ударить ножом, нанести ножевую рану.

От **ШКЕРИТЬ 2.**

ПОШНУРОВА́ТЬ, -ру́ю, -ру́ешь; *сов., куда, откуда* и *без доп.* Пойти, уйти.

От **ШНУРОВАТЬ**.

ПОШПАЦЫРА́ТЬ, -а́ю, -а́ешь (или -рю́, -ри́шь); *сов., где, по чему, с кем* и *без доп.* Погулять, прогуляться, пройтись.

От **ШПАЦЫРАТЬ**.

ПОШПИРЛЯ́ТЬ, -я́ю, -я́ешь; *сов., куда, откуда* и *без доп.* Пойти, направиться.

От **ШПИРЛЯТЬ**.

ПОШТРЯ́ВКАТЬ, -аю, -аешь, **ПОШТРЯ́ФКАТЬ**, -аю, -аешь; *сов., что, чего* и *без доп.* Поесть.

От **ШТРЯВКАТЬ, ШТРЯФКАТЬ**.

ПОШУРСТИТЬ *см.* **ПОШЕРСТИТЬ**

ПОШУСТРИТЬ *см.* **ПОДШУСТРИТЬ**

ПО-ШУ́СТРОМУ, *нареч.* Быстро, одним махом, сейчас же, без промедления. *Ну-ка, ~ домой! Иди отсюда, и лучше ~!*

От общеупотр. *разг.* «шустрый» — быстрый, проворный, бедовый.

ПОЮЗЖА́ТЬ, -жу́, -жи́шь; *сов., кого-что с чём, на чем* и *без доп.* Использовать, употребить, попользоваться. *Можно твою книжечку ~ ? Я тебя с этим делом ~жу.*

От **ЮЗЖАТЬ**.

ПОЯВИТЬСЯ *см.* **ВСПОМНИШЬ ДУРАКА — ОН И ПОЯВИТСЯ**

ПОЯВЛЯТЬСЯ *см.* **ШОФЁРЫ, БОЙТЕСЬ ТЕХ МЕСТ, ОТКУДА ПОЯВЛЯЮТСЯ ДЕТИ**

ПО́ЯС, -а, *м.* Живот, пресс, солнечное сплетение. *Бей в ~.*

См. также **ВСЁ ПОНИЖЕ (ДО ПОНИЖЕ) ПОЯСА; ВЫШЕ ПОЯСА — В МИРЕ ЖИВОТНЫХ...; ГНУТЬ ПОЯС; НАДЕТЬ ПОЯС НЕВИННОСТИ; ПО ПОЯС**

ПРАВ *см.* **БОРИС, ТЫ НЕ ПРАВ!; ЕГОР; ТЫ ПРАВ, АРКАШКА...**

ПРАВДА *см.* **ПРОСТ КАК ПРАВДА**

ПРА́ВИЛЬНЫЙ, -ая, -ое. **1.** Хороший, отличный; тот, который соответствует требованиям моды, престижа и т. п. *~ салат. ~ спорт.* **2.** *Ирон.* Политически правый, консервативный. **3.** Скучный, дисциплинированный, не способный на яркие, неординарные поступки.

1. — *ср.* **РАДИКАЛЬНЫЙ, АКТУАЛЬНЫЙ** и под.

ПРАВОДРОЧКИ́СТ, -а, *м. Шутл.* Политический деятель «правого» толка, человек с «правыми» политическими взглядами, убеждениями.

Ср. **ЛЕВОДРОЧКИСТ**.

♦ **ПРА́ВО НА ЛЕ́ВО** — *шутл.* о праве на какие-л. слабости, нарушения и т. п., напр.: — *Опять шоколад жрёшь? — Имею я право на лево?*

ПРА́ДЕД, -а, *м. Шутл.* Солдат срочной службы, оставшийся служить в армии по контаркту.

Из *арм.* Шутл. аллюзия к **ДЕД 1.**

ПРАЗДНИЧНЫЙ *см.* **ЗАШИБЛЕННЫЙ**

ПРАЗДНИЧНЫЙ НАБОР *см.* **НАБОР**

ПРАЙС, -а, *м.* Деньги; цена.

Англ. price — цена, ценность.

♦ **ПРАХ КУЛЬТУ́РЫ** — *собств.* Парк культуры и отдыха им. Горького в Москве; станция метро «Парк культуры».

Ирон. передел.

ПРА́ЧЕЧНАЯ, -ой, *ж. Ирон., пренебр.* О любом заведении.

ПРАЧЕЧНАЯ* *см.* **АЛЛО, ЭТО ПРАЧЕЧНАЯ?; ПОЛУЧИТЬ БЕЛЬЁ ИЗ КИТАЙСКОЙ ПРАЧЕЧНОЙ**

ПРЕДБА́ННИК, -а, *м.* Приёмная, коридор, холл.

ПРЕДМЕТ *см.* **РАЗРУБАТЬ ПРЕДМЕТ; ФАЛЛИЧЕСКИЙ**

ПРЕ́ДОК, -дка, *м.* (чаще *мн.*, -дки, -дков). Родитель, родители.

Из *шк., студ.*

♦ **ПРЕДОХРАНИ́ТЕЛИ ПЕРЕГОРЕ́ЛИ** *у кого* — о ком-л., вышедшем из себя, не нашедшем сил сдержаться, продолжить какое-л. дело, потерявшем терпение и т. п.

ПРЕДСЕДАТЕЛЬ *см.* **БОРИС — ПРЕДСЕДАТЕЛЬ ДОХЛЫХ КРЫС**

ПРЕДСЕДА́ТЕЛЬНАЯ, -ой, *ж.* (или ~ **ЖЕЛЕЗА́**). *Ирон.* Предстательная железа.

Шутл. контаминация с «председатель».

ПРЕ́ЗЕР, -а, **ПРЕЗЕРВУА́Р**, -а, *м.* Презерватив.

ПРЕЗЕРВАТИВ *см.* **«БЕРЕЖЁНОГО БОГ БЕРЕЖЁТ»...**

ПРЕЗЕРВУАР *см.* **ПРЕЗЕР**

ПРЕЗИДЕ́НТ, -а, *м.* Доллар.

Возм. из арго бизнесменов.

ПРЕЗРЕНИЕ *см.* **НОЛЬ ВНИМАНИЯ, ФУНТ ПРЕЗРЕНИЯ**

♦ **ПРЕКЛОНЯ́ТЬ КОЛЕ́НА** — обворовывать в церкви прихожан.

Из *уг.*

ПРЕКРАСНЕЙШИЙ *см.* **ЗРЯ, БАТЕНЬКА, ЗРЯ...**

ПРЕ́НИТЬСЯ, -нюсь, -нишься; *несов., без доп.* Участвовать в прениях, проводить, вести прения по какому-л. вопросу. *Думцы ~нятся.*

Из языка юристов.

ПРЕП, -а́ (или -а), **ПРЕПА́К**, -а́, *м.* Преподаватель.

Из *студ.*

ПРЕПЯТСТВИЕ *см.* **ГОНКИ (С ПРЕПЯТСТВИЯМИ)**

ПРЕТЬ, -е́ю, -е́ешь; *несов., где* и *без доп.* Ждать, дожидаться.

Ср. *уг.* «преть» — попасться без надежды на освобождение.

ПРЕФ, -а, **ПРЕФО́ВИЧ**, -а, *м.* Преферанс. *Резаться* (играть) *в преф. Проиграл получку в префович.*

ПРЕФИ́СТ, -а, **ПРЕФОМА́Н**, -а, *м.* Преферансист; страстный любитель преферанса.

ПРЕФОВИЧ *см.* **ПРЕФ**

ПРЕФОМАН *см.* **ПРЕФИСТ**

ПРЖЕВАЛЬСКИЙ *см.* **СДЕЛАТЬ ЛОШАДЬ ПРЖЕВАЛЬСКОГО**

ПРИАРМЯ́НИВАТЬСЯ, -аюсь, -аешься; *несов.* (*сов.* **ПРИАРМЯ́НИТЬСЯ**, -нюсь, -нишься), *к кому.* Приставать к девушке, женщине, домогаться, ухаживать; надоедать, преследовать, не отходить ни на шаг. *Эй, эй, ты к моей жене не приармянивайся. Ишь ты, приармянился, чеченец нерусский!*

От общеупотр. «армянин»; *ср.* **ПРИГРУЗИНИВАТЬСЯ.**

ПРИБАБА́С, -а, *м.*, **ПРИБАБА́СА**, -ы, *ж.*, **ПРИБАМБА́С**, -а, *м.*, **ПРИБАМБА́СА**, -ы, *ж.* **1.** Шутка, розыгрыш, остроумное высказывание, анекдот. **2.** только *мн.* О чём-л. вычурном, ненужном, о разных украшениях и т. п., в армии — об элементах амуниции.

Ср. *устар.* «прибабутка», «прибабунька», «прибабулька» (общеупотр. «прибаутка») — присказка, бабьи сказки, пустословие, «баска» — детская игрушка, потешка, «басать» — франтить, наряжаться, «краснобайничать» — потешать россказнями, «прибасить» — украсить, нарядить, «прибаска» — украшение, красное словцо, прибаутка, острота; «прибасенка» — побасёнка; возм. влияние звукоподр. «бабах», «бам», «бац» и т. п.

ПРИБАБАСИТЬ *см.* **ПРИБАБАСНИЧАТЬ**

ПРИБАБА́СНИК, -а, *м.* Остряк, краснобай, шутник.

От **ПРИБАБАСНИЧАТЬ.**

ПРИБАБА́СНИЧАТЬ, -аю, -аешь, **ПРИБАБА́СИТЬ**, *1 л. ед.* не употр., -ишь; *несов., без доп.* Острить, шутить, балагурить.

От **ПРИБАБАС.**

ПРИБАБА́Х, -а, *м.* Странность, причуда, ненормальность, психическое отклонение. *Мужик с ~ом.*

Возм. от общеупотр. звукоподр. «бабах», «бабахнуться», *см.* также **БАБАХНУТЫЙ**, **БАБАХНУТЬСЯ**.

ПРИБАБА́ХНУТЫЙ, -ая, -ое. Сумасшедший, странный, ненормальный.

От **БАБАХНУТЫЙ**.

ПРИБАБА́ХНУТЬСЯ, -нусь, -нешься; *сов., на ком-чём* и *без доп.* Сойти с ума, стать странным, приобрести нездоровую страсть к чему-л.

От **БАБАХНУТЬСЯ**.

ПРИБАВИТЬ *см.* **ПРИБАВЛЯТЬ**

ПРИБАВИТЬ (НАБРАТЬ, НАКИНУТЬ) ОБОРОТЫ (или **ОБОРОТОВ**) *см.* **ОБОРОТ**

ПРИБАВЛЕ́НИЕ, -я, *ср.* Половой акт.

От **ПРИБАВЛЯТЬ 2.**

ПРИБАВЛЯ́ТЬ, -я́ю, -я́ешь; *несов.* (*сов.* **ПРИБА́ВИТЬ**, -влю, -вишь). **1.** *без доп.* Преуспевать, идти в гору, делать карьеру. **2.** *с кем* и *без доп.* Заниматься любовью.

ПРИБАВЛЯ́ЮЩИЙ, -ая, -ее. Преуспевающий, процветающий, делающий успехи (о человеке).

От **ПРИБАВЛЯТЬ 1.**

ПРИБАЛДЕ́ТЬ, -е́ю, -е́ешь; *сов., с чего, от чего, на что* и *без доп.* Получить какое-л. сильное впечатление; удивиться; получить удовольствие от чего-л.

От **БАЛДЕТЬ**.

ПРИБАМБАС, **ПРИБАМБАСА** *см.* **ПРИБАБАС**

ПРИБАРАХЛЯ́ТЬСЯ, -я́юсь, -я́ешься; *несов.* (*сов.* **ПРИБАРАХЛИ́ТЬСЯ**, -лю́сь, -ли́шься), *чем* и *без доп.* Покупать что-л. ценное, редкое, приобретать предметы одежды. *Гарнитурчиком прибарахлились. Прибарахляетесь потихонечку, буржуины шашлычные?*

ПРИБАРЫ́ЖИВАТЬ, -аю, -аешь; *несов.* (*сов.* **ПРИБАРЫ́ЖИТЬ**, -жу, -жишь), *кого.* Знакомиться с девушкой, приставать, стараться склонить к взаимности.

От **БАРЫГА**.

ПРИБИТЬ *см.* **НЕУДОБНО НА ПОТОЛКЕ СПАТЬ...**

ПРИБЛАТНЯ́ТЬСЯ, -я́юсь, -я́ешься; *несов.* (*сов.* **ПРИБЛАТНИ́ТЬСЯ**, -ню́сь, -ни́шься), *без доп.* Подражать преступникам, стереотипам блатного мира; вести себя вызывающе, странно; дурачиться.

ПРИБЛУ́ДА, -ы, *ж.* Профессиональный приём, хитрость. *Есть такая охотничья ~: в убитую утку крапивы напихать.*

ПРИБОЙ *см.* **ИЗОБРАЖАТЬ ШУМ МОРСКОГО ПРИБОЯ**

ПРИБО́Р, -а, *м.* Мужской половой орган. ♦ **Положить ~** (или **с ~ом**) *на что* — покончить с чем-л., бросить, плюнуть, разделаться; с презрением отнестись к чему-л.

ПРИБУРЕВА́ТЬ, -а́ю, -а́ешь; *несов.* (*сов.* **ПРИБУРЕ́ТЬ**, -е́ю, -е́ешь). **1.** *на кого* и *без доп.* Наглеть, нападать на кого-л., приставать, вести себя вызывающе, идти на конфликт. **2.** *без доп.* Переходить в «новое» качество в армии, напр. от «лимона» к «старшему лимону», от «старшего лимона» к «черпаку», от «черпака» к «деду» (см. соответствующие сл.).

1. — от **БУРЕТЬ**; 2. — из *арм.*

ПРИВЕТ *см.* **ИНСУЛЬТ-ПРИВЕТ**; **ПОЛНЫЙ**

ПРИВЯ́ЗАННЫЙ, -ого, *м.* Троллейбус. *Три остановки на ~ом.*

ПРИГЛЮ́ЧИТЬСЯ, употр. только в *3 л. ед.*, -ится, *сов., кому что.* Привидеться, показаться, присниться, померещиться. *Это тебе ~илось.*

От **ГЛЮК**[1].

ПРИГОВО́Р, -а, *м.* **1.** Объявление результатов экзамена. **2.** Счёт за что-л. *Ресторанный ~. Телефонный ~.*

1. — из *шк.* или *студ.*

ПРИГОДИТЬСЯ *см.* **НЕ ПЛЮЙ В КОЛОДЕЦ — ПРИГОДИТСЯ НА ПИЦЦА**

ПРИГРУЗИ́НИВАТЬСЯ, -аюсь, -аешься; *несов.* (*сов.* **ПРИГРУЗИ́НИТЬСЯ**, -нюсь, -нишься), *к кому.* Приставать к девушке, женщине, домогаться, ухаживать; надоедать, преследовать, не отходить ни на шаг.

От общеупотр. «грузин»; *ср.* **ПРИАРМЯНИВАТЬСЯ**.

ПРИДА́ВЛЕННЫЙ, -ая, -ое (или **ГО́РЕМ ~**, **ПЛИТО́Й НА СТРО́ЙКЕ ~**, **БРЕВНО́М ~** и т. п.). Странный, убогий, тщедушный, жалкий (о человеке).

ПРИДА́ТКИ, -ов, *мн.* Женские половые органы. *~ обморозить. Врач насчёт ~ов* (гинеколог).

♦ **ПРИДА́ТЬ УСКОРЕ́НИЕ (УСКОРЕ́НИЯ)** *кому* — выгнать, прогнать, выставить за дверь кого-л.

♦ **ПРИДЕ́ЛАТЬ (ПОДРИСОВА́ТЬ, НАРИСОВА́ТЬ, ПОДВЕ́СИТЬ** и т. п.) **НО́ГИ** *чему, к чему* — украсть что-л., напр.: *Ой, гляди, подрисуют ноги к твоей новой тачке* (машине)!

ПРИДЕРЖАТЬ ОБОРОТЫ *см.* **ОБОРОТ**

♦ **ПРИДЁТ ВОЙНА́, НАСТУ́ПИТ ЗА́СУХА — В РОТ НЕ ПЛЮ́НУ** *кому* — ирон. выражение обиды в чей-л. адрес.

ПРИДУ́РОК, -рка, *м.* Тот, кто находится на вахте; ирон. обращение.

Из *уг.* или *арм.*, от общеупотр. *прост.* «придурок» — ненормальный человек.

ПРИЁМ *см.* **ПРОТИВ ЛОМА НЕТ ПРИЁМА...**

ПРИЕ́ХАТЬ, -е́ду, -е́дешь; *сов., без доп.* Прийти к какому-л. неожиданному, часто плохому результату. *Приехали!* — вот тебе на, этого ещё не хватало.

ПРИЕХАТЬ* *см.* **АХ, ПАРИЖ, ПАРИЖ, ПАРИЖ...; ЕЗДОК; ПАЦАНИК; ЦИРК (К НАМ ПРИЕХАЛ ЦИРК)**

♦ **ПРИЖА́ТЬ (ПРИСЛОНИ́ТЬ) К ТЁПЛОЙ СТЕ́НКЕ (В ТЁМНОМ МЕ́СТЕ)** *кого* — выяснить с кем-л. отношения, наказать, разобраться.

ПРИЖАТЬСЯ *см.* **ХОТЕТЬ ПРИЖАТЬСЯ ЗУБАМИ К ТЁПЛОЙ СТЕНКЕ**

ПРИЖИМА́НЦЫ, -ев, *мн.* Танцы, дискотека.

Шутл. контаминация «танцы» и «прижимать».

ПРИЖИ́МНЫЙ, -ая, -ое. Режимный (о предприятии, институте).

Ирон. наложение «прижимать» и «режимный».

ПРИЖМУ́РИТЬСЯ, -рюсь, -ришься; *сов., без доп.* Умереть.

От **ЖМУРИТЬСЯ**.

ПРИЖО́ПИТЬ, -плю, -пишь; *сов., кого-что с чем.* Поймать, застать на месте преступления.

ПРИ́ЗВЕЗДЬ, -и, *ж.* Странность, ненормальность, отклонение (обычно в психике, поведении). *Малый с ~ью. Это он от ~и. Теперь каждый второй с ~ью.*

Возм., *эвфем.* от нецензурного *руг.*

ПРИЗЕ́Т, -а, **ПРИЗЕ́Ц**, -а́ (или -зца́), *м.* То же, что **БРЕЗЕЦ**.

Возм. влияние *диал.* «призетить» — приметить, *см.* **ЗЕТИТЬ**.

ПРИЗНАК *см.* **ЛЮБОВЬ БЕЗ ДИВЧИНЫ — ПРИЗНАК ДУРАЧИНЫ**

ПРИЙТИ *см.* **ГОСТИ ПРИШЛИ; ПРИДЁТ ВОЙНА, НАСТУПИТ ЗАСУХА...; ПРИХОДИТЬ; СОВА**

♦ **ПРИЙТИ́ В СВИНЯ́ЧИЙ** (или **ПОРОСЯ́ЧИЙ**) **ВОСТО́РГ** *от чего* — прийти в излишнее возбуждение от восхищения чем-л.

ПРИК, -а, *м.* Мужской половой орган.

От англ. с тем же зн.

ПРИКАДРИ́ТЬ, -рю́, -ри́шь; *сов., кого.* Поухаживать за женщиной, склонить ее к взаимности; пофлиртовать, пококетничать с мужчиной.

От **КАДРИТЬ**.

ПРИКА́З, -а, *м.* Приказ об увольнении в запас из армии. *Ждать ~а. Месяц до ~а.*

Из *арм.*

ПРИКАЗ* *см.* **БЛАГОДАРНОСТЬ В ПРИКАЗЕ**

ПРИКА́ЗНИК, -а (или -а́), *м.* Тот, кто скоро получит или уже получил приказ об увольнении из армии в запас.

Из *арм.* От **ПРИКАЗ**.

ПРИКА́ЛЫВАТЬ, -аю, -аешь; *несов.* (*сов.* **ПРИКОЛО́ТЬ**, -олю́, -о́лешь). **1.** *кого.* Зареза́ть, убивать. **2.** *кого.* Разыгрывать кого-л., поднимать на смех. **3.** *что.* Ставить что-л. куда-л. надолго. *~ машину на зиму в гараж.*

1. — возм. из *уг.*; 2., 3. — *см.* также **ПРИКОЛ**.

ПРИКА́ЛЫВАТЬСЯ, -аюсь, -аешься; *несов.* (*сов.* **ПРИКОЛО́ТЬСЯ**, -колю́сь, -ко́лешься), *над кем-чем, на что* и *без доп.* Шутить, острить, разыгрывать кого-л., смеяться над кем-чем-л., весело реагировать на что-л.

См. также **ПРИКОЛ, ПРИКАЛЫВАТЬ 2.**

ПРИКА́ПЫВАТЬСЯ, -аюсь, -аешься; *несов.* (*сов.* **ПРИКОПА́ТЬСЯ**, -а́юсь, -а́ешься), *к кому.* Надоедать кому-л.; приставать, привязываться к кому-л.; доводить кого-л.

ПРИКА́РМЛИВАТЬ, -аю, -аешь; *несов., кого чем.* *Ирон.* Кормить (преим. о муже, любовнике и т. п.).

ПРИКИ́Д, -а, **ПРИКИДО́Н**, -а, *м.*, **ПРИКИ́ДКА**, -и, *ж.* Модная дорогая одежда. ♦ **Мажорный прикид** — одежда обычного, не принадлежащего к хиппи, человека.

См. также **КРУТОЙ**

♦ — возм. из *хип.*; от **ПРИКИНУТЬСЯ 2.**

ПРИКИ́ДЫВАТЬ, -аю, -аешь; *несов.* (*сов.* **ПРИКИ́НУТЬ**, -ну, -нешь), *что* и *без доп.* (или **~ ХРЕН К НО́СУ**). Представлять себе, воображать. *Прикидываешь?* — Представляешь себе?; Ты можешь себе представить?; Вот ведь как, вот каким образом!

Ср. общеупотр. «прикинуть» — приблизительно сосчитать, определить вес, сообразить.

ПРИКИ́ДЫВАТЬСЯ, -аюсь, -аешься; *несов.* (*сов.* **ПРИКИ́НУТЬСЯ**, -нусь, -нешься). **1.** *кем* (или **~ ВЕ́ТОШЬЮ, ~ ШЛА́НГОМ, ~ ПИДЖАКО́М (ВЕЛЬВЕ́ТОВЫМ), ~ ДЕКОРА́ЦИЕЙ, ~ У́РНОЙ, ~ СТОЛБО́М ФОНА́РНЫМ, ~ ПА́МЯТНИКОМ, ~ ФА́НТИКОМ, ~ ЧУ́ЧЕЛОМ УЛЬЯ́НОВА** и т. п.). Притворяться кем-л., делать отсутствующее выражение лица, делать вид, что ничего не понимаешь, прятаться, притаиваться, делать вид, что тебя нет. **2.** *во что* и *без доп.* Модно одеваться, расфуфыриваться.

См. также **ПРЯНИК**

ПРИКИДЫВАТЬСЯ* *см.* **ПРЫГНУЛ С АКВАЛАНГОМ — НЕ ПРИКИДЫВАЙСЯ ШЛАНГОМ**

ПРИКИМА́РИВАТЬ, -аю, -аешь; *несов.* (*сов.* **ПРИКИМА́РИТЬ**, -рю, -ришь и **ПРИКИМА́ТЬ**, -а́ю, -а́ешь), *без доп.* Засыпа́ть, задрёмывать.

От **КИМАРИТЬ, КИМАТЬ.**

ПРИКИ́НУТЫЙ, -ая, -ое. Одетый по моде, шикарно, ярко.

От **ПРИКИНУТЬСЯ 2.**

ПРИКИНУТЬ *см.* **ПРИКИДЫВАТЬ**

ПРИКИНУТЬСЯ *см.* **ВЕТОШЬ; ДОХЛОЙ РЫБКОЙ ПИДЖАКОМ (ПИДЖАКОМ ВЕЛЬВЕТОВЫМ) ПРИКИНУТЬСЯ; ПРИКИДЫВАТЬСЯ; РОЯЛЕМ ПРИКИНУТЬСЯ; ЧАЙНИК**

ПРИКИШМА́РИВАТЬ, -аю, -аешь; *несов.* (*сов.* **ПРИКИШМА́РИТЬ**, -рю, -ришь). **1.** *у кого чего, чем* и *без доп.* Прикуривать. **2.** *без доп.* Засыпа́ть, задрёмывать.

Возм. передел. **КИМАРИТЬ.**

ПРИКЛА́ДЫВАТЬ, -аю, -аешь; *несов.* (*сов.* **ПРИЛОЖИ́ТЬ**, -ожу́, -о́жишь), *кого к чему.* Ударять, избивать, наказывать кого-л., расправляться с кем-л. *Хорошо он меня приложил, фофан* (синяк, шишка) *с грушу* (большой). *Приложи-ка его фэйсом об тэйбл* (лицом об стол; накажи).

ПРИКЛА́ДЫВАТЬСЯ, -аюсь, -аешься; *несов.* (*сов.* **ПРИЛОЖИ́ТЬСЯ**, -ожу́сь, -о́жишься). **1.** *к чему* и *без доп.* Пить, выпивать. *Смотри, опять, антихрист, приложился! Не пьёт, а так, раз в сутки прикладывается.* **2.** *чем обо что* и *без доп.* Ударяться, ушибаться. **3.** *к чему* (или **~ СВО́ЕЙ ПОГА́НОЙ РУ́ЧКОЙ**). Портить, пакостить, разваливать какое-л. дело. *Сразу видно, что к этому делу ты приложился!*

ПРИКОЗЛИ́ТЬ, -лю́, -ли́шь; *сов., кого.* **1.** Обозвать, назвать козлом. **2.** Обмануть, облапошить.

См. **КОЗЕЛ 1.**

ПРИКОЗЛИ́ТЬСЯ, -лю́сь, -ли́шься; *сов., на чём, с чем* и *без доп.* Совершить глупость, допустить промах.

См. **ПРИКОЗЛИТЬ 2.**

ПРИКО́Л, -а, *м.* Что-л. смешное, остроумное, интересное; шутка, анекдот, свежая новость.

См. также **КУСОК (ПРИКОЛА); НАШ ГЛАВНЫЙ ПРИКОЛ**

ПРИКОЛ* *см.* **БЫТЬ НА ПРИКОЛЕ; СТОЯТЬ НА ЯКОРЕ (НА ПРИКОЛЕ)**

♦ **ПРИКОЛИ́СЬ!** — слушай внимательно, что я тебе скажу; смотри, как интересно.

Ср. **ПРИКОЛОТЬСЯ**, *ср.* также **ЗАЦЕНИТЬ, ЗАШИБИТЬСЯ.**

ПРИКОЛОТЬ *см.* **ПРИКАЛЫВАТЬ**

ПРИКОЛОТЬСЯ *см.* **ПРИКАЛЫВАТЬСЯ; ПРИКОЛИСЬ**

♦ **ПРИКО́Л ХОДЯ́ЧИЙ** — несуразный человек, с которым всегда случаются какие-л. недоразумения, конфузы; остроумный, интересный, неординарный человек.

ПРИКО́ЛЬНЫЙ, -ая, -ое. Смешной, забавный, остроумный (о человеке). *~ мужик.*

От **ПРИКОЛ.**

ПРИКО́ЛЬЩИК, -а, *м.* Остряк, шутник

От **ПРИКОЛ.**

ПРИКОМСТРО́ЛИТЬ, -лю, -лишь; *сов., что на что, к чему.* Повесить; приделать. *На дверь ~ль.*

Из *спец.*

ПРИКО́НЧИТЬ, -чу, -чишь; *сов., что.* Допить (обычно о бутылке, ящике бутылок). *Пузырь* (бутылку) *~чили.*

ПРИКОПАТЬСЯ *см.* **ПРИКАПЫВАТЬСЯ**

ПРИКОСТЫЛЯ́ТЬ, -я́ю, -я́ешь; *сов., куда* и *без доп.* Прийти.

От **КОСТЫЛЯТЬ 1.**

ПРИКРЫ́СИТЬ, -ы́шу, -ы́сишь; *сов., куда, откуда* и *без доп.* Прийти, приехать. *Деньги нужны будут — ~ысишь.*

От **КРЫСИТЬ.**

ПРИКУМА́РЕННЫЙ, -ая, -ое. **1.** Находящийся под воздействием наркотиков. **2.** Странный, ненормальный. *Третий день какой-то ~ хожу.*

♦ **~ая Маш**а — странная женщина, девушка.

От **КУМАРИТЬ.**

ПРИКУП *см.* **ЗНАЛ БЫ ПРИКУП, ЖИЛ БЫ В СОЧИ**

ПРИКУ́РИВАТЬ, -аю, -аешь; *несов.* (*сов.* **ПРИКУРИ́ТЬ**, -урю́, -у́ришь), *у кого.* Подзаряжать свой аккумулятор от чужого; запускать двигатель своей автомашины от чужого аккумулятора.

Из языка автолюбителей.

ПРИЛЕТА́ТЬ, -а́ю, -а́ешь; *несов.* (*сов.* **ПРИЛЕТЕ́ТЬ**, -лечу́, -лети́шь), *куда, откуда.* Приходить, приезжать, являться.

ПРИЛЕЧЬ В СОСНОВЫЙ (ДУБОВЫЙ) ЧЕМОДАН *см.* **ЛЕЧЬ (ПРИЛЕЧЬ) В СОСНОВЫЙ (ДУБОВЫЙ) ЧЕМОДАН**

ПРИЛИПА́ТЬ, обычно употр. в *3 л.*, -ает; *несов.* (*сов.* **ПРИЛИ́ПНУТЬ**, обычно употр. в *3 л.*, -нет) *к кому.* Доставаться, перепадать (о полученных, заработанных или украденных деньгах). *Ко мне вчера сотня прилипла. К нему в день по куску* (по тысяче рублей) *прилипает.*

ПРИЛИПНУТЬ (ПРИСТАТЬ) КАК БАННЫЙ ЛИСТ К ЖОПЕ *см.* **ЖОПА**

ПРИЛОЖИТЬ *см.* **ПРИКЛАДЫВАТЬ**

ПРИЛОЖИТЬСЯ *см.* **ПРИКЛАДЫВАТЬСЯ**

ПРИ́МА, -ы, *ж.* Доллары, валюта.

Возм. от общеупотр. prima, «прима» — первое, лучшее; *ср.* **ПЕРВЫЕ.**

ПРИМА́Т, -а, *м.* Студент факультета прикладной математики.

Шутл. осмысление термина «приматы» (отряд высших млекопитающих — люди, обезьяны и полуобезьяны) как сложносокращ. сл.

ПРИМО́ЧКА, -и, *ж.* **1.** Интересная, забавная, весёлая вещь; шутка, розыгрыш. **2.** Наказание, нагоняй. **3.** только *мн.*, -чек. Уловки, хитрости, средства против подделки. *На новой баксовой сотке* (новой стодолларовой купюре) *классные ~и против лажи* (подделки). **4.** только *мн.*, -чек. Предметы роскоши, «изысканное» оборудование, дополнительное оборудование, которое не входит в основную цену (напр. автомобиля). *Ауди с ~ами.* **5.** только *мн.*, -чек. Дождь, осадки. *Ящик* (телевизор) *~чек не обещал.* ♦ **Ставить** (или **делать, сажать** и т. п.) **~и** — делать что-л. яркое, интересное, смешное.

От **МОЧИТЬ**; 2. — возм. из *уг.*; *ср. устар. уг.* «примочка» — наказание крестьянами пойманного конокрада, одеваемого в мокрые мешки и избиваемого чем попало.

ПРИ́МУС, -а, *м.*, *собств.* бывший премьер-министр РФ Е. М. Примаков.

Ср. **МАКС.**

ПРИНАДЛЕ́ЖНОСТИ, -ей, *мн.* Половые органы. *Прикрой ~, не в Греции.*

ПРИНИМА́ТЬ, -а́ю, -а́ешь; *несов.* (*сов.* **ПРИНЯ́ТЬ**, ~иму́, ~и́мешь), *что, чего* (или **~ НА ГРУДЬ, ~ ЛЕКА́РСТВО, ~ ВНУТРЬ, ~ В НУТРО́, ~ ГОРЯ́ЧЕГО** и т. п.). Выпивать спиртного, напиваться.

ПРИ́НТИТЬ, -нчу, -нтишь; *несов., что.* Печатать; делать распечатку на принтере.

От англ. to print — печатать.

ПРИНЦ *см.* **ГАДСКИЙ; ЖДАТЬ ПРИНЦА С ХРУСТАЛЬНЫМИ (ГОЛУБЫМИ) ЯЙЦАМИ**

ПРИНЯТЬ *см.* **ПРИНИМАТЬ**

ПРИНЯТЬ ИНГАЛЯЦИЮ *см.* **ИНГАЛЯЦИЯ**

ПРИНЯТЬ НА БИЦУ *см.* **БИТА**

ПРИОБНЯТЬ *см.* **КОНДРАТИЙ**

ПРИПАДА́ТЬ, -а́ю, -а́ешь; *несов.* (*сов.* **ПРИПА́СТЬ**, -аду́, -адёшь). **1.** *на кого.* Влюбляться. **2.** только *безл., кому.* Хотеться, понадобиться (обычно очень, сильно, крайне). *Не вовремя тебе работать припало. Прямо каждый раз ему в кино сикать припадает, вредителю* (о ребёнке).

ПРИПАЛЬЦО́ВЫВАТЬ, -аю, -аешь; *несов., без доп.* Нарочито демонстрировать свое богатство, силу, связи, хвалиться своими успехами; вести себя вызывающе, угрожать, намекая на личные связи.

См. **ПАЛЬЦЕВАТЬ.**

ПРИПАСТЬ *см.* **ПРИПАДАТЬ**

ПРИПА́ХИВАТЬ, -аю, -аешь; *несов.* (*сов.* **ПРИПАХА́ТЬ**, -ха́ю, -ха́ешь или -пашу́, -па́шешь), *кого к чему.* Привлекать кого-л. к какой-л. работе, заставлять участвовать в чём-л.; помогать кому-л.

От **ПАХАТЬ.**

ПРИПАЯ́ТЬ, -я́ю, -я́ешь; *сов.* **1.** *кому что, сколько.* Приписать кому-л. что-л., оговорить; осудить на какой-л. срок. **2.** *кого чем во что.* Ударить, избить.

1. — *ср. уг.* «паять» — присуждать.

ПРИПАЯ́ТЬСЯ, -я́юсь, -я́ешься, *сов., к кому, с чем.* **1.** Пристать к кому-л., надоесть кому-л. **2.** *обо что* и *без доп.* Удариться, ушибиться, разбить что-л. *Носом припаялся.*

От **ПАЯТЬСЯ.**

ПРИПЕВОЧКА *см.* **ДЕВОЧКА-ПРИПЕВОЧКА-ХНЫКАЛКА-СОПЕЛОЧКА**

ПРИПЕЧА́ТАТЬ, -аю, -аешь, *сов., кого, кому чем во что.* Ударить, избить.

ПРИПЕЧА́ТАТЬСЯ, -аюсь, -аешься, *сов., чем во что, обо что.* Удариться; отбить, разбить что-л.

ПРИПИЯ́ВИТЬСЯ, -влюсь, -вишься, *сов., к кому-чему.* Пристать, вцепиться мёртвой хваткой; прикрепиться к какому-л. заведению (магазину и т. п.) для получения (приобретения) товаров; интенсивно эксплуатировать кого-что-л. *Мы к одному магазину ~вились, отличную ряженку берём.*

От общеупотр. «пиявка».

ПРИПЛИНТОВА́ТЬ, -ту́ю, -ту́ешь, **ПРИПЛИНТУХА́ТЬ**, -а́ю, -а́ешь; *сов., куда, откуда.* Прийти.

От **ПЛИНТОВАТЬ**, **ПЛИНТУХАТЬ**.

ПРИПЛЫЗД *см.* **С ПРИПЛЫЗДОМ!**

ПРИПЛЫ́ТЬ, -ыву́, -ывёшь; *сов., куда* и *без доп.* Прийти к какому-л. нежелаемому результату. ♦ **Приплыли!** — ну вот, нате вам, пожалуйста. *Картина Репина «Приплыли»* — *ирон.* О такой ситуации (шутл. травестирование назв. картины И. Е. Репина «Не ждали»).

ПРИПОДВЫ́ПЕРТ, -а, *м.* Что-л. особенное, причудливое, занятное, необычное. *Сапожки с ~ом.*

Ирон. экзотическая «псевдонародная» словообразовательная модель; от общеупотр. «выпирать».

ПРИПУХА́ТЬ, -а́ю, -а́ешь; *несов.* (*сов.* **ПРИПУ́ХНУТЬ**, -ну, -нешь). **1.** Приходить в какое-л. крайнее эмоциональное состояние; становиться наглым, агрессивным. **2.** Отслужить очередные полгода и получать новые права по негласному кодексу (в армии). **3.** Проигрывать, терпеть поражение, уступать (в матче, игре).

2. — из *уг.*; 3. — из *спорт.*

ПРИПУ́ХШИЙ, -ая, -ее. Обнаглевший, наглый; опытный, бывалый и поэтому ведущий себя уверенно, нагло. *~ воин* — старослужащий в армии.

От **ПРИПУХАТЬ**.

ПРИРОДА *см.* **ПЛЕВОК ПРИРОДЫ (СУДЬБЫ, ФОРТУНЫ)**

ПРИСА́ЖИВАТЬСЯ, -аюсь, -аешься; *несов.* (*сов.* **ПРИСЕ́СТЬ**, -ся́ду, -ся́дешь), *на что.* Привыкать к чему-л., приобретать зависимость от чего-л.

Ср. **ПОДСАЖИВАТЬСЯ**.

ПРИСА́СЫВАТЬСЯ, -аюсь, -аешься; *несов.* (*сов.* **ПРИСОСА́ТЬСЯ**, -су́сь, -сёшься), *к кому-чему.* Пристраиваться, быть нахлебником, использовать результаты чужого труда.

ПРИ́СВИСТ, -а, *м.* Странность, психическое отклонение. ♦ **С ~ом** *кто* — странный, сумасшедший.

ПРИСЕСТЬ *см.* **ПРИСАЖИВАТЬСЯ**

ПРИСЛОНИТЬ К ТЁПЛОЙ СТЕНКЕ (В ТЁМНОМ МЕСТЕ) *см.* **ПРИЖАТЬ (ПРИСЛОНИТЬ) К ТЁПЛОЙ СТЕНКЕ (В ТЁМНОМ МЕСТЕ)**

ПРИСОСАТЬСЯ *см.* **ПРИСАСЫВАТЬСЯ**

ПРИСО́СКА, -и, *ж.* **1.** Рука, ладонь. *Спрячь ~у.* **2.** Жена.

ПРИСО́СНИК, -а, *м.* Тот, кто пользуется плодами чужого труда. *Демократы ~и* — о бывших социалистических странах. *Нет у России друзей, одни ~и.*

От **ПРИСАСЫВАТЬСЯ**, **ПРИСОСАТЬСЯ**.

ПРИСОХНУТЬ *см.* **ПРИСЫХАТЬ**

ПРИСТАВА́ЛКИ, -лок, **ПРИСТАВУ́НЧИКИ**, -ков, *мн.* Поцелуи, ласки, нежности и т. п. *Включаю приставунчики!*

От общеупотр. «приставать».

ПРИСТАВАТЬ С НОЖОМ К ЖОПЕ *см.* **ЖОПА**

ПРИСТАВУНЧИКИ *см.* **ПРИСТАВАЛКИ**

ПРИСТАТЬ КАК БАННЫЙ ЛИСТ К ЖОПЕ *см.* **ЖОПА**

ПРИСУДИТЬ *см.* **ОРДЕН ГОРБАТОГО С ЗАКРУТКОЙ НА СПИНЕ**

ПРИСУ́ТСТВИЕ, -я, *ср.* Лекция, семинар. *У меня сегодня три ~я.*

Из *студ.*, пародирование *устар.*

♦ **ПРИСУ́ТСТВУЕТ ДЛЯ МЕ́БЕЛИ** *кто* — *ирон.* о невзрачном, неинтересном человеке, которого никто не замечает.

ПРИСЫХА́ТЬ, -а́ю, -а́ешь, *несов.* (*сов.* **ПРИСО́ХНУТЬ**, -ну, -нешь), *от чего, с чего* и *без доп.* Приходить в крайнее эмоциональное состояние.

ПРИТАРА́НИВАТЬ, -аю, -аешь; *несов.* (*сов.* **ПРИТАРА́НИТЬ**, -ню, -нишь), *что куда.* Тащить, носить. *У меня баба — зверь* (молодец): *по два пуда из магазина притаранивает.*

От **ТАРАНИТЬ 2.**

ПРИТАРА́НИВАТЬСЯ, -аюсь, -аешься; *несов.* (*сов.* **ПРИТАРА́НИТЬСЯ**, -нюсь, -нишься), *куда, откуда.* Приходить, прибывать, притаскиваться.

От **ТАРАНИТЬСЯ 1.**

ПРИТАЩИ́ТЬСЯ, -ащу́сь, -а́щишься; *сов., от чего, с чего, на что* и *без доп.* Удивиться, восхититься чем-л. *Как услышал — прямо ~ащился, аж вспотел.*

От **ТАЩИТЬСЯ**.

ПРИТАЩИТЬ ХВОСТА *см.* **ХВОСТ**

♦ **ПРИТОПИ́ТЬ МУМУ́** — принять дозу героина.

Из *нарк.*, *см.* **ГЕРАСИМ**; имеется в виду аллюзия к рассказу И. Тургенева «Муму».

ПРИТОРЧА́ТЬ, - чу́, -чи́шь; *сов., с чего, от чего, на что* и *без доп.* Получить удовольствие, испытать сильную эмоцию от чего-л.; расслабиться, хорошо отдохнуть.

От **ТОРЧАТЬ**

ПРИТОРЧАТЬ НА УМЕ *см.* **ЗАТОРЧАТЬ (ПРИТОРЧАТЬ) НА УМЕ**

♦ **ПРИТУ́ХНИ, МЫЛО!** — замолчи, заткнись

ПРИТЫ́РИВАТЬ, -аю, - аешь; *несов.* (*сов.* **ПРИТЫ́РИТЬ**, -рю, -ришь и **ПРИТЫРНУ́ТЬ**, -ну́, -нёшь). **1.** *что у кого где.* Красть. **2.** *что, где.* Прятать, припрятывать, сохранять на чёрный день; не делиться с ближними.

От **ТЫРИТЬ**; *ср. уг.* «притырить» — затолкать в толпе, украсть, спрятать.

ПРИТЫ́РЩИК, -а, *м.* **1.** Тот, кто крадёт, прибирает что-л. к рукам (обычно втайне от других, незаконно, несправедливо). **2.** Жадина, скопидом; тот, кто не делится с ближними.

От **ПРИТЫРИТЬ**.

ПРИТЫ́ЧКА, -и, *ж.* Какая-л. деталь, дополнительное приспособление (напр., о ручке, кнопке и т. п.).

ПРИФИГА́ЧИВАТЬ, -аю, -аешь; *несов.* (*сов.* **ПРИФИГА́ЧИТЬ**, -чу, -чишь), *что куда, к чему.* Приделывать, прибивать, пристраивать, прилеплять (обычно интенсивно, быстро).

От **ФИГАЧИТЬ**.

ПРИФИГА́ЧИВАТЬСЯ, -аюсь, -аешься; *несов.* (*сов.* **ПРИФИГА́ЧИТЬСЯ**, -чусь, -чишься). **1.** *к чему.* Приставать, прилипать, прибиваться, пристраиваться. **2.** *куда.* Приходить, приезжать.

От **ФИГАЧИТЬСЯ**.

ПРИФИГАЧИТЬ *см.* **ПРИФИГАЧИВАТЬ**

ПРИФИГАЧИТЬСЯ *см.* **ПРИФИГАЧИВАТЬСЯ**

ПРИФИГЕВА́ТЬ, -а́ю, -а́ешь; *несов.* (*сов.* **ПРИФИГЕ́ТЬ**, -е́ю, -е́ешь), *с чего, от чего, на что.* Эмоционально реагировать на что-л. (удивляться, восторгаться; уставать, утомляться и т. п.).

От **ФИГЕТЬ**.

ПРИХВАТИЗА́ЦИЯ, -и, **ПРИХВОСТИЗА́ЦИЯ**, -и, *ж. Ирон.* Приватизация.

Аллюзия к «хвост», «хватать».

ПРИХЕ́РИВАТЬСЯ, -аюсь, -аешься; *несов.* (*сов.* **ПРИХЕ́РИТЬСЯ**, -рюсь, -ришься), *кем-чем* и *без доп.* Притворяться, прикидываться, строить из себя кого-что-л. *Дурачком прихерился, а сам профессор. Ты бедным-то не прихеривайся.*

От **ХЕР**; *ср. диал.* «прихериться», «прихириться», «прихиретничать» — притвориться пьяным.

ПРИХЕХЕ́ *нескл.*, **ПРИХЕХЕ́ШНИЦА**, -ы, *ж.* Чья-л. подруга, любовница, пассия. *Мишкина прихехешница.*

Ирон. передел. звукоподр.; *ср. диал.* «прихехеня» — любовник; *ср.* также общеупотр. *прост.* «хахаль» в том же зн.

ПРИХЕХЕ́ШНИЧАТЬ, -аю, -аешь; *несов., с кем.* Заводить шашни, ухаживать, приударять за кем-л.

От **ПРИХЕХЕ**.

ПРИХИЛЯ́ТЬ, -я́ю, -я́ешь; *сов., куда, откуда.* Прийти, прибыть, пришагать.

От **ХИЛЯТЬ**; возм. также влияние *устар. диал.* «прихилять», «прихилить» — пригибать, приклонять, гнуть, клонить, прислонять.

ПРИХЛО́ПНУТЫЙ, -ая, -ое (или **ПЫЛЬНЫМ МЕШКО́М ИЗ-ЗА УГЛА́ ~**, **ПЕЧА́ЛЬЮ ~**, **«КАПИТА́ЛОМ» ~**, **ДО́ХЛЫМ ГО́ЛУБЕМ ~** и т. п.). Странный, ненормальный, дурной, сумасшедший (о человеке). *Чего ты от него хочешь, он ведь дохлым голубем ~.*

См. также **ДВЕРЬЮ ПРИХЛОПНУТЫЙ**.

ПРИХЛО́ПНУТЬСЯ, -нусь, -нешься; *сов., от чего* и *без доп.* Умереть.

ПРИХО́Д, -а, *м.* и в зн. *межд.* Что-л. отличное, приятное; ну и ну, вот это да, прекрасно, замечательно. *Полный ~!*

Возм. первоначально из *нарк., см.* **ПРИХОДИТЬ**.

ПРИХОДИ́ТЬ, -ожу́, -о́дишь; *несов.* (*сов.* **ПРИЙТИ́**, -иду́, -идёшь), *без доп.* Начинать оказывать действие (об алкоголе, наркотиках). *О, пришла водочка! Теплое-то пивко быстрей приходит. Сейчас кекс* (кокаин) *придёт!*

ПРИХОДИТЬ* *см.* **МЫСЛЯ**; **СОБАКИ ПРИХОДЯТ ДОХНУТЬ**

ПРИХО́РКАННЫЙ, -ая. Усталый, утомлённый, измождённый.

Возм. от *диал.* «хоркать» — фыркать, храпеть, хрипеть (чаще о лошади).

ПРИХРЯ́ТЬ, -я́ю, -я́ешь; *сов., куда, откуда.* Прийти, приехать, объявиться. *Ну, с чем ~ял?* — какие новости?, что скажешь?

От **ХРЯТЬ**.

ПРИЦЕ́Л, -а, *м.* Глаза; очки; зрение; внимательный взгляд. *Поправь ~* (очки). *Наведи ~* — смотри внимательно. *~ плывет* (плохо вижу, зрение ухудшается).

ПРИЦЕЛ* *см.* **НАВОДИТЬ**

ПРИЦЕП *см.* **ТУБОС С ПРИЦЕПОМ**

ПРИЦЕПИТЬСЯ *см.* **ХВОСТ**

♦ **ПРИЧА́Л ДЛЯ ЧА́ЙНИКОВ** — *ирон.* бампер автомобиля.

ПРИЧАНДАЛЫ *см.* **ПРИЧИНДАЛЫ**

ПРИЧАСТИ́ТЬСЯ, -ащу́сь, -асти́шься; *сов., чем* и *без доп.* Выпить, опохмелиться.

От общеупотр. «причаститься» — исполнить христианский обряд причащения; в зн. «выпить» у И. Шмелева и др.

ПРИЧЕНДАЛЫ *см.* **ПРИЧИНДАЛЫ**

ПРИЧЕПИ́ТЬСЯ, -еплю́сь, -е́пишься; *сов., к кому с чем.* Прицепиться, пристать, надоесть кому-л., донять кого-л.

Диал. замена [ц] на [ч].

ПРИЧЕСАТЬ *см.* **ПРИЧЁСЫВАТЬ**

ПРИЧЕСНУТЬСЯ *см.* **ПРИЧЕСОНИТЬСЯ**

ПРИЧЕСО́Н, -а, *м.* Причёска, стрижка. *При~е. ~ как кошмарный сон. Нулевой ~* — лысая голова.

ПРИЧЕСО́НИТЬСЯ, -нюсь, -нишься; *несов.* (*сов.* **ПРИЧЕСНУ́ТЬСЯ**, -ну́сь, -нёшься) *без доп.* Причёсываться, делать причёску, укладку.

Ср. **ПРИЧЕСОН**.

ПРИЧЁСЫВАТЬ, -аю, -аешь; *несов.* (*сов.* **ПРИЧЕСА́ТЬ**, -ешу, -е́шешь), *кого.* Обманывать, надувать; побеждать, одерживать верх.

ПРИЧЁСЫВАТЬ* *см.* **ЛЫСИНУ БЫСТРО ПРИЧЁСЫВАТЬ...**

ПРИЧИНДА́ЛЫ, -ов, **ПРИЧАНДА́ЛЫ**, -ов, **ПРИЧЕНДА́ЛЫ**, -ов, *мн.* **1.** То, что дополняет что-л., дополнительное оборудование; мелкие предметы, пожитки. **2.** Ерунда, чушь; то, на что не стоит обращать внимания. **3.** Половые органы.

Устар. «причиндалы» — приборы, сборы, принадлежности, околичности, «бабьи причиндалы» — уборы, наряды.

ПРИШЕ́Й-ПРИСТЕБА́Й, -я, *м.* Человек, выполняющий какую-л. неприятную, грязную и т. п. работу, выступающий «на вторых ролях», «на побегушках», «шестёрка».

ПРИШЕЛЕЦ *см.* **НАРЕЗАТЬСЯ (ДО ПРИШЕЛЬЦЕВ)**

ПРИШИТЬ *см.* **К ДЕЛУ НЕ ПРИШЬЁШЬ; ФАЛЛИЧЕСКИЙ**

♦ **ПРИШЛА́ НАЖИ́ВА** — ирон. выражение у торговцев при хорошей торговле, напр.: *Аллорцы прикандёхали* (итальянцы приехали) — *пришла нажива* (реплика продавца матрёшек на Измайловском вернисаже).

♦ **ПРИШЛИ́ ГО́СТИ ПОЕДА́ТЬ** (или **ГЛОДА́ТЬ**) **КО́СТИ** — *шутл.* о гостях, пришедших с целью поесть; ирон. приговорка по любому поводу.

ПРИШПАНДО́РИВАТЬ, -аю, -аешь; *несов.* (*сов.* **ПРИШПАНДО́РИТЬ**, -рю, -ришь), **ПРИШПАНДЫ́РИВАТЬ**, -аю, -аешь; *несов.* (*сов.* **ПРИШПАНДЫ́РИТЬ**, -рю, -ришь), *что к чему.* Приделывать, прибивать, привязывать, приклеивать, пришивать, присоединять и т. п.

Ср. *диал.* «пришпандорить» — приструнить, приневолить, подогнать, из нем.; *ср.* «шпандырь» — ремень, которым сапожник придерживает отделываемый сапог ступнёй ноги, приспособление для натяга ткани (у ткачей), колёсный натяг (у кузнецов). Форма «пришпандоривать» распространена шире, встречается еще у Н. Гоголя и др.

ПРИЩЕ́ПКА, -и, *ж.* Девушка. *~и, падайте!* (девушки, садитесь в машину: реплика водителя).

♦ **ПРИЯ́ТНОЙ НАРУ́ЖНОСТИ, УМЕ́РЕН В ОКРУ́ЖНОСТИ** *кто* — *шутл.* о симпатичном, в меру упитанном человеке.

ПРОАБОРТИ́РОВАТЬСЯ, -руюсь, -руешься; *сов., без доп.* Сделать аборт.

ПРОБЕГ *см.* **СНИМАТЬ С ПРОБЕГА**

♦ **ПРОБИВА́ЕТ НА ДУ́МКУ** *кого* и *без доп., безл.* — тянет на размышления, заставляет задуматься, напр.: *Выпьешь бутылочку и пробивает на думку.*

ПРОБИ́РКА, -и, *ж.* **1.** Высокая, худая женщина. **2.** Учительница химии.

2. — из *шк.*

ПРОБИТЬ *см.* **УСТРОИТЬ (СДЕЛАТЬ, ВЫЗВАТЬ, ПРОБИТЬ) КРОВАВЫЙ ПОНОС**

ПРО́БКА, -и, *ж.* **1.** Дурак, тупица. **2.** (или **ПРО́БОЧНИК**, -а, *м.*). Нищий, собирающий милостыню у водителей во время пробок.

ПРОБКА* *см.* **В КАЖДОЙ (К КАЖДОЙ) ПРОБКЕ ЗАТЫЧКА**

♦ **ПРО́БКИ ВЫ́БИЛО** *у кого, кому* — **1.** О дураке, тупице. **2.** О пьяном.

ПРО́БКОВЫЙ, -ая, -ое (или **~ОЕ ДЕ́РЕВО**). Глупый, тупой, необразованный.

См. также **ПРОБКА**.

ПРОБЛЕ́МНЫЙ, -ая, -ое. *Ирон.* О человеке, у которого всегда много проблем, который придумывает их; незадачливый, несчастливый, невезучий. *Вот, жена от меня ушла. — Экий ты, брат, ~.*

Ирон. переосмысл. общеупотр. «проблемный» — поднимающий, ставящий проблемы, напр. «проблемный фильм».

♦ **ПРОБЛЕ́МЫ ИНДЕ́ЙЦЕВ ВОЖДЯ́ НЕ ВОЛНУ́ЮТ** — *ирон.* о начальнике, не интересующемся делами подчинённых; отказ заниматься чьими-л. делами, решать чьи-л. проблемы, напр.: *— Ты мне с переездом поможешь? — Проблемы индейцев вождя не волнуют.*

ПРОБЛУКА́ТЬ, -а́ю, -а́ешь; *сов., где.* Прогулять, проблуждать (обычно путаясь, не зная дороги). *Весь день по Москве ~ал.*

От **БЛУКАТЬ**.

ПРОБОЧНИК *см.* **ПРОБКА**

ПРОБУРИ́ТЬ, -рю́, -ри́шь, **ПРОБУРО́ВИТЬ**, -влю, -вишь; *сов., кого, кому что* (или **~ МОЗГИ́**, **~ДУ́ШУ** *кому*). Довести кого-л., надоесть разговорами.

От **БУРИТЬ**, **БУРОВИТЬ**.

ПРОБУХТЕ́ТЬ, -хчу́, -хти́шь; *сов., что.* Сказать, проговорить, пробурчать, промямлить.

От **БУХТЕТЬ**.

ПРОВАЛА́НДАТЬ, -аю, -аешь, **ПРОВАЛА́НДАТЬСЯ**, -аюсь, -аешься; *сов., с чем где.* Промедлить, упустить время; прошляться, пробродить без дела; слишком долго провозиться с чем-л. *Полжизни с этой дурой проваландал* (о жене).

От общеупотр. «валандаться» — бестолково возиться с кем-чем-л.; *устар.* «валанда» — медлительный человек, возм. из литовского; *см.* также **ВАЛАНДАТЬСЯ**.

ПРОВАЛИТЬСЯ *см.* **СДЕЛАЙ ФОКУС**, **ИСПАРИСЬ...**

ПРОВЕНТИЛИ́РОВАТЬ, -рую, -руешь; *сов., что о чём.* Навести справки, добыть информацию.

От **ВЕНТИЛИРОВАТЬ**.

ПРОВЕ́РЕН, -а, -о (или **~**, **СО СПРА́ВКОЙ**). *Ирон.* О ком- или чём-л., в ком или в чём говорящий уверен. *А он хороший мужик? — ~, со справкой.*

ПРОВЕРКА НА ВШИВОСТЬ *см.* **ВШИВОСТЬ**

ПРОВЕРНУ́ТЬ, -ну́, -нёшь; **ПРОВЕРТЕ́ТЬ**, -ерчу́, -е́ртишь, *сов., кого с чем* (или **~ ВОКРУ́Г ОСИ́**, **~ ЧЕРЕЗ КОЛЕ́НО**, **~ ЧЕРЕЗ МЯСОРУ́БКУ**). Сильно обмануть, надуть, облапошить. *Провернул, да и денежки вернул.*

ПРОВЕСТИ *см.* **ВАКЦИНАЦИЯ**

ПРОВОД *см.* **ВКЛЮЧИТЕ СВЕТ — СКАЗАЛ...**; **ЖОПОЙ ЧИСТИТЬ ПРОВОДА...**; **ЧЕРЕПА**

ПРОВОКАТОР *см.* **ВРУН, ПЕРДУН И ПРОВОКАТОР**

ПРОВЯ́КАТЬ, -аю, -аешь; *сов., что кому* и *без доп.* Сказать, произнести.

От **ВЯКАТЬ**.

ПРОВЯ́ЛИВАТЬСЯ, -аюсь, -аешься; *несов.* (*сов.* **ПРОВЯ́ЛИТЬСЯ**, -люсь, -лишься). **1.** *где.* Проводить где-л. время (обычно долго и неинтересно). **2.** *без доп.* Загорать. *Вместе с неприличностями провялился.*

От **ВЯЛИТЬСЯ**.

ПРО́ГА, -и, *ж.* Программа.

Сокращ. Из языка пользователей компьютеров.

ПРОГА́ВКАТЬ, -аю, -аешь; *сов., что.* Сказать, проговорить. *Чего ты там ~ал?*

От **ГАВКАТЬ**.

ПРОГА́ВКАТЬСЯ, -аюсь, -аешься; *сов., без доп.* Вернуть пропавший голос, «продрать глотку». *Чего это у тебя голос такой звериный* (хриплый, грубый)*? — Со сна ещё не ~ался* (разговор по телефону).

От **ГАВКАТЬ**.

ПРОГИ́Б, -а, *м.* (или **СА́ЛЬТО С ~ОМ**). Уловка, хитрость; унижение, имеющее целью дальнейший успех, взлёт. *Сделать сальто с ~ом. Пошёл на ~.*

Из *спорт.*; *см.* также **ПРОГНУТЬСЯ**.

ПРОГИБА́ТЬСЯ, -а́юсь, -а́ешься; *несов.* (*сов.* **ПРОГНУ́ТЬСЯ**, -ну́сь, -нёшься) *перед кем* и *без доп.* Идти на унижение ради успеха, подличать, подлизываться, льстить кому-л.

ПРОГИ́БИСТЫЙ, -ая, -ое, **ПРОГИБУ́ЧИЙ**, -ая, -ее. Хитрый, льстивый, коварный, лицемерный.

От **ПРОГИБ**.

ПРОГЛО́Т, -а, **ПРОГЛО́ТНИК**, -а, *м.*, **ПРОГЛО́ТКА**, -и, *ж.* **1.** Обжора, гурман; человек, который поглощает, берёт, использует слишком много чего-л. *Проглот на деньги.* **2.** Ребёнок, иждивенец, нахлебник; тот, кого кормят, финансируют и т. п.

От общеупотр. «проглотить»; *ср. устар.* «проглотчивый» (напр. о рыбе), «проглотчик шпаг» (фокусник).

ПРОГЛОТИ́ТЬ, -очу́, -о́тишь; *сов., что* и *без доп.* Понять, принять к сведению, выучить, запомнить; затаить (об обиде). *Больше сюда не приходи, ~отил?*

ПРОГЛОТИТЬ* *см.* **АРБУЗ (СЛОНА) ПРОГЛОТИТЬ**

ПРОГЛОТИТЬ АСКОРБИНКУ *см.* **АСКОРБИНКА**

ПРОГЛОТКА, ПРОГЛОТНИК *см.* **ПРОГЛОТ**

ПРОГНА́ТЬ, -гоню́, -го́нишь; *сов., кого.* Поухаживать за девушкой, склонить её к взаимности и бросить. *За год трёх девиц прогнал.*

ПРОГНУСА́ВИТЬ, -влю, -вишь; *сов., что кому.* Сказать, проговорить (обычно глупость).

От **ГНУСАВИТЬ 1.**

ПРОГНУТЬСЯ *см.* **ПРОГИБАТЬСЯ**

ПРОГО́НЫ, -ов, *мн.* Мысли, размышления; чувства, ощущения. *Иду себе, у меня свои ~, вдруг смотрю — ты. У каждого свои ~.*

ПРОГРЫЗАТЬ *см.* **ЖЕЛУДОЧНЫЙ СОК ПРОГРЫЗАЕТ СТЕНКИ ЖЕЛУДКА**

ПРОГУЛИВАТЬ *см.* **КОТА НАЗАД ПРОГУЛИВАТЬ**

ПРОГУЛКА *см.* **ДУРДОМ**

ПРОГУНДО́СИТЬ, -о́шу, -о́сишь; *сов., что о чём кому.* Сказать, выговорить, ляпнуть.

От **ГУНДОСИТЬ.**

♦ **ПРОДАДИ́М БРОНЕВИЧО́К И УСТРО́ИМ БАРДАЧО́К** — шутл. выражение радости предвкушения чего-л.

Произносится с подражанием «ленинской картавости»: б[г]оневичок, уст[г]оим и т. д.

ПРОДАТЬ *см.* **ДАЙ БУДЕТ ПРИ КОММУНИЗМЕ...; ПРОДАДИМ БРОНЕВИЧОК...**

ПРОДАТЬСЯ МАМОНЕ *см.* **МАМОНА**

ПРОДВИ́НУТЫЙ, -ая, -ое. Положительный эпитет с самой широкой сочетаемостью. *Ой, какие ~ые пельмешки получились!*

Ср. **КОНКРЕТНЫЙ, ПРАВИЛЬНЫЙ, РЕАЛЬНЫЙ** и под.

ПРОДЁРГИВАТЬ, -аю, -аешь; *несов.* (*сов.* **ПРОДЁРНУТЬ**, -ну, -нешь), *кого.* **1.** Ругать, делать выговор. **2.** Вступать в половую связь (о мужчинах).

От **ДЁРГАТЬ 3.**

ПРОДИНА́МИТЬ, -млю, -мишь; *сов., кого с чем.* Обмануть, подвести, не выполнить обещанного.

От **ДИНАМИТЬ.**

ПРОДРАТЬ ХОРОМ *см.* **СДЕЛАТЬ (ПРОПИХНУТЬ, ПРОДРАТЬ) ХОРОМ**

ПРОДРОГНУТЬ *см.* **ДРОГНУТЬ**

ПРОДУ́КТ, -а, *м.* Спиртное (часто о самогоне). ♦ **~ переводить** — много пить, а затем страдать рвотой. **Чистый ~** — очищенный самогон. **Мутный ~** — неочищенный самогон.

ПРОДУ́МАННЫЙ, -ая, -ое, **ПРОДУ́МЧИВЫЙ**, -ая, -ое. *Ирон.* Хитрый, себе на уме (о человеке).

ПРОЕСТЬ *см.* **ПЛЕШЬ**

ПРОЕ́ХАТЬ, -е́ду, -е́дешь; *сов., о чём, с чем* и *без доп.* Закончить говорить о чём-л., закрыть тему. *Проехали!* — всё, об этом хватит, к этому больше возвращаться не будем.

ПРОЖЕКТОРА́, -о́в, *мн.* Глаза. *~ навести.*

ПРО́ЖИДЬ, -и, *ж.* Примесь еврейской крови. *С ~ью.*

От общеупотр. «проседь» и под. + **ЖИД.**

ПРОЖО́ПИТЬ, -плю, -пишь; *сов., что кому сколько* и *без доп.* Проиграть, уступить в чём-л.

От **ЖОПА.**

ПРОЗВОНИ́ТЬ, - ню́, -ни́шь или прозво́нишь; *сов., что* и *без доп.* Сказать, произнести.

От **ЗВОНИТЬ.**

ПРОЗВО́НКА, -и, *ж.* Пробник для проверки электрических цепей; любое устройство, с помощью которого что-л. проверяют, что-л. налаживают.

Из *спец.*

ПРОИЗВЕДЕНИЕ *см.* **АВТОР, ЗА ПРОИЗВЕДЕНИЕМ!**

ПРО́ИСКИ, -ов, *мн.* (или **~ ИМПЕРИАЛИ́ЗМА, ЖИДОМАСО́НСКИЕ ~** и т. п.). *Шутл.* Неудача, невезение. *Эх, молния на ширинке сломалась — вот они, ~-то жидомасонские!*

ПРОКА́ЛИВАТЬ, -аю, -аешь; *несов.* (*сов.* **ПРОКАЛИ́ТЬ**, -лю́, -и́шь), *кого.* Злить, выводить из себя.

ПРОКА́ЛИВАТЬСЯ, -аюсь, -аешься; *несов.* (*сов.* **ПРОКАЛИ́ТЬСЯ**, -лю́сь, -ли́шься), *без доп.* Злиться, нервничать.

ПРОКАЛИТЬ *см.* **ПРОКАЛИВАТЬ**

ПРОКАЛИТЬСЯ *см.* **ПРОКАЛИВАТЬСЯ**

ПРОКА́ЛЫВАТЬСЯ, -аюсь, -аешься; *несов.* (*сов.* **ПРИКОЛО́ТЬСЯ**, -олю́сь, -о́лешься), *на чём, с чем.* Терпеть неудачу, фиаско; проваливаться; компрометировать себя чем-л. *На бабах прокололся.*

ПРОКАНТОВА́ТЬ, -ту́ю, -ту́ешь; *сов., что, сколько куда.* Пронести, принести, протащить, переставить. *Сто метров шкаф ~товал и сдох* (устал).

От **КАНТОВАТЬ 1.**

ПРОКАНТОВА́ТЬСЯ, -ту́юсь, -ту́ешься; *сов., где.* Провести время, переждать что-л., перебиться без чего-л. *~ на вокзале до вечера. Зиму* *как-нибудь без витаминов ~туемся, а весной свежую травку будем хрумать* (есть, жевать), как козлы.

От **КАНТОВАТЬСЯ**.

ПРОКАТИТЬ *см.* **ПРОКАТЫВАТЬ**

ПРОКАТИТЬСЯ *см.* **ПРОКАТЫВАТЬСЯ**

ПРОКА́ТЫВАТЬ, -аю, -аешь; *несов.* (*сов.* **ПРОКАТИ́ТЬ**, -ачу́, -а́тишь); *кого с чем, на чём.* Обманывать, подводить.

Ср. *спец.* «прокатить», *устар.* «прокатить на вороных» — отвергнуть при тайном голосовании, забаллотировать чёрными неизбирательными шарами.

ПРОКА́ТЫВАТЬСЯ, -аюсь, -аешься; *несов.* (*сов.* **ПРОКАТИ́ТЬСЯ**, -ачу́сь, -а́тишься), *с чем, на чем* и *без доп.* Обманываться в надеждах, терпеть неудачу. *На реформе прокатился* — потерпел убыток из-за реформы.

См. **ПРОКАТИТЬ**.

ПРОКА́ЧИВАТЬ, -аю, -аешь; *несов.* (*сов.* **ПРОКАЧА́ТЬ**, -а́ю, -а́ешь), *кого.* Узнавать у кого-л. что-л., добиваться информации, выведывать, выпытывать. *Прокачай его насчёт денег. Прокачать на косвенных* (на допросе: «прощупать» преступника на косвенных уликах).

ПРОКИ́ДЫВАТЬ, -аю, -аешь; *несов.* (*сов.* **ПРОКИ́НУТЬ**, -ну, -нешь), *кого с чем, на что, на сколько* (или **~ ЧЕРЕЗ КОЛЕ́НО**, **~ ЧЕРЕЗ БЕДРО́** и т. п.). Обманывать, надувать.

От **КИДАТЬ**.

ПРОКИ́СНУТЬ, -ну, -нешь; *сов., без доп.* **1.** Не удаться, провалиться (о мероприятии, деле). *Прокис твой бизнес.* **2.** Уехать (об автобусе и т. п.). *Трамвай прокис.* **3.** Упустить шанс. **4.** Постареть (о человеке). *Прокисла баба* (о старой деве).

ПРОКЛЯ́ТАЯ, -ой, **ПРОКЛЯ́ТКА**, -и, *ж.* Водка.

ПРОКЛЯ́ТЫЙ, -ая, -ое. Общеирон. эпитет, обычно с шутл.-дружеским оттенком. *Ах ты, ~ая девчонка. Дружки _~ые.* ♦ **~ые рудники** — ирон. реплика, следующая после кашля говорящего.

ПРОКЛЯТЫЙ КАКАДУ *см.* **КАКАДУ**

ПРОКО́Л, -а, *м.* Срыв, неудача, тёмное пятно в биографии, что-л. компрометирующее. *Анкета без ~ов. То был чистенький, а теперь ~ за ~ом.*

От **ПРОКОЛОТЬСЯ**.

ПРОКОЛОТЬСЯ *см.* **ПРОКАЛЫВАТЬСЯ**

ПРОКРУ́ЧИВАТЬ, -аю, -аешь; *несов.* (*сов.* **ПРОКРУТИ́ТЬ**, -учу́, -у́тишь), *что, сколько.* Использовать деньги в различных финансовых операциях с целью повышения капитала (чаще о незаконном использовании чужих денег).

ПРОКУРАТУРА *см.* **ДЕЛА В КРЕМЛЕ...**

ПРОКУРВА́ТОР, -а, *м.* Прокурор.

Шутл. наложение с **КУРВА**.

ПРОКУРВАТУ́РА, -ы, *ж.* Прокуратура.

От **ПРОКУРВАТОР**.

ПРОКУРОР *см.* **ЗЕЛЁНЫЙ ПРОКУРОР**

ПРОКУРСАЖ *см.* **ПРОКУРСОВКА**[1]

ПРОКУРСЕ́ТКА, -и, *ж.* Женщина лёгкого поведения; модница, щеголиха; *ирон.* о любой девушке, женщине. *У нас одна ~ на складе работает.*

Возм. от *уг.* «прокурсетка» — проститутка, *ср.* **ПРОСТИТАРША**, **СЕКРЕТУТКА** и т. п.; *см.* также **ПРОФУРСЕТКА**, **ПРОФОРА**.

ПРОКУРСИ́РОВАТЬ, -рую, -руешь; *сов., куда, откуда. Ирон.* Пройти, промелькнуть, проскочить, прогуляться, сбе́гать. *Ну-ка, милый, ~руй за хлебом.*

От общеупотр. «курсировать» — совершать регулярные рейсы (об автобусе и т. п.).

ПРОКУРСО́ВКА[1], -и, *ж.*, **ПРОКУРСА́Ж**, -а, *м.* Прогулка, променад.

От **ПРОКУРСИРОВАТЬ**.

ПРОКУРСО́ВКА[2], -и, *ж.* Неудача, препятствие при переходе с одного курса на другой.

Из *студ.*; *ср.* общеупотр. «пробуксовка».

ПРОЛ, -а, *м.* Рабочий, пролетарий (обычно с ирон. оттенком). *Район ~ов. Мой сосед ~. Сам с ~ами пиво хлещи. ~ы с заводов побежали. ~ Гегемоныч.*

Сокращ. «пролетарий» + контаминация *собств.* Пров и Фрол.

ПРОЛЕЗАТЬ *см.* **ПАЛЬЦЫ В ДВЕРЬ (В КОСЯКИ) НЕ ПРОЛЕЗАЮТ**

ПРОЛЁТ, -а, *м.* Неудача, невезение, провал, неучастие в чём-л. *Ты с выручкой в ~е. Полный ~ вышел.*

От **ПРОЛЕТАТЬ**, **ПРОЛЕТЕТЬ**.

ПРОЛЕТА́РИЙ, -я, *м.* Неудачник, тот, которому всё время не везёт.

Шутл. наложение с **ПРОЛЕТАТЬ**; *ср.* **ПРОЛЁТЧИК**.

ПРОЛЕТАРСКИЙ *см.* **ЗРЯ, БАТЕНЬКА, ЗРЯ...**

ПРОЛЕТА́ТЬ, -а́ю, -а́ешь; *несов.* (*сов.* **ПРОЛЕТЕ́ТЬ**, -лечу́, -лети́шь), *с чем* (или **~ МИ́МО КА́ССЫ**, **~ КАК ФАНЕ́РА НАД ПАРИ́ЖЕМ**). Оказываться не у дел, терпеть неудачу, проваливаться.

ПРОЛЕТАТЬ* *см.* **ВЕДРО**; **ДЫШИТЕ ГЛУБЖЕ, ПРОЛЕТАЕМ СОЧИ**

ПРОЛЕТЕТЬ *см.* **МИМО КАССЫ (ПРОЛЕТЕТЬ)**; **ПТИЧКА ОБЛОМИНГО ПРОЛЕТЕЛА**

ПРОЛЁТКА, -и, *ж.* **1.** То же, что **ПРОЛЁТ**. **2.** Такси, автомобиль.

2. — от *устар.* «пролётка» — лёгкий четырёхколёсный экипаж.

ПРОЛЁТНАЯ, -ой, *ж.* Место, где часто случается утечка информации, место, где ничего не получается, где всё заведомо обречено на неудачу.

Возм. первоначально из *арм.*; *ср.* в арго пограничников употр. в зн. застава на границе, на которой был ряд случаев нарушений, фактов пересечения границы и т. п.

ПРОЛЁТЧИК, -а, *м.* **1.** Неудачник, горемыка. *Есть такая категория ~ов, у них даже цвет лица другой.* **2.** Военнослужащий, постоянно нарушающий дисциплину и всегда на этом попадающийся.

От **ПРОЛЕТАТЬ**; 2. — из *арм.*

ПРО́ЛИТЬ, -лю, -лишь; *несов., где* и *без доп.* Быть рабочим, пролетарием; вкалывать, выполнять тяжёлую работу (обычно на фабрике, заводе).

От **ПРОЛ**.

ПРО́ЛЬСКИЙ, -ая, -ое. Рабочий, пролетарский. *~ая столовка. ~ дергач* (плохая водка).

От **ПРОЛ**.

♦ **ПРОМО́Й ГЛАЗА́** — смотри лучше; ты что, не видишь?

♦ **ПРОМО́Й У́ШИ** — слушай лучше, внимательней.

ПРОМОКА́ТЬ, -а́ю, -а́ешь; *несов.* (*сов.* **ПРОМО́КНУТЬ**, -ну, -нешь), *без доп.* Напиваться пьяным. *Опять промок? — Ага, под пивным дождичком.*

ПРОМОКА́ШКА, -и, *ж.* **1.** Ирон. обращение: дружище, приятель, подружка. **2.** Девушка. **3.** Пьяный или пьяная.

1. — возм. распростр. под влиянием фильма «Место встречи изменить нельзя»; 3. — от **ПРОМОКАТЬ**;

ПРОМОКНУТЬ *см.* **ПРОМОКАТЬ**

ПРОМО́КШИЙ, -ая, -ее. Пьяный.

От **ПРОМОКАТЬ**, **ПРОМОКНУТЬ**.

ПРОМОРГАТЬСЯ *см.* **ГЛАЗ НЕ ЖОПА, ПРОМОРГАЕТСЯ**

ПРОМСОСИСКА *см.* **ЖИРТРЕСТ-(КОМБИНАТ-ПРОМСОСИСКА-ЛИМОНАД)**

ПРОМСРЁМ, -а, *м. Ирон.* Сложносокращённое сл., пародирующее типичные назв. министерств, институтов и т. п.

Аллюзии к **СРАТЬ**.

ПРОМЫВАНИЕ *см.* **ПРОМЫВКА**

ПРОМЫВА́ТЬ, -а́ю, -а́ешь; *несов.* (*сов.* **ПРОМЫ́ТЬ**, -мо́ю, -мо́ешь), *кого* (или **~ ЖО́ПУ**, **~ МОЗГИ́**, **~ ЖЕЛУ́ДОК** и т. д. *кому*). Ругать, наказывать, ставить на место.

ПРОМЫ́ВКА, -и, *ж.* (или **~ МОЗГО́В**, **~ КИШЕ́ЧНИКА**), **ПРОМЫВА́НИЕ**, -я, *ср.* Нагоняй, наказание. ♦ **Устроить промывку** *кому* — наказать, отругать.

От **ПРОМЫВАТЬ**.

ПРОМЫТЬ *см.* **ПРОМОЙ ГЛАЗА**; **ПРОМОЙ УШИ**; **ПРОМЫВАТЬ**

ПРО́НИН, -а, *м.* (или **МАЙО́Р ~**). *Ирон.* Советский сыщик. *Из унитаза на него смотрели проницательные и умные глаза майора ~а* (пародирование текстов детективов).

См. также **СЛУЧАЙ**

ПРО́НЬКИН, -а, *м. Ирон.* О любом человеке. *Это что ещё за ~, Зюнькин и Тютькин?* — шутл. вопрос о личностях трёх людей. ♦ **Не у ~ых (на даче)** — не задавайся, не выпендривайся, не требуй большего, обойдёшься и так, напр.: *Подотрёшься лопухом, не у ~ых.*

ПРОПАРАФИ́НИТЬ, -ню, -нишь; *сов., что.* При подписании договора, протокола и т. п. подписать каждую страницу.

ПРОПАСТЬ *см.* **ХОДЯТ ЗДЕСЬ РАЗНЫЕ...**

ПРОПАХА́ТЬ, -а́ю, -а́ешь (или -ашу́, -а́шешь), *сов., что* и *без доп.* **1.** Сделать большую работу, переработать обширный материал. *Диссер* (диссертацию) *за месяц ~ал.* **2.** (или **~ НО́СОМ**, **~ РО́ЖЕЙ** и т. п. *что, сколько*). Упасть, удариться. *Всю лестницу ~ал. Три метра на пятой точке* (*на заду*) *~али.*

1. — от **ПАХАТЬ**.

ПРОПЕЛЛЕР *см.* **ЗАГЛУШИ МОТОР (ПРОПЕЛЛЕР)**

ПРОПЕРДЕ́ТЬ, -ржу́, -рди́шь, **ПРОПЕРДО́НИТЬ**, -ню, -нишь; *сов., кому что во что, сколько.* Проиграть, упустить. *Чирик* (десять рублей) *в преф* (преферанс) *пропердел. Пропердонили партию.*

От **ПЕРДЕТЬ**, **ПЕРДОНИТЬ**.

ПРОПИВА́ТЬ, -а́ю, -а́ешь; *несов.* (*сов.* **ПРОПИ́ТЬ**, -пью́, -пьёшь), *что*. Портить, губить (преим. о способностях, навыках, опыте и т. п.).

ПРОПИ́ВКА, -и, *ж.* Зарплата.

От общеупотр. «пропивать».

ПРОПИВО́ХА, -и, *м.* и *ж.* Пьяница.

От общеупотр. «пропивать».

ПРОПИСА́ТЬ, -ишу́, -и́шешь; *сов., кого чем во что, куда*. Ударить, ткнуть, вре́зать, вмазать. *~иши-ка его по́ уху. Пинчище* (пинок) *~*.

ПРОПИСАТЬ* *см.* **ПАЁК**; **ПИНЧАГА**; **ЧТО ДОКТОР (УЧАСТКОВЫЙ, ТЕРАПЕВТ) ПРОПИСАЛ**

ПРОПИСАТЬСЯ *см.* **ЯЩИК**

ПРОПИ́СКА, -и, *ж.* Какое-л. испытание новичка, являющееся экзаменом на вступление в какую-л. компанию, сообщество; боевое крещение.

Из *уг.*

ПРОПИСТОН *см.* **ПИСТОН**

ПРО́ПИСЬ, -и, *ж.* Какие-л. действия, связанные с ножом, шилом, иным холодным оружием; поножовщина, использование ножа и т. п. *Здесь пахнет ~ью. Нарваться на ~.* ♦ **Брать ~ью** *кого* — резать, убивать холодным оружием.

Ср. **ПИСА́ТЬ**.

ПРОПИ́ТКА, -и, *ж.* Цех, мастерская по пропитке чего-л. чем-л. *Работать в ~е.*

ПРОПИТЬ *см.* **МАСТЕРСТВО НЕ ПРОПЬЁШЬ**; **ПРОПИВАТЬ**

ПРОПИ́ХИВАТЬ, -аю, -аешь; *несов.* (*сов.* **ПРОПИХНУ́ТЬ**, -ну́, -нёшь) *кого*. **1.** Вступить с кем-л. в половую связь (о мужчине). **2.** Содействовать, помогать кому-л., обычно используя связи, влияние. *Зав своих пропихивает, а мы мух чавкой ловим* (бездействуем).

От **ПИХАТЬ 2., 4., ПИХНУТЬ 4.**

ПРОПИХНУ́ТЬСЯ, -ну́сь, -нёшься; *сов., с кем*. Вступить в половую связь с кем-л. (о мужчине).

От **ПИХАТЬСЯ**, **ПИХНУТЬСЯ**.

ПРОПИХНУТЬ ХОРОМ *см.* **СДЕЛАТЬ (ПРОПИХНУТЬ, ПРОДРАТЬ) ХОРОМ**

ПРОПО́Й, -я, *м.* Распитие спиртного, посвящённое завершению какого-л. дела.

Ср. **ЗАПОЙ**.

ПРОПОЛА́СКИВАТЬ, -аю, -аешь; *несов.* (*сов.* **ПРОПОЛОСКА́ТЬ**, -а́ю, -а́ешь), *кого*. **1.** Надоедать, назойливо внушать что-л. кому-л., приставать, нудить. **2.** Обманывать.

ПРОПУСКАТЬ *см.* **ДАЖЕ КЛЁВЫЙ ШТАТСКИЙ ЗИППЕР ПРОПУСКАЕТ РУССКИЙ ТРИППЕР**

ПРОПЫЛЕСОСИТЬ *см.* **А ТАЙГУ ТЕБЕ НЕ ПРОПЫЛЕСОСИТЬ?**

ПРОРВАТЬСЯ *см.* **ССАТЬ**

ПРО́РВОЧКА, -и, *ж.* (или **~ УША́СТАЯ**). *Ирон.-ласк.* Обжора, гурман, сладкоежка; тот, кто много поглощает, потребляет чего-л.; человек, сорящий деньгами и т. п.

От общеупотр. *прост.* «прорва» в том же зн.

ПРО́РУБЬ, -и, *ж.* **1.** Женские половые органы. **2.** Рот.

ПРОРУБЬ* *см.* **ГОВНО**; **КАК ДЕРЬМО В ПРОРУБИ**

♦ **ПРОРЫ́В НА СВИ́НКУ** — сильный аппетит.

ПРОРЫВ НА ХАВКУ *см.* **ХАВКА**

ПРОРЮ́ХАТЬ, -аю, -аешь; *сов., что* и *без доп.* Понять, догадаться.

См. **РЮХАТЬ**.

ПРОСВИ́СТЫВАТЬ, -аю, -аешь; *несов.* (*сов.* **ПРОСВИСТЕ́ТЬ**, -ищу́, -и́щешь), *что, во что, кому* и *без доп.* **1.** Проигрывать (в какой-л. игре). **2.** Сколько. *Растрачивать, «пускать на ветер»* (о деньгах). **3.** *что* и *без доп.* Упустить шанс.

♦ **ПРО СВОЁ ПРО ДЕ́ВИЧЬЕ** (или **О СВОЁМ О ДЕ́ВИЧЬЕМ**) — о насущном, сокровенном, живо интересующем говорящего.

ПРОСЕДЬ *см.* **ПЛЕШЬ**

ПРОСЕКА́ЙЛО, -а, *ср.* Тот, кто понимает, разбирается в чём-л., догадывается о чём-л.

От **ПРОСЕКАТЬ**; шутл. имитация укр. фамилии.

ПРОСЕКА́ТЬ, -а́ю, -а́ешь; *несов.* (*сов.* **ПРОСЕ́ЧЬ**, -еку́, -ечёшь), *кого-что* и *без доп.* Понимать, догадываться, разбираться, хорошо ориентироваться, знать.

От **СЕЧЬ 1.**

ПРОСЕКУ́ХА, -и, **ПРОСЕКУ́ШНИЦА**, -ы, *ж.* Девушка, женщина; проститутка.

ПРОСЕЧЬ *см.* **ПРОСЕКАТЬ**

ПРОСИРА́НЕЦ, -нца, **ПРОСИРА́НЦ**, -а, *м.* Преферанс.

Шутл. Контаминация с **СРАТЬ**, **ПРОСИРАТЬ**.

ПРОСИРА́ТЬ, -а́ю, -а́ешь; *несов.* (*сов.* **ПРОСРА́ТЬ**, -сру́, -срёшь), *кому во что, сколько*. Проигрывать.

ПРОСИТЬ *см.* **ВОТ И ВЧЕРА ТОЖЕ ЗАХОДИЛА СТАРУШКА...**; **МОРДА КИРПИЧА ПРОСИТ**; **МОРДА ЛИЦА ПРОСИТ**; **РОЖА КИРПИЧА ПРОСИТ**

ПРОСМОРКАТЬСЯ *см.* **ЗА ЭТО ВРЕМЯ И ПРОСМОРКАТЬСЯ НЕ УСПЕЕТ**

ПРОСОБА́ЧИТЬСЯ, -чусь, -чишься; *сов., где.* Провести долгое время в неблагоприятных условиях. *Три часа на собрании ~чился. Всё лето на югах ~чился* (погода была плохая).

ПРОСОХНУТЬ *см.* **ПРОСЫХАТЬ**

ПРОСРАТЬ *см.* **ПРОСИРАТЬ**

ПРОССАТЬ *см.* **ПРОССЫВАТЬ**

ПРОССА́ТЬСЯ,-су́сь, -сы́шься; *сов., без доп.* Помочиться.

От **ССАТЬ**.

ПРОССЫВА́ТЬ, -а́ю, -а́ешь; *несов.* (*сов.* **ПРОССА́ТЬ**, -су́, -сы́шь). **1.** *кому во что сколько.* Проигрывать. *Наши немцам, как детсад, проссали* (проиграли в футбол с большим счётом). **2.** *кого-что.* Понимать, догадываться. *Никак не проссу, чего ему нужно.* ♦ **Фиг** (или **хрен**) **проссышь** *что* — совсем непонятно.

От **ССАТЬ**.

ПРОСТИТА́РША, -и, *ж. Ирон.* Секретарша.

Ирон. наложение общеупотр. «проститутка» + «секретарша»; *ср.* **СЕКРЕТУТКА** и т. п.

♦ **ПРОСТИ́ТЕ РА́ДИ ПАРДО́НА** — *ирон.* извините, простите ради бога.

ПРОСТИ́ТЬ, -ощу́, -ости́шь; *сов., что кому. Ирон.* Не забить гол в стопроцентной ситуации (напр., в футболе)

Из *спорт.*

♦ **ПРОСТ КАК ПРА́ВДА** *кто* — дурак, идиот; нахал, бессовестный человек.

Из очерка М. Горького о В. И. Ленине.

Ср. **ПРОСТОЙ**.

♦ **ПРОСТ КАК ТРИ КОПЕ́ЙКИ** *кто* — глупый, примитивный человек.

ПРОСТО *см.* **ЗОВИ МЕНЯ ПРОСТО «ХОЗЯИН»; НЕТ, ПРОСТО ПЛОХО ВЫГЛЯДИТ; Я ВООБЩЕ ЧЕЛОВЕК ОБЪЁМНЫЙ...**

ПРОСТО́Й, -а́я, -о́е. *Ирон.* О человеке, который хитрит, изворачивается, а потом нагло заявляет о своих правах. *Ну ты вообще ~! ~ такой! Теперь все такие ~ые!*

ПРОСТОКВА́ША, -и, *ж.* Женщина, девушка, жена, подруга, любовница.

♦ **ПРО́СТО МАРИ́Я** — *ирон.* идиот, придурок, напр.: *— А он мужик-то ничего, с головой? — Да просто Мария, интеллект. как у стиральной машины.*

От назв. популярного телесериала.

♦ **ПРО́СТО, ПО-ЧЕЛОВЕ́ЧЕСКИ, КАК ВОЖДЬ НА ТОЛЧКЕ́** — *ирон.* просто, без затей, напрямую, без хитрости, рисовки, напр.: *Скажи ему об этом просто по-человечески, как вождь на толчке.*

ПРОСТОФИ́ЛЯ, -и, *м., собств.* Певец Ф. Киркоров.

ПРОСТУДИТЬ *см.* **РОТ ЗАКРОЙ, КИШКИ ПРОСТУДИШЬ**

ПРОСТУДИТЬСЯ *см.* **НАДЕНЬ ОЧКИ, А ТО ПРОСТУДИШЬСЯ**

ПРОСТУДИ́ФИЛИС, -а, *м.* Простуда.

См. также **ГРИППЕР (И ПРОСТУДИФИЛИС)**

Ирон. передел. общеупотр. «простуда» + «сифилис».

ПРОСУШИТЬСЯ *см.* **ПРОСЫХАТЬ**

ПРОСУ́ШКА, -и, *ж.* Перерыв в пьянстве. *День просушки, три постирушки.*

ПРОСЫХА́ТЬ, -а́ю, -а́ешь; *несов.* (**ПРОСО́ХНУТЬ**, -ну, -нешь), **ПРОСУШИ́ТЬСЯ**, -ушу́сь, -у́шишься, *сов.; без доп.* Не пить, делать перерыв в пьянстве, трезветь. *Юбилей за юбилеем, прямо просушиться некогда. Не просыхает мужик, портвейном потеет. Твой-то ещё не просох?* (о муже)

ПРОТАНЦЕВА́ТЬ, -цу́ю, -цу́ешь; *сов., что* и *без доп.* Прогулять уроки, занятия.

От **ТАНЦЕВАТЬ**.

ПРОТАЩИ́ТЬСЯ, -ащу́сь, -а́щишься; *сов., на что, с чего* и *без доп.* Получить удовольствие от чего-л., испытать сильную эмоцию.

От **ТАЩИТЬСЯ**

ПРОТЕКАТЬ *см.* **КЛАПАНА ПРОТЕКАЮТ**

ПРОТЕЛИ́ТЬ, -елю́, -е́лишь (или -ели́шь); *сов., что* и *без доп.*; Провалить дело своей медлительностью, нерасторопностью.

ПРОТЕЛИ́ТЬСЯ, -телю́сь, -те́лишься; *сов., с чем* и *без доп.* Протянуть, промедлить, потерять время.

От **ТЕЛИТЬСЯ**.

ПРОТЕРЕТЬ *см.* **ГЛЯДЕЛКИ**

ПРОТЕЧЬ *см.* **ЧЕРДАК**

♦ **ПРО́ТИВ ЛО́МА НЕТ ПРИЁМА, ОКРОМЯ́ ДРУГО́ГО ЛО́МА** — силу можно победить только силой.

ПРОТИ́ВНЫЙ, -ая, -ое. Ирон.-ласк. эпитет. *~ мальчишка. ~ые твои глазёнки.*

ПРОТИВОГА́З, -а, *м.* Лицо.

См. также **СНИМИ ПРОТИВОГАЗ**

ПРОТИВОФАЗА *см.* **БЫТЬ В ПРОТИВОФАЗЕ**

ПРОТОКО́ЛЬНЫЙ, -ая, -ое. **1.** Грубый, кондовый, неприветливый. *Рожа ~ая. Только с такой ~ой харей и можно в президенты пролезть.* **2.** Смешной, уморительный, достойный осмеяния (обычно о лице, выражении лица). *~ые ребята в Моссовете сидят — свиньи с мопсами.*

ПРОТОЛМА́ЧИВАТЬ, -аю, -аешь; *несов.* (*сов.* **ПРОТОЛМА́ЧИТЬ**, -чу, -чишь), *что кому* и *без доп.* Переводить (с одного языка на другой).

ПРОТРЕ́СКАТЬСЯ, -аюсь, -аешься; *сов., чем* и *без доп.* Употребить слишком много наркотиков, допустить передозировку наркотиков. *Герасимом* (героином) *~ался — и остопырился* (умер).

Из *нарк.*

ПРОТРИ ГЛЯДЕЛКИ *см.* **ГЛЯДЕЛКИ**

ПРОТЯ́ГИВАТЬ, -аю, -аешь; *несов.* (*сов.* **ПРОТЯНУ́ТЬ**, -яну́, -я́нешь) *что* (обычно **НО́ГИ**, **ЛА́ПТИ**, **КОПЫ́ТА**, **КОСТЫЛИ́**, **САНДАЛЕ́ТКИ**, **КОЛО́ДКИ**, **ХОДУ́ЛИ**, **САПО́ЖКИ** и т. п.). Умирать.

ПРОТЯГИВАТЬ* *см.* **НЕ ПРОТЯГИВАЙ РУКИ, А ТО (А НЕ ТО) ПРОТЯНЕШЬ НОГИ**

ПРОТЯНУТЬ *см.* **ПРОТЯГИВАТЬ**; **НЕ ПРОТЯГИВАЙ РУКИ, А ТО (А НЕ ТО) ПРОТЯНЕШЬ НОГИ**

ПРОТЯНУТЬ (ОТКИНУТЬ) САНДАЛИИ *см.* **САНДАЛЕТКИ**

ПРОУШИ́ТЬ, -шу́, -ши́шь; *сов., кого.* Избить.

От назв. восточной гимнастики и борьбы «у-шу» («ушу»).

ПРОУШИ́ТЬСЯ, -шу́сь, -ши́шься; *сов., без доп.* Научиться у-шу.

Ср. **ПРОУШИТЬ**.

ПРОФЕССИЯ *см.* **ГОРИЗОНТАЛЬНАЯ ПРОФЕССИЯ**

ПРОФЕ́ССОР, -а, *м.* (или **~ КИ́СЛЫХ ЩЕЙ**). Ирон. обращение; недоучившийся, глупый человек с претензией на образованность.

ПРО́ФИ, *нескл., м.* и *ж.*, **ПРО́ФИК**, -а, *м.* Профессионал, эксперт.

Возм. подражание англ.

ПРОФИЛЬ *см.* **ТЕ ЖЕ ЯЙЦА, ТОЛЬКО В ПРОФИЛЬ**

ПРОФИНАНСИ́РОВАТЬ, -рую, -руешь; *сов., кого чем на сколько. Ирон.* Дать денег, преим. в долг. *~руй меня на тыщонку, будь Савкой Морозовым.*

ПРОФО́РА, -ы, **ПРОФУ́РА**, -ы, **ПРОФУ́РКА**, -и, **ПРОФУРСЕ́ТКА**, -и, *ж.* Женщина лёгкого поведения; модница, щеголиха; *ирон.* о любой девушке, женщине.

Неясно. Возм. от *уг.* «профурсетка», «профура» — проститутка; *ср.* общеупотр. «просфора», «просвора», «проскура» — священный хлеб; возм. от *разг.* «форс», «для форсу» (лат. pro fors).

ПРОФСОЮ́З, -а, *м.* Демобилизованный солдат срочной службы (обычно в ВМФ).

Из *арм.*

♦ **ПРОХИНДЕ́Й ИВА́НЫЧ** — *шутл.* прохиндей, проныра, плут.

Ср. напр., **ЛОХ ПЕТРОВИЧ**, **ХАЛДЕЙ ИВАНЫЧ** и т. п.

ПРОХО́Д, -а, *м.* Сброшенные карты в покере.

Из *карт.*

ПРОХОД* *см.* **ТОРЧАТЬ (БОЛТАТЬСЯ, ВИСЕТЬ), КАК СЛИВА В ЗАДНЕМ ПРОХОДЕ (В КОМПОТЕ)**

ПРОХО́ДКА, -и, *ж.* В модельном бизнесе: процесс демонстрации одной модели одежды от начала подиума до его конца.

ПРОХОДНО́Й, -а́я, -о́е. Имеющий шанс на успех, удачу. *~ое дело. Нет, это трюк не ~, здесь пахнет парашей и волчком* (тюрьмой). *Рельеф не ~* (о недостаточно стройной фигуре у манекенщицы).

См. также **ВЫХОДНЫЕ-ПРОХОДНЫЕ**

ПРОХОДНЯ́К, -а́, *м.* **1.** Проходная комната, помещение. **2.** Что-л. заведомо удачное, сулящее успех. *Я чую, что это ~.*

От **ПРОХОДНОЙ**

ПРОХОДНЯКО́М, *нареч.* Проходя мимо, на ходу, вскользь, между делом.

ПРОЦЕНТ *см.* **СТО ПРОЦЕНТОВ**

ПРОЧИСТИТЬ *см.* **ПРОЧИСТЬ МОЗГИ**; **ПРОЧИЩАТЬ**

♦ **ПРОЧИ́СТЬ МОЗГИ́** — подумай хорошенько, поразмысли.

ПРОЧИЩА́ТЬ, -а́ю, -а́ешь; *несов.* (*сов.* **ПРОЧИ́СТИТЬ**, -чи́щу, -чи́стишь), *что кому* (или **~ МОЗГИ́**, **~ КЛЮВ**, **~ КИШЕ́ЧНИК** *кому*). Наказывать, избивать, обругивать кого-л.

ПРОШЛОЕ *см.* **ВОДКА — ПЕРЕЖИТОК ПРОШЛОГО, НАСТОЯЩЕГО И БУДУЩЕГО**

ПРОШМАНДО́ВКА, -и, **ПРОШМОНДО́ВКА**, -и, *ж.* Проститутка; пронырливая, хитрая, коварная женщина; любая женщина, девушка (обычно в ирон.-шутл. зн.). *Ах ты ~ вокзальная!*

Возм. от наложения **МАНДА** и **ШМОН**; *ср. устар. диал.* «шмо́нить», «шмонничать», «шмоняться» — шататься без дела, «шмонка» — щеголиха, кокетка, распутница.

ПРОЩА́Й-МО́ЛОДОСТЬ, проща́й-мо́лодости, *ж.* Суконная обувь на резине, наиболее дешёвая и немодная.

ПРОЩЕ *см.* **БУДЬ ПРОЩЕ, И К ТЕБЕ ПОТЯНУТСЯ ЛЮДИ...; ПОПРОЩЕ**

ПРОЩЕМИ́ТЬ, -млю́, -ми́шь; *сов., что.* Упустить, пропустить момент, шанс; не проявить инициативы в нужный момент.

От **ЩЕМИТЬ 2.**

ПРУД *см.* **МУДА (С ПРУДА); СИДИТ МАРТЫШКА У ПРУДА...**

ПРУДИ́ЛА, -ы, *м.* и ж, **ПРУДИ́ЛЬНИК**, -а, **ПРУДО́Н**, -а, *м.* Тот, кто часто мочится, человек, страдающий недержанием мочи.

От общеупотр. «прудить», *см.* **ПРУДОНИТЬ.**

ПРУДО́НИТЬ, -ню, -нишь, **ПРУДО́НИТЬСЯ**, -нюсь, -нишься; *несов., без доп.* Мочиться.

Ср. общеупотр. «прудить».

ПРУЛЬЁ, -я, *ср.*, **ПРУ́ЛЬНИК**, -а, **ПРУН**, -а́, *м.* Везучий, удачливый человек (часто о карточном игроке).

От **ПЕРЕТЬ 1.**

ПРУ́ХА, -и, **ПРУ́ШКА**, -и, *ж.* **1.** Удача, везение, счастье. *Пруха на карту пошла.* **2.** Любовница, сожительница.

От **ПЕРЕТЬ 1., 2.**

ПРУ́ШНИЦА, -ы, *ж.* То же, что **ПРУХА 2.**

♦ **ПРЫ́ГАЙ БО́КОМ** — пошёл вон, проваливай.

♦ **ПРЫ́ГНУЛ С АКВАЛА́НГОМ — НЕ ПРИКИ́ДЫВАЙСЯ ШЛА́НГОМ** — «назвался груздем — полезай в кузов», раз начал дело — не малодушничай, сказал «а» — говори и «б».

ПРЫГНУТЬ *см.* **ХВОСТ; ЯЩИК**

ПРЫГНУТЬ НА ИГЛУ *см.* **ИГЛА**

ПРЫЩ, -а́, *м.* **1.** Мужской половой орган маленького размера. **2.** Маленький, но агрессивный человек. **3.** Недостаток, упущение. **4.** Человек, который портит всё дело.

2. — *ср. устар.* «прыщ», «прындик» — малорослый, надутый человек.

♦ **ПРЫЩ НА РО́ВНОМ МЕ́СТЕ** — что-л. незначительное, но неприятное; человек, который обладает незначительной властью (напр., вахтёр, комендант, контролёр и т. п.) и злоупотребляет ею, слишком рьяно выполняя свои обязанности. *Лифтерша с собакой в лифт не пускает. Тоже мне, прыщ на ровном месте!*

♦ **ПРЫЩО́М ПОЙТИ́** — **1.** Покрыться прыщами. **2.** Разозлиться.

♦ **ПРЯМ, КАК РАЗРЕ́З НА ЗА́ДНИЦЕ** — о примитивном, глупом человеке.

♦ **ПРЯМО́Й НАВО́ДКОЙ ПО ЖО́ПЕ СКОВОРО́ДКОЙ** — *ирон.* о каком-л. неудачном действии.

Из *детск.* или *шк.*

ПРЯ́НИК, -а, *м. Ирон.* Любой человек. *Эй, ~и, айда рыбу ловить.* ♦ **Лысый ~** лысый человек; *ирон.* любой человек. *~ом прикидываться* — строить из себя простачка.

См. также **ТУЛЬСКИЙ; У НАШИХ ВОРОТ...**

ПРЯНИК* *см.* **КОНФЕТЫ (ПРЯНИКИ, ПЕЧЕНЬЕ) «СМЕРТЬ ЗУБАМ»**

ПРЯТКИ *см.* **ИГРАТЬ В ПРЯТКИ С ПОЛИСОМ**

ПСИХ, -а, **ПСИХИ́ЧЕСКИЙ**, -ого, *м.* Психически больной; нервный, неуравновешенный человек. *Псих ненормальный.* ♦ **Психом станешь** *от чего, что делать* — о чём-л. очень трудном.

ПСИХА́РИТЬ, -рю, -ришь, **ПСИХЕ́ТЬ**, -е́ю, -е́ешь; *несов., без доп.* (*сов.* **ПСИХАНУТЬ**, -ну́, -нёшь), *на кого-что, с чего* и *без доп.* Сходить с ума, нервничать, беситься, метаться. *Зачем ты на меня вчера психанул? С каждым днём психеет.*

От **ПСИХ.**

ПСИХА́РКА, -и, *ж.* **1.** Сумасшедшая, ненормальная женщина. **2.** Сумасшедший дом.

От **ПСИХ.**

ПСИХА́РЬ, -я́, *м.* **1.** То же, что **ПСИХ. 2.** То же, что **ПСИХАРКА 2. 3.** Врач-психиатр.

ПСИХЕТЬ *см.* **ПСИХАРЬ**

ПСИХОВО́З, -а, *м.*, **ПСИХОВО́ЗКА**, -и, *ж.* Скорая помощь для душевнобольных.

От **ПСИХ** + общеупотр. «возить».

ПСИХОДРО́М, -а, *м.* **1.** (или **ПСИХУ́ШКА**, -и, *ж.*). Сумасшедший дом; место, где много нервных, взвинченных людей; нервная, абсурдная, ненормальная ситуация, обстановка. **2.** *собств.* Площадка перед старым зданием МГУ на улице Моховой в Москве.

От **ПСИХ** + форманта «дром» (*ср.* аэродром, ипподром и т. п.).

ПСИХОДРО́МНЫЙ, -ая, -ое. Относящийся к сумасшедшему дому; ненормальный, странный, безумный. *~ая забегаловка. ~ые условия* (для работы).

От **ПСИХОДРОМ 1.**

ПСИХОЛО́М, -а, **ПСИХОЛО́МЩИК**, -а, *м.* Врач-психиатр; тот, кто работает медбратом, «усмирителем» в сумасшедшем доме.

От **ПСИХ** + общеупотр. «ломать».

ПСИХОМ СТАНЕШЬ *см.* **ПСИХ**
ПСИХУШКА *см.* **ПСИХОДРОМ**
ПСИХУ́ШНИК, -а, *м.* **1.** То же, что **ПСИХ**. **2.** То же, что **ПСИХОДРОМ**. **3.** То же, что **ПСИХАРЬ 3.**
ПСИХУ́ШНИЦА, -ы, *ж.* **1.** Душевнобольная; неуравновешенная, нервная женщина. **2.** То же, что **ПСИХОДРОМ**
ПС-ПС, *межд.* То же, что **ПИПИ 2.**
ПТЕ́НЧИК, -а, *м.* Мужской половой орган. *~ в гнёздышке* (или *в гнёздышко*) — о половом акте.
ПТИЦА *см.* **РУКИ СЛОВНО ДВЕ БОЛЬШИЕ ПТИЦЫ**
ПТИ́ЧИЙ, -ья, -ье. Относящийся к пьянству, алкоголизму. ♦ **~ья болезнь** — похмелье.
Ср. **ПЕРЕПЕЛ**, **ПЕРЕПЕЛИНАЯ БОЛЕЗНЬ.**
ПТИ́ЧКА, -и, *ж.* **1.** Ирон. обращение (часто к мужчине). *~ ты моя перелётная. Певчая ты моя ~.* **2.** Мужской половой орган. **3.** *собств.* Птичий рынок в Москве. *Щенок с ~и.* **4.** Любой рынок, базар.
ПТИЧКА* *см.* **КСТАТИ О ПТИЧКАХ**; **РЫБКА-ПТИЧКА-СОБАЧКА**
♦ **ПТИ́ЧКА ОБЛОМИ́НГО ПРОЛЕТЕ́ЛА** — *ирон.* о том, что не осуществилось что-л. задуманное.
Контаминация «фламинго» и **ОБЛОМ**.
ПТИЧЬЕ МОЛОКО *см.* **МОЛОКО**
♦ **ПТИ́ЧЬЯ БОЛЕ́ЗНЬ** — триппер, гонорея.
ПУ́ГАЛО, -а, *ср.* **1.** Пистолет, револьвер. **2.** (или **~ ОГОРО́ДНОЕ**, **~ БОЛО́ТНОЕ** и т. п.). *Ирон.* о любом человеке. **3.** *собств.* Популярная певица А. Пугачёва.
1. — от общеупотр. «пугать», возм. — через *уг.*
♦ **ПУ́ГАНАЯ ВОРО́НА НА́ ВОДУ ДУ́ЕТ** — *ирон.* контаминация двух пословиц; употр. для выражения какой-л. несуразности, несоответствия, абсурдности происходящего.
ПУГА́ТЬ, -а́ю, -а́ешь; *несов. что.* Страдать рвотой. *~ газон. ~ унитаз. Ты все подворотни ~ал по очереди.*
ПУГАТЬ БЕЛОГО ДРУГА *см.* **ДРУГ**
ПАГАЧЁНЫШ, -а, *м., собств.* Популярный певец Ф. Киркоров, муж А Пугачёвой.
ПУ́ГОВИЦА, -ы, *ж.* **1.** Пластинка (чаще о маленькой). **2.** Лазерный диск.
ПУД *см.* **СТО ПУДОВ**
ПУДЕЛЬ *см.* **ВАШ ПУДЕЛЬ ЛАЕТ?**
ПУДРИТЬ *см.* **НОС ПУДРИТЬ**

♦ **ПУ́ДРИТЬ** (или **КЛЕВА́ТЬ**, **СА́ХАРИТЬ**) **МОЗГИ́** *кому* — пытаться воздействовать на кого-л., убеждать; заговаривать зубы, обманывать, темнить.
ПУЗА́Н-БРЮХА́Н, пуза́на-брюха́на (или пузана́-брюхана́), *м.* Полный человек, толстяк.
ПУЗА́НИСТЫЙ, -ая, -ое, **ПУЗА́ТИСТЫЙ**, -ая, -ое, **ПУЗЕ́НИСТЫЙ**, -ая, -ое. Толстый, полный (о человеке).
От общеупотр. «пузо», «пузан».
ПУЗА́НКА, -и, **ПУЗА́ТКА**, -и, *ж.* Беременная женщина; толстая, полная женщина.
От общеупотр. «пузо», «пузан».
ПУЗА́ТИК, -а, *м.* Толстый человек; ирон. обращение.
От общеупотр. «пузо», «пузатый».
ПУЗАТИСТЫЙ *см.* **ПУЗАНИСТЫЙ**
ПУЗАТКА *см.* **ПУЗАНКА**
ПУЗА́ТЫЙ, -ая, -ое. Ирон. эпитет, обычно с отрицательным оттенком. *Татарьё ~ое. Кооперация ~ая.* ♦ **Мелочь ~ая** — незначительный человек или *собир.* незначительные люди; молокосос.
ПУЗЕНИСТЫЙ *см.* **ПУЗАНИСТЫЙ**
ПУЗЕ́НИТЬ, -ню, -нишь, **ПУЗЕ́НИТЬСЯ**, -нюсь, -нишься, **ПУЗЕ́ТЬ**, -е́ю, -е́ешь, **ПУЗЯ́ЧИТЬСЯ**, -чусь, -чишься; *несов., без доп.* **1.** Толстеть, растить пузо. **2.** Беременеть.
ПУЗЕ́НЬ, -и, *ж.* и -я, *м.* Пузо, живот, брюхо. *~ наел.*
ПУЗЕТЬ *см.* **ПУЗЕНИТЬ**
ПУЗИ́РОВАТЬ, -рую, -руешь; *несов.* **1.** *без доп.* То же, что **ПУЗЕНИТЬ**. **2.** *куда.* Идти животом, пузом вперёд. *Куда ~руешь?*
ПУЗОГЛА́Д, -а, *м.* Бездельник, лодырь, лоботряс.
От *разг.* «гладить пузо».
ПУЗОДА́В, -а, *м.* Соня; тот, кто много спит.
От *разг.* «давить (на) пузо».
ПУЗОЧЁС, -а, *м.* Бездельник, лодырь, лоботряс.
От *разг.* «чесать пузо».
ПУЗЫРЁК, -рька́, **ПУЗЫ́РЬ**, -я́, *м.* **1.** Бутылка спиртного. **2.** Важный человек, начальник.
ПУЗЫРЁМ *см.* **ПАЛЬЦЫ ВЕЕРОМ — СОПЛИ ПУЗЫРЁМ...**
♦ **ПУЗЫРИ́ ПУСКА́ТЬ** — говорить.
ПУЗЫРИ ПУСКАТЬ ВРАЗБИВКУ *см.* **ГОВОРИТЬ (ПУЗЫРИ ПУСКАТЬ, ЖЕВАТЬ, БУРЧАТЬ, ГНАТЬ) ВРАЗБИВКУ**

ПУЗЫРИ́ТЬСЯ, -рю́сь, ри́шься; *несов.* **1.** *на что* и *без доп.* Нервничать, волноваться. **2.** *без доп.* Говорить что-л. (обычно с жаром, страстно).

ПУЗЫРЬ *см.* **ЛЕЗТЬ В ПУЗЫРЬ; ПУЗЫРЁК; ПУСТЬ ЛУЧШЕ ЛОПНЕТ МОЯ СОВЕСТЬ, ЧЕМ МОЧЕВОЙ ПУЗЫРЬ; ШЕВЕЛИТЬ**

ПУЗЯ́НКА,- и, **ПУЗЯ́КА**, -и, *ж.* Пузо, брюхо, живот. *Чего ты меня пузянкой таранишь* (толкаешь)?

ПУЗЯЧИТЬСЯ *см.* **ПУЗЕНИТЬ**

ПУЗЯ́ЧКА, -и, *ж.* **1.** То же, что **ПУЗЯНКА**. **2.** То же, что **ПУЗАНКА**.

ПУК *см.* **ВДРУГ БЫВАЕТ ТОЛЬКО ПУК; НА ПУК...**

ПУ́КАЛКА, -и, **ПУ́КЛЯ**, -и, *ж.*, **ПУ́КАЛО**, -а, *ср.* **1.** Зад, ягодицы. **2.** Человек, который часто испускает кишечные газы. **3.** Старик, старуха. **4.** Пистолет. *Офицерская пукалка* (*пренебр.*).

От **ПУКАТЬ**; *ср. устар. диал.* «пукало» — плохое ружьё, «пукалка» — детское игрушечное морковное или репное ружьё, стреляющее картофельной пробкой; *ср.* также *уг.* «пукалка» — револьвер; пожилая женщина.

ПУ́КАТЬ, -аю, -аешь; *несов.* (*сов.* **ПУ́КНУТЬ**, -ну, нешь). **1.** *без доп.* Портить воздух. **2.** *что* и *без доп.* Говорить, произносить. **3.** *в кого-что* и *без доп.* Стрелять. ♦ **Я пукну, ты утонешь** — шутл. запугивание собеседника. **Много пукала, мало какала** — шутл. передразнивание речи финно-угорских народов, чаще эстонцев или финнов (обычно произносится с имитацией акцента).

Ср. *устар. диал.* «пукать» — хлопать, щёлкать, лопаться, стрелять (в зн. лопаться со щелчком), отбивать, молотить.

ПУКЛЯ *см.* **ПУКАЛКА**

ПУКНУТЬ *см.* **ПУКАТЬ**

ПУ́ЛЕЙ, *нареч.* Быстро, мигом. *~ на вокзал!* (беги).

От общеупотр. «пуля».

ПУЛЕМЁТ, -а, *м.* Что-л. быстрое, мгновенное; человек, делающий что-л. быстро, напр. быстро говорящий, тараторящий что-л. ♦ **Как из ~а** *что, что делать* — быстро, разом.

ПУЛЕМЁТ* *см.* **НАМ, ТАТАРАМ, ВСЁ РАВНО...**

ПУЛЕМЁТОМ, *нареч.* Быстро, стремительно. *~ поел. ~ прибежал.*

ПУЛЕМЁТЧИК, -а, *м.* **1.** Человек, делающий что-л. быстро. *Ну ты и ~! Видали такого ~а?* **2.** Ударник в рок-группе.

От **ПУЛЕМЁТ, ПУЛЕМЁТОМ**.

ПУЛИТЬ *см.* **ПУЛЯТЬ**

ПУ́ЛЬКА, -и, **ПУ́ЛЯ**, -и, *ж.* **1.** Преферанс. *Пульку расписать* (или *раскинуть, разложить*) — сыграть в преферанс. **2.** Слух, новость, известие (часто ложные). *Пулю пустить* — распространить слух. *Слышал пульку — метро дорожает?*

Ср. *уг.* «пули заряжать» — обманывать, отсюда же возм. общеупотр. *разг.* «пули лить (отливать)» — обманывать.

ПУЛЬНУТЬ *см.* **ПУЛЯТЬ**

ПУЛЬТЯ́ГА, -и, *ж.* Пульт дистанционного управления.

ПУЛЯ *см.* **ГОВНО; ПУЛЬКА**

ПУЛЯ́ЛКА, -и, *ж.* Пистолет.

От общеупотр. *прост.* «пулять».

ПУЛЯ́ТЬ, -я́ю, -я́ешь, **ПУЛИ́ТЬ**, -лю́, -ли́шь; *несов.* (*сов.* **ПУЛЬНУ́ТЬ**, -ну́, -нёшь), *кого-что, кому.* **1.** Говорить, высказывать, ругать. *Пульнуть матом. Давай, пуляй её* (ругай). **2.** Передавать, продавать, перепродавать.

ПУ́НКЕР, -а, *м.* Панк.

ПУНКТ, -а, **ПУ́НКТИК**, -а, *м.* Странность, страсть, предрассудок, причуда, слабое место. *Пунктик на поговорить* (о болтливом человеке). *Пункт на бабах. У меня на этом деле пунктов нет.*

ПУНКТИ́РОВАТЬ, -рую, -руешь; *несов., на чём.* Иметь причуду, слабость.

От **ПУНКТ** + контаминация с общеупотр. «пунктир».

ПУНШ, -а, *м.* Смесь вина с наркотиками.

Из *нарк.*

ПУПО́К, -пка́, *м.* **1.** Любой человек (часто приятель, друг). *~пки мои слетелись* — друзья приехали. **2.** Человек маленького роста. *Сам ~, а важный, как Зыкина.* **3.** Отец, папа. **4.** только *мн.* Родители. *С ~пками я рассорился.*

ПУПОК* *см.* **БРОСОК ЧЕРЕЗ ПУПОК С ЗАХВАТОМ ЛЕВОГО ЯЙЦА; В ПУПОК ДЫШАТЬ; ОБЩАТЬСЯ С СОБСТВЕННЫМ ПУПКОМ; ПОВЫШЕ КОЛЕНА, ПОНИЖЕ ПУПКА**

♦ **ПУПО́К РАЗВЯ́ЖЕТСЯ** — надорвёшься.

ПУПО́ЧНЫЙ, -ая, -ое. Маленький, маленького размера (чаще о человеке). *~ мужчинка.*

См. **ПУПОК 2**.

ПУРГА́, -и́, *ж.* Чушь, ерунда, ахинея. ♦ **~у нести** — говорить глупости, болтать лишнее, лгать.

См. также **ГНАТЬ**

ПУРГЕ́НЕВСКАЯ, -ой, *ж., собств.* Станция метро «Тургеневская».

Шутл. контаминация с «пурген».

ПУРЖИ́ТЬ, -жу́, -жи́шь; *несов., что кому* и *без доп.* Нести чушь, болтать пустое, лгать.

От **ПУРГА**.

♦ **ПУСКА́Й РАБО́ТАЕТ ЖЕЛЕ́ЗНАЯ ПИЛА́, НЕ ДЛЯ ТОГО́ МЕНЯ́ МАМА́НЯ РОДИЛА́** — не хочу работать.

Из песни.

ПУСКАТЬ *см.* **ПУЗЫРИ ПУСКАТЬ; СОПЛИ ПУСКАТЬ...**

♦ **ПУСКА́ТЬ ЛЕЩА́** — привлекать к себе внимание.

Возм. из *уг.*

ПУСТИТЬ *см.* **РАЗГОН; СОК ПУСТИТЬ**

ПУСТИТЬ ДЕЗУ (ДЕЗУХУ) *см.* **ДЕЗА**

♦ **ПУСТИ́ТЬ КРА́СНЫЕ СО́ПЛИ** *кому* — избить, наказать кого-л.

♦ **ПУСТИ́ТЬ КРОВЬ ИЗ УШЕ́Й** (или **ИЗ ЗА́ДНИЦЫ, И́З НОСУ**) *кому* — наказать кого-л.

♦ **ПУСТИ́ТЬ КРОВЬ НО́СОМ** *кому* — избить кого-л.; заставить расплатиться.

Ср. *уг.* «кровь пошла носом» — обыгранная при помощи шулера жертва расплачивается.

♦ **ПУСТИ́ТЬ НА КРУГ** *кого* (или **ПО КРУ́ГУ** *кого*) — о групповом изнасиловании.

ПУСТИТЬ ШЕПТУНА (ШЕПТУНЧИКА) *см.* **ШЕПТУН**

ПУСТО *см.* **В ОГОРОДЕ ПУСТО, ВЫРОСЛА КАПУСТА**

ПУСТО́Й, -а́я, -о́е. Безденежный, не имеющий денег. *Я сегодня ~. У него взаймы не попросишь, он инженер ~.*

ПУСТОЙ* *см.* **ГОЛОВА ПУСТАЯ; СТРАШНЕЕ ПУСТОГО СТАКАНА; НА СЛОВАХ ТЫ ЛЕВ ТОЛСТОЙ, А НА ДЕЛЕ ХРЕН ПУСТОЙ; НИЧЕГО — ПУСТОЕ МЕСТО**

ПУСТЫ́РЬ, -я́, *м.* Двоечник; тупой, несообразительный ученик.

Из *шк.*

ПУСТЫ́ШКА, -и, *ж.* Пустые речи, болтовня. ♦ **~у гнать** — болтать пустое, «лить воду».

♦ **ПУСТЬ ИДЁТ КРОВЬ И́З НОСУ В МИ́РЕ ШОУБИ́ЗНЕСУ** — пародирование высказываний противников коммерциализации средств массовой информации.

♦ **ПУСТЬ ЛУ́ЧШЕ ЛО́ПНЕТ МОЯ́ СО́ВЕСТЬ, ЧЕМ МОЧЕВО́Й ПУЗЫ́РЬ** — *ирон.* о ситуации, когда человек справляет малую нужду в неположенном месте.

♦ **ПУСТЬ ПОСЛУ́ЖИТ КУКУРУ́ЗА ДЛЯ СОВЕ́ТСКОГО СОЮ́ЗА** — о чём-л. несуразном, абсурдном.

Пародирование лозунгов времен Н. С. Хрущёва.

♦ **ПУСТЬ РАБО́ТАЕТ ЖЕЛЕ́ЗНЫЙ ТРА́КТОР** — *ирон.* о нежелании работать.

ПУТА́НА, -ы, **ПУТА́НКА**, -и, *ж.* Проститутка (обычно валютная). *~ из «Космоса». Путаны в чернобурках.*

См. также **ЦЕНТРОВОЙ**

От итал. putana в том же зн.

ПУТАНИРОВАТЬ *см.* **ПУТАНИТЬ**

ПУТАНИСТЫЙ *см.* **ПУТАНСКИЙ**

ПУТА́НИТЬ, -ню, -нишь, **ПУТАНИ́РОВАТЬ**, -рую, -руешь; *несов., без доп.* Заниматься проституцией.

От **ПУТАНА**.

ПУТАНКА *см.* **ПУТАНА**

ПУТА́НСКИЙ, -ая, -ое, **ПУТА́НОВЫЙ**, -ая, -ое, **ПУТА́НИСТЫЙ**, -ая, -ое. Относящийся к проституткам, проституции. *Путанские деньги. Морда путановая. Путанские замашечки.*

От **ПУТАНА**.

ПУ́ТИН-ГРА́Д, Пу́тина-гра́да, *м., собств.* Санкт-Петербург.

ПУТЬ *см.* **КРЫША ДЫМИТ...; СЧАСТЛИВОГО ПУТИ И ЭЛЕКТРИЧКУ НАВСТРЕЧУ**

ПУТЯ́ГА, -и, *ж.* Профессиональное техническое училище.

От аббрев. ПТУ, по модели **МУЛЬТЯГА** и т. п.

ПУТЯ́ЖНЫЙ, -ая, -ое. Относящийся к ПТУ.

От **ПУТЯГА**.

ПУ́ХЛЯ, -и, *м.* и *ж.*, **ПУХЛЯ́К**, -а́, *м.* Толстый, упитанный, пухлый человек.

ПУ́ХНУТЬ, -ну, -нешь; *сов.* **1.** *на кого* и *без доп.* Наглеть, становиться агрессивным, нападать на кого-л., приставать, искать ссоры. **2.** *с чего, от чего.* Уставать, утомляться. **3.** *без доп.* Толстеть, полнеть. **4.** *без доп.* Беременеть.

См. также **ГОЛОВА ПУХНЕТ**

ПУХОВИ́К, -а́, *м.* Китаец

По распространённым в продаже китайским курткам-пуховикам.

ПУЧЕГЛА́ЗЕЦ, -зца, *м.* Человек с выпученными глазами (часто о евреях).

От общеупотр. «пучеглазый».

ПУЧЕША́РЫЙ, -ая, -ое. Пучеглазый.

См. также **СРАНЬ**

От «пучить» + **ШАРЫ 3.**

ПУ́ЧИТЬ, -чу, -чишь; *несов.* **1.** *что* (или **~ ШАРЫ́**, **~ ЛУПЕ́ТКИ**, **~ ГЛЯДЕ́ЛКИ** и т. п.). Смотреть, глядеть во все глаза. **2.** *кого чем* и *без доп.* Сердить, раздражать. *Ты меня не пучь.*

ПУ́ЧИТЬСЯ, -чусь, -чишься; *несов.*, *на что.* То же, что **ПУЧИТЬ 1.**

ПУЧКО́ВЫЙ, -ая, -ое. Хороший, отличный, удачный, высокого качества. *~ые дела пошли.*

От **ПУЧОК 1.**

ПУЧКО́М, *нареч.* Отлично, замечательно. *Как дела? — Всё ~.*

От **ПУЧОК 1.**

ПУЧО́К, -чка́, *м.* **1.** Что-л. хорошее, замечательное, крепкое, сочное. **2.** *чего.* Большое количество чего-л. *Передай ему целый ~ приветов.*

ПУ́ШЕР, -а, *м.* Торговец наркотиками.

Из *нарк.*, возм. от англ. to push — толкать.

ПУ́ШКА[1], -и, *ж.*, *собств.* Пушкинская площадь; станция метро «Пушкинская»; Пушкинская улица в Москве. *В шесть на ~е под часами.*

ПУШКА́[2], -и, *ж.* **1.** Пистолет. **2.** Радар для контроля скорости движения автомобиля. **3.** Обман, подвох, угроза, блеф. **4.** Яркий пучок света, сфокусированный на работающей на подиуме модели. ♦ **Брать** (или **взять, цеплять, тянуть** и т. п.) **на ~у** — обманывать, часто с угрозой.

1., 3., ♦ — *ср.* морское «пушка кораблю», т. е. выговор; возм. через *уг.* «пуха», «пушка» — револьвер, касса, обман, подлог, *ср.* также «пушку заряжать» — обманывать, «пушкарь» — обманщик «на пушку»; 4. — из речи работников модельного бизнеса.

ПУШКА́РЬ, -я́, *м.* Обманщик, лжец, вымогатель.

От **ПУШКА́ 3.**

ПУ́ШКИН, -а, *м.*, *собств.* Неизвестно кто; бог его знает кто. *А кто платить будет, ~?*

См. также **СКАЗКА**

ПУШНИ́НА, -ы, *ж. Ирон.* Пустая посуда (обычно бутылки, оставшиеся после попойки). *Пойдем ~у сдавать. Операция «~»* — сдача пустой посуды. *Где тут пункт приёма ~ы?*

ПХАЙ-ПХА́Й, *межд.* Выражает любую эмоцию.

Восходит к лозунгу рус.-индийской дружбы «хинди-руси бхай-бхай».

ПЧЁЛКА *см.* **ЖАЛКО У ПЧЁЛКИ В ПОПКЕ**

ПША, -и, **ПШЕНИ́ЦА**, -ы, **ПШЁНКА**, -и, *ж.* Пшеничная водка.

ПШЕБЗДИ́НСКИЙ, -ого, **ПШЕК**, -а, *м.* **1.** Поляк. **2.** *собств.* Бывший советник по национальной безопасности президента США Збигнев Бжезинский.

Пародирование типичных для польского языка шипящих звуков; шутл. наложение с **БЗДЕТЬ**.

ПШЕНИЦА, ПШЁНКА *см.* **ПША**

ПШЕНО́, -а́, *ср.* **1.** То же, что **ПША**. **2.** Ерунда, чушь. *Это всё ~. Хватит про ~.* **3.** Дети. ♦ **~ мелкое** — много маленьких детей.

ПЫЛ *см.* **СБАВЬ ОБОРОТЫ (ЖАР, ПЫЛ, ТЕМП)**

ПЫЛЕСО́С, -а, *м.* Машина, автомобиль (обычно о плохих, старых).

ПЫЛЕСОС* *см.* **ГЛУПЕЕ (ДУРНЕЕ) ПЫЛЕСОСА**

ПЫЛЕСО́СИТЬ, -о́шу, -о́сишь; *несов.*, *кого* (или **~ МОЗГИ́**, **~ БАШКУ́** и т. п. *кому*). Воздействовать, приставать, надоедать; лгать, обманывать; болтать без умолку.

ПЫЛЕСОСИТЬ* *см.* **СРАТЬ, КОПАТЬ И ПЫЛЕСОСИТЬ**

ПЫЛЬ *см.* **АНГЕЛЬСКАЯ ПЫЛЬ; В ПЫЛЬ; ЖОПА; ЦВЕТОК В ПЫЛИ**

ПЫЛЬНЫЙ *см.* **ЗАШИБЛЕННЫЙ**

ПЫЛЬНЫМ МЕШКОМ ИЗ-ЗА УГЛА ПРИХЛОПНУТЫЙ *см.* **ПРИХЛОПНУТЫЙ**

ПЫ́НДРОВКА, -и, *ж.* Метафорическое, типическое назв. провинциального города, глухого места. *Приехал какой-то Тарзан из ~и.*

Возм. звукоподр. или какое-л. литературное назв.; менее вероятно от какого-л. реально существующего назв.; *ср. устар.* «пыня» — надутый человек; *ср.* также **ВПЕНДЮРИТЬ** и т. п.

ПЫПА, ПЫПКА, ПЫПЫСА, ПЫПЫСКА, ПЫСА, ПЫСКА, ПЫСЯ *см.* **ПИСКА**[1]

ПЫСАТЬ *см.* **ПИ́САТЬ**

ПЫТКИ *см.* **КАМЕРА ПЫТОК**

ПЫХ, -а, *м.*, **ПЫ́ХА**, -и, *ж.*, **ПЫ́ХОВО**, -а, *ср.* Курево (часто о наркотике).

От **ПЫХАТЬ**

ПЫХА́ТЬ, -а́ю, -а́ешь; *несов.*, *что* и *без доп.* (*сов.* **ПЫХНУ́ТЬ**, -ну́, -нёшь), *чего* и *без доп.* Курить (часто о наркотике). *Пойдем, пыхнём. Ты не пыхаешь?*

Ср. *устар. диал.* «пыхать» — гореть, полыхать, курить, жить на широкую ногу, отсюда же «пыхтеть» и др. в общеупотр. зн.

ПЫХОВО *см.* **ПЫХА**

ПЬЕ́ХА, -и, *ж.*, и в зн. *межд. Бран. Иди ты в ~у! Вот такая ~ вышла!* (о неудаче). *Диапазон советского человека: от Эдиты ~и до «иди ты на ...»*

По имени популярной певицы Эдиты Пьехи.

ПЬЯН В ЖОПУ *см.* **ЖОПА**

ПЬЯН В ЖОПУА *см.* **ЖОПУА**

♦ **ПЬЯН В ЛО́СКУТ** (или **В ЛОСКУТЫ́**) *кто* — очень сильно пьян.

♦ **ПЬЯН В МУКУ́** — сильно пьян.

ПЬЯ́НКА, -и, *ж.* Большое, важное, бурно развивающееся событие; причудливые обстоятельства. *Да, ~ будет кровососная!* (о предстоящем важном собрании). ♦ **Раз пошла такая ~, режь последний огурец** — раз уж так сложились обстоятельства, надо всё делать до конца.

♦ **ПЬЯ́НОЕ ГОВНО́** — утренний стул после пьянки, попойки, напр.: *Главное, чтобы с бодуна пьяное говно вышло!*

ПЬЯНО́Т, -а, *м.* Пьяница, алкоголик.

Возм. фонетическая контаминация с общеупотр. «енот».

ПЬЯНСТВО *см.* **ЛЕСБИЯНСТВО ХУЖЕ ПЬЯНСТВА**

ПЬЯНСТВОВАТЬ *см.* **ВОДКУ ПЬЯНСТВОВАТЬ**

ПЬЯНЧУГА́Н, -а, *м.* Пьяница, пьянчуга.

Ср. модель общеупотр. *разг.* «мальчуган».

ПЬЯНЫЙ *см.* **БРЕД (ПЬЯНОГО НАНАЙЦА)**; **В ХЛАМ (ПЬЯН, НАПИТЬСЯ)**; **В ЩЕПУ ПЬЯН**; **ЖЕРТВА (ПЬЯНОЙ АКУШЕРКИ)**; **ОТРЫЖКА (ПЬЯНОГО ИНДУСА)**; **СТЕЛЬКА**

♦ **ПЬЯ́НЫЙ В ДО́СКУ**, **ПЬЯ́НЫЙ В ДУГУ́**, **ПЬЯ́НЫЙ В ДЫМИ́НУ** — сильно пьяный.

ПЭ́ССИВ, -а, *м.* То же, что **ПАССИВ**.

Подражание англ. произношению.

♦ **ПЭ ТРИ**, *собств.* — название нескольких пивных залов в Москве.

Шутл. переосмысление аббрев. ПЗ — пивной зал.

ПЭЦЭ́, *нескл., м.* и *ср.* и в зн. *межд.* Всё, конец, амба.

Аббрев., состоящая из первой и последней буквы нецензурного сл.

ПЭША́, -и́, *ж.* Зимняя форма одежды в армии.

Из *арм.*; *аббрев.* ПШ (полушерстяной).

ПЭЭНХА́, **ПНХ**, *аббрев.* Пошёл вон, проваливай.

Эвфем. от «пошел на...»

ПЯ́ЛЕВО, -а, *ср.* Всё, что относится к сексу.

От **ПЯЛИТЬ 2.**, **ПЯЛИТЬСЯ**.

ПЯ́ЛИТЬ, -лю, -лишь; *несов.* **1.** *что где у кого.* Воровать, красть. *Всё с работы ~лит, заболевание у него такое.* **2.** *кого.* Вступать в половую связь с кем-л. **3.** *кого откуда.* Выгонять, изгонять, гнать, увольнять. *Теперь всех, кому за пятьдесят, с работы ~лят.*

Ср. *устар.* «пялить», «пялиться» — натягивать, растягивать, волосить, тянуться, подниматься на цыпочки, «пялить ноги» — танцевать, отсюда же общеупотр. «пялить глаза», «пялиться» — упорно, внимательно смотреть.

ПЯ́ЛИТЬСЯ, -люсь, -лишься; *несов., с кем.* То же, что **ПЯЛИТЬ 2.**

ПЯТА́К, -а́, **ПЯТАЧО́К**[1], -чка́, *м.* **1.** Что-л. количеством пять, пятьдесят, пятьсот и т. д., напр. пять рублей, пять баллов (оценка), пять лет тюремного заключения, пять километров (дистанция) и т. п. **2.** Нос,лицо. *Дать в ~* (ударить). *Получить в ~. Въехать пятачком в стенку* (удариться). ♦ **Бог не дурак, любит пятак** — *шутл.* передел. общеупотр. «бог троицу любит».

ПЯТАЧО́К[2], -чка́, *м., собств.* Ирон. обращение. ♦ **Ну, как тебе сказать, Пятачок...** — не знаю, как (что) тебе и сказать. **Куда идём мы с Пятачком? Конечно, в гастроном. Зачем идём мы с Пятачком? Конечно, за вином** — *шутл.* передел. песня Винни-Пуха из популярного мультфильма.

Персонаж популярной сказки А. Милна о Винни-Пухе.

♦ **ПЯ́ТАЯ ТО́ЧКА** — задница.

ПЯТЁРА, -ы, **ПЯТЁРКА**, -и, *ж.*, **ПЯТЕРИ́К**, -а́, **ПЯТЕРИЧО́К**, -чка́, *м.* То же, что **ПЯТАК 1.** *Пошёл по пятерику* — сел в тюрьму на пять лет.

ПЯТИЛЕ́ТКА, -и, *ж.* Срок заключения пять лет.

Из *уг.*

ПЯ́ТИТЬ, пя́чу, пя́тишь; *несов.* **1.** *что где, у кого.* Красть, воровать. **2.** *кого откуда.* Изгонять, увольнять.

2. — возм из *уг.*

ПЯТИ́ФНИК, -а, **ПЯТИ́ФОН**, -а, *м.* То же, что **ПЯТАК 1.**

ПЯТИХА́ТНИК, -а, *м.* Пятьсот рублей (или пятьсот тысяч).

Из *уг.*

ПЯ́ТКА[1], -и, **ПЯ́ТОЧКА**, -и, *ж.* **1.** Окурок, остаток сигареты, последние затяжки. *Пяточку-то оставь!* **2.** Остатки нефилей (см.) в чифире.

См. также **БЕСТАБАЧНАЯ ПЯТКА**

ПЯ́ТКА[2] -и, *ж.* Пятая часть чего-л., какой-л. суммы (заработка, доходов, прибыли и т. п.). *Нищие в Москве за ~у работают.*

ПЯТКА* *см.* **СТУЧАТЬ (БИТЬ) СЕБЯ ПЯТКОЙ В ГРУДЬ**

♦ **ПЯ́ТКОЙ В НОСУ́ КОВЫРЯ́ТЬСЯ** — выполнять трудное, нудное, хлопотное, но необходимое дело.

ПЯТНА́РИК, -а, *м.* **1.** То же, что **ПЯТАК 1. 2.** Что-л. количеством пятнадцать, напр. пятнадцать копеек, пятнадцать суток и т. п.

ПЯ́ТНИЦА, -ы, *м.* и *ж.* Лицо южной национальности.

По имени персонажа романа Д. Дефо.

ПЯТОЧКА *см.* **ПЯТКА**[1]

ПЯТЬ, *нескл.* (реже -и́), *ж.* Рука, кисть. *Держи* (или *давай*) ~ — привет, здравствуй. *Чего ~ выставил?*

ПЯТЬ* *см.* **СДЕЛАТЬ (ПОКАЗАТЬ) ФИГУРУ ИЗ ПЯТИ ПАЛЬЦЕВ; ЭТО ПЯТЬ**

♦ **ПЯТЬДЕСЯ́Т БУ́ЛЕК** — новый вид пластмассовой бутылочной пробки, введённой в оборот ликёро-водочным заводом «Кристалл» в 1998–1999 гг.

ПЯТЮ́НДЕЛЬ, -я, **ПЯТЮ́ШНИК**, -а, *м.*, **ПЯТЮ́ШКА**, -и, **ПЯТЮ́ШНИЦА**, -ы, *ж.* То же, что **ПЯТАК 1.**

Р

РАБ, -а́, *м.*, **РАБЫ́НЯ**, -и, *ж.* Студент, обычно младших курсов, который помогает студентам старших курсов делать диплом, проект и т. п. *Ему рабы в день по подрамнику косят.*

Из *студ.*; возм. первоначально сл. появилось в МАРХИ.

♦ **РАБ ЛА́МПЫ** — тот, кто много смотрит телевизор.

Наименование джина, живущего в лампе (из восточных сказок).

РАБИНО́ВИЧ, -а, *м.* Еврей.

Распространённая фамилия.

РАБОТА *см.* **НЕ БЕЙ ЛЕЖАЧЕГО...; ОСНОВНАЯ РАБОТА; РУЧНАЯ РАБОТА; ЧТОБЫ СЛУЖБА (РАБОТА, ЖИЗНЬ) МЁДОМ НЕ КАЗАЛАСЬ**

РАБОТАЙ, НЕГР, СОЛНЦЕ ЕЩЁ ВЫСОКО, А ЗАРПЛАТА ДАЛЕКО *см.* **НЕГР**

РАБОТАТЬ *см.* **БОТАТЬ; В ОДНО КАСАНИЕ РАБОТАТЬ; НА УШАХ (СИДЕТЬ, РАБОТАТЬ); НЕ ПЬЁТ ТОЛЬКО СОВА, ПОТОМУ ЧТО ДНЁМ ОНА СПИТ...; ПЕРЕДОК; ПУСКАЙ РАБОТАЕТ ЖЕЛЕЗНАЯ ПИЛА...; ПУСТЬ РАБОТАЕТ ЖЕЛЕЗНЫЙ ТРАКТОР; РЕЛЬЕФ; ХОРОШАЯ ШТУЧКА, КОГДА БОЛИТ РУЧКА...**

♦ **РАБО́ТАТЬ ДВО́РНИКОМ** — *ирон.* быть безработным.

♦ **РАБО́ТАТЬ, КАК ПА́ПА КА́РЛО** — много, интенсивно работать.

От имени персонажа сказки А. Н. Толстого «Золотой ключик, или Приключения Буратино».

РАБО́ТНИЧКИ, -чков, *мн.* Руки, пальцы.

Из *уг.* или *карт.*

РА́БСТВО, -а, *ср.* Система взаимопомощи студентов в написании дипломных работ и т. п. *В архитектурном институте с ~ом хорошо поставлено. Я на неделю ухожу в ~.*

РА́БСТВОВАТЬ, -твую, -твуешь; *несов., без доп.* Помогать своим друзьям-студентам делать диплом, проект и т. п.

От **РАБ**.

РАБЫНЯ *см.* **РАБ**

♦ **РАБЫ́НЯ ИЗА́УРА** — *ирон.* о ком-л., чаще в зн. дура, идиотка, напр.: *Чего я тебе, рабыня Изаура, что ли, по восемь часов за зарплату работать?*

Героиня одноимённого популярного бразильского телесериала.

РАДА́РЫ, -ов, *мн.* Уши. *Прочисть ~* — слушай внимательно. *~ами поймал* — услышал.

РАДЁХОНЬКИЙ, -ая, ое. Пьяный.

РА́ДИК, -а, **РЕ́ДИК**[1], -а, *м.* Радикулит. *~ замучил.*

РАДИКА́ЛЬНЫЙ, -ая, -ое. Современный, модный, а также отличный, замечательный (положительный эпитет с максимально широкой сочетаемостью). *~ая дискотека.*

Ср. **АКУТУАЛЬНЫЙ, РЕАЛЬНЫЙ** и под.

РАДИКА́ЛЬНО, *нареч.* и в зн. *межд.* Хорошо, отлично. *~ оторвались* (отдохнули).

От **РАДИКАЛЬНЫЙ**.

РАДИОАКТИ́ВНЫЙ, -ая, -ое. Неприятно и сильно пахнущий. *Бомжи ~ые.*

РАДИО САРАФАННОЕ (САРАФАНОВОЕ) *см.* **САРАФАННЫЙ**

♦ **РА́ДОСТИ ПО́ЛНЫЕ ШТА́НЫ** *у кого от чего* — о человеке, который очень рад чему-л.

РА́ДОСТЬ, -и, *ж.* **1.** (или **~ МОЯ́**). Ирон. обращение. *Слушай, ~ моя, сгинь ради нашей тихой старости* (уйди). **2.** Аэропорт в глухих, далёких местах, часто в местах заключения.

2. — из *уг.*

РАДОСТЬ* *см.* **НА ФИГ (НА ХРЕН, К ЧЁРТУ, ЗАЧЕМ) МНЕ ТАКАЯ РАДОСТЬ; СОБАЧЬЯ РАДОСТЬ**

РАЗ, -а, *м.*, *мн.* разы́, -о́в. Один рубль; десять, сто и т. п. рублей (в зависимости от ситуации). *За гарнитур давай тридцать ~ и ещё полраза доехать* (речь идёт о тридцати тысячах и пятистах рублях за доставку).

РАЗ* *см.* **ДОГАДАЙСЯ С ТРЁХ РАЗ; ЖОПА; НА РАЗ И КУРИЦА ПЁРДНЕТ; НА РАЗ; ОДИН РАЗ — НЕ ПИДОРАС; ПОСЛЕДНИЙ РАЗ — И ДО ПАСХИ; СОРОК; СЧИТАЮ ДО РАЗ; ЧАЙ, НЕ ПЕРВЫЙ РАЗ ЗАМУЖЕМ**

РАЗБАЗА́РИВАТЬ, -аю, -аешь; *несов.* (*сов.* **РАЗБАЗА́РИТЬ**, -рю, -ришь), *что кому*. Разбалтывать, распространять слух, выдавать тайну. *По всему городу феньку* (шутку, новость) *разбазарил. Баба всё разбазарит, да еще литературно обработает, отредактирует, стерва.*

От **БАЗАРИТЬ**.

РАЗБАЗА́РИВАТЬСЯ, -аюсь, -аешься; *несов.* (*сов.* **РАЗБАЗА́РИТЬСЯ**, -рюсь, -ришься), *о чём* и *без доп.* Болтать без умолку; быть возбуждённым, разговорчивым. *Нечего здесь разбазариваться, работать надо. Чего-то ты разбазарился не к месту.*

От **БАЗАРИТЬ**.

РАЗБЕЖА́ТЬСЯ, -егу́сь, -ежи́шься; *сов., с чем, на что* и *без доп.* Очень понадеяться на что-л. (обычно заведомо нереальное). *Я уж с холодильником было _~ежался, но как цену увидел, сразу рожки опустились.*

РАЗБИВА́ТЬ, -а́ю, -а́ешь; *несов.* (*сов.* **РАЗБИ́ТЬ**, -зобью́, -зобьёшь), *что кому*. Разменивать деньги. *Трёшку разобьёшь? Штуку* (тысячу) *по сотням не разобьёшь?*

Ср. *уг.* «разбить» — обыграть, *ср.* также «разбить понт» — разойтись в стороны, «разбить порт, лопатник и т. п.» — раскрыть, осмотреть портфель, бумажник и т. п.

РАЗБИ́ВКА, -и, *ж.* Размен, обмен денег. *Пойдём в метро, там ~ есть. Без ~и не возьмут, крупняк* (крупные купюры).

От **РАЗБИВАТЬ. РАЗБИТЬ.**

РАЗБИВКА* *см.* **ГОВОРИТЬ (ПУЗЫРИ ПУСКАТЬ, ЖЕВАТЬ, БУРЧАТЬ, ГНАТЬ) ВРАЗБИВКУ**

РАЗБИРА́ТЬСЯ, -а́юсь, -а́ешься; *несов.* (*сов.* **РАЗОБРА́ТЬСЯ**, -беру́сь, -берёшься) *с кем*. Избивать, наказывать кого-л.

РАЗБИТЬ *см.* **РАЗБИВАТЬ**

РАЗБЛЮ́ДНИК, -а, *м.*, **РАЗБЛЮДО́ВКА**, -и, *ж.* Меню. *Согласно местной разблюдовке, омаров тут нет — ирон.* о пельменной.

От общеупотр. «блюдо».

РАЗБЛЮ́ДНИЧАТЬ, -аю, -аешь и **РАЗБЛЮДО́ВНИЧАТЬ**, -аю, -аешь; *несов.* (*сов.* **РАЗБЛЮДНУ́ТЬ**, -ну́, -нёшь), *без доп.* Читать меню; обслуживать согласно меню. *Разблюдните нас по полной. Ну, будут нас здесь разблюдовничать, или мы сюда пришли старость встречать?* (в ресторане).

От **РАЗБЛЮДНИК, РАЗБЛЮДОВКА.**

РАЗБЛЮДОВКА *см.* **РАЗБЛЮДНИК**

РАЗБЛЮДОВНИЧАТЬ *см.* **РАЗБЛЮДНИЧАТЬ**

РАЗБЛЯДО́ВКА, -и, *ж.* Расписание, график, сетка часов, схема распределения чего-л., план поставок и т. п.

Шутл. наложение с *бран.* «блядь»; *ср.* напр., **РАЗБЛЮДОВКА.**

РАЗБОДЯ́ЖИВАТЬ, -аю, -аешь; *несов.* (*сов.* **РАЗБОДЯ́ЖИТЬ**, -жу, -жишь). **1.** *что, с кем* и *без доп.* Тянуть время, не принимать решения, мяться. **2.** *что* и *без доп.* Готовить наркотик к употреблению.

2. — из *нарк.*

РАЗБОРЗЕ́ТЬСЯ, -е́юсь, -е́ешься; *сов., на кого* и *без доп.* Наброситься на кого-л., пристать к кому-л., накричать, напасть; стать наглым, нахальным.

От **БОРЗЕТЬ.**

РАЗБО́РКА, -и, *ж.*, **РАЗБО́РКИ**, -рок, *мн.* Выяснение отношений, драка; интрига, сложности во взаимоотношениях. *Только без разборок! На салюте будет разборка* (драка).

От **РАЗБИРАТЬСЯ, РАЗОБРАТЬСЯ.**

РАЗБО́РЧИВЫЙ, -ая, -ое. Агрессивный, вечно вступающий в конфликты; задира, драчун.

От **РАЗБОРКА.**

РАЗВЕ́ДКА, -и, *ж.* Выход по магазинам. *Пойду на ~у. Мать в ~у ушла, за языком говяжьим.*

РАЗВЕ́ДЧИК, -а, *м. Ирон.* Человек, чем-л. интересующийся.

РАЗВЕДЧИК* *см.* **КИТАЙСКИЙ (ЯПОНСКИЙ) РАЗВЕДЧИК (ШПИОН)**

♦ **РАЗВЕ́ДЧИК ЭРОГЕ́ННЫХ ЗОН** — ловелас, бабник.

РАЗВЕСТИ *см.* **РАЗВОДИТЬ**

РАЗВЕСТИ МОЗГОКЛЮЙСТВО *см.* **МОЗГОКЛЮЙСТВО**

РАЗВЕСТИ (НАВЕСТИ) РАМСЫ *см.* **РАМСЫ**

РАЗВЕШИВАТЬ *см.* **СОПЛИ ПУСКАТЬ...**

РАЗВОДИ́ТЬ, -ожу́, -о́дишь; *несов.* (*сов.* **РАЗВЕСТИ́**, -еду́, -едёшь), *кого.* Обманывать, стараться обхитрить, лгать с целью обмана. *Чего ты меня, как гимназистку, разводишь? Правительство народ с деноминацией развело.*

Возм. из *уг.*

РАЗВОДИТЬ* *см.* **ЛЯМУР**; **СЫРОСТЬ**

РАЗВОЗБУХА́ТЬСЯ, -а́юсь, -а́ешься; *сов., на кого* и *без доп.* Напасть, повести себя агрессивно по отношению к кому-л.

От **ВОЗБУХАТЬ 1.**

РАЗВОЗНИКА́ТЬСЯ, -а́юсь, -а́ешься; *сов., на кого* и *без доп.* Пойти на конфликт с кем-л., наброситься на кого-л., раскричаться.

От **ВОЗНИКАТЬ**.

РАЗВОНЯ́ТЬСЯ-я́юсь, -я́ешься; *несов., без доп.* Начать шуметь, кричать, мешать окружающим.

От **ВОНЯТЬ**.

РАЗВЫСТУПА́ТЬСЯ, -а́юсь, -а́ешься; *сов., без доп.* Раскричаться, повести себя шумно, взбудоражить всех; агрессивно заявить о своих правах.

От общеупотр. «выступать» — высказываться, возражать, спорить.

РАЗВЯЗАТЬСЯ *см.* **ПУПОК РАЗВЯЖЕТСЯ**

РАЗГОВНЯ́ТЬСЯ, -я́юсь, -я́ешься; *несов.* (*сов.* **РАЗГОВНИ́ТЬСЯ**, -ню́сь, -ни́шься), *на кого, с чем* и *без доп.* Кричать, говорить гадости; вести себя грубо, подло. *Как я только насчёт денег заговорил, этот как разговнится, прямо аж запахло.*

От **ГОВНО**.

РАЗГО́Н, -а, *м.* **1.** Запой, загул. *Петька в ~ пошёл, оброс как Маркс.* **2.** Нагоняй, взыскание, наказание. ♦ **В ~ пустить** *кого* — наказать, разделаться, обругать.

РАЗГОНЯТЬ *см.* **В МОСКВУ РАЗГОНЯТЬ ТОСКУ**

РАЗГУБА́СТИТЬСЯ, *1 л. ед.* не употр., -стишься; *сов., на что.* Захотеть чего-л. невозможного.

Ср. **ГУБУ РАСКАТАТЬ**.

РАЗГУЛЯ́Й, -я, *м.* Загул, разгул пьянства, гулянка. *Три дня ~я, аж адрес свой забыл.*

От общеупотр. «разгул» + *собств.* Разгуляй — один из районов Москвы.

РАЗДАВАТЬ *см.* **ГДЕ КТО БЫЛ, КОГДА БОГ НОГИ РАЗДАВАЛ**; **КИРЗА**

РАЗДАВАТЬСЯ *см.* **В ЛЕСУ РАЗДАВАЛСЯ КЛАРНЕТ ТРАКТОРИСТА**

РАЗДАВИ́ТЬ, -авлю́, -а́вишь; *сов., что, сколько.* Распить, выпить какое-л. количество спиртного. *~авили бутылочку. ~авил я пол-литра с тем самым мужиком в зеркале* (с собственным отражением в зеркале) *и сердцем отмяк.*

РАЗДАВИТЬ БАНКУ *см.* **БАНКА**

РАЗДАЙСЯ (**или РАЗОЙДИСЬ**), **ГРЯЗЬ, ДЕРЬМО ПЛЫВЁТ** *см.* **ГРЯЗЬ**

♦ **РАЗДА́ЛСЯ ГО́ЛОС ИЗ ПОМО́ЙКИ, КОГДА В НЕЁ ВЛЕТЕ́Л КИРПИ́Ч** — о чьей-л. неуместной реплике.

РАЗДВИГА́ТЬ, -а́ю, -а́ешь; *несов., кого куда, откуда.* Идти, шагать, двигаться (обычно продираясь сквозь толпу). *Куда это ты ~аешь? По Кузнецкому пипл* (народ) *~аю, смотрю — ты.*

РАЗДВИГАТЬ* *см.* **КРАСКИ РАЗДВИГАТЬ**

РАЗДЕВАЛКА *см.* **БАНЯ, ЧЕРЕЗ ДОРОГУ — РАЗДЕВАЛКА**

РАЗДЕВА́ТЬ, -а́ю, -а́ешь; *несов.* (*сов.* **РАЗДЕ́ТЬ**, -е́ну, -е́нешь), *кого-что.* **1.** Грабить, обворовывать. *~ машину* (снимать зеркало, колпаки, стёкла и т. п.). **2.** Разорять, пускать по́ миру. *Сначала партия нас раздевала, теперь дерьмократы* (*ирон.* демократы).

РАЗДЕВА́ТЬСЯ, -а́юсь, -а́ешься; *несов.* (*сов.* **РАЗДЕ́ТЬСЯ**, -е́нусь, -е́нешься), *без доп.* Оставаться без денег.

♦ **РАЗДЕЛИ́ НА ДВА́ДЦАТЬ СЕМЬ (НА ДВА́ДЦАТЬ ЧЕТЫ́РЕ)** — *шутл.* о чём-л. явно преувеличенном; успокойся, не принимай близко к сердцу, всё не так страшно.

РАЗДЕРБА́НИВАТЬ, -аю, -аешь; *несов.* (*сов.* **РАЗДЕРБА́НИТЬ**, -ню, -нишь), *что.* Разделывать, разбивать, разделять, кромсать, терзать, расчленять что-л. *Машину раздербанил* (разбил). *Так мужика раздербанили, что не узнаешь* (избили).

Ср. *устар.* «дербиться», «дербуниться», «дербить» — чесаться, скрести, царапать, «дербевать» — расчищать, «дербь», «дербина» — заросль, «дербужить» — плохо прясть, «дербень» — дерюга, грубая ткань и т. п.; *ср. уг.* «раздербанить» — разделить добычу.

РАЗДЕРБА́НИВАТЬСЯ, -аюсь, -аешься; *несов.* (*сов.* **РАЗДЕРБА́НИТЬСЯ**, -нюсь, -нишься), *без доп.* Разбиваться, раскраиваться, рассыпаться, расклеиваться, раздираться.

См. **РАЗДЕРБАНИВАТЬ.**

РАЗДЕТЬ *см.* **РАЗДЕВАТЬ**

РАЗДЕТЬСЯ *см.* **КУДА ТЫ ДЕНЕШЬСЯ, КОГДА РАЗДЕНЕШЬСЯ; РАЗДЕВАТЬ**

РАЗДИРИЖИ́РОВАТЬСЯ -руюсь, -руешься; *сов., без доп.* Неодобрительно о человеке, который «раскомандовался», пытается руководить. *~ровался тут, Ростропович!*

От **ДИРИЖИРОВАТЬ**

РАЗДОЛБА *см.* **РАЗДОЛБАЙ**

♦ **РАЗДОЛБА́Й ПОКРО́ВСКИЙ** — дурак, придурок.

РАЗДОЛБАИСТЫЙ *см.* **РАЗДОЛБАЙСКИЙ**

РАЗДОЛБА́Й, -я, *м.*, **РАЗДО́ЛБА**, -ы, *м.* и *ж.* Бездельник, глупец, дурачок; тот, кому на всё наплевать.

См. также **ЛУЧШЕ БЫТЬ ГОРБАТЫМ РАЗДОЛБАЕМ...**

От **ДОЛБАНЫЙ** + возм. намёк на нецензурное.

РАЗДОЛБА́ЙНИЧАТЬ, -аю, -аешь, **РАЗДОЛБА́ЙСТВОВАТЬ**, -твую, -твуешь; *несов., без доп.* Валять дурака, дурачиться, бездельничать; реже — делать глупости.

От **РАЗДОЛБАЙ.**

РАЗДОЛБА́ЙСКИЙ, -ая, -ое, **РАЗДОЛБА́ИСТЫЙ**, -ая,-ое. Наплевательский, абы как (о действии, поведении); глупый, придурковатый (о человеке). *~ая школа* (где плохо учат). *~ая порода — пьют да гуляют* (о семье).

От **РАЗДОЛБАЙ.**

РАЗДОЛБАЙСТВОВАТЬ *см.* **РАЗДОЛБАЙНИЧАТЬ**

РАЗДОЛБО́Н, -а, *м.* Наказание, нагоняй, расправа. *~ устроить. Грандиозный ~!*

♦ **РАЗДУВА́ТЬ ЖА́БРЫ** — сильно злиться (тяжело дыша, пыхтя и т. п.).

РАЗЖЕЧЬ *см.* **ВКЛЮЧИТЕ СВЕТ — СКАЗАЛ...**

РАЗЗАНО́ЗИТЬ, -о́жу, -о́зишь; *кого чем.* Разбередить старые душевные раны, растрогать, напомнить о былом, затронуть сокровенное, часто больное; затронуть больную тему, наступить на старую мозоль.

От общеупотр. «заноза» в перен. зн. — не дающая покоя мысль.

РАЗЗЯ́ВИТЬСЯ, -влюсь, -вишься; *сов.* **1.** *на что, с чем* и *без доп.* Очень понадеяться на что-л. (обычно заведомо нереальное). **2.** *на что.* Внимательно, во все глаза смотреть на что-л., пялиться.

От общеупотр. *прост.* «раззява», «раззеваться»; *ср. устар. диал.* «раззёва», «раззевай».

♦ **РАЗ — И КВАС** — раз — и всё, одним махом, быстро.

РАЗИНУТЬ *см.* **ПАСТЬ**

РАЗИНУТЬ (РАСПАХНУТЬ) ВАРЕЖКУ *см.* **ВАРЕЖКА**

РАЗЛЁТ *см.* **ВАЛЬТЫ В РАЗЛЁТЕ**

РАЗЛЕТА́ЙКА, -и, *ж.* **1.** Фасон женской блузки. **2.** Широкие «семейные» трусы. *Бык в ~е* (т. н. «новый русский»).

РАЗЛЕТЕ́ТЬСЯ, -лечу́сь, -лети́шься; *сов., на что, с чем* и *без доп.* очень понадеяться на что-л. (обычно заведомо нереальное).

РАЗЛИ́В, -а, **РО́ЗЛИВ**, -а, *м.* **1.** Характеристика качества спиртного по месту его производства, «разлива». *Водка ~а московского доведет до Склифосовского. Выпьешь ~ смоленский — погибнешь, как юный Ленский. От можайского ~а вместо носа будет слива.* **2.** Место рождения (чаще о людях, родившихся не на своей исторической родине). *Армянин московского ~а.*

РАЗЛИВ* *см.* **ЛЕНИН В РАЗЛИВЕ**

РАЗЛИВАТЬ *см.* **НЕ БУДЬ ЧЕМ КИСЕЛЬ РАЗЛИВАЮТ; НЕ БУДЬ ЧЕМ ЩИ НАЛИВАЮТ**

РАЗЛИВАТЬ ПО БУЛЬКАМ *см.* **БУЛЬКА**

РАЗЛИТЬ *см.* **ДРУЗЬЯ — НЕ РАЗЛЕЙ ВОДА**

РАЗЛЮ́ЛИВАТЬ, -аю, -аешь; *несов.* (*сов.* **РАЗЛЮЛИ́ТЬ**, -лю́, -ли́шь), *кого.* Обманывать, надувать.

Ср. *прост.* «разлюли (малина)» — привольное житьё, раздолье и т. п.

РАЗМАГНИ́ЧИВАТЬСЯ, -аюсь, -аешься; *несов.* (*сов.* **РАЗМАГНИ́ТИТЬСЯ**, -ни́чусь, -ни́тишься). **1.** *на чём* и *без доп.* Расслабляться, разнеживаться; распоясываться, не соблюдать дисциплину; бездельничать. *Совсем парень размагнитился, надо его ремнём по заднице подзарядить* (о сыне). **2.** *с кем* и *без доп.* Вступать в половую связь с женщиной.

РАЗМАЗАТЬ *см.* **ПО СТЕНКЕ РАЗМАЗАТЬ**

РАЗМАЗЫВАТЬ *см.* **СОПЛИ ПУСКАТЬ...**

РАЗМАКСА́ТЬСЯ, -а́юсь, -а́ешься; *сов., с кем-чем* и *без доп.* Расплатиться, отдать долг. *Я с тобой так до Страшного суда не ~аюсь!* (никогда не расплачусь).

От **МАКСАТЬ.**

РАЗМА́Х, -а, *м.* Попытка, проба, подступ к чему-л. *С первого ~а ничего не вышло.*

♦ **РАЗМА́Х НА РУБЛЬ — УДА́Р НА КОПЕ́ЙКУ** — о больших амбициях и малых результатах.

РАЗМАХНУ́ТЬСЯ, -ну́сь, -нёшься; *сов., на что, с чем* и *без доп.* Очень понадеяться на что-л. (обычно заведомо нереальное).

♦ **РАЗМА́Х РУБЛЁВЫЙ, УДА́Р ФИГО́ВЫЙ** — о больших амбициях и малых результатах.

РАЗМЕЧТА́ТЬСЯ, -а́юсь, -а́ешься; *сов., с чем, на что* и *без доп.* Очень понадеяться на что-л. (обычно заведомо нереальное).

РАЗМИНА́ТЬСЯ, -а́юсь, -а́ешься; *несов.* (*сов.* **РАЗМЯ́ТЬСЯ**, -зомну́сь, -зомнёшься), *чем.* Начинать пить; выпивать чего-л. для начала. *~ красненьким* (вином).

РАЗМНОЖА́ТЬСЯ, -а́юсь, -а́ешься; *несов.* (*сов.* **РАЗМНО́ЖИТЬСЯ**, -жусь, -жишься), *чем* (или **~ ДЕНЬГА́МИ**, **~ БА́БКАМИ** и т. п.) Приобретать что-л., богатеть, наживать. *Я тут намедни холодильничком размножился. Ну вот, глядишь, сотенкой и размножилась. В час десяткой размножаюсь.*

РАЗМОРДЕ́ТЬ, -е́ю, -е́ешь, **РАЗМОРДИ́РОВАТЬ**, -рую, -руешь, **РАЗМОРДО́ВЕТЬ**, -ею, -еешь, **РАЗМОРДО́ВИТЬСЯ**, -влюсь, -вишься, **РАЗМОРДЯ́ЧИТЬСЯ**, -чусь, -чишься; *сов., на чём* и *без доп.* Стать толстым, располнеть, набрать лишний вес. *На солдатской каше особо не размордеешь.*

От общеупотр. *прост.* «морда», «наесть морду» в том же зн.; *см.* **МОРДЕТЬ**.

РАЗМОЧИ́ТЬ, -очу́, -о́чишь; *сов.* **1.** *кого-что.* Заставить кого-л. что-л. сделать в первый раз; сдвинуть с мёртвой точки (о деле); лишить кого-что-л. какого-л. абсолютного качества. *~ вратаря* (забить первый гол в ворота). *Мужика ~очили* — согласился (уговорили наконец-то). **2.** *что чем.* Разбить, расколоть, сломать. *Окна ~очили* (разбили).

1. — от общеупотр. *спорт.* «размочить счёт» — открыть; 2. — от **МОЧИТЬ 1**.

РАЗМУНДИ́РИВАТЬСЯ, -аюсь, -аешься; *несов.* (*сов.* **РАЗМУНДИ́РИТЬСЯ**, -рюсь, -ришься), *без доп.* **1.** Раздеваться; одеваться легко. *Скоро весна, все размундирятся.* **2.** Разодеваться, наряжаться, расфуфыриваться. *Чего это ты размундирился-то, стул, что ли, с утра хороший?* **3.** Уйти с военной службы на гражданскую.

От общеупотр. «мундир».

РАЗМЯТЬСЯ *см.* **РАЗМИНАТЬСЯ**

РАЗНА́ЧИВАТЬ, -аю, -аешь; *несов.* (*сов.* **РАЗНА́ЧИТЬ**, -чу, -чишь), *что.* Начинать, открывать. *~ пачку сигарет* (*бутылку, консервную банку* и т. п.).

От **НАЧИТЬ**; возм. также влияние *уг.* «разначить» — раскрыть.

РАЗНА́ЧКА, -и, *ж.* Что-л. начатое, раскрытое. *Ты целяк не лапь, из разначки цепляй* — не трогай из целой пачки, бери из начатой.

От **РАЗНАЧИВАТЬ**.

РАЗНУ́ЗДЫВАТЬСЯ, -аюсь, -аешься; *несов.* (*сов.* **РАЗНУЗДА́ТЬСЯ**, -а́юсь, -а́ешься), *без доп.* Раздеваться, разуваться, снимать что-л. (об одежде, обуви).

♦ **РА́ЗНЫЕ ПО ШЕ́РСТИ** — разношёрстные, разные, разномастные; различных рангов, уровней, напр.: *Публика там по шерсти разная.*

РАЗНЫЙ *см.* **ХОДЯТ ЗДЕСЬ РАЗНЫЕ...**

РАЗОБРАТЬСЯ *см.* **ЗДЕСЬ БЕЗ ПИВА (БЕЗ ПОЛ-ЛИТРА, БЕЗ ГРАММУЛЬКИ, БЕЗ СТОПАРЯ) НЕ РАЗОБРАТЬСЯ; РАЗБИРАТЬСЯ**

РАЗОГНА́ТЬСЯ, -гоню́сь, -го́нишься; *сов., с чем, на что* и *без доп.* Очень понадеяться на что-л. (обычно заведомо нереальное).

РАЗОГНУТЬ *см.* **ДНЁМ С ОГНЁМ — ВЕЧЕРОМ РАЗОГНЁМ**

РАЗОЙДИСЬ, ГРЯЗЬ, ДЕРЬМО ПЛЫВЁТ *см.* **ГРЯЗЬ**

РАЗОЙТИСЬ *см.* **РАЗОШЛИСЬ КАК В ЛУЖЕ ДВА ОКУРКА; РАЗОШЛИСЬ КАК В МОРЕ ДВЕ СЕЛЁДКИ; РАЗОШЛИСЬ КАК В ПОЛЕ ДВА ТРАКТОРА; РАСХОДИТЬСЯ**

РАЗОРВАТЬСЯ *см.* **КЛИЗМА В ЖОПЕ РАЗОРВАЛАСЬ**

РАЗОРЯ́ТЬСЯ, -я́юсь, -я́ешься; *несов., с чем* и *без доп.* Болтать, кричать, вздорить, шуметь, базарить. *Бабки в очереди ~яются.*

Общеупотр. *прост.* «разоряться» — много говорить; возм. влияние *уг.* «разоряться» — смешить, потешить, развлекать.

♦ **РАЗОШЛИ́СЬ КАК В ЛУ́ЖЕ ДВА ОКУ́РКА; РАЗОШЛИ́СЬ КАК В МО́РЕ ДВЕ СЕЛЁДКИ; РАЗОШЛИ́СЬ КАК В ПО́ЛЕ ДВА ТРА́КТОРА** — расстались навсегда; не договорились; не нашли общего языка.

РАЗРЕЗ *см.* **ПРЯМ, КАК РАЗРЕЗ НА ЗАДНИЦЕ**

РАЗРОДИ́ТЬСЯ, -ожу́сь, -оди́шься; *сов., чем.* Сделать что-л. (обычно после долгой паузы), дать что-л. после долгих уговоров. *Президент речугой* (речью) *~одился. Неужто ты подарочком ~одишься?*

РАЗРУБА́ТЬ, -а́ю, -а́ешь; *несов.* (*сов.* **РАЗРУБИ́ТЬ**, -ублю́, -у́бишь), *что, в чём* (или **~ ФИ́ШКУ**, **~ ПРЕДМЕ́Т**, **~ ОБЪЕ́КТ** и т. п., *в чём*). Разбираться, понимать, знать, ориентироваться в каком-л. деле.

От **РУБИТЬ 1.**

РАЗРУБА́ТЬСЯ, -а́юсь, -а́ешься; *несов.* (*сов.* **РАЗРУБИ́ТЬСЯ**, -ублю́сь, -у́бишься), *с чем.* Кончать, разделываться с чем-л.; отделываться от чего-л. *Вот разрублюсь с работой, буду цветочками баловаться* (выращивать).

РАЗРУБИТЬ *см.* **РАЗРУБАТЬ**

РАЗРУБИТЬСЯ *см.* **РАЗРУБАТЬСЯ**

РАЗРУШИТЬ СОЮЗ *см.* **СОЮЗ**

РАЗУВА́ЙЛО, -а, **РАЗУВА́ЛО**, -а, *ср.* Тот, кто обирает, наносит убыток, грабит.

От «разувать»; *ср. уг.* «разувайло», «разувило» — дорожный налётчик, грабящий проезжих.

РАЗУВА́ТЬ, -а́ю, -а́ешь; *несов.* (*сов.* **РАЗУ́ТЬ**, -у́ю, -у́ешь), *кого.* Разорять, пускать по миру, обирать.

РАЗУКРА́ШИВАТЬ, -аю, -аешь; *несов.* (*сов.* **РАЗУКРА́СИТЬ**, -а́шу, -а́сишь), *кого.* Бить, колотить, ставить синяки. *Два синяка* (двое пьяных) *друг друга у пивняка разукрашивают* (дерутся).

РАЗУМ *см.* **БРАТЬЯ ПО РАЗУМУ**

РАЗУТЬ *см.* **РАЗУВАТЬ**

РАЗЪЯСНИТЬ (ОБЪЯСНИТЬ, ПОКАЗАТЬ, РАСТОЛКОВАТЬ) ПОПУЛЯРНО *см.* **ПОПУЛЯРНО**

РАИ́СКА, -и, *ж.* Бутылка водки ёмкостью 0,33 л.

От имени жены М. С. Горбачёва Р. М. Горбачёвой; водка в таких бутылках появилась при М. С. Горбачёве.

РАЙ *см.* **С МИЛЫМ РАЙ И В ШАЛАШЕ...**

РАЙСКИЙ *см.* **БАУНТИ — РАЙСКОЕ НАСЛАЖДЕНИЕ**

♦ **РАК ГОЛОВЫ́** — забота, трудность, проблема, препятствие, напр.: *Вот ещё рак головы: машина сломалась.*

От общеупотр. назв. болезни.

РАКЕ́ТА, -ы, *ж.* Большой, конусообразный ящик для мусора.

Возм. первоначально из *арм.*

РАКЕТА* *см.* **ВООБРАЖАЛА ХВОСТ ПОДЖАЛА...**

♦ **РА́КОВАЯ ПА́ЛОЧКА** — сигарета.

РА́КОМ, *нареч.* На карачках. *В субботу с воскресеньем весь микрорайон ~ ползает* (все пьяные). *Я его ~ поставлю* (накажу). *А Тузик Жучку пялил ~, легко живётся им, собакам* (из пародии на «Евгения Онегина»). *Однажды лебедь, рак да щука задумали сыграть квартет: поставили мартышку ~, дерут, дерут, а толку нет* (пародия на И. Крылова).

Возм. от «рак» — назв. членистоногого.

РАКОСОЧЕТА́НИЕ, -я, *ср. Ирон.* Бракосочетание.

См. также **ДВОРЕЦ РАКОСОЧЕТАНИЙ**

РАКУ́ШКА[1], -и, *ж.* **1.** *собств.* Наименование ряда пивных в Москве. **2.** Передвижной гараж с поднимающейся верхней частью полукруглой формы.

1. — возм. оттого, что в них продавались креветки, раки и т. п.

РАКУ́ШКА[2], -и, *ж.* Рак (болезнь); онкологическое отделение, кабинет, больница и т. п. *Схватить ~у* (заболеть). *Лежит в ~е* (в онкологическом отделении).

РАКУШКА* *см.* **ЁЖИК (ТАРАКАН, ШИЛО, РАКУШКИ, ДИЗЕЛЬ) В ЖОПЕ; МОРЯК, НА ЗАДНИЦЕ РАКУШКА**

РАМА *см.* **РАМОЙ В ХАРЮ, ХАРЕЙ В РАМУ**

♦ **РА́МОЙ В ХА́РЮ, ХА́РЕЙ В РА́МУ** — *ирон.* о кришнаитах.

Пародирование многократно повторяемой кришнаитами молитвы («хари Рама, хари Кришна, Кришна-Кришна, хари-хари» и т. п.)

РАМСЫ́, -о́в, *мн.* Информация, сведения о чём-л. ♦ **Развести** (или **навести**) **~** — узнать, разузнать, разведать что-л.

Ср. *устар.* «рамжа», «рамша» — остатки товаров, не проданных на ярмарке или «рамс» — назв. азартной игры в карты.

РА́МЫ, рам, *мн.* Глаза, очки. *Вставь ~* — надень очки.

Возм. через *уг.* «рамы» — глаза.

РА́НА, -ы, *ж. Ирон.* Забота, проблема; недовольство и т. п. *Сейчас моя главная ~ — это водки достать.* ♦ **Быть как открытая ~** — *шутл.* чувствовать себя обиженным, обойдённым.

РАНЕННЫЙ *см.* **ЖОПА**

РА́НЧО, *нескл., ср.* Дача, садово-огородный участок.

Назв. усадьбы земельного владения в Америке.

РАНЬЁ *см.* **С РАНЬЯ**

РАПОРТИ́ЧКА, -и, **РАПОРТУ́ХА**, -и, *ж.*, **РАПОРТО́ВИЧ**, -а, *м.* Рапорт, сообщение; сведения, рассказ.

От общеупотр. «рапорт», *разг.* «рапортичка» — краткая ведомость о поступлении и движении каких-л. материалов, о выполнении чего-л.

РАСКА́ЛЫВАТЬ, -аю, -аешь; *несов.* (*сов.* **РАСКОЛО́ТЬ**, -олю́, -о́лешь). **1.** *кого.* Понимать, добираться до сути (о характере человека). *Я его расколол, он просто козёл.* **2.** *кого на что, на сколько.* Заставлять, уговаривать кого-л. что-л. отдать (часто деньги). *Расколи его на две сотни, этого плюшкина.*

2. — от общеупотр. *прост.* «расколоть» — заставить говорить правду, из *уг.*; также в зн. «обыграть в карты», *см.* также **КОЛОТЬ**.

РАСКА́ЛЫВАТЬСЯ, -аюсь, -аешься; *несов.* (*сов.* **РАСКОЛО́ТЬСЯ**, -олю́сь, -о́лешься), *на что, на сколько.* Соглашаться отдать что-л. (часто о деньгах).

См. **РАСКАЛЫВАТЬСЯ**.

РАСКАЛЬСО́НИВАТЬСЯ, -аюсь, -аешься; *несов.* (*сов.* **РАСКАЛЬСО́НИТЬСЯ**, -нюсь, -нишься), *без доп.* Снимать штаны, раздеваться (обычно догола). *Чего ты раскальсонился-то, не Африка* (холодно).

РАСКАРАВА́НИВАТЬСЯ, -аюсь, -аешься; *несов.* (*сов.* **РАСКАРАВА́НИТЬСЯ**, -нюсь, -нишься), *на чём* и *без доп.* Толстеть, полнеть, разъедаться. *На икорке-то раскараванился!*

От общеупотр. «караван».

РАСКАТАТЬ НА ШАРИКИ *см.* **РАСПИСАТЬ (СДЕЛАТЬ, РАСКИНУТЬ, РАСКАТАТЬ) НА ШАРИКИ**

♦ **РАСКА́ТЫВАТЬ (РАСКАТА́ТЬ) ГУБУ́ (ГУ́БЫ)** *на что* — сильно захотеть чего-л. заведомо невозможного, нереального, напр.: *Губки-то на квартиру раскатал, а теперь закатай обратно.*

РАСКА́ЧКА, -и, *ж.* Особая ритмическая сыгранность, лёгкость ритм-секции.

Из *муз.*

РАСКВА́ШИВАТЬ, -аю, -аешь; *несов.* (*сов.* **РАСКВА́СИТЬ**, -а́шу, -а́сишь), *кого.* Бить, избивать; наставлять синяки.

См. также **МОРДУ (ФИЗИЮ, ТАБЛО) РАСКВАШИВАТЬ**

РАСКИНУТЬ НА ШАРИКИ *см.* **РАСПИСАТЬ (СДЕЛАТЬ, РАСКИНУТЬ, РАСКАТАТЬ) НА ШАРИКИ**

РАСКЛАД *см.* **НИ ХРЕНА**

РАСКЛАДНО́Й, -а́я, -о́е. Гибкий, гуттаперчевый (о человеке). *~ гимнаст. ~ая акробатка. Китайцы ~ые* (об артистах китайского цирка, демонстрирующих чудеса гибкости).

РАСКЛАДУШКА *см.* **ЗАМЫКИВАТЬСЯ**

РАСКО́ВЫВАТЬСЯ, -аюсь, -аешься; *несов.* (*сов.* **РАСКОВА́ТЬСЯ**, -кую́сь, -куёшься), *без доп.* Раздеваться, снимать что-л. (чаще об обуви). *Можно я раскуюсь, а то жарко?*

Ср. *уг.* «расковать» — раздеть; *ср.* **ПОДКОВЫВАТЬ**.

РАСКО́КАТЬ, -аю, -аешь; *сов., что.* Разбить.

Ср. *прост.* «кокнуть» в том же зн.

РАСКОЛБА́СИТЬСЯ, -а́шусь, -а́сишься; *сов., без доп.* **1.** Развалиться, улечься, разлениться, распуститься. **2.** Растолстеть, пополнеть.

1. — от **КОЛБАСИТЬСЯ**.

РАСКОЛОТЬ *см.* **РАСКАЛЫВАТЬ**

РАСКОЛОТЬСЯ *см.* **РАСКАЛЫВАТЬСЯ**

РАСКОРЯ́ЧИВАТЬ, -аю, -аешь; *несов.* (*сов.* **РАСКОРЯ́ЧИТЬ**, -чу, -чишь), *кого с чем.* Ставить кого-л. в неловкое положение, доставлять хлопоты. *Я тебя не хочу с этим делом раскорячивать.*

РАСКОРЯ́ЧИВАТЬСЯ, -аюсь, -аешься; *несов.* (*сов.* **РАСКОРЯ́ЧИТЬСЯ**, -чусь, -чишься), *на что, с чем* и *без доп.* Делать несколько дел сразу (часто неудачно); замахиваться на слишком многое. *На две халтуры раскорячился, аж дым из задницы идёт* (трудно).

РАСКОРЯЧИТЬ *см.* **РАСКОРЯЧИВАТЬ**

РАСКОРЯЧИТЬСЯ *см.* **РАСКОРЯЧИВАТЬСЯ**

РАСКОРЯ́ЧКА, -и, *ж.* Трудная ситуация; много дел одновременно; безденежье.

От **РАСКОРЯЧИВАТЬ, РАСКОРЯЧИВАТЬСЯ**.

РАСКОЦАТЬ *см.* **РАСКОЦЫВАТЬ**

РАСКОЦАТЬСЯ *см.* **РАСКОЦЫВАТЬСЯ**

РАСКО́ЦЫВАТЬ, -аю, -аешь; *несов.* (*сов.* **РАСКО́ЦАТЬ**, -аю, -аешь). **1.** *что.* Разбивать, расшибать, разваливать. *Приёмник раскоцали.* **2.** *кого.* Раздевать; обкрадывать.

1. — от **КОЦАТЬ**; *ср.* также *уг.* «раскосать» — разломать, «раскоцать дурку» — совершить кражу из хозяйственной сумки.

РАСКО́ЦЫВАТЬСЯ, -аюсь, -аешься; *несов.* (*сов.* **РАСКО́ЦАТЬСЯ**, -аюсь, -аешься), *без доп.* Раздеваться, снимать что-л. (об одежде).

Ср. **КОЦАТЬ 3.**; *см.* также **РАСКОЦЫВАТЬ**.

РАСКРУ́Т, -а, *м.*, **РАСКРУ́ТКА**, -и, *ж.* **1.** Процесс расширения какого-л. бизнеса. *Взял сто миллионов на раскрут.* **2.** Рекламная кампания. *Раскрутка звезды.* **3.** Уговоры, обман, попытка убедить кого-л. сделать что-л. *Не пошёл на раскрутку* — не поддался уговорам. *Пойду всем раскрутку устраивать* (просить у всех денег). **4.** Ухаживания за женщиной. **5.** Первый срок заключения. *На первой раскрутке. По первой раскрутке пошёл.*

От **РАСКРУЧИВАТЬ, РАСКРУТИТЬ.**

РАСКРУТИТЬ *см.* **РАСКРУЧИВАТЬ**

РАСКРУТИТЬСЯ *см.* **РАСКРУЧИВАТЬСЯ**

РАСКРУ́ЧИВАТЬ, -аю, -аешь; *несов.* (*сов.* **РАСКРУТИ́ТЬ**, -учу́, -у́тишь). **1.** *кого на что, на сколько.* Заставлять, уговаривать кого-л. что-л. дать (преим. деньги; часто обманным путём). *~ начальство на премию.* **2.** *кого.* Ухаживать, приударять за женщиной. **3.** *кого-что на что.* Рекламировать кого-л. или что-л. (эстрадного исполнителя, клип, книгу, начинающего автора и т. п.), проводить рекламную кампанию, чтобы обеспечить будущий успех. *Алка Фильку раскручивает* (Алла Пугачёва Филиппа Киркорова).

РАСКРУ́ЧИВАТЬСЯ, -аюсь, -аешься; *несов.* (*сов.* **РАСКРУТИ́ТЬСЯ**, -учу́сь, -у́тишься). **1.** *на что, на сколько.* Соглашаться на что-л., отдавать что-л., платить за что-л. **2.** Быть обманутым на какую-л. сумму. **3.** *на сколько* и *без доп.* Получать первый срок.

3. — из *уг.*

РАСКРЫВАТЬ *см.* **НЕУДОБНО В КАРМАНЕ ЗОНТИК РАСКРЫВАТЬ**

РАСПАДЕЖО́ВКА, -и, *ж.* Нечленораздельная, путаная речь (чаще о речи пьяного).

РАСПАХНУТЬ ВАРЕЖКУ *см.* **ВАРЕЖКА**

РАСПАШО́НКА, -и, *ж.* Фасон женской блузки.

РАСПАШО́НКОЙ, *нареч.* О расположении комнат в квартире, когда в центре находится коридор, из которого ведут двери в комнаты.

РАСПЕЧА́ТЫВАТЬ, -аю, -аешь; *несов.* (*сов.* **РАСПЕЧА́ТАТЬ**, -аю, -аешь). **1.** *кого.* Лишать девственности, а также в иносказ. зн. заставлять кого-л. что-л. сделать в первый раз, агитировать, провоцировать на какое-л. действие (обычно — опасное, сложное). **2.** *кого, что.* Забивать первый гол в ворота противника. *Распечатать ворота* (*вратаря* и т. п.).

2. — из *спорт.*

РАСПИСАТЬ *см.* **РАСПИСЫВАТЬ**

♦ **РАСПИСА́ТЬ** (или **СДЕ́ЛАТЬ, РАСКИ́НУТЬ, РАСКАТА́ТЬ**) **НА ША́РИКИ** *кого* — о групповом сексе с участием нескольких мужчин и одной женщины.

РАСПИСАТЬСЯ *см.* **РАСПИСЫВАТЬСЯ**

РАСПИ́СКА, -и, *ж.* **1.** Уговоры, уламывания. **2.** Чьё-л. обещание что-л. сделать.

От **РАСПИСЫВАТЬ, РАСПИСЫВАТЬСЯ.**

РАСПИ́СЫВАТЬ, -аю, -аешь; *несов.* (*сов.* **РАСПИСА́ТЬ**, -ишу́, -и́шешь). **1.** *кого на что.* Заставлять или уговаривать кого-л. что-л. делать. **2.** *что.* Играть партию в карты. *~ пульку. ~ очко.*

РАСПИ́СЫВАТЬСЯ, -аюсь, -аешься; *несов.* (*сов.* **РАСПИСА́ТЬСЯ**, -ишу́сь, -и́шешься), *на что, в чём.* Соглашаться на что-л., поддаваться уговорам.

РАСПЛЁВЫВАТЬСЯ, -аюсь, -аешься; *несов.* (*сов.* **РАСПЛЕВА́ТЬСЯ**, -люю́сь, -люёшься). **1.** *на что.* Быть крайне недовольным чем-л. **2.** *с кем.* Ссориться, переставать дружить с кем-л. **3.** *с чем.* Разделываться, кончать с чем-л. (часто с тем, что тяготит, не нравится).

РАСПОГО́ДИТЬСЯ, -о́жусь, -о́дишься; *сов., без доп.* Улучшиться (о настроении). *Чего такой смурной* (хмурый), *иди выпей, ~одишься. Чтоб мужик ~одился, ему надо дать пожрать.*

РАСПОГО́НИВАТЬСЯ, -аюсь, -аешься; *несов.* (*сов.* **РАСПОГО́НИТЬСЯ**, -нюсь, -нишься), *без доп.* **1.** Переходить с военной службы на гражданскую; уходить из закрытого учреждения, подчинённого военному ведомству. **2.** Расслабляться, вести себя раскованно в кругу близких людей.

РАСПРО... Приставка, имеющая общее зн. усиления признака, качества (обычно негативного) в зн. отпетый, махровый и т. п. *Распропидор* (полный идиот). *Распрохеровина* (чёрт знает что).

РАСПРЯГА́ТЬСЯ, -а́юсь, -а́ешься; *несов., без доп.* Раздеваться.

РАСПУЗЕ́НИТЬ, -ню, -нишь, **РАСПУЗЕ́НИТЬСЯ**, -нюсь, -нишься, **РАСПУЗЕ́ТЬ**, -е́ю, -е́ешь, **РАСПУЗЯ́ЧИТЬСЯ**, -чусь, -чишься; *сов., без доп.* Растолстеть, наесть пузо, брюхо.

Ср. **ПУЗЕНИТЬ**

РАСПУСКАТЬ ВОНИЗМ *см.* **ВОНИЗМ**

РАСПУСТИТЬ *см.* **БРЮХО РАСПУСТИТЬ**

РАСПУХЕ́РИВАТЬСЯ, -аюсь, -аешься; *несов.* (*сов.* **РАСПУХЕ́РИТЬСЯ**, -рюсь, -ришься), *без доп.* Распускать, распушивать волосы.

Возм. игра слов «пух», «пушить», «распушить» + **ХЕР, ХЕРИТЬ.**

РАССАРДЕ́ЛИТЬСЯ, -люсь, -лишься; *сов., без доп.* **1.** Разлениться, развалиться, расслабиться. **2.** Растолстеть, разжиреть. *Как свинья убойная ~лился, сволочь!*

1. — от **САРДЕЛИТЬСЯ**; *ср.* **РАСКОЛБАСИТЬСЯ.**

РАССА́СЫВАТЬ, - аю, -аешь; *несов.* (*сов.* **РАССОСА́ТЬ**, -су́, -сёшь). **1.** *что, чего, сколько, по сколько.* Выпивать. *Рассосать пивка. Рассасывает в день по литру, и ничего, внуков женит.* **2.** *кого-что.* Понимать, вникать, доходить до сути. *~ проблему.*

РАССА́СЫВАТЬСЯ, -аюсь, -аешься; *несов.* (*сов.* **РАССОСА́ТЬСЯ**, -су́сь, -сёшься), *без доп.* Уходить, исчезать (о человеке); кончаться (о деньгах). *Сейчас, последний вопрос, и я рассасываюсь, как привидение. А деньжата рассосались, как мы все и опасались.*

РАССВЕТ *см.* **ЮРКИНЫ РАССВЕТЫ**

РАССЕКА́ТЬ, -а́ю, -а́ешь; *несов.* (*сов.* **РАССЕ́ЧЬ**, -еку́, -ечёшь). **1.** *кого-что* (или ~ **ФИ́ШКУ**). Понимать, догадываться, входить в суть дела. **2.** *куда, откуда.* Идти, двигаться.

1. — от **СЕЧЬ 1.**

РАССЛАБО́Н, -а, *м.*, **РАССЛАБУ́ХА**, -и, *ж.* Приятное физическое состояние, отсутствие забот, трудностей. *Банная расслабуха. После сессии — полный расслабон.*

От общеупотр. «расслабиться», «расслабление».

РАССОПЛИ́ВИТЬСЯ, -влюсь, -вишься; *сов., без доп.* **1.** Заболеть, простыть. **2.** Смалодушничать, повести себя трусливо, нерешительно. **3.** Испортиться (о погоде, механизме и т. п.).

От общеупотр. *прост.* «сопли».

РАССОСАТЬ *см.* **РАССАСЫВАТЬ**

РАССОСАТЬСЯ *см.* **РАССАСЫВАТЬСЯ**

РАССТРЕ́Л, -а, *м.* (или **ДЕ́СЯТЬ ЛЕТ ~А**). Реплика, выражающая неодобрение, критику. *Он что, ключи не оставил? Десять лет ~а ему!*

РАСТАМА́ЖИВАТЬ, -аю, -аешь, **РАСТАМО́ЖИВАТЬ**, -аю, -аешь; *несов.* (*сов.* **РАСТАМО́ЖИТЬ**, -жу, -жишь), *кого-что* и *без доп.* Снимать таможенные запреты; избегать таможенных барьеров, трудностей; оформлять таможенные документы, получать грузы на таможне.

От общеупотр. «таможня»; *ср.* **ЗАТАМАЖИВАТЬ.**

РАСТВОР ЁК, СУШИ ВЁСЛА (или **ЧЕШИ ГРУДЬ**) *см.* **ЁК**

РАСТВОРОЖИТЬ *см.* **РОЖУ РАСТВОРОЖИТЬ**

РАСТЕРЕТЬ *см.* **ПЛЮНЬ И РАЗОТРИ; РАСТИРАТЬ**

РАСТИ *см.* **ЗНАТЬ, ОТКУДА НОГИ РАСТУТ; НОГИ ИЗ ПОДМЫШЕК РАСТУТ; НОС НА СЕМЕРЫХ РОС, ОДНОМУ ДОСТАЛСЯ; ПИПИСКА; РУКИ ИЗ ЗАДНИЦЫ...**

РАСТИРА́ТЬ, -а́ю, -а́ешь; *несов.* (*сов.* **РАСТЕРЕ́ТЬ**, разотру́, разотрёшь), *кому, что* и *без доп.* Объяснять, растолковывать, а также стараться обмануть, «зубы заговаривать». *Не растирай, не первоклассник. Иди к шефу, он тебе разотрёт, что к чему.*

Ср. **ПЕРЕТИРАТЬ.**

РАСТОПЫ́РА, -ы, **РАСТОПЫ́РКА**, -и, *ж.* Неумелый, нескладный человек, у которого всё валится из рук.

От общеупотр. «растопырить».

РАСТОПЫ́РИВАТЬСЯ, -аюсь, -аешься; *несов.* (*сов.* **РАСТОПЫ́РИТЬСЯ**, -рюсь, -ришься), *без доп.* Умирать. *Вот растопырюсь, поплачешь над ящиком-то* (над гробом).

РАСТОПЫ́РКИ, -рок, *мн.* Руки. *Идёт, спешит, как в сортир, ~рками своими воздух кроит* (машет руками).

От общеупотр. «растопырить».

РАСТУСОВА́ТЬСЯ, -су́юсь, -су́ешься; *сов., с кем* и *без доп.* Поссориться, раздружиться, разойтись.

Ср. **СТУСОВАТЬСЯ**; от **ТУСОВАТЬСЯ.**

РАСФАСО́ВКА, -и, *ж.* Морг.

РАСФИГА́Й, -я, *м.* Неаккуратный, рассеянный человек; лентяй, бездельник.

От **ФИГ.**

РАСФИГА́ЧИВАТЬ, -аю, -аешь; *несов.* (*сов.* **РАСФИГА́ЧИТЬ**, -чу, -чишь), *кого-что.* Разбивать, раскраивать, распарывать, разреза́ть что-л.; ругать, обругивать кого-л.

От **ФИГ, ФИГАЧИТЬ.**

РАСФИГА́ЧИВАТЬСЯ, -аюсь, -аешься; *несов.* (*сов.* **РАСФИГА́ЧИТЬСЯ**, -чусь, -чишься), *без доп.* Разбиваться, рассыпа́ться, разноситься и т. п.

От **ФИГ, ФИГАЧИТЬ.**

РАСФИГАЧИТЬ *см.* **РАСФИГАЧИВАТЬ**

РАСФИГАЧИТЬСЯ *см.* **РАСФИГАЧИВАТЬСЯ**

РАСФИЛИЗДИПЕ́НИВАТЬСЯ, -аюсь, -аешься; *несов.* (*сов.* **РАСФИЛИЗДИПЕ́НИТЬСЯ**, -нюсь, -нишься), *о чём* и *без доп.* Много болтать, завираться.

От **ФИЛИЗДИПЕНИТЬ**.

РАСХЕРА́ЧИВАТЬ, -аю, -аешь; *несов.* (*сов.* **РАСХЕРА́ЧИТЬ**, -чу, -чишь), *кого-что.* Разбивать, раскалывать, громить и т. п.

От **ХЕР**.

РАСХЕРА́ЧИВАТЬСЯ, -аюсь, -аешься; *несов.* (*сов.* **РАСХЕРА́ЧИТЬСЯ**, -чусь, -чишься), *без доп.* Разбиваться, рассыпа́ться, расклеиваться и т. п.

От **ХЕР**.

РАСХЕРАЧИТЬ *см.* **РАСХЕРАЧИВАТЬ**

РАСХЕРАЧИТЬСЯ *см.* **РАСХЕРАЧИВАТЬСЯ**

РАСХЛЕБЕ́НИВАТЬ, -аю, -аешь; *несов.* (*сов.* **РАСХЛЕБЕ́НИТЬ**, -ню, -нишь), **РАСХЛЕБЯ́НИВАТЬ**, -аю, -аешь; *несов.* (*сов.* **РАСХЛЕБЯ́НИТЬ**, -ню, -нишь), *что.* Раскрывать, распахивать настежь. *Окна не расхлебянивай. Чего рот расхлебенил?*

Диал. «расхлебенить», «расхлебянить», «расхлебянничать», «расхлебястить», «расхлебячить», «расхлебеснуть», «расхлобыснуть» в том же зн. (от «хлябь»); *ср.* «расхлебеня» — неряха, ротозей, оплошный.

РАСХЛЕБЕ́НИВАТЬСЯ, -аюсь, -аешься; *несов.* (*сов.* **РАСХЛЕБЕ́НИТЬСЯ**, -нюсь, -нишься), **РАСХЛЕБЯ́НИВАТЬСЯ**, -аюсь, -аешься; *несов.* (*сов.* **РАСХЛЕБЯ́НИТЬСЯ**, -нюсь, -нишься), *без доп.* Раскрываться, распахиваться; смотреть во все глаза.

См. **РАСХЛЕБЕНИТЬ**, **РАСХЛЕБЯНИТЬ**.

РАСХЛЕБЕНИТЬ *см.* **РАСХЛЕБЕНИВАТЬ**

РАСХЛЕБЕНИТЬСЯ *см.***РАСХЛЕБЕНИВАТЬСЯ**

РАСХЛЕБЯНИВАТЬ *см.* **РАСХЛЕБЕНИВАТЬ**

РАСХЛЕБЯНИВАТЬСЯ *см.* **РАСХЛЕБЕНИВАТЬСЯ**

РАСХЛЕБЯНИТЬ *см.* **РАСХЛЕБЕНИВАТЬ**

РАСХЛЕБЯНИТЬСЯ *см.* **РАСХЛЕБЕНИВАТЬСЯ**

РАСХОДИ́ТЬСЯ, -ожу́сь, -о́дишься; *несов.* (*сов.* **РАЗОЙТИ́СЬ**, -йду́сь, -йдёшься), *с кем в чём* и *без доп.* Рассчитываться (в деньгах), не оставаться должными друг другу.

РАСХРЕНА́ЧИВАТЬ, -аю, -аешь; *несов.* (*сов.* **РАСХРЕНА́ЧИТЬ**, -чу, -чишь), *что.* Разбивать, громить, рассекать и т. п.

От **ХРЕН**, **ХРЕНАЧИТЬ**.

РАСХРЕНА́ЧИВАТЬСЯ, -аюсь, -аешься; *несов.* (*сов.* **РАСХРЕНА́ЧИТЬСЯ**, -чусь, -чишься), *без доп.* Раскалываться, разбиваться и т. п.

От **ХРЕН**, **ХРЕНАЧИТЬ**.

РАСХРЕНАЧИТЬ *см.* **РАСХРЕНАЧИВАТЬ**

РАСХРЕНАЧИТЬСЯ *см.* **РАСХРЕНАЧИВАТЬСЯ**

РАСЦВЕТА́ТЬ, -а́ю, -а́ешь; *несов.* (*сов.* **РАСЦВЕСТИ́**, -ету́, -етёшь), *к кому.* Влюбляться в кого-л.; начинать хорошо относиться к кому-л.

РАСШИВА́ТЬ, -а́ю, -а́ешь; *несов.* (*сов.* **РАСШИ́ТЬ**, разошью́, разошьёшь) *что.* Решить, разрешить, уладить ко всеобщему согласию. *Расшить проблему.*

РАСШИ́ВКА, -и, *ж.* Решение (проблемы, вопроса), урегулирование конфликта путём взаимного компромисса (чаще о финансах).

От **РАСШИВАТЬ**, **РАСШИТЬ**.

РАСШИТЬ *см.* **РАСШИВАТЬ**

РАФИНА́Д, -а, **РАФИНА́ДИК**, -а, *м.* Шутл.-ласк. обращение (обычно девушки к молодому человеку). *Сахар-рафинадик-пупсик-лимонадик.*

РАХИ́Т, -а, *м.* Ирон. обращение (обычно к слабому, хилому человеку). ♦ **Жизнерадостный ~ солнечной Армении** — *шутл.* о любом человеке.

РАЦУ́ХА, -и, **РАЦУ́ШКА**, -и, *ж.* Рационализаторское предложение, изобретение; что-л. удачно придуманное.

РАЦУ́ШНИК, -а, *м.* Рационализатор, изобретатель чего-л. интересного, полезного.

РА́ШН-КЛЮ́КВА, -ы, *ж. Ирон.* Всё псевдорусское, лубочное, слащавое, ложнопатриотическое. *Теперь все, даже коммунисты, свою ~у развешивают.*

От англ. Russian — русский и рус. «клюква», «развесистая клюква» — *шутл.* о заведомых небылицах, фантазиях, лжи, основанных на полной некомпетентности. Произошло от знаменитой фразы из описания России Маркизом де Кюстином: «под тенью величественной клюквы» (sur l'ombre d'un Klukva majestueux).

♦ **РА́ШН САМ СЕБЕ́ СТРА́ШЕН** — *ирон.* о том, что русский человек сам виноват в своих несчастьях.

РВАНИ́НА, -ы, *ж. Бран.* Негодяй, сволочь и т. п.

РВА́НКА, -и, *ж.*, **РВА́НЫЙ**[1], -ого, *м.* Рубль (советский).

РВАНУТЬ *см.* **РВАТЬ**

РВАНУТЬСЯ *см.* **РВАТЬСЯ**

РВАНЫЙ[1] *см.* **РВАНКА**

РВА́НЫЙ[2], -ая, -ое. Негодный, плохой, испорченный (о вещи); потерявший девственность (о человеке). ~ *повод* (который уже использовался).

См. также **СУКА**

Ср. *уг.* «рваный» — о жертве, которая уже была однажды ограблена, обманута.

РВАНЫЙ ПОТРОХ *см.* **ПОТРОХ**

РВАНЬ, -и, *ж.* (или **~ ТРАМВА́ЙНАЯ**). Ирон. обращение; *бран.* гад, подонок и т. п.

РВАТЬ, рву́, рвёшь; *несов.* (*сов.* **РВАНУ́ТЬ**, -ну́, -нёшь), *откуда, куда* (или **~ КО́ГТИ**). Убегать, уходить (обычно быстро, сейчас же).

РВАТЬ* *см.* **ВОЛОСИКИ НА ПОПКЕ РВАТЬ; ГЛАНДЫ ЧЕРЕЗ ЖОПУ РВАТЬ; КАК В САМОЛЁТЕ, ВСЕХ МУТИТ (РВЁТ, ТОШНИТ), А НЕ ВЫЙДЕШЬ; ТЕЛЬНИК НА СИСЬКАХ РВАТЬ**

♦ **РВАТЬ ЖО́ПУ** — очень стараться, усердствовать.

♦ **РВАТЬ НИ́ТКУ** — переходить, переезжать границу.

Возм. из *уг.*

РВА́ТЬСЯ, рвусь, рвёшься; *несов.* (*сов.* **РВАНУ́ТЬСЯ**, -ну́сь, -нёшься), *на чём*. Ошибаться в чём-л., терпеть неудачу, встречать непреодолимое препятствие.

Возм. от общеупотр. «рваться, рвануться на мине и т. п.» в зн. «взорваться».

РВАТЬСЯ* *см.* **ЧТО ТЫ РВЁШЬСЯ, КАК ГОЛЫЙ В БАНЮ...**

РВА́ЧКА, -и, **РВО́ТКА**, -и, *ж.* Спиртной напиток плохого качества; недоброкачественная пища; рвотное средство.

РЕАКТИ́В, -а, *м.* Спиртное.

РЕАКТИ́ВНЫЙ, -ая, -ое. Активный, сильный, энергичный; модно одетый; преуспевающий (о человеке).

РЕ́АЛЬНЫЙ, -ая, -ое. Отличный, великолепный, интересный, достойный внимания, соответствующий современным представлениям о хорошем, красивом и т. п. (положительный эпитет с максимально широкой сочетаемостью). *~ая тёла* (симпатичная девушка). *~ая группа.*

Ср. **АКТУАЛЬНЫЙ, РАДИКАЛЬНЫЙ, ПРАВИЛЬНЫЙ** и под.

РЕАНИМА́ЦИЯ, -и, *ж.* **1.** Опохмеление (чаще пивом). **2.** Пивная, бар.

РЕБЗА, РЕБЗЯ *см.* **РЯБЗА**

РЕВМАТИЗМ *см.* **НЕ ССЫ В БОТФОРТ...**

РЕГИСТРАТУ́РНЫЙ, -ая, -ое. Ложный, надуманный (о болезни). ♦ **Острое ~ое заболевание** — *ирон.* надуманная болезнь, симуляция болезни.

Шутл. переосмысл. аббрев. ОРЗ («острое респираторное заболевание»).

РЕГЛА́МЕНТ, -а, *м.* (или **СОБЛЮДА́Й ~, ДЕРЖИ́ ~, БЛЮДИ́ ~** и т. п.). Реплика, призывающая собеседника к краткости; при распитии спиртного из одного стакана на всех — призыв к тому, кто замешкался, поторопиться и не задерживать других.

РЕДЕТЬ *см.* **НЕ РЯДЫ ЖИДЕЮТ, А ЖИДЫ РЕДЕЮТ**

РЕДИК[1] *см.* **РАДИК**

РЕДИК[2] *см.* **РИДИК**

РЕДИ́СКА, -и, *ж.* Нехороший человек.

См. также **ПАНКУЮЩАЯ РЕДИСКА**

Возм. распространилось под влиянием популярного кинофильма «Джентльмены удачи».

РЕЗА́К, -а, **РЕЗАЧО́К**, -чка́, *м.* Тот, кто льстит, угождает начальству.

От **РЕЗАТЬСЯ**.

РЕЗАНУТЬСЯ *см.* **РЕЗАТЬСЯ**

РЕЗАТЬ *см.* **НЕ РЕЖЬТЕ МНЕ НОГУ, Я ВСПОМНИЛ ДОРОГУ**

РЕ́ЗАТЬСЯ, ре́жусь, ре́жишься; *несов.* (*сов.* **РЕЗАНУ́ТЬСЯ**, -ну́сь, -нёшься); *к кому с чем* и *без доп.* Стараться понравиться, льстить начальству, подхалимничать, угождать, «примазываться».

Ср. **НАРЕЗЫВАТЬСЯ 2.**

РЕЗАЧОК *см.* **РЕЗАК**

РЕЗЕРВАТИ́В, -а, *м.* Презерватив.

Шутл. контаминация с «резерв».

РЕЗЕРВУА́Р, -а, *м.* Живот, желудок. *В ~е ветер свищет* (пусто).

РЕЗИ́НА, -ы, **РЕЗИ́НКА**, -и, *ж.*, **РЕЗИ́НОВЫЙ**, -ого, *м.* Презерватив. *Лучше купить резинку, чем коляску.*

РЕЗКОТУ́ХА, -и, *ж.* Резкость, импульсивность (обычно о спортсменах, в частности, боксёрах). *Этот берёт ~ой* (побеждает за счёт резкости, реактивности).

РЕЗЬБА́, -ы́, *ж.* Дополнительная работа, выполняемая по просьбе начальства с целью получения каких-л. льгот, привилегий; подобострастие, лесть.

См. также **НАРЕЗАТЬСЯ 2.**

РЕЗЬБА* *см.* **У ТЕБЯ В ЗАДНИЦЕ РЕЗЬБА ЕСТЬ?..**

РЕЙВ-ПАТИ́ЧНЫЙ, -ая, -ое. Положительный эпитет: прекрасный, хороший.

Из *шк.*, возм. от англ. rave — бредить, восторженно говорить, неистовствовать или от «рейв» — стиль современной музыки и party — вечеринка.

РЕ́ЙТИНГ, -а, *м.* Мужской половой орган; вообще половая потенция. *Ну как у тебя ~? С таким ~ом жениться нельзя, из дому выгонят.*

Травестирование варваризма.

♦ **РЕКЛА́МНАЯ ПА́УЗА** — *ирон.* посещение сортира.

РЕЛЬЕ́Ф, -а, *м.* Фигура, формы (о теле). ♦ **Качать** (или **работать на**) **~** — наращивать мышцы.

♦ — из *спорт.*

РЕЛЬЕ́ФНЫЙ, -ая, -ое. С хорошей фигурой (о женщине), мускулистый (о мужчине).

РЕ́ЛЬСА, -ы, *ж.*, *собств.* Название нескольких пивных в Москве, находящихся рядом с трамвайными или железнодорожными путями.

РЕМЕ́НЬ, -мня́, *м.* и в зн. *сказ.* Молодец, молодчина; человек, на которого можно положиться.

РЕМЕНЬ* *см.* **ЧЕРЕЗ ДЕНЬ НА РЕМЕНЬ**

РЕМИКС *см.* **ХИТ СЕЗОНА, РЕМИКС КОБЗОНА**

РЕМО́НТ (-а) **ОБУВИ́** (*нескл.*), *м.* Выдуманное имя якобы существующего популярного фр. писателя. Употребляется обычно при заигрывании с девушкой. Спрашивают, знает ли она такого писателя, на что девушка, боясь показаться невеждой, отвечает, что знает.

Произносится с подражанием фр. произношению.

РЕ́ПА[1], -ы, *ж.* Лицо. *~ой ворочать. ~у из окошка выставил. Чистить ~у* (мыть). ♦$_1$ **Накатить в** (или **начистить**) **~у** — ударить в лицо, по лицу. ♦$_2$— **Па́рить ~у** — делать паровую ванночку для лица.

См. также **ВСКРЫТЬ**

♦$_2$ — возм. из арго косметолога.

РЕ́ПА[2], -ы, *ж.* Репетиция.

Из муз. или театрального арго.

РЕ́ПАТЬ, -аю, -аешь; *несов.* **1.** *кого.* Ловить, заставать врасплох, настигать. **2.** *что* и *без доп.* Есть, питаться.

Ср. *устар. диал.* «репнуться», «репаться» — трескаться, лопаться, двигаться (о детях).

РЕПЕ́Й, -пья́, **РЕПЕ́ЙНИК**[1], -а, *м.* Надоедливый человек, зануда.

РЕПЕ́ЙНИК[2], -а, *м.*, **РЕПЬЁ**, -пья́, *ср.* Лицо (обычно небритое, заросшее). *Твой репейник ни одна бритва не возьмёт. Твоим свиным репьём сапоги надо чистить.*

Наложение **РЕПА**[1] и назв. растения.

РЕПКА *см.* **ЦЕЛУЮ КРЕПКО, ТВОЯ РЕПКА**

РЕПЧАТЫЙ *см.* **ГУСЬ (РЕПЧАТЫЙ)**

РЕПЬЁ *см.* **РЕПЕЙНИК**[2]

РЕСПУБЛИКА *см.* **БАНАНОВАЯ РЕСПУБЛИКА**

РЕСТОРА́Н, -а, *м.* Угощение, купленное, принесённое кем-л. из компании.

РЕСТОРАН* *см.* **СХОДИТЬ В РЕСТОРАН «ЗЕЛЁНЫЙ ДРУГ»**

РЕТИВОЕ *см.* **ЗАИГРАЛО РЕТИВОЕ, НАЧАЛОСЬ И ГРУППОВОЕ**

РЕФРИЖЕРА́ТОР, -а, *м.* Толстый, тучный человек.

РЕХ, -а, *м.* **1.** Мужской половой орган. **2.** Руг. *Вот ~ какой. Ну и ~ с ним* (ну и чёрт с ним). *Ах ты ~ моржовый!* ♦ **Ни ~а** — нечего, полное отсутствие чего-л.

Эвфем. от **ХЕР**; возможны повторения всех сочетаний с этим корнем; возм. ассоциативная связь с **РЁХНУТЬСЯ**, общеупотр. *прост.* «рехнуться».

РЕХАНУ́ТЫЙ, -ая, -ое, **РЁХНУТЫЙ**, -ая, -ое. Странный, ненормальный, одержимый чем-л., сумасшедший, помешанный.

От **РЁХНУТЬСЯ**, общеупотр. *прост.* «рехнуться».

РЁХНУТЬСЯ, -нусь, -нешься, **РЯ́ХНУТЬСЯ**, -нусь, -нешься; *сов.*, *на чём*, *с чего*, *от чего* и *без доп.* Помешаться, сойти с ума, рехнуться.

Ср. *устар.* «рёхать», «рёхнуть», «рехать» — хрюкать, храпеть, сопеть, «рех» — сопение, храп, «рёха», «рехтей» — разиня, «рехнуть» — бросить, ударить, «рехнуться» — упасть, грохнуться, «рехнуть» — свести с ума; общеупотр. *прост.* «рехнуться» — сойти с ума; *уг.* «рехнуться» — догадаться.

РЕЧА *см.* **ТОЛКАТЬ**

РЕЧУ́ГА, -и, *ж.* Речь, монолог, длительное высказывание. ♦ **Толкнуть ~у** — сказать что-л., выступить, произнести речь.

См. также **ТОЛКАТЬ**; **ФИЛЬТРОВАТЬ РЕЧУГУ**

РЕЧУ́ЖНИК, -а, *м. Ирон.* Тот, кто говорит, вещает, произносит речи. *Чего этих ~ов кормить?* (о депутатах).

От **РЕЧУГА**.

РЕЧЬ *см.* **НЕДЕРЖАНИЕ (РЕЧИ)**

РЕША́ЛКА, -и, *ж.* **1.** Голова, мозги (обычно когда речь идёт о решении какой-л. задачи). *Ну, бурли ~ой* — думай интенсивней. **2.** Нож, финка, шило, бритва.

Ср. **ПОРЕШАЛКА**.

РЕШЁНКА, -и, *ж.* Решение; то, что уже решено. *Ну, выноси ~у* — решай. *Это уже ~, тут ни беса* (ничего) *не изменишь.*

РЕШЕТО́, -а́, *ср.* Тюрьма.

Уг. «решето» — тюремная решётка, «рештаки» — места заключения.

РЕШИТЕЛЬНЫЙ *см.* **ЭТО ЕСТЬ НАШ ПОСЛЕДНИЙ И РЕШИТЕЛЬНЫЙ БОЙ**

РЕШИТЬ *см.* **ПО ХОДУ ПОЕЗДА (ПОСМОТРЕТЬ, РЕШИТЬ)**

РЕ́ШКА, -и, *ж.* Сетка, решётка. *Надо ~и на дачу закупить.*

Возм. от *уг.* «решка», «режка» — решётка в камере.

РЖА́ВЫЙ, -ая, -ое. **1.** Общеотрицательный эпитет: плохой, гнилой, ненадёжный и т. п. *Затвори свою ~ую калитку* — замолчи. **2.** Рыжий (о человеке). *Был ты ~, Петрович, стал пегий* (о поседевшем рыжем человеке).

См. также **ГОЛОВА РЖАВАЯ; ГРАММОФОН; ЗАТКНИ ФОНТАН (СВОЙ РЖАВЫЙ ВЕНТИЛЬ...)**

РИГА *см.* **СЪЕЗДИТЬ В РИГУ**

РИ́ДИК, -а, **РЕ́ДИК**[2], -а, *м.* Ридикюль, ручная женская сумочка.

Возм. через *уг.*

РИДИКЮ́ЛЬ, -я, *м. Шутл.* Радикулит. *~ замучил.*

См. также **РАДИК**.

РИМСКИЙ *см.* **НУЖНО КАК ПАПЕ РИМСКОМУ ЗНАЧОК ГТО; ПАПА РИМСКИЙ (И МАМА РИМСКАЯ)**

РИ́НГАТЬ, -аю, -аешь; *несов.*; (*сов.* **РИНГАНУ́ТЬ**, -ну́, -нёшь), *кому.* Звонить по телефону.

От англ. ring — звон, звучание, звонок, to give a ring — позвонить по телефону.

РИС, -а, *м.*, **РИ́СИНКА**, -и, *ж.* Азиат (обычно о вьетнамцах). *У нас в общаге рядом со мной рис с рисинкой живут, селёдку жарят.*

РИСАНУТЬ *см.* **РИСОВАТЬ**

РИСИНКА *см.* **РИС**

РИСКОВАТЬ *см.* **КТО НЕ РИСКУЕТ, ТОТ НЕ ПЬЁТ ШАМПАНСКОЕ**

РИСОВА́ТЬ, -су́ю, -су́ешь; *несов.* (*сов.* **РИСАНУ́ТЬ**, -ну́, -нёшь), *что.* **1.** Делать что-л. (давать, доставать, раздобывать, покупать, мастерить и т. п.). *Рисани мне трёшку до завтра* (дай). **2.** Ходить за чем-л. *Надо хлеба купить, давай, рисуй* (иди).

РИСОВА́ТЬСЯ, -су́юсь, -су́ешься; *несов., без доп.* Появляться откуда-л. (обычно неожиданно); маячить, мешаться, мелькать. *Ты тут лучше до вечера не ~суйся.*

РИ́СОВЫЙ, -ая, -ое. Азиатский (обычно вьетнамский). *~ые студенты.*

От **РИС**.

РИХТАНУТЬ *см.* **РИХТОВАТЬ**

РИХТО́ВАННЫЙ, -ая, -ое. Битый, избитый.

От **РИХТОВАТЬ**.

РИХТОВА́ТЬ, -ту́ю, -ту́ешь; *несов.* (*сов.* **РИХТАНУ́ТЬ**, -ну́, -нёшь, *сов*); *кого.* Бить, избивать.

От спец.-технического «рихтовать» — выпрямлять, выверять (от нем. richten).

РИХТО́ВКА, -и, *ж.* Драка, потасовка, избиение. *Раньше на салютах всегда ~и были.*

От **РИХТОВАТЬ**.

РО́БА, -ы, *ж.* Любая одежда (часто грубая, немодная).

РО́БИТЬ, -блю, -бишь; *несов., что* и *без доп. Ирон.* Работать, делать. *Надо диплом ~.*

Диал. или из укр.

РОВНЫЙ *см.* **ПРЫЩ НА РОВНОМ МЕСТЕ**

РОГ, -а, *м.* Мужской половой орган.

РОГ* *см.* **БЫТЬ НА РОГАХ; ДАТЬ В РОГ; МОРГАЛИЩА; МОРГАЛЫ ВЫКОЛЮ, РОГА ПООТШИБАЮ; НАСТАВИТЬ (НАСАДИТЬ, НАСТРОИТЬ, НАРИСОВАТЬ) РОГА; ОБЛАМЫВАТЬ РОГА (УШИ, КЛЕШНИ); ПОЛУЧИТЬ ПО РОГАМ; СПРЯЧЬ РОГА; СТОЯТЬ НА УШАХ (НА БРОВЯХ, НА РОГАХ); УПЕРЕТЬСЯ РОГОМ; УПИРАТЬСЯ РОГОМ**

РОГА́, -о́в, *мн. Ирон.* Российские газеты. *Встреча премьера с ~ами.*

Переосмысление слова «рога» как сложносокращ.

♦ **РОГА́ ВЫСТАВЛЯ́ТЬ** — сопротивляться чему-л., возражать против чего-л.

РОГА́ЛИК, -а, *м.* Любой человек (чаще о преуспевающем, удачливом).

См. также **ЛЮТЫЙ**

РОГАЛИКО́З, -а, *м.* Благоприятная ситуация, удачное стечение обстоятельств.

От **РОГАЛИК**, по модели «невроз» и т. п.

♦ **РОГА́ ОБЛОМА́ТЬ** *кому* — избить, наказать кого-л.

РОГА́ТИТЬСЯ, -а́чусь, -а́тишься; *несов., без доп.* Сопротивляться, противиться, идти наперекор кому-л. или чему-л. *Не ~аться ты: если тебя насилуют и ничего нельзя поделать — расслабься и постарайся получить удовольствие.*

РОГА́ТКА, -и, **РОГУ́ЛЬКА**[1], -и, *ж.*, **РОГА́ТЫЙ**, -ого, *м.* **1.** Обманутый муж, рогоносец. **2.** Троллейбус.

♦ **РОГА́ТЫЕ ДЕЛА́** — ненадёжные, тёмные дела.

♦ **РО́ГОМ ПАХА́ТЬ** — стараться.

РОГУЛИ *см.* **ФИГУЛИ**

РОГУ́ЛИНА, -ы, **РОГУ́ЛЬКА**[2], -и, **РОГУ́ЛЯ**, -и, *ж.* Некрасивая девушка, женщина.

РОГУЛЬКА[1] *см.* **РОГАТКА**

РОГУЛЬКА[2] *см.* **РОГУЛИНА**

РОГУЛЯ *см.* **РОГУЛИНА**

РОДАКИ́, -о́в, **РОДАЧКИ́**,-о́в, **РО́ДИКИ**, -ов, **РОДНИЧКИ́**, -о́в, *мн.* Родители.

РОДАКО́ВСКИЙ, -ая, -ое, **РОДАКО́ВЫЙ**, -ая, -ое. Родительский; принадлежащий родителям. *Родаковская квартира.*

РОДАЧКИ *см.* **РОДАКИ**

РОДИКИ *см.* **РОДАКИ**

РОДИ́ЛКА, -и, **РОЖА́ЛКА**, -и, *ж.* **1.** Роженица, жена, мать детей. **2.** Родильный дом.

От общеупотр. «родить», «рожать».

РОДИМЫЙ *см.* **ОТДОХНИ, РОДИМЫЙ**

РОДИТЕЛИ *см.* **ДЕТИ — ЦВЕТЫ ЖИЗНИ НА МОГИЛЕ...**

РОДИ́ТЬ, рожу́, роди́шь; *сов., без доп.* Очень удивиться; прийти в крайнее эмоциональное состояние. *Я просто родил, какая штучка* (интересная вещь).

РОДИТЬ *см.* **ЕЖА РОДИТЬ; МАМА ДОРОГАЯ...; ПОКА НЕ РОДИЛА; ПУСКАЙ РАБОТАЕТ ЖЕЛЕЗНАЯ ПИЛА...**

РОДИТЬСЯ *см.* **МИЛИЦИОНЕР РОДИЛСЯ**

♦ **РОДИ́ШЬ, ПОКА́ БУ́ДЕТ** (или **ПРОИЗОЙДЁТ**) *что* — очень долго ждать.

РОДНИЧКИ *см.* **РОДАКИ**

РОДНИЧКО́ВЫЙ, -ая, ое. **1.** То же, что **РОДАКОВСКИЙ**. **2.** То же, что **РОДНОЙ 3.**

РОДНИЧО́К, -чка́, *м.* и в зн. *сказ.* Что-л. исконно присущее данной вещи, данному типу (напр. деталь машины). *Движок-то* (двигатель) — *жигулёвский ~.*

От **РОДНОЙ 3.**

РОДНО́Й, -а́я, -о́е. **1.** в зн. *сущ.*, -о́го, *м.* Ирон. обращение. *Ну что, ~, в хрюсло* (лицо) *хочешь?* **2.** Иностранный, сделанный за границей. *А что, свитер-то совковый* (советский)? — *Не, ~.* **3.** Исконно присущий данной вещи, данному типу. *У твоей машины бампера ~ ые?* **4.** Высококачественный, модный, престижный. *~ ая помада. А духи-то ~ ые!*

РОДНУ́ЛЯ, -и, **РОДНУ́ХА**, -и, **РОДНУ́ШКА**, -и, *ж.*, **РОДНУ́ШНИК**, -а, *м.* Шутл. обращение.

РО́ЖА, -и, **РОЖА́НКА**, -и, **РОЖА́ХА**, -и, **РОЖЕ́НЬ**, -и, **РОЖЕ́НЦИЯ**, -и, *ж.* Ирон. обращение. *Привет, рожа.*

От общеупотр. *прост.* «рожа» — лицо; возможны иные, кроме указанных, словосочетания и фразеологизмы со словом **РОЖА**, дублирующие те, которые образованы с его арготическими синонимами, *см.* напр. **МОРДА, ХАРЯ, ФЕЙС, ХРЮСЛО, РЯХА** и др.

РОЖА* *см.* **А РОЖА НЕ ТРЕСНЕТ?; ЛУЧШЕ ИМЕТЬ КРАСНУЮ РОЖУ...; ПЕЙТЕ ПИВО ПЕННОЕ, БУДЕТ РОЖА ОФИГЕННАЯ; ПРОПАХАТЬ РОЖЕЙ; ХАРЮ (РОЖУ, МОРДУ) МЯТЬ**

♦ **РО́ЖА КИРПИЧА́ ПРО́СИТ** *у кого* — неприятное, отталкивающее, наглое лицо.

♦ **РО́ЖА КОЙ НА ЧТО ПОХО́ЖА** — *ирон.* о некрасивом, обычно толстом лице.

РОЖАЛКА *см.* **РОДИЛКА**

РОЖАНКА *см.* **РОЖА**

РОЖА́СТЫЙ, -ая, -ое, **РО́ЖИСТЫЙ**, -ая, -ое. Толстый, с толстым лицом.

От общеупотр. *прост.* «рожа».

РОЖА́ТЬ, -а́ю, -а́ешь; *несов., что.* Делать что-л., давать результат. ♦**? ~ай быстрее** — думай быстрее, говори, не тяни время.

РОЖАТЬ* *см.* **СЛОНА РОЖАТЬ**

РОЖА́ТЬСЯ, -а́юсь, -а́ешься; *несов., без доп.* Рожать ребёнка. *Каждый год ~ается.*

РОЖАХА *см.* **РОЖА**

РОЖЕЙ В САЛАТ *см.* **МОРДОЙ (ХАРЕЙ, РОЖЕЙ) В САЛАТ**

РОЖЕНЦИЯ, РОЖЕНЬ *см.* **РОЖА**

РОЖИСТЫЙ *см.* **РОЖАСТЫЙ**

РО́ЖИТЬСЯ, -жусь, -жишься; *несов., без доп.* Кривляться, строить рожи.

РОЖКИ *см.* **НОЖКИ — КАК У КОЗЫ РОЖКИ**

♦ **РО́ЖУ НАЖРА́ТЬ** (или **НАЕ́СТЬ**) — потолстеть.

♦ **РО́ЖУ РАСТВОРО́ЖИТЬ** *кому* — ударить по лицу, разбить лицо.

РОЗЕ́ТКА, -и, *ж.* **1.** Девушка, девочка. **2.** Нос, ноздри. *Всю ~у извазюкал.*

РОЗЕТКА* *см.* **ША, КРЕВЕТКА, МОРЕ БЛИЗКО!**

РОЗЛИВ *см.* **РАЗЛИВ**

РО́ЗОВАЯ, -ой, *ж.* Лесбиянка.

РО́ЗОВЫЙ, -ая, -ое. Относящийся к лесбиянкам. *~ое движение. ~ая тусовка* (сборище).

РОЗОВЫЙ* *см.* **МАЛЬЧИШКА В РОЗОВЫХ ШТАНИШКАХ; ПАЦАНИК**

РО́ЗОЧКА, -и, *ж.* Битая (со стороны дна) бутылка с острыми краями, которую держат за горлышко и используют в драке как нож.

♦ **РО́ЗЫ В СОПЛЯ́Х** — *ирон.* о женских любовных романах, т. н. «мыльных операх»; о слащаво-сентиментальном, псевдоромантическом искусстве в целом.

РОИ́ТЬСЯ, роюсь, ройшься; *несов., где* и *без доп.* Толпиться; проводить время в толпе. *~ у магазина. ~ в очереди. Синяки* (алкоголики) *у винного роятся. Весь день за колбасой роился.*

♦ **РОЙ МОГИ́ЛУ** — готовься к худшему.

РОК *см.* **КЛАССИКА (РОКА)**

РО́КЕР, -а, *м.* **1.** Рок-музыкант; любитель рок-музыки. **2.** Подросток-мотоциклист.

РОКЕРИ́ТЬ, -рю́, -ри́шь, **РОКЕРИ́ТЬСЯ**, -рю́сь, -ри́шься, **РОКЕРОВА́ТЬ**, -ру́ю, -ру́ешься, **РОКЕРОВА́ТЬСЯ**, -ру́юсь, -ру́ешься, *несов.*, (*сов.* **РОКЕРНУ́ТЬСЯ**, -ну́сь, -нёшься); *без доп.* Быть рокером; вести себя как рокер.

См. **РОКЕР 1., 2.**

РОКОВУ́ХА, -и, **РОКОВУ́ШКА**, -и, **РОКОВУ́ШНИЦА**, -ы, *ж. Ирон.* Что-л. претенциозное, претендующее на «роковую» роль (напр., о женщине, мнящей себя «роковой», таинственной, загадочной). *Чего ты из себя роковуху-то корчишь, от тебя ведь колбасой докторской пахнет.*

РОКОВУ́ШНИЧАТЬ, -аю, -аешь; *несов., без доп.* Строить из себя «рокового» мужчину или «роковую» женщину, делать таинственные намёки, умолчания и т. п.

От **РОКОВУХА, РОКОВУШНЫЙ.**

РОКОВУ́ШНЫЙ, -ая, -ое. *Ирон.* Роковой, загадочный. *~ая дама. ~ разговор.*

От **РОКОВУХА.**

РОКОССО́ВСКИЙ, -ого, *м.* Ирон. обращение.

См. также **НЕСКОЛЬКО ФРАГМЕНТОВ ИЗ ЖИЗНИ МАРШАЛА РОКОССОВСКОГО**

Маршал Советского Союза К. К. Рокоссовский.

РО́К-ШМО́К, ро́ка-шмо́ка, *м. Шутл.* Рок-музыка.

РО́ЛЛИНГИ, -ов, *мн.* Группа «Роллинг стоунз».

РОМАН *см.* **ДЕФЕКТИВНЫЙ РОМАН**

РОМАНС *см.* **ФИНАНСЫ**

РОМА́ШКА, -и, *ж.* Сексуальная игра, в которой участники сидят (лежат) кругом (как лепестки цветка).

РОМАШКА* *см.* **ДЕВУШКА-РОМАШКА**

♦ **РОМА́ШКАМИ ЗАКУ́СЫВАТЬ** — *ирон.* ничем не закусывать.

РОМА́ШКА-ТОРЧУ́Н, рома́шки-торчуна́, *ж.* (или *м.*). *Ирон.* Любой человек, предмет, чаще о том, который слишком выделяется чем-л., мешает, находится не на месте.

РОМЕ́ВА, -ы, *м. Ирон.* Влюблённый. *Растрепетался, ~? Иди, ~, брому выпей* (успокойся).

От имени Ромео — героя трагедии В. Шекспира «Ромео и Джульетта».

РОСКОШЬ *см.* **ЕВРЕЙСКАЯ ЖЕНА — ЭТО НЕ РОСКОШЬ...**

РО́СПИСЬ, -и, *ж.* Какие-л. действия, связанные с ножом, шилом, иным холодным оружием; поножовщина, использование ножа и т. п.

РОСТ *см.* **В ПОЛНЫЙ РОСТ; ВО ВЕСЬ РОСТ; ВСЕМ РОСТОМ; ПО ПОЛНОМУ РОСТУ; ПОЛНЫМ РОСТОМ; ПОСТРОИТЬ ПО РОСТУ; СИДЕТЬ ПО ПОЛНОЙ (НА ПОЛНУЮ КАТУШКУ, В ПОЛНЫЙ РОСТ)**

РОТ *см.* **А В РОТ ТЕБЕ НЕ ПЛЮНУТЬ ЖЁВАНОЙ МОРКОВКОЙ?; В РОТ ВАМ ВСЕМ ПОТНЫЕ НОГИ; ГОВНО; ДВА ПАЛЬЦА В ЖОПУ...; ДУРАК; ЖОПА; НИ В РОТ, НИ В ЖОПУ; ОГУРЕЦ** (или **ОГУРЦЫ**) **ВО РТУ МУСОЛИТЬ; ПАРОХОД ЕМУ В РОТ; ПРИДЁТ ВОЙНА, НАСТУПИТ ЗАСУХА...**

РО́ТА, -ы, *ж.* **1.** Большое количество (о людях). *Не класс, а ~ идиотов.* **2.** Ирон. обращение к группе лиц. *~! Равняйсь, смирно! ~! Напра..., нале..., ноги на пле..., отставить, сволочи.*

2. — из *арм.*

РОТА* *см.* **ВОСЬМАЯ РОТА**

♦ **РОТ ЗАКРО́Й, КИШКИ́ ПРОСТУ́ДИШЬ** — замолчи.

РОТИК *см.* **БОБО**

РОХЛЕ́Ц, -а́, *м.*, **РОХЛЯ́ТКА**, -и, *м.* и *ж.* Рыхлый, тучный человек; застенчивый, неловкий человек.

От общеупотр. *разг.* «рохля».

РОЩА *см.* **ДУБОВЫЙ**

♦ **РОЯ́ЛЕМ ПРИКИ́НУТЬСЯ** — сделать вид, что ты ни при чём.

РОЯ́ЛЬ[1], -я, *м.* Франт, пижон, разряженный человек (часто о женихе, кавалере). *Наворотился ~ем* — разоделся.

См. также **ЭЛЕГАНТНЫЙ КАК РОЯЛЬ**

РОЯ́ЛЬ[2], -я, *м.* и -и, *ж.* Роль. *Это не играет никакой ~и.*

РОЯ́ЛЬ[3], -я, *м.* Американский спирт «Royal», продававшийся в России в начале 90-х гг.

РУБА́ЛКА, -и, **РУБА́ЛОВКА**, -и, *ж.* **1.** То же, что **РУБОН**. **2.** Драка, потасовка, конфликт, смута. *На работе рубаловка, половину народу под забор пинают* (сокращают с работы).

РУБАНУ́ТЬСЯ, -ну́сь, -нёшься; *сов., с чем* и *без доп.* Интенсивно поработать. *Придётся тебе с этим делом ~* (поспешить).

РУБА́ТЬ, -а́ю, -а́ешь; *несов., что* и *без доп.* Есть, кушать. *За всё голодающее Поволжье ~ает* — много ест.

Возм. из *уг.*

РУБА́ШКА, -и, *ж.* Упаковка (обычно о заводской, фирменной). *Вскрытая ~. В комке* (комиссионном магазине) *без ~и технику не бери.*

РУБАШКА* *см.* **БЕЗ РУБАШКИ БЛИЖЕ К МАШКЕ**

РУБА́ШКОЙ, *нареч.* О расположении комнат в квартире, когда в центре находится коридор, из которого ведут двери в комнаты.

РУБИ́ЛЬНИК, -а, *м.* **1.** Нос. **2.** Лицо.

РУБИ́Н-ГРАНА́Т-КАГО́Р, руби́н-грана́т-каго́ра, *м.* Вино (чаще о красном).

Ирон. травестированное Рабиндранат Тагор.

РУБИ́ТЬ, рублю́, ру́бишь; *несов.* **1.** *в чём.* Понимать, разбираться в чём-л. *~ в технике. Ты ни пса* (нисколько) *в жизни не рубишь.* **2.** *что* и *без доп.* То же, что **РУБАТЬ**. **3.** *чем* и *без доп.* Ходить (в азартной игре). **4.** *куда, откуда.* Идти, шагать, двигаться. *Куда рубишь? Руби сюда, не пожалеешь* (реплика продавца порнографии). **5.** *что.* Глушить, заглушать, нарушать слышимость по радио. **6.** *что.* Запрещать, не давать ходу, не разрешать выпускать (о книгах, фильмах, спектаклях и т. п.). **7.** *кого-что у кого.* Воровать.

См. также **КАПУСТА**; **ФИШАК**

Ср. *уг.* «рубить» — воровать, «рубить бока» — воровать карманные часы, воровать из карманов, «рубить капусту» — убегать, «рубить и маять» — воровать у спящего, «рубить ширмы или по ширме, ширмам» — воровать из карманов и т. п.

РУБИТЬ* *см.* **НЕ РУБИ СУК, НА КОТОРЫХ СИДИШЬ**

РУБИ́ТЬСЯ, рублю́сь, ру́бишься; *несов.* **1.** *с чем* и *без доп.* Стараться, интенсивно работать, вкалывать, спешить. **2.** *с кем за что.* Спорить с кем-л., пробивать какую-л. идею. **3.** *куда.* Рваться, стараться проникнуть куда-л. **4.** *без доп.* Быть запрещённым. *Все смелые фильмы рубятся.* **5.** *во что* и *без доп.* Играть в какую-л. спортивную или др. азартную игру.

См. **РУБИТЬ**.

РУ́БКА, -и, *ж.* (или **~ ЛЕ́СА**, **~ СО́СЕН**, **КАЗА́ЧЬЯ ~**). Бурные события, споры, митинги, брожения, «баталии», бурное выяснение отношений, дебаты. *~и в парламенте. ~ за место под солнцем. Семейные ~и* — конфликты в семье.

РУБЛЕ́ВИЧ, -а, **РУ́БЧИК**, -а, **РУБЧО́НОК**, -нка, *м.*, **РУБЛЁВКА**, -и, *ж.* Рубль.

РУБЛЁВЫЙ *см.* **РАЗМАХ РУБЛЁВЫЙ, УДАР ФИГОВЫЙ**

РУБЛЕПАД *см.* **ОСЕННИЙ РУБЛЕПАД**

РУБЛИ́ТЬ, -лю́, -ли́шь; *несов., без доп.* Зарабатывать немного, на жизнь, минимум. *Как дела, выживаешь? — Так, ~ лю помаленьку.*

Возм. шутл. наложение с **РУБЛЬ** и **РУБИТЬ**.

РУБЛИ́ТЬСЯ, -лю́сь, -ли́шься; *несов., без доп.* Мелочиться, крохоборничать. *Да не ~ лись ты, имей совесть.*

РУБЛЬ *см.* **ЛЯЛЯ**; **НА ТЕБЕ, КОЗЁЛ ВОНЮЧИЙ...**; **РАЗМАХ НА РУБЛЬ — УДАР НА КОПЕЙКУ**; **СУП СОЛЁНЫЙ СТОИТ РУПЬ**

РУБЛЬ ШТУКУ БЕРЕЖЁТ *см.* **ШТУКА**

РУБО́Н, -а, *м.* Еда, кушанье.

От **РУБАТЬ**, **РУБИТЬ 2.**

РУБЧИК, РУБЧОНОК *см.* **РУБЛЕВИЧ**

РУГАТЬСЯ *см.* **ОН НЕ КУРИТ И НЕ ПЬЁТ, МАТОМ НЕ РУГАЕТСЯ...**

РУДА́, -ы, *ж.* Кал. *Где тут ~у добывают?* — Где тут кабинет по приёму анализов кала? *~ой пахнет.*

РУДНИ́К, -а́, *м.* Туалет. *Платный ~.*

От **РУДА**.

РУДОКО́П, -а, *м.* **1.** Гомосексуалист. **2.** Врач или медсестра, занимающиеся приёмом и исследованием анализов кала. **3.** Человек, который что-л. исследует, чем-л. очень интересуется.

1., 2. — от **РУДА**.

РУЖПА́РК, -а, *м.* Место, где хранится оружие.
Из *арм.*

РУЖЬЁ *см.* **ОТМАТЫВАТЬСЯ**

РУКА *см.* **ВЗЯТЬ В РУКИ БАЯН; ВЗЯТЬ НОГИ В РУКИ; ГЛАЗА ЗАВИДУЩИЕ, РУКИ ЗАГРЕБУЩИЕ; ДОКУМЕНТ НА РУКАХ НОСИТЬ; ЛУЧШЕ СИНИЦА В РУКЕ, ЧЕМ УТКА ПОД КРОВАТЬЮ; НЕ ПРОТЯГИВАЙ РУКИ, А ТО (А НЕ ТО) ПРОТЯНЕШЬ НОГИ; НИ РУКИ, НИ НОГИ НЕ ДОШЛИ; ПОЙТИ ПО РУКАМ; РУКИ ИЗ ЗАДНИЦЫ...; РУКИ ПОД КАРАНДАШ (ПОД ХРЕН, ПОД ОНАНИЗМ, ПОД ЗАДНИЦУ) ЗАТОЧЕНЫ; РУКИ, СЛОВНО ДВЕ БОЛЬШИЕ ПТИЦЫ; РУКИ-ЗАКОРЮКИ; РУКИ-КРЮКИ; СМЕЛО, ТОВАРИЩИ, В РУКУ!; С РУКАМИ ОТОРВАТЬ; УШИ (РУКИ, НОС, НОГИ) ОТВИНЧУ, СВИНЧУ; ФАК ТЕБЕ В РУКУ!; ФЛАГ В РУКИ, БАРАБАН В ЖОПУ...; ЧЛЕН.**

РУ́КИ, в зн. *межд.* Прочь руки, не трогай. *Ну-ка, ~! ~, я сказал!*

♦ **РУ́КИ-ЗАКОРЮ́КИ; РУ́КИ ИЗ ЗА́ДНИЦЫ** (или **ИЗ ЖО́ПЫ, ИЗ ПО́ПЫ**) **РАСТУ́Т** *у кого*; **РУ́КИ-КРЮ́КИ; РУ́КИ ПОД КАРАНДА́Ш** (или **ПОД ХРЕН, ПОД ОНАНИ́ЗМ, ПОД ЗА́ДНИЦУ** и т. п.) **ЗАТО́ЧЕНЫ** *у кого* — о человеке, не умеющем что-л. делать, недотёпе.

♦ **РУ́КИ, СЛО́ВНО ДВЕ БОЛЬШИ́Е ПТИ́ЦЫ** — *ирон.* о человеке, пытающемся сделать что-л. грациозно.

РУ́К О'БЛУ́Д, рук о'блу́да, *м.* **1.** Онанист. **2.** Ирландец.
Шутл. контаминация «рукоблуд» и огласовки типичной ирландской фамилии.

РУКОВОДЯ́ТЕЛ, -тла, *м. Ирон.* Руководитель.
Ирон. передел. «руководитель» + «дятел».

РУКОДЕ́ЛЬЕ, -я, *ср.* **1.** Онанизм. **2.** Синяк на лице от побоев.
1. — то же в *уг.*

РУКОДЕ́ЛЬНИК, -а, *м.*, **РУКОДЕ́ЛЬНИЦА**, -ы, *ж.* Онанист.
От **РУКОДЕЛЬЕ**.

РУКОЙВОДИ́ТЕЛЬ, -я, *м. Ирон.* Руководитель.
Ирон. передел. общеупотр. «рукой водить» в зн. ничего не делать, бездельничать.

РУ́ЛЕВО, -а, *ср.* То же, что **РУЛЬ 2.**

РУЛЕ́ТКА, -и, *ж.* Ситуация, в которой всё зависит от случая. *Хорошая работа — это ~. Живём в постоянной ~е. Не жизнь, а ~.*
См. также **ГУСАРСКАЯ РУЛЕТКА**

РУЛЕ́ТОЧНЫЙ, -ая, -ое. Неясный, непонятный, не зависящий от воли, умения говорящего. *~ случай.*

РУЛИ́ТЬ[1], -лю́, -ли́шь; *несов., куда, откуда.* Идти, шагать, двигаться. *~ли сюда. Куда ~лишь?*

РУЛИ́ТЬ[2], -лю́, -ли́шь; *несов., в чём* и *без доп.* Быть лучшим, превосходить всех окружающих в чём-л.
Возм. связано с англ. rule; вероятно, сначала появилось в речи пользователей компьютеров.

РУЛЬ, руля́, *м.* **1.** Шофёр, водитель. **2.** Нос.

РУЛЬ* *см.* **ДЕРЖАТЬ ХВОСТ (ЧЛЕН) РУЛЁМ**

РУ́МПЕЛЬ, -я, *м.* **1.** Рубль. **2.** Нос.
Общеупотр. морское «румпель» — рычаг для поворачивания руля судна; 1. — по фонетической близости; 2. — возм. по аналогии с **РУЛЬ 2.**

РУМЯ́НАЯ, -ой, *ж.*, **РУМЯ́НЫЙ**, -ого, *м.* Купюра достоинством в десять рублей (выпуск до 1991 г.).
Возм. намёк на красный цвет; *ср.* также *уг.* «румынка», «рюманка», «рюмянка» в том же зн.

РУНДУ́К, -а́, *м.* Рюкзак или вещмешок.
Из *арм.*

РУ́ПИЯ, -и, *ж.* Рубль.
Денежная единица Индии, Индонезии, Пакистана и ряда др. стран; по сближению звучаний.

РУПЬ *см.* **ЗА РУПЬ ЕЖОМ**

РУ́СИШ, -а, *м.* Русский язык (школьный предмет). *Двойка по ~у.*
Из *шк.*, подражание нем.

♦ **РУ́СИШ КУЛЬТУ́РИШ** — *ирон.* о некультурном поведении, каком-л. беспорядке и т. п.
Имитация нем.

РУССКИЙ *см.* **ВОТ ЧТО ЖИДЫ С РУССКИМ ЧЕЛОВЕКОМ ДЕЛАЮТ; ДАЖЕ КЛЁВЫЙ ШТАТСКИЙ ЗИППЕР ПРОПУСКАЕТ РУССКИЙ ТРИППЕР; КАКОЙ РУССКИЙ НЕ ЛЮБИТ БЫСТРОЙ ЕЗДЫ?..; ОТМЕЧАТЬ СТОЛЕТИЕ РУССКОЙ БАЛАЛАЙКИ; ПЕРЕВОД С МАТЕРНОГО НА РУССКИЙ; УДАРИМ РУССКИМ МЕНТАЛИТЕТОМ ПО АМЕРИКАНСКИМ МОЗГАМ!**

РУ́ХНУТЬ, -ну, -нешь; *сов., без доп.* (или **~ С ДУ́БА**). Сойти с ума, рехнуться; сделать глупость. *Ты что, с дуба ~нул?*
См. также **УПАСТЬ (РУХНУТЬ, СВАЛИТЬСЯ, БРЯКНУТЬСЯ) С ДЕРЕВА**
Возм. сближение с *уг.* «рухнуть» — понять, догадаться или от общеупотр. «рухнуть» — упасть, обвалиться; возм. также влияние **РЮХНУТЬСЯ**.

РУЧКА *см.* **В РУЧКИ НАСРАТЬ; ДЕЛАТЬ РУЧКОЙ; ДОЙТИ (ДО РУЧКИ); ЖОПА; ПРИКЛАДЫВАТЬСЯ СВОЕЙ ПОГАНОЙ РУЧКОЙ; СДЕЛАТЬ РУЧКОЙ...; ХОРОШАЯ ШТУЧКА, КОГДА БОЛИТ РУЧКА...**

♦ **РУЧНА́Я РАБО́ТА** — синяк на лице от побоев.

♦ **РУЧНА́Я СТИ́РКА** — онанизм.

РУЧНИ́К, -а́, *м.* **1.** Ручной тормоз в автомобиле или на велосипеде. **2.** Глупый, тупой, ничего не понимающий человек. **3.** Онанист. **4.** Небольшой молоток. ♦ **Быть на ~е** — не понимать, не соображать. **Сняться** (или **спилить**) **с ~а** — понять, догадаться, прийти в себя.

2. — по аналогии с **ТОРМОЗ**; 4. — из *спец.*

РУЧНО́Й, -а́я, -о́е. Покорный, безропотный, полностью подчинённый чужой воле (о муже, жене, приятеле и т. п.). *У меня баба ~ая . С ~ым мужиком скучно.*

РУЧНОЙ *см.* **ЗАВЕДИ МОРСКУЮ СВИНКУ (ЕЖА, ПОПУГАЯ, РУЧНОГО ТАРАКАНА)**

РЫ́БА, -ы, *ж.* **1.** Заготовка, образец, костяк, шаблон чего-л. (напр., шпаргалка для экзамена, образец какого-л. документа и т. п.). *Сделать ~у. Гнать по ~е* — делать по образцу. **2.** Ритмический бессмысленный текст, используемый композитором при сочинении музыки песни, на основе ритма и размеров которого поэт-песенник впоследствии напишет слова песни. **3.** Одна из игровых ситуаций в домино. **4.** Молодой матрос (на флоте).

1. — возм. от общеупотр. *прост.* «рыба» — подделка, подтасовка, то, что подбрасывают вместо чего-л.; возм. восходит к *уг.*; 2. — из *муз.*; 4. — из *арм.*, *ср.* **РЫБЬЯ ЧЕШУЯ.**

РЫБА* *см.* **МОЛЧАТЬ КАК РЫБА ОБ ЛЁД; НА ТВОИХ ТОВАРИЩЕЙ ХОРОШО РЫБА КЛЮЁТ; НЕ ПАХНИ РЫБОЙ**

♦ **РЫ́БА БЕЗ ТРУСО́В** — *шутл.* о чём-л. странном, несуразном, абсурдном; *бран.* в адрес кого-л.

♦ **РЫ́БА ГНИЁТ С ГОЛОВЫ́, А ЧИ́СТЯТ ЕЁ С ХВОСТА́** — о социально-политических процессах в СССР во второй половине 80-х гг.

РЫБА́К, -а́, *м.* **1.** Жулик, вор. **2.** Тот, кто делает **РЫБУ 1.**

1. — возм. из *уг.*, *ср.*, напр., *устар. уг.* «рыбак» — конокрад, «рыболов» — вор, обрезывающий чемоданы с задков экипажей.

РЫБИЙ *см.* **ЧИРИКАТЬ**

♦ **РЫ́БИЙ ГЛАЗ** — пивная.

РЫ́БКА, -и, *ж.* **1.** (или **~-ПТИ́ЧКА-СОБА́ЧКА**, **~ ЗОЛОТА́Я**, **~-МОКРОХВО́СТКА** и т. п.). Ирон.-ласк. обращение, преим. к женщине. **2.** Потенциальная жертва какого-л. мошенничества, кражи и т. п. *Сектанты ищут рыбок.*

2. — возм. из *уг.*

РЫБКА* *см.* **А РЫБКИ КРАСНОЙ НЕ ХОЧЕШЬ?; ДОХЛОЙ РЫБКОЙ ПРИКИНУТЬСЯ; НЕ ВРИ (НЕ СВИСТИ), ЗОЛОТАЯ РЫБКА; ХОТЕТЬ И РЫБКУ СЪЕСТЬ...**

РЫБОЛО́В, -а, *м.* То же, что **РЫБАК 1.**

♦ **РЫ́БЬЯ ЧЕШУ́Я** — молодой матрос, а также в зн. *собир.* (на флоте).

Из *арм.* *Ср.* **РЫБА 4.**

РЫВО́К, -вка́, *м.* Попытка. *В три ~вка* — в три попытки. ♦ **Для ~вка** — для начала, чтобы начать, напр.: *Эх, сейчас бы пивка для ~вка, бутылочку водчонки для обводчонки и бутылочку сухого для подачи углового* — шутл. футбольная приговорка.

См. также **ПИВКА ДЛЯ РЫВКА (ДАТЬ, ВРЕЗАТЬ, ВЫПИТЬ)**

РЫГА́ЛКА, -и, *ж.* **1.** То же, что **РЫГАЛО. 2.** То же, что **РЫГАЛОВКА.**

РЫГА́ЛО, -а, *ср.*, **РЫГА́ЛЬНИК**, -а, *м.* Рот. *~ закрой* — замолчи.

От общеупотр. «рыгать».

РЫГА́ЛОВКА, -и, *ж.* Предприятие общественного питания: столовая, закусочная, пельменная и т. п.

От общеупотр. *прост.* «рыгать»; намёк на низкое качество пищи.

РЫГАЛЬНИК *см.* **РЫГАЛО**

РЫГА́ТЕЛЬНЫЙ, -ая, -ое. Дурной, плохой, низкокачественный (о пище и др. вещах).

От общеупотр. *прост.* «рыгать»; *ср.* **РЫДАТЕЛЬНЫЙ.**

РЫГА́ТЬ, -а́ю, -а́ешь; *несов.* (*сов.* **РЫГНУ́ТЬ**, -ну́, -нёшь), *что* и *без доп.* Говорить или делать что-л. дурное, глупое, необдуманное. *Ну ты рыгнул, прямо весь климат в стране испортился.*

РЫДА́ЛИЦА, -ы, **РЫДА́ЛОВКА**, -и, *ж.* Плохой, старый транспорт или разбитая дорога. *Не трасса — ~. От деревни до города пять километров проселочной рыдаловки.*

От общеупотр. «рыдать».

РЫДА́ТЕЛЬНЫЙ, -ая, -ое, **РЫДА́ЮЩИЙ**, -ая, -ее. Плохой, ветхий, старый, отживший свой век; ничтожный, бедный, убогий. *Торговцы на Птичке* (Птичьем рынке в Москве) *прямо рыдающие* (продают всякую мелочь). *Успехи у вашего сына, прямо скажем, рыдательные* (учительница родителям).

От общупотр. «рыдать».

РЫДА́ТЬ, -а́ю, -а́ешь; *несов., без доп.* Ехать, волочиться (обычно долго, в плохих условиях). *Я всю жизнь по нашим железкам* (железным дорогам) *в общих вагонах ~аю.*

РЫДАЮЩИЙ *см.* **РЫДАТЕЛЬНЫЙ**

РЫДВА́Н, -а, *м.* Машина, автомобиль (обычно старый, нескладный).

Устар. «рыдван» — большая карета.

РЫЖАЯ ФИРМА *см.* **ЖЁЛТАЯ (РЫЖАЯ) ФИРМА**

РЫ́ЖЕЕ, -его, *ср.* Золото.

См. **РЫЖИЙ**.

РЫ́ЖИЙ[1], -ая, -ее. **1.** Золотой. *Часы ~ие.* **2.** в зн. *сущ.*, -его, *м.* Рубль. ♦ **Бони ~ие** — золотые часы.

См. также **БОКА**

Возм. через *уг.*, где рыжий цвет вообще ассоциируется с золотом и деньгами, напр. «рыжа», «рыжье», «рыжовье» — золото, золотые вещи, «рыжки» — золотые часы или золотые монеты, «рыжая», «рыжачок» — золотая пятирублёвая монета, «рыжий», «рыжик» — червонец, золотая десятирублёвая монета, а также что-л. из золота и т. п.

РЫ́ЖИЙ[2], -ая, -ее. **1.** в зн. *сущ.*, -его, *м.* Дурак. *Что я, ~, что ли? Ищи ~его. ~их нету.* **2.** Необычный, странный, нестандартный. *Год какой-то ~: одни неприятности.*

РЫЛО *см.* **ФИГ**

РЫ́ЛЬНИК, -а, *м.* Лицо, харя, рыло. *~ маринованный* — неприятное лицо.

РЫЛЬНОМЫ́ЛЬНЫЕ, -ых, *мн. Ирон.* Туалетные принадлежности.

«Рыло» + «мыло», «мылить».

Возм. изначально из *арм.*

РЫ́НДАТЬ, -аю, -аешь; *несов., куда, откуда.* Идти, шагать, передвигаться, направляться. *Куда ~аешь? И вот туда-сюда ~ают* (о прохожих).

Возм. от *диал.* «рындать» — проваливаться ногами в болоте или снегу, пробиваться сквозь лёд, шлёпать по грязи, нестись, валиться, сыпаться, падать, «рында» — нескладный, верзила, худая кляча, «рындало» — болото, трясина (менее вероятно от *устар.* «рында» — оруженосец, телохранитель и морского «рынду бить» — особый звон колокола на судне в полдень).

РЫНОК *см.* **БАЗАР**

РЫ́ПАТЬСЯ, -аюсь, -аешься, **РЫ́ПИТЬСЯ**, -плюсь, -пишься; *несов.* (*сов.* **РЫ́ПНУТЬСЯ**, -нусь, -нешься), *на кого-что, во что куда с чем.* Пытаться что-л. сделать, делать попытку; метаться, волноваться; вмешиваться во что-л.; лезть, приставать к кому-л. с чем-л. *Не рыпься. Сиди и не рыпайся. На кого ты рыпнулся, придурок!*

См. также **СИДИ И НЕ ДЁРГАЙСЯ (НЕ РЫПАЙСЯ, НЕ КВАКАЙ, НЕ ВЯКАЙ)**

Ср. *устар.* «рыпеть», «рыпать», «рыпнуть» — скрипеть, «рып» — скрип, напр., «сапоги с рыпом», «рыпучий» — скрипучий.

РЫПО́К, -пка́, *м.* Рывок, попытка, движение (обычно резкое, порывистое). *Одним ~пком* — быстро, разом. *Один ~ — и ты холодный* — шутл. угроза.

От **РЫПАТЬСЯ**; возм. наложение с общеупотр. «рывок».

РЫСА́ЧИТЬ, -чу, -чишь; *несов., без доп. Ирон.* Бегать, носиться, зарабатывая, или в поисках заработка; много ездить, путешествовать.

От общеупотр. «рысак».

РЫСЬ, -и, *ж.* Хитрая, коварная женщина. *Людка-то ~ ещё та!*

РЫТЬ, ро́ю, ро́ешь; *несов., куда, откуда.* Идти, шагать. *Роем отсюда* — уходим. *Зачем ~ так далеко?*

РЫТЬ* *см.* **КОПЫТОМ ЗЕМЛЮ РЫТЬ; РОЙ МОГИЛУ**

РЫЧАГИ́, -о́в, *мн.* **1.** Руки (обычно сильные). **2.** Знакомства, связи, протекция, блат. *У тебя там ~ов нету?*

РЮМА́ХА, -и, **РЮМА́ШКА**, -и, *ж.* Рюмка. *Съесть рюмашку, взлезть на Машку* — ирон. приговорка. ♦ **Ну что, по рюмашке?** — выпьем?

РЮ́МИТЬ, -млю, -мишь, **РЮ́МИТЬСЯ**, -млюсь, -мишься; *несов., кому на что.* Плакать, плакаться, жаловаться, хныкать, прибедняться.

От *диал.* «рюмить», «рюмзать» — плакать, по-ребячьи хныкать, «рюма» — плакса; то же в *уг.*

РЮ́МКА, -и, **РЮ́МОЧКА**, -и, *ж.* О мужской фигуре, когда плечи значительно шире бёдер.

РЮ́ХА, -и, *ж.* и *м.* Дурак, простофиля.

См. **РЮХАТЬ**.

РЮ́ХАТЬ, -аю, -аешь; *несов.* **1.** *в чём* и *без доп.* Понимать, соображать в чём-л., знать о чём-л. *В этой бесовщине компьютерной я ни шиша* (ничего) *не ~аю.* **2.** *о чём* и *без доп.* Думать, размышлять.

Ср. *устар. диал.* «рюхать» — ржать, кричать, хрюкать, «рюхать», «рюхнуть» — грохнуть, шлёпнуть, бросить, уронить, повалить, упасть, ввалиться, «рюха», «рюшка» — свинья, мокрый до нитки человек, волчья яма, простак, верша, игра в чурки, чушки, городки, «рюх-рюх» — подзывание свиней (*ср.* «хрю-хрю»); *ср.* также *уг.* «рюха» — засада, «рюхаться» — договариваться о совершении кражи.

РЮ́ХНУТЬСЯ, -нусь, -нешься; *сов., с чем, на чём, с чего* и *без доп.* Упасть, оступиться; оплошать, сделать глупость, опозориться. *Вы с вашим блошиным бизнесом явно ~нулись.*

См. **РЮХАТЬ**.

РЯ́БЗА, **РЯ́БЗЯ**, **РЕ́БЗА**, **РЕ́БЗЯ**, *нескл.* Ребята (чаще в функции обращения).

Из *шк.*, *детск.*

РЯБИ́ТЬ, -блю́, -би́шь, **РЯБИ́ТЬСЯ**, -блю́сь, -би́шься; *несов., где* и *без доп.* Мешаться, путаться под ногами, слоняться без дела.

РЯ́БЧИК, -а, *м.* Рубль. *~и* — деньги. *Никак ~и ко мне не прилетят.*

Шутл. наложение общеупотр. «рубль» + «рябчик» (назв. птицы).

РЯД *см.* **НЕ РЯДЫ ЖИДЕЮТ, А ЖИДЫ РЕДЕЮТ; СЕЛИ ДВА ЖИДА В ТРИ РЯДА**

РЯДОМ *см.* **ПОЛЗИ, МЕДУЗА, МОРЕ РЯДОМ**

РЯ́ЖЕНКА, -и, *ж.* Нарядная девушка.

Шутл. игра слов: «наряженный» + «ряженка» (назв. кисломолочного напитка).

РЯ́СА,-ы, *ж.* Любая длинная одежда (часто о юбке-макси).

РЯ́ХА,-и, **РЯ́ШКА**, -и, *ж.*, **РЯ́ШНИК**, -а, *м.* Лицо, морда (обычно толстая); толстый, сытый, объевшийся человек. *Ряху наесть.*

Ср. *устар. диал.* «ряшка», «ряжка» — лохань, помойница, банная шайка, ведро, черпак.

РЯХНУТЬСЯ *см.* **РЁХНУТЬСЯ**

РЯШКА, РЯШНИК *см.* **РЯХА**

С

САБЛЯ *см.* **ТАНЕЦ С САБЛЯМИ**

САБО́НИС, -а, *м.* Большая (0,75 л) бутылка водки.

Фамилия известного литовского баскетболиста.

САБО́ШКИ, -шек, *мн.* Сабо, туфли на деревянной подошве; любая другая обувь. *~шками топает.*

САВРА́СКА, -и, *ж., собств.* Газета «Советская Россия».

Сокращ. назв.; «савраска» — саврасая деревенская лошадь, распространённая кличка лошади.

САД, -а, *м.* Место, где много кого-чего-л.; притон, рассадник. *~ идиотов. ~ недоумков.*

САД* *см.* **ВСЕ В САД; ПО САДУ ПОГУЛЯТЬ**

САДАНУ́ТЬ[1], -ну́, -нёшь; *сов., чего, по чему, что* и *без доп.* Выпить спиртного. *~ по маленькой.*

Встречается, напр., у А. Аверченко и др.

САДАНУТЬ[2] *см.* **САДИТЬ**[1]

САДДА́МКА, -и, *ж.* **1.** *собств.* Саддам Хусейн, (бывший лидер Ирака). **2.** в зн. *нариц.* Араб (чаще об иракцах или жителях Аравийского полуострова). *Четыре ~и у меня в группе* (из речи преподавателя).

САДДАМ СУХЕЙН *см.* **ПОРТВЕЙН САДДАМ СУХЕЙН**

СА́ДИК, -а, **САДИ́ЛЬНИК**[1], -а, **САДЮ́ЖНИК**, -а, *м.*, **СА́ДКА**[1], -и, **САДЮ́ГА**, -и, *м.* и *ж.* **1.** Садист, изувер, мучитель. **2.** *ирон.-шутл.* О ком-л., пристающем, донимающем кого-л. *Отстань от меня, грязный садик.*

САДИ́ЛЬНИК[2], -а, *м.*, **СА́ДКА**[2], -и, **СИ́ДКА**, -и, *ж.* Автобус; попутка, место в ней; остановка какого-л. транспорта.

Возм. из *уг.*

САДИ́ТЬ[1], сажу́ (или садю́), са́дишь; *несов.* (*сов.* **САДАНУ́ТЬ**[2], -ну́, -нёшь), *кого.* Мучить, донимать, допекать, приставать.

САДИ́ТЬ[2], сажу́, са́дишь; *несов., что.* Делать что-л. часто. *~ сигарету за сигаретой* (курить). *~ стакан за стаканом* (пить).

См. также **ЧЕРНУХА**

Ср. общеупотр. *прост.* «садить» — делать что-л. быстро, энергично.

САДИ́ТЬСЯ *см.* **МУХИ БОЯТСЯ САДИТЬСЯ**

САДИТЬСЯ ЖОПОЙ НА ХВОРОСТ *см.* **ЖОПА**

САДКА[1] *см.* **САДИК**

САДКА[2] *см.* **САДИЛЬНИК**[2]

♦ **САДО́ВОЕ КОЛЬЦО́ ЗАКАТИ́ЛОСЬ ПОД КРЕМЛЁВСКОЕ КРЫЛЬЦО́** — о запрещении демонстраций в пределах Садового кольца в г. Москве.

САДОВЫЙ *см.* **ГОЛОВА САДОВАЯ**

САДЮГА, САДЮЖНИК *см.* **САДИК**

САЖАТЬ *см.* **ПРИМОЧКА**

САЗО́НЕЦ, -нца, *м.* Ничего, ерунда, мелочь (обычно о почти нулевом результате). ♦ **Сидела до солнца, высидела ~нца** — о ничтожных результатах после долгих усилий.

САЙГА́К, -а, *м.* **1.** Дурак. **2.** Т. н. «лицо южной национальности». **3.** Пешеход.

Назв. животного; 3. — из языка водителей.

САЙГО́Н, -а, *м.*, *собств.* Пивной бар на Киевском вокзале (а также ряд др. пивных в Москве).

Назв. вьетнамского города; бар был открыт во время вьетнамской войны, славился драками.

СА́ЙКА, -и, **СА́ЕЧКА**, -и, *ж.* Щипок за подбородок.

Из *шк.*, *детск.*

САК, -а, *м.* Сумка (обычно женская).

Уг. «сак», «сачок» — ридикюль; фр. sac — сумка.

СА́КЛЯ, -и, *ж.* Дом, квартира, жилище. *~ с балконом. ~ на проспект выходит. Пить будем на моей ~е.*

Рус. назв. жилища кавказских горцев.

САКС, -а, *м.* Саксофон; саксофонист. *Чувак неслабо* (хорошо) *на ~е пилит* (играет). *Группе нужен ~.*

Из *муз.*

САКСАУ́Л, -а, *м.* Житель Средней Азии.

САКСАУ́ЛЬНЫЙ, -ая, -ое. *Шутл.* Сексуальный.

Шутл. контаминация с назв. дерева «саксаул».

САЛАБО́Н, -а, *м.* **1.** Слабый, физически недоразвитый, малорослый, трусливый человек. **2.** Малолетка, неопытный юнец. *Чего ты мне ~ов привёл!*

Возм. через *арм.* «салабон» — начинающий службу; от общеупотр. «слабый»; возм. наложение с *прост.* «салага».

САЛАБО́НИСТЫЙ, -ая, -ое. Слабый, робкий; неопытный, зелёный.

От **САЛАБОН**.

САЛАЖНЯ́К, -а́, *м.*, *собир.* Молодые, неопытные, слабые, неокрепшие люди (часто о новобранцах, начинающих).

От общеупотр. *прост.* «салага», «салажонок» — неопытный человек; из языка моряков, от назв. рыбы «салака», «салакушка».

САЛА́ЗКИ, -зок, *мн.* Глаза. *Чего ~ выкатил, не видел меня, что ли?* ♦ **Глазки-~** — удивлённые глаза.

Возм. из *уг.*

САЛА́Т, -а, **САЛА́ТИК**, -а, *м.* Мешанина, путаница, конгломерат чего-л. *Что это за ~ из чешуи с отрубями? ~ из евреев с чукчами.*

САЛАТ* *см.* **МОРДОЙ (ХАРЕЙ, РОЖЕЙ) В САЛАТ; НЕ ПАХНИ САЛАТОМ**

САЛАТИК *см.* **САЛАТ**

♦ **САЛА́ТИКИ КУ́ШАТЬ** *у кого* — отмечать, справлять чью-л. свадьбу.

САЛА́ТНИК, -а, *м.*, **САЛА́ТНИЦА**, -ы, *ж.* Лицо, рот. *Убери свою салатницу. Видеть не могу твой праздничный салатник.*

САЛЬТО С ПРОГИБОМ *см.* **ПРОГИБ**

САЛЮ́Т, -а, *м.* Наркотик солутан.

Из *нарк.*; *ср.* **СУЛТАН**.

САМ, *м.*, **САМА́**, *ж.*, *мест.* Обращение к предмету, когда говорящий что-л. делает с ним и у него не получается (напр., не застёгивается молния, не доваривается суп и т. п.). *Давай, сам, сам, не маленький* (не заводится мотор).

Ср. **САМОЧКИ**.

САМ* *см.* **РАШН САМ СЕБЕ СТРАШЕН**

САМА* *см.* **КАК САМА? КАК САМЁНОК? КАК САМЕЦ; САМ**

♦ **«САМ-БЕРИ́»** — магазин самообслуживания.

САМЁНОК *см.* **КАК САМА? КАК САМЁНОК? КАК САМЕЦ?**

САМЕ́Ц, -мца́, *м.* (чаще *мн.*, -мцы́, -мцо́в). **1.** Обращение к сверстникам. *Айда, ~мцы, чурок бить* (т. н. «лиц южной национальности»). **2.** Молодой неопытный солдат; *см.* **ПЕРЕВЕДЁННЫЙ**

2. — из *арм.*

САМЕЦ* *см.* **БОЙ; КАК САМА? КАК САМЁНОК? КАК САМЕЦ?**

♦ **СА́МИ ПОСЛЕ́ДНЕГО ХРЯ́КА ЗАБИ́ЛИ; СА́МИ ПОСЛЕ́ДНИЙ НОСО́К ДОНА́ШИВАЕМ; СА́МИ ПОСЛЕ́ДНЮЮ МЫ́ШКУ СЪЕ́ЛИ** — ирон. отказ в просьбе что-л. дать.

СА́МКА, -и, **СА́МОЧКА**, -и, *ж.* Женщина, девушка.

САМОВА́Р, -а, *м.* **1.** Толстый человек. **2.** Голова. **3.** Ребёнок. *Завела себе ~ в 18 лет, а теперь жалеет.* **4.** Жена. *Сегодня все при ~ах.* **5.** Старый, устаревший механизм.

САМОВАР* *см.* **ТУЛЬСКИЙ**

САМОВА́РНИК, -а, *м.* **1.** *ирон.* Плохой мастер в какой-л. области. *Какой же это слесарь, это ~!* **2.** То же, что **САМОВАР** во всех зн. **3.** Самогонщик.

От **САМОВАР**.

САМОВА́РНИЧАТЬ, -аю, -аешь; *несов., без доп.* **1.** Пить чай, «гонять чаи». **2.** Заниматься самогоноварением.

2. — от **САМОВАРНИК 3**.

САМОВА́РНЫЙ, -ая, -ое. **1.** Толстый, массивный. **2.** Плохой, ненадёжный, ветхий (о механизме, приборе); некачественный, халтурный. *~ая работа.* **3.** Полученный путём собственной перегонки (об алкогольном напитке, самогоне).

См. **САМОВАР, САМОВАРНИК**.

САМОДЕ́ЛКА, -и, *ж.* Самодеятельность; человек, занимающийся в самодеятельности (чаще о женщине).

САМОДЕ́ЛКИН, -а, *м.* *Ирон.* Изобретатель, экспериментатор.

САМОЕ ИНТЕРЕСНОЕ МЕСТО *см.* **МЕСТО**

САМОИГРА́ЙКА, -и, *ж.* Дешёвый клавишный инструмент.

Из *муз.*

САМОКРУ́ТКА, -и, *ж.* Разбитная, активная, энергичная женщина.

Ирон. переосмысл. общеупотр. *прост.* «самокрутка» — самодельная папироса; возм. влияние *диал.* «самокрутка» — девушка, которая выходит замуж без согласия родителей.

САМОЛЁТ, -а, *м.* Состояние головокружения (обычно при алкогольном опьянении).

Ср. **ВЕРТОЛЁТ**.

САМОЛЁТ* *см.* **КАК В САМОЛЁТЕ, ВСЕХ МУТИТ (РВЁТ, ТОШНИТ), А НЕ ВЫЙДЕШЬ**

САМОЛЁТОМ, *нареч.* Быстро, сейчас же. *Давай ко мне, и ~, а то опоздаем.*

САМОЛЮ́Б, -а, *м.* Онанист. *~ы банные.*

САМОНАВОДЯЩАЯСЯ БОЕГОЛОВКА *см.* **БОЕГОЛОВКА**

САМОНАВОДЯЩАЯСЯ ГОЛОВКА *см.* **ГОЛОВКА**

САМОПА́Л, -а, *м.*, **САМОПА́ЛКА**, -и, *ж.* Что-л., сделанное кустарным способом (одежда, радиоаппаратура и т. п.). *Купить самопалку.*

САМОПА́ЛЬНИЧАТЬ, -аю, -аешь; *несов., чем* и *без доп.* Заниматься кустарным промыслом, кустарничать, мастерить что-л. своими руками.

От **САМОПАЛ**.

САМОПА́ЛЬНЫЙ, -ая, -ое. Произведённый кустарным способом, самодельный.

От **САМОПАЛ**.

САМОПУ́Т, -а, *м.*, **САМОПУ́ТАЛО**, -а, *ср.* Путаник; человек, который не может разобраться в себе, не знает, что ему нужно.

САМОСВА́Л, -а, *м.* **1.** Сильнодействующий алкогольный напиток. **2.** Зад, ягодицы.

САМОСВАЛ *см.* **Я УПАЛА С САМОСВАЛА, ТОРМОЗИЛА ГОЛОВОЙ**

САМОСТРО́К, -а, *м.* То, что сделано кустарным способом (чаще об одежде).

«Сам» + «строчить».

САМОСТРО́ЧНИЧАТЬ, -аю, -аешь; *несов., чем* и *без доп.* Кустарничать (чаще шить одежду).

От **САМОСТРОК**.

САМОСТРО́ЧНЫЙ, -ая, -ое. Самодельный, кустарный (чаще — об одежде).

От **САМОСТРОК**.

САМОУЧКА *см.* **ОСТРЯК-САМОУЧКА**

САМОЧКА *см.* **САМКА**

СА́МОЧКИ, *неизм. мест.* Сам, сама, сами. *Ну-ка давай тащи, ~, ~.*

Ср. *прост.* «туточки» (тут), »тамочки» (там) и т. п.; *ср.* **САМ**.

♦ **САМ СА́МЫЧ** — важный начальник.

♦ **САМ С УСА́М** — *ирон.* сами с усами; сам знаю, что делаю, говорю.

♦ **САМ ТАКО́Е СЛО́ВО** — ответ на какое-л. оскорбление.

♦ **САМ-ТО ПО́НЯЛ, ЧТО СКАЗА́Л?** — о чём-л. сказанном неудачно, не к месту, невпопад.

САМТРЕ́СТ, -а, *м.* То же, что **САМОПАЛ, САМОСТРОК**.

По *собств.* «Самтрест».

САМУРА́Й, -я, *м.* **1.** Японец. **2.** Ирон. обращение к любому человеку.

САМУРА́ЙСКИЙ, -ая, -ое. Японский; японского производства. *Машина ~ая.*

От **САМУРАЙ**.

САМЦО́ВЫЙ, -ая, -ое. Мужской. *~ туалет. ~ отдел. ~ разговор. Не ~ая это работа, посуду мыть. Это ~ое дело.*

От общеупотр. «самец».

♦ **САМ ШУ́ТИТ, САМ СМЕЁТСЯ** — о ком-л., кто глупо шутит, неудачно пытается острить.

САМЫЙ *см.* **НА САМЫЙ ПОЖАРНЫЙ СЛУЧАЙ; ПО САМЫЕ НЕ БАЛУЙСЯ; ПО САМЫЕ НЕ ХОЧУ; ПО САМЫЕ УШИ; ПО САМЫЙ СНИКЕРС; ЮБКА ПО САМЫЙ СНИКЕРС**

САНАТОРИЙ *см.* **ЗЭКА-САНАТОРИЙ**

САНДАЛЕ́ТКИ, -ток, **САНДА́ЛИИ**, -ий, *мн.* Ноги. ♦ **Протянуть** (или **откинуть**) **сандалии** — умереть.

См. также **ПРОТЯГИВАТЬ САНДАЛЕТКИ**

САНДАЛИИ *см.* **ДВИНУТЬ КОПЫТА (КОНЕЙ, САНДАЛИИ); САНДАЛИИ**

♦ **САНИТА́РЫ ДЖУ́НГЛЕЙ** — *шутл.* о милиции, милиционерах.

САНТИМЕ́ТР, -а, *м. Шутл.* Мера для определения количества денег (в стопке). *Денег осталось последние пять ~ов.*

САПО́Г, -а́, *м.* **1.** Дурак, тупица. **2.** Безотказная женщина. **3.** Милиционер, военный. **4.** Солдат сухопутных войск.

САПОГ* *см.* **ЖОПА; СОРОК**

САПОЖКИ *см.* **ПРОТЯГИВАТЬ САПОЖКИ**

СА́РА, -ы, *ж.*, **СА́РЫ**, -ов, **САРЫ́**, -о́в, *мн.* Деньги.

От *уг.* «сара́», восходящее к *офен.* и *диал.*; скорее заимствовано из татарского; *ср. уг.* «сара», «сарка», «сарга», «сарёха», «сарёнка», «сармак» и т. п. в том же зн., «сара липовая» — фальшивые деньги.

САРА́Й, -я, *м.* **1.** Грязь, беспорядок, неприбранность. *В ~е живут.* **2.** Пикап, фургон (напр. такси ГАЗ-4-пикап). *~ вызвал. Кинь в ~.* **3.** Автобус. *На сто тридцатом сарае третий выкидыш* (третья остановка).

САРАЙ* *см.* **ЦЕНТРАЛЬНЫЙ САРАЙ КОННОЙ АРМИИ**

САРАТОВ *см.* **АНАЛОГИЧНЫЙ СЛУЧАЙ БЫЛ В ТАМБОВЕ (или В САРАТОВЕ, В УРЮПИНСКЕ)**

САРАФА́НИТЬ, -ню, -нишь, **САРАФА́НИТЬСЯ**, -нюсь, -нишься; *несов., с кем* и *без доп.* **1.** Ломаться, кокетничать, стараться понравиться; принаряжаться. **2.** Сплетничать, болтать (чаще о женщинах).

САРАФА́ННЫЙ, -ая, -ое, **САРАФА́НОВЫЙ**, -ая, -ое. Женский. *~ые дела. Не лезь, это ~ые штучки.* ♦ **Радио ~ое** — женские пересуды, сплетни.

САРДЕ́ЛИТЬСЯ, -люсь, -лишься, *несов., где* и *без доп.* Валяться, бездельничать, лениться. *Чего делаешь? — ~люсь весь день.*

От общеупотр. «сарделька»; *ср.* **КОЛБАСИТЬСЯ.**

СА́РРА, -ы, *ж.* Еврейка. *Всякая ~ — жена комиссара.*

Распространённое женское имя.

САРЫ *см.* **САРА**

СА́ХАР, -а, *м.* Шутл. обращение. *Ах ты мой ~-рафинадик.*

САХАР* *см.* **НЕ СЫПЬ МНЕ СОЛЬ НА САХАР**

САХАРИТЬ МОЗГИ *см.* **ПУДРИТЬ (КЛЕВАТЬ, САХАРИТЬ) МОЗГИ**

СА́ХАРНИЦА, -ы, *ж.* Задница (обычно толстая).

СА́ХАРНЫЙ, -ая, -ое. Хороший, покладистый, добрый. *Тёща у меня ~ая, весь день на работе.*

САЧКОВА́ТЬ, -ку́ю, -ку́ешь; *несов., без доп.* Бездельничать, валять дурака; работать спустя рукава, халтурить; пропускать занятия, прогуливать работу.

См. **САЧОК.**

САЧКО́ВЫЙ, -ая, -ое. Лёгкий, не затруднительный (о работе, поручении). *~ экзамен. ~ая сессия вышла.*

От **САЧОК.**

САЧКОДА́В, -а, **САЧКОДА́ВЩИК**, -а, *м.* То же, что **САЧОК 1.**

От «давить сачка»; *см.* **САЧОК.**

САЧКОДА́ВНИЧАТЬ, -аю, -аешь; *несов., без доп.* Бездельничать.

От **САЧКОДАВ.**

САЧКОДАВЩИК *см.* **САЧКОДАВ**

САЧКОДРО́М, -а, *м.* То же, что **САЧОК 2.**

От **САЧОК** + форманта «дром» (ср. «ипподром» и т. п.).

САЧКОДРО́МНИЧАТЬ, -аю, -аешь; *несов., без доп.* Бездельничать, сидеть без дела.

От **САЧКОДРОМ.**

САЧКОЛО́М, -а, **САЧКОЛО́МЩИК**, -а, *м.* Тот, кто нарушает безделье, мешает бездельничать, поручает работу; контролёр (на работе).

От **САЧОК** + **ЛОМАТЬ 3.**

САЧО́К, -чка́, *м.* **1.** Бездельник, лентяй, халтурщик; прогульщик. *Ну ты ~. Эй, ~чки, работать!* **2.** Место, где собираются люди, у которых нет дел; часто о местах, где собираются, курят студенты в перерывах между занятиями, после занятий (напр. в 1-м гуманитарном корпусе МГУ есть «малый сачок» и «большой сачок»). ♦ **~чка́ давить** — бездельничать.

Возм. через *уг.* «сачок» — мелкий воришка, беспризорник, несовершеннолетний, хулиган. Первоначально из языка моряков. С эпохи парусного флота и позднее «сачком» или «саком» иронически называли на корабле подвесную койку (the hammock). «Сачка давить» значило «лежать, валяться в этой койке, увиливать от работы, когда остальная команда работает». В общем зн. — «бездельничать». Со временем назв. койки перешло и на самого человека, отлынивающего от работы.

САШИ́ТЬСЯ, -шу́сь, -ши́шься; *несов., без доп.* Брызгаться одеколоном «Саша»; пить этот одеколон.

СБАВИТЬ *см.* **СБАВЛЯТЬ**

СБАВИТЬ (или **ЗАГАСИТЬ**, **ЗАТУШИТЬ**, **ПРИДЕРЖАТЬ** и т. п.) **ОБОРОТЫ** *см.* **ОБОРОТ**

СБАВЛЯ́ТЬ, -я́ю, -я́ешь; *несов.* (*сов.* **СБА́ВИТЬ**, -влю, -вишь), *без доп.* Стареть, дряхлеть. *Сильно за год сбавил.*

♦ **СБАВЬ ОБОРО́ТЫ** (или **ЖАР**, **ПЫЛ**, **ТЕМП** и т. п.) — успокойся, утихомирься, не нервничай.

СБЕЖАТЬ *см.* **ВООБРАЖАЛА ХВОСТ ПОДЖАЛА...**

СБЛАТОВА́ТЬСЯ, -ту́юсь, -ту́ешься; *сов., с кем.* Сблизиться, сойтись, подружиться.

Уг. «сблатоваться» — войти в преступный мир, стать своим в среде воров.

СБЛЁВ, -а (или -у), *м.* Что-л. дурное, неприятное.

См. также **ДО СБЛЁВУ**

СБЛЕДНУ́ТЬ, -ну́, -нёшь; *сов., без доп.* (или ~ **С ЛИЦА́ И ПОКРЫ́ТЬСЯ МА́ТОМ**). Побледнеть, измениться в лице, испугаться.

Аллюзии к нецензурному.

С БОДУНА *см.* **БОДУН**

СБОКУ *см.* **ЧЁРТ-ТЕ ЧТО И СБОКУ ПЕЙДЖЕР**; **ЧЕТЫРЕ СБОКУ — ВАШИХ НЕТ**; **Я ВООБЩЕ ЧЕЛОВЕК ОБЪЁМНЫЙ...**

СБО́НДИТЬ, *1 л. ед.* обычно не употр. или -нжу, -ндишь; *сов., что.* Украсть.

Уг. и *диал.* «сбондать», «сбодать» в том же зн.; возм. полонизм; зафиксировано в 20-х гг. в речи беспризорников.

СБО́РКА, -и, *ж.* Чьё-л. производство. *Жёлтая ~* — производство одной из промышленно развитых стран Азии. *Стейцовая ~* — американское производство. *Совковая ~* — отечественное производство. ♦ **Это тебе не ~ автомата Калашникова** — не спеши.

См. также **БЕЛАЯ СБОРКА**; **ЖЁЛТЫЙ**; **КРАСНАЯ СБОРКА**

СБО́РНИКИ, -ов, *мн.* Сборная команда (по футболу, хоккею и т. п.). *Олимпийские ~.*

СБРОСИТЬ В ТРЮМ *см.* **СКИНУТЬ (СБРОСИТЬ, СПУСТИТЬ) В ТРЮМ**

СБРУ́Я, -и, *ж.* Одежда.

Возм. через *уг.*

СВАДЬБА *см.* **ПОССАТЬ И НЕ ПЁРДНУТЬ — ВСЁ РАВНО ЧТО СВАДЬБА БЕЗ ПЕСНИ**

СВА́ЙКА, -и, *ж.* Мужской половой орган.

Ср. «свайка» — рус. народная игра, в которой большой толстый гвоздь бросают так, чтобы попасть его острым концом в середину кольца, лежащего на земле, а также гвоздь для этой игры. *Ср.* **СВАТЕЙКА**, **СВАЯ**.

СВА́ЛИВАТЬ, -аю, -аешь; *несов.* (*сов.* **СВАЛИ́ТЬ**, -алю́, -а́лишь). **1.** *откуда, куда* и *без доп.* Уходить, уезжать, эмигрировать. **2.** *что.* Сдать (экзамен, зачёт). *Свалю сессию — нажрусь* (напьюсь) *до не я* (сильно).

2. — из *студ.*

СВАЛИТЬСЯ *см.* **УПАСТЬ (РУХНУТЬ, СВАЛИТЬСЯ, БРЯКНУТЬСЯ) С ДЕРЕВА**

СВА́ЛКА, -и, *ж.* Эмиграционная служба.

От **СВАЛИВАТЬ**, **СВАЛИТЬ** + общеупотр. «свалка».

СВАЛКА* *см.* **НА СВАЛКЕ НАШЛИ**

СВА́РЩИК, -а, *м.* Дурак, тупица. *Чего ты из себя ~а-то корчишь?* — не притворяйся глупым, непонимающим.

СВАТ, -а, *м.* Сотрудник милиции.

Возм. из *уг.*

СВА́ТАТЬ, -аю, -аешь; *несов., что кому.* Выгодно продавать или покупать.

СВАТЕ́ЙКА, -и, *ж.* Мужской половой орган.

Возм. от общеупотр. «сватать»; *ср.* **СВАЙКА**, **СВАЯ**.

СВА́Я, -и, *ж.* **1.** Высокий человек. **2.** Мужской половой орган. ♦ **Забить ~ю** *кому* — вступить в половую связь.

Уг. «свайка».

СВЕЖА́К, -а́, **СВЕЖАЧО́К**, -чка́, *м.* Что-л. свежее, новое, новомодное. *~-анекдот. Слышал свежачка?* — слышал новость? *К нам ~ пришёл* (новый сотрудник).

См. также **НА СВЕЖАКА (СВЕЖАЧКА)**

СВЕЖАЧОК *см.* **НА СВЕЖАКА (СВЕЖАЧКА); СВЕЖАК**

СВЕЖЕЗАМОРО́ЖЕННЫЙ, -ая, -ое. Только что с мороза (о пришедшем).

СВЕЖИЙ *см.* **МАТЕРКИ**

СВЕЖОПОВА́ТЫЙ, -ая, -ое. Свежий, прохладный (о погоде, воздухе, ветре, воде и т. п.).

«Свежеватый» + **ЖОПА.**

♦ **СВЕРНИ́-КА У́ШКО КРЕНДЕЛЬКО́М** — слушай внимательно.

♦ **СВЕРНУ́ТЬ БАЗА́Р** — сменить тему разговора, заговорить о другом; прекратить болтать лишнее; закончить разговор.

См. **БАЗАР.**

СВЕРНУТЬСЯ *см.* **СВОРАЧИВАТЬСЯ**

СВЕТ *см.* **ВКЛЮЧИТЕ СВЕТ: ДЫШАТЬ ...; ВКЛЮЧИТЕ СВЕТ — СКАЗАЛ...; ГАСИ СВЕТ; КАНДИДАТ НА ТОТ СВЕТ...; КОНЕЦ (СВЕТА); ЧУДО СВЕТА**

СВЕТИ́ТЬСЯ, свечу́сь, све́тишься; *несов., где с чем* и *без доп.* Стоять на виду, мешаться под ногами (когда это не нужно, опасно).

СВЕТЛЫЙ *см.* **В СВЕТЛУЮ**

СВЕТЛЯ́К, -а́, **СВЕТЛЯЧО́К**, -чка́, *м.* Ребёнок, рождённый от облучённых родителей (чаще о тех, кто имел отношение к Чернобылю); реже о самих пострадавших от чернобыльской трагедии.

СВЕТЛЯК* *см.* **СОННИК**

СВЕТОФО́Р, -а, *м.* **1.** Синяк (обычно под глазом). *Поставить ~. Бомж со ~ом.* **2.** Ярко, броско, вызывающе одетый человек.

СВЕ́ЧКА, -и, *ж.* Высокоэтажное здание (чаще об одноподъездном). *Я в Северном Чертаново в жёлтой ~е живу.*

СВЕЧКА* *см.* **«БЕРЕЖЁНОГО БОГ БЕРЕЖЁТ»...; ОТ СВЕЧКИ ДО ПЕЧКИ; ПОЛУЧИТЬ СВЕЧКУ В ПОПУ; ПОСТАВИТЬ (ВСТАВИТЬ) СВЕЧКУ**

СВИНАГО́ГА, -и, *ж.* Синагога.

Шутл. контаминация «синагога» и «свинья».

СВИНА́РКА, -и, *ж.* (или **ПОЧЁТНАЯ ~**). Толстая, дебелая женщина.

♦ **СВИНА́РКА И ПАСТУ́Х** — *собств.* известная скульптура В. Мухиной «Рабочий и колхозница».

СВИНА́РНИК, -а, *м.* Класс, аудитория.

Из *шк.* или *студ.*

СВИНЕ́Й, -я, *м.* Ирон. руг. в зн. «свинья, свинтус».

СВИ́НКА, -и, *ж.* (или **МОРСКА́Я ~**). Шутл.-ласк. обращение.

СВИНКА* *см.* **ЗАВЕДИ МОРСКУЮ СВИНКУ (ЕЖА, ПОПУГАЯ, РУЧНОГО ТАРАКАНА); ПРОРЫВ НА СВИНКУ**

♦ **СВИ́НКА ПОМЫ́ЛАСЬ И СЕ́ЛА В ТА́ЧКУ** — *шутл.* о человеке, приготовившемся к чему-л.

Из анекдота.

СВИ́ННИЧАТЬ, -аю, -аешь; *несов., без доп.* Хулиганить, шалить; пачкать что-л., приводить в беспорядок. *Сегодня мы будем бесчинствовать и ~.*

СВИНОЁЖИК, -а, *м.* Премьер-министр В. Павлов (конец 80-х — нач. 90-х гг.).

СВИНОМА́МКА, -и, **СВИНОМА́ТКА**, -и, *ж.* Толстая женщина; ирон. обращение к любому человеку.

СВИНОМО́РДИЯ, -и, *ж.* Ирон. руг.

СВИНОМО́РДЫЙ, -ая, -ое. Имеющий неприятное лицо (о человеке).

СВИНОПА́ПКА, -и, *м.* Толстый мужчина.

Ирон. передел. общеупотр. «свиноматка», *см.* **СВИНОМАМКА.**

СВИНОПА́С, -а, *м.* **1.** Правительственный телохранитель. **2.** Руководитель какого-л. коллектива (чаще о педагоге: классный руководитель, руководитель практикантов в ПТУ и т. п.).

СВИНОФЕ́РМА, -ы, *ж.* Ирон. руг.

СВИНТИТЬ *см.* **СВИНЧИВАТЬ; УШИ (РУКИ, НОС, НОГИ) ОТВИНЧУ, СВИНЧУ**

СВИ́НЧИВАТЬ, -аю, -аешь; *несов.* (*сов.* **СВИНТИ́ТЬ**, -нчу́, -и́нтишь или -инти́шь). **1.** *откуда.* Уходить, убегать, сматываться. **2.** *кого.* Ловить (часто о правонарушителе).

СВИНЬЯ *см.* **СТАДО СВИНЕЙ**

СВИНЯ́ЧЕ-СТОЯ́ЧИЙ, -ая, -ее. Грубый, жёсткий (об изделиях из грубой кожи). *~ая куртка.*

СВИНЯЧИЙ *см.* **ПРИЙТИ В СВИНЯЧИЙ ВОСТОРГ**

СВИРИСТЕ́ЛКА, -и, *ж.* Пустомеля, болтун, пустой человек.

От общеупотр. «свиристеть».

СВИСТ, -а, *м.* Ложь, клевета, выдумки. *~ газетный. Малохудожественный ~* — сомнительное высказывание.

Возм. *карт.* или *уг.*; *ср.* в *карт.* — один из шулерских приёмов.

СВИСТ* *см.* **ВЕДРО; ВЫЛЕТЕТЬ (СО СВИСТОМ); СО СВИСТОМ; СТОН СО СВИСТОМ**

СВИСТЕЛКА *см.* **СВИСТУН**

СВИСТЕ́ТЬ, -ищу́, -исти́шь; *несов., что, кому* и *без доп.* Лгать, фантазировать, болтать. *Только не надо мне ~. ~, как Троцкий.*

СВИСТЕТЬ* *см.* **В ХРЕН (НЕ) СВИСТЕТЬ; НЕ ВРИ (НЕ СВИСТИ), ЗОЛОТАЯ РЫБКА; ПОПРАВЬ ВОРОТНИК, СВИСТЕТЬ МЕШАЕТ**

СВИСТЕТЬ, КАК ТРОЦКИЙ *см.* **ТРОЦКИЙ**

СВИСТО́К, -тка́, *м.* **1.** То же, что **СВИСТУН** во всех зн. **2.** Поезд, пароход. **3.** Собака.

3. — из *уг.*

СВИСТУ́ЛЬКИН, -а, *м.* То же, что **СВИСТУН 2.**

СВИСТУ́Н, -а́, *м.*, **СВИСТЕ́ЛКА**, -и, *м.* и *ж.* **1.** Лжец, обманщик, фантазёр. **2.** Милиционер.

1. — от **СВИСТЕТЬ.**

СВИСТУ́ХА, -и, **СВИСТУ́ШКА**, -и, *ж.* Расстройство желудка, понос. *Свистуха пробрала.*

От общеупотр. «свистеть».

СВОБОДА *см.* **ШЛЯПКИ СВОБОДЫ**

СВОБО́ДЕН, -дна, -дно (или **~, КАК МУ́ХА В СОРТИ́РЕ, ~, КАК ЖИД В ДАХА́У, ~, КАК ША́ЙКА В БА́НЕ** и т. п.). Слово или реплика, адресованные человеку, с которым не хотят больше говорить.

♦ **СВОБО́ДЕН, КАК НЕГР В А́ФРИКЕ** *кто* — **1.** Кто-л. не свободен. **2.** Иди отсюда, проваливай.

♦ **СВОБО́ДЕН, КАК СОПЛЯ́ В ПОЛЁТЕ** *кто* — *ирон.* о ком-л., с кем не хотят иметь дела, от кого хотят отделаться.

СВОЁ ГОВНО НЕ ПАХНЕТ *см.* **ГОВНО**

СВОЙ *см.* **БЕРЁШЬ ЧУЖИЕ — ОТДАЁШЬ СВОИ; ГНУТЬ; ЗАЖАТЬ В ПОТНОМ КУЛАЧКЕ; НЕ ВПУСКАТЬ ГОСУДАРСТВО В СВОИ ЛИЧНЫЕ ДЕЛА; ПРО СВОЁ ПРО ДЕВИЧЬЕ...**

СВОЛОЧЬ *см.* **ШЕРСТЬ**

♦ **СВО́ЛОЧЬ КИСЛО́ТНАЯ** — *бран.*

СВОРА́ЧИВАТЬСЯ, -аюсь, -аешься; *несов.* (*сов.* **СВЕРНУ́ТЬСЯ**, -ну́сь, -нёшься), *без доп.* Умирать.

СВОЯ́К, -а́, *м.* **1.** Разновидность удара в бильярде. *Дать ~а.* **2.** Знакомый человек, «свой», проверенный.

2. — возм. влияние *уг.* «свояк» — жулик.

С ВЫСОТЫ СОБСТВЕННОГО ВЕСА *см.* **ВЕС**

♦ **СВЯЩЕ́ННАЯ КОРО́ВА** — человек, которого необходимо, но невозможно сократить со службы (о ветеране войны или труда, беременной женщине и т. п.).

СГАЙДА́РИТЬ, -рю, -ришь; *сов., что, сколько.* Своровать, «стянуть», воспользовавшись неразберихой.

От имени бывшего премьер-министра Е. Гайдара.

♦ **С ГОВНА́ СЛИ́ВКИ** (или **ПЕ́НКИ**) **СНИМА́ТЬ** — стараться извлечь выгоду из всего, делать хорошую мину при плохой игре.

СГОРА́ТЬ, -а́ю, -а́ешь; *несов.* (*сов.* **СГОРЕ́ТЬ**, -рю́, -ри́шь). **1.** *на чём* и *без доп.* Попадаться, проваливаться, терпеть крах; быть разоблачённым, задержанным. **2.** *с чего, от чего* и *без доп.* Испытывать сильную эмоцию (чаще удивляться, восхищаться). *Я просто сгораю, какая брошка.*

1. — возм. от *уг.* в том же зн.

♦ **СГОРЕ́ТЬ КАК В ТА́НКЕ** — провалиться, потерпеть неудачу.

СДАВА́ТЬ, -аю́, -аёшь; *несов.* (*сов.* **СДАТЬ**, сдам, сдашь) *кого.* Предать, выдать, обмануть. *Ты ему не верь, он тебя сдаст.*

СДАВАТЬ* *см.* **КАЛ**

СДАТЬ *см.* **СДАВАТЬ**

СДАТЬ В ЛОМБАРД *см.* **ЛОМБАРД**

СДАТЬСЯ В ЛОМБАРД *см.* **ЛОМБАРД**

СДВИГ, -а, *м.* **1.** (или **~ ПО ФА́ЗЕ**). Ненормальность, психическое отклонение. **2.** *у кого с кем.* Несовпадение по времени (напр., когда люди работают в разные смены и никак не могут встретиться).

От **СДВИГАТЬСЯ, СДВИНУТЬСЯ.**

СДВИГА́ТЬСЯ, -а́юсь, -а́ешься; *несов.* (*сов.* **СДВИ́НУТЬСЯ**, -нусь, -нешься), *на чём* и *без доп.* Сходить с ума, становиться странным, ненормальным; чересчур увлекаться чем-л.

СДВИ́НУТЫЙ, -ая, -ое. Ненормальный, психически нездоровый, странный.

От **СДВИНУТЬСЯ.**

СДВИНУТЬСЯ *см.* **СДВИГАТЬСЯ**

♦ **СДЕ́ЛАЙ ТАК, ЧТОБ Я ТЕБЯ́ ИСКА́Л** — уходи, проваливай.

♦ **СДЕ́ЛАЙ ФО́КУС, ИСПАРИ́СЬ** (или **ПРОВАЛИ́СЬ**) — уйди, не мешай, проваливай.

СДЕЛАТЬ *см.* **ВКЛЮЧИТЕ СВЕТ — СКАЗАЛ...; КАШКУ СДЕЛАТЬ; СМЫЧОК; УПАКОВКА; УСТРОИТЬ (СДЕЛАТЬ, ВЫЗВАТЬ, ПРОБИТЬ) КРОВАВЫЙ ПОНОС; ШАШЛЫК СДЕЛАТЬ; ЯИЧНИЦА; ЯЩИК**

♦ **СДЕ́ЛАТЬ БЛЕ́ДНЫЙ ВИД И ФО́РМУ ЧЕМОДА́НА** — сильно измениться в лице; принять угрожающий вид.

СДЕЛАТЬ ВДУВАНИЕ *см.* **ВДУВАНИЕ**

СДЕЛАТЬ ВЛИВАНИЕ *см.* **ВЛИВАНИЕ**

СДЕЛАТЬ ДРАПАКА *см.* **ДРАПАК**

СДЕЛАТЬ ЗАПАДЛО *см.* **ЗАПАДЛО**

СДЕЛАТЬ ЗАТМЕНИЕ *см.* **ЗАТМЕНИЕ**

♦ **СДЕ́ЛАТЬ ЗЛУ́Ю ШУ́ТКУ** — *ирон.-эвфем.* о каком-л. неприличном поступке, жестоком обращении и т. п.

СДЕЛАТЬ ИНГАЛЯЦИЮ *см.* **ИНГАЛЯЦИЯ**

♦ **СДЕ́ЛАТЬ КО́ЗУ** — сделать что-л. необычное или сходить по нужде.

От итал. cosa — дело, вещь.

♦ **СДЕ́ЛАТЬ КО́ЗЬЮ МО́РДУ** *кому* — ущипнуть, ударить, обидеть; *без доп.* надуться, обидеться.

СДЕЛАТЬ КРАПИВКУ *см.* **КРАПИВКА**

♦ **СДЕ́ЛАТЬ ЛО́ШАДЬ ПРЖЕВА́ЛЬСКОГО** *кому* — ущипнуть кого-л. (обычно за ягодицу или за ляжку).

СДЕЛАТЬ ЛЫБУ *см.* **ЛЫБА**

♦ **СДЕ́ЛАТЬ МО́РДУ КИРПИЧО́М** (или **ЧЕМОДА́НОМ**) — идти напролом; вести себя нагло, агрессивно.

♦ **СДЕ́ЛАТЬ МО́РДУ ТОПО́РИКОМ** — сделать отсутствующее выражение лица, притвориться ничего не понимающим, простачком.

♦ **СДЕ́ЛАТЬ МО́РДУ ТЯ́ПКОЙ** — сделать недовольное, презрительное, непроницаемое и т. п. выражение лица.

СДЕЛАТЬ МУЛЮ *см.* **МУЛЬКА**

СДЕЛАТЬ НА ШАРИКИ *см.* **РАСПИСАТЬ (СДЕЛАТЬ, РАСКИНУТЬ, РАСКАТАТЬ) НА ШАРИКИ**

СДЕЛАТЬ ОБСТРУГОН *см.* **ОБСТРУГАН**

♦ **СДЕ́ЛАТЬ ПИНГВИ́НА** — грубая шутка, заключающаяся в том, что голого человека (обычно проститутку) выгоняют на снег.

♦ **СДЕ́ЛАТЬ** (или **ПОКАЗА́ТЬ**) **ФИГУ́РУ ИЗ ПЯТИ́ ПА́ЛЬЦЕВ** — отказать, показать кукиш.

♦ **СДЕ́ЛАТЬ (ПРОПИХНУ́ТЬ, ПРОДРА́ТЬ** и т. п.) **ХО́РОМ** *кого* — о групповом половом акте с одной женщиной.

Ср. общеупотр. «хором» в зн. вместе, дружно, единогласно.

♦ **СДЕ́ЛАТЬ РУ́ЧКОЙ** *кому* (чаще **ДЯ́ДЕ, ТЁТЕ**) — **1.** Попрощаться. **2.** Обмануть, надуть и уйти, ускользнуть от расплаты.

♦ **СДЕ́ЛАТЬ ТО́РМОЗ (ТОРМОЗА́)** — остановиться, прекратить делать что-л.

СДЕЛАТЬ ФАРШМАК *см.* **ФАРШМАК**

СДЕЛАТЬ ХАРАКИРИ *см.* **ХАРАКИРИ**

♦ **С ДЕРЬМО́М СЪЕСТЬ** *кого* — расправиться с кем-л.

СДИРА́ТЬ, -а́ю, -а́ешь; *несов.* (*сов.* **СОДРА́ТЬ**, сдеру́, сдерёшь), *у кого, что, с кого.* Незаконно заимствовать, красть (идею, решение и т. п.), копировать, подражать. *Наша попса всё у западников содрала.*

СДО́ХНУТЬ, -ну, -нешь; **1.** *от чего, с чего* и *без доп.* Прийти в какое-л. крайнее эмоциональное состояние. *Я просто сдох, когда его увидел* (удивился, испугался, обрадовался, рассмеялся и т. п., в зависимости от ситуации). *Комедия — ~нешь* (смешная). **2.** *без доп. Шутл.* Уйти в отпуск.

СДОХНУТЬ *см.* **БОБИК; ВСПОМНИШЬ — ВЗДРОГНЕШЬ (ВЗДРОГНЕШЬ — СДОХНЕШЬ); УМ СДОХ; ШАРИК (БОБИК, МУРЗИК) СДОХ**

СДУВАТЬ *см.* **ЖОПА**

♦ **СДУРУ МОЖНО И ЧЛЕН ПОЛОМАТЬ** — *ирон.* о вопиющей глупости, непредусмотрительности, недальновидности и т. п.

С ДУШКОМ *см.* **ДУШОК**

СДЫ́БИТЬ, -блю, -бишь; *сов., что у кого.* Украсть.

От **ДЫБИТЬ**.

СЕА́НС, -а, *м.* Занятие онанизмом с использованием порнографии.

Из *уг.*

СЕБЕ *см.* **КАНАТЫ; НИ ФИГА; НИ ХРЕНА; НИ ШИША**

СЕ́ВЕР, -а, *м.* **1.** Надбавка к зарплате за работу на севере; северные (деньги). *Тебе ~ идёт? Теперь за ~ и в северок не сходишь* (в туалет). **2.** только *мн.*, -а́, -о́в. Север, северные районы. *Уехать на ~а́.*

СЕВЕР* *см.* **А МЫ УЙДЁМ НА СЕВЕР!**

СЕВЕРНОЕ СИЯНИЕ *см.* **СИЯНИЕ**

СЕВЕРНЯ́К, -а́, **СЕВЕРО́К**[1], -рка́, *м., собств.* Район, назв. которого начинается со слова «Северный», напр.: Северное Чертаново и т. п.

СЕВЕРО́К[2], -рка́, *м.* Место, где справляют нужду. *В ~ на ветерок. Среди поля ~, будет в жопу ветерок.*

СЕГОДНЯ *см.* **А ТЫ ЗУБЫ СЕГОДНЯ ЧИСТИЛ?; Я СЕГОДНЯ ТАМ, ГДЕ ДАЮТ «АГДАМ»**

С ЁЖИКОМ ВСТРЕТИТЬСЯ *см.* **К ЁЖИКУ СХОДИТЬ...**

СЕЗОН *см.* **ХИТ СЕЗОНА, РЕМИКС КОБЗОНА**

СЕЙЧАС *см.* **АГА, СПЕШУ И ПАДАЮ; ДАЙ БУДЕТ ПРИ КОММУНИЗМЕ...**

♦ **СЕЙЧА́С БУ́ДЕШЬ СЕБЕ́ МОГИ́ЛУ ЛО́ЖКОЙ КОПА́ТЬ** — ирон. угроза.

♦ **СЕЙЧА́С, ТО́ЛЬКО ВА́ЛЕНКИ ЗАШНУРУ́Ю; СЕЙЧА́С, ТО́ЛЬКО ЗУ́БЫ НАКРА́ШУ; СЕЙЧА́С, ТО́ЛЬКО У́ШИ** (или **ЖО́ПУ, ВОРОТНИЧО́К, МАНЖЕ́ТЫ** и т. п.) **НАКРАХМА́ЛЮ** — ирон. реплика, выражающая нежелание что-л. делать.

♦ **СЕЙЧА́С, ТО́ЛЬКО ШНУРКИ́ ПОГЛА́ЖУ** — нет, как бы не так, вон чего захотел.

СЕ́ЙШЕН, -а, *м.* Вечеринка, попойка, сборище.

Из англ. session.

СЕ́КИЛЬ, -я, *м.* **1.** Половые органы. **2.** Клитор.

Возм. от **СИКАТЬ**, **СИКА** и др.

СЕКИ́Р-БАШКА́, секи́р-башки́ или *нескл.* **1.** *ж.* Наказание, нагоняй. *Сделать ~у. Я тебе такую ~у сейчас сделаю!* **2.** *м.* Головорез (часто о кавказцах).

См. также **ДЕЛАТЬ СЕКИР-БАШКА**

Возм. от «секира» в устар. зн. «топор» + «башка», т. е. букв. отрубить голову; возм. имитация неграмотного владения рус. языком инородцами, напр. татарами.

СЕ́КИС, -а, *м. Ирон.* Секс. *Всюду ~, хоть в проститутки подавайся.*

СЕКИ ФРАГМЕНТ! *см.* **ФРАГМЕНТ**

СЕКРЕТУ́ТКА, -и, *ж.* Секретарша; секретарь. *Начальник со своей очередной ~ой. Наша районная ~* (секретарь райкома).

Шутл. наложение «секретарь» + «проститутка».

СЕКРЕТУ́ТНИЧАТЬ, -аю, -аешь, **СЕКРЕТУ́ТСТВОВАТЬ**, -ствую, -ствуешь; *несов., где* и *без доп.* Быть секретарём, секретарствовать (часто о партийной работе).

От **СЕКРЕТУТКА**.

СЕКС *см.* **ТЕКИЛА, СЕКС, МАРИХУАНА**

СЕКСО́ВЫЙ, -ая, -ое, **СЕКСУ́ШНЫЙ**, -ая, -ое. Относящийся к сексу, сексуальный. *~ая жизнь.*

СЕКСОДРО́М, -а, *м.* **1.** Кровать, спальня. **2.** Место, где много проституток (напр. около гостиниц и т. п.). *~ «Байконур»* (о гостинице «Космос»).

«Секс» + «дром» (ср. общеупотр. «космодром», «аэродром», **ТРАХОДРОМ** и т. п.).

СЕКСОПИ́ЛКА, -и, *ж.* Девушка (чаще привлекательная). *Моя милка-сексопилка, ловко делает минета. И при этом осуждает диктатуру Пиночета* (частушка).

См. **СЕКСОПИЛЬНЫЙ**.

СЕКСОПИ́ЛЬНЫЙ, -ая, -ое. Сексуальный (чаще о женщине).

Возм. наложение **ПИЛИТЬ**, **ПИЛИТЬСЯ** и общеупотр. «сексапильный» — возбуждающий чувственные эмоции (от англ. sex appeal — сексуальная привлекательность).

СЕКСОПИ́ЛЬНЯ, -и, *ж.* Спальня, кровать.

См. **СЕКСОПИЛЬНЫЙ**.

СЕКСО́ТКА, -и, *ж.* **1.** Девушка. **2.** Наводчица, доносчица.

1. — контаминация с общеупотр. «секс»; 2. — возм. из *уг.* (ср. «сексот» — сокращ. от «секретный сотрудник»).

СЕКСУАЛИ́СТ, -а, *м.* (или **ВРАЧ-~**, врача́-сексуали́ста). Сексолог (или сексопатолог). *У меня завтра поход к ~у.*

СЕКСУ́ХА, -и, **СЕКСУ́ШКА**, -и, *ж.* Всё, что относится к сексу (напр. эротический фильм, журнал, сексуальная девушка и т. п.).

СЕКСУШНЫЙ *см.* **СЕКСОВЫЙ**

СЕ́КТА, -ы, *ж.* Любая группа, объединение, партия, общество и т. п. *У них своя ~. На съезд все ~ы съедутся.*

СЕКТА́ТЬ, -а́ю, -а́ешь; *несов.* **1.** *без доп.* Биться, волноваться. **2.** *откуда.* Брызгать, выплёскиваться наружу. *Селёдка ~ает из банки.*

Ср. *устар. диал.* «сектать», «сёктать» — суетиться, егозить, вертеться, метаться, щебетать, «сектун», «секотун» — непоседа.

СЕКУ́ХА, -и, **СЕКУ́ШКА**, -и, **СЕКУ́ШНИЦА**, -ы, *ж.* Девушка, женщина; проститутка.

Возм. от **СЕЧЬ 2**.

СЕЛЕБРЕЙШЕН *см.* **СТРИТ**

СЕЛЁДКА, -и, *ж.* **1.** Что-л. болтающееся, мешающееся. **2.** Худой, невзрачный, нудный человек. *~, а не боец.* **3.** Галстук.

1. — возм. от *устар.* «селёдка» — «шашка», «шпага».

СЕЛЁДКА* *см.* **ЗЕЛЁНАЯ СЕЛЁДКА С ТОПЛЁНЫМ МОЛОКОМ; КАК СЕЛЁДКА В БАНКЕ; НЕ ПАХНИ СЕЛЁДКОЙ; РАЗОШЛИСЬ, КАК В МОРЕ ДВЕ СЕЛЁДКИ**

♦ **СЕ́ЛИ ДВА ЖИДА́ В ТРИ РЯДА́** — *шутл.* о большом ажиотаже, шуме, устраиваемом небольшим количеством людей.

♦ **СЕ́ЛИ, ПО́ЕЛИ, ОПЯ́ТЬ ПОШЛИ́** — о коротком перерыве в работе.

СЕЛЬПО́, *нескл., ср.* Провинциал; дурак, необразованный человек. *Эх ты, ~, английского не знаешь!*

СЕЛЬПО́ШНЫЙ, -ая, -ое. Глупый, необразованный (о человеке).

От **СЕЛЬПО**.

СЕЛЬСКИЙ АГРОНОМ *см.* **АГРОНОМ**

СЕЛЯВА *см.* **ТАКОВА СЕЛЯВА**

СЕМАФО́Р, -а, *м.* Лицо.

СЕМАФОР* *см.* **БАТАЙСКИЙ СЕМАФОР**

СЕМАФО́РИТЬ, -рю, -ришь; *несов., кому.* Делать какие-л. знаки, жесты, подсказывая, намекая.

От общеупотр. «семафор».

СЕМЕ́ЙНИКИ, -ов, *мн.* Большие, т. н. «семейные» мужские трусы. *Ты бы ещё ~ в цветочек надел, модник!*

СЕ́МЕРО, *числ.* Много (о людях). *Вы бы ещё ~ пришли. ~ на одного.*

См. также **ДЕРЖИТЕ МЕНЯ СЕМЕРО!**; **МЫ, ГРУЗИНЫ, НАРОД ГОРЯЧИЙ, СЕМЕРО ОДНОГО НЕ БОИМСЯ**; **НОС НА СЕМЕРЫХ РОС, ОДНОМУ ДОСТАЛСЯ**

СЕ́МЕЧКИ, -чек, *мн.* **1.** Деньги, мелочь. **2.** Пустяки, что-л. недостойное внимания (часто в зн. ну и так далее). *Купил стенку, телевизор, пылесос, ну и всякие там ~.*

См. также **ЩЁЛКАТЬ (ЛУЗГАТЬ, ГРЫЗТЬ) КАК СЕМЕЧКИ**

♦ **СЕ́МЕЧКИ В АРБУ́ЗЕ** *у кого* — «мозги в голове», т. е. способность думать, соображать, напр.: *У тебя вообще-то семечки в арбузе есть или твой папа коробки клеил?*

СЕМИБАНКИ́РЩИНА, -ы, *ж. Ирон.* Общее определение политико-экономической ситуации середины-конца 90-х гг. (до августовского кризиса 1998 г.).

По модели «семибоярщина» — анархия, беспорядок, первоначально — о периоде 1610–1611 гг. в России, когда власть в государстве принадлежала боярскому кружку из семи лиц.

СЕМИДЕСЯ́ХНУТЫЕ, -ых, *мн. Ирон.* Поколение 70-х гг. *Дворники и сторожа ~ые. От ~ых к восьмидерастам* (к поколению 80-х гг.).

СЕМЬ *см.* **КАК СЕМЬ ТРАКТОРОВ ПЕРЕЕХАЛИ**

СЕМЬ БЭД — ОДИН ОТВЕТ *см.* **БЭД**

♦ **СЕМЬ ДНЕЙ НА СОБА́КАХ** *докуда, куда* — о чём-л. далёком, находящемся на большом расстоянии, напр.: *До твоей дачи семь дней на собаках.*

♦ **СЕМЬ ДОРО́Г** — назв. пивной недалеко от станции метро «Динамо».

По количеству проходящих рядом улиц.

СЕМЬ-НА-ВО́СЕМЬ, в зн. *нескл. сущ.* (или **~**, **ВО́СЕМЬ-НА́-СЕМЬ**). Что-л. очень большое (в том числе о человеке). *Братец у тебя ~, видно, что не корой питается. ~ квартирка-то, не чулан однокомнатный, есть где на дальность поплеваться.*

СЕМЯ *см.* **ФАРАОНОВ**

СЕРАНУТЬ *см.* **СРАТЬ**

СЕРВ, -а, **СЕРВА́К**, -а́, *м.* Сервер.

Из языка пользователей компьютеров.

СЕРВИС *см.* **НЕНАВЯЗЧИВЫЙ**

СЕРДЕЧНЫЙ *см.* **ТАРАКАН**

♦ **СЕ́РДЦЕ В ШТАНА́Х СТУЧИ́Т** (или **БЬЁТСЯ**) — *ирон.* о половом желании, влечении.

♦ **СЕ́РДЦЕ ПОЁТ, ОЧКО́ ИГРА́ЕТ** — хочется что-л. сделать, но страшно.

СЕ́РЕВО, -а, *ср.* **1.** Кал. **2.** Зад, ягодицы. *Как дела? — Как будто ~ом ежа раздавил* (плохо). **3.** Что-л. дурное, плохое.

От **СЕРАНУТЬ**, **СРАТЬ**, **СЕРИТЬ**.

СЕРЕДНЯ́К, -а́, *м.* Что-л. среднее, серое, ничем не выдающееся, ординарное; ничем не выдающиеся люди (*собир.*). *Я-то — ~, это у тебя мозги, как у Тургенева, вот ты и думай. Гении кончились, пошел бездарный ~.*

СЕРЁДЫШ, -а, *м.* Душа, сердце; суть, сущность чего-л. *Гляди в ~. ~ болит. Дай ему в ~.* ♦ **Поперёк ~а** *что кому* — надоело, не нравится, с души воротит.

СЕРЁЖА, -и, **СЕРЁЖКА**, -и, *м.* Сержант.

Возм. из *арм.*, наложение с *собств.*

СЕРЖ, -а, **СЕ́РЖИК**, -а, *м.* Сержант.

Из *арм.* Наложение с *собств.*

СЕ́РИЛКА, -и, *ж.* Зад, ягодицы.

От **СЕРИТЬ**.

СЕРИТЬ, СЕРАНУТЬ *см.* **СРАТЬ**

СЕ́РНИК, -а, *м.* **1.** То же, что **СЕРИЛКА**. **2.** Двухкассетный магнитофон.

СЕРП, -а́, *м.* Нож, холодное оружие.

Возм. из *уг.*

СЕРП* *см.* **КАК СЕРПОМ ПО ЯЙЦАМ**

СЕРПА́СТЫЙ, -ого, *м.* Советский паспорт; советский гражданин. *~ых полный Будапешт. В Бресте от ~ых пробка. А ты ~ого взял?*

Из стихотворения В. Маяковского «Стихи о советском паспорте».

♦ **СЕРП И МО́ЛОТ** — *шутл.* главный символ студенчества, студенческой жизни (т. к. главный «принцип» студентов — «косить и забивать»).

См. **КОСИТЬ**, **ЗАБИВАТЬ**.

СЕ́РУМ, -а, *м.* Армянин.

Армянское «серум» — любимый.

СЕРУ́Н, -а́, *м.*, **СЕРУНИ́ШКА**, -и, *м.* и *ж.*, **СЕРУНИ́ЩЕ**, -а, *ср.* **1.** Тот, кто страдает расстройством кишечника; грязнуля, неряха. **2.** Руг.

СЕРУНЯЧИТЬ *см.* **СРАТЬ**

СЕРЫЙ *см.* **НАПРЯГАТЬ ЧЕРЕП (ИЗВИЛИНУ, СЕРУЮ МАССУ, МОЗЖЕЧОК)**

СЕРЬГА́, -и́, *ж.* **1.** Человек, носящий серьгу (что часто свидетельствует о его принадлежности к тому или иному объединению, движению и т. п.). **2.** Замок (чаще висячий).

2. — *ср. уг.* «серёжка», «серьга» — цепочка, замок, «грубая серьга» — прочный замок, «спустить серьгу» — взломать, сломать замок.

СЕСИБО́Н, *част.* Спасибо.

Шутл. наложение с фр. c'est si bon — это так хорошо. Возм. распространилось под влиянием фильма «Варвара-краса, длинная коса».

СЕСТРА *см.* **НАСРАТЬ**

СЕСТРУ́ЧЧА, -и, **СЕСТРУ́ЧЧО**, *нескл., ж.* **1.** Сестра. **2.** Подруга, приятельница, любая женщина, девушка, часто в зн. обращения.

Ср. **БРАТЕЛЛА.**

СЕСТЬ *см.* **БАТАРЕЙКИ СЕЛИ; ВЫЙДЕШЬ В ПОЛЕ, СЯДЕШЬ СРАТЬ...; ГДЕ СЯДЕШЬ, ТАМ И СЛЕЗЕШЬ; ЕЗДЮК; ПИКА; СВИНКА ПОМЫЛАСЬ И СЕЛА В ТАЧКУ; СЕЛИ, ПОЕЛИ, ОПЯТЬ ПОШЛИ; СИДЕТЬ; ХОТЕТЬ И РЫБКУ СЪЕСТЬ...**

СЕСТЬ ЖОПОЙ *см.* **ЖОПА**

♦ **СЕСТЬ ЗА́ДОМ** (или **ЗА́ДНИЦЕЙ** и т. п.) **В ЛУ́ЖУ** — опозориться.

СЕСТЬ (НАСЕСТЬ, ПРЫГНУТЬ, ПРИЦЕПИТЬСЯ и т. п.) **НА ХВОСТ** *см.* **ХВОСТ**

СЕСТЬ (ПРЫГНУТЬ, УПАСТЬ) НА ИГЛУ *см.* **ИГЛА**

СЕ́ЧКА, -и, *ж.* Дроблёная перловая крупа; каша из этой крупы.

Возм. из *арм.*; возм. от общеупотр. «сечь» — мельчить, дробить.

СЕЧЬ, секу́, сечёшь (или секёшь); *несов.* **1.** *в чём, что* (или **~ ФИШКУ** *в чём*). Понимать, разбираться, знать что-л. *~ в истории. Технику ~.* **2.** *кого.* Вступать с кем-л. в половую связь (о мужчине). **3.** *на что, куда.* Внимательно смотреть, наблюдать, вглядываться. *Секи! Секи момент* — смотри скорей.

См. также **СЕКИ ФРАГМЕНТ!; ФИШАК**

СЕ́ЧЬСЯ, секу́сь, сечёшься (или секёшься); *несов.* **1.** *с кем* и *без доп.* То же, что **СЕЧЬ 2.** **2.** *на чём.* Терпеть неудачу, проваливаться с чем-л.

СЖЕЧЬ *см.* **СЖИГАТЬ**

СЖЕЧЬСЯ *см.* **СЖИГАТЬСЯ**

СЖИГА́ТЬ, -а́ю, -а́ешь; *несов.* (*сов.* **СЖЕЧЬ**, сожгу́, сожжёшь). **1.** *кого.* Губить, подставлять под удар, выдавать, предавать кого-л. **2.** *что, сколько, на сколько* и *без доп.* Об акциях: намеренно повысить цену с целью дальнейшего её резкого падения и создания ситуации «искусственного банкротства».

1. — возм. влияние *уг.* «сжечь» — донести, выдать; 2. — из языка финансистов, бизнесменов.

СЖИГА́ТЬСЯ, -а́юсь, -а́ешься; *несов.* (*сов.* **СЖЕ́ЧЬСЯ**, сожгу́сь, сожжёшься), *на чём.* Терпеть неудачу, крах. *Троих сжёг, на четвёртом сжёгся* (о соперниках).

От **ЖЕЧЬСЯ.**

С ЖОПЫ ПЫЛЬ СДУВАТЬ *см.* **ЖОПА**

♦ **СЗА́ДИ ПИОНЕ́РКА, СПЕ́РЕДИ ПЕНСИОНЕ́РКА** — о пожилой женщине с хорошо сохранившейся фигурой.

Встречается ещё в источниках 40–50-х гг.

СИБИРСКИЙ ВАЛЕНОК *см.* **ВАЛЕНОК**

СИБИРЬ *см.* **ЛУЧШЕ МАЛЕНЬКИЙ ТАШКЕНТ, ЧЕМ БОЛЬШОЙ СИБИРЬ**

СИ́В-КЭ́БЛ-БРЭ́Д, в зн. *межд.* Бред сивой кобылы, чёрт знает что!

Шутл. имитация англ.

СИВЫЙ *см.* **БРЕД (СИВОЙ КОБЫЛЫ В ЛУННУЮ НОЧЬ)**

СИГАНУТЬ ЧЕРЕЗ ЛИНЕЙКУ *см.* **ЛИНЕЙКА**

СИГАРЕТА *см.* **ВОВРЕМЯ (БЫСТРО) ПОДНЯТАЯ СИГАРЕТА НЕ СЧИТАЕТСЯ УПАВШЕЙ; КАЖДАЯ СИГАРЕТА УБИВАЕТ ЛОШАДЬ**

СИДЕЛА ДО СОЛНЦА, ВЫСИДЕЛА САЗОНЦА *см.* **САЗОНЕЦ**

СИДЕ́ЛКА, -и, *ж.* Зад, ягодицы. *~ не заиндевела? Берёт ~ой* (усидчивостью, трудолюбием).

От общеупотр. «сидеть».

СИДЕ́ТЬ, сижу́, сиди́шь; *несов.* (*сов.* **СЕСТЬ**, ся́ду, ся́дешь). **1.** *с чем.* Проваливаться, терпеть неудачу. *~ с экзаменом.* **2.** (или **~ ЖО́ПОЙ**) *на что* (*сов.*), *на чём* (*несов.*). Держать монополию на что-л., не допускать никого к данной сфере. *Жопой на тему сел и отстреливается* (об учёном). **3.** *под чем.* Работать в определённой компьютерной программе. *Сижу под виндами* (Microsoft Windows).

1. — *ср. уг.* «сесть на якорь» — надолго попасть в тюрьму; 3. — из языка пользователей компьютеров.

СИДЕТЬ* *см.* **ЖОПА**; **СИДИ В ОКОПЕ И НЕ ВЯКАЙ...**; **НА УШАХ (СИДЕТЬ, РАБОТАТЬ)**; **НЕ РУБИ СУК, НА КОТОРЫХ СИДИШЬ**; **ОДНОЙ ЖОПОЙ НА ТРЁХ МЕСТАХ СИДЕТЬ...**; **СИДИ И НЕ ДЁРГАЙСЯ (НЕ РЫПАЙСЯ, НЕ КВАКАЙ, НЕ ВЯКАЙ)**

СИДЕТЬ КАК КАМЕНЬ В ПОЧКАХ *см.* **БЫТЬ (СИДЕТЬ) КАК КАМЕНЬ В ПОЧКАХ**

СИДЕТЬ НА ИГЛЕ *см.* **ИГЛА**

♦ **СИДЕ́ТЬ ПОД КОРЯ́ГОЙ** — быть домоседом, необщительным человеком, «букой»; затаиться, до времени не проявлять себя, своих планов, занимать выжидательную позицию.

♦ **СИДЕ́ТЬ ПО ПО́ЛНОЙ** (или **НА ПО́ЛНУЮ КАТУ́ШКУ, В ПО́ЛНЫЙ РОСТ**) — отбывать срок тюремного заключения полностью.

♦ **СИДИ́ В ОКО́ПЕ И НЕ ВЯ́КАЙ** (или **НЕ ЧИРИ́КАЙ, НЕ ВЫСКА́ЗЫВАЙСЯ, НЕ ВЫСО́ВЫВАЙСЯ** и т. п.). — молчи, замолчи.

♦ **СИДИ́ И НЕ ДЁРГАЙСЯ** (или **НЕ РЫ́ПАЙСЯ, НЕ КВА́КАЙ, НЕ ВЯ́КАЙ** и т. п.) — будь скромнее, не выставляй свою персону.

♦ **СИДИ́Т МАРТЫ́ШКА У ПРУДА́, ОЧКО́ ТУДА́, ОЧКО́ СЮДА́** — о ком-л., кто боится что-л. сделать, сомневается в чём-л.

СИДКА *см.* **САДИЛЬНИК**[2]

СИ́ДОР, -а, *м.* **1.** Ирон. обращение. **2.** Сумка, портфель.

Ср. *собств.* «Сидор», *диал.* «сидоровский товар» (из села Сидоровского Костромской губернии) — мелкие украшения для крестьян из фальшивых камней; возм. через *офен.* в *уг.*, *ср. уг.* «сидор» — дворник, мешок, корзина, «сидоровщик» — вор мешков, преим. на вокзалах; перешло в *арм.*

СИДОРОВ *см.* **ДРАТЬ КАК СИДОРОВУ КОЗУ**

СИДЮ́К, -а, *м.* Компакт-диск.

От англ. аббрев. CD — compact disk; из жарг. пользователей компьютеров.

СИДЯ́ЧКА, -и, *ж.* **1.** Сидячая демонстрация протеста, забастовка, стачка. **2.** Заведение общественного питания, столовая, бар и т. п., где есть стулья, сидячие места, где можно сидеть.

Антоним — **СТОЯЧКА**.

СИЗОКРЫ́ЛЫЙ, -ого, *м.* Ирон. обращение.

См. также **ГОЛУБЬ (СИЗОКРЫЛЫЙ)**

Замена общеупотр. обращения «голубь» по постоянному эпитету. Возм. распространилось под влиянием шлягера в исполнении А. Б. Пугачёвой.

СИ́ЗЫЙ, -ая, -ое. Пьяный. *Рожа ~ая.*

СИЗЫЙ* *см.* **ГОЛУБЬ (СИЗЫЙ)**

СИКА́, -и́, *ж.* **1.** Разновидность игры в карты. **2.** Половые органы. *В ~у надуло.* **3.** Ирон. обращение. ♦ **Как ~** — очень, напр.: *Устал как ~; потный как ~; грязный как ~; подлый как ~; глупый как ~.*

От **СИКАТЬ**.

СИ́КАЛКА, -и, *ж.*, **СИ́КАЛО**, -а, *ср.*, **СИ́КАЛЬНИК**, -а, *м.* **1.** Половые органы. **2.** Трус, малодушный.

От **СИКА, СИКАТЬ**.

СИ́КАТЬ, -аю, -аешь, **СИ́КАТЬСЯ**, -аюсь, -аешься; *несов.* (*сов.* **СИКАНУ́ТЬ**, -ну́, -нёшь). **1.** *без доп.* Мочиться. **2.** *чего, что делать.* Бояться, страшиться. *Сикаешь со мной биться?* (драться, меряться силой).

Ср. *устар. диал.* «сикать», «сикнуть» — брызгать, пустить воду струёй, «сикалки» — брызгалки, «сикавица» — насос, водяной смерч, «сикляха» — муравей, «сиковать», «сикать» — сердиться, браниться, привередничать, «сикуша», «сиктуха» — сердитая женщина, «сикавить», «сиктить» — наушничать, сплетничать, «сикава» — наушник, наговорщик, клеветник, «сикер» — хмельной напиток; *см.* также **СЕКТАТЬ**; возм. восходит к «сцать» — мочиться (см. **ССАТЬ**); «сика» — свинья; тот, кто мочится; *ср. уг.* «сикач» — секретный сотрудник, «сикря» — крестьянин, не относящийся к блатному миру человек.

СИКИДЭ́ШНИК, -а, *м.* Человек, делающий вид, что он много и напряжённо работает, «симулянт кипучей деятельности».

Аббрев.

СИ́КОСЬ-НА́КОСЬ, *нареч.* Косо, криво (о чём-л. плохо, неумело прибитом, собранном и т. п.)

♦ **С ИКРОЙ** *кто* — о беременной женщине.

СИКУ́ХА, -и, **СИКУ́ШКА**, -и, **СИКУ́ШНИЦА**, -ы, *ж.* **1.** Молоденькая девушка, подросток, чаще о такой, которая прилагает максимум усилий, чтобы казаться старше своего возраста. **2.** Трусиха. **3.** Крайне трусливый мужчина.

От **СИКАТЬ**.

СИКУ́ШНИК, -а, *м.* **1.** Малолетка, неопытный юнец. **2.** Трус.

От **СИКАТЬ**.

СИКУШНИЦА *см.* **СИКУХА**

СИКУ́ШНЫЙ, -ая, -ое. Общеотрицательный эпитет (обычно о неопытном, трусливом человеке).

СИЛА *см.* **ЕТИТСКИЙ; НЕДЕТСКИЙ**

СИ́ЛЬНЫЙ, -ая, -ое. Положительный эпитет. ♦ **В ~ую** *что делать* — делать сильно, изо всех сил.

♦ **СИ́ЛЬНЫЙ, НО О́ЧЕНЬ ЛЁГКИЙ** — *ирон.* о ком-л., необоснованно, с точки зрения говорящего, считающем себя сильным, непобедимым.

СИЛЬНЯ́ТКА, -и, *м.* и *ж.* Сильный человек.

СИМПАМПУ́ХА, -и, **СИМПАМПУ́ШКА**, -и, **СИМПАМПУ́ШЕЧКА**, -и, **СИМПАМПУ́ШКА**, -и, *ж.* Симпатичная девушка (часто о полненькой).

От общеупотр. «симпатичная» + **ПАМПУХА**.

СИМПА́ТИЯ, -и, *ж.* Одинаковое количество очков в игре.

Из *спорт.*

СИМПАТИЯ* *см.* **ПО СИМПАТИИ**

СИМПО́ТКА, -и, *ж.* Симпатичная девушка.

СИМПО́ТНЫЙ, -ая, -ое. Симпатичный, привлекательный.

СИНАГО́ГА, -и, *ж.* Место, собрание и т. п., где много евреев.

СИ́НГЕР, -а, *м.* Певец.

Англ. singer в том же зн.

СИНДИКА́Т, -а, *м.* Винный магазин; пивная, пивной зал.

СИНДРОМ *см.* **ШУБОВИДНЫЙ СИНДРОМ**

СИНЕГЛА́ЗКА, -и, *ж.* **1.** Милицейская машина; машина, забирающая в вытрезвитель. **2.** Женщина-алкоголичка, «бомжиха» с синяком под глазом.

1. — от синего цвета лампочки на крыше.

СИ́НИЙ, -яя, -ее. **1.** Пьяный. **2.** в зн. *сущ.*, -его, *м.* Пьяница, алкоголик. **3.** в зн. *сущ.*, -ей, *ж.* Сосиска. **4.** в зн. *сущ.*, -ей, *ж.* Купюра достоинством в двадцать пять рублей (советских).

СИНИЙ* *см.* **ГОРИ ОНО ВСЁ ЯСНЫМ ПЛАМЕНЕМ; ЛУЧШЕ ИМЕТЬ КРАСНУЮ РОЖУ...; ХИМИЯ, ХИМИЯ, ВСЯ ЗАЛУПА СИНЯЯ**

СИНИКА *см.* **ПОЙТИ ЗА ЯГОДОЙ-СИНИКОЙ; ЯГОДА-СИНИКА**

СИНИ́ЦА, -ы, **СИНИ́ЧКА**, -и, *ж.* Машина ГАИ; сотрудник ГАИ, постовой.

Возм. по окраске машины в синий и жёлтый цвета.

СИНИЦА* *см.* **ЛУЧШЕ СИНИЦА В РУКЕ, ЧЕМ УТКА ПОД КРОВАТЬЮ; ЧЛЕН**

СИНИЧКА *см.* **СИНИЦА**

СИНО́ПТИК, -а, *м. Ирон.* Прилежный ученик, всезнайка, отличник, примерный школьник.

Из *шк.*

♦ **СИНТЕТИ́ЧЕСКИЙ КАЙФ** — удовольствие, получаемое от синтетического наркотика.

СИ́НЬКА, -и, *ж.* Алкогольные напитки.

Ср. **ЯГОДА-СИНИКА**.

СИНЬОР-ПОМИДОР *см.* **ПОМИДОР**

СИНЮ́ХА, -и, **СИНЮ́ШКА**, -и, **СИНЯ́ВКА**, -и, *м.* и *ж.*, **СИНЮ́ШНИК**, -а, **СИНЯ́К**, -а́, *м.* Пьяница, алкоголик. *У него все приятели синяки. Ах ты, синюшник красноглазый! Синюхам без очереди, а то помрут ожидаючи* (в очереди за водкой).

СИНЯ́ЧИТЬ, -чу, -чишь; *несов., что* и *без доп.* Пить спиртное, пить «по-чёрному».

Ср. **СИНЬКА, ЯГОДА-СИНИКА**.

СИОНИСТ *см.* **СЧИТАЙТЕ МЕНЯ СИОНИСТОМ**

СИРИ́КАТЬ, -аю, -аешь; *несов., без доп.* Испражняться (а также во всех перен. зн.).

Шутл. передел. **СРАТЬ, СЕРИТЬ**.

СИРО́ТКА, -и, *м.* и *ж.* **1.** *ирон.* Человек, прикидывающийся несчастным. *~, седьмую модель* («Жигулей») *никак не купит.* **2.** Детский дом; дом для сирот. *Пацан из ~и.*

СИРОТСКИЕ СЛЁЗЫ *см.* **СЛЁЗЫ**

СИСАДМИ́Н, -а, *м.* Сотрудник, отвечающий за работу компьютеров и сетей.

Из речи пользователей компьютеров, сокращ. от англ. system administrator.

СИСТЕ́МА, -ы, *ж.* **1.** Компания, группа (напр. организация хиппи); всё, что к ней относится, принадлежит. *Он из другой ~ы. Выпал из ~ы. Ты не в нашей ~е. Наша подъездная ~* — ребята, живущие в нашем подъезде. **2.** «Секвенс», комбинация карт одной масти, идущих подряд по достоинству.

1. — возм. из *хип.*; возм. как пародия на данное сл., широко употр. в социологии, политологии, математике и др. науках; 2. — из *карт.*

См. также **В СИСТЕМЕ**

СИСТЕМА* *см.* **БАРДАЧНЫЙ; ПАСТИ СИСТЕМУ**

♦ **СИСТЕ́МА «ХГО»** — безделье, шалопайство и т. п.

Эвфем. от «х...ем груши околачивать» (бездельничать). *Ср.* **ХЕРОМ (ЧЛЕНОМ, ХРЕНОМ) ГРУШИ ОКОЛАЧИВАТЬ**.

СИСТЕ́МНЫЙ, -ая, -ое. Принадлежащий к данной компании, объединению (о человеке). ~ *чувак* (человек).

От **СИСТЕМА**.

СИСТЕ́МЩИК, -а, *м*. **1.** Человек, принадлежащий к данной компании, объединению. **2.** Мастер по электроприборам (часто о видео- и аудиотехнике); системный программист.

СИ́СЬКА, -и, **СИ́СЯ**, -и, *ж*. **1.** Женский (реже мужской) сосок, грудь, груди. *Идёт, всех ~ами раздвигает*. **2.** Толстый человек. **3.** Отходы, обрубки (часто о мясных отходах, употр. для изготовления дешёвой колбасы и студня); любые ненужные, бросовые остатки; ерунда, чушь. **4.** Двухлитровая пластиковая бутыль пива. ♦ **Ухо-горло-нос-сиська-писька-хвост** — *ирон*. О враче-отоларингологе (врач «ухо-горло-нос»). **Взять за сиську** *кого* — поймать, задержать, доставить, вынудить что-л. делать.

См. также **ЗАКОЛЕБАТЬ**; **ТЕЛЬНИК НА СИСЬКАХ РВАТЬ**

Ср. *диал*. «сиса», «сиська» — титька, женские груди; соска, жёваный хлеб в соске, рожок, бутылочка для кормления, «сися» — неуклюжий человек, грязнуля.

СИ́СЬКИ-МАСИ́СЬКИ, в зн. *нареч*. Систематически.

Пародируется артикуляция Л. И. Брежнева.

СИ́СЬКИ-ПО́ПКИ, си́сек-по́пок, *мн. Шутл*. О сексе. *Одни ~ на уме*.

СИСЬКОЛО́С, -а, **СИСЬКОХВА́Т**, -а, *м*. Ловелас, бабник.

От общеупотр. «ловить», «хватать» + **СИСЬКА**.

СИСЬКОТЕ́КА, -и, *ж*. Дискотека.

Шутл. контаминация с **СИСЬКА**.

СИСЬКОХВАТ *см*. **СИСЬКОЛОВ**

СИСЯ *см*. **СИСЬКА**

СИСЯ́СТЫЙ, -ая, -ое. Человек (чаще о женщине) с большой грудью, большими грудями.

От **СИСЯ**, **СИСЬКА**.

СИТЕ́Т, -а, *м*. Университет.

Сокращ.

СИТЕ́ТСКИЙ, -ая, -ое. Университетский, принадлежащий университету.

От **СИТЕТ**.

СИТУЁВИНА, -ы, *ж*. Ситуация, положение.

От общеупотр. «ситуация», по модели **ФИГОВИНА**, **ХРЕНОВИНА** и аллюзия к нецензурному.

СИФ, -а, **СИФА́К**, -а́, **СИФАЧО́К**, -чка́, **СИФИЛЮ́ЖНИК**, -а, **СИФО́Н**[1], -а, *м*., **СИФИЛЮ́ГА**, -и, **СИФИЛЮ́ЖКА**, -и, *м*. и *ж*. **1.** Сифилис. *Сифак схватить* — заболеть сифилисом. **2.** То же, что **СИФИЛИС**.

СИФА́ЧИТЬ, -чу, -чишь; *несов., что чем*. Пачкать, марать, портить.

От **СИФАК**.

СИФА́ЧИТЬСЯ, -чусь, -чишься; *несов., чем, в чём*. Пачкаться, грязниться.

От **СИФАК**.

СИФА́ЧНЫЙ, -ая, -ое. **1.** Больной сифилисом. **2.** Грязный, испорченный, плохой.

От **СИФАК**.

СИФАЧОК *см*. **СИФ**

СИФИЛИ́, -е́й, *мн*., *собств*. Район Фили в Москве.

Шутл. наложение с «сифилис».

СИ́ФИЛИС, -а, *м*. Грязь, нечистота; что-л. неприятное, плохое, презираемое.

СИФИЛИС* *см*. **Я СТРАШНЫЙ-СТРАШНЫЙ СИФИЛИС**

СИФИЛЮГА, **СИФИЛЮЖКА**, **СИФИЛЮЖНИК**, **СИФОН**[1] *см*. **СИФ**

СИФО́Н[2], -а, *м*. **1.** Сквозняк. **2.** Милиционер.

1. — общеупотр. «сифон» — сосуд для переливания жидкостей, устройство для газирования питьевой воды; 2. — из *уг*.

СИФО́НИТЬ, -ню, -нишь; *несов., на что откуда*. Дуть; сквозить (о ветре, сквозняке).

От **СИФОН**[2].

СИЯ́НИЕ, -я, *ср*. (или **СЕ́ВЕРНОЕ ~**). Коктейль из спирта и шампанского.

СКАДРИ́ТЬСЯ, -рю́сь, -ри́шься, **СКАДРОВА́ТЬСЯ**, -ру́юсь, -ру́ешься; *сов., с кем*. Познакомиться (с особой противоположного пола), добиться взаимности.

От **КАДР**[1] **1.**, **КАДРИТЬ**.

СКАЖИ́, *без доп*. Употребляется как вопрос к собеседнику, согласен ли он с ранее произнесённым. *Дурак он, скажи? Скажи, Паша, неплохо покушали?*

♦ **СКАЖИ́, ДА ПОКАЖИ́, ДА ДАЙ ПОТРО́ГАТЬ** — выражение недовольства чьими-л. расспросами.

СКАЗ *см*. **ИМЕТЬ НА СКАЗ**

СКАЗАТЬ *см*. **«БЕРЕЖЁНОГО БОГ БЕРЕЖЁТ»**...; **БЫВАЮТ В ЖИЗНИ ЗЛЫЕ ШУТКИ**...; **ВКЛЮЧИТЕ СВЕТ — СКАЗАЛ**...; **НИ ФИГА**; **НО НЕТ ЕЁ И ВЫШЕ**...; **«О'КЕЙ», —**

СКАЗАЛ ДЕД МОКЕЙ; ПЯТАЧОК; САМ-ТО ПОНЯЛ, ЧТО СКАЗАЛ?; СКАЖИ, ДА ПОКАЖИ, ДА ДАЙ ПОТРОГАТЬ; ТЕБЕ СКАЖИ, ТЫ И ЗНАТЬ БУДЕШЬ

♦ **СКАЗА́ТЬ, КАК ЧЛЕН ПОКАЗА́ТЬ** — о сказанной кем-л. глупости, бестактности.

СКА́ЗКА, -и, *ж.* (или **~И ВЕ́НСКОГО ЛЕ́СА, ~И ПУ́ШКИНА**). Враньё, фантазии.

СКАЗКА* *см.* **КАК В СКАЗКЕ, ЧЕМ ДАЛЬШЕ, ТЕМ СТРАШНЕЕ**

СКА́ЗОЧНИК, -а, *м.* Врун, обманщик. *Великий ~* (о Ленине). *Добрый дядя ~* (о члене правительства).

СКАК *см.* **СКОК**

♦ **СКАКА́ТЬ** (или **ПО́ЛЗАТЬ, ВЕРТЕ́ТЬСЯ**) **КАК ВОШЬ НА ГРЕБЕШКЕ́** — активно, вызывающе себя вести.

То же у В. Шукшина и др.

С КАКОГО ФИГА? *см.* **ФИГ.**

СКАЛЬП, -а, *м.* Голова. *~ болит.* ♦ *Охотники за ~ами* — головорезы (часто о кавказцах).

СКА́ЛЬПЕЛЬ, -я, *м.* Врач. *Пойду к ~ю за справкой.*

СКАМЕ́ЕЧКА, -и, *ж.* Одна из разновидностей сексуальной игры.

СКАМЕ́ЙКА, -и, *ж.* Лошадь.

Из *уг.*

СКА́ЧКИ, -чек, *мн.* Половой акт. *У Вовки сегодня ~, выступает в парном заезде со своей рыжей.*

СКВА́ЖИНА, -ы, *ж.* Женщина (часто *пренебр.* о женщине с сомнительной репутацией).

Уг. «скважина» — проститутка.

СКВОЗИ́ТЬ, -ожу́, -ози́шь; *несов.* (*сов.* **СКВОЗАНУ́ТЬ**, -ну́, -нёшь, **СКВОЗНУ́ТЬ**, -ну́, -нёшь), *куда, откуда.* Идти, двигаться, проходить, уходить, убираться вон. *Сквози отсюда. Ну что, сквознули? Вон Мишаня сквозанул, пойду догоню.*

СКВОЗНЯ́К, -а́, *м.* Что-л. проходящее, проезжающее; пронизывающее что-л. насквозь (напр., транзитный груз; учебный предмет, изучаемый весь год, и т. п.).

СКВОЗНЯКО́М, *нареч.* Везде, повсюду. *В Москве ~ чай пропал. Ты всю квартиру ~ проверь.*

От общеупотр. «сквозняк», *ср.* **СКВОЗНЯК.**

♦ **СКВОЗЬ ЗУ́БЫ СЛУ́ШАТЬ** *кого — шутл.* невнимательно, недоброжелательно слушать кого-л.

Возм. пародирование речи военных.

СКВОРЕ́Ц, -рца́, *м.* **1.** *шутл.* Дачник на машине, нагруженной стройматериалами и т. п. **2.** Солдат второго полугодия первого года службы.

2. — из *арм.*

СКВОРЕ́ЧНИК, -а, *м.*, **СКВОРЕ́ЧНЯ**, -и, *ж.*, [-шн-] **1.** Дачный домик (обычно маленький, бедный). **2.** Голова. *Ты давай думай своей лысой скворечней. У мужика скворечник поехал* (сошёл с ума, рехнулся). **3.** Высшая мера наказания.

3. — из *уг.*

♦ **С КЕМ ПОВЕДЁШЬСЯ — ТАК ТЕБЕ́ И НА́ДО** (или **С ТЕМ И НАБЕРЁШЬСЯ**) — шутл. передел. пословица «с кем поведешься, от того и наберёшься».

СКЕНТОВА́ТЬСЯ, -ту́юсь, -ту́ешься; *сов., с кем.* Подружиться, сблизиться, сойтись.

От **КЕНТ.**

СКИ́ДЫВАТЬ, -аю, -аешь; *несов.* (*сов.* **СКИ́НУТЬ**, -ну, -нешь), *что.* Отделываться от чего-л., кончать с чем-л. *~ экзамен* (сдавать). *~ товар* (выгодно продавать). *~ жену* (разводиться).

СКИНУТЬ (ЗАДВИНУТЬ, ЗАГНАТЬ) КИТАЙКУ *см.* **КИТАЙКА**

♦ **СКИ́НУТЬ** (или **СБРО́СИТЬ, СПУСТИ́ТЬ** и т. п.) **В ТРЮМ** *кого* — отстранить от дел, поставить в крайне невыгодное положение, «вывести из игры».

СКИПИДА́Р, -а, *м.* **1.** Крепкий, но обычно некачественный алкогольный напиток. **2.** Вредный, нервный, излишне эмоциональный человек.

См. **СКИПИДАРНИЧАТЬ.**

СКИПИДАР* *см.* **ЖОПА; ПИСАТЬ**

СКИПИДА́РИТЬ, -рю, -ришь, *несов., что* и *без доп.* **1.** Пить спиртное. **2.** Делать что-л. интенсивно. *На сто двадцать ~рит* — едет на большой скорости.

СКИПИДА́РКА, -и, *ж.* Старый, изношенный механизм, старая машина.

СКИПИДА́РНИЧАТЬ, -аю, -аешь; *несов., без доп.* Вредничать, сердиться, нервничать, нервировать других.

Возм. влияние *уг.* «скипидарный» — вспыльчивый, «скипидарничать» — находиться под подозрением.

СКИПИДА́РНЫЙ, -ая, -ое. Вредный, нервный, неспокойный.

См. **СКИПИДАРНИЧАТЬ.**

СКИПИДАРНЫЙ* *см.* **ЖОПА**

СКИРДОВА́ТЬСЯ, -ду́юсь, -ду́ешься; *несов., во что и без доп.* Собираться, толпиться (о людях). *На Пушкинской народ ~дуется.*

От общеупотр. «скирда».

СКЛА́ДКА, -и, *ж.* Складчина, совместная покупка. *В ~у купить. На ~у по тысяче.*

СКЛАДУ́ХА, -и, **СКЛАДУ́ШКА**, -и, *ж.*, **СКЛАДУ́ШНИК**, -а, *м.* Склад. *Воруют со складухи.*

СКЛЕИТЬ *см.* **ЛАПТИ СКЛЕИТЬ (СЛОЖИТЬ, СПЛЕСТИ)**; **ЛАСТЫ**

СКЛЕ́ИТЬСЯ, -е́юсь, -е́ишься; *сов., без доп.* Умереть.

♦ **СКЛЕ́ИТЬ ТА́ПОЧКИ** — умереть.

СКЛЕРОТИ́ЧКА, -и, *ж.* Записная книжка, ежедневник.

От «склероз».

СКЛИФ, -а, *м., собств.* НИИ скорой помощи им. Н. В. Склифосовского.

СКЛИФОСО́ВСКИЙ, -ого, *м., собств.* Старательный ученик; тот, кто считается умным.

♦ **Короче, ~!** — реплика, призывающая к завершению речи.

Русский ученый-хирург Н. В. Склифосовский; ♦ — из кинофильма «Кавказская пленница».

СКЛОПЛЕ́НИЕ, -я, *ср. Ирон.* Скопление (обычно о людях).

Интерференция «скопление» + «клоп».

СКОБАРИ́ТЬ, -рю́, -ри́шь; *несов.* (*сов.* **СКОБАРНУ́ТЬ**, -ну́, -нёшь), *что от кого.* Жадничать, не давать что-л. кому-л.

Ср. **СКОБАРЬ**.

СКОБА́РЬ, -я́, *м.* **1.** Жадина, единоличник. **2.** Неотёсанный, простоватый человек, деревенщина.

«Скобари́» — старинное прозвище ремесленников-изготовителей скобяных изделий, живших отдельной слободой в средневековом Пскове. Со временем прозвище перешло на всех псковичей и вообще на жителей или уроженцев Псковщины. Возм. как арготизм возникло первоначально в Петербурге.

СКОВОРО́ДКА, -и, *ж.* **1.** Дискотека. **2.** Участок кольцевого движения транспорта.

2. — из языка автомобилистов.

СКОВОРОДКА* *см.* **ПРЯМОЙ НАВОДКОЙ ПО ЖОПЕ СКОВОРОДКОЙ**

СКОЗЛИ́ТЬ, -лю́, -ли́шь; *сов., что и без доп.* Сделать или сказать что-л. глупое, неуместное.

От **КОЗЛИТЬ 2.**

СКОЗЛИ́ТЬСЯ, -лю́сь, -ли́шься; *сов., без доп.* Испортиться характером, стать плохим (о человеке).

От **КОЗЁЛ 1.**

СКОК, -а, **СКАК**, -а, *м.* Кража, преступление, разбой. *Пошёл на ~.*

Уг. «скок» — кража со взломом, налёт, запертая квартира, *ср.* «скокарь», «скакарь», «скакунчик» — квартирный вор, взломщик; «скакнуть» — обокрасть, «скачок» — кража без наводки, взломщик, домашняя кража, «скакун» — вор из особняков, «скачок учётный» — мелкий вор, «скоколь» — дневной вор и т. п.

СКОЛАЧИВАТЬ ФАНЕРУ *см.* **ФАНЕРА**

СКОЛОПЕ́НДРА, -ы, *ж.* Ирон. руг. (обычно о злой женщине).

Назв. ядовитого членистоногого из группы многоножек.

СКОЛЬКО ПЕРЕСАДОК? *см.* **ПЕРЕСАДКА**

СКОММУНИ́ЗДИТЬ, *1 л. ед.* не употр. или -здю, -здишь; *сов., что где.* Украсть.

«Коммунизм» + нецензурное.

♦ **С КОНЦА́МИ** — окончательно, бесповоротно (о чём-л. пропавшем, исчезнувшем).

СКОПИЗДО́ХНУТЬСЯ, -нусь, -нешься; *сов., без доп.* Умереть; сгинуть, пропасть. *Сколько ни живи — всё равно ~нешься.*

От «сдохнуть». *Ср.* **СКОПЫТИТЬСЯ**.

Аллюзии к нецензурному.

СКОПНИ́ТЬСЯ, -ню́сь, -ни́шься; *сов., без доп.* Собраться, сгруппироваться, объединиться (о толпе, публике).

От общеупотр. «копна».

СКОПЫ́ТИТЬСЯ, -ы́чусь, -ы́тишься; *сов., без доп.* **1.** Умереть. **2.** Упасть; прийти в бессознательное состояние. *На второй паре* (на второй лекции) *~ытился* (заснул). *Тут она бряк — и ~ытилась* (упала в обморок).

От общеупотр. «копыто», *прост.* «упасть с копыт».

СКОРЕШИ́ТЬСЯ, -шу́сь, -ши́шься, **СКОРЕШНУ́ТЬСЯ**, -ну́сь, -нёшься; *сов., с кем.* Подружиться, сойтись, сблизиться.

От **КОРЕШ**, **КОРЕШИТЬСЯ**.

СКОРОВА́РКА, -и, *ж.*, *собств.* Бассейн «Москва» (ныне не существующий).

СКОРОСТЬ *см.* **БОЛЬШЕ СКОРОСТЬ — МЕНЬШЕ ЯМ; ЭТО НА СКОРОСТЬ НЕ ВЛИЯЕТ**

СКОСОРЕЗИТЬ *см.* **КОСОРЕЗИТЬ**

СКОСОРЕ́ЗИТЬСЯ, -е́жусь, -е́зишься; *сов., с чем, на чём* и *без доп.* Оплошать, совершить глупость, «срезаться».

От **КОСОРЕЗИТЬ**.

СКОТИНА *см.* **ТЫ КАРТИНА, Я ПОРТРЕТ...**

СКОТОБА́ЗА, -ы, *ж.* Руг. *Ешь, ~!*

СКОТОВО́З, -а, *м.*, **СКОТОВО́ЗКА**, -и, *ж.* **1.** Машина спецмедпомощи (для перевозки пьяных в вытрезвитель). **2.** Старая, разбитая машина, автобус и т. п.

СКРИПЕ́ТЬ, -плю́, -пи́шь; *несов.* (*сов.* **СКРИ́ПНУТЬ**, -ну, -нешь), *что кому* и *без доп.* Говорить, сказать. *Чего ты там скрипнул?*

СКРИПУ́ХА, -и, *ж.*, **СКРИПУ́ШНИК**, -а, *м.* **1.** Зануда, ворчун. **2.** То, что скрипит. *Когда его скрипуха* (старая машина) *едет, дохлые собаки голову поднимают* (очень громко скрипит). *Тебе бы твоим скрипушником* (ботинком) *по тыкве врезать* (стукнуть по голове), *чтоб не скрипел тут* (не говорил нудные, неприятные вещи).

2. — *ср. уг.* «скрипуха» — корзина.

СКРИПУ́ЧИЙ, -ая, -ее. Нудный, надоедливый, ворчливый (о человеке, собеседнике).

От **СКРИПЕТЬ**.

СКРИПУШНИК *см.* **СКРИПУХА**

СКУКА *см.* **ТОСКА (СМУРЬ, СКУКА) ЗЕЛЁНАЯ**

СКУЛА́, -ы́, *ж.* Карман.

Уг. «скула» — боковой, нижний, внутренний карман (часто в пиджаке); карманная кража из внутреннего кармана.

СКУЛЬПТУРА *см.* **НИ ФИГА**

СКУНДЁПЫВАТЬ, -аю, -аешь; *несов.* (*сов.* **СКУНДЁПАТЬ**, -аю, -аешь), *что.* Делать что-л. наспех, неаккуратно, абы как. *Скундёпала на живую нитку и пошла* (сшила непрочно, крупными, грубыми стежками).

СКУ́РВИТЬСЯ, -влюсь, -вишься; *сов., без доп.* Измениться в худшую сторону, лишиться каких-л. качеств, стать хуже (напр., кончиться, завянуть, заболеть, заснуть, сморщиться, испортиться, заплакать, пожадничать, опечалиться, поникнуть и т. п.). *Цветок ~вился* (завял). *Погода ~вилась* (испортилась). *~вился, козёл, денег не дал* (стал жадным). *Вся семья в гриппе, видать, и я скоро ~влюсь* (заболею).

От **КУРВА**; *ср. уг.* «скурвать» — украсть, «скурвиться» — выдать кого-л.; разлюбить.

СКУ́РИВАТЬСЯ, -аюсь, -аешься; *несов.* (*сов.* **СКУРИ́ТЬСЯ**, -рю́сь, -у́ришься), *с кем.* Сближаться, становиться близкими, друзьями.

Ср. **КУРИТЬ**, **СПИВАТЬСЯ**.

СКУ́МБРИЯ, -и, *ж.*, *собств.* Автомобиль «Самара» (ВАЗ-2108). *Гляди, вот Гастелло на ~и!*

Метафора по схожести машины и рыбы.

СКУРИТЬСЯ *см.* **СКУРИВАТЬСЯ**

СКУШАТЬ *см.* **ВИСИТ ГРУША, НЕЛЬЗЯ СКУШАТЬ**

СЛАБЫЙ *см.* **ПЕРЕДОК**

СЛАДКИЙ *см.* **ХАЛЯВА**

СЛА́ЗИТЬ, -а́жу, -а́зишь; *сов., без доп.* Совершить половой акт (о мужчине).

СЛАЙД, -а, *м.* Что-л. забавное, интересное, необычное (в том числе и о человеке).

СЛАМ, -а, *м.* Добыча, взятка, прибыль. *~ с операции. У него свой ~. Каждому треть со ~а.*

Возм. от *уг.* «слам», «слом» в том же зн., *ср.* «слам, слом на антихриста (на выручку, на наплюжника, на карман, на крючка, на мента, на фараона)» — взятка милиционеру, участковому, «слам, слом на гурт» — совместная взятка, «дать сламу» — дать взятку, «сламщик» — тот, кто имеет право на свою долю; возм. восходит к *устар. диал.* «асламка», «асламщик» — барышник.

СЛЕГОНЦА́, *нареч.* Легко, едва, немного. *~ выпить.*

СЛЕД *см.* **ОДНА ИЗВИЛИНА, (ДА) И ТА — СЛЕД ОТ ФУРАЖКИ...**

СЛЕДА́К, -а́, **СЛЕДАЧО́К**, -чка́, *м.* Следователь.

Возм. из *уг.*

СЛЕДА́ЧИТЬ, -чу, -чишь; *несов., кого, за кем* и *без доп.* Следить, выслеживать; работать в милиции.

Возм. из *уг.*; *см.* также **СЛЕДАК**.

СЛЕДА́ЧКА, -и, *ж.* Милиция, угрозыск.

От **СЛЕДАК**.

СЛЕДАЧОК *см.* **СЛЕДАК**

СЛЕДИ ЗА МЕТЛОЙ *см.* **МЕТЛА**

СЛЕДУЮЩИЙ *см.* **ОТ МЕНЯ ДО СЛЕДУЮЩЕГО ДУБА...**

СЛЕЗАТЬ *см.* **БЫВАЮТ В ЖИЗНИ ЗЛЫЕ ШУТКИ...**

СЛЁЗНЫЙ, -ая, -ое. Плохой, старый, подержанный. *Скарб ~. Обстановочка* (в квартире) *~ая. Пальтишко на нём ~ое, прямо с ленинского плеча* (старое).

СЛЕЗТЬ *см.* **ГДЕ СЯДЕШЬ, ТАМ И СЛЕЗЕШЬ; ТОЛЬКО ЧТО С ДЕРЕВА СЛЕЗ**

СЛЕЗТЬ (СПРЫГНУТЬ, СОЙТИ) С ИГЛЫ *см.* **ИГЛА**

СЛЁЗЫ, слёз, *мн.* **1.** Монеты, деньги, драгоценности. **2.** и в зн. *сказ.* (или **ВДО́ВЬИ ~**, **СИРО́ТСКИЕ ~**). Что-л. жалкое, бедное, убогое, ничтожное. *Вдовьи ~, а не диссертация.*

СЛЕ́САРЬ, -я, *м.* Вор, взломщик.

Возм. из *уг.*

♦ **СЛЕ́САРЬ-УНИТА́ЗНИК** — плохой специалист, неквалифицированный работник.

♦ **СЛЕТЕ́ТЬ С НАРЕ́ЗКИ** *что делать* и *без доп.* — сойти с ума, свихнуться, повести себя странно, необычно, глупо, нелогично, напр.: *Ты что, с нарезки слетел квартиру продавать?*

СЛЕТЕТЬСЯ, КАК МУХИ НА ГОВНО *см.* **ГОВНО**

СЛИ́ВА, -ы, *ж.* **1.** Нос (часто красный, большой). **2.** Щипок за нос. **3.** Синяк. *Выписать ~у.* **4.** Что-л. смешное, забавное, шутка, весёлый обман.

СЛИВА* *см.* **ТОРЧАТЬ (БОЛТАТЬСЯ, ВИСЕТЬ), КАК СЛИВА В ЗАДНЕМ ПРОХОДЕ (В КОМПОТЕ)**

♦ **СЛИВА́Й ВО́ДУ — ЧЕШИ́ ГРУДЬ** — всё, баста, амба (обычно реплика сопровождает конец какого-л. дела).

СЛИВА́ТЬ, -а́ю, -а́ешь; *несов.* (*сов.* **СЛИТЬ**, солью́, сольёшь), *кому.* **1.** Выигрывать у кого-л. (в спорте, в азартной игре и т. п.). *«Динамо» «Спартаку» слило.* **2.** *без доп.* Потерпеть неудачу, напр. не пройти отбор по конкурсу, неудачно сдать экзамены и т. п.

♦ **СЛИВА́ТЬ КОНДЕНСА́Т** — сдаваться, признавать своё поражение.

СЛИ́ВКА, -и, *ж.* То же, что **СЛИВА 2.**

СЛИ́ВКИ, -вок, *мн.* Остатки (обычно пива).

СЛИВКИ* *см.* **С ГОВНА СЛИВКИ (ПЕНКИ) СНИМАТЬ**

♦ **СЛИ́ВКИ О́БЩЕСТВА** — *шутл.* отбросы общества, маргинальные элементы.

Шутл. переосмысл. общеупотр. «сливки общества» — лучшая часть общества.

СЛИ́ВОЧНИК, -а, *м.* Тот, кто допивает остатки пива из кружек в пивных.

От **СЛИВКИ**.

СЛИ́ЗЫВАТЬ, -аю, -аешь; *несов.* (*сов.* **СЛИЗА́ТЬ**, -ижу́, -и́жешь, **СЛИЗНУ́ТЬ**, -ну́, -нёшь), *что где.* Красть, воровать.

Возм. из *уг.*

СЛИМО́НИТЬ, -ню, -нишь; *сов., что где.* Стащить, украсть.

От **ЛИМОНИТЬ 2.**

СЛИНЯ́ТЬ, -я́ю, -я́ешь, *сов., откуда.* Незаметно исчезнуть, убежать, смыться.

От **ЛИНЯТЬ**.

СЛИ́ПНУТЬСЯ, -нусь, -нешься; *сов., без доп.* Умереть. *От этого дела слипся* (от алкоголизма).

СЛИПНУТЬСЯ* *см.* **ЖОПА; НЕ СЛИПНЕТСЯ?**

СЛИТЬ *см.* **СЛИВАТЬ**

СЛОВЕСНЫЙ ПОНОС *см.* **ПОНОС**

СЛОВИ́ТЬ, -овлю́, -о́вишь; *сов.* Испытать какое-л. чувство, эмоцию.

СЛОВИТЬ МИКРОН *см.* **МИКРОН**

СЛОВИТЬ (ПОЙМАТЬ, ЛОВИТЬ) ВАФЛЮ *см.* **ВАФЛЯ**

СЛОВО *см.* **ЖОПА; ЗАПОР; НА СЛОВАХ ТЫ ЛЕВ ТОЛСТОЙ, А НА ДЕЛЕ ХРЕН ПУСТОЙ; САМ ТАКОЕ СЛОВО**

♦ **СЛО́ВО НЕ ДОКУМЕ́НТ, К ДЕ́ЛУ НЕ ПОДОШЬЁШЬ** — намёк на то, что давший слово может обмануть; о чём-л., что не может быть доказано.

СЛОЖИТЬ *см.* **КРЫЛЬЯ НИКАК СЛОЖИТЬ НЕ МОЖЕТ; ЛАПТИ СКЛЕИТЬ (СЛОЖИТЬ, СПЛЕСТИ)**

СЛОЖНЯ́ЧКА, -и, *ж.* Что-л. сложное; тяжёлая проблема. *Я в ~е. На ~у нарваться. Весь в ~ах.*

СЛОМ, -а, *м.* Добыча, взятка, прибыль.

СЛОМАЙ СВОЙ РЖАВЫЙ ГРАММОФОН *см.* **ГРАММОФОН**

СЛОМАЛСЯ *см.* **ГОВНОДЕРЖАТЕЛЬ**

СЛОМАТЬ КАЙФ *см.* **КАЙФ**

СЛОМА́ТЬСЯ, -а́юсь, -а́ешься; *сов., на чём* и *без доп.* Отвлечься, прекратить делать что-л.; заснуть, прийти в бессознательное состояние; опьянеть. *На второй серии ~ался* (не смог больше смотреть). *На третьей рюмке ~ается* (слабак, не умеет пить).

СЛОМИ́ТЬ, -омлю́, -о́мишь; *сов., что, сколько.* Заработать, приобрести, выиграть, достать, украсть что-л. (обычно о деньгах). *Сломил миллион, дай другому.*

СЛОН, -а́, *м.* **1.** Большой, толстый человек. **2.** Молодой солдат первого года службы. **3.** Грузовик, водитель грузовика.

2. — из *арм.*; возм. *ирон. аббрев.* «Солдат, Любящий Особые Нагрузки». 3. — из речи автолюбителей, мотоциклистов.

СЛОН* *см.* **КАК БЕШЕНЫЙ СЛОН; ТРАХНУТЬ**

СЛОНА БРИТЬ *см.* **БРИТЬ**

♦ **СЛОНА́М НЕЛЬЗЯ́** — ирон. запрет кому-л. что-л. делать, напр. войти.

СЛОНА ПРОГЛОТИТЬ *см.* **АРБУЗ (СЛОНА) ПРОГЛОТИТЬ**

♦ **СЛОНА́ РОЖА́ТЬ** — *ирон.* о каком-л. важном деле; о толстом человеке.

СЛО́НИК, -а, *м.* Один из видов пытки, применяемый при допросах: на допрашиваемого надевают противогаз и перекрывают воздух.

Из арго милиционеров.

СЛОНИ́ТЬ, -ню́, -ни́шь; *несов., без доп.* Делать что-л. грубо, размашисто, небрежно. *Вон Кит* (Никита) *~нит* (идёт большими, широкими шагами). *Что музыку ~нишь, не в пустыне* — не включай магнитофон на полную мощность, ты не один. *Сидит, кляксы ~нит с мою голову* (о сыне, делающем уроки).

СЛОНОМА́ЛЬЧИК, -а, *м. Шутл.* О полном, толстом мальчике или взрослом мужчине.

СЛОНОПОТА́М, -а, *м.* Ирон.-шутл. обращение.

Из популярной сказки А. Милна о Винни-Пухе.

СЛУЖБА *см.* **ЧТОБЫ СЛУЖБА (РАБОТА, ЖИЗНЬ) МЁДОМ НЕ КАЗАЛАСЬ**

СЛУЖИТЬ НА ЛИНЕЙКЕ *см.* **ЛИНЕЙКА**

СЛУ́ЧАЙ, -я, *м.* и в зн. *сказ.* (или **ХРОНИ́ЧЕСКИЙ ~**, **ТЯЖЁЛЫЙ ~ НА ТРА́НСПОРТЕ**, **ОДИ́Н ~ ИЗ ЖИ́ЗНИ МАЙО́РА ПРО́НИНА** и т. п.). *Ирон.* О какой-л. тяжёлой, неоднозначной, пикантной и т. п. ситуации.

СЛУЧАЙ* *см.* **АНАЛОГИЧНЫЙ СЛУЧАЙ БЫЛ В ТАМБОВЕ (или В САРАТОВЕ, В УРЮПИНСКЕ)**; **КЛИНИЧЕСКИЙ**; **НА САМЫЙ ПОЖАРНЫЙ СЛУЧАЙ**; **НА ТЕБЕ, КОЗЁЛ ВОНЮЧИЙ...**; **ТЯЖЁЛЫЙ СЛУЧАЙ (НА ТРАНСПОРТЕ)**

СЛУ́ЧКА, -и, *ж. Ирон.* Половой акт.

СЛУШАТЬ *см.* **КУКУШКУ СЛУШАТЬ**; **СКВОЗЬ ЗУБЫ СЛУШАТЬ**

♦ **СЛУ́ШАЮ ВНИМА́ТЕЛЬНО И ЧУ́ТКО, КАК ЧЕКИ́СТ ПО ТЕЛЕФО́НУ** — *ирон.* я тебя (вас) внимательно слушаю, я весь внимание.

СЛЫ́НДИТЬ, *1 л. ед.* не употр., -дишь. *Сов.* к **ЛЫНДИТЬ** во всех зн.

СЛЫШЬ *см.* **ТЫ МЕНЯ НА «СЛЫШЬ» НЕ БЕРИ**

СЛЮНИ *см.* **ИСХОДИТЬ СЛЮНЯМИ**

СЛЮНТЯ́ЙКА, -и, *м.* и *ж.* Домашний вор.

Возм. из *уг.*

СЛЮНЯ́ВИТЬ, -влю, -вишь; *несов., что.* Долго, нудно, безрезультатно что-л. делать, рассматривать; мямлить, скучно рассказывать, рассуждать о чём-л. *Раньше всё Шолохова с Фадеевым ~вили, а теперь Мандельштама с Пастернаком* (о литературоведах).

СЛЮНЯ́ВКА, -и, *ж.* **1.** Рот. **2.** Широкий галстук.

СЛЮНЯ́ВЧИК, -а, *м.* **1.** Трус, нюня. *Эх ты, ~ бабушкин.* **2.** Стоячий воротничок, застёгивающийся на крючки сзади на шее, с небольшим передничком — принадлежность фирменной одежды (вместо шарфа) матросов и курсантов ВМФ при ношении ими бушлата или шинели.

2. — из языка матросов.

СЛЮНЯ́ВЫЙ, -ого, *м.* Еврей. *Тут без ~ых не обошлось.*

СМАЗКА *см.* **НУЛЬСОН В СМАЗКЕ**

СМА́ЗЫВАТЬ, -аю, -аешь; *несов.* (*сов.* **СМА́ЗАТЬ**, -а́жу, -а́жешь), *у кого, что.* Списывать, а также заимствовать, перенимать, красть.

Из *шк.*

СМА́ЙЛИК, -а, *м.* Улыбка, передаваемая в виде определённой комбинации символов.

Из речи пользователей компьютеров; от англ. Smile.

♦ **СМЕ́ЛО, ТОВА́РИЩИ, В РУ́КУ!** — ирон. намёк на онанизм.

Передел. строки из популярной революционной песни «Смело, товарищи, в ногу!»

СМЕ́РТНИК, -а, **СМЕ́РТНИЧЕК**, -чка, *м.* Нищий, собирающий милостыню на кладбище.

СМЕРТЬ, -и, *ж.* **1.** Некрасивая женщина. *Ишь ты, на какой ~и женился, некрофил.* **2.** Что-л. неприятное, отталкивающее. *Я в такой ~и не пойду* (о некрасивой одежде). **3.** в зн. *межд.* Выражает любую эмоцию.

СМЕРТЬ* *см.* **ДИКТАНТ «СМЕРТЬ КОЛЫШНИКА»**; **КОНФЕТЫ (ПРЯНИКИ, ПЕЧЕНЬЕ) «СМЕРТЬ ЗУБАМ»**; **«НА СМЕРТЬ МОЕГО ЧЛЕНА»**; **СУДОРОГИ, ПОНОС, СМЕРТЬ**; **ЭТО БЫВАЕТ ПЕРЕД СМЕРТЬЮ**

♦ **СМЕРТЬ ВРАГА́М** — нечто выдающееся, особое, шокирующее, напр.: *Моя баба — смерть врагам, по шестьдесят кило одна носит.*

♦ **СМЕРТЬ КОМАРА́М И МУ́ХАМ** — чёрт меня подери; обычно сопровождает начало какого-л. активного действия, напр. драки.

СМЕСТИ́, -ету́, -етёшь; *сов., что.* Съесть, доесть; съесть всё, много, быстро.

СМЕСТИТЬСЯ *см.* **ЦЕНТР ТЯЖЕСТИ СМЕСТИЛСЯ**

СМЕСЬ, -и, *ж.* (или **ВЗРЫВНА́Я ~**). Некачественное вино.

СМЕСЬ* *см.* **ГРЕМУЧАЯ СМЕСЬ**

♦ **СМЕСЬ БУЛЬДО́ГА С НОСОРО́ГОМ; СМЕСЬ ТА́КСЫ С МОТОЦИ́КЛОМ; СМЕСЬ ТАТА́РИНА С КОБЫ́ЛОЙ** — что-л. несуразное, абсурдное.

СМЕТАНА *см.* **ГОВНО**

СМЕХУЁЧКИ, -чков, *мн. Шутл.-пренебр.* Шуточки, смешки, насмешечки. *Всё б тебе ~!* ♦ **~ и пиздихаханьки** — неуместный, глупый смех.

Шутл. контаминация с нецензурным *бран.*

СМЕШИТЬ *см.* **НЕ СМЕШИ МОИ ПОДМЁТКИ**

♦ **СМЕЯ́ТЬСЯ ДО УСРА́ЧКИ** — сильно смеяться.

♦ **С МИ́ЛЫМ РАЙ И В ШАЛАШЕ́, ЕСЛИ МИ́ЛЫЙ — АТТАШЕ́** — шутл. передел. общеупотр. пословица «С милым рай и в шалаше».

♦ **СМИ́РНЫЙ (ТИ́ХИЙ) КАК СТО ОБЕЗЬЯ́Н В КЛЕ́ТКЕ** — о буйном, шумном, эмоциональном человеке.

СМОЛА́, -ы́, **СМО́ЛКА**, -и, *ж., собств.* Смоленская площадь в Москве.

СМОЛОДУ *см.* **БЕРЕГИ ЧЕСТ СМОЛОДУ**

СМОЛОТИ́ТЬ, -очу́, -о́тишь; *сов., где.* Съесть, доесть; съесть всё, много, быстро.

СМОЛЬ, -и, *ж.* Курево, сигареты, папиросы.

От общеупотр. *прост.* «смолить» в зн. «курить».

СМОРЖО́ПИТЬСЯ, -плюсь, -пишься; *сов., на чём, с чем* и *без доп.* Потерпеть фиаско, крах.

Шутл. наложение с **ЖОПА**.

СМОТРЕ́ЛКИ, -лок, *мн.* Глаза. *~лками ворочает. ~-то узенькие, видит от пупка до шеи* (об азиатах).

От общеупотр. «смотреть».

СМОТРЕТЬ *см.* **ГОЛУБЫМ ГЛАЗОМ (СМОТРЕТЬ); ТУХЛЫМ ГЛАЗОМ (СМОТРЕТЬ); Я ВООБЩЕ ЧЕЛОВЕК ОБЪЁМНЫЙ...**

♦ **СМОТРЕ́ТЬ КАК СОЛДА́Т НА ВОШЬ** — смотреть с неприязнью, осуждающе.

СМОТРИ́БЕЛЬНЫЙ, -ая, -ое. Такой, который сто́ит посмотреть; такой, который можно смотреть, не скучный. *~ фильм. ~ая передача.*

Ср. **ЧИТАБЕЛЬНЫЙ** и т. п.

СМУРЕ́ТЬ, -е́ю, -е́ешь; *несов., без доп.* Хмуриться, злиться; быть или становиться мрачным, нелюдимым; портиться (о погоде). *К вечеру ~еет. Ты чего ~еешь? Не ~ей, встряхнись.*

Ср. *диал.* «смурый» — тёмный, буро-чёрно-коричневый, «смурое сукно» — крестьянское, некрашеное, «смурок» — рабочая одежда, чернорабочий, «смурочий» — замаранный, затасканный, «засмурожить» — заносить, затаскать, «смурить» — кружиться, мутиться, темнеть, «смурыгать» — тереть, шмыгать, «смуреть» — хмуреть, портиться (о погоде); *ср.* общеупотр. «мрак», «сумрак».

СМУРНО́Й, -а́я, -о́е, **СМУ́РЫЙ**, -ая, -ое. Хмурый, нелюдимый, в плохом настроении (о человеке); плохой, пасмурный, дождливый (о небе, погоде).

См. **СМУРЕТЬ**.

СМУРЬ, -и, *ж.* Тяжёлое состояние, плохое настроение; похмелье; сплин, хандра, тоска; плохая погода, пасмурность. *На меня такая ~ напала, хоть верёвку мыль. ~ мартовская.*

См. также **ТОСКА (СМУРЬ, СКУКА) ЗЕЛЁНАЯ**

См. **СМУРЕТЬ**.

СМЫК[1], -а, *м.* Смычок.

Возм. из *муз.*

СМЫК[2], -а, *м.*, **СМЫ́ЧКА**, -и, *ж.* Встреча, свидание; дружба, знакомство. *У нас с ним вчера вышел смык на Петровке* (неожиданно встретились).

От общеупотр. «смыкать», «смыкаться».

СМЫЧО́К, -чка́, *м.* Мужской половой орган. ♦ **В два** (или **три, четыре** и т. п.) **~чка́ сделать** (или **трахнуть**) *кого* — о групповом изнасиловании.

Возм. из *уг.*

♦ **СНАЧА́ЛА ЗАВИЗИ́РУЙ, ПОТО́М ИМПРОВИЗИ́РУЙ** — сначала удостоверься, что дело пойдёт, потом проявляй активность.

Встречается в дневниках Ю. Визбора.

СНГ, *аббрев.* Союз Непотопляемого Говна.

Ирон. переосмысл. официальной аббрев. *Ср.* **СНЕГ**[2].

СНЕГ[1], -а (или -у), *м.* Бельё, вещи. ♦ **Набрать ~у** — наворовать белья.

От *уг.* в том же зн.

СНЕГ[2], -а, *м.* СНГ (Союз Независимых Государств). *~ он и есть ~, к весне растает.*

Шутл. переосмысление аббрев. как слова; *см.* также СНГ.

С НЕДЕТСКОЙ СИЛОЙ *см.* **НЕДЕТСКИЙ**

СНИ́КЕРС, -а, *м.* Негр.

СНИКЕРС* *см.* **МОГУ И СНИКЕРС ПОСОЛИТЬ; ПО САМЫЙ СНИКЕРС; ЮБКА ПО САМЫЙ СНИКЕРС**

♦ **СНИКЕРСУ́ЮЩИЙ СОПЛО́ИД** — подросток, жующий «Сникерс»; *шутл.-пренебр.* о любом молодом человеке, увлекающемся рекламируемыми товарами.

♦ **СНИ́КЕРСЫ-ПА́МПЕРСЫ** — то да сё, слово за слово и т. п.

СНИМА́ТЬ, -а́ю, -а́ешь; *несов.* (*сов.* **СНЯТЬ**, сниму́, сни́мешь). **1.** *кого.* Знакомиться с девушкой. **2.** *что, сколько* и *без доп.* Зарабатывать, получать доход. **3.** *кого.* Подражать кому-л., копировать кого-л.

СНИМАТЬ* *см.* **С ГОВНА СЛИВКИ (ПЕНКИ) СНИМАТЬ**

♦ **СНИМА́ТЬ С ОСТА́ТКОВ** — в покере: делать ставку, вынуждающую противника поставить в банк оставшиеся у него фишки, а также выигрывать эти фишки.

♦ **СНИМА́ТЬ С ПРОБЕ́ГА** *кого* — увольнять; обыгрывать, обманывать; утверждать своё превосходство над кем-л.

♦ **СНИМИ́ ПРОТИВОГА́З** — до чего же ты страшен, некрасив, грязен и т. п.

♦ **СНИМИ́** (или **УБЕРИ́**) **ПОНТЫ́** *с кого* — **ОДНИ́ ШНУРКИ́ ОСТА́НУТСЯ** — *шутл.* о быстро разбогатевшем, но недалёком человеке, всячески подчёркивающем своё богатство внешними атрибутами: дорогими костюмами, золотыми украшениями и т. п.

СНОВА *см.* **НЕ ОПЯТЬ, А СНОВА**

♦ **СНО́ВА ЗДОРО́ВО!** — ну вот, опять всё заново, снова та же песня.

Зафиксировано еще в XIX в. (напр. у А. Грибоедова и др.).

СНОША́ТЬ, -а́ю, -а́ешь, *несов.; кого-что.* Вступать в половую связь с кем-л.; мучить кого-л., надоедать кому-л.

Эвфем. от *бран.*

СНОША́ТЬСЯ *см.* **ХРЕН**

♦ **СНОША́ТЬСЯ, КАК ПО́ТНЫЕ ГРЫЗУНЫ́** — *пренебр.* о грязном разврате.

СНЯТЬ *см.* **СНИМАТЬ; СНИМИ ПРОТИВОГАЗ; СНИМИ (УБЕРИ) ПОНТЫ — ОДНИ ШНУРКИ ОСТАНУТСЯ**

СНЯТЬСЯ (или **СПИЛИТЬ**) **С РУЧНИКА** *см.* **РУЧНИК**

СОБА́КА, -и, *ж.* **1.** Ирон.-шутл. руг. *Ах ты, ~ страшная. ~ твоё название.* **2.** Замо́к. **3.** Сосиска, хот-дог. *Дохлую ~у американскую зажрал* (съел), *теперь противно, как будто с дохлым негром переспал.*

2. — *ср. уг.* «собака» — замо́к, кольцо, пальто, сторублёвка, «собачка» — висячий замо́к, ключ, отмычка к замку́, «собачку спустить» — сломать замо́к; 3. — от англ. hot dog — горячая сосиска, булочка с горячей сосиской, буквально «горячая собака».

СОБАКА* *см.* **ВОТ ГДЕ СОБАКА ПОРЫЛАСЬ; ДИВАН-СОБАКА; НУЖНО, КАК СОБАКЕ БОКОВОЙ КАРМАН; СЕМЬ ДНЕЙ НА СОБАКАХ**

♦ **СОБА́КИ ПРИХО́ДЯТ ДО́ХНУТЬ** *куда* — о заброшенной, запущенной, грязной местности, напр.: *В нашей новостройке грязь непролазная, сюда собаки приходят дохнуть.*

СОБАКУ СПУСТИТЬ *см.* **ШАВКА**

СОБАЧА́ТИНА, -ы, *ж.* Некачественное мясо. *Чебуреки с ~ой. ~ы магазинной не желаем?*

СОБАЧАТИНКА *см.* **ПИРОГ С КОТЯТАМИ...**

СОБАЧИЙ *см.* **ГОВНО; ПОСЫЛАТЬ К ПСАМ СОБАЧЬИМ**

СОБА́ЧИТЬ, -чу, -чишь; *несов., что* и *без доп.* Делать что-л. быстро, интенсивно, изо всех сил, работать не покладая рук. *Проект ~. ~чу каждый день до ночи.*

От «собака»; *ср.* **ЗАСОБАЧИВАТЬ.**

СОБА́ЧКА, -и, *ж.* То же, что **СОБАКА 2.**

СОБАЧКА* *см.* **РЫБКА-ПТИЧКА-СОБАЧКА**

СОБА́ЧКИ, -чек, *мн.* Менструация.

СОБА́ЧНИК, -а, *м.* Камера предварительного заключения.

СОБАЧЬЯ ЖИЗНЬ *см.* **КОШАЧЬЯ** (или **СОБАЧЬЯ, ТАРАКАНЬЯ** и т. п.) **ЖИЗНЬ**

♦ **СОБА́ЧЬЯ РА́ДОСТЬ** — **1.** Самая дешёвая колбаса (часто о ливерной). **2.** То же, что **СОБАЧКИ.**

1. — раньше так на Хитровом рынке в Москве называлась дешёвая жареная колбаса.

СОБИРАТЬ *см.* **НЕУДОБНО ЖОПОЙ ОГУРЦЫ СОБИРАТЬ**

СОБИРАТЬ ЧИНАРИКИ *см.* **ЧИНАРИК**

СОБЛЮДАТЬ РЕГЛАМЕНТ *см.* **РЕГЛАМЕНТ**

СОБРАТЬ *см.* **ВСЕ СТЕНКИ СОБРАТЬ**

♦ **С ОБРЕ́ЗКАМИ** *что, сколько* — с небольшим, «с хвостиком», напр.: *Пришёл в двенадцать с обрезками.*

СОБСТВЕННЫЙ *см.* **ВЕС; ОБЩАТЬСЯ С СОБСТВЕННЫМ ПУПКОМ; ТУША В СОБСТВЕННОМ ГОВНЕ**

СОВА́, -ы́, *ж.* Ирон. обращение. ♦ **~, открывай, медведь пришёл** — открывай.

♦ — возм. из популярного мультфильма о Винни-Пухе.

СОВА* *см.* **НЕ ПЬЁТ ТОЛЬКО СОВА, ПОТОМУ ЧТО ДНЁМ ОНА СПИТ...**

СОВДЕ́П, -а, *м.* **1.** Бывший СССР. **2.** Советский человек.

Сл. употр. с 20-х гг.

СОВДЕ́ПИЯ, -и, *ж.* То же, что **СОВДЕП 1.**

Сл. употр. с 20-х гг.

СОВДЕ́ПОВСКИЙ, -ая, -ое. Советский; характерный для страны; советского производства. *Чисто ~ расклад* (положение, ситуация). *Ботиночки-то наши, ~ие, на Владимирку пошиты* (крепкие, прочные).

От **СОВДЕП**.

СОВЕРШИТЬ ВЛИВАНИЕ *см.* **ВЛИВАНИЕ**

СОВЕСТЬ *см.* **ПУСТЬ ЛУЧШЕ ЛОПНЕТ МОЯ СОВЕСТЬ, ЧЕМ МОЧЕВОЙ ПУЗЫРЬ**

СОВЕТСКАЯ ГОТИКА *см.* **ГОТИКА**

СОВЕТСКИЙ *см.* **БРЕД (СОВЕТСКИХ ГЕНЕТИКОВ); НЕНАВЯЗЧИВЫЙ; ПУСТЬ ПОСЛУЖИТ КУКУРУЗА ДЛЯ СОВЕТСКОГО СОЮЗА**

СОВЕТСКИЙ АМПИР *см.* **АМПИР**

СОВЕТСКИЙ СОЮЗ *см.* **ДВАЖДЫ ДЯТЕЛ СОВЕТСКОГО СОЮЗА**

СОВЕТСКИЙ ЦИРК *см.* **ЦИРК**

СОВЕТЫ *см.* **ГОЛОВА КАК ДОМ СОВЕТОВ; ЧЕРЕП**

СОВКО́ВЫЙ, -ая, -ое. Советский. *~ые дела.*

От **СОВОК**.

СОВО́К, -вка́, *м.* **1.** Бывший СССР. **2.** Советский человек. ♦ **Крутой** (или **красный**) ~ — типичный советский человек.

Сокращ. от «советский» и аллюзия к общеупотр. «совок». По одной из версий, сл. придумано А. Градским, который вынужден был, распивая спиртное с друзьями во дворе, воспользоваться детским совком вместо стакана.

СОВОКУПЛЯ́ЙТИС, -а, *м.* Прибалт, литовец.

От «совокупляться» с обычной для литовского языка финалью фамилий.

СОВОКУПЛЯ́ТЬСЯ, -я́юсь, -я́ешься; *несов., с чем.* Мучиться, биться, долго делать что-л.

СОДОМИЯ *см.* **БИТЬСЯ В СОДОМИИ**

СОДРАТЬ *см.* **СДИРАТЬ; ШЕРСТЬ**

СОЖРА́ТЬ, -жру́, -жрёшь; *сов., что* и *без доп.* **1.** Проглотить обиду. **2.** Не заметить подтасовки, хитрости в карточной игре; остаться обманутым.

2. — возм. из *карт.*

СОЖРАТЬ С ГОВНОМ (или **ВМЕСТЕ С ГОВНОМ**) *см.* **ГОВНО**

СОЗВО́Н, -а, *м.* и в зн. *сказ.* Созвониться, позвонить, связаться. *Завтра ~. Ну пока, ~* (прощай, как-нибудь созвонимся).

СОЗДАТЬ ОБРАЗ *см.* **ОБРАЗ**

СОЗРЕТЬ *см.* **КЛИЕНТ**

СОЙТИ *см.* **ИГЛА; МОЛЧИ, ЗА УМНОГО СОЙДЁШЬ; ОСТАНОВИТЕ ЗЕМЛЮ, Я СОЙДУ; СОШЛА ЛАВИНА**

СОЙТИСЬ *см.* **ФАЗАМИ НЕ СОШЛИСЬ**

СОК *см.* **ЖЕЛУДОЧНЫЙ СОК ПРОГРЫЗАЕТ СТЕНКИ ЖЕЛУДКА**

♦ **СОК ПУСТИ́ТЬ** — сознаться в чём-л., открыть тайну, секрет, «расколоться», напр.: *Ты на него поднажми, он и пустит сок-то.*

СОЛДАПЁР, -а, *м.* Солдат.

От общеупотр. «солдат» + «переть»; возм. из *арм.*

СОЛДАПЁРИТЬ, -рю, -ришь, **СОЛДАПЁРИТЬСЯ**, -рюсь, -ришься; *несов., без доп.* Служить в армии рядовым, солдатом. *Два года солдапёрил.*

От **СОЛДАПЁР**.

СОЛДАПЁРКА, -и, *ж.* Солдатская форма; полное солдатское обмундирование. *Марш-бросок по полной, в ~е не слабо́?*

От **СОЛДАПЁР**.

СОЛДАПЁРНЫЙ, -ая, -ое, **СОЛДАПЁРОВЫЙ**, -ая, -ое. Солдатский. *~ая хавка* (еда). *Кирзач* (кирзовые сапоги) *~.*

От **СОЛДАПЁР**.

СОЛДАТ *см.* **СМОТРЕТЬ, КАК СОЛДАТ НА ВОШЬ**

СОЛЁНЫЙ *см.* **ЗАСТРЕЛИСЬ СОЛЁНЫМ ОГУРЦОМ; СУП СОЛЁНЫЙ СТОИТ РУПЬ**

СОЛИДО́Л, -а, *м. Ирон.* Солидный человек. *Женился, ~ом стал. ~ двухподбородочный.*

Контаминация общеупотр. «солидный» и «солидол» — техническая смазка.

СОЛИДО́ЛЬНЫЙ, -ая, -ое. Солидный, добротный, достойный (о деле, человеке). *~ая зарплата. Это дело не ~ое: решкой* (тюрьмой) *разит.*

От **СОЛИДОЛ**.

СОЛИТЁР, -а, *м. Ирон.* Ребёнок в чреве матери, плод. *Моя только зубами шлёпает целый день, ~а своего подкармливает.*

Общеупотр. «солитёр» — ленточный червь.

СОЛНЕЧНЫЙ *см.* **ЗАТМЕНИЕ; РАХИТ**

♦ **СО́ЛНЕЧНЫЙ КРУГ** — всё хорошо, всё в порядке, напр.: *Как дела? — Солнечный круг, ухожу в отпуск!*

Из популярной песни.

♦ **СО́ЛНЦА НЕТ, А ГОЛОВА́ ПОТЕ́ЕТ** — *шутл.* о какой-л. абсурдной, странной ситуации, недоразумении и т. п.

СОЛНЦЕ *см.* **ДЕТИ СОЛНЦА; НЕГР; САЗОНЕЦ**

♦ **СО́ЛНЦЕ ЗЕВА́ЕТ** — о зашедшем на время за тучи солнце.

СОЛОВЕ́Й, -вья́, *м.* **1.** Милиционер (обычно со свистком). **2.** только *мн.*, -вьи́, -вьёв. Сумасшедший дом. *Попал в ~вьи. В ~вьях смирительные рубашки мерит. ~вьи белоколонные* (о Белых Столбах). *~вьи по тебе, недоумку, плачут.*

1. — возм. из *уг.*

СОЛО́МА, -ы, *ж.* **1.** Ерунда. *~ это всё.* **2.** Рубли. *Пойду за ~ой* (на работу). *Здесь на ~у или на зелёные?* (за рубли или за валюту?).

СОЛО́П, -а, *м.*, **СОЛО́ПИНА**, -ы, *ж.* **1.** Мужской половой орган. **2.** Ирон.-дружеское обращение.

СОЛЬ *см.* **НЕ СЫПЬ МНЕ СОЛЬ НА САХАР; ПОСЫЛАТЬ ЗА СОЛЬЮ; ХРЕН**

СО́ЛЬДИ, *нескл.* (реже -ей), *мн.* **1.** Деньги. *~ е?* (есть?) **2.** Итальянцы. *В страну ~ повалили. ~, они не жадные, это тебе не франки* (французы).

Итал. soldi — деньги.

СО́ЛЬНИК, -а, *м.* Сольный концерт, сольное выступление; сольный альбом. *Записал ~.*

Из *муз.*

СОЛЯ́К, -а́, *м.*, **СОЛЯ́РКА**[1], -и, *ж.* Соло-гитара; соло-гитарист. *Сейчас соляк попилит* (вступит). *Кто у них за солярку?*

Возм. из *муз.*

СОЛЯ́РКА[2], -и, *ж.* Плохая водка. *Пивал ~у-то можайского разлива?*

СОН *см.* **ВСЯ ЖИЗНЬ — БОРЬБА...; И ДОЛГО Я БУДУ ВИДЕТЬ ВО СНЕ...**

СО́ННИК[1], -а, *м.* Вор, обирающий спящих; квартирный вор. ♦ **~-темняк** — вор, залезающий в неосвещённое помещение. **~-светляк** — вор, залезающий в квартиру днём.

Из *уг.*

СО́ННИК[2], -а, *м.* Снотворное; наркотик. *Без ~а не сплю.*

Возм. из *нарк.* или *уг.*

СОННОМУ́ШЬЕ, -я, *ср.* Скука, тоска; что-л. долгое, неинтересное.

Ср. также **МУШЕСОНЬЕ.**

СО́НЬКА, -и, **СО́НЯ**, -и, *ж.* Фирма «Сони»; продукция этой фирмы.

Контаминация с общеупотр. *собств.* «Соня» («Софья»).

СООБРАЖА́ЛКА, -и, **СООБРАЖА́ЛОВКА**, -и, *ж.* Голова, мозги. ♦ **~ заржавела** (или **затормозилась, застопорилась, закупорилась** и т. п.) — голова не работает.

От общеупотр. «соображать».

СООБРАЖА́ТЬ, -а́ю, -а́ешь; *несов.* (*сов.* **СООБРАЗИ́ТЬ**, -ажу́, -ази́шь), *на скольких.* Распить бутылку спиртного. *~ на троих.*

СОПА́ТИТЬ, -а́чу, -а́тишь, **СОПА́ТИТЬСЯ**, -а́чусь, -а́тишься; *несов., без доп.* Дышать; быть простуженным.

От общеупотр. *прост.* «сопатка» — нос; *см.* также **СОПАТКА.**

СОПА́ТКА, -и, *ж.* **1.** Лицо. *Не суй ~у, не твоё ведомство* (не твоё дело). **2.** Ирон. обращение.

От общеупотр. *прост.* «сопатка» — нос.

СОПА́ТЫЙ, -ого, **СОПА́Ч**, -а́, *м.* **1.** Простуженный, страдающий насморком человек. **2.** *Ирон.* О любом человеке; часто употребляется как обращение. *Ну ты, ~, борода лопатой.*

СОПЕЛОЧКА *см.* **ДЕВОЧКА-ПРИПЕВОЧКА-ХНЫКАЛКА-СОПЕЛОЧКА**

СО́ПЕЛС, -а, *м.* Жидкость для химической чистки одежды, употребляемая токсикоманами в качестве наркотического средства.

Возм. из *нарк.*

СОПЛЕГЛО́Т, -а, **СОПЛЕВЕ́С**, -а, *м.* **1.** Человек, страдающий насморком. **2.** Слабохарактерный, малодушный человек.

От *прост.* «сопли глотать», «сопли вешать».

СОПЛИ *см.* **ПАЛЬЦЫ ВЕЕРОМ — СОПЛИ ПУЗЫРЁМ...; ПУСТИТЬ КРАСНЫЕ СОПЛИ; РОЗЫ В СОПЛЯХ**

СОПЛИВИК *см.* **СОПЛИВНИК**

СОПЛИ́ВИТЬ, -влю, -вишь, **СОПЛИ́ВИТЬСЯ**, -влюсь, -вишься; *несов., без доп.* Быть простуженным.

СОПЛИ́ВКА, -и, *ж.* **1.** То же, что **СОПЛЕГЛОТ.** **2.** То же, что **СОПЛИВНИК.** **3.** То же, что **СОПАТКА.**

СОПЛИ́ВНИК, -а, **СОПЛИ́ВЧИК**, -а, **СОПЛИ́ВИК**, -а, *м.* **1.** Носовой платок. *Ну где ж твоя культура, что ж ты ~-то как транспарант раскрыл!* **2.** Кусок материи, надеваемый под шинель для защиты груди от ветра.

2. — из *арм.*

СОПЛИ́ВНИЧАТЬ, -аю, -аешь; *несов., без доп.* Малодушничать, робеть.

СОПЛИ́ВО, *нареч.* и в зн. *межд.* Выражает высокую степень проявления какого-л. признака (как положительного, так и отрицательного), а также любую эмоцию. *Пятерку получил! — ~!*

СОПЛИВЧИК *см.* **СОПЛИВНИК**

♦ **СО́ПЛИ В ЩЕЛЬ** — *ирон.* о половом акте.

СОПЛИВЫЙ *см.* **ГОВОРЛИВЫЙ, ВЫТРИ НОС СОПЛИВЫЙ**

♦ **СО́ПЛИ ГОНЯ́ТЬ** — шмыгать носом, быть простуженным.

♦ **СО́ПЛИ ПУСКА́ТЬ** (или **РАЗМА́ЗЫВАТЬ ПО ЗАБО́РУ, РАЗВЕ́ШИВАТЬ** и т. п.) — расстраиваться, плакать, нюнить, падать духом.

СОПЛО́, -а́, *ср.* **1.** Нос, рот, лицо. **2.** Зад, ягодицы.

От общеупотр. «сопло» — трубка, отдушина + «сопеть».

СОПЛОИД *см.* **СНИКЕРСУЮЩИЙ СОПЛОИД**

СОПЛЮ́ХА, -и, **СОПЛЮ́ШКА**, -и, **СОПЛЮ́ШНИЦА**, -ы, *ж.* и *м.*, **СОПЛЮ́ШНИК**, -а, *м.* Неопытный юнец, малолетка, молокосос.

СОПЛЯ́, -и́, *ж.* **1.** Что-л., что висит. *Скатерть с ~ями* (с бахромой). **2.** Что-л. грязное, нечистое. **3.** Что-л. непрочное. *Повесили ~ю на дверь, пальцем подковырнёшь — и открыто* (о плохом замке). **4.** Слабое касание чего-л. обо что-л.; касание вскользь. Н*е играет, а только ~и навешивает* (в игре в пинг-понг: попадание шариком в верх сетки или о край стола). **5.** Высокий, худой человек. **6.** Слабохарактерный человек. **7.** обычно *мн.*, -е́й. Полоски на погонах у военных; сержантские нашивки. *За Афган ~ю повесили* (повысили в звании). **8.** Яичница. *Мне ~ю и два салата из рыбьих трупиков* (из разговора студентов в столовой). **9.** (или **~ ЗЕЛЁНАЯ**, **~ НА ЦЫ́ПОЧКАХ**). Молокосос, неопытный юнец.

СОПЛЯ* *см.* **СВОБОДЕН, КАК СОПЛЯ В ПОЛЁТЕ**

СОПРОМУ́ТЬ, -и, *ж. Ирон.* Учебная дисциплина «Сопротивление материалов», «сопромат». *Если сдал ~, жениться можно.*

Из *студ.*; аллюзия к общеупотр. «муть»

СОРВАТЬ *см.* **БАШНЮ СОРВАЛО; У ТЕБЯ В ЗАДНИЦЕ РЕЗЬБА ЕСТЬ?**

СОРЛИ́ТЬ, -лю́, -ли́шь; *сов., без доп. Ирон.* Сделать какую-л. глупость, допустить оплошность, публично опозориться, обычно о ситуации, когда совершивший такой поступок вёл себя высокомерно, заносчиво, нарочито старался продемонстрировать всем свои достоинства и т. п.

От общеупотр. «орёл».

СО́РОК, -а́, *числ.* Много. *Да ~ раз я видел его доброту знаешь где!.. Тут ~ академиков Сахаровых с ума сойдут.* ♦ **~ раз вокруг ноги, через жопу в сапоги и на шее бантом** — о чём-л. путаном, надоедливом, несуразном.

См. также **ОБЕЩАТЬ СОРОК БОЧЕК АРЕСТАНТОВ**

СОРОКА *см.* **КАК СОРОКА НА КОЛУ**

СОРОКАПЯ́ТКА, -и, *ж.* Маленькая грампластинка на сорок пять оборотов.

Ирон. переосмысл. общеупотр. «сорокапятка» — пушка калибром сорок пять миллиметров.

СОРОКО́ВНИК, -а, **СОРОКО́ВНИЧЕК**, -чка, *м.*, **СОРОКОВУ́ХА**, -и, **СОРОКОВУ́ШКА**, -и, *ж.* Что-л. числом сорок (сорок рублей, сорок километров, сорок лет и т. п.). *У дядьки сороковник обмывали* (отмечали юбилей).

СОРОК ПЯТЬ *см.* **В СОРОК ПЯТЬ БАБА ЯГОДКА ОПЯТЬ**

СОРТИР *см.* **СВОБОДЕН, КАК МУХА В СОРТИРЕ**

СОСА́ЛКА, -и, *ж.* **1.** Конфета, которую нужно сосать (леденец, карамель и т. п.). **2.** Девушка, девочка.

От общеупотр. «сосать».

СОСА́ТЬ, -су́, -сёшь; *несов.* **1.** *у кого, кому.* Совершать орогенитальный контакт. **2.** *куда, откуда.* Идти, двигаться. *~си сюда. ~си отсюда.* **3.** *в чём, что.* Понимать, разбираться в чём-л. ♦ **Сосёшь** — **1.** в зн. *межд.* Выражает любую экспрессию. **2.** *с вопросительной интонацией.* Как дела?

СОСАТЬ* *см.* **ФИРМА**

♦ **СОСА́ТЬ МУДУ́** — бездельничать, валять дурака.

СОСА́ТЬСЯ, -су́сь, -сёшься; *несов., с кем. Ирон.* Целоваться. *Ага, вот так ~сёшься-~сёшься, а потом снесёшься* (родишь).

СОСВА́ТЫВАТЬ, -аю, -аешь; *несов.* (*сов.* **СОСВА́ТАТЬ**, -таю, -таешь), *что кому.* Выгодно продавать что-л. кому-л.

От **СВАТАТЬ**.

♦ **СО СВИ́СТОМ** *что делать* — быстро, стремительно.

СОСЕ́Д, -а, *м.* Ирон. обращение к любому человеку. *Эй, ~, зачем цвет руками трогал?* (грузин, продавец цветов — покупателю).

СОСЕД* *см.* **НЕУДОБНО С ЖЕНОЙ СПАТЬ...**

СОСИПА́ТОР, -а, *м.* Ирон. обращение.

Возм. передел. *собств.* «Сосипатр» + «сосать»; возм. влияние моделей типа «комбинатор», «авиатор».

СОСИ́СКА, -и, *ж.* **1.** Мужской половой орган. **2.** Ирон. обращение к толстому человеку. **3.** обычно *мн.*, -сок. Пальцы. *Не цапь* (не трогай) *мой чистый плащик своими жирными ~сками.*

СОСИСКА* *см.* **В СОСИСКУ; ФУНТ**

♦ **СОСИ́СКИ СРА́НЫЕ** — *ирон.* социалистические страны.

Из анекдота; пародируется артикуляция Л. И. Брежнева.

СО́СКА, -и, *ж.* **1.** Девушка, девочка. *Какая-то ~ меня ещё учить будет!* **2.** То же, что **СОСУН**. **3.** Сигарета, папироса.

СОСКА́КИВАТЬ, -аю, -аешь; *несов.* (*сов.* **СОСКОЧИ́ТЬ**, -очу́, -о́чишь), *откуда* и *без доп.* **1.** Эмигрировать. *С совка соскочить* — уехать из СССР. **2.** Выходить из игры (обычно в картах), чаще о ситуации, когда выходящий находится в выигрыше. **3.** Не звонить, не отвечать на письмо и т. п. *Соскочил со связи.*

СОСНА *см.* **И ДОЛГО Я БУДУ ВИДЕТЬ ВО СНЕ...; РУБКА СОСЕН**

СОСНОВЫЙ *см.* **ЛЕЧЬ (ПРИЛЕЧЬ) В СОСНОВЫЙ (ДУБОВЫЙ) ЧЕМОДАН; КАНДИДАТ НА ТОТ СВЕТ...; НАДЕТЬ ТУЛУП СОСНОВЫЙ (ДЕРЕВЯННЫЙ, ДУБОВЫЙ); НАКРЫТЬСЯ (СОСНОВОЙ КРЫШКОЙ); ШУБА ДЕРЕВЯННАЯ...**

СОСОК *см.* **ДОСКА (ДВА СОСКА)**

СОСТОЯНИЕ НЕСТОЯНИЯ *см.* **НЕСТОЯНИЕ**

СОСТРИГА́ТЬ, -а́ю, -а́ешь; *несов.* (*сов.* **СОСТРИ́ЧЬ**, -игу́, -ижёшь). **1.** *что у кого, где.* Узнавать, разведывать. *В электричке феньку состриг* (услышал смешную вещь). **2.** *сколько с кого.* Получать доход, добывать деньги у кого-л. *Со своих фирмачей уже порядком состриг, могут обратно на свой гнилой Запад улепётывать.*

СОСУ́ЛЬКА, -и, *ж.* **1.** Мужской половой орган. **2.** То же, что **СОСКА** во всех зн.

СОСУ́ЛЬКОЙ, *нареч.* Солдатиком (о способе прыжка в воду).

СОСУ́Н, -а́, *м.* Молокосос, малолетка, «сосунок».

СОСУНЬЁ, -я́, *ср.*, *собир.* Молокососы, малолетки.

От **СОСУН**.

СОТВОРИТЬ *см.* **ШМАСЬ**

СО́ТНИК, -а, *м.* Сотовый телефон.

СОТНЯ *см.* **ЧЁРНАЯ СОТНЯ**

СОТНЯ́ГА, -и, *ж.* Сто рублей.

СОТРУДНИК *см.* **ЮРА — ТОЛСТАЯ ФИГУРА**

СОЦИ́АЛКА, -и, *ж.* Система социального обеспечения, социальные льготы, привилегии; какая-л. социальная программа. *Удар по ~е. ~ теперь не в почёте.*

СОЦНАКОПЛЕ́НИЕ, -я, *ср.* Живот, брюхо, пузо.

СО́ЧИ, *нескл.*, *м.*, или -е́й, *мн.*, *собств.* Жара; жаркое, душное место. *Ну и ~ у вас здесь. Таких ~ей давно в Москве не было.*

СОЧИ* *см.* **ДЫШИТЕ ГЛУБЖЕ, ПРОЛЕТАЕМ СОЧИ; ЗНАЛ БЫ ПРИКУП, ЖИЛ БЫ В СОЧИ; ТАГАНРОГ НЕ СОЧИ**

СО́ЧНО. **1.** *нареч.* Отлично, замечательно. **2.** *межд.* Ну и ну!

СО́ЧНЫЙ, -ая, -ое. Ирон.-шутл. эпитет с общеположительным зн. *~ая ситуация. ~ые дела пошли.*

СОЧНЯ́К,-а́, *м.* **1.** и в зн. *сказ.* Отлично, замечательно. **2.** *межд.* То же, что **СОЧНО 2.**

♦ **СОШЛА́ ЛАВИ́НА** — караульный заснул на посту. Из *арм.*

СОЮ́З, -а, *м.* *Ирон.* Брак, замужество. *Ты в ~ вступал? Никаких ~ов!* ♦ **Разрушить союз** — развестись.

СОЮЗ* *см.* **ПУСТЬ ПОСЛУЖИТ КУКУРУЗА ДЛЯ СОВЕТСКОГО СОЮЗА**

♦ **СОЮ́З ПИСА́ТЕЛЕЙ**, сою́за писа́телей, *м.*, *собств.* Пересадочный узел станций метро «Чеховская», «Горьковская» (ныне «Тверская») и «Пушкинская».

♦ **С ПА́ЛЕЦ** — худой, тощий, маленький.

СПАЛИ́ТЬ, -лю́, -ли́шь (или спа́лишь); *сов.* **1.** *кого на чём.* Подставить кого-л. под удар; подвести, предать. **2.** *что, сколько на сколько* и *без доп.* Резко обесценить акции и создать ситуацию «искусственного банкротства».

1. — возм. из *уг.*; 2. — *ср.* **СЖИГАТЬ.**

СПАЛИ́ТЬСЯ, -лю́сь, -ли́шься (или спа́лишься); *сов.*, *на чём.* Потерпеть неудачу, провалиться.

Ср. *уг.* «спалиться» — быть пойманным с поличным; возм. игра слов «спалить» — «с поличным».

СПА́ЛЬНОЕ, -ого, *ср.* Кровати в казарме. Из *арм.*

СПАНИЭЛЬ *см.* **УШИ.**

СПА́РЫВАТЬ, -аю, -аешь; *несов.* (*сов.* **СПОРО́ТЬ**, -рю́, -о́ришь), *что* и *без доп.* Съесть. *Три порции спорол и опять тарелку тянет!*

От **ПОРОТЬ**.

♦ **СПАСИ́БО, НЕ ЗАКА́ЗЫВАЛ** — шутл. отказ от чего-л.

♦ **СПАСИ́БО — НЕ КРАСИ́ВО, НА́ДО ДЕ́НЕЖКИ ПЛАТИ́ТЬ** — *ирон.* Ответ на слово «спасибо».

СПАСИТЕЛЬ *см.* **ХРАМ ЛУЖКА-СПАСИТЕЛЯ**

♦ **СПАС НА ГАРАЖА́Х** — *ирон., собств.* Храм Христа Спасителя.

СПАТЬ *см.* **ВРЁШЬ ТЫ ВСЁ И СПИШЬ ТЫ В ТУМБОЧКЕ; НЕ ПЬЁТ ТОЛЬКО СОВА, ПОТОМУ ЧТО ДНЁМ ОНА СПИТ...; НЕ СПИ, ЗАМЁРЗНЕШЬ; НЕУДОБНО В ПОЧТОВОМ ЯЩИКЕ СПАТЬ...; НЕУДОБНО С ЖЕНОЙ СПАТЬ; НЕУДОБНО НА ПОТОЛКЕ СПАТЬ...; СПИД; ХОРОШ, КОГДА СПИТ ЗУБАМИ К СТЕНКЕ**

СПАТЬ ВАЛЬТОМ (ВАЛЕТОМ) *см.* **ВАЛЕТ**

СПЕК, -а, **СПЕ́КУЛЬ**, -я, *м.* Спекулянт.

СПЕКУЛЬНУТЬ *см.* **СПЕКУЛЯТЬ**

СПЕКУЛЯ́ТЬ, -я́ю, -я́ешь; *несов.* (*сов.* **СПЕКУЛЬНУ́ТЬ**, -ну́, -нёшь), *что кому* и *без доп.* Перепродавать что-л., заниматься спекуляцией.

СПЕЛЫЙ ПЕРСИК *см.* **ПЕРСИК**

СПЕ́НЖИК, -а, **СПИНЖА́К**, -а́, *м. Шутл.* Пиджак.

«Спенжик» возм. подражание прост. или уг. огласовке слова (*уг.* «пенжа», «пенежа», «пережа», «спенжа» и т. п.). «Спинжак» — наложение «спина» и «пиджак».

СПЕРВАЧА́, *нареч.* Сначала, в первую очередь, в первый раз. *~ неудобно, а потом заточишься* (привыкнешь).

СПЕРЕДИ *см.* **СЗАДИ ПИОНЕРКА, СПЕРЕДИ ПЕНСИОНЕРКА**

СПЕРМА *см.* **ДО ПОСЛЕДНЕЙ КАПЛИ СПЕРМЫ**

СПЕРМАТОЗА́ВР, -а, *м. Шутл.* О бабнике.

От общеупотр. «сперма» (лат. sperma, генетив spermatos) + форманта «завр» (ср. «динозавр», **МЕНТОЗАВР** и т. п.).

СПЕРМАТОЗО́ИД, -а, *м. Шутл.* Ребёнок, сын; о любом человеке. *Мой-то ~ растет, щёки с задницей соревнуются. Ах ты, ~ плешивый!*

Общеупотр. «сперматозоид» — мужская половая клетка.

СПЕРМОВЫЖИМА́ЛКА, -и, *ж.* Девушка, женщина.

От «сперма» + «выжимать».

СПЕРМОГО́Н, -а, *м.* Мужчина с мощной половой потенцией; шутл. руг.

От «сперма» + «гнать».

СПЕРМОДО́Й, -я, *м.* Онанист.

От «сперма» + «доить».

СПЕРМОДО́ЙКА, -и, *ж.* Пункт по приёму спермы; эректор.

От общеупотр. «сперма» + «доить».

СПЕРМОНАЧА́ЛЬНО, *нареч. Ирон.* Первоначально.

От общеупотр. «сперма» + «первоначально», *прост.* «спервоначально».

СПЕРМОХЛЁБ, -а, *м.* Руг.

От общеупотр. «сперма» + «хлебать».

СПЕЦ, -а, *м.* «Телефонный мошенник», подключающий свой аппарат к чужой линии и ведущий междугородние и международные разговоры за счёт других.

СПЕЦА́, СПЕЦО́М, СПЕЦУ́ХОЙ, *нареч.* Специально, намеренно, с умыслом. *Он спецом рожу подставил, а я теперь штраф плати* (о драке). *Ты спецухой не суйся, а заметят — делай вид, что юный натуралист* (что ни при чём).

СПЕЦИА́ЛЬНЫЙ, -ая, -ое. *Ирон.* Специфический, особенный, выдающийся. *Это мужик ~.*

СПЕЦОМ *см.* **СПЕЦА**

СПЕЦУ́ХА, -и, *ж.* **1.** Спецодежда, форма. *Без ~и не пустят.* **2.** Специальный предмет в каком-л. учебном заведении, специализация, спецкурс. *Сдать ~у.*

СПЕЦУХОЙ *см.* **СПЕЦА**

СПЕЦУ́ШНИК, -а, *м.* Специалист, эксперт в чём-л.

СПЕШИТЬ *см.* **АГА, СПЕШУ И ПАДАЮ; СРАТЬ**

♦ **С ПИ́ВА БУ́ДЕШЬ ССАТЬ КРИ́ВО** — *шутл.* о пиве.

СПИВА́ТЬСЯ, -а́юсь, -а́ешься; *несов.* (*сов.* **СПИ́ТЬСЯ**, сопью́сь, сопьёшься), *с кем.* Находить общий язык, общие интересы, стать заодно.

От «пить»; *ср.* «спеться» в том же зн.; *ср.* также **СКУРИВАТЬСЯ**.

СПИД[1], -а, *м.* «Социально-Политическая История Двадцатого (века)», вузовская дисциплина.

Шутл. переосмысл. слова как аббрев., из *студ.*

СПИД[2], -а, *м.* Чушь; грязь, гадость. *~ по всей квартире развёл* (беспорядок). ♦ **~ не спит** — *ирон.* об угрозе заражения СПИДом.

СПИД[3], -а, *м.* Разновидность стимулирующего наркотика.

Англ. speed — скорость; из *нарк.*

СПИДВЕ́Й, -я, **СПИДУЭ́Й**, -я, *м., собств.* Улица Миклухо-Маклая в Москве, проходящая мимо Университета дружбы народов им. П. Лумумбы.

От СПИД (назв. болезни) и англ. way — дорога; *ср.* общеупотр. «спидвей» — разновидность мотогонок.

СПИДО́МЕТР, -а, *м.* Медицинский прибор для проведения анализа крови на наличие вируса СПИД; сам анализ.

Ирон. переосмысл. общеупотр. «спидометр» — прибор для измерения скорости.

СПИДОНО́СЕЦ, -сца, *м.* Иностранец (обычно о неграх).

От «СПИД» + «носить».

СПИДОНО́СКА, -и, **СПИДУ́ШНИЦА**, -ы, *ж.* Валютная проститутка.

От «СПИД» + «носить».

СПИДОРА́СИТЬ, -а́шу, -а́сишь, **СПИДОРА́СНИЧАТЬ**, -аю, -аешь; *сов., что, с чем.* Сделать глупость, опозориться.

От **ПИДОРАС**, **ПИДОРАСНИЧАТЬ**.

СПИДОРА́СИТЬСЯ[1], -а́шусь, -а́сишься; *сов., без доп. Ирон.* Заболеть СПИДом.

Ирон. контаминация СПИД и руг. **ПИДОРАС**.

СПИДОРА́СИТЬСЯ[2], -а́шусь, -а́сишься; *сов., без доп.* **1.** Стать педерастом, гомосексуалистом. **2.** Испортиться (о характере, продуктах и т. п.). *~асилось молочко* (прокисло).

От **ПИДОРАСИТЬ**.

СПИДОРАСНИЧАТЬ *см.* **СПИДОРАСИТЬ**

СПИДУ́ШНИК, -а, *м.* **1.** То же, что **СПИДОНОСЕЦ**. **2.** Место, где много иностранцев (напр., о гостинице «Космос», об Университете дружбы народов им. П. Лумумбы и т. п.).

СПИДУШНИЦА *см.* **СПИДОНОСКА**

СПИДУЭЙ *см.* **СПИДВЕЙ**

СПИ́КАЛО, -а, *ср.* Рот. *Закрой ~, оратор.*

От **СПИКАТЬ**.

СПИ́КАТЬ, -аю, -аешь; *несов.* (*сов.* **СПИ́КНУТЬ**, -ну, -нешь), *с кем как.* Говорить. *Ты по-английски спикаешь? Спикни ему на ушко.*

От англ. to speak — говорить.

СПИ́КЕР, -а, *м.* Акустическая колонка.

От **СПИКАТЬ**.

СПИ́КЕРС, -а, *м.* **1.** Сникерс. **2.** Спикер (Думы).

Шутл. контаминация.

СПИКНУТЬ *см.* **СПИКАТЬ**

СПИЛИТЬ *см.* **РУЧНИК**

СПИНА *см.* **НЕ ЛЕЙ МНЕ ЧАЙ НА СПИНУ; ОДНА ИЗВИЛИНА, (ДА) И ТА — СЛЕД ОТ ФУРАЖКИ...; ОРДЕН ГОРБАТОГО С ЗАКРУТКОЙ НА СПИНЕ; ФЛАГ В РУКИ, БАРАБАН В ЖОПУ...; ЩЁКИ ИЗ-ЗА СПИНЫ ВИДАТЬ.**

СПИНЖАК *см.* **СПЕНЖАК**

♦ **СПИ́НКА МЕНТА́** — *ирон.* спинка ментая

СПИНОГРЫ́З, -а, *м.* Ребёнок. *С четырьмя ~ами на пяти работах.*

Ср. *уг.* «спиногрыз» — врач исправительно-трудового учреждения.

СПИОНЕ́РИВАТЬ, -аю, -аешь; *несов.* (*сов.* **СПИОНЕ́РИТЬ**, -рю, -ришь), *что у кого.* Воровать, красть.

От **ПИОНЕРИТЬ**.

СПИРОХЕТА *см.* **БЕДНАЯ Я, БЕДНАЯ, СПИРОХЕТА БЛЕДНАЯ; БЛЕДНАЯ СПИРОХЕТА**

СПИРТ *см.* **ЛИТЕРБОЛ**

СПИРТЕ́Ц, -а́, **СПИРТО́ВИЧ**, -а, *м.*, **СПИРТУ́ХА**, -и, **СПИРТУ́ШКА**, -и, **СПИРТЯ́ЖКА**, -и, **СПИРТЯ́ГА**, -и, *м.* и *ж.* Спирт.

СПИРТОВА́ТЬСЯ, -ту́юсь, -ту́ешься; *несов., без доп.* Пить спиртное.

СПИРТОВИЧ, СПИРТУХА, СПИРТУШКА, СПИРТЯГА, СПИРТЯЖКА *см.* **СПИРТЕЦ**

СПИСАТЬ *см.* **СПИСЫВАТЬ**

СПИСОК *см.* **ВЫЧЁРКИВАТЬ (ИЗ СПИСКА); ПОТЕРЯЛ СПИСОК, КОГО БОЯТЬСЯ**

СПИ́СЫВАТЬ, -аю, -аешь; *несов.* (*сов.* **СПИСА́ТЬ**, -ишу́, -и́шешь), *кого.* Убивать; побеждать, устранять, ликвидировать как конкурента.

Возм. влияние общеупотр. «списать в расход» — уничтожить, ликвидировать, расстрелять.

СПИТЬСЯ *см.* **СПИВАТЬСЯ**

СПИ́ХИВАТЬ, -аю, -аешь; *несов.* (*сов.* **СПИХНУ́ТЬ**, -ну́, -нёшь). **1.** *кого-что.* Отделываться от кого-чего-л. *Экзамены ~.* **2.** *что кому.* Выгодно продавать что-л.

2. — от **ПИХАТЬ**.

СПИХОТЕ́ХНИК, -а, *м.* Тот, кто умеет уходить от ответственности.

См. также **СПИХОТЕХНИКА**.

СПИХОТЕ́ХНИКА, -и, *ж.* Умение снимать с себя ответственность, перепоручать кому-л. что-л. *Большой специалист по ~е.*

От общеупотр. «спихивать» (см. также **СПИХИВАТЬ 1.**) + «техника».

СПИЧ, -а, *м. Ирон.* Речь, выступление.

Из англ.

СПИЧКА *см.* **ПОСЫЛАТЬ ЗА СПИЧКАМИ**

СПЛАВЛЯ́ТЬ, -я́ю, -я́ешь; *несов.* (*сов.* **СПЛА́ВИТЬ**, -влю, -вишь), *что кому.* Выгодно продавать, перепродавать.

Ср. *уг.* «сплавить» — перепродавать краденые вещи.

СПЛЕСТИ *см.* **ЛАПТИ СКЛЕИТЬ (СЛОЖИТЬ, СПЛЕСТИ)**

СПЛЕ́ТНИЦА, -ы, *ж.* Киноафиша, доска объявлений; рекламное приложение. *~ прошлонеделишная* — киноафиша за прошлую неделю. *Выписал ~у* (рекламное приложение), *буду знакомиться.*

СПЛИНТОВА́ТЬ, -ту́ю, -ту́ешь, **СПЛИНТУХА́ТЬ**, -а́ю, -а́ешь; *сов., откуда.* Уйти, убежать, смотаться.

От **ПЛИНТОВАТЬ, ПЛИНТУХАТЬ.**

♦ **СПОКО́ЕН КАК УДА́В** *кто* — о спокойном, уравновешенном или равнодушном человеке.

СПОКО́ЙНИКИ, -ов, *мн. собств.* Сокольники.

СПОКОЙНЫЙ *см.* **СПОКОЕН КАК УДАВ**

СПОКУ́ХА, -и, *ж.* **1.** Спокойствие, тишина, отсутствие событий. **2.** *межд.* Тихо, спокойно, тсс. ♦ **~ на лице!** — спокойно, не волнуйтесь, всё будет хорошо.

СПОКУХА, ХРЯК, ВСЁ БУДЕТ *см.* **ХРЯК**

СПОКУ́ШНИК, -а, *м.* Спокойный, бесстрастный человек. *А этому ~у хоть бомбу в сортир, всё пониже пупка* (всё равно, наплевать).

СПОЛЗАТЬ *см.* **НЕУДОБНО НА ПОТОЛКЕ СПАТЬ...**

СПО́НСОР, -а, *м. Ирон.* **1.** Мужской половой орган. *А ~ом по́ лбу не хочешь?* **2.** Богатый любовник. **3.** Презерватив.

С ПОНТОМ *см.* **ПОНТ**

С ПОНТОМ ПОД ЗОНТОМ *см.* **ПОНТ**

СПОРИТЬ *см.* **НА АМЕРИКАНКУ (СПОРИТЬ)**

СПОРОТЬ *см.* **СПАРЫВАТЬ**

СПОРТИ́ВНЫЙ, -ая, -ое. Лишённый личной, меркантильной заинтересованности; не сулящий прибыли. *Это дело копеечное, ~ое.* ♦ **~ интерес** — отсутствие корысти, материальной заинтересованности в каком-л. деле, напр.: *Тут кроме ~ого интереса только пять лет тюрьмы.*

СПОСОБСТВОВАТЬ *см.* **НЕ СПОСОБСТВУЕТ**

♦ **С ПОТОЛКО́М** *чего* — много, полно́, с запасом.

СПОТЫКА́Ч, -а, *м.* **1.** (или **ЛЕТУ́ЧИЙ ~**). Ложный повод, симуляция чего-л.; поддельная справка, бюллетень. **2.** Пьяный.

СПОТЫКА́ЧКА, -и, *ж.* Спиртное (обычно дешёвое, низкого качества). *~и для качки.*

СПРАВКА *см.* **ПРОВЕРЕН, СО СПРАВКОЙ; ХОХОЛ БЕЗ ЛЫЧКИ — ВСЁ РАВНО ЧТО СПРАВКА БЕЗ ПЕЧАТИ**

СПРАЙТОПИ́ТИЕ, -я, *ср. Шутл.* Об употреблении любого неалкогольного напитка. *Прошу сегодня вечером ко мне на ~.*

По модели «чаепитие» от «спрайт».

СПРАШИВАТЬ *см.* **МОЛЧАТЬ, Я ВАС СПРАШИВАЮ!**

♦ **С ПРИПЛЫ́ЗДОМ!** — **1.** *Ирон.* С приездом!, здравствуйте!, а вот и вы! **2.** Выражение несогласия со словами собеседника или недовольства какой-л. неприятной неожиданностью; здравствуйте пожалуйста, вот тебе на!

Шутл. контаминация «приезд», «плыть» и нецензурного.

С ПРИСВИСТОМ *см.* **ПРИСВИСТ**

СПРОСИТЬ *см.* **ТВОЙ НОМЕР ВОСЕМЬ...**

СПРЫГНУТЬ С ИГЛЫ *см.* **ИГЛА**

СПРЯТАТЬСЯ *см.* **ЗА ШВАБРОЙ МОЖЕТ СПРЯТАТЬСЯ**

♦ **СПРЯЧЬ РОГА́** — успокойся, утихомирься, не будь агрессивным, наглым.

СПУЛИ́ТЬ, -лю́, -ли́шь; *сов.* **1.** *у кого что где.* Украсть. **2.** *что кому.* Передать, перепродать.

См. **ПУЛЯТЬ 2.**; возм. влияние *уг.* «спулить» — выкинуть компрометирующие вещи.

СПУСК, -а, *м.* **1.** Один из шулерских приёмов (сброс карты). **2.** Мужская сперма. **3.** Грязь, нечистота.

2., 3. — от **СПУСКАТЬ 1.**

СПУСКА́ТЬ, -а́ю, -а́ешь; *несов.* (*сов.* **СПУСТИ́ТЬ**, -ущу́, -у́стишь). **1.** *без доп.* Вызывать семяизвержение. **2.** *что кому.* Выгодно перепродавать что-л. кому-л.

2. — возм. влияние *уг.* «спустить» — выбросить компрометирующие вещи или выгодно продать краденое.

СПУСТИТЬ *см.* **ПОЛКАН; СПУСКАТЬ; ХАРЧ; ШАВКА**

СПУСТИТЬ В ТРЮМ *см.* **СКИНУТЬ (СБРОСИТЬ, СПУСТИТЬ) В ТРЮМ**

♦ **СПУ́ТАТЬ ЕЖА́ С ГО́ЛОЙ ЖО́ПОЙ** — перепутать две совершенно разные вещи.

СПУ́ТНИК, -а, *м.* **1.** Кусок мяса, довесок, которым манипулирует продавец, чтобы обвешивать покупателя. **2.** *мн.* То же, что **ШАРЫ 2.**

1. — из арго продавцов.

СПУЩЁНКА, -и, *ж.* То же, что **СПУСК 2, 3.**

СРАБО́ТКИ, -ток, *мн.* Основные пункты сбора информации.

Возм. первоначально из *арм.* (из арго пограничников) в зн. «контрольные пункты сбора информации на границе»

СРАВНИТЬ ЖОПУ С ПАЛЬЦЕМ *см.* **ЖОПА**

СРА́КА, -и, *ж.*, **СРА́ЛО**, -а, *ср.*, **СРА́ЛЬНИК**, -а, *м.* Зад, ягодицы. ♦ **Двое в драке, третий в сраке** (или **двое в драку, третий в сраку**) — третий лишний.

От **СРАТЬ.** ♦ — из *детск.*

СРАЛЬ, -я, **СРУЛЬ**, -я́, *м.* Руг. (часто о трусе).

От **СРАТЬ**.

СРАЛЬНИК *см.* **СРАКА**

СРА́ЛЬНЯ, -и, *ж.* **1.** То же, что **СРАКА**. **2.** Туалет; грязное, загаженное место. *~ю развели.*

От **СРАТЬ**.

♦ **«СРАМ» И «СРЕ́КИНС»** — *ирон.* «Марс» и «Сникерс» (шоколадные батончики, постоянно расхваливаемые в рекламных роликах, на рекламных плакатах и т. п.), а также обобщённо о рекламной продукции; о каких-л. двух людях, постоянно появляющихся вместе, о неразлучных друзьях, братьях, близнецах и т. п.

Шутл. прочтение сл. задом наперёд.

СРАН *см.* **СТЁБАНЫЙ СРАН.**

СРА́НЫЙ, -ая, -ое. Плохой, дурной.

От **СРАТЬ**.

См. также **СОСИСКИ СРАНЫЕ**

СРАНЬ, -и, *ж.*, **СРАНЬЁ**, -я́, *ср.* Что-л. плохое, дурное. ♦ **Срань тропическая** (или **болотная, перелётная, пучешарая**) — *шутл. бран.*

От **СРАТЬ**.

СРАНЬЁ *см.* **СРАНЬ**; **С РАНЬЯ**

С РАНЬЯ́, *нареч.* (или **СО СРАНЬЯ́**). *Ирон.* С раннего утра.

Намёк на **СРАНЬЁ**.

СРАТЬ, сру, срёшь; **СЕ́РИТЬ**, -рю, -ришь; **СЕРУНЯ́ЧИТЬ**, -чу, -чишь; *несов.* (*сов.* **СЕРАНУ́ТЬ**, -ну́, -нёшь). **1.** *без доп.* Испражняться. **2.** *на что, на кого.* Плевать, не обращать внимания. *Срать я хотел на него.* **3.** *кого-чего.* Бояться, опасаться. ♦ **Срать на голову** (или **в тарелку**) *кому* — плохо себя вести по отношению к кому-л., делать гадости, вредить. **Где срать, там и место искать** — *ирон.* о чём-л. несвоевременном, запоздалом, поспешном, суетливом. **Сри на нижнего, плюй на ближнего** — *ирон.* о чьём-л. подлом поведении. **Сри, да не засерайся** — ирон. передел. общеупотр. поговорка «ври, да не завирайся». **Срать не пожар тушить, можно и не спешить** — *шутл.* о долгом сидении в туалете. **Тем, кто срёт при геморрое, надо срочно дать героя** — *ирон.* о геморрое.

См. также **ВЫЙДЕШЬ В ПОЛЕ, СЯДЕШЬ СРАТЬ**...; **ЖОПА**; **ЗАКОН КУРЯТНИКА: КЛЮЙ БЛИЖНЕГО**...; **ЯСНО, ОТЧЕГО ЗАЛУПА КРАСНА**...

♦ **СРАТЬ, КОПА́ТЬ И ПЫЛЕСО́СИТЬ** — ирон. определение к любому действию, чаще интенсивному, быстрому и т. п.

♦ **СРАТЬ — НЕДОСРА́ТЬ** *докуда, что* — далеко, «у чёрта на куличках», «камнем не докинешь», а также во временно́м зн. — очень нескоро, напр.: *Мне до пенсии ещё срать — недосрать.*

СРА́ТЬСЯ, срусь, срёшься; *несов.* **1.** То же, что **СРАТЬ** во всех зн. **2.** *прош., что кому.* О чём-л. ненужном, безразличном. *Сралась мне эта штука* (не нужна).

СРАЧ, -а (или -а́), *м.* Беспорядок, грязь; грязное, замусоренное место. *Развести ~.*

СРА́ЧНИЦА, -ы, *ж.* **1.** Туалет, унитаз. *Купи себе золотую ~у, если богатый.* **2.** Зад, ягодицы. ♦ **Дать под ~у** *кому* — выгнать, выставить вон.

СРЕДСТВО *см.* **ЕВРЕЙСКАЯ ЖЕНА — ЭТО НЕ РОСКОШЬ**...

СРЕЖИССИ́РОВАТЬ, -рую, -руешь; *сов., что кому.* Сделать что-л. *~руй-ка нам супику* (приготовь, свари). *~ билеты до Киева* (достать, купить).

От общеупотр. «режиссёр», «режиссировать».

СРЕЗАТЬ *см.* **ЛЫЧКА**

СРЕКИНС *см.* **«СРАМ» И «СРЕКИНС»**

СРИ, ДА НЕ ЗАСЕРАЙСЯ *см.* **СРАТЬ**

СРИ НА НИЖНЕГО, ПЛЮЙ НА БЛИЖНЕГО *см.* **СРАТЬ**

СРИСОВА́ТЬ, -су́ю, -су́ешь; *сов., что у кого.* Узнать, разузнать, разведать; запомнить, принять во внимание. *Ты информашку у них ~суй.*

Возм. из *уг.*

СРОК *см.* **МОТАТЬ**

СРОЧНО *см.* **СРАТЬ**

СРУБА́ТЬ[1], -а́ю, -а́ешь; *сов., что.* Съесть. *Всю хавку* (еду) *~ал.*

От **РУБАТЬ**.

СРУБА́ТЬ[2], -а́ю, -а́ешь; **СРУБИ́ТЬ**, -ублю́, -у́бишь, *сов., что в чём* (или **~ ФИ́ШКУ** *в чём*). Понять, догадаться, разобраться.

См. также **ФИШАК**

Ср. **РУБИТЬ 1.**

СРУБИТЬ *см.* **СРУБАТЬ**[2]

♦ **С РУКА́МИ ОТОРВА́ТЬ** *что* — иметь широкий спрос, быть в дефиците (о вещи), напр.: *У тебя эту штуку с ~ами оторвут, да ещё ноги прихватят.*

СРУ́ЛИВАТЬ, -аю, -аешь; *несов.* (*сов.* **СРУЛИ́ТЬ**, -лю́, -ли́шь), *откуда, с чего.* **1.** Сходить, съезжать с прямого направления движения. **2.** Сходить с ума; делать что-л. неожиданное, странное.

Ср. **РУЛИТЬ**.

СРУЛЬ *см.* **СРАЛЬ**

СРЫГНУ́ТЬ, -ну́, -нёшь; *сов., куда, откуда* (или **~ В ТУМА́Н**). Уйти, убраться вон, пропасть. *Слушай, ~ни в туман, будь другом.*

ССА́КА, -и, *ж.* **1.** Половые органы. **2.** Моча. **3.** Что-л. дурное, гадкое. *~и какой-то вместо пива налили.*

От **ССАТЬ**.

ССАНЬЁ, -я́, *ср.* То же, что **ССАКА 2, 3.**

ССАТЬ, ссу, ссышь; *несов.* **1.** *без доп.* Мочиться. **2.** *на кого-что.* Не обращать внимания, презирать, в грош не ставить. **3.** *кого-чего, что делать.* Бояться, страшиться. *Ссышь со мной дело иметь?* ♦ **Не ссы в компот, там повар ноги моет** (или **не ссы, прорвёмся**) — не бойся. **~ кипятком** *на что, от чего* — быть под сильным впечатлением от чего-л.

См. также **НЕ ССЫ В БОТФОРТ...; С ПИВА БУДЕШЬ ССАТЬ КРИВО**

Устар. «сцать» в том же зн.; «сикати» — брызгать; возм. связано с «сочиться», «сок»; *устар.* «ссать», «ссати» — сосать.

♦ **ССАТЬ ПРО́ТИВ ВЕ́ТРА** — пытаться преодолеть непреодолимые трудности; выступать против начальства; искать неприятности на свою голову.

ССАЧ, -а и -а́, *м.*, **ССА́ЧКА**, -и, *ж.* **1.** То же, что **ССАКА** во всех зн. **2.** Страх, ужас. *На меня ссач напал.*

ССУ́ЧЕННЫЙ, -ая, -ое. Плохой, подлый (о человеке). *С этой перестройкой все какие-то ~ые ходят, то-то раньше — наливают да целуются.*

От **ССУЧИТЬСЯ**.

ССУ́ЧИТЬСЯ, -чусь, -чишься; *сов., на чём и без доп.* Стать плохим, с плохим характером (о человеке).

Возм. от *уг.* «ссучиться» — предать друзей, донести; от общеупотр. *прост.* «сука» в бран. зн. (см. **СУКА**).

ССЫКЛО́, -а́, *ср.* Трус. *Эх ты, ~, баба с мокрой юбкой.*

От **ССАТЬ**.

ССЫ́ПАТЬСЯ, -плюсь, -пешься; *сов., на кого с чем.* Наброситься, пристать с разговорами, донять. *Да что ты на меня ~пался, как дерьмо на пашню!*

СТАБИЛИЗЕ́Ц, *род. п.* не употр. или -зца́ *м. Шутл.* Конец, провал. *Всё, полный ~ !*

От «стабилизация» + нецензурное *бран.*

СТАБУ́НИВАТЬСЯ, -аюсь, -аешься; *несов.* (*сов.* **СТАБУ́НИТЬСЯ**, -у́нюсь, -у́нишься), *с кем на что* и *без доп.* Собираться в одну кучу, толпиться; объединяться, задумывать что-л. вместе. *Я с ними стабуниваться не желаю — надуют.*

Ср. *уг.* «стабуниться» — собраться в преступную группу; от общеупотр. «табун» — стадо лошадей.

СТА́ВИТЬ, -влю, -вишь; *несов., что.* Грабить, обворовывать. **~** *хату* — обворовывать квартиру.

Возм. влияние *уг.* «ставить» в самом широком зн., напр. «ставить банки» — бить в живот, «ставить на уши» — грабить в пустынном месте, «ставить пику» — бить ножом, «ставить фраера» — обрабатывать жертву для грабежа и т. п.

♦ **СТА́ВИТЬ БА́ШНЮ НА МЕ́СТО** — **1.** *кому.* Приводить «в чувства», осаждать, наказывать за агрессивное, неразумное поведение, напр.: *Что-то мужик совсем с нарезки съехал* (обнаглел) — *поставь-ка ему башню на место.* **2.** *кому* и *без доп.* Причёсываться, делать укладку, «приводить голову в порядок».

СТАВИТЬ (ДЕЛАТЬ, САЖАТЬ) ПРИМОЧКИ *см.* **ПРИМОЧКА**

♦ **СТА́ВИТЬ ПИСТО́Н** *кому* — ругать, избивать.

♦ **СТА́ВИТЬ ПОД СЕБЯ́** *кого* — подчинять своему влиянию, лишать возможности самостоятельно действовать.

Возм. из *уг.*

СТА́ВНИ, -вень (или -вней), *мн.* Глаза, очки.

Возм. влияние *уг.* «ставни» — ресницы, глаза, губы.

СТА́ВЩИК, -а, *м.* **1.** Тот, кто начинает игру или кон. **2.** Тот, кто участвует в чём-л. совместно с кем-л. **3.** Тот, кто угощает спиртным остальных, платит за них.

Возм. из *уг.* или *карт.*

СТАДА́МИ, *нареч.* Много, полно́. *У него денег ~. За ним девки бегают ~.*

СТА́ДО, -а, *ср.* (или **~ СВИНЕ́Й**). Большое количество народу, толпа; давка, час пик. *Пять часов, зачем в самое ~ лезть.*

СТАКА́Н, -а, *м.* Прозрачная будка постового милиционера.

СТАКАН* *см.* **НЫРНУТЬ В СТАКАН; СТРАШНЕЕ ПУСТОГО СТАКАНА; ШНУРКИ В СТАКАНЕ**

СТАКА́НИТЬ, -ню, -нишь; *несов., что.* Пить много, стаканами. *Да чего ему будет, он здоров как Кашпировский, спирт ~нит.*

СТАКА́НИТЬСЯ, -нюсь, -нишься; *несов. без доп.* **1.** Пить из стакана. *Утром стопарюсь, вечером ~нюсь.* **2.** Чокаться. *~ не будем, нечего соседей травмировать.*

СТАКА́Ш, -а́, *м.* Стакан. *По ~у́.*

СТАЛИНСКАЯ ГОТИКА *см.* **ГОТИКА**

СТАЛИНСКИЙ АМПИР *см.* **АМПИР**

СТАЛИНСКИЙ ТОРТ *см.* **ТОРТ**

СТАНО́К, -нка́, *м.* **1.** Сексуальная девушка. **2.** Постель.

Ср. *уг.* «станок» — нары.

СТАНЦЕВАТЬ ЛЕНЬКУ-ЕНЬКУ *см.* **ЛЕНЬКА-ЕНЬКА**

♦ **СТА́РАЯ БОЕВА́Я ЛО́ШАДЬ** — жена или старая подруга.

♦ **СТА́РАЯ ВЕ́ШАЛКА** — **1.** Старый, проверенный, закадычный друг. **2.** Старая некрасивая женщина.

СТАРАЯ ПОДОШВА *см.* **ПОДОШВА**

СТА́РЕНЬКИЙ, -ого, *м.* То же, что **СТАРЫЙ 1.**

СТАРИК ГОРДЕИЧ *см.* **ГОРДЕИЧ**

СТАРИК ПОХАБЫЧ *см.* **ПОХАБЫЧ**

СТАРОПРИЖИ́МНЫЙ, -ая, -ое. Старорежимный, консервативный, косный. *~ая газетёнка.*

Ирон. «старый режим» + «прижимать».

СТАРПЁР, -а, *м.* Старик, пенсионер, ветеран. *Магазин для ~ов.*

Возм. сокращ. «старый пердун» (*см.* **ПЕРДУН**).

СТАРПЁРСКИЙ, -ая, -ое. Относящийся к **СТАРПЁРУ**. *~ая книжечка.*

СТАРУХНЯ́, -и́, *ж.* **1.** Старушка, старуха; *шутл.* о жене, подруге и т. п. **2.** *собир.* Старые люди, старики.

СТАРУШКА *см.* **ВОТ И ВЧЕРА ТОЖЕ ЗАХОДИЛА СТАРУШКА...; КАСТРЮЛЬНАЯ СТАРУШКА**

♦ **СТА́РШИЙ ДВО́РНИК** — прокурор.

Из *уг.*

СТАРШИЙ ЛИМОН *см.* **ЛИМОН**

♦ **СТА́РШИЙ ПОМО́ЩНИК МЛА́ДШЕГО ДВО́РНИКА** — о человеке, занимающем незначительную должность.

СТАРШИ́НКА, -и, *м.* Старшина (обычно неуважительно).

Из *арм.*

СТА́РЫЙ, -ого, *м.* **1.** Солдат второго года службы. **2.** Ирон. обращение.

2. — из *арм.*

СТАРЫЙ* *см.* **БАБУШКА, СТАРЫЙ КОММУНИСТ**

СТАРЫЙ ПЕРЕЦ *см.* **ПЕРЕЦ**

♦ **СТА́РЫЙ ФИРС** — пройдоха, опытный, бывалый человек, которого трудно провести, обмануть.

Возм. от имени персонажа «Вишнёвого сада» А. П. Чехова.

СТАС, -а, **СТА́СИК**, -а, *м.* **1.** Туалет. **2.** Таракан. *Стасов травить.* ♦ **Сходить к** (или **позвонить**) **~у** — сходить в туалет.

СТАТУ́Я, -и, *ж.*, **СТАТУ́Й**, -я, *м.* Статуя, а также шутл. о стоящем неподвижно или о высокомерном, напыщенном человеке. *Стоит статуя во мгле заката, а вместо члена торчит лопата* (из шк. фольклора).

СТАТЬ *см.* **ПОДДАВАТЬ; ПСИХ; УБЬЮ — СТАНЕТ БОЛЬНО**

СТАХА́НОВ, -а, **СТАХА́НОВЕЦ**, -вца, *м.* (или **ГОРБА́ТЫЙ ~**). Активный человек, ведущий большую работу; энтузиаст. *Что я тебе, горбатый стахановец, что ли, в магазин переть! Вот и работай, если Стаханов.*

По имени шахтёра-ударника А. Г. Стаханова.

См. также **ЛУЧШЕ БЫТЬ ГОРБАТЫМ РАЗДОЛБАЕМ...**

СТА́ЧИВАТЬ, -аю, -аешь; *несов.* (*сов.* **СТОЧИ́ТЬ**, -чу́, -о́чишь), *что* и *без доп.* Съедать.

От **ТОЧИТЬ**.

СТАШНЕ́ВСКИЙ, -ого, *м.*; *собств.* Певец В. Сташевский.

Ирон. контаминация с «стошнить».

СТЁБ, -а, *м.*, **СТЁБКА**, -и, *ж.* **1.** Музыка; игра на каком-л. музыкальном инструменте. *Гитарный ~.* **2.** Половой акт.; всё, что относится к сексу. **3.** Шутка, анекдот; **4.** (только **СТЁБ**). Ироничная манера поведения, ироничное отношение к жизни вообще, часто сочетающееся к несерьёзным отношением к высоким идеалам.

Возм. от *диал.* «стебать», «стебнуть», «стебывать» — стегать, шить, бить, хлестать, есть, уплетать, *ср.* «стебенить» — копаться иглой над мелочами, частить, мельчить, болтать, тараторить, «стёбка» — стеганье, хлёст, прут, хлыст, розга, «стебло» — черенок, рукоять, ручка, «стеж» — походка; 1. — из *муз.*; возм. также наложение с нецензурным.

СТЕБА́ЙЛО, -а, **СТЕБА́ЛО**, -а, **СТЕБЛО́**, -а́, *ср.* **1.** Лицо, рожа. *В самую кассу стебалом влез.* **2.** Дурак, идиот; тот, кто делает что-л. плохо, неумело. *Ну ты и стебайло.*

От **СТЕБАТЬ, СТЁБ.**

СТЕБАНУ́ТЫЙ, -ая, -ое. Странный, сумасшедший.

От **СТЕБАНУТЬ, СТЁБ.**

СТЕБАНУТЬ *см.* **СТЕБАТЬ**

СТЕБАНУТЬСЯ *см.* **СТЕБАТЬСЯ**

♦ **СТЁБАНЫЙ СРАН** — *собств.* Тёплый Стан (район в Москве).

Аллюзии к *бран.*

СТЕБА́ТЬ, -а́ю, -а́ешь; *несов.* (*сов.* **СТЕБАНУ́ТЬ**, -ну́, -нёшь), *кого-что, по чему, чего* и *без доп.* Сделать что-л. интенсивно, быстро. *Водки стебануть. Стебает на гитаре. Стебани по газам.*

От **СТЁБ**; **СТЕБАНУТЬ** в зн. «выпить» встречается, напр., у А. П. Чехова; возм. наложение с нецензурным.

СТЕБА́ТЬСЯ, -а́юсь, -а́ешься; *несов.* (*сов.* **СТЕБАНУ́ТЬСЯ**, -ну́сь, -нёшься). **1.** *на чём, с чем* и *без доп.* Сходить с ума. **2.** *с кем.* Вступать в половую связь с кем-л.

От **СТЁБ 2., СТЕБАТЬ.**

СТЁБКА *см.* **СТЁБ**

СТЕБЛО *см.* **СТЕБАЙЛО**

СТЕГА́ТЬСЯ, -а́юсь, -а́ешься; *несов., с кем* и *без доп.* Вступать в половую связь с кем-л.

СТЕЙТ, -а (или -а́), *предл.* -е (или -у́), *м.* Государство, страна. *В нашем ~е* (или *~у́*) *неспокойно.*

Англ. state в том же зн.

СТЕЙТСО́ВЫЙ, -ая, -ое, **СТЕЙЦО́ВЫЙ**, -ая, -ое. Американский, американского производства.

От англ. states — штаты.

СТЕЙТСЫ́, -о́в, **СТЕЙЦЫ́**, -о́в, *мн.* Американцы, граждане США.

См. **СТЕЙТСОВЫЙ, СТЕЙЦОВЫЙ.**

СТЕЙТЫ́, -о́в, *мн.* США.

См. **СТЕЙТСОВЫЙ, СТЕЙЦОВЫЙ.**

СТЕЙЦОВЫЙ *см.* **СТЕЙТСОВЫЙ**

СТЕЙЦЫ *см.* **СТЕЙТСЫ**

СТЁКЛА, -кол, *мн.* Очки; человек в очках. *Эй, ~! Без ~кол мимо унитаза сажусь* (плохо вижу).

СТЕКЛОРЕ́З, -а, *м.* **1.** Спирт или какой-л. сильный, но некачественный спиртной напиток. **2.** Дурак, идиот, неразвитый человек.

СТЕКЛОРЕЗ* *см.* **КАК СТЕКЛОРЕЗОМ ПО ЗАЛУПЕ**

СТЕКЛЯ́ШКА, -и, *ж.* Пивная, пивной зал (обычно в новостройках); любое здание из стекла и бетона (напр., I Гуманитарный корпус МГУ на Ленинских горах) или помещение с большими окнами. *Пойдём в ~у, по пивку врежем* (выпьем).

СТЕЛИ́ТЬСЯ, -елю́сь, -е́лишься; *несов.* (**~ КОВРО́М ПЕРСИ́ДСКИМ, ~ МЕ́ЛКИМ БЕ́СОМ** и т. п.), *перед кем.* Ластиться, подлизываться, стараться понравиться.

СТЕ́ЛЬКА, -и, *ж.* **1.** Глупый человек. *~ неграмотная.* **2.** Пьяный. *Приполз ~ ~ой.* **3.** Проститутка. ♦ **В ~у (пьян)** — очень сильно.

СТЕНА *см.* **А Я НА МОТОЦИКЛЕ ПО СТЕНЕ**

♦ **СТЕНА́ ПЛА́ЧА** — школьная доска.

СТЕНД, -а, *м.*, **СТЕНДЫ́**, -о́в, *мн.* Половая потенция; хорошее, бодрое самочувствие.

Возм. от англ. to stand — стоять.

СТЕНДЫ* *см.* **ЛОМАТЬ СТЕНДЫ; СТЕНД**

СТЕ́НКА, -и, *ж.* Расстрел; *шутл.* о каком-л. наказании. *К ~е тебя, троцкиста нехорошего!*

СТЕНКА* *см.* **В СТЕНКУ ВПЕЧАТАТЬ(СЯ); ВСЕ СТЕНКИ СОБРАТЬ; ЕСЛИ В СТЕНКЕ ВИДИШЬ ЛЮК, НЕ ВОЛНУЙСЯ: ЭТО ГЛЮК; ЖЕЛУДОЧНЫЙ СОК ПРОГРЫЗАЕТ СТЕНКИ ЖЕЛУДКА; ПО СТЕНКЕ РАЗМАЗАТЬ; ПРИЖАТЬ (ПРИСЛОНИТЬ) К ТЁПЛОЙ СТЕНКЕ (В ТЁМНОМ МЕСТЕ); ХОРОШ, КОГДА СПИТ ЗУБАМИ К СТЕНКЕ; ХОТЕТЬ ПРИЖАТЬСЯ ЗУБАМИ К ТЁПЛОЙ СТЕНКЕ**

СТЁПА, -ы, **СТЁПКА**, -и, **СТЕПЬ**, -и́, **СТИ́ПА**, -ы, **СТИ́ПКА**, -и, **СТИПУ́ХА**, -и, *ж.*, **СТИП**, -а, *м.*, Стипендия.

Из *студ.*

СТЕПЬ* *см.* **В КАКОЙ СТЕПИ?**

СТЕ́РВИС, -а, *м. Ирон.* Сервис.

Намёк на общеупотр. *прост.* «стерва».

СТЕРИ́ЛЬНЫЙ, -ая, -ое. **1.** Не имеющий денег, безденежный. **2.** Ничего не знающий (об экзамене и т. п.).

2. — из *шк.* или *студ.*

СТИЛЯ́ГА, -и, *м.* Тот, кто носит немодную одежду; провинциал.

Ср. общеупотр. *устар.* «стиляга» — молодой человек, слепо следующий крикливой моде; от общеупотр. «стиль»; возм. наложение с *диал.* «скиляга», «скиляжничать».

СТИП, СТИПА, СТИПКА, СТИПУХА *см.* **СТЁПА**

♦ **СТИРА́ЛЬНАЯ ДОСКА́** — **1.** Опасная, неровная, в выбоинах дорога; ребристый край шоссе. **2.** Женщина с плоской фигурой.

♦ **СТИРА́ТЬ НОСКИ́** — отдыхать, делать перерыв в работе.

СТИРКА *см.* **БОЛЬШАЯ СТИРКА; РУЧНАЯ СТИРКА**

СТО *см.* **БЫТЬ СТО ЛЕТ НЕ НУЖНЫМ; КИТАЕЦ; НА ТЕБЕ, КОЗЁЛ ВОНЮЧИЙ...; СМИРНЫЙ, КАК СТО ОБЕЗЬЯН В КЛЕТКЕ**

СТОГРАММЕ́ШНИК, -а, *м.*, **СТОГРАММУ́ХА**, -и, *ж.* Рюмка, стопка на сто граммов. *Стограммешник пропустить* (выпить).

СТОИТЬ *см.* **СУП СОЛЁНЫЙ СТО́ИТ РУПЬ**

СТО́ЙЛО, -а, *ср.* **1.** Кабинет, офис, рабочее место. *Я теперь без ~а, меня на бесстойловое содержание перевели* (лишили кабинета). **2.** ЗАГС. *Где расписались-то? — В нашем районном ~е.* ♦ **Загнать в ~** *кого* — заставить на себе жениться.

СТОКОВА́ТЬСЯ, -ку́юсь, -ку́ешься; *сов., с кем о чём.* Договориться, прийти к соглашению.

От **ТОКОВАТЬ**.

СТОЛ *см.* **КАКОВ СТОЛ, ТАКОВ И СТУЛ; МЕТАТЬ ВСЁ НА СТОЛ; МОРДОЙ ОБ ЗАБОР (ОБ СТОЛ, ОБ ТЭЙБЛ)**

СТОЛБ *см.* **ДОХОДИТ КАК ДО ТЕЛЕГРАФНОГО СТОЛБА; НЕ ПЬЁТ ТОЛЬКО ТЕЛЕГРАФНЫЙ СТОЛБ...; ПРИКИДЫВАТЬСЯ СТОЛБОМ ФОНАРНЫМ; ТЕЛЕГРАФНЫЙ СТОЛБ**

СТОЛБЕЦ *см.* **ЛЕПИТЬ СТОЛБЕЦ**

♦ **СТО ЛЕТ В ОБЕ́Д** — давно; много лет (напр. о возрасте).

СТОЛЕТИЕ *см.* **ГРАНЁНЫЙ; ОТМЕЧАТЬ СТОЛЕТИЕ КАНАРЕЙКИ; ОТМЕЧАТЬ СТОЛЕТИЕ ЛОШАДИ БУДЁННОГО; ОТМЕЧАТЬ СТОЛЕТИЕ РУССКОЙ БАЛАЛАЙКИ**

СТОЛИ́ЦА, -ы, *ж.*, *собств.* **1.** Сигареты «Столичные». **2.** Водка «Столичная».

СТОЛОВА́Й, -я, *м.*, **СТОЛО́ВКА**, -и, *ж.* Столовая.

СТОЛЫ́ПИН, -а, *м.* Пассажирский вагон (часто об общем, переполненном). *Туда в ~е, а обратно, как графья, в купе.*

От назв. грузового вагона конца XIX — начала XX в., пущенного в эксплуатацию при П. А. Столыпине и затем приспособленного для перевозки заключённых.

СТО́ЛЬНИК, -а, **СТО́ЛЬНИЧЕК**, -чка, *м.* Сто рублей.

Возм. через *уг.* в том же зн.

СТОМЕТРО́ВКА, -и, *ж.*, *собств.* Пространство, тротуар перед зданием Госдумы в Москве.

СТОН, -а, *м.* и в зн. *сказ.* (или **~ СО СВИСТОМ**). **1.** Общеэмоциональный эпитет. *~ со свистом, а не работа* (лёгкая). *~ы печальные, а не жизнь* (тяжёлая). **2.** в зн. *межд.* Выражает любую эмоцию. *~ со свистом, пришёл-таки!* (радость или огорчение и т. п., в зависимости от ситуации, от чьего-л. прихода).

СТОН* *см.* **ЭТОТ СТОН У НАС ПЕСНЕЙ ЗОВЁТСЯ**

♦ **СТО ОЧКО́В** — **1.** Выражает удовлетворение чем-л., напр.: *Как дела? — Сто очков.* **2.** *нареч.* и *вводн. сл.* Точно, наверняка. *Он, сто очков, уже дома сидит.*

СТОПАРЕ́ВИЧ, -а, **СТОПАРЕ́Ц**, -рца́, **СТОПА́РЬ**, -я́, *м.* Стопка.

Возм. через *уг.*

См. также **ЗДЕСЬ БЕЗ ПИВА (БЕЗ ПОЛ-ЛИТРА, БЕЗ ГРАММУЛЬКИ, БЕЗ СТОПАРЯ) НЕ РАЗОБРАТЬСЯ**

СТО́ПАТЬ, -аю, -аешь; **СТО́ПИТЬ**, -плю, -пишь; *несов.* (*сов.* **СТО́ПНУТЬ**, -ну, -нешь), *кого.* **1.** Останавливать, пресекать чьи-л. действия. **2.** Ловить машину. *Стопни грузовуху. Таксо не стопай, не поедет.*

От «стоп», англ. stop; возм. влияние *уг.*

СТОПИ́СТ, -а, *м.* Тупой, недогадливый, медленно соображающий человек.

См. **СТОПАТЬ**.

СТОПИТЬ *см.* **СТОПАТЬ**

СТО́ПНИК, -а, *м.* Карта автомобильных дорог.

См. **СТОПАТЬ**.

СТОПНУТЬ *см.* **СТОПАТЬ**

СТО́ПОМ, *нареч.* На попутных машинах.

СТОПОРИ́ЛО, -а, *ср.* или *м.*, **СТОПОРИ́ЛЬНИК**, -а, *м.* **1.** Кража, ограбление. **2.** Грабитель, налётчик.

От **СТОПОРИТЬ**.

СТОПОРИ́ТЬ, -рю́, -ри́шь; *несов.* **1.** *кого-что.* Грабить, обирать, совершать налёт. **2.** *в чём, на чём* и *без доп.* Испытывать трудности в понимании, запоминании чего-л.; соображать с трудом.

1. — от *уг.* «сто́пор», «стопорка» — грабёж, налёт, разбой, нападение на дороге.

СТОПОРИ́ТЬСЯ, -рю́сь, -ри́шься; *несов.* То же, что **СТОПОРИТЬ 2.**

♦ **СТО ПРОЦЕ́НТОВ**; **СТО ПУДО́В**. — **1.** Выражает удовлетворение чем-л. **2.** *нареч.* и *вводн. сл.* Точно, наверняка, да, напр.: *Покупаем? — Сто процентов. Вот дурацкая книга! — Сто пудов!*

СТОРОЖ *см.* **ПОКОЛЕНИЕ ДВОРНИКОВ И СТОРОЖЕЙ**

СТОРОНА *см.* **В СТОРОНУ**; **ЗАКРОЙ ДВЕРЬ С УЛИЦЫ (С ОБРАТНОЙ, С ТОЙ СТОРОНЫ)**

СТОЧИТЬ *см.* **СТАЧИВАТЬ**

СТОЯ́К, -а́, *м.* **1.** Охранник, телохранитель. **2.** Эрекция.

2. — от **СТОЯТЬ**.

СТОЯ́ТЬ, обычно употр. в *3 л. ед.*, стои́т, *несов.*; *у кого.* О характеристике мужской потенции. *У него уже с революции не стои́т* (о старике). ♦ **Стои́т** *у кого на что* — кто-л. хочет чего-л., способен на что-л., испытывает энтузиазм, напр.: *У меня на работу ну никак не стои́т* (не хочу работать).

См. также **НА МОСТУ СТОЯЛИ ТРОЕ...**

СТОЯТЬ* *см.* **СТРЁМ**; **ЦИРЛЫ**; **Я СТОЮ НА АСФАЛЬТЕ, В НОВЫХ ЛЫЖАХ ОБУТЫЙ...**; **ЧТОБ ХРЕН СТОЯЛ И ДЕНЬГИ БЫЛИ**; **ЯЩИК**

♦ **СТОЯ́ТЬ!** — восклицание, выражающее любую эмоцию.

Возм. из арго митьков.

♦ **СТОЯ́ТЬ НА УША́Х** (или **НА БРОВЯ́Х, НА РОГА́Х**) — бурно веселиться, гулять, дебоширить.

СТОЯТЬ НА ШУХЕРЕ *см.* **ШУХЕР**

♦ **СТОЯ́ТЬ НА Я́КОРЕ** (или **НА ПРИКО́ЛЕ**) — бездельничать.

СТОЯТЬ У МАРТЕНА *см.* **МАРТЕН**

СТОЯ́ЧКА, -и, *ж.* **1.** Кафе, пивная, закусочная без сидячих мест. **2.** То же, что **СТОЯК 2**.

СТРАДА́ТЬ, -а́ю, -а́ешь; *несов.*, *чем* и *без доп.* (или **~ ФИГНЁЙ**, **~ ГЕМОРРО́ЕМ** и т. п.). Заниматься ерундой, пустым делом.

СТРАНА *см.* **ПОЛЕ ЧУДЕС В СТРАНЕ ДУРАКОВ**; **ТРУБА**

♦ **СТРАНА́ ДУРАКО́В** — бывший СССР; Россия.

Из сказки А. Толстого «Золотой ключик, или Приключения Буратино».

СТАННОВА́СТЕНЬКИЙ, -ая, -ое. Странный, необычный (с оттенком иронии).

СТРАШЕН *см.* **РАШН САМ СЕБЕ СТРАШЕН**

СТРАШИ́ЛКА, -и. **1.** *ж.* Нарочито жуткая детская история. **2.** *ж.*, *ирон.* Фильм ужасов. **3.** *м.* и *ж.* Некрасивый человек (чаще о женщине).

♦ **СТРАШНЕ́Е ПУСТО́ГО СТАКА́НА** (или **СТАКАНА́**) *что — ирон.* о чём-л. ужасном.

СТРАШНИ́ЛА, -ы, **СТРАШНИ́ЛКА**, -и, **СТРАШНУ́ЛЯ**, -и, **СТРАШО́НКА**, -и, *м.* и *ж.*, **СТРАШО́К**, -шка́, **СТРАШО́ЧЕК**, -чка, *м.* То же, что **СТРАШИЛКА 3**.

СТРАШНО *см.* **КАК В СКАЗКЕ, ЧЕМ ДАЛЬШЕ, ТЕМ СТРАШНЕЕ**

СТРА́ШНЫЙ, -ая, -ое. **1.** Некрасивый, немодный. **2.** Старший (в номенклатуре арм. званий). *~ лейтенант.* ♦ **~, как моя жизнь** — *ирон.* о чём-л. нехорошем, некрасивом, неприятном.

2. — из *арм.*

СТРАШНЫЙ* *см.* **БЛЕСК**; **СТРАШНЕЕ ПУСТОГО СТАКАНА**; **Я СТРАШНЫЙ-СТРАШНЫЙ СИФИЛИС**

СТРАШОК, СТРАШОНКА, СТРАШОЧЕК *см.* **СТРАШНИЛА**

СТРЕКОЗЁЛ, -зла́, *м.* *Ирон.-шутл.* О любом человеке.

«стрекоза» + «козёл».

СТРЕЛА́, -ы́, **СТРЕ́ЛКА**, -и, *ж.* **1.** Место, где что-л. намечается, делается, происходит; встреча, свидание, рандеву. *У меня в три стрела. Бегу на стрелку. Как всегда, на стреле.* **2.** Шприц или игла от шприца. ♦ **Забить стрелку** *с кем* — назначить встречу.

См. также **ПЕРЕВЕСТИ СТРЕЛКУ**

2. — из *мед.* или *нарк.*

СТРЕЛО́К, -лка́, *м.* **1.** Тот, кто просит, выпрашивает что-л. *Это известный ~ за трёшками до завтра.* **2.** Нищий. *Всё метро в ~лка́х. ~лки́-то не моются, вот и вонь в переходах.* **3.** Жулик, вор (обычно мелкий, карманник).

Ср. *уг.* и *нарк.* «стрелок» — нищий, наркоман, выпрашивающий остатки наркотиков; от **СТРЕЛЯТЬ**, **СТРЕЛЬНУТЬ**.

СТРЕ́ЛОЧНИК, -а, *м.* Помощник шулера.

Из *уг.* или *карт.*

СТРЕЛЯ́ТЬ, -я́ю, -я́ешь; *несов.* (*сов.* **СТРЕЛЬНУ́ТЬ**, -ну́, -нёшь и **СТРЕ́ЛЬНУТЬ**, -ну, -нешь). **1.** *что у кого.* Просить что-л. *Стрельни закурить.* **2.** *только несов., без доп.* Заниматься профессиональным нищенством. **3.** *что у кого.* Воровать, красть. *У меня кошель стрельнули. Сейчас в затирку в метро круто стреляют.* **4.** *на кого-что.* Смотреть.

От *уг.* «стрелять» — попрошайничать, нищенствовать; *ср.* «стрелять на якоре» — нищенствовать сидя, «стрелять саватейки» — бродяжничать, «стрелять за кем-л.» — ходить за кем-л. и т. п.

СТРЕЛЯТЬ* *см.* **ПОГРАНИЧНИК ДОЛЖЕН СТРЕЛЯТЬ, КАК КОВБОЙ...**

СТРЁМ, -а, *м.*, **СТРЁМКИ**, стрёмок, *мн.* Страх, тревога, беспокойство; бдительность, готовность к чему-л. *Я на стрёмках с самого утра.* ♦ **Быть** (или **стоять**) **на стрёме** — караулить, сторожить, быть бдительным.

Уг. «стрём» — следи, смотри, высматривай, сторожи, «стрёма» — то же, что «стрём», а также опасность, «стрёмить» — стоять на страже при совершении преступления, «стремь» — опасность, «стремно» — боязно, опасно и т. п.

СТРЕМА́ТЬ, -а́ю, -а́ешь, **СТРЁМИТЬ**, -млю, -мишь; *несов., кого чем.* Пугать, запугивать. *А ты меня не стремай, я и так боюсь.*

От **СТРЁМ**.

СТРЕМА́ТЬСЯ, -а́юсь, -а́ешься, **СТРЁМИТЬСЯ**, -млюсь, -мишься; *несов., кого-чего.* Бояться. *При как танк, пусть бабы стремаются.*

От **СТРЁМ**.

СТРЁМИТЬ *см.* **СТРЕМАТЬ**

СТРЁМИТЬСЯ *см.* **СТРЕМАТЬСЯ**

СТРЁМКА, -и, **1.** *ж.* То же, что **СТРЁМ**. **2.** *м.* и *ж.* Тот, кто следит, сторожит что-л.

СТРЁМКИ *см.* **СТРЁМ**

СТРЁМНО, *нареч.* и в зн. *сказ.* Опасно, боязно, страшно. *Чего-то мне ~ домой идти.*

От **СТРЁМ**.

СТРЁМНЫЙ, -ая, -ое. Опасный; сильный, крутой (о характере); бесстрашный, резкий. *~ чувак* — человек, от которого неизвестно чего ждать, сорвиголова.

От **СТРЁМ**.

СТРЁМЩИК, -а, *м.* **1.** Тот, кто сторожит, караулит что-л. **2.** Трус, малодушный человек.

От **СТРЁМ**.

СТРИПТИ́ЗИТЬ, *1 л. ед.* обычно не употр., -ишь; *несов.* Работать манекенщицей, стриптизёршей.

От общеупотр. «стриптиз».

СТРИПТИ́ЗКА, -и, **СТРИПТИ́ЗНИЦА**, -ы, *ж.* Манекенщица, стриптизёрка.

От **СТРИПТИЗИТЬ**.

СТРИТ, -а (или -а́), *м.* **1.** Улица. *По ~у́ гулять. На ~е встретились. По ~ам шлёндрать* (болтаться, шляться). **2.** *собств.* Улица Старый Арбат в Москве. ♦ **Будет и на нашем ~у́ селебрейшен** (или **холидей**) — *шутл.* травестированное макароническое «Будет и на нашей улице праздник».

Англ. street — улица.

СТРИТО́ВЫЙ, -ая, -ое. Уличный. *~ая путана* — проститутка. *~ тусовщик* — завсегдатай каких-л. уличных компаний.

От **СТРИТ**.

СТРИЧЬ, -игу́, -ижёшь; *несов.* **1.** *за кем.* Следить за кем-л. **2.** То же, что **СОСТРИГАТЬ** во всех зн.

СТРИЧЬ* *см.* **ИДИ ЛАМПОЧКИ (ЁЖИКОВ) СТРИЧЬ**

♦ **СТРИЧЬ** (или **ЗАСТРИГА́ТЬ**, **ПОДСТРИГА́ТЬ**, **КРОМСА́ТЬ**) **ПОЛЯ́НУ** — собирать информацию, разузнавать что-л.

Возм. от *уг.* «стричь поляну» — быть сотрудником милиции, доносить, работать на милицию.

СТРОГА́ТЬ, -а́ю, -а́ешь; *несов., кого.* Рожать детей (обычно — в большом количестве, чаще в адрес отца). *~ает одного за другим.*

СТРОГА́Ч, -а́, **СТРОГАЧЕ́ВСКИЙ**, -ого, *м.* Строгий выговор. *Запиндюрить ~ого* — объявить строгий выговор.

СТРОИТЬ *см.* **ЦЕЛКА**

СТРОЙКА *см.* **ПРИДАВЛЕННЫЙ**

СТРОЯ́К, -а́, *м.* Строительный отряд. *Работал в ~е. Летний ~. Зимний ~. Со ~а подработал.*

СТРУЖКА *см.* **ГНАТЬ**.

СТРУНА́, -ы́, *ж.* Игла, шприц.

Из *нарк.*

СТРУХА́ТЬ, -а́ю, -а́ешь; *сов., чего.* Испугаться.

От **ТРУХАТЬ**.

СТРУЧО́К, -чка́, *м.* **1.** Мужской половой орган маленького размера. *С таким ~чком лежи ничком.* **2.** Молодой, неопытный. *~ ещё со мной спорить-то!*

СТРУЯ́, -и́, *ж.* Удача, везение. *Хорошая ~ пошла.*

СТРУЯ* *см.* **МОЩНОЙ СТРУЁЙ**

СТРУЯ́ЧИТЬ, -чу, -чишь, **СТРУЯ́ЧИТЬСЯ**, -чусь, -чишься; *несов., без доп.* Бить струёй, сочиться; идти полным ходом (о каком-л. деле). *Батарея струячится* (протекла). *Давай, струячь вовсю* (беги).

СТРЯСТИ́СЬ, -су́сь, -сёшься; *сов., во что* и *без доп.* Сыграть в «трясучку» (или вообще в какую-л. азартную игру).

Возм. из *детск.* или *шк.*

СТРЯ́ХИВАТЬСЯ, -аюсь, -аешься; *несов.* (*сов.* **СТРЯХНУ́ТЬСЯ**, -ну́сь, -нёшься). **1.** То же, что **СТРЯСТИСЬ**. **2.** *откуда, с чего.* Уходить, спрыгивать, убегать. *Стряхивайся отсюда* (в поезде). *С глаз моих стряхнись* — уйди.

СТУ́ДЕНЬ, -дня, *м.* **1.** Толстый человек; жир, брюхо. *Малый со ~днем* (толстый). *Эй, ~ копытный! ~дню-то в нём на всю зиму на две роты.* **2.** Студент. **3.** Рохля, слабовольный человек.

СТУ́ДИК, -а, *м.* **1.** Студент. **2.** Студенческий билет.

Из *студ.*

СТУКА́ЛЬЧИК, -а, *м.* Стукач, доносчик. *Экий ты мальчик-~.*

См. **СТУКАЧЕСТВО**.

СТУКА́Ч, -а́, *м.* Барабанщик, ударник.

Из *муз.*

СТУКА́ЧЕСТВО, -а, *ср.* Практика доносов.

От общеупотр. *прост.* «стукач» — доносчик, «стучать» — доносить на кого-л.; из *уг.*

СТУКАЧЕСТВОВАТЬ *см.* **СТУКАНИТЬ**

СТУКАЧО́К, -чка́, *м.* Стукач, доносчик.

СТУЛ, -а, *м.* (или **~ ДЫРЯ́ВЫЙ**). Унитаз.

СТУЛ* *см.* **КАКОВ СТОЛ, ТАКОВ И СТУЛ; ПОСТОЯНСТВО ХОРОШО ТОЛЬКО В УТРЕННЕМ СТУЛЕ**

♦ **СТУЛ НОРМА́ЛЬНЫЙ** — *ирон.* всё хорошо, всё в порядке.

СТУЛЬЧА́К, -а́, *м.* Зад, задница. *~о́м ударился.*

СТУ́ЛЬЧИК, -а, *м.* Ябеда, доносчик.

Из *шк.*; контаминация «стул» и «стучать» в зн. доносить, «стукач» — доносчик.

СТУПЕНЬ *см.* **ТРИ СТУПЕНИ**

СТУПЕНЬКА *см.* **ТРИ СТУПЕНЬКИ**

СТУСОВА́ТЬСЯ, -су́юсь, -су́ешься; *сов., с кем* и *без доп.* Познакомиться, подружиться, сблизиться.

Ср. **РАСТУСОВАТЬСЯ**; от **ТУСОВАТЬСЯ**.

СТУХА́ТЬ, -а́ю, -а́ешь; *несов.*; (*сов.* **СТУ́ХНУТЬ**, -ну, -нешь), *без доп.* Прекращать что-л. делать; разувериваться, разочаровываться в чём-л.; терять запал, энтузиазм. *Стухни* — замолчи, уйди. *На работе все стухают помаленьку, сокращения ждут.*

СТУЧАТЬ *см.* **ЛУЧШЕ СТУЧАТЬ, ЧЕМ ПЕРЕСТУКИВАТЬСЯ; СЕРДЦЕ В ШТАНАХ СТУЧИТ(БЬЁТСЯ)**

♦ **СТУЧА́ТЬ (БИТЬ) СЕБЯ́ ПЯ́ТКОЙ В ГРУДЬ** — клясться, доказывать свою правоту, убеждать кого-л. в чём-л.

Ирон. травестирование общеупотр. «стучать себя кулаком в грудь».

СТЫ́БЗИТЬ, -бзю (или -бжу), -бзишь; *сов., что, у кого.* Украсть.

Из *шк.*, *детск.*; *ср.* **СТЫРИТЬ**

СТЫДЛИ́ВЫЕ, -ых, *мн.* Трусы (обычно о так называемых слипах — мужском белье типа плавок с отверстием-кармашком на гульфике).

СТЫ́РИВАТЬ, -аю, -аешь; *несов.* (*сов.* **СТЫ́РИТЬ**, -рю, -ришь), *что у кого.* Воровать, красть.

От **ТЫРИТЬ**.

СТЫ́РЩИК, -а, *м.* Вор; тот, кто украл что-л.

От **СТЫРИТЬ**.

СТЭ́ЙТМЕНТ, -а, *м. Ирон.* Какое-л. утверждение, высказывание (обычно клишированное, пошлое).

От англ. statement — положение, утверждение.

СУАРЭ́, **СУВАРЭ́**, *нескл.*, обычно *ср.* Вечеринка, попойка.

Фр. soirée в том же зн.

СУББОТА *см.* **ЧЁРНАЯ СУББОТА**

СУБРВО́ТНИК, -а, *м. Шутл.* Субботник.

От общеупотр. «субботник» + «рвота».

СУ́БЧИК, -а, *м. Шутл.* О любом человеке (часто о хлипком, слабом или о педерасте).

Возм. от общеупотр. «субъект» в зн. какой-л. человек; *см.* также **СУПЧИК**.

♦ **СУБЪЕ́КТЫ ПЕДЕРА́ЦИИ** — *ирон.* о т. н. сексменьшинствах.

Аллюзия к термину «субъект федерации».

СУВАРЭ *см.* **СУАРЭ**

СУГЛОКРУ́ТОЧНО, *нареч. Шутл.* Круглосуточно.

♦ **СУ́ДОРОГИ, ПОНО́С, СМЕРТЬ** — шутл. ответ на вопросы «что дальше?», «что потом?» и т. п.

СУ́ДОРОЖНЫЕ, -ых, *мн.* Суточные.

От общеупотр. «судороги»; намёк на низкую оплату командировки; из речи командировочных.

СУДЬБА *см.* **ОБЛОМОК (СУДЬБЫ); ОКУРОК (СУДЬБЫ); ПЛЕВОК ПРИРОДЫ (СУДЬБЫ, ФОРТУНЫ).**

СУЕТИТЬСЯ *см.* **КЛИЕНТ**

♦ **СУИЦИ́Д ЗАМУ́ЧИЛ** *кого* — о какой-л. навязчивой идее, тоске, дурном расположении духа.

Ср. **СУИЦИДНЫЙ**.

СУИЦИ́ДНЫЙ, -ая. О человеке, который подвержен тоске, сплину, навязчивым идеям, неуравновешенном, непредсказуемом и т. п.

От «суицид» — самоубийство.

СУ́КА, -и, *ж.*, **СУЧА́РА**, -ы, *м.* и *ж.*, **СУЧО́К**[1], -чка́, *м.* Руг. с самым широким зн. *Сука мокрохвостая* — о проститутке. ♦ **Сука ты, а не моряк** (или **не матрос**) — шутл. инвектива. **Сука рваная, сука в ботах** — *бран.*

См. также **НЕ РУБИ СУК, НА КОТОРЫХ СИДИШЬ**

Возм. влияние *уг.* «сука» — предатель, доносчик, агент милиции, начальник угрозыска, милиционер (то же — «сук»), вор, отошедший от уг. мира.

СУЛЕ́ЙКА, -и, *ж.* Водка, спиртное.

Ср. *устар.* «сулейка», «сулея», «суленица» — склянка, винная бутыль, полуштоф, фляга; возм. через *уг.*

♦ **С УЛЁТОМ** *кто* — дурак, сумасшедший, странно себя ведущий.

СУЛТА́Н, -а, *м.* Наркотик солутан.

Из *нарк.*; *ср.* **САЛЮТ.**

СУЛТЫ́ГА, -и, *ж.* Водка, спиртное.

Возм. от *уг.* в том же зн.; возм. имеет связь с устар. разг. фразеологизмом «на свой салтык» — на свой лад; в некоторых тюрк, языках слово «салтык» имеет зн. «хромой».

СУЛЬФА́, -ы, *ж.* Сульфазин, вещество, одно время активно использовавшееся в качестве наркотического средства.

Из *нарк.*

СУМА́ТИК, -а, *м.* Сумасшедший.

СУНДУ́К, -а́, *м.* **1.** Большой, сильный человек. **2.** Дурак, тупица. **3.** Мичман. **4.** Прапорщик. **5.** Сверхсрочник (в армии). **6.** Номерное учреждение, «почтовый ящик».

2. — возм. от *уг.* «сундук» — человек, не знающий, что он имеет дело с ворами; 3., 4., 5. — из *арм.*

♦ **СУНДУ́К С КЛОПА́МИ** — руг.

СУ́НУТЬ, -ну, -нешь; *сов., кому.* **1.** Вступить в половую связь с кем-л. (о мужчине). **2.** Ударить кого-л. ♦ **~нул, вынул и пошёл** (или **и бежать**) — о безответственности мужчин в половых связях.

Возм. через *уг.*

СУП *см.* **ПОТОМ — СУП С КОТОМ**

СУ́ПЕР, -а, *м.* **1.** Подросток (обычно с 12–13 до 15–16 лет). **2.** В зн. *межд.* Хорошо, отлично.

Из *шк.*, *студ.*

СУПЕРМОРДОБО́Й, -я, **СУПЕРМОРДОБО́ЙНИК**, -а, *м.* Супербоевик.

СУ́ПЕР-ПУ́ПЕР, су́пера-пу́пера (или су́пер-пу́пера), *м. Шутл.* **1.** Что-л., считающееся хорошим, отличным. **2.** Человек с высоким самомнением.

Пародирование модного варваризма «супер» (super), часто используемого в рекламе и т. п.

СУП ИЗ КОНСКИХ ЗАЛУП *см.* **ЗАЛУПА**

♦ **СУПОВО́Й НАБО́Р** — худой человек (обычно о женщине).

♦ **СУП СОЛЁНЫЙ СТО́ИТ РУПЬ** — ирон. переосмысление аббрев. «СССР».

СУ́ПЧИК, -а, *м. Ирон.* О любом человеке.

См. также **СУБЧИК**; *ср. уг.* «супник», «супчик» — педераст, сутенёр, сводник, альфонс.

СУРИНАМСКИЙ *см.* **ПИПА СУРИНАМСКАЯ**

СУРЛО́, -а́, *ср.* Лицо, морда.

См. **СУРЛЯТЬ**, *ср. прост.* «мурло».

СУРЛЯ́ТЬ, -я́ю, -я́ешь; *несов., без доп.* **1.** Мочиться. **2.** Останавливаться при исполнении музыкального произведения, делать паузу.

1. — возм. из *уг.*; возм., связано с *устар.* «сурля», «сурна» — дудка, морда; 2. — из *муз.*

СУРО́ВЫЙ, -ая, -ое. Общенегативный эпитет. *~ые дела. ~ая задачка.*

СУСА́ЛКА, -и, *ж.* Сусальное золото на иконе; икона с сусальным золотом. *Айк* (икона) *в ~е.*

Из жарг. фарцовщиков.

СУСА́НИН, -а, *м.* Тот, кто не ориентируется на местности, идёт в неизвестном направлении.

И. Сусанин — легендарный народный герой.

СУСА́НИТЬ, -ню, -нишь; *несов., где* и *без доп.* Блуждать, бродить, путаться, не знать дороги. *Долго ~-то будем?*

От **СУСАНИН.**

СУ́ТОЧНИК, -а, *м.* Хулиган, осужденный на 10–15 суток административного ареста.

СУТРАПЬЯ́Н, -а, *м.* Армянин.

Шутл. от рус. «с утра пьян», имитируется армянская фамилия.

СУФЛЁРИТЬ, -рю, -ришь; *несов., кому* и *без доп.* Подсказывать.

Из *шк.* или *студ.*

СУХА́ГО, *нескл.*, **СУ́ХЕНЬКОЕ**, -ого, *ср.*, **СУХАРЕ́ВИЧ**, -а, **СУХА́РЬ**[1], -я́, **СУХА́Ч**, -а́, **СУХАЧЕ́ВСКИЙ**, -ого, **СУШНЯ́К**[1], -а́, **СУШНЯЧО́К**, -чка́, *м.* Сухое вино.

СУХА́РЬ[2], -я́, *м.* Худой, тощий человек.

СУХАЧ, СУХАЧЕВСКИЙ *см.* **СУХАГО**

СУХЕНЬКОЕ *см.* **СУХАГО**

♦ **СУХИ́Е ДРОВА́ ЖА́РКО ГОРЯ́Т** — *ирон.* о темпераменте худых женщин.

СУХОДРО́ЧКА, -и, *ж.* Пустое, бессмысленное занятие.

От общеупотр. «сухой» + **ДРОЧИТЬ.**

СУХО́Й, -а́я, -о́е. Трезвый. ♦ **~ онанизм** — безрезультатное, пустое дело.

СУХПА́Й, -я, *м.* Сухой паёк.

Сокращ.

СУЧАРА *см.* **СУКА**

СУЧА́РИТЬ, -рю, -ришь, **СУЧА́РИТЬСЯ**, -рюсь, -ришься, **СУ́ЧИТЬСЯ**, -чусь, -чишься; *несов., без доп.* Делать что-л. плохое, подлое; иметь плохой характер (о человеке).

От **СУКА, СУЧАРА.**

СУ́ЧИЙ, -ья, -ье. Общеотрицательный эпитет. *~ ты по́трох, а не друг. Ах, эти ~ьи правители!*

СУЧИЙ ПОТРОХ *см.* **ПОТРОХ**

СУЧИТЬСЯ *см.* **СУЧАРИТЬ**

СУЧОК[1] *см.* **СУКА**

СУЧО́К[2], -чка́, *м.* **1.** Некачественная водка; самогон. **2.** часто *мн.* Руки. *Я тебе сучки-то обрублю, чтоб за чужим не тянулся.*

СУЧОК* *см.* **ПОШЁЛ В КОРЕНЬ (В СУЧОК)**

СУШЁНЫЙ, -ого, *м. Ирон.* О худом, тощем человеке.

СУШЁНЫЙ* *см.* **ГЕРАКЛ (СУШЁНЫЙ)**

♦ **СУШИ́ ВЁСЛА** — отдыхай, всё, работа закончена.

СУШИ́ЛКА, -и, *ж.* Тюрьма, милиция.

Из *уг.*

♦ **СУШИ́ ПОРТЯ́НКИ** — отдыхай, всё, работа окончена, амба.

Из *арм.*

СУШИТЬ *см.* **ВАФЛИ СУШИТЬ; ЁК; СУШИ ПОРТЯНКИ; ТРУБЫ ГРЕТЬ (СУШИТЬ, ЗАЛИВАТЬ)**

СУ́ШКА, -и, *ж. собств.* Истребитель системы СУ. *На ~е кобру* (фигура высшего пилотажа) *видел?*

СУШЛИ́ТЬ, -лю́, -ли́шь, *сов., в чём, с чем, на чём* и *без доп.* Схитрить, словчить, избежать чего-л. нежелательного, обмануть, проявить смекалку, ловкость. *~ил: зашёл без билета. ~ил на сигаретах.*

От «ушлый» — дошлый, смышлёный, ловкий.

СУШНЯК[1] *см.* **СУХАГО**

СУШНЯ́К[2], -а́, *м.* Похмелье. ♦ **~ долбит** *кого* — замучило похмелье.

СУШНЯЧОК *см.* **СУХАГО**

СХА́ВАТЬ, -аю, -аешь, *сов.* **1.** *что, чего, сколько* и *без доп.* Съесть. **2.** *что* и *без доп.* Проглотить обиду, выйти из какой-л. ситуации морально оскорблённым, униженным, не ответить на оскорбление.

От **ХАВАТЬ**

СХА́РМИТЬ, -млю, -мишь, **СХАРМИ́ТЬ**, -млю́, -ми́шь; *сов., кому, кого с чем* и *без доп.* Навредить, причинить зло; предать, выдать кого-л.

От **ХАРМИТЬ.**

СХА́ЦАТЬ, -аю, -аешь; *сов; что, чего, сколько* и *без доп.* Съесть. *~али всё подчистую.*

От **ХАЦАТЬ.**

СХВАТИТЬ *см.* **ЖОПА; НЕ ССЫ В БОТФОРТ...; ШКИРМАН**

СХВАТИТЬ ЗА ЖАБРЫ (ПОД ЖАБРЫ, ЗА ГЛОТКУ, ЗА БЕЛОЕ МЯСО, ЗА ЗАДНИЦУ) *см.* **БРАТЬ (ВЗЯТЬ, СХВАТИТЬ) ЗА ЖАБРЫ...**

♦ **СХВАТИ́ТЬ КЛИНА́** — задуматься, застопориться, заклиниться (о человеке).

СХВА́ЧЕНО, в зн. *сказ.* Понятно, договорились, улажено, по рукам. *Ну что, с этим делом ~?* ♦ **Всё ~, за всё заплачено** *у кого — шутл.* о том, что всё хорошо.

СХЕРА́ЧИВАТЬ, -аю, -аешь; *несов.* (*сов.* **СХЕРА́ЧИТЬ**, -чу, -чишь), *что.* **1.** Заканчивать, исчерпывать что-л.; съедать, сжирать. *Три обеда схерачил и раком уполз.* **2.** Красть.

От **ХЕР.**

СХИПНУ́ТЬ, -ну́, -нёшь; *сов., куда, откуда.* Уйти, смотаться.

СХЛЁСТ, -а, *м.* Спор, бурное обсуждение чего-л.; инцидент, драка, потасовка. *Без ~а не обошлось.*

СХЛЕСТА́ТЬСЯ, -а́юсь, -а́ешься (или -ещу́сь, -е́щешься), **СХЛЕСТНУ́ТЬСЯ**, -ну́сь, -нёшься; *сов., с кем о чём.* **1.** Повздорить, поспорить. **2.** Сговориться, сойтись на чём-л.

Возм. через *уг.* от общеупотр. «хлестать», «хлестнуть».

СХОДИТЬ *см.* **К ЁЖИКУ СХОДИТЬ...; ТЫ БЫ ЕЩЁ В ТЕАТР СХОДИЛ!**

СХОДИТЬ В КУСТИКИ *см.* **КУСТИК**

♦ **СХОДИ́ТЬ В РЕСТОРА́Н «ЗЕЛЁНЫЙ ДРУГ»** — распить спиртное на улице, в парке и т. п.

СХОДИТЬ К БАБУШКЕ (или ПОЗВОНИТЬ БАБУШКЕ) *см.* **БАБУШКА**

СХОДИТЬ К ВИТАЛИКУ *см.* **ВИТАЛИК**

СХОДИТЬ К СТАСУ, ПОЗВОНИТЬ СТАСУ *см.* **СТАС**

СХО́ДКА, -и, *ж.* Распитие спиртного.

СХОДНЯ́К, -а́, *м. Ирон.* Собрание, сборище, коллективное выяснение каких-л. проблем. *Профсоюзный ~. Завтра ~ в министерстве. Директор замучил своими ~ами.*

Из *уг.* «сходня», «сходняк» — воровское собрание.

СХРЕНА́ЧИВАТЬ, -аю, -аешь; *несов.* (*сов.* **СХРЕНА́ЧИТЬ**, -чу, -чишь), *что.* Заканчивать что-л.; съедать, сжирать.

От **ХРЕН**.

♦ **С ХРЕ́НОМ НАПЕРЕВЕ́С** *кто, что делать — ирон.* о лавеласе, бабнике.

СХРУ́МАТЬ, -аю, -аешь; *сов., что* и *без доп.* Съесть.

От **ХРУМАТЬ**.

СЦЕНА *см.* **АВТОР, НА СЦЕНУ!**

СЧА́ВКАТЬ, -аю, -аешь; *сов., что.* Съесть.

От общеупотр. «чавкать»; *см.* также **ЧАВКАТЬ 2**.

♦ **СЧАСТЛИ́ВОГО ПУТИ́ И ЭЛЕКТРИ́ЧКУ НАВСТРЕ́ЧУ** *кому* — ирон. напутствие.

♦ **СЧАСТЛИ́ВЫЕ ТРУСО́В НЕ НАБЛЮДА́ЮТ** (или **НЕ НАДЕВА́ЮТ**) — шутл. переделка крылатого выражения из пьесы А. С. Грибоедова «Горе от ума»: «счастливые часов не наблюдают».

СЧАСТЬЕ *см.* **ОБЛОМОК СЧАСТЬЯ; ОГРЫЗОК СЧАСТЬЯ; ОКУРОК СЧАСТЬЯ**

♦ **СЧА́СТЬЕ — ЕСТЬ; ОНО́ НЕ МО́ЖЕТ НЕ ЕСТЬ** — шутл. реакция на чьи-л. рассуждения о том, что такое счастье, есть ли на свете счастье и т. п.

Каламбур, основанный на омонимичности форм *3 л. ед. ч. гл.* «быть» и инфинитива гл. «есть» в зн. «употреблять пищу».

СЧЁТ *см.* **НЕМЕЦКИЙ СЧЁТ**

СЧЁТЧИК *см.* **ВКЛЮЧИТЬ СЧЁТЧИК; ПОСТАВИТЬ НА СЧЁТЧИК**

СЧИСТИТЬ *см.* **ШЕРСТЬ**

♦ **СЧИТА́ЙТЕ МЕНЯ́ СИОНИ́СТОМ** — ирон. реплика перед каким-л. опасным, рискованным действием.

Передел. «считайте меня коммунистом».

СЧИТАТЬСЯ *см.* **ВОВРЕМЯ (БЫСТРО) ПОДНЯТАЯ СИГАРЕТА НЕ СЧИТАЕТСЯ УПАВШЕЙ**

♦ **СЧИТА́Ю ДО РАЗ** — шутл. угроза, призыв сделать что-л. быстро.

США, *нескл, аббрев.* Соединенные штаты Армении.

Шутл. переосмысл. общеупотр. аббрев.

СШИБА́ЛО, -а, *ср.* или *м.* **1.** Тот, кто много зарабатывает (часто о водителе, таксисте). **2.** Попрошайка, нищий; любитель попользоваться чем-л. за чужой счёт.

От **СШИБАТЬ**.

СШИБА́ТЬ, -а́ю, -а́ешь; *несов.* (*сов.* **СШИБИ́ТЬ**, -бу́, -бёшь). **1.** *что, сколько на чём.* Зарабатывать большие деньги. *Бабки* (деньги) *~. Хорошо на деле сшиб.* **2.** *что у кого* и *без доп.* Просить, попрошайничать. **3.** употр. только *в 3 л., кого-что.* Действовать на кого-л. опьяняюще, одуряюще (об алкогольных напитках). *Пиво не сшибает, от него только брюхо пухнет.*

СШИБАТЬ БАБКИ *см.* **БАБКИ**

СШИБИТЬ *см.* **СШИБАТЬ**

СШУША́РИТЬ, -рю, -ришь; *сов., что у кого.* Украсть.

От **ШУШАРИТЬ**.

СЪЕЗДАНУ́ТЫЕ, -ых, *мн.* Сторонники Верховного совета (во время неудачного государственного переворота в октябре 1993 г.).

Аллюзия к *бран.*

СЪЕ́ЗДИТЬ, -е́зжу, -е́здишь; *сов., кому куда.* Ударить кого-л. во что-л., куда-л. *~ в глаз.*

♦ **СЪЕ́ЗДИТЬ В РИ́ГУ** — о рвоте, тошноте.

Возм. из южных диалектов, смешивающих «ры» и «ри»; отсюда наложение *собств.* «Рига» и общеупотр. «рыгать».

♦ **СЪЕЗД: КТО КОГО́ СЪЕСТ** — *ирон.* о съездах коммунистов, демократов и т. п.

СЪЕЗДЮ́К, -а́, *м.* Участник съезда народных депутатов. *~и́! Перестаньте трахать конституцию!* (из плакатов на митинге).

Намёк на нецензурное; *ср.* **ЕЗДЮК**.

СЪЕЗЖА́ТЬ, -а́ю, -а́ешь; *несов.* (*сов.* **СЪЕ́ХАТЬ**, съе́ду, съе́дешь), *на чём, с чего* и *без доп.* (или **~ С КАТУ́ШЕК**). Сходить с ума.

СЪЁМ, -а, *м.*, **СЪЁМКИ**, -мок, *мн.* Знакомство с девушкой; место и время такого знакомства. *Мужики пошли на ~. Чего это ты со съёмок-то один, оробел нешто?*

От **СНИМАТЬ 1**.

СЪЕСТЬ, съем, съешь; *сов., что* и *без доп.* Безропотно проглотить обиду. *Съел увольнение как яичницу.*

СЪЕСТЬ* *см.* **ДЯДЯ; С ДЕРЬМОМ СЪЕСТЬ; САМИ ПОСЛЕДНЮЮ МЫШКУ СЪЕЛИ; СЪЕЗД; КТО КОГО СЪЕСТ; ТЫ ЧТО, МУХУ СЪЕЛ?; ХОТЕТЬ И РЫБКУ СЪЕСТЬ...**

СЪЕСТЬ (ПРОГЛОТИТЬ, ЗАГЛОТИТЬ) АСКОРБИНКУ *см.* **АСКОРБИНКА**

СЪЕСТЬ (СОЖРАТЬ) С ГОВНОМ (ВМЕСТЕ С ГОВНОМ) *см.* **ГОВНО**

СЪЕХАТЬ *см.* **СЪЕЗЖАТЬ**

♦ **СЪЕ́ХАТЬ С КАТУ́ШЕК** *на чём* и *без доп.* — сойти с ума, помешаться на чём-л.

СЫГРАТЬ *см.* **УПАКОВКА**

СЫГРАТЬ В БАНК *см.* **БАНК**

СЫГРАТЬ В ЖМУРКИ *см.* **ЖМУРКИ**

СЫГРАТЬ НА ГИТАРЕ *см.* **ГИТАРА**

СЫГРАТЬ ПОДЛЯНКУ *см.* **ПОДЛЯНКА**

СЫГРАТЬ (СДЕЛАТЬ, НЫРНУТЬ, ПРЫГНУТЬ, ПРОПИСАТЬСЯ) В ЯЩИК *см.* **ЯЩИК**

СЫКОПЛЯ́СКА, -и, *ж.* Девушка, девочка.

СЫН, -а, **СЫНО́К**, -нка́, *м.* (или **СЫНО́К ДРА́НЫЙ**). **1.** Молодой солдат. **2.** Ирон.-шутл. обращение.

1. — из *арм.*

СЫН БУЛОЧНИКА *см.* **БУЛОЧНИК**

СЫНОК *см.* **СЫН**

СЫ́ПАТЬ, -плю, -пешь; *несов.* (*сов.* **СЫПАНУ́ТЬ**, -ну́, -нёшь), *куда, откуда.* Идти, уходить. *Куда сыпешь? Сыпанули отсюда, пока не поздно.*

СЫПАТЬ* *см.* **НЕ СЫПЬ МНЕ СОЛЬ НА САХАР**

СЫПАТЬСЯ *см.* **ПЕСОК СЫПЕТСЯ; ПОРОХНЯ**

СЫР *см.* **БАБУШКИ, КРОМСАЙТЕ СЫР!**

СЫ́РНИК, -а, *м.* **1.** Лицо (обычно толстое, холёное). *~ номенклатурный. Это ещё что за ~?* **2.** Ирон. обращение.

СЫРОЕ́ЖКА, -и, *ж.* **1.** *Шутл.* О любом человеке. **2.** Обжора, думающий только о еде.

2. — *ср. уг.* в зн. «ворующий только продукты».

См. также **БЛАТНАЯ СЫРОЕЖКА; ДУРНАЯ СЫРОЕЖКА**

СЫРОЕЖКА* *см.* **КРУТОЙ**

СЫ́РОСТЬ, -и, *ж.* Слёзы, скандалы, истерика. ♦ ~ разводить — плакать.

СЫРОСТЬ* *см.* **ОТ СЫРОСТИ**

СЭМ, -а, *м.* Самогон.

На англ. манер.

СЭР *см.* **ХАЛЯВА**

СЮДА *см.* **СИДИТ МАРТЫШКА У ПРУДА...**

СЮДА Я БОЛЬШЕ НЕ ЕЗДЕЦ *см.* **ЕЗДЕЦ**

СЮР, -а, *м.* Что-л. странное, болезненное, необычное, заумное, абсурдное. *~ коммунальный* (о жизни в коммунальной квартире). *~, а не жизнь. Куда ни сунешься, один ~.*

Сокращ. от общеупотр. «сюрреализм», «сюрреалистический»; возм. изначально из арго художников, богемы.

СЮ́РИТЬ, -рю, -ришь, **СЮРИ́ТЬ**, -рю́, -ри́шь; *несов., без доп.* Делать что-л. необычное, абсурдное, сложное.

От **СЮР**.

СЮРНО́Й, -а́я, -о́е. Необычный, заумный, чудной.

От **СЮР**.

СЮРПРИЗ *см.* **КИНДЕР-СЮРПРИЗ**

СЯ́ВКА, -и, *м.* и *ж.* Неуважаемый человек.

Возм. передел. общеупотр. *разг.* «шавка» или от *уг.* в зн. «начинающий мелкий вор».

СЯ́ВКАТЬ, -аю, -аешь; *несов.* (*сов.* **СЯ́ВКНУТЬ**, -ну, -нешь). **1.** *что* и *без доп.* Говорить. **2.** *на кого* и *без доп.* Доносить. **3.** *что* Грязнить, портить.

От **СЯВКА**.

Т

ТАБАКЕ́РКА, -и, *ж.*, *собств.* Театр под руководством О. Табакова в Москве.

ТАБЛА *см.* **ТАБЛО**

ТАБЛЕ́ТКА, -и, *ж.* Медицинская машина, машина скорой помощи. *Вызови ~у.*

ТАБЛЕТО́ЛОГ, -а, **ТАБЛЕ́ТОЧНИК**, -а, *м.* **1.** Наркоман; тот, кто употребляет таблетки наркотического действия. **2.** Врач, доктор. *А что таблетологи об этом врут? Зарплата как у таблеточника.*

ТАБЛЕТО́С, -а, *м.* (чаще в *мн.*). Таблетки наркотического действия, вообще о наркотиках. *~ов наглотался. Быстрые ~ы* — препараты более лёгкого действия. *Медленные ~ы* — препараты более тяжёлого действия (героин и т. п.).

ТАБЛО́, -а́ (или *нескл.*), *ср.*, **ТАБЛА́**, -ы́, *ж.* Лицо, морда. *Дать* (или *накатить, въехать* и т. п.) *в ~* — ударить по лицу.

ТАБЛО РАСКВАШИВАТЬ *см.* **МОРДУ (ФИЗИЮ, ТАБЛО) РАСКВАШИВАТЬ**

ТАБУ́РА, -ы, *ж.* Табуретка.

Возм. из *уг.*

ТАБУРЕ́ТКА, -и, **ТАБУРЕ́ТОВКА**, -и, *ж.* **1.** *пренебр.* Мопед, мотороллер. **2.** Некачественный алкогольный напиток (часто о самогоне). *Хохляцкая табуретовка* — украинский самогон.

1. — из речи мотоциклистов. 2. — вероятно, от шутл. сентенции «гнать самогон можно из всего, даже из табуретки»; распространилось под влиянием романа И. Ильфа и Е. Петрова «Золотой телёнок».

ТАБУРЕ́ТОЧНИК, -а, *м.* Самогонщик.

От **ТАБУРЕТКА, ТАБУРЕТОВКА.**

ТАВРИЯ *см.* **ПАЦАНИК**

♦ **ТАГАНРО́Г НЕ СО́ЧИ** — шутл. ответ на чью-л. реплику со словом «короче».

ТАЗ[1], -а, *м. Ирон.* Зад, ягодицы, задница. *~ нажористый* (толстый). *За ~ом лица не видно.* ♦ **Двинь ~ом** — подвинься, посторонись, уступи место. **Дать ~а** *кому* — толкнуть задом, бедром кого-л.

ТАЗ[2], -а, **ТА́ЗИК**, -а, *м. Ирон.* **1.** Много чего-л. *Я много есть не могу, так, полтазика.* **2.** *собств.* Фонтан перед зданием Большого театра.

ТАЗ* *см.* **КУШАЙТЕ, ГОСТИ ДОРОГИЕ...; НАКРЫТЬСЯ (МЕДНЫМ ТАЗОМ)**

ТАЗИК *см.* **МИМО ТАЗИКА; ТАЗ**[2]**; ТЫ МОЯ БАНЬКА, Я ТВОЙ ТАЗИК; ЭТО ТЕБЕ (ВАМ) НЕ МЫЛО В ТАЗИКЕ...**

ТАЗЫ́, *межд.* Осторожно, уходим!

Возм. передел. **АТАС.**

ТАЙВА́НЬ, -и, *ж.* (реже -я, *м.*), *собств.* Назв. пивной напротив китайского посольства недалеко от МГУ.

От назв. острова-государства; возм. также семантическая контаминация с **ШАНХАЙ.**

ТАЙГА *см.* **А ТАЙГУ ТЕБЕ НЕ ПРОПЫЛЕСОСИТЬ**

ТАЙМЫ́Р, -а, *м.* Туалет. ♦ **Вызывает ~** *кого* — кому-л. надо в туалет.

По назв. кинофильма «Вас вызывает Таймыр».

ТАЙФУ́Н, -а, *м.* Энергичный, активный человек.

ТАЙФУ́НИТЬ, -ню, -нишь; *несов., без доп.* Буянить, бузить, скандалить.

От **ТАЙФУН.**

♦ **ТАКИ́Х НЕ БЕРУ́Т В КОСМОНА́ВТЫ** — шутл. выражение неодобрения, презрения в чей-л. адрес, осуждения кого-л., напр.: *Ты что же стакан не допил, таких не берут в космонавты!*

Из песни.

♦ **ТАКОВА́ СЕЛЯВА́** — такова жизнь, ничего не поделаешь.

От фр. c'est la vie в том же зн.

ТАКОЙ *см.* **ИГРАТЬ (В ТАКИЕ ИГРЫ)**

ТАКСА *см.* **СМЕСЬ ТАКСЫ С МОТОЦИКЛОМ**

ТАКСО́, *нескл., ср.* Такси.

Распространилось под влиянием романа И. Ильфа и Е. Петрова «Двенадцать стульев».

ТАЛМУ́Д, -а, *м.* Большая, скучная книга (часто об учебниках по общественным дисциплинам).

Назв. священной иудаистской книги.

ТАЛМУДИ́СТ, -а, *м.* Скучный, нудный человек (часто о преподавателе какой-л. общественной дисциплины).

От **ТАЛМУД.**

ТАЛМУДИ́СТИКА, -и, *ж.* Бесполезная, скучная наука (обычно об общественно-политической); ерунда, ахинея.

От **ТАЛМУД.**

ТАМА *см.* **МАМА ДОРОГАЯ...**

ТАМБОВ *см.* **АНАЛОГИЧНЫЙ СЛУЧАЙ БЫЛ В ТАМБОВЕ (или В САРАТОВЕ, В УРЮПИНСКЕ)**

ТАМБОВСКИЙ ВАЛЕНОК *см.* **ВАЛЕНОК**

♦ **ТАМБО́ВСКИЙ ВОЛК ТЕБЕ́ ТОВА́РИЩ** — ирон. ответ на обращение «товарищ».

ТАМИЗДА́Т, -а, *м.* Зарубежное издание.

По аналогии с «самиздат» — «самодеятельное», диссидентское издание (часто оппозиционное официальному строю, режиму).

ТАМО́ЖНЯ, -и, *ж.* Жена. *Ползарплаты на ~е отобрали. Мою ~ю не обманешь.*

ТАНЕЦ *см.* **БРОСАТЬ ТЕЛО В ТАНЕЦ**

♦ **ТА́НЕЦ С СА́БЛЯМИ** — *шутл.* о вертолёте (чаще о Ми-2), о его способности выделывать фигуры пилотажа.

ТАНК, -а, *м.* Нахал; тот, кто лезет, толкается и т. п.; энергичный напористый, предприимчивый человек. *Наша деканша — ~!* ♦ **Наглый** (или **нахальный**) **как ~** — о нахале.

ТАНК* *см.* **ГЛУХО (КАК В ТАНКЕ); КАК ТАНК ПЕРЕЕХАЛ; НЕ ЗНАТЬ, НА КАКОЙ КОЗЕ...; СГОРЕТЬ, КАК В ТАНКЕ; ТЫ СО МНОЙ В ТАНКЕ ГОРЕЛ?**

ТАНКА́Ч, -а́, *м.* Танковый комбинезон.

Из *арм.*

ТАНЦЕВА́ТЬ, -цу́ю, -цу́ешь; *несов.* **1.** *откуда.* Уходить. *~цуй отсюда.* **2.** *без доп.* Прогуливать уроки, занятия. *Ну что, ~цуем?*

ТАНЦЕВАТЬ* *см.* **КТО ДЕВУШКУ УЖИНАЕТ, ТОТ ЕЁ И ТАНЦУЕТ; ФРАЕР**

ТА́НЦЫ-ШМА́НЦЫ, та́нцев-шма́нцев, **ТА́НЦЫ-ЖМА́НЦЫ**, та́нцев-жма́нцев, *мн.* (или **ТА́НЦЫ-ШМА́НЦЫ-(ЖМА́НЦЫ)-ОБЖИМА́НЦЫ**). Танцы; дискотека.

ТАНЬГА́, -и́, *ж.* деньги. *Гони ~у́.*

Подражание тюрк. языкам (напр., татарскому), откуда и пришло в рус. «деньга», «деньги».

ТА́НЬКА, -и, *ж.* **1.** Любая девушка. **2.** Пассивный гомомсексуалист.

2. — возм. из *уг.*; от *собств.* Татьяна.

ТА́ПОК, -пка, *м.* Милиционер. *~ в обзоре!* (осторожно, милиционер рядом).

ТАПОК* *см.* **КТО ПЕРВЫЙ ВСТАЛ, ТОМУ И ТАПКИ**

ТА́ПОЧЕК, -чка, *м.* **1.** Дурак, идиот, недотёпа. *Эх, ты, ~! ~чком-то не прикидывайся.* **2.** Советский турист, живущий в иностранной гостинице. *Говорят, вся Европа в наших ~чках.*

2. — от привычки советских и российских людей носить в гостинице привезённые с собой домашние тапочки.

ТАПОЧКИ *см.* **ВИДЕТЬ (ВИДАТЬ) В ГРОБУ В БЕЛЫХ ТАПОЧКАХ; МЕЖДУ НАМИ ЧЕМОДАН И БАЛЕТНЫЕ ТАПОЧКИ; СКЛЕИТЬ ТАПОЧКИ**

ТА́РА, -ы, *ж.* Любая посуда, из которой пьют спиртное.

ТАРАБА́РКА,-и, *м.* и *ж.* Болтун, пустомеля.

От общеупотр. «тарабанить», «тарабарщина».

ТАРАКА́Н, -а, *м.* **1.** Ирон. обращение. *Эй, братья-~ы!* **2.** Хитрый, изворотливый человек. **3.** Человек с усами, усач. **4.** Друг, приятель.

♦ **Друг сердечный, ~ запечный** — ирон. обращение к приятелю.

ТАРАКАН* *см.* **ЁЖИК (ТАРАКАН, ШИЛО, РАКУШКИ, ДИЗЕЛЬ) В ЖОПЕ; ЗАВЕДИ МОРСКУЮ СВИНКУ (ЕЖА, ПОПУГАЯ, РУЧНОГО ТАРАКАНА); ПЛОСКОСТЬЮ УМА ПОДОБЕН ТАРАКАНУ**

♦ **ТАРАКА́Н В ГОЛОВЕ́** *у кого* — о ком-л., одержимом навязчивой идеей, манией и т. п.

ТАРАКА́НИТЬ, -ню, -нишь; *несов.*, *что* и *без доп.* Выискивать, разнюхивать что-л.

Возм. от **ТАРАКАН 2.**

ТАРАКА́НИХА, -и, *ж.* Бабушка.

Из *детск.* или *шк.*

ТАРАКА́НОВКА, -и, *ж.* **1.** Жидкость для борьбы с тараканами и другими насекомыми. **2.** Дешёвый и плохой алкогольный напиток.

ТАРАКАНОХРАНИ́ЛИЩЕ, -а, *ср.* Большой высотный дом, построенный около полувека назад (напр., об известном доме на Котельнической набережной).

ТАРАКАНЬЯ ЖИЗНЬ *см.* **КОШАЧЬЯ (СОБАЧЬЯ, ТАРАКАНЬЯ) ЖИЗНЬ**

ТАРА́Н, -а, *м.* **1.** Напористый, активный человек. *Не баба, а ~. Либо ~, либо баран.* **2.** Связь, протекция; человек, который помогает, протежирует.

ТАРА́НИТЬ, -ню, -нишь; *несов.* **1.** *кого.* Пытаться воздействовать, психологически влиять на кого-л.; добиваться чего-л. от кого-л. **2.** *что.* Нести, тащить. **3.** *куда.* Идти, направляться.

2. — возм. из *диал.*

ТАРА́НИТЬСЯ, -нюсь, -нишься; *несов.* **1.** *куда, откуда.* Идти. **2.** *на кого-что.* Смотреть, глядеть во все глаза. *Чего ~нишься как Крупская?*

2. — наложение с общеупотр. *прост.* «таращиться» в том же зн.

♦ **ТАРА́НИТЬ ЧИ́ЧЕЙ** — идти вперёд, напролом, не считаясь ни с чем.

См. также **ЧИЧА.**

ТАРАНТА́С, -а, *м.*, **ТАРАНТА́СКА**, -и, *ж.* Старая машина (обычно устаревшей модели).

Разг. «тарантас» — дорожная крытая повозка на длинных дрогах; возм. наложение с «таратайка» — двухколёсная повозка.

ТАРА́НТУЛ, -а, *м. Ирон.* О любом человеке (часто о проходимце, рваче).

Назв. крупного ядовитого паука.

ТАРА́НЬКА, -и, *ж.* Любая рыба. *~у таскать* (ловить). *~ из Яузы.*

От общеупотр. «тарань» — разновидность плотвы.

ТАРА́НЬКИ, -нек, *мн.* Глаза. *Спрячь ~* — не смотри. *~ пучить* — смотреть.

От **ТАРАНИТЬСЯ 2.**

ТАРАХТЕ́ЛКА, -и, *м.* и *ж.* **1.** Что-л. шумное; то, что тарахтит, трещит, стучит (напр., мотор, машина и т. п.; часто об инвалидной машине или «Запорожце»). **2.** Болтун, пустомеля, говорун.

От общеупотр. «тарахтеть».

ТАРЕЛКА *см.* **СРАТЬ**

ТАРЕ́ЛОЧНИК, -а, *м.* Тот, кто увлекается проблемами неземных цивилизаций, а также оккультизмом, теософией и т. п. *Какой он православный, чертогон-~.*

От «тарелка» — расхожее назв. НЛО (неопознанного летающего объекта).

ТАРЗА́Н, -а, *м.*, *собств.* Обросший волосами неопрятный человек (часто о подростке).

Имя популярного героя фильмов и книг.

ТАРЗА́НКА, -и, *ж.* Верёвка с поперечной палкой на конце, привязываемая к суку дерева, чтобы качаться, прыгать в воду и т. п.

От «Тарзан».

ТА́СКА, -и, *ж.*, **ТА́СКИ**, -сок, *мн.* **1.** Удовольствие, удовлетворение. *Не пиво, а таска.* **2.** в зн. *межд.*, *восклиц.* Выражает положительную эмоцию. *Просто таски!*

От **ТАЩИТЬСЯ**; возм. через *уг.* или *нарк.* «таска» — состояние эйфории от наркотиков.

ТАСКУ́Н, -а́, *м.* Тот, кто тащит, ворует, выносит что-л. откуда-л. *Только смеркается, пошли ~ы́ по строечкам-помоечкам.*

ТАСОВАТЬСЯ *см.* **ТУСОВАТЬСЯ**

ТАСОВКА *см.* **ТУСОВКА**

ТАСОВЩИК *см.* **ТУСОВЩИК**

ТАТАРИН *см.* **ВСЕ ТАТАРИН, КРОМЕ Я; СМЕСЬ ТАТАРИНА С КОБЫЛОЙ**

ТАТА́РО-МОНГО́ЛЬСКИЙ, -ая, -ое. Глупый, несуразный, неумный; дикий, некультурный; плохой. *Работа у меня какая-то ~ая, сидишь весь день, как динозавр, и ждёшь, пока вымрешь* (когда уволят, сократят).

ТАТА́РЫ, татар, *мн.* Шумная компания. *Налетели, как ~, жрут руками, пьют без тары.*

ТАТАРЫ* *см.* **НАМ, ТАТАРАМ, ВСЁ РАВНО...**

ТАЧА́НКА, -и, **ТА́ЧКА**[1], -и, *ж.*, **ТОЧИ́ЛО**, -а, *ср.* Машина, автомобиль, такси. *Ловить тачку. Купить тачанку. Тачка, дачка да денег пачка* (или *с кайфом жрачка*) — *ирон.* об обеспеченной, «красивой» жизни.

ТАЧАНКА* *см.* **НЕ ЗНАТЬ, НА КАКОЙ КОЗЕ...**

ТАЧКА[1] *см.* **ТАЧАНКА; СВИНКА ПОМЫЛАСЬ И СЕЛА В ТАЧКУ**

ТА́ЧКА[2], -и, *ж.* Лицо, морда.

ТАЧКА* *см.* **В ТАЧКУ**

ТАЧКОВА́ТЬ, -ку́ю, -ку́ешь; *несов.*, *без доп.* Иметь дело с машинами, ездить на них, чинить, перепродавать и т. п.

От **ТАЧКА.**

ТАЧКОДРО́М, -а, *м.* Стоянка такси или любых автомашин; о месте, где продают машины (напр., об авторынке в районе Южного порта в Москве).

ТАШКЕ́НТ, -а, *м.* и в зн. *сказ.* Жара, зной, духота.

Назв. города, столицы Узбекистана; возм. через *уг.* «ташкент» — костёр, печь, тепло.

ТАШКЕНТ* *см.* **ЛУЧШЕ МАЛЕНЬКИЙ ТАШКЕНТ, ЧЕМ БОЛЬШОЙ СИБИРЬ**

ТАЩЁНЫЙ *см.* **ЖОПА**

ТАЩИ́ТЬ, тащу́, та́щишь; *несов.* **1.** *что.* Выполнять какие-л. обязанности, работу (обычно неохотно, со скрипом). *~ службу* (в армии). *~ нагрузку* (на работе). **2.** *в чём* и *без доп.* Понимать, соображать, разбираться. *Что-то ничего я в ваших делах не тащу. Не тащишь — не лязгай черепом* (не знаешь — молчи).

ТАЩИТЬ ПАРОВОЗОМ *см.* **КАНАТЬ (ИДТИ, БЫТЬ, ТАЩИТЬ, БРАТЬ) ПАРОВОЗОМ...**

ТАЩИ́ТЬСЯ, тащу́сь, та́щишься; *несов.* **1.** *с чего* и *без доп.* (или **~ КАК МОЛЬ ПО НАФТАЛИ́НУ, ~ КАК УДА́В ПО ПА́ЧКЕ «ДУ́СТА»**). Получать удовольствие от кого-чего-л., радоваться кому-чему-л. **2.** *с чего, на что, чем* и *без доп.* Удивляться, восторгаться.

Возм. через *уг.*

ТВЕРБУ́ЛЬ, -я, *м.*, *собств.* Тверской бульвар в Москве.

Данное сокращ. встречалось еще в 20-х гг. XX в.

ТВЕРДЫ́Ш, -а, *м.* Доллар.

От «твёрдая валюта».

ТВОЁ МЕСТО (или **МУЛЯ, ВАШЕ МЕСТО**) **У ПАРАШИ** *см.* **ПАРАША**

♦ **ТВО́И ТОВА́РИЩИ В ДУ́РКЕ КОРО́БКИ КЛЕ́ЯТ; ТВО́И ТОВА́РИЩИ В ОВРА́ГЕ ЛО́ШАДЬ ДОЕДА́ЮТ** — ирон. ответ на обращение «товарищ».

♦ **ТВОЙ ДОМ — ТЮРЬМА́** — ирон. ответ на реплику «пойдём домой».

Получило особенное распространение после выхода на экраны фильма «Берегись автомобиля».

♦ **ТВОЙ НО́МЕР ВО́СЕМЬ, КОГДА́ НА́ДО** (или **Е́СЛИ НУ́ЖНО**) **— СПРО́СИМ** — замолчи, помолчи.

♦ **ТВОЙ ПА́ПА** — ответ на какую-л. оскорбительную реплику, напр.: *Ты дурак. — Твой папа.*

ТВОРЧЕСКИЙ *см.* **ЗАПОР**

ТВОРЧЕСКИЙ КЛИМАКС *см.* **КЛИМАКС**

♦ **ТВОЯ́ ВТОРА́Я ПА́ПА** — *ирон.* о любом человеке, о себе (напр. в ситуации, когда собеседник спрашивает «кто там?» и т. п.).

Травестирование назв. сериала.

ТЕАТР *см.* **АНАТОМИЧЕСКИЙ ТЕАТР; ТЫ БЫ ЕЩЁ В ТЕАТР СХОДИЛ!**

♦ **ТЕБЕ́ СКАЖИ́, ТЫ И ЗНАТЬ БУ́ДЕШЬ** — шутл. отказ сказать что-л.

♦ **ТЕ ЖЕ Я́ЙЦА, ТО́ЛЬКО В ПРО́ФИЛЬ** — *ирон.* То же самое, ничего нового.

ТЕЙБЛ *см.* **ФЕЙСОМ**

♦ **ТЕКИ́ЛА, СЕКС, МАРИХУА́НА!** — шутл. лозунг. «Марихуана» произносится с выделением [х], в подражание некоему афро-американскому акценту.

ТЕКСТ *см.* **ЗАБАЛТЫВАТЬ (ТЕКСТ)**

ТЕКСТА́, -ы́, **ТЕКСТО́ВКА**, -и, **ТЕКСТУ́ХА**, -и, **ТЕКСТУ́ШКА**, -и, *ж.*, **ТЕКСТУ́ШНИК**, -а, **ТЕКСТА́Ч**, -а́, *м.* Текст чего-л. (часто о тексте рок-песни). ♦ **Гнать тексту́** — говорить.

ТЕКСТОВА́ТЬ, -ту́ю, -ту́ешь; *несов.* (*сов.* **ТЕКСТАНУ́ТЬ**, -ну́, -нёшь), *что, о чём* и *без доп.* Говорить, рассказывать (часто что-л. необычное или несуразное). *Во баба текстанула, аж вороны замолчали. Давай, текстуй, только не до завтра.*

От общеупотр. «текст». *Ср.* **ТЕКСТА.**

ТЕКСТОВКА, ТЕКСТУХА, ТЕКСТУШКА, ТЕКСТУШНИК *см.* **ТЕКСТА**

ТЁЛА, -ы, *ж.* То же, что **ТЁЛКА.**

ТЕЛА́ГА, -и, **ТЕЛА́ЖКА**, -и, *ж.*, **ТЕЛА́ЖНИК**, -а, *м.* Телогрейка, бушлат, тёплая куртка.

ТЕЛА́СТЫЙ, -ая, -ое, **ТЕЛЕСИ́СТЫЙ**, -ая, -ое, **ТЕЛЕСИ́СИСТЫЙ**, -ая, -ое. Толстый, пухлый.

От общеупотр. «тело».

ТЕЛЕБО́БЕР, -а, *м.* Телевизор. *По ~у. Баба в ~е говорила. Закупиться ~ом.*

Возм. из *шк.*

ТЕЛЕБУ́МКАТЬ, -аю, -аешь; *несов.* (*сов.* **ТЕЛЕБУ́МКНУТЬ**, -ну, -нешь), *кого.* Вступить в половую связь (о мужчине).

Ономатопоэтическое.

ТЕЛЕВИ́ДКА, -и, *ж.* Телевидение. *Служить на ~е.* ♦ **Засушка ~и** — усиление цензуры на телевидении.

ТЕЛЕВИ́ЗОР, -а, *м.* **1.** Лицо (чаще толстое). *Ща дам, ~ рассыпется.* **2.** Зад, ягодицы. **3.** Женские половые органы. **4.** Пивной зал в новом районе.

3. — возм. через *уг.*

ТЕЛЕВИЗОР* *см.* **МОРДА (ХАРЯ, ЗАД) В ТЕЛЕВИЗОР НЕ ВЛЕЗЕТ (НЕ ВЛЕЗАЕТ, НЕ ВМЕСТИТСЯ); ЦВЕТНОЙ ТЕЛЕВИЗОР**

♦ **ТЕЛЕВИ́ЗОР В ЖО́ПЕ** *у кого* — о прозорливом человеке, о чьей-л. исключительной интуиции.

ТЕЛЕ́ГА, -и, *ж.* **1.** Легковая машина. *На своей ~е рассекает* (ездит, катается). **2.** Донос, жалоба, наговор; сплетня, слух (обычно ложный). *На тебя ~ пришла.* **3.** Ложь, дезинформация. *Да ну, ~ какая-то.* ♦ **Катить** (или **накатать**) **~у** *на кого* — написать жалобу, донос; наклеветать на кого-л.

Возм. все зн. через *уг.*

ТЕЛЕГРА́Ф, -а, *м. Шутл.* в адрес известного, популярного, авторитетного работника телевидения.

«Теле» + «граф» (дворянский титул).

ТЕЛЕГРАФИ́РОВАТЬ, -рую, -руешь; *сов.* и *несов.*, *на кого кому* и *без доп.* Доносить.

ТЕЛЕГРА́ФНЫЙ, -ая, -ое. Высокий, длинный (о человеке). *~ые ребята* (о баскетболистах).

ТЕЛЕГРАФНЫЙ *см.* **ДОХОДИТ, КАК ДО ТЕЛЕГРАФНОГО СТОЛБА; НЕ ПЬЁТ ТОЛЬКО ТЕЛЕГРАФНЫЙ СТОЛБ...**

♦ **ТЕЛЕГРА́ФНЫЙ СТОЛБ** — высокий человек; тупой, глупый человек.

ТЕЛЕ́ЖИТЬ, -жу, -жишь, **ТЕЛЕ́ЖНИЧАТЬ**, -аю, -аешь; *несов.*, *кому на кого* и *без доп.* Доносить, наговаривать, клеветать. *Кто-то на меня ~жит, узна́ю, попу разорву* (накажу).

От **ТЕЛЕГА 2., 3.**

ТЕЛЕЖКА *см.* **ВАГОН (И МАЛЕНЬКАЯ ТЕЛЕЖКА)**

ТЕЛЕ́ЖНИК, -а, *м.* Доносчик, клеветник, стукач; лгун.

От **ТЕЛЕГА 2., 3.; ТЕЛЕЖИТЬ.**

ТЕЛЕЖНИЧАТЬ *см.* **ТЕЛЕЖИТЬ**

ТЕЛЕК *см.* **ТЕЛИК**

ТЕ́ЛЕ-МО́ТО-ВЕ́ЛО-ФО́ТО-БА́БА-РА́ДИО-ЛЮБИ́ТЕЛЬ, -я, *м.* **1.** Ловелас, бабник. **2.** Человек, интересующийся всем сразу, берущийся за всё одновременно.

ТЕЛЁНОК, -нка, **ТЕЛО́К**[1], -лка́, *м.*, **ТЕ́ЛЯ**, -и, *м.* и *ж.* Медлительный, нерешительный, робкий человек; рохля, размазня. *Такой ~ до пенсии в девках просидит* (не женится).

ТЕЛЕПА́ТЬ, -а́ю, -а́ешь; *несов.* **1.** *кого чем* и *без доп.* Стараться психологически воздействовать, на кого-л. *Чего ты меня дырками-то* (глазами) *своими ~аешь!* **2.** *Без доп.* Напряжённо думать о чём-л., быть крайне сосредоточенным, отключившись от окружающего. *Нажрался, сел в угол — и ~ает!*

От «телепат», «телепатия», «телепатировать».

ТЕЛЕСИСТЫЙ, ТЕЛЕСИСИСТЫЙ *см.* **ТЕЛАСТЫЙ**

ТЕЛЕСКО́ПЫ, -ов, *мн.* Очки или глаза. *Сними ~.* ♦ **Навести ~ы** *на что* — посмотреть на что-л., обратить внимание, рассмотреть.

ТЕЛЕФО́Н, -а, *м.* Домино.

Возм. из *уг.*

ТЕЛЕФОН* *см.* **БЕЛЫЙ ТЕЛЕФОН; БОЛТУН У ТЕЛЕФОНА — НАХОДКА ДЛЯ ШПИОНА; ЖАЛОВАТЬСЯ БЕЛОМУ ТЕЛЕФОНУ; МЕЖДУГОРОДНИЙ ТЕЛЕФОН; СЛУШАЮ ВНИМАТЕЛЬНО И ЧУТКО, КАК ЧЕКИСТ ПО ТЕЛЕФОНУ**

ТЕЛЕФОНИ́СТ, -а, *м.* Лгун, обманщик. *Он всем известный ~.*

ТЕЛЕФОНУ́ТЬ, -ну, -нёшь; *сов., кому.* Позвонить по телефону.

ТЕ́ЛИК, -а, **ТЕ́ЛЕК**, -а, *м.* Телевизор. *Что сегодня по ~?*

Возм. из *шк., детск.*

ТЕЛИ́ТЬ, телю́, те́лишь; *несов., кого-что.* Долго возиться с чем-л.; мучить, изводить кого-л.; недоговаривать, темнить, тянуть, медлить. *Ты этот занюханный* (ничтожный) *диплом полгода уже телишь.*

См. **ТЕЛИТЬСЯ**.

ТЕЛИ́ТЬСЯ, телю́сь, те́лишься; *несов., с чем* и *без доп.* Долго тянуть с чем-л., не решаться на что-л., медлить. *~ с работой. Да не телись, а говори дело.*

Возм. переосмысл. и сокращ. поговорки «не мычит, не телится», *ср.* **ТЕЛЁНОК**.

ТЁЛКА, -и, *ж.* Девушка. *Клёвая ~* — симпатичная девушка.

Возм. через *уг.*

ТЕЛО *см.* **БЛИЖЕ К ТЕЛУ; БРОСАТЬ ТЕЛО В ТАНЕЦ; ДОПУСК К ТЕЛУ**

♦ **ТЕ́ЛО В ДЕ́ЛО** — *шутл.* О необходимости заниматься спортом или о сексуальных связях.

Возм. распространилось под влиянием текста песни популярной группы «Любэ».

ТЕЛОГРЕ́ЙКА, -и, *ж.* Водка, спиртное.

ТЕЛОДВИЖЕ́НИЯ, -ий, *мн.* Активность, предприимчивость; шаги для осуществления какой-л. цели. *Без ~ий ничего не получится. Не хочется мне делать ~.*

ТЕЛОК[1] *см.* **ТЕЛЁНОК**

ТЕЛО́К[2], -лка́, *м.* Телохранитель. *Быки, ~лки́ и свинопасы.*

См. **БЫК, СВИНОПАС**

ТЕ́ЛЬНИК, -а, *м.* Телогрейка.

Наложение общеупотр. *разг.* «тельняшка», «тельник» — матросская нижняя трикотажная рубашка в полоску и «телогрейка»; *см.* также **ТЕЛАГА**.

♦ **ТЕ́ЛЬНИК НА СИ́СЬКАХ РВАТЬ** — эмоционально говорить о чём-л., заверять кого-л. в чём-л., клясться, божиться.

ТЕЛЯ *см.* **ТЕЛЁНОК**

ТЕЛЯ́ТИНА, -ы, *ж.*, **ТЕЛЯ́ТНИК**, -а, *м.* **1.** То же, что **ТЕЛЁНОК**. **2.** Толстый человек. **3.** Дурак, тупица.

ТЕМАТИ́ЧЕСКИЙ, -ая, -ое. Актуальный, своевременный, наболевший. *А вот это фенька* (новость) *~ая, будем думать!*

ТЕМЕЧКО *см.* **ТЕМЯ**

ТЕМ, КТО СРЁТ ПРИ ГЕМОРРОЕ, НАДО СРОЧНО ДАТЬ ГЕРОЯ *см.* **СРАТЬ**

ТЁМНАЯ, -ой, *ж.* Совместное, коллективное наказание (часто избиение) кого-л. ♦ **Устроить ~ую** *кому* — избить.

Возм. через *уг.*; возм. от того, что жертву предварительно накрывали чем-л., напр. одеялом; часто употр. также в детск. языке.

ТЕМНИ́ЛА, -ы, *м.* и *ж.*, **ТЕМНИ́ЛО**, -а, *ср.* Тот, кто темнит; обманщик, лжец.

От общеупотр. *прост.* «темнить» — пугать, обманывать.

ТЕМНИ́ЦА, -ы, *ж.* Зад, ягодицы.

ТЕМНО *см.* **ВКЛЮЧИТЕ СВЕТ; ДЫШАТЬ...**

♦ **ТЕМНО́, КАК У НЕ́ГРА В ЖЕЛУ́ДКЕ** (или **В ЖО́ПЕ, ПОД МЫ́ШКОЙ**) — о полной темноте.

ТЕМНОТА́, -ы́, *ж.* **1.** Несведущий, необразованный человек. **2.** Ирон. обращение. *Эх, ты, ~!*

ТЁМНЫЙ, -ая, -ое. Сомнительный; поддельный (о документах); краденый (о вещах).

Возм. из *уг.*, *ср.* «тёмная бирка», «тёмный глаз», «тёмные очки» — поддельные документы, «тёмный товар» — краденый и т. п.

ТЁМНЫЙ* *см.* **ДЕЛО ЯСНОЕ, ЧТО ДЕЛО ТЁМНОЕ; ПРИЖАТЬ (ПРИСЛОНИТЬ) К ТЁПЛОЙ СТЕНКЕ (В ТЁМНОМ МЕСТЕ)**

♦ **ТЁМНЫЙ ГЛАЗ** — поддельный документ.

♦ **ТЁМНЫЙ ЛЕС** — о чём-л. непонятном, запутанном.

ТЕМНЯ́К, -а́, *м.* **1.** То же, что **ТЕМНИЛО**. **2.** Ночной вор или вор, совершающий кражи в помещениях без света. **3.** Товар сомнительного происхождения, производства и т. п., т. н. тёмный товар, в качестве которого нет достаточной уверенности. *На мильон золота ~а.*

См. также **СОННИК**

2. — из *уг.*

ТЕМП *см.* **СБАВЬ ОБОРОТЫ (ЖАР, ПЫЛ, ТЕМП)**

ТЕ́МЯ, темени, **ТЕ́МЕЧКО**, -а, *ср.* Голова, мозги, ум. *~ напекло. Думай, думай своим лысым ~менем. Дать по ~мени* (ударить).

ТЕМЯ* *см.* **УПИРАТЬСЯ ТЕМЕНЕМ**

ТЕН, -а (или -а́), *м.*, **ТЕ́НКА**, -и, *ж.*, **ТЭН**, -а, (или -а́), *м.*, **ТЭ́НКА**, -и, *ж.* Десять тысяч рублей (или десять долларов, десять тысяч долларов).

Англ. ten — десять.

ТЕНЕВИ́К, -а́, **ТЕНЕВИЧО́К**, -чка́, *м.* Представитель т. н. теневой экономики; любой странный, сомнительный человек.

ТЕНКА *см.* **ТЕН**

ТЕНЬ, -и, *ж.* (или **~ ОТЦА́ ГА́МЛЕТА**). **1.** Худой, истощённый человек. **2.** Праздношатающийся, бездельник. *Шляются тут тени всякие. Чего ты тут шляешься, ~ отца Гамлета?*

ТЕ́НЬКАТЬ, -аю, -аешь; *несов., что о чём* и *без доп.* Говорить, болтать, трепаться.

Общеупотр. «тенькать» — издавать звенящий, прерывистый звук.

ТЕПЕРЬ *см.* **ГОВНО**

ТЁПЛЕНЬКИЙ *см.* **ТЁПЛЫЙ**

ТЕПЛИ́ЦА, -ы, *ж.* Застеклённая лоджия, балкон.

ТЕПЛУ́ХА, -и, *ж.* **1.** Утеплённое помещение, теплушка; строительный вагончик. **2.** Шуба, тёплая куртка, телогрейка и т. п. **3.** Мороженое мясо, облитое тёплой водой для придания ему большего веса.

3. — из арго продавцов.

ТЁПЛЫЙ, -ая, -ое, **ТЁПЛЕНЬКИЙ**, -ая, -ое. Пьяный.

ТЁПЛЫЙ* *см.* **ВАЛИ, ПОКА ТЁПЛАЯ; ПРИЖАТЬ (ПРИСЛОНИТЬ) К ТЁПЛОЙ СТЕНКЕ (В ТЁМНОМ МЕСТЕ); ХОТЕТЬ ПРИЖАТЬСЯ ЗУБАМИ К ТЁПЛОЙ СТЕНКЕ**

ТЕРАПЕВТ *см.* **ЧТО ДОКТОР (УЧАСТКОВЫЙ, ТЕРАПЕВТ) ПРОПИСАЛ**

ТЕРЕ́ТЬ, тру, трёшь; *несов.* **1.** (*сов.* **ТИРАНУ́ТЬ**, -ну́, -нёшь); *что* и *без доп.* Делать что-л. интенсивно. *Во трёт!* (быстро говорит, сильно обманывает, энергично плывёт и т. д., в зависимости от ситуации). **2.** *куда* и *без доп.* Идти, ехать, направляться куда-л. *Трём в Питер! Куда трёшь?* **3.** *кого-что.* Обсуждать, сплетничать, «перемывать косточки». *Всех наших мужиков вчера тёрли.* ♦ **Бузу тереть** — бузить, шуметь, затевать скандал.

Ср. *уг.* «тереть» — избивать; уходить; лгать, спорить; совершать половой акт.

ТЕРЕ́ТЬСЯ, -трусь, трёшься; *несов.* (*сов.* **ТИРАНУ́ТЬСЯ**, -ну́сь, -нёшься), *с кем.* Вступать в половую связь с кем-л.

См. **ТЕРЕТЬ.**

ТЁРКА, -и, *ж.* Женщина, девушка (обычно о легко идущей на половую связь).

Возм. от **ТЕРЕТЬСЯ.**

ТЁРКИ, -рок. *мн.* Светская жизнь, общение; то же, что **ТУСОВКА.**

ТЁРКИН, -а, *м. Ирон.* Любой человек (обычно болтливый, неуёмный).

Персонаж поэмы А. Твардовского.

ТЕРМИ́Т, -а, *м. Шутл.* Обжора. *Три ~а-погодка* (о детях).

От назв. насекомого.

ТЕРМОЯ́ДЕРНЫЙ, -ая, -ое. **1.** Содержащий нитраты (об овоще, фрукте). *~ огурчик.* **2.** Обладающий каким-л. резким запахом, вкусом, цветом и т. п. *Бомжи ~ые. ~ чесночёк.* **3.** О дешёвых сигаретах.

ТЕРРОР *см.* **ЖЕРТВА (КРАСНОГО ТЕРРОРА)**

ТЕРРОРИЗНУ́ТЬ, -ну́, -нёшь; *сов., кого с чем, на что, на сколько.* Попросить, выпросить, заставить кого-л. дать что-л. *Придётся мне тебя, брат, на сотню ~.*

От общеупотр. «терроризировать».

ТЕРРОРИ́СТ, -а, *м. Ирон.* Человек, одержимый чем-л. *Бабник-~.*

ТЕРС, -а, **ТЕРЦ**[1], -а, *м.* Разновидность карточной игры.

Из *уг.* или *карт. Ср.* **ТЕРЦ**[2].

ТЁРТЫЙ, -ая, -ое. Хорошо известный, проверенный, надёжный (о друге, приятеле). ♦ **~ калач** (или **перец, пень** и т. п.) — старый, закадычный друг; проверенный человек.

ТЕРЦ[1] *см.* **ТЕРС**

ТЕРЦ[2], -а (или -а́), *м.* Удар (чаще — в лицо). *~а выписать* (ударить).

Из *уг. Ср.* **ТЕРС.**

ТЕРЯТЬ *см.* **МЕСТО, ГДЕ НОГИ ТЕРЯЮТ СВОЕ ГОРДОЕ ИМЯ**

ТЕСА́К, -а́, *м.* Любой нож. *Ребятки с ~ами.*

ТЕСТО *см.* **КОРКИ В ТЕСТЕ**

ТЁТЕНЬКА, -и, **ТЁТКА**, -и, **ТЁТЯ**, -и, *ж.* Женщина, девушка, подруга. *В поход* (туристический) *пойдём без тёток. У нас хорошие тёти были на курсе* (сокурсницы).

ТЁТЯ *см.* **СДЕЛАТЬ РУЧКОЙ...; ТЁТЕНЬКА**

ТЁТЯ ЗОСЯ *см.* **ЗОСЕНЬКА**

ТЁТЯ ХАНУМ *см.* **ХАНУМА**

ТЕФТЕ́ЛИНА, -ы, **ТЕФТЕ́ЛЯ**, -и, *ж.* Любая вещь (часто большая, нелепая).

ТЕХНА́РЬ, -я́, *м.* **1.** Техникум. *Учиться в ~е. Закончить ~.* **2.** Вор (часто о взломщике).

1. — из *шк.*, *студ.*; 2. — из *уг.*

ТЕ́ХНИК, -а, *м.* (или **ЮНЫЙ ~**). **1.** *ирон.* Человек, который пытается что-л. строить, изобретать, мастерить. **2.** Человек, который что-л. сломал, испортил. ♦ **Набор для юных ~ов** — плохой автомобиль (часто о «Москвиче»).

ТЕХНИ́ЧНО, *нареч.* **1.** Ловко, умело, складно. *~ врёт.* **2.** в зн. *межд.* Выражает положительную эмоцию.

От общеупотр. «технично» — с высокой техникой исполнения.

ТЕХНИ́ЧНЫЙ, -ая, -ое. Складный, умелый, качественный, хороший. *~ая обувка* (обувь). *~ болтун.*

Ср. **ТЕХНИЧНО**.

ТЕ́ЧКА, -и, *ж.* Менструация.

ТЕЧЬ[1], теку́, течёшь; *несов.* **1.** *куда, откуда.* Идти, шагать. *Откуда течёшь?* **2.** *без доп.* Находиться в периоде менструации (о женщине).

2. — *см.* также **ТЕЧКА**.

ТЕЧЬ[2], -и, *ж.* (или **~ В КРЫ́ШЕ**). Низкий интеллектуальный уровень; ненормальность, психическое отклонение.

См. также **ЧАН**.

ТЕЧЬ *см.* **КРЫША ДЫМИТ...**

♦ **ТЕЧЬ В ТРЮ́МЕ** — понос.

♦ **ТЁЩА ЕСТ МОРО́ЖЕНОЕ** — *ирон.* об эмблеме медицины (змея, обвивающая чашу).

♦ **ТЁЩИН ЯЗЫ́К** — опасный участок дороги, где часто случаются аварии (напр., от станции метро «Университет» до станции метро «Проспект Вернадского»).

ТИБЕ́Т, -а, *м.*, *собств.* Воробьёвы горы.

От назв. гор.

ТИГР, -а, *м.* Самостоятельный, независимый, хитрый человек. *Я с этими ~ами тягаться не буду.*

ТИГР* *см.* **ИГРАТЬ В ТИГРА (В ИХТИАНДРА, В КИНГ-КОНГА, В ЦУНАМИ)**

ТИГРИ́ЦА, -ы, *ж.* Умная, хитрая женщина, ведущая себя независимо.

Возм. влияние *уг.* «тигрица» — проститутка.

ТИ́КАЛЫ, ти́кал, **ТИ́КАЛКИ**, -лок, *мн.* Часы.

От общеупотр. «тикать»; возм. через *уг.*

ТИ́КИ-ТА́К, **ТИ́КИ-ТА́КИ**, **ТИ́КИ-ТИ́КИ**, **ТИ́К-ТА́К**[1], *межд.* Договорились, о'кей, всё хорошо, понял, по рукам; всё точно, тютелька в тютельку.

Ср. **ЧИКИ**.

ТИ́К-ТА́К[2], тик-та́ка, *м.* Проверка на наличие нитратов или на радиацию; прибор для такой проверки; продукты, содержащие нитраты или радиацию. *У хохлов всё с ~ом.*

Звукоподр.

ТИМУ́РОВЕЦ, -вца, *м.* Дурак, придурок; человек, который лезет не в своё дело, вмешивается во всё.

Герой повести А. Гайдара «Тимур и его команда».

ТИН *см.* **ТИНЭЙДЖЕР**

ТИ́НА, -ы, *ж.* Тихое, уютное место.

Вероятно, переосмысл. общеупотр. «тина» в перен. зн. — обстановка застоя, косности.

ТИНА* *см.* **ПОКВАКАЛ — И В ТИНУ**

ТИНЭ́ЙДЖЕР, -а, **ТИН**, -а, *м.* Подросток.

Англ. teen-ager — подросток в возрасте от тринадцати до девятнадцати лет; сокращ. teen.

ТИП, -а, **ТИПА́Ж**, -а́, **ТИ́ПЧИК**, -а, **ТИПО́ЗНИК**, -а, **ТИПО́ШНИК**, -а, *м.*, **ТИПО́ВИНА**, -ы, **ТИПО́ЗИНА**, -ы, *ж.* Сомнительный субъект; неприятный, отталкивающий человек.

Ср. *уг.* «типошник» — сутенёр.

♦ **ТИ́ПА «Я ТЕБЯ́ УМОЛЯ́Ю»** *что* — что-л. необычное, странное, напр.: *Походочка типа «я тебя умоляю»* (чёрт знает какая).

ТИПОВИНА, ТИПОЗИНА, ТИПОЗНИК, ТИПОШНИК *см.* **ТИП**

ТИП-ТОП *см.* **НАВОДИТЬ**

ТИПЧИК *см.* **ТИП**

ТИРАНУТЬ *см.* **ТЕРЕТЬ**

ТИРАНУТЬСЯ *см.* **ТЕРЕТЬСЯ**

ТИРУ́Н, -а, **ТИРУ́НЧИК**, -а, **ТИРУНИ́ШКА**, -и, *м.* Человек, трущийся о женщин в общественных местах, транспорте и т. п. и получающий от этого половое удовлетворение.

От общеупотр. «тереться», «тирануться»; *см.* также **ТЕРЕТЬСЯ**; *ср.* **ГРЕЛЬЩИК**.

ТИ́СНУТЬ, -ну, -нешь; *сов.* **1.** *что кому за сколько.* Выгодно, удачно продать, перепродать. **2.** *что у кого.* Украсть, не вернуть кому-л. что-л. **3.** *что кому.* Рассказать что-л. кому-л.; солгать, приврать, приукрасить.

Ср. *уг.* «тиснуть» — доказать; соврать.

ТИ́СНУТЬСЯ, -нусь, -нешься; *сов., куда с чем.* Податься, сунуться куда-л., обратиться куда-л. с просьбой. *В кабак бы ~нулся, да денег нет. Я к нему ~нулся со своим прожектом, а он мне на дверь.*

ТИ́ТИ-МИ́ТИ, ти́тей-ми́тей, *мн.* Деньги. *Это только за очень дополнительные ~.*

Возм. через *уг. Ср.* **ПЕТИ-МЕТИ**.

ТИ́ТЬКА, -и, **ТИ́ТЯ**, -и, *ж.* **1.** Женский (реже мужской) сосок, грудь, груди. *Идёт, всех титьками раздвигает.* **2.** Толстый человек.

От **СИСЬКА**.

ТИХА́РИТЬ, -рю, -ришь; *несов., что от кого и без доп.* Делать что-л. тихо, втайне от кого-л.

ТИХА́РЬ, -я́, **ТИХУ́ШНИК**, -а, *м.*, **ТИХУ́ША**, -и, *м. и ж.* **1.** Тот, кто делает что-л. один, тайно от других; нехороший человек, эгоист. **2.** Тихоня, размазня; человек, не способный дать отпор.

1. — возм. от **ТИХАРИТЬ**; *ср.* также *уг.* «тихарь» — стукач, агент милиции, «тиховщик» — утренний вор, «тихольщик», «тихуша» — ворующий из открытых помещений, «тихушка» — воровка, обычно бывшая, «тихушник» — работающий на милицию, ворующий у своих, замкнутый, закрытый, некомпанейский; квартирный вор и т. п.

ТИХУША, ТИХУШНИК *см.* **ТИХАРЬ**

ТИШИНА́, -ы, *ж., у кого с чем.* Полное отсутствие чего-л. *У него с мозгами — полная ~* (он очень глуп).

ТОВА́Р, -а, *м.* Женщина, девушка. *Водка есть, ~ нужен. Общажный* (из общежития) *~.*

Возм. из *уг.*

ТОВА́РИЩ, -а, *м.* (часто «това́ри[сч]»). Ирон. обращение. *~, а у вас чавка* (рот) *не отсохнет столько жрать?*

ТОВАРИЩ* *см.* **ВСЕ НАШИ ЛЮДИ, КРОМЕ ТОВАРИЩА НЕГРА; НА ТВОИХ ТОВАРИЩЕЙ ХОРОШО РЫБА КЛЮЁТ; ПОТНЫЙ НЕГР ТВОЙ ТОВАРИЩ; СМЕЛО, ТОВАРИЩИ, В РУКУ!; ТАМБОВСКИЙ ВОЛК ТЕБЕ ТОВАРИЩ; ТВОИ ТОВАРИЩИ В ДУРКЕ КОРОБКИ КЛЕЯТ; ТВОИ ТОВАРИЩИ В ОВРАГЕ ЛОШАДЬ ДОЕДАЮТ; ТУЗ**

ТОВАРНЯ́К, -а́, *м. Ирон.* Многосерийный фильм (чаще о т. н. мыльных операх). *Запустили ~ мексиканский* (начали показывать многосерийный фильм).

Ср. **ВАГОН**.

♦ **ТО ДА СЁ, БАРА́НЬИ Я́ЙЦА** — то да сё, слово за слово (в зн. вводн. сл. при передаче чужой речи, при ссылке на чужую речь).

ТО́КАРЬ, -я, *м.* (или **~-ПЕ́КАРЬ**). Человек, плохо знающий своё дело.

ТО́КАТЬ, -аю, -аешь; *несов., что с кем о чём и без доп.* Говорить, рассказывать, беседовать.

От англ. to talk в том же зн.

ТОКОВА́ТЬ, -ку́ю, -ку́ешь; *несов., что с кем о чём и без доп.* Говорить, разговаривать.

Возм. контаминация англ. to talk в том же зн. и общеупотр. «токовать» (о птицах); *ср.* **ТОКАТЬ**.

ТО́КСИК, -а, *м.* Токсикоман. *Были алики* (алкоголики)*, стали ~и, ни хрена в мире не меняется.*

Сокращ.

ТОКСИ́ЧНЫЙ, -ая, -ое. Вонючий (о человеке). *Чего-то ты, приятель, сегодня ~ какой-то, помылся бы, что ли.Задница ты ~ая, а не друг.*

ТОЛКА́ТЬ, -а́ю, -а́ешь; *несов.* (*сов.* **ТОЛКНУ́ТЬ**, -ну́, -нёшь). **1.** *что кому.* Выгодно продавать, загонять. **2.** *кого куда.* Помогать, поддерживать, содействовать. **3.** *что* и *без доп.* Говорить, рассказывать, произносить что-л. ♦ **~ речу́** (или **речу́гу**) — *ирон.* высказываться, выражать своё мнение.

См. также **ФУФЛО**

Ср. *уг.* «толкать» — сажать в тюрьму, продавать что-л.

ТОЛКА́ТЬСЯ, -а́юсь, -а́ешься; *несов.* (*сов.* **ТОЛКНУ́ТЬСЯ**, -ну́сь, -нёшься). **1.** *без доп.* Находиться на «чёрном рынке», барахолке; заниматься продажей или спекуляцией чего-л.; покупать что-л. **2.** *куда.* Пытаться войти куда-л., проникать. *Пойду ещё раз толкнусь* (о попытке пройти без очереди).

ТОЛКА́Ч, -а́, **ТОЛКАЧО́К**, -чка́, *м.* **1.** Спекулянт, фарцовщик. **2.** То же, что **ТОЛЧОК** во всех зн. **3.** Тот, кто помогает кому-л. в чём-л.; покровитель, опекун. *Он поступит* (в институт, университет)*, у него там толкачи-тяжеловесы.*

От **ТОЛКАТЬ, ТОЛКНУТЬ**; возм. влияние *уг.* «толкач» — берущий на себя всю вину; спекулянт.

ТОЛКНУТЬ *см.* **ТОЛКАТЬ**

ТОЛКНУТЬ РЕЧУГУ *см.* **РЕЧУГА**

ТОЛКНУТЬСЯ *см.* **ТОЛКАТЬСЯ**

ТОЛКОВИ́ЩЕ, -а, *ср.* **1.** То же, что **ТОЛЧОК 1. 2.** Разговор, выяснение отношений.

2. — *ср. уг.* «толко́вище» — собрание в зоне, самосуд; здесь возм. наложение общеупотр. «толковать» и «толкать».

ТОЛМА́ЧИТЬ, -чу, -чишь; *несов.* **1.** *с кем, где* и *без доп.* Работать переводчиком. **2.** *что кому.* Объяснять, разъяснять, комментировать.

2. — встречается, напр., у В. Шукшина и др.

ТОЛПА *см.* **БЕЗАРАБИЯ**

ТОЛСТО́, *нареч.* Хорошо, на славу, обильно. *~ поели. Эх, ~ вы пьёте, мужики!*

Ср. **ТОЛСТЫЙ**.

ТОЛСТОМЯ́СЫЙ, -ая, -ое. **1.** Толстый, жирный. **2.** в зн. *сущ.*, -ого, *м.* Ирон. обращение к любому, чаще полному человеку.

Общеупотр. «толстый» + «мясо».

ТОЛСТУ́ШКА, -и, *ж.* Толстая газета (как правило, о еженедельной).

Вероятно, из языка издателей, журналистов. *Ср.* **ТОЛСТЯК**.

ТО́ЛСТЫЙ, -ая, -ое. **1.** Хороший, отличный, солидный. *~ обед.* **2.** в зн. *сущ.*, -ого, *м.* Ирон. обращение к любому, чаще полному человеку.

ТОЛСТЫЙ* *см.* **ЧЕМ ДАЛЬШЕ В ЛЕС, ТЕМ ТОЛЩЕ ПАРТИЗАНЫ; ЧЛЕН; ЮРА — ТОЛСТАЯ ФИГУРА**

ТОЛСТЯ́К, -а́, *м.* Толстый журнал.

Из арго полиграфистов, издателей, литераторов. *Ср.* **ТОЛСТУШКА**.

ТОЛЧО́К, -чка́, *м.* **1.** Толкучий рынок, толкучка, чёрный рынок. *В выходной махнём на ~, мотыля купим* (о Птичьем рынке). **2.** Туалет, унитаз. ♦ **Подраться с ~чком** — о рвоте.

См. также **ПРОСТО, ПО-ЧЕЛОВЕЧЕСКИ...**

2. — возм. через *уг.* или *арм.*

ТОЛЬКО *см.* **ЖИСТЬ; МОЖНО, ТОЛЬКО ОСТОРОЖНО; НЕ ПЬЁТ ТОЛЬКО СОВА, ПОТОМУ ЧТО ДНЁМ ОНА СПИТ...; НЕ ПЬЁТ ТОЛЬКО ТЕЛЕГРАФНЫЙ СТОЛБ...**

♦ **ТО́ЛЬКО ГЛА́ЗКАМИ** — не трогай руками; можно только смотреть.

♦ **ТО́ЛЬКО ЧТО С ДЕ́РЕВА СЛЕЗ** *кто* — **1.** О тупом, глупом, неразвитом человеке. **2.** О представителе какой-л. развивающейся страны (обычно о негре, азиате) или о жителе Кавказа, Средней Азии.

ТОМА́ТЫ, -ов, *мн.* Ягодицы. *Шурши ~ами* — торопись.

ТОНА́ЛКА, -и, *ж.* Тональный крем.

ТОНКИЙ *см.* **ЖОПА**

ТО́ННА, -ы, *ж.* Тысяча рублей.

Возм. через *уг.*

ТОННА* *см.* **ЗАГРЕБАТЬ (ТОННАМИ)**

ТОНУТЬ *см.* **ГОВНО**

ТО́НЬКА, -и, **ТО́НЯ**, -и, *ж.* Тоник. *Тройной джин без тоньки.*

Шутл. контаминация «тоник» и *разг.* варианты *собств.* «Антонина».

ТО́ПКА, -и, *ж.* **1.** Рот. **2.** Зад, задница. **3.** Женские половые органы.

ТОПЛЁНЫЙ *см.* **ЗЕЛЁНАЯ СЕЛЁДКА С ТОПЛЁНЫМ МОЛОКОМ**

ТО́ПЛИВО, -а, *ср.* Выпивка, спиртное. *Заправиться ~ом.*

ТОПЛЯ́К, -а́, *м.* Утопленник. *Пьяный ~.*

ТОПОЛЬ *см.* **ЛЯЛЯ**

ТОПОРИК *см.* **СДЕЛАТЬ МОРДУ ТОПОРИКОМ**

ТОПОТУ́НЧИКИ, -ов, **ТОПОТУ́ШКИ**, -шек, **ТОПТУ́НЧИКИ**, -ов, **ТОПТУ́ШКИ**, -шек, *мн.* Состояние непоседливости, возбуждение. *Всыпать таблеток от топотунчиков* (в психиатрической больнице: дать сильную дозу транквилизаторов, успокоительных таблеток).

ТОПТА́ТЬ, топчу́, то́пчешь; *несов., что.* Служить где-л.

См. также **КВАДРАТ; ФЛАНГИ**

Из *арм.*

♦ **ТОПТА́ТЬСЯ, КАК МЫШЬ АМБА́РНАЯ** — находиться в нерешительности, переминаться с ноги на ногу, хотеть, но не сметь что-л. сделать, предпринять, проявлять малодушие.

ТОПТОДРО́М, -а, *м.* Танцевальная площадка, танцы, дискотека.

Общеупотр. «топтать» + «дром» (ср. «аэродром» и т. п.).

ТОПТУ́Н, -а́, *м.* **1.** Непоседа, егоза. **2.** Тот, кто наблюдает, шпионит, подглядывает.

2. — возм. влияние *уг.* «топтун» — охранник, надсмотрщик.

ТОПТУНЧИКИ, ТОПТУШКИ *см.* **ТОПОТУНЧИКИ**

ТОПТЫ́ХА, -и, **ТОПТЫ́ША**, -и, **ТОПТЫ́ШКА**, -и, *ж.* Шутл.-дружеское обращение (обычно к женщине).

Из *детск.*

ТОРБА́НИТЬ, -ню, -нишь; *несов., что.* Нести, тащить (чаще о чём-л. тяжёлом, грузном).

ТОРБОХВА́Т, -а, *м.* Мелкий воришка.

От *уг.* «торбохват» — вор; общеупотр. «торба» + «хватать».

♦ **ТОРГОВА́ТЬ МО́РДОЙ** (или **ХА́РЕЙ** и т. п.) — сидеть без дела, глядя перед собой (на прохожих или просто в пространство).

ТОРЕ́Ц, -рца́, *м.*, **ТОРЦА́**, -ы́, *ж.* Лицо, физиономия. *Дать в торец* (ударить). *Въехать торцом во что* — удариться лицом обо что-л. *Получить в торец* — быть избитым.

ТО́РМОЗ, -а, *м.* **1.** Недалёкий, неумный, несообразительный человек, тупица. **2.** Работа, не сделанная вовремя, к сроку. **3.** в зн. *межд.* Стой!, стоп!, остановись!

ТОРМОЗ* *см.* **ДАТЬ ПО ТОРМОЗАМ; ЖАТЬ НА ТОРМОЗ; СДЕЛАТЬ ТОРМОЗ**

ТОРМОЗА́, -о́в, *мн.* То же, что **ТОРМОЗ 3.**

ТОРМОЗИ́СТ, -а, *м.* Тупой, недогадливый, медленно соображающий человек.

От **ТОРМОЗИТЬ.**

ТОРМОЗИ́ТЬ, -ожу́, -ози́шь; *несов.* (*сов.* **ТОРМОЗНУ́ТЬ**, -ну, -нёшь). **1.** *без доп.* Останавливаться. **2.** *кого.* Останавливать кого-л., часто с какой-л. целью. *Тормозни мужика закурить.* **3.** *на чём, с чем* и *без доп.* Не понимать, не догадываться; отупевать, обалдевать. **4.** *с чем, кого* и *без доп.* Не заканчивать что-л. вовремя, подводить кого-л. с чем-л.

Возм. влияние *уг.* «тормозить» — останавливать жертву с целью ограбления; арестовывать, задерживать с поличным.

ТОРМОЗИТЬ* *см.* **Я УПАЛА С САМОСВАЛА, ТОРМОЗИЛА ГОЛОВОЙ**

ТОРМОЗИ́ТЬСЯ, -ожу́сь, -ози́шься; *несов.* (*сов.* **ТОРМОЗНУ́ТЬСЯ**, -ну́сь, -нёшься), *на чём, с чем* и *без доп.* То же, что **ТОРМОЗИТЬ 1., 3.**

ТОРМОЗНО́Й, -а́я, -о́е. Глупый, тупой, плохо соображающий; не владеющий собой. «с приветом», ненормальный, псих. ♦ **~ая колодка** — дурак, тупица.

ТОРМОЗНУТЬ *см.* **ТОРМОЗИТЬ**

ТОРМОЗНУТЬСЯ *см.* **ТОРМОЗИТЬСЯ**

ТОРПЕ́ДА, -ы, *ж.* **1.** Стремительный, резкий, активный человек. **2.** Ампула, вшиваемая против алкоголизма. *Махровый алкофан с ~ой в жопе.*

ТОРПЕДА* *см.* **БОЛЬШОМУ КОРАБЛЮ — БОЛЬШУЮ ТОРПЕДУ**

ТОРПЕ́ДОЙ, *нареч.* Быстро, разом, сию секунду, тотчас, мигом. *В коммуналке в сортир ~ бегал.*

ТОРТ, -а, *м.* (или **СТА́ЛИНСКИЙ ~**). Высотное здание сталинского времени, часто со шпилем на крыше.

ТОРЦА *см.* **ТОРЕЦ**

ТОРЦЕВА́ТЬ, -цу́ю, -цу́ешь; *несов.* (*сов.* **ТОРЦАНУ́ТЬ**, -ну́, нёшь), *кого, во что, по чему.* Бить, избивать.

От **ТОРЕЦ**; возм. через *уг.*

ТОРЧ, -а, **ТОРЧИКО́З**, -а, *м.* **1.** Наркотик (чаще об анаше). **2.** Состояние удовольствия, блаженства. *Я в ~е. Такого ~а давно не было. ~ поймал* — испытал удовольствие. *Парнишка торчи ловит* (блаженствует). **3.** в зн. *межд.* Здо́рово!, отлично!, вот это да!

Возм. из *уг.* или *нарк.*; от **ТОРЧАТЬ 1.**

ТОРЧА́ТЬ, -чу́, -чи́шь; *несов.* **1.** *на что, с чего, от чего* и *без доп.* Получать удовольствие от чего-л. (часто о действии наркотиков или алкоголя); находиться в каком-л. сильном эмоциональном состоянии; удивляться чему-л. *Ладно, ~чи лучше, умник* — молчи, не выступай. **2.** *с чем* и *без доп.* Оказаться в невыгодной ситуации. С *поездкой ты в очередной раз ~чишь.*

См. также **ОБА, Я ТОРЧУ!**

Возм. от *уг.* «торчать» — отбывать наказание, находиться под действием наркотиков.

ТОРЧАТЬ* *см.* **ЖОПА; МОЛЧАТЬ, ПОКА ЗУБЫ ТОРЧАТ**

♦ **ТОРЧА́ТЬ (БОЛТА́ТЬСЯ, ВИСЕ́ТЬ) КАК СЛИ́ВА В ЗА́ДНЕМ ПРО́ХОДЕ** (или **В КОМПО́ТЕ**); **ТОРЧА́ТЬ КАК ДУ́ЛЯ В КОМПО́ТЕ** — позориться, проигрывать, терпеть провал.

♦ **ТОРЧА́ТЬ КАК ШПА́ЛА** — позориться, проигрывать, терпеть провал.

ТОРЧИКОЗ *см.* **ТОРЧ**

ТОРЧИКО́ЗНИК, -а, *м.* То же, **что ТОРЧОК 1.**

ТОРЧО́К, -чка́, м. **1.** Наркоман, алкоголик. *~ занюханный.* **2.** То же, что **ТОРЧ 1. 3.** То же, что **ТОРЧ 2. 4.** Любая торчащая, выдающаяся на общей поверхности вещь; *перен.* видная личность.

1., 2. — возм. из *уг.*

ТОРЧУ́Н, -а́, *м.* Мужской половой орган.

См. также **РОМАШКА-ТОРЧУН**

ТОСКА́, -и́, *ж.* и в зн. *межд.* Слово, выражающее эмоциональное (в том числе и одобрительное) отношение говорящего к чему-л. *Я в ~е! Ну и ~!*

♦ **~, Степан!** — выражение недовольства чем-л. Возм. из *уг.* или босяцкого; ♦ — возм. из анекдота.

ТОСКА* *см.* **В МОСКВУ РАЗГОНЯТЬ ТОСКУ**

♦ **ТОСКА́** (или **СМУРЬ**, **СКУ́КА**) **ЗЕЛЁНАЯ** — о чём-л. скучном, нудном.

ТОСКУ́КА, -и, *ж.* Сильная скука, тоска.

«Тоска» + «скука».

ТОСКУ́Н, -а́, *м.* Нудный, скучный человек. *Это такой ~, что у меня от него свежие пломбы выпадают. Был я у прибалтов, ну и народец, молчуны-~ы!*

ТОТ *см.* **ЗАКРОЙ ДВЕРЬ С УЛИЦЫ (С ОБРАТНОЙ, С ТОЙ СТОРОНЫ); КАНДИДАТ НА ТОТ СВЕТ...**

ТОЧИЛО *см.* **ТАЧАНКА**

ТОЧИ́ТЬ, точу́, то́чишь; *несов.* **1.** (или **~ ЗУБ**, **~ КЛЫК**), *на кого.* Злоумышлять, готовить подвох, каверзу кому-л. *Ты на меня давно точишь.* **2.** *что* и *без доп.* Есть, питаться, жевать. *~и́ смелее!*

ТОЧИТЬ* *см.* **ЗУБЫ ТОЧИТЬ**

ТОЧИТЬ (КОВАТЬ) ДЕМБЕЛЬ *см.* **ДЕМБЕЛЬ**

ТОЧИШЬ ШИШКУ *см.* **ШИШКА**

ТО́ЧКА[1], -и, *ж.* **1.** Какое-л. место, где можно купить спиртное или наркотики. **2.** Остановка, которую делает модель во время демонстрации одежды на подиуме (обычно делаются три «точки»: в начале, в середине и в конце подиума).

2. — из речи работников индустрии моды и модельного бизнеса.

ТО́ЧКА[2], -и, *ж.* Еда, пища.

От **ТОЧИТЬ 2.**

ТОЧКА* *см.* **НА ЧЕТЫРЁХ ТОЧКАХ; ПЯТАЯ ТОЧКА**

ТО́ЧНО, *нареч.* (или **~**, **ЧТО́ ЛИ?**). Употр. как ирон. переспрос при нежелании удовлетворить чью-л. просьбу. *Дай сотню до завтра. — ~, что ли?*

ТОЧНЯ́К, -а́, *м.*, и в зн. *сказ.*, в зн. *нареч.* Что-л. точное, пунктуальное, сделанное тютелька в тютельку; точно, точь-в-точь. *~ попал. ~ в семь пришли.*

ТОЧНЯКО́М, *нареч.* Точно, точь-в-точь.

♦ **ТО, ЧТО ЛЮ́БИШЬ** — то, что надо.

ТОШНИ́ЛКА, -и, **ТОШНИ́ЛОВКА**, -и, *ж.* **1.** Что-л. неприятное, некрасивое, неопрятное, антисанитарное. *За весь день в столовой какую-то тошнилку съел, и всё* (плохо приготовленная, невкусная еда). **2.** Предприятие общественного питания (столовая, пельменная и т. п.); пивной зал, пивная.

От общеупотр. «тошнить».

ТОШНИТЬ *см.* **БЛЕВАТЬ ТОШНИТ; КАК В САМОЛЁТЕ, ВСЕХ МУТИТ (РВЁТ, ТОШНИТ), А НЕ ВЫЙДЕШЬ**

ТОШНО́ТИК, -а, *м.* **1.** Пирожок, продаваемый на улице. **2.** Неприятный человек. **3.** только *мн.*, -ов. Тошнота; неприятные ощущения, плохое настроение. *Прямо ~и берут, до чего на работу идти неохота.*

От общеупотр. «тошнить».

ТОШНЯ́К, -а́, *м.* и в зн. *сказ.* **1.** То же, что **ТОШНИЛКА** во всех зн. **2.** То же, что **ТОШНОТИК** во всех зн.

ТО-Я́МА-ТО-КАНА́ВА, -ы, *ж.*, *собств.* Шутл.-макароническое японское имя. *А сейчас японская певица ~ исполнит самурайскую лирическую песню «Как я в поле кувыркалась, как мне ветер в жопу дул»* (*шутл.* пародирование речи конферансье).

ТРА́БЛ, -а, *м.* Неудача, тоска, хандра, забота, неприятность. *Я в ~е.*

Англ. trouble — неприятность.

ТРАВА́, -ы́, **ТРА́ВКА**, -и, *ж.* Наркотик (часто анаша). *Трава вонючая. Курить травку. Штакетину травы засосал* — выкурил сигарету с анашой.

Из *уг.* «трава» — анаша, махорка.

ТРАВИ́ТЬ, травлю́, тра́вишь; *несов.*, *что* и *без доп.* Делать что-л. интенсивно, много, резко.

ТРАВИТЬ* *см.* **ЛЁГКИЕ (ЖАБРЫ) ТРАВИТЬ**

♦ **ТРАВИ́ТЬ БАЙДУ́**, **ЛЯ-ЛЯ́** (**БАЛА́НДУ**, **ТУФТУ́** и т. п.) — болтать, пустословить; говорить чушь, нести ахинею.

♦ **ТРАВИ́ТЬ МА́ЛОГО** — принимать противозачаточные таблетки; делать аборт.

ТРАВИ́ТЬСЯ, травлю́сь, тра́вишься; *несов.*, *чем* и *без доп.* **1.** Пить спиртное. *Чем ~ будем? Чур не портвейном.* **2.** Курить. *Пойдём на балкон ~.*

ТРАВКА *см.* **ТРАВА**

ТРА́ВЛЯ, -и, *ж.* Тошнота, рвота.

ТРА́ВНИК, -а, *м.* Наркоман; тот, кто курит анашу.

От **ТРАВА.**

ТРАКОДЫ́РКНУТЬСЯ, -нусь, -нешься; *сов.*, *без доп.* **1.** Упасть, споткнуться. **2.** Прийти в какое-л. крайнее эмоциональное состояние. **3.** Умереть.

Ср. *устар. диал.* «трёкнуть», «трёкать» — ухнуть, крикнуть и звукоподр.

ТРАКТОНУ́ТЬ, -ну́, -нёшь, **ТРАКТОНУ́ТЬСЯ**, -ну́сь, -нёшься; *сов., без доп.* Отрепетировать, «отработать» какой-л. эпизод, сцену и т. п.

Из речи работников телевидения.

ТРА́КТОР, -а, *м.* **1.** Машина. **2.** Напористый, энергичный человек.

ТРАКТОР* *см.* **КАК СЕМЬ ТРАКТОРОВ ПЕРЕЕХАЛИ; ПЕРЕТЬ КАК ТРАКТОР; ПУСТЬ РАБОТАЕТ ЖЕЛЕЗНЫЙ ТРАКТОР; РАЗОШЛИСЬ, КАК В ПОЛЕ ДВА ТРАКТОРА; ЭЙ, НА ТРАКТОРЕ!**

ТРАКТОРИ́СТ, -а, *м.* Водитель, шофёр. *~-то пьяный.*

ТРАКТОРИСТ* *см.* **В ЛЕСУ РАЗДАВАЛСЯ КЛАРНЕТ ТРАКТОРИСТА**

ТРА́ЛИ-ВА́ЛИ, *нескл., ср.* или *мн.*, тра́лей-ва́лей. **1.** Трамвай; троллейбус. **2.** Что-л. длинное, затянутое (чаще о разговоре, беседе). *Разводить ~ по телефону. ~ часа на четыре.* **3.** Любовные отношения, роман. *У них ~, пора коляску покупать.*

Общеупотр. «трали-вали» — ерунда, пустяки, пустая болтовня.

ТРА́ЛИТЬ, -лю, -лишь, **ТРАЛИ́ТЬ**, -лю́, -ли́шь; *несов., что куда.* Нести, тащить.

Ср. общеупотр. «тралить» — работать при помощи трала (ловить рыбу, обезвреживать мины и т. п.).

ТРАМ, -а, *м.*, **ТРА́МКА**, -и, *ж.* Трамвай.

Сокращ.

ТРАМВА́ЙНЫЙ, -ая, -ое. Общеотрицательный эпитет (обычно ругательный, пренебрежительный, осуждающий). *Рожа ~ая. Дерьмо ~ое. Хам ~* — хам, нахал, наглец.

См. также **РВАНЬ (ТРАМВАЙНАЯ)**

ТРАМКА *см.* **ТРАМ**

ТРАНДА́, -ы́, *ж.* Ерунда, чушь; ложь, враньё.

От **ТРАНДИТЬ**.

ТРАНДИ́ТЬ, *1 л. ед. ч.* не употр., -и́шь; *несов., кому что* и *без доп.* Говорить ерунду; лгать, врать.

Из *диал.*

ТРА́НКИ, -ов, *мн.* Т. н. «транквилизаторы», успокоительные средства, употребляемые в качестве наркотиков.

Из *нарк.*, сокращ.

ТРАНСПАРАНТ *см.* **ЗАШИБЛЕННЫЙ**

ТРАНСПОРТ *см.* **СЛУЧАЙ; ТЯЖЁЛЫЙ СЛУЧАЙ (НА ТРАНСПОРТЕ)**

ТРА́ССА, -ы, *ж.* Переезд автостопом, часто на большие расстояния.

Возм. из *хип.*

ТРАХ, -а, **ТРАХ-ТИБИДО́Х**, -а, **ТРА́ХАЧ**, -а, *м.*, **ТРАХАНЬЁ**, -я́, *ср.*, **ТРАХОТЬБА́**, -ы́, *ж.* Половой акт; всё, что относится к сексу. *Фильм о трахе. Тебе ещё рано с твоей почкой зеленым трахом интересоваться.*

Звукоподр.; «трах-тибидох» — волшебное заклинание из популярной повести-сказки Л. Лагина «Старик Хоттабыч».

♦ **ТРА́ХАЕМ ВСЁ, ЧТО, ДВИ́ЖЕТСЯ (ЧТО ДЫ́ШИТ), ПЬЁМ ВСЁ, ЧТО ГОРИ́Т** — *ирон.* о чьём-л. залихватском, разухабистом поведении.

ТРА́ХАЛКА, -и, *ж.* **1.** Половой орган. **2.** Женщина, легко вступающая в половой контакт. **3.** То же, что **ТРАХ**.

ТРА́ХАЛЬ, -я, **ТРА́ХАЛЬЩИК**, -а, **ТРАХУ́ШНИК**, -а, *м.* Бабник, ловелас; любовник; мужчина с большой половой потенцией.

От **ТРАХ**.

ТРАХАНЬЁ *см.* **ТРАХ**

ТРА́ХАТЬ, -аю, -аешь; *несов.* **1.** *кого.* Вступать с кем-л. в половую связь; совершать половой акт. **2.** *кого чем, с чем.* Надоедать, приставать, донимать кого-л. ♦ **Мозги ~** *кому* — лгать, заговаривать зубы, стараться убедить в чём-л., воздействовать на кого-л.

От **ТРАХ**

ТРА́ХАТЬСЯ, -аюсь, -аешься; *несов.* **1.** *с кем.* То же, что **ТРАХАТЬ 1. 2.** *с чем.* Мучиться, маяться; долго работать над чем-л., уставать от чего-л.

См. также **НОВОЕ, МУХИ НЕ ТРАХАЛИСЬ**

ТРАХАЧ *см.* **ТРАХ**

ТРА́ХНУТЫЙ, -ая, -ое. Ненормальный, сумасшедший, одержимый, фанатичный. *На здоровье своём ~.*

От **ТРАХНУТЬ, ТРАХНУТЬСЯ**.

ТРА́ХНУТЬ, -ну, -нешь; *сов.* **1.** То же, что **ТРАХАТЬ, 1. 2.** *что.* Выпить. *Стопку ~ни.* ♦ **Бегемот** (или **слон**) **~нул** *кого* — о странном, ненормальном человеке.

См. также **И ТРАХНЕТ И НАКОРМИТ; СМЫЧОК**

ТРА́ХНУТЬСЯ, -нусь, -нешься; *сов.* **1.** То же, что **ТРАХАТЬСЯ 1. 2.** *на чём* и *без доп.* Сойти с ума, стать одержимым чем-л.

ТРАХОДРОМ *см.* **ТРАХТОДРОМ**

ТРАХО́МА, -ы, *ж. Шутл.* **1.** Что-л. плохое, некачественное, низкопробное. *Не отель, а ~.* **2.** Машина, автомобиль.

От назв. болезни глаз (из греч.) с наложением с **ТРАХАТЬ**.

ТРАХОТЬБА *см.* **ТРАХ**

ТРАХТОДРО́М, -а, **ТРАХОДРО́М**, -а, *м.* Постель, кровать, спальня; место разврата, притон.

ТРАХ + «дром» (ср. общеупотр. «аэродром» и т. п.).

ТРА́ХТОР, -а, *м.* То же, что **ТРАХАЛЬ**.

Шутл. наложение с общеупотр. «трактор».

ТРАХУШНИК *см.* **ТРАХАЛЬ**

ТРАХУ́ШНИЦА, -ы, *ж.* То же, что **ТРАХАЛКА 2**.

ТРЕБУХА́, -и́, **ТРЕБУХНЯ́**, -и́, **ТРЕБУШИ́ЦА**, -ы, *ж.* **1.** Еда, закуска. *Пойди, требушицы какой-нибудь закупи для смазки* (для закуски). **2.** Ерунда, чепуха, безделица. *Требуху несёт* (говорит), *а рожа серьёзная до запору.* **3.** Живот, кишки, кишечник, желудок. *Требушицу комбижиром в армаде запорол* — испортил желудок в армии некачественной пищей.

ТРЁКАТЬ, -аю, -аешь, **ТРЁХАТЬ**, -аю, -аешь; *несов., что, в чём* и *без доп.* Понимать, разбираться, соображать.

Ср. *устар. диал.* «трёкать», «трекнуть» — развить, ухать, налегать, кричать хором во время работы, тянуть, кряхтеть, стонать, бить, стучать, вколачивать, «трекнуться» — отречься, отказаться, отступиться; *уг.* «трекать» — спохватиться.

ТРЁКНУТЬСЯ, -нусь, -нешься, **ТРЁХНУТЬСЯ**, -нусь, -нешься; *сов., на чём, с чем* и *без доп.* Сойти с ума, помешаться на чём-л.

См. **ТРЕКАТЬ**.

♦ **ТРЕМЯ́ ПА́ЛЬЦАМИ** (или **КНО́ПКАМИ**) **НЕ ПОДНЯ́ТЬ** — о «зависшем компьютере», не реагирующем на сигнал клавиатуры, когда остаётся единственное средство — перезагрузить его, нажав три кнопки (CTRL — ALT — DEL).

ТРЕНА́К, -а́, *м.* Тренер. *~а меняю.*

Из *спорт.*

ТРЕПА́ЛКА, -и, *ж.* **1.** Рот. **2.** Болтун, болтушка, трепло.

От общеупотр. *разг.* «трепать(ся)» — болтать без дела.

ТРЕПАНА́ЦИЯ[1], -и, *ж.* Болтовня.

Возм. шутл. наложение общеупотр. *разг.* «трепаться» + *спец.* «трепанация черепа» (операция).

ТРЕПАНА́ЦИЯ[2], -и, *ж.* Взбучка, встрёпка, нагоняй.

Возм. наложение общеупотр. «трепать» в зн. теребить, бить + *спец.* «трепанация черепа» (операция); возм. распространилось под влиянием повестей Н. Носова о Незнайке.

ТРЕПАНУ́ТЬ, -ну́, -нёшь, **ТРЕПАНУ́ТЬСЯ**, -ну́сь, -нёшься; *сов., кому.* Проговориться, выдать тайну.

От общеупотр. *разг.* «трепать(ся)» — болтать.

ТРЕПЕТУ́ЛЬКА, -и, *ж.* Молодая девушка (обычно неопытная, глупенькая).

От общеупотр. «трепетать».

ТРЕСК *см.* **ВЗАДСТАМЕСКУ (ЧТОБЫ НЕ БЫЛО ТРЕСКУ)**

ТРЕСКАТЬ *см.* **ХАНКА**

ТРЕСКУЧИЙ *см.* **ЗАТКНИ ФОНТАН (СВОЙ РЖАВЫЙ ВЕНТИЛЬ...)**

ТРЕСНУТЬ *см.* **А МОРДА НЕ ТРЕСНЕТ?; А РОЖА НЕ ТРЕСНЕТ?; ЖОПА**

ТРЕТИЙ *см.* **СРАКА**

ТРЕТЬЯ́К, -а́, *м.* Слабый, спитый чай. *Сам хлебай своего ~а. Таким ~ом будешь бомжей поить!*

Возм. имеется в виду, что чай пьётся уже в третий раз.

ТРЕУГОЛКА *см.* **КЛЯНУСЬ СВОЕЙ ТРЕУГОЛКОЙ**

ТРЕФЛО́, -а́, *ср.* Трефа, трефовая масть.

Из *карт.* По модели **ЖУХЛО** и т. п.

ТРЁХА, -и, *ж.* Три рубля, трёшка.

ТРЁХАТЬ *см.* **ТРЕКАТЬ**

ТРЁХНУТЬСЯ *см.* **ТРЕКНУТЬСЯ**

ТРЁХПА́ЛКИ, -лок, *мн.* Рукавицы для стрельбы, закрывающие кисть, большой и указательный пальцы в отдельности.

От «три пальца»; из *арм.*

ТРЁХСОТЛЕТИЕ *см.* **ОТМЕЧАТЬ ТРЁХСОТЛЕТИЕ РУССКОЙ БАЛАЛАЙКИ**

ТРЁХСУ́ТОЧНИК, -а, *м.* Человек, посаженный на трое суток за мелкое хулиганство; *пренебр.* о мелком хулигане, шпане.

ТРЁШКА, -и, **ТРЁШНИЦА**, -ы, *ж.*, **ТРЁШНИК**, -а, *м.* **1.** То же, что **ТРЁХА**. **2.** Дешёвая проститутка (часто о промышляющей на Комсомольской площади, у «трёх вокзалов»); о любой неуважаемой девушке, женщине.

Три рубля — такса дешёвой проститутки (80-е гг.).

ТРЕЩАТЬ *см.* **ПАХАНЫ ДЕРУТСЯ — У ХОЛОПОВ ЧУБАЙСЫ ТРЕЩАТ**

ТРЕЩИНА *см.* **ДУМАЙ, ДУМАЙ, ГОЛОВА...; ЖИЗНЬ ДАЛА ТРЕЩИНУ**

ТРИ *см.* **АЛЛЮР ТРИ КРЕСТА; ВЫХОД ТРЕМЯ КНОПКАМИ; ДАЙ ТЕБЕ БОГ ЖЕНУ С ТРЕМЯ ГРУДЯМИ; ДОГАДАЙСЯ С ТРЁХ РАЗ; ДРАП-ДЕРЮГА, ТРИ КОПЕЙКИ КИЛОМЕТР; КОМБИНАЦИЯ (ИЗ ТРЁХ ПАЛЬЦЕВ); КОНЧИЛ, НЕ КОНЧИЛ — У ВАС ТРИ МИНУТЫ; ЛЯЛЯ; НА ПУК...; НАСРАТЬ ТРИ КУЧИ; НА ТРЁХ ДОМАХ; ОДНОЙ ЖОПОЙ НА ТРЁХ МЕСТАХ СИДЕТЬ...; ПОСЫЛАТЬ НА ТРИ ВЕСЁЛЫХ БУКВЫ; ПРОСТ КАК ТРИ КОПЕЙКИ; ПЭ ТРИ; СЕЛИ ДВА ЖИДА В ТРИ РЯДА; СМЫЧОК; ТРЕМЯ ПАЛЬЦАМИ (КНОПКАМИ) НЕ ПОДНЯТЬ**

ТРИДЦА́ТКА, -и, *ж.*, **ТРИДЦА́ТНИК**, -а, *м.* Название чего-л., содержащего тридцать единиц или обозначенного цифрой тридцать, в зависимости от ситуации. *Прогнать тридцатку* — пробежать тридцать километров. *Гони тридцатник* — давай тридцать рублей. *Ему тридцатник стукнул* — ему исполнилось тридцать лет.

ТРИЖДЫ *см.* **МОЛЧИ, Я ВОЕВАЛ, Я ТРИЖДЫ ГЕРОЙ МИРА**

♦ **ТРИ МЕ́ТРА НИ́ЖЕ ПА́ЛЬЦА** — гауптвахта.

Из *арм.*

ТРИП, -а, *м.* Сильная эмоция, наслаждение, возбуждение и т. п.

ТРИПА́К[1], -а́, *м.* **1.** То же, что **ТРИЦА**. **2.** То же, что **ТРОЯК**.

ТРИПА́К[2], -а́, *м.* Триппер. *Схлопотать* (или *подцепить*) ~ — заразиться триппером.

♦ **ТРИ ПЕРА́** — триппер, гонорея.

♦ **ТРИ ПОРОСЁНКА** — пивной зал, бар.

ТРИ́ППЕР, -а, *м.* Грязь, нечистота. *В квартире ~ развели. Весь в каком-то ~е.*

ТРИППЕР* *см.* **ДАЖЕ КЛЁВЫЙ ШТАТСКИЙ ЗИППЕР ПРОПУСКАЕТ РУССКИЙ ТРИППЕР; НУЖНО КАК ЗАЙЦУ (ОСЛИКУ, ПИОНЕРКЕ, ПАРТИЗАНУ) ТРИППЕР**

ТРИППЕРБА́Х, -а, *м.* Триппер, гонорея.

См. также **БАРОН ФОН ТРИППЕРБАХ**

ТРИ́ППЕР-КЛУ́Б, три́ппер-клу́ба, *м.* Венерический диспансер.

♦ **ТРИ́СТА ДВА́ДЦАТЬ ЗУБО́В, ВСЕ В ЖО́ПЕ, И ВСЕ БОЛЯ́Т** — *ирон.* о геморрое.

♦ **ТРИ СТУПЕ́НЬКИ (СТУПЕ́НИ)** — *собств.* назв. нескольких пивных в Москве (напр., на Нижней Масловке).

По количеству ступеней при входе.

ТРИТО́Н, -а, *м.* Ирон.-шутл. обращение.

Хвостатое земноводное семейства саламандр.

ТРИЦА́, -ы, **ТРИЦЕПТУ́ХА**, -и, **ТРИЦУ́ХА**, -и, *ж.* Трицепс. *Накачать трицу. Подход на трицуху.*

ТРО́ГАНЫЙ, -ая, -ое. Ненормальный; психически неуравновешенный.

Ср. общеупотр. *прост.* «тронутый».

ТРО́ГАТЬ, -аю, -аешь; *несов., кого.* Надоедать, утомлять, изводить.

ТРОГАТЬ* *см.* **ГОВНО**

ТРОЕ *см.* **НА МОСТУ СТОЯЛИ ТРОЕ...**

ТРОИ́ТЬ, -ою́, -ои́шь; *несов., с кем* и *без доп.* Распивать бутылку (обычно — водки) «на троих»). *За всю жизнь ни разу не ~оил!*

ТРОЙБА́Н, -а́, *м.* Тройка (оценка, балл).

Из *шк.*

♦ **ТРОЙЧА́ТКА В ГЛАЗА́Х** *у кого* и *без доп.* — о каком-л. экстремальном состоянии, чаще о состоянии алкогольного опьянения или сильной усталости, бессилия и т. п.

ТРОЛЛЕ́ЙБУС, -а, *м.* Очкарик, человек в очках.

ТРОЛЛЕЙБУС* *см.* **КАК В ТРОЛЛЕЙБУСЕ, ВСЕХ МУТИТ, А НЕ ВЫЙДЕШЬ**

ТРОПИЧЕСКИЙ *см.* **СРАНЬ**

ТРОТУАР *см.* **ПОДМЕТАТЬ ТРОТУАРЫ**

ТРО́ЦКИЙ, -ого, *м.* Врун, трепач, болтун, пустомеля. ♦ **Свистеть как ~** — врать.

Л. Д. Троцкий (Бронштейн) — известный политический деятель.

ТРОЯ́К, -а́, **ТРЮ́НДЕЛЬ**, -я, *м.* Название чего-л., содержащего три, тридцать, триста и т. п. единиц или обозначенного цифрой три, тридцать, триста и т. п., в зависимости от ситуации. *Схлопотал ~* — получил три балла. *Перехватить ~* — занять три (тридцать, триста и т. д.) рублей.

ТРУБА́[1], -ы́, **ТРУ́БКА**[1], -и, *ж., собств.* Трубная площадь в Москве.

Встречается ещё в текстах москвоведов XIX в., у В. Гиляровского, А. Чехова, И. Шмелёва и др.; было также названием рынка на Трубной площади.

ТРУБА́[2], -ы́, *ж.* **1.** Задница. **2.** Конец, провал. **3.** Подземный переход (чаще о переходе между кинотеатром «Художественный» и ул. Арбат в Москве). **4.** Вена. *~ сгорела.* **5.** Мобильный телефон. *Звякнуть на трубу.* ♦ **~ стране, ~ народу** — шутл. лозунг.

1., 2. — возм. из *уг.*; **4.** — из *нарк.* ♦ — травестирование лозунга трубопрокатчиков (ср. «Уголь — стране» у шахтёров и т. п.).

ТРУБА* *см.* **ДЕРЖАТЬ ХВОСТ (ЧЛЕН, НОС) ПИСТОЛЕТОМ; ДЕРЖАТЬ ХВОСТ ТРУБОЙ...; ЗАТКНИ ФОНТАН (СВОЙ РЖАВЫЙ ВЕНТИЛЬ...); ПОНЕСЛОСЬ ДЕРЬМО ПО ТРУБАМ**

♦ **ТРУБА́ ЗОВЁТ** (или **ТРУ́БЫ ГОРЯ́Т, ГУДЯ́Т** и т. п.) — хочется выпить.

ТРУБА́Ч, -а́, *м.* Обманщик, трепач, фантазёр.

От **ТРУБИТЬ 2.**

ТРУБИ́ТЬ, -блю́, -би́шь (или тру́бишь); *несов.* **1.** *где.* Работать. *Хорош ~, пойдём перекурим! Семь лет на заводе ~бил.* **2.** *без доп.* Лгать, обманывать; болтать.

ТРУБКА[1] *см.* **ТРУБА**[1]

ТРУ́БКА[2], -и, *ж.* Юбка (обычно об узкой).

ТРУБО́ЧИСТ, -а, *м.* Гомосексуалист.

От **ТРУБА́ 1.**

♦ **ТРУ́БЫ ГРЕТЬ** (или **СУШИ́ТЬ, ЗАЛИВА́ТЬ** и т. п.) — пить спиртное.

ТРУДНО *см.* **ТЯЖКО (ТРУДНО, ГРУСТНО, ПЛОХО) ЖИТЬ БЕЗ ПИСТОЛЕТА**

ТРУДОВАЯ МОЗОЛЬ *см.* **МОЗОЛЬ**

ТРУДОВИ́К, -а́, *м.* Учитель труда в школе.

Из *шк.*

ТРУ́ЗЕР, -а, *м.*, **ТРУЗЕРА́**, -о́в, *мн.* Брюки, штаны.

От англ. trouses в том же зн.

ТРУП, -а, *м.* Сильно пьяный человек. *Идём, навстречу два ~а. В пятницу вечером вся Москва в ~ах.*

ТРУП* *см.* **ЛЕЧЬ ТРУПОМ**

ТРУПОВО́З, -а, **ТРУПОВО́ЗНИК**, -а, *м.*, **ТРУПОВО́ЗКА**, -а, **ТРУПОВО́ЗНИЦА**, -ы, *ж.* Кладбищенская машина; машина похоронной ритуальной службы.

От «труп» + «возить».

ТРУ́ПОМ, *нареч.* Очень сильно (часто об опьянении или болезни). *Нажрался ~. Пробюллетенил ~.*

ТРУ́ППО, *нескл.*, *м.* и *ср.* Сильно пьяный человек.

На итал. или исп. манер от **ТРУП.**

ТРУСИКИ *см.* **ГЕНИЙ (В ТРУСИКАХ); НАДЕЛАТЬ (В ТРУСИКИ)**

ТРУ́СЛО, -а, **ТРУСЛО́**, -а́, *ср.* Трус.

ТРУСНЯ́К, -а́, *м.* Трусы. *Семейный ~ с лютиками* — большие трусы в цветочек.

ТРУСЫ *см.* **А ТЫ ТРУСЫ (УШИ, ШРУНКИ, ЧЁЛКУ) НАКРАХМАЛИЛ?; РЫБА БЕЗ ТРУСОВ; СЧАСТЛИВЫЕ ТРУСОВ НЕ НАБЛЮДАЮТ...**

♦ **ТРУСЫ́ ЖЕВА́ТЬ** — идти странной походкой, стараться идти красиво, вышагивать; спешить.

♦ **ТРУСЫ́ ЦЕЛЛОФА́НОВЫЕ** — плавки.

ТРУ́ТЕНЬ, -тня, *м.* Охранник.

ТРУХА́, -и́, **ТРУХЛЯ́**, -и́, *ж.* **1.** Чушь, ерунда. **2.** Плохой, ненадёжный человек. **3.** Гашиш, конопля.

3. — из *нарк.*

ТРУХАЛО *см.* **ТРУХАЧ**

ТРУХА́ТЬ, -а́ю, -а́ешь; *несов., чего* и *без доп.* Бояться, страшиться. *~аешь меня?*

Ср. общеупотр. *прост.* «трухнуть», «струхнуть» в том же зн.

ТРУХА́Ч, -а́, *м.*, **ТРУ́ХАЛО**, -а, **ТРУХА́ЛО**, -а, *ср.* Трус.

От **ТРУХАТЬ.**

ТРУХЛЯ *см.* **ТРУХА**

ТРУХЛЯ́ВЫЙ, -ая, -ое. Плохой, ненадёжный (о человеке).

ТРУХЛЯВЫЙ* *см.* **ГОЛОВА ТРУХЛЯВАЯ; ПЕНЬ ТРУХЛЯВЫЙ**

ТРЫНДАНУ́ТЬ, -ну́, -нёшь; *сов., кому* и *без доп.* Позвонить по телефону.

От **ТРЫНДАТЬ.**

ТРЫ́НДАТЬ, -аю, -аешь; *несов., кому* и *без доп.* Звонить по телефону, названивать, трезвонить. *Целый день ~ал.*

Ср. *диал.* «трынчать» — дёргать, «трындить» — твердить, говорить одно и то же, «трынкать» («трен(ь)кать») — играть, бренчать (на муз. инструменте), от звукоподр. «трын-трын», («трень-трень»).

ТРЮМ, -а, *м.* **1.** Зад, задница. **2.** Живот, желудок. **3.** Камера, карцер, штрафной изолятор; тюрьма.

См. также **ТЕЧЬ В ТРЮМЕ**

3. — из *уг.*

ТРЮМ* *см.* **СКИНУТЬ (СБРОСИТЬ, СПУСТИТЬ) В ТРЮМ**

ТРЮНДЕЛЬ *см.* **ТРОЯК**

ТРЮ́ФЕЛЬ, -я, *м.* (мн. -я́, -е́й). **1.** *Шутл.* Любая вещь. **2.** Нос, лицо. **3.** Ирон. обращение. **4.** Негр, чернокожий.

Назв. гриба и сорт шоколадных конфет. *Ср.* **ПОЛУТРЮФЕЛЬ.**

♦ **ТРЮФЕЛЯ́ ВЫКИ́ДЫВАТЬ** — отличаться, делать что-л. странное, выдающееся; капризничать, бузить.

♦ **ТРЯПИ́ЧНАЯ КО́ПИЯ** — плохая копия видеофильма, видеокассета, записанная с экрана в кинотеатре видеокамерой.

ТРЯПИ́ЧНИЧАТЬ, -аю, -аешь; *несов.* Интересоваться нарядами, одеждой, модами, тряпками.

См. **ТРЯПОЧНЫЙ 1.**

ТРЯПКА *см.* **УБЕЙСЯ ТРЯПКОЙ (АВОСЬКОЙ)**

ТРЯ́ПНИК, -а, *м.* Тряпичник, модник.

ТРЯ́ПНИЦА, -ы, *ж.* Тряпичница, модница.

ТРЯПОЧКА *см.* **КАК ТУЗИК ТРЯПОЧКУ.**

ТРЯ́ПОЧНЫЙ, -ая, -ое. **1.** Интересующийся только вещами, одеждой. **2.** Безвольный, слабохарактерный. *~ая душа.*

Передел. общеупотр. «тряпичный», «тряпичник».

ТРЯПОЧНЫЙ* *см.* **ФУФЕЛ ТРЯПОЧНЫЙ; ЭТО ТЕБЕ НЕ В ТРЯПОЧНЫЕ КЕГЛИ ИГРАТЬ**

ТРЯСОГУ́ЗКА, -и, *ж.* Девушка.

Ср. *уг.* «трясогузка» — домашняя хозяйка.

ТРЯСТИ *см.* **ЖОПА; МАНДА; МУДА; ШТАНАМИ ТРЯСТИ**

ТРЯСТИСЬ *см.* **ГРОМ ГРЕМИТ, ЗЕМЛЯ ТРЯСЁТСЯ...**

ТРЯСУ́ЧКА, -и, *ж.* **1.** Разновидность азартной игры, в которой в ладонях трясут деньги. **2.** Похмелье. **3.** Холод, мороз. *~ на дворе.* **4.** Что-л. страшное. *Смотрели по видаку ~у* (фильм ужасов). **5.** Собака породы той-терьер.

ТРЯХОМУ́ДА, -ы, **ТРЯХОМУ́ДИНА**, -ы, *м.* и *ж.* Руг.

От «трясти» + **МУДА.**

ТРЯХОМУ́ДИЯ, -и, *ж.* Любая вещь. *Возьми вот эту ~ю и прифигань её вон той хреновиной к этой мандуле* (см. соответствующие слова).

Ср. **ТРЯХОМУДА.**

ТРЯХОМУ́ДСТВО, -а, *ср.* Глупость; напыщенность, пижонство, франтовство.

См. **ТРЯХОМУДА.**

ТРЯХОМУ́ДСТВОВАТЬ, -вую, -вуешь; *несов., без доп.* Заниматься ерундой; пускать пыль в глаза, петушиться; дуться, надуваться; вести себя глупо.

См. **ТРЯХОМУДА.**

ТУАЛЕТ *см.* **КАК МУХА В ТУАЛЕТЕ; МОЗГИ В ТУАЛЕТЕ ОСТАВИЛ**

ТУАЛЕ́ТИТЬСЯ, -е́чусь, -е́тишься; *несов., без доп.* Ходить в туалет. *А где тут у вас ~етятся?*

ТУБАРКА́С, -а, **ТУБЗАРТРЕ́СТ**, -а, **ТУ́БЗИК**, -а, **ТУБЗАЛЕ́Т**, -а, **ТУБЗАЛЕ́ТЫЧ**, -а, *м.* Туалет. *Ребя, кто в тубзалет на пару?*

Возм. из *шк.*

ТУБЗАРТРЕСТ, ТУБЗИК *см.* **ТУБАРКАС**

♦ **ТУ́БОС С ПРИЦЕ́ПОМ** — мужской половой орган.

ТУГОПЛА́ВКИЙ, -ая, -ое. Тупой, недогадливый, глупый (о человеке).

ТУ́ГРИКИ, -ов, **ТУГРЫ́**, -о́в, *мн.* Деньги (чаще о местных деньгах, когда говорящий находится за границей). *Местных тугров наменял?*

Общеупотр. «тугрик» — денежная единица в Монголии; возм. через *уг.*

ТУДА *см.* **СИДИТ МАРТЫШКА У ПРУДА...**

ТУЗ[1], -а́, *м.* **1.** Начальник, руководитель, «отец» мафии. **2.** Человек важного вида, пижон, «барин». **3.** Что-л. важное, сильный аргумент, козырь. *У него свои ~ы́.* ♦ **~а из себя корчить** — принимать важный вид, изображать из себя значительное лицо. **~ шестёрке не товарищ** — о невозможности дружбы при неравном положении.

Из *карт.*; *ср. уг.* «туз» — тот, кто прикрывает воров, «свой» человек среди начальства; богатый человек (напр. посетитель ресторана), «тузом корячиться» — тратить большие деньги, кутить.

ТУЗ[2], -а́, *м.* Тот, кто убирает, моет туалет.

От *уг.* аббрев. «Туалетный Уборщик Зоны».

ТУЗ[3], -а, *м.* Задница.

ТУЗИК *см.* **КАК ТУЗИК ТРЯПОЧКУ.**

ТУЗИ́ТЬ, тужу́ (или тузю́), тузи́шь, **ТУЗОВА́ТЬ**, -зу́ю, -зу́ешь; *несов., чем* и *без доп.* Ходить тузом (в картах); делать что-л. наверняка, побеждать, делать последний шаг к победе.

♦ **ТУЗ, ОН И В А́ФРИКЕ ТУЗ** — прибаутка картёжников, преферансистов.

Из *карт.*

ТУ́ЛИТЬ, -лю, -лишь, **ТУЛИ́ТЬ**, -лю́, -ли́шь; *несов., кого.* Бить, избивать.

Возм. от *устар. диал.* «ту́лить», «тулять», «тули́ть» — крыть, закрывать, заставлять, скрывать, прятать.

ТУЛИ́ТЬСЯ, -лю́сь, -ли́шься (или ту́лишься); *несов.* **1.** *где* и *без доп.* Таиться; не проявлять себя, скромничать; быть ни при чём. **2.** *к кому-чему.* Жаться, прижиматься, льнуть; приставать, надоедать. *Чего ты ко мне всё тулишься, как еврей к сберкассе?* **3.** *с кем.* Заниматься любовью.

Возм. от *устар. диал.* «туляться», «тулиться» — прятаться, укрываться, уклоняться от дела, заслоняться чем-л., приседать, сгибаться, отворачиваться; *ср.* современное *разг.* «притулиться» — прислониться.

ТУЛУ́П, -а, *м.* **1.** Дурак, бездарь. **2.** Милиционер в зимней одежде.

ТУЛУП* *см.* **НАДЕТЬ ТУЛУП СОСНОВЫЙ (ДЕРЕВЯННЫЙ, ДУБОВЫЙ)**

ТУ́ЛЬСКИЙ, -ая, -ое. Ирон.-шутл. эпитет. *Эх ты, морда ~ая! ~ Вася ты, а не коммерсант. Ясно всё, ~им бизнесом занялся, сортирных мух для зоопарка ловит.* ♦ ~ **пряник** (или **валенок, самовар**) — *шутл.-бран.* недотёпа, растяпа, раззява.

ТУЛЬЧ, -а, *м.* Толкучий рынок.

Возм. сокращ. от общеупотр. *прост.* «толкучка».

ТУЛЯК *см.* **ЧТО ТЫ РВЁШЬСЯ, КАК ГОЛЫЙ В БАНЮ...**

ТУМА́Н, -а, *м.* Тупой, недогадливый человек.

ТУМАН* *см.* **ЁЖИК В ТУМАНЕ; СРЫГНУТЬ В ТУМАН; ЯСНО КАК В ТУМАНЕ**

ТУМА́ННЫЙ, -ая, -ое. Сомнительный, заведомо низкого качества, имеющий плохую репутацию, ненадёжный. *Продукции таких ~ых стран, как Бирма, не берём.*

ТУ́МБА, -ы, **ТУ́МБОЧКА**, -и, *ж.* Толстая невысокая женщина. *Женись на тумбочке, чтоб было куда пивную кружку ставить.*

♦ **ТУ́МБА С УША́МИ** — раззява, тупица, примитивный человек.

ТУ́МБА-Ю́МБА, ту́мбы-ю́мбы, *ж., собир.* Шутл.-пренебр. наименование народов с низким уровнем культуры (преим. азиатских и африканских). *Я эту тумбу-юмбу по лицам не различаю, только по запаху* (из разговора переводчиков).

Возм. из *детск.*; возм. пародирование назв. африканского племени.

ТУМБОЧКА *см.* **ВРЁШЬ ТЫ ВСЁ И СПИШЬ ТЫ В ТУМБОЧКЕ; ТУМБА**

ТУНГУ́С, -а, *м. Шутл.-бран.* Растяпа, дурак.

Бывшее назв. эвенков.

ТУ́НДРА, -ы, *ж.*, **ТУНДРЮ́К**, -а́, *м.* Провинциал; некультурный, тёмный человек. *Эх ты, тундрюк. И ведь тундра тундрой, а доклад читает, очки надел.*

ТУПА́К, -а́, **ТУПА́РЬ**, -я́, **ТУПО́К**, -пка́, **ТУПИ́ДЗЕ**, *нескл., м.* Тупой, глупый человек.

ТУПЕТЬ *см.* **КАК НАДЕНУ ПОРТУПЕЮ, ТАК ТУПЕЮ И ТУПЕЮ**

ТУПИДЗЕ *см.* **ТУПАК**

ТУПИ́ТЬ, -плю́, ту́пишь (или -и́шь); *несов., без доп.* Притворяться тупым, ничего не понимающим. *Тебе в уши глину льют* (стараются обмануть, навязать что-л.), *а ты ~и.*

ТУПОЙ ВАЛЕНОК *см.* **ВАЛЕНОК**

ТУПОЙ ДОЦЕНТ *см.* **ДОЦЕНТ**

ТУПОК *см.* **ТУПАК**

ТУПОМО́ЗГЛЫЙ, -ая, -ое, **ТУПОМО́РДЫЙ**, -ая, -ое, **ТУПОНО́СЫЙ**, -ая, -ое, **ТУПОРО́ЖИЙ**, -ая, -ее, **ТУПОРЫ́ЛЫЙ**, -ая, -ое. Тупой, глупый.

ТУР *см.* **ПОСЫЛАТЬ НА ТУР**

ТУРБОВИНТОВО́Й -а́я, -о́е. Сильный, красивый, высокий, самоуверенный, деловой, энергичный, преуспевающий.

ТУ́РИК, -а, *м.* **1.** Турист. **2.** обычно *мн.* Туристические ботинки.

Сокращ. + суффиксация.

ТУРИ́СТ, -а, *м.* Бездельник, праздношатающийся, человек без определённых занятий. *Работаешь где-нибудь? — Не, ~. — Ага, ~, денег полный рюкзак.*

ТУРИ́-ТУРА́, *нескл.*, обычно *собир.* Туристы.

Возм. из популярной песни.

ТУ́РКА, -и, *ж.* и *м.*, (или ~ **НЕПОНИМА́ЮЩАЯ**). Глупый человек.

ТУРМАЛА́ЕЦ, -а́йца, **ТУРМАЛА́Й**, -я, *м.*, **ТУРМАЛА́ЙКА**, -и, *ж.* Финн, финка.

ТУРМАЛА́ЙСКИЙ, -ая, -ое. Финский.

От **ТУРМАЛАЙ**.

ТУРНЕ́, *нескл., ср.* Любовные похождения, приключение, «роман». *Чего с ним говорить, он в ~, сирень вместо мозгов.*

ТУРНЕ* *см.* **ДУРНЭ ПОЕХАЛО В ТУРНЕ**

ТУРНЕ́ПС, -а, *м.* Лицо.

ТУ́РОК, -рка, *м.* (или ~ **НЕДОРЕ́ЗАННЫЙ**). *Шутл-бран.* О любом человеке.

Словосоч. приписывают А. В. Суворову.

ТУРУ́СИТЬ, -у́шу, -у́сишь; **ТУРУ́СНИЧАТЬ**, -аю, -аешь; *несов., без доп.* Заниматься глупостями, ерундой; болтать чепуху.

От общеупотр. «турусы», «турусы на колёсах» — болтовня, пустые разговоры; *ср. устар.* «туросить» — городить небылицы, бредить во сне. Выражение со сл. «турусы» встречается у многих авторов (А. Грибоедов, Н. Гоголь, И. Тургенев, Б. Пастернак и др.). Возм. от «тур», «тараса» — древнерус. осадная башня на колёсах, что, возм., связано с лат. turrus (из греч.).

ТУС, ТУСА *см.* **ТУСОВКА**

ТУСЕ́ЙШЕН, -а, **ТУСЕ́ЙШН**, -а, *м*. Тусовка, сборище, вечеринка и т. п.

«Тусовка» + англ. суффикс «tion».

ТУСМАН *см*. **ТУСОВКА**

ТУСНУТЬСЯ *см*. **ТУСОВАТЬСЯ**

ТУСНЯК *см*. **ТУСОВКА**

ТУСОВА́ТЬСЯ, -су́юсь, -су́ешься; **ТАСОВА́ТЬСЯ**, -су́юсь, -су́ешься; *несов*., (*сов*. **ТУСНУ́ТЬСЯ**, -ну́сь, -нёшься), *где, с кем* и *без доп*. Находиться в каком-л. месте, где много народу; быть в среде «своих» (о группах, объединениях и т. п.); гулять, слоняться без дела; участвовать в различных шоу, презентациях и т. п.

Возм. от *карт*. «тасовать» — мешать, разбивать, рассовывать по всей колоде карты; *ср*., напр., *устар*. торговое «тасовать» — мешать сыпучий товар разного достоинства; возм. через *уг*. «тусовать» — бить, «тусоваться» — курить, собираться, «тусовка» — сборище, драка, «тусовки нареза́ть» — гулять без цели, шляться; скорее всего первоначально проникло в муз. и хип. жарг.

ТУСО́ВКА, -и, **ТАСО́ВКА**, -и, **ТУ́СА**, -ы, **ТУСА́**, -ы́, *ж*., **ТУС**, -а, **ТУСМА́Н**, -а, **ТУСНЯ́К**, -а́, *м*. Сборище, гулянка, уличные посиделки молодёжи; скопление людей, драка, инцидент; шоу. ♦ **Тусу тянуть** — участвовать в каком-л. коллективном мероприятии, празднестве, любить соответствующий образ, стиль жизни.

От **ТУСОВАТЬСЯ**.

ТУСО́ВЩИК, -а, **ТАСО́ВЩИК**, -а, *м*. Тот, кто участвует в **ТУСОВКЕ**; часто об участнике какой-л. молодёжной группировки, движения и т. п. *Стритовый* (уличный) *~*.

От **ТУСОВАТЬСЯ**.

ТУСО́ВЫЙ, -ая, -ое, **ТУСУ́ЧИЙ**, -ая, -ее. Относящийся к **ТУСОВКЕ**.

ТУТА *см*. **МАМА ДОРОГАЯ...**

ТУФЛЯ́, -и́, *ж*. Дурак, тупица, растяпа. ♦ **Чей туфля?** — *шутл*. чья это вещь?

♦ — распространилось под влиянием популярного кинофильма «Кавказская пленница».

ТУФТА́, -ы́, *ж*. **1.** Ложь, халтура, подделка, «липа». *~у́ всучили*. **2.** Ерунда, чушь, ахинея, пустая болтовня.

См. также **ГНАТЬ**; **ТРАВИТЬ ЛЯ-ЛЯ...**

Возм. из *уг*.; *ср*. *устар*. «туф» — грубая ткань для подкладки под сукно, «тухтыриться» — дуться, сердиться, «тухтырь» — угрюмый человек, «тафта» — шёлковая ткань, «тафтуй» — болван, неуклюжий; *карт*. «туфта» — игра в карты без денег.

ТУФТА́РЬ, -я́, *м*. Халтурщик, бездельник; обманщик, лжец.

От **ТУФТА**; *ср*. *карт*., *уг*. «туфтарь» — игрок в карты, не имеющий денег, «туфтальщик» — мошенник, обманщик.

ТУФТО́ВЫЙ, -ая, -ое. Плохой, ненужный, халтурный, пустой, никчёмный.

От **ТУФТА**.

ТУФТОГО́Н, -а, *м*. То же, что **ТУФТАРЬ**.

ТУФТА + **ГНАТЬ 1.**, **2.**

ТУ́ХАС, -а, **ТУ́ХЕС**, -а, *м*. Зад, задница. ♦ **Хороший тухес — тоже на́хес** — хорошая задница — тоже счастье.

Возм. *гебраизм*.

ТУ́ХЛЫЙ, -ая, -ое. Плохой (о настроении, самочувствии); скучный, плохо себя чувствующий (о человеке). *Я сегодня ~* — у меня плохое настроение; я плохо себя чувствую. *Чего тухлый такой, не ел, что ли?*

♦ **ТУ́ХЛЫМ ГЛА́ЗОМ (СМОТРЕ́ТЬ)** — безразлично, без всякого участия, равнодушно.

ТУ́ХЛЯ, -и, *ж*., **ТУХЛЯ́К**, -а́, *м*. и в зн. *сказ*. Что-л. плохое; ненадёжный человек.

Ср. *уг*. «тухлое дело» — неудачная кража, «тухля» — неопытный наркоман, «тухлятиной пахнет» — о чём-л. подозрительном.

ТУ́ЧА, -и, *ж*. **1.** Базар, рынок, толкучка. **2.** (или **ФИ́ГОВА ~**). Большое количество чего-л. *Фигова ~ народу*.

1. — возм. из *уг*.

♦ **ТУ́ША В СО́БСТВЕННОМ ГОВНЕ́** — пьяный бомж, валяющийся в грязи.

Ср. «говядина в собственном соку» и т. п.

ТУШИТЬ *см*. **СРАТЬ**

ТУ́ШКА, -и, *ж*. Самолёт модели ТУ.

ТУШКАН *см*. **МЕКСИКАНСКИЙ (БРАЗИЛЬСКИЙ) ТУШКАН**

ТУЯ *см*. **В ТУЮ**; **НЕ В ТУЮ**

♦ **ТЫ БЫ ЕЩЁ В ТЕ́АТР СХОДИ́Л!** — шутл. реакция на чьё-л. сообщение, что он был в туалете, напр.: *Ты где был-то? — В сортире. — Ты бы ещё в театр сходил!*

ТЫК, -а, *м*., **ТЫ́КА**, -и, *ж*. Толчок, удар. *Получить тыку под рёбра*.

♦ **ТЫ КАРТИ́НА, Я ПОРТРЕ́Т, ТЫ СКОТИ́НА, А Я НЕТ** — дразнилка.

Из *детск.*

♦ **ТЫ́КАТЬ ПА́ЛЬЦЕМ** — читать, напр.: *Чтоб мозги росли, надо больше пальцем ~!*

ТЫ́КВА, -ы, *ж.* Голова.

ТЫЛ, -а, *м.*, **ТЫЛЫ́**, -о́в, *мн.* **1.** Жена. *У меня тылы бунтуют.* **2.** Зад, ягодицы. *Тыл отожрал.* **3.** обычно *мн.* Связи, знакомства.

ТЫЛ* *см.* **БАБА-ЯГА В ТЫЛУ ВРАГА**

ТЫЛЫ *см.* **ТЫЛ**

♦ **ТЫ МЕНЯ́ НА «СЛЫШЬ» НЕ БЕРИ́** — шутл. реплика в ответ на обращение «слышь?» (*прост.* от «слышишь?»)

♦ **ТЫ МНЕ ДРУГ ИЛИ КАРТО́ШКА?; ТЫ МНЕ ДРУГ ИЛИ ПОДМЁТКА?; ТЫ МНЕ ДРУГ ИЛИ ПОРТЯ́НКА?** — ты мне друг или нет?

♦ **ТЫ МОЯ́ БА́НЬКА, Я ТВОЙ ТА́ЗИК** — ирон. уверение в дружбе, констатация интимной близости, часто перед какой-л. просьбой, напр.: *Ты моя банька, я твой тазик — дай десять тысяч.*

Из популярной в середине 90-х гг. песни в исполнении Ф. Киркорова.

♦ **ТЫ НА КОГО́ БАТО́Н КРО́ШИШЬ!** — шутл.-ирон. угроза, реакция на чьё-л. вызывающее поведение.

♦ **ТЫ НАСО́С, И Я НАСО́С, ПОЦЕЛУ́ЕМСЯ ВЗАШЕ́Й** — шутл. пустословица.

Построена на эффекте т. н. «обманутого ожидания» (слушающий ждёт в конце слова «взасос»).

ТЫ ПОСЛАН *см.* **ПОСЛАН**

♦ **ТЫ ПРАВ, АРКА́ШКА, ТВОЯ́ ЖО́ПА ШИ́РЕ, ЧЕМ МО́И ЧЕТЫ́РЕ** — *ирон.* ты прав.

ТЫР, *межд.* (или **ТЫР-ТЫР-ТЫ́Р**). Имитация какого-л. действия (чаще ходьбы, ударов и т. п.).

ТЫРБА́Ж, -а́, **ТЫРБА́Н**, -а́, *м.*, **ТЫРБА́ЖКА**, -и, *ж.* Кража, воровство; краденые вещи.

От **ТЫРИТЬ**.

ТЫ́РИТЬ, -рю, -ришь, *несов.* (*сов.* **ТЫРНУ́ТЬ**, -ну́, -нёшь), **ТЫРБА́НИТЬ**, -ню, -нишь; *несов.* (*сов.* **ТЫРБАНУ́ТЬ**, -ну́, -нёшь), *что у кого.* Красть, воровать; брать и не отдавать, присваивать и т. п.

Ср. *устар. диал.* «тырить» — спешно идти, торопиться, «тырба» — бабка, лёгшая углом (в игре), «ты́рло», «ты́рлище» — стойло для скота, место водопоя, ночёвки, «тыркас» — торгаш, перекупщик, барышник, маклак; возм. через *уг.* «тырбаж» — краденое, «тырбанка» — делёж краденого, «тырбень» — объект кражи, «тырить» — красть, выгораживать соучастника кражи, передавать краденое, «тыриться» — прятаться, «тырка» — кража. Скорее всего, восходит к цыг. te teres — держать, иметь, брать, ждать; производные с «б» (**ТЫРБАНИТЬ** и др.) объясняются цыг. суффиксом абстрактных имён -be, напр. teribe — выстоянное, полученное.

ТЫ́РИТЬСЯ, -рюсь, -ришься; *несов.* **1.** *куда* и *без доп.* Прятаться, скрываться. **2.** *на что* и *без доп.* Глядеть, смотреть во все глаза.

От **ТЫРИТЬ**.

ТЫ́РКА, -и, *ж.* Тысяча рублей.

Возм. из *уг.*

ТЫ́РЛИ-МЫ́РЛИ, *нескл.*, *ср.* или *мн.* (или **~ ЗАЛЕПЫ́РЛИ**). **1.** Ерунда, чушь, чёрт знает что, что-л. пустое, никчёмное. **2.** в зн. *вводн. сл.* То да сё, мол, дескать (при передаче чужой речи, при ссылке на чужую речь).

ТЫРНУТЬ *см.* **ТЫРИТЬ**

♦ **ТЫ СО МНОЙ В ТА́НКЕ ГОРЕ́Л?** — мы с тобой недостаточно близки.

ТЫЧИ́НКА, -и, *ж.* Мужской половой орган.

♦ **ТЫ ЧТО, МУ́ХУ СЪЕЛ?** — ирон. вопрос, почему кто-л. кашляет.

♦ **ТЫ ЧТО, УПА́Л?** (или **С ГОРШКА́ В ДЕ́ТСТВЕ УПА́Л, В КОЛО́ДЕЦ ВМЕ́СТО ВЕДРА́ УПА́Л, С ДУ́БА УПА́Л?** и т. п.) — реплика, выражающая недоумение по поводу чего-л. сказанного или сделанного собеседником.

ТЫЩА *см.* **БОГ НЕ НИЩИЙ, ЛЮБИТ ТЫЩУ**

ТЫЩА́К, -а́, *м.* Тысяча рублей (а также долларов и т. п.) *Дай ~ на пиво.*

ТЭЙБЛ *см.* **МОРДОЙ ОБ ЗАБОР (ОБ СТОЛ, ОБ ТЭЙБЛ)**

ТЭН, ТЭНКА *см.* **ТЕН**

ТЮ́БИК, -а, *м.* Художник, живописец.

Возм. распространилось под влиянием повестей Н. Носова о Незнайке.

ТЮБИК* *см.* **ЧЕГО (ЧТО) ТЫ ВЫДАВИЛСЯ, ТЮБИК?**

ТЮ́КНУТЫЙ, -ая, -ое. Ненормальный, сумасшедший.

От **ТЮКНУТЬСЯ**.

ТЮ́КНУТЬ, -ну, -нешь; *сов.* **1.** *чего, что* и *без доп.* Выпить спиртного. **2.** *кого.* Убить, прикончить.

От общеупотр. звукоподр. «тюкать» — ударять, рубить.

ТЮ́КНУТЬСЯ, -нусь, -нешься; *сов., на чём* и *без доп.* Сойти с ума, помешаться на чём-л.

См. **ТЮКНУТЬ**.

ТЮ́ЛЬКА, -и, **ТЮ́ЛЯ**, -и, *ж.* **1.** Ложь, обман. **2.** Ерунда, чушь, болтовня.

См. также **ГНАТЬ**

Назв. мелкой рыбы; *ср. устар. диал.* «тюлька» — болван, чурбан, обрубок, толстушка, отруби, «тюляшить» — ходить неуклюже.

ТЮЛЬКОГО́Н, -а, *м.* Лжец, трепло, болтун.

От **ТЮЛЬКА + ГНАТЬ 1.**

ТЮЛЬПА́Н, -а, *м.* **1.** Идиот, придурок. **2.** Разновидность большой раковины для ванной комнаты с керамическим стояком.

1. — из *уг.* «тюльпан» в том же зн., возм. от *диал.* «тюльпа» — ротозей, разиня.

ТЮЛЬПАН* *см.* **ЧЁРНЫЙ ТЮЛЬПАН**

ТЮЛЯ *см.* **ТЮЛЬКА**

ТЮМЕ́НЬ, -и, *ж.* Провинциал; недалёкий, некультурный человек.

Назв. города.

ТЮ́НИНГ, -а, *м.* **1.** *Шутл.* О чём-л хорошем, удачном. *У меня всё в ~е* (хорошо, отлично). **2.** Индивидуально усовершенствованная конструкция серийного автомобиля.

Англ. tuning — настройка (радиоприёмника, магнитофона и т. п.); 2. — из речи автолюбителей.

ТЮРЬМА *см.* **ТВОЙ ДОМ — ТЮРЬМА**

ТЮРЯ́ЖКА, -и, *ж.* Тюрьма.

ТЮРЯ́ЖНИК, -а, *м.* Тот, кто отсидел в тюрьме.

ТЮ́ТЬКИН, -а, *м. Ирон.* О любом человеке.

ТЮТЮ *см.* **БОБО**

ТЮТЮ́ШКАТЬ, -аю, -аешь; *несов., кого-что.* Производить какие-л. действия по отношению к кому-чему-л. *Машину ~* (чинить). *Бабу ~* (ухаживать).

От «тютюшкать» — пестовать, нянчить, качать на руках ребёнка; вероятно, первоначально ономатопоэтическое образование, *ср.* общеупотр. «тю-тю».

ТЮ́ТЯ, -и, *м.* и *ж.* Мягкотелый, безвольный человек; бездельник.

Возм. влияние *устар. диал.* «тютя» — дворовая птица, мокрая курица, цыплёнок; смирный человек; собака.

ТЮ́ХАТЬ, -аю, -аешь; *несов., что* и *без доп.* Делать что-л. интенсивно (есть, продавать, быстро понимать что-л. и т. п.).

Ср. *устар. диал.* «тюхтить», «тюхтячить» — хлебать, есть, «тюхтеря» — неуклюжий человек.

ТЮ́ХЛЯ-МАТЮ́ХЛЯ, тю́хли-матю́хли, *ж.* Растяпа, раззява.

Ср. **ТЮХАТЬ**.

ТЯ́ВКА, -и, **ТЯ́ВКАЛКА**, -и, *ж.*, **ТЯ́ВКАЛО**, -а, *ср.* **1.** Рот, губы. **2.** Болтун, балаболка; крикун, паникёр. **3.** Собака, шавка.

От **ТЯВКАТЬ**.

ТЯ́ВКАТЬ, -аю, -аешь; *несов., что* и *без доп.* Говорить, болтать ерунду.

ТЯ́ВКАТЬСЯ, -аюсь, -аешься; *несов., с кем о чём.* Ссориться, ругаться, «грызться».

ТЯ́ГА, -и, *ж.* **1.** Затяжка (о сигаретах, папиросах). *Бычок на две ~и.* **2.** Общее наименование для обозначения желания, предрасположенности кого-л. к чему-л. **3.** Доходность, прибыльность (напр., торговой точки). ♦ **По ~е** (или **в ~у**) *кому что, что делать* — есть желание, намерение что-л. делать, напр.: *Работать мне сегодня что-то не в ~у.*

3. — из жарг. торговцев, коммерсантов.

ТЯГА* *см.* **ДВОЙНАЯ ТЯГА**

ТЯЖ, -а, *м.* Тяжеловес (в спорте), тяжёлая весовая категория; серьёзный, солидный, уважаемый человек.

Возм. из *спорт.*

ТЯЖЁЛАЯ АРТИЛЛЕРИЯ *см.* **АРТИЛЛЕРИЯ**

♦ **ТЯЖЁЛОЕ ДЕ́ТСТВО, НЕДОСТА́ТОК ВИТАМИ́НОВ** — ирон. оценка чьего-л. глупого, несуразного поступка.

ТЯЖЁЛЫЙ, -ая, -ое. Дорогой, ценный, старинный. *~ антиквариат.*

Возм. из *уг.*

ТЯЖЁЛЫЙ СЛУЧАЙ НА ТРАНСПОРТЕ *см.* **СЛУЧАЙ**

ТЯЖЕЛЯ́ТИНА, -ы, *ж.* Тяжёлый рок.

ТЯЖЕСТЬ *см.* **ЦЕНТР ТЯЖЕСТИ СМЕСТИЛСЯ**

♦ **ТЯ́ЖКО** (или **ТРУ́ДНО, ГРУ́СТНО, ПЛО́ХО**) **ЖИТЬ БЕЗ ПИСТОЛЕ́ТА** — трудно жить.

ТЯ́МАТЬ, -аю, -аешь; *несов., что в чём* и *без доп.* Соображать, понимать, разбираться.

От *устар. диал.* «тямить» в том же зн.

ТЯНУ́ТЬ, -ну́, тя́нешь; *несов.* **1.** *что* и *без доп.* Курить, затягиваться сигаретой. **2.** *что.* Пить. *Пиво ~.* **3.** *на кого, кого* и *без доп.* Обвинять кого-л. в чём-л. (обычно необоснованно); приставать, надоедать.

3. — *ср. уг.* «тянуть» — выяснять отношения, ругаться.

ТЯНУТЬ* *см.* **ПУШКА; ТУСОВКА**

♦ **ТЯНУ́ТЬ КОТА́ ЗА Я́ЙЦА** — тянуть время, медлить.

♦ **ТЯНУ́ТЬ ОДЕЯ́ЛО НА СЕБЯ́** — думать о себе, о своей выгоде, стараться всеми силами решить дело в свою пользу.

ТЯНУ́ЧКА, -и, *ж.* Что-л. длинное, нудное, долго тянущееся.

ТЯ́ПКА, -и, *ж.* Рука. *~и из карманов вынь.*

ТЯПКА* *см.* **СДЕЛАТЬ МОРДУ ТЯПКОЙ**

У

У́АУ, **ВА́У**, **ФА́У**, *межд.* Выражает любую эмоцию, чаще положительную.

Англ. (амер.) wow

УБАЗА́РИВАТЬ, -аю, -аешь; *несов.* (*сов.* **УБАЗАРИТЬ**, -рю, -ришь), *кого.* Уговаривать, уламывать. *Ты меня не убазаривай, я не девочка.*

От «базар», «базарить».

♦ **УБЕ́ЙСЯ ВЕ́НИКОМ**; **УБЕ́ЙСЯ ТРЯ́ПКОЙ** (или **АВО́СЬКОЙ** и т. п.) — отстань, отойди, не приставай.

♦ **УБЕРИ́ ЗУ́БЫ** — замолчи, не веди себя вызывающе.

УБИВАТЬ *см.* **КАЖДАЯ СИГАРЕТА УБИВАЕТ ЛОШАДЬ**

УБИВА́ТЬСЯ, -а́юсь, -а́ешься; *несов.*, (*сов.* **УБИ́ТЬСЯ**, убью́сь, убьёшься). **1.** *с чем, над чем.* Уставать от чего-л., долго возиться, работать, мучиться. *Убиваешься с ними, убиваешься, а тебя потом на свалку сдают* (о детях). **2.** *чего, чем* и *без доп.* Накуриваться наркотиков (обычно об анаше).

2. — возм. из *уг.* или *нарк.*

УБИРА́ТЬ, -а́ю, -а́ешь; *несов.* (*сов.* **УБРАТЬ**, уберу́, уберёшь) **1.** *кого, чем.* Привести в какое-л. крайнее эмоциональное состояние (удивить, расстроить и т. п.). **2.** *кого.* Победить, разгромить. *Итальянцы* (итальянские футболисты) *наших как детей убрали.*

УБИТЬ *см.* **Я УБЬЮ ТЕБЯ, ЛОДОЧНИК**

УБИТЬСЯ *см.* **УБЕЙСЯ ВЕНИКОМ; УБЕЙСЯ ТРЯПКОЙ (АВОСЬКОЙ); УБИРАТЬСЯ**

УБО́ИЩЕ, -а, *ср.* Человек, причиняющий вам сплошные неприятности.

УБО́Й, -я, *м.* и в зн. *межд.* Что-л. особенное, яркое.

УБОЙ* *см.* **В (НА) УБОЙ**

УБО́ЙНЫЙ, -ая, -ое. **1.** Прекрасный, замечательный. **2.** Толстый, жирный (о человеке).

УБОРНАЯ *см.* **ВООБРАЖАЛА ХВОСТ ПОДЖАЛА...**

♦ **У БРА́ТА** — *собств.* название пивной на улице Дмитрия Ульянова.

Д. Ульянов — брат В. И. Ульянова-Ленина.

УБРАТЬ *см.* **СНИМИ (УБЕРИ) ПОНТЫ — ОДНИ ШНУРКИ ОСТАНУТСЯ; УБИРАТЬ; УБЕРИ ЗУБЫ**

♦ **УБЬЮ — СТА́НЕТ БО́ЛЬНО** — ирон. угроза.

У́ВАЛ, -а, **УВА́Л**, -а, *м.* Увольнение из армии; увольнительная. *Ходить в ~. Прийти из ~а. От ~а до ~а.*

Из *арм.*

УВЕРТЮ́РА, -ы, *ж.* Сверхурочная работа. ♦ **Крутить ~у** — работать сверхурочно.

Возм. от общеупотр. «увертюра» — оркестровое вступление к опере, балету и т. п., одночастное музыкальное произведение; возм. также окказиональное наложение англ. overtime — сверхурочные часы, дополнительное время.

УВЕСТИ *см.* **УВОДИТЬ**

УВЛЕКАТЬСЯ ЛИТЕРБОЛОМ *см.* **ЛИТЕРБОЛ**

УВОДИ́ТЬ, -ожу́, -о́дишь; *несов.* (*сов.* **УВЕСТИ́**, -еду́, -едёшь), *что у кого.* Красть, воровать. *У тёщеньки моей антрекоты вместе с авоськой в метро увели, совсем народ озверел.*

Возм. из *уг.*

УВОЗИТЬ *см.* **ЗА НОЗДРЮ (ВЕСТИ, УВОЗИТЬ)**

УВОЛА́КИВАТЬ, -аю, -аешь; *несов.* (*сов.* **УВОЛО́ЧЬ**, -оку́, -очёшь), *что у кого.* Красть, воровать. ♦ **Положить в уголок, чтоб никто не уволок** *что* — спрятать что-л.

Возм. из *уг.*

УГА́Д, -а, *м.* и в зн. *сказ.* Угадывание, отгадывание. *~?* — угадал? *Не, ты не в ~е* (не угадал).

УГАДА́ЙКА, -и, *ж.* **1.** Неясная ситуация. *Сидим в ~е, выживем или нет.* **2.** Система опроса на экзамене (обычно на отделениях искусствоведения и т. п.), при которой по репродукции, музыкальному отрывку нужно указать автора и назв. произведения или по фрагменту узнать целое. *На ~е засыпался, глаз боярыни Морозовой не признамши.*

2. — из *студ.*

УГА́Р, -а, *м.* **1.** и в зн. *межд.* Что-л. выдающееся, отличное. **2.** Состояние возбуждения (обычно восхищения, удивления). *Она от* *тебя в ~е* — ты ей нравишься. **3.** Состояние похмелья; пьяный человек с похмелья. *Два ~а водки просят.*

УГА́РНЫЙ, -ая, -ое. **1.** Отличный, замечательный. *Отпуск вышел ~, весь месяц ни облачка.* **2.** Пьяный, похмельный. *С вечера ударный, с утра — ~.*

УГОВА́РИВАТЬ, -аю, -аешь; *несов.* (*сов.* **УГОВОРИ́ТЬ**, -рю́, -ри́шь), *что, сколько.* **1.** Выпивать какое-л. количество спиртного. *~ бутылку. Эту бомбу* (большую бутылку) *нам вдвоём не уговорить.* **2.** Воровать, тащить.

У́ГОЛ, угла́, *м.* **1.** 250 рублей (а также четвёртая часть от любого круглого десятка: 25, 2500 и т. п.). **2.** Тысяча рублей.

Возм. из *уг.*

УГОЛ* *см.* **ДОМ БЕЗ УГЛОВ**; **ЗЕМЛЯ КВАДРАТНАЯ — ВСТРЕТИМСЯ ЗА УГЛОМ**; **«ОБРЫГАЙ УГЛЫ»**; **ПРИХЛОПНУТЫЙ**; **ША, КРЕВЕТКА, МОРЕ БЛИЗКО!**

УГОЛЁК, -лька́, *м.* Негр.

УГОЛО́ВКА, -и, *ж.* То же, что **УГОЛОК 2.**

УГОЛО́К, -лка́, *м.* **1.** То же, что **УГОЛ** во всех зн. **2.** Уголовный розыск. **3.** Сигарета, самокрутка с наркотиком (чаще гашишем). **4.** *собств.* Угол гостиницы «Националь» и «Интурист», место работы проституток. *Тётя с ~лка.* **2.** *С такими ногами на ~лке надо стоять, а не половички в НИИ топтать.*

2., 3. — возм. из *уг.*

УГОЛОК* *см.* **УВОЛАКИВАТЬ**

УГОРА́ТЬ, -а́ю, -а́ешь; *несов.* (*сов.* **УГОРЕ́ТЬ**, -рю́, -ри́шь), *от чего, с чего.* Эмоционально реагировать на что-л., удивляться, восхищаться и т. п. *Я с тебя угораю!*

УГОРЕТЬ *см.* **АХ, ПАРИЖ, ПАРИЖ, ПАРИЖ...**; **УГОРАТЬ**

УГРА́, -ы́, **УГРЕ́ШКА**, -и, *ж.* ГСП (городской сборный пункт). *Сбежал с ~ы́. Трое суток на ~е́ — это тебе не «Баунти».*

Из *арм.*

УГРЁБИЩЕ, -а, **УГРО́БИЩЕ**, -а, *ср.* Страшилище; кто-л. некрасивый, неприятный, страшный; что-л. отталкивающее. *Как он с таким ~ем живёт?* (о жене).

Возм. от общеупотр. «угробить»; по модели общеупотр. «страшилище», «позорище» и т. п.; нецензурные аллюзии.

УГРЁБИЩНЫЙ, -ая, -ое, **УГРО́БИЩНЫЙ**, -ая, -ое. Страшный, некрасивый, отталкивающий (о человеке или вещи).

От **УГРЁБИЩЕ**.

УГРЕШКА *см.* **УГРА**

УГРОБИЩЕ *см.* **УГРЁБИЩЕ**

УГРОБИЩНЫЙ *см.* **УГРЁБИЩНЫЙ**

УГУ *см.* **АГА, СПЕШУ И ПАДАЮ**

УД, -а, *м.* **1.** Удовлетворительно (об учебной оценке); *шутл.* об оценке любого факта. *На ~ пожрали.* **2.** *аббрев.* «Украли Деньги».

1. — из *шк.*, *студ.* 2. — ирон. переосмысл. сл. как аббрев.; намёк на то, что за удовлетворительную оценку в вузе не выплачивают стипендию. *Ср.* **ХОР 2.**, **ОТЛ 2.**

УДА́В, -а, *м.* Обжора, чревоугодник. *Семья ~ов, у каждого персональный холодильник.*

УДАВ* *см.* **ЗДРАВСТВУЙТЕ, ГОСПОДА УДАВЫ**; **СПОКОЕН, КАК УДАВ**; **ТАЩИТЬСЯ, КАК УДАВ ПО ПАЧКЕ «ДУСТА»**

УДАВИТЬСЯ *см.* **МЫШКА В ХОЛОДИЛЬНИКЕ УДАВИЛАСЬ**

УДА́ВКА, -и, *ж.* **1.** Галстук. **2.** Шарф. **3.** Цепочка на шее.

Все зн. — возм. из *уг.*; от общеупотр. «удавить».

УДА́ВЧИК, -а, *м.* **1.** То же, что **УДАВ. 2.** То же, что **УДАВКА** во всех зн.

УДАР *см.* **РАЗМАХ НА РУБЛЬ — УДАР НА КОПЕЙКУ**; **РАЗМАХ РУБЛЁВЫЙ, УДАР ФИГОВЫЙ**

♦ **УДА́РИМ РУ́ССКИМ МЕНТАЛИТЕ́ТОМ ПО АМЕРИКА́НСКИМ МОЗГА́М!** — шутл. лозунг, пародирующий патриотические призывы.

УДАРИТЬ *см.* **ПО МАССЕ УДАРИТЬ (ВРЕ́ЗАТЬ)**; **УДАРЯТЬ**

♦ **УДА́Р НИ́ЖЕ ПЕ́ЙДЖЕРА** — удар «ниже пояса», использование какого-л. запрещённого приёма, нечестный, несправедливый поступок.

♦ **УДА́Р ПО ПЕ́ЧЕНИ** — низкокачественный спиртной напиток (обычно о крепких).

УДАР ПО ПОЧКАМ *см.* **ПОЧКИ**

УДАР ПО ПОЧКАМ ЗАМЕНЯЕТ КРУЖКУ ПИВА *см.* **ПОЧКИ**

УДАРЯ́ТЬ, -я́ю, -я́ешь; *несов.* (*сов.* **УДА́РИТЬ**, -рю, -ришь). **1.** *по чему.* Резко начинать что-л. делать, приступать к чему-л. *~ по курсовику* (курсовой работе). **2.** *за кем, по кому.* Начинать ухаживать за кем-л.

♦ **УДАРЯ́ТЬ ПО ЛЁГКИМ** (или **ПО ЖА́БРАМ**) — курить.

УДАЧА *см.* **ОБЛОМОК УДАЧИ**; **ОГРЫЗОК УДАЧИ**; **ОКУРОК УДАЧИ**

УДЕЛАТЬ *см.* **УДЕЛЫВАТЬ**

УДЕ́ЛАТЬСЯ, -аюсь, -аешься; *сов.; без доп.* Попасть в неприятное положение.

См. также **УДЕЛЫВАТЬСЯ**

УДЕ́ЛЫВАТЬ, -аю, -аешь; *несов.* (*сов.* **УДЕ́ЛАТЬ**, -аю, -аешь). **1.** *кого.* Сильно избивать; побеждать кого-л., одерживать верх над кем-л. *Эка тебе глазик уделали!* **2.** *что чем, в чём.* Пачкать, марать.

УДЕ́ЛЫВАТЬСЯ, -аюсь, -аешься; *несов.* (*сов.* **УДЕ́ЛАТЬСЯ**, -аюсь, -аешься). **1.** *без доп.* Пугаться, «накладывать в штаны». **2.** *чем, в чём.* Пачкаться, мараться в чём-л. **3.** *над кем-чем.* Смеяться, потешаться, издеваться.

УДЕРЖАТЬСЯ *см.* **ВОДА В ЖОПЕ НЕ УДЕРЖИТСЯ**

УДИ́ЛО, -а, *ср.*, **УДИ́ЛА**, -ы, **УДИ́ЛЬЩИК**, -а, *м.* Вор, жулик (обычно карманный); человек, любящий жить за чужой счёт.

Возм. от *уг.* «удильщик» — квартирный вор.

УДМУ́РТ, -а, *м. Ирон.* Шалопай; растяпа, дурачок. *Ну ты ~! ~ом не надо быть!*

Назв. национальности.

УДОБНЯ́К, -а́, *м.*, **УДОБНЯ́ЧКА**, -и, *ж.* Что-л. удобное, подходящее. *Мне самый удобняк в шесть. На такой удобнячке хоть в Монголию* (о тахте).

От общеупотр. «удобный», «удобно».

УДОБРЕНИЕ *см.* **ГОВНО; ГЕНИЙ (СРЕДИ УДОБРЕНИЙ)**

У́ДОВЫЙ, -ая, -ое, **УДО́ВЫЙ**, -ая, -ое. Средний, ни то ни сё, удовлетворительный.

От **УД**.

УДО́Д, -а, *м.* Ирон. обращение; *шутл.* о любом человеке. *~ из сточных вод.*

Назв. птицы.

УДО́Й, -я, *м.* Доход, прибыль, добыча. *Худой ~. Как ~? — Хлеб с водой* (плохо).

УДОЙ* *см.* **НАШ КОЛХОЗ, НАШ КОЛХОЗ ВЫПОЛНИЛ ПЛАН ПО УДОЮ КОЗ**

УДО́ЙНЫЙ, -ая, -ое. Прибыльный, доходный.

От **УДОЙ**.

УЕДИНЕ́НЦИЯ, -и, *ж.* Аудиенция.

Шутл. контаминация с «уединение».

УЖА́РИВАТЬСЯ, -аюсь, -аешься; *несов.* (*сов.* **УЖА́РИТЬСЯ**, -рюсь, -ришься), *без доп.* **1.** Загорать. **2.** Худеть.

УЖА́СНИК, -а, **УЖА́СТИК**, -а, *м. Ирон.* Фильм ужасов. *Обхохотались на ~е.*

См. также **КАК МЁРТВОМУ УЖАСНИК**

УЖАСНО *см.* **ВООБРАЖАЛА ХВОСТ ПОДЖАЛА...**

УЖАСТИК *см.* **УЖАСНИК**

♦ **УЖ ГЕ́РМАН БЛИ́ЗИТСЯ, А ПО́ЛНОЧИ ВСЁ НЕТ** — ирон. травестирование текста «Пиковой дамы» А. С. Пушкина.

УЖИНАТЬ *см.* **КТО ДЕВУШКУ УЖИНАЕТ, ТОТ ЕЁ И ТАНЦУЕТ**

УЖИРА́ТЬСЯ, -а́юсь, -а́ешься, *несов.* (*сов.* **УЖРА́ТЬСЯ**, -ру́сь, -рёшься), *чем* и *без доп.* Напиваться пьяным.

От общеупотр. *прост.* «жрать».

УЖИРО́Н, -а, **УЖО́Р**, -а, *м.*, **УЖО́РКА**, -и, *ж.* **1.** Что-л. вкусное, аппетитное; состояние чрезмерной сытости, когда человек объелся. **2.** Перепой; похмелье.

От общеупотр. *прост.* «жрать»; 2. — от **УЖРАТЬСЯ**.

УЖО́РНЫЙ, -ая, -ое, **УЖО́РИСТЫЙ**, -ая, -ое. **1.** Вкусный, аппетитный (о пище). **2.** Способный много съесть (о человеке). *Никитушка у нас ужористый.* **3.** Хороший, отличный, высокого качества (о любой вещи).

От общеупотр. *прост.* «жрать».

УЖРА́ТИК, -а, *м.* Пьяный.

От **УЖРАТЬСЯ**.

УЖРА́ТЫЙ, -ая, -ое. Пьяный.

От **УЖРАТЬСЯ**.

УЖРАТЬСЯ *см.* **УЖИРАТЬСЯ**

УЗЕЛ *см.* **ЯЙЦА В УЗЕЛ**

УЗЕЛОК *см.* **ЗАВЯЗЫВАТЬ (УЗЕЛОК)**

УЗКОПЛЁНОЧНЫЙ, -ая. *Ирон.* Азиат, «узкоглазый».

УЗЛОМ *см.* **ЗАВЯЗЫВАТЬ (УЗЛОМ)**

УЗЛЯ́К, -а́, *м.* **1.** «Узел» во всех зн. *~ связи. Железнодорожный ~. ~ на голове* — волосы, собранные в узел. **2.** Пачка денег.

УЗНАТЬ *см.* **Я МИЛОГО УЗНА́Ю ПО КОЛГОТКАМ**

УЗЮЗЮ́КАТЬ, -аю, -аешь; *несов.* (*сов.* **УЗЮЗЮ́КНУТЬ**, -ну, -нешь), *чего, что* и *без доп.* Пить спиртное.

От *устар. диал.* «зюзя», «зюзила» — мокрый, промокший до нитки человек, плакса, рёва, пьяный, пьяница, дрянной человек, разиня.

УЙ, уя, *м.* Искусственно созданная форма им. п. аббрев. «УЕ» (условная единица), появившаяся на ценниках в 90-х гг. *Сколько там уёв написано? Сто уёв — это слипнется* (много). *Там в рублях или в уя́х?*

Очевидно аллюзия к нецензурному.

УЙТИ *см.* **А МЫ УЙДЁМ НА СЕВЕР!; ПИСАТЬ; УХОДИТЬ**[1]; **УШЁЛ В СЕБЯ, ВЕРНУСЬ НЕСКОРО**

♦ **УЙТИ́ В ПАМПА́СЫ** — опьянеть, потерять контроль над собой.

УКА́КИВАТЬСЯ, -аюсь, -аешься; *несов.* (*сов.* **УКА́КАТЬСЯ**, -аюсь, -аешься), *на что, с чего, над чем.* Смеяться над чем-л.

От **КАКАТЬ**.

УКА́НЫВАТЬ, -аю, -аешь; *несов.* (*сов.* **УКАНА́ТЬ**, -а́ю, -а́ешь). **1.** *куда, откуда.* Уходить, убегать, сматывать удочки. **2.** *кого чем.* Доводить, утомлять кого-л. *Уканало меня ваше присутствие.*

От **КАНАТЬ**.

УКА́Т, -а, *м.* **1.** Что-л. смешное, необычное. *Такого ~а у нас давно не было.* **2.** в зн. *межд.* Выражает любую эмоцию.

Ср. **УЛЁТ** и т. п.

УКАТА́ЙКА, -и, *ж.* Какой-л. смешной факт, история, анекдот. *Слухай* (слушай) *~у.*

От **УКАТАТЬСЯ 1.**

УКАТА́ТЬСЯ, -а́юсь, -а́ешься; *сов.* **1.** *с чего, на что, над чем* и *без доп.* Посмеяться над чем-л., развеселиться. **2.** *чем* и *без доп.* Обкуриться (чаще наркотиками).

2. — возм. из *уг.* или *нарк.*

♦ **У КОГО́ КОРО́ЧЕ?** — ирон. вопрос на реплику «короче», призывающую к резюмированию.

У КОГО ЧЕТЫРЕ ГЛАЗА, ТОТ ПОХОЖ НА ВОДОЛАЗА *см.* **ВОДОЛАЗ**

♦ **У КО́ШКИ В ЖО́ПЕ** — далеко, бог знает где.

♦ **УКРА́СТЬ ЖЁЛТЫЙ ШУЗ** — помешать кому-л. в каком-л. очень приятном, выгодном и т. п. для него деле.

По державшейся довольно долго в 90-х гг. моде на жёлтые туфли, ботинки (**ШУЗЫ**).

УКРЕПЛЯТЬ *см.* **«БЛЕНДАМЕД» УКРЕПЛЯЕТ ЗУБЫ И ЯЙЦА**

УКРЫ́ШИВАТЬ, -аю, -аешь; *несов.* (*сов.* **УКРЫ́СИТЬ**, -ы́шу, -ы́сишь), *куда, откуда* и *без доп.* Уходить, убегать, скрываться.

От **КРЫСИТЬ**.

У́КСУС, -а, *м.* **1.** Алкоголик. *Шалманные* (из пивного зала) *~ы. Наш школьный ~ Вова.* **2.** Кислое вино (чаще о сухом).

УКСУС* *см.* **ХАЛЯВА**

У́КСУСНИЦА, -ы, *ж.* Лицо, физиономия. *Ну и ~, даже плюнуть противно.*

УКУСИТЬ *см.* **ЗАБОДАЙ МЕНЯ КОМАР, УКУСИ КОРОВА**

УКУ́Ш, -а, *м.* Перепой.

От **УКУШАТЬСЯ**.

УКУ́ШИВАТЬСЯ, -аюсь, -аешься; *несов.* (*сов.* **УКУ́ШАТЬСЯ**, -аюсь, -аешься), *чего, чем* и *без доп.* Напиваться, перепивать.

От общеупотр. «кушать».

УЛЁТ, -а, *м.* **1.** Что-л. смешное, необычное; высшая степень какого-л. впечатления. *Я в ~е!* **2.** в зн. *межд.* Выражает любую эмоцию. *~, какая фенечка* (вещь).

См. также **С УЛЁТОМ**

От **УЛЕТАТЬ**; *ср.* **УКАТ** и т. п.

УЛЕТА́ТЬ, -а́ю, -а́ешь; *несов.* (*сов.* **УЛЕТЕ́ТЬ**, -ечу́, -ети́шь), *с чего, на что, от чего.* Испытывать какую-л. сильную эмоцию (чаще об удивлении или удовольствии).

Встречается у В. Аксёнова и др.

УЛЁТНЫЙ, -ая, -ое. Хороший, отличный, замечательный.

От **УЛЕТАТЬ**.

УЛИЦА *см.* **ЗАКРОЙ ДВЕРЬ С УЛИЦЫ (С ОБРАТНОЙ, С ТОЙ СТОРОНЫ); ШТАНАМИ УЛИЦЫ МЕСТИ**

♦ **У́ЛИЦЫ ШТАНА́МИ ПОДМЕТА́ТЬ** — бездельничать, шляться, слоняться без дела.

УЛИЧА́ТЬ, -а́ю, -а́ешь; *несов.* (*сов.* **УЛИЧИ́ТЬ**, -чу́, -чи́шь), *кого. Ирон.* Узнавать, встречать на улице. *А, вот я тебя и уличил* (нашёл, узнал).

УЛО́В, -а, *м.* Прибыль, доход.

УЛЫБКА *см.* **МОЛЧА (С УЛЫБКОЙ НА ЛИЦЕ)**

УЛЬЯ́НА, -ы, *ж.* Женщина высокого роста.

Возм. от имени баскетболистки Ульяны Семёновой.

УЛЬЯ́НОВ, -а, *м.* Шутл.-ирон. обращение. *Товарищ ~, вы не спустили воду!*

См. также **ПРИКИДЫВАТЬСЯ ЧУЧЕЛОМ УЛЬЯНОВА; ЧУЧЕЛО УЛЬЯНОВА**

Настоящая фамилия В. И. Ленина.

УМ *см.* **ЖОПА; ЗАТОРЧАТЬ (ПРИТОРЧАТЬ) НА УМЕ; ПЛОСКОСТЬЮ УМА ПОДОБЕН ТАРАКАНУ; ПО УМУ**

УМА́Т, -а, *м.* **1.** То же, что **УМОТ**. **2.** в зн. *межд.* Выражает какую-л. сильную эмоцию (радость, удивление и т. п.).

♦ **У МАТРО́СОВ НЕТ ВОПРО́СОВ** — ирон. ответ на вопрос «вопросы есть?»

УМА́ТЫВАТЬСЯ, -аюсь, -аешься; *несов.* (*сов.* **УМОТА́ТЬСЯ**, -а́юсь, -а́ешься), *с чего, на чём, от чего* и *без доп.* Уставать, утомляться.

♦ **У МЕНЯ́ СВОЯ́ ГОЛОВА́ ЗА ПЛЕЧА́МИ** — у меня своя голова на плечах, я не дурак.

Пародирование речи военных.

УМЕРЕННЫЙ *см.* **ПРИЯТНОЙ НАРУЖНОСТИ, УМЕРЕН В ОКРУЖНОСТИ**

УМЕРЕТЬ *см.* **ЖИЛА ДОЛГО НЕ ЖИВЁТ...**

УМЕТЬ *см.* **ДОЛГО ЛИ УМЕЮЧИ?**

УМНА́Н, -а, **УМНЯ́В**, -а, **УМНЯ́К**, -а́, **УМНЯ́Ш**, -а́, *м.*, **УМНЯ́ЧКА**, -и, **УМНЯ́ШКА**, -и, **УМНЯ́ВИЦА**, -ы, **УМНЯ́ВКА**, -и, *м.* и *ж. Ирон.* Умник.

«Умняв» возм. из Д. Хармса.

У́МНЫЙ, -ого, *м. Шутл.* **1.** О человеке с высоким самомнением. **2.** Ирон. обращение. *Эй, ~, сколько времени? Слушай, ~, где здесь насчёт пописать?*

УМНЫЙ* *см.* **ВУМНЫЙ КАК ВУТКА...; МОЛЧИ, ЗА УМНОГО СОЙДЁШЬ**

♦ **У́МНЫЙ, ТО́ЛЬКО ХУ́ДЕНЬКИЙ** — о ком-л. в общеирон. зн.

УМНЯВ, УМНЯК, УМНЯШ, УМНЯЧКА, УМНЯШКА *см.***УМНАН**

УМНЯ́ВИТЬ, -влю, -вишь, **УМНЯ́ВИТЬСЯ**, -влюсь, -вишься, **УМНЯ́ВНИЧАТЬ**, -аю, -аешь; *несов.*, *без доп.* Строить из себя умника.

От **УМНЯВ**.

УМНЯВИЦА, УМНЯВКА *см.* **УМНЯВ**

УМНЯВНИЧАТЬ *см.* **УМНЯВИТЬ**

УМНЯ́ВНЫЙ, -ая, -ое. *Шутл.* Умный.

УМОЛЯТЬ *см.* **ТИПА «Я ТЕБЯ УМОЛЯЮ»; Я ТЕБЯ УМОЛЯЮ**

УМО́Т, -а, *м.*, **УМО́ТКА**, -и, *ж.* Усталость, истощение. *Я в умотке. Полный умот, сил моргнуть нету.*

От **УМОТАТЬСЯ**.

УМОТАТЬСЯ *см.* **УМАТЫВАТЬСЯ**

УМОТКА *см.* **УМОТ**

УМО́ТНЫЙ, -ая, -ое, **УМО́ТОЧНЫЙ**, -ая, -ое. Трудный, утомительный.

От **УМОТАТЬСЯ**.

♦ **УМ СДОХ** — *шутл.* об отсутствии идей, свежих мыслей.

УМЫВА́ТЬ, -а́ю, -а́ешь; *несов.* (*сов.* **УМЫ́ТЬ**, умо́ю, умо́ешь), *кого.* Наказывать, избивать, унижать, ставить на место.

♦ **У НАС ДЕМОКРА́ТИЯ, ХО́ЧЕШЬ — БЕ́ЛАЯ ЧАДРА́, ХО́ЧЕШЬ — ЧЁРНАЯ** — *шутл.* о демократии; о семейных отношениях.

♦ **У НАС КАК В ПАРИ́ЖЕ, ТО́ЛЬКО ДОМА́ ПОНИ́ЖЕ ДА АСФА́ЛЬТ ПОЖИ́ЖЕ** — *ирон.* о себе; о Москве.

Ср. зафиксированное ещё в первой половине XX в. выражение «дела как у Гужона, только труба пониже, да дым пожиже».

♦ **У НА́ШИХ ВОРО́Т ПЕРЕВЕРНУ́ЛСЯ «КАМА́З» С ПРЯ́НИКАМИ** (или **ВАГОН С ПОВИДЛОМ**) — *ирон.* о везении, удаче.

УНИВЕ́Р, -а, **УНИВЕ́РС**, -а, *м.* Университет.

Сокращ.

УНИТАЗ *см.* **ДРАКА С УНИТАЗОМ; ДРАТЬСЯ С УНИТАЗОМ; ШУМНЫЙ, КАК ВОДА В УНИТАЗЕ; ШУСТРЫЙ, КАК ВОДА В УНИТАЗЕ**

♦ **УНИТА́З НА ГО́РНЫХ ЛЫ́ЖАХ** — ирон.-бран. высказывание в адрес глупого человека.

УНИТАЗНИК *см.* **СЛЕСАРЬ-УНИТАЗНИК**

♦ **У НИХ ПНОМПЕ́НЬ, А У НАС ПЕНЬ ПНЁМ** — *ирон.* о себе; о чьей-л. глупости.

Пномпень — столица Камбоджи; *прост.* «пень пнём» — дурак, тупица.

УНТЫ́, -о́в, *мн.* Любая обувь.

Ср. общеупотр. «унты» — на севере: меховая обувь (обычно из оленьего меха).

УО́ДОВКА, -и, *ж. Ирон.* Водка. *Не уыпить ли уам уодовки?* — не выпить ли вам водки?

Шутл. имитация дефекта речи или подражание англ. произношению с [w].

УО́К, -а, **УОКМЭ́Н**, -а, *м.* Портативный магнитофон с наушниками, плейер; человек, ходящий с таким магнитофоном.

Англ. to walk — гулять, man — человек.

УПА́Д, -а, *м.* **1.** Что-л. смешное, необычное; высшая степень какого-л. впечатления. *Я в ~е!* **2.** в зн. *межд.* Выражает любую эмоцию. *Полный ~!*

От **УПАСТЬ**; *ср.* **УЛЁТ** и др.

УПАДА́ТЬ, -а́ю, -а́ешь; *несов.* (*сов.* **УПА́СТЬ**, -аду́, -адёшь). **1.** *без доп.* Приходить в какое-л. эмоциональное состояние. **2.** *без доп.* Вешаться. **3.** *на кого.* Влюбляться. **4.** *на кого.* Приставать, надоедать.

УПА́ДНЫЙ, -ая, -ое, **УПА́ДОЧНЫЙ**, -ая, -ое. Особенный, неповторимый, яркий; отличный.

От **УПАСТЬ**.

УПАКО́ВАННЫЙ, -ая, -ое. Хорошо, модно, со вкусом, шикарно одетый; нарядившийся, разряженный.

От **УПАКОВЫВАТЬСЯ**.

УПАКОВАТЬСЯ *см.* **УПАКОВЫВАТЬСЯ**

УПАКО́ВКА, -и, **УПАКО́ВОЧКА**, -и, *ж.* **1.** Одежда (обычно модная, яркая, броская). **2.** Гроб; смерть, кончина. ♦ **Дать** (или **сделать, сыграть в**) **~у** — умереть, скончаться.

♦ — встречается у А. Галича и др.

УПАКО́ВЫВАТЬСЯ, -аюсь, -аешься; *несов.* (*сов.* **УПАКОВА́ТЬСЯ**, -ку́юсь, -ку́ешься), *во что, чем* и *без доп.* Наряжаться, шикарно одеваться; модничать, покупать себе модную одежду.

УПАЛ НАМОЧЕННЫЙ *см.* **НАМОЧЕННЫЙ**

♦ **УПА́Л — ОТЖА́ЛСЯ!** — шутл. негодование в адрес собеседника.

Из *арм.*

УПАСТЬ *см.* **БРАТСКАЯ МОГИЛА: УПАСТЬ, ОБНЯТЬ И ЗАПЛАКАТЬ; В ВОДУ УПАЛ; ВОВРЕМЯ (БЫСТРО) ПОДНЯТАЯ СИГАРЕТА НЕ СЧИТАЕТСЯ УПАВШЕЙ; МОРДОЙ (ХАРЕЙ, РОЖЕЙ) В САЛАТ; ПЛАНКА УПАЛА; ТЫ ЧТО, УПАЛ?..; УПАДАТЬ; Я УПАЛА С САМОСВАЛА, ТОРМОЗИЛА ГОЛОВОЙ**

УПАСТЬ В ЛЯГАВКУ *см.* **ЛЯГАВКА**

♦ **УПА́СТЬ К БО́Ю** — быть наказанным, поставленным на место.

Возм. из *арм.*

УПАСТЬ НА ИГЛУ *см.* **ИГЛА**

♦ **УПА́СТЬ НА ХВОСТ** (или **ХВОСТА́**) *к кому* — о разновидности телефонного мошенничества, заключающегося в том, что мошенник с радиотелефоном устраивается где-л. рядом с крупной гостиницей, бизнес-центром и т. п. и, подобрав необходимую частоту, делает междугородние и международные звонки за чужой счёт.

♦ **УПА́СТЬ (РУ́ХНУТЬ, СВАЛИ́ТЬСЯ, БРЯ́КНУТЬСЯ) С ДЕ́РЕВА, С БЕРЁЗЫ** — повести себя странно, неумно, неуместно, всех удивить; сойти с ума.

УПЕРЕТЬСЯ *см.* **УПИРАТЬСЯ**

♦ **УПЕРЕ́ТЬСЯ РО́ГОМ** — заупрямиться, не соглашаться с чем-л., на что-л.

УПЁРТОСТЬ, -и, *ж.* Упрямство, стояние на своём.

От **УПИРАТЬСЯ**.

УПЁРТЫЙ, -ая, -ое. С твёрдым, принципиальным, настойчивым, упрямым характером (о человеке). *~ мужик. Все мы ~ые, пока к стенке не припёртые* (пока не попадём в какую-л. безвыходную ситуацию).

От **УПИРАТЬСЯ**.

УПИРА́НТ, -а, *м.* Тот, кто не соглашается, не идёт на компромисс; упрямец.

От **УПИРАТЬСЯ** — форманта «-ант», *ср.* **НЕВРУБАНТ** и т. п.

УПИРА́ТЬСЯ, -а́юсь, -а́ешься; *несов.* (*сов.* **УПЕРЕ́ТЬСЯ**, упру́сь, упрёшься). **1.** *на чём, на что* и *без доп.* (или **~ РО́ГОМ**, **~ ТЕ́МЕНЕМ**, **~ БИ́ВНЕМ**). Настаивать на чём-л. **2.** *без доп.* Много работать, вкалывать, зарабатывать. *С утра до вечера упираюсь.*

2. — возм. через *уг.*

УПИСАТЬСЯ *см.* **УПИСЫВАТЬСЯ**

УПИСО́Н, -а *м.* Что-л. забавное, смешное.

От **УПИСАТЬСЯ**; *ср.* с моделью **УССЫВОН** и т. п.

УПИ́СЫВАТЬСЯ, -аюсь, -аешься; *несов.* (*сов.* **УПИСА́ТЬСЯ**, -аюсь, -аешься), *на что, над чем* и *без доп.* Потешаться, смеяться; реже — удивляться.

От **ПИ́САТЬ**.

УПЛЁВ, -а, *м.* Что-л. неприятное, отталкивающее, плохое.

От **УПЛЕВАТЬСЯ**.

УПЛЁВЫВАТЬСЯ, -аюсь, -аешься; *несов.* (*сов.* **УПЛЕВА́ТЬСЯ**, -люю́сь, -люёшься), *на что* и *без доп.* Быть недовольным чем-л.

От общеупотр. «плевать».

♦ **У ПОПА́ ЖЕНА́ ПОСЛЕ́ДНЯЯ** — ирон. реплика в ответ на вопрос собеседника со словом «последняя», напр.: *Это последняя электричка? — Последняя у попа жена (а не электричка).*

УПРОЩЁНКА, -и, *ж.* Упрощённая процедура пересечения границы (обычно для местных жителей), которой пользуются спекулянты.

УПЫ́ЛИВАТЬ, -аю, -аешь; *несов.* (*сов.* **УПЫЛИ́ТЬ**, -лю, -ли́шь), *откуда, куда* и *без доп.* Уходить, убегать, «убираться». *Упыливай отсюда, умник!*

От «пылить».

УРАЛМАШ *см.* **МАША (С УРАЛМАША)**

УРВАТЬ *см.* **УРЫВАТЬ**[1]

У́РЕЛ, -а, (или урла́), **УРЁЛ**, -а (или урла́), *м.* То же, что **УРЛА 2.**

У́РКА, -и, *ж.*, **УРКАГА́Н**, -а, **У́РОК**, у́рка, *м.* **1.** Преступник, уголовник; заключённый, относящийся к преступному миру. **2.** Хулиган, шпана. **3.** Ирон. обращение.

От *уг.* «урка» — вор, член воровской шайки, «уркаган» — дерзкий, авторитетный вор, первоначально «урка», «урок» — крупный преступник, антоним — «оребурк(а)».

УРКАГА́НИТЬ, -ню, -нишь, **УРКОВА́ТЬ**, -ку́ю, -ку́ешь; *несов., без доп.* Быть преступником, уголовником; хулиганить, бузить, нарушать порядок, шуметь.

От **УРКА**, **УРКАГАН**.

УРКАГА́НИСТЫЙ, -ая, -ое, **УРКО́ВЫЙ**, -ая, -ое. Преступный; хулиганский. *~ая твоя рожа.*

От **УРКА**, **УРКАГАН**.

УРКИ́, -о́в, *мн. Шутл.* Уроки (в школе) или академические занятия (в вузе); домашнее задание. *~ сделал. С ~ов сбежать. Пойду на ~.*

Сокращ.

УРКОВАТЬ *см.* **УРКАГАНИТЬ**

УРКОВЫЙ *см.* **УРКАГАНСКИЙ**

УРЛА́, -ы́. **1.** *ж. собир.* Хулиганы, шпана. **2.** *м.* и *ж.* Хулиган; нахал, наглец; некультурный человек, быдло; часто в зн. руг.

Ср. *уг.* «урлак» — молодой человек.

У́РЛИК, -а, *м.* Адрес страницы в Интернете.

Из речи пользователей компьютеров, от англ. URL — Universal Resource Locator.

УРЛО́ВЫЙ, -ая, -ое. Относящийся к шпане, хулиганам; неприличный, некультурный, хамский (о поведении); общеотрицательный эпитет.

От **УРЛА**.

У́РНА, -ы, *ж.* **1.** Рот. **2.** Проститутка.

УРНА* *см.* **ПРИКИДЫВАТЬСЯ УРНОЙ**

УРО́ДОВАТЬСЯ, -дуюсь, -дуешься; *несов., на чём* и *без доп.* Много работать; стараться, усердствовать.

УРО́ДСКИЙ, -ая, -ое. Общеотрицательный эпитет. *Работа ~ая* (плохая, неинтересная). *Трамвай ~* (долго не едет).

УРОК *см.* **УРКА**

УРОНИ́ТЬ, -оню́, -о́нишь; *сов.* **1.** *кого.* Наказать, побить (часто в шутл. зн.). **2.** *что кому.* Снизить, сбить цену.

УРОНИ́ТЬСЯ, -оню́сь, -о́нишься; *сов.* **1.** *без доп. Шутл.* Упасть (обычно о пьяном). **2.** *на чём, с чего, с чем* и *без доп.* Сойти с ума, помешаться на чём-л. *Все на бабках* (деньгах) *в совке* (в бывшем СССР) *~онились.*

У́РСКИЙ, -ого, **УРСКО́Й**, -о́го, **УРЫ́ЛЬНИК**[1], -а, *м.* Уголовный розыск, милиция.

Из *уг.*

УРЫВА́ТЬ[1], -а́ю, -а́ешь; *несов.* (*сов.* **УРВА́ТЬ**, -ву́, -вёшь), *что, чего. Шутл.* Купить. *Где шмотулю* (вещь) *урвал?*

Ср. с общеупотр. «урвать» — найти, добыть что-л. для себя; возм. через *уг.* в зн. обмануть при разделе добычи, *ср.* «урвать понт» — обмануть, получить лёгкую работу в зоне, «урвать клок» — украсть мало, получить маленькую добычу.

УРЫВА́ТЬ[2], -а́ю, -а́ешь, *несов.* (*сов.* **УРЫ́ТЬ**, уро́ю, уро́ешь). **1.** *кого.* Избивать, наказывать. **2.** *куда, откуда.* Уходить, убираться.

2. — от **РЫТЬ**.

УРЫЛЬНИК[1] *см.* **УРСКИЙ**

УРЫЛЬНИК[2], -а, *м.* Унитаз.

УРЫТЬ *см.* **УРЫВАТЬ**[2].

УРЮ́К, -а, *м.* Т. н. «лицо южной национальности».

Возм. через *уг.* «урюк» — казах или татарин, реже житель Средней Азии; общеупотр. — сушёный абрикос.

УРЮ́ПИНСК, -а, *м.* (или **УСТЬ-~**). Обобщённое назв. глухой провинции, захолустья. *Бросить что ли всё, уехать в ~!* (из анекдота).

См. также **АНАЛОГИЧНЫЙ СЛУЧАЙ БЫЛ В ТАМБОВЕ (или В САРАТОВЕ, В УРЮПИНСКЕ)**

УРЮ́ПИНСКИЙ, -ая, -ое. *Шутл.* Провинциальный, глухой, захолустный; неразвитый, «тёмный» (о человеке).

От **УРЮПИНСК**.

УРЮ́ЧНЫЙ, -ая, -ое. Относящийся к южным республикам бывшего СССР и их жителям.

От **УРЮК**.

УСА́Н, -а, *м.* Человек с усами. *~ы и бороданы.*

УСА́НИТЬ, -ню, -нишь; *несов., без доп.* Носить усы.

От **УСАН**.

УСА́НКА, -и, *ж.* Женщина с усиками.

От **УСАН**.

♦ **УСА́ТЫЙ МУХ** (обычно произносится с грузинским акцентом) — оса, пчела, любое насекомое; ирон. обращение.

♦ **УСА́ТЫЙ** (или **УССА́ТЫЙ**), **ПОЛОСА́ТЫЙ** — загадка; отгадка: матрас в пионерском лагере.

Из *детск.*

УСЕКА́ТЬ, -а́ю, -а́ешь; *несов.* (*сов.* **УСЕ́ЧЬ**, -еку́, -ечёшь или -екёшь), *кого-что* (или **~ МОМЕ́НТ**, **~ ЭПИЗО́Д**). Заставить, видеть, успевать разглядеть, различать.

Ср. общеупотр. *прост.* в зн. понять, уразуметь; возм. передел. **ЗАСЕЧЬ 1.**

УСИЛО́К, -лка́, *м.* Электроусилитель. *Врубить* (включить) *~. Во все ~лки.*

УСИРА́ТЬ, -а́ю, -а́ешь; *несов.* (*сов.* **УСРА́ТЬ**, -ру́, -рёшь), *что.* Пачкать, портить что-л.

От **СРАТЬ**.

УСИРА́ТЬСЯ, -а́юсь, -а́ешься; *несов.* (*сов.* **УСРА́ТЬСЯ**, -ру́сь, -рёшься), *над чем, на что* и *без доп.* Потешаться, смеяться над чем-л.

От **СРАТЬ**.

УСИРО́Н, -а, *м.* **1.** Понос. **2.** Что-л. забавное, смешное.

От **УСИРАТЬСЯ**.

УСКОРЕНИЕ *см.* **ПРИДАТЬ УСКОРЕНИЕ (УСКОРЕНИЯ)**

УСЛОВНЯ́К, -а́, *м.* **1.** Условие. *~ поставить.* **2.** Что-л. условленное, заранее оговоренное (напр., встреча). *~ на Киевской.* **3.** Осуждение на тюремное заключение условно. *Шесть лет ~ом.*

З. — из *уг.*

УСНУВШИЙ *см.* **БРЕД (УСНУВШЕГО ГЕНСЕКА)**

УСОХНУТЬ *см.* **КОРОЧКА; УСЫХАТЬ**

УСПЕТЬ *см.* **ЗА ЭТО ВРЕМЯ И ПРОСМОРКАТЬСЯ НЕ УСПЕЕТ**

УСПОКОИ́Н, -а, *м.* Успокаивающее средство, транквилизатор.

УСРАТЬ *см.* **УСИРАТЬ**

УСРАТЬСЯ *см.* **УСИРАТЬСЯ**

УСРА́ЧКА, -и, *ж.* Что-л. забавное, смешное.

См. также **ДО УСРАЧКИ; СМЕЯТЬСЯ ДО УСРАЧКИ.**

От **УСРАТЬСЯ**.

УСРА́ЧНЫЙ, -ая, -ое. Смешной.

От **УСРАТЬСЯ**.

УССАТЫЙ *см.* **УСАТЫЙ (УССАТЫЙ), ПОЛОСАТЫЙ**

УССАТЬСЯ *см.* **УССЫВАТЬСЯ**

УССА́ЧКА, -и, **УССЫВА́ЛОВКА**, -и, *ж.*, **УССЫВО́Н**, -а, *м.* Что-л. смешное.

От **УССАТЬСЯ**.

УССЫВА́ТЬСЯ, -а́юсь, -а́ешься; *несов.* (*сов.* **УССА́ТЬСЯ**, -су́сь, -сёшься или -сы́шься), *на что, над чем* и *без доп.* Испытывать какую-л. сильную эмоцию (чаще смеяться над чем-л.).

От **ССАТЬ**.

УССЫВОН *см.* **УССАЧКА**

УСТАВА́ТЬ, -таю́, -таёшь; *несов.* (*сов.* **УСТА́ТЬ**, -а́ну, -а́нешь); *без доп.* Портиться, напр. тухнуть (о продуктах), изнашиваться (об одежде, механизмах) и т. п. *Устало у тебя пальтецо-то, надо новое купить. Молочко устало — простоквашей стало.*

УСТА́ВШИЙ, -ая, -ее. Плохой, несвежий, недоброкачественный. *~ее мясо.*

От **УСТАТЬ**.

УСТАКА́НИВАТЬСЯ, -аюсь, -аешься; *несов.* (*сов.* **УСТАКА́НИТЬСЯ**, -нюсь, -нишься), *без доп.* Успокаиваться, приходить в норму (обычно о положении, ситуации).

От общеупотр. «стакан»; возм. от «разлить по стаканам».

УСТАТЬ *см.* **УСТАВАТЬ**

УСТРОИТЬ *см.* **МЫЛЬНУЮ ОПЕРУ УСТРОИТЬ; ПРОДАДИМ БРОНЕВИЧОК...**

♦ **УСТРО́ИТЬ БОЛЬШО́Й ПИОНЕ́РСКИЙ КОСТЁР** — устроить кавардак; всё испортить, спутать; развалить дело.

УСТРОИТЬ МОЙКУ (ГОЛОВЫ, КИШЕЧНИКА) *см.* **МОЙКА**

УСТРОИТЬ (НАВЕСТИ, СДЕЛАТЬ, ЗАДЕЛАТЬ) ОБСТРУГОН *см.* **ОБСТРУГОН**

УСТРОИТЬ ПРОМЫВКУ *см.* **ПРОМЫВКА**

♦ **УСТРО́ИТЬ (СДЕ́ЛАТЬ, ВЫ́ЗВАТЬ, ПРОБИ́ТЬ** и т. п.) **КРОВА́ВЫЙ ПОНО́С** *кому, у кого* — наказать, избить, устроить взбучку.

УСТРОИТЬ ТЁМНУЮ *см.* **ТЁМНАЯ**

УСТРОЙСТВО *см.* **ЗАРЯДНОЕ (УСТРОЙСТВО)**

УСТЬ-УРЮПИНСК *см.* **УРЮПИНСК**

УСЫ *см.* **САМ С УСАМ**

УСЫХА́ТЬ, -а́ю, -а́ешь; *несов.* (*сов.* **УСО́ХНУТЬ**, -ну, -нешь), *на что, над чем* и *без доп.* Испытывать какую-л. сильную эмоцию. *Усохнуть можно, какая морда. Я над ним усыхаю.*

♦ **У ТЕБЯ́ В ЗА́ДНИЦЕ РЕЗЬБА́ ЕСТЬ? — НЕТ. — ТАКО́Й МОЛОДО́Й, А УЖЕ́ СОРВА́ЛИ** (шутл. диалог); в случае ответа «да» следует реплика — **ТАКО́Й МОЛОДО́Й, А УЖЕ́ НАВЕРНУ́ЛИ**.

♦ **У ТЕБЯ́ НЕ́ БЫЛО ДЕ́ТСТВА** — ты много потерял, напр.: *Ты смотрел этот фильм? — Нет. — У тебя не было детства.*

♦ **У ТЕБЯ́ ПЕ́РХОТЬ ПОД МЫ́ШКОЙ** — шутл. реплика, употр. в качестве розыгрыша.

♦ **У ТЕБЯ́ ЧТО, ЗУ́БЫ ЛИ́ШНИЕ ВЫ́РОСЛИ?** — обращение к агрессивно ведущему себя человеку с намёком на возможное наказание.

У́ТИ-У́ТИ, *межд.* Шутл. возглас, с которым обращаются к приятелям.

От общеупотр. *межд.*, которым подзывают уток.

УТКА *см.* **БЫВАЮТ В ЖИЗНИ ЗЛЫЕ ШУТКИ...; ВУМНЫЙ КАК ВУТКА...; ЛУЧШЕ СИНИЦА В РУКЕ, ЧЕМ УТКА ПОД КРОВАТЬЮ**

УТКОНО́С, -а, *м.* Человек с большим носом.

Назв. животного.

УТКОНО́СЫЙ, -ая, -ое. С большим носом (о человеке).

От **УТКОНОС**

УТОНУТЬ *см.* **ПУКАТЬ**

УТО́ПЛЕННИК, -а, *м.* Проваленный экзамен. *Отчислили за три ~а.*

Из *студ.*

УТОПЛЕННИК* *см.* **ВЕЗЁТ КАК УТОПЛЕННИКУ**

УТРЕННИЙ *см.* **ПОСТОЯНСТВО ХОРОШО ТОЛЬКО В УТРЕННЕМ СТУЛЕ**

УТРО *см.* **А У ТЕБЯ НОГИ С УТРА НЕ БУДУТ МЁРЗНУТЬ?**

УТЮ́Г, -а́, *м.* **1.** Спекулянт, фарцовщик. **2.** Человек, не умеющий что-л. делать; дилетант, непрофессионал.

1. — из *уг.*

УТЮГ* *см.* **ПЛАВАТЬ КАК УТЮГ**

УТЮГЕ́Т, -а, *м. Шутл.* Утюг.

Шутл. суффикация, *ср.* **ГЛАЗЕТ**, **НОСЕТ** и т. п.

УТЮ́ЖИТЬ, -жу, -жишь; *кого-что* и *без доп.*, **УТЮ́ЖНИЧАТЬ**, -аю, -аешь; *несов., без доп.* Заниматься спекуляцией или обменом мелких товаров у иностранцев. *Итальянцев утюжит. У «Космоса» утюжничает.*

От **УТЮГ 1.**

УТЮЖИТЬ* *см.* **ФИРМА.**

УТЮ́ЖНИК, -а, *м.* То же, что **УТЮГ 1.**

Ср. *уг.* «утюжник» — спекулирующий билетами на зрелищные мероприятия.

УТЮЖНИЧАТЬ *см.* **УТЮЖИТЬ**

УТЯ́ТНИЦА, -ы, *ж.* **1.** Живот. *Стальная у парня ~* (хорошее пищеварение). **2.** Рот, лицо. *Плюнь ему в ~у.*

УФАЛО́ВЫВАТЬ, -аю, -аешь, *несов.* (*сов.* **УФАЛОВА́ТЬ**, -лу́ю, -лу́ешь), *кого на что.* Уговаривать, уламывать.

От **ФАЛОВАТЬ.**

УФЛА́ИВАТЬ, -аю, -аешь; *несов.* (*сов.* **УФЛА́ИТЬ**, -а́ю, -а́ешь), *откуда, куда.* Уходить, убираться.

Возм. от англ. to fly летать.

УХА́БИСТЫЙ, -ая, -ое. Трудный; неуживчивый, вспыльчивый.

УХАЙДАКАТЬ *см.* **УХАЙДАКИВАТЬ**

УХАЙДАКАТЬСЯ *см.* **УХАЙДАКИВАТЬСЯ**

УХАЙДА́КИВАТЬ, -аю, -аешь, *несов.* (*сов.* **УХАЙДА́КАТЬ**, -аю, -аешь); **УХАЙДО́КИВАТЬ**, -аю, -аешь; *несов.* (*сов.* **УХАЙДО́КАТЬ**, -аю, -аешь), *кого чем.* Утомлять, доводить до ручки; губить, убивать.

Ср. *устар. диал.* «хайдук» — вор, буян, грабитель; *уг.* «ухайдокать» — убить, заре́зать.

УХАЙДА́КИВАТЬСЯ, -аюсь, -аешься; *несов.* (*сов.* **УХАЙДА́КАТЬСЯ**, -аюсь, -аешься), **УХАЙДО́КИВАТЬСЯ**, -аюсь, -аешься; *несов.* (*сов.* **УХАЙДО́КАТЬСЯ**, -аюсь, -аешься). Уставать, утомляться, истощаться.

См. **УХАЙДАКИВАТЬ.**

УХВА́ЧЕННЫЙ, -ая, -ое. Поддержанный знакомством, основанный на блате, протекции. *~ая абитура* (абитуриенты). *~ факультет.*

От общеупотр. «ухватить».

УХО *см.* **А ТЫ ТРУСЫ (УШИ, ШНУРКИ, ЧЁЛКУ) НАКРАХМАЛИЛ?; БАНАНЫ В УШАХ; ВСТАТЬ НА УШИ; В УШАХ ПОЛЕЖАТЬ; ВЕШАТЬ (ЛАПШУ НА УШИ); ГРУДИ — КАК УШИ СПАНИЭЛЯ; ГОВНО НА УШИ ВЕШАТЬ; ГОЛОВА ДВА УХА; ГРЕБИ УШАМИ КАМЫШИ; ДАВИТЬ УХО; ЗАЛИВАТЬ В УШИ ГЛИНУ; КРАЕШКОМ УХА; КРУТИТЬ; МУХА, МУХА, ХВАТЬ ТЕБЯ ЗА УХО; НА УШАХ (СИДЕТЬ, РАБОТАТЬ); ОБЛАМЫВАТЬ РОГА (УШИ, КЛЕШНИ); ОТОРВУ ЯЙЦА (УШИ, ХВОСТ, НОГИ); ПЕНЁК С УШАМИ; ПО САМЫЕ УШИ; ПО УХУ; ПРОМОЙ УШИ; ПУСТИТЬ КРОВЬ ИЗ УШЕЙ...; СЕЙЧАС, ТОЛЬКО УШИ (ЖОПУ, ВОРОТНИЧОК, МАНЖЕТЫ) НАКРАХМАЛЮ; СТОЯТЬ НА УШАХ (НА БРОВЯХ, НА РОГАХ); УШИ НА ГОЛОВУ НАТЯНУТЬ; УШИ (РУКИ, НОС, НОГИ) ОТВИНЧУ, СВИНЧУ; ФИНТ УШАМИ; ХОТЬ НА УШАХ; ЧУРКА С УШАМИ**

УХО-ГОРЛО-НОС-СИСЬКА-ПИСЬКА-ХВОСТ *см.* **СИСЬКА**

УХОДИ́ТЬ[1], ухожу́, ухо́дишь; *несов.* (*сов.* **УЙТИ́**, уйду́, уйдёшь), *кого откуда.* Выгонять, заставлять уйти. *Меня ушли с работы. Я его, суку, уйду!* (уволю).

УХОДИ́ТЬ[2], ухожу́, ухо́дишь, *сов., кого-что.* **1.** *чем.* Утомить, извести кого-л. чем-л. (о человеке). **2.** *в чём.* Испачкать, извозить, заносить что-л. (о вещи).

УХОДИТЬ* *см.* **КТО НЕ РИСКУЕТ, ТОТ НЕ ПЬЁТ ШАМПАНСКОЕ...**

♦ **У́ХО (НОС, Я́ЙЦА) ОТКУШУ́** *у кого, кому* — шутл. угроза.

УХРЮ́КИВАТЬСЯ, -аюсь, -аешься; *несов.* (*сов.* **УХРЮ́КАТЬСЯ**, -аюсь, -аешься), **УХРЮ́ЧИВАТЬСЯ**, -аюсь, -аешься; *несов.* (*сов.* **УХРЮ́ЧИТЬСЯ**, -чусь, -чишься), *чем* и *без доп.* Напиваться пьяным.

От общеупотр. «хрюкать».

УХРЯ́ТЬ, ухря́ю, ухря́ешь; *сов., куда, откуда.* Уйти.

От **ХРЯТЬ.**

УХРЯ́ТЬСЯ -я́юсь, -я́ешься; *сов., без доп.* Уходиться, нагуляться, устать от ходьбы.

От **ХРЯТЬ.**

УЧАСТКОВЫЙ *см.* **ЧТО ДОКТОР (УЧАСТКОВЫЙ, ТЕРАПЕВТ) ПРОПИСАЛ**

УЧЕ́БКА, -и, *ж.* Первые полгода службы в армии, во время которых солдат проходит курс учёбы по будущей специальности.

Из *арм.*

УЧИ́ЛКА, -и, *ж.* Учительница, преподавательница в вузе.

Из *шк.*, *студ.*

УЧИТЬ *см.* **НЕ УЧИ ОТЦА — И БАСТА; ЯЙЦА ЗАДНИЦУ НЕ УЧАТ**

УЧИТЬСЯ *см.* **ВЕК ЖИВИ, ВЕК УЧИСЬ...**

УША́Н, -а, *м.* **1.** Человек с большими ушами, лопоухий. **2.** То же, что **УШАСТЫЙ**.

УША́СТИК, -а, *м.* Шутл.-дружеское обращение.

Из *детск.*

УША́СТЫЙ, -ого, *м.* Автомобиль «Запорожец».

Имеются в виду два воздухозаборника, предназначенные для воздушного охлаждения двигателя; намёк на их сходство с ушами.

УШАСТЫЙ* *см.* **ПРОРВОЧКА УШАСТАЯ**

УШАТЕ́НЬ, -и, *ж.* или -тня́, *м.* Человек с большими, оттопыренными ушами.

♦ **УШЁЛ В СЕБЯ́, ВЕРНУ́СЬ НЕСКО́РО** — шутл. выражение желания побыть одному, наедине с собой, требование не приставать с разговорами, расспросами и т. п.

У́ШИ, -е́й, *мн.* **1.** Человек с большими ушами. **2.** То же, что **УШАСТЫЙ**. **3.** Специальные шарики, вшиваемые в мужской половой орган (операция, практикуемая среди заключённых).

♦ **У́ШИ НА́ ГОЛОВУ НАТЯНУ́ТЬ** *кому* — наказать, избить, расправиться.

♦ **У́ШИ (РУ́КИ, НОС, НО́ГИ) ОТВИНЧУ́ (СВИНЧУ́)** *кому* — ирон.-шутл. угроза.

УШИ́БЛЕННЫЙ, -ая, -ое. Ненормальный, странный, сумасшедший (о человеке). *~ая у тебя мамочка.*

У́ШКИ, у́шек, *мн.* Наушники. *Ушки надели! А чего это он без ушек?*

♦ **У́ШКИ ОТ ХЕ́РА** — ничего, полное отсутствие чего-л., напр.: *Всё сожрал, а нам ушки от хера оставил.*

УШКО *см.* **ЖОПКИНЫ УШКИ; СВЕРНИ-КА УШКО КРЕНДЕЛЬКОМ**

У́ШНИК, -а, *м.* Неопытный водитель.

УШУРША́ТЬ, -шу́, -ши́шь; *сов. без доп.* Упасть; удариться, упав, свалившись. *Шнурки-то завяжи, а то ~шишь.*

От «шуршать».

УЩУ́ЧИВАТЬ, -аю, -аешь; *несов.* (*сов.* **УЩУ́ЧИТЬ**, -чу, чишь), *что* и *без доп.* Понимать, догадываться.

Возм. от общеупотр. «щука», «поймать щуку» или контаминация с общеупотр. *прост.* «щучить» — шпынять; возм. распростр. под влиянием интермедий в исполнении А. Райкина.

Ф

ФАБРИКА *см.* **ВЗРЫВ НА МАКАРОННОЙ ФАБРИКЕ; ШАРАШКИНА КОНТОРА...**

ФА́ЗА, -ы, *ж.* **1.** Электрик (солдат назначенный электриком). **2.** Солдат, находящийся ближе всего к выключателю в казарме.

Из *арм.* От общеупотр. *спец.* «фаза» — отдельная группа обмоток генератора.

См. также **ПЛЮНУТЬ НА ФАЗУ. СДВИГ (ПО ФАЗЕ).**

♦ **ФАЗАМИ НЕ СОШЛИСЬ** — не сошлись характерами.

ФАЗА́Н, -а, **ФАЗАНЁНОК**, -нка, *м.* **1.** Воображала, пижон; молокосос. **2.** Молодой солдат весеннего призыва.

2. — из *арм.*; общеупотр. «фазан» — крупная птица с ярким оперением; возм. влияние *уг.* «фазан» — молодой неопытный вор.

ФАЗАНА́РИЙ, -я, *м.* Место, где много молодых солдат весеннего призыва; весенний призыв.

От **ФАЗАН 2.**

ФАЗА́НКА, -и, *ж.* Пшённая каша.

Из *арм.*

ФАЗЕ́НДА, -ы, *ж.* Дача, приусадебный участок, дом в деревне; подсобное хозяйство (напр. в армии).

Португальск. fazenda — имение, надел, собственная земля. Возм. распространилось под влиянием многосерийного бразильского сериала «Рабыня Изаура».

ФАЗЕНДЕ́ЙДЕР, -а, *м.* Дачник.

От **ФАЗЕНДА.**

ФА́ЗЕР, -а, *м.* Отец.

Англ. father в том же зн.

ФАЙФ, -а, **ФАЙВ**, -а, *м.* Пять; что-л. количеством пять. *Схлопотал ~* — получил пять баллов. *Перехватил ~ до завтра* — занял пять рублей.

Англ. five — пять.

ФА́ЙФИК, -а, **ФАЙФО́К**, -фо́ка (или -фка́), **ФАЙФУ́ШНИК**, -а, *м.*, **ФАЙФУ́ХА**, -и, *ж.* Пятёрка (оценка и сумма денег); пятирублёвая купюра.

От **ФАЙФ**

ФАЙФО́ВЫЙ, -ая, -ое. Хороший, отличный.

От **ФАЙФ.**

ФАЙФОК, ФАЙФУХА, ФАЙФУШНИК *см.* **ФАЙФИК**

ФАК[1], -а, *м.* Факультет.

Сокращ.

ФАК[2], -а, *м.* **1.** Всё, что относится к сексу. **2.** Руг. *Фак ё мазер* — выражает любую эмоцию.

Англ. руг. fuck.

ФАКАНУТЫЙ *см.* **ФАКНУТЫЙ**

ФАКАНУТЬ *см.* **ФАКНУТЬ**

ФАКАРЬ *см.* **ФАКЕР**

ФА́КАТЬ, -аю, -аешь, **ФА́ЧИТЬ**, -чу, -чишь; *несов.* (*сов.* **ФА́КНУТЬ**, -ну, -нешь), **ФАКА́ТЬ**, -а́ю, -а́ешь; *несов.* (*сов.* **ФАКНУ́ТЬ**, -ну́, -нёшь, **ФАКАНУ́ТЬ**, -ну́, -нёшь), *кого.* **1.** Вступать с кем-л. в половую связь. **2.** Обругивать, сильно воздействовать каким-л. образом, избивать и т. п. **3.** Сильно действовать, создавать проблемы, волновать. *Меня это дело не фачит.*

От **ФАК**[2]

ФА́КАТЬСЯ, -аюсь, -аешься, **ФА́ЧИТЬСЯ**, -чусь, -чишься; *несов.* (*сов.* **ФА́КНУТЬСЯ**, -нусь, -нешься), **ФАКА́ТЬСЯ**, -а́юсь, -а́ешься; *несов.* (*сов.* **ФАКНУ́ТЬСЯ**, -ну́сь, -нёшься, **ФАКЕРНУ́ТЬСЯ**, -ну́сь, -нёшься). **1.** *с кем.* Вступать в половую связь с кем-л. **2.** *с чем, с кем.* Мучиться, долго заниматься чем-л., возиться, работать над чем-л. **3.** *на чём* и *без доп.* Сходить с ума, становиться ненормальным.

От **ФАК**[2].

ФА́КЕР, -а, **ФА́КАРЬ**, -я, **ФАКУ́ШНИК**, -а, *м.* Ловелас, бабник.

От **ФАК**[2].

ФАКЕРНУТЬСЯ *см.* **ФАКНУТЬСЯ**

ФА́КИ, -ов, *мн.* Брань, сквернословие. *~ами меня обложил.*

От **ФАК**[2].

ФАКМЕ́ЙСТЕР, -а, *м.* Мужской половой орган.

От **ФАК**[2] + «мейстер», по модели «концертмейстер» и т. п.

ФА́КМЕ́Н, -а, *м.* То же, что **ФАКЕР**.

От **ФАК**[2] + англ. man — человек.

ФА́КНУТЫЙ, -ая, -ое, **ФАКАНУ́ТЫЙ**, -ая, -ое. Ненормальный, сумасшедший.

От **ФАКАТЬСЯ 3.**

ФАКНУТЬ *см.* **ФАКАТЬ**

ФАКНУТЬСЯ *см.* **ФАКАТЬСЯ**

ФАКСЕ́ЙШЕН, -а, *м.* Какое-л. эротическое зрелище, секс-шоу; групповой секс.

От **ФАК**[2] + **СЕЙШН, СЕЙШЕН.**

♦ **ФАК ТЕБЕ́ В РУ́КУ!** — ирон. выражение несогласия с кем-л., отказа что-л. сделать, недовольства, общего отрицательного отношения к собеседнику.

От **ФАК**[2]

ФАКТУ́РА -ы, *ж.* **1.** Правда, истина. *Говорю тебе, чистая ~. По ~е* — по правде. **2.** Фигура (обычно о женской). *Чувствительная* (хорошая) *~. С такой ~ой можно быть и дурой.*

От **ФАКТУРА 2.**

ФАКУ́ХА, -и, **ФА́КУШКА**, -и, **ФАКУ́ШНИЦА**, -ы, *ж.* Проститутка, женщина лёгкого поведения; любая женщина.

От **ФАК**[2]

ФАКУШНИК *см.* **ФАКЕР**

ФАКУШНИЦА *см.* **ФАКУХА**

ФАКЧИ́ТЕЛЬСКИ, *нареч.* Шутл. Фактически; точно, безусловно. *~ тебе говорю* (уверяю).

Возм. намёк на **ФАК**[2]

ФАЛЛ, -а, **ФОЛ**, -а, *м. Шутл.* О любом человеке.

Эвфем.; фол — возм. через *уг.*; от фалл(ос) — penis; *ср.* **ФАЛОВАТЬ.**

ФАЛЛИ́ЧЕСКИЙ, -ая, -ое. Шутл. эпитет, преим. с отрицательным зн. *Не друг ты, ~ козёл.* ♦ **~ предмет** — мужской половой орган. **Нарисовать** (или **показать, пришить** и т. п.) **~ предмет** *кому* — обмануть кого-л., обвести вокруг пальца. **~ мужчина** (или **мужик**) — любитель женского пола, бабник.

Эвфем.; *см.* также **ФАЛОВАТЬ.**

ФАЛОВА́ТЬ, -лу́ю, -лу́ешь, **ФОЛОВА́ТЬ**, -лу́ю, -лу́ешь; *несов., кого.* Уговаривать кого-л., навязывать кому-л. что-л.; приставать, доводить, надоедать, нудить.

Возм. через *уг.* «фаловать» — склонять к сожительству; неясно; возм. от общеупотр. «фал» — канат, верёвка, трос или «фалл»; *ср.* **ФАЛЛ, ФАЛЛИЧЕСКИЙ.**

ФАЛЬСТАРТ *см.* **ГОСТЬ С ФАЛЬСТАРТОМ**

ФАЛЬША́К, -а́, **ФАЛЬШАЧО́К**, -чка́, *м.* Что-л. фальшивое, подделка. *Бакс-фальшак* (фальшивая долларовая купюра).

ФАН, -а (*мн.* фа́ны, -о́в, или фаны́, -о́в), **ФАНА́Т, ФЕН, ФЭН**[1], -а, *м.* Любитель, приверженец, болельщик, фанатик. ~ *готовить.* ~ *«Спартака»* (команды). ♦ **Фаны́ волнуются** — *шутл.* о каком-л. шуме, беспорядке, движении.

См. также **ФЭН**.

ФАНАТИ́РОВАТЬ, -рую, -руешь, **ФАНА́ТСТВОВАТЬ**, -вую, -вуешь; *несов., кого-что.* Любить, увлекаться; быть приверженцем, болельщиком. ~ *мужа.* ~ *французский* (язык).

От **ФАН, ФАНАТ**.

ФАНА́ТКА, -и, *ж.* Любительница, болельщица, фанатичка.

См. **ФАН, ФАНАТ**.

ФАНАТСТВОВАТЬ *см.* **ФАНАТИРОВАТЬ**

ФАНЕ́РА, -ы, *ж.* **1.** Девушка. *Симпотная ~ прошлёпала* — симпатичная девушка прошла. **2.** Гитара. *Бацать на ~е* (играть). **3.** Фонограмма; выступление под фонограмму. *Петь под ~у.* **4.** Ерунда, чушь. *Мыло, мочалка, тапочки, ну и ~ там всякая.* **5.** Деньги. **6.** Документы (обычно поддельные). ♦ **Сколачивать ~у** — зарабатывать деньги.

5., 6. — возм. из *уг.*

ФАНЕРА* *см.* **ПРОЛЕТАТЬ, КАК ФАНЕРА НАД ПАРИЖЕМ**

ФАНЕ́РНЫЙ, -ая, -ое. **1.** Глупый (о человеке). *Эх ты, голова ~ая!* **2.** Фальшивый, поддельный.

2. — *ср.* **ФАНЕРА 4., 6.**

ФАНЕРНЫЙ* *см.* **КОНЬ ФАНЕРНЫЙ**

ФАНТАЗИЯ *см.* **ВЕТЕР ТЕБЕ В ПАРУС ТВОИХ ФАНТАЗИЙ**

ФА́НТИК, -а, *м.* **1.** Франк (денежная единица Франции). **2.** только *мн.* Ерунда, безделица. *Это всё ~и.* **3.** обычно *мн.* Денежные единицы, вводимые на территориях бывших республик СССР (напр. купоны, карбованцы на Украине). *Наменяли мне хохляцких ~ов.*

ФАНТИК* *см.* **НА ФИГ; ПРИКИДЫВАТЬСЯ (ФАНТИКОМ)**

ФАРАО́Н, -а, *м.* Милиционер.

Ср. *устар. уг.* «фараон» — полицейский, жандарм.

ФАРАО́НИТЬ, -ню, -нишь; *несов.* **1.** *без доп.* Работать в милиции или на милицию. **2.** *за кем, кого* и *без доп.* Выслеживать, охранять, шпионить. *За своими ~нишь. Бабки у подъезда весь день ~нят.*

От **ФАРАОН**.

ФАРАО́НКА, -и, *ж.* Отделение милиции, милицейская машина, милиция. *В ~у угодил. ~ замела* — задержала милиция.

От **ФАРАОН**.

ФАРАО́НОВ, -а, -о, **ФАРАО́НСКИЙ**, -ая, -ое, **ФАРАО́НОВСКИЙ**, -ая, -ое. Относящийся к милиции. ♦ **Фараоново племя** (или **семя**) — милиционеры.

От **ФАРАОН**.

ФАРТЕ́НЬ, -и, **ФАРТУ́ХА**, -и, *ж.* Везение, счастливый случай.

От общеупотр. *прост.* «фарт» в том же зн.; возм. сокращ. от «фортуна».

ФАРТОВИ́К, -а́, **ФАРТУ́ШНИК**, -а, *м.* Тот, кому везёт.

См. **ФАРТЕНЬ**; возм. также влияние *уг.* «фартовик (красный)» — опытный преступник.

ФАРТУХА *см.* **ФАРТЕНЬ**

ФАРТУШНИК *см.* **ФАРТОВИК**

ФАРЦА́, -ы́, **ФАРЦУ́ХА**, -и, **ФАРЦУ́ШКА**, -и. **1.** *м.* и *ж.* Фарцовщик, спекулянт. **2.** *ж., собир.* Спекулянты. **3.** *ж.* Спекуляция как занятие.

Неясно. Возм. сближение с общеупотр. *прост.* «фарт» — счастье, удача или «форс» — спесь, щегольство; *ср. уг.* «ферц», «фэрц» — рубль; мужской половой орган, подвергнутый обряду обрезания (возм. из идиша).

ФАРЦЕВА́ТЬ, -цу́ю, -цу́ешь; *несов., чем* и *без доп.* Быть фарцовщиком, спекулировать.

См. **ФАРЦА**.

ФАРЦО́ВКА, -и, *ж.* Занятие фарцовщиков, спекуляция.

См. **ФАРЦА**.

ФАРЦУХА, ФАРЦУШКА *см.* **ФАРЦА**

ФАРШ, -а, *м.* Мясо, жир (у толстого человека); толстяк.

ФАРШИРО́ВАННЫЙ, -ая, -ое. **1.** Толстый, жирный (о человеке). **2.** Общеотрицательный эпитет (чаще о голове, уме). *Голова твоя ~ая* (дурак). *Жопа ты ~ая, а не товарищ.*

ФАРШМА́К, -а, **ФОРШМА́К**, -а, *м.* Нехороший человек; предатель, изменщик, ненадёжный, подлый человек. ♦ **Сделать ~** *кому* (или *из кого*) — наказать, избить.

Возм. из *уг.* в том же зн.; возм. от назв. блюда (нем. Vorschmack — закуска); возм. семантическая и фонетическая контаминация с «фарш» (правильнее «форшмак»).

ФАРШМА́ЧИТЬ, -чу, -чишь; *несов., без доп.* Вести себя подло, плохо поступать.

От **ФАРШМАК.**

ФАРШМА́ЧНЫЙ, -ая, -ое. Подлый, низкий, предательский. *Морда ~ая.*

От **ФАРШМАК.**

ФА́РЫ, фар, *мн.* Глаза, очки. *~ навёл и глядит, филин чёртов. Не хлопай ~ами* — будь внимательней, не зевай.

ФАС, -а, *м.* **1.** Лицо, физиономия. *~ вытри. Три толстых ~а.* **2.** Осветительный фонарь.

От общеупотр. *спец.* «фас» — вид спереди, с лица, анфас; 2. — возм. из *арм.*

ФАСА́Д, -а, *м.* Лицо.

ФА́ТЕР, -а, *м.* Отец.

Нем. Vater в том же зн.

ФАТЕ́РА, -ы, *ж.* Квартира. *Съехать с ~ы. Затесаться на ~у* (приехать). *Снять ~у.*

Искаж. «квартира», подражание *устар. прост.*

ФАУ *см.* **УАУ.**

ФА́ФА, -ы, **ФА́ФОЧКА**, -и, *ж.* Девушка, женщина (преим о жеманной, избалованной).

Возм. звукоподр.

ФА-ФА́, *межд.* или в зн. *вводн. слова* (или **ЛЯ-ЛЯ́-~**). Ну вот, то да сё; часто употр. при имитации чьих-л. разговоров, обычно пустых, глупых. *Ну мы с ним ля-ля-~, за жизнь.*

Возм. от назв. нот + звукоподр.

ФАФОЧКА *см.* **ФАФА**

ФАЧИТЬ *см.* **ФАКАТЬ**

ФАЧИТЬСЯ *см.* **ФАКАТЬСЯ**

ФАШ, -а, *м.* Фашист, участник неонацистской группировки.

Сокращ.

ФАШИСТ *см.* **ПОЛУЧИ, ФАШИСТ, ГРАНАТУ!**

ФЕДЬКА КОСТРОВ *см.* **КОСТРОВ**

ФЕДЯ *см.* **ДЯДЯ**

ФЕЙС, -а, **ФЭЙС**, -а, **ФЕЙСУ́ШНИК**, -а, *м.*, **ФЕЙСУ́ХА**, -и, *ж.* Лицо. ♦ **Фейсом об тейбл** *кого* — «мордой об стол», о каком-л. грубом, неожиданном действии, наказании, избиении.

Англ. face в том же зн.; ♦ — англ. table — стол.

ФЕЙСАНУТЬ *см.* **ФЕЙСОВАТЬ**

ФЕЙСА́ТЫЙ, -ая, -ое. Толстый, толстолицый, толстомордый, мордастый.

От **ФЕЙС.**

ФЕ́ЙС-КОНТРО́ЛЬ, фе́йс-контро́ля, *м.* Последний взгляд на себя в зеркало перед уходом на вечеринку, в клуб и т. п.

От **ФЕЙС.**

ФЕЙСОВА́ТЬ, -су́ю, -су́ешь; *несов.* (*сов.* **ФЕЙСАНУ́ТЬ**, -ну́, -нёшь), *кого.* Бить по лицу.

От **ФЕЙС.**

ФЕЙСУХА, ФЕЙСУШНИК *см.* **ФЕЙС**

ФЕ́ЛИКС, -а, *м.* (или **ЖЕЛЕ́ЗНЫЙ ~**). *Ирон.* Выносливый человек. *Ты у нас железный ~, вот и работай.*

Прозвище Ф. Э. Дзержинского.

ФЕ́ЛЬДИТЬ, -дю, -дишь, *несов.* **1.** *в чём* и *без доп.* Понимать, разбираться в чём-л. **2.** *без доп.* Хитрить, изворачиваться.

Возм. от *уг.* «фельда» — обман, хитрость, уловка, «фельдить» — обманывать; возм. из нем. или идиша.

ФЕЛЬТИКУЛЬТИПНУ́ТЬСЯ, -ну́сь, -нёшься; *сов., без доп.* Сказать что-л. невпопад, сделать что-л. некстати; вообще сделать что-л.

Возм. от **ФЕЛЬДИТЬ** + общеупотр. «культя», *разг.* «культяпка» — часть конечности, оставшаяся после ампутации.

ФЕЛЬТИКУЛЬТЯ́ПИСТЫЙ, -ая, -ое. Ловкий, складный. *~ парень, наизнанку вывернется.*

См. **ФЕЛЬТИКУЛЬТИПНУТЬСЯ.**

ФЕН[1] *см.* **ФАН, ФЭН**

ФЕН[2], -а, *м.* Фенамин, средство, используемое в качестве наркотика.

Из *нарк.*

ФЕ́НДЕР, -а, *м.* Гитара.

Из *муз.*

ФЕНЕБО́ТАТЬ, -аю, -аешь; *несов., что, о чём* и *без доп.* Говорить на блатном жаргоне; вообще говорить, разговаривать, болтать.

От **ФЕНЯ 4 + БОТАТЬ.**

ФЕ́НЕЧКА, -и, **ФЕ́НЬКА**, -и, *ж.* **1.** То же, что **ФЕНЯ 1., 2., 3. 2.** Контрамарка в театре. *Оставить ~и.*

2. — из арго театралов.

ФЕНЬКИ МОЧИТЬ *см.* **МОЧИТЬ**

♦ **ФЕ́НЬКИН НО́МЕР** — что-л. непредвиденное, особенное, смешное, напр.: *Это что ещё за фенькин номер, ну-ка марш отсюда!* (мать набедокурившим детям).

От **ФЕНЯ, ФЕНЬКА.**

ФЕ́НЯ, -и, *ж.* **1.** Какая-л. безделушка, штучка (часто подаренная на память); браслеты, которые дети вяжут из цветных ниток. **2.** Что-л. интересное, забавное; шутка, анекдот, новость. *~ю слыхал? Кто эту ~ю пустил?* (слух). **3.** Задница. *С голой ~ей купаешься, срамник!* **4.** Блатной жаргон, «блатная музыка».

См. также **БОТАТЬ**; **ЕДРЁНЫЙ**; **ОТКАЛЫВАТЬ ФЕНЮ**

1. — возм. из *хип.* «фенечка», «фенька» — часто о браслете или о чём-л., носимом на шее; 4. — из *уг.*, возм. связано с *устар.* «офеня» — бродячий торговец.

ФЕРЗЬ, -я́, *м.* **1.** Мужской половой орган. **2.** То же, что **ПРОФСОЮЗ**.

ФЕ́СКА, -и, *ж.* **1.** Милиционер. **2.** Т. н. «лицо южной национальности». *У ~сок ничего не покупай.*

Общеупотр. «феска» — головной убор в некоторых странах Ближнего Востока.

ФЕСТИВА́ЛЬ, -я, *м.* Большое скопление народу, толпа. *В лесу ~, все опята режут. В метро в самый ~ попали* (в час пик).

ФЕЯ *см.* **НОЧНАЯ ФЕЯ**

ФИГ, -а, *м.*, **ФИ́ГА**, -и, *ж.* **1.** Шиш, кукиш, дуля. **2.** обычно *ж.* Любая вещь. *Эка фига! Ну и фига восемь-на-семь!* (большая). **3.** Употребляется при выражении отказа, отрицания чего-л. *Деньги дали? — Фиг. Поможешь? — Фигу тебе, а не поможешь. Фиг (с кем-чем)* — выражение презрения к кому-чему-л., незаинтересованности в ком-чём-л. ♦ **Фига (с) два** (или **фиг(у) с маслом, фиг(у) на постном масле, фиг на рыло** и т. п.) — нет (выражение отрицания). **С какого фига?** — с какой стати? (при выражении недовольства, несогласия с чем-л.).

См. также **ДЕРЖАТЬ ФИГУ В КАРМАНЕ**; **ДО ФИГА**; **НА ФИГ (НА ХРЕН, К ЧЁРТУ, ЗАЧЕМ) МНЕ ТАКАЯ РАДОСТЬ**; **НА ФИГ**; **НИ ФИГА**; **ПАЛЬЦЫ ВЕЕРОМ — СОПЛИ ПУЗЫРЁМ...**; **ПЕЛЬМЕНЬ**; **ПО ФИГУ**; **ПОСЫЛАТЬ НА ФИГ**

Ср. также **ДО ФИГА, НА ФИГ, НИ ФИГА**; первоначально «фиг», «фига» — кукиш, *ср. устар.* «фигаться» — показывать друг другу кукиш, браниться; вероятно, из греч. («сикофант») через фр.; *ср. уг.* «фига», «фигарис» — сыщик, шпион, сотрудник милиции, «фигарить» — следить или курить (от «фигарка» — сигарета с наркотиком и т. п.).

ФИГА́К, *межд.* и в зн. *сказ.* Обычно имитирует какое-л. действие. *Книга ~ на пол* (упала).

От **ФИГ**.

ФИГА́КНУТЬ, -ну, -нешь, **ФИГАНУ́ТЬ**, -ну́, нёшь.; *сов., что чем* и *без доп.* Сделать что-л., обычно энергично, с силой.

От **ФИГАК**.

ФИГАКНУ́ТЬСЯ, -нусь, -нешься, **ФИГАНУ́ТЬСЯ** -ну́сь, -нёшься, *сов.*; **ФИГА́РИТЬСЯ**, -рюсь, -ришься, **ФИГА́ЧИТЬСЯ**, -чусь, -чишься; *несов.* **1.** *на чём, обо что* и *без доп.* Упасть, удариться, споткнуться; прийти в крайнее эмоциональное состояние. **2.** *куда.* Тыркнуться, сунуться, попытаться войти, проникнуть куда-л.

От **ФИГАК, ФИГАКНУТЬ**.

ФИГАНУ́ТЫЙ, -ая, -ое. Ненормальный, сумасшедший.

От **ФИГАНУТЬСЯ**.

ФИГАНУТЬ *см.* **ФИГАКНУТЬ**

ФИГАНУТЬСЯ *см.* **ФИГАКНУТЬСЯ**

ФИГА́РИТЬ, -рю, -ришь, **ФИГА́ЧИТЬ**, -чу, -чишь; *несов.* **1.** *куда.* Идти, двигаться. **2.** *без доп.* Делать что-л. интенсивно.

От **ФИГ**.

ФИГАРИТЬСЯ *см.* **ФИГАКНУТЬСЯ**

ФИГАРО́, *нескл.*, *м.* Парикмахер.

По имени героя пьесы Бомарше.

ФИГАЧИТЬ *см.* **ФИГАРИТЬ**

ФИГАЧИТЬСЯ *см.* **ФИГАКНУТЬСЯ**

ФИГВА́М, *нескл.* (или **~ — ИНДЕ́ЙСКАЯ ИЗБА́**). То же, что **ФИГ 2**.

Наложение «фиг вам» и «вигвам» — жилище индейцев; из мультфильма «Зима в Простоквашино».

ФИГЕ́ТЬ, -е́ю, -е́ешь; *несов., с чего, от чего* и *без доп.* **1.** Удивляться, восхищаться чем-л., быть под сильным впечатлением от чего-л. **2.** Сходить с ума, становиться невменяемым. **3.** Уставать.

От **ФИГ**.

ФИГИЩЕ *см.* **ДО ФИГИЩА**; **ПО ФИГИЩУ**

ФИ́ГЛИ, ФИ́ГЛЯ, *нескл.*, обычно в зн. *вопросительного мест.* Что, зачем, почему? *~ ему нужно? ~ ты припёрся-то?* (пришёл). *~ я это должен делать? А ~ ж он?* — почему же он ничего не делает? *А ~ нам (красивым)?* — а почему бы и нет.

Ср. *устар.* «фигля» — ужимки, телодвижения, уловки, плутовство; отсюда современное общеупотр. «фигляр»; от **ФИГ**.

ФИ́ГЛИ-МИ́ГЛИ, фи́глей-ми́глей, *мн.* (или **ФИ́ГЛЯ-МИ́ГЛЯ**, фи́гли-ми́гли, *ж.*) и в зн. *сказ.* Ерунда, чушь, чепуха; то да сё.

Ср. **ФИГЛЯ**.

ФИГЛЯ *см.* **ФИГЛИ**

ФИГЛЯ-МИГЛЯ *см.* **ФИГЛИ-МИГЛИ**

ФИГНЯ́, -и́ *ж.* (или **~ НА ПО́СТНОМ МА́СЛЕ**, **~ ЗЕЛЁНАЯ** и т. п.). Дрянь, ерунда, нечто плохое.

См. также **СТРАДАТЬ ФИГНЁЙ**

От **ФИГ**.

ФИ́ГОВ, -а, -о. Общеотрицательный эпитет. *Работа ~а* (чёрт бы её побрал).

ФИГОВА ТУЧА *см.* **ТУЧА**

ФИГО́ВИНА, -ы, **ФИГУ́ЛИНА**, -ы, **ФИГУ́ЛЬКА**, -и, *ж.* Любая вещь.

От **ФИГ**.

ФИГО́ВО, *нареч.* и в зн. *сказ.* Плохо. *Как дела? ~.*

От **ФИГ**.

ФИГО́ВЫЙ, -ая, -ое. Плохой.

См. также **РАЗМАХ РУБЛЁВЫЙ**, **УДАР ФИГОВЫЙ**

От **ФИГ**.

ФИГУЛИНА, **ФИГУЛЬКА** *см.* **ФИГОВИНА**

ФИГУ́ЛЯ, -и, *ж.* То же, что **ФИГОВИНА**. ♦ **Фигу́ли на рогу́ли** — то же, что **ФИГ 2**.

ФИГУРА *см.* **СДЕЛАТЬ (ПОКАЗАТЬ) ФИГУРУ ИЗ ПЯТИ ПАЛЬЦЕВ**; **ЮРА — ТОЛСТАЯ ФИГУРА**

ФИГУРИ́СТ, -а, *м.* Хитрец, выдумщик, непредсказуемый человек.

Общеупотр. «фигурист» — спортсмен, занимающийся фигурным катанием.

ФИГУ́РНЫЙ, -ая, -ое. Обычно употр. как эпитет к слову «нос» в зн. большой, с горбинкой. *Нос еврейско-армянский, ~. Носяра знатная, ~ая.*

ФИГУРЯ́ТЬ, -я́ю, -я́ешь; *несов., без доп.* **1.** Хитрить, ловчить, обманывать. **2.** Заниматься фигурным катанием.

ФИ́ГУШКИ, *нескл.* То же, что **ФИГ 2**.

ФИГ (ХРЕН) ПРОССЫШЬ *см.* **ПРОССЫВАТЬ**

ФИДОРА́С, -а, **ФИДО́ШНИК**, -а, *м.* Тот, кто пользуется компьютерной системой **ФИДО**.

Из языка пользователей компьютеров; **ФИДОРАС** — контаминация с **ПИДОРАС**.

ФИ́ЗЕР, -а, *м.*, **ФИЗРА́**, -ы́, *ж.* Урок физкультуры, физкультура.

Из *шк.*

ФИ́ЗИК, -а, *м.* Охранник, работник какой-л. службы т. н. «физической защиты» (напр., налоговой полиции). *~и с калашами* (с автоматами Калашникова).

ФИЗИОМО́РДИЯ, -и, **ФИ́ЗИЯ**, -и, *ж.* Лицо, физиономия.

Встречается, напр., у А. П. Чехова.

ФИЗИЮ РАСКВАШИВАТЬ *см.* **МОРДУ (ФИЗИЮ, ТАБЛО) РАСКВАШИВАТЬ**

ФИЗИЯ *см.* **ФИЗИОМОРДИЯ**

ФИЗРА *см.* **ФИЗЕР**

ФИЗРУ́ЛЬ, -я́, *м.*, **ФИЗРУ́ЛЬКА**, -и, **ФИЗРУ́ЛЯ**, -и, *ж.* Учитель, учительница физкультуры.

Из *шк.*, *студ.*

ФИ́КСЫ, -ов, *мн.* Зубы; коронки на зубах.

Возм. от *устар. уг.* «фикс» — золото и вещи из золота; возм. также наложилось на общеупотр. «фиксировать»; возм. также сближение с *устар.* «фикать» — свистеть.

ФИ́КУС, -а, *м.* Ирон. обращение. *Эй, ~, смени прикус* (смени выражение лица).

Назв. тропического (декоративного) растения.

ФИ́К-ФО́К, фи́к-фо́ка, *м.* (или **~ И С БО́КУ БА́НТИК**). Штучка, штуковина, броская вещица.

Общеупотр. *разг.* «фик-фок» (на один бок)» — что-л. сбившееся набок, напр. шляпа.

ФИКЦИЯ *см.* **ФИФЕКТ ФИКЦИИ**

ФИЛАДЕЛЬФИЯ *см.* **КАК В ЛУЧШИХ ДОМАХ...**

♦ **ФИЛЕ́ЙНАЯ ЧАСТЬ МОСКВЫ́** — *собств.* Фили.

ФИЛИЗДИПЕ́НДИЯ, -и, **ФИЛИЗДИПЕ́НЬ**, -и, *ж.* Ерунда, чушь, ложь.

От **ФИЛИЗДИПЕНИТЬ**.

ФИЛИЗДИПЕ́НИТЬ, -ню, -нишь; *несов., что, о чём* и *без доп.* Болтать, фантазировать, лгать.

Возм. *эвфем.*

ФИЛИЗДИПЕНЬ *см.* **ФИЛИЗДИПЕНДИЯ**

ФИЛЬМА́, -ы́, *ж.*, **ФИЛЬМА́К**, -а́, **ФИЛЬМЕ́Ц**, -а́, **ФИЛЬМО́ВИЧ**, -а, **ФИЛЬМО́Н**, -а, *м.* Фильм, теле- или кинолента.

ФИЛЬТРОВА́ТЬ, -ру́ю, -ру́ешь; *несов.* (или **~ БАЗА́Р**, **~ ГОВОРИ́ЛКУ**, **~ РЕЧУ́ГУ** и т. п.). Думать, что говорить; выбирать выражения. *~руй базар-то, не в сортире армейском!*

ФИЛЬТРУЙ БАЗАР *см.* **БАЗАР**

ФИНА́ГИ, фина́г (реже -ов), *мн.* Финансы, деньги, наличные. *Я не при ~ах.*

Ср. *уг.* «фины», «финажки» в том же зн.

ФИНА́К, -а́, **ФИНЯ́К**, -а́, *м.* Нож.

От общеупотр. *разг.* «финка», «финский нож».

ФИНА́НСЫ, -ов, *мн.* (или **МИНИ́СТР ~ОВ**). Жена. ♦ **~ поют романсы** — об отсутствии или нехватке денег.

ФИНА́ЧИТЬ, -чу, -чишь; *несов., кого-что* и *без доп.* Резать, кромсать; убивать.

От **ФИНАК**.

ФИНГА́Л, -а, **ФИ́НИК**[1], -а, *м.* Синяк. ♦ **Поставить ~** *кому* — поставить синяк.

Возм. из *уг.*

ФИНИК[1] *см.* **НАВЕШИВАТЬ (ФИНИКОВ)**; **ФИНГАЛ**

ФИ́НИК[2], -а, *м.* Любой человек. *Это что за ~?*

ФИ́НИК[3], -а, *м.* Финн. *Питер полон ~ов.*

ФИ́НИКОВЫЙ, -ая, -ое. Финский, финского производства.

От **ФИНИК**[3].

ФИНИ́ТА, -ы, **ФИНИ́ТКА**, -и, *ж.* Конец, крах. *Пришла финитка.*

ФИ́НИШ, -а, *м.* и в зн. *межд.* Что-л. особенное, необычное. *Это ~!* — вот это да!

ФИНСКИЙ *см.* **ЗАНИМАТЬСЯ ФИНСКИМ**

♦ **ФИ́НСКИЙ ШТО́ПОР** — битая бутылка или кружка, употр. в драке как холодное оружие.

ФИНТ, -а́ (или -а), *м.* (или **~ УША́МИ**). Уловка, хитрость, обман; неожиданный поступок.

ФИНТИФЛЮ́ШНИЧАТЬ, -аю, -аешь; *несов.* **1.** *без доп.* Заниматься ерундой. **2.** *с кем* и *без доп.* Кокетничать, красоваться, выпендриваться.

От общеупотр. *разг.* «финтифлюшка».

ФИНТЯ́ЧИТЬ, -чу, -чишь; *несов., с чем* и *без доп.* Финтить, хитрить.

От **ФИНТ**.

ФИНЯК *см.* **ФИНАК**

ФИОЛЕ́ТОВО, *нареч.* Всё равно, наплевать. *Ему это дело абсолютно ~. Сугубо* (совершенно) *~.*

ФИОЛЕ́ТОВЫЙ, -ая, -ое. Странный, необычный, причудливый, непривычный. *~ малый.*

ФИРМА́, -ы́, **ФИ́РМА**, -ы, *ж.* **1.** и в зн. *межд.* Что-л. хорошее, отличного качества. *Ну ~! Сапожки — ~!* **2.** Иностранная вещь, товар. **3.** Иностранец; *собир.* иностранцы. *Полный город фирмы́. Где фирма́, там куча дерьма.* ♦ **Бомбить** (или **утюжить, чесать, сосать, доить** и т. п.) **фирму́** — работать на иностранной фирме или иметь связи с иностранцами, дающие доход.

См. также **ЖЁЛТАЯ (РЫЖАЯ) ФИРМА**

♦ **ФИ́РМА ВЕ́НИКОВ НЕ ВЯ́ЖЕТ (ФИ́РМА ДЕ́ЛАЕТ ГРОБЫ́)** — мы плохих вещей не делаем.

ФИРМА́Ч, -а́, *м.*, **ФИРМАЧИ́**, -е́й, *мн.* То же, что **ФИРМА 3.**

ФИ́РМАШНЫЙ, -ая, -ое, **ФИ́РМЕШНЫЙ**, -ая, -ое, **ФИРМО́ВЫЙ**, -ая, -ое. **1.** Хороший, отличный. **2.** Иностранный (о вещи или человеке).

От **ФИРМА**.

ФИРС *см.* **СТАРЫЙ ФИРС**

ФИРШТЕ́ЙН, *нескл.* в зн. *вопросительного мест.*, **ФИРШТЕ́ЙНИТЬ**, -ню, -нишь; *несов., кого-что, в чём* и *без доп.* Понимать, догадываться, разбираться.

Нем. verstehen в том же зн.

ФИТИ́ЛЬ, -я́, *м.* Высокий, худой, часто слабый, измождённый человек.

Из *уг.* в том же зн.

ФИТИЛЬ* *см.* **ВСТАВИТЬ (В ЖОПУ) ФИТИЛЬ**; **ВСТАВЛЯТЬ (ФИТИЛЬ)**

ФИ́ТИНГ, -а, *м.* Примерка одежды. *Всё, жена до тряпок дорвалась, теперь будет долгий и нудный ~.*

Англ. fitting.

ФИТИНГОВА́ТЬ, -гу́ю, -гу́ешь, *несов., без доп.* Заниматься примеркой одежды (дома или при покупке в магазине).

От **ФИТИНГ**.

ФИТЮ́ЛЬКА, -и, *ж.* Девушка, девочка (чаще *пренебр.*).

Общеупотр. «фитюлька» — маленькая вещица; незначительный человек.

♦ **ФИФЕ́КТ ФИ́КЦИИ** — дефект дикции.

Имитация дефекта речи; распространилось под влиянием популярного телефильма «По семейным обстоятельствам».

ФИ́ФОЧКА, -и, *ж.* Любая девушка. *~чек приводи.*

Общеупотр. «фифа» — девушка, обращающая на себя внимание поведением, нарядом и т. п.; «фифочка» встречается, напр., у А. Белого; возм. от *межд.* «фи», «фи-фи».

ФИХТЕНГОЛЬЦ *см.* **МЕТОД ФИХТЕНГОЛЬЦА**

ФИША́К[1], -а́, *м.*, **ФИ́ШКА**[1], -и, *ж.* **1.** обычно *мн.* Глаза. *Чего фишаки навёл?* — что смотришь? **2.** обычно *мн.* Деньги. **3.** Военное дежурство около караульной будки; караульная будка. **4.** Самое главное, суть, соль чего-л. *Гляди в самую фишку.* ♦ **Фишку рубить** (или **срубать, сечь** и т. п.) — разбираться в чём-л., догадываться, понимать, видеть суть дела.

3. — из *арм.*

ФИША́К[2], -á, *м.* Карта.

Из *карт.*

ФИШКА[1] *см.* **ФИШАК**[1]

ФИ́ШКА[2], -и, *ж.* **1.** Любая вещь (чаще с положительной оценкой). *Нажористая ~!* — хорошая вещь. **2.** Дискотека. **3.** Некий особенно запоминающийся ритм, мелодия, музыкальная фраза и т. п. **4.** Карта.

См. также **КАК ФИШКА ЛЯЖЕТ**; **НАВОДИТЬ (ФИШКИ)**; **РАЗРУБАТЬ ФИШКУ**; **РАССЕКАТЬ ФИШКУ**; **СЕЧЬ ФИШКУ**; **СРУБИТЬ ФИШКУ**

3. — из *муз.*; возм. связано с англ. tip в том же зн. 4. — из *карт.*

ФЛАВО́ВЫЙ, -ая, -ое. Сочувствующий хиппи, доброжелательно к ним относящийся.

Из *хип.*, от англ. flower — цветок.

♦ **ФЛАГ В РУ́КИ, БАРАБА́Н В ЖО́ПУ, КА́МЕНЬ НА ШЕ́Ю И ПОПУ́ТНОГО ВЕ́ТРА В ГОРБА́ТУЮ СПИНУ** *кому* — ирон. напутствие (в зн. «наплевать на него», «ну и чёрт с ним» и т. п).

ФЛА́ГМАН, -а, *м. Ирон.* О каком-л. заведении, в котором человек работает или учится; часто об университете. *Есть хочешь? — Не, я во ~е пожрал.*

ФЛАКО́Н, -а, *м.* Бутылка спиртного.

ФЛАКОН* *см.* **В ОДНОМ ФЛАКОНЕ**

ФЛАКО́НИТЬ, -ню, -нишь; *несов., что* и *без доп.* Пить спиртное.

От **ФЛАКОН.**

ФЛАНГ *см.* **ТОПТАТЬ**

ФЛА́НГИ, -ов, *мн.* Граница, служба на границе. ♦ **~ топтать** — служить в пограничных войсках.

Из *арм.*

ФЛАНЁР, -а, *м.* Прогульщик уроков, занятий.

Из *шк.* или *студ.*; от общеупотр. *устар.* «фланировать» — праздно шататься, *устар. разг.* «фланёр» — праздно прогуливающийся; от фр. flaner, flaneur в том же зн.

ФЛАНИ́РОВАТЬ, -рую, -руешь; *несов., что, с чего* и *без доп.* Прогуливать занятия, уроки.

См. **ФЛАНЁР.**

ФЛЕТ *см.* **ФЛЭТ**

ФЛИНТ *см.* **ОДНОГЛАЗЫЙ ФЛИНТ**

ФЛОМА́СТЕР, -а, *м.* (или **МА́СТЕР-~**). Неумелый, неловкий человек.

Возм. по имени одного из персонажей детской телепередачи.

ФЛО́РА, -ы, *ж.* Зараза, инфекция, микробы, вирусы (часто о венерических заболеваниях). *С ним поцелуешься, а у него вся ~ международная во рту* (об иностранце).

ФЛЭТ, -а, **ФЛЕТ**, -а (или -á), *м.* Квартира.

Англ. flat в том же зн.

ФЛЭТО́ВЫЙ, -ая, -ое. Домашний, квартирный; нелюдимый, предпочитающий проводить время дома (о человеке). *Вор ~. ~ая бука.*

От **ФЛЭТ.**

ФЛЮ́ГЕР, -а, *м.* Нос (обычно большой); человек с большим носом.

ФЛЯ, *межд. Бран.* Выражает любую сильную эмоцию.

Эвфем. от нецензурного.

ФЛЯГ *см.* **ФЛЯК**

ФЛЯ́ГА, -и, **ФЛЯ́ЖКА**, -и, *ж.* Бутылка спиртного.

ФЛЯ́ЖНИК, -а, *м.* Собутыльник.

От **ФЛЯГА.**

ФЛЯК, -а, **ФЛЯГ**, -а, *м.* Друг, приятель, собутыльник.

Неясно; возм. из *уг.*

ФЛЯ́КАТЬ, -аю, -аешь, **ФЛЯ́КАТЬСЯ**, -аюсь, -аешься; *несов., без доп.* Наносить косметику, красить губы, накладывать макияж.

ФО́КУС, -а, *м.* Задница. *~ом крутить.*

ФОКУС* *см.* **СДЕЛАЙ ФОКУС, ИСПАРИСЬ...**

ФОЛ *см.* **ФАЛЛ**

ФОЛОВАТЬ *см.* **ФАЛОВАТЬ**

ФОЛЬКЛО́Р, -а, *м.* (или **НЕПЕРЕВОДИ́МЫЙ ~**). Мат, нецензурная брань.

ФОЛЬКЛОРИ́СТ, -а, *м.* Сквернослов; тот, кто много и умело ругается матом.

От **ФОЛЬКЛОР.**

ФОЛЬКЛО́РНЫЙ, -ая, -ое. Относящийся к ругани, сквернословию. *Хочешь, я твоих американцев в ~ую экспедицию в винный отдел возьму? ~ые выражения-то не употребляй, в рожу схлопочешь.*

От **ФОЛЬКЛОР.**

ФО́ЛЬТИКИ, -ов, *мн.* Фортели, странные поступки.

ФОМА́, -ы́, *м.*, *собств.* Популярный в 90-е гг. артист, певец Н. Фоменко (в 80-е гг. — один из участников бит-квартета «Секрет»).

ФОН, -а, *м.* Посторонний шум; что-л. второстепенное, мешающее главному; посторонние разговоры, отвлекающие от дела. *Это так, для ~а.*

ФОНАРЕ́ТЬ, -е́ю, -е́ешь; *несов., с чего, от чего, на что* и *без доп.* Испытывать какую-л. сильную эмоцию; получать сильное впечатление от чего-л.

Возм. от **ФОНАРЬ 1.**, **2.**

ФОНАРНЫЙ *см.* **ПРИКИДЫВАТЬСЯ СТОЛБОМ ФОНАРНЫМ**

ФОНА́РЬ, -я, *м.* **1.** обычно *мн.* Глаза. **2.** Любой синяк, нарыв, чирей и т. п. *Поставить ~ кому. Ходить с ~ём.* **3.** Безделица, ерунда. *Чистейший ~!*

Ср. *уг.* «фонарь» — синяк; револьвер; запрещённый разговор; «фонарист» — ненадёжный человек, нечестный, болтун.

ФОНАРЬ* *см.* **ВЗЯТЬ (БРАТЬ) ОТ ФОНАРЯ**

ФОНИ́РОВАТЬ, -рую, -решь, **ФОНИ́ТЬ**, -ню́, -ни́шь; *несов., что* и *без доп.* Издавать посторонние мешающие звуки; болтать чепуху. *Проигрыватель фонит. Не фонируй* — молчи.

От **ФОН**.

ФОНО́, *нескл., ср.* Фортепиано. *Закончил музыкальную школу по ~. На ~ можешь?*

Сокращ.; возм. из *муз.*

ФОНТА́Н, -а, *м.* Рот; речь, поток слов, болтовня.

См. также **ЗАТКНИ ФОНТАН (СВОЙ РЖАВЫЙ ВЕНТИЛЬ...)**

Возм. влияние афоризмов Козьмы Пруткова.

ФОНТАН *см.* **НЕ ФОНТАН**

ФОНТАНИ́РОВАТЬ, -рую, -руешь; *несов., без доп.* Эмоционально говорить; энергично изъявлять свои чувства, волновать, переживать. *Не ~руй, будь монолитом* (спокойным).

ФО́РВАРДИТЬ, -ржу, -рдишь; *несов., кому, что.* Пересылать, посылать полученную информацию другим пользователям.

Из языка пользователей компьютеров, от англ forward.

ФО́РИН, -а, *м.* **1.** Иностранец. *~ы понаехали.* **2.** в зн. *неизм. прил.* Иностранный, зарубежный. *~ деньги хочу, наши не хочу.*

Англ. foreign в том же зн.

ФО́РИНСКИЙ, -ая, -ое. *Ирон.* Зарубежный, иностранный. *~ язык. На ~ манер. По всяким там ~им странам кататься.*

От **ФОРИН**.

ФОРМА *см.* **ДЕЛАТЬ ДВОЙНОЕ ДНО И ФОРМУ ЧЕМОДАНА; СДЕЛАТЬ БЛЕДНЫЙ ВИД И ФОРМУ ЧЕМОДАНА**

ФОРМА́ЦИЯ, -и, *ж. Шутл.* Женские «формы», фигура. *За такую вот ~ю дам любую информацию. С вашей ~ей надо в швейцарском банке прописаться, а не в Зюзине.*

ФОРТ, -а, *м.* Окно, форточка.

Возм. через *уг.*

ФО́РТОЧКА, -и, *ж.* **1.** Рот. **2.** Гульфик.

ФО́РТОЧНИК, -а, *м.* Мелкий жулик, воришка.

Уг. «форточник» — вор, проникающий в место кражи через форточку, обычно худой мальчик.

ФОРТУНА *см.* **ОКУРОК ФОРТУНЫ; ПЛЕВОК ПРИРОДЫ (СУДЬБЫ,ФОРТУНЫ)**

ФОРШМАК *см.* **ФАРШМАК**

ФО́ТИТЬ, фо́чу, фо́тишь; *несов., кого-что.* Фотографировать; запоминать, брать на заметку.

ФО́ТИТЬСЯ, фо́чусь, фо́тишься; *несов., без доп.* Фотографироваться.

ФО́ТКА, -и, *ж.* **1.** Фото, фотография; фотоаппарат. **2.** То же, что **ФОТО**.

ФО́ТО, *нескл., ср.*, **ФОТОГРА́ФИЯ**, -и, **ФОТОКА́РТОЧКА**, -и, *ж.* Лицо, физиономия. *Плюнь ему в фотографию.*

ФОТО́ГРАФ, -а, *м.* Тот, кто списывает из чужих тетрадей.

Из *шк.* или *студ.*

ФОТОГРАФИЯ, ФОТОКАРТОЧКА *см.* **ФОТО**

ФО́ФАН, -а, *м.* **1.** Дурак, идиот. *Эх ты, ~!* **2.** Синяк, шишка, нарыв. *Поставить ~ кому. Нарваться на ~.*

Ср. *устар.* «фофан» — простофиля, шут, чёрт, «фофаны» — игра в дурака (в карты); *ср. уг.* «фофан» — слабоумный, телогрейка, «фофо́н» — забитый, запуганный осуждённый, тихоня; возм. сближение с *собств.* Феофан (*разг.* Фофан). 2. — возм. фонетическое наложение с **ФОНАРЬ 2.**

ФРАГМЕ́НТ, -а, *м. Шутл.* Забавная ситуация, смешное положение. ♦ **Секи ~!** — смотри, вот это да!

См. также **НЕСКОЛЬКО ФРАГМЕНТОВ ИЗ ЖИЗНИ МАРШАЛА РОКОССОВСКОГО**

ФРА́ЕР, -а, **ФРА́ЙЕР**, -а, *м.* (*мн.* -а́, -о́в). **1.** Обычно *пренебр.* Любой человек. *Это что за ~?* (неизвестный). *Сам не приходи, и ~о́в своих не приводи. Ну-ка, ~, отвали* (уйди). **2.** Неопытный человек. *Как баранку* (руль) *держишь, ~?!* **3.** Самоуверенный, заносчивый человек, наглец, пижон. ♦ **Недолго музыка играла, недолго ~ танцевал** — удовольствие закончилось, пришла расплата.

Уг. «фраер», «фрайер» — чужой, не относящийся к преступному миру, жертва преступления, неопытный вор, интеллигент, политический осуждённый, ответственный работник, *ср.* «захарчёванный фраер» — вор опытный, бывалый, искушённый, «фраер на катушках» — живчик, бойкий человек, «фраер стопорылый» — вор-одиночка, «фраер набушмаченный» — случайный сообщник, «фраер штемп» — дурак; возм. также сближение с *уг.* «фрей», «фрейгер» — жертва, которое восходит к нем. или является гебраизмом.

ФРАЕРИ́ТЬ, -рю́, -ри́шь; *несов., без доп.* Глупо себя вести, допускать оплошности.

От **ФРАЕР**.

ФРАЕРИ́ТЬСЯ, -рю́сь, -ри́шься; *несов.* (*сов.* **ФРАЕРНУ́ТЬСЯ**, -ну́сь, -нёшься). **1.** только *несов., без доп.* Храбриться, хорохориться. **2.** *с чем* и *без доп.* Допускать оплошности, проваливаться, делать глупости.

От **ФРАЕР**.

ФРА́ЕРСКИЙ, -ая, -ое. Плохой, недостойный (чаще о поведении, поступках), неопытный (о человеке). *~ие замашки. ~ приём. ~ая душа.*

От **ФРАЕР**.

ФРАЙЕР *см.* **ФРАЕР**.

ФРАНК, -а, *м.* Француз. *С ~ами работает.*

От «франк» — денежная единица Франции и некоторых др. стран.

ФРАНЦУ́З, -а, *м.* Еврей.

Возм. от часто встречающегося у евреев грассирующего [р], на манер французского.

ФРАНЦУЗ* *см.* **КАК ГОВОРЯТ ФРАНЦУЗЫ; НА ХРЕН; ЧТО ТЫ РВЁШЬСЯ, КАК ГОЛЫЙ В БАНЮ...**

ФРАНЦУЗСКИЙ НАСМОРК *см.* **НАСМОРК**

ФРГ, *нескл. Ирон.* Федеративная Республика Грузия.

Шутл. переосмысл. аббрев.

ФРЕНД *см.* **ФРЭНД**

ФРИК, -а, *м.* Некрасивый, несимпатичный человек.

ФРИКАДЕ́ЛИСТЫЙ, -ая, -ое. Толстый, полный, жирный.

От общеупотр. «фрикаделька» — шарик из фарша, сваренный в бульоне.

ФРИКАДЕ́ЛЬКА, -и, *ж.* Женщина, девушка (обычно полная).

См. **ФРИКАДЕЛИСТЫЙ**.

ФРИ́КЕР, -а, *м.* Компьютерный «пират», орудующий в телефонных сетях (бесплатно подключающийся к пользователям и т. д.).

Из англ.

ФРИЛА́В, -а, *м.* Свободная любовь.

Англ. free love в том же зн.; возм. через *хип.*, используется в среде хиппи как приветствие.

ФРИЛА́ВНЫЙ, -ая, -ое. Относящийся к свободной любви.

От **ФРИЛАВ**.

ФРИШТЫ́КАТЬ, -аю, -аешь; *несов., без доп. Ирон.* Завтракать.

В XIXв. и в нач. XX в., преим. в Петербурге, употреблялось как *разг.* в русифицированной огласовке «фрыштик»; встречается у Н. Гоголя, Ф. Достоевского, В. Набокова и др. От нем. Fruhstuck — завтрак.

ФРОНТО́Н, -а, *м.* Лицо, физиономия.

ФРУКТ *см.* **ВСЯКОМУ ОВОЩУ СВОЙ ФРУКТ**

ФРУКТО́ЗА, -ы, **ФРУКТО́ЗИНА**, -ы, *м.* и *ж.* Неприятный человек. *Ну и ~!*

От общеупотр. *прост.* «фрукт» в том же зн. + «фруктоза» — плодовый сахар; *ср.* напр. с моделями **ТИПОЗА, ТИПОЗИНА**.

ФРЭНД, -а, (или -а́), **ФРЕНД**, -а (или -а́), *м.*, **ФРЭНДУ́ХА**, -и, *м.* и *ж.* Друг, приятель; подруга, приятельница.

Англ. friend в том же зн.

ФРЭНДОВА́ТЬ, -ду́ю, -ду́ешь; *несов., с кем.* Дружить с кем-л.

От **ФРЭНД**.

ФРЭНДО́ВЫЙ, -ая, -ое. Дружеский, приятельский; относящийся к другу, приятелю.

От **ФРЭНД**.

ФРЭНДУХА *см.* **ФРЭНД**

ФРЭНЧ, -а (или -а́), *м.* **1.** Француз. **2.** в зн. *неизм. прил.* То же, что **ФРЭНЧОВЫЙ**.

От англ. french в том же зн.

ФРЭНЧО́ВЫЙ, -ая, -ое. Французский. *~ товар. ~ язык.*

От **ФРЭНЧ**.

ФРЭНЧУ́ХА, -и, *ж.* Француженка.

От **ФРЭНЧ**.

ФРЯ, -и, *ж.* Женщина, девушка.

Общеупотр. *прост.* «фря» — кривляка, воображала, *устар.* — важная особа, *ср.* «фрякаться» — зазнаваться, важничать, *диал.* «фрякать» — кланяться, просить, нуждаться в ком-л.; *ср. уг.* «фрей» — мужчина, богач, гордец, неопытный вор, «фрея» — женщина, «фрейфея» — гордая женщина и т. п. *Ср.* **ФРАЕР**.

ФСБ *см.* **АКАДЕМИЯ ФСБ**

ФУГАНИТЬ *см.* **ФУГАТЬ**

ФУГА́НОК, -нка, *м.* Доносчик, стукач.

От **ФУГАТЬ 1**.

ФУГА́С, -а, *м.*, **ФУГА́СКА**, -и, *ж.* **1.** Донос, жалоба, компрометирующая информация. *На тебя ~ упал.* **2.** Большая (0,75 или 0,8 л) бутылка вина, чаще красного.

ФУГА́СИТЬ, -ашу, -а́сишь; *несов., что* и *без доп.* Пить спиртное.

От **ФУГАС 2**.

ФУГАСКА *см.* **ФУГАС**

ФУГА́ТЬ, -а́ю, -а́ешь, **ФУГОВА́ТЬ**, -гу́ю, -гу́ешь, **ФУГА́НИТЬ**, -ню, -нишь; *несов.* **1.** *на кого кому.* Доносить на кого-л., наговаривать, ябедничать. **2.** *что* и *без доп.* Делать что-л. интенсивно. *Ну, фугуй!* **3.** *кого откуда.* Гнать, прогонять. **4.** *что кому.* Продавать.

Возм. из *уг.*; *ср. спец.* «фуговать» — строгать фуганком.

ФУ́КА, -и, *ж.* (или **ФУ́КА-ЛЯ́КА-БЯ́КА-КА́КА**, -и). Гадость, бяка.

Из *детск.*

ФУНДА́МЕНТ, -а, *м.* Задница (обычно толстая).

ФУНДАМЕНТА́ЛКА, -и, *ж., собств.* Фундаментальная библиотека МГУ.

Из *студ.*

ФУНДАМЕНТА́ЛЬНЫЙ, -ая, -ое. **1.** Отличный, замечательный. *~ые ноги.* **2.** *Шутл.* Отъявленный, полный, ярко выраженный. *Препы* (преподаватели) *нам попались — ~ые придурки* (из речи студента)

ФУНТ, -а, *м.* Много; большое количество чего-л. *Да я тебе ~ дипломов напишу, только стакан налей.* ♦ **Это тебе не ~ изюма** (или **гвоздей, сосисок** и т. п.) — *шутл.* о чём-л. важном, значительном. **~ дыма** — чушь, ничего; что-л. незначительное, эфемерное.

См. также **НОЛЬ ВНИМАНИЯ**, **ФУНТ ПРЕЗРЕНИЯ**

ФУНЦИКЛИ́РОВАТЬ, -рую, -руешь; *несов., без доп.* Работать, действовать, функционировать (чаще о механизмах, приборах).

ФУНЯ́, -и́, **ФУНЯ́КА**, -и, **ФУНЯ́ЧКА**, -и, *м.* и *ж.* Тот, кто портит воздух, вонючка.

От **ФУНЯТЬ**.

ФУНЯ́ТЬ, -я́ю, -я́ешь, **ФУНЯ́ЧИТЬ**, -чу, -чишь; *несов., без доп.* Вонять, портить воздух.

Возм. из *детск.*, передел. «вонять».

ФУНЯЧКА *см.* **ФУНЯ**

ФУ́РА[1], -ы, **ФУРА́ГА**, -и, *ж.*, **ФУРГА́Н**, -а (или -а́), **ФУРГО́Н**, -а, *м.* Фуражка.

ФУ́РА[2], -ы, *ж.* Фургон, машина. *Пришла ~ с мясом.*

Ср. *устар.* в зн. «большая крытая повозка».

ФУРА́ЖКА, -и, *м.* и *ж.*, **ФУРА́ЖКИН**, -а, *м.* Милиционер. *Вот товарищ Фуражкин бдит.*

ФУРАЖКА* *см.* **ОДНА ИЗВИЛИНА (ДА) И ТА — СЛЕД ОТ ФУРАЖКИ...**

ФУРГАН, ФУРГОН *см.* **ФУРА**

ФУРЫ́ЧИТЬ, -чу, -чишь, *несов.* **1.** *без доп.* Работать, быть на ходу (о моторе, автомобиле, приборе и т. п.). *Движок* (двигатель) *не ~чит.* **2.** *в чём.* Понимать, разбираться в чём-л. *Не лезь, в чём не ~чишь.*

Та же ономатопоэтическая основа, что и в общеупотр. «фырчать».

ФУТБОЛИ́СТ, -а, *м.* Человек, не любящий брать на себя ответственность, перекладывающий её на плечи других.

От **ФУТБОЛИТЬ**.

ФУТБО́ЛИТЬ, -лю, -лишь; *несов., что* и *без доп.* Снимать с себя ответственность; уходить от ответственности, решения; передавать другим возможность принимать решения.

ФУ́ТЛИ, -ей, *мн.* Туфли, обувь.

Смеховая контаминация англ. foot — нога и общеупотр. «туфли».

ФУ́-ТЫ, *межд.* (или **~ НУ-ТЫ, НО́ГИ ГНУ́ТЫ**). Выражает ирон. отношение к чьему-л. поведению, поступку.

ФУФА́ЙКА, -и, *ж.* **1.** Любая одежда. **2.** Девушка, женщина, жена. *Чего без ~и?* ♦ **Аж ~ заворачивается** *от чего, с чего* — о каком-л. сильном впечатлении.

ФУФЕЛ *см.* **ФУФЛО**

ФУФЛИ́ТЬ, -лю́, -ли́шь; *несов., без доп.* Вести себя плохо, нечестно; обманывать кого-л., не выполнять обещанного.

От **ФУФЛО**; *ср. уг., карт.* «фуфлить» — не выплачивать карточный долг, обманывать.

ФУФЛО́, -а́, *ср.*, **ФУ́ФЕЛ**, -фла́, **ФУ́ФЕЛЬ**, -я, *м.* **1.** Ложь, обман. **2.** Лгун, халтурщик, обманщик, неуважаемый человек. **3.** Задница. **4.** Плохая, некачественная вещь; подделка. *~ подсунуть.* ♦ **Фуфло гнать** (или **толкать, задвига́ть** и т. п.) *кому* — халтурить, обманывать, лгать.

Возм. из *уг.*; *ср.* также *уг.* «фуфлан» — лгун; «фуфло задвинуть» — не заплатить проигранное в карты; *ср. устар. диал.* «фуфлыга», «фуфлыжка» — сорт печенья, прыщ, невзрачный, малорослый человек, мот, гуляка, «фуфлыжничать» — проедаться, жить на чужой счёт, шататься без дела.

ФУФЛОГО́Н, -а, **ФУФЛЫ́ЖНИК**, -а, *м.*, **ФУФЛЫ́ГА**, -и, *м.* и *ж.* То же, что **ФУФЛО 2.**

ФУФЫ́РЬ, -я́, *м.* Бутылка спиртного.

Ср. **ПУЗЫРЬ 1.**

ФЭЙС *см.* **ФЕЙС**

ФЭН, **ФЕН**[1], -а, *м.* 1 То же, что **ФАН. 2.** *неизм.*, в зн. *межд.* Выражает любую эмоцию.

От англ. *разг.* fan — энтузиаст, болельщик, любитель

ФЭ́НТЭЗИ, *нескл., ср.* Разновидность наркотика с галлюциногенным действием.

Из англ.

ФЭШН, -а, *м.* или в зн. *нескл. прил.* Мода, модный, связанный с миром моды; часто употр. в качестве первого компонента слов-«биномов» на «англ. манер». *~-баба* (модница). *~-фенька* (новый «писк» моды). *~-виктим* («жертва» моды). *~-сленг* (новые сленговые словечки). *~-фэн* (человек, следящий за модой).

Англ. fashion.

ФЮЗЕЛЯ́Ж, -а, *м.* Брюхо, пузо.

Общеупотр. «фюзеляж» — корпус летательного аппарата.

Х

ХА, *межд.* Выражает любую эмоцию. *Ты сегодня просто ~!* (хорошо выглядишь). *~ оделся!* (красиво).

ХАБА́ЛКА, -и, *ж.* Наглая, агрессивная, вульгарная женщина.

См. **ХАВАТЬ.**

ХАБА́НИТЬ, -ню, -нишь; *несов., что.* Хватать, цапать, лапать, брать. *Не ~нь, не купил.*

Ср. *устар. диал.* «хабить» — хватать, захватывать, присваивать, «охабка» — современное «охапка», «охабанивать» — жадно хватать, объедаться; возм. также связано с **ХАВАТЬ** и производными.

ХАБА́Р, -а, *м.*, **ХАБА́РА**, -ы, **ХАБАРА́**, -ы́, *ж.* Доход, выигрыш, прибыль, зарплата. *Без хаба́ра только баран работает.*

Устар. «хаба́ра», «хабара́», «хаба́р» — барыши, нажива, пожива, взятка; возм. через *уг.* в зн. доля украденного, *ср.* «хабарик» — окурок; первоначально возм. от арабского habar — сообщение.

ХАБА́РИСТЫЙ, -ая, -ое, **ХАБА́РНЫЙ**, -ая, -ое. Выгодный, доходный, прибыльный.

От **ХАБАРА.**

ХАБАТЬ *см.* **ХАВАТЬ**

ХАБА́Х, *межд.* Выражает любую эмоцию; часто сопровождает какое-л. интенсивное действие.

Ср. общеупотр. «бабах»; возм. также семантическая и фонетическая контаминация с *прост.* «шабаш».

ХАБЕ́ШКА, -и, **ХЭБУ́ШКА**, -и, *ж.*, **ХАБЭ́**, **ХЭБЭ́**, *нескл., ж.* и *ср.* Хлопчатобумажная рубашка (чаще о военной).

Возм. из *арм.*; *аббрев.* «хб».

ХАБИБУ́ЛИН, -а, *м.* Татарин; тупой, недогадливый человек.

Распространённая фамилия, персонаж популярных анекдотов.

ХАБЭ *см.* **ХАБЕШКА**

ХА́ВА, -ы, **ХА́ВАЛКА**, -и, *ж.*, **ХАВЛО́**, -а́, *ср.* **1.** Рот, челюсть. *Хавалкой щёлкать.* **2.** Еда, пища, закуска. *Пьём без хавы.* **3.** Выпивка, спиртное.

От **ХАВАТЬ 1.**

ХА́ВАЛЬНИК, -а, *м.* То же, что **ХАВА 1.**

ХА́ВАТЬ, -аю, -аешь, **ХА́БАТЬ**, -аю, -аешь, **ХА́МАТЬ**, -аю, -аешь; *несов.* **1.** *что.* Есть, жрать; пить (о спиртном). **2.** *в чём.* Разбираться в чём-л., понимать.

Ср. *устар. диал.* «хабалить», «хабрянить», «хабальничать» — нахальничать, «хабал», «хабальник», «хабалка», «хабалда», «хабуня», «хабила» — нахал, наглец, буян; «хабить» (см. **ХАБАНИТЬ**); возм. через *уг.* «хавать» — есть; *ср.* «хава», «хавло» — рот, «хавалка» — еда, «хавка» — хлеб, «хавочка» — булка и т. п. Возм. первоначально от цыг. te xas — есть, кушать; чередование *в/м* (**ХАМАТЬ** и др.) объясняется влиянием на цыг. русской прост.-диал. модели, типа «не хамши», «не хамавши» — «не евши» (ср. цыг. небрежное ne xamsi).

ХАВИ́РА, -ы, *ж.* **1.** Дом, жилище, квартира. **2.** Компания, собрание, толпа, коллектив, какой-л. постоянный контингент людей.

От *уг.* «хавир» — тот, кто незаметно возвращает украденное в случае скандала в чужой карман, *ср.* «хавировать» — делать то, что делает «хавир», «хавира» — притон; или от «хевра» — воровская компания; возм. связано с «хибара», «хибарка», «хибурка» — дом, лачуга; *ср.* нем. *жарг.* Kabora — место, где прячут краденое, воровской тайник. Первоначально из древнееврейского chewer, chower — содружество, друг или из цыг. havir — другой, второй.

ХА́ВКА, -и, *ж.* То же, что **ХАВА** во всех зн. ♦ **Прорыв на хавку** — аппетит после длительного запоя.

ХАВЛО *см.* **ХАВА**

ХАВРО́НЬЯ, -и, *ж.* Грязнуля.

Распространённая кличка свиньи.

ХА́ВЧИК, -а (или **~-МА́ВЧИК**, ха́вчика-ма́вчика), *м.* То же, что **ХАВА 2.**

ХА́ЗА[1], -ы, **ХА́ЗОВКА**, -и, **ХАЗУ́ХА**, -и, **ХАЗУ́ШКА**, -и, *ж.*, **ХАЗУ́ШНИК**, -а, *м.* Квартира, дом, жилище.

Возм. от *устар. диал.* «хазина» — постройка, дом, множество чего-л., куча, махина; *ср.* венгерское haz — дом, которое из нем.; возм. через *уг.* «хаза», «хазовка», «хазуха» — притон.

См. также **ЧУХАЙ ДО ХАТЫ**

ХА́ЗА[2], -ы, *ж.* Доля, чья-л. часть чего-л.

ХАЗА́РЫ, -ов, *мн.* Т. н. «лица южной национальности». *Все базары купили ~ы.*

Назв. древнего народа, жившего в VII–X вв. от Волги до Кавказа.

ХА́ЗИК, -а, *м.*, *собств.* Р. Хазбулатов, политический деятель времён перестройки.

ХА́ЗНИК, -а, *м.* Квартирный вор.

От **ХАЗА**.

ХАЗОВКА, ХАЗУХА, ХАЗУШКА, ХАЗУШНИК *см.* **ХАЗА**[1]

ХАЙ, -я, *м.* Шум, крики; драка, потасовка. *~ поднять. Мужики, без ~я!*

Возм. от общеупотр. «хаять»; *ср. уг.* «хай» — заявление в милицию.

ХАЙВЭ́Й, -я, *м.* *Ирон.* Дорога, улица, трасса. *Это наш деревенский ~* (центральная улица).

Англ. highway — шоссе, главная дорога.

ХА́ЙКА[1], -и, *ж.* Рот.

От общеупотр. *прост.* «хаять», *см.* **ХАЙ**.

ХАЙКА[2] *см.* **ХАЯ**

ХАЙЛАЙФИ́СТ, -а, *м.*, **ХАЙЛАЙФИ́СТКА**, -и, *ж.* Тот (та), кто любит красивую, богатую, светскую жизнь, кто ведет такой образ жизни.

От англ. high life.

ХАЙЛО́, -а́, *ср.* **1.** Рот, глотка. *Не ~, а дупло, никогда не закрывается* (о болтуне). **2.** Болтун, трепач, крикливый человек.

От общеупотр. *прост.* «хаять».

ХАЙР, -а, (или -а́), *м.* Волосы, причёска. *~ мыть. Шампунь для жирного ~а.*

Англ. hair в том же зн.; возм. сначала через *хип.*

ХАЙРАНУТЬ *см.* **ХАЙРАТЬ**

ХАЙРАНУТЬСЯ *см.* **ХАЙРАТЬСЯ**

ХАЙРА́СТЫЙ, -ая, -ое, **ХАЙРА́ТЫЙ**, -ая, -ое. Длинноволосый.

От **ХАЙР**.

ХАЙРА́ТНИК, -а, *м.* Лента, шнурок для волос.

От **ХАЙР**.

ХАЙРАТЫЙ *см.* **ХАЙРАСТЫЙ**

ХАЙРА́ТЬ, -а́ю, -а́ешь; *несов.* (*сов.* **ХАЙРАНУ́ТЬ**, -ну́, -нёшь), *кого-что.* Стричь. *Ну, брат, тебя и хайранули, не башка, а луковица волосатая.*

От **ХАЙР**.

ХАЙРА́ТЬСЯ, -а́юсь, -а́ешься; *несов.* (*сов.* **ХАЙРАНУ́ТЬСЯ**, -ну́сь, -нёшься), *без доп.* Стричься, подстригаться.

От **ХАЙР**.

ХАЙФА́Й, -я, *м.* **1.** Муз. аппаратура высокого качества. **2.** *нескл.* в зн. *межд.* Выражает высокую степень экспрессии, одобрение, восторг.

От англ. hi(gh)-fi(delity) — высокая точность воспроизведения (по радио).

ХАЙФА́ЙНЫЙ, -ая, -ое. Отличный, прекрасный.

От **ХАЙФАЙ**.

ХА́КЕР, -а, *м.* Компьютерный «пират», нелегально добывающий информацию в компьютерной сети.

От англ. to hack.

ХА́ЛА[1], -ы, *ж.* Доход, прибыль, барыш (преим. лёгкий, без труда доставшийся).

Ср. *устар. диал.* «хал», «халовщина» — купленное задёшево; «халовой» — дешёвый, а также нелепый, вздорный, «халко» — смело, поспешно; *ср. уг.* «хала» — взятка.

ХА́ЛА[2], -ы, *ж.* Женская причёска, имитирующая заплетённую косу.

Возм. общеупотр. «хала» — плетёнка, плетёное изделие (напр. сумка), витой белый хлеб.

ХАЛА́Т, -а, **ХАЛА́ТНИК**, -а, *м.* Азиат, т. н. «лицо южной национальности». *Скоро халаты всю Москву скупят.*

По характерной национальной одежде.

ХАЛВА *см.* **НУ, МАТРЁШКА, ТЫ — ХАЛВА!**

ХА́ЛДА, -ы, **ХАЛДА́**, -ы́, *ж.* Некрасивая, неопрятная, опустившаяся женщина.

Устар. «халда» — наглец, бесстыжий; распустившаяся, развратная женщина.

ХАЛДЕ́Й, -я (или ~ **ИВА́НОВИЧ**) *м.* Работник ресторана, бара, официант, бармен.

Ср. *устар.* «халдей» — плут, проходимец, пройдоха; возм. связано с халдеями, жителями Халдеи, известными магами, звездочётами, предсказателями и т. п.; возм. семантически связано с **ХАЛДА**; возм. через *уг.*

ХАЛДЕ́ЙКА, -и, *ж.* Официантка.

От **ХАЛДЕЙ**.

ХАЛДЕ́ЙСТВОВАТЬ, -твую, -твуешь; *несов., без доп.* Работать в ресторане, баре официантом, барменом.

От **ХАЛДЕЙ**.

ХАЛДИ́ЗМ, -а, *м.* Особенности, нормы поведения, традиции, профессиональная специфика, уловки и т. п., связанные с работой официантов, барменов.

От **ХАЛДЕЙ**.

ХАЛТУ́РА, -ы, *ж.* **1.** Что-л. легко доставшееся, лёгкая добыча. **2.** Любовница (в противовес жене — «основной работе»).

Общеупотр. «халтура» — небрежная, недобросовестная работа, побочный заработок; *устар. диал.* «халтура» — поминки, похороны, даровое угощение на похоронах; *ср. устар. уг.* «халтурить» — воровать из квартиры, где находится покойник, «халтурщик» — ворующий таким образом.

ХАЛТУ́РНИК, -а, **ХАЛТУ́РЩИК**, -а, *м.* Мелкий жулик.

См. **ХАЛТУРА**.

ХАЛЬТ, *межд.* Стоп, стоять, не двигаться, ни с места.

От нем. Halt — остановка, привал, стоянка.

ХАЛЯ́ВА, -ы, **ХАЛЯ́ВКА**, -и, *ж.* Что-л. нетрудное, пустяковое, доставшееся без труда, окольным путем; подделка, лёгкая работа. ♦ **На халяву** — даром, бесплатно. **На халяву и уксус сладкий** — всё хорошо, что даром. **Халява, сэр** — бесплатно; не надо платить.

См. также **ЛОВИТЬ ХАЛЯВУ**

Устар. «халява» — растяпа, распущенная баба, неряха; холера, также употр. как руг.; вероятно, через *уг.* «халява» — проститутка, «халявщик» — человек, делающий, получающий что-л. даром.

ХАЛЯ́ВИТЬ, -влю, -вишь, **ХАЛЯ́ВНИЧАТЬ**, -аю, -аешь; *несов., с чем, на чём* и *без доп.* Делать что-л. недобросовестно, нечестно; халтурить.

От **ХАЛЯВА**.

ХАЛЯВКА *см.* **ХАЛЯВА**

ХАЛЯ́ВНИК, -а, **ХАЛЯ́ВЩИК**, -а, *м.* Бездельник, халтурщик, прощелыга, нахлебник; человек, привыкший брать чужое, использовать чужой труд, деньги и т. п.

От **ХАЛЯВА**.

ХАЛЯВНИЧАТЬ *см.* **ХАЛЯВИТЬ**

ХАЛЯ́ВНЫЙ, -ая, -ое. Даровой, бесплатный, легко доставшийся, случайный.

От **ХАЛЯВА**.

ХАЛЯВЩИК *см.* **ХАЛЯВНИК**

ХАМАТЬ *см.* **ХАВАТЬ**

ХАМЛО́[1], -а́, *ср.* **1.** Еда. **2.** Спиртное, водка. **3.** Рот.

Возм. от **ХАМАТЬ**.

ХАМЛО́[2], -а, *ср.* Хам, нахал.

ХА́ММЕР, -а, *м.* **1.** *собств.* Центр Международной Торговли (Хаммеровский центр). *Работать в ~е.* **2.** Делец, пройдоха; богатый еврей.

По имени известного американского предпринимателя А. Хаммера.

ХАНА́, *межд.* и в зн. *сказ.* Всё, конец, довольно; капут, пропали.

Из тюрк. языков; возм. через *уг.*

♦ **ХАНА́ ПЁСИКУ** — *шутл.* всё, конец, кончено, напр.: *Всё, предохранитель полетел* (у телевизора), *хана пёсику.*

ХА́НКА, -и, *ж.* **1.** Спиртное, выпивка. **2.** Наркотики. **3.** Еда, пища, закуска. ♦ **~у трескать** — пить; есть; принимать наркотики.

Уг. «ханка» — водка, спиртное, наркотики «канка», «конка», «кановка» — водка, «канна», «канька» — трактир, «коня», «кань» — притон, ресторан, распродажа вина.

ХАНУМА́, -ы, *ж.* и в зн. *сказ.* (или **ТЁТЯ ХАНУ́М**). Хана, конец, капут, провал. *~ пришла кому* — пришёл конец кому-л.

От **ХАНА**, наложение с «Ханума» — популярная героиня и назв. спектакля Г. Товстоногова.

ХАНУ́РИК, -а, *м.* Маленький, тщедушный, невзрачный человек (часто об алкоголике, опустившемся человеке).

Ср. *устар.* «ханькать», «ханокать» — плакать, «ханык» — плакса; *ср.* также *устар.* «ханулял» — хата, лачуга; возм. связано с **ХАНЫГА**.

ХАНЫ́ГА, -и, **ХАНЫ́ЖКА**, -и, *м.* и *ж.* Побирушка, опустившийся человек, доходяга; бездельник. *Там ~и стол в козла ломают. ~ рублёвая.*

См. **ХАНУРИК**; *ср. устар. диал.* «хананыга», «хандрыга» — праздный шатун по чужим угощениям, «ханыга», «ханыжка» — хам, попрошайка, «ханыжить», «ханыжничать» — шататься без дела, «ханык» — плакса. Возм. связано с «хныкать».

ХАНЫ́ЖИТЬ, -жу, -жишь, **ХАНЫ́ЖНИЧАТЬ**, -аю, -аешь; *несов., без доп.* Опускаться, попрошайничать, бездельничать; быть алкоголиком, наркоманом.

От **ХАНЫГА**.

ХАНЫЖКА *см.* **ХАНЫГА**

ХАНЫЖНИЧАТЬ *см.* **ХАНЫЖИТЬ**

ХАНЬ, -и, **ХА́НЯ**, -и, *ж.* Спиртное. ♦ **Дай юань на хань** — дай денег на выпивку.

От **ХАНКА 1**; ♦ «юань» — китайская денежная единица.

ХАНЯ́ЧИТЬ, -чу, -чишь; **ХОНЯ́ЧИТЬ**, -чу, -чишь; *несов., что* и *без доп.* Пить спиртное. *Как хухрик ~чит* — сильно пьёт.

Возм. от **ХАНКА**, **ХАНЬ**.

ХА́ПАЛКА, -и, *ж.* Рука. *Убери ~и.*

От общеупотр. *прост.* «хапать».

ХА́ПАЛО, -а, **ХАПЛО́**, -а́, *ср.* Хапуга, рвач.

От общеупотр. *прост.* «хапать».

ХАПЛИ́ВЫЙ, -ая, -ое. Жадный, склонный к рвачеству.

От общеупотр. *прост.* «хапать».

ХАПЛО *см.* **ХАПАЛО**

ХАРАКИ́РИ, *нескл., ср.* Наказание, нагоняй. ♦ **Сделать ~** *кому* — распечь, изругать, побить кого-л.

Японское «харакири» — самурайское самоубийство путём вспарывания живота.

ХАРДЯ́ТИНА, -ы, *ж.* Хард-рок.

ХА́РЕВО, -а, *ср.* Всё, что относится к сексу. *~ смотреть* (порнографический фильм). *Любитель ~а.*

От **ХАРИТЬ**.

ХАРЕЙ В САЛАТ *см.* **МОРДОЙ (ХАРЕЙ, РОЖЕЙ) В САЛАТ**

♦ **ХА́РЕЙ ХЛОПОТА́ТЬ** — делать сосредоточенное, озабоченное выражение лица, стараться изобразить заинтересованность в чём-л., напр.: *Харэ* (довольно, хватит) *харей хлопотать!*

Возм. первоначально из речи актёров.

ХАРИЗМАТИ́ЧНЫЙ, -ая, -ое, **ХАРИЗМАТИ́ЧЕСКИЙ**, -ая, -ое. Прекрасный, отличный.

От греч. «харизма» — милость, благодать, божественный дар; движение «харизматов» — одно из христианских движений.

ХАРИТО́Н, -а, *м.* Лицо, морда, харя. ♦ **~а мять** — спать.

От общеупотр. *прост.* «харя»; наложение с *собств.* «Харитон».

♦ **ХАРИТО́Н МОРДОВОРО́ТЫЧ** — лицо, рожа (чаще о толстой).

ХА́РИТЬ, -рю, -ришь, *кого*, **ХА́РИТЬСЯ**, -рюсь, -ришься, *с кем, несов.* Вступать в половую связь.

См. **ХЕР**.

ХА́РИУС, -а, *м.* Лицо, харя. ♦ **~ воротить** — быть недовольным чем-л.

От общеупотр. «харя»; наложение с назв. рыбы «хариус».

ХА́РМИТЬ, -млю, -мишь, **ХАРМИ́ТЬ**, -млю́, -ми́шь; *несов., кому, кого, чем, с чем* и *без доп.* Вредить, причинять зло; предавать, выдавать.

Ср. англ. harm — обида, зло.

ХАРЧ, -а, *мн.* -и́, -е́й, *м.* **1.** Еда, пища. **2.** Деньги, доход, прибыль. *А какой мне с этого ~?* **3.** Блевотина. ♦ **~ метать** (или **~ спустить, ~а́ми хвастать, ~и́ гнать** и т. п.) — страдать рвотой.

ХАРЧЕВА́ТЬ, -чу́ю, -чу́ешь; *несов., без доп.* Страдать рвотой, блевать.

От **ХАРЧ**.

ХАРЧЕВА́ТЬСЯ, -чу́юсь, -чу́ешься; *несов., у кого чем.* Питаться, обедать, столоваться.

От **ХАРЧ**.

ХАРЧЕ́ВНЯ, -и, *ж.* Ресторан, кабак. *Валютная ~.*

ХАРЧЕГО́ННОЕ, -ого, *ср.* Рвотное средство.

От **ХАРЧ** + общеупотр. «гнать».

ХАРЭ́, *нескл.* в зн. *сказ.* Довольно, хватит, стоп. *~ базарить* (хватит болтать).

Сокращ. от «хорош» в том же зн.

♦ **ХА́РЮ** (или **РО́ЖУ, МО́РДУ** и т. п.) **МЯТЬ** — спать.

ХА́РЯ, -и, *ж.* Поднос, поддон, кузов.

Из арго грузчиков.

См. также **ОТБИВАТЬСЯ; ХАРЮ МЯТЬ; ТОРГОВАТЬ МОРДОЙ (ХАРЕЙ)**

ХАРЯ* *см.* **РАМОЙ В ХАРЮ, ХАРЕЙ В РАМУ**

ХАРЯ В ТЕЛЕВИЗОР НЕ ВЛЕЗЕТ (НЕ ВЛЕЗАЕТ, НЕ ВМЕСТИТСЯ) *см.* **МОРДА (ХАРЯ, ЗАД) В ТЕЛЕВИЗОР НЕ ВЛЕЗЕТ (НЕ ВЛЕЗАЕТ, НЕ ВМЕСТИТСЯ)**

ХА́ТА, -ы, *ж.* **1.** Дом, квартира. *Пойдём ко мне на ~у. На нашей ~е. Баба с ~ой.* **2.** Притон.

См. также **ЧУХАЙ ДО ХАТЫ**

2. — из *уг.*

ХА́УЗ, -а, *м.* Дом, жилище, квартира. *Пошли на ~. С ~а съехать.*

Англ. house — дом.

ХАХА́НЫ, -ов, *мн.* Сигнализация, подключение на охрану; сирена.

Неясно. Возм. от общеупотр. «хохотать».

ХА́ЦАТЬ, -аю, -аешь; *несов., что* и *без доп.* Есть, жевать. *~ай быстрей и пошли.*

Ср. **ХАВАТЬ**.

ХА́ЧА, -и, **ХА́ЧЕК**, -а, **ХА́ЧИК**, -а, *м.* Т. н. «лицо южной национальности», кавказец.

ХАЧАПУ́РИК, -а, *м.* Кавказец.

От «хачапури», *ср.* **ХАЧА, ХАЧЕК**.

ХАЧЕК, ХАЧИК *см.* **ХАЧА**

ХАЧЬЁ, -я́, *ср.*, в зн. *собир.* Южане, кавказцы. *~я́ понаехало! ~ базарное!*

См. **ХАЧА**.

ХА́Я, -и, **ХА́ЙКА**[2], -и, *ж.* Еврейка.

От распространённого еврейского имени.

ХА́ЯЛКА, -и, *ж.*, **ХА́ЯЛО**, -а, *ср.*, **ХА́ЯЛЬНИК**, -а, *м.* Рот, лицо.

От общеупотр. *прост.* «хаять».

ХВА, *нескл.* в зн. *сказ.* Хватит, достаточно. *~ реветь.*

Сокращ.

ХВАЛИТЬ *см.* **ПЕТУШКА ХВАЛИТ КУКУХА**

ХВАСТАТЬ *см.* **ХАРЧ**

ХВАТА́ЛКА, -и, *ж.* Рука, ладонь.

От общеупотр. «хватать».

ХВАТА́ТЬ[1], -а́ю, -а́ешь; *несов., что.* Заражаться чем-л. *Каждый месяц нехорошую болезнь ~ает.*

ХВАТАТЬ[2] *см.* **ХОРОШО ГОВОРИШЬ, БРОНЕВИКА ТЕБЕ (ТОЛЬКО) НЕ ХВАТАЕТ**

ХВАТАТЬ* *см.* **ЖОПА**

ХВАТАТЬ И РТОМ И ЖОПОЙ *см.* **ЖОПА**

ХВАТИТ БОТАТЬ, ПОЙДЁМ РАБОТАТЬ *см.* **БОТАТЬ**

ХВАТИ́ТЬ, -ачу́, -а́тишь; *сов., чего, по чему.* Выпить. *~атили по литру пенного* (пива).

ХВАТИТЬ (ХЛЕБНУТЬ) МУРЦОВКИ *см.* **МУРЦА**

ХВАТОКРА́ТЫ, -ов, *мн.* Демократы.

От «хватать» + «демократы».

ХВАТЬ *см.* **ГИПНОЗ, ГИПНОЗ, ХВАТЬ ТЕБЯ ЗА НОС; МУХА, МУХА, ХВАТЬ ТЕБЯ ЗА УХО; ОСА, ОСА, ХВАТЬ ТЕБЯ ЗА ВОЛОСА**

ХВОРА́ТЬ, -а́ю, -а́ешь; *несов., без доп. Ирон.* Болеть на следующий день после пьянки, быть в похмелье.

ХВО́РОСТ, -а, *м.* **1.** Деньги. **2.** Бензин, горючее.

2. — из арго шофёров.

ХВОРОСТ* *см.* **ЖОПА**

ХВО́РЫЙ, -ая, -ое. Страдающий похмельем.

От **ХВОРАТЬ**.

ХВОСТ, -а́, *м.* **1.** Милиционер, сыщик. **2.** Тот, кто подмазался, привязался к кому-чему-л., устроился за компанию. **3.** Академическая задолженность в институте, университете (несданный экзамен и т. д.). **4.** Инструктор служебного собаководства. **5.** Чей-л. поклонник, ухажёр. ♦ **Сесть** (или **насесть, прыгнуть, прицепиться** и т. п.) **на ~** (или **на ~а**) — бесплатно, за чужой счёт выпить спиртного или попользоваться чем-л. **Притащить ~а** — **1.** Быть выслеженным. **2.** Привести с собой нахлебника в какую-л. компанию. *Обрубить ~а* — уйти от слежки; отделаться от человека, желающего сделать что-л. за чужой счёт.

1., 2. — возм. из *уг.*; 3. — из *студ.*; 4. — возм. из *арм.*

ХВОСТ* *см.* **ВООБРАЖАЛА ХВОСТ ПОДЖАЛА...**; **ДЕРЖАТЬ ХВОСТ (ЧЛЕН) РУЛЁМ**; **ДЕРЖАТЬ ХВОСТ (ЧЛЕН, НОС) ПИСТОЛЕТОМ**; **ДЕРЖАТЬ ХВОСТ ТРУБОЙ...**; **НАМЫВАТЬ (ХВОСТ)**; **ОТОРВУ ЯЙЦА (УШИ, ХВОСТ, НОГИ)**; **РЫБА ГНИЁТ С ГОЛОВЫ, А ЧИСТЯТ ЕЁ С ХВОСТА**; **СИСЬКА**; **УПАСТЬ НА ХВОСТ**; **ХВОСТОМ БИТЬ (ВИЛЯТЬ, МАХАТЬ)**; **ХВОСТОМ ДРЫГНУТЬ (ДЁРНУТЬ, ШАРКНУТЬ, ШЛЁПНУТЬ)**

♦ **ХВОСТА́ КИ́НУТЬ** — умереть.

ХВОСТА́ТИК, -а, *м.* То же, что **ХВОСТАТЫЙ 2.**

ХВОСТА́ТЫЙ, -ая, -ое. **1.** Имеющий академическую задолженность. **2.** в зн. *сущ.*, -ого, *м.* Ирон. обращение. *Ползи сюда, ~.*

1. — от **ХВОСТ 3.**

ХВОСТИ́СТ, -а, *м.* **1.** То же, что **ХВОСТАТЫЙ 1. 2.** Телефонный мошенник, умеющий воспользоваться для своих целей частотой чужого сотового телефона.

2. — от **УПАСТЬ НА ХВОСТ.**

♦ **ХВОСТО́М БИТЬ** (или **ВИЛЯ́ТЬ**, **МАХА́ТЬ**) *перед кем* — подхалимничать, заискивать.

♦ **ХВОСТО́М ДРЫ́ГНУТЬ** (или **ДЁРНУТЬ**, **ША́РКНУТЬ**, **ШЛЁПНУТЬ** и т. п.) — умереть.

ХГО *см.* **СИСТЕМА ХГО**

ХЕ́ВРА, -ы, *ж.* **1.** Шутл. руг. (обычно в адрес женщины). *Ну и ~!* **2.** То же, что **ХАВИРА** во всех зн.

ХЕ́ЗАЛКА, -и, **ХЕ́ЗКА**, -и, *ж.*, **ХЕ́ЗАЛО**, -а, *ср.*, **ХЕ́ЗАЛЬНИК**, -а, **ХЕ́ЗНИК**, -а, *м.* **1.** Задница. *Ты к кому хезалом повернулся, нахал!* **2.** Туалет.

От **ХЕЗАТЬ.**

ХЕ́ЗАНЫЙ, -ая, -ое. Ненормальный, придурковатый; плохой, негодный.

От **ХЕЗАТЬ.**

ХЕ́ЗАТЬ, -аю, -аешь; *несов.* (*сов.* **ХЕЗНУ́ТЬ**, -ну́, -нёшь), *без доп.* Испражняться. *Силён ~.*

Из *офен.*; вероятно, через *уг.*; *ср.* также цыг. «хезе́» — плохо.

ХЕЗКА, ХЕЗНИК *см.* **ХЕЗАЛЬНИК**

ХЕЗНУТЬ *см.* **ХЕЗАТЬ**

ХЕР, -а (или -а́), *м.* **1.** (или **~ МОРЖО́ВЫЙ**, **~ ИСПА́НСКИЙ** и т. п.). *Шутл.-бран.* О любом человеке. **2.** Мужской половой орган. ♦ **Забить** (или **положить**) **~** *на что* — покончить с чем-л. **В ~ не дуть** — жить беззаботно, ни о чём не волноваться.

См. также **ПО ХЕРУ**; **УШКИ ОТ ХЕРА**; **ХЕРОМ ГРУШИ ОКОЛАЧИВАТЬ**

Этимология неясна; возм. назв. буквы; *ср. устар.* «ноги хером» (изогнутые внутрь), «игра в херики» (в крестики-нолики), «херить» — перекрестить, зачеркнуть (напр. что-л. написанное); часто употр. как *эвфем.*; возм. также через *уг.* от цыг. kar, ker — пенис и хаг — дырка; отсюда, вероятно, два зн. сл. **ХОРЬ** («пенис» и «женщина», имеющие разную этимологию); отсюда же контаминация с **ХОРЁК** и т. п.; *см.* также фразеологию с корнем **ФИГ**. Возм. также наложение с *устар. диал.* «хирый» — хворый, хилый, болезненный, «хиреть» — болеть, чахнуть, то же «хирзать».

ХЕРА́ЗМЕНТ, -а, *м.* То же, что **АРАЗМЕНТ.**

Контаминация англ. harassment и **ХЕР.**

ХЕРА́К, *нескл.* в зн. *сказ.* Сопровождает или имитирует какое-л. интенсивное действие. *Я ему ~ в морду.*

От **ХЕРАКНУТЬ, ХЕР.**

ХЕРА́КНУТЫЙ, -ая, -ое. Ненормальный, сумасшедший.

От **ХЕРАКНУТЬСЯ 2.**

ХЕРАКНУТЬ *см.* **ХЕРАЧИТЬ**

ХЕРАКНУТЬСЯ *см.* **ХЕРАЧИТЬСЯ**

ХЕРАНУТЬ *см.* **ХЕРИТЬ**

ХЕРАНУТЬСЯ *см.* **ХЕРАКНУТЬСЯ**

ХЕРА́ЧИТЬ, -чу, -чишь; *несов.* (*сов.* **ХЕРА́КНУТЬ**, -ну, -нешь). **1.** Только *несов., куда, откуда* и *без доп.* Идти, двигаться. **2.** *что, чем, обо что, по чему* и *без доп.* Делать что-л. интенсивно. *Херачь тузом* (бей, крой).

От **ХЕР.**

ХЕРА́ЧИТЬСЯ, -чусь, -чишься; *несов.* (*сов.* **ХЕРА́КНУТЬСЯ**, -нусь, -нешься, **ХЕРАНУ́ТЬСЯ**, -ну́сь, -нёшься, **ХЕРНУ́ТЬСЯ**, -ну́сь, -нёшься). **1.** *чем, обо что, во что.* Ударяться, ушибаться, вреза́ться. **2.** Только *сов., на чём, с чем* и *без доп.* Сойти с ума, помешаться на чём-л.

От **ХЕР.**

ХЕ́РЕВО, -а, *ср.* Что-л. плохое, неприятное.

От **ХЕР.**

ХЕРЕ́ТЬ, -е́ю, -е́ешь; *несов., с чего, на что, от чего, на чём* и *без доп.* Испытывать какие-л. сильные эмоции по поводу чего-л., напр. удивляться, уставать, радоваться и т. п. *Я на тебя ~ею. Я с них ~ею.*

От **ХЕР.**

ХЕ́РИТЬ, -рю, -ришь; *несов.* (*сов.* **ХЕРНУ́ТЬ**, -ну́, -нёшь, **ХЕРАНУ́ТЬ**, -ну́, -нёшь). **1.** *что.* Кончать что-л., бросать, отделываться. *Всё, херю работу, еду в Крым.* **2.** Только *сов., что, чем, обо что, по чему.* То же, что **ХЕРАКНУТЬ**.

От **ХЕР**.

ХЕРНУТЬСЯ *см.* **ХЕРАКНУТЬСЯ**

ХЕРНЯ́, -и́, *ж.* Чушь, ерунда, что-л. плохое.

От **ХЕР**.

ХЕРО́ВИНА, -ы, *ж.* Любая вещь.

От **ХЕР**.

ХЕРО́ВНИЧАТЬ, -аю, -аешь; *несов., с чем* и *без доп.* Делать глупости, заниматься ерундой.

От **ХЕР**.

ХЕРО́ВО, *нареч.* Плохо. *~, как у нас в Перово.*

От **ХЕР**.

ХЕРО́ВЫЙ, -ая, -ое. Плохой, дурной, испорченный.

От **ХЕР**.

ХЕРОМАЗ *см.* **ХРЕНОМАЗ**

♦ **ХЕ́РОМ ГРУ́ШИ ОКОЛА́ЧИВАТЬ** — бездельничать, бить баклуши.

ХЕРЯ́ТИНА, -ы, *ж.* Что-л. дурное, некачественное.

От **ХЕР**.

ХИБА́РА, -ы, *ж.* Квартира. *На его ~е. Купил ~у на Садовом* (кольце).

ХИБЕЖ, **ХИБЕС**, **ХИБЕШ**, **ХИБИЖ**, **ХИБИС**, **ХИБИШ** *см.* **ХИПЕЖ**

ХИБО́Т, -а, *м.* Шкирка, ворот.

ХИ́ДАТЬ, -аю, -аешь, **ХИДА́ТЬ**, -а́ю, -а́ешь; *несов., кого-что.* Слушать.

От англ. to hear — слушать; возм через *хип.*

ХИЛЫЕ ПОНТЫ *см.* **ПОНТЫ**

ХИЛЯ́ТЬ, -я́ю, -я́ешь, **ХЛЯТЬ**, -я́ю, -я́ешь; *несов., куда, откуда.* Идти, шагать.

Возм. через *уг.* «хилять», «хлыть» в том же зн.; *ср. устар. диал.* «хлын» — бездельник, мошенник, «хлынец» — бродяга, «хлынить» — лениво идти, ехать, «хлынь» — рысца, «хлянуть» — броситься; возм. первоначально связано с цыг. te px'ireś — ходить, бродить, бегать; *ср.* **ХРЯТЬ**.

♦ **ХИЛЯ́ТЬ** (или **ИДТИ́**) **НА КО́ДУ** — переходить на заключительную часть муз. произведения, композиции, завершать исполнение муз. произведения.

Из *муз.*; «кода» — от *спец.* итал. coda (буквально в хвост) заключительная часть муз. произведения, не связанная с его основной темой.

ХИМЗА, **ХИМЗРА** *см.* **ХИМОЗ**

ХИ́МИК, -а, *м.* **1.** Хитрец, махинатор, интриган, путаник. **2.** Человек, отбывающий наказание или просто работающий на вредном производстве. **3.** Наркоман.

2. — возм. через *уг.*

ХИМИКА́ЛИЯ, -и, *ж.* Жена, супруга. *Сейчас приду, а моя ~ дома сидит, злость копит.*

ХИМИ́ЧЕСКИЙ, -ая, -ое. Ненатуральный, вредный для здоровья, содержащий пестициды и т. п. (о продуктах). *~ие помидорчики.*

От **ХИМИЯ 3**.

ХИМИ́ЧИТЬ, -чу, -чишь; *несов.* **1.** *с чем* и *без доп.* Интриговать, жульничать, проворачивать сложные дела; вообще делать что-л. *Чего ты там ~чишь?* **2.** *без доп.* Работать на вредном производстве. **3.** *без доп.* Употреблять таблетки, лекарства как наркотические средства.

Ср. **ХИМИК**, **ХИМИЯ**.

ХИ́МИЯ, -и, *ж.* **1.** Вредное производство. *Работать на ~и. Послать на ~ю.* **2.** Наркотические средства, таблетки и т. п. **3.** Все ненатуральные, вредные продукты. *Не колбаса — ~ одна. Сам ешь свою ~ю.* **4.** Разновидность причёсок с химической завивкой. *Сделать ~ю. Вертикальная ~. Мокрая ~.*

Ср. **ХИМИК**, **ХИМИЧИТЬ**.

♦ **ХИ́МИЯ**, **ХИ́МИЯ**, **ВСЯ ЗАЛУ́ПА СИ́НЯЯ** — *ирон.* о химии, химических опытах и т. п.

Из *детск.*

ХИМО́З, -а, **ХИМО́ЗНИК**, -а, *м.*, **ХИМЗРА́**, -ы́, **ХИМЗА́**, -ы́, **ХИМО́ЗА**, -ы, **ХИМО́ЗИНА**, -ы, **ХИМО́ЗНИЦА**, -ы, *ж.* Учитель (учительница) химии.

Из *шк.*

ХИМЧИСТКА *см.* **В ХИМЧИСТКУ**

ХИ́ПЕЖ, -а, **ХИ́ПЕС**, -а, **ХИ́ПЕШ**, -а, **ХИ́ПИЖ**, -а, **ХИ́ПИС**, -а, **ХИ́ПИШ**, -а, **КИ́ПЕЖ**, -а, **ХИ́БЕЖ**, -а, **ХИ́БЕС**, -а, **ХИ́БЕШ**, -а, **ХИ́БИЖ**, -а, **ХИ́БИС**, -а, **ХИ́БИШ**, -а, *м.* Шум, скандал, крик. *~ поднять* (или *навести*) — поднять шум, устроить кому-л. крупную головомойку.

Уг. «хипе(и)ж(с)» — грабительство с помощью женщины-проститутки, заманивающей жертву, *ср.* «хипесник» — соучастник такого ограбления; возм. связано с *уг.* «хипа» — женский половой орган, восходящим к древнееврейскому chupo — балдахин, имеющий отношение к свадебному обряду (chupe stl'ln — устроить свадьбу). *Уг.* «хипес», таким образом, есть *мн.* от «хипа» (chupo).

ХИППОВА́ТЬ, -пу́ю, -пу́ешь; *несов., без доп.* **1.** Быть хиппи, вести соответствующий образ жизни. **2.** Вести себя странно, нарочито выделяться на общем фоне. *В новом штане* (штанах) *~пует.*

От общеупотр. «хиппи».

ХИППО́ВЫЙ, -ая, -ое. **1.** Относящийся к хиппи. **2.** Особенный, броский, нарочитый.

ХИРОМА́НТ, -а, *м.* Дурак, идиот; тот, кто занимается ерундой.

Игра слов: общеупотр. «хиромант» — предсказатель по руке + **ХЕР**.

ХИРОМА́НТИЯ, -и, *ж.* Ерунда, чушь, ахинея. *Ну просто полная ~!*

См. **ХИРОМАНТ**.

ХИТЁР, КАК СТО (ДВЕСТИ) КИТАЙЦЕВ *см.* **КИТАЕЦ**

ХИТРЕ́Ц, -а́, **ХИ́ТРЫЙ**, -ого, *м.* (или **~ ВА́СЯ**), *м. Шутл.* Отличник, зубрила. *Всю контрольную написал, хитрец.*

Из *шк.*

ХИТРОВА́Н, -а, *м.* Хитрец, прощелыга, пройдоха.

От общеупотр. «хитрый»; возм. также влияние *устар.* московского «хитрованец» — обитатель Хитрова рынка.

ХИТРОЖО́ПЫЙ, -ая, -ое, **ХИТРОЖО́ПИСТЫЙ**, -ая, -ое. Хитрый, пронырливый.

От общеупотр. «хитрый» + **ЖОПА**.

ХИТРОМУ́ДРЫЙ, -ая, -ое. *Шутл.* Умеющий интриговать, преследующий только свою выгоду.

От общеупотр. «хитрый» + «мудрый».

ХИТРОСТЬ *см.* **ЛЕВЫЙ**

ХИТРЫЙ *см.* **НА ВСЯКУЮ ЗАДНИЦУ ЕСТЬ ХИТРЫЙ ВИНТ; ХИТРЕЦ; ХРЕНЬ**

♦ **ХИ́ТРЫЙ ДОМ** — милиция.

Из *уг.*

ХИТРЫЙ (ХИТРЫЙ ВАСЯ) *см.* **ХИТРЕЦ**

♦ **ХИТ СЕЗО́НА, РЕ́МИКС КОБЗО́НА** — *ирон.* о неожиданной новости, сенсации, чаще с пренебр. оттенком.

ХИТЧ *см.* **ХИЧ**

ХИ-ХИ́, *нескл., м.* и *ж.* и в зн. *неизм. прил.* (или **ДОМ ~**). Сумасшедший дом. *Придурок из дома ~.*

ХИ-ХИ-ЧПО́К, *межд.* Сопровождает какое-л. резкое действие, часто разрыв чего-л.

Возм. из *детск.*

ХИЧ, -а, **ХИТЧ**, -а, *м.* Езда, перемещение, путешествие автостопом. *Подался в ~.*

Англ. to hitch, to hitch-hike — путешествовать автостопом; возм. через *хип.*

ХИЧЕВА́ТЬ, -чу́ю, -чу́ешь; *несов., без доп.* Ездить автостопом.

От **ХИЧ**.

ХИ́ЧЕМ, ХИЧО́М, *нареч.* Автостопом. *Поедем ~.*

От **ХИЧ**.

ХИЧО́ВЫЙ, -ая, -ое. *Путешествующий автостопом. ~ые ребята.*

От **ХИЧ**.

ХИЧОМ *см.* **ХИЧЕМ**

ХИЧХА́ЙКЕР, -а, *м.* Тот, кто ездит автостопом.

От **ХИЧ**.

ХЛАМ, -а, *м.* и в зн. *неизм. прил.* **1.** Плохой, ненадёжный человек. *~-мужик, ~-баба.* **2.** *собств.* Район станции метро «Аэропорт» (Ленинградский проспект) в Москве. *Живет в ~е. У нас в ~е самый дорогой рынок в Москве.*

2. — шутл. переосмысл. сл. как аббрев.: «Художники, Литераторы, Артисты, Музыканты» (в районе Ленинградского проспекта живут многие деятели искусства, писатели и т. п.).

ХЛАМ* *см.* **В ХЛАМ (ПЬЯН, НАПИТЬСЯ); ЗАКОЛЕБАТЬ; ПОРУБАЮ (ПОРУБЛЮ) В КАПУСТУ (В ХЛАМ)**

ХЛАМНО́Й, -а́я, -о́е, **ХЛА́МНЫЙ**, -ая, -ое. Плохой, ненадёжный, подлый (о человеке).

См. **ХЛАМ**.

ХЛЕБ *см.* **БЫВАЮТ В ЖИЗНИ ОГОРЧЕНЬЯ...; ЖИВЁМ, ХЛЕБ ЖУЁМ; НЕ ПИТЬ, ТОЛЬКО НА ХЛЕБ МАЗАТЬ**

ХЛЕБА́ЛКА, -и, *ж.*, **ХЛЕБА́ЛО**, -а, *ср.*, **ХЛЕБА́ЛЬНИК**, -а, *м.* Рот. ♦ **Хлебальником щёлкать** — зевать, быть растяпой. **Если хочешь есть варенье, не лови хлебалом мух** — если хочешь чего-л. добиться, не зевай, лови удачу.

От общеупотр. «хлебать».

ХЛЕБАТЬ *см.* **ГОВНО**

ХЛЕБНУТЬ МУРЦОВКИ *см.* **МУРЦА**

ХЛЁБОВО, -а, *ср.* **1.** Еда, пища. *Сделай-ка, мать, какого-нибудь ~а* (приготовь обед). **2.** Неинтересный, скучный разговор, пустые беседы. *Третий час сидят, ~ разводят.*

От общеупотр. «хлебать».

ХЛЕБОГРЫ́З, -а, *м.* Ребёнок. *Два ~а на шее сидят.*

От общеупотр. «хлеб» + «грызть»; *ср.* **СПИНОГРЫЗ**.

ХЛЕБОГРЫ́ЗКА, -и, *ж.* Рот, зубы, челюсть.

От общеупотр. «хлеб» + «грызть».

ХЛЕБОПЁК, -а, *м.* Тот, кто натворил что-л., провинился, наломал дров.

От общеупотр. «хлеб» + «печь».

ХЛЕБОПРИЁМНИК, -а, *м.* Рот, челюсть.

ХЛЕБОРЕ́ЗКА, -и, *ж.* Рот, челюсть. ♦ **Починить ~у** — вылечить зубы; *кому* — ударить в челюсть, побить.

ХЛЕБОСО́СИНА, -ы, **ХЛЕБОСО́СКА**, -и, *ж.* Лицо, рот.

От общеупотр. «хлеб» + «сосать».

ХЛОБЫСТА́ТЬ, -ыщу́ (или -а́ю), -ы́щешь (или -а́ешь); *несов.* (*сов.* **ХЛОБЫСТНУ́ТЬ**, -ну́, -нёшь), *что, чего* и *без доп.* Пить спиртное. *Чтоб забыться и уснуть, надо водки хлобыстнуть.*

ХЛО́ПАЛКИ, -лок, *мн.* **1.** Глаза. *Дура, ~ закрой.* **2.** Уши.

От общеупотр. «хлопать».

ХЛОПОТАТЬ *см.* **ХАРЕЙ ХЛОПОТАТЬ**

ХЛЮ́ПАТЬ, -аю, -аешь; *несов.* (*сов.* **ХЛЮ́ПНУТЬ**, -ну, -нешь). **1.** *что кому* и *без доп.* Сказать. *Чего ты там хлюпнул?* **2.** *кого, кому, по чему, во что.* Бить, ударять. *Хлюпни его разок.* **3.** *что, чего* и *без доп.* Пить спиртное. *Давай, хлюпай, за будем здоровы* (шутл. тост). **4.** *куда, откуда* и *без доп.* Уходить, идти, шагать. *Хлюпай отсюда, старая калоша.*

Общеупотр. звукоподр.

ХЛЯТЬ *см.* **ХИЛЯТЬ**

♦ **ХМЕЛЕУБО́РОЧНЫЙ КОМБА́ЙН** (или **ХМЕЛЕУБО́РОЧНАЯ МАШИ́НА**) — машина, забирающая пьяных в вытрезвитель.

От общеупотр. «хмель» + «убирать».

ХМУ́РЫЙ, -ая, -ое. *Шутл.* Похмельный. *Как понедельник утро, так ~.*

ХМУРЬ, -и, *ж.* Скука, что-л. плохое, тяжёлое. *~, а не жизнь. ~ в башке, во рту — кошатник* (о похмелье).

От общеупотр. «хмурый», «хмуриться».

ХМУРЯ́К, -а́, *м.* Плохой, неприветливый человек. *~ом ходить.*

От общеупотр. «хмурый».

ХМЫРИК *см.* **ХМЫРЬ**

ХМЫРИ́ТЬ, -рю́, -ри́шь; *несов.* **1.** *кого.* Издеваться над кем-л., третировать, бить. **2.** *что* и *без доп.* Есть.

От **ХМЫРЬ**.

ХМЫ́РКА, -и, *ж.* То же, что **ХМЫРЬ 2.**

ХМЫРНО́Й, -а́я, -о́е. Плохой, дурной, никудышный (о человеке).

От **ХМЫРЬ**.

ХМЫРЬ, -я́, **ХМЫ́РИК**, -а, *м.* **1.** (или **ХМЫРЬ БОЛО́ТНЫЙ**, **ХМЫРЬ ЗЕЛЁНЫЙ** и т. п.). Плохой, невзрачный, забитый человек (часто об опустившемся алкоголике, наркомане); *ирон.* о любом человеке. *Эй ты, хмырик! К тебе два хмыря пришли.* **2.** Еда, пища, продукты. *Хмырём запастись.*

Возм. через *уг.* «хмырь» — повар, попрошайка; возм. распространилось под влиянием популярного фильма «Джентльмены удачи»; *ср. устар. диал.* «хмылить», «хмырить» — хныкать, плакать, ныть.

ХМЫРЮ́ГА, -и, *м.* и *ж.* То же, что **ХМЫРЬ 1.**

ХНЫКАЛКА *см.* **ДЕВОЧКА-ПРИПЕВОЧКА-ХНЫКАЛКА-СОПЕЛОЧКА**

ХО́ББИ, *нескл., ср.* (реже *м.*). Мужской половой орган.

То же в *уг.*; возм. из анекдота.

ХО́БОТ, -а, *м.* Нос; *реже* рот, лицо. *Не тяни ~.*

См. также **ЗАКЛАДЫВАТЬ (ЗА ХОБОТ)**; **ЗАЛИВАТЬ (ЗА ХОБОТ)**

ХОБОТА́ТЬ, -а́ю, -а́ешь; *несов., что чем.* Хватать, цапать, брать. *Куда ~аешь!*

По внутренней форме — *букв.* «брать, хватать хоботом»; от общеупотр. «хобот».

ХОД, -а, *м.* **1.** Покупаемость, «ходкость» какой-л. вещи, товара. *Вещь с ~ом. У детективов сейчас самый ~.* **2.** Чей-л. поступок. *Развёлся? Дельный ~.* ♦ **~ конём по голове** — важный, решающий поступок.

♦ — из песни В. Высоцкого.

ХОД* *см.* **НОРМАЛЬНЫЙ ХОД ПОРШНЯ...**; **ПО ХОДУ ПОЕЗДА (ПОСМОТРЕТЬ, РЕШИТЬ)**

♦ **ХОДИ́, ВОЛНУ́ЙСЯ** — ирон. ответ на вопрос «что делать?».

ХО́ДИК, -а, *м.* Милиционер.

Возм. из *уг.*

ХОДИ́ЛКА, -и, *ж.* Какая-л. популярная в данный момент компьютерная игра. *Подсел* (увлёкся) *на новую ~у.*

ХОДИ́ТЬ, хожу́, хо́дишь; *несов., по чему.* Говорить на каком-л. языке. *Ты по-каковски ходишь? — По-английски.*

Ср. *уг.* «ходить по фене, по музыке» — говорить на воровском жарг.

ХОДИТЬ* *см.* **В НАРОД ХОДИТЬ; ДЕТЕЙ БОЯТЬСЯ — В ЛЕС НЕ ХОДИТЬ; ЁЛКИ(-ПАЛКИ ЛЕС ГУСТОЙ...); НЕ ХОДИ К ГАДАЛКЕ; ХОДИ, ВОЛНУЙСЯ; ХОДЯТ ЗДЕСЬ РАЗНЫЕ...; ЦЫРЛЫ**

♦ **ХОДИ́ТЬ НА БРОВЯ́Х** — быть пьяным.

♦ **ХОДИ́ТЬ НА УША́Х** — дебоширить, развлекаться, шуметь; нервничать.

ХО́ДКА, -и, *ж.* Судимость, отбывание наказания.

♦ **Пойти (идти)** *по какой-л. по счёту* **~е** — быть судимым в какой-л. раз.

Из *уг.*

ХОДО́К, -а́, *м.* Ловелас, бабник, *~ ты, сластёна. ~ по клубничке.*

ХОДУЛИ *см.* **ПРОТЯГИВАТЬ ХОДУЛИ; ШЕВЕЛИТЬ**

ХОДУ́ЛЯ, -и, *ж.* Нога.

♦ **ХО́ДЯТ ЗДЕСЬ РА́ЗНЫЕ, А ПОТО́М КАЛО́ШИ ПРОПАДА́ЮТ** — выражение недовольства большим количеством людей, посетителей, гостей и т. п.

ХОДЯЧИЙ *см.* **ПРИКОЛ ХОДЯЧИЙ**

ХОЗЯ́ИН, -а, *м.* **1.** Ирон.-шутл. обращение. **2.** Муж, любовник. **3.** Начальник (директор, заведующий и т. п.). **4.** Ёрш.

4. — из языка рыбаков.

ХОЗЯИН* *см.* **ЖИТЬ У ХОЗЯИНА; ЗОВИ МЕНЯ ПРОСТО «ХОЗЯИН»**

ХОК, -а, *м.* Охота, желание. *Не ~ мне это делать.*

ХОЛЕ́РА, -ы, *ж.* Руг. *~ ты заразная. Валера-~.*

ХОЛЕ́РНЫЙ, -ая, -ое. Отрицательный эпитет. *Демократы ~ые.*

ХОЛИДЕЙ *см.* **СТРИТ**

ХОЛОДАТЬ *см.* **ПОДДАВАТЬ**

ХОЛОДЕ́Ц, -дца́, *м.* Жир, лишний вес; толстый, дряблый человек.

ХОЛОДИ́ЛЬНИК, -а, *м.* **1.** Комната для задержанных при отделении милиции. **2.** Любая прихожая, передняя, вестибюль и т. п. *Чего в ~е топчешься, заходи.* **3.** Холод, стужа. *На улице ~. Куда ты по такому ~у?*

ХОЛОДИЛЬНИК* *см.* **МЫШКА В ХОЛОДИЛЬНИКЕ УДАВИЛАСЬ**

♦ **ХОЛО́ДНЫЙ, КАК КРОКОДИ́Л ГОЛО́ДНЫЙ** *кто* — о бездушном, равнодушном или о голодном человеке.

ХОЛОП *см.* **ПАХАНЫ ДЕРУТСЯ — У ХОЛОПОВ ЧУБАЙСЫ ТРЕЩАТ**

ХОЛОСТОЙ *см.* **ЁЛКИ(-ПАЛКИ ЛЕС ГУСТОЙ...)**

ХОЛОСТЯКОВА́ТЬ, -ку́ю, -ку́ешь; *несов., без доп.* Жить холостяком, быть холостяком; о жизни женатого мужчины, когда жена в отъезде. *Чтоб ~ ведь чего нужно? Пельмени с гондонами, да кассеты с Мадоннами.*

ХОМ *см.* **ХОУМ**

ХОМУ́Т, -а́, *м.* **1.** Шея; воротник. *~ натёр.* **2.** Презерватив. **3.** Брак, семья, семейные обязанности. *Ты без ~а, гуляй сколько хочешь, хоть штанов не застёгивай.* **4.** Милиционер. *~ы понаехали.* **5.** Прапорщик.

1, 4. — из *уг.*; 5. — из *арм.*

ХОМУТА́ТЬ, -а́ю, -а́ешь; *несов., кого.* **1.** Заставлять жениться на себе. **2.** Забирать в милицию, задерживать, арестовывать.

См. **ХОМУТ 3, 4.**

ХОМУ́ТКА, -и, **ХОМУТСКА́Я**, -о́й, *ж.* Отделение милиции.

См. **ХОМУТ 4., ХОМУТАТЬ 2.**

ХОМЯ́К, -а́, **ХОМЯЧО́К**, -чка́, *м.* **1.** Толстый человек, обжора. **2.** Мужской половой орган.

♦ **Хомячок в норку** — о половом акте.

ХОНЯЧИТЬ *см.* **ХАНЯЧИТЬ**

ХОПЁР, -пра́, *м.* Мужской половой орган. *Давай ~пра покажу!*

От назв. «АО Хопер-Инвест», активно рекламировавшегося в середине 90-х гг. (первоначально назв. реки).

ХОР, -а, *м.* **1.** Оценка «хорошо». **2.** «Хотел Обмануть — Разоблачили».

1. — сокращ.; 2. — осмысление сл. как аббрев.; *см.* также **ОТЛ 2.** и **УД 2.**

ХОР* *см.* **ПОСТАВИТЬ НА ХОР**

ХОРЁК[1], хорька́, *м.* **1.** Девушка. **2.** Плохой человек. **3.** Водитель, зарабатывающий на своей машине.

1., 2. — возм. из *уг., ср. уг.* «хорёк» — женщина, всегда согласная на половой контакт (вероятно, от цыг. har — дырка); осуждённый, делающий подкоп; ленивый человек, бездельник. 3. — возм. из арго таксистов.

ХОРЁК[2], хорька́, *м.* Хороший человек.

Шутл. осмысление сл. как сокращ. от «хороший».

ХОРОВО́Д, -а, *м.* Компания, группа людей, коллектив. *Из нашего ~а. Не лезь в чужой ~.*

Ср. *уг.* «хоровод» — шайка, «хороводный» — член шайки.

ХОРОВО́ДИТЬ, -о́жу, -о́дишь; *несов., кого.* **1.** Обманывать, водить за нос. **2.** Ухаживать за кем-л., возиться с кем-л.

ХОРОВО́ДИТЬСЯ, -о́жусь, -о́дишься, **ХОРОВО́ДНИЧАТЬ**, -аю, -аешь; *несов., с кем.* То же, что **ХОРОВОДИТЬ 2.**

ХОРОМ *см.* **СДЕЛАТЬ (ПРОПИХНУТЬ, ПРОДРАТЬ) ХОРОМ**

ХОРО́МЫ, -ов, *мн.* Обычно *ирон.* Квартира, жильё. *Блошиные ~* — маленькая, тесная квартира.

ХОРОНИ́ТЬ, -оню́, -о́нишь; *несов., что где.* Прятать, утаивать от других.

От общеупотр. «хранить», *ср.* «хорониться».

ХОРОШАЯ МЫСЛЯ ПРИХОДИТ ОПОСЛЯ *см.* **МЫСЛЯ**

♦ **ХОРО́ШАЯ ШТУ́ЧКА, КОГДА́ БОЛИ́Т РУ́ЧКА: ПИТЬ-ЕСТЬ МО́ЖНО, А РАБО́ТАТЬ НЕВОЗМО́ЖНО** — *шутл.* о симуляции, притворстве.

ХОРО́ШЕНЬКИЙ, -ая, -ое, **ХОРО́ШИЙ**, -ая, -ее. Пьяный.

ХОРОШИЙ *см.* **ПОСТОЯНСТВО ХОРОШО ТОЛЬКО В УТРЕННЕМ СТУЛЕ; ХОРОШЕНЬКИЙ**

ХОРОШИЙ ТУХЕС — ТОЖЕ НАХЕС *см.* **ТУХАС**

♦ **ХОРО́Ш, КОГДА СПИТ ЗУБА́МИ К СТЕ́НКЕ** *кто* — *ирон.* о плохом человеке, которого считают (или называют) хорошим.

ХОРОШО *см.* **НА ТВОИХ ТОВАРИЩЕЙ ХОРОШО РЫБА КЛЮЁТ**

♦ **ХОРОШО́ ГОВОРИ́ШЬ, БРОНЕВИКА́ ТЕБЕ́ (ТО́ЛЬКО) НЕ ХВАТА́ЕТ** — врёшь ты всё.

ХОРЬ, -я, *м.* **1.** Мужской половой орган. **2.** Женщина (обычно лёгкого поведения).

См. **ХЕР, ХОРЁК**[1].

ХОРЬКИ́-ЗАДУШЕ́ВНИКИ, хорько́в-задуше́вников, *мн.* Закадычные, неразлучные друзья.

Ср. **ЗАДУШЕВНИК**.

ХОСТЕ́СКА, -и, *ж.* Девушка, стоящая в ресторанах, отелях и т. п. в качестве «живого украшения», выступающая на массовых шествиях, парадах, праздниках и т. п.

От англ. hostess.

ХОТЕ́Л, -а, **ХОТЕ́ЛЬНИК**, -а, *м. Ирон.* Отель, шикарная гостиница.

Шутл. буквальное прочтение hotel.

ХОТЕ́НЧИКИ, -ов, *мн.* **1.** Желание, хотение чего-л. **2.** Угревая сыпь, появляющаяся на лице подростка во время полового созревания.

ХОТЕТЬ *см.* **А РЫБКИ КРАСНОЙ НЕ ХОЧЕШЬ?; А ТЫ ЧЕРЕЗ НЕ ХОЧУ; ЖОПА; ПО САМЫЕ НЕ ХОЧУ; У НАС ДЕМОКРАТИЯ...; ХЛЕБАЛКА; ХЭСЭБЭ**

ХОТЕТЬ И КАКУ И МАКУ *см.* **КАКА**

♦ **ХОТЕ́ТЬ И РЫ́БКУ СЪЕСТЬ И НА́ ХРЕН СЕСТЬ** (или **И НА ЛОША́ДКЕ ПОКАТА́ТЬСЯ**) — хотеть слишком многого.

♦ **ХОТЕ́ТЬ НЕ ВРЕ́ДНО** — *ирон.* о чьём-л. выражении желания, хотения чего-л.

♦ **ХОТЕ́ТЬ ПРИЖА́ТЬСЯ ЗУБА́МИ К ТЁПЛОЙ СТЕ́НКЕ** — о сильной усталости, утомлении.

ХОТЬ ЖОПОЙ ЕШЬ (или **ЖУЙ**) *см.* **ЖОПА**

♦ **ХОТЬ ЗАЛЕ́ЙСЯ ВСЁ КЕФИ́РОМ** — пропади всё пропадом, наплевать на всё.

ХО́УМ, -а, **ХОМ**, -а, *м.* Дом, квартира, жилище. *Пойти на ~. Съехать с ~а.*

Англ. home в том же зн.

ХОХЛА́ТЫЙ, -ого, *м.* **1.** Панк. **2.** Ирон. обращение к любому человеку. *Налетели, ~ые?*

ХОХЛОБА́КСЫ, -ов, *мн.* Укр. купоны; укр. карбованцы.

Общеупотр. *прост.* «хохол» — украинец + **БАКСЫ**.

ХОХЛОМА́, -ы́, *ж.* Чёрт знает что, ерунда, чушь. *~у нести. Ну и ~! Ты мне тут ~у-то не заправляй.*

Общеупотр. «хохлома» — нарядная декоративная роспись по дереву, по назв. села.

ХОХЛЯ́НДИЯ, -и, *ж., собств.* Украина.

От *устар. разг.* «хохол» — украинец + форманта «-[л]/[л']андиj-», по модели «Финляндия», «Лапландия» и т. п., *ср.* также **ПОЛЯНДИЯ**.

ХОХЛЯ́НДСКИЙ, -ая, -ое. Украинский.

От **ХОХЛЯНДИЯ**.

ХОХМОГО́Н, -а, *м.* Остряк, шутник.

От общеупотр. *разг.* «хохма» — шутка + **ГНАТЬ**.

ХОХМОГО́НИТЬ, -ню, -нишь; *несов., без доп.* Острить, шутить.

От **ХОХМОГОН**.

♦ **ХОХО́Л БЕЗ ЛЫ́ЧКИ — ВСЁ РАВНО́ ЧТО СПРА́ВКА БЕЗ ПЕЧА́ТИ** — *ирон.* об украинцах.

ХОХОТА́ЛКА, -и, *ж.*, **ХОХОТА́ЛЬНИК**, -а, *м.* Рот, глотка. *Захлопни хохотальник.*

От общеупотр. «хохотать».

ХОХОТУ́НЧИКИ, -ов, *мн.* Состояние, когда человеку всё смешно; смешливость, беспричинный смех. *~ нашли. Час в ~ах прохрюкал.*

От общеупотр. «хохотать».

ХОХО́-ШОШО́, *межд.* Выражает любую эмоцию.

Из Д. Хармса.

ХОШ, -а, *м.* Желание. *У меня ~ выпить. Пришёл ~ на пиво. Без ~а не могу.*

♦ **ХРАМ ЛУЖКА́-СПАСИ́ТЕЛЯ** — *шутл. собств.* Храм Христа Спасителя.

ХРАНЕНИЕ *см.* **КАМЕРА (ХРАНЕНИЯ)**

♦ **ХРАНИ́ТЬ ЦЕ́ЛКУ** — держать какую-л. вещь нетронутой, неначатой (часто: держать нетронутой одну сторону спичечного коробка).

ХРАП, -а, **ХРАПО́К**, -пка́, **ХРАПУ́ШНИК**, -а, *м.*, **ХРАПУ́ХА**, -и, *ж.* Горло. *Взять за храпок* — взять за горло, вынудить что-л. сделать.

Возм. от общеупотр. «храпеть».

ХРЕН, -а, *м.* **1.** обычно *пренебр.* Любой человек. **2.** Мужской половой орган. *Мой милёночек с тоски ~ом выбил две доски — возрастает год от года мощь советского народа* (частушка). *Андрей, держи ~ бодрей* — шутл. прислове с *собств.* Андрей. *Облетели листья, отцвела капуста, до весны увяло половое чувство. Выйду на дорогу, кину ~ свой в лужу: всё равно до марта он теперь не нужен.* — шутл. пародирование интимной лирики. ♦ **Когда у тебя был ~ с горошину, я уже сношался по-хорошему** — ты ещё молод, зелен. **~ последний без соли доедаем** — отрицательный ответ на чью-л. просьбу одолжить что-л., дать взаймы.

См. также **В ХРЕН (НЕ) СВИСТЕТЬ**; **ДО ХРЕНА**; **ЗАБИВАТЬ (ЧЛЕН)**; **ЗА НАС С ВАМИ, ЗА ХРЕН С НИМИ**; **НА ФИГ (НА ХРЕН, К ЧЁРТУ, ЗАЧЕМ) МНЕ ТАКАЯ РАДОСТЬ?**; **НА ХРЕН С ВИНТОМ НАЙДЁТСЯ ГАЙКА СО ШПЛИНТОМ**; **НА СЛОВАХ ТЫ ЛЕВ ТОЛСТОЙ, А НА ДЕЛЕ ХРЕН ПУСТОЙ**; **НА ХРЕН**; **НИ ХРЕНА**; **ПО ХРЕНУ**; **ПОСЫЛАТЬ НА ХРЕН**; **ПРИКИДЫВАТЬ ХРЕН К НОСУ**; **ПРОССЫВАТЬ**; **РУКИ ПОД КАРАНДАШ (ПОД ХРЕН, ПОД ОНАНИЗМ, ПОД ЗАДНИЦУ) ЗАТОЧЕНЫ**; **С ХРЕНОМ НАПЕРЕВЕС**; **ХОТЕТЬ И РЫБКУ СЪЕСТЬ...**; **ЧТОБ ХРЕН СТОЯЛ И ДЕНЬГИ БЫЛИ**

Возм. употребляется как *эвфем.*; *ср.* общеупотр. *прост. бран.* «старый хрен» — о старом человеке, *устар.* «хрено́вка» — старикашка, старушонка, хрыч, карга. Фразеология с данным корнем дублирует фразеологию с **ФИГ**, **ХЕР**, **ЧЛЕН**.

ХРЕНА́К, *нескл.* в зн. *сказ.* Сопровождает или имитирует какое-л. интенсивное действие.

От **ХРЕН**, **ХРЕНАКНУТЬ**.

ХРЕНА́КНУТЫЙ, -ая, -ое. Ненормальный, сумасшедший.

От **ХРЕН**, **ХРЕНАКНУТЬ**.

ХРЕНА́КНУТЬ, -ну, -нешь; *сов. что, чем, обо что, по чему* и *без доп.* Делать что-л. интенсивно.

От **ХРЕН**.

ХРЕНА́КНУТЬСЯ, -нусь, -нешься; *сов.* **1.** *чем, обо что, во что.* Ударяться, ушибаться, вреза́ться. **2.** только *сов., на чём, с чем* и *без доп.* Сойти с ума, помешаться на чём-л.

От **ХРЕН**.

ХРЕНА́ЧИТЬ, -чу, -чишь; *несов.* **1.** только *несов., куда, откуда* и *без доп.* Идти, двигаться. **2.** *что, чем, обо что, по чему* и *без доп.* Делать что-л. интенсивно.

От **ХРЕН**.

ХРЕНА́ЧИТЬСЯ, -чусь, -чишься; *несов., чем, обо что, во что.* Ударяться, ушибаться, вреза́ться.

От **ХРЕН**.

ХРЕНЕ́ТЬ, -е́ю, -е́ешь; *несов.* Испытывать какие-л. сильные эмоции по поводу чего-л., напр. удивляться, уставать, радоваться и т. п.

От **ХРЕН**.

ХРЕНИЩЕ *см.* **ДО ХРЕНИЩА**

ХРЕН НА ПОЛШЕСТОГО *см.* **ПОЛШЕСТОГО**

ХРЕНО́ВИНА, -ы, *ж.* Любая вещь.

От **ХРЕН**.

ХРЕНО́ВНИЧАТЬ, -аю, -аешь; *несов.* Делать глупости, заниматься ерундой.

От **ХРЕН**.

ХРЕНО́ВЫЙ, -ая, -ое. Плохой, дурной, испорченный.

От **ХРЕН**.

ХРЕНОДЕ́Л, -а, *м.* Тот, кто делает что-л. плохое.

От **ХРЕН** + общеупотр. «делать».

ХРЕНОМА́З, -а, **ХЕРОМА́З**, -а, *м.* Человек, делающий что-л. плохо, непрофессионально.

Возм. первоначально из арго художников, живописцев в зн. халтурщик, художник, работающий на конъюнктуру. От **ХРЕН** (**ХЕР**) + «мазать».

♦ **ХРЕ́НОМ ГРУ́ШИ ОКОЛА́ЧИВАТЬ** — бездельничать, баклуши бить.

Эвфем.

ХРЕНОМЕТРА́Ж, -а, *м. Шутл.* Хронометраж.

Из речи редакторов, работников радио, телевидения; ирон. контаминация с **ХРЕН**.

ХРЕНОМУ́ТЬ, -и, *ж.* Ерунда, чушь.
От **ХРЕН** + «муть».

ХРЕНОТЕ́НЬ, -и, *ж.* Любая вещь.
От **ХРЕН**.

♦ **ХРЕН С ГОРЫ́** (или **С БУГРА́**) — *пренебр.* о ком-л. (чаще о незнакомом или о том, кто пришёл не вовремя, ведёт себя вызывающе и т. п.)

ХРЕНУ́СЬКА, -и, *ж.* Любая маленькая вещица, штучка, безделушка и т. п.
От **ХРЕН**.

ХРЕ́НУШКИ, *нескл.* в зн. *отриц. част.* Нет, нетушки, как бы не так.
От **ХРЕН**.

ХРЕНЬ, -и, *ж.* То же, что **ХРЕНОТЕНЬ**. ♦ **~ хи́трая** — ирон.-ласк. обращение.

ХРЕНЯ́ТИНА, -ы, *ж.* Что-л. дурное, некачественное.
От **ХРЕН**.

ХРОМА́ТЬ, -а́ю, -а́ешь; *несов., куда, откуда.* Идти, шагать, уходить, проваливать. *~ай отсюда. Куда ~аешь?*

ХРО́НИК, -а, *м.* Алкоголик, пьяница.
Сокращ. от общеупотр. «хронический алкоголик».
См. также **АЛК**

ХРО́НИКА, -и, *ж.* **1.** То же, что **ХРОНИК**. **2.** Вино низкого качества, бормотуха. **3.** Чёрт знает что; патология, хронический случай. *Чего, так в девках и ходит? Ну, это уже ~.*

ХРО́НИТЬСЯ, -нюсь, -нишься; *несов., без доп. Ирон.* Храниться. *Ты денежку-то обратно взад* (назад) *положь, пусть ~нится.*
Шутл. подражание *диал.*

ХРОНИЧЕСКИЙ СЛУЧАЙ *см.* **СЛУЧАЙ**

ХРОНО́ЛОГ, -а, *м.* Нарколог.
Ср. **ХРОНИК, ХРОНИКА**.

ХРОНОЛО́ГИЯ, -и, *ж.* Наркология.
См. **ХРОНОЛОГ**.

ХРОНЬ, -и, *ж.* **1.** То же, что **ХРОНИК**. **2.** *собир.* Алкоголики, пьяницы. *У магазина ~ роится* (толпится).

ХРУМ, *нескл.* в зн. *сказ* (или ~-~). Имитирует еду, жевание. *Ты уже ~-~* (поел)?
Звукоподр.

ХРУ́МАТЬ, -аю, -аешь; *несов., что* и *без доп.* Есть, жевать.
См. **ХРУМ**.

ХРУМАТЬ ВИСЯЧКУ *см.* **ВИСЯЧИЙ**

ХРУ́МКА, -и, *ж.* **1.** Еда, пища. **2.** Рот, зубы, челюсть.
От **ХРУМАТЬ**.

ХРУ́ПАТЬ, -аю, -аешь; *несов., что* и *без доп.* Есть, жевать.
Возм. звукоподр.; *ср.* **ХРУМАТЬ**.

ХРУСТ, -а (или -а́), *м.* **1.** Рубль. **2.** обычно *мн.*, -о́в (или -ов). Деньги.
См. также **ЛАВЭ**
Возм. из *уг.*; *ср. устар. уг.* «хруст» — серебряный рубль.

♦ **ХРУСТА́ЛИКИ НАВЕСТИ́** — смотреть внимательно.

ХРУСТА́ЛЬ, -я́, *м.* **1.** Пустые бутылки, стеклотара. **2.** Любая ёмкость, сосуд для распития спиртного. *Один ~ на всех.* ♦ **Операция «~»** — сдача пустой посуды, обычно после попойки.

ХРУСТАЛЬНЫЙ *см.* **ЖДАТЬ ПРИНЦА С ХРУСТАЛЬНЫМИ (ГОЛУБЫМИ) ЯЙЦАМИ**

ХРУСТА́ЛЬЩИК, -а, *м.* Тот, кто собирает пустые бутылки.
См. **ХРУСТАЛЬ**.

ХРУСТЕ́ТЬ, -ущу́, -усти́шь; *несов.* (*сов.* **ХРУ́СТНУТЬ**, -ну, -нешь). **1.** *что* и *без доп.* Есть, жевать. **2.** *что кому, о чём* и *без доп.* Говорить. *Чего ты там хрустнул?*
См. также **ЗЕЛЁНЫЙ**

ХРУСТЯ́КА, -и, **ХРУСТЯ́ЧКА**, -и, *ж.* Пища, которая хрустит (обычно о хрустящем картофеле и т. п.).
Из *детск.*

ХРУЩ, -а́, *м., собств.* Н. С. Хрущёв.

ХРУЩЁВКА, -и, **ХРУЩО́БА**, -ы, *ж.*, **ХРУЩО́БЫ**, хрущо́б, *мн.* Пятиэтажный блочный дом, построенный во времена Хрущёва; район таких домов; квартира в таком доме. *Жить в ~е.*
ХРУЩОБА — от **ХРУЩ** + контаминация с общеупотр. «трущоба», «трущобы».

ХРЮ́КАЛО, -а, *ср.* **1.** Рот, лицо. **2.** Человек, который что-л. говорит (обычно о болтуне, вруне).
См. **ХРЮКАТЬ**.

ХРЮ́КАТЬ, -аю, -аешь; *несов., что кому, о чём* и *без доп.* Говорить.

ХРЮ́КНУТЬ, -ну, -нешь; *сов.* **1.** *что кому, о чём* и *без доп.* Сказать, проговорить. **2.** *кого по чему.* Ударить, ушибить. **3.** *чего, что* и *без доп.* Выпить спиртного.

ХРЮ́ЛЬНИК, -а, **ХРЮ́НДЕЛЬ**, -я, *м.*, **ХРЮ́СЛО**, -а, *ср.* То же, что **ХРЮКАЛО 1**.

ХРЮШКА *см.* **ПОМЕСЬ БОБИКА И ХРЮШКИ**

ХРЯК, -а, *м.* Толстый, грузный человек. ♦ **Спокуха, ~, всё будет** — всё будет хорошо.

От общеупотр. «хряк» — самец свиньи.

ХРЯК* *см.* **САМИ ПОСЛЕДНЕГО ХРЯКА ЗАБИЛИ**

ХРЯ́ПАТЬ, -аю, -аешь; *несов.* (*сов.* **ХРЯ́ПНУТЬ**, -ну, -нешь). **1.** *что* и *без доп.* Пить спиртное. **2.** *что* и *без доп.* Есть, кушать. **3.** *куда, откуда.* Идти, шагать.

Ср. *диал.* «хряпать», «хрястать» — жевать, хрустеть.

ХРЯТЬ, -я́ю, -я́ешь; *несов., куда, откуда.* Идти.

Возм. от цыг. te px'ireś — ходить, бродить, бегать. *Ср. устар. диал.* «хрять» — хилеть, хиреть, хворать, а также тащиться, переваливаться; *ср. уг.* «хрять» — работать, вкалывать; *ср.* **ХИЛЯТЬ**.

ХРЯ́ЧИТЬСЯ, -чусь, -чишься; *несов., где, с кем* и *без доп.* Работать, вкалывать (обычно тяжело, за низкую оплату). *Всю жизнь ~чусь.*

ХУДЕНЬКИЙ *см.* **УМНЫЙ, ТОЛЬКО ХУДЕНЬКИЙ**

ХУДОЙ *см.* **КАК ХУДОЙ КАБАН**

ХУЖЕ *см.* **ЛЕСБИЯНСТВО ХУЖЕ ПЬЯНСТВА**

ХУК, -а, *м.* Особенно запоминающаяся мелодия, ритм, ритмический или мелодический ход, рисунок.

Из *муз.*; от англ. to hook — зацеплять; *ср.* **ЦЕПЛЯТЬ**.

ХУЛИГА́НКА, -и, *ж.* Статья уголовного кодекса о хулиганстве. *Сел за ~у.*

ХУМА́Р, -а, *м.* Наркотики; наркотическое опьянение.

Возм. из *уг.* или *нарк.*; *см.* **ХУМАРИТЬ**.

ХУМА́РИТЬ, -рю, -ришь; *что* и *без доп.*, **ХУМА́РИТЬСЯ**, -рюсь, -ришься; *несов., чем* и *без доп.* Быть под действием наркотиков; употреблять наркотики.

От **ХУМАР**; *ср.* **КУМАРИТЬ**.

ХУ́СТЫ, -ов, *мн.* Деньги.

Возм. из *уг.*; *ср. устар.* «хуста», «хустка» — платок, «хуса» — грабёж; возм. первоначально — бумажные деньги; *ср.* **ХРУСТ**.

ХУТОР *см.* **НА ХУТОР БАБОЧЕК ЛОВИТЬ**

ХУ́ХРИК, -а, **ХУХРЯ́К**, -а́, *м.* Невзрачный человек, заморыш.

Возм. от *диал.* «хухрик» — франт.

ХУХРЫ-МУХРЫ *см.* **ЭТО ТЕБЕ НЕ ХУХРЫ-МУХРЫ**

ХУХРЯК *см.* **ХУХРИК**

ХЫЧ, *межд.* Сопровождает или имитирует любое действие.

ХЭБУШКА, ХЭБЭ *см.* **ХАБЕШКА**

ХЭЙР, -а (или -а́), *м.* То же, что **ХАЙР**.

ХЭНД, -а (или -а́), *мн.* -ы́, -о́в, *м.* Рука. *У тебя ~ы́ не мыты.*

Англ. hand в том же зн.

ХЭНДЭХО́Х, *межд. Ирон.* Стой, постой, стоять, не двигаться.

От нем. в зн. «руки вверх».

ХЭСЭБЭ́, *нескл.*, чаще *ср.* **1.** Что-л. плохое, отвратительное. **2.** и в зн. *отриц. част.* (или **~ ТЕБЕ́, А НЕ..., А ~ НЕ ХО́ЧЕШЬ?** и т. п.). Выражает отказ что-л. сделать, выполнить чью-л. просьбу. *Дай трёшник. — ~ тебе, а не трёшник.*

Эвфем. сокращ. от нецензурного выражения.

ХЭШ, -а, *м.* или *ж.*, **ХЭ́ШКА**, -и, *ж.* Анаша.

Из англ.

Ц

ЦА́ПАЛКА, -и, **ЦА́ПКА**, -и, *ж.* Рука.

От общеупотр. «цапать».

ЦА́ПАТЬ, -аю, -аешь; *несов.* (*сов.* **ЦА́ПНУТЬ**, -ну, -нешь). **1.** *что, чего.* Пить спиртное. **2.** *что, у кого.* Заражаться какой-л. болезнью, подцеплять заразу.

ЦАПКА *см.* **ЦАПАЛКА**

ЦА́ПЛЯ, -и, *ж.* Рука.

Возм. контаминация общеупотр. «цапать» и «цапля» — назв. птицы; возм. через *уг.*

ЦАПНУТЬ *см.* **ЦАПАТЬ**

ЦАРА́ПАТЬ, -аю, -аешь; *несов.* (*сов.* **ЦАРА́ПНУТЬ**, -ну, -нешь). **1.** *кого чем.* Производить сильное впечатление, задевать за живое. *Ты меня своим «нет» круто* (сильно) *царапнул.* **2.** *чего, что* и *без доп.* Пить спиртное. **3.** *что кому.* Писать. *Через недельку мы царапнем, как и что* (о письме). *Чаще царапай* (пиши). **4.** *кого* и *без доп.* Действовать (об алкогольном напитке, наркотике и т. п.). *На третьей рюмке царапнуло.*

ЦАРА́ПИНА, -ы, *ж.* Больное место, след в душе, тяжёлое воспоминание. *Ты моя ~.*

ЦАРА́ПКА, -и, *ж.* Кошка.

От общеупотр. «царапать(ся)».

ЦАРАПНУТЬ *см.* **ЦАРАПАТЬ**

♦ **ЦА́РСКАЯ КОНЮ́ШНЯ** — *собств.* правительственный аэропорт «Внуково».

ЦА́РСКИЙ, -ая, -ое. Хороший, высокого качества. *~ая тачка* (машина).

ЦАРСКИЙ* *см.* **НЕ ЦАРСКОЕ ЭТО ДЕЛО**

♦ **ЦА́РСКОЕ СЕЛО́** — квартал новых домов номенклатурных работников.

ЦА́ЦА, -ы, **ЦЕЦУ́ЛЯ**[1], -и, *ж.* Девушка, кокетка. *Эка ~! Какую цацу себе завёл!*

Ср. общеупотр. «цаца» — человек, который важничает, много воображает о себе; *устар.* — детская игрушка; послушный ребенок; *уг.* — золотые или серебряные украшения.

ЦА́ЦКИ, -цок, *мн.* Игрушки; ерунда, безделица, мелочи. *Это всё ~! С ~цками* (мелкими, частными вопросами) *к заместителю!*

ЦВЕТ, -а, *м.* Шутл. обращение. *~ ты мой яблочный.*

ЦВЕТ* *см.* **ЗИМОЙ И ЛЕТОМ ОДНИМ ЦВЕТОМ**

♦ **ЦВЕ́ТА ДЕ́ТСКОГО ПОНО́СА (ДЕ́ТСКОЙ НЕОЖИ́ДАННОСТИ)** — светло-жёлтый, бежевый, светло-коричневый.

♦ **ЦВЕТКО́М ЖИТЬ** — жить «вольной птицей», не работая, не имея бытовых забот.

ЦВЕТНО́Й, -ого, *м.* Т. н. «лицо южной национальности». *Все ~ые в Москву норовят. ~ с рынка.*

♦ **ЦВЕТНО́Й ТЕЛЕВИ́ЗОР** — менструация.

Возм. через *уг.*

ЦВЕТО́К, -тка́, *м.* **1.** (или **ЦВЕТО́ЧЕК**, -чка, *м.*). *Ирон.* О человеке, который прикидывается тихоней. **2.** *собств.* Цветной бульвар в Москве.

ЦВЕТОК* *см.* **ДЕТИ — ЦВЕТЫ ЖИЗНИ НА МОГИЛЕ...**

♦ **ЦВЕТО́К АСФА́ЛЬТА** — **1.** Городской ребёнок. **2.** Проститутка.

♦ **ЦВЕТО́К В ПЫЛИ́** — солдат, занятый подметанием помещения, плаца и т. п.

Из *арм.*

ЦВЕТОМУ́ЗЫКА, -и, *ж.* **1.** Опьянение (чаще о наркотическом). **2.** Менструация.

1. — из *нарк.*

ЦВЕТОЧЕК *см.* **ЦВЕТОК**

ЦВЕТУЁЧЕК, -чка, *м.* Цветочек.

Аллюзия к нецензурному.

ЦВЕТУЁЧКИ, -чков, *мн.* Ерунда, безделица, «цветочки», что-л. незначительное, несерьёзное. *Это всё ~, серьёз впереди.*

Ср. **СМЕХУЁЧКИ**.

ЦВЕТЫ *см.* **ЖОПА**

ЦЕДИ́ЛКА, -и, *ж.* **1.** Рот, губы. **2.** Рыболовная сеть.

От общеупотр. «цедить» в зн. говорить сквозь зубы; 2. — из арго рыбаков.

ЦЕДИ́ЛЬНЯ, -и, *ж.* Рот, губы.

ЦЕКО́ВСКИЙ, -ая, -ое. Отличный, прекрасный. *~ денёк стоит. ~ую бабу нашёл.*

От **ЦК** — Центральный Комитет (КПСС).

ЦЕЛЁВКА, -и, *ж.* Целевая аспирантура. *Направление в ~у. Пошёл в ~у.*

Из *студ.*

ЦЕЛЁВЩИК, -а, *м.* Тот, кто идёт в целевую аспирантуру.

Ср. **ЦЕЛЁВКА**.

ЦЕЛИНА́, -ы́, **ЦЕЛИ́НКА**, -и, *ж.* Невинная девушка.

Возм. **ЦЕЛКА** + общеупотр. «целина».

ЦЕЛИ́ННИК, -а, *м.* Тот, кто соблазняет невинную девушку. *Известный ты ~, первый учитель, да и только.*

От **ЦЕЛИНА**.

ЦЕ́ЛКА, -и, **ЦЕ́ЛОЧКА**, -и, *ж.* **1.** Невинная девушка. **2.** Тот, кто ломается, жеманится, заставляет себя уговаривать. **3.** Новый автомобиль с предохранительным устройством. **4.** Любая новая, неиспользованная, нетронутая вещь. **5.** Некомпетентный человек, неуч, незнайка. ♦ **~у из себя строить** — жеманничать, ломаться, капризничать, не соглашаться на что-л. **Поломать** (или **порвать**) **~у** *кому* — лишить девственности; *перен.* опробовать какую-л. новую вещь.

См. также **ХРАНИТЬ ЦЕЛКУ**

Возм. от общеупотр. «целый»; скорее через *уг.* «целка», первоначально в зн. незарегистрированная медицинской комиссией проститутка, затем в зн. девственница.

ЦЕЛКА́Ч, -а́, **ЦЕЛКА́Ш**, -а́, *м.* Рубль.

От общеупотр. «целковый».

ЦЕ́ЛКИЙ, -ая, -ое. Ловкий, умелый, ладный, проворный, попадающий в точку (о человеке).

Возм. от «цель», «целиться».

ЦЕ́ЛКИН, *нескл.*, *ж.* (или **КЛА́РА ~**). То же, что **ЦЕЛКА 1.**

Передел. имя известной революционерки Клары Цеткин.

ЦЕЛКОЛОМИ́ДЗЕ, *нескл.*, *м.* **1.** Грузин. **2.** Бабник.

От **ЦЕЛКА** + «ломать» с имитацией груз. фамилии.

ЦЕЛЛОФА́НОВЫЕ, -ых, *мн.* Плавки.

ЦЕЛЛОФАНОВЫЙ *см.* **ТРУСЫ ЦЕЛЛОФАНОВЫЕ**

ЦЕЛОВАТЬ *см.* **ЦЕЛУЮ КРЕПКО, ТВОЯ РЕПКА**

ЦЕЛОВАТЬСЯ С БЕЛЫМ ДРУГОМ *см.* **ДРУГ**

♦ **ЦЕЛОВА́ТЬСЯ В ДЁСНЫ** *с кем* — изображать бурную радость при встрече.

♦ **ЦЕЛОВА́ТЬСЯ С ДВЕ́РЬЮ** — не заставать хозяина дома.

ЦЕЛО́ВКИ, -вок, *мн.* Поцелуи. ♦ **Нечеловеческие ~, переходящие в потрашки** — *шутл.* о любовных ласках.

ЦЕЛОЧКА *см.* **ЦЕЛКА**

♦ **ЦЕЛУ́Ю КРЕ́ПКО, ТВОЯ́ РЕ́ПКА** — шутл. прощание.

ЦЕЛЫШ *см.* **ЦЕЛЯК**

ЦЕЛЫШОМ *см.* **ЦЕЛЯКОМ**

ЦЕЛЯ́К, -а́, **ЦЕЛЫ́Ш**, -а́, **ЦЕЛЯЧО́К**, -чка́, **ЦЕЛЯ́Ш**, -а́, *м.*, **ЦЕЛЯ́ШКА**, -и, **ЦЕЛЯ́ЧКА**, -и, *ж.* Что-л. целое, нерасчленённое, неповреждённое, неиспорченное. *Два десятка деталей пересмотрел — ни одного целяка!*

ЦЕЛЯКО́М, **ЦЕЛЫШО́М**, *нареч.* Полностью, без изъяна, точно, тютелька в тютельку. *~ две тысячи дал.*

ЦЕЛЯЧОК, ЦЕЛЯШ, ЦЕЛЯШКА *см.* **ЦЕЛЯК**

ЦЕМЕ́НТ[1], -а, *м.* и в зн. *сказ.* **1.** Надёжный человек, на которого можно положиться. *Мужик — цемент.* **2.** Кал.

ЦЕМЕ́НТ[2], -а, *м.* То же, что **МЕНТ**.

«Це» (по-украински — это) + **МЕНТ**; из анекдота.

ЦЕМЕНТИ́РОВАТЬ, -рую, -руешь; *несов., что.* Испражняться. *Чего ты тут уселся, иди лес ~руй.*

От **ЦЕМЕНТ**[1] **2.**

ЦЕМЕ́НТНО, *нареч.* Точно, обязательно, во что бы то ни стало.

От **ЦЕМЕНТ**[1] **1.**

ЦЕМЕНТОВО́З, -а, *м.*, **ЦЕМЕНТОВО́ЗКА**, -и, *ж.* Милицейская машина.

ЦЕМЕНТ[2] + общеупотр. «воз», «возить».

ЦЕ́ННИК, -а, *м.* Лицо. *Бей в ~. Я его по ~у узнал.*

ЦЕ́ННЫЙ, -ая, -ое. Шутл.-положительный эпитет. *~ чувак* (человек).

ЦЕННЯ́К, -а́, *м. Шутл.* Что-л. хорошее, ценное.

См. также **ЦЕННЫЙ**.

ЦЕНТ, -а, *м.* Американец, гражданин США.

Назв. мелкой монеты США.

ЦЕНТР, -а, *м.* **1.** Место сбора хиппи. **2.** То же, что **ЦЕНТРЯК** во всех зн.

1. — из *хип.*

ЦЕНТР* *см.* **ПОСТАВИТЬ В ЦЕНТР**

♦ **ЦЕНТРА́ЛЬНАЯ КОТЕ́ЛЬНАЯ** — *шутл. собств.* ЦК КПСС.

ЦЕНТРАЛЬНЫЙ *см.* **ЦЕНТРОВОЙ**

♦ **ЦЕНТРА́ЛЬНЫЙ САРА́Й КО́ННОЙ А́РМИИ** — *шутл. собств.* клуб ЦСКА, напр.: *Центральному Сараю Конной Армии — физкульт иго-го!*

ЦЕНТРИ́ТЬ, -рю́, -ри́шь, **ЦЕНТРОВА́ТЬ**, -ру́ю, -ру́ешь, **ЦЕТРОВА́ТЬСЯ**, -ру́юсь, -ру́ешься; *несов., без доп.* **1.** Быть главным, возглавлять какую-л. группу, быть в центре событий. **2.** Ездить в места сборищ, сходок каких-л. групп (напр. хиппи). **3.** Внимательно смотреть, наводить резкость.

2. — *см.* **ЦЕНТР 1.**; 3. — возм. от общеупотр. «центровать», «центрировать» — определять центр чего-л.

ЦЕНТРОВО́Й, -а́я, -о́е, **ЦЕНТРА́ЛЬНЫЙ**, -ая, -ое. **1.** Столичный. **2.** Ведущий, главный, пользующийся наибольшим авторитетом. *Центровой мэн* (человек). **3.** в зн. *сущ.*, -о́го, *м.* Руководитель, лидер. *Кто у вас тут за центрового?* **4.** Работающий в наряде в кусочном цехе (в армии). ♦ **Центровая путана** — основная проститутка в какой-л. гостинице, районе и т. п.

3. — из *арм.*; *см.* также **ЦЕНТР**.

♦ **ЦЕНТР ТЯ́ЖЕСТИ СМЕСТИ́ЛСЯ** *у кого* — о сильно опьяневшем человеке.

ЦЕНТРЯ́К, -а́, *м.* **1.** и в зн. *собир.* То же, что **ЦЕНТРОВОЙ 2.** *Здесь самый ~ собрался* (главные люди). **2.** Вена, в которую делают укол наркоманы.

2. — из *нарк.*

ЦЕПАНУТЬ *см.* **ЦЕПЛЯТЬ**

ЦЕПЛЯ́ВЫЙ, -ая, -ое. Сильно действующий (об алкогольном напитке, наркотике).

От **ЦЕПЛЯТЬ 1.**

ЦЕПЛЯ́ЛКА, -и, *ж.* Уличная проститутка.

От **ЦЕПЛЯТЬ 2.** или от общеупотр. «цепляться».

ЦЕПЛЯ́ТЬ, -я́ю, -я́ешь; *несов.* (*сов.* **ЦЕПАНУ́ТЬ**, -ну́, -нёшь и **ЦЕПНУ́ТЬ**, -ну́, -нёшь). **1.** *кого* и *без доп.* Действовать, воздействовать (об алкогольном напитке, наркотике). *Чего-то водяра не цепляет, видать, разбавили.* **2.** Производить особое сильное впечатление, запоминаться (о какой-л. мелодии, ритмическом рисунке муз. произведения). **3.** *кого.*

Знакомиться (с женщиной); находить клиентов (о проститутках). **4.** *что.* Заболевать, подцеплять заразу. *Вечно что-нибудь цепляет.*

2. — из *муз.*; возм. связано с англ. to hook в том же зн.; ср. **ХУК.**

ЦЕПЛЯТЬ* *см.* **ПУШКА**

ЦЕПНО́Й, -а́я, -о́е. Злой, агрессивный (о человеке). *Начальство сегодня какое-то ~ое.*

От общеупотр. «цепная собака».

ЦЕПНУТЬ *см.* **ЦЕПЛЯТЬ**

ЦЕПЬ *см.* **ЗЛАТАЯ ЦЕПЬ НА ДУБЕ ТОМ**

ЦЕРЕТЕЛЕВИЧ *см.* **ПЕТР ЦЕРЕТЕЛЕВИЧ**

ЦЕРЕТЕЛИЗА́ЦИЯ, -и, *ж. Ирон.* Об обилии памятников, комплексов и т. п. по проектам З. Церетели. *Полная и безоговорочная ~ всей Москвы.*

ЦЕХОВИ́К, -а́, *м.* **1.** Совершивший преступление, заключающееся в превышении должностных полномочий. **2.** При советской власти: осуждённый за содержание тайного частного производства, «подпольных цехов».

Возм. из *уг.*

ЦЕЦУЛЯ[1] *см.* **ЦАЦА**

ЦЕЦУ́ЛЯ[2], -и, *ж.* Нечто большое, объёмистое (часто о бутылке). *~ самогона.*

Устар. диал. «цецуля» — большой ломоть хлеба.

ЦИВИ́Л, -а, **ЦИВИ́ЛЬ**, -я, *м.* **1.** Хороший, культурный человек. **2.** Человек, не принадлежащий к какому-л. неформальному объединению (в отличие, напр., от хиппи, панка и т. п.). **3.** Гражданский человек (в отличие от военного); гражданская одежда. *Одеться в ~.*

Сокращ. от «цивильный» и «цивилизованный»; 2. — возм. из *хип.*; 3. — из *арм.*

ЦИВИ́ЛЬНЫЙ, -ая, -ое. Употр. как положительный эпитет. *~ая работа.*

Общеупотр. «цивильный» — штатский, гражданский.

ЦИВИЛЬНЯ́К, -а́, *м.* **1.** То же, что **ЦИВИЛ** во всех зн. **2.** в зн. *неизм. прил.* То же, что **ЦИВИЛЬНЫЙ**.

ЦИДУ́ЛЬКА, -и, *м.* **1.** Какой-л. документ, справка, удостоверение и т. п. **2.** Девушка, девочка.

Общеупотр. *разг.* «цидулька», «цидулка» — письмецо, бумажка, на которой что-л. написано.

ЦИ́КА, -и, *ж.* Что-л., немного не соответствующее чему-л.; лёгкая неточность (напр., маленький недобор очков в игре, лёгкое касание одного предмета о другой вместо наложения и т. п.).

Возм. из *детск.* (из детск. игр).

ЦИКЛ[1], -а, *м.* **1.** Слабость характера, странность. *У меня ~ на этом деле.* **2.** Менструация.

См. также **ЦИКЛИТЬСЯ**[2].

ЦИКЛ[2], -а, *м.*, **ЦИКЛА́**, -ы́, **ЦИКЛУ́ХА**, -и, **ЦИКЛУ́ШКА**, -и, *ж.* Циклодол, средство, используемое как наркотик. *Он под циклой. Заглотнул цикл.*

Из *нарк.*

ЦИ́КЛИТЬ, -лю, -лишь, **ЦИКЛИ́ТЬ**, -лю́, -ли́шь, **ЦИ́КЛИТЬСЯ**[1], -люсь, -лишься, **ЦИКЛОВА́ТЬ**, -лу́ю, -лу́ешь, **ЦИКЛОВА́ТЬСЯ**, -лу́юсь, -лу́ешься, **ЦИКЛОДО́ЛИТЬ**, -лю, -лишь, **ЦИКЛОДО́ЛИТЬСЯ**, -люсь, -лишься; *несов., без доп.* Пить таблетки циклодола в качестве наркотического средства.

От **ЦИКЛ**[2], **ЦИКЛА.**

ЦИКЛИТЬСЯ[1] *см.* **ЦИКЛИТЬ**

ЦИ́КЛИТЬСЯ[2], -люсь, -лишься; *несов., на чём, с чем* и *без доп.* Странно, болезненно реагировать на что-л.; иметь какое-л. слабое место; всё время возвращаться к одному и тому же.

От **ЦИКЛ**[1].

ЦИКЛОВАТЬ, **ЦИКЛОВАТЬСЯ**, **ЦИКЛОДОЛИТЬ**, **ЦИКЛОДОЛИТЬСЯ** *см.* **ЦИКЛИТЬ**

ЦИКЛОДО́ЛЬЩИК, -а, *м.* Тот, кто употребляет циклодол в качестве наркотического средства.

От **ЦИКЛ**[2].

ЦИКЛО́Н, -а, *м.* Энергичный, бойкий, влиятельный человек.

ЦИКЛО́П, -а, *м.* **1.** Милиционер; реже — милицейская машина. **2.** Компьютер. *Сижу, со своим ~ом играю.*

ЦИКЛО́ПИТЬ, -плю, -пишь; *несов., за кем* и *без доп.* Следить, выслеживать, внимательно смотреть за кем-л.

От **ЦИКЛОП 1.**

ЦИКЛУХА, ЦИКЛУШКА *см.* **ЦИКЛ**[2]

ЦИ́МУС, -а, (или **~-ГУ́МУС**, ци́муса-гу́муса), *м.* Что-л. отличное, качественное.

Ср. *уг.* «цимус» — товар высокого качества; возм. из идиша или иврита; *ср.* также *устар. диал.* «чимус», «цимус» — погибель, порча; у многих авторов встречается огласовка «цимес», напр., у М. Зощенко.

ЦИНК, -а, *м.* Цинковый гроб.

Возм. из *арм.*; распространилось во время войны в Афганистане.

ЦИНКОВА́ТЬ, -ку́ю, -ку́ешь; *несов.* (*сов.* **ЦИНКАНУ́ТЬ**, -ну́, -нёшь), *что на кого кому* и *без доп.* Говорить, сообщать, передавать что-л., доносить. *Кто-то на тебя цинканул.*

Возм. от *уг.* «цинк» — наблюдательный пункт, пароль, «цинковать» — говорить, передавать краденое, предупреждать об опасности.

ЦИРК, -а, *м.* и в зн. *сказ.* (или **СОВЕ́ТСКИЙ ~**, **~ С ОГНЯ́МИ**, **~ С КОНЯ́МИ**, **К НАМ ПРИ́ЕХАЛ ~** и т. п.). Смешная, абсурдная, крайне странная ситуация. *Мы в комнате живём впятером, просто ~ с огнями!*

ЦИРКА́Ч, -а́, *м.* Плут, хулиган, шалун, проказник; человек, делающий что-л. неожиданное, непредсказуемое.

ЦИ́РКУЛИ, -ей, *мн.* Ноги (обычно о худых, длинных).

ЦИ́РЛЫ, -ов (или цирл), *мн.* **1.** Ноги. **2.** Цыпочки, пальцы ног. ♦ **На ~ах стоять** (или **ходить, ползать**) *перед кем* — подхалимничать, заискивать перед кем-л.

Из *уг.*

ЦИ́ТРУС, -а, *м.* Азиат, «желтолицый».

ЦИФЕРБЛА́Т, -а, *м.* Лицо, физиономия.

ЦО́ЙКИ, цо́ек, *мн.* Поклонники и поклонницы известного певца В. Цоя.

Контаминация с назв. птицы «сойка».

ЦУГУ́НДЕР, -а, *м.* Тюрьма. ♦ **Взять на ~** *кого* — посадить в тюрьму, расправиться. **~ плачет** *по кому* — кому-л. самое место в тюрьме.

Возм. из *уг.*; встречается у Ф. Достоевского и др.; возм. из нем. zu hundert — к сотне (ударов); по-видимому, из старого военного арго, где употреблялось для обозначения приговора к телесному наказанию.

ЦУНА́МИ, *нескл., ср.* Энергичный человек. *Тёща моя — ~, а не женщина.*

ЦУНАМИ* *см.* **ИГРАТЬ В ТИГРА (В ИХТИАНДРА, В КИНГ-КОНГА, В ЦУНАМИ); ПО ФИГУ ЦУНАМИ**

ЦУ́ЦИК, -а, *м.* Слабый человек, доходяга; шутл. обращение.

Общеупотр. *прост.* «цуцик» — щенок.

ЦЫГА́НИТЬ, -ню, -нишь; *несов., что* и *без доп.* Просить, выклянчивать, побираться. *Нету сигарет, пойду ~.*

От общеупотр. «цыган».

ЦЫ́ПА, -ы, *ж.* **1.** Девушка (обычно красивая). **2.** Взятка. *~у дать. Без ~ы не подпишет.*

ЦЫ́ПА-ДРИ́ПА, цыпы-дрипы, *ж.* Женщина, девушка, а также в зн. ирон. обращения к любому человеку.

ЦЫ́ПКА, -и, *ж.* **1.** То же, что **ЦЫПА** во всех зн. **2.** обычно *мн.* Руки. *Убери ~и.*

ЦЫПЛА́К, -а́, *м.* Слабый человек, молокосос, с которым можно не считаться.

От общеупотр. «цыплёнок».

ЦЫПОЧКИ *см.* **СОПЛЯ НА ЦЫПОЧКАХ**

ЦЭ *см.* **БЭ — ТОЖЕ ВИТАМИН (И ЦЭ НЕ ОТРАВА)**

ЦЭРЭУ *см.* **ЦЭУ**

ЦЭРЭУШНИК *см.* **ЦЭУШНИК**

ЦЭРЭУШНИЧАТЬ *см.* **ЦЭУШНИЧАТЬ**

ЦЭУ́, ЦЭРЭУ́, *нескл., ср.* и *мн. Ирон.* Ценные (Руководящие) *Указания. Дать ~.*

Аббрев. (ЦЭРЭУ — аллюзия к ЦРУ (Центральное разведывательное управление) (США)).

ЦЭУ́ШНИК, ЦЭРЭУ́ШНИК, -а, *м.* Тот, кто любит давать ценные указания, навязчивый советчик. *Наверху только и сидят ~и да наушники* (ирон. о начальстве).

От **ЦЭУ, ЦЭРЭУ.**

ЦЭУ́ШНИЧАТЬ, -аю, -аешь, **ЦЭРЭУ́ШНИЧАТЬ**, -аю, -аешь; *несов., кому* и *без доп. Ирон.* Давать ценные указания, советовать.

От **ЦЭУ, ЦЭУШНИК, ЦЭРЭУ, ЦЭРЭУШНИК.**

Ч

ЧАВА[1] *см.* **ЧАВКА**

ЧАВА[2] *см.* **ЧАО**

ЧАВЕ́ЛА, -ы, *м.* и *ж.* **1.** Цыган. **2.** в зн. *межд.* Выражает любую эмоцию. *Эх, ~, гулять так гулять!*

Из цыг.

ЧА́ВКА, -и, **ЧА́ВКАЛКА**, -и, **ЧА́ВА**[1], *ж.* Рот, челюсти. ♦ **Чавка отвисла** *у кого* — о чьём-л. сильном удивлении.

От общеупотр. «чавкать».

ЧА́ВКАТЬ, -аю, -аешь; *несов.* (*сов.* **ЧА́ВКНУТЬ**, -ну, -нешь). **1.** *что кому* и *без доп.* Говорить, произносить. **2.** *что, чего* и *без доп.* Есть. *Чавкнул — и спать.* **3.** *кого по чему, во что.* Ударять, бить кого-л. **4.** *что, чего* и *без доп.* Пить спиртное. **5.** *куда, откуда.* Идти, трогаться в путь.

От общеупотр. «чавкать».

ЧАД, -а, *м.* **1.** Состояние алкогольного или наркотического опьянения. *С пива на жаре тяжкий ~.* **2.** Сигареты, курево.

2. — от **ЧАДИТЬ**.

ЧАДИ́ТЬ, чажу́, чади́шь; *несов., что* и *без доп.* Курить.

Ср. *уг.* и *нарк.* «чадить» — курить сигарету с гашишем.

ЧА́ДНЫЙ, -ая, -ое. Пьяный; находящийся под действием наркотиков.

ЧАДРА *см.* **У НАС ДЕМОКРАТИЯ...**

ЧАЕВО́Д, -а, *м.* Любитель чая, чаепития.

ЧАЕВО́ДСТВО, -а, *ср.* Чаепитие. *Ну что, займёмся ~ом, раз водки нет?*

ЧАЕГО́Н, -а, *м.* То же, что **ЧАЕВОД**.

От *прост.* «чаи гонять».

ЧАЕХЛЁБ, -а, *м.* Тот, кто любит пить чай. *~ы московские.*

От «чай» + «хлебать».

ЧАЕХЛЁБКА, -и, *ж.* Рот.

См. **ЧАЕХЛЁБ**.

ЧАЕХЛЁБНИЧАТЬ, -аю, -аешь, **ЧАЕХЛЁБСТВОВАТЬ**, -вую, -вуешь; *несов., без доп.* Пить чай, гонять чаи.

См. **ЧАЕХЛЁБ**.

ЧАЙ *см.* **НЕ ЛЕЙ МНЕ ЧАЙ НА СПИНУ**

♦ **ЧАЙ А ЛЯ РЮС** — *шутл.* чифирь, очень крепкий настой чая.

От фр. á la russe — по-русски.

ЧА́ЙКА, -и, *ж.* Проститутка. *Тверские ~и.*

ЧАЙКО́ВСКИЙ, -ого, *м.* Чай. ♦ **Зарядить** (или **послушать, включить, выпить**) **~ого** — выпить чаю.

Контаминация с фамилией композитора П. И. Чайковского.

ЧАЙЛД, -а (или -а́), **ЧАЙЛДЁНОК**, -нка, **ЧИЛД**, -а (или -а́), **ЧИЛДРА́Н**, -а (или -а́), **ЧИ́ЛДРЕН**, -а (или -а́), **ЧИЛДРЁНОК**, -нка, **ЧУЛДРА́Н**, -а́, **ЧУ́ЛДРЕН**, -а, *м.* Ребёнок.

Англ. child в том же зн.

ЧАЙЛДО́ВЫЙ, -ая, -ое. Детский. *~ая коляска. «~ мир»* — магазин «Детский мир».

От **ЧАЙЛД**.

ЧАЙН, -а (или -а́), **ЧА́ЙНИК**[1], -а, *м.*, **ЧА́ЙНА**, -ы, *м.* и *ж.* Китаец. *Чайно́в миллиард, и все косые.*

Англ. china — китайский.

♦ **ЧАЙ, НЕ ПЕ́РВЫЙ РАЗ ЗА́МУЖЕМ** — у меня достаточно опыта, сноровки, умения и т. п., напр.: *—Грузчиком хочешь работать? — Да уж как-нибудь, чай не первый раз замужем.*

ЧА́ЙНИК[2], -а, *м.* **1.** Бездельник; человек, удобно устроившийся в жизни. **2.** Спортсмен-любитель. **3.** Нежелательный, небогатый посетитель ресторана, бара и т. п. **4.** Плохой или неопытный водитель. **5.** Дурак, идиот, тупица. **6.** Нос. **7.** Лицо, голова. **8.** Графоман. **9.** Солдатская чайная. ♦ **По ~у заехать** *кому* — ударить по голове, по лицу. **~ом прикинуться** — стараться казаться проще, чем есть на самом деле; прикидываться простачком.

См. также **ПОЛУЧИТЬ ПО ЧАЙНИКУ**; **ПРИЧАЛ ДЛЯ ЧАЙНИКОВ**

2. — из *спорт.*; 3. — из арго официантов, барменов; 4. — из арго шофёров; 8. — из арго издателей; 9. — из *арм.*

ЧАЙНИК* *см.* **БИЛИ ПО ЛИЦУ ЧАЙНИКОМ**; **ИЗ-ПОД ЧАЙНИКА**

ЧАЙНО́ВЫЙ, -ая, -ое, **ЧА́ЙНЫЙ**, -ая, -ое. Китайский.

От **ЧАЙН**.

ЧАЙНУ́ХА, -и, **ЧАЙНУ́ШКА**, -и, *ж.* Чайная.

ЧАЙНЫЙ *см.* **ЧАЙНОВЫЙ**

ЧАЙХАНА́, -ы́, *ж.* *Шутл.* Отсутствие чая; неурожай чая. *В доме ~.*

Контаминация общеупотр. «чайхана» — чайная в Средней Азии + **ХАНА**; возм. из интермедий М. Задорнова.

ЧАЛДО́Н, -а, **ЧЕЛДО́Н**, -а, **ЧОЛДО́Н**, -а, *м.* **1.** Бомж, бродяга, нищий. **2.** Любой незнакомый человек. **3.** Голова. *Обрил ~.*

Сибирское «чалдон», «челдон», «чолдон» — недавний выходец из центральной России, а также беглый, каторжник; *ср. уг.* «чалдон» — шулер.

ЧАЛДО́НИТЬ, -ню, -нишь; *несов., без доп.* Бродяжничать, побираться; слоняться без дела, бездельничать, гулять.

От **ЧАЛДОН**.

ЧА́ЛИТЬ, -лю, -лишь; *несов.* **1.** *куда, откуда* и *без доп.* Идти, шагать, направляться. *Куда*

~лишь? **2.** *кого.* Вступать с кем-л. в половую связь. **3.** *что куда.* Нести, тащить, волочить.

См. **ЧАЛИТЬСЯ**.

ЧА́ЛИТЬСЯ, -люсь, -лишься; *несов.* **1.** *куда* и *без доп.* Устремляться, спешить, идти. *~лимся быстрей.* **2.** *где, сколько* и *без доп.* Отбывать наказание в местах лишения свободы.

2. — из *уг.*; *ср.* также *уг.* «чалку одеть» — сесть в тюрьму; «чалкина деревня» — тюрьма, лагерь и т. п.

ЧАЛМА́, -ы́, *м.* и *ж.* Азиат, южанин.

Общеупотр. «чалма» — мусульманский мужской головной убор.

ЧА́ЛЫЙ, -ого, *м.* Многократно отбывавший срок заключения преступник; бывалый, опытный рецидивист.

Из *уг.* в том же зн.; также *ср. уг.* в зн. скупщик краденого, скупщик наркотиков; *ср.* **ЧАЛИТЬСЯ 2.**

ЧА́МАТЬ, -аю, -аешь; *несов.*, *что* и *без доп.* Есть, питаться.

Возм. от **ШАМАТЬ**.

ЧА́МКА, -и, *ж.* Рот, зубы, челюсть.

От **ЧАМАТЬ**, **ЧАМКАТЬ**.

ЧА́МКАТЬ, -аю, -аешь; *несов.* То же, что **ЧАМАТЬ**.

Возм. вариант общеупотр. «чавкать».

ЧАМР, -а (или -а́), *м.* Вялый, забитый человек; тихоня.

Неясно; *ср. диал.* «чамра́», «чемра́», »шамра́» — мелкий дождь, мокрый снег с туманом, сумрак, мрак; возм. также сближение с гебраизмом «гомура» — спирт, спиртное (от gmuro — учёные книги, истолковывающие тексты священного писания) или с *офен.* «чемура» — земля (от общетюрк. čamur — грязь, глина); *ср.* **ЧМЫРЬ**, **ЧМЫРИТЬ**, **ЧМО** и др.

ЧА́МРОЧНЫЙ, -ая, -ое. Неэнергичный, вялый, бесцветный (о человеке, его характере).

От **ЧАМР**.

ЧАН, -а, *м.* **1.** (или **ЧА́НКА**, -и, *ж.*). Голова, башка. **2.** *пренебр.* О сильном, но глупом человеке. ♦ **Чан варит** — голова соображает. **Чан течёт** — плохо с головой.

ЧА́О, **ЧА́ВА**[2] (или **~-КАКА́О**, **~ С КАКА́ВОЙ**), *межд.* **1.** Употр. как приветствие или прощание: привет!, салют!, пока! **2.** Выражает любую экспрессию.

Итал. ciao — привет, пока.

ЧА́ПАТЬ, -аю, -аешь; *куда, откуда.* Идти, ходить, шагать. *~ай отсюда, чучело ушастое!*

Диал. устар. «чапать» — хватать, черпать, качать, шататься.

ЧАРЛЬСТО́НКА, -и, *ж.* Род куртки.

Устаревшее, из моды 30–40-х гг., частично вернувшееся с модой на ретро 80-х гг.; от назв. танца «чарльстон».

♦ **ЧАС ВО́ЛКА** — время, когда открываются винные магазины, когда можно начать употреблять спиртные напитки. Выражение употр. (по крайней мере) с 70-х гг.: винные магазины открывались в 11 часов; по одной из версий, выражение возникло от фигурки волка на игрушечных часах в театре С. Образцова.

ЧАСОВЩИ́К, -а́, *м.* Спекулянт, торгующий часами.

ЧАСТНЫЙ *см.* **ИЗВОЗ**

ЧАСТО *см.* **НАДО ЕСТЬ ЧАСТО, НО ПОМНОГУ**

ЧАСТОКО́Л, -а, *м.* **1.** Что-л. сложное, запутанное, непреодолимое. **2.** Зубы (обычно о больших, кривых). *Пошёл ~ чинить* (к зубному врачу). ♦ **~ городить** — создавать проблемы (то же, что общеупотр. «забор городить»); реже в зн. вставлять зубы.

ЧАСТУ́ШЕЧНИК, -а, *м.* Фантазёр, лжец, пустомеля.

От **ЧАСТУШКИ**.

ЧАСТУ́ШКИ, -шек, *мн.* Ложь, чушь, фантазии, пустая болтовня. ♦ **Петь народные ~** *кому* — обманывать, надувать, разыгрывать *кого.*

ЧАСТЬ *см.* **ФИЛЕЙНАЯ ЧАСТЬ МОСКВЫ**

ЧА́ТИТЬСЯ, -тюсь, -тишься; *несов.*, *с кем* и *без доп.* Разговаривать (обычно по компьютерной сети).

От англ. to chat — говорить, болтать.

ЧАХОТКА *см.* **ЖЕРТВА (ЧАХОТКИ)**

ЧАШЕЧКА *см.* **НЕ ПЬЁТ ТОЛЬКО ТЕЛЕГРАФНЫЙ СТОЛБ...**

ЧБАН, -а, *м.* **1.** Бутылка, обычно спиртного. **2.** Голова.

Ср. **ЖБАН**.

ЧЕБУРА́Х, *межд.* Сопровождает или имитирует резкое движение, удар, щелчок и т. п.

От **ЧЕБУРАХНУТЬ**.

ЧЕБУРА́ХНУТЫЙ, -ая, -ое. Ненормальный, сумасшедший, чудаковатый.

От **ЧЕБУРАХНУТЬСЯ 2.**

ЧЕБУРАХНУТЬ *см.* **ЧЕБУРАШИТЬ**

ЧЕБУРАХНУТЬСЯ *см.* **ЧЕБУРАШИТЬСЯ**

ЧЕБУРА́ШИТЬ, -шу, -шишь; *несов.* (*сов.* **ЧЕБУРА́ХНУТЬ**, -ну, -нешь). **1.** *кого-что.* Ударять, ронять, бить. **2.** *кого.* Вступать с кем-л. в половой контакт. **3.** *чего, что.* Пить спиртное.

Общеупотр. *прост.* «чебурахнуть» — бросить или ударить с шумом; от *устар.* бурлацкого «чубурок», «чапурок», «чебурах» — деревянный шар на конце бурлацкой бечевы, а также точка равновесия («точка чебураха»); отсюда «чебурашка» — ванька-встанька (сл. стало популярным благодаря герою известных мультфильмов про Чебурашку и Крокодила Гену).

ЧЕБУРА́ШИТЬСЯ, -шусь, -шишься *несов.* (*сов.* **ЧЕБУРА́ХНУТЬСЯ**, -нусь, -нешься). **1.** *без доп.* Падать, ушибаться. **2.** *на чём* и *без доп.* Сходить с ума. **3.** *с кем* и *без доп.* Вступать в половую связь с кем-л.

См. **ЧЕБУРАШИТЬ**.

ЧЕБУРА́ШКА, -и, *м.* и *ж.* **1.** Дурак, придурок, недотёпа. **2.** Пассивный гомосексуалист. **3.** Бутылка ёмкостью 0,33 л. *Три ~и пива засосал* (выпил).

См. **ЧЕБУРАШИТЬ**.

ЧЕБУРЕ́К, -а, *м.* **1.** Дурак, тупой человек. **2.** Т. н. «лицо южной национальности» (чаще о кавказцах).

Разновидность мясного пирожка; возм. наложение с **ЧУРКА**, **ЧУРЕК**.

♦ **ЧЕГО́-ТО Я В Э́ТОЙ ЖИ́ЗНИ НЕ ПОНИМА́Ю** — ирон. недоумение.

♦ **ЧЕГО́** (или **ЧТО**) **ТЫ ВЫ́ДАВИЛСЯ, ТЮ́БИК?!** — не задавайся, не «выступай», будь проще.

♦ **ЧЕГО́ Я, ЛЫ́СЫЙ, ЧТО ЛИ?** — что я, дурак, что ли?

ЧЕГРАШ *см.* **ЧИГРАШ**

ЧЕЙНДЖ, -а, **ЧЕНДЖ**, -а, **ЧЕНЖ**, -а, **ЧЕНЧ**, -а, *м.* **1.** Обмен (часто о спекуляции, финансовых махинациях и т. п.). **2.** *нескл.* в зн. *сказ.* Менять, поменять. ♦ **~-мани-доллар-кавьяр** — *шутл.* о фарцовщиках.

Англ. change в том же зн.

ЧЕЙНДЖАНУТЬ, **ЧЕЙНДЖАНУТЬСЯ** *см.* **ЧЕЙНДЖИТЬ**

ЧЕ́ЙНДЖЕР, -а, *м.* Тот, кто что-л. меняет (обычно о фарцовщике, спекулянте).

От **ЧЕЙНДЖ**.

ЧЕ́ЙНДЖИТЬ, -жу, -жишь; *несов.* (*сов.* **ЧЕЙНДЖАНУ́ТЬ**, -ну́, -нёшь), *что у кого на что*, **ЧЕ́ЙНДЖИТЬСЯ**, -жусь, -жишься; *несов.* (*сов.* **ЧЕЙНДЖАНУ́ТЬСЯ**, -ну́сь, -нёшься), *с кем чем.* Менять, меняться.

От **ЧЕЙНДЖ**.

ЧЕЙ ТУФЛЯ? *см.* **ТУФЛЯ**

ЧЕК, -а, *м.* Пакетик с наркотиком.

Из *нарк.*

ЧЕКА́[1], -и́, **ЧЕКА́НКА**[1], -и, **ЧЕКНЯ́**, -и́, **ЧЕКУ́ХА**, -и, **ЧЕКУ́ШКА**[1], -и, **ЧЕКУ́ШНИЦА**, -ы, *ж.*, **ЧЕКУ́ШНИК**, -а, *м.* Чекушка, четвертинка, бутылка водки ёмкостью 0,25 л.

ЧЕКА́ГО, *ср.*, *нескл. Ирон.* О внешней разведке (ЧК-КГБ-ФСБ).

Контаминация «ЧК» и «Чикаго», назв. амер. города.

ЧЕКАЛДЫ́КАТЬ, -аю, -аешь; *несов.* (*сов.* **ЧЕКАЛДЫ́КНУТЬ**, -ну, -нешь). **1.** *что, чего* и *без доп.* Пить спиртное. **2.** *кого по чему, во что.* Ударять, бить.

Возм. шутл. звукоподр.

ЧЕКАЛДЫ́КАТЬСЯ, -аюсь, -аешься, **ЧЕКАЛДЫ́ЧИТЬСЯ**, -чусь, -чишься; *несов.* (*сов.* **ЧЕКАЛДЫ́КНУТЬСЯ**, -нусь, -нешься). **1.** *обо что, на что, чем* и *без доп.* Спотыкаться, ударяться, ушибаться, падать. **2.** *на чём, с чем* и *без доп.* Сходить с ума.

См. **ЧЕКАЛДЫКАТЬ**.

ЧЕКАЛДЫ́КНУТЫЙ, -ая, -ое. Ненормальный, психически больной, странный (о человеке). От **ЧЕКАЛДЫКНУТЬСЯ**.

ЧЕКАЛДЫКНУТЬ *см.* **ЧЕКАЛДЫКАТЬ**

ЧЕКАЛДЫКНУТЬСЯ *см.* **ЧЕКАЛДЫКАТЬСЯ**

ЧЕКАЛДЫЧИТЬСЯ *см.* **ЧЕКАЛДЫКАТЬСЯ**

ЧЕКАНКА[1] *см.* **ЧЕКА**[2]

ЧЕКА́НКА[2], -и, *ж.* **1.** Деньги (обычно о мелочи). **2.** Проститутка; окончательно опустившаяся женщина, пошедшая по рукам.

2. — возм. из *уг.*

ЧЕКАНУ́ТИК, -а, *м.* Странный, ненормальный человек.

От **ЧЕКАНУТЬСЯ**.

ЧЕКАНУТЫЙ *см.* **ЧОКНУТЫЙ**

ЧЕКАНУТЬСЯ *см.* **ЧОКНУТЬСЯ**

ЧЕКА́НЬ, -и, *ж.* **1.** То же, что **ЧЕКАНКА**[2] **1. 2.** То же, что **ЧЕКА**[2].

ЧЕКИ́СТ, -а, *м.* **1.** Хитрец, пройдоха, пройдоха, пронырa. **2.** Молодой солдат внутренних войск.

2. — из *арм.*

ЧЕКИСТ* *см.* **НАКОЛКА** (**— ДРУГ ЧЕКИСТА**); **СЛУШАЮ ВНИМАТЕЛЬНО И ЧУТКО, КАК ЧЕКИСТ ПО ТЕЛЕФОНУ**

ЧЕКНЯ *см.* **ЧЕКА**[2]

ЧЕКРЫ́ГА, -и, *м.* и *ж.* Обстриженный человек.

См. **ЧЕКРЫЖИСТЫЙ**.

ЧЕКРЫ́ЖИСТЫЙ, -ая, -ое. Обстриженный (обычно коротко или плохо).

От **ОБЧЕКРЫЖИТЬ**.

ЧЕКУХА, ЧЕКУШКА[1], **ЧЕКУШНИЦА, ЧЕКУШНИК** *см.* **ЧЕКА**[2]

ЧЕКУ́ШКА[2], -и, *ж.* ЧК (впоследствии КГБ). ♦ **Попасть в ~у** — быть арестованным КГБ.

♦ — каламбур возник в 20-х гг., приписывается С. Есенину. По традиции в разг. языке КГБ продолжал именоваться ЧК.

ЧЕКУ́ШКА[3], -и, *ж.* Чековая книжка.

ЧЕЛДОН *см.* **ЧАЛДОН**

ЧЁЛКА *см.* **А ТЫ ТРУСЫ (УШИ, ШНУРКИ, ЧЁЛКУ) НАКРАХМАЛИЛ?; ДВА ПАЛЬЦА ЛОБИК...**

ЧЁЛКОГЛЯДЕ́ЛКА, -и, *ж.* Зеркало. *~ есть?*

От «чёлка» + «глядеть».

ЧЕЛОВЕК *см.* **БЕЗ БУМАЖКИ ТЫ БУКАШКА, А С БУМАЖКОЙ — ЧЕЛОВЕК; ВОТ ЧТО ЖИДЫ С РУССКИМ ЧЕЛОВЕКОМ ДЕЛАЮТ; ВСЕ НАШИ ЛЮДИ, КРОМЕ ТОВАРИЩА НЕГРА; ГЛЯДЯ НА ЭТИ НОГИ, ЧЕЛОВЕК ИЗОБРЁЛ КОЛЕСО; КАК БЕЛЫЙ ЧЕЛОВЕК; НАШИ ЛЮДИ В ГОЛЛИВУДЕ; Я ВООБЩЕ ЧЕЛОВЕК ОБЪЁМНЫЙ...**

ЧЕЛОВЕ́К-АМФИ́БИЯ, челове́ка-амфи́бии, *м.* Тот, кто моет полы, делает влажную уборку помещения.

Из *арм.*

ЧЕЛЮ́СКИНЕЦ, -нца, *м.* Дурак, козёл отпущения, всеми презираемый человек; недотёпа, всё время попадающий в глупое положение.

Общеупотр. «челюскинец» — участник арктического рейса парохода «Челюскин», затёртого льдами в 1934 г., экипаж которого был спасён летчиками; *ср. уг.* «челюскинец» — всеми презираемый вор, которому грозит высшая мера наказания; смертник.

ЧЕЛЮСТЬ *см.* **ВСТАВНАЯ ЧЕЛЮСТЬ**

ЧЕМ В ШЛЯПЕ, ТЕМ НАХАЛЬНЕЕ *см.* **ШЛЯПА**

♦ **ЧЕМ ВЫ́ШЕ ДОМ, ТЕМ ЗАПУ́ЩЕННЕЙ ЧЕРДА́К** — *ирон.* о высоком, глупом человеке, «верзиле», «переростке».

♦ **ЧЕМ ДА́ЛЬШЕ ВЛЕЗ, ТЕМ БЛИ́ЖЕ ВЫ́ЛЕЗ; ЧЕМ ДА́ЛЬШЕ В ЛЕС, ТЕМ ТО́ЛЩЕ ПАРТИЗА́НЫ** — *шутл.* пародирование поговорки «чем дальше в лес, тем больше дров».

ЧЕМ НОСОВИТЕЙ, ТЕМ КРАСОВИТЕЙ *см.* **НОСОВИТЫЙ**

ЧЕМОДА́Н, -а, *м.* **1.** Серый, неинтересный человек. **2.** Лицо (обычно большое, толстое). **3.** Гроб. **4.** Машина, автомобиль (обычно старый, неисправный).

ЧЕМОДАН* *см.* **ДЕЛАТЬ ДВОЙНОЕ ДНО И ФОРМУ ЧЕМОДАНА; ЛЕЧЬ (ПРИЛЕЧЬ) В СОСНОВЫЙ (ДУБОВЫЙ) ЧЕМОДАН; МЕЖДУ НАМИ КЛЮЧИ И ЧЕМОДАН; МЕЖДУ НАМИ ЧЕМОДАН И БАЛЕТНЫЕ ТАПОЧКИ; СДЕЛАТЬ БЛЕДНЫЙ ВИД И ФОРМУ ЧЕМОДАНА; СДЕЛАТЬ МОРДУ КИРПИЧОМ (ЧЕМОДАНОМ); ШЕВЕЛИТЬ ЧЕМОДАНЫ**

♦ **ЧЕМОДА́Н «ТТ»** — *шутл.* плохой чемодан, чемодан «только туда», т. е. чемодан, ломающийся после первого использования.

Аллюзия к марке пистолета.

ЧЕНДЖ, ЧЕНЖ, ЧЕНЧ *см.* **ЧЕЙНДЖ**

ЧЕПЕ́Ц, -пца́, **ЧЕ́ПЧИК**, -а, *м.* **1.** Кепка, любой головной убор. **2.** Милиционер.

ЧЕПЕ́ШНЫЕ, -ых, **ЧЭПЭ́ШНЫЕ**, -ых, *мн.* Повышенное жалование, которое выплачивается военнослужащим в т. н. горячих точках.

От *аббрев.* «ЧП» — чрезвычайное происшествие; из *арм.*

ЧЕПО́К, -пка́, **ЧИП**[1], -а, **ЧИПО́К**[1], -пка́, *м.* Солдатская чайная на территории воинской части; вообще чайная, кафе, рюмочная и т. п.

Из *арм.*

ЧЕПЧИК *см.* **ЧЕПЕЦ**

ЧЕРВИ́ВКА, -и, *ж.* Вино низкого качества (чаще о яблочном).

ЧЕРВИ́ВЫЙ[1], -ая, -ое. *Шутл.* Червовый (в картах). *~ая девятка. ~ валет.*

ЧЕРВИ́ВЫЙ[2], -ая, -ое. **1.** Плохой, ненадёжный (обычно о человеке). *~ парень.* **2.** Прыщавый, угреватый. ♦ **~ глаз** (или **взгляд**) — дурной глаз (обычно в картах).

ЧЕРВО́Н, -а, *м.* или в зн. *числ.* Что-л. числом десять. *~ детей.*

От **ЧЕРВОНЕЦ**.

ЧЕРВО́НЕЦ, -нца, *м.* **1.** Набор из любых десяти предметов. *По утрам ~ делает* (пробегает 10 км). *За такое вышку надо, а не ~* (срок заключения 10 лет). **2.** Милиционер (чаще о работнике ГАИ). *~ стойт, сбавь скорость.*

Общеупотр. «червонец» — десять рублей; 2. — по обычной сумме штрафа за нарушение правил движения; *ср. уг.* «червонец» — милиционер.

ЧЕРВО́НЧИК, -а, *м.* **1.** То же, что **ЧЕРВОНЕЦ** во всех зн. **2.** Тот, кто платит за всех. *Кто у нас сегодня ~?*

ЧЕРВЯ́К[1], -а́, **ЧЕРВЯЧО́К**[1], -чка́, *м.* Червонец, десять рублей.

ЧЕРВЯ́К[2], -а́, **ЧЕРВЯЧО́К**[2], -чка́, *м.* Мужской половой орган. ♦ **Червяка** (или **червячка**) **забить** *кому* — вступить в половую связь с кем-л. (о мужчине).

ЧЕРВЯ́К[3], -а́, *м.*, **ЧЕРВЯКИ́**, -о́в, *мн.* Черви (карт. масть). *Ходи с червяков.*

См. также **ЧЕРВИВЫЙ**[1].

ЧЕРВЯЧОК[1] *см.* **ЧЕРВЯК**[1]

ЧЕРВЯЧО́К[2] *см.* **ЧЕРВЯК**[2]

ЧЕРДА́К, -а́, *м.* **1.** Голова, мозги, ум. *Что ты думаешь своим лысым ~ом?* — как ты считаешь?, что ты думаешь об этом? **2.** Верхний карман на груди. ♦ **Лысый ~** — шутл. обращение (не обязательно к лысому человеку). **~ потёк** (или **протёк, поехал**) *у кого* — о чьей-л. ненормальности, глупости и т. п.

См. также **БЕЗ ЧЕРДАКА**; **ЧЕМ ВЫШЕ ДОМ, ТЕМ ЗАПУЩЕННЕЙ ЧЕРДАК**

ЧЕРДА́ЧНИК, -а, *м.* **1.** Нелюдим, одиночка, человек себе на уме. **2.** Вор, мелкий жулик, карманник.

2. — от **ЧЕРДАК 2.**

♦ **ЧЕРЕЗ ДЕНЬ НА РЕМЕ́НЬ** — режим, при котором через день ходят в караул.

Из *арм.*

♦ **ЧЕРЕЗ ЗА́ДНИЦУ** *что делать* — плохо, нерационально, спустя рукава.

ЧЕРЕЗ ЗАДНИЦУ (ЖОПУ) АВТОГЕНОМ *см.* **АВТОГЕНОМ**

ЧЕРЁМУХА, -и, *ж.* **1.** Что-л. хорошее, отличное. *Вот это ~! Эх, ~!* **2.** Жена, женщина, девушка. *Со своей ~ой.* **3.** Чёрный хлеб. **4.** Слезоточивый газ.

3. — возм. из *уг.*

ЧЕРЕМША́, -и́, *ж.* Жена, любовница, подруга; любая женщина.

ЧЕ́РЕП, -а, *м.* **1.** Голова. **2.** Солдат, не отслуживший ещё полгода. ♦ **~ как Дом Советов** *у кого* — **1.** О большом количестве проблем или о сильной головной боли. **2.** О чьём-л. большом уме. **Поскрести ~** — подумать, поразмыслить. **Восстановление черт лица по ~у́** — макияж.

См. также **ВСКРЫТЬ**; **НАПРЯГАТЬ ЧЕРЕП (ИЗВИЛИНУ, СЕРУЮ МАССУ, МОЗЖЕЧОК)**

ЧЕРЕПА́, -о́в, **ЧЕРЕПКИ́**, -о́в, *мн. Родители. ~ дома? Как ~ уйдут, приходи.* ♦ **Черепа́ на про́воде** — родители разговаривают по телефону.

♦ — из *шк.*

ЧЕРЕПА́ДЛА, -ы, *ж.* и *м. Бран.*

От «черепаха» + «падла», *ср.* напр. **КУРВОПАДЛА.**

ЧЕРЕПА НА ПРОВОДЕ *см.* **ЧЕРЕПА**

ЧЕРЕПА́ХА, -и, *ж.* Писсуар, реже унитаз.

Ср. *уг.* «черепаха» — унитаз в камере.

ЧЕРЕПА́ШИТЬСЯ, -шусь, -шишься; *несов., куда* и *без доп.* Еле двигаться, тащиться, волочиться.

От общеупотр. «медлительный как черепаха», «идти черепашьим шагом» и т. п.

ЧЕРЕПА́ШКИ-МУТА́НТЫ, черепа́шек-мута́нтов. *Ирон.-пренебр.* О глупых, примитивных людях.

Из мультфильма.

ЧЕРЕПИ́ЦА, -ы, *ж.* Голова, темя. *~у напекло. Дождь в ~у стучит.*

ЧЕРЕПКИ *см.* **ЧЕРЕПА**

ЧЕРЕПО́К, -пка́, **ЧЕРЕПО́ЧЕК**, -чка, *м.*, **ЧЕРЕПУ́ХА**, -и, **ЧЕРЕПУ́ШКА**, -и, *ж.* **1.** То же, что **ЧЕРЕП. 2.** обычно *мн.* Любая посуда. *Пить будем из горла или из черепков?* **3.** только *мн.* То же, что **ЧЕРЕПА.**

ЧЕРЕПУШКА *см.* **КЛЕВАТЬ (ЧЕРЕПУШКУ)**; **ЧЕРЕПОК**

ЧЕРЕ́ШНЯ, -и, *ж.* **1.** Что-л. хорошее. *Эх, ~! ~, а не жизнь.* **2.** Жена; женщина.

ЧЕРЕШНЯ* *см.* **ОТВАЛИВАТЬ**

ЧЕРКЕ́С, -а, *м.* Нож, кинжал.

Из *уг.*

♦ **ЧЁРНАЯ СО́ТНЯ** — сигареты «Ява-100».

♦ **ЧЁРНАЯ СУББО́ТА. 1.** Субботник. **2.** Рабочий день в субботу по квартальному графику рабочего времени.

ЧЁРНЕНЬКИЙ *см.* **БЕЛЕТЬ**

ЧЕРНОБРО́ВЫЙ, -ого, *м., собств.* Л. И. Брежнев.

ЧЕРНОБУ́РКА, -и, *ж.* **1.** Наркотическое средство чёрно-бурого цвета из денатурата, пива и политуры. **2.** Богатая женщина (часто о валютных проститутках). **3.** Лобок.

Общеупотр. *разг.* «чернобурка» — выделанный мех серебристо-чёрной (чернобурой) лисы.

♦ **ЧЕРНО́БЫЛЬСКИЙ БРО́ЙЛЕР** — Новый герб России — царский двуглавый орёл без короны, скипетра и державы.

♦ **ЧЕРНО́БЫЛЬСКОЕ ЛУЧИ́СТОЕ** — *шутл.* о некачественном вине.

ЧЕРНОВИЧО́К, -чка́, *м.* Первый муж.

♦ **ЧЁРНОЕ ДЕ́РЕВО** — крепкий чай, чифирь.

Возм. через *уг.*

ЧЕРНОЖО́ПИЯ, -и, *ж.* Южные республики бывшего СССР (обычно о Кавказе и Средней Азии).

От **ЧЕРНОЖОПЫЙ 2.**

ЧЕРНОЖО́ПЫЙ, -ого, **ЧЕРНОМА́ЗЫЙ**, -ого, *м.* **1.** Негр. **2.** Т. н. «лицо южной национальности» (кавказец или житель Средней Азии).

«Чёрный» + **ЖОПА.**

ЧЕРНОКНИ́ЖНИК, -а, *м.* **1.** Спекулянт книгами. **2.** Классный руководитель.

2. — из *шк.*; вероятно, имеется в виду, что он хранит классный журнал («чёрную книгу»).

ЧЕРНОМАЗЫЙ *см.* **ЧЕРНОЖОПЫЙ**

ЧЕРНОМО́Р, -а, **ЧЕРНОМЫ́Р**, -а, *м.*, *собств.* (или **ДЯ́ДЬКА ~**). В. С. Черномырдин, бывший премьер-министр. *Приехали там всякие, а с ними — дядька-Черномор.*

Аллюзия к персонажу сказки А. С. Пушкина «Руслан и Людмила».

ЧЕРНОМЫРДИ́ЗМ, -а, *м. Ирон.* Какое-л. неправильно употр. сл., нарушение грамматических или стилистических правил. *«Хочат» — типичный ~.*

По имени бывшего премьер-министра В. С. Черномырдина; *ср.* **ЧЕРНОМОР.**

ЧЕРНОМЫ́РДИЯ, -и, *ж.*, *собств. Шутл.* Россия. *Страна наша дорогая, ~!*

См. **ЧЕРНОМОР, ЧЕРНОМЫРДИЗМ**; возм. из частушки.

ЧЕРНОТА́, -ы́, *ж.*, *собир.* Жители южных республик бывшего СССР (обычно Кавказа и Средней Азии).

ЧЕРНУ́ХА, -и, **ЧЕРНУ́ШКА**, -и, *ж.* **1.** Что-л. плохое, низкопробное; ложь, враньё. **2.** Чёрный хлеб. **3.** Опиум. **4.** Негритянка. **5.** Чай, чифирь. **6.** Произведение искусства (чаще — фильм), показывающее жизнь с мрачной, безысходной стороны. ♦ **Лепить** (или **гнать, садить** и т. п.) **~у** — **1.** Делать что-л. некачественно, халтурно. **2.** *кому на кого.* Наговаривать на кого-л., приписывать кому-л. несуществующие недостатки.

1., 3. — от *уг.* и *нарк.* «чернуха», «чернушка» — опий, опий-сырец, отвар на основе опия; ложь; задница.

ЧЕРНУ́ШНИК, -а, *м.* **1.** Лжец, обманщик, мошенник; халтурщик, бракодел. **2.** Наркоман, употребляющий опиум.

1. — от **ЧЕРНУХА 1., ЛЕПИТЬ ЧЕРНУХУ**; 2. — от **ЧЕРНУХА 3.**

ЧЕРНУ́ШНИЧАТЬ, -аю, -аешь; *несов., без доп.* Делать что-л. плохо, недобросовестно; лгать, обманывать; подличать.

От **ЧЕРНУШНИК.**

ЧЁРНЫЙ, -ого, *м.* **1.** Негр. **2.** Житель Кавказа, Закавказья и Средней Азии. **3.** Опиум.

3. — возм. из *нарк.*, *см.* **ЧЕРНУХА 3.**

ЧЁРНЫЙ* *см.* **У НАС ДЕМОКРАТИЯ...; ЧЁРНАЯ СОТНЯ; ЧЁРНАЯ СУББОТА; ЧЁРНОЕ ДЕРЕВО**

♦ **ЧЁРНЫЙ ВО́РОН** — **1.** Машина для перевозки арестантов. **2.** Правительственная машина.

♦ **ЧЁРНЫЙ МЕ́СЯЦ** — задница.

Возм. через *уг.*

♦ **ЧЁРНЫЙ НАЛ** — наличные деньги, укрываемые от налогообложения.

ЧЁРНЫЙ ОТКАТ *см.* **ОТКАТ**

♦ **ЧЁРНЫЙ ТЮЛЬПА́Н** — транспортный самолёт, доставлявший гробы с телами погибших из Афганистана.

ЧЕРНЯ́ГА, -и, **ЧЕРНЯ́ЖКА**, -и, **ЧЕРНЯ́ШКА**, -и, *ж.* То же, что **ЧЕРНУХА 2. — 5.**

ЧЕРПА́К, -а́, **ЧЕРПАЧО́К**, -чка́, *м.* Солдат третьего полугодия службы.

Из *арм.*

ЧЕРПА́ЛКА, -и, *ж.* Рука. *Подставляй ~и, семечек сыпану.*

ЧЕРПАЧОК *см.* **ЧЕРПАК**

ЧЁРТ, -а, *м.*, **ЧЕРТИ́ЛА**[1], -ы, *м.* и *ж.* **1.** Милиционер (чаще о начальнике). **2.** О любом человеке; часто употр. как обращение. *Эй вы, черти!* **3.** Активный, опасный, сильный, решительный, влиятельный человек.

Ср. *уг.* «чёрт» — начальник уголовного розыска; тот, кто выдаёт себя за блатного, но таковым не является; работяга, трудяга; молодой вор; простак, простофиля; начинающий наркоман; *ср.* «чёртова рота» — угрозыск и т. п.

ЧЁРТ* *см.* **НА ФИГ (НА ХРЕН, К ЧЁРТУ, ЗАЧЕМ) МНЕ ТАКАЯ РАДОСТЬ?; ЧЕРТЕЙ ГОНЯТЬ; ЧЁРТ-ТЕ ЧТО И СБОКУ ПЕЙДЖЕР**

ЧЕРТА *см.* **ЧЕРЕП**

ЧЕРТЁЖКА, -и, *ж.* Чертёжная комната. *Оттянулся* (отдохнул) *в ~е.*

Из *арм.*

ЧЕРТЁЖНИК, -а, **ЧЕРТИ́ЛА**[2], -ы, *м.* Тот, у кого есть нож; убийца.

Возм. из *уг.*; *ср.* **ЧЕРТИТЬ.**

♦ **ЧЕРТЕ́Й ГОНЯ́ТЬ** — играть в популярную игру DOOM на компьютере.

ЧЕРТИЛА[1] *см.* **ЧЁРТ**

ЧЕРТИЛА[2] *см.* **ЧЕРТЁЖНИК**

ЧЕРТИ́ЛКА[1], -и, *м.* и *ж.* Ласк.-дружеское обращение (в зн. «чёртик, страшилка» и т. п.).

От общеупотр. «чёрт».

ЧЕРТИ́ЛКА[2], -и, *ж.* Нож.

От **ЧЕРТИТЬ.**

ЧЕРТИ́ТЬ, черчу́, че́ртишь; *несов., кого чем.* Резать ножом.

Возм. из *уг.*

ЧЕРТО́ВКА, -и, *ж.* **1.** Отпетая проститутка. **2.** Опытная воровка.

2. — возм. из *уг.*

ЧЕРТОВЩИ́НКА, -и, *ж.* **1.** То же, что **ЧЕРТОВКА** во всех зн. **2.** Любая девушка, женщина. *~ рыжая.* **3.** Любая необычная, причудливая, странная вещь. *~ японская* (о современном проигрывателе).

ЧЕРТОГО́Н, -а, **ЧЕРТОГО́НЧИК**, -а, *м.*, **ЧЕРТОГО́НКА**, -и, *ж.* Нательный крест; реже — икона в доме.

♦ **ЧЁРТ-ТЕ ЧТО И СБО́КУ ПЕ́ЙДЖЕР** — чёрт-те что, чёрт знает что, ерунда какая-то.

Шутл. пародирование разг. идиомы «чёрт-те что и сбоку бантик».

ЧЁС, -а, *м.* **1.** Очень быстрая, интенсивная игра на электрогитаре. **2.** Сильное желание чего-л. *~ на баб. ~ в рожу дать.* **3.** Болтовня, трёп. *Бабий ~. Один ~, хоть бы звук по делу!* **4.** Шулерская тасовка карт.

От общеупотр. «чесать»; 1. — *ср.* **ЧЕСАТЬ 4**; 3. — от «чесать языком» — заниматься пустой болтовней; 4. — из *карт.*

ЧЕСА́ЛКА, -и, *ж.* **1.** (или **БЛОШИ́НАЯ ~**). Расчёска. **2.** Язык.

2. — от **ЧЕСАТЬ 3.**

ЧЕСА́ЛЬЩИК, -а, *м.* Гитарист.

Из *муз.*, *ср.* **ЧЕСАТЬ 4**; **ЧЁС 1.**

ЧЕСА́ТЬ, чешу́, че́шешь; *несов.* (*сов.* **ЧЕСАНУ́ТЬ**, -ну́, -нёшь). **1.** *куда, откуда* и *без доп.* Идти. **2.** *кого на что, в чём.* Обманывать, надувать, обыгрывать, обычно нечестно (напр. в картах). **3.** *что кому о чём* и *без доп.* Говорить, рассказывать; врать. *Если спросит, чесани ему какую-нибудь историю* (наври). **4.** Играть на гитаре.

Ср. общеупотр. «чесать» в перен. зн. «делать что-л. интенсивно»; «чесать язык (языком)» — заниматься пустой болтовней; возм. влияние *уг.*

ЧЕСАТЬ* *см.* **ЁК**; **ЖИДУ ПЕЙСЫ ЧЕСАТЬ**; **СЛИВАЙ ВОДУ — ЧЕШИ ГРУДЬ**; **ФИРМА**; **ЧЕШИ БРЮХО (ГРУДЬ)**

♦ **ЧЕСА́ТЬ КОЛО́ДУ** — тасовать карты (о шулерах).

Из *карт.*

♦ **ЧЕСА́ТЬ ЛОХМА́ТОГО** (или **ЛЫ́СОГО**) — лгать, обманывать без зазрения совести.

ЧЕСТ *см.* **БЕРЕГИ ЧЕСТ СМОЛОДУ**

♦ **ЧЕ́СТНАЯ ДАВА́ЛКА** — *ирон.* о девушке, женщине (не обязательно лёгкого поведения).

♦ **ЧЕ́СТНОЕ ОКТЯБРЯ́ТСКОЕ** (или **ПИОНЕ́РСКОЕ**, **ПАРТИ́ЙНОЕ**, **КОММУНИСТИ́ЧЕСКОЕ**, **КОМСОМО́ЛЬСКОЕ**, **АНТИСЕМИ́ТСКОЕ**) — ирон. клятва.

ЧЕСТНЫЙ *см.* **КАК ЧЕСТНАЯ ДЕВОЧКА**

ЧЕТВЕРИ́К,-а́, **ЧЕРВЕРТА́К**, -а́, *м.*, **ЧЕРТВЕРТУ́ХА**, -и, **ЧЕРТВЕРТУ́ШКА**, -и, *ж.* **1.** Четверг. **2.** Что-л. количеством четыре. *~ по алгебре* (четыре балла). *Пробежал ~ и сдох* (четыре километра). **3.** Сумма в размере 25, 250 и т. п. рублей, в зависимости от ситуации.

ЧЕТВЕРОНО́ГИЙ, -ая, -ое. Пьяный.

ЧЕТВЕРТАК *см.* **ЧЕТВЕРИК**

ЧЕТВЕРТНА́Я, -о́й, *ж.*, **ЧЕТВЕРТНО́Й**, -о́го, *м.* То же, что **ЧЕТВЕРИК 3.**

ЧЕТВЕРТУХА, **ЧЕТВЕРТУШКА** *см.* **ЧЕТВЕРИК**

ЧЕТВЕРТЬ *см.* **ЗАВОДИТЬСЯ (С ЧЕТВЕРТЬ ОБОРОТА)**; **ЭТО ЖЕ ПЕРВЫЙ КЛАСС...**

ЧЕТКА́Ч, -а́, *м.* и в зн. *сказ.* Что-л. отличное, прекрасное.

От **ЧЁТКИЙ**, **ЧЁТКО.**

ЧЁТКИЙ, -ая, -ое. Отличный, великолепный. *~ая деваха.*

ЧЁТКО, *нареч.* Прекрасно, чудесно. *~ пообедали.*

От **ЧЁТКИЙ.**

ЧЕТЫРЕ *см.* **ВОДОЛАЗ**; **НА ЧЕТЫРЁХ ТОЧКАХ**; **НА ЧЕТЫРЁХ КОСТЯХ**; **СМЫЧОК**; **ТЫ ПРАВ, АРКАШКА...**

♦ **ЧЕТЫ́РЕ СБО́КУ — ВА́ШИХ НЕТ** — всё, баста, кончено (часто в ситуации, когда у собеседника нет больше никаких шансов на что-л., нет аргументов в споре).

Возм. из *уг.* или *карт.*

ЧЕТЫРЁХГЛА́ЗЫЙ, -ая, -ое. О человеке в очках. *Интеллигент ~.*

ЧЕХ, -а, *м.* Чеченец.

Возм. из *уг.*

ЧЕХЛИ́ТЬ, -лю́, -ли́шь, **ЧЕХЛИ́ТЬСЯ**, -лю́сь, -ли́шься; *несов., без доп.* **1.** Одеваться. **2.** Надевать презерватив, пользоваться им.

2. — от **ЧЕХОЛ**.

ЧЕХНА́РИТЬ, -рю, -ришь; *несов., без доп.* Пить чай, чифирь.

От **ЧЕХНАРЬ**.

ЧЕХНА́РЬ, -я́, *м.* Чай, чифирь.

Возм. из *уг.*

ЧЕХО́Л, -хла́, *м.* Презерватив. *Дуло-то в ~хле?*

ЧЕЧЕ́НЕЦ, -нца, *м.* Десять рублей, десятка. *~нцами трясти* — хвалиться деньгами.

Возм. контаминация общеупотр. «чеченец» (национальность) и «червонец».

ЧЕЧЕНО́ИД, -а, *м.* Чеченец, кавказец, т. н. «лицо южной национальности». *~ы в лампасах* (в физкультурных штанах с полосками).

ЧЕЧНЯ́, -и́, *ж., собир.* Южане, т. н. «лица южной национальности». *От ~и скоро кремлёвские стены почернеют.*

Метонимия; от назв. республики на Кавказе; возм. осмысление огласовки «Чечня» по аналогии с моделями типа **ЖИДОВНЯ**, **ФИГНЯ**, **ХЕРНЯ** и т. п. как собир. уничижительное.

ЧЕЧНЯ* *см.* **ИЗ ЧЕЧНИ В ГРЕКИ**

♦ **ЧЕШИ́ БРЮ́ХО** (или **ГРУДЬ**) — отдыхай; будь здоров.

ЧЕШУ́ЙЧАТЫЙ, -ого, *м.* Шутл. обращение. *Ты, ~, иди сюда!*

От общеупотр. «чешуя», «чешуйчатые пресмыкающиеся».

ЧЕШУЯ́, -и́, *ж.* Чушь, глупости. ♦ **~ю нести** (или **пороть, гнать** и т. п.) — говорить или делать глупости.

Возм. наложение «чешуя» и «чушь».

ЧЕШУЯ* *см.* **МОДНАЯ ЧЕШУЯ**; **РЫБЬЯ ЧЕШУЯ**

ЧИГРА́Ш, -а (или -а́), **ЧЕГРА́Ш**, -а (или -а́), *м.* **1.** Маленький ребёнок, сорванец, хулиган. **2.** Мелкий вор. **3.** Маленький кусок чего-л., остаток. *~ мела.*

Возм. через *уг.*; первоначально разновидность голубя; из арго голубятников.

ЧИГРА́ШИТЬ, -шу, -шишь; *несов., без доп.* Хулиганить, озорничать; заниматься мелким воровством.

От **ЧИГРАШ 1., 2.**

ЧИЖ, -а́, *м.* (или **ЧИ́ЖИК**, -а, *м.*). **1.** Мужской половой орган. **2.** Помощник, подмастерье, человек «на посылках», «шестёрка».

2. — возм. из *уг.*

ЧИ́КАЛКА, -и, *ж.*, **ЧИ́КАЛО**, -а, *ср.* Нож.

От **ЧИКАТЬ**.

ЧИ́КАТЬ, -аю, -аешь; *несов.* (*сов.* **ЧИ́КНУТЬ**,-ну, -нешь), *кого.* **1.** Вступать в половую связь с кем-л. (о мужчине). **2.** Резать, убивать (обычно ножом).

Звукоподр.; возм. через *уг.*

ЧИ́КАТЬСЯ, -аюсь, -аешься; *несов.* **1.** (и **ЧИ́КНУТЬСЯ**, -нусь, -нешься, *сов.*). *с кем-чем.* Заниматься любовью. **2.** *без доп.* Возиться, мучиться с чем-л.; долго что-л. делать. **3.** *с чем* и *без доп.* Копаться, возиться. *Весь день с пылесосом ~ался* (чинил).

Ср. **ЧИКАТЬ, 1.**

ЧИ́КИ, *межд.* и в зн. *сказ.* (или **~-~**, **~-БРИ́КИ**, **~-ПИ́КИ** и под.). Всё в порядке, всё о'кей. *На личном фронте всё ~. Как дела? — ~-~.*

Ср. **ТИКИ-ТАК**.

ЧИКНУТЬ *см.* **ЧИКАТЬ**

ЧИКНУТЬСЯ *см.* **ЧИКАТЬСЯ**

ЧИ́КСА, -ы, *ж.*, **ЧИКСА́**, -ы́, *ж.* Девушка. *Симпатичная ~.*

ЧИКФА́ЙЕР, -а, *м.* Загижалка.

Звукоподр. «чик» + англ. fire — огонь.

ЧИЛД, **ЧИЛДРАН**, **ЧИЛДРЕН**, **ЧИЛДРЁНОК** *см.* **ЧАЙЛД**

ЧИНА́РИК[1], -а, *м.* **1.** Окурок. **2.** Слабый,забитый, невзрачный человек. ♦ **Собирать ~и** — быть бедным.

ЧИНА́РИК[2], -а, *м.* Чиновник (обычно мелкий). *~ом работать.*

ЧИНИ́ТЬ, чиню́, чи́нишь; *несов.* **1.** *что.* Лечить. *Тебе надо голову ~* (о психическом расстройстве). *Меня цитрамон не чинит* (не действует, не вылечивает). **2.** *кого-что кому.* Бить, избивать кого-л. *Мы его втроем минут десять чинили, крепкий, гад.*

ЧИНИ́ТЬСЯ, чиню́сь, чи́нишься; *несов.*; *без доп.* Лечиться, проходить курс лечения. *Ложусь в пансионат, буду ~.*

ЧИ́ННЫЙ, -ая, -ое. Отличный, чудесный. *~ бар. ~ая музыка. ~ые штаны.*

ЧИП[1] *см.* **ЧЕПОК**

ЧИП[2], -а, **ЧИПО́К**[2], -пка́, *м.* Фишка стоимостью в один рубль; любая мелкая ставка в игре.

Возм. англ. chip — марка, фишка.

ЧИП[3], -а, *м.* Что-л. дешёвое.

См. **ЧИПОВЫЙ**.

ЧИП[4], -а, **ЧИ́ПИЛИС**, -а, **ЧИПО́К**[3], -пка́, *м.* Сифилис. *~ схватить.*

ЧИПО́ВЫЙ, -ая, -ое. Дешёвый.

От англ. cheap в том же зн.

ЧИПОК[1] *см.* **ЧЕПОК**

ЧИПОК[2] *см.* **ЧИП**[2]

ЧИПОК[3] *см.* **ЧИП**[4]

ЧИ́РИК, -а, *м.* **1.** Десять рублей. **2.** Всё количеством десять. *Ремонт в ~ влетел* — заплатил за ремонт десять тысяч рублей. *До моей фазенды* (дачи) *два часа электричкой и ~ пешком* (десять километров).

См. также **НА ФИГА**

ЧИРИ́КАЛО, -а, *ср.* **1.** Рот. **2.** Болтун, пустомеля.

От **ЧИРИКАТЬ**.

ЧИРИ́КАТЬ, -аю, -аешь; *несов., с кем о чём* и *без доп.* Говорить, болтать. ♦ **По-рыбьи** (или **на рыбьем языке**) ~ — знать блатной жаргон.

См. также **СИДИ В ОКОПЕ И НЕ ВЯКАЙ...**

♦ — из *уг.*

ЧИРИ́К-ПИЗДЫ́К, *неизм.* в зн. *вводн. сл.* То да сё, слово за слово.

Звукоподр. «чирик» + *бран.*

ЧИРК, -а, *м.*, **ЧИ́РКА**, -и, *ж.* **1.** Нож. **2.** обычно *мн.* То же, что **ЧИРКАЛКИ**.

ЧИ́РКАЛКИ, -лок, *мн.* Спички.

От общеупотр. звукоподр. «чиркать».

ЧИСТАКИ́, -ко́в, *собств.* Чистые пруды. *В семь на ~ках.*

ЧИСТЕНЬКИЙ *см.* **ЧИСТЫЙ**

ЧИ́СТИК, -а, **ЧИСТУ́ШНИК**, -а, *м.* **1.** Чистый, вымывшийся человек. **2.** Человек, у которого нет денег.

2. — *ср.* **ЧИСТЫЙ 1.**

ЧИСТИ́ЛИЩЕ, -а, *ср.* **1.** Баня, ванная комната. **2.** Выговор от начальства, проработка на собрании и т. п. *~ устроить.* **3.** Вытрезвитель. **4.** Туалет.

Общеупотр. «чистилище» — в католическом вероучении: место, где души умерших очищаются от грехов.

ЧИ́СТИТЬ, чи́щу, чи́стишь; *несов., что кому.* Бить, ударять кого-л. *Завтра буду Ваське харю ~.*

ЧИСТИТЬ* *см.* **А ТЫ ЗУБЫ СЕГОДНЯ ЧИСТИЛ?**; **ЖОПОЙ ЧИСТИТЬ ПРОВОДА...**; **РЫБА ГНИЁТ С ГОЛОВЫ, А ЧИСТЯТ ЕЁ С ХВОСТА**

ЧИ́СТКА, -и, *ж.* Аборт.

ЧИ́СТО (или **ЧИ́СТО-КОНКРЕ́ТНО**), *неизм.*, в зн. *вводн. сл.* «Слово-паразит» (типа «вот», «так сказать», «значит» и т. п.), вставляемое в речь по любому поводу, часто в целях имитации, пародирования неграмотной речи, речи «новых русских» из провинции и т. п. *Я, ~, ему говорю. Зовут меня, ~, Артур. Это, ~, другое дело.*

ЧИСТОГА́НИТЬ, -ню, -нишь; *несов., кому, кого* и *без доп.* Платить наличными; вообще оплачивать, финансировать. *Кто эту контору ~нит?*

От общеупотр. «чистоган».

ЧИСТУХА, **ЧИСТУШКА** *см.* **ЧИСТЯК**

ЧИСТУШНИК *см.* **ЧИСТИК**

ЧИ́СТЫЙ, -ая, -ое, **ЧИ́СТЕНЬКИЙ**, -ая, -ое. **1.** Не имеющий денег, безденежный. *Я сегодня ~.* **2.** Ничего не знающий, неподготовленный. *На экзамены ~ хожу.* **3.** О товаре, на который оформлены документы об уплате налогов и пошлин. **4.** в зн. *сущ.*, только *мн.* Деньги, зарплата, доход после отчислений и уплаты налогов. *Две тысячи чистыми.*

Ср. **ОЧИЩЕННЫЙ**, **ГРЯЗНЫЙ**.

ЧИСТЫЙ ПРОДУКТ *см.* **ПРОДУКТ**

ЧИСТЯ́К, -а́, *м.*, **ЧИСТУ́ХА**, -и, **ЧИСТУ́ШКА**, -и, *ж.* **1.** Что-л. чистое, неразбавленное. *Спирт-чистяк.* **2.** Полное отсутствие чего-л. *В башке ~. ~ в кошельке.* **3.** (только **ЧИСТЯ́К**, -а́). Т. н. «чистый мизер» (когда играющий при любом раскладе карт не берёт ни одной взятки) в преферансе.

См. также **НАВОДИТЬ**

3. — из *карт.*

ЧИСТЯКО́М, *нареч.* **1.** Полностью, до дна, абсолютно, подчистую. *Всё ~ выгребли.* **2.** Наличными; «чистыми», с учётом уплаты налогов, получаемыми на руки (о деньгах). *У меня ~ в месяц десять тысяч выходит.*

ЧИТА́БЕЛЬНЫЙ, -ая, -ое. Такой, который можно читать (о книгах и т. п.). *~ая повестушка.*

Ср. **СМОТРИБЕЛЬНЫЙ** и т. п.

ЧИТА́ЛКА, -и, *ж.* **1.** Девушка, женщина, которая любит читать, много читает. **2.** *ирон.* Место, где пьют спиртное. ♦ **Пойти в ~у** — выпить.

От общеупотр. *разг.* «читалка» — читальный зал; 2. — из *студ.*; *см.* **ЧИТАТЬ**.

ЧИТА́ЛОВО, -а, *ср.* То, что можно читать; литература, книги, чтиво. *Дюдик* (детектив) — *это ~ для придурков.*

Ср. модель **ВИНТИЛОВО** и т. п.

ЧИТА́ТЕЛЬ, -я, *м.* Выпивоха, известный любитель выпить. *Серега у нас знатный ~.*

От **ЧИТАТЬ**.

ЧИТАТЕЛЬ* *см.* **ЧУКЧА НЕ ЧИТАТЕЛЬ, ЧУКЧА — ПИСАТЕЛЬ**

ЧИТА́ТЬ, -а́ю, -а́ешь; *несов., что* (или **ИНТЕРЕ́СНЫЕ КНИ́ГИ ~, КЛА́ССИКОВ ~, ОБЯЗА́ТЕЛЬНУЮ ЛИТЕРАТУ́РУ ~** и т. п.). Пить спиртное.

Из *студ.*

ЧИФ, -а, **ЧИ́ФЕР**[1], -а, *м.* **1.** Шеф, начальник. **2.** Любой человек, некто. **3.** Капитан (в армии, на флоте).

Англ. chief — начальник.

ЧИФА́НИТЬ, -ню, -нишь; *несов., что* и *без доп.* **1.** То же, что **ЧИФИРИТЬ**. **2.** Есть, кушать.

Возм. из *уг.*

ЧИФА́НКА, -и, *ж.* **1.** То же, что **ЧИФИРЬ**. **2.** Рот.

От **ЧИФАНИТЬ**.

ЧИФЕР[1] *см.* **ЧИФ**

ЧИФЕР[2] *см.* **ЧИФИРЬ**

ЧИФИ́РИТЬ, -рю, -ришь, **ЧИФИРИ́ТЬ**, -рю́, -ри́шь; *несов.* (*сов.* **ЧИФИРНУ́ТЬ**, -ну́, -нёшь), **ЧИФИ́РИТЬСЯ**, -рюсь, -ришься, **ЧИФИРИ́ТЬСЯ**, -рю́сь, -ри́шься; *несов.* (*сов.* **ЧИФИРНУ́ТЬСЯ**, -ну́сь, -нёшься), *без доп.* Пить крепкий чай, чифирь; вообще пить чай.

От **ЧИФИРЬ**.

ЧИФИРКА *см.* **ЧИФИРЬ**

ЧИФИРНУТЬ, ЧИФИРНУТЬСЯ *см.* **ЧИФИРИТЬ**

ЧИФИ́РЬ, -я́, **ЧИ́ФЕР**[2], -а, *м.*, **ЧИФИ́РКА**, -и, *ж.* Любой чай; крепкий чай, употр. в качестве наркотического средства; что-л. крепкое, концентрированное, интенсивное.

Возм. первоначально от «чихирь» — крепкое красное кавказское вино; возм. через *уг.*

ЧИХНЯ́, -и́, *ж.* Ерунда, чушь.

Возм. от «чихать», «чих».

ЧИХО́ВЫЙ, -ая, -ое. Пустой, никудышный.

См. **ЧИХНЯ**.

ЧИ́Х-ПЫ́Х, *межд.* Раз-раз, шлёп-шлёп и т. п. (в зн. быстро, тотчас). *Чего нам стоит книжку-то написать: ~ — и покупай сейф для гонорара.*

ЧИ́ЧА[1], -и, *ж.* **1.** Синяк, нарыв, ссадина, шишка. *Набить ~у. Поставить ~у.* **2.** *мн.* Глаза. *~ами ворочать* (смотреть по сторонам). **3.** Лицо.

См. также **ТАРАНИТЬ ЧИЧЕЙ**

Возм. через *уг.*; возм. от *устар. диал.* «шишак», «чичак», «чечак» — шлем; возм. звукоподр.

ЧИ́ЧА[2], -и, *м.* и *ж.*, **ЧИЧА́К**, -а́, *м.* Презираемый всеми вор, преступник.

Из *уг.*

ЧЛЕН, -а, *м.* **1.** Мужской половой орган. *Я достаю из широких штанин ~ размером с консервную банку, смотрите, завидуйте — я гражданин, а не какая-нибудь гражданка* — ирон. передел. стихи В. Маяковского. *На Малаховской платформе ~ валялся без волос. Пока волосы искали, он на яйцах уполоз* (частушка). **2.** Любой человек (обычно в уничижительном зн.). ♦ **Лучше ~ в руке, чем синица в небе** — ирон. передел. пословица «Лучше синица в руке, чем журавль в небе». **В чужих руках ~ всегда толще** — *ирон.* у других всё всегда кажется лучше.

См. также **БОСЫЙ ЧЛЕН; ВАФЛИНАЯ ДОЛИНА, ИЛИ ЧЛЕН В ГОРЛИНУ; ВИДИТ ОКО, ДА ЧЛЕН НЕЙМЁТ; В КАЖДОМ ГЛАЗУ ПО ЧЛЕНУ; ДЕРЖАТЬ ХВОСТ (ЧЛЕН) РУЛЁМ; ДЕРЖАТЬ ХВОСТ (ЧЛЕН, НОС) ПИСТОЛЕТОМ; ЗАБИВАТЬ (ЧЛЕН); «НА СМЕРТЬ МОЕГО ЧЛЕНА»; СДУРУ МОЖНО…; СКАЗАТЬ, КАК ЧЛЕН ПОКАЗАТЬ; ЧЛЕНОМ ГРУШИ ОКОЛАЧИВАТЬ**

Во фразеологии могут дублироваться выражения с **ХЕР, ФИГ** и др., если слово (**ЧЛЕН 1**) используется как *эвфем.*

ЧЛЕНИСТОНО́ГИЙ, -ого, *м.* **1.** Мужчина с большими половыми органами. **2.** Ирон. обращение к любому человеку.

Общеупотр. «членистоногие» — тип беспозвоночных.

ЧЛЕНОВО́З, -а, *м.*, **ЧЛЕНОВО́ЗКА**, -и, *ж.* Правительственная машина.

«Член» (правительства) + «воз», «возить»; намёк на **ЧЛЕН 1**.

♦ **ЧЛЕ́НОМ ГРУ́ШИ ОКОЛА́ЧИВАТЬ** — бездельничать, баклуши бить.

ЧМА́КАТЬ, -аю, -аешь; *несов., на что, кому, чему* и *без доп.* Аплодировать. *Кому ~аете, ублюдки! Хватит ~, я вам не Филька Киркоров.*

Звукоподр. *Ср.* «чмок», «чмокнуть» и т. п.

ЧМА́КИ, -ов, *мн.* Аплодисменты. *Долгие и продолжительные ~, переходящие в овации.*

От **ЧМАКАТЬ**.

ЧМАРИ́ТЬ, -рю́, -ри́шь; *несов.* То же, что **ЧМЫРИТЬ**[1, 2].

Ср. *устар. диал.* «чма́рить» — чахнуть, хиреть, «чмара» — нужда, нищета.

ЧМО, *нескл., ср.* (или **~ БОЛО́ТНОЕ**, **~ БЕЗОБРА́ЗНОЕ**, **~ ЗЕЛЁНОЕ** и т. п.). **1.** Руг. **2.** Чудить, Мудить, Обманывать.

Первоначально возм. употр. как *аббрев.* «Человек, Морально Опустившийся» (среди работников исправительно-трудовых учреждений и в *уг.*). Возм. также связано с «Части Материального Обеспечения» («снабженцы» с уничижительным оттенком). Возм. также сближение с амер. эвфем. идишеизмом «шмо». *Ср.* многочисленные варианты народной этимологии («Человек, Мешающий Обществу», «Человек из Московской Области», «Человек, Моющий Очко», «Человек, Материально Обеспеченный», «Человек Мало Образованный» и т. п.). В дальнейшем, возм., семантически сблизилось с общеупотр. «чмок», «чмокать» (ср. также **ЧМУРИТЬ**, **ЧМАРИТЬ**; **ЧМАР**). 2. — переосмысление **ЧМО** как др. аббрев.

ЧМО ИЗ ЗАЖОПИНСКА *см.* **ЗАЖОПИНСК**

ЧМОК, -а, *м.* То же, что **ЧМО**.

Ср. *уг.* «чмок» — издевательство физически сильного над слабым в зоне, тюрьме и т. д.

ЧМО́КАТЬ, -аю, -аешь; *несов.* (*сов.* **ЧМО́КНУТЬ**, -ну, -нешь), *кого по чему, во что.* Бить, ударять.

Общеупотр. *звукоподр.* «чмокать» — хлюпать (напр., по грязи), целовать.

ЧМОН, -а, *м.* **1.** Обыск, облава. **2.** Беспорядок, неразбериха.

Ср. **ШМОН**.

ЧМОНЮ́ГА, -и, *м.* и *ж.*, **ЧМО́ШНИК**, -а, *м.* То же, что **ЧМО**.

ЧТО-ТО СТАЛО ХОЛОДАТЬ, НЕ ПОРА ЛИ НАМ ПОДДАТЬ? *см.* **ПОДДАВАТЬ**

ЧМО́ШНИЧАТЬ, -аю, -аешь; *несов., с чем* и *без доп.* Дурно поступать, подличать.

От **ЧМО**.

ЧМУРИ́ТЬ, -рю́, -ри́шь; *несов.* То же, что **ЧМЫРИТЬ**[1, 2].

Ср. *устар. диал.* «чмур» — хмель в голове, угар, чад, «чмурить» — чудить, «чмурила» — шут, гаер, «чмыркнуть» — выпить водки.

ЧМЫРА *см.* **ЧМЫРЬ**[2]

ЧМЫРИ́ТЬ[1], -рю́, -ри́шь; *несов., кого.* Бить, ругать, издеваться, унижать.

Возм. от **ЧМО**; *ср.* также **ЧАМР**.

ЧМЫРИ́ТЬ[2], -рю́, -ри́шь; *несов., что* и *без доп.* Есть, жрать.

Возм. связано с **ХМЫРЬ** (через *уг.* в зн. повар); *ср.* **ХМЫРИТЬ**; *ср.* также **ЧМО**, **ЧМУРИТЬ**, **ЧМАРИТЬ**, **ЧАМР**.

ЧМЫ́РКА, -и, *ж.*, **ЧМЫРЬ**[1], -я́, *м.* Еда, пища.

См. **ЧМЫРИТЬ**[2].

ЧМЫРЬ[2], -я́, *м.*, **ЧМЫ́РА**, -ы, *м.* и *ж.* Никудышный человек, забулдыга.

Возм. связано с **ЧМО** или **ХМЫРЬ**; *см.* также **ЧАМР**.

ЧО́КАТЬСЯ, -аюсь, -аешься; *несов.* (*сов.* **ЧО́КНУТЬСЯ**, -нусь, -нешься, **ЧЕКАНУ́ТЬСЯ**, -ну́сь, -нёшься), *на чём, с чем* и *без доп.* Сходить с ума, свихиваться.

ЧО́КНУТЫЙ, -ая, -ое, **ЧЕКАНУ́ТЫЙ**, -ая, -ое. Сумасшедший, одержимый.

От **ЧОКНУТЬСЯ**.

ЧОКНУТЬСЯ *см.* **ЧОКАТЬСЯ**

ЧОЛДОН *см.* **ЧАЛДОН**

ЧПОК, *межд.* Имитирует или сопровождает какое-л. краткое интенсивное действие.

ЧПО́КАТЬ, -аю, -аешь; *несов.* (*сов.* **ЧПО́КНУТЬ**, -ну, -нешь). **1.** *что* и *без доп.* Совершать какое-л. интенсивное действие. *Чпокнуть вина* (выпить). **2.** *кого.* Вступать с кем-л. в половую связь (о мужчине).

От **ЧПОК**.

ЧПО́КАТЬСЯ, -аюсь, -аешься; *несов.* (*сов.* **ЧПО́КНУТЬСЯ**, -нусь, -нешься). **1.** *с кем.* То же, что **ЧПОКАТЬ 2.** **2.** *на чём, с чем* и *без доп.* То же, что **ЧОКАТЬСЯ**.

От **ЧПОК**.

ЧПО́КНУТЫЙ, -ая, -ое. То же, что **ЧОКНУТЫЙ**.

От **ЧПОК**.

ЧПОКНУТЬ *см.* **ЧПОКАТЬ**

ЧПОКНУТЬСЯ *см.* **ЧПОКАТЬСЯ**

ЧРЕВОВЕЩА́ТЕЛЬ, -я, *м.* Вонючка; тот, кто всё время выпускает газы.

ЧТЁША, -и, **ЧТЁШКА**, -и, *ж.* Урок чтения; учительница чтения.

Из *шк.*

♦ **ЧТОБ ПА́ЛЬЦЫ НА НОГА́Х БЫ́ЛИ ВОТ ТАК** (реплика сопровождается жестом — растопыриваются пальцы рук) — сильно, интенсивно, сочно, впечатляюще, колоритно, напр.: *Ну-ка, сыграй нам чего-нибудь, чтоб пальцы на ногах были вот так!*

♦ **ЧТОБ ХРЕН СТОЯ́Л И ДЕ́НЬГИ БЫ́ЛИ** — шутл. тост.

♦ **ЧТО́БЫ ЖИЗНЬ МАЛИ́НОЙ НЕ КАЗА́ЛАСЬ**; **ЧТО́БЫ СЛУ́ЖБА** (или **РАБО́ТА**, **ЖИЗНЬ** и т. п.) **МЁДОМ НЕ КАЗА́ЛАСЬ** — реплика, сопровождающая какое-л. неприятное действие говорящего по отношению к слушающему или утешающая собеседника в связи с какими-л. его неприятностями.

♦ **ЧТОБ Я ТАК ЖИЛ** (или **СДОХ**) — выражает любую эмоцию, напр.; *Прихожу, а он пьяный. Чтоб я так сдох!*

♦ **ЧТО** *с кого* **ВЗЯТЬ КРО́МЕ АНА́ЛИЗА, ДА И ТОТ В ГЛИСТА́Х** (или **ДА И ТОТ НЕ ВОЗЬМЁШЬ — МИМО БА́НКИ НАСРЁШЬ**) — *ирон.* о некудышном человеке.

Из *детск.*

♦ **ЧТО ДО́КТОР** (или **УЧАСТКО́ВЫЙ**, **ТЕРАПЕ́ВТ** и т. п.) **ПРОПИСА́Л** — то, что нужно; о чём-л. хорошем, годном.

♦ **ЧТО** (или **КАК**, **ВСЁ РАВНО́ ЧТО**) **В ЛУ́ЖУ ПЕРДЕ́ТЬ** — делать что-л. бесполезное, бесперспективное, напр.; *С тобой договариваться — что в лужу пердеть.*

♦ **ЧТО НО́ВОГО В А́ФРИКЕ?**; **ЧТО НО́ВОГО В ЖИ́ЗНИ ЗООПА́РКА?** — как дела?, что нового?

♦ **ЧТО ПОСМЕ́ЕШЬ, ТО И ПОЖНЁШЬ** — *шутл.* передел. пословица «что посеешь, то и пожнёшь».

♦ **ЧТО ТЫ ПОНИМА́ЕШЬ В АПЕЛЬСИ́НОВЫХ КОРКАХ?**; **ЧТО ТЫ ПОНИМА́ЕШЬ В КОЛБА́СНЫХ ОБРЕ́ЗКАХ!** — что ты вообще в этом смыслишь?, ты ничего в этом не смыслишь!

♦ **ЧТО ТЫ РВЁШЬСЯ, КАК ГО́ЛЫЙ В БА́НЮ** (или **КАК ЕВРЕ́Й В ИЗРА́ИЛЬ**, **КАК ТУЛЯ́К ЗА КОЛБАСО́Й**, **КАК ФРАНЦУ́З В КО́ЙКУ** и т. п.) — не торопись, успокойся.

ЧТО Я, ЛЫСЫЙ, ЧТО ЛИ? *см.* **ЧЕГО Я, ЛЫСЫЙ, ЧТО ЛИ?**

ЧУБА́ЙС, -а, *м. Бран. Полный ~! Ну ты и ~!*

См. также **ПАХАНЫ ДЕРУТСЯ — У ХОЛОПОВ ЧУБАЙСЫ ТРЕЩАТ**

По фамилии бывшего вице-премьера А. Чубайса.

ЧУБЗ, -а, **ЧУ́БЗИК**, -а, **ЧУ́БРИК**, -а, *м.* Парень, пацан, а также о любом лице мужского пола, часто в ирон. зн.

Возм. связано с **ЧУВАК**.

ЧУВА *см.* **ЧУВИХА**

ЧУВА́К, -а́, *м.* Любой человек; употр. также как обращение. *Эй, ~и, айда сюда. Клёвый ~* (хороший).

См. также **КРУТОЙ**

Возм. через *уг.*; первоначально в зн. кастрированный баран (или верблюд); возм. из цыг. čavó — мальчик.

ЧУВА́Ш, -а́, *м.* То же, что **ЧУВАК**.

Шутл. наложение назв. национальности и **ЧУВАК**.

ЧУВИ́ХА, -и, **ЧУВИ́ЦА**, -ы, **ЧУ́ВА**, -ы, **ЧУВА́**, -ы́, *ж.* Любая девушка, женщина.

От **ЧУВАК**.

ЧУВСТВИ́ТЕЛЬНЫЙ, -ая, -ое. *Шутл.* Отличный, качественный. *~ые места здесь. ~ купальник. ~ые чебуреки.*

ЧУВСТВОВАТЬ *см.* **ЖОПА**

ЧУВЫДЛО *см.* **ЧУВЫРЛО**

ЧУВЫ́РКА, -и, *ж.* **1.** То же, что **ЧУВЫРЛА**. **2.** То же, что **ЧУВЫРЛО**.

Ср. *уг.* «чувырка» — любовница, сожительница вора.

ЧУВЫ́РЛА, -ы, *ж.* То же, что **ЧУВИХА**.

Наложение с **ЧУВЫРЛО**.

ЧУВЫ́РЛО, -а, **ЧУВЫ́ДЛО**, -а, *ср.* Лицо (обычно неприятное, отталкивающее).

Ср. *уг.* «чувырло братское» в том же зн.; возм. связано с **ЧУВАК**; *ср. устар. диал.* «чувахлай» — невежа, грубиян; «чуварыка» — неопрятный человек.

ЧУВЯ́КИ, -ов или чувя́к, *мн.* Любая обувь, чаще тапочки.

Общеупотр. «чувяки» — кавказская мягкая обувь без каблуков.

ЧУГРЕ́Й, -я, *м.* Глупый, недалёкий человек.

Из *уг.*

ЧУГУ́Н, -а́, *м.* **1.** Дурак, идиот, тупица. *~ партийный.* **2.** Голова.

ЧУГУ́ННЫЙ, -ая, -ое. Глупый, тупой. *Ну ты, башка ~ая. ~ые ребята собрались.*

ЧУГУНО́К, -нка́, *м.* То же, что **ЧУГУН 2.**

♦ **ЧУДА́К НА БУ́КВУ «М»** — дурак, тупица.

Намёк на **МУДАК**; *эвфем.*

ЧУДАКОВА́ТЬ, -ку́ю, -ку́ешь; *несов., без доп.* Чудачить, вести себя странно.

От общеупотр. «чудак».

ЧУ́ДО, -а, *ср.* (или **~ В ПЕ́РЬЯХ, ~ ИЗ КУНСТКА́МЕРЫ, ~ МАВЗОЛЕ́ЙНОЕ, ~-ЮДО, ~ СВЕ́ТА** и т. п.). Шутл. обращение. *Эй ты, ~, иди сюда.*

ЧУИНГА́М, -а, **ЧУНГА́М**, -а, *м.* Жевательная резинка.

Англ. chewing-gum в том же зн.

ЧУДО* *см.* **ПОЛЕ ЧУДЕС В СТРАНЕ ДУРАКОВ**

ЧУЖОЙ *см.* **БЕРЁШЬ ЧУЖИЕ — ОТДАЁШЬ СВОИ; КАМ-ИН; ЧЛЕН**

ЧУ́КЧА, -и, *м.* и *ж.* Странный, чудаковатый, простоватый человек.

♦ **ЧУ́КЧА НЕ ЧИТА́ТЕЛЬ, ЧУ́КЧА — ПИСА́ТЕЛЬ** — *шутл.* о графомане.

Из анекдота.

ЧУЛДРАН, ЧУЛДРЕН *см.* **ЧАЙЛД**

ЧУЛКАНУТЬ *см.* **ЧУЛКОВАТЬ**

ЧУЛКАНУТЬСЯ *см.* **ЧУЛКОВАТЬСЯ**

ЧУЛКОВА́ТЬ, -ку́ю, -ку́ешь; *несов.* (*сов.* **ЧУЛКАНУ́ТЬ**, -ну́, -нёшь). **1.** *без доп.* То же, что **ЧУЛКОВАТЬСЯ**. **2.** *кого на что.* Обманывать, обводить вокруг пальца.

Возм. контаминация общеупотр. «чулок» и *устар. диал.* «чукавый» — догадливый, смекалистый, хитрый; *ср. уг.* в том же зн.

ЧУЛКОВА́ТЬСЯ, -ку́юсь, -ку́ешься; *несов.* (*сов.* **ЧУЛКАНУ́ТЬСЯ**, -ну́сь, -нёшься). **1.** *с чем, на чём* и *без доп.* Обманываться, позориться, проигрывать что-л. **2.** *куда.* Прятаться.

См. **ЧУЛКОВАТЬ**.

ЧУМ, -а, *м.* **1.** Дом, квартира. **2.** Сумасшедший дом.

Общеупотр. «чум» — переносное жилище северных народов; 2. — от **ЧУМА 1.**

ЧУМ* *см.* **НА ХРЕН**

ЧУМА́, -ы́, *ж.* (или **~ ЯПО́НСКАЯ, ~ НА ЛЫ́ЖАХ** и т. п.). **1.** Сумасшедший; слишком энергичный, непоседливый человек. 2. в зн. *межд. и сказ.* Выражает любую эмоцию. *Опять на работу, ~!* (не хочу). *Фильм — ~!* (очень хороший или очень плохой, в зависимости от ситуации). **3.** Наркотик; реже — спиртное.

ЧУМА́ЗИЯ, -и, *ж.* Южные республики бывшего СССР (чаще о Кавказе, Закавказье и Средней Азии).

От **ЧУМАЗЫЙ**.

ЧУМА́ЗЫЙ, -ого, *ж.* Житель Кавказа, Закавказья и Средней Азии.

ЧУМИ́ЧКА, -и, *ж.* Сумасшедшая, ненормальная женщина; дура, идиотка.

Ср. **ЧУМА 1.**; общеупотр. *прост.* «чумичка» — замарашка, грязнуля.

ЧУ́МКА, -и, *ж.* **1.** То же, что **ЧУМА** во всех зн. **2.** *Шутл.* Любая болезнь. *Чего на работе не был? — ~ой болел.*

Общеупотр. *разг.* «чумка» (правильнее «чума») — название болезни животных.

ЧУМОВО́З, -а, *м.* **1.** То же, что **ЧУМА 1. 2.** Машина для перевозки психически больных.

ЧУМА 1. + общеупотр. «возить».

ЧУМОВО́Й, -а́я, -о́е. **1.** Отличный, прекрасный, сногсшибательный. *~ая книга!* **2.** Пьяный; находящийся под действием наркотиков.

От **ЧУМА**.

ЧУНГАМ *см.* **ЧУИНГАМ**

ЧУ́НДРА, -ы, *м.* и *ж.* Житель провинции, иногородний.

Возм. передел. **ТУНДРА**.

ЧУ́НИ, -ей (или чунь), *мн.* Любая обувь.

См. также **ОБУВАТЬ В ЧУНИ**

Устар. «чуни» — верёвочные лапти; *уг.* — тюремная обувь.

ЧУ́НЯ, -и, *м.* и *ж.* Грязнуля; *пренебр.* о любом человеке.

Возм. связано с **ЧУШКА**; *ср. уг.* «чунарь» — разиня.

ЧУНЯ́ВЫЙ, -ая, -ое. Плохой, дрянной, никудышный.

От **ЧУНЯ**; *ср.* также **ГУНЯВЫЙ**.

ЧУРБА́Н, -а (или -а́), *м.* То же, что **ЧУРКА** во всех зн.

Общеупотр. «чурбан» — обрубок бревна.

ЧУРЕ́К, -а, *м.* То же, что **ЧУРКА 2.**

Наложение с общеупотр. «чурек» — разновидность кавказского пресного хлеба.

ЧУ́РКА, -и, *м.* и *ж.* (или **~ С ГЛАЗА́МИ, ~ С УША́МИ, ~ НЕГОВОРЯ́ЩАЯ** и т. п.). **1.** Глупый, тупой человек. **2.** Житель Кавказа, Закавказья и Средней Азии. *Он хоть пиджак надень, хоть фрак, всё равно ~ой останется.*

Общеупотр. «чурка» — короткий обрубок дерева; возм. через *уг.* или *арм.* (о военнослужащих из азиатских республик бывшего СССР).

ЧУРКЕСТА́Н, -а, *м.* Южные республики бывшего СССР (чаще о республиках Средней Азии).

От **ЧУРКА**; *ср.* общеупотр. Туркестан, Узбекистан и т. п.

ЧУРКЕСТА́НЕЦ, -нца, *м.* Южанин, азиат.

От **ЧУРКЕСТАН**.

ЧУРКЕСТА́НСКИЙ, -ая, -ое. Азиатский.

От **ЧУРКЕСТАН**.

ЧУ́ТКИЙ, -ая, -ое. Отличный, прекрасный. *~ие шашлычки получились!*

ЧУТКО *см.* **СЛУШАЮ ВНИМАТЕЛЬНО И ЧУТКО, КАК ЧЕКИСТ ПО ТЕЛЕФОНУ**

♦ **ЧУТЬ ЧТО, В ГРОБ ЛОЖИ́ТСЯ** *кто* — о ком-л., склонном преувеличивать трудности, паниковать.

ЧУТЬ ЧТО, ТАК КОСОЙ *см.* **КОСОЙ**

ЧУФ, -а, *м.*, **ЧУ́ФА**, -ы, **ЧУФА́**, -ы́, *ж.* Чай.

Возм. связано с **ЧИФИРЬ**.

ЧУФА́НИТЬ, -ню, -нишь, **ЧУФА́НИТЬСЯ**, -нюсь, -нишься; **ЧУФА́РИТЬ**, -рю, -ришь, **ЧУФА́РИТЬСЯ**, -рюсь, -ришься; *несов.* **1.** *без доп.* Пить чай. **2.** *что* и *без доп.* Есть.

См. **ЧУФ**, **ЧИФАНИТЬ**.

ЧУХ, -а, **ЧУХА́Н**, -а (или -а́), *м.*, **ЧУ́ХА**, -и, *м.* и *ж.* Невзрачный, тщедушный человек; незнакомый человек.

Возм. связано с **ЧУШКА**; *ср. уг.* «чух», «чухан» — нечистоплотный человек; всеми презираемый, опозоренный, подавленный, сломленный, опустившийся человек; «зачуханить» — морально и физически подавить (напр. публично изнасиловать и т. п.).

♦ **ЧУ́ХАЙ ДО ХА́ТЫ** (или **ДО ХА́ЗЫ**) — пошёл вон, иди отсюда.

ЧУ́ХАЛКА, -и, *ж.* **1.** Дыхание; лёгкие; сознание. *Всю ~у закурил* (испортил лёгкие курением). **2.** То же, что **ЧУХЛО**.

ЧУХАЛО *см.* **ЧУХЛО**

ЧУХАН *см.* **ЧУХ**

ЧУХАНУТЬ *см.* **ЧУХАТЬ**

ЧУХАНУТЬСЯ *см.* **ЧУХАТЬСЯ**

ЧУ́ХАТЬ, -аю, -аешь, **ЧУХА́ТЬ**, -а́ю, -а́ешь; *несов.* (*сов.* **ЧУ́ХНУТЬ**, -ну, -нешь, **ЧУХНУ́ТЬ**, -ну́, -нёшь, **ЧУХАНУ́ТЬ**, -ну́, -нёшь), *кого.* Издеваться над кем-л., унижать, бить кого-л.

См. **ЧУХ**, **ЧУХАТЬСЯ**.

ЧУ́ХАТЬСЯ, -аюсь, -аешься, **ЧУХА́ТЬСЯ**, -а́юсь, -а́ешься; *несов.* (*сов.* **ЧУ́ХНУТЬСЯ**, -нусь, -нешься, **ЧУХНУ́ТЬСЯ**, -ну́сь, -нёшься, **ЧУХАНУ́ТЬСЯ**, -ну́сь, -нёшься). **1.** *на чём, с чем* и *без доп.* Позориться, терпеть унижение. **2.** *без доп.* Приходить в себя. **3.** только *несов.*; *с чем* и *без доп.* Долго возиться с чем-л., медлить. **4.** только *несов.* Чесаться. *Чухается, как кобель блохастый!*

От **ЧУХ**; *ср. уг.* «чухать» — ловить, задерживать, убегать, «чухнуться» — прийти в себя; *см.* также **ЧУХАЛКА**.

ЧУХЛО́, -а́, **ЧУ́ХАЛО**, -а, *ср.*, **ЧУ́ХОЛЬНИК**, -а, *м.*, **ЧУ́ХОЛЬНИЦА**, -ы, *ж.* Лицо, рожа.

См. **ЧУХ**, **ЧУХАТЬСЯ**.

ЧУХНУТЬ *см.* **ЧУХАТЬ**

ЧУХНУТЬСЯ *см.* **ЧУХАТЬСЯ**

ЧУХОЛЬНИК, **ЧУХОЛЬНИЦА** *см.* **ЧУХЛО**

ЧУ́ЧА, -и, *ж.* *Шутл.* Любой предмет, вещь (обычно о странной, необычной, несуразной). *Чего это ты мне за ~у принёс?* ♦ **~у в попу** *кому* — наказание, расправа, напр.: *За такие дела ~у в попу!*

ЧУ́ЧЕЛО, -а, **ЧУЧЕЛО́**, -а́, *ср.* *Ирон.* **1.** Любой человек. **2.** Памятник К. Марксу. *Шеф, дотряси* (довези) *до ~а* (обращение к водителю).

ЧУЧЕЛО* *см.* **ПРИКИДЫВАТЬСЯ ЧУЧЕЛОМ УЛЬЯНОВА**

♦ **ЧУ́ЧЕЛО УЛЬЯ́НОВА** — *собств.* Ленин в Мавзолее, напр.: *Товарищи, сколько сто́ит на Сотбисе* (известном международном аукционе) *Чучело Ульянова?*

ЧУЧМЕ́К, -а, *м.* Житель Средней Азии (реже о кавказцах).

ЧУЧУ́НДРА, -ы, *ж.* (реже *м.*). Дурак, идиот.

Персонаж сказки Р. Киплинга («Крыса-Чучундра»).

ЧУ́ШКА, -и, *ж.*, **ЧУШО́К**, -шка́, *м.* **1.** Дурак, идиот. **2.** Грязнуля.

Общеупотр. «чушка» — свинья, морда свиньи.

ЧУШКО́ВЫЙ, -ая, -ое. Глупый, неразумный, нелепый.

От **ЧУШКА**.

ЧУШОК *см.* **ЧУШКА**

ЧЭПЭШНЫЕ *см.* **ЧЕПЕШНЫЕ**

Ш

ША, *межд.* Цыц, молчать, баста и т. п.; обычно выражает угрозу или требование тишины, соблюдения дисциплины.

Ср. общеупотр. «ша!» — возглас в зн. пора кончать, хватит; *ср. уг.* «ша» — постовой, милиционер, *устар.* околоточный, а также *межд.* в зн. молчать!

ШАБЕЛ *см.* **ШОБАЛА**

ША́БИТЬ, -блю, -бишь, **ШАБИ́ТЬ**, -блю́, -би́шь; *несов.* (*сов.* **ША́БНУТЬ**, -ну, -нешь, **ШАБНУ́ТЬ**, -ну́, -нёшь). **1.** *что* (*сов. — чего*) и *без доп.* Курить (чаще о наркотиках). *Травки шабнуть. Шабить есть?* **2.** *кого.* Бить, наказывать; выгонять. *Сейчас я тебя шабить буду.*

Уг. «шабить» — курить анашу; бить; *устар. уг.* «шаби» — молчи; *ср. устар. диал.* «шавать» — лениво тащиться, волочить ноги, «шавить» — болтать вздор, «шаболда» — болтун.

ШАБЛА *см.* **ШОБАЛА**

ШАБЛИТЬСЯ *см.* **ШОБЛИТЬСЯ**

ШАБЛОВА́ТЬ[1], -лу́ю, -лу́ешь; *несов.* То же, что **ШАБИТЬ 1.**

Уг. «шабловать» в том же зн.

ШАБЛОВАТЬ[2] *см.* **ШОБЛИТЬСЯ**

ШАБЛО́Н, -а, *м.* Половой акт в традиционной позе. *~ гнать.*

ШАБЛО́НКА, -и, *ж.* Проститутка.

ШАБНУТЬ *см.* **ШАБИТЬ**

ША́ВАТЬ 1. *что.* Есть, жрать; пить (о спиртном). **2.** *в чём.* Разбираться в чём-л., понимать.

ША́ВКА, -и, *ж.* Незначительный человек; прихвостень, подхалим.

Ср. общеупотр. «шавка» — *разг.* непородистая собака; *прост.* злобный крикун; *ср. уг.* в зн. доносчик, мелкий вор.

♦ **ША́ВКУ** (или **СОБА́КУ**) **СПУСТИ́ТЬ** *на кого* — изругать кого-л., накричать на кого-л.

ШАГОМ *см.* **ОТ МЕНЯ ДО СЛЕДУЮЩЕГО ДУБА...**

ША́ЙБА, -ы, *ж.* **1.** Лицо. *Выставить ~у. Дать по ~е.* **2.** Поднос, блюдо. **3.** Таз (обычно в бане). **4.** Банка чёрной икры весом в 125 г. **5.** Пивная; застеклённый пивной зал. **6.** только *мн.* Деньги. **7.** *собств.* Зал в комплексе «Олимпийский».

2. — из арго официантов; 3. — возм. наложение с общеупотр. «шайка»; 6. — возм. из *уг.*

ШАЙБА* *см.* **ЗАБИТЬ (ЗАГНАТЬ) ШАЙБУ; ПОХОЖИ, КАК ШАЙБА С КЛЮШКОЙ**

ША́ЙБОЧКИ, -чек, *мн.* То же, что **ШАЙБА 6.**

Ср. *уг.* «шайбочки» — золотые монеты.

ША́ЙКА, -и, *ж.* Лицо, морда.

ШАЙКА* *см.* **СВОБОДЕН, КАК ШАЙКА В БАНЕ; ЭТО ТЕБЕ (ВАМ) НЕ МЫЛО В ТАЗИКЕ...**

ШАЙТА́Н, -а, *м.* **1.** *ирон.* Любой человек. **2.** в зн. *межд.* Выражает любую эмоцию. *~ тебя забери! ~ тебе в почку!*

В исламской мифологии — чёрт, дьявол.

ШАЙТА́Н-КОРО́БОЧКА, -и, *ж.* Пейджер. *Ты мне булькни* (сообщи, оставь информацию) *в ~у.*

См. **ШАЙТАН.**

ШАКА́Л, -а, *м.* **1.** Нехороший человек (часто трусливый, подлый). *~ паршивый.* См. также **БАЙ-ШАКАЛ. 2.** Офицер, прапорщик.

1. — *ср. уг.* «шакал» — презираемый всеми, попрошайка; 2. — из *арм.*

ШАКА́ЛИТЬ, -лю, -лишь; *несов.* **1.** *кого-чего, за кем-чем.* Искать, выслеживать, высматривать, вынюхивать; пытаться достать, купить что-л.; добывать какую-л. информацию о ком-чём-л. **2.** *без доп.* Часто менять женщин, «донжуанствовать». **3.** Много работать; часто и помногу перемещаться по какой-л. территории с какой-л. целью.

Ср. *уг.* «шакалить» — грабить, попрошайничать.

ШАКА́ЛИТЬСЯ, -люсь, -лишься; *несов., без доп.* Подличать, опускаться, вести себя недостойно.

От **ШАКАЛ.**

♦ **ША, КРЕВЕ́ТКА, МО́РЕ БЛИ́ЗКО!** (или **ША, РОЗЕ́ТКА ЗА УГЛО́М, ПОЙДИ́ ВОТКНИ́СЬ**) — не нервничай, не переживай, всё будет хорошо, скоро всё кончится; замолчи, заткнись.

ШАЛА́ВА, -ы, *ж.* **1.** Девушка (обычно разбитная, озорная); хулиганка, озорница. **2.** Начинающая проститутка.

Уг. «шалава» — проститутка; бран. сл.; 2. — из арго проституток; *ср. устар.* «шалава» — шальная, «шалаболка» — праздная женщина.

ШАЛА́ВИТЬ, -влю, -вишь, **ШАЛА́ВИТЬСЯ**, -влюсь, -вишься; *несов.* **1.** Озорничать, повесничать. **2.** Заниматься проституцией.

От **ШАЛАВА.**

ШАЛА́НДА, -ы, *ж.* Большой грузовик с прицепом; реже — легковой автомобиль с пикапом, пикап.

ШАЛА́Ш, -а́, *м.* Дом, квартира.

ШАЛАШ* *см.* **ЛЕНИН В ШАЛАШЕ; С МИЛЫМ РАЙ И В ШАЛАШЕ...**

ШАЛАШО́ВКА, -и, *ж.* Дешёвая проститутка.

Из *уг.*

ШАЛМА́Н, -а (или -а́), *м.* **1.** Притон, заведение с дурной репутацией. **2.** Пивная, пивной зал; любое место, где обычно распивают спиртное (напр. закусочная, пельменная и т. п.). **3.** Большое скопление народа; шум, гам, неразбериха. *~ поднять. Пошёл ~, держись за карман.*

Уг. «шалман» — воровской притон, пивная.

ШАЛМА́НКА, -и, *ж.* **1.** То же, что **ШАЛМАН 2. 2.** Пиво (обычно разливное, продаваемое в пивных залах). *Хлебнул ~и.* **3.** Женск. к **ШАЛМАНЩИК.**

ШАЛМА́ННЫЙ, -ая, -ое. **1.** Притонный, воровской; низкопробный. **2.** О некачественном, разбавленном пиве. *Пивка ~ого попьёшь — и штанишки простирнёшь* (намёк на то, что в пивных залах для пены добавляют в пиво стиральный порошок). **3.** Относящийся к пивному залу. *~ые друзьяки* (собутыльники). *~ая тусовка* (компания, собирающаяся в пивном зале).

От **ШАЛМАН.**

ШАЛМА́НЩИК, -а, *м.* Завсегдатай пивного зала или иного распивочного заведения.

От **ШАЛМАН 2.**

ШАЛОВЛИ́ВЫЙ, -ая, -ое. Ирон. эпитет. *Глазёнки твои ~ые. Ручонки ~ые.*

ШАЛУПЕ́НЬ, -и, **ШАЛУПНЯ́**, -и́, **ШАЛУПО́НЬ**, -и, **ШЕЛУПЕ́НЬ**, -и, **ШЕЛУПНЯ́**, -и́, **ШЕЛУПО́НЬ**, -и, *ж.* **1.** Ненужные вещи; грязь, пыль, сор. **2.** *собир.* Ничтожные люди, шваль, шпана.

Возм. связано с общеупотр. *прост.* «шалопут», «шалопай» (*диал.* «шелопай», «шалопан») — бездельник, гуляка, лоботряс или «шелуха»; *ср. уг.* «шелупой» — бродяга, мелкий воришка; *ср. устар.* «шелупина» — шкурка, кожурка, очистки (*устар.* арготическая форманта «ше» + «лупить»); возможны также наложения с **ЗАЛУПА** и др.

ШАЛФЕ́Й, -я, *м.* Чай, чифирь.

Из *уг.*

ШАЛФЕ́ЙНИК, -а, *м.* Чайник.

От **ШАЛФЕЙ.**

ША́МАЛКА, -и, *ж.* **1.** Рот. **2.** То же, что **ШАМОВКА.**

От **ШАМАТЬ.**

ШАМА́Н, -а, *м. Ирон.* О любом человеке, занятом каким-л. непонятным для окружающих делом.

Общеупотр. «шаман» — знахарь, колдун; *ср. уг.* в зн. предводитель группы преступников.

ШАМА́НИТЬ, -ню, -нишь; *несов., с чем, над чем* и *без доп.* Делать что-л. странное, непонятное, загадочное. *Над самогоном ~нит.*

От **ШАМАН**; *ср. уг.* в зн. идти на дело, воровать; уходить в загул, запой.

ША́МАТЬ, -аю, -аешь; *несов., что* и *без доп.* Есть, жевать, кусать.

То же в *уг.*; возм. связано с общеупотр. «шамкать» и др. звукоподр.; *ср.* **ХАМАТЬ.**

ША́МКАЛО, -а, *ср.* Рот.

От **ШАМКАТЬ.**

ША́МКАТЬ, -аю, -аешь; *несов.* (*сов.* **ША́МКНУТЬ**, -ну, -нешь). **1.** *что* (*сов. — чего*). То же, что **ШАМАТЬ. 2.** *без доп.* Говорить. *Сейчас профессор шамкать будет.*

ША́МО́ВКА, -и, *ж.* Еда, пища.

От **ШАМАТЬ.**

ШАМПА́ННИК, -а, **ШАМПА́НЧИК**, -а, *м.* Человек, который любит шампанское, пьёт только шампанское. *Ты кофейник, а я шампанник.*

ШАМПАНСКОЕ *см.* **КТО НЕ РИСКУЕТ, ТОТ НЕ ПЬЁТ ШАМПАНСКОЕ...**

ШАМПАНЧИК *см.* **ШАМПАННИК**

ШАМПУ́НЬ, -я, *м.* (или -и, *ж.*), **ШАМПУ́СИК**, -а, *м.* Шампанское.

ШАН, -а, *м.* Наркотик (чаще гашиш или анаша).

Из *уг.* или *нарк.*

♦ **ША, НА НА́РЫ, ЗАУСЕ́НЕЦ!** — молчи, не выступай, отстань, пошёл вон и т. п.

ШАНЕ́РА, -ы, *ж.* Чай, чифирь.

Из *уг.*

ША́НЕЦ, -нца, *м.* Шанс, удача; повод, возможность. *Есть ~ нажраться* (выпить, напиться).

Передел. общеупотр. «шанс».

ША́НИТЬ, -ню, -нишь, **ШАНЯ́ТЬ**, -я́ю, -я́ешь; *что* и *без доп.*, **ША́НИТЬСЯ**, -нюсь, -нишься, **ШАНЯ́ТЬСЯ**, -я́юсь, -я́ешься; *чем* и *без доп.; несов.* Курить анашу.

От **ШАН.**

ШАНС, -а, *м.* Разновидность шулерского приёма в карточной игре.

Из *карт.*

ШАНСОНЕ́ТКА, -и, *ж.* Легкомысленный человек.

Ср. *уг.* в зн. податливый, подверженный чужому влиянию человек.

ШАНСОНИ́РОВАТЬ, -рую, -руешь, **ШАНСО́НИТЬ**, -ню, -нишь; *несов., что* и *без доп.* **1.** Петь. **2.** Лгать, привирать.

От фр. chanson — песня, chansonier — шансонье, певец, исполнитель, куплетист.

ШАНХА́Й, -я, **ШАНХА́ЙЧИК**, -а, *м.* **1.** Пивная (обычно многолюдная, без сидячих мест). **2.** Трущобы, густонаселённый район.

Ср. *уг.* в зн. притон; от назв. города с многомиллионным населением (КНР); *ср.* **ТАЙВАНЬ**.

ШАНЯТЬ, ШАНЯТЬСЯ *см.* **ШАНИТЬ**

ША́ПКА, -и, *ж.* Голова. *~ лысая. Облезла ~-то!* (о лысеющем человеке).

ША́ПОЧНИК, -а, *м.* Мелкий вор (обычно рыночный).

Из *уг.*

ШАПЭ́, *нескл., м.* Девушка, ведущая себя по-мужски.

Аббрев. «ШП», т. е. «швой (свой, имитация шепелявого «с») парень».

ШАР, -а, *м.* **1.** Доза наркотика. **2.** Миллион рублей.

1. — из *нарк.*

ШАР* *см.* **НАВОДИТЬ (ШАРЫ)**

ША́РА, -ы, **ШАРА́**, -ы́, *ж.* Нечто бесплатное, даровое. ♦ **На ~у** (или **~у́**) — бесплатно.

ШАРАБА́Н, -а, *м.*, **ШАРАБА́НКА**, -и, *ж.* **1.** Машина, автомобиль. **2.** Голова. *Ой, покатится твой шарабан* — тебя накажут. **3.** Удар, щелчок.

Общеупотр. *устар.* «шарабан» — лёгкий двухместный экипаж; 3. — возм. контаминация с **ЩЕЛБАН**.

ШАРА́ГА, -и, **ШАРА́ЖКА**, -и, **ШАРА́ШКА**, -и, *ж.* Сомнительное заведение, мероприятие; тёмная компания.

Уг. «шарага» — воровская группа, компания, «шарашка» — комната, отдельное помещение; крик, шум, беспорядок, «шарашить» — красть, грабить; *устар. диал.* «шарага» — беспокойный человек, «шарань» — сброд.

ШАРАЖКИН *см.* **ШАРАШКИН**

ШАРА́ЖНИЧАТЬ, -аю, -аешь; *несов., с чем* и *без доп.* **1.** Грабить, обворовывать. **2.** Бежать, спешить, стремиться, торопиться. **3.** Подрабатывать; заниматься тёмными делами, махинациями.

ШАРА́ХАТЬ, -аю, -аешь, **ШАРА́ШИТЬ**[1], -шу, -шишь; *несов.* (*сов.* **ШАРА́ХНУТЬ**, -ну, -нешь). **1.** *что, чего, по сколько* и *без доп.* Пить, выпивать, пьянствовать. *Десять лет шарахает, а здоровье, как у горца* (хорошее). **2.** *кого.* Вступать в половую связь с кем-л. (о мужчине). **3.** *кого-что.* Грабить, обворовывать.

ШАРАХНУТЬ в зн. 1. Встречается у А. Аверченко и др.

ШАРА́ХАТЬСЯ, -аюсь, -аешься; *несов.* (*сов.* **ШАРА́ХНУТЬСЯ**, -нусь, -нешься). **1.** *с чем, на чём* и *без доп.* Сходить с ума, становиться ненормальным. *Ты чего, шарахнулся, что ли?* **2.** *с кем.* Вступать в половую связь с кем-л.

ШАРАХНУТЬ *см.* **ШАРАХАТЬ**

ШАРАХНУТЬСЯ *см.* **ШАРАХАТЬСЯ**

ШАРАШИТЬ[1] *см.* **ШАРАХАТЬ**

ШАРА́ШИТЬ[2], -шу, -шишь; *несов.* **1.** *в чём.* Разбираться в чём-л., понимать знать толк. **2.** *куда.* Бежать, спешить, стремиться, торопиться. **3.** *без доп.* Делать что-л. интенсивно, быстро. **4.** *без доп.* Подрабатывать; заниматься тёмными делами, махинациями.

См. **ШАРАГА** и производные.

ШАРАШКА *см.* **ШАРАГА**

ШАРАШКИН *см.* **ШАРАЖКИН**

♦ **ШАРА́ШКИНА КОНТО́РА** (или **ШАРА́ШКИНА КОМПА́НИЯ**, **ШАРА́ШКИНА ФА́БРИКА**; **ШАРА́ШКИН БИ́ЗНЕС**; **ШАРА́ШКИНЫ НАВА́РЫ** и т. п.) — сомнительное заведение, мероприятие; тёмная компания.

От **ШАРАШКА**.

♦ **ШАР ЗАГНА́ТЬ (В ЛУ́ЗУ)** — совершить половой акт (о мужчине).

См. также **ШАРЫ**.

ША́РИК, -а, *м.* **1.** Маленький, незначительный, никем не уважаемый человек. **2.** Милиционер, следователь.

2. — из *уг.*; 1., 2. — от распространённой собачьей клички.

ШАРИК* *см.* **ОЧКАРИК, В ПОПЕ ШАРИК; РАСПИСАТЬ (СДЕЛАТЬ, РАСКИНУТЬ, РАСКАТАТЬ) НА ШАРИКИ; ШЕВЕЛИТЬ**

♦ **ША́РИК (БО́БИК, МУ́РЗИК) СДОХ** — всё; всё кончено.

ША́РИКИ, -ов, только *мн.* Мошонка.

♦ **ША́РИКИ ЗА БЕ́БИКИ (ЗА РО́ЛИКИ) (ЗАШЛИ́, ЗАЕ́ХАЛИ, ЗАПРЫ́ГНУЛИ, ЗАСКОЧИ́ЛИ** и т. п.) — *шутл.* о ненормальности, сумасшествии, сильном умственном утомлении.

Элемент «бебеки», по всей видимости, звукоподр.; *ср.* **БЕБЕХИ**.

ША́РИКОВ, -а, *м.* Дурак, невежа; нахал; примитивный человек.

Персонаж повести М. Булгакова «Собачье сердце».

ША́РИТЬ, рю, -ришь; *несов.* **1.** *в чём.* Разбираться, понимать, знать, быть знатоком чего-л. *В науке ~.* **2.** *куда, откуда.* Идти, двигаться, направляться. *Куда ~ришь? В школу ~ришь? — Не, блин, к Ленину за правдой* (из разговора школьников). **3.** *на кого* и *без доп.* Нападать, приставать, лезть в бутылку. *На всех ~рит, совсем наглость потерял* (обнаглел).

ША́РКАЛО, -а, *ср.* **1.** То же, что **ШАРКУН**. **2.** Стакан или другая посуда для распития спиртного.

2. — от **ШАРКАТЬ 1.**

ША́РКАТЬ, -аю, -аешь; *несов.* (*сов.* **ША́РКНУТЬ**, -ну, -нешь). **1.** *что, чего.* Пить спиртное. *Давай шаркнем, чтоб Белый дом в Белые Столбы переехал.* **2.** *куда.* Идти, направляться. *Уже час шаркаем.* **3.** *кого.* Бить кого-л., расправляться с кем-л. **4.** *на кого.* Вести себя вызывающе по отношению к кому-л.

ШАРКНУТЬ *см.* **ХВОСТОМ ДРЫГНУТЬ (ДЁРНУТЬ, ШАРКНУТЬ, ШЛЁПНУТЬ)**; **ШАРКАТЬ**

ША́РКНУТЬСЯ, -нусь, -нешься; *сов., без доп.* Умереть.

ШАРКУ́Н, -а́, *м.* Подхалим, подлиза. ♦ **~ паркетный** (или **банкетный**) — человек, выполняющий чисто церемониальные функции, но не играющий роли по существу; свадебный генерал, статист.

От общеупотр. «шаркать»; *устар.* «шаркнуть» — светский человек, франт, щёголь, волокита.

ШАРМА́НКА, -и, *ж.* **1.** Дрель; коловорот; бур. **2.** Любая аудио- или видеоаппаратура; телевизор, магнитофон и т. п. **3.** Рот. **4.** Дешёвый клавишный инструмент.

1. — из *уг.* в том же зн. 4. — из *муз.*

ШАРМА́НЩИК, -а, *м.* Трепло, болтун.

От общеупотр. «шарманка».

ШАРНИ́Р, -а, *м.* Конечность, рука, нога; реже — мышечная связка. *~ы переломаю* (угроза).

ШАРНИ́РНЫЙ, -ая, -ое. Агрессивный, наглый; драчливый, задиристый, постоянно идущий на конфликт.

См. **ШАРНИР**.

ШАРОВА́РНИК, -а, *м.* Южанин, азиат (обычно о жителях Средней Азии). *Дыня от ~ов.*

От общеупотр. «шаровары» — штаны свободного покроя, которые носят некоторые народы Средней Азии.

ШАРОВИ́ДНЫЙ, -ая, -ое, **ШАРОВО́Й**[1], -а́я, -о́е. Толстый, полный; с развитыми мышцами (о человеке). *Штангисты — ребята шаровидные.* ♦ **Шаровая молния** — толстая, энергичная женщина.

ШАРОВО́Й[2], -о́го, *м.* Наркоман (чаще о несовершеннолетнем).

Вероятно, связано с **ШИРОВОЙ**.

♦ **ШАРОВО́Й ВИНТ** — разновидность наркотика.

Из *нарк.*

ШАРПОВА́ТЬ, -пу́ю, -пу́ешь, *несов., без доп.* Иметь магнитофон «Шарп» («Sharp»); ходить с таким магнитофоном.

ШАРЫ́, -о́в, *мн.* **1.** Мошонка. **2.** Специальные (обычно пластмассовые) шарики, вживляемые под кожу полового члена. *Закатить* (*вкатить, вогнать* и т. п.) ~ — подвергнуться операции по вживлению таких шариков. **3.** Глаза. *~ выпучить. Вылупить ~.* ♦ **~ гонять** — заниматься онанизмом. **~ залить** (или **налить**) — напиться пьяным. **На ~ах** *кто* — пьяный человек. **~ в кучу** (или **к носу**) *у кого* — о чьём-л. сильном удивлении.

См. также **ЗАЛИВАТЬ (ШАРЫ)**; **ПУЧИТЬ ШАРЫ**

Во всех зн. возм. влияние *уг.*

ШАРЫ* *см.* **КАТИТЬ (ШАРЫ)**; **ПОПАСТЬ (ЗАЛЕТЕТЬ) ПОД ШАРЫ**

ШАССИ́, *нескл., мн.* Ноги. *~ расставил. Приземлился на ~* (после прыжка).

Общеупотр. «шасси» (*нескл., ср.*) — рама в транспортном средстве и др.

♦ **ШАТРО́ВАЯ БОЛЕ́ЗНЬ** — *шутл.* состояние утренней эрекции, когда человек лежит под одеялом. *У всей части перед подъёмом шатровая болезнь.*

Возм. из *арм.*

ШАТУ́Н, -а́, *м.* **1.** Бездельник, праздношатающийся человек. **2.** Рука, бицепсы на руке. *~ы накачал.* **3.** Крепкий алкогольный напиток. *~а выгнать* — изготовить самогон. **4.** Любое заведение, где распивают алкогольные напитки (пивной зал, рюмочная и т. п.). **5.** Состояние алкогольного опьянения.

Ср. *устар. диал.* «шатун» — бродяга, беглый, «шатуха» — распутница, «шатунина» — чертовщина, «шатеть» — дуреть, чуметь; *ср. уг.* «шатун» — винный погреб.

ШАХА́, -и́, *ж.* Шестая модель автомобиля «Жигули».

Ср. *карт.* «шаха» — шестёрка (чаще крестовой масти).

ШАХМАТИ́СТ, -а, *м. Ирон.* Умник, зазнайка. *Видали мы таких ~ов, сусликов очкастых.*

ША́ХТА, -ы, *ж.* **1.** Зад, ягодицы. **2.** Женские половые органы.

2. — *ср. уг* «шахта» в том же зн.

ШАХТЁР, -а, *м.* Гомосексуалист.

ШАШЛЫ́К, -а́, *м.* Южанин, кавказец.

♦ **ШАШЛЫ́К СДЕ́ЛАТЬ** *из кого* — наказать, избить.

ШАШЛЫ́ЧНИК, -а, *м. Пренебр.* Кооператор, мелкий предприниматель. *Эпоха ~ов* — о периоде перестройки (1985~1991 гг.). ♦ **Знатный ~** — человек, нажившийся на спекуляции и занявшийся каким-л. иным делом, напр., продажей произведений искусства за рубеж.

ШВА́БРА, -ы, *ж. Пренебр.* Девушка, женщина.

ШВАБРА* *см.* **Я У МАМЫ ВМЕСТО ШВАБРЫ; ЗА ШВАБРОЙ МОЖЕТ СПРЯТАТЬСЯ**

ШВА́БРИКИ, -ов, *мн.* Спички.

Возм. сближение с общеупотр. «швабра» или «шваркать» (звукоподр.).

ШВА́РКАТЬ, -аю, -аешь; *несов.* (*сов.* **ШВА́РКНУТЬ**, -ну, -нешь). **1.** *что, чего* и *без доп.* Пить спиртное. **2.** *кого.* Бить, ударять.

От звукоподр. «шварк»; *устар.* «шваркнуть» — с силой швырнуть, ударить, *диал.* «швырка́ть» — громко хлебать.

ШВЕДЮ́К, -а́, *м.* Швед. *~и́ да финики* (финны).

ШВО́НДЕР, -а, *м.* **1.** Еврей. **2.** Бюрократ, чинуша.

Персонаж повести М. Булгакова «Собачье сердце».

ШВЫРНУ́ТЬСЯ, -ну́сь, -нёшься; *сов., куда.* Съездить куда-л., попутешествовать. *~ на юга́.*

Ср. общеупотр. *прост.* «прошвырнуться» — пройтись, прогуляться.

ШВЫРЯ́ЛО, -а, *ср.* Стакан. *~ гранёное. Из горла́ или из ~а?*

От **ШВЫРЯТЬ**.

ШВЫРЯ́ТЬ, -я́ю, -я́ешь; *несов.* (*сов.* **ШВЫРНУ́ТЬ**, -ну́, -нёшь), *что, чего* и *без доп.* Пить спиртное.

Ср. общеупотр. «швырять» — с силой бросать.

ШЕБУТИ́ТЬ, -учу́, -ути́шь, **ШЕБУТИ́ТЬСЯ**, -учу́сь, -ути́шься; *несов., без доп.* Ёрзать, суетиться; шуметь, шалить, озорничать, хулиганить; шутить, веселиться.

Ср. *устар.* арготическое «шебыхнуть» — запустить камнем (арготическая форманта «ше» + «бухнуть»); *ср.* также *устар. диал.* «шабурить» — шуметь, буянить; «шабунять» — подшучивать, осмеивать; «шебунить», «шебунять» — ковырять, копаться и т. п.

ШЕБУТНО́Й, -а́я, -о́е. Неуёмный, неутомимый; весёлый, озорной.

См. **ШЕБУТИТЬ**.

ШЕВЕЛИ́ТЬ, -лю́, -ли́шь; *несов., что, чем* и *без доп.* Делать что-л. быстро, интенсивно. ♦ **~ помидорами** (или **ходулями, коленями** и т. п.) — идти, двигаться (обычно быстро, торопливо). **~ пузырями** (или **шариками, извилинами, полушариями** и т. п.) — думать, соображать.

Ср. *уг.* «шевелить» — начинать что-л., избивать кого-л., «шевелить хвостом» — нарушать воровские законы, «шевелить рогом» — нарушать законы государства.

ШЕВЕЛИТЬ* *см.* **ПЕРЕДОК**

ШЕВЕЛИТЬ ПЕДАЛЯМИ *см.* **ПЕДАЛЬ**

♦ **ШЕВЕЛИ́ТЬ ЧЕМОДА́НЫ** — делать таможенный досмотр багажа (напр. на границе).

ШЕДЕВРА́ЛЬНЫЙ, -ая, -ое. *Ирон.* Прекрасный, отличный.

От общеупотр. «шедевр» — исключительное по своим достоинствам произведение искусства.

ШЕЛЕСТУ́ХА, -и, *ж.*, **ШЕЛЕСТУ́ХИ**, шелесту́х, **ШЕ́ЛЕСТЫ**, -ов, *мн.* Бумажные деньги.

От общеупотр. «шелестеть»; возм. через *уг.*; *ср. уг.* «шелестуха» — новые купюры.

ШЕЛКОПРЯ́Д, -а, *м.* Тот, кто упорно, целенаправленно делает что-л.

Назв. бабочки, гусеницы которой вьют шёлковые коконы.

ШЕЛО́М, -а, *м.* **1.** Еврей. **2.** *межд.* Привет, здоро́во, салют, здравствуй.

Еврейское приветствие (правильно «шолом»).

ШЕЛУПЕНЬ, ШЕЛУПНЯ, ШЕЛУПОНЬ *см.* **ШАЛУПЕНЬ**

ШЕЛУХА́, -и, *ж.* **1.** Ерунда, чушь. *~у нести* (говорить). **2.** Подросток (обычно до 13 лет).

2. — из *шк.*

ШЕЛУШИ́ТЬ, -шу́, -ши́шь; *несов., кого.* **1.** Обманывать, обманом брать деньги у кого-л.; заставлять раскошеливаться. **2.** Вступать в половую связь с кем-л. **3.** Бить, избивать.

ШЁПОТ *см.* **НА «ВЫ» И ШЁПОТОМ**

ШЕПТА́ЛА, -ы, *м.* и *ж.*, **ШЕПТА́ЛО**, -а, *ср.*, **ШЕПТА́ЛЬНИК**, -а, *м.* **1.** Синхронный переводчик (обычно при просмотре иностранного фильма); устройство для такого перевода. **2.** Зад, задница. *Шептало в штаны не влазит.* **3.** Тот, кто портит воздух, пускает газы.

См. также **ШЕПТАТЬ 2, ШЕПТУН.**

ШЕПТА́ТЬ, шепчу́, ше́пчешь; *без доп.* **1.** обычно употр. в *3 л. ед.* Выражает положительную или отрицательную оценку любого явления, в зависимости от ситуации. *Погода шепчет* (хорошая или испортилась). *Рыбка шепчет* (вкусная или протухла). **2.** Портить воздух, пускать газы.

ШЕПТУ́Н, -а́, **ШЕПТУ́НЧИК**, -а, *м.* Кишечные газы. ♦ **Пустить шептуна** (или **шептунчика**) — испортить воздух.

ШЕРСТИ́ТЬ, *1 л. ед.* обычно не употр., -и́шь, *несов., кого.* Ругать, прорабатывать, ставить на место, выводить на чистую воду.

Ср. с общеупотр. «шерстить» — раздражать кожу при прикосновении (о шерсти, шерстяной ткани); возм. влияние потенциальной семы 'гладить против шерсти'.

ШЕРСТЬ, -и (или -и́), *ж.* Щетина. ♦ **~ содрать** (или **своло́чь, счистить** и т. п.) — побриться.

ШЕРСТЬ* *см.* **ЕСТЬ, НА ЖОПЕ ШЕРСТЬ; ЖОПА; РАЗНЫЕ ПО ШЕРСТИ; ШИРИНКА ПОЛНА ШЕРСТИ**

ШЕРСТЯНО́Й, -а́я, -о́е. **1.** Заросший, небритый. *Мурло ~ое* — небритое лицо. **2.** в зн. *сущ.*, -о́го, *м.* Заключённый, занимающий промежуточное положение между воровским и не воровским миром; приблатнённый, но ещё не блатной; любой человек, находящийся в промежуточном положении.

2. — из *уг.*

ШЕРША́ВКА, -и, *ж.* **1.** Рука. **2.** То же, что **ШЕРШАВЫЙ.**

ШЕРШАВКА* *см.* **КОНЧИЛАСЬ ВАРШАВКА, НАЧАЛАСЬ ШЕРШАВКА**

ШЕРША́ВЫЙ, -ого, *м.* Мужской половой орган. ♦ **Загнать ~ого под кожу** *кому* — совершить половой акт.

См. также **ЗАГОНЯТЬ (ШЕРШАВОГО)**

ШЕСТЁРА, ШЕСТЕРИК, ШЕСТЕРИЛО *см.* **ШЕСТЁРКА**

ШЕСТЕРИ́ТЬ, -рю́, -ри́шь; *несов., кому* и *без доп.* Быть на побегушках, унижаться, льстить, угодничать, подхалимничать.

См. также **ШЕСТЁРКА.**

ШЕСТЁРКА, -и, **ШЕСТЁРА**, -ы, *ж.*, **ШЕСТЕРИ́К**, -а́, *м.*, **ШЕСТЕРИ́ЛО**, -а, *ср.* Человек на побегушках; презираемый всеми человек; льстец, подхалим.

См. также **ТУЗ**

Возм. из *уг.*; раньше в Москве так назывались официанты, половые.

ШЕФ, -а, *м.* Обращение (к шофёрам, грузчикам и т. п.).

Ср. общеупотр. в зн. начальник, руководитель.

ШЕЯ* *см.* **ЖОПА; МЫЛИТЬ (ШЕЮ); НАМОЧАЛИТЬ (ШЕЮ); СОРОК; ФЛАГ В РУКИ, БАРАБАН В ЖОПУ...**

ШИБАНУТЬ *см.* **ШИБАТЬ**

ШИ́БАРЬ, -я, **ШИБА́РЬ**, -я́, *м.* Алкоголик.

От **ШИБАТЬ.**

ШИБА́ТЬ, -а́ю, -а́ешь; *несов.* (*сов.* **ШИБАНУ́ТЬ**, -ну́, -нёшь), *что, чего* и *без доп.* Пить спиртное.

Ср. *уг.* «шибануть» — выпить чифирю.

ШИ́БЗДИК, -а, **ШИ́БЗИК**, -а, **ШИБЗО́ИД**, -а, *м.* Человек маленького роста, коротышка.

От *устар. диал.* «шибздик» — сухощавый человек болезненного вида, невзрачный человек; то же в *уг.*; *диал.* «фыбзик» — коротышка.

ШИЗ, -а, *м.* То же, что **ШИЗА 1.**

ШИ́ЗА, -ы, **ШИЗА́**, -ы́, **ШИЗУ́ХА**, -и, *ж.* и *м.*, **ШИЗНЯ́К**, -а́, *м.* **1.** Шизофреник, сумасшедший; ненормальный, странный человек. **2.** Ненормальное состояние, одурение; сумасшествие, шизофрения. *Шиза нашла. Пришла шиза́, отворяй ворота́.* **3.** Что-л., вызывающее состояние одурения, эйфории;

наркотики, спиртное. *Фильм — шиза. Шизы глотнуть. Шизо́й кольнуться.* **4.** Психиатрическая больница. **5.** Ненормальная ситуация, странное положение. **6.** Что-л. дурное, плохое.

Сокращ. от общеупотр. «шизофрения», «шизофреник».

ШИЗАНУ́ТЫЙ, -ая, -ое. Ненормальный, дурной, шальной; сумасшедший.

См. также **Я СТОЮ НА АСФАЛЬТЕ, В НОВЫХ ЛЫЖАХ ОБУТЫЙ...**

См. **ШИЗА**.

ШИЗАНУ́ТЬ, -ну́, -нёшь; *сов., на кого* и *без доп.* Вспылить, сорваться, накричать на кого-л.

См. **ШИЗА**.

ШИЗАНУ́ТЬСЯ, -ну́сь, -нёшься; *сов., на чём* и *без доп.* Сойти с ума.

См. **ШИЗА**.

ШИЗДЕ́Ц, -а́, *м.* или в зн. *межд.* Всё, конец, провал, баста.

Эвфем. от нецензурного.

ШИ́ЗИК, -а, *м.* То же, что **ШИЗА 1**.

♦ **ШИ́ЗИКОВ ДО́МИК** — сумасшедший дом, психиатрическая лечебница.

ШИ́ЗИК-ПЛЕЙС, -а, *м.* Сумасшедший дом, психиатрическая лечебница.

«Шизик» (шизофреник, сумасшедший) + англ. place — место.

ШИЗИ́ЛОВКА, -и, *ж.* То же, что **ШИЗА 2 – 6**.

ШИЗНЯК *см.* **ШИЗА**

ШИЗО́, *нескл., ср.* То же, что **ШИЗА** во всех зн.

Наложение **ШИЗА** с *уг.* «шизо» — «штрафной изолятор».

ШИЗОВА́ТЬ, -зу́ю, -зу́ешь; *несов.* Срываться, кричать на кого-л.

ШИЗОВА́ТЬСЯ, -зу́юсь, -зу́ешься; *несов.* Сходить с ума.

ШИЗО́ВЫЙ, -ая, -ое, **ШИ́ЗЫЙ**, -ая, -ое. **1.** Ненормальный, сумасшедший, дурманный; провоцирующий такое состояние. *Шизовое вино. Курево шизое.* **2.** Отличный, неподражаемый.

См. **ШИЗА**.

ШИЗО́ИД, -а, *м.* То же, что **ШИЗА 1**.

ШИЗОФРЕНИЯ *см.* **ШУБОВИДНАЯ ШИЗОФРЕНИЯ**

ШИЗУХА *см.* **ШИЗА**

ШИЗЫЙ *см.* **ШИЗОВЫЙ**

ШИК-БЛЕСК-КРАСОТА *см.* **БЛЕСК**

ШИ́ЛО, -а, *ср.* **1.** Игла от шприца. **2.** Спирт.

Возм. из *уг.* или *нарк.*

ШИЛО* *см.* **ЁЖИК (ТАРАКАН, ШИЛО, РАКУШКИ, ДИЗЕЛЬ) В ЖОПЕ**

ШИМПАНИ́ДЗЕ, *нескл., м.* Грузин.

Наложение «шимпанзе» и окончания типичной груз. фамилии, из анекдота.

ШИ́НА, -ы, *ж.*, **ШИ́НЫ**, шин, *мн.* Машина. *Ты на ~ах? ~у купил.*

ШИНЕ́ЛЬ, -и, *ж.* Милиционер.

ШИНКОВА́ТЬ, -ку́ю, -ку́ешь; *несов.* (*сов.* **ШИНКАНУ́ТЬ**, -ну́, -нёшь), *кого.* Бить, избивать.

Общеупотр. «шинковать» — резать на мелкие кусочки.

ШИНКО́ВКА, -и, *ж.* Драка, потасовка.

От **ШИНКОВАТЬ**.

ШИНЫ *см.* **ШИНА**

ШИП, -а́, *м.* Мужской половой орган.

ШИПЕТЬ *см.* **ЗАБЫЛ, КАК В ГЛАЗАХ...**

ШИПУ́ЧКА, -и, *ж.* Шампанское.

От общеупотр. «шипеть».

ШИРЕ *см.* **ПОПЕРЁК СЕБЯ ШИРЕ**

ШИРЁВКА, ШИРЕВО *см.* **ШИРКА**

ШИРЕВО́Й, -а́я, -о́е. Находящийся под действием наркотиков (о человеке) или относящийся к наркотикам. *~ чувак* (человек). *~ые штучки начались.*

От **ШИРЯТЬ(СЯ)**.

♦ **ШИРИ́НКА ПОЛНА́ ШЕ́РСТИ** *у кого — шутл.* о выросшем, повзрослевшем человеке, напр.: *У тебя уже ширинка полна шерсти, а ты всё в футбол во дворе гоняешь.*

ШИ́РКА, -и, **ШИРЁВКА**, -и, **ШИРЯ́ЛОВКА**, -и, *ж.*, **ШИ́РЕВО**, -а, **ШИРЯ́ЛОВО**, -а, *ср.* **1.** Наркотики; любое дурманящее вещество. *Забить косяк ширкой* — набить и выкурить сигарету с наркотиком. **2.** Шприц, используемый для ввода наркотика в вену. **3.** Процесс ввода наркотиков в вену; курение наркотиков; вообще всё, что относится к наркомании.

От **ШИРЯТЬ(СЯ)**.

ШИ́РКАТЬСЯ, -аюсь, -аешься; *несов., где* и *без доп.* Гулять, шляться, шататься.

ШИ́РЛИ-МЫ́РЛИ, *нескл., ср.*, или *мн.* **1.** Ерунда, чушь, чёрт знает что, что-л. пустое, никчёмное. *Ну, он мне, ~, пошли ко мне. Всякое ~ предлагает.* **2.** в зн. *вводн. сл.* То да сё, мол, дескать (при передаче чужой речи, при ссылке на чужую речь).

Звукоподр.; *ср.* **ТЫРЛИ-МЫРЛИ**, широко распространилось после появления одноименного художественного фильма В. Меньшова.

ШИ́РМА, -ы, *ж.* Карман. ♦ **Нырнуть в ~у** — залезть в карман.

Из *уг.*; *ср. уг.* «ширмач», «ширмошник» — карманный вор.

ШИРНУТЬ *см.* **ШИРЯТЬ**

ШИРНУТЬСЯ *см.* **ШИРЯТЬ**

ШИРОВО́Й, -о́го, *м.* Наркоман.

От **ШИРЯТЬ**.

ШИРОКИЙ *см.* **ТЫ ПРАВ, АРКАШКА...**

ШИРОКОПО́ЛЫЙ, -ая, -ое. *Шутл.* Живущий слишком активной половой жизнью (чаще о бисексуале).

Игра слов: «пол», «половой» + «по́лы» (нижняя часть раскрывающейся спереди одежды), «широкополый» (с широкими полами).

ШИРЯЛОВКА, ШИРЯЛОВО *см.* **ШИРКА**

ШИРЯ́ЛЬЩИК, -а, *м.* Наркоман.

От **ШИРЯТЬ(СЯ)**.

ШИРЯ́ТЬ, -я́ю, -я́ешь; *несов.* (*сов.* **ШИРНУ́ТЬ**, -ну́, -нёшь) *что, чего* и *без доп.*, **ШИРЯ́ТЬСЯ**, -я́юсь, -я́ешься; *несов.* (*сов.* **ШИРНУ́ТЬСЯ**, -ну́сь, -нёшься) *чем* и *без доп.* Употреблять наркотики, быть наркоманом.

То же в *уг.*, *нарк.* возм., связано с *диал.* «ширкать» — тереть, шуметь, царапать, удирать, «ширять», «ширнуть» — копать, рыться, ковырять, ворошить, переворачивать, «ширялка» — копалка, ковырялка, кочерга. В арго возм. по аналогии действия — вскрывать вену, колоть вену.

♦ **ШИТЬ ДЕ́ЛО** *кому* — наговаривать на кого-л., клеветать, приписывать преступление, возводить напраслину.

Из *уг.*

ШИ́ТЬСЯ, шьюсь, шьёшься; *несов.* **1.** *под кого, кем* и *без доп.* Притворяться кем-л., выдавать себя за кого-л., придуряться, кривляться. **2.** *к кому с чем.* Приставать, надоедать, стараться добиться чего-л. от кого-л.

Из *уг.*

ШИ́ФЕР, -а, *м.* Голова, темечко. ~ *напекло.*

ШИФОНЬЕ́Р, -а, *м.* Большой сильный человек.

ШИФОНЬЕР* *см.* **МЕЖДУ НАМИ ШИФОНЬЕР**

ШИФРОВА́ТЬ, -ру́ю, -ру́ешь; *несов.*, *что* и *без доп.* Запоминать. *Я тебе говорить буду, а ты ~руй.*

ШИШ *см.* **НА ШИШАХ БЫТЬ; НИ ШИША**

ШИША́К, -а́, **ШИША́РИК**, -а, *м.*, **ШИША́РА**, -ы, *ж.* **1.** То же, что **ШИШКА** во всех зн. **2.** Шишка, ссадина.

Возм. контаминация **ШИШ** и **ШИШКА**.

ШИШИ́ГА[1], -и, *ж.* Автомобиль ГАЗ-66.

Возм. из *арм.*; игровое осмысление аббрев. «ШШ» (из 66); возм. также сближение с **ШИШИГА**[2].

ШИШИ́ГА[2], -и, **1.** *ж.* Растрёпанная, непричёсанная, неаккуратная женщина. **2.** *м.* и *ж.* Человек, который долго возится, копается, всех задерживает, нерасторопный, медлительный.

Возм. связано с *устар. диал.* «шишига» — нечистый, сатана, бес.

ШИШИ́ТЬ, -шу́, -ши́шь; *несов., без доп.* Копаться, возиться, быть медлительным, нерасторопным.

Ср. **ШИШИГА**.

ШИ́ШКА, -и, *ж.* **1.** Мужской половой орган. **2.** Обычно во *мн.* Женские цветки конопли (*нарк.*). ♦ **Точить ~у** — **1.** *на кого.* Затаить злобу, стараться сделать гадость кому-л., отомстить. **2.** *без доп.* Заниматься онанизмом.

См. также **ШИШКУ ШЛИФОВАТЬ**

Возм. через *уг.*

ШИШКА* *см.* **МЕТР (С ШИШКОЙ); МИШКА — В ЖОПЕ ШИШКА; ПОЛУЧИТЬ ПО ШИШКЕ**

ШИШКА́РЬ, -я́, *м.* **1.** Важный начальник. *Цековский ~.* **2.** То же, что **ШИШКА**.

ШИШКАТУ́РА, -ы, *ж.*, *собир.* Начальство, руководство.

ШИ́ШКИ, -шек, *мн.* Наркотик.

Возм. из *нарк.*

ШИШКОВО́З, -а, *м.*, **ШИШКОВО́ЗКА**, -и, *ж.* Правительственная машина.

От общеупотр. *разг.* «шишка» — начальник, влиятельное лицо + «возить».

ШИШКО́ВЫЙ, -ая, -ое. Относящийся к начальству (часто к правительству).

От общеупотр. *разг.* «шишка» — начальник, влиятельное лицо.

♦ **ШИ́ШКУ ШЛИФОВА́ТЬ** — заниматься любовью.

ШКАЛА́Ч, -а́, *м.* Чердачный вор.

Из *уг.*

ШКА́ЛИК, -а, *м.* **1.** Маленькая бутылочка коньяка. **2.** Стопка, рюмка.

Устар. «шкалик» — русская мера вина, равная 1/200 ведра, а также винная посуда такой меры.

ШКАНДЫБА́ТЬ, -а́ю, -а́ешь; *несов., куда, откуда.* Идти, двигаться, шагать. *Куда ~аем?*

Диал. «шкандыбать» — хромать, ковылять, «шкандыба» — хромой, колченогий; *ср.* **КАНДЫБА.**

ШКА́РЕНКИ, -нок, **ШКА́РЫ**, шкар (реже -ров), **ШКЕ́РЫ**, шкер, *мн.* **1.** Деньги. **2.** Брюки. **3.** Ботинки, обувь.

Ср. *уг.* «шкаренки» — джинсы; «шкар», «шкарняк», «шкеровый» — карман брюк; «шкары́», «шкеры́», «шкефы́» — брюки; возм. сближение с цыг. **sukár** (шукар) — красивый, прекрасный, красавец; первоначальное зн. в цыг. — брючный карман; поскольку из него легко красть, произошла семантическая контаминация зн. «карман» и «красивый»; в дальнейшем контаминировались зн. «карман, брюки» и «красивый».

ШКАТУЛКА *см.* **МУЗЫКАЛЬНАЯ ШКАТУЛКА**

ШКАФ, -а, *м.* Здоровый, сильный человек.

См. также **БОЛЬШИЕ ШКАФЫ ГРОМКО ПАДАЮТ**

ШКАФА́НДР, -а, *м.* **1.** То же, что **ШКАФ. 2.** Шкаф (чаще о медицинском).

Шутл. контаминация с общеупотр. «скафандр».

ШКВАЛ, -а, *м.* Активный, агрессивный человек; непоседа.

ШКВА́РКА, -и, *ж.* **1.** *ирон.* Любая женщина. **2.** Презираемый человек, замухрышка. **3.** только *мн.* Ерунда, чушь.

Ср. *уг.* «шкварка» — человек маленького роста, «заширенная шкварка» — законченный наркоман.

ШКВА́РНЯ, -и, *ж.* Фара. *Затуши ~и.*

Из арго шофёров; *ср. устар. диал.* «шкварить» — жарить, жарко топить, «шквара» — зной и т. п.

ШКВОРЧА́ТЬ, -чу́, -чи́шь; *несов.* **1.** *что* и *без доп.* Говорить, ворчать, рассказывать. **2.** *без доп.* Дымиться, куриться, не тухнуть (чаще о сигарете, папиросе). *У тебя еще ~чит, дай прикурить.* **3.** *что* и *без доп.* Курить.

ШКЕ́РИТЬ, -рю, -ришь; *несов.* **1.** *за кем* и *без доп.* Следить, выслеживать, надзирать, надсматривать. **2.** *что.* Чистить, разделывать, потрошить рыбу ножом (до состояния полуфабриката); а также в зн. «бить ножом (человека в драке)».

1. — неясно. Возм. связано с **ШКАРЫ**; 2. — возм. из языка рыбаков.

ШКЕ́РИТЬСЯ, -рюсь, -ришься; *несов.* (*сов.* **ЗАШКЕ́РИТЬСЯ**, -рюсь, -ришься), *от кого, где* и *без доп.* Прятаться, скрываться.

См. комментарии к **ШКЕРИТЬ**

ШКЕРЫ *см.* **ШКАРЕНКИ**

ШКЕТ, -а, *м.* **1.** Малолетний преступник. **2.** Низкорослый человек. **3.** Пассивный педераст.

См. также **ВАЛИТЬ**

Общеупотр. *прост.* «шкет» — мальчишка, парень; возм. через *уг.*; первоначально на языке петербургских воров — удалец, молодец.

ШКЕ́ТКА, -и, **ШКЕ́ТОЧКА**, -и, **ШКИ́ЦА**, -ы, *ж.* **1.** Боевая девчонка, девушка, «пацанка». **2.** Короткая куртка. **3.** Малолетняя проститутка.

ШКИБОН, ШКИБОТ *см.* **ШКИРМАН**

ШКИ́ПЕР, -а, *м.* Ирон. обращение.

ШКИРЛА́, -ы́, *ж.* Женщина, девушка, а также любовница, сожительница.

Из *уг.*

ШКИРМА́Н, -а (или -а́), **ШКИБО́Н**, -а, **ШКИБО́Т**, -а, *м.* Шкирка, ворот. ♦ **Залить за шкирман** — напиться пьяным. **Взять** (или **поймать, схватить** и т. п.) **за шкирман** — настигнуть, застать врасплох, поймать за шкирку.

От общеупотр. *прост.* «шкирка», «взять за шкирку»; по модели **КАЧМАН, САЛАБОН**, и т. п.

ШКИ́ФЫ, -ов, **ШКИФТЫ́**, -о́в, *мн.* Глаза.

Из *уг.*

ШКИЦА *см.* **ШКЕТКА**

ШКО́ДА, -ы. **1.** *м.* и *ж.* Хулиган, мелкий мошенник. **2.** Девушка, женщина.

Общеупотр. *прост.* «шкода» — баловство, озорство, приносящее вред; *уг.* «шкода» — блатной, ворующий у своих; *устар.* «шкода», «шкота» — вред, ущерб, «шкодник» — паскудник, пакостник, «шкодить» — пакостить.

ШКО́ДНИК, -а, *м.* То же, что **ШКОДА 1.**

ШКО́ЛА, -ы, *ж.* *Шутл.* Университет, институт.

Из *студ.*

ШКО́НЕЦ, -нца, *м.*, **ШКО́НКА**, -и, *ж.*, **ШКО́НЦЫ**, -ев, *мн.* Постель, кровать, койка.

Из *уг.*

ШКУ́РА, -ы, *ж.* **1.** Плохой человек. **2.** Одежда (обычно верхняя).

Ср. *уг.* «шкура» — женщина, вещи, одежда, доносчик; *ср.* также общеупотр. «шкура» — продажный человек, «шкурник», «шкурничать», «шкурный интерес» и т. п.

ШКУРА* *см.* **ВОК**

♦ **ШКУ́РА ДО́ХЛОЙ ОБЕЗЬЯ́НЫ** — **1.** О чём-л. плохом, неприятном; об усталости, апатии, напр.: *Я после работы, как шкура дохлой обезьяны.* **2.** О предмете спора, яблоке раздора, напр.: *Она с ним никак шкуру дохлой обезьяны не разделит* (о разделе имущества после развода).

ШКУ́РИТЬСЯ, -рюсь, -ришься; *несов., без доп.* Подличать, стараться извлечь для себя выгоду, «шкурничать».

От **ШКУРА**.

ШКУ́РКА, -и, *ж.* Уставший, измотанный, утомившийся человек. *После работы я ~. Он из меня каждый раз ~у делает.*

ШКУРОДЁР, -а, *м.* Скупой, неуступчивый человек.

От общеупотр. «шкура» + «драть».

ШЛАГБА́УМ, -а, *м.* Еврей. *Собрались одни ~ы.*

Схожесть с распространёнными фамилиями типа Розенбаум, Эйхенбаум и т. п.

ШЛАК, -а, *м.* **1.** Кал, дерьмо. *~ метнуть* — сходить в туалет. **2.** Сырьё для изготовления наркотиков.

2. — из *нарк.*

ШЛАНГ, -а, *м.* **1.** Бездельник, лентяй; человек, увиливающий от работы, от своих обязанностей. **2.** только *мн.*, -ов. Кишки, кишечник.

♦ **~ гофрированный** — отчаянный бездельник, прогульщик. **~и горят** — выпить хочется. **~и выпустить** *кому* — зарезать, вспороть живот; наказать.

См. также **ПРИКИДЫВАТЬСЯ ШЛАНГОМ**; **ПРЫГНУЛ С АКВАЛАНГОМ — НЕ ПРИКИДЫВАЙСЯ ШЛАНГОМ**

Возм. через *уг.* «шланг» — бездельник; очень пьяный человек.

ШЛАНГИ́СТИКА, -и, *ж.* Безделье, уклонение от работы. *Заниматься ~ой. Мастер по ~е* (закоренелый бездельник).

От **ШЛАНГ 1.**; возм. по аналогии с *арм.* «шагистика».

ШЛАНГОВА́ТЬ, -гу́ю, -гу́ешь; *несов., без доп.* Бездельничать, отлынивать от работы, валять дурака.

От **ШЛАНГ 1.**

ШЛЕМА́К, -а́, **ШЛЕМОФО́Н**, -а, *м.* **1.** Шлем (обычно мотоциклетный). **2.** Голова. *Шевели шлемаком* — думай.

ШЛЁНДА, -ы, **ШЛЁНДРА**, -ы, *ж.* **1.** Гулёна, кутила, бездельник; человек, любящий погулять, выпить. **2.** Плут, проныра. **3.** Проститутка.

От **ШЛЁНДАТЬ**, **ШЛЁНДРАТЬ**.

ШЛЁНДАТЬ, -аю, -аешь, **ШЛЁНДРАТЬ**, -аю, -аешь, **ШЛЁНДИТЬ**, -дю (или не употр.), -дишь, **ШЛЁНДРИТЬ**, -рю, -ришь; **ШЛЫ́НДАТЬ**, -аю, -аешь, **ШЛЫ́НДРАТЬ**, -аю, -аешь, **ШЛЫ́НДИТЬ**, -дю (или не употр.), -дишь, **ШЛЫ́НДРИТЬ**, -рю, -ришь, *несов., без доп.* **1.** Гулять, кутить, шляться, бездельничать. **2.** Плутовать, хитрить. **3.** Развратничать, заниматься проституцией.

Устар. диал. «шленда», «шлянда», «шлында», «шляпа» — бездельник, «шляндать», «шлёндать», «шлындать» — шататься без дела; «шлюндра» — неряха, «шлёха» — пустая бабёнка, «шлянда» — бродяга; возм. связано с общеупотр. прост. «шляться»; *ср.* также общеупотр. *прост. бран.* «шлюха».

ШЛЁНДРА *см.* **ШЛЁНДА**

ШЛЁНДРАТЬ, **ШЛЁНДРИТЬ** *см.* **ШЛЁНДАТЬ**.

ШЛЁНКА, -и, *ж.* Миска, тарелка.

Возм. из *уг.*, *ср.* **ШЛЮМКА**.

ШЛЁПАЛКА, -и, *ж.*, **ШЛЁПАЛО**, -а, *ср.* **1.** Язык. *Прикуси шлёпало.* **2.** Пистолет.

От **ШЛЕПАТЬ 2., 4.**

ШЛЁПАНЦЫ, -цев, *мн.* Ноги.

От **ШЛЕПАТЬ 1.**; *ср.* общеупотр. в зн. домашние туфли без задников.

ШЛЁПАТЬ, -аю, -аешь; *несов.* **1.** *куда, откуда.* Идти, шагать, направляться. *~ай отсюда.* **2.** *что* и *без доп.* Говорить вздор, чушь; вообще говорить. *Думай, что ~аешь.* **3.** *что* и *без доп.* Пить спиртное. **4.** *кого* и *без доп.* Стрелять расстреливать.

ШЛЁПКА, -и, *ж.* **1.** Расстрел. **2.** только *мн.*, -ок. Шлёпанцы, тапочки.

От **ШЛЁПАТЬ 1., 4.**

ШЛЁП-НОГА́, шлёп-ноги́, *м.* и *ж.* *Шутл.* О любом человеке; ирон. обращение. *Эй ты, ~!*

Звукоподр. «шлёп» + «нога»; *ср.* с анализмом модели **ВОРУЙ-НОГА**.

ШЛЁПНУТЬ, -ну, -нешь. *Сов.* к **ШЛЁПАТЬ 2–4.**

ШЛЁПНУТЬ* *см.* **ХВОСТОМ ДРЫГНУТЬ (ДЁРНУТЬ, ШАРКНУТЬ, ШЛЁПНУТЬ)**

♦ **ШЛЕПО́К МАЙОНЕ́ЗНЫЙ** — *шутл.-бран.* дурак, простофиля.

ШЛИМА́ЗЕР, -а, **ШЛИМА́ЗЛ**, -а, *м.* Дурак, кретин.

Возм. из иврита через *уг.*

ШЛИФОВА́ТЬ, -фу́ю, -фу́ешь; *несов.* (*сов.* **ШЛИФАНУ́ТЬ**, -ну́, -нёшь). **1.** *куда, откуда* и *без доп.* Двигаться, шагать; уходить, убираться откуда-л. **2.** *кому что за что* и *без доп.* Лгать, обманывать, привирать. ♦ **Шлифуй под нары** — вон, катись отсюда.

См. также **ШИШКУ ШЛИФОВАТЬ**

2. — возм. связано с *уг.* «шлифовать» — лицемерить.

♦ **ШЛИФОВА́ТЬ МОЗГИ́** *кому* — прорабатывать кого-л., стараться воздействовать на кого-л.

ШЛИФУЙ ПОД НАРЫ *см.* **ШЛИФОВАТЬ**

ШЛОЕБЕ́НЬ, -и, *ж.* *Бран.* Шваль, сброд.

От нецензурного.

ШЛЫНДАТЬ, ШЛЫНДРАТЬ, ШЛЫНДИТЬ, ШЛЫНДРИТЬ *см.* **ШЛЁНДАТЬ**

ШЛЮЗ, -а, *м.* **1.** Задница. **2.** только *мн.*, -ов. Ключи. ♦ **Открыть ~ы** — снять штаны; испражниться.

2. — возм. от *уг.* «шлюзы», «шлюцы» в том же зн.

ШЛЮЗОВА́ТЬ, -зу́ю, -зу́ешь; *несов., без доп.* Страдать поносом.

Ср. **ШЛЮЗ 1.**

ШЛЮ́МКА, -и, *ж.* Миска, тарелка (реже стакан, рюмка).

Возм. от *уг.* «шлюмка» — миска; проститутка.

ШЛЮХ, -а, *м.* *Шутл.* Слух. *Ходят ~и по стране.*

Ирон. наложение с общеупотр. *прост. бран.* «шлюха» — продажная женщина, возм. распространилось под влиянием песни В. Высоцкого.

ШЛЮХА *см.* **МЕКСИКАНСКАЯ ШЛЮХА**

ШЛЮ́ХАТЬ, -аю, -аешь; *несов., кого-что* и *без доп.* *Шутл.* Слушать. *~ай сюда. ~ай, товарищ!*

См. **ШЛЮХ.**

ШЛЯ́МАТЬ, -аю, -аешь; *несов., без доп.* Спать, дрыхнуть.

Возм. из *уг.*

ШЛЯ́МКА, -и, *ж.* **1.** Кровать, постель. **2.** То же, что **ШЛЮМКА.**

1. — от **ШЛЯМАТЬ.**

ШЛЯ́ПА, -ы, *ж.* Интеллигент. ♦ **Чем в ~е, тем нахальнее** — *ирон.* об интеллигентах.

♦ — встречается у А. Галича и др.

ШЛЯПА* *см.* **БЕЗ ШТАНОВ, А В ШЛЯПЕ**

ШЛЯ́ПКА, -и, *ж.* Мужской половой орган.

ШЛЯПКА* *см.* **ГВОЗДЬ БЕЗ ШЛЯПКИ**

♦ **ШЛЯ́ПКИ СВОБО́ДЫ** — ядовитые грибы-поганки, используемые в качестве наркотического средства.

Из *нарк.*

ШМАЗЬ *см.* **ШМАСЬ**

ШМАЛИ́ТЬ, -лю́, -ли́шь, **ШМОЛИ́ТЬ**, -лю́, -ли́шь; *несов., что* и *без доп.* Курить наркотики; вообще курить.

См. **ШМАЛЬ, ШМАЛЯТЬ**; возм. связано с общеупотр. «смолить».

ШМАЛЬ, -и, *ж.* **1.** Курево, сигареты, папиросы. **2.** Наркотики (чаще о гашише, анаше).

Из *уг.*; *см.* **ШМАЛИТЬ, ШМАЛЯТЬ.**

ШМАЛЯ́ТЬ, -я́ю, -я́ешь; *несов.* (*сов.* **ШМАЛЬНУ́ТЬ**, -ну́, -нёшь), **ШМОЛЯ́ТЬ**, -я́ю, -я́ешь; *несов.* (*сов.* **ШМОЛЬНУ́ТЬ**, -ну́, -нёшь). **1.** *что* и *без доп.* Курить (чаще о наркотиках). **2.** *у кого что* и *без доп.* Одалживать, просить; просить сигареты, папиросы. *Шмальнуть косяк* (сигарету). *Трёшки шмалять.* **3.** *во что, из чего* и *без доп.* Стрелять, палить. *По ночам на улице шмаляют.* **4.** *кого.* Бить, ударять. *Шмальни его.* **5.** *что* и *без доп.* Делать что-л. быстро, интенсивно. *Ну, шмаляй* (давай, валяй). **6.** *кого* и *без доп.* Обыскивать, ощупывать.

Из *уг.*; возм. связано с **ШМОН, ШМОНАТЬ**; *ср. устар.* «шмуль», «шмулька» — еврей, «шмулевать» — рьяно заниматься каким-л. делом (от *собств.* «Самуил»), «шмольник» — скряга, попрошайка.

ШМА́РА, -ы, **ШМАРУ́ХА**, -и, *ж.* Любая женщина; женщина лёгкого поведения.

Возм. связано с *уг.* «шмара» — проститутка, сожительница вора; гашиш; или с казацким арготизмом «шмара» — любовница; *ср.* также *устар. диал.* «шмарить» — бить, «шмариться» — делаться шероховатым, «шмаровать» — мазать, «шмара» — тина, ряска; *ср.* **ЧМАРИТЬ** и др.

ШМАРОВО́З, -а, *м.* **1.** Машина проститутки. **2.** Шофёр или сутенёр проститутки.

От **ШМАРА** + «возить».

ШМАРОГО́Н, -а, *м.* Ловелас, любитель женского пола.

От **ШМАРА** + «гнать».

ШМАРУХА *см.* **ШМАРА**

ШМАРУ́ШНИК, -а, *м.* **1.** То же, что **ШМАРОВОЗ**. **2.** То же, что **ШМАРОГОН**.

ШМАСЬ, -и, **ШМАСТЬ**, -и, **ШМАЗЬ**, -и, *ж.* **1.** Лицо, рожа, харя. *~ щетинистая.* **2.** Наказание, нагоняй, расправа. *Устроить ~.* ♦ **~ сотворить** *кому* — наказать, избить.

Из *уг.*

ШМЕЛЁМ, *нареч.* Быстро, сию секунду, пулей. *Ну-ка ~ туда-обратно!*

От общеупотр. «шмель»; *ср.* **ШМУЛЁМ**.

ШМЕЛЬ, -я́, *м.* **1.** Кошелёк, бумажник. **2.** обычно *мн.*, -и́, -е́й. Деньги.

Из *уг.*; или от общеупотр. «шмель» или передел. *уг.* «чмень» — кошелёк.

ШМОЛИТЬ *см.* **ШМАЛИТЬ**

ШМОЛЯТЬ, **ШМОЛЬНУТЬ** *см.* **ШМАЛЯТЬ**

ШМОН, -а, *м.*, **ШМОНКА**, -и, *ж.* **1.** Обыск, облава. **2.** Беспорядок, неразбериха ♦ **Навести шмон** *кому* — устроить тотальный обыск.

Из *уг.*; *см.* также **ШМОНАТЬ**; *ср. устар. диал.* «шмон» — бездельник, «шмоны» — безделье, сделки, сговоры.

ШМОНА́ТЬ, -а́ю, -а́ешь, **ШМО́НИТЬ**, -ню, -нишь; *несов., кого-что.* Искать, обыскивать, переворачивать всё вверх дном в поисках чего-л.; заставлять кого-л. что-л. делать.

Из *уг.*; *ср. диал. устар.* «шмонить», «шмунить» — бездельничать, лодырничать, шутить, зубоскалить, «шмоняться» — слоняться без дела.

ШМОНА́ТЬСЯ, -а́юсь, -а́ешься, **ШМОНЯ́ТЬСЯ**, -я́юсь, -я́ешься; *несов.* **1.** *где* и *без доп.* Бродить, шататься, скитаться. **2.** *чего* и *без доп.* Бояться, пугаться. **3.** *куда.* Соваться, лезть куда-л. **4.** *без доп.* Прятаться или прятать вещи.

См. **ШМОНАТЬ**.

ШМОНИТЬ *см.* **ШМОНАТЬ**

ШМОНКА *см.* **ШМОН**

ШМОНЯТЬСЯ *см.* **ШМОНАТЬСЯ**

ШМОТУ́ЛИНА, -ы, **ШМОТУ́ЛЬКА**, -и, **ШМОТУ́ЛЯ**, -и, *ж.* Вещь, предмет туалета, одежды. *Закупила шмотулек.*

От общеупотр. *прост.* «шмотки» — личные вещи.

ШМОТЬЁ, -я́, *ср.* Шмотки, вещи (чаще об одежде).

ШМУД, -а, *м. Пренебр.* Человек, владеющий красивыми, хорошими (чаще импортными) вещами, предметами роскоши; мещанин, обыватель.

Возм. из арго художников; *см.* **ШМУДАК**.

ШМУДА́К, -а́, *м.* Красивая заграничная вещь, предмет роскоши.

Возм. из речи художников; возм. сложение **МУДАК** + **ШМУКА**.

ШМУ́КА, -и, *ж.* **1.** Любая вещь, штука, кусок. **2.** Кошелёк, бумажник. **3.** Женщина с плохим характером.

Через *уг.*; возм. связано с «шмук» — из арго московских портных — выгадываемая при шитье полоска кожи, меха, материи; *ср. устар.* «шмуклер» — бахромщик, «шмуглер» — контрабандист (из нем.). В идише употр., в зн. «позументщик».

ШМУЛЁМ, *нареч.* Быстро, тотчас же, в одно мгновение.

Передел. **ШМЕЛЁМ**; или от **ШМУЛЬ**.

ШМУЛЬ, -я́, *м.* Еврей.

Через *уг. Ср.* **ШМАЛЯТЬ**.

ШМЯ́КАТЬ, -аю, -аешь; *несов.* (*сов.* **ШМЯ́КНУТЬ**, -ну, -нешь). **1.** *что кому.* Говорить что-л. невпопад, ляпнуть. **2.** Пить спиртное.

Общеупотр. звукоподр. «шмяк», «шмякнуть».

ШНИФ, -а, **ШНИ́ФЕР**, -а, *м.* Вор, жулик.

Уг. «шниф» — кража, «шнифер» — ночной вор, сейф.

ШНИФТЫ́, -о́в, *мн.* Глаза. ♦ **Загасить ~** *кому* — побить, наказать. **~ полезли** *у кого* — об удивлении, изумлении.

См. также **ГАСИТЬ**

От *уг.* «шнифт» — косой, кривой; стекло, окно, форточка, «шнифты» — глаза, очки.

ШНИ́ЦЕЛЬ, -я, *м.* **1.** Толстый человек. **2.** Еврей.

Обещеупотр. «шницель» — тонкая отбивная или рубленая круглая котлета; 2. — по сходству с распространёнными фамилиями.

ШНО́БЕЛЬ, -я, **ШНОПА́К**, -а́. *м.* Нос; лицо. *Дать в ~.*

Встречается у В. Аксёнова и др.

ШНУРКАНУТЬСЯ *см.* **ШНУРКОВАТЬСЯ**

ШНУРКИ *см.* **СНИМИ (УБЕРИ) ПОНТЫ — ОДНИ ШНУРКИ ОСТАНУТСЯ**

♦ **ШНУРКИ́ В СТАКА́НЕ** — родители дома.

ШНУРКОВА́ТЬСЯ, -ку́юсь, -ку́ешься; *несов.* (*сов.* **ШНУРКАНУ́ТЬСЯ**, -ну́сь, -нёшься). **1.** *без доп.* Прятаться, таиться, стараться ничем не выделяться, тихо отсиживаться. **2.** *куда, откуда.* То же, что **ШНУРОВАТЬ**.

От общеупотр. «шнурок».

ШНУРОВА́ТЬ, -ру́ю, -ру́ешь; *несов., куда, откуда.* Идти, уходить. *Куда ~руешь? ~руй отсюда.*

Возм. от общеупотр. «шнурок» + наложение с общеупотр. *прост.* «шуровать» — делать что-л. быстро, энергично.

ШНУРОВА́ТЬСЯ, -ру́юсь, -ру́ешься; *несов.* **1.** То же, что **ШНУРКОВАТЬСЯ** во всех зн. **2.** *куда.* Собираться, намереваться пойти куда-л. *Никак в кино ~руешься?*

ШНУРО́К, -рка́, *м.* **1.** Ирон. обращение (преим. к худому, тощему человеку). *Эй, ~рки, это наша новая подошва* (друзья, это наш новый приятель). **2.** Солдат второго полугодия первого года службы. **3.** обычно *мн.*, -рко́в. Родители.

2. — из *арм.*, 3. — возм. из *шк.*

ШНУРОК* *см.* **А ТЫ ТРУСЫ (УШИ, ШНУРКИ, ЧЁЛКУ) НАКРАХМАЛИЛ?; МОЖЕТ, (ЕЩЁ) ШНУРКИ ПОГЛАДИТЬ?..; СЕЙЧАС, ТОЛЬКО ШНУРКИ ПОГЛАЖУ**

ШНЫ́РИТЬ, -рю, -ришь, **ШНЫРИ́ТЬ**, -рю́, -ри́шь; *несов.* **1.** *без доп.* Шнырять, суетиться, бегать, лезть. **2.** То же, что **ШНЫРЯТЬ**.

См. **ШНЫРЬ**.

ШНЫРЬ, -я́, *м.*, **ШНЫРЯ́ЛО**, -а, *ср.* **1.** Тот, кто шныряет, ищет что-л.; пройдоха, плут; шустрик, живчик. **2.** Сторож, охранник.

Устар. «шныра», «шныр(ь)» — пролаз, пройдоха; лазутчик, соглядатай, сплетник; *уг.* «шнырь» — дневальный в бараке; сторож; *ср.* общеупотр. «шнырять», **ШНЫРЯТЬ**.

ШНЫРЯ́ТЬ, -я́ю, -я́ешь; *несов., кого-что у кого.* Искать, разыскивать, копаться в чужих вещах.

Общеупотр. «шнырять» — поспешно двигаться в разных направлениях.

ШНЯ́ГА, -и, *ж. Шутл.* Любая вещь.

ШО́БАЛА, -ы, **ШО́БЛА**, -ы, **ШОБЛА́**, -ы́, **ШАБЛА́**, -ы́, **ШО́БОЛА**, -ы, *ж.*, **ШОБЁЛ**, -бла́, **ША́БЕЛ**, -а, **ШОБЛЯ́К**, -а́, *м.* **1.** Толпа, скопище людей (обычно агрессивно настроенных). **2.** Отбросы общества, опустившиеся люди.

Через *уг.* «шоблаш» — «кодла», шайка, сборище преступников; «шабло» — сборище проституток; *ср. устар.* «шабала», «шебала» — лоскут, тряпка; колода, чурка; «шабала», «шабалда» — болтун, лгун, пропащий человек; «шаболды бить» — бездельничать; «шобольник», «шобойник», «шобонник» — продавец тряпья; «шобон», «шобол», «шобёл» — вещь, истасканная одежда.

ШОБЛИ́ТЬСЯ, -лю́сь, -ли́шься; **ШОБЛОВА́ТЬ**, -лу́ю, -лу́ешь, **ШОБЛОВА́ТЬСЯ**, -лу́юсь, -лу́ешься, **ШАБЛИ́ТЬСЯ**, -лю́сь, -ли́шься, **ШАБЛОВА́ТЬ**[2], -лу́ю, -лу́ешь; *несов., без доп.* Ходить толпой, большой группой; объединяться, кучковаться.

От **ШОБАЛА, ШОБЛА.**

ШОБЛЯК, ШОБОЛА *см.* **ШОБАЛА**

ШОКОЛАД *см.* **В ШОКОЛАДЕ (БЫТЬ, КАТАТЬСЯ, КУПАТЬСЯ)**

ШОКОЛА́ДКА, -и, *ж.* Негр.

ШОКОЛА́ДНИЦА, -ы, *ж.* Задница. *Ещё тут твоей немытой ~ы не хватало* — только тебя здесь не хватало.

ШО́МПОЛ, -а, *м.* **1.** Мужской половой орган. **2.** Ефрейтор.

2. — из *арм.*

ШОП, -а, *м.*, **ШО́ПКА**, -и, *ж.* Магазин (чаще о валютных).

От англ. shop — магазин.

ШОПИНГОВА́ТЬ, -гу́ю, -гу́ешь; *несов., без доп.* Ходить по магазинам, делать покупки.

От англ. shoping.

ШОПКА *см.* **ШОП**

ШО́ПКИ, -пок, *мн.* Всё, что связано с покупками. *Пошёл на ~* (в магазин). *Приехал с ~пок* (из шоп-тура).

См. **ШОП**.

ШО́РОХ, -а, *м.* **1.** Бурные события, сенсация, потрясение. *Был вчера ~!* **2.** обычно *мн.*, -ов. Деньги. *Ты с ~ами?* ♦ **Навести ~у** *кому, где* — наказать, распечь.

ШОРТИКИ *см.* **НАКЛАДЫВАТЬ (В ШОРТИКИ)**

ШОУ-БИЗНЕС *см.* **ПУСТЬ ИДЁТ КРОВЬ ИЗ НОСУ...**

ШОФЁР[1], -а, *м. шутл.* Шафер (на свадьбе).

ШОФЁР[2], -а, *м.* Судья, судебный заседатель.

Из *уг.*

ШОФЕРИ́ТЬ, -рю́, -ри́шь; *несов., без доп.* **1.** Работать шофёром. **2.** Вести кого-л. куда-л. *Ну давай, ~ри, Сусанин.*

От общеупотр. «шофёр».

ШОФЁРКА *см.* **КРЕПЧЕ ЗА ШОФЁРКУ ДЕРЖИСЬ, БАРАН**

♦ **ШОФЁРЫ, БО́ЙТЕСЬ ТЕХ МЕСТ, ОТКУ́ДА ПОЯВЛЯ́ЮТСЯ ДЕ́ТИ** — шутл. пародия на предупреждающий дорожный знак.

ШОФЕРЮ́ГА, -и, *м.* Шофёр.

ШОФЕРЮ́ЖИТЬ, -жу, -жишь; *несов., без доп.* То же, что **ШОФЕРИТЬ 1.**

ШПАКЛЕВА́ТЬ, -лю́ю, -лю́ешь, **ШПАТЛЕВА́ТЬ**, -лю́ю, -лю́ешь; *несов., что.* Красить лицо, губы; наносить косметику.

См. **ШПАКЛЁВКА, ШПАТЛЁВКА.**

ШПАКЛЕВА́ТЬСЯ, -лю́юсь, -лю́ешься, **ШПАТЛЕВА́ТЬСЯ**, -лю́юсь, -лю́ешься; *несов., без доп.* Краситься; наносить себе на лицо косметику.

См. **ШПАКЛЁВКА, ШПАТЛЁВКА.**

ШПАКЛЁВКА, -и, **ШПАТЛЁВКА**, -и, *ж.* Декоративная косметика. *Французская ~.*

Общеупотр. «шпак(т)лёвка» — пастообразная замазка на маслах и клее.

ШПА́ЛА, -ы, **ШПА́ЛКА**, -и, *ж.* **1.** Высокий человек. **2.** Дурак, тупица. *Ты полная ~!* **3.** Пистолет и другое огнестрельное оружие. **4.** Мужской половой орган.

ШПАЛА* *см.* **ТОРЧАТЬ, КАК ШПАЛА**

ШПАН, -а, *м.*, **ШПАНА́**, -ы́, *ж.*, **ШПАНЮ́К**, -а́, *м.* **1.** Мелкий вор, хулиган. **2.** Ирон. обращение. *Эх, ты, шпана кургузая!* (ребёнку). *Шпана безусая* (молокосос, «зелёный»), *а туда же!*

Ср. с общеупотр. «шпана» — мелкие жулики; через *уг.*; возм. связано с «шпанский», т. е. испанский; *ср.* напр. распространённое ранее в Москве назв. породы голубя «шпанский голубь»; *ср. устар.* сибирское «шпана» — бродяга.

ШПАНА́ТЬ, -а́ю, -а́ешь, **ШПАНИ́ТЬ**, -ню́, -ни́шь; *несов., без доп.* Хулиганить, бузить, безобразничать; шляться без дела, валять дурака.

От **ШПАН, ШПАНА.**

ШПА́НКА, -и, *ж.* Разбитная девчонка, хулиганка.

От **ШПАНА.**

ШПАНЮК *см.* **ШПАН**

ШПА́РИТЬ, -рю, -ришь; *несов., кого.* **1.** Вступать с кем-л. в половую связь. **2.** Обманывать.

ШПА́РИТЬСЯ, -рюсь, -ришься; *несов.* **1.** *с кем.* То же, что **ШПАРИТЬ 1.** *С бабой как начнёшь ~, так и ошпаришься.* **2.** *на чём.* Получать урок, «обжигаться» на чём-л.

ШПАТЛЕВАТЬ *см.* **ШПАКЛЕВАТЬ**

ШПАТЛЕВАТЬСЯ *см.* **ШПАКЛЕВАТЬСЯ**

ШПАТЛЁВКА *см.* **ШПАКЛЁВКА**

ШПАЦЫРА́ТЬ, -а́ю, -а́ешь (или -ы́рю, -ы́ришь); *несов., где, по чему, с кем* и *без доп.* Гулять, прогуливаться. *По Тверской ~. ~ — не работать!*

От нем. spazieren в том же зн.

ШПИГА́НКА, -и, *ж.* Наркотики; доза, инъекция наркотиков.

См. **ШПИГАНУТЬ.**

ШПИГАНУ́ТЬ, -ну́, -нёшь; *сов., что чем,* **ШПИГАНУ́ТЬСЯ**, -ну́сь, -нёшься; *сов., чем.* Ввести в вену наркотик; сделать укол.

Из *уг.* или *нарк.*

ШПИЛЁВКА, -и, *ж.*, **ШПИЛЬ**[1], -я́, *м.* Разновидность игры в карты.

Из *карт.*

ШПИ́ЛИТЬ, -лю, -лишь; *несов.* **1.** *во что, с кем* и *без доп.* Играть (обычно в карты). **2.** *кого.* Вступать в половую связь с кем-л.

От нем. spielen — играть; *ср. уг.* «шпилить» — играть; нюхать кокаин; «шпилить в стирку» — играть в карты, «шпилить де кофт» — голодать.

ШПИЛИ́ТЬСЯ, -лю́сь, -ли́шься; *несов.* **1.** *во что, с кем* и *без доп.* То же, что **ШПИЛИТЬ 1. 2.** *с кем* и *без доп.* То же, что **ШПИЛИТЬ 2.**

ШПИЛЬ[1] *см.* **ШПИЛЁВКА**

ШПИЛЬ[2], -я (или -я́), *м.* Голова, темечко, макушка.

ШПИ́ЛЬКА, -и, *ж.* Электробритва (обычно о марке «Харьков»).

ШПИНГАЛЕ́Т, -а, *м.* Человек маленького роста.

Ср. общеупотр. *прост.* «шпингалет» — маленький бойкий мальчишка.

ШПИО́Н, -а, *м.*, **ШПИО́НКА**, -и, *ж.* Любая мигающая лампочка.

ШПИОН* *см.* **БОЛТУН У ТЕЛЕФОНА — НАХОДКА ДЛЯ ШПИОНА; КИТАЙСКИЙ (ЯПОНСКИЙ) РАЗВЕДЧИК (ШПИОН)**

ШПИРЛЯ́ТЬ, -я́ю, -я́ешь; *несов., куда, откуда* и *без доп.* Идти, шагать, направляться.

ШПЛИНТ *см.* **НА ХРЕН С ВИНТОМ НАЙДЁТСЯ ГАЙКА СО ШПЛИНТОМ**

ШПО́РА, -ы, *ж.* Шпаргалка. *~у накатать. Пойти на экзамен со ~ой.*

Из *студ., шк.*

ШПО́РИТЬ, -рю, -ришь; *несов., без доп.* Пользоваться шпаргалкой.

От **ШПОРА**.

♦ **ШПРЕ́ХЕН ЖИДО́ВИЧ?** — *шутл.* говорите ли вы по-немецки?; говорите ли вы по-еврейски?

Пародирование нем. + **ЖИД**.

ШПРОТ, -а, *м.* **1.** *Ирон.* О любом человеке. **2.** Солдат первого года службы.

2. — из *арм.*

ШРА́ЙБИТЬ, -блю, -бишь; *несов., что* и *без доп.* Писать. *Все мемуары ~бят.*

От нем. schreiben в том же зн.

ШРАПНЕ́ЛЬ, -и, *ж.* Перловая крупа, каша.

ШТА́БЕЛЬ, -я, *м.* **1.** Большое количество чего-л. *Баб целый ~.* **2.** Компания, сборище, собрание (чаще о сложившемся коллективе людей). *Весь наш групповой ~* (группа).

ШТА́БЕЛЬНЫЙ, -ая, -ое. Привычный, свойский (о человеке); относящийся к устоявшейся компании. *Наш ~ чувак* (парень).

От **ШТАБЕЛЬ 2**.

ШТАБНО́Й, -о́го, *м.* (или **~ НО́МЕР**). Номер для отдыха переводчиков в гостинице для иностранцев.

Из арго переводчиков.

ШТАКЕ́Т, -а, **ШТАКЕ́ТНИК**, -а, *м.*, **ШТАКЕ́ТИНА**, -ы, **ШТАКЕ́ТКА**, -и, *ж.* Сигарета, папироса или папиросная гильза с наркотиком и табаком; любая сигарета.

Из *уг.* или *нарк.*; возм. от общеупотр. «штакетник» — планки для садовой ограды.

ШТАН, -а, *м.*, **ШТАНЦЫ́**, -о́в, *мн.* Штаны, брюки.

♦ **ШТАНА́МИ ТРЯСТИ́**; **ШТАНА́МИ У́ЛИЦЫ МЕСТИ́** (или **ПОДМЕТА́ТЬ**) — бродить, шататься без дела.

ШТАНГА *см.* **НАКАТЫВАТЬ**

ШТАНИШКИ *см.* **МАЛЬЧИШКА В РОЗОВЫХ ШТАНИШКАХ**; **НАКЛАДЫВАТЬ** (**В ШТАНИШКИ**)

ШТАНЦЫ *см.* **ШТАН**

ШТАНЫ́, -о́в, *мн.* Удар в бильярде с попаданием сразу в две лузы.

ШТАНЫ* *см.* **БЕЗ ШТАНОВ, А В ШЛЯПЕ**; **ВАЛИ, ТОЛЬКО НЕ В ШТАНЫ**; **ВАЛИТЬ**; **ГЕРОЙ** (**— ШТАНЫ С ДЫРОЙ**); **В ШТАНАХ ПОИЩИ**; **КТО НЕ РИСКУЕТ, ТОТ НЕ ПЬЁТ ШАМПАНСКОЕ...**; **НАЛОЖИТЬ ПОЛНЫЕ ШТАНЫ**; **НЕУДОБНО ШТАНЫ ЧЕРЕЗ ГОЛОВУ НАДЕВАТЬ**; **РАДОСТИ ПОЛНЫЕ ШТАНЫ**; **СЕРДЦЕ В ШТАНАХ СТУЧИТ** (**БЬЁТСЯ**); **УЛИЦЫ ШТАНАМИ ПОДМЕТАТЬ**

ШТА́ТНО, *нареч.* Хорошо, нормально; обычно ответ на вопрос «как дела?»

ШТА́ТНЫЙ, -ая, -ое. Настоящий; ярко выраженный, типичный, махровый. *~ алкофан* (алкоголик). *~ая дура. ~ые еврюхи* (евреи) *собрались.*

ШТА́ТСКИЙ, -ая, -ое. Относящийся к США, «штатовский».

См. также **ДАЖЕ КЛЁВЫЙ ШТАТСКИЙ ЗИППЕР ПРОПУСКАЕТ РУССКИЙ ТРИППЕР**

ШТЕ́ПСЕЛЬ, -я, *м. Ирон.* О любом человеке.

Действующее лицо популярных эстрадных миниатюр в исполнении Тимошенко и Березина (Тарапуньки и Штепселя).

ШТИ́РЛИЦ, -а, *м. Ирон.* О любом человеке. *Ну ты ~!*

Герой популярного телесериала «Семнадцать мгновений весны»; затем — герой серии анекдотов.

ШТИФТ, -а́, *м.* Глаз. *~ы́ вылупил.*

Общеупотр. *спец.* «штифт» — стержень для неподвижного соединения чего-л.; возм. наложение с **ШНИФТ**.

ШТО́ПАНЫЙ, -ая, -ое. Плохой. ♦ **~ гондон** — что-л. плохое, бесполезное.

ШТО́ПАТЬ, -аю, -аешь; *несов., кого.* Обманывать. *Только ты меня-то не ~ай!*

Ср. *уг.* «штопать» — грабить.

ШТО́ПОР, -а, *м.* **1.** Мужской половой орган. **2.** Трудное положение, тяжёлая ситуация. ♦ **Выйти из ~а** — выбраться из тяжёлого положения.

2. и ♦ — из арго лётчиков.

ШТОПОР* *см.* **ФИНСКИЙ ШТОПОР**

ШТО́ПОРИТЬ, -рю, -ришь, **ШТОПОРИ́ТЬ**, -рю́, -ри́шь, **ШТО́ПОРИТЬСЯ**, -рюсь, -ришься, **ШТОПОРИ́ТЬСЯ**, -рю́сь, -ри́шься; *несов., с чем, на чём* и *без доп.* Попадать в трудную ситуацию.

От **ШТОПОР**.

ШТОРМИ́ТЬ, только *безл.; несов., кого.* Качать от алкоголя. *Меня ~ит, пойду искать уютную бухту.*

ШТРАССЕ *см.* **ПАЛКИН ШТРАССЕ**

ШТРИХ, -а́ (или -а), *м.* Ребёнок.

Неясно. Возм. перепутано с *уг.* «штрик» — старик.

ШТРИХОВА́ТЬСЯ, -иху́юсь, -иху́ешься; *несов., без доп.* Темнить, мяться, говорить неправду, заметать следы.

ШТРЯ́ВКАТЬ, -аю, -аешь, **ШТРЯ́ФКАТЬ**, -аю, -аешь; *несов., что* и *без доп.* Есть, кушать.

Явная ономатопоэтическая тенденция; возм. сближение с *уг.* «штевкать», «штефкать» — есть; *ср.* нем. streifen — касаться, дотрагиваться, снимать, надевать, проводить; *см.* также **ФРИШТЫКАТЬ**.

ШТУ́КА, -и, *ж.* **1.** Тысяча рублей. **2.** Женская грудь. ♦ **Рубль ~у бережёт** — шутл. передел. общеупотр. «Копейка рубль бережёт».

ШТУКАТУ́РИТЬ, -рю, -ришь; *несов., что.* Красить лицо, губы; наносить косметику. *Пудрой морду ~.*

ШТУКАТУ́РИТЬСЯ, -рюсь, -ришься; *несов., чем* и *без доп.* Краситься; наносить себе на лицо косметику. *~рится как проститутка.*

ШТУКАТУ́РКА, -и, *ж.* Косметика. *Эй, у тебя кусок ~и с глаза отвалился.*

ШТУРВА́Л, -а, *м.* Презерватив.

ШТУ́ЦЕР, -а, *м.* **1.** Ирон. обращение. **2.** Мастер, умелец. **3.** Начальник, управляющий, руководитель. **4.** Мужской половой орган. ♦ **Большой** (или **главный, козырной** и т. п.) **~** — известный, выдающийся, влиятельный человек, большой начальник, напр.: *Тут пришёл козырной еврейский ~ Иосиф Кобзон.*

От общеупотр. *спец.* «штуцер» — двуствольное охотничье ружьё крупного калибра; отрезок трубы с резьбой, применяемый для соединения труб или их присоединения к чему-л.; от нем. Stutzen.

ШТУ́ЧКА, -и, *ж.* **1.** То же, что **ШТУКА** во всех зн. **2.** Хитрая, себе на уме девушка. **3.** Мужской половой орган. ♦ **Подержаться за ~у** — сходить в туалет по малой нужде.

См. также **ЗРЯ, БАТЕНЬКА, ЗРЯ...**; **ОТМАЧИВАТЬ ШТУЧКУ**; **ХОРОШАЯ ШТУЧКА, КОГДА БОЛИТ РУЧКА...**

ШТЫК, -а́, *м.* **1.** Мужской половой орган. **2.** Молодец, молодчина. *Ну ты ~!*

♦ **ШТЫКОВА́Я АТА́КА** — половой акт.

Ср. **ШТЫК 1.**

ШТЫРЬ, -я́, *м.* **1.** Высокий худой человек. **2.** Бутылка спиртного.

ШУ́БА, *нескл.* в зн. *межд.* Сигнал тревоги. *~, уходим!*

♦ **ШУ́БА ДЕРЕВЯ́ННАЯ** (или **СОСНО́ВАЯ, ДУБО́ВАЯ, КВАДРА́ТНАЯ, С КРЫ́ШКОЙ**) — гроб.

Возм. из *уг.*

ШУБИ́ТЬСЯ, -блю́сь, шуби́шься (или шу́бишься); *несов., где* и *без доп.* Прятаться, скрываться. *~ись, ребята!*

♦ **ШУБОВИ́ДНАЯ ШИЗОФРЕНИ́Я** — поведение, близкое к шизофрении.

См. **ШУБОВИДНЫЙ СИНДРОМ.**

♦ **ШУБОВИ́ДНЫЙ СИНДРО́М** — странное поведение (рассеянность и др.), часто связанное с употреблением наркотиков, лекарств и т. п.

Возм. от *мед. спец.* «шуб» — приступ.

ШУГА́ТЬ, -а́ю, -а́ешь, **ШУГОВА́ТЬ**, -гу́ю, -гу́ешь; *несов., кого.* Гнать, гонять, прогонять; ругать, распекать.

От *устар. диал.* «шагать» — пугать, гнать, обычно птиц, *ср.* «шугай» — пугало в огороде, «шугай», «шугуй» — ястреб, «шугукать» — пугать, «шугу! шу!» — прочь, долой (*межд.*, которым прогоняют птиц).

ШУЗ, -а́, **ШУЗНЯ́К**, -а́, *м.*, **ШУ́ЗА**, -ы, **ШУЗА́**, -ы́, *ж.*, **ШУ́ЗНИ**, -ей, **ШУЗНЯКИ́**, -о́в, **ШУЗЫ́**, -о́в, *мн.* Любая обувь.

См. также **УКРАСТЬ ЖЁЛТЫЙ ШУЗ**

От англ. shoes — ботинки, туфли; возм. первоначально через хип.

ШУМ *см.* **ИЗОБРАЖАТЬ ШУМ МОРСКОГО ПРИБОЯ**

ШУМНЫЙ *см.* **БЕЗАРАБИЯ; В ШУМНУЮ; ШУСТРЫЙ, КАК ВОДА В УНИТАЗЕ**

♦ **ШУ́МНЫЙ, КАК ВОДА́ В УНИТА́ЗЕ** — *шутл.* о шумном, крикливом человеке.

ШУМО́ВКА, -и, *ж.* Задница.

От общеупотр. «шуметь», наложение с «шумовка» — большая ложка с частыми дырочками.

ШУ́РИК, -а, *м.* **1.** Дурак, тупица. **2.** Пассивный гомосексуалист.

Возм. из *уг.*

ШУРОВАТЬ *см.* **ПЕРЕДОК**

ШУРУ́М-БУРУ́М, шуру́м-буру́ма, *м.* **1.** *шутл.* О любой вещи. **2.** Мешанина, путаница, неразбериха. **3.** в зн. *межд.* Выражает любую эмоцию. **4.** Помещение для выставок, презентаций. *~ снять.*

Ср. в старой Москве «шурум-бурум» — назв. татарских сладостей; 4. — возм. из арго художников; контаминация «шурум-бурум» (старьё, барахло и т. п.) и англ. show-room.

ШУРУ́П, -а, *м.* **1.** Шутл. обращение. **2.** Солдат советской армии. **3.** Милиционер, как правило, не имеющий отношения к ГАИ, но промышляющий тем, что под различными предлогами снимает номерные знаки с автомобилей и требует за их возвращение взятку. *У меня ~ы на Шереметьево номер, сука, свинтили.* **4.** *Пренебр.* Об офицере какого-л. рода войск из уст офицера др. рода войск (чаще из уст пограничника).

2., 4. — из *арм.*

ШУРУП* *см.* **ЗАВИНЧИВАТЬ ГАЙКИ (ШУРУПЫ, БОЛТЫ); ЗАКРУЧИВАТЬ (ЗАКРУТИТЬ) ГАЙКИ (БОЛТЫ, ШУРУПЫ, ЯЙЦА)**

ШУРУ́ПИТЬ, -плю, -пишь; *несов.* **1.** *в чём.* Понимать, разбираться. *Ни в чём ты не ~пишь.* **2.** *без доп.* Раздумывать, соображать, прикидывать; готовить что-л. *Сидит целыми днями, ~пит у себя в голове.*

От общеупотр. «шуруп».

ШУРША́ЛКИ, -лок, *мн.* **1.** Руки. **2.** Бумажные деньги.

От общеупотр. «шуршать»; *см.* также **ШУРШАТЬ**; *ср.* **ШУРШИКИ**.

ШУРША́ТЬ, -шу́, -ши́шь; *несов.* **1.** *что, о чём* и *без доп.* Говорить, произносить. *Не по факту ~ит* — говорит не по делу, не к месту. **2.** *без доп.* Быть активным, заметным; быть притчей во языцех.

ШУ́РШИКИ, -ов, *мн.* **1.** Деньги. **2.** Руки.

Ср. **ШУРШАЛКИ**.

ШУСТРИЛА, ШУСТРИЛО *см.* **ШУСТРОВАН**

ШУСТРИ́ТЬ, -рю́, -ри́шь; *несов.* **1.** *с чем* и *без доп.* Суетиться, энергично добиваться чего-л., предпринимать что-л. (чаще нечестно, в обход чего-л.). **2.** *за кем, кому.* Угождать, подхалимничать.

Возм. через *уг.;* от *устар. диал.* «шустрить» — заниматься мелкими кражами; общеупотр. «шустрый».

ШУСТРОВА́Н, -а, **ШУСТРЯ́К**, -а́, *м.*, **ШУСТРИ́ЛО**, -а, *ср.*, **ШУСТРИ́ЛА**, -ы, *м.* и *ж.* **1.** Проныра, пройдоха; карьерист. **2.** Подхалим, подлиза.

От **ШУСТРИТЬ**; *ср.* общеупотр. «шустро», *разг.* «шустрик» и т. п.

♦ **ШУ́СТРЫЙ (или ШУ́МНЫЙ), КАК ВОДА́ В УНИТА́ЗЕ** — крикливый, бойкий, излишне энергичный человек.

ШУСТРЯК *см.* **ШУСТРОВАН**

ШУТИТЬ *см.* **САМ ШУТИТ, САМ СМЕЁТСЯ**

ШУТКА *см.* **БЫВАЮТ В ЖИЗНИ ЗЛЫЕ ШУТКИ...; КАКИЕ ТУТ ШУТКИ, КОГДА ПОЛЧЛЕНА В ЖЕЛУДКЕ; СДЕЛАТЬ ЗЛУЮ ШУТКУ**

ШУТКЕ́ВИЧ, -а, *м.* **1.** Шутка. **2.** Остроумный человек.

Ср. **ФИЛЬМОВИЧ** и т. п.

ШУХАРИТЬ *см.* **ШУХЕРИТЬ**

ШУХАРИТЬСЯ *см.* **ШУХЕРИТЬСЯ**

ШУХАРНУТЬ *см.* **ШУХЕРИТЬ**

ШУХАРНУТЬСЯ *см.* **ШУХЕРИТЬСЯ**

ШУ́ХЕР, -а, *м.* **1.** Опасность, тревога. **2.** Сигнал опасности. **3.** Крик, ссора, драка, скандал. **4.** Обыск. **5.** *межд.* Опасность!, Бежим! ♦ **Стоять на ~е** — охранять, подстраховывать; стоять на страже. **~ навести** — прогнать кого-л., побить; провести повальный обыск.

Из *уг.*; возм. влияние нем.; или *ср. устар. диал.* «шугать», «шухать» — пугать, гнать, «шухтаться», «чухтаться», «жухтаться» — тревожиться, беспокоиться, «шухма» — ссора, потасовка, «шу́хмиться» — кричать, ссориться.

ШУХЕРИ́ТЬ, -рю́, -ри́шь; *несов.* (*сов.* **ШУХЕРНУ́ТЬ**, -ну́, -нёшь), **ШУХАРИ́ТЬ**, -рю́, -ри́шь; *несов.* (*сов.* **ШУХАРНУ́ТЬ**, -ну́, -нёшь), *кого* и *без доп.* Гнать, прогонять, пугать; расправляться.

От **ШУХЕР**.

ШУХЕРИ́ТЬСЯ, -рю́сь, -ри́шься; *несов.* (*сов.* **ШУХЕРНУ́ТЬСЯ**, -ну́сь, -нёшься), **ШУХАРИ́ТЬСЯ**, -рю́сь, -ри́шься; *несов.* (*сов.* **ШУХАРНУ́ТЬСЯ**, -ну́сь, -нёшься), *кого-чего* и *без доп.* Пугаться; бить тревогу.

От **ШУХЕР**.

ШУХЕРНО́Й, -а́я, -о́е. **1.** Опасный, тревожный. **2.** Неспокойный, непоседливый, нервный (о человеке). **3.** Весёлый, заводной (о человеке).

ШУХЕРНУТЬ *см.* **ШУХЕРИТЬ**

ШУХЕРНУТЬСЯ *см.* **ШУХЕРИТЬСЯ**

ШУ́ШАРА, -ы, **ШУ́ШЕРА**, -ы, *ж.* **1.** Мелкий вор, воришка. **2.** Жена; любая женщина, девушка.

Ср. общеупотр. *прост. собир.* «шушера» — сброд, ничтожные люди.

ШУША́РИТЬ, -рю, -ришь, **ШУ́ШЕРИТЬ**, -рю, -ришь; *несов., без доп.* Красть, воровать.

От **ШУШАРА, ШУШЕРА**.

ШУ́ШВАЛЬ, -и, *ж.* *Бран.* То же, что **ШУШЕРА**; шваль, сброд.

ШУШЕРА *см.* **ШУШАРА**

ШУШЕРИТЬ *см.* **ШУШАРИТЬ**

ШХЕ́РА, -ы, *ж.* **1.** Карман. **2.** Задница. **3.** Укромное место, тайник. *Пузырь в ~е* — бутылка надёжно спрятана.

Общеупотр. «шхера» — скалы, скалистые острова; *ср. уг.* «шхера» — карман, «шхеры» — нары.

Щ

ЩА, *нареч.* Сейчас, чаще выражает протест, несогласие с чем-л. *Иди сюда! — ~!*

От общеупотр. «сейчас», в беглой разг. речи [щас].

ЩЕБЁНКА, -и, *ж.*, **ЩЕ́БЕНЬ**, -бня, *м.* Редкие, плохие зубы; любые зубы. *Пошёл к врачу щебёнку лечить.*

ЩЕБЕТ *см.* **ВСЯ В ЩЕБЕТЕ**

ЩЕГО́Л, -гла́, *м.* Молокосос, слабак. *~ ты ещё со мной спорить.*

Назв. птицы, возм. наложение с общеупотр. «щёголь».

ЩЕКА́, -и́, *ж.* **1.** Толстый человек; ирон. обращение к толстому человеку. **2.** Боковой карман.

ЩЕКА* *см.* **ЗА ОБЕ ЩЁКИ; ЛЕДЕНЕЦ**

♦ **ЩЁКИ ИЗ-ЗА СПИНЫ́ ВИДА́ТЬ** *у кого* — о толстом человеке, часто ребёнке, младенце.

ЩЕКО́ЛДА, -ы, *ж.* Жена. *~ твоя дома?*

ЩЕЛБА́Н, -а́, *м.* Удар, щелчок.

Возм. из *шк.*; общеупотр. «щелчок» + арготический суффикс «-бан» (ср. **ДРУЖБАН**, **ТРОЙБАН** и т. п.).

ЩЁЛКА, -и, *ж.* Женщина, девушка.

ЩЁЛКАТЬ *см.* **ПОДЗУБАЛО; ХЛЕБАЛКА**

♦ **ЩЁЛКАТЬ** (или **ЛУ́ЗГАТЬ**, **ГРЫЗТЬ**) **КАК СЕ́МЕЧКИ** *что* — легко справляться с чем-л.

ЩЁЛОЧЬ, -и, *ж.* Злой человек (чаще о женщине).

ЩЕЛЧО́К, -чка́, *м.*, *собств.* Станция метро «Щёлковская». *В семь на ~чке.*

ЩЕЛЬ *см.* **СОПЛИ В ЩЕЛЬ**

ЩЕМИ́ТЬ, -млю́, -ми́шь; *несов.* **1.** *кого.* Притеснять, бить кого-л., не давать проходу кому-л. **2.** *без доп.* Спать, дремать (чаще о неглубоком сне). **3.** *куда* и *без доп.* Торопиться, суетиться.

Из *уг.* или *арм.*

ЩЕМИ́ТЬСЯ, -млю́сь, -ми́шься (или ще́мишься); *несов.*, *кого, чего, что делать* и *без доп.* Бояться, опасаться, быть в нерешительности, колебаться. *Заходи, не ~мись!*

ЩЕМОТНО́Й, -а́я, -о́е, **ЩЕМО́ТНЫЙ**, -ая, -ое. Заспанный (о человеке).

От **ЩЕМИТЬ 2.**

ЩЕМПО́, *нескл.*, *м.*, *ср.* или *ж.* Любитель поспать, соня.

От **ЩЕМИТЬ 2.**

ЩЕПА *см.* **В ЩЕПУ ПЬЯН**

ЩЕ́ПКА, -и, *ж.*, *собств.* Театральное училище им. Щепкина (при Малом театре) в Москве.

ЩЁТКА, -и, *ж.* **1.** Жена. **2.** Щетина (на лице). *Твоей ~ой ботинки надо чистить.*

ЩИ *см.* **НЕ БУДЬ ЧЕМ ЩИ НАЛИВАЮТ; НЕ ПАХНИ ЩАМИ; ПРОФЕССОР КИСЛЫХ ЩЕЙ**

ЩИ́ПАНЦЫ, -ев, *мн.* Руки, пальцы.

Возм. из *уг.*; от общеупотр. «щипать».

ЩИПАТЬ *см.* **ЩИПАЧИТЬ**

ЩИПА́Ч, -а́, *м.* Вор- карманник.

Из *уг.*; *ср.* **ЩИПАЧИТЬ.**

ЩИПА́ЧИТЬ, -чу, -чишь, **ЩИПА́ТЬ**, -плю́, щи́пешь; *несов., что* и *без доп.* Воровать из карманов.

Из *уг.*

ЩУ́КА[1], -и, *ж.* **1.** Крупный преступник, махинатор. **2.** Женщина, жена (чаще о злой, сварливой).

1. — *ср. уг.* «щука» — осуждённый на длительный срок с конфискацией имущества; «щука наборная» — крупный поставщик наркотиков.

ЩУ́КА[2], -и, **ЩУ́ЧКА**, -и, *ж.*, *собств.* Щукинское училище (Театральное училище им. Б. В. Щукина) в Москве.

♦ **ЩУ́ПАЛЬЦАМИ ДВИ́ГАТЬ** — уходить, «сматываться», «делать ноги».

ЩУ́ПАЛЬЦЫ, -ев, **ЩУ́ПЫ**, -ов, *мн.* Руки, пальцы. *Тянуть ~.*

ЩУ́ПАТЬ, -аю, -аешь; *несов.* **1.** *кого-что.* Воровать, обворовывать. **2.** *что* и *без доп.* Говорить что-л.

Ср. *уг.* «щупать ноги» — готовить побег, «щупать печи» — готовиться к грабежу.

ЩУПЫ *см.* **ЩУПАЛЬЦЫ**

ЩУ́РИТЬСЯ, -рюсь, -ришься; *несов.* **1.** *на что* и *без доп.* Смотреть. **2.** *без доп.* Умирать.

ЩУРЯ́ТА, -щуря́т, *мн.* Азиаты, «узкоглазые».

Наложение общеупотр. «щуриться» + «щурёнок (маленькая щука).

ЩУ́ЧИТЬ, -чу, -чишь; *несов.* **1.** *что* и *без доп.* Понимать, догадываться. **2.** *кого.* Вступать в половую связь (о мужчине). *Как Вазик ~ ни пытался, но лебедь раком не давался* (шутл. передел. строки из басни И. Крылова; часто произносится с имитацией восточного акцента).

Ср. общеупотр. *прост.* «щучить» — шпынять, гонять, притеснять.

ЩУЧКА *см.* **ЩУКА**[2]

Э

ЭГЕ́ЙЩИНА, -ы, *ж.*, *собств.* Эгейское море, острова в Эгейском море, а также обобщённо-ирон. вообще о зарубежном туризме. *Ну, на ~у раз в год съездить — это святое!*

По модели «рязанщина», «брянщина» и т. п., часто (в целях усиления комического эффекта) произносится с [г] фрикативным — с имитацией южно-рус. говоров. *Ср.* **МИЧИГАНЩИНА** и др.

ЭГОИ́СТ, -а, **ЭГОИ́СТИК**, -а, *м.* Портативный магнитофон с наушниками (плеер); человек, слушающий такой магнитофон.

ЭГР, *межд.* Выражает любую эмоцию.

Возм. из *шк. Ср.* **ЭЙГЧ**.

Э́ДИК, -а, *м.* Унитаз. *Сходить к ~у. Белый ~.*
♦ **Общаться с ~ом** — страдать рвотой.

♦ **ЭЙ, НА ТРА́КТОРЕ!** — шутл. обращение, оклик.

ЭЗО́П, -а, *м.* Врун, болтун, обманщик.

Имя легендарного античного автора басен.

ЭЗО́ПИТЬ, -плю, -пишь; *несов., без доп.* Лгать, обманывать, фантазировать.

От **ЭЗОП**.

♦ **ЭЙ, В ПИДЖАКЕ́!** — ирон. обращение к любому человеку.

ЭЙГЧ, **ЭЙГНЧ**, *межд.* Выражает любую эмоцию.

Ср. **ЭГР**.

♦ **ЭЙ — ЗОВУТ ЛОШАДЕ́Й** (или **БЛЯДЕ́Й**)! — ирон. ответ на обращение «Эй!», «Эй ты!» и т. п.

ЭКВА́ТОР, -а, *м.* Время после зимней сессии на третьем курсе, ровно середина учёбы в вузе.

Из *студ.*

ЭКЗЕМПЛЯ́Р, -а, *м.* Любой человек (обычно употр. с недоброжелательным, негативным оттенком). *Ну и ~! ~ на ~е!*

ЭКЗО́Т, -а, *м. Шутл.* Тот, кто любит странное, необычное, экзотику. *У него жена на двадцать лет старше, ничего не поделаешь, известный ~.*

ЭКЛЕ́Р, -а, **ЭКЛЕ́РЧИК**, -а, *м.* Мужской половой орган.

Возм. из *уг.*

ЭКРА́Н, -а, *м.* Лицо, морда. *Плюнь ему в ~.*

ЭКРАНИ́РОВАТЬ, -рую, -руешь; *несов., что кому* и *без доп.* Мешать, отвлекать, загораживать, путаться под ногами.

♦ **ЭКСПАНСИ́ВНЫЙ ВАР** — способ обработки джинсовой ткани, при которой появляются белые крапинки; ткань и одежда, подвергнутые такой обработке.

ЭКСПОНА́Т, -а, *м.* Странный, необычный человек.

ЭКСТА́З, -а, *м.* **1.** и в зн. *сказ.* Что-л. хорошее; то, что нравится. *Девочка — ~.* **2.** *межд.* Выражает положительную эмоцию.

Э́КСТАЗИ́, *нескл.* Разновидность синтетического наркотика.

Из *нарк.*

ЭКСТА́ЗНЫЙ, -ая, -ое. Прекрасный, чудесный.

От **ЭКСТАЗ**.

ЭКСТЕРЬЕ́РИСТЫЙ, -ая, -ое. Стройный, красивый. *~ая девушка — ноги из шеи растут* (длинные).

От общеупотр. «экстерьер» — внешний вид и строение тела животного.

ЭКСТРАКЛА́СС, -а, *м.* **1.** Что-л. отличное. **2.** *межд.* Выражает положительную эмоцию.

ЭКСТРАСЕ́КС, -а, *м. Шутл.* **1.** Экстрасенс. **2.** Человек с большой половой потенцией.

ЭКСТРЕМА́ЛЬНЫЙ, -ая, -ое. Положительный эпитет в адрес любого лица, предмета или явления. *~ая чувиха — красивая девушка. ~ анекдотик.*

Э́КТИВ, -а, *м.* Активный гомосексуалист.

Подражание англ. произношению.

Э́КШЕН, -а, *м.* Любое действие, движение, событие.

Англ. action.

ЭЛЕВА́ТОР, -а, *м.* **1.** Живот. **2.** Зад, ягодицы. **3.** Туалет.

♦ **ЭЛЕГА́НТНЫЙ КАК РОЯ́ЛЬ** — элегантный, модный, изящный.

ЭЛЕКТРИЧКА *см.* **СЧАСТЛИВОГО ПУТИ И ЭЛЕКТРИЧКУ НАВСТРЕЧУ**

ЭЛЕКТРОВЕ́НИК, -а, *м.* Активный человек, проныра, ловкач. *Шустрый, как ~.*

ЭЛЕКТРУ́ХА, -и, **ЭЛЕКТРУ́ШКА**, -и, *ж.* Всё, относящееся к электричеству (электроприбор, электростанция, электрический ток и т. д.).

ЭЛЕМЕНТ *см.* **В ЭЛЕМЕНТЕ**

ЭЛКАНА́ВТ, -а, *м.* Т. н. «лицо кавказской национальности».

Шутл. аббрев.; *ср.* **АЛКОНАВТ** и т. п.

Э́ЛЬЦИН, -а, *м.*, *собств.* Президент России Б. Н. Ельцин.

Огласовка противников президента из левой и националистической оппозиции; намёк на утверждаемое ими еврейское происхождение Ельцина.

ЭМАНСИПО́ПКА, -и, **ЭМАНСИПО́ПОЧКА**, -и, *ж.* Чаще *ирон., неодобр.* Эмансипированная женщина.

ЭМГЭПИ(И)Я́ВКА, -и, *ж.* Студентка бывшего Института иностранных языков им. М. Тореза (ныне МГЛУ).

От аббрев. МГПИИЯ, контаминация с общеупотр. «пиявка».

ЭМЖО́, *нескл., ср.* Общественный туалет. *Мне ужо пора в ~.*

От назв. букв «М» и (искаж., с вероятным намёком на **ЖОПА**) «Ж»; возм. распространилось под влиянием популярного художественного фильма «Бриллиантовая рука».

ЭМИГРА́НТ, -а, *м.* Преступник, сбежавший из мест заключения.

Из *уг.*

Э́МКА, -и, *ж.*, *собств.* Газета «Московский комсомолец».

Шутл. наложение аббрев. МК с разг. назв. автомобиля «Э́мка» (по фирменному знаку «М»).

ЭМТЭЭС *см.* **МТС**

ЭМЭ́С, -а, *м.* Нехороший человек, клеветник, стукач.

Шутл. аббрев. «МС», т. е. «мальчик-стукальчик».

ЭНВЭПЭ́ШНИК, -а, *м.* Учитель начальной военной подготовки в школе.

Из *шк.*

ЭНГР, *межд.* То же, что **ЭГР**.

ЭНЦЕФАЛИ́Т, -а, *м.* Вредина, нахал.

Ср. с общеупотр. «энцефалит» — воспаление головного мозга.

ЭПИЗОД *см.* **УСЕКАТЬ ЭПИЗОД**

♦ **ЭПО́ХА ЗАСТО́ЛЬЯ** — *шутл.* т. н. «эпоха застоя».

ЭПОХА́ЛЬНЫЙ, -ая, -ое. Прекрасный, качественный. *~ые пельмени вышли!*

ЭР *см.* **ЖЭ**

ЭРГЭЗЭЭ́М, -а, *м.* *Шутл.* «Ручной Губозакательный (Губозакатывающий) Механизм», который советуют купить человеку, желающему слишком многого.

Аббрев.; от «закатать губы (или губки)» (см. **ЗАКАТАТЬ**) — умерить желания.

ЭРОГЕННЫЙ *см.* **РАЗВЕДЧИК ЭРОГЕННЫХ ЗОН**

ЭСКИ́З, -а, **ЭСКИ́ЗИК**, -а, *м.* Первый ребёнок.

ЭСКИМО́СИТЬСЯ, -о́шусь, -о́сишься; **ЭСКИМО́СНИЧАТЬ**, -аю, -аешь; *несов., без доп.* Щуриться.

От общеупотр. «эскимос».

ЭСТЕ́Т, -а, *м.* *Шутл.* Человек со странными вкусами. *Солёный огурец с эклером ест, ~.*

ЭСТРА́ДА, -ы, *ж.* **1.** Пункт высокочастотной связи. **2.** *Пренебр.* Плохая, примитивная музыка.

1. — возм. из *арм.*; 2. — из *муз.*

ЭСТРАДНЫЙ *см.* **ПЕТЬ**

ЭТАЖ *см.* **ВЕРХНИЙ ЭТАЖ**

ЭТАЖЕ́РКА, -и, *ж.* Дежурная по этажу в отеле, гостинице.

♦ **ЭТО БЫВА́ЕТ ПЕ́РЕД СМЕ́РТЬЮ** — *шутл.* о чьём-л. странном поведении.

♦ **ЭТО ВАМ, ДО́КТОР!** — ирон. реплика, сопровождающая вручение какого-л. пустякового подарка.

♦ **Э́ТО ВАМ НЕ ПЕЧЕ́НЬЕ ПЕРЕКЛА́ДЫВАТЬ** — это важно, серьёзно, это не ерунда какая-нибудь.

ЭТО ВСЁ *см.* **ВСЁ**

♦ **Э́ТО ЕСТЬ НАШ ПОСЛЕ́ДНИЙ И РЕШИ́ТЕЛЬНЫЙ БОЙ** — *шутл.* об отношениях с мальчиками, юношами (у девочек, девушек).

Из женской речи; шутл. контаминация рус. «бой» — сражение, битва и англ. boy — мальчик; ирон. переосмысление слов из «Интернационала».

♦ **Э́ТО ЖЕ (ЖЭ)** (или **Э́ТО ЭР ЖЕ (ЭР ЖЭ)**) — *ирон.* — это жизнь, это реальная жизнь, такова жизнь, никуда не денешься, от этого никуда не уйдёшь.

Шутл. аббрев.

♦ **Э́ТО КАК ЛЮБО́ВЬ** — ирон. о чём-л., что очень нравится говорящему, напр.: *Посрать в лесочке вечерком — это как любовь!*

♦ **Э́ТО НА СКО́РОСТЬ НЕ ВЛИЯ́ЕТ** — это не важно, не существенно (по любому поводу), напр.: *— Ой, я дома паспорт забыл! — Это на скорость не влияет.*

♦ **Э́ТО ОТДА́Й** — это не может быть исключением, это нельзя изменить, прими это как должное, напр.: *Чтоб я в субботу в баню не пошёл?.. Нет, это отдай!*

♦ **Э́ТО ПЯТЬ** — это хорошо, прекрасно, это мне нравится.

♦ **Э́ТО СЕБЯ́ НЕ ЛЮБИ́ТЬ** — *шутл.* о каких-л. действиях, которые говорящий считает ниже своего достоинства, неуместными, дурным тоном и т. п., напр.: *Коньяк селёдкой закусывать — это себя не любить; На «Запорожце» ездить — это себя не любить.*

ЭТОТ *см.* **Я НЕ ПО ЭТОМУ ДЕЛУ**

♦ **Э́ТО ТЕБЕ́** (или **ВАМ**) **НЕ ГУСЬ-ХРУСТА́ЛЬНЫЙ** — это важно, это не ерунда какая-нибудь, этим шутить нельзя; *шутл.* о странном, неблагозвучном имени.

От назв. города.

♦ **ЭТО ТЕБЕ́** (или **ВАМ**) **НЕ МЫ́ЛО В ТА́ЗИКЕ** (или **В ША́ЙКЕ**) **ГОНЯ́ТЬ**; **Э́ТО ТЕБЕ́ НЕ В ТРЯ́ПОЧНЫЕ КЕ́ГЛИ ИГРА́ТЬ** — *шутл.* о чём-л. важном, значительном, напр.: *В университете учиться — это тебе не мыло в тазике гонять.*

ЭТО ТЕБЕ НЕ ЖУК НАГАДИЛ (НАКАКАЛ) *см.* **НАГАДИТЬ**

ЭТО ТЕБЕ НЕ МЕШОК ГВОЗДЕЙ *см.* **ГВОЗДЬ**

♦ **Э́ТО ТЕБЕ́ НЕ МЕШО́К КАРТО́ШКИ** — это важно, серьёзно.

ЭТО ТЕБЕ НЕ СБОРКА АВТОМАТА КАЛАШНИКОВА *см.* **СБОРКА**

ЭТО ТЕБЕ НЕ ФУНТ ИЗЮМА (*или* **ГВОЗДЕЙ, СОСИСОК И Т. П.**) *см.* **ФУНТ**

♦ **Э́ТО ТЕБЕ́ НЕ ХУХРЫ́-МУХРЫ́** — о чём-л. важном, значительном.

Звукоподр.

♦ **Э́ТОТ СТОН У НАС ПЕ́СНЕЙ ЗОВЁТСЯ** — *ирон.* о чьём-л. пении, исполнении (чаще о каком-л. «душераздирающем» исполнении песни о любви, страданиях и т. п.)

Травестирование строчки Н. Некрасова.

ЭФЕДРИНИСТ *см.* **ЭФЕДРИНЩИК**

ЭФЕДРИ́НИТЬ, -ню, -нишь, **ЭФЕДРИ́НИТЬСЯ**, -нюсь, -нишься; *несов., без доп.* Использовать эфедрин в качестве наркотического средства.

Из *нарк.*

ЭФЕДРИ́НЩИК, -а, **ЭФЕДРИНИ́СТ**, -а, *м.* Человек, использующий эфедрин в качестве наркотического средства.

Из *нарк.*

ЭФИР *см.* **ВЫЙТИ В ЭФИР**

ЭХ, МОРОЗОВА! *см.* **МОРОЗОВА**

ЭШАФО́Т, -а, *м.*, **ЭШАФО́ТКА**, -и, *ж.* Суд. ♦ **Быть под эшафотом** — быть под судом.

Из *уг.*

Ю

Ю́АНЬ, -я, *м.* Рубль, монета, купюра; *мн.* — деньги.

См. также **ХАНЬ**

От назв. денежной единицы КНР.

Ю́АР, *нескл. аббрев., собств. Шутл.* Южно-Азербайджанская Республика.

Переосмысл. общеупотр. аббрев. «ЮАР» — Южно-Африканская Республика.

ЮБИЛЯ́Р, -а, *м.* Тот, кто впервые попробовал наркотик.

Из *нарк.*

ЮБКА *см.* **А ТЫ, ДУРОЧКА, БОЯЛАСЬ...**

♦ **Ю́БКА ПО СА́МЫЙ СНИ́КЕРС** — *шутл.* об очень короткой юбке, мини-юбке.

Ю́Г, -а, *м., мн.* юга́ -о́в или ю́ги, -ов. Югослав. *«Космос» (гостиницу) ~а́ строили.*

Ю́ГОВСКИЙ, -ая, -ое, **ЮГО́ВЫЙ**, -ая, -ое. Югославский; югославского производства.

ЮЖАТЬ *см.* **ЮЗЖАТЬ**

ЮЗАНУТЬ *см.* **ЮЗИТЬ**

Ю́ЗБЕК, -а, *м.* Узбек.

Возм. подражание узбекской огласовке; из *арм.*

ЮЗЖА́ТЬ, -жу́, -жи́шь; **ЮЖА́ТЬ**, южу́, южи́шь; *несов., кого, что, в чём, с чем, на чём* и *без доп.*

Использовать, пользоваться, употреблять. *Я тебя буду в этом деле ~. На этом ~ некого.*

От англ. «to use» в том же зн.

ЮЗИТЬ, *1 л. ед.* не употр., -ишь, **ЮЗИ́ТЬ**, *1 л. ед.* не употр., -и́шь, *несов.* (*сов.* **ЮЗАНУ́ТЬ**, -ну́, -нёшь), *откуда.* Убегать, «смываться»; уклоняться от разговора, избегать встречи; хитрить.

От общеупотр. «юз» — скольжение колёс, переставших вращаться.

ЮКС, -а, *м.* **1.** Рубль; *мн.* — деньги, рубли. **2.** Финн.

Возм. из языка петербургских фарцовщиков; от финск. uksi — один.

ЮЛА́ЛЬЩИК, -а, *м.* Рыночный, уличный шулер, «напёрсточник».

Из *уг.*; возм. от «юла».

ЮМОРЕ́ВИЧ, -а, *м.* **1.** Юмор, шутка. *Запустил ~а* — сострил. **2.** Остроумный человек.

Ю́НКЕР, -а, *м.* *Шутл.* Курсант военного училища.

Дореволюционное сл. в том же зн.

Ю́НЫЙ, -ая, -ое. Общеиронический (или общепренебрежительный) эпитет. *~ географ* — заблудившийся, заплутавший где-л. человек; *~ кулинар* — человек, приготовивший невкусную еду.

ЮНЫЙ ТЕХНИК *см.* **ТЕХНИК**

♦ **Ю́РА — ТО́ЛСТАЯ ФИГУ́РА** (или **Ю́РА — СОТРУ́ДНИК МУ́РА**) — *шутл.* о человеке по имени Юра, Юрий.

Ю́РКА, -и, *м., собств.* Ю. В. Андропов.

♦ **Ю́РКИНЫ РАССВЕ́ТЫ** — относительно дешёвая водка, появившаяся в продаже при Ю. В. Андропове.

От **ЮРКА**; «Юркины рассветы» — назв. фильма тех лет.

ЮРС, -а, *м.*, **Ю́РСЫ**, -ов, **ЮРСЫ́**, -о́в, *мн.* Дом, жилище.

Ср. *уг.* «юрсы», «юрцы» — нары, барак, ночлег, тюрьма.

Ю́РТА, -ы, *ж.* Дом, квартира.

Ср. общеупотр. «юрта» — переносное жилище кочевников.

ЮС, -а, *м.* Американец, житель США.

Англ. аббрев. US(A) — United States (of America).

Ю́ШКА, -и, *м.* Кровь. ♦ **~у пустить** *кому* — зарезать; наказать, расправиться.

Возм. через *уг.*; *ср. устар. диал.* «юша» — человек, насквозь промокший от дождя; «юша юшей» — мокрый до нитки, «юха́», «юшка» — суп, похлёбка, навар из мяса или рыбы.

Я

Я *см.* **ДОПИТЬСЯ (НАПИТЬСЯ, НАЖРАТЬСЯ) ДО НЕ Я; ЧТОБ Я ТАК ЖИЛ**

ЯБЛО́, -а́, *ср. собств.* *Ирон.* Политическое движение «Яблоко».

Аллюзии к *бран.*

ЯБЛОКО *см.* **МЯСНЫЕ ПИРОЖКИ С ЯБЛОКАМИ**

Я́БЛОЧКО, -а, *ср.* **1.** Яблочное вино. **2.** Кадык.

♦ **Я БЫК, А ТЫ КОРО́ВА** — шутл. ответ на приветствие собеседника «здоро́во!»

♦ **Я В ЗО́НЕ МИ́СКОЙ БРИ́ЛСЯ!** — шутл. самовосхваление: я опытный, я всё знаю, всё видел!

♦ **Я ВООБЩЕ́ ЧЕЛОВЕ́К ОБЪЁМНЫЙ, ТЫ ПРО́СТО СБО́КУ СМО́ТРИШЬ** — ирон. угроза, ты меня ещё не знаешь, не смей со мной связываться.

ЯГА́, -и́, *ж.* (или **БА́БА-ЯГА́**, ба́бы-яги́). Нехорошая, злая или некрасивая женщина.

См. также **БАБА-ЯГА В ТЫЛУ ВРАГА**

Баба-яга — персонаж рус. народных сказок.

ЯГОДА *см.* **ЕСТЬ ЕЩЁ ПОРОХ В ПОРОХОВНИЦАХ...; ПОЙТИ ЗА ЯГОДОЙ-СИНИКОЙ**

Я́ГОДА-СИНИ́КА, я́годы-сини́ки, *ж.* Спиртное, бутылка спиртного (чаще о водке).

ЯГОДИЦЫ *см.* **ЕСТЬ ЕЩЁ ПОРОХ В ПОРОХОВНИЦАХ...**

ЯГОДИ́ЦЫН, -а, *м., собств.* Г. А. Ягодин, бывший председатель Гос. комитета по народному образованию. *Реформы ~а. ~ы доплаты.*

Я́ГОДКА, -и, *ж.* **1.** Дешёвое красное вино. **2.** Ирон. обращение. *Вали отсюда, ~.*

ЯГОДКА* *см.* **В СОРОК ПЯТЬ БАБА ЯГОДКА ОПЯТЬ**

ЯД, -а, *м.* Наркотики. ♦ **Заглотить** (или **захавать** и т. п.) **~а** — употребить наркотики.

Из *уг.* или *нарк.*

ЯДРЁНЫЙ, -ая, -ое. *Шутл.* Ядерный. *~ физик. ~ая бомба. ~ое разоружение.*

Возм. из анекдота.

Я́ЗВА, -ы, *ж.* **1.** Тёща. **2.** Свекровь. **3.** Жена.

ЯЗЫ́К, -а́, **1.** Студент факультета иностранных языков или языкового вуза. *~и́-переводчики.* **2.** Часть сцены, переходящая в подиум.

1. — из *студ.*; 2. — из речи работников индустрии моды и модного бизнеса.

ЯЗЫК* *см.* **ТЁЩИН ЯЗЫК; ЧИРИКАТЬ**

ЯЗЫКА́ТЬСЯ, -а́юсь, -а́ешься; *несов., с кем* и *без доп.* Говорить на иностранных языках, знать языки, быть способным общаться с иностранцами.

ЯЗЫКИ *см.* **ЖЕВАТЬ**

ЯЗЫЧНИК, -а, *м.* То же, что **ЯЗЫК 2.**

Я́ИЧНИЦА, -ы, *ж.* **1.** То же, что **ЯЙКИ. 2.** Удар в пах, по мошонке. ♦ **~у сделать** *кому* — ударить в пах.

♦ **Я́ИЧНИЦА ПО-МОРСКО́МУ** (или **ПО-ФЛО́ТСКИ**) — хлеб, посыпанный табачным пеплом и употребляемый как закуска.

Я́ЙКИ, -ов, **Я́ЙЦА**, яи́ц, *мн.* Мошонка. ♦ **Взять** (или **поймать**) **бога за яйца** — поймать удачу, не упустить шанс.

♦ — возм. из *уг.*; возм. от *прост.* «взять бога за бороду».

ЯЙЦА *см.* **ВКРУЧИВАТЬ (ЯЙЦА); ЕХАЛИ КИТАЙЦЫ, ПОТЕРЯЛИ ЯЙЦА; ЖДАТЬ ПРИНЦА С ХРУСТАЛЬНЫМИ (ГОЛУБЫМИ) ЯЙЦАМИ; ЗАКРУЧИВАТЬ (ЗАКРУТИТЬ) ГАЙКИ (БОЛТЫ, ШУРУПЫ, ЯЙЦА); КАК СЕРПОМ ПО ЯЙЦАМ; КРУТИТЬ; КРУТОЙ; КРУЧЕ ТЕБЯ ТОЛЬКО ЯЙЦА...; ОТОРВУ ЯЙЦА (УШИ, ХВОСТ, НОГИ); ТЕ ЖЕ ЯЙЦА, ТОЛЬКО В ПРОФИЛЬ; ТЯНУТЬ КОТА ЗА ЯЙЦА; УХО (НОС, ЯЙЦА) ОТКУШУ; ЯЙКИ**

♦ **Я́ЙЦА В У́ЗЕЛ** *у кого* и *без доп.* — о высшей степени эмоционального возбуждения, радости, восторга и т. п.

♦ **ЯЙЦА ЗА́ДНИЦУ НЕ У́ЧАТ** — шутл. реакция на чьи-л. поучения, попытки воспитывать, «читать мораль», «яйца курицу не учат» (намёк на недостаточную опытность, осведомлённость собеседника).

ЯЙЦО *см.* **«БЛЕНДАМЕД» УКРЕПЛЯЕТ ЗУБЫ И ЯЙЦА; БРОСОК ЧЕРЕЗ ПУПОК С ЗАХВАТОМ ЛЕВОГО ЯЙЦА; КОНЬ С ГОЛУБЫМИ ЯЙЦАМИ; КРУТОЙ, КАК ЯЙЦО...; ТО ДА СЁ, БАРАНЬИ ЯЙЦА.**

Я́ЙЦЫН, -а, *м., собств.* Б. Н. Ельцин.

ЯКОВ *см.* **ЯШКА**

Я́КОРНИК, -а, *м.* Нищий.

Из *уг.*

Я́КОРЬ, *нескл.* в зн. *межд.* Стой, подожди, стоп!

ЯКОРЬ* *см.* **ДЕРЖИСЬ ЗА ЯКОРЬ; СТОЯТЬ НА ЯКОРЕ (НА ПРИКОЛЕ)**

♦ **Я КРИЧУ́** — я тебя уверяю, поверь мне, напр.: *— А ты точно придёшь? — Ну я кричу!*

Я́МА, -ы, *ж.* **1.** Банк. **2.** *собств.* Наименование нескольких пивных в Москве. **3.** *собств.* Бассейн «Москва» (ныне не существующий).

Ср. *устар.* московское «яма» — долговая тюрьма; *уг.* «яма» — место сбыта краденого; притон; тюрьма.

ЯМА* *см.* **БОЛЬШЕ СКОРОСТЬ — МЕНЬШЕ ЯМ; ТО-ЯМА-ТО-КАНАВА**

♦ **Я МИ́ЛОГО УЗНА́Ю ПО КОЛГО́ТКАМ** — *ирон.* в ответ на чей-л. вопрос о том, как говорящий узнаёт кого-л. (напр., при встрече с незнакомым человеком и т. п.).

ЯНА́ЕВ, -а, *м.* Недотёпа, козёл отпущения; человек, попавший впросак. *Что я, ~ что ли, на работу каждый день ходить.*

Фамилия бывшего вице-президента СССР, возглавившего путч в августе 1991 года.

♦ **Я НАЧА́ЛЬНИК — ТЫ ДУРА́К, ТЫ НАЧА́ЛЬНИК — Я ДУРА́К** — об административно-командной системе управления.

ЯНГ, -а, *м.* Молодой человек.

Англ. young — молодой.

ЯНГИ́ЦА, -ы, *ж.* Молодая девушка, девочка. *Две янгицы под уиндо́м пряли поздно ивнинго́м. «Кабы я была кингица, — спичет фёрстая гирлица, — я б для фазера-кинга супермена б родила». Только вы́спичить успела, дор тихонько заскрипела, и в светлицу фазер кам, на ходу жуя чуингам* (или *и в светлицу входит царь, того стейту государь*). *Во весь тайм оф разговора он стоял бихайнд зе дора* (или *забора*). *Спич ласто́вый по всему крепко ла́внулся ему. «Что же, клёвая янгица, — говорит он. — Будь кингица!»* (макароническое травестирование пушкинской «Сказки о царе Салтане»).

См. **ЯНГ.**

Я́НГОВЫЙ, -ая, -ое. Молодой, юный.

См. **ЯНГ.**

♦ **Я НЕ ПО Э́ТОМУ ДЕ́ЛУ** — я в этом не разбираюсь, я к этому не имею отношения.

ЯНЫЧА́Р, -а, *м.* Т. н. «лицо южной национальности».

Общеупотр. «янычар» — пехотинец-каратель в войсках султанской Турции.

♦ **ЯПО́НА МАТЬ** — выражает любую эмоцию.

Возм. из анекдота. *Ср.* **ЯПОНЫТЬ.**

ЯПО́НКА, -и, *ж.* Модель автомобиля, собранного в Японии.

Ср. **АМЕРИКАНКА.**

♦ **ЯПО́НСКИЙ БОГ!** (или **~ ГОРОДОВО́Й!**) — употр. как восклиц. для выражения любой эмоции.

ЯПОНСКИЙ *см.* **ЧУМА ЯПОНСКАЯ**

ЯПОНСКИЙ РАЗВЕДЧИК (ШПИОН) *см.* **КИТАЙСКИЙ (ЯПОНСКИЙ) РАЗВЕДЧИК (ШПИОН)**

ЯПО́НЫТЬ, *межд.* Выражает любую эмоцию.

Аллюзия к нецензурному.

Я ПУКНУ, ТЫ УТОНЕШЬ *см.* **ПУКАТЬ**

ЯРКИЙ *см.* **ГОРИ ОНО ВСЁ ЯСНЫМ ПЛАМЕНЕМ**

♦ **Я С ГОСУДА́РСТВОМ ДЕЛ НЕ ИМЕ́Ю (И В АЗА́РТНЫЕ И́ГРЫ НЕ ИГРА́Ю)** — ирон. ответ на предложение приобрести лотерейный билет, сыграть в спортлото и т. п.

♦ **Я СЕГО́ДНЯ ТАМ, ГДЕ ДАЮТ «АГДА́М»** — шутл. ответ на вопрос «где ты сегодня?»; часто употр. как комическая пустословица (обычно на мотив комсомольской песни эпохи застоя).

ЯСНО *см.* **ЕЖУ ЯСНО**

♦ **Я́СНО КАК В ТУМА́НЕ** *что* — ничего не ясно.

♦ **Я́СНО, ОТЧЕГО́ ЗАЛУ́ПА КРА́СНА** (или **ЧТО НА МИ́НУ СРАТЬ ОПА́СНО** и т. п.) — *ирон.* ясно, всё понятно.

♦ **Я́СНО, ПА́ЛЕЦ** — всё понятно, понял, договорились, так и быть.

ЯСНОСТЬ *см.* **ЗАМНЁМ ДЛЯ ЯСНОСТИ**

ЯСНЫЙ *см.* **ГОРИ ОНО ВСЁ ЯСНЫМ ПЛАМЕНЕМ; ДЕЛО ЯСНОЕ, ЧТО ДЕЛО ТЁМНОЕ**

♦ **Я́СНЫЙ МЕ́СЯЦ!** — ясное дело, конечно, а как же, ещё бы!

Эвфем. от нецензурного.

♦ **Я́СНЫЙ ПА́ВЛИК (Я́СНЫЙ ПЕ́РЕЦ, Я́СНЫЙ ПЕ́РЧИК, Я́СНЫЙ ВА́СЯ, Я́СНЫЙ ХЕР** и т. п.) — ясно, понятно, а как же, ещё бы. *В кино идёшь? — Ясный перец.*

♦ **Я СТОЮ́ НА АСФА́ЛЬТЕ, В НО́ВЫХ ЛЫ́ЖАХ ОБУ́ТЫЙ, ТО ЛИ ЛЫ́ЖИ НЕ Е́ДУТ, ТО ЛИ Я ШИЗАНУ́ТЫЙ** — *ирон.* о человеке, не замечающем очевидного.

♦ **Я СТРА́ШНЫЙ-СТРА́ШНЫЙ СИ́ФИЛИС** — шутл. запугивание собеседника, часто сопровождающееся устрашающими жестами; ответ на вопрос «ты кто?»

♦ **Я ТВОЮ́ МАМУ́ ТРО́ГАЛ** (или *чью-л.*) — пошёл к чёрту (*кто-л.*)

Возм. *эвфем.*

♦ **Я ТЕБЯ́ УМОЛЯ́Ю** — конечно, ещё бы, как ты можешь предполагать обратное, не говори этого, я не могу это слышать, напр.: *Ты придёшь? — Я тебя умоляю* (конечно, сколько раз можно повторять). *А вдруг он не придёт? — Я тебя умоляю* (обязательно придёт).

♦ **Я УБЬЮ́ ТЕБЯ́, ЛО́ДОЧНИК** — ирон.-шутл. угроза.

Из популярного шлягера 1997 г.

♦ **Я У МА́МЫ ВМЕ́СТО ШВА́БРЫ** — о неопрятном, растрёпанном человеке.

♦ **Я УПА́ЛА С САМОСВА́ЛА, ТОРМОЗИ́ЛА ГОЛОВО́Й** — о растрёпанных волосах; о чьих-л. невысоких умственных способностях.

ЯЧМЕ́НЬ, -я́, *м.* Пиво «Ячменный колос».

Я́ШКА, -и, **Я́КОВ**, -а, *м.* **1.** Постовой милиционер. **2.** Неинтересный, серый, средний человек. *Лицо совкового* (советского) *~и.* **3.** Нарушитель границы. *Ловить ~у.* **4.** Таракан. *Мелок против яшек.* **5.** Проводник. **6.** *собств.* Я. Свердлов, а также любой памятник ему или что-л., названное в его честь.

1. — возм. из *уг.*; 3. — из *арм.*; 5. — из арго железнодорожников.

Я́ЩИК, -а, *м.* **1.** (или **~ ДЛЯ ИДИО́ТОВ**). Телевизор. *Что сегодня по ~у?* **2.** Гроб. *Вот мужик хапает и хапает, думает к ~у багажник приделает* (думает унести с собой всё накопленное в могилу). **3.** Банк, составленный до следующей сдачи карт. ♦ **Сыграть** (или **сделать, нырнуть, прыгнуть, прописаться) в ~** — умереть. **В ~ глядеть** (или **одной ногой в ~е стоять**) — быть старым или больным.

3. — из *карт.*

ЯЩИК* *см.* **КАНДИДАТ НА ТОТ СВЕТ...; НЕУДОБНО В ПОЧТОВОМ ЯЩИКЕ СПАТЬ...**

РУССКИЙ КИНЕМАЛОГОС (О ЦЕЛЯХ И СТРУКТУРЕ КИНЕМАЛОГОСА)

...из всех искусств для нас важнейшим является кино.
В. И. Ленин

Кино — это ритуал, которому широкие массы сейчас подчиняются совершенно безропотно...
Ф. Феллини

Кино разложило речь. Вытянуло время. Сместило пространство. И поэтому оно максимально.
Ю. Тынянов

Предлагаемый Вашему вниманию Кинемалогос представляет собой первую попытку комплексного лексикографического осмысления весьма значительного феномена русского языка и культуры XX века — крылатых слов и выражений из отечественного кинематографа и мультипликации. Данный пласт нашей словесной культуры, к сожалению, еще не стал объектом систематического описания. Насколько мне известно, недостаточно внимания уделяется этой проблеме и в зарубежной филологии и культурологии.

Ситуация сложилась, можно сказать, парадоксальная. С одной стороны, мы имеем отчетливый и веский факт культуры: слова и выражения из популярных фильмов буквально переполняют речь многих сотен тысяч носителей русского языка, часто являясь важнейшим структурным, знаковым фактором бытового и социального поведения. С другой стороны, в отношении специалистов к данному вопросу нередко наблюдается некое «покровительственное снисхождение»: проблема рассматривается как факультативная, явно второстепенная — в сравнении, скажем, с изучением цитации литературных текстов.

Тут, как мне кажется, традиционная антитеза «литературности» и «нелитературности», «культуры» и «массовой культуры», сама по себе верная и продуктивная, играет не самую конструктивную роль.

О кино как о самостоятельном искусстве, возникшем в XX в., написано очень много. Удивительное единодушие проявляют представители самых разных профессий и областей знания — от коммунистических лидеров до эстетствующих искусствоведов, единодушие в признании — пусть с теми или иными оговорками, но — все-таки «победы» кино над другими искусствами. Для кого-то эта победа горька и временна, для кого-то желанна и перспективна. Кто-то оплакивает словесность, театр и других «аутсайдеров» культурного «прогресса», кто-то — наоборот — с надеждой и интересом ждет от киноискусства все новых открытий, нового «великого синтеза». Так или иначе, «панкинематографизм» культурологии явно набирает силу и подтверждается не только словами, но и делами — миллиардами долларов и отлично налаженной киноиндустрией во всех концах земли.

В мои планы не входит ни подтверждать, ни развенчивать величие кино. И то и другое в конечном счете бессмысленно и недоказуемо. Кино — это веский и неоспоримый факт культуры XX века. Русское, советское кино — это факт нашей истории и факт моей частной жизни. Все материалы, представленные в этой работе, — в сущности в равной мере и «научны» и автобиографичны[1]. Задача Кинемалогоса — попытаться нащупать связь кино с глубинными законами развития культуры, в данном случае — русского кино с русской культурой.

[1] В основании предлагаемого вниманию читателей Кинемалогоса лежит прежде всего эмпирико-бытовой материал, фактура, наблюдавшаяся в течение практически всей жизни, ежедневно и еже-

Подобная формулировка может показаться напыщенной и нескромной. Но она, как мне кажется, очень остро стоит на повестке дня.

Дело в том, что абсолютное, подавляющее большинство киноведов и — шире — вообще так или иначе пишущих о кино упорно и настойчиво подчеркивают мысль о специфичности кино как вида искусства. Да, — говорят они, — кино вбирает в себя элементы других видов искусства (от живописи и скульптуры до театра, поэзии и музыки), но в результате получается сплав, который уже не имеет ничего общего ни с живописью, ни с музыкой. Кино — это неосинкретика, неосинтез. Поэтому кино развивается по своим, специфическим законам, а не по законам красок, нот или слов.

Уже на заре кинематографа, в эпоху «Великого Немого» раздаются авторитетные голоса в защиту полной самостоятельности кино, «невербализуемости» его через другие искусства. Ю. Тынянов, например, в работе 1927 года «Об основах кино» с присущим ему парадоксальным изяществом дает отповедь любой попытке «определить» кино через какое-либо искусство: «По своему материалу кино близко к изобразительным, пространственным искусствам — живописи, по развертыванию материала — к временны́м искусствам — словесному и музыкальному.

Отсюда пышные метафорические определения: «Кино — живопись в движении» (Луи Деллюк) или «кино — музыка света» (Абель Ганс). Но определения эти — это ведь почти что «Великий Немой». Называть кино по соседним искусствам столь же бесплодно, как эти искусства называть по кино: живопись — «неподвижное кино», музыка — «кино звуков», литература — «кино слова». Особенно это опасно по отношению к новому искусству. Здесь сказывается реакционный пассеизм: называть новое явление по старым»[2].

Наиболее интенсивная борьба с подобным «реакционным пассеизмом» в России шла в 20-е гг. С появлением же звукового кино сменилась и эпоха. Специфика киноискусства стала предметом узкоцеховых споров. Специфика эта как бы подразумевалась и не отрицалась, но кино стало выполнять совершенно новую для него функцию. Можно назвать эту функцию идеологической, пропагандистской — но эти слова ничего не скажут нам по существу. Можно говорить об упадке кинематографа и о том, что «Кубанские казаки» — это очень плохой фильм. Можно, наоборот, назвать этот фильм (как и многие другие) классикой кинематографа. Но все эти оценки только уведут нас в сторону.

Перед нами, как мне кажется, очень интересный и во многом парадоксальный факт: начиная с 30-х годов в России (Советском Союзе) начинается совершенно уникальный период развития кино. Кино входит в жизнь, переплетается с жизнью и запечатлевается в ней, прежде всего — **в языке.** Практически все фильмы 30-х–40-х гг. почти целиком вошли в повседневную речь людей. Бытовая цитация кинолент — неотъемлемая часть обиходно-речевого поведения человека. Картины знали наизусть. Тексты многих фильмов становятся крылатыми практически целиком. Словесный кинофольклор грандиозен по своему объему. Трудно представить, сколь значительное место в голове у «среднего» советского человека занимало (и до сих пор отчасти занимает)

часно. С другой стороны, пафос Кинемалогоса заключается в попытке найти глубинную связь между русским (советским) кинематографом XX века и предшествующей традицией русской культуры и прежде всего — классической и народной словесностью. В этом смысле данная работа онтологически и гносеологически неразрывно связана с моей книгой «Язык старой Москвы» (М., 1997). Все три работы — глубоко личностны и автобиографичны, если иметь в виду не внешнюю автобиографию, а историю формирования и развития взглядов и мировоззрения автора.

[2] Цит. по: Тынянов Ю. Поэтика. История литературы. Кино. М., 1977 — С. 329–330. Здесь Ю. Тынянов полемизирует, в частности, со взглядами, сформулированными в книге Д. Деллюка «Фотогения кино» (М., 1924). В конце 20-х гг. очень многие исследователи и практики киноделa отстаивали идею самостоятельности, независимости кино от других видов искусства. Среди них С. Эйзенштейн, В. Шкловский, Л. Кулешов и др. В центре внимания в 20-х гг. была в первую очередь теория монтажа как некоей системы приемов, принципиально отличающих кино от других искусств.

кинематографическое слово. Кинематограф советской эпохи — это скорее даже не кинематограф, а **кинемалогос**. Разумеется, каждая новая картина (особенно в 30–40-х гг.) была и выставкой мод, и демонстрацией образцовой улыбки, прически, манеры поведения кинозвезды, и обязательным (часто — весьма навязчивым) набором музыкальных тем. Но словесный ряд был не только самым ощутимым, но и, пожалуй, самым устойчивым.

Для меня совершенно очевидно, что в 90-е гг. данная эпоха уже закончена. Где-то на рубеже 80–90-х гг. кинемалогос, условно говоря, снова уступил свои позиции кинематографу. Новые фильмы больше не цитируются народом. Логос покинул сферу кино. Что-то «надломилось» в их отношениях. Это не значит, что кино стало хуже: просто оно стало другим[3]. Мы отчетливо видели, как в 80–90-х гг. Логос «качнулся» куда-то в сторону политической риторики, риторики шоу-бизнеса, рекламы, рок-текстов. Создается впечатление, что Слово-Логос ищет свой новый дом, иначе говоря, — новую форму выражения. Но это — тема другого разговора.

Итак, при всей внутренней самостоятельности, независимости кинематографа от других видов искусства, русское (советское) кино пережило примерно шестидесятилетний период преимущественно словесного бытования. Именно Слово, звучащее из уст любимого актера и включающее в себя его специфическую интонацию, мимику и жест — вот главный герой советского кинематографа (кинемалогоса) 30–80-х гг. XX в. Звучащая речь киноактеров, к сожалению, еще не стала предметом систематического анализа языковедов[4]. А между тем язык (вербальный, словесный) кинематографа — не только актуальнейшая проблема собственно лингвистики, но и предмет философии языка и культуры XX в.

«Лингвоцентризм» русской культуры — идея не новая. Ее высказывали и высказывают многие мыслители. Иногда такие мысли формулируются где-то даже на грани парадокса: достаточно вспомнить знаменитое высказывание И. Бродского о том, что единственная реальность в России — это именно язык. Остальное (традиции архитектуры, бытовое устройство и т. д.) — изменчиво и бренно.

Крупнейшие русские философы — все-таки писатели (Л. Толстой, Ф. Достоевский и др.). Поэт в России тоже — «больше чем поэт». Значительная часть архитектурного мыслительства воплотилась не в зодчестве, а на бумаге — в чертежах, проектах и комментирующих их манифестах. Русский быт прочно ассоциируется не с камином и шахматами, а с «сумерничаньем» (долгими беседами во время зимних сумерек), с философскими спорами на заплеванной семечками площади провинциального города (как в «Братьях Карамазовых») или с жаркими кухонными дебатами советской эпохи. Очень «словесны» русские живописцы. Литературное комментирование картин передвижников — традиционный элемент школьной дидактики.

Доказательств словесного стержня русской культуры очень много. Впрочем, все они могут иметь убедительные контраргументы. Ницше тоже был писателем. А Пруст тоже был философом. И т. д.

---

[3] Хотя следует отметить некоторые одиночные факты перехода кинотекстов в речь. Показательным примером является, скажем, популярная лента «Особенности национальной охоты в осенний период». Однако масштабы «фольклоризации» ее текста не идут ни в какое сравнение с такими фильмами, как «Белое солнце пустыни», «Кавказская пленница» или даже «Осенний марафон». Повторю еще раз: речь не идет о сопоставлении качества, кинематографического «уровня» фильмов. Есть множество прекрасных фильмов, которые не «вышли в речь» и немало — с профессиональной точки зрения — посредственных работ, ставших объектом активной цитации. Здесь работают иные законы.

[4] Тем не менее, в русской лингвистике в 80-х гг. появились первые фундаментальные работы на эту тему. См., например: Е. А. Брызгунова. Эмоционально-стилистические различия русской звучащей речи. М., 1984. В этой работе автор подробно анализирует не только речь киноактеров (отрывок из к/ф «Начало»), но и речь дикторов, чтецов и др. Некоторые интересные исследования посвящены не непосредственно слову в кинематографе, а связи литературы и кино (см., например: Экранные искусства и литература: Современный этап. М., 1994).

И все же, повторю еще раз: цитация текстов кинолент и мультипликационных фильмов в российской (советской и постсоветской) культуре занимает совершенно особое место. Его можно назвать уникальным по сравнению с другими национальными культурами. Кинореченія, разумеется, есть и в английском, и во французском, и в немецком, и в китайском языках. Но таких **масштабов** цитации нет и не было ни в одном языке. Иначе говоря, в России (Советском Союзе) кино было в первую очередь воспринято народом с точки зрения текста, сло́ва, звучащего из уст любимого актера. Здесь для нас очевидно продолжение основной линии, доминанты развития русской культуры XIX — начала XX века — ее (культуры) **лингвоцентризма**, сосредоточенности на Слове, Логосе. И в русской художественной словесности, и в советском кино, и в российской философии, мыслительстве — везде именно Слово как таковое занимает ведущее место. Интрига, сюжет, логическая стройность и убедительность, визуальные эффекты и т. д. — все эти критерии не столь важны.

В центре российско-советского кинематографа (русского «кинемакосмоса») находится прежде всего языковая личность актера, «поданная» режиссером. Она — как магнит — притягивает к себе все окружающее пространство и время киномира, одухотворяет и организует его. Знаменитый психологизм русской классической литературы и углубленное внимание к перевоплощению актера в традиции русского театра имеют своим продолжением (и на наш взгляд, вполне достойным) советский кинематограф XX века. Органическая связь русской классики и российского кино для нас очевидна. И именно эта связь обусловила, в частности, выход в речь многих тысяч кинореченій.

Характерное качество, названное мною условно «лингвоцентризмом», делает отечественный кинематограф весьма специфичным. Лучшее, что есть в наших лентах, — это тончайшая психологическая нюансировка, еле уловимые оттенки смысловой словесной игры, очень специфический российский юмор, полная погруженность в «культурный фон» эпохи. Все эти качества часто делают российский кинематограф почти полностью «закрытым» для иностранного зрителя.

В процессе работы над Кинемалогосом автор проделал ряд лингвистических экспериментов с иностранными учащимися (достаточно хорошо владеющими русским языком) с целью выявления степени восприятия ими наиболее известных образцов русского «киноюмора». В целом, по моим подсчетам, южнокорейские и китайские студенты восприняли не более 5% «смеховой информации», американские — не более 8–10% (примерно столько же — англичане и немцы). Более восприимчивы были романцы (особенно — итальянцы, они «правильно» приняли примерно четверть объема). Англосаксонский и германский контингенты продемонстрировали явную тенденцию к «политико-сатирической» интерпретации текстов. Например, информантам было предложено прокомментировать сцену из «Иронии судьбы», когда пьяный Ипполит стоит под душем и говорит: «Тёпленькая пошла!» Почти 100% опрашиваемых объяснили «соль» юмора тем, что в России часто отключают горячую воду и что авторы фильма таким образом в завуалированной форме «обличают» типично советскую бытовую проблему. Большинство опрашиваемых (причем, из всех национальных контингентов) считает, что в целом в российском кинематографе «очень мало действия и очень много разговаривают».

Не случайно, на Западе наиболее известными российскими режиссерами, пожалуй, являются С. Эйзенштейн и А. Тарковский, т. е. режиссеры, уделявшие значительное внимание непосредственным поискам новых форм в киноискусстве как таковом — в монтаже, в символике видеоряда и т. п. Такие же фильмы, как «Чапаев», «Семнадцать мгновений весны», «Джентльмены удачи» или «Белое солнце пустыни» с этой точки зрения вряд ли могут идти в ряду «новых слов в кинематографе». Между тем, языковые личности Бабочкина, Броневого, Леонова, Луспекаева и др. замечательных актеров — это вершины русского кинемалогоса, сосредоточившие в себе мощнейшую культурную энергию, к сожалению, практически не доступную для иностранного зрителя.

Итак, советский (российский) кинематограф для меня — это прежде всего «лингво-этнографический» феномен. Его лингво-этнографическая насыщенность, с одной стороны, делает его отчасти «непроницаемым» для восприятия «извне», а с другой стороны — максимально информативным для восприятия «изнутри». Подобно тому, как, например, тексты Н. Лескова, С. Максимова, А. Мельникова-Печерского несут в себе глубинную, чрезвычайно «густую» и непосредственную информацию о т. н. «русской ментальности», тексты самых популярных фильмов XX в., как мне кажется, могут быть чрезвычайно плодотворно использованы в качестве оптимального объекта для целого спектра исследований — социально-психологических, этнокультурологических и др. Тот же Н. Лесков намного слабее воспринимается на Западе, чем, скажем, значительно более «интернациональные» И. Тургенев или Н. Бердяев. «Русская специфика» (прежде всего — языковая) у Н. Лескова дана без какого-л. «препарирования», без установки на облегченное восприятие «извне». В качестве аналогичного примера можно было бы привести и тексты А. Пушкина. Здесь другая «крайность»: читая «Евгения Онегина», западный человек недоумевает, что же здесь особенного? Пушкин слишком «прост» для стороннего, не находящегося «внутри» «русского мира» человека, потому что богатейший пушкинский подтекст — чисто русский (здесь я оставляю в стороне всю богатейшую палитру культурных аллюзий, расшифровываемых пушкинистами), причем часто этот этнопсихологический подтекст не может быть структурно интерпретирован самим русским. Так же и выражение «тёпленькая пошла» — это как «примитивный» пушкинский ямб, как «аниконичное» (абсолютно безо́бразное) «Я помню чудное мгновенье...» и т. п. Разумеется, я не собираюсь, что называется, «ставить в один ряд» текст Пушкина и текст «Иронии судьбы». Но для меня очевидно, что глубинные законы жизни национального текста здесь одинаковы. Язык кинематографа, русский «Кинемалогос» — неотъемлемая часть народного фольклора XX в., фольклора еще очень мало изученного и ждущего своих исследователей, фольклора, во многом отражающего специфику русского национального мышления. Данный Кинемалогос расценивается мною как необходимый шаг в этом направлении.

ОБЩАЯ ХАРАКТЕРИСТИКА МАТЕРИАЛА

В корпус Кинемалогоса вошли слова и речения из нескольких десятков популярных художественных и мультипликационных фильмов 30–90-х гг.[5] Кинемалогос ни в коей мере не претендует на исчерпывающее описание материала. Реальный объем киноречений, вошедших в повседневную речь, в несколько раз больше. Это первое.

Второе. Говоря о киноречениях, мы должны иметь в виду, с одной стороны, «временну́ю» специфику их бытования, а с другой — специфику «социально-пространственную».

Временно́е, «историческое» бытование киноречений имеет дискретный характер. В 30–40-е гг. фильмы появлялись не так часто. Появление каждого нового фильма было событием. Такие фильмы, как «Вратарь», «Волга-Волга», «Цирк», «Подвиг разведчика», «Чапаев» и др. часто просматривались по несколько раз. Бытовая цитация речений из этих кинолент была очень интенсивной. Эти фильмы стали элементом ментальности целого поколения. Но одно поколение сменялось другим. Менялись и любимые фильмы. Здесь мы имеем дело со своего рода истори-

[5] Отметим, что в Кинемалогос вошли также тексты из популярных телеспектаклей (напр., «Ханума») и фильмов (мультфильмов) — экранизаций того или иного литературного произведения. Здесь встает проблема: что является первоисточником цитации — непосредственно литературный текст или кинотекст? Для автора Кинемалогоса очевидно, что, например, речения из «Двенадцати стульев» скорее имеют литературный источник (хотя две экранизации романа значительно усилили их популярность), но распространенность речений из «Винни-Пуха», «Малыша и Карлсона» и др. обусловлена в большей степени именно появлением их мультипликационных «вариантов» (об этом говорят, в частности, особенности цитации, когда воспроизводятся интонации, жесты и т. п. героев).

ческими срезами кинофольклора. Причем у каждого среза — своя поэтика цитации, своя специфика юмора, мировосприятия. Поэтика речений из «Вратаря» (**Я больше не Карасик! Я — «уходя, гасите свет»!**) совсем не похожа на поэтику речений из «Формулы любви» (**Видел я эту Италию на карте: сапог сапогом!**). Перед нами различные эстетические системы, свойственные мировидению разных поколений. Трудно найти человека, который бы одинаково сильно любил и цитировал «Цирк» и «Того самого Мюнхгаузена». Собранный в Кинемалогосе материал дает комплексное представление о всех этапах исторического развития кинофольклора, каждый из которых очень специфичен и в известном смысле «мертв» для другого, но вместе с тем — органически связан с ним, глубинно продолжает его традиции. Таким образом, в Кинемалогос вошли не только речения, которые популярны сейчас, но и те, которые были популярны 30, 40, 50 лет назад. Впрочем, объективно определить степень популярности цитат очень трудно: все зависит от возраста цитирующего, от специфики его памяти и т. д.

Подобно тому, как кинoречения отражают историческую, хронологическую перспективу, они во многом отражают и социальную дифференциацию общества. Каждая социальная группа тяготеет к своему фильму, своему «типу» фильма. Космонавты очень любят «Белое солнце пустыни» (впрочем, не только они), «митьки» — «Адъютант его превосходительства», мальчики (в зависимости от поколения) — «Подвиг разведчика» или «Неуловимых мстителей», многие современные студентки (опрос делался в 1996 г.) знают почти наизусть «Формулу любви», среди заключенных долгое время очень популярна была «Калина красная» и т. д., и т. п. Есть, конечно, и т. н. «всенародно любимые» фильмы (например, знаменитые комедии Л. Гайдая), но и здесь, как показывают наблюдения, есть свои «притяжения и отталкивания». Наконец, есть люди, вообще очень далекие от Кинемалогоса.

Каждая микросреда (класс в школе, компания студентов, какая-л. профессиональная корпорация и т. д.) культивировала и культивирует свою эстетику киноцитации, в целом создавая общее национальное «поле микрофольклоров». Данное поле, при всей его кажущейся неустойчивости, «бренности», «эфемерности» и т. п., как мне кажется, оказывало и оказывает огромное влияние на народное «подсознание» и вместе с тем, является его непосредственным отражением.

Автор Кинемалогоса начал собирать материал еще в 80-х гг. Основным методом при сборе материала было т. н. непосредственное включение. В середине 90-х гг. назрела необходимость систематизировать и выверить собранный материал. Началась работа с информантами. Всего было опрошено около восьмидесяти активных «кинолюбов». Упор делался на максимально широкий охват опрашиваемых — как в социальном, так и в возрастном планах. Использовались следующие формы опроса:

— информанту предлагалось назвать 10–20 наиболее употребительных, с его точки зрения, киноречений и 10–20 фильмов, содержащих, с его точки зрения, максимальное число речений;

— информанту предлагалось назвать 10–20 наиболее выразительных (смешных), с его точки зрения, киноречений и объяснить, в чем он видит «смысл» выразительности;

— информанту давался список из 100–200 киноречений (всего 10 вариантов списков) и предлагалось: уточнить объем цитат, указать те из них, которые он считает «крылатыми», и те, которые он таковыми не считает, уточнить толкование или описание ситуаций, в которых они могут употребляться;

— информанту давался список фильмов (всего около 20 вариантов списков) и предлагалось назвать речения, которые у него ассоциируются с этими фильмами.

В процессе работы активно использовался совместный (автора и информантов) просмотр фильмов: в данном случае очень ценными были развернутые комментарии информантов по поводу звучащих текстов. Автор также горячо благодарит студентов факультета иностранных языков МГУ за ценные замечания и дополнения к тексту Кинемалогоса.

СТРУКТУРА КИНЕМОЛОГОСА И СЛОВАРНОЙ СТАТЬИ

Словарная статья содержит:

1. Заглавное слово или выражение;

2. Толкование или описание ситуации, в которой зафиксировано употребление данного слова или выражения со ссылкой на источник (название фильма);

3. Краткий лингвистический комментарий об особенностях использования данной единицы (факультативно).

1. Заглавное слово или выражение.

Объем зафиксированной единицы может быть различным: от единичного слова (см., напр.: **КЮ**) или словосочетания (см. **СПАНИЕЛЬ НЕСЧАСТНЫЙ**) до фразы или даже мини-текста или мини-диалога(см. **А ВОТ, ВАСИЛИЙ ИВАНОВИЧ, МУЖИКИ СУМНЕВАЮТСЯ: ТЫ ЗА БОЛЬШЕВИКОВ, АЛИ ЗА КОММУНИСТОВ?**; или: **ВОТ СМЕХ, ВОТ УМОРА!.. МУЗЕЙ!.. НЕЧЕМ БАНКУ ОТКРЫТЬ!**). Слово, фраза или текст воспроизводится с их диалектными, просторечными и т. п. особенностями, с полной ориентацией на звучащий оригинал. Пунктуация также подчинена идее максимального воспроизведения звучащей фактуры. Для облегчения процесса поиска единицы в пространстве Кинемалогоса введена система внутренних ссылок, напр.: **Вдоль дороги мёртвые с косами стоят, и тишина...** См. *А вдоль дороги...*

Ссылочная статья, помимо этого, в большинстве случаев представляет собой реально зафиксированный вариант употребления данной единицы. Статьи располагаются в алфавитном порядке; в случае, когда зафиксировано два или более вариантов, идентичных по значению и близких по составу, вводится ссылка *то же, что*. При этом толкуется лишь одно из речений. Если же каждое из близких по составу и значению речений требует самостоятельного толкования и комментирования, то в конце статей дается ссылка *см. также*.

2. Толкование.

Разъяснение содержания речения, описание ситуации, в которой оно может употребляться, явилось наиболее трудной проблемой при составлении Кинемалогоса. Дело в том, что потенциальное количество речевых контекстов в цитации, нюансов, оттенков смысла, которые могут их сопровождать, подчас не поддается никакому исчислению. Речения, как правило, комментируют конкретные бытовые ситуации (спектр которых огромен) обобщенно, «архетипически». Связь между словесным составом речения и комментируемой им ситуацией чаще всего ассоциативна и требует знания не только подтекста фильма, но и чисто народного «смехового этикета», неких «карнавальных правил игры», принятых в данном социуме (см., напр.: **А ВЕДЬ ЭТО ТЫ УБИЛ ЕГО, МИРОН!**). Абсолютное большинство речений содержит отчетливый смеховой элемент, подробный анализ которого совершенно невозможен в рамках словарного жанра. Поэтому толкование речений носит лишь общеописательный, «конспективный» характер, дающий общее представление о месте данной единицы в речи.

3. Комментарий.

Цель краткого комментария, помещенного в конце статьи, — уточнить реальный «фонетико-соматический» образ речения (см., напр., **ЛЮБОВЬ, ФИМКА, У НИХ — СЛОВО «АМОР». АМОР... И ГЛАЗАМИ ТАК: У-У-У!**). Часто речения произносятся с сохранением просторечно-диалектных или акцентных черт оригинала, со специфической мимикой, особыми жестами, особой интонацией (характерными логическими ударениями, движением тона, паузами и т. п.), они могут «напеваться» на известный мотив и т. д. Все эти особенности кратко описываются в комментариях. Если речение взято из песни, то содержащая его статья снабжается специальным знаком (𝄞). Кроме того, в комментариях может излагаться информация (в большей степени адресованная иностранному читателю) о наиболее очевидных случаях языковой игры, смеховых контаминациях и проч. (см., напр.: **ВЕЛИКОЕ ЗАКРЫТИЕ**).

В Приложении к Кинемалогосу дается перечень основных цитируемых кино-, теле- и мультфильмов.

А

АБДУЛА, РУКИ-ТО... ОПУСТИ... Всё, опасность миновала, можешь расслабиться; обычно в ситуации, когда, уже после того, как беда миновала, собеседник продолжает бояться (**«Белое солнце пустыни»**).

АБДУЛА, ТАМОЖНЯ ДАЁТ ДОБРО! Всё в порядке, всё улажено, препятствий и проблем больше нет (**«Белое солнце пустыни»**).

АБДУЛА, У ТЕБЯ ЛАСКОВЫЕ ЖЕНЫ, МНЕ ХОРОШО С НИМИ! Реплика, которой говорящий шутливо издевается над собеседником в ситуации, когда говорящий находится в явно более выгодной, приятной ситуации (**«Белое солнце пустыни»**).

Произносится подчёркнуто беззаботно, расслабленно; говорящий как бы дразнит собеседника, провоцирует его на необдуманные действия.

А БОЯРЫНЯ-ТО ТВОЯ ГДЕ? В ЦЕРКВИ, ЧТО ЛИ? Где твоя жена? (**«Иван Васильевич меняет профессию»**).

Абстракционист проклятый. См. *Художник Ляпин...*

АВАНС БУДЕТ! Иронично в ответ на чей-л. вопрос, начинающийся с «а», типа «а где это?», «а что делать?» и т. п. (**«Операция «Ы» и другие приключения Шурика»**).

А ВДОЛЬ ДОРОГИ МЁРТВЫЕ С КОСАМИ СТОЯТ, И ТИШИНА... О тишине, затишье в чём-л. (например, в разговоре); иронично о чём-л. якобы странном, зловещем (**«Неуловимые мстители»**).

А ВЕДЬ ЭТО ТЫ УБИЛ ЕГО, МИРОН! Реплика, которой говорящий шутливо разоблачает собеседника в совершении какого-л. неблаговидного поступка, чаще незначительного, например, если собеседник «испортил воздух» и т. п. (**«Адъютант его превосходительства»**).

А ВИНТОВКА ТВОЯ ГДЕ? Реплика, которой говорящий иронично уличает собеседника в чём-л. (**«Чапаев»**).

Произносится с ехидством, саркастически.

А в мировом масштабе совладаешь? См. *Василий Иваныч, а ты армией командовать могёшь?..*

А ВОБЛУ ТОЛЬКО ЧТО ПОЙМАЛИ... Шутливая реакция на реплику «пиво только что привезли» (**«Берегись автомобиля»**).

А ВОТ, ВАСИЛИЙ ИВАНЫЧ, МУЖИКИ СУМНЕВАЮТСЯ: ТЫ ЗА БОЛЬШЕВИКОВ ИЛИ ЗА КОММУНИСТОВ? Шутливо-пародийный вопрос, задаваемый в ситуации, когда необходимо выяснить взгляды, убеждения собеседника (**«Чапаев»**).

Произносится с имитацией просторечно-диалектных черт речи.

А ВОТ И КВА-КВА-КВАРТИРКА ВАША, ТИШИНА, КВА-КВА-КВАКВАРИУМЕ. ОТДОХНИТЕ, КВА-КВА-КВАСКУ ПОПЕЙТЕ, БЛИНКОВ ОТВЕДАЙТЕ, БУДЬТЕ КВА-КВА-КВАК ДОМА. Шутливое приглашение кого-л. куда-л., пародирование устойчивых форм выражения гостеприимства (**«Марья-искусница»**).

А В ТЮРЬМЕ СЕЙЧАС УЖИН, МАКАРОНЫ... О чём-л., что утеряно безвозвратно; выражение ностальгии, сожаления по утраченным благам (**«Джентльмены удачи»**).

Произносится со среднеазиатским акцентом.

А ВЫ НЕ ПРОБОВАЛИ МОЧУ МОЛОДОГО ПОРОСЁНКА? Шутливо в ответ на чьи-л. сетования, что он уже использовал все средства в каком-л. деле и так и не добился результата (**«Деловые люди»**).

АГАПИТ. Лысый человек (**«Отроки во Вселенной»**).

А ГДЕ БАБУЛЯ? Ироничный вопрос о том, где находится кто-л. или что-л. (**«Операция „Ы" и другие приключения Шурика»**).

А ГДЕ ЖЕ ВАШИ БАКЕНБАРДЫ, ПАН ДВОРЕЦКИЙ? Шутливое обращение к человеку, который появился после временного отсутствия и со слегка изменённой внешностью, например, постригшись, сняв очки и т. п. (**«Трембита»**).

А ГДЕ НАША ГВАРДИЯ? ГВАРДИЯ ГДЕ? — ОЧЕВИДНО, ОБХОДИТ С ФЛАНГОВ. — КОГО? — ВСЕХ. Шутливо-абсурдистский диалог, разыгрываемый в ситуации, когда собеседники ищут кого-что-л. (**«Тот самый Мюнхгаузен»**).

А главное то, что мы здесь совершенно ни при чём! См. *А главное что?..*

А ГЛАВНОЕ ЧТО? А ГЛАВНОЕ ТО, ЧТО МЫ ЗДЕСЬ СОВЕРШЕННО НИ ПРИ ЧЁМ! Выражение удовлетворения по поводу того, что говорящий не замешан в каком-л. сомнительном деле, что его репутация незапятнана (**«Там, на неведомых дорожках»**).

А ГОВОРИЛИ, ОЛАДЬИ! Шутливое выражение разочарования по поводу плохой работы повара (**«Семеро смелых»**).

А ГОВОРИЛ, ПОРОЖНЯКОМ ПОЙДЁМ. Выражение недовольства тем, что обстоятельства сложились иначе, прямо противоположно задуманному (**«Джентльмены удачи»**).

А ГОСПОДА РЫЦАРИ В ОБМЕН ПОЙДУТ. НА МЫЛО МЕНЯТЬ БУДЕМ. Иронично о ком-л., кто претендует на значимость, ценность и т. п. и кого говорящий явно не уважает (**«Александр Невский»**).

АДМИРАЛ ИВАН ФЁДОРОВИЧ КРУЗЕНШТЕРН. ЧЕЛОВЕК И ПАРОХОД. Иронично о любом человеке, в том числе, и о себе (**«Зима в Простоквашино»**).

См. также *А о нас кто подумает?..*

А ЕЩЁ КОРОНУ НАДЕЛ! Надо же, какой негодяй, а можно подумать, что хороший человек! (**«Золушка»**).

А ЕЩЁ ОЧКИ ОДЕЛ! Эх ты! Что же ты так! Как ты меня разочаровал! А я был о тебе иного мнения! (**«Иван Васильевич меняет профессию»**).

А ЕЩЁ СКАЖУ ВАМ, РАЗЛЮБЕЗНАЯ КАТЕРИНА МАТВЕВНА... Шутливое вводное предложение, часто предваряющее какое-л. нестандартное, неожиданное и т. п. сообщение (**«Белое солнце пустыни»**).

Произносится мечтательно, задумчиво.

А жить хорошо — ещё лучше. См. *Жить хорошо!..*

АЖ ПЕНСНЕ У НЕЁ РАСКАЛИЛОСЬ. О ком-л., сильно волнующемся, переживающем, кричащем и т. п. (**«Люди и манекены»**).

А ЗДОРОВЬЕ МОЁ НЕ ОЧЕНЬ: ТО ЛАПЫ ЛОМИТ, ТО ШЕРСТЬ ОТВАЛИВАЕТСЯ. А НА ДНЯХ Я ЛИНЯТЬ НАЧАЛ. Шутливый ответ на вопрос о здоровье, самочувствии (**«Трое из Простоквашино»**).

А ЗНАЕШЬ, ПОЧЕМУ НЕ ПОНЯЛ?.. В ПАРИКМАХЕРСКОЙ ДАВНО НЕ БЫЛ. Шутливо о причинах непонимания кем-л. чего-л. (**«Друг мой Колька»**).

А ИЗ ЧЕГО СЕГОДНЯ КОМПОТ? — ИЗ ПЕРСИКОВ. Шутливые вопрос и ответ о содержании чего-л., например, о повестке дня собрания и т. п. (**«Полосатый рейс»**).

АЙ-АЙ-АЙ, ЧТО НАТВОРИЛИ ЭТИ БОСЯКИ! Какой ужас! Какой кошмар! Ну и дела! (**«Два бойца»**).

Произносится с одесским акцентом.

АЙ ЛАВ МЭРИ! Шутливо: я тебя люблю; не обязательно в обращении к женщине по имени Мария (**«Цирк»**).

От английского I love Mary — я люблю Мэри (Марию).

Айн-цвай-траляля-уволя! См. *Шик, блеск, красота!..*

А КАКАВУ С ЧАЕМ НЕ ХОЧЕШЬ? Иронично о слишком высоких запросах собеседника (**«Бриллиантовая рука»**).

См. также *Будет тебе и веник...*

А КАКИЕ У ВАС ДОКУМЕНТЫ? Шутливое выражение недоверия (**«Каникулы в Простоквашино»**).

А К БИНСКОМУ Я НЕ ПОЙДУ, НИ В КУРТОЧКЕ, НИ БЕЗ КУРТОЧКИ. Этого я не буду делать ни при каких условиях, о любом предложении, которое говорящий считает сомнительным (**«Адъютант его превосходительства»**).

АКЕЛА ПРОМАХНУЛСЯ, АКЕЛА ПРОМАХНУЛСЯ! О чьей-л. неудаче, провале (**«Маугли»**).

Аккуратненький бордельеро. См. *Такой, знаете, небольшой...*

АККУРАТ — ПЕРСИК! О красивой, симпатичной девушке (**«Женитьба Бальзаминова»**).

А КЛОПЫ, МЕЖДУ ПРОЧИМ... О чём-л. или ком-л. внешне незаметном, но играющем большую роль в каком-л. деле, живучем, сильном, умеющем противостоять неприятностям (**«Люди и манекены»**).

А КОМПОТ? Вопрос, задаваемый в ситуации, когда говорящего несправедливо обидели чем-л., не дали того, что есть у окружающих (**«Операция «Ы» и другие приключения Шурика»**).

А КОМУ СЕЙЧАС ВЕЗЁТ? Иронично в ответ на чьё-л. заявление, что ему не везёт (**«Когда деревья были большими»**).

А КРОКОДИЛ ВАМ НЕ НУЖЕН?! Говорится людям, которые получили не то, что ожидали (**«Шапокляк»**).

А КТО ВОЛНУЕТСЯ?.. Я ВОЛНУЮСЬ НЕ О НЁМ, Я ВОЛНУЮСЬ, ЧТОБ ПОЧИСТИЛ ПУЛЕМЁТ. Нет, дело не в этом, дело совсем в другом (**«Два бойца»**).

Произносится с одесским акцентом.

А КТО ЕЁ БРИЛ?! КТО ЕЁ БРИЛ?! ЛУЧШЕ Б Я ЕЁ УБИЛ!!! Реплика, выражающая отчаяние по поводу совершённой кем-л. глупости, оплошности (**«Здравствуйте, я ваша тётя!»**).

А КТО НЕ МОЖЕТ? Шутливый ответ на расхожую реплику: «Спасайся кто может!» (**«Волга-Волга»**).

А КТО НЕ ПЬЁТ?! НАЗОВИ! Я ЖДУ! Шутливый ответ на упрёк собеседника в том, что говорящий слишком много пьёт (**«Покровские ворота»**).

Произносится максимально экспрессивно, патетически.

А КТО НЕ ХОЧЕТ САХАРА ИЛИ СЛИВОК? Реплика, пародирующая предложение какого-л. блюда за столом (**«Здравствуйте, я ваша тётя!»**).

А КТО У НАС МУЖ?.. Шутливо о муже, обычно в ситуации флирта, ухаживания (**«Обыкновенное чудо»**).

А КУДА ТЫ, ДРУЖОК, РАННЕНЬКИМ УТРЕЧКОМ ЕЗДИЛ? ВОТ ВОПРОС. Реплика, с помощью которой говорящий иронично уличает собеседника в чём-л., имитирует каверзный нелицеприятный вопрос (**«Свадьба в Малиновке»**).

АЛЕ, ГАРАЖ? ЗАЛОЖИТЕ КОБЫЛУ. Шутливое приветствие (**«Волга-Волга»**).

А ЛЕГЕНДУ НАДО ПОДКАРМЛИВАТЬ! О недостаточности идеалистических мотивов в каком-л. деле; о том, что для создания необходимого авторитета, имиджа и т. п. необходимо прикладывать конкретные усилия (**«Семнадцать мгновений весны»**).

АЛЕКСАНДР МАКЕДОНСКИЙ ТОЖЕ БЫЛ ВЕЛИКИЙ ПОЛКОВОДЕЦ, А ЗАЧЕМ ЖЕ ТАБУРЕТКИ ЛОМАТЬ? Не надо шуметь, волноваться, срывать злобу на вещах (**«Чапаев»**).

Пародируется текст гоголевского «Ревизора»: «Оно, конечно, Александр Македонский герой, но зачем же стулья ломать? От этого убыток казне».

Алекс — Юстасу. То же, что *Юстас — Алексу...*

АЛИ-ГУСЕЙН, ЧЕЛОВЕК-БАССЕЙН, ВЫПЬЕТ ЖИДКОСТИ УШАТ И ПРОГЛОТИТ ЛЯГУШАТ. Шутливо о много пьющем человеке, пьянице, человеке «без дна» (**«Варвара-краса, длинная коса»**).

АЛИТЕТ УХОДИТ В ГОРЫ. Иронично о ком-л., неожиданно ушедшем, исчезнувшем и т. п. (**«Алитет уходит в горы»**).

АЛКОГОЛИКИ — НАШ ПРОФИЛЬ. 1. Шутливо о том, что говорящему часто приходится иметь дело с алкоголиками. **2.** Не бойся, тебя вылечат (**«Кавказская пленница»**).

АЛКОГОЛИК, ФОЛЬКЛОРИСТ НЕСЧАСТНЫЙ. Шутливо-бранное (**«Кавказская пленница»**).

АЛЬТРУИСТАМ ТОЖЕ ДЕНЬГИ НУЖНЫ, У НИХ ТОЖЕ ЖЁНЫ ЕСТЬ. Иронично об альтруизме, жертвенности, бессребренничестве (**«Афоня»**).

А-ЛЯ-ЛЯ-ЛЯ-ЛЯ-ЛЯ, А Я СОШЛА С УМА! КАКАЯ ДОСАДА! Выражение крайнего недоумения, недовольства и т. п. по любому поводу (**«Карлсон вернулся»**).

А МЕНЯ ВСЁ ВШИРЬ ГОНИТ. А я всё толстею, полнею (**«Три тополя на Плющихе»**).

АМЕРИКА МОЖЕТ ПОДОЖДАТЬ. Реплика, шутливо отвергающая какие-л. доводы собеседника, которые тот считает абсолютно неоспоримыми, весомыми (**«Стакан воды»**).

𝄞 **АМЕРИКА РОССИИ ПОДАРИЛА ПАРОХОД...** О какой-л. старой машине, вышедшем из строя механизме, любой громоздкой, несуразной вещи (**«Волга-Волга»**).

А мне Антоша говорил, промеж вас немых нету. См. *Опять никто не надумал?*

А может, не надо?.. См. *Шурик! А может...*

Амор... и глазами так: у-у-у! См. *Любовь, Фимка, у них...*

А МУЖ-ТО ГДЕ? РЫБАЧИТ? ХОРОШО! Выражение удовлетворения по поводу отсутствия мешающего задуманному делу человека (**«Варвара-краса, длинная коса»**).

А МЫ НАСЧЁТ СУХАРЯ ТОЖЕ НЕ ДОГОВАРИВАЛИСЬ. Иронично в ситуации, когда адресат сделал что-л. такое, о чём говорящий с ним заранее не договаривался (**«Место встречи изменить нельзя»**).

А МЫ ТУТ, ЗНАЕТЕ, ВСЁ ПЛЮШКАМИ БАЛУЕМСЯ! Шутливое начало светского разговора, беседы (**«Карлсон вернулся»**).

А МЫ УЙДЁМ НА СЕВЕР, А МЫ УЙДЁМ НА СЕВЕР! Я ухожу, отстраняюсь, умываю руки, мне до этого дела нет (**«Маугли»**).

А на днях я линять начал. См. *А здоровье моё не очень...*

АНАЛИЗЫ У НЕГО НЕ ТЕ. Он не тот, кто нам нужен, он не подходит, не годится (**«Люди и манекены»**).

А НА ЛИКЁРО-ВОДОЧНЫЙ НЕТ? Реплика, требующая альтернативы предложенному варианту действий (**«Операция «Ы» и другие приключения Шурика»**).

𝄞 **А НАМ ВСЁ РАВНО!** Мне всё равно, плевать (**«Бриллиантовая рука»**).

АНДРЕЙ, ДЕРЖИ ХВОСТ БОДРЕЙ. Не горюй, приободрись, соберись с силами, не обязательно в обращении к человеку по имени Андрей (**«Служили два товарища»**).

АНДРЮША, ТЫ ХОЧЕШЬ ЗАРАБОТАТЬ МИЛЛИАРД? — ДА! — ЗА НАШ УСПЕХ! Диалог, разыгрываемый в ситуации, когда говорящий предлагает собеседнику какое-л. крупное дело, сделку и т. п. (**«Невероятные приключения итальянцев в России»**).

Слово «да» произносится максимально эмоционально.

А НЕ ЗАМАХНУТЬСЯ ЛИ НАМ НА ВИЛЬЯМА НА НАШЕГО ШЕКСПИРА? — И ЗАМАХНЁМСЯ. Шутливые вопрос и ответ: а не взяться ли нам за что-л. более трудное, серьёзное? Не поставить ли нам перед собой более масштабные задачи? (**«Берегись автомобиля»**).

А НЕ ПОРА ЛИ НАМ ПОДКРЕПИТЬСЯ? Предложение поесть, перекусить (**«Винни Пух и его друзья»**).

АНИСЬКИН. Шутливо: милиционер, чаще о пожилом участковом (**«Деревенский детектив»**).

АНКА-ПУЛЕМЁТЧИЦА. Иронично о женщине по имени Анна; обращение к женщине с этим именем; шутливо о любой бедовой, смелой, бесшабашной женщине (**«Чапаев»**).

АНСАМБЛЬ ПЕНСИИ И ПЛЯСКИ. Иронично о плохом ансамбле, о вялом, неинтересном, незажигательном исполнении песни (**«Карнавальная ночь»**).

А НУ, БЛАГОРОДНЫЕ СЕНЬОРЫ, НЫРЯЙТЕ! Призыв к кому-л. что-л. делать (не обязательно нырять в воду), чаще то, что неприятно собеседнику, что ему приходится делать через силу (**«Варвара-краса, длинная коса»**).

А НУ, ДАВАЙ ЕГО В МОЮ КОЛЛЕКЦИЮ! Давай его сюда, пусть приходит, веди (**«Адъютант его превосходительства»**).

Произносится с украинским акцентом.

А НУ, ДЕЛАЙ НОГАМИ ПОХОДКУ. Давай, иди, двигайся (**«Котовский»**).

А ну, заряжайся, приятели. Вчера триста семьдесят шестой опоздал — всё, законсервировали. См. также *Э, чего медлите...*

А НУ-КА, ГОГА, ПРОКАТИ ЕГО НА ВЕЛОСИПЕДЕ! Шутливый призыв к собеседнику подвергнуть кого-л. какому-л. экзамену, испытанию, проверить его, а также наказать, «поставить на место» (**«Республика ШКИД»**).

А НУ-КА, КРУТАНИ-ВЕРТАНИ! А ну-ка помоги (**«Трактористы»**).

А НУ, СОЧИНИ ДЛЯ МЕНЯ ЧЕГО-НИБУДЬ ТАКОЕ, ЧТОБ ДУША СНАЧАЛА РАЗВЕРНУЛАСЬ, А ПОТОМ ОБРАТНО ЗАВЕРНУЛАСЬ. Призыв сделать что-л. необычное, захватывающее, сильно воздействующее на эмоции, на душу (**«Свадьба в Малиновке»**).

Произносится с одесским акцентом.

А О НАС КТО ПОДУМАЕТ? АДМИРАЛ ИВАН ФЁДОРОВИЧ КРУЗЕНШТЕРН? А мы-то как? Как же мы? О нас-то не подумали. Кто о нас будет заботиться? (**«Зима в Простоквашино»**).

См. также *Адмирал Иван Фёдорович Крузенштерн. Человек и пароход.*

А он: коктейль, коктейль! См. *Говорил ему: красное с белым не смешивай...*

А ПАЛАТЫ БЕЛОКАМЕННЫЕ НЕ ЖЕЛАЕТЕ? Шутливо в ответ на чьи-л. излишне большие претензии, запросы (**«Падал прошлогодний снег»**).

А ПЛАТИТЬ КТО БУДЕТ, ПУШКИН? Выражение недовольства по поводу того, что собеседник не хочет за что-л. расплачиваться (**«Весёлые ребята»**).

А ПОД ДИЧЬ БУДЕШЬ? Шутливая реплика в адрес человека, который отказывается пить (**«Бриллиантовая рука»**).

А ПОКА — НАШЕ ЦАРСКОЕ СПАСИБО. Шутливое выражение благодарности, когда говорящий не хочет расплачиваться чем-л. конкретным (**«По щучьему велению»**).

АПОЛИТИЧНО РАССУЖДАЕШЬ, ЧЕСТНОЕ СЛОВО... Ты не прав, нельзя так говорить (**«Кавказская пленница»**).

Произносится с кавказским акцентом.

А ПОТОМ МЫ СОСТАВИМ ПРОТОКОЛ! Реплика, которую говорящий постоянно вставляет в диалог, шутливо имитируя навязчивость, бюрократическое буквоедство, занудство и т. п. (**«Безымянная звезда»**).

А ПОЧЕМУ ВЫ ИНТЕРЕСУЕТЕСЯ? ВЫ НЕ ИЗ МИЛИЦИИ СЛУЧАЙНО? Почему вы об этом спрашиваете? Не слишком ли много вы хотите знать? (**«Трое из Простоквашино»**).

Произносится с «кошачьими» интонациями.

АРИСТАРХ, ДОГОВОРИСЬ С ТАМОЖНЕЙ. Призыв договориться о чём-л., выяснить ситуацию и т. п. (**«Белое солнце пустыни»**).

Арктический заяц. См. *Ну вот, знакомьтесь, известный...*

АРХЕОЛО́ГИ! АУ! ГДЕ ВЫ? Идите сюда! (**«Джентльмены удачи»**).

АРХИ... ЭТОГО... МЕДА УЖЕ КОНКРЕТНО В ЛИЦО ПРЕДСТАВИТЬ НЕ МОЖЕШЬ. Имитация алкогольного опьянения; иронично о том, что говорящий уже забыл то, что изучал в школе, институте и т. п. (**«Люди и манекены»**).

А РЫЖИКИ БЫЛИ? Шутливая реплика, которой говорящий прерывает собеседника, пространно перечисляющего что-л. подробно, рассказывающего о чём-л., например, о вчерашнем застолье и т. п. (**«Варвара-краса, длинная коса»**).

А САМ Я ДОБРЯК, УМНИЦА, ЛЮБЛЮ СТИХИ, КОШЕК... Иронично о самом себе, о своих достоинствах («Обыкновенное чудо»).

Произносится в быстром темпе, без отчётливых делений на такты, без перепадов тона.

А СЕГОДНЯ ЧТО, ПОСТНЫЙ ДЕНЬ?.. Ироничное выражение недовольства отсутствием чего-л., недостаточным изобилием и т. п. (**«Место встречи изменить нельзя»**).

А СЕЙЧАС Я НАЧИНАЮ ВТОРОЕ ОТДЕЛЕНИЕ КОНЦЕРТА ПО ЗАЯВКАМ РАДИОСЛУШАТЕЛЕЙ. Иронично о каком-л. действии, которое давно и тщательно готовилось говорящим (**«Место встречи изменить нельзя»**).

А СМЕННАЯ ОБУВЬ У ТЕБЯ ЕСТЬ? Реплика, употребляемая в ситуации, когда говорящий ищет любой повод, чтобы придраться к собеседнику (**«Брюнетка за тридцать копеек»**).

АТАКУ ОНИ ПРИДУМАЛИ ТАМ, В ШТАБЕ... ПСИ... ПСИХИЧЕСКУЮ КАКУЮ-ТО, ЧТО ЛИ. Шутливо о чьей-л. хитрости, подвохе, ухищрениях и т. п. (**«Чапаев»**).

Имитируются диалектно-просторечные черты речи.

АТАМАНШЕЙ ТЕБЯ СДЕЛАЮ, ДОРОГИХ НАРЯДОВ ПОНАШЬЮ, КАК К СЕБЕ ВОЗЬМУ В БАНДУ... А, ЧЁРТ, В ДИВИЗИЮ, КОНЯ ДАМ, САБЛЮ ДАМ — ПОШЛИ В САРАЙ. Шутливая имитация склонения женщины к взаимности; употребляется также в ситуации уговаривания собеседника сделать что-л., чаще о чём-л. ничтожном, несерьёзном (**«Свадьба в Малиновке»**).

А ТЕПЕРЬ, ФЕДЯ, СКАЖИ ВАСЕ... Реплика, призывающая собеседника выражаться прилично, цензурно (**«Джентльмены удачи»**).

А ТЕПЕРЬ Я СКАЗАЛ — ГОРБАТЫЙ! Шутливый призыв сделать что-л., выполнить обещанное и т. п. (**«Место встречи изменить нельзя»**).

Оригинальный текст звучит несколько иначе: «А теперь — Горбатый! Я сказал: Горбатый».

А то так поворачивается, что более мы с вами не увидимся. См. *Хочу с вами поразговаривать маненько...*

А ТОТ ЖЕЛЕЗНЫЙ, КОТОРЫЙ НА КОНЕ, ТОТ НИЧЕГО, ТОТ КРЕПКИЙ! Шутливо о сильном, выносливом, выдержавшем какое-л. испытание человеке (**«Люди и манекены»**).

А ТО Я ВЕДЬ АКАДЕМИЕВ-ТО НЕ ПРОХОДИЛ, Я ИХ НЕ ЗАКОНЧИЛ. Я этого не знаю, в этом я не компетентен, шутливое самоуничижение, типа «куда уж нам», «мы народ-то тёмный», «наше дело маленькое» и т. п. (**«Чапаев»**).

А ТО Я ТЕБЕ ОТОРВУ ГОЛОВУ И СКАЖУ, ЧТО ТАК И БУЛО́! Шутливая угроза (**«Свадьба в Малиновке»**).

Произносится с одесским акцентом.

А ТУТ УВЯДАЙ БЕЗВРЕМЕННО. Реплика, произносимая в ситуации, когда говорящий обделён вниманием, не замечен, обижен и т. п. (**«Семь стариков и одна девушка»**).

А ты армией командовать могёшь? См. *Василий Иваныч, а ты армией...*

А ТЫ, БЕСТОЛКОВЫЙ, НАСМЕХАЛСЯ НАДО МНОЙ! А ты говорил... Вот как ты был неправ (**«Место встречи изменить нельзя»**).

А ТЫ ЗА КАКОЙ, ЗА ВТОРОЙ ИЛИ ЗА ТРЕТИЙ... ИНТЕРНАЦИОНАЛ? Шутливо-пародийная реплика в ситуации, когда выясняются пристрастия, убеждения, ангажированность и т. п. собеседника (**«Чапаев»**).

А ты, малый, не дурак и дурак немалый. См. *Слухай, Ёжиков...*

А ТЫ МЕНЬШЕ ДУМАЙ. Иронично в ответ на чью-л. фразу «а вот я думаю», «я думаю, что...» и т. п. (**«Добро пожаловать, или Посторонним вход воспрещён»**).

А ТЫ НЕ СМОТРИ НА МЕНЯ, КАК СОЛДАТ НА ВОШЬ. Не смотри на меня! Зачем ты так на меня смотришь?.. (**«Новые приключения неуловимых»**).

А ТЫ ПОХУДЕЛА, РОДНАЯ! Ироничное приветствие-обращение (не обязательно к женщине и не обязательно к похудевшей); часто отнюдь не с мирными, дружескими намерениями (**«Подвиг разведчика»**).

Произносится максимально «нежно», «интимно», «ласково».

А ТЫ, ЧЕГО Ж, НИКОГДА НЕ ОБЕДАЕШЬ? ВЕРБЛЮД, ЧТО ЛЬ? Реплика в ответ на чьё-л. заявление, что он не будет есть, обедать (**«Афоня»**).

АТЬ-ДВА! Восклицание, выражающее любую эмоцию (**«По щучьему велению»**).

А уж пьёт его лошадь или не пьёт — это нас не волнует. См. *Он нам дорог просто как Мюнхгаузен...*

А УСЫ И ПОДДЕЛАТЬ МОЖНО. Выражение недоверия по любому поводу (**«Каникулы в Простоквашино»**).

А У ТЕБЯ СТАЛИ РАСТИ ВОЛОСЫ, ТЫ СТАЛ СОВСЕМ БОЛЬШОЙ. Шутливо о лысом человеке или о человеке с короткой стрижкой, с едва отросшими волосами (**«Отроки во Вселенной»**).

Обычно реплика сопровождается поглаживанием собеседника по голове.

АУФИДЕРЗЕЙН, ГУДБАЙ, ОРЕВУАР, НУ КОРОЧЕ, ЧАО! До свидания, прощайте, пока (**«Иван Васильевич меняет профессию»**).

Макароническое смешение немецкого, английского, французского и итальянского языков.

А УШИ У ТЕБЯ КРЕПКИЕ? Ироничная угроза в чей-л. адрес, обычно в ситуации, когда говорящий собирается каким-л. образом «проверить» собеседника «на прочность», «проэкзаменовать» его (**«Республика ШКИД»**).

Ах Аполлон, ах Аполлон... Я говорю: да, я Аполлон. То же, что *Нехай себе Аполлон...*

АХ, БОЯРЫНЯ, КРАСОТОЮ ЛЕПА, ЧЕРВЛЕНА ГУБАМИ, БРОВЬМИ СОЮЗНА! ЧЕГО ЖЕ ТЕБЕ ЕЩЁ НАДО, СОБАКА. Шутливо о чьей-л. красоте, привлекательности (**«Иван Васильевич меняет профессию»**).

А ХВОСТАТЫМ ВООБЩЕ ДОКУМЕНТЫ НЕ ПОЛАГАЮТСЯ. Ироничный ответ на чью-л. просьбу выдать документ, удостоверение, справку и т. п. (**«Каникулы в Простоквашино»**).

АХ, ВЫ ТАКОЙ ЛЮБЕЗНЫЙ МУЖЧИНА!.. ЭТО ЧТО-ТО!.. Шутливо-куртуазный комплимент в адрес собеседника (**«Здравствуйте, я ваша тётя!»**).

Произносится нарочито игриво, кокетливо, с акцентом на каждом слове и постепенным повышением регистра в первой фразе.

А хорошо жить — ещё лучше! См. *Жить хорошо!..*

АХ ТЫ, БРОДЯГА, СМЕРТНЫЙ ПРЫЩ! Бранное (**«Иван Васильевич меняет профессию»**).

А ЧЕГО ТЕБЕ, КООПЕРАТИВ СТРОИТЬ? Ответ на чей-л. упрёк «что ты из себя строишь?» (**«Большая перемена»**).

А ЧЕГО ЭТО ВЫ ЗДЕСЬ ДЕЛАЕТЕ? А? КИНО-ТО УЖЕ КОНЧИЛОСЬ. Шутливый комментарий по любому поводу (**«Добро пожаловать, или Посторонним вход воспрещён»**).

Обычно реплика сопровождается специфической мимикой: имитируется нарочито глупое лицо.

А ЧТО ВАМ БОЛЬШЕ ВСЕГО ВО МНЕ НРАВИТСЯ? — ЖИЛПЛОЩАДЬ. Шутливый диалог, пародирующий ситуацию ухаживания, флирта (**«Весна»**).

А ЧТО ДЕЛАТЬ? ВЕСЬ МИР ТАКОВ, ЧТО СТЕСНЯТЬСЯ НЕЧЕГО. Реплика, произносимая говорящим после совершения им какого-л. неблаговидного поступка (**«Обыкновенное чудо»**).

А что делать! Пьянству — бой. См. *Ну-с, придётся...*

А что, если мы возьмём и обрадуемся на пару! См. *Лапуленька...*

А ЧТО РЕБЁНКУ ДЕЛАТЬ, ЕСЛИ У НЕГО СЛУХА НЕТУ, А ДЕНЬГИ ЕСТЬ? О богатом, но глупом, необразованном человеке; шутливо об абитуриенте, готовом дать взятку за поступление в вуз (**«Люди и манекены»**).

А ЧТО ТАКОЕ «УЛЬТИМАТУМ»? — ЭТО ТАКОЕ МЕЖДУНАРОДНОЕ СЛОВО: «БИТЬ БУДЕМ». Диалог, разыгрываемый как шутливая угроза в адрес третьего лица (**«Тимур и его команда»**).

А ШАПОЧКУ-ТО ПРИДЁТСЯ СНЯТЬ! Шутливо о том, что во время еды необходимо снимать головной убор (**«Семеро смелых»**).

А ШНУРКИ ТЕБЕ НЕ ПОГЛАДИТЬ? А не слишком ли много ты хочешь, требуешь?.. (**«Москва слезам не верит»**).

Возможно, выражение употреблялось и до выхода фильма, но широкую популярность приобрело благодаря картине.

А ЭТА КОКОТКА ИЗ СКАНДИНАВСКОЙ РЕДАКЦИИ? Ироничное выражение ревности (**«Покровские ворота»**).

А ЭТО НАЗЫВАЕТСЯ ЩЁЧКИ!.. Шутливо о любой вещи (**«Чапаев»**).

А ЭТО — УМОЕШЬСЯ. Выражение отказа: обойдёшься без этого, «перетопчешься» (**«Родня»**).

А ЭТО ЧТО ЗА ЛИЧНОСТЬ? Это ещё кто такой? Что ему здесь нужно? (**«Республика ШКИД»**).

А Я ВООБЩЕ ЕЩЁ НЕ РОДИЛСЯ. Ироничная реплика, употребляемая человеком, к которому обращаются с какой-л. просьбой, требованием и т. п. (**«Формула любви»**).

А Я ГОТОВЛЮСЬ СТАТЬ ОТЦОМ. Саркастически в ответ на заявление какой-л. женщины, что она готовится стать матерью (**«Операция «Ы» и другие приключения Шурика»**).

А я девчонка маленька из северных лесов. См. *Москва-то, она, чай, огромная...*

А Я ДЕВЧОНОК НЕ БЬЮ... ВОСПИТАНИЕ НЕ ПОЗВОЛЯЕТ. Шутливо об отношении к женщинам (**«Друг мой, Колька»**).

А я ещё ни в одном глазу. См. *На часах уже три...*

А Я И В ЦАРИ ЗАПИСАТЬСЯ МОГУ! КТО ТУТ, К ПРИМЕРУ, В ЦАРИ КРАЙНИЙ? НИКОГО? ТАК Я ПЕРВЫМ БУДУ! Шутливое самовосхваление; иронично-абсурдистский мини-монолог, произносимый в очереди (**«Падал прошлогодний снег»**).

А Я НЕ ДРОЖУ: МЕНЯ ТРЯСЁТ. Реплика в ответ на чей-л. призыв к говорящему не дрожать, не бояться (**«Начало»**).

А Я НЕ ЛЮДИ? Я что, хуже других? А я как же? А меня почему обделили? (**«Свадьба в Малиновке»**).

А Я НИЧЕГО НЕ БУДУ. Я ЭКОНОМИТЬ БУДУ. Шутливый отказ на предложение потратиться на что-л., истратить деньги (**«Трое из Простоквашино»**).

Произносится с «кошачьими» интонациями.

А Я ОДНА, СОВСЕМ ОДНА, С МОИМ ЗДОРОВЫМ КОЛЛЕКТИВОМ. Иронично о том, что человек одинок, несмотря на то, что его окружает коллектив, люди (**«Карнавальная ночь»**).

А Я ПРИКАЗЫВАЮ НАГОВАРИВАТЬ! Шутливо в ответ на чьё-л. заявление о том, что он не хочет наговаривать на кого-л., сплетничать, плести интриги, распространять слухи и т. п. (**«Варвара-краса, длинная коса»**).

А Я ПЬЮ? ЧТО ТУТ ПИТЬ?.. Иронично в ответ на чьё-л. заявление, что он не пьёт (**«Кавказская пленница»**).

А я сошла с ума! Какая досада! См. *А-ля-ля-ля-ля-ля...*

А Я СЧИТАЛ ВАС ОБЩЕСТВЕННИКОМ! Реплика, шутливо адресованная человеку, обманувшему надежды говорящего (**«Цирк»**).

А Я ФОНАРИК ЗАБЫЛ! Ироничный повод к неделанию чего-л. (**«Старики-разбойники»**).

Б

БАБУЛЯ, ЗАКУРИТЬ ЕСТЬ? Шутливое обращение, используемое как начало беседы, разговора (**«Операция «Ы» и другие приключения Шурика»**).

БАБУ НЕ ПРОВЕДЁШЬ: ОНА СЕРДЦЕМ ВИДИТ. Шутливо о женщинах, о женской прозорливости (**«Место встречи изменить нельзя»**).

БАБУШКА, НЕ ПО-НАШЕМУ НАПИСАНО. НЕ ПОНЯТЬ! Я не понимаю, что здесь написано, не могу прочитать, чаще об иностранном тексте (**«Свинарка и пастух»**).

Произносится с нарочитым, «душераздирающим» отчаянием.

БАБУШКИ СОВСЕМ НЕ ДЕЛЯТСЯ. Шутливо о ситуации, когда говорящий (или кто-л. другой) «разрывается» между разными делами (**«38 попугаев»**).

БАБУ-ЯГУ СО СТОРОНЫ БРАТЬ НЕ БУДЕМ: ВОСПИТАЕМ В СВОЁМ КОЛЛЕКТИВЕ. Иронично о нежелании привлекать к какому-л. делу человека со стороны (**«Карнавальная ночь»**).

БАБ-ЭЛЬ-МАНДЕБСКИЙ ПРОЛИВ, ДЯДЯ, — ЭТО САМОЕ ГИБЛОЕ МЕСТО НА ЗЕМЛЕ. **1.** Реплика, произносимая, как правило, в ситуации, когда говорящий не знает ответа на поставленный ему собеседником вопрос. **2.** Шутливо о чём-л. опасном, зловещем и т. п. (**«Любимая женщина механика Гаврилова»**).

БАГДАД — ГОРОД БОЛЬШОЙ... Шутливый ответ на любой вопрос в ситуации, когда говорящий не знает конкретного ответа, когда задан слишком интимный вопрос, ответ на который заведомо невозможен (**«Волшебная лампа Аладдина»**).

БАЛДА ТЫ, ПЕТЯ! Ну и дурак же ты; адресуется к любому человеку, не обязательно по имени Пётр (**«Шапокляк»**).

БА́МБАРА-ЧО́ПАРА-ЛО́РИКИ-ЁРИКИ! Шутливобранное (**«Волшебник Изумрудного города»**).

БАМБА́РБИЯ... КИРГУДУ́. **1.** Шутливое приветствие. **2.** Ироничная имитация иностранной речи. **3.** Выражение недовольства чем-л. (или наоборот — одобрения чего-л.) (**«Кавказская пленница»**).

БАНАНА́Н. Иронично о любом человеке (**«Асса»**).

См. также *Здравствуй, мальчик Бананан...*

БАНДЕРЛОГИ, ХОРОШО ЛИ ВАМ ВИДНО? Обращение к группе лиц перед тем, как говорящий хочет что-л. сказать или продемонстрировать (**«Маугли»**).

Бандитская пуля. См. *Ерунда, бандитская пуля.*

БАНДИТСКИЕ ПУЛИ ИЗРЕШЕТИЛИ МЕНЯ ВСЕГО, Я ВЕСЬ В ДЫРКАХ. Ироничная жалоба на трудные жизненные обстоятельства (**«Старики-разбойники»**).

См. также *Ерунда, бандитская пуля.*

БАРАНОВ — В СТОЙЛО, ХОЛОДИЛЬНИК — В ДОМ. **1.** О распределении кого-л. или чего-л., о расстановке вещей или людей по местам. **2.** Каждому своё (**«Кавказская пленница»**).

Барин... что ж ты делаешь-то... при парнишке-то... См. *Ваше благородие... барин...*

Барон, присоединяйтесь... См. *Присоединяйтесь, барон....*

Барон тоже дёшево ценился, а помер — стал всем дорог. См. *Наш барон тоже...*

БАТЬКА АНГЕЛ. Шутливо о начальнике, шефе, а также о какой-л. одиозной личности (**«Адъютант его превосходительства»**).

БАТЬКА ХОЧЕТ НЕ СПАТЬ МЯГКО, А ВСТАТЬ ЖИВЫМ УТРОМ. О необходимости принимать меры предосторожности в каком-л. деле, быть скромным, но расчётливым, думать не о внешнем эффекте, а о сути (**«Адъютант его превосходительства»**).

БАЦ, БАЦ — И МИМО! Шутливое междометие, выражающее любую эмоцию. (**«Свадьба в Малиновке»**).

См. также *Трубка пятнадцать..., Ваши трёхдюймовые глазки...*

Бегаю, хлопочу, выпрашиваю, выспрашиваю, упрашиваю, очаровываю!.. См. *Работаю, как лошадь!..*

БЕГУ, ЛЕЧУ, МЧУСЬ! Да, да, иду, бегу, сейчас приду, спешу к тебе (к вам) изо всех сил; чаще в ситуации, когда говорящий — наоборот — не предпринимает никаких усилий, не спешит (**«Здравствуйте, я ваша тётя!»**).

𝄞 **БЕЗ ВОДЫ И НИ ТУДЫ И НИ СЮДЫ.** О чём-л., без чего никак нельзя обойтись, о крайне необходимой вещи, чаще — о воде (**«Волга-Волга»**).

БЕЗ ВЫСШЕГО ОБРАЗОВАНИЯ КАК СОБАКА ПРОПАДЁШЬ... О необходимости получить высшее образование (**«Люди и манекены»**).

БЕЗОБРАЗИЕ, КОНСЕРВАТОРИЮ ОКОНЧИТЬ НЕ ДАЮТ! Какое безобразие, я жаловаться буду! (**«Место встречи изменить нельзя»**).

БЕЗОБРАЗИЕ! ПРИРОДУ ОТРАВЛЯЮТ! Шутливое выражение недовольства, негодования по любому поводу (**«Шапокляк»**).

Безотказная гаубица. См. *Вы, только вы...*

БЕЗ ПЯТИ МИНУТ КАНДИДАТ НАУК. О человеке, собирающемся защищать кандидатскую диссертацию; иронично об умном, сообразительном и т. п. человеке (**«Когда приходит сентябрь»**).

Обычно произносится с кавказским акцентом.

БЕЗ ШУМА, ДЯДЯ! Тихо! Спокойно! Не шуметь! (**«Новые приключения неуловимых»**).

БЕЗ ШУМА И ПЫЛИ. Незаметно, без привлечения внимания (**«Бриллиантовая рука»**).

См. также *Такого возьмёшь без шума и пыли.*

Белая горячка, горячка белая... См. *Скорая помощь, помощь скорая...*

Белые пришли – грабют, красные пришли – грабют... Ну куды крестьянину податься? См. *Ну, прямо карусель получается...*

БЕЛЫЙ ПРЫГАЮЩИЙ ЗАЯЦ. Иронично о каком-л. условном знаке, тайном символе и т. п. (**«Подвиг разведчика»**).

БЕНЗИН ОСЛИНОЙ МОЧОЙ РАЗБАВЛЯЛ? Укор в адрес человека, совершившего какие-л. предосудительные поступки (**«Джентльмены удачи»**).

БЕРЕГИ РУКУ, СЕНЯ, БЕРЕГИ! Шутливое сочувствие, обычно в ситуации, когда у говорящего явно есть меркантильные, прагматические интересы (**«Бриллиантовая рука»**).

Произносится максимально эмоционально (говорящий прижимает к своему сердцу руку собеседника, заглядывает ему в глаза и т. п.)

БЕРЁЗА — ТУПИЦА, ДУБ — ОСЁЛ, РЕЧКА — КРЕТИНКА, ОБЛАКА — ИДИОТЫ... Выражение пессимистического настроения говорящего, недовольства сложившимися обстоятельствами (**«Обыкновенное чудо»**).

БЕРИ, ЧО!.. НЕ С ПОКОЙНИКА ЖЕ! Реплика, которой говорящий шутливо убеждает собеседника взять и надеть какую-л. вещь (рубашку, брюки и т. п.), которую уже кто-то носил раньше (**«Калина красная»**).

БЕСО́ВСКАЯ ОДЁЖА! Неодобрительно о какой-л. одежде (**«Иван Васильевич меняет профессию»**).

БЕССЕРДЕЧНАЯ ТАКАЯ! Ах, какая нехорошая женщина! (**«Мужчины и женщины»**).

𝄞 **БИТТЕ-ДРИТТЕ.** Пожалуйста, прошу, извольте, а ну-ка (**«Свадьба в Малиновке»**).

Пародирование немецкого bitte.

БЛАГОДАРЯ МОЕМУ ЧУТКОМУ РУКОВОДСТВУ... Иронично о причинах успеха какого-л. мероприятия, в котором говорящий мог и не участвовать (**«Волга-Волга»**).

Благородные сеньоры, ныряйте! См. *А ну, благородные сеньоры...*

БЛУКАЮ — СЧАСТЬЕ ШУКАЮ. Шутливый ответ на чей-л. вопрос «что ты делаешь?», «чем занимаешься?» и т. п. (**«Трактористы»**).

БОЛИВАР НЕ ВЫДЕРЖИТ ДВОИХ. Или я, или ты; уходи, тебе здесь не место, ты больше не участвуешь в этом деле, ты вышел из игры (**«Деловые люди»**).

БОЛЬШАЯ КОММЕРЦИЯ — ВСЕГДА БОЛЬШОЙ РИСК. Реплика, сопровождающая и комментирующая какие-л. решительные действия говорящего, связанные с риском, не обязательно о коммерции; например, когда говорящий перепрыгивает большую лужу и т. п. (**«Подвиг разведчика»**).

Обычно произносится с лёгкой картавостью.

БОЛЬШЕВИКИ ВСЕГДА ИГРАЮТ НА БАЛАЛАЙКАХ. Иронично о чьих-л. неверных, но устойчивых убеждениях, о распространённом стереотипе и т. п. (**«Корона Российской Империи»**).

Больше жизни! См. *Эй, товарищ...*

Больше не закапывайся! См. *Смотри, больше не закапывайся!*

Большого ума человек, чистейшей жизни: от запора умер. См. *Мой отец, царство ему небесное...*

БОЛЬШОЕ ВАМ ГУТЕНМОРГ! Шутливое приветствие или выражение благодарности (**«Варвара-краса, длинная коса»**).

Большой-большой секрет! См. *Куда идём мы с Пятачком...*

БОЛЬШОЙ, ОГРОМНЫЙ И ГОРЯЧИЙ! Шутливые эпитеты к слову «привет», чаще с ироничным оттенком (**«38 попугаев»**).

БОНЖУР, МЕРСИ И ЁЛКИ-ПАЛКИ. О чьём-л. крайне ограниченном словарном запасе (**«Цирк»**).

Бордельеро. См. *Такой, знаете, небольшой...*

БОРИСКУ НА ЦАРСТВО? Ироничное выражение недоумения по поводу какой-л. вопиющей несправедливости, несуразности, заведомо неприемлемой вещи и т. п. (**«Иван Васильевич меняет профессию»**).

Произносится максимально возмущённо, удивлённо.

БОРОДА МНОГОГРЕШНАЯ! Шутливо-бранное или шутливо-дружеское обращение (**«Иван Васильевич меняет профессию»**).

БОРОТЬСЯ ЗА СВОЮ СЛАВУ — ЧТО МОЖЕТ БЫТЬ УТОМИТЕЛЬНЕЕ?.. О тщеславном человеке, занятом снисканием славы, популярности (**«Обыкновенное чудо»**).

Босиком за королевской тёщей! Шагом марш! См. *Во дворец!..*

БОТИНКИ НЕ ЖМУТ? Шутливый вопрос, адресуемый человеку, который болтает лишнее, лжёт и т. п. (**«Калина красная»**).

См. также *Нет, ботинки не жмут...*

Боярыня, красотою лепа, червлена губами, бровьми союзна! См. *Ах, боярыня...*

БРАЗИЛЬСКАЯ НАРОДНАЯ ПЕСНЯ... Реплика, предваряющая исполнение какой-л. песни (**«Здравствуйте, я ваша тётя!»**).

Братва. См. *Так вот, братва, чего я вам хочу сказать...*

БРАЧНЫЙ КРИК МАРАЛА В ЛЕСУ. Шутливо о чьей-л. нелепой выходке (**«Неоконченная пьеса для механического пианино»**).

𝄞 **БРОНЯ КРЕПКА, И ТАНКИ НАШИ БЫСТРЫ.** Шутливое самовосхваление: у нас всё в порядке, нас не победишь, мы сильнее всех (**«Трактористы»**).

БРОСЬ ПАЛКУ, НЕ МИГАЙ, ПОДТЯНИ ШТАНЫ, ОДЁРНИ РУБАХУ И НЕ ВЕСЕЛИСЬ. Реплика, которой говорящий шутливо «одёргивает» собеседника, делает ему замечания, разыгрывая из себя сурового ментора-воспитателя (**«Марья-искусница»**).

Бросьте меня в дупло к диким пчёлам! См. *Я ничтожный пожиратель кореньев...*

Брюки превращаются... превращаются брюки... в элегантные шорты. См. *Лёгким движением руки...*

БУБА КАСТОРСКИЙ. 1. Шутливо о внешне фривольном, ветреном и т. п. человеке, который, тем не менее, имеет какие-то серьёзные интересы. **2.** Об одессите, еврее (**«Новые приключения неуловимых»**).

БУБЕН. Пионерский барабан (**«Республика ШКИД»**).

См.также *Эй, голоногий...*

БУДЕМ ГОТОВИТЬ НАША СМЕНА? Иронично о любом человеке, чаще о студенте или студентке педагогического вуза, будущем учителе или учительнице (**«Кавказская пленница»**).

Произносится с кавказским акцентом.

Будем думать о связи, только об этом и ни о чём другом. См. *Связь, связь...*

БУДЕМ ИСКАТЬ! Шутливая реплика в ответ на отказ выполнить просьбу говорящего, дать ему что-л. (**«Бриллиантовая рука»**).

Будем порхать, будем чуйствовать или в нашем общем деле учайствовать? См. *Мы что же, будем порхать...*

БУДЕМ РЫБКУ ЛОВИТЬ. ДАВАЙ ДИНАМИТ. Ироничная реплика, сопровождающая начало какого-л. дела (**«Шапокляк»**).

БУДЕТ ГРОМУ ИЗ-ЗА ЭТОЙ МОЛНИИ! Да, будет шуму, это будет иметь резонанс (**«Волга-Волга»**).

БУДЕТЕ МЕШАТЬ — ОСТАВЛЮ БЕЗ ОБЕДА. Ироничная угроза, требование не мешать говорящему (**«Обыкновенное чудо»**).

БУДЕТЕ У НАС НА КОЛЫМЕ — МИЛОСТИ ПРОСИМ. — НЕТ, ЛУЧШЕ ВЫ К НАМ! Диалог разыгрывается при прощании и взаимном приглашении друг друга в гости в будущем (**«Бриллиантовая рука»**).

Будет такой клёв, что ты позабудешь всё на свете! См. *Если я не ошибаюсь...*

БУДЕТ ТЕБЕ И ВАННА, БУДЕТ ТЕБЕ И КОФЕ, БУДЕТ ТЕБЕ И КАКАВА С ЧАЕМ. Реакция на слишком большие запросы собеседника (**«Бриллиантовая рука»**).

Произносится с украинским акцентом (в частности, в кофе [ф] не смягчается) и пародийной назализацией гласных в словах «ванна» и «кофе».

Будет тебе и какава с чаем. См. *Будет тебе и ванна...*

Будет тебе и кофе. См. *Будет тебе и ванна...*

БУДЕШЬ ДАВАТЬ ЖИЗНИ! Реплика, адресуемая человеку, который собирается публично выступать, давать представление, устраивать что-л. и т. п. (**«Свадьба в Малиновке»**).

БУДЕШЬ ЖАРИТЬ ШАШЛЫК ИЗ ЭТОГО НЕВЕСТА, НЕ ЗАБУДЬ ПРИГЛАСИТЬ. Иронично о невесте; просьба пригласить говорящего куда-л. (**«Кавказская пленница»**).

Произносится с кавказским акцентом.

БУДЕШЬ ТЫ ПРОКУРОРОМ, БУДЕШЬ. ПОЕДЕШЬ ОТДЫХАТЬ В САНАТОРИЙ. ВСТРЕТИШЬ ТАМ МОЛОДОГО КРАСИВОГО АДВОКАТА. И ТОГДА ПО БЕЛОЙ ЛЕСТНИЦЕ ВЫ ПОЙДЁТЕ ПРЯМО В РАЙ! Не бойся, всё будет хорошо, не волнуйся; часто как реакция на чьи-л. жалобы, назойливое высказывание каких-л. опасений (**«Калина красная»**).

Слово «адвокат» произносится без редукции.

Буду бить аккуратно, но сильно. См. *Не беспокойся, Козлодоев...*

БУДУ ВЕРТЕТЬСЯ, ВЕРТЕТЬСЯ БУДУ. А вот я назло буду это делать, вы мне запрещаете, а я всё равно буду! (**«Варвара-краса, длинная коса»**).

Логические ударения делаются на слове «буду»; говорящий при этом делает интенсивные телодвижения.

Будь готов. — Всегда готов... идиот! См. *Клиент дозревает...*

БУДЬ ПРОКЛЯТ ТОТ ДЕНЬ, КОГДА Я СЕЛ ЗА БАРАНКУ ЭТОГО ПЫЛЕСОСА! Выражение недовольства чем-л., совершённым необдуманно, наспех; реакция на плохую работу техники (**«Кавказская пленница»**).

Произносится с кавказским акцентом.

БУДЬ СПОКОЙНИЧЕК! Будь спокоен, не волнуйся, я не подведу (**«Большая перемена»**).

Шутливая аллюзия к слову *покойничек*.

БУДЬТЕ ЗДОРОВЫ, НЕ ПРОСТУЖАЙТЕСЬ! Шутливое пожелание здоровья тому, кто чихнул (**«Морозко»**).

Выражение, по всей видимости, употреблялось и раньше, но с выходом фильма на экраны стало более частотным.

БУДЬТЕ КАК ДОМА, НО НЕ ЗАБЫВАЙТЕ, ЧТО ВЫ В ГОСТЯХ. Ироничное обыгрывание клишированной фразы, выражающей гостеприимство (**«Афоня»**).

Будьте ква-ква-квак дома. См. *А вот и ква-ква-квартирка ваша...*

Букет сделаю и посажу в клумбу... головками вниз. См. *Я из вас букет сделаю...*

Було б дило! См. *Эх, було б дило!*

БУХТИ МНЕ, КАК НАШИ КОРАБЛИ БОРОЗДЯТ БОЛЬШОЙ ТЕАТР! Давай, давай, говори, рассказывай, «мели, Емеля», обычно в адрес лектора, докладчика и т. п. (**«Операция «Ы» и другие приключения Шурика»**).

БУЭНОС-АЙРЕС, ШЛИМАЗЛ, БЕСАМЕМУЧО. Ироничное приветствие или прощание (**«Новые приключения неуловимых»**).

Макароническое смешение испанского и еврейского языков.

БЫВШИЙ СУПРУГ, ОСТАВЛЕННЫЙ, НО НЕ ВПОЛНЕ ОТПУЩЕННЫЙ. О бывшем муже, который развёлся с женой, но продолжает быть от неё зависимым; о любом зависящем от кого-л. человеке (**«Покровские ворота»**).

БЫЛА БЫ ПЕСНЯ, АВТОР НАЙДЁТСЯ! О том, что необходимо иметь главное, а всё второстепенное приложится (**«Волга-Волга»**).

БЫЛА «ДОКТОРСКАЯ», СТАЛА «ЛЮБИТЕЛЬСКАЯ». О чём-л. изменившемся, об изменении условий и т. п. (**«Операция «Ы» и другие приключения Шурика»**).

БЫЛО ВАШЕ, СТАЛО НАШЕ. Реплика сопровождает ситуацию, когда говорящий отнимает что-л. у кого-л. (**«Котовский»**).

БЫСТРОТА И ЛОВКОСТЬ РУК... ПОЛУЧАЕТСЯ — ИНДЮК. Реплика, сопровождающая какие-л. манипуляции руками, демонстрацию какого-л. фокуса и т. п., чаще — при неудачном результате (**«Варвара-краса, длинная коса»**).

В

ВАЖНО, КАК ВОЙТИ В НУЖНЫЙ РАЗГОВОР, НО ЕЩЁ ВАЖНЕЕ ИСКУССТВО ВЫХОДА ИЗ РАЗГОВОРА. Об умении вести деловой разговор, о тактике построения беседы с нужным человеком (**«Семнадцать мгновений весны»**).

ВАМ ВРЕМЯ ТЛЕТЬ, А МНЕ ЦВЕСТИ. Шутливое перефразирование известного текста А. С. Пушкина: «Мне время тлеть, тебе цвести»... (**«Старики-разбойники»**).

ВАМ ПРЕДОСТАВЛЕНА ОТДЕЛЬНАЯ КВАРТИРА — ВОТ ТАМ И ГУЛЯЙТЕ. Шутливая реакция на чью-л. фразу со словом «гулять», а также (реже) иронично о выгуле собак (**«Бриллиантовая рука»**).

ВАМ ЧТО, ДЕЛАТЬ НЕЧЕГО? — НЕЧЕГО. Шутливый диалог, разыгрываемый в ситуации, когда говорящим нечем заняться (**«Чебурашка»**).

ВАНЯ, Я ВАША НАВЕКИ! Шутливое выражение преданности, дружественных чувств (**«Волшебное кольцо»**).

ВАРВАРСКАЯ ИГРА, ДИКАЯ МЕСТНОСТЬ, МЕНЯ ТЯНЕТ НА РОДИНУ. Выражение недовольства местом, в которое попал говорящий, обстановкой, происходящим и т. п. (**«Формула любви»**).

ВАС ВЫЗЫВАЕТ ТАЙМЫР. 1. Приглашение кому-л. что-л. сделать, например, подойти к телефону. **2.** Иронично о необходимости сходить в туалет (**«Вас вызывает Таймыр»**).

ВАСИЛИЙ ИВАНЫЧ, А ТЫ АРМИЕЙ КОМАНДОВАТЬ МОГЁШЬ? — МОГУ. — А ФРОНТОМ? — МОГУ, ПЕТЬКА, МОГУ. — А ВСЕМИ ВООРУЖЁННЫМИ СИЛАМИ РЕСПУБЛИКИ? — МАЛОСТЬ ПОДУЧИТЬСЯ, СМОГУ И ВООРУЖЁННЫМИ СИЛАМИ. — НУ, А В МИРОВОМ МАСШТАБЕ, ВАСИЛИЙ ИВАНЫЧ, СОВЛАДАЕШЬ? — НЕТ, НЕ СУМЕЮ, Я ЯЗЫКОВ НЕ ЗНАЮ. Шутливый диалог, разыгрываемый в ситуации, когда необходимо выявить компетентность в чём-л. одного из собеседников (**«Чапаев»**).

В «АСТОРИИ» ПОУЖИНАЛ... Ироничный ответ на вопрос о том, откуда у говорящего ссадина, синяк, шишка и т. п. (**«Место встречи изменить нельзя»**).

ВАС УСЛЫШАТ. Всё будет хорошо, найдутся люди, которые оценят ваши (твои) действия по достоинству (**«Бриллиантовая рука»**).

ВАША ПАПАША? Твой отец? Твой папа? Шутливое выражение недоумения по поводу чего-л., какого-л. дела, связанного с отцом собеседника (**«Цирк»**).

Произносится с имитацией иностранного акцента.

ВАША ПОДЛОСТЬ. Ироничное обращение (**«Волшебник Изумрудного города»**).

ВАШ ВНУК — НАШ ДРУГ. Шутливо о чьём-л. внуке (**«38 попугаев»**).

ВАШЕ БЛАГОРОДИЕ... БАРИН... ЧТО Ж ТЫ ДЕЛАЕШЬ-ТО... ПРИ ПАРНИШКЕ-ТО... Ироничный упрёк по любому поводу, часто в ситуации, когда собеседник делает в присутствии посторонних что-л. странное, несуразное, компрометирующее кого-л. и т. п. (**«Адъютант его превосходительства»**).

ВАШЕ КУРЕНЬЕ МОЖЕТ ПАГУБНО СКАЗАТЬСЯ НА МОЁМ ЗДОРОВЬЕ. Призыв не курить (**«Карлсон вернулся»**).

Ваше место у параши. См. *Деточка, вам не кажется...*

ВАШЕ МОКРЕЙШЕЕ ВЕЛИЧЕСТВО! Шутливо в адрес плачущего человека, а также промокшего, пьяного и т. п., т. е. состояние которого как-либо связано с водой, влагой (**«Марья-искусница»**).

ВАШИ ТРЁХДЮЙМОВЫЕ ГЛАЗКИ, ПУТЁМ ТОЧНОГО ПОПАДАНИЯ В МОЁ СЕРДЦЕ, РАЗОЖГЛИ В НЁМ ОГНЕДЫШАЩИЙ ПОЖАР СТРАСТИ, БАЦ, БАЦ — И В ТОЧКУ! Шутливое объяснение в любви (**«Свадьба в Малиновке»**).

ВАШ СЫН ДЯДЯ ШАРИК. Шутливое представление (**«Трое из Простоквашино»**).

В БАГДАДЕ ВСЁ СПОКОЙНО! Всё хорошо, всё отлично, всё идет как надо (**«Волшебная лампа Аладдина»**).

В вашем департаменте не покупают, не продают. См. *Я понимаю: в вашем департаменте...*

В ГЕРМАНИИ ИМЕТЬ ФАМИЛИЮ МЮЛЛЕР — ВСЁ РАВНО ЧТО НЕ ИМЕТЬ НИКАКОЙ. Шутливо о какой-л. распространённой фамилии, например, Иванов и т. п. (**«Тот самый Мюнхгаузен»**).

В ГРЕЦИИ ВСЁ ЕСТЬ. Шутливый ответ на чей-л. вопрос о том, есть ли что-л. где-л. (**«Свадьба»**).

В ГРЕЧЕСКОМ ЗАЛЕ, В ГРЕЧЕСКОМ ЗАЛЕ... КАК ВАМ НЕ СТЫДНО, КАК ВАМ НЕ СТЫДНО. 1. Шутливое пародирование чьей-л. излишне высокопарной, патетической, «интеллигентной» речи. **2.** Шутливое пародирование упрёков в грубости, хамстве и т. п. (**«Люди и манекены»**).

В гробу, в белых тапочках. См. *Видел я его в гробу, в белых тапочках.*

Вдоль дороги мёртвые с косами стоят, и тишина... См. *А вдоль дороги...*

Ведь садовник тоже человек! См. *Но ведь садовник...*

ВЕДЬ ТЫ ЦЕЛОГО ВЗВОДА СТОИШЬ... А ТО — И РОТЫ... Шутливый комплимент (**«Белое солнце пустыни»**).

См. также *Сухов, помоги...*

Ведь это ты убил его, Мирон! См. *А ведь это ты убил его, Мирон!*

ВЕЛИКОДУШНО ПРОСТИ, НО Я ДОЛЖЕН ТЕБЯ УБИТЬ. Реплика, которой говорящий предваряет какое-л. действие, неприятное для собеседника (**«Волшебная лампа Аладдина»**).

ВЕЛИКОЕ ЗАКРЫТИЕ. Шутливо о конце какого-л. мероприятия (**«38 попугаев»**).

Ср. клише «великое открытие».

ВЕЛИЧЕСТВО, А ТЫ, ОКАЗЫВАЕТСЯ, ДВУЛИЧНЫЙ! Ах вот ты какой, а я и не ожидал. Вот, оказывается, каково твое настоящее лицо! (**«Марья-искусница»**).

Верблюд, что ль? См. *А ты, чего ж, никогда не обедаешь?..*

ВЕРЕЩАГИН, УХОДИ С БАРКАСА! Призыв уйти, скрыться, а также не начинать делать что-л. намеченное; предупреждение об опасности (**«Белое солнце пустыни»**).

ВЕРИТЬ В НАШЕ ВРЕМЯ НЕЛЬЗЯ НИКОМУ — ПОРОЙ ДАЖЕ САМОМУ СЕБЕ... МНЕ МОЖНО. Призыв говорящего доверять только ему (**«Семнадцать мгновений весны»**).

Перед словом «мне можно» делается многозначительная пауза; логическое ударение на «можно».

ВЕРНИТЕ МНЕ МОИ ПИСЬМА И ТЕЛЕГРАММЫ. Между нами всё кончено, мы расстаёмся навсегда, прощайте (**«Весна»**).

Весело, добродушно, со всякими безобидными выходками. См. *Сегодня я буду шутить...*

Весёлый разговор. См. *Да, весёлый разговор!*

ВЕСЬ В ПАУТИНЕ, ВЕСЬ В БЫЧКАХ! Реплика, сопровождающая описание какой-л. неудобной, сложной ситуации, в которую попал говорящий (**«Люди и манекены»**).

Весь мир таков, что стесняться нечего. См. *А что делать? Весь мир таков...*

ВЕЧЕР ПЕРЕСТАЁТ БЫТЬ ТОМНЫМ. Об обострившейся ситуации, о необходимости переходить к решительным мерам, идти на открытый конфликт (**«Москва слезам не верит»**).

ВЗБЕСИВШИЙСЯ РАК. Иронично о любом излишне вспыльчивом, эмоциональном, своенравном и т. п. человеке (**«Марья-искусница»**).

ВЗЛОХМАТИТЬ. Потратить (о деньгах) (**«Калина-красная»**).

См. также *Сто листов...*

ВЗЫВАЮ КВА-КВА-КВАШЕМУ ЧУВСТВУ СОСТРАДАНЬЯ, РАСКВА-КВА-КВАИВАЮСЬ ВО ВСЁМ. Шутливое раскаяние, покаяние, а также извинение в любой бытовой ситуации, например, когда говорящий случайно наступил собеседнику на ногу и т. п. (**«Марья-искусница»**).

Виг-вам — индейская изба. См. *Э-эх! Это индейская национальная народная изба...*

ВИДЕЛИСЬ! Саркастически на чьё-л. приветствие, если говорящий не хочет иметь дела с тем, кто его приветствует (**«Обыкновенное чудо»**).

Произносится максимально холодно, неприязненно.

ВИДЕЛ Я ЕГО В ГРОБУ, В БЕЛЫХ ТАПОЧКАХ. Выражение презрения к кому-л. (**«Бриллиантовая рука»**).

Произносится с украинским акцентом.

ВИДЕЛ Я ЭТУ ИТАЛИЮ НА КАРТЕ: САПОГ САПОГОМ. **1.** Иронично об Италии или (шире) — о Западе. **2.** Шутливо о чём-л. известном говорящему (**«Формула любви»**).

Видите, какие в этой семье ядовитые характеры. См. *Жена моя — женщина особенная...*

ВИДИШЬ, МИЛАЯ МОЯ, ТЫ И РАСТЕРЯЛСЯ! Реплика, адресуемая человеку, который хвалился, но попал впросак (**«Трактористы»**).

ВИЖУ НАСТОЯЩЕЕ УСЕРДИЕ! Молодец, одобряю, хвалю, часто в обратном, ироничном смысле, когда собеседник сделал что-л. неприглядное, дурное (**«Подвиг разведчика»**).

Вижу, что про любовь, а подробно не разберу. См. *Ну что ж, вижу, что про любовь...*

Визгу много, а шерсти мало. См. *От твоей Светы...*

ВИТЕНЬКА, ТУТ В КАМЕРЕ БЫЛ КАКОЙ-ТО ШУМ... КТО-ТО ЧТО-ТО СКАЗАЛ, ИЛИ МНЕ ПОКАЗАЛОСЬ? Выражение недовольства, угрозы, предупреждения (**«Котовский»**).

Произносится с одесским акцентом.

В КАКОЙ-ТО ГРОБНИЦЕ... В КРОМЕШНОЙ ТЕМНОТЕ... В ОДИНОЧКУ (НИ ЧЕРТА НЕ ВИДАТЬ, НИ ЧЕРТА...) РАЗДАВИЛ ПОЛ-ЛИТРА В АНТИСАНИТАРНЫХ УСЛОВИЯХ. Ироничное описание распития спиртного (**«Люди и манекены»**).

В КАРТИШКИ ДУЕМСЯ. Шутливый ответ на вопрос «что вы здесь делаете?» (**«Добро пожаловать, или Посторонним вход воспрещён»**).

ВКЛЮЧИ СИГНАЛ ДОБРОЖЕЛАТЕЛЬСТВА. Будь более ласков, внимателен, обходителен и т. п., не будь так груб, чёрств (**«Отроки во Вселенной»**).

В крематорий я всегда успею. См. *Опыт опытом...*

ВКУС... СПЕСИФИССКИЙ... Шутливая похвала какого-л. вкусного блюда, деликатеса (**«Люди и манекены»**).

Имеется в виду «специфический».

ВЛИП, ОЧКАРИК! Ага, попался, так тебе и надо! (**«Операция «Ы» и другие приключения Шурика»**).

Вместо головы — шишка. См. *Руки — как ноги...*

В МИЛИЦИИ ПОВЕРЯТ. Шутливо в ответ на чью-л. реплику «никто не поверит» (**«Иван Васильевич меняет профессию»**).

В мировом масштабе совладаешь? См. *Василий Иваныч, а ты армией командовать могёшь?..*

В МОРГЕ ТЕБЯ ПЕРЕОДЕНУТ. Иронично в ответ на чьё-л. заявление, что ему необходимо переодеться (**«Кавказская пленница»**).

Чаще произносится с кавказским акцентом.

В МОСКВУ, ГЕНЕРАЛ. Шутливо в ответ на вопрос «куда мы?», «куда вы меня везёте?» и т. п. (**«Подвиг разведчика»**).

Обычно произносится с лёгкой картавостью на «р».

В НАШЕМ ДЕЛЕ ГЛАВНОЕ ДЕЛО — ЭТОТ САМЫЙ РЕАЛИЗМ. Шутливо о самом главном, коренном, существенном и т. п. (**«Бриллиантовая рука»**).

Произносится с имитацией украинского акцента; в *реализм* [з] смягчается.

В НАШЕМ ДЕЛЕ ГЛАВНОЕ — ЗАЖИГАНИЕ! Прибаутка шофёров (**«Друг мой, Колька»**).

ВНЕДРЯЙТЕ КУЛЬТУРКУ! ВЕШАЙТЕ КУБИКИ НА СУХУЮ ШТУКАТУРКУ. Шутливо о культуре, о необходимости «внедрять культуру в массы» и т. п. (**«Операция «Ы» и другие приключения Шурика»**).

В НЕЙ ВОСЕМЬДЕСЯТ ПЯТЬ КИЛОГРАММ, НЕ СЧИТАЯ ЗЛОСТИ. О полном человеке; о злом человеке (**«Когда приходит сентябрь»**).

В НУНТРЕ СРЕ... СРЕНДЕВЕКОВОГО РЫЦАРЯ — НАШИ ОПИЛКИ! ОЙ, ДУРЮТЬ НАШЕГО БРАТА, ОЙ, ДУРЮТЬ! Иронично о несоответствии внешнего вида и внутреннего содержания чего-л. или кого-л.; о вопиющем обмане, надувательстве (**«Люди и манекены»**).

Произносится с имитацией речи пьяного.

Воблу только что поймали. См. *А воблу только что поймали...*

В обстановке братской общности и согласия. См. *Дислокация наша протекает гладко...*

В ОБЩЕМ, ВСЕ УМЕРЛИ. Шутливое резюме по любому поводу (**«Формула любви»**).

В оригинальном тексте данному речению предшествует следующая история (которая в некоторых случаях может пересказываться говорящим): «Это песня о бедном рыбаке, который плыл из Неаполя в бурное море, а бедная его девушка ждала на берегу, ждала, ждала, но не дождалась. Тогда сбросила с себя последнюю одежду и... тоже бросилась в бурное море, и сия пучина поглотила ея в один момент. В общем, все умерли».

ВО ДВОРЕЦ! БОСИКОМ ЗА КОРОЛЕВСКОЙ ТЁЩЕЙ! ШАГОМ МАРШ! Шутливый призыв, приказ куда-л. идти вместе с говорящим (**«Золушка»**).

В однобортном? Да вы что?! Не знаете, что в однобортном сейчас уже никто не воюет? Безобразие! Мы не готовы к войне. См. *Что? Мне — в этом? ...*

В одной — весьма пластилиновой местности. См. *Давненько когда-то...*

ВОДОИЗМЕЩЕНИЕ НЕ ТО. Шутливо о недостаточно полной женщине (**«Люди и манекены»**).

ВОДОЧКИ НЕ ИЗВОЛИТЕ? Не желаете ли выпить? (**«Женитьба Бальзаминова»**).

ВОЗЬМИ ВСЁ, Я СЕБЕ ЕЩЁ НАРИСУЮ. Возьми все деньги, я заработаю ещё (**«Свадьба в Малиновке»**).

ВОЙНА — ЭТО НЕ ПОКЕР, ЕЁ НЕЛЬЗЯ ОБЪЯВЛЯТЬ, КОГДА ВЗДУМАЕТСЯ. Реплика, выражающая нежелание говорящего портить, обострять с кем-л. отношения, идти на конфликт (**«Тот самый Мюнхгаузен»**).

ВОЛКИ́ ПОЗОРНЫЕ! Иронично-бранное (**«Место встречи изменить нельзя»**).

ВОН ЕЩЁ ОДИН КРИВОДУЙ ИДЁТ. Вон ещё один такой же, похожий на предыдущего (**«Люди и манекены»**).

ВОН ЗА ТОБОЙ МОТОЦИКЛ ЕДЕТ С ВАННОЧКОЙ. Вот сейчас тебя и заберут; ага, попался! (**«Люди и манекены»**).

ВОНЮКИН (или **ВОНЯЕВ**). Ироничная инвектива (**«Свой среди чужих, чужой среди своих»**).

См. также *Куда ты лезешь, Воняев...*

ВООБЩЕ-ТО Я НЕ ОЧЕНЬ ХОРОШО ПОЮ, НО ЛЮБЛЮ ПЕТЬ. Реплика, которой говорящий предваряет своё выступление (не обязательно пение с игрой на гитаре или др. инструменте); выражение самоиронии по поводу своих вокальных, музыкальных способностей (**«Ирония судьбы, или С лёгким паром»**).

ВООРУЖИЛСЯ! Шутливо о человеке, принёсшим с собой выпивку (**«Любовь и голуби»**).

Произносится с имитацией просторечных черт речи; постфикс *ся* произносится как [с'и].

ВОПРОСЫ ЕСТЬ? ВОПРОСОВ НЕТ. Никаких возражений быть не может, сказанное обсуждению не подлежит (**«Белое солнце пустыни»**).

ВОР ДОЛЖЕН СИДЕТЬ В ТЮРЬМЕ! Всему своё место, каждому своё; необходимы справедливость и порядок (**«Место встречи изменить нельзя»**).

ВОР, РЕЦИДИВИСТ, И ПРОВЕРЯТЬ НЕЧЕГО. Выражение уверенности в чьих-л. отрицательных качествах (**«Люди и манекены»**).

Восемьдесят пять килограмм, не считая злости. См. *В ней восемьдесят пять килограмм...*

ВОСТОК — ДЕЛО ТОНКОЕ, ПЕТРУХА. Комментарий по поводу какой-л. трудной ситуации, проблемы, вопроса и т. п., разрешить который можно только путём тонкой дипломатии; иронично о Востоке, Азии (**«Белое солнце пустыни»**).

Восьмикрылые стрекозоиды. См. *Шестиногие восьмикрылые...*

Вот б-рат как! То же, что *О б-рат как!*

ВОТ БЫ БЫЛО ХОРОШО, ХОРОШО-ПРЕКРАСНО, ЕСЛИ Б БЫЛО ВСЁ ВСЕГДА И ЛЕГКО И ЯСНО. Шутливо о проблемах, сложностях, преградах на пути к цели, неясностях, превратностях судьбы и т. п. (**«Трембита»**).

ВОТ ВИДИЩЬ: НАДО ВСЕГДА ГОВОРИТЬ ПРАВДУ. Реплика, произносимая в ситуации, когда правдивые слова имели более выгодный для говорящего результат, чем ложь (**«Старики-разбойники»**).

ВОТ ВОЗЬМИТЕ МЕНЯ: ПИТЬ, КУРИТЬ, ГОВОРИТЬ Я НАЧАЛ ОДНОВРЕМЕННО. Шутливо о воспитании говорящего, выражение самоиронии (**«Люди и манекены»**).

Произносится с имитацией просторечных черт.

Вот, друзья, мы и добрались до полного счастья. См. *Ну вот, друзья...*

ВОТ — ЕВРЕИ. А ВОТ — КОММУНИСТЫ. Иронично о группах людей, о каких-л. списках, перечнях и т. п. (**«Подвиг разведчика»**).

ВОТ ЖЛОБЯРА! О жадном человеке (**«Сто грамм для храбрости»**).

Вот и ква-ква-квартирка ваша, тишина, ква-ква-квариуме. Отдохните, ква-ква-кваску попейте, блинков отведайте, будьте ква-ква-квак дома. См. *А вот и ква-ква-квартирка ваша...*

ВОТ И НЕТ БОЛЬШЕ ВОДОКРУТА ТРИНАДЦАТОГО! Ну вот и всё, вот всё и кончилось, конец нашим приключениям, злоключениям (**«Марья-искусница»**).

Вот мы и добрались до полного счастья. См. *Ну вот, друзья...*

ВОТ НАРОДЕЦ, ВСЁ ТОЛЬКО О СЕБЕ, ТОЛЬКО О СЕБЕ... Шутливый упрёк собеседника или собеседников в эгоизме, корыстолюбии и т. п. (**«Обыкновенное чудо»**).

ВОТ ОНО КАКОЕ ПОЛОЖЕНИЕ! Вот оно как, вот такое вот положение, вот как сложились обстоятельства (**«Люди и манекены»**).

ВОТ ОНО — ТЛЕТВОРНОЕ ВЛИЯНИЕ ЗАПАДА. Ироничное торжество по поводу собственной правоты: я же говорил, вот вам и пожалуйста (**«Бриллиантовая рука»**).

ВОТ ОНО ТО, ЧЕГО Я В СВОЁМ ЦАРСТВЕ-ГОСУДАРСТВЕ НЕ ЗНАЛ. Шутливо о ребёнке, новорождённом, а также шире — о любом факте, о котором говорящий ранее не знал (**«Варвара-краса, длинная коса»**).

ВОТ РАСЦЕЛОВАЛИСЬ ТУТ! Шутливо в ответ на чей-л. поцелуй (**«Семеро смелых»**).

Вот садитесь и замещайте меня! См. *Ну так вот садитесь...*

ВОТ СМЕХ, ВОТ УМОРА!.. МУЗЕЙ!.. НЕЧЕМ БАНКУ ОТКРЫТЬ! Шутливо об отсутствии элементарных удобств в месте, претендующем на то, чтобы быть культурным, комфортабельным и т. п. (**«Люди и манекены»**).

ВОТ ТАКАЯ ТОЛСТАЯ... ДИССЕРТАЦИЯ. Иронично о женщине-учёном (**«Люди и манекены»**).

ВОТ ТАК НИ ЗА ЧТО И ПРОПАДАЮТ ЛЮДИ! Сокрушение по поводу какой-л. несправедливости, незаслуженного наказания (**«Тимур и его команда»**).

ВОТ ТЕБЕ ОРАНЖЕРЕЙКА, А ВОТ ТЕБЕ ГАРБУЗЫ. Реплика, сопровождающая удары по щекам, избиение и т. п. (**«Максим Перепелица»**).

Произносится с украинским акцентом.

Вот тут некоторые стали себе позволять нашивать накладные карманы и обуживать рукав. Вот этого мы позволять не будем! См. *И вот тут некоторые...*

ВОТ ЧЕСТНОЕ ЗЛОДЕЙСКОЕ! Шутливая клятва (**«Марья-искусница»**).

Реплика обычно сопровождается характерным жестом: говорящий поднимает кулак с выставленным указательным пальцем и мизинцем и ритмично сгибает их.

ВОТ ЧТО БЫВАЕТ, КОГДА ЗАБЫВАЕШЬ, ГДЕ НАХОДИШЬСЯ! Реплика, сопровождающая и комментирующая ситуацию, когда говорящий попадает впросак из-за невнимательности, рассеянности, необъективной оценки окружающего (**«Волшебник Изумрудного города»**).

ВОТ ЧТО, РЕБЯТА: ПУЛЕМЁТ Я ВАМ НЕ ДАМ! Шутливый отказ дать что-л. (**«Белое солнце пустыни»**).

Вот этого мы позволять не будем! См. *И вот тут некоторые...*

ВОТ ЭТО ПО-НАШЕМУ, ПО-КАВКАЗСКИ... Вот это молодец, ай да ну, молодчина, хвалю (**«Сто грамм для храбрости»**).

ВОТ ЭТО САША С УРАЛМАША! Вот это да! Вот это молодец! Ну и ну, молодчина! (**«Два бойца»**).

Произносится с одесским акцентом.

ВОТ Я И ЗАДВИНУ. Шутливый ответ на реплику собеседника со словом «выдвинуть», например, «я вас туда выдвинул» и т. п. (**«Семь стариков и одна девушка»**).

ВОТ Я СЛУШАЛ ВАС ВСЕХ ДОЛГО, ТЕРПЕЛИВО И ВНИМАТЕЛЬНО И, НАКОНЕЦ, ПОНЯЛ: НУ И ДУРАКИ ЖЕ ВЫ ВСЕ. Шутливое резюме после чьей-л. долгой речи, после долгого обсуждения какой-л. проблемы (**«Люди и манекены»**).

Произносится с имитацией просторечия.

В парикмахерской давно не был. См. *А знаешь, почему не понял?..*

В ПЕРВЫЙ РАЗ ВИЖУ, ЧТОБЫ ПРИВИДЕНИЕ КУРИЛО... Иронично о курящем человеке (**«Трембита»**).

Впереди, на лихом коне. См. *Где должен быть командир? ...*

ВПЕРЁД, ОРЛЫ! Призыв что-л. делать, идти вперёд, начинать что-л. (**«Суворов»**).

Вратарь, готовься к бою! См. *Эй, вратарь...*

ВРЕМЯ — ЭТО РАССТОЯНИЕ МЕЖДУ ДВУМЯ ЗАРПЛАТАМИ. Ироничная дефиниция слова «время», часто в ответ на чьи-л. высокопарно-философские рассуждения о времени (**«Люди и манекены»**).

ВРЁШЬ! Ироничное негодование по поводу лжи, требование к собеседнику говорить правду, не юлить, выкладывать всё начистоту (**«Подвиг разведчика»**).

Произносится с картавостью [вг'ош], с максимальной эмоцией.

Все бегут. См. *«Динамо» бежит?..*

ВСЁ В ПОРЯДКЕ: СПАСИБО ЗАРЯДКЕ. Всё в порядке, всё хорошо (**«Вратарь»**).

ВСЕ В САД! А ну, уходите отсюда вон! Прочь отсюда! (**«Трое в лодке, не считая собаки»**).

ВСЕ ВЫ БОИТЕСЬ ПОЛУЧИТЬ ВЗБУЧКУ ОТ СТАРИКА МЮЛЛЕРА... Все вы меня боитесь, все вы меня недолюбливаете; обычно при желании говорящего наладить с собеседником близкий, интимный контакт (**«Семнадцать мгновений весны»**).

Всегда готов... идиот! См. *Клиент дозревает...*

ВСЕ ГЛУПОСТИ НА ЗЕМЛЕ ДЕЛАЮТСЯ ИМЕННО С ЭТИМ ВЫРАЖЕНИЕМ ЛИЦА. Шутливый комментарий по поводу выражения лица собеседника или третьего лица (**«Тот самый Мюнхгаузен»**).

См. также *Умное лицо — это ещё не признак ума...*

ВСЁ, ГРИНЯ, ОТРАБОТАЛСЯ, КУ-КУ! Всё, конец, провал, амба (**«Новые приключения неуловимых»**).

ВСЁ ДЫМИШЬ? Всё куришь? Бросай курить, сколько же можно курить? (**«Семеро смелых»**).

ВСЕ ЛЮДИ РАЗДЕЛЯЮТСЯ НА ТЕХ, КОТОРЫМ ЧТО-ТО НАДОБНО ОТ МЕНЯ, И ОСТАЛЬНЫХ, ОТ КОТОРЫХ

ЧТО-ТО НУЖНО МНЕ. Иронично об утилитарном, прагматическом взгляде говорящего на жизнь (**«Формула любви»**).

ВСЕ МАТЕМАТИКИ, ВСЕ В ОЧКАХ... А КТО БУДЕТ ГОТОВИТЬ ОБЕД? Призыв спуститься с небес на землю, заняться насущными проблемами, перестать рассуждать о высоких материях и т. п. (**«Люди и манекены»**).

Всё можно, ежели осторожно! См. *Цыц, всё можно...*

ВСЁ НЕНУЖНОЕ — НА СЛОМ, СОБЕРЁМ МЕТАЛЛОЛОМ! Реплика, сопровождающая какие-л. активные действия говорящего, например, если говорящий что-л. ломает и т. п. (**«Чебурашка»**).

ВСЕ НОГИ ВМЕСТЕ СТАВИТЬ НЕЛЬЗЯ. УПАДЁШЬ. — А СКОЛЬКО МОЖНО? — ТОЛЬКО НЕКОТОРЫЕ. **1.** Диалог, разыгрываемый в ситуации, когда один из собеседников поставил ноги вместе. **2.** Диалог, иронично разыгрываемый между пьяными собеседниками (**«38 попугаев»**).

Всё о себе, только о себе... См. *Вот народец...*

ВСЕ ПОБЕЖАЛИ — И Я ПОБЕЖАЛ. Я как все, я повёл себя, как все (**«Джентльмены удачи»**).

ВСЁ ПОТОМУ, ЧТО КТО-ТО СЛИШКОМ МНОГО ЕСТ. Иронично о причине чего-л. неприятного (**«Винни Пух идёт в гости»**).

ВСЕ ПРИШЕЛЬЦЫ В РОССИИ БУДУТ ГИБНУТЬ ПОД СМОЛЕНСКОМ. Шутливо о судьбах иностранцев в России, о трудностях, которые они в ней переживают; о фатальной невозможности делать какие-л. дела в России (**«Формула любви»**).

ВСЁ, РАБОЧИЙ ДЕНЬ ОКОНЧЕН. ПОРА, КАК ГОВОРИТСЯ, И БАИНЬКИ... Всё, хватит, довольно, сколько можно! (**«Карнавальная ночь»**).

𝄞 **ВСЁ СТАЛО ВОКРУГ ГОЛУБЫМ И ЗЕЛЁНЫМ.** Всё изменилось, обычно в ироничном контексте (**«Сердца четырех»**).

ВСЁ ТОТ ЖЕ ПРИЯТНЫЙ МУЖСКОЙ ГОЛОС. Шутливо о чём-л. повторяющемся (**«Сердца четырёх»**).

ВСЁ УВЯЗАНО И ВСЁ УКРУЧЕНО. Всё продумано до мельчайших деталей, никаких непредвиденных неожиданностей быть не может (**«Люди и манекены»**).

ВСЁ УЖЕ УКРАДЕНО ДО НАС. О полном отсутствии чего-л.; «ничего нет», «всё кончилось» и т. п. (**«Операция «Ы» и другие приключения Шурика»**).

ВСЕ ФИМЫ И ВЕРЫ — ДУРЫ БЕЗ МЕРЫ. Дразнилка в адрес Серафимы или Веры (**«Шумный день»**).

ВСЕХ УБЬЮ. КТО СЛЕДУЮЩИЙ? Ироничная угроза (**«Цирк»**).

ВСЁ, ЧТО НАЖИТО НЕПОСИЛЬНЫМ ТРУДОМ, ВСЁ ПРОПАЛО. Шутливое сетование по любому поводу, чаще при пропаже, утере чего-л. (**«Иван Васильевич меняет профессию»**).

ВСЁ ЯСНО. СВАДЬБЫ НЕ БУДЕТ. Реплика, которой говорящий выражает своё понимание, предвидение того, что какое-л. ожидаемое мероприятие не состоится, что-л. не произойдёт (**«Свинарка и пастух»**).

В СЛЕДУЮЩИЙ РАЗ БЫСТРО НЕ ЖЕНИСЬ. Ироничное предупреждение не совершать какую-л. ошибку во второй раз (**«Не может быть!»**).

В СОСЕДНЕМ СОВХОЗЕ ДВОЕ НАШИХ ПОЖИНАЛИ ЧУЖИЕ ПЛОДЫ, ТО ЕСТЬ ГРУЗИЛИ НАВОЗ. Шутливо о погрузке навоза; ироничное перефразирование распространённого клише «пожинать чужие плоды» (**«Люди и манекены»**).

ВСПОМНИЛ, НЕХОРОШИЙ ЧЕЛОВЕК! Ага, вспомнил! (**«Джентльмены удачи»**).

См. также *Нехороший человек...*

𝄞 **ВСТАНЬТЕ, ДЕТИ, ВСТАНЬТЕ В КРУГ!** Шутливый призыв сделать что-л. вместе, сообща (**«Золушка»**).

В СТОЛОВОЙ И В БАНЕ ВСЕ РАВНЫ. Шутливо о равенстве всех людей в общественных местах, о необходимости соблюдать очередь, о невозможности каких-л. привилегий, льгот, исключительных прав и т. п. (**«Девчата»**).

ВСЮ ЖИЗНЬ РАБОТАТЬ НА ЛЕКАРСТВА БУДЕШЬ. Угроза (**«Джентльмены удачи»**).

Вся твоя беда в том, что ты слишком много знаешь. См. *К великому сожалению, вся твоя беда в том...*

В ТЕЛЕ ТАКАЯ ПРИЯТНАЯ ГИБКОСТЬ ОБРАЗОВАЛАСЬ! Иронично о каких-л. приятных ощущениях, эмоциях, как правило, возникших внезапно, неожиданно (**«Падал прошлогодний снег»**).

В трудные годы колоски с колхозных полей воровал? См. *Ну-ка в глаза мне...*

В ту степь. См. *Сейчас у них в моде форменное безобразие...*

В тюрьме сейчас ужин, макароны... См. *А в тюрьме сейчас ужин, макароны...*

ВХОДИТ... И ВЫХОДИТ. Шутливо о любом странном, несуразном, неуместном действии (**«Винни Пух и день рождения»**).

Вчера триста семьдесят шестой опоздал – всё, законсервировали. См. *Э, чего медлите...*

Вширь гнать. См. *А меня все вширь гонит...*

В школу иду. См. *Ты чего здесь?..*

ВЫ Б, ДЯДЯ, ПОБЛИЖЕ К ДЕЛУ... МНЕ С СЕРДЮКОМ ВСТРЕТИТЬСЯ НАДО. Ближе к делу, говорите по сути (**«Новые приключения неуловимых»**).

Вы болван, Штюбинг. См. *Как разведчик разведчику...*

ВЫ ВСЁ БОЛЬШЕ ТАМ ПО СТОЛИЦАМ ДА ПО ЗАГРАНИЦАМ. Шутливое самоуничижение «куда уж нам!», «где уж нам, сиволапым» и т. п. (**«Свадьба в Малиновке»**).

ВЫ, ГОВОРИТ, ПАРАСЯ, ЛАСТОЧКА, ТОЛЬКО, ГОВОРИТ, В ДРУГОМ МАСШТАБЕ. Шутливо о полной женщине (**«Трембита»**).

ВЫ ДОБРЫЙ НЕМЕЦ, ВЫ ХОРОШИЙ НЕМЕЦ, НО ВЫ ШТАТСКИЙ НЕМЕЦ! Иронично о достоинствах военных по сравнению с штатскими (**«Подвиг разведчика»**).

ВЫ ЕЁ ВОЖДЕЛЕЛИ! Иронично о том, что кто-л. влюбился, «положил глаз» на девушку, ухаживает за ней (**«Покровские ворота»**).

ВЫ ЕЩЁ ПОД СТОЛ ХОДИЛИ, А Я УЖЕ ЗА «ПИЩЕВИКА» ИГРАЛ! Реплика в адрес человека, которого говорящий упрекает в неопытности, шутливое выражение превосходства над собеседником (**«Вратарь»**).

ВЫ ЖЕ ВЕСЬ МИР ОБЪЕЗДИЛИ, ОБЛАЗИЛИ, ОБПОЛЗАЛИ, ОБШТОПАЛИ, ОБМИШУРИЛИ, ОБЪЕГОРИЛИ. Иронично о много путешествующем, часто ездящем в заграничные командировки человеке (**«Люди и манекены»**).

Вы знаете, что такое Кюн! См. *Да вы знаете...*

Вы какая-то неидеальная. См. *Вы уж простите...*

ВЫКИНУТЬ ТЕБЯ С КОМСОМОЛУ ТРЕБА! Шутливое выражение неодобрения, возмущения, гнева и т. п. (**«Максим Перепелица»**).

Произносится с украинским акцентом.

ВЫКРАСТЬ МОГУТ ГРИНЮ НАШЕГО... Выражение недоверия, сомнения по любому поводу (**«Неуловимые мстители»**).

ВЫ МНОГО ПИЛИ? — СОВСЕМ НЕ ПИЛ. — А ПОЧЕМУ ГЛАЗА КРАСНЫЕ? — Я НЕ СПАЛ: РАБОТЫ МНОГО. Диалог, разыгрываемый с похмелья (**«Семнадцать мгновений весны»**).

Вы на меня уж не обижайтесь: у нас ни товарищев, ни благородиев... Мы с мужиками порешили просто: братва и хлопцы. См. *Так вот, братва, чего я вам хочу сказать...*

ВЫ НА МНЕ ДЫРУ ПРОТРЁТЕ. Реплика, адресуемая человеку, который мешает говорящему, донимает его и т. п. (**«Иван Васильевич меняет профессию»**).

𝄞 **ВЫ НАМ ТОЛЬКО ШЕПНИТЕ — МЫ НА ПОМОЩЬ ПРИДЁМ.** Выражение готовности помочь в чём-л. (**«Неуловимые мстители»**).

Вы не из милиции случайно? См. *А почему вы интересуетесь?..*

ВЫ НЕ НА ГРЯДКЕ, СУДАРЬ! Вы не умеете себя вести, не знаете хороших манер, вы бестактны, грубы и т. п. (**«Соломенная шляпка»**).

Вы не пробовали мочу молодого поросёнка? См. *А вы не пробовали...*

ВЫ НЕ СКАЖЕТЕ, СКОЛЬКО СЕЙЧАС ГРАДУСОВ НИЖЕ НУЛЯ (или КАК ПРОЙТИ В БИБЛИОТЕКУ)? Реплика, адресуемая кому-л. в качестве приветствия; реплика, иронично комментирующая какую-л. абсурдную ситуацию (**«Операция «Ы» и другие приключения Шурика»**).

Вы не стесняйтесь, зубками её, зубками. См. *Да вы не стесняйтесь...*

ВЫ НЕ ТИГР, ВЫ СВИНЬЯ! Ироничная инвектива (**«Полосатый рейс»**).

ВЫ ОШИБАЕТЕСЬ, ТОВАРИЩ ПЕНЬ. Вы ошибаетесь, вы не правы (**«Весна»**).

См. также *И даже пень...*

ВЫПЕНДРИВАЮТСЯ ПО ГЛУПОЙ ДЕРЗОСТИ СВОЕЙ... Ну и дураки, зачем же они это делают?.. (**«Место встречи изменить нельзя»**).

ВЫПЛЮНЬ ПАПИРОСУ: ОНА ТЕБЕ МЕШАЕТ. — НЕПРИЛИЧНО ПЛЕВАТЬ НА ПАЛУБУ. Шутливый призыв что-л. сделать и соответственно шутливый ответ на этот призыв (**«Полосатый рейс»**).

ВЫ ПОЛЮБИЛИ БЫ И ОЦЕНИЛИ МЕНЯ ЕЩЁ БОЛЬШЕ, КРОШКА, ЕСЛИ БЫ ПОЗНАКОМИЛИСЬ СО МНОЙ ПОБЛИЖЕ. Шутливо в ответ на заверение собеседника, что он любит и ценит говорящего (**«Здравствуйте, я ваша тётя!»**).

Вы прекрасно... Кололи... См. *Вы... так... это делали...*

Вы — привлекательны, я — чертовски привлекателен. Чего же время терять? См. *Ровно в полночь...*

ВЫПЬЕМ ЗА КИБЕРНЕТИКУ! Шутливый тост (**«Кавказская пленница»**).

Произносится с кавказским акцентом.

ВЫПЬЕМ, ЗАКУСИМ, О ДЕЛАХ НАШИХ СКОРБНЫХ ПОКАЛЯКАЕМ... Посидим, выпьем, поговорим (**«Место встречи изменить нельзя»**).

Выпьет жидкости ушат и проглотит лягушат. См. *Али-Гусейн...*

Высечен из кремня и стали. См. *Он высечен...*

ВЫ — СЛУЖИТЕЛЬ МУЗ. — Я СЛУЖУ МОСЭСТРАДЕ! Диалог, разыгрываемый в ситуации, когда говорящие иронизируют над чьей-л. напыщенностью, чьим-л. высокопарным тоном (**«Покровские ворота»**).

ВЫСОКИЕ ОТНОШЕНИЯ! Иронично о ненормальных, неестественных отношениях в семье (**«Покровские ворота»**).

ВЫСТУПАЕТ ХОР МАЛЬЧИКОВ-ЗАЙЧИКОВ! Шутливое объявление чьего-л. выступления (**«Ну, погоди!»**).

ВЫ, СУДАРЬ, НЕ ВОВРЕМЯ ПОЯВИЛИСЬ НА СВЕТ, А ТЕПЕРЬ — ЧТО ПОДЕЛАЕШЬ. Шутливо в ответ на чей-л. вопрос типа «я, кажется, не вовремя?» (**«Формула любви»**).

ВЫ СУМАСШЕДШИЙ? — НЕТ Я НАСТОЛЬКО НОРМАЛЕН, ЧТО ДАЖЕ САМ УДИВЛЯЮСЬ. Шутливый диалог, разыгрываемый после совершения кем-л. странного поступка (**«Обыкновенное чудо»**).

Вы такой любезный мужчина!.. Это что-то!.. См. *Ах, вы такой...*

ВЫ... ТАК... ЭТО ДЕЛАЛИ... ВЫ ПРЕКРАСНО... КОЛОЛИ... Шутливое выражение благодарности (**«Покровские ворота»**).

Имитируется сильное волнение.

ВЫ, ТОЛЬКО ВЫ НАПОМИНАЕТЕ МОЮ ЛЮБИМУЮ, МОЮ ЧЕРНЯВУЮ, МОЮ БЕЗОТКАЗНУЮ ГАУБИЦУ! Шутливый комплимент (**«Свадьба в Малиновке»**).

ВЫ УЖ ПРОСТИТЕ... НО ВЫ КАКАЯ-ТО НЕИДЕАЛЬНАЯ. Шутливый упрёк в адрес женщины, девушки, которая в чём-л. не оправдала надежд говорящего (**«Большая перемена»**).

ВЫХОДИ, ПОДЛЫЙ ТРУС! Призыв к кому-л. выйти откуда-л. (**«Приключения кота Леопольда»**).

ВЫХОДИ, ТЕБЯ ВЫКУПИЛИ! Выходи, иди сюда, не бойся (**«Не горюй!»**).

Произносится с грузинским акцентом.

ВЫ, ЧЕЛОВЕК, ДОСТИГШИЙ ВЕРШИН ЛОНДОНСКОГО ДНА! Ироничное восхваление собеседника, его опытности, «бывалости» и т. п. (**«Формула любви»**).

В ЭРМИТАЖЕ ХОТЬ СОЛЯНКА БЫЛА, А НА ЭТОМ ВЕРНИСАЖЕ — ОДНА МИНЕРАЛЬНАЯ. Об отсутствии выпивки, о плохом обслуживании (**«Люди и манекены»**).

В этой семье ядовитые характеры. См. *Жена моя — женщина особенная...*

Г

Гаврила-говорилла. См. *Князь Гаврила-говорилла.*

ГАВРЮША, КО МНЕ! ЛЕЖАТЬ! ГОЛОС! ВЗЯТЬ! ДАЙ ЛАПУ! Шутливые команды, адресуемые собеседнику, шутливая имитация превосходства, покровительства и т. п. (**«Каникулы в Простоквашино»**).

ГАДСКИЙ ПАПА. Бранное в адрес любого человека (**«Свадьба в Малиновке»**).

ГАД ТЫ, ОКАЗЫВАЕТСЯ, КОСТЯ ФЕДОТОВ! Ах вот ты какой, оказывается, а я и не знал, не ожидал я от тебя такого! (**«Республика ШКИД»**).

ГАРДЕМАРИНЫ, ВПЕРЁД! Обращение-призыв к группе лиц с целью побудить их к какому-л. действию, как правило, с ироничным оттенком (**«Гардемарины, вперёд!»**).

Гаси(те) свет! См. *Уходя...*

ГВАРДИИ ОРЁЛ! Шутливый комплимент: молодец!, молодчина! (**«Максим Перепелица»**).

Гвардия где? — Очевидно, обходит с флангов. — Кого? — Всех. См. *А где наша гвардия?..*

ГДЕ БЛАГОДАРНОСТЬ?!! Ироничное выражение недоумения, недовольства и т. п. по поводу того, что все усилия говорящего не оценены по достоинству (**«Золушка»**).

Произносится с фрикативным «г», с нарочитым эмоциональным надрывом.

ГДЕ БЫ НИ РАБОТАТЬ, ТОЛЬКО БЫ НЕ РАБОТАТЬ. Шутливо о работе, о желании найти такую работу, которая не требует никаких усилий (**«Весна»**).

ГДЕ ДОЛЖЕН БЫТЬ КОМАНДИР? ВПЕРЕДИ, НА ЛИХОМ КОНЕ. Шутливо о лидере, начальнике, руководителе (**«Чапаев»**).

ГДЕ ЕСТЬ ТИГЕР? Я ЕГО БУДУ КРОТИТЬ. Иронично: ну где обещанная опасность, что-то я её не вижу... (**«Полосатый рейс»**).

Где же ваши бакенбарды, пан дворецкий? См. *А где же ваши бакенбарды...*

𝄞 **ГДЕ ЖЕ ТЫ, МАРУСЯ, С КЕМ ТЕПЕРЬ ГУЛЯЕШЬ? ОДНОГО ЦЕЛУЕШЬ, А МЕНЯ КУСАЕШЬ...** Шутливое сетование по утерянной, прошедшей любви (**«Свадьба в Малиновке»**).

Произносится (напевается) с одесским акцентом.

Где мы будем делать талию? — На уровне груди. — Гениально! См. *Как вы думаете, где...*

Где наша гвардия? Гвардия где? — Очевидно, обходит с флангов. — Кого? — Всех. См. *А где наша гвардия?..*

ГДЕ ТВОЙ ОТЕЦ, НЕБЛАГОДАРНАЯ? ГДЕ ОН, ЭТО ЧУДОВИЩЕ? Иронично о муже, в обращении к дочери (**«Золушка»**).

ГДЕ ТРЕТИЙ? — НЕ СКАЖУ. Шутливый диалог, разыгрываемый в ситуации, когда один говорящий пытается узнать, выпытать и т. п. что-л. у другого (**«Семь стариков и одна девушка»**).

ГДЕ ТЫ, ЯДОВИТЫЙ ЗМЕЙ? Эй ты! Где ты? Я тебя не вижу? Куда ты пропал? Иди сюда! (**«Золушка»**).

ГДЕ Я ТЕПЕРЬ ЯДУ ДОСТАНУ ХОРОШЕГО? Шутливое сожаление, адресованное собеседнику, который что-л. испортил, сломал, разлил и т. п. (**«Обыкновенное чудо»**).

ГЕНЕРАЛ, МНЕ НУЖЕН ВАШ ПОСЛЕДНИЙ ОПЕРАТИВНЫЙ ПЛАН, КОТОРЫЙ ВЫ ХОТИТЕ ОСУЩЕСТВИТЬ НА ЮГЕ. Шутливо в ответ на чей-л. вопрос о том, что нужно говорящему, чего он хочет (**«Подвиг разведчика»**).

Обычно произносится с лёгкой картавостью.

ГЕНРИХ, ОГРОМНАЯ ПРОСЬБА... Я ОПЯТЬ... СОВСЕМ ПУСТОЙ! Просьба дать в долг (**«Подвиг разведчика»**).

ГИМНАСТИКУ.Шутливо в ответ на вопрос «что ты собираешься делать?», «чем ты собираешься заняться?» и т. п. (**«Котовский»**).

ГЛАВНАЯ ЧАСТЬ КАЖДОГО ОРУДИЯ ЕСТЬ ГОЛОВА ЕГО ВЛАДЕЛЬЦА. Шутливая апелляция к недостаточным умственным способностям собеседника (**«Два бойца»**).

Произносится с одесским акцентом.

ГЛАВНОЕ — ЧЕЛОВЕКА РОДИТЬ. РОДИЛ — НА ТОМ СПАСИБО. Иронично о ненужности воспитания, о необходимости предоставления полной свободы для детей (**«Люди и манекены»**).

Главное что? А главное то, что мы здесь совершенно ни при чём! См. *А главное что?..*

ГЛАВНОЕ, ЧТОБЫ КОСТЮМЧИК СИДЕЛ! Шутливо о самом главном, существенном в жизни (**«Чародеи»**).

ГЛУХО, КАК В ТАНКЕ. О ситуации неясности, когда нет никаких позитивных изменений, подвижек в каком-л. деле (**«Москва слезам не верит»**).

Возможно, выражение употреблялось и до появления фильма, но популярность приобрело во многом под его влиянием.

ГНЕВНО КЛЕЙМИМ ПОЗОРОМ И НЕХОРОШИМИ СЛОВАМИ... Шутливое пародирование разоблачения, критики и т. п. (**«Семь стариков и одна девушка»**).

Гнилую интеллигенцию поддерживаешь! См. *И ты с ними?*

ГОВОРИЛ ЕМУ: КРАСНОЕ С БЕЛЫМ НЕ СМЕШИВАЙ. А ОН: КОКТЕЙЛЬ, КОКТЕЙЛЬ! Шутливый комментарий по поводу чьих-л. жалоб на головную боль, плохое самочувствие и т. п., чаще о похмелье, перепое; упрёк в адрес кого-л., кто не послушался говорящего, не внял его советам (**«Осенний марафон»**).

Говоришь, будто не ты, а я в погребе. См. *Ишь ты, говоришь...*

ГОГА, НА СТРЁМУ! Призыв к кому-л. занять его рабочее место (**«Республика ШКИД»**).

Гога, прокати его на велосипеде. См. *А ну-ка, Гога...*

ГОГОЧКИ. Маменькины сыночки, домашние дети, не имеющие опыта реальной жизни (**«Респулика ШКИД»**).

Вероятно, данное слово является типичным жаргонизмом 20–30-х гг., ставшее особенно популярным после выхода фильма на экраны.

ГОДНЫЙ, НО НЕ ОБУЧЕННЫЙ. Шутливо о том, что кто-то не подходит для какого-л. дела, о некомпетентности кого-л. в чём-л. (**«Люди и манекены»**).

ГОЛОВА ВСЁ МОЖЕТ. 1. Шутливо о возможностях человеческого разума, ума; надо подумать, поразмыслить, обмозговать. **2.** Шутливо о ситуации, когда кто-л. ударился головой, сломал что-л. головой и т. п. (**«Формула любви»**).

ГОЛОВА МЁРЗНЕТ. Ироничный ответ на чей-л. вопрос «почему в шапке?», «зачем тебе шапка?» и т. п. (**«Семь стариков и одна девушка»**).

ГОЛОВА — ПРЕДМЕТ ТЁМНЫЙ И ИССЛЕДОВАНИЮ НЕ ПОДЛЕЖИТ. Иронично о голове, часто в ситуации, когда кто-л. жалуется на голову или произносит какое-л. устойчивое выражение с этим словом и т. п. (**«Формула любви»**).

ГОЛОВА-ТО ВСЕГДА ПОД РУКОЙ, ГОСПОДА. Надо думать, размышлять, не надо делать необдуманных поступков; тот, кто умеет думать, никогда не пропадёт (**«Тот самый Мюнхгаузен»**).

ГОЛОВА-ТО ХОРОША, ТОЛЬКО ДУРАКУ ДОСТАЛАСЬ! Ироничный упрёк в глупости, несообразительности, часто как реакция на чьи-л. слова, типа «у него хорошая голова» и т. п. (**«Максим Перепелица»**).

ГОЛОВА ТЫ, ПЕТЯ! Ну ты и молодец, умница; необязательно о человеке по имени Пётр (**«Шапокляк»**).

Голоногий, бубен потеряешь! См. *Эй, голоногий...*

ГОЛУБЧИК, У МЕНЯ ЖЕ ЛЕКЦИЯ! Шутливый отказ пить спиртное (**«Карнавальная ночь»**).

ГОПАК НЫНЧЕ НЕ В МОДЕ. Я ПРОШЁЛ ПЕШКОМ ВСЮ ЕВРОПУ И НИ РАЗУ НЕ ВИДЕЛ, ЧТОБЫ ОНИ ТАНЦЕВАЛИ ГОПАКА. Шутливо о чём-л. устаревшем, давно вышедшем из моды, кондовом (**«Свадьба в Малиновке»**).

Произносится с фрикативным «г» [γ].

ГОРЯЧИЙ, СОВСЕМ БЕЛЫЙ. О больном человеке (**«Кавказская пленница»**).

От «белая горячка»; произносится с кавказским акцентом.

ГОСПОДА, ВЫ ЗВЕРИ! Выражение неодобрения по поводу чьих-л. действий (**«Раба любви»**).

Господа рыцари в обмен пойдут. На мыло менять будем. См. *А господа рыцари...*

ГОСПОДИ, КАК УМИРАТЬ НАДОЕЛО! Реплика, предваряющая какой-л. опасный, рискованный поступок (**«Тот самый Мюнхгаузен»**).

ГОСПОДИН НАЗНАЧИЛ МЕНЯ ЛЮБИМОЙ ЖЕНОЙ! Шутливо о том, что начальство проявило по отношению к говорящему внимание, о повышении по службе и т. п. (**«Белое солнце пустыни»**).

Господин научный профессор, у меня есть сведения, что вы очень любите справедливость, так не находите ли вы справедливым, что ваши колёса... то есть, простите, ваши ботиночки будут наши?.. См. *Послушайте, господин научный профессор...*

ГОСПОДИ, НУ ПОЧЕМУ ЖЕ ТЫ ПОМОГАЕШЬ ЭТОМУ КРЕТИНУ, А НЕ МНЕ? Почему везёт ему, а не мне; часто в ситуации, когда нечто горячо, страстно желаемое говорящим достаётся кому-л. другому (**«Свой среди чужих, чужой среди своих»**).

ГОСПОДИ, НУ ЧЕМ ЕМУ АНГЛИЯ-ТО НЕ УГОДИЛА! Чего ему ещё не хватает? У него же всё есть, а он всё равно за своё! Упрёк в адрес излишне придирчивого, а также постоянно вмешивающегося в чужие дела человека (**«Тот самый Мюнхгаузен»**).

ГОСПОДИ, САПОЖНИКА-ТО ЗА ЧТО? Шутливо о ком-л., несправедливо наказанном (**«Новые приключения неуловимых»**).

ГОСТЕЙ К СТОЛУ НЕ ПУСКАТЬ: НЕ ГОТОВ КРЮШОН. Шутливо о том, что какое-л. мероприятие начинать ещё рано, не настало время (**«Семеро смелых»**).

ГОТОВ ЛЕКТОР, ДАВНО ГОТОВ. Шутливо о напившемся, пьяном человеке (**«Карнавальная ночь»**).

ГРАВИЦАПА. 1. Бензин, горючее. **2.** Водка, спиртное (**«Кин-дза-дза!»**).

ГРАЖДАНЕ АЛКОГОЛИКИ, ХУЛИГАНЫ, ТУНЕЯДЦЫ... Ироничное обращение к группе людей, например, к гостям, собравшимся за столом и т. п. (**«Операция «Ы» и другие приключения Шурика»**).

ГРАЖДАНЕ, ПЕЙТЕ ПИВО, ОНО ПОЛЕЗНО И НА ВКУС КРАСИВО. Шутливо-пародийная реклама пива (**«Семь стариков и одна девушка»**).

ГРАЖДАНЕ, ХРАНИТЕ ДЕНЬГИ В СБЕРЕГАТЕЛЬНОЙ КАССЕ, ЕСЛИ ОНИ, КОНЕЧНО, У ВАС ЕСТЬ... Иронично о деньгах в максимально широком спектре ситуаций, например, когда у кого-л. они пропали и т. п. (**«Иван Васильевич меняет профессию»**).

ГРАЖДАНИН КРОКОДИЛ! Шутливое обращение к любому человеку (**«Чебурашка»**).

ГРАЖДАНОЧКА, Я УМОЛЯЮ ВАС ПРЕКРАТИТЬ ЭТО МОКРОЕ ДЕЛО. Не плачь, перестань плакать (**«Свадьба в Малиновке»**).

Гранаты у него не той системы! См. *Да гранаты у него...*

ГРАНДИОЗНЫЙ ШУХЕР... Крупное событие, в корне меняющее ход развития чего-л., чаще о провале, крахе чего-л., беспорядках и т. п. (**«Свадьба в Малиновке»**).

См. также *Слушай, что-то мне не нравится здешний режим...*

Грех смеяться над убогими. Подневольные ж люди, одной рыбой питаются. См. *Ну, грех смеяться над убогими...*

ГРЕШНО СМЕЯТЬСЯ НАД БОЛЬНЫМИ ЛЮДЬМИ. Иронично о ком-л., ведущем себя глупо, нелепо; шутливое самоуничижение (**«Кавказская пленница»**).

ГРИША, У МЕНЯ ЖЕ НЕРВНАЯ СИСТЕМА! Просьба говорящего не нервировать его, не обращаться с ним грубо, не говорить на повышенных тонах и т. п. (**«Свадьба в Малиновке»**).

Произносится с одесским акцентом.

ГРОЗА МЕСТНЫХ САДОВ И ОГОРОДОВ. Шутливо о любом человеке, как правило, об известном, но с сомнительной репутацией (**«Тимур и его команда»**).

ГРО́ШИ ВЫ БРАТЬ ОРЛЫ! Упрёк в адрес собеседника, требущего или просящего у говорящего денег; отказ дать кому-л. денег (**«Свадьба в Малиновке»**).

ГРУБО ГОВОРЯ — СКАЗАТЬ НЕ РЕШАЮСЬ, А МЯГКО ВЫРАЖАЯСЬ — НЕТ СЛОВ. Шутливо о невозможности подобрать выражения для передачи какой-л. мысли, чаще — в ситуации, когда необходимо употребить какое-л. сниженное слово или выражение (**«Люди и манекены»**).

ГРУЗИНСКИЙ, АРМЯНСКИЙ, АЗЕРБАЙДЖАНСКИЙ, АБХАЗСКИЙ, ПЕРСИДСКИЙ... ЧТО ТАКОЕ? Шутливая реплика, произносимая говорящим, когда он вчитывается в текст, но никак не может его понять (**«Свинарка и пастух»**).

Произносится с кавказским акцентом.

ГРУША, СНИМИТЕ С МЕНЯ ЭТИ КОНСЕРВЫ: Я ХОЧУ ВАС РАСЦЕЛОВАТЬ! Реплика-приветствие, например, в ситуации, когда говорящий в гостях стоит в прихожей и собирается снять верхнюю одежду (**«Вратарь»**).

Губа винтом. См. *Как жрать, так губа винтом.*

𝄞 **ГУБИТ ЛЮДЕЙ НЕ ПИВО, ГУБИТ ЛЮДЕЙ ВОДА.** Ироничная реплика в ответ на чей-л. упрёк в том, что говорящий слишком много пьёт (**«Не может быть!»**).

Гудвин — великий и ужасный. См. *Я Гудвин...*

ГУЛЯТЬ СОБАК ВОСПРЕЩАЕТСЯ. Шутливо о собаках; пародирование неправильного словоупотребления (**«Бриллиантовая рука»**).

ГУТАЛИН ТАМ ИЛИ НЕ ГУТАЛИН, А ПОСЫЛКУ Я ВАМ НЕ ОТДАМ. Что ни говорите, как меня ни упрашивайте, а я этого всё равно не сделаю: не отдам вам что-л., не пойду вам на уступки и т. п. (**«Каникулы в Простоквашино»**).

ГЮЛЬЧАТАЙ, ОТКРОЙ ЛИЧИКО. Покажись, иди сюда, повернись ко мне; обращение к застенчивому или стесняющемуся человеку (**«Белое солнце пустыни»**).

Д

ДА БРОСЬ ТЫ, ДЗЮБИН, ПОЛИТГРАМОТУ. Хватит пустых разговоров, «переливания из пустого в порожнее», пора браться за дело (**«Два бойца»**).

Давай его в мою коллекцию! См. *А ну давай его...*

Давайте будем начинать кушать, не торопитесь, мечите пореже... См. *Ну, дяди и тёти...*

ДАВАЙТЕ ЗАКУРИМ, ПО-НАШЕМУ, ПО-БРАЗИЛЬСКИ. Ироничное предложение закурить (**«Здравствуйте, я ваша тётя!»**).

ДАВАЙ ЧЕРВОНЕЦ, ПОЖАЛУЙСТА: КЕРОСИНКА БУДУ ПОКУПАТЬ. Просьба дать денег (**«Джентльмены удачи»**).

Произносится со среднеазиатским акцентом.

ДАВАЙ, ШАРИК, МЫ ТЕБЯ ПРОДАДИМ. КОРОВУ КУПИМ... Шутливо в ответ на чьё-л. предложение что-л. продать (**«Трое из Простоквашино»**).

Произносится с «кошачьими» интонациями.

ДАВАТЬ РУКОВОДЯЩИЕ УКАЗАНИЯ МОЖЕТ ДАЖЕ ШИМПАНЗЕ В ЦИРКЕ. Иронично о руководителях, о руководящей работе (**«Семнадцать мгновений весны»**).

ДА, ВЕСЁЛЫЙ РАЗГОВОР! Да, вот тебе на, вот как оно всё оборачивается; иронично о ситуации, когда происходит что-л. плохое, неприятное (**«Чапаев»**).

Использованы слова из текста народной песни.

ДАВИТЬ НА КЛАВИШИ УМЕЕШЬ? Умеешь ли ты играть на музыкальном инструменте? (не обязательно клавишном) (**«Свадьба в Малиновке»**).

Произносится с одесским акцентом.

ДАВНЕНЬКО КОГДА-ТО, ЕЩЁ В СТАРОГЛИНЯНЫЕ ВРЕМЕНА, В ОДНОЙ ВЕСЬМА ПЛАСТИЛИНОВОЙ МЕСТНОСТИ... Иронично о чём-л., чего никогда не было; возможно употребление в качестве шутливого комментария по поводу чьей-л. лжи, дезинформации и т. п. (**«Падал прошлогодний снег»**).

ДАВНО БРОСИЛ. ВРАЧИ ЗАПРЕЩАЮТ. Шутливо в ответ на чей-л. вопрос «вы шутите?», «шутить изволите?» и т. п. (**«Тот самый Мюнхгаузен»**).

ДАВНО ЗДЕСЬ СИДИМ. Шутливо в ответ на чей-л. вопрос, откуда собеседник что-л. знает, обладает какой-л. информацией и т. п. (**«Белое солнце пустыни»**).

ДАВНО ОБОСНОВАЛСЯ? Ироничный вопрос к человеку, оказавшемуся в комической, несуразной ситуации (**«Белое солнце пустыни»**).

ДА ВЫ ЗНАЕТЕ, ЧТО ТАКОЕ КЮН! Шутливое восхваление кого-л. или чего-л. (**«Подвиг разведчика»**).

ДА ВЫ НЕ СТЕСНЯЙТЕСЬ, ЗУБКАМИ ЕЁ, ЗУБКАМИ. Не стесняйтесь, ешьте, кушайте, угощайтесь (**«Свадьба в Малиновке»**).

ДА ГРАНАТЫ У НЕГО НЕ ТОЙ СИСТЕМЫ! Реплика, которой говорящий оправдывается перед собеседником после какой-л. явной неудачи, позора, провала (**«Белое солнце пустыни»**).

ДАЁТ АМЕРИКА! Вот даёт! Ну и молодец! (**«Трактир на Пятницкой»**).

Даже пень в апрельский день берёзкой снова стать мечтает. См. *И даже пень...*

Да и мне, честно сказать, не тридцать восемь. См. *Мне ведь давно уже...*

ДАЙ БОГ, НЕ ПОСЛЕДНЮЮ. Шутливый тост (**«Бриллиантовая рука»**).

ДАЛЕКО ЛИ ДО ЗАСТАВЫ, МАЛЫШ? — ДЕВЯНОСТО МИЛЬ. Шутливый диалог, разыгрываемый в ситуации, когда собеседники куда-л. очень спешат (**«Деловые люди»**).

ДАЛЬШЕ — ДЕЛО ТЕХНИКИ. Главное определить стратегию, удачно начать, а остальное пойдёт само собой (**«Бриллиантовая рука»**).

ДАЛЬШЕ СЛЕДУЕТ НЕПЕРЕВОДИМАЯ ИГРА СЛОВ С ИСПОЛЬЗОВАНИЕМ МЕСТНЫХ ИДИОМАТИЧЕСКИХ ВЫРАЖЕНИЙ... Иронично о брани, ругани (**«Бриллиантовая рука»**).

ДА МНОГО ЛИ В НЁМ КРАСЫ: ОДИН КИНЖАЛ ДА УСЫ! Шутливо в ответ на заявление собеседника о том, что кто-л. красив, неотразим, чаще о кавказцах (**«Свинарка и пастух»**).

ДА НА НЕГО ВЗГЛЯНУТЬ КАК СЛЕДУЕТ — ОН ДО КОНЦА ЖИЗНИ ЗАИКОЙ ОСТАНЕТСЯ. О жалком, тщедушном, слабом, безответном человеке (**«Люди и манекены»**).

ДА НЕ ПРИСТАВУЧИЙ Я, А СПРАВЕДЛИВЫЙ. Шутливый ответ на чей-л. упрёк в том, что говорящий излишне навязчив, «приставуч» (**«Место встречи изменить нельзя»**).

Данциген штрассе 18, парикмахерская «Элит», фрейлен Тереза. См. *Запомни адрес...*

ДА ОТСОХНЕТ ЕГО КАРБЮРАТОР ВО ВЕКИ ВЕКОВ! Чёрт его побери! Чтоб ему! и т. п. (**«Кавказская пленница»**).

Произносится с кавказским акцентом.

ДА РОЖИ-ТО У НАС У ВСЕХ ХОРОШИ! Все мы хороши, сами на себя-то посмотрите (**«Джентльмены удачи»**).

ДА, САМОГОН... ЖУТКАЯ ГАДОСТЬ. НО ЛЮДИ ПЬЮТ! Шутливо в ответ на чей-л. вопрос «это самогон?», а также шутливый комментарий по поводу распития спиртного (**«Адъютант его превосходительства»**).

Последние слова «но люди пьют!» произносятся нарочито весело, с оптимизмом.

ДА ТЫ ПРЯМО ИЗ ПЕСКА ВЕРЁВКИ ВЬЁШЬ. Ну, ты даёшь, молодец, надо же, до чего ловкий! (**«Свинарка и пастух»**).

Выражение «из песка веревки вить» зафиксировано у В. Даля.

ДА ТЫ Я ВИЖУ, ХОЛОП, НЕ УЙМЁШЬСЯ! Ты никак не хочешь прекратить учинённое тобой безобразие; ироничная угроза (**«Иван Васильевич меняет профессию»**).

𝄞 **ДА, УХАЖИВАТЬ ЗА МНОЮ НАДО ОСТОРОЖНО.** Иронично о своем своенравии, ранимости, капризности, разборчивости и т. п. (**«Трембита»**).

ДА ЧТО МНЕ ВОШИ! ЧТО Я, ИЗ-ЗА ЭТОГО БУДУ ВСЮ МОЮ МУЖСКУЮ КРАСОТУ ПОРТИТЬ? Реплика, выражающая нежелание стричься (**«Котовский»**).

ДА ЭТО ВОЛЮНТАРИЗМ КАКОЙ-ТО! Чёрт знает что, безобразие! (**«Кавказская пленница»**).

ДА ЭТО ЧТО, ПАРАСЯ НИКАНОРОВНА, Я ВАС ДАЖЕ ГОЛУБКОЙ НАЗВАТЬ МОГУ... И ВОТ ЦЕСАРКА ТОЖЕ, МОЖЕТ, КРАСИВАЯ ПТИЧКА, МЯСО У НЕЁ НЕЖНОЕ ТАКОЕ... А ДОМ У ВАС НЕ ОТБИРАЮТ? Мини-монолог, в котором говорящий имитирует нежное объяснение в любви при явно прагматических расчётах (**«Трембита»**).

Да, я Аполлон. См. *Ах Аполлон, ах Аполлон...*

ДА Я СТАХАНОВЕЦ ВЕЧНЫЙ! У МЕНЯ ВОСЕМНАДЦАТЬ ПОХВАЛЬНЫХ ГРАМОТ! Шутливое самовосхваление (**«Калина красная»**).

ДВАДЦАТЬ ДВА БУГАЯ... НА ПОЛТОРА ЧАСА... ДВА ПИШЕМ — СЕМЬ НА УМ ПОШЛО... ОНИ ВСЁ ПОЛЕ ЗААСФАЛЬТИРУЮТ. **1.** Шутливо о футболе. **2.** Имитация говорящим неумения считать (**«Люди и манекены»**).

ДВА НАЦИОНАЛА В ПОЛНОМ ПАРАДЕ. Шутливо о каких-л. нерусских в национальных костюмах (**«Семеро смелых»**).

Два пишем — семь на ум пошло... См. *Двадцать два бугая...*

ДВА — ЭТО НЕ КУЧА. Два — это недостаточное количество чего-л. (**«38 попугаев»**).

ДЕВОЧКА, ГДЕ ТУТ ЛОДОЧНАЯ СТАНЦИЯ? Шутливый вопрос, задаваемый кому-л. в ситуации, когда имитируется непринуждённое поведение при наличии явно тайных планов (**«Джентльмены удачи»**).

ДЕВУШКА, ВАС КАК ЗОВУТ? — ТАНЯ. — А МЕНЯ ФЕДЯ. — НУ И ДУРА. Ироничный диалог, разыгрываемый в ситуации знакомства, установления контакта, связей (**«Джентльмены удачи»**).

ДЕВЯТЬ КЛАССОВ И ТРИ КОРИДОРА... Иронично об образовании, невысокой степени культурного развития (**«Место встречи изменить нельзя»**).

ДЕЙСТВУЙ! Ну давай, приступай, начинай, даю добро (**«Варвара-краса, длинная коса»**).

Слово употреблялось и до выхода фильма на экраны, однако фильм явно способствовал расширению его популярности.

Делай ногами походку. См. *А ну, делай...*

ДЕЛО НЕ В ПРОФЕССИИ, А В ХАРАКТЕРЕ. Шутливый ответ на чьё-л. заявление, начинающееся со слов «дело не в...» (**«Сердца четырёх»**).

Дельце обделано, дорогой зятёк! См. *Э, нет, дельце обделано...*

ДЕМОН В ЖЕНСКОМ ОБЛИЧИИ. Бранное в адрес женщины (**«Место встречи изменить нельзя»**).

ДЕНЬ ВАРЕНЬЯ. День рожденья (**«Малыш и Карлсон»**).

ДЕНЬГИ. Шутливый ответ на вопрос «что у тебя с головой?», «что у тебя на голове?» и т. п. (**«Бриллиантовая рука»**).

Деньги жгут мне ляжку. См. *Я нервничаю...*

Деньги идут, валюта... См. *Кончай дурака валять...*

ДЕНЬГИ ТОЖЕ НЕМАЛЫЕ! В ответ на чьё-л. замечание «грех большой» или «риск большой», чаще при начале какого-л. дела, обычно сомнительного, незаконного (**«Трембита»**).

Десятый шаг будет твоим последним шагом. См. *Хорошо, можешь сделать десять шагов...*

ДЕТЕКТИВ БЕЗ ПОГОНИ — ЭТО КАК ЖИЗНЬ БЕЗ ЛЮБВИ. Иронично об обязательном мотиве погони в детективном жанре (**«Берегись автомобиля»**).

ДЕТИ ЕСТЬ?.. ПРИВЕТ СЕМЬЕ И ДЕТЯМ! Прощай, пока, привет всем (**«Зайчик»**).

ДЕТОЧКА, ВАМ НЕ КАЖЕТСЯ, ЧТО ВАШЕ МЕСТО У ПАРАШИ? Реплика, адресуемая человеку, ведущему себя излишне вызывающе, нагло (**«Джентльмены удачи»**).

ДЕТОЧКИН ЛЮБИЛ ДЕТЕЙ... Иронично о чьей-л. доброте, или часто наоборот — о чьей-л. жестокости (**«Берегись автомобиля»**).

Дёшево, надёжно и практично. См. *Лёлик! Но ведь это неэстетично...*

ДЖАВДЕТ МОЙ. ВСТРЕТИШЬ — НЕ ТРОГАЙ ЕГО. Реплика, которой говорящий выражает своё желание отомстить кому-л. (**«Белое солнце пустыни»**).

Дикое, но симпатишное. См. *Лучшее в мире привидение с мотором.*

«ДИНАМО» БЕЖИТ? — ВСЕ БЕГУТ. Ироничное обращение к бегущему человеку и стандартный ответ на это обращение (**«Джентльмены удачи»**).

ДИСЛОКАЦИЯ НАША ПРОТЕКАЕТ ГЛАДКО, В ОБСТАНОВКЕ БРАТСКОЙ ОБЩНОСТИ И СОГЛАСИЯ: ИДЁМ СЕБЕ ПО ПЕСКАМ И НИ О ЧЁМ НЕ ВЗДЫХАЕМ... Всё идёт нормально, всё отлично; часто в ситуации, когда дела обстоят как раз наоборот, очень плохо (**«Белое солнце пустыни»**).

ДИТЯМ — МОРОЖЕНОЕ, ЕГО БАБЕ — ЦВЕТЫ, СМОТРИ, НЕ ПЕРЕПУТАЙ, КУТУЗОВ! Реплика, сопровождающая раздачу чего-л. кому-л., распределение вещей по местам и т. п. (**«Бриллиантовая рука»**).

Произносится с украинским акцентом.

ДИЧЬ НЕ УЛЕТИТ, ОНА ЖАРЕНАЯ. Не бойся, этого не произойдёт, это исключено, твои опасения необоснованны (**«Бриллиантовая рука»**).

ДЛЯ НАЧАЛА БУТЫЛОЧКУ ВОДОЧКИ, БУТЫЛОЧКУ КОНЬЯЧКА И ПАРУ ПИВА. Реплика, сопровождающая начало распития спиртного (**«Бриллиантовая рука»**).

ДЛЯ ЧЕГО Ж ТЫ ЗАБРАЛСЯ В ЭТУ ТИШЬ НЕХОРОШУЮ? Что ты тут делаешь? Как ты здесь оказался? Какими судьбами? (**«Марья-искусница»**).

ДНЁМ ТОЛЬКО ГОСПОДА СПЯТ, ДА Я, КОГДА В ТЮРЬМЕ БЫЛ. Шутливо о дневном сне или в адрес человека, который не вовремя заснул, расслабился, ослабил внимание и т. п. (**«Адъютант его превосходительства»**).

ДОБРО ПОЖАЛОВАТЬ, ДОРОГОЙ ДРУГ КАРЛСОН!.. НУ И ТЫ ПРОХОДИ. Ироничное приглашение войти (**«Малыш и Карлсон»**).

ДОБРЫЙ ДЕНЬ, Я КОРОЛЬ, ДОРОГИЕ МОИ... Здравствуйте, а вот и я, приветствую вас (**«Обыкновенное чудо»**).

ДОВЕРЯТЬ МУЖЧИНЕ — БОЖЕ СОХРАНИ. Шутливо о мужчинах, чаще из уст женщины (**«Люди и манекены»**).

ДОГНАТЬ САВРАНСКОГО — ЭТО УТОПИЯ! О чём-л. нереальном, невыполнимом (**«Покровские ворота»**).

ДОЖДИК НУЖЕН ДЛЯ ПОСЕВА, А Я — В ГАРАЖ. Шутливо о необходимости спрятаться от дождя (**«Друг мой, Колька»**).

Дойти до кондиции. См. *Сеня, ты уже...*

ДОКАТИЛИСЬ! С ОДНИМ КАБАНЧИКОМ СПРАВИТЬСЯ НЕ МОЖЕМ! Выражение недовольства, отчаяния по поводу бессилия что-л. сделать (**«Тот самый Мюнхгаузен»**).

ДОКТОР ПО ИМЕНИ ИКС ПО ФАМИЛИИ ТУРКА. Шутливо в адрес любого человека, чаще доктора, врача (**«По щучьему велению»**).

ДОЛГАЯ ДОРОГА В ДЮНАХ. Шутливо о чём-л. долгом, нудном, излишне затянувшемся (**«Долгая дорога в дюнах»**).

ДОЛЖЕН ПРЕДУПРЕДИТЬ: ГОСТИ МЫ БЕСПОКОЙНЫЕ. Реплика пришедшего в гости, адресованная хозяину (**«Обыкновенное чудо»**).

ДОЛЖОК! Шутливое напоминание о каком-л. обещании собеседника или третьего лица (**«Варвара-краса, длинная коса»**).

При этом говорящий поднимает руку и как бы грозит кому-то пальцем. Слово произносится с повышением тона на втором слоге.

ДОМ БОЛЬШОЙ, НАРОДУ МНОГО, А ПОГОВОРИТЬ ХОРОШЕМУ ЧЕЛОВЕКУ НЕ С КЕМ. Сетование на необщительность, замкнутость людей, соседей, сослуживцев (**«Люди и манекены»**).

ДОМ ПОРОСЁНКА ДОЛЖЕН БЫТЬ ЕГО КРЕПОСТЬЮ. О крепкой двери, хорошо обставленной квартире, больших запасах продуктов и т. п. (**«Три поросёнка»**).

ДОН ПЕДРО. Иронично-восторженно о любом человеке (иногда — о муже, с которым говорящая развелась) (**«Здравствуйте, я ваша тётя!»**).

См. также *За дона Педро!, Ох! Дон Педро! ...; Мало ли в Бразилии Педров!..*

Обычно произносится с твёрдым «п» и редукцией конечного «о».

ДО ПЯТНИЦЫ Я СОВЕРШЕННО СВОБОДЕН. Шутливый ответ на вопрос о том, свободен ли в данный момент говорящий (**«Винни Пух идёт в гости»**).

ДОРОГА К ХРАМУ. О любой дороге, пути к чему-л., часто в иронично-сниженном контексте (**«Покаяние»**).

ДОРОГА ЛЕГЧЕ, КОГДА ВСТРЕТИТСЯ ДОБРЫЙ ПОПУТЧИК. Шутливо о попутчике, соседе, как правило, нежелательном, неудобном (**«Белое солнце пустыни»**).

Произносится с имитацией восточного акцента.

ДОРОГОЙ ДРУГ ПРИЛЕТАЕТ ИЗДАЛЕКА. А У ВАС НЕТ ТОРТА. Шутливый упрёк в отсутствии чего-л. у собеседника (**«Карлсон вернулся»**).

ДОРОГОЙ ТОВАРИЩ, НУ ЧТО ТЫ, ДРОВА ТАЩИШЬ, ЧТО ЛИ? Будь аккуратней, неси осторожно, груз очень ценный (**«Семеро смелых»**).

ДОРОГОЙ ЧЕШИРСКИЙ КОТИК! Шутливо-ласковое обращение (**«Алиса в стране чудес»**).

𝄞 **ДО СВИДАНЬЯ, ПАВА, Я ВЕРНУСЯ ВСКОРЕ.** Прощай, до свиданья, до скорого, до встречи (**«Свадьба в Малиновке»**).

Произносится с одесским акцентом.

ДОСТАТОЧНО ОДНОЙ ТАБЛЕТКИ! Реплика, выражающая идею необходимости лишь небольшого количества чего-л., высокой эффективности какого-л. средства (**«Бриллиантовая рука»**).

Согласные перед передними гласными произносятся твёрдо: [таблэткы] (имитируется украинский акцент).

ДОСТУП К ТЕЛУ ЖЕНЩИНЫ В НЕТРЕЗВОМ СОСТОЯНИИ КАТЕГОРИЧЕСКИ ВОСПРЕЩЁН. Шутливо о невозможности полового контакта с женщиной, если мужчина находится в нетрезвом состоянии (**«Брюнетка за тридцать копеек»**).

ДОЦЕНТ БЫ ЗАСТАВИЛ. О чём-л., что при иных обстоятельствах могло бы сложиться совсем иначе; о человеке, который смог бы изменить сложившуюся ситуацию (**«Джентльмены удачи»**).

Произносится со среднеазиатским акцентом.

ДО ЧАСУ Я НЕ ЧЕЛОВЕК. Оставьте меня в покое, прошу меня не тревожить (**«Люди и манекены»**).

До чего ж я старых дураков люблю: научил, надоумил, растолковал и ни копеечки за это не взял. См. *Эх, до чего ж я старых дураков люблю...*

ДОЧЬ НАША БУДУ́Р!.. Шутливое обращение к любому человеку (**«Волшебная лампа Аладдина»**).

Произносится со специфической интонацией: тон резко повышается на [бу] и понижается на [дур].

ДРОЖИ ПЕРЕДО МНОЙ... ОТЧЁТЛИВЕЙ! Реплика, которой говорящий имитирует шутливое устрашение собеседника (**«Марья-искусница»**).

𝄞 **ДРУГА Я НИКОГДА НЕ ЗАБУДУ, ЕСЛИ С НИМ ПОДРУЖИЛСЯ В МОСКВЕ.** Шутливо о том, что говорящий никогда не забудет кого-л. (чаще о собеседнике), всегда будет о нём помнить и т. п. (**«Свинарка и пастух»**).

Слова песни, ставшей популярной благодаря данной киноленте.

ДУБ, КАК СЛЫШИШЬ МЕНЯ? ЛОПУХ НЕ ДОГАДАЛСЯ? Реплика, выражающая идею некоего шутливого заговора говорящих (**«Операция «Ы» и другие приключения Шурика»**).

ДУМАЕШЬ, САБЛЮ НАЦЕПИЛ, ТАК ХОЗЯИНОМ СТАЛ НАД ВСЕМИ ДЕВЧАТАМИ? Иронично в адрес человека, который бравирует перед женщинами своим богатством, какими-л. дорогими вещами и т. п., например, в адрес хозяина шикарной машины и т. п. (**«Свадьба в Малиновке»**).

ДУМАЛ, ДУМАЛ... ИНДЮК ТОЖЕ ДУМАЛ! Иронично о том, что собеседник ведёт себя несообразно с реальными обстоятельствами (**«Весёлые ребята»**).

ДУРАКИ ЛЮДИ! У НЕГО ПЕРЕД НОСОМ НАГАН ПЛЯШЕТ, А ОН ЩЕКОТКИ БОИТСЯ. О чьём-л. странном поведении, о неуместном веселье, непростительном легкомыслии и т. п. (**«Адъютант его превосходительства»**).

ДУРАК ТЫ МОЙ ЖЕЛЕЗНЫЙ. Иронично-дружеское обращение (**«Вратарь»**).

Обычно произносится с нарочито доброй, широкой улыбкой.

ДУРИЛКА КАРТОННАЯ. Иронично-бранное (**«Место встречи изменить нельзя»**).

Дуры шестиэтажные. См. *Эти дуры шестиэтажные...*

Дурють нашего брата, ой, дурють... См. *В нунтре сре... срендевекового рыцаря...*
ДУША МОЯ РВЁТСЯ К ВАМ, НЕНАГЛЯДНАЯ КАТЕРИНА МАТВЕВНА, КАК ЖУРАВЛЬ В НЕБО... Шутливое выражение любви, дружеского расположения и т. п., не обязательно к женщине (**«Белое солнце пустыни»**).
ДУША НИ ОБ ЧЁМ НЕ УБИВАЕТСЯ, КРОМЕ КАК ОБ ВАС. Шутливое выражение расположения, любви, симпатии (**«Белое солнце пустыни»**).
ДЫРКУ ТЫ ОТ БУБЛИКА ПОЛУЧИШЬ, А НЕ ШАРАПОВА! Ничего ты не получишь, ничего я тебе не дам! (**«Место встречи изменить нельзя»**).
ДЫШИТЕ НОСОМ! Призыв не теряться, не терять присутствия духа, держаться достойно, контролировать ситуацию и т. п. (**«Семь стариков и одна девушка»**).
ДЯДИ ЕГОРА СНОТВОРНОЕ. Спиртное .
См.также *Сейчас бы этого дяди Егора снотворного...*
Дяди и тёти, давайте будем начинать кушать, не торопитесь, мечите пореже... См. *Ну, дяди и тёти...*
ДЯДЯ, А ЭТО ВАМ. Шутливая реплика, которой говорящий сопровождает вручение кому-л. чего-л. (**«Когда деревья были большими»**).
ДЯДЯ СТЕПАН, ИХНИЙ КУЧЕР НА МЕНЯ В ЛОРНЕТ ПОСМОТРЕЛ. ЧЕГО ЭТО ОН, А? — ЧЕГО-ЧЕГО... ЗРЕНИЕ СЛАБОЕ. Шутливый диалог, объектом которого является кто-л., посмотревший на говорящего, бесцеремонно рассматривающий его, подсматривающий за ним и т. п., а также шутливо о человеке в очках (**«Формула любви»**).
ДЯДЯ ХОРОШИЙ, ДОБРЫЙ, А ТЫ ЕГО БУЛЫЖНИЧКОМ ПРЯМО В ГЛАЗИК... Зачем ты это сделал? Как тебе не стыдно! (**«Деловые люди»**).
Дядя Шарик. См. *Ваш сын дядя Шарик.*

Е

ЕВРОПА МОЖЕТ ПОДОЖДАТЬ. Шутливо в ответ на какие-л. доводы собеседника, которые он считает вескими, серьёзными, неоспоримыми (**«Стакан воды»**).
ЕГО НАДО В ПОЛИКЛИНИКУ СДАТЬ, ДЛЯ ОПЫТОВ. Его надо наказать, с ним надо разделаться (**«Трое из Простоквашино»**).
Её мордоворот во сне увидишь — не проснёшься. См. *Мурлым Мурло...*
Её папа подарил мне белые перчатки... См. *С ней я пошёл дальше всех...*
Её родную сестру, точно такую же, как она, съел людоед, отравился и умер. Видите, какие в этой семье ядовитые характеры. См. *Жена моя — женщина особенная...*
ЕЖЕЛИ ЕЩЁ ЧЕГО УСЛЫШУ ПРО БАТЬКУ, КИНУ ВАМ ГРАНАТУ. Если ещё чего-нибудь услышу в том же роде — накажу; перестань так говорить, не говори больше об этом (**«Адъютант его превосходительства»**).
ЕЖЕЛИ НАДУМАЛ КТО, ПУЩАЙ ГОЛОС ПОДАСТ. Просьба выражать своё мнение, высказываться, говорить, принимать решение (**«Адъютант его превосходительства»**).
Произносится с нарочитыми диалектно-просторечными чертами.
ЁЖИК В ТУМАНЕ. Иронично о заблудившемся, запутавшемся и т. п. человеке (**«Ёжик в тумане»**).
ЁЖИКОВ УТОНУЛ! Шутливо о человеке, который случайно хлебнул слишком много воды, поперхнулся и т. п. (**«Максим Перепелица»**).
ЕЖЛИ БЫ НЕ ЭТО ДЕЛО — НИКАКОГО УДОВОЛЬСТВИЯ! О спиртном, о необходимости выпить (**«Люди и манекены»**).
Произносится с имитацией речи пьяного.
ЁЛКИ-МОТАЛКИ, КУДА ЖЕ ВЫ ВСЕ ПОДЕВАЛИСЬ? Где же вы? Куда вы делись? Покажитесь! (**«Падал прошлогодний снег»**).
ЕЛЬ-ЦАРЕВНА. Шутливо о стройной, красивой женщине, девушке (**«Падал прошлогодний снег»**).
ЕРУНДА, БАНДИТСКАЯ ПУЛЯ. Да так, пустяк, не стоит обращать внимания, не волнуйтесь; часто в ситуации, когда говорящий хочет отвлечь внимание собеседника от своей персоны (**«Старики-разбойники»**).
ЕСЛИ БУДУТ МЕНЯ СПРАШИВАТЬ, Я ИГРАЮ В ШАХМАТЫ... Реплика, которой говорящий предупреждает, чтобы его не беспокоили (**«Семнадцать мгновений весны»**).
ЕСЛИ БЫ ВЫ БЫЛИ МОЕЙ ЖЕНОЙ, Я БЫ ПОВЕСИЛСЯ. Иронично в ответ на гипотетическое высказывание «если бы я была вашей женой»;

упрёк собеседнице в том, что у нее тяжёлый характер (**«Иван Васильевич меняет профессию»**).

ЕСЛИ БЫ У МЕНЯ ХВАТИЛО (или **БЫЛА ХОТЬ КАПЛЯ**) **УМА, Я БЫ СКАЗАЛ...** Шутливое вводное предложение, в котором говорящий нарочито прибедняется, преуменьшает свои интеллектуальные способности (**«Волшебник Изумрудного города»**).

ЕСЛИ Б Я БЫЛ ЧЕСТНЫЙ ЧЕЛОВЕК, СКОЛЬКО БЫ НАРОДУ В ЕВРОПЕ ПОЛЕГЛО. УЖАС! Шутливо в ответ на чьё-л. заявление о необходимости честности в каком-л. деле, соблюдения каких-л. правил и т. п. (**«Формула любви»**).

ЕСЛИ ВЫ ДУМАЕТЕ, ЧТО У МЕНЯ С НИМ ОБЩИЕ РОДСТВЕННИКИ — ТАКИ НЕТ. Не думайте обо мне так, дела обстоят совсем иначе; выражение нежелания говорящего иметь с кем-л. дело (**«Новые приключения неуловимых»**).

ЕСЛИ ВЫ ЗДЕСЬ НЕ БУДЕТЕ СТОЯТЬ, КАК ПАМЯТНИК РИШЕЛЬЕ, ВЫ ЕГО ДОГОНИТЕ. Упрёк собеседнику в излишней медлительности, пассивности, нерасторопности (**«Новые приключения неуловимых»**).

𝄞 **ЕСЛИ ЖЕНЩИНЫ ВМЕСТЕ, РАЗГОВОР ИХ ИЗВЕСТЕН...** Шутливо о женских пересудах, сплетнях, пустых разговорах, болтовне и т. п. (**«Люди и манекены»**).

ЕСЛИ К ВЕЧЕРУ НЕ ВЕРНУСЬ, ПОЙДЁШЬ ТЫ. Иронично о крайней необходимости что-л. делать; чаще о каком-л. опасном, сложном деле (**«Неуловимые мстители»**).

ЕСЛИ, КОНЕЧНО, ВОВРЕМЯ НЕ ПОДКРЕПИТЬСЯ... О необходимости поесть, закусить (**«Винни Пух и его друзья»**).

Если мало — это не куча... См. *Я знаю только, что куча...*

Если меня прислонить в тихом месте к тёплой стенке, со мной ещё очень-очень можно поговорить... См. *Но если меня прислонить...*

ЕСЛИ МЫ В ТАКОМ ТЕМПЕ БУДЕМ ПРОДВИГАТЬСЯ, Я НА АЭРОДРОМ НЕ ПОПАДАЮ. Не надо пить так часто, давайте делать перерывы между рюмками, «не частите» (**«Ирония судьбы, или С лёгким паром»**).

Чаще произносится с имитацией речи пьяного.

ЕСЛИ РАНЬШЕ ОН РИСОВАЛ, МЯГКО ВЫРАЖАЯСЬ, РОЖИ, ТО ТЕПЕРЬ ОН ПИШЕТ, ГРУБО ГОВОРЯ, СЛОВА. О подросшем ребёнке, который научился писать (**«Люди и манекены»**).

ЕСЛИ ТАК ДАЛЬШЕ ПОЙДЁТ, Я ТОЖЕ РАЗБЕГУСЬ В РАЗНЫЕ СТОРОНЫ. Если события будут и впредь развиваться столь же неблагоприятно, то я выхожу из игры (**«Свадьба в Малиновке»**).

Произносится с одесским акцентом

ЕСЛИ ТЫ СЕЙЧАС НИЧЕГО НЕ СДЕЛАЕШЬ, О Я НЕ ЗНАЮ, ЧТО Я СЕЙЧАС СДЕЛАЮ. Призыв к собеседнику предпринять какие-л. решительные действия (**«Карнавальная ночь»**).

ЕСЛИ У ВАС НЕТ ДОСТАТОЧНОЙ ТРЕНИРОВКИ, ТО НЕ СТО́ИТ И ЗАНИМАТЬСЯ ЭТИМ В ТАКОМ СЛУЧАЕ. Шутливо о пьянстве, распитии спиртного (**«Адъютант его превосходительства»**).

𝄞 **ЕСЛИ У ВАС НЕТУ ТЁТИ** (или **НЕТ СОБАКИ**), **ЕЁ ВАМ НЕ ПОТЕРЯТЬ** (или **ЕЁ НЕ ОТРАВИТ СОСЕД**). О том, что приобретение чего-л., обладание чем-л. сопряжено с новыми трудностями, проблемами (**«Ирония судьбы, или С лёгким паром»**).

ЕСЛИ ЧЕЛОВЕК ИДИОТ, ТО ЭТО НАДОЛГО. О глупом человеке (**«Бриллиантовая рука»**).

ЕСЛИ Я ВСТАНУ, ТЫ У МЕНЯ ЛЯЖЕШЬ. Саркастический ответ на чью-л. реплику «Встать!», «Встань!» и т. п. (**«Операция «Ы» и другие приключения Шурика»**).

ЕСЛИ Я НЕ ОШИБАЮСЬ, ЗДЕСЬ БУДЕТ ТАКОЙ КЛЁВ, ЧТО ТЫ ПОЗАБУДЕШЬ ВСЁ НА СВЕТЕ. Всё будет хорошо, не волнуйся, всё совершится так, как надо, как мы задумали, нас ждёт большая удача (**«Бриллиантовая рука»**).

Есть вещи, которые надо делать лично... самому... даже при наличии здорового коллектива. См. *Знаете, есть вещи...*

Есть два пути... См. *Значит, есть два пути...*

ЕСТЬ ЛИ ЖИЗНЬ НА МАРСЕ, НЕТ ЛИ ЖИЗНИ НА МАРСЕ — ЭТО НАУКЕ НЕИЗВЕСТНО, НАУКА ПОКА ЕЩЁ НЕ В КУРСЕ ДЕЛА. 1. Не надо гадать о заведомо неизвестном. **2.** Одно ли, другое ли — не всё ли равно? (**«Карнавальная ночь»**).

𝄞 **ЕСТЬ У МЕНЯ ДРУГИЕ ИНТЕРЕСЫ...** Мне это неинтересно, мне интересно другое (**«Новые приключения неуловимых»**).

Произносится (или напевается) с еврейско-одесским акцентом; в звукосочетаниях [тэ] и [рэ] согласные не смягчаются.

ЁШКИН КОТ! Ёлки-палки! Чёрт возьми! (**«Любовь и голуби»**).

ЁЩ-ШАЙТА́Н-РАДИ́М-ВАС-ВА́С! Шутливое выражение досады, недовольства (**«Волшебная лампа Аладдина»**).

Ещё в староглиняные времена... См. *Давненько когда-то...*

ЕЩЁ НЕ ВСЁ ПОТЕРЯНО, КОРШУНЫ МОИ! Ещё не всё потеряно, ещё есть надежда; обычно с отчётливым ироничным подтекстом (**«Свадьба в Малиновке»**).

Ещё одна причина, по которой вы не сможете быть разведчиком! См. *Это ещё одна причина...*

ЕЩЁ РАЗ УЗНАЮ, ЧТО ТЫ ОТ ЖЕНЫ В СТВОЛ ПИСТОЛЕТА СТОРУБЛЁВКУ ПРЯЧЕШЬ, СМОТРИ У МЕНЯ! Чтоб я больше этого не видел, больше так не делай (**«Место встречи изменить нельзя»**).

ЕЩЁ РЮМОЧКУ — ПОД ЩУЧЬИ ГОЛОВЫ! Давай(те) ещё выпьем, наливай(те) следующую (**«Иван Васильевич меняет профессию»**).

Произносится подчёркнуто эмоционально.

Ж

ЖАБЫ ВОДЯТСЯ ВЕЗДЕ. Иронично о чём-л. широко распространённом, известном и т. п. (**«Сердца четырёх»**).

Жавдет мой. То же, что *Джавдет мой...*

ЖАЛКОЕ ЗРЕЛИЩЕ, ДУШЕРАЗДИРАЮЩЕЕ ЗРЕЛИЩЕ! Как это ужасно! Какой ужас! Какой кошмар! (**«Винни Пух и день забот»**).

ЖАЛКО, КОРОЛЕВСТВО МАЛОВАТО, РАЗВЕРНУТЬСЯ МНЕ НЕГДЕ! НИЧЕГО, Я ПОССОРЮСЬ С СОСЕДЯМИ, ЭТО Я УМЕЮ! Шутливое сетование по поводу того, что у говорящего слишком мало́ поле деятельности, что ему негде по-настоящему проявить себя (**«Золушка»**).

ЖАЛЬ ЗА БАРАНКОЙ, Я БЫ ЗАПИСАЛ. Шутливая реакция на чьи-л. меткие, интересные (или наоборот — глупые, грубые) слова; чаще из уст шофёра (**«Люди и манекены»**).

ЖАЛЬ ТОЛЬКО, ЖИЗНЬ ОДНА, БЫЛО Б У МЕНЯ ИХ ТРИ — ТРИ ЗАРПЛАТЫ ПОЛУЧАЛ БЫ. Реплика, сопровождающая получение денег, в частности, зарплаты (**«Большая перемена»**).

Же ву при, авек плезир, господи, от страха все слова повыскакивали. См. *Силь ву пле, дорогие гости...*

ЖЕЛАЕМ ВАМ БОЛЬШИХ УСПЕХОВ В ДЕЛЕ СПАСЕНИЯ УТОПАЮЩИХ! Ироничное пожелание успеха в любом деле (**«Большая перемена»**).

ЖЕЛВАКИ ЗАХОДИЛИ, НЕРВЫ ЗАИГРАЛИ, НОЖКИ НАПРУЖИНИЛ — И ПОШЁЛ ПО КРУГУ. Употребляется при описании чьих-л. решительных, энергичных действий (**«Люди и манекены»**).

Железное «Болеро». См. *Они у нас, собаки, спляшут...*

ЖЕЛЕЗНЫЙ ДРОВОСЕК. 1. О выносливом, сильном человеке. **2.** В значении наречия: точно, обязательно, наверняка, «железно» (**«Волшебник Изумрудного города»**).

Железобетонная специальность. См. *Учиться по железобетонной специальности...*

ЖЕНА МОЯ — ЖЕНЩИНА ОСОБЕННАЯ. ЕЁ РОДНУЮ СЕСТРУ, ТОЧНО ТАКУЮ ЖЕ, КАК ОНА, СЪЕЛ ЛЮДОЕД, ОТРАВИЛСЯ И УМЕР. ВИДИТЕ, КАКИЕ В ЭТОЙ СЕМЬЕ ЯДОВИТЫЕ ХАРАКТЕРЫ. Иронично о трудном характере жены и её родственников (**«Золушка»**).

ЖЕНИТЬСЯ НУЖНО НА СИРОТЕ. О трудностях, возникающих при совместной жизни мужа и родителей жены (**«Берегись автомобиля»**).

ЖЕНИТЬСЯ — ЭТО Ж НЕ СТАКАН ВОДЫ ВЫПИТЬ, ЭТО ОЧЕНЬ ОТВЕТСТВЕННЫЙ ШАГ. Иронично о женитьбе, а также шире — о любом ответственном шаге, поступке и т. п. (**«Сердца четырёх»**).

ЖЕНСКИЙ ПОЛ УСЫ ЛЮБИТ. Женщины чаще влюбляются в усатых мужчин (**«Кубанские казаки»**).

ЖЕНЩИНА ВЕСОМЫХ ДОСТОИНСТВ. Иронично о любой женщине, чаще о полной (**«Покровские ворота»**).

ЖЕНЩИНА — ДРУГ ЧЕЛОВЕКА. Иронично о женщине, её правах, свободах и т. п. (**«Бриллиантовая рука»**).

ЖЕНЩИНА — ТОЖЕ ЧЕЛОВЕК. Шутливо о женщине, её психологических особенностях по сравнению с мужчиной (**«Белое солнце пустыни»**).

ЖЕНЩИНА Я ИЛИ НЕ ЖЕНЩИНА? — НЕ РАЗОБРАЛ. Шутливый диалог, разыгрываемый между женщиной и мужчиной, когда женщина настаивает на своих женских правах, а мужчина уклоняется от ответа, от решения проблемы (**«Свадьба в Малиновке»**).

ЖИВЬЁМ БРАТЬ ДЕМОНОВ! Шутливая реплика, сопровождающая поиск кого-л., погоню за кем-л. (**«Иван Васильевич меняет профессию»**).

Жилплощадь. См. *А что вам больше всего во мне нравится? ...*

ЖИТЬ ХОРОШО! — А ХОРОШО ЖИТЬ ЕЩЁ ЛУЧШЕ! — ВЕРНО! Диалог, разыгрываемый говорящими в ситуации, когда они получают какое-л. удовольствие: едят, пьют и т. п. (**«Кавказская пленница»**).

ЖУЖЖИТЕ ДАЛЬШЕ, ПЧЁЛКИ. Говорите, говорите, валяйте, «мели, Емеля, твоя неделя» (**«Адъютант его превосходительства»**).

Жуткая гадость. Но люди пьют! См. *Да, самогон...*

ЖЭБЭУ́. Аббревиатура: Женщина, Бывшая в Употреблении; иронично о женщине лёгкого поведения (**«Брюнетка за тридцать копеек»**).

З

Забег в ширину. См. *Небольшой забег в ширину.*

ЗАБЛОКИРУЙ ЕГО. Ударь, накажи его, сделай так, чтоб он перестал болтать, замолчал, заткнулся (**«Отроки во Вселенной»**).

ЗАБОДАЙ ВАС (или **ЕГО** и т. п.) **КОМАР!** Чёрт возьми! Ёлки-палки! при выражении любой эмоции (**«Трактористы»**).

ЗА ВАШЕ КУКОВАНИЕ ЗДЕСЬ МОГУТ СДЕЛАТЬ ТАКОЕ, ЧТО СКАЗАТЬ ПРОТИВНО. Вы очень сильно провинились, вы не правы, вы наделали дел (**«Новые приключения неуловимых»**).

ЗА ВСЕ СОЛНЕЧНЫЕ РЕСПУБЛИКИ КАВКАЗА — ПРОШУ ВЫПИТЬ! Шутливый тост (**«Сто грамм для храбрости»**).

ЗАГРАНИЧНЫЙ НАДО ИЗЫСКИВАТЬ. О каком-л. приспособлении (механизме, любой вещи и т. п.) невысокого качества, быстро вышедшем из строя (**«Берегись автомобиля»**).

ЗАДАЙТЕ ЕМУ ЭТОТ ВОПРОС ЕЩЁ РАЗ, НО ТАК, ЧТОБЫ ОН ЗАГОВОРИЛ. Призыв узнать, выпытать что-л. у кого-л. с применением силы (**«Подвиг разведчика»**).

За державу обидно. См. *Мне за державу обидно.*

ЗА ДОНА ПЕДРО! Шутливый тост (**«Здравствуйте, я ваша тётя!»**).

Займёмся развратом! См. *Ну что, трактирная душа...*

ЗАЙМИСЬ ЭТИМ ЗВЕРЕМ, ТОЛЬКО БУДЬ ОСТОРОЖНА: СОБАКА НЕ СТЕРИЛЬНА. Шутливое предостережение (**«Карлсон вернулся»**).

За королевской тёщей! Шагом марш! См. *Во дворец!..*

За кровь преданных тобою людей, правом и властью, данными мне Родиной! См. *Шутил, теперь не шучу!..*

ЗАКРОЙ ВАРЕЖКУ, ИДИОТ! Замолчи, закрой рот, заткнись (**«Друг мой, Колька»**).

ЗАКРОЙ РОТ, ДУРА, Я УЖЕ ВСЁ СКАЗАЛ. Всё, я закончил, я всё сказал; чаще в ситуации, когда собеседник (собеседница) явно не понял(а) говорящего (**«Люди и манекены»**).

ЗАКУРИТЬ ЕСТЬ У КОГО-НИБУДЬ? Реплика, которой говорящий нарочито прерывает свой рассказ на самом интересном месте (**«Трембита»**).

ЗАКУСЫВАТЬ НАДО! 1. О необходимости закусывать при употреблении спиртного. **2.** О чьём-л. глупом, нелепом поведении (**«Иван Васильевич меняет профессию»**).

ЗАЛЕЖАЛАЯ ТЫКВА. Иронично о пожилой женщине (**«Трембита»**).

Заложите кобылу. См. *Але, гараж?..*

ЗАМОРСКАЯ ИКРА, БАКЛАЖАННАЯ. Иронично о каком-л. дефицитном продукте, товаре (**«Иван Васильевич меняет профессию»**).

ЗАМУРОВАЛИ, ДЕМОНЫ! О трудной, безвыходной ситуации; о происках недоброжелателей, поставивших говорящего в безвыходное положение (**«Иван Васильевич меняет профессию»**).

Замэрз, как на морском дне. См. *Я замэрз...*

За нашу победу! См. *За победу!..*

ЗА НЕИМЕНИЕМ ГЕРБОВОЙ ПИШУТ И НА ПРОСТОЙ. Шутливая реплика, сопровождающая распитие не вполне качественного спиртного напитка (**«Адъютант его превосходительства»**).

Заниматься каждой балалайкой в отдельности мы не можем. См. *Товарищ, у нас массовое производство...*

За обедом по четвертинке дают, а ты мне осьмушку всучиваешь? См. *Ишь ты, гулевой...*

ЗАПАСЛИВЫЙ ПАРЕНЁК! Шутливо о предусмотрительном человеке, о том, у кого на любой упрёк есть опровержение, на любой аргумент — контраргумент и т. п. (**«Семеро смелых»**).

ЗА ПОБЕДУ! ЗА НАШУ ПОБЕДУ! Шутливый тост, часто в ситуации, когда говорящий подчёркивает, что его планы не совпадают с планами окружающих, диаметрально расходятся с ними (**«Подвиг разведчика»**).

ЗАПОМНИ АДРЕС: ДАНЦИГЕН ШТРАССЕ 18, ПАРИКМАХЕРСКАЯ «ЭЛИТ», ФРЕЙЛЕН ТЕРЕЗА. Шутливо в ситуации, когда говорящие договариваются о чём-л. конфиденциально, интимно, не желая, чтобы их секрет стал достоянием окружающих (**«Подвиг разведчика»**).

За пять минут, и без всяких фокусов!.. См. *Как я вас перевербовал...*

За рупь за двадцать. См. *Так что возьми его...*

Заряжаться, приятели. Вчера триста семьдесят шестой опоздал — всё, законсервировали. См. *Э, чего медлите...*

ЗАСТУКАЮТ НАС ЗДЕСЬ: В ДАМСКИЙ ИДТИ НАДО. Всё надо делать по-другому, не так, надо идти на нежелательные шаги (**«Джентльмены удачи»**).

Произносится с имитацией хриплого, осипшего голоса.

ЗА ТАКИЕ ДЕНЬГИ Я САМ В КОРОБОЧКУ ЗАЛЕЗУ. О чём-л. дорогом и упакованном в коробочку, например, о духах (**«Сто грамм для храбрости»**).

ЗАТВЕРДИ, КАК СТРОЕВОЙ УСТАВ. Запомни хорошенько (**«Место встречи изменить нельзя»**).

ЗАТКНИСЬ, ЗАНУДА! Замолчи, надоел, слушать тебя больше не могу (**«Падал прошлогодний снег»**).

Зато дёшево, надёжно и практично! См. *Лёлик! Но ведь это неэстетично...*

ЗАХОДИТЕ, ГРАЖДАНИН, Я ВАС КАШЕЙ НАКОРМЛЮ. Шутливое приглашение (**«Свадьба в Малиновке»**).

Зачем на всю жизнь себя связывать со Средней Азией? См. *Очаровательная девушка...*

ЗАЧЕМ НАМ, СОВЕТСКИМ ЛЮДЯМ, СКРЫВАТЬ СВОЁ ЛИЦО? Шутливо об открытости, откровенности, искренности (**«Карнавальная ночь»**).

ЗАЧЕМ ТЫ ТАКОЙ ЗЛОЙ, ЗАЧЕМ КАК СОБАКА? Не злись, будь спокойнее, не сердись (**«Джентльмены удачи»**).

Произносится со среднеазиатским акцентом.

ЗАЧЕМ ТЫ УБИЛ БАБУШКУ? Зачем ты это сделал? Как тебе не стыдно! (**«Добро пожаловать, или Посторонним вход воспрещён»**).

ЗАЧЕМ ТЫ УБИЛ МОИХ ЛЮДЕЙ, САИД? Зачем ты это сделал? Как тебе не стыдно! (**«Белое солнце пустыни»**).

За что я мужиков не люблю: нервные они! См. *Ну, за что я мужиков не люблю...*

ЗА ЧУЖОЙ СЧЁТ ПЬЮТ ДАЖЕ ТРЕЗВЕННИКИ И ЯЗВЕННИКИ. За чужой счёт пьют все (**«Бриллиантовая рука»**).

Произносится с украинским акцентом.

ЗА ЭТО УБИВАТЬ НАДО! Выражение недовольства по любому поводу (**«Бриллиантовая рука»**).

ЗАЯВИТЕ, А ТО МЫ САМИ ЗАЯВИМ. Угроза в ответ на угрозу (**«Иван Васильевич меняет профессию»**).

ЗАЯЦ? — ЗАЯЦ, ЗАЯЦ... Шутливое приветствие и ответ на него (**«Ну, погоди!»**).

ЗАЯЦ, ТЫ МЕНЯ СЛЫШИШЬ? — СЛЫШУ, СЛЫШУ. Диалог, разыгрываемый в ситуации, когда говорящие не видят друг друга, например, в темноте и т. п. (**«Ну, погоди!»**).

ЗВЕРСКИЙ ПРИЁМЧИК. Неодобрительно о каком-л. недозволенном приёме, подлом поступке, изощрённой хитрости и т. п. (**«Вратарь»**).

Здесь будет такой клёв, что ты позабудешь всё на свете. См. *Если я не ошибаюсь...*

ЗДЕСЬ ТОЛЬКО ОДНА ДЕВУШКА... ЭТО Я! Шутливая реакция на слово «девушка», прозвучавшее в любом контексте (**«Здравствуйте, я ваша тётя!»**).

Здорово, атаман! См. *Здорово, капитан!...*

ЗДОРО́ВО, КАПИТАН! — ЗДОРО́ВО, АТАМАН! Диалог-приветствие (**«Тимур и его команда»**).

ЗДРАВ БУДЬ, БОЯРИН! Шутливое приветствие или тост (**«Иван Васильевич меняет профессию»**).

𝄞 **ЗДРАВСТВУЙ, МАЛЬЧИК БАНАНА́Н, ТУК-ТУК-ТУК.** **1.** Привет, здравствуй. **2.** Ты что, с ума сошёл? Что ты говоришь (делаешь)? (**«Асса»**).

𝄞 **ЗДРАВСТВУЙ, МИЛАЯ МОЯ, Я ТЕБЯ ЗАЖДАЛСЯ.** Шутливое приветствие, чаще в адрес человека, которого не ждали, не хотят видеть (**«Трактористы»**).

ЗДРАВСТВУЙТЕ, БРАТЦЫ-КРОЛИКИ. Шутливое обращение к группе лиц (**«Афоня»**).

ЗДРАВСТВУЙТЕ, Я ВАША ТЁТЯ! Вот тебе раз, ну и ну, вот это номер и т. п. (**«Здравствуйте, я ваша тётя!»**).

Впервые, по всей видимости, данное выражение широко прозвучало с экранов в фильме «Вратарь», после чего и стало крылатым; в качестве крылатого выражения послужило названием фильма, что способствовало ещё большему его распространению.

ЗЕБРА. О ком-л., одетом во что-л. полосатое, например, в тельняшку (**«Ну, погоди!»**).

ЗМЕЮКА ГНУСАВАЯ! Инвектива в адрес кого-л. (**«Республика ШКИД»**).

ЗНАЕТЕ, ЕСТЬ ВЕЩИ, КОТОРЫЕ НАДО ДЕЛАТЬ ЛИЧНО... САМОМУ... ДАЖЕ ПРИ НАЛИЧИИ ЗДОРОВОГО КОЛЛЕКТИВА. **1.** О необходимости действовать самому, самому принимать решения, без оглядки на окружающих. **2.** Шутливо о личных, интимных проблемах, делах (**«Люди и манекены»**).

ЗНАЕШЬ, КАКАЯ ЖИЗНЬ БУДЕТ? ПОМИРАТЬ НЕ НАДО! Всё будет очень хорошо, вот увидишь, как всё будет отлично (**«Чапаев»**).

Во втором предложении логическое ударение на слове «помирать».

ЗНАТНАЯ ЗВЕРЮГА! Одобрительно по любому поводу (**«Падал прошлогодний снег»**).

ЗНАЧИТ, БУДУТ ГРАБИТЬ. Иронично в ответ на чьи-л. заверения в его (их) приверженности принципам свободы личности, гуманности, справедливости и т. п. (**«Свадьба в Малиновке»**).

ЗНАЧИТ, ЕСТЬ ДВА ПУТЯ... Есть две возможности, существует следующая альтернатива (**«Адъютант его превосходительства»**).

Произносится с нарочитыми диалектно-просторечными чертами.

ЗНАЧИТ, СОБАКА ИЗ СТАКАНА, А ЛЮДИ ИЗ БУТЫЛКИ? О какой-л. вопиющей несправедливости (**«Сто грамм для храбрости»**).

ЗНАЧИТ, ТАКИМ ПУТЁМ... Значит так, делать будем следующим образом, предлагаю следующий путь решения задачи (**«Дело Румянцева»**).

ЗНАЧИЦА, ТАК И ЗАПИШЕМ. Вводная конструкция, предворяющая любое утверждение или подводящая итог сказанному (**«Место встречи изменить нельзя»**).

ЗОЛОТО, БРИЛЛИАНТЫ... Шутливый ответ на вопрос собеседника «что у тебя там?» или «а это что у тебя?» и т. п. (**«Бриллиантовая рука»**).

ЗОЛОТО ИЗ РТУТИ ВОЗНИКАЕТ НА ДЕСЯТЫЙ ДЕНЬ, ЛЮБОВЬ ИЗ НЕПРИЯЗНИ — НА ПЯТНАДЦАТЫЙ, МЫ С ВАМИ ДВЕ НЕДЕЛИ В ПУТИ... НАСТУПАЕТ КРИТИЧЕСКИЙ МОМЕНТ... Шутливо о необходимости выяснить отношения (**«Формула любви»**).

Зубками её, зубками. См. *Да вы не стесняйтесь...*

ЗЮЙД-ЗЮЙД-ВЕСТ. Шутливо о любом ветре, а также (переносно) о поветрии, умонастроении и т. п. (**«Семеро смелых»**).

От голландского Zuiden — юг, южный ветер, zuidwest — юго-запад, юго-западный ветер.

И, Й

И БЕЗ ВСЯКОЙ ПАРТИЗАНЩИНЫ... Чтобы без глупостей, чтобы всё шло по плану, без импровизаций (**«Место встречи изменить нельзя»**).

И в колодец! См. *По горлу — чик...*

И ВОТ ПРОШЛО ШЕСТЬ МЕСЯЦЕВ, И ВЫ ЯВИЛИСЬ БЕЗ ЗОНТИКА. О ком-л., кто ушёл под незначительным бытовым предлогом и с обещанием тотчас вернуться, но пропал на долгое время (**«Соломенная шляпка»**).

И ВОТ ТУТ НЕКОТОРЫЕ СТАЛИ СЕБЕ ПОЗВОЛЯТЬ НАШИВА́ТЬ НАКЛАДНЫЕ КАРМАНЫ И ОБУЖИВАТЬ РУКАВ. ВОТ ЭТОГО МЫ ПОЗВОЛЯТЬ НЕ БУДЕМ! Реплика, пародирующая официально-критические штампы советской эпохи (**«Тот самый Мюнхгаузен»**).

И В ПАРИЖИКЕ, И В МАДРИДИКЕ, И В ВЕНОЧКЕ. Шутливо о Европе (Париже, Мадриде, Вене и др.); о ком-л., кто часто бывает за границей (**«Люди и манекены»**).

И главное, что примечательно, редкое. См. *У неё прекрасное имя...*

ИГРАТЬ НАДО ГОЛОВОЙ. О необходимости думать при работе, игре на сцене или игре во что-л., например, в футбол (**«Берегись автомобиля»**).

𝄞 **И ДАЖЕ ПЕНЬ В АПРЕЛЬСКИЙ ДЕНЬ БЕРЁЗКОЙ СНОВА СТАТЬ МЕЧТАЕТ. 1.** Шутливо о том, что любви подвластны все. **2.** О весне, весеннем настроении (**«Весна»**).

Идёт Великий Мганга! См. *Мганга, идёт великий Мганга.*

ИДИ В БАНЮ! Да ну тебя, пошёл вон, надоел, сколько можно, прочь отсюда, отстань и т. п. (**«Ирония судьбы, или С лёгким паром»**).

Выражение употреблялось и до выхода фильма на экраны, но после этого приобрело особую популярность.

ИДИ, ИДИ, СПАНИЕЛЬ НЕСЧАСТНЫЙ. Иди отсюда, пошёл вон (**«Каникулы в Простоквашино»**).

Произносится с «кошачьими» интонациями.

ИДИ К НАМ В БАНДУ: Я ТЕБЕ ПРОТЕЖЕ УСТРОЮ. Приглашение участвовать в каком-л. деле, войти в коллектив, компанию (**«Свадьба в Малиновке»**).

Произносится с одесским акцентом.

ИДИ, НАЧЕРТИ ПАРУ ФОРМУЛ... Реплика, которой говорящий пытается отдалиться от собеседника, отослать его прочь (**«Семнадцать мгновений весны»**).

ИДИ СЮДА, ИДИ, ПРИДУРОК! А ну-ка иди сюда! (как правило, употребляется как обращение к провинившемуся в чём-л. человеку) (**«Кавказская пленница»**).

ИДИТЕ СПАТЬ. ВЫ ПЬЯНЫ́. Иди отсюда, замолчи, надоел ты мне (**«Афоня»**).

И ДО ЧЕГО Ж ВЫ, НЕМЦЫ, ГОРЯЧИЙ НАРОД! 1. Иронично о немцах. **2.** О любом вспыльчивом, эмоциональном человеке (**«Весёлые ребята»**).

И замахнёмся! См. *А не замахнуться ли нам на Шекспира?..*

Из блохи голенище кроить. См. *Мы тут из блохи...*

ИЗВЕРГ, А, ИЗВЕРГ? Эй ты, где ты? Ты меня слышишь? Слушай меня! (**«Золушка»**).

ИЗВЕРГИНЯ! Бранное в адрес женщины (**«Место встречи изменить нельзя»**).

Известный арктический заяц. См. *Ну вот, знакомьтесь, известный...*

ИЗВИНИТЕ... Слово, периодически вставляемое говорящим в свою речь (чаще в начале или в конце фразы), чтобы подчеркнуть свою скромность, интеллигентность, смущённость (**«38 попугаев»**).

Произносится «в нос», с опущенной нёбной занавеской.

ИЗВИНИТЕ, НЕ ИМЕЮ ЧЕСТЬ ЗНАТЬ, С КЕМ ИМЕЮ ЧЕСТЬ... Извините, я вас не знаю, не имею чести вас знать (**«Трембита»**).

ИЗ ГОСУДАРСТВЕННЫХ ИНТЕРЕСОВ МЕНЯ К ЭТОЙ КРОВАТИ ПРИВЯЗАТЬ, ПРИКОВАТЬ, ПРИВАРИТЬ НАДО. О нежелании говорящего идти на работу, вставать с кровати (**«Люди и манекены»**).

ИЗ ДВУХ БЕД ВЫБИРАЮ ОБЕД. Шутливое выражение желания пообедать, перекусить (**«Ханума»**).

ИЗ ДВУХ ВЕЛИЧИН ВАМ ПРИДЁТСЯ ВЫБРАТЬ ОДНУ. О необходимости сделать выбор (**«Сердца четырёх»**).

Из кремня и стали. См. *Он высечен...*

Из лягушек, что ли? См. *Чего это у тебя...*

ИЗНЫВАЮ! НА РЫБЬЕМ ЖИРУ, НА СВЕЖЕНЬКОМ!.. Шутливый комментарий по поводу того, что рядом готовится что-л. вкусное, аппетитное (**«Республика ШКИД»**).

Из персиков. См. *А из чего сегодня компот...*

Из песка веревки вить. См. *Да ты прямо из песка...*

ИЗ ПРОСТЫХ ЛЯГУШЕК ВЫСЛУЖИЛСЯ, А ДО ЧЕГО РАЗУМЕН! Шутливо о любом человеке, ироничная похвала чьим-л. деловым качествам, уму, предупредительности и т. п. (**«Марья-искусница»**).

ИКСКЬЮЗ МИ, МАГИСТР. Шутливое извинение (**«Формула любви»**).

От англ. excuse me.

Или вас зовут Монте-Кристо? См. *Что вы, словно мальчик, напускаете туман?..*

ИЛИ ЗА ЛЮБОВЬ, ИЛИ ЗА ЗАМУЖ. Иронично об альтернативе: любовь или брак (**«Брюнетка за тридцать копеек»**).

Или за пивом сбегать?.. См. *Может, яишенки? ...*

ИМЕЙ СВОИ ЧЕТЫРЕ КЛАССА И ДВЕ НОЗДРИ, ЧИТАЙ «МУРЗИЛКУ» И ДЫШИ НОСОМ. Знай своё место, не задавайся, не суди о том, в чём не разбираешься (**«Калина красная»**).

Иметь сердце — моё самое заветное желание. См. *Скажу вам по секрету...*

И мне, честно сказать, не тридцать восемь. См. *Мне ведь давно уже...*

И можно без хлеба. См. *И того, и другого...*

ИМПОСИБЛ, РАЙКА! Это невозможно! (при выражении отчаяния, досады, огорчения и т. п. по поводу невозможности достижения чего-л. страстно желаемого) (**«Цирк»**).

От английского impossible; «Райка» произносится с англо-американским акцентом.

ИНДИВИДУАЛЬНАЯ КОНТУЗИЯ. 1. Шутливо о любви. **2.** О любой лёгкой травме, повреждении, ране и т. п. (**«Свадьба в Малиновке»**).

И НЕ ЖАЛКО ТЕБЕ ЗВЕРУШЕК СТРЕЛЯТЬ? Упрёк в чьём-л. бессердечии, чёрствости, жестокости и т. п. (**«Каникулы в Простоквашино»**).

Произносится с «кошачьими» интонациями.

И НЕ НАДО ТАК ТРАГИЧНО, ДОРОГОЙ МОЙ. СМОТРИТЕ НА ВСЁ ЭТО С ПРИСУЩИМ ВАМ ЮМОРОМ... Призыв смотреть на жизнь более оптимистично, весело, как правило, в ситуации, когда подобный оптимизм как раз совершенно неуместен (**«Тот самый Мюнхгаузен»**).

И НЕ УПИТАННЫЙ, А ВОСПИТАННЫЙ. Шутливая похвала в адрес учтивого, предупредительного, культурного и т. п. человека (**«Варвара-краса, длинная коса»**).

ИНОГДА БЬЁТ, А ИНОГДА СТРУИТСЯ... О чередовании удач и неудач, о «полосах» в жизни, часто как реакция на выражение «жизнь бьёт ключом» (**«Тот самый Мюнхгаузен»**).

ИНТЕРЕСНОЕ КИНО ПОЛУЧАЕТСЯ! Вот ведь что вышло, вот какое положение (как правило, при выражении недовольства, недоумения) (**«Иван Васильевич меняет профессию»**).

ИНТЕРЕСНО, КАКАЯ ЗАРАЗА ХМЫРЁНКУ ЭТОМУ НА ХМЫРЯ НАКАПАЛА? Интересно, кто это сделал (о чём-л. дурном) (**«Джентльмены удачи»**).

ИНТЕРЕСНО — КАК ПОЙДЁШЬ ПРЯМО, ЗА УГЛОМ. Шутливая реакция на реплику собеседника, содержащую слово «интересно» (**«Родня»**).

ИНТРИГАН! Я БУДУ ЖАЛОВАТЬСЯ КОРОЛЮ! Я БУДУ ЖАЛОВАТЬСЯ НА КОРОЛЯ! Я БУДУ, Я БУДУ!.. Выражение негодования и угрозы по любому поводу (**«Золушка»**).

ИНТУРИСТ ХОРОШО ГОВОРИТ! Хорошо говорит (говоришь), приятно слушать, его (твоими) устами бы мёд пить! (**«Иван Васильевич меняет профессию»**).

ИНФОРМАЦИЯ К РАЗМЫШЛЕНИЮ... Шутливая реплика, сопровождающая самые незначительные слова, сообщения, бытовые замечания и т. п. (**«Семнадцать мгновений весны»**).

ИО́О. Шутливая аббревиатура: Исполняющий Особенные Обязанности (**«Отроки во Вселенной»**).

ИПОХОНДРИЯ ЕСТЬ ЖЕСТОКОЕ ЛЮБОСТРАСТИЕ, КОТОРОЕ СОДЕРЖИТ ДУХ В НЕПРЕРЫВНОМ ПЕЧАЛЬНОМ ПОЛОЖЕНИИ. Шутливо об ипохондрии, тоске, сплине, хандре и т. п. (**«Формула любви»**).

И ПОШЛИ ОНИ ДО ГОРОДА ПАРИЖА! Шутливо о чьих-л. решительных, интенсивных действиях (**«Волшебное кольцо»**).

И САМОЕ ОБИДНОЕ, Я В ЭТОМ НЕ ВИНОВАТ! ПРЕДКИ! Употребляется как шутливое самооправдание говорящего (**«Обыкновенное чудо»**).

И сия пучина поглотила ея в один момент. См. *В общем, все умерли.*

ИСТИННЫЙ АРИЕЦ, ХАРАКТЕР НОРДИЧЕСКИЙ, ТВЁРДЫЙ (или **ХАРАКТЕР, ПРИБЛИЖАЮЩИЙСЯ К НОРДИЧЕСКОМУ**). Ироничная характеристика любого человека (**«Семнадцать мгновений весны»**).

И ТАК БУДЕТ СО ВСЯКИМ, КТО НЕКУЛЬТУРНО ОБРАЩАЕТСЯ С АТОМНОЙ ЭНЕРГИЕЙ! И так будет со всяким (ироничное назидание в адрес человека, совершившего необдуманный поступок и поплатившегося за это) (**«Весна»**).

И ТЕБЯ ВЫЛЕЧАТ! Иронично о том, что собеседник глупо себя ведёт, говорит ерунду и т. п. (**«Иван Васильевич меняет профессию»**).

Логическое ударение на «тебя».

И тишина... См. *А вдоль дороги мёртвые...*

И тогда по белой лестнице вы пойдёте прямо в рай! См. *Будешь ты прокурором...*

И ТОГО, И ДРУГОГО, И МОЖНО БЕЗ ХЛЕБА. Шутливый ответ на предложение попробовать что-л., часто в ситуации альтернативного выбора (**«Винни Пух идёт в гости»**).

И ТОЛЬКО СЛЫШИШЬ — ХЛОП, ХЛОП! — ЭТО СЛАБЫЕ ОТПАДАЮТ. О жестокой конкуренции, бескомпромиссном поединке, борьбе за выживание (**«Люди и манекены»**).

И ТЫ С НИМИ? ГНИЛУЮ ИНТЕЛЛИГЕНЦИЮ ПОДДЕРЖИВАЕШЬ! Реплика, которой говорящий упрекает собеседника в измене, предательстве или в том, что он примкнул к недостойному обществу, связался с плохими людьми (**«Чапаев»**).

Вторая фраза обычно произносится с нарочитыми диалектными чертами («г» фрикативное)

И ТЫ ТОЖЕ, КУДА Ж ТЕБЯ ДЕВАТЬ?.. Ироничная реплика в ответ на чей-л. вопрос «а я?», «а я как же?», «меня-то забыли?» и т. п. (**«Место встречи изменить нельзя»**).

Ихний заморский разговор. См. *Ну, кто тут из вас...*

Ихний кучер на меня в лорнет посмотрел. Чего это он, а? — Чего-чего... Зрение слабое. См. *Дядя Степан, ихний кучер...*

ИХТО ТАМ? Кто там? (**«Люди и манекены»**).

Имитация просторечного перехода смычного [к] в щелевой [х] перед смычным [т], сопровождаемого протезой [и].

И ЧТОБ БЕЗ ПАНИКИ, ЯСНО? Призыв вести себя спокойно, не волноваться, не делать глупостей, не суетиться (**«Белое солнце пустыни»**).

И ЧТО Я В ТЕБЯ ТАКОЙ ВЛЮБЛЕННЫЙ? Шутливое выражение любви, дружеского расположения говорящего к собеседнику (**«Свадьба в Малиновке»**).

Произносится с одесским акцентом; «что» произносится как [шо], «тебя» произносится как [т’иб’é].

ИШЬ ТЫ, ГОВОРИШЬ, БУДТО НЕ ТЫ, А Я В ПОГРЕБЕ. Реплика, адресуемая человеку, который явно не понимает серьёзности, опасности положения, в которое он попал, ведёт себя слишком вызывающе, оскорбляет говорящего и т. п. (**«Адъютант его превосходительства»**).

ИШЬ ТЫ, ГУЛЕВОЙ, ЗА ОБЕДОМ ПО ЧЕТВЕРТИНКЕ ДАЮТ, А ТЫ МНЕ ОСЬМУШКУ ВСУЧИВАЕШЬ! Реплика, уличающая собеседника в жульничестве, нечестности (**«Республика ШКИД»**).

ИШЬ, ЧЕГО ОТКАБЛУЧИВАЮТ! Во дают! Ну и ну! (**«Падал прошлогодний снег»**).

ИЩИ, СОБАЧКА, ИЩИ! Призыв к собеседнику делать что-л. более интенсивно (**«Волшебник Изумрудного города»**).

И ЭТО ГОВОРИТ ЧЕЛОВЕК, КОТОРЫЙ КЛЯЛСЯ ВСЮ ЖИЗНЬ НОСИТЬ МЕНЯ НА РУКАХ. Шутливое возмущение по поводу чего-л., сказанного собеседником; реплика, произносимая в ситуации, когда собеседник не выполнил обещанного и пытается оправдаться (**«Подкидыш»**).

И ЭТО ЗАМЕЧАЕТСЯ. Шутливый комментарий к перечислению кем-л. чьих-л. достоинств (**«Республика ШКИД»**).

И ЭТО НИЧТОЖЕСТВО Я ПОЧТИ ЛЮБИЛА! Выражение разочарования в ком-л. (**«Весна»**).

И Я ТОГО ЖЕ МНЕНИЯ. И я тоже так думаю (**«Винни Пух и день забот»**).

ЙЕС-ЙЕС, ОБЭХАЭ́С!.. Ироничная реакция на реплику собеседника, содержащую англ. yes «да» (**«Джентльмены удачи»**).

См. также *Карандаш — э пенсил...*

«ОБХС(С) — сокращение от «отдел по борьбе с хищениями социалистической собственности и спекуляцией».

К

КАБАКИ И БАБЫ ДОВЕДУТ ДО ЦУГУНДЕРА. Разгульная жизнь до добра не доводит (**«Место встречи изменить нельзя»**).

От «брать (тянуть) на цугундер» — на расправу, к ответу; от нем. Zu hunder — к сотне ударов (встречается у А. Островского и др.).

КАБАНЮК. Шутливое прозвище (**«Котовский»**).

Кавалеры так тонки и благородны! См. *Наши кавалеры...*

КАВКАЗ — ЭТО ВСЕСОЮЗНАЯ И КУЗНИЦА, И ЖИТНИЦА, И ЗДРАВНИЦА. Иронично о Кавказе, Востоке (**«Кавказская пленница»**).

Произносится с кавказским акцентом.

Каждому — по труду в его наличных деньгах. См. *От каждого — по способностям.*

КАЖДЫЙ ВДЫХАЕТ КИСЛОРОД, А ВЫДОХНУТЬ НОРОВИТ ВСЯКУЮ ГАДОСТЬ. Каждый преследует только свои интересы, не думает об окружающих, все норовят только взять, а не дать (**«Люди и манекены»**).

КАЖДЫЙ ДЕНЬ БРИТЬСЯ... ЭТО ЧЕГО Ж... ТУНЕЯДЦЕМ СТАНЕШЬ! Шутливо о бритье, о «недельной» бородке, неаккуратной щетине и т. п. (**«Три тополя на Плющихе»**).

КАЖДЫЙ, КТО НЕ ИМЕЕТ МАШИНЫ, МЕЧТАЕТ ЕЁ КУПИТЬ, КАЖДЫЙ, КТО ИМЕЕТ МАШИНУ, МЕЧТАЕТ ЕЁ ПРОДАТЬ. Шутливый афоризм (**«Берегись автомобиля»**).

КАЖДЫЙ ЧЕЛОВЕК ПРЕКРАСЕН, ПОКА ОН НЕ ДОКАЖЕТ ОБРАТНОЕ. Призыв не демонстрировать, не проявлять отрицательные стороны характера, не показывать себя с дурной стороны (**«Сто грамм для храбрости»**).

КАЖЕТСЯ, ДОЖДЬ СОБИРАЕТСЯ! 1. Шутливо о каком-л. нарочитом действии, о «прозрачной» хитрости. **2.** О дурных предчувствиях, назревающих неприятностях (**«Винни Пух и его друзья»**).

КАЗАНЬ БРАЛ, АСТРАХАНЬ БРАЛ, РЕВЕЛЬ БРАЛ... ШПАКА НЕ БРАЛ... Шутливо в ответ на чей-л. упрёк в том, что говорящий что-л. брал, взял, типа: «ты мою ручку брал?» и т. п. (**«Иван Васильевич меняет профессию»**).

Какаву с чаем не хочешь? См. *А какаву с чаем не хочешь?*

КАКАЯ ГАДОСТЬ! КАКАЯ ГАДОСТЬ ЭТА ВАША ЗАЛИВНАЯ РЫБА! Пренебрежительно, уничижительно, крайне отрицательно о чём-л., часто в ситуации, когда говорящий явно стремится перевести некий принципиальный, высокий, идейный разговор в бытовой, приземлённый план (**«Ирония судьбы, или С лёгким паром»**).

КАКАЯ ЖЕ ВРАЖИНА ТАМ СИДИТ! Что же это такое! Кто же это делает! Что за негодяи! и т. п. (**«Адъютант его превосходительства»**).

Какая зараза хмырёнку этому на хмыря накапала? См. *Интересно, какая зараза...*

Какая тут может быть газировочка, эх, степь! ... См. *Ну какая тут может быть газировочка...*

КАКАЯ ЭФФЕКТНАЯ ШТУЧКА! О какой-л. необычной, интересной вещи; о симпатичной, эффектной женщине (**«Весна»**).

Как в сейфе. См. *Товар — как в сейфе...*

Как в танке. См. *Глухо, как в танке.*

КАК ВЫ ДУМАЕТЕ, ГДЕ МЫ БУДЕМ ДЕЛАТЬ ТАЛИЮ? — НА УРОВНЕ ГРУДИ. — ГЕНИАЛЬНО! Шутливый диалог, пародирующий какую-л. дискуссию, чаще — пустую, бессодержательную (**«Тот самый Мюнхгаузен»**).

КАК ВЫЗДОРОВИШЬ, ТАК ТЕБЕ ЖЕНИТЬСЯ НАДО. Шутливо о необходимости жениться; о необходимости предпринять какие-л. решительные действия после окончания определённых событий (**«Люди и манекены»**).

КАК ГОВОРИЛ ОДИН МОЙ ЗНАКОМЫЙ... ПОКОЙНИК, «Я СЛИШКОМ МНОГО ЗНАЛ». Ироничный комментарий в адрес человека, который не умеет вовремя промолчать, проявляет излишнее любопытство, несдержанность, нетактичность и т. п. (**«Бриллиантовая рука»**).

КАК ГОВОРИТ НАШ ЛЮБИМЫЙ ШЕФ... Ироничная реплика, имитирующая вводную конструкцию с указанием авторства какой-л. сентенции, которая должна за ней последовать (**«Бриллиантовая рука»**).

Произносится с имитацией украинского акцента.

КАК ГОВОРЯТ РУССКИЕ, ВЕСЬМА-ВЕСЬМА УДОВЛЕТВОРИТЕЛЬНАЯ ЗАКУСКА. Шутливо о хорошей еде, обильной закуске (**«Цирк»**).

Произносится с иностранным (английским или немецким) акцентом.

КАК ДВА ВОЛОСКА НА ЛЫСИНЕ. О двух людях, которые находятся на виду у всех, за которыми все наблюдают (**«Калина красная»**).

КАК ЖЕ НАМ С НИМ ДАЛЬШЕ БОРОТЬСЯ, С НАШИМ СВЕТЛЫМ БУДУЩИМ? Как же нам воспитывать детей? (**«Люди и манекены»**).

КАК ЖРАТЬ, ТАК ГУБА ВИНТОМ. Иронично о человеке, который любит поесть, а также иносказательно — о том, кто всё любит делать на даровщинку, пользуется любым поводом поживиться (**«Калина красная»**).

КАК ЗАЯЦ В ГЕОМЕТРИИ. О полной некомпетентности кого-л. в чём-л. (**«Семнадцать мгновений весны»**).

КАКИЕ ВЫ ВСЕ, СТАРИЧКИ, НЕУГОМОННЫЕ! Иронично о пожилых людях (**«Старики-разбойники»**).

КАКИЕ ЛЮДИ ГИБНУТ! Выражение досады, сожаления и т. п. по поводу несправедливого отношения к кому-л., по поводу чьих-л. душевных страданий, чаще о несчастной любви (**«Девчата»**).

КАКИЕ НОВОСТИ? — СТРАШНЫЕ И УЖАСНЫЕ. Диалог, разыгрываемый при встрече (**«Винни Пух и день забот»**).

Какие-то негодяи были невежливы с дамой. См. *Ничего особенного, ротмистр...*

КАКИЕ ФАСАДЫ, КАКИЕ ИНТЕРЬЕРЫ! Шутливо о женской фигуре (**«Мужчины и женщины»**).

КАК ИЗБЕЖАТЬ ВЛИЯНЬЯ УЛИЦЫ, КОГДА ВОКРУГ СПЛОШНЫЕ УЛИЦЫ... Иронично о проблемах воспитания, о т. н. «проблеме улицы», т. е. заполнения досуга детей (**«Люди и манекены»**).

Как наш народ гармонирует с природой! См. *Поразительно, как наш народ...*

КАКОЕ «ЖИТИЕ МОЁ», ПЁС СМЕРДЯЩИЙ! Шутливо в ответ на чью-л. излишне затянувшуюся исповедь, рассказ о своей жизни (**«Иван Васильевич меняет профессию»**).

КАКОЕ СКАЗОЧНОЕ СВИНСТВО! Выражение возмущения, негодования (**«Золушка»**).

КАКОЕ ТАМ МОЖЕТ БЫТЬ НЕСЧАСТЬЕ, КОГДА Я ЗДЕСЬ? Иронично в ответ на чьё-л. заявление, что где-то произошло несчастье (**«Волга-Волга»**).

КАКОЕ ХОРОШЕЕ ИМЯ! Шутливо о чьём-л. имени, чаще о женском, когда реплика является элементом заигрывания, ухаживания и т. п. (**«Свинарка и пастух»**).

Произносится с кавказским акцентом.

Какой забавный язык! См. *Ой, какой забавный язык!*

КАКОЙ КАРТЁЖ! Ну и ну! Вот это да! (обычно при выражении удивления или восхищения) (**«Алиса в Зазеркалье»**).

КАКОЙ МОЖЕТ БЫТЬ МУЖСКОЙ РАЗГОВОР ПРИ ТАКОМ ПАЙКЕ?.. Шутливая реплика, которой говорящий реагирует на заявление о том, что предстоит «мужской разговор» (**«Адъютант его превосходительства»**).

Произносится с еврейским акцентом.

КАКОЙ НЕЧИСТЫЙ, ДЕДУЛЬ, ГРАНИЦА РЯДОМ! Шутливо в ответ на реплику собеседника «тьфу, сгинь, нечистая», «это всё нечистый» и т. п., когда собеседник считает, что действует нечистая сила (**«Трембита»**).

КАКОЙ ПАРАЗИТ ОСМЕЛИЛСЯ СЛОМАТЬ ДВЕРИ В ЦАРСКОЕ ПОМЕЩЕНИЕ? Кто посмел это сделать? Это ещё что такое! (**«Иван Васильевич меняет профессию»**).

КАКОЙ ТАКОЙ МАТЕРИ? — ПАРИЖСКОЙ... БОГОМАТЕРИ... Шутливый диалог, разыгрываемый в ситуации, когда один из собеседников употребил нецензурное выражение со словом «мать» (**«Операция «Ы» и другие приключения Шурика»**).

КАКОЙ ЧЕРНЯВЫЙ, С УСАМИ И КИНЖАЛОМ! Шутливо о кавказце, южанине (**«Свинарка и пастух»**).

КАКОЙ Я ВАМ ГРАЖДАНИН?.. Я ВАМ ТОВАРИЩ, И ДАЖЕ ДРУГ И БРАТ. Шутливая реакция на обращение «гражданин» (**«Калина красная»**).

Как от свиньи: визгу много, а шерсти мало. См. *От твоей Светы...*

Как памятник Ришелье. См. *Если вы здесь не будете стоять...*

КАК РАЗВЕДЧИК РАЗВЕДЧИКУ СКАЖУ ВАМ, ЧТО ВЫ БОЛВАН, ШТЮБИНГ. Скажу тебе честно, ты дурак (**«Подвиг разведчика»**).

Как раз к утренней зарядке успеешь. См. *Ничего, как раз...*

Как рыба об лёд. См. *Что ты молчишь, как рыба об лёд?*

КАК СКАЗАЛ ОДИН ПАССАЖИР... Шутливая вводная конструкция, предваряющая цитирование говорящим какого-л. известного источника, например, слов какого-л. известного писателя, политического деятеля и т. п. (**«Люди и манекены»**).

КАК СТОРОЖ НА ПОСТУ. Шутливо в ответ на вопрос, одинок ли (не женат ли) говорящий (**«Когда деревья были большими»**).

КАК ТАМ МАНДАРИНЫ, АПЕЛЬСИНЫ, ЛИМОНЫ И ПРОЧЕЕ? Ну как там у вас дела? Как поживаете? (**«Свинарка и пастух»**).

КАК ТВОЯ ФАМИЛИЯ? — ЗАБЫЛ. — А ТЫ ВСПОМНИ. Имитация диалога очень пьяных людей (**«Афоня»**).

КАК-ТО ВОТ ТЯНЕТ УСТРОИТЬ СКАНДАЛ! О желании поднять шум, устроить сцену, чаще в ситуации, когда это явно неуместно (**«Иван Васильевич меняет профессию»**).

КАК ТЫ ДУМАЕШЬ РОЖАТЬ, МАЛЫШ? Ироничный вопрос о планах собеседника, о том, как он планирует преодолевать какие-л.

предстоящие ему трудности, решать проблемы (**«Семнадцать мгновений весны»**).

КАК У ВАС ТАМ ГОВОРЯТ: ТОПАЙ ДО ХАЗЫ! Пошёл вон! Иди отсюда! (**«Бриллиантовая рука»**).

КАК УВИДЕЛ ПЕНЧО МАРИОРИТУ, ТАК И ВЛЮБИЛСЯ ПЕНЧО В МАРИОРИТУ, А КАК УВИДЕЛА МАРИОРИТА ПЕНЧО, ТАК И ВЛЮБИЛАСЬ МАРИОРИТА В ПЕНЧО... Шутливо о чьей-л. любви, о двух влюблённых (**«Трембита»**).

Как удав по пачке «Дуста». См. *Тащиться, как удав...*

Как умирать надоело! См. *Господи, как умирать надоело!*

КАК ЦАРЁМ, ЗНАЧИТ, ЗАДЕЛАЮСЬ... Как только получу то, что хотел, как только добьюсь желаемого... (**«Падал прошлогодний снег»**).

Как чёрт в рукомойник. См. *Попал я с этой Глашкой...*

КАК ЭТО ОНИ НЕ РАЗОРВАЛИ МЕНЯ НА СОТНИ МАЛЕНЬКИХ МЕДВЕЖАТ? Странно, как это мне удалось уцелеть; обычно — после драки, потасовки, когда с противной стороны выступало несколько человек (**«Маугли»**).

КАК Я ВАС ПЕРЕВЕРБОВАЛ — ЗА ПЯТЬ МИНУТ, И БЕЗ ВСЯКИХ ФОКУСОВ!.. Реплика, которой говорящий выражает удовлетворение тем, как он эффективно убедил собеседника в чём-л. (**«Семнадцать мгновений весны»**).

КАНАЙ ОТСЮДА, РЕДИСКА! Уходи отсюда! (**«Джентльмены удачи»**).

Произносится с имитацией хриплого, осипшего голоса.

КАРАНДАШ. — Э ПЕНСИЛ. — ЙЕС. — СТОЛ. — Э ТЭЙБЛ. — ЙЕС. — ДЕВУШКА. — ЧУВИХА. — ДА НЕТ, ПО-АНГЛИЙСКИ!.. ГЁРЛ. — А, ЙЕС!.. — ЙЕС-ЙЕС, ОБЭХАЭС... Шутливое разыгрывание английского диалога, урока английского языка (**«Джентльмены удачи»**).

См. также *Йес-Йес, обэхаэс!..*

КАРАСИК УЖЕ ЛОПАЕТ! Шутливо о ком-л., кто приступил к какому-л. делу раньше других (**«Вратарь»**).

КАРЕТУ МНЕ, ПОНИМАЕШЬ, КАРЕТУ! Ишь ты, тоже мне; чаще как выражение неодобрения в адрес зазнавшегося, заносчивого и т. п. человека (**«Падал прошлогодний снег»**).

Переделанные крылатые слова Чацкого из пьесы А. Грибоедова «Горе от ума».

КАРЛСОНЧИК, ДОРОГОЙ! Шутливое выражение нежного, трогательного отношения к кому-л. (**«Карлсон вернулся»**).

КАРТУ КУПИ, ЛАПОТЬ! Думай головой, читай книги, будь умней, занимайся самообразованием (**«Джентльмены удачи»**).

Карфункель. См. *Метеоролог Карфункель.*

Категорично, скромно и со вкусом. См. *Меня больше всего устраивает обращение «Мюллер»...*

К Бинскому я не пойду, ни в курточке, ни без курточки. См. *А к Бинскому я не пойду...*

КВАК БЫ НЕ ТВАК! Как бы не так! (**«Марья-искусница»**).

КВА-КВА-КВА-КВАЛИФИКАЦИЯ! Шутливая реакция на чей-л. комплимент, похвалу по поводу высоких профессиональных качеств говорящего (**«Марья-искусница»**).

КВА-КВА-КВАК В ТУМАНЕ. Шутливый ответ на вопрос «ясно?» (**«Марья-искусница»**).

КВА-КВА-КВАК РОДНУЮ МАМУ! КВА-КВА-КВАК РОДНУЮ ПАПУ! Шутливо в ответ на чей-л. вопрос, любит ли говорящий кого-л. или что-л. (**«Марья-искусница»**).

Ква-ква-кваску попейте, блинков отведайте, будьте ква-ква-квак дома. См. *А вот и ква-ква-квартирка ваша...*

К ВЕЛИКОМУ СОЖАЛЕНИЮ, ВСЯ ТВОЯ БЕДА В ТОМ, ЧТО ТЫ СЛИШКОМ МНОГО ЗНАЕШЬ. Ироничная угроза в адрес человека, который обладает какой-л. важной информацией и тем самым может быть опасен (**«Адъютант его превосходительства»**).

Керосинка буду покупать... См. *Давай червонец, пожалуйста...*

КИБЕРНЕТИКА, ЭЛЕКТРОНИКА... А ГОЛОВА НА ЧТО?.. Иронично о достижениях прогресса, науки (**«Люди и манекены»**).

КИНЖАЛ ХОРОШ ДЛЯ ТОГО, У КОГО ОН ЕСТЬ. И ПЛОХО ТОМУ, У КОГО ОН НЕ ОКАЖЕТСЯ В НУЖНОЕ ВРЕМЯ. Иронично о самозащите (в прямом и переносном смысле), о необходимости уметь постоять за себя (**«Белое солнце пустыни»**).

Кино-то уже кончилось. См. *А чего это вы здесь делаете?..*

КИНЬ МАЛЬЦУ КАРТОШКИ, НЕ РОВЁН ЧАС ПОМРЁТ С ГОЛОДУ. Ироничное выражение соболезнования, сострадания (**«Неуловимые мстители»**).

Киргуду. См. *Бамбарбия...*

Киса-лапа. См. *Ну, киса-лапа...*

КЛИЕНТ ДОЗРЕВАЕТ. БУДЬ ГОТОВ! — ВСЕГДА ГОТОВ... ИДИОТ! Шутливый диалог, разыгрываемый людьми, наметившими какие-л. совместные действия, план (**«Бриллиантовая рука»**).

Ответная реплика («Всегда готов») произносится с имитацией южнорусского акцента: с фрикативным «г» — [γ] и сонорным билабиальным «в» — [w].

К ЛЮДЯМ НАДО ПОМЯГШЕ, А СМОТРЕТЬ НА ЭТО НАДО ПОШИРШЕ. Шутливое выражение недовольства излишней строгостью, суровостью собеседника (**«Операция «Ы» и другие приключения Шурика»**).

Клюнула настоящая рыба. См. *Печёнкой чую...*

КЛЮЧИ ЖЕ ЕСТЬ! — ПРИВЫЧКА. Шутливый диалог, который разыгрывается в ситуации, когда один из собеседников ведёт себя не по правилам, делает что-л. такое, чего можно было бы и не делать, применяет слишком много усилий в ситуации, когда они не нужны (**«Джентльмены удачи»**).

КЛЮЧНИЦА ВОДКУ ДЕЛАЛА. О плохой водке или любом продукте низкого качества (**«Иван Васильевич меняет профессию»**).

КЛЯНУСЬ ЧЕСТЬЮ... НУ, ПАДЛОЙ БУДУ... Шутливое заверение собеседника в чём-л. (**«Мимино»**).

КНИЖЕЧКИ, КНИЖОНОЧКИ, КНИЖУЛЕЧКИ... ВСЕ ЖУЛИКИ... Шутливое обыгрывание слова «книга» в любом контексте (**«Люди и манекены»**).

КНЯЗЬ ГАВРИЛА-ГОВОРИЛЛА. Шутливо о разговорчивом, болтливом человеке (**«По щучьему велению»**).

Коварная, приди! См. *Приди, коварная...*

КОГДА В КЛЕТКЕ ДВОЕ, ЭТО УЖЕ НЕ КЛЕТКА, А ГНЕЗДО. Шутливо в ответ на чьи-л. рассуждения о том, что семья — это «клетка», отсутствие свободы и т. п. (**«Ханума»**).

КОГДА ЖЁЛУДЬ СПЕЛЫЙ, ЕГО КАЖДАЯ СВИНЬЯ СЛОПАЕТ. Конечно, в таких условиях можно что-л. сделать; если так, то да, конечно; в благоприятной ситуации всегда легко (**«Падал прошлогодний снег»**).

КОГДА Ж Я ПРИХОДИТЬ-ТО БУДУ? Иронично в ответ на просьбу, приказ уходить (**«Калина красная»**).

КОГДА МНЕ БЫЛО ТРИ ГОДА, Я УЖЕ ЗНАЛА, ЧТО ТАКОЕ КОЗА. Выражение недоумения по поводу того, что собеседник не знает чего-л. очевидного (**«Волшебная лампа Аладдина»**).

Обычно произносится с восточным акцентом.

Когда мне спать и где мне спать — это мое личное дело. См. *Я, конечно, извиняюсь...*

КОГДА ОТ НЕСЧАСТНОЙ ЛЮБВИ, ТО РЕДКО НАХОДЯТ. О ком-л. (реже — чём-л.) потерявшемся, неизвестно куда девшемся, пропавшем, кого (что) все ищут, но никак не могут найти (**«Республика ШКИД»**).

КОГДА ПРИ НЁМ ДУШИЛИ ЕГО РОДНУЮ ЖЕНУ, ОН СТОЯЛ РЯДОМ И ГОВОРИЛ: «ПОТЕРПИ, МОЖЕТ, ЕЩЁ ОБОЙДЁТСЯ!» О бесчувственном, жестоком, чёрством или о нерешительном, боящемся ответственности человеке (**«Обыкновенное чудо»**).

КОГДА Я БЫЛ МАЛЕНЬКИМ КРОКОДИЛОМ, Я НИКОГДА НЕ ЛАЗИЛ ПО ПОЖАРНЫМ ЛЕСТНИЦАМ. Шутливый упрёк, пародирующий распространённую манеру людей старшего поколения ставить младшим в пример своё прошлое (**«Чебурашка»**).

КОГДА Я ЕМ, Я ГЛУХ И НЕМ. О нежелании общаться с кем-л.; о том, что во время еды необходимо молчать (**«Добро пожаловать, или Посторонним вход воспрещён»**).

Выражение употреблялось и до выхода фильма на экраны, но под влиянием фильма стало более популярным.

КОГО ПОДМЕНИЛИ? ЧТО ПОДМЕНИЛИ? ГДЕ ПОДМЕНИЛИ? КОГДА ПОДМЕНИЛИ? Шутливая реакция на чью-л. реплику со словом «подменить» (**«Варвара-краса, длинная коса»**).

Кожа — как у крокодила. См. *Скорость — как у гепарда.*

КОЗЁЛ БЕЗРОГИЙ. Иронично о любом человеке (**«Варвара-краса, длинная коса»**).

См. также *Ты чего мычишь, козёл безрогий?*

КОЗЁЛ ТЫ, А НЕ ДАМА. Иронично-бранное (**«Афоня»**).

Козьма, Козьма, костюм-то у тебя хорош, да умом ты больно того... поизносился! См. *Эх, Козьма...*

КОКА, ТЫ РАБОТАЕШЬ ПРОСТО НА ИЗНОС! Ты слишком много работаешь, пощади себя (**«Не может быть!»**).

Коктейль, коктейль! См. *Говорил ему: красное с белым не смешивай...*

КОЛДУЕМ ПОМАЛЕНЬКУ... Шутливо в ответ на чей-л. вопрос типа «что ты делаешь?», «как дела?», «как успехи?» и т. п. (**«Морозко»**).

КОЛИ ДОКТОР СЫТ, ТАК И БОЛЬНОМУ ЛЕГЧЕ. Шутливо о докторе; о том, что кого-л. необходимо отблагодарить, например, приглашением в ресторан и т. п. (**«Формула любви»**).

Колчаку не служил в молодые годы... в контрразведке? См. *Тебе бы опером работать...*

КОМОК НЕРВОВ. Шутливо о толстом животе (**«Москва слезам не верит»**).

𝄞 **КОМСОМОЛЬЦЫ-ДОБРОВОЛЬЦЫ.** Шутливо о человеке, постоянно во всё вмешивающемся, неугомонном, которому до всего есть дело (**«Добровольцы»**).

КОМУ ЗАЙЦА-ПОБЕГАЙЦА СВЕЖЕПОЙМАННОГО? Шутливая реклама чего-л. (**«Падал прошлогодний снег»**).

КОМУ ПОВЕЗЁТ, У ТОГО И ПЕТУХ СНЕСЁТ. Иронично о том, что кому-л. повезло (**«Место встречи изменить нельзя»**).

КОНЕЦ... КОНЕЦ... КОНЦЫ В ВОДУ. Иронично по поводу чьего-л. утверждения о том, что «всё кончилось», «пришёл конец» и т. п. (**«Падал прошлогодний снег»**).

КОНЕЧНО, Я! САМАЯ СТАРШАЯ ИЗ ПРИСУТСТВУЮЩИХ ЗДЕСЬ ДАМ! Шутливо в ответ на вопрос о том, кто из присутствующих является старшим (**«Здравствуйте, я ваша тётя!»**).

Кони стоят пьяные, хлопцы — запряжены. См. *Пан атаман...*

КОНКРЕТНОСТЬ — СЕСТРА ТАЛАНТА. Шутливо о необходимости говорить (делать) что-л. более конкретно, приступать непосредственно к делу, не предаваться абстрактным рассуждениям (**«Одинокая женщина желает познакомиться»**).

КОНЧАЕТСЯ КОНТРАКТ (или **АНТРАКТ**) **— НАЧИНАЕТСЯ АНТРАКТ** (или **КОНТРАКТ**). **1.** Кончается одно — начинается другое, «новое время — новые песни». **2.** Шутливо о заключении контракта (**«Цирк»**).

КОНЧАЙ ДУРАКА ВАЛЯТЬ, ДЕНЬГИ ИДУТ, ВАЛЮТА... Призыв поторопиться, не мешкать в каком-л. деле (**«Мимино»**).

Произносится с грузинским акцентом.

КОНЧАТЬ НАДО С ХИРОМАНТИЕЙ, ДРУЖОК: ПАЛЬЦЕМ ИСКРИТЬ, ВИЛКИ ГЛОТАТЬ В НАШЕМ ВОЗРАСТЕ УЖЕ НЕ ГОДИТСЯ. И С БАРЫШНЯМИ ПОАККУРАТНЕЙ. МРАМОРНЫЕ ОНИ, НЕ МРАМОРНЫЕ... НАШЕ ДЕЛО СТОРОНА: ИДИ, НА СОЛНЫШКЕ, ГРЕЙСЯ... Шутливо о необходимости усмирить свой пыл, свои желания, довольствоваться малым, не претендовать на слишком многое, быть скромнее (**«Формула любви»**).

Конь в пальто. См. *Кто, кто...*

Коня дам, саблю дам — пошли в сарай. См. *Атаманшей тебя сделаю...*

КОНЯ И ДЕНЬГИ ПОЛУЧУ НЕ СКОРО. Реплика, которой говорящий сетует на внезапно сорвавшиеся планы, на то, что он попал в немилость к какому-л. влиятельному лицу (**«Собака на сене»**).

КОПТИТ НЕБО НА ПАЯХ СО ВСЕМИ. Шутливо в ответ на вопрос о том, курит ли кто-л. (**«Три тополя на Плющихе»**).

Коровки, бычок и пастушок, молоденький такой. См. *Лужок, пасутся коровки...*

КОРОЛЕВСКАЯ ТЁЩА. Шутливо о тёще влиятельного, богатого и т. п. человека (**«Золушка»**).

См. также *Во дворец!..*

Королевство маловато, разгуляться мне негде! Ничего, я поссорюсь с соседями, это я умею! См. *Жалко, королевство маловато...*

КОРОЛЬ ТОЛСТОПУЗ И ЕГО ПЛЕМЯННИКИ. Шутливо о любой группе людей (**«По щучьему велению»**).

КОРОТЕ́НЬКО, МИНУТ НА СОРОК. О том, что какое-л. мероприятие, речь и т. п. продлится недолго (**«Карнавальная ночь»**).

КОРОТКА КОЛЬЧУЖКА!.. Эх, так и знал, что всё этим кончится; часто в ситуации, когда говорящий что-л. недоделал, недодумал, не предусмотрел что-л. внешне незначительное, но важное по сути (**«Александр Невский»**).

КОРОЧЕ, СКЛИФ(Х)ОСОВСКИЙ! Ближе к делу, не юли, говори суть (**«Кавказская пленница»**).

Короче, чао! См. *Ауфидерзейн, гудбай...*

КОРШУНЫ МОИ! Шутливое обращение (**«Свадьба в Малиновке»**).

См. также *Ещё не всё потеряно...*

Костюм-то у тебя хорош, да умом ты больно того... поизносился! См. *Эх, Козьма...*

КОСТЮМЧИК НЕ ЖМЁТ? — КАК ПО ЗАКАЗУ. Ироничный вопрос и соответствующий ответ по поводу чего-л. нового, что ещё не испробовано (**«Семь стариков и одна девушка»**).

КОСТЮМЫ НАДО ЗАМЕНИТЬ. НОГИ ИЗОЛИРОВАТЬ. Шутливо о необходимости соблюдать приличия, например, одеться более прилично, строго (**«Карнавальная ночь»**).

КОТ МАТРОСКИН. Шутливое прозвище, чаще — о скупом человеке, скопидоме (**«Трое из Простоквашино»**).

КОТОВСКИЙ. Лысый человек (**«Котовский»**).

КОТОВ УРЕЗАТЬ ДО МИНИМУМА. Шутливо о необходимости сократить количество чего-л., сэкономить в чём-л. (**«Карнавальная ночь»**).

КОТОВЦЫ! ПО КО́НЯМ! Обращение-призыв, адресованный к группе людей с целью заставить их предпринять что-л., «сподвигнуть» на что-л. и т. п., часто употребляется в качестве тоста (**«Котовский»**).

КОТОРЫЙ ИЗ ВАС ЧАПАЙ БУДЕТ? Кто здесь главный, кто начальник? (**«Чапаев»**).

КОТОРЫЙ ЧАС НА МОИХ (ТВОИХ) СЕРЕБРЯНЫХ? А ну-ка посмотрим, который час; скажи, который час (**«Свинарка и пастух»**).

КОШЕЛЁК... КОШЕЛЁК... КАКОЙ КОШЕЛЁК? О чём-л., что говорящий тщательно пытается скрыть (**«Место встречи изменить нельзя»**).

К ПОДРУГЕ ЗАНИМАТЬСЯ. Шутливый ответ на вопрос «куда ты?» (**«Сердца четырёх»**).

Краковяк вприсядку. См. *Они у меня, собаки, спляшут...*

КРАСИВАЯ ЖЕНЩИНА САМА ПО СЕБЕ ОТВЛЕКАЕТ ВНИМАНИЕ. Шутливо о симпатичной девушке, женщине (**«Место встречи изменить нельзя»**).

Красиво говоришь. Ты прирождённый оратор. См. *Умница. Красиво говоришь...*

КРАСИВО ИДУТ! ТЕЛЕГЕНЦИЯ! Шутливо о чьих-л. действиях, долженствующих произвести сильный эффект (**«Чапаев»**).

Во втором предложении имеется в виду просторечная трансформация слова «интеллигенция».

КРАСИВО ПЛЫВЁТ ВОН ТА ГРУППА В ПОЛОСАТЫХ КУПАЛЬНИКАХ. Шутливый комментарий к чему-л. происходящему и наблюдаемому собеседниками (**«Полосатый рейс»**).

КРАСНОАРМЕЙЦУ СУХОВУ... ИМЕННОЙ!.. Реплика, сопровождающая вручение чего-л. кому-л., например, подарка, документа и т. п. (**«Белое солнце пустыни»**).

Красные ошейники. См. *Эй вы, красные ошейники!*

КРАСНЫЙ КОМАНДИР — НЕ КРАСНАЯ ДЕВИЦА. Шутливо о чём-л. несоизмеримом, противоположном (**«Сердца четырёх»**).

КРАСОТА — ЭТО СТРАШНАЯ СИЛА. Шутливо о красоте, привлекательности, обаянии и т. п. (**«Весна»**).

Красотою лепа, червлена губами, бровьми союзна! См. *Ах, боярыня...*

Крестьянская психология — ломовая. См. *Типичная крестьянская психология...*

КРИВОДУЙ. Шутливо-бранное (**«Люди и манекены»**).

См. также *Вон ещё один криводуй идёт.*

КРИВОДУШНАЯ ОСОБОЧКА. Обманщица, «коварная кокетка» (**«Кубанские казаки»**).

КРИКСЁНОЧЕК. Ироничное обращение (**«Здравствуйте, я ваша тётя!»**).

См.также *Я тебя поцелую...; Почему мой маленький пупсёночек...*

КРОШКИ МОИ, ЗА МНОЙ! За мной, пойдёмте; часто в ситуации обиды, оскорбления, нанесённых говорящему, и т. п. (**«Золушка»**).

Крутани-вертани! См. *А ну-ка, крутани-вертани!*

КРЫСКА-ЛАРИСКА. Шутливо о женщине по имени Лариса, а также о таксе или похожей на таксу собаке (**«Крокодил Гена»**).

КСАН КСАНЫЧ. Шутливо-фамильярное обращение к человеку по имени Александр Александрович (**«Девчата»**).

Данное просторечное обращение употреблялось и до выхода фильма на экраны, но после него стало особенно популярным; ср. *Пал Палыч.*

𝄞 **К СОЖАЛЕНЬЮ, ДЕНЬ РОЖДЕНЬЯ ТОЛЬКО РАЗ В ГОДУ.** Сожаление по поводу какого-л. прошедшего события, праздника и т. п. (**«Крокодил Гена»**).

Кто больной? Я больной... См. *Скорая помощь, помощь скорая...*

Кто видел оперу «Смейся, паяц»? Ну так это не Коломбина. См. *Обыкновенный инженер-строитель...*

КТО ВОЗЬМЁТ БИЛЕТОВ ПАЧКУ, ТОТ ПОЛУЧИТ... ВОДОКАЧКУ. Шутливая пустословица, как правило, пародирующая рекламные объявления (**«Бриллиантовая рука»**).

Кто её брил?! Кто её брил?! Лучше б я её убил!!! См. *А кто её брил?!*

КТО ЕСТ МАЛО — ЖИВЁТ ДОЛГО, ИБО НОЖОМ И ВИЛКОЙ РОЕМ МЫ МОГИЛУ СЕБЕ. Шутливо о еде, проблемах диеты, голодания и т. п. (**«Формула любви»**).

КТО Ж ЕГО ПОСАДИТ? ОН ЖЕ ПАМЯТНИК! Иронично об употреблении глагола «посадить» в значении «посадить в тюрьму», а также о любой двусмысленной ассоциации, когда слова употребляются в нескольких значениях (**«Джентльмены удачи»**).

КТО, КТО... КОНЬ В ПАЛЬТО. Шутливый ответ-пустословица на какой-л. вопрос собеседника, содержащий вопросительное местоимение «кто», типа «а это кто?», «кто пришёл?» и т. п. (**«Родня»**).

𝄞 **КТО ЛЮДЯМ ПОМОГАЕТ, ЛИШЬ ТРАТИТ ВРЕМЯ ЗРЯ... ХА-ХА, ХОРОШИМИ ДЕЛАМИ ПРОСЛАВИТЬСЯ НЕЛЬЗЯ.** Реплика, сопровождающая какой-л. неблаговидный поступок («Крокодил Гена»).

КТО НЕ РАБОТАЕТ, ТОТ ЕСТ. УЧИСЬ, СТУДЕНТ! Пародирование распространённого советского лозунга «кто не работает, тот не ест» (**«Операция «Ы» и другие приключения Шурика»**).

Кто не хочет сахара или сливок? См. *А кто не хочет сахара...*

К ТОПКАМ, ДРУЗЬЯ! За работу, засучим рукава! Как правило, в ситуации, когда сам говорящий в работе участвовать не собирается (**«Волга-Волга»**).

КТО СКАЗАЛ «МЯУ»? Кто это сделал? Кто посмел? (обычно с оттенком угрозы) (**«Кто сказал “мяу”?»**).

КТО СТУКНЕТ, КТО СВИСТНЕТ, КТО ШМЯКНЕТ, КТО ЗВЯКНЕТ, ВМЕСТЕ ПОЛУЧАЕТСЯ ВОСПИТАНИЕ. Шутливо о воспитании детей, при котором отсутствуют единые принципы, о плохом воспитании (**«Люди и манекены»**).

КТО ТАКОЙ? ПОЧЕМУ НЕ ЗНАЮ? Шутливо о любом человеке (не обязательно незнакомом) (**«Чапаев»**).

КТО ТАМ? — Я. — «Я» БЫВАЮТ РАЗНЫЕ! Шутливый диалог между хозяином и гостем, разыгрываемый через закрытую дверь (**«Винни Пух»**).

КТО-ТО ЧТО-ТО СКАЗАЛ, ИЛИ МНЕ ПОКАЗАЛОСЬ? Шутливая угроза в адрес человека, сказавшего что-л. неуместное (**«Два бойца»**).

Произносится с одесским акцентом.

См.также *Витенька, тут в камере...*

Кто тут из вас ихнему заморскому разговору обучен? См. *Ну, кто тут из вас...*

Кто тут, к примеру, в цари крайний? Никого? Так я первым буду. См. *А я и в цари записаться могу!..*

Кто у нас муж?.. См. *А кто у нас муж?..*

КТО ХОЗЯИН В ДИВИЗИИ? ТЫ ИЛИ Я? Кто из нас главный? (**«Чапаев»**).

Кто хочет, объявляет войну, кто не хочет, не объявляет! См. *Совершенно распустились!..*

𝄞 **КТО ЭКОНОМИТ НА ЧИСТОТЕ, ТОТ ВОР ИЛИ СВИНЬЯ.** О необходимости соблюдать чистоту, гигиену, мыться, пользоваться косметикой и т. п. (**«Обыкновенное чудо»**).

КТО ЭТО? — НИКОЛА ПИТЕРСКИЙ. Шутливо о ком-л., кто появился неожиданно и странно себя ведёт (**«Джентльмены удачи»**).

КУ. Ироничное приветствие или одобрение чего-л. (**«Кин-дза-дза!»**).

КУДА ВЫ МЕНЯ НЕСЁТЕ? — НАВСТРЕЧУ ТВОЕМУ СЧАСТЬЮ. Шутливый диалог, разыгрываемый в ситуации, когда собеседники ведут (несут, «влекут» и т. п.) говорящего куда-л. с неизвестными ему (говорящему) намерениями (**«Ирония судьбы, или С лёгким паром»**).

𝄞 **КУДА ИДЁМ МЫ С ПЯТАЧКОМ — БОЛЬШОЙ-БОЛЬШОЙ СЕКРЕТ!** Шутливый ответ на вопрос о том, куда идёт говорящий (**«Винни Пух и его друзья»**).

Куда, куда — в грядущее... См. *Куда это он?*

Куда ты, дружок, ранненьким утречком ездил? Вот вопрос. См. *А куда ты, дружок...*

КУДА ТЫ ЛЕЗЕШЬ, ВОНЯЕВ! — Я ВОНЮКИН. Шутливый диалог, разыгрываемый в ситуации, когда один из собеседников вмешивается не в своё дело (**«Свой среди чужих, чужой среди своих»**).

КУДА ЭТО ОН? — КУДА, КУДА — В ГРЯДУЩЕЕ... Шутливый диалог, разыгрываемый в ситуации, когда какое-л. третье лицо уходит, удаляется, скрывается из вида (**«Формула любви»**).

КУЗЯ Я, И БОЧКА МОЯ! Шутливое заявление прав собственности на какую-л. вещь (**«Волга-Волга»**).

КУЙ ЖЕЛЕЗО, НЕ ОТХОДЯ ОТ КАССЫ. Делай всё вовремя, умей пользоваться сложившимися благоприятными обстоятельствами (**«Бриллиантовая рука»**).

КУКЛА АМЕРИКАНСКАЯ. Неодобрительно о женщине, злоупотребляющей косметикой, а также безвкусно и ярко одетой, вульгарной (**«Родня»**).

Кусок липкого пластыря. См. *Это не тесть...*

К утренней зарядке успеешь. См. *Ничего, как раз...*

Куча — это когда много... См. *Я знаю только, что куча...*

𝄞 **КУШАЙТЕ, ЕШЬТЕ И ПЕЙТЕ, ЕШЬТЕ, ЕЩЁ ЗАМЕШУ, И ПОСКОРЕЕ ТОЛСТЕЙТЕ, ОЧЕНЬ ОБ ЭТОМ ПРОШУ.** Шутливо: ешьте, угощайтесь, кушайте на здоровье (**«Свинарка и пастух»**).

КУШАТЬ ПОДАНО, САДИТЕСЬ ЖРАТЬ, ПОЖАЛУЙСТА. Шутливое приглашение к столу (**«Джентльмены удачи»**).

Произносится со среднеазиатским акцентом

КЭЦЭ́. Спички (**«Кин-дза-дза!»**).

КЮ. Общеотрицательное определение: фу, как нехорошо, какой кошмар, как не стыдно, какой ужас, сказать противно, безобразие и т. п. (**«Кин-дза-дза!»**).

Л

ЛАДНО СКРОЕН, ЛОВКО СЛЕПЛЕН, НУ ВОТ, ВЫЛИТЫЙ Я В МОЛОДОСТИ! Ироничный комплимент (**«Падал прошлогодний снег»**).

ЛАДНО, Я ВАМ УСТРОЮ. Я ПОСЕЛЮ ЗДЕСЬ РАЗВРАТ И ОПРОКИНУ ЭТОТ ГОРОД ВО МРАК И УЖАС, В ТАРТАРАРЫ. Шутливая угроза (**«Калина красная»**).

Лампу-то прикрути, коптит. См. *Ты лампу-то...*

Лапа-киса. См. *Ну, киса-лапа...*

ЛАПУЛЕНЬКА, А ЧТО, ЕСЛИ МЫ ВОЗЬМЁМ И ОБРАЗУЕМСЯ НА ПАРУ! Приглашение собеседника (собеседницы) сделать что-л. вместе: сходить куда-л., выпить и т. д. (**«Калина красная»**).

ЛАРИСКА, КО МНЕ! Иди сюда, подойди ко мне (**«Крокодил Гена»**).

ЛАРИСУ ИВАНОВНУ ХОЧУ. 1. Ироничное начало телефонного разговора. **2.** Иронично о сексуальном желании (**«Мимино»**).

Произносится с грузинским акцентом.

ЛАСКОВАЯ МОЯ! Шутливое обращение к женщине (**«Гараж»**).

ЛАСТОЧКА, ПОРХАЙ ДО ЛАБОРАТОРИИ. Иди отсюда, пошёл (пошла) вон, не до тебя, надоел(а)! (**«Люди и манекены»**).

Ласточка, только в другом масштабе. См. *Вы, говорит, Парася...*

Лев Маргаритыч. См. *Скорая помощь, помощь скорая...*

Легенду надо подкармливать. См. *А легенду...*

ЛЁГКИМ ДВИЖЕНИЕМ РУКИ... БРЮКИ ПРЕВРАЩАЮТСЯ... ПРЕВРАЩАЮТСЯ БРЮКИ... В ЭЛЕГАНТНЫЕ ШОРТЫ! Реплика, произносимая в ситуации, когда у говорящего что-л. не получается (**«Бриллиантовая рука»**).

ЛЕГКО СКАЗАТЬ «СКАЗАТЬ», А ВОТ КАК СКАЗАТЬ? Иронично-неодобрительно в ответ на чьи-л. слова «а ты скажи», обычно, если речь идёт о чём-л. очень щекотливом, сложном и т. п. (**«Семеро смелых»**).

ЛЕЖИТ И МОЛЧИТ. О какой-л. вещи, которую говорящий не может найти или только что с трудом нашёл (**«Афоня»**).

ЛЕЙТЕНАНТ ... СТАРШОЙ Я! Шутливый ответ на вопрос «кто ты?», «кто вы?» (**«Бриллиантовая рука»**).

Имитируются диалектные фонетические особенности, ([л] и [т] в слове «лейтенант» не смягчаются).

Лектор давно готов. См. *Готов лектор, давно готов.*

ЛЁЛИК! НО ВЕДЬ ЭТО НЕЭСТЕТИЧНО! — ЗАТО ДЁШЕВО, НАДЁЖНО И ПРАКТИЧНО. Шутливый диалог, разыгрываемый в ситуации принятия какого-л. жёсткого, необходимого, но явно негуманного решения (**«Бриллиантовая рука»**).

ЛЕОПОЛЬД, ВЫХОДИ! Призыв к кому-л. выйти откуда-л. (**«Приключения кота Леопольда»**).

ЛЕПОТА! Прекрасно! Замечательно! Как красиво! (**«Иван Васильевич меняет профессию»**).

ЛЕТАЕТ... ПАРИТ... НАШ ОРЁЛ! Шутливо о ком-л., делающем что-л. выдающееся, необычное, демонстрирующем публично свою силу, умение что-л. делать и т. п. (**«38 попугаев»**).

Произносится с нарочитым умилением.

ЛЁТЧИК — НАЛЁТЧИК. 1. Иронично о лётчике, авиаторе. **2.** О воре, «громиле». (**«Джентльмены удачи»**).

𝄞 **ЛЕТЯТ УТКИ...** Строчка из популярной песни, которая «мурлыкается» говорящим «себе под нос» как сопровождение какого-л. заведомо неблаговидного занятия (**«Бриллиантовая рука»**).

Произносится (напевается) с имитацией украинского акцента (смягчается конечное [т] в *летят*, [к] перед окончанием -и в *утки* не смягчается).

ЛИБО Я ЕЁ ВЕДУ В ЗАГС, ЛИБО ОНА МЕНЯ ВЕДЁТ К ПРОКУРОРУ. О безвыходном положении, об отсутствии альтернативы, выбора (**«Кавказская пленница»**).

ЛИСТ. Денежная купюра (**«Калина красная»**).

См. также *Сто листов...*

ЛИЧНО МНЕ ВОТ ТАК КА-АЦА... Шутливое пародирование настойчивого выражения кем-л. собственного мнения, точки зрения (**«Люди и манекены»**).

Имитируется дефект речи; имеется в виду «кажется».

ЛИЧНО ПАРЕНЬ Я ИНТЕРЕСНЫЙ И В ДЕВИЦАХ ЛЮБЛЮ ФАСОН. Шутливое самовосхваление (**«Свинарка и пастух»**).

Лопух не догадался? См. *Дуб, как слышишь меня?*

Лорики-ёрики! См. *Бамбара-чопора...*

ЛОШАДИ ИМЕЮТСЯ В МОСКВЕ В БОЛЬШОМ КОЛИЧЕСТВЕ, И ЛОШАДИ ИМЕЮТСЯ РАЗНЫЕ. Шутливый комментарий по любому поводу, например, о крупной, полной женщине, о смеющемся человеке и т. п. (**«Свинарка и пастух»**).

ЛОШАДИ ОБОРАЧИВАЮТСЯ. О чём-л. удивительном, вопиющем, поражающем воображение.

См. также *Я ношу такие кошёлки...*

ЛУЖОК, ПАСУТСЯ КОРОВКИ, КОРОВКИ... БЫЧОК... БЫК И ПАСТУШОК, МОЛОДЕНЬКИЙ-МОЛОДЕНЬКИЙ ТАКОЙ... Шутливое пародирование какой-л. излишне идиллической, сентиментальной, слащавой и т. п. ситуации (**«Соломенная шляпка»**).

Произносится с имитацией картавости.

ЛУЧШАЯ ГРУДЬ ВОРКУТЫ. Шутливо о женской груди (**«Брюнетка за тридцать копеек»**).

ЛУЧШЕ БЫТЬ ТАКИМ НЕГОДЯЕМ, КАК Я, ЧЕМ ТАКИМ ДУРАКОМ, КАК ТЫ. Реплика в ответ на оскорбление в адрес говорящего, когда собеседник называет его негодяем (**«Моя любовь»**).

ЛУЧШЕ БЫ Я УПАЛ ВМЕСТО ТЕБЯ. Ироничное выражение сострадания кому-л., часто в ситуации, когда говорящий хочет использовать кого-л., имеет прагматические расчёты (**«Бриллиантовая рука»**).

ЛУЧШЕЕ В МИРЕ ПРИВИДЕНИЕ С МОТОРОМ: ДИКОЕ, НО СИМПАТИШНОЕ. Шутливое самовосхваление (**«Малыш и Карлсон»**).

Лучше, конечно, помучиться. См. *Тебя как, сразу прикончить...*

ЛУЧШИЙ В МИРЕ УКРОТИТЕЛЬ ДОМОМУЧИТЕЛЬНИЦ! Шутливое самовосхваление (**«Малыш и Карлсон»**).

ЛЫБНАЯ РОВЛЯ. Рыбная ловля, рыбалка (**«Люди и манекены»**).

Лысина дыбом встанет. См. *У вас не то что волосы...*

ЛЮБВИ, ОГНЯ И КАШЛЯ ОТ ЛЮДЕЙ НЕ СПРЯЧЕШЬ. О невозможности скрыть от окружающих своих интимных переживаний, любовных отношений (**«Трембита»**).

Вероятно, выражение употреблялось и до выхода фильма, но популярность приобрело под его влиянием.

Любимая, чернявая, безотказная губица. См. *Вы, только вы...*

ЛЮБЛЮ, КОГДА СЫРОСТЬ РАЗВОДЯТ! Ироничная реакция на чьи-л. слёзы, плач (**«Марья-искусница»**).

ЛЮБЛЮ СО СМАКОМ. Люблю с маком (бублик, булку и т. п.); шутливо о любом блюде, угощении (**«Свадьба в Малиновке»**).

ЛЮБОВЬ, ФИМКА, У НИХ — СЛОВО «АМОР». АМОР... И ГЛАЗАМИ ТАК: У-У-У! Иронично о любви, «чувствах» и т. п. (**«Формула любви»**).

Первая часть произносится «с чувством» (т. е. голос приглушённый, темп умеренный, ударный гласный «пропевается»), после неё предполагается пауза. Для второй части («а глазами так») характерен ускоренный темп, пониженная громкость, использование нижней части диапазона; эта часть также завершается паузой. Заключительная часть («у-у-у»), несущая наибольшую экспрессивную нагрузку, «поётся» на полтона выше, чем предыдущая, но всё тем же приглушённым голосом, и сопровождается плавным, мечтательным заведением зрачков в верхний правый угол. Лоб при этом морщится.

ЛЮБОВЬ — ЭТО ТЕОРЕМА, КОТОРУЮ НУЖНО КАЖДЫЙ ДЕНЬ ДОКАЗЫВАТЬ. Шутливо-философское определение любви (**«Тот самый Мюнхгаузен»**).

ЛЮБОСТРАСТНЫЙ ПРЫЩ! Бранное, чаще в адрес ловеласа, бабника (**«Иван Васильевич меняет профессию»**).

ЛЮДИ, АУ! Эй, где вы, я вас не вижу, не могу найти, идите сюда! (**«Карнавальная ночь»**).

Впоследствии та же фраза была использована в фильме «Чародеи».

ЛЮДИ ДЕЛЯТСЯ НА ТЕХ, КТО ДОЖИВАЕТ ДО ПЕНСИИ И НА ОСТАЛЬНЫХ... Шутливый афоризм (**«Старики-разбойники»**).

ЛЮДИ-ТО ПО УЛИЦАМ У НАС НЕ ГОЛЫМИ БЕГАЮТ. Люди стали зажиточными, у всех есть деньги, имущество (**«Люди и манекены»**).

ЛЮДК, А ЛЮДК! Шутливое обращение (**«Любовь и голуби»**).

Произносится со специфической интонацией в первой синтагме [Людк] — нисходяще-восходящий тон, во второй [а Людк]) — восходящий тон на центре [а].

ЛЮТЫЙ МЕНЯ ПРИЗНАЛ! Иронично о ситуации, когда всё висит на волоске; рухнула главная надежда и т. д. (**«Неуловимые мстители»**).

Ляп по Тяпкину! См. *Тяп по Ляпкину.*

М

МАЗЛО́! Иронично о человеке, сделавшем что-л. неумело, непрофессионально, чаще о футболисте, промахнувшемся мимо ворот (**«Вратарь»**).

Вероятно, данное жаргонное слово употреблялось в разговорном языке и раньше, но под влиянием фильма распространилось особенно широко.

МАКСИМКА. Негр, негритёнок (**«Максимка»**).

МАЛЕНЬКАЯ, НО ОЧЕНЬ ГОРДАЯ ПТИЧКА. О маленьком, невзрачном, но самолюбивом, тщеславном и т. п. человеке (**«Кавказская пленница»**).

Произносится с кавказским акцентом.

Маленький, аккуратненький такой бордельеро. См. *Не устроить ли нам...*

МАЛОВАТО БУДЕТ! Шутливо о необходимости дать ещё чего-л.; добавить и т. п. (**«Падал прошлогодний снег»**).

МАЛО ЛИ В БРАЗИЛИИ ПЕДРОВ! И НЕ СОСЧИТАЕШЬ! О большом количестве, избытке чего-л. или кого-л. (**«Здравствуйте, я ваша тётя!»**).

МАЛО ТОГО, ЧТО ДУРА, ЕЩЁ И ГОТОВИТЬ НЕ УМЕЕШЬ. Ироничный упрёк в адрес собеседницы (**«Игла»**).

МАЛО — ЭТО КОГДА ВСЁ СЪЕЛ И ЕЩЁ ХОЧЕТСЯ. А МНОГО — ЭТО КОГДА БОЛЬШЕ УЖЕ НЕ ХОЧЕТСЯ. Шутливое разъяснение значений слов «мало» и «много», часто в ответ на просьбу собеседника уточнить, что говорящий конкретно подразумевает под этими словами, какое количество чего-л. (**«38 попугаев»**).

Малый не дурак и дурак немалый. См. *Слухай, Ёжиков...*

МАЛЬЧИК БАНАНАН. Иронично о любом человеке (**«Асса»**).

См. также *Здравствуй, мальчик Бананан...*

МАЛЬЧИК-ТО КАК РАЗРЕЗВИЛСЯ! Ишь ты, вот даёт, ну и ну, надо же, кто бы мог подумать ! (**«Золушка»**).

МАЛЮТКА-МАНОН. Ироничное обращение (**«Два бойца»**).

См. также *Слушай, если я ещё чего-нибудь подобное услышу...*

МАМА ДОРОГАЯ! Междометие, выражающее любую эмоцию (**«Люди и манекены»**).

Мама, которая всё всегда всем разрешает и ничего никогда никому не запрещает. См. *Муми-мама — это такая мама...*

МАМА ТАКАЯ ХОРОШАЯ, ПРО ПАРОВОЗ ПОЁТ. Иронично о чьих-л. достоинствах, чаще — о хорошей матери, у которой плохой сын (**«Берегись автомобиля»**).

МАМОЧКА, ТЫ МНЕ ВСЕГДА СНИШЬСЯ В КАКОМ-ТО ЭКЗОТИЧЕСКОМ ВИДЕ. Шутливо человеку, которого говорящий хочет рассмешить, шокировать и т. п. (**«Полосатый рейс»**).

МАНИКЮРША! Шутливо в ответ на вопрос «кто вы?» (**«Сердца четырёх»**).

МАНЬКА-ОБЛИГАЦИЯ. Ироничное прозвище, чаще о женщине по имени Мария (**«Место встречи изменить нельзя»**).

Маргарита Львовна... Лев Маргаритыч... См. *Скорая помощь, помощь скорая...*

МАРТЫШКА, ПРИМИ, ПОЖАЛУЙСТА, ОТ МЕНЯ ЭТОТ СПЕЛЫЙ БАНАН! Реплика, которой говорящий сопровождает вручение кому-л. какого-л. подарка, сувенира и т. п., чаще о чём-л. незначительном, чисто символическом (**«38 попугаев»**).

Произносится нарочито торжественно.

МАРТЫШКА, УДАВ ПРОСИЛ ПЕРЕДАТЬ ТЕБЕ ПРИВЕТ. Шутливая передача привета собеседнику от кого-л. (**«38 попугаев»**).

Произносится в нос, с опущенной нёбной занавеской.

МАТЬ, ПРОЩАЙ! — ЮРА, Я ЗДЕСЬ. Диалог, пародирующий ситуацию патетического прощания «навеки» (**«Берегись автомобиля»**).

МАХМУД, ЗАЖИГАЙ! Призыв что-л. сделать, предпринять (**«Белое солнце пустыни»**).

Произносится с восточным акцентом.

МАХНОВЦЫ ВЫ, А НЕ ТРАКТОРИСТЫ! Эх вы, а я-то на вас надеялся, верил вам (в адрес кого-л., обманувшего надежды говорящего) (**«Трактористы»**).

МАШИНА ЕДЕТ, РАБОТА СТОИТ, ЗАРПЛАТА ИДЁТ. 1. Шутливо о ситуации, когда работа носит чисто формальный характер. **2.** О езде на автомобиле (**«Люди и манекены»**).

МГАНГА, ИДЁТ ВЕЛИКИЙ МГАНГА! Иронично о приезде важного лица, о приходе начальника и т. п. (**«Пятнадцатилетний капитан»**).

Международное слово: «бить будем». См. *А что такое «ультиматум»?..*

МЕЖДУ ПРОЧИМ, СТУДЕНТ, ВОЗЬМИТЕ ПРИМУС И ПРОВЕРЬТЕ ЕГО. 1. Выражение неуверенности в чём-л., в какой-л. вещи, механизме и т. п. **2.** Реплика, которой говорящий выражает желание отделаться от собеседника (**«Два бойца»**).

Произносится с одесским акцентом.

МЕЛКИЙ, НО, ВИДАТЬ, УЖАСНО УМНЫЙ. О ком-л. маленьком, тщедушном, слабом, забитом (**«Большая перемена»**).

Меньше думай. См. *А ты меньше думай.*

МЕНЯ БОЛЬШЕ ВСЕГО УСТРАИВАЕТ ОБРАЩЕНИЕ «МЮЛЛЕР»: КАТЕГОРИЧНО, СКРОМНО И СО ВКУСОМ. Реплика-ответ на чей-л. вопрос о том, какое обращение предпочитает говорящий (**«Семнадцать мгновений весны»**).

Меня всё вширь гонит. См. *А меня всё вширь гонит.*

Меня вызывает Таймыр. См. *Вас вызывает Таймыр.*

МЕНЯ ЗОВУТ ГИВИ, ДЕВУШКА! Шутливая реплика-знакомство (**«Свой среди чужих, чужой среди своих»**).

Произносится с грузинским акцентом.

МЕНЯ НЕТ, Я НА КАРТОШКЕ. Сообщение о том, что говорящего нет дома, на рабочем месте, часто в ситуации, когда говорящий скрывается от кого-л. (**«Афоня»**).

МЕНЯ ПОЛОВИНАМИ МЕРИТЬ НЕЛЬЗЯ, ПОТОМУ ЧТО Я ЦЕЛЫЙ. 1. Реплика, сопровождающая обмер говорящего (например, портным и т. п.). **2.** Шутливо о нежелании распыляться на несколько дел, работать в нескольких местах и т. п. (**«38 попугаев»**).

МЕНЯ ТАК, БЕЗ ХРЕНА, НЕ СОЖРЁШЬ. Меня просто так не возьмёшь, я не так-то прост, врёшь, не возьмёшь и т. п. (**«Полосатый рейс»**).

МЁРТВОМУ, КОНЕЧНО, СПОКОЙНЕЕ, ДА УЖ БОЛЬНО СКУЧНО. Шутливый отказ на какое-л. опасное предложение (**«Белое солнце пустыни»**).

МЕСТО ВСТРЕЧИ ИЗМЕНИТЬ НЕЛЬЗЯ. О случайной встрече давно не видевшихся друзей; о встрече в каком-л. памятном для обоих встречающих месте (**«Место встречи изменить нельзя»**).

МЕТЕОРОЛОГ КАРФУНКЕЛЬ. 1. Шутливо о человеке в очках. **2.** О еврее. **3.** О странноватом человеке; человеке с причудами (**«Семеро смелых»**).

Мечите пореже... См. *Ну, дяди и тёти...*

Микола-Микола!.. См. *Ой, Микола-Микола!..*

МИРОВОЙ ЗАКУСОН! Хорошая, отличная закуска (**«Люди и манекены»**).

МИТЬКА... БРАТ ПОМИРАЕТ, УХИ ПРОСИТ. Реплика, которой говорящий пародийно имитирует скорбь, отчаяние и т. п. (**«Чапаев»**).

Обычно реплика сопровождается всхлипываниями, а также «скорбной мимикой»: утиранием слёз, «жестами отчаяния» и т. п.

МИТЯЙ, СХОРОНИТЬСЯ МНЕ НАДО. Мне надо спрятаться, я не хочу никому попадать на глаза (**«Джентльмены удачи»**).

«МИХАИЛ СВЕТЛОВ»? Шутливый вопрос с целью установить атмосферу доверия, интимный контакт с собеседником (**«Бриллиантовая рука»**).

Часто произносится с имитацией иностранного акцента.

Мне Антоша говорил, промеж вас немых нету. См. *Опять никто не надумал?..*

МНЕ ВЕДЬ ДАВНО УЖЕ НЕ ДВАДЦАТЬ ПЯТЬ. — ДА И МНЕ, ЧЕСТНО СКАЗАТЬ, НЕ ТРИДЦАТЬ ВОСЕМЬ. Шутливо о возрасте, как правило, преклонном (**«Карнавальная ночь»**).

МНЕ В ПОСЛЕДНЕЕ ВРЕМЯ ВСЁ ЧТО-ТО КАЖЕТСЯ. Шутливо о том, что у говорящего есть какие-л. видения, предчувствия и т. п. (**«Полосатый рейс»**).

Мне — в этом?.. В однобортном? Да вы что?! Не знаете, что в однобортном сейчас уже никто не воюет? Безобразие! Мы не готовы к войне. См. *Что? Мне — в этом?..*

МНЕ ДУРНО! ВОДЫ! Шутливое разыгрывание обморока во время купания, например, в реке, море, бассейне и т. п. (**«Волга-Волга»**).

МНЕ ЖЕ СТЫДНО. Я СТЫДЛИВАЯ! Шутливо: мне стыдно, совестно; часто из уст мужчины (**«Здравствуйте, я ваша тётя!»**).

Произносится нарочито жеманно, кокетливо.

МНЕ ЗА ДЕРЖАВУ ОБИДНО. Оправдание своего возмущения, негодования тем, что они имеют общественную, а не частную, корыстную причину (**«Белое солнце пустыни»**).

Мне ка-аца. См. *Лично мне вот так ка-аца.*

МНЕ НЕЛЬЗЯ. АЛЛЕРГИЯ. БОЛЕЗНЬ ТАКАЯ. КОЖА ЗУДИТ. Шутливый отказ от чего-л., от какого-л. предложения, например, выпить (**«Афоня»**).

МНЕ НРАВИТСЯ ВАША НАГЛОСТЬ! Ну и молодец, хвалю! (одобрительно по поводу чьих-л. решительных, смелых действий) (**«Подвиг разведчика»**).

Мне нужен ваш последний оперативный план, который вы хотите осуществить на юге. См. *Генерал, мне нужен...*

МНЕ ОЧЕНЬ СТЫДНО, ПРИНЦ, НО ВЫ УГАДАЛИ! Шутливо в ситуации, когда собеседник угадал самые сокровенные, интимные желания говорящего (**«Золушка»**).

Мне с Сердюком встретиться надо. См. *Вы б, дядя, поближе к делу...*

МНЕ ТОЛСТУЮ! Шутливый выкрик в ситуации, когда каждый берёт то, что успевает, все толкаются, оттесняют друг друга и т. п. (**«Свадьба в Малиновке»**).

Мне ухаживать некогда. Вы — привлекательны, я — чертовски привлекателен. Чего же время терять? См. *Ровно в полночь...*

МНИТЕЛЬНЫЙ ТЫ СТАЛ, СИДОР, ОЙ, МНИТЕЛЬНЫЙ! Упрёк в излишней мнительности собеседника (**«Неуловимые мстители»**).

Много — это когда больше уже не хочется. См. *Мало — это когда всё съел...*

МО́ГЕТ БЫТЬ, МО́ГЕТ БЫТЬ... Может быть, обычно при выражении сомнения в верности высказанных кем-л. мыслей, убеждений и т. п. (**«Люди и манекены»**).

Произносится с имитацией просторечных черт.

МОГУ ЗАНОСИТЬ БЫКАМ ХВОСТЫ, ПОСКОЛЬКУ Я КРУГОМ В ЗАМШЕ. Шутливый ответ на вопрос, типа «что ты можешь делать?», «какова твоя профессия?» и т. п. (**«Калина красная»**).

МОЖЕТ, БЕТХОВЕН ТОЖЕ ЧЕЙ-НИБУДЬ ДЯДЯ БЫЛ! В ответ на чью-л. реплику со словом «дядя», например, «эй, дядя», «а работать дядя будет?» и т. п. (**«Волга-Волга»**).

МОЖЕТ БЫТЬ, АВТОМОБИЛЬНАЯ КАТАСТРОФА?.. Шутливо при обсуждении какого-л. третьего лица, которое явно мешает говорящим, досадило им, от которого они хотят отделаться (**«Семнадцать мгновений весны»**).

𝄞 **МОЖЕТ, В ПОНЕДЕЛЬНИК ИХ МАМА РОДИЛА.** О ком-л. неудачливом, невезучем (**«Бриллиантовая рука»**).

МОЖЕТ, МЕНЯ ДАЖЕ НАГРАДЯТ... ПОСМЕРТНО. Шутливое выражение жалости к себе, часто перед каким-л. трудным делом, испытанием (**«Бриллиантовая рука»**).

Реплика сопровождается жалостливой гримасой и всхлипом перед словом *посмертно*.

Может, не надо? См. *Шурик! А может...*

МОЖЕТ, СТОИТ ВСЁ-ТАКИ В ДАННОМ СЛУЧАЕ ПОДНЯТЬ ВЕРХ СВЕРХУ И ПОНИЗИТЬ НИЗ СНИЗУ? Ироничное пародирование какого-л. предложения, совета и т. п., претендующего на новизну, свежесть, но явно не обладающего ими (**«Тот самый Мюнхгаузен»**).

МОЖЕТ, ЯИШЕНКИ?.. ИЛИ ЗА ПИВОМ СБЕГАТЬ?.. Шутливое ухаживание за кем-л., нарочитое «подлизывание» к кому-л., ироничная демонстрация своей готовности на всё ради собеседника (**«Девчата»**).

МОЖЕТ, Я ОТ ТВОЕЙ РОЖИ ТОЖЕ ПО НОЧАМ КРИЧУ! Как ты мне противен! Какой ты гадкий! (**«Люди и манекены»**).

Можешь сделать десять шагов. У тебя есть время одуматься. Десятый шаг будет твоим последним шагом. См. *Хорошо, можешь сделать десять шагов...*

МОЖНО — ГРУБО ГОВОРЯ, НО МЯГКО ВЫРАЖАЯСЬ. Шутливо о невозможности выразить какую-л. мысль, о бранном выражении, о чём-л., что нельзя произнести вслух (**«Люди и манекены»**).

МОЙ КОРЕШ — ПРАВИЛЬНЫЙ ТОВАРИЩ. Шутливая похвала в чей-л. адрес (**«Два бойца»**).

Произносится с одесским акцентом.

МОЙ ЛЮБИМЫЙ ЦВЕТ (или **РАЗМЕР**)! Шутливо о качествах, достоинствах, параметрах, размерах и т. п. чего-л. или кого-л. (**«Винни Пух и день забот»**).

МОЙ ОТЕЦ, СИДОРОВ-СТАРШИЙ, МЕНЯ, СИДОРОВА-МЛАДШЕГО, ЛУПИЛ КАК СИДОРОВУ КОЗУ. Мой отец меня очень строго воспитывал (**«Люди и манекены»**).

МОЙ ОТЕЦ, ЦАРСТВО ЕМУ НЕБЕСНОЕ, БОЛЬШОГО УМА ЧЕЛОВЕК, ЧИСТЕЙШЕЙ ЖИЗНИ: ОТ ЗАПОРА УМЕР. Шутливый комментарий к чьим-л. неблаговидным, подлым действиям (**«Трембита»**).

МОКРОЕ ДЕЛО. Слёзы, плач (**«Свадьба в Малиновке»**).

См. также *Гражданочка, я умоляю...*

МОЛИБОГА. Шутливо о поваре, а также о несколько безалаберном, странном, но хорошем человеке (**«Семеро смелых»**).

МОЛИСЬ, ЩУЧИЙ СЫН! Ироничная угроза в чей-л. адрес (**«Иван Васильевич меняет профессию»**).

МОЛОДЕЦ, АНКА, ПРЕВЗОШЛА ТЕХНИКУ. Похвала в адрес человека, справившегося с какой-л. сложной задачей, научившегося какому-л. нелёгкому делу (**«Чапаев»**).

МОЛОДОЙ ЕЩЁ! Ты в этом ничего не понимаешь, у тебя слишком мало опыта (**«Место встречи изменить нельзя»**).

«Ещё» произносится с имитацией диалектной фонетики как [ишшó], т. е. с отсутствием йотирования в начале слова и с отвердением долгого [ш].

МОЛОДОЙ КРОКАДИЛ... НЕТ... КРАКОДИЛ... ХОЧЕТ ЗАВЕСТИ СЕБЕ ДРУЗЕЙ... Реплика, обличающая чью-л. неграмотность, некультурную речь (**«Крокодил Гена»**).

Произносится с отсутствием редукции в словах *крокадил, кракодил*.

МОЛОДОЙ СПОРТСМЕН КАРАСИК. Иронично о любом человеке, чаще о неумелом, неловком, неопытном, но пытающемся произвести хорошее впечатление на окружающих (**«Вратарь»**).

Молодому человеку просто надоело жить. Ну что ж, мы ему можем помочь. См. *Этому молодому человеку...*

Молчи в трубочку. См. *Твой номер шестнадцать...*

МОЛЧИ, НЕСЧАСТНАЯ, МОЛЧИ! Не говори так, боже мой, что ты говоришь! (**«Бриллиантовая рука»**).

Произносится нарочито эмоционально, истошно, с надрывом.

МОЛЧИТ. НЕУЖЕЛИ ПРОВАЛ?.. Ироничная реакция на чьё-л. молчание, например, в бытовом диалоге, когда говорящий задал вопрос, а собеседник его не услышал (**«Подвиг разведчика»**).

Моргалы выколю! См. *Пасть порву...*

Морозова! См. *Эх, Морозова!*

МОРРА — СТРАШНАЯ И УЖАСНАЯ! Шутливо о ком-л. страшном, зловещем, опасном и т. п. (**«Муми-тролль и другие»**).

МОСКВА-ТО, ОНА, ЧАЙ, ОГРОМНАЯ. МОСКВА-ТО, ОНА НЕЗНАКОМАЯ, А Я ДЕВЧОНКА МАЛЕНЬКА ИЗ СЕВЕРНЫХ ЛЕСОВ. Шутливое самоуничижение, выражение говорящим скромности его запросов, простоты вкусов и т. п. (**«Свинарка и пастух»**).

Произносится с имитацией просторечно-диалектных черт.

Моя любимая, моя чернявая, моя безотказная гаубица. См. *Вы, только вы...*

МУДРЕЦ-МОЛЧАЛЬНИК. О «молчуне», о молчаливом человеке (**«Марья-искусница»**).

МУЖИК. Шутливо в ответ на вопрос «ты кто?», «кто вы такой?» и т. п. (**«Котовский»**).

Мужики сумневаются: ты за большевиков али за коммунистов? См. *А вот, Василий Иваныч...*

Муж-то где? Работает? Хорошо! См. *А муж-то где?..*

МУЖЧИНА В САМОМ РАСЦВЕТЕ СИЛ И ТАЛАНТА. Иронично о человеке, который слишком себя превозносит; о любом красивом, умном и т. п. мужчине (**«Малыш и Карлсон»**).

МУЖЧИНА ВЫ, Я ВИЖУ, ПОЛОЖИТЕЛЬНЫЙ, ПОЭТОМУ ВСЁ ДОЛЖНО БЫТЬ ТОЧНО. Уж, пожалуйста, не подведите меня, сделайте всё как следует (**«Место встречи изменить нельзя»**).

Мужчины инфантильные, женщины индифферентные, дети малоподвижные. См. *Общая вялость.*

Музей!.. Нечем банку открыть! См. *Вот смех, вот умора!..*

МУЗЫКУ ЛЮБИТЕ, А НА ИНСТРУМЕНТЕ НЕПРИЛИЧНОЕ СЛОВО НАЦАРАПАЛИ. Иронично о вопиющем противоречии между заявляемыми кем-л. духовными (высокими и т. п.) запросами и не соответствующим этим запросам бытовым поведением данного лица (**«Республика ШКИД»**).

МУЗЫЧКА-ТО У НАС ВОРОВАННАЯ! 1. Ироничное сожаление по поводу чего-л., разочаровавшего говорящего. **2.** Шутливое уличение собеседника в обмане, подвохе (**«Волга-Волга»**).

МУЛЯ, НЕ НЕРВИРУЙ МЕНЯ... Не раздражай меня (**«Подкидыш»**).

МУМИ-МАМА — ЭТО ТАКАЯ МАМА, КОТОРАЯ ВСЁ ВСЕГДА ВСЕМ РАЗРЕШАЕТ И НИЧЕГО НИКОГДА НИКОМУ НЕ ЗАПРЕЩАЕТ. Шутливо о ком-л. добром, отзывчивом, демократичном и т. п. (**«Муми-тролль и другие»**).

МУРЛЫМ МУРЛО, ЕЁ МОРДОВОРОТ ВО СНЕ УВИДИШЬ — НЕ ПРОСНЁШЬСЯ. О некрасивой, уродливой женщине (**«Люди и манекены»**).

Ироничное обыгрывание имени актрисы Мерилин Монро.

МУТАБОР! Слово-«заклинание», произносимое в любой ситуации для создания комического эффекта (**«Калиф Аист»**).

МЫ БУДЕМ ПРЯМО-ТАКИ НЕЩАДНО БОРОТЬСЯ С ЛИЦАМИ, ЖИВУЩИХ НА НЕТРУДОВЫЕ ДОХОДЫ. Шутливое пародирование типичных лозунгов и призывов (**«Берегись автомобиля»**).

Пародируется просторечное нарушение согласования.

𝄞 **МЫ В ГОРОД ИЗУМРУДНЫЙ ИДЁМ ДОРОГОЙ ТРУДНОЙ...** Реплика, сопровождающая движение, ходьбу говорящего куда-л., часто в ответ на чей-л. вопрос «куда ты идёшь?» (**«Волшебник Изумрудного города»**).

Мы все под колпаком у Мюллера. См. *Не падайте в обморок...*

МЫ ДА МЫ, ЧАПАЕВЦЫ!.. Реплика, которой говорящий пародирует чьё-л. чванство, высокомерие и т. п. (**«Чапаев»**).

МЫ ДОЛЖНЫ ВОСПИТЫВАТЬ НАШЕГО ЗРИТЕЛЯ. ЕГО ГОЛЫМИ НОГАМИ НЕ ВОСПИТАЕШЬ. Иронично о необходимости соблюдения моральных норм в кино, искусстве, самодеятельности и т. п. (**«Карнавальная ночь»**).

МЫ Ж УМНЕЙ ВАС В МИЛЬЯРД. Требование не учить, не поучать говорящего (**«Два бойца»**).

Произносится с одесским акцентом.

Мы накануне грандиозного шухера! См. *Слушай, что-то мне не нравится здешний режим...*

МЫ НЕ ДУМАЕТЕ, МЫ ЗНАЕТЕ. Иронично в ответ на чей-л. вопрос «вы (так) думаете?» (**«Заяц, который любил давать советы»**).

МЫ НЕ ПРОТИВ. Шутливое выражение согласия (**«Служили два товарища»**).

Имитируется «восточный» акцент, [м] в *мы* смягчается.

МЫ НЕ ХОТИМ В ЖИВОЙ УГОЛОК. МЫ ХОТИМ В ПИОНЕРЫ! Шутливый отказ от какого-л. предложения (**«Чебурашка»**).

Слово «пионеры» произносится с особым чувством.

МЫ ОДИНОКИЕ СТАРЕЮЩИЕ МУЖЧИНЫ. Шутливое самоуничижение (**«Семнадцать мгновений весны»**).

МЫ ОДИЧАЛИ В ДОРОГЕ, КАК ЧЁРТОВА МАТЬ! Об отсутствии комфорта, чистоты, элементарных бытовых удобств (**«Обыкновенное чудо»**).

МЫ ОДНОЙ КРОВИ — ТЫ И Я! Шутливое выражение дружеского расположения к кому-л., призыв не идти на конфликт, не ссориться, ироничное заискивание перед кем-л. (**«Маугли»**).

МЫ ПОКА С ПОДРУЖКОЙ ПОЗАНИМАЕМСЯ. Шутливо в ситуации, когда говорящий делает что-л., заведомо неприятное собеседнику (**«Операция «Ы» и другие приключения Шурика»**).

МЫ РЕПЕ-ПЕ-ТИ-РОВАЛИ! Шутливое объяснение-оправдание по поводу того, что говорящий что-л. натворил, сломал и т. п. (**«Весёлые ребята»**).

Имитируется заикание.

МЫСЛЯЩИЙ ЧЕЛОВЕК ПРОСТО ОБЯЗАН ВРЕМЯ ОТ ВРЕМЕНИ ЭТО ДЕЛАТЬ. Реакция на реплику, типа «надо подумать», «давай подумаем» и т. п. (**«Тот самый Мюнхгаузен»**).

Мы с мужиками порешили просто: братва и хлопцы. См. *Так вот, братва, чего я вам хочу сказать...*

МЫ С НИМ ДАВНО УЖЕ БЛИЗНЕЦЫ. Шутливо в ответ на чьё-л. замечание, что говорящий очень похож на кого-л. (**«Трембита»**).

МЫ СТРОИЛИ-СТРОИЛИ И НАКОНЕЦ — ПОСТРОИЛИ. УРА! Реплика, произносимая в завершение какого-л. дела (**«Крокодил Гена»**).

МЫ ТАКИХ ЗНАКОМЫХ СКОРО В ЧЁРНОМ МОРЕ ТОПИТЬ БУДЕМ. Саркастически о каком-л. знакомом, в чьей компетенции, честности и т. п. говорящий сомневается (**«Новые приключения неуловимых»**).

МЫ ТВОРЧЕСКИЕ РАБОТНИКИ, НАМ НУЖНА МЁРТВАЯ ТИШИНА! Ироничное требование соблюдать тишину (**«Весёлые ребята»**).

МЫ ТЕБЯ НЕ БОЛЬНО ЗАРЕЖЕМ. Шутливая угроза (**«Место встречи изменить нельзя»**).

Произносится с нарочитым спокойствием, с лаской.

МЫ ТУТ ИЗ БЛОХИ ГОЛЕНИЩЕ КРОИЛИ. Шутливый ответ на вопрос типа «что вы тут делали?», «как вы провели время?» (**«Калина красная»**).

МЫ ЧТО ЖЕ, БУДЕМ ПОРХАТЬ, БУДЕМ ЧУЙСТВОВАТЬ, ИЛИ В НАШЕМ ОБЩЕМ ДЕЛЕ УЧАЙСТВОВАТЬ? Упрёк кому-л. в бездействии, в неучастии в работе, в излишней рассеянности, мечтательности (**«Люди и манекены»**).

Имеется в виду «чувствовать», «участвовать».

МЫШЬ БЕЛАЯ. Бранное (**«Люди и манекены»**).

См. также *Чего ты орёшь, ты, мышь белая!..*

𝄞 **МЭРИ ВЕРИТ В ЧУДЕСА, МЭРИ ЕДЕТ В НЕБЕСА...** Иронично о каком-л. непредвиденном изменении, перемещении, поездке и т. п. (**«Цирк»**).

Произносится (напевается) обычно с англ. акцентом.

МЮЛЛЕР БЕССМЕРТЕН, КАК БЕССМЕРТЕН В ЭТОМ МИРЕ СЫСК. Шутливо о ком-л. влиятельном, сильном, непобедимом и т. п. (**«Семнадцать мгновений весны»**).

МЮЛЛЕР ИЗ ГЕСТАПО — СТАРЫЙ УСТАВШИЙ ЧЕЛОВЕК, ОН ХОЧЕТ СПОКОЙНО ДОЖИТЬ СВОИ ГОДЫ ГДЕ-НИБУДЬ НА МАЛЕНЬКОЙ ФЕРМЕ С ГОЛУБЫМ БАССЕЙНОМ... Шутливо о чьих-л. скромных запросах, чаще — о самом себе (**«Семнадцать мгновений весны»**).

МЯСО ЛУЧШЕ В МАГАЗИНЕ ПОКУПАТЬ. ТАМ КОСТЕЙ БОЛЬШЕ. Шутливо о мясе, о качестве покупного мяса (**«Трое из Простоквашино»**).

МЯЧ ПОПАДАЕТ В ШТАНГУ — ШТАНГА ЛОМАЕТСЯ! Реплика, иронично комментирующая какую-л. неожиданную, странную, абсурдную ситуацию (**«Вратарь»**).

Н

На войне и поросёнок — божий дар. См. *Тихо, бабуся...*

НА ВСЁ ЖАЛУЮСЬ. Шутливо в ответ на вопрос «на что жалуешься (жалуетесь)?» (**«Семеро смелых»**).

НА ВСЕХ ЯЗЫКАХ, КАК ПТИЦА, ПОЁТ, ПО ЭТОЙ ЖЕ ПРИЧИНЕ НЕТ РАВНОВЕСИЯ В ГОЛОВЕ. Шутливо о знании иностранных языков, а также о вреде образования, иронично об интеллигентности (**«Покровские ворота»**).

Навстречу твоему счастью. См. *Куда вы меня несёте?..*

НА ВСЯКИЙ ПОЖАРНЫЙ СЛУЧАЙ. На всякий случай, на крайний случай (**«Бриллиантовая рука»**).

На голову жалуемся. См. *На что жалуемся?..*

На дворе конец двадцатого века. А у нас в доме одна пара валенок на двоих. См. *Ну и ну! Ну и ну!..*

НАДЁЖНО, ДОБРОТНО, ХОРОШО! Ироничное одобрение чего-л., высокого качества какой-л. вещи, изделия (**«Падал прошлогодний снег»**).

НАДЕНЬ КОЛОКОЛЬЧИК, РОДНОЙ. Будь проще, не высовывайся, не зазнавайся, знай свое место (**«Кин-дза-дза!»**).

НАДО МЕНЬШЕ ПАЧКАТЬСЯ! Иронично в ответ на чьё-л. заявление о необходимости, но невозможности умыться, помыться (**«Каникулы в Простоквашино»**).

На дороге все такие недотроги. См. *Потому что на дороге...*

НАДО, ФЕДЯ, НАДО... Это надо, необходимо, неизбежно (**«Операция «Ы» и другие приключения Шурика»**).

НАЖМИ НА КЛАВИШИ, ПРОДАЙ ТОВАР! Просьба сыграть на каком-л. музыкальном инструменте, не обязательно клавишном (**«Свадьба в Малиновке»**).

Назови! Я жду! См. *А кто не пьёт?!*

НАЗЫВАЙТЕ МЕНЯ ПРОСТО —ТОВАРИЩ СУХОВ. Шутливо в ответ на вопрос «как тебя (вас) зовут?», «как твоё (ваше) имя?» и т. п. (**«Белое солнце пустыни»**).

НАИВОЗМОЖНЫЕ ЯЗЫ́КИ ЗНАЕТ! Шутливо о человеке, владеющем иностранными языками, а также об умном, знающем и т. п. человеке (**«Свинарка и пастух»**).

НАКАЗАНИЯ БЕЗ ВИНЫ НЕ БЫВАЕТ, ШАРАПОВ. Шутливо о том, что какое-л. наказание было правильным, справедливым, часто в ситуации, когда собеседник сомневается в этом (**«Место встречи изменить нельзя»**).

НА КАКОМ ОСНОВАНИИ ВЫ СОБИРАЕТЕСЬ ЕЁ ЦЕЛОВАТЬ? Кто тебе дал право это делать? Не делай этого, перестань (**«Люди и манекены»**).

𝄞 **НА КОЙ МНЕ ДЬЯВОЛ МОЯ ГОЛОВА, КОГДА ОНА ТРИ ДНЯ НЕ МЫТА!** Об отсутствии чистоты, комфорта (**«Обыкновенное чудо»**).

НА КОЛЕНИ, ЧЕРВЫ! Ироничное уничижение собеседника (**«Иван Васильевич меняет профессию»**).

НАЛЕТАЙ: ТОРОПИСЬ, ПОКУПАЙ ЖИВОПИ́СЬ. Призыв что-л. делать быстрей, торопиться, не упускать шанс и т. п. (**«Операция «Ы» и другие приключения Шурика»**).

НАЛИВАЙ СВОЕГО ДОРОГОГО. Давай выпьем, наливай (**«Калина красная»**).

НАМ БЫ НАСЧЁТ ХАЛАТА... Произносится с целью вернуть собеседника к сути, предмету разговора, когда собеседник отвлекается на частности, делает лирические отступления и т. п. (**«Бриллиантовая рука»**).

Нам ли быть в печали! То же, что *Эх, Марфуша...*

НА МНЕ УЗОРОВ НЕТ И ЦВЕТЫ НЕ РАСТУТ. Не смотри на меня так, чего во мне особенного? (**«Иван Васильевич меняет профессию»**).

На моих серебряных. См. *Который час на моих (твоих) серебряных?*

𝄞 **НА МОРСКОМ ПЕСОЧКЕ Я МАРУСЮ ВСТРЕТИЛ — В РОЗОВЫХ ЧУЛОЧКАХ, ТАЛИЯ В КОРСЕТЕ.** Шутливо о любой девушке, женщине (**«Свадьба в Малиновке»**).

Произносится (напевается) с одесским акцентом.

НАМ С ВАМИ НУЖНО ЧТО-ТО С ВАМИ ДЕЛАТЬ. С тобой (вами) что-то надо делать, так больше продолжаться не может; мы должны вместе решить твою (вашу) дальнейшую судьбу (**«Большая перемена»**).

На него взглянуть как следует — он до конца жизни заикой останется. См. *Да на него взглянуть как следует...*

НА НЕЁ ДО ШЕСТИ МЕСЯЦЕВ КРИЧАТЬ НЕЛЬЗЯ, ОНА НЕРВНАЯ БУДЕТ. Призыв не кричать на кого-л., не шуметь (**«Подкидыш»**).

НА ОДНУ ЗАРПЛАТУ НА ТАКСИ НЕ РАЗЪЕЗДИШЬСЯ. **1.** Выражение сомнения в том, что чьи-л. средства добыты законным путём (не обязательно о человеке, ездящем на такси). **2.** Иронично об отсутствии денег (**«Бриллиантовая рука»**).

НАПЛЕВАТЬ И ЗАБЫТЬ. О чём-л. недостойном сожаления (**«Чапаев»**).

См. также *Ну, на то, что вы тут говорили...*

НАПОЛЕОНУ-ТО ЛЕГЧЕ БЫЛО: НИ ТЕ ПУЛЕМЁТОВ, НИ ТЕ АЭРОПЛАНОВ... БЛАГОДАТЬ! Шутливые сетования на трудности, которые испытывает говорящий (**«Чапаев»**).

Имеется в виду *ни тебе пулемётов, ни тебе аэропланов.*

НА ПРОТЯЖЕНИИ ЖИЗНЕННОГО ПУТИ КАЖДОГО МУЖЧИНЫ ВСТРЕЧАЮТСЯ РОКОВЫЕ МИНУТЫ, КОГДА ОН БЕСПОЩАДНО РВЁТ СО СВОИМ ПРОШЛЫМ И ТРЕПЕЩУЩЕЙ РУКОЙ СБРАСЫВАЕТ

ТАИНСТВЕННЫЙ ПОКРОВ ГРЯДУЩЕГО... Шутливое пародирование предложения выйти замуж (**«Здравствуйте, я ваша тётя!»**).

НАРОД ДЛЯ РАЗВРАТА СОБРАЛСЯ. Иронично: всё готово, можно начинать, все собрались, о застолье, празднике и т. п. (**«Калина красная»**).

НАРОДУ МНОГО, А ЧТО ДЕЛАЕТ КАЖДЫЙ — НЕПОНЯТНО. О неразберихе, беспорядке (**«Люди и манекены»**).

На рыбьем жиру, на свеженьком!.. См. *Изнываю! На рыбьем жиру...*

𝄞 **НА СВЕТЕ МНОГО ЕСТЬ ТОГО, О ЧЁМ НЕ ЗНАЮТ НИЧЕГО НИ ВЗРОСЛЫЕ, НИ ДЕТИ.** Шутливо о каком-л. секрете, тайне (**«38 попугаев»**).

На совершенно живых людей наезжают! См. *Что же это такое...*

НАС С САМОГО РАННЕГО ДЕТСТВА РАСПОЗНАВАЛИ ТОЛЬКО ПО БАКЕНБАРДАМ... Шутливо в ответ на чьё-л. замечание, что говорящий очень похож на кого-л. (**«Трембита»**).

НА ТО ТЫ И АСТРОНОМ, ЧТОБ ДУМАТЬ. Думай-думай, соображай, голова-то тебе на что? (**«Афоня»**).

На то, что вы тут говорили, наплевать и забыть. Теперь слушай, чего я буду командовать. См. *Ну, на то, что вы тут говорили...*

НАТЮРЛИХ, МАРГАРИТА ПАВЛОВНА. Конечно, ещё бы, ладно, понял (**«Покровские ворота»**).

От немецкого natürlich — конечно.

Наугад, по-вятски. См. *Сейчас я — наугад, по-вятски.*

НА УЛИЦУ КО́ЙКОГО́... Произносится в ситуации путаницы, неразберихи, когда говорящие явно не понимают друг друга (**«По семейным обстоятельствам»**).

Произносится с имитацией дефекта речи; имеется в виду улица Горького.

Научил, надоумил, растолковал и ни копеечки за это не взял. См. *Эх, до чего ж я старых дураков люблю...*

НАУЧНЫЙ СТАРИК, ВСЮ АРИФМЕТИКУ ЗНАЕТ. Шутливо о чьих-л. интеллектуальных способностях, чаще — незначительных (**«Марья-искусница»**).

НА ФИГА Ж ТЫ АРФУ ВЫКИДЫВАЛ В ОКНО! Зачем же ты это сделал? Как ты умудрился такое сделать! Сам ты во всём виноват (**«Сто грамм для храбрости»**).

НАХ ХАУЗЕ. Домой (**«Свадьба в Малиновке»**).

От немецкого nach Hause.

НАЧАЛЬНИК ЧУКОТКИ. Шутливо о какой-л. незначительной, непристижной должности (**«Начальник Чукотки»**).

НА ЧАСАХ УЖЕ ТРИ, А Я ЕЩЁ НИ В ОДНОМ ГЛАЗУ. Шутливое сетование на то, что говорящему ещё до сих пор не удалось выпить (**«Люди и манекены»**).

Начерти пару формул... См. *Иди, начерти пару формул...*

НА ЧТО ЖАЛУЕМСЯ? — НА ГОЛОВУ ЖАЛУЕМСЯ. Шутливый диалог, разыгрываемый в качестве комментария по поводу совершённой кем-л. оплошности, чьего-л. глупого поведения и т. п. (**«Формула любви»**).

Вторая часть диалога часто используется как ироничный ответ на чей-л. вопрос «на что жалуемся?» (например, на приёме у врача).

НАШ БАРОН ТОЖЕ ДЁШЕВО ЦЕНИЛСЯ, А ПОМЕР — СТАЛ ВСЕМ ДОРОГ. Шутливо в ответ на чью-л. низкую оценку какого-л. человека, явления, вещи и т. п. (**«Тот самый Мюнхгаузен»**).

Наше дело сторона: сиди на солнышке, грейся. См. *Кончать надо с хиромантией...*

НАШЁЛ ВРЕМЯ. Иронично в ответ на чей-л. вопрос «где (здесь) туалет?» (**«Операция «Ы» и другие приключения Шурика»**).

Наше царское спасибо. См. *А пока...*

НАШИ КАВАЛЕРЫ ТАК ТОНКИ́ И БЛАГОРОДНЫ! Иронично (из уст женщины) в ситуации, когда мужчина (кавалер) совершает какую-л. вопиющую бестактность, не умеет ухаживать за дамой и т. п. или наоборот — излишне навязчиво изыскан и куртуазен (**«Соломенная шляпка»**).

НАШИ ЛЮДИ В БУЛОЧНУЮ НА ТАКСИ НЕ ЕЗДЯТ. Шутливо-неодобрительно о ком-л., кто живёт на широкую ногу, много тратит денег и т. п. (**«Бриллиантовая рука»**).

НАШ ЛЕВОН ИЗ РЯДА ВОН. Шутливо о человеке по имени Левон, а также о любом человеке, о его исключительных талантах, дарованиях и т. п. (**«Свинарка и пастух»**).

НАШ ЧЕЛОВЕК С ЖИЗНЬЮ ВСЕГДА РАССТАТЬСЯ ГОТОВ, А ВОТ С ДЕСЯТКОЙ — НИКОГДА. О присущей людям жадности, любви к деньгам, страсти к накопительству и т. п. (**«Люди и манекены»**).

НА ЭТОТ РАЗ РАССЕРДИЛ ТЫ МЕНЯ ВСЕРЬЁЗ. В этот раз я тебя не прощу (**«Место встречи изменить нельзя»**).

НЕ БЕСПОКОЙСЯ, КОЗЛОДОЕВ... БУДУ БИТЬ АККУРАТНО, НО СИЛЬНО. Шутливая угроза (**«Бриллиантовая рука»**).

Произносится с украинским акцентом.

НЕ БЕСПОКОЙТЕСЬ: Я И САМ ШУТИТЬ НЕ ЛЮБЛЮ, И ЛЮДЯМ НЕ ДАМ. Иронично о нелюбви говорящего (или третьего лица) к шуткам, остротам (**«Карнавальная ночь»**).

НЕ БОЛИТ ГОЛОВА У ДЯТЛА. **1.** Иронично о человеке, занимающемся нудной, однообразной, тяжёлой работой и не устающем от неё. **2.** Шутливо об отсутствии головной боли у кого-л., например, с похмелья (**«Не болит голова у дятла»**).

НЕБОЛЬШОЕ, НО ОТВЕТСТВЕННОЕ ПОРУЧЕНИЕ. Шутливо о каком-л. задании, поручении (**«Кавказская пленница»**).

Произносится с кавказским акцентом.

Небольшой аккуратненький бордельеро. См. *Такой, знаете, небольшой...*

НЕБОЛЬШОЙ ЗАБЕГ В ШИРИНУ. Шутливо: попойка, пьянка, вечеринка (**«Калина красная»**).

Небольшой урок географии. См. *Ничего, Сашенька...*

НЕ БУДЕМ УСТРАИВАТЬ ЭЛЬ СКАНДАЛЬ ПРИ ПОСТОРОННИХ. Не будем выносить сор из избы, ссориться при посторонних (**«Формула любви»**).

«Эль скандаль» — «скандал» на итальянский манер.

НЕ БУДЕТ ПОКОЯ, ПОКА ЖИВ ДЖАВДЕТ (или **ЖАВДЕТ**). Реплика, которой говорящий указывает на какую-л. известную ему и собеседнику причину (или виновника) неудач, хлопот и т. п. (**«Белое солнце пустыни»**).

НЕ ВИНОВАТАЯ Я: ОН САМ ПРИШЁЛ! Я не виноват, я не при чём (**«Бриллиантовая рука»**).

Вероятно, заимствовано из романа Л. Толстого «Воскресенье». Произносится максимально экспрессивно.

НЕ В ЛЕСУ ЖИВЁМ И НЕ В АМЕРИКЕ! Живём ведь среди людей, есть на свете добрые люди, есть кому помочь (**«Три тополя на Плющихе»**).

НЕ ВОРОВАТЬ... БЕЗ МЕНЯ. Иронично о каком-л. деле, которое не может быть осуществлено без говорящего (**«Джентльмены удачи»**).

НЕ ВПАДАЙ В ОТЧАЯНИЕ, НЕ ИМЕЙ ТАКОЙ ПРИВЫЧКИ. Не унывай, не теряй присутствия духа (**«Место встречи изменить нельзя»**).

НЕ В ПИРОГАХ СЧАСТЬЕ! Иронично о сути счастья (**«Малыш и Карлсон»**).

НЕ ГОВОРИ НИКОМУ... НЕ НАДО!.. Шутливая угроза (**«Белое солнце пустыни»**).

Произносится нарочито спокойно, ровным тоном.

НЕГРЫ ЕДЯТ ЛЮДЕЙ. ЛЮДИ — ИХ НАЦИОНАЛЬНАЯ ПИЩА. Саркастически о неграх (**«Корона Российской Империи»**).

НЕДАРОМ ГОВОРИЛ ВЕЛИКИЙ МУДРЫЙ АБУ АХМАТ ИБН-БЕЙ... Реплика, предваряющая произнесение какой-л. сентенции (**«Кавказская пленница»**).

Произносится с кавказским акцентом.

Не две пары в сапоге. См. *Ты и она...*

𝄞 **НЕ ДУМАЙ О СЕКУНДАХ СВЫСОКА.** Призыв ценить время, не тратить попусту ни секунды (**«Семнадцать мгновений весны»**).

НЕ ЖЕЛАЕТЕ ЛИ ТРАХНУТЬ ПО МАЛЕНЬКОЙ? Давайте выпьем (**«Не может быть!»**).

𝄞 **НЕ ЖЕНИТЕСЬ НА КУРСИСТКАХ: ОНИ ТОЛСТЫ, КАК СОСИСКИ.** Шутливо о женитьбе, о браке; о полном человеке, чаще — о женщине (**«Республика ШКИД»**).

НЕЖНО! Ироничный ответ на вопрос собеседника о том, как нужно что-л. делать, чаще — о какой-л. грубой, грязной работе (**«Место встречи изменить нельзя»**).

НЕ ЗАЩИТИТ ОН СВОЮ ДИССЕРТАЦИЮ — НЕ БУДЕТ НИ ЖЕНЫ, НИ ДЕТЕЙ. Если он этого не сделает (речь может идти о чём угодно), он потеряет всё (**«Сто грамм для храбрости»**).

НЕИЗВЕСТНАЯ ДЕВИЦА КРАСИВОГО ВИДА. Шутливо о симпатичной девушке, женщине (**«Тимур и его команда»**).

НЕИЗВЕСТНЫЙ НАУКЕ ЗВЕРЬ! О чём-л. странном, необычном, диковинном (**«Крокодил Гена»**).

Не имею чести знать, с кем имею честь... См. *Извините, не имею чести...*

Некоторые стали себе позволять нашивать накладные карманы и обуживать рукав. Вот этого мы позволять не будем. См. *И вот тут некоторые...*

Не лги: царю лжёшь! См. *Ой, не лги, не лги...*

НЕЛЬЗЯ ТАК С ПЕРЕВОДЧИКАМИ ОБРАЩАТЬСЯ. Ты (вы) поступил(и) нехорошо, жестоко, несправедливо (**«Иван Васильевич меняет профессию»**).

НЕ ЛЮБЛЮ Я ЕГО: ОН ИНТЕЛЛИГЕНТ. Шутливое неодобрение по поводу чьей-л. излишней интеллигентности, утончённости, изысканности, чопорности и т. п. (**«Марья-искусница»**).

НЕ МАЛО ЛИ МАРОК ТЫ НАКЛЕИЛ? СОХРАНИЛ ЛИ ТЫ КВИТАНЦИИ? НЕ ПЬЯНСТВОВАЛ ЛИ НАЧАЛЬНИК ПОЧТЫ? Шутливые вопросы, которые задаёт человек, ждущий важного для него письма, но не получающий его (**«Свинарка и пастух»**).

Обычно произносится с кавказским акцентом.

НЕ МАТЬ, А ЕХИДНА. Иронично о плохой матери (**«Евдокия»**).

НЕ МЕШАЙ НАМ ВЕСЕЛИТЬСЯ, ИЗВЕРГ! Не мешай, не вмешивайся не в свои дела, знай своё место; твои слова (действия) совершенно неуместны (**«Золушка»**).

НЕ МЕШАЙ, ОН МНЕ ОБЪЯСНЯЕТСЯ В ЛЮБВИ... Не мешай, не приставай с частностями, не отвлекай от главного! (**«Невероятные приключения итальянцев в России»**).

НЕ МОЖЕТ ЦАРЬ ДУМАТЬ О КАЖНОМ, ЦАРЬ ДОЛЖО́Н ДУМАТЬ О ВАЖНОМ. Выражение нежелания заниматься мелочами, вникать в детали, в частные проблемы (**«Варвара-краса, длинная коса»**).

НЕ МОЖЕШЬ ОТЛИЧИТЬ ГОПАКА ОТ ПОХОРОННОГО МАРША. Упрёк собеседнику в некомпетентности, непрофессионализме и т. п. (**«Максим Перепелица»**).

Произносится с украинским акцентом.

НЕ МОНТИРУЮСЬ Я С ПАРТОЙ. Реплика, которой говорящий подчёркивает свою неспособность учиться, повышать уровень своего образования и т. п. (**«Большая перемена»**).

НЕ НАДО БОЯТЬСЯ ЧЕЛОВЕКА С РУЖЬЁМ. 1. Призыв не бояться, не страшиться чего-л. **2.** Иронично о милиционере, военном (**«Человек с ружьём»**).

НЕ НАДО ГРОМКИХ СЛОВ: ОНИ ПОТРЯСАЮТ ВОЗДУХ, НО НЕ СОБЕСЕДНИКА. Не надо громких слов, выражайтесь проще (**«Формула любви»**).

НЕ НАДО ЕГО ЦЕЛОВАТЬ. ЭТО ПРОИЗВОДИТ НЕХОРОШЕЕ ВПЕЧАТЛЕНИЕ. Шутливо о поцелуе, поцелуях (**«Карнавальная ночь»**).

Не надо так трагично, дорогой мой. Смотрите на всё это с присущим вам юмором... См. *И не надо так трагично...*

Не находите ли вы справедливым, что ваши колёса... то есть, простите, ваши ботиночки будут наши?.. См. *Послушайте, господин научный профессор...*

НЕ ОБНАЖАЙТЕ МЕНЯ! Шутливо в ответ на чью-л. попытку что-л. сделать с одеждой говорящего, например, расстегнуть ему пуговицу на рубашке и т. п. (**«Ирония судьбы, или С лёгким паром»**).

Чаще произносится с имитацией речи пьяного.

НЕ ОТХОДЯ ОТ КАССЫ. Без промедления, сразу используя удачно сложившиеся обстоятельства (**«Бриллиантовая рука»**).

См. также *Слушай, если я ещё что-нибудь подобное услышу...; Куй железо...*

НЕ ПАДАЙТЕ В ОБМОРОК, НО, ПО-МОЕМУ, МЫ ВСЕ ПОД КОЛПАКОМ У МЮЛЛЕРА. Реплика, предваряющая сообщение о чём-л. неприятном, шутливо о безвыходности положения, об обречённости всех и т. п. (**«Семнадцать мгновений весны»**).

НЕ ПЕЙ ТЫ ИЗ ЛУЖИ, ОСТАВЬ ТЫ ГОЛУБЯМ. Шутливый призыв не делать что-л.; просьба вести себя культурно (**«Люди и манекены»**).

НЕ ПЕРЕБИВАЙ ЦАРЯ! Не перебивай, помолчи, когда я говорю (**«Иван Васильевич меняет профессию»**).

Непереводимая игра слов с использованием местных идиоматических выражений. См. *Дальше следует...*

НЕПОКОРНАЯ ДОЧЬ! Шутливо о любом человеке, не оправдавшем какие-л. надежды говорящего, поступающего вопреки желаниям говорящего (**«Варвара-краса, длинная коса»**).

Произносится со специфической интонацией «сокрушения», «сетования».

Не пора ли нам подкрепиться? См. *А не пора ли нам подкрепиться?*

НЕПРАВИЛЬНО ТЫ, ДЯДЯ ФЁДОР, БУТЕРБРОД ЕШЬ. О том, что собеседник делает что-л. неправильно, неумело (**«Трое из Простоквашино»**).

Произносится с «кошачьими» интонациями.

НЕ ПРИСТАЛО ЦАРСКОМУ РЕБЁНКУ ПЕРЕД КАКОЙ-ТО СТАРУШОНКОЙ НА КОЛЕНИ БУХАТЬСЯ! Реплика, которой говорящий отказывается от какого-л. унижающего его (с его точки зрения) предложения (**«Варвара-краса, длинная коса»**).

Не приучен плевать на палубу. См. *Выплюнь папиросу...*

Не пробовали мочу молодого поросёнка? См. *А вы не пробовали...*

Не просто сумасшедший дом, а сумасшедший дом со сквозняками. См. *Это не просто сумасшедший дом...*

Не пьянствует ли начальник почты? См. *Не мало ли марок ты наклеил?..*

НЕ РАЗОБРАЛ. Реплика, с помощью которой говорящий уклоняется от ответа на какой-л. прямо, «в лоб» заданный вопрос, от решения какой-л. насущной проблемы и т. п. (**«Свадьба в Малиновке»**).

См. также *Женщина я или не женщина?..*

НЕРВНЫЕ КЛЕТКИ НЕ ВОССТАНАВЛИВАЮТСЯ. Не надо нервничать, переживать, успокойся (**«Иван Васильевич меняет профессию»**).

НЕ РОБЕЙ, ПЕТРУХА: ЗАВТРА ПРИДЁТ РАХИМОВ, ЗАБЕРЁТ ВАС ОТСЮДА... Не падай духом, всё будет хорошо (**«Белое солнце пустыни»**).

НЕ РУГАЙСЯ, МАНЯ, ТЫ МНЕ МОЛОДОГО ЧЕЛОВЕКА ИСПОРТИШЬ. Требование не волноваться, не ругаться (**«Место встречи изменить нельзя»**).

𝄞 **НЕ САМА МАШИНА ХОДИТ: ЧЕЛОВЕК МАШИНУ ВОДИТ, А ВЕДЬ ЛЮДИ РАЗНЫЕ ВСТРЕЧАЮТСЯ.** О необходимости быть внимательным при вождении машины (**«Люди и манекены»**).

НЕ СВЕТИ, ТЫ НАМ МЕШАЕШЬ. Отойди, не мешай (**«Место встречи изменить нельзя»**).

𝄞 **НЕ СКУЧАЙТЕ, ПОЛУЧАЙТЕ!..** Реплика, сопровождающая вручение кому-л. чего-л., например, подарка, письма, денег и т. д. (**«Трактористы»**).

НЕ СЛИШКОМ ЛИ ЭТО БОЛЬШАЯ РАДОСТЬ ДЛЯ ТЁТИ ГУ(О)АР? О слишком широкой, большой одежде (**«Когда приходит сентябрь»**).

Произносится с кавказским акцентом.

Неслыханно, ребят: доктор отказывается пить за здоровье. См. *Это вообще неслыханно...*

НЕСЛЫХАННЫХ ПРЕСТУПЛЕНИЙ НЕ БЫВАЕТ. Всё можно понять, во всём можно разобраться, во всём можно дойти до сути (**«Место встречи изменить нельзя»**).

НЕ СМЕЙ, НЕ СМЕЙ НИКОГДА ОБО МНЕ БЕСПОКОИТЬСЯ! Иронично в ответ на заявление собеседника, что он волнуется за говорящего; пародируется жертвенность, самоотверженность и т. п. (**«Подвиг разведчика»**).

Не смотри на меня, как солдат на вошь. См. *А ты не смотри на меня...*

НЕ СПИТ, НЕ ПЬЯН, НЕ ПОД НАРКОЗОМ. Вроде бы всё в порядке, никаких отклонений; странно, что так всё произошло (**«Место встречи изменить нельзя»**).

Не с покойника же! См. *Бери, чо!..*

НЕСПОСОБНЫЙ ТЫ К РЫБНОЙ ЛОВЛЕ, ЦАРЬ-БАТЮШКА! Ничего-то ты не умеешь! Эх ты, неумеха! Нет у тебя никаких способностей, ты бездарен (**«Варвара-краса, длинная коса»**).

НЕ СПРАШИВАЛ, ТАК СПРОСИТ, НЕ ГОВОРИЛ, ТАК СКАЖЕТ... Выражение уверенности в неизбежности чего-л., чьих-л. действий (**«Адъютант его превосходительства»**).

Не сумею, языков я не знаю. См. *Василий Иваныч, а ты армией командовать могёшь?..*

НЕ СЧИТАЙТЕ СЕБЯ ФИГУРОЙ, РАВНОЙ ЧЕРЧИЛЛЮ. Ответ на чьё-л. предложение выпить коньяку (чаще об армянском) или на чьё-л. заявление, что он любит коньяк и пьёт только его (**«Семнадцать мгновений весны»**).

Имеется в виду пристрастие У. Черчилля к русскому коньяку.

НЕ ТАКОЕ ЭТО ПРОСТОЕ ДЕЛО — ХОДИТЬ В ГОСТИ. Реплика после посещения гостей, когда говорящий объелся или перепил (**«Винни Пух идёт в гости»**).

НЕТ, БОТИНКИ НЕ ЖМУТ. У МЕНЯ ЗНАЕТЕ, ДРУГАЯ БЕДА: НОГИ ПОТЕЮТ. ПРЯМО ЗАМУЧИЛСЯ. Шутливый ответ на вопрос «ботинки не жмут?» (см.) (**«Калина красная»**).

Нет, дельце обделано, дорогой зятёк! См. *Э, нет, дельце обделано...*

НЕТ, ДОРОГОЙ, ТЫ МЕНЯ НЕ УБЬЁШЬ, ТЫ МЕНЯ БЕРЕЧЬ БУДЕШЬ. НАШЕГО ЧЕЛОВЕКА В ЧК ЗНАЮ ТОЛЬКО Я. Ничего ты мне не сделаешь, потому что я тебе нужен, ты от меня зависишь (**«Свой среди чужих, чужой среди своих»**).

Не тесть, а кусок липкого пластыря. См. *Это не тесть...*

Нет, лучше вы к нам. См. *Будете у нас на Колыме — милости просим...*

Нет, не сумею, языков я не знаю. См. *Василий Иваныч, а ты армией командовать могёшь?..*

Не торопитесь, мечите пореже... См. *Ну, дяди и тёти...*

НЕТ ОТ ТЕБЯ НИКАКИХ ДОХОДОВ. РАСХОДЫ ОДНИ. Шутливая реплика в адрес человека, что-л. разбившего, испортившего и т. п. (**«Каникулы в Простоквашино»**).

НЕТ, ПАВЛО, ТЫ МОЛОДОЙ ТЕПЕРЬ ТАК И ОСТАНЕШЬСЯ, ТЕПЕРЬ НЕ СОСТАРЕ́ЕШЬ... Шутливая угроза (**«Адъютант его превосходительства»**).

«Останешься» произносится с имитацией просторечия, с [-сс‘-] вместо [-шс‘-].

НЕ ТРОГАЙ: БАЦИЛЛЫ ВНЕСЁШЬ. Не трогай, не цапай, убери руки (**«Не горюй!»**).

Произносится с грузинским акцентом.

НЕ ТРОГАЙТЕ БЮРОКРАТОВ, БОЛЬШАЯ ПОЛЬЗА ОТ НИХ: НАРОД КРЕПЧАЕТ. Иронично о бюрократах (**«Люди и манекены»**).

НЕТ, СИЕ НЕВЫНОСИМО! Нет, это невыносимо; всё, больше не могу терпеть (**«Формула любви»**).

Архаическая стилизация.

НЕТ ТАКИХ ЗАКОНОВ, ЧТОБЫ ПО МАКУШКЕ БИТЬ! Шутливое выражение возмущения по какому-л. поводу (**«38 попугаев»**).

НЕТ ТАКОГО МУЖА, КОТОРЫЙ ХОТЬ НА ЧАС НЕ МЕЧТАЛ БЫ СТАТЬ ХОЛОСТЯКОМ. Иронично о браке, о семейной жизни, о верности мужей жёнам (**«Бриллиантовая рука»**).

НЕТ, ТОВАРИЩИ КОЛХОЗНИКИ, ТАК БОЛЬШЕ НАШИ СВИНЬИ ЖИТЬ НЕ МОГУТ! Иронично: нет, так больше нельзя, надо всё изменить, жить по-новому (**«Свинарка и пастух»**).

НЕТ У НАС ЕЩЁ ВСЕОБЩЕЙ КОММУНИКАБЕЛЬНОСТИ! Как мы отстали, на каком низком уровне развития мы стоим! (**«Афоня»**).

НЕТ, У НАС НИКОГО НЕ БЫВАЕТ, ОДНА ТОЛЬКО СКУКА. Шутливый ответ на вопрос, бывает ли у говорящего какая-л. болезнь, например, мигрень, запор и т. п. (**«Свадьба в Малиновке»**).

НЕТ, ЭТО НЕ ЖАЗЕЛЬ. ЖАЗЕЛЬ БЫЛА БРУНЕТКА. А ЭТА ВСЯ БЕЛАЯ. **1.** Шутливо о любой женщине. **2.** О скульпторе (**«Формула любви»**).

НЕТ, Я НЕ НЕГОРО! Я — СЕБАСТЬЯН ПЕРЕЙРА. Я совсем не тот, за кого вы меня принимаете (**«Пятнадцатилетний капитан»**).

Для усиления комического эффекта может произноситься с диалектным фрикативным «г» [γ].

НЕУДОБНО ИДТИ БЕЗ ПОДАРКА. Саркастическая реплика (в ситуации, когда говорящий и собеседник идут куда-л.), произносимая в очень серьёзную, решающую, опасную для собеседника минуту, при этом говорящий часто берёт в руку что-л. нарочито незначительное: яблоко, какую-л. безделушку и т. п. (**«Семнадцать мгновений весны»**).

Не упитанный, а воспитанный. См. *И не упитанный...*

НЕ УСТРОИТЬ ЛИ НАМ МАЛЕНЬКИЙ, АККУРАТНЕНЬКИЙ ТАКОЙ БОРДЕЛЬЕРО? Не устроить ли нам вечеринку, попойку? (**«Калина красная»**).

НЕ УЧИ МЕНЯ ЖИТЬ, ЛУЧШЕ ПОМОГИ МАТЕРИАЛЬНО. Просьба поменьше говорить и побольше делать, не допекать пустыми нравоучениями, душеспасительными беседами и т. п. (**«Москва слезам не верит»**).

НЕХАЙ СЕБЕ АПОЛЛОН... Подумаешь, тоже мне, эка важность, моё-то какое дело! — в ответ на чьё-л. патетическое восхваление кого-л. или чего-л. (**«Люди и манекены»**).

НЕХОРОШИЙ ЧЕЛОВЕК. Негодяй, мерзавец, сволочь, употребляется как ироничный эвфемизм (**«Джентльмены удачи»**).

См. также *Вспомнил, нехороший человек!; Явился... нехороший человек!*

НЕХОРОШО, ШУРИК. СОВСЕМ НЕХОРОШО. Эх, как ты нехорошо поступил, как ты неправ (**«Свой среди чужих, чужой среди своих»**).

НЕ ХОЧУ БЫТЬ БИФШТЕКСОМ. Иронично о нежелании быть жертвой, жертвовать чем-л. (**«Полосатый рейс»**).

НЕ ХОЧУ Я С ВАМИ ЦЕЛОВАТЬСЯ! **1.** Отказ целоваться с кем-л. **2.** Шутливый отказ делать что-л., предлагаемое собеседником (**«Ирония судьбы, или С лёгким паром»**).

НЕ ЦАРСКОЕ ЭТО ДЕЛО, НЕ ЦАРСКОЕ. Шутливо о чём-л., о каком-л. деле, делать которое говорящий считает ниже своего достоинства (**«Варвара-краса, длинная коса»**).

Нечего. См. *Вам что, делать нечего?..*

НЕ ШАЛИ! Шутливая реплика в ответ на чьё-л. вопиющее хулиганство, грубые действия, часто — когда говорящий сам пострадал от них (**«Республика ШКИД»**).

Подчёркивается контраст между грубостью поступка и сдержанностью реакции на него.

НЕ ШЕВЕЛИСЬ, МИРОН ОСАДЧИЙ! Стой! Остановись! Не двигайся! (**«Адъютант его превосходительства»**).

Ни в курточке, ни без курточки. См. *А к Бинскому я не пойду...*

НИЗКИЙ ВАМ БОНЖУР! Шутливое приветствие или выражение благодарности (**«Варвара-краса, длинная коса»**).

Контаминация французского «bonjour» — здравствуй(те) и русского «низкий (вам) поклон».

Никаким языкам я не обучена, а в твоём письме разберусь. См. *Эх, Глаша, Глаша...*

НИКАК НЕ МОГУ ПРИВЫКНУТЬ К ЭТИМ ВОСКРЕШЕНИЯМ!.. О чём-л., с чем говорящий никак не может смириться, к чему не может привыкнуть, часто иронично, например, о поведении сильно пьяного человека, о сильном похмелье и т. п. (**«Солярис»**).

НИКТО НЕ ПРИШЁЛ. ЭТО НАШ ПАПА С УМА СОШЁЛ. Шутливый ответ на вопрос «кто пришёл?» (**«Каникулы в Простоквашино»**).

Ни те пулеметов, ни те аэропланов... Благодать! См. *Наполеону-то легче было...*

НИ ХВОСТА, НИ ПОДАРКОВ! Ничего нет; часто в ситуации, когда говорящий ожидал больших доходов и т. п., но ничего не получил (**«Винни Пух и день забот»**).

НИЧЕГО, КАК РАЗ К УТРЕННЕЙ ЗАРЯДКЕ УСПЕЕШЬ. Всё будет нормально, ты успеешь, не опоздаешь (**«Три тополя на Плющихе»**).

НИЧЕГО ОСОБЕННОГО! ОБЫКНОВЕННАЯ КОНТРАБАНДА. Ничего особенного, всё нормально, ничего не произошло, успокойтесь (**«Бриллиантовая рука»**).

НИЧЕГО ОСОБЕННОГО, РОТМИСТР: ПРОСТО КАКИЕ-ТО НЕГОДЯИ БЫЛИ НЕВЕЖЛИВЫ С ДАМОЙ. Шутливо в ответ на вопрос о том, откуда у говорящего ссадина, синяк и т. п. (**«Адъютант его превосходительства»**).

НИЧЕГО ОСОБЕННОГО. Я СОШЛА С УМА. Ироничный ответ на вопрос «что случилось?», «в чём дело?» и т. п. (**«Весна»**).

НИЧЕГО, САШЕНЬКА, НЕБОЛЬШОЙ УРОК ГЕОГРАФИИ, КУРИТЕ, АРТИЛЛЕРИСТ. Шутливый ответ на вопрос собеседника: «что́ у вас тут?», «что происходит?» и т. п. (**«Два бойца»**).

Произносится с одесским акцентом.

НИЧЕГО, СТАНУ КРИЧАТЬ ПО-НЕМЕЦКИ. Шутливо в ответ на чей-л. упрёк, что говорящий злоупотребляет нецензурными выражениями или выражает свои мысли не так, не в той форме и т. п. (**«Семнадцать мгновений весны»**).

НИЧЕГО У ТЕБЯ НЕ ВЫЙДЕТ. ЭГОИСТ Я. ПОНЯЛ? Ничего у тебя не выйдет, меня не обманешь, на уступки я не пойду (**«Большая перемена»**).

НО ВЕДЬ САДОВНИК ТОЖЕ ЧЕЛОВЕК! Реплика, произносимая в ситуации, когда говорящий пытается защитить чьи-л. попранные права, заступиться за какого-л. незаслуженно обиженного «маленького человека» (**«Адъютант его превосходительства»**).

НОВЫМИ? Шутливый вопрос в ситуации, когда собеседник называет какую-л. явно неприемлемо маленькую или наоборот — фантастически большую сумму денег (**«Бриллиантовая рука»**).

Ноги изолировать. См. *Костюмы надо заменить...*

Ноги — как грабли. См. *Руки — как ноги...*

НО ЕСЛИ МЕНЯ ПРИСЛОНИТЬ В ТИХОМ МЕСТЕ К ТЁПЛОЙ СТЕНКЕ, СО МНОЙ ЕЩЁ ОЧЕНЬ-ОЧЕНЬ МОЖНО... ПОГОВОРИТЬ. Я ещё кое на что гожусь, у меня ещё есть силы (**«Люди и манекены»**).

Перед *поговорить* делается многозначительная пауза.

НОЖКАМИ. Шутливо в ответ на вопрос «чем (же) я буду ходить?», например, в картах (**«Котовский»**).

Ножки напружинил — и пошёл по кругу. См. *Желваки заходили...*

Ножом и вилкой роем мы могилу себе. См. *Кто ест мало — живёт долго...*

НО, ЗАЛЁТНЫЕ! ФОРТИССИМО, МАММА МИА, НУ! Реплика, которой сопровождается отправление в путь, повышение скорости автомобиля и т. п. (**«Формула любви»**).

От итальянского «fortissimo» — очень громко, громче, сильнее и «mamma mia» — «мамочка моя!», «боже мой!» и т. п..

𝄞 **НО РАЗВЕДКА ДОЛОЖИЛА ТОЧНО...** Но нас (меня) не удалось обмануть, нам (мне) удалось раскрыть чьи-л. планы, распутать интриги и т. п. (**«Трактористы»**).

𝄞 **НОРМАЛЬНЫЕ ГЕРОИ ВСЕГДА ИДУТ В ОБХОД.** Шутливо о необходимости быть осторожным, не идти на риск (**«Айболит-66»**).

НОУ, РАЙКА! Нет, это невозможно (чаще при выражении мысли о нереальности каких-л. задуманных планов (**«Цирк»**).

«Райка» произносится с англ. акцентом.

НО ЭТО ЖЕ ЭЛЕМЕНТАРНО, ВАТСОН! Ну как ты этого не понимаешь, это же так просто (**«Приключения Шерлока Холмса и доктора Ватсона»**).

Ну, а в мировом масштабе совладаешь? См. *Василий Иваныч, а ты армией командовать могёшь?..*

Ну, благородные сеньоры, ныряйте. См. *А ну, благородные сеньоры...*

НУ ВОТ, ДРУЗЬЯ, МЫ И ДОБРАЛИСЬ ДО ПОЛНОГО СЧАСТЬЯ. Шутливая констатация того факта, что собеседники добились того, чего хотели, или наоборот — что результат оказался обратным ожидаемому (**«Золушка»**).

НУ ВОТ, ЗНАКОМЬТЕСЬ: ИЗВЕСТНЫЙ АРКТИЧЕСКИЙ ЗАЯЦ. Шутливое представление кого-л., чаще о человеке, неожиданно, внезапно появившемся, встретившемся в необычных условиях и т. п. (**«Семеро смелых»**).

НУ ВОТ, ПОЕЛИ, ТЕПЕРЬ МОЖНО И ПОСПАТЬ. НУ ВОТ, ПОСПАЛИ, ТЕПЕРЬ МОЖНО И ПОЕСТЬ. О желании поспать или поесть; о таком образе жизни, при котором всё определяется физиологическими потребностями (**«Дюймовочка»**).

НУ, ГОВОРИТЕ ЭТУ ВЕЩЬ. Шутливо в ответ на чьё-л. заявление «я хочу сказать одну вещь» (**«Сердца четырёх»**).

НУ, ГРЕХ СМЕЯТЬСЯ НАД УБОГИМИ. ПОДНЕВОЛЬНЫЕ Ж ЛЮДИ, ОДНОЙ РЫБОЙ ПИТАЮТСЯ. Шутливое заступничество за кого-л.; иронично об итальянцах (**«Формула любви»**).

Ну, делай ногами походку. См. *А ну, делай...*

НУ, ДЯДИ И ТЁТИ, ДАВАЙТЕ БУДЕМ НАЧИНАТЬ КУШАТЬ, НЕ ТОРОПИТЕСЬ, МЕЧИТЕ ПОРЕЖЕ... Приступайте к еде, приятного аппетита (**«Калина красная»**).

НУ, ЗА ЧТО Я МУЖИКОВ НЕ ЛЮБЛЮ: НЕРВНЫЕ ОНИ! Иронично о мужчинах, чаще из уст женщины (**«Журавушка»**).

НУ, ЗАЯЦ, ПОГОДИ! Выражение угрозы (**«Ну, погоди!»**).

Ну и дура! См. *Девушка вас как зовут?*

НУ И НУ! НУ И НУ! ЧТО ДЕЛАЕТСЯ! НА ДВОРЕ — КОНЕЦ ДВАДЦАТОГО ВЕКА. А У НАС В ДОМЕ ОДНА ПАРА ВАЛЕНОК НА ДВОИХ. НУ КАК ПРИ ЦАРЕ ГОРОХЕ! Об отсутствии в доме необходимых вещей, элементарных бытовых удобств (**«Зима в Простоквашино»**).

НУ И РОЖА (или **ВИДОК**) **У ТЕБЯ, ШАРАПОВ** (или **ВОЛОДЬКА**). Иронично в адрес собеседника, который плохо или странно выглядит (**«Место встречи изменить нельзя»**).

НУ-КА В ГЛАЗА МНЕ, В ГЛАЗА МНЕ... В ТРУДНЫЕ ГОДЫ КОЛОСКИ С КОЛХОЗНЫХ ПОЛЕЙ ВОРОВАЛ? Реплика, которой говорящий шутливо уличает собеседника, дружески трунит, подшучивает над ним (**«Калина красная»**).

Ну-ка, Гога, прокати его на велосипеде! См. *А ну-ка, Гога...*

НУ КАКАЯ ЖЕНА СВОЕМУ МУЖУ АЛИБИ НЕ СОСТАВИТ? «Муж да жена — одна сатана», нельзя надеяться на то, что жена сделает что-л. против мужа (**«Место встречи изменить нельзя»**).

НУ КАКАЯ ТУТ МОЖЕТ БЫТЬ ГАЗИРОВОЧКА, ЭХ, СТЕПЬ!.. Шутливо об отсутствии чего-л. очень желаемого, о чьих-л. явно неуместных высоких запросах, требованиях и т. п. (**«Варвара-краса, длинная коса»**).

НУ КАКОЙ ЖЕ ТЫ НЕРВНЫЙ, ДЯДЯ. Выражение досады по поводу того, что собеседник излишне впечатлителен, нервен и т. п. (**«Новые приключения неуловимых»**).

НУ-КА, СДЕЛАЙ ТЁТЕ РУЧКОЙ. Призыв, приказ попрощаться с кем-л., обычно с ироническим отношением к адресату (**«Калина красная»**).

По всей видимости, данное выражение употреблялось и раньше, но благодаря фильму оно стало особенно популярным.

НУ, КИСА-ЛАПА, ЛАПА-КИСА... Шутливое обращение с элементом вводности, типа «ну, дорогой», «итак, мой милый» и т. п. (**«Люди и манекены»**).

НУ, КТО ТУТ ИЗ ВАС ИХНЕМУ ЗАМОРСКОМУ РАЗГОВОРУ ОБУЧЕН? Кто знает иностранные языки? (**«По щучьему велению»**).

Ну куда крестьянину податься? См. *Ну прямо карусель получается...*

НУ ЛАДНО, ЕСЛИ УМРЁТ (или **УМРЁШЬ**) **— ПРИДУ.** Шутливый ответ на чьё-л. экзальтированное заявление типа «я умру, если вы не придёте» (**«Весёлые ребята»**).

НУ ЛАДНО, ТАК И БЫТЬ, ОСТАЮСЬ НА ПРЕСТОЛЕ. ПОДАЙТЕ МНЕ КОРОНУ. Так и быть, уговорили, согласен; обычно употребляется как шутливое разыгрывание капризности, своеволия, взбалмошности, избалованности и т. п. (**«Золушка»**).

НУ, НА ТО, ЧТО ВЫ ТУТ ГОВОРИЛИ, НАПЛЕВАТЬ И ЗАБЫТЬ. ТЕПЕРЬ СЛУШАЙ, ЧЕГО Я БУДУ КОМАНДОВАТЬ. Реплика, выражающая пренебрежительное отношение говорящего к мнению окружающих, его твёрдую уверенность в собственной правоте (**«Чапаев»**).

НУ, ПРЯМО КАРУСЕЛЬ ПОЛУЧАЕТСЯ: БЕЛЫЕ ПРИШЛИ — ГРАБЮТ, КРАСНЫЕ ПРИШЛИ — ГРАБЮТ... НУ КУДЫ КРЕСТЬЯНИНУ ПОДАТЬСЯ? Шутливо о безысходности, невозможности выйти из некоего замкнутого круга, когда беды валятся со всех сторон (**«Чапаев»**).

Произносится с имитацией диалектно-просторечных черт речи.

НУ-С, ДОРОГИЕ ГРАЖДАНЕ- УГОЛОВНИЧКИ! Шутливое обращение к компании, группе лиц (**«Место встречи изменить нельзя»**).

НУ-С, ПРИДЁТСЯ ПРИНИМАТЬ МЕРЫ. А ЧТО ДЕЛАТЬ! ПЬЯНСТВУ — БОЙ. Иронично о необходимости принимать решительные меры по поводу чего-л. (**«Бриллиантовая рука»**).

НУ ТАК ВОТ, САДИТЕСЬ — И ЗАМЕЩАЙТЕ МЕНЯ! Шутливая реплика, адресованная заместителю говорящего (**«По семейным обстоятельствам»**).

НУ ТАК И ЖЕНИСЬ, ХОРОНЯКА! Так женись, чего же ты ждёшь; чаще в ситуации, когда кем-л. описываются прелести какой-л. женщины (**«Иван Васильевич меняет профессию»**).

НУ ТАК ТЫ У МЕНЯ ЖЕНЩИНА ПОНЯТЛИВАЯ, ЗА ЧТО И ЦЕНЮ! Шутливая похвала, в том числе — и в адрес мужчины (**«Место встречи изменить нельзя»**).

Ну, хрен с ней, давай психическую. См. *Психическая? Ну, хрен с ней...*

Ну чем ему Англия-то не угодила! См. *Господи, ну чем...*

НУ ЧТО ВЫ ПСИХА ИЗ МЕНЯ ДЕЛАЕТЕ?.. Перестаньте меня обманывать, злить, раздражать, разыгрывать и т. п. (**«Люди и манекены»**).

НУ ЧТО ВЫ СКАЖЕТЕ, СТУДЕНТ, НА ЭТОТ ПЕЙЗАЖ? Ну что вы (ты) на это скажете (скажешь), как вам (тебе) это нравится? (**«Два бойца»**).

Произносится с одесским акцентом.

Ну что ж, будем думать о связи, только об этом и ни о чём другом. См. *Связь, связь...*

НУ ЧТО Ж, ВИЖУ, ЧТО ПРО ЛЮБОВЬ, А ПОДРОБНО НЕ РАЗБЕРУ. Шутливо о том, что говорящий плохо понимает текст, ситуацию и т. п., понимает их в целом, видит суть, но не разбирается в подробностях (**«Свинарка и пастух»**).

НУ, ЧТО Ж МНЕ, ВСЮ ЖИЗНЬ ПО ЭТОЙ ПУСТЫНЕ МОТАТЬСЯ?! Выражение отчаяния, часто в ситуации, когда говорящий заблудился, запутался в чём-л. (**«Белое солнце пустыни»**).

НУ ЧТО Ж, Я ЗНАЛА, Я ЧУВСТВОВАЛА... Я ВО СНЕ СЕГОДНЯ ВИДЕЛА СЫРОЕ МЯСО... Я так и знала, я предчувствовала (**«По семейным обстоятельствам»**).

НУ ЧТО С ВАМИ ДЕЛАТЬ, МЕРЗАВЦЫ ВЫ ЭТАКИЕ?! Ну что с вами поделаешь! (часто при выражении общей снисходительности, симпатии к группе лиц совершающих, тем не менее, неблаговидные поступки) (**«Республика ШКИД»**).

НУ ЧТО, СТАРШОЙ, ОКРОПИМ СНЕЖОК КРАСЕНЬКИМ? Реплика, выражающая решимость что-л. сделать, предпринять, часто предваряет какое-л. рискованное опасное мероприятие (**«Место встречи изменить нельзя»**).

НУ, ЧТО ТАКОЕ, ПУПСИК? Выражение недовольства (**«Здравствуйте, я ваша тётя!»**).

НУ ЧТО, ТРАКТИРНАЯ ДУША, ЗАЙМЁМСЯ РАЗВРАТОМ! Реплика, адресуемая, как правило, официанту или метрдотелю: давайте начнём, можно подавать блюда, разливать вино и т. п. (**«Калина красная»**).

Ну что ты, дрова тащишь, что ли? См. *Дорогой товарищ, ну что ты...*

НУ ЧТО ТЫ ОРЁШЬ, ОПИСАЛСЯ, ЧТО ЛИ? Не кричи, не шуми, что ты шумишь без дела? (**«Не горюй!»**).

Произносится с грузинским акцентом.

НУ ЧТО ЭТО ЗА ЖИЗНЬ БЕЗ ПИАНИНЫ? О необходимости чего-л., о чём-л., без чего нельзя обойтись(**«Падал прошлогодний снег»**).

НУ, ЧУМАДАН, ПОГОДИ! Иронично о какой-л. вещи, с которой говорящий не может справиться: о не открывающемся чемодане, ящике и т. п. (**«Ну, погоди!»**).

НУ, ШАРКНУЛИ ПО ДУШЕ! Реплика, сопровождающая распитие спиртного (**«Калина красная»**).

НУ, ЮНОША, САМОВЫРАЖАЙТЕСЬ БЫСТРЕЕ. Ну давай, говори (делай) быстрее, не тяни время (**«Покровские ворота»**).

НУ, Я ТАК НЕ ИГРАЮ! Я так (на это) не согласен, это не честно, мне не нравится, что вы (ты) делаете (делаешь), ну вас (тебя)! (**«Карлсон вернулся»**).

Произносится с подчёркнутой обидой.

О

ОБИДНО, СЛУШАЙ, НУ, ЧЕСТНОЕ СЛОВО... Выражение недовольства, обиды (**«Кавказская пленница»**).

Произносится с кавказским акцентом.

ОБОЖАЮ! Слово, выражающее радость, восторг и т. п. (**«Золушка»**).

По всей видимости, это слово было распространено и раньше, но с появлением фильма стало особенно частотным.

ОБОЖАЮ НОВЫХ ТАИНСТВЕННЫХ ГОСТЕЙ! Иронично о ком-л. неизвестном, о случайном, но интересном собеседнике и т. п. (**«Золушка»**).

ОБРАТИСЬ КО МНЕ. — МОЖНО. Диалог, разыгрываемый в ситуации, когда говорящие строят из себя важных персон, торжественно-официозно обращаются друг к другу (**«Свадьба в Малиновке»**).

О Б-РАТ КАК! Вот как, вот это да, вот это номер, вот так и надо, знай наших! (**«Семеро смелых»**).

Произносится с вокалическими «вставками» между согласными: [о барата как].

Обходит с флангов. — Кого? Всех. См. *А где наша гвардия?..*

ОБ ЧЁМ ЭТО ВЫ, ДЯДЯ СИДОР? Это что вы такое говорите? Я ничего не понимаю, имитирует наивное недоумение (**«Неуловимые мстители»**).

ОБЩАЯ ВЯЛОСТЬ, МУЖЧИНЫ ИНФАНТИЛЬНЫЕ, ЖЕНЩИНЫ ИНДИФФЕРЕНТНЫЕ, ДЕТИ МАЛОПОДВИЖНЫЕ. О всеобщем застое, апатии, флегматичности и т. п. (**«Люди и манекены»**).

ОБЩЕСТВЕННОЕ ДЕЛО — ПРЕЖДЕ ВСЕГО. Иронично о приоритете общественных проблем над личными, как правило, при явно противоположных интенциях (**«Бриллиантовая рука»**).

Обыкновенная контрабанда. См. *Ничего особенного!..*

ОБЫКНОВЕННЫЙ ИНЖЕНЕР-СТРОИТЕЛЬ С ПРИМИТИВНЫМ ЛИЦОМ. НУ, КТО ВИДЕЛ ОПЕРУ «СМЕЙСЯ, ПАЯЦ»?.. НУ, ТАК ЭТО НЕ КОЛОМБИНА. Шутливо о любом невзрачном, «сером» человеке (**«Два бойца»**).

Произносится с одесским акцентом.

ОБЫКНОВЕННЫЙ ЧЕЛОВЕК, ТОЛЬКО С КОСОЙ. Шутливо о девушке, женщине (**«Свадьба в Малиновке»**).

ОБ ЭТОМ ДУМАТЬ НИКОГДА НЕ РАНО И НИКОМУ НЕ ПОЗДНО. **1.** Ироничная реплика в ответ на чьё-л. сомнение, не рано ли что-л. делать. **2.** Шутливо о любви, браке, женщинах (**«Кавказская пленница»**).

Произносится с кавказским акцентом.

ОВСЯНКА, СЭР! **1.** Шутливо в ответ на вопрос собеседника «что это?», «а это что?» и т. п. (не обязательно о блюде). **2.** Фраза, сопровождающая передачу адресату любой вещи (**«Приключения Шерлока Холмса и доктора Ватсона»**).

ОГЛАСИТЕ ВЕСЬ СПИСОК, ПОЖАЛУЙСТА. Просьба рассказать обо всём, не задерживаться на частностях, не скрывать всего (**«Операция «Ы» и другие приключения Шурика»**).

Огромная просьба... я опять... совсем пустой! См. *Генрих, огромная просьба...*

Огурцов. См. *Товарищ Огурцов.*

О делах наших скорбных покаякаем... См. *Выпьем, закусим...*

ОДИНОКАЯ ЖЕНЩИНА (или **ОДИНОКИЙ МУЖЧИНА**) **— ЭТО НЕПРИЛИЧНО.** Шутливо об одинокой женщине (одиноком мужчине), о необходимости выйти замуж (жениться); реплика может использоваться как своего рода игривоэтикетная форма при знакомстве с женщиной (**«Родня»**).

Одна изжога останется. См. *Съест и забудет...*

ОДНАКО, ВЫ ШУТНИК, ШТАБС-КАПИТАН! Шутливо: ну вы и шутник, вы, однако, шутник и т. п. (**«Новые приключения неуловимых»**).

Одна, совсем одна, с моим здоровым коллективом. См. *А я одна, совсем одна...*

Одного целуешь, а мене кусаешь. См. *Где же ты, Маруся...*

ОЗЯБЛА, МИЛАЯ, НА СНЕГУ-ТО СИДЕТЬ? Ироничное сочувствие в адрес кого-л. (часто о человеке, явно не заслуживающем сочувствия) (**«Падал прошлогодний снег»**).

Ой, дурють нашего брата, ой, дурють! См. *В нунтре сре... срендевекового рыцаря...*

ОЙ, КАКОЙ ЗАБАВНЫЙ ЯЗЫК! Реплика, которой говорящий шутливо реагирует на чью-л. иностранную речь, а также на брань, несуразное высказывание и т. п. (**«Собака на сене»**).

Интонационный центр на «язык»; произносится нарочито задумчиво, мечтательно (тон идёт вверх).

ОЙ, КАКОЙ ХОРОШИЙ ПОЛОВИЧОК... БЫЛ. Выражение сожаления по поводу чего-л. утерянного, безвозвратно утраченного (**«Падал прошлогодний снег»**).

𝄞 **ОЙ, МИКОЛА-МИКОЛА!..** Шутливое обращение к человеку по имени Николай, как правило, в ситуации, когда он совершил какую-л. оплошность, не оправдал надежд говорящего (**«Трембита»**).

Произносится (напевается) с украинским акцентом (в частности, [м] не смягчается).

ОЙ, МУЖИК... НУ НЕ МОГУ! Реплика, выражающая любую эмоцию, чаще — удивление, восторг, умиление (**«Полёты во сне и наяву»**).

ОЙ, НЕ ЛГИ, НЕ ЛГИ: ЦАРЮ ЛЖЁШЬ! Шутливый призыв не лгать, говорить правду, быть откровенным (**«Иван Васильевич меняет профессию»**).

Окропим снежок красеньким? См. *Ну что, старшой...*

ОНА ГОВОРИТ, ЧТО МУЖ У НЕЁ ГЕОЛОГ, ИЗ ЭКСПЕДИЦИЙ НЕ ВЫЛЕЗАЕТ... ИЗ ТЮРЕМ ОН НЕ ВЫЛЕЗАЕТ! Шутливое уличение кого-л. во лжи (**«Люди и манекены»**).

ОНА НА КИЕВСКОЙ, А ОНА НА КИЕВСКОЙ. Реплика, произносимая в ситуации путаницы, неразберихи (**«По семейным обстоятельствам»**).

Произносится с имитацией дефекта речи; имеются в виду «Киевская» и «Кировская».

ОНА НЕ ОДНА ПРИДЁТ, ОНА С КУЗНЕЦОМ ПРИДЁТ. Иронично о каких-л. непредвиденных обстоятельствах, в корне меняющих суть дела (**«Формула любви»**).

ОНА НЕ ТАНЦУЕТ. Шутливо о чём-л. несбыточном, о невозможности исполнения чьих-л. желаний (**«Новые приключения неуловимых»**).

Произносится с грузинским акцентом (в частице «не» согласный не смягчается).

ОН АРТИСТ, А Я ДАНТИСТ. Ну и что, подумаешь (часто в ситуации, когда кто-л. излагает преимущества кого-л. перед кем-л. или чего-л. перед чем-л.) (**«Мужчины и женщины»**).

ОН БЫЛ НА ГРАНИ ПРОВАЛА... Иронично о какой-л. неудаче, промахе, чаще — незначительных, пустяковых (**«Семнадцать мгновений весны»**).

ОН ВЫСЕЧЕН ИЗ КРЕМНЯ И СТАЛИ. О ком-л. твёрдом, решительном, непреклонном, принципиальном и т. п. (**«Семнадцать мгновений весны»**).

ОН ДВЕ ТЫСЯЧИ ЛЕТ ПРОСТОЯЛ БЕЗ СЕЛЁДКИ, ПУЩАЙ ТЕПЕРЬ С СЕЛЁДКОЙ ПОСТОИТ. Подумаешь, тоже мне, эка важность!; в ответ на чьё-л. замечание о неуместности, некультурности и т. п. действий говорящего или о том, что говорящий что-л. испортил, испачкал и т. п. (**«Люди и манекены»**).

ОН ЖЕНИТСЯ! ТАК ЗАЧЕМ ЖЕ СПЕШИТЬ? О человеке, который собрался жениться и суетится, мечется, торопится и т. п. (**«Большая перемена»**).

ОН ЖЕ ПОРОЖНЯКОМ БЕГИТ! О ком-л., делающем что-л. вхолостую, впустую, без пользы для общего дела (**«Люди и манекены»**).

Пародируются черты просторечия.

Они нами брезгуют! См. *Тимк, они нами брезгуют!*

ОНИ НЕ ПОНИМАЮТ! Шутливо-саркастически: смотри-ка, он не понимает, часто о человеке, который притворяется, делает «хорошую мину при плохой игре» (**«Новые приключения неуловимых»**).

ОНИ ОТ НАШЕГО УГОЩЕНИЯ КВА-КВА-КВАТЕГОРИЧЕСКИ ОТКВА-КВА-КВАЗЫВАЮТСЯ, Я УЖ И ТВАК-КВАК ПОДХОДИЛ, И ТВАК-КВАК ВОТ, А ОНИ НА ЭТО НИ КВА-КВАК НЕ ОТКВА-КВА-ЛИ-КВА-КВА-КВАЮТСЯ. Шутливо о ситуации, когда говорящему что-л. не удалось: обмануть кого-л., соблазнить кого-л. чем-л. и т. п. (**«Марья-искусница»**).

ОНИ У НАС, СОБАКИ, СПЛЯШУТ. И НЕ «МАНЕНЬКИХ ЛЕБЕДЕЙ», НЕТ — ЖЕЛЕЗНОЕ «БОЛЕРО», КРАКОВЯК ВПРИСЯДКУ. Я им дам, я им покажу, они у меня узнают (**«Калина красная»**).

ОН, КОНЕЧНО, ВИНОВАТ, НО ОН... НЕ ВИНОВАТ. О каком-л. человеке, который виноват, но имеет веские оправдания, смягчающие обстоятельства и т. п. (**«Берегись автомобиля»**).

ОН МЁРТВЫЙ ВОЛК. С ним всё кончено, он обречён на провал (**«Маугли»**).

ОН НАМ ДОРОГ ПРОСТО КАК МЮНХГАУЗЕН... КАК КАРЛ ФРИДРИХ ИЕРОНИМ... А УЖ ПЬЁТ ЕГО ЛОШАДЬ ИЛИ НЕ ПЬЁТ — ЭТО НАС НЕ ВОЛНУЕТ. Шутливое выражение хорошего отношения к кому-л., несмотря на его недостатки (**«Тот самый Мюнхгаузен»**).

ОН РАЗНЫЕ БУРЖУЙСКИЕ СЛОВА ЗНАЕТ. Шутливо об образованном, культурном, эрудированном человеке (**«Неуловимые мстители»**).

ОН ХОРОШИЙ, ОН САМ ПОЙДЁТ. Ироничное выражение надежды на чью-л. сговорчивость (**«Новые приключения неуловимых»**).

ОН ХОТЬ И ВОР, НО БЕСКОРЫСТНЫЙ, ЧЕСТНЫЙ ЧЕЛОВЕК. Шутливо о достоинствах, которые есть у явно нехорошего человека, человека, совершившего дурной поступок (**«Берегись автомобиля»**).

ОН ХУЖЕ, ОН ПРОСТО КЮ. Он нехороший, он совсем плохой человек, позор ему; обычно в ситуации, когда собеседник уже «обозвал» третье лицо какими-л. «нехорошими словами» (**«Кин-дза-дза!»**).

См. также *Кю.*

ОПИСЬ, ПРО́ТОКОЛ, СДАЛ, ПРИНЯ́Л, ОТПЕЧАТКИ ПАЛЬЦЕВ... Иронично: всё по порядку, всё, как полагается, без отклонений от регламента, правил делопроизводства и т. п. (**«Бриллиантовая рука»**).

Имитируются просторечные нарушения в нормативных ударениях.

Опускаюсь всё ниже и ниже. Даже самому интересно. См. *Так. Опускаюсь всё ниже и ниже...*

ОПЫТ ОПЫТОМ, А В КРЕМАТОРИЙ Я ВСЕГДА УСПЕЮ. Выражение нежелания говорящего участвовать в каком-л. опасном деле, опыте, эксперименте (**«Весна»**).

ОПЯТЬ БЕГА НАЧИНАЮТСЯ! Ну вот, опять всё то же самое (часто при выражении досады по поводу повторения старого) (**«Весёлые ребята»**).

Опять затеваете какое-нибудь коварство?.. См. *Рад видеть вас, чертей...*

ОПЯТЬ НИКТО НЕ НАДУМАЛ? А МНЕ АНТОША ГОВОРИЛ, ПРОМЕЖ ВАС НЕМЫХ НЕТУ. Реплика, иронично комментирующая ситуацию, когда кто-л. не согласился на какое-л. предложение говорящего или когда собеседники отвечают говорящему молчанием (**«Адъютант его превосходительства»**).

ОПЯТЬ ПИОНЕРЫ!.. Реплика, употребляемая в ситуации, когда говорящие в очередной раз сталкиваются с одним и тем же (**«Чебурашка»**).

При произнесении логическое ударение на «опять», произносится мечтательно, задумчиво.

Опять смешливые попались. См. *Ты погляди, Тимк...*

ОПЯТЬ ТЫ МНЕ ЭТУ ИКРУ ПОСТАВИЛА... НЕ МОГУ Я ЕЁ, ПРОКЛЯТУЮ, ЕСТЬ... ХОТЬ БЫ ХЛЕБА ПОСТАВИЛА... Выражение недовольства блюдами, столом, угощением (**«Белое солнце пустыни»**).

ОРАНЖЕ́С... АПЕЛЬСИН... Ироническая имитация иностранной речи, чтения иностранного текста (**«Крокодил Гена»**).

ОРЁЛ-МУЖЧИНА! Шутливо о ком-л. (**«Падал прошлогодний снег»**).

ОРЁЛ С ДАЛЁКИХ ГОР. Иронично о любом человеке, чаще либо о южанине, кавказце, либо о ком-л., приехавшем издалека (**«Свинарка и пастух»**).

ОРИГИНАЛЬНАЯ ТРАКТОВКА! Шутливо о чём-л. нелепом, странном, заведомо неприемлемом, вопиющем и т. п. (**«Весёлые ребята»**).

ОРИГИНАЛЬНЫЙ ВЫ ЧЕЛОВЕК! Ну и чудак же ты! (**«Иван Васильевич меняет профессию»**).

ОСТАВЬ СВОИ ПАТРОНЫ, АБДУЛА: НЕЧЕМ БУДЕТ ЗАСТРЕЛИТЬСЯ. Ироничная реплика, адресованная человеку, который растрачивает свои силы на пустяки и придаёт им слишком большое значение (**«Белое солнце пустыни»**).

ОСТОРОЖНО, РЫБКУ ЗАДАВИШЬ. Будь осторожен (чаще в ситуации, когда говорящий хочет проявить чуткость, повышенное внимание, бережное отношение к чему-л.) (**«Невероятные приключения итальянцев в России»**).

От б-рат как! То же, что *О б-рат как!*

ОТВЕДАЙ ТЫ ИЗ МОЕГО КУБКА. Ироничное выражение недоверия (**«Иван Васильевич меняет профессию»**).

От волнения кровяное повышается давление. См. *Успокойтесь, не волнуйтесь...*

ОТДАЙТЕ МОЮ ДОБЫЧУ! Это моё, отдайте мне то, на что я имею все права, это принадлежит мне по праву (**«Маугли»**).

ОТДАМ, ОТДАМ... АДАМ СТО ЛЕТ ЖИЛ! Шутливая прибаутка со словом «отдам» (**«Друг мой, Колька»**).

Отдохните, ква-ква-кваску попейте, блинков отведайте, будьте ква-ква-квак дома. См. *А вот и ква-ква-квартирка ваша...*

ОТ ДЯДИ. Шутливо о чём-л. случайно доставшемся, «свалившемся с неба» (**«Волшебная лампа Аладдина»**).

ОТ ИМЕНИ ДИРЕКЦИИ, ... ОТ ИМЕНИ МЕСТКОМА, ... ГЛАВНОГО УПРАВЛЕНИЯ... ГОСЦИРКАМИ... Ироничная реплика, сопровождающая поцелуи или рукопожатия (**«Цирк»**).

ОТ КАЖДОГО — ПО СПОСОБНОСТЯМ, КАЖДОМУ — ПО ТРУДУ В ЕГО НАЛИЧНЫХ ДЕНЬГАХ. Шутливое пародирование лозунга «от каждого — по способностям, каждому — по труду» (**«Берегись автомобиля»**).

ОТКАЗ ОТ СВОЕГО МНЕНИЯ ВСЕГДА ДУРНО ПАХНЕТ. О необходимости иметь твёрдую принципиальную позицию по какому-л. вопросу, о безнравственности отказа от своих взглядов (**«Семнадцать мгновений весны»**).

ОТКУДА ВЫ ВЗЯЛИСЬ... БЕЗ БАКЕНБАРДОВ? Откуда вы (ты)? Какими судьбами? (**«Трембита»**).

ОТКУДА? КУДА? ЗАЧЕМ? Шутливый расспрос собеседника о том, что он здесь делает; как правило, при неожиданной встрече (**«Свадьба в Малиновке»**).

Произносится быстро, без пауз.

ОТЛИЧНАЯ ФЕМИНА. Прекрасная, красивая женщина (**«Формула любви»**).

От итальянского femmina. Аллюзия к фразе из «Золотого телёнка» И. Ильфа и Е. Петрова «Какая фемина!».

ОТ ПАЛЬЦА У НАС НЕ ПРИКУРИВАЮТ, ВРАТЬ НЕ БУДУ, А ИСКРЫ ИЗ ГЛАЗ ЛЕТЯТ. Такого у нас, конечно, нет, но есть нечто иное; мы тоже не лыком шиты (**«Формула любви»**).

Отряд физически маломощных хлипаков. См. *Эти музыканты...*

ОТ СЕБЯ-ТО УБЕЖАТЬ МОЖНО, А ВОТ ОТ МИЛИЦИИ НЕ УБЕЖИШЬ. Шутливо о бдительности милиции (**«Афоня»**).

ОТСТАВНОЙ КОЗЫ БАРАБАНЩИК. Шутливо о пионерском барабанщике, а также о любом человеке (в зависимости от контекста) (**«Республика ШКИД»**).

Выражение было достаточно популярно и раньше, но, судя по всему, именно после выхода фильма на экраны приобрело небывалую популярность.

ОТ ТАКИХ ВОТ И ВСЯ НАША БЕСХОЗЯЙСТВЕННОСТЬ. Шутливое обвинение в адрес кого-л., якобы виноватого во всём, во всех бедах и т. п. (**«Семь стариков и одна девушка»**).

ОТ ТВОЕЙ СВЕТЫ — КАК ОТ СВИНЬИ: ВИЗГУ МНОГО, А ШЕРСТИ МАЛО. Иронично о крикливом, взбалмошном и пустом, никчёмном человеке, чаще — о женщине (**«Калина красная»**).

ОТ ТЕБЯ ОДИН ДИСКОМФОРТ. От тебя одни неприятности, ты никуда не годишься (**«Покровские ворота»**).

ОТЦА УБИЛ, МЕНЯ ЗАКОПАЛ, ЧЕТЫРЁХ БАРАНОВ ВЗЯЛ... Реплика, которой говорящий иронично имитирует сетования на судьбу, жалобы на кого-л. (**«Белое солнце пустыни»**).

ОТЧЕСТВО Я ПРИБЕРЕГАЮ ДЛЯ ПОДЧИНЁННЫХ. Шутливая просьба обращаться только по имени, без отчества (**«Москва слезам не верит»**).

ОФИЦИАНТ, ПОЧКИ ОДИН РАЗ ЦАРИЦЕ! Шутливая просьба продолжить, добавить какой-л. еды кому-л. (**«Иван Васильевич меняет профессию»**).

ОХ! ДОН ПЕДРО! ЭТО БЫЛ ТАКОЙ МУЖЧИНА! ЭТО ЧТО-ТО!.. Шутливо о чьих-л. выдающихся мужских достоинствах (**«Здравствуйте, я ваша тётя!»**).

Охотничек нашёлся! См. *Ох уж мне этот Шарик!..*

ОХ УЖ МНЕ ЭТИ СКАЗОЧКИ!.. ОХ УЖ МНЕ ЭТИ СКАЗОЧНИКИ! Шутливая досада по любому поводу (**«Падал прошлогодний снег»**).

ОХ УЖ МНЕ ЭТОТ ШАРИК! ОХОТНИЧЕК НАШЁЛСЯ! Пренебрежительно о ком-л., занявшемся не своим дело (**«Каникулы в Простоквашино»**).

Произносится с «кошачьими» интонациями.

ОЧАРОВАТЕЛЬНАЯ ДЕВУШКА, НО ЗАЧЕМ НА ВСЮ ЖИЗНЬ СЕБЯ СВЯЗЫВАТЬ СО СРЕДНЕЙ АЗИЕЙ?.. Хотя девушка и красивая, хорошая, но жениться на ней я не буду (**«Люди и манекены»**).

Очевидно, обходит с флангов. — Кого? — Всех. См. *А где наша гвардия?*

ОЧЕНЬ БЫСТРО, ЖАКОБ! Требование идти или ехать очень быстро, поторопиться (**«Формула любви»**).

ОЧЕНЬ МНОГО БОЛЕЗНЕННЫХ РОДСТВЕННИКОВ В РАЗНЫХ ГОРОДАХ СОВЕТСКОГО СОЮЗА. О большом количестве лжепричин, которые кто-л. придумывает, о вопиющей лжи, об окончательно завравшемся человеке (**«Берегись автомобиля»**).

ОЧЕНЬ НЕУСТОЙЧИВЫЙ СУБЪЕКТ. Иронично о ком-л. в самом широком контексте (**«Сердца четырёх»**).

ОШИБКА ВЫШЛА! Произошло недоразумение, прошу прощения (часто речь идёт о ситуации, когда говорящий виноват и признаёт свою ошибку) (**«Республика ШКИД»**).

По всей видимости, данное выражение широко употреблялось и раньше, но под влиянием фильма стало особенно популярным.

П

ПАВЛИНЫ, ГОВОРИШЬ?.. Выражение сомнения в чём-л., недоверия, удивления, несогласия и т. п. (**«Белое солнце пустыни»**).

ПАДАЛ ПРОШЛОГОДНИЙ СНЕГ. Шутливо о какой-л. смешной и абсурдной ситуации (**«Падал прошлогодний снег»**).

Палаты белокаменные не желаете? См. *А палаты белокаменные не желаете?*

ПАЛАЧ! ПРИГОТОВЬСЯ. Шутливая угроза (**«Обыкновенное чудо»**).

Произносится нарочито обыденно, спокойно, даже скучно. В слове «палач» повышение и перепад тона на втором «а» (имитируется интонация, характерная для ситуации, когда человек зовёт кого-л., находящегося далеко).

Палёная кошка. См. *Пошёл прочь...*

ПАЛОЧКА-ВЫРУЧАЛОЧКА, ИДИ СЮДА! Иди сюда, подойди ко мне; чаще употребляется как обращение к человеку, который нужен говорящему, от которого говорящий чего-то ждёт и т. п. (**«Падал прошлогодний снег»**).

ПАЛ ПАЛЫЧ. Шутливо-фамильярное обращение к человеку по имени Павел Павлович (**«Следствие ведут знатоки»**).

Данное разговорное обращение употреблялось и до выхода фильма на экраны, но после этого, по всей видимости, стало восприниматься именно как цитата из фильма. Ср. *Ксан Ксаныч.*

Пальцем искрить, вилки глотать в нашем возрасте уже не годится. См. *Кончать надо с хиромантией...*

ПАН АТАМАН, КОНИ СТОЯТ ПЬЯНЫЕ, ХЛОПЦЫ — ЗАПРЯЖЕНЫ... Всё готово, задание выполнено, всё в порядке; часто в ситуации, когда в действительности дела обстоят плохо (**«Свадьба в Малиновке»**).

Часто произносится с имитацией речи пьяного.

ПАПА РИМСКИЙ. Шутливый ответ на вопрос «кто там?» (**«Афоня»**).

ПАПАША, ОГОНЬКУ НЕ НАЙДЁТСЯ? Просьба дать закурить (**«Бриллиантовая рука»**).

Данная фраза в целом является шаблонно-этикетной, однако наибольшее распространение (с элементом шутливой угрозы), по всей видимости, она получила после выхода фильма на экран.

ПАРАДОКС ЭЙНШТЕЙНА! Иронично о чём-л. необъяснимом, странном, несуразном (**«Отроки во Вселенной»**).

Парася Никаноровна, я вас даже голубкой назвать могу... См. *Да это что, Парася Никаноровна...*

𝄞 **ПАРИЖ, ПАРИЖ, ТЕБЕ НЕ СНИЛСЯ БРАК ПОДОБНЫЙ.** Иронично о браке, чаще — о несуразном, странном (**«Соломенная шляпка»**).

Парижской... Богоматери. См. *Какой такой матери?..*

Парит... наш орёл! См. *Летает... парит...*

ПАРХАТЫЕ БОЛЬШЕВИСТСКИЕ КАЗАКИ. Иронично бранный оксюморон; в зависимости от ситуации: о евреях, коммунистах, советских людях и др. (**«Семнадцать мгновений весны»**).

ПАРША ВОНЮЧАЯ. Бранное (**«Республика ШКИД»**).

См. также *Старших подкупаешь...*

ПАРШИВАЯ МОЯ! Ироничное обращение к женщине (**«Гараж»**).

ПАСТЬ ПОРВУ, МОРГАЛЫ ВЫКОЛЮ, РОГА ПООТШИБАЮ... В УГОЛ ПОСТАВЛЮ. Ироничная угроза (**«Джентльмены удачи»**).

ПАТРОНОВ НЕТ, И ПЕСНЯ НАША КОНЧИЛАСЬ... Ну вот, всё кончено, нет больше никаких надежд; пропади всё пропадом (**«Два бойца»**).

Произносится с одесским акцентом.

ПАЦАК. Шутливая инвектива или шутливое обращение (**«Кин-дза-дза!»**).

ПАЦАК ПАЦАКА НЕ ОБМАНЫВАЕТ, ЭТО НЕКРАСИВО, РОДНОЙ. Нехорошо обманывать ближнего, друга, коллегу, соратника, это недостойно (**«Кин-дза-дза!»**).

См.также *Пацак.*

ПЕДРИЛА-МУЧЕНИК. Бранное (**«Интердевочка»**).

Пейте пиво, оно полезно и на вкус красиво. См. *Граждане, пейте пиво...*

ПЕНСИОНЕРОМ НАЗЫВАЕТСЯ ЧЕЛОВЕК, КОТОРОМУ ПЛАТЯТ ЗА ТО, ЧТОБЫ ОН НЕ РАБОТАЛ. Иронично о пенсионерах (**«Старики-разбойники»**).

ПЕРВЫЙ Я ЧЕЛОВЕК НА ПРЕДМЕТ УСПОКОЕНИЯ. Шутливо о своей способности успокаивать, утешать людей (**«Свадьба в Малиновке»**).

ПЕРЕВЕДИ. Шутливая реплика в ответ на чью-л. излишне сложно, заумно выраженную мысль (**«Москва слезам не верит»**).

Произносится с имитацией речи пьяного.

ПЕРЕД ВАМИ ТИПИЧНЫЙ ОДИНОКИЙ МУЖЧИНА. Шутливый ответ на вопрос «кто вы?» («как вас зовут?» и т. п.), часто в ситуации, когда мужчина хочет познакомиться с женщиной (**«Одинокая женщина желает познакомиться»**).

ПЕСКАРИКИ НЕРАЗУМНЫЕ. Ироничное обращение к группе лиц (**«Марья-искусница»**).

См. также *Что, перепугались...*

ПЕСНЯ ПРО ЗАЙЦЕВ! Ироничное объявление чего-л., какой-л. речи, выступления и т. п. (**«Бриллиантовая рука»**).

ПЕТРОВИЧ! Шутливое обращение к человеку с отчеством «Петрович» или к любому человеку (**«Цирк»**).

Произносится с англ. акцентом.

ПЕТУХ ГАМБУРГСКИЙ. Ироничная инвектива (**«Джентльмены удачи»**).

ПЕТУШОЧЕК ТЫ МОЙ ГОЛУБОГЛАЗЕНЬКИЙ! Шутливо-ласковое обращение (**«Республика ШКИД»**).

ПЕТЬК, РАСПРЯГАЙ, Я НА ДРУГИХ МЕРИНАХ ПОЕДУ. Приказ или просьба переменить, переделать что-л. заранее заготовленное (**«Адъютант его превосходительства»**).

Произносится с нарочитыми диалектно-просторечными чертами.

ПЕЧЁНКОЙ ЧУЮ: КЛЮНУЛА НАСТОЯЩАЯ РЫБА. Выражение предчувствия крупной удачи, везения (**«Бриллиантовая рука»**).

ПИДЖАК С КАРМАНА́МИ. Шутливо о любой одежде (**«Волшебное кольцо»**).

ПИОНЕРЫ, А МУЧАЕТЕ ПТИЦУ! НЕХОРОШО! Ироничный упрёк в чём-л.; шутливый призыв не делать что-л. дурное, не шалить (**«Добро пожаловать, или Посторонним вход воспрещён»**).

ПИОНЕРЫ!.. САМЫЕ НАСТОЯЩИЕ! Шутливо о чём-л. редком, выдающемся (**«Чебурашка»**).

Щ в слове *настоящие* произносится как [-шч-].

ПИР ЖЕЛАЮ ГОРОЙ! Реплика, которой говорящий заявляет о своём желании уйти в загул, жить на широкую ногу и т. п. (**«Падал прошлогодний снег»**).

ПИСЬМЕННО ВРАЛИ, ПИСЬМЕННО И ОТРЕКАЙТЕСЬ. Призыв (просьба, приказ) представить какой-л. документ в письменном виде (**«Тот самый Мюнхгаузен»**).

Пить, курить и говорить я начал одновременно. См. *Вот возьмите меня...*

ПИТЬ МЕНЬШЕ НАДО, МЕНЬШЕ НАДО ПИТЬ! Слова, которыми говорящий с похмелья упрекает себя в том, что он перепил (**«Ирония судьбы, или С лёгким паром»**).

Реплика сопровождается ритмическими подпрыгиваниями говорящего в такт словам. Ср. следующее.

ПИТЬ НАДО МЕНЬШЕ. **1.** Иронично о чьём-л. глупом неуместном поступке. **2.** Реакция на жалобы собеседника на плохое самочувствие (**«Афоня»**).

См. предыдущее.

ПЛОХИ ТВОИ ДЕЛА, КУЗЬКА. ПРИДЁТСЯ ТЕБЕ С ГАРМОНЬЮ-ТО РАССТАВАТЬСЯ. Плохо твоё дело, ты пропал (**«Свинарка и пастух»**).

ПЛОХО МЫ ЕЩЁ ВОСПИТЫВАЕМ НАШУ МОЛОДЁЖЬ! Шутливо в ответ на сообщение о том, что кто-л. сделал что-л. дурное (**«Кавказская пленница»**).

Произносится с кавказским акцентом.

ПЛЮШКАМИ БАЛУЕМСЯ. Шутливый ответ на вопрос «что ты (вы) делаешь (делаете)?» (**«Карлсон вернулся»**).

См. также *А мы тут, знаете, всё плюшками балуемся!*

ПОБАСЁНКИ. Побасёнки, ложь, сплетни, фантазии; ерунда, чушь (**«Весна»**).

См. также *Штуки, трюки, побасёнки...*

ПОВЕДАЙ, КАК СТАНОВЯТСЯ МИЛЛИОНЕРАМИ... Интересно, как это делается; как же у тебя это вышло? (**«Место встречи изменить нельзя»**).

ПОВЕРЬТЕ МНЕ, ГОЛУБЧИК, Я ДОСТАТОЧНО ПОЖИЛ НА ЭТОМ СВЕТЕ. Уж можете мне поверить, уж я-то не обману, у меня достаточный опыт (**«Сердца четырёх»**).

ПОГАНАЯ ОНА, ВАША СОБАКА. Отрицательный отзыв о чём-л. или о ком-л. (**«Подкидыш»**).

ПО ГЛУПОЙ ДЕРЗОСТИ СВОЕЙ. По глупости, по незнанию, не ведая, что творят (**«Место встречи изменить нельзя»**).

См. также *Выпендриваются по глупой дерзости своей...*

ПОГЛЯДИМ... ПОСЛУШАЕМ... ПОЩУПАЕМ... ПОНЮХАЕМ... Ответ на просьбу что-л. починить, например, на сообщение о том, что мотор у машины стучит, масло течёт и т. п. (**«Берегись автомобиля»**).

Погляди, Тимк... Опять смешливые попались. См. *Ты погляди, Тимк...*

ПОГОВОРИ ЕЩЁ ЧЕГО-НИБУДЬ, ТИМОШКИН. Не молчи, говори, расскажи о чём-нибудь (**«Тринадцать»**).

Произносится с имитацией восточного акцента.

ПО ГОРЛУ — ЧИК. И В КОЛОДЕЦ... **1.** Иронично о чём-л., кажущемся страшным, зловещим. **2.** О чём-л. легко, без проблем осуществимом (**«Джентльмены удачи»**).

Подарок из Африки. См. *Пробка, подарок из Африки.*

Под дичь будешь? См. *А под дичь будешь?*

ПОД КОЛПАКОМ У МЮЛЛЕРА. В безвыходной ситуации, в западне; под неусыпным контролем кого-л. (**«Семнадцать мгновений весны»**).

См. также *Не падайте в обморок...*

ПОД КОТОВСКОГО. **1.** «Под ноль» (о стрижке). **2.** О лысом человеке (**«Котовский»**).

См. также *Стриги под Котовского!*

𝄞 **ПОД КРЫЛОМ САМОЛЕТА О ЧЁМ-ТО ПОЁТ ЗЕЛЁНОЕ МОРЕ ТАЙГИ!** Реплика, произносимая (пропеваемая) хором и имитирующая некое «пьяное мужское братство» (**«Ирония судьбы, или С лёгким паром»**).

Слова популярной песни; поётся хором (часто при этом поющие обнимаются за плечи), иногда шёпотом, «пьяными» голосами.

ПОДЛЕЦ, СКОТИНА ФОРМЕННАЯ. Брань в адрес собеседника или какого-л. третьего лица (**«Обыкновенное чудо»**).

Подневольные ж люди, одной рыбой питаются. См. *Ну, грех смеяться над убогими...*

Поднять верх сверху и понизить низ снизу. См. *Может, стоит всё-таки...*

ПОДОЖДИТЕ, ГРАЖДАНКА, ЦЕЛОВАТЬСЯ: ДАВАЙТЕ СНАЧАЛА КОНФЛИКТ РАЗБЕРЁМ. Не приставай, не мельтеши, не отвлекайся на частности, давай сначала разберём главный вопрос (**«Каникулы в Простоквашино»**).

ПОДУМАЙ, ПОДУМАЙ, ПОДУМАЙ!.. Слова, которыми говорящий как бы заставляет самого себя хорошенько разобраться в ситуации, взвесить все «за» и «против» и т. п. (**«Подвиг разведчика»**).

ПОДУМАЛ ШТИРЛИЦ... Употребляется как ироничная реплика-комментарий к чьей-л. фразе (высказыванию, сентенции), которую говорящий хочет «снизить», с которой он заведомо не согласен (**«Семнадцать мгновений весны»**).

Поедешь отдыхать в санаторий. Встретишь там молодого красивого

адвоката. И тогда по белой лестнице вы пойдете прямо в рай! См. *Будешь ты прокурором...*

ПОЖАЛЕЙТЕ ЕГО, ТОВАРИЩИ СУДЬИ, ОН ОЧЕНЬ ХОРОШИЙ ЧЕЛОВЕК. Призыв проявить великодушие по отношению к кому-л., пожалеть кого-л. (**«Берегись автомобиля»**).

ПОЖАЛЕЙТЕ МЕНЯ, ПОЛЕЙТЕ МЕНЯ! Просьба говорящего полить его водой, дать ему воды и т. п. (**«Марья-искусница»**).

Пожинать чужие плоды, то есть грузить навоз. См. *В соседнем совхозе...*

ПОЗДРАВЛЯЮ С ДНЁМ РОЖДЕНЬЯ, ЖЕЛАЮ СЧАСТЬЯ В ЛИЧНОЙ ЖИЗНИ. ПУХ. Шутливое поздравление с чем-л. (**«Винни Пух и день забот»**).

ПОЗДРАВЛЯЮ ТЕБЯ, ШАРИК, ТЫ — БАЛБЕС! Ты дурак, ты не прав, ты глупо поступаешь (**«Зима в Простоквашино»**).

ПОЗНАКОМЬСЯ, ЭТО МОЙ ДРУГ — ДЖИНН. Познакомься, прошу любить и жаловать, о ком-л., представленном говорящим собеседнику (**«Волшебная лампа Аладдина»**).

ПОЗОР ДЖУНГЛЯМ! Какой позор! Как не стыдно! (**«Маугли»**).

ПОЙДЁМ, ПОГУЛЯЕМ ПО КРЫШАМ... ИСКАТЬ ПРИКЛЮЧЕНИЙ. Призыв искать приключения, гулять и т. п. (**«Малыш и Карлсон»**).

ПОЙДЁМТЕ В САД, ЭТО РАЙСКИЙ УГОЛОК! Шутливое приглашение пойти куда-л. (**«Здравствуйте, я ваша тётя!»**).

Произносится нарочито манерно, «изысканно», «романтично».

ПОЙДУ ПРЕССУ ПОЧИТАЮ. Ну, я пошёл; шутливый предлог для ухода (**«Афоня»**).

ПОЙ, ПЕТРОВИЧ! Просьба к собеседнику что-л. сделать (спеть, сказать что-л. и т. п.), не обязательно по отношению к человеку с отчеством «Петрович» (**«Цирк»**).

См. также *Петрович.*

Произносится с англ. акцентом.

ПОКА ВЫ ЕЩЁ НЕ ВЫШЛИ ЗАМУЖ, Я ХОЧУ ПОГОВОРИТЬ С ВАМИ, С ОДНОЙ! Я хочу с тобой поговорить, не обязательно при обращении к женщине (**«Свинарка и пастух»**).

Обычно произносится с кавказским акцентом.

ПОКАЖИ ЗРИТЕЛЯМ СВОИ МУЗЫКАЛЬНЫЕ ПАЛЬЧИКИ. Ироничная просьба к собеседнику показать что-л. сокровенное, важное, то, что он считает особенно важным в каком-л. деле (**«Два бойца»**).

Произносится с одесским акцентом.

Пока — наше царское спасибо. См. *А пока...*

ПОКЕДА, БАБА́НЬКА! Пока, будь здоров; в обращении к любому лицу, в том числе к мужчине (**«Место встречи изменить нельзя»**).

Полемично, но логично. См. *Хотя и полемично...*

𝄞 **ПОЛЕ, РУССКОЕ ПОЛЕ...** Иронично о большом открытом пространстве, например, в ситуации, когда собеседники идут в поле по нужде и т. п. (**«Новые приключения неуловимых»**).

ПОЛЁТ В СТРАТОСФЕРУ. 1. О чём-л. странном, выдающемся. **2.** О сильном опьянении. **3.** О каком-л. крайнем эмоциональном состоянии (**«Цирк»**).

ПОЛЁТЫ ВО СНЕ И НАЯВУ. Шутливо о чьих-л. причудах, чудачествах, слабостях, болезненных пристрастиях и т. п. (**«Полёты во сне и наяву»**).

ПО ЛИЦУ НЕ БЕЙТЕ, Я ИМ РАБОТАЮ. Призыв смилостивиться, не относиться к говорящему слишком строго, не наступать на его любимую мозоль и т. п. (**«Семь стариков и одна девушка»**).

ПОЛОЖЬ ПТИЧКУ. Не трогай, положи на место (о любой вещи) (**«Берегись автомобиля»**).

Получается — индюк! См. *Быстрота и ловкость рук...*

ПОМЕДЛЕННЕЕ, ПОЖАЛУЙСТА, Я ЗАПИСЫВАЮ. Просьба не торопиться, говорить или делать что-л. помедленнее (**«Кавказская пленница»**).

Произносится с имитацией речи пьяного.

ПОМЕР, БРАТ-ТО, МИТЬКА, ПОМЕР! Реплика, которой говорящий пародийно имитирует скорбь, отчаяние и т. п. (**«Чапаев»**).

См. также *Митька... брат...*

Обычно реплика сопровождается характерной мимикой: плаксивым выражением лица, утиранием воображаемых слёз и т. п..

ПОМНИ О ДЕТЯХ! Не увлекайся, помни о последствиях, помни, что есть вещи более важные; чаще в обращении жены к мужу(**« Корона Российской Империи»**).

ПОМОГИТЕ! ХУЛИГАНЫ ЗРЕНИЯ ЛИШАЮТ! Шутливый призыв о помощи (**«Джентльмены удачи»**).

По-моему, мы все под колпаком у Мюллера. См. *Не падайте в обморок...*

ПОМОЙТЕСЬ, РЕБЯТА! Вот вам, так вам и надо; чаще в ситуации, когда говорящий избивает кого-л., наказывает и т. п. (**«Белое солнце пустыни»**).

По-нашему, по-бразильски. См. *Давайте закурим, по-нашему, по-бразильски.*

ПО-НЕМЕЦКИ — «ЦАЦКИ-ПЕЦКИ», А ПО-РУССКИ — «БУТЕРБРОД». Иронично о чём-л. немецком, о немецком языке и т. п. (**«Республика ШКИД»**).

ПОНИМАЕТЕ ЛИ... Употребляется как вводное слово, чаще — в конце фразы (**«Кавказская пленница»**).

Произносится с кавказским акцентом.

ПОНИМАЕШЬ, КРУГОМ ПОНАСТАВИЛИ КАПКАНОВ... В жизни так много трудностей, кругом проблемы, недоброжелатели и т. п. (**«Берегись автомобиля»**).

ПОНИМАЕШЬ ТЫ... Вот ведь как, вот ведь какое дело, вот такие вот дела (**«Люди и манекены»**).

Произносится с некоторым растяжением первых двух гласных в слове «понимаешь»; при этом делается очень значительное, озабоченное лицо.

ПОНЯЛ, ПОНЯЛ, ПОНЯЛ... Всё понял, всё будет сделано как надо; в ситуации, когда между говорящим и собеседником существует некий «заговор», тайна, известная только им двоим (**«Свой среди чужих, чужой среди своих»**).

Произносится со специфической интонацией: своеобразной подобострастной скороговоркой.

ПОНЯТНО ГОВОРЮ? Ироничный вопрос с оттенком угрозы, завершающий формулировку какого-л. задания, инструкции и т. п. (**«Добро пожаловать, или Посторонним вход воспрещён»**).

См. также *Понятно излагаю?*

ПОНЯТНО ИЗЛАГАЮ? Поняли? Понятно говорю? Всё ясно? (**«Место встречи изменить нельзя»**).

См. также *Понятно говорю?*

ПОПАДЁТСЯ ХОРОШАЯ ЖЕНА — СТАНЕШЬ СЧАСТЛИВЫМ, ПОПАДЁТСЯ ПЛОХАЯ — СТАНЕШЬ ФИЛОСОФОМ. Иронический афоризм (**«Тот самый Мюнхгаузен»**).

ПОПАДЁШЬ К ВАМ В ДОМ — НАУЧИШЬСЯ ЕСТЬ ВСЯКУЮ ГАДОСТЬ! Шутливо в ответ на чьё-л. не слишком лестное, но приемлемое для говорящего предложение (**«Карлсон вернулся»**).

ПОПАЛ Я С ЭТОЙ ГЛАШКОЙ, КАК ЧЁРТ В РУКОМОЙНИК. Выражение досады по поводу какой-л. неудачи, недоразумения, чаще о чём-л., произошедшем по вине самого говорящего, по невнимательности и т. п. (**«Свинарка и пастух»**).

ПОПАСТЬ ПОД КОЛПАК. Попасть под чьё-л. пристальное наблюдение, быть обречённым на расправу (**«Семнадцать мгновений весны»**).

См. также *Не падайте в обморок...*

ПОПРОБУЕМ НЕ СОЙТИ С УМА! Ну и ну! Ну и дела! Вот так штука! (в ситуации, когда говорящий узнал что-л. из ряда вон выходящее, сенсационное и т. п.) (**«Цирк»**).

ПОПРОШУ БЕЗ АМИКОШОНСТВА! Реплика, выражающая протест против чьего-л. излишнего панибратства, вульгарности и т. п. (**«Покровские ворота»**).

Обычно произносится с резким повышением тона на [шо].

ПОПРОШУ В МОЁМ ДОМЕ НЕ ВЫРАЖАТЬСЯ. **1.** Реплика в ответ на чью-л. брань. **2.** Реплика в ответ на чью-л. излишне сложную речь, на не к месту употреблённую научную или высокую лексику (**«Кавказская пленница»**).

Произносится с имитацией кавказского акцента.

ПОРАЗИТЕЛЬНО, КАК НАШ НАРОД ГАРМОНИРУЕТ С ПРИРОДОЙ! Иронично о какой-л. ситуации, как правило, нелепой или отталкивающей, например, о пьяном, валяющемся на газоне и т. п. (**«Тот самый Мюнхгаузен»**).

Пора, как говорится, и баиньки. См. *Всё, рабочий день...*

По роду-племени я тутошний, а вот по образованию я тамошний. См. *Я по роду-племени...*

ПОРТУГАЛЬСКИЕ МАЛОНАДЁВАННЫЕ ЖЕЛАЕТЕ? Иронично о любой вещи, которую говорящий предлагает собеседнику (**«Республика ШКИД»**).

ПОРЯДОЧЕК! Всё в порядке, всё сделано, всё хорошо (**«Шапокляк»**).

Произносится с имитацией ехидности, вредности.

ПОСАДКУ ДАВАЙ! Призыв разрешить, позволить что-л. сделать, например, сесть за стол и т. п. (**«Малыш и Карлсон»**).

ПОСИДИМ, КОЗЛА ЗАБЬЁМ. Посидим, поговорим; часто в ситуации, когда говорящий приглашает собеседника в гости (**«Афоня»**).

ПОСКОЛЬЗНУЛСЯ, УПАЛ, ОЧНУЛСЯ — ГИПС. 1. Ироничное объяснение на вопрос о причине какой-л. травмы, ссадины и т. п. **2.** Выражение нежелания отвечать на поставленный вопрос (**«Бриллиантовая рука»**).

ПОСЛЕ ВОЗВРАЩЕНИЯ ОТТУДА ВАШ МУЖ СТАЛ ДРУГИМ. Шутливо о том, что кто-л. сильно изменился, изменил своим привычкам, резко поменял взгляды, убеждения и т. п. (**«Бриллиантовая рука»**).

Обычно многозначительно подчёркивается слово «оттуда».

После кукурузы всё внимание стали уделять людям. См. *Теперь, после кукурузы...*

ПОСЛЕ ПЕРВОЙ НЕ ЗАКУСЫВАЮ. Шутливый ответ на предложение закусить после распития первой рюмки (**«Судьба человека»**).

См. также *Русские после первой не закусывают.*

ПОСЛУШАЙТЕ, ГОСПОДИН НАУЧНЫЙ ПРОФЕССОР, У МЕНЯ ЕСТЬ СВЕДЕНИЯ, ЧТО ВЫ ОЧЕНЬ ЛЮБИТЕ СПРАВЕДЛИВОСТЬ, ТАК НЕ НАХОДИТЕ ЛИ ВЫ СПРАВЕДЛИВЫМ, ЧТО ВАШИ КОЛЁСА... ТО ЕСТЬ, ПРОСТИТЕ, ВАШИ БОТИНОЧКИ БУДУТ НАШИ? Требование, просьба отдать ботинки или какую-л. другую вещь (**«Котовский»**).

Произносится с одесским акцентом.

𝄞 **ПОСТОЙ, ПАРОВОЗ, НЕ СТУЧИТЕ, КОЛЁСА...** Призыв задержаться, не торопиться, не спешить и т. п. (**«Операция «Ы» и другие приключения Шурика»**).

ПО СЧАСТЬЮ, У НАС С ВАМИ РАЗНЫЕ МАМЫ. Шутливо в ответ на любую реплику собеседника, в которой он употребляет слово «мама» или «мать» (**«Ирония судьбы, или С лёгким паром»**).

ПОТЕРПИ, РОТМИСТР, НЕМНОГО ОСТАЛОСЬ. Просьба потерпеть, проявить выдержку (**«Свой среди чужих, чужой среди своих»**).

ПОТЕРПИ, СЕСТРА! ВОРОТИМ, ВСЁ ВОРОТИМ. Шутливый призыв подождать, потерпеть, дождаться справедливого решения какой-л. проблемы (**«Неуловимые мстители»**).

𝄞 **ПОТЕРЯЛА Я ПРЕДМЕТ УВЛЕЧЕНИЯ...** О потерянной любви, ушедшем любовнике (**«Трембита»**).

𝄞 **ПОТОМУ ЧТО НА ДОРОГЕ ВСЕ ТАКИЕ НЕДОТРОГИ, ИХ ДАВИТЬ НИКАК НЕ РАЗРЕШАЕТСЯ.** Шутливо о пешеходах, чаще из уст водителя (**«Люди и манекены»**).

ПОТРИТЕ МНЕ СПИНКУ, ПОЖАЛУЙСТА! НУ, ПОТРИТЕ... ЧТО ВАМ, ЖАЛКО ЧТО ЛИ? Шутливая реплика, сопровождающая ситуацию, в которой говорящий просит что-л. у собеседника, чаще о чём-л. необычном, странном (**«Ирония судьбы, или С лёгким паром»**).

Произносится с имитацией речи пьяного.

ПОУЧИ ЖЕНУ ЩИ ВАРИТЬ. Нечего меня учить, я в твоих советах не нуждаюсь (**«Место встречи изменить нельзя»**).

Похудела, родная! См. *А ты похудела, родная!*

ПОЧЕМУ ВЫ МЕНЯ ВСЕ ВРЕМЯ РОНЯЕТЕ?.. Упрёк в том, что собеседники недостаточно аккуратны с говорящим, обращаются с ним грубо и т. п. (**«Ирония судьбы, или С лёгким паром»**).

Произносится с имитацией речи пьяного.

ПОЧЕМУ МОЙ МАЛЕНЬКИЙ ПУПСЁНОЧЕК НЕ ОБНИМЕТ СВОЕГО МАЛЕНЬКОГО КРИКСЁНОЧКА? Шутливое предложение обняться, поздороваться и т. п. (**«Здравствуйте, я ваша тётя!»**).

ПОШЁЛ ПРОЧЬ, ПАЛЁНАЯ КОШКА! Выражение презрения, высокомерного отношения к кому-л. (**«Маугли»**).

ПОШЕПТАТЬСЯ БЫ... Надо поговорить, разговор есть (**«Место встречи изменить нельзя»**).

ПОШЛИ́-БАШИ. Пошли, пойдём (**«Собака на сене»**).

Подражание турецкому языку.

Пошло бы как согревающее. См. *Сейчас бы этого дяди Егора снотворного...*

ПОШТО ТРЕВОЖИШЬ, ВОДОКРУТИШКА? Зачем ты меня беспокоишь? Как ты смеешь меня тревожить? (**«Марья-искусница»**).

ПРАВИЛЬНОЕ РЕШЕНИЕ — ОДНО, А НЕПРАВИЛЬНЫХ — ТЫСЯЧИ. О трудности нахождения правильного решения (**«Люди и манекены»**).

ПРАВИЛЬНО: УКРАЛ, В ЗЕМЛЮ ЗАКОПАЛ И НАДПИСЬ НАПИСАЛ... Ироничная реакция на чьё-л. сообщение о краже, обвинение говорящего в воровстве и т. п. (**«Кавказская пленница»**).

Трансформированная цитата из детского стишка: «У попа была собака, он её любил, она съела кусок мяса, он её убил, в огороде закопал, на могиле написал: у попа была собака...»

ПРЕВОСХОДНАЯ СТРАНА. ТАМ В ЛЕСУ ТАК МНОГО ДИКИХ ОБЕЗЬЯН!.. ОНИ КАК ПРЫГНУТ! Шутливо о какой-л. стране, месте (**«Здравствуйте, я ваша тётя!»**).

Слово *обезьян* обычно произносится с носовым призвуком вместо русского [-н-], так что [-ja-] звучит как бы слегка по-французски. В последней фразе, как правило, происходит сильное растяжение гласного «а» в слове «как».

ПРЕДУПРЕЖДАТЬ НАДО! Что же ты молчал, сказал бы сразу (**«Обыкновенное чудо»**).

Прекрасное имя... И главное, что примечательно, редкое. См. *У неё прекрасное имя...*

ПРЕСТУПНОЕ СООБЩЕСТВО, ИМЕНУЕМОЕ В ПРОСТОНАРОДЬЕ ШАЙКОЙ. Шутливо о каком-либо обществе, компании и т. п. (**«Место встречи изменить нельзя»**).

ПРИВЕТ, КАРЕГЛАЗАЯ! Шутливое приветствие, обращённое к любому человеку (**«Афоня»**).

ПРИВЕТ МИХАЛ ИВАНЫЧУ! Шутливая реплика, которая говорится при прощании, как правило, в странной, абсурдной ситуации, ситуации непонимания, недоверия и т. п. (**«Бриллиантовая рука»**).

Произносится с нарочитой дружелюбностью, с широкой улыбкой.

ПРИВЕТ ОТ ЛУЧШЕГО В МИРЕ ПРИВИДЕНИЯ С МОТОРОМ! Привет, как дела? (**«Карлсон вернулся»**).

Привет семье и детям! См. *Дети есть?..*

ПРИ ВСЕЙ ПУБЛИКЕ ТАКИЕ ЖЕСТИКУЛЯЦИИ! **1.** Упрёк собеседнику в том, что он дискредитирует говорящего перед всеми, унижает его. **2.** Упрёк в неумении вести себя в обществе (**«Свадьба в Малиновке»**).

Произносится с одесским акцентом.

Привычка. См. *Ключи же есть!..*

ПРИВЯЖИ К НОГЕ ДИНАМУ. ПУСТЬ ОНА ТОК ДАЁТ В НЕДОРАЗВИТЫЕ РАЙОНЫ. Призыв не тратить силы попусту, всё пускать в дело; пародирование излишнего прагматизма (**«Люди и манекены»**).

𝄞 **ПРИГОТОВЬТЕСЬ, ФРАУ-МАДАМ, Я УРОК ВАМ ПЕРВЫЙ ДАМ.** Приготовьтесь, сейчас начнём, смотрите внимательно; не обязательно в обращении к женщине (**«Свадьба в Малиновке»**).

Макароническое смешение немецкого и французского обращений.

Приготовьте чашки, тарелки, я всё это буду бить. См. *Сегодня я буду шутить...*

Придётся принимать меры. А что делать! Пьянству бой. См. *Ну-с, придётся...*

ПРИДИ, КОВАРНАЯ, ПРИДИ! Иронично: приди ко мне, я тебя жду, чаще в обращении мужчины к женщине (**«Свинарка и пастух»**).

Данное выражение является типичным для жанра жестокого романса, но фильм сильно способствовал его распространению в качестве крылатого выражения.

Приказываю наговаривать! См. *А я приказываю наговаривать!..*

Прими, пожалуйста, от меня этот спелый банан! См. *Мартышка, прими, пожалуйста, от меня...*

ПРИМИТЕ ОТ ЭТИХ ГРАЖДАН БРАК И ВЫДАЙТЕ ИМ ДРУГОЙ. Иронично в ответ на чей-л. протест против чего-л., на жалобу, сетование и т. п. (**«Волга-Волга»**).

Примите слабительное: это успокаивает. См. *Слушайте, папа...*

При парнишке-то... См. *Ваше благородие... барин...*

ПРИСОЕДИНЯЙТЕСЬ, БАРОН, ПРИСОЕДИНЯЙТЕСЬ... Иди к нам, присоединяйся к нашей компании (**«Тот самый Мюнхгаузен»**).

ПРИ ТАКИХ СВИНЬЯХ, КАК-ТО И САМ СТАНОВИШЬСЯ... Иронично о каких-л. неблагоприятных условиях, обстоятельствах, пагубно влияющих на говорящего (**«Падал прошлогодний снег»**).

Причина, по которой вы не сможете быть разведчиком! См. *Это ещё одна причина...*

ПРИШИТЬ БЫ ВАС, ДА ВОЗИТЬСЯ НЕКОГДА. Чёрт с вами, живите, наплевать на вас (**«Джентльмены удачи»**).

ПРИЮТИЛИ, ПОДОГРЕЛИ, ОБОБРАЛИ... Иронично о проявленной кем-л. заботе, в основании которой явно лежали корыстные мотивы (**«Ирония судьбы, или С лёгким паром»**).

Чаще всего произносится с имитацией речи пьяного.

ПРОБКА, ПОДАРОК ИЗ АФРИКИ. В ответ на чей-л. вопрос о материале, из которого изготовлена какая-л. вещь, чаще о головном уборе (**«Операция «Ы» и другие приключения Шурика»**).

ПРОВЕДИ ЕГО, ШАРАПОВ... ДО АВТОБУСА. Иронично: проведи его, помоги ему и т. п., часто в ситуации, когда указанного человека собираются обмануть (**«Место встречи изменить нельзя»**).

ПРОДОЛЖАЕМ РАЗГОВОР. Фраза, которой говорящий шутливо поддерживает беседу с собеседником (**«Малыш и Карлсон»**).

Про зайцев — это не актуально... См. *Сеня, про зайцев...*

Прокати его на велосипеде. См. *А ну-ка, Гога...*

ПРОКЛЯТЫЕ СТРЕКОЗОИДЫ! Шутливо-бранное в адрес группы людей (**«Отроки во Вселенной»**).

ПРОМОКАШКА. Ироничное прозвище, чаще о некудышнем, никем не уважаемом человеке (**«Место встречи изменить нельзя»**).

ПРОПАЛА ПЕСНЯ! Эх, пропало дело! Всё пропало! (**«Волга-Волга»**).

ПРОПУСК! Стоп, сюда нельзя, стоять, дальше проход запрещён! (**«Родня»**).

Данная реплика сопровождается характерной мимикой (лицо делается «каменным», ничего не выражающим) и жестом (руки расставляются в стороны); слово произносится громко, как бы «устрашающе».

𝄞 **ПРОСНИСЬ И ПОЙ!** Ты что, с ума сошёл; «здрасте пожалуйста»; что ты говоришь такое! (**«Проснись и пой»**).

ПРОСТИМ СТАРУШКЕ! Выражение снисходительности по поводу любого события (**«Весёлые ребята»**).

ПРОСТО ДО СМЕШНОГО ДОХОДИТ. Чёрт знает что, ерунда какая-то, это же надо! (**«Волга-Волга»**).

Просто какие-то негодяи были невежливы с дамой. См. *Ничего особенного, ротмистр...*

ПРОСТО ХОЧЕТСЯ РВАТЬ И МЕТАТЬ, РВАТЬ И МЕТАТЬ! Чёрт знает что! Кошмар какой-то; при выражении злости, отчаяния и т. п. (**«Волга-Волга»**).

ПРОСТУДИШЬСЯ, СЕСТРИЧКА ВО ХРИСТЕ! Шутливо: простудишься, будь осторожна (**«Не горюй!»**).

Произносится с грузинским акцентом.

Протестую перед лицом всей Европы. См. *Я протестую...*

ПРО... ЧТО? Шутливо в ответ на чью-л. инвективу «прохвост» (**«Осторожно, бабушка!»**).

Прошло шесть месяцев, и вы явились без зонтика. См. *И вот прошло шесть месяцев...*

ПРОШУ ОЧИСТИТЬ ЦАРСКИЙ КАБИНЕТ! Прошу выйти вон! (**«Иван Васильевич меняет профессию»**).

ПРОШУ ЭТУ ГЛУПУЮ ПАНИКУ ПРЕКРАТИТЬ! Призыв не волноваться, не паниковать, соблюдать спокойствие (**«Иван Васильевич меняет профессию»**).

ПРОЩАЙТЕ, ПОКЕДОВА! Прощайте, до свидания (**«Адъютант его превосходительства»**).

ПРО ЭТО СЛОВАМИ НЕ СКАЖЕШЬ, ЭТО ЧУВСТВОВАТЬ НАДО. Шутливо о чём-л. сокровенном, утончённом и т. п. (**«Люди и манекены»**).

ПРЫГАЙТЕ, ПРЫГАЙТЕ, ДЕТИ! Ну-ну, веселитесь, радуйтесь; обычно с оттенком затаённой угрозы: погоди(те), дай(те) срок, вот я тебе (вам) устрою! (**«Добро пожаловать, или Посторонним вход воспрещён»**).

ПРЯМО. Шутливый ответ на вопрос «Вам куда?», «Куда ехать?» (**«Сто грамм для храбрости»**).

ПСИХИЧЕСКАЯ? НУ, ХРЕН С НЕЙ, ДАВАЙ ПСИХИЧЕСКУЮ. Ах так, ну ладно, посмотрим, кто кого! (в ситуации, когда перед говорящим возникают непривычные трудности, а он хочет подчеркнуть, что их не боится) (**«Чапаев»**).

ПТИЧКА!.. 1. Ироничное объяснение того, откуда взялось какое-л. пятно (например, на одежде), грязь в волосах и т. п. **2.** Шутливая реакция в ситуации, когда на говорящего падает что-л., например, соринка и т. п. (**«Здравствуйте, я ваша тётя!»**).

Произносится с усилением смычки на согласных **«п»** и **«т»**.

ПТИЧКУ ЖАЛКО! Ироничное выражение сочувствия, сострадания и т. п. (**«Кавказская пленница»**).

Произносится с имитацией речи пьяного. При этом говорящий имитирует плач, всхлипывает, размазывает воображаемые слёзы по лицу и т. п.

ПТИЧНИЦА-ОТЛИЧНИЦА. Иронично в адрес любой группы людей (**«Кубанские казаки»**).

Пулемёт я вам не дам! См. *Вот что, ребята...*

ПУНКТ ОСЧАСЛИВЛИВАНИЯ. Пивная, бар, пивной зал, винный магазин (**«Отроки во Вселенной»**).

ПУПСЁНОЧЕК. Иронично-ласковое обращение (**«Здравствуйте, я ваша тётя!»**).

ПУСТЯКИ, ДЕЛО-ТО ЖИТЕЙСКОЕ! А, ерунда, не стоит обращать внимание! (**«Малыш и Карлсон»**).

ПЬЁМ КОФЕ НА ВСЮ СОТНЮ... О том, что что-л. необходимо делать долго, умышленно затягивать какой-л. процесс (**«Место встречи изменить нельзя»**).

Пьёт его лошадь или не пьёт — это нас не волнует. См. *Он нам дорог просто как Мюнхгаузен...*

ПЬЁТ-ТО ОДИН, А ГОЛОВА БОЛИТ У ВСЕХ. О проблемах, возникающих в связи с тем, что кто-л. пьёт, выпивает (**«Люди и манекены»**).

ПЬЮТ, И НЕ ВСЕГДА ЛИМОНАД. Ответ на вопрос о том, пьёт ли (спиртное) кто-л.; о пьющих людях, пьяницах (**«Большая перемена»**).

Пьянству — бой! См. *Ну-с, придётся...*

ПЯТОГО И ДВАДЦАТОГО — ЭТО СВЯТОЕ ДЕЛО: Я ЗНАЮ, ЧЕГО И СКОЛЬКО. О зарплате, о том, что главное — зарплата, деньги, а работой можно и пренебречь (**«Люди и манекены»**).

Р

РАБ ЛАМПЫ. 1. Шутливо о любом человеке, от чего-л. (или кого-л.) зависимом, несамостоятельном. **2.** О любителе смотреть телевизор (**«Волшебная лампа Аладдина»**).

РАБОТА НЕ АЛИТЕТ. «Работа не волк, в лес не убежит», с работой можно подождать, давай(те) отдохнём (**«Калина красная»**).

См. также *Алитет уходит в горы.*

РАБОТА СТОИТ, А СРОК ИДЁТ. О нежелании работать, приступать к выполнению обязанностей (**«Операция «Ы» и другие приключения Шурика»**).

Работа стоит, зарплата идёт. См. *Машина идёт...*

РАБОТАЮ, КАК ЛОШАДЬ! БЕГАЮ, ХЛОПОЧУ, ВЫПРАШИВАЮ, ВЫСПРАШИВАЮ, УПРАШИВАЮ, ОЧАРОВЫВАЮ!.. Шутливое выражение недовольства тем, что все усилия, работа и т. п. говорящего никем должным образом не оцениваются, что говорящий не понят и т. п. (**«Золушка»**).

По ходу произнесения реплики говорящий(ая) все больше кокетливо подчёркивает довольство, умиление собой.

РАД ВИДЕТЬ ВАС, ЧЕРТЕЙ. ОПЯТЬ ЗАТЕВАЕТЕ КАКОЕ-НИБУДЬ КОВАРСТВО?.. Шутливое обращение к группе приятелей, друзей (**«Семнадцать мгновений весны»**).

РАЗБОГАТЕЕТ — ПРИСМИРЕЕТ. О необходимости дать кому-л. взятку, откупиться от кого-л. и т. п. (**«Марья-искусница»**).

РАЗВЕ ЭТО ИГРА? ЭТО — МЁРТВЫЙ ЧАС! Реплика, выражающая недовольство происходящим, недостаточной интенсивностью, насыщенностью действия, события (**«Вратарь»**).

РАЗВОД — ОДНО ИЗ ВЕЛИЧАЙШИХ ДОСТИЖЕНИЙ ЧЕЛОВЕЧЕСТВА. Ироничный афоризм (**«Тот самый Мюнхгаузен»**).

РАЗВОД ОТВРАТИТЕЛЕН НЕ ТОЛЬКО ПОТОМУ, ЧТО РАЗЛУЧАЕТ СУПРУГОВ, НО И ПОТОМУ, ЧТО МУЖЧИНУ ПРИ ЭТОМ НАЗЫВАЮТ СВОБОДНЫМ, А ЖЕНЩИНУ — БРОШЕННОЙ. Ироничный афоризм (**«Тот самый Мюнхгаузен»**).

РАЗГОВОР НА ЭТУ ТЕМУ ПОРТИТ НЕРВНУЮ СИСТЕМУ. Призыв не продолжать разговор на неприятную для обоих говорящих тему (**«Трембита»**).

Раздавил пол-литра в антисанитарных условиях. См. *В какой-то гробнице...*

𝄞 **РАЗ, ДВА, ТРИ, ЧЕТЫРЕ, ХОБОТ ВЫШЕ, УШИ ШИРЕ!** Реплика, сопровождающая какие-л. физические упражнения, зарядку (**«38 попугаев»**).

РАЗЛЮБЕЗНАЯ КАТЕРИНА МАТВЕВНА... Шутливое обращение (**«Белое солнце пустыни»**).

См. также *А ещё скажу вам...*

РАЗОЙДЁМСЯ КРАСИВО! Просьба не применять силу, вести себя культурно, не шуметь, не идти на конфликт (**«Свадьба в Малиновке»**).

Произносится с одесским акцентом.

РАЗОШЛИСЬ, КАК В МОРЕ КОРАБЛИ. Всё, конец, между нами всё кончено (**«Два бойца»**).

РАЗРЕШИТЕ ВАМИ ВОСХИЩАТЬСЯ! Ироничный комплимент (**«Большая перемена»**).

РАЗРУШИТЬ ДЕРИБАБУШКУ, ТАКУЮ КРАСОТКУ, САШ! Как они посмели это сделать! Как им было не совестно! (**«Два бойца»**).

Произносится с одесским акцентом; имеется в виду Дерибасовская улица.

РАНЕН? НУ И ДУРАК! Шутливый комментарий по поводу того, что собеседник получил травму, ударился, ушибся, поцарапался и т. п. (**«Чапаев»**).

РАНЬШЕ ОНИ ЛОВИЛИ НАС, А ТЕПЕРЬ МЫ ЛОВИМ ИХ. Шутливо о радикальной смене обстановки, принципиально новой расстановке сил (**«Неуловимые мстители»**).

РАНЬШЕ СЯДЕШЬ — РАНЬШЕ ВЫЙДЕШЬ. Чем раньше что-л. начнётся (чаще о неприятностях, проблемах и т. п.), тем раньше и кончится (**«Берегись автомобиля»**).

𝄞 **РАНЬШЕ — ТАК, ПОТОМ — ВОТ ТАК.** Сначала — так, потом — так; часто в ситуации, когда говорящий демонстрирует что-л. собеседнику, показывает ему последовательность действий, движений и т. п. (**«Свадьба в Малиновке»**).

Расква-ква-кваиваюсь во всём. См. *Взываю ква-ква-квашему чувству сострадания...*

Распрягай, я на других меринах поеду. См. *Петьк, распрягай...*

𝄞 **РАССИЖИВАТЬСЯ НЕЧЕГО: ФОРТУНА ПЕРЕМЕНЧИВА.** Надо спешить жить, надо суетиться, предпринимать что-то, устраиваться в жизни (**«Формула любви»**).

РАССКАЖИ ДЯДЯМ ЧТО-НИБУДЬ... А ну, расскажи что-нибудь, поговори (**«Два бойца»**).

Произносится с одесским акцентом.

РАССТУПИСЬ, МЕЛЮЗГА! А ну разойдись, в сторону, не мешайте! (**«Большая перемена»**).

Расцеловались тут! См. *Вот расцеловалась тут!*

РЕБЯТА, ДАВАЙТЕ ЖИТЬ ДРУЖНО! Давайте не ссориться, помиритесь (**«Приключения Кота Леопольда»**).

РЕБЯТА, У НАС ВСЁ-ТАКИ ПАРЛАМЕНТ, А НЕ КИЧМА́Н КАКОЙ-НИБУДЬ! Призыв соблюдать дисциплину, не шуметь, делать (обсуждать и т. п.) что-л. культурно (**«Республика ШКИД»**).

Ревматики, склеротики... См. *Эти музыканты...*

РЕДИСКА. Шутливо-бранное (**«Джентльмены удачи»**).

См. также, например, *Канай отсюда, редиска!*

Редиска — нехороший человек. То же, что *Редиска.*

РЕЗАТЬ К ЧЁРТОВОЙ МАТЕРИ! О необходимости принимать решительные, кардинальные меры (**«Покровские ворота»**).

РЕЗОЛЮЦИЯ «ОТКАЗАТЬ»! Нет, не согласен, отказываюсь это делать, я против (**«Семеро смелых»**).

РЕХНУЛСЯ НА МИНАХ. О ком-л., излишне увлёкшемся чем-л. (**«Трембита»**).

РИСК, КАК ГОВОРИТСЯ, ОПРАВДЫВАЕТ СРЕДСТВА. О необходимости рисковать (**«Иван Васильевич меняет профессию»**).

Контаминация выражений «риск — благородное дело» и «цель оправдывает средства».

РОБОТ-ВЕРШИТЕЛЬ. Шутливо о каком-л. крупном начальнике, лидере, руководителе, влиятельной персоне (**«Отроки во Вселенной»**).

РОБОТ-ИСПОЛНИТЕЛЬ. Человек, не обладающий властью, а только исполняющий волю других (**«Отроки во Вселенной»**).

РОВНО В ПОЛНОЧЬ... ПРИХОДИТЕ К АМБАРУ — НЕ ПОЖАЛЕЕТЕ. МНЕ УХАЖИВАТЬ НЕКОГДА. ВЫ — ПРИВЛЕКАТЕЛЬНЫ, Я — ЧЕРТОВСКИ ПРИВЛЕКАТЕЛЕН. ЧЕГО ЖЕ ВРЕМЯ ТЕРЯТЬ? Шутливое приглашение на свидание (**«Обыкновенное чудо»**).

Рога поотшибаю. См. *Пасть порву...*

Родил — на том спасибо. См. *Главное — человека родить...*

Рожи-то у нас у всех хороши! См. *Да рожи-то...*

РОЖУ РАСКОРМИЛ КРАСНУЮ, ХОТЬ ПРИКУРИВАЙ. О толстом, наглом человеке (**«Место встречи изменить нельзя»**).

РОЗАЛИЯ!.. Реплика-«выкрик», которым говорящий иронично имитирует некое экзальтированное отчаяние, патетическую скорбь и т. п. (**«Здравствуйте, я ваша тётя!»**).

Произносится с максимальной эмоциональностью, без редукции гласных.

РОМАНТИЗМУ НЕТУ... Выражение сокрушения по поводу недостатка идеалистического порыва, чистых устремлений и т. п. (**«Не может быть!»**).

Слово *романтизму* произносится с мягким [-з'-].

РОМАШЕЧКА, ЧИ ШО... Это или другое; или одно, или другое; в ситуации выбора (**«Два бойца»**).

Произносится с одесским акцентом; *чи шо* — укр. *или что*.

РОТШИЛЬД ХРЕНОВ! 1. Шутливо в адрес человека, который беден, но ведёт себя как богатый. **2.** О растратчике, транжире (**«Свой среди чужих, чужой среди своих»**).

РУКИ — КАК НОГИ, НОГИ — КАК ГРАБЛИ, ВМЕСТО ГОЛОВЫ — ШИШКА. Об энергичном, сильном, но глупом человеке (**«Люди и манекены»**).

РУКИ НА СТОЛ! Я — КОТОВСКИЙ! Реплика, которой говорящий шутливо пугает присутствующих, часто сопровождает внезапное появление говорящего (**«Котовский»**).

Русалочки-недомерочки. См. *Это мои русалочки-недомерочки...*

РУСО ТУРИСТО — ОБЛИКО МОРАЛЕ. Иронично о русских туристах (**«Бриллиантовая рука»**).

Псевдоитальянская макароническая речь.

РУССКИЕ ПОСЛЕ ПЕРВОЙ НЕ ЗАКУСЫВАЮТ. 1. О нежелании закусывать после первой рюмки. **2.** Шутливое выражение гордости, достоинства и т. п. (**«Судьба человека»**).

См. также *После первой не закусываю.*

РУССКИЙ ЦИКЛОП ФЁДОР ГРУША. Шутливо о сильном, но недалёком, простоватом, наивном человеке (**«Кубанские казаки»**).

Рыбку задавишь! См. *Осторожно, рыбку...*

РЫНОЧНАЯ МОЯ... Шутливое обращение к женщине, чаще в контексте разговора о деньгах, доходах и т. п. (**«Гараж»**).

РЮРИКОВИЧИ МЫ. Иронично в ответ на чей-л. вопрос «как тебя (вас) зовут?», «как твоя (ваша) фамилия?» и т. п. (**«Иван Васильевич меняет профессию»**).

С

САБЛЕЗУБЫЙ ТИГР. Иронично о любом человеке (**«Волшебник Изумрудного города»**).

Садитесь — и замещайте меня! См. *Ну так вот, садитесь...*

САДИТЕСЬ... ПОКА... Пока я тебя прощаю, но — смотри у меня! (**«Кавказская пленница»**).

Произносится с кавказским акцентом.

Садовник тоже человек! См. *Но ведь садовник...*

САМА ЛОМАЕТ, САМА ЧИНИТ. Шутливо о ком-л., кто делает всё сразу, о разностороннем человеке и т. п. (**«Сердца четырёх»**).

САМАЯ ОБАЯТЕЛЬНАЯ И ПРИВЛЕКАТЕЛЬНАЯ. Шутливый комплимент (**«Самая обаятельная и привлекательная»**).

Самая старшая из присутствующих здесь дам! См. *Конечно, я!..*

Сам женат. См. *Это я понимаю: сам женат.*

САМИ СЕБЯ ЗАДЕРЖИВАЕТЕ. Не надо отвлекаться, необходимо планомерно осуществлять задуманное (**«Афоня»**).

Самогон... Жуткая гадость. Но люди пьют! См. *Да, самогон...*

САМОЕ ДОРОГОЕ НА СВЕТЕ — ЭТО ГЛУПОСТЬ, ПОТОМУ ЧТО ЗА НЕЁ ДОРОЖЕ ВСЕГО ПРИХОДИТСЯ ПЛАТИТЬ. Упрёк в чьей-л. легкомысленности, недальновидности (**«Место встречи изменить нельзя»**).

САМО ПО СЕБЕ НИЧЕГО НИ НА КОГО НЕ ПАДАЕТ. Шутливо о предопределении, судьбе, роке, фатуме и т. п. (**«38 попугаев»**).

Аллюзия к «Мастеру и Маргарите» М. Булгакова.

САМ СЛОМАЮ, САМ И ПОЧИНЮ! Шутливо в ответ на чью-л. просьбу быть осторожней, не причинять боли и т. п. (**«Ирония судьбы, или С лёгким паром»**).

САМ ТЫ ЁЛКА! Сам ты дурак; шутливо о человеке, который обвиняет других в своих грехах (**«Джентльмены удачи»**).

Сам я добряк, умница, люблю стихи, кошек. См. *А сам я добряк, умница...*

САМ Я ПАВЛА́ НЕ ВИДАЛ, НО ТЫ НЕ НАДЕЙСЯ. КАЗАК ОДИН ЗАРУБИЛ ЕГО, ПОПОЛАМ. ВСЁ... ПАВЛО... НЕТУ ЕГО. Реплика, которой говорящий иронично комментирует ситуацию заведомой, вопиющей лжи, коварства и т. п. (**«Адъютант его превосходительства»**).

САПОГ САПОГОМ. Иронично об Италии или об итальянце (**«Формула любви»**).

См. также *Видел я эту Италию на карте...*

С АРЕСТАНТАМИ НЕ ЦЕЛУЮСЬ. Ироничный отказ целоваться с кем-л. (**«Большая перемена»**).

САША С УРАЛМАША. Иронично о любом человеке по имени Александр, Александра (Саша), а также о любом простом рабочем парне (**«Два бойца»**).

См. также *Вот это Саша с Уралмаша!*

Произносится с одесским акцентом.

СВАДЬБЫ... НЕ БУДЕТ! Не бывать этому, я этого не допущу; о любом предстоящем событии (**«Кавказская пленница»**).

Обычно после слова «свадьба» делается многозначительная пауза.

С ВАС, МАДАМ, ВСЕГО ДВЕСТИ ПЯТЬДЕСЯТ МИЛЛИОНОВ! — ЭХ, МИРОЕД! — МЕРСИ! Шутливый диалог, разыгрываемый в ситуации, когда говорящий продаёт что-л. собеседнику (**«Республика ШКИД»**).

СВЕРШИЛОСЬ ЧУДО! ДРУГ СПАС ЖИЗНЬ ДРУГА! Шутливое выражение радости, ликования по любому поводу (**«Малыш и Карлсон»**).

СВИНАРКА И ПАСТУХ. 1. Статуя В. Мухиной «Рабочий и колхозница». **2.** Шутливо о любой паре — мужчине и женщине (**«Свинарка и пастух»**).

СВИНЬИ ВЫ, А НЕ ВЕРНОПОДДАННЫЕ. Ироничный упрёк в адрес группы собеседников, которые не оправдали надежд говорящего, подвели его в чём-л. (**«Обыкновенное чудо»**).

СВОБОДНА. СТУПАЙ. НЕ ВИДИШЬ — ИГРАЕМ... Так, всё ясно, это нам не подходит, иди отсюда, этот вариант не годится (**«Формула любви»**).

СВОБОДУ ЮРИЮ ДЕТОЧКИНУ! Ироничный призыв оставить кого-л. в покое, не притеснять кого-л. (**«Берегись автомобиля»**).

СВОИ В ЭТО ВРЕМЯ ДОМА СИДЯТ, ТЕЛЕВИЗОР СМОТРЯТ. Иронично на чью-л. реплику «свои», в ответ на вопрос «кто там?» (**«Трое из Простоквашино»**).

«СВОИ ИДУТ!» УРЯ, УРЯ! ВОТ ТЕБЕ И «УРЯ»... ДОЖДАЛИСЬ, МАТЬ ТВОЮ... Выражение разочарования в обманутых ожиданиях (**«Чапаев»**).

СВОИ ПО СПИНЕ ПОЛЗАЮТ. Шутливо в ответ на чью-л. реплику со словом «свои» (**«Служили два товарища»**).

С ВОСТОРГОМ ПРЕДАЮСЬ В РУКИ РОДНОЙ МИЛИЦИИ! 1. Ироничное обращение к милиционеру. **2.** Шутливо: я к вашим услугам, можете располагать мной (**«Иван Васильевич меняет профессию»**).

СВЯЗЕЙ, ПОРОЧАЩИХ ЕГО, НЕ ИМЕЛ. Ироничная характеристика любого человека (**«Семнадцать мгновений весны»**).

СВЯЗИ СВЯЗЯМИ, НО НАДО ЖЕ И СОВЕСТЬ ИМЕТЬ! О каком-л. влиятельном, но бессовестном человеке (**«Золушка»**).

СВЯЗЬ, СВЯЗЬ... НУ ЧТО Ж, БУДЕМ ДУМАТЬ О СВЯЗИ, ТОЛЬКО ОБ ЭТОМ И НИ О ЧЁМ ДРУГОМ. 1. Шутливо о необходимости наладить какую-л. связь, связи, контакты и т. п. **2.** Иронично о половых отношениях, о сексе (**«Подвиг разведчика»**).

СВЯТОЙ ЙОРГЕН. Проныра, плут, пройдоха (**«Праздник Святого Йоргена»**).

СВЯТОЙ ЧЕЛОВЕК СО ВСЕМИ УДОБСТВАМИ. О выгодном женихе, клиенте, партнёре и т. п. (**«Иван Васильевич меняет профессию»**).

СГИНЬ, ИНФЕКЦИЯ! 1. Шутливое обращение в адрес человека, который всё время кашляет, чихает и т. п. **2.** Шутливо (в адрес любого человека): уйди, сгинь, с глаз моих долой! (**«Марья-искусница»**).

СГИНЬ, МАРТЫШКА! Ну, уйди, чтоб я тебя не видел! (**«Не горюй!»**).

Произносится с грузинским акцентом.

СГИНЬ, У МЕНЯ ИНФЕКЦИЯ. Ироничный ответ на чью-л. попытку поцеловать говорящего (**«Журавушка»**).

Сделаешь дырку — потом не заштопаешь. См. *Убери ножичек...*

Сделай тёте ручкой. См. *Ну-ка, сделай тёте ручкой.*

СЕГОДНЯ, ВЕЧЕРНЕЙ ЛОШАДЬЮ, Я УЕЗЖАЮ В СВОЙ РОДНОЙ ГОРОД ОДЕССУ. Выражение решимости что-л. сделать (**«Неуловимые мстители»**).

Произносится с одесским акцентом.

СЕГОДНЯ ДАНТИСТ, ЗАВТРА АРТИСТ! Выражение недоверия по поводу каких-л. заявлений, уверений собеседника, чаще касающихся его профессии, профессиональных качеств (**«Сто грамм для храбрости»**).

Сегодня же внесу вас в список приглашённых! См. *Я сегодня же внесу вас...*

СЕГОДНЯ ПАСТУХ, А ЗАВТРА МУЗЫКАНТ. О том, что судьба может преподносить неожиданные сюрпризы (**«Весёлые ребята»**).

СЕГОДНЯ ПОДКИДНОЙ, ЗАВТРА АЗАРТНЫЕ ИГРЫ. Шутливо о необходимости строгого воспитания (**«Добро пожаловать, или Посторонним вход воспрещён»**).

Сегодня что, постный день? См. *А сегодня что, постный день?*

СЕГОДНЯ Я БУДУ ШУТИТЬ. ВЕСЕЛО, ДОБРОДУШНО, СО ВСЯКИМИ БЕЗОБИДНЫМИ ВЫХОДКАМИ. ПРИГОТОВЬТЕ ЧАШКИ, ТАРЕЛКИ, Я ВСЕ ЭТО БУДУ БИТЬ.

Реплика, которой говорящий имитирует своё непреодолимое желание сумасбродничать, своевольничать, капризничать и т. п. (**«Обыкновенное чудо»**).

СЕДАЛИЩА НЕ ХВАТИТ. Шутливо о некомпетентности, недостаточности средств кого-л., о недостаточности размаха в каком-л. деле (**«Формула любви»**).

С её мамой я перешёл на ты... См. *С ней я пошёл дальше всех...*

Сейчас бы супчику горяченького, да с потрошками. См. *Эх, сейчас бы...*

СЕЙЧАС БЫ ЭТОГО ДЯДИ ЕГОРА СНОТВОРНОГО, ПОШЛО БЫ КАК СОГРЕВАЮЩЕЕ. Сейчас бы выпить, пропустить по маленькой (**«Адъютант его превосходительства»**).

СЕЙЧАС ЗАПОЮ! Больше не могу, я не выдержу, не могу больше терпеть — по любому поводу (**«Жил-был пёс»**).

СЕЙЧАС МЫ ИХ ПРОВЕРИМ, СЕЙЧАС МЫ ИХ СРАВНИМ! Сейчас разберёмся, сейчас проверим, что это такое (**«Золотая антилопа»**).

Сейчас мы поглядим, какой это Сухов... См. *Сухов, говоришь...*

СЕЙЧАС ТЕБЯ И ВЕТЕРИНАРНЫЙ НЕ ПОВЕЗЁТ. Ты слишком пьян (**«Люди и манекены»**).

СЕЙЧАС У НИХ В МОДЕ ФОРМЕННОЕ БЕЗОБРАЗИЕ. Шутливый ответ на вопрос о том, что сейчас модно за границей, на Западе (**«Свадьба в Малиновке»**).

СЕЙЧАС Я — НАУГАД, ПО-ВЯТСКИ. Побегу (пойду) куда глаза глядят, не выбирая конкретного направления движения (**«Калина красная»**).

Сейчас я начинаю второе отделение концерта по заявкам радиослушателей. См. *А сейчас я начинаю...*

СЕЙЧАС Я ПРОИЗНЕСУ МАГИЧЕСКИЕ СЛОВА «ЭЙН, ЦВЕЙ, ДРЕЙ», ЧТО В ПЕРЕВОДЕ ОЗНАЧАЕТ «ОДИН, ДВА, ТРИ, ЧЕТЫРЕ», ПРИСТАЛЬНО ПОСМОТРЮ НА НЕВЕСТУ, И ЭТОГО БУДЕТ ДОСТАТОЧНО, ЧТОБЫ ОНА СКАЗАЛА, ЧТО Я ЕЁ ЖЕНИХ. Шутливое самовосхваление, превознесение своих мужских достоинств, выражение уверенности в своей неотразимости (**«Варвара-краса, длинная коса»**).

СЕКСАПИЛ НОМЕР ЧЕТЫРЕ. Шутливо о привлекательном, симпатичном (чаще женском) лице (**«Весна»**).

От англ. sex appeal.

СЕМЁН СЕМЁНЫЧ! Реплика, выражающая упрёк в чём-л., как правило, в излишней наивности, непосредственности (**«Бриллиантовая рука»**).

Произносится с особой интонацией: с растяжением второго слога первого слова и подъёмом тона на нём.

СЕМЬЯ БОЛЬШАЯ? Саркастическая реплика, произносимая в адрес человека, которому говорящий собирается сделать что-л. очень неприятное: причинить боль, сообщить дурное известие и т. п. (**«Адъютант его превосходительства»**).

Произносится нарочито задушевным тоном.

СЕНЯ, ПРО ЗАЙЦЕВ — ЭТО НЕ АКТУАЛЬНО... О чём-л. устаревшем, допотопном, несовременном (**«Бриллиантовая рука»**).

СЕНЯ, ТЫ УЖЕ ДОШЁЛ ДО КОНДИЦИИ? Ты уже достаточно выпил, тебе хватит? (**«Бриллиантовая рука»**).

Сердце моё опять подает тревожные звонки. См. *Смотрю я на вас...*

СЕРДЦЕ ПОДВЛАСТНО РАЗУМУ, ЧУВСТВА ПОДВЛАСТНЫ СЕРДЦУ, РАЗУМ ПОДВЛАСТЕН ЧУВСТВАМ, КРУГ ЗАМКНУЛСЯ: С РАЗУМА НАЧАЛИ, РАЗУМОМ КОНЧИЛИ. Иронично о любом рассуждении: о чувстве, разуме, сердечных делах и т. п. (**«Формула любви»**).

𝄞 **СЕРДЦЕ, ТЕБЕ НЕ ХОЧЕТСЯ ПОКОЯ!** Выражение оптимизма, желания жить, радоваться и т. п. (**«Весёлые ребята»**).

СЕ СИ БОН! Это так хорошо, так прекрасно; спасибо, благодарю (**«Варвара-краса, длинная коса»**).

От французского «c'est si bon» с контаминацией с русским «спасибо».

Сигизмунд, не торопись себя отдавать. См. *Я сказал себе: Сигизмунд...*

Сигнал доброжелательства. См. *Включи сигнал доброжелательства.*

СИДИШЬ, ПОДПИСЫВАЕШЬ КОМУ-НИБУДЬ СМЕРТНЫЙ ПРИГОВОР — И СМЕЁШЬСЯ. Шутливо о каком-л. диссонансе, несуразности, несоответствии и т. п. (**«Обыкновенное чудо»**).

Сие невыносимо! См. *Нет, сие невыносимо!*

СИЛА В СЛОВАХ У ТЕБЯ ЕСТЬ, НО ТЫ ИХ РАССТАВИТЬ НЕ МОЖЕШЬ. Иронично о чьей-л. эмоциональной, страстной, но лишенной логики речи (**«Люди и манекены»**).

СИЛЬ ВУ ПЛЕ, ДОРОГИЕ ГОСТИ, СИЛЬ ВУ ПЛЕ, ЖЕ ВУ ПРИ, АВЕК ПЛЕЗИР, ГОСПОДИ, ОТ СТРАХА ВСЕ СЛОВА ПОВЫСКАКИВАЛИ. Шутливое выражение гостеприимства, радушия, хлебосольства и т. п. (**«Формула любви»**).

Имитируется попытка говорить по-французски.

СИМОЧКА, ТЫ ЖЕ НЕ В ЛЕСУ. Ну что ты кричишь, люди же смотрят, веди себя прилично, следи за своим поведением, контролируй себя (**«Берегись автомобиля»**).

СИРОТКА! А Я ТЕБЕ ГОСТИНЕЦ ПРИВЁЗ. НРАВИТСЯ? Шутливое выражение сострадания кому-л. по любому поводу (**«Неуловимые мстители»**).

СИРОТКА, ПОДЬ СЮДЫ. ХОЧЕШЬ БОЛЬШОЙ, НО ЧИСТОЙ ЛЮБВИ? — ДА КТО Ж ЕЁ НЕ ХОЧЕТ! — ТОГДА ПРИХОДИ, КАК СТЕМНЕЕТ, НА СЕНОВАЛ. Шутливый диалог, разыгрываемый при знакомстве, встрече (**«Формула любви»**).

СКАЖИТЕ, НАШИ ОТНОШЕНИЯ МОЖНО НАЗВАТЬ РОМАНОМ? Иронично о любых отношениях (**«Сердца четырёх»**).

СКАЖИТЕ, СЕГОДНЯ ТЁПЛАЯ ВОДА? — ТЁПЛАЯ. — БУДЕМ ЗНАКОМЫ. Шутливый диалог, разыгрываемый при знакомстве, чаще на пляже или в другом месте, где есть вода (**«Весёлые ребята»**).

СКАЖУ ВАМ ПО СЕКРЕТУ, У МЕНЯ НЕТ СЕРДЦА. А ИМЕТЬ СЕРДЦЕ — МОЁ САМОЕ ЗАВЕТНОЕ ЖЕЛАНИЕ. Шутливая реплика, часто в ответ на чей-л. упрёк в бессердечии, типа «у тебя нет сердца» и т. п. (**«Волшебник Изумрудного города»**).

Скажу, что так и було! См. *А то я тебе оторву голову...*

Сказочное свинство! То же, что *Какое сказочное свинство!*

СКАЗОЧНЫЙ АППАРАТ, ШИКАРНАЯ ВЕЩЬ. Иронично-восторженно о чём угодно (**«Два бойца»**).

Произносится с одесским акцентом.

СКЛАДНО ЗВОНИ́ШЬ! Врёшь ты всё, красиво говоришь, но я тебе всё равно не верю (**«Место встречи изменить нельзя»**).

СКОЛЬЗКО... КАК В ТУРЦИИ. Шутливо о скользком поле, тротуаре и т. п., а также о чём-л. неопределённом, двусмысленном (**«Джентльмены удачи»**).

СКОЛЬКО МОЖЕТ ПРОЖИТЬ ЧЕЛОВЕК БЕЗ ГОРЯЧЕГО? ГОД И ТРИ МЕСЯЦА. Иронично о возможностях человека (в любой ситуации); шутливо о ситуации, когда на обед (ужин и т. п.) нет горячего (**«Девчата»**).

СКОРАЯ ПОМОЩЬ, ПОМОЩЬ СКОРАЯ... БЕЛАЯ ГОРЯЧКА, ГОРЯЧКА БЕЛАЯ... КТО БОЛЬНОЙ? Я БОЛЬНОЙ... МАРГАРИТА ЛЬВОВНА... ЛЕВ МАРГАРИТЫЧ... Шутливый диалог говорящего по телефону или с самим собой, имитирующий помешательство (**«Весна»**).

СКОРОСТЬ — КАК У ГЕПАРДА, КОЖА — КАК У КРОКОДИЛА, ЧЕЛЮСТЬ СВОЯ И ЗАПАСНАЯ. О бодрости, подтянутости, готовности к решительным действиям, «бывалости» и т. п. (**«Люди и манекены»**).

СКОРО Я НА ТЕБЯ ОДЕНУ ДЕРЕВЯННЫЙ МАКИНТОШ, А В ЭТОМ ДОМЕ БУДЕТ ИГРАТЬ МУЗЫКА, НО ТЫ ЕЁ НЕ УСЛЫШИШЬ. Ироничная угроза (**«Операция «Ы» и другие приключения Шурика»**).

СКУЧНО БЕЗ ВОДКИ. О желании выпить (**«Джентльмены удачи»**).

СЛЕДСТВИЕ ВЕДУТ ЗНАТОКИ. Шутливо-снисходительно о людях, считающих себя экспертами в каком-л. деле (**«Следствие ведут знатоки»**).

СЛЕДСТВИЕ ВЕДУТ КОЛОБКИ. Шутливо о людях, которые взялись за разъяснение какого-л. сложного дела, решение проблемы, которая им явно не под силу (**«Следствие ведут колобки»**).

СЛО́ВА «НЕ МОГУ» НЕТ. ТЕБЕ ДОВЕРЯЮТ — ТЫ ОБЯЗАН ВЫПОЛНИТЬ ПРИКАЗ. Ответ на заявление собеседника, что он не может, отказывается сделать что-л. (**«Подвиг разведчика»**).

СЛОВО ЛЕЧИТ, РАЗГОВОР МЫСЛЬ ОТГОНЯЕТ. О необходимости, желании поговорить, непринуждённо побеседовать, о пользе разговора по душам. (**«Формула любви»**).

СЛУХАЙ, ЁЖИКОВ, А ТЫ, МАЛЫЙ, НЕ ДУРАК И ДУРАК НЕМАЛЫЙ! «Дразнилка» в адрес любого человека (**«Максим Перепелица»**).

Возможно, выражение «ты, малый, не дурак и дурак немалый» было распространено и раньше, но после выхода фильма на экраны стало особенно популярным.

СЛУШАЙ, ГЕНА, ДАВАЙ Я ВЕЩИ ПОНЕСУ, А ТЫ ВОЗЬМИ МЕНЯ. Реплика, иронично комментирующая какое-л. заведомо неприемлемое, но внешне кажущееся заманчивым предложение (**«Шапокляк»**).

СЛУШАЙ, ЕСЛИ Я ЕЩЁ ЧЕГО-НИБУДЬ ПОДОБНОЕ УСЛЫШУ, Я ИЗ ТЕБЯ, МАЛЮТКА-МАНОН, СДЕЛАЮ ГУРЬЕВСКУЮ КАШУ ТУТ ЖЕ, НА МЕСТЕ, НЕ ОТХОДЯ ОТ КАССЫ. Ироничная угроза в чей-л. адрес (**«Два бойца»**).

Произносится с одесским акцентом.

Слушай, и что я в тебя такой влюблённый! См. *И что я в тебя...*

СЛУШАЙТЕ-КА ВЫ, КУЧЕР ПЕРВОЙ ГИЛЬДИИ, УБИРАЙТЕСЬ-КА ОТСЮДА НА ЛЁГКОМ КАТЕРЕ! Пошёл вон, видеть тебя не хочу, пропади ты пропадом и т. п. (**«Республика ШКИД»**).

СЛУШАЙТЕ, ПАПА. ПРИМИТЕ СЛАБИТЕЛЬНОЕ: ЭТО УСПОКАИВАЕТ. Ироничный призыв не беспокоиться, не волноваться (**«Соломенная шляпка»**).

СЛУШАЙ, ТЫ ЖЕ ВУНДЕРКИНД! — А ЧТО ЭТО ТАКОЕ? — А ЧЁРТ ЕГО ЗНАЕТ! Шутливый диалог, разыгрываемый в ситуации, когда один из собеседников совершил что-л. необычное, выдающееся (**«Свадьба в Малиновке»**).

Первая и третья реплики произносятся с одесским акцентом.

𝄞 **СЛУШАЙ, ТЫ, МОРЯК, КРАСИВЫЙ САМ СОБОЮ...** Шутливое обращение, часто к человеку много о себе мнящему, воображале и т. п. (**«Чапаев»**).

СЛУШАЙ, ТЫ ОДЕССУ НЕ ТРОГАЙ: ТАМ ГОРЕ И КРОВЬ. Призыв не затрагивать что-л. сокровенное, личное (**«Два бойца»**).

Произносится с одесским акцентом.

СЛУШАЙ, ЧЕГО ТЫ ТУТ РАСПОРЯЖАЕШЬСЯ? ТЕБЯ СЮДА ЗВАЛИ? Уходи отсюда (часто в обращении к человеку, слишком много на себя берущему, слишком громко заявляющему о себе) (**«Падал прошлогодний снег»**).

СЛУШАЙ, ЧТО-ТО МНЕ НЕ НРАВИТСЯ ЗДЕШНИЙ РЕЖИМ. ЧУЕТ МОЕ СЕРДЦЕ, ЧТО МЫ НАКАНУНЕ ГРАНДИОЗНОГО ШУХЕРА! У меня дурные предчувствия, надо сматывать удочки, плохо наше дело (**«Свадьба в Малиновке»**).

Произносится с одесским акцентом.

𝄞 **С ЛЮБОВЬЮ ВСТРЕТИТЬСЯ — ПРОБЛЕМА ТРУДНАЯ.** Очень трудно найти хорошего любовника, мужа (**«Иван Васильевич меняет профессию»**).

Смертный прыщ! См. *Ах ты, бродяга...*

СМОТРИ, БОЛЬШЕ НЕ ЗАКАПЫВАЙСЯ! Не допускай больше таких глупостей, будь внимательней (**«Белое солнце пустыни»**).

СМОТРИ НЕ ПЕРЕПУТАЙ, КУТУЗОВ! Смотри не перепутай, будь внимателен; попробуй только, перепутай, я тебе задам! (**«Бриллиантовая рука»**).

См. также *Дитям — мороженое...*

Смотрите на всё это с присущим вам юмором... См. *И не надо так трагично...*

СМОТРЮ — МЕДВЕДЬ: ГОЛОВА ЛОБАСТАЯ, ГЛАЗА УМНЫЕ. Употребляется во время паузы после слова «смотрю», делаемой говорящим в своем излишне затянувшемся и всем уже надоевшем повествовании (**«Обыкновенное чудо»**).

СМОТРЮ Я НА ВАС, И СЕРДЦЕ МОЁ ОПЯТЬ ПОДАЕТ ТРЕВОЖНЫЕ ЗВОНКИ. Шутливое признание в любви (**«Кубанские казаки»**).

Снег башка попадёт — совсем мёртвый будешь. См. *Ты туда не ходи...*

С ней я дошёл до ЗАГСа... См. *С ней я пошёл дальше всех.*

С НЕЙ Я ПОШЁЛ ДАЛЬШЕ ВСЕХ, С НЕЙ Я ДОШЁЛ ДО ЗАГСА, С ЕЁ МАМОЙ Я ПЕРЕШЁЛ НА ТЫ, ЕЁ ПАПА ПОДАРИЛ МНЕ БЕЛЫЕ ПЕРЧАТКИ... Шутливое повествование о своём браке (**«Люди и манекены»**).

С НЕПРИВЫЧКИ ВРОДЕ БЫ ДАЖЕ ГРУСТНО. 1. Выражает смирение с тем, что уже нельзя исправить. **2.** Шутливо о том, что какое-л. дело оказалось не таким трудным, как обещали (**«Белое солнце пустыни»**).

СНИЗУ ЗВЕЗДЫ НАМ КАЖУТСЯ МАЛЕНЬКИМИ-МАЛЕНЬКИМИ. НО СТОИТ ТОЛЬКО НАМ ВЗЯТЬ ТЕЛЕСКОП И ПОСМОТРЕТЬ ВООРУЖЁННЫМ ГЛАЗОМ — И МЫ УЖЕ ВИДИМ ДВЕ ЗВЕЗДОЧКИ, ТРИ ЗВЕЗДОЧКИ, ЧЕТЫРЕ ЗВЕЗДОЧКИ... ЛУЧШЕ ВСЕГО, КОНЕЧНО, ПЯТЬ ЗВЕЗДОЧЕК... Период, пародирующий опьянение, пьяную речь (**«Карнавальная ночь»**).

Часто сопровождается характерными жестами (на слове «телескоп» говорящий имитирует взбалтывание стакана и т. п.).

Снимите с меня эти консервы: я хочу вас расцеловать! См. *Груша, снимите...*

СОБАКА КРАСНАЯ! Иронично-бранное (**«Неуловимые мстители»**).

СОБАКА С МИЛИЦИЕЙ ОБЕЩАЛА ПРИЙТИ. 1. Иронично о какой-л. собаке или о милиции практически в любом контексте. **2.** Пародирование чьей-л. грамматически неверной, двусмысленной фразы (**«Иван Васильевич меняет профессию»**).

СОБЛАГОВОЛИ́ТЕ ОСТАВИТЬ НОМЕР ТЕЛЕФОНА. Шутливая просьба оставить номер телефона (**«Покровские ворота»**).

Сова нашла хвост! См. *Ура, хвост нашёлся!..*

СОВА, ОТКРЫВАЙ, МЕДВЕДЬ ПРИШЁЛ. Шутливое приветствие, часто в ответ на вопрос «кто там?» (**«Винни Пух и день забот»**).

СОВЕРШЕННО РАСПУСТИЛИСЬ! КТО ХОЧЕТ, ОБЪЯВЛЯЕТ ВОЙНУ, КТО НЕ ХОЧЕТ, НЕ ОБЪЯВЛЯЕТ! Иронично о беспорядке, отсутствии дисциплины, согласованности в совместных действиях, интригах, клевете, своеволии и т. п. (**«Тот самый Мюнхгаузен»**).

СОВЕСТИ-ТО У МЕНЯ ВО, С ПРИЦЕПОМ, А ВРЕМЕНИ НЕТ. Реплика в ответ на вопрос: «а совесть у тебя есть?», например, в ситуации, когда говорящий отказывается выполнить какую-л. просьбу собеседника (**«Афоня»**).

С одним кабанчиком справиться не можем! См. *Докатились! С одним кабанчиком...*

СО ЗНАЧЕНИЕМ ИЛИ БЕЗ? ДЛЯ ДАМЫ ИЛИ ДЛЯ ДЕВУШКИ? Ироничный вопрос в ситуации выбора, альтернативы и т. п. (**«Сердца четырёх»**).

СОЛИТЬ ТАКИХ СОЛИСТОК НЕ ПЕРЕСОЛИТЬ. **1.** Прибаутка со словом «солистка». **2.** О чём-л. (ком-л.), чего (кого) много, навалом, куры не клюют (**«Люди и манекены»**).

СОЛНЦЕ, ВОЗДУХ И БЕНЗИН. Пародирование известного лозунга «солнце, воздух и вода — наши лучшие друзья» (**«Королева бензоколонки»**).

СОЛНЫШКО ЗДЕСЬ ТАКОЕ, АЖ В ГЛАЗАХ БЕЛО́. Здесь жарко, душно (**«Белое солнце пустыни»**).

Солонку спёр и не побрезговал. См. *Хороший человек: солонку спёр...*

Сомневаюсь, подпоручик, была ли у вас мать... См. *Я сомневаюсь, подпоручик...*

СООБРАЖАТЬ НАДО! Надо же думать, надо быть внимательнее, сметливее, уметь видеть главное, ориентироваться в ситуации и т. п. (**«Чапаев»**).

СОРОК ПЯТЬ ЧАСОВ, ДВЕНАДЦАТЬ МИНУТ. Шутливый ответ на вопрос «который час?» (**«Весна»**).

СОСИ ПАЛЬЧИК, ДЕВОЧКА, СОСИ НА ЗДОРОВЬЕ! Разрешение продолжать что-л. делать: давай, валяй, продолжай, можно, так-так, не бойся (**«Подкидыш»**).

СО СМАКОМ. С маком (**«Свадьба в Малиновке»**).

См. также *Люблю со смаком.*

Сохранил ли ты квитанции? См. *Не мало ли марок ты наклеил?..*

Сочини для меня чего-нибудь такое, чтоб душа сначала развернулась, а потом обратно свернулась. См. *А ну, сочини для меня...*

Спаниель несчастный. См. *Иди, иди, спаниель несчастный.*

СПАСАЙТЕ МЕНЯ ВСЕ! Ироничный призыв о помощи (**«Полосатый рейс»**).

Спасибо зарядке. См. *Всё в порядке...*

СПАСИБО, ОТЕЦ, НА ХЛЕБ НЕ НАМАЖЕШЬ. Кроме благодарности необходима ещё и оплата (**«Афоня»**).

СПАСИБО... ОТ ОБЩЕСТВА! Иронично: спасибо, благодарю; часто в ситуации, когда говорящему собеседник — наоборот — нанёс какой-л. ущерб (случайно толкнул и т. п.) (**«Чапаев»**).

Имитируются просторечные черты речи: начальный слог слова *общества* произносится как [о́пч-].

СПАСИБО, Я ПЕШКОМ ПОСТОЮ. Отказ от предложения сесть или шире — вообще что-нибудь делать (**«Мимино»**).

Произносится с кавказским акцентом.

СПЕКТАКЛЯ НЕ БУДЕТ. Выражение решимости покончить с чем-л., восстановить справедливость и т. п. (**«Берегись автомобиля»**).

СПЕШУ И ПАДАЮ! Сейчас, как же, как бы не так, ещё чего захотел; при ироничном выражении отказа на чей-л. приказ, просьбу что-л. сделать (**«Девчата»**).

Вероятно, выражение употреблялось и раньше, но после выхода фильма на экраны стало особенно популярным.

𝄞 **СПИ, МОЙ БЭБИ** (или **МАЛЬЧИК**), **СЛАДКО-СЛАДКО!** **1.** Шутливо: спи, отдыхай. **2.** Иносказательно: не сердись, не принимай что-л. близко к сердцу (**«Цирк»**).

Произносится (напевается) с имитацией англо-американского акцента.

СПИТЕ, ЖИТЕЛИ БАГДАДА! ВСЁ СПОКОЙНО! Будьте спокойны, всё нормально, всё хорошо, не волнуйтесь (**«Волшебная лампа Аладдина»**).

СПОКОЙНО, ВАС НЕТ! Замолчи, заткнись, речь идёт не о тебе, молчок! (**«Два бойца»**).

Произносится с одесским акцентом.

СПОКОЙНОЙ НОЧИ. — СПАСИБО. Шутливый диалог человека самого с собой; имитация помешательства, часто употребляется как ироничный комментарий какой-л. абсурдной ситуации (**«Весна»**).

СПОКОЙНО, МАША, Я ДУБРОВСКИЙ. Спокойно, не надо шуметь, волноваться и т. п. (**«Дубровский»**).

СПОКОЙСТВИЕ, ТОЛЬКО СПОКОЙСТВИЕ! Спокойно, не волнуйтесь (**«Малыш и Карлсон»**).

Произносится максимально торжественно.

Спортсмен жареный. См. *Эй, Карасик...*

СПОРТСМЕНКА, АКТИВИСТКА, КОМСОМОЛКА, СТУДЕНТКА, ПРОСТО КРАСАВИЦА. Шутливые комплименты в адрес симпатичной девушки (**«Кавказская пленница»**).

Произносится с кавказским акцентом.

Спортсмен Карасик. См. *Молодой спортсмен Карасик.*

СПОСОБ ОБЩЕНИЯ — СВИСТ. 1. О человеке, который всё время свистит. **2.** О лгуне, «фантазёре». 3. О недалёком, примитивном человеке (**«Отроки во Вселенной»**).

СПРОТЬ КСПЛАТАЦИИ, СПРОТЬ КАПИТАЛУ... РАЗНОГО! Шутливое пародирование официальных призывов, лозунгов и т. п. (**«Чапаев»**).

«Спроть» — просторечное «против»; «ксплатация» — «эксплуатация».

𝄞 **СПРЯЧЬ ЗА ВЫСОКИМ ЗАБОРОМ ДЕВЧОНКУ — ВЫКРАДУ ВМЕСТЕ С ЗАБОРОМ.** Выражение решимости что-л. сделать (**«Неуловимые мстители**).

С разума начали, разумом кончили. См. *Сердце подвластно разуму...*

Среди нас есть такие товарищи, которые нам вовсе не товарищи. См. *Товарищи! Среди нас...*

СРЕДСТВА У НАС ЕСТЬ: У НАС УМА НЕ ХВАТАЕТ. Деньги-то у нас есть, вот не знаем, как ими распорядиться, не умеем, плохо распоряжаемся (**«Зима в Простоквашино»**).

С ТАКИМ АНАЛИТИЧЕСКИМ УМОМ ВАМ НАДО РАБОТАТЬ В БЮРО ПРОГНОЗОВ. Шутливое восхваление умственных способностей собеседника, чаще в ситуации, когда собеседник, нарочито демонстрируя свой ум, попадает впросак, делает неверный прогноз и т. п. (**«Москва слезам не верит»**).

С ТАКОЙ ЗАРПЛАТОЙ ВЕЗДЕ ХОРОШО. Конечно, такие условия любого устроят, на это любой согласится (**«Цирк»**).

СТАМБУЛ НАМ НЕ НУЖЕН, МЫ ТАМ БЫЛИ, ТАМ ТУРКИ. Шутливо о чём-л., что не нужно говорящему (**«Не горюй!»**).

Стану кричать по-немецки. См. *Ничего, стану...*

СТАРОГО ПЕТУХА ТОЖЕ МОЖНО САЦИВИ СДЕЛАТЬ. Шутливо о небезнадёжности чего-л. или кого-л. (**«Ханума»**).

Может произноситься с грузинским акцентом.

СТАРУШКА ЗАШЛА, ВОДЫ ПОПИТЬ ПОПРОСИЛА, ХВАТИЛСЯ — ПИАНИНЫ НЕТУ. Иронично о ком-л., притворившемся безобидным, безвредным, а на деле оказавшемся коварным и опасным (**«Подкидыш»**).

СТАРШИХ ПОДКУПАЕШЬ, ПАРША ВОНЮЧАЯ! Реплика, адресуемая человеку, заискивающему перед начальством, сильным мира сего, вступающего с ними в сделку, «шестёрке», «подхалиму», «лизоблюду» и т. п. (**«Республика ШКИД»**).

Старый уставший человек хочет спокойно дожить свои годы где-нибудь на маленькой ферме с голубым бассейном... См. *Мюллер из гестапо...*

Стахановец вечный. См. *Да я стахановец...*

Стоит только нам взять телескоп и посмотреть вооружённым глазом — и мы уже видим две звездочки, три звездочки, четыре звездочки... лучше всего, конечно, пять звездочек... См. *Снизу звёзды нам кажутся...*

СТОЙ, ПСИХ! Постой, подожди, не убегай! (**«Кавказская пленница»**).

СТОЙ, УБЬЮ, СТУДЕНТ! Ироничная угроза (**«Операция «Ы» и другие приключения Шурика»**).

СТО ЛИСТОВ. ИХ ЖЕ НАДО ВЗЛОМХАТИТЬ. Шутливо о большом количестве денег, которые говорящий хочет потратить (**«Калина красная»**).

СТОП! А У ВАС МОЛОКО УБЕЖАЛО! Стоп, подождите, не торопитесь (**«Карлсон вернулся»**).

СТО ТЫСЯЧ ЗРИТЕЛЕЙ ПО ОДНОМУ РУБЛЮ... ЭТО БУДЕТ... СУМАСШЕДШИЕ ДЕНЬГИ! Шутливая имитация говорящим неумения считать (**«Люди и манекены»**).

СТРАНА ПРОИЗВОДИТ ЭЛЕКТРИЧЕСТВО, ПАРОВОЗЫ, МИЛЛИОНЫ ТОНН ЧУГУНА. ЛЮДИ НАПРЯГАЮТ ВСЕ СИЛЫ, ЛЮДИ БУКВАЛЬНО ПАДАЮТ ОТ НАПРЯЖЕНИЯ, ЛЮДИ НАЧИНАЮТ ДАЖЕ ЗАИКАТЬСЯ ОТ НАПРЯЖЕНИЯ, ПОКРЫВАЮТСЯ МОРЩИНАМИ НА КРАЙНЕМ СЕВЕРЕ И ВЫНУЖДЕНЫ ВСТАВЛЯТЬ СЕБЕ ЗОЛОТЫЕ ЗУБЫ. А КАК ЖЕ? НУЖНО. Тирада, пародирующая высокопарный, официозный стиль (**«Калина красная»**).

СТРАННЫЕ ДЕЛА У НАС НА СУДНЕ. Шутливо: странные дела, чёрт знает что происходит, ничего не понимаю и т. п. (**«Полосатый рейс»**).

СТРАШИЛА, ДРУГ МИЛЫЙ, ДЕРЖИСЬ! Призыв к собеседнику держаться, не сдавать позиции, выражение сочувствия, поддержки (**«Волшебник Изумрудного города»**).

СТРА́ШНОСЛА И УЖА́СЛА! Шутливое выражение испуга, тревоги и т. п. (**«Муми-тролль и другие»**).

Страшные и ужасные. См. *Какие новости?..*

СТРЕКОЗОИД. Шутливо-бранное в адрес любого человека (**«Отроки во Вселенной»**).

См. также *Типичный случай стрекозоида человекообразного; Проклятые стрекозоиды!*

СТРЕЛЯЛ, ЕСТЕСТВЕННО, Я! Шутливо в ответ на вопрос «кто это сделал?» (**«Служили два товарища»**).

Стреляли. См. *Ты как здесь оказался?*

СТРИГИ ПОД КОТОВСКОГО! 1. Стриги наголо, «под ноль». **2.** Призыв предпринять что-л. радикальное, принять решительные меры, в корне изменить ситуацию (**«Котовский»**).

СТРОГО НА СЕВЕР, ПОРЯДКА ПЯТИДЕСЯТИ МЕТРОВ НАХОДИТСЯ ТУАЛЕТ ТИПА «СОРТИР», ОБОЗНАЧЕННЫЙ НА КАРТЕ БУКВАМИ «ЭМ» И «ЖО». Шутливо о туалете, часто в ответ на вопрос «где находится туалет?» (**«Бриллиантовая рука»**).

Произносится с имитацией украинского акцента.

Студент, возьмите примус и проверьте его. См. *Между прочим, студент...*

С ТУМБОЧКОЙ? — С ТУМБОЧКОЙ! Диалог, которым говорящие выражают их близость, взаимопонимание, интимность связи между ними, наличие некой общей сокровенной тайны и т. п. (**«Подвиг разведчика»**).

См. также *У вас продается славянский шкаф?..*

СУВОРОВ! Ироничное выражение похвалы, одобрения (**«Котовский»**).

СУДЬБА, ОНА ТОЖЕ УМНАЯ, ОНА ДОСТОЙНЫХ ИЩЕТ. Шутливо о судьбе, роке, фатуме (**«Место встречи изменить нельзя»**).

СУДЯ ПО НАЧАЛУ, ЖЕРТВЫ БУДУТ. Шутливый ответ на чей-л. вопрос «жертвы есть?» или «жертв нет?» (**«Королева бензоколонки»**).

СУДЯ ПО ОБИЛИЮ КОМПЛИМЕНТОВ, ВЫ ВЕРНУЛИСЬ С ПЛОХОЙ НОВОСТЬЮ. Ироничная реакция на приветствие, сопровождаемое большим количеством комплиментов (**«Тот самый Мюнхгаузен»**).

СУМАСШЕДШЕМУ НЕЛЬЗЯ ЖЕНИТЬСЯ! Иронично о женитьбе, чаще о человеке, явно не приспособленном к супружеской жизни (**«Тот самый Мюнхгаузен»**).

СУМЛЕВАЮСЬ Я, ОДНАКО... Выражение сомнения (**«Тени исчезают в полдень»**).

Имитируются просторечные черты; имеется в виду «сомневаюсь».

С усами и кинжалом. См. *Какой чернявый...*

СУСИК. Ироническое обращение (**«Трембита»**).

См. также *Это я, Сусик!*

СУХАРИ СУШИТЬ. Шутливый ответ на вопрос «что делать?» (**«Берегись автомобиля»**).

СУХОВ, ГОВОРИШЬ... СЕЙЧАС МЫ ПОГЛЯДИМ, КАКОЙ ЭТО СУХОВ... Реплика, выражающая недоверие (**«Белое солнце пустыни»**).

СУХОВ, ПОМОГИ, ВЕДЬ МЫ С ТОБОЙ ЕГО ВРАЗ ПРИКОНЧИМ. ВЕДЬ ТЫ ЦЕЛОГО ВЗВОДА СТОИШЬ... А ТО И РОТЫ... Реплика, которой говорящий уговаривает, агитирует собеседника сотрудничать, совместно делать что-л. (**«Белое солнце пустыни»**).

СУЧОК В ТЮБЕТЕЙКЕ. Иронично-бранное (**«Люди и манекены»**).

СУШЁНАЯ АКУЛА. Бранное, чаще об излишне строгой, бессердечной женщине (**«Весна»**).

С ХОЗЯЕВАМИ МЫ ЕЩЁ В СЕМНАДЦАТОМ ГОДУ ПОКОНЧИЛИ. Шутливая реакция на обращение «хозяин», «позови хозяина» и т. п. (**«Родня»**).

СЧАСТЛИВОЙ ОХОТЫ! Удачи тебе, будь счастлив; часто употребляется в качестве напутствия собеседнику, идущему на какое-л. важное дело, мероприятие (**«Маугли»**).

СЪЕСТ И ЗАБУДЕТ, ОДНА ИЗЖОГА ОСТАНЕТСЯ. Заверение в том, что кто-л. обязательно забудет о чём-л., переживёт какую-л. неприятность, переболеет ею (**«Девчата»**).

СЫПЬ, СЫПЬ, НЕ ТРЯСИ РУКАМИ — БОЛЬШЕ ПРОСЫПЛЕШЬ. Не жадничай (**«Место встречи изменить нельзя»**).

СЫРОВАТЕНЬКО, УЮТНЕНЬКО, ПРЕЛЕСТНЕНЬКО! Иронично о сырости, мокроте, дожде, когда все промокли (**«Марья-искусница»**).

С ЭТИМ МАЛЬЧИКОМ Я БЫ КРЕПКО ВЫПИЛ ПОСЛЕ БОЯ. ОН НАМ ПОДАРИЛ ПУСТЯКИ — ЖИЗНЬ. Ну и человек! Ну и парень! Молодец! (**«Два бойца»**).

Произносится с одесским акцентом.

СЯДЬ И ЗАСОХНИ! Замолчи, чтобы я тебя больше не слышал (**«Место встречи изменить нельзя»**).

Т

ТАКАЯ ЖАРА, А ОНИ ЖЕНЯТСЯ. Шутливо о свадьбе, справляемой в жаркое летнее время (**«Соломенная шляпка»**).

Такая мама, которая всё всегда всем разрешает и ничего никогда никому не запрещает. См. *Муми-мама — это такая мама...*

Так больше наши свиньи жить не могут! См. *Нет, товарищи колхозники...*

Так будет со всяким, кто некультурно обращается с атомной энергией! См. *И так будет со всяким...*

ТАК БЫЛО И У ГОРЕЛИК. ДВОЕ ПРИШЛИ. СЕЛИ. ПОГОВОРИЛИ. А ТЕПЕРЬ ГОРЕЛИК ВТОРОЙ МЕСЯЦ СИДИТ В ЧК. Шутливый комментарий по поводу прихода двух гостей или по поводу чьего-л. предложения «посидеть, поговорить» (**«Адъютант его превосходительства»**).

Произносится с еврейским акцентом.

ТАК ВЕДЬ ЭТО ЗА РУБЕЖОМ. Так ведь это в другом месте, не у нас, это совсем другое дело, это — иная тема и т. п. (**«Семь стариков и одна девушка»**).

ТАК ВОТ, БРАТВА, ЧЕГО Я ВАМ ХОЧУ СКАЗАТЬ... ВЫ НА МЕНЯ УЖ НЕ ОБИЖАЙТЕСЬ: У НАС НИ ТОВАРИЩЕВ, НИ БЛАГОРОДИЕВ... МЫ С МУЖИКАМИ ПОРЕШИЛИ ПРОСТО: БРАТВА И ХЛОПЦЫ. Шутливый призыв к большей демократичности в общении, к избежанию излишней официальности, чопорности и т. п. (**«Адъютант его превосходительства»**).

Произносится с имитацией просторечных черт.

ТАК ВХОДЯТ НАСТОЯЩИЕ МИЛЛИОНЕРШИ. Реплика, комментирующая чьи-л. действия, чаще о неловких, несуразных, например, если кто-л. что-л. уронил, разбил, кого-л. толкнул и т. п. (**«Здравствуйте, я ваша тётя!»**).

ТАК ВЫПЬЕМ ЗА ТО, ЧТОБЫ НАШИ ЖЕЛАНИЯ ВСЕГДА СОВПАДАЛИ С НАШИМИ ВОЗМОЖНОСТЯМИ. Ироничный тост (**«Кавказская пленница»**).

Произносится с кавказским акцентом.

Так и быть, остаюсь на престоле. Подайте мне корону. См. *Ну ладно, так и быть, остаюсь...*

ТАКИЕ УСАТЫЕ ДЕВОК ГУБЯТ! Неодобрительно-иронично о человеке с усами или о ловеласе, бабнике (**«Свинарка и пастух»**).

ТАКИХ ДРАНЫХ КОШЕК НОСИЛИ ПРИ ЦАРСКОМ РЕЖИМЕ. Недовольство по любому поводу, например, в связи с плохой одеждой и т. п. (**«Не может быть!»**).

ТАКИХ КАК ВЫ НА ШАПКУ ТРОИХ НАДО. Пренебрежительно в чей-л. адрес в любой ситуации (**«Каникулы в Простоквашино»**).

Так ни за что и пропадают люди! См. *Вот так ни за что...*

Такова селяви, как говорят у них. См. *Что делать!..*

ТАКОГО ВОЗЬМЁМ БЕЗ ШУМА И ПЫЛИ. О недотёпе, о человеке, с которым легко справиться, которого легко обмануть (**«Бриллиантовая рука»**).

ТАКОГО КАБАНА НОСИТЬ! Отказ что-л. делать: нести тяжести, выполнять трудную работу и т. п. (**«Джентльмены удачи»**).

Такое международное слово: «бить будем». См. *А что такое «ультиматум»?*

ТАКОЙ ДЕНЬ ВЫДАЛСЯ, А Я НЕБРИТЫЙ. Выражение досады по поводу неготовности говорящего к чему-л. (**«Три тополя на Плющихе»**).

ТАКОЙ, ЗНАЕТЕ, НЕБОЛЬШОЙ АККУРАТНЕНЬКИЙ БОРДЕЛЬЕРО. Пьянка, попойка, вечеринка (**«Калина красная»**).

ТАКОЙ ХОРОШИЙ ЖЕНЩИН! Шутливый комплимент (**«Джентльмены удачи»**).

Произносится со среднеазиатским акцентом.

ТАК. ОПУСКАЮСЬ ВСЁ НИЖЕ И НИЖЕ. ДАЖЕ САМОМУ ИНТЕРЕСНО. Реплика, которой говорящий подбадривает себя в трудной ситуации, обычно когда он сам виноват в происходящем (**«Калина красная»**).

Так поворачивается, что более мы с вами не увидимся. См. *Хочу с вами поразговаривать маненько...*

ТАК-ТАК-ТАК! Выражение сомнения, недоверия (**«Трактористы»**).

Произносится в максимально быстром темпе.

ТАК ТОЧНО, ДУРАК! Иронично в ответ на чьё-л. оскорбление «дурак», «ты дурак» и т. п. (**«Адъютант его превосходительства»**).

ТАК ТЫ ЗРЯЧИЙ?.. СЕЙЧАС БУДЕШЬ СЛЕПОЙ. Ах так... ну попробуем иначе! (часто в ситуации, когда собеседник скрывал что-л. от говорящего) (**«Операция «Ы» и другие приключения Шурика»**).

ТАК ЧТО ВОЗЬМИ ЕГО ЗА РУПЬ ЗА ДВАДЦАТЬ... О ком-л., кого трудно поймать, найти, уличить в чём-л. и т. п. (**«Место встречи изменить нельзя»**).

ТАК ЭТО В ТУРЦИИ, ТАМ ТЕПЛО. Так это совсем другое дело, речь не об этом; о какой-л. нереальной, надуманной ситуации, которая не соответствует реально существующей (**«Джентльмены удачи»**).

ТАЛИЯ НА ДЕСЯТЬ САНТИМЕТРОВ НИЖЕ, ЧЕМ В МИРНОЕ ВРЕМЯ. ТО ЕСТЬ ВЫШЕ. Шутливый комментарий по поводу чьего-л. костюма, наряда (**«Тот самый Мюнхгаузен»**).

Там в лесу так много диких обезьян!.. Они как прыгнут! См. *Превосходная страна...*

ТАМ, ЗА СТЕНОЙ, ЖЕНЩИНЫ. Шутливо о чём-л. недоступном, вожделенном, сокровенном и т. п. (**«Семь стариков и одна девушка»**).

Произносится максимально эмоционально.

Таможня даёт добро! См. *Абдула, таможня дает добро!*

ТАНЦЕВАТЬ, ТЁЩА! Реплика, выражающая требование к собеседнику продолжать делать что-л., от чего собеседник отказывается; а ну давай! Кому сказали! Живо! и т. п. (**«Родня»**).

ТАНЦУЕШЬ! Я С НОГ СБИЛАСЬ ОТ УСТАЛОСТИ, СОБИРАЯСЬ НА КОРОЛЕВСКИЙ БАЛ. А ТЫ ТАНЦУЕШЬ! Как тебе не стыдно! (упрёк в нечуткости, эгоизме и т. п.) (**«Золушка»**).

ТАНЦУЮТ ВСЕ! Призыв ко всем окружающим веселиться, танцевать и т. п. (**«Иван Васильевич меняет профессию»**).

Произносится с имитацией речи пьяного.

ТАЩИТЬСЯ, КАК УДАВ ПО ПАЧКЕ «ДУСТА». Блаженствовать, получать удовольствие (**«Маленькая Вера»**).

ТВОЁ МЕСТО В БУФЕТЕ. Пошёл вон! Молчи! Знай свое место! (**«Место встречи изменить нельзя»**).

ТВОЙ ДОМ — ТЮРЬМА. Шутливая реплика в ответ на чью-л. фразу со словом «дом», например, «я пойду домой», «где наш дом?», «хочу домой» и т. п. (**«Берегись автомобиля»**).

Часто произносится с твердым [-р-] в слове *тюрьма*.

ТВОЙ НОМЕР ШЕСТНАДЦАТЬ, МОЛЧИ В ТРУБОЧКУ, СМОТРИ ЗА КЛИЕНТОМ. Твоё дело маленькое, делай что говорят (**«Место встречи изменить нельзя»**).

ТЕБЕ БОЛЬШЕ НЕЛЬЗЯ, ТЫ СЕГОДНЯ ЖЕНИШЬСЯ. Не пей больше, тебе больше нельзя пить (**«Ирония судьбы, или С лёгким паром»**).

ТЕБЕ БЫ НЕ КАРТИНЫ, НАЧАЛЬНИК... ТЕБЕ БЫ КНИЖКИ ПИСАТЬ. Иронично: хорошо говоришь, здорово врёшь (**«Место встречи изменить нельзя»**).

ТЕБЕ БЫ ОПЕРОМ РАБОТАТЬ, ОТЕЦ, ЦЕНЫ БЫ ТЕБЕ НЕ БЫЛО... КОЛЧАКУ НЕ СЛУЖИЛ В МОЛОДЫЕ ГОДЫ... В КОНТРРАЗВЕДКЕ? Шутливая реплика в адрес человека, который хочет показаться прозорливым, строит догадки, пророчит и т. п. (**«Калина красная»**).

Тебе доверяют — ты обязан выполнить приказ. См. *Слова «не могу» нет...*

ТЕБЕ ПРИДЁТСЯ РЕШАТЬ ЗАДАЧУ СО МНОГИМИ НЕИЗВЕСТНЫМИ. Тебе предстоит трудное дело, у тебя будет много проблем (**«Подвиг разведчика»**).

ТЕБЯ КАК ЗОВУТ-ТО, КАРЕГЛАЗАЯ? Ты вообще-то кто такой? Я тебя не знаю (**«Афоня»**).

ТЕБЯ КАК, СРАЗУ ПРИКОНЧИТЬ, ИЛИ ЖЕЛАЕШЬ ПОМУЧИТЬСЯ? — ЛУЧШЕ, КОНЕЧНО, ПОМУЧИТЬСЯ. Диалог, разыгрываемый в ситуации, когда второй говорящий в чём-л. провинился и хочет умерить справедливый гнев собеседника (**«Белое солнце пустыни»**).

ТЕБЯ ПОСАДЯТ, А ТЫ НЕ ВОРУЙ. Так тебе и надо, сам виноват (**«Берегись автомобиля»**).

Произносится с имитацией просторечности: *посадят* часто произносится как [посóдют'].

ТЕМ, КТО СМЕЁТСЯ, — ПРОДЛЕВАЕТ, А ТОМУ, КТО ОСТРИТ, — УКОРАЧИВАЕТ. Иронично в ответ на чьё-л. утверждение, что «смех продлевает жизнь» (**«Тот самый Мюнхгаузен»**).

ТЕМНОТА! Упрёк в незнании чего-л. очевидного, в неосведомлённости в элементарных вопросах (**«Крокодил Гена»**).

ТЕПЕРЬ, ПОСЛЕ КУКУРУЗЫ, ВСЁ ВНИМАНИЕ СТАЛИ УДЕЛЯТЬ ЛЮДЯ́М. Иронично о внимании к людям, заботе о людях, часто в ситуации, когда такого внимания и заботы вовсе нет (**«Люди и манекены»**).

Т е п е р ь с л у ш а й, ч е г о я б у д у к о м а н д о в а т ь. См. *Ну, на то, что вы тут говорили...*

ТЕПЕРЬ ТЫ БАЧИШЬ? Ну теперь-то ты понял? Теперь-то до тебя, наконец, дошло?.. (**«Два бойца»**).

Из украинского, чаще произносится с украинским или еврейским акцентом; «бачишь» — укр. «видишь».

ТЁПЛЕНЬКАЯ ПОШЛА!.. Шутливо о чём-л. долгожданном, приятном, искомом и т. п. (**«Ирония судьбы, или С лёгким паром»**).

Произносится с имитацией речи пьяного.

ТЕПЛО ЛИ ТЕБЕ, ДЕ́ВИЦА, ТЕПЛО ЛИ ТЕБЕ, КРАСНАЯ? Как ты себя чувствуешь? Как дела? Часто в ситуации, когда адресат находится в затруднительном, тяжёлом положении (**«Морозко»**).

ТЕРПЕНИЕ, МОЙ ДРУГ. И ВЫ СТАНЕТЕ МИЛЛИОНЕРОМ. Призыв проявить терпение, выдержку, научиться ждать (**«Подвиг разведчика»**).

Обычно произносится с лёгкой картавостью.

ТЁТУШКА-НЕПОГОДУШКА. Шутливо о простуженном, вечно чихающем, кашляющем и т. п. человеке (**«Марья-искусница»**).

Т ё т у ш к а Ч а р л и и з Б р а з и л и и, г д е в л е с а х ж и в е т м н о г о - м н о г о д и к и х о б е з ь я н. См. *Я тётушка Чарли...*

ТИМК, КАК?.. Шутливая реплика, с которой говорящий обращается к собеседнику перед произнесением какого-л. «трудного», «учёного» слова, которое он (говорящий) якобы забыл (**«Адъютант его превосходительства»**).

ТИМК, ОНИ НАМИ БРЕЗГУЮТ! Выражение неудовлетворения по поводу чьей-л. невнимательности, нечуткости, нежелания общаться с говорящим, поддерживать с ним беседу и т. п. (**«Адъютант его превосходительства»**).

Произносится с нарочитыми диалектно-просторечными чертами.

ТИМОФЕИЧ, ТЕБЯ ЛЮБИТ ИНОСТРАНКА. — С ТЕБЯ ПОЛ-ЛИТРА. Диалог, иронично разыгрываемый в ситуации, когда кто-л. сообщает кому-л. приятную и неожиданную новость (**«Цирк»**).

ТИПИЧНАЯ КРЕСТЬЯНСКАЯ ПСИХОЛОГИЯ — ЛОМОВАЯ. Иронично о крутом, бескомпромиссном, психологически не тонком человеке (**«Калина красная»**).

Т и п и ч н ы й о д и н о к и й м у ж ч и н а. См. *Перед вами...*

ТИПИЧНЫЙ СЛУЧАЙ СТРЕКОЗОИДА ЧЕЛОВЕКООБРАЗНОГО. Иронично в адрес любого человека (**«Отроки во Вселенной»**).

ТИРАН, ДЕСПОТ, КОВАРЕН, КАПРИЗЕН, ЗЛОПАМЯТЕН. Иронично-отрицательная характеристика кого-л., чаще самого себя (**«Обыкновенное чудо»**).

ТИТЬКА ТАРАКАНЬЯ. Шутливо-бранное (**«Афоня»**).

Т и х а я с е м е й н а я ж и з н ь... н е н у ж н о д у м а т ь, к у д а и д т и в е ч е р о м... У ж а с! См. *Хорошо!.. Тихая семейная жизнь...*

ТИХО, БАБУСЯ, НА ВОЙНЕ И ПОРОСЁНОК — БОЖИЙ ДАР. Шутливый призыв не кричать, не шуметь, не возмущаться, часто в ситуации, когда сам говорящий уличён в чём-л. неблаговидном (**«Чапаев»**).

ТИХО, ГРАЖДАНЕ, ЧАПАЙ ДУМАТЬ БУДЕТ! Тихо, не мешайте, не шумите, дайте подумать, часто шутливо о человеке, чьё мнение считается важным, весомым (**«Чапаев»**).

ТИХО ПОДУМАЙ, СОВСЕМ ТИХО. Не говори ничего, подумай молча, не высказывай свои мысли раньше времени, держи язык за зубами (**«Тринадцать»**).

Произносится с имитацией восточного акцента.

Тишина, ква-ква-квакквариуме. См. *А вот и ква-ква-квартирка ваша...*

Тлетворное влияние Запада. См. *Вот оно — тлетворное влияние Запада.*

Товарищ, больше жизни! См. *Эй, товарищ...*

ТОВАРИЩИ, ГРУБО ГОВОРЯ, МАТЕРИ... Шутливое обращение к матерям, женщинам (**«Люди и манекены»**).

ТОВАРИЩИ ДУНИ!.. Шутливое обращение к женщинам, женскому коллективу (**«Волга-Волга»**).

ТОВАРИЩИ МАЗУРИКИ! Ироничное обращение к группе лиц, компании (**«Место встречи изменить нельзя»**).

ТОВАРИЩИ! СРЕДИ НАС ЕСТЬ ТАКИЕ ТОВАРИЩИ, КОТОРЫЕ НАМ ВОВСЕ НЕ ТОВАРИЩИ! Иронично о том, что где-л. есть люди, выражающие противоположное мнение (**«Карнавальная ночь»**).

ТОВАРИЩ ОГУРЦОВ. Обобщённо-нарицательное о бюрократе, формалисте и т. п. (**«Карнавальная ночь»**).

ТОВАРИЩ ПЕНЬ. Ироничное обращение (**«Весна»**).

См. также *Вы ошибаетесь, товарищ пень.*

ТОВАРИЩ СТОЯЛ-СТОЯЛ И ВДРУГ РЕШИЛ ОТДОХНУТЬ. НУ ЧТО, ОТДОХНУЛИ? Реплика, которую произносит говорящий о только что избитом, побеждённом им человеке (**«Большая перемена»**).

ТОВАРИЩ СУХОВ. Шутливо о любом человеке, чаще о военном (**«Белое солнце пустыни»**).

ТОВАРИЩ, У ВАС КОГДА САМОЛЁТ? Реплика в адрес человека, который всем надоел, слишком много говорит, излишне навязчив (**«Бриллиантовая рука»**).

ТОВАРИЩ, У НАС МАССОВОЕ ПРОИЗВОДСТВО, И ЗАНИМАТЬСЯ КАЖДОЙ БАЛАЛАЙКОЙ В ОТДЕЛЬНОСТИ МЫ НЕ МОЖЕМ. Иронично о нежелании заниматься частностями, мелочами (**«Волга-Волга»**).

ТОВАР — КАК В СЕЙФЕ. О том, что задание выполнено, всё в лучшем виде (**«Бриллиантовая рука»**).

ТОГО. Слово-паразит или слово-эвфемизм, которое в комических целях вставляется в речь говорящего как можно чаще (**«Трактористы»**).

То лапы ломит, то шерсть отваливается. — А на днях я линять начал. См. *А здоровье моё не очень...*

Толстопуз и его племянники. См. *Король толстопуз...*

ТОЛСТЫЙ, А СЛАБОНЕРВНЫЙ. Шутливо о несоответствии хороших физических данных и недостаточной духовной силы (**«Варвара-краса, длинная коса»**).

ТОЛЬКО БЕЗ РУК! Не трогайте меня, не надо применять силу (**«Бриллиантовая рука»**).

По всей видимости, выражение употреблялось и раньше, но фильм заметно способствовал его популярности.

ТОЛЬКО БЫ НЕ КОЗА!.. ТОЛЬКО БЫ НЕ КОЗА!.. Шутливое заклинание: лишь бы всё обошлось благополучно! Только бы не было никаких неожиданностей! (**«Волшебная лампа Аладдина»**).

Только вы напоминаете мне мою любимую, мою чернявую, мою безотказную гаубицу! См. *Вы, только вы...*

Только слышишь — хлоп, хлоп! — это слабые отпадают. См. *И только слышишь...*

Топай до хазы. См. *Как у вас там говорят...*

ТОРТИК!.. ШОКОЛАДНЫЙ!.. СВЕЖЕНЬКИЙ!.. Выражение радости, восторга и т. п. по любому поводу (**«Шапокляк»**).

ТОСТ БЕЗ ВИНА — ЭТО ВСЁ РАВНО ЧТО БРАЧНАЯ НОЧЬ БЕЗ НЕВЕСТЫ. О необходимости пить, а не говорить (**«Кавказская пленница»**).

Произносится с кавказским акцентом.

ТОСТУЕМЫЙ (или **ТОСТУЮЩИЙ**) **ПЬЁТ ДО ДНА.** Тот, за кого произносится тост, или тот, кто произносит тост, должен выпить до дна (**«Осенний марафон»**).

ТО-ТО ДУРАКОВ МНОГО, А ЗАЙЦЕВ, ПОДИ, МАЛО. В ответ на чью-л. реплику о том, что чего-л. много, а чего-л. мало (**«Падал прошлогодний снег»**).

ТОЧНО ИЛИ ТОЧНО? Это точно? Ты не врёшь? Ручаешься? (**«Место встречи изменить нельзя»**).

Произносится с разными интонациями или с различными движениями головы — с горизонтальным покачиванием на первом «точно» и вертикальном — на втором.

ТПРРУ, ДРАКОНЫ! Стоп, стоять! (**«Свадьба в Малиновке»**).

Трактирная душа, займёмся развратом! См. *Ну что, трактирная душа...*

ТРАХ-ТИБИДОХ! Междометие, выражающее любую эмоцию (**«Старик Хоттабыч»**).

См. также *Эх, старик, трах-тибидох!*

ТРЕТЬЯ СТЕПЕНЬ УСТРАШЕНИЯ. Иронично об избиении (**«Семнадцать мгновений весны»**).

ТРИ ВОЛОСИНКИ В ШЕСТЬ РЯДОВ. О лысине, лысеющей голове (**«Москва слезам не верит»**).

ТРИДЦАТЬ ПЯТЬ ЛЕТ, КАК Я С ХЛОПЦАМИ НЕ ЦЕЛОВАЛАСЬ! Шутливая реплика (как правило, из уст женщины), сопровождающая поцелуй (**«Свадьба в Малиновке»**).

ТРИ ЖЕРДИНЫ, ТРИ ХВОРОСТИНЫ, ДА ТРИ КОЛА — ВОТ И ВЕСЬ ВАШ СВИНАРНИК. Иронично-неодобрительно о чьём-л. доме, а также вообще о чём-л. ненадёжном, бедном, сомнительном (**«Свинарка и пастух»**).

ТРИ РАЗА Я РАЗВОДИЛАСЬ — НИКОГДА ТАК НЕ ВОЛНОВАЛАСЬ. О том, что говорящий очень волнуется (**«Иван Васильевич меняет профессию»**).

𝄞 **ТРИ ТАНКИСТА, ТРИ ВЕСЁЛЫХ ДРУГА.** Шутливо о трёх людях, часто о распивающих бутылку на троих (**«Трактористы»**).

ТРИ ТОПОЛЯ НА ПЛЮЩИХЕ. Шутливо о трёх людях, компании из трёх человек, часто о распивающих бутылку «на троих» (**«Три тополя на Плющихе»**).

ТРУБКА ПЯТНАДЦАТЬ, ПРИЦЕЛ СТО ДВАДЦАТЬ, БАТАРЕЯ — ОГОНЬ! БАЦ, БАЦ — И МИМО! Шутливая пустословица, которая сопровождает какое-л. интенсивное действие, эмоциональный рассказ и т. п. (**«Свадьба в Малиновке»**).

ТРУД, МИР, СЕКС! Пародирование лозунгов советской эпохи (**«Брюнетка за тридцать копеек»**).

Ср. «Труд! Мир! Май!».

Туалет типа «сортир», обозначенный на карте буквами «эм» и «жо». См. *Строго на север...*

ТУТА! Тут, здесь, шутливый ответ на вопрос о том, где кто-л. находится (**«Джентльмены удачи»**).

Произносится хриплым голосом.

Тут в камере был какой-то шум... Кто-то что-то сказал, или мне показалось?.. См. *Витенька, тут в камере...*

Тут некоторые стали себе позволять нашивать накладные карманы и обуживать рукав. Вот этого мы позволять не будем! См. *И вот тут некоторые...*

ТУТ У НЕГО ЛЮБОВЬ С ИНТЕРЕСОМ, ТУТ У НЕГО ЛЕЖБИЩЕ. Тут — самое главное, вот тут надо искать (**«Место встречи изменить нельзя»**).

ТУХЛОЕ ТВОЁ ДЕЛО, СЫНОК. Плохо твоё дело, пропал ты (**«Калина красная»**).

Туши(те) свет! См. *Уходя...*

ТЫ БУДЕШЬ ГЛУХОНЕМОЙ ИНОСТРАНЕЦ, А Я БУДУ У ТЕБЯ ПЕРЕВОДЧИКОМ. Шутливый призыв к собеседнику молчать, не говорить лишнего (**«Старики-разбойники»**).

Ты, ваше благородие, нарезался! См. *У, да ты, ваше благородие...*

ТЫ В ЗООПАРКЕ БЫЛ? ВЕРБЛЮД ВИДЕЛ?.. ОБИДЕЛСЯ! Шутливый розыгрыш собеседника: говорящий эвфемистически имитирует оскорбление собеседника и тут же упрекает его в излишней «чувствительности» к оскорблениям (**«Мимино»**).

Произносится с кавказским акцентом.

ТЫ ВИДИШЬ: ЧЕЛОВЕК БЕЗ СТАКАНА! ЧТО ЖЕ МНЕ, ИЗ ГОРЛЫШКА БУЛЬКАТЬ? 1. Просьба дать стакан, рюмку и т. п. **2.** Упрёк в невнимательности к говорящему (**«Люди и манекены»**).

ТЫ ВООБЩЕ ЖИВЁШЬ НА СВЕТЕ ПО ДОВЕРЕННОСТИ. А ты вообще молчи, твоё дело маленькое, тебе слова не давали (**«Берегись автомобиля»**).

ТЫ ГДЕ РАБОТАЕШЬ-ТО, АРХИМЕД? Ты где работаешь? (**«Афоня»**).

ТЫ ГЕНЕРАЛ, ТЕБЕ МОЖНО ПИТЬ ВОДКУ. 1. Шутливо о том, что сильным мира сего, начальникам, «шишкам» всё дозволено. **2.** О чём-л., доступном собеседнику, но недоступном говорящему (**«Семнадцать мгновений весны»**).

ТЫ ЕСТЕСТВОМ, А Я — КОЛДОВСТВОМ. О возможности победить кого-л. с помощью хитрости, интриг и т. п. (**«Морозко»**).

Вероятно, выражение употреблялось и раньше, но с выходом фильма на экраны получило бóльшую популярность.

Ты ещё и растратчик! См. *Э, милый...*

Ты же вундеркинд! — А что это такое? — А чёрт его знает! См. *Слушай, ты же вундеркинд!..*

Ты за большевиков или за коммунистов? См. *А вот, Василий Иваныч...*

Ты за какой, за второй или за третий... интернационал? См. *А ты за какой...*

ТЫ ЗАЧЕМ УСЫ СБРИЛ, ДУРИК? Зачем ты это сделал, как ты мог? (о чём угодно) (**«Бриллиантовая рука»**).

ТЫ ЗНАЕШЬ, У НЕЁ КАКИЕ ЗУБЫ? ОНА Ж ГВОЗДЬ ПЕРЕГРЫЗЁТ. О грозной, сердитой и т. п. женщине (**«Афоня»**).

ТЫ И ОНА — НЕ ДВЕ ПАРЫ В САПОГЕ. Вы друг другу не подходите, вы не пара друг другу (**«Мимино»**).

Произносится с кавказским акцентом. Ср. поговорку *два сапога пара.*

Ты и растерялся! См. *Видишь, милая моя...*

ТЫ КАК ЗДЕСЬ ОКАЗАЛСЯ? — СТРЕЛЯЛИ. Шутливый диалог разыгрываемый говорящими при неожиданной встрече в непредвиденных обстоятельствах (**«Белое солнце пустыни»**).

Стреляли произносится нарочито спокойно, хладнокровно, равнодушно.

Ты комсомолец? Это же не наш метод! См. *Шурик!..*

ТЫ КТО? ИЛЛЮЗИОНИСТ, ФОКУСНИК? У ТЕБЯ ИЗ ВЕДРА КУРИЦА ВЫЛЕТАЕТ? ИДИ — ОБЕСПЕЧИВАЙ НАРОД КУРЯМИ. Шутливо о фокуснике (**«Люди и манекены»**).

ТЫ КУДА НА МИНУ ВЛЕЗ? Ты зачем это сделал? Как же это тебя угораздило? (**«Трембита»**).

ТЫ КУДА ШЛЕМ ДЕЛ, ЛИШЕНЕЦ? Ты куда дел эту вещь? Где эта вещь? (**«Джентльмены удачи»**).

ТЫ ЛАМПУ-ТО ПРИКРУТИ, КОПТИТ. Выключи свет (**«Адъютант его превосходительства»**).

Ты, малый, не дурак и дурак немалый. См. *Слухай, Ёжиков...*

Ты меньше думай. См. *А ты меньше думай.*

ТЫ МЕНЯ ИЗ ТЕРПЕНИЯ НЕ ВЫВЕДЕШЬ! Шутливое выражение негодования, гнева, злости и т. п. (**«Цирк»**).

Ты меня не убьёшь, ты меня беречь будешь. Нашего человека в ЧК знаю только я. См. *Нет, дорогой, ты меня не убьёшь...*

ТЫ МЕНЯ УВАЖАЕШЬ? ТОГДА ПЕЙ. Призыв выпить (**«Иван Васильевич меняет профессию»**).

ТЫ МЕНЯ УВАЖАЕШЬ. Я ТЕБЯ УВАЖАЮ. МЫ С ТОБОЙ — УВАЖАЕМЫЕ ЛЮДИ. Шутливое выражение уважения к собеседнику (**«Люди и манекены»**).

Обычно произносится с кавказским акцентом.

ТЫ МНЕ ДОЛЖЕН СТАТЬ РОДНОЙ МАТЕРЬЮ. Шутливый призыв к собеседнику, чтобы он заботился о говорящем, ухаживал за ним (**«Малыш и Карлсон»**).

ТЫ МНЕ — Я ТЕБЕ. Шутливо о том, что услуги делаются взаимно (**«Ты мне — я тебе»**).

Выражение употреблялось и раньше, но после выхода фильма на экраны стало восприниматься как цитата из него.

ТЫ, МОЖЕТ, СКАЗАТЬ ЧЕГО ХОЧЕШЬ ИЛИ ПОПРОСИТЬ ОБ ЧЁМ... Может, ты чего-нибудь хочешь, нет ли у тебя пожеланий?; как правило, в ситуации, когда «пожелания» явно несбыточны (**«Неуловимые мстители»**).

Ты молодой теперь так и останешься, теперь не состареешь... См. *Нет, Павло...*

Ты, моряк, красивый сам собою... См. *Слушай, ты, моряк...*

ТЫ НАБЛЮДАЛ, КАК ЭТА ВРАНГЕЛЕВСКАЯ МОРДА БИЛА МЕНЯ В МОРДУ? Ты видел, как меня били, обижали, унижали и т. п.? (**«Свадьба в Малиновке»**).

Произносится с одесским акцентом.

ТЫ НА ЧТО, ЦАРСКАЯ МОРДА, НАМЕКАЕШЬ? Что ты такое говоришь? Что ты имеешь в виду? Как тебе не стыдно? (**«Иван Васильевич меняет профессию»**).

ТЫ НЕ ДУМАЙ, Я НЕ КАКОЙ-НИБУДЬ, Я, ЕСЛИ ЧТО, ТАК И ПО-СЕРЬЕЗНОМУ МОГУ. Не думай обо мне плохо, у меня добрые намерения; часто шутливо в заигрывании с девушкой (**«Белое солнце пустыни»**).

ТЫ НЕ СУДИ ИХ, НИКИТА, ЭТО ОНИ ЗАУЧИЛИСЬ МАНЕНЬКО. Призыв проявить снисходительность к кому-л., часто о ком-л., кто недостаточно практичен, склонен теоретизировать и т. п. (**«Адъютант его превосходительства»**).

Произносится с нарочитой имитацией просторечных черт.

ТЫ ПОГЛЯДИ, ТИМК... ОПЯТЬ СМЕШЛИВЫЕ ПОПАЛИСЬ. Выражение неодобрения по поводу чьей-л. излишней весёлости в серьёзной ситуации, неуместной смешливости, неудачных попыток острить и т. п. (**«Адъютант его превосходительства»**).

Произносится с нарочитыми диалектно-просторечными чертами.

Ты понимаешь, что я Чапаев?! См. *Я — Чапаев!..*

Ты похудела, родная! См. *А ты похудела, родная!*

ТЫ ПОШТО БОЯРЫНЮ ОБИДЕЛ, СМЕРД? Ты зачем это сделал? (шутливая угроза) (**«Иван Васильевич меняет профессию»**).

Ты прирождённый оратор. См. *Умница. Красиво говоришь...*

ТЫ САМ-ТО КОГДА-НИБУДЬ РОЖАЛ? Иронично: ты сам-то когда-нибудь пробовал, пытался это делать? У тебя у самого-то опыт есть? (о любом деле) (**«Люди и манекены»**).

ТЫ ТУДА НЕ ХОДИ, ТЫ СЮДА ХОДИ, А ТО СНЕГ БАШКА ПОПАДЁТ — СОВСЕМ МЁРТВЫЙ БУДЕШЬ. Ироничное предупреждение что-л. не делать (**«Джентльмены удачи»**).

Произносится со среднеазиатским акцентом.

Ты уже дошёл до кондиции? См. *Сеня, ты уже...*

ТЫ УЖЕ ЛИШНИХ ГОДА ПОЛТОРА НА СВОБОДЕ ХОДИШЬ. С тобой давно пора разобраться, хватит тебе быть безнаказанным (**«Место встречи изменить нельзя»**).

Ты у меня женщина понятливая, за что и ценю! См. *Ну так ты у меня...*

Ты фитилёк-то прикрути, коптит. То же, что *Ты лампу-то прикрути, коптит.*

Ты целого взвода стоишь... а то — и роты... То же, что *Ведь ты целого взвода...*

𝄞 **ТЫ ЧЕГО, ЕДРЁНА ВОШЬ, БЕЗ МЕНЯ КАКАВУ ПЬЁШЬ?** Ты почему это делаешь без меня, а я как же? Меня-то забыл? (**«Бумбараш»**).

ТЫ ЧЕГО ЗДЕСЬ? — В ШКОЛУ ИДУ. Диалог, разыгрываемый говорящими в ситуации, когда они неожиданно встретились в необычном месте (**«Большая перемена»**).

ТЫ ЧЕГО МЫЧИШЬ, КОЗЁЛ БЕЗРОГИЙ? Что ты такое говоришь? Говори внятно; что ты тянешь, будь решительней (**«Варвара-краса, длинная коса»**).

ТЫ ЧТО, ГЛУХОНЕМОЙ, ЧТО ЛИ? — ДА. Шутливый диалог, разыгрываемый в ситуации взаимного непонимания, противоречий и т. п. (**«Бриллиантовая рука»**).

ТЫ ЧТО Ж МЕШАЕШЬ ОТДЫХАТЬ, ХРИСТОПРОДАВЕЦ! Не мешай, не шуми (**«Неуловимые мстители»**).

ТЫ ЧТО, НАД ЧАПАЕВЫМ ИЗДЕВАТЬСЯ! Выражение возмущения по поводу того, что с говорящим поступили неуважительно, усомнились в его достоинствах и т. п. (**«Чапаев»**).

Реплика произносится максимально эмоционально.

ТЫ ЧЬИХ БУДЕШЬ? ЧЕЙ ХОЛОП, СПРАШИВАЮ? Иронично: ты кто такой? Ты ещё откуда такой взялся? (**«Иван Васильевич меняет профессию»**).

ТЫ ЭТО... ЕСЛИ ЧЕГО... ПРИХОДИ... Ироничное выражение готовности помочь кому-л., прийти на помощь (**«Жил-был пёс»**).

Обычно произносится сдавленно, глухим голосом, с имитацией крайней степени сытости, как будто говорящий объелся.

ТЮ! Междометие, выражающее любую эмоцию (**«Максим Перепелица»**).

Междометие употреблялось (преимущественно на Украине и в южных областях России) и раньше, но фильм явно способствовал расширению его популярности.

𝄞 **ТЮХ-ТЮХ-ТЮХ, РАЗГОРЕЛСЯ НАШ УТЮГ.** Шутливая пустословица (**«Весёлые ребята»**).

ТЯП ПО ЛЯПКИНУ, ЛЯП ПО ТЯПКИНУ! О расправе, о каких-л. решительных, кардинальных мерах: увольнениях, выговорах и т. п. (**«Люди и манекены»**).

Травестируется фамилия персонажа пьесы Н. В. Гоголя «Ревизор».

У

УБЕЙ ЕГО, ШИЛОВ, УБЕЙ ЕГО! Накажи его! Дай ему! Так ему и надо! (**«Свой среди чужих, чужой среди своих»**).

У БЕЛОЙ ЖЕНЩИНЫ — ЧЁРНЫЙ РЕБЁНОК. Иронично о какой-л. несуразности, вопиющем противоречии, нонсенсе и т. п. (**«Цирк»**).

УБЕРИ НОЖИЧЕК: СДЕЛАЕШЬ ДЫРКУ — ПОТОМ НЕ ЗАПЛОМБИРУЕШЬ. Реплика, которой говорящий предостерегает собеседника от каких-л. необдуманных действий, как правило, по отношению к говорящему (**«Свадьба в Малиновке»**).

Произносится с одесским акцентом.

УБИЛИ ПЕТРУХУ, ПАВЕЛ АРТЕМЬИЧ: ЗАРЕЗАЛ АБДУЛА! Иронично о человеке (или о предмете), о котором спрашивает собеседник, но который исчез: уехал, пропал, потерян и т. п. (**«Белое солнце пустыни»**).

УБОЖЕСТВО, НЕТ НИКАКОГО ХУДОЖЕСТВА! Выражение недовольства кем-л., чьей-л. недостаточной изысканностью, грубостью и т. п. (**«Варвара-краса, длинная коса»**).

УБЬЮ, СТУДЕНТ! Угроза (**«Операция «Ы» и другие приключения Шурика»**).

УВАЖАЮ, НО ПИТЬ НЕ БУДУ! Шутливо в ответ на чьё-л. предложение выпить, сопровождаемое обязательным риторическим вопросом «ты меня уважаешь?» (**«Бриллиантовая рука»**).

У ВАС БОЛЯТ ПОЧКИ? — НЕТ. — А ЖАЛЬ. Шутливый диалог, разыгрываемый в любой ситуации с целью придать ей абсурдно-ироничный оттенок, например, когда говорящие пьют пиво и т. п. (**«Семнадцать мгновений весны»**).

У ВАС ВСЕ ДОМА? Иронично: Кто там? Дома кто-нибудь есть? Кто дома? (**«Падал прошлогодний снег»**).

У вас, женщин, клятвы, а у нас, джиннов, каждое слово — правда. См. *Это у вас, женщин...*

У ВАС ЛИЦО ШПИОНА, А НЕ ПРОФЕССОРА. Иронично о том, что собеседник — хитрец и проныра, а не честный интеллектуал, интеллигент (**«Семнадцать мгновений весны»**).

У ВАС НЕСЧАСТНЫЕ СЛУЧАИ НА СТРОЙКЕ БЫЛИ?.. БУДУТ. Ироничная угроза (**«Операция «Ы» и другие приключения Шурика»**).

У ВАС НЕ ТО ЧТО ВОЛОСЫ — ЛЫСИНА ДЫБОМ ВСТАНЕТ. Вы будете очень удивлены, потрясены до глубины души (**«Люди и манекены»**).

У ВАС ПРОДАЕТСЯ СЛАВЯНСКИЙ ШКАФ? — ШКАФ ПРОДАН, ЕСТЬ НИКЕЛИРОВАННАЯ КРОВАТЬ... С ТУМБОЧКОЙ. Шутливый диалог, разыгрываемый говорящими при встрече; пародирование условного пароля, часто — при подчёркивании некоего заговора между говорящими, наличия общей для них тайны, интимной темы и т. п. (**«Подвиг разведчика»**).

Часто слово «с тумбочкой» произносится обоими говорящими, сначала как уточняющий переспрос, потом — как ответ.

У ВАС УС ОТКЛЕИЛСЯ! Реплика, произносимая в ситуации, когда говорящий разоблачает в чём-л. собеседника, открывает тщательно скрываемый им секрет и т. п. (**«Бриллиантовая рука»**).

Удав просил передать тебе привет. См. *Мартышка, удав просил...*

У, ДА ТЫ, ВАШЕ БЛАГОРОДИЕ, НАРЕЗАЛСЯ! Упрёк в адрес человека, выпившего лишнее, напившегося (**«Иван Васильевич меняет профессию»**).

УДАЧИ ТЕБЕ, ЖАННА Д'АРК. Ироничное пожелание удачи, успеха, напутствие, чаще в ситуации, когда тот, к кому обращаются, идёт на крайне сложное дело, явно не имеет никаких шансов на успех (**«Неуловимые мстители»**).

𝄞 **УЖАСНО ИНТЕРЕСНО ВСЁ ТО, ЧТО НЕИЗВЕСТНО, УЖАСНО НЕИЗВЕСТНО ВСЁ ТО, ЧТО ИНТЕРЕСНО.** Реплика, выражающая то, что говорящий интересуется чем-л., что он любознателен, пытлив и т. п. (**«38 попугаев»**).

УЖЕ ОБРИЛИ! Ну и ну, вот это да! Вот как быстро, надо же! (при выражении удивления по поводу быстроты осуществления чего-л.) (**«Джентльмены удачи»**).

УЖ ПОСЛАЛА, ТАК ПОСЛАЛА! Фраза, произносимая в любой ситуации, когда кто-л. произнес слово «послать» (**«Падал прошлогодний снег»**).

Обыгрывается два значения слова «послать»: дать какое-л. поручение и обругать.

УЙДИ, ЗВЕРЬ! Уходи, уйди, видеть тебя не хочу! (**«Подкидыш»**).

Уйти, как настоящий француз, — по-английски. См. *Я уйду, как настоящий француз...*

УКАЗ СЕМЬ-ВОСЕМЬ ШЬЁШЬ, НАЧАЛЬНИК. Не клевещи на меня, ты говоришь обо мне неправду (**«Место встречи изменить нельзя»**).

УКРАЛ — ВЫПИЛ — В ТЮРЬМУ. РОМАНТИКА! Шутливо о том, кто ведёт бесшабашную, «красивую» жизнь, кто не думает о завтрашнем дне и т. п. (**«Джентльмены удачи»**).

Улица Койкого. См. *На улицу Койкого...*

Улыбайтесь, господа, улыбайтесь! См. *Умное лицо — это ещё не признак ума...*

У МЕНЯ В КАФЕ УВЕЛИ ПЕРЧАТКИ, И Я ПОЛЮБИЛА ДРУГОГО. Реплика, пародирующая алогичность, абсурдность в чьей-л. речи, ситуации; шутливо о т. н. «женской логике» (**«Иван Васильевич меняет профессию»**).

У МЕНЯ В МОЗГУ КАКОЕ-ТО ПЕРЕМЕЩЕНИЕ. Со мной что-то происходит (**«Сердца четырёх»**).

У меня восемнадцать похвальных грамот! См. *Да я стахановец...*

У МЕНЯ ЕСТЬ МЫСЛЬ, И Я ЕЁ ДУМАЮ. Ответ на чей-л. вопрос «что ты делаешь?» или «о чём ты думаешь?»; вводное предложение, которое произносит говорящий перед тем, как высказать свои соображения о чём-л. (**«38 попугаев»**).

У меня есть сведения, что вы очень любите справедливость, так не находите ли вы справедливым, что ваши колёса... то есть, простите, ваши ботиночки будут наши?.. См. *Послушайте, господин научный профессор...*

У МЕНЯ ЕСТЬ СМЯГЧАЮЩЕЕ ОБСТОЯТЕЛЬСТВО: Я ЧЕСТНЫЙ ЧЕЛОВЕК. Шутливое самооправдание (**«Берегись автомобиля»**).

У меня же лекция! См. *Голубчик, у меня же лекция!*

У меня же нервная система! См. *Гриша, у меня же нервная система!*

У меня нет сердца. А иметь сердце — моё самое заветное желание. См. *Скажу вам по секрету...*

У МЕНЯ ПРАВИЛЬНОПИСАНИЕ ХРОМАЕТ. О допущенных говорящим ошибках, промахах и т. п. (**«Винни Пух и день забот»**).

У МЕНЯ СЕГОДНЯ БОЛЬШАЯ СТИРКА. У меня сегодня много дел, я очень занят(а) (**«Здравствуйте, я ваша тётя!»**).

У МЕНЯ СОВЕСТЬ ЧИЩЕ ЗОЛОТА. В ответ на чью-л. реплику «совесть надо иметь», «как вам не совестно?» и т. п. (**«Женитьба Бальзаминова»**).

У МЕНЯ СОВСЕМ ДРУГИЕ ПЛАНЫ. Ироничный ответ на предложение выйти замуж (**«Трембита»**).

У МЕНЯ СО ЛЬВАМИ РАЗГОВОР КОРОТКИЙ: ПО МОРДЕ БУКЕТОМ — БАЦ! Шутливое самовосхваление по поводу совершённого ранее какого-л. смелого поступка; сообщение о чьих-л. решительных действиях (**«Цирк»**).

У МЕНЯ СТАНОК СЛОМАЛСЯ, НА КОТОРОМ ДЕНЬГИ ПЕЧАТАЮТ. Отказ в ответ на чью-л. просьбу дать денег (**«Москва слезам не верит»**).

У МЕНЯ ЯЗВА, ЗАЧЕМ МНЕ ВТОРАЯ? Шутливо в ответ на вопрос о том, почему говорящий не женится (**«Ханума»**).

Умирает Митька, ухи просит. То же, что *Митька... брат помирает, ухи просит.*

УМНИЦА. КРАСИВО ГОВОРИШЬ. ТЫ ПРИРОЖДЁННЫЙ ОРАТОР. Шутливая похвала в адрес человека, произнесшего что-л., чаще — о глупом, несуразном высказывании (**«Ирония судьбы, или С лёгким паром»**).

Произносится с имитацией речи пьяного.

УМНОЕ ЛИЦО — ЭТО ЕЩЁ НЕ ПРИЗНАК УМА, ГОСПОДА. ВСЕ ГЛУПОСТИ НА ЗЕМЛЕ ДЕЛАЮТСЯ ИМЕННО С ЭТИМ ВЫРАЖЕНИЕМ ЛИЦА. УЛЫБАЙТЕСЬ, ГОСПОДА, УЛЫБАЙТЕСЬ! Призыв быть веселее, не грустить, не быть излишне серьёзными (**«Тот самый Мюнхгаузен»**).

Умоешься. См. *А это — умоешься.*

Умоляю вас прекратить это мокрое дело. См. *Гражданочка, я умоляю...*

УМРЁШЬ (или **УМЕР**) **ХОЛОСТЫМ!** О человеке, который очень занят и которому некогда ухаживать за женщинами (**«Трактористы»**).

У нас всё-таки парламент, а не кичман какой-нибудь! См. *Ребята, у нас всё-таки...*

У нас никого не бывает, одна только скука. См. *Нет, у нас никого не бывает...*

У нас ни товарищев, ни благородиев... Мы с мужиками порешили просто: братва и хлопцы. См. *Так вот, братва, чего я вам хочу сказать...*

У НАС ПРЕСТУПЛЕНИЙ ВЕКА НЕ БЫВАЕТ. Шутливо о принципиальной невозможности каких-л. крупных событий, переворотов, сенсаций и т. п. (**«Старики-разбойники»**).

У НАС ЭТО НАЗЫВАЕТСЯ... КОНФИКСАЦИЯ. Реплика, которой говорящий сопровождает изъятие, отнимание чего-л. у кого-л. (**«Адъютант его превосходительства»**).

Просторечное исковерканное «конфискация».

У НАШЕЙ ДУРЫ НИ ЛИЦА НИ ФИГУРЫ. О ком-л. некрасивом, непривлекательном (**«Морозко»**).

У него перед носом наган пляшет, а он щекотки боится. См. *Дураки люди!..*

У НЕГО СВОЙ ПЛАН, А У МЕНЯ СВОЙ! Реплика, которой говорящий подчёркивает разницу в своих задачах, планах и задачах, планах какого-л. третьего лица (**«Три тополя на Плющихе»**).

У НЕГО ЭТОГО ГУТАЛИНУ — НУ ПРОСТО ЗАВАЛИСЬ! ВОТ И ШЛЁТ КОМУ ПОПАЛО. О большом количестве чего-л. у кого-л. (**«Каникулы в Простоквашино»**).

Произносится с «кошачьими» интонациями.

У НЕЁ ПРЕКРАСНОЕ ИМЯ... И ГЛАВНОЕ, ЧТО ПРИМЕЧАТЕЛЬНО, РЕДКОЕ. Шутливо о любом женском имени (**«Ирония судьбы, или С лёгким паром»**).

Чаще произносится с имитацией речи пьяного.

УНИКАЛЬНО! Выражение восхищения чем-л. (**«Начало»**).

У НИХ В АНГЛИИ НЕ МЕНЬШЕ НАШЕГО ВОРУЮТ. В ответ на чью-л. реплику, о том, что где-л. лучше, чем здесь, например, о том, что за границей лучше (**«Место встречи изменить нельзя»**).

У НИЩИХ СЛУГ НЕТ. Делай сам, не буду я тебе помогать (**«Место встречи изменить нельзя»**).

Ун моменто. То же, что *Уно моменто.*

𝄞 **УНО МОМЕНТО.** Момент, секундочку, подождите, сию минуту (**«Формула любви»**).

Подражание итальянскому.

УПИТАННЫЙ, А НЕВОСПИТАННЫЙ. 1. Шутливо о полном человеке. **2.** О некультурном, невоспитанном человеке (**«Варвара-краса, длинная коса»**).

УПРАВДОМ — ДРУГ ЧЕЛОВЕКА. Иронично об управдоме, а также о любом представителе какой-л. администрации, бюрократе, чиновнике (**«Бриллиантовая рука»**).

У ПРИРОДЫ НАДО УЧИТЬСЯ. ОНА ВЕДЬ ЧЕМУ УЧИТ? НЕ ВЫСОВЫВАТЬСЯ. Призыв быть скромнее, не заявлять слишком громко о себе (**«Люди и манекены»**).

УПРЯМСТВО — ПЕРВЫЙ ПРИЗНАК ТУПОСТИ. Не упрямься, будь сговорчивей, не будь таким упрямым (**«Место встречи изменить нельзя»**).

У РАЗВЕДЧИКА ДОЛЖЕН БЫТЬ ОСОБЫЙ ТАЛАНТ, ОСОБОЕ ЧУТЬЁ, ОСОБЫЙ НОС, ОСОБЫЕ ГЛАЗА... И ЗЛОСТЬ! Иронично о качествах, необходимых для какого-л. дела, часто в явно «сниженной» ситуации, когда, к примеру, у кого-л. случился запой и т. п. (**«Подвиг разведчика»**).

УРА! СКЛАД! Ироничное выражение радости, часто в ситуации, когда говорящий неожиданно что-л. нашёл, обнаружил (**«Трое из Простоквашино»**).

УРА, ХВОСТ НАШЁЛСЯ! СОВА НАШЛА ХВОСТ! Шутливо в ситуации, когда кто-л. что-л. нашёл (**«Винни Пух и день забот»**).

УРЯ! Шутливое выражение каких-л. положительных эмоций (**«Ну, погоди!»**).

Уря, уря!.. Вот тебе и «уря»... См. *«Свои идут!» Уря, уря!..*

УСАТЫЙ НЯНЬ. Шутливо об отце, сидящем с ребёнком, мужчине-воспитателе (в детском саду), учителе (в школе) (**«Усатый нянь»**).

УСПЕЕМ ДОБЕЖАТЬ ДО КАНАДСКОЙ ГРАНИЦЫ. Шутливо о чём-л., что можно успеть сделать в ближайшее время, за определённый срок (**«Деловые люди»**).

𝄞 **УСПОКОЙТЕСЬ, НЕ ВОЛНУЙТЕСЬ: ОТ ВОЛНЕНИЯ КРОВЯНОЕ ПОВЫШАЕТСЯ ДАВЛЕНИЕ.** Призыв не волноваться, не переживать (**«Трембита»**).

УСТРОИЛИ ТУТ РОМАШКА: ПОМНЮ — НЕ ПОМНЮ... Выражение недовольства неясной, сложной, запутанной ситуацией (**«Джентльмены удачи»**).

Произносится со среднеазиатским акцентом.

Усы и подделать можно. См. *А усы и подделать можно.*

УСЫ, ЛАПЫ И ХВОСТ — ВОТ МОИ ДОКУ́МЕНТЫ. Иронично об отсутствии доказательств чего-л., документов, справок и т. п. (**«Каникулы в Простоквашино»**).

У ТЕБЯ В ГОЛОВЕ МОЗГИ ИЛИ КЮ? Подумай хорошенько! О чём ты думаешь! (в ситуации, когда говорящий высказывает неодобрение действиям собеседника) (**«Кин-дза-дза!»**).

См. также *Кю.*

У ТЕБЯ ЕСТЬ СОВЕСТЬ, ЖИВОТНОЕ? Как же тебе не стыдно? Где твоя совесть! (чаще в случае, когда адресат беззастенчиво пользуется ситуацией, нарушая предварительную договорённость о соблюдении рамок приличия) (**«Здравствуйте, я ваша тётя!»**).

У тебя из ведра курица вылетает? Иди — обеспечивай народ курями. См. *Ты кто? Иллюзионист, фокусник?..*

У тебя ласковые жёны, мне хорошо с ними! См. *Абдула, у тебя ласковые жёны...*

У ТЕБЯ СРОК В РУБЛЯХ, А У МЕНЯ — В СУТКАХ. У тебя свои задачи (проблемы и т. п.), а у меня — свои (**«Операция «Ы» и другие приключения Шурика»**).

У тебя стали расти волосы, ты стал совсем большой. См. *А у тебя стали расти волосы...*

У ТЕБЯ ШТОПОР ЕСТЬ В ГРЕЧЕСКОМ ЗАЛЕ? Шутливая просьба дать штопор; ироничный призыв перейти от пустых разговоров к делу (**«Люди и манекены»**).

Ухаживать за мною надо осторожно. См. *Да, ухаживать за мною...*

У́ХИ, У́ХИ!.. Осторожно, смотри, что делаешь! (часто в ситуации, когда говорящему причиняют боль, неудобство и т. п.) (**«Джентльмены удачи»**).

Имеются в виду «уши».

УХ, КРЕПКА! БЫКА СВАЛИТЬ МОЖНО! Иронично об алкогольном напитке (**«Весёлые ребята»**).

УХОДЯ, ГАСИ(ТЕ) (или **ТУШИ(ТЕ)**) **СВЕТ!** Реплика, выражающая какую-л. сильную эмоцию (**«Вратарь»**).

См. также *Я больше не Карасик...*

Ухожу немедленно в монастырь! См. *Ухожу, ухожу...*

УХОЖУ, УХОЖУ НЕМЕДЛЕННО В МОНАСТЫРЬ! Всё, надоело, «умываю руки», больше так жить не могу (**«Золушка»**).

УЧИ, ДЬЯВОЛ, ПУЛЕМЁТУ! Давай, приступай к своим непосредственным обязанностям, не отвлекайся на посторонние предметы, сосредоточься на главном (**«Чапаев»**).

УЧИСЬ, СТУДЕНТ, ПОКА Я ЖИВ. Иронично: бери с меня пример (**«Операция «Ы» и другие приключения Шурика»**).

УЧИТСЯ ПО ЖЕЛЕЗОБЕТОННОЙ СПЕЦИАЛЬНОСТИ. Иронично об инженере, «технаре», а также о любом человеке, занимающемся чем-л. неинтересным, скучным, рутинным (**«Тимур и его команда»**).

УЧИТЬСЯ ВСЕГДА СГОДИТСЯ, ТРУДИТЬСЯ ДОЛЖНА ДЕВИЦА, НЕ ПЛЮЙ В КОЛОДЕЦ — ПРИГОДИТСЯ... И... КАК ГОВОРИТСЯ... Употребляется как шутливая пустословица (**«Формула любви»**).

Уши у тебя крепкие? См. *А уши у тебя крепкие?*

Ф

ФАКТ ПРОДАЖИ РОДИНЫ ПРОШУ ЗАФИКСИРОВАТЬ В ПРОТОКОЛЕ. Реплика, которой иронично уличают кого-л. в чём-л. (**«Гараж»**).

ФАНТАЗИИ ВЕСНУХИНА. Ерунда, чушь, «бред сивой кобылы» (**«Фантазии Веснухина»**).

Фёдор Груша. См. *Русский циклоп...*

Федя, скажи Васе... См. *А теперь, Федя, скажи Васе...*

Федя, Федя!.. См. *Эх, Федя...*

ФЕЕРИЧНО! Выражение восторга, восхищения по любому поводу (**«Не может быть!»**).

ФЕФОЧКА, СКАЖИ, ЫЫБА! — СЕЛЁДКА. Шутливый диалог, разыгрываемый в ситуации, когда между собеседниками есть явное непонимание или противоречие, когда они «говорят на разных языках» (**«По семейным обстоятельствам»**).

Произносится с имитацией дефекта дикции; имеется в виду «девочка» и «рыба».

Фиг вам — индейская изба. См. *Э-эх! Это индейская национальная народная изба...*

ФИГУ С ВОЛОГОДСКИМ МАСЛОМ. «Фигу с маслом»: при выражении отказа (**«Люди и манекены»**).

ФИЗКУЛЬТПРИВЕТ, ДЯДЯ, САЛЯМ-АЛЕЙКУМ. Привет, здравствуй (**«Джентльмены удачи»**).

ФИЛОНИШЬ, ГАД! Не ленись, работай (**«Джентльмены удачи»**).

ФИРШТЕЙН? Понял? Понятно? Усёк? (**«Свадьба в Малиновке»**).

Из немецкого.

Фитилёк-то прикрути, коптит. То же, что *Ты лампу-то прикрути, коптит.*

ФИТИЛЬ. Шутливо о высоком человеке (**«Максим Перепелица»**).

Возможно, данная инвектива была распространена и раньше (в частности, в уголовной «фене»), но под влиянием фильма стала особенно популярной.

ФИФЕКТ ФИКЦИИ. Дефект дикции, речи (**«По семейным обстоятельствам»**).

ФОЗМУЦЫЦЕЛЬНЫЙ ФАКТ! Возмутительный факт, безобразие, как не стыдно! (**«Друг мой, Колька»**).

Имитация дефекта речи.

ФОКУСЫ-МОКУСЫ. То да сё, «фигли-мигли»; часто о чьих-л. нежелательных действиях, хитростях, интригах и т. п. (**«Трактористы»**).

Фольклорист несчастный... См. *Алкоголик, фольклорист несчастный.*

Форменные звери, вроде меня. См. *Хлопцы у нас абсолютно мировые...*

Фортиссимо, мамма миа, ну! См. *Но, залётные!..*

ФРАЕР УШАСТЫЙ. Иронично-бранное (**«Место встречи изменить нельзя»**).

ФРАУ-МАДАМ. Шутливое обращение, не обязательно к женщине (**«Свадьба в Малиновке»**).

См. также *Приготовьтесь, фрау-мадам...*

ФРЕЙЛЕН ТЕРЕЗА, НЕ ОТКАЖИТЕ ЗАВТРА ВЕЧЕРОМ ПОУЖИНАТЬ СО МНОЙ В ВАЛЬДЕНЗЕЕ. Шутливое приглашение кого-л. куда-л., не обязательно женщины (**«Подвиг разведчика»**).

ФЮРЕР ДОЛЖЕН БЫТЬ В ТЕПЛЕ. 1. Иронично о несправедливости, когда начальство, начальники живут лучше, чем все простые люди. **2.** Шутливо о себе, когда говорящий попадает в лучшие условия, чем окружающие (**«Семнадцать мгновений весны»**).

Х

ХАЙЛЬ ГИТЛЕР! — ДОБРЫЙ ДЕНЬ, ДРУЖИЩЕ! Диалог — взаимное приветствие, когда один из говорящих разыгрывает подобострастие и служебное рвение, а второй — снисходительно-дружеское отношение к собеседнику (**«Семнадцать мгновений весны»**).

Характер нордический, твёрдый...; Характер, приближающийся к нордическому. См. *Истинный ариец...*

ХАРАКТЕР ТАКОЙ, ЧТО ФРОНТОМ КОМАНДОВАТЬ. О сильном, тяжёлом характере, чаще о женщине, «мегере» (**«Покровские ворота»**).

ХАРИТОША — АККУРАТНЫЙ ПОЧТАЛЬОН. Шутливо об аккуратном, педантичном человеке (**«Трактористы»**).

ХВАЛИЛАСЬ ОВЦА, ЧТО У НЕЁ ХВОСТ, КАК У ЖЕРЕБЦА. Шутливо о ком-л., явно переоценивающем свои возможности (**«Свинарка и пастух»**).

Хватился — пианины нету. См. *Старушка зашла...*

Хвостатым докýменты вообще не полагаются. См. *А хвостатым докýменты вообще...*

ХИТРОСТЯМИ ДА МАГНЕТИЗМОМ СЧАСТЬЯ ДА ЛЮБВИ НЕ ДОБЬЁШЬСЯ. О необходимости решительных действий в вопросах любви, прямого, честного взгляда на вещи, здорового реализма (**«Формула любви»**).

ХЛОПЦЫ У НАС АБСОЛЮТНО МИРОВЫЕ: ФОРМЕННЫЕ ЗВЕРИ, ВРОДЕ МЕНЯ. Шутливая характеристика друзей, товарищей, какой-л. компании (**«Свадьба в Малиновке»**).

Произносится с одесским акцентом.

ХМЫРЬ ПОВЕСИЛСЯ. О любой нетипичной ситуации, о чём-л. непредсказуемом, неожиданном (**«Джентльмены удачи»**).

Хобот выше, уши шире! См. *Раз, два, три, четыре...*

ХОБОТОВ, ЭТО МЕЛКО (или **ЭТО УПАДОЧНИЧЕСТВО**). Шутливый упрёк в адрес собеседника по любому поводу (**«Покровские ворота»**).

ХОДИ ЛОШАДЬЮ, ЛОШАДЬЮ ХОДИ. Ироничная подсказка человеку, играющему в шахматы; начинай с главного, гляди в корень, будь решителен (**«Джентльмены удачи»**).

ХОДИШЬ-ХОДИШЬ В ШКОЛУ, ПОТОМ БАЦ — ВТОРАЯ СМЕНА! О неожиданном повороте событий, превратностях судьбы, досадной неудаче и т. п. (**«Большая перемена»**).

ХОДУ ОТСЕДОГА! Бежим! Айда! Уносим ноги! (**«Падал прошлогодний снег»**).

Имеется в виду «отсюда».

ХОРОМЫ-ТО ТЕСНЫЕ! Маловата твоя (ваша) квартира! (**«Иван Васильевич меняет профессию»**).

ХОРОФЫЙ МАЛЬФИК! Шутливо о чьей-л. каверзе, проделке, шалости, которая всеми считается невинной, но, тем не менее, нанесла ощутимый вред говорящему (**«Бриллиантовая рука»**).

Имеется в виду «хороший мальчик»; говорящий мимикой и артикуляцией имитирует речь, затрудненную из-за физического повреждения лица.

ХОРОШАЯ ДЕВОЧКА ЛИДА... Шутливо о девочке, девушке по имени Лидия, а также о любой девочке, девушке (**«Операция «Ы» и другие приключения Шурика»**).

Строчка из популярного в 60-е годы стихотворения Я. Смелякова.

ХОРОШАЯ ПОГОДА, КРАСИВАЯ ЖЕНЩИНА И НЕМНОЖКО СВОБОДНЫХ ДЕНЕГ — ЧТО ЕЩЁ НУЖНО ДЛЯ МУЖЧИНЫ, НЕ ПРАВДА ЛИ?.. Шутливо о мужском счастье, о том, что необходимо мужчине (**«Подвиг разведчика»**).

Обычно произносится с лёгкой картавостью.

ХОРОШЕЕ ДЕЛО! Выражение возмущения, несогласия и т. п. (**«Подкидыш»**).

ХОРОШИЙ ЧЕЛОВЕК: СОЛОНКУ СПЁР И НЕ ПОБРЕЗГОВАЛ. О ком-л., бесцеремонно себя ведущем, а также ироничная характеристика любого человека (**«Формула любви»**).

Хорошими делами прославиться нельзя. См. *Кто людям помогает...*

ХОРОШО ВОСПИТАННАЯ МАРТЫШКА СНАЧАЛА ПРЕДЛОЖИТ БАНАН ТОВАРИЩУ. Реплика, адресуемая говорящим собеседнику, который с ним не поделился чем-л., шутливый намёк на скупость собеседника (**«38 попугаев»**).

Хорошо жить! — А жить хорошо — ещё лучше. То же, что *Жить хорошо! — А хорошо жить ещё лучше! — Верно!*

ХОРОШО, МОЖЕШЬ СДЕЛАТЬ ДЕСЯТЬ ШАГОВ. У ТЕБЯ ЕСТЬ ВРЕМЯ ОДУМАТЬСЯ. ДЕСЯТЫЙ ШАГ БУДЕТ ТВОИМ ПОСЛЕДНИМ ШАГОМ. Ироничная угроза в адрес собеседника (**«Подвиг разведчика»**).

ХОРОШО МЫСЛИШЬ, РАЗВЕДКА. Правильно думаешь, молодец (**«Место встречи изменить нельзя»**).

ХОРОШО СИДИМ! Реплика, сопровождающая застолье (**«Осенний марафон»**).

ХОРОШО!.. ТИХАЯ СЕМЕЙНАЯ ЖИЗНЬ... НЕ НУЖНО ДУМАТЬ, КУДА ИДТИ ВЕЧЕРОМ... УЖАС! Иронично о семейной жизни (**«Соломенная шляпка»**).

Произносится с нарочито резкой сменой эмоционального настроя на последнем слове: от мечтательности к отчаянию.

ХОРОШО УСТРОИЛИСЬ, ПОУЖИНАЛИ, МУЗЫЧКУ... Здорово вы живете, ничего не скажешь, уютненько у вас и т. п.; чаще с заметным элементом иронии (**«Ирония судьбы, или С лёгким паром»**).

ХОРОШО, ЧТО ВЫ... ЗЕЛЁНЫЙ... И ПЛОСКИЙ. Шутливо о любых особенностях внешности, гардероба, манер и т. п. собеседника (**«Крокодил Гена»**).

ХОРОШО, ЧТО ЕЩЁ ВООБЩЕ ЖИВУ. Шутливо в ответ на чью-л. реплику «вы плохо выглядите» (**«Семнадцать мгновений весны»**).

ХОТЯ И ПОЛЕМИЧНО, НО ЛОГИЧНО. Утверждение, заявление сомнительное, спорное, но в нём есть резон, рациональное зерно (**«Варвара-краса, длинная коса»**).

ХОЧЕТСЯ, ЧТОБЫ ДУША РАЗВЕРНУЛАСЬ... И СРАЗУ СВЕРНУЛАСЬ. О каком-л. желании, чаще о желании отдохнуть, расслабиться (**«Свадьба в Малиновке»**).

Хочешь большой, но чистой любви? Тогда приходи, как стемнеет, на сеновал. См. *Сиротка, подь сюды...*

ХОЧЕШЬ, КОНФЕТКУ ДАМ? — ДА. — НЕТУ. Иронично-обманный диалог (**«Не горюй!»**).

Произносится с грузинским акцентом.

ХОЧУ С ВАМИ ПОРАЗГОВАРИВАТЬ МАНЕНЬКО, А ТО ТАК ПОВОРАЧИВАЕТСЯ, ЧТО БОЛЕЕ МЫ С ВАМИ НЕ УВИДИМСЯ. Изъявление желания поговорить, побеседовать с кем-л., чаще в ситуации, когда предстоящий разговор не обещает ничего хорошего для собеседника (**«Адъютант его превосходительства»**).

Произносится с нарочито просторечными чертами.

ХОЧУ УГНАТЬ МАШИНУ, А ВЫ МЕНЯ ЗАДЕРЖИВАЕТЕ. Шутливый ответ на вопрос «что вы делаете?» (**«Берегись автомобиля»**).

ХОЧУ, ХАЛВУ ЕМ, ХОЧУ — ПРЯНИКИ. Что хочу, то и делаю, я сам себе хозяин, могу себе всё позволить (**«Девчата»**).

ХРЕНОВАТО ТУТ У ВАС! Реплика, которой говорящий выражает недовольство ситуацией, обстановкой, в которую он только что попал (**«Освобождение»**).

Хрен с ней, давай психическую. См. *Психическая? Ну, хрен с ней...*

Хрену к ней не хватает. См. *Это не рыба, нет...*

ХУДОЖЕСТВЕННЫЙ АНСАМБЛЬ ИМЕНИ КУРАМ НАСМЕХ. Шутливо о любом ансамбле, музыкальном коллективе, также любой компании и т. п. (**«Волга-Волга»**).

ХУДОЖНИК ЛЯПИН, АБСТРАКЦИОНИСТ ПРОКЛЯТЫЙ. Шутливо о любом художнике, творческой личности (**«Родня»**).

ХУДОЙ, КАК ВЕЛОСИПЕД. Шутливо о худом человеке (**«Люди и манекены»**).

Хулиганы зрения лишают! См. *Помогите!..*

Ц

Царевна Будур!.. То же, что *Дочь наша Будур!*

ЦАРСКИЕ ШМОТКИ. ОДЕВАЙСЯ — ЦАРЁМ БУДЕШЬ! Иронично о любой одежде (**«Иван Васильевич меняет профессию»**).

ЦАРЬ, ОЧЕНЬ ПРИЯТНО... ОЧЕНЬ ПРИЯТНО, ЦАРЬ... Шутливое самопредставление при знакомстве с кем-л., чаще в ситуации, когда необходимо представиться большому числу людей (**«Иван Васильевич меняет профессию»**).

ЦАРЬ ПРИКАЖЕТ — ДУРАКИ НАЙДУТСЯ. Шутливо в ответ на чью-л. реплику, типа «я не дурак», «дураков нет», «ищи дурака» и т. п. (**«По щучьему велению»**).

ЦАРЯ! ЦАРЯ! ШАЙБУ! ШАЙБУ! Ироничное требование кого-л. позвать, вызвать (**«Иван Васильевич меняет профессию»**).

Цветное не пью. См. *Я цветное не пью.*

Цесарочка тоже очень красивая птичка... См. *Да это что, Парася Никаноровна...*

ЦИАНИСТЫЙ КАЛИЙ. ОДНОЙ КАПЛИ ХВАТИТ, ЧТОБЫ ОТРАВИТЬ ВСЮ ГРУЗИЮ. НАКАПАЕМ В РУЧЕЁК? Шутливо о каком-л. напитке, растворе и т. п. (**«Не горюй!»**).

Произносится с грузинским акцентом.

ЦИ́ГЕЛЬ, ЦИ́ГЕЛЬ, А́Й ЛЮЛЮ́... Призыв поторопиться, делать что-л. скорее, проворнее (**«Бриллиантовая рука»**).

ЦУРЮК, Я ТЕБЕ ГОВОРЮ! А ну назад, уходи, прекрати и т. п. (**«Цирк»**).

От немецкого Zurück — назад.

ЦЫЦ, ВСЁ МОЖНО, ЕЖЕЛИ ОСТОРОЖНО! Любое дело можно сделать, если подойти к нему с умом, хорошенько обдумав (**«Варвара-краса, длинная коса»**).

Ч

ЧАЙ ХОЧУ. Шутливый ответ на вопрос «что вы хотите?», «чего тебе надо?» и т. п. (**«Мимино»**).

Произносится с кавказским акцентом.

ЧАПАЕВ НИКОГДА НЕ ОТСТУПАЛ! Я никогда не откажусь от намеченного, добьюсь цели, выполню задачу (**«Чапаев»**).

Чапай думать будет! См. *Тихо, граждане, Чапай...*

ЧАСТИЧНО БЛОНДИНИСТЫЙ ЖЕНИХ. Шутливо о женихе, ухажоре (**«Республика ШКИД»**).

ЧЕБУРАШКА, ТЫ НАСТОЯЩИЙ ДРУГ! Спасибо, ты настоящий друг, я тебе очень благодарен (**«Чебурашка»**).

ЧЕГО ВЫ МЕНЯ ВСЁ ВРЕМЯ РОНЯЕТЕ? 1. Будьте осторожней, внимательней. **2.** Имитация пьяного состояния (**«Ирония судьбы, или С лёгким паром»**).

Чего же тебе ещё надо, собака? См. *Ах, боярыня...*

ЧЕГО Ж ТЫ МОЛЧИШЬ, СВОЛОЧЬ? 1. Не молчи, говори что-нибудь. **2.** Что ж ты раньше молчал? Почему не сказал, не сообщил (что-то ценное)? (**«Иван Васильевич меняет профессию»**).

Чего тебе, кооператив строить? См. *А чего тебе, кооператив строить?*

ЧЕГО ТЫ ОРЁШЬ, ТЫ, МЫШЬ БЕЛАЯ!.. Не кричи, заткнись (**«Люди и манекены»**).

Чего-чего... Зрение слабое. См. *Дядя Степан, ихний кучер...*

Чего это вы здесь делаете? А? См. *А чего это вы здесь делаете?..*

Чего это он, а? — Чего-чего... Зрение слабое. См. *Дядя Степан, ихний кучер...*

ЧЕГО ЭТО ОНИ? — МОРДЫ ДРУГ ДРУГУ БЬЮТ ИЛИ ЕДУ ДЕЛЯТ. — НЕТ, ТАНЦЫ ТАНЦУЮТ. Шутливый диалог, комментирующий какую-л. потасовку, драку, конфликт и т. п. (**«Республика ШКИД»**).

ЧЕГО ЭТО У ТЕБЯ, ИЗ ЛЯГУШЕК ЧТО ЛИ? Неодобрительно о каком-л. блюде, в адрес человека, его приготовившего (**«Девчата»**).

ЧЕЙ ТУФЛЯ? — МОЁ. 1. О чём-л., внезапно обнаруженном. **2.** Пародирование чьей-л. неграмотной речи (**«Кавказская пленница»**).

Человек-бассейн. См. *Али-Гусейн...*

ЧЕЛОВЕК ДОЛЖОН РАСТИ НА СВОБОДЕ, КАК ЦВЕТОК. Иронично о воспитании, о предоставлении свободы в воспитании (**«Люди и манекены»**).

Произносится с имитацией просторечных черт.

Человек, достигший вершин лондонского дна. См. *Вы, человек, достигший...*

ЧЕЛОВЕЧЕСКИЙ ДЕТЁНЫШ. Шутливо о ребёнке (**«Маугли»**).

См. также *Человеческий детёныш мой!*

ЧЕЛОВЕЧЕСКИЙ ДЕТЁНЫШ МОЙ! Шутливое выражение своих неотъемлемых, законных прав на что-л. (**«Маугли»**).

Логическое ударение на «мой».

Челюсть своя и запасная. См. *Скорость — как у гепарда...*

ЧЕМ ВЗВОЛНОВАНЫ, СЭР? Ну, что случилось? Как дела? Какие проблемы? (**«Семеро смелых»**).

Чем ему Англия-то не угодила! См. *Господи, ну чем...*

ЧЕМПИОН ПО ОБНИМАНИЮ! Шутливо о ком-л., кто любит обниматься (**«Карлсон вернулся»**).

Чернилам кровь предпочитаю. См. *Я чернилам...*

Чернявый, с усами и кинжалом. См. *Какой чернявый...*

ЧЁРТОВА БОЛЯЧКА. Шутливо-бранное, чаще о ком-л. навязчивом, приставучем (**«Чапаев»**).

ЧЁРТ ПОБЕРИ... Шутливое ругательство (**«Бриллиантовая рука»**).

Произносится с имитацией англ. акцента [щјорт побјери́]; [р] произносится с англ. картавостью.

Честное злодейское. См. *Вот честное злодейское!*

Читай «Мурзилку» и дыши носом. См. *Имей свои четыре класса...*

ЧИТАТЬ! Призыв делать что-л., предписываемое ситуацией, не выбиваться из общего «хора», осуществлять намеченное (**«Джентльмены удачи»**).

Произносится хриплым, якобы простуженным голосом.

𝄞 **ЧИ́ТО-ГРИ́ТО-ЧИ́ТО-МАРГАРИ́ТО-ДА́!** Приговорка, употребляющаяся в самых разных ситуациях, как правило, нестандартных, или сопровождающая какие-л. действия говорящего (**«Мимино»**).

Произносится (напевается) с кавказским акцентом.

ЧТОБ ДОШЛО ДО УМА, ДО СЕРДЦА, ДО ПЕЧЁНОК И ДО ОСТАЛЬНОГО ТВОЕГО ГНИЛОГО ЛИВЕРА. О чём-л., что надо сделать основательно, подробно, вдумчиво (**«Место встречи изменить нельзя»**).

ЧТОБ ЗАВТРА НИ В ОДНОМ ГЛАЗУ. А ПОТОМ ПОГОВОРИМ. Смотри у меня, чтоб всё было в порядке (**«Добро пожаловать, или Посторонним вход воспрещён»**).

ЧТОБ ТЕБЕ ПОНЯТНО БЫЛО, Я ИЗ ЧК. Шутливая угроза (**«Адъютант его превосходительства»**).

ЧТОБ ТЫ ЖИЛ НА ОДНУ ЗАРПЛАТУ. Чтоб тебя чёрт побрал! Будь ты проклят! (**«Бриллиантовая рука»**).

ЧТОБЫ НИКТО ИЗ НАС, КАК БЫ ВЫСОКО ОН НИ ЛЕТАЛ, НИКОГДА НЕ ОТРЫВАЛСЯ ОТ КОЛЛЕКТИВА. Шутливый тост (**«Кавказская пленница»**).

Произносится с имитацией кавказского акцента.

Чтоб я видел его в гробу, в белых тапочках. То же, что *Видел я его в гробу, в белых тапочках.*

Что вам больше всего во мне нравится? — Жилплощадь. См. *А что вам больше всего во мне нравится?..*

ЧТО, ВАС УЖЕ ВЫПУСТИЛИ ИЗ СУМАСШЕДШЕГО ДОМА? Ироничное обращение к кому-л., кто повёл себя странно, глупо (**«Иван Васильевич меняет профессию»**).

Произносится подчёркнуто спокойно, безмятежно.

ЧТО ВОЛЯ, ЧТО НЕВОЛЯ — ВСЁ РАВНО, ВСЁ РАВНО. Фраза, которой говорящий шутливо выражает безразличие к чему-л. или согласие с чем-л.; с каким-л. предложением собеседника и т. п. (**«Марья-искусница»**).

Что вы психа из меня делаете? См. *Ну что вы психа из меня делаете?..*

Что вы скажете, студент, на этот пейзаж? См. *Ну, что вы скажете, студент...*

ЧТО ВЫ, СЛОВНО МАЛЬЧИК, НАПУСКАЕТЕ ТУМАН? ИЛИ ВАС ЗОВУТ МОНТЕ-КРИСТО? Призыв говорить прямо, начистоту, не темнить (**«Семнадцать мгновений весны»**).

Что делать! Пьянству — бой. См. *Ну-с, придётся...*

ЧТО ДЕЛАТЬ!.. ТАКОВА СЕЛЯВИ, КАК ГОВОРЯТ У НИХ. А что поделать, ничего не поделаешь, нужно примириться с ситуацией (**«Бриллиантовая рука»**).

От французского c'est la vie — такова жизнь.

Что если мы возьмём и образуемся на пару! См. *Лапуленька...*

Что же мне, из горлышка булькать? См. *Ты видишь: человек без стакана!..*

ЧТО ЖЕ ЭТО ТАКОЕ, НА СОВЕРШЕННО ЖИВЫХ ЛЮДЕЙ НАЕЗЖАЮТ. Ироничное возмущение, чаще в ситуации, когда водитель ведёт себя неаккуратно по отношению к пешеходу (**«Подкидыш»**).

Что ж мне, всю жизнь по этой пустыне мотаться?!. См. *Ну что ж мне...*

Что ж ты делаешь-то... при парнишке-то... См. *Ваше благородие... барин...*

ЧТО ЗА ЁЛКИ-МЕТЁЛКИ? — ЁЛКИ-МОТАЛКИ! Ироничный диалог, разыгрываемый в ситуации, когда необходимо подчеркнуть абсурдность, нелепость происходящего (**«Формула любви»**).

Что за стату́й? См. *Это ещё что за статуй?*

ЧТО ЗА ШУМ В БЛАГОРОДНОМ СЕМЕЙСТВЕ? Что за шум? (**«Большая перемена»**).

ЧТО ЗНАЧИТ ЛЮБОВЬ К ЖЕНЩИНЕ ПО СРАВНЕНИЮ С ЛЮБОВЬЮ К ИСТИНЕ? Шутливо о приоритете вечных истин над суетой, сиюминутными проблемами и т. п. (**«Формула любви»**).

ЧТО ЗНАЮТ ДВОЕ, ТО ЗНАЕТ СВИНЬЯ. О необходимости строго хранить тайну, секрет; о том, что какая-л. секретная информация, доступная двоим, неминуемо станет достоянием всех (**«Семнадцать мгновений весны»**).

Что мне воши! Что я, из-за этого буду всю мою мужскую красоту портить?!. См. *Да что мне воши!..*

ЧТО? МНЕ — В ЭТОМ?.. В ОДНОБОРТНОМ? ДА ВЫ ЧТО?!. НЕ ЗНАЕТЕ, ЧТО В ОДНОБОРТНОМ СЕЙЧАС УЖЕ НИКТО НЕ ВОЮЕТ? БЕЗОБРАЗИЕ! МЫ НЕ ГОТОВЫ К ВОЙНЕ. Шутливый отказ надеть какую-л. вещь: пиджак, пальто и т. п. (**«Тот самый Мюнхгаузен»**).

ЧТО НАМ ДЕЛАТЬ, ЗЛОДЕЯМ НЕСЧАСТНЕНЬКИМ! Что же мне (нам) делать! Как же мне (нам) быть! (часто в ситуации, когда у говорящего провалилось какое-л. заранее запланированное мероприятие) (**«Марья-искусница»**).

Что натворили эти босяки! См. *Ай-ай-ай, что натворили эти босяки!*

ЧТО, ПЕРЕПУГАЛИСЬ, ПЕСКАРИКИ НЕРАЗУМНЫЕ? Ну что, испугались? Страшно? (**«Марья-искусница»**).

ЧТО ПИЛ? — ЗУБРОВКУ. — ПРАВИЛЬНО. Шутливый диалог, разыгрываемый в любой ситуации, чаще, когда один говорящий находит другого, который прячется, скрывается и т. п. (**«Семь стариков и одна девушка»**).

Что ребёнку делать, если у него слуху нету, а деньги есть? См. *А что ребёнку делать...*

ЧТО С ЕГО ВЗЯТЬ? КИНДЕР... Иронично о ребёнке или рассеянном, наивном и т. п. взрослом человеке (**«Покровские ворота»**).

От немецкого Kinder — ребята, дети; «что» произносится как [шо].

ЧТО СИЕ ЗНАЧИТ? Это ещё что такое, что это за... (**«Формула любви»**).

𝄞 **ЧТО, СОБСТВЕННО, И СДЕЛАЛО СЮЖЕТ.** О чём-л., коренным образом повлиявшем на ход развития событий, о событии, ставшем завязкой конфликта, действия, интриги и т. п. (**«Соломенная шляпка»**).

Что, старшой, окропим снежок красеньким? См. *Ну что, старшой...*

ЧТО ТАКОЕ?! Выражение недовольства, как правило, в ситуации, когда что-л. неожиданно мешает осуществлению ранее намеченных планов говорящего (**«Здравствуйте, я ваша тётя!»**).

Произносится со специфической интонацией, подчёркивающей недовольство, досаду: тон повышается на «о» в первом слове, и усиливается ударение на «о» во втором слове («о» становится похожим на «у»).

— Что такое «ультиматум»? — Это такое международное слово: «бить будем». См. *А что такое «ультиматум»?..*

Что-то мне не нравится здешний режим. Чует моё сердце, что мы накануне грандиозного шухера! См. *Слушай, что-то мне не нравится здешний режим...*

ЧТО-ТО МНЕ НЕ НРАВИТСЯ ЭТОТ НЮРНБЕРГСКИЙ ПАРАД, ЭТИ ЖАБЫ УЖЕ ЧТО-ТО ПРИДУМАЛИ. Что-то мне всё это не нравится, как-то всё это плохо, подозрительно (**«Два бойца»**).

Произносится с одесским акцентом; начальный слог в слове «нюрнбергский» произносится как [н'ј́ун-].

ЧТО ТЫ МОЛЧИШЬ, КАК РЫБА ОБ ЛЁД? Почему ты молчишь? Не молчи, говори что-нибудь (**«Свадьба в Малиновке»**).

Произносится с одесским акцентом.

ЧТО ТЫ ОРЁШЬ, ТЫ ЖЕ МНЕ ВСЮ РЫБУ РАСПУГАЕШЬ! Не кричи, тише, помолчи! (**«Карлсон вернулся»**).

ЧТО ТЫ ХОЧЕШЬ: ЧТОБЫ ТЕБЕ ОТОРВАЛИ ГОЛОВУ ИЛИ ЕХАТЬ НА ДАЧУ? Шутливая альтернатива, предлагаемая собеседнику, чаще в ситуации, когда говорящий явно диктует свои условия, навязывает свою волю (**«Подкидыш»**).

ЧТО, У ВАС СРЕДСТВОВ НЕТУ? У тебя (вас) денег, что ли, нет? (**«Зима в Простоквашино»**).

ЧТО У ТЕБЯ БОЛИТ? — СОВЕСТЬ. Шутливый диалог, разыгрываемый в ситуации, когда собеседник провинился и раскаивается (**«Старики-разбойники»**).

ЧТО ХАРАКТЕРНО... Выражение, неоднократно повторяемое в ходе разговора с целью иронично подчеркнуть простоту, народность и т. д. говорящего (**«Любовь и голуби»**).

ЧТО ЭТО ЗА НАРОДНОЕ ТВОРЧЕСТВО? Это ещё что такое? Что это за ерунда? Чушь какая-то! (**«Зима в Простоквашино»**).

Произносится с «кошачьими» интонациями.

ЧТО ЭТО ЗА ПРУТИКИ? Иронично в ситуации, когда что-л. очень серьёзное, опасное кажется говорящему незначительным (**«Цирк»**).

ЧТО ЭТО МНЕ ВДРУГ ТАК ДОМОЙ ЗАХОТЕЛОСЬ! Иронично: ну мне пора, я пошёл; обычно в опасной, двусмысленной и т. п. ситуации (**«Малыш и Карлсон»**).

ЧТО ЭТО МЫ ВСЁ БЕЗ МОЛОКА И БЕЗ МОЛОКА?.. ТАК И УМЕРЕТЬ МОЖНО. Иронично об отсутствии чего-л. (**«Трое из Простоквашино»**).

Что я в тебя такой влюблённый? См. *И шо я в тебя такой влюблённый?*

Что я, из-за этого буду всю мою мужскую красоту портить?!. См. *Да что мне воши!..*

ЧУВСТВА-С! Ироничный ответ на любой вопрос собеседника о причинах чего-л. (**«Женитьба Бальзаминова»**).

Чувствуйте себя как дома, но не забывайте, что вы в гостях. То же, что *Будьте как дома, но не забывайте, что вы в гостях.*

ЧУДАК НА БУКВУ «МЭ». Бранное (**«Калина красная»**).

Имеется в виду «мудак»; выражение, по всей видимости, употреблялось и раньше, но фильм заметно усилил его популярность.

ЧУДИЛО-КРОКОДИЛО. Иронично-бранное (**«Служили два товарища»**).

ЧУДО-ЮДО БОЛОТНОЕ, БЕЗЗАКОННОЕ. Шутливо о любом человеке (**«Марья-искусница»**).

Чует мое сердце, что мы накануне грандиозного шухера! См. *Слушай, что-то мне не нравится здешний режим...*

ЧУТЬ ЧТО, ТАК СРАЗУ КОСОЙ! Чуть что, так я! Почему я, а не другой? (**«Джентльмены удачи»**).

Ш

ШАЙТАН В ЮБКЕ. Иронично о злой, хитрой и т. п. женщине (**«Ханума»**).

ШАКАЛ Я ПАРШИВЫЙ: ВСЁ ВОРУЮ, ВОРУЮ... Иронично о себе, о своём недостойном образе жизни (**«Джентльмены удачи»**).

Произносится со среднеазиатским акцентом.

ШАЛЯПИН НЕДОРЕЗАННЫЙ. Шутливо о плохо поющем человеке (**«Республика ШКИД»**).

ШАМО́ВКИ НА СТО ПУЗ. О большом количестве еды, об обильной трапезе (**«Республика ШКИД»**).

ШАМПАНСКОЕ ПО УТРАМ ПЬЮТ ИЛИ АРИСТОКРАТЫ ИЛИ ДЕГЕНЕРАТЫ. Иронично о том, кто пьёт по утрам шампанское, и шире — о тех, кто опохмеляется (**«Бриллиантовая рука»**).

Произносится с украинским акцентом.

ШАНСОНЬЕ, СОБАКИ... Бранное (**«Калина красная»**).

Шапочку-то придётся снять. См. *А шапочку-то...*

Шарик, ты — балбес! См. *Поздравляю тебя, Шарик...*

Шаркнули по душе! См. *Ну, шаркнули по душе!*

ШЕКСПИР! ТОЛЬКО НЕ ПОМНЮ, КАКАЯ ВЕЩЬ. Ироничная реакция на чьё-л. нелепое неуместное высказывание (**«Карнавальная ночь»**).

ШЕСТИНОГИЕ ВОСЬМИКРЫЛЫЕ СТРЕКОЗОИДЫ. Шутливо о чём-л. несуразном, абсурдном; о глупых, примитивных людях (**«Отроки во Вселенной»**).

ШЕСТЬ ДНЯ. Шутливый ответ на вопрос «который час?» (**«Тот самый Мюнхгаузен»**).

ШИКАРНЫЙ ПЛАН, ШЕФ! Очень хорошо, замечательно, я полностью согласен, я в восхищении! (**«Бриллиантовая рука»**).

Последний согласный звук в слове «шеф» произносится как губно-губной фрикативный [w] (имитируется южно-русская диалектная черта или украинский акцент).

ШИК, БЛЕСК, КРАСОТА! ТРА-ТА-ТА, АЙН-ЦВАЙ-ТРАЛЯЛЯ, УВОЛЯ! Выражение восторга, восхищения, радости и т. п. (**«Цирк»**).

Шутливое макароническое смешение французских, русских, немецких слов.

Шилов, убей его! См. *Убей его, Шилов...*

𝄞 **ШИРОКА, ГЛУБОКА, СИЛЬНА.** Шутливо о чём-л., часто о женщине (**«Волга-Волга»**).

Шкаф продан, есть никелированная кровать... с тумбочкой. См. *У вас продается славянский шкаф?..*

ШЛЯПУ СНИМИ! Призыв убрать что-л., мешающее делу (**«Кавказская пленница»**).

Произносится с имитацией кавказского акцента, с логическим ударением на «шляпу».

Шнурки тебе не погладить? См. *А шнурки...*

ШПИОНОВ, КОТОРЫЕ РАССКАЗЫВАЮТ ВСЁ, НЕ РАССТРЕЛИВАЮТ, ПРАВДА? Я всё сказал, передал тебе (вам) всю известную мне информацию, оцени(те) по достоинству моё усердие, мою откровенность (**«Подвиг разведчика»**).

Произносится нарочито эмоционально, заискивающе.

ШТИРЛИЦ, А ВАС Я ПОПРОШУ ОСТАТЬСЯ... ЕЩЁ НА ОДНУ МИНУТУ... Реплика, которой говорящий передаёт некое зловеще-ироничное предупреждение собеседнику, даёт ему понять, что у него (говорящего) есть весьма неприятный для собеседника сюрприз (**«Семнадцать мгновений весны»**).

На слове «вас» тон повышается, на «остаться» — логическое ударение, перед «ещё на одну минуту» — многозначительная пауза.

Штирлиц подумал... То же, что *Подумал Штирлиц...*

Употребляется в начале фразы.

ШТУКИ, ТРЮКИ, ПОБАСЁНКИ... То да сё, то одно, то другое, ерунда всякая, чёрт знает что (при выражении неудовлетворённости чем-л., несерьёзностью, излишней поверхностностью чего-л.) (**«Весна»**).

ШУЛЬБЕРТ. Шутливо о ком угодно, чаще о композиторе, музыканте (**«Волга-Волга»**).

Вероятно, контаминация «Шуберт» и «шулер».

ШУРИК! А МОЖЕТ, НЕ НАДО?.. Просьба не делать что-л. нежелательное, неприятное для говорящего (**«Операция «Ы» и другие приключения Шурика»**).

См. также *Надо, Федя...*

Произносится нарочито робко, плаксивым голосом.

ШУРИК! ТЫ КОМСОМОЛЕЦ? ЭТО ЖЕ НЕ НАШ МЕТОД! Выражение несогласия, недоумения, досады по какому-л. поводу (**«Операция «Ы» и другие приключения Шурика»**).

ШУТИЛ, ТЕПЕРЬ НЕ ШУЧУ!.. ЗА КРОВЬ ПРЕДАННЫХ ТОБОЮ ЛЮДЕЙ, ПРАВОМ И ВЛАСТЬЮ, ДАННЫМИ МНЕ РОДИНОЙ! Реплика, которой говорящий сопровождает расправу над кем-л., к примеру, избиение, взымание штрафа и т. п. (**«Подвиг разведчика»**).

ШУТКА. Слово, употребляемое говорящим после того, как он испугал собеседника (**«Бриллиантовая рука»**).

При этом говорящий широко улыбается, изображая дружелюбие. Имитируется кавказский акцент ([шш’] вместо [ш]).

ШУТКИ ШУТКАМИ, НО МОГУТ БЫТЬ И ДЕТИ. Это, конечно, всё хорошо, но надо думать и о последствиях (**«Люди и манекены»**).

Щ

ЩИ ЛАПТЕМ ХЛЕБАЕШЬ, И ДОВОЛЕН, ЧТО ТЕБЯ К ЛОЖКЕ НЕ ПРИУЧИЛИ. Пренебрежительно в адрес человека, который некультурен и всячески подчёркивает свою некультурность (**«Котовский»**).

ЩУЧЕНЬКА, ОТПУСТИТЕ МЕНЯ, Я ВОЛШЕБНОЕ СЛОВО ЗНАЮ: ПОЖАЛУЙСТА. Отпусти меня, не наказывай, я больше не буду (**«Падал прошлогодний снег»**).

ЩУЧИЙ СЫН. Бранное (**«Иван Васильевич меняет профессию»**).

См. также *Молись, щучий сын.*

Э

Эгоист я. Понял? См. *Ничего у тебя не выйдет...*

𝄞 **ЭЙ, ВРАТАРЬ, ГОТОВЬСЯ К БОЮ!** Призыв быть начеку, не расслабляться (**«Вратарь»**).

ЭЙ ВЫ, КРАСНЫЕ ОШЕЙНИКИ! Иронично о пионерах (**«Республика ШКИД»**).

ЭЙ, ГОЛОНОГИЙ, БУБЕН ПОТЕРЯЕШЬ! Шутливо в адрес пионера, а также в адрес любого человека (**«Республика ШКИД»**).

ЭЙ, ЗАЙЧИК, ПОДОЖДИ, НУ ПОГОДИ!.. Подожди, куда же ты?.. (**«Падал прошлогодний снег»**).

См. также *Ну, заяц, погоди!*

ЭЙ, КАРАСИК, СПОРТСМЕН ЖАРЕНЫЙ! Реплика-«дразнилка» в адрес неловкого, неумелого человека (**«Вратарь»**).

«Эйн, цвей, дрей», что в переводе означает «один, два, три, четыре». См. *Сейчас я произнесу магические слова...*

𝄞 **ЭЙ, ТОВАРИЩ, БОЛЬШЕ ЖИЗНИ!** Призыв действовать более энергично, активно, не падать духом (**«Вратарь»**).

ЭЙ, ХОЗЯИН! ПРИКУРИТЬ ЕСТЬ? 1. Обращение при неожиданной встрече. **2.** Обращение к человеку, который занят чем-л. и не замечает происходящего (**«Белое солнце пустыни»**).

ЭКЗАМЕН ДЛЯ МЕНЯ ВСЕГДА ПРАЗДНИК! Иронично о настроении перед экзаменом (**«Операция «Ы» и другие приключения Шурика»**).

Экскремент хочу сделать. См. *Я это... экскремент хочу сделать.*

Элементарно, Ватсон! См. *Но это же элементарно...*

ЭЛЕМЕНТЫ СЛАДКОЙ ЖИЗНИ! Шутливо-неодобрительно о ком-л., кто любит роскошь, покупает дорогие вещи и т. п. (**«Бриллиантовая рука»**).

ЭЛЬ СКАНДАЛЬ. Скандал, ссора и т. п. (**«Формула любви»**).

См. также *Не будем устраивать эль скандаль при посторонних.*

ЭМАНСИПАЦИЯ — ЭТО КОГДА БАБЫ МУЖИКОВ НАСИЛУЮТ. Иронично об эмансипации (**«Брюнетка за тридцать копеек»**).

«Эм» и «жо». См. *Строго на север...*

Э, МИЛЫЙ, ТЫ ЕЩЁ И РАСТРАТЧИК! 1. Выражение разочарования по поводу чьих-л. низких личных качеств, кто-л. не оправдал надежд, оказался хуже, чем ожидали. **2.** О транжире, моте (**«Люди и манекены»**).

Э, НЕТ, ДЕЛЬЦЕ ОБДЕЛАНО, ДОРОГОЙ ЗЯТЁК! Всё, дело сделано, обратного пути нет — в обращении к любому человеку, обычно если он хочет вернуть что-л. потерянное (**«Золушка»**).

ЭТА НОГА У ТОГО, У КОГО НАДО... НОГА. Нет, это затрагивать не надо, в этом нет никаких сомнений, это «святое», за это я ручаюсь (**«Берегись автомобиля»**).

ЭТИ ДУРЫ ШЕСТИЭТАЖНЫЕ. О ком-л. или о чём-л. несоразмерно крупном, громоздком, неповоротливом (**«Люди и манекены»**).

ЭТИ ЖАБЫ НЕ ДОЖДУТСЯ, ЧТОБЫ АРКАДИЙ ДЗЮБИН УМЕР. Не бывать этому! Чтоб я пропал! Да ни за что! (**«Два бойца»**).

Произносится с одесским акцентом.

Эти жабы уже что-то придумали. См. *Что-то мне не нравится этот нюрнбергский парад...*

ЭТИ МУЗЫКАНТЫ, ЭТИ ХУДОЖНИКИ... ЭТИ РЕВМАТИКИ, СКЛЕРОТИКИ... ПРОЧИЙ ОТРЯД ФИЗИЧЕСКИ МАЛОМОЩНЫХ ХЛИПАКОВ. Иронично о людях творческих профессий, а также об интеллигенции в целом (**«Люди и манекены»**).

ЭТО, БРАТ, МАРКСИЗМ. ОТ НЕГО НИКУДА НЕ ДЕНЕШЬСЯ. НАУКА. Шутливо о чём-л., что нельзя изменить, о каком-л. непреодолимом препятствии, о судьбе, роке (**«Свой среди чужих, чужой среди своих»**).

Это был такой мужчина! Это что-то!.. См. *Ох! Дон Педро!..*

ЭТО ВООБЩЕ НЕСЛЫХАННО, РЕБЯТ: ДОКТОР ОТКАЗЫВАЕТСЯ ПИТЬ ЗА ЗДОРОВЬЕ. 1. Шутливо в ответ на чей-л. отказ выпить. **2.** О какой-л. странной, несуразной, абсурдной ситуации (**«Ирония судьбы, или С лёгким паром»**).

Чаще произносится с имитацией речи пьяного.

ЭТО... ВРЯД ЛИ! Выражение сомнения в словах собеседника или твёрдой уверенности в том, что собеседник не прав (**«Белое солнце пустыни»**).

Произносится со специфической интонацией, с паузой после «это».

Это — всё время тебе... См. *Это тебе, это мне...*

ЭТО ГОВОРЮ Я, ШЕР-ХАН! Шутливое подчёркивание своего авторитета (**«Маугли»**).

ЭТО ДИЧЬ? — ДИЧЬ. Шутливо о чём-л., к чему собеседники питают недоверие, в чём явно сомневаются (**«Бриллиантовая рука»**).

ЭТО ЕГО УТЕШИТ. О чём-л., что может помочь кому-л. (**«Винни Пух и день забот»**).

ЭТО ЕЩЁ ОДНА ПРИЧИНА, ПО КОТОРОЙ ВЫ НЕ СМОЖЕТЕ БЫТЬ РАЗВЕДЧИКОМ! Шутливо о каком-л. недостатке, какой-л. слабости собеседника (**«Подвиг разведчика»**).

ЭТО ЕЩЁ ЧТО ЗА СТАТУЙ? Это еще кто такой? (**«Свадьба в Малиновке»**).

Произносится с одесским акцентом.

ЭТО ЖАЗЕЛЬ, ФРАНЦУЖЕНКА. Я ПРИЗНАЛ ЕЁ, ПО НОГЕ. Шутливо о любой женщине (**«Формула любви»**).

Произносится с имитацией просторечных черт.

ЭТО ЖЕ НАДО, ИМЕННО МНЕ, И ТАК БОЛЬНО. Ироничное выражение недовольства по поводу боли, оскорбления, причинённых говорящему (**«Новые приключения неуловимых»**).

Произносится с одесским акцентом.

ЭТО ЖЕ ХУЛИГАНСТВО. ПОЛУ́ЧИТЕ ПЯТНАДЦАТЬ СУТОК. Выражение возмущения, недовольства и т. п. (**«Операция «Ы» и другие приключения Шурика»**).

Это же элементарно, Ватсон! См. *Но это же элементарно...*

ЭТО «Ж-Ж-Ж» НЕСПРОСТА. Шутливо о каком-л. подозрительном шуме (**«Винни Пух и его друзья»**).

ЭТО КАКОЙ-ТО ПАЛЕОЛИТ! О чём-л. отсталом, допотопном (**«Покровские ворота»**).

ЭТО МОИ РУСАЛОЧКИ-НЕДОМЕРОЧКИ, ЦЕЛЫЙ ВЫВОДОК. Шутливо о дочках, о подругах, а также о любой группе женщин, девушек (**«Марья-искусница»**).

Это мой друг — джинн. См. *Познакомься, это мой друг — джинн.*

ЭТОМУ МОЛОДОМУ ЧЕЛОВЕКУ ПРОСТО НАДОЕЛО ЖИТЬ. НУ ЧТО Ж, МЫ ЕМУ МОЖЕМ ПОМОЧЬ. Шутливая угроза в адрес кого-л., выражение недовольства чьими-л. действиями (**«Котовский»**).

Обычно произносится с одесским акцентом.

Это называется щёчки!.. См. *А это называется...*

ЭТО НЕ ВАШ АРТИСТ, А МОЙ ВОДОВОЗ. Шутливо по поводу чего-л., что собеседник превозносит, а говорящий считает обыденным, простым, банальным и т. п. (**«Волга-Волга»**).

ЭТО НЕ ЕСТЬ ФАКТ, МЁСЬЕ ДЮК. Это не так, я в этом не уверен, я уверен в обратном (**«Корона Российской Империи»**).

Это не Жазель. Жазель была брюнетка. А эта вся белая. См. *Нет, это не Жазель...*

ЭТО НЕ ЗЕМЛЯ И НЕ АФРИКА, РОДНОЙ. Тут совсем другие законы, не забывай, где ты находишься (**«Кин-дза-дза!»**).

ЭТО НЕ КУРИЦА, ЭТО — УЛАНОВА! Иронично о курице, чаще о тощей, костлявой (**«Осторожно, бабушка!»**).

ЭТО НЕ МОЯ ГОЛОВА. ОПЯТЬ МЕХАНИК ПЕРЕПУТАЛ... Иронично о головной боли, чаще с похмелья (**«Отроки во Вселенной»**).

Это не музей, это хуже забегаловки. См. *Я-то думал, музей как музей...*

ЭТО НЕ ПРОСТО СУМАСШЕДШИЙ ДОМ, А СУМАСШЕДШИЙ ДОМ СО СКВОЗНЯКАМИ. Шутливо о сквозняке (**«Соломенная шляпка»**).

ЭТО НЕ РЫБА, НЕТ. ХРЕНУ К НЕЙ НЕ ХВАТАЕТ. Это совсем не то, это мне не нравится; о чём-л., претендующем на определённый высокий статус, но не выдерживающем критики, не обладающем необходимыми качествами для этого (**«Ирония судьбы, или С лёгким паром»**).

ЭТО НЕ ТЕСТЬ, Э́ТО КУСОК ЛИПКОГО ПЛАСТЫРЯ. Иронично о тесте (**«Соломенная шляпка»**).

ЭТО НЕТИПИЧНО. Неодобрительно о чём-л., выражение недовольства по любому поводу (**«Карнавальная ночь»**).

ЭТО ОБОЙДЁТСЯ ПАПАШЕ ДОРСЕТУ... Иронично при обсуждении цены (обычно высокой) на что-л. (**«Деловые люди»**).

Это — обратно тебе... См. *Это тебе, это мне...*

ЭТО ОН ДЛЯ ПОНТА — СОЛИДНОСТИ ДОБИРАЕТ. Не верь(те) ему, он форсит, набивает себе цену (**«Место встречи изменить нельзя»**).

Это они заучились маненько. См. *Ты не суди их, Никита...*

ЭТОТ ВАСИЛИЙ АЛИБАБАИЧ... ЭТО НЕХОРОШИЙ ЧЕЛОВЕК... МНЕ НА НОГУ БАТАРЕЮ СБРОСИЛ, ПАДЛА! В ситуации, когда человек с трудом подыскивает цензурные выражения для передачи своих эмоций (**«Джентльмены удачи»**).

ЭТО ТВОЁ ГЛУПОЕ, ПОШЛОЕ ПАР ДЭПИ́, НЕДОСТОЙНОЕ МЫСЛЯЩЕГО ЧЕЛОВЕКА. Ты мелок, ты просто хочешь мне противоречить, перестань! (**«Покровские ворота»**).

От франц. par dépit — с досады, от злости.

ЭТО ТВОЁ ЗАДНЕЕ СЛОВО? — ЗАДНЕ́Е НЕ БЫВАЕТ. Иронично: это твое последнее слово? — Да, последнее (**«Кин-дза-дза!»**).

ЭТО ТЕБЕ, ЭТО МНЕ... ЭТО — ОПЯТЬ ТЕБЕ... ЭТО — ОБРАТНО ТЕБЕ... ЭТО — ВСЁ ВРЕМЯ ТЕБЕ... Приговорка, сопровождающая распределение чего-л., когда говорящий явно присваивает бо́льшую часть распределяемого себе (**«Свадьба в Малиновке»**).

Произносится с одесским акцентом.

ЭТОТ ЗОНТИК — БОЛЬШОЙ ОРИГИНАЛ! Шутливо о зонтике или о любом предмете, который вышел из строя, барахлит и т. п. (**«Покровские ворота»**).

ЭТО ТОЧНО. Ироничный комментарий по поводу любого утверждения собеседника (**«Белое солнце пустыни»**).

Произносится как одно фонетическое слово с редукцией последнего слога в *это* и с дополнительным ударением на первом слоге [этто́]чно.

Это ты убил его, Мирон! См. *А ведь это ты убил его, Мирон!*

ЭТО ТЫ УМНЫЙ, А Я ТОЛЬКО ТАК, ПОГУЛЯТЬ ВЫШЕЛ. Ироничное самоуничижение (**«Место встречи изменить нельзя»**).

ЭТО У ВАС, ЖЕНЩИН, КЛЯТВЫ, А У НАС ДЖИННОВ, КАЖДОЕ СЛОВО — ПРАВДА. Шутливо в ответ на чьё-л. требование поклясться чем-л., дать клятву (**«Волшебная лампа Аладдина»**).

ЭТО ФАМИЛИЕ У МЕНЯ ТАКОЕ... Реплика, следующая после представления себя, называния своего имени, фамилии (**«Трое из Простоквашино»**).

Произносится с «кошачьими» интонациями.

ЭТО ЧЕГО В МОЕЙ КАМЕРЕ ПРОИСХОДИТ? Это ещё что такое? Это ещё что за дела? (**«Не может быть!»**).

Это что за личность? См. *А это что за личность?*

ЭТО ЧТО-ТО! Выражение любой положительной эмоции: восторга, одобрения, радости и т. п. (**«Здравствуйте, я ваша тётя!»**).

См. также, например, *Ох, Дон Педро!..; Ах, вы такой любезный мужчина!..*

Произносится со специфической интонацией и артикуляцией: тон повышается на [э] и акцентируется на что[о]; [т] произносится с усиленной смычкой.

ЭТО ШУТКА... ХА-ХА! Я шучу (часто после неудавшейся остроты) (**«Винни Пух и день забот»**).

«Ха-ха» произносится нарочито «печально».

ЭТО Я ПОНИМАЮ: САМ ЖЕНАТ. Иронично-неодобрительно о чём-л., связанном с любовью, романтикой, увлечениями, «высокими чувствами», а также с эротикой, порнографией (**«Карнавальная ночь»**).

ЭТО Я, ПОЧТАЛЬОН ПЕЧКИН, ПРИНЁС ЗАМЕТКУ ПРО ВАШЕГО МАЛЬЧИКА (или **ПРИНЁС ЖУРНАЛ «МУРЗИЛКА»**). Шутливый ответ на вопрос «кто там?» (**«Трое из Простоквашино»**).

ЭТО Я, СУСИК! Шутливый ответ на вопрос «кто ты?», «кто там?» и т. п. (**«Трембита»**).

ЭТО Я УДАЧНО ЗАШЁЛ! Одобрительно об удачном (или наоборот, иронично — о крайне неблагоприятном) стечении обстоятельств (**«Иван Васильевич меняет профессию»**).

Логическое ударение на *удачно*.

ЭТУ КАРТИНУ ШТИРЛИЦ СМОТРЕЛ В ШЕСТОЙ РАЗ. Реплика, комментирующая навязчивое повторение чего-л., уже давно надоевшего, набившего оскомину (**«Семнадцать мгновений весны»**).

ЭХ, БУЛО́ Б ДИ́ЛО! Было бы настоящее дело, было бы в чём себя проявить, показать, продемонстрировать свои лучшие качества! (**«Максим Перепелица»**).

Произносится с украинским акцентом. Діло — укр. дело, було — укр. было.

ЭХ, ГЛАША, ГЛАША, НИКАКИМ ЯЗЫКАМ Я НЕ ОБУЧЕНА, А В ТВОЁМ ПИСЬМЕ РАЗБЕРУСЬ. Уж это-то твоё дело я понимаю очень хорошо, поверь мне, в этом деле я разберусь (**«Свинарка и пастух»**).

ЭХ, ДО ЧЕГО Ж Я СТАРЫХ ДУРАКОВ ЛЮБЛЮ: НАУЧИЛ, НАДОУМИЛ, РАСТОЛКОВАЛ И НИ КОПЕЕЧКИ ЗА ЭТО НЕ ВЗЯЛ. Иронично о бессребренике, идеалисте, альтруисте и т. п. (**«Марья-искусница»**).

ЭХ, КОЗЬМА, КОЗЬМА, КОСТЮМ-ТО У ТЕБЯ ХОРОШ, ДА УМОМ ТЫ БОЛЬНО ТОГО... ПОИЗНОСИЛСЯ! Выглядишь ты хорошо, а ума у тебя маловато; часто о человеке, «бьющем» на эффект, франте, снобе, о неглубоком, поверхностном человеке (**«Свинарка и пастух»**).

ЭХ, МАРФУША, НАМ ЛИ БЫТЬ В ПЕЧАЛИ? Шутливое подбадривание собеседника (**«Иван Васильевич меняет профессию»**).

ЭХ, МОРОЗОВА! Реплика, выражающая любую эмоцию (**«Вызываем огонь на себя»**).

ЭХ, ПИАНИНА, ПИАНИНА! Выражение сожаления, досады по поводу чего-л. (**«Падал прошлогодний снег»**).

ЭХ, СЕЙЧАС БЫ СУПЧИКУ ГОРЯЧЕНЬКОГО, ДА С ПОТРОШКАМИ... Есть хочется, я голоден (**«Место встречи изменить нельзя»**).

ЭХ, СТАРИК, ТРАХ-ТИБИДОХ!.. Иронично о собеседнике, о его слабостях, пороках и т. п. (**«Ну, погоди!»**).

См. также *Трах-тибидох!*

ЭХ ТЫ, ВОВА! Эх ты, ну что ж ты так, позвал бы нас и т. п. (**«Друг мой, Колька»**).

ЭХ ТЫ, ДЯДЯ, Я Ж ПАТРОНЫ-ТО ВЫНУЛ. Эх ты, трус, чего испугался? (**«Чапаев»**).

ЭХ, ФЕДЯ, ФЕДЯ!.. Иронично в адрес человека (не обязательно по имени Фёдор), который не оправдал доверия, совершил какую-л. оплошность, опростоволосился (**«Кубанские казаки»**).

Э, ЧЕГО МЕДЛИТЕ, А НУ ЗАРЯЖАЙСЯ, ПРИЯТЕЛИ. ВЧЕРА ТРИСТА СЕМЬДЕСЯТ ШЕСТОЙ ОПОЗДАЛ — ВСЁ, ЗАКОНСЕРВИРОВАЛИ. Призыв к собеседникам быстрее приступать к еде (**«Отроки во Вселенной»**).

Э-ЭХ! ЭТО ИНДЕЙСКАЯ НАЦИОНАЛЬНАЯ НАРОДНАЯ ИЗБА. ФИГ ВАМ НАЗЫВАЕТСЯ. **1.** Шутливый упрёк в недогадливости, несообразительности. **2.** Отказ что-л. сделать, сказать и т. п. (**«Зима в Простоквашино»**).

Может употребляться и в сокращённом варианте: *Фиг вам — индейская изба.*

Ю

ЮНОША, НЕ СОПРОТИВЛЯЙТЕСЬ! Просьба, требование согласиться на какое-л. приглашение, предложение и т. п. говорящего (**«Адъютант его превосходительства»**).

Юноша, самовыражайтесь быстрее. См. *Ну, юноша...*

ЮРКИНЫ РАССВЕТЫ. Водка, появившаяся в продаже при Ю. В. Андропове (**«Юркины рассветы»**).

ЮСТАС — АЛЕКСУ... Шутливо об адресанте и адресате в какой-л. бытовой ситуации, например, когда говорящий даёт стакан собеседнику и т. п. (**«Семнадцать мгновений весны»**).

Я

Я АРТИСТ БОЛЬШИХ И МАЛЫХ АКАДЕМИЧЕСКИХ ТЕАТРОВ. Ироничное самовосхваление (**«Иван Васильевич меняет профессию»**).

Я. А ЧТО СЛУЧИЛОСЬ? Шутливый ответ на вопрос «кто свидетель?» (**«Берегись автомобиля»**).

Я БОЛЬШЕ НЕ КАРАСИК, Я — «УХОДЯ ГАСИТЕ СВЕТ!» Шутливое самоуничижение (**«Вратарь»**).

Я буду жаловаться королю! Я буду жаловаться на короля! Я буду, я буду!.. См. *Интриган! Я буду жаловаться...*

«Я» бывают разные! См. *Кто там?..*

𝄞 **Я ВАМ ДЕНЕЖКИ ПРИНЕС ЗА КВАРТИРУ ЗА ЯНВАРЬ. — ЭТО ОЧЕНЬ ХОРОШО, ПОЛОЖИТЕ НА КОМОД.** Диалог, разыгрываемый в ситуации, когда говорящий передаёт собеседнику деньги (**«Операция «Ы» и другие приключения Шурика»**).

Исполняется на мотив колыбельной песни.

Я ВАМ НЕ КЛУМБА. Шутливое выражение негодования в ситуации, когда на говорящего льётся вода, на него брызгают водой и т. п. (**«Ирония судьбы, или С лёгким паром»**).

Я ВАМ НЕ ЛАПОЧКА! Иронично в ответ на обращение «лапочка» (**«Большая перемена»**).

Я ВАМ ПОСЫЛКУ ПРИНЁС. ТОЛЬКО Я ВАМ ЕЁ НЕ ОТДАМ, ПОТОМУ ЧТО У ВАС ДОКУ́МЕНТОВ НЕТУ. Шутливый отказ что-л. отдать (**«Каникулы в Простоквашино»**).

Я вам товарищ, и даже друг и брат. См. *Какой я вам гражданин?..*

Я вам устрою. Я поселю здесь разврат и опрокину этот город во мрак и ужас, в тартарары. См. *Ладно, я вам устрою...*

Я ВАС НЕЖНО, ПО-ТОВАРИЩЕСКИ ЛЮБЛЮ. Саркастическая реплика в ситуации, когда говорящий явно недолюбливает собеседника, замышляет против него что-л. подлое и т. п. (**«Семнадцать мгновений весны»**).

Я ВАС ПОПРОШУ ПТИЧКУ НАШУ НЕ ОБИЖАТЬ. Не делайте этого; в любой ситуации, по любому поводу (**«Каникулы в Простоквашино»**).

Я ВАС УМОЛЯЮ! Хватит об этом, перестань, надоело (**«Июльский дождь»**).

Я ВАША. Ироничный ответ на чей-л. вопрос «вы (ты) чей (чья)?», «от кого ты (вы)?» и т. п. (**«Подкидыш»**).

Я ваша тётушка Чарли из Бразилии, где в лесах живёт много-много диких обезьян. См. *Я тетушка Чарли...*

Я ведь академиев-то не проходил, я их не закончил. См. *А то я ведь академиев-то не проходил...*

Я ВЕДЬ ТОЖЕ ПИЛ В МОЛОДОСТИ, И КАК ПИЛ! Шутливо о «подвигах», которые якобы «за плечами» у говорящего (**«Семь стариков и одна девушка»**).

ЯВИЛАСЬ-ПРИКАТИЛАСЬ. Ироничный комментарий по поводу прихода кого-л. (**«Республика ШКИД»**).

ЯВИЛСЯ... НЕХОРОШИЙ ЧЕЛОВЕК! Выражение недовольства чьим-л. приходом (**«Джентльмены удачи»**).

См. также *Нехороший человек.*

Я ВОЗЬМУ ВАШУ ЛАМПУ! Я на всё согласен (согласна), я не ставлю никаких условий, я больше не в силах с вами спорить (**«По семейным обстоятельствам»**).

Я волнуюсь, чтоб почистил пулемёт. См. *А кто волнуется?..*

Я Вонюкин. См. *Куда ты лезешь, Воняев?..*

Я во сне сегодня видела сырое мясо. См. *Ну что ж, я знала...*

𝄞 **Я ВСТРЕТИЛ ВАС...** Строчка известного романса на стихи А. С. Пушкина, которая как бы непринуждённо поётся говорящим в качестве сопровождения какого-л. неблаговидного, неодобряемого окружающими действия (**«Бриллиантовая рука»**).

Произносится (напевается) с имитацией украинского акцента: [-р-] не смягчается, приставка *в-* произносится как [у].

Я ВСЯ ТАКАЯ ВНЕЗАПНАЯ... ТАКАЯ ПРОТИВОРЕЧИВАЯ ВСЯ! Иронично о себе: вот такой (такая) я странный (странная), чудак (чудачка)! (**«Покровские ворота»**).

Я В ТЮРЬМУ НЕ ХОЧУ. А БЕЗ ЭТОГО НЕЛЬЗЯ? Ироничный отказ от чего-л. (**«Старики-разбойники»**).

Я ГОВОРИЛ ТЕБЕ: ЗАВЯЗАЛ? Я ГОВОРИЛ ТЕБЕ: ЛУЧШЕ НЕ ПРИХОДИ? Я ГОВОРИЛ ТЕБЕ: С ЛЕСТНИЦЫ СПУЩУ? Я же тебя предупреждал, я же тебе говорил; часто в адрес излишне навязчивого, настойчивого человека (**«Джентльмены удачи»**).

Я ГРИША! Ироничное самоутверждение, обычно сопровождающее какое-л. активное действие, например, удар и т. п. (**«Семь стариков и одна девушка»**).

Я ГУДВИН — ВЕЛИКИЙ И УЖАСНЫЙ. Шутливое самовосхваление (**«Волшебник Изумрудного города»**).

Я ДАЛ, Я И ОБРАТНО ВЗЯЛ. Шутливо в ответ на чей-л. упрёк, что говорящий дал слово, но не сдерживает его (**«Марья-искусница»**).

Я девчонка маленька из северных лесов. См. *Москва-то она, чай, огромная...*

Я девчонок не бью. Воспитание не позволяет. См. *А я девчонок не бью...*

ЯДИК ПРИМЕШЬ — И УЖЕ ВСЁ. Шутливо о смерти, о «посмертном покое» (**«Люди и манекены»**).

ЯДОВИТЫЙ ЗМЕЙ. Шутливое обращение (**«Золушка»**).

См. также *Где ты, ядовитый змей?*

Я ДОЦЕНТ. — ПОЗДРАВЛЯЮ. Диалог, шутливо разыгрываемый в ситуации, когда собеседники не понимают друг друга, говорят «на разных языках» (**«Джентльмены удачи»**).

Я ДРУЖИННИК. Шутливо в ответ на вопрос «кто ты?»; обычно сопровождается характерным жестом: собеседнику демонстрируется рука, где якобы находится повязка дружинника (**«Операция «Ы» и другие приключения Шурика»**).

Я ЕГО ЧУВСТВУЮ, ТВОЙ ПРИВЕТ. ОН ТУТ. Ответ на чьё-л. приветствие («привет!») или на передачу привета от имени кого-л. (**«38 попугаев»**).

На словах «он тут» говорящий прижимает руки к сердцу.

Я, если что, так и по-серьёзному могу. См. *Ты не думай, я не какой-нибудь...*

Я ЕЩЁ И ВЫШИВАТЬ МОГУ, И НА МАШИНКЕ ТОЖЕ. Реплика в ответ на чью-л. похвалу, комплимент и т. п. (**«Трое из Простоквашино»**).

Произносится с «кошачьими» интонациями.

Я ещё ни в одном глазу. См. *На часах уже три...*

Я Ж АТАМАН ИДЕЙНЫЙ. У меня же есть принципы, я не чистый прагматик, мне тоже свойствен идеализм (**«Свадьба в Малиновке»**).

Я — ЗА ИНТЕРНАЦИОНАЛ. Реплика, которой говорящий уклоняется от ответа на поставленный перед ним вопрос с альтернативным выбором, когда он не может или не хочет делать выбор (**«Чапаев»**).

Я ЗА МАШИНУ РОДИНУ ПРОДАЛ. Реплика, которой говорящий иронично подчёркивает тот факт, что он заплатил слишком дорогую цену за что-л. (**«Гараж»**).

Я ЗАМЭРЗ, КАК НА МОРСКОМ ДНЕ. Я замёрз, мне холодно (**«Свадьба в Малиновке»**).

Произносится с одесским акцентом.

Я ЗА НЕЁ. Шутливый ответ на вопрос, где находится кто-л. (**«Операция «Ы» и другие приключения Шурика»**).

Логическое ударение на «я». Часто используется как ответ на вопрос «А где бабуля?» (см.).

Я знала, я чувствовала... я во сне сегодня видела сырое мясо. См. *Ну что ж, я знала...*

Я ЗНАЮ ТОЛЬКО, ЧТО КУЧА — ЭТО КОГДА МНОГО. А ЕСЛИ МАЛО — ЭТО НЕ КУЧА. А БОЛЬШЕ Я НИЧЕГО НЕ ЗНАЮ. Шутливое разъяснение значения слова «куча», часто в ситуации, когда собеседник просит говорящего разъяснить, какое именно количество чего-л. он подразумевает, употребляя это слово (**«38 попугаев»**).

ЯЗЫКАМИ НЕ ВЛАДЕЮ, ВАШЕ БЛАГОРОДИЕ. Я не знаю иностранных языков; не понимаю, что ты (вы) говоришь (говорите). (**«Иван Васильевич меняет профессию»**).

ЯЗЫК БЕРЕГУ. Шутливо на вопрос: «чего молчишь?», «почему молчишь?» и т. п. (**«Белое солнце пустыни»**).

Языков я не знаю. См. *Василий Иваныч, а ты армией командовать могёшь?..*

ЯЗЫКОМ МЕТУТ — ЧТО МЕТЛОЙ МАШУТ. Пренебрежительно о болтунах, пустословах (**«Место встречи изменить нельзя»**).

Я ИЗ ВАС БУКЕТ СДЕЛАЮ И ПОСАЖУ В КЛУМБУ... ГОЛОВКАМИ ВНИЗ. Ироничная угроза (**«Калина красная»**).

Я ИЗ ВАС МОГУ СДЕЛАТЬ ВСЁ, ЧТО ВЫ ЗАХОТИТЕ. Шутливая угроза (**«Подкидыш»**).

𝄞 **Я ИЗ ПУШКИ В НЕБО УЙДУ! ХАУ-ДУ-Ю-ДУ!** Шутливое выражение самоутверждения, решимости на какой-л. отчаянный поступок (**«Цирк»**).

Произносится с англ. акцентом; How do you do — англ. «Как поживаете?», «Здравствуйте!».

Я ИМ ПОКАЖУ, КАК ЧЕБУРАШЕК ОБИЖАТЬ! Шутливая угроза в адрес кого-л., совершившего неблаговидный поступок (**«Шапокляк»**).

Я КАК ЗУБНОЙ ВРАЧ ВАМ ЗАЯВЛЯЮ... Шутливая ссылка на компетентность говорящего в каком-л. вопросе (**«Подкидыш»**).

Я — КАК НАРОД. Шутливо в ответ на чей-л. вопрос «а вы как считаете», «а ваше какое мнение?» и т. п. (**«Семь стариков и одна девушка»**).

Я, КАК ЧЕЛОВЕК, СТОЛЬ МНОГО ПЕРЕЖИВШИЙ... Ироничный зачин к любой речи, выступлению и т. п. (**«Семь стариков и одна девушка»**).

Я К НЕЙ ФИЛОСОФИЧЕСКИ ОТНОШУСЬ. Шутливо о жизни, об отношении к ней, а также об отношении к любому другому предмету (**«Афоня»**).

Я, КОНЕЧНО, ИЗВИНЯЮСЬ, НО КОГДА МНЕ СПАТЬ И ГДЕ МНЕ СПАТЬ — ЭТО МОЁ ЛИЧНОЕ ДЕЛО. Реплика в ответ на чей-л. совет или требование типа «иди домой, проспись», обычно в ситуации, когда говорящий пьян (**«Сто грамм для храбрости»**).

Я КОРОЛЬ, ПРОСТО КОРОЛЬ, ОБЫКНОВЕННЫЙ КОРОЛЬ. Иронично: я обычный, простой, «маленький» человек (**«Обыкновенное чудо»**).

Я — Котовский! См. *Руки на стол!..*

Я МУЖЧИНА ХОТЬ КУДА, В ПОЛНОМ РАСЦВЕТЕ СИЛ. Шутливое самовосхваление (**«Малыш и Карлсон»**).

Я НАБЛЮДАЛ ЗА ВАМИ СЕМЬ ДНЕЙ И ПРИШЁЛ К ВЫВОДУ, ЧТО ВЫ МЕНЯ ДОСТОЙНЫ. Ироничный комплимент (**«Большая перемена»**).

Я НА ВАС ЖАЛОБУ ПОДАМ, КОЛЛЕКТИВНУЮ. Шутливо: я буду жаловаться (**«Иван Васильевич меняет профессию»**).

Я на других меринах поеду. См. *Петьк, распрягай...*

Я настолько нормален, что даже сам удивляюсь. См. *Вы сумасшедший?..*

Я НЕ ВОЛШЕБНИК, Я ТОЛЬКО УЧУСЬ. Шутливо о недостаточной компетентности говорящего в каком-л. вопросе с одновременным выражением надежды, что он с поставленной задачей справится (**«Золушка»**).

Я не дрожу: меня трясёт. См. *А я не дрожу: меня трясёт.*

Я НЕ ЛЮБЛЮ, КОГДА ИЗ МЕНЯ ДЕЛАЮТ БОЛВАНА В СТАРОМ ПОЛЬСКОМ ПРЕФЕРАНСЕ. Я не люблю, когда меня держат за дурака, недооценивают моих способностей, унижают (**«Семнадцать мгновений весны»**).

Я не люди? См. *А я не люди?*

Я НЕ НАСТОЛЬКО БОГАТ, ЧТОБЫ ОПЛАЧИВАТЬ ЕЩЁ И СТИХИЙНЫЕ БЕДСТВИЯ. О нежелании участвовать в каком-л. заведомо обречённом на провал деле (**«Берегись автомобиля»**).

Я НЕ НАСТОЛЬКО ВЫПИВШИ, ЧТОБЫ НЕ РАЗБИРАТЬСЯ. Я всё понимаю, не надо меня путать, я всё ясно вижу (**«Не может быть!»**).

Я НЕ НЕЧИСТЫЙ, Я МОКРЫЙ. Шутливо-каламбурный ответ на чью-л. реплику со словом «нечистый»: или в значении «чёрт», «бес», или в значении «грязный» (**«Трембита»**).

Я НЕ ПРОКУРОР ПО ДУШАМ С ТОБОЙ РАЗГОВАРИВАТЬ. Не хочу говорить с тобой откровенно; адресуется человеку, навязывающему свою близость, интимность (**«Джентльмены удачи»**).

Я НЕ ПЬЮ. НЕ ПЛЮЙТЕ МНЕ В ДУШУ. Шутливо в ответ на упрёк в том, что говорящий пьёт, слишком много выпил, а также в ответ на любой упрёк. (**«Покровские ворота»**).

Я НЕРВНИЧАЮ, ПОТОМУ ЧТО ДЕНЬГИ ЖГУТ МНЕ ЛЯЖКУ. Шутливо о желании срочно потратить деньги (**«Калина красная»**).

Я НЕ ТРУС, НО Я БОЮСЬ. Иронично о страхе; о том, что говорящий не хочет участвовать в чём-л. (**«Бриллиантовая рука»**).

Я НЕ УСПЕЛ СВЯЗАТЬ ВСТУПИТЕЛЬНУЮ ЧАСТЬ С ЗАКЛЮЧИТЕЛЬНОЙ — ВОТ ЧТО МЕНЯ ВОЛНУЕТ БОЛЬШЕ ВСЕГО. Шутливо в ответ на чей-л. вопрос типа «что тебя волнует (тревожит)?» (**«Сто грамм для храбрости»**).

Я ничего не буду. Я экономить буду. См. *А я ничего не буду...*

Я НИЧТОЖНЫЙ ПОЖИРАТЕЛЬ КОРЕНЬЕВ, БРОСЬТЕ МЕНЯ В ДУПЛО К ДИКИМ ПЧЁЛАМ! Горе мне! Позор на мою голову! О, как я виноват! (**«Маугли»**).

Я НОШУ ТАКИЕ КОШЁЛКИ — ЛОШАДИ ОБОРАЧИВАЮТСЯ! Сетование на бытовые проблемы, на трудности работы по ведению хозяйства и т. п. (**«Люди и манекены»**).

Я опять... совсем пустой! См. *Генрих, огромная просьба...*

Я от твоей рожи по ночам кричу. См. *Может, я от твоей рожи...*

Я ОЧЕНЬ ХОРОШО ПОНИМАЮ ЖЕНСКОЕ СЕРДЦЕ, ЗНАЮ, КАК ОНО ТОСКУЕТ И РВЁТСЯ К ЛЮБВИ. Шутливая констатация компетентности говорящего в сердечных делах (**«Свинарка и пастух»**).

Произносится с кавказским акцентом.

Я ПОНИМАЮ: В ВАШЕМ ДЕПАРТАМЕНТЕ НЕ ПОКУПАЮТ, НЕ ПРОДАЮТ. Шутливо о милиции, правоохранительных или судебных органах, службе государственной безопасности (**«Адъютант его превосходительства»**).

Произносится с еврейским акцентом.

Я понимаю: сам женат. См. *Это я понимаю: сам женат.*

Я ПО ПЯТНИЦАМ НЕ ПОДАЮ. Отказ что-л. сделать, помочь кому-л. и т. п. (**«Место встречи изменить нельзя»**).

Я ПО РОДУ-ПЛЕМЕНИ ТУТОШНИЙ, А ВОТ ПО ОБРАЗОВАНИЮ Я ТАМОШНИЙ. Шутливо об образовании, образованности, чаще о человеке, претендующем на т. н. «европейскую» образованность (**«Варвара-краса, длинная коса»**).

Я поселю здесь разврат и опрокину этот город во мрак и ужас, в тартарары. См. *Ладно, я вам устрою...*

Я ПОСКЛИЗНУЛСЯ. Я поскользнулся; может употребляться в шутливо-иносказательном смысле: я ошибся, оступился и т. п. (**«Сто грамм для храбрости»**).

Контаминация *склизкий* и *поскользнулся.*

Я ПО-ФРАНЦУЗСКИ ПОНИМАЮ — ЧЕРЕЗ ПЕРЕВОДЧИКА. Шутливо о плохом знании иностранного языка (**«Люди и манекены»**).

Я ПОЦЕЛУЮ ТЕБЯ... ПОТОМ.. ЕСЛИ ЗАХОЧЕШЬ, КРИКСЁНОЧЕК. Ироничный ответ на чьё-л. предложение поцеловаться (**«Здравствуйте, я ваша тётя!»**).

Произносится с лёгкой угрозой, с многозначительными паузами.

Я признал её, по ноге. См. *Это Жазель, француженка...*

Я ПРО СУДЬЕВ НИЧЕГО ТАКОГО НЕ ГОВОРИЛ... Я не виноват, я этого не говорил, это клевета (**«Берегись автомобиля»**).

Я ПРОТЕСТУЮ ПЕРЕД ЛИЦОМ ВСЕЙ ЕВРОПЫ. Ироничное выражение несогласия, протеста (**«Соломенная шляпка»**).

Я прошёл пешком всю Европу и ни разу не видел, чтобы они танцевали гопака. См. *Гопак нынче не в моде...*

Я РАССЧИТЫВАЛ НА ТЕБЯ, САИД. Шутливое выражение разочарования по поводу отказа собеседника что-л. сделать (**«Белое солнце пустыни»**).

Я САМ БЫЛ МАТЬ! Иронично о богатом житейском (в частности, семейном) опыте говорящего, о том, что ему приходилось бывать в трудных ситуациях (**«Большая перемена»**).

Я САМ ПО СЕБЕ МАЛЬЧИК, СВОЙ СОБСТВЕННЫЙ. Шутливо о самостоятельности, независимости говорящего (**«Трое из Простоквашино»**).

Я сам шутить не люблю и людям не дам. См. *Не беспокойтесь...*

Я САМЫЙ ТЯЖЕЛОБОЛЬНОЙ. Шутливо о каком-л. мнимом заболевании говорящего, чаще в ситуации, когда говорящий хочет выпить, поесть и т. п. или вызвать к себе жалость у окружающих (**«Малыш и Карлсон»**).

Я себе ещё нарисую. См. *Возьми всё...*

Я СЕГОДНЯ ЖЕ ВНЕСУ ВАС В СПИСОК ПРИГЛАШЁННЫХ! Реплика, которой говорящий выражает согласие удовлетворить какую-л. просьбу собеседника (**«Подвиг разведчика»**).

Я СКАЗАЛ! Не возражай, делай, как я говорю, двух мнений здесь быть не может, как я сказал, так и будет (**«Место встречи изменить нельзя»**).

Логическое ударение на слове «я»; фраза может сопровождаться характерным жестом: говорящий «тыкает» пальцем правой руки в землю.

Я сказал, Горбатый! См. *А теперь, я сказал — Горбатый!*

Я СКАЗАЛ СЕБЕ: СИГИЗМУНД, НЕ ТОРОПИСЬ СЕБЯ ОТДАВАТЬ, ТЫ ЕЩЁ НЕ ВСЁ ВЗЯЛ ОТ ЖИЗНИ. Шутливо о нежелании жениться (**«Люди и манекены»**).

Я слишком много знал. См. *Как говорил один мой знакомый...*

Я служу Мосэстраде! См. *Вы — служитель муз...*

Я с ног сбилась от усталости, собираясь на королевский бал. А ты танцуешь! См. *Танцуешь! Я с ног сбилась...*

ЯСНО: СОБУТЫЛЬНИК. Ироничное «резюме» к (обычно) долгим и подробным разъяснениям по поводу того, кем является тот или иной человек, откуда он взялся, что ему надо и т. п. (**«Бриллиантовая рука»**).

ЯСНОСТЬ — ЭТО ОДНА ИЗ ФОРМ ПОЛНОГО ТУМАНА. Шутливая реплика в ответ на чьё-л. требование внести ясность в обсуждаемый вопрос, разъяснить что-л. и т. п. (**«Семнадцать мгновений весны»**).

Я СОМНЕВАЮСЬ, ПОДПОРУЧИК, БЫЛА ЛИ У ВАС МАТЬ. Упрёк в чьей-л. излишней жестокости, бездушии, чёрствости и т. п. (**«Адъютант его превосходительства»**).

Я СТАРЫЙ СОЛДАТ И НЕ ЗНАЮ СЛОВ ЛЮБВИ... Шутливая имитация признания в любви (**«Здравствуйте, я ваша тётя!»**).

Я стахановец вечный! У меня восемнадцать похвальных грамот! См. *Да я стахановец...*

Я стыдливая! См. *Мне же стыдно...*

Я ТАКАЯ СЧАСТЛИВАЯ, ЧТО ТЫ ТАКАЯ СЧАСТЛИВАЯ!.. Я так за тебя рад(а)! (**«По семейным обстоятельствам»**).

Я так не играю. См. *Ну, я так не играю.*

Я ТЕБЕ ОДИН УМНЫЙ ВЕЩЬ СКАЖУ, ТЫ ТОЛЬКО НЕ ОБИЖАЙСЯ... Шутливое вводное предложение, предваряющее какое-л. повествование не совсем приятное для собеседника (**«Мимино»**).

Произносится с кавказским акцентом.

Я тебе оторву голову и скажу, что так и було́! См. *А то я тебе оторву голову...*

Я тебе протеже устрою. См. *Иди к нам в банду...*

Я ТЕБЯ ОБОЖАЮ, КАРАСИК! Шутливое выражение дружеского расположения, любви, нежности (**«Вратарь»**).

Я ТЁТУШКА ЧАРЛИ ИЗ БРАЗИЛИИ, ГДЕ В ЛЕСАХ ЖИВЁТ МНОГО-МНОГО ДИКИХ ОБЕЗЬЯН. Употребляется в любой ситуации, чаще, когда имитируется светское общение (**«Здравствуйте, я ваша тётя!»**).

Произносится кокетливо, беззаботно, игриво, с носовым призвуком на конце слова «обезьян».

Я-ТО ДУМАЛ, МУЗЕЙ КАК МУЗЕЙ, ЭТО НЕ МУЗЕЙ, ЭТО ХУЖЕ ЗАБЕГАЛОВКИ. О любом заведении, чем-л. не понравившемся говорящему (**«Люди и манекены»**).

Я тоже разбегаюсь в разные стороны. См. *Если так дальше пойдёт...*

Я ТОЖЕ ЧЕЛОВЕК, Я ЦЕЛОВАТЬСЯ ХОЧУ. О желании жить полнокровной жизнью, развлекаться, дышать полной грудью и т. п. (**«Большая перемена»**).

Я ТОСТ ПРИНЁС. Я принёс выпивку (**«Кавказская пленница»**).

Произносится с кавказским акцентом.

Я ТРЕБУЮ ПРОДОЛЖЕНИЯ БАНКЕТА! Давайте продолжим, давайте не останавливаться, продолжаем! (**«Иван Васильевич меняет профессию»**).

Обычно произносится с имитацией речи пьяного.

Я уж и тва-квак подходил, и твак-квак вот, а они на это ни ква-квак не отква-ква-ли-ква-ква-кваются. См. *Они от нашего угощения...*

Я УЙДУ, КАК НАСТОЯЩИЙ ФРАНЦУЗ, — ПО-АНГЛИЙСКИ. Реплика, предваряющая уход говорящего (**«Ханума»**).

Я умоляю вас прекратить это мокрое дело. См. *Гражданочка, я умоляю...*

Я У ПАПЫ ДУРАЧОК. Шутливо о причёске (**«Полосатый рейс»**).

Я — «уходя, гасите свет»! См. *Я больше не Карасик...*

Я фонарик забыл! См. *А я фонарик забыл!*

Я ХОТЕЛ БЫ ВАМ РАССКАЗАТЬ ПРО СВОЙ БОГАТЫЙ ВНУТРЕННИЙ МИР. Шутливый зачин для откровенного разговора, бытовой исповеди (**«Большая перемена»**).

Я ЦВЕТНОЕ НЕ ПЬЮ. Я красное вино не пью (**«Родня»**).

Я — ЧАПАЕВ! ТЫ ПОНИМАЕШЬ, ЧТО Я ЧАПАЕВ?!. Слова, которыми говорящий шутливо подчёркивает свою значимость, важность, солидность и т. п. (**«Чапаев»**).

Слова произносятся максимально эмоционально.

Я ЧЕРНИЛАМ КРОВЬ ПРЕДПОЧИТАЮ. Реплика, выражающая предпочтение говорящим решительных, реальных действий умствованию, абстрактным рассуждениям, пустословию и т. п. (**«Котовский»**).

Я ЧУВСТВУЮ... Я ВСЕГДА ЧУВСТВУЮ. Иронично о предчувствии чего-л., о способности говорящего прозорливо видеть ситуацию (**«Джентльмены удачи»**).

Реплика может сопровождаться устрашающим выражением лица и зловещим вращением глаз.

ЯШКА ЦЫ́ГАН, ФАМИЛИИ НЕТ. Шутливый ответ на вопрос, «как вас (тебя) зовут?», «как ваше (твоё) имя?» и т. п. (**«Неуловимые мстители»**).

Я ЭТО... ЭКСКРЕМЕНТ ХОЧУ СДЕЛАТЬ. 1. Я хочу поставить эксперимент (проверить что-л. или кого-л. и т. п.). **2.** Я хочу сходить по большой нужде (**«Адъютант его превосходительства»**).

Произносится с подчёркиванием просторечных черт речи.

УКАЗАТЕЛЬ ФИЛЬМОВ

«Адъютант его превосходительства», Е. Ташков, 1970, в прокате 1972
«Айболит-66», реж. Р. Быков, 1967
«Александр Невский», реж. С. Эйзенштейн, 1938
«Алиса в Зазеркалье», м/ф
«Алиса в стране чудес», м/ф
«Алитет уходит в горы», реж. М. Донской, 1950
«Асса», реж. С. Соловьев, 1988
«Афоня», реж. Г. Данелия, 1975
«Безымянная звезда», реж. М. Козаков, 1978
«Белое солнце пустыни», реж. В. Мотыль, 1970
«Берегись автомобиля», реж. Э. Рязанов, 1966
«Большая перемена», реж. А. Коренев, 1972–1973
«Бриллиантовая рука», реж. Л. Гайдай, 1969
«Брюнетка за тридцать копеек», реж. С. Никоненко, 1991
«Бумбараш», реж. Народицкий, Н. Рашеев, 1972
«Варвара-краса, длинная коса», реж. А. Роу, 1970
«Вас вызывает Таймыр», реж. А. Коренев, 1970
«Веселые ребята», реж. Г. Александров, 1934
«Весна», реж. Г. Александров, 1947
«Винни Пух и день забот», м/ф, реж. Ф. Хитрук, 1969–1972
«Винни Пух и день рождения», м/ф, реж. Ф. Хитрук, 1969–1972
«Винни Пух и его друзья», м/ф, реж. Ф. Хитрук, 1969–1972
«Винни Пух идет в гости», м/ф, реж. Ф. Хитрук, 1969–1972
«Волга-Волга», реж. Г. Александров, 1938
«Волшебная лампа Аладдина», реж. Б. Рыцарев, 1967
«Волшебник Изумрудного города», м/ф
«Волшебное кольцо», реж. Л. Носырев, 1979
«Вратарь», реж. С. Тимошенко, 1936
«Вызываем огонь на себя», реж. С. Колосов, 1964, в прокате 1965
«Гараж», реж. Э. Рязанов, 1980
«Гардемарины, вперед!», реж. А. Сурикова, 1987
«Два бойца», реж. Л. Луков, по повести Л. Славина «Мои земляки», 1943
«Девчата», реж. Ю. Чулюкин, 1962
«Дело Румянцева», реж. И. Хейфиц, 1956
«Деловые люди», реж. Л. Гайдай, по О. Генри, 1963
«Деревенский детектив», реж. И. Лукинский, 1969
«Джентльмены удачи», реж. Г. Данелия, 1972
«Добровольцы», реж. Ю. Егоров, 1958
«Добро пожаловать, или Посторонним вход воспрещен», реж. Э. Климов, 1964
«Долгая дорога в дюнах»
«Друг мой, Колька», реж. А. Митта, 1961
«Дубровский», реж. А. Ивановский, 1936
«Дюймовочка», м/ф
«Евдокия», реж. Т. Лиознова, 1961
«Ежик в тумане», реж. Ю. Норштейн, 1976
«Женитьба Бальзаминова», реж. К. Воинов, 1965
«Жил-был пес», м/ф, реж. Э. Назаров, 1982
«Журавушка», реж. Н. Москаленко, 1969
«Зайчик», м/ф, реж. Л. Быков, 1965
«Заяц, который любил давать советы», м/ф
«Здравствуйте, я ваша тетя!», реж. В. Титов, 1975
«Зима в Простоквашино», м/ф, реж. В. Попов
«Золотая антилопа», м/ф
«Золушка», реж. Н. Кошеверова, М. Шапиро, 1947
«Иван Васильевич меняет профессию», реж. Л. Гайдай, 1973

«Игла», реж. Р. Нугманов, 1988
«Интердевочка», реж. П. Тодоровский, 1989
«Ирония судьбы, или С легким паром», реж. Э. Рязанов, 1975, в прокате 1976
«Июльский дождь», реж. И. Хейфиц, 1966
«Кавказская пленница», реж. Л. Гайдай, 1967
«Калина красная», реж. В. Шукшин, 1974
«Калиф Аист», м/ф
«Каникулы в Простоквашино», м/ф, реж. В. Попов
«Карлсон вернулся», м/ф, реж. Б. Степанцев, 1970
«Карнавальная ночь», реж. Э. Рязанов, 1956
«Кин-дза-дза!», реж. Г. Данелия, 1986
«Когда деревья были большими», реж. Л. Кулиджанов, 1962
«Когда приходит сентябрь», реж. Э. Кеосаян, 1976
«Королева бензоколонки», реж. А. Мишурин, Н. Литус, 1963
«Корона Российской Империи», реж. Э. Кеосаян, 1971
«Котовский», реж. А. Файнциммер, 1943
«Крокодил Гена», м/ф, реж. Р. Качанов, 1969
«Кто сказал «мяу?», м/ф, реж. В. Дегтяров, 1962
«Кубанские казаки», реж. И. Пырьев, 1950
«Любимая женщина механика Гаврилова», реж. П. Тодоровский, 1982
«Любовь и голуби», реж. В. Меньшов, 1984
«Люди и манекены», реж. А. Райкин, В. Храмов, 1974
«Максим Перепелица», реж. А. Граник, 1956
«Максимка», реж. В. Браун, 1953
«Маленькая Вера», реж. В. Пичул, 1988
«Малыш и Карлсон», м/ф, реж. Б. Степанцев, 1968
«Марья-искусница», реж. А. Роу, 1960
«Маугли», м/ф, реж. Р. Давыдов, 1968
«Место встречи изменить нельзя», реж. С. Говорухин, 1979
«Мимино», реж. Г. Данелия, 1978
«Морозко», реж. А. Роу, 1965
«Москва слезам не верит», реж. В. Меньшов, 1980
«Моя любовь», реж. В. Корш-Саблин, 1940
«Мужчины и женщины», реж. С. Алибекова, 1979
«Муми-тролль и другие», м/ф, реж. А. Зябликова, Н. Шорина
«Начало», реж. Г. Панфилов, 1970
«Начальник Чукотки», реж. В. Мельников, 1967
«Не болит голова у дятла», реж. Д. Асанова, 1975
«Невероятные приключения итальянцев в России», реж. Э. Рязанов, 1974
«Не горюй», реж. Г. Данелия, 1969
«Не может быть!», реж. Л. Гайдай, 1975
«Неоконченная пьеса для механического пианино», реж. Н. Михалков, 1977
«Неуловимые мстители», реж. Э. Кеосаян, 1967
«Новые приключения неуловимых», реж. Э. Кеосаян, 1968
«Ну, погоди!», м/ф, реж. В. Котеночкин, с 1969 г., 18 выпусков
«Обыкновенное чудо», реж. М. Захаров, 1978
«Одинокая женщина желает познакомиться», реж. В. Криштофович, 1986
«Операция «Ы» и другие приключения Шурика», реж. Л. Гайдай, 1965
«Освобождение», реж. Ю. Озеров, 1970–1972
«Осенний марафон», реж. Г. Данелия, 1979
«Осторожно, бабушка!», реж. Н. Кошеверова, 1960
«Отроки во Вселенной», реж. Р. Викторов, 1975
«Падал прошлогодний снег»
«Подвиг разведчика», реж. Б. Барнет, 1947
«Подкидыш», реж. Т. Лукашевич, 1940
«Покаяние», реж. Т. Абуладзе, 1984
«Покровские ворота», реж. М. Казаков, 1982
«Полеты во сне и наяву», реж. Р. Балаян, 1983
«Полосатый рейс», реж. В. Фетин, 1961
«По семейным обстоятельствам», реж. А. Коренев, 1977
«По щучьему велению», реж. А. Роу, 1938
«Праздник Святого Йоргена», реж. Я. Протазанов, 1930
«Приключения кота Леопольда», м/ф, 1976
«Приключения Шерлока Холмса и доктора Ватсона», реж. И. Масленников, 1979–1983
«Проснись и пой»
«Пятнадцатилетний капитан», реж. В. Журавлев, 1946
«Раба любви», реж. Н. Михалков, 1976
«Республика ШКИД», реж. Г. Полока, 1968
«Родня», реж. Н. Михалков, 1982
«Самая обаятельная и привлекательная», реж. Г. Бежанов, 1985
«Свадьба», реж. И. Анненский, 1944

АРГО И КУЛЬТУРА

ВВЕДЕНИЕ

В данной работе рассматривается лингвистическая природа арго, одного из наименее изученных явлений языка. Предваряя дальнейшие детальные рассуждения на данную тему, мы хотели бы отметить следующее. После прочтения обширной аргологической литературы исследователь испытывает двоякое чувство: с одной стороны, он буквально «тонет» в фактическом материале, в десятках и сотнях словариков различных профессиональных арго, в причудливых арготических метафорах, в непривычных риторических периодах и т. д., и т. п.; с другой, — богатейшая языковая фактура неизменно порождает чувство некой неудовлетворенности, незавершенности, эклектичности. Весь корпус материала как бы искусственно лепится из плохо подходящих друг к другу фрагментов. Подобное ощущение усугубляется еще и тем, что бо́льшая часть аргологических материалов собиралась нелингвистами, любителями, в источниках встречается масса опечаток и т. д. В то же время не удовлетворяют и узколингвистические интерпретации явлений арго. Давая такие интерпретации, исследователи всегда вынуждены делать оговорки о психологии говорящих, о социальных условиях, в которых они живут, об уровне их культуры, о связи арготизмов с реалиями быта и т. п.

Главный вывод, к которому мы пришли после ознакомления с литературой, следующий: арго является одним из самых «синкретических» феноменов языка. Для объяснения его природы недостаточны ни узколингвистические, ни узкосоциолингвистические, ни какие бы то ни было иные специализированные исследования. В арго в один пучок собраны язык (со всей экстралингвистической семиотической палитрой средств), быт, социальные отношения, социальная и индивидуальная психология и культура в самом широком понимании этого слова.

Разумеется, охватить в подробностях все аспекты бытовой, общественной и культурной жизни арго в одном исследовании невозможно. Невозможно также хотя бы и бегло дать описание всех русских арго, не говоря уже о детальном сопоставлении русского арго с арго иноязычными.

В нашей работе мы попытаемся проследить ключевые моменты бытования арго, дать главные, на наш взгляд, характеристики его внутренней структуры и определить связи арго и культуры на русском материале.

Основная масса исследуемого в работе материала представляет собой современное русское арго, а именно — арго Москвы, наблюдавшееся нами в период с 1980 по 1999 год. Кроме этого, для более глубокого анализа в качестве сопоставления привлекается как русский арготический материал более ранних периодов, так и материалы иностранных арго, а также те языки, которые оказали влияние на русское арго.

Материалом работы явился в первую очередь составленный нами «Словарь московского арго». Словарь создан на основании блокнотных записей, собиравшихся около двадцати лет. Главными методами сбора материала были посильные наблюдения и опрос информантов.

Кроме того, нами привлекаются материалы других отечественных и зарубежных словарей, а также дополнительный сопоставительно-иллюстративный материал, образцы русской художественной прозы и поэзии.

В последний период времени (начиная со второй половины 80-х годов) арго как феномен языка и культуры приобретает все большее влияние: арготизмы не только прочно входят в разговорный язык, но и активно проникают в средства массовой информации, арго становится одним из ведущих стилистических ключей в современной художественной литературе. В связи с этим остро встают проблемы культуры языка. Изучение механизмов арготизации речи крайне необходимо в связи с проблемами эволюции языка, взаимодействия языка и культуры.

В работе делается попытка комплексного анализа арго (от фонетики до структуры текста) как системы поэтических средств отражения культуры, иначе говоря, — арго рассматривается как феномен культуры. Мы пытаемся осознать фонетические, словообразовательные, лексические, риторические приемы арго с лингвофилософской и лингвокультурологической точек зрения.

Большинство работ, написанных об арго, посвящены частным вопросам (например, словообразовательным механизмам, структуре метафоры и т. д.). В науке об арго накоплен огромный фактический и теоретический материал по отдельным аспектам, ждущий обобщенного осмысления. Данная работа является одним из шагов в этом направлении. Таким образом, здесь делается попытка комплексного осмысления арго с современных общетеоретических позиций, в первую очередь, с точки зрения чрезвычайно актуального в наши дни культурологического аспекта языкознания.

Задачи, которые стоят перед нами, определяют структуру работы.

В первой главе мы пытаемся осмыслить место арго в универсальной человеческой культуре. Арго рассматривается в контексте античности, средневековья и нового времени. Вычленяются универсальные структурные тенденции в арго: тенденции к замкнутости (герметичности), разомкнутости (промежуточному состоянию) и полной открытости.

Во второй главе мы переходим непосредственно к русскому материалу. Здесь мы пытаемся выяснить, как в составе арго отражаются феномены культуры, каков культурный фон иноязычных элементов национальных арго, каков культурологический смысл социальной дифференциации арготических стилей.

В третьей главе современное русское арго непосредственно анализируется как система поэтических средств. Подробно рассматривается арготическое словообразование, словесный образ, риторические приемы. Выделяются культурно-семантические доминанты аргопоэтики: гиперэстетизм, абсурд и примитив.

Оговоримся еще раз: в целях научного осмысления арго в работе мы часто прибегаем как к исторической ретроспекции, так и к культурно-лингвистическим сопоставлениям. Но при этом в центре внимания находится современное арго. Кратко остановимся на истории его изучения.

Дореволюционные исследователи посвятили самое большое количество трудов (преимущественно — словарных сборников) русским бродячим торговцам-офеням [см. напр.: 33; 58; 62; 63; 64; 84; 110; 176; 185; 186; 187; 192; 246; 251]. Привлекали внимание «собирателей» и языковедов и различные другие профессиональные арго: нищих, портных, шорников, парикмахеров, рабочих и т. д. [см.: 47; 85; 86; 87; 104; 105; 114; 115; 158; 159; 177; 179; 182; 189; 203; 222; 223; 224; 225; 244; 245; 266; 268]. Самые крупные словари и исследования посвящены уголовным (воровским) арго [201; 202; 251]. В большинстве работ того времени еще нет разделения арго и диалектов. Сбор арготического материала часто идет в ключе бытописательства, описания нравов и обычаев. В частности, богатый арготический материал оставили московские бытописатели-москвоведы И. Т. Кокорев [120], Е. П. Иванов [105], И. А. Белоусов [19], В. А. Гиляровский [59] и многие другие [см., напр., 169].

Одним из первых дал истинно лингвистическое осмысление арго («блатной музыки») И. А. Бодуэн де Куртенэ [23].

В дальнейшем развитие аргологии (жаргоноведения) идет по нарастающей. После 1917 года (примерно до середины 30-х годов) написано, пожалуй, самое большое число работ. Интерес к арго и другим явлениям нелитературного языка был во многом определен социальными условиями. К арго обращаются крупнейшие филологи и языковеды: Б. А. Ларин [133–135], Е. Д. Поливанов [195–198], Д. С. Лихачев [145; 148], В. М. Жирмунский [93–95], Л. П. Якубинский [272–276]. Широко обсуждаются проблемы языка переходной эпохи, роли арго в формировании национального языка, языка и революции, «классовых языков» и т. д. [14; 49; 83; 112; 130; 153; 157; 164; 190; 206; 232; 239; 240; 249; 254; 255; 260; см. также 50]. Данные дискуссии носили остро полемический характер, многими «пролетарскими» лингвистами ставился знак равенства между языком революции и революцией языка, абсолютизировался социально-политический аспект, провозглашалась «новая эра» в языке. Однако, несмотря на полемический задор многих ученых, данная эпоха оставила большой эмпирический и теоретический материал, который еще недостаточно осмыслен. Самым главным достижением того времени было привлечение пристального внимания специалистов к живому языку. Большую роль, в частности, сыграл в этом основанный в 1918 году в Петрограде Институт живого слова.

Политические условия в стране привели к тому, что изучение сниженной речи, в том числе и речи маргиналов, практически ставится под запрет. Арго объявляется языком отщепенцев или пустым баловством. На некоторое время (примерно до конца 50-х годов) в аргологии наступает определенное «затишье».

В последние десятилетия в России периодически публиковались работы по тем или иным аспектам изучения русского и иноязычных арго [см. напр.: 25–32; 40; 56; 57; 67; 90; 107; 123; 124; 127; 138; 139; 150; 151; 173; 178; 211; 214; 233; 234; 241; 264; 265; 271]. Большинство из этих работ посвящено так называемым «условным языкам ремесленников и торговцев» и студенческому арго. В последние годы появляется все больше публикаций по арготической проблематике, в том числе по уголовным арго [см., напр., 20; 68; 71; 189; 218; 235; 236; 247]. Русскому «ненормативному языку» посвящен и целый ряд зарубежных изданий [см. напр.: 119; 259]. Многие аспекты аргологии затрагиваются учеными в рамках изучения разговорной речи и просторечия [в частности, см. 66; 102; 227–230].

Занимаясь изучением арго, исследователь сталкивается с целым рядом проблем. Прежде всего, это проблема терминологии. Существует несколько терминов, соотношения объемов которых не определены. Это такие термины, как «условный язык», «социальный диалект», «арго», «жаргон», «сленг» («слэнг») и др. Мы не ставим перед собой задачи выяснения отношения друг к другу этих и целого ряда других терминов. Данная проблема может стать темой отдельного исследования. Совершенно очевидно, что за каждым из терминов стоит либо определенный ракурс взгляда на язык (стилистический, социологический и т. д.), либо определенная национальная традиция («арго» — франкоязычная традиция, «сленг» — англоязычная).

В дальнейшем мы будем употреблять термин «арго», нисколько не настаивая на абсолютной правильности подобного выбора. Данный термин представляется нам, с одной стороны, наиболее нейтральным, свободным от «аспектуальности» (как, например, «социальный диалект») или от общей оценочности (как «жаргон»), а также весьма характерным для русской традиции (термин употреблялся Б. А. Лариным, Д. С. Лихачевым, В. В. Виноградовым и многими другими), продолжающей и развивающей, в свою очередь, богатейшую французскую традицию [см. 279; 284; 285; 289–292; 294–296].

Далее: исследователь арго неизбежно сталкивается с диаметрально противоположными взглядами на данное явление. С одной стороны, арго представляется как нечто недолговечное, с другой, — многие арготизмы живут столетиями. С одной стороны, арго осмысливается как «тайный язык», с другой, — как полностью растворенный в стихии просторечия и разговорной речи. С точки зрения «иерархии» языка арго занимает самую низшую ступень и в то же время — является «параллельным» языком и т. д., и т. п. Мы будем подробно рассматривать арготические антиномии в нашей работе. Здесь же укажем лишь на то, что арготический материал требует продуманного сочетания синхронического и диахронического подходов. Абсолютизация одного из них часто приводит к аберрации общей картины, к противоречивым выводам.

Наконец, определенную трудность составляет фиксация арготизмов. Здесь мы имеем дело со спонтанно звучащей речью, а значит — с широкой свободой в варьировании звучащей формы. К тому же в арго очень сильна поэтически-игровая тенденция, т. е. слова и выражения нарочито искажаются. Графическая запись арго часто носит условный рабочий характер. Поэтому в необходимых случаях в работе применяются фонетическая и интонационная транскрипция, фиксирующие непосредственную, живую речь.

То же можно сказать и о значениях арготизмов. Арго — это ненормативный язык, и каждый арготирующий свободно вкладывает в слова и выражения свой смысл, свои оттенки. Отсюда — проблема разграничения окказионального и узуального, проблема более или менее «точного» толкования. При работе над словарем арго, как уже говорилось, применялся традиционный метод опроса информантов, поэтому толкования формулировались на основе даваемых ими уточнений.

Наконец, последняя предварительная оговорка. Мы предвидим основное возражение, которое может возникнуть у читателя после прочтения работы: читатель скажет, что арго понимается автором слишком широко.

Да, исследование носит «экспериментальный» характер. Нам бы хотелось, чтобы у читателя возникло как можно больше возражений, мыслей, сомнений, догадок. Если угодно, в работе есть элемент интеллектуальной мистификации (что вполне корректно в современных научных трудах, особенно если учесть постмодернистские и деконструктивистские настроения науки). Сам термин арго может вызвать возражения и даже раздражение. Пусть читатель поставит на это место любое другое слово, например слово «лект» (как это модно в западном языкознании), или слово «стиль», или даже просто «язык». И все же мы посоветовали бы «пропустить» весь предложенный материал через слово «арго». Пусть именно арго станет раздражителем интеллектуально-эмоциональной работы. Впрочем, последнее слово за читателем. Нам хотелось бы поблагодарить к. ф. н., доц. Е. А. Брызгунову, д. ф. н., проф. Ю. В. Рождественского, д. ф. н., проф. Ю. Н. Марчука, д. ф. н., проф. Е. А. Земскую, д. ф. н., проф. В. И. Аннушкина за ценные замечания, наблюдения и советы, которые нам очень помогли в работе.

Глава I. АРГО КАК ФЕНОМЕН КУЛЬТУРЫ. БЫТОВАНИЕ АРГО В КУЛЬТУРЕ

Проблема арго является одной из сложнейших проблем не только лингвистики, но и всего комплекса гуманитарного знания. К сожалению, преобладающий взгляд на арго страдает узостью; он, как правило, ограничивается рамками социолингвистики и не затрагивает огромного количества других интересных аспектов. В данной главе мы попытаемся обрисовать соотношение арго и культуры в целом, показать, что арго является сложнейшей и неотъемлемой частью не только любой человеческой жизни, человеческого поведения, но и всех тех атрибутов «высокой» культуры, которые в обыденном сознании уж никак не соотносятся со столь «низкой» материей, как арго.

Рассмотрим прежде всего бытийные (онтологические) основания арго, так сказать, философию его бытия, «экзистанса». Здесь мы сталкиваемся с массой противоречий. Интерпретации арго прямо антиномичны.

С одной стороны, арготизм — это секретное, эзотерическое слово, смысл которого доступен очень узкому кругу посвященных (к примеру, масонский арготизм), с другой, — это неотъемлемый элемент уличного языка, которым в условиях современного мегаполиса пользуются миллионы людей самых разных профессий, возрастов и национальностей.

С одной стороны, арготическое слово может прожить тысячелетие (например, античный «кинический троп») или хотя бы несколько столетий (например, язык французских клошаров или русских офеней). С другой — арготизм есть слово-однодневка, умирающее вместе с исчерпанием его экспрессии.

С одной стороны, арготизм — своего рода экспрессивная пустышка, бесконечно повторяемая Эллочкой-людоедкой (кстати, эллочкины «мрак», «парниша» и проч. благополучно дожили до наших дней), с другой, — бесспорная эмблема эпохи, прекрасно передающая аромат времени (вспомним хотя бы слова и выражения из речи цирюльников, половых, извозчиков, «хитрованцев», букинистов, птичников и т. д. [см., напр., 105]).

Подобных антиномий в определении онтологических оснований арго можно было бы перечислить еще множество. Многие из них будут дублировать знаменитые гумбольдтовские антиномии. Статус арго окончательно не определен ни в сфере социальной, ни в области культуры, ни даже в самом языке.

Что такое арго в обществе? Энциклопедическое определение гласит: «особый язык некоторой ограниченной профессиональной или социальной группы...» [143, 43]. Здесь под «группой» можно понимать, например, пролетариат как класс (как это делал, например, Л. П. Якубинский [273]), слесарей как профессию, слесарей-сантехников как более детализированную профессию, слесарей завода «Сатурн» в отличие от слесарей другого завода, определенное поколение слесарей и т. д., и т. п. Дробление будет бесконечным. В конце концов, мы вынуждены будем признать, что существует свое арго у каждой отдельной семьи и даже отдельного человека, т. е. идиоарго, арготический диалект, диалект данного индивида. Исследователями признается право поэтов и писателей на собственный идиолект [см., напр., 69]. Логично признать такое право и за «рядовыми» носителями языка, чей идиолект (идиостиль, идиоарго) просто не фиксируется.

Далее: каков статус арго в культуре? Можно сказать, что основательно этот вопрос вообще никогда не ставился. Арго, как правило, априорно расценивается как нечто стоящее за рамками официальной культуры. Те сферы, с которыми оно соотносится, расцениваются как факультативные, оборотные, теневые, закулисные. И если за некоторыми из них признается право на существование (скажем, за арго артистической богемы), то другие представляются исключительно в ауре зла и антикультурности (блатной жаргон). Иначе говоря, ставится знак равенства между носителями арго и самим арго. Как оцениваются носители, так оценивается и арго. На деле же получается, что на конкретном срезе развития языка все смешивается: классики мировой литературы (Вийон, Рабле, Сервантес, Шарль де Костер, Петроний, Аристофан, Гриммельсгаузен, Гашек и т. д.) используют в своих текстах массу арготизмов. В то же время, принадлежность к "дну" вовсе не делает человека арготирующим. Например, у М. Горького «на дне» оказываются и жулики, и пролетарии, и бывшая аристократия, и бывшая интеллигенция, а лингвистический портрет «дна» создается М. Горьким преимущественно за счет общепросторечной грубой сниженности речи, а не за счет арготизмов.

Интересно, что современные эстетические (прежде всего — постмодернистские) установки требуют от литераторов-интеллектуалов обязательного вкрапления арго (И. Бродский, А. Битов и т. д.), а «мещанская» эстетика, наоборот, требует «возвышенного романтизма».

Словом, все обстоит не так просто, как может показаться в первом приближении. Соотношение арго и культуры остается нерешенной проблемой.

Наконец, в системе языка арго тоже находится в каком-то «подвешенном» состоянии, в том смысле, что оно упорно выталкивается языковедами «вниз», от кодифицированного литературного языка — к разговорному и далее к просторечию и даже «ниже», в область молчания, что ли.

Таким образом, арго, словно душа незахороненного покойника, не находит себе места ни в социологической, ни в языковедческой, ни в культурологической могилах. Впрочем, может, и к лучшему. Однако на почве научной неудовлетворенности возникают околонаучные мифы об арго как о «Фениксе, возрождающемся из пепла», «летучем Голландце» и т. п.

Каков же выход из такой ситуации? Во-первых, на наш взгляд, следует принять гипотезу о том, что существуют тысячи, десятки и сотни тысяч различных арго, которые не имеют между собой никаких четких, определенных границ ни во времени, ни в пространстве, ни в социальной иерархии. Выделение какого-либо арго чисто условно. Например, условен термин «жаргон школьников». Во временнóм отношении он четко не отграничен от жаргона семинаристов, блестяще отраженного в знаменитых «Очерках бурсы» Помяловского [199] и отчасти пересекающегося с современным «школьным жаргоном». В пространственном, возрастном и социальном отношениях он очень разнороден. Например, разнятся лексика московских и петербургских школ, лицеев и интернатов, речь первоклассников и семиклассников и т. п.

Как на экстремальные можно указать на следующие границы представлений об арго: арго одного человека (например, популярное в свое время арго законодателя салонной моды на «словечки» В. Л. Пушкина, дяди А. С. Пушкина) и арго целой страны за определенный исторический период (например, так называемый «деревянный язык» «гомо советикуса» в западнически-диссидентской интерпретации русского языка советской эпохи).

При таком подходе любое выделение той или иной разновидности арго из абсолютно строгого научного акта исследования превращается в условно-рабочий. Для устранения неувязок и неясностей, прежде всего, можно ввести понятие арго как инварианта различных конкретных изменчивых, подвижных вариативных «языков» (жаргонов, сленгов, «социальных диалектов» и т. п.). Отношение инварианта к его конкретным реализациям можно рассматривать в том же онтологическом смысле, что и соотношение системы языка и речи, фонемы и звука и т. д. Таким образом, в термин арго мы будем вкладывать обобщенно-абстрактное содержание, а в словосочетания типа «арго русских футуристов», «арго мясников», «киническое арго», «арго американских гейнз», «арго беспризорников 20-х годов», «московское арго 80-х годов» и т. д. — содержание более конкретное, включающее пространственно-временны́е ориентиры, рамки, но в то же время — не абсолютно конкретное, а приблизительное, рабочее. Степень приблизительности, подобно настраиванию микроскопа, может варьироваться. Например, «мадридская херга» (жаргон города Мадрида) является более обобщенным термином, чем «херга мадридских молодежных баров», подобно тому, как «звук [а]» — более обобщенное понятие, чем «звук [4] в позиции между мягкими согласными».

Во-вторых, коль скоро мы ввели обобщенную инвариантную единицу (арго), необходимо поставить вопрос о структуре данной единицы.

Обычно арго представляют как словарь, лексикон, а точнее — глоссарий, «паноптикум», перечень курьезов. Арго практически всегда изучается в разделе лексики. Общепризнанным является положение об отсутствии специальной арготической грамматики и фонетики. Например, по замечанию Б. А. Ларина, «арго принадлежит к **смешанным языкам** (выделено Б. Л.), особенно ввиду двуязычия их носителей. Они имеют свою фонетику и морфологию, хотя и не особую, не оригинальную. Но принципиального отличия от литературных языков (всегда тоже смешанных) тут нет, есть лишь относительное количественное различие» [134, 185]. Не случайна и характеристика арго как «вторичной» системы по отношению к национальному языку [94].

Подобная «вторичная», «смешанная» система, разумеется, может проявлять свою относительную оригинальность лишь в самой подвижной области — лексике. При этом характерно, что попытки группировать арготическую лексику по словарям всегда неудачны. Словари разных арго пересекаются, накладываются друг на друга. Словарь арго очень подвижен, слова появляются, исчезают, возрождаются в новом значении и в другом арго, снова исчезают, коверкаются, «скрещиваются» на основе паронимической аттракции и т. д., и т. п. За пятьдесят лет инвентарь арго обновляется практически полностью. Но интересно, что при этом арго остается самим собой, продолжает безошибочно восприниматься носителями языка именно как арго, его стилистическая узнаваемость (маркированность) остается неизменной. Вчерашние отдельные арготизмы могут терять свою стилистическую окрашенность, переходить в нейтральный стиль. Но арго как целое сохраняет свой «тон» независимо от своего лексического наполнения. Так же живой организм за короткое время меняет по сути дела всю свою физическую оболочку, но облик его для окружающих остается неизменным.

Таким образом, под арго мы будем понимать систему словотворчества, систему порождения слов, выражений и текстов, систему приемов поэтического искусства, коротко говоря, поэтику, разновидность поэтики. Подобно тому, как русский символизм не является многотомным словарем символистов, русское арго не является словарем русского арго. Символизм есть также и не только стихи символистов. Это было бы слишком узко. Символизм включает в себя то, ка́к символисты писали стихи, ка́к они жили, их поведение, их фотографии, их трактаты о себе и чужие трактаты о них. Словом, это сложнейший культурный космос с текстами в центре и многообразными ответвлениями к периферии. То же самое можно сказать и об арго. Итак, арго мы будем рассматривать как поэтическую (с выходом в текст — риторическую) систему, инвариантную систему порождения многочисленных вариантов.

Эволюционирует ли система арго? Ответить на данный вопрос было бы делом, равносильным разрешению еще античного спора: то ли в одно арго нельзя, как в реку, войти два раза (по Гераклиту), то ли арго неподвижно и шарообразно, а все его изменения есть лишь кажущиеся изменения (по Пармениду). Оставим этот выбор для философов. Отметим только, что вопрос об эволюции арго соотносится с вопросом об эволюции языка в целом.

В качестве «интеллектуального эксперимента» можно предположить, что литературный язык тоже является своего рода «нормативным арго», т. е. арго определенной части общества, взявшей на себя ответственность нормировать язык. «Нормативное арго» имеет массу преимуществ перед другими: оно популяризируется, оно фиксируется во всем многообразии своих проявлений, культивируется его преемственность. Главное — оно имеет, так сказать, контрольный пакет акций в деле письменности, печати. То, что другие арго не имеют своей фонетики и грамматики, — не совсем верно. Просто фонетика и грамматика разрабатывались исключительно на материале «нормативных арго» и автоматически, механически переносились на другие (несколько спасала положение лишь диалектология). Так же лингвисты сквозь призму классической латыни смотрели в течение долгих столетий на вульгарную латынь, а миссионеры сквозь призму своих грамматик смотрели на языки народов Нового Света.

По всей видимости, эволюцию литературных языков и арго следует рассматривать в контексте развития культур.

Национальная культура не является монолитом, она представляет собой «систему систем», каждая из которых развивается со своей скоростью и по своему направлению. Общее развитие культуры, условно говоря, складывается из суммы векторов развития культурных подсистем, «квантов культуры».

Таким образом, мы можем делить систему культуры на достаточно самостоятельные «кванты». Подобное «квантование» культуры отражается в языке через его арготическое «квантование». Арго и арготизмы мы будем рассматривать как коллективную языковую интерпретацию «кванта» культуры. (Мы говорим о «кванте» и «квантовании», конечно, метафорически: перенесение физических законов на культуру было бы неверным).

Подобно тому, как различные подсистемы культуры имеют свою специфику развития, различные арго развиваются по-разному, а суммарный вектор их развития и взаимодействия дает общую эволюцию национального языка. Так, например, развитие русского языка в XIX веке представляло собой сложную систему арготических взаимодействий дворянского, разночинского, мещанского, семинарского, революционно-нигилистического и др. арго. По сути дела, именно об этом идет речь у В. В. Виноградова в «Очерках по истории русского литературного языка XVII–XIX веков» [43; особенно подробно: 419–542]. При этом отнюдь не все арго фиксируются письменно.

Таким образом, арго отражает не застывшую культуру, а культуру в ее динамическом развитии. Арго — это язык людей, которые находятся в процессе творения культуры. Эти люди приноравливаются, пробуют, «зачеркивают». Образно говоря, арго — это черновик будущей культуры. Специалистов интересуют рукописи Пушкина, первоначальный и последующий замыслы писателя, письма, в которых он делится своими планами, даже описки. Но почему-то ученых недостаточно интересует арго — грандиозный, чаще устный, черновик человеческой цивилизации. Мы уверены, что без него и понимание всей культуры невозможно. Без арготологического взгляда на цивилизацию изнутри вся ее интерпретация рискует стать догматичной.

Если, к примеру, рассматривать Кремлевскую стену как завершенный, хрестоматийный фрагмент русской культуры, то арготической проекцией этого фрагмента будет богатейшее арготическое многоголосие русских мастеровых, строивших эту стену, зазывные крики и ругань посада, торговавшего под этой стеной, арго ратников, защищавших эту стену от набегов. Все это московское многоголосие слышится, вернее, чувствуется сейчас русским человеком как смутный, щемящий гул прошлого, к сожалению, не расчленяемый на отдельные голоса. Часто, если речь идет об истории, это уже практически невозможно сделать. Но фиксация настоящего во имя будущего арготологии доступна.

Арготологический материал — это всегда собрание массы частностей, кажущихся с первого взгляда неважными. Арготизм всегда выглядит как случайная аномалия, противостоящая аналогии «нормативного» языка.

Здесь уместно вспомнить о знаменитой лингвофилософской дискуссии между аналогистами Александрии Египетской и аномалистами Пергама, разгоревшейся в древности. Спор этот во многом предопределил развитие философии. Можно сказать, аналогисты-александрийцы победили аномалистов-пергамцев. Все дальнейшее развитие философии (и лингвистики) происходило под флагом аналогии. Аналогия (и «литературный язык» как ее детище) стала не только практическим инструментом исследования, но главной философской, мировоззренческой установкой. И это вполне справедливо, поскольку без аналогии рухнули бы самые основания словесной культуры, взаимопонимания людей. Но вклад аномалистов в развитие лингвистических идей недостаточно оценен. Роль аномалистов в развитии языка огромна.

К сожалению, в мировоззрении лингвистов, следующих исключительно традиции аналогии, установилось жесткое разделение между «главным» (вечным, незыблемым) и «второстепенным» (бренным, преходящим) в языке.

Отрицательным следствием такого ощущения стала диспропорция в изучении аналогических и аномальных для данной эпохи феноменов языка, но исследователи часто не видят диалектической взаимосвязи аналогии и аномалии: то, что вчера казалось аномалией, завтра может стать аналогией, и наоборот.

Сферу языковой аномалии можно рассматривать как лабораторию, черновик тех изменений, которые претерпевает сегодняшняя аналогия, норма.

Само понятие арго, сам термин идет из средневековья. И вообще, проблематика арго появляется в науке только начиная с эпохи Средневековья. Справедливо ли это? И да, и нет.

Да — с точки зрения эволюции каждого конкретного современного языка. В Средневековье формировались современные литературные языки, а вместе с ними идет отсчет и языков (арго) нелитературных. Так, многие современные французские арготизмы восходят к эпохе Вийона.

Нет — в аспекте историко-типологическом. Например, отношение кинической культуры и кинического арго к официальному языку и культуре греко-латинской античности вполне соответствует аналогичной антитезе Средневековья, нового и новейшего времен. Они типологически сопоставимы.

Итак, арго является разновидностью поэтики, имманентно присущей языковой и поведенческой культуре человечества, для существования которой необходимы, пожалуй, лишь два социально-культурных фактора: наличие разделения труда на уровне осознанных цеховых (в более широком, чем средневековый, смысле) корпораций и наличие интеграционных процессов на основе товарообмена. Из данного утверждения мы можем гипотетически предположить существование неких протоарготических поэтик в языках и культурах древних цивилизаций Шумера, Аккада, Египта и т. д., не говоря уже об арго в греческих полисах, Риме и Константинополе.

Так, например, в Риме существовала своеобразная протоарготическая стилистическая иерархия латыни — городской (urbanitas), деревенской (rusticas) и «окраинной», испорченной (peregrinitas). (Данное деление можно, конечно, рассматривать и в плоскости диалектологии, однако и сама диалектология дает нам массу арготического материала).

Нечеткость, размытость многих протоарготических поэтик объясняется не только отсутствием или недостатком письменных памятников, но и отсутствием в них привычной для нас антитезы литературного/нелитературного языков. Например, шумерские писцы-профессионалы оставили огромные списки терминов, наименований самых разных вещей и понятий, но нам и в голову не приходит отделять норму от арго: исследователи с радостью все вносят в восстановленный шумерский язык. Здесь уже не до стилистической игры. Но шумерская цивилизация, так же, как и наша, знала разделение на дворцы и хижины, на храм и базарную площадь, на официальные и неофициальные язык и культуру.

Итак, примем в рабочем порядке за аксиому утверждение, что арго является феноменом языка, присущим ему на протяжении всей его эволюции. Как же в таком случае соотнести «тленность» арго с его «нетленностью», статику с динамикой, Гераклита с Парменидом?

На наш взгляд, тенденции к консервативности, замкнутости, эзотеричности и напротив — к динамике, разомкнутости, демократизму сосуществуют в арго диалектически. Борьба этих тенденций составляет основу развития системы и, если взглянуть другими глазами, основу стабильности, вечности. Борьбу тенденций можно схематически свести к трем бытийным статусам: 1) замкнутости, 2) разомкнутости, т. е. промежуточного состояния, и 3) абсолютной открытости. Данные состояния могут чередоваться во времени, перетекать друг в друга, но важно то, что в любой произвольно взятый момент развития арго все три тенденции присутствуют одновременно, хотя и в разной пропорции.

Остановимся на этих тенденциях подробнее.

§ 1. Арго как замкнутая система. «Герметический» комплекс

Арго является языковым отражением неистребимой потребности людей объединяться, группироваться с самыми различными целями — от совместного продолжения потомства (семья, семейное арго) до совместного постижения тайн бытия (например, арго теософов) или коллективного грабежа и убийства (уголовное арго). Любое такое объединение неизбежно порождает языкового двойника — арго, которое в данном виде живет все время, пока живет данный социум.

Социум может быть более или менее долговечным или открытым. Чем сильнее внутренние традиции социума, чем более он обособлен от окружающего мира в ключевых для его существования вопросах, чем специфичнее его задачи, тем «гуще», «сочнее», самобытнее, самостоятельнее арго, тем сильнее в нем тайная, эзотерическая тенденция. И наоборот — чем слабее и «жиже» арго, тем большее число влияний оно испытывает, тем скоротечнее его жизнь. Но даже и у самого сиюминутного арго обязательно присутствует тенденция к обособленности, закрытости. Эту тенденцию мы будем условно называть герметическим комплексом.

Именно в контексте герметики обычно формулируются в литературе взгляды на арго, причем, как правило, арго рассматривается как сниженная герметика. Например, Шарль Балли писал: «Люди обычно придают арго некое символическое значение; арго непроизвольно вызывает в нашем сознании представление об определенной «среде», которой свойственна вульгарность, низкая культура» [13, 28]. Часто речь идет об условных (в иной терминологии — искусственных) профессиональных жаргонах или о криптолалии (тайноречии) асоциальных элементов. Б. А. Ларин прямо говорил о существовании в новое время «основной социальной триады арготирующих: воров, нищих и мелких бродячих торговцев» [133, 114]. Там же он пишет, что «для раннего Средневековья этого различия установить нельзя». Говоря о состоянии арго в XX в., некоторые исследователи делают вывод о его отмирании, об исчерпанности его возможностей в новых социально-культурных условиях [см., напр., 29]. Действительно, социальная база, на которой зиждились арго последних столетий, изменилась. Например, в условиях России явно отмирает (или отмерла) эзотерическая языковая культура офеней-ходебщиков, торговавших лубками, всяким мелким скарбом и т. д., кое-где лишь теплятся древние традиции русского нищенства, столь богатые раньше [о русских нищих см.: 204; 259–320; 224; 244; 245]. Радикально изменился, в известном смысле, — выродился уголовный мир, чему способствовали массовые репрессии сталинской эпохи [см. 265], уходят в прошлое многие профессии, имевшие свои развитые арго, например, шорники, шаповалы, цирюльники, извозчики и т. п.

Аналогичная картина наблюдается и в других странах. Таким образом, действительно, целый ряд арго уходит в прошлое. Но можно ли на этом основании делать вывод «о смерти» арго вообще? На смену ушедшим профессиям приходят другие, во многом аналогичные: офеней заменили фарцовщики, шорников и кузнецов-подковщиков лошадей — автомеханики, половых — официанты, а позднее — бармены, цирюльников — банщики, массажисты, косметологи и медики, извозчиков — шоферы. Аналогично меняются и уголовные специализации с их арго. С онтологической точки зрения, а значит, и с точки зрения глубинной поэтики, угонщик автомобилей ничем не отличается от конокрада. Характерно, что очень часто наблюдается не только косвенная языковая преемственность (например, когда офенские слова переходят в «блатную музыку»), но и непосредственная, т. е. прямой переход от раннего арго в позднее, соответствующее раннему. Например, в старой Москве, описанной Гиляровским, существовала специальная «профессия» нелегального, чаще ночного, продавца спиртных напитков. Такой спекулянт, а также место, где он торговал, называлось *шланбой*. Таких шланбоев было несколько на Хитровом рынке. То же слово употреблялось и в Москве 80-х гг. XX в. в разгар антиалкогольной кампании, т. е. спустя век после хитровских шланбоев.

В качестве иллюстрации арготической традиции можно привести и множество корней, перешедших в современные арго из арго XIX века.

Например, современное *бабки* («деньги») встречаем у И. Т. Кокорева в описании Москвы 40-х годов прошлого века [120, 78], а у В. Даля — в перечислении арготизмов «петербургских мошенников» [79, 134]. Тюркизм *лафа* перешел в язык московских жуликов прошлого века в значении «пожива» [120, 78], а в современное арго — в значении «хорошо, хорошая жизнь». Диалектное слово *клёвый* «перекочевало» в воровское арго прошлого века в значении «хороший, красивый, дорогой» [79, 135] (ср. *клёвый маз* «атаман шайки» [79, 134]), а затем в современное общегородское арго в значении позитивно-оценочного экспрессива. Корень *стрем-* имел богатое гнездо в воровских арго столетней давности, например: *стрема* «обход, дозор, часовой, сторож, дворник», *стремит михлютка* «жандарм глядит», *стремить* «зорко глядеть», *остремиться* «покуситься неудачно на воровство» [79, 134–137], *стрема* «неудача» [120, 78]. Современное арго также дает массу производных от этого корня: *стоять на стреме* «караулить», *стрематься, застрематься, обстрематься* «бояться, испугаться», *стремный* «опасный» и т. д. Многие слова на протяжении столетий живут в арго как устойчивые метафоры. Например, у Л. Толстого в «Юности» встречаем студенческий арготизм XIX века *спустить*: «...остальные экзамены я спустил без всякого старания и волнения» [248, т. 1, 217]. То же слово в ином значении употреблялось букинистами конца XIX века. У А. А. Астапова в «Воспоминаниях старого букиниста» читаем: «В настоящее время есть немало переплетчиков, нисколько не задумывающихся спустить книгу своему клиенту во всяком виде» [169, 253]. В тех же значениях и в ряде иных, смежных с ними, данное слово употребляется и в наше время.

Таким образом, мы видим, что языковая эзотерическая традиция существует.

Эзотерическая преемственность налицо не только в языке, но и в поэтике поведения. Например, меняются формы нищенства, но остается суть: оно продолжает существовать как система риторических приемов с общей целью выманить деньги из прохожего, чему служат как вербальные средства, так и иные, к примеру, соматические. Здесь важна кинесика, поэтика поз, долженствующих передать идею несчастья, отверженности, обреченности (имитация трясущейся головы и т. п.). Подчеркиваются, демонстрируются телесные уродства и т. п.

В широкой исторической перспективе можно установить типы и роды арго, т. е. такие группы арго, которые соответствовали бы смежным, родственным профессиям. Скажем, в одну группу вошли бы арго античных гребцов галер и русских бурлаков, константинопольских гаремных евнухов и парижских сутенеров, римских домашних рабов и русских лакеев (чеховских фирсов). Невероятно интересным делом могло бы стать сравнительно-типологическое исследование арго гетер и проституток всех времен и народов, гладиаторов и иных бойцов, выступающих на публике, разнообразных чиновничьих арго — от шумерских и египетских до советских, и т. п.

Среди первых (известных нам) в истории корпусов текстов «тайного» характера, являющихся отражением некой системы тайноречия, можно назвать собрание оккультно-теософских диалогов II–III вв., считавшееся откровением Гермеса Трисмегиста, часто отождествляемого с египетским богом Тотом. Герметическая традиция, дошедшая до наших дней, выработала свою культуру и свой язык. Одним из главных постулатов теософско-эзотерической традиции является императив посвященности, избранности. Теософское арго мыслится как доступное очень немногим. Многочисленные герметические жаргоны прошлого практически совсем до нас не дошли, например, пифагорейский. Образцами модной в наши дни криптолалии стали арго йогов, астрологов, экстрасенсов, уфологов, теософов. Мы переживаем период их рассекречивания, что, впрочем, в высшей степени характерно для эпох ломок и кризисов. «Тайная доктрина», задуманная как доступная лишь особой герметической аристократии, плебеизируется, выходит в массы. Например, в современную русскую бытовую речь вошли такие санскритские или латинские по происхождению слова, как *карма, ашрам, кумары, акаши, чакра, кундалини, аджна, сутратма, сушумна, астрал, ментал* и т. п., причем часто в пародийных, сниженно-бытовых контекстах, типа *от пивка в астрале завис; я тебе сейчас чакры-то прочищу; напряги ментал, придурок* и т. д. Но об открывании арго речь пойдет ниже.

Теософско-эхотерическая, античная по происхождению, криптолалия (и криптография) — характернейший пример арго как закрытой системы. Античность вообще знала множество тайных мистерий и культов, в основе которых лежал герметический комплекс. Роль герметики в культуре прошлого, по всей видимости, до сих пор недооценена. Достаточно сказать, что, по одной из гипотез, письмо финикийских купцов, легшее в основу письменности греков, римлян и большей части современной цивилизации, являлось ни чем иным как тайнописью, своего рода купеческим шифром, арго, впоследствии утерявшим свою секретность.

Тайноречие и герметика были одной из доминант культуры Средневековья. Своеобразной квинтэссенцией герметизма может служить общезнаковая (в том числе и вербально-арготическая) система алхимиков [см. 208; 210]. По их убеждению, выдавшего профессиональную тайну отщепенца поражала молния. Аналогично алхимикам, своеобразный культ герметизма установили и средневековые поэты, например «великие риторики». Поэтические социумы именовались «камерами поэзии». Если алхимики были озабочены поисками «философского камня», то поэты были заняты разыскиванием первоязыка или «адамова языка», утраченного когда-то людьми [об этом см. 122]. Вообще, такой тип герметической культуры и языка можно образно назвать «алхимическим». «Алхимическая» («эсхатологическая») культура (в отличие от «химической») сосредоточена на духовном поиске, она апокалиптически сосредоточена, в известном смысле, маниакальна. Это культура одной мысли, одной идеи, одного арго. Все химические реакции, проводимые алхимиками, подчинены поиску чего-то последнего, окончательного. Такая же направленность мысли свойственна первым христианам, манихеям, русским староверам, якобинцам, большевикам и т. д., и т. п. «Химическая» же культура не знает такой сосредоточенности. Ее реакции разрозненны, не собраны в один апокалиптический пучок.

Герметический мотив звучит во все эпохи. Из Средневековья он переходит в «просвещенные» монастыри (например, к янсенистам Пор-Рояля), в кружки литераторов, философов, ученых (достаточно вспомнить хотя бы шутливую герметику «Арзамаса») — вплоть до XX в., до наших дней.

Какие мотивы лежат в основании герметического комплекса? Мы можем выделить три мотива и, соответственно, три уровня герметики.

1.1. Логосическая герметика. Здесь доминирует идея кастовости, избранности, некой аристократической общности, единомыслия, соединения в одной идее, в одном деле, которое рассматривается членами социума не столько как жизненно важное, сколько как высшее, идеальное по отношению к материальной жизни. Данный мотив идеалистичен, хотя обычно подкрепляется практической деятельностью. Люди, объединенные на этом уровне, не столько сопрофессионалы, сколько соратники, единоверцы, служащие одной идее (идолу, божеству, идеологии) и охраняющие ее от непосвященных. Герметика высшего уровня восходит к древнейшим традициям мистериальной архаики, к культам древности.

В плане языка, тайноречия герметика онтологически основывается на логосической концепции слова, которая связывает и делает взаимозависимыми имя (Логос) и вещь [об этом см., напр., 220, 5–9]. Отсюда — магия слова, вера в способность воздействовать на вещи через слова, поиск первоязыка, с помощью которого можно вернуть испорченный, оскверненный людьми мир в состояние золотого века. Герметики, члены герметического «заговора» мыслят себя как диалектики в платоновском понимании слова, т. е. как избранные, воспринявшие Слово-Логос-Истину от Бога (Номотета или Ономатета по Платону) и уполномоченные от его лица передавать Логос, предварительно обсудив его в своем узком кругу, дальше, — людям, мастерам-демиургам, использующим имена в конкретных областях. Аристократы-диалектики знают истинные достоинства Слова-истины и обязаны оберегать его от непосвященных, демоса, плебса, оскверняющего герметическую святыню.

По всей видимости, расцвет высшей герметики, действительно, приходился на античность и Средневековье, но сама идея не изживала себя никогда.

Несмотря на рационализм, т. е. апелляцию к голосу разума, герметической идеей бессознательно руководствовались Декарт, Лейбниц и другие представители нового времени. «Адамов язык» облекается в рационалистически-математические формы, прагматизируется и в конце концов вырождается в эсперанто. Но герметическая основа остается. «Универсальная грамматика» XVII века опять же, несмотря на «рацио», предстает перед нами вывернутым наизнанку алхимическим трактатом, задача которого — отыскать окончательный, утопический рецепт грамматики.

Современная идея нормирования, кодификации национального литературного языка, неутомимая работа над охраной его чистоты тоже содержат в себе отголосок (или атавизм, если угодно) высшего уровня герметики. Современный филолог, регулирующий законы культуры речи, лингводидакт, педагог — все это правнуки и праправнуки логосических диалектиков и внуки алхимиков.

Высшая герметика всегда вдохновляла не только филологов и поэтов, но и политиков, особенно в моменты социальных сдвигов, катаклизмов.

Первое, что делают Марат, Дантон и Робеспьер после захвата власти, — это переименование всех и вся. То же делают и большевики, как бы веря в магическую силу имен. Смена собственных имен на партийные клички вызывалась не только соображениями конспирации, но и установкой на чисто идеалистическую гермопоэтику. Перед нами сатанинское имя-маска, отрекающее человека от мира, переименование-инициация. Абсолютно герметичен и фашизм: он особенно бравирует герметическим антуражем, эзотерической символикой.

Несомненен и значителен элемент той же гермопоэтики у романтиков, а позднее — у символистов, футуристов и других поэтико-философских течений.

Поэзия и литература, культура вообще резко герметизируются в переходные эпохи, как, например, в первой трети XX в. в России, когда литературные объединения превращаются в воинствующие ордена (от символизма и акмеизма до футуризма, имажинизма, ничевоков, обэриутов и проч.), каждый из которых озабочен выработкой своей гермопоэтики, своего арго, часто малопонятного для представителей других объединений. Интересно, что сами поэтические герметики, повзрослев, с трудом понимали арго своей юности. Например, А. Блок, уже автор «Двенадцати», неоднократно признавался, что не помнит, что хотел сказать в своих ранних символистических опусах.

В поисках оригинальных герметических ключей у поэтов усиливается ретроспекция, идет поиск авторитетов в герметике прошлого. Происходит перекличка гермопоэтик. Акмеисты именуют себя «цехом поэтов» (явная перекличка с цеховой герметикой Средневековья), символистов завораживает средневековый аллегорический шифр (например, ср. «Роза и Крест» А. Блока и «Роман о Розе» Гийома де Лоррис и Жана де Мён), некоторые прямо увлекаются оккультизмом, теософией, практической магией (А. Белый, В. Брюсов), необыкновенной популярностью пользуется пестрая герметическая мозаика эллинизма (М. Кузмин, О. Мандельштам). Особенно после революции становится чрезвычайно популярной идея слова как орудия жизнестроительства. Герметико-магическая основа этого умонастроения очевидна. Здесь можно усмотреть некий глубинный возврат к первобытности, к примитивным магическим представлениям. Слово опять, как тысячи лет назад, влияет на вещь, связывается с вещью симпатической нитью. Внешне же все это осознается как истинное обращение к реальности. Как пишет А. Ф. Лосев, «из глубин и высот абстрактного мышления мы вернулись к живой человеческой жизни; но при этом мы почувствовали, что весь этот анализ языка совершенно по-новому заставил нас относиться к языку, а именно понять его как орудие жизненного строительства» [149, 24].

Герметико-логосическая, первобытно-магическая в своей основе тенденция, как это ни парадоксально, является неотъемлемым онтологическим подтекстом сравнительно-исторического языкознания. В этом отношении характерна, например, шлейхерианская вера в реальность и осязаемость праязыка (знаменитая басня Шлейхера). Здесь герметическая магия как бы осуществляется в историческом преломлении, как если бы писатель написал подробный исторический роман, полностью уверенный в реальности всех воспроизводимых им деталей, диалогов и т. д. Шлейхер верит в магическую связь между своей наукой (Логосом) и объектом науки, при этом Логос Шлейхера воздействует на предмет, делает его реальным, бесспорным для самого лингвиста-герметика.

Особенный размах приобретает герметика в узко профессионализированной науке XX в. Достаточно вспомнить марризм, где знаменитые четыре элемента (SAL-BER-JON-ROШ) звучат как полнокровное магическое заклинание. Характерны здесь и крайние проявления структурализма с его сложнейшим терминологическим арго, интерес к метаязыку (ср.: праязык, философский язык, адамов язык, универсальная грамматика и т. п.) и многое другое. Обзор всех этих фактов занял бы катастрофический объем.

Герметика высшего уровня обладает еще одним свойством — она тяготеет к обрядовости, магическим действам, мистериальности, сложной процессуальной семиотике. Вспомним, например, сложнейшую процедуру посвящения Пьера Безухова в масоны, описанную Л. Н. Толстым. Такая процедура имеет древнюю синкретическую основу. К подобным действам стремятся все герметические системы. Мистериями изобилуют революционные эпохи (хотя здесь мы имеем синтез герметических и народных, вернее, псевдонародных площадных форм культуры, все же инициаторами революционных мистерий являются герметики-революционеры). Таким образом, важно отметить, что герметическое арго есть не чисто словесный феномен, но сложная знаковая система, как правило, вербально-мистериального характера, что лишний раз подтверждает ее древнее первобытное происхождение. Трудно, конечно, смириться с тем, что ослепительная мистерия в Дельфах сродни процедуре приема в пионеры, а заклинания мемфисских жрецов типологически соотносятся с регламентом партийного собрания, но все-таки глубинная герметическая структура у них действительно общая.

Как мы уже говорили, герметики высшего уровня не только охраняют свой Логос (консервативно-охранительная тенденция), но и стремятся исправить мир, лежащий во зле (демократически-проповедническая тенденция). Во втором пункте находится семя самоотрицания, самоубийства высшей герметики. Ни масоны, ни теософы, ни воры так и не смогли уберечь свою истину от непосвященного (или непросвещенного) плебса, от площади, от черни. Плебс заговорил на их герметическом арго, вынес священный Логос на площадь, и, говоря бахтинским языком, «амбивалентно» отправил его «в телесный низ» для «возрождения и новой жизни». На такой конец фатально обречено любое герметическое арго. Исключений, по всей видимости, история не знает.

К сожалению, лингвистика уделяет крайне мало внимания логосическим арго, систематическое изучение которых может стать целой отраслью философской и социальной лингвистик. Лингвисты смогли бы помочь в осмыслении проблем философского знания, зарождения и развития массовых идеологий, отчасти массовых психозов в революционные эпохи и т. д., и т. п.

1.2. Профессиональная герметика. С уровня высшей, логосической, магической герметики, мы спускаемся на уровень материальный, социальнобытовой, иначе говоря, профессиональный или шире — материально-деятельностный. Идеальные мотивы поддержания традиций здесь еще сохраняются, но исчезает алхимическая маниакальность, а вместе с ней — и проповедничество. Мотив сохранения тайны от непосвященных разбавляется чисто прагматическими соображениями, типа борьбы с конкурентами (для профессиональных арго) или защиты от властей (для уголовников). Нельзя сказать, что на этом уровне полностью исчезает идея избранности. Аристократическая тенденция очень сильна, например, у воров. В Средневековье воровская аристократия не только нормировала арго, но и через школяров обучала этому арго своих преемников. Такая система была отлично налажена [см. 133, 119]. Черты аристократизма присущи любому профессионалу. Вспомним столяра из чеховской «Каштанки» («Ты, Каштанка, — существо насекомое и супротив человека ты как плотник супротив столяра») или гофманского Мартина-Бочара. Точно так же нищий, бомж, бич презирает мирных мещан, и любой молодой человек, причисляющий себя к какому-нибудь оппозиционному социуму, смотрит сверху вниз на мажора, т. е. мещанина, обывателя. Герметическим аристократизмом пронизана вся художественная словесность. То, что обычно изучается в школе под рубрикой «Тема искусства в творчестве такого-то», или «Поэт и толпа», или «Борьба с мещанством в творчестве такого-то», есть глубинно отнюдь не только борьба за высокое искусство против гонителей искусства. Прежде всего — это проявление отчасти высшей, отчасти профессиональной герметики, герметический аристократизм, который может реализоваться в тысячах форм — от «Темы Поэта и черни», скажем, у Пушкина, до антитезы Сокола и Ужа у Горького. При этом арго Поэта и Сокола, с одной стороны, и арго черни и Ужа, с другой, резко разнятся. Онтологически подобное противопоставление ничем не отличается от противопоставления *блатных* и *блатыканных* (у воров), *системных* и *мажоров* (например, у некоторых современных социумов), *рома* и *гаджо* (у цыган).

В данном контексте отчасти можно объяснить интерес поэтов, например, к цыганам. Обращение Пушкина к цыганам чаще всего объясняют общей тягой романтизма к экзотике. По всей видимости, здесь важно не только это (есть много других вполне экзотических народов). Вероятно, важную роль играет общая перекличка гермопоэтик цыган и романтиков. Аналогичен интерес романтика Горького именно к босякам, достаточно герметичной общности, и вообще интерес литератур к самым разнообразным герметическим социумам.

И все же в случаях профессионального герметизма мы сталкиваемся с аристократизмом более практическим и приземленным, чем в герметизме логосическом. Разумеется, четкой грани между высшим и профессиональным герметизмом провести нельзя. Грань условна. Разграничение уровней носит рабочий характер. Переход плавен.

Каковы же основные индикаторы отличия двух уровней герметики?

Прежде всего, высшая герметика в своем чистом виде имеет тенденцию никак не отражать в себе окружающую реальную, «негерметическую» действительность. Мало того, антитеза «мы — они» («свои — чужие») в самых высших гермопоэтиках практически отсутствует. Алхимики, к примеру, стараются вообще не говорить о не-алхимиках. Они просто не замечают их. Чем ниже мы спускаемся в сферу профессиональных арго, тем сильнее данная антитеза. Для большинства арго она является своего рода универсалией, а уж в сфере арготизированного просторечья она дает рефлекс в многочисленных инвективах, где наименования «чужих» осмыслены в площадно-смеховом, общебранном ключе.

Далее: высшие, логосические арго не затрагивают вещественно-бытовой стороны жизни. Они как бы разматериализованы. Например, дошедшие до нас алхимические трактаты представляют собой аллегорическое описание химических реакций, что можно было бы передать словесно или в химических формулах. Это своеобразное арготическое (образно-поэтическое) воспроизведение учебника химии. Например, в одном из трактатов читаем: «Начинай работу при закате солнца, когда красный муж и белая жена соединяются в духе жизни, чтобы жить в любви и спокойствии в точной пропорции воды и земли. Сквозь сумраки подвигайся с запада на север, раздели мужа и жену между зимою и весною. Обрати воду в черную землю, подымись, одолев многоцветие, к востоку, где восходит полная луна. После чистилищ появляется солнце. Оно бело и лучезарно. Лето после зимы. День после ночи. Земля и вода превращаются в воздух. Мрак бежит. Является свет. Практика начинается на западе. Теория — на востоке. Начало разрушения — меж востоком и западом» [цит. по: 210, 64]. Здесь алхимическим гермопоэтическим шифром описана реакция между свинцом и ртутью, «белой женой» и «красным мужем», с целью получения золота — «солнца». Реакция эта имеет общемировоззренческий, надмирный характер. Все алхимические арготизмы, за каждым из которых стоит целый пучок абстрактных смыслов, образуют философскую оппозицию (зима и лето, восток и запад, муж и жена, земля и вода и т. д.), которая сродни китайской оппозиции «инь» и «ян». Химическая реакция есть одновременно описание мироустройства. Описание вневременно, алхимик абсолютно отвлечен от реалий эпохи, политики, быта. Он как бы вслед за элеатами подчиняется только Истине (алетейя), а не мнению (докса). Мир для него, как и для Парменида и Зенона, неизменен и шарообразен, алхимик лишь отыскивает абсолютную точку покоя (философский камень). Любое вмешательство временного, бренного, суетного лишь отдаляет от Истины. Высшая герметика стремится к статичности в словах и понятиях. Внутренняя традиция подкрепляется мировоззрением, глубинным онтологическим консерватизмом.

Совершенно иная картина на профессиональном уровне герметики. Профессиональные, цеховые, материально-деятельностные арго максимально привязаны к быту, времени, месту, они передают дух эпохи и зависят от нее. В них мы найдем тончайшие нюансы быта, массу того, что называют историческим, «страноведческим» материалом. Это бытовые арго. Они «пахнут» временем, за каждым арготизмом стоит целый культурный фон. Остановимся на конкретном примере. Один из собирателей московского языка и быта начала XX в. Е. П. Иванов приводит целый ряд образцов речи представителей разных профессий. Вот пример из речи парикмахеров: *на ладони кудри растить* — «делать плешивому втирания репейного масла или березового настоя для ращения волос»; *барина прикончить* — «выдавить прыщ или чирей с обязательным прижиганием накаленной на огне шляпкой гвоздя»; *божий дар убрать* — «закрыть лысину, густо намасленную фиксатуаром, помадой, деревянным маслом или просто салом, специально выращенными с боков волосами»; *обрить в щётку* — «умышленно причинить клиенту неприятность, заключающуюся в том, чтобы во время процесса бритья держать бритву как можно прямее. От такого приема через несколько часов после операции воспалялись луковицы срезанных волос, появлялись красные пятна...» и т. п. [105, 190–193].

Как видим, всего несколько арготизмов погружают нас в атмосферу старого быта со всеми его деталями. Систематически-комплексного изучения бытовых арго практически не предпринималось. Лингвистика «слов и вещей» не сосредотачивалась на проблемах арго. Как ни странно, профессиональными арго чаще занимаются не лингвисты, а бытописатели. А между тем их изучение может дать целое направление в лингвистике, своего рода лингвофизиологию, сопряженную и с лингвистикой, и с историей, и с этнографией, и с психологией.

Изучение профессиональных арго может не только давать материал об ушедшем быте (типа арго петушиных боев в Москве [169, 190–206]), но и устанавливать связь эпох, т. е. по сути разъяснять современную эпоху.

Каждая деталь, каждый нюанс ушедших арго (и ушедшего быта) являются частью культурологического фона. Незнание нюансов может привести к аберрации вйдения прошлого. Нюанс, деталь подчас играют решающую роль в интерпретации глобального явления. Приведем общеизвестные примеры.

Согласно средневековому этикету, благородная женщина, объект любви и поклонения, должна была непременно быть блондинкой. Поэтому брюнетки изображались на картинах и воспевались в стихах как «светлокудрые». Прочитав куртуазную литературу Средневековья и буквально поняв ее, можно прийти к выводу, что весь «высший свет» (в том числе и благородные мужчины) были блондинами, т. е. сделать заключение, неверное ни с исторической, ни с антропологической точки зрения. К такому заключению приводит незнание особенностей профессионально-куртуазной герметики и куртуазного арго. Поэтический арготизм «светлокудрый» («светловолосый» и т. п.) является примерным синонимом современного «прекрасный», «бесподобный» и проч. Шекспир, восставший против куртуазной герметики, полемически воспевал в одном из своих сонетов брюнетку («Ее глаза на звезды не похожи, // Уста нельзя кораллами назвать, // Не белоснежна плеч открытых кожа, // И черной проволокой вьется прядь»), чем, в частности, обрек себя на репутацию варвара вплоть до времен Вольтера.

Другой пример. Долгое время поэтам-трубадурам приписывались такие симпатичные вещи, как «открытие неподдельного мира чувств», «чуткость к явлениям природы», «искренность» и т. д., и т. п. Все это верно и мило, но только отчасти. На деле трудно найти в истории литературы пример столь «заформализованной» (как бы мы сказали в наше время) гермопоэтики, какова была поэтика трубадуров. В их стихах каждый поэтизм (а точнее, профессиональный гермоарготизм) является частью целого, и случайному, «свежему» слову в нем места нет. И все это отнюдь не снижает прелести поэзии трубадуров, а всего лишь делает понимание этой поэзии глубже.

Знание профессиональных арго, таким образом, является совершенно необходимой вещью. К сожалению, отнюдь не все арго фиксируются. Многие профессиональные гермосистемы можно восстановить лишь косвенно.

Знание арго может иметь и чисто практическое значение. Например, современным «потребителям», т. е. покупателям, небезынтересен был бы перечень арготизмов торговцев ушедшей Москвы, именующих различные формы обмера и обвеса, например: *с походом* (с незаметной манипуляцией на чаше весов), *на бумажку* или *на пакет* (с упаковкой в двойную бумагу для увеличения веса), *на бросок* (с быстрым бросанием на весы), *на пушку* (с отвлечением внимания покупателя), *втёмную* (так, чтобы покупатель плохо видел показания весов), *на путешествие* (с отправлением покупателя в кассу во время взвешивания), *на нахальство* (с манипуляцией с гирями), *с подначкой* (с ручными весами с помощью ловких движений пальцами), *на время* (с быстрым положением и снятием товара с весов), *пиротехника* или *радуга* (с подменой одного товара другим), *ассортимент* (с довешиванием хорошего товара плохим), *семь радостей* (с использованием всех приемов одновременно) [105, 167–169]. Интересную информацию для покупателя могут дать и такие современные арготизмы продавцов и торговцев, как *спутник* «кусок чего-л., чаще мяса, который постоянно подбрасывается на весы во время взвешивания товара, а затем незаметно снимается», *поддув* или *с поддувом*, *поддувки* и др. «манипуляции с электронными весами с помощью дутья в определенное место, от чего показания весов варьируются», *охлаждёнка* «замороженное мясо, облитое горячей водой, от чего оно резко увеличивает вес» и т. д.

Следует отметить, что профессиональный арготизм в обязательном порядке сочетает в себе три момента: во-первых, элемент эзотерики, тайны от посторонних (который, впрочем, не следует преувеличивать), во-вторых, элемент собственно профессиональный, т. е. обозначение конкретных реалий, понятий, связанных с профессиональной деятельностью арготирующего, и, в-третьих, элемент смеховой, направленный на клиента, на «чужого».

Герметика высшего уровня, как правило, серьезна, лишена смехового комплекса. «Жрецу», если только речь не идет о сакральном смехе, нé над чем смеяться. Он не знает действительности и не хочет знать, он занят обрядом, жреческим служением.

Профессионал-арготирующий спускается с небес на землю, грешную, как и он сам, попадает в непосредственную, материальную зависимость от людей, от общества. Образно говоря, поэт-идеалист становится фельетонистом-репортером, который продолжает чувствовать в себе талант поэта. Отсюда вынужденная ирония в адрес мира, который, хотя и презирает, но все-таки кормит.

В высшем, логосическом герметизме диалектический момент развития проявляется, как уже говорилось, в том, что в нем существует противоположная эзотеризму тенденция к проповедничеству, исправлению мира, лежащего во зле, что в конце концов приводит к «размыванию», выражению и гибели гермосоциума и его арго.

В профессиональном же арго диалектика выражается в том, что профессионал-демиург, стремясь сохранить герметизм своего дела и языка, тем не менее, каждый день сталкивается с тем, от кого он свою задушевную тайну охраняет. Это столкновение не носит революционного характера. Оно предстает как обыденный, каждодневный, житейский поток, как «жанровые сценки», чисто человеческое общение мастера и клиента. Общения этого нельзя избежать, и оно рано или поздно приводит к взаимовлиянию, размыванию четкой границы, разрушению официальных препон общения. Не случайно наиболее стойки те арго, которые связаны или с «кочевой» деятельностью, или с асоциальной, т. е. такой, которая ограничивает сферу бытового общения с посторонними; характерно также, что оба эти рода деятельности обычно смыкаются (офени, нищие, босяки и т. п.).

Палитра профессиональных арго очень пестра. Иногда в истории появляются тысячи профессий с их арго, которые потом внезапно канут в Лету. Характернейший пример — позднее Средневековье [см. 261]. Например, бургундский двор XV в., прообраз всех позднейших дворов Европы, знал фантастическую дифференциацию профессий, связанную со сложнейшим придворным этикетом. При дворе в номенклатуре персонала числились, например, такие должности (причем исполняющие их не знали и не умели больше ничего): распорядитель по свету, распорядитель по огню, главный подаватель хлеба, обычные подаватели хлеба (их было 50), главный виночерпий и 50 обычных, подавальщик супа, подавальщик мяса (соответственно — рыбы и т. п.), соусник, фруктовщик, прокалыватель мяса, пряностник, главный конюший (он же — подаватель шпаги, т. е. лицо с широкой специализацией), главный надсмотрщик за собаками, носитель герба, трубачи-герольды, шуты и шутихи (их было около 30, и у каждого свой смеховой «профиль»), художник, расписывающий кольчуги, приносильщик пряностей, приносильщик сладких драже в специальном кубке, натиратель кубков, натиратель кольчуг, специальный медик, следящий за голосом певчих (которые питались сырым мясом), и т. д., и т. п.

Нет никакого сомнения, что язык бургундского двора пестрел арготизмами. Каждый из «профессионалов» втайне презирал остальных и придумывал для них клички, старался продвинуться по придворной иерархической лестнице. Одним словом, богатейшая мозаика профессиональных арго при дворе была обратной стороной строгой и пышной иерархии внешней жизни, блестящего этикета. Вместе с крушением Бургундского герцогства вся эта армия придворных влилась в море средневекового люмпена или часть ее прибилась к другим дворам. Так или иначе, сотни арго или умерли, или видоизменились, или влились в другие арго.

Следует отметить еще одну особенность профессионального арготизма. Арготизм содержит в себе не только информацию о быте, но и информацию об отношении арготирующего к быту, вернее, об отношении социума к быту. Интересно, что бытописатели сосредотачиваются, как правило, на первой, «объективной» стороне арготизма. Им интересно, что такие-то и такие-то реалии именовались так-то и так-то. Лингвистика же явно увлеклась второй стороной — «субъективной». Чаще всего в этой связи арготизм отождествляется с «экспрессивом», с «эмоциональным компонентом». Здесь бросается в глаза несоответствие, диспропорция.

Профессиональный арготизм — это почти всегда в большей степени историзм, а не архаизм, хотя чаще в нем подчеркивают элемент архаизма, т. е. обращают внимание на то, что он вышел из употребления, а не на то, что за ним стоит некая вышедшая из употребления реалия. Тем самым умаляется историческое значение арготизма, его роль в изучении быта, нравов, культуры, истории. За словом не видят вещи, культурологического фона. Арготизм предстает как экспрессивная пустышка, которая бездумно может быть заменена другой пустышкой. Эволюция арго представляется как переливание из пустого в порожнее: вчера люди выражали свою эмоцию одним арготизмом, сегодня — другим, завтра будут выражать третьим, вот и все. Для бытописателя же арготизм — это окостенелое образование, брошенный в Лету дорогой амулетик, который нельзя достать обратно. В действительности арготизм соединяет в себе историю и эмоцию, его можно охарактеризовать как экспрессивный историзм. Экспрессия арготизма не абстрактно-человеческая, она окрашена эпохой и народом, надо только уловить эту окраску. Изучение (даже современного нам) арготизма вне связи с историей народа, временем, духом эпохи превращается в голую комбинаторику. Поставленный же в исторический интерьер арготизм оживает и одухотворяется.

Например, М. М. Бахтин показывает, каково было экспрессивное наполнение слов «сифилис» и «подагра» в народной культуре времен Рабле. Эти болезни были «веселыми», поскольку являлись результатом обильного, неумеренного наслаждения (едой, вином, половой жизнью, бездельем), отсюда название, например сифилиса gorre, grand'gorre, т. е. «роскошь, пышность, великолепие, помпа». Болезни эти были почетными, свидетельствующими о «богатстве натуры» их владельцев [16, 179].

Кроме того, арготизм является неотъемлемой частью документального и художественного текста. Без точной экспрессивно-исторической расшифровки арготизма нельзя установить ни точного содержания документа, ни художественного замысла автора. Так, например, знание арготизмов, связанных с одеждой, модой и т. п., значительно углубляет понимание художественных текстов, психологических нюансов и т. д. [см., напр., 117]. Знание объема профессионального арготизма является обязательным для любого текстолога. Таким образом, в целом арготология тесно связана с текстологией.

Как уже говорилось в начале работы, языковую сторону герметики не следует представлять только в виде глоссария:

огромную роль в арго играют все языковые уровни, не только лингвистический. Существует общеязыковая (и общеповеденческая) установка на герметизацию языка и поведения. Диапазон реализаций этой установки огромен: здесь и особенности произношения, и жест, и осанка, и походка, и специфика построения фразы, и коверканье слова, и образ жизни (об этом мы будем подробно писать ниже). Словом, существует богатейшая система средств, как лингвистических, так и экстралингвистических, при помощи которых индивид подчеркивает свою принадлежность к определенному гермосоциуму.

Например, в русском языке индикатором принадлежности слова к профессиональной герметике может служить приставка *пере-*. Повар-профессионал не скажет «пожарить», он скажет *пережарить* (в значении «пожарить, поджарить»). Или другой пример: в среде торговцев валютой (по всей видимости, не всех, а части) принято единообразно склонять с числительными «сакральные» для данной профессии наименования. Арготизм *грин* «доллар» будет при счете выглядеть так: *один грина́, два грина́, пять грина́* и т. п. Это, конечно, можно объяснить и как следствие малограмотности, и как определенный игровой «шик», но все эти объяснения, на наш взгляд, недостаточны, локальны.

Индивид может подчеркивать свою принадлежность к гермосоциуму сознательно или бессознательно, активно или пассивно, но такой индикатор существует обязательно. И *ирокез* (хохолок) панка, и походка матроса вразвалочку, и наколка уголовника [об этом см.: 1; 235, 450–525], и *один грина́* фарцовщика, и старомосковская норма профессора, и небрежно надетый шарф художника, и широкие брюки любера, и оканье Максима Горького, — все это сигналы принадлежности (или желания принадлежать) к гермосоциуму, герметизмы языка и поведения. Таким образом, вся семиотическая система (арго, герметика, гермосистема, гермопоэтика) состоит из знаков-герметизмов, которые могут быть как вербальными, так и невербальными. Комплексного изучения гермосистем еще не предпринималось. Данной проблемой должна заниматься специальная наука — герметология, стоящая на стыке социологии, психологии, лингвистики, культурологии и семиотики.

Язык и поведение любого человека наполнены (буквально кишат) герметизмами. Если разбогатевший на спекуляции вчерашний инженер в конце 80-х гг. начинал демонстративно покупать себе «сникерсы», это был гермоарготизм мелкого нувориша. Если солдат гнет свою пряжку — это герметизм *дембеля*, и т. д., и т. п. Герметология призвана дать комплексное описание гермосистемы индивида или социума, проявить те невидимые нити, которые связывают человека и общество, человека и культуру, дать лингвокультурологический и общественный портрет человека, его тайные и явные языковые и культурные пристрастия, точки притяжения и отталкивания.

Существует также еще одна проблема, о которой следует сказать. В литературе об арго часто встречается оценочность по отношению к самому объекту. Например, по отношению к эзотерическим арго часто используется термин «условный (или искусственный) язык» [см., напр., 47–49 и др.]. Подразумевается система, обладающая рядом приемов «нарочитого» искажения «естественной» речи. Но даже чисто формально поэтика языка, например, босяков, офеней-ходебщиков, портных, шорников, армянских цыган («боша» [189]) или каких-нибудь харьковских слепых («невлей» [104]) родственна такой поэтической системе, как, например, «заумь» Велимира Хлебникова. В литературе же данные феномены идут под разными рубриками. Нейтральному «словообразованию» соответствует «словопроизводство» в случае с жаргонами [см., напр., 28] и «словотворчество» в случае поэтического идиостиля [см., напр., 69], хотя даже при поверхностном сравнении хлебниковских неологизмов и профессиональных арготизмов бросается в глаза формальное сходство поэтических приемов. Вопрос о соотношении «творчества» Хлебникова и «производства» портного может быть решен в разных эстетических системах отсчета (так же, как и вопрос о соотношении арго Хлебникова и арго Пушкина), если же отказаться от эстетической оценки, тогда и то и другое арго предстанут как равноправные гермопоэтики.

Интересной является проблема функционирования гермосистем в контексте соотношения языков и культур. Гермосистемы (арго) могут быть как принадлежащими лишь одной культуре (например, арго орловских шорников), так и межкультурными (например, арго хиппи). Межкультурной частью гермосистемы, как правило, является экстралингвистическая часть (например, одежда и стиль поведения панков, наркоманов, гомосексуалистов, бизнесменов и т. д.). Однако, по всей видимости, межкультурным может быть и собственно язык. Характерный пример — средневековое воровское арго в Европе, которое было своеобразной пазилалией (языком международного общения) воров. Восстановить эту арготическую пазилалию сейчас трудно. Но, видимо, она отразилась в системе более поздних межарготических заимствований (например, *бобы* и *bohnen* — патроны, пули; *дядя* и *oncle* — тюремный надзиратель; *медведь* и *niedźwiedź* — несгораемый шкаф; *успокоить* и *apaiser* — убить и т. п.).

Впрочем, ряд исследователей считают данное явление следствием параллельного развития метафор и общности менталитета воров [подробнее: 133, 125–126].

И все же следует признать факт, что помимо принятых ООН языков международного общения, эсперанто и прочих искусственных языков или достаточно полно изученных лингвистами «портовых» языков (сабир, petit negre, brocken English, ruska norsk, бич-ла-мар, пиджин-инглиш и др.) существует масса пазилалических гермосистем, арго, которые играют большую роль в непосредственных международных контактах.

Итак, прежде чем перейти к следующему разделу, подчеркнем еще раз: логосическая и профессиональная герметики представляют собой систему поэтических приемов, преследующих цель герметизировать текст и поведение, подчеркнуть принадлежность индивида к гермосоциуму, знаковая система может быть магической (в логосических арго), рафинированно-избранной, изысканной или просто секретной (в арго профессиональных). И дельфийский жрец, и алхимик, и поэт, и кучер, и «жгон» используют, в принципе, те же поэтические приемы, но ставят перед собой разные задачи. Глоссолалия, «божественное безумие» Пифии достигается теми же средствами, что и деланная припадочность московского бича. Но если Пифия высоко пророчествует, то бич просто хочет выпить. Говорят же они при этом примерно одинаково.

1.3. Игровая (семейно-дружеская) герметика. Если в основании высшей, логосической герметики лежат идеальные, внебытовые и даже внебытийные основания, а в основе профессиональной герметики — практические задачи, то третий (условно — низший) уровень можно охарактеризовать как уровень герметики стихийной или рекреативной, развлекательной, игровой.

У рекреативной герметики, собственно, нет никаких осознанных задач, как нет их у играющего щенка. Это, если угодно, герметика ради герметики, игровое заполнение досуга в свободно, стихийно образующемся социуме.

Лингвисты часто склонны сводить определение любого арго к коллективной игре (например, Есперсен [297] и др.), а экспрессию в арго определять как экспрессию ради экспрессии. На наш взгляд, данное определение верно по отношению к рекреативным арго и лишь отчасти — к профессиональным. Логосические арго полностью осознанно и направленно экспрессивны. Отчасти сведение всех арго к игре объясняется суженным взглядом на арго вообще. Отчасти же — распространенной игровой концепцией культуры, согласно которой если не все, то большинство явлений культуры имеют игровую структуру. Такая культурологическая концепция берет начало еще в «игровом космосе» Платона и «состоянии игры» Канта, а в моду она вошла, по всей видимости, начиная с Хейзинги [261]. Идея игры очень увлекательна и заразительна, с ее помощью легко проинтерпретировать все, от Баркова до Рабиндраната Тагора, но она позволяет видеть явления лишь на определенной глубине (пусть и достаточно большой), но бóльшая глубина ей недоступна.

И все же: каковы онтологические основания рекреативной герметики? Можно выделить две эмблемы — детство (детская игра) и семья.

Семья — это тот естественный, стихийно образующийся социум, в котором начинается и заканчивается жизнь человека. Каждая семья, если, конечно, это настоящая семья, а не печальное следствие брачного контракта, имеет свои слова, выражения, жесты и т. п., т. е. свое семейное арго, систему семейных герметизмов. Это арго является не только отражением, но и отчасти основанием специфического семейного мирка, понятного и доступного до конца только ее членам. То же можно сказать и о других социумах, в которых люди «притираются» друг к другу. Элемент рекреативности, как уже говорилось, присутствует и в арго профессиональных, но в семейном арго приобретает глубоко интимный, личный характер. Если в профессиональной герметике налицо отражение в индивидуальной психологии психологии корпоративной, коллективной, то семейная герметика представляет собой причудливое, в каждом отдельном случае неподражаемое сочетание индивидуальных психологий. Конечно, и здесь встречается единообразие, арготические штампы: например, у многих жен есть привычка называть мужа по фамилии, а у мужей, называть жен *зайцами* и *малышами* и т. п. Однако эти арготические поэтизмы не являются чисто внутрисемейными: по фамилии жены называют мужей, как правило, в кругу подруг, а *малыши* и *зайцы* являются скорее штампом массовой культуры, которая дает свои образчики семейно-рекреативного арго в фильмах, клипах и т. п. Многие современные молодые семьи «ленятся» создавать свое арго и пользуются готовыми схемами массовой культуры, отчего внутренний мир таких семей становится бесцветным, единообразным. Первое, что поражает в многосерийных семейных «разборках» (типа «Богатые тоже плачут», «Моя вторая мама» и т. п.), — это полное отсутствие у героев семейного арго. Создается впечатление, что выясняют отношения не члены семьи, а случайные соседи по купе. Семейное арго — это не только «побочный эффект» нормальной семьи, но и элемент, структурирующий нормальную семью. И не только семью, но и интимную дружбу. Так называемая лирика дружбы Пушкина настолько рекреативно-герметична (особенно лирика лицейских лет), что ее трудно читать без развернутых арготологических комментариев. Столь же рекреативно-герметичны и письма Пушкина к друзьям, жене и т. д.

Очень точно описывает рекреативную герметику Л. Н. Толстой. В «Юности» он пишет: «Отдельно от общих, более или менее развитых в лицах способностей ума, чувствительности, художественного чувства, существует частная, более или менее развитая в различных кружках общества и особенно в семействах способность, которую я назову *пониманием* (выделено Л. Т.). Сущность этой способности состоит в условленном чувстве меры и в условленном одностороннем взгляде на предметы. Два человека одного кружка или одного семейства, имеющие эту способность, всегда до одной и той же точки допускают выражение чувства, далее которой они оба вместе уже видят фразу; в одну и ту же минуту они видят, где кончается похвала и начинается ирония, где кончается увлечение и начинается притворство, — что для людей с другим пониманием может казаться совершенно иначе. Для людей с одним пониманием каждый предмет одинаково для обоих бросается в глаза преимущественно своей смешной, или красивой, или грязной стороной. Для облегчения этого одинакового понимания между людьми одного кружка или семейства устанавливается свой язык, свои обороты речи, даже — слова, определяющие те оттенки понятий, которые для других не существуют... Например, у нас с Володей установились, бог знает как, следующие слова с соответствующими понятиями: *изюм* означало тщеславное желание показать, что у меня есть деньги, *шишка* (причем надо было соединить пальцы и сделать особенное ударение на оба **ш**) означало что-то свежее, здоровое, изящное, но не щегольское; существительное, употребленное во множественном числе, означало несправедливое пристрастие к этому предмету и т. д., и т. п. Но, впрочем, значение зависело больше от выражения лица, от общего смысла разговора...» [248, т. 1, 278].

Толстой очень верно называет рекреативную герметику «пониманием», «односторонним взглядом». Взаимопонимание людей в семье (или среди друзей) является не абстракцией, не «пониманием вообще». Оно состоит из тысяч и тысяч совпадений во взглядах на окружающий мир, реализацию каждого из которых можно характеризовать как семейный или дружеский герметизм. За любым словечком или жестом стоит общая психологическая и бытийная установка, оценка, общая житейская философия.

Герметическая игра есть игра лишь в том смысле, что она является постоянным игровым подтверждением общности взглядов. Семейные герметики постоянно «прокручивают» свою философию, уточняя и дополняя ее. Таким образом, семейная жизнь представляет собой не только «быт», но и совместно проигрываемую интерпретацию этого быта. Как правило, смеховую интерпретацию, которая «борется» с бытом, а вернее, делает его более уютным, камерным.

Семейные и дружеские герметизмы чаще всего являются индикаторами смешного. У Толстого в «Отрочестве» пятнадцатилетние герои Николай и Любочка находятся «в том особенном веселом расположении духа, в котором каждый простой случай, каждое слово, каждое движение заставляет смеяться... Только что мы немного успокаиваемся, я взглядываю на Любочку и говорю заветное словечко, которое у нас в моде с некоторого времени и которое уже всегда производит смех, и снова мы заливаемся» [248, т. 1, 172–173].

Смеховая интерпретация мира требует целой системы смеховых переименований. Ключевым объектам и субъектам быта (семейного бытия) даются клички, прозвища, которые понятны лишь членам герметического «заговора». Л. Е. Белозерская-Булгакова (жена М. А. Булгакова) в своих воспоминаниях говорит о том, что в семье Булгаковых было огромное количество таких кличек и прозвищ. Флигель во дворе дома девять по Обухову (ныне Чистому) переулку назывался в семье *Голубятней*, свой чемодан Михаил Афанасьевич называл *щенком*, сам себя писатель называл *Мака*, жену — *Босявой* и т. п. «У них в семье вообще бытовало немало своих словечек и поговорок. Когда кому-нибудь (а их было семь человек детей) доводилось выйти из-за стола, а на столе было что-нибудь вкусное, выходящий обращался к соседу с просьбой «Постереги». ...Юмор, остроумие, умение поддержать, стойкость — все это закваска крепкой семьи. Закваска в период особенно острой травли оказала писателю Булгакову немалую поддержку...» [18, 121]. «Самые ответственные моменты зачастую отражаются в шутливых записках М. А. Когда гражданская смерть, т. е. полное изничтожение писателя Булгакова стало невыносимым, он решил обратиться к правительству, вернее к Сталину. Передо мной две записки: «Не уны... Я бу... боро...» — стояло в одной» [18, 163].

Булгаков как писатель вообще был во многом сформирован семейным арго. Рекреативная герметика, как мы еще попытаемся показать чуть ниже, является одной из доминант его стиля.

Семейно-дружеское арго — это один полюс рекреативной герметики. Противоположный полюс — это детская игра [см.: 45; 46; 167]. Семейно-дружеская герметика максимально психологизирована индивидуально. Детская же игровая герметика является игрой в чистом виде. Любая детская игра начинается с определения круга играющих (жребий, считалка), затем следует непосредственный акт игры, после чего круг играющих может распасться или резко измениться. Дети легко сходятся или расходятся, приняв на несколько минут правила игры, т. е. герметизировав свое бытие, а затем расходятся, чтобы принять другие правила. Их способность к чистой реактивной герметике абсолютна или близка к абсолюту. Детство есть стихия максимальной восприимчивости к любому герметическому коду, в том числе и языковому. Характерно, что чем моложе носители арго (школьники, бурши, студенты, семинаристы и т. д.), тем сильнее склонность к рекреативной герметике, т. е. сильнее их память о детской игре. Чем взрослее, старше люди, тем меньше их восприимчивость к герметическим поэтикам. Очень немногие взрослые люди сохраняют свою способность герметически «дурачиться».

Вероятно, в древности люди еще в полной мере сохраняли детскую способность к коллективной игре. Затем же эта способность сужалась, растворялась в более специфически узких сферах. Во время средневекового карнавала, например, весь народ соединялся в карнавальном действе. Это была, как это ни странно звучит, всенародная герметика. Рекреативными системами, дошедшими до нас от архаики, занимается фольклор. Устойчивость таких систем в прошлом можно объяснить только их сакральным характером. И логосические, и профессиональные, и рекреативные арго, по всей видимости, имеют общий синкретический корень. В наше время они разошлись, но оставили следы друг в друге. Любое арго, любая герметическая система имеет рефлексы всех трех уровней, но один из них в данный момент превалирует.

Если говорить условно-схематически, то распределение сфер влияния герметических уровней таково.

Логосические арго относятся к сфере духовной деятельности человека, к святилищу, к храму, к мессе, к церковному или иному высокому обряду, к искусству, философии в их высшем предназначении, к идеалистическим поискам людей. Профессиональное арго сопряжено с цехом, работой, рабочим временем, обустройством быта, производством материальных благ. Рекреативно-игровое арго обслуживает досуг, свободное время, праздник, семейное дружеское застолье.

Итак, каждый из уровней герметики имеет свою специфику, хотя все уровни взаимопроницаемы: логосическая герметика может включать элементы профессиональной, профессиональная — рекреативной. Досужая богема может профанировать высокое служение искусству, профессиональное арго может имитировать игру, но при этом иметь чисто прагматические цели, рекреативный социум может пародировать логосическое арго и т. д.

Бывают случаи герметических «кентавров», нарочито синтезирующих все уровни. Например, если с данной точки зрения проанализировать типичный «советский коллектив», то мы найдем в нем попытку соединить все три уровня герметики в их, так сказать, изначально синкретическом единстве. Такой коллектив — это и парторганизация (высшая, логосическая герметика), и коллектив профессионалов (профессиональная герметика), и «дружная семья» (рекреативная герметика). Нечто подобное встречается и в других странах, например, в Японии, где «служение фирме» сочетается с профессионализмом и с совместной («семейной») поездкой к цветущей сакуре. Подобную же синкретику культивируют и американцы. Стабильные общества стремятся цементировать свои социумы всеми тремя типами герметики.

Важно отметить, что взаимодействие, взаимовлияние уровней герметики, регистров герметических арго составляют неотъемлемую часть стилистической системы литературы. Кратко остановимся на данной проблеме.

Характернейший, на наш взгляд, пример блестящего использования различных герметических поэтик в литературе представляют собой тексты М. А. Булгакова. Если взглянуть на композицию и язык его произведений с точки зрения нашей проблематики, то мы получим очень своеобразную картину.

В «Белой гвардии» (а особенно в «Днях Турбиных», благодаря театрально-сценической камерности, т. е. герметичности) вся поэтико-языковая система выстраивается вокруг семейной герметики. Бушующая стихия революции с ее языковой какофонией как бы постоянно накатывает на герметическое пространство одной семьи и не может его захлестнуть. Арго маленького семейно-дружеского кружка, активно культивируемое его членами, так и остается неприступной крепостью в океане революционной варваризации жизни и языка. Семейная герметика, отделенная от мира «кремовыми шторами», помогает выстоять. Семья, ее поэтика, ее знаковая система (со знаменитым абажуром в центре) является, пожалуй, единственным оплотом здравого смысла, в том числе и языкового. Постоянное сталкивание сумасшедшей стихии и семейного уюта, тончайшее ироническое преломление всего поступающего извне через герметическую призму игрового семейного арго, придают тексту обаяние, перед которым трудно устоять.

Обычно в произведениях Булгакова очень «уютненько», потому что в центре их находится устойчивая, родственная семейной, гермосистема. Действие многих произведений писателя заключается в испытании данной системы иными, чуждыми, однако система, как правило, побеждает. В «Собачьем сердце», например, герметика квартиры Филиппа Филипповича Преображенского подвергается нашествию Швондера и Шарикова, но выстаивает. И в начале, и в конце повести профессор поет свой герметический гимн «От Севильи до Гренады...». По сути дела, перед нами идиллия, к которой упорно возвращается Булгаков на протяжении всего творчества.

В данном аспекте стиль Булгакова можно охарактеризовать как рекреативно-герметическую интерпретацию всех прочих стилей, это как бы ироничный пересказ всего пережитого за день в семейном кругу. Налет семейного герметизма в языке Булгакова непобедим, он составляет его стержень.

Остановимся кратко на двух других романах Булгакова. В «Театральном романе» мы видим игру во всех герметических регистрах. Театр представляет собой интересное синтетическое образование. В нем уникальным образом представлены все три уровня герметики. Театр — это «храм», где служат «высокому искусству». Театр — это «цех», объединяющий профессионалов, это ремесло, заработок. Наконец, театр — это «семья», общность тесно, интимно связанных друг с другом людей с их страстями, интригами, специфическим юмором, «междусобойчиками». Пожалуй, нигде, как в театре, нет такого причудливого переплетения всех этих кодов. Собственно говоря, на этом переплетении и построен текст писателя. Рассказчик постепенно входит в этот странный, загадочный мир, который сначала представлялся ему исключительно как храм, как логосическая герметика. Оказывается, в нем все спутано, перемешано, как портреты на стенах, где классики театрального искусства чередуются с обслуживающим персоналом. Здесь можно объяснить и ту тягу Булгакова к театру, которую он испытывал всю жизнь. Онтологически присущая писателю склонность к игре гермопоэтиками нигде не находит такого богатого материала, как в театре. Герметическая полифония театра — явление уникальное в искусстве. Вполне понятны с этой точки зрения театральные аншлаги в России в конце 90-х гг. XX в. (так же, как и в 20-х).

Наконец, в «Мастере и Маргарите» мы видим последовательное игровое сопоставление высшей, «воландовской» герметики и городской языковой стихии (если брать лишь «московские» главы). Во многом языковое обаяние свиты Воланда заключается в блестящей профанации высшей герметики. То, что следовало бы говорить на арго высшего уровня, и Воланд, и Бегемот, и Коровьев, и Азазелло говорят на московском общегородском арго. И за «трепом» кота, и за «трескучей болтовней» бывшего регента всегда стоит высокое логосическое содержание, жизнь, смерть, любовь, судьба, вера. Они всегда рассуждают на сложнейшие религиозные, философские, мировоззренческие темы, но внешне это облечено в форму площадного пустословия с заметным налетом интимно-рекреативного арго. За языковым гаерством читатель безошибочно улавливает высокий подтекст. До конца этот подтекст еще не расшифрован. Исследователи ищут его расшифровку и в Библии, и в различных апокрифах, и в тайноречии альбигойцев, и в герметике средневековых романов. Кроме того, в «Мастере...» присутствует еще целый ряд герметических ключей: «грибоедовский» (писательский), психлечебницы, интимная герметика Мастера и Маргариты и целый ряд других, более мелких, менее значительных. На фоне всей этой герметической палитры даны «ершалаимские» главы, выдержанные в совершенно иной риторической тональности. Словом, роман Булгакова представляет собой сложное целое, сплетение множества гермосистем, окрашенное авторским рекреативным тоном. Характерна и идиллически-мистическая концовка романа: возвращение к «покою», к изначальному «семейному» герметизму.

На этом мы заканчиваем краткий обзор арготической герметики. Практически эта тема неисчерпаема. Тенденция к герметике является универсальным качеством языка и культуры, подобно тому, как систола является неотъемлемой частью работы сердца. Обозначить конечное число гермоарготических систем в языке и культуре невозможно, но вполне возможно описать процессы герметизации и закономерности существования этих систем. Такое систематическое описание — дело будущего.

§ 2. Арго как разомкнутая система. Кинический комплекс

Итак, мы рассмотрели тенденцию арго к закрытости, замкнутости культурно-языковых систем на всех уровнях и отметили, что рано или поздно герметический комплекс ослабевает и расшатывается, вследствие чего происходит раскрытие системы, «плебеизация» герметических арго. Арго как бы лопается, разбрызгивая бывшие арготизмы (герметизмы) в окружающем пространстве языка, или, если прибегнуть к другому сравнению, происходит диастола, в результате которой новая порция «арготической крови» расходится по языковому организму. Арго — пульсирующая система, в языке тысячи и тысячи пульсирующих арго, которые переживают периоды герметической сжатости и разгерметизации. Некоторые арго живут несколько часов (например, арго молодых людей, сдружившихся в купе поезда и потом навсегда расставшихся) или нескольких столетий и даже тысячелетия (например, арго астрологов). «Систолы-диастолы» могут быть сильными, революционными, приводящими к быстрому возникновению и гибели арго (например, 70 лет существования комсомольского арго) или размеренными, постепенными, эволюционными (например, арго английского парламента).

Итак, мы рассматриваем момент разгерметизации арго. Герметик, носитель герметической доктрины и арго в данном случае ставит перед собой задачу донести их до масс. Герметик становится проповедником, пропагандистом. При этом процесс проповедничества может протекать, условно говоря, в двух формах. Назовем их прямой, или непосредственной, серьезной пропагандой и пропагандой непрямой, опосредованной, смеховой.

В случае прямой пропаганды мы видим, что арго растворяется в инородных системах. Здесь мы могли бы закончить нашу работу. Ничего специфического, интересного мы тут не видим. Бывшее ранее плотным герметическим образованием, арго как бы разжимается, тает, проходит период своеобразной «смуты», пока мы не находим ряда новых плотных герметических систем, отчасти заимствовавших старые герметизмы.

В качестве примера прямого проповедничества можно привести судьбу раннехристианского тайноречия, растворившегося в огромном числе инородных ему систем и давшего целую гамму разноязычных поэтик — от экстатической поэтики Франциска Ассизского или популистской риторики современных американских пасторов до самозабвенной ругани Аввакума. Между ними — тысячи пульсаций христианских и псевдохристианских гермосистем, их бесконечное взаимодействие с иными системами, вплоть до арго шоу и рекламы.

На пути прямого, серьезного проповедничества арго не предстает в каких-либо новых специфических формах.

В процессе же непрямой, смеховой пропаганды эволюция (или революция) арго идет по совершенно иному пути. Здесь мы сталкиваемся с новым онтологическим статусом арго, с его принципиально новой внутренней структурой.

Уже говорилось о том, что логосическая герметика в принципе не знает смехового начала. Логосический смех либо сакральный, либо «бичующий», «клеймящий» лежащую во зле реальность.

Смеховой элемент заметно усиливается в арго профессиональных и становится ведущим в арго рекреативных. Если проповедующий герметик использует истинно смеховой элемент, то его арго преображается таким образом, что мы можем говорить о новом бытийном статусе арго. Прежде всего следует сказать о специфике объекта смеха при непрямом проповедничестве. Арготирующий в значительной степени переносит смех на себя. Привлекая к себе внимание, он создает из своей личности (в том числе и языковой) специфический смеховой образ. Этот образ играл колоссальную роль в мировой культуре, и ему посвящена необозримая литература. Речь идет о шуте, гаере, скоморохе, юродивом. Каждый из этих феноменов имеет свою историческую, идеологическую и национальную специфику.

Специфику национального смеха и смеховых персонажей подтверждают многие факты. Достаточно указать на попытку Петра Первого импортировать западные смеховые образцы в Россию, закончившуюся полным крахом. Иоганн Кунст, по распоряжению Петра, завез в Москву так называемые английские комедии с персонажем Пикельгерингом (или Гансвурстом), который был интерпретирован в русском переводе как «дурацкая персона». Представления устраивались в специальной «театральной храмине» на Красной площади. Эта искусственная затея в России не прижилась. Дело было не только в плохом переводе (кстати, с английского на немецкий, а уже с немецкого на русский), но и в совершенно чуждой русским людям смеховой знаковой системе, сочетании патетики и балагана, не понравившемся и самому Петру.

Итак, смеховой элемент арго и культуры имеют свою национальную специфику. Однако у разных национальных реализаций смеховой поэтики есть и общее — актуализация языковой личности в смеховом ключе. Арготирующий демонстрирует собой некий отрицательный (с точки зрения официальных приличий) шаблон, утверждает свою правоту, правоту своей идеологии, через осмеяние и мнимое самоуничижение. Обязательным условием такой смеховой проповеди является значительный элемент сочувствия со стороны окружающих, их оппозиционность официальной культуре и языку. Смеховое проповедничество массово процветает в те периоды истории, когда сильно расширяется база антиофициальной культуры. Официальные власти и институты рассматривают таких людей как отщепенцев, изгоев, аутсайдеров. Вместе с тем им симпатизирует океан плебса, находящийся в состоянии недовольства и брожения.

Еще античный мир знал множество категорий населения, находившихся как бы вне цивилизации: рабы, метеки, изгнанники, подвергшиеся остракизму, незаконнорожденные (нофы) и т. д. Сюда же потенциально мог входить весь плебс, включая бедных античных интеллигентов, вольноотпущенников, наемников, женщин. Этой разношерстной, но спаянной единым бродильным ферментом среде необходима была эстетически оформленная идеологическая система. Одной из самых распространенных систем такого рода был кинизм, просуществовавший не менее тысячелетия в своей исконной античной разновидности [см. 7; 174; 175] и продолжающий существовать в наши дни в самых разнообразных проявлениях, о которых мы еще будем говорить. Киники, на наш взгляд, наиболее полно воплощали в себе идею смехового проповедничества. Ими было выработано особое арго и целое направление в античной литературе и философии. Далее мы будем употреблять в качестве рабочего термина словосочетание «кинический комплекс» для передачи специфики того онтологического статуса арго, о котором идет речь.

Главной установкой киников являлась так называемая перечеканка монеты, т. е. переоценка общепризнанных, официальных ценностей, выворачивание общепризнанных идей, образов, слов, эталонов наизнанку, демонстрация их абсурдности через публичное снижение, обнажение, осмеяние. Античному идеалу созерцательного искусства (калокагатия) противопоставлялся антиидеал как бы естественного уродства. Безобразный Эзоп, невзрачный Сократ, уродливый Терсит в киническом измерении прекраснее гармоничного атлета. Киником движет дух противоречия. Его главный принцип, идущий, видимо, еще от Сократа, — ставить под сомнение все, кажущееся устойчивым, незыблемым. В данном пункте кинический комплекс в корне расходится с герметическим, представляет собой противоположный полюс мироощущения. Герметик идет от истины, он ее уже знает, киник идет к истине, но к истине не приходит, поскольку тратит всю свою энергию на развенчание лже-истин («Я знаю, что ничего не знаю, но другие не знают и этого»). Герметику важен результат, кинику важен путь к результату, о самом результате киник, как правило, не думает.

Философия кинизма реализуется в киническом языке и поведении (т. е. арго).

Кинику чужды единообразие, мера, строгая выдержанность стилистической иерархии языка. Отсюда особенности кинической поэтики, противоположные герметической. В нее входит резкий контраст высокого и низкого, элемент абсурда, гротеска, оксюморона. Аномалия приходит на смену аналогии, случайное предпочитается закономерному, неожиданность тропа, его свежесть ставится выше традиционной образности, эстетический эффект которой заключается в узнавании знакомого. Кинику важно увидеть, заметить новое в старом, герметику — узнать старое в новом, вернее, в кажущемся новом. Герметик четко различает смешное (низкое) и серьезное (высокое). Достаточно вспомнить герметику классицизма с ее «штилями». У киника смешное и серьезное синтезируются в серьезно-смешное, уже трудно разложимое на составляющие. Герметик видит мир готовым, киник — становящимся, развивающимся. Причем смешное, случайное, аномальное для него более существенно. Заметим, что мироощущение кинизма — как преимущественно нарочито сниженная интерпретация мира — может быть, тем не менее, типологически соотнесено с мироощущением барокко, дающего как образцы «высокого» искусства, так и сниженно-площадного (например, «Симплициссимус» Гриммельсгаузена). И там, и здесь мы видим поэтику смешения и смещения, сочетание несочетаемого, эклектику, установку на остроумие (барочный «консептизм») и т. п. В новейшее время подобная поэтика реализуется в рамках постмодернизма (о чем чуть ниже). Таким образом, перед нами явное типологическое соотношение: кинизм — барокко — постмодернизм. Данная схема ни в коей мере не претендует на окончательность, поскольку «в промежутках» возникает масса сходных явлений. Однако можно предположить, что в определенные эпохи данное мироощущение становится если не доминирующим, то, по крайней мере, весьма заметным и стилеобразующим.

Но вернемся к кинизму. Античные киники обращаются к низким народным жанрам (прежде всего, ионическому миму и дорическому флиаку), к стихии сниженной речи, к плебейской ругани, к арго изгоев (воров, нищих и т. п.). Весь этот разнородный материал перерабатывается в киническом ключе. Все высокое снижается, пародируется. Бион Борисфенит пародирует гомеровские поэтизмы. Менипп пишет фиктивные письма от имени богов. Вырабатывается система кинических жанров (диатриба, мениппова сатира и др.), устойчивые поэтические приемы (kynokos tropos). Но это уже относится к области легализованной или полулегализованной литературы, сохраняющей, конечно, дух изначального кинического арго, но и значительно искажающей его в призме литературы. Собственно разговорное, площадное античное киническое арго можно лишь отчасти реконструировать.

Но, пожалуй, ведущей составляющей кинического комплекса является поведенческая установка. Быть киником — значит вести определенный образ жизни. Образ жизни киника является частью его языка, арго. Обычно кинизм обязательным образом соединяют с асоциальностью, маргинальностью. Кинизм, действительно, часто сопровождается маргинальным бытованием, но отнюдь не всегда. Асоциальность оппозиционна «норме», но «норме» могут противостоять и кинические элементы вполне «пристойного» поведения. Поведение почти любого человека имеет кинические черты, как и речь любого человека включает элементы кинического арго, важно лишь их вычленить. Маргинальный кинизм (например, кинизм дервишей, хиппейство и проч.) наиболее ярок и показателен, он близок к кинизму «в чистом виде», но кинизм растворен в языке и культуре, и его «плотность» может быть различной в разных сферах.

Итак, кинический комплекс — это прежде всего поведенческий комплекс. Кинизм часто характеризуют как практическую этику. Можно добавить: публично демонстрируемую, выставляемую напоказ в противовес общепринятой. Этико-поведенческий элемент был силен и в герметике, но он не демонстрировался, поскольку был частью эзотерики, тайны, которой недостойна чернь. Этика герметизма аристократична, этика кинизма демократична, часто «охлократична», анархична. Киники с радостью «опускаются» до выставления себя, своего modus vivendi напоказ.

Антисфен окончательно вырабатывает эмблему кинического облика: надетый на голое тело короткий плащ, посох странника, котомка; киник не должен стричься, бриться, должен ходить босиком. Многое здесь совпадает, к примеру, с обликом современных хиппи. Киник демонстрирует свое аутсайдерство, свою непринадлежность не только к обществу (что чаще подчеркивают исследователи), но и к миру. Киник внемирен, он полностью уходит из быта в бытие, но поскольку он все-таки вынужден касаться быта (есть, пить, ходить и т. п.), то всю бытовую сторону своей личности он намеренно снижает. Заметим, что герметик поступает наоборот: бытовую сторону своего «я» он возвышает до мистерии, «подтягивает» до высокого бытия. Герметик со своим поведением и языком загадачен для окружающих, киник же шокирует окружающих: от нарушения этикета беседы до публичного отправления естественных надобностей (что, впрочем, скорее приписывалось киникам).

Естественность поведения киник противопоставляет неестественному порядку. Такова же установка и в языке. Кинизм можно метафорически назвать романтизмом античности, а в своей крайней стороне — практическим руссоизмом. Кинический комплекс в языке воскрешает аномалию на фоне всеобщего «засилия» аналогии. Образно говоря, кинику нужен дикий лес с его чащобами, в худшем случае — английский парк, но никак не подрезанные под пуделей версальские кустики. Симптоматично, что идеалом, квинтэссенцией кинизма стала не концепция, не доктрина, даже не канонический текст (т. е. не некая «аналогически» обработанная данность), а личность со всеми ее странностями, причудами, аномальными парадоксами. Речь идет, конечно, о Диогене из Синопы, ставшем фольклорным героем плебса и киников. Эмблемы гермосистемы — доктрина, священный текст, мистерия и эзотерическое арго. Эмблема кинической системы — легендарная личность, сотканная из лоскутков преданий, отдельных записей, анекдотов. Пожалуй, самые ходкие кинические жанры — анекдот и афоризм. Герметический текст стремится к самооформлению в трактат, кинический текст стремится сжаться в паремию. За кинизмом нет никакой конечной, полной, универсальной доктрины. Кинизм — это настроение, а не концепция. Рассудочно кинизм размыт, эклектичен, эмоционально — целен и устойчив. Это объясняется тем, что кинический комплекс выражает стихийно-массовые чувства и мысли переходных эпох, эпох неустойчивых и смутных. В них отрицание, протест против косности быта, устоев общества и нормы языка сочетаются со смутным представлением об идеале, как правило, утопическом.

Личность киника в высшей степени противоречива: он и презирает окружающих, и ищет их сочувствия, и поучает их, он и дурак, и мудрец, он одновременно играет роль образца и антиобразца. Аналогична и языковая личность киника: брань у него сочетается с патетикой, стихи с прозой, инвективы с восхвалением. Киник вынужден меняться каждое мгновение, импровизировать и в языке и в поведении, он — та самая река, в которую нельзя войти дважды. Кинический комплекс вынуждает человека находиться в вечном поиске новых слов, выражений, острот, жестов. Киник — шутник, балагур, абсурдист, импровизатор, мастер парадокса. Но все это — в рамках смутной оппозиционной идеологии, которая витает в воздухе и интуитивно угадывается всеми.

Кинический социум более размыт и нечеток, чем герметический. Кинизм более личностен, чем герметизм. Единомыслие киников практически может подтверждаться только общностью образа жизни. Именно поэтому им часто необходимы чисто внешние атрибуты (одежда, прическа и т. п.), говорящие скорее о слабости социума как целого, чем о силе.

Кинические системы интересны прежде всего с точки зрения изучения общественной психологии. Если логосические арго универсальны, профессиональные изобилуют массой подробностей материальной жизни, а рекреативные часто дают ключ к разгадке языковой личности, то кинические арго дают картину этнопсихологии на данном этапе ее развития. Каждая национальная реализация кинического комплекса дает обильный материал такого рода. Кинический комплекс улавливает те настроения, которые присущи всем народам, но конкретно реализуется он в национальной форме. Национальные начала в высшей степени актуальны для киники. Кинический социум — это своего рода «диагноз» национальной специфики.

Например, идеология и арго футуризма дали совершенно различные национальные варианты — итальянский и русский (мы не рассматриваем аналогичных явлений в других культурах). Итальянский футуризм является кинизмом на фоне индустриального пейзажа. Вместо естественной мудрости Эзопа и Диогена Маринетти предлагает мудрость индустриально-механизированного человека. Грубо говоря, футурист предлагает не публично мочиться на площади, а плеваться нефтью в морду обывателю или что-нибудь в этом роде. Ничего принципиально нового здесь нет. Здесь другая лексика, но настроение то же.

В русском футуризме было много общего с итальянским, но на этом фоне возникло «будетлянство» Хлебникова, пафос сроднения всего мира через «скорнения». И поэтому кроме «взвейтесь да развейтесь» Лефа и РАППа истории осталась хлебниковская заумь, смесь кинической и логосической глоссолалий, а также легенды о жизни «председателя земшара». Ничего подобного в итальянском футуризме не было и быть не могло. Хлебников — это «футуристический юродивый», чрезвычайно русский феномен.

Другой пример — хиппейство. Данная киническая система была заимствована Россией с Запада. Она и продолжает существовать в России в западной форме, со всеми необходимыми атрибутами — от *хайратников* до англицизмов в речи [см., напр., 218]. Однако на фоне западнического хиппейства существует совершенно специфически русский кинизм, сгустком которого является т. н. митьковство [см. 165]. Здесь присутствуют все универсальные составляющие кинического комплекса, прежде всего — образец-личность (Дмитрий Шагин, отсюда — «митьки») и психологически предписанная система поведения, описанная адептами митьковства следующим образом: «На лице митька чередуются два аффектированно поданных выражения: граничащая с идиотизмом ласковость и сентиментальное уныние. Все его движения и интонации хоть и очень ласковы, но энергичны, поэтому митек всегда кажется навеселе.

Вообще всякое жизненное проявление митька максимально выражено так, что употребляемое им слово или выражение может звучать как нечленораздельный рев, при этом лицо его остается таким же умильным.

Теоретически митек — высокоморальная личность, мировозрение его тяготеет к формуле: «православие, самодержавие, народность», однако на практике он настолько легкомыслен, что может показаться лишенным многих моральных устоев. Однако митек никогда не прибегает к насилию, не причиняет людям сознательного зла и абсолютно неагрессивен» [165, 4]. Митек должен максимально просто одеваться (желательно в стиле битников 50-х гг.), приводить длинные цитаты из многосерийных телефильмов (типа «Адъютант его превосходительства»), пить дешевые вина, называть всех «братушками» и «сестренками». Арго митька является стилизацией под псевдонародный язык: *дык, ёлы-палы, оппаньки, съесть с говном* (в значении «обидеть, упрекнуть), *в полный рост* (в значении «очень сильно») и т. д.

В кинизме митьков нетрудно распознать типично русский фольклорный образ Иванушки-дурачка и все его разнообразные рефлексы в русской культуре, от скомороха и Петрушки до юродивого, блаженного.

Кинический комплекс является одной из доминант русской культуры, и его проявления имеют специфическую русскую окраску. Если сравнить, например, русский кинизм с французским, то можно отметить следующее различие между ними: обязательным элементом французского кинизма является богатая смеховая риторика (вспомним, к примеру, красноречие Сирано де Бержерака), в русском же кинизме риторика факультативна и чаще занимает периферийное место. Но подобные сопоставления требуют привлечения огромного фактического материала и могут быть объектом отдельного исследования.

Итак, кинизм всегда национально-конкретен, национально-конкретно и его арго. Мало того, киническое арго, построенное на тончайших нюансах языка, на окказионализмах и аномалиях, трудно переводимо на другие языки. Например, крайние проявления логосической герметики русского символизма достаточно универсальны. Любой символистский арготизм (типа *Безбрежность, Безумие, Ненависть, Даль* и т. п.) имеет свои аналогии в разных языках. Здесь встает проблема высокохудожественного перевода поэтического целого, но не проблема перевода собственно арготического ряда. Характерные же проявления кинизма, от фонетических стихов А. Крученых до сюрреалистических «Столбцов» Н. Заболоцкого, можно сказать, адекватному переводу не поддаются. Переводчику необходимо создавать нечто новое, национально-киническое.

Как уже было сказано, кинические арго расцветают в переходные, смутные эпохи. В языковом отношении эти эпохи характеризуются пересмотром норм, канонов. Литературные языки пополняются за счет нелитературных пластов. По словам Б. А. Ларина, «историческая эволюция любого литературного языка может быть представлена как ряд последовательных «снижений», варваризаций, но лучше сказать: как ряд концентрических развертываний» [134, 176]. Кинические арго являются обязательными спутниками таких варваризаций. Если герметические арго не могут служить варваризации в полной мере хотя бы в силу своей монолитности, целостности, то киническое арго есть именно та питательная среда, та экспериментальная зона, где возможен опыт по расшатыванию стилистических иерархий. Киническое арго само по себе есть явление переходное, зыбкое, экспериментальное. Если герметическое арго худо-бедно еще может быть представлено как словарь, то кинический словарь отразит лишь ничтожную часть кинического арго: здесь нужно поэтико-риторическое пособие. Поэтика кинизма в своем стержне содержит установку на сопряжение несопрягаемого, на смещение верха и низа, на «разнормирование» языка, т. е. на его снижение, варваризацию.

Если с данной точки зрения взглянуть на историю русского языка последних двух столетий, то в ней можно выделить по меньшей мере четыре варваризации. Во-первых, это варваризация пушкинско-карамзинская. Ее можно, конечно, назвать и формированием литературного языка, но суть от этого не изменится. Пушкин, несмотря на славянизмы в «Пророке», в целом шел по пути снижения языка. Он, если изъясняться в духе тогдашней критики на «Руслана и Людмилу», ввалился в валенках в великосветский салон. «Россиада» после Пушкина была уже несостоятельна.

Вторым мощным витком варваризации можно считать разночинскую волну, которую терпеть не мог, например, Л. Н. Толстой. Разночинское арго еще не стало объектом систематического исследования, а без этого трудно разобраться в стиле таких писателей, как Лесков, Достоевский, Чехов и др.

Третья варваризация, пожалуй, самая сильная, связана с Октябрьской революцией и последующей советской эпохой.

Наконец, четвертый виток варваризации приходится на вторую половину 80-х гг. и продолжается по сей день, впрочем, к концу 90-х гг. несколько ослабевая.

Можно с уверенностью сказать, что механизмы варваризации изучены очень мало. Однако проблема взаимодействия литературного и нелитературного языков все больше привлекает исследователей. Например, Л. И. Скворцов пишет о «новом качестве жаргона как своеобразного стиля речи в новую эпоху развития национального языка» [233, 31]. В литературе фигурирует термин «интержаргон» [181, 484–486]. Все чаще привлекает внимание лингвистов такая обобщающая категория, как язык города. Город выступает как некий «котел», где взаимодействуют самые разные элементы языка (первая работа такого рода принадлежит Б. А. Ларину [135], среди последних см., напр., [121]).

В нашей терминологии речь во всех данных случаях идет не о чем ином, как о варваризации языка через усиление кинического комплекса, об активизации кинических арго, характерной для переходных эпох. Герметические арго, устойчивый герметический комплекс стабильных эпох не проявляют «экспансивных» тенденций. Кинические арго смутного времени такой тенденцией обладают. Кинизируется не только язык, но и культура в целом. Оговоримся еще раз: кинический комплекс присущ культуре и обществу имманентно, но любая культура и любое общество переживают периоды его активизации, проявления. Кроме того, по всей видимости, существуют культуры, в которых кинизм переживается особенно остро на протяжении всей их истории. Вероятно, к таким культурам относится культура русская, вернее, не вся, а культура так называемой «русской интеллигенции».

Кинический комплекс в высшей степени свойствен русской культурной жизни, многочисленным стихийно развивающимся культурным социумам и арго. Разумеется, речь идет не о стопроцентной реализации кинизма (так сказать, диогеновской бочке в чистом виде), а об определенной кинической окраске, киническом «крене» системы, иначе говоря — о кинизации быта и языка. С известными оговорками можно говорить об общей тенденции к кинизации в жизни и языке русской интеллигенции как социума, в отличие от западных интеллектуалов.

Если начать с XIX в., то данная тенденция дает себя знать еще со времен романтизма. Романтизм сам по себе — как антитеза классицизму — глубинно есть противопоставление нового кинизма старой герметике. В России романтизм переживается очень остро, об этом говорит яркая окраска кинических личностей романтиков. Достаточно вспомнить «официального сумасшедшего» П. Я. Чаадаева. Киническую окраску имеет тип русского денди. Чисто смеховое звучание кинизма в начале XIX в. не могло быть не приглушено романтической серьезностью, трагизмом, темой одиночества и даже демонизмом. Но тем не менее даже в рамках романтической доктрины мы видим явные признаки кинического комплекса: отщепенство, презрение к официальным канонам, беспрестанное иронизирование, злословие в адрес несовершенного мира, странности характера, внемирность личности, эпатирование светской черни. Таковы (уже в реалистическом измерении) практически все «лишние люди». В меньшей, может быть, степени это угадывается (только намечается) в Онегине, затем резко усиливается в Печорине с его кинически уродливым (по типу Эзопа или Сократа) двойником Вернером. Совершенно кинические по духу речи произносит Чацкий. Характерно, что все эти герои обязательно обладают остроумием, способностями к смеховой, обличительной риторике. Но все это — люди высшего или среднего света. Кинический комплекс в их языке и поведении имеет ограниченную сферу проявления. Он проявляется в романтическом бегстве в экзотику (на Кавказ) или же, наоборот, в «диванном» гаерстве Обломова. Киник — это либо одинокий скиталец, либо философ-лежебока. (Отметим, что оба проявления кинизма имеют глубокие национальные корни).

Важно увидеть, что русская культура акцентирует внимание не на самом кинизме, не на его курьезных проявлениях, а на трагизме кинической личности, на отщепенстве как трагедии. Хотя в истории русской культуры достаточно проявлений и чисто смехового кинизма. В этом отношении характерны, например, личность и арготическое наследие В. Л. Пушкина, дяди А. С. Пушкина, чьи светские арготизмы рассыпаны по мемуарной литературе, макароническое арго И. П. Мятлева [171]. Наиболее известное проявление кинизма в русской литературе — это литературная маска Козьмы Пруткова. Здесь кинический комплекс проявляется особенно четко.

Кинизм русских интеллигентов и героев русской литературы можно назвать неполным, ущербным. У них нет площади, аудитории. Диогена Синопского (согласно Диогену Лаэртскому) знали и любили все Афины. Чаадаев же не бывал нигде, кроме Английского клуба. Это своего рода кинизм в вынужденных рамках герметики света. С расширением социальной базы, с разночинской варваризирующей волной значительно расширяется и сфера проявления кинизма. Светско-дворянский кинизм сменяется кинизмом разночинским. Здесь и базаровское эпатирование позитивизмом, и кинически-юродивая полифония Достоевского, и «кающийся интеллигент», и масса иных, хорошо известных явлений русской духовной культуры. Нигилистический кинизм, безусловно более жёсток, чем кинизм дворянский. Это хорошо иллюстрирует конфликт Кирсанова и Базарова в «Отцах и детях» И. С. Тургенева. Кирсанов — «светский лев», т. е. типичный светский киник, киник-романтик в прошлом. Базаров — нигилистический киник в настоящем. Он более жёсток. Кинизм идет по нарастающей. Конфликт кинических комплексов двух поколений составляет культурно-психологическую основу романа. В этом смысле роман очень симптоматичен и глубок.

Если говорить о чисто языковом проявлении кинизма, то можно отметить следующее.

Преломлением кинической тенденции русских арго в литературе стал феномен сказа [см., напр., 170]. Сказ, говоря самым общим образом, можно рассматривать как лингвистическую маску, дающую автору возможность говорить от чужого лица (рассказчика) и использовать его язык, арго. Русский сказ перепробовал все маски: арготическую глоссолалию сумасшедшего («Записки сумасшедшего»), крестьянскую речь (например, в народнической литературе или в так называемой диалектной прозе), арго чиновника (Гоголь, Достоевский и другие), мещанское арго (Чехов, Зощенко), арго одесского еврея (С. Юшкевич, Бабель) и т. п. Мы найдем в русской словесности массу арго: портных, мастеровых, торговцев, купцов, босяков и т. п. Внутреннее арготическое многоголосие является характерной чертой русского сказа. У некоторых писателей оно составляет основу всей стилистической системы, например, у Н. Лескова. Без арготических исследований совершенно непонятными останутся тексты П. Мельникова-Печерского, С. Максимова. А. Солженицына и многих других.

Сказ не только расширяет диапазон стилистических поисков писателя, но и дает ему возможность литературной игры, имитации, розыгрыша читателя, иронии и самоиронии, т. е. может являться типичной кинической установкой.

В предреволюционную и революционную эпохи кинизм становится практической нормой поведения и творчества многих писателей и художников. В каждом из течений искусства присутствовал и логосический, и профессиональный, и рекреативный комплексы. Если говорить очень схематически, символизм имел более логосический характер. Как реакция на него возник акмеизм, делающий упор на профессиональный комплекс (отсюда и идея «цеха поэтов» и, к примеру, изыскания Н. Гумилева в области техники поэтического языка). Далее же развитие модернизма и авангарда идет по пути нарастания кинизма (футуризм, конструктивизм, обэриуты, ничевоки и т. п.). Развитие это было прервано новым советским идеологическим логосизмом — социалистическим реализмом. Интересно, что М. Горький, не имея возможности сопротивляться ему, настойчиво требует от писателей профессионализма, «умения писать», т. е. противопоставляет профессиональный комплекс логосическому, уходит от идеологии в профессионализм. Этому посвящены десятки работ Горького, и в их тоне, на наш взгляд, звучит глубокий трагизм.

В революционную эпоху литературный киник становится типичной фигурой, для которой выстраивается специальное «позорище» (сцена в кафе, трибуна, броневик и т. п.). Киники соревнуются в экстравагантности, стараются завоевать внимание толпы. Главное для любого начинающего литератора — «найти свой язык», т. е. нащупать свое арго, непременно кинического свойства, отыскать свою киническую маску. Благо, если литератор находил ее сразу (например, В. Маяковский). Иные, часто талантливые и даже гениальные поэты и писатели, беспрестанно в разных ключах кинизируя свою личность, приходили к истинной драме. Так общая киническая установка эпохи, можно сказать, исковеркала жизнь С. Есенина, надевавшего маску то сусального паренька, то алкоголика-дебошира. Если, например, имажинисты (А. Мариенгоф, В. Шершеневич и др.) могли легко надеть и снять киническую маску, то Есенин вживался в нее, — иначе говоря, кинизация-игра преходила в кинизм-трагедию.

Главные объекты нападок киников — это норма, традиции языка («скинуть Пушкина с корабля современности») и устойчивый быт. Норма языка и быт взаимосвязаны. В основе мироощущения новой эпохи — киническое смещение. «Пусть вымрет быт-урод». Р. Якобсон определяет киническое противостояние быту как исконную черту русской культуры: «Творческому порыву в преображенное будущее противопоставлена тенденция к стабилизации неизменного настоящего: его обрастание косным хламом, замирание жизни в тесные окостенелые шаблоны. Имя этой стихии — быт. Любопытно, что в русском языке и литературе это слово и производные от него играют значительную роль, из русского оно докатилось даже до зырянского, а в европейских языках нет соответствующего названия — должно быть, потому, что в европейском массовом сознании устойчивым формам и нормам жизни не противопоставлялось ничего такого, чем бы эти стабильные формы исключались. Ведь бунт личности против косных устоев общежития предполагает их наличие. Подлинная антитеза быта — непосредственно ощутительный для его соучастников оползень норм. В России это ощущение текучести устоев, не как историческое умозаключение, а как непосредственное переживание, исстари знакомо. Уже в чаадаевской России с обстановкой «мертвого застоя» сочетается чувство непрочности и непостоянства» [270, 16].

В русской художественной прозе 20–30-х годов кинизирующая тенденция выразилась в интенсивной стилистической ломке и одновременно в мучительном поиске «нового» стиля. Наиболее глубоко трагизм этого поиска выразился в прозе А. Платонова, кинические элементы которой требуют тщательного анализа.

В мемуаристике революционной эпохи мы находим множество описаний кинического поведения и кинического арго. Например, И. Бунин, весьма далекий от разбушевавшейся кинической стихии, с неподдельным ужасом пишет в своих «Окаянных днях» о поведении В. Маяковского на одном из официальных приемов: «...начал Маяковский с того, что без всякого приглашения подошел к нам, вдвинул стул между нами и стал есть с наших тарелок и пить из наших бокалов. Галлен (финский художник. — В. Е.) глядел на него во все глаза — так, как глядел бы он, вероятно, на лошадь, если бы ее, например, ввели в эту банкетную залу. Горький хохотал. Я отодвинулся. Маяковский это заметил.

— Вы меня очень ненавидите? — весело спросил он меня.

Я без всякого стеснения ответил, что нет: слишком было бы много чести ему. Он уже было раскрыл свой корытообразный рот, чтобы еще что-то спросить меня, но тут поднялся для официального тоста министр иностранных дел, и Маяковский кинулся к нему, к середине стола. А там он вскочил на стул и так похабно заорал что-то, что министр оцепенел. Через секунду, оправившись, он снова провозгласил: «Господа!» Но Маяковский заорал пуще прежнего, и министр, сделав еще одну и столь же бесплодную попытку, развел руками и сел. Но только что он сел, как встал французский посол. Очевидно, что он был вполне уверен, что уж перед ним-то русский хулиган не может не стушеваться. Не тут-то было! Маяковский мгновенно заглушил его еще более зычным ревом. Но мало того: к безмерному изумлению посла, вдруг пришла в дикое и бессмысленное неистовство вся зала: зараженные Маяковским, все они ни с того ни с сего заорали, стали бить сапогами в пол, кулаками по столу, стали хохотать, выть, визжать, хрюкать и тушить электричество. И вдруг все покрыл вопль какого-то финского художника, похожего на бритого моржа. Уже хмельной и смертельно бледный, он, очевидно, потрясенный до глубины души этим *излишеством* (выделено — И. Б.) свинства и желая выразить свой протест против него, стал что есть силы и буквально со слезами кричать одно из немногих русских слов, ему знакомых:

— Много! Многоо! Многоо! Многоо!» [39, 81–82].

Финский художник реагирует на одну из существенных черт кинического комплекса — на поведенческий гиперболизм («излишество свинства»). Кинизм В. Маяковского проявляется в жестком эпатировании, в том, что с точки зрения традиционалиста И. Бунина можно охарактеризовать не иначе как свинством (греки считали это «собачеством» — отсюда название кинизма). Возможны и иные, более мягкие его проявления, вернее — более специфические. В своих воспоминаниях В. Ходасевич приводит выдержку из очерков Г. Иванова. Речь в ней идет о Н. Клюеве, известном крестьянском поэте: «Приехав в Петербург, Клюев попал тотчас под влияние Городецкого и твердо усвоил приемы мужичка-травести.

— Ну, Николай Алексеевич, как устроились в Петербурге?

— Слава тебе Господи, не оставляет Заступница нас, грешных. Сыскал клетушку, — много ли нам надо? Заходи, сынок, осчастливь. На Морской за углом живу.

Клетушка была номером Отель де Франс с цельным ковром и широкой турецкой тахтой. Клюев сидел на тахте, при воротничке и галстуке, и читал Гейне в подлиннике.

— Маракую малость по-басурманскому, — заметил он мой удивленный взгляд. — Маракую малость. Только не лежит душа. Наши соловьи голосистей. Да что же то я, — взволновался он, — дорогого гостя так принимаю. Садись, сынок, садись, голубь. Чем угощать прикажешь? Чаю не пью, табаку не курю, пряника медового не припас. А то, — он подмигнул, — если не торопишься, может пополудничаем вместе? Есть тут один трактирчик. Хозяин хороший человек, хоть и француз. Тут, за углом. Альбертом зовут.

Я не торопился.

— Ну, вот и ладно, ну вот и чудесно, — сейчас обряжусь...

— Зачем же вам переодеваться?

— Что ты, что ты — разве можно? Ребята засмеют. Обожди минутку — я духом.

Из-за ширмы он вышел в поддевке, смазанных сапогах и малиновой рубашке:

— Ну, вот так-то лучше!

— Да ведь в ресторан в таком виде не пустят.

— В общую и не просимся. Куда нам, мужичкам, промеж господ? Знай, сверчок, свой шесток. А мы не в общем, мы в клетушку-комнатушку, отдельный то есть. Туда и нам можно» [263, 128].

Как видим, здесь присутствует чисто киническая установка на языковое и поведенческое мнимое самоуничижение, подчеркнутую демонстрацию своей сниженности, простонародности, убогости. Конечно, Маяковский и Клюев в приведенных отрывках выглядят и говорят совершенно по-разному, у них различные, можно сказать, диаметрально противоположные реализации кинического комплекса. Характерно, что и Бунин, и Ходасевич, говорящие соответственно о Маяковском и Клюеве, питают к ним родственную неприязнь, испытывают нескрываемое отторжение. Бунин считает поведение Маяковского бытовым хамством и рассматривает поэта как представителя новой вырожденческой поэзии, вспоминая, что еще в гимназии Маяковского звали «Идиотом Полифемычем». Ходасевич усматривает в речах и «поддевке» Клюева ханжество, в чем-то даже зловещую идеологическую гримасу: «Вот именно, в этих клетушках-комнатушках французских ресторанов и вырабатывался тогда городецко-клюевский style russe, не то православие, не то хлыстовство, не то революция, не то черносотенство» [263, 128].

В таком отношении глубинно, помимо наслоения массы политических, национальных и прочих представлений, сказывается неприятие людьми общепризнанного канона, традиций, классики, т. е. нормативной герметики, людей, противостоящих этому канону, хотя и с далеких позиций: Маяковский — с позиции революционного авангарда, Клюев — экстремистского традиционализма. Здесь четко видно противостояние традиции и киники, аналогии и аномалии.

В интерпретации кинического наследия одной из самых сложных задач является расшифровка кинической личности, отделение лица от маски, а в литературе — истинного голоса писателя от голоса рассказчика. История литературы, литературоведения и критики полна недоразумений. Писателям приписываются арго их героев, героям приписываются черты их создателя. Бывают случаи полного непонимания сути дела. Особенной слепотой отличается догматическая цензура, которая упорно отождествляет лицо и маску. Например, когда в 1946 г. было вынесено известное постановление о журналах «Звезда» и «Ленинград», где осуждались А. Ахматова и М. Зощенко, все обвинения, адресованные Зощенко (пошлость, мещанство и т. п.), были на самом деле обвинениями против его героя (все равно, как если бы в XIX в. власти осудили А. К. Толстого и братьев Жемчужниковых за пошлость Козьмы Пруткова).

В то время как в литературе идет процесс кинизации, борьбы кинических арго, в науке усиливается интерес к нелитературным пластам языка: к блатной музыке, различным социальным диалектам, детскому языку, новым кинически-авангардистским системам. Иначе говоря, кинизируется и филология, и гуманитарное знание — и по объектам исследования, и по методам. В России это ОПОЯЗ, «формалисты» и др. Исследователей начинает интересовать случайное, аномальное, «странное» (ср. знаменитое «остраннение» В. Шкловского). Например, Ю. Тынянов, пристально изучая такой канонический феномен, как творчество Пушкина, большую часть своих изысканий посвящает детству и юности поэта, а о зрелом поэте (особенно о 30-х гг.) им практически вообще ничего не написано. Значительная часть исследований идет под флагом реабилитации забытого, поднимаются периферийные проблемы и возводятся в ранг основных. Все это — кинические, аномальные симптомы науки, которые в известной мере уравновешивают герметическую стабильность предшествующей эпохи. В данном смысле вполне кинически-аномальный характер носит и наше исследование, реабилитирующее такой незначительный для канонического языка феномен, как арго.

Кратко остановимся на киническом комплексе нашего времени. В языке конца 80-х гг. происходит активизация многих арго, которые входят в средства массовой информации, в кино, в литературу. Процесс кинизации культуры шел очень быстро. Если первые признаки относятся примерно к 1986–87 гг. (здесь начинают проникать в толстые журналы первые «смелые» публикации, а на телевидение — «смелые» передачи), то так называемый путч 1991 г. закончил переходную эпоху и полностью легализовал процесс кинизации культуры. Вместе со снятием цензуры идеологической была снята и цензура нормативно-филологическая (герметическая). На глазах радикально меняется поэтика института дикторства, культура диалога.

Во многом быстрота этого процесса была подготовлена кинической традицией диссидентской литературы, самиздата, хотя и не лишена была ее и советская литература (вспомним, например, шукшинского Чудика). Типичный диссидентский герой — интеллигент, чаще еврей, не принимающий советской догматики. Он всегда чуть-чуть (или не чуть-чуть) не от мира сего. Он тихая недоумевающая жертва, часто алкоголик, вольный художник. Таков не только герой литературы, но и идеал живого диссидента-киника. Например, С. Довлатов так рисует канонический для диссидентской традиции портрет Иосифа Бродского: «Рядом с Бродским другие молодые нонконформисты казались людьми иной профессии.

Бродский создал неслыханную модель поведения. Он жил не в пролетарском государстве, а в монастыре собственного духа.

Он не боролся с режимом. Он его не замечал. И даже нетвердо знал о его существовании.

Его неосведомленность в области советской жизни казалась притворной. Например, он был уверен, что Дзержинский жив. И что «коминтерн» — название музыкального ансамбля.

Он не узнавал членов политбюро ЦК. Когда на фасаде его дома укрепили шестиметровый портрет Мжаванадзе, Бродский сказал:

— Кто это? Похож на Уильяма Блэйка.

Своим поведением Бродский нарушал какую-то чрезвычайно важную установку. И его сослали в Архангельскую губернию» [88, 199–200].

С. Довлатов рисует образ диссидента Диогена, жившего в своем мире, в своей «культурной бочке». Диоген просил Александра отойти, чтобы тот не загораживал ему солнца. Бродский смотрит на солнце мировой культуры, не замечая советского режима, который пытается загородить ему это солнце. Разумеется, кинизм Бродского — это легенда. Бродский прекрасно знал, что Дзержинский умер. Но нарушать эту легенду нельзя, она стала канонической. Диссидентский кинизм постепенно оформился в догму. Бродский стал и титаном, и «добрым дедушкой Лениным» диссидентов, и с этим уже трудно бороться, да и ни к чему. Для нас важно отметить лишь следующую мысль: легализованный кинический комплекс может приходить к догме, к герметике. На смену советскому герметизму официальной культуры в начале 90-х гг. пришел новый официальный демократический герметизм, сочетающий в себе два уровня «глубины».

Первый уровень — массовый, для всех — копирует западные, преимущественно американские образцы массовой культуры с его арго. Второй уровень — для интеллектуалов — повторяет штампы диссидентской культуры с ее арго. Новая массовая культура пытается перенять отработанные жанры рекламы, шоу и т. п. вместе с их поэтическими системами, арготическими приемами, вплоть до интонаций. Копируются ведущие американских популярных программ с их юморком, как у Бенгальского из «Мастера и Маргариты». Официальное «интеллектуальное» диссидентство включает в себя обязательный элемент недоумения по поводу «нашей тупости». Как ни странно, обязательным компонентом официально-диссидентской культуры является арготизм *мы* («мы не умеем думать», «мы не доросли до цивилизации» и т. п.), за которым стоит, на наш взгляд, очень специфический прием. Его можно охарактеризовать как эвфемистическое обобщение. С одной стороны, говорящий приписывает какое-либо отрицательное качество всему народу, всей стране («мы некультурные»), а с другой — снимает с себя это качество самим фактом указания на него. Он ставит себя выше, поскольку способен обобщать, диагностировать. «Когда же, наконец, мы научимся думать?» — вопрошает оратор, имплицитно имея в виду, что он-то, разумеется, думать умеет. *Мы* было и советским арготизмом. Но в измерении советского официального арго он имел иное наполнение — обобщающе-коллективистское (вызвавшее протест Е. Замятина в романе «Мы», где название есть полемически подчеркнутый социалистический арготизм). Таким образом, местоимение «мы» дает две арготических производных. Удивителен сам факт способности данного местоимения включать или не включать в себя говорящего. Заметим, что можно было бы указать еще на ряд стилистико-арготических наполнений слова «мы»: *мы* царской особы (*Мы, Николай II*), кстати, пародируемое в современной разговорной речи; *мы* эвфемистически-научное, употребляемое и в нашей работе (ставшее уже стилистическим реликтом и перешедшее в разряд «стилистических выбросов»); *мы* псевдо-самоуничижительное (*где уж нам уж выйти замуж, мы уж так уж как-нибудь*), *мы* в значении «мой ребенок» (*мы уже поели, мы упали, мы начали ходить, у нас седьмой зубик режется*). Пожалуй, последний пример можно было бы квалифицировать как семейный арготизм.

Итак, мы отметили факт герметизации, догматизации легализованного кинизма. Теперь обратимся собственно к кинической поэтике.

Киническая поэтика, как уже говорилось, является поэтикой смещения и смешения. Организующее ее начало — не доктрина, не теория, а личность, поведение и язык которой не укладываются в привычные рамки. Современная литература знает множество реализаций кинической поэтики. Один из самых характерных примеров личности в литературе — Венечка Ерофеев, вернее, образ Венички, созданный Венедиктом Ерофеевым. Самое известное произведение Ерофеева, поэма «Москва — Петушки» [92], можно сказать, не просто выдержана в духе кинизма, но построена с сохранением особенностей кинической литературы. Здесь и специфический диалог, и форма симпозия (застолья, пьянки), и беседа с ангелами (даймонами). Ерофеев чередует высокое и низкое, ругань и патетику, снижает высокие жанры и поднимает низкие. Лирический герой поэмы — спившийся интеллигент. Грань между автобиографизмом и литературностью (кинической сказовостью) настолько же прозрачна, насколько и искажена. Смешное и серьезное неотделимо в тексте. Кинический оттенок носит уже само уменьшительно-ласкательное исполнение имени (Веничка). Это весьма модный прием (ср. с Эдичкой Лимоновым [141]). Через призму авторского арго проходит самый разнородный материал — от библеизмов до мата. Внешне кинические арго может показаться искусственно-эклектичным, но человек, знакомый изнутри со стихией городского арго, сразу почувствует, что все спаяно единым поэтическим звучанием. В качестве иллюстрации можно было бы процитировать любой фрагмент поэмы. Остановимся на описании того, как герой вместе с товарищами по бригаде проводит время на кабельных работах «Шереметьево — Лобня»: «Отбросив стыд и дальние заботы, мы жили исключительно духовной жизнью. Я расширял им кругозор по мере сил, и им очень нравилось, когда я им его расширял: особенно во всем, что касается Израиля и арабов. Тут они были в совершенном восторге — в восторге от Израиля, в восторге от арабов, и от Голанских высот в особенности. А Абба Эбан и Моше Даян с языка у них не сходили. Приходят они утром с блядок, например, и один у другого спрашивает: «Ну как? Нинка из 13-й комнаты даян эбан?» А тот отвечает с самодовольной усмешкою: «Куда же она, падла, денется! Конечно, даян!»

А потом (слушайте), а потом, когда они узнали, что умер Пушкин, я дал им почитать «Соловьиный сад», поэму Александра Блока. Там в центре поэмы, если, конечно, отбросить в сторону все эти благоуханные плеча и неозаренные туманы и розовые башни в дымных ризах, там в центре поэмы лирический персонаж, уволенный с работы за пьянку, блядки и прогулы. Я сказал им: «Очень своевременная книга, — сказал, — вы прочтете ее с большой пользой для себя». Что ж? они прочли. Но, вопреки всему, она на них сказалась удручающе: во всех магазинах враз пропала вся «Свежесть». Непонятно почему, но сика была забыта, вермут был забыт, международный аэропорт Шереметьево был забыт, — и восторжествовала «Свежесть», все пили только «Свежесть».

О, беззаботность! О, птицы небесные, не собирающие в житницы! О, краше Соломона одетые полевые лилии! — Они выпили всю «Свежесть» от станции Долгопрудная до международного аэропорта Шереметьево» [92, 33].

В этом небольшом отрывке автор дает максимальный поэтический диапазон арготического травестирования. Имена политических деятелей травестированы в мат (как прозрачные матерные эвфемизмы), символистская герметика Блока — в название одеколона, употребляемого в качестве спиртного, библейские поэтизмы — в принцип поведения алкоголиков. Заметим, что поэма Ерофеева глубоко филологична и выполнена в ключе смехового постмодернизма. Само явление постмодернизма, пафос которого заключается в принципе свободной культурологической ретроспекции, является феноменом, созвучным кинизму. Особенно отчетливо — смеховой постмодернизм. Например, у Ерофеева в главе «Есино — Фрязево» [92, 65–70], герои обсуждают, кто в истории мировой культуры пил. На пяти страницах мы встречаем имена Листа, Бунина, Куприна, Горького, Чехова, Шиллера, Гоголя, Панаевых, Мусоргского, Римского-Корсакова, Онегина, Лариных, Герцена, Успенского, Помяловского, Писарева, Гаршина, Маркса, Гёте и т. д. Текст выполнен как цепь анекдотов, причудливо переходящих друг в друга и постепенно создающих эффект абсурда. Написать исчерпывающий комментарий к такому тексту было бы делом чрезвычайно трудным. Объем комментария значительно превысил бы объем самого текста. Культурологический фон кинического текста может быть как общечеловеческим, так и «внутрикультурным», т. е. передающим специфику определенного типа культуры во всех ее подробностях. К примеру, специфическим фоном обладает «Сатирикон» Петрония, в котором арго времен Нерона, травестирующее реалии и понятия той эпохи, до конца так и не расшифровано.

Значительную часть литературы составляют тексты, которые по аналогии с постмодернизмом можно назвать «постсоцреализмом». Эта литература переосмысляет в киническом ключе все языковое наследие советской эпохи, осмеивает, травестирует советскую культуру и советизмы. А. Битов приводит список арготизмов из романа Ю. Алешковского «Кенгуру» [21], которые одна голландская переводчица попросила его (А. Битова) прокомментировать ей для дальнейшего перевода. А. Битов сталкивается с тем фактом, что прокомментировать эти арготизмы крайне трудно, а может быть, и невозможно. Приведем часть из этого списка, *«Гуляев, Сидоров, Каценелеборген, фон Патофф, Эркранц, Петянчиков, Кырла Мырла, Яблочкина, положение в биологической науке, Лубянка, чифирь, Герцеговина Флор, «Привет холодному уму и горячему сердцу!», тов. Растрелли, НЭП, коммунист Бинезон, Гиперболоид инженера Гарина, Коган-дантист, Бухарин, Рыков, Зиновьев, Каменев, Крупская, Землячка, Киров, Джамбул, Орджоникидзе, озеро Хасан, Челюскин, Леваневский, Чкалов, Колыма, Ромен Роллан, Герберт Уэллс, «кадры решают все», «эмка», Анна Ахматова, Зощенко, астроном Амбарцумян, Каганович, Маленков, Молотов, Тито, маршал Чойбалсан, Корнейчук, «Вечерка», «Гудок», «Пионерская правда», Женская консультация им. Лепешинской, Зоя Федорова, «Радищев едет из Ленинграда в Сталинград», «Буденный целует саблю после казни царской фамилии», вот кто сделал пробоину в «Челюскине» и открыл каверны в Горьком, «ленинский огромный лоб», Сталин поет в Горках «Сулико», Стаханов, Плеханов, Миша Ботвинник, мир внимает Лемешеву и Козловскому, Якир, Тухачевский, Егоров, березовая роща, Шверник, проф. Боленский, способ Лумумба-Троцкого, протокол 46, «У самовара я и моя Маша», бендеровцы, Блюхер, Лысенко, Перекоп, Папанин на льдине, «ужас из железа выжал стон», «Карацупа и его собака», Индура Ганди, папиросы «Норд» («Север»), наше гневное «нет», Кукрыниксы, член горсовета Владлен Мытищев, термитчица коврового завода Шевелева, Эренбург, Юра Левитан, Мартышкин, Норберг Винер-Карцер, Валерий Чкалыч, «Позволительно спросить братьев Олсопп», Пахмутова, Попов, Аврор, Андрей Ягуарьевич Вышинский, работницы «Трехгорной мануфактуры», «Паша Ангелина в Грановитых палатах примеряет корону Екатерины II...»* и т. п.

Каждое из этих слов и выражений, даже если само по себе и не является собственно арготизмом, содержит мощный арготический фон, арготический потенциал. Скажем, фамилия Буденный является очевидным арготизмом: существуют десятки аргоречений, в которых оно участвует как обязательный ядерный компонент (типа *отмечать столетие лошади Будённого* «пить без повода», *здравствуй, лошадь, я Будённый!* (ироническое приветствие) и т. п.).

Здесь встает вопрос о том, что же такое арготический компонент значения. На наш взгляд, это то, что имплицитно, потенциально содержится практически в любом элементе языка и проявляется, эксплуатируется тогда, когда данный элемент преломляется в призме соответствующей культуры. Арготизм как поэтический прием (внешне) и арготизм как единица смысла (внутренне) является смеховой проекцией культуры в языке, а вернее — актом смеховой интерпретации культуры. Лингвисты часто называют это страноведческим компонентом [см., напр., 41], но значительно сужают сферу источников страноведческой информации. Например, приведенные аргоречения с элементом Будённый являются кинико-смеховой интерпретацией эмблемы целой эпохи, ее идеалов, ее канонов. Структура арготизма, структура поэтического приема (будь то форма гиперболы, оксюморона, эвфемизма и т. п.) отражают структуру отношения арготирующего к той культуре, в которой он живет. И неверно думать, что это отношение отрицательно-деструктивное. В целом доминантой арго является здравый смысл, а не сатира или протест.

Конечно, в рассмотренном нами арготическом кинизме элемент деструкции значителен. Это объясняется сохраняющимся в нем относительно кастовым характером. Кинизм, хотя и открыт для языкового и поведенческого эксперимента, все-таки держится на личностном, индивидуалистическом фундаменте — киническом «я» Диогена, Маяковского или митька. Кинизм является переходом от герметики к полной раскрытости, народному смеху. Условно кинизм (как и герметизм) в современном мире можно назвать вариантами языка и поведения интеллигенции, интеллектуалов. Современная мозаика кинических арго, на первый взгляд, совершенно беспорядочна, хаотична, но при ближайшем рассмотрении мы найдем в ней свою строгую топологию, во многом повторяющую ситуацию начала века. Современные кинические социумы, кинические проявления субкультуры легко находят свои аналогии в кинике прошлого. Панки во многом повторяют футуристов, митьки — крестьянских поэтов, куртуазные маньеристы — эстетизирующее искусство (например, эгофутуризм И. Северянина), хиппи — ничевоков и подобных им и т. д., и т. п. Эстетика современного кинизма требует подробных исследований.

Итак, киническое арго, в отличие от герметического, является приоткрытой системой, много заимствующей и отдающей, но, тем не менее, не растворяющейся в языке окончательно. Оно представляет собой экспериментально-переходный тип от самодостаточного герметического типа к совершенно открытому, растворенному в стихии разговорного языка. Герметическая поэтика жива традицией, внутренней догмой, киническая — экспериментом, поиском. Подобно тому, как герметика может переходить в кинику, киника, выработав свои устойчивые приемы, может возвращаться в герметику. Однако другой путь эволюции киники — к абсолютной открытости. Переходим к рассмотрению третьего бытийного статуса арго.

§ 3. Арго как абсолютно открытая система. «Раблезианский» комплекс

Герметические и кинические арго, выходя на площадь, в толпу, растворяются в стихии разговорной речи, просторечия. Они перестают существовать как самостоятельные системы, начинается формирование совершенно разнородных систем (заметим еще раз, не только вербальных, но и жестовых, поведенческих и т. п.), в результате чего образуется то, что можно назвать общегородским арго. Вряд ли весь процесс можно свести к простому хаотическому смешению. Векторы влияния арго на речь людей, т. е. векторы арготизации речи распределяются по достаточно строгим, но еще крайне мало изученным законам. Существует сложная система притяжений и отталкиваний, в результате которых арготизмы входят в язык города в определенной пропорции и по определенным направлениям, строго избирательно. Люди арготизируют свою речь в том или ином ключе, выбирают тот или иной аргостиль, исходя из своего культурного уровня, особенностей психической организации, пристрастий, вкусов, привычек и т. д. Одни склонны к жесткой кинизации своего языка и поведения (как Маяковский или панки), другие культивируют в себе черты псевдонародного арго, третьи, будучи увлеченными профессионалами, ограничиваются профессиональным арго. Одни более склонны к рекреативно-игровым поэтизмам, другие подражают логосической герметике.

И в герметике, и в кинизме, как уже говорилось, присутствует тенденция к самораскрытию, плебеизации. Образно говоря, любое герметическое языковое образование рано или поздно заболевает клаустрофобией. Даже масоны раз в сто лет приоткрывают завесу над своей тайной. Что же касается киников, то ежедневное самораскрытие является для них нормой. Прекрасной метафорой такой тенденции может служить бочка Диогена, в которой философ жил, все же ежедневно выбираясь из нее на площадь. Бочка является метафорой взаимодействия герметики и кинизма с их тенденцией к самораскрытию.

Как же происходит полное раскрытие арго и в чем оно выражется?

Самый главный признак открытого арго — это полное отсутствие как связующей доктрины, характерной для герметики, так и настроения критического философствования, рефлексии или эстетического императива, свойственных кинизму. Единственной «философией» открытого арго является здравый смысл, выражаемый в народной поэтике смешного, в смехе.

Установление природы такого смеха — очень сложная задача. Наиболее полно и всеобъемлюще он представлен в карнавале, проанализированном М. Бахтиным [161]. Карнавал, художественно структурированный в романе Рабле, представляет собой сложную, но стройную знаковую систему, в которой арго занимает чрезвычайно важное место наряду с зрелищно-обрядовой и другими подсистемами. Главный герой карнавала — это смех, снижающий и поднимающий, убивающий и возрождающий. Смех, по сути, тождествен жизни с ее смертью и рождением. Рождение и смерть равноправны, равновелики (амбивалентны), смех их уравнивает, уравновешивает. Он заставляет одновременно видеть и то и другое: в рождении — смерть, в убийстве — зачатие и т. д. Карнавально-раблезианское арго изобилует образами так называемого телесного низа (фалл, зад, брюхо), пира, пьянства, кухни, физиологических отправлений (кал, моча), половой жизни. Все это — «веселая материя». Бочка Диогена символически превращается в бочку с вином для «пира на весь мир». Таким образом, аллегорически происходит переход от кинизма к раблезианству, карнавалу.

Тенденцию к абсолютной открытости в арго мы будем условно называть раблезианским комплексом или раблезианством.

Здесь возникает проблема следующего свойства: присущ ли карнавальный, гротесковый, убивающе-возрождающий смех только средневековому карнавалу или же его существенные черты живут в массовом городском арго и сейчас, т. е. является ли раблезианский комплекс показателем современного общегородского арго?

По мнению М. Бахтина, истинно карнавальный смех сохранял свою полноценность лишь в Средневековье, затем же наступило измельчание, истощение, бытовизация его форм. Например, о современных ругательствах М. Бахтин пишет: «В современных непристойных ругательствах и проклятиях сохраняются мертвые и чисто отрицательные пережитки этой концепции тела (речь идет об амбивалентной концепции, видящей тело одновременно как умирающе-рождающе-рождаемое — В. Е.). Такие ругательства, как наше «трехэтажное» (во всех его разнообразных вариациях) или такие выражения, как «иди в ...», снижают ругаемого по гротескному методу, то есть отправляют его в абсолютно топографический телесный низ, в зону рождающих, производительных органов, в телесную могилу (или в телесную преисподнюю) для уничтожения и нового рождения. Но от этого амбивалентного возрождающего смысла в современных ругательствах почти ничего не осталось, кроме голого отрицания, чистого цинизма и оскорбления: в смысловых и ценностных системах новых языков и новой картине мира эти выражения совершенно изолированы. Это — обрывки какого-то чужого языка, на котором когда-то можно было что-то сказать, но на котором теперь можно только бессмысленно оскорбить» [16, 35]. Там же исследователь добавляет: «Однако было бы нелепостью и лицемерием отрицать, что какую-то степень обаяния (притом без всякого отношения к эротике) они еще продолжают сохранять. В них как бы дремлет смутная память о былых карнавальных вольницах и карнавальной правде. Серьезная проблема их неистребимой живучести в языке по-настоящему еще не ставилась».

В концепции М. Бахтина есть то, что можно было бы назвать комплексом Золотого века. Исследуемая им эпоха (Средневековье и Ренессанс) и сам объект (народная культура этой эпохи) представляются им как некий «Золотой век», дальнейшее же развитие народной культуры (и в том числе — ее арго) кажется ему порчей, снижением, выхолащиванием. Признавая многие достоинства Нового времени в других областях (например, реализм XIX в.), М. Бахтин отрицает полноту и богатство низовой культуры по сравнению с эпохой Рабле.

Но дело в том, что, говоря о бытовизации народной культуры, исследователь приводит примеры из литературы, а не из самой низовой культуры. Литература же есть кривое зеркало жизни. Целесообразно было бы поставить проблему иначе: в Новое время не нашлось аналога Рабле, не было написано гениального произведения, художественно синтезировавшего бы в себе народную смеховую культуру, просто говоря, ею никто не занимался, она отрицалась официальной культурой, но это отнюдь не значит, что ее вовсе не было или что она вырождалась. Кроме того: не исключено, что текст Рабле не только художественно отражает, но и художественно гипертрофирует «размах» средневекового карнавала. Изучать карнавал по Рабле так же опасно, как изучать «русский менталитет» по Вен. Ерофееву. То же и о современных «наших трехэтажных» ругательствах. Если бы существовал, к примеру, словарь современных ругательств, содержащий несколько десятков тысяч подробно и объективно описанных единиц, можно было бы на основе его анализа делать выводы о вырождении арго. Но такого словаря нет. Заключение здесь можно сделать только одно: нет оснований отрицать полноценный смеховой раблезианский комплекс в современном арго. То, что мы условно называем раблезианством, есть имманентно присущее народной культуре и народному языку качество, формы проявления которого могут быть различны. Карнавал является лишь одной (пусть и очень характерной) формой, наиболее ярко проявившейся лишь в ряде культур и языков, прежде всего романских.

Действительно, как отмечает сам М. Бахтин [16, 242], в ряде западноевропейских стран (особенно в крупных городах) карнавал реализовался наиболее полно. Это Франция, Италия, отчасти Германия, а именно Нюрнберг и Кельн. Здесь произошло самое широкое слияние различных народно-праздничных форм. Однако в других странах такого слияния не произошло. Например, в России. Искусственное навязывание Петром Первым западноевропейского карнавала (например, праздника дураков), не имело никакого успеха. Русские формы веселий на Масленицу, Пасху, Святки, традиции ярмарок остались не слитыми,локализованными. Однако это отнюдь не умаляет значения культуры смеха в России [об этом см.: 147]. Централизации смеховой культуры могут препятствовать география, ландшафт, климат, привычки и обычаи.

Для полноценности и богатства смеховой культуры и раблезианства арго вовсе не обязательна и та телесная необузданность, та, так сказать, органическая откровенность, которая была свойственна западноевропейскому карнавалу, особенно карнавалу романских стран. (Можно предположить, что карнавал африканских стран или латиноамериканских народов еще более необуздан.) Возможно, карнавал католических стран был отчасти обратной стороной одного из сильнейших, в чем-то даже болезненных, переживаний католичества — евхаристии, т. е. причащения к телу Господню. В православии, нам кажется, это переживание не такое острое. Тело в русской православной культуре не занимает центрального места, оно мыслится более абстрактно, здесь более важен образ, лик, отсюда народное отторжение телесности петровских праздников. Именно благодаря карнавальным дебошам Петра (заимствованным, кстати, у протестантских народов, т. е. более поздним, а значит, отрицательным, «сатирическим», однобоким, в значительной мере антипапским, антикатолическим) царь получил в народе репутацию Антихриста.

Итак, романский карнавал не является абсолютным каноном полноты и богатства народной смеховой культуры. Но то, что М. М. Бахтин сформулировал как ее амбивалентность, присуще любой культуре, хотя и реализуется по-разному. Мы могли бы даже взять на себя смелость утверждать, что раблезианский комплекс в современной России представлен мощнее, чем в средневековой Европе. Западным людям больше присущее «внешнее» раблезианство, русским — «внутреннее» (ср. с «внешней» и «внутренней» свободой).

Нельзя не признать, что в наше время карнавал бытовизирован в том смысле, что по сравнению с карнавалом времен Рабле он более раздроблен в пространстве и времени, в быту. Современная смеховая народная культура дискретна. Она разделена на сотни речевых жанров так называемого неофициального общения. Особенно это характерно для России с ее непредписанностью этикета низового общения. Современная Россия знает чисто средневековые по духу жанры, которых уже давно не помнит Запад. Взять хотя бы жанры распития (условно — симпозия) и драки с их разветвленной арготической поэтикой. Эти арготические жанры уже давно вынесены за рамки «цивилизованного» общения Запада. Поэтика, например, симпозия на Западе строго отрегулирована, она не включает в себя ключевого для русской смеховой культуры момента внезапности и повсеместности распития. Западный человек пьет дома или в баре, кафе. Например, у испанской молодежи (наименее «формализованной» части испанского общества) есть арготизм *ir de tapas*, за которым стоит совершенно «цивилизованная» традиция ходить из бара в бар со стаканом вина, прикрытым сверху какой-нибудь закуской (бутербродом и т. п.). Такая традиция считается большой «вольницей», чем-то залихватским, бесшабашным. В русском же измерении она выглядит несколько обыденно-тускловато.

В поэтическом космосе современного русского раблезианства, арго и арготизированной словесности Москва с ее подворотнями, скверами, *парадняками* (подъездами), особенно в вечерние часы, буквально наэлектризована празднично-карнавальным настроением. Повсеместно человека подстерегает «опасность» напиться или подраться. С точки зрения «цивилизованного человека» это свинство. Но это чисто карнавальное, чисто средневековое свинство. По всей видимости, современная русская низовая культура и ее арго сохраняют в себе большое число средневековых черт, а русский человек в целом — средневековой менталитет. Тяга к раблезианству, праздничный архетип русского характера не раз подчеркивался в литературе. И. Бунин в «Жизни Арсеньева» пишет об этом так: «Ах, эта вечная русская потребность праздника! Как чувственны мы, как жаждем упоения жизнью, не просто наслаждения, а именно упоения, — как тянет нас к непрестанному хмелю, к запою, как скучны нам будни и планомерный труд! Россия в мои годы жила жизнью необыкновенно широкой и деятельной, число людей работающих, здоровых, крепких все возрастало в ней. Однако разве не исконная мечта о молочных реках, о воле без удержу, о празднике была одной из главнейших причин русской революционности? И что такое вообще русский протестант, бунтовщик, революционер, всегда до нелепости отрешенный от действительности и ее презирающий, ни в малейшей мере не хотящий подчиниться рассудку, расчету, деятельности невиданной, неспешной, серой? Как! Служить в канцелярии губернатора, вносить в общественную жизнь какую-то жалкую лепту! Да ни за что — «карету мне, карету!» [38, 147].

В этом отрывке И. Бунин ставит, в частности, очень важную проблему роли празднично-раблезианского элемента, раблезианского комплекса в революции. В художественной литературе об этом писали многие, но с научной точки зрения данный вопрос ставился лишь вскользь. По многим воспоминаниям, мемуарам мы знаем, что революция вообще воспринимается многими как карнавал, как стихийное праздничное действо. Не случайно именно на этом элементе строили поэтику своей пропаганды большевики, отводя огромную роль чисто карнавальным шествиям, праздничным митингам и т. п. В любых мемуарах, к примеру, белогвардейцев, мы встречаем словосочетание «пьяная солдатня». У того же И. Бунина в «Окаянных днях» неоднократно с раздражением описывается революционный карнавал, например: «Опять флаги, шествия, опять праздник, — «день солидарности пролетариата с Красной армией». Много пьяных солдат, матросов, босяков...!» [39, 126]. «Случается, что, например, выходит из ворот бывшей Крымской гостиницы (против чрезвычайки) отряд солдат, а по мосту идут женщины: тогда весь отряд вдруг останавливается — и с хохотом мочится, оборотясь к ним» [39, 97]. И т. д. и т. п. Перед нами типичные карнавальные атрибуты, которые в контексте романа Рабле вызвали бы слезу умиления у медиевистов. Заметим, что и все «революционные» события в России в 90-х гг. (т. н. путчи, митинги и т. д.) проходили «под мухой». И «карнавальной амбивалентности» в них было предостаточно.

Обратимся к арготическому жанру симпозия. В русском языке он имеет богатейшее арготическое наполнение. Здесь и название стакана (*мерка, черепок, книжка, губастый, аршин, аквариум* и т. д.), и масса наименований водки, вина, портвейна, пива, и синонимические ряды с общим значением «пьяный» (*синяк, уксус* и т. п.). «в пьяном состоянии» (*в лоскут, на рогах, на четырёх, в сосиску* и т. п.). Приведем ряд арготизмов со значением «пить, выпить, напиться»: *шарахнуть, вдолбить, стебануть, царапнуть, садануть, опохрабиться, рассосать, квасить, дюдюнькать, глушить, жрать, кушать, принять, дринькать, травиться, хряпнуть, лечиться, лакать, налимониться, бухать, кирять, поддавать, зашибать, залить в хобот, отравиться, принять на грудь, нагазоваться, керосинить, сходить в ресторан «Зелёный кустик», вздрогнуть, хлопнуть, накатить, наклюкаться, надребаданиться, нарезаться, огреть, уговорить, набодаться, назюзюкаться* и т. п.

Данный список практически бесконечен. Жанр симпозия подразумевает определенный ритуал, включающий массу нюансов: сдача пустой посуды (*операция «хрусталь»*), указание на желание выпить (*шланги горят*), указание на необходимость это сделать (*не послать ли нам гонца за бутылочкой винца*), поиск того, кто платит (*банкующего*), наименование большой очереди (*горбачёвская баня*), наименование лиц, покупающих без очереди (*душманы*), способ разливания (*по булькам*), тосты (*чтоб хрен стоял и деньги были*), указания на необходимость пить строго по очереди и не задерживать остальных (*соблюдать регламент*), этикет закусывания (*после первой не закусываю*), регламентацию времени между принятием доз спиртного (*между первой и второй промежуток небольшой*) и т. д., и т. п. Далее подключается тема вытрезвителя (*хмелеуборочного комбайна*), похмелья (*состояния нестояния*). Арготически обыгрывается каждый нюанс. Например, существует специальный способ привязывания пьяных в вытрезвителе (*ласточка*). Каждый вид алкогольного напитка имеет, как правило, по нескольку арготических названий. Например водка, появившаяся при Ю. В. Андропове, называлась *андроповка, первоклассница* (т. к. появилась в продаже 1 сентября) и *юркины рассветы* (травестирование названия популярного фильма). Каждый пивной зал или бар в Москве имеет свое арготическое название (*Ракушка, Три ступени, Аврора, Рельса, Тайвань, Шанхай, Реанимация, Стекляшка, Ладья, Яма, Рыбий глаз, Мутный глаз, Кресты, Шалман, Байконур* и т. п.). Наконец, неотъемлемой составляющей жанра симпозия является пьяная исповедь, один из популярнейших мотивов русской словесности.

Итак, все перечисленные черты являются архетипическими для русской смеховой культуры и поэтому постоянно, из десятилетия в десятилетие, порождают бесконечный арготический материал. Русский праздник растворен в толще русского быта и очень трудно поддается регламентации. На Западе все обстоит наоборот. Даже средневековый европейский карнавал, ограниченный во времени, является скорее показателем дисциплины, регламентированности жизни. Концентрация карнавального смеха была очень высокой, но зато потом, после карнавальной разрядки, никаких смеховых «срывов» быть уже не могло. Западный человек шутит и смеется в строго отведенных на то местах и в строго отведенное время.

Русская смеховая культура организована принципиально иначе. Без этого будет непонятен и весь арготический материал. Именно нерегламентированность русского праздника, его потенциальные повсеместность и постоянство, его «средневековость» составляют то обаяние, которое трудно отрицать и которое так привлекает в России иностранцев и отталкивает убежденно-«цивилизованного» человека. Карнавал не только абстрактно амбивалентен, но и конкретно свински-задушевен. В нем можно видеть задушевность, а можно — свинство. Это уже дело вкуса.

Теперь коснемся подробнее природы современного раблезианского комплекса арго. Разумеется, он не полностью тождествен средневековому. Выше мы пытались показать, что он «не хуже», но в чем заключается его специфика? Обратимся к жанру ругательства, в котором в современном языке, по Бахтину, остались лишь «отрицание» и «цинизм».

В западноевропейском Средневековье площадное слово (ругань, брань, всякого рода богохульство, божба, клятвы и т. п.) занимало огромное место в жизни человека, в низовой народной культуре. Об этом подробнейшим образом писал М. Бахтин. Существовали различные конкурирующие стили брани. Например, Й. Хейзинга пишет, что в позднесредневековой Франции соревновались гасконский, английский, бретонский и бургундский стили, особенно преуспели в ругани бургундцы [261, 176–177]. Так же, как в русском городском арго XX в., соревновались и соревнуются несколько арготстилей: одесско-еврейский, грузинский, уголовный, макаронически-англизированный и др. Характернейшей особенностью западноевропейской брани является богохульство. Испанец Антонио Мачадо даже утверждал: «Богохульство входит в народную религию. Не доверяйте народу, который не богохульствует, такой народ расположен к неверию» [160, 183].

В русской брани богохульство представлено крайне бедно. В качестве исключений можно назвать лишь несколько речений, типа *в бога* (или *в крестителя, в святителя*) *душу мать*, детское *бог не нищий, любит тыщу* (просьба дать побольше чего-л.), уголовное *поймать бога за яйца* (вероятно, от «поймать бога за бороду», т. е. поймать удачу). Практически нет богохульства и в знаменитой русской матерной ругани. Вероятно, мат не был напрямую связан с теми формами смеха, которые могут типологически соотноситься с формами европейского карнавала. Скорее, нынешний мат в архаике был частью древней языческой словесной магии, а в христианизированном язычестве (масленице и т. п.) не ужился. Кроме того, по всей видимости, матерная брань обслуживала общение людей с лесными языческими даймонами, а к стихии поля и реки имела гораздо меньшее отношение. Так, Д. Зеленин утверждал, что «матерная брань... защищает от лешего, и это одна из причин столь широкого распространения такой брани у русского народа» [101, 415]. В русском (славянском) язычестве, как и в любом язычестве, присутствовало срамословие божества, но здесь в христианство оно не вошло в столь широких масштабах, как в Европе. Таким образом, современная русская низовая арготическая брань имеет несколько иные источники и иные онтологические предпосылки, чем брань в западных странах.

Богатство русской ругани широко известно. Например, В. Шаламов в своих воспоминаниях о лагере писал: «Существовал в юности, в детстве анекдот, как русский обходится в рассказе о путешествии за границу всего одним словом в разных интонационных комбинациях. Богатство русской ругани, ее неисчерпаемая оскорбительность раскрывались передо мной не в детстве и не в юности. Анекдот с ругательством выглядел здесь (в лагере. — В. Е.) как язык какой-нибудь институтки. Но я не искал других слов» [267, кн. 1, 282].

У В. Шаламова речь идет о богатстве словообразования в русской брани. Такая особенность логически вытекает из структуры самого языка. Для сравнения, например, во французской брани словообразовательные модели представлены значительно слабее, зато больший упор делается на возможность каламбура. Это объясняется исторически сложившимся обилием омонимов во французском языке.

Но богатство мата и брани не исчерпывается словообразованием. В воспоминаниях Ю. Анненкова мы встречаемся с описанием в значительной степени утерянных в наши дни или просто незафиксированных бранных риторических периодов. Ю. Анненков пишет о С. Есенине: «Дальше начинался матерный период. Витруозной скороговоркой Есенин выругал без запинок «Малый матерный загиб» Петра Великого

(37 слов), с его диковинным «ежом косматым против шерсти волосатым», и «Большой загиб», состоящий из двухсот шестидесяти слов. Малый загиб я, кажется, могу еще восстановить. Большой загиб, кроме Есенина, знал только мой друг, «советский граф» и специалист по Петру Первому, Алексей Толстой...» [6, 167–168].

В чем же заключается философия подобной ругани, включающей в себя тысячи вариаций одного корня и риторические периоды до 260 слов, «авторами и исполнителями» которых являются венценосцы? Вряд ли можно свести их философию к чистому оскорблению.

По тонкому замечанию М. Бахтина, «настоящий смех, амбивалентный и универсальный, не отрицает серьезности, а очищает и восполняет ее. Очищает от догматизма, односторонности, окостенелости, от фанатизма и категоричности, от элементов страха или устрашения, от дидактизма, от наивности иллюзий, от дурной одноплановости и однозначности, от глупой истошности. Смех не дает серьезности застыть и оторваться от незавершенной целостности бытия» [16, 137]. Именно в этом ключе представляется нам основание современного раблезианского комплекса. Он является антитезой серьезному герметизму, видящему мир серьезно завершенным. Смех в арго заставляет видеть мир в его становлении, развитии, диалектике. Подвижность арго, текучесть его состава является прямым следствием онтологической установки на незавершенность мира.

Арготизм — это не просто слово с его точным значением. С лингво-философской точки зрения, арготизм есть значение, как бы единица мироощущения арготирующего, пробующая себя в слове. И совершенно закономерно, что в системе арго значительно меньше значений и значительно больше слов. Понятийный аппарат раблезианского арго представляет собой весьма ограниченное число смеховых архетипов, но количество реализаций этих архетипов в языке не поддается никакому исчислению. Если оставить в стороне богатейшую палитру кинико-интеллектуального арго Рабле (политические, филологические, социальные, философские травестии), то весь многотысячный собственно карнавально-раблезианский словарь будет вращаться вокруг нескольких архетипических (в бытовом измерении — физиологических) тем: еда, выпивка, отправление естественных потребностей, половая жизнь и собственно атрибуты телесного низа, и шире — тела вообще.

Таким образом, космос арго — это человеческое тело и, по М. М. Бахтину, общенародное, карнавальное тело. Арго, по сути дела, мало интересуется остальным миром, информация из него привлекается постольку, поскольку она имеет отношение к телесной жизни. Но дело в том, что потенциально к человеческому телу имеет отношение все, весь мир. Поэтому арго — это имманентная проба мира в призме человеческого тела, языковая попытка сделать весь мир огромным человеческим телом. Это смеховое очеловечивание мира, его «отелеснивание», «инкарнация», превращение его в тело. Мир осмеивается через тело и таким образом перестает быть страшным, чуждым. В этом заключается глубинная магия арго. Глубинное арго, со всем его словесным, фонетическим, словообразовательным, риторическим составом, есть грандиозная смеховая метафора тела.

Чисто внешне, на поверхности, данная философия выглядит как раз наоборот: части тела, его отправления и т. п. в арго приобретают различные смеховые наименования, т. е. тело именуется через вещи мира, и тогда арго представляется неким бесконечным, тупым метафоризированием. Но смысл, на наш взгляд, как раз обратный: мир становится большим человеческим телом, тело становится той смеховой призмой, через которую интерпретируется мир.

Приведем пример. В современном московском арго есть тысячи наименований фалла и тысячи речений, присловий и т. п., в которых участвуют эти наименования. Приведем лишь некоторые: *абдула, абракадабра, абрамка, абрек, ав-ав, агрегат, агрессор, адриано челентано, адъютант его превосходительства, ай-ай-ай, акведук, акробат, аленький цветочек, альбинос, альпийская фиалка, альфонс, аморал, аномальное явление, антенна, аппарат, арап, аргумент, армен джигарханян, армянская шутка, асмодей, бабаха, бабий друг, бабья заноза, багровый баклажан, баклуша, балда, балка, балласт, банан, баралище, баральник, барбос, барельеф, барон, барсик, баснописец крылов, батон французский, бедокур, без вины виноватый, белый клык, бен, бедранка, бесстыдник, бильярд карманный, бледнолицый, блудник, бог очка, боеголовка, боец невидимого фронта, божий леденец, болт, бордо, борман, босяк, брандспойт, брат меньшой, брендеделька, брусилов, бур, буратино, бутончик, бяка, ванька-встанька, василий алибабаевич, вася, ваучер* (отсюда — модное одно время речение *куда вложить ваучер?* в эвфемистическом значении), *вафля, вахтанг кикабидзе, вексель, вертикаль, ветка персика, висюлек, висячка, витамин «х», в мире животных, вождь краснокожих, волосатка, воробушек, враг народа, вы́хухоль, гаврила попов, гадкий утёнок, гамбургер, гамсахурдия, гарант, гвоздь, генералиссимус, гидравлический будильник, главтрах, головастик, головка самонаводящаяся, голубь сизый, голый вася, гондурас, гордеич, гость из тьмы, греховодник, грязнуля, гуманоид, гусар, гыгышары, дамен вальс, двадцать первый палец, демис русос, депутат параши, джигит, дон жуан, доцент, драч, драчилка, дружок, дрын, дудка, дырокол, дядя федор, евгений онегин, ёжик в тумане, елда, елдометр, ермолка, ёрш, железный дровосек, живой классик, жид, жрец любви, жучок, забабах, залупа конская, застенчивый, затвор, зверёк, зигмунд фрейд, зуб, зяблик, иван ширинкин, ильич, ингалятор, индеец джо, инструмент, интерфакс, иосиф кобзон, иуда, каар, каменный гость, капитан немо, карандаш, карл маркс, каруша, клим садилыч, кожа, козёл на привязи, кол, колбаса, колокольчик, конец, консенсус, конь в кожаном пальто, кормушка, коряга, котник, котовский, крантик, красная шапочка, краснознамённый, краснокоричневый, ку, кузнец счастья, кукиш волосатый, кукурузина, курок, кучумба, лампочка ильича, ленин в разливе, лом, луис альберто, луис карвалан, маздонка, майнавира, майор волосюк, макаронина, малыш, мамона, мандель де тревиль, мандула, марьяжник, маслинка, маслобойка, масон, машина, мистер икс, молоканка, морковка, мотовило, мотороллер, муджахед, мулька, мундштук, набалдашник, напильник, нахал, начальник, наша марка, незнайка, не пьющий, нехороший, но красивый, нехорошо, ничего себе, ночная фиалка, ночной дозор, оборотень, обыкновенное чудо, оглобля, окурок, оно, органон, отец онуфрий, отсос петрович, очко, падший ангел, палка, палкин штрассе, памятник космонавтике, папа римский, пончик, первопечатник фёдоров, перепиховка, пернатый друг, перчик, персик, петушок, пик коммунизма, пипа суринамская, пистон, писюлек, пихалка, плакса, плут, повыше колена — пониже пупка, подкулачник, подлежащее, подсосиновик, подарок из африки, полкан, поп, попугай, поплавок унитазный, поющий в терновнике, прик, прицел, прыщ, птенчик, пугач, рахметов, рейтинг, руль, ручник, рыцарь печального образа, сайз, самоделкин, сарделька, свайка, сексолог, сифолов, слезница, солун, соска, сосулька, сперматозавр, спонсор, спидник, срам, старик хоттабыч, старый жид, стебло, стоячка, страшилка, субъект, таран, тарзан, твердыня, терминатор, титан возрождения, торпеда, торч, трахальник, трахометр, трах-тибидох, трубка шерлока холмса, тряпочка, турок, тыкалка, тычинка, тьмутаракань, ударник, удочка, ужасник, узел связи, улыбка природы, факало, фаллический предмет, фантомас, фейхуа, ферзь, ферц, фидель кастро, финтишлюшка, фирма, фитюлька, флюгер, фол, фома гордеев, франкенштейн, факт, фигурист, француз, фрукт, фу, фуфель, фуца, фэрц, хасбулатов,хам, хара, харево, хобби, хозяин тайги, хомячок, хопёр, хорёк тимоха, хорь, хотелка, хохан, хохотунчик, хрен, хрюша, хулиган, царь пижамы, царь-пушка, целколом, циклоп, циник, цукерман, цыпа, цыпленок, часовой, чебурашка, чекист, человек из подполья, червячок, чертик, чижик, член политбюро, членопотам, чувачок, чудильник, чукча в чуме ждёт рассвета, чурка, чучело, шалунишка, шаман, шампур, шатровый, шатун, шишак, шип, шкура, шланг, шлямбур, шмайсер, шницель, шняга, шомпол, шпион, штирлиц, штуцер, шутило, шуруп, щекотун, щуп, эгоист, эйфелева башня, эклер, эстет, это, юлда, юрий гагарин, ялда, ялданка, ямщик, ясир арафат, яшка* и т. п.

Существует масса травестированных пословиц и поговорок типа: *В чужих руках ... всегда толще*; *Лучше ... в руке, чем синица в небе* и т. п., масса частушек [см. 213] и т. п.

Вероятно, если бы З. Фрейд прочитал подобные арготизмы, он захлебнулся бы от творческих планов. Но его выкладки на основе теории психоанализа дали бы совершенно ложные показания. В раблезианстве нет и не может быть эротики, ни, тем более, порнографии. И эротика, и порнография в конечном счете серьезны, в них есть только маниакальный поиск в окружающем мире определенных соответствий, символов. Эротико-порнографическое мировоззрение, во-первых, строго избирательно (здесь важны прежде всего соответствия формы), во-вторых, серьезно, т. е. не устанавливает обратной смеховой связи между миром и телом.

Арготизм *консенсунс*, например, в раблезианском измерении дает многомерное ви́дение: это и чисто лингвистическая игра, и телесное осмеяние варваризма с его напыщенной политической серьезностью. Эротике тут делать нечего: ее не интересуют смеховые контаминации и политика.

Как видно из списка, в универсальную эмблему фалла входят самые разные элементы мира: названия растений, животных, рабочие и музыкальные инструменты, армейские реалии, еда, имена артистов и политических деятелей, фольклорные реалии и т. д. Все они осмеиваются, «инкарнируются», отправляются в телесный низ. Можно сказать, что потенциально весь мир становится смешным фаллом, пробуется, обновляется через эмблему фалла.

Количество языковых единиц, которые могут включаться в эту эмблему, практически неисчерпаемо. Арго через раблезианский комплекс стремится объять необъятное, зафиксировать бесконечное количество образно-смеховых отражений мира в человеческом теле. В основе всего этого лежит идея единства мира. Надо сказать, что указанное качество арго свидетельствует о его древнем, архаическом характере. Архаический менталитет, мифологическое мышление рассматривает весь мир как единое тело. Реки — это вены, горы — скелет, кости, леса — волосы и т. д. Мир един, и поэтому все в мире можно определять через одну произвольно взятую точку, например, гадать по печени (как это делали этруски). Отсюда же регулярные соответствия стихий, планет, начал (солнце — мужское начало — золото — огонь; луна — женское начало — серебро — вода).

За внешней эклектичностью, текучестью арго стоит древнейшая концепция единства мира в его разнообразии.

Для нас чрезвычайно важно отметить, что в мир, пропускаемый через смеховую арготическую призму, входит и сам язык как факт этого мира. Отсюда бесконечное снижение нормативного языка, коверканье, пародирование, травестирование. Возможно, это особенно характерно именно для русского арго. Разумеется, в любом национальном арго язык как феномен окружающего мира (прежде всего — официальный язык) является таким же объектом осмеяния, как и все другие феномены. Но для русского арго характерна та лингвоцентричность, которая так удивляет носителей других языков. Все это особенно относится к мату. Вся русская грамматика пропускается через матерные (и иные) наименования фалла. Вся грамматика опять же становится смешным фаллом, и весь язык умещается в эмблему фалла. Создается универсальная фаллическая грамматика, пытающаяся вместить в себя все богатство категорий мира.

Мы говорим именно об эмблеме фалла как о самой емкой. В современном русском арго есть и иные, менее мощные и разветвленные эмблемы. Это прежде всего зад и брюхо, в меньшей степени лицо, голова, рот, глаза, нос, руки и женские половые органы. Арготическая топология (как отмечал еще М. Бахтин [16, 351–352]) сводится к выпуклостям (нос, фалл, выпученные глаза и т. п. — и «впуклостям» (рот, зад, vagina и т. д.). Есть, конечно, и ряд других эмблем, чья загруженность значительно ниже: спина, шея, пуп, подмышки, темя, кадык, бедра, пятки и др. Наиболее продуктивной (после фалла) является, пожалуй, эмблема зада. Здесь мы имеем не только мощный синонимический ряд (*гаубица, сахарница, галёрка* и т. д., и т. п.), но и большое корневое и фразеологическое гнездо со словом *жопа*. Приведем лишь некоторые из фразеологизмов и речений с этим словом: *жопа вышла* (о неудаче), *жопой чувствовать* «предчувствовать», *жопа с ручкой* (или *жопа Новый год, жопа с ушами, жопа говорящая* и т. п.) в значении инвективы, *хоть жопой ешь* «много», *хватать и ртом и жопой* «быть жадным», *жопу лизать* «подлизываться», *пристать как банный лист к жопе* «быть навязчивым», *глаза голубые-голубые, а остальное — жопа* (о толстой женщине), *как в жопу глядел* «как в воду глядел», *делать через жопу* (или *через жопу автогеном*) "плохо, заумно, нерационально», *без мыла в жопу влезть* «быть проныРой», *сравнить жопу с пальцем* «сравнить несравнимые вещи», *дать под жопу* «выгнать, например, с работы», *сесть жопой* «захватить что-л. в единоличное пользование», *жопа Дзержинского* «черт знает что», *жопой вертеть* (или *трясти*) «капризничать; стараться понравиться», *повернуться жопой* «предать, не помочь в трудный момент», *до жопы* «много, полно», *жопе слова не давали* «молчи», *пьян в жопу* «сильно пьян», *по жопе долотом* (ироничный ответ на слово *потом*), *на жопе шерсть* (ироничный ответ на вопрос *есть?*) и т. п. Сюда же относятся полифункциональные *в жопе, в жопу*. Данное слово может шутливо расшифровываться как аббревиатура (Желаю Обществу Приятного Аппетита). Можно было бы указать десятки слов с данным корнем, типа *двуежопый, жопарожец* («Запорожец») и т. д., и т. п.

Фалл, брюхо (реже — рот, глотка) и зад (или же реже женские половые органы) представляют собой соответственно три главные смеховые эмблемы: 1) то, что́ совершает или чем совершают действие (смеховой субъект или инструмент); 2) то, что́ вмещает в себя что-либо (смеховой локус в чистом виде, идея смешного, вмещающего весь мир пространства); 3) то, на что́ переносится действие (смеховой объект, вмещающий в себя идею страдательности).

Данная триада является архетипической для раблезианского смеха. Фалл, будучи воплощением вообще активного начала, ассоциируется с такими качествами, как ловкость, хитрость, сметливость. Брюхо, как всепоглощающее пространство, — с силой, мощью, необузданностью, разбавленными ленью и отчасти добродушной хитрецой. Зад (как преимущественно пассивно-страдательный объект) несет в себе общую идею страдательности (хотя иногда контаминируется с брюхом). Именно по такой схеме чаще всего выстраивается смеховая поэтика. Например, знаменитые Никулин, Вицин и Моргунов (актеры, появлявшиеся вместе в целом ряде блестящих комедий и герои народных анекдотов) воплощают в себе как раз эти три начала: Никулин — «хитрый фалл», Вицин — вечно страдающий и забиваемый «худосочный зад» и Моргунов — «ненасытное брюхо». Добавить здесь больше нечего, это совершенно самодостаточный смеховой космос.

Субъект (фалл), локус (брюхо) и объект (зад) соединяются в действии через ряд предикативных арготических эмблем. Прежде всего это, конечно, эмблема полового акта, универсальность которой бесспорна. С ней ассоциируются эмблемы битья, еды, питья, реже испражнений, говорения и др. В арго очень часто наблюдается следующая направленность: сближаются идеи полового акта, битья и питья (например, *вмочить, засадить* и т. п.; к ним близки эмблемы передвижения тела в пространстве, ходьбы), испражнений и говорения (*высрать* и т. п.), поедания и понимания (*слямзить* и т. п.).

Соответственно, речь идет о трех группах действия: 1) активного действия (его переноса на объект; характерно, что эмблема питья чаще стоит именно тут); 2) выделения чего-либо вовне и 3) поглощения чего-либо внутрь. Разумеется, к каждой из групп тяготеет ряд более мелких эмблем, например, к первой — «добиться успеха», «забить гол» и т. п., ко второй — «рыгнуть», «испустить газы» и т. п., к третьей — «получить прибыль», «проглотить обиду» и т. п.

Таким образом, мы имеем три пространственных и три временны́х архетипа, вокруг которых вращается раблезианский смех. Субъект (условно — фалл), как правило, совершает активные действия, переносит действие на окружающий мир. Локус (условно — брюхо) поглощает окружающий мир. Объект (условно — зад) принимает все «обиды» от окружающего мира и выделяет отправления тела. Конечно, мы представляем дело более чем схематично. Эмблематика раблезианского арго должна стать объектом специального исследования.

Итак, современный раблезианский комплекс арго — это «обезвреживание» внешнего мира через его осмеяние, попытка превратить мир в смешное человеческое тело со всеми его отправлениями. В арго незримо продолжает жить элемент смехового магического заклинания, «заклятия смехом». Вспомним знаменитое стихотворение В. Хлебникова с этим названием:

О, рассмейтесь, смехачи!
О, засмейтесь, смехачи!
Что смеются смехами, что смеянствуют смеяльно,
О, засмейтесь усмеяльно!
О, рассмешищ надсмеяльных — смех усмейных смехачей!
О, иссмейся рассмеяльно, смех надсмейных смеячей!
Смейево, смейево,
Усмей, осмей, смешики, смешики,
Смеюнчики, смеюнчики.
О, рассмейтесь смехачи!
О, засмейтесь, смехачи! [262, 54].

С точки зрения подлинно народного раблезианского арго, стихотворение Хлебникова является чем-то вроде искусственного эвфемизма. Если же заменить корень «смех» на какое-нибудь наименование фалла, зада, полового акта и т. п., то получится классический образец смеховой магической брани.

Современное раблезианское арго преследует, в принципе, те же задачи, то и арго архаическое. Разницу можно увидеть в следующем.

Древний карнавал с его арго, действительно, имел универсальный характер в том смысле, что быт в нем не был отделен от бытия. Вечные вещи бытия (солнце, горы, земля, цветы, виноград и т. п.) шли в одном ряду с вещами быта (тогдашней одеждой, блюдами и т. п.). Архаическое арго заклинало смехом действительно весь мир — от солнца до ночного горшка. Проще говоря, быт и бытие не были разделены в сознании человека. В современном же городском арго мы практически не встречаем плана универсального бытия природы. В нем нет звезд, дождя, грозы, земли т. п. На современном арго нельзя нарисовать (описать) пейзаж, он способен лишь на натюрморт. Космос древнего карнавального арго, несмотря на городской характер карнавала, — не городской. В нем деревня, природа не отделены от города. В значительной степени древний карнавал — явление крестьянского фольклора. Карнавал живет ритмом крестьянско-природной жизни. Условно говоря, он есть синтез городской и деревенской культур. Современное же арго с его раблезианством — явление чисто урбанистическое. Космос современного арго — это урбанистический быт, а не природное бытие.

Можно предположить, что аналогичный урбанистический характер (с поправкой на соответствующие эпохи) имели арго крупных мегаполисов древности, например, Вавилона и Рима.

Можно также говорить о различной степени урбанизированности арго. Например, современное французское арго представляется более урбанизированным, чем русское. В нем, к примеру, больше наименований машины: *bahut, bagnole, caisse, chignole, chiote, guimbarde, guinde, hotte, tacot, teufteuf, tire, toto, trottinette, tulette, veau* и др. В то же время, как ни странно, во французском арго шире представлены своего рода атавизмы бытийного архаического арго. Например, в нем есть ряд арготизмов со значением «pleuvoir» («идти дождю»): *pleuvasser, pleuviner, plevoter, pluviner, il douille, il flotte, il lance, il vase, il tombe des cordes, il pleut comme vache qui pisse* и др. [см. 71, 636, 638]. В русском же арго, кроме ряда исключений, подобных наименований мы не встречали (за исключением разве что окказионализмов, типа *примочки* «осадки» и *тучка писает* «идет дождь»).

Однако, если и можно, подобно М. Бахтину, говорить об ущербности, вырождении современного раблезианского комплекса по сравнению с древним арго, то лишь в контексте общего изменения современного человека, его языка и культуры. Современный арготирующий горожанин не может отличить, к примеру, сойку от малиновки, и это совершенно закономерно отражается в его языке, и не только в арго, но и в степени владения языком литературным. То, что раньше было универсальным знанием, теперь стало достоянием профессионалов. Однако, с другой стороны, явилась масса иной информации, сугубо современной и урбанистической.

Таким образом, нельзя утверждать, что сфера современного арго сузилась по сравнению со сферой архаического арго. Нельзя также сказать, что она расширилась. Она стала иной. Неизменным (и в древнем, и в современном арго) остается лишь смешное человеческое тело, являющееся центром, стержнем космоса. Это как бы гераклитов играющий мальчик, передвигающий шашки: мир меняется, а смеющийся человек остается.

Мы назвали данную тенденцию в арго раблезианством. Термин этот условен. Можно было назвать ее комплексом Демокрита («Демокрита смеющегося») или комплексом Гиппократа, проповедовавшего целительную силу смеха. Однако и то и другое определение вносят в смех рационалистический элемент. Они обосновывают идею пользы смеха. Современная психолингвистика, рассматривающая смех в языке (и арго), обычно подчеркивает как раз гиппократову мысль о целебности смеха (в современной терминологии это звучит как снятие стресса). Роль смеха в этом плане трудно переоценить. Например, в V веке, во времена кризиса Римской империи, некто пресвитер Сальвиан так описывал настроение в Вечном городе: «Кто может думать о цирке, когда над ним повисла угроза попасть в плен?! Кто, идя на казнь, смеется?! Объятые ужасом перед рабством, мы предаемся забавам и смеемся в предсмертном страхе. Можно подумать, что каким-то образом весь римский народ наелся сардонической травы: он умирает и хохочет» [257, 249].

Римляне «снимали стресс» смеясь. Сальвиан пишет об этом с ужасом, с точки зрения официальной культуры, как патриот.

Можно предположить, что именно в это время (время брожения, нестабильности) низовая культура в Риме, римское плебейское арго особенно активизируется, смех становится еще более громким, включается архетип «пира во время чумы».

Однако «Гиппократова» интерпретация арготического смеха представляется хотя и верной, но значительно сужающей его онтологическую базу.

Неполна, хотя и верна отчасти, и идея об оппозиционности арго. Еще у М. Бахтина присутствует мысль о том, что ругательства, божба и т. п. есть «своего рода арго по отношению к официальному языку» [16, 207]. Арго, действительно, противостоит официальному языку, но не иначе как отражение в кривом зеркале противостоит человеку, зашедшему посмеяться в комнату смеха. Арго составляет с официальным языком единое диалектическое целое.

Мы уже говорили в связи с киническим комплексом, что в определенные моменты истории все нормы культуры и языка расшатываются, подвергаются сомнению. Подобно Сальвиану в V веке, И. Бунин в XX веке в России, в эпоху революции, с ужасом и отвращением пишет: «Новая литературная низость, ниже которой пасть, кажется, уже некуда: открылась в гнуснейшем кабаке какая-то «Музыкальная табакерка» — сидят спекулянты, шулера, публичные девки и лопают пирожки по сто целковых штука, пьют ханжу из чайников, а поэты и беллетристы (Алешка Толстой, Брюсов и так далее) читают им свои и чужие произведения, выбирая наиболее похабные. Брюсов, говорят, читал «Гаврилиаду», произнося все, что заменено многоточиями, полностью. Алешка осмелился предложить читать и мне, — большой гонорар, говорят, дадим» [39, 32].

Схожую картину мы видим и в наши дни. Например, Г. Гачев говорит о современной варваризации языка следующим образом: «И сложился чин и строй: иерархия в социуме, порядок понятий в умах (идеология). Как в средневековье. А теперь у нас — первоначальное накопление и площадное голошение толпы — митинги (пробуждение самосознания личности и меры человека-гумуса, что себя прахом-плотию чувствует, материей и материальным интересом), динамика и карнавал — обосрание святынь. Естественно, законная стадия. И во всем— живая неупорядоченность. В частности, в языке: эти митинги и трансляции съездов — заговорили там косноязычные и гунявые, ломая все правила орфографии... Будто сама материя и природа пробудилась и заголосила, возговорила человечьими голосами народов разных — да на русском все языке, его живописно ломая и корежа — и окуная вновь в первородную плазму бытия. Скандал? — да, но и воля и творчество» [см. ЛГ 8.08.90 32].

Очень важно учитывать, что раблезианский язык варваризирующих эпох отражается в памятниках письменности не прямо, а сквозь призму интеллектуальной киники или научной герметики. Раблезианство интерпретируется герметикой и кинизмом. Собственно уличное, бесписьменное раблезианство в чистом виде практически никогда непосредственно не фиксируется. Возьмем для примера арготические словари. Большинство из них есть сразу двойная интерпретация, двойное искажение: филолог-герметик описывает, используя свои герметико-лексикографические правила, арготическую фактуру, обычно взятую на материале современной ему художественной литературы и прессы, т. е. он герметически интерпретирует уже интерпретированный киниками материал. Отсюда — крайняя искаженность, зыбкость оснований современной аргологии.

Среди рассмотренных нами трех арготических комплексов раблезианский изучен меньше других, хотя чисто «количественно» он намного превосходит и герметический и кинический.

Глава 2. СОСТАВ АРГО И ОТРАЖЕНИЕ В НЕМ ЯВЛЕНИЙ КУЛЬТУРЫ

§ 1. Иноязычные заимствования и культурно-национальные темы в арго

В предыдущем разделе мы рассмотрели арго в контексте онтологии культуры. Мы отметили, в частности, что имманентно присутствующая в арго тенденция к открытости обуславливает его интеръязыковой (в том числе пазилалический) характер. Арго как часть данного языка является одной из самых «контактных», «восприимчивых» сфер. Именно через арго литературный язык в значительной мере пополняет свой состав. В то же время масса арготических заимствований не получает нормативной санкции и остается бытовать в «низовых» арго, причем бытование это может продолжаться десятилетиями и даже веками (такова , к примеру, судьба массы финно-угорских заимствований или тюркизмов в арго ремесленников и офеней, судьба «блатной музыки» и т. п.).

В данной главе мы попытаемся дать обзор некоторых национальных, социальных и бытовых тем, которые отражаются в составе русского арго.

Начнем с тем национальных. Приступая к выполнению этой задачи, мы должны сделать следующие предварительные замечания.

Во-первых, мы не беремся описывать все сферы. Русское арго находилось в контактах с десятками, сотнями народов, и каждый из этих контактов может стать темой отдельного исследования (к примеру, японские заимствования в арго Сахалина, корейские заимствования в уголовных арго, монголизмы в арго Забайкалья и т. д., и т. п.). Наша задача — дать общую картину наиболее сильных, влиятельных культурно-языковых тенденций. И даже здесь мы не в силах рассмотреть все сферы. Так, например, в наше исследование не вошел анализ грецизмов, влияние которых, особенно в ремесленно-торговых арго, очень велико.

Во-вторых, говоря о национальных темах в русском арго, мы имеем в виду как лингвистическую, так и поэтико-культурологическую стороны дела. С лингвистической точки зрения речь идет о том, что в арго как в неотъемлемой части национальной культуры, помимо заимствований из какого-либо языка (а иногда и почти вовсе без них) возникает определенная национальная тема, сквозной мотив, который находит свое отражение в языке, фольклоре, различных жанрах «низовой культуры» (анекдотах и т. п.). Так, например, в русской культуре чрезвычайно сильно представлена цыганская тема.

В-третьих, следует учитывать, что соотношения лингвистической стороны (процесс заимствования) и поэтико-культурологической стороны (национальная тема в культуре) могут быть различными. В арго, например, может быть очень много заимствований из какого-либо языка, но почти отсутствовать или очень слабо присутствовать соответствующая национальная тема (например, финно-угорские заимствования и финно-угорская тема). И наоборот — может всячески обыгрываться тема, но отсутствовать заимствования (например, «африканская» тема, где заимствования заменены чисто имитативными поэтизмами, типа *матумба, тумба-юмба* и т. п.).

В-четвертых, необходимо иметь в виду причины подобной «асимметрии» лингвистического и поэтико-культурологического аспектов. С одной стороны, это причины пространственно-географические, т. е. наличие или отсутствие (сила или слабость и т. д.) непосредственных контактов в том или ином ареале. К примеру, тюркские элементы совершенно естественно внедрялись в русское арго на огромной территории, а заимствования из банту были исключены. С другой стороны, это причины историко-временные, о которых следует сказать особо.

Наблюдения показывают, что национальная тема в арго возникает как следствие актуализации или даже обострения межъязыковых и межкультурных отношений. Подобное положение возникает в определенные периоды истории, когда та или иная национальная тема в культуре становится ее внутренним переживанием. Потом это переживание может угасать или через какое-то время вновь актуализироваться. К примеру, еврейская тема явно стала набирать силу в русской культуре (и в русских арго) во второй половине XIX века и стала одной из доминирующих национальных тем в XX веке. Или: французская тема была, пожалуй, превалирующей в немецкой культуре (и в немецких арго) времен Гейне, являвшегося одним из адептов немецкой галломании. Таким образом, национальная тема есть показатель актуализации поэтико-культурных контактов, взаимодействия языков и культур и носит в исторической перспективе характер интенсивной вспышки (хотя длится она может и столетие). Процесс же языкового заимствования не является прямым показателем актуальности (а часто болезненности, остроты) культурных контактов, которые могут развиваться постепенно, «мирно», на протяжении столетий и не становиться переживанием, актуальной темой культуры. Так, например, в русских волжских арго встречалось и встречается множество мордовских элементов (эрзянских и мокшанских), но мордовская тема (в отличие, например, от татарской, еврейской или кавказской) практически не проявилась в русской современной культуре и в русских арго.

В-пятых, говоря о национальных темах в арго и культуре мы сталкиваемся не только с «асимметрией» лингвистического и поэтико-культорологического планов, но и с тем фактом, что различные арго (в различные кванты культуры) имеют различные векторы национального притяжения. Например, если в русском дворянском арго XIX века мы встречаемся с соперничающими французской и английской темами, то в то же время крестьянские и крестьянско-ремесленные арго тяготеют к тюркским и финно-угорским элементам, асоциальные арго — к цыганским, тюркским и еврейским, городское мещанское арго — к французским и немецким, арго семинаристов — к греко-латинским и немецким и т. д., и т. п. Кроме того, одна и та же национальная тема получает совершенно разную интерпретацию в различных арго и различных квантах культуры. Так, цыганская тема в дворянской культуре, можно сказать, диаметрально противоположна по своему исполнению цыганской теме в асоциальной среде. Таким образом, мы имеем дело с внутрикультурным расслоением, тематическим многоголосьем культуры, одним из залогов ее богатства. Впрочем, нужно учитывать, что в истории культуры встречаются моменты, когда все культурные кванты и вся палитра арго сосредотачивается на одной национальной теме (например, немецкая тема в России в период Великой Отечественной войны).

Наконец, в-шестых, следует остановиться на проблеме аксиологии. Существует ли оценка той или иной национальной темы в арго и культуре и какова она? На поверхностном уровне такая оценка существует. Она может быть положительной и отрицательной. Например, в арго дворянских галломанов мы находим ярко положительное исполнение французской темы. В то же время у Пушкина (за свою «галломанию» в юности прозванного друзьями-лицеистами «французом») мы находим явно негативно-оценочный арготизм *французятина*, а в современном школьном фольклоре — смеховое травестирование национальной американской темы (например, в куплете: *Один американец// Засунул в попу палец// И думает, что он// Заводит граммофон*). Практически любая национальная тема в русском арго находит как положительное, так и отрицательное исполнение. И каждый раз именно оценочность сразу бросается в глаза. Подобная (подчеркнем еще раз — бытовая, чисто внешняя) оценочность является одной из причин замалчивания в официальной культуре и даже в науке национальных тем. Так, как-то «неприлично» приводить примеры исполнения в арго еврейской, афро-негритянской, кавказской или тюркской тем, поскольку они считаются оскорбительными. На самом деле, глубинная аксиология арго не имеет ничего общего с инвективизацией или, наоборот, восхвалением. Дело здесь в другом.

Систему культуры и — как ее отражение — систему арго можно рассматривать как систему мировоззрения, картину мира. Эта картина неизменно стремится к полноте. Мы уже говорили о том, что в центре арготического космоса находится человек со всеми его жизненными проявлениями — от высокоинтеллектуальных до физиологических. Арготический образ человека включает в себя все проявления его характера: жадность, страстность, похотливость, слабость, тупость, ум, стремление к свободе, упрямство, лукавство и т. д., и т. п. Арго воспроизводит своими поэтическими средствами все богатство жизненных проявлений человека. И большую роль в создании подобной «человеческой комедии» арго играют национальные темы.

Каждая национальная тема занимает в данный момент эволюции языка и культуры определенную «нишу» в образе человека и соответственно — в поэтической системе арго. Например, если говорить очень приблизительно, в русском арго кавказская тема проявляет такие качества человека, как необузданная жажда удовольствий, широта органической жизни, страстность, заглушающая голос разума, и вместе с тем — тугоумие, похотливость и т. д., еврейская тема — хитрость, изворотливость, настойчивость, живость ума, остроумие, и вместе с тем — эгоизм, жадность, презрение к посторонним; цыганская тема — свободолюбие, широту, и вместе с тем — лень, коварство, вороватость и т. д. Разумеется, все эти определения более чем приблизительны, но все же мы можем с уверенностью отметить данную закономерность: национальные темы являются подсистемами поэтических средств, поэтическими ключами в создании арготической картины мира, глобального арготического образа человека.

Не является исключением и «автонациональная» тема. В русском арго русская тема (опять же — говоря в самом первом приближении) продолжает исконно фольклорную традицию, где «Иванушка-дурачок» неизменно добивается успеха не активными действиями, сопряженными с хитростью, изворотливостью и т. п. (что скорее остается на долю еврейской темы), а душевностью, добротой, «митьковством» (см. выше), сопряженными с ленью, разгильдяйством, обломовщиной и т. п., которые, в свою очередь, являются негативно-оценочной стороной русской национальной темы в русской культуре и русском арго.

Итак, с одной стороны, существуют совершенно объективные иноязычные источники пополнения арго и источники культурного влияния, возникновения национальных тем в культуре. С другой стороны, существует обязательная потребность мировоззренческой системы арго и культуры в этих темах. Темы не приходят в арго и культуру раз и навсегда и не занимают навечно одной ниши. Данная система чрезвычайно подвижна. Например, классический образ ловеласа, сластолюбца в русских арго и культуре XIX века — француз, именно французская тема поэтически обыгрывала данное качество, занимала данную нишу в картине мира. В XX веке в русских низовых арго французскую тему здесь явно сменяет кавказская, и отчасти итальянская, а французская тема вообще явно отходит на второй план. Или: «чухонская» тема в XIX веке (ограниченность, пассивность, «природная первозданность», примитивная логика и т. п.) сменяются в XX веке тюркской темой (преимущественно татарской и среднеазиатской) и «темой чукчи».

Мы видим, что глобальный, архетипический образ человека в арго и культуре остается практически неизменным, меняются лишь поэтические средства и, в частности, национальные темы, «обслуживающие» определенные суммы качеств человеческого характера. Вместе национальные темы составляют цельный образ человека, лакуны здесь невозможны.

Теперь, после того как мы сделали необходимые предварительные замечания, остановимся на кратком обзоре национальных тем в арго.

1.1. Финно-угорские заимствования и тема финно-угорских народов. Сведения о финно-угорских заимствованиях в русском арго содержатся в ряде работ [см., напр., 6; 30; 58; 62; 245; 271]. Русские арго заимствовали из всех языков данной группы, наиболее активно из мордовского (мокшанского и эрзянского), марийского (лугового и горного), удмуртского, карельского и финского. В меньшей степени из коми (зырянского и пермяцкого), венгерского и эстонского. Б. Ларин [133] приводит всего три примера финно-угорских заимствований. В последующие десятилетия данная проблема разрабатывалась более активно.

Из литературы мы видим, что наиболее широко финно-угорские заимствования представлены в профессиональных арго Поволжья, например, в арго пензенских шерстобитов. Характерно, что здесь тема финно-угорских народов не находит своего культурологического воплощения в русских арго. О чем это говорит? Прежде всего — об отсутствии необходимости культурологически подчеркивать отношения русского и финно-угорских народов, иначе говоря, об отсутствии необходимости «выяснять» эти отношения.

Дело в том, что отношения эти складывались в высшей степени мирно, спокойно и как бы незаметно, сами собой. Это является одним из характерных фактов истории. Еще у В. Ключевского мы находим описание «встречи руси и чуди», которая «имела мирный характер» [118, 304]. Вероятно, тут сказываются биосферные законы этногенеза [см. 73, 741], определяющие взаимопритяжения и взаимоотталкивания народов, мирный или враждебный характер их отношений.

Однако мы можем предположить, что в период колонизации великороссами верхнего Поволжья, в период «притирки» с чудью архаические древнерусские арго культурологически переживали тему чуди. В. Ключевский говорит об этом следующим образом: «Древняя Русь все мелкие финские племена объединила под одним общим названием чуди. Русские, встретившись с финскими обитателями нашей равнины, кажется, сразу почувствовали свое превосходство над ними. На это указывает ирония, которая звучит в русских словах, производных от коренного чудь: чудить, чудно, чудак и т. п., ср. также современные арготические *чудик, чудило, чудильник*, и т. п.. Судьба финнов на европейской почве служит оправданием этого впечатления» [118, 304].

В приведенных В. Ключевским примерах живет отчетливый рефлекс финно-угорской темы в русской культуре. Этимологические сближения в данном случае сомнительны (*чудь, чудак* и т. п., ср. также современные арготические *чудик, чудило, чудильник* и т. п.). Однако даже если предположить, что в сближениях В. Ключевского силен элемент народной этимологизации, все равно они в высшей степени симптоматичны.

Итак, если в русских арго последних двух столетий отчетливо и не прослеживается тема финно-угорских народов Поволжья, то все же мы находим явные отголоски, рефлексы этой темы, которые дают себя знать даже в классических работах по русской историографии.

В XIX веке и в начале XX века финская тема отчетливо прослеживается в петербургских арго. Образ «убого чухонца» встречается как в очеркистской литературе [258], так и в прозе и поэзии. Финская тема становится неоъемлемой частью петербургского быта. Мемуаристика оставила массу образцов финских элементов петербургского арго. Например, в воспоминаниях Д. Лихачева читаем: «На Вербную неделю в Петербург приезжали финны катать детей в своих крестьянских санках. И лошади были хуже петербургских извозчьих лошадей, и санки были беднее, но дети их очень любили. Ведь только раз в году можно покататься на «вейке»! «Вейка» по-фински значит «брат», «братишка». Сперва это обращение было к финским извозчикам (кстати, им разрешалось приезжать на заработки только в Вербную неделю), а потом сделалось названием финского извозчика с его упряжкой вообще» [146, 150].

Финская тема актуальна и в современном Петербурге. Образцы финских заимствований встречаются, например, в языке фарцовщиков (к примеру, *юкс* «рубль», от финского uksi «один»). Один из ведущих мотивов смеховой поэтики — это «добропорядочный» финн, приехавший напиться в Петербург. Мотив этот созвучен теме «пьяного немца» в XIX веке (вспомним Шиллера и Гофмана в «Невском проспекте» Н. Гоголя).

Близка к финской и эстонская тема. К сожалению, у нас нет материала об эстонских заимствованиях в арго русских, живущих в Прибалтике. А между тем в конце 80-х гг. историческая ситуация актуализировала и даже обострила эту тему. В качестве иллюстрации осмысления эстонской темы в русской низовой культуре мы можем привести один анекдот, бытовавший в Москве в начале 90-х гг. Этот анекдот включает в себя обязательную имитацию эстонского акцента, т. е. элемент арготической поэтики фонетического уровня, и, следовательно, является частью арготологического материала. Анекдот следующего содержания:

По лесу едут на телеге отец-эстонец и два сына-эстонца. Они едут молча несколько часов. Вдруг какой-то зверь перебегает им дорогу. Они продолжают ехать молча. Через час один из сыновей говорит: «Мне кажется, это был заяц» ([мнэ ка́ж̄ъцъ эт̄ъ бы́л̄ за́jъц]). Луна опускается за лес. Проходит в молчании еще два часа. Наконец, второй сын произносит: «Мне кажется, это была лиса» (опять имитируется эстонский акцент). Снова следует часовое молчание. Отец и сыновья подъезжают к хутору. Отец не торопясь распрягает лошадь и говорит: «Не ссорьтесь, горячие эстонские парни» ([нэ с̄о́̄ртэс гар̄а́чыи эсто́н̄скыи па́р̄ны]).

Подчеркиваются такие черты эстонцев, как медлительность, обстоятельность, тугодумие.

Такой эффект создает не только сама канва анекдота, но и специфика фонетического оформления, в частности, растяжение не только гласных, но и согласных («туповатость», «топорность»).

Большой интерес вызывает венгерская тема. К сожалению, мы не располагаем подобным материалом, хотя известно, что она имела большое развитие в конце 80-х – начале 90-х гг. в связи с так называемым «коммерческим туризмом» в Венгрию.

Наконец, последний момент, на котором хотелось бы остановиться в связи с финно-угорской темой.

На наш взгляд, недостаточно внимания исследователями уделяется роли финно-угорских заимствований в асоциальных кругах, в частности, в арго уголовных. Укажем на ряд возможных этимологических сближений:

эрзянское *верь* «лес» — профессиональное *вирь* «лес» — уголовное *вира* «побег» (т. е. букв. «побег в лес», хотя, возможно, здесь присутствует и контаминация с арготизмом такелажников *вира* «поднимай вверх»);

мокшанское *э(и)чке* «толстый», эрзянское *эчке, эчкан* «толстый» — профессиональное *ичкан* «толстяк» — уголовное *ишчан* «опытный вор»;

эрзянское *ламо* «много», мокшанское *лама* «много» — офенское *ламо, лама* в том же значении — уголовное *лом* в том же значении (то же и в современном студенческом и ряде других городских арго; возможна народная контаминация с *ломиться*);

эрзянское и мокшанское *пеке* «желудок, живот, утроба» — профессиональное *пек* «живот» — уголовное *пек* «неопытный, обманываемый преступниками человек» (возможно, метафора на основе периферийных сем);

мокшанское *салмокс* «игла», эрзянское *салмукс* в том же значении —портновское *салмакса* «игла» — уголовное *салмак* «милиционер» (возможно, по семе «тот, кто шьет» или что-то в этом роде);

эрзянское *шлямс* «мыть» — профессиональное *шлямать* в том же значении — уголовное *шлямать* «спать» (сближение трудно объяснить; интересно, что в общегородском арго осмыслено в общеэкспрессивном значении как «есть, спать, шагать» и т. п.);

венгерское *haz* «дом» — профессиональное *хаз* в том же значении, *хазчик* «хозяин» — уголовное *хаза, хазовка, хазуха* и т. п. «дом, притон» (в дальнейшем, возможно, в массовом арготическом сознании произошло ложное этимологизирование к английскому house).

Итак, финно-угорские заимствования и финно-угорская тема в русских арго имеют очень древнюю историю, на протяжении которой данный мотив существенно менялся. (Интересно, что различные «вариации на тему» финно-угорских народов (чудь, мордва, финны, эстонцы) имеют много общего, несмотря на различие эпох и судеб народов.) По всей видимости, арго с присущими ему национальными темами является совершенно объективным показателем специфики этнических контактов в биосфере и может служить материалом по этногенезу и этнологии.

1.2. Гебраизмы и еврейская тема. О гебраизмах в арго наиболее подробно написано М. Фридманом [260]. К сожалению, мы не встречали подобных исследований, написанных в последние годы.

Практически все гебраизмы изначально входили в воровское арго, что связано с большой ролью евреев в блатном мире.

Приведем некоторые характерные примеры, взятые из указанной работы М. М. Фридмана и соотнесенные с нашим материалом:

гомура «чистый спирт, водка» < древнееврейское *gmuro* «ученые книги, истолковывающие тексты священного писания» (перенос на основе признака крепости, насыщенности, силы оказываемого воздействия); отсюда масса фонетических и словообразовательных вариантов: *гама, гома, гомыруха, гомырница, гамза, гамзо, камора, каморник, камырка, гумжира, чамыр* и др.;

хавир «лицо, которому передается бумажник во время тревоги», *хавира* «общество, компания, шайка» < древнееврейское *chewer, chower* «общество, содружество, товарищ, друг»; отсюда же *хавра, хавраки* и др. (впрочем, возможно и цыганское происхождение слова [см. 15, 148]);

шутвис «небольшая компания преступников»; по поводу древнееврейского происхождения данного слова М. М. Фридман отмечает, что «коммерческая компания» в представлении евреев тоже нечто священное и даже утверждаемое раввином [260, 134], отсюда — древность, «сакральность» происхождения арготизма.

Часто, когда речь идет не о собственно гебраизме, а об идишизме, возникает проблема разграничения немецкого и еврейского влияний, например:

кейех-лейгер «убийство» < древнееврейское *кейех* «сила» и еврейское *лейгер* (или немецкое *leger*, М. Фридман считает показателем еврейского происхождения дифтонг *ей*);

фрайнд; здесь в пользу еврейского влияния говорит дифтонг *ай* (немецкое влияние, вероятно, дало бы рефлекс *ой* — *фройнд*).

Впрочем, в таких словах, как *линкен* «фальшивый документ» или *райзен* «путешествовать» разграничить еврейское и немецкое влияние затруднительно.

В современном арго многие гебраизмы этимологически «мимикрировались» под русские слова, например:

плетовать «уходить, убираться, убегать» < древнееврейское *plejto, pleto* «спасаться, спасение»; контаминировалось с русским *плеть*, т. е. *плетовать* букв. «бить плетью»;

мусор «милиционер, агент уголовного розыска» < древнееврейское *musor* «наставление, указание», более позднее *muser* «доносчик»; контаминировалось с русским «мусор» как ярко отрицательно-оценочным.

Здесь мы видим характерный прием «вживания» иноязычного элемента в арго. Тот же процесс иногда встречается и в неарготической сфере (ср. хрестоматийное *сальный* от французского *sale* «сальный анекдот» и т. п.). В арго же подобная мимикрия является скорее нормой, чем исключением).

Число еврейских заимствований в русском арго не так велико. Помимо уже приведенных примеров можно еще указать на такие арготизмы как *шлимазл, шлимазер* «дурак, тупица, недотепа», *тухес, тухас* «задница», *нахес* «счастье» (ср. пословицу: *хороший тухес — это тоже нахес*); *цимус* «нечто хорошее», *потс, поц* «фалл» (а также в значении инвективы), *шкет* «пацан» и др.

Однако еврейская тема в арго развивается не столько за счет гебраизмов, сколько за счет обыгрывания широкого диапазона проявлений еврейского акцента в русском языке. Удивительным фактом русской культуры является то, что еврейский акцентный комплекс (от фонетики до лексики и грамматики) не только не встречал заметного сопротивления нормативистов, но даже наоборот — заметно культивировался. Впрочем, данное культивирование легко объяснимо. Его основой является именно еврейская тема, актуальность которой, в свою очередь, обусловлена множеством причин, как социально-политических, так и лингвокультурологических.

Планомерное развитие еврейской темы начинается после революции. Следует отметить, что сама тема не имеет, подобно, скажем, цыганской или финно-угорской, однозначно национального характера. Собственно еврейский мотив является лишь одним из ее пределов, другой предел можно условно охарактеризовать как одесско-местечковый.

Одесско-местечковый мотив занимает своеобразное и заметное место не только в искусстве (М. Шагал) или в литературе (И. Бабель), но и в поэтической системе арготизированного просторечия. Причем именно как элемент арго тема свободно пропагандировалась и пропагандируется средствами массовой информации (достаточно вспомнить лишь несколько имен — от М. Бернеса, Л. Утесова и Р. Зеленой до М. Жванецкого и А. Райкина).

Одесско-местечковый мотив как элемент варваризации русского языка еще в 1918 году вызывает отторжение, например, у И. Бунина, который в своих дневниках приводит ироническое четверостишие одного из поэтов: «Завывает Эренбург,// Жадно ловит Инбер клич его, — // Ни Москва, ни Петербург// Не заменят им Бердичева» [39, 4].

В чем же заключается лингво-поэтическая сущность данной темы?

Ее подробное описание могло бы составить отдельное исследование. Остановимся лишь на некоторых наиболее ярких чертах.

В области фонетики данный аргостиль легко узнается по смягченным шипящим, твердым согласным перед [э], сильно растянутым ударным гласным. Приведем всеобщеизвестное: [ж’о́̄ра, пъдэрж’и́ моj мъкэнто́̄ш’, jа jэво́ рэ́̄зът’ бу́ду] — Жора, подержи мой макинтош, я его резать буду. Эмоциональность подчеркивается регулярным повышением тона по типу ИК-3 и ИК-6 (даже при, казалось бы, нейтральном повествовании)[1]: /Таки я же ему сказа(6)л, /а он меня не послу(3)шал. / Таки спра(6)шивается /Зачем я ему это говори(3)л /и т. п. Текстуально речь часто организуется как чередование риторических вопросов и ответов в рамках монологической речи (возможно, здесь сказывается своеобразный «катехизисный» склад еврейского мышления).

В области грамматики и синтаксиса мы сталкиваемся с целым рядом характерных «местечковых конструкций», регулярно повторяющихся в самых разных текстах. Приведем ряд примеров на материале «Одесских рассказов» И. Бабеля. [Здесь и далее цит. по 12, 275–375].

знать за что. «—Что сказать тете Хане за облаву! — Скажи: Беня знает за облаву».

волновать чего. «Папаша... пожалуйста, выпивайте и закусывайте, пусть вас не волнует этих глупостей».

О + инфинитив. «Об чем думает такой папаша? Он думает об выпить хорошую стопку водки, об дать кому-нибудь по морде, об своих конях — и ничего больше».

знать кого за кого. «Если бы ты был идиот, то я бы написал тебе как идиоту! Я тебя за такого не знаю, и упаси тебя боже за такого знать».

«через» в значении *«по причине»*. «Жил себе невинный холостяк как птица на ветке, — и вот он погиб через глупость».

«через» в значении *«с помощью кого/чего»*. «Помещик купил через вас молотилку».

плакать (*волноваться, переживать* и т. д.) *за кем-чем*. «Я плачу за дорогим покойником как за родным братом».

пойти (*добиваться, направляться* и т. д.) *до кого/чего*. «Какая-то женщина колотится до твоего помещения...» «Я иду до Пудечкиса». «Я пришел до вас как до родной мамы».

смеяться с кого/чего. «Зайдите к нам на двор, есть с чего посмеяться».

В данном стиле встречается множество своего рода эллипсисов, «сворачиваний» текста в конструкцию, имеющую, благодаря искажению нормативных отношений, комический эффект, например: *будьте известны* (т. е. пусть вам будет известно); *обожди его, он подумает* (т. е. подожди, пока он подумает). Возможен и обратный прием: разворачивание избыточной текстовой материи, тоже имеющее комический эффект: «Беня все-таки испортил мне столько здоровья, сколько он понимал, что мне нужно испортить». Сюда же можно отнести и ряд аналитических форм, типа *иметь интерес, иметь сказать что-либо кому-либо, получить припадок* и др.

Часто подобные грамматические искажения обусловлены не столько «неграмотностью» говорящего, сколько установкой на образность речи. Одесско-местечковый дискурс очень образен, причем специфика местечкового образа является проблемой, которая, насколько нам известно, пока серьезно в литературе не ставилась. А между тем, именно местечково-одесская метафора играет одну из ведущих ролей в современной русской эстрадно-смеховой культуре и в арготизированном просторечии.

Уже на грамматическом уровне мы видим ее особенности. Абстрактно-грамматическая семантика в местечковой конструкции, как правило, приобретает конкретно-образный характер. Чаще речь идет о пространственной метафоре, например: *хотеть что-либо из-под кого-либо* (вместо *от кого*), *сбросить мысли с головы* (вместо *выбросить из головы*).

Очень конкретно-физиологична и лексичесая метафора (типа «задница как черешня», «даже у лошадей наши морды» и т. п. в интермедиях М. Жванецкого). Наиболее полно местечковая метафора представлена в текстах И. Бабеля. Здесь она художественно обработана (типа *опишу вам только за то, что мои глаза собственноручно видели*). Конкретно-физиологическая тенденция сочетается с тенденцией к комической абсурдизации. Вероятно, дело в специфике еврейского мышления, сочетающего два эти качества.

Итак, еврейская тема в русском арго представлена как на лексическом, так и на грамматическом и на фонетическом уровнях. На лексическом уровне это гебраизмы (и более поздние заимствования) и метафора, которая имеет конкретно-физиологическую и абсурдизирующую доминанты. В грамматике мы имеем образно-ненормативные конструкции, имеющие тот же семантический характер, что и лексическая метафора. В области фонетики и интонации еврейская тема представлена поэтико-смеховым пародированием еврейского акцента. В целом еврейский комплекс в русском арго имеет ярко выраженный смеховой характер. Нам кажется, целесообразно поставить вопрос о семитизмах русской смеховой культуры XX века. Развитие этой темы было бы чрезвычайно интересным делом.

1.3. Цыганизмы и цыганская тема. Наиболее обстоятельные работы о цыганизмах в русских арго принадлежат А. Баранникову [15] и В. Бондалетову [31]. В русских арго, по подсчетам исследователей, содержится примерно 230 цыганизмов, причем около 200 — в воровском арго, а остальные — в арго «условно-профессиональных».

В первую очередь, следует сказать о цыганском счете, заимствованном многими арго (*уек, дуек, трын, штар, панч(ж), шов, афто, ок(х)то, эня, деш, деше-уек, деш-дуй* и т. д.). Отсюда же наименования определенных сумм денег, например, *дуёк* или *дуй, дуби* и т. д. «два рубля», *трын* или *трынжак* «три рубля». Вероятно, цыганизмы повлияли и на арго картежников, например *трын* «три» > *трынка* «игральная карта», *трынкать* «играть в карты».

Приведем другие примеры цыганизмов: *браванда* (пиво), *лава, лавьё, лавешки* «деньги», *грай, граяк, грая* «лошадь» (отсюда, вероятно, *грак* «молодой вор»), *хорь, харуза* «распутная женщина», *шур* «вор» (отсюда *шуровка* «воровка», *шурьё* «краденое», *шурить* «красть»), *хандырить* «идти» (отсюда *хандыр* «вход», *хандры* «ноги» и др.), *дей* «мать», *дат* «отец», *мордо* «рубль», *пхень* «сестра», *ракло* «вор», *рунни* «женщина», *шеро* «голова» и т. д.

Фонетический облик цыганизмов в арго варьируется очень широко. Цыганские корни легко поддаются русским словообразовательным и фонетическим влияниям, например, *штар* «четыре, четыре рубля» > *штарка, штарец* и т. п., *панч* «пять, пять рублей» > *панж, пеньж, пеньжа, пеньжак* и т. п.

Поэтому часто сближения цыганских слов с арготизмами сомнительны с этимологической точки зрения. Дело осложняется также исключительно эклектическим характером самой цыганской лексики. Например, грецизмами в счете —

[1] По техническим причинам цифра, обозначающая тип интонационной конструкции, ставится не над гласным центра, а в скобках после гласного.

окто, охто «восемь», а также многочисленными заимствованиями из польского, русского, румынского, немецкого и других языков. Здесь, безусловно, необходимы исследования специалистов по цыганскому языку.

В чем же выражается культурно-лингвистическое влияние цыганского языка и цыганской культуры на русские арго, каков характер «звучания» цыганской темы?

Во-первых, следует отметить, что цыганизмы во многом формируют современное общегородское (а не только условно-ремесленные или уголовные) арго. Существует ряд продуктивных корней, которые (вероятно, через уголовные арго) перешли в городскую сниженную речь и «обслуживают» там совершенно определенный круг тем. Приведем примеры: *чувак* «парень», *хавать, хамать* «есть» (отсюда — *хавчик, хавало, захавать* и др.), *чирик* «десять рублей» (хотя здесь возможны и сближения с тюркскими языками), *чинарик* «окурок», *хилять* «идти» (родственное *хрять*), *мандра* «хлеб» (возможно чисто фонетическое сближение этого слова с *мандраж* «страх», *мандражировать* «бояться» и др.), *тырить* «красть, прятать» (отсюда *затырить, затырка, притырка, тырбаж* и множество других), *менжа, манжа* «задний проход, женские половые органы» (отсюда, вероятно *менжеваться* «бояться»). Вполне возможно, что современные просторечно-арготические корни *хер* и *хир*, близкие к нецензурной брани и часто выступающие как сверхмногозначно-эвфеместические заместители, восходят к цыганскому *кар, кер* «penis» или *хар* «дыра, дырка». Эти близкие по звучанию слова дали ряд рефлексов в русских арго. Вероятно, от *хар* произошло *хорь, хорек* «женщина, проститутка», *хирить* «пользоваться для педерастии» и др., а от *кар, кер* — *хер* «penis» и др. Возможно, в дальнейшем, все производные от *кер* и *хар* контаминировались (вместе с названием буквы *хер*, сокращением от *херувим*) в сверхмногозначное общебранное *хер* и *хир*. Таким образом, цыганская лексика играет в современном аргопросторечии одну из ведущих ролей (уступающую, по всей видимости, лишь лексике тюркского происхождения). При этом «тональность» цыганизмов в арго можно охарактеризовать как сниженно-прагматическую (счет, воровство, физиологическая тематика и т. д.).

Во-вторых, на наш взгляд, можно говорить о том, что цыганский стиль мышления в значительной степени отразился на мышлении арготических социумов (в первую очередь маргиналов), что видно в способах словообразования и метафоризации.

Способы эти у цыган в высшей степени «прагматичны», т. е. минимальное количество корней дает максимальное количество значений. А. Баранников [15, 157–158], например, дает такой характерный образец. В русском арго есть слово *шкар* «брючный карман» и *шкер, шкеры* «брюки», восходящие к цыганскому *шукар* «красивый, прекрасный, красавец». Сближение значений «брючный карман» и «прекрасный» возможно потому, что из брючного кармана легко красть (в отличие, например, от внутреннего нагрудного). Подобных примеров в цыганско-воровской поэтике довольно много. Нам кажется, они достаточно красноречиво подтверждают тот факт, что цыганский менталитет явился одним из структурирующих элементов менталитета и поэтико-языковой культуры деклассированных социумов. Впрочем, здесь мы лишь намечаем проблему, освещение которой требует специальных изысканий.

В-третьих, удивительным качеством цыганской темы в русской культуре является то, что она дает максимальный диапазон социально-культурного влияния: от дворянского (а также купеческого и ряда других) арго и культуры, отразившихся в поэзии и прозе (цыганский романс, романтическая идеализация цыган) до уголовной фени. Мы уже затрагивали данную проблему в первой главе. Объяснением подобному феномену может быть лишь то, что можно условно назвать законом переклички гермопоэтик. Процесс заключается в том, что представители одних гермосистем часто прибегают к элементам поэтик других гермосистем в целях обновления, развития и обогащения собственных поэтик (аналогично можно говорить о перекличке кинических поэтик). Если говорить о национальных темах, то нечто схожее находим в широком диапазоне влияния еврейских элементов: от «диссидентско»-интеллектуальной культуры и арго до культуры и арго воров.

Интересно, что русская дворянская и купеческая культуры испытали влияние той части цыган, которая обычно называется «русскими цыганами» (цыган средней полосы России). «Русские цыгане» с их поэтикой значительно отличаются от цыган «южных» — кэлдэраров. Кэлдэрары оставили массу фольклорной поэзии.

Песни кэлдэраров богаты именно текстами, а не музыкой, мелодией, которая у них значительно беднее, чем у «русских цыган». У последних же бедны тексты, но очень богата эмоционально-мелодическая культура. Отвлеченная тематика здесь отсутствует. Тексты очень простые, конкретно-событийные. «Русские» цыгане охотно исполняли и собственно русские романсы, вкладывая в них свою эмоциональность.

Таким образом, «высшие» социумы (дворяне, купцы) заимствовали у цыган «чистую экспрессию», перенеся ее в поэзию, прозу, быт и сделав неотъемлемой частью своей поэтики. Так, например, цыганская тема весьма заметна у А. Блока (как одна из ведущих в развитии сниженно-городской, демократически-уличной, «площадной», «балаганной», «кафешантанной» и т. п. тем), о чем писали многие исследователи (Ю. Лотман и др.). «Низшие» же социумы (офени, воры, босяки, бомжи и т. п.) заимствовали у цыган «чистую прагматику», перенеся ее в систему арготворчества. Так в культуре и языке в их различных квантах отразились два экстремума цыганского менталитета.

1.4. Тюркизмы и «азиатская» тема. С лингвистической точки зрения постановка «азиатской» проблемы в русских арго выглядит, по всей видимости, недостаточно строго. Однако с точки зрения культурологической, на наш взгляд, она вполне закономерна. Активное арготирование в условиях современного мегаполиса подразумевает совершенно определенные черты мышления. Среднеурбанизированный человек (категория, разумеется, абстрактно-обобщенная) членит действительность на основании приоритета городских, «цивилизованных» ценностей. Не случайно в арго очень актуально и именно в отрицательно-оценочной тональности звучат провинциальная и азиатская темы. Арготирующий всегда в известном смысле «западник», а не «славянофил» и не «евразиец». При этом «Азия» в сознании арготирующего членится очень слабо, в арго значительно больше синонимов с общим значением «азиат» (*чурка, чурек, черт, зверь* и т. д.), чем дифференцирующих наименований той или иной национальности.

Но сначала постараемся кратко осветить чисто лингвистическую сторону дела.

Значительная часть старых и новых русских арготизмов иноязычного происхождения являются тюркизмами. Проблема «турецких» элементов в русских арго освещена Н. Дмитриевым [83]. Среди тюркизмов, доживших до наших дней, можно назвать такие слова как *ахча, акча* «деньги», *алтуха, алтушка* и т. п. «деньги, мелочь», *арапа заправлять* «лгать» (здесь, возможно, перенята одна из тюркских пословиц), *аршин* «стакан, кружка», *шмалять* «обыскивать» (*ашмалаш* «ощупка, обыск»), *бабай* «старик, ростовщик», *бардак* «публичный дом, беспорядок», *баш* «порция наркотика» (первоначально «голова»), *бикса* «проститутка» (вероятно, от тюркского *бика, бике* «барышня»), *буза* «шум, скандал», *буцать, бусать* «пить, бить», *калымить* «работать», *киса* «кошелек», *кича, кичеван* и др. «тюрьма, зона», *сара, саренки, сарга* и т. д. «деньги», *шалман* «притон, пивная, беспорядок», *ялда* «penis», *яманный* «плохой» и т. д. Многие тюркские корни имеют сложную историю: они перешли в офенское арго, а затем в воровское и современное. Значительно меньше заимствований из кавказских языков (типа *абрек* «кавказец» или *батон* «отец» < грузинское *батоно* в том же значении; хотя, впрочем, возможно и наложение с *батя*). Некоторые исследователи приводят примеры кореизмов в уголовных жаргонах, например, *аме* «конфеты» [см., напр., 247].

Мы уже говорили, что в менталитете арготирующего «Азия» представляет собой нечто целое, некий глобальный архетип. Однако все-таки можно выделить некоторую дифференциацию внутри данного архетипа.

Отдельной азиатской подтемой является мотив «желтой» Азии. Отсюда основа метафоризирования: *жёлтые, желтки, лимонники, цитрусы* и т. п. Внутри «желтой» Азии образно метонимизируются наименования отдельных национальностей, типа *пуховики* «китайцы» (т. к. одно время в Москве активно продавались китайские пуховики), *кимерсены* «северные корейцы» (по имени бывшего лидера страны), *еноты* «японцы» (от «йена», контаминированного с русским *енот*). Впрочем, возможны и более простые арготизмы, например, *вьет* «вьетнамец» (усечение), *джапана* «японцы» (англизированное). И все же «желтая» Азия выступает как нечто целое, отсюда такие арготизмы, как *жёлтая сборка* «техника азиатского производства» и др.

Составной частью азиатской темы является тема «кавказская» (включающая закавказскую). В лексике (типа *абрек, кунак, ара, генацвали*) данная тема представлена довольно слабо. Несколько особняком стоят ряды фонетико-словообразовательных травестирований наименований азербайджанцев (*азер, азерб, зербот, зербуд* и т. п.) или армян (*армяш, армяк, армен* и др.). Однако достаточно устойчивым показателем кавказской темы в арго может служить фонетика, а именно — пародирование так называемого «кавказского аканья» (термин Р. Аванесова), т. е. особенностей кавказского акцента русского языка (имеется в виду прежде всего растяжение предударных [а], особенно начального и первого предударного).

Наконец, достаточно самостоятельной подтемой может служить подтема «татарская». Фонетически она менее определенна и часто контаминируется с «кавказской». Зато отдельным поэтическим приемом здесь является своего рода «разграмматизация» речи, т. е. пародирование нарушений правил грамматики. Существует множество жанров подобного рода, например, куплеты, типа: «Кто стучится дверь моя!// Видишь, дома нет никто!// — Это я, твоя жена,// Колбаса тебе принес».

Итак, относительно азиатской темы в современных русских арго можно выделить следующие два основных пункта. Во-первых, чисто лингвистический, большую роль заимствованных тюркизмов и, во-вторых, поэтико-эстетический, ряд особенностей аргопоэтики, которые можно объединить в общем примитивизирующем ключе, в эстетике примитива.

1.5. Англицизмы, германизмы, галлицизмы и темы романо-германских народов. Западноевропейские заимствования в условно-профессиональных арго были освещены Б. Лариным [133]. О германских заимствованиях в условно-профессиональных арго писал В. Бондалетов [25]. Мы не встречали специальных работ по французским и английским заимствованиям, но практически в каждой работе (особенно о молодежных арго) встречается подобный материал.

Пожалуй, наиболее богатую и разностороннюю историю имеют в русских арго германизмы. Можно предположить, что германизмами изобиловали арго еще петровской эпохи. К сожалению, исследователи той эпохи не дифференцируют общеразговорную и арготическую лексику, хотя, например, у М. Фасмера (несколько преувеличивавшего, впрочем, немецкое влияние на русский язык) содержится масса германизмов петровской эпохи узко-профессионального содержания.

Основные сферы влияния немецкого языка — это профессионально-ремесленные арго, воровское арго (где часто, впрочем, немецкий язык контаминируется с идишем) и отчасти семинаристско-студенческие арго (и соответственно арго профессуры, преподавателей, учителей).

В. Бондалетов [25] приводит множество примеров арготических германизмов в языке ремесленников Поволжья, например, *агунда* «собака» (*Hund*), *брот* «хлеб» (*Brot*), *васер* «вода» (*Wasser*), *геренка* «селедка» (*Hering*), *гибать* «воровать» (*geben* «давать»), *гундук, гундырь* «сто» (*hundert*), *драйка* «три рубля» (*drei* «три»), *комрад* «брат» (*Kamerad* «товарищ»), *лохомиться* «смеяться» (*lachen*), *мессер, месор, местак, мисарь* «нож, бритва, ножницы» (*Messer* «нож»), *рым, рымец, рымеха* «дом, закут, двор» (*Raum* «помещение, комната»), *фатур* «отец» (*Vater*), *фауль* «лодырь» (*faul* «ленивый»), *фиша* «рыба» (*Fish*), *фляш* «мясо» (*Fleish*), *цигаль* «коза» (*Ziege*), *цукер* «сахар» (*Zucher*) и т. п. Особенно много германизмов в арго портных. Достаточно указать на продуктивный корень *шнидер* (*шне(а)йдер*) (*Schneider*). От него — *шнидерить* «шить», *шнидериха* «портниха», *шныдерка* «швейная машинка» и т. д.

Как уже говорилось, к немецким заимствованиям примыкают заимствования из идиша, поскольку «отслоить идишизмы не представляется возможным вследствие их значительной близости к немецким словам» [25, 230].

Многие из приведенных примеров перешли в блатное арго. Мы не будем приводить других примеров. Достаточно сказать, что согласно Б. Ларину [133, 121] само слово *блат* (возможно, через польский язык) пришло из немецкого арго: *platt* «свой, заслуживающий доверия», *platten* «говорить», *Blatte* «воровской жаргон».

В городском сниженном арго, а особенно в его молодежных разновидностях немецкая тема развивалась и развивается в ключе смехового макаронизма, например, *тринкен бир и шнапс* «пить пиво и водку», *надо арбайтен унд копайтен* «надо упорно работать» и т. п. Современное арго, помимо приведенных примеров макаронизма, дает традиционные образцы арготизированных германизмов, таких, как *киндер, фатер, мутер, арбайтен, бундеса* «немцы» и т. п.

По всей видимости, в наше время можно говорить об ослаблении звучания немецкой темы в русских арго. Достаточно актуальным с поэтико-смеховой точки зрения образ немца был в XIX веке (вспомним «Невский проспект» Н. Гоголя или «Железную волю» Н. Лескова). Актуализация немецкой темы в XX веке была связана прежде всего с двумя мировыми войнами. Фольклорные отголоски послевоенной немецкой темы ощущаются и сейчас, в частности, в детском фольклоре (например, в серии анекдотов, где участвуют русский, немец и поляк).

Помимо заимствований из немецкого языка, в русских арго (преимущественно прошлого века) есть ряд северогерманских заимствований. Среди скандинавизмов [см. 25, 231–232] встречаются такие арготизмы, как *курт* «игральная карта» (шведское, норвежское *kort*), *спеланить, спеландать в курт* «сыграть в карты» (шведское *spela* «играть»), *стивер* «деньги» (шведское *stiver*). Наиболее прижившимся с точки зрения словообразования оказалось древнескандинавское *stod* «столб» (шведское *stod* «изваяние, статуя»). Отсюда пошли такие арготизмы как *стот, стода* «икона, церковь, дух, праздник», *стодарь* «поп», *стодариха* «попадья», *бесстодный* «безбожный», *настодить* «нагрешить», *стоденный* «богатый», *стодиться* «божиться, клясться», *штодник* «праздник» и т. п. П. Тиханов [244], изучавший тайный язык брянских нищих, предполагал, что скандинавизмы проникли в русские арго через северогерманских паломников, ходивших в Палестину или на Афон. Однако в современных арго скандинавизмов мы не встречали.

Французская тема явно преобладала в дворянском арго в XIX веке, а в конце XIX века в известном смысле плебеизировалась, став частью мещанской поэтики, поэтики уличной рекламы и т. п. (интересно, что французская тема в рекламе и торговле рубежа веков аналогична англо-американской теме в наше время). Галлицизм становится «хорошим тоном» мелкого дельца (будь то парикмахер, официант и т. д.). Например, Е. Иванов отмечает, что французский элемент в стиле, скажем, парикмахера является показателем внутриарготического правила хорошего тона, отсюда такие речения, как *атансье́н, не торопе́, леже́, бомбе́, поджарочка на ангруазе́, лепепе́ сочинить* и т. п.[105, 204–205]. «Французское» в поэтике арго символизировало и во многом символизирует нечто изящное, изысканное, модное, утонченное. В то же время галлицизм неизменно вызывает иронию, рассматривается как элемент смеховой поэтики, часто ставится в контрасте с грубо-просторечным элементом. Например, один из героев А. Аверченко, который «форсит» перед своими друзьями, говорит: «Мы уже взрослые, и поэтому «Мотьку» я считаю определенным «кольвыражансом»... хе-хе... Не правда ли? Я теперь уже Матвей Семеныч...» [3, 188]. Существуют и документально зафиксированные примеры. У Е. Иванова — из языка антикваров начала XX века: «Мадама у меня диван французенки мадамы Рекамье заказала. Разъекамье ее рекамье! Где такой сыщишь? Придется Ваське велеть сделать. Он тебе какую хочешь рекамью загнет... У самой морда, что у сыча, а тоже рекамьится...» [105, 117].

В современном арго встречаем галлицизмы типа *суаре* «вечеринка», *парлекать* «говорить», *лямур* «любовь, роман», *нюшка* «изображение обнаженной женщины» (контаминированное с русским собственным Нюра, Анна), ряд аргоречений, таких, как *такова селява* (от c'est la vie) и более распространенное: *либо селявы, либо селявас*. Макаронизм может переходить и в целые периоды, типа «я по улице марше, и пердю перчатку шер, я ее шерше-шерше, плюнул — и опять марше».

Наибольшее количество современных арготизмов заимствуется из английского языка. Таких слов, по нашим подсчетам, несколько тысяч. Приведем лишь самые распространенные: *батл* «бутылка», *фейс* «лицо», *шузы, шузняк* «обувь», *мэн* «человек», *трабл* «неприятность», *пати* «вечеринка», *гирла* «девушка, *флэт* «квартира», *прайс* «деньги, цена», *трузера* «штаны», *вайн* «вино», *стрит* «улица», *хайвей* «проспект», *грины, баксы* «доллары», *хайр* «прическа», *найт* «ночь», *занайтать* «заночевать», *аскнуть* «спросить», *стейцы* «американцы» и т. д., и т. п. Интересно, что за последние 20–25 лет влияние англицизмов то усиливалось, то ослабевало. Есть арготирующие группы, которые в известном смысле культивируют англицизмы (например, хиппи). Часть арготирующих считает англицизмы безвкусицей. Действительно, если сравнить англицизмы и галлицизмы, то первые в значительной мере проигрывают в поэтической оформленности. Место англицизмов в поэтической системе арго еще не найдено. Единственная поэтическая тенденция в арго, которую можно констатировать с уверенностью, — это тенденция к смеховому сближению англицизмов и псевдо-русских элементов. Англицизм как элемент, так сказать, культурной эстетизации речи (как ее понимает арготирующий) контрастно, и даже по принципу оксюморона, сближается с примитивом, лубком. Установка на такое сближение породила целый макаронический фольклор. Например, пушкинский текст звучит в травестированной арготической версии следующим образом: «Три гирлицы под виндом// Пряли поздно ивнингом.// «Кабы я была кингица, —// Спичет ферстая гирлица, // Я б для фазера-кинга// Супермена б родила».// Только спикнуть и успела,// Дор тихонько заскрипела,// И в светлицу фазер кам,// На ходу жуя чуингам// Ол зе тайм оф разговора// Он стоял бихайнд зе дора.// Спич ловастый, по всему,// Вери лавнулся ему.// «Что же,милая гирлица, —// говорит он, — будь кингица».

«Напыщенность», серьезность варваризма снижается ироничным примитивом. Это одно из характерных проявлений самоиронии в арго, которая спасает систему от кризиса эстетической сложности, не дает системе «сойти с ума», как сказал бы Н. Винер. Мы еще затронем данную проблематику в последней главе.

Итак, англицизмы в русских арго, по сравнению со всеми другими заимствованиями, имеют достаточно короткую историю. Конечно, существовала англомания XIX века или американская тема, связанная со Второй мировой войной, но они не оставили заметного следа в русских арго (то же можно сказать и об «английском юморе»). По всей видимости, настоящее внедрение англицизмов и англо-американской темы в русские арго только начинается, и рано делать какие-либо глобальные обобщения на этот счет.

Завершая краткий обзор истории романо-германского влияния на русские арго, отметим также испанскую и итальянскую темы.

Испанская тема в современных арго представлена довольно слабо. Скорее можно говорить о латиноамериканской, а вернее, кубинской теме, которая, впрочем, в последние годы заметно ослабла. Такие арготизмы, как *барбудо* «бородатый человек» (партийная кличка Ф. Кастро), *псы, пёсьи деньги* «песо» (кубинская денежная единица), *кубыш, кубик* «кубинец», *Федя Костров* «Фидель Кастро» и др., явно порождены интенсивными контактами с Кубой.

Итальянская тема актуализировалась к концу 80-х годов. Появилось множество заимствований, таких, как *путана* «проститутка», *путанить, путанировать* «заниматься проституцией», *сольди* «деньги», *бамбино* «ребенок», *аллорец, аллорка* «итальянец, итальянка» (от вводного слова *allora* «итак, ну...») и т. д.

Итак, темы романо-германских народов представлены в русских арго весьма интенсивно. В целом можно говорить о том, что их звучание во многом противоположно теме «азиатской». Однако нельзя сказать, что арготическая концепция «Европы» полна пиетета, а концепция «Азии» — пренебрежения. Речь идет не об оценках, а об эстетических тенденциях. «Европа», «Запад» в арго дает образцы эстетизации речи. «Западный» арготизм включается арготирующим в парадигму «настоящей культуры» (как он ее понимает). Произнося «западный» арготизм, человек мыслит себя в пространстве культуры, он, конечно, играет, но играет по своим «культурным правилам». Произнося «азиатский» арготизм, человек исключает себя из этого пространства, он переносится в область примитива, некой первобытности. Арго необходима игра в этих регистрах, они диалектически дополняют друг друга. Таким образом, европейское и азиатское начала в арго представляют собой два основных поэтических ключа, соединение которых дает общую картину русской «евразийской аргопоэтики».

§ 2. Социально-культурные темы в арго

2.1. Уголовно-маргинальная тема. Уголовным арго («блатной музыке», «фене», «воровскому жаргону» и т. п.) посвящено большое число статей и словарей (мы не приводим даже ссылок на библиографию, поскольку более половины ее содержания прямо или косвенно посвящено данной проблеме). Объем уголовных арго очень велик. Например, один из последних и самых больших словарей [235] содержит около 11 000 единиц активной лексики.

В данном разделе мы очень коротко остановимся на том, каково содержание уголовной темы в современных русских арго.

Прежде всего, уголовные арго имеют преимущественное влияние на все остальные арго — студенческое, профессиональное и т. д. Уголовные арготизмы можно встретить в речи самых разных людей, они прочно вошли в разговорную речь. Такие слова, как *малина* «притон», *мент* «милиционер», *брать на понт* «обманывать», *базарить* «говорить», *ксива* «документы» и множество других давно уже перестали быть собственно блатными словами.

Во многом влияние «фени» было обусловлено в нашей стране социально-политическими условиями, массовыми репрессиями и т. д. Об этом очень подробно пишет В. Чалидзе [265]. Конечно, такая ситуация во многом уникальна по сравнению с другими странами. Но типологически она весьма схожа с аналогичной ситуацией в Европе времен Ф. Вийона. И здесь, и там мы встречаемся с беспрецедентным ростом маргинальности, влияния маргиналов на язык и жизнь общества. Россия с ее идеализацией «доброго разбойника» (о чем настойчиво пишет В. Чалидзе) в данном случае совершенно не оригинальна. И «славный вор Ванька Каин» [см. 109], и Дубровский, и Робин Гуд являются разновидностями одного культурного (а в том числе и арготического) архетипа. Во французских арго процент воровских элементов ничуть не меньше, чем в русских. Другое дело, что процесс интенсивного заимствования воровских арготизмов разговорной речью, выход арго в художественную речь и т. д. произошел во Франции несколькими веками раньше.

Итак, мы имеем дело не с частным случаем, а с некой закономерностью: в определенные эпохи маргинальные элементы культуры и языка проявляют экспансивную тенденцию и активно внедряются в язык и культуру. Культурно-психологическим основанием восприятия рядовыми носителями языка таких элементов является тот самый «архетип Робин Гуда», о котором мы говорили выше.

Вероятно, данный процесс можно рассматривать в ключе варваризации и кинизации языка и культуры, о которых шла речь в первой главе. «Культурным героем», который пропагандирует идеализированную маргинальную культуру и маргинальный язык, является, как правило, личность, близкая к киническому духу. Пафос его пропаганды — честность, смелость, преданность идее и т. д., т. е. изначальные нравственные ценности, которые «загублены» официальной культурой (карьеризмом, придворными сплетнями и т. п.). Он — странник, не раз бывавший в неволе, его характер тверд, он мужественен, но в его душе есть надлом, надрыв. Таков был Ф. Вийон. «Архетип Вийона» живет в В. Высоцком, А. Галиче, не говоря уже о целой плеяде русских блатных бардов.

Именно такие «культурные герои» являются проводниками (прямыми или косвенными, активными или пассивными) маргинальности в культуре и языке. Они вносят в культуру и язык ощущение того, что маргинальный арготизм — это поэтизм, это стилистическое средство, способное передать широкий спектр настроений — от ощущения безысходности, «равнодушной отчизны» (например, у О. Мандельштама и И. Бродского) — до революционно-романтического протеста (например, в босяцкой теме у М. Горького).

По всей видимости, в конце 90-х гг. блатная тема приходит к завершению. Кинический период ее бытования сменяется раблезианским. Один из верных симптомов — тема т. н. новых русских, которую можно интерпретировать именно как площадное осмеяние уголовной культуры, полную плебеизацию «святынь» воровской гермосистемы.

Таким образом, маргинальная тема в арго и культуре является глубинным, архетипическим элементом, который необходимо анализировать в максимально широком лингвокультурологическом контексте.

2.2. Армейская тема. По нашим сведениям, русские армейские арго комплексно еще не освещались в литературе. Среди специализированных исследований следует указать на работу Л. Успенского по языку русских летчиков [254].

Всеобщая воинская повинность в стране способствовала широкому распространению армейских арготизмов. Многие из них, такие как *дембель* или *дед, дедовщина*, стали общераспространенными.

Армейская лексика довольно разнородна. Ее специфика определяется родом войск, местом дислокации части и т. д., и т. п. Однако, безусловно, существует общий поэтико-эстетический тон, в котором исполнены армейские арготизмы. Из всех возможных «пределов» эстетики («культурная» эстетизация, абсурд, примитив) армейское арго скорее всего тяготеет к последнему. Приведем примеры: *дух* «молодой солдат», *фишка* «караул, караульное помещение», *танкач* «танковый комбинезон», *линейка* «граница», *портянка* «лист бумаги», *фазан* «солдат весеннего призыва», *муравей* «солдат осеннего призыва», *болты* «перловая каша», *забдить* «поймать, застать за неуставным занятием», *негр* «солдат саперной роты», *помидорные войска* «внутренние войска», *хвост* «инструктор службы собак», *сундук* «мичман» и т. п.

Еще более показательны с точки зрения аргоэстетики те элементы фольклора старослужащих (а также студентов и т. п.), в которых пародируется речь военных. Таких образцов достаточно много. В них мы имеем довольно редкий случай поэтического построения, когда примитив переходит в плоскость абсурда. Пожалуй, данная тенденция вообще отличает армейскую тему от остальных (правда, нечто подобное, хотя менее выраженное, мы встречаем в рассмотренной уже «азиатской» теме). Приведем примеры пародийных мини-текстов:

— Ориентиры: ориентир 1 — сосна с березовой верхушкой.

— Все ваши неприятности оттого, что верхняя пуговица расстегнута.

— Что у вас за вид! Гимнастерка мятая, сапоги грязные, борода всклокочена — как пятиклассник.

— Я тут побывал в вашей тумбочке...

— Что тут за свинья прошла? — Корова, наверное.

— Спите, как свиньи в берлоге.

— Копать от забора до обеда.

— Представьте себе: поле — ни былиночки, ни травиночки, и вдруг из-за угла — танк.

— Что такие ногти отрастил, как у орла прямо?.. По деревьям что ли лазить?

— Ползти будете загзигом. — Не загзигом, а зигзагом. — Чем сказано, тем и ползите.

— Эй, вы, оба трое, ко мне.

— Куст — это совокупность листьев и веток, растущих из одного места в разные стороны.

— Подножка — это агрегат автомобиля, предназначенный для ускоренной подачи водителя в кабину водителя.

— Материтесь, как дети малые.

— Это вам не Англия, копайте глубже.

— От меня до следующего столба — шагом марш!

— Вы в армии или кто, вы солдаты или где?

Нарушение синтаксической и смысловой связи как прием пародирования речи военных известен очень давно. Еще А. Грибоедов, примитивизируя и в известном смысле абсурдизируя речь Скалозуба, прибегает именно к анаколуфу: «Мне совестно, как честный офицер».

2.3. Профессионально-корпоративные темы. О природе профессиональных арго мы подробно писали в разделе о профессиональной герметике. Там мы отметили роль и место профессиональных арго в системе аргопоэтики. Здесь остановимся лишь на отдельных моментах.

В системе аргопоэтики каждое профессиональное арго и каждая профессиональная тема имеют свою тональность. Осветить всю палитру стилистических регистров арго в данной работе не представляется возможным.

Одни арго тяготеют к эстетизации речи, другие — к примитивизации. Например, такой арготизм артистов, как *иудин день* «первый день после летних отпусков» подразумевает владение определенным культурным фоном, а арготизм наркоманов *машина* «шприц» такого владения не требует.

Среди арготизмов можно выделить внутрипрофессиональные (внутригрупповые) элементы, не выходящие за пределы одного арго, и ярковыраженные интерарготизмы, т. е. арготизмы, обслуживающие целый ряд арго.

Например, к первым можно отнести такие слова, как *нетленка* «произведение, созданное не для коммерции, а для души» (у художников), *доллар* «крюк для подвешивания котелка над костром» (у туристов), *зарядить клиента* «дать обещание на уплату определенной суммы денег, а потом обмануть» (у переводчиков) и др. Ко вторым — такое слово, как *чайник* «невыгодный посетитель в заведении» (у официантов), «начинающий, плохой водитель» (у шоферов), «физкультурник-любитель» (у спортсменов), «графоман» (у издателей) и т. д. Многие интерарготизмы имеют воровское происхождение. Они представляют собой те элементы, на основании которых формируется общегородское арго. Подобные слова выражают некие «сквозные» смыслы, присущие понятийным системам всех групповых языков. Например, арготизм *чайник* передает во всех языках общую идею «не свой, не соответствующий необходимым требованиям». Другой характерный пример — слово *рыба*, передающее общую идею «заготовка, шаблон, нечто, с чего можно начинать работу». Отсюда в разных арго такие значения, как «музыка, на которую нужно положить слова», «шпаргалка», «пустой бланк», «образец детали» и т. д.

Таким образом, мы видим, что помимо чисто стилистического влияния (каждое арго имеет свой поэтический «тон»), профессиональные арго совместно вырабатывают арготизмы, передающие ключевые смыслы. Причем соответствующих аналогов в нормативном языке, дающих необходимую степень смыслового обобщения и экспрессии, как правило, нет. Если маргинальная и армейская темы имеют достаточно отчетливую стилистическую маркированность, то арго профессиональные (групповые), пожалуй, имеют первоочередной задачей именно выработку чисто системного обслуживания речи подобными «сквозными» понятиями.

2.4. Молодежная и детская темы. О молодежных арго написано большое число работ (см., в частности, 32; 40; 56; 90; 99; 112; 123; 127; 138; 150; 151; 153; 168; 173; 195; 207]. В литературе (а особенно — в бытовом сознании) молодежное, особенно — студенческое, арго часто вообще отождествляют с арго города. Это не совсем так, но в таком умонастроении есть и рациональное зерно. Действительно, речетворческая деятельность студентов, молодежи, различных молодежных объединений является своеобразным ядром городского арго. Молодежь — в языковом отношении наиболее мобильная, наиболее экспериментирующая часть города.

Молодежные арго целесообразно рассматривать в контексте молодежной культуры. Такая тенденция все отчетливей намечается в последнее десятилетие [см., напр., 168]. Исследователи молодежной культуры все чаще склонны думать, что она является значительным фактором культурного процесса. Например, И. Кон пишет, что «молодежь не объект воспитания, а субъект социального действия» [168, 14]. М. Новинский говорит о том, что «создаются предпосылки для превращения молодежной субкультуры в альтернативную культуру, которая с течением времени, иногда достаточно продолжительного, в большей или меньшей степени усваивается культурой общества в целом, способствуя ее изменению» [168, 17]. Делается попытка типологически соотнести современную рок-культуру со смеховой, карнавальной культурой [168, 21].

Молодежная культура и молодежные арго не являются чем-то завершенным и монолитным. Характер их крайне эклектичен. Многие кванты молодежной культуры можно рассматривать в киническом ключе (см. гл. 1). Кинические арго, как мы уже говорили, эклектичны по составу, но устойчивы по умонастроению.

Неслучайно мы не можем указать на устойчивые исключительно молодежные арготизмы. Подавляющее большинство образцов молодежного арго заимствовано или из других языков через профессиональные арго, или взято из «блатной музыки». У молодежных арго практически нет более-менее устойчивого состава. Конечно, можно выделить отдельные студенческие арготизмы, связанные с соответствующими реалиями, например, *экватор* «время после зимней сессии на третьем курсе», *строяк* «строительный отряд», *путяга* «ПТУ», *стипуха, стипа* «стипендия», *автомат* «автоматический зачет», *абитура, абита* «абитуриенты», *гроб* «гражданская оборона», *технарь* «техникум» и т. п. Стилистически «угадываются» и школьные, детские арготизмы, такие, как *гамма, жува* «жвачка», *физра* «физкультура», *тубзик, тубаркас* «туалет», *портфик* «портфель», *училка* «учительница» и т. п., часто употребляемые в молодежной среде более старшего возраста в качестве своеобразной игры в примитив, в детство (тогда университет становится *школой*, преподаватели — *училками*, пары — *уроками* и т. п.).

Таким образом, молодежную тему в арго и культуре вряд ли целесообразно рассматривать как нечто обособленное, специфическое. Мы даже вправе говорить о том, что здесь не актуальна собственно тема (хотя в узком смысле слова она существует, например, образ студента «Шурика» в кинематографе), актуален кинико-молодежный комплекс — один из сильнейших «бродильных ферментов» в культуре и языке.

На этом мы заканчиваем обзор национально- и социокультурных тем в арго. Разумеется, мы не затронули всех тем, но постарались осветить наиболее значительные. Мы постарались показать, как в составе арго отражается арготическая концепция культуры. Каждая из тем имеет свои эстетико-культурные особенности. Одни темы примитивизируют или абсурдизируют культуру, другие ее эстетизируют, третьи совмещают данные тенденции. Существуют различные способы поэтической интерпретации культуры в языке.

Переходим к анализу поэтической системы арго.

Глава 3. ПОЭТИКА АРГО

Прежде чем перейти к анализу поэтических приемов арго, кратко определим место арго в системе языка. В первую очередь следует отметить, что арго в целом входит в языковую систему и подчиняется ее основополагающим законам. Арго пользуется тем же фонемным составом, ему присущи те же грамматические категории. Арготические элементы в речи вписываются в те же синтаксические конструкции, которыми пользуются и не-арготирующие.

Свою специфику арго проявляет там, где есть возможности варьирования языковых средств, не затрагивающих основ системы.

Это прежде всего фонетика, интонация, лексика, словообразование, некоторые особенности риторического построения текста.

Так, например, в области фонетики в арго могут имитироваться те или иные особенности акцента (южнорусского, кавказского, еврейского и т. д.), могут даваться различные «арготические» варианты звучания согласных (например, [д'ж'о] вместо [што] и т. д.

В области ритмики слова и интонации в арго могут в поэтико-экспрессивных целях переноситься словесные ударения (например, *по́дростки* вместо *подро́стки*), даваться эмоциональные реализации интонационных конструкций. В качестве приемов в речи может использоваться и специфическое паузирование, и перенос центра интонационной конструкции (синтагмы), и даваться специфическое членение как между конструкциями, так и внутри них. Все эти приемы известны и в не-арготической речи. Арготическая «нарочитость» может проявляться в ряде «ассонансов» между смысловой и интонационной организацией высказывания. Например, значение «уходи отсюда» может выражаться смеховым вопросом: «нафиг пошё[3]л?».

Наиболее существенные для арго зоны поэтического эксперимента — это словообразование и лексика. Арго дает массу экзотических словообразовательных моделей, а также травестирует традиционные модели. Одно из центральных мест в арго занимает словесный образ, реализуемый через метафоры, метонимии, оксюмороны и т. п. Тропы порождают значительные по объему синонимические ряды, за которыми стоят наиболее существенные для арго понятия и реалии.

У арго нет своей грамматики, однако в арго существует ряд тенденций поэтико-игровой «аберрации» грамматических категорий. Систему эта тенденция не затрагивает, но делает грамматику поэтическим средством. Так, например, средний род становится в арго одним из приемов создания смеховой инвективы (*жухло, дрейфло, дерево, педрило, пугало, чудило* и т. п.).

Наконец, с переходом на уровень текста, в речи, арго вырабатывает устойчивые диалогические жанры и ряд монологических риторических фигур, периодов, имеющих поэтико-эстетические цели.

Следует отметить, что, несмотря на несамостоятельность арготической системы по отношению к системе общеязыковой, многие тенденции в аргосистеме и аргопоэтике отражают глобальные процессы в языке. Например, некоторые тенденции в области образования и употребления арготических глаголов, наречий и др. являются показателем свойственного всей системе языка роста глагольности, пропозитивности.

Таким образом, наблюдения над поэтикой арго могут иметь большую ценность и для исследователей общеязыковой системы.

§ 1. Арготическое словообразование и его поэтико-эстетическая функция

Исследователи арго уделяют проблеме словообразования большое внимание. Практически в каждой работе по арго есть словообразовательный материал.

Наибольший интерес вызывает арготическая суффиксация. Как правило, исследователи сосредотачивают внимание на продуктивной суффиксации. Количество таких суффиксов в арго довольно ограниченно. Чаще всего исследователи выделяют следующие суффиксы: *-ак, -як, -ач, -арь, -ага, -яга, -уха, -ник, -он*, а также ряд уменьшительных суффиксов. На отдельных продуктивных суффиксах останавливались, например, А. Реформатский (на суффиксе *-ач*) [217], В. Костомаров (на суффиксе *-ага*) [127]. Как писал А. Реформатский, «модели словообразования обладают большим долголетием. Их «цветение» непостоянно. То они «цветут», то «увядают», то опять «расцветают». Словообразовательные модели очень устойчивы в истории языка и даже в периоды «увядания» сохраняются как потенциальный источник, проявляющийся наподобие якобы потухшего вулкана» [217, 94].

О механизмах словообразования в разговорной речи подробно написано у Е. Земской [102, 112–130]. Можно отметить, что многие из указанных в данной работе аффиксов весьма употребительны и в арго. Можно упомянуть об отглагольных и отсубстантивных образованиях с суффиксами *-шик/-чик, -шиц(а)/-чиц(а), -тель/-тельница* и целом ряде других. Эти и другие аффиксы активно используются при образовании от арготических основ. Особую роль в арго играет так называемое «экспрессивное словообразование» [102, 121–125].

Если продуктивной, регулярной суффиксации посвящено много работ, то окказиональным моделям уделяется крайне мало внимания. На наш взгляд, это значительно обедняет аргологические исследования. Дело в том, что отдельно взятая, вырванная из «массового» контекста окказиональная модель безусловно представляет собой малоинформативный с лингвопоэтической точки зрения материал, но несколько таких моделей дают общую панораму поэтических приемов арго, позволяют вычленить главные поэтико-семантические тенденции арготворчества.

Мы выделили несколько десятков посткорневых формант арготических существительных (около 100). Многим из них нет аналогов в нормативном и общеразговорном словообразовании. В списке приводятся также и традиционные словообразовательные модели, которые, однако, активно используются для образования арготических слов и приобретают специфическую поэтическую функцию. Сразу следует оговориться, что суффиксация в арго часто может сопровождаться различными морфофонематическими трансформациями, которые носят тот же характер, что и в нормативном словообразовании. Поэтому мы не будем на них специально указывать. Еще одна небольшая оговорка. В презентации формант частично используются элементы транскрипции, прежде всего знак мягкости ('), [j] и [э]. Отсюда некоторая непоследовательность в употреблении **е** и **э.** Кроме того, определенную трудность представляют начальные сегменты формант (ср. *-дель/-ндель, -уленцija/-энцija* и т. п.). Непонятно, унифицировать ли данные модели под одну или давать как разные. Мы здесь руководствовались скорее чутьем, чем строгими критериями. Читатель вправе пересмотреть предложенный состав формант.

О (**нулевой суффикс**): *огрёб* «нагоняй, наказание» < *огребать* «получать выговор, нагоняй, быть избитым», *блёв* «тошнота» < *блевать, кемар* «сон, сонливость» < *кемарить, кимарить* «спать», *пёр* «везение, удача» < *переть* «везти, удаваться», *прикид* «модная одежда» < *прикидываться* «модно одеваться»; нулевой суффикс очень показателен в отглагольных экспрессивах, выражающих любую эмоцию и близких к междометию, типа *откат, улёт, отпад, торч* и т. п. Здесь мы видим очень интересную семантическую тенденцию: отглагольный экспрессив либо выступает в функции междометия-экспрессива (*вот это да, откат!*), либо употребляется как существительное со значением «крайне эмоциональное состояние» (*я в отпаде, дошел до угара* и т. п.), либо приближается по своей функции к ярко оценочному (как правило, позитивно) прилагательному (*улёт девочка*, т. е. очень красивая). Интересно, что аналогично ведут себя в арго некоторые существительные и междометия, например, *даун, атас* или знаменитые *мрак* и *блеск* Эллочки-людоедки. По всей видимости, в арго в известной мере происходит процесс примитивизирующей унификации структур, сопряженных с аналитизмом (что особенно ярко проявляется в сложении). Нулевая суффиксация выступает как яркое проявление такой примитивизирующей, унифицирующей тенденции. Показательно, что подобные полифункциональные экспрессивы (*улёт*, *мрак* и т. п.) и ритмически не более чем двусложны, а чаще односложны.

-аг(а): *телага* «телогрейка», *путяга* «ПТУ», *куртяга* «куртка», *спиртяга* «спирт», *мультяга* «мультфильм»; по всей видимости, данная модель традиционна для арго, например В. Костомаров [127] приводит ряд арготизмов 50-х годов с этим суффиксом: *стиляга, доходяга, симпатяга, блатняга* и т. п., многие из которых стали общеразговорными.

-аж: *подхалимаж* «подхалимство», *кобеляж* «заносчивость, донжуанство» < *кобель, оживляж* «что-л., оживляющее действие, повествование (в спектакле, фильме, тексте и т. п.)». Форманта носит отчетливый франко-макаронический оттенок, как правило, связанный с псевдоэстетизацией (не случайно форманта *-аж* первоначально преобладала в различных арго «творческой интеллигенции»).

-aj: *раздолбай* «бездельник, дурак», *расфигай* «неряха, шалопай, лентяй». Форманта регулярно выступает в сочетании с приставкой. Вероятно, здесь присутствует аналогическое воздействие таких форм, как *разгуляй, нагоняй* и др., а также чисто подсознательно-ассоциативное влияние императивной формы глагола (ср. например, экспрессивное речение *забодай меня комар*). Заметим, что такое аналогическое влияние общего фонетико-ритмического облика слова на, казалось бы, очень далекие в грамматическом отношении формы в высшей степени характерно для арго. Мы уже приводили подобный пример в случае нулевой суффиксации: *торч, класс, кайф* и т. п. для арготирующего являются прежде всего единой ритмической структурой, поэтому любой арготизм с подобной структурой приобретает ту же экспрессивную функцию. Здесь работает единая унифицирующая аналогическая модель. Точно также и *разгуляй*, и *расфигай*, и *забодай* унифицируются под общее «настроение», общий комплекс, «пучок» экспрессивно-поэтических смыслов, которые очень приблизительно можно определить словесно как «нечто бесшабашное, размашистое, вольное, свободное», как говорили в старой Москве «а ля черт меня подери». Не случайно борзых и гончих собак в России звали по императивной модели (*Летай, Порхай* и т. п.), и именно цыганское имя *Будулай* (герой телесериала «Цыган») приобретает большую популярность.

-ак(-jак): *строяк* «строительный отряд», *западляк* «невезение, неудача, неожиданное препятствие», *нагляк* «наглость», *пивняк* «пивной зал, бар», *неудобняк* «неудобно», *клевяк* «что-л. хорошее, отличное» < *клёвый* «отличный», *соляк* «соло-гитара», *чистяк* «что-л. чистое; чистый спирт», *голяк* «отсутствие чего-л.», *дубак* «холод», *трипак* «триппер», *сифак* «сифилис», *своях* «разновидность удара в бильярде», *видак* «видеомагнитофон», *вертак* «магнитофон», *медляк* «медленная музыка». Помимо чисто экспрессивной функции, данная форманта, по всей видимости, также несет функцию полифункционального унификатора. Прежде всего, это видно в своего рода «нейтрализации» субстантивной, адъективной и наречной форм: *неудобняк работать* (наречие), *неудобняк ситуация* (прилагательное). «Размытость» формы позволяет арготирующему образно свернуть контекст, например: *голяк на базе* «на базе голо, ничего нет». Таким образом, арго использует резервы языковой экономии. С другой стороны, арго в некоторых случаях дает иную, более подробную, чем в нормативном языке, дифференциацию явлений. Например, в наречной семантике арго четко разделяет статику и динамику, статическое состояние и образ действия, движения. Средства здесь иные, чем в нормативном языке: ср. *голяк на базе*, но *поехал голяком* (т. е. «голым», без денег). В статическом измерении наречие близко к прилагательному и часто формально с ним нейтрализуется, например, *чистяк спирт* (или *спирт — чистяк*) и *в комнате чистяк* (или *чистяк комната*). В динамическом же измерении наречная форма нейтрализуется с существительным в творительном падеже (*чистяком, нагляком, голяком*) или дает ряд адвербиальных рефлексов (о чем речь ниже). Здесь мы можем сделать, быть может, несколько гипотетическое утверждение о том, что в арго есть следующая тенденция: предикативность сама по себе, в чистом виде, не структурирует фразу в арго, она обязательно сопряжена с адвербиальностью или непременной экспрессивной глагольностью. Арго не дает последовательного деления на «тему» и «рему». И субъект с обязательным для него экспрессивным адъективом, и предикат с обязательным экспрессивным наречием синтезированы в таких словах, как *чистяк, голяк* и т. п. в единое целое. Если отсутствует проявленный субъект, подобный арготизм реализуется как нечто среднее между прилагательным и наречием. В обоих этих случаях арготизм выполняет функцию скрытого предиката. Если же появляется глагол, то арготизм проявляет свою «избыточность» в сближении с формой творительного падежа и приобретает функцию наречия образа действия (*чистяком, голяком*). Таким образом, данная модель (*-ак-*) является весьма показательной для поэтико-семантической системы арго, для общей экспрессивно-унифицирующей, примитивизирующей тенденции.

-ан: *друган* «друг, приятель», *братан* «брат, друг», *носан* «человек с большим носом, еврей», *глазан* «человек с выпученными глазами, еврей», *колхозан* «колхозник», *глупан* «глупый человек», *жиран* «толстый человек» (у Л. Толстого, кстати, фигурирует как кличка собаки [248, т. 1, 29–33]), *дистрофан* «дистрофик, слабый человек», *бошкан* «человек с большой головой, умный человек», *мускулан* «мускулистый, сильный человек», *умнан* «умный человек», *милан* «милый, приятный человек», *бородан* «человек с бородой», *ослан* «глупый, осел, упрямец», *Колян* «Коля, Николай», *Борян* «Боря, Борис». Здесь мы видим то же унифицированное моделирование арготизмов. Помимо функции чисто экспрессивного приращения (*друган*) форманта прежде всего обслуживает идею посессивности, обладания каким-либо качеством, то есть нейтрализует две нормативные модели: «человек с чем» и «человек какой». Если нормативный язык дает разные суффиксы прилагательных (*мускулистый, башковитый, умный*), то арго их унифицирует. Кроме того, арго опять же экспрессивно сворачивает контекст, дает экспрессивный эллипсис. Арготический суффикс, таким образом, синтезирует свернутое грамматическое отношение, метафору и оценочную экспрессию, которые трудноотделимы друг от друга и находятся как бы в изначальном, синкретическом, «примитивном» сплаве.

-(а)нк: *наглянка* «наглость», *борзянка* «вызывающее поведение, нахальство» < *борзый, борзой* «наглый, агрессивный», *болтанка* «качка, тряска», *подлянка* «подлость», *несознанка* «отсутствие осознанности в действии»; здесь возможны те же комментарии, что и к модели *-к*.

-ант: *неврубант* «тот, кто не понимает чего-либо» < *врубаться* «понимать», *мордант* «толстый человек», *глупант* «глупый человек», *упирант* «тот, кто упирается, упрямец»; возможно сближение с моделью *-ан*. Очевидно также аналогическое влияние слов типа *аспирант, адъютант* и т. п. Вероятно, данная модель идет в общем русле арготической смеховой экзотизации речи. Актуальность форманты подтверждается, в частности, еще и примерами переосмысления подобных нормативных слов, например, слово *мутант* в арго часто выступает как инвектива или ироническое обращение.

-ар(а): *ментяра* «милиционер» < *мент, носяра* «нос, обычно большой», *котяра* «сластолюбец, бабник», *бочара* «бок», *водяра* «водка», *сучара* < *сука, кошара* «женщина»; здесь налицо тенденция, обратная той, которая представлена в моделях с уменьшительно-ласкательным суффиксом (см., например, *-атк*). Если, с одной стороны, можно выстроить ассоциативную цепочку «уменьшительность — ласкательность — дружественность», то с другой «увеличительность — инвективность — враждебность». Регулярность подобных ассоциативных связей подтверждают многие из приводимых здесь моделей. (Однако возможно и обратное явление, когда уменьшительность ассоциируется с уничижением, а увеличительность — с дружеской иронией).

-(а)риj: *гульбарий* «гулянка, вечеринка», *абортарий* «аборт», *Лумумбарий* «Университет им. П. Лумумбы», *мордарий* «толстое лицо»; в данной модели очевидна экзотизирующая тенденция с явным негативно-оценочным оттенком.

-(а)рик: *бухарик* «пьяница» < *бухать*, *алкарик* «алкоголик», *духарик* «молодой солдат» < *дух* в том же значении; ср. модель *шарик, очкарик* и т. п. Аналогично моделируется, например, собственное *Гарик* «Игорь».

-(а)рин: здесь мы можем привести лишь один пример травестированной фамилии *бухарин* — то же, что *бухарик*.

-(а)р': *кепарь* «кепка», *шишкарь* «начальник» < *шишка* в том же значении, *бухарь* «пьяница» < *бухать* «пить спиртное»; модель известна по нормативному и разговорному словообразованию (*вратарь, золотарь* и т. п.). Вероятно, для арго здесь актуален фонетико-ритмический образ слова.

-ас: *дурындас* «дурак, дурында»; явно экзотизирующая тенденция.

-'атин(а): *дурнятина* «что-либо плохое», *шизятина* «что-либо ненормальное, необычное, вычурное»; данная модель очевидно негативно-оценочна и имеет, по всей видимости, большую историю (еще А. Пушкину принадлежит неологизм *французятина*).

-'атк: *слонятка* «слон, слоник» (в значении ласкового обращения), *пухлятка* «полный человек»; здесь очевиден уменьшительно-ласкательный, дружеский компонент.

-ах(а): *куртяха* «куртка», *мордаха, мордяха* «морда, лицо»; модель близка к общеразговорной (ср. *-ашк*).

-ач: *строгач* «строгий выговор», *фирмач* «представитель западной фирмы», *сухач* «сухое вино», *косач* «кожаная куртка с косой молнией», *четкач* «что-либо отличное» < *чётко* «хорошо, отлично», *дискач* «диск-жокей»; ср. *кумач, калач* и др. Здесь опять же актуален фонетико-ритмический образ слова. Функциональность модели (в данном случае, например, скрытая агентивность: *фирмач, дискач,* т. е. «тот, кто руководит фирмой», «тот, кто ведет дискотеку» — образно реализуемая, кстати говоря, через метонимичность), отходит на второй план.

-а(ш): *волгаш* «владелец соответствующей модели автомобиля», *алкаш* «алкоголик», *портвяш* «портвейн», *армяш* «армянин»; здесь актуальны комментарии, данные к предыдущей модели.

-ашевич: *портвяшевич* «портвейн»; очевидна «гиперсуффиксация» по сравнению с предыдущей моделью, сочетающаяся с экзотизацией (травестирование модели фамилии).

-ашк(а): *алкашка* «алкоголик», эта модель близка к общеразговорной.

-ашник: *видяшник* «видеомагнитофон», *мультяшник* «мультфильм»; в модели присутствует своеобразное «сгущение» экспрессии по сравнению с предыдущими, выраженное во внешне немотивированном «нагромождении» суффиксов. Отметим, что окказионально-экспрессивное словообразование идет либо по пути подобной «гиперсуффиксации», либо по пути экзотической суффиксации (примеры которой мы приводим выше и ниже).

-бан: *дружбан* «друг», *тройбан* «тройка (оценка)».

-бандель: *дружбандель* «друг».

-бон: *салабон* «слабый, салага», *шкибон* «шкирки, загривок», последние три экзотические модели, возможно, восходят к уголовной поэтике.

-(о)ван: *хитрован* «хитрый человек», *шустрован* «шустрый человек, проныра»; возможно сближение *хитрован* и старомосковского *хитрованец* «обитатель Хитрова рынка», в таком случае налицо процесс перераспределения (*хитров-ан/хитро-ван*) и осознание *-ван* как суффикса.

-дель: *жбандель* «голова» < *жбан* в том же значении; ср. *-бандель, -ундель, -ндель.* Данные модели легко сводимы к единому фонетическому образу слова, варьирующему наполнение перед *-ндель*. Вероятно, таких «образов» в арго несколько десятков (например, *-ван, -бан, -ан* или *-он, -бон, -эмон* и др.). Они, по всей видимости, имеют для арготирующих некую самостоятельную ономатопоэтическую ценность и представляют собой внешне довольно свободно варьируемые «фонетические архетипы».

-изм: *пофигизм* «безразличие» < *по фигу* «все равно».

-измиj(а): *вонизмия* «вонь, дурной запах»; последние две модели используют и одновременно травестируют нормативные образы.

-ик: *садик* «садист», *телик* «телевизор», *велик* «велосипед», *турики* «туристические ботинки», *гомик* «гомосексуалист»; таких слов очень много, данная модель весьма продуктивна. Из примеров видно, что модель часто сочетается с усечением основы и дает своеобразный уменьшительно-смеховой элемент значения. Характерно, что многие подобные слова идут из школьного арго.

-ина: *бочина* «бок», *ломина* «большой, сильный человек»; ср. *-ар(а)*.

-(т)инк(а): *смешинка* «смешливость», *неотмирасевотинка* «странность, причуда» < *не от мира сего*; используется нормативная модель.

-ис: *квадратис* «большой сильный человек» < *квадрат* в том же значении; ср. *-ус*.

-ист: *глупист* «глупый человек», *ерундист* «тот, кто занимается ерундой»; в данном случае арго расширяет сферу функционирования нормативной модели. Потенциально любая нормативная модель может стать объектом нормотворчества. Другое дело, что арго в первую очередь травестирует стилистическое наполнение модели. В данном случае объектом пародирования является идея «официальности», «научности».

-истик(а): *глупистика* «глупость»; см. предыдущий комментарий.

-ищ(е): *пинчище* «пинок»; ср. *-ар(а), -ин(а)* и др.

-(о): *новьё* «что-либо новое»; очевидна идея собирательности с оттенком иронии.

-лк(а): *хавалка* «рот» < *хавать* «есть»; данный способ Е. Земская именует «универбацией» [102, 109]. В арго он достаточно продуктивен.

-к(а,и): *отключка* «невменяемое состояние», *дурка* «сумасшедший дом», *армейка* «армия». Отдельно следует указать на слова *pluralia tantum*, имеющие значение процессуальности: *разборки* «выяснения отношений», *целовки* «поцелуи», *таски* «удовольствие, блаженство» < *тащиться* «получать удовольствие». Данная модель — одна из самых распространенных как в разговорной речи, так и в арго. Мы имеем множество образцов реализации данной модели в арго старой Москвы, например: *засидка* «у мастеровых — работа до 10 вечера с огнем», *запорка* «закрытие лавки», *высидка* «сидение должников в яме», *отдержка* «приготовление петухов к боям», *обжорка* «съестная лавка для извозчиков» и т. д. [см. 169].

-л(а): *кидала* «обманщик» < *кидать* «обманывать», *катала* «шулер», *педрила* «педераст».

-л(о): *жухло* «обманщик» < *жухать* «обманывать», *хавло* «рот» < *хавать* «есть», *бухло* «выпивка» < *бухать* «пить»; если предыдущая модель преимущественно сочетает агентивность с отрицательной оценочностью, то данная модель близка к «универбальности» модели *-лк(а)*. Интересна относительная свобода варьирования в арго родовой принадлежности, «размытости» категории рода вообще (ср.: такой *жухала, такая жухала, такое жухало*). Характерно, что средний род наиболее оценочен и даже имеет специфическую ритмическую организацию при сгущении негативной оценки: *хамлó, жухлó* и др. Вероятно, переход лица в средний род сам по себе вносит инвективность, своего рода «обезличивание», снимает одушевленность.

Приведем еще несколько арготических суффиксов без комментариев (основные моменты мы постарались отметить выше).

-л'ник: *стольник* «сто рублей», *матюгальник* «громкоговоритель»;

-ман: *кусман* «большой кусок», *шкирман* «шкирки, шиворот», *качман* «атлет» < *качаться*;

-мандель: *кусмандель* «большой кусок;

-н'(а): *фигня* «ерунда», *колбасня* «ненужная суета» < *колбаситься* «суетиться, много двигаться», *чекня* «чекушка»;

-онавт, -анавт: *алканавт* «алкоголик», *долбонавт* «дурак, тупица»;

-ндель: *хрюндель* «лицо, нос»;

-альник, -овник: *подзубальник* «челюсть», *поддыхальник* «солнечное сплетение», *тельник* «тельняшка», *клоповник* «грязное заведение», *рыльник* «лицо» < *рыло*;

-няк: *походняк* «походка», *трусняк* «трусы», *непроходняк* «что-либо безнадежное», *отходняк* «похмелье», *сушняк* «сухое вино», ср. старомосковское *гниндяк* «запущенный, нечистоплотный человек» (из арго парикмахеров);

-ович: *фильмович* «фильм»;

-(л)овк(а): *ментовка* «милицейский участок» < *мент*, *тошниловка* «общественная столовая»;

-(к)овский: *чайковский* «чай»;

-'ож: *выпендрёж* «нескромность, бахвальство», *балдёж* «удовольствие» < *балдеть*;

-овин(а): *фиговина* «любая вещь»;

-(н)оид: *алканоид* «алкоголик», *шизоид* «шизофреник»;

-ок, -'ок: *нормалёк* «нормально», *бутылёк* «бутылка», *усилок* «звукоусилитель», *толчок* «толкучий рынок» (встречалось еще в старой Москве [см. 105, 96];

-он: *оргонон* «организм» (встречается у М. Горького), *музон* «музыка», *закидон* «причуда, странность характера», *куртон* «куртка», *вышибон* «последний танец в ресторане», *Димон* «Дима, Дмитрий»;

-'ор: *кондёр* «конденсатор», *лифтёр* «лифчик»;

-ос: *Никитос* «Никита»;

-от(а): *наркота* «наркоманы», *алкота* «алкоголики»;

-офарик: *алкофарик* «алкоголик»;

-'ох(а): *летёха* «лейтенант», *квартирёха* «квартира»;

-очк: *бабочки* «деньги» < *бабки*;

-ош(а): *наркоша* «наркоман»;

-терij: *кабактерий* «кабак»;

-торij: *крезаторий* «сумасшедший дом» < *креза* «сумасшедший»;

-тур(а): *шишкатура* «начальство» < *шишка* «начальник»;

-уг(а): *опохмелюга* «похмелье»;

-уган: *дринчуган* «пьяница» < *дринчить* «пить»;

-ул'(а): *страшнуля* «некрасивая девушка»;

-уленц(ия): *бабуленции* «деньги» < *бабки*;

-ул'к(а): *кайфульки* < *кайф* в значении экспрессивного междометия;

-улин(а): *фигулина* «любая вещь»;

-ун: *несун* «тот, кто ворует на производстве»;

-ундель: *пятюндель* «что-л. числом пять»;

-унчик(и): *топотунчики* «непоседливость, возбужденное состояние»;

-ур(а): *десантура* «десант», *лимитура* «иногородние» < *лимит*;

-урик(и): *бабурики* «деньги» < *бабки*;

-ус: *кретинус* «кретин, дурак»;

-ух(а): *спецуха* «спецодежда», *стипуха* «стипендия», *кликуха* «имя, прозвище, кличка», *краснуха* «красное вино», *курсовуха* «курсовая работа», *дезуха* «ложь, дезинформация», *пруха* «везение» < *переть* «везти, удаваться», *кирюха* «пьяница» < *кирять* «пить», *синюха* «пьяница»;

-учк(а): *трясучка* «разновидность игры»;

-ушк(а): *порнушка* «порнография», *ночнушка* «ночная рубашка», *кинушка* «кино»;

-ушник: *порнушник* «халтурщик» < *порнография*;

-(о)фан: *корефан* «друг» < *кореш* в том же значении; *картофан* «картошка», *алкофан* «алкоголик»;

-фон: *трифон* «три рубля»;

-ц(а): *бабца* «женщина» < *баба*;

-чик: *рубчик* «рубль», *Вовчик* «Вова, Владимир», *хавчик* «еда» < *хавать* «есть»;

-ыч: *опохмелыч* «похмелье»;

-'эвич: *юморевич* «юмор», *стопаревич* «стопка», *кадревич* «ухажёр» < *кадр* в том же значении;

-'эвск(ий): *сухачевский* «сухое вино» < *сухач* в том же значении;

-'эл': *куртель* «куртка»;

-'эл'ник: *брательник* «брат»;

-эмон: *обалдемон* «обалдение»;

-'энцij(а): *бабенция* «толстая женщина» < *баба*; еще у Н. Кокорева (40-е годы XIX века) читаем: «Публикация породила у нас в известном слое общества поведенцию и надуванцию» [120, 183];

-'эн': *похабень* «похабщина»;

-'эшник: *стограммешник* «стограммовая стопка», *маракешник* «кошмар, ужас» < *мрак*;

-'эц: *шанец* «шанс», *кинец* «кино», *пучеглазец* «человек с выпученными глазами», *бутылец* «бутылка». У П. Богатырева в описании старомосковского быта читаем: «...учителя были таковы: один, например, не столько спрашивал учеников, сколько допрашивал, причем тыкал табакеркой в грудь. Другой <...> при неточном ответе ученика орал: «В зубец!», «В мордец!», «В скулец!» — и лез на ученика с кулаками» [169, 132].

Привести конечное количество арготических посткорневых формант (в данном случае существительных) не представляется возможным. Однако приведенного материала достаточно для того, чтобы сделать определенные наблюдения над природой арготического словообразования.

Прежде всего, следует отметить, что арготическое словообразование является одной из форм реализации специфической аргопоэтики. Надо сказать, что взгляд на словообразование как на стилистический (поэтический) прием отнюдь не нов (еще Л. Шпицер в 1910 году рассматривал словообразование у Рабле как отражение его стиля мышления, мировоззрения). Однако в контексте русского арго, насколько нам известно, проблема так еще не ставилась. Доминанту поэтической системы арго большинство исследователей определяют как экспрессию. Однако само по себе это понятие малоинформативно. Какова природа арготической экспрессии? Мы уже отмечали, что изначально это смеховая природа. Разумеется, в процессе употребления смеховое воздействие арготизма затушевывается, стирается. Но остаются формально-смеховые атрибуты, в данном случае, словообразовательные: гиперсуффиксация, экзотическая суффиксация, ложноэтимологическая мимикрия (*лифтёр* «лифчик») и др.

Мы постарались показать, что в процессе арготического словотворчества происходит целый ряд своего рода «побочных» процессов.

Мы видим, что имеет место то, что можно условно назвать аберрацией грамматических и словообразовательных категорий. Мы показали, что стираются грани между частями речи (см. *-ак*), на их месте появляются полифункциональные в синтаксическом отношении «смеховые» экспрессивы. Идет процесс смещения родовой принадлежности арготизмов (см. *-л(о)*). В некоторых случаях суффиксация приближается к сложению (например, в случаях *-бон*, *-фон* и др., когда проявляется соединительная гласная *о* и форманты воспринимаются как некие экзотические корни).

Чем это вызвано? На наш взгляд, тем, что в арго фонетико-экспрессивный (образно-фонетический) аспект превалирует над формально-словообразовательным и грамматическим.

Для арготирующего важен фонетический образ слова, «фонетическая метафора», под которую могут «подгоняться» совершенно различные грамматические формы.

Далее: подобное «фонетическое метафоризирование» в арго идет по пути создания пусть и большого, но конечного числа моделей, которые определяются прежде всего ритмикой слова. Если взять наиболее частые финали основ (суффиксы) и соотнести их с ритмикой арготизмов, то можно дать следующую схему, условно переведенную в пласт метрико-поэтической терминологии:

«хореическая модель»	«ямбическая модель»	«амфибрахическая модель»	«анапестическая модель»
-́ик (ду́рик) -́ха (пру́ха)	-а́к (нагляк) -а́н (друган) -а́рь (шишкарь) -а́ч (дискач) -о́ (новьё) -ня́ (фигня) -о́н (куртон) -ца́ (бабца)	-а́га (общага) -а́ра (ментяра) -у́ра (ментура) -у́рик (пафнурик) -о́ха (летёха)	-а́к (наверняк) -а́н (корефан) -о́н (походон)

Значительно реже встречается «дактилический» тип, например, *на́болда* «дурак», *жо́рево* «еда» (по данной же модели *ха́рево, по́рево* и т. п.).

Во-первых, мы видим, что в арго преобладает «ямбическая» модель. Она (как и в поэзии) наиболее «проста». В арго она больше всего соответствует унифицирующей, примитивизирующей установке.

Во-вторых, можно сказать, что вообще в арго преобладает «мужская» структура, т. е. ударение на конце слова. Это проявляется, в частности, и в том, как склоняются «ямбические» существительные. Например: *пахан* «отец» — *пахана́, пахан-́ов, шишкарь — шикаря́* и т. д. То же и в односложных словах: *грин — грина́, мент — мента́* и т. д.

В-третьих, совершенно очевидно, что структура арготического слова стремится к двум пределам: либо к максимальному примитивизму, либо к сверхсложной организации. И тот, и другой пути представляют собой единое диалектическое целое. Оба пути «вытягивают» из слова максимум смеховой экспрессии (например, слово *портвейн* имеет в арго массу поэтико-смеховых интерпретаций: *порт, портогаз, портвагин, портваго* (ср. *Живаго*), *портвяшевич, портик, портвик, портвяш, портвяшок* и т. д., и т. п.). Ту же задачу осуществляет и масса других поэтических приемов: различные анаграммные перестановки (*наполопам* < *напополам*), гиперсложение (*теле-мото-вело-фото-баба-радио-любитель*) и т. п. Иногда после ряда поэтических трансформаций слово становится неузнаваемым, т. е. фактически устраняется его внутренняя форма, например: *пузырь* «бутылка» > *зупырь* > *запупырь*. Таким образом, арготизм стремится выйти из стилистически-нейтрального состояния либо в область эллипсиса, либо в область плеоназма. И в том, и в другом случае происходит внутреннее образное усложнение структуры, преодоление которого и составляет эстетический эффект.

Итак, в арготическом словотворчестве доминирует образно-фонетическое начало. При этом мы можем различить два «направления» образности: установку на сочетание с лексической семантикой (каламбур) и установку на «экспрессию», на самоценность фонетического оформления слова, возвращение к «первобытным» звукосимволизму и ономатопее.

Каламбур в арго, как правило, злободневен, социален и политизирован, хотя иногда в нем представлена чистая игра слов. Приведем наиболее характерные приемы: *кошматерный, непокобелимый, склопление, благопрепятствовать, острое регистратурное заболевание, метро «Крах культуры», эпоха застолья, эпоха репрессанса, мурориятие, судорожные «суточные», старик Похабыч, Бронетёмкин Поносец, инсульт-привет, хрущобы, плодово-выгодное, зряплата, ерундит, овощегноилище, раб лампы* («тот, кто много смотрит телевизор»), *староприжимный, Хохляндия, двортерьер, опупея* (эпопея) и т. п. К каламбуру можно отнести и смеховое переосмысление официальных аббревиатур, например, *ЦК — центральная котельная, КГБ — комитет глубокого бурения, КПЗ — киевский пивной зал, МИИТ — московский институт или техникум* и т. п.

Каламбур чрезвычайно интересен с точки зрения культурологической. В целом каламбур является смеховой интерпретацией реалий культуры, политики, быта.

Звукосимволизм же представляет интерес прежде всего как исконное явление языка. Природа звукосимволизма весьма архаична. Звукосимволизм традиционен для русского городского арго. Множество таких слов зафиксировано у литераторов-бытописателей. Например, у Е. Иванова находим образцы языка сухаревского рынка: «У него не коллекция, тарабабумбия — всякой дряни по лопате!» [105, 115]. Или у Л. Н. Толстого в «Анне Карениной»: «Позовите всех этих тютьков (так князь называл московских молодых людей)...» [248, 8, 67] (ср. *тю-тю, тютя* и др.).

В качестве примеров звукосимволизма в современном арго можно привести существительные типа *прихехе* «женщина, с которой субъект состоит в интимных отношениях», *прибабах* «странность, ненормальность характера», междометия, сопровождающие определенные действия, типа *на-на* (удар или какое-либо иное интенсивное действие), *хи-хи-чпок* (что-либо лопнувшее, разорвавшееся и т. п.), *буль-буль-карасик* (что-либо утонувшее, пускающее пузыри).

Особо следует выделить двухчастные, а иногда и трехчастные фонетические комплексы (чаще существительные или междометия) с однозвучными концовками частей. В литературе подобные образования получили наименование «повторных номинаций», «рифмованных повторов». Структуру называют также «приемом рифмованного эха» или «фокус-покус приемом» [см. 230; 192; 277]. Из разговорной речи хорошо известны такие примеры, как *Андрей-воробей, мульти-пульти, такой-сякой, футы-нуты* и т. п.

Приведем примеры из современного арго: *тумба-юмба* «африканец, негр», *хавчик-мавчик* «еда, закуска», *трали-вали* «троллейбус или трамвай», *колбаса-молбаса* «колбаса», *танцы-шманцы-обжиманцы* «танцы», *не хухры-мухры* «не ерунда, серьезно», *чао-какао* «пока, до свидания», *бляха-муха* (экспрессивное междометие), *выходные-проходные* «выходные», *сахер-шмахер* «сахар», *культур-мультур* «культура», *ля-ля-тополя* или *ля-ля-три рубля* «болтовня, то да сё», *суперпупер* «что-л. выдающееся» и т. д. Вероятно, данный тип словообразования является отголоском древнего повторительного сложения (амредита).

Вряд ли возможно привести конечное число всевозможных фонетических трансформаций слова, применяемых в речи в качестве игрового компонента. Здесь и вставные псевдоэзотерические слоги, вроде *-сло* (из сказки о Тофсло и Вифсло — *ужасныйсло, прекрасныйсло*), *-фер* (*ферья-ферхо-ферчу* «я хочу») и т. п., подставляемые или в конце слова или в начале слова, или между слогами, и перестановка слогов местами, и подстановка парного по глухости-звонкости согласного перед конечным глухим (*чайни[гк], начальни[гк], шка[вф], тру[бп]*) и многие другие. Все они, с одной стороны, являются атавизмами древних эзотерических языков, а с другой стороны, представляют собой бесконечные игровые комбинации. В русском языке все эти явления описаны эпизодически, тогда как, например, во французском языке каждый из типов трансформаций имеет свое широко известное наименование, например, *verlan* («язык-изнанка»; в нем слоги переставляются местами), *largongie* (язык, в котором слоги переставляются местами и добавляется какой-либо суффикс), *javanais* (язык, в котором в середину слов вставляется слог *-av* или *-va*) и др. По всей видимости, для русского арго не характерна такая четкая регламентация правил фонетических трансформаций, в нем значительно сильнее общая тенденция к звукосимволизму, к поиску комической выразительности слова в каждом конкретном случае. Кроме того, французский арготический звукосимволизм фиксируется и изучается уже несколько столетий. В России же практически нет подобной отлаженной аргологической культуры. Достаточно подробно описаны только тайные детские языки [см. 45].

Итак, мы отметили фонетический, преимущественно — звукосимволистский характер арготического словообразования и указали на две противоположные по форме, но единые по своим внутренним поэтическим задачам тенденции — примитивизацию и сверхусложненность.

Кратко рассмотрим те способы словообразования, которые в наибольшей степени соответствуют данным тенденциям.

Тенденцию к примитивизации очень ярко демонстрирует усечение.

Усечение — явление интернациональное для арго. Русскому материалу посвящено несколько работ [см., напр., 232]. Приведем примеры современных арготических усечений: *фаш* «фашист», *дистроф* «дистрофик», *преф* «преферанс», *нарк* «наркоман», *алк* «алкоголик», *буф* «буфет», *преп* «преподаватель», *напряг* «напряженная ситуация», *американ* «американец», *маг*, *мафон* «магнитофон», *фан* «фанатик, поклонник чего-л.», *бук* «книжный магазин», «букинист», *фоно* «фортепиано, пианино», *прол* «пролетарий, рабочий», *глюки* «галлюцинации», *увал* «увольнение из армии», *дембель* «демобилизация из армии, а также демобилизующийся», *азер* «азербайджанец», *коммуна* «коммунальная квартира», *лаб* «лабораторная работа», *мерс* «автомобиль «Мерседес», *фарца* «фарцовщики», *харэ* «хорошо, довольно, хватит», *штан* «штаны», *хош* «желание», *универ*, *ситет* «университет», *стип* «стипендия», *сакс* «саксофон», *склиф* «инст. Склифософского», *порнь* «порнография», *парфа* «парфюмерия», *объява* «объявление», *кора* «корочки, документ», *конс* «консерватория», *байда* «байдарка», *загрань* «заграница», *Владик* «Владивосток», *смык* «смычок», *запор* «Запорожец», *барма* «бормотуха», *пша* «пшеничная водка», *академ* «академический отпуск», *цивиль* «гражданская одежда» и т. п. Как видим, может усекаться начало слова (*ситет*), его середина (*фоно*) и конец (*запор*). Если сопоставить данный материал с приводимыми выше моделями суффиксации, то можно заметить, что весьма характерной для арго является контрактура в сочетании с суффиксацией.

Суффикс при усечении часто «достраивает» арготизм до необходимого «смехового» предела, выступая элементом, участвующим в паронимической аттракции. Парономазия наиболее частотна именно в сочетании усечения и суффиксации, например: *комок* «комиссионный магазин», *совок* «Советский Союз», *портик* «портвейн», *гамак* «гомосексуалист». Хотя часты и случаи парономазии при «чистом» усечении: *шпора* «шпаргалка», *зубр* «зубрила» и т. п.

В разговоре могут употребляться и различные окказиональные усечения глаголов и других частей речи: *ты по?* «ты пойдешь?» или «ты понял?» — в зависимости от ситуации, *я хочу с тобой побаза* «я хочу с тобой поговорить, побазарить». Возможны и различные усечения-эвфемизмы, типа *сейчас я нашлепаю тебя по по* и т. п.

В чем смысл арготического усечения? Упрощая, сокращая слово, арготирующий как бы снижает, осмеивает его. Диапазон такого осмеяния весьма широк — от легкого оттенка иронии (*преп*) до инвектива (*совок*).

Наряду с усечением в числе примитивизирующих приемов арготического словотворчества можно указать еще на один характерный прием — аналитическое сложение, в том числе и аппозитив. Такие арготизмы, как *даун-клуб* «место, где много неинтересных, скучных людей», *воруй-нога* «одноногий человек» и другие, пожалуй, сочетают в себе примитивизирующую (явно преобладающую) и усложняющую тенденции.

Перейдем к усложняющей тенденции. Существуют явные случаи сверхусложнения структур. Среди них уже указанные примеры гипер- и экзотической суффиксации, целый ряд игровых словообразовательных «нагромождений», типа *через-забор-ногу-задирищенко* (травестированная фамилия), *напра — нале — ноги-на-пле...* (травестированная военная команда) и т. п. Однако в большинстве случаев обе тенденции сочетаются. Усложнение структуры имеет целью как бы замедлить узнавание, заставить собеседника проделать определенную «умственную работу», расшифровать поэтизм, а вернее — проделать работу припоминания («анамнесиса»), поскольку аргопоэтизм, разумеется, знаком обоим арготирующим. Его припоминание заставляет собеседников улыбнуться, и улыбка представляет собой что-то вроде «улыбки авгуров», свершающих «обряд» арготизации речи, но не придающих этому глубокого значения. Процесс припоминания приводит опять же к тому, что собеседник наталкивается на достаточно «примитивную» структуру, снижающую денотат по смеховому принципу.

В качестве усложняющих элементов словотворчества, помимо суффиксов, выступают и приставки, например, *призвездь, прибабах* «странность характера», *пропистон* «нагоняй» и др., а также сочетание суффиксации и префиксации, например, *апофигей* «безразличие» < *по фигу*.

В том же ключе можно рассматривать и сложение, например, *хохлобаксы* «украинские купоны», *фуфлогон* «обманщик», *ментовоз* «милицейская машина», *чумовоз* «ненормальный человек», *колесман* «тот, кто употребляет таблетки в качестве наркотика», *сачкодром* «место для отдыха, курилка», *тачкодром* «стоянка машин», *сачкодав* «бездельник, лентяй», *деловар*, *делопут* «деловой человек» (обычно в ироническом смысле), *ментозавр* «милиционер», *спиногрыз* «ребенок», *мордогляд* «зеркало», *мужиковед* «гомосексуалист». Распространены и другие формы сложения — слоговое, в сочетании с каламбуром, сращение, различные виды аббревиаций и др.: *сухпай* «сухой паек», *иномарка* «иностранный автомобиль», *дурдом* «сумасшедший дом», *напряжометр* «амперметр», *междусобойчик* «выяснение отношений», *ополлитриться*, *остограммиться* «выпить спиртного», *эмэс* «мальчик-стукальчик, т. е. доносчик», *шапэ* «[ш]вой парень, т. е. девушка, дружащая с парнями». В случаях аббревиации криптолалическая тенденция сочетается с пародийно-смеховой.

Аббревиация с помощью начальных букв (суспензия), как правило, связана в арго с пародированием уже существующих аббревиатур (см. выше). Встречается также и сочетание суспензии и слогового сложения, например, *ебелдос* «Ельцин — Белый дом — Свобода» (так иронично называют приверженцев демократии). Через аббревиацию часто травестируются имена политических деятелей, например: *Кучер* «К. У. Черненко», *Ебон* «Ельцин Б. Н.».

Еще один характерный пример поэтического конверсивного усложнения — субстантивация. Она, в отличие от всех описанных ранее способов, обычно сочетается в арго с метафоризацией или, что чаще, метонимией, причем преимущественно на основе периферийных сем.

Конверсия как поэтический прием в арго известна давно. Например, в «Анне Карениной» Л. Толстой перечисляет названия комнат в клубе, посещаемом Левиным. Речь идет о реально существовавших названиях московского Английского клуба, т. е. об арготизмах его завсегдатаев (в частности, П. Чаадаева, самого Л. Толстого и многих других): «...Левин с князем прошел все комнаты: *большую* (здесь и далее выдел. — В. Е.), где стояли уже столы и играли в небольшую игру привычные партнеры; *диванную*, где играли в шахматы и сидел Сергей Иванович, разговаривая с кем-то; *бильярдную*, где на изгибе комнаты у дивана составилась веселая партия с шампанским, в которой участвовал Гагин; заглянули в *инфернальную*, где у одного стола, за котором уже сел Яшвин, толпилось много державших. Стараясь не шуметь, они вошли и в темную *читальную*, где под лампами с абажурами сидел один молодой человек с сердитым лицом, перехватывавший один журнал за другим, и плешивый генерал, углубленный в чтение. Вошли и в ту комнату, которую князь называл *умною*. В этой комнате трое господ горячо говорили о последней политической новости» [248, т. 9, 285-286].

Приведем современные примеры: *каменный* «любой памятник», *каторжные* «обувь отечественного производства», *международная* «три рубля», *деревянный* «рубль», *голубой* «гомосексуалист», *жёлтый* «рубль», *рыжее* «золото», *синяя* «сосиска», *белая* «водка», *багровый* «новорожденный». На значение арготизма может указывать родовая принадлежность субстантивированного прилагательного, например: *синий* «пьяница» — *синяя* «сосиска», *зелёный* «молокосос» — *зелёная* «три рубля или пятьдесят рублей», *красное* «красное вино» — *красная* «десять рублей».

И установка на примитив, и установка на усложнение приводят к тому, что в принципе снимаются какие-либо ограничения в словообразовательной сфере. Смеховая экспрессия упрощает переход слова из одной части в другую, из одной грамматической категории в другую и т. д. Значительно расширяется корневое гнездо. Как правило, ряд корней становится своеобразным «полигоном» для словообразовательных экспериментов.

Наиболее характерны в этом отношении так называемые «сверхмногозначные» корни [см., напр. 125], типа *фиг, трах, хер* и др. Приближаются к ним такие корни, как *дринк, кир, гон, лом, руб, торч, кадр, бур, шиз, балд, алк, динам* и др., сохраняющие свои корневые значения, но дающие массу производных.

Подтверждает приведенную выше мысль и та «легкость», с которой образуются арготические глаголы, например: *плохой — поплохеть, гад — гадствовать, осел — ослить, порнография — порнушничать, морда — размордеть, стукач — стукачествовать, маразм — маразмировать, шизофреник, шиз — ошизеть, лопух — лопухнуться, шланг — шланговать, сачок — сачковать, чудак — чудаковать, ерунда — ерундить, уркаган — уркаганить, комплекс — комплексовать, хиппи — хипповать, панк — панковать, шарп — шарповать*. Как видно, в построении арготических глаголов может присутствовать отношение так называемой «метафорической мотивации», т. е. факт «перенятия» глаголом соответствующего семантического компонента у существительного. Метафоризация может и отсутствовать. Глаголы могут образовываться и от существительных, и от прилагательных, и «раскладывать» глагол на видовую пару (*спекулировать > спекулять, спекульнуть*), и образовывать ненормативную видовую форму (*демобилизироваться > дембильнуться, вступить в брак > взбрачнуться*). Возможны и еще более экзотические формы, например, образование глагола от императива: *иди > идикать, молчи > молчикать* (сравни *тыкать, выкать*).

Следует сделать замечание об особой роли глагольности (и шире — пропозитивности) в «сниженных» пластах языка, в том числе и в городском арго. На это не раз указывали исследователи. Например, Е. Земская пишет: «Подчеркнем, что сниженная лексика, используемая литературно говорящими в разговорной речи, как правило, относится к сфере пропозитивной семантики, т. е. это глаголы, прилагательные, наречия» [102, 29]. Данное замечание весьма актуально для арго. По всей видимости, особую роль глагольности в разговорном языке, просторечии и арго следует рассматривать в широком, онтологическом аспекте. Не останавливаясь на данной проблеме подробно, вспомним, тем не менее, известную мысль А. Потебни о росте глагольности в эволюции человеческих языков, особенно — в их живых, подвижных, «экспериментальных» сферах. Хорошо известны также мысли А. Пешковского о «глагольности как выразительном средстве» [102], о способности глагола выстраивать «синтаксическую перспективу» (выражение А. Потебни), а также выражать богатейшие видовые и залоговые оттенки [191, 111]. Сниженный язык, в том числе арго, апеллирует прежде всего к потенциальной многозначности, образности и экспрессивности глагола. Приведем характерный пример: глаголы движения. Глагольная семантика движения воспринимается арготирующими как потенциально образная. Отсюда обилие метафорических переносов в данной области.

Например, арго, дублируя все словообразовательные производные от глагола «ехать», дает совершенно иную систему значений: *проехали* «всё, об этом больше не будем говорить», *въехать* «понять, догадаться», *отъехать* «сойти с ума, умереть», *наехать* «повести себя агрессивно», *съехать* (*с катушек*) «сойти с ума», *заехать* «ударить», *доехать* «с трудом понять» и т. д.

В контексте роста пропозитивности в арго можно рассматривать и образование наречий. Таких моделей в арго несколько.

Наиболее распространенной является модель типа «*вприкуску*»: *в постоянку* «постоянно», *в обратку* «обратно, в ответ», *в нахалку* «нагло, нахально» и др.[2] Данная модель наиболее традиционна. В частности, встречается арготизм букинистов старой Москвы продавать *в подторжку*. Еще Петр I любил выражение *в дополнку* [см. 188, 418].

Еще одна распространенная модель — типа *в лёгкую* «легко, поверхностно», *в сильную* «сильно», *в мягкую* «мягко», *в шумную* «шумно» и т. п. Аналогичное наречие встречаем еще у В. Гиляровского: *в глухую* «насмерть» [60, 78].

Приведем примеры других моделей: *с бацу* «сразу» (у Д. Покровского встречаем в значении «неподготовленно» [169, 174]), *в кайф, в жилу, в кассу* «в удовольствие», *по кайфу* в том же значении, *в ломину, в дымину, в лоскут* — передает значение близкое к «очень».

Как видим, образование наречий носит аналитический характер. Тенденцию к аналитизму можно рассматривать как одно из проявлений примитивизации речи. Аналитизм характерен и для ряда других случаев, например, для подмены нормативных или арготических глаголов конструкциями типа «быть (находиться) в чём»: *отказаться > быть в отказе, пролететь* «потерпеть неудачу» > *быть в пролете, завязать* «бросить, покончить с чем-л.» > *быть в завязке, отпасть* «испытывать какие-л. эмоции» > *быть в отпаде, подать заявление на выезд из страны > быть в подачке*.

На этом мы закончим обзор словообразовательных средств в арго. Еще раз подчеркнем следующее соображение: словообразовательные средства в арго являются частью системы поэтических средств. Анализ арготического словообразования с данной точки зрения позволяет выделить две доминирующие и взаимосвязанные тенденции: к примитивизму и к сверхсложности структур. Таким образом, поэтика примитива и поэтика эстетизации и гиперэстетизации, подчас сопряженные с переходом в абсурд, являются определяющими в поэтико-эстетической системе арго.

§ 2. Словесный образ в арго

В предыдущих разделах мы уже неоднократно приводили примеры арготического словесного образа. Практически любой арготизм по-своему образен, т. е. содержит в себе элементы экспрессии и смешного, расчленить которые довольно трудно.

Следует еще раз отметить, что такая смеховая экспрессия (или экспрессивный смех) проявляется не только на уровне лексики, тропа, но и на всех других языковых уровнях. В арго задействован как слуховой, так и зрительный ряд. В предыдущем разделе мы говорили об образности в области фонетики слова. Можно говорить и о множестве других форм образности. Во-первых, это кинесика, соматика (жесты, гримасы, телодвижения), а также костюм, прическа. Например, существует словесный арготизм *пальцы гнуть, пальцевать* «подделываться под уголовника», за которым стоит воровская херема — выставление мизинца и указательного пальца. Во-вторых, это граффити. Современная городская «наскальная живопись» является одной из наименее изученных подсистем низовой культуры, в том числе и арго, а между тем она представляет собой богатейший материал для самого широкого круга специалистов (достаточно вспомнить, какую роль в изучении культуры античности сыграли находки в Помпеях).

Современные граффити можно подразделить на собственно граффити и граффити-искажения нормативных текстов.

Собственно граффити может представлять собой вербальный текст, например *Принц, я тебя люблю и ненавижу* (имеется в виду популярный певец), или текст, содержащий графические элементы, типа изображения доллара или сердца. На наш взгляд, необходимы пристальные исследования арготических пиктограмм.

Граффити-искажения травестируют уже имеющиеся надписи. Например, в традиционном для метрополитена тексте «Места для пассажиров с детьми и инвалидов» стирается часть букв и получается *Ест пассажиров с детьми и инвалидов* (создается смеховой образ людоеда). Или: изображение противопожарного баллона со стрелкой и надписью «Под сиденьем дивана» превращается в *под сидением Иван*. Или: к надписи «купим ваучер» сделана приписка и получается *Купим ваучервонец* и т. д.

Большинство граффити носит либо травестийно-игровой характер, либо выполнено в стиле «жестокого романса» или частушки, например: *Белый лебедь, белый пух, я влюбилась сразу в двух*. В целом граффити являются характернейшим примером низовой культуры примитива.

Теперь обратимся к собственно лексическим образам. Приведем некоторые примеры арготических образных слов и выражений: *кофемолить* «болтать», *забежать за бугор* «уехать за границу», *салатики кушать* «гулять на свадьбе», *уставший* «прокисший, протухший» (например, о рыбе, мясе и т. д.), *кости бросить* «остановиться, переночевать у кого-либо», *как грязи* «много», *создать образ* «уйти, убежать», *бритый кактус* «лысый человек», *белый друг* «унитаз», *парижский насморк* «гонорея», *петух гамбургский* «разодетый человек», *пенёк с ушами* «дурак», *петь военные песни* «лгать», *давить на массу* «спать», *взять за белое мясо* «поймать», *синоптик* «отличник», *пустить красные сопли* «избить», *приблуда* «хитрый профессиональный прием», *мордой торговать* «сидеть без дела, смотря на что-либо», *застегнуться* «зашить ампулу против алкоголизма», *кипятильник* «телефакс».

Как видно, в арго встречаются все виды переносов: на базе аналогий цвета (*шоколадка* «негр», *блондинка* «водка», *синичка* «машина ГАИ»), на базе аналогий звука (*шуршать* «говорить», *пищалки* «высокое звучание электродинамиков», *стон со свистом* «что-либо отличное»), на базе аналогий размеров (*малыш* «чекушка», *ведро со свистом пролетает* «что-либо большое, объемное»), на базе аналогий формы (*морковка* «главное здание МГУ», *балеринка* «курица отечественного производства», *сопля* «лычка на погонах», *глаза на полшестого* «удивленные глаза», *пузырь* «бутылка»), на базе аналогий действий, занятий (*раздеть* «обокрасть», *наградить* «заразить венерической болезнью», *самосвал* «водка, самогон», *рабствовать* «помогать в подготовке проекта, диплома и т. п. — о студентах», *сыграть в жмурки* «умереть»), на базе аналогий ощущения и физического действия (*вертолет* «головокружение», *горячий* «разновидность щелчка»), на базе соотношения части и целого, т. е. метонимического переноса (*жопа* «дурак», *букварь* «зубрила», *рогатый* «троллейбус»), на базе смещения причины и следствия (*гастрит* «дешевый пирожок», *тошниловка* «столовая») и т. п. Однако самое большое число переносов осуществляется на базе периферийных сем. Об этой особенности арго пишут многие исследователи [см., напр., 123]. Именно здесь арготирующий находит наиболее свежий образ. Например, *баян* «шприц для ввода наркотика», *прищепка* «девушка», *мухобойный* «тяжелый, большой: о книге», *уксус* «пьяница», *губастый* «стакан», *поплавок* «диплом», *всё пучком* «всё в порядке», *аляска* «куртка с капюшоном» и т. п.

Арготическая образность сочетает в себе две противоположные тенденции. С одной стороны, арготирующие идут от конкретного звучащего слова как потенциально экспрессивно-смешного образа. С другой стороны, образность в арго строится от исходных смыслов и тем. «Ономасиологическая» и «семасиологическая» тенденция в арго неразрывно связаны.

В арго есть ряд слов, которые всячески обыгрываются как образы. Это могут быть корни (и тогда образ строится по словообразовательным законам — об этом речь шла в соответствующем пункте) или слова́, и тогда они становятся ядром десятков и даже сотен фразеологизмов, речений и т. п. Например, слово *морда* (или его синонимы) дает массу мини-текстов: *морда протокольная, морда просит лица, сделать морду кирпичом, мордой торговать, мордой в салат, мордой об забор, а морда не треснет?, морда в телевизор не влезает* и т. п. Подобные слова и корни могут жить десятилетиями. Например, Е. Земская приводит в качестве недолговечности арготизма слово *сквозить* «уходить» («Бабушка, сквози, — сказала Люба...» [102, 29]). Между тем в словаре М. И. Михельсона 1902 года приводится фразеологизм *дать сквозняка* в значении «удрать» [166, т. 2, 400]. Таким образом, слово (корень) продолжает жить в арго как потенциальный образ.

Итак, с одной стороны, арго идет от слова. С другой, — оно идет от смысла. В арго есть целый ряд «криптотипов», скрытых семантических полей, категорий, которые на протяжении долгого времени продолжают порождать арготизмы. Отсюда, с одной стороны, богатейшие синонимические ряды, с другой, — шире — разработанность определенных тематических комплексов. В первую очередь это касается физиологических тем, актуальных в условиях города реалий и категорий оценочности. Приведем примеры.

«милиционер»: *хвост, трёшник, метёлка, мент, мусор, шинель, кокарда, сапог, яшка, канарейка* (о ГАИ), *краснощёкий, пижама, портупея, свисток, соловей, дубинка, власть, демократ, забрало*; сюда же: *аханы* «сигнализация», *холодильник, обезьянник, зверинец* «комната для задержанных», *синеглазка, цементовоз* «милицейская машина» и т. п.;

«девушка»: *пампушка, фифа, штучка, трепетуля, муля, фафа, персик, краля, кадрица, крошка, конь, бабец, швабра, коза, кобра, шлёндра, прищепка, простокваша, колдобина, матрёшка, корова, кляча, доска, жучка, кошёлка, чувиха, дырка, батон, мотыга, фанера, кукла, машка, дунька, клизма, станок, гирла, шалава, профора, сексотка, клюшка, тётка, мурка, мурлетка, мочалка, женьшень, овца, тёлка, кувалда* и т. п.

«ложь»: *гон, свист, туфта, дезуха, сказки пушкина, сказки венского леса, лапша, мозгоклюйство, ля-ля, военные песни* и т. п.

Наибольшую свободу для образотворчества дают такие большие поля, как, например, «нехороший человек», переходящее в общеинвективную семантику. Например: *фраер, халда, ханурик, хлам, маша, хмырь, мезозой, чемодан, чух, чмо, нанаец, монголоид, недоструганный, ноготь обломанный, обломок, обмылок, овощ, шпингалет, изжога, калоша, кегля, кисель, клава, коля, алёша, контрик, коряга, котлета, конь бельгийский, отрыжка пьяного индуса, пельмень, пернатый, подпёрдыш кулацкий, полуфабрикат, пупок, сельпо, тундра, сколопендра, тапочек, фруктоза, типозина, тормоз, трюфель, тупоносый, тухляк, тюмень, дуб, дерево, грязь, даун, доктор, долото, гаврила, выхухоль, дубль, борман, бамбук, баобаб* и т. п. В общеинвективной лексике соединяются, унифицируются такие оттенки, как «глупый», «неприятный, отталкивающий», «неграмотный» и т. п., т. е. все отрицательные качества. Данная тенденция является очень характерной для арго: смысловые поля не имеют здесь четких границ и стремятся к объединению. Поэтому, например, значение «еда» перетекает в «закуску», а «закуска» — в «выпивку» (*хавчик*). Таких примеров можно привести множество. Эта тенденция опять же совмещается в арго с противоположной — к узкой, специальной номинации. Например, в арго предпринимателей появилось слово *отмороженный*. Одно из толкований слова таково: «человек, который берет на себя перед партнером заведомо невыполнимые обязательства; затем в связи с их невыполнением у него отбирают имущество». Существовал специальный бизнес на отмороженных. Далее семантика слова размылась. *Отмороженный* (или *отморозок*) стало означать «странный, придурковатый».

Итак, арготическая семантика стремится либо к максимальной конкретности, либо наоборот — к максимальной обобщенности, переходящей в абстрактность, размытость. Такова общая установка на своеобразную поляризацию семантики. В области приемов поэтики это отражается в тенденции к построению образа на основе диаметрально противоположных тропов: интенсивная эвфемизация сочетается с максимальной дисфемизацией, гипербола — с литотой, жесткое усечение (в словообразовании) — с гиперсуффиксацией и т. д. Нарочитая «сложность» образа легко переходит в примитив, абсурд сочетается с подчеркнутым здравым смыслом.

Примитивистская эстетическая тенденция, как мы уже пытались показать, отчетливо проявляет себя в области словообразования (усечение и др.). В области лексической стилистики она выражается в выборе определенных стилистических ключей (отчасти речь об этом шла в разделе о темах арго). Характерный примитивистский (вернее — псевдопримитивистский) ключ — это выбор «псевдорусского», просторечного стиля. В арго периодически усиливается мода на «простоту», «незатейливость» речи. Отсюда такие слова и выражения, как *заморочка* «трудная задача», *фенька* «любая интересная вещь», *запарить кочерыжку* «закурить», *похороночка* «тайник» и проч., нарочитое употребление диалектизмов, просторечных «ошибок» (*вас тут не стояло; секёшь* и т. п.).

С примитивом стилистически контрастирует эстетизация и гиперэстетизация. В области поэтики один из наиболее показательных примеров данной тенденции — это своего рода перифрастический эвфемизм. Табу, которое мотивирует эвфемизм, практически не существует в современном арго. Лишь отчасти табу сохраняется у воров, цыган и др. Отсюда такие арготизмы, как *угодить к дяде, угодить под шары* «попасть в часть» [60, 11, 14], да и те уже устарели. Эвфемизм в арго фактически перешел в образную перифразу, иногда по типу abstractum pro concreto, иногда по типу антономазии. Вероятно, эвфемизм в арго имеет богатую историю и был неотъемлемой частью мещанских арго XIX века. Неоднократно пародируются эвфемизмы (типа «я облегчила себе нос», «этот стакан нехорошо себя ведет» и т. п.) у Н. Гоголя. Еще более сочные примеры дает Н. Лесков, например: «...обращение у Домны Платоновны было тонкое. Ни за что, бывало, она в гостиной не скажет, как другие, что «была, дескать, я во всенародной бане», а выразится, что «имела я, сударь, счастие вчера быть в бестелесном маскараде»; о беременной женщине ни за что не брякнет, как другие, что она, дескать, беременна, а скажет: «она в своем марьяжном интересе», и тому подобное» [140, 151].

Современные эвфемизмы-перифразы, описательные иносказания во многом схожи по структуре с приведенными выше, например: *горизонтальная профессия* «проституция», *лекарство* «выпивка», *книжки читать* «пить спиртное», *белый друг* «унитаз», *ресторан «Зелёный кустик»* «распитие спиртного на улице», *арбуз проглотить* «забеременеть», *нарисовать звёздочку на заднице* «одержать победу по женской части», *аэродром в лесу* «лысина», *цветок асфальта* «проститутка» и т. п. Существует значительное количество эвфемизмов матерной ругани, например, *иди на три весёлых буквы, ёксель-моксель* (или *ёшки-мошки, ёханый бабай* и т. п.), *бляха-муха* и т. д. Движет образной эвфемизацией здесь не запрет, а смеховое обыгрывание запретной темы. Типичный пример осмеяния табу — тема смерти. Существует синонимический ряд со значением «умереть»: *дать упаковочку, дать дуба, коньки* (*коней*) *двинуть, сыграть в жмурки, скопытиться, копыта* (*деревяшки, костыли* и т. п.) *протянуть, сандалии откинуть, слипнуться, отъехать, сделать ручкой, ласты склеить* и т. д. (в частности, на игре с данным синонимическим рядом построен юмор в «Двенадцати стульях» [106, 19–20]). Таким образом, смерть осмеивается и перестает быть страшной.

Если эвфемистическое иносказание является характерным примером установки на прямую, ориентированную на «культуру» эстетизацию речи, то примером абсурдизации может служить оксюморонная тенденция в арготическом тропе. Оксюморон как сопряжение несопрягаемого в арго, как правило, стремится к абсурду. Противопоставленные смыслы размываются и превращаются в нечто цельно-абсурдное.

Оксюморон как нарочитая бессмысленность, как смеховое перевертывание всей существующей иерархии смыслов никогда не исчезал из арго. Очень тонко подметил психологическую подоплеку оксюморонизации Л. Толстой: «Характер их смешного, то есть Володи и Дубкова, состоял в подражании и усилении известного анекдота: «Что, вы были за границей?» — будто бы говорит один. «Нет, я не был, — отвечает другой, — но брат играет на скрипке». Они в этом роде *комизма бессмыслия* (выделено мной — В. Е.) дошли до такого совершенства, что уже самый анекдот рассказывали так, что «брат мой тоже никогда не играл на скрипке». На каждый вопрос они отвечали друг другу в том же роде, а иногда и без вопроса старались соединить две самые несообразные вещи, говорили эту бессмыслицу *с серьезным лицом* (выделено мной — В. Е.) — и выходило очень смешно» [248, т. 1, 226]. И в другом месте: «...сделав серьезное умышленно глупое лицо, говорил (Володя — В. Е.) какое-нибудь слово, не имеющее никакого смысла и отношения с вопросом, произносил, вдруг сделав мутные глаза, слова: булку или поехали, или капусту, или что-нибудь в этом роде» [248, т. 1, 276]. Абсурдизация речи свойственна многим людям. Например, у М. Горького любимым ироничным ругательством было *черти лиловые* [см. 6, 44]. В качестве примеров современных арготических абсурдистских тропов приведем следующие: *вместо глаз два пельменя, красив до безобразия, смесь бульдога с носорогом, помесь негра с мотоциклом, стучать себя пяткой в грудь, копать от ямы до обеда, морда лица* и т. п.

Наконец, в обзоре арготического словесного образа хотелось бы остановиться еще на одном моменте. Арго является чрезвычайно продуктивным материалом для сопоставительных исследований. С одной стороны, в разных языках арго дает поразительно схожую образность, с другой — передает специфику национального мышления.

Например, в испанском разговорном арго находим массу аналогов с русским (при этом исключаются кальки), например: cambia de disco = *смени пластинку* «смени тему», melon, calabaza = *дыня, тыква* «голова», dinarla (dar la alma) = *отдать душу* «умереть», morirse de risa = *умереть со смеху*. Массу аналогов в испанском арго находят русские оценочные гиперболы, такие как *безумный, потолочный, ужасный* и т. п. (ср. bárbaro, brutal и др.). Множество типологических соответствий находим в области словосложения: ср. *болтология* и т. п. и chismografía «склонность к сплетням», yernocracía «букв.: зяте-кратия, т. е. знакомства, блат». Схожие черты наблюдаются в области телесной метонимии. Русские синонимы слова «задница» всячески обыгрываются и в испанских арго (например, болельщики футбольной команды «Барса» именуются culés букв. «задницы» и т. п.).

В то же время мы видим, что многие ключевые в арготическом космосе образы выстраиваются на основе аналогий, передающих национальную специфику мышления. Например, русское *стучать, стукач* «доносить» доносчик» соответствует испанскому soplar (дуть), soplón (тот, кто дует). Русскому *блатной* соответствует испанское enchufista, enchufado (букв. тот, кто присоединился, «смыкнулся», «пригрелся»).

Таким образом, арготическое словообразование и лексическая образность являются одной из наиболее интересных областей изучения универсального и специфического в языке.

§ 3. Арго в речи. Арготическая риторика

Те же семантические тенденции, которые мы наблюдали на уровне слова и словосочетания, актуальны и для уровня текста. Арготическое «красноречие» имеет те же экспрессивно-смеховые установки.

Особое место в аргориторике занимает профессиональное красноречие. В архаике оно было особенно актуально. Аргориторика знала и знает множество жанров: присказки, выкрики, рекламные острословицы торговцев и зазывал. Существует тип профессионального говоруна. М. Бахтин, рассказывая о «криках Парижа», одном из средневековых площадных жанров, говорит об особой роли громкого голоса в культуре того времени [16, 201]. Образцы старой московской торговой риторики оставили «москвоведы». Например: «Сливы двадцать за фунт — без подначки. У акули — дули, пятачок за пару. Яблочки ранет, у кого своих нет!» (фруктовщики); «Мундштук — сигара, как у старого цыгана, на вот — нагнись да затянись!» (продавцы мундштуков); «Американские баретки в двадцать четыре клетки. Как ни шагнёшь, так двадцать одно. Как ни ступишь, так бубны козыри!» (продавец лаптей) и т. п. [105, 160]. Из современных выкриков (даем материалы нашей картотеки с интонационной транскрипцией): /Г¯азета Антиспи(6)д» — / Ӯ кого нутро кипи(2)т!; [Ква(2)шеная капуста — / У кого в желудке пу(2)сто!; Впе̄рвые в Москве Ва(6)нга / Откроет вам тайны бытия(1); Кре̄млёвские бо(2)нзы! Све(2)жие новости!(3)

В современной торговой риторике существует целый ряд штампов, например, растяжение первой гласной синтагмы или часто встречающийся фрагмент риторического периода «кто забыл» (*Лучок кто забыл купить?*).

Помимо профессионально-торговой риторики можно выделить такие чисто смеховые диалогические жанры, как прения и диспуты. Вкрапления арготизмов в диалоги подобного рода являются обязательным элементом низовой риторики. Характернейший пример использования арготизированных диспутов как литературного приема — проза Вен. Ерофеева. Мы не будем останавливаться на ней подробно, об этом шла речь в первой главе. Арготизированное просторечие дает множество образцов мини-диалогов и стандартизированных фрагментов диалогов [см., в частности 40]. В целом здесь можно говорить о системе аргофольклора, иначе — городского низового фольклора, во многом повторяющего традиционные фольклорные жанры. Приведем примеры:

Мини-диалоги. Как? — Кверху каком (=как покакал, так и ляг и т. п.); Кто? — Дед Пихто (конь в кожаном пальто и т. п.); Куда? — Попой чистить провода (=на хутор бабочек ловить и т. п.); А? — Бэ тоже витамин (и цэ не отрава); — Здоро́во! — Я бык, а ты корова; Эй! — «Эй» зовут лошадей.

Пословицы и поговорки. Надо есть часто, но помногу; на халяву и уксус сладкий; без кайфа нет лайфа; лучше стучать, чем перестукиваться; куй железо, пока Горбачёв; сколько волка не корми, а у слона всё равно член больше; мастерство не пропьёшь.

Загадки. Постельная принадлежность из трёх букв (муж); чёрное на четырёх ногах (шахтёр после получки).

Реченья-инвективы (в детском фольклоре — дразнилки). Борис — председатель дохлых крыс; жир-трест-комбинат-пром-сосиска-лимонад.

Иронические советы. Дышите глубже, пролетаем Сочи; не будь чем ворота подпирают; в хлев не ходи, от обиды не вешайся.

Побасенки (композиция с контрастирующими частями — прямой речью (стандартной паремией) и словами рассказчика). «Бережёного бог бережёт», — сказала монашка, надевая презерватив на свечку, «Пить так пить», — сказал котёнок, когда его несли топить.

Пародийные лозунги. Водка — пережиток прошлого, настоящего и будущего; водители, бойтесь тех мест, откуда появляются дети; наша сила — в плавках (лозунг сталеваров).

Присловья. Не видать ещё Красной Армии? (при ожидании автобуса); ешьте гости дорогие, всё равно выбрасывать; не говори, подруга, сама по пьянке замуж вышла.

Двустишья и четверостишья. Он не курит и не пьёт, // Матом не ругается. // Если всё наоборот — // Вася (Петя, Вадик и т. п.) получается; Скажем дружно: // На фиг нужно; Будьте здоровы, живите богато, // Насколько позволит вам ваша зарплата, // А если зарплата вам жить не позволит, // Ну что ж, не живите, никто не неволит.

Приглашения. Приезжай ко мне в Баку, будет попа на боку; Приезжай ко мне в Тбилиси, будут вот такие сиси.

Шутливые угрозы. Для тебя зубы — роскошь; Сделай фокус — испарись; Молчать, я вас спрашиваю; Закрой свой борщехлёб и не греми крышкой.

Шутливая похвала. Молоток, подрастёшь — кувалдой будешь; Молодец, возьми с полки пирожок.

Ритуальные мини-диалоги. Тук-тук! — Кто там? — Сто грамм. — Заходи (при распитии спиртного).

Огромную роль в арготической риторике играют «крылатые слова», как из художественных произведений (М. Булгаков, И. Ильф и Е. Петров, Л. Филатов, Д. Хармс, Вен. Ерофеев и др.), так и из кино- и телефильмов («Белое солнце пустыни», «Кавказская пленница», «Бриллиантовая рука», «Джентльмены удачи» и др.) и мульфильмов («Маугли», «Ну, погоди!» и др.).

В целом аргориторика как «вторичный» фольклор является своеобразной пародией на язык и культуру. Здесь аргориторика либо прямо пародирует уже существующие образцы культуры и языка (например, когда дается начало известной пословицы и ее арготическое продолжение: *работа не член, сто лет простоит* и т. п.), либо идет по пути создания своей собственной гномистики (*ты не тронь никого и не бойся ничего; деньги — зло, богатство — тряпки, бабы — вечный капитал; сухие дрова жарко горят* — о худых женщинах).

Арготирующий строит фразу по общеязыковым законам, но на «швах» синтаксических конструкций старается вставить нечто свое. Прежде всего арготически окрашена система обращений (*вареник, кактус, клюшка, перец, заусенец, самцы, пакет, плесень* и т. п.) и вводных слов (*ля-ля тополя; кстати о птичках; между нами, девочками* и т. п.).

Пародийная травестийная тенденция в арго своим крайним пределом имеет выход в абсурд. Приведем примеры. Так называемая поэтическая этимология (Г. Винокур), иначе — фонетическая метафора, строящаяся на звуковом параллелизме (каламбуре, ассонансе), часто в арго сочетается с эвфуистическим провоцированием на брань. Множество подобных примеров можно привести из детско-школьного фольклора, например: «На дороге холм с кулями, // Выйду нá холм, куль поставлю. // На дороге холм с кулями, // Выйду нá куль хулить». Так фольклорная скороговорка приобретает пародийно-абсурдистский оттенок.

Другой характернейший прием комической абсурдизации — это анаколуф (или амфиболия, грань между которыми здесь очень трудно провести, поскольку «затемнение» смысла сочетается с нарочитой абсурдизацией), типа *хорошо зимой и летом, а весной чем осенью*. Далее начинается уже область «разграмматизированного» пародийного фольклора; например: «Если хочешь сил моральных // И физических обречь // Пейте соков натуральных: // Укрепляет грудь и плеч».

Неотъемлемой частью арготиторики является фонетическое оформление речи. Мы уже упомянули о ряде фонетических арготстилей («кавказский», «еврейский», «провинциальный»). Существуют и фонетические приметы московского арготстиля (примерно с середины 80-х годов). К ним, в частности, можно отнести: очень сильное растяжение предударных гласных, часто в сочетании с полной редукцией не только всех безударных, но и с редукцией ударного; напр. [гвāр'ь́л] (говорил), [вāш̄'ь́] (вообще, иногда: [āш̄ь́]), [н'āрмъл'нј] (нормальный); повышенная сонорность; произношение шумных согласных озвонченно, иногда — прямо как звонких: [бāдо́м] (потом), [гāгдá] (когда); [жу́х'р] (шухер); произнесение зубных смычных с з- и с-обрáзным призвуком перед передними гласными: [д'з'э́лъ] (дело), [д'з'и́скъ] (диско); [т'с'и́хъ] (тихо), [бад'з'ъм] (пойдём); назализация, говорение в «нос» (проход через носовую полость остается открытым постоянно). Следует отметить также ряд сверхчастотных слов, произношение которых остается обычно постоянным, напр.: [пом] — пойдём; [пол] — понял?; [пай] — пойди; [в'ил] — видел?; [заш] — знаешь?; [ч̄о] — что?; [нэ] — ну (при выражении самых различных оттенков); [ш̄'а] — сейчас (при выражении отказа, несогласия) и др.

Мы уже знаем подобную тенденцию по общеразговорной речи, однако в арго данная тенденция выражается более сгущенно, гипертрофированно.

Диалоги с арготическими элементами, как правило, отличаются своеобразной эмоциональностью, выраженной в употреблении эмоциональных реализаций ИК. Специфика арготической эмоции, в отличие от общеразговорной, заключается в ее «поддельности». Она чаще наигранна. Приведем некоторые примеры зафиксированных нами диалогов (блокнотные записи конца 80-х — первой половины 90-х гг. со слуха). В транскрипции указывается только тип интонации (ИК); эмоциональные же реализации читатель, знакомый с аргориторикой, может безошибочно достроить сам:

1. (Два молодых человека, проспект Мира):

— [Пай$^{(2)}$ с'уá]! (пойди сюда).

— [Ч'о$^{(3)}$]? (что?)

— [паи$^{(2)}$ гр'у с'уá] (пойди, говорю, сюда)

— /Чо$^{(2)}$ т'е]? (чего тебе)

— Во$^{(2)}$ козёл! / У тебя [ч'о$^{(2)}$] / бана$^{(3)}$ны в ушах?

2. (Винный магазин после выборов президента):

— Ма$^{(2)}$ть, /ну дā$^{(2)}$й по мензурке-то!

— Иди$^{(2)}$ отсюда, /синю$^{(2)}$ха проклятая!

— Ну да$^{(2)}$й /президе$^{(2)}$нта-то обмыть!

— Я [т'е ш̄'а] (тебе сейчас) обмо$^{(2)}$ю, /вдоль жо$^{(2)}$пы / вот этим ве$^{(2)}$ником-то!

— Во$^{(2)}$ мымра некультурная!

3. (Баня, парилка. Толстый мужчина примерно 40 лет поднимается по лестнице и задевает другого (примерно 25 лет):

— [Куá] (куда) прё$^{(2)}$шь!

— Всё туда$^{(1)}$ же.

— Нажра$^{(3)}$л соцнакопление-то?

— И, [т'а$^{(2)}$] (тебя), зелёнку, не спросил.

4. (На улице. Двое мужчин примерно 35 лет, по всей видимости, рабочих):

— Ну, что$^{(2)}$ нагре$^{(3)}$ли тебя с тринадцатой? (13-ой зарплатой)

— Ну$^{(7)}$.

— С конца$^{(3)}$ми?

— Куку$^{(2)}$, Вася.

5. (Два молодых человека, примерно 20 лет, в метро):

— Ну коро$^{(2)}$че / ... там э$^{(1)}$тот... / ну этот чува$^{(2)}$к...

— Фи$^{(3)}$л?

— Да не$^{(3)}$... /ну только / ш̄'а$^{(2)}$ (сейчас) / из армейки припёрся... / На а$^{(1)}$зера похож...

— А$^{(2)}$ [по$^{(2)}$л] (понял)... / Ну и [чо$^{(2)}$] он?

— Да [н'ичо$^{(2)}$]! / Отчмыри$^{(2)}$л я его...

— Правильно [зд'э$^{(2)}$ъл]... (сделал)

6. (Богородский лес. Мужчина примерно 35 лет выгуливает собаку. Мимо проходит женщина примерно 50 лет):

— Ой ты лапӯ$^{(2)}$лечка! / Ой ты красā$^{(2)}$вчик! Это что же за поро$^{(2)}$да-то такая?

— Подзабо$^{(2)}$рная порода.

— Двортерье$^{(3)}$р?

— [Ага$^{(2)}$], / помесь негра с мотокци$^{(2)}$клом. (Оба смеются, собака серьезно нюхает снег)

7. (Очередь перед открытием винного магазина. Выкрики):

— Открывā$^{(2)}$й! / Два$^{(2)}$ с тремя минутами!

— Ма$^{(2)}$том не ругайтесь!

— А / чо$^{(2)}$], / у$^{(3)}$хи вянут?

— У́хи-у$^{(2)}$хи... / Синю$^{(2)}$шник!

— А ты на себя$^{(2)}$-то посмотри) / Гу$^{(2)}$рченко, ёксель... (Все смеются)

8. (Очередь в винный магазин. Выкрики):

— Душма$^{(2)}$нов не пускай!

— Ка$^{(2)}$к их не пустишь... Вон ло$^{(1)}$м какой...

— Будку нажра$^{(3)}$л / [а т'эр'] (а теперь) ле$^{(2)}$зет...

9. (Давка в метро. Вагон. Женщина пожилого возраста ворчит на молодого человека. Тот отвечает):

— Гражда$^{(2)}$нка, / это сово$^{(2)}$к. / Не на$^{(7)}$до бить крыльями.

10. (Два молодых человека примерно 18 лет. Автобус):

— [Чо$^{(2)}$] [ш'а] делать [буш]? (чего сейчас делать будешь?)

— [Ша] картофа$^{(6)}$на наверну...

— А пото$^{(2)}$м [чо]?

— Гру$^{(2)}$ши буду околачивать.

11. (Юноша и девушка, примерно 16 лет. Автобус):

— А [по$^{(2)}$м] (потом) [чо] было?

— Не [зна$^{(7)}$] (не знаю) я свинти$^{(1)}$ла.

— А [чо$^{(2)}$]... / не в ка$^{(3)}$ссу... / бухло$^{(2)}$?

— Уй там мра$^{(2)}$к [ваш̄'э]!

13. (Два подростка примерно 14–15 лет; у школы):

— Ты [ваш̄'э] че$^{(2)}$м так... / по жи$^{(2)}$зни занимаешься?

— Конной греблей на конька$^{(1)}$х.

— Не$^{(2)}$ / ну в нату$^{(2)}$ре?

— Ну(6) / ...export качa(2)юсь слегонца.
— Качо(3)к?
— [Ну?]

14. (Два студента. Университет):

— На лекцию [по(3)ш](пойдёшь?)
— Не(7)-а.
— [Пра(2)л'нъ] (правильно) / Ну(2) ё! (ну её...) / [По(2)м] (пойдём) по пивку?
— Не(2) / в завя(2)зке. / Чо(2)-то, блин... / Задви(1)нул. / Харэ(1) (хорош, довольно) квасить.

15. (Два студента. Университет):

— [Пр'э(2)т] (привет). / На лекции бы(1)л?
— Бы(1)л.
— Ну и чо(2)? / Чо гна(2)л-то?
— Да ну(2), / чешую(2) всякую.
— Мужик-то хоть ничего(3)?
— Му(2)тный, блин.

16. (Две девушки примерно 17 лет, метро):

— Нет, а мне вчера Дёма звони(3)т...
— Са(3)м, что ли?
— Ну(4).
— Кла(2)сс!
— Ну(2) [гр'ит] (говорит) / я(2) [т'а] (тебя) там... / ну, люблю(2) там... / Ну(2) там типа того... / приезжа(2)й... / Прики(3)дываешь?
— Отпа̄(2)д!

17. (Молодой человек примерно 20–25 лет; в телефоне-автомате):

Алё(2)! / Это я(1). Чо(2), / пра(3)вда, что ли? Гро(2)хнуться! Во(2) гад! Во(2) западло! Я [ш̄'а] (сейчас) прие(3)ду, / гла(2)з ему высосу. Не(2). / Всё пучко(1)м. / Ага́, чеши(2)... / Пока(1).

18. (Пожилой человек примерно 60 лет. Рассказывает):

— Мне вчера(3), / [по(3)л] (понял) / пя́ть то́нн наво(2)за отвалили. / Во(2). // Зато задё(2)шево. / Четврта(2)к. / Я(2) его, / [по(3)л], / как папа Ка(2)рла, / два дня(2) таскал. / Ни(5)хрена́ не перетаскал. / Плю(2)нул. / На(6)фиг мне это нужно? / Еще сандалетки отки(3)нешь]. [Т'эр'] (теперь) сутра(2), / [по(3)л] / дырки-то протрё(3)шь / в окно посмо(3)тришь /], а та(3)м / — одно дерьмо(2). / Во(2) сука какая.

19. (Мужчина лет 50 просит закурить у двух молодых ребят примерно 20 лет):

— Земляки(2), / огня дади(3)те?
— На(2), отец (щелкает зажигалкой).
— Япо(2)нский бог! / Маши(2)на-то какая!.. / забуго(3)рная, что ли?
— Стейтсо(2)вая, бать.
— Кака(3)я?
— Шта(2)товская.
— А(2). / Все загнива(3)ют?
— Ну(7), / со страшной си(1)лой.

20. (Два студента примерно 20—22 года. После конкурса красоты):

— Пара(6)ша такая...
— Ну(2), / эта Ма(6)ша с Уралмаша...
— Но(6)ги иксом.
— Беда(7).

21. (На улице. Две молодые женщины):

— Что(2) там дают-то?
— Варе(6)нки что ли...
— Кооперати(3)вные?
— Ну(7). / Там э(2)ти какие-то... / из-под обло(2)мков (речь об армянах, потерпевших землетрясение).

Как видно из примеров, арготический диалог является одним из наиболее показательных жанров аргориторики. В нем все языковые средства выступают во взаимодействии. Говорящие «совместно» определяют степень арготизации речи (скажем, у молодых людей она будет значительно выше), а также пути, приемы арготизации. Таким образом, игровой элемент в диалоге может занимать более или менее важное место, а «качество» данной игры (от «черного юмора» до женской экзальтации) будет определяться характером, психологией говорящих.

§ 4. Эстетические доминанты арго: гиперэстетизм, абсурд и примитив

Анализ арготической поэтики на разных уровнях языка позволяет вычленить основные семантические (и эстетические) доминанты арго. Ими являются гиперэстетизм, абсурд и примитив. В первой главе мы анализировали онтологические состояния арго, одновременно присутствующие в нем тенденции к закрытости, затем — к частичному раскрытию и, наконец, — к полной, абсолютной открытости. После анализа арготической поэтики мы можем сделать следующие выводы.

Тенденции к закрытости, герметизму в арго в основном соответствует эстетическая установка на гиперэстетику, т. е. на культивирование сложной поэтико-семантической системы. Замкнутая система живет внутренней сложностью, которая на определенное время делает ее самодостаточной. Герметика всегда сложна с эстетической точки зрения.

Раскрытие арго, кинизирующая тенденция в системе как бы вызывает внутренний бунт. Упорядоченная герметикой сложность рушится под напором кинического протеста, всесмешивающего демократического начала. Система как бы «сходит с ума», смело экспериментирует, эклектически переполняется новыми элементами. Происходит переход в абсурд как в семантический предел кинизма.

Полное раскрытие арго, его полная демократизация и плебеизация освобождает систему от последних атавизмов герметики, а вместе с ними — от последних остатков рефлексии, установки на какой бы то ни было эстетизм. Полностью порвавший с герметизмом кинизм становится раблезианством. «Сумасшедшая», эклектическая система распадается на первоэлементы, примитивизируется. Происходит «диалектический виток» и переход к полной открытости системы, в недрах которой зарождаются семена новых гермосистем.

Таков максимальный диапазон бытования арго — от тайноречия алхимиков до площадной ругани, которые одновременно и полярно разъединены, и родственны.

Осмысление арго в лингвофилософском ключе представляется нам крайне актуальным.

По всей видимости, аргология в настоящее время обладает достаточным эмпирическим материалом для философских и культурологических обобщений.

ЗАКЛЮЧЕНИЕ

В данной работе мы обзорно остановились на главных моментах арготического речетворчества, на основных закономерностях функционирования арготизма в речи, сделали попытку определить арго как лингвистическую и мировоззренческую систему.

Обращение к проблеме арго представляется весьма актуальным в связи с теми процессами, которые активно идут в языке.

Прежде всего — это активизация разговорной речи, расширение сфер ее функционирования, кроме того, это активный процесс фиксации сниженных, «нелитературных» языковых структур в художественной прозе, в кинематографе, в теле- и радиопрограммах. При этом арго, как уже говорилось, в значительной мере берет на себя функцию определенного стиля общения в городской среде. Этот маркированный стиль присущ преимущественно молодежи (хотя часто далеко выходит за рамки молодежной среды). Арготический стиль общения подразумевает определенную оппозиционность, своеобразную оппозиционную «философию» жизни. Поэтому изучение арго является необходимым не только с точки зрения лингвистики, но и с точки зрения социологии, социальной психологии. Кроме того, как показывают исторические наблюдения, арго, являясь наиболее «бытовым», «приземленным» языком, представляет собой богатейший материал для бытописательства, для конкретизации того, что называют «ароматом» эпохи, причем арго не только реагирует на появление различных недолговечных реалий (скажем, какого-нибудь сорта вина или нового фасона обуви или брюк), но и в полной мере передает отношение к этой реалии арготирующих. Таким образом, арго является частью повседневного городского быта, определенного уклада жизни, который очень быстро меняется с изменением социально-бытовых условий, и, как это часто бывало в нашей истории, уходит бесследно, оставив после себя лишь глухую завесу официальных сводок и сообщений.

Главные трудности изучения арго заключаются в его смешанном характере, в нечеткости, размытости его границ и в его динамической природе. Именно эти черты арго говорят о необходимости его систематической фиксации и постоянного изучения. Следует также отметить необходимость комплексного подхода к изучению арго. Дело в том, что арго как стиль осуществляется лишь во взаимодействии различных уровней языка, включая интонационно-звуковые средства. И хотя следует признать, что арго — это прежде всего арготическая лексика, тем не менее оно ею не ограничивается, и, следовательно, понятие «арготизм» значительно шире, чем стилистически маркированная лексема или какое-либо специфическое выражение; арготическим компонентом может являться, например, определенная фонетическая манера произношения или какое-либо невербальное средство (например, жест, элемент одежды и т. п.). Здесь следует указать также на теснейшую связь арго с другими элементами городской культуры, иначе говоря, чрезвычайно продуктивным могло бы стать исследование арго как одной из подсистем городской семиотической системы в сочетании с такими феноменами, как настенные надписи (граффити), одежда неформальных объединений, искусство авангарда (живопись, скульптура, поэзия и т. п.), современный анекдот и т. д.

Наконец, следует сказать о том, что арго представляет собой подсистему, универсальную для всех языков. По всей видимости, во всех национальных арго схожи онтологические и аксиологические установки. Но можно предположить также, что каждое национальное арго имеет свою специфику, обусловленную как особенностями структуры языка(так, например, в русском арго чрезвычайно развито арготическое словообразование, корневые гнезда и т. п.), так и связанную с национальными особенностями мировидения и мирочувствования. Очень интересным могло бы стать многоаспектное сопоставление различных национальных арготических систем, выявление их универсальных и специфических черт. Данное направление могло бы иметь и чисто практический выход (например, в решении проблемы художественного и публицистического перевода).

СПИСОК ИСПОЛЬЗОВАННОЙ ЛИТЕРАТУРЫ

1. *Авдеева М.* Татуировка в местах заключения // Право и жизнь. — 1927. — № 1. — С. 67–70.
2. *Авдеенко И. А.* (Ванька Бец). Босяцкий словарь: Опыт словотолкователя выражений, употребляемых босяками: Сост. по разным источникам. — Одесса, 1903. — 8 с.
3. *Аверченко А. Т.* Кривые углы: Рассказы. — М.: Сов. Россия, 1989. — 300 с.
4. *Аксаков С. Т.* Записки об уженье рыбы; Записки ружейного охотника Оренбургской губернии; Рассказы и воспоминания охотника о разных охотах; Статья об охотах // Аксаков С. Т. Собр. соч.: В 4 т. — М.: Гос. изд-во худож. лит., 1956. Т. 4. — 664 с.
5. *Александров В.* Арестантская республика // Рус. мысль. — 1904. — Кн. 9. — С. 68–84.
6. *Анненков Ю. П.* Дневник моих встреч: Цикл трагедий. — М.: Сов. композитор, 1990. — 344 с.
7. Антология кинизма: Фрагм. Соч. кинич. мыслителей: Сб. — М.: Наука, 1984. — 398 с.
8. *Арапов М. В.* К этимологии слова «офеня» // Этимология: Принципы реконструкции и методика исслед.: Сб. ст. — М.: Наука, 1965. — С. 120–126.
9. *Аристотель.* Поэтика // Античные теории языка и стиля. — М; Л.: Соцэкгиз, 1936. — С. 174–188.
10. *Арутюнова Н. Д.* Функциональные типы языковой метафоры // Изв. АН СССР. Сер. лит. и яз. — 1978. — Т. 37, № 4. — С. 333–343.
11. *Ахманова О. С.* Словарь лингвистических терминов. — М.: Сов. энцикл., 1966. — 607 с.
12. *Бабель И. Э.* Конармия; Рассказы, дневники, публицистика. — М.: Правда, 1990. — 478 с.
13. *Балли Ш.* Французская стилистика. — М.: Изд-во иностр. лит., 1961. — 394 с.
14. *Баранников А. П.* Из наблюдений над развитием русского языка в последние годы. I. Влияние войны и революции на развитие русского языка // Учен. зап. Самар. ун-та. — 1919. — Вып. 2. — С. 64–84.
15. *Баранников А. П.* Цыганские элементы в русском воровском арго // Язык и литература. — Л., 1931. — Т. 7. — С. 139–158.
16. *Бахтин М. М.* Творчество Франсуа Рабле и народная культура средневековья и Ренессанса. — М.: Худож. лит., 1990. — 542 с.
17. *Бахтин М. М.* Эстетика словесного творчества: Сб. избр. тр. — М.: Искусство, 1979. — 423 с.
18. *Белозерская-Булгакова Л. Е.* Воспоминания. — М.: Худож. лит., 1990. — 222 с.
19. *Белоусов И. А.* Ушедшая Москва. — М.: Моск. т-во писателей, 1927. — 130 с.
20. *Белянин В. П., Бутенко И. А.* Толковый словарь современных разговорных фразеологизмов и присловий. — М.: Рос. ин-т культурологии, 1993. — 72 с.
21. *Битов А. Г.* Херр Голландский: Из эссе «Памятник литературы как жанр» // Независимая газета. — 1991. — 14 мая. — С. 8.
22. *Биязи Н. Н.* Словарь французского военного жаргона. — Лесное, 1942. — 138 с.
23. *Бодуэн де Куртенэ И. А.* «Блатная музыка» В. Ф. Трахтенберга // Бодуэн де Куртенэ И. А. Избр. тр. по общему языкознанию. — М.: АН СССР, 1963. — Т. 2. — С. 161–162.
24. *Бодуэн де Куртенэ И. А.* Резья и резьяны // Слав. Сборник. — СПб., 1876. — Т. 3. — С. 223–371.
25. *Бондалетов В. Д.* Заимствования из германских языков в лексике русских условно-профессиональных арго // Язык и общество: Сб. ст. — Саратов, 1967. — С. 226–234.
26. *Бондалетов В. Д.* Новые сведения об условных языках на территории Пензенской области // Материалы V межобл. конф. языковедов Поволжья: Крат. докл. — Мелекесс, 1961. — С. 91–95.
27. *Бондалетов В. Д.* Социальная лингвистика: Учеб. пособие... — М.: Просвещение, 1987. — 160 с.
28. *Бондалетов В. Д.* Условные языки русских ремесленников и торговцев: Словопроизводство: Учеб. пособие к спец. курсу. — Рязань: Рязан. ГПИ, 1980. — 104 с.
29. *Бондалетов В. Д.* Социально-экономические предпосылки отмирания условно-профессиональных языков и основные закономерности этого процесса // Вопросы социальной лингвистики: Сб. — Л.: Наука, Ленингр. отд-ние, 1969. — С. 398–416.
30. *Бондалетов В. Д.* Финно-угорские заимствования в русских условно-профессиональных арго // Вопросы теории и методики изучения рус. языка. — Саратов: Изд-во Сарат. ун-та, 1965. — С. 260–268.
31. *Бондалетов В. Д.* Цыганизмы в составе условных языков // Язык и общество: Сб. ст. — Саратов, 1967. — С. 235–243.
32. *Борисова Е. Г.* Современный молодежный жаргон // Рус. речь. — 1980. — № 5. — С. 51–54.
33. *Боричевский И.* Искусственный офенский язык // Журн. М-ва нар. просвещения. — 1850. — Ч. 65. — Отд-ние 6. — С. 160–164.
34. *Брейтман Г. Н.* Преступный мир: Очерки из быта проф. преступников. — Киев, 1901. — 302 с.
35. *Брызгунова Е. А.* Звуки и интонации русской речи. — 4-е изд., перераб. — М.: Рус. яз., 1981. — 279 с.
36. *Брызгунова Е. А.* Эмоционально-стилистические различия русской звучащей речи. — М.: Изд-во Моск. ун-та, 1984. — 117 с.
37. *Булгаков М. А.* Мастер и Маргарита. — М.: Худож. лит., 1988. — 384 с.
38. *Бунин И. А.* Жизнь Арсеньева: Роман и рассказы. — М.: Сов. Россия, 1982. — 333 с.

39. *Бунин И. А.* Окаянные дни. — М.: Сов. писатель, 1990. — 175 с.
40. *Бутенко И. А.* Неформальное общение учащейся молодежи // Текст как психолингвистическая реальность: Сб. ст. — М., 1982. —С. 26–33.
41. *Верещагин Е. М., Костомаров В. Г.* Язык и культура: Лингвострановедение в преподавании рус. яз. как иност. — 3-е изд. — М.: Рус. яз., 1983. — 269 с.
42. *Виноградов В. В.* История русского литературного языка: Избр. тр. — М.: Наука, 1978. — 319 с.
43. *Виноградов В. В.* Очерки по истории русского литературного языка XVII–XIX веков. — М.: Высш. шк., 1982. — 529 с.
44. *Виноградов В. В.* Поэтика русской литературы. — М.: Наука, 1976. — 511 с.
45. *Виноградов Г. С.* Детские тайные языки. — Иркутск, 1926. — 28 с.
46. *Виноградов Г. С.* Русский детский фольклор. — Иркутск: Иркут. секция науч. работников, 1930. Кн. I. — IX, 234 с.
47. *Виноградов Н. Н.* Галивонские алеманы: Условный язык галичан (Костромской губ.) // Изв. ОРЯС. — 1915. — Т. 20, кн. I. — С. 209–260.
48. *Виноградов Н. Н.* Жгонский язык: Условный язык Приветлужья, Костромской губ. // Изв. Отд-ния рус. яз. и словесности АН. — 1918. — Т. 23, кн. I. —С. 89–105.
49. *Виноградов Н. Н.* Условный язык заключенных Соловецких лагерей особого назначения // Соловецкое о-во краеведения: Материалы. — Соловки, 1927. — Вып. 17. — С. 15–46.
50. *Виноградов С. И.* Дискуссия о языке первых послереволюционных лет // Рус. речь. — 1977. — № 2. — С. 37–45.
51. *Винокур Г. О.* Избранные работы по русскому языку. — М.: Учпедгиз, 1959. — 492 с.
52. *Винокур Г. О.* Культура языка. — М.: Работник просвещения, 1925. — 216 с.
53. *Габышев Л. А.* Одлян, или Воздух свободы // Новый мир. — 1989. — № 6. — С. 149–237; № 7. — С. 85–133.
54. *Гак В. Г.* Сопоставительная лексикология. — М.: Междунар. отношения, 1977. — 263 с.
55. *Гак В. Г.* Сравнительная типология французского и русского языков. — 2-е изд. — М.: Просвещение, 1983. — 287 с.
56. *Галеева Н. Л., Котляр Е. Н.* Некоторые элементы речевого этикета студентов // Проблемы организации речевого общения: Сб. ст. — М., 1981. — С. 18–127.
57. *Гальперин И. Р.* О термине «слэнг» // Вопр. языкознания. — 1956. — № 6. — С. 107–114.
58. *Гарелин Я. П.* Суздала, офени, или ходебщики // Вестн. Имп. Рус. геогр. о-ва. — 1857. —Ч. 19, кн. 2. — С. 87–108.
59. *Гиляровский В. А.* Москва и москвичи. — Минск: Высш. шк., 1980. — 350 с.
60. *Гиляровский В. А.* Трущобные люди. — М.: Изд-во стандартов..., 1989. — 125, 2 с.
61. *Глинка Ф. Н.* Письма к другу, содержащие в себе: замечания, мысли и рассуждения о разных предметах с присовокуплением исторического повествования: Зинобей Богдан Хмельницкий, или Освобожденная Малороссия. — СПб., 1816–1817. — Ч. 1–3.
62. *Голышев И. А.* Офени-торгаши Владимирской губернии и их искусственный язык // Тр. Владим. губ. стат. ком. — 1874. — Вып. 10. — С. 79–108.
63. *Голышев И. А.* Проводы офеней в дорогу из дому для торговли и разговор их на своем искусственном языке // Ежегодник Владим. губ. стат. ком. — 1880. — Т. 3. — Стб. 227–232.
64. *Голышев И. А.* Словарь офенского искусственного языка // Владим. губ. вед. — 1873. — 9, 16, 23, 30 нояб.
65. *Гордлевский В. А.* Кюльханбеи в Константинополе и их арго. — Л., 1927. — 6 с.
66. Городское просторечие: Пробл. изуч.: Сб. ст. — М.: Наука, 1984. — 189 с.
67. *Грачев М. А.* Русское дореволюционное арго, 1861–1917 гг.: Автореф. дис. на соиск. учен. степ. канд. филол. наук. — Горький, 1986. — 19 с.
68. *Грачев М. А.* Язык из мрака: блатная музыка и феня: Словарь арготизмов. — Новгород: Флокс, 1992. — 202 с.
69. *Григорьев В. П.* Словотворчество и смежные проблемы языка поэта. — М.: Наука, 1986. — 255 с.
70. *Гридин В. Н.* Психолингвистические функции эмоционально-экспрессивной лексики: Автореф. дис. на соиск. учен. степ. канд. филол. наук. — М., 1976. — 22 с.
71. *Гринева Е. Ф., Громова Т. Н.* Словарь разговорной лексики французского языка. — М.: Рус. яз., 1987. — 638 с.
72. *Гумбольдт В.* Язык и философия культуры. — М.: Прогресс, 1985. — 449 с.
73. *Гумилев Л. Н.* География этноса в исторический период. — Л.: Наука. Ленингр. отд-ние, 1990. — 279 с.
74. *Гумилев Л. Н.* От Руси к России: Очерки этнич. истории. — М.: Экопрос, 1992. — 336 с.
75. *Гуревич А. Я.* Категории средневековой культуры. — М.: Искусство, 1972. — 318 с.
76. *Гутман Е. А., Черемисина М. И.* Образные значения зоонимов в словарях // Актуальные проблемы лексикологии и словообразования: (Сб. науч. тр.). — Новосибирск, 1976. — Вып. 5. — С. 21–42.
77. *Даль В. И.* О наречиях русского языка. — СПб., 1852. — 2, 73 с.
78. *Даль В. И.* Толковый словарь живого великорусского языка: В 4 т. — М.: Гос. изд-во иностр. и нац. словарей, 1955. — Т. 1–4.
79. *Даль В. И.* Условный язык петербургских мошенников, известный под именем музыки или байкового языка // Вопр. язкознания. — 1990. — № 1. — С. 134–137.
80. Денежный щет, сверх обыкновенного, употребляемый в г. Нерехте / Сообщ. И. М. Снегирев // Рус. ист. сб. — 1837. — Т. 1, кн. 1. — С. 106–112.
81. *Диев М. Я.* Какой народ в древние времена населял Костромскую сторону, и что известно об этом народе? // Чтения в О-ве истории и древностей рос. — 1865. — Кн. 4. — С. 167–178.
82. *Диев М. Я.* Старинные волости и страны в Костромской стороне. — М., 1909. — 4, XVI, 62, IV с.
83. *Дмитриев Н. К.* Турецкие элементы в русских арго / Язык и литература. — Л., 1931. — Т. 7. — С. 159–179.
84. *Добр-ов, А. (Доброхотов А.).* Офени Вязниковского уезда // Сын Отечества. — 1868. — 6 февр.; 6 марта.
85. *Добровольский В. Н.* Некоторые данные условного языка дорогобужских мещан, калик перехожих, портных и коновалов, странствующих по Смоленской земле // Смолен. старина. — Смоленск, 1916. — Вып. 3, ч. 2. — С. 1–13.
86. *Добровольский В. Н.* Некоторые данные условного языка калужских рабочих // Изв. ОРЯС. — 1899. — Т. 4, кн. 4. — С. 1386–1410.
87. *Добровольский В. Н.* О дорогобужских мещанах и их шубрейском или кубрейском языке // Изв. ОРЯС. — 1897. — Т. 2, кн. 1–2. — С. 320–352.
88. *Довлатов С. Д.* Чемодан: Повести. — М.: Моск. рабочий, 1991. — 334 с.
89. *Достоевский Ф. М.* Записки из мертвого дома. — Омск: Обл. кн. изд-во, 1956. — 300 с.
90. *Дубровина К. Н.* Студенческий жаргон // Филол. науки. — 1980. № 1. — С. 78–81.
91. *Дюбуа Ж. и др.* Общая риторика. — М.: Прогресс, 1986. — 392 с.

92. *Ерофеев В. В.* Москва — Петушки: Поэма. — М., Интербук, 1990. — 128 с.
93. *Жирмунский В. М.* Марксизм и социальная лингвистика // Вопросы социальной лингвистики: Сб. ст. — Л.: Наука. Ленингр. отд-ие, 1969 — С. 5–25.
94. *Жирмунский В. М.* Национальный язык и социальные диалекты. — Л.: Гослитиздат, 1936. — 297, 2 с.
95. *Жирмунский В. М.* Проблемы социальной диалектологии // Изв. АН СССР. Сер. лит. и яз. — 1964. — Т. 23, вып. 2. — С. 99–112.
96. *Житинский А. Н.* Путешествие рок-дилетанта: Муз. роман. — Л.: Лениздат. 1990. — 413 с.
97. *Жоль К. К.* Мысль. Слово. Метафора: Пробл. семантики в филол. освещении. — Киев: Наук. думка, 1984. — 303 с.
98. *Заболоцкий Н. А.* Собрание сочинений: В 3 т. — М.: Худож. лит., 1983. — Т. 1. — 655 с.
99. *Запесоцкий А. С., Файн А. П.* Эта непонятная молодежь: Пробл. неформал. молодеж. об-ний. — М.: Профиздат, 1990. — 224 с.
100. *Зарин А.* В каменном мешке: День в «Крестах» // Аргус. — СПб., 1913. — № 10. — С. 15–34.
101. *Зеленин Д. К.* Восточнославянская этнография. — М.: Наука, 1991. — 511 с.
102. *Земская Е. А.* Русская разговорная речь: Лингвистический анализ и проблемы обучения. — М.: Рус. яз., 1979. — 239 с.
103. *Зощенко М. М.* Собрание сочинений: В 3 т. — М., 1986. — Т. 1–3.
104. *Иванов В. В.* Невли // Стат. листок. — Харьков, 1883. — № 10. — С. 153–156.
105. *Иванов Е. П.* Меткое московское слово: Быт и речь старой Москвы. — М.: Моск. рабочий, 1989. — 320 с.
106. *Ильф И. А., Петров Е. П.* Двенадцать стульев; Золотой теленок. — М.: Мысль, 1983. — 636 с.
107. *Ильяшенко Т. П.* Социальные диалекты и профессиональные стили. — М., 1970. — 7 с.
108. *Исенин И. А.* К проблеме французского просторечья: Автореф. дис. на соиск. учен. степ. канд. филол. наук. — Л., 1952. — 10 с.
109. История славного вора, разбойника и бывшего сыщика Ваньки Каина, со всеми его обстоятельствами, разными любимыми песнями и портретом. — М., 1792. — 2, 159 с., 1 л. портр.
110. *Кайдалов А. Т.* О предках прасолов и офеней. — СПб., 1876. — 36 с., 1 л. карт.
111. *Кайдалов А. Т.* О родстве славян, шалавов и сколотов по языку. — СПб., 1880. — 67 с.
112. *Капорский С. А.* Воровской жаргон в среде школьников: (По материалам обследования ярослав. школ) // Вестн. просвещения. — 1927. — № 1. — С. 7–12.
113. *Кармен Л. О.* (Л. О. Коренман). «Дикари»: (Из жизни «дикарей» порта). — Одесса: Г. В. Свистунов, 1901. — Вып. 1. — 131, 2 с., 6 л. ил.
114. *Карпов А. Б.* Сборник слов и выражений, употребляемых амурскими казаками. — СПб., 1909. — 21 с.
115. *Карпов А. Б.* Сборник слов и выражений, употребляемых уральскими казаками. — Уральск, 1913. — III, 88 с.
116. *Касарев Х.* Введение в современную лексикографию. — М.: Изд-во иностр. лит., 1958. — 394 с.
117. *Кирсанов Р. М.* Розовая ксандрейка и драдедамовый платок: Костюм — вещи и образ в рус. лит. XIX в. — М.: Книга, 1989. — 286.
118. *Ключевский В. О.* Курс русской истории. Ч. 1. — М.: Соцэкгиз. — 1937. — 395 с.
119. *Козловский В.* Собрание русских воровских словарей. — Нью-Йорк, 1983. — Т. 1–4.
120. *Кокорев И. Т.* Очерки Москвы сороковых годов. — М.; Л.: Academia, 1938. — 403 с.
121. *Колесов В. В.* Язык города. — М.: Высш. шк., 1991. — 190 с.
122. *Кондакова Л. А.* Поэтический язык в представлениях позднего средневековья: (На материале франц. поэзии XV в.) // Вестн. МГУ. Сер. 9. Филология. — 1990. — № 2. — С. 46–50.
123. *Копыленко М. М.* О семантической природе молодежного жаргона // Социальнолингвист. исследования. — М.: Наука, 1976. — С. 79–86.
124. *Копылова Э. В.* Рыбацкая лексика: Материалы для словаря рыбаков Волго-Каспия: Пособие для студентов. — Астрахань, 1967. — 1, 48 с.
125. *Коротеев А. А.* Сверхмногозначные грубопросторечные глаголы в современном русском языке // Учен. зап. / Дальневост. гос. ун-т. — Владивосток, 1968. — Т. II. — С. 88–91.
126. *Костев К.* Цигански елементи в българските тайни говори // Изв. на Инст. за бълг. език. — 1956. Кн. 4. — С. 411–425.
127. *Костомаров В. Г.* Откуда появилось слово «стиляга»? // Вопр. культуры речи. — М., 1959. — Вып. 2.
128. *Котков С. И.* Условный язык орловских шорников // Материалы и исслед. по рус. диалектологии. — М., Л.: Изд-во АН СССР, 1949. — Т. 3. — С. 233–253.
129. *Кошко А. Ф.* Очерки уголовного мира царской России. — М.: Столица, 1991. — 608 с.
130. *Кренев С. Н.* По блату // Адм. вестн. — 1926. — № 4. — С. 34–38.
131. *Крестовский В. В.* Петербургские трущобы: (Кн. о сытых и голодных): Роман в 2 кн. — Л.: Худож. лит. Ленингр. отд-ние, 1990. — Кн. 1–2.
132. *Лаптева О. А.* Русский разговорный синтаксис. — М.: Наука, 1976. — 399 с.
133. *Ларин Б. А.* Западно-европейские элементы воровского арго // Язык и литература. — Л., 1931. — Т. 7. — С. 113–130.
134. *Ларин Б. А.* История русского языка и общее языкознание: Избр. работы. — М.: Просвещение, 1977. — 224 с.
135. *Ларин Б. А.* О лингвистическом изучении города // Русская речь: Сб. — Л.: Academia, 1928. — Вып. 3. — С. 61–74.
136. *Левин Ю. И.* Структура русской метафоры // Тр. по знаковым системам. — Тарту, 1965. — Вып. 27. — С. 293–299.
137. *Лейкин Н. А.* Наши за границей. — СПб., 1890. — 2, 472 с.
138. *Леонова Н. А.* О произношении современной молодежи // Учен. зап. Курск. гос. пед. ин-та. — 1966. — Т. 25, вып. 2. — С. 106–113.
139. *Леонтьев А. А., Шахнарович А. М., Батов В. И.* Речь в криминалистике и судебной психологии. — М.: Наука, 1977. — 60 с.
140. *Лесков Н. С.* Воительница // Собр. соч.: В 11 т. — М.: Гослитиздат, 1956. — Т. 1. — С. 144–221.
141. *Лимонов Э. В.* Это я — Эдичка: Роман. — М.: Журн. «Глагол», 1991. — 332, 2 с.
142. Лингвистика и поэтика, Сб. ст. — М.: Наука, 1979. — 309 с.
143. Лингвистический энциклопедический словарь. — М.: Сов. энцикл., 1990. — 683 с.
144. Литературная норма и просторечье: Сб. ст. — М.: Наука, 1977. — 254 с.
145. *Лихачев Д. С.* Арготические слова в профессиональной речи // Развитие грамматики и лексики современного русского языка: Сб. ст. — М.: Наука, 1964. — С. 311–359.

146. *Лихачев Д. С.* Заметки и наблюдения: Из записных книжек разных лет. — Л.: Сов. писатель. Ленингр. отд-ние, 1989. — 605 с.
147. *Лихачев Д. С., Панченко А. М., Понырко Н. В.* Смех в Древней Руси. — Л.: Наука. Ленингр. отд-ние, 1984. — 295 с.
148. *Лихачев Д. С.* Черты первобытного примитивизма воровской речи // Язык и мышление: Сб. ст. — М.; Л., 1935. — Т. 3–4. — С. 47–100.
149. *Лосев А. Ф.* Знак. Символ. Миф: Тр. по языкознанию. — М., Изд-во Моск. ун-та, 1982. — 479 с.
150. *Лошманова Л. Т.* Жаргонизированная лексика в бытовой речи молодежи 50–60-х годов: Автореф. дис. на соиск. учен. степ. канд. филол. наук. — Л., 1975. — 21 с.
151. *Лукашанец Е. Г.* Лексические заимствования и их нормативная оценка: (На материале молодеж. жаргона 60–70-х гг.): Автореф. дис. на соиск. учен. степ. канд. филол. наук. — М., 1982. — 22 с.
152. *Лукьянова Н. А.* О термине экспрессив и о функциях экспрессивов русского языка // Актуальные проблемы лексикологии и словообразования, Сб. науч. тр. — Новосибирск, 1980. — Вып. 9. — С. 3–22.
153. *Луппова Е. П.* Из наблюдений над речью учащихся в школах II ступени Вятского края // Тр. вят. науч.-исслед. ин-та краеведения. — 1927. — Т. 3. — С. 105–125.
154. *Максимов С. В.* Бродячая Русь Христа ради. — СПб., 1877. — 2, 467 с.
155. *Максимов С. В.* Избранное. — М., Сов. Россия, 1981. — 560 с.
156. *Максимов С. В.* Сибирь и каторга. — СПб., 1871. — Ч. 1–3.
157. *Маро (М. И. Левитина).* Беспризорные: Социология. Быт. Практика работы. — М.: Новая Москва, 1925. — 454, II с.
158. *Мартынов П.* Одоевские прасолы и их особенный разговорный язык // Тул. губ. вед. — 1870. — 30 сент.
159. *Матвеев А. К.* Финно-угорские заимствования в русских говорах Северного Урала // Тез. докл. Совещания по вопросам ист. грамматики и ист. диалектологии финно-угорских языков. — М.: Ин-т языкознания АН СССР, 1959. — С. 26–34.
160. *Мачадо А.* Избранное. — М.: Худож. лит., 1975. — 48 с.
161. *Мельников-Печерский П. И.* На горах. Ч. 2, гл. 17. — М.: Худож. лит., 1958. — С. 527–538.
162. *Мендельсон Н.* Материалы для словаря уголовного языка. — Этногр. обозрение. — 1898. — № 4.— С. 143–147.
163. Метафора в языке и тексте. — М.: Наука, 1988. — 176 с.
164. *Миртов А. В.* Донской словарь: Материалы к изучению лексики дон. казаков. — Ростов н/Д., 1929. — XVII с., 416 стб.
165. Митьки, описанные Владимиром Шинкаревым и нарисованные Александром Флоренским. — Л.: СП «СМАРТ», 1990. — 32 с.
166. *Михельсон М. И.* Русская мысль и речь: Свое и чужое: Опыт рус. фразеологии: Сб. образных слов и иносказаний. — СПб., 1902–1903. — Т. 1–2.
167. Младенчество. Детство // Мудрость народная: Жизнь человека в рус. фольклоре. — М.: Худож. лит., 1991. — Вып. 1. — 590 с.
168. Молодежь в современном мире: Пробл. и суждения // Вопр. философии. — 1990. — № 5. — С. 12–33.
169. Московская старина: Воспоминания москвичей прошлого столетия. — М.: Правда, 1989. — 543 с.
170. *Мущенко Е. Г., Скобелев В. П., Кройчик Л. Е.* Поэтика сказа. — Воронеж: Изд-во Воронеж. ун-та, 1978. — 287 с.
171. *Мятлев И. П.* Полное собрание сочинений. — Киев; Харьков: Ф. А. Иогансон, 1893. — 4, 656 с.
172. Н. Я. Материалы для словаря уголовного языка: («Масовский» язык одоев. торговцев) // Этногр. обозрение. — 1897. — № 2. — С. 152–155.
173. *Наумова Т. Н.* Речевой этикет студентов (обращения, приветствия, прощания) // Проблемы организации речевого общения, Сб. ст. — М., 1981. — С. 90–117.
174. *Нахов И. М.* Киническая литература. — М.: Наука, 1981. — 303 с.
175. *Нахов И. М.* Философия киников. — М.: Наука, 1982. — 223 с.
176. Наши офени // СПб. вед. — 1878. — 10(22) апр.
177. *Николайчик Ф. Д.* Отголосок лирницкого языка // Киев. старина. — 1890. — Т. 29. — С. 121–130.
178. Норма и социальная дифференциация языка: Докл. симпоз. — М.: Наука, 1969. — 173 с.
179. Областные слова белорусских старцев / Доставлены С. П. Микуцким // Материалы для сравнит. и объяснит. словаря и грамматики. — СПб., 1854. — Т. 1. — Стб. 400.
180. Обстоятельное и верное описание добрых и злых дел российского мошенника, вора, разбойника и бывшего московского сыщика Ваньки Каина, всей его жизни и странных похождений, сочиненное Матвеем Комаровым в Москве 1775 года. — СПб., 1779. — 9, 104 с.
181. Общее языкознание. I. Формы существования, функции, история языка. — М.: Наука, 1970. — 602 с.
182. Об условном языке прежних волжских разбойников // Моск. телеграф. — 1829. — № 7. — С. 352–353.
183. Объяснение нескольких слов условного языка волжских разбойников. // Моск. телеграф, — 1829. — № 7 — С. 352–353.
184. *Ожегов С. И.* Словарь русского языка. — 23-е изд. — М.: Рус. яз., 1991. — 916 с.
185. Офени Владимирской губернии // Журн. М-ва внутр. дел. — 1854. — Ч. 9. — С. 105–120.
186. Офени Владимирской губернии // Владим. сб.: Материалы для статистики, этнографии, истории и археологии Владим. губ. / Сост. изд. К. Тихонравов. — М., 1857. — С. 22–27.
187. Офени-торгаши Владимирской губернии и их искусственный язык // Живопис. обозрение, — 1874. — № 6. — С. 93–96; № 13. — С. 203–207; № 15. — С. 232–234.
188. *Панов М. В.* История русского литературного произношения XVIII–XIX вв. — М.: Наука, 1990. — 456 с.
189. *Папазьян В. М.* Армянские боша (цыгане). — Этногр. обозрение. — 1901. — Кн. 49. — С. 93–158.
190. *Петерсон М. Н.* Язык как социальное явление // Учен. зап. / Ин-т языка и литературы. — М.: Изд. РАНИОН, 1927. — Т. 1. — С. 5–21.
191. *Пешковский А. М.* Избранные труды. — М.: Учпедгиз, 1959. — 262 с.
192. *Пискарев А. И.* Офенские слова, употребляемые в разговорах рязанского простонародья // Ряз. губ. вед. — 1848. — 18 дек.
193. *Платонов А. И.* Собр. соч.: В 3 т. — М., 1984–1985. — Т. 1–3.
194. *Погодин Н. Ф.* Бравада грубостью // Жен. журнал. — 1928. — № 10. — С. 5.
195. *Поливанов Е. Д.* За марксистское языкознание: Сб. попул. лингвист. ст. — М.: Федерация, 1931. — 181. 2с.
196. *Поливанов Е. Д.* Задачи социальной диалектологии русского языка // Родной яз. и лит. в трудовой школе. — 1928. — № 2. — С. 39–49.
197. *Поливанов Е. Д.* Статьи по общему языкознанию: Избр. работы. — М.: Наука, 1968. — 376 с.
198. *Поливанов Е. Д.* Факторы фонетической эволюции языка как трудового процесса. I. Обзор... // Учен. зап. Ин-та яз. и лит. — М.: РАНИОН, 1929. — Т. 3. — С. 20–42. В конце: Последует II часть: Обзор процессов, характерных для языкового развития в эпоху натурального хозяйства.

199. *Помяловский Н. Г.* Сочинения. — Л.: Худож. лит. Ленингр. отд-ние, 1980. — 632 с.
200. *Попов В. М.* Словарь воровского и арестантского языка. — Киев, 1912. — 128 с.
201. *Потапов С. М.* Словарь жаргона преступников: (Блатная музыка). — М., 1990. — 196 с.
202. *Потебня А. А.* Теоретическая поэтика. — М.: Высш. шк., 1990. — 344 с.
203. Прасолы // Материалы для географии и статистики России, собр. офицерами Ген. штаба: Калужская губ. / Сост. Ген. штаба подполк. М. Попруцкий. — СПб., 1864. — Т. 9, ч. 2. — С. 187–192.
204. Преступный мир Москвы: Сб. ст. — М.: Право и жизнь, 1924. — 246, 2 с.
205. *Прыжов И. Г.* История кабаков в России. — М.: Дружба народов, 1992. — 379 с.
206. *Прянишников Н.* Отражение революции в языке // Крас. Урал. — 1926. — 29 апр., 21 мая, 22 мая.
207. Психологические проблемы изучения неформальных молодежных объединений: Сб. науч. тр. — М., 1988. — 160 с.
208. *Пуассон А.* Теории и символы алхимиков. Пг.: Журн. «Изида», 1915. — 116 с.
209. *Пушкин В. Л.* Опасный сосед. — М.: Библиофаг, 1918. — 48 с.
210. *Рабинович В. Л.* Алхимия как феномен средневековой культуры. — М.: Наука, 1979. — 391 с.
211. *Радзиховский Л. А., Мазурова А. И.* Сленг как инструмент остранения // Язык и когнитивная деятельность. — М., 1989. — С. 126–137.
212. Разновидность городской устной речи: Сб. науч. тр. — М.: Наука, 1988. — 259 с.
213. Разрешите вас потешить: Частушки. — М.: Столица, 1992. — Вып. 1–2.
214. *Ревзин И. И.* К семиотическому анализу «тайных языков» // Симпозиум по структурному изучению знаковых систем: Тез. докл. — М.: Изд-во АН СССР, 1962. — С. 33–37.
215. Реформатский А. А. Введение в языкознание. — М.: Учпедгиз, 1960. — 431 с.
216. Реформатский А. А. Неканоническая фонетика // Развитие фонетики современного русского языка: Сб. ст. — М.: Наука, 1966. — С. 96–109.
217. Реформатский А. А. Существительные на -ач в русском языке // Реформатский А. А. Очерки по фонологии, морфонологии и морфологии. — М.: Наука, 1979. — С. 94–99.
218. *Рожанский Ф. И.* Сленг хиппи: Материалы к словарю. — СПб.; Париж: Изд-во Европ. Дома, 1992. — 63 с.
219. *Рождественский Ю. В.* Лекции по общему языкознанию. — М.: Высш. шк., 1990. — 380 с.
220. *Рождественский Ю. В.* Типология слова. — М.: Высш. шк., 1969. — 285 с.
221. Роль человеческого фактора в языке: Язык и картина мира. — М.: Наука, 1988. — 214 с.
222. *Романов Е. Р.* Катрушицкий лемезень: Условный яз. дрибинских шаповалов. — СПб., 1901. — 2, 44 с.
223. *Романов Е. Р.* Опыт словаря условных языков Белоруссии // Романов Е. Р. Белорус. сб. — Вильна, 1912. — Вып. 9. — 124 с.
224. *Романов Е. Р.* Очерк быта нищих Могилевской губернии и их условный язык («Любецкий лемент») // Этногр. обозрение. — 1890. — № 4. — С. 118–145.
225. *Романов С. И.* Охотничий словарь. — М.: Н. И. Мамонтов, 1876-77. — Вып. 1–2.
226. Русская грамматика. — М.: Наука, 1980. — Т. 1–2.
227. Русская разговорная речь. 1 // Отв. ред. Е. А. Земская. — М.: Наука, 1973. — 485 с.
228. Русская разговорная речь. 2. Кн. 1: Общие вопросы. Словообразование. Синтаксис. — М.: Наука, 1978. — 306 с.
229. Русская разговорная речь: Тексты / Отв. ред. Е. А. Земская, Л. А. Капанадзе. — М.: Наука, 1978. — 306 с.
230. Русская разговорная речь: Фонетика, морфология, лексика, жест. — М.: Наука, 1983. — 240 с.
231. *Санджи-Горяева З. С.* Усечение как способ словообразования в разговорной речи // Актуальные проблемы русского словообразования: Материалы Респ. науч. конф. — Самарканд, 1972. — Ч. 2. — С. 242–253.
232. *Селищев А. М.* Язык революционной эпохи: Из наблюдений над рус. яз. последних лет, 1917–1926. — М.: Работник просвещения, 1928. — 248 с.
233. *Скворцов Л. И.* Литературный язык, просторечие и жаргоны в их взаимодействии // Литературная норма и просторечье: Сб. ст. — М.: Наука, 977. — С. 29–57.
234. *Скворцов Л. И.* Профессиональные языки, жаргоны и культура речи // Рус. речь. — 1972. — № 1. — С. 48–59.
235. Словарь тюремно-лагерно-блатного жаргона: (Речевой и графический портрет советской тюрьмы) / Авт.-сост. Д. С. Балдаев, В. К. Белко, И. М. Исупов. — М.: Края Москвы, 1992. — 526 с.: ил.
236. *Снегов С.* Философия блатного языка // Даугава. — Рига, 1990. — № 11. — С. 72–90.
237. Современный русский язык: Учеб. для филол. спец. ун-тов. / Под ред. В. А. Белошапковой. — М.: Высш. шк., 1981. — 560 с.
238. *Соссюр Ф. де.* Труды по языкознанию. — М.: Прогресс, 1977. — 695 с.
239. *Стратен В. В.* Арго и арготизмы // Тр. по рус. яз. АН СССР. — Л., 1931. — Т. 1. — С. 111–147.
240. *Стратен В. В.* Об арго и арготизмах // Рус. яз. в сов. шк., 1929. — № 5. — С. 39–53.
241. *Судзиловский Г. А.* Сленг — что это такое? Английская просторечная военная лексика; Англ.-рус. словарь военного сленга. — М.: Воениздат, 1973. — 182 с.
242. Теория метафоры: Сб. — М.: Прогресс, 1990. — 512 с.
243. *Тиханов П. Н.* Брянские старцы: Тайный язык нищих: Этнол. очерк. — Брянск, 1895. — 4, 35 с.: факс.
244. *Тиханов П. Н.* Криптоглоссарий: Отрывок: (Представление глагола «выпить»). — СПб., ценз. 1891. — 2, 18 с.
245. *Тиханов П. Н.* Черниговские старцы (Псалки и криптоглоссон). — Чернигов, 1899. — 94 с.
246. *Тихонравов К. Н.* Офени Владимирской губернии // Журн. М-ва внутр. дел. — 1854. — Ч. 9, отд-ние 3. — С. 105–120.
247. Толковый словарь уголовных жаргонов. — М.: СП «Интер-ОМНИС»; СП «РОМОС», 1991. — 206 с.
248. *Толстой Л. Н.* Собрание сочинений: В 12 т. — М.: Гос. изд. худож. лит., 1958.
249. *Тонков В. А.* Опыт исследования воровского языка. — Казань: Татполиграф, 1930. — 90 с.
250. *Трахтенберг В. Ф.* Блатная музыка: «Жаргон» тюрьмы. — СПб., 1908. — XX, 116 с.
251. *Трохимовский Н. А.* Офени // Рус. вестн. — 1866. — Т. 63, июнь. — С. 559–593.
252. *Трубецкой Н. С.* Избранные труды по филологии. — М.: Прогресс, 1987. — 560 с.
253. *Тэффи Н. А.* Рассказы. — М.: Худож. лит., 1971. — 208 с.
254. *Успенский Л. В.* Материалы по языку русских летчиков // Язык и мышление: Сб. ст. — М.; Л., 1936. — Т. 6/7. — С. 161–217.
255. *Фабричный П.* Язык каторги // Каторга и ссылка. — 1923. — № 6. — С. 177–188.
256. *Фасмер М.* Этимологический словарь русского языка. — М.: Прогресс, 1964–1974. — Т. 1–4.
257. *Федорова Е. В.* Императорский Рим в лицах. — М.: Изд-во Моск. ун-та, 1979. — 249 с.

258. Физиология Петербурга. — М.: Наука, 1991. — 282 с.
259. *Флегон А.* За пределами русских словарей. — Лондон: Flegon Press, 1973. — 408 с.
260. *Фридман М. М.* Еврейские элементы «блатной музыки» // Язык и литература. — Л., 1931. — Т. 7. — С. 131–138.
261. *Хейзинга Й.* Homo ludens: В тени завтрашнего дня. — М.: Прогресс, 1992. — 464 с.
262. *Хлебников В. В.* Творения. — М.: Сов. писатель, 1986. — 736 с.
263. *Ходасевич В. Ф.* Некрополь: Воспоминания. — М.: Сов. писатель, Агентство «Олимп», 1991. — 192 с.
264. *Хомяков В. А.* Структурно-семантические и социально-стилистические особенности английского экспрессивного просторечья. — Вологда: Вологод. пед. ин-т, 1974. — 104 с.
265. *Чалидзе В.* Уголовная Россия: Очерки. — М.: СП «Терра», 1990. — 395 с.
266. *Чернышев В. И.* Список слов портновского языка // Изв. ОРЯС. — 1898. — Т. III, кн. 1. — С. 251–262.
267. *Шаламов В. Т.* Сергей Есенин и воровской мир // Грани. — 1970. — № 77. — С. 42–48.
268. *Шейн В. П.* К вопросу об условных языках // Изв. ОРЯС. — 1899. — Т. 4, кн. 1. — С. 277–300.
269. *Щерба Л. В.* Языковая система и речевая деятельность. — Л.: Наука, 1974. — 428 с.
270. *Якобсон Р. Я.* Работы по поэтике. — М.: Прогресс, 1987. — 461 с.
271. *Якубинская-Лемберг Э. А.* Финно-угорская лексика в русских профессиональных диалектах. — Учен. зап. Ленингр. ун-та. Сер. филол. наук. — 1962. — Вып. 63. — С. 56–59.
272. *Якубинский Л. П.* Классовый состав современного русского языка: Язык крестьянства // Лит. учеба. 1930. — № 4. — С. 80–95.
273. *Якубинский Л. П.* Классовый состав современного русского языка: Язык пролетариата. // Лит. учеба. — 1931. — № 7. — С. 22–43.
274. *Якубинский Л. П.* О классовых языках // Учеб. рус. языка. — Л., 1932. — С. 40–97.
275. *Якубинский Л. П.* Русский язык в эпоху диктатуры пролетариата // Лит. учеба. — 1931. — № 9. — С. 66–76.
276. *Якубинский Л. П.* Язык и его функционирование: Избр. работы. — М.: Наука, 1986. — 207 с.
277. *Янко-Триницкая Н. А.* Штучки-дрючки устной речи: (Повторы — отзвучия) // Рус. речь. — 1968. — № 4. — С. 48–52.
278. American tramp and underworld slang: Words and phrases... — New York: Sears, 1931.— 263 p.
279. *Bally Ch.* Le langage et la vie. — Paris: Payot, 1926. — 236, 1 p.
280. *Beinhauer W.* El espacol coloquial. — Madrid, 1963. — 445 p.
281. *Casares J.* Dicconario ideol´ogico de la lengua espacola: Desde la idea a la palabra, desde la palabra a la idea. — Barcelona: Gili, 1957. — LXXI, 1124 p.
282. *Cela C. J.* Diccionario secreto. — Madrid; Barcelona: Alfaguara, 1968–1971. — T. 1–2.
283. *Claveria C.* Estudios sobre los gitanismos del espacol. — Madrid, 1951. — 267 p.
284. *Dauzat A.* Les argots: Caracteres. — Evolution. — Influence. — Paris: Delagrave, 1929. — 189 p.
285. *Dauzat A.* La langue franзaise d'aujourd'hui: Evolution, problиmes actuels. — Paris: Colin, 1923. — 275 p.
286. *Wentworth H., Flexner S. B.* Dictionary of American slang/ Comp.a.ed.by. — New York: Crowell, cop. 1975. — XYO, 766 p.
287. *Esanault G.* Dictionnaire historique des argots franзais. — Paris: Libr. Larousse, 1965. —XVI, 644 p.
288. *Fowler H. W.* A dictionary of modern English usage. 2-d ed. — Oxford: Clarendon press, 1957. — VIII, 743 c.; 2-d ed. — Oxford: Glarendon press, 1980. — XX, 725 p.
289. France H. Dictionnaire de la langue verte: Archaisme, nйologisme, locutions йtrangиres, patois. — Paris: Libr. Du progrиs, s. a. — 495 p.
290. *Guiraud P.* L'argot. — Paris: Press. Univ. De France, 1956. — 126 p.
291. *Hagnauer R.* Des mots et des idйes: Defense et vulgarisation de la langue franзaise. — Paris: Ed. Ouvrieres, 1968. — 275 p.
292. *Le Breton A.* Langue verte et noirs desseins. — Paris: Presses de la citй, cop. 1960. — 397 p.
293. *Partridge E.* Slang to-day and yesterday. — 4th ed. — London: Roufledge and Kegan Paul, 1972. — IX, 476 p.
294. *Sainйanu L.* Le langage parisien au XIX-e siecle: Facteurs sociaux. — Paris: Boccard, 1920. — XVI, 590 p.
295. *Timmermans A.* L'argot parisien. — Paris: Victorion, 1922. — XXXII, 433 p.
296. *Vidocq E. F.* Les voleurs, physiologie de leurs moeurs et de leur langage. — Paris: Chez l'aut., 1837. — T. 1–2.
297. *Jespersen O.* Mankind, nation and individual from a linguistic point of view. — London, 1946.

Серия «Словари русского языка»

Елистратов Владимир Станиславович

ТОЛКОВЫЙ СЛОВАРЬ РУССКОГО СЛЕНГА

Справочное издание

Главный редактор *Т. М. Деревянко*
Ответственный редактор *И. К. Сазонова*
Технический редактор *Г. Н. Жильцова*
Корректор *Н. Б. Троепольская*
Компьютерная верстка *Т. Е. Сонниковой*

Подписано в печать 26.06.07. Формат 70×100/16.
Печать офсетная. Бумага офсетная. Гарнитура PetersburgC.
Печ. л. 42,0. С-141.

Общероссийский классификатор продукции
ОК-005-93, том 2 — 953000.

Санитарно-эпидемиологическое заключение
№ 77.99.02.953.Д.010017.10.06 от 26.10.2006 г.

ООО «АСТ-ПРЕСС КНИГА».
107078, Москва, Рязанский пер., д. 3.

Отпечатано в Венгрии.

ДЛЯ ЗАМЕТОК